D1670380

DER NEUE READER'S DIGEST BROCKHAUS

DER NEUE
READER'S DIGEST
BROCK-
HAUS

IN ZWEI BÄNDEN

80 000 STICHWÖRTER
5 000 ÜBERWIEGEND FARBIGE
ABBILDUNGEN, KARTEN,
ÜBERSICHTEN UND ZEITTAFELN

ZWEITER BAND

L-Z

VERLAG DAS BESTE GMBH
STUTTGART·ZÜRICH·WIEN·1973

Hinweise für den Benutzer siehe Seite 708

© F. A. Brockhaus, Wiesbaden, 1973, Sonderausgabe für Verlag Das Beste GmbH,
Stuttgart, Zürich, Wien. Alle Rechte vorbehalten. Ohne ausdrückliche Genehmigung
des Verlages ist es nicht gestattet, das Buch oder Teile daraus zu vervielfältigen (Fotokopie,
Mikrokopie). Filmsatz und Reproduktion: Gerhard Stalling AG, Oldenburg (Oldb.),
Karten von Karl Wenschow GmbH. München. ISBN 3-87070-042-4
Printed in Germany

L

l, L [εl] *das,* der zwölfte Buchstabe unseres Alphabets; Zungen- oder Zahngaumenlaut. Als Abk. bedeutet: **l** Liter; **L** das röm. Zahlzeichen für 50, Zeichen für die italien. Lira; **£** Zeichen für das engl. Pfund Sterling.

ł, im Polnischen das mit stark gehobenem Zungenrücken gesprochene l.

La, 1) ♪ in der Solmisation der 6. Ton der Tonleiter. **2)** ⊙ Zeichen für Lanthan.

Laacher See, das größte Maar im Vulkangebiet der Eifel, 276 m ü. M., 3,32 km² groß, bis 53 m tief, Naturschutzgebiet. Am Westufer liegt die Abtei **Maria Laach.**

Laaland [l'ɔlan] dän. Insel, →Lolland.

Laatzen, Stadt in Ndsachs., Randstadt von Hannover, 12 600 Ew., Ausstellungsgelände der Dt. Industriemesse Hannover; Industrie.

Lab, rohes **Labferment,** eine Absonderung des Labmagens der Saugkälber. L. bringt das Casein der Milch zum Gerinnen; Verwendung in der Käserei.

L'aban, A. T.: der Vater von Lea und Rahel, Schwiegervater Jakobs.

L'aband, poln. **Łabędy,** Industriegem. in Oberschlesien, am Klodnitz-Kanal, 8400 (1939:8200) Ew.;bed. Schwerindustrie. Seit 1945 unter poln. Verwaltung.

L'aband, Paul, * 1838, † 1918, führender Staatsrechtler des dt. Kaiserreichs.

L'aban von V'áralya, Rudolf, Tanzlehrer, * 1879, † 1958, schuf neue Ausdrucksformen des Tanzes.

L'abarum [lat.] *das,* die spätröm. kaiserl. Hauptfahne des Heeres, trug seit Konstantin d. Gr. das Christusmonogramm.

L'abdanum *das,* weiches Harz aus einem Baum der Mittelmeergebiete, enthält das äther. **L.-Öl,** einen Parfümerierohstoff.

Labé, Louise, französ. Dichterin, * um 1525, † 1566; Liebessonette.

Labenwolf, Pankraz, Nürnberger Erzgießer, * 1492, † 1563.

labi'al [lat.], die Lippen betreffend. **Labial** *der,* →Lippenlaute.

Labialpfeifen, bei der Orgel die älteste Art von Pfeifen mit lippenartigem Aufschnitt am unteren Ende.

Lab'iaten *die,* →Lippenblüter.

L'abiau, russ. **Polessk,** Stadt in Ostpreußen, an der Deime, 4300 (1939: 6500) Ew.; Ordensburg (14. bis 16. Jahrh.), Pfarrkirche (16. Jahrh.). L. kam 1945 teilzerstört unter sowjet. Verwaltung. - Im **Vertrag von L.** (20. 11. 1656) sicherte Schweden Brandenburg die volle Souveränität über Preußen zu.

Labiche [lab'iʃ], Eugène, französ. Dramatiker, * 1815, † 1888; Lustspiele.

L'abien [lat.] *Mz.,* Lippen.

lab'il, schwankend, leicht störbar. **labiles Gleichgewicht,** ⊠ →Gleichgewicht.

Labkraut, Gattung der Färberrötengewächse mit quirlständigen, zungenförmigen Blättern, weißen **(Gemeinen L.** und **Kletterndes L.)** oder gelben Blütchen **(Echtes L.).**

Labmagen, der Hauptmagen der Wiederkäuer, auch **Käsemagen** genannt.

Laboe [-'œ], Gem. und Seebad an der Kieler Außenförde, Schleswig-Holstein, 4100 Ew.; Marineehrenmal.

Laborat'orium [lat.] *das,* Abk. **Lab'or,** Arbeitsraum für chem., physikal., medizin. u. ä. Arbeiten. **Labor'ant,** Gehilfe im L., Lehrberuf.

labor'ieren, sich abmühen, (an einer Krankheit) leiden.

Labour Party [l'eibə p'a:ti], die brit. Arbeiterpartei, entstanden 1906 als Zusammenschluß der Gewerkschaften (Trade Unions) mit einigen entschieden sozialist. Vereinigungen, bes. der 1893 gegr. Independent L. P. 1918 bekannte sich die L. P. zur Politik der Fabian Society ('Entwicklung schrittweise zum Sozialismus'). Die L. P. bildete 1923, 1929-31, 1945-51 und 1964 bis 1970 die Regierung. Parteiführer (1955 bis 1963) H. T. Gaitskell, dann H. Wilson.

Labrad'or, Halbinsel N-Amerikas in Kanada, 1,4 Mill. km² groß, im engeren Sinn nur die östl. Küstenzone der Prov. Neufundland (293 000 km², 24 000 Ew.). Flachwelliges Hochland, im O bis über 1800 m Höhe, mit steiler Felsenküste, im NO mit Fjorden. L. hat kaltes und rauhes Klima, viel Wald. Haupterwerbszweige: Fischfang, Robben- und Pelztierjagd, Eisenerzgewinnung (→Schefferville). - L. wurde um 1000 von den Normannen (Helluland 'Steinland'), 1497 erneut von G. Caboto entdeckt.

Labrador'it *der,* trikliner Natron-Kalk-Feldspat, zeigt auf den Spaltflächen häufig prächtige Farben **(labradorisieren).** Verarbeitung zu Schmucksteinen, Dosen u. a.

Labradorit (angeschliffen)

Labrad'orstrom, kalter Meeresstrom im Atlant. Ozean, fließt entlang der Küste Labradors nach Süden.

La Bruyère [bryj'ε:r], Jean de, französ. Moralist, * 1645, † 1696; 'Die Charaktere oder die Sitten im Zeitalter Ludwigs XIV.' (1688).

Labskaus *das,* seemänn. Gericht aus gekochtem Pökelfleisch, Fisch, gestampften Kartoffeln; mit Salzgurken serviert.

Labyr'inth [grch.] *das,* **1)** ein Bau oder Garten mit einem Gewirr von Gängen, genannt nach dem L. der griech. Sage, das Daidalos für den Minotauros auf Kreta baute; oft auf dem Fußboden mittelalterl. Kirchen dargestellt (Kathedrale von Chartres u. a.). **2)** das innere Ohr. **3)** die Atmungsorgane der Labyrinthfische.

Labyrinthfische, trop. stachelflossige Fische des Süßwassers und der Küstengebiete. In zwei seitl. Schädelhöhlen liegt das Luft-Atmungsorgan **(Labyrinth).** Zu den L. gehören: Kletterfisch, Gurami, Großflosser.

Lac [frz.], See.

La Chapelle-aux-Saints [-ʃapelos'ε], Fundort eines menschl. Gerippes der Neandertalgruppe aus der letzten Eiszeit im südl. Mittelfrankreich.

La Chaussée [-ʃɔs'e:], Pierre Claude Nivelle de, französ. Dramatiker, * 1692, † 1754, schuf das moralisierende Rührstück ('Comédie larmoyante').

La Chaux-de-Fonds [laʃodf'ɔ], Bezirksstadt im Kt. Neuenburg, Schweiz, 43 000 Ew.; ein Zentrum der schweizer. Uhrenindustrie.

L'achesis, griech. Mythos: eine der drei Schicksalsgöttinnen.

Lachgas, Distickstoffmonoxid, N_2O; bewirkt, eingeatmet, rauschart. bis narkot. Zustände.

Lachmann, Karl, klass. Philologe und Germanist, * 1793, † 1851; wandte als erster die Grundsätze strenger Textkritik auf altdt. Texte an (Nibelungenlied).

Lachs, heringsartiger, bis 1,5 m langer, bis 45 kg schwerer räuber. Fisch, in der gemäßigten Zone beiderseits des Atlantik heimisch, geht mit 1-5 Jahren als **Sälmling** vom Oberlauf der Flüsse ins Meer und steigt nach 1 Jahr als **Jakobslachs** und nach 2-5 Jahren als **Salm** in seinen Geburtsfluß zum Laichen auf. - In Dtl. war der L. vor der Industrialisierung bes. im Rhein (Rheinsalm), Elbe, Oder heimisch, im Donaubereich als **Huchen (Donaulachs).** Er wird mit Angel, Netz oder in selbsttätigen Vorrichtungen gefangen. An Büchsen-L. wird vor allem der amerikan. L. des Stillen Ozeans (bes. der **Ketalachs)** verarbeitet.

Lachsschinken, zartgepökeltes, wenig geräuchertes Rückenfleisch des Schweins.

Lachtaube, kleine, bräunlichgelbe Taube mit schwarzem Nackenband und weißem Bauchgefieder, aus den Steppen N-Afrikas; ähnlich ist die aus dem Nordindien nach Europa vorgedrungene **Türkentaube.**

Lack [altind.], in Lösungsmitteln gelöste **Lackstoffe** (Bindemittel, Pigmente u. a.), die nach Auftragen und Verdunsten des Lösungsmittels erhärten und ein feines, dichtes, meist glänzendes Häutchen bilden, das die lackierte Fläche verschönt und schützt.

Lackarten. Harz-L., flüchtige L., sind Harzlösungen, z. B. in Spiritus (Spirituslack). **Cellulose-L.** enthalten Celluloseester und Celluloseäther u. a.; sehr widerstandsfähig sind die **Nitrocellulose-L.,** z. B. **Zapon-L. Asphalt-** und **Stearinpech-L.** werden in der Elektrotechnik, zum Imprägnieren u. a. verwendet. **Öl-L.** erhält man durch Verkochen von Harzen in fetten Ölen, z. B. als Ahornlack, Luft- oder Schilder-L. **Polyurethan-L., Epoxidharz-L., UP-Harz-L.** u. a. werden erst unmittelbar vor dem Auftrag gemischt und bilden dann durch chem. Reaktion einen festen Film; sie dienen z. B. zum Versiegeln von Fußböden. **Chlorkautschuk-L.** geben chemisch widerstandsfähige und völlig unbrennbare Anstriche. **Lackierverfahren** sind Streichen, Spritzen, Tauchen, Fluten, Heißspritzen u. a.

Lackbaum, japan. Sumach, dessen Rindensaft Firnis **(Firnisbaum),** auch für Lackarbeiten, liefert.

Lackdraht, ein Draht für Wicklungen, mit isolierendem Lacküberzug.

Lackfarben, feingeriebene Gemische aus einem Lack und einem Farbkörper.

Lackierer, handwerklicher und industrieller Beruf mit 3jähriger Lehrzeit.

Lackkunst, die Kunst, Geräte mit einer

Lackschicht zu überziehen und diese künstlerisch zu gestalten; ausgebildet in China und bes. in Japan: gemalte Lacke, geschnittene Lacke (rot, seltener schwarz), Lacke mit Einlagen (Gold, Silber, Perlmutt, in Japan auch Blei und gebrannter Ton). Die ältesten erhaltenen Werke der L. stammen aus chines. Gräbern der Han-Zeit (um 200 v. bis 200 n. Chr.).

Lackleder, Leder mit Lacküberzug.

L'ackmus *das,* ein Flechtenfarbstoff, der als Kaliumsalz blau ist, er dient als chem. Indikator: blaues L.-Papier wird in saurer Flüssigkeit rot, rotes in basischer Flüssigkeit blau.

Lackschildläuse, außereurop. Schildläuse, deren Ausscheidungen Schellack geben.

Lac Léman [-m'ā], der →Genfer See.

Laclos [lakl'o], Pierre Ambroise François **Choderlos de,** französ. Schriftsteller, * 1741, † 1803; Briefroman ‚Gefährliche Liebschaften' (1782).

La Coruña [-kor'uɲa], **1)** Prov. in Spanien (Galicien), 7903 km², 1,009 Mill. Ew. **2)** Hauptstadt von 1), 224 000 Ew., Fischerei-, Handels- und Passagierhafen in NW-Spanien (bes. für Auswanderung), Erdölraffinerie. - L. C. war phönik. Hafen, 1588 Sammelplatz der Armada.

Lacq [lak], Gem. im französ. Dép. Pyrénées-Atlantiques, 700 Ew.; Erdöl, eines der reichsten Erdgaslager Europas.

Lacretelle [lakrət'ɛl], Jacques de, französ. Schriftsteller, * 1888; Romane (‚Kreuzweg der Ehe', 1929).

L'acrimae Chr'isti [lat. ‚Tränen Christi'], Wein vom Vesuv oder seiner Umgebung.

Lacrosse [-kr'ɔs], indian., dem Hockey, Tennis verwandtes Spiel auf Tore, bei dem 2 Mannschaften einen Ball mit einem dreieckigen Netzschläger **(Racket)** fangen und schlagen.

Lactoflav'in, das Vitamin B$_2$.

Lact'one Mz., innere Ester von Hydroxycarbonsäuren, in denen die Carboxylgruppe unter Wasserabspaltung und Ringschluß mit der Hydroxylgruppe des eigenen Moleküls reagiert hat. Ein wichtiges L. ist das Cumarin.

Lact'ose *die,* Milchzucker.

Ladakh, Klein-Tibet, Gebirgslandschaft in Kaschmir, bis 7672 m hoch, zwischen Himalaja und Karakorum, gehört zum größten Teil zu Indien, zum kleineren zu Pakistan. In den Tälern Bewässerungsanbau (Getreide, Hülsenfrüchte, Obst).

Ladebaum, starkes Rundholz oder Stahlrohr am Lademast der Schiffe, ersetzt mit dem Ladegeschirr einen Kran.

Ladefaktor, ⚓ der für die Ausnutzung der Flugzeuge maßgebende Prozentsatz der bezahlten an den angebotenen Nutzlast-Tonnenkilometern.

Ladefläche, die nutzbare Fläche eines Lastfahrzeugs.

Ladegewicht, das Höchstgewicht, mit dem die Fahrzeuge beladen werden dürfen.

Ladelinie, die gesetzlich vorgeschriebenen Lade- oder Freibordmarke an der Bordwand, bis zu der ein beladenes Schiff eintauchen darf.

Lademaschinen, auf Raupen oder Luftreifen, auch auf Schienen oder Kufen bewegliche, zum großen Teil selbstfahrende Geräte zum mechan. Laden im Erdbau, im Steinbruch und im Bergbau.

Lademaß, ein Gerüst über einem geraden Gleis zum Prüfen der Umrißlinien von Güterwagenladungen.

Laden, 1) Verschluß vor Fenstern und Türen, als **Klapp-, Schiebe-** oder **Roll-L. 2)** Geschäft, Verkaufsraum.

Ladenburg, Stadt in Bad.-Württ., am unteren Neckar, 9500 Ew.; Max-Planck-Institut für Pflanzengenetik, chem., elektrotechnische Industrie.

Ladenhüter, schwer verkäufl. Ware.

Ladenpreis, der Einzelhandelspreis, durch Auszeichnung der Ware kenntlich gemacht.

Ladenschluß. Nach dem L.-Ges. v. 28. 11. 1956/14. 11. 1960 müssen Verkaufsstellen an Sonn- und Feiertagen ganztägig, montags bis freitags von 18.30 bis 7 Uhr, samstags ab 14 Uhr geschlossen sein. Ausnahmen gelten z. B. für den ersten Samstag im Monat, für Kurorte, Apotheken, Tankstellen, bestimmte Waren (z. B. Milch).

Laderampe, ebene Fläche in Höhe der Güterwagenböden, um das Entladen von Vieh oder schweren Lasten zu erleichtern.

Ladeschaufel, ein hydraulisch betriebenes Ladegerät an der Stirnseite eines Schleppers.

Ladeschein, Urkunde, die der Frachtführer über seine Verpflichtung zur Auslieferung des Gutes an den Empfänger ausstellt.

Ladestock, Stab zum Einschieben der Ladung in den Lauf von Vorderladegewehren.

läd'ieren [lat.], beschädigen, verletzen.

Lad'iner, →Rätoromanen.

Lad'ino [span.] *der,* **1)** Mischling zwischen Weißen und Indianerinnen. **2)** jüdischspan. Dialekt in den Küstenländern des Mittelmeers (Spaniolisch).

Ladislaus, Könige von Ungarn: **1) L. I., der Heilige** (1077-95), * um 1043, † 1095, eroberte 1091 das nördl. Kroatien, begann die Umgestaltung Ungarns nach westl. Vorbild. 1192 heiliggesprochen; Tag: 27. 6.

2) L. IV. (1272-90), * 1262, unterstützte Rudolf von Habsburg gegen Ottokar II.; von den Kumanen 1290 ermordet.

L'adoga|see, buchten- und inselreicher See in Karelien, Sowjetunion, der größte See Europas, 18 400 km², durch Kanalnetz mit Weißem Meer, Ostsee, Wolga verbunden. Hauptzuflüsse: Wolchow vom Ilmensee, Vuoksi von den finn. Seen, Swir vom Onegasee; Abfluß: Newa zur Ostsee.

Ladung, 1) ⚖ die Aufforderung, vor einer Behörde, bes. vor einem Gericht zu einem bestimmten Zeitpunkt zu erscheinen. Im Zivilprozeß wird die L. zu einem Termin in der Regel vom Gericht veranlaßt (§ 214 ZPO.). Im Strafprozeß erfolgt die L. zur Hauptverhandlung durch die Staatsanwaltschaft, nur ausnahmsweise durch das Gericht (§§ 213 ff. StPO.); der Angeklagte kann Zeugen und Sachverständige unmittelbar laden. - Im österreich. Zivil- und Strafprozeß erfolgen alle L. durch das Gericht, im schweizer. Strafprozeß nur die zur Hauptverhandlung; die L. im Zivilprozeß ist kantonal verschieden geregelt. **2)** bei Schußwaffen die als Treibmittel für das Geschoß nötige Pulvermenge (Kartusche). **3) elektrische L.,** Elektrizitätsmenge, Quelle eines elektromagnet. Feldes (→Elektrizität). **4)** Nutzlast.

Ladungsfrist, ⚖ die Frist, die bei Prozessen zwischen der Zustellung der Ladung und dem Gerichtstermin liegt.

Lady [l'eidi, engl.] *die,* Mz. Ladies, Großbritannien: Frau eines Peers, entsprechend dem Titel Lord, ferner die Peeress im eigenen Recht; auch Anrede (mit dem Vornamen) für die Töchter von Peers. Allgemein: eine Frau, die in ihrer Lebensart dem männl. Ideal von Gentleman entspricht. In Versammlungen bedeutet ‚Ladies' svw. ‚Meine Damen'. **ladylike** [-aik], damenhaft.

Laer [la:r], Pieter van, holländ. Maler, * um 1592, † 1642; auf seine in Rom entstandenen Gemälde geht die Bildgattung der →Bambocciade zurück.

La'ertes, bei Homer der Vater des Odysseus.

Lafayette [-j'ɛt], **La Fayette, 1)** Marie Joseph, Marquis de **Motier,** französ. Staatsmann, * 1757, † 1834, nahm seit 1777 als General am nordamerikan. Unabhängigkeitskrieg teil, war 1789-92 und wieder 1830 Führer der Pariser Nationalgarde; Gegner Napoleons.

2) Marie Madeleine **Pioche de la Vergne,** Comtesse de, französ. Schriftstellerin, * 1634, † 1693; ‚Die Prinzessin von Clèves' (1672), der erste psycholog. Roman.

La Ferrass'ie, Höhle im Dép. Dordogne (S-Frankreich), Fundstelle menschlicher Skelette aus der Altsteinzeit.

Laf'ette, das Gestell, in der Regel auf Rädern, auf dem das Geschützrohr ruht.

La Fontaine [lafɔt'ɛn], Jean de, französ.

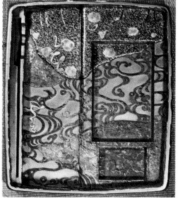

Lackkunst: links Papierkasten, rotgelackt mit Perlmutteinlagen; China, 17. Jahrh. Mitte Inneres eines Schreibkastens von Ogata Korin (1658-1716), Goldlack mit Einlagen von Perlmutt, Silber und Blei. rechts Deckel eines Schreibkastens, schwarzgelackt mit Gold- und Silbereinlagen; Japan, 1. Hälfte d. 18. Jahrh. (Abb. links u. Mitte Köln, Mus. für Ostasiat. Kunst; rechts Sammlg. Dr. Herberts, Wuppertal-Barmen)

Fabeldichter, * 1621, † 1695, schrieb ‚Erzählungen und Novellen in Versen' (1665 bis 1686) und ‚Fabeln' (1668-94), die Märchenzauber und Aufklärung verbinden.

Laforgue [laf'ɔrg], Jules, französ. Schriftsteller, * 1860, † 1887; einer der ersten Vertreter des franzöz. freien Verses.

LAFTA, Abk. für Latin American Free Trade Association, die Lateinamerikanische Freihandelszone.

LAG, Lastenausgleichsgesetz.

Lagarde [la'gard], Paul Anton de, eigentlich **Bötticher,** Orientalist, Kulturphilosoph, * 1827, † 1891, schrieb kulturkrit. und polit. Schriften in ständisch-konservativem, nationalem Geist; erstrebte eine dt. Nationalkirche.

L'agaš [-ʃ], sumer. Stadt des 3. Jahrtsd. v. Chr. in S-Mesopotamien (heute **Tello**); Ausgrabungen seit 1877.

Lage, 1) ♪ die Stellung der Töne im Tonraum: hohe, tiefe, mittlere L. Harmonielehre: die Stellung der Töne eines Akkords zueinander (z. B. enge L., weite L.). **2)** ⊕ die Bestimmung eines Ortes nach geograph. →Länge und →Breite, auch nach den örtl. Gegebenheiten (Bergkuppe, Tal u. a.).

Lage, Stadt in Nordrh.-Westf., an der Werre, 30 900 Ew., Eisen-, Möbel-, Zuckerindustrie.

Lägel das oder der, **1)** Faß mit eirundem Boden. **2)** früheres schweizer. Weinmaß, rd. 45 l. **3)** Stahlgewicht, 70 kg.

Lagenholz, Holzwerkstoff aus mehreren miteinander verleimten Furnieren. Unter Preßdruck entstehen **Preß-L.** und **Kunstharzpreßholz.**

Lagenschwimmen, Wettbewerbe in den 4 Stilarten (Lagen): Rücken-, Brust-, Delphin- (Butterfly-, Schmetterlings-) und Kraulschwimmen, auch als **Lagenstaffel.**

Lager, 1) Raum in gewerbl. oder Handelsbetrieben, in dem Roh- und Hilfsstoffe, Halb- und Fertigerzeugnisse **(L.-Bestände)** aufbewahrt werden. Die Zu- und Abnahme der L.-Bestände **(L.-Bewegung)** beeinflußt die Konjunktur. Über die L.-Bestände werden **L.-Bücher** oder **-Karteien** geführt. **2)** behelfsmäßige Unterkunft. **3)** die geschlossene Unterbringung von Personengruppen: Ferien-, Auffang-, Flüchtlings-, Gefangenen-, Internierungs-, Konzentrationslager. **4)** ein Maschinenelement zur Führung von Maschinenteilen. Beim **Gleit-L.** (mit gleitender Reibung) umgreifen 2 oder mehr Schalen der Welle. **Wälz-L.** (mit rollender Reibung) sind die **Kugel-, Rollen-** oder **Nadel-L.** Je nach gebaut als **Quer-(Radial-, Trag-)L.,** die nur Kräfte senkrecht zur Achse aufnehmen können, und als **Längs-(Axial-)L.,** die nur Kräfte in Längsrichtung aufnehmen können. **Spitzen-** oder **Stein-L.** (für Uhren, Meßgeräte) ist das Wellenende in der Vertiefung eines Edelsteins gelagert. Bei **Schneiden-L.** auf der Waagen liegen Stahlschneiden auf Stahlplatten. **Hänge-, Bock-, Wand-, Konsol-L.** sind Einbauformen. **5)** das Auflager oder Widerlager. **6)** die Lagerstätte.

Lageregler, in Flugzeugen ein Kreisel-Flugüberwachungsgerät, das eine bestimmte Fluganlage automatisch aufrechterhält. In Raumflugkörpern wird die Lageregelung durch Steuerdüsen bewirkt.

Lagergeschäft, die gewerbsmäßige Lagerung und Aufbewahrung von fremden Gütern durch einen **Lagerhalter** (§§ 416 bis 424 HGB.). Gegenleistung ist das **Lagergeld.**

Lagerhölzer, rd. 10 x 10 cm starke Hölzer, auf die der Holzfußboden genagelt wird.

L'agerkvist, Pär, schwed. Schriftsteller, * 1891, Vertreter eines illusionslosen und kritischen Humanismus. Romane ‚Barabbas' (1946), ‚Der Zwerg' (1944), ‚Gast bei der Wirklichkeit' (1925). Nobelpreis 1951.

L'agerlöf, Selma, schwed. Dichterin, * 1858, † 1940, heimat- und naturverbundene, phantasiereiche Erzählerin. Nobelpreis 1909. Romane: ‚Gösta Berling' (1891), ‚Jerusalem' (1901/02); Christuslegenden

Jean de La Fontaine   Selma Lagerlöf

(1904); Kinderbuch: ‚Wunderbare Reise des kleinen Nils Holgersson' (1906/07).

Lagermetalle, meist Bronzen, Weißmetall, Rotguß, Gußeisen, Leichtmetalle oder Sintermetalle für Gleitlager, chrom-, mangan- und molybdänlegierte Stähle für Wälzlager.

Lagerpflanzen, Thalluspflanzen, Pflanzen, deren Körper weder Wurzel noch Sproß bildet, sondern ein fädiges oder blattartig flaches Lager **(Thallus):** Algen, Pilze und Flechten.

Lagerschein, eine vom Lagerhalter ausgestellte Bescheinigung über gewerbsmäßig gelagerte und aufbewahrte Ware; ein Wertpapier, mit dessen Übertragung die Ware veräußert werden kann.

Lagerstätte, natürl. Vorkommen nutzbarer Mineralien, z. B. Eisen-, Kupfererze, Kohle, Erdöl, Erdgas.

Lagerumschlag, Verhältnis zwischen dem Umsatz und dem durchschnittl. Lagerbestand eines Zeitraums (z. B. Monat, Jahr).

Lago [ital., span.], See.

Lago Maggiore [-madʒ'ore], italien. auch **Lago Verbano,** dt. **Langensee,** See in Oberitalien, 194 m ü. M., 216 km² groß, 65 m lang, bis 372 m tief, liegt zu ¹/₅ in der Schweiz, wird vom Tessin durchflossen. Wegen der landschaftl. Reize und des milden Klimas lebhafter Fremdenverkehr. Hauptorte: Locarno, Verbania, Stresa, Arona. Im See die Borromeischen Inseln.

Lagos, Hauptstadt von Nigeria, 841 800 Ew.; Univ., kath. Erzbischofssitz. Industriezentrum (Konsumgüter), Hauptausfuhrhafen, Flughafen, Bahn nach Kano.

Lagrange [lagr'ãʒ], Joseph Louis, französ. Mathematiker, * 1736, † 1813, Prof. in Turin, Berlin, Paris, entwickelte die Variationsrechnung, förderte die Mechanik und begründete die astronom. Störungstheorie.

lagrim'oso [ital.], ♪ klagend, traurig.

L'agting [ital.], in Norwegen das vom Storting gewählte Oberhaus.

La Gu'aira, Haupthafen Venezuelas, 24 900 Ew., durch Bahn und Straße mit Caracas verbunden.

Laguerre [lag'ɛːr], Edmond Nicolas, fran-

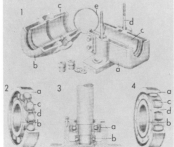

Lager: 1 Ringschmierlager, a Lagerfuß, b Lagerdeckel, c Lagerschalen, d Deckelschrauben, e Schmierring. 2 Kugellager, a/b Kugellagerringe, c Kugeln, d Kugelkäfig. 3 Spurlager, a Ringlager, b Scheibenlager. 4 Rollenlager, a Außen-, b Innenring, c Rollen, d Rollenkäfig

zös. Mathematiker, * 1834, † 1886, Förderer der Algebra, Mitbegründer der modernen Geometrie.

Lag'une [ital.] die, seichter Strandsee an Flachküsten, an der Ostsee **Haff,** am Schwarzen Meer **Liman** genannt.

La Habana [-av'ana], **Havanna,** eigentlich **San Cristóbal de la H.** Hauptstadt Kubas, an der Nordküste der Insel, 1,008 Mill. Ew.; Univ., Fachschulen, Kunstakademie, Botan. Garten; Industriezentrum (Erdölraffinerie, Stahlwerk u. a.). - Gegr. 1515.

La Harpe [la 'arp], Frédéric Cesar de, * 1754, † 1838, schweizer. Politiker, Erzieher des späteren Zaren Alexander I., Anhänger der Französ. Revolution, war 1798-1800 im Direktorium der Helvet. Republik; befreite die Waadt von der Herrschaft Berns und erreichte die Selbständigkeit als Kanton.

Lahmann, Heinrich, * 1860, † 1905, stellte die Naturheilkunde auf wissenschaftl. Grundlage.

Lähmung, ♥ die Aufhebung der Tätigkeit eines Organs, äußert sich in Bewegungs- oder Empfindungslosigkeit. Ursachen: krankhafter Zustand des Gehirns, des Rückenmarks, der Nerven oder Muskeln. Die L. kann vollständig sein **(Paralyse),** sie kann nur eine Körperhälfte befallen **(Hemiplegie),** oder es sind noch schwache Bewegungen möglich **(Parese).**

Lahn die, rechter Nebenfluß des Rheins, 245 km lang, kommt aus dem Rothaargebirge, mündet bei Lahnstein. Das Tal der L. ist reich an Burgen und Ruinen.

Lahnstein, Stadt in Rheinl.-Pf., 20 100 Ew.; Fabrik für feuerfeste Erzeugnisse, chem., Draht- u. a. Ind.; Mineralbrunnen. In der Nähe Burg **Lahneck** (1244 bezeugt). L. wurde 1969 aus dem Zusammenschluß von Nieder- und Oberlahnstein (seit 1324 Stadt) gebildet.

Lahnung, netzartig angelegte Dämme vor der Küste, die etwas über normales Hochwasser reichen, zur Landgewinnung.

Lahor, Lahore, Provinzhauptstadt in Pakistan, im Pandschab, 1,297 Mill. Ew., Universität; Bahnknoten, Eisenbahnwerkstätten, Leder-, Woll-, Stahl-Industrie.

Lahr, Stadt in Bad.-Württ., 25 000 Ew.; Kartonagen-, Tabak-, Leder-, Holz-, Maschinen- u. a. Industrie.

L'ahti, Stadt in S-Finnland, 87 300 Ew.; Möbel-, Elektroindustrie; größter Sender Finnlands, Skisprungschanze.

Lai [lɛ, frz.] der, urspr. breton. Harfenlied, im 12. Jahrh. Versnovelle aus der Artussage (bes. von Marie de France), im 13.-15. Jahrh. lyr. Lied.

Laibach, 1) die, slowen. **Ljublj'anica** [-nitsa], Karstfluß in Jugoslawien, 85 km lang, mündet unterhalb L. 2) in die Save. **2)** slowen. **Ljublj'ana,** Hauptstadt Sloweniens, Jugoslawien, beiderseits von 1), 182 000 Ew., wirtschaftl. und kultureller Mittelpunkt Sloweniens, Universität, Museen; Konserven-, Textil-, Leder-, Maschinen-, Elektro-, Kugellagerindustrie.

Laibung, Leibung, ⊓ die innere Fläche der Maueröffnung bei Bögen, Fenstern, Türen.

Laich der, ♌ bei Lurchen, Fischen, Insekten, Weichtieren u. a.: gallertige Ei-Mengen, die im Weibchen oder außerhalb vom Männchen besamt werden.

Laichkraut, einkeimblättrige Pflanzengattung, meist Süßwassergewächse mit kriechendem Wurzelstock, flutendem Kraut, über das Wasser ragender Blütenähre.

Laie, 1) Nichtfachmann, Ungelernter. **2)** Kath. Kirche: Nichtgeistlicher.

Laienapostolat, Kath. Kirche: die Mitarbeit von Laien an der Ausbreitung der kath. Lehre und Lebensführung.

Laienbruder, Mitglied einer Klostergenossenschaft, dem bes. die handwerkl. Arbeiten obliegen; ohne Weihen.

Laiengesetze, die antiklerikalen Gesetze in Frankreich von 1901-05; sie führten 1905 zur Trennung von Staat und Kirche.

Laienkelch, die Gewährung des Kelchs

an Laien beim Abendmahl; Kath. Kirche: Verbot von 1415 durch das 2. Vatikan. Konzil aufgehoben.

Laienmalerei, die →naive Malerei.

Laienrichter, im Unterschied zum Berufsrichter eine meist nicht juristisch vorgebildete Person, die an der Rechtsprechung beteiligt ist. L. gibt es bes. bei den Arbeits- und Sozialgerichten sowie im Strafprozeß. - In Österreich und der Schweiz gibt es ebenfalls L. Keine L. in diesem Sinne sind die in der Dt. Dem. Rep. tätigen →Volksrichter.

Laienschwester, Klosterschwester ohne die Rechte einer Chorschwester.

Laienspiegel, Rechtsbuch in dt. Sprache, von Ulrich Tengler verfaßt, 1509 erstmals erschienen (Vorreden von S. Brant).

Laienspiel, Theaterspiel nicht berufsmäßiger Schauspieler, das bes. von Jugend-, aber auch Erwachsenenverbänden und den Kirchen gepflegt wird. Es will die natürl. Spielkräfte jedes Menschen wecken; als Gemeinschaftsbetätigung, die sich auf Brauchtum, Reigen und Tanz, volkstüml. Feierüberlieferungen stützt.

L'aios, der Vater des Ödipus.

Laird [lɛəd], Melvin Robert, amerikan. Politiker (Republikaner), * 1922, seit 1953 Abg. im Kongreß, wurde er 1969 Verteidigungs-Min.

Laisse [lɛs, frz.] *die,* die aus beliebig vielen Versen bestehende, durch Assonanz gebundene Strophe im altfranzös. Epos.

laissez faire, laissez passer [lɛse fɛːr, lɛse pa;s'e, frz. „laßt gehen"], *auch* **laissez aller** [-al'e;], Forderung des Wirtschaftsliberalismus: Die Wirtschaft gedeiht am besten, wenn der Staat sich nicht einmischt.

Laiz'ismus, die Bestrebungen nach Ausschluß der Geistlichkeit von nichtkirchlichen Angelegenheiten.

Lak'ai [frz.-türk.], **1)** Diener (in Livree). **2)** Unterwürfiger, Kriecher.

Lake, Salzlösung zum Einsalzen.

Lake [leik, engl.], *der* See.

Lake Allard [leik'æla:d], See in Kanada, nördl. des St.-Lorenz-Stroms, nahebei große Titanerzlager.

Laked'ämon, Lakedaimon, antiker Name des Staates und Gebietes von →Sparta.›

Lake District [leik-], Seengebiet in den →Cumbrian Mountains.

Lake of the Woods [leik ɔv ðə wudz], See z. T. in Kanada (Ontario, Manitoba), z. T. in den USA (Minnesota), 4000 km². Abfluß zum Winnipegsee.

Lake Success [leik sɔks'es], Vorort von New York auf Long Island, bis 1951 Sitz der Vereinten Nationen.

Lake Superior [leik sʌp'iəriə], englisch für den →Oberen See (Kanada).

L'akhnau, engl. **Lucknow,** Hauptstadt von Uttar Pradesch, Indien, 763 600 Ew., Universität; Eisenbahnwerkstätten, Baumwoll- u. a. Industrie.

Lakkad'iven, Inselgruppe im Arabischen Meer. Die L. bilden mit den Amindiven und Minikoi ein Unionsgebiet Indiens.

Lakkol'ith *der,* aufgestiegene Magmamasse, die die über ihr lagernden Sedimentschichten aufgewölbt hat.

Lak'onien, Landschaft in Griechenland, im SO der Peloponnes, das Kernland des alten Sparta. Hauptstadt: Sparta.

lak'onisch [nach Lakonien], wortkarg, kurz, wie die Spartaner.

Lakr'itze *die,* Auszug aus der Süßholzwurzel (Glycyrrhiza), eine glänzendschwarze, süße Masse (**Süßholzsaft**). Bestandteil vieler Hustenmittel; auch zur Behandlung von Magengeschwüren.

L'akschmi, auch **Schri,** bei den Hindus die Göttin des Glücks und der Schönheit, die Gattin des Wischnu.

Laktation [lat.] *die,* die Milchabsonderung (bei Mensch und Tieren).

La Lag'una, Stadt auf der span. Insel Teneriffa, 70 000 Ew.; gegr. 1496, Universität, Kirchen (16.-18. Jahrh.).

Lalebuch, Schwanksammlung, in der die törichten Streiche, die einzelnen Kleinstädten zugeschrieben wurden, um einen

Mittelpunkt (Laleburg) gruppiert sind; entstanden im Elsaß, erschienen 1597, seit 1598 u. d. T. ‚Die Schildbürger'.

La L'inea de la Concepción [-konθeθi'ɔn], Stadt in der span. Prov. Cádiz, an der Wurzel der Halbinsel Gibraltar, 59 800 Ew.

Lal'o, Edouard, spanisch-franzöS. Komponist, * 1823, † 1892, einer der frühesten Vertreter des impressionist. Musik.

L'ama [peruanisch] *das,* **1)** Kamelgattung im westl. Südamerika, ohne Höcker. Von dem wildlebenden **Guanako** stammen als Fleisch und Wolle liefernde Haustiere der **Pako (Alpaka)** und das **Eigentliche L.,** das bes. als Lasttier dient. Eine andere, wilde Art ist die **Vikunja. 2)** flanellartiger Futter- und Mantelstoff aus Wolle, Halb- oder Baumwolle.

Lama

Lama, vollgeweihter lamaist. Geistlicher.

La Maddal'ena, die größte der Magdaleneninseln (20 km²) zwischen Korsika und Sardinien, 10 900 Ew.

La Madeleine [-madl'ɛːn], altsteinzeitl. Fundstelle bei Tursac (Dép. Dordogne, Frankreich); nach ihr ist benannt die Kulturstufe des Magdalénien.

Lama'ismus, die tibet. Abart des Buddhismus, eine Mischung von buddhist. Philosophie, prunkvollem Kultus und bodenständigem Dämonen- und Zauberglauben. Der L. soll 632 n. Chr. in Tibet eingeführt worden sein. Er bildete einen Priesterstaat aus mit reichen Klöstern als Mittelpunkten der Wirtschaft. Die beiden Häupter der lamaist. Kirche gelten als irdische Erscheinung von Buddhas und Bodhisattwas: Der **Dalai-Lama** ist zugleich weltl. Herrscher Tibets; der **Pantschen-rin-po-tsche** oder **Taschi-Lama** im Kloster Taschilumpo bei Schigatse hat mehr religiöse Aufgaben. Nach der Besetzung Tibets durch die Rotchinesen mußte der Dalai-Lama aus seiner

Residenz in Lhasa nach Indien fliehen (→Tibet). - Der L. ist auch die Religion der Himalaya-Länder Ladakh, Sikkim und Bhutan.

La Malad'etta, Maladetta, Monts Maudits, Granitstock mit dem höchsten Berg der Pyrenäen (Pico de Aneto, 3404 m hoch).

La Mancha [-m'antʃa], durch Cervantes Roman ‚Don Quixote' bekannte Landschaft in Neukastilien. Hochgelegenes Steppenland mit rauhem Klima, eine der Kornkammern Spaniens.

La Manche [lam'ãʃ], französischer Name des Ärmelkanals.

Lamant'in *der,* Säugetier, →Sirenen.

Lam'arck, Jean Baptiste de **Monet** de, franzöS. Naturforscher, * 1744, † 1829; schuf die Abstammungslehre **(Lamarckismus):** Die Umwandlung der Arten und die Zweckmäßigkeit in der Ausbildung der Organismen werden auf die Umwandlungen des Einzelwesens unter dem Einfluß der Außenwelt zurückgeführt. (Bild S. 717)

Lamartine [lamart'in], Alphonse de, franzöS. Dichter, * 1790, † 1869, nach der Februarrevolution 1848 kurze Zeit Außenmin.; schrieb schwermütige romant. Verse, plante eine große epische Menschheitsdichtung, von der ‚Jocelyn' (1836) und ‚Der Fall eines Engels' (1838) erschienen.

Lamb [læm], **1)** Charles, engl. Schriftsteller, * 1775, † 1834; geistreiche Essays über unscheinbare Dinge und Nacherzählungen der Werke Shakespeares für Kinder (zusammen mit seiner Schwester Mary).

2) Willis Eugene, amerikan. Physiker, * 1913; verbesserte die Resonanzmethode zur Bestimmung von Kernmomenten, erhielt 1955 für die Präzisionsbestimmung der Feinstruktur des Wasserstoff, Helium, Deuterium den Nobelpreis (mit P. Kusch).

Lambar'ene, Ort am Ogowe, Gabun, mit Urwaldspital von A. →Schweitzer.

L'ambda *das,* Name des griech. Buchstabens (Λ, λ), dessen Lautwert dem heutigen L entspricht.

Lambda-Teilchen, Λ oder Λ⁰, Elementarteilchen aus der Gruppe der Baryonen.

Lambert, Johann Heinrich, Philosoph, Mathematiker, Physiker, * 1728, † 1777, bedeutender Vertreter des dt. Rationalismus, wies die Irrationalität der Zahl π nach, schuf die Grundlagen für eine genaue Lichtstärkemessung.

Lambeth-Konferenzen [l'æmbəθ-], die seit 1867 meist alle zehn Jahre nach dem Lambeth-Palace in London einberufenen Versammlungen aller anglikan. Bischöfe.

. Lambrequin [lãbrək'ɛ̃, frz.] *der,* Behang mit Quasten über Fenstern, Türen; im Barock auch in Stein und Bronze.

Lamé *der,* mit Metallfäden durchwirkter Stoff für Abendkleider, Theaterkostüme.

L'amech, nach 1. Mos. 4, 18 ff. Stammvater der Hirten, Musikanten, Schmiede; nach 1. Mos. 5, 28 ff. der Vater Noahs.

Lam'elle [lat.] *die,* Blättchen, Scheibe.

Lamellendach, Dachkonstruktion aus

Lamaismus: links Gebetsmühlen vor einem Tempel; rechts Lama im Gebet

miteinander verschraubten Holz- oder Stahllamellen zum Überspannen großer Hallen.

Lamellibranchiata [lat.-grch.] Mz., Weichtiere, die →Muscheln.

Lamennais [lamn′ɛ], Hugues-Félicité-Robert de, franzöz. theolog. und polit. Schriftsteller, * 1782, † 1854, verteidigte die kirchl. Freiheit gegen den Staat, wurde aber wegen seines Liberalismus von Gregor XVI. zensuriert (1834) und brach mit der Kirche; wurde später Sozialist.

Lamentati′onen [lat.], Abschnitte aus den Klageliedern des Propheten Jeremias auf die Zerstörung Jerusalems (586 v. Chr.).

J. B. Lamarck   Else Lasker-Schüler

lament′ieren, jammern, wehklagen. **Lam′ento** [ital.] das, Wehklage. ♪ Klagegesang, leidenschaftlicher Einzelgesang in der Renaissance- oder Barockoper. **lament′oso,** ♪ klagend, traurig.

Lam′etta [ital.] die, das papierdünn ausgewalzte, in feine Streifen geschnittene Aluminium- oder Zinnbleche.

Lamettr′ie, Julien Offray de, franzöz. Philosoph, * 1709, † 1751, lehrte, daß der Mensch maschinenähnlich aufgebaut sei; wegen seiner materialist. und atheist. Schriften wurde er verfolgt, von Friedrich d. Gr. aufgenommen.

L′amia, altgriech. Spukgeist, der Kinder raubt; später hießen **Lamien** weibl. Wesen, die Jünglinge anlocken und ihnen das Blut aussaugen.

L′amia, Bezirkshauptstadt in Mittelgriechenland, 38 500 Ew.

L′amina [lat.] die, 1) dünnes metall. Plättchen. 2) blattähnl. erweiterter Körperteil.

lamin′ar heißt die Bewegung von Gasen oder Flüssigkeiten, deren Schichten ohne Wirbelbildung aneinander vorbeigleiten.

Lamin′aria, die Gattung →Blattange.

Laminektom′ie, operatives Freilegen des Rückenmarks.

laminieren, Drucksachen, z. B. Prospekte, Buchumschläge, mit Zellglas beziehen (kaschieren).

L′amischer Krieg [nach der Stadt Lamia] der Griechen unter Führung Athens gegen Antipater, um die makedon. Herrschaft abzuschütteln, endete 322 v. Chr. mit der Niederlage der Griechen.

L′ammasch, Heinrich, österreich. Strafrechtslehrer, * 1853, † 1920, entwarf 1906 bis 1912 ein neues österreich. Strafgesetz. Okt./Nov. 1918 letzter MinPräs. des alten Österreich.

Lämmergeier, Vogel →Bartgeier.

Lämmerschwanz, Pflanzen: Kunigundenkraut, Schafgarbe, Wollgras, ein Klee.

Lamormain [lamɔrm′ɛ], Wilhelm, * 1570, † 1648, Jesuit, Beichtvater Ferdinands II., wirkte für die Gegenreformation, aber gegen Wallenstein und die Spanier.

La Motte-Fouqué [lamɔtfuk′e], Friedrich Freiherr von, Dichter, →Fouqué.

Lampe, Gerät zur Erzeugung von Licht (z. B. Glühlampe), manchmal direkt mit Vorrichtungen zur Verteilung des Lichtes (→Leuchte) zu einer Einheit verbunden.

Lampe, Friedo, Schriftsteller, * 1899, † 1945; traumhaft-realist. Erzählungen.

Lampe [Kurzform von Lamprecht], **Meister L.,** der Hase in der Tierfabel.

Lamped′usa, Giuseppe **Tomasi di,** italien. Schriftsteller, →Tomasi.

Lampertheim, Stadt in S-Hessen, im Hess. Ried, 24 100 Ew., Holz-, chem., elektrotechn. Industrie.

Lampion [lampi′ɔ̃, frz.] der oder das, oft reichbemalte Papierlaterne; ostasiatischen Ursprungs.

Lampionpflanze, eine ostasiat. Blasenkirsche, dient zu Trockensträußen.

Lamprecht, Karl, Historiker, * 1856, † 1915, Wirtschafts- und Kulturgeschichte. Hauptwerk: ,Dt. Geschichte', 16 Bde. (1891 bis 1909).

Lamprecht der Pfaffe, moselfränk. Geistlicher, dichtete zwischen 1140 und 1150 ein Alexanderlied, die erste dt. Bearbeitung eines antiken Stoffes.

Lampr′ete die, das fischähnliche Wirbeltier Meerneunauge (→Neunauge).

Län das, Verwaltungsbezirk (Provinz) in Schweden und Finnland.

Lançade [lãs′ad, frz.] die, Hohe Schule: Sprung des Pferdes nach vorwärts mit hocherhobener Vorderhand.

Lancashire [l′æŋkəʃiə], nördl. Grafschaft Englands, an der Irischen See, 4864 km², 5,182 Mill. Ew. Hauptstadt: Lancaster.

Lancaster [l′æŋkəstə], 1) Hauptstadt der engl. Grafschaft Lancashire, 48 200 Ew. Baumwoll-, Möbelind., Maschinenbau. 2) Stadt in Pennsylvania, USA, 57 700 Ew., Vieh- und Tabakmarkt, Industrie.

Lancaster [l′æŋkəstə], Herzogstitel einer Nebenlinie des engl. Königshauses Plantagenet, die 1399-1461 die engl. Könige stellte; in den Rosenkriegen 1471 ausgerottet.

Lancaster [l′æŋkəstə], Joseph, * 1778, † 1838, richtete in London unentgeltliche Grundschulen mit →Monitorsystem ein, die zur Errichtung von **L.-Schulen** in ganz Großbritannien anregte.

Lancelot, Sagengestalt **(Lanzelot vom See)** aus der Tafelrunde des Königs Artus. Versroman von Chrétien de Troyes. Dt. Lanzeletdichtung von Ulrich von Zatzikhoven (um 1195/1200).

Lancia & C., [l′antʃa], **Fabbrica Automobili Torino S. p. A.,** Turin, italien. Kraftfahrzeugunternehmen, gegr. 1906; 1969 von der FIAT S. p. A. übernommen.

lancieren [lãs′i:ren, frz.], in Gang, in Mode bringen.

Lancret [lãkr′ɛ], Nicolas, franzöz. Maler, * 1690, † 1743, malte galante Feste u. a. in der Art Watteaus.

Land das, 1) Erdboden. 2) ⊕ die festen Teile der Erdoberfläche. 3) naturnahe, dörfliche Gegend, im Gegensatz zur Stadt. 4) Gegend, Landschaft. 5) abgegrenztes Gebiet.

Landabgaberente, Rente, die an Landwirte gezahlt wird, die ihren Betrieb zwischen dem 1. 7. 1969 und dem 31. 12. 1973 zum Zwecke der Strukturverbesserung aufgeben.

Landammann, →Ammann.

Landarbeiter, Person, die in landwirtschaftl. Betrieben im Lohnverhältnis Feld-, Hof-, Stallarbeiten verrichtet. Nach der Dauer der Beschäftigung unterscheidet man **ständige** und **nichtständige** Arbeitskräfte. Die L. werden in der Regel nach Tarif entlohnt. Ein Übergang zum **landwirtschaftl.**

Facharbeiter mit 3jähr. Lehrzeit bahnt sich an.

landart [l′ænd a:t, engl.], Tendenzen der zeitgenöss. Kunst, die über die begrenzten Formen des Tafelbildes und der Skulptur hinausgehend, großräumige Veränderungen der Erdoberfläche anstreben oder auch natürl. Prozesse in die Kunst integrieren (z. B. W. de Maria, M. Oppenheim, R. Long).

Land′au, Lew Dawidowitsch, sowjet. Physiker, * 1908, † 1968, erhielt 1962 für die theoret. Klärung der Erscheinungen des supraflüssigen Zustandes beim Helium II den Nobelpreis für Physik.

L′andauer, viersitziger Kutschwagen mit nach vorn und hinten niederklappbarem Verdeck.

Landauer, Gustav, Philosoph, sozialist. Politiker, * 1870, † (ermordet) 1919, Volksbeauftragter für Volksaufklärung der Münchner Räteregierung 1919; verfocht konsequent den Rätegedanken.

Landau in der Pfalz, Stadt in Rheinl.-Pf., in der Rheinebene, 32 300 Ew., frühgot. Stiftskirche, Pädagog. Hochschule, Technikum; Mittelpunkt des Pfälzer Wein- und Tabakhandels, Textil-, Gummi-, Elektro- u. a. Industrie. - 1291 Reichsstadt, 1679 zu Frankreich, von Vauban befestigt, 1816 an Bayern, bis 1867 dt. Bundesfestung.

Landbrücken-Theorie, die Annahme, daß heute durch Meere getrennte Teile der Erde ehemals durch Landmassen verbunden waren (→Gondwanaland); überholt durch die Kontinentalverschiebungstheorie von A. →Wegener.

Landbund, in Österreich zwischen 1920 und 1934 eine Bauernpartei, gehörte 1927 bis 1933 der Regierungskoalition an.

Landeanflugverfahren, funktechn. Verfahren für den Landeanflug von Flugzeugen ohne oder bei unzureichender Bodensicht. Das **ILS** (engl. Instrument Landing System) legt den Anflugkurs durch zwei Leitstrahlebenen fest, die von einem Bordinstrument angezeigt werden, wonach der Pilot steuert. Das **GCA** (engl. Ground Controlled Approach) bestimmt die Lage des Flugzeugs vom Boden aus durch Präzisions-Radar, der Radarlotse ,spricht das Flugzeug herunter'. Automat. **Blindlandeverfahren** für die Zivilluftfahrt werden erprobt.

Landebahn, →Flughafen.

Landeck, 1) L. i. Schl., poln. **Lądek Zdrój,** Stadt im Glatzer Bergland, Schlesien, 5400 (1939: 4800) Ew.; radioaktive Schwefelquellen, Moorbäder. Seit 1945 unter poln. Verwaltung.

2) Bezirksstadt in Tirol, Österreich, im Oberinntal, 7300 Ew.; von der **Burg L.** überragt. Textil-, elektrotechn. Industrie.

Landehilfen, Einrichtungen zur Herabsetzung der Landegeschwindigkeit und damit der Landestrecke von Flugzeugen. Auftriebserhöhende L. sind bes. die **Landeklappen** (Wölbungs-, Spalt-, Spreizklappe, Doppel-, Fowlerflügel), **Vorflügel** und **Nasenklappen.** Widerstandserhöhende L. sind die Bremsklappen (Spoiler), Bremsschirm, Schubumkehr.

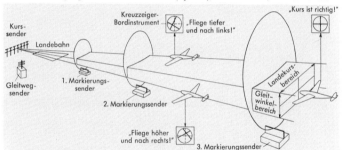

Landeanflugverfahren: Schema der Blindlandung mit Hilfe des Instrumenten-Landesystems (ILS)

Land

Landekorridor, schlauchförmige Zone, in die ein aus dem Weltraum zurückkehrendes Raumfahrzeug unter einem Eintrittswinkel von 14,5° eintreten muß. Bei steilerem Winkel verglüht es, bei flacherem fliegt es wieder in den Weltraum hinaus.

Landenge, ↗Isthmus, schmale Landverbindung zwischen zwei Landmassen.

Länder, im Dt. Reich seit 1919, in der Bundesrep. Dtl. seit 1949 die Gliedstaaten, die bis 1918 Bundesstaaten hießen. In der Dt. Dem. Rep. wurden die L. 1952 durch Bezirke ersetzt; in Österreich bestehen 9 selbständige Teilgebiete (Bundesländer).

Länderkammer, in der Dt. Dem. Rep. die Vertretung der Länder neben der Volkskammer; nach Abschaffung der Länder (1952) 1958 formell aufgelöst.

Länderkampf, auch **Länderspiel,** ✕ Wettkampf zweier oder mehrerer Nationalmannschaften.

Länderkunde, Teil der Geographie.

Länderrat, Organ im ehem. →Vereinigten Wirtschaftsgebiet.

Landerziehungsheim, Heimschule, in der neben dem Unterricht das Gemeinschaftsleben bes. gepflegt wird. Die ersten L. wurden nach engl. Vorbild von H. Lietz, G. Wyneken, P. Geheeb u. a. gegründet, so Ilsenburg a. Harz (1898), Schondorf am Ammersee (1905), Freie Schulgemeinde Wickersdorf (1906), Salem (1920).

Landes [lād, kelt. ‚Heide‘], **1)** in Frankreich häufiger Name für Landstriche, die mit Heide bewachsen oder vermoort sind, bes. die **L. de Gascogne** im SW zwischen Gironde und Adour, rd. 14 000 km². **2)** Dép. in SW-Frankreich, 9364 km², 277 400 Ew.; Hauptstadt: Mont-de-Marsan.

Landesarbeitsämter, mittlere Verwaltungsstellen der Bundesanstalt für Arbeit.

Landesarbeitsgericht, →Arbeitsgerichtsbarkeit.

Landesaufnahme, die planmäßige Vermessung eines Landes, umfaßt astronom. Ortsbestimmung, Strecken-, Höhenmessung, topograph. Aufnahme und kartograph. Darstellung. Erstmals 1750-89 in Frankreich durchgeführt, von anderen Ländern im 18./19. Jahrh. übernommen.

Landesbanken, gemeinnützige öffentlich-rechtl. Bankinstitute, heute meist von Giroverbänden betrieben; in der Bundesrep. Dtl. in den letzten Jahrzehnten zugleich zentrale Verrechnungsstellen der regionalen Sparkassen (Girozentralen). Spitzeninstitut der L. ist die Dt. Girozentrale - Dt. Kommunalbank.

Landesbehörden, die Behörden der Gliedstaaten eines Bundesstaates.

Landesbischof, der leitende Geistliche in einigen evang. Landeskirchen.

Landesgemeinde, die →Landsgemeinde.

Landesgericht, in der Bundesrep. Dtl. alle Gerichte der Länder, in Österreich die Gerichtshöfe erster Instanz.

Landeshauptmann, 1) Preußen: der Leiter der Provinzialselbstverwaltung. **2)** Österreich: in den Bundesländern der Vorsitzende der Landesregierung; in Wien ist L. der Bürgermeister.

Landesherrschaft, im Dt. Reich bis 1806 das Herrschaftsgebiet (**Territorium**) eines Fürsten oder einer Reichsstadt; die **Landeshoheit** wurde durch die Reichsgrundgesetze Kaiser Friedrichs II. von 1220 und 1231/32 anerkannt, 1648 verstärkt.

Landeshut i. Schles., poln. **Kamienna Góra,** Stadt am Bober, 21 100 (1939: 13 700) Ew.; Textilind.; Gnadenkirche (1709-20). Seit 1945 unter poln. Verwaltung.

Landeskirchen, die Gliedkirchen der Evang. Kirche in Dtl. Sie sind Körperschaften des öffentl. Rechts. Die landeskirchl. Gesetzgebung üben die Landessynoden aus. Sie bilden auch die Kirchenleitung, deren Verwaltungsbehörde das Konsistorium oder Landeskirchenamt ist.

Landeskonservator, beamteter Leiter eines staatl. Landesamts für Denkmalpflege (**Landesdenkmalpfleger**).

Landeskrone, Berg bei Görlitz (420 m).

Landeskultur, Maßnahmen zur Bodenerhaltung, Bodenverbesserung (Melioration), Neulandgewinnung, Flurbereinigung.

Landeskunde, das Wissen über ein Land oder Staatsgebiet in seiner Gesamtheit von Land und Leuten.

Landesliga, ✕ Fußball-Amateurspielklasse in der Bundesrep. Dtl.

Landesliste, Wahlvorschlag einer Partei auf Landesebene. Vorgesehen z. B. im Bundeswahlgesetz; danach wird die Hälfte der über den Bundestag zu wählenden Abgeordneten (258) über die L. gewählt.

Landesmeisterschaft, Wettkampf um den höchsten nationalen Meistertitel (**Landesmeister**) eines Landes in einer Sportart.

Landesordnungen, in den früheren dt. Territorien seit dem 15. Jahrh. die Polizei- und Gerichtsverfassungsgesetze.

Landespflege erstrebt eine menschengerechte und naturgemäße Umwelt durch Ordnung, Schutz, Pflege und Entwicklung von Wohn-, Industrie-, Agrar- und Erholungslandschaften. Neuerdings wird auch der Begriff →Umweltschutz im gleichen Sinn wie L. gebraucht.

Landesplanung, die vorausschauende Gesamtgestaltung eines Gebiets unter Berücksichtigung der Bedürfnisse von Sied-

Landeskirchen der EKD (Bundesrep. Dtl. 31. 12. 1968, Dt. Dem. Rep. 31. 12. 1960)

Landeskirche	Mitglieder[1]	Kreise[2]	Gemeinden	Geistliche[3]
Evang. Kirche der Union				
Berlin-Brandenb.	3605	68	1916	1352
Pommern	415	18	328	219
Schlesien	210	5	74	85
Sachsen, Provinz	2125	78	2367	1158
Westfalen	3510	33	617	1631
Rheinland	3915	47	866	1753
Anhalt	275	5	221	118
übrige unierte Landeskirchen				
Hessen u. Nassau	2310	60	1167	1220
Kurhess.-Waldeck	1145	26	940	700
Baden	1390	27	539	852
Pfalz	750	20	465	469
Bremen	520	—	66	142
Gliedkirchen der Vereinigten Evang.-Luther. Kirche Dtl.s				
Sachsen, Land	2910	31	1229	1201
Hannover	3915	84	1654	1710
Bayern	2540	72	1289	1826
Schleswig-Holstein	2370	24	518	878
Thüringen	1210	41	1406	757
Mecklenb.	850	30	501	367
Hamburg	685	7	78	245
Braunschweig	690	16	410	350
Lübeck	210	—	32	83
Schaumb.-Lippe	70	3	21	26
Eutin	85	—	18	28
übrige lutherische Landeskirchen				
Württemb.	2545	51	1285	1672
Oldenburg	540	13	112	223
reformierte Landeskirchen				
Lippe	245	6	67	121
Nordwestdtl.	215	10	123	132

[1] In 1000; am 31. 12. 1965. [2] Untere kirchl. Verwaltungsbez. (Superintendenturen, Dekanate, Propsteien). [3] Amtierende, einschl. Vikarinnen, Pfarrhelfer (ohne theolog. Vollstudium), ordinierte Hilfsgeistliche. - 1969/70 wurde der Zusammenschluß der Landeskirchen in der EKD durch die Bildung des Bundes der Evang. Kirchen in der Dt. Dem. Rep. aufgelöst.

lung, Bodenbewirtschaftung, Industrie, Verkehr usw.

Landesprüfungsämter, in einigen Ländern der Bundesrep. Dtl. Prüfungsämter für Kandidaten des höheren Lehramts.

Landesrat, in den österreich. Bundesländern ein Mitglied der Landesregierung.

Landesrecht, in Bundesstaaten das Recht der Gliedstaaten im Unterschied zum Bundesrecht; auch das Recht der einzelnen Staaten im Unterschied zum Völkerrecht.

Landesregierung, in den Ländern der Bundesrep. Dtl. die leitende Behörde (Ministerium, Staatskanzlei), auch das Kabinett (in Bayern: Staatsregierung, in Hamburg, Bremen und Berlin: Senat); besteht aus dem MinPräs. (Regierenden oder 1. Bürgermeister, Präs. des Senats) und den Ministern (Senatoren). In den österreich. Bundesländern besteht die L. aus dem Landeshauptmann, dessen Stellvertretern und den Landesräten; in Wien ist L. der Stadtsenat.

Landessportbund (LSB), der Zusammenschluß der Fachverbände und überfachl. Organisationen (der Städte, Kreise und Bezirke) zu einem Sportdachverband in den Ländern der Bundesrep. Dtl.

Landessteuern, Steuern, für die in einem Bundesstaat die Länder die Gesetzgebungszuständigkeit besitzen und die von den Ländern erhoben werden.

Landesstraßen, in Nordrh.-Westf. **Landstraßen,** in Bayern **Staatsstraßen,** früher **Lanostraßen erster Ordnung,** und **Kreisstraßen,** früher **Landstraßen zweiter Ordnung,** ergänzen die →Bundesfernstraßen und bilden zusammen mit dem das klassifizierte Straßennetz der Bundesrep. Dtl.

Landesverrat, ⚖ im Unterschied zum Hochverrat bestimmte gegen die äußere Sicherheit und Machtstellung des Staates gerichtete Straftaten, bes. der Verrat von Staatsgeheimnissen. L. wird meist mit Freiheitsstrafe bestraft (§§ 99 ff. StGB.). - In Österreich wird L. als Ausspähung (Spionerie) und Einverständnis mit dem Feind nach § 67 StGB., die Gefährdung des Staates von außen als Hochverrat (§ 58 StGB.) bestraft. Die Schweiz hat in dem dt. Recht ähnl. Regelung (Art. 266-274 StGB.).

Landesversicherungsanstalten, die Träger der Rentenversicherung der Arbeiter, zugleich Träger von Gemeinschaftsaufgaben der Krankenversicherung.

Landeszentralbanken, LZB, seit 1. 8. 1957 die in den Ländern der Bundesrep. Dtl. bestehenden Hauptverwaltungen der Dt. Bundesbank. Ihnen sind die Geschäfte mit dem Land und den Kreditinstituten des Landes vorbehalten. Die L., 1947 als öffentl.-rechtl. Zentralbanken gegr., wurden 1948 in der Bank dt. Länder zusammengefaßt.

Landflucht, die Abwanderung ländl. Arbeitskräfte in industrielle Berufe.

Landfolge [mhd.], im alten Dt. Reich die Verpflichtung der Landeinwohner zur Heeresfolge, zur Verfolgung von Friedensbrechern u. a. (**Landwehr, Landesaufgebot**).

Landfrauenschule, landwirtschaftl. Fachschule zur Ausbildung von ländl. Wirtschafterinnen, in ein- oder zweijährigen Kursen; das zweite Jahr vermittelt fachgebundene Hochschulreife.

Landfriede, im MA. das Verbot oder die Einschränkung der Fehden; jeweils für eine bestimmte Anzahl von Jahren, bis der **Ewige L.** des Wormser Reichstags von 1495 das Fehderecht im Dt. Reich ganz beseitigte.

Landfriedensbruch begeht, wer sich an 1) Gewalttätigkeiten gegen Menschen oder Sachen oder 2) Bedrohungen von Menschen mit einer Gewalttätigkeit, die aus einer Menschenmenge mit vereinten Kräften begangen werden, als Täter oder Teilnehmer beteiligt. Er wird nach § 125 StGB. mit Freiheitsstrafe bis zu drei Jahren bestraft. Die

Vorschrift ist durch das dritte Strafrechts-reform-Ges. v. 18. 3. 1970 neu gefaßt worden.

Landgericht, in der Bundesrep. Dtl. ein Gericht erster Instanz für Sachen größerer Bedeutung; für amtsgerichtl. Entscheidungen Rechtsmittelinstanz (Übers. Gericht).

Landgerichtsdirektor, der Vorsitzende einer Zivil- oder Strafkammer bei den Landgerichten.

Landgerichtspräsident, der Leiter eines Landgerichts.

Landgerichtsrat, Beisitzer in den Zivil- und Strafkammern der Landgerichte.

Landgewinnung, geschieht bes. aus dem Wattenmeer durch Förderung der Schlickablagerung mit Buhnen und Lahnungen; auch durch Trockenlegung von Binnenseen (z. B. Haarlemmermeer-Polder).

Landgraf, im Dt. Reich seit dem 12. Jahrh. der Vors. eines königl. Landfriedensbezirkes, nach der Territorialisierung im 13. Jahrh. bis 1806 der Landesherr einer **Landgrafschaft.** Diese sollte urspr. fehlende Stammesherzogtümer ersetzen und die königl. Gewalt in schwachen Stammesherzogtümern stärken.

L'andgrebe, Ludwig, Philosoph, * 1902, arbeitet an phänomenolog. Analysen von Gesellschaft und Geschichte.

Landhalbkugel, der Teil der Erdkugel, der den größten Anteil an Landfläche hat. Gegensatz: Wasserhalbkugel.

Landjäger, 1) in den meisten dt. Ländern 1919-37 Gendarm. **2)** flachgepreßte, hart getrocknete und geräucherte Rohwurst.

Landkapitel, Kath. Kirche: die Gesamtheit der Geistlichen eines Dekanats.

Landkärtchen, ♫ ein Eckflüglerschmetterling **(Gitterfalter);** die Frühjahrsgeneration ist vorwiegend rotbraun, die Sommergeneration schwarzbraun.

Landkarte, →Karte.

Landkreis, →Kreis.

Ländler, Dreher, alpenländ. Volkstanz im langsamen $^3/_4$- oder $^3/_8$-Takt.

Landmarke, 1) weithin sichtbarer Geländepunkt, vor allem im Berg; bis zur Einführung der Grenzsteine wichtig. **2)** in See- und Luftfahrtkarten eingetragener Geländepunkt zur Orientierung.

Landmaschinen, Maschinen zur Bodenbearbeitung: Walze, Egge, Grubber, Pflug, Bodenfräse; zur Saat und Pflege der Pflanzen: Sä- und Pflanzmaschinen. Dünger-

streuer, Hackmaschinen, Jaucheverteiler, Geräte zur Schädlingsbekämpfung; zur Ernte: Mähhäcksler, Mähdrescher, Grasmäher, Heuwender, Kartoffel- und Rübenerntemaschinen, Schlepprechen, Ladeschaufel; Hofmaschinen: Dreschmaschine, Strohpresse, Saatgutreinigungs- und Beizanlagen, Futterbereitungs-, Melkmaschinen u. a. (Bild Dreschmaschine)

Landmeister, im Dt. Orden die Vertreter des Hochmeisters in Preußen, Livland und Binnendtl. (Deutschmeister).

Landmesser, ⚿ Vermessungsingenieur.

Landnahme, die Besetzung eines Landes durch neue Bodenverteilung und Besiedelung.

Landor [l'ændə], Walter Savage, engl. Schriftsteller, * 1775, † 1864; ,Erfundene Unterhaltungen' (1824-53).

Landpacht, ♫ die entgeltl. Nutzung landwirtschaftl. Grundstücke. L.-Verträge müssen nach dem Ges. v. 25. 6. 1952 der Landwirtschaftsbehörde angezeigt werden.

Landpfleger, A. T.: Statthalter über einen Landesteil. N. T.: der röm. Prokurator.

Landquart die, rechter Nebenfluß des Rheins im Kanton Graubünden, Schweiz, 43 km lang, kommt aus der Silvrettagruppe, durchfließt das Prätigau. An der Mündung der Ort L. (3800 Ew.), Bahnknoten, Industrie.

Landrasse, Landschlag, ursprüngliche, dem Wildtier noch nahestehende, von der menschl. Zuchtwahl kaum berührte Haustierrasse.

Landrat, 1) in der Bundesrep. Dtl. meist der Leiter der Verwaltung in einem Landkreis. **2)** in der Schweiz in einigen Kantonen die gesetzgebende Behörde.

Landrecht, 1) im MA. das allg. Recht im Unterschied zu den Sonderrechten. **2)** in der Neuzeit Landesgesetzbücher, die das bürgerl. Recht vereinheitlichten (z. B. das Preuß. Allg. L. von 1794).

Landrücken, langgestreckte Bodenwelle mit gerundeten Formen, bes. in ehem. Inlandeisgebieten.

Landsassen, im MA. die persönlich freien Zinsbauern oder Pächter (im Unterschied zu den Hintersassen). **Landsässig** waren bis 1806 die Untertanen eines Landesherrn im Unterschied zu den Reichsunmittelbaren.

Landsberg, 1) L. a. Lech, Stadt in Ober-

bayern, 14 300 Ew.; alte Stadt mit Toren und Türmen (14., 15., 17. Jahrh.), Pfarrkirche (um 1460), Rathaus (um 1700), drei Barockkirchen (18. Jahrh.). Industrie: Pflüge, Holzverarbeitung, Strumpffabrik. **2) L. an der Warthe,** poln. **Gorzów Wielkopolski,** Hauptort der Neumark, Brandenburg, 69 700 (1939: 48 100) Ew.; Textil-, Maschinen- u. a. Industrie. Seit 1945 unter poln. Verwaltung.

Landschaft, ein Gebiet, das durch sein bes. Gepräge eine Einheit bildet und sich von anderen L. abhebt, als **Natur-L.** ohne Eingriffe des Menschen, als **Kultur-L.** vom Menschen zum Siedlungs-, Wirtschafts- und Verkehrsraum umgewandelt.

Landschaften, landschaftl. Banken, Ritterschaften, ritterschaftliche Kreditvereine, öffentlich-rechtl. Bodenkreditanstalten auf genossenschaftl. Grundlage, die den ihnen angeschlossenen Grundeigentümern unkündbare, hypothekarisch gesicherte Tilgungsdarlehen durch Ausgabe eigener Pfandbriefe gaben; in der Bundesrep. Dtl. gibt es noch 2 L. und 3 landschaftsähnl. ,ritterschaftl. Kreditvereine'.

Landschaftsgarten, →Gartenkunst.

Landschaftsgestaltung, Landschaftsbau, Maßnahmen der Landschaftspflege unter besonderer Bedeutung der ästhet. Aspekte, bes. durch Anlage von Hecken, Gebüschen, Schutzstreifen, künstl. Seen.

Landschaftsmalerei. Landschaften wurden schon auf röm. Wandgemälden dargestellt, dann in Ostasien, im Abendland wieder seit dem Spät-MA., bes. in niederländisch-burgund. Buchmalereien, auch auf Altarbildern, in denen Landschaftshintergründe allmählich den Goldgrund verdrängten (Genfer See im Fischzug Petri von Witz, 1444). Dürer stellte Landschaften in Aquarellen dar, Altdorfer schuf das erste selbständige Landschaftsgemälde. Im 17. Jahrh. begründeten Poussin und C. Lorrain die ideale (heroische) und holländ. Maler der realistische L. Seitdem gehört das Landschaftsbild zu den Hauptgattungen der Malerei.

Landschaftsökologie, Landschaftsbiologie, die Wissenschaft vom Naturhaushalt in der Landschaft, von den Lebensbedingungen und der Besiedelung von Landschaften mit Organismen unter dem Einfluß des Menschen.

Landschaftsplanung. Landschaftsauf-

Landmaschinen: **1** *Feldhäcksler bei der Heuernte.* **2** *Mähdrescher.* **3** *Hochdruck-Sammelpresse bei der Strohbergung*

bauplanung, die Ausarbeitung und Erstellung eines Landschaftsplanes für Maßnahmen der →Landespflege. Sie umfaßt alle aus →Landschaftsgestaltung und Gartenkunst erwachsenen, über diese weit hinausgehenden Planungsmaßnahmen für Landschaften, die durch gehäufte Ansiedlungen, durch Industrie, Verkehr, Flurplanungen usw. bedroht sind.

Landschaftsschutz, Teilbereich des Naturschutzes, Umweltschutzes und Lebensschutzes, der Maßnahmen zur Sicherung, Gestaltung und Pflege der Landschaft als Lebensraum von Menschen, Tieren und Pflanzen umfaßt.

Landschaftszonen, Landschaftsgürtel, Räume, die sich unabhängig von den Kontinenten über das gesamte Festland erstrecken und bes. durch Klima, Pflanzenkleid, Relief und Höhenstufen bestimmt werden.

Landschulen, wenig gegliederte, meist ein- oder zweiklassige Grundschulen in ländl. Siedlungen; in vielen Ländern fortschreitend zu größeren Schulen für mehrere Ortschaften zusammengelegt (Mittelpunktschulen).

Landschulheim, das →Landerziehungsheim, auch →Schullandheim.

Landser, der Soldat.

Landsgemeinde, in einigen schweizer. Kantonen die verfassungsmäßige Vereinigung der stimmfähigen Bürger zur Ausübung der polit. Rechte (Stimm- und Wahlrecht).

Landshut, Stadt in Bayern, an der Isar, 52 400 Ew.; Fachschulen, Museum, Staatsarchiv; Industrie: Nahrungsmittel, Elektrotechnik, Textilien, Brauereien u. a. L. wird überragt von der Burg Trausnitz. - 1392-1503 Sitz der Herzöge von Bayern-L., 1802-26 einer Universität (seitdem in München). Landshuter Fürstenhochzeit von 1475 (Festspiel alle 3 Jahre).

Landsknecht, urspr. Gerichtsbote, Gendarm, seit dem 15. Jahrh. zu Fuß kämpfender dt. Söldner. Die L. wurden durch Hauptleute für den vom Landesherrn berufenen Feldhauptmann (Obersten) angeworben. Sie hatten Bewaffnung und Bekleidung selbst zu stellen. Das Regiment umfaßte 10-16 Fähnlein zu je 300-500 Mann.

Landsmål [l'antsmo:l ,Landessprache'] *das,* älterer Name der neunorweg. Schriftsprache, jetzt **Nynorsk** (→norwegische Sprache).

Landsmannschaft, 1) nach 1945 Zusammenschluß von Heimatvertriebenen zur Pflege heimatl. Tradition und Vertretung gemeinsamer Interessen. **2)** studentische Verbindungen.

Landstände, die nach Ständen (Geistlichkeit, Ritterschaft u. a.) gegliederte Vertretung des Landes gegenüber den Landesherren der alten Dt. Reichs.

Landsteiner, Karl, Bakteriologe, * 1868, † 1943, 1930 Nobelpreis für die Entdeckung der menschl. Blutgruppen.

Landsting, 1) der Provinziallandtag in Schweden. **2)** 1849-1953 Name der 1. Kammer der dän. Volksvertretung.

Landstraßen, →Landesstraßen.

Landstraßenfunk, Fernsprechverkehr mit Funksprechgeräten auf Ultrakurzwellen zwischen fahrenden Kraftfahrzeugen und Funkstellen der Bundespost.

Landstreicherei, ⚖ das gewohnheitsmäßige Umherziehen ohne regelmäßige Arbeit und eigene finanzielle Versorgung. Strafe: Haft, u. U. Unterbringung in einem Arbeitshaus (§ 361 Ziff. 3, 42 d StGB.).

Landstufe, stufenartiger Übergang von einer tiefer- zu einer höhergelegenen Landschaft, durch Verwerfung oder Abtragung entstanden.

Landstuhl, Stadt in Rheinl.-Pf., 9100 Ew.; Porzellan-, Elektro- u. a. Ind. In der Burg **Nannstein** bei L. wurde 1523 F. von Sickingen belagert und tödlich verwundet.

Landsturm, urspr. Aufgebot aller Waffenfähigen, später das der älteren Jahres-

klassen; in Dtl. seit 1814 bis zum 50., 1888 bis 1914 bis zum 45. Lebensjahr. - In der Schweiz die Altersklasse der Waffenfähigen vom 49.-60. Lebensjahr.

Landtag, 1) in den dt. Ländern bis 1806 die Versammlung der →Landstände (,Landschaft'). **2)** im 19./20. Jahrh. die verfassungsmäßig festgelegten Volksvertretungen, nach verschiedenen Wahlsystemen, in den größeren Staaten (z. B. Preußen) aus 2 Kammern bestehend, deren eine (Herrenhaus) der Landesherr (König) ernannte. **3)** in der Bundesrep. Dtl. die gewählten Volksvertretungen der Länder (in Bremen und Hamburg **Bürgerschaft,** in West-Berlin **Abgeordnetenhaus**). In der Dt. Dem. Rep. wurden die L. mit den Ländern 1952 aufgelöst. In Österreich sind die L. die gewählten Volksvertretungen der Bundesländer, in Wien ist L. der Gemeinderat.

Land- und Seewind, durch den Unterschied der Erwärmung von Land und Wasser hervorgerufener Wind an Küsten, tagsüber vom Wasser zum stärker erwärmten Land (**Seewind**), nachts vom stärker abgekühlten Land zum Wasser (**Landwind**).

Landvogt, im Dt. Reich bis 1806 der vom König bestellte Verwaltungsbeamte eines reichsunmittelbaren Gebiets (**Landvogtei**); in der Schweiz bis 1798 der Verwalter eines Untertanengebiets eines Kantons.

Landvolkhochschulen, ländl. Heimvolkshochschulen der bäuerl. Berufsorganisationen mit Lehrgängen u. Freizeiten.

Landwehr, 1) Teil der dt. Wehrmacht bis 1918: 1. Aufgebot 5 Jahre lang nach Ablauf der Reserve, 2. Aufgebot bis zum 39. Lebensjahr. Dem Wehrgesetz von 1935 gehörten zur L. die Wehrpflichtigen vom 35. bis 45. Lebensjahr. - In der Schweiz die Altersklasse der Waffenfähigen vom 37. bis 48. Lebensjahr. **2)** Name alter Grenzbefestigungen.

Landwehrkanal, Kanal in Berlin zwischen Ober- und Unterspree, 1845-50 angelegt.

Landwirt, Eigentümer oder Pächter eines landwirtschaftl. Betriebes, oder Angestellter (Gutsbeamter) in Großbetrieben. Ausbildung zum **staatlich geprüften L.:** mehrjährige Lehre in einem Lehrbetrieb, Prüfung vor der Landwirtschaftskammer, dann prakt. Tätigkeit und Besuch einer Landwirtschafts- oder höheren Landbauschule. Ausbildung zum **Diplom-L.:** 8semestriges Studium an Universität oder landwirtschaftl. Hochschule. Sonderausbildung haben u. a.: Diplom-Weinbauer, Brauerei- und Brennerei-Ingenieure.

Landwirtschaft, die Nutzung der Bodenkräfte zur Erzeugung pflanzl. und tier. Rohstoffe. Sie umfaßt Ackerbau, Wiesen- und Weidewirtschaft, Viehzucht, Garten- und Weinbau; auch Jagd und Fischfang werden zu ihr gerechnet. Ihre beiden Hauptzweige, Bodennutzung und Viehhaltung, ergänzen und fördern sich gegenseitig. Umwandlung, Züchtung und Veredelung der pflanzl. und tier. Produkte sind ihr Ziel. Je nach dem Grade, den dieser künstl. Vermehrungs- und Verbesserungsvorgang erreicht, unterscheidet man **extensive** und **intensive** L. Technisch-organisator. Einheit ist der **landwirtschaftl. Betrieb.** Die Betriebsgrößen werden gemessen nach Ausstattung, Betriebsmitteln, Arbeitskräften, Flächenumfang. Aus Rentabilitätsgründen nahm in den letzten Jahrzehnten die Betriebskonzentration (Gutswirtschaften, Farmen, Kolchosen) und die Spezialisierung zu (→Agrarpolitik). - In der Bundesrep. Dtl. waren (1970) 9,1% der Erwerbspersonen in der L. tätig (0,83 Mill. Selbständige, 1,28 Mill. mithelfende Familienangehörige, 0,3 Mill. Abhängige); der Beitrag der L. zum Bruttoinlandsprodukt betrug (1970) 4,1% (einschließlich Forstwirtschaft und Fischerei).

landwirtschaftliche Betriebslehre, die Lehre von der zweckmäßigen Organisation und Bewirtschaftung landwirtschaftl. Betriebe.

landwirtschaftliche Genossenschaften, Kredit-, Bezugs- und Absatz-, Betriebs- und Produktivgenossenschaften, häufig auch als Universalgenossenschaften (z. B. Spar- und Darlehnskassen mit Warenverkehr), soweit sie vorwiegend Landwirte als Mitgl. haben; in der Bundesrep. Dtl. im →Deutschen Raiffeisenverband zusammengefaßt.

landwirtschaftliche Hochschulen, 1818 erste Gründung in Hohenheim bei Stuttgart (seit 1967 Universität); weitere Gründungen folgten, aus denen später meistens landwirtschaftl. Fakultäten der Universitäten hervorgingen. - Landwirtschaftl. Fakultäten haben in der Bundesrep. Dtl. die Universitäten in Bonn, Göttingen, Gießen, Hohenheim, Kiel, die Techn. Universität in Berlin (einschl. Gartenbau), die Techn. Universität in München (Weihenstephan, einschl. Gartenbau).

landwirtschaftliche Nebengewerbe, die von der Landwirtschaft abhängigen Gewerbebetriebe zur techn. Verwertung und Veredlung von Rohprodukten und zur Rückgewinnung von Abfall für die Viehfütterung.

Landwirtschaftliche Produktionsgenossenschaften, LPG, in der Dt. Dem. Rep. zwangsmäßige Zusammenschlüsse von Bauern zu landwirtschaftl. Kollektiven nach sowjet. Vorbild. Die Anzahl der L.P.G. betrug 1970: 5524 mit 745 300 Mitgl. und 5,392 Mill. ha landwirtschaftl. Nutzfläche.

Landwirtschaftliche Rentenbank, Frankfurt a. M., eine öffentlich-rechtl. Zentralinstitut zur Beschaffung und Gewährung von Krediten an die Land-, Ernährungs-, Forstwirtschaft, Fischerei; Grundkapital 200 Mill. DM (1968).

landwirtschaftliche Schulen, landwirtschaftliche →Berufsschule, →Landwirtschaftsschulen, →Landfrauenschule, →höhere Landbauschule, →landwirtschaftliche Hochschulen.

landwirtschaftliches Inventar, die bewegl. Vermögensteile eines landwirtschaftl. Betriebes: Geräte (totes Inventar), Zug- und Nutzvieh (lebendes Inventar).

Landwirtschaftsbank, Abk. **LB,** in der Dt. Dem. Rep. der 1963 um gebildeten Dt. Bauernbank, Sitz: Ost-Berlin.

Landwirtschaftskammern, berufsständ. Vereinigungen zur Wahrnehmung der Belange der Land- und Forstwirtschaft ihrer Bezirke, zusammengeschlossen im **Verband der L.,** Frankfurt a. M.

Landwirtschaftslehrer(in), Lehrer(in) an einer landwirtschaftl. Fachschule. L. absolvieren ein 4jähriges Hochschulstudium sowie eine 1- bis 2jähr. wissenschaftlich-pädagogische Ausbildung; Anstellung als Landwirtschaftsassessor, nach mehrjähr. Lehrtätigkeit als Landwirtschaftsrat mit Aufstiegsmöglichkeit zum Oberlandwirtschaftsrat.

Landwirtschaftsschulen, ein- bis zweisemestrige Lehranstalten landwirtschaftl. Berufe, oft nur als Winterschulen, meist verbunden mit Landwirtschaftskammern. Beratungsstellen. - **Landwirtschaftliche Fachschulen** bestehen z. B. für Bienenzucht, Molkereiwesen, Milchwirtschaft und Melker, Hopfenbau, Brauer, Kleintierzucht.

Landwirtschaftswissenschaften, die der landwirtschaftl. Produktion dienende Forschung. Die Fachvertreter sind in der **Deutschen Gesellschaft der Landbauwissenschaften** (gegr. 1948) zusammengeschlossen.

Landwirtschaftswoche, Vortragswoche für prakt. Landwirte, oft mit Lehrschauen, Filmvorführungen, Besichtigungen, Ausstellungen, z. B. die **Grüne Woche** in Berlin.

Landzunge, kleine, schmale Halbinsel.

Landzwang, ⚖ die Störung des öffentl. Friedens durch Androhung eines gemeingefährl. Verbrechens (z. B. Brandstiftung); Freiheitsstrafe bis 1 Jahr (§ 126 StGB.).

Lanfr'anco, Giovanni, * 1582, † 1647, italien. Maler illusionistischer Kuppel- und Deckenfresken.

Lang, Fritz, Filmregisseur, * Wien 1890, ging 1933 nach Amerika. Filme ‚Dr. Mabuse, der Spieler' (1922), ‚Die Nibelungen' (1924), ‚M' (1931), ‚Fury' (1936) u. a.

Langbehn, Julius, Schriftsteller, * 1851, † 1907, der ‚Rembrandtdeutsche', nach seinem anonym erschienenen Werk ‚Rembrandt als Erzieher' (1890), das zur Besinnung auf dt. Wesen aufrief.

Lange, 1) Friedrich Albert, Philosoph und Sozialpolitiker, * 1828, † 1875, forderte die Rückkehr zur Kantischen Philosophie, übte Kritik am Materialismus und trat für den Sozialismus ein.

2) Hartmut, Dramatiker, * 1937, ‚Marski' (1965), ‚Die Gräfin v. Rattenow' (1968) u. a.

3) Helene, Führerin der dt. →Frauenbewegung, * 1848, † 1930, Lehrerin, forderte u. a. die Neuordnung des Mädchenschulwesens unter weibl. Einfluß und unter Leitung von wissenschaftlich vorgebildeten Lehrerinnen.

4) Horst, Schriftsteller, * 1904, † 1971, Lyrik, Erzählungen, Romane (‚Schwarze Weide', 1937; ‚Verlöschende Feuer', 1956).

5) Samuel Gotthold, Lyriker, * 1711, † 1781, als Pastor. ‚Thirsis und Damons freundschaftliche Lieder' (mit I. J. Pyra, 1745); ‚Horazische Oden' (1752).

Länge, 1) Geographische L., der in Winkelgraden gemessene Bogen (**L.-Grad**) zwischen dem Meridian (**L.-Kreis**) eines Ortes und dem festgesetzten Nullmeridian (Greenwich). Alle Längenkreise laufen durch beide Pole der Erde. Die L. wird vom Nullmeridian aus gezählt; je 180° nach O (**östliche**) und W (**westliche L.**). Orte gleicher L. haben gleiche Zeit. 2) ☆ der Bogen der Ekliptik zwischen dem Frühlingspunkt und dem Schnittpunkt eines Breitenkreises mit der Ekliptik, gezählt in östl. Richtung von 0 bis 360°. 3) der einfachste physikal. Begriff. Die L. zwischen zwei Punkten eines Körpers ist nach der speziellen Relativitätstheorie abhängig von dessen Bewegungszustand.

Langeland, dän. Insel südöstl. von Fünen, 284 km², 17 700 Ew.; Hauptort Rudkøbing.

Langemar(c)k, Gem. in der belg. Provinz Westflandern, 8 km nordöstlich von Ypern, 6200 Ew.; im 1. Weltkrieg schwer umkämpft (bes. 18. 10.-30. 11. 1914).

Langen, Stadt in Hessen, 30 200 Ew.; metallverarbeitende und Elektroindustrie.

Langen, 1) Albert, Verleger, * 1869, † 1909, machte die neuere skandinav. Lit. in Deutschland bekannt, gründete 1896 die satir. Wochenschrift ‚Simplicissimus'.

2) Eugen, Ingenieur, * 1833, † 1895, erfand zusammen mit Otto einen Gasmotor.

Langen'argen, Kurort in Bad.-Württ., am Bodensee, 5300 Ew.; auf einer Landzunge im See Schloß Montfort.

Langenberg, Stadt in Nordrh.-Westf., im Berg. Land, 16 600 Ew., Rundfunk- und Fernsehsender; Textil-, Metall- und Maschinenindustrie.

Langenbielau, poln. **Bielawa**, Stadt in Niederschlesien, am O-Fuß des Eulengebirges, 31 500 (1939: 20 100) Ew.; Leinenind. Seit 1945 unter poln. Verwaltung.

Langenburg, Stadt in Bad.-Württ., 1700 Ew., auf dem Langen Berg über dem Jagsttal, Schloß der Fürsten zu Hohenlohe-L.; Fremdenverkehr.

Langen'eß, Hallig vor der Nordseeküste Schlesw.-Holst., 11,1 km² groß (mit Oland), durch einen Damm über Hallig Oland mit dem Festland verbunden.

Langenfeld (Rheinland), Stadt in Nordrh.-Westf.; 45 300 Ew.; Betriebe der Metall- und Textilindustrie.

Langenhagen, Stadt in Ndsachs., am Mittellandkanal, 37 100 Ew.; Flughafen von Hannover; Metall-, Tapeten-, Elektro-, Schallplatten- u. a. Industrie.

Längenkreis, →Länge.

Längenmaße, →Maße und Gewichte.

Langensalza, Bad L., Stadt im Bez. Erfurt, an der Salza, 17 000 Ew.; Großgärtnereien, Textil-, Lebensmittelind., Phosphatwerk; Schwefelquelle. - 29. 6. 1866 Kapitulation des hannover. Heeres vor den Preußen.

Langenscheidt, Gustav, Sprachlehrer und Verleger, * 1832, † 1895, entwickelte mit Chr. Toussaint († 1877) eine Methode fremdsprachl. Unterrichtsbriefe.

Langenthal, Gem. im Kt. Bern, Schweiz, 12 700 Ew.; Textil-, Maschinen-, Porzellanindustrie.

Langeoog, eine der Ostfries. Inseln, 15 km lang, 1¹/₂ km breit, 19,7 km² groß, 2800 Ew.; Seebad.

Langerhans, Paul, Pathologe, * 1847, † 1888, beschrieb die **Langerhansschen Inseln**, den innersekretor. Teil der →Bauchspeicheldrüse.

Langer Marsch, der ca. 12 000 km lange Marsch der chines. Kommunisten durch 11 Provinzen von Kiangsi nach Schensi (Okt. 1934 - Okt. 1935). Die Nationalregierung hatte die Kommunisten zur Aufgabe ihrer Stellungen gezwungen. Durch den L. M. festigte Mao Tse-tung seine Stellung als Führer der chines. KP.

Langes Parlament, das über einen außerordentlich langen Zeitraum tagende, von König Karl I. 1640 einberufene engl. Parlament; führte seit 1642 die Revolution durch; seit 1648 Rumpfparlament, 1660 aufgelöst.

Langevin [lãʒv'ɛ̃], Paul, französ. Physiker, * 1872, † 1946, arbeitete bes. über Magnetismus, Ultraschall und Atombau.

Langgässer, Elisabeth, Schriftstellerin, * 1899, † 1950, erhielt 1936 als Halbjüdin Berufsverbot; Naturlyrik, Erzählungen, Romane ‚Das unauslöschliche Siegel' (1946), ‚Märk. Argonautenfahrt' (1950).

Langhans, Carl Gotthard, * 1732, † 1808, Baumeister des Frühklassizismus (Brandenburger Tor). Sein Sohn Carl Ferdinand (* 1782, † 1869) baute vor allem Theater.

Langhaus, der langgestreckte, in der Regel nach O gerichtete Teil einer Basilika oder Hallenkirche; bestehend aus Mittelschiff und Seitenschiffen.

Langköpfigkeit, Dolichozephalie, Form des menschl. Kopfes, bei der die größte Breite höchstens 75% der Länge beträgt.

Langland [l'æŋlənd], William, engl. Dichter, * um 1332, † 1400; allegor., bäuerlichvorreformator. ‚Vision von Peter dem Pflüger'.

Langlauf, Skisport: Wettbewerb über eine Strecke von 5-10 km für Damen, 15, 30 und 50 km für Herren. In der Nordischen Kombination wird L. zusammen mit Skispringen ausgetragen. Eine Form des L. ist der Staffellauf.

Langmuir [l'æŋmjuːə], Irving, amerikan. Physiker und Chemiker, * 1881, † 1957, entwickelte die gasgefüllte Glühlampe und die Vakuumpumpe. Für seine Forschungen über Grenzflächenchemie erhielt er 1932 den Nobelpreis.

Langner, Ilse, Schriftstellerin, * 1899; sozialkrit. Dramen, Romane.

Langob'arden, german. Volk, urspr. an der Unterelbe, zog im 4. Jahrh. in die Donau-Theiß-Ebene, eroberte 568 unter König Alboin Oberitalien (Lombardei) und Teile Mittel- und Süditaliens; Höhepunkt der Macht im der 1. Hälfte des 8. Jahrh. 774 rief den Papst Karl d. Gr. gegen die L. zu Hilfe, der ihr Reich eroberte und dem Fränk. Reich eingliederte. Nur das Herzogtum Benevent hielt sich bis ins 11. Jahrh. Die L. sind im italien. Volk aufgegangen.

Langr'eo, Stadt in Asturien, Spanien, 71 600 Ew.; Steinkohlenbergbau.

Langres [lãgr], Stadt im französ. Dép. Haute-Marne, auf dem **Plateau von L.**, 11 800 Ew.; Textil- und Metallindustrie.

Langspielplatte, LP, eine →Schallplatte.

Längsschnitt, Darstellung eines Körperschnitts in der Längsrichtung.

Langstrecken, in Lauf- und Rennwettbewerben die langen Distanzen: Leichtath-

letik, Wasserskisport, Schwimmen, Kanurennsport, Rudern, Eisschnellauf.

Langstreckenlauf, Leichtathletik: Sammelbez. für alle Laufstrecken von 5000 m aufwärts bis zum Marathonlauf (42 195 m).

langue d'oc [lãg'ɔk, frz.] die, im MA. die provenzal. Sprache nach dem Wort oc für ‚ja', im Gegensatz zur nordfranzös. Sprache, der **langue d'oïl** nach der Bejahungsform oïl.

Languedoc [lãg'ɔk, nach →langue d'oc], geschichtl. Landschaft in Frankreich, Teil der Programmregion L.-Roussillon mit der Hauptstadt Montpellier; Ausbau der 180 km langen Mittelmeerküste seit 1963 zu einer ‚zweiten Riviera'; Weinbau, Obst.

Lang'uste [frz.] die, **Stachelhummer,** scherenloser, hummergroßer Panzerkrebs des Mittelmeers und der engl. Küste.

Langwaffen, Waffen, die in die Schulter eingesetzt werden müssen (Gewehre, Büchsen, Flinten, lt. Waffengesetz: Gesamtlänge über 40 cm.

Langwellen, elektromagnet. Wellen, →Wellenbereich.

Langzeile, Vers der altgerman. Dichtung aus zwei durch Stabreim gebundenen, urspr. vierhebigen Kurzzeilen.

Lanner, Joseph, österreich. Komponist, * 1801, † 1843, der eigentl. Vater des Wiener Walzers; u. a. ‚Die Schönbrunner'.

Lanol'in [lat.] das, Salbengrundlage: Paraffin, gereinigtes Schafwollfett, Wasser.

Lansdowne [l'ænzdaun], Henry Charles Keith **Petty-Fitzmaurice** [-m'ɔris], Marquess of L., brit. Politiker, * 1845, † 1927, 1883 GenGouv. von Kanada, 1888 Vizekönig von Indien, 1895 Kriegsmin., 1900-05 Außenmin.; Gegner Lloyd Georges.

Lansing [l'ænsiŋ], Hauptstadt von Michigan, USA, 131 500 Ew.; Automobil- und Zulieferindustrien.

Lant'ane, Wandelröschen, staudige und strauchige Verbenengewächse in warmen Ländern, z. T. Zierpflanzen; bei manchen sind die Blüten anfangs gelb, später rot.

Lanth'an das, **La,** chem. Element, zinnfarbenes Erdmetall, Ordnungszahl 57, Atomgewicht 138,91, spezif. Gewicht 6,15, Schmelzpunkt 826° C, Siedepunkt 1740° C, kommt nur in Verbindungen (Cerit, Monazit u. a.) und meist zusammen mit anderen Lanthaniden vor.

Lanthan'iden, die 14 chem. Elemente der Ordnungszahlen 58 bis 71 von Cer bis Lutetium, unedle durch sehr ähnl. Atombau chemisch nahe verwandte Metalle.

Lantschou, engl. Lanchow, Hauptstadt der Prov. Kansu, China, am Huangho, etwa 1,2 Mill. Ew.; Erdölraffinerie, chem., Metall- und Textilindustrie.

Lan'ugo [lat.] die, Wollhaar (Flaumhaar) der Säugetiere.

L'anza, Mario, eigentlich Alfredo Arnoldo **Cocozza**, Tenor, * 1921, † 1959.

Lanze, eine der ältesten Waffen: Wurf- oder Stoßwaffe, Schaft mit Metallspitze.

L'anzelet, Lanzelot, →Lancelot.

Lanzenschlangen, Lanzenottern, sehr giftige, bis 2 m lange Grubenottern Südamerikas.

Lanz'ette [frz.] die, ein spitzes, zweischneidiges ärztliches Messer.

Lanzettfischchen, Tiere mit fischförmigem Körper, den Wirbeltieren eng verwandt, aber ohne Schädel und Wirbelsäule. Als Stützorgan durchzieht den ganzen Körper eine Rückensaite (Chorda); an Stelle eines zentralen Herzens verengbare Gefäßstrecken. Das am besten untersuchte L. Branchiostoma (früher **Amphioxus**) lanceolatum ist 5-6 cm lang, steckt sich in den Meeressand und strudelt sich Nahrung herbei.

lanzierte Gewebe, Lancé, gemusterte Gewebe, bei denen die Figurschüsse durch die ganze Stoffbreite hindurchgehen.

Lao, große Volksgruppe der →Tai, in NO-Thailand und Laos.

La'okoon, sagenhafter Priester in Troja, warnte vor dem hölzernen Pferd der Griechen, wurde mit seinen beiden Söhnen

Laokoon; 1. Jahrh. v. Chr. (Rom, Vatikan)

von zwei Schlangen erwürgt; Marmorgruppe der rhod. Bildhauer Agesandros, Polydoros und Athenodoros (1. Jahrh. v. Chr.; Vatikan). Von ihr ging Lessings Schrift ,L. oder über die Grenzen der Malerei und Poesie' (1766) aus.

Laon [lã], Hauptstadt des Dép. Aisne in NO-Frankreich, 26 300 Ew.; bed. frühgot. Kathedrale. - 9./10. 3. 1814 Sieg Blüchers über Napoleon.

Laos, konstitutionelles Königreich in Hinterindien, 236 800 km² mit 2,96 Mill. Ew. Hauptstadt: Vientiane; Residenz: Luang Prabang. Amtssprachen: Laotisch und Französisch. Staatsreligion: Buddhismus. Religiöses und staatl. Oberhaupt ist der König; 2-Kammer-Parlament. ⊕ IV/V, Bd. 1, n. S. 320. Währung ist der Kip = 100 At. ⟳ S. 1178. ▢ Bd. 1, S. 391. Bildungssystem nach franzöz. Vorbild; noch weit verbreitetes Analphabetentum. Recht: teils einheimisch, teils französisch. L. ist ein langgestrecktes Binnenland zwischen Vietnam und Thailand; es ist größtenteils gebirgig und zu 60% von trop. Regenwäldern bedeckt, deren wertvolle Hölzer bisher wenig genutzt sind. Hauptfluß und stellenweise Grenze gegen Thailand ist der Mekong. Das Klima ist tropisch und steht unter Monsuneinfluß (Regenzeit Mai bis September). - Die Bevölkerung konzentriert sich vorwiegend am Mekong (Pfahlbauten); sie besteht aus Lao (63%) und anderen Tai-Gruppen; in den Städten Chinesen, Vietnamesen und Inder.

Der wichtigste Wirtschaftszweig ist die Landwirtschaft (Reis, Mais, Tabak, Kaffee), die jedoch noch der Selbstversorgung dient. Im S ist Viehzucht verbreitet (Rinder, Büffel, Schweine). Von den Bodenschätzen (Eisen, Steinsalz, Küpfer, Kohle) wird bisher nur Zinn (im S) gefördert. Hauptausfuhrgüter: Zinnkonzentrat, Holz. Hauptverkehrsader ist der Mekong; keine Eisenbahn; bei den wenigen Straßen (7700 km, davon 10% asphaltiert) spielt der Luftverkehr eine große Rolle (10 Flughäfen).

Geschichte. Seit 1353 bestand das große Reich der Lantschang, das sich 1707 in die Reiche Luang Prabang und Viengtschan teilte; diese wurden im 19. Jahrh. von Siam erobert. 1893 wurde L. franzöz. Protektorat und dem GenGouv. von Indochina unterstellt; 1946 wurde es ein assoziierter Staat der Französ. Union, seit 1954 ist L. selbständig. Der Staatsstreich des Hauptmanns Kong Le am 9. 8. 1960 stürzte die Regierung und führte zu Kämpfen. Die Truppen Kong Les, unterstützt von der

prokommunist. Bewegung ,Pathet Lao' und von kommunist. Infiltrationstruppen, gewannen Boden. Durch Waffenlieferungen suchten sowohl die Ost- wie die Westmächte den Bürgerkrieg zu beeinflussen. Die internat. Konferenz über L., die 1961 bis 1962 in Genf stattfand, beschloß die Neutralisierung des Landes. Die 1961 gebildete Reg. Suvanna Phuma, die zunächst alle rivalisierenden Gruppen umfaßte, geriet seit 1963 zunehmend wieder unter den Druck der Pathet Lao und darüber hinaus in den Sog des Vietnamkrieges. 1971 unternahmen südvietnames. und amerikan. Verbände einen befristeten Angriff auf den durch L. verlaufenden Abschnitt des →Ho-Schi-Min-Pfades.

Laoschan, Lauschan, Gebirge im SW der chines. Halbinsel Schantung, China, verwitterte Granitfelsen, bis 1087 m hoch.

L'ao-tse, der größte und neben Konfuzius einflußreichste chines. Philosoph; ihm wird das Werk Tao-te-king zugeschrieben, das (nach heutiger Annahme) um oder nach 300 v. Chr. entstanden ist. Es handelt vom **Tao,** dem Welturgrund, der sich in Natur- und Menschenleben äußert, und dem **Te,** der ausstrahlenden Kraft, die der Weise aus der Versenkung in das Tao schöpft. Nur durch Nichthandeln und Sichfernhalten vom weltl. Wirken könne man im Einklang mit den Gesetzen des Kosmos bleiben.

La Palma, die nordwestlichste der Kanar. Inseln, 704 km², 70 400 Ew., von einem vulkan. Gebirge durchzogen. Anbau von Wein, Gemüse, Südfrüchten, Tabak. Hauptort: Santa Cruz de la Palma.

Laparotom'ie [grch.], $ das operative Eröffnen der Bauchhöhle (Bauchschnitt).

La Paz [-paθ], Stadt in Bolivien, die höchstgelegene Großstadt Südamerikas (3600-3800 m ü. M.), Sitz der Regierung, 361 400 Ew.; Universität, Handels- und Industrieplatz.

La Pérouse [-per'u:z], Jean François de **Galaup,** Comte de, franzöz. Seefahrer, * 1741, † 1788, entdeckte 1787 die **L.-P.- Straße** zwischen Sachalin und Hokkaido.

lapid'ar [lat. lapis ,Stein'; wie in den Steininschriften], wuchtig, knapp.

Lapisl'azuli der, **Lasurstein, Lasur'it,** tiefblaues Mineral, gemischt mit Diopsid, Glimmer, Kalkspat, Pyrit u. a.

Laplace [lapl'as], Pierre Simon, Marquis de (1817), vielseitiger franzöz. Physiker, Mathematiker, Astronom, * 1749, † 1827, 1799 Innenmin., entwarf eine Lehre der Entwicklung des Sonnensystems.

La Pl'ata, 1) →Rio de la Plata.
2) Provinzhauptstadt und Hafen in Argentinien, am Rio de la Plata, 406 000 Ew.; 1882 gegr. Industriestandort, Universität.

La-Plata-Staaten, die Staaten, die am Stromgebiet des Rio de la Plata Anteil ha-

ben: Argentinien, Uruguay und Paraguay.

Lapp'alie *die,* Kleinigkeit, Belanglosigkeit.

läppen, ein Verfahren der spanabnehmenden Formung, bei dem Werkzeug und Werkstück, unter Verwendung eines lose zugegebenen Schleifmittels, bei dauerndem Richtungswechsel aufeinander gleiten.

Lappen [finn.], eigener Name **S'ameh,** Volk in Lappland (22 000 in N-Norwegen, 5000 in N-Schweden, 2500 in N-Finnland, 2000 auf der Halbinsel Kola). Die L. sind kleinwüchsig und kurzköpfig mit osteuropiden und nord. Merkmalen und mongolidem Einschlag (ohne Mongolenfalte). Ihre Sprache gehört zu den finnisch-ugrischen Sprachen. Sie halten Rentiere und treiben etwas Ackerbau, an der Küste Fischfang.

Lappentaucher, Vögel, die →Steißfüße.

Lappland, nördlichste Landschaft Skandinaviens, urspr. das Wohngebiet der Lappen, aufgeteilt unter Norwegen, Schweden, Finnland, Sowjetunion. L. senkt sich vom Skandinav. Gebirge nach O hin zu einer niedrigen Wald- und Sumpflandschaft; im N Tundra. Waldwirtschaft, Viehzucht (Rentiere). Reiche Erzlager.

Lappland-Bahn, für den Erztransport gebaute Bahn zwischen Luleå und Narvik.

Lapislazuli mit Flecken von Schwefelkies, eingeschlossen in Marmor

Lappobewegung, finn. antikommunist. Bauernbewegung, die 1930 den Rücktritt der Regierung und nach Neuwahlen die Ausschaltung der Kommunisten erzwang; 1934 aufgelöst.

L'apsus [lat.] *der,* Fehler, bes. Schreib- oder Sprechfehler.

Laptew-See, früher **Nordenskjöld-See,** Teil des Nordpolarmeeres zwischen der Taimyr-Halbinsel und den Neusibir. Inseln.

L'Aquila, L'A. degli Abruzzi, Provinzhauptstadt in den Abruzzen, Mittelitalien, 58 600 Ew., kath. Erzbischofssitz; Textil-, Leder-, Papierindustrie.

Lar [lat.] *der,* **Weißhandgibbon,** ein zu den Gibbons gehörender Affe auf dem ind. Festland.

Lappland, bei Tromsö (Norwegen)

Larbaud [larb'o], Valéry, französischer Schriftsteller, * 1881, † 1957; sensible, bald spöttische, bald elegische Romane und Gedichte. ‚Tagebuch eines Milliardärs‘ (1913).

Lärche, die Nadelholzgattung **Larix** in der nördl. gemäßigten Zone mit grünen, weichen, im Herbst abfallenden, gebüschelten Nadeln. Einzige europ. Art die **Gemeine L.,** ein bis 45 m hoher Baum mit tiefzerklüfteter roter Borke. Das harzreiche Holz mit rotbraunem Kern und gelbem Splint ist gutes Werkholz.

Lärche: a Zweig mit männl. und weibl. Blütenzapfen, b männl. Blütenzapfen, c weibl. Blütenzapfen, d Zweig mit Fruchtzapfen, e Samen am Flügel, f Nadel

Laren Mz., altröm. Gottheiten, Schutzgeister von Familie und Feldflur; Hausgötter.

largh'etto [ital.], ♪ etwas breit.

l'argo [ital.], ♪ sehr langsam, sehr breit. **Largo** *das,* Musikstück in diesem Zeitmaß, bes. als Satz einer Sonate, Sinfonie usw. Das Largo von Händel ist eine Arie aus seiner Oper ‚Xerxes‘ (1738).

Larif'ari *das,* Unsinn, Geschwätz.

La Rioja [-ri'ɔxa], fruchtbare Landschaft am oberen Ebro, Spanien; Getreide, Wein.

L'arissa, Bezirksstadt in Griechenland, Thessalien, 72 800 Ew.

Larist'an, Landschaft im südl. Iran, meist gebirgig und wasserarm. Hafenstädte: Bender Abbas und Lingeh.

Lärm, ein als unangenehm empfundenes Geräusch, hervorgerufen durch unregelmäßige und schnell wechselnde Schallschwingungen. L. kann Gesundheitsschäden, bei längerer Einwirkung über etwa 90-100 Phon Gehörschäden hervorrufen. **Lärmbekämpfung** →Lärmschutz.

larmoyant [larmwaj'ant, frz.], weinerlich, rührselig.

Lärmschutz, alle Maßnahmen zur Verminderung oder Verhinderung störenden Schalls durch techn. Verbesserungen, bes. in der Bautechnik: z. B. schwere oder mehrschalige Konstruktionen, Baustoffe mit bestimmten physikal. Eigenschaften; im Verkehr: Luftreifen, Auspufftöpfe; in Büro und Betrieb: geräuscharm arbeitende Maschinen durch Anwendung federnder Stoffe. Der L. wird in den meisten Ländern der Bundesrep. Dtl. durch Polizeiverordnungen geregelt.

Laroche [lar'ɔʃ], Johann Joseph, * 1745, † 1806, Schauspieler in Wien, bes. in der von ihm geschaffenen Kasperl-Rolle.

La Roche [lar'ɔʃ], Sophie, geb. Gutermann, * 1731, † 1807, Jugendgeliebte Wielands, erste dt. Unterhaltungsschriftstellerin: ‚Geschichte des Fräuleins von Sternheim‘ (1771). Ihre Tochter Maximiliane heiratete 1774 den Kaufmann P. A. Brentano, Mutter von Clemens und Bettina Brentano.

La Rochefoucauld [larɔʃfuk'o], François VI., Duc de La R., französ. Schriftsteller, * 1613, † 1680, schuf mit seinen ‚Betrachtungen und moralische Sentenzen und Maximen‘ (1665) den Aphorismus französ. Prägung. ‚Memoiren‘ (1662).

La Rochelle [larɔʃ'ɛl], Hauptstadt des Dép. Charente-Maritime, W-Frankreich, 75 500 Ew., mit dem Vorhafen La Pallice einer der bedeutendsten französ. Handels- und Fischereihäfen, rege Hafenind. - La R. war einer der Sicherheitsplätze der Hugenotten, bis es 1628 von Richelieu erobert wurde.

Larousse [-r'us], Pierre Athanase, französ. Verleger, * 1817, † 1875, gründete einen Verlag bes. für enzyklopäd. Werke.

L'Arronge [lar'ɔ̃ʒ], Adolf, * 1838, † 1908, Theaterdirektor in Breslau, Berlin; Volksstücke und Possen (‚Mein Leopold‘, 1873, ‚Hasemanns Töchter‘, 1877).

Larsen, 1) Johannes Anker, dän. Schriftsteller, * 1874, † 1957, Romane (‚Der Stein der Weisen‘, 1923).
2) Karl Halfdan, dän. Schriftsteller, * 1860, † 1931, naturalist. Romane.

L'arsson, Carl, schwed. Maler, * 1853, † 1919, Hauptmeister des Jugendstils in Schweden; Fresken, Buchillustrationen, Aquarelle, die sein Haus und seine Familie schildern.

Lartet [-l'ɛ], Edouard, französischer Vorgeschichtsforscher, * 1801, † 1871. Seine Grabungen 1860-65 erwiesen das Dasein des Menschen zur Zeit der eiszeitlichen Fauna.

L'art pour l'art [la:r pur la:r, frz. ‚Die Kunst für die Kunst‘], von V. Cousin stammende Formel für die Eigengesetzlichkeit der Kunst, im 19. Jahrh. von Gautier, Baudelaire, Flaubert, den Brüdern Goncourt, Cézanne, Manet, Wilde, dem Stefan-George-Kreis u. a. vertreten.

La Rue [lar'y], Pierre de, † 1518, bedeutender Komponist der Niederländ. Schule: Messen, Motetten, Chansons.

L'arve [lat.], **1)** Gesichtsmaske. **2)** ♫ jugendliches Tier, das in seiner Gestalt wesentlich von den geschlechtsreifen Formen abweicht. L. sind bei den Insekten Raupe, Engerling, Made, bei den meisten Lurchen die Kaulquappe. Die L. der Insekten wandelt sich über das Stadium der →Puppe in das ausgebildete Kerbtier um.

Larventaucher, der zu den Alken gehörige **Papageitaucher,** mit buntem Schnabel.

Laryngolog'ie, Lehre vom Kehlkopf.

Laryngosk'op, der Kehlkopfspiegel.

L'arynx [grch.] *der,* der Kehlkopf.

La Salle [l'asal], Jean Baptiste de, * 1651, † 1719, Domherr in Reims, widmete sich dem Armenschulwesen, stiftete die Genossenschaft der Christl. Schulbrüder. Heiliger; Tag: 7. 4.

Las C'asas, Bartolomé de, span. Dominikaner, * 1474, † 1566, kämpfte gegen die Versklavung und Mißhandlung der Indianer durch die Konquistadoren, erwirkte einen gesetzl. Schutz der Indianer.

Lascaux [lask'o], Höhle bei Montignac (Dordogne, Frankreich) mit eindrucksvollen Malereien der jüngeren Altsteinzeit.

Laser [l'e:zər, Abk. für engl. light amplification by stimulated emission of radiation], **Lichtverstärker,** neuartige Lichtquelle zur Verstärkung einer Lichtstrahlung, liefert einen kohärenten, scharf gebündelten, fast zerstreuungsfreien Strahl von monochromat., frequenz- und phasengleichem Licht mit hoher Energiedichte. Bauarten: **Festkörper-L.** (Kristalle, meist Rubin), **Gas-L.** (Helium, Neon, Argon, Krypton, Kohlendioxid), **Halbleiter-L.** (meist Gallium-Arsenid-Halbleiterdiode

Laser: Bohren mit Laserstrahl

als **Injektions-L.** mit geringen Abmessungen). Die L.-Wirkung beruht auf der Möglichkeit, durch Resonanz bestimmte Elektronenübergänge im Atom zu erzwingen. Anwendungen: Bohren von feinsten Löchern, Schneiden, Schmelzen, Schweißen von Metallen, Keramik, Kunststoffen, Diamanten; Augen- und Mikrochirurgie, Spektroskopie, Landvermessung, Längenmessung, Leitstrahlsteuerungssysteme (Tunnelbauten), Radar, Nachrichtenübertragung.

Laserkraut, staudige Doldenblüter: **Laserpitium** in Mitteleuropa; **Thapsia** an der südl. Mittelmeerküste (zwei Arten sind homöopathische Heilkräuter).

Lash [læʃ], Abk. für engl. lighter aboard ship, ein Transportverfahren, bei dem Binnenschiffsleichter im Huckepackverkehr durch Seeschiffe befördert werden und auf Binnenwasserstraßen im Schubverband fahren. (Bild Schiff)

Lashio [laʃ'o], Stadt in Mittel-Birma, Bahnendpunkt und Ausgangspunkt der Birmastraße nach China.

las'ieren, Farbe oder Lack so dünn auftragen, daß der Untergrund durchscheint.

Läsi'on [lat.] *die,* Verletzung.

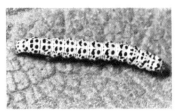

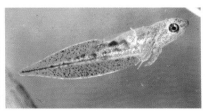

Larve: links Schmetterlingslarve (Raupe); Mitte Maikäferlarve (Engerling); rechts Larve des Kamm-Molchs

Lasker-Schüler, Else, Schriftstellerin, * 1869, † 1945; emigrierte 1933; verbindet in ihrer Dichtung (Lyrik, Dramen, Prosa) Wirklichkeit und Traum, Mythisches, Alttestamentarisches, Orientalisches und moderne Daseinsproblematik. (Bild S. 717)

Las Palmas, 1) span. Prov. auf den Kanar. Inseln, 4065 km², 575 000 Ew. **2)** Hauptstadt von 1), im NO der Insel Gran Canaria, 235 100 Ew.; Hafen und Flughafen; Transatlantik-Verkehr, Ausfuhr von Bananen, Tomaten, Zucker, Frühkartoffel und -gemüse.

La Spe'zia, 1) Prov. Italiens, 852 km², 247 900 Ew. **2)** Hauptstadt von 1), 128 300 Ew.; Handels- und Kriegshafen am Golf von La S., Werftind. Erdölraffinerie.

Lassalle [las'al], Ferdinand, * 1825, † (im Duell) 1864, Gründer der sozialdemokrat. Bewegung in Dtl., gründete den ‚Allgem. Dt. Arbeiterverein' (Leipzig 1863), neigte im Gegensatz zu K. Marx einem Staatssozialismus zu; erstrebte das gleiche Wahlrecht. Sein Anhang ging 1875 in der von Bebel und Liebknecht gegründeten marxist. Arbeiterpartei auf.

Ferdinand Lassalle   Orlando di Lasso

Laßberg, Joseph Freiherr von, Germanist, * 1770, † 1855, beschäftigte sich mit der Erforschung und Herausgabe altdt. Literaturdenkmäler (‚Liedersaal', 4 Bde. 1820-25).

Lassen Peak [l'æsn pi:k], tätiger Vulkan im Kaskadengebirge der Verein. Staaten, 3187 m hoch.

läßliche Sünde, Kath. Kirche: eine Sünde, die nicht, wie die Todsünde, zum Verlust der heiligmachenden Gnade führt.

Lasso [span.] der oder das, 10 bis 15 m langer Wurfriemen oder -strick mit leicht zusammenziehbarer Schlinge, die über ein Jagdtier geworfen wird.

Lasso, Orlando di, niederländ. Komponist, * um 1532, † 1594, seit 1564 Leiter der Hofkapelle in München; neben Palestrina der bedeutendste Komponist des 16. Jahrh. Die Fülle seines Ausdrucks reicht von tiefer Frömmigkeit bis zur Fröhlichkeit der weltl. Lieder. Etwa 1200 Motetten.

Laßwitz, Kurd, Philosoph und Schriftsteller, * 1848, † 1910, dem Neukantianismus nahestehend, Klassiker des technisch-utop. Romans (‚Auf zwei Planeten', 1897).

Last, 1) Gewicht, Bürde. **2)** ein Schiffsfrachtgewicht (Kommerzlast), in Deutschland = 2000 kg. **3)** Fracht- und Vorratsraum auf Schiffen.

Lasten, ♫ Leistungen, die aus einer Sache selbst zu entrichten sind und deren Nutzwert mindern (z. B. Grundsteuer).

Lastenausgleich, in der Bundesrep. Dtl. nach dem 2. Weltkrieg der Vermögensausgleich zwischen den durch die Kriegs- und Nachkriegsereignisse Geschädigten und denen, die ihren Besitzstand bewahrt haben (Ges. v. 14. 8. 1952, mehrfach geändert). Zur Durchführung werden Ausgleichsabgaben erhoben (Vermögensabgabe, Hypothekengewinnabgabe, Kreditgewinnabgabe), die dem Ausgleichsfonds zufließen und nur zur Finanzierung der Ausgleichsleistungen (Hauptentschädigung, Kriegsschadenrente, Härtefonds u. a.) verwendet werden dürfen. Dem L. unterliegen Vertreibungs-, Kriegssach-, Ost- und Sparerschäden. Zur Durchführung des L. wurde das Bundesausgleichsamt (Landes- und örtl. Ausgleichsämter)

errichtet. Zur Sicherung der Forderungen für den L. wurde u. a. am 8. 8. 1949 das Soforthilfe-Ges. erlassen. - Im Rahmen des L. wurden bis 1970 73 Mrd. DM ausbezahlt.

Lastensegler, ein Gleitflugzeug zur Beförderung von Truppen und Lasten, vom Motorflugzeug geschleppt, zur selbständigen Landung ausgeklinkt.

Lasthebemagnet, ein Gehäuse aus Stahlguß mit einer Magnetspule im Inneren, zum Verladen von Eisen in jeder Form.

Lastman, Pieter, holländ. Maler, * 1583, † 1633, in Rom beeinflußt von Elsheimer und Caravaggio; Lehrer Rembrandts. Biblische, mytholog. Bilder.

last, not least [-li:st, engl.], Redewendung, nach Shakespeare: Julius Caesar 3, 1; Lear 1, 1: zuletzt, doch nicht am wenigsten.

Lastrohrfloß, floßartiger Verband aus röhrenförmigen Behältern zum Transport von Massengütern auf Binnenwasserstraßen.

Lästryg'onen, griech. Mythos: menschenfressendes Riesenvolk.

Lastschrift, die Buchung einer Forderung zu Lasten des Schuldners.

Lastverteiler, bei der Elektrizitätsversorgung die Stelle, die die Belastung auf die Kraftwerke nach wirtschaftl. und betriebl. Gesichtspunkten verteilt.

Las'urfarben lassen die darunterliegende Farbschicht durchschimmern.

Lasurstein, Lasur'it der, →Lapislazuli.

Las Ve'gas, Stadt in Nevada, USA, nahe der Hoover-Talsperre, 125 800 Ew. Fremdenverkehr, Spielbanken. In der Umgebung Atombombenversuchsgelände.

lasz'iv [lat.], schlüpfrig, wollüstig, unzüchtig. Hptw. **Laszivität** die.

Latak'ia, französ. **Lattaquié,** das antike **Laodikeia,** Hauptstadt und Hafen der Prov. L. in Syrien, 87 400 Ew.

Lat'anien, Fächerpalmen der Maskarenen und der ostafrikan. Küste; als Zierpflanzen heißen die L. z. T. **Livistonen.**

Laet'are [lat. ‚freue dich'], der dritte Sonntag vor Ostern (nach dem Introitus, Jes. 66, 10), auch **Rosensonntag** genannt.

Lat'ein, die Sprache der alten Römer, →lateinische Sprache.

Lateinamerika, das von Spaniern und Portugiesen (von der Iberischen Halbinsel deshalb auch **Iberoamerika**) kolonisierte Süd- und Mittelamerika einschließlich Mexiko. In Brasilien wird Portugiesisch, in den meisten anderen Ländern Spanisch (Hispano-Amerika) gesprochen. **Geschichte** (vgl. hierzu die geschichtl. Abschnitte der einzelnen Länderartikel). Nachdem Kolumbus 1492 die Antillen (Westindien) entdeckt hatte, warfen die span. Konquistadoren im 16. Jahrh. nach und nach den größten Teil L.s (Eroberung des Aztekenreichs in Mexiko durch Cortez 1519-21, des Inkareichs in Peru durch Pizarro 1531-33). In Brasilien setzten sich seit 1500 die Portugiesen fest. Trotz der Bemühungen der Kath. Kirche (→Las Casas) und der span. Verwaltung hatten die harten Zwangsarbeiten und bes. die durch den Kontakt mit den Weißen auftretenden Seuchen einen starken Rückgang der Indianerbevölkerung zur Folge. Seit dem 16. Jahrh. wurden Negersklaven eingeführt, die die Plantagenwirtschaft Brasiliens und Westindiens ermöglichten. Im 17. Jahrh. errichteten Holländer, Engländer und Franzosen ihrerseits Kolonien in L. (Guayana, Jamaika, Honduras, Haiti). Die 1809/10 einsetzenden Unabhängigkeitskämpfe waren nicht nur Erhebungen gegen das span. Mutterland, sondern zugleich Bürgerkriege. Unter der Führung von Bolívar, San Martín u. a. erfochten die Kolonien bis 1824 auf dem ganzen Festland ihre Unabhängigkeit. 1822 riß sich auch Brasilien von Portugal los und errichtete ein Kaisertum (bis 1889); das bisher span. Amerika zerfiel in eine große Zahl selbständiger Freistaaten, die immer wieder von heftigen sozialen Kämpfen heimgesucht wurden. Trotz der inneren Wirren erlebte

L., bes. Argentinien, Brasilien, Chile, durch Zustrom fremden Kapitals und eine massenhafte europ. Neueinwanderung seit der Mitte des 19. Jahrh. einen großen wirtschaftl. Aufschwung, jedoch auch starke Überfremdung. Bes. die Verein. Staaten setzten im Krieg von 1898 gegen Spanien, das Kuba und Puerto Rico einbüßte, und mit militär. Interventionen eine mit der →Monroe-Doktrin begründete panamerikan. Vormachtstellung durch. Die Weltwirtschaftskrise (seit 1929) traf durch den Sturz der Rohstoffpreise die Wirtschaft L.s, dessen Produktion meist auf Monokulturen basierte, schwer. Es setzte eine Massenarbeitslosigkeit ein. Die Krise führte seit 1930 zu innenpolit. Erschütterungen und meist unter Führung der Armee zur Errichtung autoritärer oder diktator. Regierungssysteme. Gleichzeitig wuchsen seit dieser Zeit polit. Kräfte, die die wirtschaftl. und polit. Macht herrschender Schichten zu beschränken oder zu beseitigen trachteten und Bodenreform und Verstaatlichung von wichtigen Industrien erstrebten. Die wirtschaftl. und polit. Übermacht der USA rief in L. Widerstand hervor. Daher suchte Roosevelt eine Politik der ‚Guten Nachbarschaft' anzubahnen. Bei allen gemeinsamen Interessen mit N-Amerika (→panamerikanische Bewegung) besteht in L. ein kulturelles Gemeinschaftsgefühl und Eigenbewußtsein. Da auch die von Präs. Kennedy gewährte Wirtschaftshilfe nicht die Erwartungen der Lateinamerikaner an eine Verbesserung ihrer wirtschaftl. und sozialen Lage erfüllt hat, macht sich wieder ein verstärkter Widerstand gegen die Verein. Staaten bemerkbar. Der Erfolg sozialrevolutionärer Kräfte in Kuba ließ in vielen Staaten L.s Guerilla-Bewegungen entstehen.

Lateinamerikanische Freihandelszone, durch Vertrag vom 18. 2. 1960 geschaffene Freihandelszone von 11 lateinamerikan. Staaten: Argentinien, Bolivien, Brasilien, Chile, Kolumbien, Ecuador, Mexiko, Paraguay, Peru, Uruguay, Venezuela; Sitz: Montevideo. Ziele der Vereinigung: schrittweiser Abbau der Zölle und Handelsschranken im lateinamerikan. Raum, Abstimmung der agrar- und der industriepolit. Maßnahmen der einzelnen Länder, Schaffung eines Vorzugssystems für die See- ud Flußschiffahrt für die beteiligten Länder.

lateinamerikanische Kunst war zunächst von der Kunst der span. Kolonialmacht geprägt. Im **span. Bereich** begann die künstler. Entwicklung im 16. Jahrh.: Kathedrale von Sto. Domingo auf den Antillen; in Mexiko errichteten die Bettelorden festungsartige Klosteranlagen mit spätgot. Kirchen; Anlagen der Franziskaner: Huejotzingo, Cholula, Calpan, der Augustiner: Acolman, Actopan, der Dominikaner: Tepozotlan. Die zeitlich folgenden Kathedralkirchen wurden als Hallenkirchen nach span. Vorbildern errichtet: Guadalajara, Oaxaca, Mexiko, Puebla, Lima. Im 17. Jahrh. wurde die Baukunst von den Jesuiten gefördert, ein Mischstil italien., mitteleurop. und span. Elemente (Cuzco). Es folgten im 17. und 18. Jahrh. zahllose Barockkirchen mit überreichen Ornamenten am Außenbau und im Inneren, viele Paläste und öffentl. Gebäude mit dekorativem Reichtum an Portalen und Innenhöfen. - Die Skulptur stand fast ausschließlich im Dienst der Architektur, die Malerei brachte wenig eigenständige lokale Kunstwerke hervor. - Im **portugies. Kolonien** begann die künstler. Entwicklung erst im 17. Jahrh., gefördert von Jesuiten und Franziskanern; Übernahme portugies. und italien. Stilelemente. Künstlerische Zentren lagen an der Küste (Bahía, Rio de Janeiro). Im 18. Jahrh. entstand in den Städten des Landesinneren (nach den Goldfunden von Minas Gerais) eine regionale Schule des brasilian. Rokoko mit eigenständigen Werken, vertreten von: Fr.

de Araujo und A. Fr. Lisboa (Rosenkranzkapelle und S. Francisco in Ouro Preto). Nach unproduktiver Zeit im 19. Jahrh. wurden künstler. Kräfte erst wieder im 20. Jahrh. lebendig. Auf allen Gebieten der bildenden Kunst verschafften sich lateinamerikan. Künstler internationales Ansehen.

lateinamerikanische Literatur. Die brasilian. Lit. ist in portugiesischer, die der übrigen lateinamerikan. Länder in span. Sprache geschrieben. Eine bodenständige l. L. entfaltete sich nach Ansätzen am Ende des 19. seit den 20er Jahren des 20. Jahrh. Einige Schriftsteller haben Weltruf erlangt: die Argentinier R. Güiraldes, B. Lynch, J. L. Borges, die Chilenen Gabriela Mistral (✝ 1957, Nobelpreis 1945), Pedro Prado (✝ 1952), V. Huiobro (✝ 1948), Pablo Neruda (Nobelpreis 1971), der Guatemalteke Miguel Angel Asturias (Nobelpreis 1967), die Mexikaner R. Delgado, A. Castro Leal, R. F. Muñez, J. Revueltas und A. Reyes, der Peruaner Ventura Garcia Calderón (✝ 1959), die Peruaner J. M. Eguren (✝ 1942), C. Vallejo (✝ 1938), die Venezolaner R. Blanco Fombona (✝ 1944), R. Gallegos.

lateinamerikanische Musik. Zu einer eigenständigen, meist von der Volksmusik angeregten Musik kam es im 20. Jahrh. Die bedeutendsten Komponisten sind: die Brasilianer H. Villa-Lobos (1887-1959) und M. C. Guarnieri (* 1907), die Mexikaner C. Chávez (* 1899) und S. Revueltas (1899 bis 1940) sowie die Argentinier J. C. Páz (* 1897), seit 1934 Zwölftonkomponist, und M. Kagel (* 1931), ein Hauptvertreter der experimentellen Musik.

lateinamerikanische Philosophie, die im lateinamerikan. Kulturbereich entstandenen philosoph. Gedanken und Systeme. Das erste philosoph. Buch Lateinamerikas schrieb der span. Augustiner Fray Alonso de la Veracruz (1504-84). Die folgenden Jahrhunderte wurden von den philosoph. Systemen Europas bestimmt, bes. von der Scholastik und dem Positivismus. Erst mit dem entschiedenen Widerstand gegen letzteren setzte eine eigenständige l. P. ein. Sie vertreten vor allem A. Caso in Mexiko, A. O. Deustúa in Peru, A. Korn in Argentinien, R. de Farías Brito in Brasilien, E. Molina in Chile, E. J. Varona in Kuba u. a. Anregungen gaben der Neukantianismus, Bergson, Dilthey, Nietzsche, Husserl, Blondel, der Neuthomismus, später auch Heidegger, Scheler, N. Hartmann, G. Marcel, J. P. Sartre. Der mexikan. Philosoph Leopoldo Zea (* 1912) hat den Begriff der 'filosofía americana' geprägt.

lateinamerikanische Tanz ist afro-kreolischen Ursprungs, in Kult- und Festtänzen des Volkes, bes. auf den Antillen und in Brasilien, noch erhalten. Diese Tänze vermischten sich mit 'weißem' Musizier- und Tanzstil, erhielten europ. Melodien und Instrumente und kamen in dieser Form im 20. Jahrh. nach Europa: Tango, Rumba, Samba, Cha-Cha-Cha, Mambo u. a.

Lateinische Kirche, der Teil der Kath. Kirche, der den latein. Ritus befolgt. Die L. K. übertrifft den anderen Teil der Kath. Kirche, die unierte Oriental. Kirche, an der Zahl der Gläubigen und theolog. Bedeutung, ist aber dogmatisch und rechtlich-formal nur eine Teilkirche.

lateinische Münzunion, der 1865 in Paris zwischen Frankreich, Belgien, Italien, der Schweiz geschlossene Vertrag über die gleichartige Ausprägung von Gold- und Silbermünzen; nach dem 1. Weltkrieg durch Übergang zur Papierwährung bedeutungslos.

Lateinisches Kaisertum, das 1204 von den abendländ. Kreuzfahrern in Konstantinopel gegr. Kaiserreich, bis 1261.

lateinische Sprache, die Sprache der alten Römer, urspr. die Stammessprache der Latiner. Die l. S. bildete mit der Mund-

art von Falerii im südl. Etrurien die latinisch-faliskische Gruppe der →italischen Sprachen. Mit der Ausbreitung der Herrschaft Roms wurde die l. S. zur Verwaltungssprache der unterworfenen Länder und verdrängte dort oft die einheimischen Sprachen: in Italien, auf den westl. Mittelmeerinseln, auf der Pyrenäenhalbinsel, in Gallien (Frankreich), in Dakien (Rumänien), wo heute noman. Sprachen gesprochen werden.

Entwicklungsperioden: 1) vorliterarische Zeit, bis 240 v. Chr.; 2) altlatein. literarische Periode, 240 bis etwa 100 v. Chr.; 3) klassische, **goldene Latinität,** etwa 100 v. Chr. bis 14 n. Chr.; 4) **silberne Latinität,** im 14 etwa 120 n. Chr.; 5) archaisierende (altertümelnde) Periode, etwa 120 bis 200 n. Chr.; 6) spätantike Periode, etwa 200-600 n. Chr.: Auseinanderfallen von Literatursprache und Volkssprache (Vulgärsprache), die zur Grundlage der roman. Sprachen wird. Seit Anfang des 5. Jahrh. wird das als k gesprochene c vor e, i, y, ae, oe zum Zischlaut ts. 7) Das **Mittellatein** ist im MA. als Verkehrssprache die unmittelbare Fortsetzung der spätantiken latein. Schriftsprache, in die mehr oder weniger Vulgarismen einflossen. 8) Als **Neulatein** der Renaissance und des Humanismus (seit dem 14. Jahrh.) wurde die l. S. von aller 'Barbarei' gereinigt, büßte aber durch starre Festlegung auf die Norm einer fernen Vergangenheit jede Entwicklungsmöglichkeit ein; sie wurde zur toten Sprache.

Lateinschrift, die →Antiqua.

Lateinschulen, im ausgehenden Mittelalter die Kloster-, Dom- und Stadtschulen.

Lateinsegel, dreieckiges Segel an schrägem, bewegl. Mast, bes. im Mittelmeer.

La Tène, Untiefe am Nordende des Neuenburger Sees (Schweiz), Fundstelle von Pfahlbauten und eisenzeitl. Siedlung, die der →Latènezeit den Namen gab.

Latènezeit [nach 'La Tène], der der Hallstattzeit folgende 2. Abschnitt der Eisenzeit West- und Mitteleuropas, etwa 500/450 v. Chr. bis zu Chr. Geburt, kulturell getragen von den Kelten. Erhalten sind Waffen, Werkzeuge, Schmuck mit reicher Verzierung (z. T. mit Motiven, die im Zusammenhang mit der kelt. Italienzügen am Ende des 5. Jahrh. von der italisch-etrusk. Kunst übernommen wurden). Charakteristisch sind die Oppida (stadtartige Siedlungen).

lat'ent [lat.], verborgen, gebunden, **Latenz** der, Verborgenheit.

latentes Bild, das bei der Belichtung photograph. Materials entstehende, unsichtbare Bild, das erst durch die Entwicklung sichtbar wird.

latente Wärme, die Wärme, die ein Körper beim Übergang vom festen in den flüssigen oder vom flüssigen in den gasförmigen Zustand aufnimmt, und die nicht zur Temperaturerhöhung beiträgt.

Latenzzeit, in der Physiologie die Zeit, die zwischen Reiz und Reaktion liegt.

later'al [lat.], seitlich.

Later'an, Palast und Kirche in Rom, Exklave des Vatikanstaates. Die von Konstantin d. Gr. gegr. Kirche **S. Giovanni in Laterano,** die Bischofskirche des Papstes, ist die rangerste aller kath. Kirchen. Der **Lateranpalast** war bis 1308 Papstresidenz (jetzt Museum).

Laterankonzilien, die im Mittelalter im Lateranpalast abgehaltenen päpstl. Konzilien; von ihnen gehören 5 zu den →Ökumen. Konzilien.

Lateranverträge, die am 11. 2. 1929 im Lateranpalast zwischen dem Hl. Stuhl und dem Kgr. Italien abgeschlossenen Staatsverträge. Danach wurde dem Papst die weltl. Souveränität über die Vatikanstadt zuerkannt, während das Kgr. Italien anerkannte die italien. Verfassung v. 1. 1. 1948 erkannte die L. an.

Later'it der, roter Verwitterungsboden der Tropen, eisenreich, mit Aluminiumoxid.

Lat'erna m'agica [lat. 'Zauberlaterne'] die, im 17. Jahrh. entwickelter Projektionsapparat für durchsichtige Lichtbilder, Vorläufer des Bildwerfers.

Laterne, 1) Lampe mit Regen- und Windschutz. **2)** ⌂ Kuppelaufsatz mit Fenstern.

Laternenträger, Zikaden, deren große tropische Arten einen laternenförm. Kopf haben: irreführend **Leuchtzirpen** genannt.

L'atex der, milchähnl. Saft aus Kautschukbäumen, enthält 30-35% Rohkautschuk. Vulkanisiert wird L. für die Imprägnation verwendet. Wäßrige Dispersionen von Kunstkautschuk (**künstl. L.**) dienen zur Herstellung von Anstrichmitteln und Klebern.

Latif'undium [lat.] das, -s/...dien, sehr großer, in einer Hand vereinigter Grundbesitz.

Latim'eria, Fisch, →Quastenflosser.

Lat'ina, bis 1947 **Littoria,** der 1932 gegründete Hauptort der Prov. L., Italien, und der →Pontinischen Sümpfe, 76 500 Ew.; Autoreifen-, Tabakfabrik, Kernkraftwerk.

Lat'iner, →Latium.

latinisieren, ins Lateinische übertragen.

Latin'ismus der, eine nichtlatein. Sprache übertragene Spracheigentümlichkeit des Lateins.

Latinit'ät, eigentüml. sprachl. Ausdrucksform latein. Schriftsteller oder Perioden; **goldene L.,** →lateinische Sprache.

Lat'inum, Examen in Latein für Schüler und Studenten.

L'atium, italienisch **L'azio,** geschichtl. Landschaft und heutige Region in Mittelitalien, 17 203 km², 4,7 Mill. Ew.; im Altertum von den **Latinern** bewohnt. Nach Auflösung des Latin. Bundes 338 v. Chr. gingen sie im Römertum auf.

La Tour [-tur], **1)** Georges de, französ. Maler, * 1593, ✝ 1652, von Caravaggio beeinflußt; malte Nachtstücke mit künstl. Beleuchtung in eigenwilligem Kolorit. **2)** Maurice-Quentin de, französ. Maler, * 1704, ✝ 1788, Charakterbildnisse in Pastell.

Latr'ine [lat.] die, Abort. **Latrinengerücht,** unglaubwürdiges Gerücht.

Latsche die, eine →Kiefer.

Lattich der, eine Gattung krautiger milchsafthaltiger Korbblüter, meist gelb blühend. Wichtigste Art ist der **Gartenlattich (Gartensalat,** →Salat). Seine Stammform ist vielleicht der **Wilde L.,** dessen gefiederte Blätter die Einstellung einer →Kompaßpflanze haben.

Latw'erge die, **1)** nicht mehr gebräuchl. Arzneiform, Gemisch von Pulvern mit Sirup oder Pflanzenmus. **2)** Pflaumenmus.

Lauban, poln. **Luban,** ehem. Kreisstadt in Niederschlesien, am Queis, 16 800 (1939: 17 400) Ew.; Textilind. L. kam im Stadtkern stark zerstört, 1945 unter poln. Verwaltung.

Laubbäume, die →Laubhölzer.

Laube, 1) Gartenhäuschen. **2)** Bogengang. **3)** Turnen: der Liegestütz rücklings.

Laube, Heinrich, Schriftsteller, * 1806, ✝ 1884, gehörte zum 'Jungen Deutschland'; 1849-67 Direktor des Wiener Hofburgtheaters, das unter ihm eine seiner Blütezeiten hatte; erfolgreicher Dramatiker ('Die Karlsschüler', 1846), histor. Romane, Novellen.

Laubengang, 1) mit Laubwerk überwölbter Gartenweg. **2)** →Arkade.

Laubenganghaus, das →Außenganghaus.

Laubenkolonie, Kleingartengelände.

Laubenvögel, Unterfamilie der Paradiesvögel in Australien. Die Männchen bauen für Balzspiele Reiserlauben mit Zierbelag.

Lauberhornrennen, Skisport: jährlich in Wengen (Schweiz) ausgetragene internat. Rennen für Herren (Abfahrtslauf, Slalom, Riesenslalom).

Laubfall, Blattfall, das mit Lauberneuerung (Blatt-, Laubwechsel) verbundene Abfallen älterer Blätter bei Holzgewächsen, bewirkt durch den jahreszeitl. Witterungswechsel. Der L. ist ein Verdunstungsschutz, da die Wurzeln im Winter wegen der Bodenkälte kein Wasser aufnehmen. Vor dem L. verfärben sich die Blätter vieler Pflanzen.

725

Laub

Laubfrösche, Familie der Froschlurche mit bezahntem Oberkiefer und Haftscheiben an den Zehenenden, meist Baumbewohner. Der **Europ. L.** ist bis 5 cm lang, grün, unterseits gelblich, an den Seiten gelb und schwarz gesäumt, als Männchen mit blähbarer Schallblase an der Kehle, nur zur Paarung und Eiablage (im Frühjahr) im Wasser, Insektenfresser, mit Winterschlaf; als angebl. Wetterprophet ist der L. auch Zimmertier.

Laubhölzer, Laubgehölze, alle bedecktsamigen, ein- und zweikeimblättrigen Bäume (**Laubbäume**), Sträucher und Halbsträucher.

Laubhüttenfest, das jüdische Erntedankfest, im Oktober.

Laubkäfer, Gattung der Blatthornkäfer. Der **Gemeine L.** (**Gartenlaubkäfer;** Tafel Käfer) zerfrißt junge Apfelblätter.

Laubmoose, in Stengel und Blätter gegliederte →Moose, z. B. Torfmoose, Mohren- oder Klaffmoose, Echte L.

Laubsäge, eine Handsäge, deren schmales, feingezahntes Blatt durch einen U-förmigen Bogen gespannt wird.

Laubsänger, Gattung der Grasmücken, meist grünl., pfriemenschnäblige Singvögel; Insektenfresser, bauen am Boden ein überdachtes Nest. In Mitteleuropa brüten z. B. der **Fitis-L.** und der **Zilpzalp** oder **Weiden-L.**

Laubsänger: Zilpzalp

Lauch der, **Allium,** Gattung der Liliengewächse, mit schmalen oder schlauchförm. Blättern, kugeligem Blütenstand, meist mit Zwiebel. Viele Nutzpflanzen: Knoblauch, Zwiebel, Porree, Schnittlauch u. a.; in feuchtem Laubwald oder weißblüt. Bärenlauch.

Lauchhammer, Stadt im Bez. Cottbus, 27 500 Ew.; Braunkohlenindustrie, Großkokerei, Kunstgießerei, Bau von Bergbau-Großgeräten.

Lauchstädt, Bad L., Stadt im Bez. Halle, 5700 Ew.; Eisensäuerling-Quelle; im 18. Jahrh. beliebtes Bad, Goethe-Theater (1802).

Laud'anum [lat.], im MA. jedes Beruhigungsmittel, bes. aus Opium.

Laudati'on, Laud'atio [lat.] die, Lobrede.

Laudes [lat.] Mz., das Morgenlob des röm. Breviers.

Laudi [ital.] Mz., volkstüml. geistliche Lieder in Italien im 13. Jahrh., zunächst einstimmig mit Kehrreim, später mehrstimmig. z. B. der Sonnengesang des Hl. Franziskus.

L'audon, Gideon Ernst, Freiherr von, österreich. Feldmarschall, * 1717, † 1790, besiegte Friedrich d. Gr. bei Kunersdorf (1759), wurde von ihm bei Liegnitz (1760) geschlagen. 1789 eroberte er Belgrad.

Laue, Max von, Physiker, * 1879, † 1960, Prof. in Zürich, Frankfurt a. M., Berlin und Göttingen, entdeckte die Beugung von Röntgenstrahlen an Kristallen, förderte die Relativitätstheorie, entwickelte eine Theorie der Supraleitung. 1914 Nobelpreis für Physik.

L'auenburg, 1) Herzogtum L., Kreis in Schlesw.-Holst.; Verwaltungssitz in Ratzeburg. - Das Herzogtum **Sachsen-L.,** früher Gfsch. Ratzeburg, seit 1260 unter einer askan. Linie, kam 1689 an Hannover, 1816 an Dänemark, 1705 an Preußen, 1876 an dessen Prov. Schleswig-Holstein.

2) L. (Elbe), Stadt in 1), an der Einmündung des Elbe-Lübeck-Kanals in die Elbe, 11 400 Ew., Elbhafen, Schiffswerften, Reedereien, verschiedene Industrie.

3) L. in Pommern, poln. **Lębork,** Stadt an der Leba, 29 200 (1939: 19 100) Ew.; Maschinen-, Holzind. - 1341 dem Dt. Orden gegr.; seit 1945 unter poln. Verwaltung.

L'auesen, Marcus, dän. Schriftsteller, * 1907; Roman ‚Und nun warten wir auf das Schiff' (1931).

Laue-Verfahren, die Erzeugung von Röntgen-Interferenzen durch Beugung von Röntgenstrahlen in einem Kristall und die darauf gegründete Ermittlung der Kristallstruktur. Ein durch eine Kristallplatte hindurchtretender Röntgenstrahl erzeugt auf einem photograph. Film eine regelmäßige Anordnung von Interferenzflecken (**Laue-Diagramm**).

Lauf, 1) 🏃 Form der Fortbewegung, bei der nie beide Beine zugleich den Boden berühren. Der L. bildet als sportl. Disziplin den Mittelpunkt der Leichtathletik. Sportl. Wettbewerbe: Kurz-, Mittel- und Langstrecke, Marathon-, Hindernis-, Hürden- und Staffellauf. (Bild S. 734) **2)** Rohr der Handfeuerwaffen und Maschinengewehre. **3)** Bein der Jagdtiere und Hunde.

Lauf a. d. Pegnitz, Stadt in Mittelfranken, Bayern, 15 800 Ew.; vielseitige Industrie (u. a. Specksteinverarbeitung); Wenzelschloß (gegr. um 1360) mit Wappensaal auf einer Pegnitzinsel.

Laufen, Stadt in Oberbayern, an der Salzach, 3600 Ew.; alte Stadt mit der ältesten got. Hallenkirche Süddtl.s.

laufende Rechnung, das Kontokorrent.

laufender Hund, ein in Wellenlinien fortlaufendes griech. Ornament (→Mäander).

laufendes Band, das Fließband.

laufendes Gut, ⚓ das Tauwerk zum Bewegen der Rahen und Segel.

Läufer, 1) Fußball, Handball, Hockey: Verbindungsspieler zwischen Stürmern und Verteidigern. **2)** eine Schachfigur. **3)** junges Schwein von der 15. bis 26. Woche. **4)** ⚙ um laufende Teil bei Maschinen. **5)** langer, schmaler Teppich in Meterware. **6)** Ordnanzmann an Bord von Kriegsschiffen.

Lauff, Joseph von (geadelt 1913), * 1855, † 1933, Dramatiker, Erzähler (histor. Stoffe).

Laufröhre, Wanderfeldröhre, Höchstfrequenztechnik: Elektronenröhren, in denen der Elektronenstrahl im und mit dem Feld fortschreitender elektromagnet. Wellen verläuft. Es können sehr breite Frequenzbänder bei niedrigem Eigenrauschen verstärkt werden.

Laufen a. N., Stadt in Bad.-Württ., am Neckar, 9200 Ew.; Landwirtschaft (Gartenbau), Zementwerk, Strickwarenfabrik.

Laufgraben, im Stellungskrieg ein Graben, der zur Kampfstellung führt.

läufig, der Zustand brünstiger Hündinnen: zweimal jährlich 2-3 Wochen.

Laufkäfer, räuber. Käfer mit meist nächtl. Lebensweise: hierzu u. a. **Getreide-L.** und **Puppenräuber.**

Laufkatze, eine an einem Hebezug waagrecht verfahrbare Winde.

Laufkraftwerk, ein Wasserkraftwerk ohne Speichermöglichkeit für das Betriebswasser, wie z. B. die Kraftwerke an den Staustufen der Flüsse.

Laufmasche, bei Wirk- und Strickwaren ein sich lösender Maschenverband.

Laufmilben, Familie meist roter Milben mit stechborstenförmigen Kieferfühlern, z. T. Schmarotzer; so die Larve der **Samtmilbe,** während der Ernte (‚Erntemilbe') als Hautparasit den Menschen befällt.

Laufrad, 1) bei Strömungsmaschinen (Turbinen, Pumpen) der rotierende Teil zur Umwandlung der Energie. **2)** bei Fahrzeugen die nicht zum Antrieb bestimmten Räder.

Laufvögel die, alle größeren flugunfähi-

gen Vögel: Strauß, Emu, Kasuar, Nandu, Kiwi und Moa.

Laufzeit, bei einem Wechsel die Zeit bis zum Verfalltag.

Laufzeitröhren, Elektronenröhren, bei denen die Flugzeit (Laufzeit) der Elektronen von der Kathode zu den Elektroden zur Verstärkung hochfrequenter elektromagnet. Wellen ausgenutzt wird.

Lauge, 1) Lösung einer starken Base in Wasser. **2)** Salzlösung.

Laugenvergiftung, Vergiftung durch Lösungen ätzender L. oder kohlensaurer Alkalien; Folgen: Anätzung der Mundschleimhaut, heftige Schmerzen von der Mundhöhle bis zum Magen, Erbrechen, Koliken mit Durchfall (oft Narbenbildung. Behandlung: Zufuhr verdünnter Säuren oder Milch, herzanregende Mittel. Erste Hilfe: Einflößen von sauren Getränken.

Läuger, Max, Architekt, Bildhauer, Leiter von Kunsttöpfereien, * 1864, † 1952.

Laughton [lɔːtn], Charles, engl. Charakterdarsteller, auch im Film. * 1899, † 1962.

Charles Laughton   *Max von Laue*

Laukhard, Friedrich Christian, Schriftsteller, * 1758, † 1822; kulturgeschichtlich aufschlußreiche Selbstbiographie ‚L.s Leben und Schicksale' (1792-1802).

Laun, Rudolf, Staats- und Völkerrechtslehrer, * 1882, Prof. in Wien, Hamburg.

Launceston [lɔːnstən], Stadt in Tasmanien, Australien, 60 500 Ew.; Wirtschaftsmittelpunkt, Seehafen am Tamar-Fluß.

Laupheim, Stadt in Bad.-Württ., 10 300 Ew.; Gymnasium, Realschule; Industrie; zwei Schlösser (16., 18. Jahrh.), Rathaus (1598).

Laura, die Frau, die Petrarca in seinen Dichtungen besang; ihre histor. Existenz ist umstritten.

Laur'ana, Luciano da, italien. Renaissance-Baumeister, * um 1420, † 1479, schuf den Herzogspalast in Urbino.

Laure'at [lat.], →poeta laureatus.

Lauremberg, Johann Willmsen, Satiriker und Gelehrter, * 1590, † 1658; geißelte das Modenwesen des 17. Jahrh.

Laurencin [lɔrãsˈɛ̃], Marie, französ. Malerin, * 1885, † 1956, von Matisse beeinflußt, zartfarbige Mädchenbildnisse.

Laurens [lɔrˈɑs], Henri, französ. Bildhauer, * 1885, † 1954, schuf, vom Kubismus angeregt, zunehmend abstraktere Bildwerke.

Laurensberg, Gem. in Nordrh.-Westf., 10 500 Ew.; Textilindustrie.

Laurentides Park [lɔːrəntaidz-], Naturschutzpark in der Prov. Quebec, Kanada, 8500 km² groß.

Laurentium das, **Lr,** früher **Lawrentium, Lw,** zu den Transuranen gehörendes, radioaktives chem. Element, Ordnungszahl 103; erstmals 1961 hergestellt.

Laur'entius, Märtyrer in Rom, † 258, Schutzheiliger der Bibliothekare; Tag: 10. 8.

Laur'entiusschwarm, Sternschnuppenschwarm, →Sternschnuppe.

Laurenzi'ana, die Bibliothek der Medici in Florenz mit kostbaren Handschriften.

Lauret'anische Litanei, eine im 16. Jahrh. aus Ehrentiteln Mariens zusammengesetzte Litanei.

L'aurin, ein Zwergenkönig der Heldendichtung, Besitzer und Hüter eines zauberhaften Rosengartens.

L'aurion, neugriech. **Lavrion,** griech. Hafenstadt an der O-Küste Attikas; 6700 Ew.; Bergbau: Blei, Zink, Eisenmangan.

Lauritzen, Lauritz, Politiker (SPD), * 1910, Jurist; 1963-66 Minister für Justiz und Bundesangelegenheiten in Hessen, Bundesmin. für Wohnungsbau (seit 1966), für Verkehr sowie für Post und Fernmeldewesen (seit 1972).

L'aurus [lat.], ⚲ der →Lorbeer.

Laus, Insekt, →Läuse.

Lausanne [loz'an], Hauptstadt des Kt. Waadt, Schweiz, auf mehreren Hügeln am Genfer See, 140 000 Ew.; Universität, berühmte Erziehungsanstalten, Sitz des Eidgenöss. Bundesgerichts und des Internationalen Olymp. Komitees. Bauten: Kathedrale (1173-1275; 1873-1936 wiederhergestellt), Schloß (1425-31), Rathaus (1456; umgebaut 1674-78). - Seit etwa 590 Bischofssitz, seit 1536 unter der Herrschaft Berns, das die Reformation einführte. **Konferenzen von L.:** 1) 1912 Frieden zwischen der Türkei und Italien; 2) 1923 Frieden zwischen der Türkei und Griechenland; 3) 1932 abschließende Reparationskonferenz; 4) 1949 Waffenstillstandsabkommen zwischen Israel und den Arabern.

Lausanner Schule, mathemat. Richtung der Volkswirtschaftslehre, →Grenznutzenschule. Hauptvertreter: V. Pareto, L. Walras.

Lauscha, Stadt im Bez. Suhl, 5400 Ew.; älteste Glashütte (1597) des Thüringer Waldes, Glasmuseum.

Lauscher, Loser, Luser, ⚲ die Ohren des wiederkäuenden Schalenwildes.

Läuse, flügellose Insekten mit stechendsaugenden Mundwerkzeugen, Klammerbeinen, abgeflachtem Körper; machen unvollständige Verwandlung durch und leben als Blutsauger an Säugern. Am Menschen leben: **Kopflaus** (2-3 mm lang), klebt die Eier (Nisse) an die Kopfhaare; Bekämpfung: Insektizide, Einreiben mit Sabadillessig. **Kleiderlaus** (bis 4 mm lang), in rauher Wäsche, überträgt die Erreger des Fleckfiebers, des Fünftagefiebers und des Rückfallfiebers. Bekämpfung: Insektizide, Begasen oder Hitzetrocknen der Wäsche. Ferner →Filzlaus.

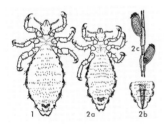

Läuse: 1 Weibchen der Kleiderlaus; 2a Weibchen der Kopflaus, 2b Hinterleib einer männl. Kopflaus mit Begattungsorgan, 2c Nisse der Kopflaus an ein Haar geklebt (1-2c etwa 8fach vergr.)

Läusekraut, Läusewurz, Rachenblütergattung, meist Stauden mit fiederspaltigen Blättern und Ähren großer Lippenblüten. Das **Sumpf-L.,** bis 0,5 m hoch, an Lausitzer Bergland.

Lausfliegen, als Blutsauger an Säugetieren und Vögeln lebende Zweiflügler, mit lederartiger Haut und Klammerklauen.

Lausick, Bad L., Stadt im Bez. Leipzig, 6500 Ew.; Eisen- und Moorbad; Schamottewerk.

Lausitz die, Landschaft um die Görlitzer Neiße und die obere Spree, umfaßt die **Nieder-L.** im N und die **Ober-L.** im S. Der Südteil ist gebirgig (→Lausitzer Bergland) und geht nach N in Niederungen (Spreewald) mit Heiden (Kiefernheiden) über. Um Senftenberg und Hoyerswerda Braunkohlenabbau, in größeren Städten (Cottbus, Guben, Forst) Tuchindustrie. - Die L. kam im 10. Jahrh. zum Dt. Reich, im 14.

Jahrh. an Böhmen, 1635 an Kursachsen, 1815 fielen die Nieder-L. und die halbe Ober-L. an Preußen; seit 1945 ist die östl. L. unter poln. Verwaltung.

Lausitzer Bergland, die westlich der Görlitzer Neiße gelegenen Ausläufer der Sudeten, im S im **Lausitzer (Zittauer) Gebirge** 793 m hoch (Lausche). Im dichtbesiedelten L. B. neben Nutzung der Bodenschätze (Granit, Braunkohle, Kaolin) Textilind.

Lausitzer Kultur, Kulturgruppe der jüngeren Bronze- und frühen Eisenzeit, etwa im 12.-7. Jahrh. v. Chr. verbreitet im östl. Mitteleuropa, bes. in der Niederlausitz. Kennzeichnend: formenreiche Keramik.

Laut, 1) Ton, Klang. 2) ⓢ jeder bei bestimmter Stellung der Sprachwerkzeuge (Artikulation) mit Hilfe des Atemstroms erzeugte Schall.

Lauta, Gem. im Bez. Cottbus, Niederlausitz, 9200 Ew.; Braunkohlen; Großkraftwerk und Aluminiumherstellung.

Lautarchiv, Sammlung von Sprechtexten (Schallplatten, Tonbänder, Tonfilme). ‚Deutsches Spracharchiv' in Münster (gegr. 1938). Das L. des dt. Rundfunks (‚Deutsches Rundfunkarchiv') in Frankfurt a. M. erfaßt Tonträger aller Art für Zwecke der Kunst, Wissenschaft, Forschung, Erziehung.

Laute [arab.], ♪ Zupfinstrument, dessen länglich-ovaler Schallkörper mit 6 Saiten (früher 11 Darmsaiten in 6 Chören) bespannt ist; stammt aus dem Orient.

Lauterbach, Stadt in Hessen, am Vogelsberg, 9500 Ew.; Industrie. 812 erstmals erwähnt, Stadtkirche (1767), Burg (um 1685), Schloß Hohhaus (1769-73).

Lauterberg im Harz, Bad L. i. H. Stadt in Ndsachs., 9800 Ew.; Kneippbad; Metall-, Möbel-, Pinsel-, Holz-, Eisen- u. a. Industrie; Schwerspatbergbau.

Lauterbrunner Tal, das Tal der Weißen Lütschine im Berner Oberland, vom Tschingelgletscher bis Zweilütschinen, 18 km lang. Hauptort: **Lauterbrunnen.**

Lauterstall, die Harnruhr der Pferde, das Absetzen (Stallen) großer Mengen eines dünnflüssigen, blassen (lautern) Harns nach Aufnahme minderwertigen Futters.

Lautgesetze, die Regeln, nach denen der Lautwandel nicht auf das einzelne Wort beschränkt bleibt, sondern sich auf sämtl. unter gleichen Bedingungen auftretenden Laute erstreckt.

Lautlehre, Lehre von den Sprachlauten, ihrer Bildung (Phonetik), ihrer Geltung im Sprachsystem (Phonologie) und ihrer Entwicklung (Lautgeschichte).

Lautmalerei, griech. **Onomatopö'ie,** Anpassung des Wortklanges an Wortsinn oder Klangerlebnisse: ‚Und hohler und hohler hört man's heulen' (Schiller, ‚Taucher').

Lautréamont [lotream'ɔ̃], Comte de, eigentl. Isidore **Ducasse,** französ. Dichter, * 1847, † 1870; ‚Gesänge des Maldoror' (1869, erschienen 1890).

Lautschrift, Schriftsystem zur möglichst lautgetreuen Aufzeichnung des Gesprochenen (phonetische Transkription). Am verbreitetsten ist das System der Association Phonétique Internationale (seit 1886), das in diesem Lexikon verwendet wird. Die einem Schriftzeichen beigelegte phonetische Bedeutung ist dessen **Lautwert.**

Lautsprecher, Gerät zum Umwandeln elektromagnet. Schwingungen in hörbare (akustische) Schwingungen. Der meist verwendete **dynamische L.** beruht auf der Wechselwirkung zwischen einem konstanten Magnetfeld und einem stromdurchflossenen Leiter, der im Feld eines Dauermagneten abgelenkt wird. Beim **Kristall-L.** wird der piezoelektr. Effekt von Salzkristallen ausgenutzt. Die Schwingungen des Kristalls werden von einer mit ihm verbundenen Membran an die Luft weitergegeben. Beim **Ionen-L.** werden statt der trägen Membran unmittelbar ionisierte Luftteilchen in Schwingung versetzt.

Lautstärke, ein Maß für die Stärke einer

Lautstärkewerte (in Phon)	
130	Schmerzschwelle
120	Flugzeugmotor
110	Kesselschmiede mit Drucklufthammer
100	Motorrad ohne Schalldämpfer
90	sehr laute Fabriksäle, sehr großer Straßenlärm, Orchester im Konzertsaal, Kraftwagen bei Vollgas
80	Motorrad mit Schalldämpfer
80	U-Bahn
70	Eisenbahn, Straßenbahn, laute Musik, Beat-Musik
50	Unterhaltungssprache, Schreibmaschine
40	ruhige Straße
30	Uhrticken
20	ruhiger Garten
10	leises Flüstern

Schallempfindung. Maßeinheit ist das Phon.

Lautverschiebung, die Veränderung bestimmter Mitlaute in den german. Sprachen. Man unterscheidet zwei Stufen: **1)** die **germanische L.** (unterschiedl. datiert: 500 v. Chr. bis 2. Jahrh. n. Chr.), die die german. Sprachen aus der indogerman. Gemeinschaft löste. Durch sie wandelten sich u. a. die Laute k, t, p in h, th, f; z. B. entsprechen dem Lateinischen und Gotischen: cornu und haurn (horn), tres und threis, threis, drei, pater und fadar Vater. **2)** die **hochdeutsche L.** (7. Jahrh. n. Chr.) betraf nur die hochdt. Sprache, die seitdem vom Niederdeutschen geschieden ist. Damals wandelten sich k in ch, t in ts oder ss, p in ff oder pf, ferner b, d, g zu p, t, k. So entsprechen sich niederdt. Schipp, Water, ik und hochdt. Schiff, Wasser, ich, niederdt. ten, Perd, hochdt. zehn, Pferd, niederdt. dag, hochdt. Tag.

Lautwandel, sprachgeschichtl. Veränderung von Lauten (→Lautgesetze).

Lava [ital.] die, bei Vulkanausbrüchen ausfließendes Magma und das daraus entstandene, durch entweichende Gase meist poröse, häufig auch glasige Ergußgestein. (Bild S. 728)

Lav'abo [lat.], 1) die sinnbildliche Handwaschung des Priesters in der Messe. 2) die Gefäße dazu.

Lav'al, Hauptstadt des französ. Dép. Mayenne, 49 100 Ew.; Metall-, Textilindustrie; Kirchen (12.-14. Jahrh.), zwei Schlösser.

Lav'al, Pierre, französ. Politiker, * 1883, † 1945, Rechtsanwalt, sozialist. Abg., dann parteilos; war 1925-44 mehrmals Minister und MinPräs., um französ.-italien. Verständigung bemüht, setzte die Errichtung des Etat Français parlamentarisch durch. Wegen ‚Kollaboration' mit Dtl. zum Tode verurteilt und hingerichtet.

La Vall'etta, Hauptstadt von Malta, →Valletta.

Lavallière [lavalj'ɛ:r, frz.] die, lockere Seidenschleife (Künstlerknoten).

Lavand'inöl, äther. Öl aus Lavendelbastarden, Bestandteil von Seifenparfümen.

L'avant die, Nebenfluß der Drau in Kärnten, 64 km lang, entspringt am Zirbitzkogl, durchfließt das Lavanttal der **Lavanttaler Alpen,** mündet bei Lavamünd.

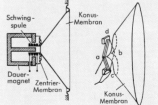

Lautsprecher: links dynamischer L.; rechts Kristall-L.

Lava: links Lavaschornstein; rechts Stricklava (Vesuv)

L'avant, Christine, eigentlich **Habernig,** geb. Thonhauser, * 1915; Lyrik, Erzählungen.

La Varende [lavar'ãd], Jean Balthasar Mallard Vicomte de, französ. Schriftsteller, * 1887, † 1959. Romane (‚Unter der Maske', 1937).

L'avater, Johann Kaspar, schweizer. philosoph. Schriftsteller, * 1741, † 1801, Pfarrer in Zürich; erläuterte in den ‚Physiognom. Fragmenten' (1775-78), an denen auch Goethe mitarbeitete, die Kunst der Charakterdeutung aus den Gesichtszügen.

Lav'endel der, halbstrauchige, blaublühende Lippenblüter des Mittelmeerbereichs; die duftreiche Blüte gibt Lavendelöl; z. T. Heilpflanzen.

Lavendelöl, äther. Öl aus Lavendel, Rohstoff für den Duftstoff **Lavendelwasser** und das Einreibmittel **Lavendelspiritus.**

La Venta, archäolog. Fundort in Mexiko, nach dem die **La-Venta-Kultur** benannt ist.

Laveran [lavr'ã], Charles Louis Alphonse, französ. Mediziner, * 1845, † 1922; ·entdeckte 1880 die Malariaerreger, erhielt 1907 den Nobelpreis für Medizin.

lav'ieren [frz.-niederländ.], **1)** Kreuz- und Querzüge machen, um zum Ziel zu kommen. **2)** ⌐ gegen den Wind kreuzen. **3)** eine Zeichnung, bes. eine Federzeichnung, leicht mit Wasserfarbe antuschen.

Lavigerie [laviʒr'i], Charles Martial Allemand, französ. Kardinal, * 1825, † 1892, Erzbischof von Algier seit 1867; gründete 1868 die Kongregation der ‚Weißen Väter' zur Christianisierung Afrikas.

Lavoir [lavw'a:r, frz.] das, mundartlich **Lav'or,** Waschbecken.

Lavoisier [lavwasj'e], Antoine Laurent, französ. Chemiker, * 1743, † (hingerichtet) 1794; Begründer der neuzeitl. organ. Chemie, führte die Waage in die analyt. Chemie ein, deutete die Oxydation als Sauerstoffaufnahme.

L'avongai, Insel im Bismarckarchipel, 1600 km² groß, hieß als dt. Schutzgebiet **Neuhannover.**

Law [engl.], Recht, Rechtsordnung.

Law [lɔ:], John, schott. Finanzmann, * 1671, † 1729, errichtete 1716 in Paris eine Privatnotenbank, die 1718 Staatsbank wurde. Die übermäßige Ausgabe von Banknoten und Aktien stürzte Frankreich 1720 in eine Finanz- und Wirtschaftskrise.

Lawine [ladin.] die, in Tirol **Lahne, Lähne,** in der Schweiz **Lauene, Leuine,** große stürzende Schnee- und Eismassen der Hochgebirge. **Staub-L.:** feinkörniger, trockener Neuschnee, der mit orkanartigem Luftstrom zu Tal fährt. **Grund-** oder **Schlag-L.:** durchweichter Schnee, der an steilen Hängen abrutscht und als geschlossene, im Sturz sich verdichtende Firn- und Eismasse niedergeht; sehr zerstörend. **Gletscher-** oder **Eis-L.:** Gletschereis, das sich beim Vorrücken des Gletschers an einem steilen Abhang ablöst. **Schneebrett-L.:** schlagartige Ablösung eines →Schneebretts in riesigen Schollen. - Den besten Schutz gegen L. bietet geschlossener Hochwald (Bannwald). Wo er fehlt, sucht man Dörfer, Straßen usw. durch **L.-Verbauung** (Dämme, Mauern, Galerien) zu schützen.

Lawinenschnur, lange farbige Schnur, die in Lawinengebieten nachgeschleift wird; erleichtert bei Verschüttung das schnelle Auffinden der Verunglückten.

Lawn Tennis [lɔ:n-, engl.], auf dem Rasen gespieltes Tennis.

Lawra, Lavra, Laura, urspr. Einsiedlerkolonie ostkirchl. Mönche, später: Name einiger Klöster der Ostkirche, z. B. **Großer L.** auf dem Athos.

Lawrence [l'ɔrəns], **1)** David Herbert, engl. Erzähler, * 1885, † 1930; sah in der Sexualität die einzige noch ungebrochene Urkraft des Lebens. Romane ‚Söhne und Liebhaber' (1913), ‚Liebende Frauen' (1920), ‚Lady Chatterly' (1928). Novellen, Gedichte.

2) Ernest Orlando, amerikan. Physiker, * 1901, † 1958, entwickelte das Zyklotron und stellte mit ihm eine große Anzahl künstlich radioaktiver Stoffe her. Nobelpreis 1939 für Physik.

3) Sir Thomas, engl. Maler, * 1769, † 1830; malte Bildnisse der europ. Gesellschaft.

4) Thomas Edward, * 1888, † (Unfall) 1935, engl. Oberst, Archäologe und Arabist, leitete 1916-18 den Aufstand der Araber gegen die Türken, widersetzte sich der polit. Regelung im Vorderen Orient und diente seit 1922 als einfacher Soldat in der engl. Luftwaffe. Der tatsächliche Charakter seiner Wirksamkeit ist umstritten. Er schrieb ‚Die sieben Säulen der Weisheit' (1926), ‚Unter dem Prägestock' (1955).

lax [lat.], nachlässig.

Lax'antia [lat.] *Mz.,* Ez. **Laxans** das, ⚕ milde Abführmittel.

Laxenburg, Markt in Niederösterreich, 1500 Ew.; Schloß (Wasserburg des 13. Jahrh., nach 1683 mehrfach erweitert), ‚Blauer Hof' aus der Zeit Maria Theresias; Franzensburg (1798-1836).

laxieren [lat.], ⚕ abführen.

Laxismus [lat.], kath. Moraltheologie: die Lehre, daß ein Gesetz nicht befolgt werden muß, wenn auch nur schwache Gründe das gegenteilige Verhalten erlauben; 1679 vom hl. Offizium verurteilt.

Laxness, Halldór Kiljan, eigentl. Guðjonsson, isländ. Schriftsteller, * 1902. Romane ‚Salka Valka' (1931/32), ‚Der Freisasse' (1936), ‚Islandglocke' (Trilogie 1934 bis 1936), ‚Atomstation' (1948). Nobelpreis 1955 für Literatur.

Layout [lei'aut, engl.] das, der graph. Entwurf zur wirkungsvollen Gestaltung die Bild und Schrift von Werbemitteln. **Layouter,** Graphiker, der L. herstellt.

Lazarett, Militärkrankenhaus. Zum Transport dienen **L.-Züge, L.-Schiffe.**

Lazarillo de Tormes [laθar'iʎo-], Name des nach der Hauptperson benannten, in alle Kultursprachen übersetzten ersten span. Schelmenromans (1554).

Lazar'isten, eigentl. Name **Kongregation der Mission,** auch **Vinzentiner,** Priestergenossenschaft ohne öffentl. Gelübde, gegründet 1625 vom hl. Vinzenz v. Paul.

L'azarus [hebr.], **1)** der von Jesus vom Tode erweckte Bruder der Maria und Martha (Joh. 11, 1 ff.). Tag: 17. 12. **2)** der Aussätzige im Gleichnis Luk. 16, 19 ff., Schutzheiliger der Aussätzigen.

Lazul'ith der, blaues Mineral, vorwiegend Tonerdephosphat.

Lazzar'one [ital.], *Mz.* Lazzaroni, Gelegenheitsarbeiter in Neapel, Tagedieb.

lb [lat. libra], engl. Abk. für das Pfund (Gewicht); Mz. lbs; in Dtl. in der Form ℔ üblich.

l. c. [lat.], Abk. für →loco citato.

LDPD, Abk. für →Liberal-Demokratische Partei Deutschlands (der Dt. Dem. Rep.).

Lea, eine der Frauen Jakobs (1. Mos. 29).

Leader [l'i:də, engl.], Führer, Leiter.

Leakey [l'i:ki], Louis, * 1903, Erforscher der Vorgeschichte Ostafrikas, Leiter archäolog. Expeditionen.

Leamington [l'emiŋtən], **Royal Leamington Spa,** Badeort in Südwestengland, mit 46 100 Ew., hat Stahl-, Schwefel-, Salzquellen gegen Magen- und Leberleiden.

Le'ander, Geliebter der →Hero.

Leander, Zarah, schwed. Filmschauspielerin und Sängerin, * 1902.

Lear [l'iə], in den älteren Quellen **Leir,** sagenhafter König von Britannien, Held eines Trauerspiels von Shakespeare.

Leasing [l'i:-, engl.], die Vermietung von Industrieanlagen, Investitions- und Konsumgütern; eine stark kommende Methode der Anlagenerweiterung. Die Vorteile liegen in der Verbesserung der Liquidität und in Steuerersparnissen, die Nachteile in den hohen Mietausgaben.

Leba die, Fluß in Pommern, 135 km lang, entspringt in Pommerellen, durchfließt den **Lebasee** (75 km²), mündet in die Ostsee.

L'ebedew, Pjotr Nikolajewitsch, russ. Physiker, * 1866, † 1912, Prof. in Moskau, arbeitete über kurze elektrische Wellen und Strahlungsdruck.

Leben, die Gesamtheit (→Ganzheit) der Erscheinungen, durch die sich die pflanzl., tierischen und menschl. **Lebewesen** (Organismen) von leblosen Körpern unterscheiden. L. ist an die Zelle gebunden; die Viren (→Virus) z. B., die nicht zellig gebaut sind, besitzen nicht alle Kennzeichen des L. Das L. spielt sich durchweg auf dem chem. Grundlage von Eiweißstoffen ab und zeigt sich in den meist höchst verwickelten Vorgängen (selbstgesteuerten Regelungen), die das Lebewesen in einem fließenden Gleichgewicht (Fließgleichgewicht) von Aufbau und Abbau erhalten. Werden die Abbau- und Zerfallsvorgänge nicht mehr durch Aufbauvorgänge ausgeglichen oder überwogen, so endet das L. des Einzelwesens (Tod). - Die **Lebenserscheinungen** (L.-Vorgänge) lassen sich zusammenfassen in die Gruppen: 1) Stoff- und Energiewechsel (Ernährung, Atmung); 2) Reizerscheinungen (Reizaufnahme und -beantwortung); 3) Formwechsel (Wachstum, Entwicklung, Fortpflanzung, Vererbung). Diese Vorgänge können nur dann ablaufen, wenn eine Reihe von **Lebensbedingungen** gegeben ist (so Wasser, Licht, Nahrung, Sauerstoff, Mindestbis Höchsttemperatur). - Die Frage der Erstentstehung von L. aus leblosem Stoff ist noch ungeklärt. Nach verschiedenen, z. T. durch Versuche bestätigten Annahmen konnten sich wahrscheinlich einfache organ. Verbindungen (Kohlenwasserstoffe, Aminosäuren u. a.) in der Uratmosphäre der Erde unter Einfluß der Sonne, kosm. Strahlen und elektr. Entladungen (Gewitter) bilden.

Der Begriff L. erlangte zu Beginn des 20. Jahrh. ähnliche philosoph. Bedeutung wie im 19. Jahrh. ‚Natur' und im 18. Jahrh. ‚Vernunft'. Als Eigenschaft des Organischen steht das L. zwischen Anorganischem und Seelisch-Geistigem. Es ist (nach N. Hartmann) eine Seinsschicht des Kosmos (Materie, Leben, Seele, Geist). Materie kann ohne L. sein, L. ohne Seelisches (Pflanze), Seelisches ohne Geist (Tiere). Im Menschen jedoch verwirklichen sich alle vier Schichten. Der um die Jahrhundertwende lebhafte Streit um die **Lebenskraft** (H. Driesch) tritt heute zurück, da sie weder beweisbar (Vitalismus) noch widerlegbar ist (Mechanismus), →Lebensphilosophie.

lebendes Inventar, →landwirtschaftliches Inventar.

lebend(ig)gebärend, vivipar, heißen: 1) Tiere, deren Junge ihre Frühentwicklung in der mütterl. Geschlechtswegen durchmachen außer Säugetieren manche Kriechtiere (z. B. Kreuzotter), manche Lurche (Alpensalamander), manche Schnecken und Würmer; 2) Pflanzen, deren Samen noch an der Mutterpflanze keimen (z. B. Mangrove).

Lebendgewicht, das Gewicht des lebenden Tieres. Gegensatz: Schlachtgewicht.

Lebendverbauung, Schutz der Fluß-, Kanal- und Seeufer durch Bepflanzung mit Rasen, Schilf, Weiden u. a.

Leben-Jesu-Forschung, die in der Gegenwart als ‚historische Jesusfrage‘ bekanntgewordene Untersuchung der Geschichte Jesu an Hand bibl. und außerbibl. Quellen.

Lebens|alter, die Zeitspanne von der Geburt bis zum Tod; bestimmter Alterszeitpunkt im Leben eines Individuums; die Abschnitte der körperl. und geistig-seel. Entwicklung des Menschen. Über die rechtl. Bedeutung des L. →Alter (Übersicht).

Lebensbaum, zypressenartige Nadelhölzer der Gattungen **Thuja** und **Thujopsis,** mit kegelförmigem Wuchs und gegenständigen Schuppenblättchen; z. T. Zierpflanzen, also **abendländischer L.** aus Nordamerika, **morgenländischer L.** aus Ostasien.

Lebensdauer, 1) ⊕ ☖ Man unterscheidet **durchschnittliche (mittlere) L.** der einzelnen Arten von Lebewesen und **Höchst-L.,** die unter günstigen Verhältnissen erreicht wird. - Beim zivilisierten Menschen gilt die Steigerung der mittleren →Lebenserwartung als Maß für die Verlängerung der durchschnittl. L. **2)** ☢ die durchschnittl. Zeit von der Entstehung bis zum Zerfall eines Elementarteilchens.

Lebens|elix'ier *das,* alchimist. Allheilmittel.

Lebens|erwartung, in der Bevölkerungsstatistik die durchschnittl. Anzahl von Jahren, die ein Neugeborener voraussichtlich leben wird. Die L. wird an Hand von Sterbetafeln, meist getrennt nach Geschlechtern, errechnet. Ferner wird eine altersspezif. mittlere L. für jedes Lebensalter errechnet. Die mittlere L. eines Neugeborenen beträgt in den europ. Ländern nicht unter 60 Jahren, in Afrika zwischen 40 und 50 Jahren; sie schwankt mit dem Grad der Industrialisierung und dem Grad der Hygiene und Ernährung.

Lebenserwartung in Jahren
(im Dt. Reich und in der Bundesrep. Dtl.)

Alter	lebt im Durchschnitt noch (Jahre):			
	1871-80		1967/69[2]	
	m.[1]	w.[1]	m.[1]	w.[1]
Geburt	35,6	38,5	67,4	73,5
10	46,5	48,2	59,7	65,4
25	35,0	36,5	45,5	51,0
50	18,0	19,3	22,9	27,3
75	5,5	5,7	7,1	8,4

[1] m. = männlich, w. = weiblich. [2] abgekürzte Berechnung.

Lebenshaltungskosten werden berechnet nach den Preisen der Güter und Dienste, die für die Lebenshaltung ausgegeben werden. In der Bundesrep. Dtl. werden ‚Preisindices der Lebenshaltung‘ berechnet für alle privaten Haushalte, für 4-Personen-Haushalte von Angestellten und Beamten mit höherem Einkommen, für 4-Personen-Arbeitnehmerhaushalte mit mittlerem Einkommen (alleinverdienender Haushaltsvorstand) u. a. Die Zusammenstellung der hierfür ausgewählten Güter **(Warenkorb)** hängt von den Verbrauchsgewohnheiten ab; der Preisindex für die Lebenshaltung gilt als Maßstab für die Kaufkraft des Geldes.

Lebenshaltungskosten:
Preisindex für die Lebenshaltung
(Bundesrep. Dtl.; 1962 = 100)

	1964	1966	1968	1970
Gesamt	**105,4**	**112,8**	**116,1**	**123,7**
Ernährung	105,0	112,0	111,1	117,4
Bekleidung	104,3	110,5	112,0	118,0
Wohnung	112,1	129,7	148,4	168,5
Heizung, Beleuchtung	104,2	107,5	115,9	124,4
Bildung, Unterhaltung	103,4	109,2	115,1	123,7
Verkehr	105,7	111,2	117,0	119,9

Lebenshilfe für geistig Behinderte e. V. 1958 gegr. Vereinigung, die die Öffentlichkeit auf ihre Verpflichtung gegenüber den jährlich etwa 6000 in der Bundesrep. Dtl. geborenen geistig behinderten Kindern hinweist.

Lebenslicht, ein Lebenssymbol, bes. als Geburtstagskerze.

Lebenslinie, Chirologie: die Linie um den Daumenballen der Innenhand.

Lebensmittel, die Nahrungs- und Genußmittel. Das Lebensmittel-Ges. v. 5. 7. 1927/ 21. 12. 1958 und 8. 9. 1969 nebst zahlreichen Verordnungen regelt die Herstellung und Verarbeitung von L. sowie den Handel mit L. Zusätze zu L. (Fremdstoffe), deren Unbedenklichkeit für die menschl. Gesundheit nicht nachgewiesen ist, sind verboten, Zusätze von erlaubten Fremdstoffen müssen kenntlich gemacht werden.

Lebensmittelchemie, die Wissenschaft von der chem. Zusammensetzung und den chem. Veränderungen der Lebensmittel. **Lebensmittelchemiker** müssen nach dem Studium ein Staatsexamen ablegen.

Lebensnerven, das vegetative (autonome) →Nervensystem.

Lebensphilosophie, eine seit dem 19. Jahrh. verbreitete philosoph. Strömung, die vom Leben ausgeht. Grundbegriffe sind Erleben, Verstehen, Einfühlen, Intuition, élan vital. Die L. knüpfte an Herder, Goethe, die Romantik, bes. Nietzsche, an; anderes nimmt sie der Biologie des 19. Jahrh.; ihre wichtigsten Vertreter waren Bergson, Dilthey, Scheler, Simmel, Klages.

Lebensraum, 1) ⊕ ☖ der von Lebewesen (Mensch, Tier, Pflanze) besiedelte oder besiedelbare Raum **(Biosphäre).** Innerhalb des L. werden durch einheitl. Lebensbedingungen charakterisierte und abgegrenzte Räume als Lebensstätten, L. im engeren Sinne oder →Biotope unterschieden. **2)** polit. Schlagwort, in Dtl. bereits seit 1870/71 von Publizisten verschiedener polit. Richtungen gebraucht. Im nat.-soz. Dtl. ideolog. Grundlage für eine imperialist. Ausdehnungspolitik.

Lebensreform, die Bestrebungen zu einer Erneuerung der gesamten Lebensführung, bes. auf den Gebieten der Ernährung, Kleidung, Wohnung, Gesundheitspflege, um der fortschreitenden Gesundheitsgefährdung des Menschen durch Zivilisationsschäden entgegenzuwirken.

Lebens-Rettungs-Gesellschaft e. V., →Deutsche Lebens-Rettungs-Gesellschaft.

Lebensschutz, Biophyl'axe, Bioprotekti'on [grch.], der Schutz von Lebewesen und ihres Lebensraumes (Umwelt); integrierender Oberbegriff für Menschen-, Tier-, Pflanzen-, Natur-, Landschafts- und Umweltschutz.

Lebensstandard, die Gesamtheit aller Güter, Rechte und Nutzungen, die der Bevölkerung eines Staates, einer Bevölkerungsgruppe oder dem einzelnen für die private Lebensführung zugute kommen. Hauptbestandteil des L. ist die **Lebenshaltung.** Die zeitl. Entwicklung und die internat. Unterschiede des L. werden durch die Ergebnisse der Sozialproduktsberechnungen über den privaten Verbrauch dargestellt.

Lebensversicherung, Personenversicherung, die an die ungewisse Dauer des menschl. Lebens und die daraus entstehenden wirtschaftl. Bedürfnisfälle anknüpft. Man unterscheidet **Rentenversicherung** (lebensängl. Rente) und **Kapitalversicherung,** bei der die Auszahlung einer Geldsumme für den Todesfall oder zu einem bestimmten Zeitpunkt (Alter; Ausbildung und Aussteuer der Kinder) vereinbart wird. Die Höhe der Prämien (Einzahlungen) richtet sich, abgesehen von der Höhe der Versicherungsleistung, nach Alter und Gesundheitszustand der versichernden Person beim Eintritt. Die Prämie wird in Raten oder einmalig (Mise) geleistet. - In der Bundesrep. Dtl. hatten (1970) 101 L.-Unternehmen 9,7 Mrd. DM Beitragseinnahmen und 3,5 Mrd. DM Ausgaben für Versicherungsfälle und Rückkäufe. Es bestanden 56,4 Mill. L.-Verträge mit einer Summe von 235,5 Mrd. DM.

Leber, die größte Drüse bei Mensch und Wirbeltieren. Die keilförmige menschl. L.

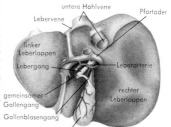

Leber: Ansicht von hinten und unten

Leber: Krankheiten und Krankheitszeichen

Leberabszeß, Eitergeschwulst infolge von Infektionen, z. B. bei Darminfektion mit Amöben (Ruhr), durch Bakterien bei Gallenstauung. Behandlung: Chemotherapie, Antibiotica, Operation.

Leberdystrophie, schwere Leberzellschädigung, bei der die Zellen verfetten und zugrunde gehen; infolge Giftwirkung (Bakteriengifte, Pilzgifte, Phosphor u. a.). Behandlung: Nebennierenrindenhormon, Aminosäuren, Zuckergaben u. a.

Leberegelkrankheit, Entzündung der Leber infolge Befalls mit Leberegellarven. Behandlung: Antimonpräparate.

Leberentzündung (Hepatitis), verschiedene entzündliche Leberkrankheiten, z. B. die Viruskrankheit Hepatitis epidemica, gekennzeichnet durch Gelbsucht, Übelkeit, oft Fieber. Behandlung: Bettruhe, fettfreie Ernährung, Leberschutzmittel.

Leberkrebs, bösartige Geschwulst in der Leber, meist verschleppt von Krebserkrankungen anderer Organe; gekennzeichnet durch Schmerzen in der Lebergegend, Abmagerung, Gelbsucht, Bauchwassersucht. Behandlung meist chirurgisch.

Leberschwellung, Anzeichen für Entzündung, Geschwülste, Stauungen.

Leberschrumpfung, Verkleinerung der Leber. Anzeichen bes. für Leberzirrhose.

Leberzirrhose, Verhärtung der Leber infolge entzündlicher Wucherung des Bindegewebes, führt zum Schwund der Leberzellen. Anzeichen: Verdauungsstörungen, Gelbsucht, Bauchwassersucht. L. ist oft Folge von Alkoholmißbrauch. Behandlung: Diät, Trinkkuren.

Leberschäden entstehen auch durch →Gelbfieber, →Weilsche Krankheit. Kennzeichen vieler Leberkrankheiten sind Bauchwassersucht (→Wassersucht) und Icterus (→Gelbsucht).

besteht aus einem großen Lappen (rechts im Oberbauch) und einem kleineren, nach links gelagerten; beide sind in Läppchen gegliedert. Die L. sondert die Galle ab, die durch Gänge in die Gallenblase und den Darm gelangt. Aus Traubenzucker, der ihr aus dem Darm durch die Pfortader zugeführt wird, baut die L. tierische Stärke (Glykogen) auf und speichert sie; auch Eiweiß wird vorwiegend in der L. umgesetzt. Aus den Enderzeugnissen des Stickstoffhaushaltes bildet die L. Harnstoff, scheidet ihn aus und wirkt damit entgiftend. Die L. bildet auch Stoffe, die für die Blutgerinnung wichtig sind. - **Fettleber** (Hepatose) tritt auf bei Überernährung, in stärkerer Form bei Stoffwechselstörungen. Bei fortschreitender Schädigung kann es zur Schrumpfung des Lebergewebes kommen.

Leber, 1) Georg, Politiker (SPD), * 1920, Bundesmin. für Verkehr (1966-72), für Post und Fernmeldewesen (1969-72), für Verteidigung (seit 1972), früher Vors. der IG Bau, Steine, Erden.

2) Julius, Politiker (SPD), Journalist, * 1891, †(hingerichtet) 1945, 1924-33 MdR., 1933-37 im KZ, Widerstandskämpfer(Mitgl. des →Kreisauer Kreises).

Leberbalsam, ⚕ volkstüml. z. B. für **Wasserdost** (→Kunigundenkraut) und die aus Amerika stammende Korbblütergattung **Ageratum.**

Leberblume, Art der Gattung Anemone, Vorfrühlingspflanze des Laubwaldes.

Leber|egel, 1,5 cm breiter und bis 3 cm langer, blattförmiger, zwittriger Saugwurm mit Mund- und Bauchsaugnapf, verursacht als Schmarotzer in der Leber von Schafen, Rindern u. a. Haustieren, gelegentlich auch beim Menschen, die **Leberegelkrankheit, -seuche (Leberfäule).** Seine Larve lebt in einem Zwischenwirt, der Zwergschlammschnecke, kapselt sich an Pflanzen ein und wird mit dem Futter aufgenommen; Wurmmittel.

Leberfleck, 1) ein →Muttermal. **2) Chloasma,** bei Frauen während der Schwangerschaft vorübergehend auftretende Flekken.

Leberfunktionsproben, zur Früherfassung von Leberschäden und Verlaufsbeurteilung der Leberbehandlung.

Lebermeer, sagenhaftes, geronnenes Meer, in dem die Schiffe haftenbleiben.

Lebermoose, Hepaticae, eine Klasse der Moose, →Moose; z. B. Brunnen-L.

Leberpilz, blutroter, jung eßbarer Röhrenpilz **(Ochsenzunge)** an Eichstümpfen.

Leberpulsation, bei bestimmten Herzfehlern unter dem rechten unteren Rippenbogen fühlbarer Puls der Lebervenen.

Leberreim, kurze, scherzhafte Stegreifgedichte, mit dem Anfang ‚Die Leber ist von einem Hecht und nicht von einem...'.

Lebertran, Öl aus der Leber des Kabeljaus und des Schellfisches, wegen seines hohen Gehalts an Vitaminen (A und D) und ungesättigten Fettsäuren gegen Rachitis und Skrofulose sowie als Stärkungs- und Kindernährmittel verwendet.

Lebervenenpuls, die →Leberpulsation.

Leberwurstbaum, westafrikan. Baum mit großen Blüten und grauen, wurst- oder rüsselförmigen, ungenießbaren Früchten.

Lebewesen, Körper **(Organismus)** aus Zellen oder einer Zelle, der Leben zeigt.

Leblanc [ləbl'ã], Nicolas, französ. Chemiker und Arzt, * 1742, † 1806, erfand das L.sche Verfahren der Sodaherstellung.

Le Blon [ləbl'õ], Jakob Christof, Maler und Kupferstecher, * 1667, † 1741, Erfinder des Vierfarbendrucks (um 1710).

Le Bon [ləb'õ], Gustave, französ. Psychologe, * 1841, † 1931, begründete mit seiner ‚Psychologie der Massen' (1895) die Massenpsychologie.

Le Bourget [lə burʒ'ɛ], einer der beiden Flughäfen von Paris; soll 1975 geschlossen werden.

Lebrun [ləbr'œ̃], **1)** Albert, französ. Politiker, * 1871, † 1950, war 1932-40 der letzte Präsident der Dritten Republik.

---

2) Charles, französ. Maler, * 1619, † 1690, beherrschte als Organisator die Kunst im Zeitalter Ludwigs XIV., malte die Decken der Spiegelgalerie in Versailles und der Apollo-Galerie des Louvre.

Lec [lɛts], Stanisław Jerzy, poln. Lyriker und Satiriker, * 1909, † 1966. Aphorismen ‚Unfrisierte Gedanken' (1959).

Lecce [l'etʃə], **1)** Provinz in Italien, Apulien, 2759 km², 727 205 Ew.

2) Hauptstadt von 1), 82 600 Ew., Dom (17. Jahrh.); Textilindustrie.

Lecanuet [ləkany'e], Jean, französ. Politiker, * 1920; war 1963-65 Präs. des Mouvement Républicain Populaire, 1965 Präsidentschaftskandidat; gründete 1966 die ‚Demokratische Mitte'.

Le Cateau [ləkat'o], früher **Le Cateau-Cambrésis** [-kãbrez'i], Stadt im französ. Dép. Nord, 9300 Ew.; Industrie. - L. C. war im MA. eine Burg des Bischofs von Cambrai (Cambrésis). Am 3. 4. 1559 schloß Frankreich hier einen Frieden mit Spanien, England und Savoyen, in dem es auf Italien verzichtete, aber Metz, Toul, Verdun und Calais erhielt.

L'ecco [-k-], Stadt in Oberitalien, am Ostarm des Comer Sees, 52 700 Ew.; metallurg. und Seidenindustrie.

Lech der, rechter Nebenfluß der Donau, 263 km lang, entspringt in den westl. Lechtaler Alpen in Vorarlberg und tritt bei Füssen nach Bayern ein; mehrere Staustufen und einen Stausee zwischen Füssen und Roßhaupten **(Forggensee).**

Lecherleitung [nach E. Lecher], Leitungssystem der Höchstfrequenztechnik: 2 parallele, gut isolierte Leiter, auf denen sich stehende elektromagnetische Wellen ausbilden.

Lechfeld, Schotterebene südl. von Augsburg, zwischen Lech und Wertach. Die **Schlacht auf dem L.** (955), Sieg Ottos I. über die Ungarn, fand nicht auf diesem L. statt.

L'echner, Leonhard, * um 1553, † 1606, einer der bedeutendsten Komponisten der mehrstimmigen Musik des 16. Jahrh.

Lechtaler Alpen, Gruppe der Nördl. Kalkalpen, Österreich, zwischen Lechtal, Stanzertal, Oberinntal und Fernpaß, in der Parseier Spitze 3038 m hoch.

Lechter, Melchior, * 1865, † 1937, Maler und Buchkünstler des George-Kreises; Glasmalereien, kunsthandwerkl. Entwürfe.

Lecith'in das, cholinhaltige organ. Verbindung, ein in jeder tier. Zelle vorkommendes Lipoid. **L.-Präparate** werden bei nervösen Schwächezuständen als Kräftigungsmittel gegeben.

Leck das, Undichtigkeit eines Schiffes.

Leckage [lɛk'aʒə] die, **1)** Frachtverkehr: Verlust an flüssigen Waren durch Auslaufen oder Verdunsten. **2)** aus einem Reaktor ungenutzt entweichende Neutronen.

Lecksteine, Stücke von Steinsalz oder mineralhaltigen Salzen als Futterergänzung für Haustiere und Wild.

Lecksucht, ⚕ krankhafte Sucht stallgehaltener Rinder und Ziegen, Gegenstände zu belecken; Vitaminmangelkrankheit.

Leclair [ləkl'ɛːr], Jean Marie, französ. Komponist, * 1697, † 1764; Violinkonzerte, Triosonaten, Duos, 1 Oper.

Le Clézio [-klezj'o], Jean Marie Gustave, französ. Schriftsteller, * 1940, Vertreter des ‚nouveau roman'.

Lecocq [ləkɔk], Alexandre Charles, französ. Komponist, * 1832, † 1918, ein Hauptmeister der französ. Operette.

Leconte de Lisle [ləkɔ̃t də l'iːl], eigentl. Charles-Marie-René **Lecomte,** französ. Dichter, * 1818, † 1894, Vertreter der →Parnassiens; formvollendete Gedichte von kühler Klarheit.

Le Corbusier: Ronchamp

Le Corbusier [lekɔrbyzj'e], eigentlich Charles-Edouard **Jeanneret,** französ.-schweizer. Architekt, * 1887, † 1965, baute in Stahlbeton kubisch klare Wohnhäuser, Wohnhochhäuser (Marseille 1947-52, Berlin 1957 u. a.). Einen neuartigen Weiheraum schuf er mit der Wallfahrtskirche Ronchamp (1950-54). Seit 1950 entstand nach seinen Plänen die indische Stadt Tschandigarh.

Le Creusot [-krøz'o], französ. Stadt im Dép. Saône-et-Loire, 34 100 Ew.; Kohlengruben, Erzlager, Rüstungsindustrie.

Lecturer [l'ektʃərə], Dozent an englischen Universitäten und Colleges.

L'eda die, rechter Nebenfluß der Ems, mündet unterhalb von Leer; 27 km schiffbar. Das Leda-Jümme-Sperrwerk schließt das z. T. unter NN liegende Mündungsgebiet gegen die Meeresflut ab.

| Lagern der geschälzenen Häute | Weichen in Wasser | Äschern in Kalk und Na₂S | Enthaaren | Entfleischen | Beschneiden | Spalten | Entkälken und Beizen |

Leder: Herstellung von Chromoberleder

L'eda, griech. Mythos: Mutter der Dioskuren und der Helena, Geliebte des Zeus, der sich ihr als Schwan nahte.

Leder, die von Haaren befreite, durch Gerbstoff chemisch veränderte tier. Haut. **Narben-L.** hat die durch die Haarporen gezeichnete, für jede Tierart charakterist. Oberflächenschicht. **Spalt-L.** werden aus dickeren Häuten durch maschinelles Spalten hergestellt, dabei entstehen Narbenspalt-L. (Narbenspalte) mit und Spalt-L. ohne Narben. **Voll-L.** besitzen die Narbenschicht und sind ungespalten (z. B. Vollrind-L.).

Das meiste L. wird in der Schuhfabrikation verarbeitet. **Unter-L.** werden meist aus Rindshäuten in pflanzl. Gerbung hergestellt. **Ober-L.** sind chrom-, auch kombiniert chrom-pflanzlich gegerbt. Wichtigste Sorten: Rindbox, Boxcalf, Chevreau (aus Ziegenhäuten). Stärker gefettete Ober-L. für Sport- und Skistiefel heißen **Waterproof-L.** Meist pflanzlich gegerbt sind **Sattler-** oder **Blank-L., Möbel-L., Täschner-** oder **Portefeuille-L.** und **Buchbinder-L.** Großflächige Rindlernarbenspalte heißen **Vachetten. Fein-L.** für Luxusartikel sind: farbige Ziegenleder, Schweins-L., Saffian-L., L. aus Schlangen-, Eidechsen-, Krokodil- und Fischhäuten. L. mit feinfaseriger, tuchartiger Schauseite sind **Nubuck-L.** (mit angeschliffener Narbenseite) und **Velours-L.** (mit samtartig geschliffener Fleischseite); sie dienen auch als Schuhoberleder. **Bekleidungs-L.,** aus großflächigen Ziegen-, Schaf- und Kalbfellen, sind meist chromgegerbt. **Handschuh-L.** werden vorzugsweise aus Lamm- und Zickelfellen nach besonderen Gerbverfahren gearbeitet. Zu den **technischen L.** gehören die meist stark gefetteten Riemen-, Manschetten- und Dichtungs-L., Spezial-L. für Ausrüstung von Textilmaschinen, Gasmessermembranen, L. für Sportartikel, Orthopädie-L., Rohhaut-L. usw.

In der Bundesrep. Dtl. wurden 1970 in 173 Betrieben mit 14 400 Beschäftigten 49 594 t Leder erzeugt; in der lederverarbeitenden Industrie waren in 745 Betrieben 39 960 Personen tätig.

Lederarbeiten, Kunsthandwerk: Bei dem **Lederschnitt** der Spät-MA. wurde eine Zeichnung eingeschnitten, auch reliefplastisch ausgearbeitet. Gegen Ende des 15. Jahrh. kam die **Blindpressung** mit Stempeln auf, später auch Prägeplatten und Rollen. Aus dem Orient stammen die **Vergoldung** und das **Ledermosaik** aus verschiedenfarbigem Leder. Von den Mauren in Spanien eingeführt wurden **Ledertapeten** (bis ins 18. Jahrh. verbreitet).

Lederbeere, Weinbeere mit falschem →Mehltau.

Lederberg [l'eidəbəːg], Joshua, amerikan. Genetiker, * 1925, erforscht die Erbanlagen bei Bakterien. Nobelpreis 1958 für Medizin (mit G. Beadle und E. L. Tatum).

Leder|ersatzstoffe, Kunstleder, flächige Werkstoffe von lederähnl. Aussehen und mit lederähnl. Gebrauchseigenschaften aus Textilgeweben oder Faservliesen (mit Polymerisatfilmen beschichtet).

Lederhaut, 1) Schicht der menschl. und tier. Haut. **2)** Teil des Auges.

Lederstrauch, nordamerikan. Rautengewächs (Hopfenersatz).

Lederstrumpferzählungen, die Indianerromane James Fenimore Coopers.

Lederzecken, Fam. der Zecken, Blutsauger am Geflügel und am Menschen.

Ledigenheime, Wohnheime für Unverheiratete; Gesellen-, Lehrlingsheime u. ä.

Ledigensteuer, Sondersteuer für Unverheiratete, 1930 vorübergehend eingeführt, heute durch die Ausgestaltung des Einkommensteuertarifs ersetzt.

Ledóch'owski, Mieczysław Halka Graf, Kardinal (seit 1875), * 1822, † 1902, Erzbischof von Posen-Gnesen, im preuß. Kulturkampf 1874 abgesetzt.

Lee die, die dem Wind abgekehrte Schiffsseite. Gegensatz: Luv.

F. Léger: Frau mit Blumen, 1922 (Düsseldorf, Kunstmuseum)

Lee [li:], **1)** Robert, nordamerikan. General, * 1807, † 1870, im Sezessionskrieg 1861 bis 1865 Oberbefehlshaber der Südstaaten. **2)** Tsung-Dao, chines.-amerikan. Physiker, * 1926, Prof. in New York, erhielt für seine für die Mikrophysik wichtigen Forschungen zur Parität der Elementarteilchen 1957 zusammen mit Chen-Ning Yang den Nobelpreis für Physik.

Leeds [-i:-], Industriestadt in Ost-England, am NO-Ende eines großen Kohlendistrikts, 503 700 Ew.; Univ.; Tuch- u. a. Industrie.

Leer, Stadt in Ndsachs., 29 900 Ew., an der Mündung der Leda in die Ems, Hafen; Eisengießerei, Maschinen-, Blechwaren-, Lebensmittel- u. a. Industrie; Schiffswerften.

Leergewicht, 1) Gewicht eines betriebsfertigen Fahrzeugs ohne Ladung. Eingeschlossen die Füllung der Kraftstoffbehälter, das Gewicht aller Ausrüstungsteile und, außer bei Krafträdern und PKW, 75 kg als Fahrergewicht. **2)** Luftfahrt: Standardleergewicht (Flugwerk, Triebwerke, Standardausrüstung) zuzüglich Sonderausrüstung.

Leergut, Frachtverkehr: zurückgehender Verpackungsstoff, von der Bahn zum halben Satz befördert.

Leerkosten, derjenige Teil der fixen Kosten, der auf die nicht genutzten Kapazitäten entfällt.

Leerlauf, Lauf einer Maschine ohne Abgabe nutzbarer Arbeit.

Leerverkauf, Börse: im Termingeschäft der Verkauf von Wertpapieren, die der Verkäufer noch nicht besitzt.

Leeuwarden [l'e:-], Hauptstadt der niederländ. Prov. Friesland, 88 700 Ew.; Gießerei, Möbel-, Papier-, Textilind., Viehmärkte; Fries. Museum.

Leeuwenhoek [l'e:vənhuk], Antoni van, niederländ. Naturforscher, * 1632, † 1723, entdeckte beim Anfertigen und Benutzen von Mikroskopen u. a. Blutkörperchen, Querstreifen der Muskeln, Infusorien.

Leeward-Inseln, engl. **Leeward Islands** [l'i:wəd, lj'uədaildndz], Inselgruppe der Kleinen Antillen, umfaßt den nördl. Teil der Inseln über dem Winde von Sainte-Croix bis Dominica.

Leewellen, Meteorologie: vertikale Schwingungen der Luftströmung hinter Gebirgen; in ihrem Bereich großzügige Aufwinde.

Lefèvre [ləf'ɛːvr], Théo, belg. Politiker (christl. Volkspartei), * 1914, 1961-65 MinPräs.

le Fort [lə f'ɔːr], Gertrud von, Schriftstellerin, * 1876, † 1971, trat 1925 zum kath. Glauben über. Gedichte, Romane und Erzählungen. ,Das Schweißtuch der Veronika' (1928/46), ,Die Letzte am Schafott' (1931; dramat. v. G. Bernanos u. d. T. ,Die begnadete Angst'), ,Die Magdeburgische

Hochzeit' (1938), ,Hälfte des Lebens' (1965, Erinnerungen). (Bild S. 732)

Lefze die, die Lippe des Raubwildes und Hundes.

leg'al [lat.], gesetzlich, **legalisieren,** gesetzlich machen; beglaubigen (Urkunden).

Legalit'ät [lat.], Gesetzmäßigkeit; die äußere Rechtmäßigkeit der staatl. Maßnahmen und des Verhaltens einzelner oder von Gruppen, Verbänden u. a.

Legalitätsprinzip, der Grundsatz, daß die Staatsanwaltschaft wegen aller Straftaten beim Vorliegen zureichender Anhaltspunkte ohne Rücksicht auf die Zweckmäßigkeit Anklage erheben muß.

Legasthen'ie [grch.] die, Lese-Schreib-Schwäche bei im übrigen normaler Intelligenz.

Leg'at [lat.] der, **1)** im alten Rom: Gesandter, auch der ständige Gehilfe des Feldherrn oder Statthalters. **2)** Kath. Kirche: Abgesandter des Papstes zur Erledigung kirchl. Aufgaben (**Apostolischer L.**). Ständige L. als diplomat. Vertreter des Hl. Stuhls sind die Nuntien, solche ohne diplomat. Aufgaben die Apostolischen Delegaten. **3)** L. das, Vermächtnis.

Legati'on [lat.], die Gesandtschaft.

Legationsrat, höherer Beamter im Auswärtigen Dienst.

leg'ato [ital.], ♪ gebunden.

Legebohrer, Legeröhre, Legestachel, ein Eiablegeorgan bei Insekten.

Legel der, Hanftau- oder Metallöse, mit der ein Segel am Stag aufgereiht wird.

Legend'arium [lat.] das, Sammlung von Heiligenlegenden.

Leg'ende, 1) wunderbare, unverbürgte Erzählung, bes. aus dem Leben der Heiligen. In der mhd. Blütezeit wurde die L. zu einer höfischen Kunstform (Hartmann v. Aue, Rudolf v. Ems, Konrad v. Würzburg). Umfangreiche Legendensammlungen entstanden bes. im späten MA.: ,Legenda aurea' des Jacobus a Voragine (um 1270), ,Passional' und ,Väterbuch' (Ende des 13. Jahrh.). Seit der Romantik wurde die L. als Kunstform wiederbelebt. **2)** Zeichenerklärung auf Landkarten. **3)** Text auf Spruchbändern der bildenden Kunst. **4)** Text auf Münzen. **5)** Bildunterschrift.

Legendre [ləʒ'ädr], Adrien Marie, franzos. Mathematiker, * 1752, † 1833, Prof. in Paris, arbeitete über Integralrechnung, ellipt. Funktionen, Fehlertheorie.

leger [leʒ'e:r, frz.], ungezwungen, leicht.

Léger [leʒ'e], **1)** Fernand, französ. Maler, * 1881, † 1955, gab Gegenständliches in hart vereinfachten Formen wieder, wandte sich später einem naiven Realismus zu. **2)** Paul, amerikan. Kardinal (seit 1953), * 1904, ging 1967 unter Verzicht auf sein Bischofsamt zur Seelsorge nach Afrika.

Legeröhre, der →Legebohrer.

Legföhre, Wuchsform der Kiefer.

leggiero [lɛdʒ'ero, ital.], ♪ leicht.

Leggin(g)s [l'ɛgins, engl.] Mz., Ledergamaschen; Name für eine Art Hose der meisten nordamerikan. Indianer.

Leg|horn [engl. Name für Livorno], eine Haushuhnrasse, weiß, gute Eierleger.

Leg|ien, Karl, Gewerkschaftsführer, * 1861, † 1920; leitete die Zusammenarbeit von Gewerkschaften und Unternehmern ein.

Leg|ierungen, Vereinigungen eines (Grund-, Basis-)Metalles mit einem oder mehreren anderen metall- oder nichtmetall. Elementen. L. werden meistens durch Zusammenschmelzen oder -sintern hergestellt. Die Zahl der praktisch verwendeten L. wird auf mehrere Hunderttausend geschätzt.

Legi|on die, **1)** altröm. Heereseinheit, 4000 bis 6000 Mann zu Fuß, 150 bis 300 Reiter, dazu Troß. **2)** in neuerer Zeit: Truppenverbände aus Freiwilligen oder Söldnern. **3)** übertragen: Menge, Masse.

Legionär, 1) Soldat einer Legion. **2)** Ritter der →Ehrenlegion.

Legion Condor, dt. Wehrmachtsverbände zur Unterstützung General Francos im Span. Bürgerkrieg (1936-39).

Legion Mariens, kath. Laienvereinigung für Seelsorgehilfe, gegr. in Dublin 1921.

Legislat´ive [lat.] die, die gesetzgebende Gewalt. **legislat´iv,** gesetzgebend. **legislat´orisch,** gesetzgeberisch.

Legislat´urperiode, der Zeitraum, für den eine Volksvertretung gewählt ist.

legit´im [lat.], gesetzmäßig, rechtmäßig.

Legitimati´on [lat.] die, Beglaubigung; Nachweis der Berechtigung; Ausweis über die Persönlichkeit; auch Urkunde, durch die man sich ausweist, z. B. Paß. Im Familienrecht erlangt ein nichteheliches Kind durch L. die Rechtsstellung eines ehelichen entweder kraft Gesetzes durch nachfolgende Ehe des Vaters mit der Mutter (§ 1719 BGB) oder durch behördl. Verfügung (Ehelichkeitserklärung). Die L. durch Ehelichkeitserklärung (§§ 1723 ff BGB) erfolgt auf Antrag des Vaters, ist aber Ermessenssache der Behörde.

Legitimationspapier, ein Wertpapier, das den Berechtigten namentlich nennt, bei dem der der Aussteller an jeden Inhaber mit befreiender Wirkung leisten kann (z. B. Sparkassenbuch).

legitim´ieren, für rechtmäßig erklären; sich ausweisen.

Legitimit´ät, Rechtmäßigkeit, bes. einer Regierung oder eines Herrscherhauses.

Legitimisten, Anhänger der L., bes. eines gestürzten Herrscherhauses.

Legn´ano [lɛn-], Stadt in der Prov. Mailand, Oberitalien, 46 800 Ew.; Maschinenfabriken. - 29. 5. 1176 Sieg des Lombard. Städtebunds über Kaiser Friedrich I.

Legnica [-n´itsa], poln. Name von →Liegnitz.

legno [l'ɛno, ital.], ♪ mit der Bogenstange die Saiten streichen.

Legros [lǝgr´o], Alphonse, * 1837, † 1911, französ. Radierer düster phantast. Darstellungen, auch Maler.

Legu´ane, vorwiegend südamerikan. Echsen, meist auf Bäumen lebend; so der bis 1,5 m lange **Grüne L.,** mit dunklen Querbinden, und die **Meerechse** der Galápagos-Inseln; ferner →Basilisk.

Leguia [leg´ia], Augusto, peruan. Staatsmann, * 1862, † 1932, seit 1904 MinPräs.,

Leguan: Meerechse

1908-12 und (mit diktator. Vollmacht) 1918 bis 1930 Staatspräsident.

Legumin´osae, die →Hülsenfrüchter.

Leh, Hauptort von Ladakh, Kaschmir, 3505 m ü. M., Handelsort im Verkehr Indien-Tibet-China.

L´ehár, Franz, Operettenkomponist, * 1870, † 1948; ,Die lustige Witwe' (1905), ,Der Graf von Luxemburg' (1909), ,Paganini' (1925), ,Der Zarewitsch' (1927), ,Das Land des Lächelns' (1929) u. a.

Franz Lehár   Gertrud von le Fort

Le Havre [lǝ´a:vr], Stadt mit dem zweitgrößten Hafen Frankreichs, im Dép. Seine-Maritime, an der Seinemündung, 199 500 Ew.; Schiffswerften, Textilindustrie, Metallverarbeitung, Erdölraffinerien; Erdöl-, Erdgas- und Produktenleitungen nach Paris.

Lehen, mittellat. **Benefizium** das, 🜄 im MA. ein Grundstück, nutzbares Recht oder Amt, das der **Lehnsmann** (Vasall) von dem **Lehnsherrn** durch die **Belehnung** zu meist erbl. Besitz erhielt. Er war dafür zu ritterl. Kriegs- und Hofdienst verpflichtet. Das **Lehnswesen** entstand im Fränk. Reich der Karolinger und wurde die Grundlage der Staatsverfassung des MA. **(Lehnsstaat).**

Lehm, durch Eisenverbindungen gefärbter, sandhaltiger Ton, Rohstoff für Ziegel und Tonwaren, auch Baustoff.

Lehmann, 1) Arthur-Heinz, Schriftsteller, * 1909, † 1956; ,Hengst Maestoso Austria' (1939).

2) Else, Schauspielerin, * 1866, † 1940, Interpretin Hauptmannscher und Ibsenscher Gestalten.

3) Lilli, Sopranistin, * 1848, † 1929.

4) Lotte, Sopranistin, * 1888.

5) Wilhelm, Schriftsteller, * 1882, † 1968; Thema seiner Lyrik ist die realistisch erfaßte, ins Magische gesteigerte Natur. ,Meine Gedichtbücher' (1957); Romane (,Ruhm des Daseins', 1953); Essays.

Lehmbau, eine Bauweise, bei der die lufttrockene Lehmsteine vermauert, oder Lehm zwischen Schalung gestampft oder Reisig mit Lehm beworfen wird.

Lehmbruck, Wilhelm, Bildhauer, * 1881, † 1919, schuf meist weibl. Akte (oft als Torso) und Büsten, von zartem, beseeltem Ausdruck und zunehmend schlanker werdender Gestalt.

Lehmwespen, einzeln lebende, schlanke, schwarz-gelb gezeichnete Faltenwespen, die als Eiunterlage und Brutfutter durch Stich gelähmte Insekten in selbstgefertigte Brutzellen eintragen.

Lehn´in, Gem. und ehem. Zisterzienserkloster (1180 gegr.) im Bez. Potsdam.

Lehnswesen, →Lehen, →Feudalismus.

Lehnübersetzung, ein Wort, das als wörtliche Übersetzung eines fremdsprachl. Wortes entstanden ist, z. B. Freidenker nach engl. freethinker.

Lehnwort, aus einer anderen Sprache aufgenommenes Wort, das lautlich das Gepräge eines einheimischen Wortes erhalten hat, z. B. Mauer aus lat. murus.

Lehrberufe, 1) Berufe, die eine Lehrzeit verlangen. **2)** die Lehrerberufe.

Lehrdichtung, Dichtung, die belehren will; sie ist an keine bestimmte Form gebunden, kann auch Fabel, Epigramm und Parabel ihr zuneigen. In hellenist. und röm. Zeit wurden bestimmte Wissensbe-

reiche systematisch in poet. Form vorgetragen, so von Lukrez (,Von der Natur der Dinge'), Vergil (,Lehrgedicht vom Landbau'), Horaz (,Über die Dichtkunst'). Reich ist die geistl. und moralisch-prakt. L. des MA. Auch in der Neuzeit entstanden viele Lehrgedichte, so von Boileau, Dryden, Thomson, Brockes, Haller. In den philosoph. Gedichten Schillers (,Die Künstler', ,Der Spaziergang') gewinnt die L. den Rang hoher Dichtung. In jüngster Zeit lebte die L. wieder auf in der Lehrdramatik der Sowjetunion und bei Bert Brecht.

Lehre, 1) Meßgerät meist aus Stahl, zum Prüfen der Werkstückmaße. Die **Fühler-L.** bestehen aus einem Satz verschieden dicker Blechstreifen, mit denen Fugen u. ä. geprüft werden; **Grenz-L.** haben eine Gut- und eine Ausschußseite. **Grenzrachen-L.** und **Grenzlehrdorne** dienen zum Prüfen von Bohrungen und Wellen. (Bild S. 733) **2)** die Lehrzeit des →Lehrlings.

Lehrer, Lehrender, Unterrichtender; i. e. S. die Lehrkräfte aller Schulen und Hochschulen. L. sind im allgemeinen Beamte im öffentl. Dienst. Unterschied: **Grundschul-L.** an Universitäten oder an Pädagog. Hochschulen in 6 Semestern; für das Lehramt an höheren Schulen an Universitäten mindestens 8 Semester, anschließend Referendariat. **Realschul-L.:** eine schullehrer nach der 2. Prüfung (fachl. Ergänzungsprüfung), Studierende nach 6semestrigem Fachstudium und 1- bis 2semestrigem Referendariat.

Lehrerverbände, Lehrervereine, seit dem Ende des 18. Jahrh.; pädagog. und standespolit. Aufgaben. In der Bundesrep. Dtl. z. B. Gewerkschaft Erziehung und Wissenschaft (GEW), der Dt. Philologenverband, seit 1969 mit anderen zum Dt. Lehrerverband (DLV) zusammengeschlossen.

Lehrfilm, zu Lehrzwecken bestimmter Film. ,Institut für Film und Bild in Wissenschaft und Unterricht' in München; ,Institut für wissenschaftl. Film' in Göttingen.

Lehrfreiheit, das Recht, die wissenschaftlich gewonnenen Einsichten und Überzeugungen frei von staatl. oder kirchl. Einmischung durch Lehre, Rede und Druck zu verbreiten; als Grundrecht im Art. 5 GG. gewährleistet.

Lehrgang, geschlossener, schulmäßiger Ausbildungsgang in einem Fachgebiet.

Lehrgedicht, →Lehrdichtung.

Lehrgerüst, ein Tragwerk aus Holz oder Stahlrohren, dient beim Bau von Bögen oder Gewölben zum Einhalten der Maße und stützt das Baumaterial bis zum Abbinden.

Lehrling, ein bei einem Meister oder in einem Industrieunternehmen in Ausbildung stehender angehender Handwerker, Kaufmann. Industriehandwerker u. a. Die

W. Lehmbruck: Kniende (1911)

Lehrlingszeit schließt gewöhnlich mit einer anerkannten Gesellen- oder Gehilfenprüfung ab. Durch das Berufsbildungsgesetz vom 14. 8. 1969 einheitl. Regelung für kaufmänn. und gewerbl. Lehre. Statt Lehrling und Lehrherr die Bez. ‚Auszubildender‘ und ‚Ausbildender‘. Ausbildungsdauer: nicht mehr als drei, statt bisher als zwei Jahre (weitere Bestimmungen in der Ausbildungsordnung).

Lehrlingsheime, Lehrlingswohnheime, von Gemeinden, Verbänden, Betrieben unterhaltene Heime zur kostenlosen oder billigen Unterbringung von Lehrlingen oder Jungarbeitern, die ohne Heimat oder Familie sind oder nicht am Arbeitsort wohnen.

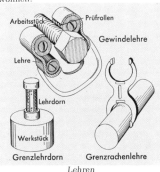

Lehren

Lehrmaschinen, Lernmaschinen, Lehrautomaten, die auf der Grundlage manueller, elektron. und elektr. Steuerung eine Kontrolle des Lernfortschritts mehrerer Schüler durch vorkonstruierte **Lernprogramme** ermöglichen und damit selbständiges Lernen ohne direkte Einwirkung eines Lehrers gestatten.

Lehrmittel, Unterrichtshilfsmittel wie: Filme, Karten, Modelle, Sammlungen u. ä. (unterschieden von **Lernmitteln** wie Hefte, Lehrbücher).

Lehrsatz, ein Satz, der innerhalb einer Theorie beweisbar ist.

Lehrte, Stadt in Ndsachs., 21800 Ew., Bahnknoten; Kalibergbau, Maschinen-, chem., Elektro-, Zucker-, Konserven-, Strumpfindustrie.

Lehrwerkstätten, Einrichtungen industrieller Betriebe zur Ausbildung von Lehrlingen und Anlernlingen.

L'ehtonen, Joel, finn. Schriftsteller, * 1881, † 1934; schilderte in Romanen die sozialen Verhältnisse Finnlands.

Lei *die,* Fels, Schiefer.

Leib, 1) der Körper von Lebewesen, bes. der menschl. Körper. 2) der Bauch.

Leibbursch, Verbindungsstudent, persönl. Berater des jüngeren **Leibfuchses.**

Leibeigenschaft, im MA. die persönl. Abhängigkeit des zu Frondienst und mancherlei Abgaben verpflichteten bäuerl. Hintersassen von seinem Herrn. In Süd- und Westdtl. führte die Auflösung der Grundherrschaft schon im Spät-MA. zur Auflockerung und später zur Beseitigung der L., in Ostdtl. bildete sie dagegen ihre strengste Form in der seit dem 16. Jahrh. entstandenen Erbuntertänigkeit aus (bis 1850).

Leibeserben, die Abkömmlinge des Erblassers.

Leibeserziehung, Bereich der Erziehung und Pädagogik, der mit Sport und Spiel Anregung zur Leistung und zu sinnvollem Freizeitverhalten geben will.

Leibesfrucht, das Kind im Mutterleib; wird rechtlich in bestimmten Fällen als schon geboren behandelt, z. B. gilt, wer zur Zeit eines Erbfalls gezeugt war, als bei dem Erbfall geboren.

Leibeshöhle, ⚕ § 1) **primäre L.,** der Hohlraum zwischen dem inneren und dem äußeren Keimblatt (→Entwicklung). 2) se-

kundäre L. (Zölom), der vom mittleren Keimblatt ausgekleidete Hohlraum, bes. bei Ringelwürmern und Wirbeltieren.

Leibesübungen, planmäßig betriebene Übungen zur Erhaltung körperl. Leistungsfähigkeit. Hauptmittel der →Leibeserziehung.

Leibesvisitation, ⚖ die körperliche →Durchsuchung oder das Abtasten des Körpers nach verborgenen Gegenständen.

Leibgarde, Truppe zum persönl. Schutz.

Leibgedinge, →Altenteil.

Leibl, Wilhelm, Maler, * 1844, †1900, fand selbständig den Weg zu einem rein maler. Realismus (Bildnis Frau Gedon, 1868/69, München). Nach einem Aufenthalt in Paris schlossen sich ihm in München Trübner, Schuch, Haider u. a., zeitweilig auch Thoma an (L.-Kreis). Seit 1873 lebte er mit dem Maler Sperl in oberbayer. Dörfern, deren Menschen er in neuentwickeltem Stil mit alter Sachtreue malte (Dorfpolitiker, 1877, Winterthur; Drei Frauen in der Kirche, 1878/81, Hamburg).

Leibnitz, Bezirksstadt in der Steiermark, Österreich, im von der Mur durchflossenen **Leibnitzer Feld** (Ebene), 6600 Ew.; verschiedene Industrie. In der Nähe Schloß Seggau (Burggründung 9. Jahrh.).

Leibniz, Gottfried Wilhelm Freiherr von, Philosoph, * Leipzig 1. 7. 1646, † Hannover 14. 11. 1716, bed. Mathematiker, Jurist, Politiker, Theologe, Physiker, Geschichts- und Sprachforscher; erfand die Differential- und Integralrechnung (nach Newton, aber unabhängig) und die erste brauchbare Rechenmaschine. Am bekanntesten ist seine Monadenlehre. ‚Monaden‘ sind unendlich verschiedene Kraftpunkte seelischer Natur, aus denen das Weltganze aufgebaut ist. Gott ist die Urmonade, er hat alle Monaden zu einem harmonisch geordneten Kosmos abgestimmt (prästabilierte Harmonie); daher ist nach L. unsere Welt die beste aller möglichen Welten.

G. W. Leibniz   *Nikolaus Lenau*

Leibrente, Lebensrente, eine Geldrente, die einem anderen, meist auf dessen Lebenszeit an bestimmten wiederkehrenden Zeitpunkten zu leisten ist.

Leibschmerz, $ Anzeichen für Spannungszustände und Verkrampfungen der Eingeweidemuskulatur, Entzündungen im Bauchraum, Steinkrankheiten, bei Frauen auch für Störungen der Menstruation u. a.

Leibung, der →Laibung.

Leicester [l'estə], Hauptstadt der engl. Gfsch. Leicestershire, am Soar, 278500 Ew., Universität; Strumpf-, Schuh-, Maschinen-, chem. u. a. Industrie.

Leicester [l'estə], Robert **Dudley,** Earl of L., * um 1533, † 1588, Günstling der Königin Elisabeth I. von England.

Leicestershire [l'estəʃiə], **Leicester,** Gfsch. in Mittelengland, 2154 km², 740200 Ew.

Leich *der,* ein mittelhochdt. Lyrik Lied mit frei wechselnden Strophen, die meist zu großen Strophensystemen zusammengefaßt werden. Man unterscheidet religiöse, Minne- und Tanz-L.

Leichdorn, Hühnerauge.

Leiche *die,* der abgestorbene menschl. **(Leichnam)** oder tier. Körper. L. sind nach der Leichenschau innerhalb landesgesetzlich festgelegter Fristen zu bestatten. Zum Transport einer L. ist ein →Leichenpaß

W. Leibl: Die Wildschützen, Teil eines v. L. zerschnittenen Gemäldes; 1882-86 (Berlin, National-Galerie)

erforderlich. Für die Feuerbestattung gelten Sondervorschriften.

Leichenbasen, bei der Eiweißzersetzung in der Leiche entstehende, z. T. giftige Stoffe **(Ptomaine).**

Leichenflecke, blaurote Flecke an tiefgelegenen Stellen der Leiche **(Totenflecke),** entstanden infolge Senkung des Blutes.

Leichenfledderer, Dieb, der Tote, Schlafende, sinnlos Betrunkene oder Bewußtlose bestiehlt; wird wegen Unterschlagung oder Diebstahl bestraft.

Leichen|öffnung, die →Sektion.

Leichenpaß, die amtliche Genehmigung zum Transport einer Leiche. Der L. wird nach Vorlegung eines Sterberegisterauszugs und einer Bescheinigung über die vorschriftsmäßige Einsargung erteilt.

Leichenraub, die unbefugte Wegnahme einer Leiche aus dem Gewahrsam der berechtigten Personen. Freiheitsstrafe (§ 168 StGB.).

Leichenschändung, an einer Leiche vorgenommene unzüchtige Handlungen. Das dt. StGB. kennt die L. als besonderes Verbrechen nicht, meist ist Bestrafung wegen Störung der Totenruhe möglich. Nach österreich. Recht werden Mißhandlungen an Leichen mit strengem Arrest bestraft (§ 806 StGB.), das schweizer. Recht bestraft L. als Verunehrung eines Leichnams (Art. 262 StGB.).

Leichenschau, die in amtlichem Auftrag erfolgte Untersuchung einer Leiche vor der Bestattung; sie soll bes. die Beerdigung Scheintoter verhindern.

Leichenstarre, das Starrwerden der Muskulatur bei der Leiche.

Leichhardt, Ludwig, dt. Forschungsreisender in Australien, * 1813, 1848 verschollen.

Leichlingen (Rheinland), Stadt in Nordrh.-Westf., an der Wupper, 20900 Ew., Konserven-, Textil-, Metallwaren-, Glasindustrie; Obstbau und -handel.

Leichtathletik, die aus den natürl. Bewegungen des Gehens, Laufens, Springens, Stoßens und Werfens entwickelten Übungen; als Einzel-, Mehr- oder Mannschaftswettkämpfe ausgetragen. (Bild S. 734)

Leichtbau, eine Bauweise, bei der durch Leichtbaustoffe, Bauarten und Formen das Gewicht verringert wird, z. B. Stahl-L., Leichtmetall-, Leichtbeton-Bau.

Leichtbauplatten, in Formen gepreßte Platten aus mineralisierter Holzwolle oder Holzspänen, mit Zement, Gips oder Magnesit gebunden, gute Wärme- und Kältedämmstoffe. (Bild S. 734)

Leichtbaustoffe, gut dämmende Werkstoffe. 1) ungeformte leichte porige Stoffe aus körnigen anorgan. oder organ. faserigen

Materialien. **2)** geformte Bauelemente wie Leichtbauplatten, Leichtsteine u. a.

Leichtbeton, ein Beton mit leichten, porigen Zuschlagstoffen.

Leichter, kleines, flachgebautes Wasserfahrzeug ohne eigenen Antrieb, zum Entladen größerer Schiffe.

Leichtgewicht, eine →Gewichtsklasse.

Leichtgut, ℣ Ladung, die bei geringem Gewicht viel Raum einnimmt und deren spezif. Gewicht unter dem des Wassers liegt.

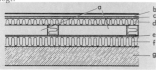

Leichtbauplatte als Dachdeckung: a belüftete Hohlräume, b Abdeckung, c Zementstrich gedichtet, d dichtgestoßene L. im Verband, e Zementglattstrich mit Dichtungszusatz, f auf frischer Stahlbetondecke verlegte L., g Stahlbetondecke

Leichtmatrose, Matrose im Rang zwischen Jungmann und Vollmatrose.

Leichtmetalle, Metalle und Legierungen mit einem spezif. Gewicht unter 4,5, also Alkali-, Erdalkalimetalle, Aluminium, Magnesium, Titan, Beryllium.

Leicht|öl, leichtentzündliches Brenn- und Heizöl, bei der Destillation des Steinkohlenteers gewonnen.

Leichtsteine, poröse Ziegelsteine, Korksteine, Steine aus Leichtbeton, Torfmull mit Gips u. a.

Leideform, Passiv, Handlungsart des Zeitworts.

Leiden, Leyden, Stadt in der Prov. Südholland, Niederlande, an der Vereinigung von Oude Rijn und Nieuwe Rijn, 101 200 Ew., altertüml. Stadtbild, Universität, Museen; Stahl-, Maschinen-, Apparatebau, Textil-, Papier- u. a. Industrie, Verlage; landwirtschaftl. Handel.

Leidener Flasche, historische Form des Kondensators.

Leidenfrostsches Phänomen, die Er-

scheinung, daß kleine Wassertropfen, die auf eine glühende Platte fallen, durch einen Dampfmantel vor sofortiger Verdampfung geschützt werden.

Leie, französisch **Lys,** linker Nebenfluß der Schelde, 214 km lang, kommt aus Frankreich (Hügelland von Artois), mündet bei Gent in Belgien.

Leier, 1) Eindeutschung von Lyra, Sinnbild lyr. Dichtung. **2)** Drehorgel. **3)** ♈ Schwanz der Sauen. **4)** Sternbild des Nordhimmels, mit dem hellen Stern Wega (α Lyrae).

Leierantilopen, →Kuhantilopen.

Leierhirsch, ein →Zackenhirsch.

Leierkasten, die →Drehorgel.

Leierschwanz, ein Sperlingsvogel der Wälder Ost-Australiens, fasanenähnlich mit leierförmigem Schwanz.

Leif Eriksson, norweg. Seefahrer, der Sohn Erichs des Roten, fand um 1000 die Küste N-Amerikas, die er ,Vinland' nannte; gilt als erster Entdecker Amerikas.

Leigh [li:], Stadt in N-England, 46 400 Ew.; Kohlenbergbau, Fabriken für Elektrotechnik, Landmaschinen u. a. Industrie.

Leigh [li:], Vivien, * 1913, † 1967, engl. Schauspielerin, bes. im Film (,Vom Winde verweht', 1939; ,Endstation Sehnsucht', 1951); war mit L. Olivier verheiratet.

Leihbücherei, gewerblich betriebene Bücherei, bisweilen mit Sortimentsbuchhandlung verbunden, verleiht (rechtlich: vermietet) Bücher befristet gegen Vergütung.

Leihe die, ♈ die unentgeltl. Gebrauchsüberlassung einer Sache gegen die Verpflichtung zur Rückgabe (§§ 598 ff. BGB.). Gebrauchsüberlassung gegen Entgelt (z. B. Buchverleihung gegen Entgelt) ist rechtlich **Miete.** Ähnlich in Österreich (§§ 971 ff. ABGB.) und der Schweiz (Art. 305 ff. OR.).

Leihhaus, Staats- oder Gemeindeanstalt oder gewerbl. Unternehmen: verleiht gegen Pfand Geldsummen auf kurze Zeit **(Pfandanstalt).** Über Pfand und Darlehen werden Pfandscheine ausgestellt. Geschieht die Rückzahlung nicht rechtzeitig, werden die Pfänder öffentlich versteigert.

Leih-Pacht-System, die im 2. Weltkrieg

Leierschwanz
(130 cm lang, davon 70 cm Schwanz)

von den Verein. Staaten getroffenen Maßnahmen zur Versorgung der Alliierten mit Kriegs- und Hilfsmaterial ohne Bezahlung (für rd. 47 Mrd. $, Abgeltungen rd. 17%).

Leim, kolloider, wasserlöslicher Klebstoff, bes. zur flächigen Verbindung von Holzbauteilen. Natürliche L. sind **Glutin-L., Caseïn-L., Albumin-L., Pflanzen-L. Kalt-L.** binden bei normaler Temperatur, **Warm-L.** bei 50-70° C ab.

Leimbau, Holz-Leimbau, Holzbauweise: die Teile werden durch Kunstharzleime verbunden.

Leimkraut, 1) Gattung **Silene** der Nelkengewächse; z. B. **Gemeines L. (Taubenkropf),** mit blasigem Kelch; **Nickendes L.,** drüsig-weichhaarig mit einer Rispe nickender weißer Blüten. **2)** die Pechnelke.

Leimring, mit Raupenleim bestrichener Papier- oder Baumwollstreifen an Obstbaumstämmen gegen Schädlinge.

Leichtathletik: **1** *200-m-Lauf;* **2** *Hochsprung;* **3** *Kugelstoßen;* **4** *Hürdenlauf (400 m)*

Leimrute, mit Leim bestrichener Zweig zum Vogelfang, heute verboten.

Lein der, des Flachs.

Leinberger, Hans, Bildhauer, * um 1480/ 1485, † 1531/35, seit etwa 1511 in Landshut tätig, schuf Bildwerke, deren spätgotische, malerisch gelockerte Form sich zu barocker Bewegtheit steigerte (Hochaltar, Moosburg, 1511-14; Sitzender Jakobus, 1523/25 München, Bayer. Nationalmuseum).

Leindotter, →Dotter 3).

Leine die, linker Nebenfluß der Aller, 192 km lang, entspringt auf dem Eichsfeld, mündet bei Schwarmstedt.

Leinen das, die →Leinwand.

Leinenband, Bucheinband (Rücken und Deckel mit Leinen überzogen).

Leinenfischerei, Angelfischerei im Meer auf Kabeljau, Schellfisch, Lachs, Flunder mit Lang-, Hand- oder Schleppleinen.

Leinfelden, Stadt (seit 1965) in Bad.-Württ.; 12 100 Ew.; Maschinen-, Motoren-, Werkzeug- u. a. Industrie.

Leinfink, Vogel, ein →Zeisig.

Leinkraut, Rachenblütergattung mit gespornten Blüten: **Echtes L. (Frauenflachs)** mit gelben Blüten, an Wegen; das liegende, violett-gelb blühende **Alpen-L.;** das violett blühende **Zimbelkraut.**

Leino, Eino, eigentl. **Lönnbohm,** * 1878, † 1926, einer der größten finn. Lyriker.

Lein|öl, goldgelbes fettes Öl aus Leinsamen, vorwiegend aus Glyceriden hochungesättigter Fettsäuren. Verwendung als Speiseöl, für Firnis, Ölfarben, Linoleum.

Leinölliniment das, die Brandsalbe.

Leinpfad, Weg längs Flüssen oder Kanälen, von dem aus die Schiffe an Seilen (Leinen) gezogen (getreidelt) wurden.

Leinsamen, die quellfähigen, schleimgebenden Samen des Flachses; als **Leinsamenschrot** gegen Stuhlverstopfung.

Leinster [l'enstə], irisch **Laighin** [l'ain], die südöstlichste der vier Provinzen Irlands, 19 632 km², 1,414 Mill. Ew., Hauptstadt: Dublin.

Leinwand, 1) Gewebe in Leinwandbindung, als **Reinleinen** ganz aus Flachsbastfasergarnen, als **Halbleinen** in der Kette aus Baumwolle, im Schuß aus Flachs; für Wäsche, Kleider u. a. **2)** Projektionswand.

Leip, Hans, * 1893, Lyriker und Erzähler; Lied ,Lili Marleen' (1915).

Leipzig, 1) Bezirk der Dt. Dem. Rep., 1952 aus dem NW des Landes Sachsen und Teilen von Sachsen-Anhalt und Thüringen gebildet, 4966 km² mit 1,489 Mill. Ew., umfaßt den Stadtkreis L., die Landkreise Altenburg, Borna, Delitzsch, Döbeln, Eilenburg, Geithain, Grimma, L., Oschatz, Schmölln, Torgau, Wurzen. **2)** Hauptstadt von 1), bedeutendste Handels- und Industriestadt Mittel-Dtl., in der Leipziger Tieflandsbucht, 584 400 Ew.; Universität, Mendelssohn-Akademie (Hochschule für Musik), weitere Hoch- und Fachschulen, Museen, Büchereien (→Deutsche Bücherei), Theater, Gewandhausorchester, Thomanerchor, Wirtschaft: Eisen-, Stahl-, elektrotechn., chem., Textil- u. a. Ind., bis zum 2. Weltkrieg auch bed. Pelzhandel, weltspannender Buch- und Musikalienhandel, graph. Gewerbe. Alljährlich zweimal wird die **Leipziger Messe** (Mustermesse) mit Techn. Messe abgehalten. - Die Innenstadt mit großen Messepalästen und alten Handelshäusern ist Geschäftsstadt. Bauwerke: Nikolaikirche (Grundmauern noch romanisch), Thomaskirche, an der J. S. Bach wirkte (Hauptbau 1482-94), Paulinerkirche (1485-1521), Altes Rathaus (1556/57), Handelsbörse (1678-82), Gohliser Schlößchen (1755/56), Neues Rathaus (1899-1905 an der Stelle der Pleißenburg, 1550-67), Opernhaus (1960 eröffnet). 1943-45 wurde L. stark zerstört. - Um 1160 Stadtrecht; seit dem 13. Jahrh. Messestadt. 1409 Gründung der Universität nach Auszug der Deutschen aus Prag. Seit dem 18. Jahrh. ein Mittelpunkt der Musik, Literatur, des Thea-

H. Leinberger: Johannes der Täufer (Moosburg, Hochaltar)

ters. 1879-1945 Sitz des Reichsgerichts. 16.-19. 10. 1813 **Völkerschlacht bei L.:** Sieg der Verbündeten über Napoleon (→Freiheitskriege); Denkmal im SO der Stadt.

Leipziger Allerlei, Gericht aus jungem Gemüse, Spargel und Morcheln, mit Grießklößchen garniert, auch mit Krebssoße gebunden.

Leipziger Disputation, religiöses Streitgespräch in der Pleißenburg zwischen Luther, Karlstadt und Eck (1519).

Leipziger Feuer-Versicherungs-Anstalt, gegr. 1819 in Leipzig; 1945 Bonn, seit 1955 Frankfurt a. M. (1969: 90,4 Mill. DM Bruttoprämie).

Leipziger Tieflandsbucht, Bucht des Norddeutschen Tieflands zwischen Thüringen, Harz und Mittelsächs. Bergland; fruchtbar Böden (Lehm, Schwarzerde) mit Weizen-, Zuckerrübenanbau, Gartenbau. Im S und W Braunkohlelager.

Leipziger Verein - Barmenia Krankenversicherung a. G. Wuppertal-Elberfeld, gegr. 1904 (1968: 280 Mill. DM Prämie).

L'eise die, **Leis** der, geistl. Lied des MA., genannt nach dem ,Kyrieleis', mit dem die Strophen zu schließen pflegten.

L'eisegang, Hans, Philosoph, * 1890, † 1951, war 1930-34 und seit 1945 Prof. in Jena, seit 1948 in West-Berlin.

Leisewitz, Johann Anton, Dramatiker, * 1752, † 1806; Bruderzwist-Drama ,Julius von Tarent' (1776).

Leishmania [li:∫m'æniɑ] die, Gattung der Flagellaten. **Leishmaniosen,** die von L. erregten Krankheiten (z. B. Orientbeule).

Leisnig, Stadt im Bez. Leipzig, an der Freiberger Mulde, 11 000 Ew.; Möbel-, Schuh-, Maschinenind.; Burg L. (vor 1081).

Leiste, 1) bei Mensch und Säugetieren der

unterste, dicht über dem Schenkel liegende Bauchteil (**L.-Gegend**), mit der **L.-Furche,** in der das L.-**Band** liegt. Die L. wird durchsetzt vom **L.-Kanal,** in dem beim Mann der Samenleiter verläuft. **2)** ein Holzstab als Einfassung.

Leisten, dem Fuß nachgebildete Holz- oder Metallform aus der Schuhherstellung.

Leistenbruch, ♀ ein Eingeweidebruch, bei dem die Eingeweide durch den Leistenkanal hindurchtreten; er hebt sich als Bauchgeschwulst unter der Haut hervor.

Leistendrüsen, ♀ die Lymphknoten in der Leistengegend.

Leistenhoden, ♀ ein →Kryptorchismus.

L'eistikow [-ko], **1)** Hans, Maler und Graphiker, Neffe von 2), * 1892, † 1962, Plakatkunst, Ausstellungsgestaltung, Buch- und Bauausstattung.

2) Walter, Maler, * 1865, † 1908, Mitbegründer der Berliner Sezession, malte impressionist. Stimmungsbilder der märkischen Seenlandschaft.

L'eistung, 1) die in bestimmter Zeit verrichtete Arbeit, auch das dadurch geschaffene Arbeitsergebnis. **2)** Betriebswirtschaftslehre: die Menge (L.-Einheiten) oder der Wert (Geldgröße) der innerhalb eines Zeitraums hervorgebrachten Sachgüter (Leistungsergebnis) oder der bereitgestellten Dienstleistungen (Output, Betriebsprodukt). **3)** ⚡ früher auch **Effekt** genannt, die von einer Kraft in der Zeiteinheit geleistete Arbeit, gemessen in erg/sec oder Watt. **4)** ⚙ die Maßeinheit der Pferde-

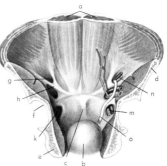

Leistengegend: Unterer Teil der vorderen Bauchwand beim Mann von innen, nach Entfernung des Bauchfells; a gerader Bauchmuskel, b Harnblase, c Gegend der Schambeinfuge, d Darmbein, e Sitzbein, f Pfanne des Hüftgelenks, g innerer Leistenring, h Leistenband (durchscheinend), k innere Öffnung des Hüftkanals, m Hüftgefäße, n Blutgefäße, die gemeinsam mit dem Samenleiter o den Samenstrang bilden und in den Leistenkanal eintreten

Leipzig: Karl-Marx-Platz mit Augusteum, Paulinerkirche und Nikolaikirche

stärke: 1 PS = 735,5 W. **5)** Psychologie: der Einsatz der nach Begabung, Kenntnis, Motivation und Umfeld verfügbaren Fähigkeiten des Menschen. **6)** ⚖ Gegenstand einer Schuldverpflichtung, bes. die Zahlung.

Leistungsbilanz, der Teil der Zahlungsbilanz, der die Einnahmen und Ausgaben aus dem Warenverkehr und die Zahlungen für Dienstleistungen umfaßt.

Leistungsklage, ⚖ Klage, mit der die Verurteilung des Beklagten zu einer Leistung (oder Unterlassung) verlangt wird.

Leistungsklasse, ⚔ Einteilung von Wettkämpfen und Mannschaften nach ihrem Können.

Leistungslohn, Entlohnung, deren Höhe von der in der Arbeitszeit vollbrachten Leistung abhängt, z. B. Akkordlohn.

Leistungsprüfung, Landwirtschaft: die zahlenmäßige Feststellung der Nutztierleistungen (z. B. Arbeit, Milch). L. werden von den Dt. Landwirtschaftsgesellschaft und Zuchtverbänden vorgenommen.

Leistungsschutzrecht hat bes. die Leistungen ausübender Künstler, der Schallplattenhersteller und der Sendeunternehmen zum Gegenstand; ähnlich dem →Urheberrecht.

Leistungssport, eine Art sportl. Betätigung, bei der im Unterschied zum Gesundheits- und Breitensport die Leistung stärker betont wird (intensives Training).

Leitartikel,größerer, meist polit. Zeitungsaufsatz an bevorzugter Stelle mit meinungsbildender Absicht, heute in vielen Fällen auch Kommentar genannt.

Leitbild, 1) Vorbild einer Zeit, einer Menschengruppe u. ä. **2)** Zielvorstellung für die Raumordnung und Landesplanung.

Leitbündel, ⊕ das Gefäßbündel.

Leiteinrichtungen auf verkehrsreichen Straßen umfassen: weiße Leitlinien und -male, Leitposten (meist mit Katzenaugen), Leitplanken und -zäune, Leitpfeile zum rechtzeitigen Einordnen.

Leitende Angestellte, Angestellte, die zur Betriebsleitung in einem bes. engen Verhältnis stehen mit stark ausgeprägter →Treuepflicht und arbeitgeberähnl. Funktionen ausüben (z. B. Manager). Sie sind zwar Arbeitnehmer, werden arbeitsrechtlich aber wie Arbeitgeber behandelt.

Leiter, 1) die, hölzernes oder eisernes Gerät aus zwei Leiterbäumen (Holmen), die durch Querstangen miteinander verbunden sind (Sprossenleiter). Sonderformen: Stehleiter, Steckleiter, Feuerleiter, Strickleiter, Scherenleiter. **2)** der, Stoff, der den elektr. Strom leitet. Jeder Stoff enthält eine sehr große Anzahl positiver und negativer elektr. Ladungsträger oder Anzahl (Ionen, Elektronen). Elektronen-L. sind bes. die →Metalle, Ionen-L. die Elektrolyte (→Elektrolyse) sowie geschmolzene Salze.

Leitfähigkeit, 1) ⚡ der Kehrwert des spezif. elektr. Widerstandes, gemessen in $1/\Omega$ cm² (→Leiter). **2)** Wärme-L. →Wärme.

Leitfisch, der Lotsenfisch.

Leitfossilien, Tier- oder Pflanzenversteinerungen, die nur in einem bestimmten geolog. Schicht auftreten und diese kennzeichnen.

Leith [li:θ], Seehafen von Edinburgh, am Firth of Forth.

Leitha die, rechter Nebenfluß der Donau, 180 km lang, durchfließt das südl. Wiener Becken, mündet im oberungar. Tiefland. Südlich der L. das **Leithagebirge,** ein bis 483 m hoher Waldrücken. - L. und L.-Gebirge bildeten bis 1918 z. T. die Grenze zwischen Österreich (Zisleithanien) und Ungarn (Transleithanien).

Leitkabel, ein längs einer Fahrstraße zu Land oder Wasser verlegtes, mit Wechselstrom beschicktes Kabel zum Auffinden des Kurses eines Fahrzeuges.

Leitkreis, bei einer Ellipse oder Hyperbel ein Kreis, dessen Mittelpunkt in einem Brennpunkt des Kegelschnittes liegt und dessen Radius gleich der Länge der Hauptachse ist.

L'eitmeritz, tschech. **Litoměřice,** Stadt im Kr.Nordböhmen,Tschechoslowakei,17 900 Ew., an der Elbe, Lebensmittelindustrie.

Leitmotiv, in einem Tonstück oft wiederkehrende Tonfolge, die einem Handlungsvorgang, einer Gefühlsäußerung usw. zugeordnet ist; auch auf die Lit. übertragen.

Leitpflanze, Pflanze, die die Bodenbeschaffenheit anzeigt.

Leitplanken, →Leiteinrichtungen.

Leitrad, feststehender Träger der Leitschaufeln einer Dampf-, Gas- oder Wasserturbine, durch das das Treibmittel dem Laufrad gerichtet zugeführt wird.

Leitrim [li':trim], irisch **Liatroim,** Gfsch. im N der Rep. Irland, 1525 km², 30 600 Ew. Hauptort: Carrick-on-Shannon.

Leitsätze für die Preisermittlung auf Grund von Selbstkosten, LSP, Richtlinien für die Preisermittlung bei öffentl. Aufträgen, bei denen nicht Marktpreise zugrunde gelegt werden können.

Leitstrahlsender, ⚓ ✈ ein Navigationshilfsmittel. Zwei Richtstrahlsender strahlen abwechselnd oder verschieden modulierte elektromagnet. Wellen aus, die in ihrem Überlappungsbereich einen Leitstrahl für den Kurs festlegen.

Leitton, ♪ ein Ton, der in einem Halbtonschritt zwingend zu einem schwerer betonten Ton hinleitet.

Leitung, 1) Führung. **2)** ◎ Einrichtung zum Weiterleiten von Stoffen oder Energien. Für die Zu- und Ableitung von Flüssigkeiten oder Gasen und auch fester Körper (Rohrpost, Müll) dienen →Rohrleitungen. **Draht-L.** dienen als Wege für elektr. Energie.

Leitungsanästhesie, ein Betäubungsverfahren (→Schmerzbekämpfung).

Leitwährung, Währungen, in denen ein großer Teil des Welthandels berechnet wird und für die ein breiter internat. Kapitalmarkt besteht; heute der US-Dollar.

Leitwerk, 1) ✈ die der Stabilisierung und Steuerung dienenden Flossen und Ruder des **Höhen-** und **Seiten-L.** sowie die **Querruder.**

Leitz, Ernst L. GmbH., Optische Werke, Wetzlar, 1849 gegr., stellt u. a. die Kleinbildkamera LEICA (**Leitz Ca**mera) her, Kap. 25 Mill. DM (1970).

Leitzahl, Photographie: eine zu jedem Blitzlichtgerät gehörende, von der Filmempfindlichkeit abhängige Hilfszahl zur Errechnung der Blendenöffnung.

Lek, der, das mittlere Stück des nördl. Rheinarmes in den Niederlanden, berührt Arnheim und Rotterdam.

Lek der, Währungseinheit in Albanien, 1 L. = 100 Quindarka.

Lektion [lat.] die, **1)** Lehrstunde. **2)** Lehrbuchabschnitt. **3)** kath. Liturgie: die in der Messe vorgetragenen Lesestücke.

L'ektor [lat.], **1)** Hochschullehrer für Einführungskurse und Übungen. **2)** Manuskriptprüfer eines Verlages. **3)** evang. Landeskirchen: Vertreter des Pfarrers.

Lekt'üre [frz.] die, das Lesen; der Lesestoff.

L'ekythos die, griech. Tongefäß für Öl, schlank, enghalsig, einhenklig, oft mit farbigen Zeichnungen auf weißem Grund.

Le Locle [lɔl'ɔkl], Stadt im Kt. Neuenburg, Schweiz, 14 900 Ew., ein Hauptsitz der Uhrenindustrie des Jura. Uhrenmuseum.

Leloir [lɔlw'a:r], Luis Federico, argentin. Biochemiker, * 1906, erhielt 1970 den Nobelpreis für Chemie für die Aufklärung der Biosynthese von Polysacchariden.

Lemaitre [lɔm'ɛtr], Georges, belg. Theologe und Astronom, * 1894, † 1966, Prof. in Löwen, arbeitete über kosmolog. Anwendungen der Relativitätstheorie.

Le Mans [lɔm'ᾶ], Hauptstadt des Dép. Sarthe, NW-Frankreich, 143 200 Ew., Textil-, Maschinen- u. a. Industrie, Autorennstrecke; galloröm. Stadtmauer, Kathedrale (11./12. Jahrh.).

Lemberg, ukrain. **Lwiw,** russ. **Lwow,** poln. **Lwów,** Gebietshauptstadt in der Ukrain. SSR, am Peltew, 553 000 Ew.; Universität (1661 gegr.), Hochschulen, Museen; Maschinenbau, elektrotechn., chem., keram. Ind., Energiekombinat, Wärmekraftwerk. - L. kam 1340 an Polen, erhielt 1356 dt. Stadtrecht; war 1772 bis 1918österreichisch, 1919-39 polnisch; 1945 kam es an die Sowjetunion.

Lemercier [lɔmersj'e], Jacques, französ. Baumeister, * 1585, † 1654; Louvre-Erweiterung, Kirche der Sorbonne u. a. in Paris.

Lemgo, Stadt in Nordrh.-Westf., 38 500 Ew., alte Hansestadt; Möbel-, Textil-, Metall- u. a. Industrie. (Bild Bürgerhaus)

Lemke genannt **von Soltenitz,** Helmut, Politiker (CDU), * 1907, Jurist, wurde 1954 Kultus-, 1955 Innenmin., 1963-71 MinPräs. von Schleswig-Holstein.

Lemma [grch.] das, -s/ ...mata, entliehener Grundsatz; Hilfssatz; Stichwort.

Lemmer, Ernst, Politiker (CDU), * 1898, † 1970, Journalist, 1922-33 in der Gewerkschaftsbewegung, 1945 Mitgründer derCDU der Sowjetzone und Berlins, 1956 Bundespost-, 1957-63 Bundesmin. für gesamtdt. Fragen, 1964-65 Bundesvertriebenenminister; 1965-69 Sonderbeauftragter des Bundeskanzlers für Berlin.

Lemming, der, hamsterähnl. Art der Wühlmäuse im N Europas, Asiens, Amerikas.

Lemnisk'ate, Kurve in Form einer 8.

L'emnos, neugriech. **Limnos,** Insel in der N-Ägäis, 476 km² groß, rd. 22000 Ew.

Le Monde [lɔm'ɔ:d], unabhängige Pariser Tageszeitung.

Lem'ongrasöl, ätherisches Öl aus einer Grasart Vorderindiens mit zitronenartigem Duft, für Seifenparfüms.

Lemonnier [lɔmɔnj'e], Camille, französisch-belg. Schriftsteller, * 1845, † 1913, Förderer der 'Jeune Belgique'-Gruppe, schildert das Leben belg. Arbeiter.

Lemoyne [lɔmw'an], François, * 1688, † 1737, französ. Maler, bes. von Deckengemälden (Herkulessaal, Versailles u. a.).

Lemp'ira der, Währungseinheit in Honduras, 1 L. = 100 Centavos.

Lem'uren, 1) altröm. Mythos: die Geister Verstorbener. **2)** 🐒 Halbaffen, →Makis.

Lena die, Strom in Sibirien, 4400 km lang, entspringt im N des Baikalsees, mündet mit großem Delta in das Nordpolarmeer. Die L. ist 6-7 Monate eisbedeckt, sonst schiffbar bis Ust-Kut.

Le Nain [nɛ̃], drei französ. Maler, Brüder; **Louis,** * um 1593, † 1648, malte realist. Bilder, bes. aus dem Alltagsleben der Bauern. (Bild S. 737)

Lenard, Philipp, Physiker, * 1862, † 1947, Professor, schuf mit Hilfe des L.-Fensters (einer Aluminiumfolie) die Möglichkeit, Kathodenstrahlen als freie Elektronen zu untersuchen, führte das Elektronenvolt als Energiemaß in die Physik ein. 1905 Nobelpreis für Physik.

Lenau, Nikolaus, eigentl. N. **Niembsch** Edler von **Strehlenau,** Dichter, * 1802, †1850, trat1831 in Stuttgart den schwäb. Romantikern nahe; 1832/33 Kolonist in Ohio; 1844 verfiel er in Wahnsinn. L. schrieb stimmungsvolle, schwermütige Gedichte ('Schilflieder', 'Zigeunerlieder'), das Epos 'Die Albigenser' (1842), die dramat.-epischen Gedichte 'Faust' (1836), 'Don Juan' (postum 1851). (Bild S. 733)

Lenbach, Franz von, Maler, * 1836, †1904, naturalist. Bildnisse.

Lenclos [lᾶkl'o], Anne, genannt **Ninon de L.,** * 1620, † 1705, eine schöne und gebildete Frau, deren Haus in Paris der Treffpunkt bedeutender Persönlichkeiten war.

Lende, die hintere (obere) und seitliche Gegend der Bauchwand mit dem großen **Lendenmuskel.** Über die fünf **Lendenwirbel** →Wirbelsäule.

Lendringsen, Gem. in Nordrh.-Westf., 13 700 Ew.; Eisen-, Kalkwerke u. a. Ind.

Lengerich, Stadt in Nordrh.-Westf., 21 500 Ew.; Zement-, Kalk-, Maschineind.

Lenggries, Gem. in Oberbayern, 6600 Ew., 680 m ü. M.; Kleinind., Sommerfrische, Wintersportort.

L. Le Nain: Bauern beim Mahl, 1642 (Paris, Louvre)

L'enin, eigentlich **Uljanow,** Wladimir Iljitsch, russ. revolutionärer Staatsmann, * Simbirsk 1870, † Gorkij (bei Moskau) 1924, Sohn eines adeligen Schulinspektors; nach jurist. Studium Advokat in St. Petersburg, 1897-1900 als Revolutionär nach Sibirien verbannt, danach im Ausland. 1903 führte L. in London die Spaltung der russ. Sozialdemokratie in →Bolschewiki und Menschewiki herbei und wurde zum führenden Kopf der Bolschewiki. Nach der Kerenski-Revolution vom Febr. 1917 kehrte er aus der Schweiz mit Hilfe der dt. Regierung nach Rußland zurück und organisierte, unterstützt von Trotzkij, Bucharin, Kamenew, Sinowjew u. a., die

Lenin   Giacomo Leopardi

→Oktoberrevolution und die Machtergreifung durch die Bolschewiki. Als Vorsitzender des Rates der Volkskommissare wurde L. Gründer der Sowjetunion (1922) und deren erster Regierungschef. Die in seinen Schriften (u. a. ,Der Imperialismus als höchstes Stadium des Kapitalismus', 1916; ,Staat und Revolution', 1917) aus dem Marxismus entwickelte Lehre **(Marxismus-Leninismus)** wurde zur Staats- und Parteidoktrin.

Leninab´ad, bis 1936 **Chodschent,** Oasenstadt in der Tadschik. SSR, am Syr-Darja, 103 000 Ew.; Baumwoll- und Seidenfabrikation; Schuh- u. a. Industrie.

Leninak´an, bis 1924 **Alexandropol,** Stadt in der Armen. SSR, 164 000 Ew.; Textil-, Maschinenbau-, Elektro- u. a. Industrie.

Leningrad, bis 1914 **Sankt Petersburg,** bis 1924 **Petrograd,** die zweitgrößte Stadt der Sowjetunion, Hafenstadt und Bahnknoten am innersten Winkel des Finn. Meerbusens, an der Mündung der Newa, 4,0 Mill. Ew. L. hat Universität, 180 wissenschaftl. Institute, Fachhochschulen, Museen, Bauten der barocken und klassizist. Zeit, u. a. Admiralität (1705-1827; jetzt Staatl. Eremitage), Winterpalais (1754-62),

viele Adelspaläste, Börse (1805-15), Peter-Pauls-Kathedrale (1714-33), Kasan- (1801 bis 1811), Isaak-Kathedrale (1819-58), Smolnyi-Kloster (1744-57). Industrie: Werften, Elektro-, Bekleidungs-, Nahrungsmittel u. a. Industrie, Kraftwerk-Ausrüstung; 100 Druckereien. - 1703 von Peter d. Gr. mit der Peter-Pauls-Festung als Kern gegr., 1712 bis 1918 Hauptstadt Rußlands; Ausgangspunkt der Revolutionen von 1905 und 1917.

L'eninsk-Kusn´ezkij, Bergbau- und Industriestadt in W-Sibirien, an der oberen Inja, 128 000 Ew.; Mittelpunkt des Kusnezker Kohlenbeckens.

L'enis [lat.] die, ein mit geringer Muskelspannung gesprochener Mitlaut.

Lenk|achsen, ℘ in ihrer Längsrichtung verschiebbar gelagerte Achsen, so daß sie Gleiskrümmungen folgen können.

Lenkung, die Vorrichtung, die bei Straßenfahrzeugen und Flugkörpern der Richtungsänderung dient. Bei Straßenfahrzeugen bewirkt die **Achsschenkel-L.** durch Drehen des Lenkrades über ein Getriebe und das Lenktrapez, daß die Räder eingeschlagen werden. Bei der **Drehschemel-L.** wird die ganze Achse um eine senkrechte Achse in der Fahrzeugmittelebene gedreht. Bei Raketen- und Raumflugkörpern ist die L. aus vier wiederkehrenden Teilschritten aufgebaut: der in Meßgrößen definierbaren Bestimmung des derzeitigen Standortes des Flugkörpers; der Bestimmung der Größe und Richtung der Geschwindigkeit des Flugkörpers; der Berechnung der eventuell notwendigen Lenkmanöver; der Ausführung der Manöver mit Hilfe der Steueraggregate.

Lenne die, linker Nebenfluß der Ruhr, 131 km lang, entspringt am Kahlen Asten.

Lenné, Peter Joseph, * 1789, † 1866, schuf Parkanlagen preuß. Schlösser in engl. Stil (u. a. Sanssouci, Charlottenburg).

L'ennestadt, Stadt in Nordrh.-Westf., im Sauerland, 26 100 Ew.; Schwerspat- und Schwefelkiesbergbau; Industrie. - 1969 durch Zusammenschluß mehrerer Orte entstanden.

Lenormand [lenɔrm´ã], Henri René, französ. Dramatiker, * 1882, † 1951.

Le Nôtre [lən´oːtr], André, französ. Gartengestalter, * 1613, † 1700, schuf mit den Parkanlagen von Versailles (seit 1661) und anderen Schlössern den französ. Gartenstil, der für Europa vorbildlich wurde.

l'ento [ital.], ♪ langsam.

L'entulus, Beiname einer altröm. patriz. Familie aus dem Geschlecht der Cornelier. **Publius Cornelius L. Sura,** 71 v. Chr. Konsul, 63 als Teilnehmer an der Verschwörung Catilinas hingerichtet. **Publius Cornelius L. Spinther** erwirkte 57 v. Chr. als Konsul die Rückberufung Ciceros aus der Verbannung.

L'enya, Lotte, Schauspielerin und Sängerin, * 1900, erste Erfolge als ,Seeräuber-Jenny' in Brechts ,Dreigroschenoper', ⬭ mit Kurt Weill.

Lenz der, Frühling, **Lenzing** der, Lenzmonat, dt. Name des März.

Lenz, 1) Jakob Michael Reinhold, Dichter, * 1751, † 1792, Gefährte Goethes in Straßburg, Dramatiker des Sturm und Drangs (,Der Hofmeister', 1774, ,Die Soldaten', 1776).
2) Siegfried, Schriftsteller, * 1926; Romane (,Deutschstunde', 1968), Dramen (,Zeit der Schuldlosen', 1961), Erzählungen.

lenzen, 1) eingedrungenes Wasser aus einem Schiffsraum pumpen. 2) bei schwerem Sturm ein Schiff vor dem Wind herlaufen lassen.

Lenzerheide (Lai), Kurort im Kt. Graubünden, Schweiz, 1475 m ü. M., im Hochtal zwischen Chur und Tiefencastel.

Lenzsche Regel, ϟ →Induktion 3).

Leo, Päpste:
1) **L. I., der Große** (440-461), erwirkte 445 die kaiserl. Anerkennung der Vormachtstellung der Päpste innerhalb der Kirche (Primat), bewog 452 Attila zur Umkehr. Kirchenlehrer. Heiliger; Tag: 10. 11.
2) **L. III.** (795-816), krönte am 25. 12. 800 Karl d. Gr. zum röm. Kaiser. Heiliger; Tag: 12. 6.
3) **L. IX.** (1049-54), vorher Graf Bruno von **Egisheim** (Elsaß), * 1002, † 1054. Unter ihm kam es zum Bruch mit der morgenländ. Kirche. Heiliger; Tag: 19. 4.
4) **L. X.** (1513-21), vorher Giovanni de'Medici, der bedeutendste Renaissancepapst, war hochgebildet und verlieh seiner Regierungszeit durch Förderung von Kunst und Wissenschaft Glanz und Ansehen. Sein Interesse galt auch der europäischen Politik (Wahl Karls V.), weniger jedoch der beginnenden Reformation.

Leningrad: Eremitage

5) L. XIII. (1878-1903), vorher Gioacchino Pecci, * 1810, † 1903, bed. Gelehrter und Politiker, förderte die christlich-soziale Bewegung und die Entwicklung der kath. Wissenschaft, beendete den →Kulturkampf und festigte die polit. und weltanschauliche Bedeutung der Kath. Kirche.

Le'oben, Bezirksstadt in der Obersteiermark, Österreich, an der Mur, mit den eingegliederten Donawitz und Göß 36 300 Ew.; Montanist. Hochschule, Berg- und Hüttenschule; Hochöfen, Hütten-, Walz-, Blasstahlwerk. - 18. 4. 1797 Vorfriede zwischen Österreich und Frankreich.

L'eobschütz, poln. **Glubczyce,** Stadt in Oberschlesien, am O-Rand der Sudeten, 10 100 (1939: 13 500) Ew.; landwirtschaftl. Verarbeitungs- u. a. Ind. Seit 1945 unter poln. Verwaltung.

Leoch'ares, griech. Bildhauer um 350 v. Chr.; auf ihn gehen wohl der Apoll von Belvedere (Vatikan) und die Artemis von Versailles (Louvre) zurück.

Leon, byzantinische Kaiser:
1) L. I. (457-474), * 401, † 474, brach die Macht der german. Söldner, kämpfte unglücklich gegen die Wandalen in Afrika.
2) L. III., der Syrer, fälschlich ‚der Isaurier‘ (717-741), * um 675, † 741, verteidigte Konstantinopel gegen die Araber (717/718); verbot 730 die Bilderverehrung.
3) L. V., der Armenier (813-820), besiegte die Bulgaren und die Araber; 820 als Bilderfeind ermordet.

León, 1) Prov. und geschichtl. Landschaft in Spanien, im W des altkastil. Hochlandes, 15 486 km², 554 100 Ew.; die Mauren um 755 durch die Könige von Asturien entrissen, 925 Kgr., zuerst 1037, dann 1230 mit Kastilien vereinigt.
2) Hauptstadt von 1), 87 200 Ew., Kathedrale (13.-15. Jahrh.).
3) Stadt im Staat Guanajuato, Mexiko, 341 000 Ew.; Textil- und Lederindustrie.

León, Luis **Ponce de,** span. Lyriker und Mystiker, * 1527, † 1591; Augustiner. Myst. Traktate ‚Los nombres de Cristo‘ (1583), ‚La perfecta casada‘ (1583).

Leon'ardo da Vinci [-v'intʃi], italien. Maler, Bildhauer, Naturforscher, Techniker, * Vinci (bei Empoli) 15. 4. 1452, † Schloß Cloux bei Amboise 2. 5. 1519, war nach seiner Ausbildung bei Verrocchio in Florenz als Maler tätig (Verkündigung, Florenz, Uffizien; Anbetung der Könige, unvollendet, Uffizien u. a.) und trat 1482 in den Dienst des Herzogs Lodovico Sforza in Mailand, wo er die Felsgrottenmadonna (Paris) und das Wandbild des Abendmahls im Refektorium von S. Maria delle Grazie malte. Gleichzeitig beschäftigte er sich mit architekton. Entwürfen (Zentral-

*Leonardo da Vinci: Selbstbildnis
(Rötel; Mailand, Ambrosiana)*

kirchen), wissenschaftl. Studien (Anatomie, Optik, Mechanik) und begann sein ‚Buch von der Malerei‘. Sein originalgroßes Modell zu einem Bronze-Reiterdenkmal des Herzogs wurde nach dessen Sturz (1499) zerstört. L. kehrte nach Florenz zurück, wo er 1503 das Wandgemälde der Schlacht von Anghiari im Rathaus begann (nicht ausgeführt) und das Bild der →Mona Lisa malte. Dann nahmen ihn in Mailand und Rom vor allem wissenschaftl. Arbeiten in Anspruch (ein Traktat über den Bau des menschl. Körpers mit anatom. Zeichnungen, Untersuchungen über den Vogelflug, geolog. Studien u. a. 1517 folgte er einem Ruf König Franz‘ I. nach Frankreich. - L. war als Maler der erste Vollender des klass. Stils der Renaissance und wirkte durch die weichen Licht- und Schattenübergänge seiner Malerei weit über den Kreis der Schüler hinaus. Als Forscher suchte er ein enzyklopäd. Wissen mit den Mitteln der Erfahrung und des Experiments zu gewinnen, womit er am Anfang der Naturwissenschaft der Neuzeit steht.

Leonard-Schaltung, eine Schaltung zur Regelung der Drehzahl eines Gleichstrommotors, angewandt bei Papier-, Werkzeug-, Fördermaschinen, Walzenstraßen u. a.

L'eonberg, Stadt in Bad.-Württ., 25 600 Ew., altertüml. Stadtbild, Maschinenbau, opt. u. a. Industrie.

Leoncav'allo, Ruggiero, italien. Komponist, * 1858, † 1919, Hauptvertreter der neueren italien. Oper (‚Der Bajazzo‘, 1892).

L'eonding, Gem. in Oberösterreich, westl. von Linz, 14 000 Ew., Barockkirche.

Le'one, Giovanni, italien. Politiker (Democrazia Cristiana), * 1908; 1963 und 1968 MinPräs., seit Dez. 1971 Staatspräs.

L'eonhard, Heiliger des 6. Jahrh., Patron der Gefangenen, der Kranken und der Bauern; Tag: 6. 11.

Le'onidas, König von Sparta, fand 480 v. Chr. bei der Verteidigung der →Thermopylen den Tod.

Leon'iden ✮ im November auftretende Sternschnuppenschwarm.

Leon'inischer Vers, wahrscheinlich nach Papst Leo I. genannte Versform mittellatein. Gedichte: Hexameter und Pentameter, in denen Mitte und Schluß sich reimen.

leon'inischer Vertrag [lat. societas leonina, ‚Löwengesellschaft‘], ein Gesellschaftsvertrag, bei dem ein Teilhaber den Nutzen zieht, der andere den möglicherweise eintretenden Schaden übernimmt.

leonische Waren [nach der französ. Stadt Lyon], Posamenten und Stickereien aus Metalldrähten oder Metallgespinsten.

Le'onow, Leonid Maksimowitsch, russ. Schriftsteller, * 1899; Romane ‚Die Dachse‘ (1924); ‚Das Werk im Urwald‘ (1930); ‚Der russ. Wald‘ (1953).

Leop'ard, 1) Panther (Pardel), eine Katzenart von 110-150 cm Kopf-Rumpflänge, 45-62 cm Schulterhöhe, meist gelblich, mit dunklen Flecken, bisweilen ganz schwarz; in Afrika und Südasien. **2) Jagd-L.,** der gezähmte Gepard.

Leop'ardi, Giacomo Graf, italien. Dichter, * 1798, † 1837. Wohllautende, strenggeformte Verse, Ausdruck tiefen Weltschmerzes. (Bild S. 737)

Leopold, Fürsten:
Römisch-deutsche Kaier. **1) L. I.** (1658 bis 1705), zweiter Sohn Ferdinands III., * 1640, † 1705. Unter ihm wurde Österreich Großmacht, bes. durch den Türkenkrieg von 1683-99. Harte Verfolgung der ungar. Protestanten.
2) L. II. (1790-92), dritter Sohn Franz‘ I. und Maria Theresias, * 1747, † 1792; 1765 Großherzog von Toskana (als L. I.), 1790 Nachfolger seines Bruders Joseph II. in Österreich und als Kaiser.
Anhalt-Dessau. **3) L. I., der Alte Dessauer,** Fürst (1693-1747), preuß. Feldmarschall, * 1676, † 1747, entwickelte die Heerführer im Span. Erbfolgekrieg und in den Schles. Kriegen.
Belgien, Könige. **4) L. I.** (1831-65), * 1790,

Amur-Leopard

† 1865, aus dem Hause Sachsen-Coburg. Sein Sohn **L. II.** (1865-1909), * 1835, † 1909, gleichfalls ein geschickter Diplomat und Geldmann; er begründete den Kongostaat.
5) L. III. (1934-51), Sohn Alberts I., * 1901, kapitulierte beim dt. Einmarsch 1940, wurde interniert, ging 1945 ins Ausland. Er verzichtete auf den Thron zugunsten seines Sohns Baudouin. L. heiratete 1926 die schwed. Prinzessin Astrid († 1935), 1941 Marie Lilian Baels (Prinzessin Réthy).
Hohenzollern-Sigmaringen. **6) L.,** Fürst, * 1835, † 1905; seine Kandidatur für den span. Thron löste den Deutsch-Französ. Krieg von 1870/71 aus.
Österreich. **7) L. III.,** Markgraf (1095 bis 1136), * 1073, † 1136, Babenberger, gründete die Klöster Klosterneuburg und Heiligenkreuz. 1485 heiliggesprochen; Tag: 15.11.
8) L. V., Herzog (1177-94), Babenberger, * 1157, † 1194, nahm 1192 König Richard Löwenherz gefangen und lieferte ihn an Kaiser Heinrich VI. aus.

Leopold'ina, älteste naturforschende Gesellschaft, 1652 gegr., seit 1742 **Kaiserlich Leopoldinisch-Carolinische Deutsche Akademie der Naturforscher,** seit 1879 mit Sitz in Halle.

Leopold-II.-See, seichter Schwemmlandsee im westl. Zaïre, etwa 2325 km² groß.

Léopoldville, →Kinshasa.

Lep'anto, griech. Ort, →Naupaktos.

Lepidod'endron [grch.] das, die ausgestorbene Pflanzengattung Schuppenbaum.

Lepid'optera [grch.] Mz., Insekten, die →Schmetterlinge.

L'epidus, Marcus Aemilius, röm. Staatsmann, * um 87, † 13 v. Chr., schloß 43 v. Chr. mit Antonius und Oktavian das 2. Triumvirat.

Lepor'ello, in Buchform harmonikaartig zusammenfaltbare Reihe von Bildern, benannt nach Don Juans Diener Leporello (in Mozarts ‚Don Giovanni‘), der ein Verzeichnis der Geliebten seines Herrn anlegte.

Lepor'idae [lat.] Mz., die Hasen.

Leppich, Johannes, Jesuit, * 1915, Volksprediger (drast. Zeitkritik), Organisator aktivist. kath. Kreise.

L'epra [grch.] die, $ der →Aussatz.

Lepsius, Karl Richard, * 1810, † 1884, gehört zu den Begründern der Ägyptologie, gründete das Ägypt. Museum in Berlin.

L'eptis M'agna, urspr. phönik. Hafenstadt in Nordafrika, östlich von Tripolis, seit 107 v. Chr. römisch, um 200 n. Chr. von Septimius Severus großartig ausgebaut, im 7. Jahrh. von den Arabern zerstört. Grabungen seit 1920. (Bild S. 739)

lepto... [grch.] zart..., schmal..., dünn..., fein...

Lept'on das, -s/Lepta, kleine griech. Münzeinheit, 1 L. = $^1/_{100}$ Drachme.

Lept'onen, kleinste Elementarteilchen: Elektronen, Neutrinos, Muonen (μ-Mesonen) und deren Antiteilchen.

leptos'om [grch.], schmalwüchsig, eine →Konstitution.

Leptosp'ira die, Gattung der Spirochäten. **Leptospirosen,** die von L.-Arten erregten Krankheiten (z. B. Weilsche Krankheit).

Le Puy [ləpy'i]. Hauptstadt des Dép. Haute-Loire in Frankreich, 29 500 Ew., roman. Kathedrale; Spitzenherstellung, Leder- u. a. Industrie.

Lerchen, am Boden trippelnde, meist unauffällig gefärbte Singvögel. In Mitteleuropa brüten: die **Feldlerche** (18 cm lang), mit trillerndem Fluggesang; die **Heidelerche** (15 cm), mit lieblichem Fluggesang; die **Haubenlerche** (18 cm), mit spitzem Federschopf. Die große **Kalanderlerche** gehört den Mittelmeerländern an.

Lerchensporn, Mohngewächse: **Hohler L.,** mit geteilten Blättern, traubig stehenden, roten oder gelb-weißen Blüten, in Laubwäldern; südeurop. **Gelber L.,** Zierstaude.

Lérida, 1) Prov. Spaniens, in Katalonien, 12 028 km², 338 600 Ew.
2) Hauptstadt von 1), am Segre 74 500 Ew.; Textil- und Glasindustrie.

L'ermontow, Michail Jurjewitsch, russ. Dichter, * 1814, † (im Duell) 1841, Offizier; neben A. Puschkin und N. Gogol der Begründer der neuen russ. Lit. Seine Dichtung ist leidenschaftlich, grüblerisch, voll Weltschmerz. Er schrieb Gedichte, Verserzählungen, Novellen, das lyrisch-visionäre Epos ‚Der Dämon' (1840), den Roman ‚Ein Held unserer Zeit' (1846).

M. J. Lermontow   N. S. Leskow

Lermoos, Gem. in Tirol, Österreich, bei der Zugspitze, 995 m ü. M., 800 Ew.
Lernäische Schlange, →Hydra.
lernende Automaten, techn. Systeme mit Informationsverarbeitung, deren Arbeits- (Verhaltens-)weise von früheren, gespeicherten Arbeitsergebnissen (Erfahrungen) abhängig gemacht werden kann mit dem Ziel, einen beabsichtigten Arbeitsprozeß zu verbessern (optimieren).
L'ernet-Hol'enia, Alexander, österreich. Schriftsteller, * 1897. Dramen, Erzählungen, Lyrik, Romane ‚Ich war Jack Mortimer' (1933), ‚Die Standarte' (1934), ‚Prinz Eugen' (1960), ‚Pilatus' (1967).
Lernmaschinen, →Lehrmaschinen.
Lernmatrix, mathemat. Modell zur Erfassung des Lernprozesses; auch eine techn. Einrichtung in →lernenden Automaten.

Leptis Magna: Römisches Theater

Lernpsychologie, die Untersuchung des Lernvorganges (der Aufnahme und Speicherung von Erfahrung und Koordinierung des Verhaltens) in Abhängigkeit von Situation, Eigenschaften und Zuständen des Lernenden (auch bei Tieren).

Feldlerche

Lerntheorie, die Lehre vom Lernen, meist im Sinne des →Behaviorismus, jetzt auch allgemein auf Prozesse des Verhaltens übertragen, die sich auf Grund von neuen Daten ändern.
Le Roy [lərw'a], Edouard, französ. Philosoph, * 1870, † 1954, Prof., seit 1944 Mitgl. der Akademie, bemühte sich im Sinne Bergsons um eine Synthese von Wissen und Glauben.
Lersch, 1) Heinrich, Arbeiterdichter, * 1889, † 1936; gefühlsstarke Lyrik und Erzählungen.
2) Philipp, Psychologe, * 1898, † 1972, bemühte sich um eine ganzheitl. Darstellung der Person, eine Verbindung zwischen Psychologie und Philosophie.
Lesage [ləs'a:ʒ], Alain René, französ. Schriftsteller, * 1668, † 1747; Possen, satir. Komödie ‚Turcaret' (1709), Romane ‚Der hinkende Teufel' (1707), ‚Gil Blas de Santillane' (1715-35, Schelmenroman).
lesbische Liebe, Tribadie, die geschlechtl. Liebe unter Frauen, genannt nach der Dichterin Sappho auf Lesbos. In Dtl. und der Schweiz straflos; in Österreich wird sie mit schwerem Kerker bestraft (§§ 129 ff. StGB.).
L'esbos, Mytil'ene, griech. Insel vor der kleinasiat. Küste, 1630 km² groß, rd. 117 000 Ew.; Anbau von Weizen, Wein, Oliven und Südfrüchten. Hauptort ist Mytilene. - L. wurde im 11./10. Jahrh. v. Chr. von Griechen (Äoliern) besiedelt; sie ist die Heimat des Alkaios und der Sappho.
Lescot [-k'o], Pierre, französ. Baumeister, * um 1510, † 1578, von ihm stammt der SW-Flügel des Louvre-Hofs, das Hauptwerk der frühen französ. Renaissance.
Lese, die Ernte der Weintrauben.
Lesegerät, Projektionsgerät zur vergrößerten Wiedergabe der auf Mikrofilm aufgenommenen Texte.
Lesemaschine, ein lichtelektrisch oder magnetisch arbeitendes Gerät zur →Zeichenerkennung auf Schriftstücken.
L'esgi'er, ostkaukas. Völkergruppe in der Dagestan. ASSR, Sowjetunion, rd. 225 000 Menschen, leben in Terrassendörfern an Berghängen, treiben Viehzucht, z. T. Ackerbau; Waffen- und Feinschmiede.
Lesk'ow, Nikolaj Semjonowitsch, russ. Erzähler, * 1831, † 1895, kritisierte in zwei Romanen (‚Ohne Ausweg', 1864, ‚Bis aufs Messer', 1870) die revolutionär gesinnte Intelligenz, gab in vielen Erzählungen ein lebendiges Bild der russ. Menschen (‚Lady Macbeth aus dem Kreise Mzensk', 1865; ‚Der ungetaufte Pope', 1887).
Leslau, 1940-45 dt. für →Włocławek.
Lesotho, früher **Basutoland,** konstitutionelle Monarchie im Brit. Commonwealth, als Enklave im SO der Rep. Südafrika gelegen, 30 355 km² mit 969 000 Ew. (rd. 70% Christen). Hauptstadt ist Maseru, Amtssprache Englisch. ⊕ II/III, Bd. 1, n. S. 320. Währung ist der südafrikan. Rand = 100 Cents. Staatsoberhaupt ist der König. ☐ S. 1178. ☐ Bd. 1, S. 392. Univ. in Roma.

L. ist vorwiegend ein 2000-3000 m hohes Gebirgsland (Highlands), das in den Drakensbergen bis 3480 m ansteigt und durch Viehzucht genutzt wird. Die landwirtschaftl. Anbaugebiete (Mais, Hirse, Weizen, Bohnen, Erbsen) liegen im Tiefland längs der W-Grenze; dort leben rd. 80% der Bevölkerung (Sotho). Über 100 000 Ew. arbeiten im Bergbau der Rep. Südafrika. Ausfuhr: Rinder, Wolle, Diamanten. - Das Gebiet von L. war seit 1868 als **Basutoland** brit. Protektorat. 1966 wurde es unabhängig.
Lespinasse [lɛspin'as], Julie-Jeanne-Eléonore de, * 1732, † 1776, führte einen Pariser Salon, in dem bes. die Enzyklopädisten verkehrten. ‚Liebesbriefe' (1906).
Less'eps, Ferdinand Vicomte de, * 1805, † 1894, baute 1859-69 den Suezkanal; der Versuch, 1879 den Panamakanal zu bauen, scheiterte.
Les Sept-Iles [lɛsɛt'i:l, frz. ‚Sieben Inseln'], Inselgruppe vor der N-Küste der Bretagne.
Lessing, 1) Gotthold Ephraim, Dichter und Kritiker, * Kamenz (Lausitz) 22. 1. 1729, † Braunschweig 15. 2. 1781, lebte seit 1748 mit Unterbrechungen in Berlin. Er schrieb treffsichere Kritiken in der ‚Vossischen Zeitung' (1748 bis 1755) und in der Zeitschrift ‚Briefe, die neueste Literatur betreffend' (1759-65). Mit der Tragödie ‚Miß Sara Sampson' (1755) begründete er das dt. bürgerl. Trauerspiel nach engl. Vorbild. 1760-65 war er Sekretär des Generals Tauentzien in Breslau. 1767 ging er als Dramaturg an das Dt. Nationaltheater in Hamburg (‚Hamburgische Dramaturgie', 1767 bis 1769). Nach dessen Zusammenbruch wurde er 1770 Bibliothekar in Wolfenbüttel. Als Kritiker befreite L. die dt. Dichtung aus ihrer Abhängigkeit von französ. Mustern. Als Dichter schuf er mit ‚Minna von Barnhelm' (1763, gedr. 1767) eins der schönsten dt. Lustspiele; sein ‚Nathan der Weise' (1779) ist Ausdruck aufklärerischer Humanitätslehre. Zum nationalen Gemeingut wurden seine Fabeln. Voller Besitz der Wahrheit ist nach L. dem Menschen versagt. Die Suche danach ist seine Aufgabe, wie seine Freiheit eine Freiheit zur Sittlichkeit ist. L.s funkelnde, kristallklare Sprache wurde beispielhaft für die dt. Prosa, bes. für die Essayistik (‚Laokoon', 1776). Weitere Werke. Lustspiele: Der junge Gelehrte (1748), Der Freigeist (1749), Die Juden (1749). Trauerspiele: Philotas (1759), Emilia Galotti (1772). Prosaschriften: Anti-Goeze (1778); Ernst und Falk. Gespräche für Freimaurer (1778 bis 17780); Die Erziehung des Menschengeschlechts (1780).

G. E. Lessing   Sinclair Lewis

2) Karl Friedrich, Maler, Großneffe von 1), * 1808, † 1880, Historienbilder und romantische Landschaften.
3) Theodor, Kulturphilosoph, * 1872, † (ermordet) 1933, Sozialkritiker und Kulturpessimist.
Lesueur, Le Sueur [ləsy'œ:r], **1)** Eustache, französ. Maler, * 1617, † 1655; Ausstattung des Hôtel Lambert in Paris mit mytholog. Szenen, Bilder aus d. Leben des hl. Bruno.
2) Jean François, * 1760, † 1837, Hofkapellmeister Napoleons I.; Opern, Oratorien, Messen u. a.
Lesung, die Beratung einer Gesetzesvor-

lage oder eines Antrags im Parlament; meist sind 3 L. erforderlich.

Leszczyński [leʃtʃ'inski], →Stanislaus 1).

let'al [lat.], tödlich.

L'État c'est moi [leta sɛ mw'a, frz.], ‚Ich bin der Staat‘, angebl. Ausspruch Ludwigs XIV. im Geiste des Absolutismus.

Letharg'ie [grch.], **1)** ♄ eine Art Schlafsucht. **2)** Schläfrigkeit, Abgestumpftheit.

L'ethe [grch.], griech. Mythos: Fluß oder Quelle in der Unterwelt, woraus die Seelen der Verstorbenen Vergessenheit tranken.

Letmathe, Stadt in Nordrh.-Westf., an der Lenne, 27 900 Ew., Stahl-, Metallindustrie.

L'eto, latein. **Lat'ona,** griech. Mythos: Geliebte des Zeus, durch ihn Mutter des Apollon und der Artemis.

L'ettau, Reinhard, Schriftsteller, * 1929, Prof. in Northampton (Mass.); schrieb in trocken-humoriger Prosa.

Letten, die zu ostbalt. Völkergruppe gehörenden Bewohner Lettlands, rd. 1,5 Mill.

Letten, Schieferone des Keupers.

Letter [lat.] *die,* **1)** Buchstabe. **2)** der aus einer Antimon-Blei-Zinn-Legierung (**Letternmetall**) gegossene Metallkörper, der an seiner Stirnfläche die erhabene, seitenverkehrte Bild des Buchstabens trägt.

Letter, ländl. Vorstadt, Wohngem. westl. von Hannover, Ndsachs., 12 100 Ew.

L'ette-Verein, urspr. ‚Verein zur Förderung der Erwerbsfähigkeit des weibl. Geschlechts‘, 1866 von W. A. Lette (* 1799, † 1868) in Berlin gegr., unterhält Berufsfachschulen und Lehrwerkstätten für Frauen.

Lettg'allen, lett. **Latgale,** ehem. Prov. in Lettland; Hauptstadt Dünaburg.

lettische Literatur. Die Letten besitzen eine reiche Volksdichtung. Ein eigentl. Schrifttum, meist kirchl. Charakters, entwickelte sich erst Ende des 16. Jahrh. Eine bewußt nationale l. L. begann mit J. Aulumans (* 1832, † 1864), A. Pumpurs (* 1841, † 1902), den Brüdern Reinis und Matiss Kaudzite, dem Realisten R. Blaumanis (1863-1908). Etwa 1890 setzte mit Aspazija, Rainis u. a. eine neuromant. Gegenbewegung ein. Neuere Dichter sind A. Niedra, V. Pludonis, K. Skalbe, A. Brigadere, Zenta Maurina, J. Medenis, A. Eglitis u. a.; Lyriker V. Toma, O. Vacietis; Dramatiker Ziverts.

Lettische Sozialistische Sowjetrepublik, Unionsrepublik der Sowjetunion (Verf. v. 25. 8. 1940), 63 700 km², 2,365 Mill. Ew.; Hauptstadt Riga. - Die L. SSR ist ein niedriges Moränenhügelland (bis 311 m hoch) beiderseits der Düna mit vielen Seen und Mooren. Landwirtschaft ist vorherrschend, bes. Getreide, Viehzucht und Molkereiwirtschaft; Torf. Schiff-, Maschinenbau, Elektro-, Textil-, chem. Ind. Häfen sind Riga, Windau, Libau. - Die Bevölkerung besteht aus 62% Letten und 26,6% Russen. Hochschulen und eine Akademie der Wissenschaften in Riga.

lettische Sprache, gehört zum baltischen Zweig des indogerman. Sprachstamms; sie weist bes. niederdt. Einflüsse auf.

Lettland, lettisch **Latvija,** eine 1918-40 unabhängige Republik im Baltikum; über 65 800 km²; Hauptstadt: Riga. L., eine der drei russ. ↑Ostseeprovinzen, konstituierte sich 1918 als unabhängige Republik. Nach dem erzwungenen Beistandspakt mit der Sowjetunion (Aug. 1939) besetzte diese auf Grund des Hitler-Stalin-Paktes (Sept. 1939) 1940 L. und gliederte es sich als ↑Lettische Sozialistische Sowjetrepublik ein.

Lettner *der,* im mittelalterl. Kirchen die seit etwa 1200 übliche halbhohe Scheidewand zwischen Chor und Gemeinderaum, mit Skulpturen ausgestaltet und oft einer, auch mehreren Pforten durchbrochen. Vom L. herab wurde die Hl. Schrift verlesen, er diente auch als Sängertribüne u. a.

Lettow-Vorbeck, Paul von, preuß. General, * 1870, † 1964, 1913-18 Kommandeur der Schutztruppe von Dt.-Ostafrika.

Letzte Dinge, →Eschatologie.

Letzte Ölung, Krankensalbung, nach kath. Lehre ein von Christus eingesetztes Sakrament, das durch Salbung mit geweihtem Öl und Gebet dem Schwerkranken übernatürl. Hilfe zum Heile der Seele und des Leibes spendet.

Letzter Wille, ♊ das Testament.

Leu [l'ɛːu] *der,* Mz. **Lei** [l'ɛi], Währungseinheit in Rumänien, 1 L. = 100 Bani.

Leu, Hans, schweizer. Maler, * um 1490, † 1531, in seinen Landschaften ist der Einfluß der Donauschule erkennbar.

Leubus, poln. **Lubiąż,** Gem. in Niederschlesien, 3800 (1939: 4200) Ew.; ehem. Zisterzienserkloster (gegr. um 1175). L. steht seit 1945 unter poln. Verwaltung.

Leuchtbake, landfestes Seezeichen in Gerüstform, mit Leuchte.

Leuchtbakterien, Bakterien, die Licht erzeugen; sie leben im Meer, auf lagerndem Fleisch u. a. oder schmarotzerisch (z. B. in Schmetterlingsraupen).

Leuchtdichte, der von einer leuchtenden Fläche in einen kleinen Raumwinkel bestimmter Richtung ausgestrahlte Lichtstrom. Maßeinheiten: Candela/cm² (auch **Stilb** genannt).

L'euchte, Vorrichtung zur Lenkung und Verteilung des von einer künstl. Lichtquelle erzeugten Lichtstroms.

Leuchtenberg, Herzog von, →Eugen von Beauharnais.

Leuchtfarben, die →Leuchtstoffe.

Leuchtfeuer, ↓ ⚓ Anlagen zur Navigation, die Lichtsignale aussenden wie Leuchttürme, Feuerschiffe, Leuchtbaken, Leuchtbojen, Leuchttonnen in Küstengewässern, Flußläufen (auch als Hafenfeuer), bei Bergen, Anflug-, Landebahn-, Rollbahn- und Hindernisbefeuerung auf und um Flughäfen.

Leuchtgas, →Stadtgas.

Leuchtgasvergiftung, eine Gasvergiftung mit →Kohlenoxid.

Leuchtkäfer, →Leuchtlebewesen.

Leuchtkondensator, Elektrolumineszenslampe, eine elektron. Lichtquelle, bei der durch ein elektr. Wechselfeld das zwischen zwei Elektroden liegende Dielektrikum zum Leuchten angeregt wird. L. sind als leuchtende Decken oder Wände verwendbar.

Leuchtlebewesen, tier. und pflanzl. Lebewesen, die durch chem. Vorgänge beim Stoffwechsel phosphorartig leuchten. Die L. sind z. T. Landbewohner, z. B. Glühwürmchen, der amerikan. Cucujokäfer, der auf faulem Holz lebende Hallimasch, das Leuchtmoos; z. gr. T. Meeresbewohner, wie Quallen, Borstenwürmer, Muscheln und Tiefseetiere. Das **Meeresleuchten** bewirken u. a. Leuchtbakterien, Algen und das Geißeltierchen Noctiluca. Die Leuchtorgane vieler Tiefseetiere (Tintenfische, Fische, Feuerwalzen) enthalten Leuchtbakterien, die mit diesen in Symbiose leben und das Leuchten verursachen.

Leuchtmittelsteuer, eine Aufwandsteuer auf elektr. Glühlampen, Entladungslampen u. ä.; Steuersatz: 10% des Erzeugerpreises (Aufkommen 1968: 71 Mill. DM).

Leuchtmoos, ein an lichtarmen Orten Europas wachsendes, 1 cm hohes Laubmoos; sein Vorkeim leuchtet grünlich, da in seinen linsenförmigen Zellen gesammelte Tageslicht zurückgestrahlt wird.

Leuchtmunition, mit einem Leuchtsatz versehener Körper, abgeschossen aus der Leuchtpistole oder abgeworfen vom Aufklärungsflugzeug, zur Erhellung des Geländes oder zur Signalgebung.

Leuchtröhren, →Gasentladungslampen.

Leuchtsätze, mit gefärbter Flamme verbrennende Feuerwerksmischungen.

Leuchtschaltbild, eine Vereinigung von Schaltbild und Schalttafel. Durch Einbau der Befehlsschalter und Meßinstrumente in das beim L. von hinten beleuchtete Schaltbild wird eine gute Übersicht über den Schaltzustand elektr. Anlagen erreicht.

Leuchtschirm, bei Kathodenstrahlröhren eine Glas-, Pappe- oder Metallplatte, auf der ein lumineszierender Stoff aufgebracht ist, z. B. Reinstoffphosphor, fremdaktivierter Phosphor und Sulfide sowie Selenide des Zinks und des Cadmiums. Der L. dient zum Sichtbarmachen von Röntgenstrahlen, Elektronenstrahlen und ultraviolettem Licht.

Leuchtpurgeschoß, Geschoß mit Leuchtsatz hinter dem Stahlkern, zum Sichtbarmachen der Flugbahn.

Leuchtstoffe, Leuchtfarben, Stoffe, die bei Belichtung aufleuchten oder auch längere Zeit nachleuchten. Die nicht nachleuchtenden (fluoreszierenden) L. wandeln die auffallende Strahlung in längerwellige um, z. B. UV in sichtbares Licht. Nachleuchtende (phosphoreszierende) L. leuchten nach Aufhören der Bestrahlung so lange nach, bis die bei der Anregung gespeicherte Energie verbraucht ist. Als L. dienen bes. Zink-Cadmium-Sulfide, Silicate, Wolframate, Molybdate, Halogenide.

Leuchtstofflampe, eine röhrenförmige Gasentladungslampe (Niederdruck-Quecksilberdampflampe), deren Innenwände mit Leuchtstoff belegt sind. Durch die UV-Strahlung der Entladung wird der Leuchtstoff angeregt und sendet sichtbares Licht aus.

Leuchttonne, schwimmendes Seezeichen mit ständig brennendem Leuchte.

Leuchtturm, ⚓ turmartiges Seezeichen an wichtigen Punkten, mit starkem Leuchtfeuer, oft auch Radaranlagen, Einrichtungen für Nebel- und Sturmwarndienst, Schiffsmelde-, Wetter-, Seenotdienst. (Bild S. 741)

Leuchtzirpen, zu den Zikaden gehörige Insekten, die →Laternenträger.

Leuc'in [grch.] *das,* eine Aminosäure.

Leuc'it *der,* weißes Mineral, Kalium-Aluminiumsilicat.

leuk..., leuko... [grch.], weiß ...

Leuk, franzöš. **Loèche-la-Ville,** Bezirksstadt im Kt. Wallis, Schweiz, 2900 Ew.; Weinbau; Burgen aus dem MA. 10 km weiter an der Dala **Leukerbad** mit radioaktiven Schwefel- und Gipsthermen.

Leukäm'ie [grch.] ♄ eine Gruppe schwerer Erkrankungen mit stark vermehrter

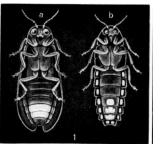

Leuchtlebewesen: **1** Glühwürmchen, a Männchen, b Weibchen (2fach vergr.); **2** Laternenfisch (nat. Gr. 6-7 cm)

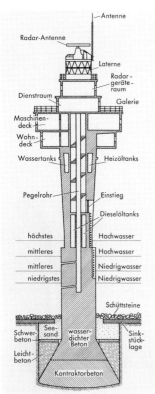

Leuchtturm (Schnitt durch den Leuchtturm ‚Alte Weser')

Bildung von weißen Blutkörperchen (**Leukose**, ‚Weißblütigkeit'), Verminderung der Zahl der roten Blutkörperchen (daher zunehmende Blässe der Kranken) und der Zahl der Blutplättchen (daher herabgesetzte Gerinnungsfähigkeit des Blutes und Neigung zu Blutungen). Die **myeloische L.** ist gekennzeichnet durch erhöhte Zahl der im Knochenmark gebildeten Myelozyten oder Granulozyten sowie durch Milz- und Leberschwellung, die **lymphatische L.** durch vermehrte Bildung der in den Lymphknoten erzeugten Lymphozyten und durch Lymphknotenschwellung. Es gibt akute, stürmisch, mit hohem Fieber verlaufende Formen der L. und chronische, die sich über Monate und Jahre hinziehen. Behandlung: Cytostatica und Antimetabolite, die die Vermehrung der weißen Blutkörperchen hemmen; ferner Bluttransfusionen.

L'eukas, neugriech. **Levk'as**, eine der Ionischen Inseln, 302 km², meist gebirgig.

Leuk'ippos, griech. Mythos: König von Argos, dessen beide Töchter von den Dioskuren geraubt wurden.

Leuk'ippos von Mil'et, griech. Philosoph des 5. Jahrh. v. Chr.; lehrte wie sein Schüler Demokrit, daß die Dinge aus Atomen zusammengesetzt seien.

Leuk'om [grch.] *das*, ⚕ weiße Narbentrübung der Hornhaut des Auges, nach Hornhautgeschwüren.

Leukotom'ie [grch.] *die*, ⚕ die operative Durchtrennung der vom Stirnhirn zu anderen Hirnteilen ziehenden Nervenbahnen; angewendet bei schwer erregten Kranken, bei unstillbarem Schmerz.

Leukoverbindungen, meist wasserlösl. Verbindungen, die aus vielen organ. Farbstoffen durch Reduktion entstehen.

Leukoz'yten [grch.], die weißen Blutkörperchen (→Blut).

Leuktra, Ort in Böotien; 371 v. Chr. Sieg der Thebaner unter Epaminondas über die Spartaner.

Leumund, Ruf, Nachrede; **Leumundszeugnis**, Zeugnis über den Ruf eines anderen.

Leuna, Stadt im Bez. Halle, an der Saale, 11 200 Ew.; größtes Chemiewerk der Dt. Dem. Rep. (flüssige Gase, Kraftstoffe, Schwefel, Salzsäure, Kunststoffe, Pharmazeutika u. a.; verarbeitet werden Braunkohle und Erdöl), gegr. 1916 als **Ammoniakwerk Merseburg GmbH.**

Leuschner, 1) Bruno, Politiker (Kommunist), * 1910, † 1965, 1936-45 in Haft; 1952-61 oberster Planungs- und Wirtschaftsfunktionär in der Dt. Dem. Rep.
2) Wilhelm, Politiker (SPD), * 1890, † (hingerichtet) 1944, Bildhauer, dann Gewerkschaftssekr., 1928-32 hess. Innenmin., 1933-34 im KZ, darauf Führer des gewerkschaftl. Widerstands, vom Volksgerichtshof zum Tode verurteilt.

Leussink, Hans, Bauingenieur, * 1912, Prof., 1960-62 Vors. der Westdt. Rektorenkonferenz, seit 1965 Präs. des Wissenschaftsrates, 1969-72 Bundesmin. für Bildung und Wissenschaft (parteilos).

Leuthen, Dorf in Schlesien, 18 km westlich von Breslau. 5. 12. 1757 Sieg Friedrichs d. Gr. über die Österreicher unter Karl von Lothringen (‚schiefe Schlachtordnung').

Leuthold, Heinrich, schweizer. Dichter, * 1827, † 1879; schwermütige Gedichte.

Leutnant, unterste Rangklasse der Offiziere (Übersicht Dienstgrade).

Leutpriester, im MA. der Geistliche, der für einen nicht amtierenden Pfarrer die Seelsorge ausübte.

Lev, Währungseinheit in Bulgarien, 1 L. = 100 Stótinki.

Lev'ade [frz.] *die*, Übung der Hohen Schule, wobei das Pferd auf der Stelle mit angezogenen Vorderbeinen die Vorhand hebt und auf den stark untergesetzten Hinterbeinen fußt. (Bild Spanische Hofreitschule)

Levalloisien [ləvalwazi'ε̃, frz.] *das*, Kulturstufe der Altsteinzeit; Kennzeichen: Feuerstein-Abschlag-Geräte.

Lev'ana, röm. Schutzgöttin der Kinder.

Lev'ante [ital. ‚Morgenland'] *die*, die Länder um das östl. Mittelmeer bis zum Euphrat und Nil, bes. die Küste Kleinasiens, Syriens und Ägyptens.

Levant'iner *der*, europ.-oriental. Mischling; auch die als betrügerisch geltenden Händler in den Hafenstädten der Levante.

Levau [lə'vo], **Le Vau**, Louis, französ. Baumeister, * um 1612, † 1670, machte Komfort und Eleganz zum Maßstab seines Schaffens, baute u. a. das Collège de Mazarin.

Levée [lə'νe, frz.] *die*, Aushebung von Rekruten. **L. en masse** [-ã mas], Aufgebot der gesamten männl. Bevölkerung zum Kriegsdienst (erstmals 1793 in Frankreich).

Lever [lə'νe:, frz.] *das*, Aufstehen; am französ. Hof die Morgenaudienz beim König (17. und 18. Jahrh.).

Leverkusen, Stadt in Nordrh.-Westf., am rechten Ufer des Rheins, 111 600 Ew.; Werke der Farbenfabriken Bayer AG. mit der angeschlossenen Agfa-Gevaert AG. u. a. Industrie.

Leverrier [ləvεrj'e], Urbain Jean Joseph, französ. Astronom, * 1811, † 1877, sagte aus den Abweichungen der Bewegung des Uranus das Vorhandensein des Neptun voraus.

L'evetzow, Ulrike von, * 1804, † 1899. Goethes Liebe zu ihr fand Ausdruck in seiner ‚Marienbader Elegie'.

Levi, Carlo, italien. Schriftsteller, Maler, Arzt, * 1902; ‚Christus kam nur bis Eboli' (1945, soziale Fragen S-Italiens).

Leviath'an, A. T.: der Chaosdrache, dichterisch: Ungeheuer, Krokodil (Hiob 40, 25 ff.).

Levir'at, Schwagerehe, die Sitte bei manchen Völkern, nach der der Bruder die kinderlose Witwe zu heiraten und zu versorgen hat, z. B. bei den Israeliten.

Lévi-Strauss, Claude, französ. Ethnologe, * 1908, begründete in Verbindung mit der Phonologie die ‚Strukturale Anthropologie': aus empir. Material abgeleitete Modelle sozialer Strukturen sollen allgemeine strukturale Gesetzlichkeiten erkennen lassen.

Lev'it [nach Levi], 1) **Leviten**, israelit. Stamm, der mit Simeon die Stadt Sichem eroberte, später zersprengt wurde (1. Mos. 34 und 39); dann Name für israel. Priester, zuletzt für Priesterdiener. 2) Kath. Kirche: Diakon und Subdiakon beim feierlichen Hochamt (**Levitenamt**). 3) **einem die Leviten lesen**, einen Verweis erteilen, nach dem 3. Buch Mose **Leviticus**.

Levk'oje *die*, Kreuzblütler mit graufilzig behaarten Blättern. Die einjährige **Sommer-L.** und die ausdauernde **Winter-L.** sind Gartenblumen mit meist gefüllten, duftenden Blütenständen.

Lévy-Bruhl [-bry:l], Lucien, französ. Soziologe und Psychologe, * 1857, † 1939; Arbeiten über das Denken der Naturvölker.

Lewin, Kurt, Gestaltpsychologe, * 1890, † 1947, Begründer der →Gruppendynamik.

Lewis [l'uis], 1) Cecil Day, engl. Schriftsteller, * 1904, stark traditionalist. Lyriker.
2) Clive Staples, engl. Literarhistoriker, Schriftsteller, * 1898, † 1963, schrieb u. a. phantast. Romane.
3) Gilbert Newton, amerikan. Physikochemiker, * 1875, † 1946, Prof. in Berkeley, grundlegende Beiträge zur Theorie der chem. Bindung, entdeckte die elektrolyt. Gewinnung des schweren Wassers.
4) John Llewellyn, nordamerikan. Arbeiterführer, * 1880, † 1969, Bergmann; 1935 Mitbegründer der CIO-Gewerkschaft.
5) Sinclair, amerikan. Schriftsteller, * 1885, † 1951, satirisch-humorist. Sittenbilder der amerikan. Mittelklasse. Romane: Hauptstraße (1920), Babbit (1922), Elmer Gantry (1927), Sam Dodsworth (1929), Die verlorenen Eltern (1938). Nobelpreis 1930. (Bild S. 739)
6) Wyndham, engl. Schriftsteller und Maler, * 1886, † 1957; satir. Romane.

Lex [lat.] *die*, Mz. **Leges**, das Gesetz.

L'exikon [grch.] *das*, -s/...ka, Wörterbuch, Nachschlagewerk, das den Gesamtbestand des Wissens oder der Bildung seiner Zeit auf wissenschaftl. Grundlage allgemeinverständlich darstellt, unter Stichwörtern nach dem Abc geordnet; im 18. Jahrh. als Sonderform der →Enzyklopädie entwickelt. Jahrzehntelang weit verbreitet war das ‚Zeitungslexikon' (Hübner, seit 1704). 1808 übernahm F. A. Brockhaus das ‚Konversations-L.' mit vorzügl. Rücksicht auf die gegenwärtigen Zeiten' (6 Bde., 1795 beginnen), baute es aus und verhalf ihm mit der 2. Aufl. (1812-19) zum Welterfolg. Seit 1966 erscheint die 17. Auflage (Brockhaus Enzyklopädie); daneben bestehen kleinere Ausgaben. Andere bekannte L. erscheinen in den Verlagen Bibliograph. Institut (Meyer), Herder, Ullstein, Knaur, Bertelsmann, in Frankreich Larousse. **lexik'alisch**, das L. betreffend. **Lexikogr'aph**, Verfasser eines L.

Lexington [l'eksiŋtən], Stadt in Kentucky, USA, 108 100 Ew., Staatsuniv.; Pferde- und Tabakmarkt, Elektro- u. a. Industrie.

Ley, Robert, nat.-soz. Politiker, * 1890, † (Selbstmord) 1945, Chemiker, löste 1933 die Gewerkschaften auf, gründete die Dt. Arbeitsfront und ‚Kraft durch Freude', wurde 1945 vor dem Internat. Militärtribunal in Nürnberg angeklagt.

Leyden, niederländ. Stadt, →Leiden.

Leyden, 1) →Lucas van Leyden. 2) →Gerhaert von Leyden.

L'eyen, Friedrich von der, Germanist, * 1873, † 1966, Märchenforscher.

Leyland [l'eiland], **British L. Motor Corporation Ltd.** [br'itiʃ-mouta kɔːpər'eiʃən-], abgek. **BLMC**, London, größter brit. Automobilkonzern; 1968 aus der Fusion der ‚British Motor Holdings Ltd.' mit der 1919 gegr. ‚L. Motor Corp.'/‚L./Lancashire hervorgegangen. Kapital: 134,4 Mill. £, Beschäftigte: 188 000 (1969).

Leysin [lɛzɛ̃], Luft- und Lungenkurort im Kanton Waadt, Schweiz, 1400 m ü. M., 3900 Ew.; Zahnradbahn.

L'eyte, vulkan. Insel der Visayas-Gruppe der Philippinen, 6268 km², 1,223 Mill. Ew.

lfd., Abk. für **laufend.**

lg, Abk. für Logarithmus.

Lhasa [tibet. ‚Ort der Götter'], **Lhassa,** Hauptstadt von Tibet, 3600 m ü. M., rd. 50 000 Ew., bis 1959 Sitz des Dalai Lama und

Lhasa mit dem Potala

hl. Stadt der lamaist. Buddhisten, Palastburg (Potala), Jo-khang-Tempel (7./8. Jahrh.).

L'hombre [lɔ̃br, frz.] *das,* span. Kartenspiel unter 3-5 Teilnehmern, mit französ. Karten ohne 8, 9, 10.

Lhotse, Berg im Himalaya, 8511 m, erstiegen 1956 von E. Reiss und F. Luchsinger.

Li, chem. Zeichen für Lithium.

Li *das,* **1)** chines. Meile, 575,15 bis 671,4 m. **2)** chines. Gewicht = 1/1000 Taël. **3)** chines. Münze (Käsch).

Liaison [liɛʒˈɔ̃, frz.] *die,* **1)** Liebesverhältnis. **2)** französ. Sprachlehre: Hörbarwerden eines stummen Auslauts vor anlautendem Vokal, z. B. trois amis [trwazami].

Li'anen [frz.] *die,* **Kletterpflanzen,** Pflanzen, die mit strangartigem Stengel emporwachsen, z. B. durch Windebewegungen (**Schlingpflanzen**) oder Ranken.

Liangtschou, →Wuwei.

Lias *der* oder *die,* die untere Schichtfolge der Juraformation.

Liauho, Fluß in der südl. Mandschurei, 1300 km lang, mündet in den Golf von Liautung.

Liautung, Halbinsel in der südl. Mandschurei, trennt den Golf von L. von der Koreabai des Gelben Meeres.

Liauyang, postamtl. **Liaoyang,** Stadt in der Mandschurei, China, rd. 160 000 Ew.

L'ibanon, Republik an der Ostküste des Mittelmeers, 10 400 km², 2,645 Mill. Ew. Hauptstadt:Beirut. Amtssprache:Arabisch. Nach der Verf. von 1926 (mehrfach geändert) ist Staatsoberhaupt der Präs. Religion: Über 50% Christen. knapp 40% Muslime, der Rest Drusen und Juden. 4 Universitäten in Beirut. Recht: nach französ. Vorbild. ⊕ VIII/IX, Bd. 1, n. S. 320. ☐ S. 1179. ☐ Bd. 1, S. 392. Währung: 1 libanes. Pfund = 100 Piaster.

L. ist meist Gebirgsland. Das L.-Gebirge und der Antilibanon schließen die fruchtbare Grabenebene der Beka'a ein. Längs der Küste verläuft ein schmaler, dichtbesiedelter Flachlandstreifen. Das Klima ist mittelmeerisch (Niederschläge November bis März).

Wirtschaft. 65% der Staatsfläche sind agrarisch unproduktives Gebirgsland. Haupterzeugnisse (z. T. mit Bewässerung): Südfrüchte, Oliven, Wein, Zwiebeln, Tomaten. Die Industrie (Erdölraffinerien von Tripolis und Saida, Zement-, Textil-, Lebensmittelindustrie) ist noch wenig entwickelt. Eine wichtige Einnahmequelle ist der Fremdenverkehr. Zwei Drittel des Volkseinkommens entstammen dem Dienstleistungsbereich (Handel, Finanzwesen). Dem Verkehr dient L. durch Straßen gut erschlossen. Haupthafen, zugleich internat. Flughafen, ist Beirut. Ölhäfen Tripolis und Saida.

Geschichte. Die Geschicke L. s waren früher mit denen →Syriens verbunden; 1920 wurde L. mit Syrien französ. Mandat, seit 1926 mit eigener Verwaltung. Der Unabhängigkeitserklärung von 1941 folgte erst 1946 auf brit. Druck hin die Räumung L.s durch die Franzosen. Als 1958 eine polit. Krise das Land erschütterte, wurden vorübergehend amerikan. Truppen in L. stationiert. Angesichts des verfassungsmäßig garantierten Gleichgewichts zwischen den Religionsgemeinschaften ließen sich innere Spannungen lange vermeiden und - wie 1958 oder 1969 - überwinden. Seit 1945 Mitgl. der Arab. Liga, gab L. nach dem arabisch-israel. Krieg 1967 seine außenpolit. Zurückhaltung gegenüber Israel auf und reihte sich stärker in die gemeinsame arabische Front ein. 1970 kam es zu Spannungen zwischen libanes. Regierungstruppen und palästinens. Aufständischen.

Libati'on [lat.], Trankopfer, Spende.

L'ibau, lett. **Li'epaja,** Hafenstadt in der Lett. SSR, 88000 Ew., auf schmaler Nehrung zwischen Ostsee und Libauischem See; Hüttenwerk, Werften, Textil-, Holz- u. a. Ind. - L. wurde Mitte des 13. Jahrh. vom Schwertbruderorden gegründet.

Libby, Willard F., amerikan. Chemiker, * 1908, Prof. in Chicago und Los Angeles, 1954-59 Mitgl. der Atomenergie-Kommission der USA, entwickelte die →Radiokarbonmethode. Nobelpreis 1960.

Libelle: Schlankjungfer

Lib'elle *die,* Gerät zur Prüfung der waagerechten oder senkrechten Richtung ebener Flächen: eine zylindr. Glasröhre oder eine runde Glasdose, die bis auf eine Gasblase mit Alkohol oder Äther gefüllt ist.

Lib'ellen, starrflügelige, räuberische Insekten (**Wasserjungfern, Schillebolde**); meist lebhaft metall- und schillerfarbig. Die Larven sind räuber. Wassertiere mit Tracheenkiemen. Zu den Gleichflüglern gehören **Seejungfer, Schlankjungfer,** zu den Ungleichflüglern (Hinterflügel breiter als Vorderflügel) **Teufelsnadel** und **Plattbauch.** (Tafel Insekten)

L'iber [lat.], Buch. **L. librorum,** ‚Buch der Bücher', die Bibel.

L'iber, altital. Gott der Fruchtbarkeit; später mit Dionysos gleichgesetzt.

liber'al [lat.], freisinnig, nach Freiheit strebend; vorurteilsfrei.

Liberal-Demokratische Partei Deutschlands, im Juli 1945 in der Sowjetzone gegr., verlor 1948 ihre Selbständigkeit.

liberale Parteien. 1) In Deutschland entwickelten sich liberale Gruppen seit 1815 und spielten bes. 1848 eine Rolle. Schon vorher waren sie in Gemäßigte und Radikale gespalten, in Preußen seit 1859 mehrere Fraktionen bildeten, im Reichstag die Fortschrittspartei, die Freisinnige Volkspartei und die Nationalliberale Partei. Nachfolger waren nach 1918 die Deutsche Demokrat. Partei und die Deutsche Volkspartei. 1945 wurde in der Sowjetzone die Liberal-Demokrat. Partei, 1948 in der Bundesrep. Dtl. die Freie Demokrat. Partei gegründet.

2) In Österreich bildeten 1861 die Liberalen die Verfassungspartei; sie ging 1881 in der Vereinigten Linken auf, die schließlich 1895/96 zerfiel. Deutschliberale, bes. die Deutsche Fortschrittspartei, verbanden sich 1910 mit den Deutschnationalen. Nach 1945 suchten der Verband der Unabhängigen und die Freiheitl. Partei Österreichs liberale Tendenzen wieder aufzunehmen.

3) In der Schweiz besteht seit 1894 die Freisinnig-demokratische Partei. Neben ihr sammelt sich (seit Jan. 1961) eine Liberal-demokratische Union.

Liberalis'ierung, allgemein in der Abbau von Zwangsvorschriften, im Außenhandel die Beseitigung von mengenmäßigen Beschränkungen bei der Einfuhr von Waren.

Liberalismus, die Geisteshaltung, die der persönl. Freiheit und der ungehinderten Betätigung des einzelnen oder auch von Gruppen entscheidenden Wert im Rahmen des Ganzen zuspricht, sowie die Bestrebungen, das öffentl. Leben entsprechend zu gestalten. Im besonderen heißt L. die seit Anfang des 19. Jahrh. vom Bürgertum getragene Bewegung mit dem Ziele, diese Auffassungen in Politik, Wirtschaft und andern Lebensgebieten durchzusetzen. Die politischen Ziele des L., der dabei u. a. an die Franzöz. Revolution von 1789 anknüpfte, waren die Beseitigung des Absolutismus, die Einführung von Verfassungen, die Errichtung von Volksvertretungen, weitgehende Selbstverwaltung und die Gewährung der Grundrechte. In Dtl. vor 1870 und in Italien war der L. Träger des nationalen Einheitsstrebens. Auf wirtschaftl. Gebiete forderte der L. die Beseiti-

Libanon: Salinen bei Tripolis

gung staatl. Eingriffe in das wirtschaftl. und soziale Leben (,laissez faire‘, Gewährenlassen); bei freiem Wettbewerb durch Gewerbefreiheit und Freihandel sollten sich Preise und Löhne nach dem Gesetz von Angebot und Nachfrage im freien Kräftespiel regeln. Nach der Verf. von 1848 (zuletzt geändert 1949) ist Staatsoberhaupt und Reg.-Chef der Präs. ⎕ S. 1179. Recht nach amerikan. Vorbild. Währung: 1 Liberian. Dollar (Lib. $) = 100 Cents. kirchlichem Gebiet trat der L. vielfach gegen politische Einflüsse der Kirche auf, so in Preußen z. Z. des Kulturkampfes; bes. in Frankreich, Italien und Spanien zeigte er antiklerikale Tendenzen.

Lib′eria [,Freiheitsland‘], Republik in Westafrika, 111 369 km² mit 1,15 Mill. Ew. Hauptstadt ist Monrovia, Amtssprache Englisch. Religion: Die Mehrheit ist Anhänger von Naturreligionen, 18% Muslime, 12% Christen. ⊕ II/III, Bd. 1, n. S. 320. Nach der Verf. von 1847 (zuletzt geändert 1949) ist Staatsoberhaupt und Reg.-Chef der Präs. ⎕ S. 1179. ⎕ Bd. 1, S. 392. Recht nach amerikan. Vorbild. Währung: 1 Liberian. Dollar (Lib. $) = 100 Cents.

Hinter der meist sumpfigen Küstenebene erhebt sich ein Plateau- und Hügelland (200-400 m ü. M.), das im N durch Mittelgebirge überragt wird (Nimba-Berge bis 1384 m). Das Klima ist tropisch (feuchtheiß). Bevölkerung: Neben Einwanderern aus dem W-Sudan (16. und 17. Jahrh.) siedelten hier seit 1822 freigelassene Negersklaven aus den USA. Allgem. Schulpflicht (seit 1919; 10 Jahre), jedoch noch rd. 90% Analphabeten.

Wirtschaft. Anbau für den Eigenbedarf Reis, Maniok, Batate, Erdnüsse; ferner Kaffee, Kakao, Zuckerrohr; in Plantagen wird Kautschuk gewonnen; der Wald liefert Edelhölzer, Palmkerne. Der Bergbau fördert hochwertiges Eisenerz, Diamanten und Gold. Ausfuhr: Eisenerz (70%), Kautschuk (16%), Diamanten, Kaffee. Haupthandelspartner: USA, Bundesrep. Dtl. Verkehr: Eisenbahnen nur zum Erztransport; 3600 km Straßen. Haupthäfen: Monrovia, Buchanan. Durch zahlreiche unter der Flagge L.s registrierten ausländ. Schiffe steht L. mit 33,3 Mill. BRT an erster Stelle der Welttonnage.

Geschichte. L. wurde 1822 als Niederlassung freigelassener Negersklaven aus den Verein. Staaten gegründet, seit 1847/48 als unabhängige Republ′k anerkannt. Der in und nach dem 2. Weltkrieg verstärkte amerikan. Einfluß hat das Land wirtschaftlich und kulturell stark gefördert. 1943-71 war W. Tubman Präsident.

L′ibero [italien. ,freier Mann‘], Fußball: ein Abwehrspieler mit dem Auftrag, im eigenen Strafraum gefährl. Situationen zu bereinigen. Im Gegensatz zum Ausputzer spielt der L. auch im Angriff mit.

Lib′ertas, altröm. Göttin der Freiheit.

Libert′ät [lat.], Freiheit, Vorrecht.

Liberté, Egalité, Fraternité! [frz.], ,Freiheit, Gleichheit, Brüderlichkeit!‘, Losungswort der Französ. Revolution 1789.

Libert′iner [lat. ,Freigelassener‘] der, Schimpfname für die der Erweichung sittl. Maßstäbe Verdächtigen. **Libertinage** die [libertin′aːʒ, frz.], Zügellosigkeit.

L′iberum arb′itrium [lat.], freies Ermessen.

Lib′ido [lat.] die, der geschlechtliche Trieb, Begierde.

L′ibra [lat.], Pfund; früheres Gewicht in Spanien, Portugal, Brasilien.

Libration [lat.], das scheinbare Pendeln des Mondes, das bewirkt, daß man ⁴/₇ der Mondoberfläche sehen kann.

Libr′etto [ital.] das, Opern-, Operettentext; Textbuch. **Librett′ist,** Verfasser eines L.

Libreville [librw′il], Hauptstadt und wichtigster Hafen von Gabun, 53 300 Ew.; kath. Bischofssitz; Flughafen.

Lib′ussa, sagenhafte Gründerin von Prag.

L′ibyen, arabisch **al-Libiyya,** Republik in Nordafrika, 1 759 540 km² mit 1,87 Mill. Ew. Hauptstadt (Regierungssitz): El-Beida, Verwaltungshauptstädte sind Tripolis und

Bengasi. Amtssprache: Arabisch. Der Islam ist Staatsreligion. ⊕ II/III, Bd. 1, n. S. 320. Nach der provisor. Verfassung von 1969 herrscht an der Spitze des Staats ein Revolutionsrat. ⎕ S. 1179. ⎕ Bd. 1, S. 392. Währung: 1 lib. Pfund = 1000 Millièmes.

L. erstreckt sich mit den beiden Großlandschaften Tripolitanien und Cyrenaica an der rd. 2000 km langen Mittelmeerküste beiderseits der Großen Syrte, mit der Landschaft Fessan bis weit in die Sahara, die rd. 90% der Landesfläche einnimmt. Nur das Küstengebiet mit Kultur- und Weideland erhält geringe Niederschläge, das Innere hat Wüstenklima mit extremen Temperaturen. (Bild Afrika) Die Mehrheit der überwiegend Araber und Berber (z. T. arabisiert) wohnt zu 95% in der Küstenzone (davon 35% in den drei Hauptstädten). Rd. 20% der Ew. sind Halb- oder Vollnomaden. Allgemeine Schulpflicht besteht noch nicht (ca. 70% Analphabeten); eine staatl., eine islam. Universität.

Wirtschaft. Die Mehrheit der Bewohner betreibt im Küstengebiet und in den Oasen (z. T. mit Bewässerung) Anbau von Gerste, Weizen, Oliven, Tomaten, Datteln, Citrusfrüchten. Die extensive Viehhaltung (Schafe, Ziegen, Kamele, Rinder) kann den Fleischbedarf nicht decken. Mit Beginn der Erdölförderung (seit 1959), in der L. (1970) an 6. Stelle der Welterzeugung steht, begann eine starke wirtschaftl. Entwicklung. Mehrere Rohrleitungen befördern das Erdöl (neuerdings auch Erdgas) zu den Mittelmeerhäfen (Erdölraffinerie und Erdgasverflüssigungsanlage in Marsa el-Brega). Die Industrie (Lebensmittel, Textilien u. a.) ist noch unbedeutend. 99% der Ausfuhr sind Erdöl; Haupthandelspartner: Italien, Bundesrep. Dtl., Großbritannien. Wichtigste Verkehrsader ist die Küstenstraße von der tunes. zur ägypt. Grenze (1822 km); gesamtes Straßennetz: ca. 15 000 km (davon 7000 km Pisten); keine Eisenbahn. Haupthäfen und internat. Flughäfen: Tripolis und Bengasi; sechs Erdölhäfen.

Geschichte. In altägypt. Zeit das Land westlich des Nildeltas, später der von Griechen besiedelte Teil Nordafrikas (Cyrenaica, Barka), 46 v. Chr. römisch, 641 n. Chr. arabisch, 1551 türkisch. Im italienisch-türk. Krieg (1911/12) kamen Tripolitanien und Cyrenaica an Italien, 1934 wurden sie zur italien. Kolonie **Libia** vereinigt, 1942/43 von den Engländern (der Fessan von den Franzosen) besetzt. 1947 verzichtete Italien auf L., das 1951 auf Beschluß der Verein. Nationen unter Idris el-Senussi Königreich wurde. Der König wurde 1969 abgesetzt, Oberst Moammer el Kadhafi übernahm die Macht. L. wurde Republik.

Libysche Wüste, der nordöstl. Teil der Sahara, rd. 2 Mill. km²; gehört im NW zu Libyen, im NO zu Ägypten, im S zu Libyen.

Lic., Lic. theol., →Lizentiat.

l′icet [lat.], es steht frei, ist erlaubt.

L′ichen [lat.] der, 1) ⊕ Flechte. 2) ⚕ **Knötchenausschlag,** stark juckende Knötchen an Haut und Mundschleimhaut. Behandlung: Nebennierenhormone, Wismut; Röntgenstrahlen.

Lichn′owsky, schles. Adelsgeschlecht, Fürsten: 1) Felix (* 1814, † ermordet 1848), konservatives Mitglied der Frankfurter Nationalversammlung.

2) Karl Max (* 1860, † 1928), Neffe von 1), 1912-14 Botschafter in London, um die deutsch-engl. Verständigung bemüht, wurde 1918 wegen seines Buches ,Meine Londoner Mission‘ aus dem Preuß. Herrenhaus ausgeschlossen.

3) Mechtilde *, 1879, † 1958, ⚭ mit 2), schrieb Erzählungen ,Das Rendezvous im Zoo‘ (1928), ,Kindheit‘ (1934), Essays (,Der Kampf mit dem Fachmann‘, 1924).

Licht, ⊠ elektromagnet. Strahlung, die sich in durchsichtigen Körpern und im leeren Raum geradlinig ausbreitet. Von Kör-

pern, auf die sie trifft, wird sie mehr oder weniger stark verschluckt (Absorption), durchgelassen oder zurückgeworfen (Reflexion). Weißes L. wird durch ein Glasprisma abgelenkt (Brechung) und in verschiedene Farben zerlegt, die aus dem Prisma in verschiedenen Richtungen austreten. Durch eine Linse können die vom Prisma getrennten L.-Bündel wieder zu weißem Licht vereinigt werden.

Über die geometr. Beschreibung hinaus führen die Interferenzerscheinungen, die die L.-Strahlung als eine Wellenstrahlung erweisen. Man spricht in erweitertem Sinne auch von (unsichtbarem) Infrarot-L., Ultraviolett-L., Röntgen-L.

Die Maxwellsche Theorie des L. gibt neben der elektromagnet. Wellentheorie des L. auch eine zwanglose Erklärung des Lichtdruckes und der Polarisation. Über die elektromagnet. Wellentheorie des L. hinaus führen manche Experimente, nach denen dem L. korpuskulare Eigenschaften zugeschrieben werden müssen. Es zeigt sich dabei, daß das L. sich beim Entstehen (Emission) und Verschwinden (Absorption) wie Teilchen (L.-Quanten, Photonen), bei der Ausbreitung im Raum wie Wellen verhält.

Lichtanlage, alle zur elektr. Beleuchtung erforderlichen, fest verlegten Leitungen, Schalter, Sicherungen, Steckdosen u. ä.

Lichtäquivalent, mechanisches L., die Strahlungsleistung N (in W), die zur Erzeugung der Einheit des Lichtstromes Φ (1 Lumen, lm) mindestens aufgewendet werden muß.

Lichtausbeute, das Verhältnis des Lichtstroms einer Lichtquelle (in Lumen) zur aufgenommenen Leistung (in Watt).

Lichtbehandlung, ⚕ die Anwendung des Lichts zu Heilzwecken; man verwendet das natürl. Sonnenlicht (Sonnenbad) oder künstl. Lichtquellen (so Höhensonne, Blaulicht, Rotlicht), die wirksame Strahlen abgeben.

Lichtbild, die Abbildung eines Gegenstandes mit Hilfe lichtempfindl. Stoffe.

Lichtbogen, eine Gasentladung hoher Stromstärke, technisch genutzt in der Bogenlampe und Gasentladungslampe, zum Schneiden, Schweißen und Schmelzen von Metallen (**L.-Ofen**).

Lichtdruck, ein Flachdruckverfahren, bei dem, entsprechend der Belichtung, eine lichtempfindl. Gelatineschicht in Wasser unterschiedlich stark quillt und so fette Druckfarbe mehr oder weniger annimmt. Durch vorsichtiges Einarbeiten der Farbe entsteht eine Druckform, die alle Schattierungen und Einzelheiten wiedergibt.

Lichtechtheit, die Beständigkeit von Farben gegen Licht.

lichte Höhe, die nutzbare, innere Höhe einer Öffnung.

lichtelektrischer Effekt, →Photoeffekt.

lichtelektrische Zelle, die Photozelle.

lichte Maße, lichte Höhe und lichte Weite.

lichten, ⚓ den Anker hochziehen.

Lichtenberg, Georg Christoph, Physiker und Schriftsteller, * 1742, † 1799; bekämpfte Geniewesen, Empfindsamkeit und Mystik, schrieb geistreiche Aphorismen. (Bild S. 745)

Lichtenberger, 1) André, französ. Schriftsteller, Bruder von 3), * 1870, † 1940; Romane, Kinderbücher.

2) Ernest, Onkel von 1) und 3), * 1847, † 1913, begründete die germanist. Studien in Frankreich.

3) Henri, * 1864, † 1941; Werke über Nietzsche, Heine, Goethe, Wagner.

Lichtenfels, Stadt in Oberfranken, Bayern, am Main, 11 200 Ew.; Bekleidungs-, Möbel-, Korbindustrie; Stadtkirche (1483), Stadtschloß (1556). In der Nähe Banz und Vierzehnheiligen.

Lichtenstein/Sa., Industriestadt im Bez. Karl-Marx-Stadt, am Rand des Erzgebirges, 15 100 Ew.; Textilindustrie und -fachschule. In der Nähe Abbau von Nickelerzen.

Lichtenstein, Schloß südöstl. von Reutlingen auf der Schwäb. Alb, 1840-41 neu gebaut, durch W. Hauffs Roman bekannt.

Lichtenstein, 1) Alfred, * 1889, † (gefallen) 1914; expressionist. Lyriker und Erzähler. **2)** Roy, amerikan. Maler und Bildhauer, * 1923, neben Andy Warhol der konsequenteste Vertreter der →pop art.

Lichterführung, die vorgeschriebene Kennzeichnung der Luft- und Wasserfahrzeuge bei Nacht oder Nebel durch Positionslaternen, international geregelt.

lichte Weite, die nutzbare Breite eines Raumes oder einer Öffnung.

Lichtfilter, →Farbfilter.

Lichtgeschwindigkeit, Zeichen **c,** die Ausbreitungsgeschwindigkeit des Lichts und aller elektromagnet. Wellen sowie größtmögliche Ausbreitungsgeschwindigkeit physikal. Wirkungen überhaupt, eine universelle Konstante der Relativitätstheorie, ihr Wert ist fast 300 000 km/sec.

Lichtgleichung, die an der astronom. Beobachtungszeit anzubringende Korrektion, die die durch die Bewegung um die Sonne verursachten Änderungen in der →Lichtzeit den Körpern des Planetensystems berücksichtigt.

Lichthof, 1) bei Gebäuden ein umbauter Hof oder Schacht **(Lichtschacht),** durch den Tageslicht in die anliegenden Räume gelangt. **2)** Photographie: die Überstrahlung stark beleuchteter Stellen eines Bildes auf schwach beleuchtete.

Lichthupe, ⊝ das Blinken mit dem Scheinwerferfernlicht als opt. Signal anstelle der Hupe.

Lichtjahr, ✧ die Strecke, die das Licht in einem Jahr zurücklegt, etwa 9461 Milliarden km.

Lichtleiter, ein gerader oder gebogener Stab aus Glas- oder Kunststoffasern zur Fortleitung eines Lichtstrahls durch wiederholte Totalreflexion in seinem Innern.

Lichtmaschine, bei Fahrzeugen ein Gleichstrom- oder Drehstromgenerator, liefert den Strom für Batterieladung, Lampen, Zündung u. a. Die L. von Kraftfahrzeugen wird auch mit dem Anlasser und Zündanlage oder beiden zusammen gebaut.

Lichtmeß, Mariae Lichtmeß, Darstellung des Herrn, kath. Fest (2. 2.) zum Gedächtnis des Besuchs Marias mit dem Jesuskinde im Tempel.

Lichtnelke, Nelkengewächsgattungen: **1)** Lychnis: **Kuckucks-L. (Fleischnelke),** mit klebrigem Stengel und rosenroten Blüten. Gartenpflanzen: **Kranz-L. (Samtnelke),** weißfilzig mit großen purpurroten Blüten; Chalzedonische L. **(Brennende Liebe),** mit kopfförmig vereinigten, meist scharlachroten Blüten. **2)** Melandryum oder Melandrium: **Weiße L. (Nacht-L.)** mit weißen, nur abends geöffneten Blüten; **Rote L. (Tag-L., Waldnelke),** mit roten, am Tage geöffneten Blüten.

Schloß Lichtenstein

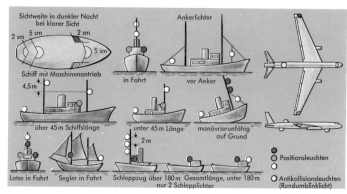

Lichterführung bei Schiffen (links) und bei Flugzeugen (rechts)

Lichtpause, die Kopie einer Vorlage (auf Transparentpapier) auf lichtempfindl. Papier oder Transparentfolie, als **Eisenblaudruck (Blaupause)** oder **Diazotypie.**

Lichtquanten, Photonen, masselose Elementarteilchen, korpuskulare Träger des Lichts.

Lichtraumprofil, Bewegungs- und Sicherheitsraum für Eisenbahnfahrzeuge über den Gleisen, für Fahrzeuge auf Binnenwasserstraßen und im Straßenbau.

Lichtrelais [-rəˈlɛː], ein lichtelektr. Relais zur Umwandlung von Stromschwankungen in Helligkeitsschwankungen, z. B. beim Lichttonverfahren des Tonfilms.

Lichtsäule, ↑Halo, entsteht durch Spiegelung des Sonnenlichts an parallel ausgerichteten, säulenförm. Eiskristallen.

Lichtschäden, aktinische Krankheiten, Schädigungen durch Lichtstrahlen, z. B. **Sonnenbrand** (auf Schneeflächen, Gletschern als Gletscherbrand).

Lichtscheu, Photophobie, gesteigerte Lichtempfindlichkeit der Augen, z. B. bei entzündlichen Augenkrankheiten, Albinismus.

Lichtschranke, eine Einbruchsicherung: ein auf eine Photozelle treffendes Strahlenbündel, das bei Unterbrechung eine Alarmvorrichtung auslöst.

Lichtsignalanlagen übermitteln Nachrichten durch elektr. Lichtquellen, wie Leuchtfeuer, Signale der Schienenbahnen, Straßenverkehrssignale, Wanderschriftanlagen, Kommando-, Lichtruf- und Personensuchanlagen.

Lichtstärke, 1) Lichttechnik: der in →Candela (cd) gemessen, in einen sehr kleinen Raumwinkel von einer Lichtquelle ausgestrahlte Lichtstrom. L. ist das Produkt aus Leuchtdichte und Größe der leuchtenden Fläche, →Photometrie. **2)** Optik: das Verhältnis des wirksamen Objektivdurchmessers zur Objektivbrennweite; heute meist **Öffnungsverhältnis** genannt.

Lichtsteuergerät, Tonfilm: ein Gerät, das die vom Mikrophon kommenden Sprechströme in veränderl. Lichtströme umwandelt und umgekehrt.

Lichtstrom, die Lichtmenge, die eine Lichtquelle in 1 sec nach allen Richtungen ausstrahlt (Strahlungsleistung), gemessen in Lumen (lm).

Lichttechnik, 1) Leuchttechnik, Technik der Lichterzeugung. **2) Technik der Lichtanwendung,** Belichtungstechnik, Leuchtwerbung, Lichtsignale. **3) Technik der Lichtbewertung,** →Photometrie.

Lichttonverfahren, Tonfilm: Verfahren zur photograph. Aufzeichnung von zu den Bildern gehörenden Schallwellen, die in Lichtsteuergeräten in Lichtschwankungen umgesetzt wurden.

Lichtverstärker, →Laser.

Lichtwandler, ein Gerät zur Umwandlung von infrarotem Licht oder Röntgenstrahlen in sichtbares Licht; →Optoelektronik.

Lichtwark, Alfred, Kunsthistoriker,

* 1852, † 1914, Direktor der Hamburger Kunsthalle, führend in der Kunsterziehungsbewegung.

Lichtweg, optische Weglänge, Produkt aus dem Weg eines Lichtstrahls in cm und der Brechzahl des Mediums, in den das Licht läuft.

Lichtwer, Magnus Gottfried, Fabeldichter, * 1719, † 1783. ‚Vier Bücher Äsopischer Fabeln‘ (1748).

Lichtwert, bei Kameraverschlüssen eine vom Belichtungsmesser angezeigte Hilfszahl (1 bis 20) zur Einstellung von Belichtungszeit und Blende in Abhängigkeit von der Filmempfindlichkeit.

Lichtzählrohr, Zählrohr, das auf Lichtquanten anspricht, also zur Messung von Lichtintensitäten geeignet ist.

Lichtzeit, die Zeit, in der das Licht von einem Himmelskörper zur Erde gelangt. Die L. der Sonne beträgt etwa $8\frac{1}{4}$ min.

Lick-Sternwarte, Sternwarte auf dem Mt. Hamilton in Kalifornien, benannt nach J. Lick († 1876), mit 3-m-Parabolspiegel und Refraktor von 91 cm Öffnung.

Lid das, ⚕ 🕮 zweiteilige Hautfalte am Auge **(Ober-** und **Unterlid).**

Liddell Hart, Basil Henry, brit. Militärschriftsteller, * 1895, † 1970, kriegsgeschichtl., strateg. und takt. Bücher.

Liderung, ⊙ die Dichtung.

Lidice [lʼidjitsɛ], tschechoslowak. Ort im Kr. Mittelböhmen, rd. 500 Ew.; 1942 von der SS als Repressalie für das Attentat auf Heydrich zerstört; die Männer wurden erschossen, die Frauen in Konzentrationslager gebracht, die Kinder auf dt. Familien verteilt.

L'idingö, Stadt in Schweden, VerwBez. Stockholm, auf der Insel L., 35 800 Ew.; Ausflugsverkehr; Spezialindustrie (Gasakkumulatoren).

Lidlohn, Litlohn, der Gesindelohn im Konkurs und bei Zwangsversteigerung von land- und forstwirtschaftlichen Grundstücken.

Lidman, Sara, schwed. Schriftstellerin, * 1923; Romane, Dramen.

L'ido [ital.] der, Küstenstreifen zwischen Meer und Lagune, z. B. **L. von Venedig.**

Lie, 1) Jonas, norweg. Schriftsteller, * 1833, † 1908; Romane (‚Die Familie auf Gilje‘, 1883). **2)** Sophus, norweg. Mathematiker, * 1842, † 1899, bedeutender Gruppentheoretiker. **3)** Trygve, norweg. Politiker, * 1896, † 1968, war 1946-52 Generalsekretär der Vereinten Nationen.

Liebe, Sammelbegriff einer Vielfalt menschl. Gefühlsbindungen, i. e. S. geschlechtsgebundene Gefühlsbeziehung.

Liebeneiner, Wolfgang, * 1905, Schauspieler und Regisseur in Berlin, Wien, Filme: ‚Der Mustergatte‘ (1937), ‚Liebe 47‘ (1949) u. a.

Liebenstein, Bad L., Stadt im Bez. Suhl, 8600 Ew.; ältestes Heilbad Thüringens, stärkste Eisen-Arsen-Quelle in Dtl.

Liebenwerda, Bad L., Stadt im Bez. Cottbus, an der Schwarzen Elster, 6500 Ew.; Eisenmoorbad.

Liebenzell, Bad L., Stadt in Bad.-Württ., im N-Schwarzwald, 4500 Ew.; Heilbad und Luftkurort, hypotherm. Quellen.

Lieber, Franz, deutsch-amerikan. Schriftsteller, * 1798, † 1872, bei der ‚Demagogenverfolgung‘ 1819 gefangengesetzt, wanderte 1827 nach Amerika aus, wurde dort Prof. der Staatswissenschaften.

Liebermann, 1) Max, Berliner Maler und Graphiker, * 1847, † 1935, Hauptvertreter des dt. Impressionismus, begann mit realist., anfangs dunkeltonigen Bildern arbeitender Menschen (Gänserupferinnen, 1872, Berlin), wandte sich dann einer lichteren Farbigkeit zu, bes. in Bildern aus Holland (Flachsscheuer in Laeren, 1887, Berlin; Netzflickerinnen, 1889, Hamburg) und gelangte in den 90er Jahren zu einem eigenen impressionist. Stil (Bildnisse, Strand- und Dünenlandschaften, Gartenbilder).

*M. Liebermann: Selbstbildnis, 1909
(Hamburg, Kunsthalle)*

2) Rolf, Komponist, Großneffe von 1), * Zürich 1910, seit 1959 Intendant der Hamburger Staatsoper, schrieb Opern (‚Leonore 40/45‘, ‚Schule der Frauen‘), Orchesterwerke in einer freien Form der Zwölftonmusik.

Liebesapfel, die Tomate, auch die Quitte.

Liebesblume, die →Schmucklilie.

Liebesgötter, griech. Mythologie: Aphrodite, Eros; römisch: Venus, Cupido, Amor; germanisch: Freya; babylonisch-assyrisch: Ischtar; Hinduismus: Kaman.

Liebesmahl, 1) die →Agape. **2)** feierl. Mahlzeit der Brüdergemeine mit Gesang und Gebet.

Liebeszauber, ein Zauber, der helfen soll, die Liebe eines Menschen zu gewinnen, z. B. Liebestränke und Zauberformeln.

Liebfrauenmilch, Phantasiename rheinhess. und pfälz. Weine, führt historisch auf das Kapuzinerkloster zu Worms zurück, dessen Mönche bei der Liebfrauenkirche Reben anbauten.

Liebig, Justus von (1845), Chemiker,

Justus von Liebig   Georg C. Lichtenberg

* 1803, † 1873, Prof. in Gießen und München, Schöpfer der organ. Chemie, förderte die organ. Chemie, führte die Mineraldüngung ein, entwickelte einen Fleischextrakt.

Liebknecht, 1) Karl, Politiker, Sohn von 2), * 1871, † 1919, Rechtsanwalt, seit 1912 MdR (SPD; 1916 aus der Fraktion ausgetreten), wurde 1916 wegen Hochverrats zu 4 Jahren Zuchthaus verurteilt, Okt. 1918 begnadigt, gründete mit Rosa Luxemburg den Spartakusbund, unternahm den Januaraufstand 1919 in Berlin, wurde verhaftet und ohne Verfahren erschossen.

2) Wilhelm, sozialdemokrat. Politiker und Schriftsteller, * 1826, † 1900, lebte 1850–62 in enger Freundschaft mit K. Marx in London, war neben A. Bebel der erste Führer der SPD; 1867–70 und seit 1874 MdR.

Liebstöckel das, Doldenblüter mit gelbl. Blütchen (Küchengewürz), Wurzelstock gibt harntreibenden Tee.

Liechtenstein, amtl. **Fürstentum L.,** in den Alpen, 157 km², 21 800 meist kath. Ew., Hauptstadt ist Vaduz. Staatsoberhaupt ist der Fürst. Landessprache: Deutsch. Recht: teils österreich., teils schweizer. Vorbild. ✪ X/XI, Bd. 1, n. S. 320. L. liegt südl. vom Bodensee, rechts des Rheins und reicht bis an den Kamm des Rätikons. Die Bewohner sind alemann. Stammes. ◻ S. 1179. ▢ Bd. 1, S. 392.

Wirtschaft. Bis zum Ausbruch des 2. Weltkriegs war L. ein bäuerl. Land; neben Anbau von Weizen und Mais Obst- und Weinbau. Die Industrialisierung (metallverarbeitende, Textil-, Holz- und Möbel-, keram. Industrie) macht große Fortschritte. Wichtigste Einnahmequelle ist der Fremdenverkehr. Infolge niedriger Steuern haben viele ausländ. Unternehmen ihren Sitz nach L. gelegt. Währung ist der Schweizer Franken.

Geschichte. Das österreich. Adelsgeschlecht L. erwarb 1699 und 1712 die Herrschaften Schellenberg und Vaduz; 1719 deutsches Fürstentum; 1815–66 Mitglied des Deutschen Bundes; 1876 bis 1918 Zoll- und Steuergemeinschaft mit Vorarlberg, seit 1921 Post-, seit 1923 auch Zollgemeinschaft mit der Schweiz.

Liechtenstein: Schloß Vaduz

Lied, 1) sangbare lyr. Form, die als religiös-kult. L. Sieges-, Preis- und Klage-L., ferner als Arbeits-, Marsch-, Kampf- und Tanz-L. zu den frühesten poet. Ausdrucksformen aller Völker gehört. Das frühgerman. Heldenlied war episch-balladenartig; noch die aus Erweiterung und Vereinigung früher Helden-L. erwachsenen mhd. Versepen hießen L. (Nibelungenlied u. a.). Das literarisch greifbare deutschsprachige L. begann im 12. Jahrh. mit Marienliedern, setzte sich im Kunstlied des Minnesangs fort und ging dann in den spätmittelalterl. Meistergesang über. Daneben entfaltete sich das Volkslied und seit der

Reformation das Kirchenlied. Eine neue Blütezeit der Liedform brachte, im Zusammenhang mit der Wiederentdeckung des Volkslieds, die Goethezeit, bes. die Romantik. Während Realismus (Storm) und Impressionismus (v. Liliencron) die L.-Dichtung weiterpflegten, tritt sie im 20. Jahrh. zurück. An die Stelle des L. tritt in der neuesten Dichtung der an Vagantenlied und Moritat anknüpfende ‚Song‘.

2) die Vertonung eines Gedichts mit einer gesangsmäßigen Melodie, als Strophenlied (für alle Strophen die gleiche Melodie) oder als durchkomponiertes L. Man unterscheidet **Volkslied** (in seiner Grundgestalt ein einstimmiges, unbegleitetes Strophenlied) und **Kunstlied,** das verschieden gefaßt sein kann: als einstimmiges, als mehrstimmiges L., als mehrfach besetztes Chorlied; unbegleitet, mit mehrstimmig geführten Instrumenten oder akkordisch begleitet. Die in der neueren Musik wichtigste Sonderform ist das einstimmige Sololied mit Klavierbegleitung (Klavierlied). - Das Altertum kannte nur das einstimmige L. Aus dem MA. sind Melodien der Troubadours und Minnesänger überliefert. Im 14. Jahrh. entstand in Italien das L. mit mehrstimmig geführten Instrumentalstimmen (Madrigal). Das 16. Jahrh. brachte in Deutschland die Hochblüte der mehrstimmigen Volksliedbearbeitungen (Isaac, Senfl). Gleichzeitig erwuchs hier das evang. Kirchenlied. Das eigentl. Solo-L. mit zunächst akkordischer Begleitung entstand im 17. Jahrh. auf der Grundlage der →Monodie (Albert, Krieger). Seit der 2. Hälfte des 18. Jahrh. führt die Entwicklung des klavierbegleiteten Sololiedes von Reichardt, Zelter, Schulz, Zumsteeg über Haydn, Mozart, Beethoven zur Hochblüte der Liedkunst: Schubert, Schumann, Brahms, Wolf. Ihnen folgen Strauss, Pfitzner, Reger, in Frankreich Fauré, Debussy, in der Schweiz Schoeck, in Finnland Sibelius, Kilpinen. Im 20. Jahrh. wird das Kunstlied auf der einen Seite zur bloßen Deklamation oder zum Agitationslied (H. Eisler), auf der anderen Seite zu einer Art vokalinstrumentaler Kammermusik (Webern, Boulez).

Lied der Lieder, →Hohes Lied.

Liederspiel, Gattung des Schauspiels mit eingelegten Gesangsstücken auf allgemein bekannte Melodien.

Liedertafel, von Zelter 1809 gegr. Männergesangverein.

Liedtke, Harry, Bühnen- und Filmschauspieler, * 1880, † 1945.

Lieferantenkredit, Kredit, den die Lieferanten ihren Kunden gewähren.

Lieferbarkeitsbescheinigung, Bescheinigung über das Vorhandensein eines Wertpapiers, die dem Eigentümer von der Depotbank ausgestellt wird.

Lieferbedingungen, die zwischen Verkäufer und Käufer vereinbarten Einzelheiten hinsichtlich Transport, Auslieferung und Bezahlung der Ware.

Lieferfrist, die bei der Güterbeförderung einzuhaltende Frist; richtet sich nach Gesetz, Vertrag, Ortsgebrauch (§ 428 HGB.).

Lieferort, der →Bestimmungsort.

Lieferschein, 1) Begleitpapier einer Warenlieferung. **2)** im Lagergeschäft Anweisung des Einlagerers an den Lagerhalter auf Aushändigung der Ware.

Liefertermin, Zeitpunkt, zu dem eine Ware laut Lieferungsvertrag zu liefern ist.

Lieferungsgeschäft, Kaufvertrag, nach dem die verkaufte Sache erst einige Zeit nach Vertragsschluß geliefert werden soll.

Liegegeld, Schiffsfrachtrecht: eine vom Absender dem Frachtführer zu zahlende Vergütung, wenn letzterer über die Ladezeit hinaus auf die Ladung warten muß.

Liegendes, ⚒ die Schichten unter einer Lagerstätte.

Liegenschaft, Grundstück.

Liegestütz, Stützen des gestreckten Körpers auf Hände und Fußspitzen.

Liegnitz, poln. **Legnica** [legn′itsa], ehem. Hauptstadt des RegBez. L., Niederschlesien, 75 800 Ew. (1939: 83 700 Ew.); hatte Botan. Garten, Fachschulen, Museum; Maschinen-, Textil-, Möbel-, Konserven- u. a. Ind. Seit 1945 unter poln. Verwaltung. Seit 1955 Kupferhütte, ferner Textil-, Farben-, Lack-, chem. u. a. Ind. - 1248-1675 Sitz der Piastenherzöge. 9. 4. 1241 Abwehrschlacht gegen die Mongolen.

Liek das, -s/-en, Leine, die Segel einfaßt, versteift oder schwere Netze hält.

Lienert, Meinrad, * 1865, † 1933, schweizer. Mundartlyriker, Erzähler.

Lienhard, Friedrich, * Rothbach (Elsaß) 1865, † 1929, entwickelte mit der Flugschrift ‚Die Vorherrschaft Berlins' (1900) ein Programm der Heimatkunst; schrieb Dramen, Romane (‚Oberlin', 1910).

L′ienz, Bezirksstadt in Osttirol, Österreich, an der Drau, 12 800 Ew.; Fremdenverkehr; im NW Schloß Bruck.

Lier, Adolf, * 1826, † 1882, Landschaftsmaler, von J. Dupré beeinflußt.

Liesch, 1) schilfförmige Pflanzen, z. B. Rohrkolben, Igelkolben, Kalmus. **2) Lieschgras,** Grasgattung mit rohrkolbenähnl. Rispen, z. B. das **Wiesenlieschgras** (Timothygras). (Bild Gräser)

Liestal, Hauptstadt des Kt. Basel-Landschaft, Schweiz, 12 500 Ew., an der Ergolz; mittelalterl. Altstadt, Maschinen-, Textil-, Kunststoff- u. a. Industrie.

Lietz, Hermann, * 1868, † 1919, gründete die ersten dt. Landerziehungsheime.

Lievens, Jan, holländ. Maler, * 1607, † 1674, Schüler P. Lastmans, malte Bildnisse, Landschaften; Holzschnitte.

Lif′ar, Serge, russ. Tänzer, Ballettmeister und Tanztheoretiker, * 1905, lebt in Paris.

Life [laif], amerikan. illustrierte Zeitschrift mit internat. Verbreitung, gegr. 1936.

Lift [engl.] der, Aufzug, Fahrstuhl. **Liftboy** [-bɔi], Fahrstuhlführer.

Lift-Slab-Methode, in den Verein. Staaten entwickelte Bauweis für Decken: sie werden auf der Kellersohle oder Kellerdecke übereinander betoniert, dann an einer Mittelsäule auf Stockwerkhöhe gehoben.

Liga [span.], **1)** Bund; bes. die Fürstenbündnisse im 15.-17. Jahrh., so 1511 die **Heilige L.** zwischen dem Papst, der Schweiz, Venedig und Aragonien zur Vertreibung der Franzosen aus Italien; 1609 die **Kath. L.** der meisten kath. Fürsten unter Maximilian I. von Bayern gegen die protestant. Union. **2)** in neuerer Zeit Zusammenschlüsse mit polit., weltanschaul., humanitären oder militär. Zielsetzung auf internat. oder nationaler Ebene. **3)** ⚽ Bez. für Spitzenklassen in Mannschaftssportarten. In der Bundesrep. Dtl. ist die **Bundesliga** die oberste Spielklasse, darunter als zweite Stufe **Regional-** und **Oberliga.**

Liga für Menschenrechte, eine 1898 in Paris aus Anlaß des Dreyfus-Prozesses gegründete Vereinigung zur Verteidigung der persönl. Freiheit gegenüber dem Staat und der friedl. Beilegung internat. Konflikte; 1922 Zusammenschluß der nationalen Gruppen zur **Internationalen L. f. M.**

Ligam′ent [lat.] das, ⚕ sehniges Band.

Ligat′ur [lat.] die, **1)** die Vereinigung zweier Buchstaben, z. B. œ, ß. **2)** Buchdruck: zusammengegossene Buchstabentypen, wie ff. **3)** ♪ Zusammenziehung mehrerer Noten gleicher Tonhöhe zu einem Ton. **4)** ⚕ Unterbindung von Blutgefäßen.

L′igeti, György, ungar. Komponist, * 1923, entwickelte eine eigene Satztechnik, Klangfarbenkomposition.

Lign′in das, Holzbestandteil; muß bei der Celluloseherstellung entfernt werden.

Lign′it der, junge Braunkohle mit erkennbarer Holzstruktur.

Ligny [liɲ′i], Dorf in Belgien, 20 km nordwestlich von Namur. 16. 6. 1815 Sieg Napoleons über Blücher.

Ligro′in, als Lackbenzin und Ersatz für Terpentinöl verwendetes Leichtöl.

Ligu′ori, Alfonso Maria di, * 1696, † 1787, kath. Moraltheologe, Gründer des Ordens der Redemptoristen (1732); Kirchenlehrer. Tag: 1. 8.

Lig′urien, 1) Landschaft und Region Italiens am Golf von Genua, 5413 km², 1,873 Mill. Ew.; Hauptstadt: Genua. **2)** im Altertum das Land der vorindogerman. **Ligurer** im S Galliens und NW Italiens, nach 200 v. Chr. von den Römern allmählich unterworfen.

Lig′urische Alpen, Teil der Westalpen, zwischen dem Golf von Genua und dem Tal des Tanaro, bis 2200 m hoch.

Lig′urische Republik, 1797-1805 der von den Franzosen aus der ehem. Adelsrep. Genua geschaffene Vasallenstaat.

Lig′urisches Meer, der nördl. Teil des Mittelmeers zwischen der Riviera und der Insel Korsika; Tiefen bis 2600 m.

Lig′uster der, **Rainweide,** Gattung der Ölbaumgewächse. Der europ., bis 5 m hohe **Gemeine L.** hat ledrige, im Herbst violett werdende Blätter, weiße, süßlich riechende Blüten und schwarze Beeren.

Ligusterschwärmer, braun-rot-schwarzer Schwärmerschmetterling; die grüne, 10 cm lange Raupe lebt auf am Liguster.

li′ieren [frz.], verbinden, vereinigen.

Lik′asi, früher **Jadotville,** Stadt in Zaïre, im S von Katanga, 102 200 Ew., eines der wichtigsten Bergbauzentren des Landes (Kupfer, Kobalt, Uranerz).

Likör, 1) süßer Gewürz-, Frucht-, Kräuterbranntwein. **2)** Zusatz zu Schaumwein: Weinbrand, Kandis und Würzstoffe.

Likt′oren [lat.], die Amtsdiener der höheren Beamten im alten Rom. **Liktorenbündel,** der →Fasces.

Lilie das, Gattung einkeimblättriger hoher Zwiebelpflanzen mit großen Blüten: **Türkenbund,** blaß braunrot blühend, bes. im Buchenwald, steht unter Naturschutz; die **Feuer-L.,** rot-gelb blühend, auf Gebirgswiesen. Viele Arten sind Gartenzierpflanzen, z. B. die weißblühende **Weiße L.** aus östl. Mittelmeergebiet. - Zu den **Liliengewächsen** gehören außer der Gattung L. noch Tulpe, Kaiserkrone, Hyazinthe, Zwiebel u. a. - In Wappen wurde die L. als

Weiße Lilie

Sinnbild seit dem Hochmittelalter vielfach verwendet (z. B. französ. Könige seit dem späten 12. Jahrh., Florenz, Wiesbaden).

Liliencron, Detlev Freiherr von, Dichter, * 1844, † 1909, preuß. Offizier in den Feldzügen 1866 und 1870/71, hielt in seinen Gedichten mit knappen Strichen opt. und akust. Impressionen fest; ,Kriegsnovellen' (1895); Romane.

Lilienfein, Heinrich, Schriftsteller, * 1879, † 1952, seit 1920 Generalsekretär der Dt. Schillerstiftung; klassizist. Dramen, Romane.

Lilienfeld, Bezirkshauptort im niederösterreich. Kalkalpen, im Traisental, 3300 Ew.; Zisterzienserstift (1202 gegr.) mit frühgot. Kreuzgang.

Lilienthal, Otto, Ingenieur, Flugtechniker, * 1848, † (abgestürzt) 1896, führte seit 1891 als erster Gleitflüge bis zu 300 m Länge aus (insgesamt über 2000).

L′iliput, in Swifts Satire ,Gullivers Reisen' ein Märchenland mit nur daumengroßen Bewohnern; **Liliput′aner** daher auch Name von Zwergen auf Jahrmärkten u. a.

Lil′ith, urspr. der assyr. Sturmdämon **Lilitu;** im jüd. Volksglauben ein böser Dämon; im Talmud Adams erste Frau.

Otto Lilienthal   *Johannes Lilje*

Lilje, Johannes, evang. Theologe, * 1899, 1952-57 Präs. des Luther. Weltbundes; 1947 bis 1971 Landesbischof der evang.-luther. Kirche von Hannover, Gründer der Evang. Akademie Loccum.

Liljefors, Bruno, * 1860, † 1939, schwed. Maler, vom Impressionismus beeinflußt, malte Tiere und Landschaften.

Lille [lil], fläm. **Rijssel** [r′ɛjsəl], Hauptstadt des Dép. Nord, NO-Frankreich, 190 300 Ew.; staatl. und kath. Universität, Textil-, Metall-, chem. u. a. Ind. - L. kam 1668 an Frankreich.

Lillo, George, engl. Dramatiker, * 1693, † 1739, schuf das engl. bürgerl. Drama.

L′ima, Hauptstadt von Peru, rd. 10 km von der pazif. Küste entfernt, 2,4 Mill. Ew. (mit Vororten), Sitz eines kath. Erzbischofs; Kathedrale u. a. Bauten aus der Kolonialzeit; Universitäten, Fachhochschulen, Nationalmuseum; Textil-, Metallwaren-, chem., Möbel-, Leder-, Nahrungsmittelindustrie und Brauereien. (Bild S. 747)

Lim′an der, →Lagune.

L′imba, gelb-grünlich-braunes Holz aus dem trop. W-Afrika, Sperrholz und Ausstattungsholz für den Innenausbau.

Limbach-Oberfrohna, Stadt im Bez. Karl-Marx-Stadt, 25 500 Ew.; Fachschule für Wirkerei; Wirkwaren-, Maschinenind.

Limburg, 1) L. an der Lahn, Stadt in Hessen, 15 400 Ew.; Dom (1235, Übergang von der Romanik zur Gotik), Burg und Fachwerkhäuser; Glashütte, Blechwarenfabrik, Druckereien.

2) L. [niederländ. l′imbyrx], Provinz im NO Belgiens, 2421 km², 650 300 Ew., Hauptstadt Hasselt.

3) L. [l′imbyrx], Provinz im SO der Niederlande, 2208 km², 998 600 Ew., Hauptstadt: Maastricht.

Das **Herzogtum L.** wurde 1288 mit Brabant vereinigt, 1648 kam der N an die Generalstaaten. 1839 wurde L. zwischen Belgien und den Niederlanden geteilt; das niederländ. L. gehörte bis 1866 zum Dt. Bund.

Limburg, Brüder von L., die niederländ. Buchmaler Paul, Herrmann und Jan; ihr

Brüder Limburg: *Der Monat Februar aus dem Stundenbuch des Herzogs von Berry* (Anfang 15. Jahrh.; Chantilly, Musée Condé)

Hauptwerk ist das Stundenbuch des Herzogs von Berry (,Très riches heures', 1411 begonnen; Chantilly, Museum), dessen Monatsbilder zu den ersten wirklichkeitsnahen Landschaftsschilderungen der europ. Kunst gehören.

L'imbus [lat. ,Rand'] *der*, kath. Dogmatik: Vorhölle, Aufenthaltsort (ohne Leiden) der Gerechten des A. T. (bis zur Himmelfahrt Christi) sowie der ohne Taufe gestorbenen Kinder.

L'imerick, irisch **Luimneach** [l'imnǝk], **1)** Gfsch. der Rep. Irland, Prov. Munster, 2685 km², 139 400 Ew. (mit der Stadt L.). **2)** Hauptstadt von 1) und Hafen, 57 100 Ew., am Shannon; Mühlen, Kraftfutterwerke, Fabrikation von landwirtschaftl. Geräten, Bekleidung u. a.

L'imericks, urspr. in Irland (Limerick) gesungene Stegreifverse, volkstümlich durch E. Lears Unsinn-Gedichte (1846 ff.).

L'imes [lat. ,Grenze'] *der*, **1)** Grenzwall zum Schutz des Röm. Reichs; bes. bekannt der gegen die Germanen zwischen Rhein und Donau, 548 km lang mit rd. 100 Kastellen und rd. 1000 Wachttürmen, vom Neuwieder Becken bis zur Schwäb. Alb (**Obergerman. L.,** ,Pfahlgraben') und von da bis Kelheim (**Rätischer L.,** ,Teufelsmauer'); 84 n. Chr. unter Domitian begonnen, unter Trajan und Hadrian ausgebaut; um 260 aufgegeben; streckenweise noch gut erkennbar. **2)** △ Grenzwert.

Limfjord, buchten- und inselreiche Wasserstraße in Nordjütland, verbindet die Nordsee mit dem Kattegat, 180 km lang.

L'imit [engl.] *das*, Grenze. **Limitpreis**, Preisgrenze für Wertpapiere.

L'imited [engl.], abgekürzt **Ltd.**, **Lim.** oder **Ld.**, beschränkt, Zusatz bei englischen

Handelsfirmen, die etwa der dt. GmbH. oder AG. entsprechen.

limit'ieren, begrenzen, ein →Limit festsetzen.

L'immat *die*, rechter Nebenfluß der Aare, 140 km lang, entspringt als **Linth** am Tödi im Kanton Glarus, Schweiz, durchfließt den Walensee und den Zürichsee, den sie als L. verläßt, und mündet bei Brugg.

Limnograph, der Schreib-Pegel. **Limnimeter**, der Lattenpegel. →Pegel.

Limnologie [grch.], Lehre von den Binnengewässern (→Seekunde, →Potamologie).

Limoges [lim'o:ʒ], Hauptstadt des Dép. Haute-Vienne, Mittel-Frankreich, 132 900 Ew., mittelalterl. Bauwerke, Universität, Museum für Keramik und Emailmalerei; Herstellung von Fayencen, Porzellan, Emailwaren u. a. Industrie.

Limon'ade, alkoholfreies Getränk aus natürl. Aromastoffen, Wasser und Zucker, mit Zusatz von Kohlendioxid als **Brause-L.**

Lim'one [ital.] *die*, die Zitrone.

Lim'ose *die*, die →Uferschnepfe.

Limousin [limuz'ɛ̃], französ. histor. Landschaft am NW-Rand des Zentralmassivs.

Limousine [-u-, frz.] *die*, allseitig geschlossener Personenkraftwagen.

Limous'iner Email, Limosiner Email, Schmelzarbeiten aus Werkstätten der Stadt Limoges (bereits im 12. Jahrh. bekannt).

Limp'opo *der*, 1600 km langer Strom im südl. Afrika, entspringt als **Krokodilfluß** bei Johannesburg, wird vom Hartebeestpoort-

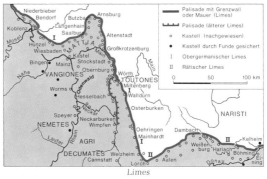

Limes

Damm zur Bewässerung gestaut, bildet streckenweise die N-Grenze der Rep. Südafrika, mündet in den Indischen Ozean.

Lin'alo|e|öl, äther. Öl aus Linaloeholz (Rosenholz), Parfümerierohstoff.

Lin'ares, Stadt in Spanien, am Rand der Sierra Morena, 61 700 Ew., in einem Bergbaugebiet (silberhaltiger Bleiglanz).

Lincke, Paul, Berliner Operettenkomponist, * 1866, † 1946; ,Frau Luna', ,Lysistrata', ,Berliner Luft'; Schlager.

Lindau (Bodensee)

Lincoln [liŋkǝn], **1)** Hauptstadt der engl. Gfsch. Lincolnshire, eine der ältesten Städte Englands, 75 600 Ew.; Kathedrale (12.-14. Jahrh.), Eisengießereien, Düngemittel-, Gummifabriken, Fahrzeug-, Maschinenbau u. a. Ind. **2)** Hauptstadt von Nebraska, USA, 149 500 Ew., Staatsuniversität; Nahrungsmittelindustrie.

Lincoln [l'iŋkǝn], Abraham, * 1809, † (ermordet) 1865; als Republikaner 1861-65 der 16. Präs. der USA, hob 1862 die Sklaverei auf, führte die Nordstaaten im Sezessionskrieg. (Bild S. 748)

Lincolnshire [l'iŋkǝnʃiǝ], abgek. **Lincs**, Gfsch. in England, zwischen Humber und südl. Wash, 6897 km², 806 700 Ew.; in drei administrative Gfsch. eingeteilt: Lindsey, Kesteven, Holland. Hauptstadt: Lincoln.

Lind, Jenny, schwed. Sopranistin, * 1820, † 1887, die ,schwedische Nachtigall'.

Lindau (Bodensee), Stadt in Bayern, Altstadt auf einer Insel im Bodensee, 26 300 Ew.; Peterskirche (10. u. 12. Jahrh.), Rathaus (1422; umgebaut), Patrizierhäuser; Fremdenverkehr; Maschinen-, Nahrungsmittel- u. a. Ind. Bis 1802 Reichsstadt.

Lindbergh, Charles, amerikan. Flieger, * 1902, überquerte 1927 in 33,5 Stunden als erster allein im Flugzeug den Atlantik in West-Ost-Richtung (New York-Paris).

Linde, Baumgattung der Lindengewächse, etwa 25 Arten, mit duft- und honigreichen Blüten in Trugdolden und einem Hochblatt, das mit der Blütenstandachse verwachsen ist und der Nüßchenfrucht als Flugmittel dient. Die **Großblättrige** oder **Sommer-L.** blüht etwa Mitte Juni, die **Kleinblätterige** oder **Winter-L.** zwei Wochen später (Bild S. 748). Das weiche, zähe Holz dient zu Schnitzarbeiten, der Bast als Flechtstoff, die Blüten zu schweißtreibendem Lindenblütentee.

Linde, 1) Carl von (seit 1897), * 1842, † 1934, erfand die Ammoniak-Kältemaschine, ein Verfahren zur Verflüssigung von Gasen; gründete 1879 die **Gesellschaft**

Lima: *Plaza de Armas mit Kathedrale*

*Linde: Zweig der Winterlinde mit Blüten-
und Fruchtständen*

für Linde's Eismaschinen AG, Wiesbaden
(jetzt **Linde AG.).**
2) Otto zur, Schriftsteller, * 1873, † 1938,
gründete mit R. Pannwitz 1904 die Dichter-
vereinigung ‚Charon'.
L'indegren, Erik, schwed. Lyriker,
* 1910, † 1968, führender Vertreter der
engagierten Dichtung der 40er Jahre.
Lindenberg im Allgäu, Stadt im bayer.
Schwaben, 10 700 Ew.; Fremdenverkehr;
Herstellung von Luftfahrtzubehör.
Lindenschwärmer, olivgrüner Schwärmerschmetterling; Raupe bes. auf Linden.
Linderhof, Schloß König Ludwigs II. in
der Gem. Ettal, Kr. Garmisch-Partenkirchen, 1874-78 im Rokokostil erbaut.
L'indgren, Astrid, schwed. Kinderbuch-
autorin, * 1907, ‚Pippi Langstrumpf' u. a.
Kinderbücher.
Lindlar, Gem. in Nordrh.-Westf., im Bergischen Land, 12 800 Ew.; Stahlwerk, Mö-
bel- u. a. Industrie.
Lindos, Stadt an der O-Küste von Rhodos, war in der Antike Mitgl. des Attischen
Seebundes (Athena-Heiligtum).
Lindsay [l'indzi] **1)** Philip, austral. Erzähler, * 1906, † 1958, histor. Romane.
2) Vachel, amerikan. Lyriker und Graphiker, * 1879, † 1931; Sänger und Prediger
eines Schönheitsevangeliums.
Lindsey [l'indzi], Benjamin Barr, amerikan. Jugendrichter, * 1869, † 1943, bemüht
um Jugendfürsorge und Ehereform.
Lindwurm, Ungeheuer der german. Sage.
Line'al, ein Zeichenhilfsmittel. **Kurven-
L.** haben, den häufigsten Kurvenformen
entsprechend, gekrümmte Kanten.

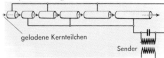

Linearbeschleuniger (Schema)

line'ar, der Länge nach. **lineare Gleichung,** Gleichung ersten Grades.
Linearbeschleuniger, Gerät zur Beschleunigung geladener atomarer Teilchen auf gerader Bahn. Schwere Teilchen,
z. B. Protonen, werden in einer Reihe zylindr. Elektroden durch ein elektr. Wechselfeld beschleunigt. Für Elektronen verwendet man axial gerichtete elektr. Felder
in metallischen Hohlzylindern, die von intensiven Kurzwellenimpulsen erzeugt
werden und die Teilchen während ihres
ganzen Fluges durch ein Rohr erfassen und
beschleunigen.
lineare Abschreibung, eine Form der
→Abschreibung.
Linearmotor, eine z. Z. noch in Entwicklung befindl. Sonderbauform des →Elektro-
motors, bei der nicht eine rotierende, sondern eine geradlinige Bewegung erzeugt
wird. Mögl. Anwendungen: Antrieb von
Förderbändern, Schnellbahnen u. a.
Ling, Pe(h)r Henrik, Begründer der
schwed. Gymnastik; Schriftsteller, * 1776,
† 1839.

L'inga(m) *das,* in Indien verehrtes Sinnbild des Schiwa, entspricht dem griech.
Phallus.
Lingen an der Ems, Stadt in Ndsachs.,
31 500 Ew., Häfen am Dortmund-Ems-Kanal, Erdöl- u. a. Ind.; bed. Viehmärkte.
Lingen, Theo, eigentl. Theodor **Schmitz,**
* 1903; Schauspieler, bes. in komischen
Rollen, Regisseur, Schriftsteller.
Lingg, Hermann von, * 1820, †1905, Mitgl.
des Münchner Dichterkreises um Maximilian II.
Lingga-Inseln, →Riauarchipel.
lingu'al [lat.], Zungen... **Lingual** *der,*
Zungenlaut. **Lingu'ist,** Sprachforscher.
Linguistik, Sprachforschung, -wissen-
schaft. **linguistisch,** sprachwissenschaft-
lich.
L'inhartová, Věra, tschech. Schriftstellerin, * 1938, behandelt die Gefühle der
Vereinsamung des Menschen in der gegenwärtigen Gesellschaft.
Linie, 1) Kurve. **2)** der Erdäquator. **3)** Ab-
stammungsreihe, Familienzweig.
Linienrichter, bei Ballspielen der die Sei-
ten- und Abseitslinien überwachende Gehilfe des Schiedsrichters.
Linienschiffahrt, fahrplanmäßige Schiffs-
verbindung im Überseeverkehr; Gegensatz: Trampschiffahrt.
Linienschiffe, bis etwa 1918 die größten
und kampfkräftigsten Schlachtschiffe.
Linientaufe, die →Äquatortaufe.
Link [engl. ‚Glied'] *das,* engl. Längenmaß = 20,117 cm.
Linke *die,* **1)** im Parlament die - vom Präsidentenplatz aus - auf der linken Seite des
Saales sitzende(n) Partei(en). **2)** in einer
polit. Partei der linke Flügel, mit reforme-
rischen oder revolutionären Zielen. **3)** Boxen: **linke Gerade,** Stoß mit gestrecktem
linkem Arm; **linker Haken,** ein Stoß mit an-
gewinkeltem linken Arm.
**linke Hand, Ehe zur l. H., morgan'ati-
sche Ehe,** beim Hochadel die standesungleiche Ehe.
Linklater [l'inkleitə], Eric, schott. Erzähler, * 1899, ‚Juan in Amerika' (1931),
‚Aufruhr in Namua' (1954).
Linköping [l'intʃəpiŋ], Hauptstadt des
VerwBez. Östergötland, Schweden, 104 600
Ew.; Dom, Schloß; Maschinen-, Zuckerfabriken, Flugzeug-, Auto-, u. a. Industrie.
Linkshändigkeit, Bevorzugung und grö-
ßere Geschicklichkeit der linken Hand vor
der rechten, bei 2-5% aller Menschen.
Link-Trainer, ein Flugsimulator.
Linlithgow [linl'iθgou], Hauptstadt des
schott. Grafschaft West Lothian, 5200 Ew.;
Papierfabriken.
L'innankoski, Johannes, eigentl. Vihtori
Peltonen, finn. Dichter, * 1869, † 1913; Ro-
man ‚Die glutrote Blume' (1905).
Linné, Carl von, schwed. Naturforscher,

Abraham Lincoln   Carl von Linné

* 1707, † 1778, schuf für die Pflanzen- und
Tierarten latein. Benennungen mit je
einem Gattungs- und einem Artnamen und
für die Pflanzen ein zwar künstliches, auf
Zahl und Anordnung der Staub- und
Fruchtblätter gegründetes, aber klares Sy-
stem (**L.sches System,** Sexualsystem).
Linnich, Stadt in Nordrh.-Westf., 12 500
Ew., Papier- und Klebstoffwerke.

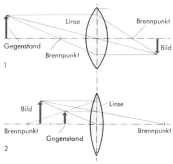

Linse. Abbildung durch eine Sammellinse:
1 Gegenstand außerhalb,
2 innerhalb der Brennweite

Lin'oleum, elast., fußwarmer Belagstoff
für Fußböden, Wände, Tischplatten u. ä.
Zur Herstellung wird Leinöl mit bleihal-
tigen Chemikalien zu einem Firnis verkocht; dieser oxydiert zu **Linoxyn,** das gemahlen, mit Kolophonium und Kopal zu
L.-Zement gekocht wird. Die kalte Masse
wird mit Kork- oder Holzmehl und Farben
gemischt und in Jutegewebe gepreßt.
Lin'olschnitt, ein vom Holzschnitt abgeleitetes Hochdruckverfahren, bei dem in
eine Linolplatte eingeschnitten wird.
Linon [-ɔ̃, frz.] *das,* gebleichtes, leinwandbindiges Baumwollgewebe für Wäsche.
Linotype [l'ainotaip, engl.] *die,* erste
brauchbare Setzmaschine für Zeilenguß.
Lin Piao, chines. Politiker (Kommunist)
und General (1955 Marschall), * 1907,
† nach offizieller Verlautbarung durch
Flugzeugabsturz 1971, nahm am ‚Langen
Marsch' Mao Tse-tungs teil, wurde 1946
Oberbefehlshaber der kommunist. Armeen
in der Mandschurei, 1959 Verteidigungs-
min.; in der Kulturrevolution enger Vertrauter Mao Tse-tungs, danach entmachtet.
Linschoten [l'insxo:tə], Jan Huyghen van,
niederländ. Forschungsreisender, * 1563,
† 1611, förderte die Versuche zur Auffindung der Nordöstl. Durchfahrt.
Linse, 1) einjähriger Schmetterlingsblüter, hauptsächlich im Mittelmeer- und Bal-
kanraum als Hülsenfrucht angebaut; niedrig wachsende, buschige, feingegliederte
Pflanze mit unscheinbaren bläulichwei-
ßen Blüten und diskusförmigen Samen. **2)**
Körper aus durchsichtigem Material (meist
Glas, seltener Kunststoff oder Kristall), der
von zwei kugeligen Flächen oder zwei
asphärischen Rotationsflächen oder einer
ebenen und einer gewölbten Fläche begrenzt wird (→Brille). **Sammel-** oder **Kon-
vex-L.,** in der Mitte dicker als am Rande,

*Linearbeschleuniger für Elektronen
(Orsay)*

lassen achsenparallele Lichtstrahlen im Brennpunkt zusammenlaufen (konvergieren), **Zerstreuungs-** oder **Konkav-L.,** innen dünner als außen, lassen sie auseinanderlaufen (divergieren). 3) die Kristalllinse des Auges.

L'inters, Baumwollfaserabfälle; Rohstoff für die Herstellung von Chemiefasern und Feinpapier.

Linth die, der Oberlauf der →Limmat.

Lintorf, Gem. in Nordrh.-Westf., nördl. von Düsseldorf, 11 500 Ew.

L'inum, Lein, Pflanzengattung →Flachs.

Lin Yutang, eigentl. **Lin Yü-t'ang,** chines. Gelehrter und Schriftsteller, * 1895, emigrierte 1936 in die USA, lebt heute in Taiwan; Werke über chines. Kultur und Sprache, Romane.

Linz, Hauptstadt von Oberösterreich, 205 400 Ew.; Bischofssitz, Hochschule für Sozial- und Wirtschaftswissenschaften, Landesmuseum; Hochofen-, Hütten- und Stahlwerk, Stickstoffwerk, Maschinenbau, Schiffswerft, Elektro-, Holz-, Glas-, Textil-, Nahrungs-, Genußmittelindustrie. Rathaus (1658/59), Dreifaltigkeitssäule (1723), Stadtpfarrkirche (13. Jahrh.), Alter Dom (1669-78), Minoritenkirche (1752-58).

Linzgau, Landschaft nördl. vom Bodensee.

Lions [l'aiənz], Abk. für Liberty, Intelligence, **O**ur **N**ations' **S**afety, 1917 gegr. Zusammenschluß von Persönlichkeiten des öffentl. Lebens zur internat. Verständigung; (1970) 23 928 Clubs in 145 Ländern mit 915 560 Mitgl.; Sitz: Chicago.

Liotard [-t'a:r], Jean Etienne, schweizer. Pastellmaler, * 1702, † 1789, lange in Konstantinopel, Porträtist an europ. Höfen.

Lip'arische Inseln, Ä'olische Inseln, italien. **Isole E'olie** oder **Isole L'ipari,** Gruppe vulkan. Inseln nördl. von Sizilien, mit 7 größeren und 11 kleineren Inseln mit insgesamt 117 km². Noch tätig sind die Vulkane Stromboli (926 m) und Vulcano.

Lip'asen Mz., fettspaltende Enzyme.

Lipchitz, Lipschitz, Jacques, Bildhauer poln.-litauischer Herkunft in Paris und den USA, * 1891; arbeitete zunächst in kubist. Formen und schuf später Gebilde surrealist. Art.

L'ipezk, Gebietshauptstadt in der Russ. SFSR, am Woronesch, 290 000 Ew.; Hüttenwerk mit Stahl-, Walz-, Röhren-, Traktorenwerk, chem. Ind.; Wärmekraftwerk.

Lipizz'aner, Warmblutpferde (meist Schimmel), bis 1918 aus dem Hofgestüt Lipizza bei Triest, das dann nach Piber (Steiermark) verlegt wurde; edle Dressurpferde der Span. Reitschule in Wien. (Bild Span. Reitschule)

Lipmann, Fritz Albert, Mediziner und Biochemiker, * 1899, Prof. an der Harvard-Universität, Entdecker des Coenzyms A. Hauptarbeitsgebiete: Energetik des Stoffwechsels, B-Vitamine. Nobelpreis 1953 (zus. mit H. Krebs).

Lipo'ide, fettähnl. Stoffe im Tier- und Pflanzenkörper, wie Phosphatide, Cerebroside, Steroide; wichtig für die elektr. und osmot. Vorgänge an den Zellwänden.

Lip'om [grch.] das, **Fettgeschwulst,** ⚕ langsam wachsende gutartige Geschwulst aus Fettgewebe; häufig im Unterhautzellgewebe. Behandlung: Ausschälen.

Lippe, 1) fleischiger Rand bes. der menschl. Mundspalte. 2) **Labien,** paarige Säume um eine Spalte, z. B. Scham-L. 3) ⊕ Blütenteil.

Lippe, 1) die, rechter Nebenfluß des Rheins in Westfalen, 255 km lang, kommt vom Westfuß des Eggegebirges, mündet bei Wesel. **2)** ehem. Land des Dt. Reichs zwischen Teutoburger Wald und Weser, 1215 km²; Hauptstadt Detmold. - 1529 Reichsgrafschaft, 1720 Reichsfürstentum, 1919 Freistaat, 1933-45 unter einem Reichsstatthalter, 1947 Nordrh.-Westf. eingegliedert.

Lippenbär, Raubtier, →Bären.

L'ippenblüter, latein. **Labi'atae,** Pflanzenfamilie der Ordnung Röhrenblüter. Kräuter, Sträucher, Bäume mit äther. Öl

Filippino Lippi: Selbstbildnis (Uffizien)

und würzigem Geruch; Blätter kreuzweisgegenständig oder quirlständig, die Stengel vierkantig, zweiseitig symmetrische Blüten in den Blattachseln, Blumenkrone röhrig, meist zweilippig, Staubblätter (meist 4; 2 verschieden lange Paare) der Blumenkrone angewachsen, Fruchtknoten oberständig, in 4 Nüßchen (Klausen) zergliedert. (Tafel Blüte)

Lippenkrebs, ⚕ Krebskrankheit, vorwiegend bei Pfeifenrauchern.

Lippenlaute, lat. **Labiale,** mit beiden Lippen (**Bilabiale,** b, p, m) oder mit der Unterlippe gegen die oberen Schneidezähne (**Labiodentale,** f, norddt. w) gebildete Laute.

Lippenpflöcke, Scheiben oder Klötzchen aus Holz, Knochen, Stein, von Indianern, Eskimos und afrikan. Völkern als Schmuck in durchbohrten Lippen getragen.

Lipper Wald, Lippischer Wald, der SO-Teil des Teutoburger Waldes.

Lippe-Seitenkanal, Kanal am linken Ufer der Lippe, 107 km lang, besteht aus dem **Wesel-Datteln-** und dem **Datteln-Hamm-Kanal.**

Lippi, 1) Filippino, italien. Maler (Florenz), Sohn von 2), * um 1457, † 1504, Schüler seines Vaters, dann Botticellis, dessen Stil er zu einer ornamentalen, sensiblen Ausdruckssprache weiterbildete (Vision

Fra Filippo Lippi: Ausschnitt aus einem Madonnenbild (Florenz, Uffizien)

des hl. Bernhard, Florenz, Badia; Fresken in S. Maria Novella, Florenz).

2) Fra Filippo, italien. Maler (Florenz) * um 1406, † 1469, Karmelitermönch, Schüler Masaccios, 1456 aus dem Klosterdienst geschieden, malte mit Wirklichkeitssinn Fresken (im Domchor zu Prato) und Altarbilder von zarter Empfindung (Anbetung des Kindes im Walde, Berlin; Madonnen).

Lippl, Alois Johannes, Schriftsteller, * 1903, † 1957; Komödie ,Der Engel mit dem Saitenspiel' (1938).

Lipps, Theodor, Philosoph, * 1851, † 1914, sah in der Psychologie die Grundlage der Geisteswissenschaften (Psychologismus).

Lippspringe, Bad L., Stadt und Kurort in Nordrh.-Westf., an der Lippequelle, 10 100 Ew., warme Mineralquellen, Asthma- und Allergie-Forschungsinstitut.

Lippstadt, Stadt in Nordrh.-Westf., an der Lippe, 41 600 Ew.; Metall-, Textil-, Möbelindustrie.

Lips, Johann Heinrich, schweizer. Kupferstecher, * 1758, † 1817, von Goethe nach Weimar berufen, stach bes. Bildnisse.

Lipsanoth'ek die, ein Reliquiar, bes. das Elfenbeinkästchen im Museum zu Brescia, dessen Reliefs ein Hauptwerk der frühchristl. Kunst sind (Mitte des 4. Jahrh.).

L'ipsius, Justus, eigentlich **Joest Lips,** niederländ. klass. Philologe, * 1547, † 1606, bed. Altertumswissenschaftler.

L'iptauer Käse, Schafmilch-Weichkäse aus Liptau (Tschechoslowakei).

l'iquet [lat.], es ist klar, leuchtet ein.

liqu'id [lat.], flüssig, verfügbar; im Schuldrecht eine Forderung, die der Schuldner nicht bestreitet.

Liquidation [lat.], ⚖ Abwicklung der Geschäfte bei Auflösung eines Unternehmens, von **Liquidatoren** durchgeführt. **2)** Rechnung, z. B. eines Arztes. **3)** Börse: Abwicklung von Termingeschäften.

L'iquidae [lat.] Mz., ⊚ die ,flüssigen' Laute l und r.

liquid'ieren, 1) berechnen, abrechnen, fordern. 2) abwickeln. 3) vernichten.

Liquidität, allgemein: die Zahlungsfähigkeit einer Wirtschaftseinheit (Haushalt, Unternehmung, Staat); sie wird bestimmt durch das Verhältnis der Zahlungseingänge (einschließlich Kassenbestand) zu den Zahlungsausgängen. Aus dem Verhältnis von Bestand und Bedarf an flüssigen Mitteln wird der L.-Grad errechnet. Gesetzlich geregelte L.-Vorschriften bestehen für die Banken.

L'iquor [lat.] der, ⚕ 1) flüssige Arznei. 2) **Liquor cerebro-spinalis,** die →Gehirn-Rückenmarks-Flüssigkeit.

L'ira die, Währungseinheit in Italien, 1 L. = 100 Centesimi.

Liscow [l'isko], Christian Ludwig, Satiriker, * 1701, † 1760; ,Sammlung satirischer und ernsthafter Schriften' (1739).

Liselotte von der Pfalz, →Elisabeth 5).

Lis'ene die, ⫢ ein der Wandgliederung dienender senkrechter, wenig vortretender Mauerstreifen, ohne Basis und Kapitell.

Lisieux [lizj'ø], Stadt im französ. Dép. Calvados, 25 200 Ew.; Wallfahrtsort (hl. Theresia von L., →Theresia 2) mit got. Kirchen; Textil- u. a. Industrie.

lispeln, bei den s-Lauten mit der Zunge die Zähne berühren.

Liss, Johann, Maler, * um 1597, † 1629/30, aus Holstein stammend, seit etwa 1621 in Venedig, malte in reichen, leuchtenden Farben ländliche Szenen, religiöse und mytholog. Bilder.

L'issa, 1) italien. Name der dalmatin. Insel →Vis. 1866 Seesieg der Österreicher unter Tegetthoff über die Italiener.

2) poln. **Leszno** [l'ɛʃno], Stadt in Polen (Posen), 33 700 Ew.; Maschinen- u. a. Ind.

L'issabon, portugies. **Lisboa** [liʒβ'oa], Hauptstadt Portugals und des Distrikts L., größte Stadt und wichtigster Hafen des Landes im SW der Iber. Halbinsel an der Mündungsbucht des Tejo, 850 000 Ew. L.

Lissabon: Rossioplatz

ist kultureller und wirtschaftl. Mittelpunkt des Landes, Sitz eines Patriarchen; Universität u. a. Hochschulen; Schiffsbau, Textil-, chem.-, Lebensmittel-, keram.-, Tabak-, Stahl- u. a. Ind., Erdölraffinerie. Flughafen. Bauten: Kloster Dos Jeronymos de Belém (1499-1571), alte Kathedrale, die Kirchen São Vicente de Fora und São Roque, Necessidadespalast. - L., das Olisippo des Altertums, seit 715 das Lischbuna der Araber, wurde 1147 durch Alfons I. von Portugal erobert, war seit 1260 Residenz. Das Erdbeben von 1755 vernichtete zwei Drittel der Stadt.

Lissajoussche Figuren [lisaʒ'u-], Überlagerungsfiguren zweier zueinander senkrecht verlaufender periodischer Vorgänge, z. B. Schwingungen; nach dem französ. Physiker J. Lissajous, * 1822, † 1880.

Lissauer, Ernst, Schriftsteller, * 1882, † 1937; Gedichte, Dramen.

Liss'itzkij. El (Eliezer), russ. Maler und Architekt, * 1890, † 1941 (1947?); wichtigster Theoretiker des →Konstruktivismus.

List, Friedrich, Volkswirtschaftler. * 1789, † 1846, württemberg. Abgeordneter, 1822 zu Festungshaft verurteilt, gegen

Friedrich List   *Franz Liszt*

das Versprechen freigelassen, nach Amerika auszuwandern; kehrte 1832 als amerikan. Konsul zurück. L. trat bes. für die dt. Zolleinigung und den Eisenbahnbau ein, als Theoretiker für die realistisch-histor. Methode. Für die in Entwicklung stehende heimische Industrie verlangte er Schutz durch Erziehungszölle. ,Das nationale System der polit. Ökonomie' (1841).

Listenwahl, Wahlverfahren, nach dem mehrere Abgeordnete zugleich nach einer feststehenden Liste gewählt werden.

Lister, Joseph Baron (seit 1897), engl. Chirurg, * 1827, † 1912, führte die Antisepsis in die Wundbehandlung ein.

Listeri'ose *die,* seuchenhafte Gehirn-Rückenmarksentzündung der Tiere, deren Erreger, das Bakterium **Listeria monocytogenes,** auf den Menschen übergehen kann. Behandlung: Antibiotica, Sulfonamide.

reich an Seen, Wäldern und Mooren; im W grenzt sie an die Ostsee. In der Landwirtschaft führt die Viehzucht vor dem Ackerbau. Nahrungsmittel-, Textil-, Leder-, Holzind., Maschinen-, Apparate-, Schiffbau; Fischindustrie in Memel (einziger Hafen), Univ. in Kaunas und Wilna.

litauische Sprache, bildet mit dem Lettischen und Preußischen (Alt- oder Stamm-Preußisch) den baltischen Zweig der indogerman. Sprachen. Zwei Mundartgruppen: das **Niederlitauische** oder **Schemaitische** und das **Hochlitauische** oder **Aukschtaitische.** Der Schriftsprache liegt das Hochlitauische zugrunde.

L'ite *der,* der Hörige, im altgerman. Recht der Halbfreie, später bis zur Bauernbefreiung der erbuntertänige Bauer.

Liter [grch.-lat.] *das* oder *der,* Abk. l, Hohlmaß, 1 l = 1 dm³.

Liter'at [lat.] der Berufsschriftsteller; auch abschätzig gebraucht.

Literat'ur [lat.], die Gesamtheit der schriftlich niedergelegten sprachl. Zeugnisse, i. e. S. das gesamte schöngeistige Schrifttum. Die L. wird nach Epochen, Völkern oder Sachgebieten geordnet. Die Schriftwerke einer Nation faßt man als **Nationalliteratur** zusammen, die über die Grenzen der Nationen hinauswirkende L. als **Weltliteratur.**

Literaturkritik als Sichtung und Wertung der Literatur aller Zeiten und Völker ist Bestandteil der →Literaturwissenschaft. Als aktuelle Kritik neuerschienener Literatur ist sie untrennbar verbunden mit der Entwicklung des Zeitschriften- und Zeitungswesens. Zwischen aktueller L. und Literaturwissenschaft steht die Essayistik über literar. Gegenstände.

Literaturwissenschaft erforscht die Entstehung literar. Werke, interpretiert sie, stellt sie in einen geschichtl. Zusammenhang und entwirft Gesamtbilder vom Ablauf der Nationalliteraturen oder der Literatur einzelner Epochen. Die dt. Spätromantik erhob erstmals die **Literaturgeschichte** zur Wissenschaft, die nach dem Muster der klass. Philologie krit. Ausgaben herstellt und Quellenforschung betreibt. Nach Scherers positivist. Methode (Herausarbeitung literaturgeschichtl. Kausalzusammenhänge) befaßten sich neuere Richtungen der L. mit dem Zusammenhang von Dichtung und Ideengeschichte (Unger, Korff, Rehm), mit der Eigenart der Literatur der dt. Stämme (Nadler), mit der Dichtung als Sprachkunstwerk (Stilanalyse; Vossler, Spitzer, Strich, Auerbach), mit der Stellung literar. Texte innerhalb der Kontinuität literar. Denk- und Ausdrucksschemata (Topoi; E. R. Curtius). In neuester Zeit treten bes. soziolog. Fragestellungen in den Vordergrund.

Lit'ewka [poln. ,litauische Jacke'] *die,* blusenartiger Uniformrock.

L'itfaßsäule, Anschlagsäule, nach dem Drucker E. Litfaß, zuerst 1855 in Berlin.

Lith..., **Litho...** [grch.], Stein...; **...lith,** ...stein.

L'ithium, Li, chem. Element, Alkalimetall; Ordnungszahl 3, Atomgewicht 6,939; Schmelzpunkt 186°, Siedepunkt 1372°, spezif. Gewicht 0,534. L. findet sich weitverbreitet in Mineralien, auch in Mineralquellen. Gewinnung durch Elektrolyse, Verwendung als Legierungszusatz, als Ausgangsmaterial für die Kernverschmelzung.

Lithograph, →Buchdrucker.

Lithograph'ie, Steindruck, das älteste Flachdruckverfahren, bei dem die Vorlage mit Fettkreide oder -tusche auf eine Kalkschieferplatte übertragen. Nach Ätzen der Platte mit Gummiarabicum nimmt beim Einfärben mit fetter Druckfarbe nur die Zeichnung Farbe an. Oft werden statt der Kalksteinplatten Aluminium- oder Zinkplatten verwendet und das Bild photographisch auf die Druckplatte übertragen. - Erfunden wurde die L. von A. Senefelder (Privileg 1799). Anfänglich diente sie für die Vervielfältigung von Noten, Druck-

Liszt, 1) Franz von (1859), Komponist und Pianist, * 1811, † 1886, Schüler von Czerny und Salieri in Wien, seit 1844 Hofkapellmeister in Weimar. 1865 empfing er in Rom die niederen Weihen (Abbé). L. fand neue Mittel der Orchestertechnik. Hauptwerke: Klavier: Pilgerjahre, Sonate h-moll, Ungar. Rhapsodien, 2 Klavierkonzerte; Orchester: Sinfon. Dichtungen, Faustsinfonie; Kirchenmusik: Graner Festmesse, Oratorium ,Legende von der hl. Elisabeth'. 2) Franz von, Rechtslehrer, Vetter von 1), * 1851, † 1919, seit 1899 Prof. in Berlin; forderte eine auf den Erziehungs- und Sicherungszweck der Strafe abgestimmte Strafgesetzgebung.

Lit, Abk. für **L'itera,** Bez. der Ausgabeserie auf Banknoten und Wertpapieren.

Li T'ai-po, Li Po, * 701, † 762, gilt als der größte chines. Lyriker.

Litan'ei [grch.] *die,* 1) christl. Liturgie: Wechselgebet zwischen Vorbeter und Gemeinde. 2) Kath. Ritus: der →Bittgang; die **Große L.** am Markustag (25. 4.), die **Kleine L.** an den 3 Tagen vor Christi Himmelfahrt.

Litauen, einer der drei balt. Staaten, 1918 bis 1940 unabhängige Republik mit (1938, ohne Memelgebiet) 52 900 km²; Hauptstadt war Kaunas.

Geschichte. Im 13. Jahrh. faßte Mindaugas die litauischen Stämme zusammen und erhielt die Königskrone. Gedimin (1316-40) schuf ein Großreich mit dem Schwerpunkt in Weißrußland und der Ukraine, das sich gegen den Dt. Orden behauptete. Sein Enkel Jagiello schloß 1385 den Unionsvertrag mit Polen, doch behielten beide Reichsteile bis zur Realunion von Lublin (1569) weitgehend ihre Autonomie. 1422 gewann L. die westl. Landschaft Schemaiten. Durch die poln. Teilungen (1772/93/95) gewann Rußland ganz L. Es konstituierte sich 1918 als unabhängige Republik, deren Außenpolitik durch Memel- und Wilnafrage belastet war. 1940 wurde L. der Sowjetunion eingegliedert (→Litauische Sozialistische Sowjetrepublik).

L'itauer, die zur balt. Völker- und Sprachengruppe der Indogermanen gehörigen Bewohner Litauens.

litauische Literatur. Sie ist reich an Märchen und Volksliedern. Die weltl. Kunstpoesie beginnt im 18. Jahrh. Im 19. Jahrh. vertraten den Realismus Kudirka, Zemaité († 1921). Symbolisten sind Sruoga (†1947), Vydunas (†1953), Putinas (†1967). Romane schrieben Putinas, Krévé-Mickevičius (†1954) u. a.

Litauische Sozialistische Sowjetrepublik, Unionsrep. der Sowjetunion (Verfassung v. 27. 8. 1940), 65 200 km², 3,129 Mill. Ew. (79% Litauer, je 8,5% Russen und Polen), Hauptstadt: Wilna. Die L. SSR ist ein Hügelland mit der Balt. Endmoräne im O,

Lithographie; links A. v. Menzel: Aus der ‚Armee Friedrichs des Großen', 1857; Mitte H. Daumier: Der Drang zur Kasse, 1840; rechts P. Picasso: Pan, 1948

sachen u. a.; bald wurde sie von Künstlern verwendet, so in Dtl. von G. Schadow, Schinkel, F. Olivier, K. Blechen, F. Krüger und Menzel. Unter den L. der Frühzeit ragen die wenigen von Goya hervor. Zu größter Vielseitigkeit wurde die Technik von französ. Künstlern entwickelt, von Delacroix, Géricault, Corot und vor allem von Daumier, später von Manet und Degas. Ein neuer Stil wurde von Toulouse-Lautrec gefunden, der farbige L. von mehreren Platten druckte (Plakate u. a.). Unter den Deutschen traten Thoma, Liebermann, Slevogt und K. Kollwitz hervor. Der Norweger E. Munch leitete zum dt. Expressionismus über, in dem die L. eine neue Blütezeit erlebte durch Kokoschka und Barlach, außerhalb Dtl.s durch Matisse, Picasso, Braque, Chagall. In jüngster Zeit wird die L. häufig durch →Siebdruck ersetzt.

Lithop'one die, weiße Mineralfarbe, Gemisch aus Zinksulfid und Bariumsulfat.

Lithosph'äre, die Gesteinskruste der Erde.

L'itlohn, der →Lidlohn.

litor'al [lat.], Küste, Ufer, Gestade, Strand betreffend oder dazu gehörend.

Lit'otes [grch.] die, verstärkte Hervorhebung durch Verneinung des Gegenteils, z. B. ‚nicht wenig' für ‚viel'.

Litschi [chines.] der, ein ostasiat. Seifennußgewächs **(Litschibaum),** hat rotbraune Früchte **(Chinesische** oder **Japan. Haselnuß)** mit eßbarem Samenmantel.

Litt, Theodor, Philosoph und Pädagoge, * 1880, † 1962, entwickelte eine Kulturphilosophie und philosoph. Anthropologie.

Little Rock [litl-], Hauptstadt von Arkansas, USA, 132 500 Ew., jurist. und medizin. Fakultät der Staatsuniversität; Baumwollsaatöl-. Möbel-, chem. u. a. Industrie.

Littlesche Krankheit [litl-], eine von dem engl. Arzt **W. J. Little** (* 1810, † 1894) beschriebene Krankheit mit Krampfzuständen in Armen und Beinen; beruht auf einer Gehirnschädigung, die meist bei der Geburt eintritt.

Liturg'ie [grch.], **1)** in den altgriech. Staaten die unentgelt. Leistung für das Gemeinwesen, zunächst freiwillig, später als Steuer; **2)** im übertragenen Sinn dann der Gottesdienst. - Nach kath. Lehre vollzieht Christus durch die Kirche die L. Sie ist in Form und Inhalt durch die Leitung der Kirche geordnet, in neuer Gestalt nach der L.-Konstitution des II. Vatikan. Konzils. Die Anpassung der L. an die einzelnen Kulturen und Landessprachen ist ein Einheitlichkeit des latein. Ritus durchbrochen. Die liturg. Gesetzgebungsgewalt des Hl. Stuhls ist z. T. den nationalen Bischofs-

konferenzen übertragen worden. Der Wortgottesdienst tritt durch vermehrte Lesungen aus der Hl. Schrift im Rahmen der Meßfeier deutlicher hervor. - Die L. der Ostkirche ist mehr noch als im Westen wesentl. Ausdruck des kirchl. Lebens; ihre Änderung hat daher oft zu schismat. Spaltungen geführt. - Die evang. Kirchen haben seit den Anfängen der Reformation an die Stelle der mystisch verstandenen altkirchl. L. den Gottesdienst der Gemeinde gesetzt, die in der L. auf Gottes Wort in der Predigt hört und mit Gott in Lob und Anbetung, Bitte und Dank redet.

Lit'urgische Bewegung, die liturg. Reformbestrebungen in der Kath. und der evang. Kirchen, bes. seit Beginn des 20. Jahrh.

liturgische Bücher, in den christl. Kirchen die Vorlagen für die Feier des Gottesdienstes.

liturgische Sprachen, die für die Liturgie vorgeschriebene, früher von der Landessprache meist verschiedene Sprache (z. B. Latein). In der latein. Kirche seit dem 2. Vatikan. Konzil seltener gebraucht, in anderen Riten noch heute erhalten. Die evang. Kirchen halten die Liturgie grundsätzlich in der Landessprache.

L'ituus [lat.], im alten Rom: Krummstab, mit dem die Auguren den hl. Bezirk für die Vogelschau abgrenzten.

Litvak, Michael Anatole, Filmregisseur, * Kiew 1902, seit 1937 in Hollywood.

Litw'inow, Maksim, eigentl. **Wallach,** sowjet. Politiker und Diplomat, * 1876, † 1951, 1930-39 Volkskommissar des Äußeren, vertrat die Sowjetunion im Völkerbund; 1941-43 war L. Botschafter in Washington.

Litze, 1) schmales Geflecht, Tresse. 2) biegsamer elektr. Leiter aus dünnen, miteinander verflochtenen oder umeinander gedrehten Einzeldrähten. 3) Draht mit Öse (Auge) zur Führung der Kettfäden in der Schaft- und Jacquardweberei.

L'iudger, Ludger, erster Bischof von Münster, * um 744, † 809, Missionar der Friesen, Heiliger, Tag: 26. 3.

L'iudolfinger, Ludolfinger, Ottonen, altsächs. Adelsgeschlecht, stellte 919-1024 die deutschen Könige Heinrich I., Otto I., II., III., Heinrich II.

Liu Schao-tschi, chines. Politiker (Kommunist), * 1898, Organisator der KP Chinas, deren Gen.-Sekretär er 1942 wurde. Zeitweise Stellvertreter Mao Tse-tungs; 1959 wurde er als Nachfolger Maos zum Vors. der Volksrep. China (Staatspräs.) gewählt. 1968 wurde er aller Ämter enthoben und aus der Partei ausgeschlossen.

Liut'izen, →Lutizen.

L'iutprand, 1) auch **Luitprand,** bed. König (712-44) der Langobarden.

2) L. von Crem'ona, aus langobard. Adel, seit 961 Bischof von Cremona, † um 972, Geschichtsschreiber der otton. Zeit.

live [laiv, engl.], ⟨)⟩ unmittelbar, direkt. **Live-Sendung,** eine Sendung des Hörfunks oder Fernsehens, bei der das aufgenommene Programm direkt über den Sender geht. Gegensatz: Aufzeichnung.

Liverpool [l'ivəpu:l], Stadt an der NW-Küste Englands, am Mersey, 603 200 (Agglomeration: 1,3 Mill.) Ew.; zweitgrößter Seehafen Großbritanniens; Sitz eines anglikan. Bischofs und eines kath. Erzbischofs, Universität. Ind.: Feinmechanik, Elektrotechnik, Elektronik, Maschinenbau, Eisengießereien, Fahrzeugbau, Herstellung von Chemikalien, Pharmazeutika, Bekleidung, Möbeln, Gummiwaren, Papier, Seife, Glas, Fetten, Ölen, Lebens- und Genußmitteln; Druckereien.

L'ivia Drus'illa, * 58 v. Chr., † 29 n. Chr., Frau des Kaisers Augustus, dessen Nachfolger ihr Sohn aus erster Ehe, Tiberius, wurde.

Livingstone [l'iviŋstən], früherer Name der Stadt →Maramba.

Livingstone [l'iviŋstən], David, brit. Forschungsreisender, urspr. Missionar, * 1813, † Tschitambo (Bangweolosee) 1873,

David Livingstone   David Lloyd George

entdeckte u. a. die Victoriafälle des Sambesi, den Schirwa- und den Njassasee.

Livingstone-Fälle [l'iviŋstən-], Wasserfälle im Unterlauf des Kongo, unterhalb von Kinshasa.

Livingstone-Gebirge [l'iviŋstən-], Bergland in Tansania, im NO des Njassasees, O-Afrika, bis 2200 m hoch.

Livist'one die, **Schirmpalme,** eine von Südostasien bis Australien heimische Fächerpalmengatt., z. T. Warmhauspflanzen.

L'ivius, Titus, * 59 v. Chr., † 17 n. Chr., schrieb eine röm. Geschichte in 142 Büchern, von denen 35 erhalten sind.

Livius Andronicus, Lucius, der älteste bekannte latein. Dichter, wahrscheinlich ein Grieche aus Tarent, † nach 207 v. Chr.; übersetzte die Odyssee ins Lateinische, bearbeitete griech. Tragödien und Komödien in latein. Versen.

Livland, geschichtl. Landschaft an der balt. Küste der Ostsee, ehemals bewohnt von dem finn. Stamm der Liven. Zunächst hießen die einem Reich gehörigen Gebiete des Dt. Ordens sowie die Bistümer Riga, Dorpat, Ösel und Kurland L., seit dem 16./17. Jahrh. nur noch das zwischen Estland und Kurland liegende Gebiet. Dieses bildete seit 1721 eine der drei russ. Ostseeprovinzen und wurde 1918 zwischen Estland und Lettland nach der Sprachgrenze geteilt.

Liv´orno, 1) Prov. Italiens an der Küste der Toskana, 1220 km², 337 400 Ew.
2) Hauptstadt von 1), wichtiger Hafen an der W-Küste Italiens, 175 300 Ew.

Livre [,Pfund´] *die,* **1)** bis 1796 die französ. Rechnungs- und Münzeinheit (= 20 Sous).
2) französ. Gewichtseinheit (=489,5 g).

Livrée [livr´e, frz.] *die,* uniformartige Bedienstetenkleidung.

Liw´an, auch **Iwan** [pers.-arab.] *der,* in der sassanidischen, dann der islam. Baukunst ein hoher überwölbter Raum, dessen Frontseite eine Bogenöffnung bildet.

Lizenti´at [lat.], im MA. ein Gelehrter mit Lehrberechtigung; später akadem. Titel, so in den theolog. Fakultäten. Der Lic. theol. wurde fast allgemein durch den Doktortitel ersetzt.

Liz´enz [lat.] *die,* Erlaubnis, Freiheit. **1)** im Gewerberecht die Konzession. **2)** in Patentrecht die Erlaubnis, die der Patentinhaber einem anderen (Lizenznehmer) erteilt, das Patent zu benutzen.

Lizenzausgabe, die Sonderausgabe eines Werkes durch einen Verlag, der von dem zunächst berechtigten Verlag eine Ermächtigung (Lizenz) erhalten hat.

Lizenzpresse, die in Dtl., Österreich und Italien seit 1945 von den Besatzungsmächten lizenzierten Zeitungen und Zeitschriften. Das Lizenzsystem wurde in den westl. Besatzungszonen Dtl. 1949 aufgehoben, in der Dt. Dem. Rep. beibehalten.

Lj´uberzy, Trabantenstadt Moskaus, Russ. SFSR, 139000 Ew.; Maschinenbau, chem. Industrie.

Ljublj´ana, slowen. Name von Laibach.

Ljusnan [j´uːsnan], Fluß in Mittelschweden, 430 km lang, mündet in den Bottnischen Meerbusen.

Lkw, Abk. für **L**ast**k**raft**w**agen.

Llanos [ʎ´anɔs], die Graslandebenen in den Tropen und Subtropen Lateinamerikas, bes. die L. im Orinocogebiet.

Llewellyn [luː´elin], Richard, Schriftstellername von R.D.L. **Lloyd,** engl. Schriftsteller und Filmproduzent, * 1907.

Lloyd [lɔid], Name von Schiffahrts- und Versicherungsgesellschaften (→Lloyd's).

Lloyd [lɔid], Selwyn, brit. Politiker (Konservativer), * 1904, 1955-60 Außenminister; 1960-62 Schatzkanzler, 1963-64 Lordsiegelbewahrer und Führer des Unterhauses.

Lloyd George [lɔid dʒɔːdʒ], David, Earl **L. G. of Dwyfor** (1945), brit. Politiker (Liberaler), * 1863, †1945, führte als Schatzkanzler (1908-15) eine Sozialreform durch, 1916 bis 1922 MinPräs., 1919 führend auf der Pariser Friedenskonferenz. (Bild S. 751)

Lloydie, tulpenähnliches, weißblütiges Liliengewächs **(Faltenlilie)** im Hochgebirge.

Lloyd's, Abk. für **Corporation of Lloyd's** [kɔːpər´eiʃən ɔv lɔidz], Vereinigung von Einzelversicherern in England (bes. Seeversicherung), nach **E. Lloyd,** dessen Londoner Kaffeehaus seit Ende des 17. Jahrh. Zentrum der Schiffsinteressenten war.

Lloyds Bank Ltd. [lɔidz bæŋk-], eine der 5 großen engl. Depositenbanken, gegr. 1765.

l. M., Abk. für **l**aufenden **M**onats.

lm, Abkürzung für →Lumen.

ln, Abk. für natürl. →Logarithmus.

Lochkarte: links Ziffern, Mitte Buchstaben (Alphabet), rechts Sonderzeichen

Lo´ase *die,* tropisch-südamerikan. Pflanzengattung mit zerteilten Blättern, gelben oder orangefarbenen Blüten, Brennhaaren. Die kletternde L. **(Brennwinde)** ist Zierpflanze.

Lob [lɔb, engl.] *der,* Tennis: Rückschlag des Balls über den Gegner hinweg.

Lobatsch´ewskij, Nikolai Iwanowitsch, russ. Mathematiker, * 1793, † 1856, Prof. in Kasan, Mitbegründer der nichteuklidischen Geometrie.

Lob´au, Schwemmland zwischen der Donau und einem ehem. Donauarm in Wien.

Löbau, Stadt im Bez. Dresden, im N des Lausitzer Gebirges, 17 800 Ew.; Granitbrüche und -werke, Zuckerfabrik u. a. Ind.

L´obby [l´ɔbi, engl.] *die,* Vorhalle, bes. die Wandelhalle im Parlament. **Lobby´ismus** *der,* Versuch von Interessenvertretern **(Lobbyisten),** Politiker zu beeinflussen.

Löbe, Paul, Politiker (SPD), * 1875, † 1967, war 1920-24 und 1925-32 Reichstagspräs., 1949-53 MdB., 1949-58 Präs. des Dt. Rats der Europ. Bewegung, seit 1954 des Kuratoriums ,Unteilbares Dtl.'.

Lob|ektom´ie [grch.] *die,* 💲→Lungenoperationen.

Lob´elie *die,* Gattung der Glockenblumengewächse. Eine nordamerikan. Art liefert das giftige Alkaloid **Lobel´in,** Mittel gegen Atemlähmung. Zu L. gehören Djibarra und die Zierpflanze **Scharlachrote L.**

Lobito [luβ´itu, portug.], Hafenstadt in Angola, 40 000 Ew.; Industriebetriebe; Ausgangspunkt der Bahn nach Katanga und Sambia.

L´obositz, Lovosice [l´ɔvɔsitsε], tschechoslowak. Stadt in Nordböhmen, etwa 7600 Ew. - 1. 10. 1756 Sieg Friedrichs d. Gr. über die Österreicher.

Loc´arno, Bezirksstadt und Kurort im Kanton Tessin, Schweiz, am Nordende des Lago Maggiore, 13 500 Ew., hat altes Kastell; über der Stadt die Wallfahrtskirche Madonna del Sasso.

Locarnopakt, der 1925 in Locarno vereinbarte, in London unterzeichnete Vertrag, durch den sich das Deutsche Reich (Stresemann), Frankreich und Belgien - unter Garantie Englands und Italiens - verpflichteten, die im Versailler Vertrag festgelegten dt. Westgrenzen und die entmilitarisierte Rheinlandzone zu achten. Am 7. 3. 1936 erklärte Hitler den L. für hinfällig und ließ Truppen ins Rheinland einrücken.

Locat´elli, Pietro, italien. Geiger und Komponist, * 1695, † 1764.

Loccum, Gem. in Ndsachs., westl. des Steinhuder Meeres, 3300 Ew. Das ehem. Zisterzienserkloster (1163 gegr.) wurde 1593 evangelisch, 1820 luther. Predigerseminar, 1952 evang. Akademie.

Loch, irisch **Lough** [lɔx, lɔk, gälisch], See, Meeresbucht.

L´ochamer Liederbuch, Lochheimer Liederbuch, Minneliederhandschrift, entstanden zwischen 1450-60, benannt nach dem Nürnberger Wolflin von Lochamer.

Locheisen, Werkzeug zum Stanzen von Löchern; ähnlich **Locher** und **Lochzange.**

Löcherpilze, Porlinge, eine Familie der Basidienpilze mit vom Hutfleisch kaum ab-

lösbarer Röhrenschicht, meist an Holz lebend **(Baumschwamm).** Eßbar ist z. B. der **Eichhase,** sehr schädlich der holzzerstörende **Hausschwamm.**

L´ochien [grch.] *Mz.,* 💲 der Wochenfluß (→Wochenbett).

Lochkamera, C´amera obsc´ura, der einfachste photograph. Apparat, ein lichtdichter Kasten mit einem sehr kleinen Loch in der einen und einer Mattscheibe (oder dem Aufnahmematerial) in der gegenüberliegenden Wand. Es entsteht ein umgekehrtes, seitenvertauschtes, scharfes Bild auf der Mattscheibe.

Lochkarte, eine Karte, in der Daten durch Lochungen eingetragen werden, um sie nach verschiedenen Gesichtspunkten zu sortieren und auszuwerten, meist mit 80 Spalten; der Kartenaufdruck dient nur zur Prüfung der Lochungen. Die L. werden vom Stapel nacheinander in **L.-Maschinen** eingezogen und mittels Tastern zu Rechen- oder Sortiervorrichtungen geleitet. In **Sortiermaschinen** werden die L. nach gewünschten Lochkombinationen geordnet, in **Tabelliermaschinen** können Querübertragungen gemacht, aus den ursprüngl. Zahlen neue berechnet, aufgeschrieben oder eingestanzt werden. **Rechenlocher** dienen zum Multiplizieren und/oder Dividieren eingelochter Daten.

Lochner, Stefan, Hauptmeister der Altkölner Malerschule, * um 1410, † 1451, seit

S. Lochner: Engel, Ausschnitt aus ,Muttergottes in der Rosenlaube' (Köln, Wallraf-Richartz-Museum)

etwa 1430 in Köln, malte Altarwerke (Dreikönigsbild, Kölner Dom; Darbringung im Tempel, Darmstadt, Museum), Andachtsbilder (Muttergottes in der Rosenlaube, Köln, Wallraf-Richartz-Museum).

Loch Ness [-nes], See in Nordschottland, Teil des Kaledonischen Kanals, 52 km² groß, 36 km lang, durchschnittlich 1,5 km breit, bis 230 m tief; bekannt durch Berichte über ein angebl. Meeresungeheuer.

Lochsteine, Lochziegel, Mauersteine mit Hohlräumen, für leichte Wände.

Lochstickerei, eine Weißstickerei; das Muster entsteht durch umstickte Löcher.

Lochstreifen, ein gelochtes Band zur Ein- und Ausgabe von Zeichen bei Fernschreibmaschinen und Rechenanlagen, auch zum Steuern von Werkzeugmaschinen.

Lochstreifenkarte, eine Verbindung von Karteikarte und Lochstreifen; zur Speicherung von Festdaten (Kundenkartei, Artikelkartei) sowie als Warenbegleitkarte und Auszeichnungsetikett.

Locke [lɔk], John, engl. Philosoph, * 1632, † 1704, Begründer des engl. Empirismus, vertrat die Lehre vom Gesellschaftsvertrag als dem Rechtsgrund des Staates und gründete darauf die Forderungen der Volkssouveränität und der Gewaltenteilung. Seine Gedanken begründeten das Zeitalter der Aufklärung.

Lockheed Aircraft Corp. [lˈɔkhiːd ˈɛːkraːft-], Burbank (Calif.), drittgrößtes amerikan. Unternehmen der Luftfahrtind.; gegr. 1932; Kap. 235 Mill. $ (1969), Beschäftigte: 84 580 (1970).

Lockspitzel, geheimer Beauftragter, der Verdächtige zur Offenbarung ihrer Gesinnung oder zu strafbaren Handlungen anreizen soll (**Agent provocateur**).

Lockstoffe, →Attractants.

Lockyer [lˈɔkjə], Sir Joseph Norman, engl. Astrophysiker, * 1836, † 1920, Pionier der Astrophysik, erfand die spektroskop. Methode zur Beobachtung der Sonnenprotuberanzen, entdeckte das Helium.

l'oco [lat.], **1)** am Orte. **loco citato,** Abk. **loc. cit.** oder **l. c.,** an angeführten Ort, a. a. O. **2)** ♪ Bez. für die Aufhebung eines vorausgegangenen Oktavenzeichens.

Lod, Stadt in Israel, im SO von Tel Aviv, 27 100 Ew.; internat. Flughafen.

Loden der, Streichgarngewebe aus Wolle oder Halbwolle in Tuch- oder Köperbindung für Wetter-, Jagd-, Sportkleidung.

L'oderer, Eugen, Gewerkschaftler und Politiker (SPD), * 1920, war 1968-72 stellvertr. Vors., ist seit 1972 Vors. der IG Metall.

Lodge [lɔdʒ], **1)** Henry Cabot, amerikan. Historiker und Politiker (Republikaner), * 1850, † 1924, bekämpfte nach 1918 die Völkerbundspläne Wilsons.
2) Henry Cabot, amerikan. Politiker (Republikaner), Enkel von 1), * 1902, 1952-60 Vertreter der USA beim der UNO, 1965-67 Botschafter in Südvietnam, 1967-69 in der Bundesrep. Dtl.; 1969 amerikan. Verhandlungsleiter bei den Pariser Friedensgesprächen über Vietnam, 1970 persönl. Vertreter des Präs. beim Hl. Stuhl.

Lodi, Stadt in der italien. Prov. Mailand, an der Adda, 43 300 Ew.; Majolikaherstellung, Wollind. u. a.; Stickstoffwerke; roman. Dom (geweiht 1163).

Lodz [lɔtʃ], poln. **Łódź** [łutʃ], Hauptstadt der Woiwodschaft Ł., Polen, 761 800 Ew.; Universität; Textil- u. a. Industrie.

Löffel Mz., ♀ Hasen-, Kaninchenohren.

Löffel|ente, Wildente im N Europas, Asiens, Amerikas; metallisch grün, grau, weiß, braun, mit Löffelschnabel.

Löffelhund, →Hunde.

Löffelkraut, ein weißblütiger Kreuzblüter mit scharfem Kraut (**Bitterkresse**), an feuchten Stellen und auf Salzwiesen; Volksarznei, im MA. bes. gegen Skorbut.

Löffler, fälschlich **Löffelreiher,** den Ibissen verwandte Schreitvögel: der **Weiße L.,** weiß mit schwarzem Schnabel, in Europa und Asien; der rosenrote **Rosa-L.** in Mittel- und Südamerika.

Löffler, Friedrich, Hygieniker, * 1852, † 1915; entdeckte 1882 den Erreger der Rotzkrankheit der Pferde und 1884 das Diphtheriebakterium.

L'ofot-Inseln, L'ofoten, baumlose, felsige Inselgruppe in N-Norwegen, südwestl. der Vesterål-Inseln. Kabeljaufischerei, Fischverarbeitung. Hauptort: Svolvær.

log, Abk. für **Log**arithmus.

Log das, Gerät zum Messen der Geschwindigkeit von Schiffen. Beim **Hand-L.** wird an der am durch Knoten unterteilten Logleine befestigtes, mit Blei beschwertes Brettchen ins Wasser geworfen; die während der Laufzeit des Logglases (Sanduhr) ablaufenden Knoten werden gezählt. Das **Patent-L.** ist ein Schraubenpropeller, dessen Umdrehungen an Zählwerk angezeigt werden.

Logan, →Mount Logan.

Logar'ithmus der, Exponent einer Potenz; z. B. ist in $5^3 = 125$ die Zahl 3 der L. des **Numerus** 125 zur **Basis** 5, $^5\!\log 125 = 3$. Meist werden die **dekadischen** oder **Briggsschen** L. benutzt, die zur Basis 10 haben; Zeichen **lg.** Es ist also lg 100 = 2, lg 10 000 = 4 usw. (wegen $10^2 = 100$, $10^4 = 10000$), ferner aber auch lg 2 = 0,3010, lg 20 = 1,3010. Die Zahl links vom Komma heißt **Kennzahl,** die rechts vom Komma **Mantisse.** Die Mantissen sind in **L.-Tafeln** zusammengestellt. Durch Bilden der L. (**Logarithmieren**) läßt sich Multiplizieren auf Addieren, Dividieren auf Subtrahieren zurückführen. In der höheren Mathematik werden die **natürlichen L.,** Zeichen **ln,** mit der Basis e = 2,71828 . . . viel benutzt.

Logau, Friedrich Freiherr von, Dichter, * 1604, † 1655; Epigramme.

Logbuch, ↘ ⚓ gesetzlich vorgeschriebenes Tagebuch, in das alle nautisch wichtigen Beobachtungen, Vorkommnisse usw. eingetragen werden.

Loge [lˈoʒə, frz.] die, **1)** Laube, im Theater ein kleiner, teilweise abgeschlossener Raum mit wenigen Zuschauerplätzen. **2)** Raum für den Pförtner (Portier-L.). **3)** Vereinigung und Versammlungsraum der Freimaurer u. a. Bünde.

Logger der, ein Heringsfangschiff mit Dieselmotorantrieb und Hilfsbesegelung.

Loggia [lˈɔddʒa, ital.] die, -/...ggien, **1)** offene gewölbte Bogenhalle, entweder frei stehend oder im Erd- oder Obergeschoß eines Baus. **2)** in Wohnhäusern: ein Raum vorn, oft auch seitlich offener Raum.

L'ogik [grch.] die, die Lehre des folgerichtigen Denkens; Notwendigkeit, Zwangsläufigkeit. Im engeren Sinne ist die L. die Lehre von den formalen Beziehungen zwischen Denkinhalten, deren Beachtung im tatsächl. Denkvorgang für dessen (,logische') Richtigkeit entscheidend ist.

Logis [lɔʒˈi, frz.] das, **1)** ✿ Wohnung. **2)** auf Handelsschiffen der Mannschaftsraum.

l'ogisch, gemäß der Logik, folgerichtig.

Log'istik, 1) die →mathematische Logik. **2)** innerhalb der militär. Führung der Bereich der gesamten materiellen Versorgung der Truppe. Die L. wird wahrgenommen durch die General-(Admiral-)Stababteilung G4/A4 der Kommandobehörden.

Logiz'ismus, in der mathemat. Grundlagenforschung der Versuch, die Mathematik auf ein System logischer Grundsätze zu gründen. Hauptvertreter sind G. Frege, A. N. Whitehead, B. Russell, O. Quine.

Logopädie [grch.], Heilerziehung von Sprachkranken, -gehemmten und -gestörten.

L'ogos [grch.] der, **1)** Wort, Rede, **2)** Gedanke, Begriff. **3)** Sinn, Vernunft des Menschen, der Welt, zuletzt Gottes.

Logroño [lɔɣrˈoɲo], **1)** Provinz in N-Spanien, 5034 km², 231 700 Ew. **2)** Hauptstadt von 1), am oberen Ebro, 71 100 Ew.; Weinbau; Textil-, Konservenindustrie.

Lohe die, zerkleinerte gerbstoffreiche Rinden und Baumfrüchte; Gerbmittel.

Löhe, Johann Konrad Wilhelm, evang. Theologe, * 1808, † 1872, gründete die **Neuendettelsauer Missionsanstalt** (1846) und das Diakonissenmutterhaus (1854).

Loheland-Schule für Gymnastik, Landbau und Handwerk, bei Dirlos (Rhön), gegründet 1911.

Lohengrin, Sagenheld aus dem Grals-

kreis, Sohn des Parzival. Romant. Oper von Richard Wagner (Uraufführung 1850).

Lohenstein, Daniel Casper von (1670), Dichter, * 1635, † 1683; Tragödien, Roman.

Lohgerber, Hersteller kräftiger Ledersorten; Gegensatz: Weißgerber.

Lohkrankheit, eine Baumkrankheit mit Auftreibungen an Zweigen und Wurzeln, die zu lohfarbigem Pulver zerfallen.

Lohmar, eine gebildete Gem. in Nordrh.-Westf., 18 100 Ew.

Lohn, das Entgelt für eine Arbeitsleistung, bes. bei Arbeitern, auch das auf Arbeit beruhende Einkommen; bei Beamten und Angestellten spricht man von **Gehalt.**
Der L. ist meist **Geld-L.;** dabei ist zu unterscheiden zwischen dem **Nominal-L.,** dem Geldbetrag in bestimmter Höhe, und dem **Real-L.,** der besagt, welche Menge an Gütern man für den Geldbetrag kaufen kann. **Natural-L.,** das Entgelt in lebenswichtigen Gütern (Verpflegung, Wohnung), ist für Hausangestellte und landwirtschaftl. Arbeiter zulässig, für allgemeine Arbeiter und Angestellte verboten (Truckverbot).
Lohnformen: Der **Zeit-L.** (Stunden-L.) wird nach der Arbeitszeit berechnet; beim →Akkordlohn wird eine bestimmte Arbeitsleistung zugrunde gelegt; beim **Prämien-L.** werden zusätzlich Prämien für besondere Leistungen, z. B. sparsamen Materialverbrauch, gezahlt. - Die Arbeiter werden nach Art ihrer Arbeit in den Tarifverträgen in L.-Gruppen eingestuft, wobei jede Gruppe in ein prozentuales Verhältnis zum →Ecklohn gesetzt ist. Für Mehr-, Sonn- und Feiertags-, Nachtarbeit werden **L.-Zuschläge** gewährt. Aus dem tarifl. Stunden-L., Zuschlägen, Arbeitszeit wird der **Brutto-L.** des Arbeiters (**L.-Empfänger**) berechnet.
Die **L.-Politik** umfaßt die Bestrebungen und Maßnahmen zur Beeinflussung des gesamten L.-Niveaus oder des L. einzelner Arbeitnehmergruppen. Sie liegt in der Bundesrep. bei den Gewerkschaften und den Arbeitgeberverbänden. Die gewerkschaftl. L.-Politik ist auf Erhaltung und Steigerung des Real-L. gerichtet; ihre Mittel sind L.-Forderungen und L.-Kämpfe (Streiks). Auf seiten der Arbeitgeberverbände ist in der Lohnpolitik der betriebswirtschaftl. Kostengesichtspunkt bestimmend.

Lohnabrechnung, die Lohnbuchführung.

Lohnabzüge, die Einbehaltung der Steuern und Sozialversicherungsbeiträge vom Bruttolohn (→Lohnbeleg).

Lohnausgleich, die Erhöhung der Stundenlöhne bei Arbeitszeitverkürzungen, damit keine Kürzung der Verdienste eintritt.

Lohnbeleg, die Angaben auf Lohnstreifen, Lohntüten oder Lohnzetteln über die Höhe des Bruttolohns, der Abzüge und des auszuzahlenden Nettolohns.

Lohnbuchführung, der Teil der betriebl. Buchführung, der die Löhne und Lohnabzüge berechnet.

Lohndiener, stunden- oder tageweise tätiger Bedensteter gegen Entgelt (Lohn).

Lohndumping, das soziale →Dumping.

Lohne, Stadt in Ndsachs., 15 900 Ew.

Löhne, Stadt in Nordrh.-Westf., 37 000 Ew.; Holz-, Metallverarbeitung, Polstermöbelherstellung.

Lohnfortzahlung, Weiterzahlung des Lohns im Krankheitsfall an gewerbl. Arbeitnehmer durch die Arbeitgeber, Ges. v. 12. 7. 1969, in Kraft seit 1. 1. 1970.

Lohngesetz , →ehernes Lohngesetz.

lohnintensive Betriebe, Betriebe, deren Kosten für Löhne und Gehälter die Material- und Kapitalkosten übersteigen, z. B. im Bergbau.

Lohnkosten, die Bruttolöhne, die ein Betrieb in einem Zeitraum zahlt.

Lohnnebenkosten, die gesetzlichen, tariflichen und zusätzlichen Sozialaufwendungen der Betriebe; sie machen rd. 44%

Lohn

der Lohn- und Gehaltssumme (ohne Soziallöhne und -gehälter) aus.

Lohnpfändung, Gehaltspfändung, ♐ in der Zwangsvollstreckung die in beschränktem Umfang mögliche Pfändung noch nicht ausgezahlter Lohn- und Gehaltsforderungen (§§ 850 ff. ZPO.). Unpfändbar sind neben bestimmten Sonderzulagen u. a. das Nettoeinkommen bis 338 DM monatlich (78 DM wöchentlich, 15,60 DM täglich); Zuschlag für die erste unterhaltsberechtigte Person, die der Schuldner versorgen muß: 130 DM (30 DM, 6 DM), für jede weitere: 91 DM (21 DM, 4,20 DM), bis zu insgesamt 832 DM (192 DM, 38,40 DM). Bei Einkommen über 832 DM bleiben ³/₁₀ des Mehrbetrages pfändungsfrei, dazu ²/₁₀ für die erste unterhaltsberechtigte Person, ¹/₁₀ für jede weitere, bis zu höchstens ⁹/₁₀ des Mehrbetrages. Beträge über 2509 DM Nettoeinkommen monatlich (579 DM, 115,80 DM) sind voll pfändbar. - In Österreich gilt eine ähnliche Regelung, in der Schweiz besteht keine gesetzliche Pfändungsgrenze.

Lohn-Preis-Spirale, das Anziehen der Löhne als Folge von Preissteigerungen und das Steigen der Preise als Folge von Lohnerhöhungen.

Lohnquote, der Anteil der Arbeitseinkommen am Volkseinkommen.

Lohnsteuer, die Einkommensteuer für Einkünfte aus nichtselbständiger Arbeit von bestimmter Höhe an; sie wird durch Steuerabzug vom Arbeitslohn erhoben, ist vom Arbeitgeber bei der Lohnzahlung einzubehalten und an das Finanzamt abzuführen. Der L. unterliegen alle Einnahmen, die dem Arbeitnehmer aus einem Arbeitsverhältnis in bar oder in Sachwerten zufließen, mit Ausnahme von Zuschüssen zu Mahlzeiten und, in gewissen Grenzen, von Reiseentschädigungen. Steuerfrei sind die Zuschläge für Sonntags- oder Nachtarbeit. Seit 1960 wird ein Weihnachtsfreibetrag von 100 DM gewährt; der seit 1965 jährlich gewährte Arbeitnehmerfreibetrag von 240 DM erhöht sich bei vermögenswirksamer Anlage auf 624 DM (nach dem 3. Vermögensbildungs-Ges. v. 27. 6. 1970). In der amtl. **L.-Tabelle** sind Pauschbeträge für Werbungskosten (564 DM) und Sonderausgaben (936 DM) bereits berücksichtigt; für darüber hinausgehende Beträge sowie für außergewöhnliche Belastungen können Freibeträge auf der L.-Karte eingetragen werden. Durch die Steuerreform vom 16. 11. 1964 wurden sechs **Steuerklassen** geschaffen. Klasse I: Unverheiratete unter 50 Jahre und ohne Kinder; Klasse II: Unverheiratete über 50 Jahre oder mit Kindern; Klasse III: Verheiratete, wenn nur ein Ehegatte erwerbstätig ist oder der andere Ehegatten Klasse V eingetragen ist sowie Verwitwete mit Kindern; Klasse IV: Verheiratete, die beide erwerbstätig sind; Klasse V: auf Antrag ein Ehegatte, wenn beide erwerbstätig sind (für den anderen wird Klasse III eingetragen); Klasse VI: Arbeitnehmer, die in mehr als einem Dienstverhältnis stehen. Die von der Gemeindebehörde jährlich ausgestellte **L.-Karte** hat der Arbeitnehmer dem Arbeitgeber zu übergeben. Die Gesamtbeträge des Lohns und der L. werden zum Jahresende auf der L.-Karte bescheinigt; Arbeitnehmer mit schwankendem Arbeitslohn können auf Antrag im **L.-Jahresausgleich** vom Finanzamt, z. T. auch vom Arbeitgeber, die zuviel gezahlte L. rückvergütet bekommen.

Lohnsummensteuer, eine Form der Gewerbesteuer, bei der die Summe der Löhne und Gehälter Besteuerungsgrundlage ist.

Lohnwerk, eine Form der handwerkl. Herstellung: der Auftraggeber liefert den Rohstoff, der Handwerker die Arbeit.

Lohr a. Main, Stadt in Unterfranken, Bayern, 10 400 Ew.; eisen- und holzverarbeitende u. a. Ind.; Stadtpfarrkirche (13., 14. Jahrh.), Rathaus (1599-1601).

Loiblpaß, 1368 m hoher Straßenpaß in den Karawanken, verbindet das Klagenfurter Becken mit Krainburg im Savetal in Slowenien.

Loir [lwa:r] der, linker Nebenfluß der Sarthe in W-Frankreich, 310 km lang.

Loire [lwa:r] die, der größte Fluß Frankreichs, 1010 km lang, kommt von den Cevennen, mündet bei St. Nazaire in den Atlant. Ozean; durch Kanäle mit der Seine, Saône und mit Brest verbunden.

Loire [lwa:r], Dép. im franzöz. Zentralmassiv, 4799 km², 722 400 Ew.; Hauptstadt: Saint-Etienne.

Loire-Atlantique [-atlät'ik], Dép. in W-Frankreich, 6980 km², 861 500 Ew.; Hauptstadt: Nantes.

Loire-Schlösser, Gruppe malerischer, z. T. historisch bedeutender Schlösser entlang der Loire, hauptsächlich im 15. und 16. Jahrh. errichtet, z. B. Amboise, Blois, Chambord, Chenonceaux, Valencay.

Loiret [lwar'ε], Dép. in Mittel-Frankreich, 6812 km², 430 600 Ew., Hauptstadt: Orléans.

Loir-et-Cher [lwa:rεʃ'ε:r], Dép. in Mittel-Frankreich, 6422 km², 267 900 Ew.; Hauptstadt: Blois.

Loisach, linker Nebenfluß der Isar, entspringt im Leermooser Becken in Tirol, mündet bei Wolfratshausen, 120 km lang.

Loiseleuria [lwazl'œria] die, eine Azalee, die →Alpenheide.

Loisy [lwaz'i], Alfred, französ. Religionshistoriker und -philosoph, * 1857, † 1940, von der Kath. Kirche 1908 exkommuniziert; ein Haupttheologe des Modernismus.

Lo-Johansson [lu:j'u:hansɔn], Ivar, schwed. Erzähler, * 1901; naturalist. Romane und Novellen.

lokʼal [lat.], örtlich, räumlich, auf einen Ort beschränkt. **Lokal** das, **1)** Wirtschaft, Gaststätte. **2) Lokalität,** Örtlichkeit, Raum.

Lokʼalanästhesie die, örtl. →Schmerzbekämpfung.

Lokalderby, ✗ Wettkampf zweier am selben Ort ansässiger Vereinsmannschaften.

lokale Nebelgruppe, eine selbständige, zusammengehörige Gruppe von etwa 15 nahen Sternsystemen, die mit dem System der Milchstraße eine lokale Verdichtung in dem allgem. Feld der Nebel bilden. Zu ihr gehören der Andromedanebel und die beiden Magellanschen Wolken.

Lokalfarbe, die in einem Gemälde wiedergegebene Eigenfarbe eines Gegenstandes.

lokalisʼieren, 1) beschränken, begrenzen. **2)** den Entstehungsort feststellen. **Lokalisation** die, örtl. Festlegung. ☨ Beschränkung einer Seuche auf ein kleines Gebiet oder eines Krankheitsvorgangs auf einen begrenzten Teil des Körpers.

Lokalstück, volkstümliches, oft humorvolles Theaterstück, das Sitten, Ereignisse und Dialekt einer bestimmten Stadt spiegelt.

Lokaltermin, ein gerichtlicher Termin außerhalb des Gerichtssitzes, z. B. am Tatort oder zur Zeugenvernehmung.

Lʼokativ [lat.] der, ⓢ Beugefall, der die Lage angibt.

Lʼoki, german. Mythologie: Feuerdämon, Dämon des Weltuntergangs, auch der Spaßmacher unter den Göttern, bewirkt heimtückisch den Tod des Gottes Baldr.

LOKOMOTIVE

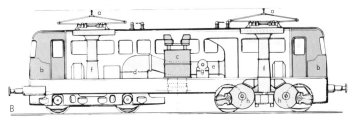

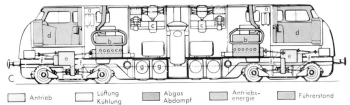

Antrieb — Lüftung Kühlung — Abgas Abdampf — Antriebsenergie — Führerstand

A *Schematischer Schnitt durch eine Schnellzug-Dampflokomotive 2′ C 1′ der Deutschen Bundesbahn (DB) Baureihe 001, Höchstgeschwindigkeit 140 km/h (1937): a Führerstand, b Feuerung, c Rauchrohrkessel, d Dampfdom, e Dampfpfeife, f Sicherheitsventil, g Schieberkasten, h Zylinder mit Kolben, k Treibstange, m Kuppelstange, n Schornstein, o Funkenfänger, p Treibräder, q Laufräder.* **B** *Schematischer Schnitt durch eine Elektrische Schnellzuglokomotive Bo′ Bo′ (DB) Baureihe 110, Höchstgeschwindigkeit 130 km/h (1950): a Stromabnehmer, b Führerstände, c Hauptumspanner, d Ölkühler, e Lüfter für Ölkühler, f Vertikallüfter für Fahrmotoren, g Motorluftpumpe, h Fahrmotoren.* **C** *Schematischer Schnitt durch eine 2000-PS-Diesellokomotive B′ B′ (DB) Baureihe 220, Höchstgeschwindigkeit 140 km/h (1954): a Kraftstoffbetriebsbehälter, b Dieselmotoren, c Kühler, d Führerstände, e Flüssigkeitsgetriebe, f Gelenkwellen, g Kraftstoffbehälter*

L'okogeschäft, an Warenbörsen ein Geschäftsabschluß, bei dem sofortige Lieferung zu erfolgen hat **(Kassageschäft).**

Lokomob'ile die, eine fest mit dem Dampfkessel verbundene Dampfmaschine.

Lokomoti'on [lat.], Ortsveränderung, Fortbewegung. **lokomot'orisch,** nicht ortsfest, beweglich; der Fortbewegung dienend.

Lokomot'ive, Abk. **Lok,** Zugmaschine der Eisenbahnen. Der auf dem Laufwerk ruhende Rahmen trägt das Triebwerk und den übrigen Aufbau. Das Laufwerk umfaßt Lauf- und Treibachsen. **Dampf-L.** haben einen mit Holz, Torf, Kohle oder Öl geheizten →Dampfkessel, der den Dampf für die Dampfmaschine erzeugt; deren Kraft wird über Treib- und Kuppelstangen auf die Treibräder übertragen. Dampfbetriebene **Schnellzug-L.** (Treibraddurchmesser 1,8 bis 2,0 m) haben mehrere Kuppelachsen, vorauslaufendes Laufdrehgestell und zum Teil eine hintere Laufachse; **Personenzug-L.** (1,5 bis 1,7 m Treibraddurchmesser) haben mehrere Kuppelachsen, vorauslaufendes Drehgestell oder Laufachse und oft hintere Laufachse; **Güterzug-L.** (1,25-1,6 m Treibraddurchmesser) bis zu sechs Kuppelachsen und vordere, selten hintere Laufachse; **Schlepptender-L.** führen im Tender größere Kohlen- und Wasservorräte mit; **Tender-L.** haben die Kohlen in Kästen an der Führerhausrückwand und das Wasser in Behältern beiderseits des Kessels und innerhalb des Rahmens. **Gelenk-L.** besitzen mehrere gelenkig miteinander verbundene Triebgestelle. Antriebsmaschine der **Turbo-L.** ist eine Dampfturbine. Bei **turbo-elektr. L.** erzeugen turbinengetriebene Generatoren den Strom für Elektro-Fahrmotoren. Die **elektr. L.** erhält den Strom unmittelbar mit besonderer Leitung oder Schiene über Stromabnehmer oder mittelbar durch Speicherung in Akkumulatoren-Batterien **(Akkumulatoren-L.).** Am weitesten verbreitet ist die Einphasen-Wechselstrom-L. für 16²/₃ Hz. Der Strom wird aus der Fahrleitung mit 15 000 Volt Spannung entnommen. Die meisten elektr. L. haben Fernsteuereinrichtung, durch die oder ein Kabel entweder eine zweite unbemannte L. mitgesteuert oder von einem Steuerwagen aus ferngesteuert werden kann. Die **Brennkraft-L.** wird durch Dieselmotoren, Vergasermotoren, auch durch Gasturbinen angetrieben. Von diesen hat die **Diesel-L.** die größte Verbreitung gefunden. Die Antriebskraft wird vom Motor über Zahnradstufengetriebe oder Flüssigkeitsgetriebe **(diesel-hydraul. L.,** in Dtl.) oder Druckluft oder unter Zwischenschalten eines Gleichstromgenerators und der Fahrmotoren **(diesel-elektr. L.,** in anderen Ländern) auf die Achsen übertragen. **Druckluft-L.** (vorwiegend in Bergwerken) werden durch mitgeführte Druckluft betrieben.

Lokomotivführer, Maschinist zum Führen von Lokomotiven. Die Anwärter werden nach sechsmonatiger vorbereitender Beschäftigung in der Unterhaltung von Triebfahrzeugen 1 Jahr lang zum L. ausgebildet.

L'okoware, sofort verfügbare Ware.

L'okris, zwei altgriech. Landschaften: an der Küste gegenüber Euböa und am Nordufer des Golfs von Korinth.

Lok Sabha, seit 1954 das ,Haus des Volkes' (Unterhaus) im ind. Parlament.

Lolch der, eine Grasgattung mit zweiseitig abgeflachten Ährchen: **Ausdauernder L. (Wiesen-L., Raygras),** ohne Grannen; **Italien. L.,** mit Grannen; beide Futtergräser. **Taumel-L.,** Samen giftig.

Lolland, Laaland [l'ɔlan] dänische Insel südlich von Seeland, 1241 km², 82 000 Ew.; bedeutender Zuckerrübenanbau.

Loll(h)arden, 1) anfängl. Beiname der Alexianer. **2)** die Anhänger Wycliffs.

L'olo, tibetobirman. Sprach- und Volksgruppe in SW-China und im nördl. Hinterindien.

Lomb'ard der oder das, Beleihung.

Lombard'ei die, Landschaft und Region in Norditalien, 23 834 km², 8,4 Mill. Ew., mit der Po-Ebene als Kerngebiet; Hauptstadt: Mailand. Benannt nach den 569-774 dortherrschenden Langobarden, durch Karl d. Gr. ein Teil des Fränk., durch Otto d. Gr. 951 ein Teil des Deutschen Reichs. Im 11. Jahrh. blühten die Städte rasch empor; sie unterstützten als Lombard. **Bund** unter Führung Mailands die Päpste im Investurstreit und gegen die Staufer. Seit Ende des 14. Jahrh. bildete der größte Teil der L. das Hzgt. Mailand, 1535 spanisch, 1714-97 und 1815-59 österreich. **(Lombardo-Venezianisches Königreich).**

Lomb'arden, urspr. Bez. für privilegierte christl. Kaufleute aus lombard. Städten, die, ähnlich den Juden, Geld gegen Zins leihen durften (daher z. B. Lombardgeschäft), spätestens seit dem 13. Jahrh. italien. Kaufleute in Frankreich, England und den Niederlanden.

Lombardgeschäft, die Gewährung von Bankkredit gegen Verpfändung von Waren und Wertpapieren **(Lombardkredit).** Über das Pfand erhält der Darlehnsnehmer in der Regel einen Pfandschein **(Lombardschein).** Beliehen werden durch die Dt. Bundesbank bes. die in Lombardlisten zusammengestellten beleihbaren Wertpapiere; der Zinsfuß **(Lombardsatz)** liegt in der Regel 1% über dem Diskontsatz.

lombard'ieren, beleihen; verpfänden. **Lomb'ardo,** vom Luganer See stammende Baumeister- und Bildhauerfamilie in Venedig; **Pietro** († 1515) schuf außer Grabmälern die Kirche S. Maria dei Miracoli (1481 bis 1489) gemeinsam mit seinen Söhnen **Antonio** († um 1516?) und **Tullio** († 1532).

Lombard Street [l'ɔmbəd striːt], Straße in London, einst Sitz großer Bankinstitute; auch der engl. Geldmarkt selbst.

L'ombok, eine der Kleinen Sunda-Inseln, Indonesien, 5435 km², 1,3 Mill. Ew. Anbau von Reis, Mais, Tabak; Viehzucht.

Lombr'oso, Cesare, italien. Arzt, * 1836, † 1909; vertrat die Lehre vom ,geborenen Verbrecher', untersuchte die Beziehungen zwischen Genie und Irrsinn.

L'ome, Hauptstadt der Rep. Togo, 90 600 Ew., Ausgangspunkt von 3 Bahnlinien; moderner Tiefwasserhafen.

Lomnitz, Marie Louise, * 1863, † 1946, förderte den Blindenunterricht, u. a. durch systemat. Punktschrift-Typographie.

Lomond [l'oumənd] **1) Ben L.,** Berg in Schottland, 973 m hoch. **2) Loch L.,** der größte See (85 km²) Großbritanniens, im mittleren Schottland.

Lomon'ossow, bis 1948 **Oranienbaum,** Hafenstadt am S-Ufer des Finn. Meerbusens, Russ. SFSR, 32 000 Ew.; Industriekombinat, Gießereien, mechan. Werkstätte, Ziegeleien.

Lomon'ossow, Michail Wassiljewitsch, russ. Gelehrter, * 1711, † 1765, bemühte sich um Ausbildung einer wissenschaftl. Chemie; seine philolog. Arbeiten förderten die russ. Schriftsprache; schrieb Oden.

Lomonossow-Land, russ. Name von →Franz-Josef-Land.

London [l'ʌndən], die Hauptstadt des Vereinigten Kgr. von Großbritannien und Nordirland und des Commonwealth, an beiden Ufern der brückenreichen Themse (z. B. Tower Bridge, Chelsea Bridge, Westminster Bridge), 75 km oberhalb ihrer Mündung. London ist Sitz der brit. Regierung (→Downing Street) und königl. Residenz (Buckingham-Palast). Die City von L. hat 4300 Ew. (Greater London 7,418 Mill. Ew.). Der größte Teil der Stadt wurde 1666 bei einem großen Brand zerstört, großen Anteil am dem klassizist. Wiederaufbau hatte Ch. Wren. Am Nordufer der Themse liegen im Zentrum die City, das Geschäftsviertel mit der Bank von England, die Guildhall (Rathaus), der Tower und die St.-Pauls-Kathedrale. Von der City führen die Fleet Street (Zeitungszentrum) und anschließend Strand in den flußaufwärts gelegenen Stadtteil Westminster. Vom Trafalgar Square führt Whitehall, die Straße der Ministerien, zum Parlamentsgebäude (1840-52) mit der Westminster Hall (1097 bis 1399) und dem Glockenturm ,Big Ben' und zur got. Westminster-Abtei (1245-69; mit Gräbern und Denkmälern engl. Könige und bedeutender Briten). Im N von Westminster die belebten Straßenviertel von Regent Street, Piccadilly u. a., nordwestl. der →Hyde Park. L. hat Universität, Brit. Museum, National-, Tate-Galerie u. a. Museen, Theater, botan. und zoolog. Gärten.

London: links Parlamentsgebäude; rechts Trafalgar Square

Es ist ein Mittelpunkt des Weltverkehrs (bedeutender Seehafen mit großen Docks und Lagerhäusern im O der Stadt), bedeutende Handels- und Industriestadt (Steine und Erden, Metallverarbeitung, Textilien, Bekleidungs-, Möbel-, Elektro-, Schwer-, chem. u. a. Ind.) mit Buch- und Zeitungsverlagen.
Geschichte. Schon das keltisch-röm. Londinium war eine wichtige Handelsstadt. Ende des 12. Jahrh. entstand die Verfassung der City (Mayor und Stadtrat), die vorbildlich für die übrigen engl. Stadtverfassungen wurde. Seit dem 17. Jahrh. Aufstieg zur lange Zeit volkreichsten Stadt der Erde. Der L. Government Act von 1899, 1963 abgewandelt, schuf die jetzige Verwaltungsorganisation.
London [l'∧ndən], Jack, eigentl. John **Griffith**, nordamerikan. Erzähler, * 1876, † (Selbstmord) 1916; Romane mit sozialist. Tendenz und Abenteuerromane, Tiergeschichten; ‚Ruf der Wildnis‘ (1903), ‚Wolfsblut‘ (1905), ‚Martin Eden‘ (1908), ‚Lockruf des Goldes‘ (1910) u. a. (Bild S. 757)
London Boroughs Mz., →Greater London.
Londonderry [l'∧ndən'deri], **1)** Gfsch. in Nordirland, 2075 km², 119000 Ew. **2)** Hauptstadt von **1)**, 55100 Ew.; Leinenerzeugung, Eisengießerei u. a. Industrie.
Londoner Akte, →Londoner Konferenzen und Vereinbarungen 7).
Londoner Konferenzen und Vereinbarungen: 1) Konferenz der Großmächte (1908 bis 1909) zur Regelung von Fragen des Seekriegsrechts **(Londoner Deklaration;** trat nicht in Kraft). - **2)** 1921 Reparationskonferenz, auf der das Londoner Ultimatum an das Dt. Reich beschlossen wurde. - **3)** 1930 Flottenkonferenz, auf der Großbritannien, die Verein. Staaten, Frankreich, Italien und Japan ihre Flottenneubauten begrenzten. - **4)** deutsch-brit. →Flottenabkommen von 1935. - **5)** 1945 Abkommen zwischen Frankreich, Großbritannien, der Sowjetunion und den Verein. Staaten über die Aburteilung von →Kriegsverbrechen. - **6)** das →Londoner Schuldenabkommen. - **7)** 1954 Neunmächtekonferenz, auf der die Beendigung der Besatzungsregimes in der Bundesrep. Dtl. und die Aufstellung dt. Truppen in neuen Formen beschlossen wurde (vertraglich festgelegt in Paris 23. 10. 1954). - **8)** 1954-57: Verhandlungen des Abrüstungsausschusses der Verein. Nationen.
Londoner Schuldenabkommen vom 27. 2. 1953; regelt die Rückzahlung der dt. Vorkriegs- (bes. Auslandsanleihen des Dt. Reichs, private Sonderkredite und Handelsschulden) und Nachkriegsschulden (bes. aus der Wirtschaftshilfe der Verein. Staaten) unter Erlaß eines Teils der Schulden. Die gesamte Auslandsverpflichtung aus dem L.S. betrug am 1. 1. 1971 noch 1,29 Mrd. DM.
London-Kräfte, ⊠ Anziehungskräfte zwischen Atomen oder Molekülen, die weder eine Ladung noch eine permanente Polarität aufweisen.
Londr'ina, Stadt im NO des brasilian. Bundesstaates Paraná, 226300 Ew., Mittelpunkt des jetzt wichtigsten Kaffeeanbaugebietes von Brasilien.
Long'ane [chines.] die, **Longanpflaume,** südostasiat. Seifennußgewächse, z. T. trop. Obstbäume mit pflaumengroßen Früchten.
Long Beach [lɔŋbi:tʃ], Hafenstadt und Seebad in Kalifornien, USA, 358600 Ew.; Erdöl- und Erdgaslagerstätten.
Longchamp, Longchamps [lɔʃ'ã], Pferderennbahn im Bois de Boulogne bei Paris.
Long Drink [engl.], Getränk aus Spirituosen, mit Sodawasser u. a. verdünnt.
Longe [lɔ̃ʒ, frz.] die, lange Leine, an der man Pferde zur Dressur im Kreise laufen läßt.
Longfellow [l'ɔŋfclou], Henry Wadsworth, * 1807, † 1882, nordamerikan. Dichter der Romantik, war Prof. für neuere Sprachen; Gedichte, Balladen, idyllisches

Hexametereopos ‚Evangeline‘ (1847), Indianerepos ‚Hiawatha‘ (1855); Übersetzungen europ. Dichtung.
L'ongford, irisch **An Longphort** [l'ɔŋford], Gfsch. in der Republik Irland, 1043 km², 29000 Ew.; Hauptstadt: L.
Longh'ena, Baldassare, * 1598, † 1682, Hauptmeister des venezian. Hochbarocks: S. Maria della Salute (1631-82), Palazzo Pesaro (1679 ff.) u. a.
L'onghi, Pietro, eigentl. **Falca,** italien. Maler, * 1702, † 1785, humorvolle Bilder vom venezian. Leben.

P. Longhi: Konzert (Venedig, Akademie)

Long Island [-'ailənd], Insel an der Ostküste der Verein. Staaten, gehört zum Staat New York, 4356 km² groß, durch den Long-Island-Sund vom Festland getrennt. Auf L. I. liegen Teile der Stadt New York (Brooklyn, Queens) und Seebäder.
longitudin'al [lat.], längs . . .
Long run-Analyse [-rʌn-, engl.], die Untersuchung sich über einen längeren Zeitraum erstreckenden Wirtschaftsprozesses.
Longton [l'ɔŋtən], Abk. **ltn.,** früheres engl. Gewicht = 1,016 t.
L'ongus, griech. Schriftsteller des 2. oder frühen 3. Jahrh. n. Chr.; Schäferroman ‚Daphnis und Chloe‘.
Longxuyen, Stadt in Süd-Vietnam, im Mekongdelta, über 200000 Ew.
Longyearbyen, Hauptort von →Spitzbergen und dem norweg. Verwaltungsgebiet Svalbard, rd. 700 Ew.
Lönnrot [l'œnru:t], Elias, finn. Volkskundler, * 1802, † 1884, urspr. Kreisarzt, schuf aus mündlich überlieferter Volksdichtung das Epos →Kalevala (1849).
Löns, Hermann, * 1866, † (gefallen) 1914, Dichter der niedersächs. Heide; Gedichte, Erzählungen, Tiergeschichten, Naturschilderungen; ‚Mein grünes Buch‘ (1901), ‚Mümmelmann‘ (1909). Romane ‚Der Wehrwolf‘ (1910), ‚Das zweite Gesicht‘ (1912) u. a.
Looping [l'u:piŋ, engl.] der, eine Figur im Kunstflug: das Fliegen eines senkrechten Kreises nach oben oder unten.
Loos, 1) Adolf, österr. Architekt, * 1870, † 1933, Vorkämpfer einer strengen, jedes Ornament verbannenden Sachlichkeit.
2) Cécile Ines, schweizer. Schriftstellerin, * 1883, † 1959; phantasievolle Romane.
L'ope de V'ega, span. Dichter, →Vega.
Lopes [l'ɔpiʃ], **Craveiro L.,** Francisco, portugies. General und Politiker, * 1894, † 1964, 1951-58 Staatspräsident.
López de Ay'ala [l'ɔpeθ-], Pero, Großkanzler von Kastilien, Schriftsteller,

* 1332, † 1407; Chronik; satir. Zeitgedicht.
Lop-nor der, wanderndes Seen- und Sumpfgebiet; Mündungsgebiet des →Tarim.
LORAN-System, ⟂ Abk. für long range navigation, ein Funknavigationsverfahren für große Entfernungen. Je zwei ortsfeste, synchron und mit gleicher Amplitude arbeitende Sender strahlen Impulse aus, deren Laufzeiten mit Hilfe einer Braunschen Röhre gemessen werden. Aus dem Laufzeitunterschied kann der Standort ermittelt werden.
L'orbeer der, Familie der Gattung Laurus, ein immergrüner Baum des Mittelmeergebiets mit weißl. Blüten. Die ledrigen Blätter dienen als Gewürz; die Samen der blauschwarzen Beere enthalten **L.-Öl,** das zu Einreibungen verwendet wird.
Lorbeerlinde, Steinlinde, ein in Laub, Blüte und Frucht dem Lorbeer ähnliches Ölbaumgewächs im Mittelmeerbereich.
L'orca, Stadt im südöstl. Spanien, 63700 Ew., hat maurisches Kastell. Landwirtschaft und Weinbau; Industrie.
L'orca, span. Dichter, →García Lorca.
Lorch, Stadt in Bad.-Württ., an der Rems, 6000 Ew., hat ehem. Benediktinerabtei (Grabmäler der Staufer).
Lorchakrieg, →chinesische Geschichte.
Lorchel die, morchelartige Schlauchpilze, z. B. Bischofsmütze und die als Morchelersatz gebrauchte **Speise-L.;** letztere enthält die giftige Helvellasäure.
Lörcher, Alfred, Bildhauer, * 1875, † 1962, schuf Bildnisbüsten, Aktfiguren.
Lord, in Großbritannien Titel des hohen Adels, auch Anrede für Bischöfe und Titel einzelner Bürgermeister (L. Mayor), der höchsten Richter und Beamten (Minister).
Lord Chancellor [-tʃ'a:nsələ], deutsch **Lordkanzler,** →Chancellor.
Lord Justice [-dʒ'∧stis], in Großbritannien ein Richter des Berufungsgerichts.
Lord Mayor [m'εə], der Oberbürgermeister von London u. a. brit. Städte.
Lord'ose [grch.] die, ⚲ die nach vorn gerichtete Krümmung der menschlichen Wirbelsäule im Hals- und im Lendenbereich.
Lore, zweirädriger Wagen mit Kippmulde.
Lorelei, auch **Loreley,** ein 132 m hoher Felsen über dem Rhein, oberhalb St. Goarshausen. Die Sage von einer die Menschen ins Verderben lockenden Zauberin L. ist wohl eine Erfindung Cl. Brentanos (‚Die Lore Lay‘).
Lorentz, Hendrik Antoon, niederländ. Physiker, * 1853, † 1928, Prof. in Leiden, entwickelte die Elektronentheorie, erklärte den Zeemaneffekt und wurde zu einem der Wegbereiter der Relativitätstheorie. Nobelpreis 1902 (mit P. Zeeman).
Lorenz, Konrad, österr. Verhaltensforscher, * 1903, Prof. in Königsberg, Dir. am Max-Planck-Institut für Verhaltensphysiologie in Seewiesen bei Starnberg; begründete die Verhaltensforschung als Bindeglied zwischen Human- und Tierpsychologie.
Lorenz'etti, Pietro und sein Bruder Ambrogio, italien. Maler, † beide vermutlich 1348; Pietro malte Fresken (Passion Christi) in der Unterkirche von S. Francesco in Assisi, Ambrogio die allegorischen Fresken des guten und schlechten Regiments im Rathaus zu Siena.
Lor'enzo M'onaco, eigentl. Piero **di Giovanni,** italien. Maler, * um 1370, † 1423 (oder1424),seit1391Kamaldulensermönch, der bedeutendste Maler des →weichen Stils in Florenz.
Lor'eto, Wallfahrtsort in der Prov. Ancona, Italien, 9100 Ew., mit dem ‚Heiligen Haus‘ (das Haus der Hl. Familie zu Nazareth, nach einer Legende Ende des 13. Jahrh. von Engeln nach L. gebracht).
Lorgnette [lɔrnj'et, frz.] die, **Lorgnon** [-nj'ɔ̃] das, Stielbrille.
L'ori [ostind.] der, **1)** Papagei, →Pinselzüngler. **2)** Halbaffe, →Loris.

Lorient [lɔrj'ā], Stadt im französ. Dép. Morbihan, in der Bretagne, 66 400 Ew., Kriegs- und Fischereihafen; Schiffbau.

Loriot [lɔrj'o, frz.], eigentl. Vico **von Bülow**, Zeichner und Karikaturist, * 1923.

L'oris Mz., Familie der Halbaffen; langsame Greifkletterer; nächtlich lebende frucht- und kleintierfressende Baumbewohner Afrikas (z. B. der **Potto**) und Asiens (z. B. der **Plumplori**).

Loerke, Oskar, Schriftsteller, * 1884, † 1941; seine Lyrik ist Ausdruck eines kosmischen Naturgefühls: ‚Pansmusik' (1929), ‚Der Silberdistelwald' (1934), ‚Der Wald der Welt' (1936). Erzählungen; Essays (‚Anton Bruckner', 1938).

Lorm, Hieronymus, eigentl. Heinrich Landesmann, österr. Schriftsteller, * 1821, † 1902; von Weltschmerz erfüllte Gedichte.

L'orokonto [ital. loro ‚deren'], Konto, das eine Bank für eine andere Bank als ihren Kunden (**Lorobank**) führt.

Lörrach, Stadt in Bad.-Württ., an der schweizer. Grenze, 32 900 Ew.; Textil-, pharmazeut. u. a. Industrie.

Lorrain [lɔr'ē], Claude, →Claude Lorrain.

Lorraine-Escaut [lɔrɛnɛsk'o], Paris, französ. Stahlkonzern, →Union Sidérurgique du Nord et de l'Est de la France (USINOR).

Lorris, Guillaume de, altfranzös. Dichter, schrieb den 1. Teil des →Roman de la Rose.

Lorsch, Gem. in Hessen, im Hess. Ried, 10 200 Ew. Von der 764 gegr., von Karl d. Gr. zur Reichsabtei erhobenen Benediktinerabtei ist die Torhalle erhalten. (Tafel Dt. Kunst II)

Lortz, Joseph, kath. Kirchenhistoriker, * 1887, führend in der kath. Reformationsforschung.

Lortzing, Albert, Komponist, * 1801, † 1851, Meister der volkstümlich-humorvollen deutschen Spieloper: ‚Zar und Zimmermann' (1837), ‚Der Wildschütz' (1842), ‚Der Waffenschmied' (1846), ‚Undine' (1845).

Los Álamos, Ort im Staat New Mexico, USA, 11 300 Ew., amerikan. Raketenentwicklungszentrum, bes. für nuklearen Antrieb.

Los Angeles [lɔs'ændʒiliːz], Stadt in Kalifornien, USA, 2,816 Mill., mit Vororten 7,0 Mill. Ew., eine der weiträumigsten Städte, mit vielen Teilstädten, im Stadtgebiet reicher Obstbau und große Erdölfelder. Industriemittelpunkt: Film (Hollywood), Flugzeuge, Kraftwagenmontage, Kautschuk, Erdölraffination u. a. Hafen (Long Beach); Universität; Mount-Wilson-Sternwarte.

P. Lorenzetti: Szene aus dem Altar der Heiligen Demut; 1341 (Florenz, Uffizien)

Los Casares, Höhle in der Provinz Guadalajara, Spanien, mit altsteinzeitl. Felsbildern.

Loschan, bis 1913 **Kiating**, Stadt in der Prov. Szetschuan, China, 150 000 Ew., Ausgangsort für die buddhist. Wallfahrten auf den Omeischan.

löschen, 1) Feuer bekämpfen. **2)** Frachtgüter aus Schiffen ausladen. **3)** tilgen, streichen (Schuld). **4)** Gebrannten Kalk mit Wasser versetzen.

Loschmidtsche Zahl, die Anzahl der Moleküle im Mol, ist für alle Stoffe gleich. $L = 6{,}02 \cdot 10^{23}$.

Löschung, die Beurkundung, daß ein in ein öffentl. Register (z. B. Grundbuch) eingetragenes Recht aufgehoben wird.

Loseblattausgabe, Veröffentlichung in zusammengefaßten Einzelblättern, die durch Fortsetzungs- und Berichtigungsblätter auf dem laufenden gehalten wird; zweckmäßig für Gesetzessammlungen u. ä.

Lose-Blatt-Buchführung, eine →Buchführung auf losen Karten und Blättern.

L'öser der, Blättermagen, →Wiederkäuer.

Losfest, →Purimfest.

Lošinj [l'oʃinj, kroat.], deutsch **Lussin**, italien. **Lussino**, Insel vor der Küste Kroatiens, Jugoslawien, 190 km² groß; Wein-, Öl-, Agrumenbau, Fischfang.

Loskauf, die Befreiung vom Militärdienst gegen eine Geldsumme, für die der Staat einen Stellvertreter beschaffte.

Löß der, gelbliches, lockeres Sediment, größtenteils Quarz mit Kalk, Tonerdesilicaten; sehr fruchtbarer Boden. Der L.

Albert Lortzing   Jack London

wurde in der Eiszeit vom Wind aus Moränen u. a. ausgeweht. Er ist standfest, bildet senkrechte Wände (Hohlwege); Vorkommen z. B. in der Magdeburger Börde.

L'osskij, Nikolaj, russ. Philosoph, * 1870, † 1965, Prof. in St. Petersburg, Prag, New York; lehrte erkenntnistheoretisch einen →Intuitionismus, metaphysisch einen →Personalismus.

L'ößnitz die, Hügellandschaft unterhalb Dresdens, rechts der Elbe, Wein- und Gartenbau.

Lost der, ein chem. Kampfstoff.

Los|tage, Tage, die im Volksglauben als bedeutsam für das Wetter gelten, z. B. Lichtmeß (2. 2.), Siebenschläfer (27. 6.).

Lost generation [lɔst dʒenər'eiʃən, engl. ‚verlorene Generation'], Bez. für die Generation nordamerikan. Schriftsteller, die nach der Teilnahme am 1. Weltkrieg eine skept. ‚negative' Weltanschauung ausdrückten, z. B. E. Hemingway.

Losung, 1) ♂ auch **Parole**, Erkennungswort. **2)** tägl. Bibelspruch der Brüdergemeine. **3)** Kot von Wild, Hund.

Lösung, die homogene Mischung verschiedener Stoffe, bei der die gegenseitige Durchdringung und Zerteilung bis allg. bis zu den Molekülen, Atomen oder Ionen geht (echte L.). **Kolloidale L.** →Kolloide. Eine L. im weiteren Sinn kann gasförmig, flüssig oder fest sein. Eine L. im engeren Sinn ist flüssig und entsteht durch Auflösen eines Stoffes im flüssigen **Lösungsmittel. Gesättigte L.** enthalten die Höchstmenge lösbaren Stoffes, **übersättigte L.** scheiden den Überschuß aus.

Los-von-Rom-Bewegung, kirchenpolit.

Bewegung im ausgehenden 19. und beginnenden 20. Jahrh. in den deutschsprachigen Gebieten Österreich-Ungarns; führte zu vielen Übertritten zum Protestantismus.

Lot [lɔt], **1)** der **L.**, Nebenfluß der Garonne in S-Frankreich, 481 km lang, entspringt in den Cevennen.
2) Dép. in S-Frankreich, 5226 km², 151 200 Ew. Hauptstadt: Cahors.

Lot, 1) △ gerade Linie, die auf einer anderen Geraden senkrecht steht. **2)** ein kegelförmiges Metallgewicht zum Ermitteln senkrechter Richtungen. **3)** ꙮ Gerät zum Messen der Wassertiefe vom Schiff aus. Das Echolot hat seit seiner ersten betriebssicheren Ausführung 1919 die herkömmlichen Handlote und Maschinen verdrängt. **5)** altes Edelmetallgewicht.

Lot, Neffe Abrahams, in der Legende Stammvater der Moabiter und Ammoniter.

Lot|ablenkung, Lot|abweichung, Lotstörung, dauernde örtl. Abweichung des Lotes von der dem Erdellipsoid entsprechenden normalen Lotrichtung; hervorgerufen durch störende Massen nahe dem Beobachtungsort (z. B. Gebirge).

löten, Metallteile durch flüssig gemachtes Metall (**Lot**) verbinden. Beim **Weich-L.** werden unter 400° C schmelzende Legierungen (aus Blei, Zinn, Zink mit etwas Kupfer, Antimon u. a.) verwendet, beim **Hart-L.** über 500° C schmelzende Legierungen (aus Kupfer, Zink mit etwas Silber, Cadmium u. a.). Die Verunreinigungen müssen von den Oberflächen zum Flußmittel entfernt werden: **Lötwasser** (Salzlösungen in Säure), **Lötstein** (Ammoniumchlorid), **Lötfett, Lötpaste** (Zinn in Mineralöl), Borax u. a. Beim **Weich-L.** werden das Lot und die Teile mit dem **Lötkolben** oder der **Lötlampe** erwärmt. Zum **Hart-L.** werden die hohen Temperaturen erreicht mit Schweißbrennern, in Lötöfen oder durch Induktion (**Hochfrequenz-, Induktions-L.**).

Lot-et-Garonne [lɔtegar'ɔn], Dép. in SW-Frankreich, 5385 km², 290 600 Ew. Hauptstadt: Agen.

Lothar, Ernst, eigentl. E. **Müller**, * 1890, österr. Schriftsteller und Theaterleiter; Gesellschafts- und Zeitromane.

Lothar, Fürsten:
1) L. I., röm. Kaiser und König der Franken (840-855), ältester Sohn Ludwigs des Frommen, * 795, † 855, erhielt im Vertrag von Verdun 843 Italien und einen Landstrich zwischen Rhône, Saône, Argonnen, Maas, Schelde, Alpen, Aare, Rhein und Friesland.
2) L. II., König der Franken (855-869), Sohn von 1), * 825, † 869, erhielt das nördl. Drittel des väterl. Reichs, nach ihm Lotharingen.
3) L. III., L. von Supplinburg, L. von Sachsen, römisch-dt. Kaiser (1125-37), * 1075 (?), † 1137, Herzog von Sachsen, führte das Aufstand. Sachsen gegen das Heer Heinrichs V. und siegte 1115 am Welfesholz. Unter ihm begann die dt. Ostkolonisation (1134: Verleihung der Nordmark an Albrecht den Bären).
Frankreich. **4) L.**, König (954-986), * 941, † 986, stand bis zum Tod seines Onkels, Kaiser Ottos I., (973) unter dessen Einfluß, beherrschte nur karoling. Restgebiete um Laon.

Lothringen, französ. **Lorraine** [lɔr'ɛn], die Landschaft zwischen den Vogesen im O, der Champagne im W, den Ardennen im N und den Monts Faucilles im S. L. wird von mehreren Landstufen in Richtung NW-SO durchzogen. Neben den größten Steinkohlenvorkommen Frankreichs finden sich in L. große Eisenerzlager (Minette) in den Kalken der Moselhöhen von Nancy bis nach Luxemburg und Belgien hinein. Eisen- und Stahlerzeugung wurden zum wichtigsten Industriezweig von L.; Glas-, Porzellan-, Steingutfabriken, chem. Fabriken, Textil-, Lebensmittelind.; Ackerbau, Viehzucht. Größere Städte: Metz, Nancy.

Geschichte. Ursprünglich das Land Lothars II. (855) an Schelde, Rhein, Maas, Saône, 870 zum Reich, 959 in die Herzogtümer **Nieder-L.** (heute etwa die Niederlande, größter Teil Belgiens und des Rheinlands) und **Ober-L.** (später kurz **L.**, Hauptstadt Nancy) geteilt. Frankreich nahm 1552 Metz, Toul, Verdun in Besitz. Das Herzogtum L. erhielt 1735 Stanislaus Leszczyński und fiel 1766 an Frankreich. 1871 bis 1918 gehörten der deutschsprachige Teil von L., Metz und Umgebung zum Dt. Reich (Reichsland Elsaß-L.).

Loti [lɔt'i], Pierre, eigentl. Julien **Viaud**, französ. Schriftsteller, * 1850, † 1923, schuf eindringl. Naturbeschreibungen, ‚Die Islandfischer' (1886).

Lötigkeit, Feinheit des Silbers.

Lotion [lotsi'oːn, lat.-frz.], wäßrig-alkohol. Flüssigkeit (bis 40% Alkohol) mit Wirkstoffzusätzen zur Belebung der Gesichtshaut.

Lötkolben, ein erhitzter Kupferblock mit Stiel zum Schmelzen des Lotes beim Löten.

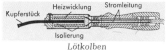

Lötkolben

Lotoph'agen, griech. Mythos: ein Volk in Nordafrika, dessen Nahrung aus Lotosblumen Odysseus' Gefährten ihre Heimat vergessen ließ.

L'otos [grch.] der, verschiedene Pflanzen, die in der Kultur des griech. und ägypt. Altertums hervortraten: **1)** Fruchtbäume der →Lotophagen, vielleicht Jujube, Zürgelbaum oder Dattelpalme. **2)** ägypt. und südasiat. Arten von Seerose und Verwandte **(Lotosblume)**; der L. spielt in Religion, Kultur und Kunst Ägyptens, Indiens und Ostasiens eine bedeutende Rolle.

Lotospflaume, eine schwarzkirschenähnliche Pflaume; tropisches Obst.

lotrecht, senkrecht.

Lötrohranalyse, **Lötrohrprobierkunde**, Verfahren zur Ermittlung eines Metalls aus einer chem. Verbindung, z. B. einem Salz, durch Erhitzen auf Holzkohle mittels Lötrohr.

L'ötschental, das Tal des rechten Rhônezuflusses Lonza im Kanton Wallis, Schweiz. Der **Lötschenpaß**, 2690 m hoch, führt ins Kandertal. Die **Lötschbergbahn** mit dem 14,6 km langen **Lötschbergtunnel** führt von Spiez nach Brig ins Rhônetal.

Lotse, erfahrener, behördlich zugelassener Seemann mit höchstem naut. Patent, der auf See, Seeschiffahrtsstraßen, Flüssen oder in Häfen Schiffe als Berater geleitet. Für bestimmte Gewässer besteht der **L.-Zwang.** Die L. sind teils beamtet, teils in **L.-Brüderschaften** vereinigt.

Lotsenfisch, Pilotenfisch, Leitfisch, eine bis 70 cm lange Stachelmakrele, Begleitfisch der Haie.

Indische Lotosblume

Lotter, Melchior d. Ä., Buchdrucker und Verleger, * 1497/98, † 1549, druckte mit seinen Söhnen für Luther, Melanchthon.

Lotter'ie [frz.] die, Auslosung, bei der Ziehen eines Loses oder von Nummern der Zufall über Verlust des Spieleinsatzes oder einen Gewinn entscheidet. Der Einsatz ist regelmäßig eine Geldsumme; der Gewinn besteht bei der **Geld-L.** aus Geld, bei der **Waren-L. (Tombola)** aus Sachen. Die **Klassen-L.** wird in mehreren Ziehungen (Klassen) gespielt. **Zahlenlotto: 1) genuesisches Lotto,** der Spieler wählt aus der Zahlenreihe 1-90 eine oder höchstens fünf Nummern und wettet darauf, daß die gewählten Zahlen sich unter den fünf Zahlen befinden, die bei der nächsten Ziehung gezogen werden. **2)** Berliner **Zahlenlotto:** ‚6 aus 49' und eine Zusatzzahl. Die Gewinne werden entsprechend 6-3 richtigen Voraussagen in 4 Gewinnklassen ausgezahlt; Höchstgewinn: 500 000 DM.

Lotteriesteuer, →Rennwett- und Lotteriesteuer.

Lotterievertrag, ⚖ ein Vertrag, bei dem nach einem bestimmten Plan der Zufall über Gewinn oder Verlust der Einsätze entscheiden soll **(Ausspielung).** Öffentl. Ausspielungen ohne staatl. Erlaubnis sind strafbar (§ 286 StGB).

Lotto das, **1)** die Zahlenlotterie, →Lotterie. **2)** ein Gesellschaftsspiel.

L'otto, Lorenzo, italien. Maler, * um 1480, † 1556, schuf Altarbilder u. a. in Venedig, lebhaft bewegt und reich an Helldunkelwirkungen. Seine Bildnisse gehören zu den besten der Renaissance.

L'otze, Rudolf Hermann, Philosoph und Mediziner, * 1817, † 1881, suchte die Tradition des dt. Idealismus mit der strengen Naturwissenschaft zu vereinigen.

Lötzen, poln. **Giżycko,** Stadt in Ostpreußen, zwischen Mauer- und Löwentinsee, 16 600 (1939: 16 300) Ew.; Fischerei-, Fischkonserven-, Baustoffind., Fremdenverkehr. Ordensschloß.

Lough [lɔx, lɔk; gälisch; schott. Form: Loch], See, Meeresarm.

Lough Neagh [-nc], See in Nordirland, 396 km², der größte See der Brit. Inseln.

Louisdor [lwiː'oːr] der, französ. Goldmünze seit Ludwig XIII. (1640) bis 1793.

Louis Ferdinand [lwi-], **1)** Prinz von Preußen, Neffe Friedrichs d. Gr., * 1772, † (gefallen) 1806, Komponist der Frühromantik. **2)** Prinz von Preußen, Chef des Hauses Hohenzollern, * 1907, ⚭ Kira, Großfürstin von Rußland († 1967).

Louisi'ade-Archip'el [lwi-], Inselgruppe vor der Ostspitze Neuguineas, zum Territory of Papua gehörig, rd. 2200 km², etwa 25 000 Ew. (meist Papua).

Louisiana [luizi'ænə], Abk. **La.,** einer der südwestl. Mittelstaaten der USA, am Golf von Mexiko und im Deltagebiet des Mississippi, 125 675 km², 3,643 Mill. Ew. (davon 32% Neger). Hauptstadt: Baton Rouge. Etwa 56% von L. ist Wald; Anbau von Zuckerrohr, Baumwolle, Reis, Gemüse; Fleisch- und Milchviehhaltung. Bodenschätze: Schwefel, Erdöl, Erdgas. Chem., Nahrungsmittel-, Papier-, Metall-u. a. Ind. - Urspr. das ganze Stromgebiet des Mississippi umfassend, seit 1681 von Franzosen besiedelt und nach Ludwig XIV. benannt, 1783 und 1803 an die USA; der südl. Teil des alten L. wurde 1812 als 18. Staat in die Union aufgenommen; im Sezessionskrieg stand es auf seiten der Südstaaten.

Louis Philippe [lwi fil'ip], →Ludwig 24).

Louis-quatorze [lwi kat'ɔrz, frz. ‚Ludwig XIV.'] das, der klassisch gemäßigte Barockstil unter Ludwig XIV. (1643-1715), der für große Teile Europas vorbildlich wurde (Schloß- und Wohnbauten, Innenräume, Parkanlagen).

Louis-quinze [lwi kɛ̃ːz, frz. ‚Ludwig XV.'] das, der unter Ludwig XV. (1723-74) in Frankreich herrschende Stil (Rokoko).

Louis-seize [lwi sɛːz, frz. ‚Ludwig XVI.'] das, der in Frankreich in den 60er Jahren

L. Lotto: Bildnis eines jungen Mannes (Berlin, Staatl. Museen)

des 18. Jahrh. einsetzende Stil der Übergangszeit vom Rokoko zum Klassizismus.

Louisville [l'uisvil], Stadt in Kentucky, USA, am Ohio, 361 500 Ew., Universität; Herstellung von Whisky, Zigaretten, Chemikalien, Maschinen, Elektrogeräten u. a.; Schlächtereien und Mühlen.

Lourdes [lurd], Stadt in S-Frankreich, Dép. Hautes-Pyrénées, 18 300 Ew., einer der bekanntesten kath. Wallfahrtsorte; Quelle, der übernatürl. Heilwirkungen zugeschrieben werden.

Loure [luːr, frz.] die, langsamer, die Sarabande verwandter Tanz in ⁶/₄-Takt, meist mit Auftakt; häufig in der Suite.

Lourenço Marques [lor'ẽsu mark'iʃ], Hauptstadt und -hafen von Moçambique, an der Delagoa-Bai, 78 530 Ew.; Erzbischofssitz; Univ. (gegr. 1963), Forschungsinstitute, Botan. und Zoolog. Garten. In der Nähe große Erdölraffinerien.

Louth [lauð], irisch **Lú,** Grafschaft der Rep. Irland, 821 km², 69 500 Ew. Hauptstadt: Dundalk.

Louvois [luvw'a], François Michel **Le Tellier** [-tɛlj'c] Marquis de, * 1641, † 1691, seit 1668 Kriegsmin. Ludwigs XIV., befürwortete 1689 die Verwüstung der Pfalz.

Louvre [luːvr] der, die Residenz der französ. Könige in Paris, jetzt Museum. Der Bau wurde unter Franz I. 1546 begonnen von P. Lescot (Teile des Hofs) und seit 1624 von J. Lemercier fortgesetzt (Pavillon de l'Horloge). Unter Ludwig XIV. wurde der quadrat. Hof von L. Levau geschlossen, die Ostfassade von C. Perrault erbaut und der L. mit den westlich gelegenen →Tuilerien durch eine Galerie verbunden. Napoleon III. ließ den L. nach W erweitern. Die Kunstsammlungen des L. wurden ständig gemehrt (Enteignungen während der Französ. Revolution, Kunstraub Napoleons I., Ausgrabungen u. a.) und entwickelten sich zu einem der größten Museen der Welt.

Louys [lu'i], eigentl. **Louis**, Pierre, französ. Schriftsteller, * 1870 (in Belgien), † 1925. Gedichte und Romane, meist aus dem spätgriech. Liebesleben.

L'övenich, Gem. in Nordrh.-Westf., westl. Vorort von Köln, 25 000 Ew.

Low [lou], Sir (1962) David, Karikaturist engl. Zeitungen, * 1891, † 1963.

Löwe, 1) Art der Großkatzen Afrikas und NW-Vorderindiens, früher u. a. auch in Iran, Irak, östl. Arabien, Türkei bis nach Griechenland; mit gelbem Fell und Mähne beim männl. Tier (Widerristhöhe 80-100 cm, Länge 150-190 cm). L. und Tiger sowie L. und Leoparden können miteinander gekreuzt werden. **2)** ✶ das fünfte Sternbild im Tierkreis mit dem hellen Stern Regulus; nördl. des L. der **Kleine L.**

Loewe, 1) Carl, Komponist, * 1796, † 1869, Hauptmeister der neueren Ballade (Solostimme und Klavierbegleitung): ‚Erlkönig‘, ‚Prinz Eugen‘ u. a. **2)** [l'oui], Frederick, amerikan. Komponist, * 1904, Musical ‚My Fair Lady‘.

Lowell [l'ouəl], **1)** Amy, amerikan. Lyrikerin, * 1874, † 1925, gehörte zu den →Imagisten. **2)** James Russell, amerikan. Schriftsteller, * 1819, † 1891; Verssatiren; Essays.

L'öwen, fläm. **Leuven** [l'ø:və], französ. **Louvain** [luv'ẽ], Stadt in der Prov. Brabant, Belgien, an der Dyle, 32 400 Ew., spätgot. Rathaus, Universität (1425 gegr.); Bierbrauereien, Großmühlen, Großmolkereien, Nähr- und Futtermittelwerke u. a. Fabriken; Getreidehandel, große Märkte.

Löwenäffchen, eine Art der Krallenaffen in Brasilien, mit orangegelber Mähne.

Löwenberg in Schlesien, poln. **Lwówek Śląski**, Stadt in Niederschlesien, 7500 (1939: 6300) Ew., Luftkurort. Renaissance-Bürgerhäuser; Stadtmauern, Türme (14. bis 16. Jahrh.); seit 1945 unter poln. Verwaltung.

Löwengolf, der →Golfe du Lion.

Löwenherz, Beiname des engl. Königs Richard I.

Löwenmaul, 1) Antirrhinum, Rachenblütergatt. in der nördlich gemäßigten Zone, bis 70 cm hohe **Große L.** (Gartenblume und Versuchspflanze der Vererbungsforschung), ferner das kleinere, rosenrot blühende Ackerunkraut **Feld-L. 2)** die Gattung Leinkraut.

Löwenstein-Wertheim, süddeutsches Fürstengeschlecht; die evang. Linie **L.-W.-Freudenberg** seit 1812, die kath. **L.-W.-Rosenberg** seit 1711 fürstlich; aus letzterer traten Fürst Karl (* 1834, † 1921), sein Sohn Aloys (* 1871, † 1952), sein Enkel Karl (* 1904) als streng kath. Politiker hervor.

Löwent'insee, Grundmoränensee in Masuren, 27 km², Kanäle zum Spirding- und Mauersee.

Löwenzahn, zwei Korbblütergattungen, milchsafthaltige Pflanzen mit Köpfen aus gelben Zungenblüten: 1) **Taraxacum**, darunter der **L.** oder **Kuhblume** mit dickem Wurzelstock, hohlem Schaft und abblasbaren Flugfrüchten, auf Wiesen; Salat- und Gemüsepflanze, Volksarznei. 2) **Leontodon**, darunter der **Herbst-L.**, meist mit mehrköpfigem Blütenschaft.

Lowestoft [l'oustoft], Nordseebad in der engl. Gfsch. Suffolk, 50 700 Ew.; Fischerei, Rundfunk-, Elektro-, Motorenindustrie.

Loewi, Otto, Pharmakologe, * 1873, † 1961, bewies die chem. Übertragung der Nervenimpulse. 1936 Nobelpreis mit dem engl. Physiologen Sir H. Dale (* 1875, † 1968).

L'öwith, Karl, Philosoph, * 1897, u. a. Prof. in Heidelberg; Monographien, philosophiegeschichtl. Längsschnitte.

Lowlands [l'oulǝndz], das schott. Tiefland im Gegensatz zum Hochland (Highlands), i. e. S. die breite mittelschott. Senke um Glasgow.

Loxodr'ome die, Kurve auf einer Umdrehungsfläche, etwa der Kugel, die alle Meridiane unter gleichem Winkel schneidet; wichtig in der Navigation.

loyal [lwaj'a:l, frz.], **1)** gesetzlich, gesetzestreu; zur Regierung haltend. **2)** anständig. **Loyalit'ät** die, gesetzestreue Gesinnung; regierungstreue Haltung.

Loyalty-Inseln [l'ɔiəlti-], französ. Inselgruppe in Melanesien, zum Überseegebiet Neukaledonien gehörend, 2072 km², 13 500 Ew.

Loyang, Luo yang, Lojang, Stadt in der chines. Prov. Honan, am mittleren Huangho, 400 000 Ew., gilt als Wiege der chines. Kultur und der chines. Buddhismus. Großes Traktorenwerk u. a. Ind.

Loy'ola, Ignatius von, →Ignatius von Loyola.

Lozère [lɔs'ε:r], Dép. in S-Frankreich, 5180 km², 77 300 Ew.; Hauptstadt: Mende.

LP, Abk. für Langspielplatte.

LPG, Abk. für Landwirtschaftliche Produktionsgenossenschaft (Dt. Dem. Rep.).

Lr, chem. Zeichen für Laurentium.

L. S., Abk. für loco sigilli [lat.], an Stelle des Siegels.

LSD, Abk. für Lysergsäurediäthylamid, →Lysergsäure.

LSP, ⚞ Abk. für Leitsätze für die Preisermittlung auf Grund von Selbstkosten.

Lstr., L. St., gewöhnlich geschrieben £, Abk. für Livre Sterling (Pfund Sterling).

LT, amtl. Abk. für französ. lettre télégraphique, Brieftelegramm.

Ltd., Abk. für Limited.

Ltq, Abk. für Livre turque, das türk. Pfund = 100 Kurus oder Piaster.

Lu, chemisches Zeichen für Lutetium.

Lual'aba der, der Oberlauf des Kongo.

Lu'anda, Sao Paulo de L., Hauptstadt von Angola, 279 900 Ew., kath. Erzbischofssitz; Hafen, Flughafen, Bahn nach Malange.

Luang Prab'ang, Residenzstadt von Laos, am Mekong, 22 700 Ew.; buddhist. Wallfahrtsort.

L'uba, Bal'uba, Bantuvolk im S von Zaïre, zwischen Lualaba und dem Tanganjikasee; rd. 2,5 Mill.

L'übbecke, Stadt in Nordrh.-Westf., 11 300 Ew.; Zigarren-, Maschinen- u. a. Ind.

L'übben/Spreewald, Stadt im Bez. Cottbus, Niederlausitz, 12 900 Ew.; spätgot. Nikolaikirche, Schloß; Industrie.

Lübbenau/Spreewald, Stadt im Bez. Cottbus, Niederlausitz, an der Spree, 21 000 Ew.; Gurkeneinlegereien, Gemüsebau; großes Wärmekraftwerk.

Lubbock [l'ʌbɔk], Stadt in Texas, USA, 149 100 Ew.; Baumwollpressen, Ölmühlen, Schlachthäuser, Meiereien; elektron. Ind.

L'übeck, Hansestadt L., Stadt in Schlesw.-Holst., an der Trave und an der Ostsee (Travemünde), 240 000 Ew. L. ist ein wichtiger Verkehrsplatz: Verbindung durch den Elbe-Lübeck-Kanal mit der Nordsee, Schiffahrtslinien nach den Ostseeländern; Handel und Schiffahrt, die jahrhundertelang die L.er Wirtschaft bestimmten, wurden seit 1900 (Eröffnung des Elbe-L.-Kanals) durch die Industrie ergänzt: Schiffswerften, Maschinenbau, Metallhüttenwerk, keram. Ind., Holz-, Konserven-, Bekleidungs- Süßwarenind. (L.er Marzipan), Großkraftwerk. Alte Bauwerke: Holstentor, Burgtor, das got. Rathaus u. a. Die got. Marienkirche und der urspr. roman. Dom wurden nach Schäden im 2. Weltkrieg wiederaufgebaut. - 1143 angelegt, 1159 durch Heinrich den Löwen neu gegr., 1226 Reichsstadt, war L. führend bei der Gründung vieler deutscher Ostseestädte (→Lü-

Lübeck: Holstentor

bisches Recht), seit Ende des 13. Jahrh. Haupt der Hanse. 1530/31 Einführung der Reformation. Unter Bürgermeister Wullenwever durch die dän. ‚Grafenfehde‘ (1534 bis 1536) Niedergang. 1815, Freie und Hansestadt‘, 1937 zur preuß. Prov. Schleswig-Holstein.

Lübecker Bucht, die am weitesten nach SW vordringende Ostseebucht, mit Lübeck-Travemünde als Haupthafen.

L'üben, poln. **Lubin**, Stadt in Niederschlesien, 17 700 (1939: 10 800) Ew., Kupfererzschürfung, Bau von Saiteninstrumenten; seit 1945 unter poln. Verwaltung.

Lübisches Recht [nach der Stadt Lübeck], nach dem Magdeburger das wichtigste mittelalterl. deutsche Stadtrecht; es hatte im ganzen Ostseeraum Geltung.

Lubitsch, Ernst, Filmregisseur, * 1892, † 1947, seit 1923 in Hollywood. Filme ‚Madame Dubarry‘ (1919), ‚Ninotchka‘ (1939) u. a.

Lübke, Heinrich, Politiker (CDU), * 1894, † 1972, Agrarpolitiker, 1931-33 Mitgl. des preuß. Landtags (Zentrum); war 1947 bis 1952 Ernährungs- und Landwirtschaftsmin. in Nordrhein-Westfalen, 1953-59 Bundesmin. für Ernährung, Landwirtschaft und Forsten; 1959-69 Bundespräsident der Bundesrep. Dtl.; förderte bes. die Entwicklungshilfe.

L'ublin, Hauptstadt der Woiwodschaft L., Polen, 235 900 Ew.; hat Schloß, Kathedrale, Univ. Textil-, Kraftwagen-, elektrotechn., Metall-, Maschinen-, Zementindustrie.

Lubliner Komitee, nichtoffizieller Name für das bes. von poln. Kommunisten am 22. 7. 1944 gegr. Polnische Komitee der nat. Befreiung; Keimzelle der späteren prosowjet. poln. Regierung.

Lubliner Union von 1569, verwandelte die Personalunion Litauens und Westpreußens mit Polen in eine Realunion.

Lubumb'ashi, früher **Elisabethville**, Hauptstadt der Prov. Katanga, Zaïre, 1230 m ü. M., 233 100 Ew., Mittelpunkt bedeutenden Bergbaues mit großen Hüttenwerken; Univ., kath. Erzbischofssitz.

L'ucas van Leyden, holländ. Maler und Graphiker, * 1494, † 1533, schuf Kupferstiche voll scharfer Beobachtungs- und lebhafter Erzählergabe und malte Altarwerke, Genreszenen und Bildnisse.

L'ucca, 1) Provinz Italiens, in der Toskana, 1773 km², 381 600 Ew.

2) Hauptstadt von 1), 91 600 Ew., kath. Erzbischofssitz, Dom (11. Jahrh.) und viele andere Kirchen. Seiden-, Papier-, Tabak- und Textilindustrie.

Luce [lu:s], Henry Robinson, amerikan. Verleger, * 1898, † 1967, Gründer der Zeitschriften Time, Life und Fortune.

Luchow, chines. Stadt, →Hofei.

Luchs, 1) Katzensippe mit hohen Beinen,

Löwe mit Jungen

Haarpinsel auf den Ohren, kurzem Schwanz. Der graubraune, oft über 100 cm lange **Nordluchs** ist ein gefürchtetes Waldraubtier N- und O-Europas, Asiens, Kanadas. 2) ✶ Sternbild des Nordhimmels.

L'ucia, Heilige, Jungfrau und Märtyrerin aus Syrakus, auf Anzeige ihres Verlobten hingerichtet, wahrscheinlich unter Diokletian; Tag 13. 12., in Schweden bes. gefeiert (Austeilung von Geschenken durch ein lichtertragendes Mädchen, die **Lucienbraut).**

Luchs

Luc'ilius, Gaius, röm. Dichter, * wahrscheinlich 180 v. Chr., † 103/2 v. Chr., gab der röm. Satire ihre Form.

Luckau, Stadt im Bez. Cottbus, Niederlausitz, 6300 Ew., Eisenmoorbad.

Lücke, Paul, Politiker (CDU), * 1914, Ingenieur, 1957-61 Bundesmin. für Wohnungsbau, 1961-65 für Wohnungswesen, Städtebau und Raumordnung, 1965-68 Bundesmin. des Inneren. Der **L.-Plan** zur Lockerung und Aufhebung der Zwangswirtschaft im Wohnungswesen trat am 1. 7. 1960 in Kraft (Ges. v. 23. 6. 1960).

Luckenw'alde, Stadt im Bez. Potsdam, 29 000 Ew., hat Tuch-, Maschinen-, Metall- u. a. Ind. Pfarrkirche (16. Jahrh.).

L'uckner, Felix Graf von, Seeoffizier, * 1881, † 1966, durchbrach im 1. Weltkrieg mit dem Hilfskreuzer Seeadler die brit. Blockade.

Lucknow [l'ʌknau], →Lakhnau.

Lucr'etia, nach der röm. Sage die Gattin des Lucius Tarquinius Collatinus; von Sextus Tarquinius entehrt, tötete sie sich selbst.

Luc'ullus, Lucius Licinius, röm. Feldherr, * um 117, † um 57 v. Chr., hatte 74-67 den Oberbefehl im dritten Krieg gegen Mithridates in Kleinasien. Üppiges Leben (,Lukullisches Mahl').

L'udendorff, Erich, preuß. General, * 1865, † 1937, leitete seit der Schlacht bei Tannenberg (Aug. 1914) als Generalstabschef Hindenburgs den Krieg im Osten; seit 1916 in der Obersten Heeresleitung mit entscheidendem Anteil an der militär. Kriegführung; auch polit. Einfluß (Sturz Bethmann Hollwegs). Nach 1918 war er mit seiner Frau Mathilde (* 1877, † 1966) politisch und schriftstellerisch im ,deutschvölkischen' Sinn tätig. Die Ludendorff-Bewegung wurde 1961 in der Bundesrep. Dtl. verboten.

L'üdenscheid, Stadt in Nordrh.-Westf., im Sauerland, 79 000 Ew., Metall- u. a. Ind.

L'uder das, 1) ⚓ Aas als Köder. 2) ✶ Sternbild des Nordhimmels.

L'üderitz, Adolf, Bremer Großkaufmann, * 1834, † (ertrunken im Oranje) 1886, kaufte 1883 den Hafen Angra Pequena (seit 1886 **Lüderitzbucht,** seit 1920 **Lüderitz)** mit Küstengebiet, das 1884 Grundlage des Schutzgebiets Deutsch-Südwestafrika wurde.

L'üders, Marie-Elisabeth, Politikerin, * 1878, † 1966, führend in der dt. Frauenbe-

wegung, war 1919/20 Mitgl. der Weimarer Nationalversammlung, 1920-32 MdR. (DDP), 1949 bis 1951 im Abgeordnetenhaus von Berlin, seit 1953-61 MdB. (FDP), Alterspräsidentin.

Ludhi'ana, Stadt in Indien, im Pandschab, 363 400 Ew.; Textil- u. a. Industrie.

Lüdinghausen, Stadt in Nordrh.-Westf., 12 700 Ew.; Nahrungsmittel- u. a. Industrie.

Ludm'illa, Gemahlin eines böhm. Herzogs, als Christin 921 (?) ermordet; Heilige, Schutzherrin Böhmens; Tag: 16. 9.

L'udolfinger, die →Liudolfinger.

L'udolphsche Zahl [nach Ludolph van Ceulen, 1540-1610], die Kreiszahl π = 3,1415..., das Verhältnis von Kreisumfang zu Kreisdurchmesser.

Ludov'isischer Thron, ein im Gebiet der früheren Villa Ludovisi in Rom gefundenes griech. Marmorwerk (um 470-460 v. Chr.) mit einem Relief, als Geburt Aphrodites aus dem Meer gedeutet.

Ludwig, Fürsten:

Römische und römisch-deutsche Kaiser.

1) **L. I., der Fromme** (814-840), dritter Sohn Karls d. Gr., * 778, † 840, wurde 813 Kaiser und Mitregent; hochgebildet, ließ sich von der Kirche führen; er teilte das Fränk. Reich unter seine Söhne Lothar, Pippin und Ludwig und änderte 829 die frühere Erbteilung zugunsten seines aus einer zweiten Ehe stammenden Sohnes Karl; der Streit der Brüder ging bis zum Vertrag von Verdun (843).

2) **L. II.** (855-875), König der Franken, ältester Sohn Lothars I., Enkel von 1), * um 822, † 875, 850 Kaiser.

3) **L. IV., der Bayer** (1314-47), * 1287, † 1347, 1314 gegen den Habsburger Friedrich den Schönen zum König gewählt und besiegte diesen bei Mühldorf 1322. Von Papst Johann XXII. in Avignon gebannt, ließ sich L. 1328 in Rom zum Kaiser krönen; Marsilius von Padua verteidigte seine Sache gegenüber der Kurie, und die Kurfürsten wiesen im Kurverein von Rhense 1338 jede Einmischung des Papsttums in die deutsche Königswahl zurück. 1346 wurde der Luxemburger Karl IV. als päpstl. Gegenkönig aufgestellt.

Deutsche (Ostfränkische) Könige. 4) **L. der Deutsche** (843-876), Sohn von 1), * um 804, † 876, nötigte im Bund mit Karl dem Kahlen seinen Bruder Lothar I. zum Vertrag von Verdun (843), wodurch L. die Lande östl. von Rhein und Aare erhielt. Nach Lothars II. Tode zwang L. Karl den Kahlen zur Teilung der lotharing. Gebiete (Vertrag von Mersen, 870).

5) **L. III., der Jüngere** (876-882), zweiter Sohn von 4), * um 830, † 882, schlug Karl den Kahlen bei Andernach (876), gewann den Rest Lotharingiens (Vertrag von Ribemont, 880).

6) **L. IV., das Kind** (900-911), Sohn Arnulfs von Kärnten, * 893, † 911, der letzte der dt. Karolinger, stand unter Vormundschaft des Erzbischofs Hatto von Mainz.

Baden. 7) **L. Wilhelm I.,** Markgraf (1677 bis 1707), * 1655, † 1707, ,Türkenlouis', Reichsfeldmarschall im großen Türkenkrieg und (seit 1693) gegen die Franzosen.

Bayern. 8) **L. IX., der Reiche,** Herzog von Bayern-Landshut (1450-79), * 1417, † 1479, besiegte Albrecht Achilles 1462 bei Giengen, gründete 1472 die Univ. Ingolstadt.

9) **L. I.,** König (1825-48), Sohn König Maximilians I., * 1786, † 1868, machte München zur Kunststadt und 1826 zum Sitz der Universität. Seine Beziehungen zur Tänzerin Lola Montez riefen wachsende Opposition hervor; sie mußte er 1848 entlassen und abdanken.

10) **L. II.,** König (1864-86), Enkel von 9), * 1845, † 1886, setzte sich für R. Wagners Kunst ein (Festspielhaus in Bayreuth). Durch Schloßbauten (Herrenchiemsee, Neuschwanstein, Linderhof) stürzte sich L. in Schulden. Wegen seiner Geisteskrankheit übernahm 1886 sein Onkel Luitpold die Regentschaft. L. fand zusammen mit dem Psychiater A. v. Gudden den Tod im Starnberger See.

11) **L. III.,** König (1913-18), Vetter von 10), * 1845, † 1921, mußte 1918 außer Landes gehen, dankte aber nicht ab.

Brandenburg. 12) **L. der Ältere,** Markgraf (1323-51), als Herzog von Bayern **L. V.** (1347-61), ältester Sohn von 3), * 1315, † 1361, von seinem Vater mit der Mark Brandenburg belehnt, überließ diese seinen Brüdern. 1342 hatte er die Erbin von Tirol, Margarete Maultasch, geheiratet.

Frankreich, Könige. 13) **L. III.** (879-882), * um 863, † 882, besiegte 881 bei Saucourt (Pikardie) die Normannen. →Ludwigslied.

14) **L. VII.** (1137-80), * 1120/21, † 1180, nahm am 2. Kreuzzug (1147-49) teil. Seine geschiedene Gattin Eleonore, Erbin des Hzgt. Aquitanien, vermählte sich mit Heinrich Plantagenet, der 1154 auch den engl. Thron bestieg; so kam Westfrankreich an England.

15) **L. IX., der Heilige** (1226-70), * 1214, † 1270, förderte bes. die Verwaltung. Auf einem Kreuzzug (1248-54) eroberte er vorübergehend die ägypt. Nilfestung Damiette, bei einem neuen Kreuzzug starb er vor Tunis. 1297 heiliggesprochen; Tag: 25. 8.

16) **L. XI.** (1461-83), Sohn Karls VII., * 1423, † 1483, Vorbereiter des königl. Absolutismus und Zentralismus. Aus der burgund. Erbschaft erwarb er die Bourgogne und die Picardie (Friede von Arras, 1482), 1480 Anjou und Maine, 1481 die Provence.

17) **L. XI.** (1498-1515) aus der Seitenlinie Orléans des Hauses Valois, * 1462, † 1515, eroberte 1499 Mailand, verlor 1504 das ebenfalls beanspruchte Kgr. Neapel; die ,Heilige Liga' entriß ihm 1513 auch Mailand.

18) **L. XIII.** (1610-43), Sohn Heinrichs IV., * 1601, † 1643, unter Vormundschaft seiner Mutter Maria von Medici. Leitender Min. war seit 1624 Kardinal Richelieu.

19) **L. XIV.** (1643-1715), den ,Sonnenkönig' genannt, Sohn von 18), * 1638, † 1715, urspr. unter Vormundschaft seiner Mutter Anna von Österreich, übernahm erst nach dem Tode des Kardinals Mazarin (1661) selbst die Leitung des Staates. In drei Kriegen (→Devolutionskrieg, Holländischer Krieg, →Pfälzischer Erbfolgekrieg) begründete er die europ. Hegemonie Frankreichs, die erst im →Spanischen Erbfolgekrieg erschüttert wurde. L. wurde unterstützt durch hervorragende Mitarbeiter (J. B. →Colbert, M. de →Louvois). Unter seiner Regierung erlebte Frankreich eine Glanzzeit (Höhepunkt des Absolutismus), die auch Höhepunkt des klass. Zeitalters der französ. Kunst und Literatur war (→französische Geschichte). Der Hof in Versailles wurde das Vorbild der Fürsten Europas.

20) **L. XV.** (1715-74), Urenkel von 19), * 1710, † 1774, bis 1723 unter der Regentschaft des Herzogs Philipp von Orléans. Willkür, Verschwendung und äußere Mißerfolge (Siebenjähriger Krieg: Verlust Nord-

Ludwig XIV., Gemälde von H. Rigaud

amerikas und Ostindiens) untergruben das franz. Königtum.

21) L. XVI. (1774-92), Enkel von 20), * 1754, † 1793, vermählt mit der österreich. Kaisertochter Marie Antoinette. Die Reformversuche seiner Minister A. R. de Turgot und J. Necker scheiterten, die Teilnahme Frankreichs am Unabhängigkeitskrieg der Verein. Staaten steigerte die Zerrüttung der Finanzen. Der Französischen Revolution zeigte sich L. nicht gewachsen; 1792 wurde er abgesetzt, vom Nationalkonvent zum Tode verurteilt und hingerichtet.

22) L. XVII., Sohn von 21), * 1785, † 1795, Thronfolger (Dauphin). Die Revolutionäre übergaben ihn 1793 einem Schuster.

23) L. XVIII. (1814/15-24), Bruder von 21), * 1755, † 1824, floh ins Ausland, war das Haupt der Emigranten in Koblenz. Nach der Abdankung Napoleons I. erließ er eine Verfassung (‚Charte').

24) L. Philipp, französ. **Louis Philippe**, der ‚Bürgerkönig' (1830-48), * 1773, † 1850, schloß sich der Revolution von 1789 an, ging aber 1793 zu den Österreichern über. Als die Revolution von 1830 Karl X. zur Abdankung zwang, bestieg er den Thron. Die Regierung führte er trotz liberaler Formen konservativ. 1848 wurde er gestürzt.

Hessen-Darmstadt. **25) L. X.**, Landgraf (1790-1806), als Großherzog **L. I.** (1806-30), * 1753, † 1830, konnte er in der napoleon. Zeit sein Land stark vergrößern; schloß 1828 den Zollverein mit Preußen.

26) L. III., Großherzog (1848-77), Enkel von 25), * 1806, † 1877, war wie sein Minister Frh. R. von Dalwigk preußenfeindlich und vollzog nur widerstrebend 1870/71 den Eintritt ins Deutsche Reich.

Holland. **27) L. Bonaparte**, König (1806 bis 1810), dritter Bruder Napoleons I., Vater Napoleons III., * 1778, † 1846, mit Napoleons Stieftochter Hortense de Beauharnais verheiratet; dankte ab.

Thüringen. **28) L. IV., der Heilige**, Landgraf (1217-27), * um 1200, † 1227, Gemahl der heiligen Elisabeth.

Ungarn. Könige. **29) L. I., der Große** (1342 bis 1382), aus dem Hause Anjou-Neapel, * 1326, † 1382, befestigte die ungar. Oberhoheit über die nördl. Balkanländer; 1370 auch König von Polen. Unter ihm hatte Ungarn seine größte Ausdehnung.

30) L. II. (1516-26), Jagiellone, * 1506, † 1526, auch König von Böhmen, verlor bei Mohács gegen die Türken Schlacht und Leben.

Ludwig, 1) Emil, eigentl. E. L. **Cohn,** Schriftsteller, * 1881, † 1948; biograph. Werke: ‚Goethe' (1920) u. a.

2) Otto, Schriftsteller, * 1813, † 1865; Drama ‚Der Erbförster' (1850); ‚Shakespearestudien' (hg. 1871, 1891); realist. Erzählungen ‚Die Heiterethei' (1854), ‚Zwischen Himmel und Erde' (1856) u. a.

L'udwigsburg, Stadt in Bad.-Württ., 78 100 Ew.; einstige Residenz mit Barockschloß; Maschinenbau; Textil-, chem. Ind., Porzellanmanufaktur, Orgelbau.

Ludwigsburger Porzellan, das Porzellan der Manufaktur in Ludwigsburg (1758 bis 1824); Geschirr, Kleinplastik; bekanntester Modellmeister: W. Beyer.

Ludwigsfelde, Gem. im Bez. Potsdam, 16 500 Ew., Bau nautischer Instrumente, Motorrollerwerk.

Ludwigshafen am Rhein, Industriestadt in Rheinl.-Pf., 174 700 Ew.; Bahnknoten, bedeutender Binnenhafen und Umschlagplatz, chem. (BASF), Maschinen-, Stahlbau-, Elektro- und Mühlenind., Brauereien.

Ludwigslied, ahd. (rheinfränk.) epische Dichtung auf den Sieg Ludwigs III. von Frankreich über die Normannen bei Saucourt (881), von einem Geistlichen (881/82); ältestes histor. Lied in dt. Sprache.

Ludwigsl'ust, Stadt im Bez. Schwerin, 12 000 Ew.; Nahrungs-, Genußmittel-, Baustoffind., Maschinenbau; Residenzschloß (1772-76).

L'ueg, Paß L., 9 km lange Engtalstrecke der Salzach zwischen Hagen- und Tennengebirge in Salzburg, Österreich.

Lu|eger, Karl, österreich. Politiker, * 1844, † 1910, Führer der Christlich-sozialen Partei, seit 1897 Bürgermeister von Wien, Verdienste mit sozialen Maßnahmen und um den Ausbau Wiens.

L'ues [lat. ‚Seuche'] die, die → Syphilis.

L'uffa [arab.] die, eine kürbisähnliche Frucht, deren entfleischtes Gefäßbündelnetz Schwammersatz liefert.

Luft, das Gasgemisch der Erdatmosphäre aus rd. 78% Stickstoff, 21% Sauerstoff, 0,9% Edelgasen, 0,03% Kohlendioxid, das wechselnde Mengen Staub, Wasserdampf, Abgase, Schwefel- und Stickstoffverbindungen u. a. enthält.

Luftballon, 1) ein Luftfahrzeug, das leichter als Luft ist, → Fesselballon, → Freiballon. 2) ein Kinderspielzeug.

Luftbild, die heute in der Regel von einem Flugzeug, auch von Erdsatelliten aus photographisch aufgenommene Abbildung eines Teiles der Erdoberfläche. **Bildpläne** sind entzerrte, zu einem Plan zusammengefaßte L. in bestimmtem Maßstabs; **Bildplankarten** enthalten zusätzlich Gitternetz, Ortsnamen, Höhenzahlen usw. Die Auswertung der L. (L.-Interpretation) ist wichtiges Hilfsmittel verschiedener Wissenschaftszweige (Geographie, Geologie, Landesplanung u. a.). In der Vermessungstechnik ist das L. eine Grundlage der → Photogrammetrie.

Luftbrücke, die Versorgung abgeschnittener Gebiete durch Flugzeuge, z. B. bei der Blockade (West-)Berlins durch die Sowjetunion (Juni 1948 bis Mai 1949).

Luftdruck, den die Luft infolge der Schwerkraft auf ihre Unterlage ausübt, in Meereshöhe im Mittel 1013 mb = 760 Torr (früher 760 mm Hg) = 1 atm. Er nimmt mit der Höhe je 5 km auf etwa die Hälfte ab. Der L. wird mit dem Barometer gemessen.

Luft|elektrizität, die elektr. Vorgänge in der Atmosphäre. Das luftelektr. Potentialgefälle zwischen zwei Punkten mit 1 m Höhenunterschied beträgt in der Nähe des Erdbodens rd. 100 Volt; in größerer Höhe nimmt es rasch ab. Die L. ist die Ursache für Gewitter und Elmsfeuer.

Lufterhitzer, Rohre mit aufgesetzten Rippen (große Oberfläche), die von Dampf, heißem Wasser oder Gasen durchströmt werden, oder elektr. Heizkörper, an denen die Luft vorbeigeführt wird.

Luftfahrt, das Flugwesen mit allen techn. und organisator. Einrichtungen, unterschieden in Zivil-L. (→ Luftverkehr) und Militär-L., betrieben mit → Luftfahrzeugen. Wichtigste Ereignisse: 1783 erster Freiballonflug und Montgolfière und Charlière; 1891 erster Gleitflug von O. Lilienthal; 1900 erster Flug eines Zeppelin-Luftschiffs; 1903 erster Motorflug der Brüder Wright; 1915 erstes Ganzmetallflugzeug von H. Junkers; 1913-18 Entwicklung des Flugwesens zur Waffe; 1919 Beginn des planmäßigen Luftverkehrs; Atlantiküber-

querungen von West nach Ost 1919 durch Alcock und Brown, 1927 durch Lindbergh, 1928 durch Köhl, Hünefeld, Fitzmaurice; 1935 Aufnahme des Luftverkehrs mit Flugzeugen über den Pazifik, 1939 über den Nordatlantik; 1939 erstes Strahlflugzeug (He 178) und erstes Raketenflugzeug (He 176); 1939-45 kriegsentscheidende Rolle der L.; 1952 Beginn des Luftverkehrs mit Strahlflugzeugen; 1954 erste Luftverkehrslinien über den Nordpol; 1957 erster Senkrechtstarter; 1969 Erstflug des ersten Überschall-Verkehrsflugzeugs.

Luftfahrt-Bundesamt (LBA), 1954 errichtete Bundesoberbehörde, Sitz: Braunschweig, für Aufgaben der Zivilluftfahrt.

Luftfahrtmedizin, → Flugmedizin.

Luftfahrtversicherung. Es gibt Luftfahrt-Unfallversicherung, Haftpflichtversicherung, Kaskoversicherung, Gütertransportversicherung. Die Versicherung der Fluggäste in Verkehrsflugzeugen ist im Flugpreis einbegriffen.

Luftfahrzeug, Sammelbez. für alle Fluggeräte, die sich in der Atmosphäre halten und bewegen können. Man unterscheidet: L. leichter als Luft (Ballone, Luftschiffe) und L. schwerer als Luft (Drachen, Flugzeuge, umbemannte Flugkörper).

Luftfeuchtigkeit, die Menge des in der atmosphär. L. enthaltenen Wasserdampfs, Messung durch → Hygrometer.

Luftfilter, zum Abscheiden von festen Verunreinigungen aus der Luft, sind: **Tuch-** oder **Schlauch-(Beth-)Filter** oder mit Öl benetzte Metallgewebe, Wellblech, Metallwolle **(Zellen-, Platten-, Labyrinthfilter),** durch oder über die Luft gesaugt wird. Beim **Elektrofilter** wird der Staub in einem Hochspannungsfeld an einer Elektrode niedergeschlagen.

Luftgewehr, Sportgewehr, bei dem das Geschoß durch Druckluft aus dem Lauf getrieben wird.

Lufthansa, Deutsche L. AG., DLH, Köln, seit 1954, Nachfolgerin der alten D. L. (1926 bis 1945). 1970 umfaßte das Streckennetz rd. 375 000 km. Den Namen D. L. führte 1954 bis 1963 auch die Luftverkehrsgesellschaft der Dt. Dem. Rep.

Luftheizung, → Heizung.

Lufthoheit, das Recht jedes souveränen Staates, die Benutzung des über seinem Staatsgebiet liegenden Luftraumes bindend zu regeln.

Luftkabotage [-ta:ʒə] die, die entgeltliche Beförderung von Fluggästen, Post und Fracht innerhalb eines fremden Hoheitsgebiets.

Luftkampf, der Kampf zwischen Kriegsflugzeugen, bes. Jagdflugzeugen, mit Maschinenwaffen, Kanonen und Raketen.

Luftkissenfahrzeug, Bodeneffekt-Fluggerät, Hovercraft, ein Luftfahrzeug, das schwerer als Luft ist; es schwebt auf einem Luftpolster einige Dezimeter über dem Boden oder über Wasser in Form einer runden oder ovalen Scheibe mit Aufbauten für Gäste und Fracht. Das Luftpolster wird

Ludwigsburg: Schloß

Luftkissenfahrzeug, vom Land auf das Wasser des St.-Lorenz-Stromes gleitend

durch Druckluft erzeugt, die durch ein motorisch angetriebenes Gebläse entsteht und auf der Unterseite des L. durch einen ringförmigen Spalt austritt; innerhalb dieses Ringspalts hat die Luft erhöhten Druck, der das Fahrzeug trägt. Die Vorwärtsbewegung wird durch Druckluft oder Luftschrauben eines Triebwerkes bewirkt. L. dienen vorwiegend als Fähren über See.

Luftkissenverband, aufblasbarer Verband.

Luftkorridor, eine festgelegte Einflugstrecke, z. B. die nach West-Berlin.

Luftkräfte, die Gesamtheit der Druck- und Saugkräfte an einem Körper, die bei der Relativbewegung zwischen Körper und Luft entstehen.

Luftkrieg, die Kriegführung in der Luft; sie richtet sich gegen die feindl. Luftstreitkräfte und ihre Kraftquellen, gegen die sonstigen Streitkräfte und die Wirtschaft eines Landes. Der L. bedroht die feindl. Bevölkerung. Die Entwicklung atomarer Raketen verschafft dem L. eine Vorrangstellung. Eine wirksame Abwehr von Raketen gibt es noch nicht.

Luftlandetruppen, Streitkräfte, die aus Flugzeugen abgesetzt (Fallschirmtruppen) oder mit Lastenseglern zum Einsatzort gebracht werden (Luftlandetruppen).

Luftlinie, die kürzeste Verbindung zweier Orte auf der Erdoberfläche.

Luftmassen nennt man im Wetterdienst die oft über mehrere 1000 km ausgedehnten Luftmengen gleicher Beschaffenheit (Temperatur, Feuchtigkeit, Bewölkung u. a.).

Luftmine, eine Art der →Mine.

Luftpiraterie die, das Kapern eines Flugzeugs. Der Pilot wird durch Gewalt oder Drohung gezwungen, von der Flugroute abzuweichen und an einem anderen Platz als dem Bestimmungsort zu landen. L. wird meist verübt bei Flucht aus einem Land oder zur Durchsetzung polit. Forderungen.

Luftpool [puːl], **Deutscher L.,** Abk. **DLP,** Rückversicherungsgemeinschaft der deutschen Luftfahrtversicherungen.

Luftpost, die Postbeförderung auf dem Luftweg. Alle Sendungen müssen den Vermerk **Mit Luftpost** tragen; zu den gewöhnl. Gebühren kommen L.-Zuschläge. Seit 1965 Beförderung nach dem europ. Ausland zuschlagfrei (Briefe, Postkarten, Postanweisungen).

Luftpumpe, 1) ein Verdichter, z. B. zum Aufpumpen von Fahrzeugreifen. **2)** eine Vakuumpumpe zur Entlüftung von Kondensatoren für Dampfturbinen und Dampfmaschinen sowie von Saugleitungen für Flüssigkeitspumpen; dafür werden Strahl- und Wasserringpumpen verwendet. **3)** ☆ Sternbild des Südhimmels.

Luftrate, die Außenluftmenge, die in geschlossenen Räumen mit vielen Menschen stündlich je Person zugeführt werden muß, für Räume mit Rauchverbot mindestens 20 m³, für andere Räume 30 m³.

Luftrecht, die Vorschriften des nationalen und internat. über den Luftverkehr. In der Bundesrep. Dtl. liegt die Gesetzgebung über den Luftverkehr beim Bund (Art. 73 Ziff. 6 GG), die Ausführung

der Bundesgesetze meist bei den Ländern. Maßgebend ist das Luftverkehrs-Ges. v. 5. 12. 1958 i. d. F. v. 22. 10. 1965, ergänzt durch die Luftverkehrsordnung v. 4. 11. 1969. Privatrechtlich ist bes. wichtig das Warschauer Abkommen von 1929 zur Vereinheitlichung der Beförderungsregeln im internat. Luftverkehr. Völkerrechtlich wird der internat. Luftverkehr im Abkommen von Chicago geregelt (7. 12. 1944).

Luftreifen, ein mit Luft gefüllter →Reifen an Fahrzeugen.

Luftröhre, latein. **Trach'ea,** bei Mensch und Wirbeltieren die Verbindung zwischen Kehlkopf und Lungen durch hufeisenförmige Knorpelspangen gefestigt und mit Schleimhaut ausgekleidet. Die L. teilt sich in die beiden Bronchien; beim Menschen ist sie ein etwa 12 cm langes Rohr.

Luftröhrenkatarrh, eine Entzündung der Luftröhrenschleimhaut.

Luftröhrenschnitt, griech. **Tracheotom'ie,** operatives Eröffnen der Luftröhre.

Luftröhrenspiegelung, ⚕ das Verfahren der →Bronchoskopie.

Luftröhrenverengung entsteht durch Auflagerungen bei Entzündungen (Diphtherie) und durch Narben oder durch den Druck von außen (z. B. Kropf). Behandlung bei Erstickungsgefahr: Intubation oder →Luftröhrenschnitt.

Luftröhrenwurmkrankheit, eine durch den **Roten Luftröhrenwurm** (einen Fadenwurm) verursachte Geflügelkrankheit.

Luftrolle, Turnen: freier Überschlag rück- oder vorwärts zum Stütz oder Hang am Barren.

Luftschiff, ein Luftfahrzeug leichter als Luft, das mit Hilfe einer Gasfüllung in der Luft schweben kann und durch Luftschrauben von Verbrennungsmotoren bewegt wird, die in Gondeln außerhalb der Hülle untergebracht sind. **Prall-L.,** ursprüngl. **Lenkballone** genannt, erhalten ihre Form durch einen Überdruck stehende Luft- und Gasbehälter, z. B. **Parseval-L. Starr-L.** haben ein mit metallisiertem Gewebe bespanntes Gerüst aus Leichtmetall, z. B. die **Zeppelin-L.** Zwischen den Hauptringen des Gerippes liegen die Gaszellen. Als Füllgas diente früher nur Wasserstoff, heute auch Helium. (Bild Zeppelin)

Luftschleuse, eine bei Druckluftgründungen oder im Tunnelbau benutzte Stahlkammer, die gegen den Arbeitsraum und die Außenluft luftdicht abgeschlossen werden kann. Sie ermöglicht den Verkehr zum Arbeitsraum.

Luftschraube, Propeller, ein Vortriebsmittel von Flugzeuge zwei bis fünf tragflügelähnl. Flächen aus Metall oder Kunststoff (früher Holz) auf einer Drehachse. Durch ihren Umlauf entsteht eine Kraft in Achsrichtung. Die L.-Blätter können zum Verbessern des Wirkungsgrads während des Fluges verstellt werden (Verstell-L.).

Luftschutz, →Zivilschutz.

Luftschutzraum, →Schutzraumbauten.

Luftspiegelung, eine atmosphär. Erscheinung: scheinbare Erhöhung eines entfernten Gegenstandes über dem Horizont (**Kimmung**) durch Brechung der Lichtstrahlen an verschieden warmen Luftschichten. Wenn tiefere Luftschichten eine geringere Dichte haben, kann Spie-

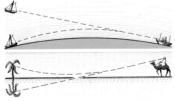

Luftspiegelung: über dem Meer bei nach oben abnehmender Luftdichte; über erhitztem Wüstensand bei nach oben zunehmender Luftdichte

gelung nach unten erzeugt werden (**Fata morgana**). L. treten bes. in Wüsten, auf See und überhitzten Landstraßen auf.

Luftsport, →Flugsport.

Luftsprudelverfahren. Aus feinen Düsen und Leitungen auf der Gewässersohle wird das dort erwärmte Wasser mit Druckluft nach oben befördert, um Wehre, Häfen, Schleusen u. a. vom Eis freizuhalten.

Luftstraße, Flugsicherungskontrollbezirk in Form eines Korridors, mit Funknavigations-Einrichtungen ausgerüstet.

Lufttanken, ein Militärflugzeug während des Fluges bis zur Grenze seiner Tragfähigkeit (bis 20% höher als beim Start) auftanken. Vom Tankflugzeug wird ein Schlauch oder Rohr mit Trichtermundstück ausgefahren, in das sich zu betankende Flugzeug einhängt.

Luftüberwachung, die Überwachung von Luftraum und -verkehr über einem Staatsgebiet; auch die Messung und Kontrolle der Radioaktivität durch Luftüberwachungsgeräte.

Lüftung. Wohnräumen wird frische Luft durch Undichtigkeiten der Fenster, Türen (**Selbst-L.**) oder durch Luftschächte (**freie L.**) zugeführt. Für Versammlungsräume, Kinos, Theater u. a. wendet man **Zwangs-L.** an: Bei der **Entlüftung** wird Luft abgesaugt, Frischluft strömt durch Undichtigkeiten nach; bei der **Belüftung** wird frische, oft klimatisierte Luft in die Räume gedrückt. Zur Wahrung gleichbleibender Temperatur, die bei der Zwangs-L. nicht gewährleistet ist, →Klimaanlage.

Luftunruhe, turbulente Bewegung der erwärmten Atmosphäre, Ursache des Szintillierens (Flackerns) der Sterne.

Luftverflüssigung, die Erzeugung flüssiger Luft durch Abkühlung auf −197,5° C nach dem Gegenstromverfahren von Linde. Flüssige Luft ist wasserklar und bläulich; Verwendung zur Erzeugung tiefer Temperaturen, für Sprengstoffe und Raketenantrieb. (Bild Kältemaschine)

Luftverkehr umfaßt Einrichtungen zur Beförderung von Personen, Fracht und Post auf dem Luftwege. Neben dem öffentlichen, planmäßigen L. (Linienluftverkehr) besteht für besondere Zwecke ein Bedarfsluftverkehr (Charterluftverkehr) und der nicht öffentl. L. für Berufs-, Geschäfts-, Vergnügungs- und sportl. Zwecke (privater Reiseflug und Sportflug).

Die Fluggastplätze je Flugzeug und die Reisegeschwindigkeit haben seit Beginn der L. ständig zugenommen (1920 bis zu 4 Plätze, Geschwindigkeit bis 102 km/h; 1960 bis 174 Plätze und 960 km/h; 1970 bis 490 Plätze (Jumbo-Jet) und bis 1000 km/h). Der Welt-L. hat sich 1965-70 verdoppelt.

Die Einführung von Strahlflugzeugen (seit 1952) hat wegen der gesunkenen direkten Betriebskosten die Wirtschaftlichkeit anhaltend erhöht. Dennoch sind die L.-Gesellschaften auf staatl. Unterstützung angewiesen, da die Flugzeuge schnell veralten und die hohen Anschaffungskosten in kurzer Zeit abgeschrieben werden.

Die wichtigsten öffentl. L.-Gesellschaften der Welt (Übersicht) sind in der →IATA zusammengeschlossen.

Der Sicherheit des L. dienen regelmäßige Aus- und Fortbildungslehrgänge für das fliegende Personal, sorgfältige Überwachung des Fluggerätes mit festgelegten Kontroll-, Wartungs- und Überholungsterminen. →Flugsicherung.

Haftpflicht. Nach dem Luftverkehrs-Gesetz i. d. F. v. 22. 10. 1965 haften Luftfahrzeughalter und Luftfahrtführer auch ohne Verschulden. Die Haftung der Fahrzeughalters ist bei mitwirkendem Verschulden des Verletzten eingeschränkt (nicht bei höherer Gewalt).

Luftverschmutzung, Luftverunreinigung, Anreicherung der Luft mit festen, flüssigen, gasförmigen Spurenstoffen, bes. im Bereich von Großstädten und Industriegebieten (Kohlenmonoxid, Schwefeldioxid u. a.).

LUFTVERKEHRSGESELLSCHAFTEN (Auswahl)

Europäische Gesellschaften. Alitalia-Linee Aeree Italiane, Rom, gegr. Alitalia 1946, LAI 1946; Fusion 1957; Austrian Airlines, AUA, Österreich. Luftverkehrs-AG., Wien, gegr. 1957; Air France, AF, Paris, Vorläufer, gegr. 1918; British European Airways Corporation, BEA, Northolt, gegr. 1946; British Overseas Airways Corporation, BOAC, London, gegr. 1940; Interflug, Berlin-Schönefeld, gegr. 1958; Irish International Airlines, Dublin; Koninklijke Luchtvaart Maatschappij, KLM, Den Haag, gegr. 1919; Deutsche Lufthansa AG., Köln, gegr. 1926, neu gegr. 1954; Scandinavian Airlines System, SAS, Stockholm Bromma, gegr. 1946; Société Anonyme Belge d'Exploitation de la Navigation Aérienne, Sabena, Brüssel, gegr. 1923; Schweizerische Luftverkehr AG., Swissair, Zürich, gegr. 1931.

Außereuropäische Gesellschaften. Air Canada, Montreal; Air-India International, Bombay; American Airlines Inc., AAL, New York, gegr. 1930; Delta-C & S. Airlines Inc., Atlanta (USA), gegr. 1925; Eastern Air Lines, EAL, New York, gegr. 1938; El Al Israel Airlines Ltd., Lod; Japan Air Lines Comp. Ltd., JAL, Tokio; National Airlines Inc., Miami (USA), gegr. 1937; Pan American World Airways, PAA, New York, gegr. 1927; Qantas Empire Airways Ltd., QEA, Sydney (Australien), gegr. 1920; Trans-Australia Airlines, TAA, Melbourne, gegr. 1946; Trans World Airlines, TWA, New York, gegr. 1934; United Air Lines, UAL, Chicago (USA), gegr. 1934.

Luftverteidigung, die Abwehr von Luftangriffen durch Luftverteidigungskräfte: Jagdflugzeuge, Flugabwehrraketen, Flugabwehrkanonen.

Luftwaffe, der Teil der Streitkräfte eines Staates, der den Kampf im Luftraum zu führen hat, und die für die Durchführung dieses Auftrags erforderlichen Verbände. Die **taktische L.** umfaßt die Jagdflieger-, Schlachtflieger- und Nahaufklärer-Einheiten. Die **operative L.** besteht aus schweren Kampfflugzeugen, zugleich Atombombenträgern, Fernaufklärern und Interkontinentalraketen. Die Marinen haben meist eigene Marinefliegertruppen.

Luftwaffenschulen, Ausbildungsstätten für das Personal der Luftwaffe: Technische Schulen, Flugzeugführer-, Truppen-, Offiziers-, Fla-Raketenschule und Technische Akademie.

Luftwäscher, bei Klimaanlagen eine Kammer, in der die Luft gereinigt und entoder befeuchtet wird.

Luftwege, Nasenhöhle, Rachen und Kehlkopf **(obere L.);** Luftröhre und Bronchien **(untere L.).**

Luftwerbung, die Werbung durch Ballons, Luftschiffe, Flugzeuge, mit Beschriftung, Schleppband, Himmelsschrift **(Himmelsschreiber).**

Luftwirbel, spiralförmige Luftbewegungen: Wind- und Wasserhosen, Wirbelstürme (Tornados, Taifune), Zyklone und Antizyklone.

Luftwurzel, eine oberird. Wurzel.

Luftziegel, luftgetrocknete Lehmbausteine.

Lug'aner See, italien. **Lago di Lugano,** Alpenrandsee im Kanton Tessin, Schweiz, und der italien. Prov. Como, 48,7 km² groß.

Lug'ano, Bezirksstadt im Kt. Tessin, Schweiz, am Nordufer des Luganer Sees, an der Gotthardbahn, 22 700 Ew.; mildes Klima, berühmter Kurort.

Lug'ansk, →Woroschilowgrad.

L'ugau, Stadt am Nordrand des Erzgebirges, Bez. Karl-Marx-Stadt, 10 200 Ew.; Steinkohlenbergbau, Eisen-, Textilindustrie.

L'ügde, Stadt in Nordrh.-Westf., 10 800 Ew.; Luftkurort nahe bei Bad Pyrmont.

Lügendetek'tor, Gerät, das unwahre Angaben entlarven soll; verzeichnet Schwankungen der Atmung und des Blutdrucks; ist in der Rechtspflege der Bundesrep. Dtl., Österreichs und der Schweiz nicht gestattet.

Lügendichtung übertreibt das Unmögliche so, daß der Leser die Lüge erkennt und sie als künstler. Mittel zu würdigen vermag.

L'ugger, der →Logger.

L'ugier, griech. **Lygier,** Kultgenossenschaft wandal. Einzelvölker um Chr. Geb. in Schlesien und Westpolen.

L'ugo, 1) Provinz Spaniens, in Galicien, 9800 km², 458 200 Ew.

2) Hauptstadt von 1), 69 000 Ew., Kathedrale; Schwefelquellen.

Lu'ini, Bernardino, italien. Maler, * um 1485, † 1532, von Leonardo beeinflußt; Fresken und Tafelbilder von weicher Schönheit.

Luise, Königinnen:
Preußen. **1) L.,** Prinzessin von Mecklenburg-Strelitz, * 1776, † 1810, Frau (1793) Friedrich Wilhelms III.; unterstützte die Reformen Steins und Hardenbergs.
Schweden. **2) L. Ulrike,** Schwester Friedrichs d. Gr., * 1720, † 1782, Frau (1744) Adolf Friedrichs, stiftete 1753 die Akademie der schönen Lit. und Gesch. in Stockholm.

Luisenburg, granitisches Felsblockgebiet bei Alexandersbad im Fichtelgebirge; Freilichtbühne.

L'uitpold, Prinzregent von Bayern (1886 bis 1912), 3. Sohn Ludwigs I., * 1821, † 1912, führte die Regierung für seine geisteskranken Neffen Ludwig II. und Otto.

Lukács [l'uka:tʃ], Georg (von), Literarhistoriker und -theoretiker, * 1885, † 1971, galt, trotz wiederholter Rüge der KP, als führender marxist. Literaturtheoretiker. ‚Die Zerstörung der Vernunft‘ (1954) u. a.

Luk'an, Marcus Annaeus, latein. Dichter, * Spanien 39 n. Chr., † 65; Epos ‚Pharsalia‘.

L'ukas, nach altkirchl. Überlieferung der Verfasser des **Lukasevangeliums** und der Apostelgeschichte, Arzt, Gefährte des Apostels Paulus. Tag: 18. 10. Kennzeichen: Stier.

Luke die, das **Luk,** wasserdicht verschließbare Öffnung im Schiffsdeck zum Ein- und Ausladen (Lade-L.), zur Lüftung.

Luki'an, griech. Schriftsteller, * um 120 n. Chr., † nach 180; Satiriker.

Lukm'anier, italien. **Passo del Lucomagno,** Alpenpaß der Gotthardgruppe, 1917 m hoch, verbindet das Medelser Tal (Graubünden) mit dem Val Blenio (Tessin).

lukrat'iv [lat.], gewinnbringend.

Lukr'ez, Titus **Lucretius** Carus, latein.

Dichter, * wohl 97 v. Chr., † (Selbstmord) 55 v. Chr., schrieb ein bedeutendes Lehrgedicht, das Hexameterepos ‚Über die Natur‘.

L'uksor, →Luxor.

Luk'uga, rechter Nebenfluß des Lualaba, in Zaïre, Abfluß des Tanganjikasees.

luk'ullisch [nach →Lucullus], genießerisch, üppig, schwelgerisch.

Lul, Lullus, Erzbischof von Mainz, * um 710, † 786, Schüler des Bonifatius; gründete das Kloster Hersfeld. Heiliger; Tag: 16. 10.

Luleå [l'yleo], Hauptstadt der VerwBez. Norrbotten, Schweden, Hafen an der Mündung des Luleälv in den Bottn. Meerbusen, 58 900 Ew.; Endpunkt der Lappland-Bahn, Eisenerzausfuhr; Eisen-, Stahlwerk.

Luleälv [ly:lə'elf], 450 km langer Fluß in N-Schweden, Wasserfälle, Kraftwerke.

L'ullus, Raimundus, katalan. Mystiker, Dichter und Missionar in Afrika, * 1235, † 1316; Seliger; Tag: 3. 7.

Lully [lyl'i], Jean Baptiste, französ. Komponist, * 1632, † 1687, im Dienst Ludwigs XIV, der erste Meister der französ. Oper.

Georg Lukács   *Rosa Luxemburg*

Luluaburg, früherer Name von →Kananga.

Lumb'ago [lat.] die, →Hexenschuß.

lumb'al, die Lenden betreffend.

Lumb'alanästhesie die, ♯ eine Form der →Schmerzbekämpfung (Übersicht).

Lumb'alpunktion die, ♯ eine Punktion unterhalb des Rückenmarks im Bereich der Lendenwirbelsäule, zum Entnehmen von Gehirn-Rückenmarksflüssigkeit.

L'umbeckverfahren [nach E. Lumbeck], fadenloses Buchbindeverfahren, bei dem Einzelblätter durch Spezialleim zu einem Buchblock verbunden werden.

Lumberjack [l'ʌmbədʒæk, engl.] der, sportliche, blusenartige Jacke.

Luftverkehr: links Ausladen von Fracht-Iglus; rechts Platzkontrollstelle mit Blick auf das Vorfeld (Frankfurt a. M.)

L'umen [lat.] *das,* 1) -s/...mina, Leuchte (der Wissenschaft), großer Gelehrter. 2) abgek. **lm,** Maßeinheit für den Lichtstrom: der Lichtstrom, den eine punktförmige Lichtquelle mit der Lichtstärke l Candela in die Raumwinkeleinheit strahlt.

Lumière [lym'jɛ:r], Auguste, * 1862, † 1954, schuf zusammen mit seinem Bruder Louis Jean (* 1864, † 1948) zahlreiche Neuerungen auf dem Gebiet der Photographie.

Luminesz'enz *die,* das Leuchten von Stoffen ohne Temperaturerhöhung, hervorgerufen durch die Wirkung andersartigen Lichts (Photo-L.), durch Strahlen radioaktiver Stoffe (Radio-L.), durch chem. **(Chemi-L.),** elektr. **(Elektro-L.)** oder mechan. Vorgänge **(Tribo-L.** beim Zerbrechen von Kristallen.) Die **Bio-L.** von Pflanzen und Tieren ist eine Art der Chemi-L.

Lumme *die,* zu den Alken gehörige Meeresvögel.

Lummer, Otto, Physiker, * 1860, † 1925, erfand die →Lummer-Gehrcke-Platte, führte genaue Messungen der Hohlraumstrahlung durch.

Lummer-Gehrcke-Platte, ein Interferenz-Spektralapparat höchster Auflösung.

Lumpenproletariat, bei Karl Marx die asozialen Elemente der Großstädte ohne proletarisches Klassenbewußtsein.

Lumpfisch, Fisch, →Seehase.

Lum'umba, Patrice, * 1925, † (ermordet) 1961, wurde 1960 der erste MinPräs. der Republik Kongo (K.).

L'una, 1) die römische Mondgöttin. 2) Name sowjet. Mondsonden.

Lunab'as *der,* dunkles Gesteinsmaterial aus den Mond-Maria, ähnlich der Basalt-Lava.

Lunar'it *der,* Sammelname für das hell erscheinende Gesteinsmaterial der Mond-Terrae.

Lunati'on [lat.], die Zeit, in der die Mondphasen einen vollen Wechsel durchlaufen, durchschnittlich ein synod. Monat.

Lunch [lʌntʃ, engl.] *der,* kleine Mittagsmahlzeit. **lunchen,** den L. einnehmen.

Lund, Stadt im VerwBez. Malmöhus, Schweden, 52 500 Ew.; Dom (11.-12. Jahrh.), Universität, Kernforschung; Papier-, Textilindustrie.

L'unda, Bal'unda, Bantuvolk im S des Kongobeckens, NO-Angola und Sambia, rd. 315 000 Menschen, Ackerbauern und Jäger. Ehemals das Staatsvolk des mächtigen **Lunda-Reiches** (16.-19. Jahrh.).

L'undenburg, tschech. **Břeclav,** Stadt in Südmähren, Tschechoslowakei, 12 800 Ew., Grenzstation gegen Österreich.

Lundkvist [l'ynd-], Artur, schwed. Schriftsteller und Kritiker, * 1906. Lyrik, Reisebücher, Essays.

L'üneburg, 1) RegBez. in Niedersachsen, 10 983 km², 1,066 Mill. Ew.; umfaßt die Landkreise Burgdorf, Celle, Fallingbostel, Gifhorn, Harburg, Lüchow-Dannenberg, Lüneburg, Soltau, Uelzen und die kreisfreien Städte Celle, Lüneburg, Wolfsburg.

2) Hauptstadt von 1), am N-Rand der L.er Heide, 59 900 Ew., ehem. bedeutende Hansestadt (Salzhandel) mit mittelalterl. Stadtbild (Backsteingotik); Verwaltungs- und Wirtschaftsakademie, Pädagog. Hochschule; Holz-, Metall-, Bekleidungs- u. a. Ind.; Sol- und Moorbad, Saline.

Lüneburger Heide, der eiszeitl. Landrücken zwischen Aller und unterer Elbe. Die Heide wurde bis auf Reste, bes. im Naturschutzgebiet **Wilseder Berg** (169 m), zurückgedrängt.

Lüneburger Silberschatz, das Ratssilber der Stadt Lüneburg, meist Tafelsilber aus dem 15. und 16. Jahrh. (Berlin, Kunstgewerbemuseum).

L'ünen, Stadt in Nordrh.-Westf., an der Lippe, 72 200 Ew.; Steinkohlenbergbau, Aluminiumwerk, Eisengießereien, Maschinenbau; Großkraftwerk.

Lün'ette [frz.] *die,* 𝍌 Bogenfeld, oft mit einem Relief oder einer Malerei.

Lunéville [lynœ'vil], Stadt im französ. Dép. Meurthe-et-Moselle, 25 400 Ew.; Fayence-, Maschinen-, Waggon- und Textilindustrie. Im **Frieden von L.** (1801) wurde das linke Rheinufer an Frankreich abgetreten; Österreich erhielt Venetien, Istrien, Dalmatien.

Lunge, das paarige Atmungsorgan des Menschen und der luftatmenden Wirbeltiere (Säugetiere, Vögel, Kriechtiere, Lurche, Lungenfische). Beim Menschen und den Säugetieren wird die Oberfläche beider **L.-Flügel** von dem **L.-Fell,** dem inneren Blatt des Brustfells, überzogen; das äußeres Blatt, das **Rippenfell,** die innere Brustwand überkleidet. Lungen- und Rippenfell zusammen bilden die allseitige geschlossene **Brustfell-(Pleura-)Höhle.**

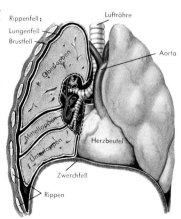

Rippenfell: Luftröhre Lungenfell Brustfell Aorta Herzbeutel Zwerchfell Rippen

Menschliche Lunge (rechter Flügel im Schnitt, die gestrichelte Linie begrenzt den Hilus)

Lund: Dom von Südosten

Zwischen den einwärtsgekehrten Flächen beider L. liegen das Herz und die großen Gefäße, etwa in der Mitte beiderseits der **L.-Hilus;** hier treten die Bronchien und die **L.-Schlagadern** in die L.-Flügel ein, die **L.-Blutadern** aus ihnen aus. Der rechte L.-Flügel ist in drei, der linke in zwei Lappen

gegliedert; sie werden von den Ästen der Bronchien durchzogen, die sich bis zu den mikroskopisch kleinen **L.-Bläschen** verzweigen. Um die L.-Bläschen schmiegt sich ein feines Haargefäßnetz, in das die kohlensäurereiches Blut führenden L.-Schlagadern übergehen; durch die Haargefäßwände hindurch gibt das Blut hier Kohlensäure ab und nimmt dafür Sauerstoff auf. Die L.-Blutadern führen dieses sauerstoffreiche Blut dem Herzen zu, von wo es in den Körper gelangt (→Blutkreislauf).

Lungenfische, Lurchfische, Knochenfische, die mit ihrer lungenartigen Schwimmblase durch Schlund und Nase Luft atmen und längere Zeit auf dem Land aushalten, z. B. der 1-2 m lange **Molchfisch** in Afrika.

Lungenflechte, großlappige Flechtenpflanze; Volksarznei. (Bild Flechten)

Lungenkrankheiten: Lungenabszeß, eine Eiterhöhle im Lungengewebe. - **Lungenblähung,** das →Emphysem. - **Lungenembolie,** Verstopfung der Lungenschlagader oder eines ihrer Äste durch ein Blutgerinnsel. Kann zu plötzlichem Tod führen (Lungenschlag). - **Lungenentzündung, Pneumonie,** die Durchsetzung (Infiltration) des Lungengewebes mit entzündl. Ausschwitzung aus den Blutgefäßen. Die **fibrinöse** oder **kruppöse Lungenentzündung,** meist durch Pneumokokken verursacht, beginnt mit Schüttelfrost, hohem Fieber, Seitenstechen; es folgen schmerzhafter Husten, Atemnot, zäher, rostfarbener Auswurf. Die Krise tritt zwischen dem 7. und 13. Tag unter Schweißausbruch und schneller Entfieberung ein. Die Entzündung betrifft stets einen ganzen Lungenlappen. Die **katarrhalische Lungenentzündung** (Bron-

Lüneburg: am Ilmenauhafen

Lüneburger Heide

chopneumonie) betrifft kleinere Teile der Lunge. Erreger sind Bakterien verschiedenster Art, auch Viren. Meist geht ein Katarrh der feinsten Bronchien voraus oder eine ansteckende Krankheit (Masern, Grippe, Typhus u. a.). Behandlung: Antibiotica, Sulfonamide. - **Lungenkrebs,** eine meist von der Schleimhaut der Bronchien ausgehende bösartige Geschwulst, →Krebs. - **Lungenödem,** Übertritt von Blutwasser in das Lungengewebe unter Blutstauung bei Herzschwäche, Nierenentzündung u. a. Ein Zustand höchster Atemnot und Erstickungsgefahr. - **Lungenpest,** →Pest. - **Lungentuberkulose,** →Tuberkulose.

Lungenkraut, Borretschgewächs mit anfangs roten, später violetten bis blauen Blüten; früher Volksarznei.

Lungenmoos, Isländisches Moos und Lungenflechte.

Lungenoperationen, das vollständige Entfernen eines Lungenflügels **(Pneumonektomie)**; das Entfernen eines Lungenlappens **(Lobektomie)** oder des Abschnitts (Segmentes) eines Lappens **(Segmentresektion)** u. a.

Lungenschlag, Tod durch Lungenembolie (→Lungenkrankheiten).

Lungenschnecken, Pulmonaten, landbewohnende Schnecken, bei denen das blutgefäßreiche Dach der Mantelhöhle als lungenähnl. Atmungsorgan dient.

Lungenwürmer, schmarotzende Fadenwürmer bei Rind, Schaf, Ziege, Schwein, Wildschwein, Hirsch, Reh. L. verursachen Bronchialkatarrh und eine Lungenentzündung **(Lungenwurmkrankheit, -seuche).**

Lunker der, Hohlraum in Gußstücken.

Luns [lyns], Joseph, niederländ. Politiker, * 1911, seit 1956 Außenmin., förderte die Politik der europ. Integration, seit 1971 Generalsekretär der NATO.

Lunte die, 1) bis zum 19. Jahrh. Zündmittel bei Feuerwaffen. 2) ♙ Schwanz des Fuchses und Marders.

L'unula [lat. ,Möndchen'] die, der weiße Fleck an der Wurzel der Fingernägel.

Luo, Lwo, Lwoo, Volk (rd. 1,1 Mill.), bes. in Kenia, auch im N Tansanias; verstreut in: Uganda, Zaïre, Rep. Sudan.

Lupan'ar [lat.] das, altröm. Bordell.

Lupe, Vergrößerungsglas.

Lup'ine die, Schmetterlingsblütergattung, bes. im südl. Europa, als Grün- und Körnerfutter, auch zur Gründüngung (Stickstoffsammler) und als Zierpflanze angebaut. In Dtl. ist am häufigsten die **Blaue,** seltener sind die **Gelbe** und die **Weiße L.**

Lupinenkrankheit, eine nach Verfütterung von Lupinen (vor der Züchtung bitterstoffarmer Lupinen) bei Haustieren auftretende Gelbsucht.

L'upus [lat.] der, 1) Wolf. **L. in fabula** ,der Wolf in der Fabel': wird der Wolf genannt, kommt er gerannt. 2) Hautkrankheiten: **L. vulgaris** (Hautwolf, die Hauttuberkulose); **L. erythematodes** (Schmetterlingsflechte).

Lurçat [lyrs'a], Jean, franzöis. Maler, * 1892, † 1966, Gobelinentwürfe.

Lurche, die Klasse **Amphibien** der Wirbeltiere: Blindwühlen, Frosch-L. (Frösche), Schwanz-L. Die L. sind wechselwarme Tiere, deren nackte, drüsenreiche Haut nicht den meist vorhandenen Lungen zur Atmung und auch zur Wasseraufnahme dient. Die Jungen tragen als Larven anfangs äußere Kiemen und einen Ruderschwanz; Gliedmaßen fehlen vorerst. Später verwandeln sich die Larven (Metamorphose) und gehen von der Kiemen- zur Lungenatmung über; bei den Frosch-L. verschwindet dabei auch der Schwanz.

Lurchfische, die →Lungenfische.

L'ure die, große, gewundene Bronzetrompete der nordischen Bronzezeit.

L'uren, ein den Kurden sprachlich und kulturell verwandter Volksstamm im Iran, etwa 400 000, meist Nomaden.

L'uria, Salvador Edward, amerikan. Bakteriologe, * 1912, erforschte die biolog. Wirkungen der Strahlung, die Biologie der

Bakteriophagen u. a. 1969 Nobelpreis für Medizin.

Lürmann, Fritz, Hütteningenieur, *1834, †1919, stellte Mauersteine aus Hochofenschlacke her, erfand Verbesserungen an Hochöfen, Winderhitzern u. a.

Lus'aka, Hauptstadt von Sambia, 238 200 Ew.; Handelszentrum eines fruchtbaren Farmgebietes, vielseitige Ind.; kath. Erzbischofssitz; Universität.

Lus'erke, Martin, Pädagoge, Schriftsteller, * 1880, † 1968, förderte das Laienspiel.

Lusit'ania, engl. Fahrgastdampfer, der Munition mitführte, 1915 durch ein dt. U-Boot versenkt.

Lusit'anien, latein. **Lusitania,** röm. Provinz, etwa das heutige Portugal.

Lustenau, Gem. in Vorarlberg, Österreich, 15 300 Ew.; Textilindustrie.

Lüster [frz.] der, 1) Kronleuchter. 2) ein leinwandbindiger Futter-, Schürzen-, Joppenstoff. 3) schillernder Überzug auf Glas, Porzellan, Tonwaren. 4) Emulsionen oder Lösungen von Fetten oder Wachsen, mit Farbstoffen, zur Behandlung von Leder.

Lustrati'on, altröm. Religion: kult. Reinigung; latein. Liturgie: Besprengung mit Weihwasser (Prozession u. ä.).

L'ustrum das, im alten Rom der feierl. Akt der Tierprozession, Sühneopfer alle 5 Jahre; danach: Jahrfünft.

Lustspiel, →Komödie.

Lut, Dascht-i-Lut, Salzwüste im östl. Iran.

Lüta, Stadt in der chines. Prov. Liauning, im S der mandschur. Halbinsel Liautung, 3,5 Mill. Ew.; zusammengewachsen aus den beiden Hafenstädten **Lüschun** (früher **Port Arthur)** und **Talien. Lüschun,** engl. **Lushun,** japan. **Ryojun,** von strateg. Bedeutung, 1897 von Rußland besetzt, 1898 gepachtet und zum stärksten Flottenstützpunkt in Ostasien ausgebaut, 1905 von den Japanern erobert, bis 1945 japanisch, bis 1954 sowjet. Flottenstützpunkt, 1955 an China zurückgegeben. **Talien,** russ. **Dalnij,** japan. **Dairen,** wurde 1899 von den Russen als Endpunkt der ostchines. Bahn gegr. Beide Häfen sind Kriegs- und Handelshäfen.

Lut'etium, Lu, chem. Element aus der Gruppe der →Lanthaniden, Ordnungszahl 71, Massenzahlen 175, 176, Atomgewicht 174,97. Bis 1949 war für L. in Dtl. der Name **Cassiopeium, Cp,** in Gebrauch.

L'uther, 1) Hans, Politiker, * 1879, † 1962, 1922/23 Reichsernährungs-, 1923-25 Reichsfinanz-Min., 1925/26 Reichskanzler, 1930 Reichsbankpräs., 1933-37 Botschafter in Washington, war seit 1953 Vors. des Ausschusses zur Neugliederung der Länder in der Bundesrepublik.
2) Martin, Reformator, Begründer des dt. Protestantismus, * Eisleben 10. 11. 1483, † ebd. 18. 2. 1546, Sohn des Bergmanns Hans L. aus Möhra, bezog 1501 die Universität Erfurt, trat 1505 ins Augustinerkloster ein, wurde 1507 Priester, hielt 1508 Vorlesungen in Wittenberg, 1512 Prof. der

Luther (Holzschnitt von L. Cranach d. Ä.)

Theologie. Am 31. 10. 1517 schlug er seine gegen Tetzel gerichteten 95 Streitsätze (Thesen) über den Ablaß an die Schloßkirche in Wittenberg an. Er mußte sich 1518 vor Kardinal Cajetan in Augsburg verantworten, unterwarf sich aber nicht. Im Streitgespräch 1519 in Leipzig mit Eck, der Leipziger Disputation, bestritt er den Primat des Papstes und die Unfehlbarkeit der Konzilien. Damit hatte L. mit der Kath. Kirche gebrochen und beschritt nun den Weg zu einer völligen Reformation der Kirche und der Theologie. 1520 entstanden die entscheidenden Reformationsschriften: An den christl. Adel deutscher Nation, Von der babylonischen Gefangenschaft der Kirche, Von der Freiheit eines Christenmenschen, verbrannte am 10. 12. 1520 die päpstl. Bannandrohungsbulle, wurde darauf am 3. 1. 1521 gebannt, verteidigte sich am 17. und 18. 4. 1521 vor dem Reichstag in Worms und wurde in die Reichsacht erklärt. Von Kurfürst Friedrich dem Weisen auf die Wartburg gerettet, übersetzte er hier das Neue Testament (1522 zuerst gedruckt). 1522 kehrte er nach Wittenberg zurück und trat gegen die Wiedertäufer auf. 1525 heiratete er Katharina von Bora. Im Bauernkrieg billigte L. anfangs die Forderungen der Bauern, verurteilte jedoch später deren Gewalttaten. Mit den beiden Katechismen (1529), der Bibelübersetzung (1534 die ganze Bibel), seinen geistl. Liedern (,Ein' feste Burg' u. a.) förderte er entscheidend die Entwicklung der dt. Sprache. - Im Mittelpunkt seiner Lehre von den Gnadenmitteln steht das ,Wort Gottes' als Gesetz und ,Evangelium zugleich. Mit der ,Rechtfertigung allein aus dem Glauben' hat er für die Reformationskirchen die religiöse Begründbarkeit mit Glaubenssätze (Dogma) aufgehoben. Die unmittelbare Glaubensbeziehung zwischen Gott und Mensch macht nach seiner Lehre die priesterl. Mittlerschaft unnötig (allgem. Priestertum aller Gläubigen). Die christl. Sittlichkeit erfüllt sich nach L. im weltl. ,Beruf', der im Glauben und in der Liebe getan wird.

L'utherische Kirchen, die an den lutherischen Bekenntnisschriften festhaltenden evangelischen Kirchen, bes. in Deutschland, Skandinavien und Nordamerika, im Unterschied zu den →reformierten Kirchen. Diese Bekenntnisse sind seit 1580 im Konkordienbuch gesammelt; am wichtigsten ist die →Augsburgische Konfession. Dem Streben Melanchthons nach Verständigung mit den Reformierten traten die strengen Lutheraner entgegen, bes. durch die Konkordienformel. Im 19. Jahrh. führten die Unionsbestrebungen zur Abspaltung der →Altlutheraner. Die luther. Landeskirchen Dtl.s sind seit 1948 in der Vereinigten Evangelisch-Luther. Kirche Dtl.s zusammengeschlossen.

Lutherischer Weltbund, Vereinigung fast aller luther. Kirchen der Welt.

Luthuli [lu:θ'u:li:], Albert, südafrikan. Politiker, * 1899, † 1967, vertrat den gewaltlosen Widerstand gegen die Rassentrennungspolitik der Regierung; erhielt 1961 den Friedens-Nobelpreis für 1960.

Lut'izen, Liut'izen, Bund ostseeslaw. Kleinstämme, führend im Aufstand von 983 gegen die deutsche Herrschaft, bestand bis etwa 1150.

Luton [lj'u:tn], Stadt in England, nördlich von London, 156 700 Ew.; Kraftwagen-, Flugzeugbau u. a. Industrie.

L'ütschine die, linker Nebenfluß der Aare im Berner Oberland.

Lutter am Barenberge, Gem. nordwestl. von Goslar. - 27. 8. 1626 Sieg Tillys über Christian IV. von Dänemark.

L'üttich, franzöis. **Liège,** fläm. **Luik,** 1) Prov. Belgiens, 3876 km², 1,016 Mill. Ew. 2) Hauptstadt von 1) an der Mündung der Ourthe in die Maas, 148 600 Ew.; geistiger Mittelpunkt Walloniens (Universität, Techn. Hochschule, Kunstakademie u. a.); Eisen- und Glashütten, Waffen-, Waggon-,

Maschinen- u. a. Ind. - Ehem. Reichsfürstentum der Bischöfe von L.

L'ützen, Stadt südwestlich von Leipzig, 4800 Ew. - In der Schlacht bei L. (16.11.1632) siegten die Schweden über Wallenstein; Gustav Adolf fiel.

L'ützow [-o], Adolf Freiherr von, preuß. Reiteroffizier, * 1782, † 1834, stellte zu Beginn der Freiheitskriege 1813 das **L.sche Freikorps** (‚Schwarze Schar') auf.

Luv die, die dem Winde zugekehrte Schiffsseite; Gegensatz: Lee.

Lux, Lx, Einheit der →Beleuchtungsstärke.

Luxation [lat.], ♭ die →Verrenkung.

L'uxemburg, Großhzgt. in W-Europa, 2586 km² mit 340000 meist kath. Ew. Hauptstadt: Luxemburg; Amtssprache Französisch, daneben wird Hochdeutsch und Letzeburgisch (moselfränk. Mundart) gesprochen. Nach der Verf. von 1868

Luxemburg: Festungsmauern

(mehrfach verändert) ist L. eine konstitutionelle Erbmonarchie. ⊕ X/XI, Bd. 1, n. S. 320. Währung ist der Luxemburg. Franc = 100 Centimes. Recht: französ. Vorbild. ⊔ S. 1179. ☐ Bd. 1, S. 392. Keine Wehrpflicht.
Der N hat Anteil an den Ardennen (Ösling) und ist reich an Wald und Heide. Der S gehört zum lothring. Stufenland. Hauptflüsse sind Sauer und Mosel (SO-Grenze). Den Hauptbestandteil der Bevölkerung bilden die Luxemburger (fränk. Stammes). Über die Hälfte lebt in der Stadt L. und um Esch.
Wirtschaft. Auf der Grundlage der Minettelagerstätten im S hat sich eine ausgedehnte Eisen- und Stahlindustrie entwickelt, davon 94% für die Ausfuhr. Im N ist die Landwirtschaft am stärksten verbreitet. Der Ackerbau geht zugunsten der Weidewirtschaft zurück (Fleischausfuhr). Im Moseltal Weinbau. Haupthandelspartner sind Bundesrep. Dtl., Belgien, Frankreich. - L. hat 328 km Eisenbahnlinien und 4942 km Straßen; Binnenschiffahrt auf der kanalisierten Mosel; internat. Flughafen bei der Stadt L.
Geschichte. Die Grafen von L. (Lützelburg) stellten 1308-1437 die dt. Könige (und Kaiser) Heinrich VII., Karl IV., Wenzel, Sigismund. Das Herzogtum L. kam 1443 an Burgund, 1477 an Habsburg, 1555 an deren span. Linie, 1714 an die Österreich. Niederlande, 1797 an Frankreich, als Großhzgt. 1815 mit den Niederlanden in Personalunion verbunden (bis 1890) und in den Dt. Bund aufgenommen. 1839 fiel der wallon. Teil an Belgien. Nach Auflösung des Dt. Bundes 1866 wurde es selbständig. 1890 wurde Adolf, bis 1866 Herzog von Nassau, Großherzog. Bis 1919 blieb L. im Dt. Zollverband. Die 1922 mit Belgien geschlossene Zoll- und Wirtschaftsunion wurde 1949 zu den ‚Benelux-Ländern erweitert. In beiden Weltkriegen wurde L. von dt. Truppen besetzt. 1948 gab es seine Neutralität auf und trat 1949 dem Nordatlantikpakt, 1954 der WEU bei. -

766

Mitgl. der UN (seit 1945), des Europarates, der Montanunion (seit 1951), der EWG und EURATOM (seit 1957).

Luxemburg, französ. **Luxembourg** [lyksäb'u:r], 1) Hauptstadt des Ghzgt. L., an der Alzette, 101 600 Ew. (mit Vororten); Sitz der Landesregierung, des Sekretariats des Europ. Parlaments, des Europ. Gerichtshofes; Internat. Univ.; Stahl-, Maschinen-, Steingut-, Metallmöbelfabriken u. a. Ind., Molkerei, Brauerei.
2) Provinz Belgiens, 4418 km², 219 400 Ew. Hauptstadt: Arlon.

Luxemburg, Rosa, sozialist. Politikerin, * 1871, † 1919, vertrat eine radikale Linie sozialist. Demokratie, gründete mit K. Liebknecht den Spartakusbund; von Regierungstruppen erschossen. (Bild S. 763)

Luxmeter, Film, Fernsehen: photoelektrisches oder optisches Gerät, mißt die Beleuchtungsstärke.

L'uxor, L'uksor, Stadt am Nil, in Oberägypten, 39 900 Ew., liegt an der Stelle des alten →Theben.

luxurieren [lat.], ein Erbmerkmal in stärkerer Ausprägung zeigen als die Eltern.

luxuri'ös, verschwenderisch, prunkvoll.

Luxus [lat.] der, Üppigkeit, verschwenderische Lebensführung.

Luxussteuer, Steuer auf den Besitz und/oder Erwerb von Luxusgütern.

Luz'ern, 1) Kt. der Schweiz, 1494 km², 289 600 Ew., gehört teils zum Mittelland, teils zum Voralpenland. Landbau, Alpwirtschaft, Textil-, Maschinen-, Holz- u. a. Ind. Fremdenverkehr. Geschichte, →Luzern, Stadt.
2) Hauptstadt von 1), am Ausfluß der Reuß aus dem Vierwaldstätter See, 75 100 Ew.; Fremdenverkehr, Kongreßort, Handel, Apparate-, Textilind. - 1291 kam L. an die Habsburger, schloß aber gegen sie 1332 den Ewigen Bund mit den dreiörtigen Eidgenossenschaft. Nach dem Sieg bei Sempach baute L. einen Stadtstaat auf. In der Reformationszeit blieb es katholisch.

Luz'erne die, Futterpflanze; Schmetterlingsblüter mit violetten, blauen oder gelben Blüten, aus dem Orient. In Dtl. am meisten angebaut: **Bastard-L.**

luz'id [lat.] hell, licht.

L'uzifer [lat. ‚Lichtbringer'], 1) der Morgenstern. 2) der Teufel.

Luzk, polnisch **Łuck,** Stadt in der Ukrain. SSR, am Styr, 82 000 Ew.; Maschinen-, Bekleidungs- u. a. Industrie.

Luz'on, span. **Luzón** [luθ'ɔn], Hauptinsel der Philippinen, mit Nebeninseln 108 628 km², 16 424 Mill. Ew.; Hauptstadt: Manila. L. ist im S stark vulkanisch, hat feuchtwarmes Tropenklima, häufig Wirbelstürme. Gold, Eisenerz, Mangan-, Chromerz; Anbau von Reis, Tabak, Kopra, Zukkerrohr. (Bild Philippinen)

Lw, chem. Zeichen, für Lawrencium, das heute →Laurentium, Lr, heißt.

LW, Abk. für Langwellen.

Lwow, →Lemberg.

lx, Abk. für →Lux.

LX, Schmuckblatt-Telegramm.

Lyallpur [l'aiəl-], Stadt in Pandschab, Pakistan, 425 200 Ew.; Baumwollindustrie.

Lyck, poln. **Ełk,** Stadt im südl. Ostpreußen, 25 300 (1939: 16 500) Ew.; Ziegelind., landwirtschaftl. Maschinenfabrik; Burg (um 1400). Seit 1945 unter poln. Verwaltung.

Lycop'odium, der Bärlapp.

Lydgate [l'idgit], John, engl. Dichter, * um 1370, † 1450; Versromane.

L'ydien, antike Landschaft im W Kleinasiens, einst ein mächtiger, reicher Staat (Krösus); Hauptstadt: Sardes; 546 v. Chr. von den Persern (Kyros) erobert.

l'ydische Tonart, eine Tonart der altgriech. Musik sowie eine Kirchentonart.

L'ykien, antike Landschaft im SW Kleinasiens. Hauptstadt: Xanthos; 43 n. Chr. röm. Provinz.

Lyk'urg(os), 1) der Überlieferung nach der Gesetzgeber des antiken Sparta, auf den die staatl. und sozialen Einrichtungen zurückgeführt wurden.
2) athen. Redner, Staatsmann, † 324 v. Chr., Feind Makedoniens, leitete seit 338 die Finanzen, führte Athen zu neuer Blüte.

L'yly, Lilly, John, engl. Dichter, * 1554, † 1606; erster engl. Bildungsroman ‚Euphues, or the anatomy of wit' (1578-80).

lymph'atisch, auf die Lymphe bezüglich.

lymphatische Diathese, ♭ im frühen Kindesalter: eine Neigung zu Wasserspeicherung in den Geweben und zu Vergrößerung der Lymphknoten.

lymphatischer Rachenring, ringförmig angeordnetes lymphat. Gewebe auf Zungengrund und Rachenhinterwand, mit Rachenmandel und Gaumenmandeln.

L'ymphe [grch.] die, **1) Gewebsflüssigkeit,** eine fast farblose Flüssigkeit, die aus den Geweben abfließt und von den Lymphgefäßen aufgenommen wird; sie besteht aus Blutplasma mit weißen Blutkörperchen und vermittelt den Stoffaustausch zwischen den Blutgefäßen und den Gewebszellen. 2) die Flüssigkeit zur Impfung gegen Pocken.

Lymphgefäße, den Venen ähnliche feine Röhren, die die Lymphe sammeln und dem Blut wieder zuführen. Die L., die von den unteren Gliedmaßen und den Baucheingeweiden kommen, treten vor der Lendenwirbelsäule zum **Brust-Lymphgang** (Milchbrustgang) zusammen, der in die linke Schlüsselbein-Vene mündet.

Lymphgefäßentzündung, eine Entzündung der Lymphgefäße, als roter Streifen von der Infektionsstelle zu dem Lymphknoten sichtbar; meist durch Eiterkokken verursacht; sofort Arzt aufsuchen!

Lymphknoten, früher fälschlich **Lymphdrüsen** genannt, linsen- bis haselnußgroße Kapseln, die als Filter in die Lymphgefäße eingeschaltet sind; sie enthalten in **Lymphfollikeln** angesammelte **Lymphzellen.**

Lymphödem, Lymphstauung, bes. an den Beinen, ‚Stauungswassersucht'.

Lymphogranul'oma inguin'ale das, die bes. beim Geschlechtsverkehr (‚vierte Geschlechtskrankheit') übertragene, durch

Luzern: Kapellbrücke und Wasserturm

Lyon

ein Virus hervorgerufene **venerische Lymphknotenentzündung.** Behandlung: Sulfonamide und Antibiotica.

Lymphogranulomat'ose *die*, **Hodgkinsche Krankheit,** eine Erkrankung der Lymphknoten und des lymphat. Gewebes in Milz und Leber; Ursache unbekannt; Behandlung: Röntgenstrahlen, Cytostatica, Corticoide.

Lymphoz'yten [grch.], eine Art der weißen Blutkörperchen (→Blut).

Lynch [lintʃ], Jack, irischer Politiker, * 1917, seit 1966 MinPräs.

lynchen, das gesetzwidrige Töten von Personen durch eine erregte gewalttätige Menschengruppe **(Lynchjustiz).**

L'ynen, Feodor, Biochemiker, * 1911, Prof. am Max-Planck-Institut für Zellchemie in München. Entdeckte das Acetyl-Coenzym A ('aktivierte Essigsäure'). Nobelpreis für Physiologie und Medizin 1964.

Lyngby-Kultur, nach dem Fundort Nörre Lyngby (Jütland) benannte Kulturstufe der ausgehenden Altsteinzeit.

L'ynkeus, griech. Mythos: Sohn des Aphareus, Gegner der Dioskuren.

Lynn [lin], Hafenstadt in Massachusetts, USA, an der Bucht von Boston, 90 300 Ew.; Elektro-, Schuh-, Maschinenindustrie.

Lyon [ljõ], die Hauptstadt des franzöS. Dép. Rhône, am Zusammenfluß von Rhône und Saône, 527 800 Ew.; zweitgrößtes Wirtschafts- und Kulturzentrum Frankreichs, Groß- und Zwischenhandel (Lyoner Messe), vielseitige Ind. (bes. Seide, Kunstfaser); Verkehrsknoten; kath. Erzbischofssitz; Universität, Hochschule; Kathedrale (12.-15. Jahrh.), Wallfahrtskirche Notre-Dame. - Das keltischröm. Lugdunum wurde unter Augustus Hauptstadt Galliens, im 2. Jahrh. n. Chr. Bischofssitz; 1033 kam L. an die dt. Könige, 1312 an Frankreich. 1793 Zerstörung durch die Jakobiner.

Lyons, J. L. & Co. Ltd. [l'aiənz], London, engl. Konzern der Nahrungs- und Genußmittelind. mit angegliederten Restaurants und Hotels; gegr. 1894.

L'yra *die,* 1) ein altgriech. Zupfinstrument mit 7 Darmsaiten. 2) in Militärkapellen ein Stahlplattenspiel. 3) das Sternbild Leier.

L'yrik [zu griech. Lyra] *die,* 3. Gattung der Poesie neben Epik und Dramatik; die Selbstaussage eines dichter. Subjekts, das seinen Gefühlen, Vorstellungen und Gedanken einen monolog. Ausdruck verleiht. Die L. bedient sich der Stilmittel von Rhythmus, Metrum, Vers, Reim, Bild u. a. Darüber hinaus stellt das Lyrische eine poetisch-stilistische Grundhaltung dar, die auch in epischer und dramat. Gestalt auftreten kann. Über die episch-lyrischen Mischformen →Ballade, →Idylle, →Lehrdichtung.

lyrisch, die Lyrik betreffend, gefühlvoll, stimmungsvoll.

Lys [lis], franzöS. Name des Flusses→Leie.

Łysa Góra [l'isa g'ura, poln. ‚kahler Berg'] *die,* Höhenzug in Polen, bis 611 m hoch.

Lys'ander, spartan. Feldherr und Staatsmann, † 395 v. Chr., beendete mit der Eroberung Athens 404 den Peloponnes. Krieg.

Lys'ergsäure, ein Baustein der Mutterkornalkaloide. **L.-Diäthylamid, LSD,** synthet. Derivat der L., verbreitetes Rauschgift, übt bereits in äußerst geringen Mengen eine starke Wirkung auf das Zentralnervensystem (Halluzinationen, Erregung u. a.) aus.

L'ysias, attischer Redner, * um 445 v. Chr., Gegner der Dreißig Tyrannen.

Lys'in[grch.], 1) Stoffe des Blutserums (Antikörper), die körperfremde Zellen aufzulösen vermögen. 2) ꝶ für die menschl. Ernährung notwendige Aminosäure, in Eiern, Fleisch, Milch enthalten.

Lys'ippos, griech. Bronzebildner des 4. Jahrh. v. Chr., wurde mit seinem neuen Stil (gestreckte Proportionen, kleine Köpfe) Wegbereiter der hellenist. Kunst. Werke durch Marmorkopien bekannt: Apoxyomenos (Vatikan) u. a.

L'ysis [grch.] *die,* ꝶ das langsame Absinken des Fiebers.

Lys'istrata, Komödie von Aristophanes: Ehestreik der Frauen gegen den Krieg.

Lys'ol *das,* Handelsname einer Kresolseifenlösung, verdünnt zum Desinfizieren der Hände, von Wäsche, Instrumenten usw. verwendet. **L.-Vergiftungen** entstehen bei äußerl. Anwendung als Hautverätzung, bei Aufnahme durch den Mund als Magen- und Nierenschädigung.

Lys(s)'enko, Trofim, sowjet. Botaniker, * 1898. L. entwickelte eine dialektischmaterialistische Vererbungslehre.

L'yswa, Stadt im Ural, Russ. SFSR, 79 000 Ew.; Hütten- und Stahlwerk, Maschinenbau.

Lytton [l'itn], Lord, →Bulwer Lytton.

Lyz'eum [grch.] *das,* -s/...zeen, in einigen europ. Ländern höhere Schule, in Deutschland 1908-38 höhere Mädchenschule.

M

m, *das* M [εm], der 13. Buchstabe im Abc, bezeichnet den bilabialen Nasallaut.

m, = Meter; **m²** = Quadratmeter; **m³** = Kubikmeter. μ [griech. Buchstabe für m]. **1)** Mikrometer, μm, = $^1/_{1000}$ mm. **2)** Mikro-, $^1/_{1000000}$; z. B. μV, Mikrovolt = $^1/_{1000000}$ Volt. **3)** Milli = $^1/_{1000}$.

M, **1)** Mega- (vor Maßeinheiten), = 1 000 000; z. B. MV, Megavolt = 1 000 000 Volt. **2)** röm. Zahlzeichen für 1000.

M., Abk. für Monsieur.

mA, Milliampere.

M. A., Master of Arts, →Magister.

Mä'ander *der,* **1)** im Altertum Name des Flusses →Menderes in Anatolien. **2)** halb-

Mäander: oben rechtwinklig gebrochene Form, unten laufender Hund

bis fast vollkreisförmige Flußwindung. **3)** Ornamentband aus mehrfach rechtwinklig gebrochener Linie (in Frankreich **Grecque** genannt), auch aus fortlaufender Wellenlinie **(laufender Hund).**

Maar *das,* trichterförmige, meist seerenfüllte Eintiefung der Erdoberfläche, durch vulkan. Gasexplosionen entstanden.

Maas *die,* franzöS. **Meuse** [møz], Fluß im östl. Frankreich, Belgien und den südl. Niederlanden, 925 km lang, kommt vom Plateau von Langres und mündet in die Nordsee (Abflußdamm des Deltawerks). Kanalverbindungen zu anderen Flüssen.

Maaß, 1) Edgar, Schriftsteller, * 1896, † 1964; Kriegs-, dokumentar. und biograph. Romane.

2) Joachim, Schriftsteller, Bruder von 1), * 1901; Romane (Der Fall Gouffé, 1952, u. a.).

Maastricht [-tr'ixt], die Hauptstadt der Prov. Limburg, Niederlande, an der Maas, 93 900 Ew.; alte Bauten; Zement-, Porzellan-, Möbel- u. a. Industrie.

Maat, Unteroffizier der dt. Kriegsmarine.

Maatschappij [m'a:tsxɑpεi, niederländ.] *die,* Gesellschaft, Handelsgesellschaft.

Maazel [ma:zl], Lorin, * 1930; amerikan. Dirigent, seit 1965 Generalmusikdirektor der Dt. Oper, Berlin.

Maebaschi, Maibaschi, Stadt auf Honschu, Japan, 199 000 Ew.; Seidenindustrie.

Mabillon [mabij'ɔ], Jean, franzöS. Benediktiner (Mauriner), * 1632, † 1707, begründete die Urkundenlehre.

Mabin'ogion, Sammelbez. für 11 kymr. Erzählungen des 11. bis 13. Jahrh.

Mabuse [mab'y:z], Jan, eigentl. **Gossaert,** niederländ. Maler, * um 1478, † um 1533/34; italienisch beeinflußte Bilder mit Akten und überreichen Architekturen.

Mac [mæk], gälisch, geschrieben auch **Mc** und **M,** unbetonte Vorsilbe schott. und irischer Familiennamen [urspr. ‚Sohn des...'].

Mac'ao, 1) portugies. Überseeprov. an der Mündung des Kanton-Flusses, S-China, 16 km², rd. 270 000 Ew. - M. ist seit 1557 portugiesisch. 1951 wurde aus der Kolonie eine portugies. Überseeprov. mit Verwaltungs- und Finanzautonomie.

2) Hauptstadt von 1), 161 300 Ew.

MacArthur [mək'a:θə], Douglas, amerikan. General, * 1880, † 1964, seit 1941 Führer der amerikan. Streitkräfte im Pazifik, dann der Besatzungstruppen dort, 1950 auch Führer der UN-Truppen im Korea-Krieg; 1951 von Truman entlassen.

Macaulay [mək'ɔ:li], **1)** Rose, engl. Erzählerin, * 1881, † 1958; ironische Romane.

2) Thomas, Lord **M. of Rothley** (1857), * 1800, † 1859, liberaler engl. Politiker und Geschichtsschreiber, ‚Geschichte Englands' (1849/61).

Macbeth [mækb'εθ], König von Schottland (1040-57), besiegte und tötete seinen Vorgänger Duncan I., fiel im Kampf gegen Duncans Sohn.

Macchie [m'akiə, italien. macchia] *die,* **Maquis** [frz. mak'i] *das,* Buschwald der Mittelmeerländer aus immergrünen (Hartlaub-)Gewächsen.

Macdonald [məkdɔnəld], **1)** Alexandre Herzog von Tarent (1809), franzöS. Marschall (1809), * 1765, † 1840, entschied 1809 den Sieg bei Wagram, 1813 von Blücher an der Katzbach geschlagen.

2) Malcolm, brit. Politiker (Labour Party), Sohn von 3), * 1901, 1929-45 Abg., mehrmals Minister, u. a. 1948-55 Gen.-Kommissar für SO-Asien.

3) Ramsay, brit. Politiker, * 1866, † 1937,

Führer der Labour Party, von deren Mehrheit er sich 1931 trennte, war 1924 und 1929 bis 1935 MinPräs.

Macdonnell-Kette [məkd'ɔnl], Gebirge in Zentralaustralien, bis 1520 m hoch.

Maceió [masej'o], Hauptstadt des Staates Alagoas, Brasilien, 237 000 Ew., Erzbischofssitz, Univ.; Ausfuhrhafen, Textil-, Tabak-, Zuckerfabriken.

Maec'enas, Gaius, röm. Ritter, †8 v. Chr., Gönner von Vergil, Properz, Horaz. Sein Name wurde zum Begriff **(Mäzen)** für einen Förderer der Kunst und Wissenschaft.

Macer'ata [matʃe-], 1) Provinz in Mittel-Italien, 2774 km², 288 600 Ew. 2) Hauptstadt von 1), 42 900 Ew.

Mach, Ernst, Physiker und Philosoph, * 1838, † 1916, verbesserte das stroboskop.

Ernst Mach   Machiavelli

Verfahren, erforschte die Bewegung von Festkörpern mit Überschallgeschwindigkeit (Machscher Kegel). Seine Erkenntnistheorie (Empirio-Kritizismus) war von großem Einfluß auf Positivismus und Logistik.

Mácha [m'a:xa], Karel Hynek, tschech. romantischer Lyriker, * 1810, † 1836.

Mach'ado de Ass'is [maʃ'adu-], Joaquim Maria, brasilian. Schriftsteller, * 1839, † 1908; Lyrik und realist. Prosa.

Machado y Ruiz [matʃ'aðɔ i rwiθ], Antonio, span. Lyriker, * 1875, † 1939.

Mach'airodus [grch.], Säbelzahntiger.

Mach'andelbaum, der →Wacholder.

Machatschkal'a, die Hauptstadt der Dagestan. ASSR, Hafen am Kasp. Meer, 186 000 Ew., Univ. Erdölleitung von Grosnyj, Erdölverarbeitung u. a. Industrie.

Machaut, Guillaume de M. [gij'o:m də maʃ'o], französ. Dichter und Musiker, * gegen 1300, † 1377.

Machete [matʃ'eto, span.] der, ein Haumesser, im trop. Amerika als Buschmesser und zum Zuckerrohrschneiden gebraucht.

Machiavelli [makjav'eli], Niccolò, florentin. Politiker und Geschichtsschreiber, * 1469, † 1527, formte den Begriff der Staatsräson vor und sah in der Macht ein konstituierendes Element der Politik. Seine polit. Schriften sind zwei Staatsformen gewidmet: den Republiken (,Discorsi') und den Fürstentümern (,Il Principe'). Der ,Principe' wurde zu einem bis in das 18. Jahrh. hinein grundlegenden Traktat der Fürstenerziehung. **Machiavellismus,** polit. Skrupellosigkeit.

Machinati'on [lat.], Machenschaft, Ränke.

Mach'orka, russ. Tabaksorte.

Mächtigkeit, Dicke (Gesteinsschicht).

Machu Picchu [m'atʃu p'iktʃu, ,alter Gipfel'], am besten erhaltene inkaische Ruinenstadt über dem Urubamba-Tal, rd. 110 km nordwestlich von Cuzco; Tempel, Behausungen für etwa 10 000 Menschen.

Machzahl, Mach'sche Zahl, M [nach E. Mach], das Verhältnis der Geschwindigkeit eines Körpers in einem Medium (z. B. Luft) zur Schallgeschwindigkeit in diesem Medium (M = 340 m/sec ≈ 1200 km/h).

M'acke, August, Maler, * 1887, †(gefallen) 1914, schloß sich 1911 dem Blauen Reiter an, malte mit leuchtkräftigen Farben.

M'ackensen, 1) August von, Generalfeldmarschall, * 1849, † 1945, im 1. Weltkrieg Heerführer in Polen, Serbien, Rumänien.

2) Fritz, * 1866, † 1953, Maler in Worpswede; Landschafts- und Bauernbilder.

Mackenzie [mək'enzi] der, nach dem Entdecker Sir Alexander M. (* 1755, † 1820) benannter Strom im NW Kanadas, mit Athabasca 4600 km lang, entsteht aus den Quellflüssen Athabasca und Peace River, heißt von deren Vereinigung an bis zum Großen Sklavensee **Großer Sklavenfluß,** mündet in das Nordpolarmeer.

Mackenzie [mək'ensi], Sir Compton, engl. Schriftsteller, * 1883; Romane.

MacKinley [mək'inli], William, * 1843, † (ermordet) 1901, 1897-1901 Präs. der Verein. Staaten, Republikaner.

MacLeish [mək'li:ʃ], Archibald, amerikan. Schriftsteller, * 1892; Gedichte, Dramen.

Macleod [mək'laud], 1) Fiona, eigentl. William **Sharp,** schott. Schriftsteller, * 1855, † 1905; Erzählungen, Dramen. **2)** John, brit. Physiologe, * 1876, †1935, entdeckte mit F. Banting das Insulin; 1923 erhielten beide den Nobelpreis.

Mac-Mahon [-ma'ɔ], Maurice Marquis de, Herzog von Magenta, französ. Marschall, * 1808, † 1893, siegte 1859 bei Magenta, wurde 1871 bei Wörth und Sedan geschlagen; 1873-79 Staatspräsident.

MacMahon-Linie [mək'ein-, nach Sir Henry M., 1914], die (von China nicht anerkannte) NO-Grenze Indiens gegen Tibet.

Macmillan [məkm'ilən], Harold, brit. Verleger, Politiker [Konserv.), * 1894, 1955 Außenmin., 1955-57 Schatzkanzler, 1957-63 Premiermin. und Führer der konservativen Partei.

MacNeice [məkn'i:s], Louis, engl. Dichter und Philologe, * 1907.

Mâcon [mak'ɔ], Hauptstadt des französ. Dép. Saône-et-Loire, an der Saône, 33 400 Ew.; Metall-, Maschinenind.; Weinhandel.

Macon [m'eikn], Stadt in Georgia, USA, mit 122 400 Ew.; Universität; Porzellan-, Baumwoll- u. a. Industrie.

Mac Orlan [makɔrl'ã], Pierre, eigentl. **Dumarchey,** französ. Schriftsteller, * 1883; realist. Romane und Erzählungen.

Macpherson [məkf'ə:sn], James, schott. Dichter, * 1736, † 1796. Seine sentimentalweltschmerzl. Dichtungen in rhythm. Prosa, die er angeblich aus gäl. Dichtungen (des Barden →Ossian) übersetzt hatte, wurden für die Romantik bedeutsam.

Macrop'edius, Georgius, eigentl. von **Langveldt,** neulatein. Dramatiker, * um 1475, † 1558; ,Hecastus' (1539).

Madách [m'ɔda:tʃ], Imre, ungar. Dichter, * 1823, † 1864, philosoph. Drama ,Die Tragödie des Menschen' (1861).

Madag'askar, Insel im Indischen Ozean, der Ostküste Afrikas vorgelagert, zugleich Republik innerhalb der Französ. Gemeinschaft, amtl. **Repoblika Malagasy,** französ. **République Malgache,** 587 041 km², 6,75 Mill. Ew.; Hauptstadt: Tananarive. Nach der Verf. von 1959 (1960 und 1962 geändert) ist Staatsoberhaupt und Regierungschef der Präs. Amtssprachen: Französisch und

A. Macke: Blick auf eine Moschee (1914)

Malagasy. Recht: teils Gewohnheits-, teils französ. Recht. Währung ist der Madagaskar-Franc. ⊕ II/III, Bd. 1, n. S. 320. ◊ S. 1179. ◻ Bd. 1, S. 392.

Landesnatur. Das innere Hochland mit vulkan. Gebirgen (bis fast 2900 m hoch) durchzieht als schmaler Rücken die Insel und fällt nach O oft in steilen Stufen ab; der W ist weites Tafelland. Das Klima ist tropisch mit 6-9 Monaten Trockenzeit auf der Westseite (Savannen mit Galeriewäldern, Baum- und Buschsteppe). Der O trägt immergrünen trop. Regenwald, der SW Dornbuschsteppe.

Bevölkerung. Rd. 98% sind →Madegassen; daneben Europäer, Asiaten. Religionen: Naturreligionen herrschen vor. 41% der Ew. sind Christen, 4,5% Muslime. Bildung: Allgem. Schulpflicht, Schulen nur für 50% der Kinder. Universität in Tananarive.

Wirtschaft. Im O und auf dem Hochland Ackerbau: Reis, Maniok, Mais, Kaffee, Gewürznelken, Vanille (⁴/₅ der Welternte), Pfeffer, Zuckerrohr, Bananen, Tabak, Erdnüsse, Baumwolle. Im W Viehzucht (bes. Rinder). Der Wald liefert Edelhölzer, der Bergbau bes. Graphit, Glimmer, Asbest, Edelsteine, Gold, ferner Nickel, Chrom, Uran, Kohlen, Erdöl. Industrie: Zucker, Zement, Erdölraffinerie, Nahrungsmittel; daneben alte einheim. Gewerbe (Textilien, Metall-, Bastwaren u. a.). Ausfuhr: Vanille, Kaffee, Tabak, Zucker, Gewürznelken u. a. Haupthandelspartner ist Frankreich. Dem Verkehr dienen rd. 860 km Eisenbahnen und rd. 40 000 km Straßen. Haupthäfen: Tamatave, Majunga, Diégo-Suarez; Internat. Flughafen: Tananarive.

Madagaskar: Hochland

Geschichte. M., den Arabern seit langem bekannt, 1506 von den Portugiesen entdeckt, war seit 1896 französ. Kolonie. M. ist seit 1960 unabhängig.

Madagaskarpflaume, in den Tropen kultivierter Obstbaum.

Madame [mad'am, frz.], französ. Anrede: meine Dame, gnädige Frau.

Madari'aga y Rojo [-r'ɔxɔ], Salvador de, span. Schriftsteller und Diplomat, * 1886, lebt als Gegner Francos im Ausland; histor. Schriften, Romane.

Mädchenauge, die kamillenartige Korbblütergattung **Wanzenblume** (Coreopsis) der warmen Gebiete; Zierpflanzen.

Mädchenhandel, das Anwerben und Verschleppen von Frauen und Mädchen ins Ausland, um sie der Prostitution zuzuführen; seine strafrechtl. Verfolgung ist in völkerrechtl. Verträgen den Unterzeichnerstaaten zur Pflicht gemacht.

Made, die fußlose Larve mancher Insekten.

Madeg'assen, auch **Madagassen,** die einheim. Bevölkerung Madagaskars, besteht aus über 20 Stämmen. Im Zentrum und im O überwiegen die seit dem 4. Jahrh. in mehreren Wellen aus SO-Asien eingewanderten malaiischen Gruppen: Merina (Howa), Betsimisaraka, Betsileo; kleinere negride Gruppen (Sakalaven) und Reste von Pygmäen (Vazimba) leben bes. im W. Die Sprache der M. (**Malagasy**) gehört zu den indones. Sprachen.

made in Germany [meɪd ɪn dʒ'ɔ:mənɪ, 'in Deutschland hergestellt'], in England seit 1887 vorgeschriebene Bezeichnung für eingeführte dt. Waren; später allgemein gebräuchlich für dt. Ausfuhrwaren.

Madeira [mad'eɪra, portugies. 'Holz'], 1) portugies. Insel und Inselgruppe im Atlantik, 797 km², 268 700 Ew., Hauptstadt: Funchal. M. ist gebirgig und vulkanreich, mildes Klima. Auf künstl. Terrassen Anbau von Zuckerrohr, Bananen, Gemüse, Wein; Herstellung von Stickereien. 2) Fluß in Brasilien, →Rio Madeira.

Mademoiselle [madmwaz'ɛl, frz.], französ. mein Fräulein, gnädiges Fräulein.

Madenfresser, Madenhacker, 1) der Kukkucksvogel **Ani** des wärmeren Amerikas; liest Kühen Hautschmarotzer ab. 2) Unterfamilie der Stare.

Madenwurm, weißl. Fadenwurm, der häufig im Dickdarm und Blinddarm des Menschen schmarotzt, bes. bei Kindern; Männchen 5 mm, Weibchen bis 12 mm lang; verursacht beim Auskriechen Jucken am After. Ansteckung durch Nahrungsmittel. Bekämpfung durch Wurmmittel.

Mad'erna, 1) Bruno, italien. Komponist und Dirigent, * 1921, schrieb Orchester- und Kammermusik in Zwölftontechnik und elektron. Musik.

2) Carlo, Baumeister in Rom, * 1556, † 1629, seit 1603 Bauleiter der Peterskirche, die er vollendete.

3) Stefano, Bildhauer in Rom, * 1576, † 1636; bekanntestes Werk: Hl. Cäcilia nach dem Martyrium (1599, Rom, S. Cecilia).

Mädesüß das, Rosengewächsgattung in der nördl. gemäßigten Zone.

M'adhja Pr'adesch, Staat Indiens, auf dem Dekkan, 443 452 km², 37,8 Mill. Ew. Hauptstadt: Bhopal.

M'adie, Madi [indian.] die, gelbblütiges Korbblüterkraut in Amerika und S-Europa; fettes Früchteöl.

Madison [m'ædɪsn], die Hauptstadt von Wisconsin, USA, 173 300 Ew., Univ., Maschinen-, Nahrungsmittelindustrie.

Madison [m'ædɪsn], James, * 1751, † 1836, 4. Präs. der Verein. Staaten (1808-17), 1801 bis 1808 Außenmin. unter Jefferson.

Madj'aren, →Magyaren.

Mad'onna [ital. 'meine Herrin'] die, die Jungfrau Maria; auch ein →Marienbild.

M'adras, 1) seit 1967 Tamil Nadu, Staat in SO-Indien, 130 357 km², 37,5 Mill. Ew. 2) die Hauptstadt von 1) und Hafen, 2,009 Mill. Ew., kath. Erzbischofssitz, Univ.; Baumwoll-, Textilindustrie, Maschinenbau.

Madrid: Plaza de España, im Hintergrund der königliche Palast

Madr'id, 1) Provinz Spaniens (Neukastilien), 7995 km², 3,7 Mill. Ew.

2) Hauptstadt Spaniens und der Prov. M., über dem Manzanares, 3,1 Mill. Ew., geistiger Mittelpunkt des Landes mit Univ., Gemäldegalerie (Prado), Museen; Kernforschungsinstitut. Bed. Kirchen: San Jerónimo el Real (1464-1505), alte Kathedrale (1626-61), neue Kathedrale. Weltliche Bauten: königl. Schloß (1738-64), Rathaus (1644). Messegelände; Fahrzeug-, Flugzeug-, elektrotechn. Industrie und Herstellung von Luxuswaren. - M. ist seit 1561 Hauptstadt Spaniens. Im Bürgerkrieg behaupteten 1936-39 die Republikaner die Stadt.

Madrig'al [ital.] das, 1) aus Italien stammende lyr. Form, anfangs einstrophig aus 6-13 Versen (Sieben- und Elfsilber); in Dtl. bei den Romantikern beliebt. 2) ♪ das mehrstimmige, unbegleitete Chorlied des 16./17. Jahrh. in den Niederlanden, Italien, Dtl.

Mad'ura, Insel vor der N-Küste Javas, Indonesien, 4481 km².

Mad'urai, Madura, Stadt in Madras, Indien, 479 100 Ew., Univ., Schiwatempel (17. Jahrh.); Seidenweberei, Textilind.

Madur'esen, Gruppe der Indonesier.

Maerlant [m'a:rlant], Jacob van, fläm. Dichter, * zwischen 1220 und 1230, † um 1300, Ritterromane, lehrhafte und sozialreligiöse Dichtungen.

Maes [ma:s], Nicolaes, * 1634, † 1693, holländ. Maler biblischer und häusl. Szenen.

maest'oso [maɛs-, ital.], ♪ feierlich.

Ma'estro [ital.], Meister.

Maeterlinck [m'a:tərlɪŋk], Maurice, französ.-belg. Dichter, * 1862, † 1949; Gedichte, symbolist. Dramen ('Pelleas und Melisande', 1892; 'Monna Vanna', 1902), poetisch-philosoph. Naturbetrachtungen. Nobelpreis 1911.

Mä'eutik [grch.] die, 'Hebammenkunst', nannte Sokrates sein Verfahren, durch Fragen den Schüler zum Selbstfinden der Erkenntnis zu führen.

Mafeking [m'æfɪkɪŋ], Stadt im N der südafrikan. Kapprovinz, Verwaltungssitz des Bantu-Territoriums Tswanaland, 11 500 Ew., Rinderzucht.

Maff'ei 1) Andrea, italien. Schriftsteller, * 1798, † 1885; übersetzte Shakespeare, Goethe, Schiller.

2) Francesco Scipione, italien. Gelehrter und Dramatiker, * 1675, † 1755.

M'afia, Maffia die, Geheimbund in Sizilien, mächtig im 19. Jahrh. Aus dem Mitwirken verbrecher. Elemente ergab sich die zweideutige Stellung der M., die selbst Verbrechen beging, während sie vor den Verbrechen anderer schützte. Durch Mussolinis Maßnahmen schien sie 1929 vernichtet zu sein; doch ist sie nach wie vor als polit., wirtschaftl. und krimineller Faktor einflußreich und schwer faßbar. Mit der

italien. Einwanderung im 19. Jahrh. nach den USA gekommen, bildete die M. (auch Cosa Nostra, The Syndicate) seit etwa 1920 den Kern der dortigen Verbrecherwelt.

M'afra, Stadt in Portugal (Estremadura), rd. 7000 Ew., 237 m ü. M. Klosteranlage (1717-30) nach dem Vorbild des Escorial.

Magad'an, Hafenstadt am Ochotsk. Meer, Russ. SFSR, 88 000 Ew., Industrie.

Magalhães [maɣaʎ'ãiʃ], Fernão de, span. **Magallanes,** auch **Magellan,** portugies. Seefahrer, * um 1480, † (gefallen) 1521, entdeckte 1520 die →Magellanstraße. (Bild S. 774)

Magaz'in das, 1) Lager-, Vorratshaus. 2) Laden, Geschäft. 3) Unterhaltungszeitschrift; Name von Zeitschriften. 4) in Mehrladewaffen die Patronenkammer.

Magaz'insendung, eine meist periodisch, als Reihe unter gleichbleibendem Titel, Vor- und Nachspann dargebotene Hörfunk- oder Fernsehsendung mit aktuellen Beiträgen.

Magdal'ena, →Maria Magdalena.

Magdalenenstrom, →Río Magdalena.

Magdalénien [-lenj'ɛ̃, frz.] das nach 'La Madeleine', Kulturstufe der Altsteinzeit.

M'agdeburg, 1) Bezirk der Dt. Dem. Rep., 1952 aus dem N-Teil des Landes Sachsen-Anhalt und einem kleinen Teil Brandenburgs gebildet, 11 525 km², 1,318 Mill. Ew., umfaßt den Stadtkreis M. und die Landkreise Burg, Gardelegen, Genthin, Halberstadt, Haldensleben, Havelberg, Kalbe, Klötze, Oschersleben, Osterburg, Salzwedel, Schönebeck, Staßfurt, Stendal, Tangerhütte, Wanzleben, Wernigerode, Wolmirstedt, Zerbst.

2) Hauptstadt von 1), an der Elbe, 270 000 Ew., wichtiger Handelsplatz, Binnenhafen; Schwermaschinen-, chemische, Elek-

Magdeburg

Magd

tro-, Nahrungsmittelindustrie, Armaturenbau; TH, Fachschulen, Medizin. Akademie. M. wurde im 2. Weltkrieg stark zerstört. Wiederhergestellt wurden der Dom (eine dreischiffige Basilika mit einschiffigem Querhaus und Chor mit Kapellenkranz, 1209 an Stelle eines älteren Doms begonnen, 1520 mit der doppeltürmigen W-Front vollendet), vom Kloster ‚Unsrer Lieben Frauen' (um 1019 gegr., Kreuzgang z. gr. T. erhalten) die roman. Kirche und die roman. Stiftskirche St. Sebastiani. Das Rathaus (1691-98) wird wieder aufgebaut. M., schon 805 erwähnt, war im MA. bedeutende Hansestadt (osteurop. Handel); Hochburg der Reformation; 1631 durch Tilly zerstört; 1679 brandenburgisch, 1815-1945 Hauptstadt der preuß. Prov. Sachsen.

3) Erzbistum M., 968 auf Veranlassung Ottos d. Gr. gegr. als Mittelpunkt der Slawenmission; es kam 1680 an Brandenburg.

Magdeburger Börde, das fruchtbare Löß-Schwarzerde-Gebiet westlich der Elbe zwischen Bode und Ohre; Weizen-, Rübenanbau, Gartenbau, Saatzucht.

Magdeburger Halbkugeln, zwei hohle Halbkugeln, an denen O. v. →Guericke die Wirkung seiner Luftpumpe zeigte.

M'age [german.] *der*, im alten dt. Recht der durch Heirat verwandt Gewordene.

Magell'an, →Magalhães.

Magell'ansche Wolken, die zwei uns nächsten Sternsysteme außerhalb unserer Milchstraße, am Südhimmel als Nebelflecke mit bloßem Auge sichtbar.

Magell'anstraße, 585 km lange Meeresstraße zwischen dem Südende des südamerikan. Festlandes und Feuerland, 1520 von F. →Magalhães entdeckt.

Magen, sackartige Erweiterung des Verdauungsweges zwischen Speiseröhre und

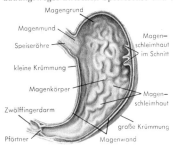

Magen, aufgeschnitten

Dünndarm, im oberen Teil der Bauchhöhle unter dem Zwerchfell; beim Menschen 25-30 cm lang, 9-12 cm breit. Durch den **Magenmund** tritt die Nahrung aus der Speiseröhre in den M. über. Die **Magenwand** besteht aus glatten Muskelfasern und ist mit der drüsenhaltigen **Magenschleimhaut** ausgekleidet. Diese sondert den **Magensaft** ab, der bes. zur Eiweißverdauung dient. Die **Magenbewegungen** (Magenperistaltik) durchmischen den Nahrungsbrei und entleeren ihn von Zeit zu Zeit durch den ringförmigen Schließmuskel des **Magenausganges** (Pförtner) in den Zwölffingerdarm.

Magenaushebung, ♀ das Entleeren und Spülen des Magens mit einem durch die Speiseröhre eingeführten Schlauch.

Magenbitter, Bitterliköre mit beruhigender Wirkung auf die Magennerven.

Magenbremsen, zu den Dasselfliegen gehörige Hautbremsen. Die Larve der **Pferdebremse (Pferdemagenbiesfliege)** verursacht Verdauungsstörungen, Koliken der Pferde.

Magenspiegelung, ♀ Einführen eines 40 bis 50 cm langen Metallrohres mit Lichtquelle und opt. Linsen (**Gastroskop**) durch die Speiseröhre in den Magen zum Einblick in das Mageninnere.

Magenspülung, →Magenaushebung.

Magen: Krankheiten und Krankheitszeichen

Magenachylie, Fehlen des M.-Saftes, kann die Folge von M.-Krankheiten (z. B. M.-Schleimhautentzündung, M.-Krebs) sein und zur Blutkrankheit (perniziöse Anämie) führen.

Magenblutung, Erbrechen dunkelrotschwärzlicher Blutmassen **(Bluterbrechen),** bes. bei M.-Geschwür und -Krebs.

Magenerweiterung, Erschlaffung der M.-Muskeln, bes. bei Hindernissen am M.-Ausgang. Anzeichen: M.-Druck, Erbrechen, Abmagerung. Behandlung: Kostregelung, ggf. Operation.

Magengeschwür, Ulcus ventriculi, infolge Selbstverdauung der M.-Schleimhaut bei empfindl. Nervensystem. Anzeichen: Aufstoßen nach dem Essen, Übelkeit, Magendruck. Behandlung: Bettruhe, Schonkost, säurebindende und krampflösende Mittel; ggf. Operation (Resektion).

Magenkrebs, krebsige Entartung der M.-Schleimhaut. Anzeichen: Behinderung des Speisedurchgangs, M.-Krämpfe, Abmagerung. Behandlung: Operation (Resektion oder Gastrektomie).

Magenpförtnerkrampf, Pylorospasmus, Krampf des Ringmuskels am M.-Ausgang, bes. bei Säuglingen mit Erbrechen in hohem Bogen kurz nach Nahrungsaufnahme. Behandlung: kleine Mahlzeiten, krampflösende Mittel; Durchschneiden des Ringmuskels (Pyloromyotomie).

Magenschleimhautentzündung, Magenkatarrh, Gastritis, infolge M.-Überladung, schlecht gekauter oder verdorbener Nahrung u. a. Anzeichen: M.-Druck, Appetitlosigkeit, belegte Zunge, Erbrechen. Behandlung: Ruhe, Wärme, Schonkost.

Magenschmerz kann auftreten: dumpf (z. B. bei M.-Überfüllung), bohrend (z. B. bei M.-Geschwür), krampfartig (bei verengertem M.-Ausgang). Behandlung: Ruhe, Wärme; im übrigen je nach Ursache.

Magensenkung, eine Teilerscheinung der Eingeweidesenkung.

Über andere Störungen im Bereich des M. →Erbrechen, →Sodbrennen.

Magenta [madʒ'enta], italien. Stadt westl. von Mailand, 22 100 Ew. - 4. 6. 1859 Sieg der Franzosen über die Österreicher.

Magenwurmseuche, eine Erkrankung der Haustiere, bes. im Sommer und Herbst **(chronischer Weidedurchfall);** verursacht durch Magenwürmer.

M'agerö, die nördlichste Insel Norwegens, trägt das Nordkap.

Maggi GmbH., Singen, Unternehmen der Nahrungsmittelind. (Speisewürzen, Suppen, Soßen usw.), gegr. 1897, Mehrheitsbesitzer Nestlé Alimentana S. A.

Maghreb [arab. ‚Westen'], der westl. Teil der muslimisch-arab. Welt (Marokko, Tunesien, Algerien).

Mag'ie [grch.] *die,* Zauber; der Glaube, sich durch bestimmte geheimnisvolle Handlungen, Zeichen und Formeln übernatürl. Kräfte dienstbar machen und mit diesen ird. Ereignisse beeinflussen zu können. Bei schädigendem Einfluß spricht man von **schwarzer,** bei nutzbringendem von **weißer M.** Die M. findet sich bei Natur- und Kulturvölkern und in frühgeschichtl. Zeit.

M'agier [altpers.], 1) Angehöriger der altpersischen Priesterkaste aus medischem Stamm, Priester der zoroastrischen Religion. 2) Zauberer, Wahrsager.

Maginot-Linie [maʒin'o:-], Befestigungssystem, 1929-32 an der franzöz. Ostgrenze unter Kriegsmin. Maginot angelegt.

magisches Auge, Abstimmanzeiger in Rundfunkempfängern, eine Kathodenstrahlröhre mit Leuchtbild, das bei genauer Abstimmung seine größte Ausdehnung hat.

magisches Quadrat, ein schachbrettartig eingeteiltes Quadrat, das mit den Zahlen 1, 2, 3 usw. so besetzt ist, daß die Summen der Zahlen der waagerechten, senkrechten und beiden diagonalen Reihen gleich sind.

magische Zahlen, ausgezeichnete Anzahlen von Nukleonen (2; 8; 20; 28; 50; 82; 126) im Atomkern, die mit dessen schalenartigem Aufbau zusammenhängen.

Mag'ister Artium [lat.], Abk. **M. A.,** alter akadem. Grad; wird heute noch verliehen in den angelsächs. Ländern und in Österreich, seit 1960 von philosoph. und evang.-theolog. Fakultäten in der Bundesrep. Dtl.

Magistr'at, die leitende städt. Behörde in verschiedenen Ländern der Bundesrep. Dtl.

M'agma [grch.] *das,* die glutflüssige Masse des Erdinneren, die z. B. als Lava aus den Vulkanen ausfließt.

M'agna Ch'arta [-k-, lat.] *die,* das wichtigste altengl. Grundgesetz und der Grundstein der engl. Parlamentsverfassung; 1215 König Johann ohne Land vom Adel abgenötigt, faßte sie altes Lehensrecht zusammen und enthielt Garantien

der persönl. Freiheit und des Eigentums.

M'agna cum l'aude [lat.], ‚mit hohem Lob', Bewertung bei der Doktorprüfung.

Magnasco [man'asko], Alessandro, Maler in Genua, * um 1667, † 1749, malte ruinenhafte Räume und wilde Landschaften.

Magn'at [lat.], 1) früher in Ungarn und Polen ein Angehöriger des hohen Adels, ständisch vertreten in der Magnatentafel. 2) Großgrundbesitzer, -industrieller.

Magn'esia, im Altertum Landschaft im östl. Thessalien, neugriechisch **Magniss'ia.**

Magn'esia *die,* Magnesiumoxid, feuerfestes Material für Brennöfen, Tiegel.

Magnes'it *der,* weißes bis gelbl. Mineral, chemisch Magnesiumcarbonat, Rohstoff zur Herstellung von Magnesiumoxid und von feuerfesten Ziegeln **(M.-Steine).**

Magn'esium, Mg, chem. Element, Leichtmetall; Ordnungszahl 12, Massenzahlen 24, 25, 26, Atomgewicht 24,312, spezif. Gewicht 1,74, Schmelzpunkt 650° C, Siedepunkt 1120° C. Weitverbreitete M.-Mineralien sind Serpentin, Olivin, Dolomit, Talk, Magnesit, Meerschaum, Asbest, aus denen es durch Schmelzflußelektrolyse gewonnen wird. Verwendet wird es in Blitzlichtpulvern, Feuerwerkssätzen, am meisten in M.-Legierungen, für den Fahrzeug- und Flugzeugbau, für feinmechan. und opt. Industrie. M.-Salze sind wichtige Bestandteile des Chlorophylls. - Die Welterzeugung an t betrug (1969) rd. 200 000 t; Kapazität der USA 139 000 t.

Magn'et [grch.] *der,* die Träger von Magnetismus, stab- oder hufeisenförmige, auch anders geformte Körper mit einem oder mehreren magnet. Polpaaren, aus Stahl oder Magnetwerkstoffen; Verwendung in Meßgeräten, Lautsprechern, Mikrophonen, elektr. Maschinen als M.-Kuppelung u. a.

Magnetbildverfahren, →magnetische Aufzeichnung.

Magneteisenstein, der →Magnetit.

magnetische Aufzeichnung, ein Verfahren zur Aufzeichnung (Speicherung) von Schall (Ton), Bild oder Daten durch Magnetisierung eines Zeichenträgers.

Zur Aufzeichnung von Schall wird meist

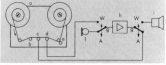

Magnetische Aufzeichnung: Tonbandgerät; a Bandteller, b Löschkopf, c Sprechkopf, d Hörkopf, e Bandantrieb, f Mikrophon, g Umschalter für Aufnahme (A) und Wiedergabe (W), h Verstärker, k Lautsprecher

ein schmales Band **(Tonband)** aus Kunststoff mit Magnetitauflage an den Polen eines Elektromagneten **(Magnetkopf, Sprechkopf)** vorbeigeführt. Seine Feldstärke wird entsprechend den Schallschwingungen verändert, die im Aufnahmemikrophon in elektr. Schwingungen umgewandelt und anschließend verstärkt wurden. Das Band wird dabei verschieden stark magnetisiert. Bei der Wiedergabe wird es am **Hörkopf** vorbeigeführt. In dessen Wicklung induziert es elektr. Schwingungen, die von der wechselnden Magnetisierung abhängig sind. Diese Schwingungen werden anschließend verstärkt und mit einem Lautsprecher in Schall zurückverwandelt. Bänder mit nicht mehr benötigten Aufnahmen können mit dem **Löschkopf** magnetisch gelöscht und so beliebig oft verwendet werden. Die magnet. Schallaufzeichnung **(Magnettonverfahren)** findet häufige Verwendung beim Rundfunk für Reportagen, Hörspiele usw., beim Tonfilm und als Telephon-Anrufbeantworter. Tonbandgeräte für Heimaufnahmen haben Bandlaufgeschwindigkeiten von 19 und 9,5 cm/s. Die **magnetische Bildaufzeichnung (Magnetbildverfahren)**, Abk. **MAZ**, wird z. B. im Fernseh-Rundfunk-Studio benutzt. Es werden die in der Aufnahmekamera entstehenden elektr. Impulse einer Magnetbandmaschine zugeführt. Zum Aufzeichnen oder Abtasten dienen rotierende Magnetköpfe, von denen jeweils nur einer wirksam ist **(Ampex-Verfahren)**. Für das Farbfernsehen ist ein Frequenzumfang bis 5 MHz nötig. Für geringeren Frequenzumfang hat sich beim **Kassettenfernsehen** ein Verfahren durchgesetzt, bei dem das in einer Kassette untergebrachte Band einen Zylinder umschlingt, in dem ein Magnetkopf rotiert. Ein anderes Aufzeichnungsverfahren arbeitet mit der Bildplatte (→Schallplatte).
magnetische Doppelbrechung, die Erscheinung, daß isotope Stoffe im Magnetfeld doppelbrechend werden.
magnetische Flasche, Anordnung von Magnetfeldern so, daß sich die Feldlinien an zwei Stellen zusammendrängen. Schnelle geladene Teilchen (Ionen, Elektronen, Protonen) werden an den Engstellen reflektiert und können eine Zeitlang gehalten werden. Anwendung bei Versuchen zur Kernfusion.
magnetische Linse, →Elektronenoptik.
magnetisches Moment, das Produkt aus Polstärke und Abstand der Pole eines magnet. Dipols.
magnetische Stürme, rasche Schwankungen des erdmagnet. Feldes, entstehen durch von der Sonne kommende Ströme elektrisch geladener Teilchen.
Magnetismus, die Lehre vom magnet. Feld und seinen Wirkungen. Ursprünglich nannte man M. die an einigen Stoffen (z. B. Magneteisenstein) beobachtete Fähigkeit, weiches Eisen anzuziehen; der M. ist bei stabförmigen magnet. Körpern in zwei Punkten in der Nähe der Enden, den Polen, konzentriert. **Diamagnetische Stoffe** (alle Stoffe) sind zunächst unmagnetisch, in einem Magnetfeld erhalten sie jedoch eine Magnetisierung proportional der magnet.

Feldstärke, aber entgegengesetzt zu ihr gerichtet. Bei **paramagnetischen Stoffen** (z. B. Luft), die im feldfreien Raum ebenfalls unmagnetisch erscheinen, sind Magnetisierung und magnet. Feldstärke gleichfalls einander proportional, aber gleichgerichtet. **Ferromagnetische** Stoffe (z. B. Eisen) haben eine viel größere Magnetisierung als die beiden anderen Stoffarten. Diese ist von der Vorgeschichte des Materials abhängig und nicht der Feldstärke proportional. Eine Abart ist der **Antiferro-M.,** bei dem die Momente antiparallel ausgerichtet sind. Ein Magnetfeld kann durch **Kraftlinien** veranschaulicht werden, die außerhalb des Magneten von seinem Nordpol zum Südpol laufen. Ihre Dichte wird proportional der **magnet. Induktion,** auch magnet. **Flußdichte** genannt, gesetzt. Entlang den Kraftlinien ändert sich in inhomogenen Feldern die magnet. Induktion. Befindet sich ein Magnet in einem Magnetfeld, z. B. eine Kompaßnadel im Erdfeld, so wird er in Feldrichtung ausgerichtet. Dabei ziehen sich entgegengesetzt gepolte Magnetenden an und gleichnamig gepolte stoßen sich ab.
Magnet`it der, regulär kristallisierendes, magnet. Mineral, chemisch Eisenoxyduloxid, findet sich in eisenschwarzen Oktaedern als Teil von Ergußgesteinen.
Magnetkies, bronzefarbenes Mineral, chemisch Eisensulfid.
Magnetnadel, im Schwerpunkt gelagertes Magnetstäbchen, stellt sich in die erdmagnet. Nord-Süd-Richtung ein.
Magnetogr`aph, Gerät zur Aufzeichnung magnet. Feldänderungen.
Magnetohydrodyn`amik, die Theorie der Strömungsvorgänge in elektrisch leitenden Flüssigkeiten und Plasmen unter Einwirkung magnet. Felder.
magnetohydrodynamischer Generator, MHD-Generator, MHD-Wandler, ein Energiewandler für die direkte Umwandlung von Wärme in elektr. Energie und umgekehrt. M. G. können eine Rolle spielen bei der direkten Umwandlung von Wärme, die aus Kernenergie gewonnen wird, in elektr. Energie.
magneto-kalorischer Effekt, eine durch Änderung der Magnetisierung erzeugte Temperaturänderung.
Magnetom`eter, Magnetnadel mit Spiegel und Skala zum Messen des erdmagnet. Feldes.
Magneton das, die kleinste Menge eines magnet. Moments. Das **Bohrsche M.** ist das magnet. Moment des Elektrons, das **Kern-M.** ist etwa 1840mal kleiner.
Magneto`optik, Lehre vom Einfluß des magnet. Feldes auf Ausbreitung, Emission und Absorption des Lichts.
Magnetosphäre, die Zone der hohen Atmosphäre, in der schnelle Teilchen vom Magnetfeld der Erde eingefangen sind (Van-Allen-Gürtel), von etwa 150 km Höhe an.
Magnetostriktion, die Längenänderung ferromagnet. Stoffe im Magnetfeld, zur techn. Erzeugung von Ultraschall.
M`agnetron das, eine Elektronenröhre der Höchstfrequenztechnik (Dezimeter- und Zentimeterwellen). In der Achse der zylinderförmigen Anode befindet sich die Kathode. Die von ihr ausgesandten Elektronen werden in einem zu ihr parallelen Magnetfeld, das zeitlich konstant, aber örtlich verschieden stark ist, von ihrer geraden Flugbahn abgelenkt. Die Elektronen können mehrfach um die Kathode herumlaufen oder sogar zu ihr zurückfliegen. Wird ein Schwingkreis bestimmter Frequenz zwischen Anode und Kathode angeschlossen, sendet er hochfrequente Wellen aus.
Magnetscheider, bei der Erzaufbereitung benutzte Geräte mit Elektromagneten zum Sortieren der Mineralgemische.
Magn`et`tonverfahren,→magnetische Aufzeichnung.
Magnetwerkstoffe sind **1)** magnetisier-

Magnolie, Blüten

bare Werkstoffe mit hoher Remanenz (Dauermagnete): a) gehärtete Kohlenstoffstähle, b) Chrom-, Chrom-Kobalt- oder Wolframstähle, c) Eisen mit Nickel und Aluminium, d) Eisen mit Kobalt und Vanadin, e) Kupfer-Nickel-Legierungen, f) Platin mit Eisen oder Kobalt. **2)** Werkstoffe, die nach Verschwinden des Magnetfeldes wieder unmagnetisch werden; a) Eisen mit Silicium, b) Guß- und Schmiedestücke aus Eisen, c) Nickellegierungen mit Eisen.
Magnetzünder, bei Kraftfahrzeugen ein Gerät, das unabhängig von Batterie oder Lichtmaschine die Hochspannung für die Zündung liefert: ein Wechselstromgenerator mit Sekundärwicklung auf der Motorwelle, dessen Strom im Zeitpunkt des höchsten Spannungswertes unterbrochen wird und dabei in der Sekundärwicklung die Hochspannung induziert.
Magn`ifikat [lat.] *das,* Lobgesang Mariens (Luk. 1, 46-55), liturgisch in der Vesper verwendet.
Magnifiz`enz [lat.], Anrede des Rektors einer Hochschule, früher auch der regierenden Bürgermeister der Hansestädte.
Magnitog`orsk, Industriestadt im südl. Ural, am Ural-Fluß, Sowjetunion, 364 000 Ew.; in der Nähe riesige Magneteisensteinlager. M. hat Hütten-, Stahl-, Eisenwerke, Baustoff-, chem. u. a. Industrie.
Magn`olie der, **Biberbaum,** Gatt. der Fam. Magnoliengewächse in N-Amerika, O-Asien, Bäume und Sträucher mit weißen bis roten, tulpenähnl. Blüten; Parkbäume.
Magnus-Effekt, nach G. Magnus, * 1802, † 1870, die Erscheinung, daß sich drehende Körper, die senkrecht zur Drehachse

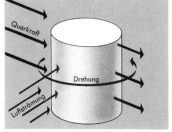
Magnus-Effekt

von Gas oder Flüssigkeit angeströmt werden, eine Querkraft erfahren, die senkrecht zur Drehachse und senkrecht zur Strömungsrichtung gerichtet ist.
M`agot der, stummelschwänziger Makakenaffe, Felsenbewohner Nordwestafrikas **(Berberaffe)** und Gibraltars.
Magritte [magr`it], René, belg. Maler, * 1898, † 1967, Vertreter des verist. Surrealismus; Tafel-, Wandbilder.
Magy`aren, Madj`aren, finnisch-ugrisches Volk im mittleren Donautiefland, im 9. Jahrh. aus der Gegend zwischen Ural und

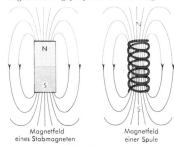
Magnetfeld eines Stabmagneten
Magnetfeld einer Spule
Magnetismus

Maha

Wolga in Ungarn eingewandert, etwa 13 Mill.

Mahabh'arata *das*, das Nationalepos der Inder, berichtet von den Kämpfen zweier Zweige einer Dynastie; eingelegt sind u. a. der Roman ‚Nala und Damajanti‘ und das religiöse Lehrgedicht ‚Bhagawadgita‘; im 4. Jahrh. n. Chr. aufgezeichnet.

Mahag'oni, verschiedene trop. Edelhölzer von rotbrauner Färbung mit Goldglanz.

Mahaj'ana [Sanskrit], →Buddhismus.

Mah'alla el-K'ubra, Stadt in der Prov. Gharbija, Unterägypten, 200 000 Ew.; Baumwollverarbeitung.

Mahanadi *der*, Fluß in Indien, 900 km lang, mündet unterhalb Kattak in den Golf von Bengalen, oberhalb der Hirakud-Damm (Bewässerung, Kraftgewinnung).

Mahar'adscha, ind. Herrschertitel.

Maharaschthra, Staat in Indien, 307 400 km², 47,673 Mill. Ew., Hauptstadt: Bombay.

Mah'atma [Sanskrit ‚große Seele‘], in Indien Ehrentitel für geistig hochstehende Persönlichkeiten, z. B. Gandhi.

M'ahdi [arab. ‚der Rechtgeleitete‘], **1)** der von den Sunniten am Ende der Zeiten erwartete Erlöser; **2) Mohammed Ahmed,** * 1844, † 1885, gab sich für den M. aus, erhob sich mit seinen Anhängern **(Mahdisten)** in Kordofan (Sudan) gegen die ägypt. Regierung und eroberte 1885 Khartum. Der Aufstand wurde 1898 durch Kitchener bei Omdurman niedergeworfen.

Mah-Jongg *das*, urspr. chines. Spiel mit 144 dominoähnl. Steinen oder Karten.

Mahlbusen, kleiner, künstlicher See, in dem bei der Entwässerung das Wasser gesammelt wird.

Mahler, Gustav, österreich. Dirigent und Komponist, * 1860, † 1911, Direktor der Hofoper in Wien. Als Komponist stellt M. den Ausklang der Spätromantik dar. Sinfonien, Orchester-, Vokalmusik.

Mähmaschine, eine fahrbare Landmaschine zum Schneiden von Gras, Getreide u. ä. Das meist seitlich angeordnete Schneidwerk, in dem ein kammähnl. Balken das Messer hin- und hergeht, wird von den Rädern über Zapfwelle oder vom Motor angetrieben. Getreidemäher sind der **Flügelmäher,** der **Bindemäher** und als Vollernntemaschine der **Mähdrescher.**

Mahm'ud II., türk. Sultan (1808-39), * 1784, † 1839, festigte die Türkei, verlor jedoch Griechenland (1829) und Syrien (1831/32).

Mähne, lange Behaarung bei Tieren an Kopf und Hals, z. B. beim Pferd.

Mähnenrobbe, Raubtier, eine Robbe der Küsten Patagoniens.

Mähnenschaf, bergbewohnendes schafartiges Horntier Nordafrikas.

Mähnentaube, eine Erdtaube auf den Inseln von Neuguinea bis Asien.

Mähnenwolf, südamerikan. Raubtier **(Guara).**

Mahnung, ♎ die Aufforderung zur Zahlung einer fälligen Schuld. Leistet der Schuldner auf eine M. nicht, so kommt er in Schuldnerverzug.

Mahnverfahren, ♎ vereinfachtes Zivilprozeßverfahren bei Geldforderungen und Ansprüchen auf vertretbare Sachen. Auf Antrag des Gläubigers stellt das Amtsgericht dem Schuldner einen Zahlungsbefehl zu. Erhebt der Schuldner Widerspruch, so kommt es zur mündl. Verhandlung, unternimmt er nichts und leistet auch nichts, so erläßt das Gericht auf erneuten Antrag des Gläubigers den Vollstreckungsbefehl, aus dem vollstreckt werden kann (§§ 688 ff. ZPO.).

Mah'onie *die*, Berberitzengewächsgattung; die **Ilexblättrige M.** aus Nordamerika, mit dornigen, immergrünen Blättern, gelben Blüten und bläulichen Beeren ist Zierstrauch.

Mahr *der*, der →Alb.

M'ähren, Teil der Tschechoslowakei. Den Kern bildet das Becken der March und Thaya, das durch die Böhmisch-Mähr. Höhe (bis 835 m) von Böhmen, durch das

Mähr. Gesenke (bis 600 m) von Schlesien, durch die Karpaten von der Slowakei getrennt wird. Nach N hat M. durch die Mähr. Pforte Verbindung zur Oder. M. hat Landwirtschaft, Bergbau (Steinkohle, Lignitlager, Erdöl-, Erdgasfelder), lebhafte Industrie: Eisen-, Leder-, Textil-, chem. Industrie. Hauptstadt: Brünn. - Den german. Quaden folgten im 6. Jahrh. slaw. Stämme. Im 9. Jahrh. entstand das Großmähr. Reich, das 907/08 den Ungarn erlag; 1018 wurde M. mit Böhmen vereinigt; weiteres →Böhmen.

Mährische Brüder, →Böhmische Brüder.

Mährisches Gesenke, ein Teil der Sudeten, →Gesenke.

Mährisch-Ostrau, →Ostrau.

Mai, der fünfte Monat des Jahres mit 31 Tagen; im Volksmund auch **Wonnemond.** Volksbräuche: Aufstellen des **Maibaums** (Birke), Abbrennen des **Maifeuers,** Wahl des **Maikönigs** und der **Maikönigin, Mairitt.**

M'aia, griech. Mythos: Mutter des Hermes.

Maiandachten, Kath. Kirche: Andachten im Mai zur Verehrung Marias.

Mai'ano, 1) Benedetto da, Bildhauer in Florenz, * 1442, † 1497, schuf Marmorarbeiten für Kirchen (Kanzel mit Reliefs, S. Croce), Bildnisbüsten u. a.
2) Giuliano da, * 1432, † 1490, Baumeister in Florenz, Siena, Faenza (Dom), Neapel.

Maiblume, viele im Frühjahr blühende Pflanzen, z. B. Maiglöckchen, Waldmeister.

Maibowle, mit →Waldmeister gewürzte Bowle.

Maidstone [m'eidstən], die Hauptstadt der Gfsch. Kent in SO-England, 67 400 Ew., Hopfen- und Kornhandel, Brauereien, Papier-, Kraftfahrzeug- u. a. Industrie.

Maid'uguri, Hauptstadt des Bundesstaates North Eastern, Nigeria, im SW des Tschadsees, 162 300 Ew.; Eisenbahnendpunkt, Handelszentrum.

Maier, Reinhold, Politiker (Demokrat), * 1889, † 1971, Jurist, 1930-33 Wirtschaftsmin. in Württemberg, nach 1945 führendes Mitgl. der FDP (1957-60 Partei-vors.), 1945 bis 1953 MinPräs. von Bad.-Württ.

Maierform, Schiffsform (nach dem Ingenieur F. F. Maier) mit stark ausfallendem Vorsteven und V-förmigen Spanten.

Maifeier, seit 1890 der 1. Mai als internat. Feiertag der Arbeiter.

Maifisch, 1) verschiedene Flußheringe, z. B. die →Alse. **2)** der Fisch →Schnäpel.

Maigesetze, vier preuß. Gesetze während des →Kulturkampfs.

Maiglöckchen, staudiges Liliengewächs auf Bergwiesen (Gattung **Convallaria),** mit weißen, duftreichen Blüten und roten Beeren; giftig durch digitalisähnl. Glucoside (Herzmittel); Zierpflanze.

Maikäfer, ein Blatthornkäfer, dessen Larve (Engerling) 3-5 Jahre im Boden lebt (Wurzelschädling). Der Käfer schadet durch Blattfraß (Tafel Schädlinge).

M'aikong *der*, ein zu den Hunden gehöriger Schakalfuchs.

Maik'op, Hauptstadt des Adygeischen Autonomen Gebiets der Sowjetunion, nördlich des Kaukasus, 111 000 Ew.; Erdölgebiet; Holz-, chem. u. a. Industrie.

M'aikow, Apollon Nikolajewitsch, russ. Schriftsteller, * 1821, † 1897; Gedichte; Übersetzungen von Goethe, Heine.

Maikraut, verschiedene Frühlingspflanzen, z. B. Waldmeister, Scharbockskraut.

Mailand, italien. **Mil'ano, 1)** Prov. Italiens, in der Poebene, 2762 km², 3,818 Mill. Ew. **2)** Hauptstadt von 1), 1,713 Mill. Ew., der kulturelle Mittelpunkt N-Italiens, mit einer staatl., einer kath., einer Handelsuniversität, TH. u. a. Hochschulen, Oper (Scala); Sitz eines kath. Erzbischofs; bedeutendster Industrie- und Handelsplatz Italiens, internat. Messen; Raffinerien, Metall-, Textil-, chem., Bau- u. a. Ind.; Flugplatz. Unter den Bauten ragt der got. Dom aus weißem Marmor hervor. In m. ehem. Dominikanerrefektorium das Abendmahl von Leonardo da Vinci. - Das kelt. Mediolanum, 222 v. Chr. römisch. Seit dem 11. Jahrh. die reichste und mächtigste Stadt der Lombardei, 1162 als Haupt des Lombard. Städtebundes von Kaiser Friedrich I. zerstört. Seit 1277 Stadtherrschaft der Visconti, die sich auch den größten Teil der Lombardei unterwarfen. Ihnen folgten 1450 die Sforza. 1499-1512, 1515-21, 1524/25 in französ. Hand. 1535 durch Karl V. an Spanien, 1714 an Österreich, 1797-1814 in französ. Machtbereich, 1815 mit der Lombardei an Österreich, 1859 mit dieser an Savoyen (Italien).

Mailer [m'eilə], Norman, amerikan. Schriftsteller, * 1923; Kriegsroman ‚Die Nackten und die Toten‘ (1948) u. a.

Maillol [maj'ɔl], Aristide, französ. Bildhauer, * 1861, † 1944, schuf bes. weibl. Aktfiguren, auch Holzschnittillustrationen zu antiken Dichtungen.

M'aimon, Salomon, jüd. Philosoph, * 1753, † 1800; Kritiker der kant. Philosophie.

Maim'onides, Moses, Rabbi Mose ben Maimon, Religionsphilosoph und Theologe, * 1135, † 1204, der maßgebliche jüd.

Mailand: Dom

A. Maillol: Leda (Bronze, um 1902)

Gesetzeslehrer des MA., wirkte als Philosoph auch auf die christl. Scholastik.

Main, der größte rechte Nebenfluß des Rheins, 524 km lang, entsteht bei Kulmbach aus den Quellflüssen **Weißer M.** (vom Fichtelgebirge) und **Roter M.** (vom O-Rand der Fränk. Alb), mündet bei Mainz. Nebenflüsse von rechts: Fränk. Saale, Kinzig, Nidda; von links: Regnitz, Tauber. Der M. ist ab Bamberg schiffbar (Teil des →Rhein-Main-Donau-Großschiffahrtswegs).

Main'ardi, Enrico, italien. Cellist und Komponist, * 1897.

Mainau, Insel im Bodensee mit reicher, z. T. subtropischer Vegetation.

Maine, 1) [mɛːn] *die,* rechter Nebenfluß der Loire.

2) *der,* Landschaft in NW-Frankreich; Hauptort ist Le Mans.

3) [mein], Abk. **Me.,** ein Neuenglandstaat der USA, 86 027 km², 992 000 Ew. Hauptstadt: Augusta; Anbau von Feldfrüchten, bes. Kartoffeln; Forstwirtschaft; Papier-, Holz-, Leder-, Textil-Industrie.

Maine de Biran [mɛn də biˈrã], François Pierre, französ. Philosoph, * 1766, † 1824; vertrat einen Voluntarismus, später eine myst. Metaphysik.

Maine-et-Loire [mɛnelwˈaːr], Dép. in W-Frankreich, 7218 km², 584 700 Ew. Hauptstadt ist Angers.

Mainland [mˈeinlɔnd], **1) M.** oder **Pomona,** Hauptinsel der Orkney-Inseln, 492 km² groß. Hauptstadt: Kirkwall.

2) die größte der Shetland-Inseln, 938 km² groß. Hauptstadt: Lerwick.

Maintenon [mɛ̃tnˈɔ̃], Françoise d'Aubigné, Marquise de, * 1635, † 1719, zweite Frau Ludwigs XIV.; förderte seine klerikale Politik.

Mainz, die Hauptstadt von Rheinl.-Pf. gegenüber der Mündung des Mains in den Rhein, 176 700 Ew., Rheinumschlaghafen. M. ist Sitz des Zweiten Dt. Fernsehens, einer Universität, einer Akademie der Wissenschaften und der Literatur, eines Max-Planck-Instituts für Chemie, hat Musik-, Kunst- u. a. Hochschulen, Priesterseminar, Römisch-German. Zentralmuseum, Weltmuseum der Druckkunst; →Mainzer Dom. Waggonbau, Zement-, Glas-, chem. u. a. Industrie, Wein- und Sektkellereien, Verlage. M. wurde im 2. Weltkrieg stark zerstört. - M., das röm. Moguntiacum, frühchristl. Bischofssitz, wurde 745 von Bonifatius zum Erzbistum erhoben. Die Erzbischöfe waren Kanzler, später auch Kurfürsten des Reichs. Das Erzstift mit Rheingau, Aschaffenburg, Erfurt und Eichsfeld wurde 1802 aufgelöst und das Bistum M. geschaffen; seit 1816 Bundes-, seit 1871 Reichsfestung (bis 1918). Seit 1950 Landeshauptstadt.

Mainzer Dom, eine doppelchörige Ge-

wölbebasilika mit westl. Querhaus, je einem Vierungsturm und je zwei kleineren Türmen im O und W. Der Ostbau mit Resten aus ottonischer Zeit (um 1000) und das Langhaus stammen im wesentlichen aus der Zeit Heinrichs IV. Der dreipaßförmige Hauptchor im W wurde im spätroman. Zeit und im 18. Jahrh. neu erbaut.

m'aior [lat.], größer, älter.

M'aipo, tätiger Vulkan in den südlichen Anden, 5323 m hoch.

Maire [mɛːr, frz.] *der,* Bürgermeister.

Mais, in SO-Europa **Kukuruz,** einjähr. Getreidegras, bis 2,50 m hoch, stammt aus Amerika, das auch die größte Menge des Weltbedarfs erzeugt. Die männl. Blüten sitzen in Rispen, die weiblichen weiter unten in blattumhüllten **(Lieschen)** dickachsigen Kolben. Die Körner und unreifen Fruchtkolben dienen als Mastfutter. Das Mehl wird zu Brot verbacken, in Mexiko in Fladenform (Tortilla), oder als Brei genossen (Polenta in Italien, Sterz in Österreich, Mamaliga in Rumänien). Ferner liefert M. **M.-Stärke** und **M.-Flocken.** (Bild Getreide)

Maisproduktion 1969

	Fläche 1000 ha	Ernte 1000 t
Verein. Staaten	22 095	116 401
Brasilien	9 654	12 693
Sowjetunion	4 167	11 954
Mexiko	7 700	8 496
Jugoslawien	2 397	7 821
Rumänien	3 293	7 676
Sonstige	56 663	99 974
Welt	*105 969*	*265 015*

Maische, Wein-, Bier-, Branntweinbereitung: die zerquetschte, zerkleinerte oder mit Wasser angesetzte Rohstoffmasse.

Maisons-Alfort [mɛzõzalfˈɔːr], Gem. im Dép. Val-de-Marne, Frankreich, 53 700 Ew., hat Kunststoff-, Metallindustrie.

Maisons-Laffitte [mɛzõlafˈit], Stadt an der Seine, unterhalb von Paris, 24 300 Ew.; Pferderennen. Das Schloß (1642-51 von Mansart erbaut) ist Nationalmuseum.

Maistre [mɛstr], Joseph Marie, Comte de, französ. Staatstheoretiker, * 1753, † 1821, Vertreter des gegenrevolutionären Royalismus und polit. Klerikalismus. Sein Bruder Xavier (* 1763, † 1852) war Schriftsteller.

Maisur, Mysore, 1) Staat in S-Indien, 192 204 km², 27,985 Mill. Ew. Hauptstadt ist Bangalur. Anbau von Reis, Baumwolle, Hirse, Kaffee, Tee; die Wälder liefern Teak- und Sandelholz. M. hat Stahl-, Maschinen-, Textilind., Flugzeugwerke; Stauwerke. M. wurde 1948 ind. Bundesstaat.

Mainzer Dom, Westbau

2) Stadt in M. in den West-Ghats, 262 100 Ew., Universität, Tempel, Industrie.

Maitre [mɛtr, frz.], Meister; Titel der französ. Richter und Rechtsanwälte. **M. de plaisir** [-də plesiːr, frz.], früher Organisator und Leiter von Vergnügungen der gehobenen Stände.

Maiwurm, die Blasenkäfergattung **Ölkäfer (Ölmutter),** ohne Hinterflügel. Der **Blaue M.** lebt im Frühjahr auf Wiesen. Bei Berührung tritt aus seinen Beingelenken gelbes ätzendes Blut. (Tafel Käfer)

Maizière [mɛzjˈeːr], Ulrich de, General, * 1912, 1962-64 Kommandeur der Führungsakademie der Bundeswehr in Hamburg, 1964 als Generalleutnant Inspekteur des Heeres, 1966-72 Generalinspekteur der Bundeswehr.

M'aja, Maya [Sanskrit] *die,* indische Philosophie: die als Trugbild aufgefaßte Erscheinungswelt, die dem im Nichtwissen Befangenen die Erkenntnis seiner Wesenseinheit mit dem Allwesen verhüllt.

Majak'owskij, Wladimir Wladimirowitsch, russ. Schriftsteller, * 1893, † (Selbstmord) 1930, Vertreter des Futurismus und den bolschewist. Revolution und den bolschewist. Staat; auch Satiriker.

Majest'ät [lat.] *die,* Hoheit, Erhabenheit; Titel und Anrede für Kaiser und Könige und ihre Frauen.

Majestätsbrief, Urkunde Rudolfs II. vom 9. 7. 1609; gewährte den protestant. Ständen Böhmens freie Religionsausübung.

Majestätsverbrechen, urspr. ein Verbrechen, das die Existenz des Staates gefährdet, später bes. die Beleidigung des Landesherrn **(Majestätsbeleidigung).** In der Bundesrep. Dtl. oder die Verunglimpfung des Bundespräs. (§ 90 StGB.), der ausländ. Staatsoberhäupter u. a. (§ 103 StGB.) strafbar.

Maj'olika *die,* italien. für →Fayence.

Maj'or [frz. aus lat.] *der,* der unterste Dienstgrad der Stabsoffiziere.

Major'an *der,* der in Ägypten und Vorderasien bis Indien vorkommende, in Europa als Heil- und Gewürzpflanze kultivierte Lippenblüter mit weißen bis bläulichen Blütchen.

Major'at [lat.] *das,* Erbfolgeordnung, die dem ältesten Sohn das Vorzugsrecht auf das Erbgut gewährt; das Erbgut selbst.

major'enn [lat.], volljährig, mündig.

Majorit'ät [lat.], Mehrheit.

Maj'uskel [lat.] *die,* großer Buchstabe.

mak'aber [frz. aus arab.], schauerlich, todesdüster.

Makad'amdecke, Straßenfahrbahndecke aus Splitt, gebunden durch eingeschlämmten Sand und eingewalzte bituminöse oder steinartig erhärtende Bindemittel.

Mak'aken [portugies.] *Mz.,* eine Gattung meerkatzenartiger Affen. **Javaneraffen** und **Schweinsaffen** leben in Südasien, **Hutaffen** und →Rhesusaffen in Vorderindien. Über den **Berberaffen** →Magot.

Makall'a, Haupthafen von Hadramaut, Dem. Volksrep. Jemen, rd. 25 000 Ew.

Mak'alu, der fünfthöchste Berg der Erde, im Himalaja, 8481 m hoch.

Mak'ame [arab.] *die,* oriental. Dichtungsform, gereimte Prosa mit eingestreuten Versen.

Mak'arikari-Becken, flache Salzpfanne in der Kalahari, im südl. Afrika.

Mak'arios III., eigentlich Michael **Muskos,** Metropolit, griech.-orthodoxer Erzbischof, * 1913, Führer der Enosis-Bewegung zur Vereinigung Zyperns mit Griechenland, 1956/57 von der brit. Regierung interniert; 1959 zum ersten Präs. der Rep. Zypern gewählt. (Bild S. 774)

M'akart, Hans, * 1840, † 1884, österreich. Maler prunkvoller histor. und allegor. Gemälde. **Makartstrauß,** Strauß aus getrockneten Blumen.

Mak'asar, Hauptstadt und Haupthafen von Celebes, Indonesien, 384 200 Ew., Textil-, Papierind., Ausfuhr von Kopra und Pflanzenöl.

Mak′asar-Straße, 140 km breite Meeresstraße zwischen Borneo und Celebes.

Maked′onien, 1) geschichtliche Landschaft in SO-Europa, an der N-Küste des Ägäischen Meeres. Gebirgsland mit fruchtbaren Becken (Tabakanbau).
Geschichte. M. war unter Philipp II. (359 bis 336 v. Chr.) bed. Militärmacht, unter Alexander d. Gr. (336-323) Mittelpunkt eines Weltreichs, 148 v. Chr. röm., 395 n. Chr. byzantin. Prov., vorübergehend unter der Herrschaft der Bulgaren, Kreuzfahrer, Serben, 1371 türkisch. Die nationale Bewegung schuf Ende des 19. Jahrh. den Geheimbund der Inneren Makedon. Revolutionären Organisation **(Imro,** von den Türken **Komitadschi** genannt). Nach den Balkankriegen 1912/13 wurde M. zwischen Serbien, Griechenland, Bulgarien geteilt; 1919 mußte Bulgarien seinen Teil wieder abgeben.
2) serbokroat. Makedonija, Sozialist. Republik Jugoslawiens, 25 713 km², 1,6 Mill. Ew. Hauptstadt: Skopje. Landwirtschaft; reich an Zink, Blei, Silber, Kupfer, Eisen; metallverarbeitende Industrie.
3) Region in N-Griechenland, 34 036 km², 1,883 Mill. Ew., Hauptstadt Saloniki.
Makedonier, im 19. Jahrh. **Mazedonier,** die Bewohner des griech. und jugoslaw. Makedonien, außerdem die Minderheit, die im übrigen Griechenland und Jugoslawien der makedon. Sprachgruppe angehört, sowie die M. in Bulgarien.
makedonische Sprache. Sie nimmt eine Zwischenstellung zwischen dem Bulgarischen und Serbischen ein; seit 1944 Schrift- und Amtssprache der jugoslaw. Sozialist. Rep. Makedonien; in kyrill. Alphabet geschrieben.
Mak′ejewka, Industriestadt im Donezbecken, Ukrain. SSR, 393 000 Ew.; Steinkohlenbergbau, Hütten-, Koks-, chemische, Waffenindustrie.
Make up [meik ʌp, engl.] *das,* das modische Herrichten bes. des Gesichts mit kosmetischen Mitteln.
Makimono [japan.] *das,* ostasiat. Bildrolle im Querformat, wird beim Betrachten seitlich abgerollt.
M′akis *Mz.,* Ez. Maki *der,* Halbaffen Madagaskars, baumbewohnende Dämmerungs- oder Nachttiere: **Lemuren** (mit Katta, Vari und Mohren-M.), **Katzen-, Zwerg-M.** u. a.
Makkab′äer, Hasmonäer, jüd. Fürsten- und Priestergeschlecht, kämpfte seit 167 v.Chr., gab die Syrer und errang die Herrschaft über das jüd. Volk; benannt nach Judas Makkabäus († 161 v. Chr.).
Makkar′oni [ital.] *Mz.,* lange, röhrenförmige Weizenmehlnudeln.
makkar′onische Dichtung, scherzhafte Gedichte in stark mit latinisierten Wörtern einer modernen Sprache durchsetztem Latein.
Makler *der,* ein Unterhändler, der gegen Entgelt Geschäfte nachweist oder Abschlüsse vermittelt **(Mäkler).** Es gibt Zivil-, Handels- und Kurs-M. Sie erhalten einen Prozentsatz der Umsatzsumme **(Maklergebühr)** als Vergütung.
M′ako *der,* in Ägypten angebaute Baumwollsorte mit weichen, langen Fasern.
Mak′onde, Bantuvolk im südöstl. Tan-

Málaga: Stierkampfarena und Hafen

sania und in Moçambique. Die rd. 635 000 M. sind meist Hackbauern und bekannt als gute Holzschnitzer.
Makor′é *das,* rotbraunes trop. Hartholz.
Makram′ee [frz.] *das,* eine Knüpfarbeit: fest gedrehte Fäden werden zu Spitzen, Kragen, Einsätzen geknüpft.
Makr′elen *Mz.,* Stachelflosserfische: **Gemeine M.,** oberseits blau, unterseits silbrig, dunkle Querbinden, im Atlantik; **Goldmakrele,** goldschimmernd, blaugefleckt, in trop. und subtrop. Meeren; Speisefische.

Makis: Mohrenmakis (links Weibchen, rechts Männchen); etwa 1 m lang

makro... [grch.], groß..., lang...
Makrok′osmos *der,* Weltall.
M′akromoleküle, sehr große Moleküle überwiegend organ. Natur (Cellulose, Stärke, Eiweiße, Nucleinsäuren u. a. Naturstoffe; ferner die meisten Kunststoffe); Molekulargewichte ab etwa 5000, meist lange Molekülketten oder verzweigte Molekülketten (→Fadenmoleküle).
M′akro|ökonomik, das Zusammenwirken der volkswirtschaftl. Gesamtgrößen, z. B. Produktion, Nachfrage, Investition.
M′akrophysik, Physik der wahrnehmbaren Gegenstände und der Fixsternwelt im Gegensatz zur Atom- und Molekularphysik (Mikrophysik).
Makrop′oden [grch.] *Mz.,* eine Sippe der Labyrinthfische **(Großflosser).**
makrosk′opisch, mit bloßem Auge sichtbar. Gegensatz: mikroskopisch.
Makroz′yten [grch.] *Mz.,* übergroße unreife rote Blutkörperchen, die bei manchen Blutkrankheiten auftreten.
Makua, bedeutendste Stammesgruppe der Bantu in Moçambique (rd. 2 Mill.), meist Hackbauern.
Makulat′ur [lat.] *die,* unbrauchbar gewordene Drucke, Altpapier.

MAK-Wert, Abk. für **M**aximale **A**rbeitsplatz-**K**onzentration; Grenzwert für die gesundheitsschädl. Menge an Schadstoffen (giftige Gase, Dämpfe oder Schwebstoffe), die in einem Arbeitsraum ohne gesundheitl. Gefährdung ertragen werden kann.
M′alabar, Pfefferküste, Küstenlandschaft in SW-Indien, Haupterzeugnisse: Reis, Kokosnüsse und Pfeffer, Exporthäfen: Kotschin, Kozhikode.
Malach′ias, →Maleachi.
Malach′it *der,* monoklines, grünes Mineral, chemisch basisches Kupfercarbonat; für Schmucksteine, Vasen u. a., wichtiges Kupfererz.
Malachitgrün, Triphenylmethan-Farbstoff, ergibt wenig echte Färbungen.
mal′ade [frz.], krank, zerschlagen.
Maladetta, →La Maladetta.
M′álaga, 1) Provinz Spaniens, in Andalusien, 7285 km², 804 500 Ew.
2) Hauptstadt von 1), an der Küste des Mittelmeers, 324 000 Ew. Renaissance-Kathedrale; Eisen-, Zucker-, Textilind.; Ausfuhr: Málagawein, Südfrüchte, Olivenöl.
Malag′asy, zu den indones. Sprachen gehörende Sprache der Madegassen.
Mal′aien, eigener Name **Orang Melaju** [„umherschweifende Menschen"], **1)** Hauptgruppe der →Indonesier. **2)** ein indones. Volk auf Malakka und im westl. Indonesien, rd. 5-10 Mill. Die M. breiteten sich seit dem 1. Jahrtsd. über weite Gebiete Indonesiens aus, siedeln stets an Küsten und Flußläufen. Seit dem 3. Jahrh. unter hinduist. Einfluß, sind sie seit dem 13./14. Jahrh. Muslime. Reisbauern, Fischer, Viehzüchter, Seefahrer, gute Handwerker (Schmiede, Weben, Flechten, Färben). Wohnung: Pfahlbau; Kleidung: Sarong.
Malaienbär, ein bis 0,70 m hoher und 1,40 m langer südostasiatischer Bär.
Malaiische Halbinsel, Malakka, der südlichste Teil Hinterindiens, mit trop. Klima, gebirgig und weithin von trop. Regenwald

Fernão de Magalhães

Makarios III.

Malachit

bedeckt. Zinnvorkommen, Kautschukplantagen. An der M. H. haben Birma, Thailand und Malaysia Anteil.

Geschichte. Von dem im 15. Jahrh. gegr. Malakka breitete sich der Islam auf der M. H. aus, an deren Küsten sich nach Portugiesen und Niederländern im 19. Jahrh. die Briten festsetzten. Im N bestanden die Sultanate Kedah, Kelantan, Perlis und Trengganu - bis 1909 unter siames. Oberhoheit -, im S das Sultanat Johore weiter. 1867 wurden Malakka, das brit. Insel Penang und das 1819 gegr. Singapur unter brit. Verwaltung als Straits Settlements zusammengefaßt, deren Gouverneur auch Hochkommissar über die hier seit 1895 als Federated Malay States zusammengefaßten Sultanate Negri Sembilan, Pahang, Perak und Selangor war. Die 1946 gegr. Malaiische Union wurde 1948 in den Malaiischen Bund umgewandelt, dem die neun malaiischen Sultanate sowie die brit. Niederlassungen Penang und Malakka angehörten und der 1957 unabhängiges Mitgl. des Commonwealth wurde. Mit Singapur, Sarawak und Sabah vereinigte sich der Malaiische Bund am 16. 9. 1963 zur Föderation von →Malaysia.

Malaiischer Archipel, auch **Australasien** oder **Insulinde,** die zwischen Südostasien, Australien und Neuguinea liegende Inselwelt, mit den Großen und Kleinen Sunda-Inseln, den Philippinen und Molukken, der Rest einer Asien und Australien verbindenden Landbrücke, reich an Erdbeben und tätigen Vulkanen; trop. Klima.

Malaiischer Bund, →Malaiische Halbinsel, Geschichte.

malaiische Sprache, westindones. Sprache, stark durchsetzt mit fremden Bestandteilen (Sanskrit, Arabisch, Portugiesisch, Englisch). Grundlage der indones. Staatssprache, heute meist mit latein. Buchstaben; seit 1967 Staatssprache in Malaysia.

malaio-polynesische Sprachen, die austrones. Sprachgruppe, →austrische Sprachen.

Malaise [malɛːz, frz.] die, Unbehagen, Mißstimmung.

Malaj'alam, drawidische, dem →Tamil nahe verwandte Sprache, die im indischen Bundesstaat Kerala von etwa 19 Mill. Menschen gesprochen wird.

Mal'akka, traditioneller Name für die →Malaiische Halbinsel.

Mal'akka, Hauptstadt des Staates M., Malaysia, 70 000 Ew., Verarbeitungsindustrie, Reedehafen.

Malakkastraße, Meeresstraße zwischen Sumatra und der Malaiischen Halbinsel.

Mal'an, Daniel François, südafrikan. Politiker (Nationalpartei), * 1874, † 1959; 1924-33 Innenmin., 1948-54 MinPräs., vertrat scharf die →Apartheid.

M'alang, Stadt in O-Java, Indonesien, 341 500 Ew.; kath. Bischofssitz.

Malap'arte, Curzio, Deckname des italien. Schriftstellers Kurt **Suckert,** * 1898, † 1957; effektvolle, zynische Bücher über Kriegs- und Nachkriegszeit: ‚Kaputt‘ (1944), ‚Die Haut‘ (1948).

Mal'aria [ital.] die, eine durch die **Malariamücke (Fiebermücke,** Anopheles) übertragene Infektionskrankheit **(Sumpffieber,** auch **‚Wechselfieber‘),** hervorgerufen durch Sporentierchen (Plasmodien), die sich geschlechtlich im Darm der M.-Mücke (Entstehung der ‚Sichelkeime‘) und ungeschlechtlich in der Leber und den roten Blutkörperchen des Menschen entwickeln. Mehrere Arten von Erregern mit verschiedener Entwicklungsdauer: 48 Stunden (Fieberanfall jeden dritten Tag, **M. tertiana,** Andertagsfieber), 72 Stunden (Anfall jeden vierten Tag, **M. quartana,** Drittagsfieber), 24-48 Stunden (fast täglicher Anfall, **M. tropica).** Gegenmittel: früher nur Chinin (hierbei Gefahr des Auftretens von **Schwarzwasserfieber** mit Blutzerfall); neuerdings Chloroquinpräparate (‚Resochin‘) u. a.

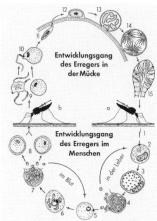

Malaria: Schema des Entwicklungsganges des Malariaerregers (Plasmodium vivax); a stechende, b saugende Fiebermücke, 1 Sichelkeim im Blut des Menschen, 2-4 Entwicklung in Zellen der Leber, 5-7 Entwicklung in roten Blutkörperchen, 8 Geschlechtsformen (links männliche, rechts weibliche) in Blutkörperchen, 9 links Bildung der männlichen Geschlechtsformen, rechts weibliche Geschlechtsform im Darm der Mücke, 10 Befruchtung, 11 Eindringen der befruchteten weiblichen Form in die Darmwand, 12-14 Bildung der Sichelkeime, 15 in die Speicheldrüse der Mücke eingewanderte Sichelkeime (nach Mattes)

Malariabehandlung, ♃ eine Art Heilfieber, angewendet bei progressiver Paralyse **(Impfmalaria),** hervorgerufen durch eingeimpfte Malariaerreger (Plasmodien).

M'älarsee, inselreicher See in Schweden, zieht sich von Stockholm 117 km weit nach W; Wasserfläche 1140 km².

Malasp'inagletscher, Gletscher im S Alaskas, 42 km lang, 6. 4275 km² groß.

Mal'atya, Provinzhauptstadt in SO-Anatolien, Türkei, 104 400 Ew.; Tabakanbau.

Mal'awi, Republik im südöstl. Afrika, 117 700 km² mit 4,53 Mill. Ew. Hauptstadt ist Zomba, Amtssprache Englisch. Religion: Naturreligionen, rd. 32% Christen, 23% Muslime. ⊕ II/III, Bd. 1, n. S. 320. Nach der Verf. von 1964 (1966 geändert) ist Staatsoberhaupt und Regierungschef der Präs. ◻ S. 1179. ◻ Bd. 1, S. 392. Währung: 1 M.-Kwacha (MK) = 100 Tambala.

Das Binnenland M.s erstreckt sich im Gebiet des Ostafrikan. Grabensystems in N-S-Richtung über 840 km, 80-160 km breit. Rd. 26% der Fläche entfallen auf den Njassasee (M.-See), von dem ⁴/₅ zu M. gehören. Den größten Teil des Landes nehmen Hochflächen ein (1000-1500 m), die steil zum Njassasee und seinem Abfluß, dem Schire, abfallen. Höchste Erhebung ist das Mlanje-Massiv (bis 3250 m). Das trop. Klima wird durch die Höhenlage und die große Wasserfläche beeinflußt. Die Bev. (meist Bantu-Stämme) lebt überwiegend im S. Keine Schulpflicht, jedoch wenige Analphabeten. Universität in Zomba.

Wirtschaft. Die Landwirtschaft erzeugt (bes. im S) für den Eigenbedarf Mais, Maniok, Hülsenfrüchte, Hirse; zunehmend für den Markt Tabak, Erdnüsse, Baumwolle, Tee, Kaffee, Reis. Die Viehwirtschaft (bes. im N) kann den heim. Bedarf nicht decken. Die Industrie ist noch wenig entwickelt. Hauptausfuhrgüter sind Tabak, Tee, Erdnüsse, Baumwolle; Haupthandelspartner: Großbritannien, Rhodesien, Rep. Südafrika. Der größte Teil des Außenhandels geht über die Eisenbahn (in Malawi 595 km) nach Moçambique zu den Häfen Beira und Nacala. Vom Straßennetz

(rd. 11 000 km) ist nur rd. ein Drittel ganzjährig befahrbar. Binnenschiffahrt auf dem Njassasee. Internat. Flughafen: Blantyre.

Geschichte. 1889 erklärte Großbritannien das Hochland am Schire-Fluß zum Protektorat Njassaland und legte 1891 die Grenze zu Moçambique fest. 1953 wurde Njassaland Glied der →Zentralafrikanischen Föderation; nach deren Auflösung am 6. 7. 1964 im Rahmen des Brit. Commonwealth unabhängig.

Mal'aya, der auf der Malaiischen Halbinsel gelegene Westteil Malaysias.

Mal'aysia, engl. **Federation of M.,** Bundesstaat in SO-Asien, 332 633 km², 10,6 Mill. Ew., Hauptstadt Kuala Lumpur, Amtssprache: Malaiisch, daneben Englisch. Staatsoberhaupt ist einer der islam. Herrscher (auf 5 Jahre gewählt). Das Parlament hat Senat und Repräsentantenhaus. M. besteht aus West-M. (ehem. Malaiischer Bund im S der →Malaiischen Halbinsel), Sarawak und Sabah (ehem. brit. Gebiete im N →Borneos). Rechtsgrundlage ist das brit. und brit.-ind. Recht; daneben Religions- und Stammesrecht. ⊕ IV/V, Bd. 1, n. S. 320. ◻ S. 1179. ◻ Bd. 1, S. 392.

Von der Bevölkerung sind rd. 45 % Malaien, 35% Chinesen und 9% Inder. Staatsreligion ist der Islam, dem die Malaien angehören. Bildung: Allgemeine Schulpflicht (engl., malaiische, chines., ind. Schulen); Techn. und Landwirtschaftl. Hochschule, 2 Universitäten (Kuala Lumpur, Penang).

Wirtschaft. M. ist ein Agrarland mit stark entwickeltem Bergbau. Der Lebensstandard gehört nach Japan, Hongkong und Singapur zu den höchsten Asiens. Hauptanbauprodukte sind Kautschuk (1969: 1,28 Mill. t = 45% der Welterzeugung), Ölpalmen, Zuckerrohr, Tee, Reis, Ananas, Kaffee. Rd. 80% M.s sind bewaldet (Edelhölzer). An den Küsten Fischfang. Bergbau: M. ist der größte Zinnproduzent der Erde (1970: 73 794 t Zinnkonzentrat). Andere Bodenschätze sind Eisenerz, Bauxit, Gold, Erdöl. Die Industrie ist in West-M. konzentriert: Aufbereitung von Kautschuk u. a. landwirtschaftl. Erzeugnissen, Nahrungsmittel-, Eisen- und Stahl-, chem. Industrie, Zinnschmelzen, Erdöl-, Holzverarbeitung. Haupthandelspartner sind Japan, Großbritannien, die USA (Kautschuk, Zinn, Holz, Eisenerz u. a.). Währung ist der M.-Dollar zu 100 Cents. Verkehr. West-M. hat 2155 km, Sabah 161 km Eisenbahnen, West-M. rd. 15 400 km, Ost-M. rd. 4000 km Straßen. Wichtigste Häfen: Port Swettenham, Penang, Sandakan, Miri (Erdöl); Flughäfen: Kuala Lumpur, Penang, Kota Kinabalu.

Geschichte. Am 16. 9. 1963 schlossen sich der Malaiische Bund, Singapur, Sarawak u. Sabah auf föderativer Basis zusammen. Am 9. 8. 1965 trat Singapur aus der Föderation Malaysia aus und wurde unab-

Malaysia: Wohnhaus in einem Kokospalmen- und Bananenhain auf der Malaiischen Halbinsel

hängiges Mitglied des Britischen Commonwealth. 1966 kam es zu einer Annäherung Indonesiens an M.

Malchen, Berg, →Melibokus.

Malch'in, Stadt im Bez. Neubrandenburg, 10 700 Ew.; Zuckerfabrik, Holzindustrie.

Malcolm X [m'ælkəm-], früher **M. little,** amerikan. Negerführer, * 1925, † (ermordet) 1965, gründete 1963 die Organization of Afro-American Unity.

Male'achi, Malachias, israel. Prophet; das **Buch M.** enthält Gerichts- und Heilsankündigungen eschatolog. Gepräges.

Malebranche [malbr'ãʃ], Nicole, französ. Philosoph, * 1638, † 1715, suchte den cartesian. Dualismus von Leib und Seele als von Gott geleitetes Nebeneinander zu erklären (Okkasionalismus).

Maled'iven, engl. **Maldive Islands** [m'ɔːldiv-], Inselgruppe südwestl. von Ceylon, 1887-1965 brit. Protektorat, seit 1968 Republik im Rahmen des Brit. Commonwealth, 298 km², 104 000 Ew., Hauptstadt: Male. ⊕ IV/V, Bd. 1, n. S. 320. ☐ S. 1179. ⊏ Bd. 1, S. 392.

Male|in'atharze, lichtbeständige Lackharze aus Maleïnsäure, Kolophonium und Polyalkoholen.

Male'insäure, eine ungesättigte organ. Dicarbonsäure.

Malenk'ow, Georgij, sowjet. Politiker, * 1902, seit 1938 Privatsekr. Stalins, in höchsten Parteifunktionen, 1953-55 MinPräs., 1957 entmachtet.

Mal'ente, Gemeinde in der Holsteinischen Schweiz, Schlesw.-Holst., 9400 Ew., mit dem Kneipp-Heilbad M.-Gremsmühlen.

Malep'artus, in der Tiersage die Höhle von Reinecke Fuchs.

Maler, 1) ein Handwerksberuf mit 3jähr. Lehrzeit. **2)** Sternbild des Südhimmels. **3)** M., Kunstmaler, →Malerei.

Malerbuch vom Berge Athos, ein in den Malerwerkstätten des →Athos entstandenes Handbuch mit Anleitungen zur Maltechnik, für Ikonographie und zur Anordnung der Bilder im Kirchenraum, im 18. Jahrh. zusammengestellt.

Malerei, ein Zweig der bildenden Kunst. Ihr Bereich ist die Fläche, ihr Mittel die Farbe; ihre Gestaltungen sind meist gegenständlich darstellender Art, im 20. Jahrh. auch ungegenständlich (→abstrakte Kunst). - Vgl. die Artikel über Aufgaben und Techniken der M. (Aquarellmalerei, Deckenmalerei, Enkaustik, Felsbilder, Fresko, Glasmalerei, Guaschmalerei, Maltechnik, Miniaturmalerei, Ölmalerei, Pastell, Tafelmalerei, Tempera, Wandmalerei) und über Bildgattungen (Bildnis, Gesellschaftsstück, Historienmalerei, Genremalerei, Interieur, Landschaftsmalerei, Seestück, Stilleben).

malerisch, Kunstwissenschaft: eine Darstellungsart, die nicht auf klare zeichnerische Umgrenzung der Form ausgeht, sondern die Dinge im Zusammenhang mit Licht und Raum wiedergibt.

Maler Müller, →Müller 2).

Malermuschel, eine →Flußmuschel.

Mal'eta, Alfred, österreich. Politiker (ÖVP), * 1906, 1951-60 Gen.-Sekr. der ÖVP, 1962-70 Präs. des Nationalrats.

Maléter [m'ɔleːtɛr], Pál, ungar. General, * 1917, † (hingerichtet) 1958, einer der Führer des ungar. Aufstandes 1956, unter I. Nagy Verteidigungsminister.

Mal'ewitsch, Kasimir, russ. Maler, * 1878, † 1935, begründete eine konstruktive Richtung der gegenstandslosen Malerei (Suprematismus).

Malf'atti, Franco, italien. Politiker (Democrazia Cristiana), * 1927, seit 1969 mehrfach Min., 1970-72 Präs. der Kommission der Europ. Gemeinschaften.

Malgrund, 1) der Untergrund, auf den gemalt wird (Holz, Leinwand, Putz u. a.). **2)** die Schicht, die auf den Untergrund aufgetragen wird, um die Malfläche zu glätten **(Grundierung).**

Malherbe [mal'ɛrb], François de, französ. Dichter, * 1555, † 1628, bereitete als sprachlicher und literar. Gesetzgeber dem vernunftgebundenen französ. Klassizismus den Weg.

Malheur [mal'œːr, frz.] *das,* Unglück.

Mali, Republik in W-Afrika, 1,24 Mill. km² mit 5,02 Mill. Ew. Hauptstadt ist Bamako, Amtssprache Französisch. Rd. 70% der Ew. sind Muslime. ⊕ II/III, Bd. 1, n. S. 320. Die Verf. von 1960 wurde 1968 durch ein ‚Grundgesetz', das Parlament 1967 durch das ‚Militärkomitee für die Nationale Befreiung' ersetzt. ☐ S. 1179. ⊏ Bd. 1, S. 392. Währung ist der M.-Franc (F. M.) = 100 Centimes.

Kerngebiet des Landes ist das flache Nigerbecken, das von weiten Ebenen umgeben ist. Höchste Erhebung sind die Adrar des Iforas im NO, die 1000 m ü. M. nicht übersteigen. Der ganze N, fast die Hälfte des Staatsgebiets, gehört zur Sahara und ist kaum besiedelt. Nach S schließen sich Dorn- und Trockensavannen an. Im S, der durch die beiden großen Ströme Niger und Senegal und ausreichende Niederschläge begünstigt ist, leben mehr als $^2/_3$ der Bevölkerung. Größte der vielen unterschiedl. Gruppen sind die Bambara. Im N leben Berber (Tuareg) und Fulbe als Nomaden und Halbnomaden. Schulpflicht besteht nicht. Der Unterricht ist kostenfrei, doch geht nur rd. ein Viertel der Kinder zur Schule.

Die Landwirtschaft erzeugt bes. Hirse, Reis, Mais, Maniok, ferner Baumwolle und Erdnüsse. Die Viehzucht (Schafe, Rinder, Ziegen) im mittleren und nördl. M. ist bedeutend, ebenso die Flußfischerei. Hauptausfuhrgüter sind Baumwolle, Vieh, Fisch, Erdnüsse; Handelspartner: Frankreich, Elfenbeinküste, Sowjetunion. Wichtigste Verkehrsverbindung ist die Eisenbahnlinie (in M. 642 km) zum Hafen Dakar (Senegal); für den Binnenverkehr die Schifffahrt auf Niger (1750 km) und Senegal. Das Straßennetz (vor allem im S des Landes) umfaßt 12 000 km; internat. Flughafen ist Bamako.

Mali: Markt in Bamako

Geschichte. Der Name der Rep. stammt von dem Reich Mali, einer Gründung der Malinke im 13. Jahrh. (Höhepunkt: 1. Hälfte des 14. Jahrh.). Zwischen 1883 und 1894 eroberten die Franzosen das heutige M. Seit 1904 bildete es unter dem Namen Sudan einen Teil von Französisch-Westafrika. 1949 bildete Sudan mit Senegal die Fédération du Mali, die am 20. 6. 1960 ihre staatl. Unabhängigkeit erhielt. Wenig später brach die M.-Föderation auseinander, Sudan erklärte sich zur Rep. Mali. M. ist Mitgl. der OAU, der OCAMM und ist mit der EWG assoziiert.

Malice [mal'is, frz.] *die,* Bosheit, bissige Bemerkung.

mal'igne [lat.], ⚕ bösartig. **maligner Tumor,** eine bösartige Geschwulst.

Mal'inke, eine Stammesgruppe der Mandingo.

Malinowski, Bronislaw, engl. Ethnologe, * 1884, † 1942, unternahm Forschungsreisen u. a. nach NW-Melanesien, Australien. M. erforschte die innere funktionelle Bezogenheit im Kulturleben und die Geschichte des Kulturwandels.

Malin'owskij, Rodion, Marschall der Sowjetunion, * 1898, † 1967, 1957-67 sowjet. Verteidigungsminister.

Malipi'ero, Francesco, italien. Komponist, * 1882, vereinigt Anregungen italien. Musik des 17. und 18. Jahrh. mit modernen Stilelementen; Opern, Orchesterwerke, Kammer- und Vokalmusik.

malizi'ös [frz.], boshaft, hämisch.

Mallarmé, Stéphane, französ. Dichter, * 1842, † 1898; symbolistische, formstrenge Gedichte mit suggestiver Klangkraft; an die Stelle der Gegenstände tritt der aller Realität überlegene ‚Traum'; M. hatte großen Einfluß auf die spätere Lyrik (P. Valéry, P. Claudel, St. George).

Malle'in [lat.] *das,* ein Impfstoff aus Rotzbakterien, dient zur **Malleinprobe** bei rotzverdächtigen Pferden.

Mallersdorf, Marktort in Niederbayern, 2400 Ew.; Barockkirche. Seit 1869 Sitz des Mutterhauses der **M.er Schwestern** (1855 gegr. Franziskanerinnen-Genossenschaft).

Mallnitzer Tauern, Niedertauern, Paß in den Hohen Tauern, 2421 m hoch, zwischen Ankogel- und Goldberggruppe.

Mallorca [maʎ'ɔrka], die größte Insel der span. →Balearen, 3684 km², 517 000 Ew. Hauptstadt und Hafen ist Palma de M.

Malm [engl.] *der,* Erdgeschichte: die obere Abteilung der Juraformation.

Malmaison [-mɛz'ɔ̃], Schloß bei Paris, im Empire-Stil, 1809-14 Wohnsitz der Josephine Beauharnais; jetzt Museum.

Malmberg, Bertil, schwed. Schriftsteller, * 1889, † 1958; ein Hauptmeister der modernen schwed. Lyrik.

M'almberget [-bærjet], Bergbauort (Eisenerz) in N-Schweden, 7 km von Gällivare.

M'almedy, amtl. **Malmédy,** Stadt in Belgien, im S des Hohen Venn, 6500 Ew., Leder- und Papierindustrie.

Malmignatte [malminj'atə, ital.] *die,* eine südeuropäische, 13 mm lange, schwarze, rotgefleckte Giftspinne.

M'almö, Hauptort des VerwBez. Malmöhus, Schweden, am S-Ausgang des Sundes, 265 500 Ew.; Fachschulen; Maschinen-, Schiffbau, Zementfabriken, Textil-, chem. u. a. Industrie. 1150 gegr., im MA. bedeutende Handelsstadt. Es hat den größten Kunsthafen Schwedens. Bauten: Peterskirche (um 1300, 1890), Schloß Malmöhus (1537-42), Rathaus, Theater.

Mal'oja, italien. **Maloggia** [mal'ɔddʒa], Paß in Graubünden, Schweiz, 1815 m hoch; die Straße über den M. verbindet das Engadin mit dem Bergell. Der Ort M. ist Höhenkurort und Wintersportplatz.

Mal'onsäure, zweibasige organ. Säure, Ausgangsstoff für zahlreiche Synthesen (z. B. der Barbitursäure).

Malory [m'æləri], Sir Thomas, engl. Schriftsteller, * um 1408, † 1471; ‚The Morte Darthur' (1469/70), Zusammenfassung aller bisherigen Artusromane.

Maloss'ol [russ.] *der,* mild gesalzener Kaviar.

Malpass [m'ɔːlpas], Eric, engl. Schriftsteller, * 1910, Geschichten aus der Perspektive des Kindes (‚Morgens um sieben ist die Welt noch in Ordnung', 1965 u. a.).

Malp'ighi [-gi], Marcello, italien. Arzt, * 1628, † 1694; er gilt als Begründer der mikroskopischen Anatomie.

Malplaquet [-plak'ɛ], französ. Gem., 10 km nordwestl. von Maubeuge. - 1709 Sieg der Österreicher, Preußen und Engländer unter Prinz Eugen und Marlborough über die Franzosen unter Villars.

Malraux [malr'o], André, französ. Schriftsteller, * 1901, an der chines. Revolution 1926/27 beteiligt, General im span. Bürgerkrieg, 1939 aus der KP ausgetreten. Widerstandskämpfer, 1945/46 Informationsmin., 1958-69 Min. für kulturelle Angelegenheiten; Romane: ‚Der Königsweg' (1930), ‚Con-

Stéphane Mallarmé   *Golo Mann*

ditio humana' (1933), ,Die Nußbäume der Altenburg' (1945) u. a. - ,Antimemoiren' (1967); kunsttheoret. Schriften.

M'alstrom, norweg. **Malströmmen**, Gezeitenstrom in der 5 km breiten Meeresstraße **Masköströmmen**(südl.Lofot-Inseln).

M'alta, Staat und Inselgruppe im Mittelmeer, umfaßt die Hauptinsel M. (246 km²) sowie Gozo, Comino und kleinere Inseln, zusammen 316 km², 326 000 Ew. Hauptstadt ist Valletta. Die gebuchtete Steilküste bietet ausgezeichnete Naturhäfen. M. ist stark befestigt, Stützpunkt der brit. Mittelmeerflotte und der Nato-Mittelmeerstreitkräfte. Die Bewohner (**Malteser**) sprechen eine arabisch-italien. Mischsprache, das Maltesisch, das neben Englisch Amtssprache ist. Haupterwerbszweig ist die Landwirtschaft (Frühkartoffeln, Zwiebeln, Tomaten, Südfrüchte, Tabak), daneben Thunfischfang und Korallenfischerei, Herstellung von Klöppelspitzen und Filigranarbeiten, Baumwollwaren und Zigaretten. Wegen der starken Übervölkerung der Inseln sind viele Bewohner Händler und Seefahrer im ganzen Mittelmeergebiet; stärkere Industrialisierung seit der Unabhängigkeit 1964. ⊕ VIII/IX, Bd. 1, n. S. 320. ◌ S. 1179. ▢ Bd. 1, S. 392. **Geschichte.** Bereits ein Kulturmittelpunkt der Jungsteinzeit, später phönikisch, um 400 v. Chr. karthagisch, 218 römisch, seit dem 6. Jahrh. n. Chr. byzantinisch, 870 arabisch, 1090 sizilisch-normannisch, 1530 durch Karl V. an den Johanniterorden, seit 1800 britisch, seit 1964 unabhängiger Staat im Rahmen des Brit. Commonwealth.

Maltafieber, Mittelmeerfieber, eine Infektionskrankheit, hervorgerufen durch Brucella-Bakterien, eine Brucellose; wird durch den Genuß ungekochter Milch kranker Ziegen auf den Menschen übertragen. Behandlung: Chemotherapie, Vakzine.

Maltal, Hochgebirgstal in den Hohen Tauern, in Kärnten, Österreich.

Maltechnik, verschiedene Verfahren in der bildenden Kunst, Farbe auf einen Untergrund aufzutragen. Für die Besonderheit der Farbsysteme und der Techniken sind die Bindemittel entscheidend (→Ölmalerei, →Enkaustik, →Tempera, →Aquarellmalerei, →Pastell usw.); man unterscheidet lasierende (→Lasurfarben) und deckende M. (→Deckfarben). Eine weitere Rolle spielt die Beschaffenheit des Malgrundes (Holz, Leinwand, Porzellan); für die Wandmalerei hat sich eine besondere M. ausgebildet (→Fresko).

Malter oder **das,** altes dt. und schweizer. Hohlmaß, bes. für Getreide und Kartoffeln (rd. 100-700 l).

Malt'eser, 1) der Bewohner von Malta. **2) Malteserritter,** →Johanniterorden, →Malteserorden. **3)** Rasse seidenhaariger Haushunde. **4)** eine Haustaubenrasse.

Malteser-Hilfsdienst e. V., eine von den dt. Zweigstellen des Malteserordens und vom Dt. Caritasverband gegr. Organisation mit rd. 25 000 ehrenamtlich tätigen Mitgl.; Unfallrettungsdienst, Katastrophenabwehr, Schulungsaufgaben.

Malteserkreuz, achtspitziges →Kreuz. **Malteserkreuzgetriebe,** ein Schaltgetriebe, z. B. als Filmschaltwerk zum ruck-

weisen Weiterbewegen von Kinofilmen.

Malteserorden, seit 1530 Name des →Johanniterordens. Nach 1798 zog sich die Ordensleitung nach Rom zurück. Seit der Wiederbesetzung des Amtes des Großmeisters (1879) hat der Orden seine karitative Tätigkeit international ausgeweitet; mit 34 Staaten diplomat. Beziehungen.

Malteserschwamm, Schmarotzerpflanze, im Mittelmeergebiet und in W-Asien, auf Wurzeln als rotbrauner, morchelpilzähnlicher Blütenkolben; Blutstillmittel.

Malthus [m'ælθəs], Thomas Robert, engl. Sozialreformer, * 1766, † 1834, vertrat die Ansicht, daß sich die Bevölkerung schneller als die Nahrungsmittelmenge vermehre (**Malthusianismus**), und befürwortete daher die Beschränkung des Bevölkerungswachstums.

Malt'ose, Malzzucker, Glucose-α-glucosid in Bier- und Branntweinmaische, entsteht aus Stärke.

malträt'ieren [frz.], schlecht behandeln.

M'alus [lat.] der, gestaffelter Prämienzuschlag in der Kraftfahrzeugversicherung bei öfterem Eintreten von Schadensfällen.

Malvas'ier, ursprünglich griech. Wein der M.-Rebe, heute auch in Sizilien, Portugal, Teneriffa u. a. angebaut.

M'alve [lat.]die, Pflanzengattung der **Malvengewächse,** Kräuter mit gelappten Blättern, strahligen Blüten mit 5 Blumenblättern, vielen röhrig verwachsenen Staubblättern und tortchenförmiger Frucht (,Käse'). Die **Wilde M.,** mit lilaroten Blüten, wächst auf Ödland. Einige M. sind Zierstauden.

m'alvenfarbig, mauve, lilarot.

M'alwa-Plateau, fruchtbares Hügelland im N des Windhjagebirges, Zentralindien.

Malz, angekeimtes Getreide, meist Gerste, zur Bereitung von Bier, Branntwein, Kaffee-Ersatz, Backhilfsmitteln, Nährpräparaten. Durch das Keimen entstehen im Korn Enzyme, durch die die Speicherstoffe wasserlöslich und dadurch vergärbar machen. **M.-Extrakt** dient zusammen mit Arzneistoffen als Nähr- und Kräftigungsmittel, ferner zur Herstellung von **M.-Kakao** und **M.-Bonbons.**

Malzkaffee, ein Kaffee-Ersatz aus geröstetem Gerstenmalz.

M'ambo der, ein Gesellschaftstanz afrokubanischen Ursprungs.

Mam'ertus, Erzbischof, † um 475, führte die Bittage um Christi Himmelfahrt ein. Heiliger; Tag: 11. 5. (→Eisheilige)

Mam'illa [lat.] die, die Brustwarze.

Mamill'aria [lat.] die, →Warzenkaktus.

M'amin-Sibirj'ak,DmitrijNarkissowitsch, russ. Schriftsteller, * 1852, † 1912; sozialkrit. Romane.

Mamiss'onpaß, Paß im mittleren Kaukasus, 2829 m hoch; über ihn führt die Ossetische Heerstraße.

Mamma [lat.] die, Mz. Mammae, die weibliche Brust.

Mamm'alia [lat.] Mz., die Säugetiere.

M'ammeibaum, trop. Obstbaum aus Westindien mit aprikosenähnl. Früchten.

M'ammon [aramäisch] der, Reichtum.

M'ammut das, eine ausgestorbene Art der Elefanten, in der Eiszeit in Europa, Nordasien, Nordamerika verbreitet. Das M. (bis 4 m hoch) hatte gekrümmte Stoßzähne und langhaariges Fell.

Mammutbaum, die kaliforn. Nadelholzgattung Sequoia, mit riesigen Gebieten Zierund Forstbäume. **Der Riesen-M.** wird bis 100 m hoch, 10 m dick, bis 4000 Jahre alt.

Mammuthöhle, engl. **Mammoth Cave,** die größte Höhle der Erde, in Kentucky, USA, 240 km Gänge in 5 Stockwerken; Nationalpark.

Mams'ell [aus Mademoiselle] die, Fräulein, Wirtschafterin.

M. A. N., die →Maschinenfabrik Augsburg-Nürnberg AG.

Man [mæn], britische Insel in der Irischen See, 572 km², 49 800 Ew. Hauptstadt: Douglas. Die Bewohner (**Manx**) sind Kelten mit eigener Sprache. Haupterwerbs-

zweige sind Rinder- und Schafzucht, Fischerei und Fremdenverkehr. Auf M. wird alljährlich das schwerste Motorradrennen der Welt (**Tourist Trophy**) ausgetragen.

M'ana [austrones. ,wirksam'] das, bei den Ozeaniern eine Tieren, Menschen oder Gegenständen innewohnende Zauberkraft.

Män'ade [grch.], rasendes Weib aus dem Gefolge des Dionysos. (Bild Tanz)

managen [m'ænidʒən, engl.], leiten, unternehmen, bewerkstelligen. **Manager** der, Angestellter der Wirtschaft, zur Ausübung der unternehmer. Funktion bestellt, aber nicht Miteigentümer. **Management** das, Unternehmensführung.

Managerkrankheit, die krankhafte Reaktion auf eine gehetzte, übermüdende Lebensweise bei Menschen, die durch Verantwortungslast in ständiger Anspannung gehalten sind. Die M. tritt meist als Herzmuskelerkrankung oder als Hochdruckkrankheit auf.

Man'agua, Hauptstadt von Nicaragua, 262 000 Ew. Nach Erdbeben 1931 und Brand 1936 wiederaufgebaut; gilt als Muster einer modernen Tropenstadt.

Man'aguasee, See in Nicaragua, 1450 km², steht durch den Río Tipitapa zeitweilig mit dem Nicaraguasee in Verbindung.

Man'aslu, Berg im Himalaya, 8156 m hoch, Erstbesteigung 1956 durch Japaner.

Man'asse, 1) Sohn Josephs, Ahnherr des israel. Stammes M. **2)** König von Juda, etwa 696-642 v. Chr.

Man'aus, Hauptstadt des brasilian. Staates Amazonas, 279 000 Ew., kurz vor der Mündung des Rio Negro in den Amazonas; der Hafen kann von mittleren Seeschiffen erreicht werden; kath. Erzbischofssitz.

Mancha, →La Mancha. (Bild Spanien)

Manche [mãʃ], **1)** La M., franzöz. Name des →Ärmelkanals. **2)** Dép. in NW-Frankreich, 6412 km², 452 000 Ew., Hauptstadt: Saint-Lô.

Manchester [m'æntʃistə], **1)** Stadt in NW-England, 590 000 Ew.; Verkehrszentrum, durch M.-Schiffahrtskanal mit Liverpool verbunden. M. ist Sitz einer Universität und anderer wissenschaftl. Einrichtungen, darunter eines Krebsforschungsinstituts; Mittelpunkt der engl. Baumwollindustrie, Baumwollbörse; außerdem: Maschinen-, Fahrzeug-, Lokomotiven-, Flugzeug-, Papier-, Gummi- und chem. Industrie. Banken und Versicherungsunternehmen. **2)** Stadt in New Hampshire, USA, 87 800 Ew., Textil- und Schuhindustrie.

Manchester [m'æntʃistə], breit gerippter Cordsamt aus Baumwolle für Möbelbezüge, Sport- und Arbeitsanzüge.

Manchester Guardian [m'æntʃistə g'a:djən], Handelszeitung, →Guardian.

Manchestertum, 1) eine Richtung der wirtschaftl. Liberalismus, bes. in England im 19. Jahrh. Sie forderte ungehinderten Freihandel und schrankenlose Wirtschaftsfreiheit. **2)** die Lehre, die als treibende Kraft in der Wirtschaft nur den Egoismus der einzelnen kennt.

Mand'äer, gnost. Täufersekte, südl. von Bagdad und in den angrenzenden pers. Gebieten, bis ins 20. Jahrh. erhalten.

M'andala [Sanskrit] das, eine Figur in Form eines Kreises oder Vielecks mit symbol. Darstellungen, das den Anhängern ind. Religionen als Meditations-Hilfsmittel dient.

Mandalay [m'ændəlei], **Mandaleh,** Stadt in Birma, 392 900 Ew., mit Flußhafen am Irawadi, Bahnknoten und Handelsplatz.

Mand'ant [lat.] der, →Klient.

Mandar'in [aus Sanskrit ,Ratgeber'], früher: hoher chines. Staatsbeamter.

Mandar'ine [frz.] die, mit der Apfelsine verwandte Südfrucht.

Mandar'in|ente, eine ostasiat. Wildente mit buntem Gefieder.

Mand'at [lat.] das, Auftrag, bes. das durch Wahl begründete Amt eines Abgeordneten. Im Völkerrecht der einigen Sieger-

Prunkmandoline von A. Vinaccia, Neapel 1780

mächten des 1. Weltkriegs erteilte Auftrag, frühere dt. Schutzgebiete und früher türk. Gebietsteile im Namen des Völkerbundes zu verwalten; auch diese Gebiete selbst.

Mandatsgebiete, die auf Grund eines völkerrechtl. Mandats seit 1919/20 im Namen des Völkerbunds verwalteten Gebiete. Man unterschied: **A-Mandate** (Syrien, Libanon, Palästina, Transjordanien, Irak); erloschen durch Entstehung unabhängiger Staaten; **B-Mandate,** die von der Mandatsmacht als abgesondertes Gebiet verwaltet wurden (Dt.-Ostafrika, Kamerun, Togo); **C-Mandate,** die die Mandatsmacht als Teil ihres Staatsgebiets verwalten konnte (Dt.-Südwestafrika, Samoa, Karolinen, Marianen, Palau- und Marshallinseln, Neuguinea mit den übrigen dt. Südseeinseln, Nauru). Nach 1945 wurden die früheren dt. Schutzgebiete z. T. zu Treuhandgebieten der Verein. Nationen, viele wurden inzwischen selbständig.

Mandatsverfahren, ♫ in Österreich und der Schweiz ein vereinfachtes Strafverfahren, entspricht dem dt. Verfahren bei Strafbefehlen.

Mande, →Mandingo.

Mandel *die,* 1) ⊕ die Frucht des →Mandelbaums.

2) ⚕ **Mandeln, Tonsillen,** lymphknotenähnl. Organe im Rachen. Die beiden jederseits zwischen dem vorderen und dem hinteren Gaumenbogen liegenden **Gaumenmandeln** und die am Dach des Nasenrachenraumes gelegene **Rachenmandel** gehören zu dem →lymphatischen Rachenring.

Mandrill

3) ein altes Zählmaß; 1 M. = 15 Stück.

Mandelbaum, aus Vorder- und Mittelasien stammendes, dem Pfirsichbaum verwandtes Rosengewächs, mit dünnfleischiger Frucht, die in einer Steinschale den Kern (**Mandel**) enthält. Rosablütige Ziersträucher sind **Zwerg-M.** und der **Dreilappige M.**

Mandelentzündung, Tonsillitis, die Entzündung bes. der Gaumenmandeln, die sich oft auch auf den weichen Gaumen und die hintere Rachenwand ausdehnt (**Halsentzündung, Angina**), mit Fieber, Halsschmerzen und bei **eitriger M.** mit gelblichweißen Flecken auf den Mandeln; es kann sich ein **Mandelabszeß** bilden. Behandlung: Bettruhe, Halswickel, desinfizierende Arzneimittel; bei chronischer M. und Herdinfektion auch chirurg. Entfernen der Mandeln (**Mandelausschälung**).

Mandelkrähe, Vogel, die Blauracke.

Mandelsäure, Phenylglykolsäure, eine optisch aktive organ. Säure.

Mandelstam, Ossip, russ. Lyriker, * 1891, † 1938 in stalinist. Verbannung.

Mandelstein, blasenreiches Ergußgestein, dessen Hohlräume oft mit Mineralneubildungen gefüllt sind.

Mand'ibel [lat.] *die,* der Unterkiefer der Wirbeltiere. **Mandibeln** Mz., das erste Oberkieferpaar der Gliederfüßer.

Mand'ingo, Mande, eine sprach- und kulturverwandte Gruppe von negriden Völkern, bes. zwischen Ober-Senegal und Niger, etwa 6 Mill. Menschen; Hackbau, Kleintierhaltung, im N auch Großtierzucht, im W-Sudan hochentwickeltes Handwerk (Leder-, Metalltechnik, Färben, Weben). Einige der nördl. Stämme waren bedeutende Staatengründer (Mali, Gana, Songhai).

Mandi'oka *die,* tropische Nutzpflanze, →Maniok.

Mandol'ine *die,* ein lautenähnl. Musikinstrument mit halbbirnenförmigem Schallkörper, kurzem Hals sowie meist vier Doppelsaiten aus Stahl, die mit einem Spielblättchen angerissen werden.

M'andorla [italien.] *die,* ein mandelförmiger Heiligenschein.

Mandr'agora [pers.] *die,* ein staudiges Nachtschattengewächs des Mittelmeergebiets, mit grünlichen Blüten und gelbroten Früchten, deren Genuß betäubend wirkt. Über die Wurzel →Alraun.

Mandr'ill *der,* eine Art der Backenfurchen- oder Stummelschwanzpaviane mit großem Kopf und bunten Gesäßschwielen; z. B. **Drill** und **Maimon.**

Mandr'it [grch.] *der,* Mönch, Klausner.

M'andschu, Mandschuren, bedeutendste Gruppe der südl. Tungusen, ursprünglich in der östl. Mandschurei, eroberte im 17. Jahrh. China, stellte 1644-1912 dessen M.-Dynastie.

Mandschurei, der nordöstl. Teil Chinas, erstreckt sich im W bis zum Großen Chingan, im N bis zum Amur und im O bis zum Ussuri und Jalu. Die M. hat heiße Sommer und kalte Winter. Kerngebiet ist die große mandschur. Ebene. Die Bergländer im N und O sind reich bewaldet, der W ist steppenhaft. Die größte Stadt ist Schenyang (früher Mukden). Anbau von Sojabohnen, Hirse, Mais, Weizen, Reis bedeuten- der Bergbau auf Steinkohle und Eisenerz, daneben Zink, Gold, Magnetit, Bauxit. Schwerindustrie in Anschan und Penki. - 1896 erhielt Rußland die Konzession zum Bau der Ostchines. Eisenbahn, 1898 besetzte es Port Arthur, 1900 die ganze M. Nach dem russisch-japan. Krieg 1905 Teilung in nördliches russ. und ein südliches japan. Einflußgebiet. 1931 besetzte Japan die M. und errichtete 1932 einen ,unabhängigen' Staat Mandschukuo (unter →Pu-i); er bestand bis 1945. Die Sowjetunion erhielt nach vorübergehender Besetzung Vorrechte zugesprochen. 1946 wurde die M. wieder Bestandteil Chinas. Die Sowjetunion gab u. a. 1952 auch die Eisenbahnrechte zurück.

Manege [man'ɛːʒə, frz.] *die,* Reitbahn, Reitschule; Schauplatz im Zirkus.

M'anen [lat.] Mz., bei den alten Römern die Seelen der Verstorbenen.

Manessier [-sj'eː], Alfred, französ. Maler, * 1911, malt Bilder abstrakter, oft durch religiöse Vorstellungen bestimmter Gestaltung, entwirft auch Kirchenfenster.

Man'essische Handschrift, (Große) Heidelberger Liederhandschrift, größte Sammelhandschrift mittelhochdt. Minnedichtung, benannt nach Rüdiger Manesse (†1304) und dessen Sohn; entstanden in Zürich zwischen etwa 1300 und 1340; mit 137 ganzseitigen Bildern. Seit 1888 in der Heidelberger Univ.-Bibliothek.

Manet [-n'ɛ], Edouard, französ. Maler, * 1832, † 1883, fand einen neuen Stil des Figurenbildes, der in flächenhaft das Bild gliedernden Farb- und Tonwerten die Erscheinung erfaßt (Frühstück im Freien, 1863; Olympia, 1865). Seine Werke regten den Impressionismus an, der sich dann anderseits auf die immer lichter werdende Malerei seiner Spätzeit auswirkte (Landschaften aus der Umgebung von Paris, Stilleben u. a.). (Bild Zola)

M'anetho, ägypt. Priester im 3. Jahrh. v. Chr., schrieb in griech. Sprache eine Geschichte Ägyptens.

Manessische Handschrift: Turnierszene

Manfred, König von Sizilien (1258-66), natürl. Sohn Kaiser Friedrichs II.; * 1231, † 1266, gewann die Schutzherrschaft über Florenz und den größten Teil der Toskana.

Mangab'eirabaum, Bäumchen des nördl. S-Amerikas, Hundsgiftgewächs mit Beerenobst. Der Milchsaft gibt Kautschuk.

Mang'aben *die,* eine mittelafrikanische Sippe meerkatzenartiger Affen; schlank, langgliedrig, mit weißen Augenlidern.

Mangal'ur, Mangalore, Hafenstadt in Maisur, Indien, 153 000 Ew., an der Malabarküste. Ausfuhr von Kaffee, Tee, Gewürzen.

Mang'an, Mn, chem. Element, Ordnungszahl 25, Atomgewicht 54,9381, Schmelzpunkt 1221°C, Siedepunkt 2152°C, spezif. Gewicht 7,2-7,4, zweithäufigstes Schwermetall, rötl. Glanz, ist hart, spröde und in Form seiner Verbindungen weit verbreitet. Gewinnung durch Reduktion seiner Oxide, durch wäßrige Elektrolyse oder durch Aluminothermie; Verwendung als Legierungszusatz für Stähle, Bronzen u. a. Von den Verbindungen kommt **M.-Dioxid** in der Natur als Braunstein vor; Verwendung für Trockenbatterien, Firnisse, Zündhölzer, Feuerwerkskörper. - Die Welterzeugung an M. betrug in Mill. t (1968) 7,1, davon in der Sowjetunion 2,38, in der Rep. Südafrika 0,94, in Brasilien 0,92, in Indien 0,63.

E. Manet: Der Pfeifer, 1866 (Paris, Louvre)

Manganblende, reguläres, eisenschwarzes Mineral, chemisch Mangansulfid.

Mangan'ine, Bronzen mit hohem, wenig temperaturabhäng. elektr. Widerstand.

Mangan'it *der*, rhombisches graues Mineral, MnO (OH).

Mangar'eva, größte der →Gambier-Inseln.

Mangb'etu, Stammesgruppe im NO von Zaïre. Pflanzer und Jäger, reich entwickeltes Schmiedehandwerk.

Mangel, Gerät zum Glätten von Wäsche; als **Kalt-M.** eine Rolle, um die die Wäsche gewickelt wird und über die auf glatter Unterlage ein etwa 10 Zentner schwerer Kasten gerollt wird; als **Heiß-M.** eine geheizte Walze.

Mangelhaftung, ♊♊ die Verpflichtung eines Vertragsteils, dem anderen für Fehler der geschuldeten Leistung (Sach- oder Rechtsmängel) einzustehen; bei einzelnen Vertragsarten verschieden geregelt. M. wird durch **Mängelrüge** geltend gemacht.

Mangelkrankheiten, Krankheitszustände bei Mensch und Tieren, die durch das Fehlen lebensnotwendiger Stoffe in der Nahrung verursacht werden oder durch ein ungünstiges Mengenverhältnis dieser Stoffe zueinander; z. B. Vitamin-M., Mangel an Mineralstoffen.

Mangfall *die*, Nebenfluß des Inns, Abfluß des Tegernsees, mündet bei Rosenheim.

M'angla-Staudamm, höchster aus Erdmassen bestehender Staudamm der Welt, am Dschilam, Pakistan, seit 1967 in Betrieb.

M'angobaum *der*, ein urspr. ostindisches, trop. Nierenbaumgewächs mit lederigen Blättern, weißen Blütenrispen und eßbarer Steinfrucht **(Mango).**

M'angold *der*, Form der Runkelrübe mit fleischigen Stielen und Blättern (Gemüse).

Mangopflaumen, Früchte eines in den Tropen kultivierten Baumes aus der Familie der Pistazien- oder Anakardiengewächse.

Mangost'ane *die*, ⊕ eine →Garcinie.

Mangr'ove *die*, immergrüne Waldgesellschaft im Gezeitenbereich trop. Flachküsten, mit Stelzwurzeln; bes. der **Manglebaum**. Die Keimlinge sprossen auf dem Baum und spießen sich im Abfallen mit der Wurzel im Boden fest.

M'anguste *die*, die Schleichkatze **Pharaonsratte** (→Ichneumon).

Manhattan [mæn'ætən], der Stadtkern von New York, auf der M.-Insel, zwischen Hudson, Harlem River und East River, Sitz der Vereinten Nationen. (Bild New York)

M'ani, Manich'äus, Stifter einer gnostischen Weltreligion (→Manichäer), * 216(?), † um 276, predigte in Persien und Indien.

Manich'äer, Anhänger der Religion des Mani. Der **Manichäismus** strebte die Erlösung aus der Finsternis zum Licht an. Er vereinigte auf der Grundlage christl. Gnosis (Marcion, Bardesanes) Christentum, Parsismus und Buddhismus.

Man'ie [grch.] *die*, **1)** Besessenheit, Sucht, Leidenschaft. **2)** eine Phase der →manisch-melancholischen Krankheit, mit gehobenem Selbstgefühl, Größenwahn, Rede- und Bewegungsdrang, seelischer Enthemmung.

Man'ier *die*, **1)** Lebensart, Benehmen. **2)** die einer Zeit oder einem Künstler eigentüml. Kunstweise; abschätzig: Routine. **manierlich**, artig, ordentlich.

manier'iert, gesucht, gekünstelt.

Manierismus, Kunst: die um 1520 einsetzende Strömung, die sich von den klass. Idealen der Renaissance abwandte. Auf die Anfänge in Italien (Pontormo u. a.) wirkten sich auch Einflüsse nordischer Kunst aus (Graphik Dürers). Die Stilmerkmale des M. (Streckung und Entkörperlichung der Figur, Verunklärung der Raumzusammenhänge, Brechung der Farben, flackernder Wechsel von Hell und Dunkel) sind Anzeichen einer Zeit der Krise und seelischer Spannungen. Der M. führte zu kühlem Formalismus (Parmigianino, Bronzino, Cellini, Ammanati) auch zu gesteigertem seelisch-religiösem Ausdruck (Tintoretto, El Greco); überwunden zuerst in Italien vom Barock (Bilder z. B. El Greco, Tintoretto). **manieristisch**, im Stil des M.

Manif'est [lat.] *das*, **1)** öffentliche Erklärung, polit. Programm. **2)** Seerecht: Verzeichnis der in das Schiff verladenen Güter **(Ladungs-M.).**

manifest'ieren [lat.], zeigen, offenbaren, kundgeben. **Manifestation**, Kundgebung.

M'anihot [indian.] *der*, Pflanzengatt. aus der Familie der Wolfsmilchgewächse in Südamerika; liefert Kautschuk. Die wichtigste Art ist →Maniok.

Manik'üre [frz.] *die*, **1)** Handpflege, Nagelpflege. **2)** weibl. Person, die die Nagelpflege beruflich ausübt.

Man'ila, größte Stadt und Haupthafen der Philippinen, 1,6 Mill. Ew., auf der Insel Luzon; 6 Universitäten, wissenschaftl. Institute, Theater; Düngemittel-, Textil-, Lebensmittelindustrie.

Man'ilafaser, →Banane.

M'aniok, Mani'oka, Mandi'oka [indian.] *der*, auch **Cass'ave, Kass'ave**, tropischamerikan. Wolfsmilchgewächs; die Wurzelknollen dienen nach dem Auskochen des Blausäuregifts als Nahrungsmittel (Maniok-, Mandioka-, Kassavemehl); das gekörnte Stärkemehl heißt **Tapioka**. Ähnlich genutzt werden auch die stärkereichen Wurzelknollen von →Manihot.

Mangrove

Man'ipel, 1) M. *der*, Abteilung ($^1/_{30}$) der röm. Legion. **2)** M. *der, die*, Tuchstreifen über dem Ärmel der kath. Priester (bis 1967).

Manipulati'on [lat.], **1)** Handgriff, Geschäftskniff. **2)** Psychologie, Politik, Werbung: Beeinflussung fremden Verhaltens, z. T. ohne daß sich die Betroffenen der Steuerung bewußt werden. Zeitw. **manipul'ieren.**

Manipul'ator, Gerät zur Übertragung von Bewegungen der menschl. Hand auf unzugängliche Gegenstände. **Mikro-M.** werden in Biologie und Medizin für Eingriffe an Zellen, Viren, Bakterien, in der Technik bei der Skalenherstellung, bei mikrominiaturisierten Schaltungen u. dgl. verwendet. **Greif-M.** sind Fernbedienungswerkzeuge für den Betrieb von Strahlenschutzzellen. Für größere Belastungen verwendet man **elektrische** oder **hydraulische M.**, z. B. in Plutoniumwerken, für schwere Schmiedestücke. (Bild Strahlenschutz)

manipulierte Währung, eine Währung, bei der die Geldwert nicht durch die Bindung an Gold, sondern durch staatl. Maßnahmen, z. B. Regulierung der Geldmenge, stabil gehalten wird.

M'anipur, Staat Indiens, im Grenzgebirge gegen China, 22 347 km², 992 000 Ew. Hauptstadt ist Imphal.

M'anisa, Hauptstadt der Prov. M. in W-Anatolien, Türkei, 69 700 Ew.

m'anisch, an Manie leidend.

manisch-melancholische Krankheit, früher **manisch-depressives Irresein** genannt,

Manila: Quiapo-Kirche

Gemütskrankheit. Die Grundform, nach der die Krankheit heißt, nämlich Wechsel von **manischen** und melanchol. (→Melancholie) **Phasen**, ist selten. Viele Kranke haben nur melanchol. Zustände. Behandlung: Beruhigungsmittel, Schockbehandlung.

Manitoba [mænɪt'oubə], Provinz in Kanada, 652 000 km², 977 000 Ew. Hauptstadt Winnipeg. Im S Anbau von Getreide, Flachs, Kartoffeln; Viehzucht. Im N Waldwirtschaft, Bergbau (Zink, Kupfer, Gold, Silber, Nickel).

M'anitu, bei den Algonkin-Indianern, N-Amerika, der Name einer allen Dingen und Naturerscheinungen innewohnende unpersönl. Macht.

M'aniu, Julius, rumän. Politiker, * 1873, † (in Haft) 1955 (?), war mehrmals MinPräs. als Führer der Nationalzaranist. (Bauern-) Partei; 1947 von der KP-Regierung zu lebenslangl. Haft verurteilt.

Manizales [-θ'ales], die Hauptstadt des Dep. Caldas, Kolumbien, 268 000 Ew., wichtiger Kaffeehandelsplatz.

M'anko *das*, Fehler, Mangel; auch Fehlmenge, Gewichtseinbuße, Fehlbetrag.

Mann, 1) erwachsener Mensch männlichen Geschlechts. **2)** Ehegatte. **3)** Soldat, Arbeiter. **4)** Lehensmann, Dienstmann.

Mann

Mann, 1) Golo, Sohn von 4), Historiker, * 1909; ‚Friedrich von Gentz' (1948), ‚Dt. Geschichte des 19. und 20. Jahrh.' (1959), ‚Wallenstein' (1971). (Bild S. 777)

2) Heinrich, Schriftsteller, Bruder von 4), * 1871, † 1950, emigrierte 1933, schrieb drei Renaissance-Romane (‚Die Göttinnen', 1903), griff die wilhelmin. Gesellschaft mit ätzender Schärfe an (‚Professor Unrat', 1905; Trilogie ‚Das Kaiserreich', 1914-25, mit ‚Der Untertan' als Teil 1). Weitere Romane ‚Die kleine Stadt' (1909), ‚Jugend und Vollendung des Königs Henri Quatre' (2 Bde., 1935-38), ‚Der Atem' (1949) u. a. Essaysammlungen.

3) Klaus, Schriftsteller, Sohn von 4), * 1906, † (Selbstmord) 1949, emigrierte 1933; ‚Der Wendepunkt' (1952, zuerst englisch 1942) u. a.

4) Thomas, Schriftsteller, Bruder von 2), * 1875, † 1955, seit 1934 in der Schweiz, 1939-52 in den USA. Bürgerl. Niedergang und Künstlerdasein, der Mensch in seiner Gebrochenheit zwischen Leben und Geist, der Geist als lebenzersetzende und -verfeinernde Kraft werden in seinen Romanen und Novellen mit meisterl. Sprachbeherrschung behandelt. Romane: ‚Buddenbrooks' (1901), ‚Königl. Hoheit' (1909), ‚Der Zauberberg' (1924), Josephs-Roman (3 Tle., 1933-43), ‚Lotte in Weimar' (1939), ‚Dr. Faustus' (1947), ‚Der Erwählte' (1951), ‚Bekenntnisse des Hochstaplers Felix Krull' (Tl. 1, 1954); Novellen: ‚Tonio Kröger' (1903), ‚Tristan' (1903), ‚Der Tod in Venedig' (1912). Wesentlicher Bestandteil von M.s Werk sind seine Essays. Nobelpreis für Literatur 1929.

Thomas Mann   Heinrich Mann

M'anna [grch.] *das*, **1)** Himmelsbrot, mit dem Gott die Juden in der Wüste speiste (→Mannaflechte). **2)** eßbare, zuckerreiche, auch arzneiliche Stoffe, so **Persisches M.** (honigartiger Saft von **Mannaklee**).

Mannaflechte, eine vorderasiatische eßbare Wanderflechte; sie wird in trocknen knolligen Stücken vom Wind fortgetragen (das ‚Manna' der Bibel).

Mannaschildläuse, zwei Schildlausarten am südöstl. Mittelmeer, auf Tamarisken; scheiden Zuckersaft (‚Manna') aus.

Mannazikade, die →Eschenzikade.

M'anneken-Pis, Bronzefigur in Brüssel, an der Stelle einer älteren Figur 1619 von J. Duquesnoy ausgeführt.

Mannequin [manək'ɛ̃, frz.] *das, der*, Gliederpuppe. Vorführdame für Moden; männliche Entsprechung: **Dressman** der [-mæn].

Männerbund, bei Naturvölkern eine Gemeinschaft der erwachsenen Männer; ist Hüter der Stammestradition und hat meist auch kultisch-religiöse Pflichten.

Männergesangvereine, Vereinigungen zur Pflege mehrstimmigen Männergesangs. Der erste Verein ist von der Zelter 1809 gegr. **Berliner Liedertafel,** der vor allem Dichter und Sänger angehörten. Unabhängig davon gründete der Zürcher Nägeli 1810 einen Männerchor auf volkstüml. Grundlage.

Männerhaus, bei vielen Naturvölkern der Mittelpunkt des Gemeinschaftslebens der Männer.

Mannerheim, Carl Gustaf Freiherr von, Marschall von Finnland (1933), * 1867,

† 1951, im 1. Weltkrieg russ. Kavallerieführer; 1918 leitete er den finn. Freiheitskampf gegen die Bolschewisten; 1918/19 finn. Reichsverweser. 1939/40 und 1941-44 Oberbefehlshaber im Krieg gegen die Sowjetunion. 1944-46 war M. Staatspräs.

Männerkindbett, franz. **Couvade** [kuv'a:d], die bei vielen Naturvölkern verbreitete Sitte, daß sich nach der Geburt eines Kindes der Vater an Stelle der Wöchnerin ins Bett legt und deren Verhalten übernimmt; entspringt der magischen Verbundenheit von Vater und Kind, auch soll es eine zweite Geburt zu geistig-religiösem Leben symbolisieren.

Männertreu, volkstüml. für verschiedene Pflanzen; z. B. Ehrenpreis, Vergißmeinnicht.

Mannesmann-Konzern, Unternehmensgruppe der westdt. Eisen- und Stahlind., gegr. von R. Mannesmann (* 1856, † 1922). Obergesellschaft des M.-K. ist die Mannesmann AG., Düsseldorf. Kap.: 581,8 Mill. DM, Beschäftigte: 63 620.

Mannheim, Stadt in Baden-Württemberg, 330 900 Ew.; Universität, Hochschule für Musik und Theater, Bibliotheken, Museen, ehem. kurfürstliches Schloß. M. ist schachbrettartig im Mündungswinkel von Neckar und Rhein angelegt. Zusammen mit Ludwigshafen ist es einer der größten Binnenhäfen Deutschlands (Umschlag von Kohle, Baustoffen, Getreide, Erz, Holz u. a.). Industrie: Maschinen- und Fahrzeugbau, Elektrotechnik, Papier, Seife, Mühlen u. a. - 1606 gegr., 1689 von den Franzosen zerstört, 1720 kurpfälz. Residenz. 1802/03 an Baden.

Mannheim, Karl, Soziologe, * 1893, † 1947, 1930-33 Prof. in Frankfurt, förderte die Wissenssoziologie.

Mannheimer Schule, ein Kreis von Komponisten (J. Stamitz, F. X. Richter u. a.) Mitte des 18. Jahrh. am kurpfälz. Hof in Mannheim, die den Übergang vom Barock zur Wiener Klassik bildeten.

Mann im Mond, Volksglauben: die Mondflecken, gedeutet als Mensch, der zur Buße auf den Mond verbannt ist.

Mann'ose *die*, eine Zuckerart, die in vielen Samen vorkommt.

Mannschaftsrennen, Radsport: Rennen, bei dem zwei sich ablösende Fahrer als ‚Paar' gewertet werden.

Mannschaftswettbewerb, ⚔ ein Wettkampf, bei dem für jede Mannschaft die Gesamtsumme der Einzelleistungen (Punkte, Zeiten, Strecken) gewertet wird.

Manns|schild, eine Primelgewächsgattung; z. T. Zierpflanzen. Der **Zwerg-M.,** mit weißen bis rötlichen Blütendolden, wächst auf Hochgebirgsmatten.

Manns|treu, eine distelähnliche Doldenblütergattung; **Feld-M.** (**Brachdistel**), ‚weißgrün; **Strand-** oder **Dünendistel,** bläulichgrün, unter Naturschutz.

Manom'eter, ein Druckmesser für Gase und Flüssigkeiten, bes. für hohe Drucke. Bei **Flüssigkeits-M.,** z. B. Quecksilber-M., wird der zu messende Druck mit einem bekannten verglichen. **Kolben-M.** sind Druckwaagen, in denen die auf den Kolben ausgeübte Kraft gemessen wird. **Metall- (Aneroid-, Membran-, Feder-)M.** sind in Aufbau und Wirkungsweise den Aneroid-Barometern (→Barometer) gleich. Sehr hohe Drucke werden durch die Änderung des elektr. Widerstands druckempfindl. Stoffe (z. B. Manganin) oder durch die piezoelektr. Aufladung von Quarzkristallen gemessen (**Widerstands-** und **Kristall-M.**).

Manöver, 1) ⚓ felddienstmäßige Übung für Führung und Truppe, in zwei Parteien. **2)** ⚓ ⚓ die Ausführung einer Bewegung (schwenken, wenden, **manövrieren**).

Manr'esa, Stadt in der Prov. Barcelona, Spanien, 63 900 Ew., Textilindustrie.

Mans'arde, *die,* **1)** ein bewohnbar ausgebauter Dachraum. **2)** Stoffdruckerei: eine Heißluftanlage, in der das bedruckte Gewebe getrocknet wird (**Trockenstuhl**).

Mansart [mãs'a:r], **1)** François, franz. Baumeister, * 1598, † 1666, baute Schloß

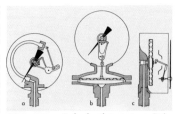

Manometer: Federdruckmesser; a Rohr-federmeßwerk, b Plattenfedermeßwerk, c Kapselfedermeßwerk

Maisons-Laffitte bei Paris (1642-51), Kirche Val-de-Grâce, Paris (beg. 1645).

2) Hardouin-M. [ardu'ɛ̃], Jules, Großneffe von 1), * 1646, † 1708, gab dem auf Maß und Klarheit gerichteten Willen der Zeit Ludwigs XIV. seinen klass. Ausdruck in der Baukunst: Weiterbau des Schlosses zu Versailles (seit 1678; Schloßkapelle u. a.), Grand-Trianon, ebd. (1687/88); Invalidendom (1693-1706) und Plätze in Paris.

Mansch'ette, 1) Ärmelabschluß an Hemd, Mantel u. a. **2)** Dichtungsring aus Leder, Gummi, Kunststoff, mit umgebördeltem Rand. **3)** die äußere Umhüllung von Kesselwänden u. ä. zum Schutz gegen Wärme- und Kälteverlust.

Mansen, Eigenname der →Wogulen.

Mansfield [m'ænsfi:ld], Stadt in der Gfsch. Nottingham, England, 55 300 Ew., hat Kohlenbergbau, Textil-, Schuh-, Maschinen- und elektrotechn. Industrie.

Mansfield [m'ænsfi:ld], Katherine, Schriftstellername der engl. Erzählerin Kathleen Beauchamp, * 1888, † 1923; Kurzgeschichten.

M'ansholt, Sicco, niederländ. Politiker, * 1908, 1967-72 Vizepräs., seit dem amtierender Präs. der Kommission der Europ. Gemeinschaften. Nach dem **M.-Plan** sollen sich 1970-80 die Bauern in der EWG von 10 auf 5 Mill. verringern.

Manstein, Erich von **Lewinski,** gen. von M., Gen.-Feldmarschall (1942), * 1887, im 2. Weltkrieg zuletzt Heeresgruppenführer, 1950 von einem brit. Militärgericht zu 18 Jahren Haft verurteilt, 1953 freigelassen.

Mans'ura, arab. **Al-Mansura,** Stadt in Unterägypten, im Nildelta, 191 500 Ew.; Baumwollstapelplatz; Leinenindustrie.

Mantegna [-t'ɛɲa], Andrea, Maler in Mantua, auch Kupferstecher, * 1431, † 1506, bildete, an der Antike und Donatello geschult, die perspektivische Darstellung fort; seine Auffassung ist herb, sein Stil von betonter Plastik. Fresken der

A. Mantegna: Maria mit dem schlafenden Kind (Berlin, Staatl. Museen)

Manteltiere: links Clavelina lepadiformis; rechts Halocynthia papillosa

Eremitani-Kirche zu Padua (seit 1448; zerstört 1944), Hochaltar in S. Zeno zu Verona (1456-59), Fresken der Camera degli Sposi im Herzogspalast zu Mantua (1474) u. a.

Mantel, 1) ein Übergewand. **2)** äußere Hülle von Hohlkörpern (z. B. Kessel-M.). **3)** die eigentl. Urkunde des Wertpapiers; Gegensatz: Dividenden- und Zinsbogen. **4)** die Rechtsform, in der ein Unternehmen nach außen in Erscheinung tritt, z. B. AG., GmbH. **5)** △ die Oberflächenteile eines Körpers, die nicht zur Grund- oder Deckfläche gehören.

Mantelgesetz, das →Rahmengesetz.

Mantelkauf, Erwerb des →Mantels 4) eines Unternehmens durch ein neues Unternehmen zur Ersparung von Gründungskosten.

Mantelnote, im diplomat. Schriftverkehr eine Note, die eine Mehrzahl von Schriftstücken unter Hervorhebung leitender Gesichtspunkte zusammenfaßt.

Mantelstromtriebwerk, ein Zweistrom-Strahltriebwerk, →Strahltriebwerk.

Manteltarif, ein Tarifvertrag, der für längere Zeiträume die Arbeitsbedingungen regelt, die keiner häufigen Änderung unterliegen, z. B. Arbeitszeit, Urlaub.

Manteltiere, Tunic′ata, ein Unterstamm der Chordatiere mit rd. 200 Arten von Meerestieren, festsitzende Tiere, deren sackförmiger Körper von einem Mantel umhüllt ist. Der Kiemendarm dient sowohl der Atmung als auch dem Nahrungserwerb. Ordnungen: Kopelaten, Ascidien, Salpen.

M′anteuffel, pommersches Adelsgeschlecht: Edwin Freiherr von, preuß. Generalfeldmarschall,* 1809, †1885, seit 1879 Statthalter von Elsaß-Lothringen. Sein Vetter Otto,* 1805, †1882, war 1848 preuß. Innenmin., 1850-58 Außenmin. und Min.-Präs.; streng konservativ.

M′antik [grch.] die, die Kunst der religiösen Wahr- und Weissagung.

Mantilla [mant′iλa, span.] die, **1)** Spitzenschleier über Kopf und Schultern, span. Frauenfesttracht. **2) Mantille** die, leichter Frauenmantel, 19. Jahrh.

Mantin′ea, griech. **Mantineia,** antike Stadt im O Arkadiens; hier fiel 362 v. Chr. Epaminondas in der unentschiedenen Schlacht gegen die Spartaner.

Mant′isse [lat.] die, die Zahlen nach dem Komma eines Logarithmus.

M′antua, italien. **M′antova, 1)** Prov. in Oberitalien, 2339 km², 380000 Ew. **2)** Hauptstadt von 1), 66600 Ew.; Dom, Herzogl. Palast und mächtige Burg; Maschinenindustrie. - M. schloß sich im 12. Jahrh. dem Lombard. Städtebund an. 1328 Stadtherrschaft der Gonzaga (1433 Markgrafen, 1530 Herzöge). 1628-31 **Mantuan. Erbfolgekrieg** zwischen Frankreich und Österreich. Nach Aussterben der Herzöge 1708-97 und 1814-66 zu Österreich.

M′anu [altind.], im Glauben der Inder: Stammvater der Menschheit.

Manu′al [lat.] das, **1)** Handbuch, kaufmänn. Tagebuch. **2)** ♪ die Tastenreihe bei Orgel, Cembalo, Harmonium.

M′anuel, Fürsten:

Byzanz. **1) M. I. Komn′enos,** Kaiser (1143 bis 1180),* 1120, †1180, suchte das Universalreich wiederherzustellen; der Sultan von Ikonion brach seine Macht.

2) M. II. Palai′ologos, Kaiser (1391-1425),* 1350, † 1425, schon seit 1373 Mitregent, wehrte sich mit wechselndem Erfolg gegen die Osmanen.

Portugal. **3)** →Emanuel.

Manuel, Niklaus, genannt **Deutsch,** schweizer. Maler und Dichter,* um 1484, †1530, Ratsherr in Bern; schuf mit frischem Wirklichkeitssinn und reicher Phantasie religiöse und mytholog. Bilder, Holzschnitte; setzte sich in Streitschriften und Fastnachtsspielen für die Reformation ein.

M′anuelstil, →Emanuelstil.

manu′ell [frz.], mit der Hand..., von Hand gearbeitet.

Manufakt′ur die, **1)** Handarbeit. **2)** früher größerer Gewerbebetrieb mit vorherrschender Handarbeit (z. B. Porzellan-M.). **M.-Waren,** Waren, die mit Längenmaßen abgemessen werden, z. B. Stoffe.

Man′uldruck, ein Verfahren zur direkten photograph. Übertragung eines Druckes auf eine Druckplatte im Reflexverfahren.

m′anu pr′opria [lat.], eigenhändig.

M′anus [lat.] die, die Hand.

Manuskr′ipt [lat. ‚Handschrift‘] das, Schriftwerk in Hand- oder Maschinenschrift, bes. auch das mit der Hand geschriebene Buch vor Erfindung des Buchdrucks. Urheberrechtlich jedes nur in einem Stück vorhandene Schriftwerk. ‚Als M. gedruckt‘ bedeutet: nur für einen bestimmten Personenkreis bestimmt.

Man′utius, Aldus, italien. Buchdrucker

N. Manuel Deutsch: Das Urteil des Paris (Basel, Kunstmuseum)

und Verleger,* um 1450, † 1515, lieferte dem europ. Humanismus hervorragend gedruckte Klassikerausgaben (Aldinen).

Manx [-æ-], **1)** die Bewohner der Insel Man. **2)** die kelt. Sprache der Insel Man.

M′anytsch-Niederung, Senke zwischen unterem Don und Kaspischem Meer; gilt als Teil der Grenze zwischen Asien und Europa.

Manzanares [manθan′ares], meist wasserarmer, 80 km langer Fluß in Spanien, durchfließt Madrid.

Manzanillo [manθan′iλo], Hafenstadt auf Kuba, 60000 Ew., Fischereihafen.

Manzanillobaum [-θan′iλo-], ein mittelamerikanisch-westind. giftiges Wolfsmilchgewächs; birnbaumähnlich, mit apfelähnlichen Früchten, die Pfeilgift lieferten.

Manz′oni, Alessandro, italien. Dichter,* 1785, †1873, bedeutendster Vertreter der Romantik in Italien. ‚Geistliche Hymnen‘ (1812/22), ‚Der fünfte Mai‘ (Ode auf Napoleons Tod, 1821); geschichtl. Roman ‚Die Verlobten‘ (1825-27).

A. Manzoni   *Mao Tse-tung*

Manzù [-dz′u], Giacomo, italien. Bildhauer,* 1908; arbeitet auf zart modellierende, gegenstandsnahe Art (weibl. Akte, Bronzetür des Salzburger Doms).

Ma′ori, polynes. Volk auf Neuseeland, mit Mischlingen rd. 168000, mit hellbrauner Haut und schwarzem Haar. Die M. waren gefürchtete Krieger. Um 1350 wanderten sie ein. Seit 1840 den Weißen gleichgestellt und im neuseeländ. Parlament vertreten.

Mao Tse-tung, chines. Politiker,* 1893, Bauernsohn, nach Universitätsstudium Bibliotheksgehilfe, 1921 Mitgründer der Kommunist. Partei in Schanghai; 1934/35 ‚langer Marsch‘ nach Jenan, erlangte die Führung der Partei, rief 1949 nach Verdrängung Tschiang Kai-scheks vom chines. Festland die Chines. Volksrepublik aus; 1954-58 Staatspräsident. Mit der Kulturrevolution (1966) versuchte M. seine Stellung zu stärken. Seine Interpretation des Marxismus wird als **Maoismus** bezeichnet. Seine Gedanken gibt die ‚Mao-Bibel‘ wieder.

Map′ai, die gemäßigt-sozialist. Arbeiterpartei im Staat Israel; bildet mit der Rafi die Israel. Arbeiterpartei.

Maquis [mak′i:]der, Buschwald, sinnbildlich: Schlupfwinkel; daher Name für die französ. Widerstandsbewegung während des 2. Weltkriegs.

Mär, M′äre [ahd.]die, altertümlich: Erzählung, Nachricht.

M′arabu der, Störche Indiens und Afrikas, mit luftgefülltem Kropfsack **(Kropfstorch),** als Aasvertilger nützlich. Die Schwanzfedern wurden zu Halskragen und Boas verarbeitet.

Maraca′ibo, Hauptstadt des Staates Zulia, Venezuela, 690400 Ew., Mittelpunkt des westvenezolan. Erdölgebietes.

Maracaibo-See, 16311 km² großer, bis 50 m tiefer Brackwassersee in Venezuela. Im Bereich des Sees und unter dem Seeboden liegen die reichsten Erdölvorkommen Venezuelas.

Marac′ay, Hauptstadt des Staates Aragua, Venezuela, 193000 Ew.; Handel.

Mar′ahrens, August, evang. Theologe,

* 1875, † 1950, 1935-45 Präsident des Luther. Weltbundes.

Marajó [-ˈʒɔ], die größte Insel der Amazonasmündung im brasilian. Staat Pará, 42 000 km² groß.

Maramba, früher **Livingstone,** Provinzhauptstadt in Sambia, nahe den Victoriafällen am Sambesi, 43 000 Ew.

Mar'äne [lat.] die, Fisch, →Felchen.

Maranhão [-ɲˈãu], Staat im N Brasiliens, 328 663 km², 2,883 Mill. Ew., Hauptstadt São Luís.

Marañón [-ɲˈɔn], Hauptquellfluß des Amazonas.

Mar'ante die, **1) Pfeilwurz,** einkeimblättrige, cannaartige Pflanzengattung der tropischen Amerikas; die Wurzelstöcke liefern Arrowroot; z. T. Zierpflanzen. **2) Kalathee (Korb-M.),** eine der M. 1) verwandte Zierpflanze aus den Tropen.

M'araş [ʃ], die Hauptstadt der Prov. M., in S-Anatolien, Türkei, 63 300 Ew., Textilind.

Maraschino [-skˈiːno] der, Likör aus der dalmatin. Sauerkirsche Maraska.

Mar'asmus [lat.] der, Kräfteverfall.

Marat [marˈa], Jean Paul, einer der radikalsten Führer der Französ. Revolution, * 1744, † 1793, an den Septembermorden (1792), dann als Präs. des Jakobinerklubs am Sturz der Girondisten maßgebend beteiligt; von Charlotte →Corday ermordet.

Mar'athen, indisches Volk im Dekkan, mit indoarischer Sprache (→Marathi). Mitte des 18. Jahrh. Vorherrschaft in Indien, Anfang des 19. Jahrh. von den Briten unterworfen.

Mar'athi, indoarische Sprache, von mehr als 40 Mill. Menschen in West- und Zentralindien gesprochen. Die ältere Literatur, vom 13. Jahrh. bis zum Verlust der marath. Selbständigkeit (1818), besteht aus religiöser Lyrik. Im 19. Jahrh. entstand erzählende und dramat. Dichtung.

F. Marc: Reh im Walde; 1912
(Berlin, Sammlung Koehler)

M'arathon, antiker Ort an der Ostküste Attikas. 490 v. Chr. Sieg der Athener unter Miltiades über die Perser. Die Überlieferung, daß ein Läufer die Siegesnachricht nach Athen (42,2 km) brachte und bei seiner Ankunft tot zusammenbrach, ist nicht belegt. Danach **Marathonlauf,** ein sportl. Wettlauf auf der Landstraße über 42,2 km, seit 1896 bei den Olymp. Spielen ausgetragen.

Mar'atti, Carlo, italien. Maler, * 1625, † 1713, Hauptmeister des röm. Spätbarocks.

Marbach am Neckar, Stadt in Bad.-Württ., 10 500 Ew., Geburtshaus Schillers, Schiller-National-Museum; Holz- und Lederindustrie, Kraftwerk.

M'arbod, König der Markomannen, † um 36 n. Chr., gründete nach 9 v. Chr. ein großes Germanenreich in Böhmen, das

G. Marcks: Spanischer Fischer, 1949
(Bronze, 58 cm hoch)

dem Arminius 17 n. Chr. erlag; M. flüchtete zu den Römern.

Marburg, 1) M. an der Lahn, Stadt in Hessen, 51 400 Ew.; Universität (1527), Staatsarchiv, Bibliotheken; Maschinen-, chem., opt., feinmechan., elektrotechn., Bekleidungs- u. a. Industrie. Schloß (13.-15. Jahrhundert), got. Elisabethkirche mit dem Grabmal der hl. Elisabeth (1235-83), Marien- (13.-15. Jahrh.), Universitäts- (14. Jahrhundert), Kugelkirche (1477-85), Rathaus (1512-82). 1529 fand hier das **M.er Religionsgespräch** zwischen Luther und Zwingli statt.

2) M. an der Drau, slowenisch **M'aribor,** Stadt in Jugoslawien, 110 000 Ew., war Mittelpunkt des Deutschtums in der Untersteiermark. M. kam 1919 von Österreich an Jugoslawien.

Marburger Bund, 1947 gegr. Vereinigung der angestellten Ärzte der Bundesrep. Dtl.

Marburger Schule, →Neukantianismus.

Marc, Franz, Maler, * 1880, † (gefallen) 1916; fand im Umgang mit Macke und Kandinsky, auch vom Kubismus Delaunays beeinflußt, seinen sich vom Erscheinungsbild entfernenden eigenen Stil, in dem er mit ausdrucksstarken Farben Tiere im Einklang mit der Natur darstellte. M.s letzte Bilder gingen in abstrakte Gestaltungen über. M. gehörte dem →Blauen Reiter an.

marc'ato [ital.], Abk. **marc.** ♩ betont.

Marc Aurel, →Mark Aurel.

Marceau [marsˈo], **1)** Félicien, französ. Schriftsteller, * 1913; Theaterstücke (,Das Ei', 1957), Romane.

2) Marcel, französ. Pantomimenspieler, * 1923, erneuerte die Pantomime (Mimodramen ,Der Mantel', nach Gogol; ,Bip').

Marcel [marsˈεl], Gabriel, französ. Philosoph und Dramatiker, * 1889, christl. Existenzphilosoph.

March die, tschech. **M'orava,** der Hauptfluß Mährens, 358 km lang, entspringt im Glatzer Schneegebirge, mündet oberhalb Preßburg in die Donau.

Marche [mˈarke], dt. **Marken,** Landschaft und Region Mittelitaliens, 9692 km², 1,369 Mill. Ew., Hauptstadt Ancona.

Märchen, phantasievoll ausgeschmückte Erzählung, in der die Naturgesetze aufgehoben sind und das Wunder vorwaltet. Entscheidend für das deutsche M. wurde die Sammlung ,Kinder- und Hausmärchen' der Brüder Grimm. - Den Kunstmärchen (von E. T. A. Hoffmann, Brentano, Hauff, dem Dänen Andersen, dem Engländer O. Wilde u. a.) fehlt die naive Stoffbehandlung der Volksmärchen.

March'ese [italien.], →Marquis.

Marchfeld, große Ebene östlich von Wien, zwischen Donau und March, Erdölfelder und Erdgaslagerstätten, oft Schlachtfeld: bes. 26. 8. 1278 Sieg Rudolfs I. über Ottokar II. bei Dürnkrut.

marcia [mˈartʃa, ital.] die, Marsch. **m. f'unebre,** Trauermarsch.

M'arcion, gnostischer Kirchengründer, * um 85, † um 160, kam nach Rom; verwarf das A. T., lehrte eine reine Gnadenreligion und forderte ein streng asketisches Leben. Seine Anhänger sind die **Marcioniten.**

Marcks, 1) Erich, Historiker, * 1861, † 1938; ,Coligny' (1892), ,Bismarck' (1909), ,Der Aufstieg des Reiches' (1936) u. a.

2) Gerhard, Bildhauer, * 1889; Jünglings- und Mädchenfiguren in herber Vereinfachung, Totenmale (Köln, Hamburg, Mannheim u. a.), Tierbildwerke, Kleinplastiken, auch Holzschnitte.

Marc'oni, Guglielmo, italien. Funktechniker, * 1874, † 1937, entwickelte die drahtlose Telegraphie, sandte 1896 drahtlose Signale über drei Kilometer, 1901 über den Atlant. Ozean. 1909 Nobelpreis.

M'arco P'olo, →Polo.

Marc'use, 1) Herbert, Philosoph, * 1898, übt scharfe Kritik an den gesellschaftl. Zuständen und wurde, daher wurde er in der zweiten Hälfte der sechziger Jahre zum geistigen Führer der student. Linken.

2) Ludwig, Pseudonym Heinz **Rabe,** Publizist, * 1894, † 1971, schrieb über G. Büchner, A. Strindberg, H. Heine, L. Börne, S. Freud; ferner ,Nachruf auf L. M.' (1969) u. a.

Mar del Plata, Hafenstadt und Seebad in Argentinien, 280 000 Ew.

Marder, Mustel'inae, Raubtierfamilie, zu der neben den Raub-M. die Dachse, die Honigdachse, die Skunke und die Ottern gehören. Die **Raub-M.** sind schlanke, kurzbeinige Tiere, z. T. mit wertvollem Pelz. Der **Edel-** oder **Baum-M.** hat einen gelblichen Kehlfleck im braunen Fell, der **Stein-** oder **Haus-M.** einen am Hinterrand gegabelten Kehlfleck. Der **Zobel** lebt heute nur noch in Nordasien und Japan. Das im N Europas heimische braune **Hermelin** wechselt die Haarfarbe im Herbst nach Weiß; Edelpelztier. Der **Nerz (Sumpfotter)** ist fischotterähnlich; wertvoller Pelz. Zu den Stink-M. zählt der **Iltis (Ratz)** mit meist schwarzbraunem Pelz. Das **Frettchen,** eine gezähmte weiße Form des Iltis, dient bes. zur Kaninchenjagd. Das in Europa und Asien verbreitete **kleine Wiesel (Mauswiesel, Hermännchen)** wird 20 cm lang, ist rötlichbraun. Der plumpe braune **Vielfraß** Nordasiens und Nordamerikas ist (mit Schwanz) 1 m lang.

Marderbär, die Schleichkatze **Binturong,** →Bärenmarder.

Mard'in, die Hauptstadt der Prov. M., in der südöstl. Türkei, 31 000 Ew.

Mard'uk, hebräisch **Merodach,** Stadtund Reichsgott von Babylon. Sein Heiligtum war der Babylonische Turm.

M'are [lat.] das, Meer.

Marées [-rˈeː], Hans von, Maler, * 1837, † 1887, malte Bildnisse, Landschaften mit Reitern, auch mit mytholog. Gestalten; sein Hauptwerk sind die Fresken der Zoolog. Station in Neapel (1873), die Menschen im Einklang mit der südl. Natur darstellen (Fischer, Ruderer u. a.).

Herbert Marcuse   Mark Twain

  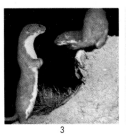 

1   2   3   4

Marder: **1** *Nerz,* **2** *Marder,* **3** *Kleine Wiesel,* **4** *Hermelin*

Marek, Kurt W., →Ceram.

Mar'emmen *Mz.,* in Kulturland umgewandelte, ehemals malariaverseuchte Sumpfniederung an der W-Küste Italiens.

Mar'engo [ital.], melieres Streichgarngewebe für Herrenanzüge, Mäntel.

Margar'eta, legendäre Märtyrerin unter Diokletian, eine der 14 Nothelfer, Heilige; Tag: 17. 7. (Ostkirche).

Margar'ete, Fürstinnen:
Dänemark. **1) M.,** Königin (1387-1412), Tochter Waldemars IV. Atterdag, * 1353, † 1412, ⚭ mit Håkon VI. von Norwegen und Schweden, 1387 in Dänemark und Norwegen zur Herrscherin gewählt, 1389 auch in Schweden anerkannt, brachte 1397 die →Kalmarer Union zustande.
Frankreich. **2) M. von Valois,** Tochter Heinrichs II. und Katharinas von Medici, * 1553, † 1615, heiratete 1572 den späteren Heinrich IV.; ihre Hochzeit war der Auftakt zur →Bartholomäusnacht.

H. v. Marées: Pferdeführer und Nymphe, 1881/83 (München, Bayer. Staatsgemäldesammlungen)

Großbritannien. **3) Margaret Rose** [mˈɑː-ɡərit rouz], Prinzessin, * 1930, Schwester der Königin Elisabeth II., ⚭ (1960) mit Anthony Armstrong-Jones (Earl of Snowdon).
Navarra. **4) M. von Angoulême** oder **von Navarra,** Schwester Franz' I. von Frankreich, * 1492, † 1549, vermählt mit König Heinrich von Navarra; stand den Reformierten nahe; schrieb Erzählungen (,Heptameron', 1559) in der Art des Boccaccio.
Niederlande. **5) M. von Österreich,** Generalstatthalterin (1507-30), Tochter Kaiser Maximilians I., * 1480, † 1530, vermittelte 1529 mit Luise von Savoyen den ,Damenfrieden' von Cambrai zwischen Karl V. und Franz I.
6) M. von Parma, Generalstatthalterin (1559 bis 1567), Tochter Kaiser Karls V., * 1522, † 1586, in zweiter Ehe mit Ottavio Farnese, Herzog von Parma und Piacenza, vermählt. Unter ihrer Regierung begann der Aufstand gegen die span. Herrschaft.
Tirol. **7) M. Maultasch,** Gräfin, Erbtochter

Herzog Heinrichs von Kärnten, * 1318, † 1369, erbte 1335 Tirol, das sie nach dem Tod ihres einzigen Sohnes Meinhard 1363 den Habsburgern überließ. Ihr Beiname wohl vom Schloß Maultasch bei Terlan.

Margar'etenblume, franzöz. **Marguerite,** Chrysanthemum, Gänseblümchen.

Margarethe, dän. Königin (seit 1972), * 1940, ⚭ (1967) mit Henri Graf de Monpezat (Henrik Prinz von Dänemark).

Margarine, alle der Butter ähnlichen Zubereitungen, deren Fett nicht ausschließlich der Milch entstammt. Als Fettrohstoffe dienen Kokos- und Palmkernfett, gehärtete und nichtgehärtete Pflanzenöle, Rinderfeintalg, Fisch- und Walöl. 1970 erzeugten in 1000 t) die Verein. Staaten 1014, Sowjetunion 652 (1968), Bundesrep. Dtl. 542, Großbritannien 315, Niederlande 246 (1969).

Margarine-Union GmbH., Hamburg, Unternehmen der Nahrungsmittelindustrie im Unilever-Konzern; Kap.: 400 Mill. DM (1969).

Margate [mˈɑːgɪt], Stadt und Seebad in SO-England, 48 800 Ew.

Marge [marʒ, frz.] *die,* **1)** Spanne zwischen Selbstkosten und Verkaufspreis. **2)** Bareinschuß bei Termingeschäften.

Margel'an, Margil'an, Stadt in der Usbek. SSR, 95 000 Ew., Seidenspinnereien und -webereien.

margin'al [lat.], auf dem Rand stehend.
Marginalie *die,* Randbemerkung (in Handschriften, Akten, Büchern).
Marginalwert, der Grenzwert.

Marguerite, die →Margaretenblume.

Mari, eigener Name der →Tscheremissen.

Mari, Autonome Sozialistische Sowjetrepublik der M., Teilrepublik der Russ. SFSR, an der mittleren Wolga, 23 000 km², 685 000 Ew. Hauptstadt: Joschkar-Ola. Forstwirtschaft, Industrie.

Maria, die Mutter Jesu (Matth. 1 und 2; Luk. 1 und 2), auch: **Unsere Liebe Frau** (U. L. F.), **Mutter Gottes, Allerseligste Jungfrau,** franzöz. **Notre-Dame,** italien. **Madonna.** Nach der **kath. Mariologie** empfing und gebar M. Jesus durch das wunderbare Wirken des Hl. Geistes als Jungfrau und lebte auch der Geburt in jungfräulicher Ehe mit Joseph zusammen. Sie wurde durch die Verdienste des Erlösers von der Erbsünde bewahrt (Unbefleckte Empfängnis). Das kath. Dogma vom 1. 11. 1950 lehrt, daß M. nicht nur der Seele, sondern auch dem Leibe nach durch göttl. Kraft in den Himmel aufgenommen worden ist (Assumptio, Mariä Himmelfahrt). Die ihr gebührende Verehrung gilt nicht als Anbetung, die Gott allein beanspruchen kann, wohl aber als eine besondere Verehrung (Hyperdulie), die die der anderen Heiligen überragt. Die Lehren von M. als ,Miterlöserin' und ,Mittlerin aller Gnaden' wurden vom 2. Vatikan. Konzil nicht erneuert. - Die Mariologie der **Ostkirche** stimmt im wesentl. mit der Latein. Kirche überein. - Die **evang. Theologie** erkennt die besondere Stellung M.s als der Mutter Jesu an, verwirft aber die kath. Ausgestaltung der bibl. Aussagen, vor allem die Lehre von der Gnadenvermittlung und der leibl. Himmelfahrt sowie ihre Anrufung um Fürbitte. - Darstellung in der Kunst: →Marienbild.

Maria, Marie, Fürstinnen:
England. Königinnen. **1) M. I. Tudor, die Katholische** oder **die Blutige** (1553-58), Tochter Heinrichs VIII. und Katharinas von Aragonien, * 1516, † 1558, 1554 mit Philipp II. von Spanien vermählt (kinderlos), suchte England zum Katholizismus zurückzuführen.
2) M. II. Stuart (1689-94), älteste Tochter Jakobs II., * 1662, † 1694, Protestantin, seit 1677 ⚭ mit Wilhelm III. von Oranien.
Frankreich. **3) M. von Medici,** Königin, Tochter Franz' I. von Toskana, * 1573, † 1642, 1600 mit Heinrich IV. vermählt, führte 1610-17 die Regierung für ihren unmündigen Sohn Ludwig XIII. Von Richelieu ausgeschaltet, floh sie 1631 ins Ausland.
4) M. (Marie) Antoinette, Königin, Tochter von 6), * 1755, † (enthauptet) 1793, 1770 mit Ludwig XVI. vermählt; wurde allmählich unbeliebt (Halsbandgeschichte). Gefängnis und Schafott ertrug sie mit Haltung.
5) M. (Marie) Louise, Kaiserin, Tochter Kaiser Franz' II., Nichte von 4), * 1791, † 1847, 1810 mit Napoleon I. vermählt; nach seinem Sturz Herzogin von Parma und Piacenza.
Österreich. **6) M. Theresia,** Königin von Ungarn und Böhmen, Erzherzogin von Österreich (1740-80), Erbtochter Kaiser Karls VI., seit 1736 Gattin des Herzogs Franz Stephan von Lothringen (seit 1745 röm.-dt. Kaiser, →Franz I.; daher ,Kaiserin M. Theresia'), * 1717, † 1780. Sie übernahm auf Grund der Pragmatischen Sanktion die Regierung. Im Österreich. Erbfolgekrieg (1740-48) behauptete sie sich, verlor aber im 1. und 2. Schles. Krieg (1740-42, 1744/45) Schlesien an Friedrich d. Gr. Auch im Siebenjährigen Krieg (1756-63), den sie im Bund mit Rußland, Frankreich, Sachsen, Schweden führte, konnte sie Schlesien nicht wiedergewinnen. Nach dem Tode Franz' I. (1765) nahm sie ihren Sohn, Kaiser Joseph II., als Mitregenten an. Sie führte eine bedeutende Innenpolitik.
Schottland. **7) M. Stuart,** Königin (1542 bis 1568), Tochter Jakobs V. und der M. von Guise, * 1542, † 1587, in Frankreich erzogen und 1558 mit dem französ. König Franz II. vermählt, 1559/60 Königin von Frankreich. Nach dem Tod Franz' II. nach England zurückgekehrt, stand sie zu Elisabeth von England in Gegensatz, zumal sie den Katholiken als rechtmäßige Erbin des engl. Thrones galt. 1565 heiratete sie Lord Darnley, der 1567 durch den M. befreundeten

Maria Stuart   *Maria Theresia*

Lord Bothwell ermordet wurde; ihre eigene Mitwisserschaft ist umstritten. Als sie darauf Bothwell heiratete, wurde sie von den Lords gestürzt und floh 1568 nach England, wo Elisabeth sie gefangennahm. Wegen ihrer Teilnahme an einer kath. Verschwörung wurde sie hingerichtet. - Trauerspiele: Lope de Vega (1627), Vondel (1646), Schiller (1800).

Spanien. **8) M. Christina,** Königin, Tochter Franz' I. von Neapel-Sizilien, * 1806, † 1878, 1829 vierte Gemahlin Ferdinands VII.; setzte die Erbfolge ihrer Tochter Isabella an Stelle des jüngeren Bruders Ferdinands VII., Carlos, durch, führte 1833 bis 1840 die Regentschaft für sie; mußte nach langem Bürgerkrieg gegen Carlos abdanken.

Mariage [mari'a:ʒ, frz. ‚Heirat'] die, in manchen Kartenspielen die Folge: König-Dame (Ober).

Maria Laach, Benediktinerabtei am Laacher See, gegr. 1093, mit sechstürmiger roman. Kirche (1156 geweiht, um 1220 vollendet), 1802 säkularisiert, 1892 durch Beuroner Benediktiner neu besiedelt.

Maria Magdalena, eine der Frauen in der Umgebung Jesu (Luk. 8, 2; Mark. 16, 9); nach kath. Überlieferung die ‚Sünderin' (Luk. 7, 37), daher die **büßende Magdalena** der christl. Legende.

Mari'amne, die Gemahlin Herodes d. Gr., der sie unter der falschen Anklage des Ehebruchs 29 v. Chr. hinrichten ließ. Tragödie ‚Herodes und M.' von Hebbel (1850).

Mari'anen, auch **Ladronen,** vulkan. Inselgruppe Mikronesiens, 1183 km². Die größeren Inseln sind Rota, Saipan, Guam. Die M. gehörten seit 1565 Spanien, das 1898 Guam an die USA, den Rest 1899 an das Dt. Reich verkaufte (→Schutzgebiete); 1920 japan. Mandatsgebiet, 1947 als Treuhandgebiet an die USA.

Mari'anengraben, Tiefseegraben am O-Rand der Marianen (11 022 m tief).

Mari'anische Kongregationen, kath. Laienbewegung, gegr. 1563, die sich dem Apostolat widmet; seit 1967 **Gemeinschaften des christl. Lebens.**

Maria-Theresien-Taler, Levantetaler, österreich. Silbertaler (18. Jahrh.) mit dem Bild Maria Theresias; im Vorderen Orient, in Arabien, Ostafrika noch verbreitet.

Maria-Theresi'opel, →Subotica.

Mariazell, Stadt an der Mur, Steiermark, Österreich, 2200 Ew.; Wallfahrtsort (Kirche 1363 gegr.), Kurort, Wintersportplatz.

M'aribor, slowenisch für →Marburg 2).

Marie de France [-dəfr'ɑ̃s], erste französ. Dichterin, lebte in England, verfaßte nach 1150 Versnovellen nach breton. Sagen.

Marienbad, tschechisch **M'ariánské Lázně,** Stadt in Westböhmen, Tschechoslowakei, 12 900 Ew.; Mineralquellen (gegen Magen-, Darm-, Leber-, Galle-, Hämorrhoidalleiden und Fettsucht).

Marienberg, Stadt im Bez. Karl-Marx-Stadt, im mittleren Erzgebirge, 8800 Ew.; alte Bergstadt mit verschiedener Industrie.

Marienbild, die neben dem Christusbild häufigste Darstellung der christl. Kunst, schon in der altchristlichen, dann bes. in der byzantin. Kunst, deren verschiedene Typen vom Abendland übernommen wurden. Seit der Gotik wurde meist das innige Verhältnis zwischen Mutter und Kind dargestellt, doch auch Maria als feierlich Thronende und als himmlische Erscheinung (Raffaels Sixtin. Madonna).

Marienborn, Gem. im Bez. Magdeburg; Kontrollstelle im Interzonenverkehr.

Marienburg in Westpreußen, poln. **Malbork,** Stadt in Ostpreußen, an der Nogat, am S-Rand des **Marienburger Werders,** 29 500 (1939: 27 300) Ew.; Genußmittel-, landwirtschaftl. Industrie, Veredlungs-, chem. Industrie, Landhandel; seit 1945 unter poln. Verwaltung. - Die seit etwa 1274 erbaute Burg war 1309-1459 Sitz des Hochmeisters des Deutschen Ordens, kam 1466 an Polen; 1772 preußisch, im 19. Jahrh. wurde die verfallene Burg wiederhergestellt, im 2. Weltkrieg schwer zerstört, z. T. wiederaufgebaut. Der erste Bau in rotem Backstein errichteten Anlage war das Hochschloß (um 1280 vollendet). Im 14. Jahrh. wurde das Mittelschloß mit dem Großen Remter (Festsaal) erbaut.

Marienfaden, →Altweibersommer.

Marienfeste, in der Latein. und Ostkirche die Feste der Mutter Jesu. Nach dem Römischen Kalender (1969): Gottesgebärerin (1. 1.), Heimsuchung (31. 5.), Himmelfahrt (15. 8.), Königin (22. 8.), Geburt (8. 9.), Schmerzhafte Jungfrau (15. 9.), Rosenkranz (7. 10.), Darstellung im Tempel (21. 11.), Unbefleckte Empfängnis (8. 12.).

Mariengras, ein grün-weiß-rotfarbiges Glanzgras; Zierpflanze.

Marienkäfer, Coccinell'idae, Käferfamilie mit bunten Larven; ernähren sich von Blattläusen **(Blattlauskäfer).** Der auf den roten Deckflügeln siebenfach schwarzgefleckte, 0,4 cm lange **Siebenpunkt** gilt als Glücksbringer. (Tafel Käfer)

Marienkanalsystem, bis 1964 Name des →Wolga-Ostsee-Kanals.

Marienleben, Bildfolge aus dem Leben Mariä (z. B. Holzschnitte von Dürer).

Marienmantel, volkstümlich für die Pflanzenart →Frauenmantel.

Marienwerder, poln. **Kwidzyn,** Stadt in Ostpreußen, 23 500 (1939: 20 500) Ew., war bis 1939 die Hauptstadt des RegBez. Westpreußen, hierauf bis 1945 des RegBez. M. im Reichsgau Danzig-Westpreußen; Industrie (landwirtschaftl. Erzeugnisse, Textilien) und landwirtschaftl. Handel. Burg (1233 vom Dt. Orden errichtet), Dom (14. Jahrh.). Seit 1945 steht M. unter poln. Verwaltung.

Marignane [mariɲ'an], Gem. im französ. Dép. Bouches-du-Rhône, 20 200 Ew., Flughafen für Marseille.

Marignano [mariɲ'a:no], italien. Stadt →Melegnano.

Marihu'ana [mexikan.] das, →Haschisch.

Mar'ille die, bayer.-österr. für Aprikose.

Mar'imba die, schwarzafrikan. Bezeichnung des Xylophons.

Marin'ade [frz.] die, **1)** Soße (Beize) aus Essig (Wein, Zitronensaft), Öl, Gewürzen. **2)** eingelegte Lebensmittel, bes. Fisch.

Mar'ine [lat.] die, die Gesamtheit der Seeschiffe und Besatzungen.

M. Marini: Miracolo, 1953
(Mannheim, Kunsthalle)

Marinemalerei, →Seestück.

Mariner [m'ærinə], Raumsonderserie der USA zur Erforschung von Venus und Mars.

Marineschulen dienen in der Bundesmarine der militär., seemänn. und techn. Ausbildung.

Marin'etti, Emilio Filippo Tommaso, italien. Schriftsteller, * 1876, † 1944, Gründer und Haupt des →Futurismus.

Mar'ini, Marino, italien. Bildhauer, * 1901, gestaltet spannungsgeladene Bildwerke, meist Pferd und Reiter.

marin'ieren, (Heringe) in →Marinade einlegen.

Mar'ino, auch **Marini,** Giambattista, italien. Dichter, * 1569, † 1625; Epos ‚Adone', Sonette, Idyllen. Der überladene Stil **(Marinismus)** entsprach dem Geist des Barock.

Marion'ette [frz., eigentl. ‚Mariechen'] die, eine Gliederpuppe des Puppenspielers, an Fäden oder Drähten meist von oben geführt. Übertragen: unselbständiger, von anderen gelenkter Mensch.

Mariotte [mari'ɔt], Edme, französ. Physiker, * um 1620, † 1684; zweifelhaft ist seine selbständige Entwicklung des →Boyle-Mariotteschen Gesetzes; er entdeckte den blinden Fleck im Auge.

M'aris, niederländ. Landschaftsmaler, drei Brüder: Jacob, * 1837, † 1899, Matthijs, * 1839, † 1917, Willem, * 1844, † 1910.

Marisol, Künstlername von M. **Escobar,** venezolan. Bildhauerin, * 1930, vergegenwärtigt zeitgenöss. Idole mit vereinfachten Mitteln.

Mar'isten, kath. Kongregation für Volks- und Heidenmission, gegr. 1824; Sitz: Rom.

Maritain [marit'ɛ̃], Jacques, Philosoph, * 1882, 1945-48 französ. Botschafter beim Hl. Stuhl, dann Prof. in Princeton (USA), bedeutendster Vertreter des Neuthomismus.

marit'im [lat.], Meer und Schiffahrt betreffend.

M'aritza, der Hauptfluß Süd-Bulgariens, 514 km lang, vom Rila-Gebirge zum Ägäischen Meer, bildet im Unterlauf die Grenze zwischen Griechenland und der Türkei.

Mari'upol, die Stadt →Schdanow.

M'arius, Gajus, röm. Feldherr, * 156, † 86 v. Chr., Bauernsohn, war 107-86 siebenmal Konsul, siegte 107/106 Jugurtha, 102 die Teutonen, 101 die Kimbern. Im Bürgerkrieg unterlag er Sulla, der ihn ächtete. 87 nahm er blutige Rache. Lebensbeschreibung von Plutarch.

Die Marienburg (1959)

Marivaux [marivo], Pierre Carlet **de Chamblain de**, französ. Schriftsteller, * 1688, † 1763; Lustspiele, Romane.

Mark *die*, 1) **Markung**, Grenze. 2) **Gemarkung**, ein von Grenzen umschlossenes Gebiet (Bezirk), →Markgenossenschaft. 3) **Grenzland** des Fränk. und Deutschen Reichs im MA., unter einem →Markgrafen. 4) Rugby: an die Längsseite des eigentl. Spielfeldes angrenzender Teil.

Mark [mit einer Eichmarke versehenes Metall] *die*, 1) ursprünglich Gewicht, vom 12. Jahrh. bis 1857 dt. Münzgewichtseinheit (**kölnische M.** = 233,855 g). 2) abgekürzt **M**, 1871-1923 die Währungseinheit des Dt. Reichs; 1923 **Renten-M.**, 1924 **Reichs-M.** (RM), seit 1948 **Deutsche M. (DM).** 1 M. = 100 Pfennige. In der Dt. Dem. Rep. hieß die Währung nach 1948 zunächst **DM (Ost)**, 1964-67 **M. der Dt. Notenbank (MDN)**, seit 1968 **M. der Dt. Dem. Rep. (M).**

Mark *das*, 1) ♋ ♦ eine weiche Masse in Kanälen und Höhlen (**Knochenmark**, **Rükkenmark**); auch das innere Gewebe mancher Organe (z. B. **Markschicht** der Nebennieren). Über **Verlängertes M.** →Gehirn. 2) ♁ das innerste Gewebe von Sproß und Wurzel. 3) übertragen: Kraft, Sitz der Kraft.

Mark *der*, Pflanzenname: Meerrettich, Sellerie und andere Gemüsepflanzen.

Mark, 1) ehemalige Grafschaft in Westfalen. Die Grafen von der M. erbten 1386 das Herzogtum Kleve, 1511 die Herzogtümer Jülich und Berg. Als sie 1609 ausstarben, kam M. im →Jülich-Klevischen Erbfolgestreit an Brandenburg. 2) Abk. für M. Brandenburg.

mark'ant [frz.], ausgeprägt, bezeichnend, scharf geschnitten.

Markas'it *der*, messinggelbes rhombisches Mineral, chemisch Eisensulfid, Rohstoff der Schwefelsäuregewinnung.

Mark Aur'el, lat. **M'arcus Aur'elius Anton'inus**, röm. Kaiser (161-180), * 121, † 180, kämpfte 162-166 gegen die Parther, seit 166 gegen die Germanen, bes. die Markomannen; schrieb ,Selbstbetrachtungen'.

Mark-Aurel-Säule, dem Marcus Mark Aurel nach dem Vorbild der Trajanssäule zwischen 180 und 193 in Rom errichtet (Piazza Colonna). Das um das Säule laufende Reliefband schildert Kriegstaten des Kaisers. Höhe: jetzt 42 m; auf der Säule seit 1589 Bronzestandbild des Apostels Paulus.

Mark der Deutschen Demokratischen Republik (M), seit 1. 1. 1968 Währungseinheit der Dt. Dem. Rep. (→Mark 2).

Marke, 1) Zeichen, Erkennungsmittel. 2)**Freimarke**, Postwertzeichen. 3)**Anrechtsschein oder -münze, z. B. Biermarke. 4) Herkunftszeichen oder -angabe an einer Ware oder ihrer Verpackung, als Warenzeichen vielfach gesetzlich geschützt.

Marke, in der Tristansage ein König von Cornwall, Typus des alten Mannes, den seine junge Frau betrügt.

Marken, italien. Landschaft, →Marche.

Markenartikel, Ware, die mit einer ihre

*Marionetten von H. Siegel
(Pharao, Wesir, Löwe)*

Herkunft bezeichnenden Marke versehen ist und im Einzelhandel zu vom Hersteller festgesetzten Preisen verkauft wird (→Preisbindung der zweiten Hand).

Markenschutz, →Warenzeichen.

Markenverband e. V., berät in rechtl., wirtschaftl. und techn. Fragen bei Herstellung und Vertrieb von Markenartikeln; seit 1948 in Wiesbaden.

Market'ender(in), Händler(in) mit Lebensmitteln und Kleinbedarf für die Truppen im Felde.

Marketer'ie, französ. für →Intarsia; im engeren Sinn eine Intarsia aus aufgeleimten Furnierplättchen.

M'arketing [engl.] *das*, eine marktgerichtete und marktgerechte Unternehmenspolitik.

Mark'evitch, Igor, Komponist und Dirigent, * 1912; ,Paradis perdu' (1935).

Markfruchtbaum, ein südostasiat. Sumachgewächs; die auf fleischigem, herzförmigem Stiel sitzende Frucht (**Acajou-, Marknuß**) hat in der Schale tintenartigen Saft.

Markgenossenschaft, histor. Kunstbegriff, der nicht belegt ist. Histor. gab es kein echtes Gemeineigentum der Bauern, aber eine Abgrenzung von Nutzungsbereichen. Bei einer eindeutigen Zuordnung des Wohn- und Nutzungsbereiches zu einer Dorfgemeinde spricht man von **Allmende**.

Markgraf, im Fränk. und Deutschen Reich des MA. der Verwalter einer Mark (**Markgrafschaft**), des Grenzschutzes wegen mit bes. Machtbefugnissen ausgestattet; später dt. Fürstentitel (→Marquis).

Markgräfler Land, geschichtl. Landschaft zwischen dem Rheinknie bei Basel und dem Breisgau; Weinbau.

mark'ieren, kennzeichnen, bemarken, bes. Wege hervorheben, andeuten.

Märkische Schweiz, bewaldete Hügellandschaft im Barnim, Brandenburg.

Mark'ise [frz.], Sonnenschutzdach aus Leinen, Baumwolle, Chemiefaser.

Markka, die Währungseinheit in Finnland, 1 M. = 100 Penniä.

Markkleeberg, Stadt im Bez. (und Wohnvorort von) Leipzig, in der Pleiße-Aue, 22 200 Ew.; Braunkohlenbergbau, jährl. Garten- und Landwirtschaftsausstellung.

Marknuß, →Markfruchtbaum.

Marko, M. Kraljevič, der beliebteste Held der serbokroat. und bulgar. Volksdichtung. Der geschichtl. M. († 1394) war Sohn des Königs Vukašin in Makedonien.

Markom'annen, german. Volksstamm, wanderte 9 v. Chr. vom Main nach Böhmen, gründete unter König Marbod einen mächtigen Stammesbund, führte 166-180 Krieg gegen Kaiser Mark Aurel. Aus dem M. gingen offenbar später die Baiern hervor.

Mark'ör [frz.] *der*, Billard: Punktzähler.

Markscheide, Grenze, bes. die Grenzlinie eines verliehenen Grubenfeldes. **Markscheidekunde**, die Lehre von den Vermessungen, Berechnungen und Darstellungen im Schacht für bergmänn. Zwecke.

Markstammkohl, sehr blattreiche Futterpflanze aus England.

Markt [aus lat. mercatus], 1) **M., Marktplatz**, als topograph. Begriff seit der Antike der Ort einer Siedlung, an dem sich das öffentl. Leben abspielte, bes. der für den Tausch oder Verkauf von Waren vorgesehene Platz. Die Marktplätze liegen meist in der Mitte der Stadt; an ihnen standen oft die wichtigsten städt. Verwaltungs- und Wirtschaftsgebäude. Größere Städte verfügten für die verschiedenen Erzeugnisse über mehrere Marktplätze. Sie dienten den Wochen-, aber auch den Jahrmärkten. 2) **M., Marktflecken**, größere Siedlungen, die sich von Dörfern durch besondere Leistungen als M. mit Marktgerichtsbarkeit unterscheiden, ohne jedoch weitere Merkmale einer Stadt zu besitzen. 3) Wirtschaft: jedes Zusammentreffen von Angebot und Nachfrage, bei dem Käufe und Verkäufe abgeschlossen werden. In der freien Wirtschaft

vollzieht sich beim Ausgleich von Angebot und Nachfrage die Preisbildung. Wirtschaftstheoretisch unterscheidet man: 1) vollkommene und unvollkommene M.; 2) offene und geschlossene M., je nachdem, ob der Zugang zum freisteht oder ob Zwangsbeschränkungen bestehen; 3) organisierte und nichtorganisierte M., je nachdem, ob das Zusammentreffen von Anbietern und Nachfragern bestimmten Regeln unterliegt (Börse, Auktionen) oder nicht. Bei staatl. Preisfestsetzungen können sich in Notzeiten **graue** (geduldete) und **schwarze** (verbotene) M. zu überhöhten Preisen bilden.

Marktanalyse, →Marktforschung.

Marktflecken, →Flecken.

Marktforschung, die Erforschung der Beschaffungs- und Absatzmöglichkeiten eines Unternehmens oder Wirtschaftszweiges und der einwirkenden Markteinflüsse; als **Marktanalyse** zu einem bestimmten Zeitpunkt, als **Marktbeobachtung** fortlaufend, um die Entwicklung feststellen zu können.

Marktfrieden, nach mittelalterlichem Recht der für Zeit und Ort eines Marktes zugesicherte königl. Schutz.

Marktoberdorf, Stadt im bayer. Schwaben, Luftkurort am Rande der Allgäuer Alpen, 10 300 Ew.; Bauten des 18. Jahrh. Industrie: u. a. Schlepperfabrik, Textilien, Gablonzer Schmuck.

Marktordnung, die Beeinflussung des Wettbewerbs am Markt durch wirtschaftspolit. Maßnahmen des Staates sowie durch Zusammenschlüsse von Erzeugern und Verbrauchern. In den Ländern der EWG wurden Agrarmarktordnungen eingeführt, die die Märkte für landwirtschaftl. Erzeugnisse regeln sollen.

Marktpreis, ✍ der nach den vorliegenden Marktverhältnissen ausgehandelte und vereinbarte Preis einer Ware (**Tagespreis**).

Marktrecht, im MA. die Befugnis, einen neuen Markt anzulegen; sie war ein Vorrecht des Königs (**Marktregal**); auch das am Markt geltende Recht.

Marktredwitz, Stadt in Bayern, im Fichtelgebirge, 15 600 Ew.; Porzellan-, Schamotte-, chem., Elektromotoren-, Maschinen-, Textil- u. a. Industrie. Rathaus, Bartholomäuskirche(14.Jahrh.),Theresienkirche (18. Jahrh.).

Mark Twain [-twein], Pseudonym für Samuel Langhorne **Clemens**, nordamerikan. Schriftsteller, * 1835, † 1910; schrieb groteske, trockenwitzige Skizzen; ,Lausbubengeschichte ,Die Abenteuer des Tom Sawyer' (1876) mit der Fortsetzung ,Die Abenteuer von Huckleberry Finn' (1884). (Bild S. 782)

Marktwirtschaft, eine Wirtschaftsordnung, in der im Gegensatz zur zentralgeleiteten Wirtschaft Gütererzeugung und -verbrauch durch den bei freier Konkurrenz gebildeten Preis bestimmt werden. **Freie M.** im Sinne unbeschränkten Wettbewerbs ist die Forderung des klass. Liberalismus, der alle staatl. Eingriffe in das Wirtschaftsleben ablehnt. In der **sozialen M.** der Bundesrep. Dtl. wurde die freie M. dahingehend abgewandelt, daß der Staat für die Ordnung der Wettbewerbsbedingungen sorgt und einzelne Bereiche (z. T. die Agrar- und die Wohnungswirtschaft sowie die Sozialpolitik u. a.) aus der M. herausnahm.

Markus, Evangelist aus Jerusalem, Begleiter des Paulus und Barnabas, gilt als Verf. des **Markusevangeliums**, des ältesten erhaltenen Evangeliums (vor dem Jahre 70 entstanden); es erzählt bes. das Leben Jesu. Nach der Legende starb M. in Alexandria als Märtyrer. Seine Leiche soll im MA. gewaltsam nach Venedig gebracht worden sein, dessen Schutzheiliger M. ist; Tag: 25. 4.

Marl, Stadt in Nordrh.-Westf., 75 800 Ew.; chem. Ind., Steinkohlenbergbau.

Marlborough [m'ɔːlbərə], John **Churchill**, Herzog von (1702), * 1650, † 1722, engl.

Marlborough   *Karl Marx*

Oberbefehlshaber im Span. Erbfolgekrieg, siegte mit Eugen von Savoyen bei Höchstädt, Oudenaarde, Malplaquet; 1711 von den Tories gestürzt.

marlen, Segel an den Mast reihen. **Marleine,** dünnes Seil zum Segelfestmachen.

M'arlitt, E., Deckname der Erzählerin Eugenie **John,** * 1825, † 1887; schrieb vielgelesene Unterhaltungsromane.

Marlowe [m'a:lou], Christopher, größter engl. Bühnendichter vor Shakespeare, * 1564, † 1593; Tragödien in pathetischen Blankversen ,Tamerlan, der Große' (1587/88), ,Doktor Faust' (1588-92).

M'armarameer, Binnenmeer zwischen Bosporus und Dardanellen, trennt die europäische von der asiatischen Türkei.

Marm'arika, aus der Antike übernommener Name für den Küstensaum der libyschägypt. Grenzzone, N-Afrika.

Marmelade, Fruchtmus, aus frischen, tiefgefrorenen, auch getrockneten Früchten eingekocht. M. mit nur wenig zerkleinerten Früchten heißt **Konfitüre.**

Marmion [-mj'ɔ̃], Simon, französ. Maler, † 1489; schuf Buchmalereien und Tafelbilder von äußerster Feinheit in der Durchführung von Einzelheiten.

Marmol'ada der höchste Gebirgsstock in den Dolomiten, 3342 m hoch.

Marmont [marm'ɔ̃], Auguste **Viesse** de, Herzog von **Ragusa** (1809), französ. Marschall, * 1774, † 1852, 1796 Adjutant, dann einer der fähigsten Generale Napoleons.

Marmontel [marmɔ̃t'ɛl], Jean-François, französ. Schriftsteller, * 1723, † 1799; Tragödien, Erzählungen, Romane.

Marmor, kristallinisch-körniger Kalkstein, seltener Dolomit, in reiner Form weiß, durch Beimengungen rot bis gelb, grau bis schwarz oder grün gefärbt. Bildhauer- und Dekorationsstein, auch Zuschlag beim Erzschmelzen u. a.

Marm'otte [frz.] die, das Murmeltier.

M'arne die, **1)** rechter Nebenfluß der Seine, 525 km lang, kommt vom Plateau von Langres und mündet bei Paris.
2) Département in N-Frankreich, 8205 km², 485 400 Ew. Hauptstadt: Châlons-sur-Marne.

Marner, schwäb. Spruchdichter, Fahrender, † um 1270 (erschlagen).

Marneschlacht 1914, →Weltkrieg I.

M'arnix, Philips van, Heer van **Sint Aldegonde,** niederländ. Schriftsteller, Staatsmann, Freiheitskämpfer, * 1540, † 1598; Psalmenübersetzung; Satire gegen die Kath. Kirche.

Marocain [-k'ɛ̃, frz.] das, der, Kleider- und Futterstoff in Leinwandbindung.

mar'ode [frz.], marschunfähig, müde, matt. **Marodeur** [-d'œ:r], plündernder Nachzügler, Räuber. **marodieren,** plündern.

Marokko, amtlich arabisch **Al-Mamlaka al-Maghrebia** [,Westreich'], konstitutionelle Monarchie in NW-Afrika, 445 500 km² mit 15,53 Mill. Ew. Hauptstadt: Rabat, Amtssprache Arabisch. Staatsreligion: Islam. ⊕ II/III, Bd. 1, nach S. 320. Staatsoberhaupt ist der König, nach der Verf. von 1970 mit besonderen Machtbefugnissen. ⎕ S. 1179. ⎕ Bd. 1, S. 392. Recht nach französ. und islam. Vorbild. Währung: 1 Dirham (DH) = 100 Francs.

Landesnatur. Der größte Teil des Landes wird von den Ketten des →Atlasgebirges eingenommen (Toubkal im Hohen Atlas 4165 m), an die sich nach SO die Sahara anschließt; im O leiten Hochflächen nach Algerien über, im NW fällt ein Tafelland stufenweise zur Küstenebene ab. Im W hat M. Anteil (850 km) an der Atlantik-, im N an der Mittelmeerküste (450 km). Mittelmeer. Klima bringt Winterregen (in Höhenlagen des Atlasgebirges Schnee), die den Wasserreichtum der Flüsse sichern. Südlich der Gebirge herrscht das Trockenklima der Sahara. (Bild Oase)

Marokko: links Wadi Sis, Südmarokko; rechts Portal einer Moschee in Meknes

Bevölkerung. Die rd. 40% Berber, die ihre Sprache und Sitte weitgehend bewahrt haben, leben bes. in den Gebirgen; in den dichtbesiedelten Küstengebieten leben arabisierte Berber und Araber. Rd. 30% der Ew. wohnen in Städten. Allgem. Schulpflicht (7 Jahre) besteht seit 1963, ist aber noch nicht überall durchgeführt. Eine staatl. und zwei islam. Universitäten.

Wirtschaft. Haupterwerbszweig ist die Landwirtschaft. Rd. 35% der Fläche werden landwirtschaftlich genutzt, davon etwa die Hälfte als Ackerland (Anbau von Getreide, Oliven, Citrus- u. a. Früchten, Datteln, Wein, Gemüse, neuerdings Baumwolle und Zuckerrüben). In den Gebirgen und auf den Hochflächen Viehzucht. Bedeutender Fischfang (Sardinen, Sardellen) für den Export. Bergbau: Abbau bes. von Phosphaten (3. Stelle der Welterzeugung), ferner Eisen, Mangan, Kobalt, Antimon, Blei, Zink, Nickel, Steinkohle, Erdöl und Erdgas. Die Industrie verarbeitet bes. Landeserzeugnisse (Konserven-, Zucker-, Margarineherstellung u. a.), daneben Textil-, metallverarbei-

tende, chem. Betriebe; altes heim. Kunsthandwerk. Wichtiger Wirtschaftsfaktor ist der Fremdenverkehr. Ausfuhr: Phosphate, Südfrüchte, Fischkonserven; Haupthandelspartner: Frankreich. - Dem Verkehr dienen rd. 1800 km Eisenbahnen, 44 300 km Straßen. Haupthäfen: Casablanca, Safi, Tanger (bes. Fährverkehr). Internat. Flughäfen: Casablanca, Rabat, Tanger.

Geschichte. Das antike **Mauretanien** kam um 40 n. Chr. unter röm., 429 unter wandal., 530 unter byzantin., um 700 unter arab. Herrschaft. 1496 besetzten die Spanier Melilla, 1580 Ceuta. Bis ins 19. Jahrh. gehörte M. zu den nordafrikan. Seeräuberstaaten (,Barbaresken'). Seit 1904 beanspruchte Frankreich die Vormachtstellung in M. Zum Schutz dt. Wirtschaftsinteressen in Süd-M. wandte sich das Dt. Reich gegen die französ. Ansprüche (erste ,M.-Krise', beigelegt auf der Algeciras-Konferenz von 1906). Die nach der Besetzung von Fès durch die Franzosen (1911) entstandene zweite ,M.-Krise' (→Agadir) wurde durch das Marokko-Kongo-Abkommen vom 4. 11. 1911 beendet; das Dt. Reich erkannte die französ. Vorherrschaft an. 1912 wurde M. bei Aufrechterhaltung seiner Einheit unter dem Sultan (Scherifi-

sches Reich) eingeteilt in: 1) das **Französ. Protektorat** (Hauptstadt Rabat); 2) das **Span. Protektorat** (Hauptstadt Tétouan); 3) das **Internationale Gebiet Tanger.** 1921-26 führte Abd el-Krim die Rifkabylen gegen Spanier und Franzosen. Unruhen und Aufstände verstärkten seit 1945 die Unabhängigkeitsbewegung, bis 1956 die Protektorate und das Tangerstatut aufgehoben wurden. M. war damit ein unabhängiger Staat. Bei Spanien verblieben die Städte Ceuta, Melilla und 3 kleine Inseln sowie das Gebiet von Ifni (1969 an M.). Seit 1957 ist M. Königreich. Es unterstützte die alger. Befreiungsbewegung. Im Oktober 1963 kam es zu einem Grenzkonflikt mit Algerien. 1969 gab es seinen Anspruch auf Mauretanien auf. 1969 schloß M. einen Assoziierungsvertrag mit der EWG.

M'aron, Karl, kommunist. Politiker, * 1903, Schlosser, emigrierte 1934 über Dänemark in die Sowjetunion, nach 1945 in der Sowjetzone in hohen Funktionen, 1955-63 Innenmin. der Dt. Dem. Rep.

Mar'one [ital.] die, die Frucht der Edelkastanie.

  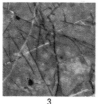 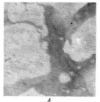 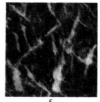

1   2   3   4   5

*Marmor: **1** Rouge belge (devonischer Kalkstein), Belgien. **2** Arabescato (Carraramarmor, Trias), bei Carrara. **3** Wallenfels (devonischer Kalkstein), Franken. **4** Verona rot (untere Jura-Formation, Lias Dogger), bei Verona. **5** Vert des Alpes (Sammelbegriff für grüne Alpenmarmore, Ophicalcit), italienische und französische Alpen.*

Maronenpilz, ein guter Speisepilz, gehört zu den →Röhrlingen.

Maron'iten, ein Zweig der mit Rom unierten Orientalischen Kirche, benannt nach dem Kloster des hl. Maro (✝ vor 423).

Marons, span. **Cimarrónes**, die in Westindien und Guayana im Busch lebenden westafrikan. Neger, deren Vorfahren entlaufene Sklaven waren.

Maroquin [-k'ɛ̃, frz.; von Marokko] der, dem Saffian ähnliches, pflanzlich gegerbtes Hammel- oder Ziegenleder.

Maros [m'ɔrɔʃ] die, dt. **Marosch, Mieresch**, rumän. **M'ureş** [-ɛʃ], Nebenfluß der Theiß, 749 km lang, Hauptfluß Siebenbürgens.

Marosvásárhely [m'ɔrɔʃva:ʃa:rhɛj], magyar. Name für →Neumarkt 3).

Marot [mar'o], Clément, franzōs. Dichter, * 1496, ✝ 1544; Psalmenübersetzung; Epigramme, Elegien, Episteln.

Mar'otte [frz.] die, Schrulle, Grille.

Mar'ozia, Römerin, * um 892, ✝ um 937, in dritter Ehe ∞ mit König Hugo von Italien, beherrschte wie ihre Mutter Theodora Rom und den Kirchenstaat und setzte mehrere Päpste ein; 932 von ihrem Sohn Alberich II. gestürzt.

Marquand [m'a:kwənd], John Phillips, amerikan. Schriftsteller, * 1893, ✝ 1960; Schilderer der gesellschaftl. Oberschicht (,Haus Wickford', 1939).

Marquesas-Inseln [-k'esas-], vulkan. Inselgruppe im östl. Polynesien, 1274 km², 4500 Ew.; Kopraausfuhr. Die M. wurden 1595 entdeckt und sind seit 1842 franzōs. Besitz (Französisch-Polynesien).

Marquet [-k'ɛ], Albert, franzōs. Maler, * 1875, ✝ 1947, gehörte zu den →Fauves, malte vor allem Seinequais und Häfen.

Marquis [-k'i, frz., aus ,Markgraf'], weiblich **Marquise**, Adelstitel im Rang zwischen Fürst und Graf; engl. **Marquess** [m'a:kwəs], weiblich **Marchioness** [m'a:ʃənis]; italien. **Marchese** [-k'eze], weibl. **March'esa**; span. **Marqués** [-k'ɛs], weibl. **Marqu'esa**.

Marquise [-k'i:z, frz.], **1)** ein Möbelstoff mit Seidenkette und Baumwollschuß in Jacquardmusterung. **2)** →Markise

Marquisette [-kiz'ɛt, frz.], feinfädiger Gardinenstoff aus Baumwolle, Chemieseide.

Marrak'esch, Stadt in S-Marokko, in einer Dattelpalmoase, 265 000 Ew.; Eisenbahn nach Casablanca, Flughafen. 1062 gegr., war M. bis Ende des 13. Jahrh. die Hauptstadt der Almoraviden und Almohaden (Mauern der Araberstadt, Kasba, Kutubija-Moschee, 1184-98).

Marr'anen, Maranen, hebräisch **Anussim**, Juden, die sich unter dem Zwang der Inquisition vor der Vertreibung von der Iber. Halbinsel (1492) hatten taufen lassen.

Marryat [m'æriət], Frederick, engl. Erzähler, * 1792, ✝ 1848; Seeromane (,Sigismund Rüstig', 1841).

Mars, 1) der röm. Kriegsgott, dem griech. Ares gleich. **2)** ♂ der vierte Planet des Sonnensystems, Zeichen ♂, Abstand von der Erde zwischen 55 und 377 Mill. km, Durchmesser etwa die Hälfte des Erddurchmessers, Umlaufzeit um die Sonne 687 Tage. Tageslänge und Jahreszeitenwechsel des M. sind ähnlich denen der Erde, seine Atmosphäre besteht fast zu 100% aus Kohlendioxid und hat sehr geringen Druck. Die Höchsttemperatur der Tagseite von 15° C steht einer Nachttemperatur von nur − 85° C gegenüber. Die Oberfläche zeigt im Winter helle Polflecke, die aus gefrorenem Kohlendioxid bestehen und sich im Sommer völlig auflösen. Die ,Marskanäle' haben sich als bloß optische Erscheinung erwiesen. Die amerikan. Raumsonden Mariner 4, 5, 6 haben mondähnliche Kraterlandschaften und große Trümmerfelder festgestellt. Der M. hat zwei Monde, Pho-

Marseille

bos und Deimos mit Durchmessern von 60 und 12 km.

Mars'ala, Hafenstadt an der W-Küste Siziliens, 83 200 Ew.; Süßweinausfuhr.

Marsch die, fruchtbares Schwemmland der Flußtäler und Küsten in NW-Deutschland, durch Deiche geschützt.

Marsch der, Musikstück in geradem (zweiteiligem) Takt mit einem Mittelteil (Trio) melodischen Charakters.

M'arschall, 1) im alten Deutschen Reich eines der Erzämter, seit dem 13. Jahrh. beim Kurfürsten von Sachsen. **2)** hohes Hofamt (Hof-M.) seit dem 16./17. Jahrh. höchster Generaltitel. (→Feldmarschall)

Marsch auf Rom, der von Mussolini am 28. 10. 1922 geführte Zug von 40 000 Faschisten, der zum Sturz der Regierung führte.

Marschhufendorf, ein Reihendorf in Marschgebieten längs eines Entwässerungskanals. Der Landbesitz der Eigentümer schließt sich in gereihten Langstreifen an die Hofanlagen an.

Marschner, Heinrich, Komponist, * 1795, ✝ 1861; romantische Opern, Chöre, Lieder, Balladen.

Marseillaise [marsɛj'ɛ:z] die, die franzōs. Nationalhymne ,Allons, enfants de la patrie, le jour de gloire est arrivé', Text von Rouget de Lisle, Melodie nach einem zeitgenöss. Oratorium; als Revolutions- und Freiheitslied von einem Marseiller Freiwilligenbataillon beim Einzug in Paris 1792 gesungen.

Marseille [-s'ɛj], die Hauptstadt des franzōs. Dép. Bouches-du-Rhône, am Mittelmeer, 893 800 Ew.; Fakultäten der Universität Aix-Marseille. M. ist (mit →Fos) der größte Hafen Frankreichs; Schiffbau, Lebensmittelind., Bauewerbe. - Um 600 v. Chr. von Griechen als Massalia gegr., kam M. mit der Provence 1481 an die franzōs. Krone.

Marsfeld, 1) im alten Rom der Platz für Waffenübungen und Volksversammlungen. **2) Champs de Mars** [ʃɑ̃-], Platz in Paris, Ausstellungsgelände.

Marshall [m'a:ʃəl], **1)** Alfred, engl. Volkswirtschaftler, * 1842, ✝ 1924, untersuchte u. a. das Marktgleichgewicht.
2) Bruce, kath. schott. Romanschriftsteller, * 1899; ,Das Wunder des Malachias' (1931) u. a.
3) George Catlett, amerikan. General und Politiker, * 1880, ✝ 1959; 1939 Gen.-Stabschef und militär. Berater Roosevelts, 1947 bis 1949 Außen-, 1950/51 Verteidigungsminister, Urheber des →Marshall-Plans; 1953 Friedensnobelpreis.

Marshallinseln [m'a:ʃəl-], Inselgruppe im östl. Mikronesien, 2 Reihen langgestreckter Atolle (Ralik- und Ratak-Inseln) und 800 niedrige Inselchen, 19 300 Ew.; Kokospalmen-, Bananenpflanzungen. - 1529 entdeckt, wurden 1884 dt. Schutzgebiet, 1920 japan. Völkerbundsmandat, 1947 Treuhandgebiet der USA.

Marshall-Plan [m'a:ʃəl-], **Europäisches Wiederaufbauprogramm (ERP),** das von G. Marshall 1947 verkündete, am 3. 4. 1948 in Kraft getretene Programm der amerikan. Wirtschaftshilfe an westeurop. Staaten; diese erhielten bis Juni 1951 13 Mrd. US-$ als nicht zurückzuzahlende Zuschüsse oder langfristige Kredite.

Mars'ilius von Padua, Staatstheoretiker, * um 1290, ✝ 1342/43; in seinem Hauptwerk ,Defensor pacis' (,Verteidiger des Friedens', 1324) spricht er die oberste Gewalt in Staat und Kirche dem Volk zu, dem Kaiser u. a. das Recht zur Ehescheidung.

Mars-la-Tour [-tu:r], Dorf westlich von Metz. 16. 8. 1870 Sieg der Deutschen über die Franzosen bei Vionville und M.

M'arstall der, **1)** die Pferdeställe und Wagenschuppen einer fürstl. Hofhaltung. **2)** die Gesamtheit ihrer Pferde.

M'arsyas, griech. Mythos: Flötenbläser, der von Apoll im Wettstreit besiegt, gehängt und enthäutet wurde.

Mart'ell, Karl M., →Karl 13).

martell'ando, martellato, ♪ kräftig und hart betont.

Marterl das, Erinnerungsmal am Ort eines Unglücks oder Verbrechens.

Martersäule, eine Säule mit den Sinnbildern des Leidens Christi (**Passionssäule**).

Martha, Schwester der Maria von Bethanien und des Lazarus. Heilige; Tag: 29. 7.

Marthahaus, von Diakonissen geleitete Anstalt der Inneren Mission zur hauswirtschaftl. Ausbildung von Mädchen.

Marti'al, Marcus Valerius **Martialis,** latein. Dichter, * um 40 n. Chr., ✝ nach 100, Klassiker des Epigramms.

marti'alisch [von Mars], kriegerisch; wild dreinschauend, grob auftretend.

Martigny [-tiŋ'i], dt. **Martinach,** Gem. im Kanton Wallis, Schweiz, 11 000 Ew.

Martin, 1) Archer, engl. Chemiker, * 1910, entwickelte die Verteilungs- und die Papierchromatographie und erhielt dafür 1952 mit R. Synge den Nobelpreis.
2) [mart'ɛ̃], Frank, schweizer. Komponist, * 1890; Orchester-, Kammermusik, Bühnenwerke in modernem Stil.

Martin V., Papst (1417-31), vorher Odo Colonna, stellte die päpstl. Herrschaft in Rom und im Kirchenstaat wieder her; betrieb weniger als erwartet die Reform.

Martin du Gard [mart'ɛ̃ dy ga:r], Roger, franzōs. Schriftsteller, * 1881, ✝ 1958; Roman ,Jean Barois' (1913); Zyklenroman ,Die Thibaults' (1922-40). Nobelpreis 1937.

Martinez Ruiz [-ru'iθ], José, span. Schriftsteller, →Ruiz.

M'artingal der, ein Hilfszügel.

Martini, 1) Fritz, Literarhistoriker, * 1909; ,Dt. Literaturgesch.' (1949).
2) Simone, Maler, →Simone Martini.

Martinique [-in'ik], Insel der Kleinen Antillen, franzōs. Übersee-Département in Westindien, 1102 km², 332 000 Ew. (meist Neger und Mulatten). Hauptstadt ist

Fort-de-France. M. ist gebirgig, im N vulkanisch (Montagne Pelée 1397 m). Haupterzeugnisse: Rohrzucker, Bananen, Ananas, Rum. - 1502 von Kolumbus entdeckt, seit 1635 französisch. Als Übersee-Département (seit 1946) ist M. in der französ. Nationalversammlung mit 3, im Senat mit 2 Abg. vertreten.

Martin-Luther-Bund, das Diasporawerk der Evang.-Luther. Kirche Dtl.

Martinon [-nʒ], Jean, französ. Geiger, Komponist, Dirigent, * 1910.

Martinsfisch, der →Heringskönig.

M'artinson, Harry, schwed. Schriftsteller, * 1904; Romane ,Der Weg nach Glockenreich' (1948), Weltraumepos ,Aniara' (1956).

Martinstag, Martini, Tagesheil. Martin von Tours (11.11.); Bräuche: Martinsfeuer, Martinssingen, Martinslampen, bäuerl. Martinsschmaus mit Martinsgans.

Martinstahl, Siemens-Martin-Stahl, SM-Stahl, ein Flußstahl, der im Siemens-Martin-Ofen erzeugt wird.

Martinswand, Felswand (1113 m ü. M.) links über dem Inn bei Zirl (Tirol) mit der Maximiliansgrotte und 1800 m langem Tunnel der Mittenwaldbahn.

M'artinů, Bohuslav, tschech. Komponist, * 1890, † 1959; Opern, Ballette, Orchester-, Kammermusik.

Martin von Cochem, kath. Volksprediger, Kapuziner, * 1634, † 1712.

Martin von Tours [-tu:r], * 316/17, † 397, Soldat, dann Mönch, gründete bei Poitiers das erste Mönchskloster in Gallien (Lococagium, Ligugé), 371 Bischof von Tours, bekämpfte die Überreste heidn. Glaubens und den Arianismus. Schutzheiliger des merowingisch-fränk. Reichs; Tag: 11. 11. Dargestellt wurde M. meist zu Pferd, wie er seinen Mantel mit einem Bettler teilt.

M'ärtyrer [grch.] der, ein Christ, der für seinen Glauben den Tod erleidet; jeder, der wegen seiner Überzeugungen verfolgt wird.

Mart'yrium, 1) Blutzeugnis, Opfertod für den Glauben. **2)** Kirche über einem Märtyrergrab oder an einer Märtyrerstätte. **3)** schweres Leiden, Qual.

Martyrol'ogium, chronolog. Verzeichnis von Märtyrern.

Marwitz, Ludwig von der, preuß. General, * 1777, †1837, bekämpfte als Konservativer die preuß. Reformen.

Marx, 1) Joseph, Komponist, Musikkritiker, * 1882, † 1964; spätromant. Orchester-, Kammermusik, Lieder.
2) Karl, Komponist, * 1897, Schüler von C. Orff, schuf u. a. Kantaten, Chöre, Kammermusik, Lieder.
3) Karl Heinrich, mit F. →Engels der Begründer des →Marxismus, * Trier 5. 5. 1818, † London 14. 3. 1883; seine Eltern entstammten alten Rabbinerfamilien, der Vater (Rechtsanwalt Heinrich M.) wurde 1824 mit seiner Familie protestantisch. M. studierte Rechtswissenschaft und Philosophie; er war 1842/43 Redakteur in Köln, war 1843-45 in Paris, 1845-48 in Brüssel; aus beiden Städten ausgewiesen, lebte er - nach kurzem Aufenthalt in Köln - bis zu seinem Tode in London; 1843 heiratete er Jenny von Westphalen. - Zusammen mit F. Engels, mit dem er die Streitschriften ,Die Heilige Familie', die ,Deutsche Ideologie' und das →Kommunistische Manifest verfaßte, wurde M. der Schöpfer des ,wissenschaftl. Sozialismus'. Er übernahm von Hegel die dialektische Methode und gestaltete, die er - unter Abkehr vom Idealismus Hegels - zum Dialektischen (→Dialektik) und →Historischen Materialismus umgestaltete. Hauptwerk ,Das Kapital' (Bd. I 1867, Bd. II u. III postum 1885 u. 1894). (Bild S. 786)
4) Wilhelm, Politiker (Zentrumspartei), * 1863, †1946, Jurist, war 1923-25 und 1926 bis 1928 Reichskanzler.

Marxismus, Bez. für die von →Marx und →Engels entwickelten Theorien. Grundlage des M. ist der Histor. Materialismus.

Die produzierende Gesellschaft ist Träger, die Produktion die Grunderscheinung der Geschichte. Die Gesellschaft gliedert sich nach den auf der jeweiligen Eigentumsordnung basierenden Produktionsverhältnissen in →Klassen. Da sich bei der Produktion die Produktivkräfte (1. Fertigkeiten des Menschen; 2. Produktionsmittel: z. B. Maschine) dynamisch verändern, die Produktionsverhältnisse jedoch relativ stabil bleiben, kommt es zu →Klassenkämpfen, die sich in Revolution entladen. Innerhalb des kapitalist. Gesellschaft führen die Spannungen zur Revolution des Proletariats gegen die Bourgeoisie, in der das Privateigentum an den Produktionsmitteln aufgehoben und damit die Schaffung einer klassenlosen Gesellschaft vorbereitet wird. Der in Lohnabhängigkeit vom privaten Produktionsmittelbesitz stehende Mensch erfährt im kapitalist. System die Arbeit nicht als schöpfer. Mittel der Selbstverwirklichung. Die Selbstentfremdung des Menschen durch die Lohnarbeit kann daher vor allem durch die Abschaffung des Privateigentums an Produktionsmitteln aufgehoben werden.
Im kapitalist. System muß der Lohnabhängige seine Arbeitskraft dem Produktionsmittelbesitzer verkaufen. Diesem fällt jedoch allein der durch die Arbeitskraft geschaffene Mehrwert zu. Bestimmte auf Steigerung des Mehrwertes gerichtete Maßnahmen (z. B. Technisierung) nötigen den Profitwert der Arbeitskraft und führen zu Arbeitslosigkeit, Verelendung. Bei den Produktionsmittelbesitzern entsteht bei fallender Profitrate durch wachsenden Kapitalaufwand trotz Akkumulation und Konzentration des Kapitals im Rückgang der Produktion zwingt. Zykl. Krisen und wirtschaftl. Zusammenbrüche sind die Folge.

Marxismus-Leninismus,→Kommunismus.

Mar'y, bis 1937 **Merw,** Oasenstadt in der Turkmen. SSR, in der Wüste Karakum, 61 000 Ew.; Getreide-, Obst-, Wein-, Baumwollanbau, Viehzucht. Lebensmittelind.

Maryland [m'ɛərilænd], Abk. **Md.,** einer der südl. Staaten der US, 27 394 km², 3,922 Mill. Ew. (17% Neger und Mulatten). Hauptstadt ist Annapolis. Anbau von Getreide, Kartoffeln, Gemüse, Obst und Tabak; bedeutende Viehzucht und Fischerei. Bodenschätze: Kohle, Tonerde, Erdgas; Metallverarbeitung, Schiffs-, Flugzeugbau;Nahrungsmittel-,Bekleidungs-,chem., keram. Ind. - M. wurde 1632 als engl. Kolonie gegr.; 1788 Eintritt in die Union.

März, der dritte Monat des Jahres, hat 31 Tage. Volksnamen: **Lenzing, Lenzmonat.**

Märzbecher, Pflanzen: Küchenschelle, Frühlingsknotenblume; gelbe Narzisse.

Märzenbier, Märzen das, starkes, urspr. im März gebrautes, sommerbeständiges Bier.

Märzfeld, im Fränk. Reich die Versammlung der Großen jährlich im März (Heerschau, Beratung); seit Pippin 755 **Maifeld.**

Märzrevolution, Erhebung des dt. liberalen Bürgertums im März 1848; führte zur Frankfurter Nationalversammlung.

Masaccio [-s'atʃo], Maler in Florenz, * 1401, † 1428, schuf die Fresken aus dem Leben des Petrus in der Brancacci-Kapelle von S. Maria del Carmine (1426; ältere Teile von Masolino, jüngere von Filippino Lippi), das Dreifaltigkeitsfresko mit Stifterpaar in S. Maria Novella und Tafelbilder. Der monumentale, der Kunst Giottos erneuernde Stil seiner Fresken, die Klarheit seiner zentralperspektivischen Raumdarstellung und die Lebensnähe seiner Figuren begründeten die Malerei der Renaissance.

Mas'ada, →Massada.

Mas'ai, Massai, hamito-nilot. Hirten- und Kriegsvolk in Ostafrika. Die meisten der rd. 250 000 M. leben als Nomaden in den Savannen von S-Kenia und N-Tansania.

Masani'ello, eigentlich Tommaso Aniello, * 1623 (?),†1647, Führer der Volkserhe-

bung gegen die span. Herrschaft in Neapel 1647; von eigenen Anhängern ermordet.

M'asaryk, 1) Jan, tschechoslowak. Politiker, Sohn von 2), * 1886, † (Selbstmord?) 1948; 1945 Außenmin. in Prag.
2) Thomas, tschechoslowak. Staatsmann, * 1850, † 1937; 1917 Präs. des tschech. Nationalrats in Paris, 1918 maßgebend beteiligt an der Gründung einer unabhängigen Tschechoslowakei; 1918-35 deren Präs.

Mascagni [mask'api], Pietro, italien. Opernkomponist, * 1863, † 1945; Hauptwerk ,Cavalleria rusticana' (1890).

Mascar'a, Stadt in N-Algerien, 36 900 Ew.; Weinbau, Getreide-, Ölhandel.

Maschall'ah [arab.], muslim. Ausruf der Zustimmung.

Masche, die, Schlinge beim Stricken, Häkeln, bei Netzgarnen, in Drahtgeflechten.

Maschine, 1) jede Einrichtung zur Erzeugung oder Übertragung von Kräften, die nutzbare Arbeit leisten **(Arbeits-M.)** oder die eine Energieform in eine andere umwandeln **(Kraft-M.). 2)** in der Physik versteht man unter den **einfachen M.:** Hebel, Rolle, Wellrad, schiefe Ebene, Keil, Schraube.

Maschinenarbeiter, ungelernte Arbeiter, die Maschinen bedienen.

Maschinenbauer, Handwerksberuf mit 3¹/₂jähriger Lehrzeit, Gesellen- und Meisterprüfung.

Maschinenbauindustrie, die Gesamtheit der Industriezweige, die sich mit der Herstellung von Maschinen beschäftigen (vgl. Übersicht Industrie, Bd. 1).

Maschinenbauschulen sind höhere Fachschulen; sie hießen seit 1938 meist Ingenieurschulen, seit 1967→Ingenieurakademien.

Maschinenelemente, die Bestandteile einer Maschinenanlage. Primäre Elemente sind Bauteile (Achsen, Wellen u. ä.) und die meist genormten Verbindungselemente (Nieten, Schrauben, Bolzen, Federn u. ä.). Sekundäre Elemente bauen sich daraus auf (Kupplungen, Bremsen, Gestänge).

Maschinenfabrik Augsburg-Nürnberg AG. (M.A.N.), Unternehmen des Maschinenbaus, Augsburg, 1898 gegr. (Anfänge 1840/41); Kap.: 197,5 Mill. DM (1971), Beschäftigte: 38 681 (1970/71). Großaktionär: Gutehoffnungshütte.

Maschinengenossenschaften, Genossenschaften der Landwirte zur gemeinschaftl. Nutzung bes. größerer landwirtschaftl. Maschinen.

Masaccio: Petrus, Kranke durch seinen Schatten heilend (Fresko in der Brancacci-Kapelle von S. Maria del Carmine, Florenz)

Maschinengewehr MG 3

Diagram labels: Rückstoßverstärker, Rohr, Korn, Visiereinrichtung, Zuführer-Unterteil, Deckelbolzen, Kimme, Gurtschieber, Spannschieber, Transporthebel, Deckel, Deckelriegel, Schulterstütze, Pufferfeder, Rohrführungshülse, Gehäuse, Verriegelungsstück, Verriegelungsrollen, Verschluß, Vorholer, Abzug, Sicherung, Schließfeder, Griffstück, Bodenstück

Maschinengewehr, Abk. **MG,** automat. Schnellfeuerwaffe, die im Einzel- und Dauerfeuer schießt; Feuergeschwindigkeit: bis 1300 Schuß je Minute. **M.-Nest,** ausgebaute MG-Stellung im Gelände.

Maschinenhammer, eine Werkzeugmaschine, bes. zum Schmieden. In einem Gestell ist der Hammer (**Bär**) geführt, der auf das auf einem Amboß, der Schabotte, liegende Werkstück fällt.

Maschinenkanone, ein kleinkalibriges (2 bis 12 cm) Geschütz, das nach dem Prinzip des Maschinengewehrs selbsttätig feuert; für die Flugabwehr, zur Panzerbekämpfung, als Bordwaffe von Kriegsflugzeugen.

Maschinenpistole, eine Schnellfeuerwaffe für den Nahkampf.

Maschinentelegraph, 1) ein Zeigertelegraph, bes. auf Schiffen, mit dem Befehle von der Kommandostelle zum Maschinenraum übermittelt werden. **2)** ein von einem Lochstreifen gesteuerter Schnelltelegraph (bis 2000 Zeichen/min).

Maschinen-Traktoren-Stationen, MTS, in der Dt. Dem. Rep. staatl. Zentralen für landwirtschaftl. Maschinen und Traktoren; sie dienen dem landwirtschaftl. Produktionsgenossenschaften.

Maschinenwaffen, Schnellfeuerwaffen (Maschinengewehr, -pistole, -kanone), bei denen Laden und Abfeuern durch Ausnützen des Rückstoßes selbsttätig erfolgen.

Maschinenzeitalter, das Zeitalter der Industrialisierung und der Vorherrschaft der Maschine, →industrielle Revolution.

Maschinist, fachlich geschulter Arbeiter, der Kraftmaschinen bedient.

Maschonaland, Landschaft in Rhodesien.

Masefield [m'eisfi:ld], John, engl. Dichter, * 1878, † 1967; ,Salzwasserballaden' (1902), Verserzählungen, Abenteuerromane, Kindergeschichten.

Maser [m'eɪzə, engl. Abk. von microwave amplification by stimulated emission of radiation] *der,* **Molekularverstärker,** Gerät zur Erzeugung und Verstärkung von Mikrowellen durch erzwungene Energieabgabe von angeregten Molekülen. Beim **Gas-M.** werden die Moleküle durch ein starkes elektr. Feld nach zwei verschiedenen Energiezuständen aufgetrennt, die Moleküle im höheren Zustand durch einen schwingenden Resonator zur Energieabgabe veranlaßt. Beim **Festkörper-M.** beruht die Verstärkerwirkung auf einer Wechselbeziehung zwischen einem hochfrequenten magnet. Feld und atomaren magnet. Momenten (Elektronenspins). Verwendung zur Empfindlichkeitserhöhung von Radargeräten, Radioteleskopen, Satellitenverbindungen.

M'asereel, Frans, belg. Graphiker und Maler, * 1889, † 1972; schuf Holzschnitte in scharfen Schwarzweiß-Gegensätzen (Illustrationen, sozialkrit. Bildfolgen u. a.).

Masern, eine fieberhafte Infektionskrankheit, erregt durch ein Virus; meist im Kindesalter. Erscheinungen: Bindehautentzündung, Husten, weiße Pünktchen auf der Wangenschleimhaut, linsengroße rote Flecke an Gesicht und Hals, dann am ganzen Körper. Bei der Heilung schuppt sich die Haut kleienartig ab. Vorbeugend: Serum; Behandlung: Bettruhe, Zimmerverdunkeln.

Mas'eru, Hauptstadt von Lesotho, im NO des Landes, 14 000 Ew.

Maserung, besondere Musterung der Holzschnittflächen; ein durch anormalen Wuchs bedingter, unregelmäßig welliger Verlauf der Jahresringe.

Maskar'enen, die Inseln Réunion, Mauritius und Rodriguez im Indischen Ozean, östlich von Madagaskar.

Maskaron [-r'ɔ̃, frz.] *der,* Bauplastik und Ornamentik: eine oft fratzenhafte Maske.

M'askat, Muscat, Hauptstadt und Hafen des arab. Sultanats Oman, 5100 Ew.

M'askat und Om'an, →Oman.

Maske, 1) eine Gesichtsverhüllung bei Kulthandlungen, Volksfesten, auch bei Maskenbällen. **2)** die Aufmachung eines Schauspielers; die M. ist Sinnbild der Bühnenkunst, da Schauspieler im Altertum Gesichts-M. trugen. **3)** die →Totenmaske. **4)** Drucktechnik: eine lichtundurchlässige Schablone oder ein Diapositiv in den Komplementärfarben zum Abdecken von Teilen der Kopiervorlage bei der Übertragung auf die Druckplatte. **5)** ♀ **Narkosemaske,** →Narkose. **6)** Schönheitspflege: Auftragung von Hautpflegemitteln auf das Gesicht zum Reinigen und Quellen der Gesichtshaut. **7)** Fechten: Drahthaube als Kopfschutz. **8)** Photographie: →Maskierung 4).

Maskenspiele, Aufführungen allegor. und mytholog. Inhalts mit Gesang und reicher Ausstattung; Vorläufer der Oper, bes. in England. Hof 1605-42.

Masker'ade [frz.] *die,* Verkleidung, bes. für Maskenfeste.

Maskierung, 1) Drucktechnik: →Maske 4). **2)** Reprophotographie: die photomechan. Verfahren zur Ton- und Farbwertkorrektur unter Verwendung eines schwarzweißen oder farbigen Hilfs-Negativs oder -Positivs (**Maske**), das beim Kopieren über ein Negativ gelegt wird und dessen Gradation ändert. **3)** ♀ Verhindern des normalen Reaktionsablaufs.

Mask'oki, nordamerikan. Indianergruppe, früher zwischen Golfküste und Ohio, jetzt in Oklahoma angesiedelt.

Mask'otte [frz. ,Hexchen'] *der,* **Maskottchen** *das,* Glücksbringer, Amulett.

maskul'in [lat.], männlich. **Maskulinum** *das,* männliches Substantiv.

Masochismus, lustvolles Erleiden von Mißhandlungen, eine geschlechtl. Perversion.

Masol'ino, Tommaso di Cristofero Fini, italien. Maler, * 1383, † um 1440, näherte sich, in der Gotik wurzelnd, dem neuen Stil Masaccios (Fresken in Castiglione d'Olona, in S. Clemente zu Rom u. a.).

Mason [m'eisn]. Richard. engl. Schriftsteller, * 1919; Romane (,denn der Wind kann nicht lesen', 1946, ,Suzie Wong', 1957).

Mas'ora, Massora [hebr. ,Überlieferung'] *die,* die von jüd. Schriftgelehrten des 7.-10. Jahrh. (**Masoreten**) verfaßten textkrit. Bemerkungen zum hebr. Text des A.T.

Mas'owien, histor. Landschaft an Weichsel und Bug, Hauptorte Warschau, Plozk, seit 1138 selbständiges poln. Herzogtum, seit 1351 allmählich mit Polen vereinigt.

Maß, 1) *das,* Vergleichsgröße oder Größenvorschrift zur Ermittlung anderer Größen. **Maße und Gewichte** im engeren Sinne sind die im Alltag und im Wirtschaftsleben gebräuchl. Längen-, Flächen-, Raum- und Massen-M. (Gewichte), vgl. Übersicht S. 800. **2)** *die,* altes Flüssigkeitsmaß, 1-2 l.

M'assa, Hauptstadt der italien. Provinz M.-Carrara (Toskana), 63 400 Ew.; Marmorverarbeitung, chem. Industrie.

M'assa-Carr'ara, Provinz der Toskana, Italien, 1156 km², 204 300 Ew. Hauptstadt: Massa.

Massachusetts [mæsət∫'u:sets], Abk. **Mass.,** einer der Neuenglandstaaten der USA, 21 386 km², 5,689 Mill. Ew.; Hauptstadt: Boston. Seefischerei; Elektro-, Textil-, Maschinen-, Papier-, Zellstoff-, Nahrungsmittelind. - Als engl. Kolonie 1620 und 1629 gegr.; führend im Unabhängigkeitskampf.

Mass'ada, Ort am Toten Meer, vorchristl. Felsenfestung, letzter Stützpunkt der Juden im Krieg gegen Rom. M. fiel 73 n. Chr. Ausgrabungen 1963-65 mit bed. Funden.

Massage [mas'a:ʒə, frz.] *die,* ♀ Körperbehandlung durch Streichen, Reiben, Kneten, Klopfen mit der Hand oder mit Geräten (z. B. **Vibrations-M.**); sie beschleunigt den Blutumlauf und die Fortschaffung krankhafter Stoffe. Sonderarten →Bindegewebsmassage, →Unterwassermassage.

Massag'eten, antikes iran. Nomadenvolk zwischen Kasp. Meer und Aralsee.

Mass'ai, afrikan. Volksstamm, →Masai.

Mass'aker [frz.] *das,* Blutbad, Metzelei.

massakr'ieren, niedermetzeln.

Maß|analyse, ♀ die Ermittlung der Menge eines gelösten Stoffes durch Zusetzen einer bestimmten Lösung eines anderen Stoffes (**Titrieren**), bis der zu untersuchende Stoff völlig umgesetzt ist. Dieser Zeitpunkt wird durch Farbänderung oder elektrochemisch angezeigt.

Mass'aua, Hafenstadt am Roten Meer, in Eritrea, Äthiopien, rd. 22 000 Ew., einer der heißesten Orte der Erde (Jahresmittel 30,2° C).

Masse, 1) ⚙ eine Grundgröße der Mechanik. Die **träge M.** äußert sich im Widerstand (→Trägheit), den jeder Körper einer Bewegungsänderung (Beschleunigung) entgegensetzt. Die **schwere M.** ist die Ursache der Anziehung, die die Körper aufeinander ausüben (→Gravitation), also auch des Gewichtes der Körper im Schwerefeld der Erde. Nach dem hinreichend gesicherten Erfahrungen, daß die Beschleunigung frei fallender Körper und die Gravitationskonstante von dem Stoff der Körper

Masken: links Holzmaske, Kongo; Mitte mixtekische Mosaikmaske, Türkise auf Holz; rechts indonesische Holzmaske

MASSE UND GEWICHTE

Längenmaße

metrisch	englisch
1 Meter (m) = 10 dm	1,0936 yd
1 Dezimeter (dm) = 10 cm	0,328 ft
1 Zentimeter (cm) = 10 mm	0,3937 in.
1 Kilometer (km) = 1000 m	0,6214 mile

[1]) Für genauere Messungen muß man bei allen vom inch (Zoll) abgeleiteten Längen-, Flächen- und Raummaßen zwischen britischen und USA-Einheiten unterscheiden:
1 inch (brit.) = 2,5399916 cm
1 inch (USA) = 2,540005 cm
seit 1960: 1 inch (brit. und USA) = 2,54 cm exact

englisch	metrisch
1 inch (in.)	2,54 cm[1])
1 foot (ft) = 12 in.	30,48 cm
1 yard (yd) = 3 ft.	91,44 cm
1 pole = $5^1/_2$ yd	5,03 m
1 chain = 4 pole	20,12 m
1 furlong = 10 chain	201,17 m
1 mile = 8 furlong	1,609 km
Nautische Längenmaße	
1 fathom = 6 ft.	1,829 m
1 cable length	
= 100 fathoms	182,9 m
1 Seemeile (brit.)	1853,181 m
1 Seemeile (USA)	1853,248 m

Flächenmaße

metrisch	englisch
1 Quadratmeter (m², qm)	
= 100 dm² = 10 000 cm²	
= 1 000 000 mm²	10,764 sq.ft
1 Ar (a) = 100 m²	119,599 sq.yd
1 Hektar (ha) = 100 a	2,4711 acres
1 Quadratkilometer (km², qkm)	
= 100 ha = 1 000 000 m²	247,11 acres

englisch	metrisch
1 square inch (sq.in.)	6,45 cm²
1 sq.ft = 144 sq.in.	9,290 dm²
1 sq.yd = 9 sq.ft	0,836 m²
1 rod, pole, perch	
= $30^1/_4$ sq.yd	25,293 m²
1 rood = 40 rods	10,12 a
1 acre = 4 roods	0,4047 ha

Raum- und Hohlmaße

metrisch	englisch
1 Kubikmeter (m³, cbm)	
= 1000 dm³ = 1 000 000 cm³	
= 1 000 000 000 mm³	35,314 cu.ft
	Gr.Brit./USA²)
1 Liter (l) = 1 dm³	1,760/2,144 pints
1 Hektoliter (hl) = 100 l	21,997/26,41 gal

²) Den engl. Flüssigkeitsmaßen sind zugrunde gelegt:
Großbritannien: 1 gal = 277,260 cu.in.
Verein. Staaten: 1 gal = 231 cu.in.
³) Den engl. Trockenhohlmaßen sind zugrunde gelegt:
Großbritannien: 1 bu = 2218,21 cu.in.
Verein. Staaten: 1 bu = 2150,24 cu.in.

Daneben gelten in den Verein. Staaten für besondere Waren, z. B. Kohle und Koks, verschiedene weitere bushels.

englisch	metrisch
1 cubic inch (cu.in.)	16,39 cm³
1 cu.ft = 1728 cu.in.	28,32 dm³
1 cu.yd = 27 cu.ft	0,7646 m³
Flüssigkeitsmaße	Gr.Brit./USA²)
1 gill	0,142/0,118 l
1 pint = 4 gills	0,568/0,473 l
1 quart (qt) = 2 pints	1,136/0,946 l
1 gallon (gal) = 4 qt	4,546/3,735 l
1 barrel (bbl) = $31^1/_2$ gal	119,2 l
1 barrel Erdöl = 42 gal	158,8 l
Trockenhohlmaße	Gr.Brit./USA³)
1 pint	0,568/0,561 l
1 quart (qt) = 2 pints	1,136/1,12 l
1 peck (pk) = 8 qt	9,092/8,81 l
1 bushel (bu) = 4 pk	36,37/35,24 l
1 quarter = 8 bu	2,91 hl
1 barrel (bbl)	163,7/119,2 l

Gewichte (Massenmaße)

metrisch	englisch
1 Gramm (g) = 1000 Milligramm (mg)	0,035 oz
1 Dekagramm (dg) = 10 g	0,353 oz
1 Kilogramm (kg) = 100 dg	
= 1000 g	2,205 lb
1 Doppelzentner (dz)	
= 100 kg	1,968 cwt
1 Tonne = 10 dz = 1000 kg	0,984 ton

⁴) Genaueren Messungen sind die genauen Definitionen zugrunde zu legen:
1 pound (av.) = 453,5924277 g
1 Kilogramm = 2,204622 lb (av.)

englisch	metrisch
Apothekergewichte	
(Apothecary-System)	
1 grain (gr)	0,065 g
1 scruple = 20 gr	1,296 g
1 dram (drachm) (dr)	
= 3 scruples	3,888 g
1 ounce (oz) = 8 dr	31,104 g

englisch	metrisch
Allg. Handelsgewichte	
*(Avoirdupois-System)*4)	
1 dram (dr) (= 27,34 grains)	1,772 g
1 ounce (oz) = 16 dr	28,350 g
1 pound (lb) = 16 oz	453,59 g
1 stone (st) = 14 lb	6,35 kg
1 quarter (qr) = 2 st	12,70 kg
1 hundredweight (cwt)	
= 4 qr	50,802 kg
1 (long) ton = 20 cwt	1016,05 kg
1 cental oder short cwt	
= 100 lb	45,359 kg
1 short ton = 20 short cwt	907,185 kg
Edelmetallgewichte (Troy-System)	
1 grain (gr)	0,065 g
1 pennyweight (dwt)	
= 24 gr	1,555 g
1 ounce (oz) = 20 dwt	31,104 g
1 pound (lb) = 12 oz	373,24 g

Die wichtigsten physikalischen Maßeinheiten

Größe	Einheit		Größe	Einheit
Zeit	1 h = 60 min = 3600 s		Leistung	1 W = 10^7 erg/s, 1 PS
Kraft	1 dyn = 1 gcm/s², 1 pond (p)			= 75 kpm/s
	= 9,80665 · 10^2 dyn		Frequenz	1 Hz = 1 Schwingung/s
Druck	1 at = 1 kp/cm², 1 atm			
	= 1,03323 at		Stromstärke	1 A
Energie,	1 erg = 1 dyn · cm, 1 kpm		Ladungsmenge	1 C = 1 As
Arbeit	= 9,80665 · 10^7 erg		elektr. Spannung	1 V
	1 cal = 4,1855 · 10^7 erg, 1 J		elektr. Widerstand	1 Ω
	= 1 Ws = 10^7 erg			

unabhängig sind, ist das Verhältnis von träger M. und schwerer M. konstant. Man kann also beide einander gleichsetzen. Diese **Äquivalenz** bildet eine der Grundlagen der allgemeinen Relativitätstheorie. **2)** Soziologie, Psychologie: Die ältere Massenpsychologie untersuchte M. als fast strukturlose Menschenmengen, die durch starke Erregbarkeit und Suggestibilität (**M.-Suggestion, M.-Psychose**) sowie durch ein typisches Verhalten der Beteiligten gekennzeichnet sind. Die neuere Sozialpsychologie und Soziologie beschreiben bestimmte strukturelle und statistische Merkmale von M. und unterscheiden zwischen **aktuellen M.** (z. B. Demonstrationszüge) und **latenten M.** (z. B. Leserschaft). **3)** ⚖ Vermögen, z. B. Konkurs-M., Erbschafts-Masse.

Masseglä ubiger, ⚖ im Konkurs die Gläubiger, die nach → Aussonderung und Absonderung (→ abgesonderte Befriedigung) aus der Konkursmasse vorweg zu befriedigen sind. M. sind die Gläubiger von Massekosten und Masseschulden.

Maß|einheiten, Einheiten zur Bestimmung des Zahlenwertes physikal. Größen gleicher Art, d. h. gleicher Dimension. Vgl. Übersicht → Maße und Gewichte.

Massekosten, ⚖ die Aufwendungen zur Durchführung des Konkursverfahrens.

Massel *die,* in Sandformen oder Kokillen gegossene Roheisenbarren (bis 1000 kg).

M'assel [jidd. aus hebr.] *der,* Glück.

Masse-Leuchtkraft-Beziehung, Massen-Helligkeits-Beziehung, die Abhängigkeit der absoluten Helligkeit der Sterne von ihrer Masse. Die M.-L.-B. besagt, daß die absoluten Helligkeiten mit den Massen zunehmen.

Massén'a, André, Herzog von Rivoli (1808), Fürst von Eßling (1810), Marschall Napoleons, * 1758, † 1817.

Massen|anziehung, ⊗ → Gravitation.

Massen|ausgleich, ⊙ der Ausgleich der dynam. Kräfte der bewegten Massen bei Maschinen, wird durch Einbau genau berechneter Gegengewichte oder durch besondere Anordnung der bewegten Teile erreicht.

Massendefekt, ⊗ die Abweichung des Isotopengewichts zusammengesetzter Atomkerne von der ganzzahligen Massenzahl, verursacht durch die Bindungsenergie der Kernbestandteile.

Massenentlassung, ⚖ die Kündigung gegenüber einer erhebl. Anzahl von Arbeitnehmern innerhalb von 4 Wochen; ihre Entlassung ist vorher dem Arbeitsamt anzuzeigen (§ 17 KSchG.).

Massenet [masn'ɛ], Jules, franzöś. Komponist, * 1842, † 1912; Orchesterwerke, Oratorien, Opern (,Manon', 1884; ,Werther', 1886; ,Don Quichote', 1910).

Massengesteine, die Eruptivgesteine.

Massengut, ein Erzeugnis, das in Massenfertigung hergestellt wird.

Massenmedien sind Presse, Funk, Film, Fernsehen, Tonband, Schallplatte.

Massenmittelpunkt, ⊗ der Punkt, in dem ein starrer Körper unterstützt werden muß, um der angreifenden Schwerkraft weder durch geradlinige noch durch Drehbewegungen nachzugeben.

Massen|organisationen, in den Volksdemokratien von der kommunist. Partei oder den Einheitsparteien gelenkte Organisationen, die neben den Parteien ihre eigenen Abg. in den Parlamenten haben; so in der Dt. Dem. Rep.: der FDGB, die FDJ, die GST, der DFD, der Dt. Kulturbund, die Bauernhilfe (VdgB), die Gesellschaft für deutsch-sowjet. Freundschaft u. a.

Massenpsychologie, die Psychologie vom Verhalten der → Masse 2).

Massenpsychose, → Masse 2).

Massenpunkt, ⊗ ein Grenzbegriff der theoret. Mechanik, der verwendet wird, wenn bei der Bewegung eines Körpers dessen Ausdehnung unberücksichtigt bleiben kann.

Massenresonanzen, ⊗ extrem kurzlebige Quantenzustände mit eigener Masse, eigenem Spin, Isospin usw.; sie zählen deshalb strenggenommen zu den Elementarteilchen, werden wegen ihrer sehr schwierigen, nur mit statistischen Verfahren möglichen Auffindung aber bevorzugt als ‚Resonanzen' ihrer Zerfallsergebnisse betrachtet.

Massenspektrograph, Gerät zur Auftrennung eines Isotopengemischs in die einzelnen Isotopenarten durch Beschleunigung des Ionenstrahls in einem elektr. Feld und Ablenkung des Strahls in einem Magnetfeld. Genauigkeit der Massenbestimmung bis zu 1 : 30 000.

Massenwirkungsgesetz, Grundgesetz der physikal. Chemie, nach dem die chem. Wirkung eines Stoffes seiner Konzentration proportional ist. Das M. gestattet, den Verlauf chem. Vorgänge und den bei umkehrbaren Vorgängen sich einstellenden Gleichgewichtszustand zu bestimmen.

Massenzahl, ⊠ die Anzahl der Nukleonen, aus denen ein Atomkern aufgebaut ist, gleichbedeutend mit dem ganzzahlig abgerundeten Atomgewicht.

Masseur [mas'œːr, frz.] *der,* **Masseuse** [mas'øːzə] *die,* Ausüber(in) der Massage.

Masseverwalter, in Österreich der Konkursverwalter.

Massinger [m'æsindʒə], Philip, engl. Dramatiker, * 1583, † 1640.

mass'iv [frz.], ohne Hohlräume, geschlossen, massig, fest; derb, plump, grob. **Mass'iv** *das,* eine festgeschlossene Masse (Tiefengesteins-Masse; Gebirgsmasse, z. B. Gotthard-Massiv).

Mass'ivbau, eine Bauweise, bei der die Tragwerke (Decken, Pfeiler, Träger, Wände) aus Natur- oder Kunststein oder aus Beton hergestellt sind.

Maßliebchen *das,* →Gänseblümchen.

Maßmann, Hans Ferdinand, * 1797, † 1874, Schüler F. L. Jahns, wirkte seit 1842 als Organisator des dt. Turnwesens und Germanist in Berlin.

Masson [mas'ɔ̃], André, franzöz. Maler und Graphiker, * 1896, schuf surrealist. Bilder.

Mass'ora, →Masora.

Maßstab, 1) ein Längenmeßgerät, z. B. Lineal, Gliedermaßstab, Stahlbandmaß u. a. **2)** Kartographie: das Längenverhältnis von Karten gegenüber der Natur, in cm angegeben (z. B. 1 : 25 000 = 1 cm der Karte entspricht 25 000 cm in der Natur).

Maßsystem, System physikal. Grundgrößen, durch die sich alle Gesetzmäßigkeiten eines Teilgebiets der Physik beschreiben lassen. Alle Größen werden aus den Grundgrößen abgeleitet; die Grundgrößen sind durch Meßverfahren definiert.

Maßwerk, ein aus Zirkelschlägen konstruiertes Bauornament der Gotik, in Fensteröffnungen, an Wandflächen, Türmen, Giebeln (→Dreipaß, →Fischblase) in der Spätgotik entwickelte sich das M. zu immer freieren, reichbewegten Formen **(Flamboyant-Stil).**

M'assys [-sɐjs], Quentin, fläm. Maler, * 1466, † 1530, verband altniederländ. Überlieferung mit italienischen, bes. von Leonardo ausgehenden Anregungen und malte mit äußerster Verfeinerung, vor allem der Farben. - Sippenaltar, 1507-09 (Brüssel, Mus.), Johannisaltar, 1508-11 (Antwerpen, Mus.), Bildnisse, Genrebilder in Halbfiguren.

Mast *der,* **1)** Rundholz, Stahlrohr auf Schiffen zum Anbringen von Antennen, Ladegeschirr, Segeln, Signalen u. ä. Auf Segelschiffen stehen von vorn nach achtern: Fock- (Vor-), Groß- (Mittel-), Kreuz- (fehlt an Dreimastschiffen) und Besan-(Achter-)M. **2)** Träger u. a. für Fernmelde-, Hochspannungsleitungen, Sendeantennen.

Mast *die,* **1)** der Fruchtansatz der Eichen, Buchen, früher wichtigstes Schweinemastfutter, heute fast nur noch auf Waldverjüngung. **2)** Fütterungsverfahren zur Steigerung der Fett- und Fleischmasse beim Schlachtvieh.

M'astaba *die,* altägypt. Grabbau, ein rechteckiger flacher Block mit schräg ansteigenden glatten Mauern.

Mastdarm, latein. **Rectum,** das unterste Stück des →Darmes.

Mastdarmspiegelung, ⚕ der Einblick in den Mastdarm vom After aus **(Rektoskopie)** durch ein Metallrohr mit Lichtquelle und optischen Linsen **(Rektoskop).**

Mastel *die,* die weibl. Pflanze des Hanfs.

Master [engl.], Meister; Lehrer. **1)** engl. Anrede an junge Leute. **2)** Leiter einer Parforcejagd. **3) M. of Arts,** Abk. **M. A.,** ‚Lehrer der freien Künste, und **M. of Science** [-'s'aiəns], Abk. **M. S.,** ‚Lehrer der Wissenschaften', akadem. Grade in Großbritannien und den USA.

Masters [m'a:stəz], **1)** Edgar Lee, amerikan. Schriftsteller, * 1868, † 1950; Gedichtsammlung ‚Spoon River Anthology' (1915). **2)** John, engl. Schriftsteller, * 1914; Romane ‚Knotenpunkt Bhowani' (1954), ‚Fern, fern die Gipfel' (1957).

Mastif [m'æstif], Abk. für engl. Multiple Axis Space Test Inertia Facility, Übungsgerät für Raumfahrer, in dem die dreidimensionalen Drehbewegungen der Raumkapsel nachgeahmt werden.

M'astiff *der,* englische Dogge.

Mast'itis [grch.] *die,* ⚕ die Entzündung der Brustdrüsen, erregt durch Bakterien.

M'astix [grch.] *der,* das Harz einer Pistazienart, für Firnisse, Pflaster, Klebemittel.

Mastkur, ⚕ die Überernährungskur.

M'astodon [grch.] *das,* ein ausgestorbenes Rüsseltier der jüngeren Tertiärzeit.

Masturbation [lat.], **Onan'ie,** die geschlechtl. Selbstbefriedigung.

Masuccio [maz'utʃo], Tommaso, italien. Schriftsteller, am Hofe von Neapel, bedeutendster italien. Novellist des 15. Jahrh.

Mas'uren, Landschaft im SO Ostpreußens, Wald-(Kiefern-)Gebiet mit Seen **(Masurische Seen:** Spirding-, Mauersee u. a.) und armen Böden. Die Bevölkerung **(Masuren)** entstand seit dem 14. Jahrh. aus einer Mischung von Altpreußen, masowischen und dt. Kolonisten. Im 19./20. Jahrh. gab es ihre slaw. Mundart zugunsten des Deutschen auf. Sie stimmte am 11. 7. 1920 mit 97,5% für das Deutsche Reich. 1945 kam M. unter poln. Verwaltung, die Bewohner wurden bis auf etwa 100 000 (von 610 000) vertrieben. - In den Schlachten in M., 6.-14. 9. 1914 und 7.-27. 2. 1915 siegten Hindenburg und Ludendorff über Rußland.

Mas'urka *die,* **Mazurka,** der poln. Nationaltanz in charakterist. ³/₄-Takt, von Chopin in die Kunstmusik übernommen.

Mas'ut *das,* Destillationsrückstand des russischen Erdöls.

Matab'eleland, Landschaft in Rhodesien, ein flachwelliges, fast baumloses Hochland (1400-1500 m) zwischen Sambesi und Limpopo; Farm- und Bergbaugebiet.

Mat'adi, Hafenstadt in Zaïre, 158 km oberhalb der Kongomündung, 100 000 Ew.

Matad'or [span. ‚Töter'] *der,* **1)** Stierkämpfer, dem der Stier den Todesstoß gibt. **2)** übertragen: der Hauptperson, der Sieger.

Matag'alpa, Stadt in Nicaragua, 61 400 Ew., Zentrum eines Anbaugebietes von Kaffee, Kakao, Zuckerrohr, Reis.

Mata Hari, eigentlich Margarete **Zelle,** Tänzerin, * 1876, † 1917, wurde im 1. Weltkrieg der Spionage zugunsten Dtl.s beschuldigt und erschossen.

Matam'oros, Grenzstadt im mexikan. Staat Tamaulipas, am unteren Río Grande, 162 700 Ew.

Mat'anzas [-sas], Stadt an der N-Küste von Kuba, 84 100 Ew.; Zuckerindustrie.

Matar'é, Ewald, Bildhauer, * 1887, † 1965; schuf Tierbildwerke, meist aus Holz, und nach dem 2. Weltkrieg vor allem Arbeiten in kirchl. Auftrag: Bronzetüren der Dome in Köln und Salzburg, in Hiroschima u. a.

Matar'o, Hafenstadt in der span. Prov. Barcelona, 70 900 Ew.; Frühgemüse- und Blumenanbau.

Match [mætʃ, engl.] *der, das,* Wettkampf, Wettspiel.

Mate [indian.] *der,* Tee aus dem Laub einer südamerikan. Stechpalmenart; ärmer an Coffein und Gerbsäure als der echte Tee.

M'ater [lat.], **1)** Mutter. **M. dolor'osa,** die Mutter Jesu im Schmerz um ihren Sohn; in der bildenden Kunst oft dargestellt. **2)** die →Matrize.

Mat'era, 1) italien. Prov. in der Landschaft Basilicata, 3445 km², 202 100 Ew. **2)** Hauptstadt von 1), 44 600 Ew.; Dom (13. Jahrh.).

M'ater et Mag'istra [lat. ‚Mutter und Lehrerin'], Enzyklika Johannes' XXIII. von 1961 über die kath. Soziallehre, im Anschluß an →Rerum Novarum und →Quadragesimo anno.

Materi'al [lat.] *das,* -s/-i|en, **1)** Stoff, Roh-, Werkstoff für eine Arbeit. **2)** schriftl. Unterlagen. **materi'aliter,** inhaltlich.

Materialisati'on, Okkultismus: angebliche körperl. Erscheinungen in Form einer nebelartigen Masse (Tele- oder Ektoplasma).

Material'ismus [lat.], die Richtung der Philosophie, die im Stofflichen den Grund alles Wirklichen sieht, aber das gesamte Weltgeschehen einschließlich des Lebens, der Seele und des Geistes als Wirkung des Stoffs und seiner Bewegungen erklärt. In der antiken Philosophie vertraten Leukippos, Demokrit, Epikur und Lukrez, in der neuzeitl. Gassendi, Lamettrie, Helvetius, Holbach, Feuerbach u. a. den M. Ferner→Dialektischer Materialismus und→Historischer Materialismus.

Materialist, 1) Anhänger des Materialismus. **2)** Mensch, der vor allem das Sinnlich-Stoffl. schätzt. Eigw. **material'istisch.**

Materialschlacht, eine vorwiegend durch Großeinsatz schwerer Waffen (‚Feuerwalze') und Flugzeuge (‚Bombenteppich') bestimmte Schlacht.

Materialsteuer, Rohstoffsteuer, Steuer, die nach der Menge der verwendeten Rohstoffe bemessen wird **(Rohstoffsteuer).**

Mat'erie [lat.] *die,* Stoff, Masse, Sache, Gegenstand. **materi'ell,** stofflich, körperlich; wirtschaftlich; ungeistig.

Materiewellen, die den Teilchen nach der Wellenmechanik zugeordneten Wellen.

Maternit'ät [lat.] *die,* Mutterschaft.

Mathemat'ik [grch.], urspr. die aus den prakt. Aufgaben des Rechnens und Messens erwachsene Wissenschaft, die sich mit der Verknüpfung von Zahlen und Figuren beschäftigt und deren wechselseitige Beziehungen untersucht. Erweitert und vertieft wurde diese Auffassung vom Aufgabenbereich der M. durch die mathemat. Grundlagenforschung, die →mathematische Logik und die →Mengenlehre. Als Wissenschaft den Strukturen als Beziehungsgefügen gibt die M. die Übersicht über alle möglichen, rein logischen Folgerungen aus angebotenen Grundannahmen (Axiomen), wobei die in den auftretenden Begriffe sich durch die Axiome gegenseitig festlegen. Dagegen ist eine darüber hinausgehende ‚inhaltliche' Bedeutung dieser Begriffe nicht Gegenstand der Mathematik.

Aus prakt. Gründen unterteilt man die M. in **reine M.** und **angewandte M.,** die reine M. wieder in Algebra, Zahlentheorie, Ana-

mathematische Zeichen (Auswahl)			
+	plus (und)	∞	unendlich
−	minus (weniger)	Σ	Summe
×	oder · mal	Π	Produkt
:	oder / geteilt durch	d	totales Differential
=	gleich	∂	partielles Differential
≡	identisch; kongruent	△	Differenz
≠	ungleich	∫	Integral
>	größer als		
<	kleiner als		
ⁿ√	nte Wurzel aus		
log a	Logarithmus von a		

lysis, Geometrie, Topologie, Mengenlehre und Grundlagenforschung. Doch durchdringen die Teilgebiete einander stark. Die angewandte M. klärt mit Hilfe der Ergebnisse der reinen M. die formalen Zusammenhänge zwischen den Dingen der Erfahrung auf.

Geschichte. Erste mathemat. Kenntnisse besaßen die Babylonier und die Ägypter. Reiche theoret. Fortschritte brachten die Griechen, praktische stammen z. T. aus China und Indien; von den Arabern fortgebildet, gelangten sie ins Abendland. Hier setzte vom 15. Jahrh. ab eine Entwicklung ein, die zum raschen Aufbau der höheren M. führte und im 18. und 19. Jahrh. einen Höhepunkt erreichte. Kennzeichnend für die gegenwärt. M. ist die Grundlagenforschung und die krit. Prüfung ihrer Axiome (Axiomatik).

mathematische Geräte, mechan. und elektr. Hilfsmittel für rechnerische Auswertungen als elektr. Rechenmaschinen, Buchungsmaschinen, Lochkartenmaschinen, digitale Rechenanlagen ausgeführt.

mathematische Linguistik, der Zweig der allgem. Sprachwissenschaft, der sich mit der Anwendung mathemat. und formal-logischer Methoden in Grammatik und Sprachanalyse beschäftigt.

mathematische Logik, Logistik, die Lehre von den logischen, von inhaltlicher Bedeutung unabhängigen Zusammenhängen, soweit sie, im Unterschied zur älteren formalen Logik, nicht nur Subjekt und Prädikat, sondern alle Elemente und Beziehungen ganzer Zusammenhänge durch Symbole darstellt.

Mathilde, Fürstinnen: Deutsche Königin. **1)** * um 890, † 968, ⚭ 909 mit König Heinrich I., Mutter Ottos I. Heilige; Tag: 14. 3.

Toskana. **2) M. von Tuszien,** Markgräfin, * 1046, † 1115, mächtige Bundesgenossin der Päpste im Investiturstreit, vermachte ihren reichen Besitz **(Mathildische Güter)** der röm. Kirche.

M'athura, Mattra, engl. **Muttra,** Stadt in Uttar Pradesch, Indien, an der Dschamna, 125 000 Ew.; Baumwoll- und Papierind.; angeblicher Geburtsort Krischnas.

H. Matisse: Goldfische (Berlin, Privatsammlung)

Matinée [frz.] die, Morgenfeier, künstler. Veranstaltung am Vormittag.

Matisse [-t'is], Henri, französ. Maler, * 1869, † 1954, gehörte zu den Überwindern des Impressionismus (→Fauves), malte weibl. Akte, Landschaften und Stilleben, flächenhaft-dekorativ und in heiter leuchtenden Farben.

Matjeshering, der noch nicht laichreife Hering.

Matk'owsky, Adalbert, Schauspieler, * 1858, † 1909; klassische Rollen.

M'ato Gr'osso, früher **Matto Grosso,** Staat im Inneren Brasiliens, 1 231 549 km², 1,5 Mill. Ew. Hauptstadt: Cuiabá. Anbau von Reis, Tabak, Zuckerrohr; Diamanten, Gold und Manganerz.

Mátra [m'a:trɔ] die, waldreiches, vulkan. Mittelgebirge in N-Ungarn, 1015 m hoch.

Matr'atze [frz.-ital. aus arab.], **1)** federnder Betteinsatz. **2)** Flußbau: Weidengeflecht zur Uferabdeckung.

Mätr'esse [frz.] die, Geliebte, im 17. und 18. Jahrh. die anerkannte, oft einflußreiche Geliebte eines Fürsten.

Matriarch'at [lat.-grch.] das, Mutterherrschaft.

Matr'ikel [lat.] die, **1)** Hochschule: das Verzeichnis der aufgenommenen Studenten. **2) Reichsmatrikel,** im Dt. Reich 1495 bis 1806 ein Verzeichnis der Reichsstände und ihrer Streitkräfte. **3) Bundesmatrikel,** ähnlich wie 2) im Dt. Bund 1815-66.

Matrikul'arbeiträge, im Dt. Reich 1871 bis 1918 jährliche, nach der Bevölkerungszahl veranlagte Beiträge der Bundesstaaten zu den Reichsausgaben.

Matrim'onium [lat.] das, Ehe. **matrimoni'al,** die Ehe betreffend, ehelich.

M'atrix [lat.] die, -/...tr'izen, rechteckige Anordnung von Zahlen oder anderen mathemat. Größen, mit der man ähnlich rechnet wie mit einer Zahl.

Matr'ize [lat.] die, **1)** Drucktechnik: Mater, Metallform zum Guß von Lettern oder Schriftzeilen; Blei-, Kunststoff- oder Wachsform zur Herstellung von Galvanos; Pappform zum Abguß von Druckplatten. **2)** Teil des Werkzeugs, in dessen Hohlform der Stempel (Patrize) eindringt. **3)** die Negativform bei der Herstellung von Schallplatten.

Matr'one [lat.] die, ältere Frau.

Matrose, seemännisch ausgebildeter Angehöriger der Schiffsbesatzung; in der Handelsmarine Lehrberuf mit 3jähr. Lehrzeit, verschiedenen Laufbahnen; in der Kriegsmarine unterster Dienstgrad.

Matsue, alte Schloß- und Hauptstadt der japan. Prov. Schimane, 115 000 Ew.; Konsumgüter-Industrie, Fischerei.

Matsu-Inseln, chines. Inselgruppe (19 Inseln), vor der Mündung des Minkiang, der Prov. Fukien vorgelagert, rd. 10 500 Ew.; seit 1949 von nationalchines. Truppen besetzt.

Matsujama, Matsuyama, Stadt auf Schikoku, Japan, 310 000 Ew.; Universität.

Matsumoto, Stadt auf Honschu, Japan, 159 000 Ew.; Nahrungsmittelindustrie.

Matsuo Basho [-ʃo], japan. Dichter, * 1643, † 1694, Zen-Mönch; Haiku-Dichtungen.

Matsuoka, Yosuke, japan. Politiker, * 1880, † (im Gefängnis) 1946, schloß als Außenmin. 1940 den →Dreimächtepakt ab, 1941 mit der Sowjetunion einen Nichtangriffspakt; 1945 von den Amerikanern als Kriegsverbrecher verhaftet.

Matsushita Electric Industrial Co., Osaka, japan. Konzern für elektr. Haushaltsgeräte; gegr. 1918. Kap.: 687,2 Mill. US-$; Beschäftigte: 68 090 (1969).

Mattblech, ein Weißblech, das einen Überzug aus Blei mit Zinnzusatz hat oder das mit rauhen Walzen gewalzt wurde.

Matte, 1) Gebirgswiese. **2)** Unterlage aus Kokosfaser, Filz, Gummi, Kunststoff.

Matte'otti, Giacomo, italien. Politiker, * 1885, † 1924, führender Sozialist, von Faschisten ermordet.

M'atterhorn, französ. **Mont Cervin** [mɔ̃-serv'ɛ̃], italien. **Monte Cervino** [-tʃerv'ino], steiler, pyramidenförmiger Felsgipfel in den Walliser Alpen, 4478 m hoch.

Matth'äus, eigentl. **Levi** (Mark. 2, 14), Apostel und Evangelist, war Zolleinnehmer, verließ Palästina, um Heidenmission zu treiben. In der späteren Legende sind ihm Martyrien angedichtet worden. Heiliger; Tag: 21. 9. (Latein. Kirche), 16. 11. (Ostkirche).

Das **Matthäusevangelium** steht im N. T. an erster Stelle. Seinem Charakter und der besonderen Betonung der in Jesus erfüll-ten alttestamentar. Weissagungen nach ist es von einem Judenchristen geschrieben, und zwar nicht vor dem Jahre 70.

Matthäuspassion, die Vertonung der Leidensgeschichte Christi nach Matthäus; J. S. Bach (1729), Schütz (1666).

Matth'ias, Apostel Jesu, an Stelle des Judas Ischarioth gewählt; Heiliger; Tag: 14. 5. (Latein. Kirche), 9. 8. (Ostkirche).

Matthias, Fürsten: **1)** Römisch-dt. Kaiser (1612-19), * 1557, † 1619, Nachfolger seines zunehmend geisteskranken Bruders, Rudolf II. (1608 in Österreich, Ungarn und Mähren, 1611 in Böhmen). Eigentl. Leiter der Politik war der Kardinal Klesl. Vergebens suchte M. zwischen den Konfessionen zu vermitteln.

2) M. I. Corv'inus, König von Ungarn (1458 bis 1490), Sohn Johann Hunyadis, * 1440, † 1490, 1469 auch König von Böhmen, besetzte seit 1480 Niederösterreich und Wien, gründete die Univ. Preßburg.

M'atthisson, Friedrich von (seit 1809), * 1761, † 1831, Lyriker von klassizistischer Glätte und Sentimentalität. Beethoven hat sein Gedicht ‚Adelaide‘ vertont.

matt'ieren, den spiegelnden Glanz beseitigen, bei Holz durch einen mattglänzenden Wachs- oder Lacküberzug, bei Metallen durch Ätzen, Sandstrahlen u. a.

Mattra, ind. Stadt, →Mathura.

Mattscheibe, Mattglasscheibe in photograph. Apparaten zum Sichtbarmachen reeller opt. Bilder; übertragen auch der →Leuchtschirm des Fernsehempfängers.

Mat'ur [lat.] das, **Maturum** das, **Matura** in, in Österreich Reifeprüfung einer höheren Schule.

Matur'in, Hauptstadt des Staates Monagas, Venezuela, 97 300 Ew.; Mittelpunkt eines Erdölgebietes.

Matut'ina [lat.] die, die →Mette.

Matze [hebr.] die, das ungesäuerte Passahgebäck der Juden.

Matzelgebirge, slowen. **Macelj,** bewaldetes Gebirge in Jugoslawien, 622 m hoch.

Maubeuge [mob'œ:ʒ], Stadt in Nordfrankreich, 32 200 Ew.; Hütten-, Stahl-Industrie.

Maudling [m'ɔ:dlin], Reginald, brit. Politiker (Konservativer), * 1917, Jurist, 1959-61 Handels-, 1961-62 Kolonialmin., 1970 bis 1972 Innenminister.

Mauer, eine Wand aus Mauersteinen, die übereinandergreifend (im Verband) aufeinandergesetzt werden.

Mauer, 1) Gem. in Bad.-Württ., 2600 Ew.; Fundort des Heidelberger Unterkiefers. **2)** Teil des 23. Bez. (Liesing) von Wien.

Mauer|assel, Krebstier der Gruppe Asseln.

Mauerbiene, Gattung einzeln lebender Bienen, baut Nester in Lehm, Sand.

Mauerfraß, Zerstörung kalkhaltigen Mauerwerks durch Ausscheidung von Calciumnitrat (Mauersalpeter) bei Berührung mit stickstoffhaltigen Ausscheidungen (Ställe).

Mauerhaken, vom Bergsteiger benutzter Haken mit Öse für das Seil; wird zur Sicherung in eine Felsritze eingetrieben.

Mauerläufer, ein baumläuferartiger Vogel, an Felswänden der Alpen, grau mit rosenroter Flügelzeichnung.

Mauerpfeffer, eine zur Gattung Fetthenne gehörige Pflanzenart.

Mauerraute, eine zur Gattung Milzfarn gehörige Farnart.

Mauersee, der zweitgrößte der Masur. Seen, Ostpreußen, 104,5 km² groß.

Mauersegler, Vogel, →Segler.

Mauersteine, alle bei der Herstellung

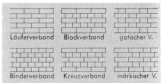

Mauerverbände

durch ein Bindemittel kalt gebundene Bausteine (Lehm-, Kalksand-, Schwemm-, Schlacken-, Beton-, Kork-, Torfsteine).

Maugham [mɔːm], William Somerset, engl. Schriftsteller, * 1874, † 1965; Romane aus der Gesellschaft und fernen Ländern (‚Der Menschen Hörigkeit', 1915; ‚Der bunte Schleier', 1925; ‚Auf Messers Schneide', 1944), Kurzgeschichten, Komödien.

M'aui, eine der Hawaii-Inseln, 1886 km² groß, 35 700 Ew.; Vulkan Haleakala.

Mauke die, 🐎 Hautentzündung in der Fesselbeuge der Pferde, durch Verschmutzung **(Schmutz-M.)**, kann zum Absterben des Gewebes führen **(Brand-M.).**

Maulbeerbaum, Baum, dessen Blätter die beste Seidenraupennahrung sind; mit eßbaren Beeren. Wichtigste Art: der **Weiße M.**, wohl aus Indien, China, mit weißen Beeren, bringt Nutzholz, Papierfaser.

Maulbertsch, Franz Anton, Maler, * 1724, † 1796, Altarbilder, Deckenfresken bes. in Österreich, die visionäre Erscheinung virtuos versinnbildlichen. Sein überreiches Schaffen war der glanzvolle Abschluß der österreich. Barockmalerei.

Maulbronn, Stadt in Bad.-Württ., 3700 Ew. - Die 1147 gegr. Zisterzienser-Abtei ist das besterhaltene mittelalterl. Kloster Dtl.s; wurde im 16. Jahrh. eine evang. Schule, jetzt evang.-theolog. Seminar. Die dreischiffige roman. Pfeilerbasilika entstand im 12.-14. Jahrh., der got. Kreuzgang (mit Brunnenhaus) um 1350.

Maulbrüter, Fische mit Maulbrutpflege, wie Buntbarsche, im Süßwasser Mittelafrikas und Südamerikas; z. T. verwahren die Weibchen die befruchteten Eier im Maul, bis die Jungen schlüpfen, auch die Jungen bei Gefahr.

Maulesel, eine Kreuzung von Pferdehengst und Eselstute. (→Maultier)

Maulfüßer, eine Gruppe der höheren Krebstiere mit langem Hinterleib und breiter Schwanzflosse; zu den M. gehört der bis 18 cm lange, eßbare **Heuschreckenkrebs.**

Maultier, Kreuzung von Eselhengst und Pferdestute, meist größer als der Maulesel; bei beiden sind die Hengste unfruchtbar.

Maultrommel, primitives Musikinstrument, wird im Mund gehalten, der überstehende Teil mit dem Finger gezupft, die Mundhöhle ist Resonanzraum.

Maul- und Klauenseuche, 1) Aphthenseuche, sehr ansteckende Viruskrankheit bes. der Klauentiere (Wiederkäuer, Schwein), mit Blasen (Aphthen) und Geschwüren auf der Maulschleimhaut, am Euter und an den Klauen; anzeigepflichtig. Bekämpfung: Desinfektion, Impfung. **2)** Mundseuche, dieselbe Krankheit beim Menschen, übertragen durch krankes Vieh oder infizierte Milch.

Maulwürfe, Insektenfresser, rattengroße Tiere mit plumpem Rumpf. Zu den M. gehören z. B. die europ. **Bisamspitzmäuse**, die altweltl. **Erdmaulwürfe**, die **Sternmulle** N-Amerikas. Der **Europ. M.** hat schwarzes samtartiges Fell. Die M. sind

Maulwurf

blind, graben mit schaufelartigen Vordergliedmaßen, sind als Schädlingsvertilger geschützt.

Maulwurfsgrille, eine →Grille.

Mau-Mau, Geheimbünde der Kikuyu in Kenia, die sich seit 1949/50 gegen die Kolonialregierung erhoben.

Maunak'ea, Vulkan auf Hawaii (4208 m).

Maunal'oa, Vulkan auf Hawaii (4170 m).

Maunz, Theodor, Jurist, * 1901, Prof. in München (seit 1952), 1957-64 bayer. Kultusminister.

Maupassant [mopa's'ã], Guy de, französ. Schriftsteller, * 1850, † 1893, ein Meister der Novelle, zeichnete darin menschl. Durchschnittlichkeit, Erotik, Langeweile. Romane ‚Ein Frauenschicksal' (1883), ‚Bel Ami' (1885).

Maupertuis [moperty'i], Pierre Louis **Moreau de,** französ. Physiker, Mathematiker, Philosoph, * 1698, † 1759, entwickelte eine

François Mauriac   *Guy de Maupassant*

Fassung des Prinzips der kleinsten Wirkung.

Mauren, 1) die berberisch-arab. Mischbevölkerung Mauretaniens. **2)** die arab. Eroberer und Beherrscher der Pyrenäenhalbinsel (711-1492).

Maurer, Handwerker des Baugewerbes mit 3jähriger Lehrzeit.

Maurer, Ion Gheorghe, rumän. Politiker (Kommunist), * 1902, war 1958 bis März 1961 als Vors. des Präsidiums der Nationalversammlung rumän. Staatsoberhaupt; ist seitdem MinPräs.

Maur'eske die, ein Flächenornament aus geschwungenen Ranken mit stilisierten Blättern und Blüten; seit dem 16. Jahrh. bes. in Dtl. verbreitet.

Mauret'ania, im Altertum das von Mauren bewohnte NW-Afrika, etwa das heutige Marokko.

Mauret'anien, Islamische Republik M., Rep. in Westafrika, 1 030 700 km² mit 1,14 Mill. Ew. (50% Araber u. Berber, 20% Schwarzafrikaner, Rest: Mischbevölkerung). Hauptstadt: Nouakchott; Amtssprachen: Französisch und Arabisch. Der Islam ist Staatsreligion. ⊕ II/III, Bd. 1, n. S. 320. Nach der Verf. von 1961 ist Staatsoberhaupt und Regierungschef der Präs. ▢ S. 1179, ▢ Bd. 1, S. 392. Währung ist der CFA-Franc.

Der größte Teil von M. gehört zur westl. Sahara. Die Dornsavannen im S werden zur Viehwirtschaft genutzt (über die Hälfte der Ew. sind Nomaden), das Überschwemmungsland des Senegal im SW zum Anbau (Hirse). Die Oasen liefern Datteln. Bedeutender Bergbau auf Eisenerz (90% der Ausfuhr), ferner werden Kupfer, Salz und Phosphate gewonnen. Haupthandelspartner: Frankreich, Senegal. Dem Verkehr dienen nur wenige Straßen (meist Pisten), eine Bahn dem Eisenerztransport zum Haupthafen Nouadhibou; internat. Flughäfen: Nouakchott, Nouadhibou.

M., ehem. Gebiet von Französ.-Westafrika, wurde am 28. 11. 1960 unabhängig.

Mauriac [mori'ak], **1)** Claude, französ. Schriftsteller, Sohn von 2), * 1914; Erzähler, Kritiker.

2) François, französ. Schriftsteller, * 1885, † 1970; Romane, auf der Grundlage streng kath. Ethik, vom Bösen und seinen Zerstörungen, ‚Fleisch und Blut' (1920), ‚Die Ein-

öde der Liebe' (1925), ‚Natterngezücht' (1932), ‚Das Lamm' (1954) u. a. Nobelpreis für Literatur 1952.

Maur'ina, Zenta, Schriftstellerin, * 1897; Romane (‚Denn das Wagnis ist schön', 1953, ‚Die eisernen Riegel zerbrechen', 1957); Essays.

Maur'iner, ein 1618 begründeter französ. Zweig des Benediktinerordens, genannt nach dem hl. Maurus, verdient um die Geschichtswissenschaft, in der Französ. Revolution untergegangen.

maurische Kunst, ein Zweig der →islamischen Kunst, seit etwa 1100 in Nordafrika und Spanien.

Maur'itius [engl. mər'iʃəs], Insel der Maskarenen im Ind. Ozean, bildet mit Rodriguez und kleinen Nebeninseln einen monarch. Staat im Brit. Commonwealth, 2045 km², 799 000 Ew. Hauptstadt: Port Louis. M. ist vulkan. Ursprungs, im Piton Rivière Noire 826 m hoch. Anbau bes. von Zuckerrohr (Ausfuhr). Die Bevölkerung besteht aus Nachkommen ind. Plantagenarbeiter der alten französ. Kolonisten, Negern, Mulatten, Chinesen. - M. wurde 1507 von den Portugiesen entdeckt, 1598 niederländisch, 1715 französisch, 1810 britisch. - Die **blaue M.** von 1847 ist eine der seltensten und wertvollsten Briefmarken.

Mauritius, in der christl. Legende der Anführer der →Thebaischen Legion; Schutzheiliger der Infanterie; Tag: 22. 9. M. wird meist als Mohr dargestellt.

Mauritiuspalme, Fächerpalme, →Buriti.

Maurois [morw'a], André, eigentl. Emile Herzog, französ. Schriftsteller, * 1885, † 1967; Romane und Biographien: ‚Ariel oder das Leben Shelleys' (1923), ‚Wandlungen der Liebe' (1928), ‚Rosen im September' (1956), ‚Die drei Dumas' (1957).

Maurras [mor'as], Charles, französ. Politiker und Schriftsteller, * 1868, † 1952; atheist. Monarchist, Mitgründer der →Action Française, 1945 als Kollaborateur zu lebenslängl. Haft verurteilt, 1948 begnadigt; Kritiken, Erzählungen, Gedichte.

Maursmünster, französ. **Marmoutier** [marmutj'e], Stadt im französ. Dép. Bas-Rhin, 1800 Ew. Die Kirche der ehemal. Be-

Zwergmaus

nediktinerabtei hat einen roman. W-Bau; Lang- und Querhaus wurden gotisch gebaut, auch der im 18. Jahrh. entstandene Chor.

Maus, ein Nagetier, →Mäuse.

Mauscheln das, ein Kartenglücksspiel.

Mäuschen das, 💲 eine bes. stoßempfindliche Stelle am Ellbogengelenk, an der der Ellennerv dicht unter der Haut dem Knochen aufliegt **(Musikantenknochen).**

Mäuse, eine Nagetierfamilie; zu den **Echten M.** zählen in Mitteleuropa: die **Hausmaus** und ihre frei lebende Wildform, die **Ährenmaus;** in Gebüsch und Feld lebt die **Waldmaus.** Ein geschickter Kletterer mit Greifschwanz ist die **Zwergmaus.** Abkömmlinge der **Hausmaus** sind **Weiße M., Tanzmäuse** u. a. Ferner →Ratte, →Wühlmäuse. - Der Bekämpfung von M. dienen Fallen und vergiftete Köder (z. B. Getreidekörner).

Maus

Mäusebrot, die Knöllchen des Scharbockskrauts, auch **Himmelsbrot** genannt.

Mäusedorn, Liliengewächsgattung im Mittelmeerbereich; niedrige Sträucher, mit blattähnl., stachelspitzigen, immergrünen Flachssprossen, grünlichweißen Blütchen und roten Beeren, z. B. die **Stachelmyrte,** die zu Trockensträußen dient.

Mauser [lat.] *die,* der Federwechsel der Vögel, meist nach einjähriger Tragdauer; zweimal im Jahr bei Vögeln mit ‚Sommer-‘ und ‚Winterkleid‘.

Mausergewehr, ein nach 1871 im dt. Heer eingeführtes Gewehr; benannt nach den Konstrukteuren Paul von Mauser (* 1838, † 1914) und dessen Bruder Wilhelm (* 1834, † 1882).

Mäuseturm [zu →Maut], Turm auf einer Felseninsel im Rhein, bei Bingen, ehem. Zollstätte, heute Signalwarte für die Schiffahrt durch das Binger Loch.

Mäusetyphus, durch Salmonellen hervorgerufene Blutvergiftung bei Mäusen; auf den Menschen übertragbar.

Mausol'eum [grch.] *das,* ein monumentaler Grabbau. Der Name geht zurück auf das für König Mausolos von Karien († 353 v. Chr.) errichtete, etwa 50 m hohe Grabmal in Halikarnassos, das zu den Sieben Weltwundern gezählt wurde (durch Ausgrabungen bekannt; Skulpturen in London, Brit. Museum).

Maut *die,* Zoll und Wegegeld. **Mautner** *der,* Zöllner.

Mauth'ausen, Gem. in Oberösterreich, Konzentrationslager 1939-45.

Mauthner, Fritz, Schriftsteller und Philosoph, * 1849, † 1923; Parodien zeitgenöss. Schriftsteller (‚Nach berühmten Mustern‘, 1879-97), histor. und philosoph. Romane.

mauve [mo:v, frz.], malvenfarbig, violett mit gelblichem Schimmer.

Max'entius, Marcus Aurelius Valerius, röm. Kaiser (306-312), von seinem Mitkaiser Konstantin an der Milvischen Brücke in Rom besiegt; ertrank im Tiber.

Max'ille [lat.] *die,* bei Wirbeltieren: Oberkiefer, bei Gliederfüßern: Unterkiefer.

Maxim [m'æksim], Sir (1901) Hiram Stevens, amerikan. Ingenieur, * 1840, † 1916, erfand 1883 das erste Maschinengewehr.

maxim'al... [lat.], höchst..., größt...

Max'ime [lat.], der Grundsatz, Prinzip; Kernspruch oder Lebensregel. Zu einer hohen Form philosoph. Aussage wurden die M. bei den franzöz. Moralisten und in Goethes ‚Maximen und Reflexionen‘ (1840).

Maxim'ilian, Fürsten:
Römisch-deutsche Kaiser. **1) M. I.** (1493 bis 1519), Sohn Friedrichs III., * 1459, † 1519, seit 1486 dt. König. Durch seine Heirat mit der burgund. Erbtochter Maria (1477) gewann er u. a. die Niederlande für Habsburg und behauptete sie in zwei Kriegen gegen Frankreich. Erfolglos waren seine Kriege in Italien. Dagegen erlangte sein Sohn Philipp d. Schöne 1506 die kastil. Krone; 1491 sicherte er die habsburg. Erbfolge in Ungarn (u. Böhmen). Dem Streben nach einer ‚Reichsreform‘ mußte M. nachgeben; doch stellte er dem Reichskammergericht (1495) seinen Reichshofrat (1497) entgegen. Der ‚Schwabenkrieg‘ führte 1499 zur tatsächl.

Maximilian I., Gemälde von A. Dürer, 1519, Ausschnitt (Wien, Kunsthistorisches Museum)

Loslösung der Schweiz vom Reich. Geistig begabt und romant. Sinnes (der ‚letzte Ritter‘), betätigte sich M. als Schriftsteller und als Freund der Humanisten.
2) M. II. (1564-76), Sohn Kaiser Ferdinands I., * 1527, † 1576, neigte früh zum Protestantismus, blieb aber katholisch; M. bemühte sich um Ausgleich der religiösen und politischen Gegensätze.
Baden. **3) M. (Max),** Prinz, * 1867, † 1929, seit 1907 Thronfolger, 3. 10.-9. 11. 1918 Reichskanzler, verkündete nach dem Ausbruch der Novemberrevolution die Abdankung Wilhelms II.; übergab Ebert sein Amt.
Bayern. **4) M. I.,** Herzog (1597-1623) und Kurfürst (1623-51), * 1573, † 1651, gründete 1609 die kath. Liga, deren Haupt er im Dreißigjähr. Krieg neben den Habsburgern war. 1623 erhielt er die pfälz. Kurwürde, 1628 die Oberpfalz. M. war im Hauptgegner Wallensteins.
5) M. II. Emanuel, Kurfürst (1679-1726), Enkel von 4), * 1662, † 1726, seit 1683 kaiserl. Feldherr im Türkenkrieg, 1691-99 Statthalter der Span. Niederlande. Ludwig XIV. sicherte ihm deren Besitz zu, weswegen er im Span. Erbfolgekrieg auf dessen Seite trat.
6) M. III. Joseph, Kurfürst (1745-77), Enkel von 5), * 1727, † 1777, zog sich 1745 aus dem Österreich. Erbfolgekrieg zurück, gründete 1759 die Akademie der Wissenschaften in München, hob 1773 den Jesuitenorden auf.
7) M. IV. (I.) Joseph, Kurfürst (1799-1806) und König (1806-25), * 1756, † 1825, 1795 Herzog von Pfalz-Zweibrücken. Unter dem Einfluß seines Min. Montgelas schloß er sich eng an Napoleon an; für den Verlust der Pfalz, Jülichs und Bergs erhielt er 1803-10 zahlreiche fränk. und schwäb. Gebiete, 1815/16 wieder die linksrhein. Pfalz. 1818 erließ er eine Verfassung.
8) M. II. Joseph, König (1848-64), Enkel von 7), * 1811, † 1864, förderte bes. das dichter. und wissenschaftl. Leben in München.
Mexiko. **9) M.,** Kaiser (1864-67), Erzherzog von Österreich, Bruder Franz Josephs, * 1832, nahm die ihm auf Betreiben Napoleons III. angetragene mexikan. Kaiserkrone an. Nach Abzug der französ. Truppen gewann Präs. Juárez wieder die Oberhand; M. wurde 1867 erschossen.

Maximiliansgrabmal, von Kaiser Maximilian I. für sein Grab bestimmtes Denkmal mit Bronzebildwerken seiner Ahnen (geplant 40 überlebensgroße Standbilder, 34 Büsten, 100 Statuetten u. a.), nur z. T. vollendet, in der Hofkirche zu Innsbruck (Hauptwerke: Artus und Theoderich von P. Vischer d. Ä., 1513).

Maxim'inus, Gajus Julius Verus, genannt **Thrax** (‚Thraker‘), röm. Kaiser (235-238), erster Nichtrömer auf dem Thron.

M'aximode [lat.], die 1969 eingeführte Mode der fußlangen Kleidung.

M'aximum *das,* **1)** Höchststand, größter Wert. **2)** Wetterkunde: Hochdruckgebiet.

Max-Planck-Gesellschaft zur Förderung der Wissenschaften e. V., gegr. 26. 2. 1948, Sitz Göttingen, unterhält unabhängige wissenschaftl. Forschungsinstitute und -stellen. Nachfolgerin der Kaiser-Wilhelm-Gesellschaft. Sie wird im wesentlichen durch die öffentliche Hand finanziert, außerdem Mitgliedsbeiträge, Spenden.

Maxwell [m'ækswəl], Zeichen **M,** Maßeinheit des magnet. Kraftflusses.

Maxwell [m'ækswəl], James Clerk, engl. Physiker, * 1831, † 1879, Prof.; Schöpfer der →Maxwellschen Theorie, Begründer der kinetischen Gastheorie (neben Clausius und Boltzmann).

Maxwellsche Theorie [m'ækswəl-], die von J. C. Maxwell entwickelte Theorie der elektromagnet. Erscheinungen. Elektrische Ströme und Magneten wirken aufeinander vermöge ihrer Felder; die M. T. verknüpft Ströme, Magneten und Felder durch die **Maxwellschen Gleichungen.**

May, 1) Ernst, Architekt, * 1886, † 1970, schuf vorbildlich gewordene Siedlungen und städtebaul. Planungen; war auch in der Sowjetunion und Ostafrika tätig.

2) Karl, Schriftsteller, * 1842, † 1912. Mit seinen Abenteuerbüchern, die unter den Indianerstämmen Nordamerikas oder im Nahen Orient spielen, wurde er vielgelesener Jugendschriftsteller.

Maya, sprachverwandte Indianerstämme in Mittelamerika, bes. auf dem Hochland von Guatemala und in Yucatán, etwa 1,3 Mill. - Die M. entwickelten die höchste aller Kulturen (Tempel, Paläste, Astronomie, Mathematik, Kalenderrechnung, Bilderschrift) des vorkolumb. Amerika, zuerst im trop. Tiefland Mexikos und Guatemalas, mit den Städten Tikal, Palenque u. a., die sie um 900 verließen, um sich im N Yucatáns anzusiedeln, wo ihre Kultur unter dem Einfluß der Tolteken (seit 1000) eine neue Blüte erreichte (→Chichén Itzá) und nach 1441 durch das Eindringen neuer Stämme aus dem N fast völlig vernichtet wurde. (→mittelamerikanische Kulturen)

M'aya, ind. Philosophie: →Maja.

Maybach, Wilhelm, Ingenieur, * 1846, † 1929, Mitarbeiter Daimlers, erfand Vergaser, Wechselgetriebe, Kulissensteuerung, Wabenkühler u. a., baute später Luftschiffmotoren.

Mayen, Stadt in Rheinl.-Pf., in der östl. Eifel, 20 700 Ew.; Schiefer-, Textil- u. a. Ind.

Mayenne [maj'en], **1)** Fluß in West-Frankreich, rd. 200 km, vereinigt sich mit der Sarthe mündet er als Maine in die Loire. **2)** Dép. in W-Frankreich, 5171 km², 252 800 Ew. Hauptstadt: Laval.

Mayer, 1) Hans, Literaturkritiker, * 1907, war Prof. in Leipzig, seit 1966 Prof. in Hannover. ‚Georg Büchner und seine Zeit‘ (1946/47); ‚Thomas Mann‘ (1950); ‚Bertolt Brecht und die Tradition‘ (1961); Essays.

Karl May   J. R. v. Mayer

2) Julius Robert von (1867), Arzt und Physiker, * 1814, † 1878, berechnete erstmals das mechanische Wärmeäquivalent, entdeckte um 1840 das Gesetz von der Erhaltung der Energie, fand nach langem Streit mit Helmholtz, Joule u. a. Anerkennung.

3) Otto, Jurist, * 1846, † 1924, Prof. in Straßburg und Leipzig, Schöpfer der dt. Verwaltungsrechtswissenschaft.

Mayflower [m'eiflauə, engl.], Name des Schiffes, auf dem 1620 die ‚Pilgerväter‘, die ersten engl. puritan. Siedler, nach Amerika (Massachusetts) fuhren.

Mayo [m'eiou], irisch **Maigh Eo,** Gfsch. im NW der Rep. Irland, 5395 km², 109 500 Ew. Hauptstadt: Castlebar.

Mayo-Klinik, eines der bedeutendsten Krankenhäuser der Welt, 1889 in Rochester (USA) von William Worrall Mayo (* 1819, † 1911) und seinen beiden Söhnen gegründet, ein Zentrum für Diagnostik. - In der Bundesrep. Dtl. wurde 1970 die nach dem Vorbild der M.-K. geschaffene ‚Deutsche Klinik für Diagnostik‘ in Wiesbaden eröffnet.

Mayonnaise [-'ε:-], kalte Soße aus Ei, Öl, Zitronensaft oder Essig, Senf, Gewürzen.

Mayrhofen, Ferienort im →Zillertal.

Mazarin [mazar'ε̃], Jules, eigentlich Giulio **Mazar'ini,** * 1602, † 1661, 1641 Kardinal, folgte 1642 Richelieu als leitender französ. Min., warf 1648-53 die →Fronde nieder, gewann im Westfäl. (1648) und im Pyrenäenfrieden (1659) weite Gebiete für Frankreich, der junge Ludwig XIV. ließ ihm bis zu seinem Tod die Macht.

Mazatlán [-sa-], Hafenstadt in Sinaloa,

794

Institute der Max-Planck-Gesellschaft (Stand: 1970)

Biologisch-Medizinische Sektion

M.-P.-I. für Arbeitsphysiologie, Dortmund
Forschungsstelle für Bioakustik in der M.-P.-G., Tübingen
M.-P.-I. für Biochemie, München
M.-P.-I. für Biologie, Tübingen
M.-P.-I. für Biophysik, Frankfurt a. M.
M.-P.-I. für Eiweiß- und Lederforschung, München
M.-P.-I. für molekulare Genetik, Berlin-Dahlem
M.-P.-I. für Ernährungsphysiologie, Dortmund
M.-P.-I. für Hirnforschung, Frankfurt a. M.
M.-P.-I. für Limnologie, Plön (Holstein)
M.-P.-I. für biolog. Kybernetik, Tübingen
William G. Kerckhoff-Herzforschungsinst., Bad Nauheim
Forschungsstelle für Psychopathologie und Psychotherapie
    in der Max-Planck-Gesellschaft, München
M.-P.-I. für Landarbeit und Landtechnik, Bad Kreuznach
M.-P.-I. für medizin. Forschung, Heidelberg
M.-P.-I. für experimentelle Medizin, Göttingen
M.-P.-I. für Zellbiologie, Wilhelmshaven und Tübingen
M.-P.-I. für Pflanzengenetik, Ladenburg bei Heidelberg
M.-P.-I. für Psychiatrie (Deutsche Forschungsanstalt für
    Psychiatrie), München
M.-P.-I. für Tierzucht und Tierernährung, Mariensee
M.-P.-I. für Verhaltensphysiologie, Seewiesen über Starn-
    berg, mit Vogelwarte Radolfzell
M.-P.-I. für Virusforschung, Tübingen
M.-P.-I. für Zellchemie, München
M.-P.-I. für Zellphysiologie, Berlin-Dahlem
M.-P.-I. für Züchtungsforschung (Erwin-Baur-Inst.), Köln
M.-P.-I. für Immunbiologie, Freiburg i. Br.

Chemisch-Physikalisch-Technische Sektion

M.-P.-I. für Astronomie, Heidelberg-Königstuhl
M.-P.-I. für Aeronomie, Lindau über Northeim (Hann.)
M.-P.-I. für Chemie (Otto-Hahn-Institut), Mainz
M.-P.-I. für physikalische Chemie, Göttingen
M.-P.-I. für Eisenforschung, Düsseldorf

Institut für Plasmaphysik GmbH., Garching bei München
Gmelin-Institut für anorgan. Chemie, Frankfurt a. M.
Fritz-Haber-Institut, Berlin-Dahlem (physikal. Chemie)
M.-P.-I. für Kernphysik, Heidelberg
M.-P.-I. für Kohlenforschung, Mülheim (Ruhr)
M.-P.-I. für Metallforschung, Stuttgart
M.-P.-I. für Physik und Astrophysik, München
M.-P.-I. für Radioastronomie, Bonn
M.-P.-I. für Silikatforschung, Würzburg
M.-P.-I. für Spektroskopie, Göttingen
M.-P.-I. für Strömungsforschung, Göttingen
M.-P.-I. für Festkörperforschung (in Stuttgart im Aufbau)

Geisteswissenschaftliche Sektion

Bibliotheca Hertziana (Max-Planck-Institut), Rom
M.-P.-I. für Geschichte, Göttingen
M.-P.-I. für ausländ. und internat. Patent-, Urheber- und
    Wettbewerbsrecht, München
M.-P.-I. für ausländ. und internat. Privatrecht, Hamburg
M.-P.-I. für ausländ. öffentl. Recht und Völkerrecht,
    Heidelberg
M.-P.-I. für europ. Rechtsgeschichte, Frankfurt a. M.
M.-P.-I. für ausländ. u. internat. Strafrecht, Freiburg i. Br.
M.-P.-I. zur Erforschung der Lebensbedingungen der wis-
    senschaftlich-techn. Welt, Starnberg

Von der Max-Planck-Gesellschaft betreute wissenschaftliche Einrichtungen

Institut für Bildungsforschung in der Max-Planck-Gesellschaft,
    Berlin
Institut für Dokumentationswesen, Frankfurt a. M.
Zentralwerkstatt Göttingen GmbH., Göttingen
Minerva Gesellschaft für die Forschung mbH., München, mit
    Kerckhoff-Klinik, Bad Nauheim, Abteilung Urolo-
    gie, Großhaunsdorf, und Zentralstelle für maschi-
    nelle Dokumentation, Frankfurt a. M.

Mexiko, am Stillen Ozean, 115 000 Ew.; Seebad.

Mazed'onien, →Makedonien.

Mäz'en der, Kunstgönner, Förderer; nach →Maecenas.

Maz'epa, Iwan, * 1652, † 1709, Hetman der ukrain. Kosaken, kämpfte zunächst für Peter d. Gr., suchte dann die Kosaken der russ. Herrschaft zu entziehen, schloß sich 1708 Schweden an, floh nach der Niederlage bei Poltawa mit Karl XII. in die Türkei.

Mazeration [lat.], 1) ⊕ ⚕ ⚕ Erweichen von organ. Gewebe durch Wasser bei Luftabschluß. 2) ⚕ das Auszziehen von Drogen durch Flüssigkeiten bei Zimmerwärme.

Maz'urka die, poln. Tanz, →Masurka.

Mazz'ini, Giuseppe, * 1805, † 1872, erstrebte die nationale Einigung Italiens als Republik und den Zusammenschluß Europas unter Wahrung der Nationalitäten; 1849 verteidigte er mit Garibaldi Rom gegen die Franzosen, floh dann nach London. Seine Ideen trugen mit zur Bildung des italien. Nationalstaates bei.

Mbabane [mbab'an], Hauptstadt von Swasiland, 13 800 Ew.

M-B-V-Verfahren, modifiziertes Bauer-Vogel-Verfahren zum Oberflächenschutz von Aluminiumlegierungen durch alkal. Chromatlösungen.

Mc, Abk. für →Mac.

McCarthy [mək'a:θi], 1) Joseph R., amerikan. Politiker (Republikaner), * 1909, † 1957; Vors. des Senats-Ausschusses zur Untersuchung kommunist. Umtriebe (1950-54).
2) Mary Therese, amerikan. Schriftstellerin, * 1912, Romane (,Die Clique', 1963; u. a.).

McCloy [mək'lɔi], John Jay, * 1895, 1949 bis 1952 Hoher Kommissar der Verein. Staaten in Dtl.; 1961-63 Sonderbeauftragter Präs. Kennedys für Abrüstungsfragen.

McCullers [mək'ʌləz], Carson, geb. Smith, amerikan. Schriftstellerin, * 1917, † 1967; Romane, Erzählungen.

McDonnel Douglas Aircraft Corporation [məkd'ɔnl dʌgləs -, engl.], Abk. **MD,** St. Louis (Mo.), eines der größten Unternehmen der Luftfahrtind. der Welt. Produktionsprogramm: Flugzeuge, Raketen, elektron. Geräte. Kap.: 648,66 Mill. US-$; Beschäftigte: 92 550 (1970).

McDougall [mək'u:gəl], William, engl. Psychologe, * 1871, † 1938, entwickelte eine Psychologie der menschl. Antriebe.

McGovern [mək'gʌvərn], George Stanley, amerikan. Politiker (Demokrat), * 1922, seit 1963 Senator von South Dakota, 1972 Präsidentschaftskandidat seiner Partei.

McMillan [məkm'ilən], Edwin Mattison, amerikan. Physiker, * 1907, Prof. in Berkeley, erhielt 1951 gemeinsam mit G. T. Seaborg den Nobelpreis für Chemie für die Entdeckung des Neptuniums und Plutoniums, entwickelte 1946 das Synchrotron.

McNamara [m'ɔknəm'a:rə], Robert Strange, amerikan. Politiker (Demokrat), * 1916, 1960 Präs. der Ford Motor Company, 1961 bis 1968 Verteidigungs-Min., seit 1968 Präs. der Weltbank.

Md, chem. Zeichen für **M**endelevium.

Md., Abk. für **M**aryland (USA).

MdB., Abk. für **M**itglied **d**es **B**undestags.

MdL., Abk. für **M**itglied **d**es **L**andtags.

MdR., Abk. für **M**itglied **d**es **R**eichstags.

Mead [mi:d], 1) George Herbert, amerikan. Philosoph, * 1863, † 1931, legte die Fundamente einer anthropolog. Kulturtheorie.
2) Margaret, amerikan. Ethnologin, * 1901, untersuchte bes. die weibl. und kindl. Lebenssphäre der Naturvölker.

Meany [m'i:ni], George, amerikan. Gewerkschaftsführer, * 1894, seit 1952 Vors. des AFL, seit 1955 Präs. des →AFL-CIO.

Meath [mi:θ], irisch **An Mhí** [mi:ð], Grafschaft im O der Republik Irland, 2338 km², 71 600 Ew. Hauptstadt: Trim.

Mech'anik [grch.], die, grundlegender Zweig der Physik, untersucht die Bewegungen unter dem Einfluß von Kräften. In der **Kinematik** werden die möglichen Bewegungen unabhängig von den Kräften, in der **Dynamik** die wirklichen Bewegungen unter Benutzung des Massen- und des Kraftbegriffs behandelt. Sonderfall der Dynamik ist die **Statik** als Lehre vom Kräftegleichgewicht.

Mech'aniker der, Facharbeiter der Metallverarbeitung. Lehrzeit 3 1/2 Jahre.

mech'anisch, nach den Gesetzen der Mechanik; zwangsläufig; gedankenlos.

mech'anische Musik, durch ein →Musikwerk wiedergegebene Musik.

mech'anisches Wärme|äquivalent, die mechan. Arbeit, die der Einheit der Wärme entspricht. 1 Kalorie (cal.) = $4,1868 \cdot 10^7$ erg.

Mechanisierung, der Ersatz von Handarbeit durch Maschinenarbeit.

Mechan'ismus, 1) das Zusammenwirken der mechan. Teile einer Maschine oder eines Werkes. 2) M., **mechanistische Naturauffassung,** die Lehre, daß alles Geschehen auf mechan. Ursachen zurückführbar (kausal bestimmt) sei.

M'echeln, flam. **Mechelen,** franzöz. **Malines,** Stadt in der Prov. Antwerpen, Belgien, an der Dyle, 65 800 Ew., kath. Erzbischofssitz; mittelalterl. Bauten: Kathedrale (13. bis 16. Jahrh.), Liebfrauenkirche, Tuchhalle, Schepenhuis u. a. Lebensmittel- u. a. Großind., Möbelzentrum.

Mechernich, Gem. in Nordrh.-Westf., 13 200 Ew., Maschinen- u. a. Ind., Eisenwerk.

Mechitar'isten, kath. Orden mit Benediktinerregel, gegr. 1701 von dem armenischen Mönch Mechitar (1676-1749); Sitze in Wien und bei Venedig.

Mechtal, poln. **Miechowice,** bis 1936 Mie-

Jules Mazarin   *Golda Meir*

chowitz, Industriegem. in Oberschlesien, (1939) 16 900 Ew.; Steinkohlen-, Erzbergbau, Hüttenwerk. M. steht seit 1945 unter poln. Verwaltung.

M'echthild von Magdeburg, Nonne und Mystikerin, * um 1212, † 1283.

Meckauer, Walter, Schriftsteller, * 1889, † 1966. Romane.

Meckel, Christoph, Schriftsteller und Graphiker, * 1935.

Mecklenburg, historisches deutsches Land, an der Ostsee zwischen Lübecker Bucht und Darß, im Verlauf des Balt. Landrückens von der reich bewaldeten **Mecklenburg. Seenplatte** durchzogen (Müritz, Schweriner, Plauer, Kummerower Seeu. a.). Die flache Küste ist mit Dünen besetzt; Seebäder: Kühlungsborn, Heiligendamm, Warnemünde, Graal, Müritz, Wustrow. Die Landwirtschaft baut bes. Weizen, Roggen, Hafer, Zuckerrüben, Kartoffeln an; bedeutende Viehzucht, Fluß- und Küstenfischerei. Industrie: bes. Schiffbau (Wismar, Rostock, Warnemünde), ferner Zukker-, Stärke-, Konservenfabriken, Ziegeleien. M. ist Durchgangsland für den Verkehr mit Skandinavien, Eisenbahnfähren: Saßnitz-Trelleborg, Warnemünde-Gedser.

Geschichte. Urspr. von Germanen bewohnt, wurde M. im 7. Jahrh. von den slaw. Abodriten und Lutizen besetzt, von Heinrich dem Löwen in die Eingliederung in die dt. Kulturbereich vollendet. Seit 1348 Herzogtum, war M. mehrfach geteilt, zuletzt 1701 in M.-Schwerin und M.-Strelitz, die seit 1815 Großherzogtümer waren. Beide M. wurden 1918 demokrat. parlamentar. Rep., 1934 unter einem Reichsstatthalter zu einem Land M. vereinigt. 15 721 km² mit (1939) 900 600 Ew., Regierungssitz: Schwerin. 1945 kam M. um Vorpommern westl. der Oder vergrößert, zur sowjet. Besatzungszone: 22 938 km² mit (1946) 2,1 Mill. Ew. 1949 wurde M. im Land der Dt. Dem. Rep. 1952 wurde es aufgelöst und die Bezirke Rostock, Schwerin und Neubrandenburg der Dt. Dem. Rep. aufgeteilt.

Medaille [-'alɟə, frz.] die, eine Schau- oder Denkmünze mit Reliefdarstellungen zur Erinnerung an eine Persönlichkeit oder ein Ereignis, ursprünglich gegossen, später meist geprägt; auch eine Auszeichnung in Form einer M. (Rettungs-M. u. a.).

Die Kunst der M. begann in der italien. Frührenaissance. Die 1. M. mit einem zeitgenöss. Porträt stammte von dem norditalien. Maler A. Pisano, gen. Pisanello, auf der Vorderseite (Avers) mit einem Bildnis,

Medaille: N. M. Gatteaux, Bronzemedaille zur Aufhebung der Privilegien durch die Französ. Nationalversammlung, 1789 (Paris, Nationalbibliothek)

auf der Rückseite (Revers) mit szen. Darstellung. Mit Pisano setzte die Blütezeit der italien. Medaillenkunst ein. Seit dem 16. Jahrh. wurden M. auch im Norden gearbeitet (H. Schwarz, F. Hagenauer u. a.). In der Reformation kamen M. mit religiösen Darstellungen auf. Zur Zeit des Klassizis-

mus schuf David d'Angers meisterhafte Bildnismedaillen. Künstler der neueren Zeit sind: A. Scharff, A. v. Hildebrand, L. Gies u. a.

Medailleur [-aj'œːr, frz.], ein Künstler, der Medaillen arbeitet.

Medaillon [-aj'ɔ̃, frz.] das, 1) runde oder ovale Ornament- oder Rahmenformen. 2) flache Kapsel für ein Bildnis als Anhänger.

M'edan, Provinzhauptstadt auf Sumatra, Indonesien, 479 100 Ew. Mittelpunkt eines Tabakanbaugebietes.

Medau, Hinrich, Sportpädagoge, * 1890, entwickelte eine Gymnastikmethode zwischen Leistungssport und Ballett, gründete 1929 die Medauschule in Berlin, seit 1954 auf Schloß Hohenfels b. Coburg.

Medawar [m'edəwa], Peter Bryan, engl. Zoologe, Anatom, * 1915, erforschte die Abwehrreaktionen der Lebewesen gegen die Überpflanzung körperfremden Gewebes; mit F. M. Burnet Nobelpreis 1960 für Medizin.

Med'ea, griech. **M'edeia,** griech. Mythos: Tochter des Königs von Kolchis; entfloh mit Iason und dem goldenen Vlies. Von Iason verstoßen, tötete sie ihre Nebenbuhlerin Kreusa und die eigenen Kinder. Dramen von Euripides, Corneille, Grillparzer, Anouilh, H. H. Jahnn u. a.

Medellín [meðeʎ'in], Dep.-Hauptstadt in Kolumbien, 868 500 Ew., kath. Erzbischofssitz, Universitäten; Textil-, Eisen-, Stahl-, Schuh- und Tabakindustrie.

Meden-Spiele, seit 1921 veranstaltete Tenniswettspiele (Mannschaftskämpfe), zur Erinnerung an den ersten Präs. des Dt. Tennisbundes, C. A. von der Meden.

Meder, die Bewohner →Mediens.

M'edia [lat.] die, -/...di|en, stimmhafter Verschlußlaut (b, d, g).

medi'al [lat.], 1) die Mitte bildend. 2) mit den Eigenschaften eines Mediums.

medi'an [lat.], in der Mittellinie gelegen.

Medi'anschnitt der, ♃ ♀ ein Schnitt, der den Körper in zwei spiegelbildlich gleiche Hälften teilt.

Medi'ante [lat.] die, Mittelton des Dreiklangs und der darauf errichtete Dreiklang.

Media-Planung, Betriebswirtschaft: Auswahl derjenigen Werbeträger, die den höchsten Wirkungsgrad versprechen, um bestimmte Zielgruppen zu erreichen, und die bestimmte Bedingungen quantitativer und qualitativer Art erfüllen.

M'ediasch, rumän. **Mediaș,** Stadt in Siebenbürgen, Rumänien, im Tal der Großen Kokel, 55 900 Ew., hat alte deutsche Kirchenburg (15. Jahrh.); Glas-, Email-, Lederindustrie; Erdgasvorkommen.

Mediati'on [lat.] die, Vermittlung. **Medi'ator** der, -/...t'oren, Vermittler.

Mediations'akte, die von Napoleon gegebene Verfassung der Schweiz (1803-13).

Mediatis'ierung [,Mittelbarmachung'], im Deutschen Reich bis 1806 die Aufhebung der Landeshoheit kleinerer Reichsstände zugunsten größerer, bes. 1803.

mediäv'al [lat.], mittelalterlich. **Mediäval** die, eine Art der Antiqua-Schrift. **Mediävistik** die, die Erforschung des MA.

Medici [m'editʃi] Mz., **Medic'eer,** florentin. Geschlecht, Bankiers, beherrschte Florenz mit Unterbrechungen (von 1494 bis 1512 und 1527-30) vom 15. bis Mitte des 18. Jahrh.; seit 1434 Stadtherren, seit 1531 Herzöge von Florenz, seit 1569 Großherzöge von Toskana. 1737 ausgestorben.

1) Cosimo der Alte, Stadtherr von Florenz (1434-64), * 1389, † 1464, zog die bedeutendsten Künstler und Humanisten der Zeit in seine Nähe, stiftete die Platonische Akademie.

2) Cosimo I., Herzog von Florenz (1537-69) und Großherzog von Toskana (1569-74), * 1519, † 1574, eroberte 1555 Siena; gründete die Gemäldesammlung im Palazzo Pitti.

3) Giovanni, Papst Leo X.; →Leo 4).

4) Giulio, Papst Klemens VII.; Klemens 3).

5) Katharina, →Katharina 4).

6) Lorenzo I., der Prächtige (il Magnifico), Stadtherr von Florenz (1469-92), Enkel von 1), * 1449, † 1492, wirkte für eine Gleichgewichtspolitik in Italien. Unter ihm erreichte Florenz seinen kulturellen Höhepunkt.

7) Maria, Enkelin von 2), →Maria 4).

Medici-Gräber von Michelangelo, zwei Wandgrabmäler in der von ihm seit 1520 erbauten **Medici-Kapelle** von S. Lorenzo in Florenz, errichtet für die Herzöge Lorenzo und Giuliano di' Medici.

M'edi|en, im Altertum die NW des Iran. Die indogerman. **Meder** schufen 714 v. Chr. unter Kyaxares ein Reich (Hauptstadt Ekbatana, heute Hamadan), das 550 der Perserkönig Kyros d. Gr. eroberte.

M'edi|en, Mz. von →Medium.

Medikament [lat.] das, →Arznei.

Med'ina die, arab. ‚Stadt', heute bes. für Altstadtquartiere in N-Afrika.

Med'ina, El-M., arab. **Medinet en-Nebbi,** Stadt im Hidschas, Saudi-Arabien, 77 000 Ew., nach Mekka der wichtigste Wallfahrtsort der Muslime. Hauptmoschee el-Haram (1487) mit Grab Mohammeds und seiner Tochter Fatima.

Med'inawurm, Guineawurm, schmarotzender Fadenwurm, erzeugt beim Menschen, Pferd, Esel, Rind und Hund Geschwüre, aus denen die Larven entleert werden: in Afrika, Asien, S-Amerika.

Medinet al-Shaab, Madinet al-Shaab, früher Al-Ittihad, Hauptstadt der Demokrat. Volksrepublik Jemen, 10 000 Ew.

Med'inet el-Faij'um, ägypt. Stadt, →Faijum.

Med'inet H'abu, ägypt. Ruinenstätte am linken Nilufer gegenüber Luxor, mit Heiligtum Thutmosis' III. und Totentempel Ramses' III.

m'edio [lat.], in der Mitte.

M'edio der, Bankwesen: der 15. eines Monats. **M.-Wechsel,** am 15. fälliger Wechsel.

medi'oker [lat.], mittelmäßig. **Mediokrit'ät** die, Mittelmäßigkeit.

Medisance [mediz'ãs, frz.] die, üble Nachrede, Klatsch.

Meditation [lat.] die, die durch entsprechende Übungen bewirkte oder angestrebte geistig-geistl. Sammlung. Zeitw. **meditieren.**

mediterr'an [lat.], mittelmeerisch, mittelmeerländisch.

mediterr'ane Rasse, eine den →Europiden zugehörige Menschenrasse.

M'edium [lat.] das, -s/...di|en, 1) Mittel, Vermittelndes. 2) ⑤ rückbezügliche Form des Zeitworts in indogerman. Sprachen, im Altgriech. und Got. noch vorhanden, sonst aufgegeben. 3) Psychologie: ein Mensch mit ‚medialen', d. h. paranormalen Fähigkeiten (→Parapsychologie). 4) ⊠ ein den Raum kontinuierlich ausfüllendes Mittel im Sinne der Vermittlung von Wirkungen. 5) Kommunikationswissenschaft: jedes Mittel der Publizistik und Kommunikation.

Medizin, die Wissenschaft vom gesunden und kranken Lebewesen, von Ursachen, Erscheinungen, Auswirkungen ihrer Krankheiten, ihrer Erkennung, Heilung und Verhütung. Es werden unterschieden die **Humanmedizin** (Heilkunde vom Menschen), die **Veterinärmedizin** (Tierheilkunde) und die **Phytomedizin** (Bekämpfung von Pflanzenkrankheiten). Die M. ist aufgegliedert in Spezialfächer wie innere Medizin, Chirurgie, Frauenheilkunde, Kinderheilkunde, Psychiatrie u. a. und Sonderzweige wie Augenheilkunde, Zahnheilkunde, Hautheilkunde, Orthopädie u. a. Durch ihre Heilweise gekennzeichnete Richtungen der M. sind z. B. →Homöopathie, →Naturheilkunde. Zur Geschichte der M. Übersicht S. 797.

Medizin'al|assistent, angehender Arzt, der nach dem Staatsexamen z. Z. eine einjährige praktische Tätigkeit vorwiegend an größeren Krankenanstalten ableistet.

Medizin'albeamter, ein beamteter Arzt im öffentl. Gesundheitsdienst (mit Doktorgrad).

GESCHICHTE DER MEDIZIN

Steinzeit: Künstliche Schädelöffnung (Trepanation).
nach 2000 v. Chr.: Gesetze des babylon. Königs Hammurabi: Operationen (z. B. am Auge) erwähnt.
5. Jahrh. v. Chr.: Hippokrates faßt Krankheit als Störung in den Körpersäften auf.
129–199 n. Chr.: Galen schafft ein in sich geschlossenes Lehrgebäude der M.
etwa 1300: die ersten Brillen (in Oberitalien).
Anfang 14. Jahrh.: Beginn des anatom. Unterrichts an der menschl. Leiche in Bologna durch Mondino de Luzzi.
1493–1541: Paracelsus setzt an die Stelle der Säftelehre eine chemische Krankheitslehre und -behandlung.
1546: Fracastoro führt das Wesen der Ansteckung auf lebende Keime zurück.
1628: William Harvey veröffentlicht ein Buch über den von ihm entdeckten Blutkreislauf.
1675: A. v. Leeuwenhoek entdeckt mit dem Mikroskop Bakterien und Blutkörperchen.
1761: G. B. Morgagni begründet die Lehre von den krankhaften Veränderungen der Organe (patholog. Anatomie).
1796: die erste Pockenimpfung mit Kuhlymphe (E. Jenner).
1803: F. Sertürner entdeckt das Betäubungsmittel Morphin.
1810: S. Hahnemann beschreibt das homöopath. Heilverfahren.
1826: V. Prießnitz gründet eine Kaltwasserheilanstalt.
1846: W. Morton nimmt die erste Äthernarkose vor.
1848: S. Kneipp tritt für die Wasserkur ein.
1850: H. v. Helmholtz erfindet den Augenspiegel.
1858: R. Virchow stellt die Krankheiten als Störungen im Zellgeschehen dar (Zellularpathologie).
1861: I. Semmelweis veröffentlicht seine Arbeit über die Ursache des Kindbettfiebers.
1863: L. Pasteur erforscht Gärung und ansteckende Krankheit.
1867: J. Lister führt die Antisepsis ein.

1882: R. Koch entdeckt das Tuberkelbakterium.
1885: G. Neuber gründet das erste nach den Grundsätzen der Asepsis eingerichtete Krankenhaus.
1893: E. v. Behring findet das Heilserum gegen Diphtherie.
1895: Röntgenstrahlen entdeckt.
1896: L. Rehn führt die erste erfolgreiche Herznaht aus.
1898: M. und P. Curie entdecken das Radium.
1905: F. Schaudinn entdeckt den Syphiliserreger.
1906: E. Starling prägt den Begriff ‚Hormon‘.
1909: P. Ehrlich und S. Hata geben das Salvarsan bekannt.
1910: C. Funk prägt den Ausdruck ‚Vitamin‘.
1911: O. Förster untersucht als erster die Hirnrinde am Lebenden und operiert am Rückenmark (Neurochirurgie).
1917: Heilfieberbehandlung durch J. Wagner von Jauregg.
1921: F. Banting und C. Best gewinnen das Insulin.
1926: G. Minot und R. Murphy führen die Leberdiät bei bestimmten Blutkrankheiten ein.
1928: A. Fleming entdeckt das Penicillin.
1929: W. Forßmann erfindet die Herzkatheterisierung.
1935: M. Sakel führt die Schockbehandlung bei seelisch Kranken ein.
1935: G. Domagk entdeckt die Heilwirkung eines Sulfonamids.
1953: P. Niehans begründet die Heilbehandlung mit Aufschwemmungen lebender Zellen.
1953: J. H. Gibbon wendet die Herz-Lungen-Maschine erfolgreich bei einer Herzoperation an.
1954: J. E. Salk gibt einen Impfstoff zur vorbeugenden Schutzimpfung gegen Kinderlähmung an.
1956: Einführung blutzuckersenkender Mittel, die durch den Mund eingenommen werden können.
1967: Ch. Barnard führt die erste erfolgreiche Herztransplantation durch.

Medizin′algewicht, →Apothekergewicht.

Medizin′alwesen, das öffentl. Gesundheitswesen (→Gesundheitsrecht).

Medizinball, ein Vollball (bis zu 5 kg), kräftigt beim Werfen, Stoßen und Fangen die gesamte Muskulatur.

Medizinische Klinik, eine Klinik für innere Krankheiten.

medizinische Kohle, feines Kohlepulver **(Tierkohle),** ein Gift aufsaugendes Mittel bei Magen-, Darmerkrankungen.

medizinische Weine, ⚕ Arzneizubereitungen, mit Wein hergestellt.

medizinisch-technische Assistentin, MTA, Gehilfin an Krankenanstalten, Gesundheitsämtern, in Arztpraxen u. ä., die praktisch-wissenschaftliche, den Arzt unterstützende Arbeiten verrichtet. Ausbildung in Lehranstalten für MTA (2 Jahre) mit staatl. Abschlußprüfung, dann ¹/₂jährige prakt. Tätigkeit.

Medizinmann, Völkerkunde: jemand, der Krankheiten als Einwirkungen der Geister oder bösen Zaubers zu heilen sucht.

Médoc [med′ɔk], bewaldete Landschaft in SW-Frankreich, zwischen Gironde und atlant. Küste; der im O angebaute **Médoc** gehört zu den Bordeauxweinen.

Medrese [türk.] *die,* **Medresse,** die islam. Hochschule.

Med′usa, griech. Mythos: weibl. Ungeheuer. Der Anblick des **Medusenhauptes** ließ den Betrachter zu Stein werden.

Med′use, Qualle, die freie schwimmende Form der →Hydrozoen und Scheibenquallen.

Meer, die zusammenhängende Wassermasse der Erde **(Weltmeer),** bedeckt rd. 71% ihrer Oberfläche, insgesamt 362 Mill. km², von denen 206 Mill. km² auf die Südhalbkugel entfallen. Die Erdteile gliedern es in 3 große, im Süden zusammenhängende Ozeane: Atlantischer, Indischer, Stiller Ozean. Zu diesen gehören die kleineren Nebenmeere (Mittelmeere, Randmeere), die in die Festländer eingreifen. Tiefgliederung: Bis etwa 200 m reichen die Schelfe, die die meisten Erdteile als Gürtel umranden. Der folgende Kontinentalabfall reicht bis 3500–4000 m Tiefe, ihm folgt die Tiefsee zwischen 4000 und 6000 m, in denen die Tiefseegräben die größten Tiefen erreichen (größte bekannte Tiefe im Marianengraben, Stiller Ozean, 11 022 m). Die durchschnittliche Tiefe des M. beträgt 3729 m. Rücken und Schwellen, z. T. mit

aufgesetzten Inseln, gliedern die M. in Becken und Mulden, Gräben und Rinnen. Das **Meerwasser** hat einen durchschnittl. Salzgehalt von 35⁰/₀₀, der zu den Polarmeeren hin fällt, zu den Äquatorialmeeren hin steigt (Weiteres →Meeresströmungen, →Meereswellen). Das M. wird in vielfältiger Form genutzt. Voran steht die Fischwirtschaft. Dazu kommen in letzter Zeit die Verwertung von Meeresalgen, die Gewinnung von Salzen, Süßwasser, auch die Nutzung des Meeresbodens, der Bodenschätze birgt (Erze, Erdgas, Erdöl) sowie die Energieerzeugung (Gezeitenkraftwerk). Ferner →Meereskunde. Die M. sind wichtige Verkehrsträger (Schiffahrt).

Meer|aale, schuppenlose, ständig im Meer lebende Aale, werden bis 3 m lang und 60 kg schwer.

Meer|adler, ein Rochenfisch, gehört zu den Adlerrochen, bis 300 kg schwer, hat sehr breite Brustflossen.

Meeralpen, die →Seealpen.

Meer′ane, Stadt im Bez. Karl-Marx-Stadt, im NW des Bezirks in einem Industrieraum, 24 900 Ew.; Textilbetriebe, Maschinenbau.

Meer|augspitze, slowak., poln. **Rysy,** Berg der Hohen Tatra, 2499 m hoch.

Meerbarben, barschartige Meeresfische; **Streifenbarbe (Rotbart)** in der Ostsee.

Meerbohne, Riesenhülse, ein trop. Kletterstrauch der Hülsenfrüchter mit meterlangen Fruchthülsen und braunen Samen, die vom Meer verschleppt werden.

Meerbrassen, Fam. barschartiger wohlschmeckender Fische in den trop. und gemäßigten Meeren; zu ihnen gehört der **Goldbrasse** (auch: **Echte Dorade**).

Meerbusch, Stadt in Nordrh.-Westf., 47 800 Ew.; Maschinenbau- u. a. Industrie; am 1. 1. 1970 durch Zusammenschluß von Büderich mit 7 Gemeinden des Kr. Kempen-Krefeld entstanden.

Meerdattel, Steindattel, eine fast fingerlange Miesmuschel mit brauner röhrenförmiger Schale; lebt im Gestein.

Meer|echse, fast 1,50 m langer Leguan der Galápagos-Inseln.

Meer|eichel, Seepocke, ein zu den Rankenfüßern gehöriges Krebstier.

Meer|engenfrage, das polit. Problem der Durchfahrt bes. von Kriegsschiffen durch Bosporus und Dardanellen. Sie war seit

dem Frieden von Kütschük Kainardschy (1774) Gegenstand vieler internat. Verträge, sowohl in russisch-türk. wie internat. Abkommen. Im Friedensvertrag von Lausanne (1923) wurden die Meerengen entmilitarisiert, eine internat. Meerengen-Kommission eingesetzt und die freie Durchfahrt, auch für Kriegsschiffe, als Grundsatz festgelegt. Nach Kündigung dieser Regelung durch die Türkei kam das heute noch gültige **Meerengen-Abkommen** (Montreux 1936) zustande, in welchem die Türkei die Hoheitsrechte erhielt, einschl. der Sperrung im Kriegsfalle.

Meeresbucht, →Bucht.

Meereskunde, Ozeanographie, die Wissenschaft vom Meer. Sie untersucht das Meerwasser und die in ihm gelösten und schwebenden Stoffe, den Raum und seine Änderungen, den dieses Meerwasser ausfüllt, die Energie, die dem Meere und den Vorgängen in ihm zur Verfügung steht (Strömungen, Gezeiten), sowie die Lebewesen im Meer. Die M. gliedert sich in einen physikal., chem., geolog. und biolog. Zweig. Wichtige Aufgaben der prakt. Anwendung: Vorhersage von Seegang, Sturmfluten und Gezeiten, Erhaltung und Verbesserung der Fahrwasser für die Schiffahrt, Nutzung der mineral. und der lebenden Schätze des Meeres, Erhaltung der Strände, Schutz des Meeres vor Verunreinigung. Wichtige Hilfsmittel sind: ozeanograph. Instrumente (Pegel, Kippthermometer, Echolot, Aräometer, Bathysonde u. a.), Forschungsschiffe, Institutionen auf nat. und internat. Basis.

Meeresströmungen entstehen an der Meeresoberfläche durch Wind **(Driftströmungen),** unterschiedl. Salzgehalt, Temperatur usw. des Wassers. Dadurch weggeführtes Wasser wird durch **Ausgleichsströmungen** ersetzt.

Meereswellen, die an der Meeresoberfläche auftretenden Wellen, meist durch Wind verursacht, größte Höhen bis über 20 m, mitunter bis über 800 m lang. Über die durch Seebeben hervorgerufenen Tsunami →Flutwellen.

Meergans, eine Gattung entengroßer kurzschnäbliger Gänse an nordischen Meeresküsten, z. B. die **Ringelgans.**

Meergötter, griech. Mythos: Poseidon, Okeanos, Nereus, die Nereiden (z. B. Amphitrite), Triton, Proteus u. a.; röm.

Mythos: Neptun, Venilia, Salacia; german. Mythos: Ägir.

Meerkatzen, tropisch-afrikanische Affen, schlank, z. T. lebhaft gefärbt, mit langem Schwanz, rundem Kopf.

Meerkohl, Kreuzblütergatt. des Meeresstrandes; auch Gartengemüse.

Meerlattich, Meersalat, Grünalge an Meeresküsten, mit salatähnl. Thallus.

Meerleuchten, Funkeln des Meerwassers, bewirkt durch Leuchtlebewesen.

Meerrettich, Kren, weißblütige Kreuzblüterstaude. Die Wurzel (Stange) ist Küchengewürz.

Meersburg, Stadt in Bad.-Württ. am Nordufer des Bodensees, 4900 Ew., malerisches mittelalterl. Städtchen, überragt von dem Alten Schloß (12. Jahrh.) und dem barocken Neuen Schloß (1740-44). Rebbau; Fremdenverkehr.

Meerschaum, poröses, sehr leichtes, weißes oder schwach gefärbtes Mineral aus feinsten Schuppen, wasserhall. Magnesiumsilicat, Rohstoff für Schmuck, Pfeifenköpfe u. a.

Meerschweinchen, eine südamerikan. Nagerfam.; das rattengroße, meist weiß, gelb und schwarz gescheckte **Gemeine M.** war im Inkareich Haustier.

Meersenf, ein fettkrautiger Kreuzblüter des Meerstrandes, mit rosafarbenen Blüten und fiederschnittigen Blättern.

Meerssen, Mersen, niederländ. Gem., nordöstl. von Maastricht, 8900 Ew. Am 9. 8. 870 Vertrag zwischen Ludwig dem Deutschen und Karl dem Kahlen über die Teilung Lotharingiens (Lothringens).

Meerträubchen, die Gattung **Ephedra** der Nacktsamigen (Ordnung **Ephedrales**); Sträucher trocken-warmer Gebiete mit schuppenförmigen Blättchen und meist roten Scheinbeeren. Das **Doppelährige M.** gibt die Arznei Ephedrin.

Meerut [me:rath], Stadt in Indien, →Mirat.

Meerwasser, →Meer.

Meerwasserbehandlung, verschiedene Heilverfahren mit Meerwasser: das Baden (→Seebad) und die **Meerwasser-Trinkkuren** und Inhalationen, bei denen die entzündungswidrige und durchblutungsfördernde Wirkung auf die Schleimhäute im Vordergrund steht.

Meerzwiebel, ⚕ **1) Urginea,** eine Liliengewächsgattung mit langer Traube aus meist weißlichgrünen Blüten. Die Zwiebel der **Echten M.** wird bei Herzmuskelschwäche und Herzwassersucht verwendet. **2)** Gattung →Scilla.

Meeting [mi:-, engl.] das, Treffen, Versammlung.

mega..., megalo... [grch.], groß...; vor einer Maßeinheit ist mega = 10⁶.

Megal'ith [grch.] der, großer Steinblock. **Megal'ithgräber** vor- und frühgeschichtl. Grabbauten aus riesigen Steinblöcken, daher im Volksmund ,Hünengräber'. Hauptformen: Dolmen und Ganggräber. **Megalithkulturen:** Kulturgruppen mit Megalithbauweise, die in der Jungsteinzeit vom östl. Mittelmeerraum ausging. Ferner →Bauta-Steine, →Carnac, →Menhir.

Megaloman'ie [grch.] die, Größenwahn.

Meerkatzen: links Brazza-, rechts Blaumaul-M.

Megaloz'yten [grch.] Mz., übergroße rote Blutkörperchen, reich an Farbstoff.

Megaph'en [grch.] das, Handelsname für ein Beruhigungsmittel, das Krämpfe, Erregungs- und Angstzustände beseitigt.

Megaph'on, Sprachrohr in Trichterform.

M'egara, Stadt in Mittelgriechenland, 15 400 Ew.; im Altertum Hauptort der von Dorern bewohnten Landschaft **M'egaris.**

Meg'äre, grich. **M'egaira,** eine der Erinnyen; übertragen: böses Weib.

Meg'arische Schule, die von Euklides von Megara gegr. Philosophenschule.

M'egaron [grch.] das, das altgriech. Haus oder sein Hauptraum.

Megath'erium [grch.] das, Gattung ausgestorbener Riesenfaultiere Südamerikas.

Meghalaya, Staat im SW von Assam, Indien, 983 300 Ew., 1970 gegr., mit eigener gesetzgebender Versammlung und Ministerrat.

Mehalla el-Kebir, →Mahalla el-Kubra.

Mehl, pulverförmig zerkleinerter Stoff, bes. das Innere gemahlener Getreidekörner, je nach Feinheit **Schrot-, Grieß-, Dunst-** und **Ausmahl-M.** Nach steigendem Aschegehalt (in mg auf 100 g Trockensubstanz) werden verschiedene **M.-Typen** unterschieden; ihnen entsprechen helle bis dunkle Mehle.

Mehlbeere, Mehlfäßchen, Arten der Eberesche; Früchte des Weißdorns.

Mehlkäfer, →Mehlwurm.

Mehlmotte, ein zu den Zünslern gehöriger grauer Schmetterling, dessen 1,5 cm langes Räupchen Mehl u. a. frißt und mit Gespinst und Kot durchsetzt.

Mehlnährschaden, eine schwere Ernährungsstörung bei Säuglingen, die längere Zeit nur mit Mehlen ohne Milchzusatz ernährt wurden. Behandlung: Zufuhr von eiweißreicher Nahrung.

Mehlpilz, Pflaumenpilz, ein weißlicher, eßbarer Lamellenpilz mit Mehlgeruch.

Mehlschwitze, Einbrenne.

Mehltau, Meltau, ein mehlstaubähnlicher Belag auf den Blättern vieler Pflanzenarten, der aus echten **(Erysiphaceae)** oder falschen M.-Pilzen (Peronosporaceae) besteht. Zum **Echten M.** gehören vor allem Getreide-M. und Echter M. des Weins; zum **Falschen M.** gehört z. B. der Blauschimmel der Tabakpflanze. Bekämpfung des Echten M. durch schwefelhaltige, des Falschen M. durch kupferhaltige Mittel.

Mehlwurm, etwa 2,5 cm lange, gelbe Larve des 1,5 cm langen, schmalen dunkelbraunen **Mehlkäfers;** frißt Mehl, Kleie, Aas.

Mehlzünsler, ein Zünsler, dessen Raupe Vorratsschädling ist.

Mehm'ed, türk. für Mohammed.

Mehmed Ali, * 1769, † 1849, 1805 türk. Statthalter in Ägypten, vernichtete 1811 die Führer der Mamluken; erhielt 1841 die erbl. Herrschaft unter osman. Oberhoheit.

Mehnert, Klaus, Politikwissenschaftler und Publizist, * Moskau 1906; Osteuropa-Experte.

Mehr|arbeit, die über die regelmäßige gesetzl. Arbeitszeit hinaus geleistete Arbeit, eingeschränkt zulässig im Rahmen der arbeitszeitrechtl. und tarifvertragl. Regelungen; meist vergütungspflichtig **(M.-Zuschlag).**

Mehrfachröhre, eine Elektronenröhre, die mehrere Röhrensysteme in einem Kolben über einer Kathode enthält.

Mehrheit, der größere Teil. Nach dem **Mehrheitsgrundsatz (Majoritätsprinzip)** gilt bei Abstimmungen der Wille der M. als Ausdruck des Gemeinwillens. Man unterscheidet: absolute M. (mehr als die Hälfte aller Stimmen), relative M. (mehr Stimmen als für jede der andern Meinungen abgegeben), qualifizierte M. (z. B. ²/₃ oder ³/₄ der Stimmen).

Mehrheitsparteien, Parteien, die im Parlament zusammen die Mehrheit haben und eine Koalitionsregierung bilden oder unterstützen.

Mehrheitssozialisten, die dt. Sozialdemokratische Partei 1916-22 nach Abspaltung der Unabhängigen Sozialisten.

Mehring, 1) Franz, polit. Schriftsteller, * 1846, † 1919, Vertreter der materialist. Geschichtsauffassung; schrieb u. a. ,Gesch. der dt. Sozialdemokratie', 4 Bde. (1897/98). **2)** Walter, Schriftsteller, * 1896, emigrierte unter Hitler; zeit- und sozialkrit. Gedichte und Chansons.

Mehrkampf, ein Wettbewerb aus mehreren Einzelkämpfen, z. B. Drei-, Fünf-, Zehn-, Zwölfkampf.

Mehrkörperproblem, das Problem der Bewegung mehrerer Körper unter der Einwirkung einer Zentralkraft, bes. der Gravitation.

Mehrlader, Handfeuerwaffe für mehrere (meist 3 bis 10) Patronen.

Mehrphasenstrom, eine Zusammenschaltung von mehreren in der Phase gegeneinander verschobenen Wechselströmen, meist als →Drehstrom.

Mehrstimmigkeit, ♪ das gleichzeitige Erklingen mehrerer Töne verschiedener Höhe.

Mehrwert, bei Karl Marx die Differenz zwischen der Arbeitsleistung eines Arbeitnehmers und dem dafür gezahlten Lohn, die als Gewinn dem Unternehmen zufließt.

Mehrwertsteuer, kürzere Bez. für **Netto-umsatzsteuer mit Vorsteuerabzug,** bei der im Gegensatz zur früheren dt. Umsatzsteuer nur noch die jeweilige Wertschöpfung der einzelnen Produktions- oder Verteilungsstufe steuerlich belastet wird. Im Rahmen der Vereinheitlichung des Steuersystems in der EWG wurde die M. in der Bundesrep. Dtl. ab 1. 1. 1968 eingeführt; Österreich und Italien planen ihre Einführung. Weiteres →Umsatzsteuer.

Mehrzahl, Pl'ural, Wortform für mehrere Gegenstände. Gegensatz: Einzahl.

Meh Ti, Mo-tse, chines. Philosoph (5. Jahrh. v. Chr.), forderte soziale Reformen.

Méhul [me'œl], Etienne, franzöz. Komponist, * 1763, † 1817, schuf klassizist. Opern.

Meibomsche Drüsen [nach dem Arzt Heinrich Meibom, 1638-1700], ⚕ Talgdrüsen in den Augenlidknorpeln.

Meid, Hans, Radierer und Maler, * 1883, † 1957, schuf auf impressionist. Art phantasiereiche Radierungen und Illustrationen (z. B. zu Don Quijote).

Meier, Meyer, Maier [lat. maior ,der Größere'], urspr. ein Verwaltungsbeamter (Hausmeier); heute Gutsverwalter. **Meierei,** Milchwirtschaftsbetrieb.

Meier, John, Germanist und Volkskundler, * 1864, † 1953, gründete 1914 das Dt. Volksliedarchiv in Freiburg i. Br.

Meier-Denninghoff, Brigitte, Bildhauerin, * 1923, schuf Plastiken aus zusammengeschweißten Messingstäben von räuml., später auch figurativer Wirkung.

Meier-Gräfe, Julius, Kunstgelehrter, Schriftsteller, * 1867, † 1935, Verfechter des Impressionismus.

Meier Helmbrecht, erste dt. Dorfgeschichte von →Wernher dem Gartenaere.

Meile [aus lat. milia passuum, ,1000 Schritte'] die, Längenmaß verschiedener Größe und verschiedenen Ursprungs. Die dt. geograph. M. betrug 7420,4 m. In Großbritannien und dem Verein. Staaten gilt die statute mile = 1760 Yards = 1,609 km. (→Seemeile)

Meilen, Bezirkshauptort im Kanton Zürich, Schweiz, 9900 Ew.; Landwirtschaft, Maschinen-, Lebensmittel- u. a. Industrie.

Meiler [lat.] der, Anlage zum Erzeugen von Holzkohle, →Köhlerei.

Meinberg-Horn, Bad M.-H., Stadt in Nordrh.-Westf., 16 200 Ew., im Teutoburger Wald, 210 m ü. M., Schwefelmoor, Kohlensäuregas- u. a. Quellen.

Meinecke, Friedrich, Historiker, * 1862, † 1954; ,Weltbürgertum und Nationalstaat' (1908), ,Die Entstehung des Historismus' (1936), ,Die dt. Katastrophe' (1946).

Mein|eid [von ahd. mein ,falsch'], ⚖ die

wissentlich unwahre eidl. Bekundung wird nach § 154 StGB. mit Freiheitsstrafe nicht unter einem Jahr bestraft. Strafmilderung ist zulässig beim Eidesnotstand (z. B. wenn ein Zeuge bei Angabe der Wahrheit selbst strafrechtlich verfolgt werden könnte) sowie bei rechtzeitiger Berichtigung der falschen Aussage (§§ 157, 158 StGB.). - Im österreich. (§ 199 a StGB.) und im schweizer. Strafrecht (Art. 306 ff. StGB.) ist der M. ähnlich geregelt. Das Strafrecht der Dt. Dem. Rep. kennt nicht den M., sondern nur die Falschaussage.

Meiner, 1) Arthur, Verlagsbuchhändler, * 1865, † 1952, seit 1890 Inhaber des Verlages Joh. Ambrosius Barth. **2)** Felix, * 1883, † 1965, Stiefbruder von 1), gründete 1911 den Verlag Felix Meiner.

Meinerzh agen, Stadt in Nordrh.-Westf., im Sauerland, 17 800 Ew.; Metall-, Kunststoff- u. a. Industrie; Fremdenverkehr.

Meinhof, Ulrike, Journalistin, * 1934, war 1960-64 Chefredakteurin der Ztschr. ,Konkret', sammelte seit 1970 mit A. Baader eine Anzahl von Anarchisten um sich. Wegen Banküberfällen, Sprengstoffanschlägen u. a. wurde eine Großfahndung gegen ihren Kreis ausgelöst, die 1972 zur Verhaftung M.s und ihrer Anhänger führte.

Meiningen, Stadt im Bez. Suhl, an der Werra, 25 400 Ew.; Maschinen-, Metall-, Holz-, Papierindustrie. Residenzschloß (1682 ff.). - M. war 1680-1919 Hauptstadt des Hzgt. Sachsen-M. Das Landestheater wurde unter Herzog Georg II. berühmt durch vollendetes Zusammenspiel und histor. Echtheit der Ausstattung (Gastspiele der **Meininger** 1874-90).

Meinong, Alexius, Ritter von **Handschuchsheim,** Philosoph, * 1853, † 1920, stand der Phänomenologie Husserls nahe.

Meintat [von ahd. mein ,falsch'], german. Recht: schweres, eine gemeine Gesinnung bekundendes Verbrechen.

Meinungsforschung, Demoskop ie, die Erkundung der öffentl. Meinung in bezug auf polit., wirtschaftl. u. soziale Fragen; bes. durch Befragen ,repräsentativer' Bevölkerungsgruppen.

Meinungsfreiheit, die Freiheit der Meinungsbildung und Meinungsäußerung, eines der wesentlichsten Grundrechte des einzelnen im Bundesrep. Dtl. durch Art. 5, Abs. 1 GG. gewährleistet. Zur M. in weiterem Sinne gehören Gewissens-, Lehr-, Pressefreiheit u. a. In der Dt. Dem. Rep. ist die M. nach Art. 27 der Verfassung als Grundrecht erklärt, praktisch ist sie jedoch erheblich eingeschränkt.

Meinungskauf, Börsenkauf in Hoffnung auf ein baldiges Anziehen der Kurse.

Meinungsknöpfe, engl. **buttons,** Abzeichen oder Ansteckplaketten, mit deren Aufdruck (Symbole oder Werbeworte) die Träger ihre Meinung bekunden wollen.

Meinungspflege, →Public relations.

Mei ose [grch.] die, ⊕ ♋ ♂ die Reifeteilung, →Reduktionsteilung.

Me ir, Golda, israel. Politikerin (Mapai-Partei), * Kiew 1898, kam 1906 in die Verein. Staaten, 1921 nach Palästina, war 1949 bis 1956 Min. für Arbeit und soziale Sicherheit, 1956-65 Außen-Min., 1966-68 Gen.-Sekr. der Mapai, seit 1969 MinPräs. von Israel. (Bild S. 795)

Meisen, eine Familie der Singvögel; in Mitteleuropa leben u. a.: **Kohlmeise,** sperlingsgroß, Bauch gelb mit schwarzem Längsband, Kopf schwarz; **Blaumeise,** kleiner, bes. hellblau und gelb; **Sumpfmeise,** grau mit schwarzem Kopf; ferner die langschwänzige, weiß-schwarz-rosafarbige **Schwanzmeise** und die **Bartmeise** mit schwarzem bärtähnlichem Wangengefieder.

Meisje [m'ɛiskə, niederl.] das, Mädchen.

Meißel, Werkzeug mit scharfer Schneide zur spanenden Formung.

Meißen, Stadt im Bez. Dresden, an der Elbe, 45 600 Ew.; Sitz einer Evang. Akademie, der Hochschule der landwirtschaftl. Produktionsgenossenschaften, Fachschule

Meisen: links Blaumeise, rechts Kohlmeise

für Kraft- und Arbeitsmaschinen. Industrie: Maschinen, Spinnerei, Plattenwerke u. a.; →Meißener Porzellan. Die Altstadt mit Fachwerkhäusern zieht sich vom Elbeufer zum Burgberg hinauf; auf diesem Dom (im 11. Jahrh. errichtet, gotisch erneuert) und Albrechtsburg (1471 ff.); im Tal St. Afra (1205). - Burg M. 929 von König Heinrich I., Bistum M. 968 von Kaiser Otto d. Gr. gegr.; die Markgrafschaft M. kam 1089, die Burggrafschaft 1439, das Hochstift 1581 an die Wettiner.

Meißener Porzellan, die Erzeugnisse der Manufaktur in Meißen, die seit 1710 als erste in Europa Hartporzellan herstellte, anfangs geleitet von J. F. Böttger, seit 1720 von dem Maler J. G. Höroldt, seit 1731 von dem Bildhauer J. J. Kändler, der Meisterwerke figürl. Porzellanplastik schuf. (Bild Porzellan, Bild Kändler)

Meißner, Hoher M., Basaltplateau im Werratal, bis 750 m hoch. - 11./12. 10. 1913: ,Tag der Freideutschen Jugend' **(Meißnerformel:** ,Die Freideutsche Jugend will aus eigener Bestimmung, vor eigener Verantwortung, mit innerer Wahrhaftigkeit ihr Leben gestalten').

Meißner, 1) Alexander, Funktechniker, * 1883, † 1958, baute 1911 das erste Drehfunkfeuer für Luftschiffe, erfand die Rückkopplung.

2) Otto, Diplomat, * 1880, † 1953, 1920 Leiter des Büros des Reichspräs. 1934-45 Chef der Präsidialkanzlei (seit 1937 Staatsmin.).

Meissnersche Körperchen [nach dem Anatom G. Meissner, 1829-1905], Tastsinnesorgan im Unterhautbindegewebe.

Meissonier [mɛsɔnj'e], Ernest, französ. Maler, * 1815, † 1891, Kriegs-, Genrebilder.

Meistbegünstigung, Vertragsklausel der internat. Handelspolitik, insbes. des →GATT: die Vertragspartner gewähren einander alle Vorteile, die sie dritten Ländern einräumen; überwiegend gegenseitig und ohne bes. Gegenleistung wirksam. Die M. kann sich auf alle Bereiche der Handelspolitik (unbeschränkte M.) oder auf bestimmte Bereiche oder einen begrenzten Kreis von Ländern beziehen (beschränkte Meistbegünstigung).

Meister, 1) ein Handwerker, der die **Meisterprüfung** bestanden hat. Diese besteht aus einem theoret. und einem prakt. Prüfungsabschnitt (z. B. die Anfertigung eines **Meisterstücks).** Die Prüfung wird durch Ausschüsse abgenommen, die die höhere Verwaltungsbehörde nach Anhörung der Handwerkskammer errichtet. Dem M. wird nach Ablegung der M.-Prüfung

Meißen: Albrechtsburg mit Dom

Meisterbrief ausgestellt. Der M. hat Ausbildungsbefugnis. **2)** Hilfsbezeichnung für einen Künstler, der durch seinen Stil, nicht aber namentlich bekannt ist. Viele Künstler, bes. des MA., werden z. B. nach einem Hauptwerk benannt (Hausbuchmeister), nach einem Ort ihres Schaffens (Naumburger Meister), nach ihrem Monogramm (Meister E. S.).

Meister Bertram, Maler, →Bertram.

Meister der heiligen Veronika, in Köln tätiger Maler zu Anfang des 15. Jahrh., benannt nach der Tafel der Veronika mit dem Schweißtuch Christi (München, Pinakothek).

Meister des Hausbuchs, →Hausbuchmeister.

Meister des Marienlebens, Kölner Maler um 1463-80, genannt nach einem Marienaltar (7 Tafeln in München, Alte Pinakothek, 1 in London, National Gallery), klare Bilder von lichter Farbigkeit.

Meister des Tucheraltars, Maler, benannt nach einem Altar der Frauenkirche zu Nürnberg (um 1445); realist., von der Gotik lösend Malweise.

Meister E. S., Kupferstecher, →E. S.

Meister Francke, Maler, →Francke.

Meister H. L., Bildschnitzer, →H. L.

Meistermann, Georg, Maler, * 1911, entwirft kirchl. und profane Glasmalereien; sie zeigen, wie seine Gemälde, Sinn für abstrahierte Formen und dekorative Farbigkeit.

Meistersang, bürgerliche Lieddichtung des 14.-16. Jahrh.; sie setzte äußerlich den Minnesang fort. Die Dichtkunst wurde zum schulmäßig gelehrten Handwerk (,Singschulen' in Nürnberg, Worms, Mainz u. a.), wie ihre Träger (die **Meistersinger)** oft Handwerksmeister waren. Zunächst waren für den musikal. Vortrag nur die ,Töne' der 12 Meister erlaubt, im jüngeren M. (Reform von Hans Folz, † 1515) durfte man auch neue ,Töne' komponieren. Bedeutendster Vertreter neben H. Folz war Hans Sachs.

Meisterschaft, ⚒ der Sieg des (der) Jahresbesten (Vereins-, Verbands-, Regional-, Landes-, Erdteil-, Welt-M.).

Meistersinger, →Meistersang. **Die M. von Nürnberg,** Oper von R. Wagner (Uraufführung München 1868).

Meister vom Stuhl, →Freimaurerei.

Meister von Flémalle, Maler, →Flémalle.

Meister von Moulins [-mul'ɛ̃], flämischfranzös. Maler, genannt nach dem Flügelaltar in der Kathedrale zu Moulins (1498/99); beeinflußt von H. van der Goes.

Meistgebot, ♫ das höchste gültige Preisangebot bei einer Zwangsversteigerung.

Meit, Conrad, Bildhauer aus Worms, * um 1480, † um 1550/51, Hofbildhauer der Statthalterin Margarete in Mecheln, schuf renaissancemäßig klare Figuren kleinen Formats in Marmor u. a. sowie die Grabmäler für Margarete, ihren Gatten und dessen Mutter in Brou.

Meitner, Lise, Physikerin, * Wien 1878, † Cambridge 1968, Prof. in Berlin und Stockholm, emigrierte 1938 nach Dänemark, 1940 nach Schweden. Hauptarbeitsgebiete waren Radiochemie und Kernphysik; sie entdeckte das Protactinium, lieferte mit O. R. Frisch 1939 die theoret. Erklärung für die von O. Hahn u. F. Straßmann entdeckte Kernspaltung.

Mékamb o, Ort in NO-Gabun mit riesigen Eisenerzlagerstätten.

M'ekka, Mecca, Stadt in der Landschaft Hidschas, Saudi-Arabien, 159 000 Ew.; religiöser Mittelpunkt des Islam, Geburtsort Mohammeds, Wallfahrtsort (heil. ,Ka aba'). (Bild Islam)

Meknès, arab. **Miknas,** Stadt in Marokko, Zentrum eines wichtigen Landwirtschaftsgebietes, 195 000 Ew.; Sultanspalast, Moscheen, alte Stadttore. (Bild Marokko)

Mekong, der größte Fluß SO-Asiens, 4500 km lang, kommt aus Tibet und mündet in einem 70 000 km² großen Delta in Süd-Vietnam in das Südchinesische Meer.

Mélac, Ezéchiel Graf von, französ. General, † (gefallen) 1709, verwüstete 1689 im Auftrag Ludwigs XIV. die Pfalz und zerstörte dabei u. a. Heidelberg.

Melaminharze, härtbare Kunstharze aus **Melamin** (Aminotriazin) und Formaldehyd.

melan..., melano... [grch.], schwarz...

Melancholie [grch.], 1) eins der 4 Grundtemperamente. Der **Melancholiker** ist schwerblütig, ernst und in sich zurückgezogen, verfällt leicht in Grübeleien. 2) ♄ Schwermut, die dazu neigt, öfter wiederzukehren; auch Phase der Gemütskrankheit, →manisch-melancholische Krankheit, gekennzeichnet durch grundlose Traurigkeit, Lebensüberdruß u. a.

Melanchthon, griech. für **Schwarzert,** Philipp, dt. Reformator, Humanist, Hauptmitarbeiter Luthers, * 1497, † 1560, war seit 1529 an allen wichtigen Religionsverhandlungen beteiligt. Seine Nachgiebigkeit gegenüber der kath. Partei entsprach seinem Wunsche, die Reformation auf friedl. Wege durchzuführen. Luthers Lehre hat er später unter humanist. und calvinist. Einflüs-

Philipp Melanchthon   Herman Melville

sen abgewandelt. Das führte zu Luthers Lebzeiten zu zeitweiliger Spannung, nach Luthers Tod zu erbitterten Kämpfen zwischen den Anhängern M.s, den Philippisten, und den strengen Lutheranern. Von großer Bedeutung war M. als Organisator des Hochschul- und Lateinschulwesens.

Melaneside, eine Menschenrasse Ozeaniens; Kerngebiet Melanesien. Man stellt sie den afrikan. →Negriden nahe (dunkle Haut) oder den Australiden oder sieht sie als selbständigen Zweig der ‚dunklen‘ Südmenschen an.

Melanesien, Inselgruppen im westl. Stillen Ozean, rd. 967 000 km². M. umfaßt Neuguinea mit vorgelagerten Inseln, den Bismarckarchipel, die Salomon-, Santa-Cruz-, Banks-, Torres-Inseln, die Neuen Hebriden, Loyalty-Inseln, Neukaledonien. Den Übergang zu Polynesien bilden die Fidschi-Inseln.

Melanesier, die eingeborene Bevölkerung Melanesiens, mit austrones. Sprache, rassisch →Melaneside. Ihre vielen Einzelstämme unterscheiden sich sprachlich und kulturell stark. Sie lebten vom Fischfang und Grabstockbau; als Wohnung war der Pfahlbau häufig; große Fertigkeit in Bootsbau und Schnitzkunst. Die Neuzeit (bes. der 2. Weltkrieg) hat das Leben der M. stark umgeformt.

Melange [mel'ãʒ, frz.] die, Mischung; Wien: Milchkaffee.

Melanide, Menschenrasse Indiens, die eine Mittelstellung zwischen Negriden und Europiden zugeschrieben wird.

Melanine [grch.] Mz., natürliche dunkle Farbstoffe, die sich z. B. beim Zerschneiden von Äpfeln bilden. M. verursachen auch die Pigmentierung von Haut und Augen.

Melanismus [grch.] der, Biologie: Dunkelfärbung der Körperoberfläche.

Melanom [grch.] das, ♄ bösartige Geschwulst, in deren Zellen massenhaft Melanin abgelagert wird. M. kommen an der Haut, am Auge und an den Hirnhäuten vor.

Melanophorenhormon [grch.], ein Farbwechselhormon der Hirnanhangdrüse; die Zusammensetzung ist für verschiedene Tierarten bekannt. Fische, Frösche und Kriechtiere vermögen sich mittels der M. der Umgebung anzupassen.

Melanose [grch.] die, ♄ ⚕ ⚕ krankhafte Ablagerung von Melaninen im menschl. Körper; auch in Pflanzenteilen.

Melaphyr [grch.] der, dunkles, basaltähnl. Ergußgestein. Verwendet für Pflastersteine; Schotter.

Melasse [frz.] die, zähflüssiger, schwarzbrauner Rückstand der Zuckergewinnung; Rohstoff für Spiritusherstellung; Viehfutter.

Melatonin, Hormon der Zirbeldrüse, ein Derivat des Serotonins; bewirkt bei Amphibien Aufhellung der Haut. Antagonist der →Melanophorenhormone.

Melbourne [mˈɛlbən], Hauptstadt des austral. Bundesstaates Victoria, an der Bucht von Port Phillip, 2,435 Mill. Ew.; kath. und anglikan. Erzbischofssitz, 2 Universitäten; Fahrzeugbau, Bekleidungsind., Erdölraffinerien, chem. Werke, Nahrungsmittelind.; ein führender Hafen Australiens. M. wurde 1835 gegründet.

Melchior, einer der Hl. →Drei Könige.

Melchisedek, nach 1. Mos. 14 Priesterkönig zur Zeit Abrahams; durch messian. Deutung zum Vorbild Christi geworden.

Melchiten, Melkiten Mz., die Ostchristen in Ägypten, Palästina und bes. in Syrien, die nach dem Konzil von Chalcedon (451) nicht zum Monophysitismus übergingen, sondern an der Religion der byzantin. Staatskirche festhielten. Seit dem 17. Jahrh. ist ein Teil der M. mit Rom uniert.

Melde die, Gänsefußgewächse: die Gatt. Atriplex, darunter z. B. die z. T. rotkrautige, als Gemüse verwendete **Gartenmelde (Spanischer Spinat),** ferner Arten der Gatt. Chenopodium (z. B. **Beermelde)** und der Gatt. Kochie (**Radmelde).**

Meldeamt, Einwohnermeldeamt, Behörde zur Entgegennahme von An- und Abmeldungen beim Wohnungswechsel.

Meldepflicht, ⚖ jeder Wohnungswechsel ist binnen 1 Woche auf vorgeschriebenen Meldescheinen den örtl. Meldeämtern anzuzeigen (Ab-M., An-M.). Meldepflichtig sind der Umziehende selbst, der Hauseigentümer und der Wohnungsinhaber (bei Untermietern). - Eine M. an die Gesundheitsamt besteht für den Arzt bei verschiedenen ansteckenden (gemeingefährlichen) Krankheiten zur Vermeidung von Seuchen.

Meldewesen, die gesetzl. Bestimmungen zur Erfassung von Vorgängen des Familienstandes, Gewerbebetrieben, Wehrpflichtigen u. a.

Melegnano [melɛnˈaːno], früher **Marignano,** italien. Stadt zwischen Mailand und Lodi, 18 200 Ew. Hier schlugen am 13./14. 9. 1515 Franz I. von Frankreich die Schweizer Söldner.

Melekess, Stadt in der Russ. SFSR, 79 000 Ew.; Nahrungsmittel-, Textil-, Baustoffind., Maschinenbau; Forschungsinstitut für Kernreaktorbau.

Meli, Giovanni, * 1740, † 1815, Arzt, sizilischer Mundartdichter.

Melibokus, Malchen, markanter Berg (517 m) am W-Rand des Odenwalds.

Melilith [grch.] der, gelbliches Mineral, chemisch ein Silicat von Calcium, Aluminium und Magnesium.

Melilla [melˈiʎa], Hafenstadt in N-Marokko, span. Exklave, 12,3 km², 77 000 Ew.; Nahrungsmittelind., Schiffbau, Erzausfuhr; seit 1497 in span. Besitz.

Melioration [lat.], Urbarmachen, Verbessern landwirtschaftlich genutzter Flächen, z. B. durch Bewässern, Entwässern u. a.

Melisma [grch.] das, melodische Verzierung in Gesangsstücken.

Melisse [grch.] die, 1) **Melissa,** europäisch-westasiat. Lippenblütergatt. Die würzigen Blätter der südeurop., weißblütigen **Garten-** oder **Zitronenmelisse** geben

u. a. Tee. 2) andere würzige Lippenblüter, so die Heilpflanze **Katzenminze.**

Melitopol, Stadt in der Ukrain. SSR, 137 000 Ew.; Maschinenbau, Nahrungsmittel-, Bekleidungsindustrie.

Melk, Bezirksstadt in Niederösterreich, an der Donau, 5100 Ew.; auf einem Felsen über der Stadt das **Stift M.** (1702-36 von J. Prandtauer erbaut), das auf ein 985 gegr. Chorherrenstift (1089 von Benediktinern bezogen) zurückgeht.

Melk, Heinrich von, →Heinrich von Melk.

Melker, landwirtschaftl. Beruf mit 3jähriger Lehrzeit.

Melkmaschine, eine Saugpumpe mit Melkbechern und Sammelgefäß zum Absaugen der Milch aus dem Euter.

Mell, Max, österreich. Schriftsteller, * 1882, † 1971, bes. relig. Laienspiele.

Melle, Stadt und Solbad in Ndsachs., nördl. vom Teutoburger Wald, 16 200 Ew.; Möbel-, Zündwaren u. a. Industrie.

Mellerowicz, Konrad, Betriebswirtschaftler, * 1891, Prof. in Berlin, befaßte sich bes. mit der Kostenrechnung.

Mellon [mˈelon], A. William, * 1855, † 1937, amerikan. Unternehmer und Bankier. T. Mellon & Sons, später M. National Bank and Trust Company; von großem Einfluß auf die Entwicklung der amerikan. Wirtschaft; 1921-32 Finanzminister.

Melodie [grch.] die, eine in sich geschlossene, sangbare Tonfolge.

Melodium das, einstimmiges elektron. Musikinstrument.

Melodrama [grch.] das, 1) eine Mischgattung aus gesprochenem Schauspiel und untermalender Musik (J.-J. Rousseau ‚Pygmalion‘, 1774/75). 2) Schauer-, Rührstück.

Melone [ital.] die, 1) Kürbisgewächse: **Zucker-M.,** mit saftreichen, süß-würzigen Früchten in Südeuropa und in den Tropen angebaut. **Wasser-M.,** eine Schwesterart der Koloquinte, mit glatten, grünen, saftreichen Früchten über heiße, trockene Gebiete verbreitet. 2) steifer Hut.

Melonenbaum, Papaya, trop., den Fächerpalmen ähnliche Baumgattung mit melonenart. Früchten. Der Milchsaft enthält das Ferment **Papain,** ein stark eiweißverdauendes Enzym.

Melos, italien. **Milo,** griech. Insel der Kykladen, 148 km² groß; Bergbau auf Schwefel, Mangan und Blei. Auf M. wurde die Venus von Milo gefunden.

Melos [grch.] das, die Melodik, die Merkmale eines Melodie-Typus.

Melozzo da Forlì, italien. Maler, * 1438, † 1494, schuf vor allem Fresken, deren großartige Figuren- und Raumdarstellung sich schon der Hochrenaissance näherte.

Melpomene, griech. **Melpomene,** die Muse der Tragödie.

Melsungen, Stadt in Hessen, an der Fulda, 12 100 Ew. Got. Kirche (1415-25), Schloß (1550-57), viele Fachwerkbauten (u. a. Rathaus, 1555/56).

Meltau, ⚘ der →Mehltau.

Melusine, altfranzös. Sage von einer Meerfee, die die Gemahlin eines Menschen wird, aber wieder in ihr Element zurückkehrt.

Melville [mˈelvil], Herman, amerikan. Schriftsteller, * 1819, † 1891. Sein Werk vereinigt Realistik mit dichterisch-relig. Sehertum. ‚Moby Dick‘ (1851), ‚Billy Budd‘ (veröffentlicht 1924) u. a.

Melvillehalbinsel [mˈelvil-], Halbinsel im NO Nordamerikas, 61 000 km², von Eskimos bewohnt.

Melville-Insel [mˈelvil-], 1) Insel im kanadisch-arkt. Archipel, 42 700 km². 2) Insel vor der Küste N-Australiens, 5 600 km² mit Trockenwald und Savannen.

Member of Parliament [mˈembə ɔv pˈaːləmənt, engl.], Abk. **M. P.,** Abgeordneter im brit. Parlament (Unterhaus).

Membran [lat.] die, 1) am Rand eingespanntes flächenhaftes Gebilde aus Kunststoff, Papier oder Blech, zu Druckfortpflanzung (Druckmesser), Schwingungserregung (Mikrophon, Lautsprecher, Trommel) und Transport bestimmter Stoffe (halbdurchlässige M.). **2)** ⊕ dünne Häute, z. B. Oberflächenhäutchen der →Zelle. **3)** ♫ ♯ dünne Häute, z. B. Trommelfell.

Memel, 1) litauisch **Nemunas,** russ. **Njemen, Neman,** 879 km langer Fluß, entspringt südlich von Minsk, durchfließt Weißrußland und Litauen, gabelt sich unterhalb von Tilsit in **Ruß** und **Gilge** und mündet in das Kurische Haff.

2) litauisch **Kl'aipeda,** die Hauptstadt des Memelgebietes, am Ausgang des Kur. Haffs zur Ostsee, 140 000 Ew.; Hafen, Flughafen; Werft, Holz-, Cellulose-, Fischwerarbeitungs-, landwirtschaftl. Veredelungsind. M. wurde als Burg des livländ. Zweigs des Dt. Ordens und des Bischofs von Kurland angelegt und 1328 mit Preußen vereinigt.

Memelgebiet, der nördlich der Memel und des Ruß gelegene Teil Ostpreußens, 2830 km² mit (1939) 153 000 Ew. Das M. mußte nach dem Versailler Vertrag (1919) ohne Befragung der Bevölkerung abgetreten werden, Frankreich übernahm 1920 im Namen der Alliierten die Verwaltung. Den 1923 ins M. eindringenden litauischen Freischärlern leistete die französ. Besatzung keinen Widerstand, auch die Pariser Botschafterkonferenz fügte sich der Gewaltlösung: nach dem Memelstatut (1924) war das M. ein autonomer Bestandteil Litauens. Nach den Wahlen Dez. 1938 (87% für die Memeldeutschen) gab Litauen im März 1939 das M. an Dtl. zurück. 1948 wurde das M. in die Litauische SSR eingegliedert.

Mem'ento [lat.] *das,* Mahnung, Rüge. **memento mori,** gedenke des Todes.

Memleben, Gemeinde im Bez. Halle, an der Unstrut; war eine otton. Pfalz. Reste der Pfalz und des Benediktinerklosters (um 979-1552) sind erhalten.

Memling, Hans, niederländ. Maler, * um 1433, †1494, malte, die altniederländ. Überlieferung fortsetzend, ruhig und klar komponierte Altarwerke, anmutige Madonnentafeln und Bildnisse. Viele seiner Werke befinden sich im Johannisspital in Brügge (Ursula-Schrein mit der Legende der Heiligen, 1489, u. a.).

Memmert der, 8 km² große Sandbank zwischen Juist und Borkum, Vogelbrutkolonie (Naturschutzgebiet).

Memmingen, Stadt in Schwaben, Bayern, 32 900 Ew.; Leder-, Textil-, Elektro-, feinmechan. Ind., Maschinenbau. M. wurde 1286 Reichsstadt, 1803 bayerisch. Altes Stadtbild mit Resten der Befestigung, got. Martins- und Frauenkirche, Kreuzherren-

kirche (1480, 1709), Rathaus (1589, 1765), Hermannsbau (1766).

M'emnon, griech. Mythos: Sohn der Eos, Fürst der Äthiopier, kam den Trojanern zu Hilfe und wurde von Achill getötet. Mit ihm werden die **Memnonssäulen** oder **-kolosse** bei Theben in Ägypten, zwei Sitzfiguren des Königs Amenophis III. (um 1400 v. Chr.), in Verbindung gebracht.

Memoiren [memw'a:rən, frz.] *Mz.,* Denkwürdigkeiten, Lebenserinnerungen aus der Zeitgeschichte, die der Verfasser als handelnd Beteiligter oder als Augenzeuge miterlebt hat.

Memor'andum [lat.] *das,* Denkschrift.

Mem'oria [lat.] *die,* Gedächtnis, Gedenken. **in memoriam,** zu (mahnender) Erinnerung.

Memori'al [lat.] *das,* **1)** Denk-, Bittschrift. **2)** das Tagebuch der Buchführung.

memor'ieren [lat.], auswendig lernen.

Memory Tube [m'emərı tju:b, engl.], eine Elektronenstrahlröhre, die auf einer isolierenden Platte ein Elektronenbild mehrere Tage konserviert.

M'emphis, 1) ägypt. **Menfe,** älteste Hauptstadt Ägyptens, am unteren Nil, oberhalb von Kairo. Die Gründung geht auf König Menes zurück. Ruinenstätte mit Tempelresten.

2) Stadt in Tennessee, USA, 623 500 Ew. Nahrungsmittel-, chem., Papierind., Holzverarbeitung, Landmaschinen. Medizin. Fakultät der Staatsuniversität.

Men'ado, Provinzhauptstadt und Hafen auf Celebes, 129 900 Ew.; Kopraausfuhr.

Menage [men'a:ʒ, frz.] *die,* Tischgestell für Öl- und Essigflasche, Salz und Pfeffer.

Menagerie [mənaʒər'i:, frz.], Tierschau.

M'enaikanal, engl. **Menai Strait,** 400 m breite Meerenge, die die Insel Anglesey von Wales trennt, darüber 2 Brücken.

M'enam der, Hauptstrom von Thailand, sein rd. 20 000 km² großes Delta mündet in den Golf von Siam. Der eigentl. M., 365 km lang, entsteht aus der Vereinigung der Quellflüsse Ping und Nam (590/627 km).

Men'ama, Hauptstadt, wichtigster Hafen und wirtschaftl. Zentrum von Bahrain (Pers. Golf), 79 100 Ew.

Men'ander, der bedeutendste griech. Dichter der neueren attischen Komödie, * 342, † 291 v. Chr.

Men'arche [grch.] *die,* ♀ →Menstruation.

M'enas, Märtyrer unter Diokletian (†295), Tag 11. 11. Sein Grab bei Alexandria war im 5. und 6. Jahrh. der bedeutendste Wallfahrtsort des Ostens.

Mencken [m'eŋkən], Henry Louis, amerikan. Schriftsteller, * 1880, † 1956, übte scharfe Kritik am amerikan. Geistesleben.

Gregor Mendel   *Dimitrij Mendelejew*

Mende, Erich, Politiker, * 1916, 1945 Mitgr., 1960-67 Bundesvors. der FDP, 1963 bis 1966 Bundesmin. für Gesamtdt. Fragen; nach Bildung der SPD/FDP-Koalition wandte sich M. gegen den Kurs der FDP, trat 1970 aus ihr aus, wurde Mitgl. der CDU.

M'endel die, italien. **La Mendola,** Gebirgskamm rechts der Etsch, mit M.-Paß südwestl. von Bozen (1363 m).

Mendel, Gregor Johann, Entdecker der grundlegenden Vererbungsgesetze, * 1822, † 1884, war in Brünn Augustinerprior. Bei Kreuzungsversuchen, bes. an Erbsen und Bohnen, fand er die **Mendelschen Gesetze (Mendelismus)** für die Vererbung einfacher Merkmale.

Mendel'ejew, Dimitrij Iwanowitsch, russ. Chemiker, * 1834, † 1907, Prof. in St. Petersburg, stellte unabhängig von L. Meyer ein period. System der Elemente auf.

M'endele M'ojcher Sfor'im, eigentl. Schalom Jakob **Abramowitz,** jidd. und hebr. Dichter, * 1835, † 1917, Klassiker der jidd. Literatur, realist. Prosa.

Mendel'evium, Md, künstl. radioaktives chem. Element der Ordnungszahl 101, im chem. Verhalten ähnlich dem Thulium.

mendeln, den von G. J. →Mendel gefundenen Vererbungsgesetzen folgen.

Mendelsohn, Erich, Architekt, * 1887, † 1953, verband Sachlichkeit mit formenreich plastischer Durchbildung des Baukörpers (Einsteinturm, Potsdam, 1920 u. a.).

Mendelssohn, 1) Arnold, Komponist, Großneffe von F. Mendelssohn-Bartholdy, * 1855, † 1933; evang. Kirchenmusik.

2) Dorothea, →Schlegel, Dorothea.

3) Moses, Philosoph, * 1729, † 1786, wirkte im Sinne der Aufklärung und der Emanzipation des Judentums in Deutschland.

4) Peter de, Schriftsteller, * 1908, lebt in London; Romane, Essays.

M'endelssohn-Bartholdy, Felix, Komponist, Enkel von Moses (Mendelssohn 3), * 1809, † 1847. Sein romantisch-klassizist., von tragischen Grundmotiven freies Schaffen hat auf viele Komponisten nachgewirkt. Hebridenouvertüre, 5 Sinfonien, Violinkonzert, Schauspielmusiken, Streichquartette, Oktett, Klavierwerke, Oratorien.

Menden (Sauerland), Stadt in Nordrh.-Westf., im Hönnetal, 30 200 Ew.; Metall-, Elektro- u. a. Industrie.

M'enderes, im Altertum **Mäander,** türk. Büyük M., Fluß in Kleinasien, rd. 450 km lang, mündet nördl. vom Golf von Mendelia.

M'enderes, Adnan, türk. Politiker, * 1899, † (hingerichtet) 1961, 1945 Mitgründer der Demokrat. Partei (wurde 1950 deren Vors.), 1950-60 MinPräs., 1960 durch einen Staatsstreich der Armee unter Führung C. Gürsels gestürzt.

Mendès [mɛ̃d'es], Catulle, französ. Dichter, * 1841, † 1909; Mitgründer des Dichterbundes →Parnassiens.

Mendes|antilope, eine Art der →Säbelantilopen.

Mendès-France [mɛ̃dɛsfr'ãs], Pierre, französ. Politiker (Radikalsozialist), * 1907, Jurist, 1932-58 Abg., 1954/55 MinPräs. (bis Anfang 1955 auch Außenmin.), beendete den Indochina-Krieg. 1959 aus seiner Partei ausgeschlossen, trat 1960 der Vereinigten. Sozialist. Partei bei, wurde 1967 als Gegner de Gaulles in die Nationalvers. gewählt.

H. Memling: Verkündigung an die Hirten, Ausschnitt aus den ,Sieben Freuden Mariä', 1480 (München, Pinakothek)

Mendik'ant [lat.] der, Bettelmönch.

Mend'oza [-sa], Hauptstadt der argentin. Prov. M., 109 100 Ew.; 2 Univ., kath. Erzbischofssitz; internat. Flughafen; in der Umgebung Erdöl- und Gasvorkommen.

Mend'oza [-θa], **1)** Anna de, →Eboli. **2)** Antonio de, * 1490, † 1552, 1535 erster span. Vizekönig von Mexiko, 1549 Vizekönig von Peru. **3)** Diego **Hurtado** de, span. Humanist, Schriftsteller, Staatsmann, * 1503, † 1575. **4)** Pedro de, span. Eroberer, * 1499 (?), † 1537, gewann die La-Plata-Lande, gründete 1536 Buenos Aires.

Menel'aos, griech. Mythos: König von Sparta, Sohn des Atreus, Bruder Agamemnons, kämpfte gegen Troja.

M'enelik II., Kaiser von Äthiopien (1889 bis 1913), * 1844, † 1913, besiegte die Italiener 1896 bei Adua und erreichte die Anerkennung der Unabhängigkeit Äthiopiens.

M'enes, der Überlieferung nach erster König Ägyptens (etwa 2900 v. Chr.), soll Ober- und Unterägypten vereinigt haben.

Menet'ekel das, Warnungszeichen, nach Daniel 5, 25-28, wo beim Gastmahl eine Geisterschrift Belsazar den Untergang ankündigte.

Menge, △ Zusammenfassung von Dingen m (Elementen der M.), die voneinander unterscheidbar sind.

Mengelberg, Willem, niederländ. Dirigent, * 1871, † 1951 (Schweiz).

Mengenkonjunktur, ein Konjunkturaufschwung bei gleichbleibenden oder sinkenden Preisen, wobei die meist steigenden Rohstoff- und Lohnkosten durch Rationalisierung aufgefangen werden.

Mengenlehre, die Lehre von den →Mengen mit unendlich vielen Elementen, bes. von den Beziehungen zwischen einer Menge und deren Untermengen sowie von den Abbildungen der Elemente zweier Mengen aufeinander.

Mengennotierung, Notierung von Devisenkursen, die angibt, wie viele Einheiten der Auslandswährung man für feststehende Inlandseinheiten erhält.

Mengenrabatt, →Rabatt.

Menger, Carl von, österreich. Volkswirtschaftler, * 1840, † 1921, Mitbegründer der Grenznutzentheorie.

Mengh'in, Oswald, österreich. Vorgeschichtsforscher, * 1888, Prof. in Wien, seit 1948 in Argentinien.

Mengs, Anton Raphael, Maler, * 1728, † 1779, wandte sich einem entschiedenen Klassizismus zu (Der Parnaß, Deckenbild, 1761, Rom, Villa Albani).

Mengtse, Mengtsz, Stadt in der Prov. Yünnan, China, etwa 200 000 Ew.; Handelsplatz; in der Nähe Zinnminen.

Meng-tse, Philosoph, * 372 v. Chr., † 289, bildete die Ethik des Konfuzianismus weiter, ausgehend von der angeborenen Güte der menschl. Natur.

Menhaden [mɛnh'eidn] der, ein heringsartiger Fisch der atlant. Küste Nordamerikas; dient zu Tran und Fischguano.

M'enhir [kelt.] der, aufrechtstehender Felsblock, bis zu 20 m hoch, einzeln, in Reihen oder Kreisen, in vorgeschichtl. Zeit wohl kult. Zwecken dienend.

Mening'iom [grch.] das, eine Gehirngeschwulst (Übersicht Gehirn, Bd. 1, S. 441).

Mening'itis [grch.] die, die Gehirnhautentzündung; **epidemische M.,** die Genickstarre (Übersicht Gehirn, Bd. 1, S. 441).

Men'iskus [grch.] der, **1)** ♀ zwei Knorpel im Kniegelenk (→Knie). **2)** Oberfläche einer Flüssigkeit in einer dünnen Röhre; sie ist konkav bei benetzender, konvex bei nichtbenetzender Flüssigkeit.

M'ennige [aus lat.] die, gelbes bis rotes Bleioxid, Malerfarbe, Rostschutzmittel, Gemengteil von Bleigläsern, früher als Zusatz zu Brechweinstein.

Mennon'iten [nach dem Stifter Menno Simons, † 1561], **Taufgesinnte,** evang. Gemeinschaft, die Erwachsenentaufe, Eidverweigerung und Kampf für Toleranz fordert; bes. in den Niederlanden, Verein. Staaten und Kanada.

M'enon, Vengalil, Krischnan Krischna, ind. Politiker, * 1897, Rechtsanwalt, lebte seit 1924 in Großbritannien, 1947-52 erster ind. Hochkommissar in London, war 1952 bis 1961 Leiter der ind. Delegation in der Gen.-Versammlung der Vereinten Nationen, 1957 zugleich Verteidigungsmin., mußte 1962 nach dem Einfall chines. Truppen auf ind. Gebiet zurücktreten.

Menop'ause [grch.] die, Wechseljahre.

Men'orca, früher **Minorca,** Insel der spanischen Balearen, 668 km², 47 400 Ew. Hauptstadt: Mahón.

Menorrhagie [grch.] die, eine zu starke Menstruationsblutung.

Men'otti, Gian-Carlo, italien. Komponist, * 1911, lebt in den Verein. Staaten; Opern: ,Der Konsul' (1950), ,Die Heilige von der Bleecker Street' (1954) u. a.

Mensa [lat. ,Tisch'] die, Altar, Altarplatte. **Mensa academica,** Studentenspeisehaus.

Mensch, latein. **Homo,** griech. **Anthropos,** das höchstentwickelte Lebewesen der Erde. Der M. gehört im zoolog. System zu den Säugetieren, von denen er sich bes. durch seine spärl. Körperbehaarung, den aufrechten Gang, den Gebrauch der Hände und die lückenlosen Zahnreihen ohne hervorstehende Eckzähne unterscheidet. Gegenüber allen Tieren nimmt er vor allem durch das hochdifferenzierte Gehirn, verbunden mit der Fähigkeit, in Worten zu denken und zu sprechen, eine Sonderstellung ein.

Im natürl. System der Lebewesen gehört die Art Homo sapiens zur Fam. Menschenartige (Hominiden), einem Zweig der →Primaten. Für diese verwandtschaftl. Beziehungen liefern vergleichende Anatomie, Physiologie und Psychologie, Serologie, Embryologie, Paläontologie (bes. Paläanthropologie) u. a. Wissenschaften Beweise. Ähnlichkeiten zeigen sich im gesamten Bauplan des Körpers (Innenskelett mit Wirbelsäule, Bau der Gliedmaßen, Nervensystem mit zentralem Gehirn, Blutgefäßsystem usw.) sowie in vielen Entsprechungen von Bau, Lage, Funktion der Einzelorgane. Ferner →Menschenaffen.

Stammesgeschichte: Der heutige M. läßt sich durch eindeutige Skelettfunde als die Art Homo sapiens in die Eiszeit zurück nachweisen. Die schon zu Beginn seines Auftretens in Europa vorhandenen Rassenunterschiede deuten auf eine vorhergegangene, lange Entwicklungszeit und darauf, daß der heutige M. außerhalb Europas - vermutlich in Asien - entstand.

Menschen'affen, latein. Pongidae, Familie der Affen, bes. in der Jugend menschenähnlich (**Anthropoiden**); stammesgeschichtl. Seitenzweig einer mit dem Menschen gemeinsamen Stammgruppe. Menschenähnlich sind die Stellung der Augen und Ohren, die Andeutung einer S-förmig gekrümmten Wirbelsäule, die nackte Haut der Handflächen und Fußsohlen und andere Merkmale, bes. auch Verhaltensweisen. Die Arme der M., die als Schwingkletterer im Urwald leben, sind länger als die Beine; die Greiffüße haben wie die Hände entgegenstellbare Daumen. Der Schädel ist nach Alter und Geschlecht sehr verschieden. Die M. sind hauptsächlich Pflanzenfresser; sie legen Schlafnester an. Zu den M. zählen →Orang-Utan, →Gorilla und →Schimpanse.

Menschen'artige, die Hominiden.

Menschenfresser, der →Kannibale.

Menschenführung, die planmäßige Leiten von Personen und Gruppen im Betrieb, bes. die Gestaltung der zwischenmenschl. Beziehungen (Betriebsklima) im Verhältnis der Kollegen untereinander sowie zwischen Vorgesetzten und Angestellten.

Menschen'opfer, bei vielen alten Völkern und Naturvölkern die kultische Opferung von Menschen.

Menschenrassen (Tafel S. 805), natürl. Untergruppen der Art Mensch (Homo sapiens), gekennzeichnet durch be-

stimmte erbl., in weiten Grenzen schwankende Merkmale: Körperhöhe und Proportionen sind sehr verschieden, ebenso Maße und Formen des Schädels in Gehirn- (Lang-, Rund-, Hochkopf, verschiedene Hinterhauptswölbung, wechselnde Stirnformen) und Gesichtsteil; in der Ausbildung der Weichteile (Muskulatur, Fettansatz, Form der Lippen, der Augenlider, der Ohrmuscheln) bestehen nicht minder große Unterschiede. Haar-, Haut- und Augenfarbe wechseln von den hellsten bis zu den dunkelsten Tönen; Haarform (straff, schlicht, wellig, lockig, kraus) und Stärke der Bart- und Körperbehaarung variieren stark, Papillarlinien und Blutgruppen weisen ebenfalls Erbunterschiede auf. Die Fragen nach Ort und Zeit der Entstehung der M. und nach ihren verwandtschaftl. (stammesgeschichtlichen) Beziehungen zueinander sind erst teilweise geklärt. Die durch neuzeitl. Zivilisation und Technik einschneidend veränderten Lebensbedingungen des Menschen haben die M. viel von ihrem urspüngl. Wert als Auslesegruppen und Anpassungsformen an bestimmte Räume und Klimate genommen. M. als streng voneinander isolierte einheitl. Fortpflanzungsgemeinschaften dürfte es auch in der Vergangenheit kaum gegeben haben. Immer bestanden Beziehungen zwischen den benachbarten Gruppen, durch die sich Mischungs-, Übergangs-, Kontaktzonen zwischen den Zentren rass. Ausprägung bildeten. Versuche einer Gliederung der M. reichen bis ins Altertum zurück (z. B. Darstellungen in der altägypt. Kunst). Die von alters her übliche Dreiteilung der Menschheit nach der Hautfarbe als dem auffälligsten Rassenmerkmal (,Schwarze', ,Weiße', ,Gelbe') gibt auch das Grundgerüst der neuzeitl. Gliederungen der M., so bei E. v. Eickstedt. (Übersichten Europide, Mongolide, Negride)

Menschenraub, ♂♀ die Überwältigung eines Menschen durch List, Drohung oder Gewalt, um ihn in hilfloser Lage auszusetzen oder in Sklaverei, in auswärtigen Kriegsdienst u. a. zu bringen; wird mit Freiheitsstrafe nicht unter einem Jahr bestraft (§ 234 StGB.), in Österreich mit schwerem Kerker (§§ 90 ff. StGB.). Die Schweiz behandelt M. als Freiheitsberaubung, die Dt. Dem. Rep. als Menschenhandel (→Verschleppung).

Menschenrechte, die angeborenen, unveräußerlichen und unantastbaren Rechte und Freiheiten des einzelnen gegenüber staatlichem Eingriff; sie werden heute als Grundrechte gewährleistet, so in der Bundesrepr. Dtl. in Art. 1 ff. GG.: Glaubens-, Gewissens- und Bekenntnisfreiheit, Recht der freien Meinungsäußerung, Gleichheit vor dem Gesetz, Recht auf Freizügigkeit u. a. Der Schutz der M. ist ein Ziel der Vereinten Nationen. Die Mitglieder des Europarats haben 1950 die **Europäische Konvention für M.** abgeschlossen; 1959 wurde der **Europ. Gerichtshof für M.** gebildet.

M'enschensohn, der wichtigste Titel Jesu in den drei ersten Evangelien, wohl nach Daniel 7, 13.

Menschew'iki, die gemäßigte Richtung der ehem. russ. Sozialdemokratie (1903; G. Plechanow u. a.) gegenüber den Bolschewiki.

M'enschikow, Aleksandr Danilowitsch, Reichsfürst (1705), * 1672, † 1729, Vertrauter Peters d. Gr., nach dessen Tod (1725) Katharinas I.; 1727 verbannt.

M'ensendieck, Bess, niederländ.-amerikan. Gymnastiklehrerin, * 1864, † 1957/58 (?), entwickelte ein System der Gymnastik, das bes. in Dtl. (seit 1905), Dänemark, Norwegen und den Niederlanden Schule machte.

M'enses [lat.] Mz., ♀ die →Menstruation.

Mens sana in corpore sano (sit) [lat.], ein gesunder Geist (möge) in einem gesunden Körper (wohnen) (Juvenal ,Satiren').

Menstruat'ion [lat.] die, latein. **Menstrua.**

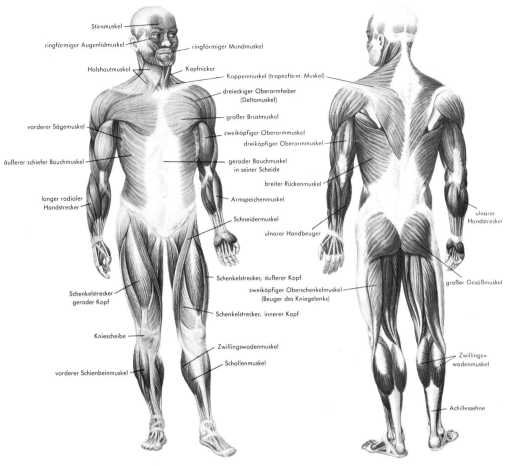

Stirnmuskel
ringförmiger Augenlidmuskel
Halshautmuskel
vorderer Sägemuskel
äußerer schiefer Bauchmuskel
langer radialer Handstrecker
Schenkelstrecker gerader Kopf
Kniescheibe
vorderer Schienbeinmuskel

ringförmiger Mundmuskel
Kopfnicker
Kappenmuskel (trapezförm. Muskel)
dreieckiger Oberarmheber (Deltamuskel)
großer Brustmuskel
zweiköpfiger Oberarmmuskel
dreiköpfiger Oberarmmuskel
gerader Bauchmuskel in seiner Scheide
breiter Rückenmuskel
Armspeichenmuskel
Schneidermuskel
ulnarer Handbeuger
Schenkelstrecker, äußerer Kopf
zweiköpfiger Oberschenkelmuskel (Beuger des Kniegelenks)
Schenkelstrecker, innerer Kopf
Zwillingswadenmuskel
Schollenmuskel

ulnarer Handstrecker
großer Gesäßmuskel
Zwillings- wadenmuskel
Achillessehne

Oberflächliche Skelettmuskeln von vorn und von hinten gesehen

Menses, griech. **Menorrh'öe,** auch **Periode, Regel, Unwohlsein, Monatsfluß** genannt, die bei der geschlechtsreifen Frau in etwa 28tägigen Abständen (Genitalzyklus) auftretende Blutung aus der Gebärmutter (durchschnittlich 4–6 Tage dauernd). Sie zeigt den Tod einer unbefruchtet gebliebenen Eizelle an und geht mit einer Abstoßung der für die Schwangerschaft vorbereiteten Gebärmutterschleimhaut einher. Das erste Auftreten der M. (in Mitteleuropa und den gemäßigten Zonen zwischen dem 12. und 14. Lebensjahr) heißt **Menarche.** Über das Aufhören der M. **(Menopause)**→Wechseljahre.

Men'sur [lat.] *die,* Maß, Messung. **1)** Fechtkunst: Abstand der beiden Gegner. **2)** Studententum: ein Zweikampf mit blanker Waffe. **3)** ♉ graduierter gläserner Meßzylinder.

Mensur'alnotenschrift, eine Notenschrift des 13.-16. Jahrh., die außer der Tonhöhe auch das Verhältnis der Dauer der Töne erkennen läßt. Um 1450 wurde statt der schwarzen Zeichen die schwarz umrandete weiße Notenform eingeführt: Maxima ◗, Longa ◗, Brevis ▪ , Semibrevis ◇ (unsere ganze Note), Minima ♦ (Halbe), Semiminima♦ oder ♩(Viertel), Fusa ♪ oder ♪(Achtel), Semifusa ♪ oder ♪ (Sechzehntel). In M. aufgezeichnete Musik heißt **Mensuralmusik.**

ment'al [lat.], den Geist angehend, gedanklich. **Mentalität** *die,* Denkungsart.

Ment'alreservation [lat.], ♊♊ der →Gedankenvorbehalt.

Ment'awai-Inseln, indones. Inselgruppe südwestlich von Sumatra, 5091 km² groß, etwa 20 000 Ew.

M'entha [lat.] *die,* die Pflanzengattung →Minze.

Menth'ol [lat.] *das,* Hauptbestandteil des Pfefferminzöls, ein höherer Alkohol, wirkt antiseptisch, juckreizmildernd, kühlend, entzündungswidrig.

Menton [mãt'õ], italien. **Mentone,** Stadt an der Mittelmeerküste, im französ. Dép. Alpes-Maritimes, Kurort der Riviera, 25 300 Ew.; Parfümindustrie. - M. kam 1860 nach Volksabstimmung von Monaco zu Frankreich. Unweit M. liegen die →Grimaldigrotten.

M'entor *der,* **1)** Freund des Odysseus, Lehrer des Telemach. **2)** übertragen: Lehrer, Berater.

Men'ü *das,* französ. **Menu** [mən'y], Speisenfolge, Speisekarte.

Menu'ett [frz.] *das,* französ. Hoftanz im ³/₄-Takt, um die Mitte des 17. Jahrh. am Hof Ludwigs XIV. eingeführt; häufig Bestandteil der Suite.

M'enuhin, Yehudi, amerikan. Geiger, * 1916.

Menzel, 1) Adolph von (geadelt 1898), Maler, * 1815, † 1905, trat 1842 mit seinem ersten großen Werk hervor, den 400 Illustrationen zu Kuglers Geschichte Friedrichs d. Gr., nach seinen Federzeichnungen in Holz gestochen. Seine frühen Gemälde nehmen in malerischer Freiheit und Frische bereits den Impressionismus voraus. Später malte er Bilder aus dem Leben Friedrichs d. Gr. (Tafelrunde, 1850, im 2. Weltkrieg zerstört; Flötenkonzert, 1852 u. a.), aus der zeitgenöss. Geschichte, vom Berliner Hof (Ballsouper, 1878) und dem Leben seiner Zeit (Théâtre Gymnase, 1856; Eisenwalzwerk, 1875). (Tafel Dt. Kunst I) **2)** Gerhard, Schriftsteller, * 1894, † 1966; Dramen, Geschichts- und Zeitromane, Drehbücher.

A. von Menzel: Kirche hinter Baumgeäst, 1894, Bleistift (Kiel, Privatbesitz)

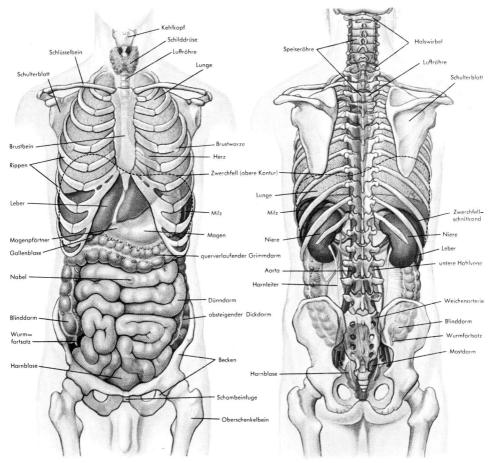

Kehlkopf
Schilddrüse
Luftröhre
Lunge
Schlüsselbein
Schulterblatt
Brustbein
Brustwarze
Rippen
Herz
Zwerchfell (obere Kontur)
Leber
Lunge
Milz
Magenpförtner
Magen
Gallenblase
querverlaufender Grimmdarm
Nabel
Dünndarm
Blinddarm
absteigender Dickdarm
Wurm—
fortsatz
Harnblase
Becken
Schambeinfuge
Oberschenkelbein

Halswirbel
Speiseröhre
Luftröhre
Schulterblatt
Zwerchfell—
schnittrand
Milz
Niere
Niere
Leber
Aorta
untere Hohlvene
Harnleiter
Weichenarterie
Blinddarm
Wurmfortsatz
Mastdarm
Harnblase

Innere Organe und Skelett von vorn und von hinten gesehen

3) Wolfgang, Literarhistoriker, * 1798, † 1873, griff als Kritiker Goethe und das ‚Junge Deutschland' an. Schrift von Börne ‚M., der Franzosenfresser' (1837).

Menzies [mˈɛnziz], Sir Robert Gordon, austral. Politiker (Liberaler), * 1894, Rechtsanwalt, MinPräs. 1939-41 und 1949 bis 1966.

Meph'isto, Mephist'opheles, der Teufel in Goethes ‚Faust'; im ältesten Volksbuch Mephostophiles.

M'eppen, Stadt in Ndsachs., Hafen an der Mündung des Dortmund-Ems-Kanals in die Ems, 18 700 Ew.; hat Pflanzenschutz- und Tierzuchtamt Emsland, Staatliche Moorverwaltung und Emsland GmbH.; Viehmärkte, Textil- u. a. Industrie.

Mer'an, italienisch **Mer'ano,** Stadt in Südtirol, Italien, am Passerbach, 33 800 Ew., Kurort. In der Umgebung zahlreiche Schlösser (Tirol, Schenna, Zenoburg).

Mercapt'ane, Th'io|alkohole, organ. Verbindungen, die sich aus den Alkoholen durch Ersatz der OH-Gruppe durch eine SH-Gruppe ableiten.

Merc'ator, latinisiert aus **Kremer,** Gerhard, Geograph, * 1512, † 1594; schuf seit 1541 eine Erd- und Himmelskugel, 1554 eine Karte von Europa 1 : 4 360 000, durch die er seinen Ruf als Kartenzeichner begründete, 1569 die Weltkarte für Seefahrer, deren Kartennetzentwurf seinen Namen trägt **(M.-Projektion).** 1595 erschien als sein Hauptwerk der erste Atlas.

Mercedes-Benz, Kraftwagenmarke der Daimler-Benz AG. (→Daimler).

Merchant Adventurers [mˈɔːtʃənt ədvˈentʃərəz, engl. ‚wagende Kaufleute'], englische Kaufmannsgilde, verdrängte seit dem 16. Jahrh. die Hanse aus dem englischen Handel.

Mercier [mɛrsjˈe], Désiré, Kardinal (1907) und Philosoph, * 1851, † 1926; Haupt der neuscholast. Schule von Löwen, 1906 Erzbischof von Mecheln und Primas von Belgien, im 1. Weltkrieg geistiger Führer des belg. Widerstandes.

Merck, Johann Heinrich, Schriftsteller, * 1741, † (Selbstmord) 1791, Kriegsrat in Darmstadt, gefürchteter Kritiker mit starkem Einfluß auf den jungen Goethe.

Merck, E. M. AG., Darmstadt, chemischpharmazeut. Unternehmen, gegr. 1827. Grundkap.: 84,6 Mill. DM (1971), Beschäftigte: 8300 (1970). - **Merck & Co. Inc.,** Rahway (USA), 1927 hervorgegangen aus der Emanuel Merck OHG; Eigenkap.: 420,9 Mill. US-$, Beschäftigte: 21 100 (1969).

Merckx, Eddy, belg. Radrennfahrer, * 1945.

Mercury-Programm [mˈɔːkjuri, engl.], die 1961-63 durchgeführten amerikan. Raumfahrtunternehmen, die der ersten prakt. Erprobung der bemannten Raumfahrt dienten. Die einsitzigen Mercurykapseln wogen 1,2 t. Nach zwei ballist. Flügen von je 15 Minuten Dauer wurden vier bemannte Flüge auf Erdumlaufbahnen (6, 7, 8, 9) ausgeführt. Die Zahl der Flugstunden betrug insgesamt knapp 54, die von Mercury 9 allein über 34 Stunden. Das M.-P. ging dem →Gemini-Programm voran.

Mer-de-Glace [mɛrdəglˈas, frz. ‚Eismeer'], Gletscher an der N-Seite des Montblanc.

Mereau [merˈo], Sophie, geb. Schubart, Schriftstellerin, * 1770, † 1806, ⚭ seit 1803 mit Clemens Brentano; Übersetzungen.

Meredith [mˈɛrediθ], George, engl. Schriftsteller, * 1828, † 1909; psycholog. Romane, in denen er den Gegensatz der Sinne und des Verstandes darstellt, der durch den Geist überwunden werden kann. ‚Richard Feverels Prüfung' (1859), ‚Rhoda Fleming' (1865), ‚Der Egoist' (1879), ‚Diana vom Kreuzweg' (1885). Die Darstellung ist ironisch-satirisch.

Mereschk'owskij, Dmitrij Sergejewitsch, russ. Schriftsteller, * 1865, † 1941; Romantrilogie ‚Christ und Antichrist': ‚Julian Apostata' (1895), ‚Leonardo da Vinci' (1902), ‚Peter und Aleksej' (1905); Dramen, Erinnerungen, Essays.

George Meredith   *Prosper Mérimée*

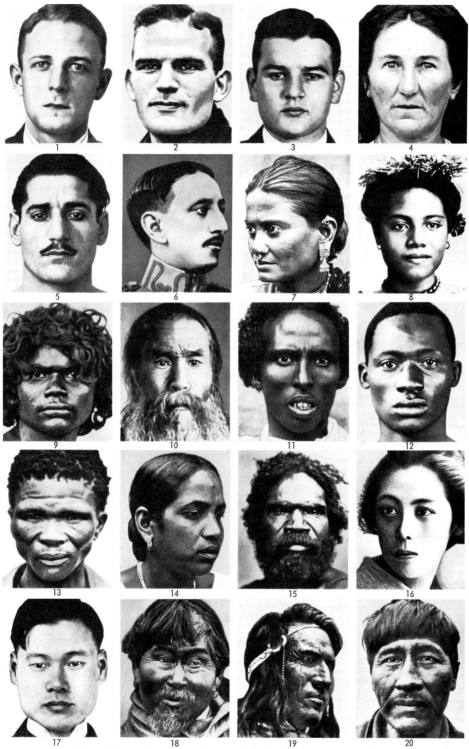

Europide*: **1** nordid, Holsteiner; **2** fälisch, Hesse; **3** alpin, Badener; **4** dinarid, Montenegrinerin; **5** mediterranid, Grieche; **6** orientalid, Spanier; **7** indid, Hindufrau; **8** polynesid, Samoanerin; **9** weddid, Panyer; **10** ainuid, Ainu-Mann; **Negride***: **11** äthiopid, Somali; **12** sudanid, Neger (Tukulor); **13** khoisanid, Buschmann; **14** melanid, Singhalesin; **15** australid, Australier; **Mongolide***: **16** sinid, Japanerin; **17** südsinid, Südchinese; **18** eskimid, Grönländer; **19** silvid, Sioux-Indianer; **20** fuegid, Feuerländer
* und ihnen zugerechnete Gruppen

Mergel *der*, Sedimentgestein, Gemenge aus Kalk und Ton, gelb bis braun, grau.

Mergenthaler, Ottmar, Mechaniker, * Hachtel (Württ.) 1854, † (USA) 1899, erfand 1884 die Linotype-Setzmaschine.

Mergentheim, Bad M., Stadt in Bad.-Württ., an der Tauber, 12 500 Ew.; Deutschmeisterschloß (1568 ff.); Glauber- und Bittersalzquellen; Holz-, Bekleidungsind., Maschinen- und Apparatebau.

M'ergui-Archip'el, Inselgruppe an der Westküste Hinterindiens, zu Birma gehörig; Kautschukpflanzungen.

M'erian, Familie von Kupferstechern: Matthäus d. Ä., * 1593, † 1650, gab die ‚Topographien', eine große Sammlung von Städteansichten, heraus, fortgesetzt von seinem Sohn Matthäus d. J., * 1621, † 1687. Anna Maria Sibylla, * 1647, † 1717, Tochter von Matthäus d. Ä., veröffentlichte naturwissenschaftl. Werke mit kolorierten Stichen, bes. über die Insekten von Surinam.

Mérida, Hauptstadt des Staates Yucatán, Mexiko, 201 000 Ew., kath. Erzbischofssitz, Univ.; Kaffeehandel, Textil-, Konservenindustrie.

Meridi'an [lat.] *der*, 1) ☆ **Mittagskreis,** der größte Kreis am Himmel durch Zenit und Pol, in dessen Ebene der Ort des ird. Beobachters liegt. Er steht senkrecht auf dem Horizont und schneidet ihn im Nord-(Mitternachts-) und Süd-(Mittags-)Punkt. 2) ⊕ der Längenkreis, jeder vom Pol zu Pol reichende, senkrecht auf dem Äquator stehende ‚Halbkreis' (→Länge 1), genauer der halbe Umfang einer leicht abgeplatteten Ellipse. Die magnet. M. verlaufen durch die erdmagnet. Pole, sie geben jedem Ort die magnet. N-S-Richtung.

Meridi'anrohr, Meridiankreis, Fernrohr zur Zeitbestimmung aus den Meridiandurchgängen von Sternen.

M'erigarto *der*, Bruchstücke einer um 1085 abgefaßten Erdbeschreibung.

Mérimée [merim'e], Prosper, franzöz. Schriftsteller, * 1803, † 1870; Novellen von schwelenden Leidenschaften in formvollendeter Sprache (‚Colomba', 1840, ‚Carmen', 1845, Oper von Bizet); histor. Roman ‚Die Bartholomäusnacht' (1829); Übers. russ. Novellisten. (Bild S. 804)

Mer'ino [span.] *der*, 1) Schafrasse mit sehr feiner, gekräuselter Wolle. 2) Kleiderstoff in Köperbindung aus der Wolle des Merinoschafes.

Merionethshire [meri'ɔniθ'∫iə], **Merioneth** [məri'ɔniθ], Gfsch. in N-Wales, 1709 km², 37 400 Ew., Verwaltungsstadt: Dolgellau.

Merist'em [grch.] *das*, →Bildungsgewebe.

Mer'iten [lat.], Ez. **M'eritum,** Verdienste, gute Werke.

Merk *der*, **Sium,** Doldenblütergattung, meist Sumpf- oder Wasserstauden.

Merkantil'ismus [von frz. mercantile ‚kaufmännisch'] *der*, das wirtschaftspolit. System des Absolutismus (17.-18. Jahrh.). Kern des M. ist ein Ineinander von wirtschaftl. Nationalismus und staatl. Dirigismus. Hauptantrieb war der steigende staatl. Geldbedarf, der neue Finanzquellen notwendig machte. Das Schwergewicht lag in der Förderung des Außenhandels mit dem Ziel einer aktiven Handelsbilanz, damit Geld oder Edelmetall ins Land floß. Deswegen wurden heimische Gewerbe, Handel und Verkehr bes. gefördert. Vertreter: in Frankreich J. B. Colbert, in England Cromwell, in Preußen der Große Kurfürst, Friedrich Wilhelm I., Friedrich d. Gr.

Merkatz, Hans-Joachim von, Politiker (CDU), * 1905, Jurist, 1955-62 mehrfach Minister (Bundesrat, Justiz, Vertriebene), 1967 Präs. der Paneuropa-Union.

Merker, Emil, Schriftsteller, * 1888, † 1972; Gedichte, Prosa.

Merkstein, Gem. in Nordrh.-Westf.: 14 400 Ew., Steinkohlenbergbau, Glas- und Keramikindustrie.

Merk'ur, ☿ der sonnennächste Planet, Zeichen ☿, umkreist in 88 Tagen die Sonne; Abstand von der Sonne zwischen 46 und 70 Mill. km, von der Erde zwischen 79 und 219 Mill. km, Durchmesser 5140 km. Die Umdrehungsdauer beträgt 59 Tage, die Oberflächentemperatur bis 700° C. Der M. ist wegen seiner Sonnennähe von der Erde aus nur in der Dämmerung zu beobachten. Mitunter geht er als dunkler Punkt vor der Sonne vorbei (**M.-Durchgang**).

Merk'ur, röm. Gott des Handels.

Merkurisalze, Salze des zweiwertigen Quecksilbers. **Merkurosalze,** Salze des einwertigen Quecksilbers.

Merl'an [frz.] *der*, Fisch, →Wittling.

Merleau-Ponty [mɛrl'o põt'i], Maurice Jean Jacques, franzöz. Philosoph, * 1908, † 1961, ein führender Vertreter des franzöz. Existentialismus.

Merl'in [frz.] 1) ein zu den Falken gehöriger Greifvogel. 2) der Zauberer und Prophet des Artuskreises. Drama von K. Immermann (1832).

M'eroë, ehem. Hauptstadt des Äthiop. Reichs (Blütezeit 300 v. Chr. bis 300 n. Chr.) am oberen Nil, jetzt Ruinen von Tempeln und Palästen; östlich von M. die Pyramiden der Könige.

M'erope, griech. Mythos: M. wird gezwungen, sich mit dem Mörder ihres Mannes und ihrer Söhne zu vermählen. Tragödie ‚Kresphontes' von Euripides.

M'erowinger, Königsgeschlecht der sal. Franken, genannt nach **M'erowech,** trat mit Chlodio um 430 in die Geschichte ein, erhob mit Chlodwig I. (481-511) das Fränk. Reich zur Vormacht des Abendlandes, verlor im 7. Jahrh. die Führung an die Hausmeier (→Karolinger); abgesetzt 751.

merowingische Kunst, die Kunst vom 5. bis Mitte 8. Jahrh. im Fränk. Reich mit galloroman. und german. Stilelementen. Pflegestätten: das die spätantike Kunsttradition bewahrende Kloster und die anfänglich noch heidn. Adelshöfe. Kirchenbauten sind meist nur im Grundriß erhalten, die Bauplastik ist häufiger überliefert. Buchmalerei und Elfenbeinschnitzerei wurden für kirchl. Zwecke weitergepflegt. Über das höfische Kunsthandwerk geben die Grabfunde des Childerich und der Arnegunde Aufschluß. Weiteres →karolingische Kunst.

Merry old England [meri ould 'iŋglənd], ‚Fröhliches Alt-England', bes. unter Königin Elisabeth I.

M'erseburg, Stadt im Bez. Halle, an der Saale, 56 000 Ew.; TH für Chemie, Maschinenbau; Papierfabrikation. Nahebei →Leuna und →Schkopau; bischöfl. Schloß um 1500, im 17. Jahrh. umgebaut, Marktkirche, Altes und Neues Rathaus (1524 als Gewandhaus gebaut). - M., als Grenzfeste gegen die Slawen angelegt, wurde 968 und 1004 Bistum, kam 1561 an Kursachsen, 1815 an Preußen.

Merseburger Zaubersprüche, zwei althochdt. Zauberformeln, aufgezeichnet im 10. Jahrh. auf das Vorsatzblatt einer wohl aus Fulda stammenden geistl. Handschrift der Dombibliothek zu Merseburg.

M'ersen, →Meerssen.

Mersey [m'ə:zi], Fluß im nordwestl. England, 109 km lang, kommt aus dem Pennin. Gebirge, mündet in die Irische See.

M'ersin, Mersina, Provinzhauptstadt in der kleinasiat. Türkei, wichtigster Hafen der anatol. Südküste, 114 300 Ew.

Merthyr Tydfil [m'ə:θə t'idfil], Industriestadt in der Gfsch. Glamorgan, Wales, 56 100 Ew. In der Nähe Eisensteinlager, Leichtindustrie.

Merton [m'ə:tn], Stadtbez. im SW von London, 181 500 Ew.

Merton, Wilhelm, Unternehmer und Sozialpolitiker, * 1848, † 1916, Gründer der Metallgesellschaft AG., errichtete Stiftungen für soziale Zwecke, förderte die Gründung der Universität Frankfurt a. M.

M'eru, Vulkanstock in Ostafrika (Tansania), westlich des Kilimandscharo, 4567 m hoch, mit glutflüssigem Kraterring.

Merveilleuse [mɛrvɛj'o:z] *die*, in Frankreich (um 1800) eine die Mode übertreibende Frau.

M'erwede *die*, Unterlauf der Waal, des Rheindelta-Hauptarms in den Niederlanden.

Meryon [merj'õ], Charles, franzöz. Radierer, * 1821, † 1868, schuf meisterhafte Radierungen von Paris.

merzeris'ieren unter Strecken mit Natronlauge behandeln zur Erhöhung von Glanz, Reißfestigkeit, Farbstoffaufnahmevermögen.

M'erzig, Stadt im Saarland, an der Saar, 12 400 Ew.; Maschinen-, Fisch-, ind.

M'esa, Moabiterkönig im 9. Jahrh. v. Chr., befreite sich von der Herrschaft Israels (2. Kön. 3). Siegesstein mit althebr. Inschrift (M.-Inschrift, Louvre).

Mesabi Range [mes'a:bi reindʒ], Gebirgszug in Minnesota, USA, eins der reichsten Eisenerzlager der Erde.

Mesalliance [-j'ãs, frz.] *die*, Mißheirat.

Mescal'in [mexikan.] *das*, Alkaloid aus mexikan. Kakteen, verlangsamt den Puls, ruft Halluzinationen hervor; Rauschmittel.

Meschdur'etschensk, Stadt im Gebiet Kemerowo, Russ. SFSR., 81 000 Ew.; Schwerpunkt des Kohlenbergbaus im Kusnezker Kohlenbecken.

M'eschede, Stadt in Nordrh.-Westf. an der oberen Ruhr, 16 200 Ew.; Leichtmetall-, Werkzeug-, Textil- u. a. Industrie.

Meschendörfer, Adolf, siebenbürg. Schriftsteller, * 1877, † 1963; Romane.

Meschh'ed, Mashh'ad, Provinzhauptstadt im Iran, 409 600 Ew., Wallfahrtsort der Schiiten, Grabmoschee des Imam Resa; wichtiger Verkehrsknotenpunkt.

mesch'ugge [hebr.], umgangssprachlich: verrückt.

Mes'ent'erium [grch.-lat.] *das*, ⚕ das Gekröse (→Bauchfell).

M'eseritz, poln. **Międzyrzecz,** Stadt in der Mark Brandenburg, an der Obra, 12 300 (1939: 12 100) Ew., Landhandel, landwirtschaftliche Verarbeitungsind. Seit 1945 unter poln. Verwaltung.

Meskal'in, →Mescalin.

Mesmer'ismus, Lehre vom animalen Magnetismus, begründet von Franz Anton Mesmer (1734-1815).

M'esner, Küster, Kirchendiener.

meso [grch.], mittel..., zwischen...

Mesod'erm [grch.] *das*, das mittlere Keimblatt (→Entwicklung).

Mesol'ithikum [grch.] *das*, die →Mittelsteinzeit.

Mesol'ongion, italien. **Missolunghi,** griech. Stadt am Golf von Patras, 12 370 Ew.; im griech. Freiheitskampf (seit 1821) ein Hauptbollwerk gegen die Türken.

Mesomer'ie [grch.] *die*, die Erscheinung, daß bei organ. Molekülen mit mehreren konjugierten Mehrfachbindungen und freien Elektronenpaaren der tatsächliche Bindungszustand nicht eindeutig formuliert werden kann.

Mes'onen [grch.], instabile Elementarteilchen, die bei energiereichen Stößen u. dgl. entstehen und in bestimmter Weise wieder zerfallen. Zu ihnen gehören die π-M. (Pionen) und die K-M. (Kaonen).

Mesopot'amien [grch. ‚Zwischenstromland'], das Land zwischen Euphrat und Tigris, gehört größtenteils zum Irak; im Altertum bedeutende Kulturlandschaft, gehörte zu Assyrien, Babylonien, kam später unter die Herrschaft von Persern, Parthern, Römern, Arabern, Türken.

Mesosphäre, die Schicht der Erdatmosphäre in etwa 50 bis 80 km Höhe.

Mesoth'orium, radioaktive Isotope, die durch den natürlichen Zerfall von Thorium entstehen. Aus Thorium entsteht das Radium-Isotop ^{88}Ra = **M. I,** aus diesem das Aktinium-Isotop ^{89}Ac = **M. II.**

Mesoz'oikum [grch.] *das*, die mittlere Formationsgruppe der →Erdgeschichte.

Mespelbrunn, Wasserschloß der Grafen von Ingelheim im Spessart.

Mesquite [mesk'itε, mexik.] *der*, baum- und strauchartiger Hülsenfrüchte im warmen Amerika, gibt **Mesquite-** oder **Sonoragummi.** Die Frucht dient als Viehfutter.

m'essa di voce [-v'ɔtʃe, ital.], ♪ beim Gesang das An- und Abschwellen des Tones.

Messagero, Il M. di Roma [mesadʒ'ero, ital. ‚der Bote'], überparteil. röm. Tageszeitung, gegr. 1878.

Messali Hadsch, alger. Politiker, * 1898, forderte als einer der ersten einen unabhängigen alger. Staat.

Messal'ina, Valeria, * um 25 n. Chr., dritte Frau des röm. Kaisers Claudius, sittenlos, 48 n. Chr. wegen einer Verschwörung hingerichtet.

Meßbildverfahren, →Photogrammetrie.

Meßbrücke, eine elektr. Schaltung zum Messen von Widerständen durch Vergleich des Stromes, der durch den unbekannten Widerstand fließt, mit dem Strom durch bekannte Widerstände. Ein Galvanometer zeigt an, wenn sich die fließenden Ströme gleichen. Meist wird die **Wheatstone-Brücke,** für sehr kleine Widerstände die **Thomson-Brücke** verwendet. Bei Messungen mit Wechselstrom dient als Anzeigegerät ein Kopfhörer, ein Vibrationsgalvanometer oder eine Kathodenstrahlröhre. Häufig dienen M. als Schaltelement in Meßgeräten.

M'esse [lat. missa] die, **1)** Kath. Kirche: die Feier des Abendmahls als unblutige Erneuerung des Kreuzesopfers Christi. Jeder kathol. Gläubige ist verpflichtet, an Sonn- und Feiertagen die M. zu hören. Die eigentl. M. hat drei Hauptteile: die **Opferung** oder das **Offertorium** (Zurüstung der Opfergaben Brot und Wein), die **Wandlung** oder **Konsekration** (Verwandlung von Brot und Wein in Leib und Blut Christi), die **Kommunion** (Genuß der Opfergaben durch den Priester und die Gläubigen). Der Feierlichkeit nach unterscheidet man **Lese-** (Still-), **gesungene M.,** bei liturgischer Assistenz weiterer Geistlicher neben dem zelebrierenden Priester feierliches **Hochamt** (Missa solemnis) und **Pontifikal-M.** von Bischöfen gefeiert; höchste Form die **päpstl.** oder **Papal-M.** - Reform der M. durch Papst Paul VI. (zweites →Vatikan. Konzil): stärkere Beteiligung der Laien, Freigabe der Landessprache, Zelebration zum Volk hin, Konzelebration u. a.

Musik: Das **Ordinarium Missae** sind die bei jeder M. wiederkehrenden Teile (Kyrie, Gloria, Credo, Sanctus, Agnus Dei), das **Proprium Missae** die für jeden Sonn- und Feiertag des Kirchenjahres wechselnden Gesänge (Introitus, Graduale, Alleluja oder Tractus, Sequenz, Offertorium, Communio). Die eigentl. Vertonung der M. als Ganzes beschränkt sich auf das Ordinarium. Die freie Komposition des Messetextes setzte im 14. Jahrh. ein und gelangte im 15./16. Jahrh. zu hoher Blüte (G. Dufay, G. Binchois, J. Ockeghem, Josquin Deprez, Orlando di Lasso u. a.). Den Höhepunkt der Messemusik bedeuten die A-cappella-Schöpfungen Palestrinas. Daneben entwickelte sich im 17. Jahrh. bes. die Orchester- und Kantatenmesse (mit Chor, Solostimmen, Orchester): J. S. Bach, J. Haydn, Mozart, Beethoven, Schubert, Weber, Liszt u. a. Bruckner fand wieder zum kirchl. Ausdruck zurück. In neuerer Zeit hat sich ein objektiver und künstlerischer kirchl. Musikstil gebildet. Die M. Strawinskys (1948) verwirklicht in ihrer Art eine gregorian. Choral nahe Meßkomposition; Messe von P. Hindemith (1963).

2) Handelsmesse, im MA. in einigen Städten entstandene Märkte für den unmittelbaren Warenaustausch (**Waren-M.**), um 1850 entwickelten sich die **Muster-M.** (z. B. Leipzig). Nach 1945 wurden in der Bundesrep. Dtl. bes. Frankfurt a. M., Hannover, Köln, München und Berlin Messeplätze.

Messe [aus engl.], Aufenthalts- und Speiseraum für Offiziere auf Kriegsschiffen; auch die Tischgesellschaft selbst.

Messel, Alfred, Architekt, * 1853, † 1909, u. a. Warenhaus Wertheim in Berlin (1904).

messen, das quantitative Verhältnis einer physikal. Größe zur zugehörigen

Maßeinheit bestimmen. In dieser Weise werden alle physikal., techn. u. ä. Größen gemessen.

Mess'enien, neugriech. **Messin'ia,** griech. Landschaft in der SW-Peloponnes, von mittelhohen Gebirgen durchzogen; fruchtbare Niederungen am Meer. Hauptstadt: Kalamata. - M. wurde im 1. und 2. **Messenischen Krieg** (8./7. Jahrh. v. Chr.) von Sparta unterjocht; erst durch Epaminondas erlangten die Messenier 369 ihre Freiheit wieder.

Messerfisch, Sichling, Ziege, haumesserförmiger, bis 0,40 m langer Karpfenfisch, steigt vom Brackwasser der Ostsee und des Schwarzen Meeres in die Flüsse auf.

Messermuscheln, Meermuscheln mit messergriffähnlichen Schalen, z. B. die **Messerscheide** an europäischen Küsten.

Messerschmied, Sonderberuf im Schmiedehandwerk; Lehrzeit: 3 Jahre.

Messerschmitt, Willy, Flugzeugkonstrukteur, * 1898, gründete 1923 die **M.-Flugzeugbaugesellschaft,** Bamberg, seit 1938 M.-AG., Augsburg, 1969 fusioniert zu **M.-Bölkow-Blohm GmbH,** München, baute Jagdflugzeuge und Rennflugzeuge, 1945 das serienmäßige Strahlflugzeug (Me 262), nach 1945 Fertighäuser, Kabinenroller, Senkrechtstarter.

Messerschmitt-Bölkow-Blohm GmbH, Ottobrunn/München, größtes Westdt. Unternehmen der Luft- und Raumfahrtindustrie, gegr. 1969 (hervorgegangen aus der Fusion von ‚Messerschmitt-Bölkow GmbH.', München, und der ,Hamburger Flugzeugbau GmbH.', Hamburg). Kapital: 62,8 Mill. DM; Beschäftigte: 20 000 (1971).

Messe- und Marktsachen, 🜲 Klagen aus den auf Messen und Märkten geschlossenen Handelsgeschäften, ausgenommen Jahr- und Wochenmärkte. M.- u. M. unterliegen einem beschleunigten Verfahren und einem besonderen Gerichtsstand.

Meßgewand, das vom kath. Priester bei der Messe getragene Gewand aus zwei langen Stoffbahnen auf Brust und Rücken.

Meßgleichrichter, machen Wechselströme und -spannungen der Messung mit Gleichstromgeräten zugänglich.

Messiaen [mesj'ã], Olivier, französ. Komponist, * 1903, verfolgt in Orchester- und Kammermusikwerken eine klanglich experimentelle Richtung; wies durch die Aufstellung neuartiger Skalen der seriellen Musik die Wege.

Messian'ismus [zu Messias], **1)** Erwartung des verheißenen Erlösers. **2)** Sendungsbewußtsein. **3)** Lehre des poln. Mystikers Towiański († 1878). Vertreter des poln. M. sind Mickiewicz, Slowjew u. a.

Mess'ias [grch., hebr. hammaschiach], griech. **Christos,** latein. **Christus,** der Gesalbte; jüdische Theologie: der von Gott verheißene Erlöser, der die alte Herrlichkeit des nationalen Königtums erneuern, zugleich aber die allgem. Verehrung des allein wahren Gottes auf Erden aufrichten sollte. Zu den **messianischen Weissagungen** gehören bes. 1. Mos. 49, 10 ff.; Jes. 9, 1 ff.; 11, 1 ff.; Mi. 5, 1 ff.; Sach. 9, 9 f. Die in ihnen ausgesprochene Erwartung war bes. in der Zeit Jesu lebendig. Die christl. Theologie sieht diese Weissagungen an in Jesus Christus erfüllt an und hat dieses M.-Verständnis an allen ... bes. polit. Erwartungen gereinigt. - Der M., Oratorium von Händel (1742).

Messieurs [mesj'ø, frz.], Mz. von Monsieur, Herr.

Mess'ina, **1)** Prov. in Italien, an der NO-Küste Siziliens, 3247 km², 686 400 Ew. **2)** Hauptstadt von 1), Hafen an der NO-Spitze Siziliens, an der Straße von M., 274 740 Ew., kath. Erzbischofssitz, Univ. 1908 wichtigstes Erdbeben (84 000 Tote von 120 000 Ew.).

Messing der oder das, rote bis goldgelbe Legierungen aus 55-90% Kupfer und 45 bis 10% Zink, fest, beständig, gut zu verarbeiten.

Messingfieber, ⚕ →Metalldampffieber.

Messingisch, →Missingsch.

Messingkäfer, ein →Diebkäfer.

Meßkammer, eine Photokammer für photogrammetrische Vermessungs- und Kartierungsarbeiten. **Reihenmeßkammer:** Kammer für eine ununterbrochene Folge von Aufnahmen.

Meßlatte, ein 3 oder 5 m langer hölzerner Maßstab zum Messen von Längen im Feld; hat Dezimetereinteilung und verschiedenfarbige Meterfelder.

Messmer [mesm'e:r], Pierre, französ. Politiker (Gaullist), * 1916, seit 1972 französ. MinPräs.

Meßrad, Gerät zum Messen von Entfernungen auf Karten und in der Natur; die Radumdrehungen beim Abfahren von Strecken werden auf einen Zeiger mit Skala übertragen.

Meßtechnik, paßt sich in Verfahren und Meßgeräten den besonderen Zwecken an. Verwendet werden z. B. zum Messen von Längen: Bandmaß, Echolot, Endmaße, Entfernungsmesser, Komparatoren, Maßstäbe, Mikrometer, Schieblehre; von Winkeln: Sextant, Theodolit, Winkelmesser; von Geschwindigkeiten: Drehzahlmesser, Tachometer, Staurohr; von Massen: Waagen; von Kräften: Dynamometer; von akust. Größen: Geräuschmesser, Lautstärkemesser; von Drucken: Barometer, Indikatoren, Manometer, Vakuummesser; von Zeiten: Chronographen, Chronometer, Kurzzeitmesser, Atom-, Quarzuhren, Uhren; von Durchflußmengen: Dampf-, Gas-, Wassermesser, Venturirohre; von Dichten: Aräometer, Mohrsche Waage, Pyknometer; von Temperaturen: Bolometer, Pyrometer, Thermoelemente, Thermometer, Segerkegel; von opt. Größen: Belichtungsmesser, Photozelle; von elektr. Größen: Spannungsmesser, Strommesser, Wattmeter, Meßbrücke, Ohmmeter. Sondergeräte wurden entwickelt z. B. für die Atom- und Kernphysik, Geodäsie, Optik, Meteorologie, Fertigungstechnik. Zu Zwecken der Automatisierung werden zunehmend Digital-Meßgeräte benutzt.

Meßter, Oskar, Kinotechniker, * 1866, † 1943, baute einen brauchbaren Projektor mit Malteserkreuz, den Reihenbildner für militär. Aufklärung, schuf die erste dt. Wochenschau (1914).

Meßtisch, Mensel, eine auf einem Stativ befestigte Zeichenplatte für topograph. Feldaufnahmen, wird im Gelände über einem Festpunkt (z. B. trigonometr. Punkt) aufgestellt. Die Grundrißpunkte werden mit Hilfe einer Meßlatte und der Kippregel (kippbares Fernrohr) auf das Zeichenpapier übertragen. Die mit dem M. gezeichnete Karte heißt **Meßtischblatt** (z. B. die ,Topograph. Karte 1 : 25 000').

Meßuhr, ein uhrenähnl. →Feintaster.

Meßverstärker, elektr. Geräte, die kleine Gleich- oder Wechselstrom-Meßwerte so verstärken, daß man sie mit üblichen Meßinstrumenten messen kann.

Meßwagen, ein Eisenbahnwagen mit Meßeinrichtungen zur Prüfung und Untersuchung des Oberbaues, der Fahrleitungen, der Laufeigenschaften, Bremsen u. ä.

Meßwandler, übersetzen meßgenau Ströme oder Spannungen, die man wegen ihrer Stärke oder Höhe nicht unmittelbar den Meßgeräten zuführen kann; verwendet als Strom-, Spannungs-, Gleichstromwandler.

Meßzahl, Meßziffer, Verhältniszahl mit fester Basis; meistens auf 100 bezogen (→Indexzahlen).

Mest'ize [span.] der, Mischling zwischen Weißen und Indianern.

M'estre, Vorstadt von Venedig, auf dem Festland, Standort der Hafenindustrie.

Meštrović [m'eʃtrovitʃ], Ivan, kroat. Bildhauer, * 1883, † 1962; Denkmäler u. a.

Met der, Getränk aus vergorenem Honig.

meta... [grch.], mit..., nach..., zwischen...

Met'abasis [grch.] die, Übergang. **M. eis allo genos,** willkürlicher Themenwechsel.

Metagal'axis [grch.] *die*, das Weltall, bes. die Gesamtheit der Sternsysteme.

Meta|geschäft [ital. metà 'Hälfte'], gemeinsames Geschäft: beide Partner teilen Gewinn und Verlust gleichmäßig.

M'et|aldehyd *der*, polymerisierter Acetaldehyd der Zusammensetzung $(C_2H_4O)_n$; Trockenbrennstoff.

Metall|am'ide, chem. Verbindungen der Metalle mit der NH_2-Gruppe.

Metall|amm'ine, Komplexverbindungen von Metallsalzen mit Ammoniak.

Metall|arbeiter, Arbeiter, die bei Gewinnung und Bearbeitung von Metallen tätig sind. Sie sind vorwiegend in der I. G. Metall des DGB organisiert.

Metallbeschattung, Bedampfung von elektronenmikroskop. Präparaten mit einem Schwermetall, wodurch Objektunebenheiten stärker hervortreten.

Metalldampffieber, entsteht durch Einatmen von Metalloxidnebeln (**Messing-, Zinkfieber**). Anzeichen: Gliederziehen, Frösteln, Temperaturanstieg. Behandlung: Bettruhe, heiße Getränke. Vorbeugung: Lüftung oder Absaugvorrichtungen am Arbeitsplatz.

Metalldampflampen sind →Gasentladungslampen, die aus dem Netz betrieben werden können, mit Edelgasfüllung und Metallzusatz. Durch die Wärme der zuerst brennenden Edelgasentladung wird das Metall verdampft, die Metallentladung verdrängt die Edelgasentladung. Angewendet werden Natrium- und Quecksilberdampflampen.

Metalle, chem. Elemente mit starkem Glanz, hohem Reflexions- und Absorptionsvermögen für Licht, hervorragender, mit steigender Temperatur abnehmender elektrischer und Wärmeleitfähigkeit, meist guter plast. Verformbarkeit. Diese Eigenschaften beruhen darauf, daß im Kristallgitter der M. die äußeren Elektronen nur lose gebunden sind und leicht verschoben werden können. Einteilung nach spezif. Gewicht und Schmelzbarkeit:

Leichtmetalle (spezif. Gewicht unter 4,5)	Magnesium, Aluminium, Beryllium, Titan
Niedrigschmelzende Schwermetalle	Zink, Cadmium Zinn, Blei, Quecksilber
Hochschmelzende Schwermetalle	Eisen, Chrom, Kobalt, Nickel, Kupfer, Silber, Gold, Platin, Palladium
Sehr hochschmelz. Schwermetalle	Wolfram, Tantal, Molybdän

Die meisten M. oxydieren an der Luft oberflächlich (unedle M. im Gegensatz zu den **Edel-M.** Platin, Gold, Silber). In der Natur kommen die Edel-M. und einige andere M. (Quecksilber, Kupfer) z. T. gediegen vor, sonst nur in Form ihrer Verbindungen, bes. als Oxide und Sulfide. Die meisten M. sind in Säuren löslich und bilden mit ihnen Salze.

Metallfachschulen, Ingenieur- oder Berufsfachschulen für Werkzeugindustrie u. ä.; auch Abendlehrgänge.

Metallfärbung, die Farbe von Metallen zur Verschönerung verändern durch Erzeugen von Oxiden, Sulfiden und anderen Salzen des zu färbenden Metalls.

Metallgarn, mit Metalldrähten oder Folien verwebtes, umsponnenes oder belegtes Garn.

Metallgesellschaft AG., Frankfurt a. M., Unternehmen der Nichteisenmetall-Ind., gegr. 1881 von W. Merton. Grundkapital: 201,7 Mill. DM (1971); Beschäftigte: 7900 (Konzern: 35 932) (1970).

Metallgummi, *das* →Schwingmetall.

metallis'ieren, eine widerstandsfähige Metallschicht aufbringen durch Aufdampfen im Hochvakuum, durch Galvanisieren, durch Reduktion von Metallsalzen, nach dem Metallspritzverfahren.

Metall'ismus, Geldtheorie, die den Wert

Technisch wichtige Metalle

Metall	Schmelz-punkt (°C)	Siede-punkt (°C)	spezif. Gewicht
Aluminium	658	2500	2,70
Beryllium	1285	2967	1,85
Blei	327	1750	11,34
Cadmium	321	765	8,64
Chrom	1920	2327	6,92
Eisen	1535	2730	7,86
Gold	1063	2960	19,3
Kobalt	1492	3185	8,9
Kupfer	1084	2595	8,92
Magnesium	657	1102	1,74
Mangan	1221	2152	7,20
Molybdän	2622	4800	10,2
Nickel	1453	3177	8,90
Palladium	1555	4000	11,97
Platin	1774	4400	21,45
Quecksilber	−39	357	13,55
Silber	960	2170	10,5
Tantal	3030	4100	16,65
Titan	1727	3000	17,43
Vanadium	1726	3400	6,07
Wismut	271	1560	9,80
Wolfram	3380	6000	19,3
Zink	419	906	7,13
Zinn	232	2430	7,28

des Geldes vom Wert des Währungsmetalles ableitet.

Metallkeramik, ⚒, →Pulvermetallurgie.

Metallkleber, Kunststoffe zum Verkleben von Metallen untereinander oder mit anderen Werkstoffen. **Metallklebebauweise**, die nietlose Verbindung von Bauteilen durch M. (bes. im Flugzeugbau).

Metallkunde, die Lehre vom Aufbau, den Eigenschaften und deren Beeinflussung, von den Grundlagen der Verarbeitung, vom Verhalten und von der Untersuchung von Metallen und Legierungen.

Metallographie, Zweig der Metallkunde, der sich mit metallmikroskopischen Untersuchungen befaßt.

Metallo'ide, ⚒ Nichtmetalle.

metallorganische Verbindungen, Verbindungen, in denen Metalle mit organisch-chem. Gruppen, z. B. mit Kohlenwasserstoffresten, verknüpft sind.

Metallpapier, Papier mit aufgeleimtem oder kaschiertem dünnem Blattmetall oder aufgestrichenem Metallpulver.

Metallporzellan, ein Porzellan mit galvanisch verkupferter, dann versilberter Oberfläche.

Metallschlauch, biegsame Metallröhre aus einem profilierten, schraubenförmigen Metallband; zur Abdichtung werden oft Kunststoffschläuche eingezogen.

Metallschnitt, ein nach dem Verfahren des Holzschnitts in eine Platte aus weichem Metall geschnittenes und auf Papier abgedrucktes Bild.

Metallschutz, Schutz der Metalloberfläche gegen Oxydation und Korrosion durch Anstrich, Überzüge mit anderen Metallen, Metallfärbung, Legieren, Emaillieren, Chromatieren, Phosphatieren.

Metallseifen, wasserlösliche, salzartige Metallverbindungen, die meist die Fettsäuren bestimmter Öle oder auch Harzsäure enthalten.

Metallspritzverfahren, Metallüberzüge herstellen durch Aufspritzen von im elektr. Lichtbogen oder durch Sauerstoff-Brenngasgemisch geschmolzenem Metall aus der Spritzpistole.

Metallurgie [grch.], großtechnische Erzeugung von Metallen aus Erzen und Schrott, manchmal einschließl. der Technik der Weiterverarbeitung.

Metallwarenindustrie, unterschiedliche Fertigungszweige der Eisen-, Blech- und M. (abgekürzt: EBM). In der Bundesrep. Dtl. gab es (1970) 7715 Betriebe mit 418 000 Beschäftigten.

Metamathematik [grch.] *die*, Untersuchung mathematischer Theorien mit den Mitteln der mathematischen Logik.

Metamer'ie [grch.] *die*, 🐛 der Körperaufbau aus gleichen oder ähnlichen Abschnitten (**Metameren, Segmente**), z. B. bei Ringelwürmern, Gliederfüßern.

Metametalle, metallische Elemente mit geringen Abweichungen von den typischen Metalleigenschaften.

Metamorph'ose [grch.] *die*, Gestaltwandel, **1)** 🐛 die Entwicklung eines Tieres durch verschiedene Formen hindurch, z. B. Larve, Puppe. **2)** 🌱 Umbildung von Pflanzenteilen zu besonderen Aufgaben, z. B. Speicherwurzeln (Rüben; Knollen), Blattranken. **3)** Gesteinsumwandlung ohne vollständige Einschmelzung, etwa durch hohen Druck und hohe Temperatur im Erdinnern. Dabei entstehen **metamorphe Gesteine**.

Met'apher [grch.] *die*, übertragener (bildl.) Ausdruck, z. B. 'Hafen' für 'Zuflucht'.

metaph'orisch, bildlich, übertragen.

Metaphr'ase [grch.] *die*, wortgetreue Übertragung von Versen in Prosa.

Metaphysical Poets [metə'fizikəl p'oits], Gruppe engl. Dichter der 1. Hälfte des 17. Jahrh.: G. Herbert, J. Donne, A. Cowley u. a.

Metaphys'ik [grch.] *die*, eine Hauptdisziplin der Philosophie. Sie untersucht die ersten Prinzipien und Ursachen des Seienden. Ursprünglich bildete sie damit den Abschluß der Physik (Gesamtheit des Erfahrbaren) und umfaßte Ontologie, Kosmologie, Anthropologie und Theologie.

metaph'ysisch, die Metaphysik betreffend; übersinnlich.

Metaps'ychik [grch.] *die*, →Parapsychologie.

Metast'ase [grch.] *die*, ⚕ Geschwulst oder Entzündung, die durch Verschleppen (Absiedeln) von Geschwulstzellen oder Keimen fern vom Entstehungsort an einer andern Körperstelle entsteht (z. B. Krebs-M.).

Metast'asio, Pietro Antonio, eigentl. **Trapassi**, italien. Dichter, * 1698, † 1782, Hofdichter in Wien; Operntexte.

Metath'ese [grch.] *die*, Lautumstellung im Wort, z. B. Wespe, bairisch Wepse.

Met'aurus [lat.], italien. Metauro, Fluß in Mittelitalien, mündet ins Adriat. Meer. - 207 v. Chr. Sieg der Römer über die Karthager unter Hasdrubal.

Metax'as, Joannis, griech. General, Politiker, * 1871, † 1941, seit 1936 Min.Präs. und Außenmin. **M.-Linie**, unter M. gebaute Verteidigungslinie in O-Thrakien.

Metazentrum [grch.-lat.] *das*, der Schnittpunkt der Auftriebsrichtung eines geneigten Schiffes mit der Symmetrieebene.

Metaz'oen [grch.] Mz., **Vielzeller**, 🐛 die mehrzelligen Tiere. Gegensatz: Protozoen.

Met|empsych'ose [grch.] *die*, Seelenwanderung.

Mete'or [grch.] *das* oder *der*, ☆ Gesteinsbrocken außerirdischer Herkunft, z. B. Bruchstück eines Kometen, das beim Eindringen in die Erdatmosphäre aufleuchtet (Sternschnuppe, Feuerkugel) und manchmal nicht ganz verdampft, sondern als **Meteor'it** zur Erde fällt.

Mete'ora, Felsengruppe in Thessalien,

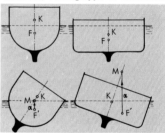

Metazentrum: M Metazentrum, K Massenmittelpunkt des Schiffes F, F' Massenmittelpunkt der verdrängten Flüssigkeit, a Auftrieb

nordwestl. von Trikala, Griechenland, bis 554 m hoch; seit dem 14. Jahrh. entstanden hier zahlreiche Klöster.

Meteor-Expedition, DeutscheAtlantische Expedition auf dem Forschungsschiff Meteor 1925-27 zur Erforschung des südlichen Atlantischen Ozeans.

Meteor'ismus [grch.] *der*, **1)** $ die Ansammlung von Luft, bes. im Darm (Blähungen). **2) Trommelsucht**, Aufblähung des Leibes bei Wiederkäuern.

Meteorolog'ie [grch.], Lehre von den Vorgängen in der Lufthülle der Erde; im weiten Sinne umfaßt die M. alle Witterungsvorgänge und ihre Wirkungen, im engeren Sinne Teil der Physik.

Meteoropatholog'ie [grch.], $ eine Forschungsrichtung, die den Einfluß des Wetters auf Gesundheit, Entstehung und Verlauf von Krankheiten untersucht.

Meter *das* oder *der*, Abk. **m**, Längeneinheit; nach der M.-Konvention (1875) der 20millionste Teil eines Erdmeridians; heute durch die Wellenlänge einer bestimmten Spektrallinie des Kryptons festgelegt: 1 m = 1 650 763,73λ.

Meterkilopond *das*, Abk. **mkp**, in der Technik auch **Meterkilogramm, mkg**, Maßeinheit der Energie.

Meterware, Textilwaren, die vom Ballen nach Länge verkauft werden.

Meth'an *das*, CH_4, der einfachste Kohlenwasserstoff, geruchloses, brennbares Gas, Hauptbestandteil des Erd-, des Gruben- und des Sumpfgases, wichtiger chem. Rohstoff.

Methan'ol, →Methylalkohol.

Methion'in *das*, eine schwefelhaltige Aminosäure, spielt eine Rolle in der Lebertherapie.

Meth'ode [grch.] *die*, planmäßiges Verfahren zur Erreichung eines bestimmten Ziels. **Methodologie**, Lehre von den wissenschaftl. Verfahren. **methodisch**, planmäßig, durchdacht, zielsicher. **Methodik**, die planmäßige Verfahrensweise.

Meth'odios, Heiliger, →Kyrillos und Methodios.

Method'ismus, aus der Anglikan. Kirche hervorgegangene Erweckungsbewegung des 18. Jahrh., die sich seit 1891 offiziell als Kirche bezeichnet. Im Mittelpunkt des M. steht die Erlösung des Menschen von Sünde und Schuld. Er hat keine autoritativ formulierte, anerkannte Glaubenslehre, bejaht vielmehr die Vielfältigkeit und Freiheit in der Gestaltung des Lebens. Seine Anhänger heißen **Methodisten**. In den Verein. Staaten bilden sie die zweitgrößte protestant. Religionsgemeinschaft.

Meth'usalem, der bibl. Urvater (1. Mos. 5, 21 ff.), der das höchste Lebensalter (969 Jahre) erreicht haben soll.

Meth'yl *das*, die organ. Atomgruppe –CH_3.

Methylalkohol, Methan'ol, CH_3OH, der einfachste Alkohol, riecht alkoholisch, ist aber giftig, führt bei Genuß zur Erblindung. Vorkommen u. a. im Holzgeist, Verwendung als Lösungsmittel, Brennstoff.

Methylamin, CH_3–NH_2, die einfachste organ. Base, ein dem Ammoniak ähnl., fischartig riechendes Gas; vielseitiges Ausgangsprodukt der chem. Industrie.

Meth'ylcellulose, mit Methylalkohol veräthete Cellulose, dient zur Herstellung von Klebstoffen, Hautkrems u. a.

Methylchlorid, CH_3Cl, farbloses, ätherisch riechendes Gas, techn. Kältemittel.

Methyl'en *das*, die Atomgruppe = CH_2.

Methylenblau, wichtigster Thiazinfarbstoff, wasserlösl., dient zum Färben von Papier, Stroh, Tinte.

Methylenchlor'id, CH_2Cl_2, Lösungsmittel.

Methylorange [-ɔr'ãʒ] *die*, chem. Indikator, der in sauren Lösungen von Gelb in Rot umschlägt.

Methylviolett, wasserlösl. Triphenylmethanfarbstoff, dient bes. zur Herstellung von Kopierstiften, Farbbändern u. a.

Metier [metj'e:, frz.] *das*, Handwerk, Gewerbe.

Met'öken [grch. „Mitbewohner'], in den altgriech. Staaten die ortsansässigen Fremden; ohne polit. Rechte, konnten sie gegen Leistung von Steuern und Kriegsdienst Handel und Gewerbe treiben.

Met'ol *das*, schwefelsaures Salz des Methylparaaminophenols; dient als photographischer Entwickler.

Metonym'ie [grch.] *die*, Austausch inhaltlich verwandter Begriffe als Stilmittel, z. B. ‚Stahl' statt ‚Schwert'.

Met'ope [grch.] *die*, rechteckiges Feld, meist mit einem Relief, zwischen den Triglyphen des dorischen Tempelgebälks.

...metrie [grch.], ... messung.

M'etrik [grch.] *die*, **1)** Lehre vom Versmaß (Metrum), →Verslehre. **2)** ♪ die von H. Riemann ausgebaute Lehre von den Schwerpunkts- und Gewichtsverhältnissen im Aufbau der musikal. Motive, Phrasen, Perioden. Grundformen sind das zweiteilige (gerade) und die dreiteilige (ungerade) Maß. Zur Darstellung der metr. Gliederung dient seit etwa 1600 die Einteilung in Takte. **3)** der Maßzusammenhang des Raumes, der nach der allg. Relativitätstheorie nicht mehr genau den Gesetzen der euklidischen Geometrie entsprechen muß.

metrisches System, das auf dem Meter aufgebaute Maßsystem; Meter-Kilogramm-Sekunde-System (MKS-System).

Metro *die*, Untergrundbahn von Paris.

Metro-Goldwyn-Mayer [m'etrou g'ouldwin], MGM, New York, amerikan. Filmunternehmen, gegr. 1924 (Loew-Konzern).

Metrolog'ie [grch.], Maßkunde, behandelt Maßeinheiten und Maßsysteme.

Metron'om [grch.] *das*, Gerät zum Messen des musikal. Zeitmaßes: ein Metallpendel mit veränderbarer Schwingungsdauer.

Metron'ymikon [grch.] *das*, nach der Mutter gebildeter Name, z. B. Beiname Apollons ‚Letoide', der Sohn der Leto.

Metrop'ole [grch.] *die*, Hauptstadt, Mittelpunkt.

Metropol'it [grch.] *der*, Kath. Kirche: erster Bischof (Erzbischof) einer Kirchenprovinz.

Metropolit'ankirche, die Kathedrale eines M.

Metropolitan Area [metrəp'ɔlitn 'εəriə, engl.] *die*, in den Verein. Staaten der die Vorstädte einschließende Planungs- und Verwaltungsraum großer Städte.

Metropolitan Museum of Art [metrəp'ɔlitn mjuz'iəm əv α:t], New York, größtes Kunstmuseum der Verein. Staaten, gegr. 1870.

Metropolitan Opera [metrəp'ɔlitn 'ɔpərə], Abk. **Met.**, das führende amerikan. Opernhaus in New York, 1883 eröffnet. Neues Haus im Lincoln Center (1966 eröffnet).

M'etrum [lat.-grch.] *das*, **1)** Vers- oder Silbenmaß. **2)** ♪ Taktmaß.

M'etschnikow [-kɔf], Ilja (Elias), russ. Zoologe, * 1845, † 1916, entdeckte (1883), daß in den Körper eingedrungene Bakterien von weißen Blutkörperchen (Freßzellen) aufgenommen und vernichtet werden. M. erhielt 1908 den Nobelpreis.

Metsu [m'etsy], Gabriel, niederländ. Maler, * 1629, † 1667, schilderte das häusliche Leben des holländ. Bürgertums.

Mett *das*, Gehacktes von Rind-, Schweinefleisch; daraus mit Gewürz **Mettwurst**.

Mette [lat. matutina] *die*, Nachtgottesdienst, bes. vor einem hohen Fest, z. B. die **Christmette** am Heiligen Abend.

M'etternich, Klemens Reichsgraf, Fürst von **M.-Winneburg** (1803), aus rhein. Reichsritterschaft, * 1773, † 1859, 1801 österreich. Gesandter in Dresden, 1803 in Berlin, 1806 Botschafter in Paris, 1809 Außenmin., wirkte auf dem Wiener Kongreß 1815 führend an der Neuordnung Europas mit, sicherte Österreich die Vorherrschaft in Dtl. und Italien. Sein Ziel war die Erhaltung der staatl. Ordnung von 1815 und die Sicherung des Gleichgewichts der Mächte (Metternichsches System). Durch Polizeiherrschaft suchte er alle nationalen und liberalen Strömungen niederzuhalten (Karlsbader Beschlüsse, 1819). Seit 1821 Staatskanzler, 1835 Mitglied der Regentschaft.

Die Revolution von 1848 erzwang seine Entlassung.

Metteur [-'œ:r, frz.], Schriftsetzer, der den Schriftsatz zu Seiten umbricht.

M'ettingen, Gemeinde in Nordrh.-Westf. am Teutoburger Wald, 9900 Ew., Bergbau, Kleider-, Hefefabrik, Kornbrennerei.

M'ettmann, Stadt (Düsseldorf-M.) in Nordrh.-Westf., 30 200 Ew., Industrie.

Metz, Hauptstadt der französ. Dép. Moselle, in Lothringen, an der Mündung der Seille in die Mosel, 107 500 Ew.; got. Kathedrale (13.-16. Jahrh.) mit bedeutenden Glasgemälden (14.-16. Jahrh.), alte Häuser und Tore (Römertor, Deutsches Tor), Museen, botan. Garten; Maschinen-, Elektro-, Textil- u. a. Ind., Handelszentrum für landwirtschaftl. Erzeugnisse. — M., das keltisch-röm. Mediomatricum, in fränk. Zeit die Hauptstadt Austrasiens, fiel 870 an das Ostfränk. (Deutsche) Reich; seit dem 13. Jahrh. war M. Reichsstadt, 1552 wurde es von Frankreich besetzt; 1871-1918 Bezirkshauptstadt im Reichsland Elsaß-Lothringen; stärkste dt. Festung.

Zur Vervielfachung und Teilung metrischer Maßeinheiten werden verwendet:

T tera-	= 10^{12}	=	1 000 000 000 000
G giga-	= 10^{9}	=	1 000 000 000
M mega-	= 10^{6}	=	1 000 000
k kilo-	= 10^{3}	=	1 000
h hekto-	= 10^{2}	=	100
D* deka-	= 10^{1}	=	10
d dezi-	= 10^{-1}	=	0,1
c centi-	= 10^{-2}	=	0,01
m milli-	= 10^{-3}	=	0,001
μ mikro-	= 10^{-6}	=	0,000 001
n nano-	= 10^{-9}	=	0,000 000 001
p pico-	= 10^{-12}	=	0,000 000 000 001
f femto-	= 10^{-15}	=	0,000 000 000 000 001
a atto-	= 10^{-18}	=	0,000 000 000 000 000 001

* auch: da; in Österreich auch: dk

Metze *die*, ⚥ Prostituierte, Dirne.

Metze [zu messen] *das*, **Metzen** *der*, altes Hohlmaß für Getreide (3,435-61,487 l).

Metzeler-Gruppe, Unternehmen der Kautschuk- (bes. Reifen), Schaum- und Kunststoffind.; Holdinggesellschaft ist die Metzeler Zentralverwaltungs-GmbH., Frankfurt a. M. Kap.: 100 000 DM.

Metzger *der*, Fleischer.

M'etzingen, Stadt in Bad.-Württ., 14 400 Ew.; Industrie, Obst-, Weinbau.

Meuchelmord, die heimliche oder hinterlistige Tötung eines Menschen.

Meudon [mød'õ], Gem. im SW von Paris, im Dép. Hauts-de-Seine, 43 000 Ew.; Eisen-, Auto- u. a. Ind.; Rodin-Museum.

Meunier [mœnj'e], Constantin, belg. Bildhauer, * 1831, † 1905, stellte bes. Bergarbeiter in realist. Bildwerken dar.

Meurthe [mœrt] *die*, Fluß in O-Frankreich, 170 km lang, entspringt in den Vogesen, mündet bei Frouard in die Mosel.

Meurthe-et-Moselle [mœrt e mɔz'εl], Dép. im östl. Frankreich, 5235 km², 705 413 Ew., Hauptstadt: Nancy.

Meuse [mø:z], **1)** franz. Name der Maas. **2)** Dép. in O-Frankreich, 6220 km², 209 500 Ew., Hauptstadt: Bar-le-Duc.

Meuselwitz, Stadt im Bez. Leipzig, 10 300 Ew.; Braunkohlenbergbau; Maschinen-, Porzellan-, Textilindustrie.

C. F. Meyer   *Fürst Metternich*

Meute, 1) Jagdhunde, Hundeschar zur Hetzjagd. 2) Umgangssprache: Bande.

Meuterei, Ⓢ gemeinschaftl. Gehorsamsverweigerung oder Empörung gegen Vorgesetzte. **Gefangenen-M.** wird bestraft (§ 122 StGB.), ebenso M. von Soldaten (§ 27 WStG.).

MeV, Abk. für Megaelektronenvolt, Millionen →Elektronenvolt.

Mexicali [mexik'ali], Hauptstadt und Grenzort des Staates Baja California, Mexiko, 386 800 Ew.

mexikanische Kunst, Geschichte: →mittelamerikanische Kulturen. Gegenwart: In Architektur (J. O'Gorman), Freskenmalerei (J. C. Orozco, D. Rivera, D. A. Siqueiros, R. Tamayo) und Plastik (C. Bracho, F. Zúñiga) bestehen nebeneinander realist., expressionist., kubist. und surrealist. Stilformen mit Rückgriffen auf altmexikan. Vorbilder.

mexikanische Literatur, →lateinamerikanische Literatur.

Mexiko, amtl. span. **Estados Unidos Mexicanos,** Republik in Mittelamerika, 1 972 547 km² mit 48,38 Mill. Ew. Hauptstadt: Mexiko, Amtssprache Spanisch. Religion: rd. 96% kath. Christen. ⊕ XII/XIII, Bd. 1, n. S. 320. M. ist seit 1857 Bundesstaat. Nach der Verf. von 1917 (mehrfach geändert) ist Staatsoberhaupt und Regierungschef der Präs. Ⓤ S. 1179, ▢ Bd. 1, S. 392. Recht nach span. und franzöz. Vorbild. Allgem. Wehrpflicht. Währung: Mexikan. Peso (mex. $) = 100 Centavos.

Landesnatur. M. liegt zwischen dem Golf von M. und dem Stillen Ozean. Es ist überwiegend ein Hochland, das von N (um 1000 m ü. M.) nach S (bis 2300 m ü. M.) ansteigt und in viele, z. T. abflußlose Becken gegliedert ist. Es wird von Gebirgen umrandet: im W die Sierra Madre Occidental (2000 bis 3000 m), im O die Sierra Madre Oriental (bis 4000 m), im S eine Zone z. T. noch tätiger Vulkane (u. a. Popocatepetl, Ixtaccihuatl, Pico de Orizaba mit 5700 m der höchste Berg in M.). Südlich davon erstrekken sich bis 3000 m hohe Gebirge bis zur Landenge von Tehuantepec. Tiefland gibt es nur im W als schmalen, im O als breiteren Küstensaum und auf der Halbinsel Yucatán im SO. Hauptfluß: Rio Grande del Norte, der Grenzfluß gegen die USA. Die Temperaturen sind tropisch und subtropisch. Klimas sind im Hochland durch die Höhenlage gemildert, sie sind am höchsten an der pazif. Küste im Tiefland Yucatáns. Der NW mit der gebirgigen Halbinsel Niederkalifornien ist extrem trocken; hohe Niederschläge erhält der Golfküstenbereich.

Die **Bevölkerung** nahm 1960-70 um rd. 40% zu. Etwa die Hälfte der Ew. leben (auf 14% der Fläche) in Zentral-M., fast 10% in den beiden Millionenstädten M. und Guadalajara. Rd. 75% sind Mestizen, etwa 15% Indianer, der Rest Weiße; nur wenige Neger und Negermischlinge; rd. 90% sprechen nur Spanisch, 4% nur Indianersprachen. Relativ gut ausgebautes Bildungswesen (Rückgang der Analphabeten 1946-68 von 52% auf 28%); allgem. Schulpflicht (6 Jahre); 36 Universitäten.

Wirtschaft. M. ist das wirtschaftlich am besten entwickelte Land Lateinamerikas. In der Landwirtschaft arbeiten rd. 50% der Erwerbstätigen, jedoch sind nur rd. 12% der Fläche Ackerland. Wichtigste Erzeugnisse: Mais, Weizen, Bohnen, Zuckerrohr, Reis, Baumwolle, Kaffee, Sisal, Kakao, Bananen, Ananas u. a. Die Viehwirtschaft (Rinder, Schweine, Ziegen, Schafe) ist bedeutend. 26% der Fläche tragen Wald, der durch Übernutzung stark angegriffen ist. Die Erträge der noch geringen Fischerei werden zum größten Teil exportiert. Im Bergbau steht M. an 2. Stelle der Welterzeugung von Silber, ferner werden Eisen-, Blei-, Zinkerze, Erdöl, Erdgas, Schwefel u. a. gefördert. Auf der Grundlage reicher Rohstoffe ist eine vielseitige Industrie entstanden: Lebensmittel-, Textilien-, Eisen-

Größe und Bevölkerung (1970)

Staaten und Territorien	Fläche in km²	Ew. in 1000
Bundesdistrikt	1 499	6 874,2
Staaten		
Aguascalientes	5 589	338,1
Baja California	70 113	870,4
Campeche	56 114	251,6
Chiapas	73 887	1 569,1
Chihuahua	247 087	1 612,5
Coahuila	151 571	1 115,0
Colima	5 455	241,2
Durango	119 648	939,2
Guanajuato	30 589	2 270,4
Guerrero	63 794	1 597,4
Hidalgo	20 987	1 193,8
Jalisco	80 137	3 296,6
Mexiko	21 461	3 833,2
Michoacán	59 864	2 320,0
Morelos	4 941	616,1
Nayarit	27 621	544,0
Nuevo León	64 555	1 694,7
Oaxaca	95 364	2 171,7
Puebla	33 919	2 508,2
Querétaro	11 769	485,5
San Luis Potosí	62 848	1 282,0
Sinaloa	58 092	1 266,5
Sonora	184 934	1 098,7
Tabasco	24 661	768,3
Tamaulipas	79 829	1 456,9
Tlaxcala	3 914	420,6
Veracruz	72 815	3 815,4
Yucatán	43 379	758,4
Zacatecas	75 040	951,5
Territorien		
Baja California	73 677	128,0
Quintana Boo	42 030	88,2
Inseln	5 364	—
Mexiko	**1 972 547**	**48 377,4**

und Stahl-, chem., Maschinen-, elektrotechn. Industrie. Hauptzentren sind die Gebiete um die Hauptstadt und (im N) um Monterrey. Ausfuhr: Baumwolle, Zucker, Kaffee, Vieh, Fleisch, Bergbau- und Fischereierzeugnisse. Haupthandelspartner: USA, Japan, Bundesrep. Dtl. Große Bedeutung hat der Fremdenverkehr (1970: rd. 2 Mill. ausländ. Touristen).

Verkehr. Die wichtigsten Landesteile sind durch Eisenbahnen (rd. 24 100 km) und Straßen (69 700 km) gut erschlossen. Handelsflotte: 381 000 BRT, Haupthäfen: Tampico, Veracruz. Große Bedeutung hat der Flugverkehr: rd. 20 Flughäfen werden von internat. Fluglinien angeflogen.

Geschichte. Cortez eroberte 1519-21 das Reich der Azteken für Spanien. Die Bevölkerung der Kolonialzeit bestand aus einer kreol. Oberschicht von Grund- und Minenbesitzern und zahlreichen Kleinbauern und Landarbeitern (Indianer oder Mestizen). Ein zahlenmäßig starker Klerus sowie die geistl. Orden (bes. Franziskaner und Jesuiten) bekehrten die indian. Bevölkerung zum Christentum.

Mit der Unabhängigkeit und dem Volksaufstand der Indianer und Mestizen (1810) begann eine Zeit der Bürgerkriege, bei denen es u. a. um den Grundbesitz der Kath. Kirche ging und die erst mit der Präsidentschaft Santa Anas (1833-47, 1853 bis 1855) endeten. Im Krieg gegen die Verein. Staaten verlor M. die Gebiete nördlich des Rio Grande del Norte. Die Säkularisierung des Kirchenguts (1859) kam bes. den Großgrundbesitzern zugute. Die Verfassung von 1857 (bis 1917 in Kraft) mußten die Liberalen unter B. Juárez García im Bürgerkrieg (1857-60) durchsetzen. Die Verkündung eines zweijährigen Moratoriums veranlaßte 1861 die militär. Intervention bes. Frankreichs, das den österreich. Erzherzog Maximilian zum Kaiser (1864, 1867 erschossen) erhob. Das wieder an die Macht gelangte juaristische Regime setzte die kirchenfeindl. Politik fort. P. Diaz (1877-1911) schuf die Voraussetzungen für die wirtschaftl. Entwicklung des Landes

und zog bes. nordamerikan. Kapital nach M. Soziale Reformen wurden jedoch zurückgestellt: 1910 besaßen rd. 97% der Landbevölkerung kein Land. Nach den Unruhen von 1910 nahmen reformfreudige Regierungen den Kampf gegen den Großgrundbesitz und die Kath. Kirche und die ausländ. Ölgesellschaften auf. Die Zeit nach dem 2. Weltkrieg ist durch die verstärkte Förderung von Landwirtschaft und Industrie gekennzeichnet.

Mexiko, 1) amtlich **Estado de México,** Staat der Republik M., 21 461 km², 3,833 Mill. Ew., im südlichen Abschnitt des mexikan. Hochlandes; Ackerbau, Rinderzucht, Bergbau. Hauptstadt: Toluca.
2) amtlich **Ciudad de México,** Bundeshauptstadt der Rep. Mexiko, 3,026 Mill. Ew., 2227 m ü. M., kath. Erzbischofssitz, Universität, Barockkathedrale, Nationalpalast (1692-99), Museen, wissenschaftl. Gesellschaften und Institute; wichtigster Handelsplatz, Industrie: Textil-, Eisen-, chem., Tabak-, Zement-, Papierindustrie.
3) **Golf von M.,** der westl. Teil des Amerikan. Mittelmeeres, zwischen Mexiko, Kuba und den USA. Aus ihm führen die Florida-Straße zum Atlantik, die Yucatán-Straße zum Karibischen Meer.

Meydenbauer, Albrecht, Architekt, *1834, †1921, führte (1858) in Dtl. die photogrammetr. Aufnahme und Vermessung von Architekturen ein.

Meyer, 1) Alfred Richard, Verleger und Schriftsteller unter dem Decknamen **Munkepunke,** *1882, †1956.
2) Conrad Ferdinand, Dichter, *Zürich 11. 10. 1825, †Kilchberg b. Zürich 28. 11. 1898, preist in formvollendeten Gedichten die helfenden Lebensmächte und die heimische Landschaft. Seine erzählende Dichtung spiegelt den selbstherrlichen Renaissancemenschen und den gottergebenen christl. Helden. Novellen: ‚Der Schuß von der Kanzel' (1877), ‚Der Heilige' (1879), ‚Gustav Adolfs Page' (1882), ‚Die Hochzeit des Mönchs' (1884), ‚Die Richterin' (1885), ‚Die Versuchung des Pescara' (1887), ‚Angela Borgia' (1891) u. a. Roman: ‚Jürg Jenatsch' (1876). Lyr.-epische Dichtung: ‚Huttens letzte Tage' (1871). Histor.-krit. Ausg. 1958 bis 1967. (Bild S. 809)
3) Eduard, Historiker, *1855, †1930, ‚Gesch. des Altertums', 5 Bde. (1884-1902).
4) Heinrich, als Kunstkenner Berater Goethes, *1760, †1832.
5) Joseph, Verleger, *1796, †1856, brachte in seinem 1826 gegr. ‚Bibliograph. Institut' preiswerte Klassikerausgaben heraus, war selbst Mitarbeiter seiner enzyklopäd. Verlagswerke (Konversationslexikon 1840 bis 1852).
6) Julius Lothar, Chemiker, *1830, †1895, Prof. in Tübingen, stellte 1869 unabhängig von Mendelejew das Periodische System der Elemente auf.

Meyerbeer, Giacomo, eigentlich **Jakob Liebmann Beer,** Komponist, *1791, †1864, seit 1842 Generalmusikdir. der Berliner Oper, ein Hauptvertreter der franz. ‚Großen Oper': Robert der Teufel (1831), Die Hugenotten (1836), Die Afrikanerin (1864).

Meyer-Förster, Wilhelm, Schriftsteller, *1862, †1934. Romane, Schauspiele (‚Alt-Heidelberg', 1901).

Meyerhof, Otto, Biochemiker, *1884, †1951, untersuchte den Kohlenhydratabbau, erhielt für die Entdeckung energetisch wichtiger Zyklen in biolog. Reaktionsketten 1922 den Nobelpreis für Medizin.

Meyerhold, Wsewolod, russ. Schauspieler, Regisseur, Theaterleiter, *1874, †1942, entwickelte eine radikal antiillusionistische Bühnenkunst.

Meyer-Lübke, Wilhelm, Romanist, *1861, †1963, ‚Roman. etymolog. Wörterbuch' (1911).

Meyers, Franz, Politiker (CDU), *1908, Rechtsanwalt, 1952-56 Innenminister, 1958 bis 1966 MinPräs. von Nordrh.-Westf.

Meyrink, Gustav, Schriftsteller, *1868, †1932; ‚Des deutschen Spießers Wunder-

links: Hochland von Mexiko, im Vordergrund Kandelaber-Kakteen; rechts: Universitätsbibliothek der Hauptstadt

horn' (3 Bde., 1913); Romane ,Der Golem' (1915), ,Das grüne Gesicht' (1916) u. a.

Meysenbug, Malvida Freiin von, Schriftstellerin, * 1816, † 1903; als Demokratin 1852 aus Berlin verwiesen; befreundet mit Wagner, Nietzsche, Liszt.

MEZ, Abk. für Mitteleuropäische Zeit.

Mézenc, auch **Mont M.** [mõmez'ẽ:k], Berg im südl. Frankreich, höchster Gipfel der Cevennen (1754 m).

Mezger, Edmund, Strafrechtslehrer, * 1883, † 1962, seit 1932 Prof. in München.

Mezzan'in [ital.] *das,* ⌂ Zwischengeschoß, Halbgeschoß.

mezza voce [vo:tʃɛ, ital.] ♪ mit halber Stimme.

m'ezzo [ital., ,halb'], ♪ **mezzof'orte,** Abk. **mf,** ziemlich stark. **mezzopiano,** Abk. **m. p.,** ziemlich leise.

Mezzogiorno [-dʒ'orno, ital. ,Süden'] *der,* Süditalien mit seinen besonderen sozialen und wirtschaftl. Fragen (Großgrundbesitz, Verarmung der übrigen Bevölkerung).

M'ezzosopran *der,* die Stimmlage zwischen Sopran und Alt.

Mezzotinto [ital.] *das,* Schabkunst, →Kupferstich.

mf, ♪ Abk. für mezzoforte, →mezzo.

mg, Abk. für Milligramm.

Mg, chem. Zeichen für Magnesium.

M. G., Abk. für Maschinengewehr.

M. Gladbach, →Mönchengladbach.

mhd., Abk. für mittelhochdeutsch.

MHD-Generator, →magnetohydrodynamischer Generator.

Mi, ♪ italien. und französ. Name für den Ton E.

Miami [mai'æmi], Stadt in Florida, USA, 334 900 Ew., Seebad und Winterkurort an der Biscaynebucht.

Miami River, Nebenfluß des Ohio, USA, 250 km lang, mündet bei Cincinnati.

Miao, Gruppe von Völkern und Stämmen

Miami

in S-China und Hinterindien, rd. 3 Mill. Menschen; Rodungsbau, Viehzucht.

Mi'asma [grch.] *das,* ⚕ nach früherer Annahme Ausdünstungen aus dem Erdboden, die für Infektionskrankheiten und Epidemien verantwortlich gemacht wurden.

Miass, 1) *der,* rechter Nebenfluß der Isetj, 647 km lang, entspringt am O-Hang des Ural, mündet östlich von Schadrinsk. **2)** Industriestadt am M., Russ. SFSR, 132 000 Ew.; Kraftfahrzeug- u. a. Industrie.

M'icha [hebr.], einer der zwölf Kleinen Propheten des A. T., wirkte ab 725 v. Chr.

Michael, einer der Erzengel, Schutzengel Israels und Sieger über den Satan; wird als Beschützer der Kirche, Patron der christlichen Heere und Volksheiliger der Deutschen gefeiert. Tag: 29. 9. - M. wurde dargestellt als Wächter, Anführer der himml. Heerscharen, Seelenführer beim Jüngsten Gericht, Ritter im Kampf mit dem Drachen.

Michael, Fürsten:

Byzantin. Reich. **1) M. VIII. Palaiologos,** Kaiser (1258-82), * 1224, † 1282, Begründer des letzten byzantin. Herrscherhauses der Palaiologen, eroberte 1261 Konstantinopel, beseitigte das Lateinische Kaisertum.

Rumänien. **2)** M., König 1927-30 (unter einem Regentschaftsrat) und 1940-47, Sohn Carols II., * 1921, lebt im Exil.

Rußland. **3) M. Feodorowitsch,** Zar (1613 bis 1645), * 1596, † 1645, Begründer des Hauses Romanow, beendete die Wirren im Innern, schloß 1617 mit Schweden, 1634 mit Polen Frieden.

Serbien. **4) M. Obrenović,** Fürst von Serbien (1839-42 und 1860-68), * 1823, † (ermordet) 1868; aufgeklärter Absolutist, veranlaßte den Abzug der letzten türk. Garnisonen.

Michael, Friedrich, Schriftsteller, * 1892; Romane, Komödien (,Der blaue Strohhut', 1942).

Micha'elis, 1) Georg, * 1857, † 1936; 14. 7. bis 31. 10. 1917 Reichskanzler und preuß. Ministerpräsident.

2) [mika-], Karin, geb. Bech-Brøndum, dänisch-dt. Schriftstellerin, * 1872, † 1950; Romane; Jugendbücher. Ihr Gatte **Sophus M.,** * 1865, † 1932, schrieb Romane, das Drama ,Revolutionshochzeit' (1906, Oper von E. d'Albert).

Michaelsbruderschaft, der Kern des →Berneuchener Kreises.

Michaux [miʃ'o], Henri, französ. Schriftsteller, * 1899; surrealistisch-phantastische Dichtungen; Zeichnungen.

Michel, →Deutscher Michel.

Michel, Robert, österr. Schriftsteller, * 1876, † 1958; ,Jesus im Böhmerwald' (1927).

Michelangelo [mikel'andʒelo], eigentl. **M. Buonarroti,** italien. Bildhauer, Maler, Baumeister, Dichter, * Caprese im Casentino 6. 3. 1475, † Rom 18. 2. 1564, Schüler des Ghirlandajo, dann des Bildhauers Bertoldo in Florenz. Bekannteste Marmorbildwerke seiner Frühzeit: die Pietà in der Peterskirche in Rom (dort 1498-1501 geschaffen), das Riesenstandbild das David (1504) in Florenz und die Madonna von Brügge (Liebfrauenkirche). 1505 ging M., von Papst Julius II. berufen, nach Rom, wo er den ersten Plan zu dessen Grabmal entwarf. 1508-12 malte er die Gewölbefresken der Schöpfungsgeschichte, der Propheten, Sibyllen u. a. in der Sixtin. Kapelle des Vatikans. Für das Papstgrab entstanden 1513/14 die beiden Sklaven (im Louvre), bis 1516 der Moses und um 1534-36 die noch im Block steckenden vier Gefangenen in Florenz (Akademie). 1524-34 schuf er die →Medici-Gräber in der von ihm erbauten Kapelle von S. Lorenzo in Florenz, 1524 den Raum der Biblioteca Laurenziana in Florenz, 1536 bis 1541 das riesige Fresko des Jüngsten Gerichts an der Altarwand der Sixtin. Kapelle. 1545 kam es zur Aufstellung des Juliusgrabmals in S. Pietro in Vincoli zu Rom, in das von ihm geplanten Figuren nur der Moses aufgenommen wurde. Zu den Spätwerken gehören immer schlichter werdende Darstellungen der Pietà (Florenz, Dom; Mailand, Castello Sforzesco) und architekton. Arbeiten (Palazzo Farnese in Rom; Platzgestaltung des Kapitols). 1546 übernahm M. die Bauleitung der Peterskirche, deren gewaltige, nach seinem Tod vollendete Kuppel seine größte Leistung als Baumeister ist. (Bilder Adam, Sixtin. Kapelle und S. 812)

Michelet [miʃl'ɛ], Jules, französ. Historiker, * 1798, † 1874; ,Histoire de France', 17 Bde. (1833-67).

Michelin-Konzern [miʃl'ɛ̃], französ. Kautschuk-Konzern; Holdinggesellschaft ist die Michelin & Cie., Clermont-Ferrand, gegr. 1831, seit 1963 KGaA. Kapital:341 Mill. FF, Beschäftigte: rd. 60 000 (1969). Beteiligungen: A. Citroën, M. Reifenwerke AG., Karlsruhe, u. a.

Michel'ozzo [mike-], italien. Baumeister

811

Michelangelo, nach einem Gemälde von J. del Conte (Sammlung Sacchetti)

und Bildhauer, * 1396/97, † 1472; Bauten der florentin. Frührenaissance: Kirche und Kloster S. Marco, Palazzo Medici u. a.

Michels, Robert, Sozialwissenschaftler, * 1876, † 1936, Prof. in Turin, Basel, Perugia/Rom; bekannt durch seine Theorie vom ,ehernen Gesetz der Oligarchie' in demokrat. Massenorganisationen.

Michelsberger Kultur, eine jungsteinzeitl. Kulturgruppe, benannt nach dem Michaelsberg bei Bruchsal.

Michelson [maikəln], Albert Abraham, amerikan. Physiker, * 1852, † 1931, Prof. in Chicago, bewies 1881 im **M.-Versuch** die Unabhängigkeit der Lichtgeschwindigkeit von der Erdbewegung. Er schuf damit eine der wichtigsten Beweisgrundlagen für die Relativitätstheorie. Nobelpreis 1907.

Michelstadt, Stadt in Hessen, im östl. Odenwald, 7100 Ew.; Eisen- und Maschinenfabriken, Textil- u. a. Ind. Holz- und Elfenbeinschnitzerei; Rathaus von 1484 (Fachwerk).

Michigan [miʃigən], Abk. **Mich.,** nordöstl. Mittelstaat der Verein. Staaten, 150 779 km², 8,875 Mill. Ew., Hauptstadt: Lansing. Brauneisenstein-, Kupfer- und Salzvorkommen; Obst- und Gemüsebau, Viehzucht; Kraftwagenbau (Detroit), Metall-, Maschinen-, Holz-, Möbel- und Papierindustrie. - M., seit 1668 von Franzosen besiedelt, kam 1763 an England, 1783 an die Verein. Staaten, blieb bis 1813 weitgehend unter brit. Kontrolle, 1837 als 26. Staat aufgenommen.

Michigansee [miʃigən-], engl. **Lake Michigan,** der südwestlichste der 5 Großen Seen Nordamerikas, 58 016 km², 560 km lang, bis 135 km breit, bis 282 m tief.

Michoacán [mitʃ-], Staat in Mexiko, 59 864 km², 2,320 Mill. Ew., Hauptstadt: Morelia.

Mickey-mouse [miki maus], eine von W. Disney geschaffene Trickfilmfigur.

Michelstadt: Rathaus

Mickiewicz [mitskj'evitʃ], Adam Bernard, poln. Dichter, * 1798, † 1855, seit 1829 polit. Emigrant, beteiligte sich in Paris am ,Messianismus' des Schwärmers Towiański, steigerte die nationalromant. Dichtung zu einem religiös gefärbten Kult am poln. Volk. Balladen, Romanzen, Epen (,Herr Thaddäus', 1834); dramat. Gedicht ,Ahnenfeier' (1832). (Bild S. 815)

Micoquien [mikɔki'ɛ̃, frz., nach der Fundstätte La Micoque] *das,* Formengruppe der Altsteinzeit, gekennzeichnet durch Faustkeile mit langer Spitze.

M´idas, König von Phrygien (etwa 738-700 v.Chr.); im grich. Mythos erfüllte Dionysos ihm den Wunsch, daß alles, was er berühre, sich in Gold verwandle. Apollon, dem M. im musikal. Wettstreit Pan vorgezogen hatte, ließ ihm Eselsohren wachsen.

M´iddelburg [-byrx], Hauptstadt der Prov. Seeland, Niederlande, auf der Insel Walcheren, 30 200 Ew.; spätgot. Rathaus; Gießereien, Seilereien, Textil-, Kunststoffverarbeitung, Großmolkerei.

M´iddelhauve, Friedrich, Politiker (FDP), * 1896, † 1966, Verleger, war 1954-56 Wirtschafts- und Verkehrs-Min. in Nordrh.-Westf.

Middlesbrough [midlzbrə], Stadtteil von →Teesside.

Middlesex [midlseks], ehem. Gfsch. in S-England, gehört seit 1965 zu Greater London.

M´idgard, in der altnord. Mythologie die Erde; sie ist umgeben von der im Weltmeer lebenden **Midgardschlange.**

Mid´i [frz.], Mittag, Süden.

M´idian, Landschaften des nördl. **Hidschas,** zwischen dem 26. Breitengrad und dem Golf von Akaba.

Midian´iter, altes arab. Nomadenvolk, mit den Israeliten stammverwandt.

M´idimode, Rock- und Mantellänge, die in der Mitte zwischen Knie und Knöchel, an der Wade, endet.

Midin´ette [frz.] *die,* Pariser Nähmädchen.

M´idlands [-ləndz], englischer Name für Mittelengland.

Midlothian [-l'ouθjən], früher **Edinburghshire,** Grafschaft im südl. Schottland, 948 km², 597 200 Ew., Hauptstadt: Edinburgh.

Midr´asch [hebr.] *der, die* jüd. Auslegung des A. T.; bildete den Hauptteil des jüd. Gottesdienstes und Volksunterrichts.

Midway-Insel [midwei-], Atoll im Stillen Ozean, Marine-Basis der USA.

Mieder *das,* 1) eng anliegendes Oberteil der Frauenkleidung, bes. bei Trachten. 2) Sammelbegriff für Korsett, Hüfthalter, Büstenhalter u. a.

Miegel, Agnes, Schriftstellerin, * 1879, † 1964; Gedichte, Balladen, Erzählungen: ,Geschichten aus Alt-Preußen' (1926), ,Der Federball' (1951) u. a.

Miele & Cie., Gütersloh, Haushaltsmaschinen und landwirtschaftl. Apparate. Vertriebsunternehmen ist die Mielewerke GmbH.; Kapital: 12,6 Mill. DM, Beschäftigte: rd. 9000 (1971).

Mielke, Erich, Politiker (SED), * 1907, emigrierte 1931, war in der Roten Armee, organisierte (mit Zaisser) die polit. Polizei in der Dt. Dem. Rep., 1957-71 Min. für Staatssicherheit.

Miere *die,* Gattungen der Nelkengewächse: **1) Stellaria,** z. B. **Stern-M.,** weißblühendes Unkraut, und **Vogel-M.,** Vogelfutter, Unkraut. 2) **Alsine,** z. B. **Frühlings-M.,** Gebirgspflanze mit zarten Blättchen.

Mierendorff, Carlo, Politiker (SPD), * 1897, † (Luftangriff) 1943, seit 1930 MdR., 1933-38 im KZ, Verbindungsmann zum Kreisauer Kreis.

Mi´eres, Industriestadt in der span. Provinz Oviedo, 69 300 Ew., Kohlen-, Eisen-, Schwefel- und Zinnbergbau, Metallind.

M´ieresch [ungar.] →Maros.

Miesmuschel, Pfahlmuschel, eßbare Muschel der nordeurop. Meere mit blauvioletter, löffelförmiger Schale; an Steinen, Pfählen u. a. (→Muschelvergiftung)

Mies van der Rohe, Ludwig, Architekt, * 1886, † 1969, Leiter des Bauhauses in Dessau (1930-33), seit 1938 in Chicago, entwickelte aus der Verwendung von Stahl und Glas neue Bauformen von äußerster Einfachheit und harmon. Klarheit (Seagram-Hochhaus, New York, 1956-58, Nationalgalerie Berlin, 1963-68).

Mietbeihilfe, Zuschuß zur Miete aus öffentl. Mitteln, der bei untragbarer Belastung durch die Höhe der Miete gewährt wurde (Ges. v. 23. 6. 1960). An die Stelle der M. trat 1965 das →Wohngeld.

Miete, 𝄐 ein Vertrag, durch den sich der Vermieter zur Gewährung des Gebrauchs einer fehlerfreien Sache während der Mietzeit, der Mieter zur Zahlung des Mietzinses verpflichtet (§§ 535 ff. BGB.). Für die Wohnraummiete bestehen Sondervorschriften, die als soziales Wohnmietrecht die bisherige Wohnungszwangswirtschaft abgelöst haben (s. u.). Der Mietzins ist zahlbar am Ende der Mietzeit, doch wird vertraglich meist Vorauszahlung vereinbart. Bei Weitervermietung **(Untervermietung)** bedarf der Mieter der Erlaubnis des Vermieters. Die Beendigung der M. tritt mit Ablauf der vereinbarten Mietzeit ein oder mangels Vereinbarung nach Kündigung mit gesetzl. oder vertraglicher Frist. Der Vermieter von Grundstücken oder Räumen hat für seine Forderung ein gesetzliches Pfandrecht (→Vermieterpfandrecht).

Die Wohnungszwangswirtschaft wurde auf Grund des Abbau-Ges. vom 23. 6. 1960 stufenweise in den sogen. weißen Kreisen (Wohnungsdefizit von weniger als 3%) durch das neue Mietrecht des BGB. abgelöst, das seinerseits durch die Mietrechtsänderungs-Ges. vom 29. 7. 1963, 14. 7. 1964, 21. 12. 1967, 4. 11. 1971, 25. 11. 1971 modifiziert worden ist. Danach bestehen Sonderregelungen in Berlin, Hamburg, Stadt- und Landkreis München. Soziale Härten sollen durch die Sozialklausel des § 556a BGB. und durch das Wohngeld-Ges. vom 1.4. 1965 vermieden werden, das einkommensschwachen Mietern einen Rechtsanspruch auf Mietbeihilfen gewährt. Mietpreisbindung und behördl. Wohnraumbewirtschaftung bestehen nur noch für Wohnungen des →sozialen Wohnungsbaues.

Miete [von lat. meta] **Schober, Dieme, Feim,** ein Stapel von Getreidegarben u. a., auch gedeckter Haufen von Kartoffeln, Rüben u. a. zur Überwinterung im Freien.

Mieterschutz. Das M.-Ges. v. 1. 6. 1923 i. d. F. v. 15. 12. 1942 hatte die Kündigungsbefugnis des Vermieters stark eingeschränkt. Diese Regelung wurde zunächst durch die Sozialklausel des § 556a BGB. abgelöst, die bei einer ordentlichen Kündigung des Mietverhältnisses durch den Vermieter eine gerichtliche Überprüfung der beiderseitigen Belange bei Widerspruch fortan ermöglichte. Neu wurden die Kündigungsgründe im Ges. über den Kündigungsschutz für Mietverhältnisse über Wohnraum v. 25. 11. 1971 geregelt.

Mietervereine, Mieterschutzverbände, Vereine zur Vertretung der Mieterinteressen, seit 1951 im **Dt. Mieterbund e. V.** (Sitz Köln) zusammengeschlossen.

Mietvorauszahlung, →Baukostenzuschuß.

Mietverlustversicherung, in der Bundesrep. Dtl. als kostenlose Erweiterung des Schutzes der Feuerversicherung. Ersatz des Mietverlustes bis zu sechs Monaten.

Mietwagen, Kraftfahrzeuge (auch Mietomnibusse) im Gelegenheitsverkehr zur gewerbsmäßigen Beförderung von Fahrgästen (→Taxameter).

M´igma [grch. ,Mischung'] *das,* der Teil des Erdinnern, der plastisch, aber noch nicht glutflüssig (Magma) gedacht wird.

Migmatisation *die,* Eindringen einer Gesteinsschmelze in festes Nebengestein.

Migmat´ite, Mischgesteine zwischen metamorphen und magnet. Gesteinen.

L. Mies van der Rohe: Nationalgalerie Berlin, 1963-68

Mignard [miɲ'aːr], Pierre, französ. Maler, * 1612, † 1695, schuf bes. Madonnen und Bildnisse.

Migne [miɲ], Jacques-Paul, französ. kath. Geistlicher, * 1800, † 1875; in dem von ihm gegründeten Verlag erschien eine Gesamtausgabe der Werke der Kirchenväter.

Mignon [miɲ'ɔ̃, frz.], **1)** Liebling, Geliebter. In Goethes ‚Wilhelm Meisters Lehrjahre‘ ein anmutiges, rätselhaftes Mädchen; Oper von A. Thomas (1866). **2)** ⚙ **Kolonel**, Schriftgrad (7´), →Schriften.

Migräne [frz.] *die*, ein anfallsweise und häufig halbseitig auftretender, sehr heftiger Kopfschmerz, mit Übelkeit, Erbrechen, Augenflimmern (**Augenmigräne**) u. a.; häufig erbbedingt. Behandlung: Mutterkornalkaloide und Coffein.

Migration [lat.], die Wanderung, der Zug, bes. der Zugvögel (Vogelzug).

Migros-Genossenschafts-Bund, Zürich, schweizer. Großunternehmen des Einzelhandels, gegr. 1925 von G. Duttweiler.

Mihailović [-vitsj], Dragoljub (genannt Draža), serb. Offizier, * 1893, † (hingerichtet) 1946, Partisanenführer (→Četnici), geriet in Auseinandersetzungen mit den Partisanen Titos.

Mihalovici [mialov'itʃi], Marcel, rumän. Komponist, * 1898, komponiert in einer oft folkloristisch angeregten gemäßigten Moderne.

Mihr'ab, Michrab [arab.] *der*, die Gebetsnische in einer Moschee; sie zeigt dem Betenden die Richtung nach Mekka an.

Mijadschima, →Itsukushima.

Mijasaki, Miyazaki, Stadt und Hafen auf Kiuschu, Japan, 212 000 Ew.

Mijnheer [mən'eːr, niederl.], Herr.

Mikado [‚erlauchtes Tor‘], dichterisch umschreibender Titel des japan. Kaisers, amtlich Tenno.

Mik'anie *die*, Korbblütergattung des trop. Amerika, meist Kletterpflanzen mit weißen oder blaßgelben Blüten.

M'ikat, Paul, Politiker (CDU), * 1924, 1962 bis 1966 Kultus-Min. von Nordrh.-Westf., leitete Reformen des Volksschulwesens ein, förderte den Ausbau neuer Univ.; 1969 MdB.

M'ikkeli, schwed. **Sankt Michel**, Hauptstadt des VerwBez. M. im mittl. Finnland, am NW-Ufer des Saimaasees, 25 300 Ew.

M'iklas, Wilhelm, österreich. Politiker (Christlichsozialer), * 1872, † 1956, 1928-38 Bundespräsident.

Mikoj'an, Anastas, sowjet. Politiker, * 1895, als enger Mitarbeiter Stalins 1935 bis 1966 Mitgl. des Politbüros, leitete 1926 bis 1955 als Volkskommissar, seit 1946 als Minister verschiedene Ressorts, von 1955 bis 1964 einer der Ersten stellvertretenden MinPräs., 1964-65 als Vorsitzender des Präsidiums des Obersten Sowjets Staatsoberhaupt.

Mikolajczyk [mikɔł'aitʃik], Stanisław, poln. Politiker, * 1901, † 1966, 1930-39 Vize-Vors. der Poln. Bauernpartei, 1942-43

Innen-Minister, 1943-44 MinPräs. der poln. Exilregierung in London, 1945-47 Landwirtschaftsminister in Polen. Im Herbst 1947 flüchtete er in die Vereinigten Staaten.

m'ikro... [grch.], klein...

Mikro|analyse [grch.] *die*, chem. Analyse kleinster Probemengen. Hilfsmittel sind **Mikrowaagen** u. a. Geräte in kleinstem Maßstab.

Mikr'oben, →Mikroorganismen.

mikrobielle Eiweiß- und Fettsynthese, Biosynthese, die Bildung von Eiweiß, Fett, Kohlenhydraten usw. durch Kleinlebewesen (Mikroben) wie Hefen, Schimmelpilze und Algen.

Mikrobiologie [grch.], die Wissenschaft von den Mikroorganismen.

mikrobiologische Therapie, die Verwendung lebender Bakterien zum Heilen von Krankheiten; z. B. bei Schädigung der physiolog. Darmflora durch Antibiotica.

Mikrochemie, die mit kleinsten Substanzmengen arbeitende Chemie, bes. →Mikroanalyse.

Mikrodokumentation, die Verwendung verkleinerter photograph. Aufnahmen (**16-mm-Mikrofilme**, bis 30:1) der Originaltexte zur →Dokumentation. Die Mikrokopien werden mit einem Lesegerät betrachtet.

Mikrofarad, µF, 1 Millionstel →Farad.

Mikroklima, das →Kleinklima.

Mikrokl'in *das*, ein Kalifeldspat.

Mikrok'okken [grch.] Mz., Gattung kugelförmiger Bakterien.

Mikrok'osmos [grch.], die ‚Kleinwelt‘, das Einzelwesen, bes. der Mensch in seinem Verhältnis zur ‚großen Welt‘, dem **Makrokosmos**.

Mikrol'ithe [grch.] Mz., **1)** mikroskopisch kleine Kristallausscheidungen in der Gesteinsglasmasse der Ergußgesteine. **2)** kleine Feuersteingeräte, kennzeichnend für die Mittelsteinzeit.

Mikromanipul'ator, →Manipulator.

Mikrom'eter, 1) ein Feinmeßgerät: →Fadenmikrometer, →Mikrometerschraube. **2)** Zeichen µm, 1 Millionstel Meter.

Mikrometerschraube, ein Längenmeßgerät, bei dem die Maßstabeinteilung durch die Ganghöhe einer genau gearbeiteten Schraube (Spindel) gegeben ist. Man unterscheidet Einbau-M., Bügelmeßschrauben, Innenmeßschrauben u. a.

M'ikron *das*, Zeichen µ, veralteter Name und veraltetes Zeichen für →Mikrometer.

Mikron'esien, die Inselgruppen im nordwestl. Stillen Ozean zwischen dem Japan. Inseln, den Philippinen und Indonesien, rd. 3423 km², etwa 200 000 Ew.: Nauru, Gilbert- und Ellice-Inseln, Boningruppe, Guam, Marianen, Karolinen, Marshall-Inseln, Wallis und Futuna.

Mikron'esier Mz., die Bewohner Mikronesiens, den Polynesiern nahestehend, im S Übergangsformen zu den Melanesiern. Die M. waren kühne Seefahrer (Ausleger-

boote). Reste ihrer Kultbauten aus Basalt auf Ponape und Kusae.

Mikroökonomik, das Zusammenwirken der Einzelwirtschafter (Erzeuger, Verbraucher), bes. deren Verhalten am Markt. Gegensatz: →Makroökonomik.

Mikro|organismen, Mikr'oben [grch.], die kleinsten Lebewesen, bes. Bakterien und Protozoen; auch die Viren (→Virus).

Mikroph'on *das*, ein Gerät zur Umwandlung von Schallschwingungen in elektr. Wechselströme. Beim **Kohle-M.** des Fernsprechers werden zwischen einer Membran und einer von ihr isolierten Gegenelektrode Kohlekörnchen durch die Schwingungen der Membran mehr oder weniger gegeneinander gepreßt. Dadurch ändert sich der Übergangswiderstand zwischen den Körnern, entsprechend schwankt ein durch sie geleiteter Gleichstrom. Beim in der Rundfunktechnik benutzten **Kondensator-M.** werden die elektr. Wechselströme durch die Kapazitätsänderung, beim **dynamischen (Tauchspulen-)M.** durch Induktion erzeugt, beim **Kristall-M.** wird der piezoelektr. Effekt ausgenutzt. **Körperschall-M.** (z. B. das **Kehlkopf-M.**) reagieren nur auf Schwingungen des Körpers, an die sie angelegt sind.

Mikrophotographie, die photograph. Aufnahme mikroskop. Gegenstände durch eine Kamera mit Hilfe eines Mikroskops.

Mikrophysik, die Physik der atomaren und subatomaren Vorgänge (→Quantentheorie).

Mikrorille, die Rille einer Langspielplatte, 0,04 bis 0,05 mm breit.

Mikrosk'op *das*, ein opt. Gerät zur vergrößerten Betrachtung oder Abbildung sehr kleiner Gegenstände. Eine Sammellinse sehr geringer Brennweite (Objektiv) entwirft ein wirkliches, vergrößertes Bild des Gegenstandes, das durch eine als Lupe wirkende Okularlinse nochmals stark vergrößert betrachtet wird. Das auf einem drehbaren Objekttisch ruhende Präparat wird von unten mit Hilfe einer Beleuchtungseinrichtung (Hohlspiegel, Kondensorlinsen) durchleuchtet (Durchlicht; bei Auflicht werden die Objekte von oben beleuchtet, Unterscheidung von Hell- und Dunkelfeldbeleuchtung). Das Auflösungsvermögen wird durch die Wellenlänge des Lichts begrenzt, es liegt bei Verwendung von sichtbarem Licht bei etwa 0,2 µm. Mit dem **Ultra-M.** lassen sich noch Teilchen von 0,006 µm nachweisen, wenn auch nicht mehr abbilden. Ferner →Elektronenmikroskop. (Bilder S. 814)

Mikros'omen [grch.] Mz., ⊕ ⅃ ⚥ Körnchen im Protoplasma der lebenden Zelle.

Mikrospor'ie [grch.], die **Kleinsporenflechte**, ⚥ Hautpilzkrankheit bei Kindern; es bilden sich (bes. am Kopf) rundl., mit grauweißen Schuppen bedeckte Herde, in deren Bereich die Haare abbrechen.

Mikrot'om *das*, eine hobelartige Schneidemaschine zur Herstellung dünnster tier. oder pflanzl. Schnitte (bis 0,00001 mm) für mikroskop. Untersuchungen.

Mikrowaage, Wägeinstrument sehr hoher Empfindlichkeit für Massenbestimmungen mit ± 10^{-5} g Genauigkeit.

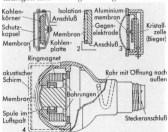

Mikrophon: **1** *Kohlekörnermikrophon;* **2** *Kondensatormikrophon;* **3** *Kristallmikrophon;* **4** *Tauchspulenmikrophon*

Mikrowellen, die Dezimeter-, Zentimeter- und Millimeterwellen. (→Wellenbereich)

Mikrozensus, Statistik: eine Stichprobenzählung, durch die eine in längeren Zeitabschnitten durchgeführte Gesamterhebung (Volks-, Berufszählung) ergänzt wird.

Mikrozephal'ie [grch.] *die,* abnorm kleiner Gehirnschädel bei meist normaler Größe des Gesichtsteils, verursacht durch Wachstumshemmung des Gehirns; meist mit Schwachsinn verbunden.

Mikti'on [lat.] *die,* ¶ das Harnlassen.

Mil, kleine Währungseinheit auf Zypern, 1 M. = ¹/₁₀₀₀ Zypern-Pfund.

Mil'an [frz.] *der,* zwei in Mitteleuropa brütende Greifvogel-Arten mit gegabeltem Schwanz: **Rotmilan,** fuchsrot; **Schwarzmilan,** graubraun.

M'ilan I., Fürst (1868-82) und König (1882 bis 1889) von Serbien, * 1854, † 1901, aus dem Hause Obrenović, erlangte auf dem Berliner Kongreß 1878 Gebietszuwachs und die Unabhängigkeit für Serbien.

Mil'ano, italien. Name von Mailand.

Mil'ano Mar'ittima, Seebad an der italien. Adriaküste, mit Cervia zu einem Siedlungskomplex zusammengewachsen.

Milben, latein. **Acari,** Ordn. der Spinnentiere, deren Hinterleib mit dem Kopf-Brust-Stück verschmolzen ist. Viele Arten sind Schmarotzer; zu den M. gehören: Lauf-M., Spinn-M., Wasser-M., Krätz-M. u. a.

Milbensucht, ¶ 🜍 von Milben hervorgerufene Hautkrankheit **(Acariasis),** z. B. Krätze und Räude.

Milch, 1) die Abscheidung der M.-Drüsen der Frau und der weibl. Säugetiere nach dem Gebären; sie ist die Nahrung der Neugeborenen. Einige Haustiere haben durch Fortzüchtung reichlichere M.-Absonderung, bes. Kuh, Ziege, Schaf. Eine M.-Kuh gibt bis zu 5000 l M. im Jahr (in der Bundesrep. Dtl. 3400 l/Jahr). Die **Kuh-M.** enthält etwa 87% Wasser, 3,5-4% Fett, 3-3,5% Eiweiß, 4-5% M.-Zucker, ferner Vitamine und Mineralsalze. Läßt man diese **Voll-M.** stehen, so scheidet sich das Fett als **Rahm (Sahne)** ab, der zu Butter verarbeitet wird. Beim Sauerwerden der M. wandelt sich der M.-Zucker unter Mitwirkung von M.-Säurebakterien in M.-Säure um. Die übl. **Trink-M.** ist die pasteurisierte M. Mindestfettgehalt = 3,5%. Der entrahmten Konsum-M. ist das Fett entzogen. **2)** die weiße Samenmasse der Fische.

Milch, Erhard, Generalfeldmarschall (1940), * 1892, Flieger, 1938-45 Gen.-Inspekteur der Luftwaffe, in Nürnberg zu lebenslängl. Haft verurteilt, 1954 entlassen.

Milchdrüsen, ¶ 🜍 die →Brustdrüsen.

Milchgebiß, die Milchzähne, →Zähne.

Milchglas, ein getrübtes, lichtdurchlässiges und lichtverteilendes Glas.

Milchhof, frühere Bez. für einen Betrieb zur städtischen Milchversorgung.

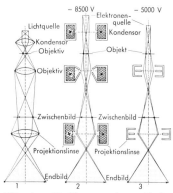

Mikroskop: Strahlengang **1** *im gewöhnlichen Lichtmikroskop,* **2** *im magnetischen,* **3** *im elektrischen Elektronenmikroskop*

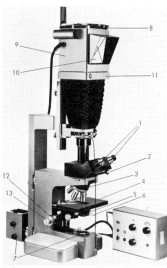

Mikroskop: Großfeld-M. mit Balgenkamera für Mikrophotographie. 1 Okular; 2 Knopf zur Einstellung des Augenabstandes; 3 Objektivrevolver; 4 Kreuztisch; 5 Klappkondensor; 6 Hebel der Aperturblende; 7 Beleuchtungseinrichtung; 8 Kassette; 9 Spiegelreflexaufsatz; 10 Mattscheibe; 11 Balgenkamera mit drehbarem Kassettenrahmen; 12 Grobeinstellung; 13 Feineinstellung

Milchlattich, lattichähnliche, milchsaftreiche Korbblütler; **Alpen-M.,** mit blauen Blütenkörbchen, in Gebirgswäldern.

Milchling *der,* Pilz, →Reizker.

Milchnährschaden, Ernährungsstörung des Säuglings, entsteht durch einseitige Ernährung mit Kuhvollmilch ohne jegl. Zusätze. Anzeichen: fester weißer Stuhl, Blutarmut, Unruhe. Vorbeugung: Kuhmilch verdünnt reichen; Behandlung mit Heildiät.

Milchner, geschlechtsreifer männl. Fisch.

Milchpulver, →Trockenmilch.

Milchsaft, 1) ⚘ die in den Milchröhren mancher Pflanzen gebildete milchige, meist weiße Flüssigkeit; dient als Wundverschluß sowie als Schutzmittel gegen Tierfraß. **2)** 🜍 ¶ **Chylus,** die trüb-weißliche Flüssigkeit der Lymphgefäße des Dünndarms nach Aufnahme fettreicher Nahrung.

Milchsäure, organische Säure, die aus Zuckerarten durch Gärung entsteht, z. B. in saurer Milch, Sauerkraut, auch im Magensaft. Verwendung in Gerberei, Färberei, Medizin.

Milchschleuder, →Zentrifuge.

Milchschorf, ¶ ein Hautausschlag mit Rötung, nässenden Flächen, Knötchen am Kopf; bei exsudativer Diathese (→Exsudat).

Milchstern, Vogelmilch, Liliengewächsgatt. (Ornithogalum), mit weißen, sternförmigen Blüten, z. B. **Doldenmilchstern.**

Milchstraße, Gal'axis, der breite helle Gürtel am Himmel, der durch den vereinigten Glanz sehr vieler, weit entfernter Sterne entsteht. Diese gehören zu dem flach linsenförmigen **M.-System** (rd. 200 Mrd. Sterne), zu dem auch unser Sonnensystem zählt. Der Durchmesser beträgt rd. 80 000, die Dicke im Kerngebiet rd. 15 000 Lichtjahre. Die Sterne sind nicht gleichmäßig verteilt, sondern häufen sich in Spiralarmen, die sich um einen sehr sternreichen Kern legen. Das gesamte System rotiert um seinen Mittelpunkt, und zwar am Rande etwa 20mal langsamer als im Innern. Die Sonne, die vom Mittelpunkt etwa 30 000 Lichtjahre entfernt ist, braucht bei einer Geschwindigkeit von 250 km/s etwa 200

Mill. Jahre für einen vollständigen Umlauf. Ein nur dünn mit Sternen und Sternhaufen (Kugelhaufen) besetzter kugelförm. Raum von etwas größerem Durchmesser als das linsenförm. System umgibt dieses (der **Halo).** Die Gesamtmasse des M.-Systems beträgt 10^{11} Sonnenmassen, sein Alter etwa 10^{10} Jahre.

Milchwirtschaft, →Molkerei.

Milchzähne, ¶ die ersten →Zähne.

Milchzucker, Lact'ose, ein Hauptbestandteil der Milch, kann durch Kochen mit verdünnten Säuren oder durch Enzyme in Galactose und Traubenzucker gespalten werden.

mildernde Umstände, ⚖ besondere Umstände einer Straftat (z. B. unverschuldete Notlage), bei deren Vorliegen das Gesetz eine mildere Strafe vorsieht.

mile [mail], die engl. →Meile (Übersicht Maße und Gewichte).

Mil'et, im Altertum die mächtigste ion. Stadt in Kleinasien, an der Mündung des Mäander; 494 von den Persern zerstört; in hellenist. und röm. Zeit neue Blüte. Dt. Ausgrabungen seit 1899.

Milford Haven [m'ilfəd h'eivn], Hafenstadt in der Gfsch. Pembroke, Wales, 13 000 Ew., Seebad; bedeutender Ölhafen.

Milhaud [mij'o:], Darius, französ. Komponist, * 1892, Wegbereiter der Neuen Musik; Opern (Christoph Columbus, 1930; Fiesta, 1959), Ballette, Sinfonien, Kammer-, Klaviermusik. (Bild S. 815)

Mili'artuberkulose, ¶ das gleichzeitige Entstehen großer Mengen von körnchengroßen Tuberkeln (→Tuberkulose), meist in allen Organen.

Milieu [milj'ø, frz.] *das,* Mitte, Umwelt.

Milieutheorie [milj'ø-], die Lehre von dem bestimmenden Einfluß der Umwelt auf die Entwicklung des Menschen, von Comte, Taine und bes. vom Histor. Materialismus vertreten.

milit'ant [lat.], kämpferisch, aggressiv.

Milit'är *das,* Soldatenwesen.

Militäranwärter, früher die Militärpersonen, die durch lange Dienstzeit (12 Jahre und mehr) oder im Dienst eingetretene Invalidität das Recht auf eine Anstellung in Zivildienst erwarben.

Militärarzt, der →Sanitätsoffizier.

Militärärztliche Akademie, 1934-45 Hochschule für militärärztl. Ausbildung in Berlin, ähnlich der ehem. Pepinière.

Militär|attaché, →Attaché.

Militärbischof, Geistlicher als kirchl. Leiter der →Militärseelsorge; den evang. M. ernennt der Rat der EKD, den kath. M. der Papst.

Militärdepartement, in der Schweiz die von einem Mitgl. des Bundesrats geleitete Abteilung für das Militärwesen.

Militärdiktatur, die von einem Militärbefehlshaber oder einer militär. Gruppe unbeschränkt ausgeübte Staatsgewalt.

Militär|ehrenzeichen, frühere preuß. Tapferkeitsauszeichnung, unterschieden in Militärverdienstkreuz (golden), M. erster (silbernes Kreuz) und zweiter Klasse (silberne Medaille).

Militärgeistlicher, Feldgeistlicher, Geistlicher für die Militärseelsorge, einem →Militärbischof unterstellt.

Militärgeographie, Zweig der Kriegswissenschaften, die zweckgebundene Darstellung der für die Kriegführung wichtigen geograph. Verhältnisse.

Militärgerichtsbarkeit, die durch militär. Behörden ausgeübte Gerichtsbarkeit über Militärpersonen; wurde 1920 aufgehoben, 1933 wiedereingeführt, nach 1945 erneut beseitigt; allerdings gibt Art. 96a GG dem Bund die Ermächtigung zur Errichtung von Wehrstrafgerichten als Bundesgerichte für den Verteidigungsfall.

Militärgrenze, im 16.-19. Jahrh. der militärisch eingerichtete, mit Bauernsoldaten ('Grenzern') besiedelte Landstreifen entlang der türkisch-serbisch-rumänischen Grenze Österreich-Ungarns.

Militärischer Abschirmdienst, Abk.

MAD, Einrichtung zum Schutze militär. Einrichtungen gegen Spionage und Sabotage.

Militarismus, das Vorherrschen militär. Formen, Denkweisen und Zielsetzungen in Staat, Politik, Gesellschaft.

Militärkonvention, Vertrag zwischen Staaten über militär. Fragen; heute meist durch Beistandspakte im Rahmen kollektiver Sicherheit ersetzt.

Militärmission, Entsendung von Offizieren in andere Staaten zu deren militär. Beratung und Unterstützung.

Militärregierung, das mit der Ausübung der Staatsgewalt in einem besetzten Gebiet ausgestattete militär. Oberkommando. In Deutschland übten die Besatzungsmächte von 1945-49 die oberste Staatsgewalt durch den →Kontrollrat aus.

Militärseelsorge, die kirchl. Betreuung der Angehörigen einer Wehrmacht durch Militärgeistliche. Für die Bundeswehr bestehen zwei Ämter, geleitet von einem evang. Militärgeneraldekan und einem kath. Militärgeneralvikar, den Vertretern und ausführenden Organen der Militärbischöfe.

Darius Milhaud   Adam Mickiewicz

Military [m'ilitəri, engl.] *die,* reiterliche Vielseitigkeitsprüfung: Dressur, Geländeritt und Jagdspringen.

Military Police [m'ilitəri pəl'i:s, engl.], Abk. **M. P.** [ɛm pi], die engl. und amerikan. Militärpolizei.

Mil'iz [frz. aus lat.] *die,* eine Truppe mit kurzer Ausbildung, die nur im Mobilmachungsfall einberufen wird.

Mill, John Stuart, engl. Philosoph und Volkswirt, * 1806, † 1873, führte die Erkenntnis auf Erfahrung zurück (Empirismus) und sah in der Psychologie die Grundlage der Philosophie; vertrat die ethischen Anschauungen der Nützlichkeitstheorie (Utilitarismus) und des Glückstrebens (Eudämonismus).

Millais [mil'ɛ], Sir (1885) John Everett, engl. Maler, * 1829, † 1896, Mitbegründer der Bruderschaft der Präraffaeliten.

m'ille [lat.], tausend.

Millefi'origlas [ital. ‚Tausend Blumen'], ein →Kunstglas.

millenn'är [lat.], tausendjährig. **Mill'enni-**

um *das,* 1) das Jahrtausend. 2) die Jahrtausendfeier. 3) das Tausendjährige Reich (Offenb. Joh. 20).

Miller, 1) Arthur, amerikan. Dramatiker, * 1915, sozialkrit. Dramen ‚Alle meine Söhne' (1947), ‚Der Tod des Handlungsreisenden' (1949), ‚Hexenjagd' (1953); Roman ‚Brennpunkt' (1945).

2) Glenn, amerikan. Jazzmusiker, * 1904, † 1944, Posaunist, Arrangeur.

3) Henry, amerikan. Schriftsteller, * 1891; Romane: ‚Im Zeichen des Krebses' (1934), ‚Wendekreis des Steinbocks' (1938), ‚Sexus' (1949), ‚Plexus' (1952), ‚Nexus' (1960).

4) Oskar von, Ingenieur, * 1855, † 1934, gründete das →Deutsche Museum in München, baute das Walchenseekraftwerk.

Millerand [milr'ã], Alexandre, französ. Politiker, * 1859, † 1943, Rechtsanwalt, anfangs Sozialist, dann Politiker der Rechten, mehrmals Min., 1920-24 Präs. der Republik.

Millet [mil'ɛ], Jean-François, französ. Maler, * 1814, † 1875, seit 1849 in →Barbizon, malte in trüben, gedämpften Tönen erdgebundene Bauerngestalten in meist schwermütigen Landschaften.

Milli-, Abk. **m,** vor einer Maßeinheit = 10^{-3} (→metrisches System).

Milli'arde, 1000 Millionen = 10^9 (→Billion).

Millib'ar, $^1/_{1000}$ Bar; in der Meteorologie Maß für den →Luftdruck.

Millième [mij'ɛːm, frz.], ägypt. Münze = $^1/_{1000}$ ägypt. Pfund.

Millikan [-kən], Robert Andrews, nordamerikan. Physiker, * 1868, † 1953, bestimmte die Elementarladung, arbeitete über UV- und Röntgenstrahlung. Nobelpreis 1923.

Millimeterwellen, →Wellenbereich.

Milli'on, tausend mal tausend = 10^6.

Million'är *der,* Eigentümer eines Vermögens von 1 Mill. und mehr. In der Bundesrep. Dtl. (Vermögensteuererhebung am 1. 1. 1966) wurden 15404 M. gezählt.

M'illöcker, Karl, Wiener Operettenkomponist, * 1842, † 1899; ‚Gräfin Dubarry' (1879), ‚Der Bettelstudent' (1882), ‚Gasparone' (1884), ‚Der arme Jonathan' (1890).

Millstätter See, in Kärnten, 13,3 km² groß, 12 km lang. Größter Badeort am M. S. ist **Millstatt** (1200 Ew.), ehem. Benediktinerkloster (um 1070 gegr.) mit frühroman. Kreuzgang und Kirche (12.-16. Jahrh.).

Milne [miln], 1) Alan Alexander, engl. Schriftsteller, * 1882, † 1956; schrieb zeitkrit. Komödien und Kinderbücher (‚Pu der Bär', 1926).

2) Edward Arthur, engl. Astrophysiker, * 1896, † 1950, arbeitete über den Zustand der Fixsternmaterie (Plasma).

M'ilo, italien. Name der Insel →Melos.

Miloš Obrenović [m'iloʃ ɔbr'ɛnovitsj], Fürst von Serbien (1817-39, 1858-60), Gründer des serb. Herrscherhauses Obrenović, * um 1780, † 1860.

Milosz [mil'ɔʃ], Oscar Venceslas **de Lu-**

Henry Miller   John Milton

bicz-M. [dəlub'iʃ-], französ. Dichter litauischer Herkunft, * 1877, † 1939.

Miłosz [m'iłɔʃ], Czesław, poln. Schriftsteller, * 1911, emigrierte 1951, seit 1958 Prof. in Berkeley (USA), schrieb ‚Verführtes Denken' (1953), den Kindheitsroman ‚Das Tal der Issa' (1955).

Milreis *das,* früher Währungseinheit in Portugal (bis 1911) und Brasilien (bis 1927).

Milseburg, 835 m hoher Phonolithberg der Kuppen-Rhön, Hessen.

M'iltenberg, Stadt in Unterfranken, Bayern, am Main, 7900 Ew.; Industrie (Steine, Holz, Maschinen, Textilien, Papier). Altertümliches Stadtbild: Fachwerkhäuser (15. bis 18. Jahrh.), Mainzer Kaufhaus (15. Jahrh.), Amtskellerei (16./17. Jahrh.), Pfarrkirche (19. Jahrh.), Franziskanerkirche (17. Jahrh.) und Rest der Stadtbefestigung.

Milt'iades, griech. **Milti'ades,** athen. Staatsmann, † 489 v. Chr., besiegte 490 bei Marathon die Perser.

Milton [m'iltn], John, engl. Dichter, * 1608, † 1674; gab als diplomat. Korrespondent im Staatsrat der Republik in vielen Prosaschriften (latein. und engl.) dem Kampf der Puritaner gegen die Stuarts die weltanschauliche Grundlage; nach der Restauration (1660) dichtete er, erblindet, das Epos vom Fall des Menschengeschlechts ‚Das verlorene Paradies' (1667 und 1674) und als Gegenstück die Dichtung von der Versuchung des Heilands ‚Das wiedergewonnene Paradies' (1671).

M'ilvische Brücke, italien. **Ponte Molle,** Tiberbrücke im N Roms; 28. 10. 312 Sieg Konstantins über Maxentius.

Milwaukee [milw'ɔ:ki:], die größte Stadt von Wisconsin, USA, Hafen am Michigansee, 719100 Ew., darunter viele dt. Abkunft, kath. Erzbischofssitz, kath. Universität; Maschinenbau, große Brauereien, elektrotechn. u. a. Industrie.

Milz, *die,* größte der Blut-Lymphknoten, eine Bildungsstätte von weißen Blutkörperchen (→Blut); liegt links in der Bauchhöhle unter dem Zwerchfell. In der M. werden die verbrauchten roten Blutkörperchen abgebaut; sie schwillt bei fast allen Infektionskrankheiten an, da die Bildung der weißen Blutkörperchen als Abwehrmaßnahme stark gesteigert ist.

Milzbrand, eine durch den **Milzbrandbazillus** hervorgerufene Infektionskrankheit der Tiere (bes. Schafe, Rinder, Wild), auf den Menschen übertragbar. Das Blut wird teerartig, die Milz schwillt an. - Beim Menschen ist am häufigsten der **Haut-M. (M.-Karbunkel).** Behandlung: Antibiotica.

Milzfarn, die Farngattung **Asplenium** mit milzähnl. gelappten Wedeln, so die **Mauerraute.**

Milzkraut, ein Steinbrechgewächs mit trugdoldig gehäuften, grünlichen Blütchen zwischen gelben Hochblättern.

Milzstechen, ⚕ das →Seitenstechen.

M'ime [grch.] *der,* Schauspieler. **mimen,** schauspielern, vortäuschen.

M'ime, altnord. Literatur: →Mimir.

Mim'ese, Form der Schutz- und Vorbergetrachten bei Tieren, die sich in spezif. Verhaltensweise, in Färbung und Zeichnung oder in Organ- und Körperform äußert und ihre Träger vor widrigen Einwirkungen

Lichtjahre |———| 32600 |0 |32600

Sonne

Dunkelwolken

kugelförmige Sternhaufen

Parsec |———| 10000 |0 |10000

Seitliche Ansicht des Milchstraßensystems (schematisch)

durch andere Organismen schützt. Ein Sonderfall der M. ist der →Mimikry.

M'imesis [grch.] *die,* Nachahmung. **mi-m'etisch,** nachahmend.

M'imik [grch.] *die,* Mienenspiel. **mimisch,** durch Mienenspiel ausgedrückt; schauspielerisch.

M'imikry [engl. ‚Nachahmung'] *die,* Sonderfall einer tier. Schutzanpassung: bei der ein gut geschütztes Tier, das über eine Warntracht verfügt, von einem ungeschützten Tier anderer Artzugehörigkeit gut in Körperform oder Farbe nachgeahmt wird. (Bild Anpassung).

M'imir, in der nord. Mythologie ein Riese, Hüter der Weisheitsquelle unter der Weltesche Yggdrasil.

M'imodrama, *die* Darstellung eines Dramas durch Pantomimen; Drama ohne Worte.

Mim'ose [grch.] *die,* tropische Hülsenfrüchter, z. B. die brasilan. **Schamhafte M. (Sinnpflanze, Nolimetangere),** die bei Berührung und abends Blattfiedern und Blätter zusammen- und die Blattstiele in Gelenkpolstern abwärts klappt.

M'imus [grch.] *der,* die improvisierte Darbietung realistischer Szenen (ohne Maske und vulgärsprachlich), gepflegt im dorischen Sizilien, dann bes. in Rom bis zum Ausgang der Antike.

M'ina al-Ahmad'i, Industriesiedlung, Raffinerie und Erdölverladehafen in Kuwait.

Minah'assa, Halbinsel im NO von Celebes.

Minar'ett [arab.] *das,* der Turm der Moschee, von dem der Muezzin täglich fünfmal zum Gebet ruft.

Minas Gerais [m'inaʒ ʒer'ais], Binnenstaat Brasiliens, 587 172 km², 11,280 Mill. Ew. Hauptstadt: Belo Horizonte. M. G. ist der wichtigste Bergbaustaat Brasiliens (Eisen- und Manganerze, Gold, Diamanten u. a.); Anbau von Kaffee, Reis; Viehzucht.

Minch [mintʃ], Meeresstraße zwischen den Äußeren Hebriden und der schott. W-Küste.

Mincio [m'intʃo], der Abfluß des Gardasees, mündet unterhalb Mantua in den Po.

Mindan'ao, Insel der Philippinen, mit Nebeninseln 102 000 km², 6,5 Mill. Ew.; gebirgig und vulkanisch (Apo 2955 m). Anbau von Abacá, Kopra, Reis, Mais.

M'indel *die,* rechter Nebenfluß der Donau, 75 km lang, mündet bei Offingen. Nach ihr ist die **Mindel-Eiszeit** benannt.

M'indelheim, Stadt im bayer. Schwaben, an der Mindel, 9700 Ew.; Industrie; Stadtkirche (1712 umgebaut) mit Glockenturm, Liebfrauenkapelle (15. Jahrh.), Jesuitenkirche (17./18. Jahrh.), Burg.

Minden, Stadt in Nordrh.-Westf., an der Weser und Mittellandkanal (Häfen), 48 800 Ew.; Papiererzeugung, Metall- u. a. Ind.; Schiffswerften; Dom (frühgot. Hallenkirche, roman. Westbau). – Um 800 Bistum, seit dem 13. Jahrh. Hansestadt, kam 1648 an Brandenburg.

Mindere Brüder, der Erste Orden der →Franziskaner.

Minderheit, 1) eine Volksgruppe, die in Abstammung, Sprache, Religion od. Kultur von der Mehrheit des Staatsvolkes verschieden ist (**nationale M.**). **2)** die Abstimmungen, bes. bei Wahlen zahlenmäßig unterlegene Gruppe (Partei). In demokrat. Staat gilt der Wille der Mehrheit, doch wird die M. z. B. dadurch geschützt, daß in bes. wichtigen Fragen eine →qualifizierte Mehrheit erforderlich ist.

Minderheitenschutz, der den nationalen Minderheiten gewährte Rechtsschutz, der vor allem in den Friedensverträgen von 1919/23 und die M.-Verträge festgelegt worden ist. Nach 1945 vereinzelt neue M.-Abkommen (z. B. Südtirol, Südschleswig).

Minderheitsrechte, im Gesellschafts-, bes. im Aktienrecht die einer Minderheit von Gesellschaftern zustehenden Rechte (z. B. Erzwingung einer Hauptversammlung).

Minderjährigkeit, ♋ in der Bundesrep. Dtl. und in Österreich der Lebensabschnitt bis zum vollendeten 21., in der Schweiz bis zum vollendeten 20., in der Dt. Dem. Rep. bis zum vollendeten 18. Lebensjahr. In der Bundesrep. Dtl., in Österreich und in der Schweiz ist die Volljährigkeitserklärung von 18 Jahren an möglich. Der Minderjährige untersteht der elterl. Gewalt. Bis zum 7. Lebensjahr ist er geschäftsunfähig, bis zu seiner Volljährigkeit beschränkt geschäftsfähig (Übersicht Alter).

Minderkaufmann, →Kaufmann.

Minderung, ♋ die Herabsetzung des Preises bei Mängeln der Ware, z. B. bei Kauf und Werkvertrag (§§ 462 ff., 634 BGB.).

Minderwertigkeitsgefühl, Unterlegenheitsgefühl durch Versagen von den Ansprüchen der Umwelt; gesteigert: **Minderwertigkeitskomplex.**

Mindestgebot, ♋ das in einem Zwangsversteigerungsverfahren niedrigste zulässige Gebot (**geringstes Gebot;** § 44 ZVG.).

Mindestlohn, der Lohnabreden zwischen Arbeitgeber und Arbeitnehmer festgelegte Mindestsatz, der nicht unterschritten werden darf.

Mindestpreis, der behördlich oder durch Kartelle festgesetzte Preis, der nicht unterboten werden darf.

Mindestreserven, die Guthaben, die die Kreditinstitute bei der Zentralbank unterhalten müssen. Bei Erhöhung des M.-Satzes sind die Kreditinstitute zur Einschränkung ihrer Kreditgewährung gezwungen; Senkung des M.-Satzes ermöglicht eine Kreditausweitung (**M.-Politik** der Notenbank).

Mind'oro, waldbedeckte, fruchtbare Insel der Philippinen, 10 245 km², 404 000 Ew.

M'indszenty [-senti], urspr. **Pehm,** József, Josef, Kardinal und Fürstprimas von Ungarn (seit 1946), * 1892, 1944 von rechtsradikalen Pfeilkreuzlern verhaftet, 1945 von den Russen befreit, 1948 von Kommunisten inhaftiert und zu lebenslängl. Haft verurteilt, 1956 im ungar. Freiheitskampf befreit, fand Asyl in der amerikan. Botschaft in Budapest, gung (Päter).

Mine [frz.] *die,* **1)** Bergwerk. **2)** ♋ Sprengladung, in großen Mengen ausgelegt (**Minenfelder**) als Sperre zu Lande oder zur See (→Seemine), aus Flugzeugen abgeworfen mit verstärkter Luftdruckwirkung (**Luft-M.**). **3)** Füllung in Bleistiften und Kugelschreibern.

Mine, die, altgriech. Gewichtseinheit, dann Münze: $1/60$ Talent = 100 Drachmen.

Minenleger, schnelles, schwach bewaffnetes Kriegsschiff mit einem Fassungsvermögen von rd. 400 Seeminen.

Minenräumboot, ein flachgehendes Kriegsschiff zum Wegräumen feindlicher Seeminen im Küstenvorfeld.

Minensuchboot, Kriegsschiff zum Absuchen von Seegebieten nach Minen, auch als Minenschutz vor Geschwadern.

Minenwerfer, frühere Bez. für Granatwerfer, heute Mörser genannt.

Miner'alfarben, 1) durch Mahlen farbiger Mineralien gewonnene Farbstoffe. **2)** Mal- und Anstrichfarben, die als Bindemittel Wasserglas enthalten.

Miner'alien, Miner'ale, Mz., chemisch und physikalisch einheitliche oder, von Lebewesen gebundene oder von Menschenhand erzeugte Bestandteile der Erdkruste und der Meteorite. Es gibt rd. 2000 M.-Arten. Gesteine sind meist M.-Gemische.

Mineralis'ator, der, meist gas- oder dampfförmiger Stoff, der während der Gesteinserstarrung oder der Mineralausscheidung auf Gesteinsklüften die Kristallisation begünstigt.

Mineralog'ie, die Wissenschaft von den Mineralien. Die **allgemeine M.** umfaßt u. a. die Kristallographie, die **spezielle M.** beschreibt die einzelnen Mineralien.

Miner'alöle, Öle, die hauptsächlich durch Destillation oder Kracken aus Erdöls, aus Steinkohlen- und Braunkohlen-

teers und bei der Kohlehydrierung gewonnen werden (z. B. Benzin).

Miner'alölsteuer, eine dem Bund zufließende Verbrauchsteuer. Der M. unterliegen grundsätzlich alle eingeführten und im Inland gewonnenen Mineralöle. Das Aufkommen (1971: 12,42 Mrd. DM) soll überwiegend dem Straßenbau dienen.

Miner'alsalze, anorgan. Salze, die bes. als Mineralien oder als anorgan. Bestandteile der Lebewesen vorkommen.

Miner'alsäuren, Sammelname für anorgan. Säuren, z. B. Schwefel-, Salz- und Salpetersäure.

Miner'alwässer, zum Trinkgebrauch geeignete Wasser mineralhaltiger Heilquellen, die im allg. Kohlendioxid enthalten oder damit versetzt sind.

Min'erva, altitalische Göttin, Beschützerin des Handwerks.

Min'ette [frz.] *die,* **1)** rotbraunes bis schwarzes Ergußgestein. **2)** oolithisches Brauneisenerz in Lothringen und Luxemburg.

Mineur [-n'œ:r, frz.] *der,* **1)** ♂ Pionier, der Minengänge anlegt. **2)** Sprengmeister. **3)** Börsensprache: der Haussier (→Hausse).

Ming, chines. Herrscherhaus (1368-1644).

Mingetscha'ur, Stadt und Wasserkraftwerk in der Aserbaidschan. SSR, an der Kura (620 km² großer Stausee, 357 000 kW).

Mingr'elien, histor. Name der fruchtbaren Küstenebene am Schwarzen Meer, im W der Grusin. SSR.

Minho [m'iɲu], **1)** portugies. Name des Flusses Miño. **2)** M., auch **Entre Douro e Minho,** ehem. Prov. und heute nordwestlichste Landschaft Portugals.

m'ini... [engl. aus lat.], klein...

M'inia, El-M'inia, M'injeh, Provinzhauptstadt in Oberägypten, am Nil, 112 600 Ew.; Baumwollhandel.

Miniat'ur [lat.] *die,* Malerei oder Zeichnung in einem handgeschriebenen Buch, benannt nach der im Mittelalter für Randleisten, Überschriften, Initialen verwendeten roten Farbe (lat. minium, ‚Mennige'); im weiteren Sinn ein Bild kleinen Formats, meist ein Bildnis.

Miniaturmalerei, Buchmalerei. Die aus den Anfängen des Buchs stammenden M. (Vergilhandschrift, 5. Jahrh., Vatikan; Wiener Genesis, 6. Jahrh.) entsprechen dem maler. Stil der Spätantike, der bes. in Byzanz wiederauflebte (Pariser Psalter, 10. Jahrh.). Im N entfaltete sich zunächst bes. die irisch-angelsächs. M. Eine neue Blüte begann in karoling. Zeit (Adahandschrift; Krönungsevangeliar Karls d. Gr., Wien u. a.). Die ottonischen M., bes. der Reichenau, gehören zu den ausdrucksstärksten Werken des Mittelalters. Romanische und gotische M. sind in kaum übersehbarer Fülle erhalten. Einen neuen wirklichkeitsnahen Stil begründeten um 1400 die niederländisch-franzöš. M. bes. der Brüder Limburg (Stundenbücher). Mit der Verbreitung des Buchdrucks löste der Holzschnitt die M. ab. – Die M. des Orients blühte vor allem im 15.-17. Jahrh. in Persien; seit dem 16. Jahrh. in Indien. – Bildminiaturen malte im 16. Jahrh. bes. Holbein d. J.; ihre Glanzzeit war das 18. und 19. Jahrh. bis zum Aufkommen der Photographie. Malgrund war Elfenbein, Porzellan u. Emaille (Bild Abaelard; Adahandschrift).

M'inigolf, vom Golf abgeleitetes Zielspiel mit verkleinerten Geräten und Bahnen.

minim'al [lat.] mindest..., niedrigst...

minimal art [m'inimal a:t, engl. ‚Mindestkunst'], Name für einige Tendenzen der Kunst in den 60er Jahren des 20. Jahrh., deren auf das Essentielle der Formensprache auf jede überflüssig erscheinende Zutat verzichtet und auf geometr. Grundformen zurückführt.

M'inimen, Bettelorden, gestiftet 1454 von Franz von Paula (**Paulaner**).

M'inimum [lat.] *das,* kleinster Wert, niedrigster Stand; in der Wetterkunde auch Tiefdruckgebiet.

Min'ister [lat. ‚Diener'], Mitglied einer Re-

1 *Gediegen Gold zwischen weißen Quarzkörnern.* 2 *Gediegen Kupfer.* 3 *Bleiglanz auf goldgelbem Kupferkies.* 4 *Zinkblende zwischen weißem Quarz.* 5 *Eisenkies.* 6 *Azurit*

gierung, meist der Leiter eines obersten Zweiges der Staatsverwaltung **(Fach-, Ressortminister);** bisweilen auch ohne Geschäftsbereich **(M. ohne Portefeuille).** In der Bundesrep. Dtl. und Österreich heißen die M. Bundesminister, in England für bestimmte Ressorts Secretary; in den USA ist der Secretary of State der Außenminister; in der Schweiz heißen die Departementchefs Bundesräte. Die M. in der Bundesrep. Dtl. tragen die Verantwortung für ihren Geschäftsbereich innerhalb der vom Bundeskanzler bestimmten Richtlinien der Politik.

Minister|anklage, das staatsgerichtl. Verfahren gegen einen Minister oder das Staatsoberhaupt wegen Verfassungsverletzung; in der Bundesrep. Dtl. nur gegen den Bundespräs. zulässig, in einigen Bundesländern auch gegen Mitgl. der Landesregierungen.

Ministeri'aldirektor, Abteilungsleiter in einem Ministerium, darunter die **Ministerialdirigenten** und **Ministerialräte,** zumeist Referatsleiter.

Ministeri'alen, →Dienstmannen.

Minist'erium [lat.] *das,* -s/...rien, die oberste Behörde eines staatl. Verwaltungszweiges unter Leitung eines **Fachministers (Ressortministers).** Das M. ist in Abteilungen, diese sind in Referate gegliedert. Zu den 5 klassischen M. (Auswärtiges, Inneres, Justiz, Finanzen, Krieg) traten im 19. und 20. Jahrh. weitere hinzu (z. B. Arbeit, Kultus, Wirtschaft). Das Kabinett **(Gesamt-M.)** wird vom Regierungschef geleitet.

Ministerpräsident, in vielen Ländern der Vorsitzende der Regierung. Die Bundesregierungen der Bundesrep. Dtl. und Österreichs werden von einem Bundeskanzler geleitet.

Ministerrat, 1) in vielen Staaten das **Gesamtministerium** (französ. Conseil des Ministres), oft auch ein Ministerausschuß für besondere Aufgaben (z. B. Wirtschaftskabinett. **2)** In kommunist. Staaten das oberste Vollzugsorgan. **3)** das gemeinsame Organ der Europ. Wirtschaftsgemeinschaft und der Europ. Gemeinschaft für Atomenergie sowie der Montanunion.

Ministerresident, die 3. Rangklasse der →Gesandten.

Minist'ant [lat.], in der kath. Liturgie der Meßdiener.

Minitrack-Verfahren [m'initræk-, engl.], ein Verfahren zur Ortung eines Satelliten mit Hilfe der Interferenz seiner Radio-

signale, die von 14 Stationen empfangen werden.

Mink *der,* amerikan. Verwandter des Nerz.

Mink'owski, Hermann, Mathematiker, * 1864, † 1909, Prof. in Königsberg, Zürich, Göttingen, schuf die mathemat. Grundlagen der speziellen Relativitätstheorie.

Minne, die, urspr. helfende Liebe, seit dem 12./13. Jahrh. die ritterlich-höfische Auffassung der Liebe als gesellschaftl. Spiel mit Regeln und Gesetzen **(hohe M.).** In der höf. Herrin wird das dem Werbenden immer unerreichbare Idealbild der Frau verehrt. Gegensatz: die triebgelenkte niedere M. **Frau M.,** die Verkörperung der ritterlichen hohen M.

Minne [m'inə], George Baron, belg. Bildhauer, * 1866, † 1941, ein bedeutender Bildhauer des Jugendstils.

Minneapolis [mini'æpəlis], Stadt in Minnesota, USA, am Mississippi, 443 400 Ew.; Universität; Getreidemühlen u. a. Ind. M. ist die größere der Zwillingsstädte M.-St. Paul.

Minnesang, die Lyrik der ritterlich-höfischen Kultur, entwickelte sich in Dtl. in der 2. Hälfte des 12. Jahrh. und erreichte ihren Höhepunkt etwa 1180–1220. Pflegestätten waren die Höfe kunstsinniger Fürsten (Hof der Babenberger in Wien, Hermanns von Thüringen auf der Wartburg). Das Besondere des M. ist die Liebesauffassung (→Minne) und die dichterische Form (dreiteilige Liedstrophe), die sich nach französ.-provenzal. Vorbild entwickelte (Troubadours). Die Dichter waren zugleich Komponisten. Mit dem Übergang der Dichtkunst vom Adel auf den Bürger wurde die Formenwelt des M. vom Meistersang übernommen.

Minnesota [minis'outə], Abk. **Minn.,** nordwestl. Mittelstaat der USA am oberen Mississippi, 217 736 km², 3,8 Mill. Ew. Hauptstadt: Saint Paul. Ackerbau und Molkereiwirtschaft; Bergbau auf Eisenerze. - M. wurde 1858 als 32. Staat in die Union aufgenommen.

M'innewit, Minuit, Peter, * um 1580, † 1638 oder 1641, urspr. reform. Geistlicher, gründete 1626 auf Manhattan Neu-Amsterdam (New York).

Miño [m'iɲo], portugies. **Minho** [m'iɲu], Fluß in NW-Spanien, entspringt im Bergland von Galicien, mündet, 340 km lang, in den Atlantik. Sein Unterlauf bildet die spanisch-portugies. Grenze.

M'ino da Fi'esole, italien. Bildhauer in Florenz, * 1431/32, † 1484, schuf Grabmäler, kirchl. Skulpturen, Bildnisbüsten.

min'oische Kultur, →ägäische Kultur.

m'inor [lat.], geringer, kleiner, jünger. **Minor'at** *das,* das →Jüngstenrecht.

Min'orca, die Insel →Menorca.

Min'ore [ital.], ♪ Moll, Molltonart; als Satzüberschrift der Mollteil eines in Dur stehenden Tonstücks.

minor'enn [lat.], minderjährig.

Minor'isten, kath. Geistliche, die nur die niederen Weihen empfangen haben.

Minorit'ät [lat.] *die,* →Minderheit.

Minor'iten Mz., der Erste Orden der →Franziskaner.

M'inos, griech. Mythos: König von Kreta, Sohn des Zeus und der Europa, Vater der Ariadne und Phädra; zwang die Athener, alle 9 Jahre 7 Jungfrauen und 7 Jünglinge zu liefern, die er dem →Minotauros vorwarf.

Minot, George R., amerikan. Mediziner, * 1885, † 1950. Mit W. P. Murphy und G. Whipple führte er die Leberdiät bei perniziöser Anämie ein; Nobelpreis 1934.

Minot'auros, griech. Mythos: Ungeheuer, mit Menschenleib und Stierkopf, das →Minos im Labyrinth von Knossos gefangenhielt.

Minsk, Hauptstadt und kultureller Mittelpunkt der Weißruss. SSR, 916 000 Ew.; Universität, Akademie der Wissenschaften, Museen, Theater. Industrie: Maschinen-, Nahrungsmittel-, elektrotechn., Textil-, Leder-, Schuh-, Baustoffind. u. a. M. kam im 14. Jahrh. an Litauen, 1793 an Rußland.

M'instrel [engl.], vom 13.-16. Jahrh. in England der Sänger, Spielmann oder Gaukler im Dienst eines Adligen.

Minu'end [lat.] *der,* bei der Subtraktion die Zahl, von der abgezogen wird.

m'inus [lat.], △ weniger; Vorzeichen der negativen Zahlen, z. B. −3.

Min'uskel [lat.] *die,* **1)** Schriftart, die im Unterschied zu der →Majuskel nicht aus gleich hohen Buchstaben besteht, sondern Ober- und Unterlängen aufweist. Die karolingische M. wurde Mutterschrift der gesamten abendländ. Schriftfamilie. **2)** Kleinbuchstabe, z. B. a, b, c.

Minuss'insk, Stadt in Sibirien, am oberen Jenissej, 42 000 Ew.; in der Nähe Kohlenbergbau; Anschluß an die Sibir. Bahn.

Min'ute [lat.] *die,* **1)** Zeitrechnung: der 60. Teil der Stunde, Zeichen min oder [m]. **2)** Geometrie: der 60. Teil des Grades, genauer

Altgrades (**Alt-M.**), Zeichen ', oder der 100. Teil des Neugrades (**Neu-M.**), Zeichen ^c.

minuzi´ös [lat.], sorgsam, peinlich genau.

Minya Konka, Minya Gongkar, Berg in der Prov. Szetschuan, China, 7587 m hohe Granitpyramide; Erstbesteigung 1932.

M´inze die, die Lippenblütlergattung **Mentha,** aromat. Stauden mit violetten oder rötlichen Blütenquirlen. Die Blätter der **Pfefferminze** geben als **Pfefferminztee** blähungstreibende, schmerz- und krampflindernde Arznei. Das ätherische, mentholreiche **Pfefferminzöl** wird für erfrischende Süßigkeiten, Likör, Zahnpasten u. a. verwendet.

Mioz´än [grch.], das, Stufe des →Tertiär.

Miquel [mi´kɛl], Johannes von (1897), * 1828, † 1901, seit 1891 preuß. Finanzmin.

Miquelon [mikl´ɔ̃], französ. Insel bei Neufundland, →Saint-Pierre et Miquelon.

Mir [russ.] der, die russ. bäuerl. Gemeinde, als Körperschaft 1917 beseitigt.

Mirabeau [-b´o], Gabriel Graf von, * 1749, † 1791, war 1791 Präs. der französ. Nationalversammlung, erstrebte eine liberale Reform unter Erhaltung der Monarchie. Sein vorzeitiger Tod begünstigte die radikale Entwicklung der Französ. Revolution.

Mirab´elle [frz.] die, eine Pflaumenart.

Mir´abilis [lat.], die →Wunderblume.

Mirage [mir´a:ʒ, frz.] die, Luftspiegelung; Täuschung, Wahn.

Mir´akel [lat.] das, das Wunder. **Miracles** [frz. mir´akl, engl. m´irəkls] Mz., dramatisierte Heiligenlegenden.

Mir´andola, Pico della, Humanist, →Pico.

M´irasterne, veränderliche Sterne mit stark schwankenden Helligkeiten.

M´irat, Meerut [m´i:rʌt, engl.], Stadt in Uttar Pradesch, Indien, nordöstl. von Delhi, 244 800 Ew. Verarbeitung landwirtschaftl. Erzeugnisse (Weizen, Zuckerrohr, Baumwolle).

Mirbeau [-b´o], Octave, französ. Schriftsteller, * 1848, † 1917; Romane; Dramen.

Miró, Joan, * 1893, span. Maler surrealistisch-abstrakter Bilder; Gegenstandsandeutungen erinnern an Kinderzeichnungen. (Bild spanische Kunst)

Mirsapur, Mirzapur, Stadt in Uttar Pradesch, Indien, am Ganges, 100 100 Ew., Marktort, Lack-, Textilind., Messingverarbeitung.

Mirza Schaffy, Dichter, →Bodenstedt.

Misanthr´op [grch.] der, Menschenfeind.

misanthropisch, menschenfeindlich. **Misanthrop´ie** die, Menschenscheu, Menschenhaß.

Misburg, Stadt in Ndsachs., östl. von Hannover, 20 700 Ew., Hafen am Mittellandkanal, Zementind., Erdölraffinerien, chem. Ind., Betonwerk.

M´ischabel die, vergletscherte Zweigkette der Walliser Alpen in der Schweiz, im Dom 4545 m hoch.

Misch|ehe, 1) die Ehe zwischen Personen verschiedener Rasse. **2)** die Ehe zwischen Personen verschiedener Religion oder verschiedenen Bekenntnisses. Nach dem kath. Kirchenrecht bildet die Religionsverschiedenheit ein trennendes Ehehindernis; die trotzdem geschlossene Ehe ist ungültig. Bei Bekenntnisverschiedenheit (Katholiken und andere Christen) besteht ein aufschiebendes Ehehindernis, d. h. die Ehe ist unerlaubt, aber gültig. In beiden Fällen ist Dispens möglich. In der Bundesrep. Dtl. waren (1970) 32,7% aller Eheschließungen M. (im Dt. Reich 1910: 9,9%).

Mischkristalle, Mischungen reiner Kristallarten, deren analoge Ionen éinen nahezu gleich großen Raumbedarf haben und sich daher im Kristallgitter regellos (statistisch) verteilen.

Mischkultur, 1) eine aus mehreren Volks- und Rassenbestandteilen zusammengesetzte Kultur. **2)** der Anbau mehrerer Kulturpflanzen nebeneinander.

Mischlichtlampe, eine Gasentladungslampe, die eine Glühlampenwendel enthält; sie gibt tageslichtähnliches Licht.

Mischling, 1) Vererbungslehre: der →Ba-

stard. **2)** Völkerkunde: ein Mensch, dessen Eltern verschiedenen Rassen angehören, z. B. Mestize, Mulatte, Zambo.

Mischluftheber, eine Pumpe zur Förderung von verunreinigtem Wasser, bei der durch Düsen in ein Rohr eingeblasene Luft die Flüssigkeit mitführt.

M´ischna [hebr.] die, Teil des →Talmud.

Mischnik, Wolfgang, Politiker (FDP), * 1921, 1961-63 Bundes-Min. für Vertriebene, Flüchtlinge und Kriegsgeschädigte, 1967 Vors. der FDP-Bundestagsfraktion.

Mischp´oche, Mischpoke [jidd. aus hebr.] die, Familie, (unliebsame) Verwandtschaft, Gesindel.

Mischpult, 1) Elektroakustik: ein Schaltpult mit Lautstärkereglern und Meßgeräten zum Zusammenschalten mehrerer Mikrophone, Plattenspieler, Rundfunkgeräte u. ä. **2)** Fernsehen: ein elektr. Gerät zum störungsfreien Einblenden von Bildsignalen in eine Sendung.

Mischstufe, ((γ)) Stufe in Überlagerungsempfängern zur Umwandlung der Empfangsfrequenz in die Zwischenfrequenz (→Rundfunk).

Mischwald, Forst aus 2 oder mehr Holzarten (gemischter Bestand).

Mischzoll, ein nach Wert und Gewicht berechneter Zoll.

Misdroy [-drɔy], poln. **Międzyzdroje** [mjɛndzizdr´ɔjɛ], Ostseebad auf Wollin, (1939) 3900 Ew., seit 1945 unter poln. Verwaltung.

Mise [mi:z, frz.] die, die →Einmalprämie.

M´iselsucht, $ die Lepra (→Aussatz).

miser´abel [frz.], elend, sehr schlecht.

Mis´ere [frz.] die, Elend, Notlage.

Mis´ereor [lat. ‚mich erbarmt es'], 1959 gegründetes dt. Bischöfl. Werk gegen Hunger und Krankheit in der Welt. Es erhält seine Mittel durch das jährl. besondere Fastenopfer der dt. Katholiken.

Miser´ere [lat. ‚erbarme dich'], **1)** Anfangswort (in der Vulgata) des 51. (50.) Psalms; häufig vertont. **2)** $ das **Kotbrechen,** entsteht infolge Behinderung des Darmdurchgangs, z. B. bei Darmverschluß.

Miseric´ordia(s) D´omini [lat. ‚die Gnade des Herrn'], der zweite Sonntag nach Ostern.

Mises, Ludwig Edler von, österreichischamerikan. Volkswirt, * 1881, seit 1945 Prof. in New York; Vertreter der liberalen Wirtschaftskonzeption.

Mishima, Yukio, eigentl. **Hiraoka Kimitake,** japan. Schriftsteller, * 1925, † (Selbstmord) 1970, paradoxer Ästhet und radikaler Nationalist, schrieb Erzählungen, Romane, Dramen, Essays.

Misi´ones, Prov. in Argentinien, 29 801 km², 443 000 Ew. Hauptstadt: Posadas.

Miskolc [m´iʃkɔlts], Bezirkshauptstadt in Ungarn, am Sajó, 175 000 Ew.; got. Stephanskirche; Techn. Univ.; Maschinen-, Mühlen-, Eisen- und Konservenind.

miso... [grch.], Haß..., Feindschaft...

Misog´yn [grch.] der, Weiberfeind.

Mis´oxer Tal, →Val Mesocco.

M´ispel [lat.] die, ein Kernobstbäumchen mit weißen Blüten und zwiebelförmiger, braungrüner Apfelfrucht.

Miss [engl.] Mz.: Misses, Fräulein.

M´issa [lat.] die, die →Messe.

Miss´ale [lat.] das, das Meßbuch, enthält die bei der kath. Messe vorgeschriebenen Gebete, Lesungen, Gesangstexte.

M´issa sol´emnis [lat.], **1)** das frühere feierliche Hochamt. **2)** großangelegte mehrstimmige Komposition der Sätze eines Hochamtes, z. B. von Beethoven.

Mißbildung, $ 𝅘𝅥 ⊕ eine durch Entwicklungsstörung bedingte Abweichung von der regelrechten Bildung des gesamten Körpers oder seiner Teile. Leichtere Grade der M. werden auch als **Anomalie** oder **Deformität** bezeichnet.

Mißbrauch, der falsche Gebrauch eines Rechts, einer Sache oder Person, →Rechtsmißbrauch.

Mißhandlung, →Körperverletzung, →Tierschutz.

Mißheirat, französ. **Mésalliance** [mezalj´ãs], im älteren Recht die Ehe zwischen nicht standesgleichen Personen.

m´issing link [engl. ‚fehlendes Glied'], Schlagwort für die fehlende Übergangsform zwischen Menschenaffe und Mensch.

M´issingsch, M´essingisch [aus ‚Meißnisch'], die halbmundartliche hochdt. Sprache in Niederdeutschland.

M´issio can´onica [lat. ‚kirchliche Sendung'] die, die von der zuständigen Stelle der Kath. Kirche ausgesprochene Beauftragung mit einem kirchl. Amt.

Missi´on [lat., Auftrag; Sendung]. **1)** Personengruppe zur Erledigung besonderer Aufgaben im Ausland, z. B. Handels-, Militär-M. **2)** Christl. Bereich: **Äußere M.,** die Verkündigung des Evangeliums unter nichtchristl. Völkern. Die von der Hierarchie unabhängige Kath. M. untersteht direkt der **Missionskongregation,** der für die Ausbreitung des kath. Glaubens in nicht oder noch nicht völlig christl. Gebieten und für die Organisierung und Leitung des kath. Lebens in ihnen zuständigen Kurienkongregation (bis 1967 **Propagandakongregation**). Im evang. Bereich bestehen als freiwillige Körperschaften **Missionsgesellschaften,** die keiner Kirchenverwaltung eingeordnet sind. Diese und ihre Arbeit fördernde Organisationen sind im Dt. Evang. Kirchentag vereinigt, dessen Geschäfte der **Dt. Evang. M.-Rat** führt. Die M.-Räte der Länder sind im **Internat. M.-Rat** vertreten.

Geschichte. Die Ausbreitung des Christentums begann mit der Wanderpredigt der Apostel, bes. des Paulus; sie führte im Altertum zur Christianisierung des röm. Weltreichs, im MA. der german. und kelt. Völker. Die Missionierung der außereurop. Völker setzte mit dem Zeitalter der Entdeckungen ein, sie war zunächst nur von vorübergehendem Erfolg. Das 19. Jahrh. brachte einen neuen Aufstieg, der durch die beiden Weltkriege und die Unabhängigkeit früher von Kolonialmächten beherrschter Völker unterbrochen wurde. Heute wird die M. bes. nach ihrem Beitrag zum sozialen Wandel (Entwicklungshilfe) gefragt. Ferner →Diakonisches Werk.

Mission´ar, 1) Geistliche, Klosterleute, Prediger, die in der äußeren Mission tätig sind. **2) Stadt-M.,** ein Berufsarbeiter des Diakonischen Werkes.

Missionsgesellschaften, →Mission.

Mississ´ippi [indian. ‚Vater der Gewässer'], **1)** größter Strom Nordamerikas, mit dem Missouri 6420 km lang, entwässert den größten Teil des Gebiets zwischen Kordilleren und Appalachen, kommt vom Itascasee und mündet in den Golf von Mexiko. (Bild Vereinigte Staaten u. S. 819)

2) Abk. **Miss.,** südöstl. Mittelstaat der USA, 123 584 km², 2,217 Mill. Ew., davon 42% Neger und Mulatten. Hauptstadt: Jackson. Anbau von Baumwolle, Mais, Sojabohnen, Gemüse, Tungnußbaum; Rinderzucht; Erdöl-, Erdgas-, Salzlagerstätten. Holz-, Papier-, Nahrungsmittel-, Textil-, chem. Ind. - M. wurde 1817 der 20. Staat der Union. Im Sezessionskrieg gehörte es zu den Südstaaten.

Missol´unghi, italien. für →Mesolongion.

Missoula [mis´u:lə], Stadt in Montana, USA, 29 500 Ew., Staatsuniversität.

Missouri [miz´uəri, indian. ‚Schlammfluß'], **1)** Strom in den USA, Nebenfluß des Mississippi, mit ihm zusammen 6420 km lang, entsteht aus 3 Quellflüssen in Montana, mündet bei St. Louis. Am Oberlauf Stauwerke.

2) Abk. **Mo.,** nordwestl. Mittelstaat der USA, 180 487 km², 4,677 Mill. Ew. Hauptstadt: Jefferson City. Anbau von Sojabohnen, Mais, Baumwolle; Viehzucht; Bergbau: Blei, Zink, Kohle; Fahrzeugbau, Nahrungsmittel-, Textil-, chem. Ind., Maschinen-, Motorenbau, Holzfabrikation.

Mißtrauensvotum, ein Mehrheitsbeschluß des Parlaments, der der Regierung, dem Regierungschef oder einem Minister das Vertrauen entzieht und damit den Rücktritt erzwingt. In der Bundesrep. Dtl. ist nur das **konstruktive M.** gegenüber dem Bundeskanzler vorgesehen (Art. 67 GG), d. h. Abwahl des alten durch Neuwahl eines neuen Bundeskanzlers.

Mißweisung, erdmagnet. Deklination.

Mistbeet, aus Pferdemist, Laub, Gerberlohe geschichtetes, glasüberdachtes **Frühbeet** für Gemüse, Blumenpflanzen u. ä.

Mistel die, ein Strauch, Halbschmarotzer auf verschiedenen Bäumen, z. B. **Weiße M.** Die M. hat ledrige, überwinternde Blätter, zweihäusige grünliche Blüten und weiße Beeren mit klebrigem Saft; sie liefert eine blutdrucksenkende Arznei.

Mistelflugzeug, ein von einem Mutterflugzeug getragenes Tochterflugzeug.

M'ister [engl.], Abk. **Mr.,** Herr.

Mist'erien, Myst'erien [grch. ‚Geheimnisse'], geistl. Schauspiele des MA.

Mistinguett [mistɛ̆ˈɛt], **La M.,** eigentl. Jeanne-Marie **Bourgeois,** französ. Varietékünstlerin, * 1873, † 1956.

Mistkäfer, Blatthornkäfer mit plumpem Körper und grabtüchtigen Beinen. Sie leben vom Mist der Pflanzenfresser, formen daraus Ballen und legen sie als Larvennahrung in unterirds. Brutbauten.

Mistr'al [frz.] der, kalter, trockener Nordwind in Südfrankreich (bes. Rhônedelta).

Mistr'al, 1) Frédéric, * 1830, † 1914, der bedeutendste Dichter der provenzal. Wiedererweckungsbewegung (→Felibre); Versdichtungen (Epos ‚Mirèio', 1859) und Erzählungen. Nobelpreis 1904.
2) Gabriela, eigentl. Lucila Godoy **Alcayaga,** chilen. Dichterin, * 1889, † 1957, Lehrerin, später im diplomat. Dienst. Nobelpreis 1945.

Mistress [m'istris, engl.], Herrin, Meisterin, Lehrerin; Mätresse; als Anrede vor dem Namen:→Mrs.

Misur'ata, auch **Misr'ata,** Stadt in Libyen, am Mittelmeer, 37 000 Ew.; Handelsmittelpunkt.

Misz'ellen, Miszellan'een [lat.], Schriften oder Aufsätze vermischten Inhalts, Vermischtes.

M'itau, lett. **J'elgava,** Stadt in der Lett. SSR, 51 000 Ew., Hafen an der Kurländ. Aa, Zucker-, Leinen-, Leder-, Maschinenind. 1562-1795 Residenz der Herzöge von Kurland, bis 1918 Hauptstadt des russ. Gouvernements Kurland.

Mitbestimmung, die Beteiligung der Arbeitnehmer bes. an den sozialen (betriebl. Arbeitsverhältnisse und Einrichtungen, Verhalten der Arbeitnehmer), personellen (Einstellung, Entlassung, Versetzung) sowie an den wirtschaftl. Entscheidungen (als Mitwirkung). In der Bundesrep. Dtl. durch das →Betriebsverfassungsgesetz, das →Mitbestimmungsgesetz Bergbau und Eisen und das Personalvertretungsgesetz (→Personalvertretung) geregelt.

Mitbestimmungsgesetz Bergbau und Ei-

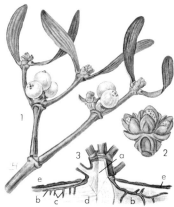

Mistel: 1 *Zweig mit weibl. Blüten und Früchten.* 2 *Männl. Blütenköpfchen.* 3 *Stamm der Mistel (a) auf dem Ast der Wirtspflanze (d) mit Fortsätzen (b) unter dessen Rinde (e) und Senkern (c); (im Teilschnitt)*

sen, das Ges. v. 21. 5. 1951, i. d. F. v. 6. 9. 1965 und das Mitbestimmungs-Ergänzungsges. v. 7. 8. 1956, i. d. F. v. 27. 4. 1967. Es regelt in den Unternehmen der Kohlen- und Eisenerzförderung und der Eisen- und Stahlerzeugung, die als AG., GmbH. oder bergrechtl. Gewerkschaft betrieben werden und mehr als 1000 Arbeitnehmer beschäftigen, die Vertretung der Arbeitnehmer in Aufsichtsrat und Vorstand. Der Aufsichtsrat besteht aus 11, 15 oder 21 Mitgl., die zugleichen Teilen Vertreter der Anteilseigner und der Arbeitnehmer sind, dazu ein unabhängiges Mitgl. Für den Vorstand ist als gleichberechtigtes Mitglied ein Arbeitsdirektor zu bestellen.

Mitchell [m'itʃəl], Margaret, amerikan. Schriftstellerin, * 1900, † 1949; Roman aus dem amerikan. Bürgerkrieg ‚Vom Winde verweht' (1936), verfilmt.

Miteigentum, 1) die Beteiligung der Arbeitnehmer am Kapital des Unternehmens, z. B. durch Belegschaftsaktien. 2) das gemeinsame Eigentum mehrerer Personen an einer Sache.

Miterbe, ♪♪ ein Erbe, der mit anderen Personen den Erblasser beerbt. Die M. bilden die **Erbengemeinschaft** (§§ 2032 ff. BGB.).

Mitesser, Komed'onen Mz., ♃ Pfröpfe aus abgestoßenen Hornlamellen und Talg, die sich in Haarbälgen bilden und diese verstopfen; sie lassen sich ausdrücken.

Mitgift die, das Vermögen, das der Frau von den Eltern in die Ehe mitgegeben wird (→Aussteuer).

mithelfende Familienangehörige, Ange-

hörige, die im Betrieb eines Familienmitgliedes tätig sind, ohne hierfür Lohn oder Gehalt zu erhalten.

M'ithra [iran.], altind. **Mitra,** griechischlatein. **Mithras,** arischer Lichtgott, Spender von Fruchtbarkeit, Frieden und Sieg, im Zoroasterglauben zeitweilig von Ahura Masda zurückgedrängt. Sein myst. Kult verbreitete sich von Persien über Kleinasien, Griechenland und Rom bis nach Germanien und Britannien.

Mithrid'ates VI., König von Pontos, mit dem Beinamen Eupator, * um 132, † 63 v. Chr., dehnte seine Herrschaft über die Nord- und Ostküste des Schwarzen Meeres aus, bis Rom einschritt. Es kam zu den drei **Mithridatischen Kriegen** (89-64 v. Chr.), in denen M. nach wechselnden Erfolgen zuletzt von Lucullus geschlagen wurde.

M'itla, Ruinenstätte im mexikan. Staat Oaxaca, zunächst Residenz der Zapoteken, seit 1300 bis zur span. Eroberung Residenz und Grabesstätte der Mixteken.

Mitläufer, →Entnazifizierung.

Mitlaut, Konson'ant, Geräuschlaut, der keine Silbe bildet, z. B. k, g, s.

Mito, Provinzhauptstadt in Japan, auf der Insel Honshu, 167 000 Ew.

Mitoch'ondrien, Chondrios'omen [grch.], faden- oder körnchenförmige Zellbestandteile. Sie enthalten Enzyme des Energiestoffwechsels und heißen daher auch ‚Kraftwerk der Zelle'.

Mit'ose [grch.] die, eine Form der →Kernteilung der Zelle.

M'itra [grch.] die, 1) Kath. Kirche: Bischofsmütze. 2) bei den Griechen Metallgurt unterhalb des Panzers zum Schutz des Unterleibs, später Frauenkopfbinde, auch bei den Römerinnen. 3) mützenartige Kopfbedeckung der altorientalischen Herrscher.

Mitrailleuse [mitrajˈøːz, frz. ‚Kugelspritze'] die, 1) mit der Hand anzukurbelnde Schußwaffe aus einem Bündel von Gewehrläufen, von den Franzosen im Krieg 1870/71 eingesetzt. 2) heute französ. für Maschinengewehr.

mitr'al [lat.], 1) einer →Mitra ähnlich. 2) ♥ die linke Segelklappe **(Mitralklappe)** des Herzens betreffend.

Mitraschnecken, tropische Meerschnecken mit porzellanartiger Turmschale, die einer Bischofsmütze (Mitra) ähnelt.

Mitr'opa, Kurzwort für **Mitteleuropäische Schlafwagen- und Speisew AG.,** 1917 gegr.; in der Bundesrep. Dtl. seit 1950: Deutsche Schlafwagen- und Speisewagen GmbH. (DSG); in der Dt. Dem. Rep. besteht das Unternehmen mit der alten Bezeichnung.

Mitr'opoulos [-pulos], Dimitrios, griech. Dirigent, * 1896, † 1960.

M'itscherlich, 1) Alexander, Chemiker, * 1836, † 1918, Erfinder der Zellstoffgewinnung aus Holz.
2) Alexander, Arzt und Psychologe, * 1908, seit 1967 Prof. in Frankfurt und Leiter des Sigmund-Freud-Instituts ebd., trat auch mit Beiträgen zur Friedensforschung und Kulturanthropologie hervor, 1969 Friedenspreis des Dt. Buchhandels. ‚Auf dem Wege zur vaterlosen Gesellschaft' (1963), ‚Die Unfähigkeit zu trauern' (1967) u. a.

Mitsch'urin, Iwan Wladimirowitsch, russ. Botaniker, * 1855, † 1935, schuf neue Obstsorten und ermöglichte die Obstbaumkultur in nördl. Gebieten; auf ihn stützt sich die Vererbungslehre Lyssenkos.

Mitsch'urinsk, bis 1952 **Koslow,** Stadt im Gebiet Tambow, Russ. SFSR, 93 000 Ew.; Nahrungsmittel-, Textilindustrie.

Mitsubishi-Konzern [mitsubiʃi-], größter japan. Ind.- und Finanzkonzern, der Unternehmen des Großhandels, der Versicherungs- und Bankenwirtschaft, der Elektrotechnik, Automobil-, Flugzeug- und Schiffsbauindustrie sowie des Industrieanlagenbaus umfaßt. 1893 gegr. Konzernumsatz: rd. 9 Mrd. US-$; Beschäftigte: rd. 300 000 (1970).

Mitsui-Konzern, einer der größten japan.

Mississippi bei Lansing, Iowa

819

links: Miniatur aus einer Bilderhandschrift (Borgia-Codex) der Mixteken, 14.-16. Jahrh. (Rom, Vatikan. Bibliothek); oben rechts: der Regengott Tlaloc, aus einem Wandgemälde in Teotihuacán, Mexiko; unten Mitte: polychrome Tonvase, Guatemala; unten rechts: Tongefäß in Form eines mythischen Tieres, Nicoya, Nicaragua

Konzerne, der 30 Unternehmen der Banken- und Versicherungswirtschaft, des Großhandels sowie der eisen- und stahlverarbeitenden Industrie umfaßt. Konzernumsatz: rd. 6 Mrd. US-$ (1970).

Mitsunaga, Familienname **Tokiwa,** japan. Maler des späten 12. Jahrh., schilderte in 60 Bildrollen das Leben am Kaiserhof (z. T. durch Kopien bekannt).

Mittag, der Zeitpunkt des Durchgangs der Sonnenmitte durch den Meridian eines Ortes.

Mittagsblume, die Gattung Mesembrianthemum; die Blätter sind gegen Austrocknen durch wassergefüllte Zellauswüchse geschützt (z. B. **Eiskraut**), blumenblattähnl. Staubblätter hat die Zaserblume.

Mittagsbreite, die geographische Breite des Beobachtungsortes.

Mittagshöhe, die größte Höhe der Gestirne beim Durchgang durch den Ortsmeridian.

Mittagslinie, der →Meridian.

Mittagspunkt, →Meridian.

Mittäterschaft, ♊ die gemeinschaftliche Begehung einer strafbaren Handlung. Jeder einzelne muß die Tat als eigene wollen. Die Mittäter werden als Täter bestraft (§ 47 StGB.); in Österreich und der Schweiz entsprechend.

Mitteis, Heinrich, Jurist, * 1889, † 1952, Prof. u. a. in Heidelberg und München.

Mittel *das,* Mittelwert, Durchschnitt; das **arithmetische M.** mehrerer Zahlen ist ihre Summe, geteilt durch ihre Anzahl, z. B. $(5+7+15):3=9$. Das **geometrische M.** zweier Zahlen m und n ist die Wurzel $\sqrt{m \cdot n}$, z. B. $\sqrt{3 \cdot 12}=6$.

Mittelalter, der Zeitabschnitt zwischen

Altertum und Neuzeit, bes. in der Geschichte des christl. Abendlandes; als Beginn rechnet man meist die Völkerwanderung oder das Ende des weström. Reichs (476), als Ende die Entdeckung Amerikas (1492) oder den Beginn der Reformation (1517). Teilabschnitte: Früh-, Hoch- und Spät-M. Die Anwendbarkeit des Begriffs M. für die Periodisierung der Weltgeschichte ist fragwürdig.

Mittelamerika, die drei großen Landschaftsräume zwischen Nord- und Südamerika: Mexiko, die mittelamerikan. Landbrücke (→Zentralamerika) und die Inseln des amerikan. Mittelmeers (→Westindien). Übersicht S. 821.

mittelamerikanische Kulturen, die Kulturen der indian. Völker Mittelamerikas vor der span. Eroberung. Beginn im Hochtal von Mexiko um 1500 v. Chr., Höhepunkt (klassische Zeit) um 200 v. Chr. bis 900 n. Chr., nachklass. Zeit seit 900. Ihre wichtigsten Träger waren Maya, Tolteken, Mixteken, Zapoteken, Azteken. Den m. K. waren Eisen, Glas, Räder, Wagen, Zugtiere, Pflug und Töpferscheibe unbekannt. Alle waren stark von religiösen Kulten durchdrungen. Höhepunkte der weit verbreiteten keramischen Kunst: Figurenurnen der Zapoteken; der Metallbearbeitung (erst seit dem 10. Jahrh.): Goldarbeiten der Mixteken; der Bildhauerkunst: Kolossalköpfe der La-Venta-Kultur, Reliefs und Stelen der Maya. Steinbauwerke gab es erst seit der klass. Zeit: mit Tempeln gekrönte Stufenpyramiden, Paläste, Observatorien u. a., bes. der Maya. Malerei ist erhalten in Fresken und auf Keramik-Gefäßen sowie in Bilder-Handschriften (bes.

der Mixteken). Bedeutende Zentren der m. K.: Teotihuacán, Tollan, Monte Albán, Chichen Itzá u. a.

mittelbare Täterschaft, ♊ die Begehung einer strafbaren Handlung durch einen Dritten als ,Werkzeug'. Der mittelbare Täter wird als Täter bestraft.

Mitteldeutschland, der mittlere Abschnitt der dt. Mittelgebirgsschwelle, die natürl. Großlandschaft mit dem sächsischböhm. Gebirgswall im SO, dem Lausitzer Bergland im O, Fläming im NO, Oberharz im NW, Frankenwald und Thüringer Wald im SW. - Politisch wird mitunter als M. das gesamte Gebiet der Dt. Dem. Rep. bezeichnet.

Mitteleuropa, der mittlere Teil Europas, zwischen ozean. West- und dem kontinentalen Osteuropa, den Mittelmeerländern im S und den skandinav. Ländern im N. Im S ist M. im wesentlichen durch die Alpen begrenzt, im N durch Nord- und Ostsee; im W und O fehlen natürl. Grenzen. Gewöhnlich versteht man unter M. die Stromgebiete von der Schelde bis zur Weichsel und das Stromgebiet der Donau bis zur Mährischen Pforte. - Über die Vor- und Frühgeschichte M.s vgl. Übersicht S. 822.

Mitteleuropäische Schlafwagen- und Speisewagen AG., →Mitropa.

Mitteleuropäisches Reisebüro GmbH., MER, →Deutsches Reisebüro (DER).

Mitteleuropäische Zeit, MEZ, →Zeit.

Mittelfell, die häutige Wandung des **Mittelfellraums (Mediastinum),** der Herz und Thymus umschließt, von Luft- und Speiseröhre, Blut- und Lymphgefäßen, Nerven durchzogen wird.

Mittelfranken, Regierungsbezirk in Bayern, 7624 km², 1,497 Mill. Ew.; Hauptstadt: Ansbach. M. wird nach dem Ges. vom 27. 12. 1971 neu gegliedert in die kreisfreien Städte Ansbach, Erlangen, Fürth, Nürnberg, Schwabach und die Landkreise Ansbach, Erlangen, Fürth, Lauf a. d. Pegnitz, Neustadt a. d. Aisch, Roth b. Nürnberg und Weißenburg i. Bay.

Mittelfrequenz, Abk. **MF,** Frequenz von 100 bis 300 000 Hz, Wellenlänge von $3 \cdot 10^6$ bis 10^3 m.

mittelfristige Finanzplanung, Planung von Einnahmen und Ausgaben des Staates, die als Ergänzung der jährl. Budgets für einen längeren Zeitraum aufgestellt und jährlich den neuen Gegebenheiten angepaßt wird.

Mittelgebirge, durch geringere Höhe und einen eigenen Formenschatz vom Hochgebirge unterschiedene Gebirge, in den gemäßigten Breiten bis 2000 m hoch, in tropischen Bereichen auch höher; leichtgewellte Hochflächen, rundliche Berge, mäßig steile Hänge, reichhaltige Schuttdecke; nur selten treten glaziale Formen auf, z. B. der Schluchsee im Schwarzwald.

Mittelgewicht, ⚖ →Gewichtsklassen.

mittelhochdeutsch, Abk. **mhd.,** die Sprache der hochdeutschen Sprachdenkmäler des 12.-14. Jahrh.

Mittel|instanz, ♊ die staatlichen Verwaltungsbehörden zwischen Staatsregierung und unterer Verwaltungsstufe (→Regierungsbezirk).

Mittelkurs, das Mittel zwischen Geld- und Briefkurs für Devisen und ausländische Banknoten.

Mittellandkanal, Binnenschiffahrtsweg für 1000-t-Schiffe, vom Dortmund-Ems-Ka-

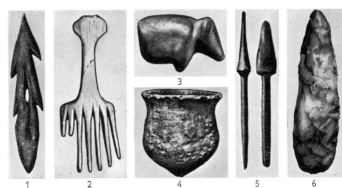

Mittelsteinzeit: **1** *Harpunenspitze aus Hirschgeweih, 10 cm lang (Le Mas-d'Azil, Frankreich).* **2** *Kamm aus Knochen, 8,7 cm lang (Dänemark).* **3** *Tierfigur aus Bernstein, 6,8 cm lang (Dänemark).* **4** *Spitzbecher aus Ton, 22,5 cm hoch (Dänemark).* **5** *Pfeilspitzen aus Knochen, 10 und 9 cm lang (Estland).* **6** *Kernbeil aus Feuerstein, etwa 17 cm lang (Schleswig-Holstein)*

nal (Verbindung zum Rhein) bis zur Elbe bei Magdeburg (über Ihle- und Plauer Kanal Verbindung nach Berlin), 325 km lang.

mittellateinische Literatur, die latein. Lit. des europ. MA. (etwa 500-1500). Die m. L. ist vor allem theolog. Lit., histor. Schrifttum, Brieflit., christl. Hymnik.

Mittelmächte, im 1. Weltkrieg das Deutsche Reich und Österreich-Ungarn, dann auch Bulgarien und die Türkei.

Mittelmeer, das 3,02 Mill. km² große Nebenmeer des Atlant. Ozeans, zwischen Südeuropa, Vorderasien und Nordafrika. Zu ihm gehören die Randmeere: Adriat., Ägäisches, Marmara-, Schwarzes Meer. Es hat ein westl. Hauptbecken (Tyrrhen. und Algerisch-Provençal. Becken) und ein östl. (Ionisches und Levantin. Becken). Dardanellen, Marmarameer und Bosporus führen zum Schwarzen Meer, die Straße von Gibraltar zum Atlant. Ozean, der Suezkanal stellt die Verbindung zum Roten Meer und zum Indischen Ozean her. Im westl. Teil ist das M. bis 4389 m, im östl. bis 5121 m tief. - Das Klima im M.-Gebiet ist so bezeichnend, daß es einen auch anderswo zu findenden eigenen Typus bildet: **Mittelmeer-** oder **Etesienklima** (Winterregen und Sommertrockenheit bei Jahresmitteln von 13-22° C). - Wirtschaftlich ist das M. als Verkehrsträger und Fischereigebiet wertvoll: u. a. Thunfisch, Sardine, Anchovis, Languste, Tintenfisch, ferner Schwämme.

Mittelmeere, große Teile (Nebenmeere) der Ozeane zwischen den Erdteilen (Amerikan., Arkt., Australasiat., Europäisches Mittelmeer).

Mittelmeerraum, zusammenfassender Name für das Europ. Mittelmeer und die das Mittelmeer umgebenden Länder Europas, Asiens und Afrikas **(Mittelmeerländer),** im eigentlichen Sinn nur die vom Mittelmeerklima beherrschten Küstenländer.

Vorgeschichte. Altsteinzeitl. Kulturen sind im westl. M. häufiger als im östlichen. Der beginnenden Mittelsteinzeit gehören die Felsbilder O-Spaniens an; ihnen entsprechen solche in N-Afrika. Jungsteinzeitl. Kulturen gehen von Vorderasien über Nordafrika u. nach Europa. Hier werden in scharfprofilierter Keramik Kupfer-, Gold- und Silbergefäße nachge-

ahmt. Die späte Jungsteinzeit ist im östl. M. eine Übergangsstufe zu den Reichsbildungen der frühen Bronzezeit (Ägypten) und den Stadtkulturen (Troja, Knossos). Die Seevölker vernichteten bis auf Ägypten alle Anrainerstaaten des östl. M. Im Gefolge der Dorischen Wanderung bildete sich →griech. Kultur. In Italien folgte auf die eisenzeitl. Villanovakultur die →etruskische Kultur.

Mittelohrentzündung, ♪ Entzündung der Schleimhaut des Mittelohres mit Eiterbildung, meist durch Verschleppung von Keimen vom Nasenrachenraum her durch die Ohrtrompete (→Ohr). M. beginnt mit klopfenden Schmerzen, Fieber und Schwerhörigkeit. Bricht der Eiter durch das Trommelfell oder wird dieses durchstochen (Parazentese), so gehen Fieber und Schmerzen zurück.

Mittelpunkt, →Kreis, →Kugel.

Mittelpunktschulen fassen viele kleine Landschulen (oder deren Oberstufen) zusammen **(Sprengel-, Zentralschulen).**

Mittelschule, →Realschule.

Mittelschullehrer, →Lehrer.

Mittelschwergewicht, eine Gewichtsklasse im Gewichtheben (bis 90 kg).

Mittelspannung, ♪ Spannung zwischen 5 und 25 kV.

Mittelstand, alle sozialen Gruppen einer Industriegesellschaft, die weder Eigentümer oder Leiter größerer Unternehmen, Großgrundbesitzer oder führende Politiker (Oberschicht) einerseits, noch Lohnarbeiter (Unterschicht) andererseits sind.

Mittelstandskredit, dem gewerbl. Mittelstand gewährte Kredite, bes. durch Sparkassen, Kreditgenossenschaften.

Mittelsteinzeit, Mesol'ithikum, die Übergangszeit zwischen Alt- und Jungsteinzeit (etwa 10 000-3000 v. Chr.). Sie setzt ein mit der Umgestaltung der z. T. ungefügen Werkzeuge der Altsteinzeit zu kleineren Geräten (Mikrolithen). An ihrem Ende treten Getreidebau und Töpferei auf, die Domestizierung des Hundes beginnt.

Mittelstreckenlauf, Leichtathletik: Sammelbez. für die Strecken von 800 m bis 3000 m.

Mittelwald, Hochwald und Niederwald auf derselben Fläche. (Bild Forstwirtschaft)

Mittelamerika, staatliche Gliederung

I. Selbständige Staaten	Fläche in 1000 km²	Ew.[1] in 1000
Barbados	0,4	254
Costa Rica	50,9	1 695
Dominikan. Rep.	48,4	4 325
El Salvador	21,4	3 534
Guatemala	108,9	5 014
Haiti	27,7	4 867
Honduras	112,1	2 582
Jamaika	11,0	1 972
Kuba	114,5	8 553
Mexiko	1972,5	48 377
Nicaragua	148,0	1 984
Panama	75,6	1 425
Trinidad und Tobago	5,1	1 040

II. Abhängige Gebiete		
Großbritannien:		
Bahama-Inseln	11,4	169
Bermuda-Inseln	0,1	52
Britisch-Honduras	23,0	120
Caymans-Inseln	0,3	12
Montserrat	0,1	15
Turks- und Caicos-Inseln	0,4	6
Jungferninseln	0,2	9
Westind. Assoz. Staaten	2,9	500
Frankreich:		
Guadeloupe	1,8	323
Martinique	1,1	332
Niederlande:		
Niederländ. Antillen	1	218
Verein. Staaten:		
Panamakanalzone	1,4	57
Puerto Rico	8,9	2 690
Jungferninseln	0,3	60

[1] 1969/70

Mittellandkanal

Mitteleuropa: Vor- und Frühgeschichte

Hauptstufen	Unterstufen	Zeit v. Chr.	Kennzeichnende Klimazüge	Grabformen	Bevölkerung
Eisenzeit	Latènezeit	0	kühl-gemäßigt-feucht (subatlantisch)	Skelettgräber und Urnengräber	Germanen und Kelten
	Hallstattzeit	500		Urnengräber unter Hügeln oder in der Erde, am Anfang und Ende auch Skelettgräber	In Norddeutschland Germanen, in Nordostdeutschland baltische Völker, in Ost- und Mitteldeutschland Illyrer(?), in Süd- und Westdeutschland Kelten(?)
Bronzezeit		800	z. T. wärmer als jetzt; anfangs noch mild-feucht (atlantisch), später mild-trocken (subboreal)		
	Jüng. Bronzezeit (Periode IV-V)	1100			
	Mittl. Bronzezeit (Periode II-III)	1600			
	Frühe Bronzezeit (Periode I)			Skelettgräber unter Hügeln oder in der Erde	
	Jungsteinzeit (Neolithikum)	1800		Leichenbestattung; im Norden Riesensteingräber, Mitte und Süden Hügel- und Flachgräber	Indogermanen und nicht-indogermanische Völker
Steinzeit * — Altsteinzeit (Paläolithikum)	Mittelsteinzeit (Mesolithikum)	3000	wärmer als jetzt; anfangs warmtrocken, später mild-feucht	Bestattung, z. T. in Höhlen	Homo sapiens (Cro-Magnon- und Aurignac-Mensch)
	Späteiszeit	10 000	sehr kalt - gemäßigt kalt		Neandertal-Mensch
	IV. oder Würm-Eiszeit	20 000	kälter als heute		
	3. Zwischeneiszeit	50 000	etwa heutiges Klima		
	III. oder Riß-Eiszeit	100 000	wesentlich kälter als heute		Menschen vom Typ Mauer-Steinheim
	2. Zwischeneiszeit	200 000	z. T. wärmer als heute		
	II. oder Mindel-Eiszeit	300 000	wesentlich kälter als heute		Feuerstein-Kulturen, bisher ohne Menschenfunde
	1. Zwischeneiszeit	400 000	etwa heutiges Klima, z. T. wärmer		
	I. oder Günz-Eiszeit	500 000 / 600 000	wesentlich kälter als heute		

* Die Zeitangaben werden um so unsicherer, je länger sie zurückreichen. Neueste Forschungen setzen das Auftreten des Menschen vor rd. 2 Mill. Jahren an.

Mittelwellen, →Wellenbereich.

Mittelwort, latein. **Partiz'ipium,** Beiform des Zeitworts, z. B. kommend (M. der Gegenwart), gekommen (M. der Vergangenheit).

Mittenwald, Markt in Oberbayern, Luftkurort und Wintersportplatz am Karwendel, 913 m ü. M., 8900 Ew.; Streich-, Zupfinstrumentenbau, Fachschule für Geigenbau, Geigenmuseum; barocke Pfarrkirche.

Mitterer, Erika, österreich. Schriftstellerin, * 1906; Gedichte, Erzählungen, Romane.

Mitternacht, 1) Zeitpunkt, an dem die Sonnenmitte zum 2. Mal durch den Meridian geht, 12 Uhr nachts (24 Uhr). **2)** allgem. auch für Norden.

Mitternachtsmission, Zweig des Diakon. Werkes, bemüht um sittl. Gefährdete.

Mitternachtssonne, die Erscheinung, daß die Sonne in den Polargebieten im jeweiligen Sommer auch um Mitternacht über dem Horizont bleibt.

Mitterwurzer, Friedrich, dt. Schauspieler, * 1844, † 1897.

mittlere Reife, Abschlußzeugnis der Realschule, auch die Obersekundareife einer höheren Schule und mancher Fach- oder Berufsfachschulen.

Mittlerer Osten, Bez. für den östl. Teil der islam. Welt. Im Unterschied zu Nahem Osten (ehem. Osman. Reich) und Fernem

Osten (Hinterindien, China, Japan) auch Iran, Afghanistan und Vorderindien.

Mittsommerfest, Johannisfest, Sommersonnenwende.

Mittweida, Stadt im Bez. Karl-Marx-Stadt, an der Zschopau, 19 600 Ew.; Ingenieurschule; Spinnereien, Tuchfabriken, Webereien, Werkzeugmaschinen-, Metallind.

Mitverschulden, ⚖ →Verschulden.

Mitversicherung, die Versicherung eines Risikos bei mehreren Versicherern.

Mitwirkung, nach dem Betriebsverfassungsgesetz die Mitspracherechte der Belegschaftsvertreter; M. ist schwächer als die →Mitbestimmung.

Mixed Pickles [mikst piklz, engl.] *Mz.,* junges Gemüse in Essig.

mixen [engl.], Getränke mischen, bes. an der Bar. **Mixer,** der Getränkemischer.

Mixt'eken [mis-], Indianerstamm im Staat Oaxaca, Mexiko, rd. 35 000 Menschen. Die M. hatten in vorspan. Zeit eine bedeutende Kultur (Goldschmuck, Bilderhandschriften, →Mitla, →Monte Albán).

M'ixtum comp'ositum [lat.] *das,* Mischmasch, Durcheinander.

Mixt'ur [lat.] *die,* **1)** eine flüssige Arznei, die aus mehreren Arzneimitteln bereitet wird. **2)** Orgel: Register mit gemischten Stimmen (z. B. Grundton, Oktave, Quinte).

Miz'ellen, Zusammenlagerungen von langgestreckten großen Molekülen in ge-

ordneter Form (z. B. in Bündeln von Fadenmolekülen). Ähnliche Zusammenlagerungen spielen beim Feinbau organ. Strukturen, bes. der Zellwände, eine Rolle.

Mj'ölnir, nord. Mythologie: Hammer des Thor, der zauberische Bedeutung und Kräfte hat.

Mjösa [mj'ø:sa], **Mjösen,** größter See Norwegens, 366 km², nördl. von Oslo.

mkg, Abk. für Meterkilogramm, →Meterkilopond.

mkp, Abk. für →Meterkilopond.

MKS-System, das Meter-Kilogramm-Sekunden-System, das System der Maßeinheiten des physikal. Maßsystems der Mechanik, 1954 für die gesamte Physik erweitert, 1960 umbenannt in **Internationales Einheitensystem.**

ml, Abk. für Milliliter (1 cm³).

MLF, Multilateral Force [engl.], multilaterale (von mehreren Mächten unterhaltene) Atomstreitmacht; zwischen 1960 und 1964 geplant, nicht verwirklicht.

Mlle., Abk. für →Mademoiselle.

mm, Zeichen für Millimeter.

MM., Abk. für →Messieurs.

Mme., Abk. für →Madame.

Mn, chem. Zeichen für Mangan.

Mňačko [mnj'at{ko], Ladislav, slowak. Schriftsteller, * 1919. Romane: ‚Der Tod heißt Engelchen' (1959), ‚Wie die Macht schmeckt' (1966).

1 Truhe mit Eisenbeschlägen, Schweden, 13. Jahrh. (Stockholm, Hist. Museum). 2 Stuhl, Frankreich, 16. Jahrh. (ehem. Wien, Slg. Figdor). 3 Pfeilerkommode, Potsdam, um 1760 (Ansbach, Schloß). 4 Bank, Deutschland, Anfang d. 19. Jahrh. (Stuttgart, Landesgewerbemuseum). 5 Liege (Entwurf: L. Mies van der Rohe)

Mn'eme [grch.] *die,* das Gedächtnis.

Mnemos'yne, griech. Mythos: die Göttin des Gedächtnisses, Mutter der →Musen.

Mnemot'echnik, die Gedächtniskunst. Als Lern- und Merkhilfen werden Merkverse u. ä. benutzt.

Mo, chem. Zeichen für Molybdän.

Moab'iter, im A. T. ein Volk östl. des Toten Meeres.

M'oas [Maori] *Mz., Ez.* Moa *der,* ausgestorbene Familie der Straußvögel. Sie bewohnten Neuseeland und wurden von den um 1350 eingewanderten Maoris ausgerottet, die letzten vielleicht erst im 19. Jahrh.

Mob [engl.] *der,* Pöbel, Gesindel.

Möbel. Kasten-M. sind Truhen, Schränke, Kommoden; **Tafel-M.** Tische und Pulte; **Sitz-** und **Liege-M.** sind Bänke, Stühle, Betten u. a. - Holz-M. des 2. Jahrtausends v. Chr. wurden in Ägypten gefunden. Aus röm. Zeit sind Bronze- und Stein-, auch Holz- und Korb-M. bekannt. Im Mittelalter war das wichtigste Kasten-M. die Truhe. Im 15. Jahrh. kamen aus Rahmenwerk und Füllung gearbeitete M. auf; mit reichen Schnitzereien (Maßwerk, Faltwerk) wurden bes. die Schränke verziert. Klar und harmonisch gestaltet waren die M. der Renaissance (in Italien mit Intarsia als Flächendekoration), wuchtig und überreich geschmückt die M. des Barocks (Louisquatorze; führender Kunstschreiner: Boulle; in Deutschland: Dielenschränke der Hansestädte). Das Rokoko liebte spielerisch leichte Formen, bes. in Frankreich (Louis-quinze); in England bevorzugte man einen schlichteren Stil (Chippendale, Sheraton u. a.). In der 2. Hälfte des 18. Jahrh. wandte man sich wieder geradlinigen, einfacheren Formen zu, im Empire in Anlehnung an antike Vorbilder. Das 19. Jahrh. brachte im Biedermeier noch schlichte, gediegene M. hervor, verfiel dann aber der Nachahmung histor. Stile, die erst vom Jugendstil überwunden wurde. In der Gegenwart setzten sich neue zweckentsprechende Formen durch, z. B. Anbaumöbel, bedingt auch durch Serienherstellung und neue Werkstoffe (Stahl, Kunststoff u. a.).

Moberg [m'u:bærj], Vilhelm, schwed. Schriftsteller, * 1898; Romane.

mob'il [lat.], 1) beweglich. 2) kriegsbereit.

Mobile [moub'i:l], Hafenstadt in Alabama, USA, an der Mündung des M. River in den Golf von Mexiko, 190 000 Ew.; Zellstoff-, Papier-, Holz-, Textil-, chem. Ind., Schiffsbau, Erdölraffinerien.

M'obile *das,* eine Art der Plastik, bei der die einzelnen Objekte an dünnen Metall- oder Kunststoffstäben hängen und durch Luftströmungen in Bewegung geraten (→Calder, Alexander).

Mobili'ar [zu mobil] *das,* Möbel, bewegliche Habe. **Mobiliarkredit,** ein Realkredit gegen Verpfändung von beweglichen Gütern (Waren, Wertpapieren). **Mobiliarversicherung,** Versicherung bewegl. Güter. **Mob'ilien** *Mz.,* bewegliche Sachen.

Mobilis'ierung, 1) die Umwandlung von Kapital, das in Sachgütern oder langfristigen Forderungen angelegt ist, in Bargeld. **2) Mobilmachung,** ⚔ die Überführung von Wehrmacht, Verwaltung und Wirtschaft in den Kriegszustand.

Mobilit'ät, Soziologie: die Bewegung von Personen, Gruppen oder Kollektiven in der Gesellschaft. Ein sozialer Positionswechsel kann horizontal (Ortswechsel) oder vertikal (Auf- oder Abstieg) sein.

Mobilitätsziffer, Statistik: die Häufigkeit des Wohnsitzwechsels der Bevölkerung.

Mobil Oil Corporation [m'oubailoil kɔ:pər'eiʃn], New York, zweitgrößter Ölkonzern der Verein. Staaten, drittgrößter der Welt (gegr. 1882 als Standard Oil Co. of New York). Eigenkap.: 4,54 Mrd. US-$; Beschäftigte: 75 600 (1970).

Mob'utu, Joseph-Désiré, Offizier und Politiker in Zaïre, * 1930, Generalstabschef, riß 1960 die Macht an sich und lieferte MinPräs. Lumumba 1961 an Katanga aus; bei einem zweiten Militärputsch (1965) übernahm er das Amt des Staatspräs., 1966 auch das des MinPräs.

Moçambique, Mosamb'ik, 1) Portugiesisch-Ostafrika, portugies. Überseeprovinz in SO-Afrika, 784 961 km² mit 7,38 Mill. Ew. Hauptstadt: Lourenço Marques. ⊕ II/III, Bd. 1, nach S. 320. Die Verwaltung leitet ein portugies. Generalgouverneur. Recht: portugiesisch.

M. umfaßt im Innern ausgedehnte, von Inselbergen (bis 2419 m) überragte Hochländer (um 1000 m), die sich zu der Küstenebenen hin abdachen. Hauptfluß ist der Sambesi, an dem bei Cabora Bassa ein Staudamm im Bau ist (Energieerzeugung, Bewässerung). Das Klima ist im Küstentiefland tropisch-heiß, im Hochland gemäßigt. Die Bevölkerung (überwiegend Bantuvölker, rd. 200 000 Weiße) erzeugt für den Eigenbedarf Mais, Reis, Maniok, in Plantagen (für die Ausfuhr) Baumwolle, Zuckerrohr, Cashew-Nüsse, Tee, Kopra u. a.; Viehwirtschaft und Industrie (Nahrungs- und Genußmittel) sind noch wenig entwickelt. - Die Eisenbahnen (3599 km) dienen z. T. dem bedeutenden Transitverkehr von Malawi, Rhodesien und Südafrika zu den Haupthäfen Lourenço Marques, Beira, Nacala. Straßen: rd. 38 000 km, internat. Flughäfen: Lourenço Marques, Beira.

2) Hafenstadt, bis 1898 Hauptstadt von 1), auf einer Koralleninsel, durch eine rd. 5 km lange Brücke mit dem Festland verbunden, 12 500 Ew.; Fort (16. Jahrh.).

Mochica [mɔtʃ'ika], indian. Volk im vorkolumb. Peru mit bedeutender Kultur.

Mockel, Albert, belgisch-französ. Schriftsteller, * 1866, † 1945.

Mockturtlesuppe [m'ɔktə:tl-, engl.], nachgeahmte Schildkrötensuppe.

Moctez'uma II., letzter Herrscher des Aztekenreichs (1502-20), * um 1466, † 1520, von Cortez gefangengenommen.

823

1 Ende 9. Jahrh. Schwertträger (Miniatur): Hemdkittel, ärmelloser Mantel, Lederstiefel. 2 Ende 9. Jahrh. Fränkische Dame (Handschrift Paris): Langes Unterkleid, Oberkleid mit weiten Ärmeln, Schleier. 3 Anfang 14. Jahrh. (Manessische Handschrift): Enges Unterkleid, ärmelloses Überkleid (Suckenie), Gebende. 4 Anfang 14. Jahrh. (Manessische Handschrift): Langärmeliger Rock, pelzgefütterter Mantel, Schapel. 5 Mitte 15. Jahrh. (Kupferstich Israel van Meckenem): Oberkleid mit Schleppe, Hennin. 6 Mitte 15. Jahrh. (Kupferstich Israel van Meckenem): Kurze Schecke, Beinlinge mit Schamkapsel, Federhut. 7 Mitte 16. Jahrh. Spanische Tracht: Wattiertes Wams, Schultermantel, Beinlinge, Pluderhosen, Barett. 8 Mitte 16. Jahrh. Spanische Tracht: Unterkleid mit Halskröse, geöffnetes Oberkleid mit Achselpuffen, Barett. 9 Mitte 17. Jahrh. Unterkleid mit Schnürbrust, vorn offene Robe, stehender Spitzenkragen. 10 Mitte 17. Jahrh. Unter dem Knie gebundene Hosen, Wams mit geschlitzten Ärmeln, Spitzenkragen, Rosettenschuhe, Schlapphut. 11 Mitte 18. Jahrh. Justeaucorps, lange Weste, Culotte, Spitzenjabot, Haarbeutel und Seidenschleife. 12 Mitte 18. Jahrh. Reifrock (Panier), Schnürleib, Manteau, Igelfrisur (Herisson). 13 Anfang 19. Jahrh. Überrock, Pantalons, Stiefel, Halsbinde, runder Hut. 14 Anfang 19. Jahrh. Chemisekleid mit hoher Taille und Schleppe. 15 Mitte 19. Jahrh. Frack, Weste (Gilet), Hosen mit Steg, ,Vatermörder', Zylinder. 16 Mitte 19. Jahrh. Fußfreies Kleid, Wespentaille, Keulenärmel (Gigots), Kapotthut. 17 Ende 19. Jahrh. Straßenkleid mit Turnüre (Cul de Paris), Hütchen (Toque), Sonnenschirm. 18 Ende 19. Jahrh. Straßenanzug, Filzhut.

Modalit'ät [lat.] die, die Art und Weise, wie etwas ist, geschieht und gedacht wird. Nach Kant sind die Kategorien der M. Möglichkeit, Wirklichkeit und Notwendigkeit. Dem entsprechen in der Logik der M. der Urteile problematisch, assertorisch und apodiktisch.

Mode [frz.], im weiteren Sinn jeder plötzlich auftauchende Gebrauch, der meist von einem engeren Kreis der Gesellschaft ausgeht und sich, weil er Neigungen entgegenkommt, rasch ausbreitet; im engeren Sinn die vorübergehend herrschende Bekleidungsweise.

Kulturgeschichte der Kleidung.

Bei den Ägyptern war männl. Hauptbekleidung Schurz, später rockartiges Gewand; weibl. Hauptgewand: die Kalasiris, ein Rock oder langes Gewand, später das gleiche wie beim Mann. Hauptgewand der Assyrer war ein hemdartiger Leibrock; bei den Medern der Kandys, ein kurzer Rock. Diese Kleidung wurde persische Hof- und Staatstracht. Bei den Griechen trug der Mann den Chiton (dazu das Himation) und die Chlaina, einen Mantel, die Frau meist nur den Peplos, später auch den Chiton und das Himation. Jugend, Krieger, Reiter hatten die Chlamys. Die Römer kleideten sich ähnlich wie die Griechen: Tunika, Palla, Toga. Im Norden trug in der Bronzezeit (1800-800 v. Chr.) der Mann Kittel, Mantelumhang und Mütze, die Frau einen langen Falten- oder Schnurrock. Die Tracht der Germanen in vorröm. Zeit war bei den Männern ein kittelartiges Rumpfkleid, darüber ein ponchoartiges Pelzstülpkleid, darunter die lange Hose; Frauenkleidung war ein langes Gewand. Das frühe MA. hatte teils weite Kleider. Um 1130 waren Männer- und Frauenkleidung zeitweilig kaum zu unterscheiden. In der französisch-burgund. Mode (1350 bis 1480) wurde die Kleidung allgemein enger. In der ersten Hälfte des 16. Jahrh. entfaltete sich die Schlitzung und Puffung der Ärmel und Beinkleidung. 1550-1600 setzte sich die span. Mode durch. 1600-50 wurde die Hofkleidung von Frankreich aus bestimmt. 1650-80 herrschten in der Männerkleidung die Rhingrave (eine Art Rockhose), offenes Wams, geschlitzte Ärmel; in der Frauenkleidung die Schneppentaille. 1680-1715. Männerkleidung: Leibrock (Justeaucorps), Schoßweste, Kniehose. Frauenkleidung: nicht verändert. Im 18. Jahrh. trug der Mann Kniehose, Schoßweste, Schoßrock; aus letzterem wurde die span. später der graue Rock. Die Frauentracht bevorzugte seit 1719 den Reifrock. Der Kontusch fiel vom Nacken herab. Das Mieder (Wespentaille) behielt Halbärmel und tiefen Ausschnitt. Die Französ. Revolution brachte Directoire und Empiretracht (1789-1820). Die Männer trugen lange Hosen (Pantalon), dazu Weste (Gilet) und Frack; die Frauen Chemisentracht. Das Biedermeier (1820-48) schnürte die Taille erneut ein, die Röcke wurden trichterförmig; die Schultern durch Keulen- oder Schinkenärmel verbreitert; in der Herrenkleidung wurden Frack, Weste, lange Beinkleider, Zylinder Mode. 1848 bis 1914: Mit der Krinoline kam der Reifrock wieder zur Geltung (1839-65); ihm folgte der Cul de Paris (1868-89). Der Übertreibung durch das Korsett begegnete man um 1900 mit Reformkleidung. In der Damenmode war Paris, in der Herrenmode seit Ende des 18. Jahrh. England tonangebend. Nach 1850 entstand in der Herrenkleidung eine feste Ordnung. Im 20. Jahrh. hat sich die Kleidung weiter zum Praktischen, Bequemeren hin gewandelt; die Länge der Röcke schwankt ständig. Die Konfektion beeinflußt zunehmend die M.; international anerkannte Vorbilder liefern neben Paris Rom und London.

M'odel [lat.] der, geschnitzte Holzform, z. B. für Gebäck; Tonform zum Wachsgießen; Holzstempel für Modeldruck.

M'odeldruck, Hoch- oder Tiefdruckverfahren für Tapeten- und Zeugdruck, bei Handdruck mit Modeln, bei Maschinendruck mit Reliefwalzen, bis 16 Farben.

Mod'ell [frz.] das, 1) Vorbild; Musterstück eines serienmäßig herzustellenden Gegenstandes. 2) ⓦ die vereinfachende bildl. oder mathemat. Darstellung von Strukturen, Funktionsweisen oder Verlaufsformen, z. B. Atom-M., Kern-M., Welt-M. 3) die plast. Darstellung eines Bauwerks in kleinem Maßstab, für einen geplanten, auch nach einem bestehenden Bau. 4) ein in Ton, Gips u. a. gefertigter Entwurf für ein Bildwerk, meist in endgültiger Größe. 5) das beim Maler und Bildhauer beim Menschendarstellung dienende Vorbild, z. B. Akt-M.

Mod'ellbauer, Lehrberuf des Handwerks und der Industrie **(Modelltischler)** mit 3¹/₂jähriger Lehrzeit. Der M. fertigt Modelle für den Eisen- und Metallguß an.

modell'ieren, in Ton oder Wachs formen.

Mod'ellschlosser, Lehrberuf der Industrie mit 3¹/₂jähriger Lehrzeit, baut Formeinrichtungen für den Eisen-, Stahl- und Metallguß und richtet die Formmaschinen ein.

Modellschutz, →Musterschutz.

M'odem, Abk. von **Mo**dulator und **Dem**odulator, Gerät zur Übertragung von Daten über Fernsprechleitungen.

M'odena, 1) Provinz Italiens, in der Emilia, 2690 km², 552 900 Ew.
2) die Hauptstadt von 1), 170 450 Ew., kath. Erzbischofssitz, mit Universität, Dom (roman. Basilika) mit 88 m hohem Glockenturm. Handel mit landwirtschaftl. Erzeugnissen und deren Verarbeitung; Autoindustrie. - M., das röm. Mutina, kam Ende des 13. Jahrh. an das Haus Este (1452 Herzogtum), 1814 an Österreich-Este, 1860 an Italien.

Moder'amen [lat.] das, leitendes Kollegium reformierter Synoden.

moder'ato [ital.], Abk. **mod.,** ♪ gemäßigt; **all'egro m.,** mäßig schnell; **and'ante m.,** mäßig gehend.

Moder'ator [lat.] der, 1) Publizistik: Leiter einer Diskussionsrunde, bes. der Redakteur argumentierender Rundfunk- und Fernsehsendungen. 2) die Bremssubstanz eines Kernreaktors, Stoff, der schnelle Neutronen auf niedrige Energie abbremst.

moder'ieren [lat.], 1) mäßigen, mildern. 2) als Moderator in einer Rundfunk- oder Fernsehsendung verbindende Informationen und Kommentare zu den Beiträgen sprechen.

Moderkäfer, Familie kleiner Käfer, die sich von Schimmel ernähren. (Tafel Käfer)

Moderlieschen, ein 7-8 cm langes Karpfenfischchen in mitteleurop. Seen, Tümpeln.

mod'ern [frz.], neuzeitlich, zeitgemäß, heutig. Hptw. **Modernit'ät** die. **moderni-s'ieren,** erneuern, auf den neuesten Stand bringen, der Gegenwart anpassen.

moderne Architektur entwickelte sich an den Gegebenheiten des Industriezeitalters: Fabrikgebäude, Büro- und Mietshaus, Bahnhof, Markt- und Ausstellungshalle. Für ihre Verwirklichung wurden neue Materialien (Stahl, Beton, Glas) herangezogen. Seit 1880 wandte die ,Schule von Chicago' die Stahlskelettbauweise an, einer ihrer Hauptvertreter, L. Sullivan, wurde Mitbegründer des →Funktionalismus. In Europa erfolgte die Abwendung vom Historismus um die Jahrh.-Wende (O. Wagner, H. P. Berlage). Endgültig brachen mit polem. Gegner des →Jugendstils A. Loos in Wien und F. L. Wright in den Verein. Staaten mit histor. Formen. Der ,Deutsche Werkbund' und das →Bauhaus stimmten die Innenausstattung in Stil und Form mit der Architektur ab. Der russ. Konstruktivismus und der niederländ. de →Stijl forderten auch für die Architektur abstrakte Formen. Aus diesen Theorien und deutlichen Neuentwicklungen entstanden 1925/26 der ,Internationale Stil' oder die m. A. der ,Zweiten Generation'. Die städtebauliche Verantwortung führte zur Gründung der Congrès Internationaux d'Architecture Moderne, einer internat. Vereinigung von Architekten, die sich mit neuen Problemen der Architektur befaßten. Vorbildliche Siedlungsbauten schufen J. Oud, E. May und H. Häring. Nach dem 2. Weltkrieg setzte eine neue Formensprache des internationalen Stils ein, deren Vorbild L. Mies van der Rohe, vorwiegend für die Verein. Staaten und Europa, wurde und L. Corbusiers skulpturelle Architektur mehr für Lateinamerika, Indien, Pakistan, Japan. Ende der 50er Jahre entstand in England der ,Brutalismus', der mit rohem Material (Ziegel, Beton) baute. In der letzten Zeit werden auch Schalenbau, Spannbeton, Stabtragwerke, zugbeanspruchte und pneumatische Konstruktionen verwendet, bes. systematisch vorgefertigte Bauteile. Die Grundsätze des ,Organischen Bauens': Anpassung der Räume an die menschl. Bedürfnisse, Harmonisierung von Landschaft und Architektur werden auch heute noch angestrebt. →Baukunst, →Innenarchitektur, →Städtebau.

moderne Kunst, Sammelbegriff für die seit etwa 1890 aufgekommenen verschiedenartigen Kunststile und -richtungen in Malerei, Graphik, Plastik, soweit sie sich bewußt von den herkömml. Kunstrichtungen lösten. Gegen die traditionelle Kunstauffassung der Akademien wandte sich die →Freilichtmalerei im →Impressionismus, gegen die Nachahmung histor. Stile im →Jugendstil um die Jahrh.-Wende. Im Gegensatz zum Impressionismus betonte der →Expressionismus den seelischen Ausdruck im Kunstwerk.

Eine radikale Anti-Stellung forderte der Futurismus in Italien. Nach dem 1. Weltkrieg entstanden der →Dadaismus, der →Surrealismus, der russ. →Konstruktivismus, die →Neue Sachlichkeit. In der Krisensituation nach dem 2. Weltkrieg entstand die →Informelle Kunst mit ihren Ausprägungen des →Tachismus und dem →Action-painting. Die →pop art kehrte zur Gegenständlichkeit zurück und ließ die Grenzen zwischen den Kunstgattungen fließender werden (→Environment). Die →op art beschäftigte sich mit der visuellen Wahrnehmung; die →kinetische Plastik mit der Bewegung. Die →minimal art kehrte zu geometr. Grundformen zurück. *Viele Arbeiten wurden reproduzierbar hergestellt (→ars multiplikata).

moderne Musik, →Neue Musik.

Modern'ismus [lat.], die von Papst Pius X. verurteilte Richtung in der Kath. Kirche, die einen Ausgleich zwischen kath. Glau-

P. Becker-Modersohn: Bauernkind (Bremen, Kunsthalle)

Mode

ben und modernem Denken herbeizuführen suchte durch kritische Geschichtsforschung, Bibelerklärung und Philosophie. 1910 führte der Papst einen von allen kath. Priestern zu schwörenden Eid gegen den M. **(Antimodernisteneid)** ein; 1967 entfallen.

Modersohn, 1) Otto, * 1865, † 1943, Landschaftsmaler in Worpswede, dort Mitgründer der Künstlerkolonie.
2) Paula, geb. Becker **(Becker-Modersohn,** ⚭ mit 1), * 1876, † 1907, malte Frauen und Kinder der Worpsweder Heide, Selbstbildnisse und Stilleben. Ihre schlichte und erdnahe Kunst, die den Ausdruck durch Form- und Farbvereinfachungen steigert, ist dem frühen Expressionismus verwandt. (Bild S' 825)

Modezeichner(in), freiberuflich Tätige(r) oder Angestellte(r) in Modewerkstätten, bei Modezeitschriften u. a. Ausbildung an Modeschulen (staatl. Prüfung nach 6 Semestern).

Modifikation [lat.] die, 1) Abänderung, Umstellung auf das rechte Maß. 2) Einschränkung, Mäßigung. 3) nichterbl. Veränderung einer Tier- oder Pflanzenart durch äußere Einflüsse. 4) Chemie, Kristallkunde, →Polymorphie.

Modigliani [-diʎˈaːni], Amedeo, italien. Maler in Paris, * 1884, † 1920, malte meist

A. Modigliani: Frauenkopf (Mailand, Slg. Panizzani)

Köpfe und Akte von jungen Frauen, zu überlangen Formen gesteigert, zart in den Farben und von schwermütigem Reiz.
Mod'ist [lat.], →Schreibmeister.
Mod'istin [frz.], Putzmacherin.
Mödling, Stadt in Niederösterreich, am Rande des Wienerwaldes, 18 800 Ew. M. hat mittelalterl. Stadtkern, 2 spätgot. Kirchen, Renaissance-Rathaus.
M'odul [lat.] der, -s/-n, 1) Elektronik: eine Baugruppe aus eng zusammengebauten und mit Kunstharz vergossenen Bauelementen, urspr. für Röhrengeräte, dann für Transistoren (Mikro-M.); zur →integrierten Schaltung weiterentwickelt. **2)** ☉ das Verhältnis des Teilkreisdurchmessers zur Zähnezahl eines Zahnrades. **3)** 📐 innere relative Maßeinheit für die Dimensionen, Proportionen eines Baus. Empfohlen wird der **Baumodul** 10 cm. **4)** △ der Faktor, um den sich die Logarithmen der gleichen Zahl in verschiedenen Systemen unterscheiden.
Modulati'on [lat.], 1) Nachrichtentechnik: eine Multiplikation von Schwingungen (d. h. der Augenblickswerte der Schwingungen miteinander) im Gegensatz zur

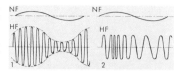

Modulation: 1 mit Niederfrequenz (NF) amplitudenmodulierte Hochfrequenz (HF); 2 mit Niederfrequenz (NF) frequenzmodulierte Hochfrequenz (HF)

Überlagerung, einer Addition. Die M. wird zur Übertragung von Sprache, Musik und Bildern auf Hochfrequenzschwingungen, sog. Trägerwellen, angewendet; sie ermöglicht eine drahtlose Nachrichtenübertragung oder eine Mehrfachausnutzung von Leitungen. Bei der im Kurz-, Mittel- und Langwellenbereich gebräuchl. **Amplituden-M.** (AM) wird die Amplitude der hochfrequenten Trägerschwingung durch die niederfrequenten Schwingungen der Nachricht beeinflußt. Auf dem UKW-Bereich wird →**Frequenz-M.** (FM) angewendet. Bei der **Impuls-M.** wird der Träger in Form einzelner kurzer Schwingungszüge (Impulse) ausgesendet. **2)** ♪ Übergang von einer Tonart in eine andere. Im musikal. Vortrag die sinnvolle Abstufung der Tonstärke und Klangfarben.
M'odus [lat.] der, Mz., Modi, 1) Art und Weise, Maß und Regel. **M. viv'endi,** erträgliche Form des Zusammenlebens, auch: einstweilige Abmachung. **2)** Aussageweise des Zeitworts, z. B. Wirklichkeitsform (Indikativ), Möglichkeitsform (Konjunktiv). **3)** Logik: Schlußart. **M. proced'endi,** Verfahrensweise. **4)** in einer statist. Reihe: am häufigsten auftretender Wert, Mittelwert.
Moens [muːns], Wies, fläm. Lyriker, * 1898, Expressionist.
Mofa, Abk. für →**Mo**torfahrrad.
Mof'ette [ital.] die, kalte Kohlensäurequelle oder ausströmende Kohlensäure (Kohlendioxid), z. B. am Laacher See.
Moffo, Anna, amerikan. Opern- und Konzertsängerin (Koloratursopran), * 1935.
Mofolo, Thomas, afrikan. Schriftsteller, * 1875 oder 1877 (Lesotho), † 1948, autobiograph. und histor. Erzählungen (Sesuto-Sprache); sie stehen am Beginn der modernen afrikan. Literatur.
Mogadiscio [-d'iʃo], **Mogad'ischu,** Hauptstadt von Somalia, wichtiger Hafen, Flughafen, Universität, 172 700 Ew.
Möggingen, Ort und Schloß nördl. von Radolfzell, Bad.-Württ., Sitz der Vogelwarte Radolfzell der Max-Planck-Gesellschaft (vormals Vogelwarte Rossitten).
Mogilj'ow, weißruss. **Mohil'ew,** Stadt in der Weißruss. SSR, am Dnjepr, 202 000 Ew.; Stahlwerk, Maschinenbau, chemische, Lebensmittelindustrie.
Möglichkeitsform, K'onjunktiv, Aussageweise des Zeitworts (Möglichkeit, Wunsch, Unwirklichkeit).
Mog'ul [pers. ,Mongole'] der, muslim. Herrschaftshaus in Indien, allgemein: ind. Herrscher, →Großmogul.
Mohács [mˈoha:tʃ], Stadt im südl. Ungarn, Hafen an der mittleren Donau, 19 600 Ew.; Kohlenumschlag. - 1526 Sieg der Türken über die Ungarn; 1687 bei M. Sieg der Kaiserlichen über die Türken.
Mohair [h'ɛr], seidenartig glänzende Gewebe aus Angorawolle und Baumwolle.
Moh'ammed, arab. **Muhammad,** Stifter des →Islam, * Mekka um 570, † Medina 632. Seit ungefähr 595 unternahm M. als Kaufmann Handelsreisen, wobei er Christentum, Judentum u. a. Religionen kennenlernte. Seit etwa 610 verkündete er in Mekka seine Offenbarungen, die wohl schon zu seinen Lebzeiten aufgezeichnet wurden (→Koran). Die vornehmen Mekkaner verhielten sich ablehnend. 622 entschloß sich M. zur Auswanderung nach Medina (→Hidschra), wo er eine Gemeinde gründete. 630 konnte er Mekka besetzen und für seine Lehre gewinnen.

Mittelpunkt des Islam und Wallfahrtsziel der Muslime (→Haddsch) wurde die Kaaba in Mekka. Als M. starb, war der Islam über weite Teile Arabiens verbreitet.
Moh'ammed, Mehm'ed, türk. Sultane:
1) M. II., Fatih [,der Eroberer'] (1451-81), * 1432, † 1481, eroberte 1453 Konstantinopel, unterwarf Serbien und Bosnien.
2) M. IV. (1648-87), * 1641, † 1692, erlitt 1687 vor Wien eine entscheidende Niederlage; wurde entthront.
3) M. V. Reschad (1909-18), * 1844, † 1918, kämpfte seit 1914 an Dtl.s Seite.
4) M. VI. (1918-22), * 1861, † 1926, folgte seinem Bruder M. V., wurde durch Kemal Pascha verdrängt.
Mohammed V. ben Jussuf, König (1957) von Marokko, * 1910, † 1961, kam als Sultan 1927 auf den Thron, geriet seit 1947 unter dem Druck der arab. Nationalisten in Gegensatz zu den französ. Gen.-Residenten, war 1953-55 nach Madagaskar verbannt. 1956 erlangte er von Spanien und Frankreich die Unabhängigkeit Marokkos.
Mohammed'aner, im Abendland übliche, falsche Bez. für **Muslime,** die Anhänger des →Islam.
Mohammedi'a, bis 1961 **Fédala,** marokkan. Hafenstadt, 35 000 Ew., seit 1945 zum bedeutenden Industriestandort (Erdölverarbeitung, Textil- u. a. Ind.) ausgebaut; Seebad.
Moh'ammed Res'ā Pahlew'i, Kaiser (Schah) von Iran (Persien), * 1919, Nachfolger (1941) von Resa Schah, ⚭ 1939 bis 1948 mit Fawsia (Schwester Faruks I.), 1951 bis 1958 mit Soraya, seit 1959 mit Farah

Mohammed   Helmuth v. Moltke
R. Pahlewi

Diba. Seit dem Verfassungskonflikt mit MinPräs. Mossadegh 1953 leitete der Schah polit., wirtschaftl. und soziale Reformen ein.
Moh'avewüste, Moj'avewüste, große Sand- und Lehmwüste in Kalifornien, USA, mit der tiefsten Depression Amerikas im Todestal (86 m unter dem Meer).
Mohawk [mˈouhɔːk], 240 km langer Nebenfluß des Hudson im Staat New York.
Moh'endscho-D'aro, Ruinenstätte am Unterlauf des Indus, die größte bisher bekannte Siedlung der →Induskultur des 3. Jahrtausends v. Chr.
Mohik'aner, ausgestorbener Indianerstamm der Algonkin-Gruppe.
Mohilew, →Mogiljow.
Mohn, Moon, estn. **Muhu,** Ostseeinsel der Estn. SSR, zwischen Ösel und dem Festland, 207 km².
Mohn, der, Pflanzengattung mit weißem Milchsaft und Kapselfrucht. Der **Schlaf-** oder **Garten-M.** hat hellrote, lila oder weiße Blüten; aus der unreifen Fruchtkapsel wird Opium gewonnen (Tafel Arzneipflanzen). Die kleinen, bläulichen Samen dienen als Würze (zu Backwerk) und zu **Mohnöl.** Ackerunkraut ist der rot blühende **Klatsch-M. (Klatschrose).**
Möhne die, rechter Nebenfluß der Ruhr, 57 km lang; oberhalb Neheim-Hüsten die **M.-Talsperre** (Stausee rd. 10 km², 135 Mill. m³).
Moholy-Nagy [mˈohoj nɔdj], László, ungar. Maler, * 1895, † 1946, Meister am Bauhaus, seit 1937 in Chicago, malte ungegenständlich-konstruktiv, von starkem Ein-

fluß auf Bühnengestaltung, Film, Photographie, Industrieform.

Mohr, Joseph, * Salzburg 1792, † 1848, kath. Priester; Dichter des Liedes ‚Stille Nacht, heilige Nacht' (1818).

Möhrenfliege, 4-5 mm große, schwarze Nacktfliege, deren Maden rostfarbige Gänge in die Wurzeln von Möhren und anderen Doldenblütern fressen.

Mohrrübe, Möhre, weißblütiger, meist zweijähriger Doldenblüter in Europa und Asien. Bei der gezüchteten Form ist die Pfahlwurzel fleischig, meist orangerot und zuckerreich; Gemüse, Futtermittel.

Mohrsches Salz, Ferroammoniumsulfat wird wegen seiner Beständigkeit gegen Luftsauerstoff als Eich-(Titer-)Substanz in der Maßanalyse verwendet.

Mohssche Skala, eine Einteilung der Mineralien nach ihrer →Härte.

Mohur, ind. Goldmünze.

M'oira die, griech. Mythos: Schicksalsgöttin; bei Hesiod drei: **Klotho,** die den Lebensfaden spinnt, **Lachesis,** die ihn zuteilt, **Atropos,** die ihn abschneidet.

Moiré [mwar'e], Gewebe in Ripsbindung mit Glanzfiguren, die durch Plattdrücken der Schußfäden erzielt sind.

Moissan [mwas'ã], Henri, franzős. Chemiker, * 1852, † 1907, stellte zuerst Fluor dar, erzeugte winzige künstl. Diamanten im elektr. Ofen. Nobelpreis 1906.

Moissi, Alexander, Schauspieler, * Triest 1880, † 1935; Rollen: Hamlet, Romeo u. a.

Moivre [mwa:vr], Abraham de, franzős. Mathematiker, * 1667, † 1754, baute die Wahrscheinlichkeitsrechnung aus, förderte außerdem das Rechnen mit komplexen Zahlen.

mok'ant [frz.], spöttisch. sich **mokieren,** lustig machen, verspotten.

M'okassin [indian.] der, buntbestickter, absatzloser Wildleder-Halbschuh der nordamerikan. Indianer.

Mok'ett, buntgemusterter Möbelplüsch.

Mokick, ein Kleinmotorrad bis 50 cm³ mit **Kick**starter und Fußrasten.

Mokka, Hafen in Jemen, am Roten Meer, im 15. Jahrh. Kaffeeausfuhr, heute unbedeutend. Danach **Mokka,** starker Kaffee.

Mokpo, Hafenstadt in SW-Korea, 162 300 Ew.; Textilind., Werft.

Mol, Gem. im Kempenland, Belgien, 28 400 Ew.; belg. Kernforschungszentrum.

Mol das, Kurzzeichen **mol,** Stoffmengeneinheit: so viel g einer chem. Verbindung, wie das Molekulargewicht angibt.

Mol'ar [lat.] der, ♙ ♺ Mahlzahn, →Zähne.

Mol'asse die, aus Konglomeraten, Sandsteinen und Mergeln bestehende Ablagerungen am N-Rand der Alpen.

Molche Mz., eine Familie der Schwanzlurche, →Salamander und Molche.

Molchfische, molchähnl. Lungenfische in afrikanischen Binnengewässern.

Moldau, 1) rumän. **Mold'ova,** histor. Landschaft in Rumänien zwischen Ostkarpaten und Pruth. Hauptorte: Jassy und Galatz. Erdöl- und Salzlagerstätten. - Das um 1359 gegr. Fürstentum M. kam 1511 unter türk. Lehnshoheit, seit 1822 unter einheim. Fürsten; 1859 wurde es mit der Walachei zum Fürstentum Rumänien vereinigt. **2)** die, tschech. **Vltava,** der Hauptfluß Böhmens, Tschechoslowakei, 435 km lang, entspringt im Böhmerwald, mündet in die Elbe; ab Prag schiffbar; mehrere Großkraftwerke.

Moldauische Sozialistische Sowjetre-

publik, Unionsrep. der Sowjetunion (Verfassung von 1941), 33 700 km², 3,572 Mill. Ew., zu 65% Rumänen (Moldauer), daneben Ukrainer, Russen u. a. Hauptstadt: Kischinew. Die Landschaft der M. SSR ist leicht hügelig, von Dnjestr und Pruth durchschnitten. Wirtschaft: Acker- und Gartenbau, größtes Weinbaugebiet der Sowjetunion, Tabakanbau, Rosen-, Lavendel-, Salbeikulturen; Viehzucht. Landwirtschaftl. Verarbeitungs-, Textil-Ind., Holz-, Metall-, Lederverarbeitung. Universität in Kischinew. - Die M. SSR entstand 1940 durch Vereinigung der ASSR Moldau (links des Dnjestr, gegr. 1924 im Rahmen der Ukrain. SSR) mit dem Hauptteil des bis dahin rumän. Bessarabien.

Mole [italien.] die, Damm, der einen Hafen gegen das offene Meer abgrenzt.

Mole [lat.] die, →Windei.

Molek'ül, kleinstes Teilchen einer chem. Verbindung, das noch deren Eigenschaften besitzt. Alle M. einer Verbindung sind in gleicher Weise aus Atomen aufgebaut. Die kleinsten M. sind einige zehnmilliontel Millimeter groß. Die **Ionen-M.** bestehen aus Ionen, die sich durch ihre elektr. Ladungen anziehen (Beispiel: Kochsalz). **Atom-M.** werden durch Austauschkräfte zusammengehalten, die zwischen den äußeren Elektronen der Atome wirken (Beispiel: die zweiatom. Gas-M.). Die Anzahl der M. in 1 cm³ Gas bei 1 Atmosphäre und 0° C ist $2{,}71 \cdot 10^{19}$ (Avogadrosche Zahl). Die Anzahl der M. im Mol ist unabhängig von Druck und Temperatur (→Loschmidtsche Zahl). Die Gestalt eines M. kann hantel-, winkel-, dreieck-, ring-, fadenförmig usw. sein. Alle diese Figuren können Formänderungen erleiden, längliche Gebilde z. B. verdrillt, Stäbchen gebogen, Fäden geknäuelt sein. Es gibt aus organ. Riesen-M. (→Makromoleküle) mit mehreren Mill. Atomen.

Molekul'arbiologie, umfaßt die Lebensvorgänge im Molekularbereich, z. B. Biosynthese der Eiweißstoffe; wichtigstes Gebiet ist die →Molekulargenetik.

Molekul'argenetik, die Erforschung der molekularen Grundlagen der Vererbung, der Mutationen, des Erbfaktoraustauschs und der Evolution. Träger der Erbfaktoren sind die Nucleinsäuren, bei allen zelligen Organismen und bei vielen Viren die Desoxyribonucleinsäure (DNS), bei den restlichen Viren die Ribonucleinsäure (RNS). Die doppelfädigen Makromoleküle der DNS bilden Doppelwendeln; bei der Zellteilung teilen diese sich in einfache Wendeln, von denen jede in einer der Tochterzellen sich enzymatisch wieder zur Doppelwendel aufbaut. Durch die wechselnde Reihenfolge der vier in jeder Nucleinsäure enthaltenen Basenarten (Adenin, Guanin, Thymin, Cytosin) ist die ‚Erbinformation' in der Art eines linearen Codes (einer 4-Buchstaben-Schrift) festgelegt. Diese Basenfolge wird durch ein kompliziertes Übertragersystem in zeitlich und räumlich festgelegter Ordnung in eine Folge von Aminosäuren ‚übersetzt', die sich zu Eiweißen verketten. Über diese Eiweißsynthese steuern die Nucleinsäuren alle Wachstums- und Differenzierungsvorgänge eines Organismus. Bei Mutationen, die durch Ausfall oder Veränderung biologischer Funktionen sichtbar werden, liegen Veränderungen der Basenfolge im entsprechenden Nucleinsäuremolekül (Gen)

zugrunde. Sie können durch Bestrahlung oder chemische Einwirkung ausgelöst werden.

Molekul'argewicht, relative Molekülmasse, dimensionslose Verhältniszahl, die angibt, wie groß die Masse eines Moleküls im Vergleich zu einem Zwölftel der Atommasse des Kohlenstoffisotops ^{12}C ist; durch Summation der →Atomgewichte aller Atome eines Moleküls berechenbar.

Molekul'arverstärker, →Maser.

Molf'etta, Hafenstadt in Apulien, Italien, 65 400 Ew.; Dom 12.-13. Jahrh.; Schiffbau, Öl-, Weinhandel.

Molière [mɔlj'ɛ:r], Jean Baptiste **Poquelin,** genannt M., franzős. Komödiendichter, * 1622, † 1673, durchzog nach dem Zusammenbruch des von ihm gegr. Illustre Théâtre in Paris die Provinz mit einer Wandertruppe, konnte sich seit 1658 als Schauspieler und Theaterdirektor in Paris

Molière (Stich nach C. Coypel)

durchsetzen; er genoß die Gunst Ludwigs XIV.; für die Hofbühne schrieb er mehrere ‚Comédies-Ballets' (‚Der Bürger als Edelmann', 1670, ‚Der eingebildete Kranke', 1673). Seine Komödien mit ihrer meisterlichen Handlungsführung und ihrer Sprache voll Ungezwungenheit und Witz stellen drastisch Mißstände der Zeit (Überspanntheit, gelehrtes Gehaben unwissender Ärzte, relig. Heuchelei u. ä.) als Sonderfälle menschl. Defekte bloß.

Weitere Werke. Lustspiele, Possen: Die lächerlichen Preziösen (1659), Sganarelle (1660), Die Männerschule (1661), Die Frauenschule (1662), Tartüff (1664), Das Gastmahl Peters (Dom Juan, 1665), Der Menschenfeind (Le misanthrope, 1666), Der Arzt wider Willen (1666), Amphitryon (1668), Der Geizige (1668), Georges Dandin (1668), Die gelehrten Frauen (1672).

Mol'ina, Tirso de, span. Dichter, →Téllez, Gabriel.

Mol'ise, Landschaft und Region in Italien, im Monte Greco 2283 m hoch; umfaßt die Prov. Campobasso mit 4438 km² und 331 200 Ew.

Molke, die, der flüssige Rückstand der von Fett und Casein befreiten (geronnenen) Milch; wertvolles Nutztierfutter zur Herstellung von Milchzucker, Zusatz zu Schmelzkäse u. a.

Molkerei, Meierei, die Behandlung und Verarbeitung von Frischmilch und der dazu dienende Betrieb; meist auf genossenschaftl. Grundlage. Es gibt M.-Betriebe, die die Milch keimfrei machen und abfüllen, und solche, die sie zu Butter und Käse verarbeiten.

Moll [von lat. mollis ‚weich'] das, ♪ das ‚weibl.' Tongeschlecht mit der kleinen Terz. Grundakkord der **Molltonart** ist ein Molldreiklang (Grundton, kleine Terz, reine Quinte).

Moll, Oskar, Maler, * 1875, † 1947, gehörte zum Kreis um Matisse, malte Landschaften und Stilleben in zarten Farben.

Möll die, linker Nebenfluß der Drau in Kärnten, Österreich, 65 km lang.

M'olla, M'ulla(h) [arab.], Titel islamischer Gelehrter.

Molekül: wirklichkeitsgetreue Molekülmodelle der Links-, Meso- und Rechts-Weinsäure (jedes Atom einschließlich Elektronenhülle ist durch eine Kugel dargestellt)

Möller *der,* Erzgemisch und Zuschlag-stoffe zur Metallverhüttung.

Möller, Alex, Politiker (SPD), * 1903, MdB. seit 1961, 1969-71 Bundesfinanzmin.

Moeller-B'arlowsche[-b'a:lou-]**Krankheit,** nach J. Moeller (* 1819, † 1887) und Sir Th. Barlow (* 1845, † 1945) der →Säuglings-skorbut.

Moeller van den Bruck, Arthur, Schrift-steller, * 1876, † 1925, wollte nationale und soziale Gedanken ausgleichen; Gegner der westl. Demokratie. Der Titel seines Buchs ,Das dritte Reich' (1923) wurde sinnent-stellt zum nationalsozialist. Schlagwort.

Mollet [mɔl'ɛ], Guy, französ. Politiker (Sozialist), * 1905, Lehrer, seit 1946 mehr-mals Min., 1954-56 Präs. der Beratenden Vers. des Europarates, 1956/57 MinPräs., 1958/59 Staatsmin. in der Regierung de Gaulle; später Gegner de Gaulles.

M'ollison, Theodor, Anthropologe, * 1874, † 1952; seine serolog. Untersuchun-gen brachten Aufschluß über das arteigene Eiweiß bei Mensch und Primaten.

Mollmaus, die Wasserratte.

Mölln, Stadt an den Möllner Seen, in Schleswig-Holstein, 15 000 Ew., Textil-, Metall- und Holzindustrie.

Moll'usken, Moll'usca, →Weichtiere.

Molnár [m'olnaɪr], Ferenc, ungar. Schrift-steller, * 1878, † New York 1952; Novellen, Romane, Lustspiele (,Liliom', 1909; ,Spiel im Schloß', 1926).

M'olo, Walter von, Schriftsteller, * 1880, † 1958. Romane: ,Fridericus-Trilogie' (1918-21) u. a.

M'oloch [hebr.], semit. Gott, wurde durch Menschenopfer verehrt. Sinnbild für alles, was Menschen oder Werte verschlingt.

M'oloch [hebr.] *der,* **Dornteufel,** eine dor-nige Agame Australiens.

M'olotow, eigentlich **Skrjabin,** Wja-tscheslaw, sowjet. Politiker, * 1890, seit 1906 in der bolschewist. Partei, 1917 maßgeblich an der Oktoberrevolution be-teiligt, seit 1926 im Politbüro und enger Mitarbeiter Stalins, 1930-41 Vors. des Rates der Volkskommissare, 1939-49 und 1953 bis 1956 Außenmin. 1957 aller Führungsämter enthoben und Botschafter bei der Mongol. Volksrep., 1960/61 sowjet. Vertreter bei der Internat. Atomenergie-Organisation in Wien.

M'olotow-Cocktail [-eil], Brandflasche mit Benzin-Phosphor-Füllung, behelfsmä-ßig zur Panzernahbekämpfung erstmals von sowjet. Truppen im 2. Weltkrieg be-nutzt.

Moltke, 1) Helmuth Graf (1870) von, preuß. Generalfeldmarschall (1871), * 1800, † 1891, leitete als Chef des General-stabs die Kriege von 1864, 1866, 1870/71; seit 1867 konservativer Reichstagsabge-ordneter, seit 1872 erbl. Mitglied des preuß. Herrenhauses; bedeutend als Feld-herr und Schriftsteller. (Bild S. 826)
2) Helmuth von, preuß. Generaloberst, Neffe von 1), * 1848, † 1916, als Nachfolger Schlieffens 1906 Chef des Generalstabs, leitete 1914 die Operationen bis zur Marne-schlacht, nach deren unglückl. Ausgang er zurücktrat.
3) Helmut James Graf von, Jurist und Landwirt, * 1907, † (hingerichtet) 1945, Mittelpunkt des →Kreisauer Kreises.

m'olto [ital.], ♪ viel, sehr; **m. vivace,** sehr lebhaft.

M'olton, beidseitig gerauhtes Baumwoll-gewebe in Leinwand- oder Köperbindung.

Mol'ukken, Gewürzinseln, indones. **Maluku,** östliche Inselgruppe Indone-siens, 83 675 km², rd. 850 000 Ew. Hauptin-seln: Halmahera, Ceram, Buru; Haupt-stadt: Ambon. Die Inseln sind gebirgig (tätige Vulkane, häufige Erdbeben), haben trop. Klima und üppige Urwälder. Die Be-völkerung besteht aus Alfuren und Malaien. Anbau von Gewürz-, Kokospalmen und Knollenfrüchten; Fischerei. Der Handel mit Pfef-fer, Nelken und Muskatnüssen, der den In-seln im MA. den Namen Gewürzinseln ein-trug, tritt heute zurück. - Die M. waren seit

1512 portugiesisch, 1607-1949 niederlän-disch, seitdem Prov. Indonesiens (ohne den SO-Teil von Halmahera).

Molukkenkrebs, ein zu den Pfeilschwän-zen gehöriges, spinnenartiges Meerestier.

M'olvolumen, Molekul'arvolumen, das Volumen, das von einem Mol eines Stoffes eingenommen wird. Ideale Gase haben bei 1 at und 0° C das M. 22,41 l.

Molwärme, Molekularwärme, die zum Er-wärmen von einem Mol eines Stoffes um 1°C benötigte Wärmemenge.

Molybd'än *das,* **Mo,** metallisches Ele-ment, Ordnungszahl 42, Atomgewicht 95,94, Schmelzpunkt 2622° C, Siedepunkt 4800° C, spezif. Gewicht 10,2. Vorkommen nur in seinen Erzen M.-Glanz und Wulfenit (Bleimolybdat); reines M. ist silberweiß, dehnbar, sehr fest und beständig. Verwen-dung zum Legieren von Stählen, in Ver-bindungen zum Brünieren, als Katalysa-tor u. a. 1969 betrug die Welterzeugung 73 820 t, davon in den Verein. Staaten 45 272 t, Kanada 13 740 t.

Molybd'änglanz, Molybdänit, hexagona-les, graphitähnliches (etwas heller) Mine-ral, chemisch Molybdänsulfid.

Momb'asa, Haupthafen und zweitgrößte Stadt von Kenia, am Ind. Ozean, 236 000 Ew.; Ausgangsort der Ugandabahn.

Mombert, Alfred, Schriftsteller, * 1872, †1942; gehörte zur Gruppe der Kosmiker, hymn. Lyrik (Auswahl ,Der himml. Zecher', 1909, erweitert 1951). Dramat. Triologie ,Aeon' (1907-11). ,Sfaira der Alte' (1936-42).

Mom'ent [lat.] *das,* **1)** wichtiger oder ent-scheidender Umstand, Beweisstück, Ge-sichtspunkt. **2)** Mechanik: Trägheitsmo-ment, Drehmoment (→Hebel).

Moment [lat.] *der,* Augenblick. **moment'an,** augenblicklich.

Mommsen, Theodor, * 1817, † 1903, bed. Erforscher der röm. Geschichte; 1902 No-belpreis für Literatur; als Abgeordneter Gegner Bismarcks und Treitschkes. Hauptwerke: Röm. Geschichte, Röm. Staatsrecht, Röm. Strafrecht.

M'omot *der,* **Säge|racke,** dohlengroßer, blaugrüner insektenfressender Waldvogel Mittel- und Südamerikas.

Mon, Talaing, Volk mit austroasiat. Sprache in Nieder-Birma, Gründer des Reiches →Pegu.

Mön, fruchtbare Insel südöstlich von See-land, Dänemark, 218 km², rd. 13 000 Ew.

Monaco, Fürstentum an der Riviera, 1,5 km² mit 23 000 Ew. (99% kath.). Amts-sprache: Französisch. Nach der Verf. von 1962 ist M. eine erbl. und konstitutionelle Monarchie. ⊕ VIII/IX, Bd. 1, n. S. 320. ▯ S. 1179. ▭ Bd. 1, S. 392. Währung ist der französ. Franc.
M. besteht aus den zu einer Gemeinde vereinigten städt. Siedlungen M., Monte Carlo und La Condamine. Das Gebiet (3 km lang, 200-300 m breit) steigt von der Küste steil an (Mont Agel, 1150 m). Haupter-werbszweig ist der Fremdenverkehr; Spielcasino in Monte Carlo; Schloß, Ozea-nograph. Museum, Botan. Garten.

Geschichte. M. ist eine phönik. Grün-dung. Seit 1297 herrschte das genues. Ge-schlecht der Grimaldi; seit 1641 unter franz-zös., 1815 unter sardin., 1861 wieder unter französ. Schutzherrschaft.

Mon'ade [grch.], unteilbare Einheit, z. B. die Seele. Eine Lehre von den M. **(Monado-logie)** lieferten G. Bruno und Leibniz.

M'ona L'isa [italien. ,Frau Lisa'], Bildnis von Leonardo da Vinci (um 1503-06, Paris, Louvre). Es stellt die Gattin des Francesco del Giocondo in Florenz dar (daher auch **Gioconda** genannt).

Monarchi'aner, christl. Theologen (2. bis 3. Jahrh.), die die ,Einheit' Gottes lehrten.

Monarchie [grch. ,Einherrschaft'] *die,* die Staatsform, bei der ein einzelner, der erb-liche (Erb-M.) oder gewählte (Wahl-M.) **Monarch,** als Staatsoberhaupt an der Spitze des Staates steht. Der früheren **absoluten M.** ist in der neueren Zeit fast überall die **konstitutionelle M.** gefolgt, bei der die Gewalt des Monarchen durch eine Verfassung beschränkt ist. Bei der **parla-mentarischen M.** ist die Volksvertretung an Gesetzgebung und Regierungsbildung beteiligt (z. B. in Großbritannien).

Mon'arde *die,* nordamerikan. Lippenblü-ter, salbeiähnliche würzige Stauden. Die **Scharlachrote M.** ist Zierpflanze.

Monast'ir, türk. Name für →Bitola.

Monat, urspr. die Zeit eines Mondum-laufs um die Erde, je nach den Bezugs-punkten als **siderischer, tropischer, drakonitischer** oder **synodischer M.** (rd. 27-29 Tage). Aus dem synodischen M. (von Neumond bis Neumond = 29 Tage, 12 Std., 44 Min., 3 Sek.) hat sich unser **Kalender-M.** mit 28 (29), 30 oder 31 Tagen entwickelt.

Monatssteine, Volksglauben: dem Ge-burtsmonat entsprechende Edelsteine, die als Amulette Glück bringen sollen.

Mon'aul *der,* farbenprächtiger Fasan **(Glanzfasan)** der innerasiat. Bergwälder.

Monaz'it *der,* monoklines Cerphosphat, auch mit anderen Lanthaniden oder Thor.

Mönch, Berg der Jungfraugruppe, zwi-schen Jungfrau und Eiger, 4099 m hoch.

Mönch [von grch. monachos ,einsam le-bend'] *der,* einem Kloster angehöriges männl. Mitglied eines geistl. Ordens oder jemand, der aus religiösen Gründen als Einsiedler lebt. (→Mönchtum).

Mönchengl'adbach, Stadt in Nordrh.-Westf., 151 000 Ew., Mittelpunkt der rhein. Textilindustrie mit Forschungsinstitut, Textilprüfanstalt, Textilingenieurschule, Textilmaschinen- u. a. Industrie. M. hat philosophisch-theolog. Duns-Scotus-Aka-demie der Franziskaner.

Mönchgut, südöstl. Halbinsel Rügens.

Mönchsrobbe, ein bes. im Mittelmeer lebender Seehund, bis 2,60 m lang.

Mönchssittich, ein südamerikan. Keil-schwanzsittich; baut zu mehreren Paaren ein backofenförmiges Reisignest.

Mönchtum, Kath. Kirche: die Form des Klosterwesens, bei der die Mitgl. eines Or-dens in selbständigen Klöstern mit eigenen Oberen leben: Benediktiner und Kartäu-ser. Die Bettelmönche gehören nicht zum

Blick auf die Stadt Monaco

eigentl. M. Die Ostkirche kennt nur die ohne rechtl. Zusammenfassung der Mönche nebeneinanderstehenden Formen des Klostermönchtums, der Einsiedlerkolonie und der völligen Einsamkeit des einzelnen Mönchs. - Das M. findet sich auch im Brahmanismus, Buddhismus, Lamaismus u. a.

Mond, der die Erde begleitende M. umläuft diese in 27,32 Tagen (siderischer Monat) in einer ellipt. Bahn. Mittlere Entfernung von der Erde 384 400 km, Durchmesser 3470 km, Masse $^1/_{81}$ der Erdmasse, mittl. Dichte 3,34 g/cm³. Die Schwerkraft auf dem M. ist $^1/_6$ derjenigen auf der Erde.- Der M. erhält sein Licht von der Sonne; er erscheint von der Erde aus in verschiedenen Phasen: **Neumond** (M. zwischen Erde und Sonne), **Vollmond** (Erde zwischen M. und Sonne) und den Übergangsphasen (erstes Viertel, Halbmond, letztes Viertel). Die Rotation des Mondes hat die gleiche Periode wie der Umlauf, so daß er der Erde immer die gleiche Seite zuwendet. - Der M. hat keine Atmosphäre, daher sind von der Erde aus Einzelheiten von rd. 100 m noch erkennbar. Zwei Großlandschaften: relativ hell gefärbte Hochländer **(Terrae),** bes. auf der Rückseite, mit zahlreichen Kratern, die Einschlagstellen von Meteoriten oder vulkan. Ursprungs sind. Die Kraterdurchmesser betragen bis mehr als 200 km, die Höhe der Wälle reicht 3000-4000, manchmal 8000 m über die innere Ebene. Die **M'aria** (Ez. Mare), dunkle Tiefländer, sind mehr (echte Maria) oder weniger (Epikontinental-Maria) scharf begrenzt und enthalten Bergadern, Beulen und meist kleinere Krater. Das von Apollobesatzungen 11, 12, 14, 15 mitgebrachte Gesteinsmaterial enthält basaltähnl. Gesteine (Lunabas), Mikrobrekzien (→Brekzie) und Staub mit Glaskügelchen (kondensierte Meteoritenmaterie). Das Alter der ersten Erstarrungskruste wird auf rd. 4,6 Mrd. Jahre geschätzt. Die Hypothese, der Mond habe sich zusammen mit der Erde aus einem Urnebel gebildet, hat z. Z. die größte Wahrscheinlichkeit. ⊕ I, Bd. 1, n. S. 320.

Mond, Ludwig, Chemiker und Industrieller, * 1839, † 1909, baute die chem. Industrie in England auf, entwickelte Verfahren zur Gewinnung von wasserstoffreichem Generatorgas, zur Schwefelrückgewinnung, Chlorherstellung u. a. - Sein Sohn Alfred M., seit 1928 **Lord Melchett of Langford** (* 1868, † 1930), gründete 1926 die→Imperial Chemical Industries Ltd.

mond'än [frz.], nach der Art der großen Welt.

Mondauto, für die Verhältnisse auf dem Mond konstruierte Fahrzeuge: als unbemannter, von der Erde aus gesteuerter Instrumententräger (zuerst ,Lunochod 1', 1970, Sowjetunion) oder als Mondfahrzeug für Astronauten (erstmals ,Lunar Rover' von Apollo 15, 1971, USA).

Mondblindheit, periodische Augenentzündung der Pferde; 1) eine Leptospirose. 2) Entzündung des Augeninnern.

Monde, Trab'anten, Satelliten, Himmelskörper, die die Planeten begleiten und sie in Keplerschen Ellipsen umlaufen. Die M. leuchten in reflektiertem Licht der Sonne und teilweise auch ihrer Planeten. Die Erde hat 1 Mond, Mars 2, Jupiter 12, Saturn 10, Uranus 5, Neptun 2 M.

Mondfinsternis, die Verfinsterung des Vollmondes beim Durchlaufen des Erdschattens; sie dauert höchstens 1 Stunde 36 min. Innerhalb von 1000 Jahren finden durchschnittlich 1543 M. statt.

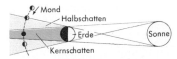

Verlauf einer Mondfinsternis

P. Mondrian: Komposition, 1921 (Den Haag, Gemeinde-Museum)

Mondfisch, der →Sonnenfisch.

Mondhornkäfer, ein zu den Mistkäfern gehöriger Blatthornkäfer. (Tafel Käfer)

Mondklee, Monatsklee, die →Luzerne.

Mondlandefähre, bemanntes Raumfahrzeug für eine weiche Mondlandung, bisher für das Apolloprogramm für 2 Mann Besatzung ausgeführt. Die zweiteilige M. trennt sich im Mondumlauf von der Kommandokapsel und landet mit Hilfe der Abstiegsstufe, die auf dem Mond verbleibt, wenn die Wiederaufstiegsstufe zur Kommandokapsel zurückkehrt. (Tafel Raumfahrt)

Mondlandung, die harte oder weiche Landung einer →Mondsonde oder die weiche Landung einer →Mondlandefähre auf dem Mond; erste weiche M. ohne Besatzung am 3. 2. 1966 (Luna 9, Sowjetunion), mit Besatzung am 20. 7. 1969 (Apollo 11, USA); vgl. Raumfahrt.

Mondraute, eine Gattung der Natternfarne; z. B. **Allermannsharnisch** auf Grasland.

M'ondrian, Piet, niederländ. Maler, * 1872, † 1944, malte gegenstandslose, geometrische Klarheit und strenge Harmonie erstrebende Bilder, indem er die Fläche durch schwarze Linien in rechteckige Felder unterteilte und sich auf wenige Farben beschränkte (,Der Neoplastizismus', 1920).

Mondsatell'it, eine →Mondsonde, die in Mondnähe durch Abbremsung in eine Umlaufbahn um den Mond umgelenkt wird; erstmals 1966 (Luna 10).

Mondsee, See im Salzkammergut, Oberösterreich, 14,2 km² groß; Pfahlbaufunde der Jungsteinzeit. Am See die Sommerfrische M., 2200 Ew.; das 748 gegr. Benediktinerkloster M. wurde 1791 aufgehoben.

Mondsegel, kleines, dreieckiges Segel, oben am Großmast, auch **Mondgucker.**

Mondsonde, unbemannte →Raumsonde zur Erforschung des Mondes, die vorbeifliegt, hart oder weich landet oder zum →Mondsatelliten wird. Erste M. war Lunik 1 (1959); ferner →Mondlandung.

Mondstein, Schmuckstein, ein Adular (Feldspat) mit bläulichem Lichtschein. (Tafel Edelsteine)

Mondsucht, volkstümlich für angeblich unter dem Einfluß des Mondes entstehende seelische Erscheinungen: Schlafwandeln, Dämmerzustände (→Somnambulismus).

Mondvi'ole, eine Kreuzblütergattung

Europas und Westasiens; mit silberglänzenden, vollmondähnl. Schoten **(Silberblatt, Judassilberling);** Zierpflanzen.

Mondvogel, Mondfleck, zu den Zahnspinnern gehörender Nachtschmetterling mit gelbem Fleck auf den Vorderflügelspitzen.

Moneg'assen, die Bewohner Monacos.

M'onelmetall, kurz **Monel,** sehr widerstandsfähige Legierung aus 65-66% Nickel, 29-30% Kupfer und 5% Mangan und Eisen; im Schiff-, Turbinen-, Pumpenbau und für Kondensatorrohre.

Monet [-n'ɛ], Claude, französ. Maler, * 1840, † 1926, führender Meister des Impressionismus, begann mit figürl. Darstellungen und malte dann meist Landschaftsbilder, die mit Tupfen unvermischter Farben das flüchtige Spiel des Lichts wiedergeben; oft das gleiche Motiv zu verschiedenen Tageszeiten.

monet'är, durch Geld bedingt.

Monferr'ato, Landschaft in Oberitalien zwischen Po und Tanaro; Weinbau.

Mongol'ei, der von Mongolen bewohnte NO Innerasiens, im wesentlichen das Gebiet der Gobi, im N bis zu den sajan. und transbaikal. Gebirgen reichend. - Die M. war wiederholt Mittelpunkt nomad. Großreiche (→Tschingis Chan). Im 17. Jahrh. kam die M. unter die Mandschu an China. Bei Ausbruch der chines. Revolution 1911 machte sich die Äußere M. (zwischen der Gobi und Sibirien) selbständig. Sie bildet seit 1924 die →Mongolische Volksrepublik; die Innere M. (zwischen Gobi und Mandschurei) ist seit 1947 autonomes chinesisches Gebiet.

Mong'olen, Völkergruppe in Innerasien, 3 bis 3,5 Mill. Menschen auf rd. 3 Mill. km²; gehören zur kennzeichnenden Gruppe der Mongoliden. Hauptgruppen: Ost-M. (Mongolei, östl. Sinkiang, N-Tibet), Nord-M. (Burjat. ASSR), West-M. (westl. Mongolei, Kalmück. ASSR); isoliert die Mogol (Afghanistan). Sie waren urspr. Nomaden (Pferde-, Kamel-, Schaf-, Rinderzucht); ihre Wohnung ist meist die Jurte, doch nehmen sie feste Bauten an.

Das Hauptsiedlungsgebiet der M. waren die Flußgebiete von Kerulen und Orchon. Seit ihrer Einigung durch →Tschingis Chan (1206) gewannen sie eine beherrschende Stellung in Inner-, O- und Vorderasien sowie in O-Europa. Im 14. Jahrh. zerfiel dieses Reich. Seit 1369 gründete →Timur ein neues mongol. Reich, dem Inner- und Vorderasien untertan waren, es zerfiel bis 1506. 1526-1858 herrschte in Indien die mongol. Dynastie der →Großmoguln. Auf

C. Monet: Frau mit Schirm, 1875 (Paris, Louvre)

der Krim hielt sich der mongol. Stamm der **Girai** bis 1783. Das Wohngebiet des nördl. Zweigs der M., der **Burjaten**, bildet heute die Burjat. ASSR.

Mongolenfalte, Augenlidfalte, Rassenmerkmal der Mongoliden (vgl. Übersicht Mongolide); auch bei manchen Negriden.

Mongolenfleck, bläulicher Hautfleck, Rassenmerkmal der Mongoliden (Übersicht); auch bei manchen Negriden.

Mongol'ide, gelbe Rasse (Übersicht), die in Asien heimischen Menschenrassen (vgl. Tafel Menschenrassen) und verwandte Rassen Amerikas; Urheimat Asien.

mongolische Literatur besteht zum großen Teil aus Übersetzungen buddhist. Schriften aus dem Tibetischen. Daneben hat sich eine bis ins 13. Jahrh. zurückreichende Heldendichtung in Stabreimen erhalten.

mongolische Sprachen gehören zur türkisch-mongolisch-tungusischen Gruppe der altaischen Sprachfamilie; sie sind →agglutinierende Sprachen. Die frühesten Belege aus dem 13. Jahrh. sind in verschiedenen Schriftsystemen erhalten. Die mongol., auf die uigurische zurückgehende Schrift läuft senkrecht; sie ist offiziell in der Inneren Mongolei. In allen anderen mongol. Gebieten gelten heute modifizierte kyrill. Alphabete.

Mongolische Volksrepublik, sozialist. Volksrepublik (Verf. von 1960) im NO Innerasiens, zwischen der Sowjetunion und China, 1 565 000 km², 1,24 Mill. Ew., Hauptstadt: Ulan-Bator. Oberstes Staatsorgan ist der Große Volkskongreß (Chural), nominelle Staatsoberhaupt dessen Präsidium; Spitze der Exekutive ist der Ministerrat. Staatssprache: Mongolisch. Recht nach sowjet. Vorbild und Gewohnheitsrecht. Währung ist der Tugrik zu 100 Mongo. ⊕ IV/V, Bd. 1, n. S. 320. ☐ S. 1179. ☐ Bd. 1, S. 392.

Landesnatur. Die M. V. ist überwiegend Hochland (im Mittel 1580 m ü. M.), hat im NW Hochgebirge (Mongol. Altai, Changai-Geb.), den SO nimmt die Gobi ein. Der größere Teil des Landes sind Steppen, Weiden und Hochweiden; Halbwüsten und Wüsten machen rd. 40% aus. Das Klima ist streng kontinental mit geringen Niederschlägen. Die Ew. sind zu 90% →Mongolen; daneben (im N) Kasachen und Tuwiner, in den Städten auch Russen u. a. Die Religion des Lamaismus ist im Schwinden. Bildung: Allgemeine Schulpflicht, Universität in Ulan-Bator.

Wirtschaft. Die Viehzucht (Schafe, Rinder, Jaks, Kamele u. a., rd. 25 Mill. Tiere) ist innerhalb der Landwirtschaft führend; geringer Ackerbau im N (Getreide, bes. Weizen). Durch Kollektivierung sowie Wirtschaftspläne sollen Landwirtschaft und Industrie (Verarbeitung landwirtschaftl. Erzeugnisse, neuerdings auch Maschinen-, Holz-, Glas- u. a. Ind.) entwickelt werden. - An Bodenschätzen treten Steinkohle, Erdöl, Erdgas, Gold, Molybdän, Wolfram, Kupfer, Zinn u. a. auf, von denen

bes. Steinkohle, Erdöl, Gold, Stahlveredler und Buntmetalle ausgebeutet werden. Ausfuhr: Fleisch, Fett, Wolle, Häute, Leder, Erze; Haupthandelspartner: Sowjetunion. - Der alte Karawanenverkehr wurde weitgehend von Bahn (rd. 1350 km), Kraftwagen und Flugzeugen ersetzt. Die Transmongol. Bahn verbindet die M. V. mit der Sowjetunion und China.

Geschichte. 1921 kam in der Äußeren →Mongolei mit sowjet. Hilfe eine ‚Revolutionäre Volkspartei' an die Macht. Sie rief die Unabhängigkeit des Landes aus und errichtete 1924 die M. V.; 1946 von China anerkannt. Sie schloß sich immer enger an die Sowjetunion an.

Mongol'ismus, Down-Syndrom, eine angeborene Schwachsinnsform **(mongoloide Idiotie),** verbunden mit mongoloidem Aussehen. M. beruht auf Veränderungen der Chromosomen.

mongolo'id, mongolenähnlich; eine an die Mongoliden erinnernde Gesichtsbildung bei Nicht-Mongoliden.

Monheim, Stadt südl. von Düsseldorf, Nordrh.-Westf., 39 500 Ew., Ölraffinerie u. a. Industrie.

Monier [mɔnj'e], Joseph, * 1823, † 1906, urspr. Gärtner, erwarb 1867 das erste Patent auf Herstellung von Stahlbeton.

mon'ieren [lat.], erinnern, mahnen; beanstanden, rügen.

Mon'iliakrankheit, eine verbreitete Fruchtfäule des Obstes, erregt durch Pilze der Gattung **Sclerotinia.** Auf den Früchten,

die zu Mumien schrumpfen, bilden sich Sporenlager (häufig in konzentr. Ringen).

Mon'ismus [grch.], im Gegensatz zum Dualismus die philosoph. Lehre, daß alles auf ein einziges (stoffl. oder geistiges) Prinzip zurückzuführen sei; bes. die auf die naturwissenschaftliche Entwicklungslehre (Spencer, Haeckel) gegründete Weltanschauung. Der **Dt. Monistenbund** (1906-33, 1946 neugegr., 1956 in ‚Freigeistige Aktion-Dt. Monistenbund' umbenannt) bildete diese zu einer religionsfeindl. Lehre weiter (Freidenkerbewegung).

M'onitor [lat. ‚Mahner'], 1) früher: gepanzertes Kriegsschiff in Küstengewässern und auf Strömen. 2) registrierendes Meßgerät zur Überwachung einer physikal. Größe, z. B. des Neutronenflusses oder der Temperatur eines Reaktors. 3) der Kontrollbildschirm im Fernsehstudio.

M'onitorsystem, eine Unterrichtsmethode mit Schülern als Helfer (Monitoren). →Bell, →Lancaster.

Moniz-Egas [mun'iʃ-], Antonio Caetano, portugies. Nervenarzt, * 1874, † 1955. Für sein Verfahren der Leukotomie erhielt er 1949 den Nobelpreis.

Mon-Khmer-Sprachen, eine Gruppe der →austrischen Sprachen in Hinterindien.

Monmouthshire [m'ʌnməθʃiə], Gfsch. in SO-Wales, Großbritannien, 1403 km², 464 000 Ew. Hauptstadt: Newport.

Monnet [mɔn'ɛ], Jean, französ. Wirtschaftspolitiker, * 1888, stellte 1946/47 ein Modernisierungsprogramm für die französ. Wirtschaft und 1948 für die Überseegebiete auf **(M.-Pläne);** hatte 1950 maßgebl. Anteil an der Gründung der Montanunion; 1952-55 Vors. der Hohen Behörde; seit 1956 Präs. des Aktionskomitees für die Verein. Staaten von Europa.

Monnier [mɔnj'e], 1) Henri, französ. Schriftsteller und Zeichner, * 1799, † 1877, schuf die Gestalt des wichtigtuerischen Spießers Joseph Prudhomme. 2) Thyde, eigentl. Mathilde M., französ. Schriftstellerin, * 1887, † 1967, Romane aus Südfrankreich (‚Die kurze Straße', 1937, ‚Liebe, Brot der Armen', 1938).

Monoch'ord das, länglicher Resonanzkasten mit einer darübergespannten Saite, Vorläufer des Klaviers.

monochr'om [grch.], einfarbig.

Monochromas'ie die, Form der →Farbenfehlsichtigkeit.

Monochrom'ator, 1) Spektralapparat zur Untersuchung einer einzelnen Spektralli-

		Mongolide	
		Wichtigste gemeinsame körperliche Merkmale	

Körperbau: untersetzt (langer Rumpf, kurze Gliedmaßen); klein bis mittelgroß.
Gesicht: flach; vorstehende Backenknochen.
Mongolenfalte: vom Deckfaltenrand des Oberlides ausgehende, zur Haut unterhalb des inneren Augenwinkels ziehende Hautfalte.
Körperfarben: dunkle Augen und Haare, gelbliche Haut.
Mongolenfleck: bläul. Fleck in der Kreuzbeingegend, durch Anhäufung von Farbstoffzellen in der Lederhaut; verschwindet nach dem 4. Lebensjahr.
Haarform: straff, glatt.

Gruppe	Hauptgebiet	Sondermerkmale
Tungide	nördliche Randgebiete der Gobi	reinste Ausprägung des mongoliden Rassentypus; stark kurzköpfig; bes. breit-flache Gesichter; flache Nasenwurzel; Augen weit auseinanderstehend; untersetzt bis mittelgroß
Sinide	Lößlandschaften Chinas; Japan	schwache Ausprägung der mongoliden Merkmale; größerer, schlankerer Wuchs; Gesicht, Nase verhältnismäßig schmal; volkreichste und kulturell repräsentativste Gruppe
Palämongolide	Waldgebirge SO-Asiens und Indonesiens	urtümliche Rasse; kleinwüchsig; oft kindliche Körperformen
Sibiride	N-Asien, Sibirien	Anklang an die Europiden; verhältnismäßig helle Körperfarben; plumper Körperbau
Eskimide	arktisches Amerika, Grönland, NO-Asien	abgespaltene Sonderform; mittelgroß; gelbbraun; schwarzhaarig
Indianide	N- und S-Amerika	abgespaltene Sonderform mit örtlich versch. Typen, z. B. den hochentwickelten nordamerik. Prärieformen, den rassisch urtüml. südamerik. Urwaldformen

Mongolische Volksrepublik: Ulan-Bator

nie. **2)** Gerät zur Aussonderung von Teilchen bestimmter Energie aus einer Strahlung.

Monochromismus, in der modernen Malerei Aufbau eines Bildes aus einer Farbe (L. Fontana, Y. Klein u. a.).

Monod [mɔn'o], Jacques, franzöš. physiolog. Chemiker, * 1910, seit 1941 am Pasteur-Institut Paris, bahnbrechende Arbeiten zur genet. Steuerung der Enzymsynthese bei Viren (1965 Nobelpreis für Medizin, zusammen mit A. Lwoff und F. Jacob).

Monod'ie die, **1)** der unbegleitete einstimmige Gesang, z. B. der altgriech. Musik. **2)** der um 1600 in Florenz aufkommende einstimmige, akkordisch begleitete Gesangsstil.

Monodr'ama [grch.], dramatisches Spiel mit nur einer handelnden Person, z. B. Goethes ‚Proserpina‘ (1815).

monof'il, einfädig, durch Düsen mit nur einem Loch gesponnene Chemiegarne (z. B. Kunstroßhaar, Perlon-Draht).

Monogam'ie [grch.], Form der →Ehe.

monog'en [grch.], **1)** Vererbungslehre: durch nur ein Gen bedingt. **2)** Abstammungslehre: auf **Monogenie** zurückgehend (→monophyletisch).

Monogr'amm [grch.] das, Anfangsbuchstaben eines Namens. **Künstler-M.,** Meisterzeichen auf Kunstwerken. **Monogrammist,** ein Graphiker, von dem nicht der Name, sondern nur sein M. bekannt ist.

Monograph'ie [grch.], Schrift über einen einzelnen Gegenstand, eine geschichtl. Person.

Mon'okel [frz.] das, Einglas, Brillenglas für nur ein Auge.

monokl'ines System, →Kristall.

Monokotyled'oneen, Monocotyledoneae [grch.] Mz., ✿→Einkeimblättrige.

Monokrat'ie [grch.], die Herrschaft eines einzelnen; Monarchie, Diktatur u. a.

monokul'ar, mit nur einem Auge.

Monokult'ur [grch.], **1)** alleiniger Anbau gleicher Pflanzen über längere Zeiträume, führt zu Bodenermüdung, Vermehrung von Schädlingen. **2)** das Vorherrschen einer Bodennutzung in einem Land, bes. in Entwicklungsländern. Viele Länder gehen zu vielfältigeren Anbauprogrammen über, um die Krisenanfälligkeit zu mindern.

Monol'ith der, aus einem einzigen Steinblock gearbeitetes (Kunst-)Werk.

Monol'og der, im Schauspiel längere Rede, die eine Person in der Art eines Selbstgesprächs hält, z. B. M. des Hamlet; Gegensatz: Dialog. (→innerer Monolog)

Monoman'ie [grch.], abnormer Geisteszustand: das Erfülltsein von einem einzigen Gedanken.

Monometall'ismus, Währungssystem, bei dem nur ein Währungsmetall, z. B. Gold, für Währungsmünzen verwendet wird.

Monomot'apa, afrikan. Reich des →Rotse im Gebiet des heutigen Rhodesien und Moçambique; Erzbergbau im Gebiet von →Simbabwe.

Monophth'ong [grch.], der, einfacher Selbstlaut (Gegensatz: Diphthong).

monophyl'etisch [grch.], von einheitl. Abstammung (monogenetisch). - **Monophylie, Monogenie** die, einheitl. Ursprung in der Stammesentwicklung der Lebewesen.

Monophys'iten [grch.], Anhänger einer altchristl. Glaubensrichtung, die in Christus nur eine, nämlich die göttl. Natur sieht. M. sind heute noch die Koptische, Armen., Äthiop. und die Syrisch-jakobit. Kirche.

Monop'ol [grch. ‚Alleinverkauf‘] das, eine Marktform, bei der das Angebot in einer Hand vereinigt ist, wodurch der freie Wettbewerb am Markt unterbunden wird; die entsprechende Marktform auf der Nachfrageseite heißt Monopson. - Beim Angebots-M. kann der Inhaber **(Monopolist)** Absatzmenge und **M.-Preise** selbst festsetzen, die ihm **M.-Gewinne** verschaffen. Die M.-Stellung umfaßt entweder den Verkauf

(Vertriebs-M.) oder auch die Erzeugung **(Herstellungs-M.; M.-Betriebe);** natürl. M. beruhen meist auf dem ausschließl. Vorkommen eines Rohstoffes; rechtl. M. sind z. B. das Patentrecht des Erfinders, ferner die Finanz-M. und die monopolist. Staatsbetriebe (Staatseisenbahn, Staatspost). M. organisator. Art entstehen durch Zusammenschluß der Unternehmen eines Wirtschaftszweigs. Marktbeherrschenden Unternehmen kann die Kontrollbehörde den mißbräuchl. Ausnutzung ihrer Machtstellung untersagen.

Monopolbrennerei, Brennerei der Monopolverwaltung, →Branntweinmonopol.

Mon'opteros [grch.] der, -/-'eren, ein offener Rundtempel, dessen Dach nur von Säulen getragen wird.

Monothe'ismus [grch.], die Verehrung eines einzigen Gottes. **Monotheisten** sind die Christen, Juden und Muslime.

monot'on [grch.], eintönig.

Monotype [m'ɔnotaip, engl.], Handelsname einer Einzelbuchstaben-Setzmaschine.

Monotyp'ie die, ein graph. Verfahren, das nur einen einzigen Abdruck ergibt, meist durch Übertragung von einer Glasplatte.

monöz'isch [grch.], ✿ einhäusig. M. heißen Pflanzen mit eingeschlechtigen Blüten, bei denen die Einzelpflanze sowohl männliche als auch weibliche Blüten trägt.

Monre'ale, Stadt auf Sizilien, Italien, 25 900 Ew., Erzbischofssitz; roman. Dom mit Mosaiken, Kloster mit Kreuzgang.

Monroe-Doktr'in [mənr'ou-] die, Erklärung des Präsidenten der Verein. Staaten J. Monroe von 1823, nach der u. a. den europ. Mächten die Einmischung in die Angelegenheiten der amerikan. Staaten verwehrt, die Nichteinmischung der Union in die europ. Staaten festgelegt wurde.

Monr'ovia [nach Präs. J. Monroe], Hauptstadt und -hafen der Republik Liberia, 135 000 Ew.; Universität; Handelsplatz; Ausfuhr von Ölpalmerzeugnissen, Kakao, Eisenerzen; Industriezentrum.

Mons [mɔ̃s], fläm. **Bergen,** Hauptstadt der Prov. Hennegau, Belgien, 27 700 Ew., got. Kathedrale; Mittelpunkt der industriereichen Landschaft Borinage, Bergakademie.

Monsalv'atsch, Montsalwatsch, die Gralsburg im ,Parzival‘ Wolframs von Eschenbach und bei seinen dt. Nachfolgern.

Mons'anto Company, St. Louis (Mo.), drittgrößter amerikan. Chemiekonzern, gegr. 1901. Kap.: 1,19 Mrd. US-$; Beschäftigte: 62 900 (1970).

Monschau, Stadt an der Rur, Nordrh.-Westf., 2200 Ew., alte Bürgerhäuser; Tuch-Industrie.

Monseigneur [mõsɛnj'œ:r, frz.], **Mgr.,** französ. Ehrentitel (Fürsten, hohe Geistliche).

Monsieur [məsj'ø, frz.] der, Abk. **M.,** Mz. Messieurs [mɛsj'ø], Abk. MM., Herr.

Monsignore [mɔnsiɲo:r, ital.], Abk. **Mons., Msgr.,** Titel kath. Prälaten, päpstl. Kaplane.

Monsigny [mõsiɲ'i], Pierre Alexandre, französ. Komponist, * 1729, † 1817, einer der Begründer der französ. kom. Oper.

M'onster..., Monstre... [mɔstr, engl.-frz.], Riesen..., z. B. Monsterprozeß.

M'onstera [frz.] die, tropisch-amerikan. Aronstabgewächs, kletternd, mit löcherigen Blättern (,Fensterblatt‘); **Philodendron** ist Zimmerpflanze.

Monstr'anz [lat.] die, kath. liturg. Gefäß, in dem hinter Glas die geweihte Hostie sichtbar ist.

M'onstrum [lat.] das, -s/... stren, Ungeheuer, Scheusal. **monstr'ös,** ungeheuerlich, mißgestaltet. **Monstrosität** die, Mißbildung; Ungeheuerlichkeit.

Mons'un [arab.] der, ein großräumiges Windsystem mit halbjährl. Wechsel der Richtung, am bekanntesten der M. Indiens. Im Sommerhalbjahr strömt der M. vom Meer zum Land (Regenzeit), im Winterhalbjahr entgegengesetzt (Trockenzeit).

Die Hauptursache des M. in trop. Breiten ist die jahreszeitl. Verlagerung der äquatorialen Tiefdruckfurche.

Mont [mɔ̃, frz.] der, Berg. Mz. Monts, Gebirge, Gebirgskette.

Mont, Pol de, fläm. Schriftsteller, * 1857, † 1931, Kritiker, impressionist. Lyriker, Führer der Flamen.

Montab'aur, Stadt in Rheinl.-Pf., bis 1964 Sitz des RegBez. M., 7100 Ew.; Kerzen-, Holz- u. a. Industrie. - beim 1217 errichteten Burg Mons Tabor genannt.

Monta'fon, das Tal der Ill in Vorarlberg, zwischen Rätikon und Verwall; Wasserkraftwerke, Viehzucht, Fremdenverkehr.

Montag [zu Mond], der 2. Wochentag.

Montage [mɔnt'a:ʒə, frz.] die, **1)** Aufbau, Zusammenbau, bes. in der Technik (→Monteur.) **2)** Gestaltungsmittel bei Film und Fernsehen (z. B. durch Kopier- oder Schnitttechnik); z. T. auch auf Dichtung übertragen. **3)** Verfahren in der bildenden Kunst seit Beginn des 20. Jahrh., bei dem Bilder wie Plastiken aus verschiedenartigen Materialien kombiniert werden (Dadaismus, pop art; →Assemblage, →Collage).

Mont'agna [-'aɲa], Bartolomeo, italien. Maler, * um 1450, † 1523, Hauptmeister der Schule von Vicenza, schuf bes. farbkräftige Altarbilder.

Montagne Pelée [mɔ̃taɲəl'e], **Mont Pelé,** noch tätiger Vulkan auf der Insel Martinique, 1397 m.

Montaigne [mɔ̃t'aɲ, -t'ɛɲ], Michel **Eyquem** de, französ. Philosoph, * 1533, † 1592, Schöpfer des literar. Essays (,Essais‘, 1580

Michel de Montaigne   *B. Montgomery*

und 1588); die Essays sind das erste große Denkmal weltmännischer Laienphilosophie in der Nachantike und leiteten das moralist. Schrifttum der Franzosen ein.

Mont'ale, Eugenio, italien. Schriftsteller, * 1896; ,Glorie des Mittags‘ (Gedichte, italien-dt. 1960).

mont'an [lat.], bergbaulich, Bergwerks...

Mont'ana, abgek. **Mont.,** Staat im NW der Verein. Staaten, 381 087 km², 694 400 Ew. Hauptstadt: Helena. Getreide, Kartoffeln, Leinsaat, Zuckerrüben mit künstl. Bewässerung. Bergbau: Kupfer, Silber, Zink, Blei, Mangan, Kohle, Erdöl, Erdgas. Hütten-, Holzind. - Seit 1889 41. Staat der Union.

Montan'industrie, die Gesamtheit der bergbaulichen Unternehmen zur Förderung mineral. Rohstoffe (Kohle, Kali, Salz, Erze u. a.) und der weiterverarbeitenden Unternehmen der Schwerindustrie (bes. Hüttenwerke, die mit dem Bergbau vielfach eine Einheit bilden).

Montan'isten [nach Montanus, um 150], altchristl. Sekte, die die urchristl. Hoffnung auf Christi Wiederkunft und ein Tausendjähriges Reich wiederbelebte.

Mont'an'union, amtl. **Europäische Gemeinschaft für Kohle und Stahl, EGKS,** die am 18. 4. 1951 in Paris gegr., seit 25. 7. 1952 wirksame übernationale Gemeinschaft der Bundesrep. Dtl., Frankreichs, Italiens, Belgiens, Luxemburgs und der Niederlande zur Schaffung eines gemeinsamen Marktes für Kohle und Stahl. Seit 1967 ist ihr früheres oberstes Organ die ,Hohe Behörde‘, mit der EWG- und Euratom-Kommission zur ,Kommission der ,Europäischen Gemeinschaften‘ verschmolzen. M.-, EWG- und Euratom-Vertrag sollen zu einem einzigen Vertrag zusammengefaßt werden. Die M. war die erste Gemeinschaft, der staatl. Hoheitsrechte übertragen wurden (supranationale Gemeinschaft).

Montanwachs, durch Schwelen bitumenhalt. Braunkohle gewonnenes Wachs.

Montav'on,→Montafon.

Montblanc [mɔ̃blɑ̃, frz. ,Weißer Berg'], höchste Berggruppe Europas, in den Westalpen, an der französ.-italien. Grenze, 4810 m hoch, 1786 erstmals erstiegen; Observatorium, Bergbahnen. Der M. wird vom **M.-Tunnel** (längster Straßentunnel der Welt: 11,6 km) durchquert.

Montbretie [mɔ̃brε:tsiə, frz.] die, die Pflanzengattung Tritonie.

Mont Cenis [mɔ̃ səni'], Paß in den französ. Alpen, 2083 m hoch, verbindet die Täler des Arc und der Dora Riparia.

Mont-Dore [mɔ̃d'ɔr], Vulkanlandschaft in der Auvergne, Frankreich, im Puy de Sancy 1886 m hoch.

M'onte [ital., span., port.] der, Berg.

Monte Alb'an [,weißer Berg'], religiöses Zentrum der Zapoteken im mexikan. Staat Oaxaca; höchste architekton. Entfaltung im 3./4. Jahrh.; um 800 Niedergang. Ab 1300 wurde M. A. Metropole der Mixteken.

Montebello-Inseln, kleine Inselgruppe vor der NW-Küste Australiens, 1952 Ort britischer Atomwaffen-Versuche.

Monte Carlo, Teil von →Monaco.

Monte-Carlo-Methode, mathemat. Verfahren zur Programmierung von Rechenanlagen, bei dem der Programmablauf durch spontane, nur statistisch erfaßbare Vorgänge gesteuert wird.

Monte Cass'ino, Berg in Süditalien (519 m hoch) nördl. von Neapel, mit der Benediktinerabtei M. C., dem Mutterkloster des abendländ. Mönchtums.

Montecat'ini Edison S. p. A., Mailand, größter italien. Chemie- und Bergbau-, zweitgrößter europ. Chemiekonzern. Beschäftigte: rd. 45000; Eigenkapital: 749 Mrd. Lire (1969).

Monte Ceneri [-tʃ'ε:neri], bewaldeter Bergrücken im schweizer. Kt. Tessin, 554 m hoch, mit einem Tunnel der Gotthard-Bahnstrecke Bellinzona-Lugano; Rundfunk- und Fernsehsender.

Montecr'isto, Insel im Tyrrhen. Meer südlich Elbas, bekannt durch Dumas' Roman ,Der Graf von Monte Christo'.

Montec'uccoli, Raimund, Fürst (1679), österreich. Feldherr, * 1609, † 1680, bed. Militärschriftsteller.

Monte Garg'ano, Gebirgsmassiv an der Ostküste Italiens, der ,Sporn' der Apenninhalbinsel, 1056 m hoch.

Mont'elius, Oscar, schwedischer Vorgeschichtsforscher, * 1843, † 1921, Begründer der typolog. Methode.

Montemôr, span. **Montemayor,** Jorge de, portugies. Dichter, * um 1520, † 1561; Schäferroman ,Diana' (1559?) in span. Sprache.

Monten'egro, serbokroat. **Crna Gora,** Sozialist. Rep. Jugoslawiens, 13812 km², 542000 Ew., Hauptstadt: Titograd. Karsthochland (Durmitor 2522 m) mit Kleinviehzucht, in den Talweitungen Anbau von Mais, Weizen, Tabak, Wein; Bergbau: Bauxit, Kupfer, Zink, Blei. - Nach dem Verfall des altserb. Reichs kam M. 1528 unter türk. Oberhoheit. Vladika Danilo II. (1851-60) machte M. zum weltl. Fürstentum. Fürst Nikola (Nikita, 1860 bis 1918) nahm 1910 den Königstitel an und schloß sich 1914 den Alliierten an. 1918 vereinigte sich M. auf Beschluß seiner Nationalversammlung mit Jugoslawien.

Monte Pellegr'ino, Vorgebirge Siziliens, nördl. von Palermo, bis 606 m hoch, Grottenkirche und Kloster Santa Rosalia.

Monte Perdido [-perd'iðo], französ. **Mont Perdu,** Gebirgsstock in den mittleren Pyrenäen, 3355 m hoch.

Monte Pincio,→Pincio.

Monter'ia, Handelsstadt in Kolumbien, in der karib. Küstenebene, 136200 Ew.

Monte R'osa, Gebirgsstock in den Walliser Alpen an der Grenze Schweiz-Italien, in der Dufourspitze 4634 m hoch; Observatorium, Physiolog. Forschungsinstitut.

Monterr'ey, Hauptstadt des Staates Nuevo León, Mexiko, 0,8 Mill. Ew., kath. Erzbischofssitz; Techn. Hochschule; bedeutendes Industriezentrum (Eisen- und Stahlwerke, Kraftfahrzeug-, Textil-, chem. u. a. Industrie).

M'ontes [lat.], in Italien im MA. Staatsanleihen; auch die zu ihrer Unterbringung gebildeten Gesellschaften, die vielfach zu Banken wurden. Gegen den Wucher entstanden die **M. pietatis,** die gegen Pfand billige Darlehen gaben. Auf sie gehen die Leihhäuser zurück.

Montespan [mɔ̃tεsp'ɑ̃], Françoise Athénais, Marquise de, * 1641, † 1707, Geliebte Ludwigs XIV.

Montesquieu [mɔ̃tεskj'ø], Charles Baron de, französ. Schriftsteller, * 1689, † 1755. In seinem Hauptwerk ,L'esprit des lois'(,Vom Geist der Gesetze', 1748) hat er die Staatswissenschaft auf den Rang einer umfassenden Kulturphilosophie erhoben. Er

Charles   *Christian*
de Montesquieu   *Morgenstern*

wünschte die Beseitigung des Absolutismus und an seine Stelle die nach engl. Vorbild entworfene konstitutionelle Monarchie. Mit seiner Lehre von der →Gewaltenteilung beeinflußte er stark die Französ. Revolution und die Verfassung der Verein. Staaten.

Montess'ori, Maria, italien. Ärztin, Pädagogin, * 1870, † 1952, forderte Schulung der Sinnestätigkeit des Kindes, Selbsterziehung und Selbsttätigkeit. Ihre Methode, vor allem für die vorschulische Erziehung, fand weltweite Verbreitung.

Monteur [-t'œ:r, frz.], Facharbeiter der Metall- oder Elektroind., setzt Teile von Werkstücken zusammen oder montiert sie.

Montev'erdi, Claudio, bedeutendster italien. Komponist des 17. Jahrh., * 1567, † 1643, Kapellmeister an der Markuskirche in Venedig; der erste große Musikdramatiker; Opern: Orfeo (1607), Arianna (1608), Il Ritorno di Ulisse in Patria (1640), L'incoronazione di Poppea (1642); Messen, Motetten, Psalmen u. a.

Montevid'eo, Hauptstadt und wichtigster Ausfuhrhafen von Uruguay, am Río de la Plata, 1,25 Mill. Ew., Universität, kath. Erzbischofssitz.

Monte V'iso, Monv'iso, der höchste Gipfel (3843 m) der Cottischen Alpen, auf italien. Gebiet.

Montez [m'ɔntεθ], Lola, * 1818, † 1861, Tänzerin, seit 1846 in München, Geliebte Ludwigs I. von Bayern.

Montez'uma,→Moctezuma.

Montgelas [mɔ̃ʒl'a], Maximilian, Graf (1809) von, * 1759, † 1838, 1799-1817 leitender Min. Maximilians I.

Mont-Genèvre [mɔ̃ʒən'ε:vr], Alpenpaß auf der französ.-italien. Grenze, 1854 m hoch, verbindet die Täler der Durance und der Dora Riparia.

Montgolfier [mɔ̃gɔlfj'e], Brüder, Jacques Etienne, * 1745, † 1799, und Joseph Michel, * 1740, † 1810, erfanden den Warmluftballon (**Montgolfière**), der erstmals 1783 (auch bemannt) flog.

Montgomery [mɔntg'ʌməri], Hauptstadt von Alabama, USA, 133400 Ew., Mittelpunkt eines reichen Agrargebietes.

Montgomery [mɔntg'ʌməri], Bernard Law, Viscount M. of Alamein, brit. Feldmarschall, * 1887, hielt 1942 Rommels Vorstoß bei El-Alamein auf, befehligte nach 1945 die brit. Besatzung in Dtl., Mitgl. des Alliierten Kontrollrats, war 1951-58 Stellvertr. Oberbefehlshaber der NATO-Streitkräfte. (Bild S. 831)

Montgomeryshire [mɔntg'ʌməriʃiə], Grafschaft in Wales, Großbritannien, 2064 km², 42900 Ew., Hauptstadt: Montgomery.

Montherlant [mɔ̃tεrl'ɑ̃], Henry de, französ. Schriftsteller, * 1896, † 1972; Romane ,Die Junggesellen' (1934), ,Erbarmen mit den Frauen' (1936-39). Schauspiele, Gedichte, Essays, Novellen.

Monthey [mɔ̃t'ε], Stadt im Kanton Wallis, Schweiz, 10000 Ew., kath. chem., Kunststein-, Metall-, Edelsteinindustrie.

Mont'ini, Giovanni Battista, seit 1963 Papst,→Paul VI.

Montluçon [mɔ̃lys'ɔ̃], Stadt im Dép. Allier, Mittelfrankreich, 60000 Ew., Metall-, Gummi- und chem. Industrie.

Montmartre [mɔ̃m'artr], Stadtteil von Paris, auf einem Hügel mit der Kirche Sacré-Cœur, im 19. Jahrh. Künstlerviertel, heute bes. Vergnügungszentrum.

Montparnasse [mɔ̃parn'as], **Mont-Parnasse,** Stadtteil im SW von Paris.

Mont Pèlerin Society [mɔ̃ pεlər'ɛ̃ sə-s'aiəti], internat. Vereinigung liberaler Volkswirtschaftler und Soziologen, gegr. 1946 in Genf.

Montpelier [mɔntp'i:ljə], Hauptstadt des Staates Vermont, USA, 8600 Ew.; Sitz von Versicherungsgesellschaften.

Montpellier [mɔ̃pεlj'e], Hauptstadt des Dép. Hérault, Südfrankreich, 167200 Ew.; geistiges und kulturelles Zentrum des Languedoc, Universität u. a. Hochschulen, Weinbaugebiet. - 1204-1349 gehörte M. zu Aragonien; im 16./17. Jahrh. Stützpunkt der Hugenotten.

Mont Perdu,→Monte Perdido.

Montreal [m'ɔntriɔ:l], Stadt in der Prov. Quebec, Kanada, 2,527 Mill. Ew., auf einer Insel im Zusammenfluß von Ottawa- und St.-Lorenz-Strom, für große Seeschiffe erreichbar, Bahnknoten, Flughafen; wirtschaftl. Mittelpunkt Kanadas mit vielseitiger Industrie (darunter Waggon-, Lokomotiv-, Flugzeugbau, Petrochemie u. a. Ind.). Sitz eines kath. Erzbischofs und anglikan. Bischofs, 3 Universitäten.

Montreux [mɔtr'ø], Kurort im Kt. Waadt, Schweiz, 20400 Ew., am NO-Ufer des Genfer Sees; Fremdenverkehr, Weinbau, Uhren-, Goldschmiedeind.; jährl. internat. Musik- und Fernsehfestivals.

Mont Saint-Michel, Le M.-S.-M. [lə mɔ̃ sɛ̃ miʃ'εl], Gem. im Dép. Manche, Frankreich, 100 Ew., auf einer kleinen Granitinsel vor der Küste, mit befestigter Benediktinerabtei des MA.

Montgolfier: Aufstieg einer Montgolfière am 19. 9. 1783 in Versailles

Mont Saint-Michel

Montserr′at, 1) Berg im Katalan. Randgebirge mit dem Benediktinerkloster Nuestra Señora de M. (Wallfahrtsort).
2) [-sræt], Insel der brit. Kleinen Antillen, 98 km², 15 000 Ew., Hauptort Plymouth.
Mont′ur [ital.] *die,* Uniform, Kleidung.
Mont Ventoux [mɔ̃vãt′u], Bergstock in den Drôme-Alpen in SO-Frankreich, 1912 m hoch, ist Wahrzeichen der Provence.
Monum′ent [lat.] *das,* Denkmal. **monument′al,** bedeutend, wuchtig. *die* **Monumentalität,** Wuchtigkeit, Großartigkeit.
Monum′enta Germ′aniae Hist′orica [lat. ,Geschichtsdenkmäler Deutschlands'], die wichtigste Sammlung mittelalterl. Quellentexte zur dt. Geschichte, 1819 begonnen.
Monza, Industriestadt in der Prov. Mailand, Italien, 107 800 Ew. Im Dom wird die →Eiserne Krone aufbewahrt. Autorennbahn.
Moodschi, Teil der Stadt Kitakiuschu.
Moody-Index [mu:di-], Preisindex für 15 im internat. Handel wichtige Grundstoffe im Dollarbereich.
Moon, estnische Insel, →Mohn.
Moor *das,* dauernd durchfeuchtetes Gelände mit schlammigem Boden aus unvollständig zersetzten Pflanzenresten und einer durch Wassertümpel unterbrochenen Pflanzendecke. Man unterscheidet **Flachmoore,** die sich unter günstigen Abflußverhältnissen zu Wiesen oder aus Bruch- und Auenwald entwickeln können, und **Torf-** oder **Hochmoore,** in denen Torfmoos vorherrscht, das in stetigem Wachstum die Oberfläche aufwölbt (‚Hoch-M.') und mit seinen abgestorbenen Teilen Torflager bildet. In Dtl. ist über 1% der Gesamtfläche vermoort. (→Moorkultur)
Moorbad, breiige Bäder aus gesiebtem oder zerkleinertem Moor, das mit Wasser oder Mineralquellen versetzt wird **(Mineralmoorbäder).** Die Hauptwirkung des M. beruht auf Wärme. M. erhöhen die Durchblutung und werden hauptsächlich bei rheumat. und bei Unterleibskrankheiten angewendet.
Moore [m′uə], **1)** George, irischer Erzähler, * 1852, † 1933; psychologischer Christusroman (1916).
2) Henry, engl. Bildhauer, * 1898, arbeitet Bildwerke von starker, archaischer Kunst verwandter Ausdruckskraft. (Bild S. 834)
3) Thomas, irischer Dichter, * 1779, † 1852; oriental. Verserzählungen; ‚Irische Melodien' (1808-34).
Moorhuhn, eine Art Schneehuhn.
Moorkultur, Umwandlung von Moor in Acker- und Wiesenboden durch Entwässern und Bearbeiten. Durch Senken des Grundwasserspiegels (Gräben, Dränage) werden die abgestorbenen Moorpflanzen zu Humus zersetzt. Das trockengelegte Flachmoor wird umbrochen und mit Sand bedeckt: **Rimpausches Verfahren,** heute überholt; ohne Besandung: **Schwarzkultur.** Hochmooren wird bei der **Fehnkultur** der brauchbare Brenntorf entnommen, dann die oberste lockere Torfschicht auf dem freigelegten Mineralboden gebracht und mit Sand vermischt. Bei der **Deutschen Hochmoorkultur** torft man nicht ab, sondern stellt mit Dünger einen günstigen Bodenzustand für Nutzpflanzen her.
Moorleichen, im Moor gefundene Leichen aus vor- und frühgeschichtl. Zeit, die durch die Moorstoffe vor der Verwesung bewahrt geblieben sind.
Moos, oberdt. für Moor (z. B. **Dachauer M.).**
Moosbart, Baumbart (→Bartflechte 1).

Moosbeere, Arten der Preiselbeere.
Moosbrugger, Kaspar, Baumeister der Vorarlberger Schule, * 1656, † 1723; Hauptwerk: Stiftskirche Einsiedeln (1719-23).
Moosburg a. d. Isar, Stadt in Oberbayern, im N des Erdinger Mooses, 11 700 Ew.; Kraftwerk, Industrie (Chemie, Elektrotechnik), Brauereien; roman. Münster.
Moose Mz., blattgrünhaltige Sporenpflanzen; zwei Gruppen: **Laubmoose,** in Stengel und Blätter gegliedert, z. B. Torfmoos; **Lebermoose,** flächig-lappig, z. B. Brunnenlebermoos. Die M. haben Generationswechsel: die geschlechtl. Generation ist die Moospflanze, die aus Spore und Vorkeim entsteht; die ungeschlechtliche ist die Sporenkapsel auf der Moospflanze. (Bild S. 834)
Moosfarn, die Gattung **Selaginella** der Bärlappgewächse, moosähnl. mit auffallenden Wurzelträgern und Sporangienähren. Von etwa 70 vorwiegend trop. Arten leben in Europa nur drei; viele Arten sind sehr austrocknungsfähig, wie die in Mexiko heimische ‚Auferstehungspflanze'.
Moosglöckchen, Linnaea, Gattung der Fam. Geißblattgewächse mit rosa, wohlriechenden Blütenglöckchen; unter Naturschutz.
Moospulver, Sporenpulver von Bärlapp.
Moos|tierchen, Bryoz′oae, festsitzende, koloniebildende Bewohner des Meeres und Süßwassers, Kleinlebewesen mit Fangarmkranz; sie überziehen krustenartig Steine, Pfähle u. a.

Montserrat

Moped *das,* Fahrrad mit in den Rahmen einbezogenem Hilfsmotor bis 50 cm³. - M. sind steuer- und zulassungsfrei, jedoch versicherungspflichtig, und dürfen nur mit Führerschein der Klasse 5 benutzt werden.
Mops *der,* Hunderasse; Zwergform der Dogge, mit großem Kopf, eingedrückter Schnauze. (Bild Hunde)
Moradabad, Muradabad, Stadt in Uttar Pradesch, Indien, 202 500 Ew.; Burg und Moschee; Herstellung von Messing- und Baumwollwaren.
Mor′al [lat.] *die,* Sittlichkeit als Verhalten und Gesinnung sowie als bewußte Erfassung ihrer Regeln und Normen (→Ethik); auch die sich aus einem Vorfall oder einer Erzählung (z. B. Fabel) ergebende Lehre oder Nutzanwendung. **moralisch,** sittlich, auf das sittliche Gefühl wirkend. **moralisieren,** Tugend predigen.
Moralische Aufrüstung, eine Bewegung zur sozialen und polit. Erneuerung im Geiste des Christentums, 1938 von Frank Buchman aus der Oxford-Gruppenbewegung geschaffen.
Moralische Wochenschriften, Zeitschriften der Aufklärungszeit, deren Beiträge von der Verbindung prakt. Vernunft mit religiöser Erbauung und sittl. Tugenden handelten, in Form lehrhafter Abhandlung oder als Gespräch, Briefwechsel, Märchen

Montreal

*H. Moore: König und Königin; Bronze
(1952/53; Höhe 163,8 cm)*

u. ä. dargestellt. Blütezeit 1720-70. Als die bedeutendsten gelten die engl. Blätter von Addison und Steele, in Dtl. häufig nachgeahmt.

Moral'ist, 1) Sittenlehrer, Moralphilosoph. **2)** Beobachter der menschl. Lebensweisen, der seine Einsichten in geistreichen, künstlerisch durchgeformten Essays oder Aphorismen niederlegt. Die Blütezeit der moralist. Literatur beginnt im 16. Jahrh. in Italien und Frankreich (Montaigne) und kommt im 17. Jahrh. zur Reife in Spanien (Quevedo, Gracián) und Frankreich (La Rochefoucauld, La Bruyère); spätere M.: Vauvenargues, Chamfort, Joubert, Lichtenberg, Schopenhauer, Valéry.

Moralit'äten [lat.], mittelalterliche Schauspiele religiösen oder moralisch-lehrhaften Charakters (etwa seit 1400), in denen Verkörperungen von Tugenden oder Lastern auftreten. (→Jedermann).

Mor'alphilosophie, die →Ethik.

Moral Rearmament [mˈɔrəl riˈaːməmənt], die →Moralische Aufrüstung.

Moraltheologie, die wissenschaftl. Darstellung von Sittengesetzen nach den Grundsätzen der kath. Glaubenslehre.

Mor'andi, Giorgio, italien. Maler, * 1890, † 1964, malte Stilleben von äußerster Einfachheit mit alltägl. Gegenständen.

Mor'äne [frz.] *die,* von Gletschern verfrachteter und angehäufter Gesteinsschutt, in **Seiten-, Mittel-** und **Grundmoräne** unterschieden. Der am Ende des Gletschers angehäufte Schuttwall heißt **Endmoräne.**

Morat'orium [lat.] *das,* 𝄐 gesetzlicher oder vereinbarter Zahlungsaufschub für einen Schuldner.

M'orava, tschech. Name der →March.

Mor'avia, Alberto, eigentl. A. **Pincherle,** italien. Schriftsteller, * 1907; realist. Romane von psycholog. Intensität: ‚Der Konformist' (1951), ‚Die Mädchen vom Tiber' (1954), ‚La Noia' (1960).

Moray [mˈʌri], auch **Elgin,** Gfsch. in N-Schottland, Großbritannien, 1234 km², 52600 Ew.; Hauptstadt: Elgin.

Moray Firth [mˈʌrifəˈθ], trichterförmige Meeresbucht NO-Schottlands, Großbritannien.

morb'id [lat.], krankhaft, angekränkelt.

Morbidit'ät *die,* **1)** krankhafter Zustand. **2)** die Häufigkeit der Erkrankungen innerhalb einer Bevölkerung.

Morbihan [mɔrbiˈã], Dép. in W-Frankreich, 7092 km², 560800 Ew.; Hauptstadt: Vannes.

M'orbus [lat.] *der,* die Krankheit.

Morchel *die,* eine Schlauchpilzgattung mit keulig-knolligem, hohlem, auf dem Oberteil netzig-grubigem Fruchtkörper, eßbar; z. B. **Speise-M., Spitz-M.**

Mord, 𝄐 die vorsätzliche Tötung eines Menschen aus Mordlust, zur Befriedigung des Geschlechtstriebes, aus Habgier oder sonst aus niedrigen Beweggründen, heimtückisch, grausam, mit gemeingefährlichen Mitteln oder zur Ermöglichung oder Verdeckung einer anderen Straftat. Bundesrep. Dtl.: lebenslange Freiheitsstrafe (§ 211 StGB.); ebenso in Österreich (§ 134 StGB.) und in der Schweiz (Art. 112 StGB.); Dt. Dem. Rep.: Todesstrafe.

Mord'ent *der,* ♪ Verzierung einer Hauptnote durch einen einmaligen schnellen Wechsel mit der unteren Nebennote. **Langer M.,** mehrmaliger Wechsel der Töne.

Mordraupen, Schmetterlingsraupen, die sich gegenseitig auffressen.

Mordwespen, die →Grabwespen.

Mordw'inen, osteurop. Volk an der mittleren Wolga mit finnisch-ugrischer Sprache. Innerhalb der Russ. SFSR wurde 1930 ein Autonomes Gebiet für die M. errichtet, 1934 in die **Mordwinische ASSR** umgewandelt: 26200 km² und 1,03 Mill. Ew. (56% Russen, 36% Mordwinen, 4,5% Tataren); Hauptstadt: Saransk.

More [mɔː, mˈɔə], latinisiert **Morus,** Sir Thomas, engl. Humanist und Staatsmann, * 1478, † 1535, 1529 Lordkanzler Heinrichs VIII., wegen Verweigerung des Suprematseids enthauptet. Bekannt durch seine Schrift ‚Utopia' (1516) über den Idealstaat; Heiliger, Tag: 22. 6.

Mor'ea, svw. Peloponnes.

Moréas [mɔreˈas], Jean de, eigentl. Yanni **Papadiamantopoulos,** französ. Dichter, * 1856, † 1910; förderte Wiederanknüpfung an die klass. Überlieferung. ‚Stanzen' (1899-1901).

Moreau [-rˈo], **1)** Gustave, französ. Maler, * 1826, † 1898, malte biblische und mytholog. Bilder, dekorativ überladen und von düsterer Phantastik.
2) Jean Michel, gen. **M. le Jeune,** französ. Radierer, * 1741, † 1814, ein hervorragender Illustrator des 18. Jahrh.
3) Jean Victor, französ. General, * 1763, † (gefallen) 1813, siegte 1800 bei Hohenlinden, als Gegner Napoleons 1804 verbannt, trat in russ. Dienste.

Mor'elia, Hauptstadt des Staates Michoacán, Mexiko, 146800 Ew.; bed. architekton. Zeugnisse der Kolonialzeit.

Mor'elle [ital.] *die,* Sauerkirschensorte.

Mor'elos, ein Staat Mexikos, 4941 km², 616100 Ew.; Hauptstadt: Cuernavaca. Zuckerrohr- und Reisanbau.

mor'endo, ♪ immer leiser werdend.

Moreni [morˈenj], reiches Erdölfeld westlich Ploești in Rumänien.

M'ores [lat.] Mz., Anstand, gute Sitten.

Moresnet [mɔrɛnˈɛ], Gebiet in Belgien, südwestl. von Aachen, Blei- und Zinkgru-

ben, ein Teil stand bis 1920 unter gemeinsamer preuß. und belg. Verwaltung.

Moréto y Cabaña [-kaβˈaɲa], Augustin, span. Dramatiker, * 1618, † 1669. ‚Donna Diana' (1672).

Mörfelden, Stadt in Hessen, in der Rhein-Main-Ebene, 11900 Ew.

Morgan [mˈɔːgən], **1)** Charles Langbridge, engl. Erzähler, * 1894, † 1958. Psycholog. Romane: ‚Das Bildnis' (1929), ‚Die Flamme' (1936), ‚Herausforderung an Venus' (1957). Dramen.
2) John Pierpont, amerikan. Bankier, * 1837, † 1913; trat 1871 in das Bankhaus ein, das seit 1895 **J. P. M. & Co.** firmiert und das er zu einem der einflußreichsten Finanzierungsinstitute der USA ausbaute; 1959 umgewandelt in die M. Guaranty Trust Co.
3) Thomas Hunt, amerikan. Zoologe, * 1866, † 1945; schuf die bedeutendste genetische Schule. 1933 Nobelpreis für Medizin.

morganatische Ehe [lat. matrimonium ad morganaticum ‚Ehe auf bloße Morgengabe'], eine standesungleiche Ehe (→Mißheirat, →linke Hand).

Thomas More (Kreidezeichnung von Holbein d. J., 1526/27; Windsor Castle)

M'orgarten, Nagelfluhrücken in den Schwyzer Alpen (1239 m) am Aegerisee. 15.11.1315 Sieg der Waldstätte über das Ritterheer Leopolds I. von Österreich.

Morgen, 1) der Tagesanbruch. **2)** Himmelsrichtung: Osten. **3)** älteres dt. Feldmaß, meist rd. 25-35 Ar.

Morgengabe, im alten dt. Recht das Geschenk, das der Ehemann der Ehefrau am Morgen nach der Brautnacht zu übergeben pflegte; vielfach als Sicherstellung für den Fall der Verwitwung gedacht.

Morgenland, der Orient.

Morgenländische Kirche, 1) die unierte →Orientalische Kirche. **2)** die orthodoxe →Ostkirche.

Morgenrot, rote Färbung des östl. Himmels vor Sonnenaufgang, entsteht durch Zerstreuung des blauen Anteils des Sonnenlichts in der Erdatmosphäre.

Morgenstern, 1) die Venus am Morgenhimmel. **2)** im späten MA. eine Schlagwaffe: mit Eisenstacheln versehene Keule.

Morgenstern, 1) Christian, Landschaftsmaler, Großvater von 2), * 1805, † 1867.
2) Christian, Dichter, * 1871, † 1914; grotesk-phantast. Verse ‚Galgenlieder' (1905), ‚Palmström' (1910), ‚Palma Kunkel' (1916), ‚Der Gingganz' (1919). Lyrik mit anthroposoph. Weltdeutung ‚Wir fanden einen Pfad' (1914) u. a. (Bild S. 832)

Morgenthau-Plan, Plan des Finanzmin. der Verein. Staaten Henry Morgenthau Jr. (1891-1967) vom Herbst 1944, in dem u. a. die Abtretung des linken Rheinufers an Frankreich, die Zerstörung der Industrie Dtl. und seine Umwandlung in ein Agrarland empfohlen wurde. Der Plan führte u. a. zu den →Demontagen.

Morgenweite, Winkelabstand des Aufgangspunktes eines Gestirns vom Ostpunkt.

Moose; 1 Torfmoos; a Teil des Sproßendes mit zwei männl. und einem weibl. Kurzast, aus dem die gestielte Sporenkapsel sproßt. 2 Brunnenlebermoos, weibl. Pflanze mit archegonientragenden Schirmchen. 3 Widerton, links jüngere Sporenkapsel mit, rechts ältere Kapsel ohne Haube (Hauptbilder etwa 1/2 nat. Größe)

Eduard Mörike   *Moritz von Sachsen*

Morgue [mɔrg, frz.], Leichenschauhaus.
morib′und [lat.], im Sterben liegend.
Móricz [m′o:rits], Zsigmond, ungar. Schriftsteller, * 1879, † 1942; Romantrilogie ,Siebenbürgen' (1922-35).
M′örike, Eduard, Dichter, * 8.9.1804, † 4.6. 1875, war 1834-43 Pfarrer, später Lehrer. In M. ,Gedichten' (1838) ist der Klangreichtum des Volkslieds vereint mit ausgeprägter Formenklarheit. Seine Lieder wurden häufig vertont. M. schrieb das Märchen ,Das Stuttgarter Hutzelmännlein' (1852), die Novelle ,Mozart auf der Reise nach Prag' (1855), den Künstlerroman ,Maler Nolten' (1832). Übertragungen griech. und röm. Lyrik.
Morioka, Hauptstadt der Prov. Iwate, auf Honschu, Japan, 188 000 Ew.; Mittelpunkt des Pferdehandels, Industrie.
Mor′ion, 1) eine Helmform, 16. Jahrh. 2) schwarzer Bergkristall.
Mor′isken, span. **Moriscos,** Mauren, die nach der Vernichtung der arab. Herrschaft in Spanien blieben und äußerlich das Christentum annahmen.
Moriskentanz, volkstüml. Tanz im 15./16. Jahrh., oft in Mohrenverkleidung. Die bedeutendste Darstellung mit **Moriskentänzern** hinterließ E. →Grasser.
M′oritat die, der Gesang der Bänkelsänger, in dem ungewöhnliche, meist schaurige Begebenheiten zu Drehorgelmusik berichtet wurden. Der Vortrag wurde durch eine Bildtafel illustriert, der Text als fliegendes Blatt verkauft.
M′oritz, Fürsten:
Hessen-Kassel. **1) M. der Gelehrte,** Landgraf (1592-1627), * 1572, † 1632, führte den Calvinismus ein; machte Kassel zu einem kulturellen Mittelpunkt.
Nassau-Oranien. **2) M.,** Prinz, Graf von Nassau-Dillenburg, Statthalter der Niederlande, * 1567, † 1625, 1584 Statthalter, 1590 Oberbefehlshaber, bed. Feldherr gegen die Spanier.
Sachsen. **3) M.,** Herzog (seit 1541) und Kurfürst (1547-53), * 1521, † 1553, erhielt als Bundesgenosse Karls V. im Schmalkald. Krieg die Kurwürde und das albertin. Sachsen. Er brachte ein protestant. Bündnis gegen den Kaiser zustande, gewann 1552 unter Preisgabe von Metz, Toul und Verdun die Hilfe Frankreichs und zwang Karl V. zur Flucht; der Passauer Vertrag (1552) gab den Protestanten die Freiheit zurück. Gründer der sächs. Fürstenlinien.
Moritz, Karl Philipp, Schriftsteller, * 1756, † 1793, aus pietist. Elternhaus, Gymnasiallehrer, 1789 Prof. der Altertumskunde in Berlin; selbstbiograph. Roman ,Anton Reiser' (1785-90) ein wertvolles Werk zur Kenntnis der Seelenlebens der Sturm- und Drangzeit; klass. Ästhetik ,Über das bildende Nachahmung des Schönen' (1788), hervorgegangen aus Unterhaltungen mit Goethe in Rom.
Moritzburg, Jagdschloß bei Dresden, 1542 begonnen, im 18. Jahrh. von Pöppelmann umgebaut; seit 1947 Barockmuseum.
Morley [m′o:li], Thomas, engl. Komponist, * 1557, † 1603; Kanzonetten, Madrigale.
Morm′onen Mz., Anhänger der **Kirche Jesu Christi der Heiligen der Letzten Tage,** eine 1830 in Nordamerika von Joseph Smith gegr. Religionsgemeinschaft. 1848

wurde der Mormonenstaat (seit 1896 ,Utah') mit Salt Lake City gegr. Die Lehre der M. enthält bibl. Gedanken, verbunden mit gnost. Geistesgut. Die Mehrehe (seit 1843) wurde 1890 abgeschafft.
Morn′ell, Morin′ell [span.], **Mornellregenpfeifer** der, Art der →Regenpfeifer.
Morning Post [m′o:rniŋ poust, engl.], älteste polit. engl. Tageszeitung, gegr. 1772, 1937 mit dem Daily Telegraph vereinigt.
Moronobu, japan. Maler, * um 1645, † 1694, malte Bilder aus Volksleben, begründete die Blüte des Japanholzschnitts.
M′orpheus [grch.], bei Ovid: Gott der Träume.
Morph′in [nach →Morpheus] das, früher **Morphium,** ein betäubend wirkendes Gift, gewonnen aus dem Opium, wirkt in Gaben von 0,01-0,02 g schmerzstillend und beruhigend, in größeren Mengen tödlich. Die ärztl. Verordnung von M. und seinen Abkömmlingen unterliegt dem Betäubungsmittelgesetz. - Anhaltender Gebrauch als Rauschgift **(M.-Sucht, Morphinismus)** führt zu körperlichem und geistigem Verfall; Entwöhnung durch Entziehungskuren. - Erste Hilfe bei M.-Vergiftung: Brechmittel, medizin. Kohle; künstl. Atmung.
Morphogen′ese, Morphogen′ie [grch.] die, Entstehung, Entwicklung der Körpergestalt und der Organe von Lebewesen.
Morpholog′ie [grch.], **1)** allg.: Lehre von den Gestalten oder Formen eines Sachoder Sinnbereichs, z. B. in der Kulturtheorie. **2)** ⊕ ♌ ♉ Lehre von Bau und Gestalt der Lebewesen und ihrer Organe. **3)** ⊕ →Geomorphologie.
M′orris, 1) Robert, amerikan. Bildhauer, Choreograph und Tänzer, * 1931, sein bildnerisches Werk ist grundlegend für die Plastik der minimal art.
2) William, engl. Dichter und Kunsthandwerker, * 1834, † 1896, erneuerte das Kunsthandwerk, indem er für werkstoffgerechte Handarbeit eintrat, leitete und von ihm entworfenen Drucktypen und Buchschmuck eine neue Buchkunst ein, schrieb das Rahmengedicht ,Das irdische Paradies' (1868-70), ein Arthur- und Nibelungenepos, Prosaromane im Sagastil.
Morrison of Lambeth [m′orisn ɔv l′æmbəθ], Herbert Stanley **M.,** Baron (1959), brit. Politiker (Labour Party), * 1888, † 1965, 1929-45 mehrmals Min., 1950/51 Außenminister.
Mors, Insel im Limfjord, Dänemark, 363 km², rd. 25 000 Ew.; Hafen- und Hauptort ist Nyköbing/Mors.
Moers, Stadt in Nordrh.-Westf., am Niederrhein, 53 800 Ew., Baustoff- und Metallindustrie.
Morse, Samuel, amerikan. Erfinder, * 1791, † 1872, entwickelte seit 1837 den ersten brauchbaren elektromagnet. Schreibtelegraphen **(M.-Apparat),** zunächst mit Zickzackschrift, dann mit dem Morsealphabet.
Morsealphabet, Morsezeichen, international genormtes Telegraphenalphabet, durch das Fünfalphabet des Fernschreibers fast völlig verdrängt.
Morse-Apparat, Telegraphengerät zur Übermittlung von Nachrichten mit dem

---

Morsealphabet

a	·—	g	——·	o	———	ü	··——
ä	·—·—	h	····	ö	———·		
b	—···	i	··	p	·——·	w	·——
c	—·—·	j	·———	q	——·—	x	—··—
ch	————	k	—·—	r	·—·	y	—·——
d	—··	l	·—··	s	···	z	——··
e	·	m	——	t	—	é	··—··
f	··—·	n	—·	u	··—		
1	·————	3	···——	6	—····	9	————·
2	··———	4	····—	7	——···		
		5	·····	8	———··		

Punkt ·—·—·—   Fragezeichen ··——··
Komma ——··——   Irrung ········
   Schlußzeichen ·—·—·
   Notruf: SOS ···———···

Morse-Alphabet über eine Drahtleitung. Durch Niederdrücken einer Taste werden lange oder kurze Stromstöße erzeugt, die beim Empfänger einen Elektromagneten erregen. Dessen Anker drückt einen Farbstift oder ein Farbrädchen auf einen gleichmäßig bewegten Papierstreifen. Der M. ist bes. vom Fernschreiber verdrängt worden.
Mörser der, **1)** Schale, in der harte Stoffe mit einem Kolben (Pistill) zerrieben werden. **2)** ⚔ Steilfeuergeschütz, früher →Granatwerfer.
Mortad′ella die, dicke, harte, haltbare Zervelatwurst aus Oberitalien; in Dtl. eine Fleischwurst aus Schweine- und Kalbfleisch.
Mörtel der, **Mauerspeise,** Gemisch aus Bindemitteln (Lehm, Gips, Kalk, Zement u. a.), Wasser und Zuschlagstoffen (Häcksel, Sand, Kies, Asbestfasern, Holzmehl u. a.) zum Verbinden von Steinen oder Ziegeln, zum Verputzen von Mauerwerk.
Mörtelbiene, eine einzeln lebende Biene, die mehrzellige Mörtelnester baut.
Mortifikati′on [lat.] die, Abtötung, Tilgung; Ungültigkeitserklärung.
M′orula [lat.] die, Zustand in der →Entwicklung bei Mensch und Tieren.
M′orus [engl. m′o:rəs], Thomas, →More.
Mosa′ik [arab. musauik ,geschmückt'] das, -s/-en, aus verschiedenfarbigen Teilchen zusammengesetzte Flächenverzierung, als Stiftmosaik (Tonstifte) im alten Orient verbreitet, als Kieselmosaik seit 5. Jahrh. v. Chr. als Bodenbelag in Griechenland verwendet. Figürliche M. hellenist. Zeit ahmten Malereien nach (Alexanderschlacht) und verwendeten außer farbigen Steinchen auch kleine Glaswürfel. Röm. M. sind meist von gröberer Art. Zu neuer Blüte entwickelte sich die Kunst des M. in frühchristl. Zeit, als ihr die Kirchenbauten neue Ausdrucksmöglichkeiten boten (Hauptwerke in Rom und Ravenna; 5.-9. Jahrh.). Im byzantin. Mittelalter erlebte die christliche Mosaikkunst eine zweite Blütezeit (Konstantinopel, Hosios Lukas, Daphni, 11.-13. Jahrh.), die bedeutende Werke auch in Venedig und auf Sizilien hervorbrachte.

Mosaik: Kopf eines Heiligen, 4. Jahrh. (Saloniki)

Der Mosaizist der Antike und des Mittelalters setzte seine Glaswürfel in frischen Putz. Seit dem 7. Jahrh. kommt auch verschiedenfarbiger Naturstein vor. In der modernen Mosaikkunst werden die Steine nach →Karton auf Papier oder Leinwand zusammengesetzt und die fertigen Teile mit der Rückseite auf die Wand befestigt. (Bild byzantin. Kunst)
Mosa′ikkrankheit, eine bei vielen Pflanzen auftretende fleckige Aufhellung des Blattgrüns, durch verschiedene Viren hervorgerufen; z. B. M. der Tabakpflanze.
Mos′aisches Gesetz, das auf Moses zurückgeführte Gesetz des jüd. Volkes.

links: Kreml, Glockenturm ‚Iwan Welikij', rechts: Palast des Obersten Sowjet

Mosbach, Stadt in Bad.-Württ., an der Elz, 13 900 Ew., Maschinen-, Armaturen-, Schuh- u. a. Industrie.

Mosch'ee [arab.] *die,* das islam. Gotteshaus, oft in Verbindung mit einer Hochschule (Medresse), Grundschule, Bibliothek, Gebäuden für Armen- und Krankenpflege.

M'oscherosch, Johann Michael, Pseudonym **Philander von Sittewald,** satir. Schriftsteller, * 1601, † 1669; ‚Wunderliche und warhafftige Gesichte Philanders von Sittewald' (1640-43), nach dem satir. Traumgesichten des Spaniers Quevedo.

Moeschlin, Felix, schweizer. Schriftsteller, * 1882, † 1961. Romane: ‚Der Amerika-Johann' (1912), ‚Barbar und Römer' (1931).

M'oschus *der,* Drüsensekret der männl. Moschushirsche von starkem charakterist. Geruch, Fixiermittel für Parfüms. Künstl. M. wird in Seifenparfümölen verwendet.

Moschusblume, die Bisamblume (→Flokkenblume).

Moschusbock, ein Bockkäfer.

Moschus|ente, Waldente Mittel- und Südamerikas, dunkelbraun mit grünem Glanz; der lebenden M. haftet ein leichter Moschusduft an; Nutztier.

Moschuskörner|öl, ätherisches Öl aus den Samen des indischen **Moschuseibisch,** in der Feinparfümerie verwendet.

Moschuskraut, Bisamkraut, ein Geißblattgewächs in Laubwäldern; mit dreiteiligen Blättern und grünlichen Blütchen, nach Moschus riechend.

Moschus|ochse, Horntier Grönlands und des arkt. Amerikas; schwarzbraun. Das Fleisch ist außer während der Brunftzeit wohlschmeckend.

Moschustiere, 1) geweihlose Hochge-

Moschusochse

birgstiere **(Moschushirsche),** Böcke sondern Moschus ab. 2) **Zwergmoschustiere,** urtümlichste, kleinste Wiederkäuer; hirschähnl., mit hauerartigem oberen Eckzahn. Das malaiische **Kantschil** hat nur 20 cm Widerristhöhe.

Moschuswurzel, Wurzel innerasiat. Doldenblüter **(Ferula);** Moschusersatz.

Mosel *die,* linker Nebenfluß des Rheins, 545 km lang, entspringt in den Vogesen, durchfließt das Lothringer Stufenland, windet sich in einem Engtal durch das Rheinische Schiefergebirge, mündet bei Koblenz. Die auf Grund des dt.-französ.-luxemburg. Staatsvertrags von 1956 durchgeführte Moselkanalisierung (14 Staustufen, 5 Sicherungshäfen) für 1500-t-Schiffe verbindet seit 1964 Lothringen, die Luxemburger Schwerind. um Esch und den Wirtschaftsraum Trier mit dem Rheinsystem.

Moseley [m'ouzli], Henry, engl. Physiker, * 1887, † (gefallen) 1915, fand, daß Kernladungszahl und Ordnungszahl eines Elements identisch sind, entdeckte das **M.sche Gesetz,** nach dem die Frequenz der von einem Atom ausgesandten Röntgenstrahlung nahezu proportional der Ordnungszahl des Elements wächst.

Moselle [moz'el], 1) französ. Name der →Mosel. 2) Dép. in NO-Frankreich, 6231 km², 971 300 Ew., Hauptstadt: Metz.

Moselweine, weiße, spritzige (säurereiche) Weine des dt. und luxemburg. Moselbereichs, rd. 8000 ha Rebfläche; größtenteils auf Schiefer mit Rieslingrebe.

Mosen, Julius, Schriftsteller, * 1803, † 1867; Gedichte (‚Andreas Hofer'), histor. Dramen, Versepen (‚Ahasver', 1838), Novellen (‚Bilder im Moose', 1846).

Moser, 1) Gustav von, Schriftsteller, * 1825, † 1903; Lustspiele.

2) Hans, eigentl. Jean **Juliet,** österreich. Schauspieler, * 1880, † 1964; Darsteller Wiener Originale.

3) Hans Joachim, Musikforscher, * 1889, † 1967, 1950-60 Direktor des Städt. Konservatoriums Berlin.

4) Johann Jakob, Rechtslehrer, * 1701, † 1785, stellte als erster das geltende dt. Staatsrecht vollständig dar: ‚Teutsches Staats-Recht', 50 Bde. (1737-54).

5) Karl, schweizer. Architekt, * 1860, † 1936, baute die Antoniuskirche in Basel (1926/28), eines der ersten Gebäude der modernen Architektur in der Schweiz. Sein Sohn Werner, * 1896, gehört zu den führenden Architekten der Schweiz.

6) Lukas, Maler des Magdalenenaltars in Tiefenbronn bei Pforzheim (1431), dessen miniaturhafter Realismus die Kenntnis der burgund. Miniaturmalerei voraussetzt.

Möser, Justus, Staatsmann, Publizist, Geschichtsschreiber, * 1720, † 1794, leitender Beamter im Fürstbistum Osnabrück, wirkte im erzieher. Geist der Aufklärung,

deren einseitige Rationalität er jedoch verwarf. Er zeigte das Wirken volkstüml. Kräfte und Überlieferung in Recht und Sitte der Gemeinschaft. ‚Osnabrückische Gesch.', 2 Bde. (1768), ‚Patriot. Phantasien', 4 Bde. (1774-86).

M'oses [hebr.], der Schöpfer der Jahwereligion als des ‚Bundes' zwischen Gott und dem Volk Israel, eine wohl geschichtl., doch von Sagen umwobene Gestalt (um 1225 v. Chr.). Nach dem A. T. wurde M. als neugeborenes Kind ausgesetzt und von einer Tochter des Pharao gerettet. Am Berge Sinai (Horeb) wurde er von Jahwe beauftragt, sein Volk aus Ägypten zu befreien. Jahwe offenbarte ihm am Sinai die Gesetze (→Pentateuch). Nach 40jährigem Wüstenzug eroberte M. das Land östlich vom Jordan; er starb auf dem Berg Nebo. - Bekannte Darstellungen des M. sind von C. Sluter und Michelangelo, ferner die Fresken von Signorelli und Botticelli in der Sixtin. Kapelle.

Moses, Anna Mary, * 1860, † 1961, nordamerikan. Farmersfrau, begann mit 75 Jahren **(Grandma M.)** naive Landschaftsbilder zu malen.

Mosi, Mossi, die wichtigste Bevölkerungsgruppe in Obervolta und N-Ghana, rd. 1,5 Mill. Menschen. Sie sind Muslime, haben hochentwickelte Handwerkskunst (Leder-, Metall-, Webarbeiten) und waren Gründer mehrerer Staaten, die z. T. bis in die französ. Kolonialzeit bestanden.

M'ösien, antike Landschaft südl. der unteren Donau, seit 29 v. Chr. röm. Prov., 86 n. Chr. in **Moesia inferior** (etwa N-Bulgarien) und **Moesia superior** (etwa O-Jugoslawien) geteilt; 382 von Theodosius I. den Westgoten eingeräumt.

M'oskau, russ. **Moskw'a,** Hauptstadt und größte Stadt der Sowjetunion und der RSFSR, an der Moskwa, 7,061 Mill. Ew. M. ist Sitz der obersten Sowjetbehörden und internationaler Organisationen. Eine Vielzahl von Bildungseinrichtungen macht es auch zum geistigen Zentrum: Universität, 75 Hochschulen, 135 Fachhochschulen, Kernforschungsinstitute, zahlreiche Bibliotheken, Museen, Galerien, Theater usw. In günstiger Verkehrslage im Mittelpunkt des Bahn-, Straßen- und Flugnetzes sowie mit Anschluß an das Binnenwasserstraßennetz ist M. Mittelpunkt eines hochentwickelten Wirtschaftsgebietes: Maschinen-, Fahrzeug-, Kugellager-, feinmechan., elektrotechn., chem., Textil- u. a. Ind., Hüttenwerk. Kern der Stadt ist der Kreml (davor Roter Platz mit Lenin-Mausoleum, Basilius-Kathedrale, 16. Jahrh.) mit alten Kirchen und Palästen. Um diesen Kern legen sich in konzentrischen Kreisen die jüngeren Stadtteile; die ehemaligen Wälle und Tore sind heute breiten Ringstraßen und Plätzen gewichen; das alte Stadtbild ist durch Neubauten im modernen Stil (6- bis 14stöckige Häuser, Wolkenkratzer) völlig verändert worden.

Geschichte. 1147 erstmals erwähnt, 1328 Hauptstadt eines Großfürstentums. Obwohl Peter d. Gr. die Residenz nach St. Petersburg verlegte, blieb M. geistl. und wirtschaftl. Mittelpunkt. 1812 wurde M. von Napoleon eingenommen, durch einen Brand zum großen Teil zerstört. 1918 wurde M. Hauptstadt der Sowjetunion.

Moskauer Konferenzen, 1) Treffen der Außenmin. der USA, Großbritanniens und der UdSSR 1943. **2)** Treffen zwischen Churchill und Stalin 1944. **3)** Außenmin.-Konferenz über die dt. Frage 1947.

Moskauer Künstler-Theater, gegr. 1898 von Stanislawskij und Nemirowitsch-Dantschenko mit dem Ziel, dem 'hohen Stil' des Hoftheaters und dem kommerziellen Theater ein 'Theater der Wahrheit und der Kunst' entgegenzustellen. Durch die Berufung E. G. Craig (1911) nach Moskau rückte das M. K.-T. an die Spitze der damals avantgardist. Bühnen. Heute ist die Pflege des Sozialist. Realismus die vordringl. Aufgabe des Theaters.

Moskauer Meer, Wolgastau im N von Moskau, 327 km² groß, jetzt Iwankowo-Stausee.

Moskauer Staat, das Großfürstentum Moskau (seit dem 14. Jahrh.), später das ganze Zarenreich (bis 1712).

Moskauer Vertrag, →Ostpolitik.

Mosk'ito [span.] der, Stechmücke, →Mükken.

Moskw'a, 1) russ. für →Moskau. **2)** Nebenfluß der Oka in der Russ. SFSR, 502 km lang, fließt durch Moskau, von hier an 180 km weit schiffbar.

Moslem, ältere engl. Schreibung für →Muslim.

Mosley [m'ɔzli], Sir Oswald, brit. Politiker, * 1896, seit 1931 Führer einer faschist. Bewegung ohne polit. Bedeutung.

Mosqu'itoküste, Niederung an der karib. Küste Nicaraguas und NO-Honduras.

Mossad'egh, Mohammed, iran. Politiker, * um 1880, † 1967, förderte die antibrit. Bewegung, verstaatlichte als MinPräs. (1951 bis 1953) die Anglo-Iranian Oil Co. Als M. versuchte, die Rechte des Schahs einzuschränken, wurde er abgesetzt und zu 3 Jahren Gefängnis verurteilt.

Mössbauer, Rudolf, Physiker, * 1929, Prof. in München, erhielt für den von ihm entdeckten Effekt (→**Mössbauer-Effekt**) 1961 den Nobelpreis.

Rudolf Mössbauer · Robert Musil

Mössbauer-Effekt, die praktisch rückstoßfreie Emission oder Absorption von Gammaquanten durch Atomkerne, die in das Kristallgitter eines Festkörpers eingebaut sind. Der M.-E. ermöglicht es, durch Kernresonanzfluoreszenz Gammastrahlenenergie genau zu messen.

Mossi, →Mosi.

m'osso [ital.], ♪ bewegt. **meno m.,** weniger bewegt. **più m.,** bewegter.

Most der, **1)** unausgegorener Traubensaft, wird in Grad Öchsle gemessen. **2)** Obstwein.

Mostar, Stadt in der Herzegowina, Jugoslawien, 56 000 Ew., oriental. Gepräge (Moscheen); Bauxitlagerstätten.

M'ostar, Gerhart Herrmann, eigentl. Gerhart **Herrmann,** Schriftsteller, * 1901;

Lyrik, Dramen, Romane, sozialkrit. Berichte aus dem Gerichtssaal.

Mostrich, Mostert der, Speisesenf.

Mosul, Hauptstadt der Prov. M. in Irak, am Tigris, 243 300 Ew.; gegenüber die Ruinen von Ninive. M. kam 1515 zu Persien, 1638 zur Türkei, wurde 1918 von den Engländern besetzt, 1925 vom Völkerbund dem Irak zugesprochen.

Moszkowski [mɔʃkˈɔfski], Moritz, Klaviervirtuose, Komponist, * 1854, † 1925.

Motala [mˈutala], Stadt in Östergötland, Schweden, am Vättersee und Götakanal, 28 600 Ew.; Elektro-, Phono- u. a. Ind., Wasserkraftwerk, Rundfunksender.

Motel [aus Motor und Hotel], Gastbetrieb, der bes. auf Unterbringung von Reisenden mit Kraftfahrzeugen eingestellt ist.

Mot'ette die, seit dem 15. Jahrh. die mehrstimmige Vertonung eines geistl. Textes für Singstimmen allein (a cappella) in strengen, kontrapunkt. Satz. Der Choral-M. liegt ein Choral zugrunde (Hauptmeister J. S. Bach).

Motherwell [mˈʌðəwel], Stadt in der Gfsch. Lanark, Schottland, 75 600 Ew., Kohlenbergbau, Eisen-, Stahlwerke.

Motilität [lat.] die, Beweglichkeit.

Moti'on [frz.] die, Bewegung; parlamentarisch: Antrag, Tadelsantrag, im schweizer. Recht bes. ein Antrag, der die Regierung beauftragt, bestimmte Gesetzesentwürfe vorzulegen.

Mot'iv [lat.] das, **1)** Beweggrund. **2)** Gegenstand eines Kunstwerks. **3)** kennzeichnender inhaltl. Bestandteil einer Dichtung. **4)** das kleinste selbständige Glied eines Musikstückes. **motivieren,** begründen. **Motivierung, Motivation** die, Begründung.

Motivforschung, allgemein: die psycholog. Erforschung der Motive für das Handeln; bes. ein Zweig der Marktforschung, der die Gründe für das Marktverhalten der Verbraucher untersucht.

m'oto [ital.], ♪ Bewegung. ♪ **con m.,** bewegt.

Moto-Cross [engl.], Motorradsport: Schnelligkeitsprüfungen auf Geländerennbahnen im Gegensatz zur Geländefahrt (Vielseitigkeitsprüfung für Maschine und Fahrer).

M'otor [lat.] der, Maschine, die Energie (z. B. Wärme, elektr. Energie) in mechanische Bewegungsenergie umwandelt, z. B. Dampf-M. (Dampfmaschine), Elektro-M., Stirling-M., Verbrennungs-M. (Diesel-M., Otto-M., Gas-M.), fälschl. auch Raketen-M.

Motorboot, ein Boot, dessen Schraube von einem Verbrennungsmotor (oft als Außenbordmotor, auch Gasturbine) angetrieben wird.

Motorbootsport, sportl. Wettbewerbe mit motorisierten Fahrzeugen auf Regattastrecken in stehendem und fließendem Wasser. Die Rennen erfordern Schnelligkeit, Wendigkeit und Geschicklichkeit und werden in der Regel um zwei Bojen ausgetragen; gefahren wird gegen den Uhrzeigersinn.

Motorbremse, die Verwendung des An-

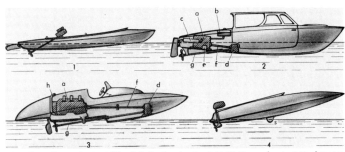

Motorboot. Tourenboote: **1** M. mit Seitenbordmotor. **2** Kajüt-Tourenboot mit Heckmotor. *Sportboote:* **3** Quer- und Längsstufenrennboot (Dreipunktboot). **4** Außenbordmotor-Rennboot (Gleitboot); a Motor, b Kraftstoffbehälter, c Schalldämpfer (Abgas), d Winkelgetriebe, e Batterie, f Kardanwelle, g Propellerwelle, h Luftsaugkanal, s Stabilisierungsflosse

triebsmotors zum Bremsen bei der Talfahrt eines Kraftwagens.

Motorfahrrad, kurz **Mofa,** Fahrrad mit Hilfsmotor bis 50 cm³ Hubraum, bis 25 km/h, steuer-, führerschein- und zulassungsfrei.

Motorgenerator, Umformer, elektr. Maschinensatz zur Umformung einer Stromart in eine andere: ein Elektromotor treibt mechanisch mit ihm gekuppelte, elektrisch aber getrennte Generatoren an.

mot'orisch, 1) maschinengetrieben. **2)** bewegend, treibend, vorwärtsdrängend.

motorische Nerven, die Bewegungsnerven (→Nerven).

Motorisierung die, der Ersatz menschl. und tier. Kraft durch Motorkraft; im Straßenverkehr eine Richtgröße bes. für den Individualverkehr.

Motorrad, das →Kraftrad.

Motorradsport, umfaßt Schnelligkeitswettbewerbe (Straßen- oder Bahnrennen), Zuverlässigkeitsprüfungen und große, meist internat. Sternfahrten (Rallyes, Dauerprüfungen). Wichtige Rennstrecken: Nürburgring, Hockenheimring, Monza, Indianapolisbahn (USA).

Motorroller, Zweiradfahrzeug, das gegenüber dem Kraftrad freien Fußraum vor dem Sattel, kleinere Räder, besseren Schmutzschutz hat. Ottomotor bis 175 cm³.

Motorschiff, durch Verbrennungskraftmaschine (Dieselmotor oder Gasturbine) angetriebenes Schiff.

Motorschlitten, durch einen Verbrennungsmotor mit Luftschraube, Gleisketten oder Raupenband fortbewegter Schlitten.

Motorsegler, Segelflugzeug oder Segelboot mit Hilfsmotor.

Motorsport, Sammelbez. für alle Sportarten, die zu Lande und zu Wasser mit Motorfahrzeugen ausgeübt werden, →Automobilsport, →Motorradsport, →Motorbootsport.

Mott, John Raleigh, amerikan. methodist. Laie, * 1865, † 1955, Gründer und 1895-1929 Generalsekr. des Christl. Studentenweltbundes, 1915-28 Generalsekr. des YMCA; 1946 Friedens-Nobelpreis.

M'otta, Giuseppe, schweizer. Politiker (Kath.-Konservativer), * 1871, † 1940, 1899 bis 1911 Mitgl. des Nationalrats, seit 1912 des Bundesrats. 1915-37 wiederholt Bundespräsident.

M'otta SpA., Mailand, zweitgrößter italien. Konzern der Süßwarenindustrie; gegr. 1919, seit 1937 AG. Dt. Tochtergesellschaft: Motta GmbH., Wiesbaden. Kapital: 16,5 Mrd. Lire; Beschäftigte rd. 6000 (1970).

Motten Mz., verschiedene Kleinschmetterlinge. Die Raupen der **Kleider-M.** fressen tierische Fasern, die der **Pelz-M.** zerstören Pelze; Bekämpfung mit M.-Mitteln. (Bild Schädlinge)

Mottenkraut, Pflanzen, die durch ihren Geruch Motten vertreiben sollen, so **Mottenkönig** (ein Hahnensporn).

M'otto [ital. 'Leitspruch'] das, einer Schrift oder einem Abschnitt vorausgesetztes Zitat, Sprichwort usw., das Inhalt oder Absicht der Ausführungen andeutet.

Mottram [m'ɔtrəm], Ralph Hale, engl. Schriftsteller, * 1883; Kriegsroman ‚Der span. Pachthof' (1924-26).

M'otu pr'oprio [lat.] *das*, ein von einem Ordinarius, bes. dem Papst, ‚aus eigenem Antrieb' herausgegebener Erlaß.

Motz, Friedrich von, * 1775, † 1830, seit 1825 preuß. Finanzmin., schloß 1828 den Zollvertrag zwischen Preußen und Hessen-Darmstadt, die wichtigste Voraussetzung für den dt. →Zollverein.

Motze, Glasherstellung: feuchtgehaltene Holzform zum Formen der Glasmasse.

Mouche [muʃ, frz.] *die*, Bartform: Fliege.

Mouches volantes [muʃ vɔl'ãt, frz.], fliegende Mücken (→Mückensehen).

mouill'ieren [muj'iren, frz.], erweichen.

mouilliert, Ⓢ erweicht am Vordergaumen ausgesprochen: n wie nj, l wie lj.

Moulage [mul'aːʒ, frz.] *der* oder *die*, Abguß, bes. ein anatom. Wachspräparat.

Mouliné [mulin'e,] *der*, Gewebe mit gesprenkeltem Aussehen aus M.-Garnen.

Moulins [mul'ɛ̃], Hauptstadt des französ. Dép. Allier, 26 000 Ew., am Allier; hat Kathedrale (15. Jahrh., →Meister von Moulins), Reste der Stadtbefestigung; Textil-, Leder-, Metallindustrie.

Moulmein [mulm'ein], Stadt in Birma, 168 800 Ew., Reis-, Teakholzhandel.

Mound [maund, engl.], vorgeschichtl. Erd- und Steinhügel für Bestattungen, Versammlungen; Befestigungen.

Mount [maunt, engl.], Berg.

Mountbatten [maunt'ætn, →Battenberg]. **1)** Louis, Earl M. of Burma, brit. Admiral, * 1900, 1947 letzter Vizekönig von Indien, 1955-59 Erster Seelord und Stabschef der brit. Flotte, 1959-65 Chef der Verteidigungsstabes.

2) Neffe von 1), Gemahl Königin Elisabeths II., →Philipp.

Mount Cook [-kuk], mit 3764 m der höchste Berg Neuseelands, Naturschutzpark (69 km²); Wintersportgebiet.

Mount Elbert [-'elbə:t], höchster Berg des Felsengebirges, USA, 4395 m.

Mount 'Erebus [-], tätiger Vulkan auf der Ross-Insel (Antarktis), 3794 m hoch.

Mount Everest, →Everest.

Mount Logan [-l'ougən], vergletscherter Gipfel in den Saint Elias Mountains, an der Grenze Alaskas und Kanadas, 6050 m hoch.

Mount McKinley [-mək'inli], der höchste Berg Nordamerikas, in der Alaskahauptkette, 6193 m hoch, Nationalpark.

Mount Mitchell [-m'itʃəl], mit 2037 m der höchste Gipfel der Appalachen (USA).

Mount Palomar [-p'æloma:], Berg in Kalifornien, USA, 1871 m hoch, Sternwarte mit Spiegelteleskop (5 m ⌀).

Mount Rainier [-r'einjə], auch **Mount Tacoma**, 4392 m hoher, vergletscherter erloschener Vulkankegel im Staat Washington, USA, Nationalpark.

Mount Robson [-r'ɔbsn], 3954 m hoher Gipfel im Kanad. Felsengebirge.

Mount Vernon [-v'əːnən], Landsitz G. Washingtons am Potomac, Virginia, USA, seit 1859 Gedenkstätte (Wohnhaus, Grab).

Mount Wilson [-wilsn], Berg in Kalifornien, USA, 1740 m hoch, Sonnenobservatorium der Carnegie-Stiftung.

mouss'ieren [mus'irən, frz.], schäumen.

Moustérien [musteri'ɛ̃, nach Le Moustier, Dordogne], Kulturstufe der Altsteinzeit.

Mouvement Républicain Populaire [muvm'ã repyblik'ɛ̃ pɔpyl'ɛr], **MRP**, 1944-67 die Republikan. Volksbewegung in Frankreich, getragen von der Christlich-demokrat. Bewegung.

Möwen Mz., Fam. der M.-Vögel, einer aus Echten M., Raubmöwen, Scherenschnäbeln und Seeschwalben gebildete Unterordnung. Die **Echten M.** haben Schwimmfüße und zugespitzte Flügel; leben von Fischen. An mitteleurop. Seen und Flüssen: die **Lach-M.**, an der Nordseeküste bes. **Silber-M., Sturm-M., Herings-M.**

Mozambique, →Moçambique.

Moz'araber, die Christen im mittelalterl. Spanien, die unter islam. Herrschaft Toleranz genossen, sich aber ihrer arab. Umwelt anpaßten. In der Kunst bildeten die M. den **Mozarabischen Stil** aus; in ihm verbinden sich roman. mit maur. Formen.

Mozart, 1) Leopold, Komponist, * 1719, † 1787; Kirchenwerke, Oratorien, Divertimenti, Konzerte.

2) Wolfgang Amadeus, Komponist, Sohn von 1), * Salzburg 27. 1. 1756, † Wien 5. 12. 1791, erregte schon sechsjährig mit Klavierspiel und Kompositionen Bewunderung. 1769 wurde er erzbischöfl. Konzertmeister in Salzburg, 1781 ging er nach Wien, wo in schneller Folge die Meisterwerke entstan-

W. A. Mozart (Ausschnitt aus einem unvollendeten Ölbild von Joseph Lange, 1782/83)

den. 1782 heiratete er Constanze Weber aus Mannheim. Noch nicht sechsunddreißigjährig, erlag er einer schleichenden Krankheit. Er wurde in der ‚allgemeinen Grube' beerdigt; der Platz war schon nach wenigen Tagen nicht mehr sicher festzustellen. - M. steht in der Wiener Klassik zwischen Haydn und Beethoven. Sein Schaffen umspannt alle Gebiete der Musik. Mit der ‚Hochzeit des Figaro' (1786) schuf er ein Meisterwerk des musikal. Charakterlustspiels und im ‚Don Giovanni' (1787) mit der an Shakespeare gemahnenden Vermischung tragischer und kom. Züge eine ganz neue Spielart der Oper. Das dt. Singspiel entwickelte er in der ‚Zauberflöte' (1791) zur Oper. Die Instrumentalmusik, im Geiste des Rokoko begonnen, vertiefte er in Form und Inhalt. - Opern und Singspiele: Bastien und Bastienne (1768), Idomeneo (1781), Die Entführung aus dem Serail (1782), Der Schauspieldirektor (1786), Così fan tutte (1790). Orchester: 45 Sinfonien, u. a. die ‚Jupitersymphonie' (C-Dur, 1788), Kassationen, Divertimenti. Instrumentalkonzerte für Geige, Klavier u. a. Kammermusik: Sonaten, Trios, Quartette, Quintette. Kirchenmusik: Krönungsmesse, Requiem. Verzeichnis der Werke bearb. von L. Köchel (Köchel-Verzeichnis).

Mozart'eum, die Internationale Stiftung M. (Pflege der Mozartmusik, Mozartforschung) und die Akademie für Musik und darstellende Kunst M. in Salzburg.

Moz'etta [ital.] *die*, Kath. Kirche: Schulterkragen der höheren Geistlichen.

Lachmöwe

m. p., ♪ Abk. für mezzopiano, →mezzo.

Mp, Abk. für **Megapond**, 1 Mill. Pond. Maßeinheit der Kraft oder des Gewichts, gleichbedeutend mit Tonne.

M. P. [em piː, engl.], Abk. für 1) **Maschinenpistole**. 2) **Member of Parliament**. 3) **Military Police**.

Mr., engl., **Mister**, Herr.

Mrozek [mr'ɔʒek], Sławomir, poln. Schriftsteller, * 1930, Satiriker. Erzählungen (‚Der Elefant', 1957); Komödien (‚Die Polizisten', 1958), Stücke (‚Tango', 1964).

MRP, Abk. für →**Mouvement Républicain Populaire**

Mrs. [m'isiz, engl.], **Mistress**, Frau.

MS, Ms., Mskr., Abk. für **Manuskript**.

Msgr., Mgr., Abk. für **Monsignore**.

MTA, Abk. für Medizinisch-techn. Assistentin.

MTS, Dt. Dem. Rep.: Abk. für **Maschinen-Traktoren-Station**.

Muche, Georg, * 1895, Lehrer am Bauhaus, malte abstrakte, dann sich dem Surrealismus nähernde Bilder, bes. aus der Pflanzenwelt.

Mücheln (Geiseltal), Stadt im Bez. Halle, 10 000 Ew., 775 erstmals erwähnt, seit 1350 Stadt. Mittelpunkt eines Braunkohlengebiets.

Mucine, schleimartige Substanzen bestimmter Zellen (Schleimzellen), vor allem Eiweiß-Kohlehydrat-Verbindungen.

M'ucius, Gaius M. **Scaevola** [,Linkshand'], verbrannte, dem röm. Mythos nach, seine rechte Hand, um seinen Mut zu beweisen, und versicherte, er sei nur einer von 300 Gleichgesinnten. Darauf gab der Etrusker Porsenna die Belagerung Roms auf.

Muck, Carl, Kapellmeister, * 1859, † 1940, Dirigent, bes. der Bayreuther Festspiele.

Mücken Mz., Zweiflüglerinsekten; Larven leben in Wasser oder pflanzl. Stoffen. Die **Stech-M.** oder **Moskitos** haben einen Stechrüssel. Die Weibchen der Echten Stech-M. saugen Blut an Mensch, Säugetieren, Vögeln. Zur **Mückenbekämpfung** dienen Insektizide.

Mückensehen *das*, eine Gesichtstäuschung durch Trübungen im Glaskörper des Auges (**Fliegende Mücken**).

Muckermann, 1) Friedrich, Literaturkritiker, * 1883, † 1946, Bruder von 2), Jesuit, emigrierte 1933, ein Hauptführer des kath. Widerstands gegen den Nationalsozialismus.

2) Hermann, Eugeniker, * 1877, † 1962, Jesuit; leitete das Institut für natur- und geisteswissenschaftliche Anthropologie in Berlin.

Mudéjar-Stil [-d'exar, arab.], der nach Vertreibung der Mauren entstandene Stil der span. Kunst, in dem sich vorwiegend islam. Formen mit abendländ. verbinden. Blütezeit: 15. und 16. Jahrh.; Hauptwerke in Toledo, Sevilla, Córdoba.

Mu'ezzin [arab.], der islam. Gebetsrufer auf dem Minarett.

Muff, Kleidungsstück zum Händewärmen.

Muffe *die*, kurzes Rohrstück, oft mit Innengewinde, zum Verbinden von Rohren.

Muffel, 1) *die*, feuerfestes Schutzgefäß zum Brennen von Porzellan u. a. 2) *der*, Maul, Teil um die Nasenlöcher bei Ziegen, Schafen u. a. 3) *der*, mürrischer, unmoderner Mensch.

Muffelfarben, auf die Glasur gemalte Farben; werden in einer Muffel eingebrannt.

Muffel|ofen, keramischer Ofen zum Brennen der Waren in Muffeln.

M'ufflon [frz.] *der*, ein Wildschaf (→Schafe), das **Muffelwild**.

Mufti [arab. ,Entscheider'] *der*, Rechtsgelehrter im Islam, der Gutachten nach religiösem Recht abgibt.

Müggelsee, See im SO von Berlin; südlich davon die bis 115 m hohen **Müggelberge**, Reste einer Endmoräne.

Muhammad, →Mohammed.

Mühl|acker, Stadt in Bad.-Württ., 13 800 Ew., Funkturm des Süddt. Rundfunks; opt., Metall-, Maschinen- u. a. Industrie.

Mühlberg/Elbe, Stadt im Bez. Cottbus. -

24. 4. 1547 Sieg Karls V. bei M. (auf der **Lochauer Heide**) über die dt. Protestanten (→Schmalkaldischer Krieg).

Mühldorf am Inn, Stadt in Oberbayern, 11 000 Ew.; alte Bauwerke: u. a. Katharinenkirche (13. Jahrh.); Rathaus (15. Jahrh.); Schloß (16. Jahrh.) der Fürstbischöfe von Salzburg. Textil-, Elektroindustrie. - 28. 9. 1322 Sieg Ludwigs des Bayern über Friedrich den Schönen.

Mühle, 1) Gerät oder Anlage zum Zerkleinern von Stoffen, oft bis zur Mehlfeinheit. Nach der Bauart werden z. B. unterschieden: **Glocken-, Rohr-, Hammer-, Prall-, Kugel-, Durchlauf-M.**, nach dem Antrieb: **Dampf-, Motor-, Wasser-, Wind-, Hand-, elektr. M.** Auch Betriebe, in denen nicht gemahlen, sondern grob zerkleinert wird, heißen M., z. B. **Schneide-M., Säge-M., Öl-M. 2)** Brettspiel zwischen 2 Personen mit je 9 Steinen.

Mühlhausen/Thür., Stadt im Bez. Erfurt, an der Unstrut, 45 400 Ew.; Textil-, Holz-, Leder- u. a. Industrie. Alte Bauwerke: Stadtmauer, St.-Blasius- (13./14. Jahrh.), Marienkirche (14. Jahrh.) u. a. 1256-1802 Freie Reichsstadt.

Mühlheim am Main, Stadt in Hessen, 22 000 Ew.; Metall-, Leder-, Elektroind.

Mühlsteine, kreisrunde Steine von 1 bis 2¹/₂ m Durchmesser mit Furchen, zwischen denen das Gut zerkleinert wird.

Mühlsteinkragen, der →Duttenkragen.

Mühlviertel, Landschaft in Oberösterreich, nördlich der Donau.

Mühsam, Erich, sozialist. Politiker, Schriftsteller, *1878, † (ermordet, KZ) 1934; revolutionärer Lyriker, Dramatiker, Essayist; 1919 Mitgl. der Münchner Räteregierung.

Muisca [mw'iska], Indianerstamm der Chibcha-Sprachgruppe in Kolumbien, z. Z. der span. Eroberung mit hochentwickelter Kultur (Keramik, Goldarbeiten).

Mujibur Rahman, Scheich, ostpakistan. Politiker, *1920, war maßgeblich an der Errichtung des unabhängigen Staates →Bangla Desh beteiligt, wurde im Januar 1972 dessen MinPräs.

Muk'atschewo, ungar. **Munkács**, Stadt in der Ukrain. SSR (seit 1945) am SW-Rand der Waldkarpaten, 61 000 Ew.; Industrie. M. gehörte bis 1920 und 1938-45 zu Ungarn. 1920-38 zur Tschechoslowakei.

Mukden, Stadt in China, heute →Schenyang.

Mul'atte [span.] der, Mischling zwischen Weißen und Negern.

Mulde die, linker Nebenfluß der Elbe, entsteht bei Klein-Sermuth aus der **Zwickauer M.** (128 km, aus dem W-Erzgebirge, Talsperre) und der **Freiberger M.** (102 km, aus dem O-Erzgebirge), von dort an 124 km lang, mündet bei Dessau.

Mulde die, große, flache Senke der festen Erdoberfläche.

Mülh'ausen, französ. **Mulhouse** [myl'u:z], Stadt im Oberelsaß, im französ. Dép. Haut-Rhin, an der Ill und dem Rhein-Rhône-Kanal, 118 600 Ew.; Mittelpunkt der Textilindustrie; Metall-, chem., Papierind. Verlage u. a.; Kalihandel.

Mülheim a. d. Ruhr, Industriestadt in Nordrh.-Westf., 191 000 Ew., Binnenschiffahrtsverbindung über die kanalisierte Ruhr mit Rhein und Rhein-Herne-Kanal. Eisen-, Hütten-, Stahl-, Elektronik- u. a. Industrie, Erdölraffinerie; Max-Planck-Institut für Kohlenforschung.

Mülhens, Ferdinand M., Köln, die Firma ,4711' zur Herstellung von Körperpflegemitteln, gegr. 1792 von Wilhelm M.

Mull, leichtes, einfädiges, halbdurchsichtiges Baumwollgewebe in Leinwandbindung für Blusen, Schals, Vorhänge, als **Verband-M.** saugfähig und keimtötend.

Müll [niederdt.] der, Sammelbez. für feste Abfallstoffe, wie Hausmüll, Straßenkehricht, Gewerbe- und Industriemüll. Der **Haus-M.** (in dt. Großstädten etwa 0,5 bis 1,5 kg je Tag und Kopf) muß im Interesse der Gesundheit der Bewohner und der

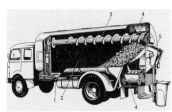

Müll: Müllwagen. 1 hydraulischer Antrieb für Be- und Entladeeinrichtung. 2 Müllbehälter. 3 Verteilerschnecke. 4 Förderrad. 5 Schüttungsöffnung

Sauberhaltung der Wohnsiedlungen regelmäßig entfernt werden. Ein Merkmal des **Industrie-M.** ist seine besondere Zusammensetzung, in der einzelne Bestandteile stark überwiegen; für giftige Abfallstoffe müssen Vorsichtsmaßnahmen getroffen werden, ebenso für aus medizin. Bereichen (Krankenhäusern u. ä.).

Zur **M.-Abfuhr** dienen M.-Wagen, die eine Hebevorrichtung für M.-Behälter und einen eingebauten M.-Verdichter besitzen. M.-Wagen haben einen Nutzraum von 6-18 m³. Der M. wird an abgelegenen Stellen, den M.-Kippen (Deponie), in etwa 1-2 m starken Schichten abgelagert, mit einer Laderaupe verdichtet und mit Humus- oder Lehmboden abgedeckt. Eine ungeordnete Form der M.-Ablagerung hat zu erheblichen hygien. Mißständen und häufig zu Grundwasserverunreinigung geführt. Radikaler ist die M.-Verbrennung (Ausnutzung der Abwärme, auch der anfallenden Schlacke). Schwierigkeiten bereitet die Beseitigung von Großabfällen (z. B. Autowracks) und sich nicht zersetzendem Kunststoff. Roh-M. eignet sich auch als landwirtschaftl. Dünger. In Kompostierungsanlagen stellt man **Müllkompost** her.

Muller [m'ʌlə], Hermann Joseph, Biologe, *1890, † 1967. Durch Röntgenbestrahlung konnte M. bei Taufliegen künstl. Mutationen erzeugen; 1946 Nobelpreis für Medizin.

Müller, Lehrberuf in Handwerk und Ind. mit 3jähriger Lehrzeit; danach Gesellenprüfung, später Meisterprüfung.

Müller, 1) Adam Heinrich, Ritter von **Nittersdorff** (1826), Staats- und Gesellschaftstheoretiker der Romantik, *1779, † 1829, nach wissenschaftl. Tätigkeit in Dresden und Berlin trat er 1813 in den österreich. Staatsdienst.

2) Friedrich, gen. **Maler Müller**, Maler und Dichter, *1749, † 1825, Hofmaler in Mannheim, lebte seit 1778 in Rom; derbrealist. Idyllen (,Die Schafschur', ,Das Nußkernen'); Dramen in kraftgenialischem Stil

(,Fausts Leben', 1776, unvollendet; ,Golo und Genoveva'). Von Goethe wurde M. später abgelehnt, von den Romantikern überschätzt.

3) Friedrich von (1807), Jurist, *1779, † 1849, wurde 1815 weimar. Kanzler; hatte Beziehungen zu Goethe.

4) Friedrich Max, Sprachforscher, *1823, † Oxford 1900, führte die vergleichende Sprachwissenschaft in England ein.

5) Gebhard, Jurist, Politiker (CDU), *1900; 1948-52 Staatspräs. von Württemberg-Hohenzollern, 1953-58 MinPräs. von Baden-Württ., 1958-71 Präs. des Bundesverfassungsgerichts.

6) Georg, Verlagsbuchhändler, *1877, † 1917, gründete 1903 in München den Georg Müller-Verlag, förderte bes. dt. Buchkunst und neue Literatur (Strindberg, Wedekind).

7) Gerhard, Jurist, *1912, seit 1963 Präs. des Bundesarbeitsgerichts.

8) Günther, Literarhistoriker, *1890, † 1957, Prof. in Münster, Bonn, einer der Hauptvertreter der morpholog. Literaturwissenschaft.

9) Hermann, Politiker (SPD), *1876, † 1931, unterzeichnete als Reichsaußenminister (1919/20) den Versailler Vertrag; 1920 und 1928-30 Reichskanzler.

10) Johann, Astronom, →Regiomontanus.

11) Johann Gottwerth, genannt **M.** von Itzehoe, Schriftsteller, *1743, † 1828; humoristische Romane.

12) Johannes von (1791), Historiker, *1752, † 1809. Hauptwerk: Geschichten d. Schweizer. Eidgenossenschaft, 5 Bde. (1780-1808; Quelle für Schillers ,Tell').

13) Johannes, evang. religiöser Schriftsteller, *1864, † 1949, gründete in Schloß Mainberg, seit 1916 in Schloß Elmau, Begegnungsstätten.

14) Johannes Peter, Physiologe, *1801, † 1858; führte die neuzeitl., naturwissenschaftlich begründete Heilkunde ein.

15) Josef, Politiker (BVP, CSU), *1898, Rechtsanwalt, 1947-49 stellvertretender MinPräs., 1947-49 und 1950-52 Justizmin. in Bayern.

16) Karl Otfried, *1797, † 1840, Altphilologe, Archäologe, legte den Grund für die Erforschung der ältesten griech. Geschichte.

17) Paul Hermann, schweizer. Chemiker, *1899, † 1965; entdeckte die Wirkung des DDT als Insektengift; Nobelpreis für Medizin 1948.

18) Wilhelm, Dichter, *1794, † 1827; im Volksliedton gehaltene Lieder (,Am Brunnen vor dem Tore'); Liederkreise ,Müller-Lieder' (1816) und ,Winterreise' (1823), beide von Schubert vertont; ,Griechenlieder' (1821-24). Gedichtsammlung.

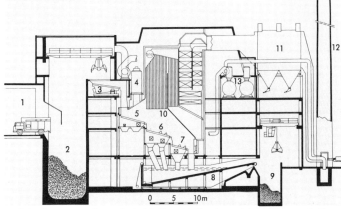

Müll: Verbrennungsanlage. 1 Entladehalle. 2 Müllbunker. 3 Schüttelrinne. 4 Altölbrenner. 5 Vertrocknungsrost. 6 Hauptrost. 7 Ausbrandrost. 8 Schlackenkanal. 9 Schlackenbunker. 10 Kessel. 11 Elektrostaubfilter. 12 Hochkamin. 13 Speisewasserbehälter mit Entgaser

O. Mueller: Zigeuner mit Sonnenblume, 1927 (Saarbrücken, Saarlandmuseum)

19) Wolfgang, genannt **M. von Königswinter**, Arzt und Schriftsteller, * 1816, † 1873; rhein. Lieder, Märchen, Erzählungen.

Mueller, Otto, Maler, * 1874, † 1930, gehörte zur Gemeinschaft der →Brücke, malte jugendl. herbe, zigeunerhafte Gestalten, die er harmonisch in die Natur einfügte.

Müller-Armack, Alfred, Volkswirtschaftler, * 1901, Prof. in Köln, Münster, 1958 bis 1963 Staatssekr. im Bundeswirtschaftsministerium; prägte den Begriff ‚Soziale Marktwirtschaft‘.

Müllerei, die Gewinnung von mehlartigen Erzeugnissen durch Mahlen. In Getreidereinigungsmaschinen werden die Körner von Fremdkörpern befreit, im Konditionierapparat auf gleichmäßigen Feuchtigkeitsgehalt gebracht und in Walzenstühlen allmählich zu Mehl zerkleinert. Nach jedem Walzenstuhl wird das Mahlerzeugnis in Sichtern getrennt, dabei Kleie abgeschieden, und dann weiterverarbeitet. - **Lohn-** oder **Kundenmühlen** vermahlen das Getreide nur im Lohn. **Handelsmühlen** verkaufen die Mahlerzeugnisse.

Müller-Guttenbrunn, Adam, Schriftsteller, * Guttenbrunn (Banat) 1852, † 1923; Romane (‚Der große Schwabenzug‘, 1913), volkskundl. Abhandlungen.

Müller-Schlösser, Hans, Schriftsteller, * 1884, † 1956, rhein. Schnurren; Komödie ‚Schneider Wibbel‘ (1914).

Müller-Thurgau, früh reifende, blumige Rebsorte; nach dem schweizer. Weinbauforscher H. Müller-Thurgau (1850-1927).

Müllheim, Stadt in Bad.-Württ., 9000 Ew.; Hauptort des Markgräfler Weinbaugebiets; Metallwaren-, Textil- u. a. Ind.

Mulliken [mʌlikən], Robert Sanderson, amerikan. Physiker, * 1896; 1966 Nobelpreis für Chemie für die Entwicklung der Theorie der Molekularbahnen.

Mullit der, feuerfestes Aluminiumsilicat, bildet sich beim Erhitzen von Andalusit, Sillimanit, Cyanit oder Tonmineralen.

Müllner, Adolf, Schriftsteller, * 1774, † 1829, rief mit dem Einakter ‚Der 29. Februar‘ (1812) die Theatermode der Schicksalstragödien hervor.

Mult'an, Stadt in Pakistan, 358 200 Ew.; Textil-, Leder-, Keramik- und Emailind.

Multatuli [lat.], Deckname von Eduard **Dowes-Dekker,** niederländ. Schriftsteller, * 1820, † 1887; kolonialpolit. Anklageroman ‚Max Havelaar‘ (1860).

m'ulti... [lat.], vielfach..., mehrfach...

multilateral [lat.], mehrseitig, z. B. polit. Abkommen zwischen mehr als zwei Partnern. **multilateraler Zahlungsverkehr,** zwischenstaatl. Zahlungsverkehr, an dem mehr als zwei Staaten beteiligt sind.

M'ulti-M'edia [lat.], **Mixed-Media, Inter-Media,** seit etwa 1960 die Zusammenfassung mehrerer kultureller Medien, z. B. audiovisuelle Unterrichtsmittel, die Verbindung von Plastik und Malerei u. a.

mult'ipel [lat.], vielfach, vielfältig.

multiples [m'ʌltiplz, engl.] Mz., in serienmäßiger Auflage hergestellte Kunstobjekte.

mult'iple Skler'ose [grch.-lat.] die, Krankheit des Gehirns und Rückenmarks mit zerstreuten Krankheitsherden, die Empfindungsstörungen und Muskellähmungen verursachen. Ursache ungeklärt.

M'ultiplexverfahren, Vielfachübertragung, die gleichzeitige Übertragung mehrerer Nachrichten über denselben Nachrichtenkanal. Beim **Zeit-M.** werden die Nachrichten in kurze Impulse zerlegt, die abwechselnd übertragen werden.

Multiplikati'on, Grundrechnungsart; in der Arithmetik auch als Malnehmen bezeichnet. Bei ganzen Zahlen ist die M. ein Vervielfältigen des Multiplikanden mit dem Multiplikator, etwa $3 \cdot 8 = 8 + 8 + 8 = 24$. Die M. ist auch für Brüche, Irrationalzahlen, Funktionen und andere abstrakte mathemat. Größen, z. B. Elemente von Gruppen, erklärbar.

Multiplik'ator, 1) →Multiplikation. **2)** Wirtschaftstheorie: eine Zahl, die die durch eine Investition ausgelöste Zunahme des volkswirtschaftlichen Gesamteinkommens zum Ausdruck bringt.

Multivibr'ator, eine Gegeneinanderschaltung von zwei Elektronenröhren oder Transistoren zum Erzeugen von Kippschwingungen.

Multscher, Hans, Bildhauer, Maler, * um 1400, † 1467, tätig in Ulm, malte die stark realist. Flügelbilder des Wurzacher Altars (1437, Berlin, Staatl. Museen), schuf die Altarfiguren der Pfarrkirche in Sterzing (1456-58). Viele Stein- und Holzbildwerke.

H. Multscher: Kopf des hl. Florian (Sterzing)

Muluj'a, Moulouya, Fluß in Marokko, rd. 500 km lang, mündet ins Mittelmeer.

M'umebaum, japan. Baum mit weiß-rötl. Blüten, aprikosenähnl. bitteren Früchten.

M'umie [aus arab.] die, auf natürl. Weise (z. B. Austrocknung) oder durch künstl. Verfahren vor Verwesung geschützte Leiche. **Mumifizierung** war in Ägypten (Beginn des 3. Jahrtsd.), ferner im nördl. Chile, in Peru, in Ecuador bekannt. Heute wird mit sehr starker Formalinbehandlung eine Art Mumifizierung vorgenommen; die Schrumpfung der Leiche ist hier gering.

Mumienbildnis, in meist mit Wachsfarben auf eine Holztafel gemaltes Bildnis aus dem 1.-4. Jahrh. v. Chr., mit dem das Gesicht ägypt. Mumien bedeckt wurde. Viele M. wurden im Faijum gefunden.

Mumifikati'on [lat.] die, 1) Einbalsamierung, →Mumie. 2) $\circledast$ trockener Brand.

Mummel, Mümmel die, ⊕Seerose.

Mummelsee, See an der Hornisgrinde, im nördl. Schwarzwald, 1032 m ü. M.

Mummenschanz [frz.] der, Maskenfest, Maskenscherz.

Mumps der, **Ziegenpeter, Bauernwetzel,** Virus-, meist Kinderkrankheit, mit entzündl. Schwellung der Ohrspeicheldrüse.

Munch [-nk], Edvard, norweg. Maler und Graphiker, * 1863, † 1944, bis 1909 in Paris und Dtl., dann in Norwegen tätig, fand einen ausdrucksstarken eigenen Stil zügig geschwungener Linien und lebhafter Farben, der wegweisend für den Expressionismus wurde. Außer Landschaften schuf er Figurenbilder, aus denen Angst und Verlorenheit des Menschen spricht.

Münch, Charles, Dirigent, * 1891, † 1968; 1948-62 Leiter des Sinfonieorchesters Boston.

Muench, Aloys Joseph, Kardinal, * 1889, † 1962; 1935-59 Bischof von Fargo (USA), 1951-59 Nuntius für Dtl., seit 1959 Kardinal.

Münchberg, Stadt in Oberfranken, Bayern, 10 300 Ew.; Textilfach-, Ingenieurschule; Textilindustrie.

München, die Hauptstadt Bayerns, an der Isar, 1,32 Mill. Ew.; Sitz zahlreicher Behörden, des kath. Erzbischofs von M. und Freising und eines Evang.-Luther. Landeskirchenrats. M. hat hervorragende Bildungs- und Forschungseinrichtungen: Universität (1826), Techn. Universität (1868), Staatl. Hochschule für Musik, Bayer. Akademie der Wissenschaften, Akademie der Bildenden Künste, 7 Forschungsinstitute der Max-Planck-Gesellschaft; Pädagog. Hochschule, Hochschule für Fernsehen u. Film; ferner Polytechnikum u. a.; Bayer. Staatsbibliothek, Residenzmuseum, Dt. Museum, Bayer. Nationalmuseum, Museum für Völkerkunde, Theatermuseum, viele Gemäldesammlungen (Pinakothek, Schackgalerie u. a.), Bayer. Staats- u. a. Archive; Botan. Garten, Tierpark Hellabrunn, zahlreiche Theater (u. a. Bayer. National-, Residenz-, Cuvilliés-Theater, Münchener Kammerspiele). - M. ist bed. Verkehrsmittelpunkt und hat vielseitige Industrie: Elektrotechnik, Maschinen-, Apparate-, Fahrzeugbau, optische, feinmechan., eisenverarbeitende, Bekleidungs-, Textil-Ind., graph. Gewerbe, Porzellanmanufaktur, Bierbrauereien, Fremdenverkehr (Kongresse, Oktoberfest).

M. ist reich an schönen Bauten, u. a. Peterskirche, Frauenkirche (1271, Neubau 1468-88), Kreuzkirche (1480-84), Altes Zeughaus, Salvatorkirche, Michaelskirche (1583 bis 1597). An der M. er Residenz bauten die bayer. Herrscher des 16.-19. Jahrh. in wechselnden Baustilen. Ferner entstanden: Theatinerkirche (1633-75), Mitteltrakt des Barockschlosses Nymphenburg (1664-79), Dreifaltigkeitskirche (1711-14), Nepomukkirche (1743-46), Amalienburg (1734-39), die Palais Preysing (1723-28), Holnstein (1732 bis 1737), Törring (1747-53), Residenztheater (1750-53, Cuvilliés) u. a. Der Schöpfer des klassizistisch-roman. M. ist Ludwig I.: Königsplatz mit Glyptothek (1816-30), Neuer Staatsgalerie und Propyläen; Ludwigstraße mit Staatsbibliothek, Universität, Siegestor im N und Feldherrnhalle im S. Im 19. und 20. Jahrh.: Maximilianeum, Neues Rathaus (1867-1908), Dt. Museum (1908-25), Haus der Kunst (1937). Grünanlagen erstrecken sich bis ins Innere der Stadt: Hofgarten (1614-15), Engl. Garten, Nymphenburger Park u. a.

M. ist eine Stadtgründung Heinrichs des Löwen (1158), seit 1255 Herzogssitz. Nov. 1918 wurde in M. durch →Eisner die Republik ausgerufen, April 1919 die Räterepublik; durch Reichswehr und Freikorps niedergeworfen. Nov. 1923 Schauplatz des Hitlerputsches. 1972 Austragungsort der Olympischen Sommerspiele.

Münchener Abkommen, der am 29. 9. 1938 in München zwischen Hitler, Mussolini, Chamberlain und Daladier geschlossene Vertrag, nach dem die Tschechoslowakei

E. Munch: Die Mädchen auf der Brücke, 1905 (Köln, Wallraf-Richartz-Museum)

das Sudetenland an das Dt. Reich abtreten mußte.

Münchener Rückversicherungsgesellschaft AG., München, gegr. 1880, Grundkap. 119 Mill. DM (1972).

Münchhausen, 1) Börries Freiherr von, Lyriker, * 1874, † 1945, erneuerte die dt. Balladendichtung (,Beerenauslese‘, 1920). **2)** Karl Friedrich Hieronymus Freiherr von, * 1720, † 1797, Jäger und Offizier, erzählte als unterhaltende Anekdoten unglaubliche Kriegs-, Jagd- und Reiseabenteuer. Erste Sammlung von M.-Geschichten 1781-83, erweiterte engl. Bearbeitung 1785, 1786 von G. A. Bürger rückübertragen und um 13 Erzählungen vermehrt.

Münchner Dichterkreis, um König Maximilian II. (Geibel, Heyse, Lingg, M. Greif, W. Hertz, Graf v. Schack, F. Bodenstedt).

Münchner Neueste Nachrichten, 1848 bis 1945 erschienene Tageszeitung; Nachfolgerin: Süddeutsche Zeitung.

Mund, der Eingang in den Verdauungskanal, dient zur Aufnahme der Nahrung, zur Lautbildung, teilweise auch zur Atmung. Die Mundhöhle ist begrenzt durch den Mundboden und den Gaumen.

Mundart, Dialekt, die Volkssprache einer Landschaft, meist im Gegensatz zur Hoch- und Schriftsprache. Die **deutschen Mundarten** gehen auf das Westgermanische zurück. Sie werden durch die hochdt. →Lautverschiebung in das **Niederdeutsche** (Niederfränkisch, Niedersächsisch, Ostniederdeutsch) und **Hochdeutsche** geschieden. Die Grenze läuft von Birnbaum a. d. Warthe über Frankfurt a. d. O., Wittenberg, Kassel, Düsseldorf, Aachen und trifft die Maas zwischen Lüttich und Maastricht. Das Hochdeutsche teilt sich

wieder in **Ober-** und **Mitteldeutsch;** die Grenze läuft von Pilsen über Karlsbad, Fichtelgebirge, Weißenburg nach Hagenau an den Vogesen. In den oberdeutschen M. (Bairisch-Österreichisch, Alemannisch) ist die Lautverschiebung am vollständigsten durchgedrungen; die mitteldt. M. (Ostfränkisch, Rheinfränkisch, Moselfränkisch, Thüringisch, Obersächsisch, Lausitzisch, Schlesisch, Hochpreußisch) haben sie in verschiedenem Anteil mitgemacht. - Das dt. Sprachgebiet hat seit 1945 im O einen großen Teil seiner Fläche verloren: heimatlos geworden sind die Baltendeutsche, Preußische, Schlesische, Ostpommersche, das Sudetendeutsche sowie östlich liegende Sprachinseln.

Mundasprachen, die zum austroasiat. Sprachstamm gehörenden Sprachen der Mundavölker.

Mundavölker, Munda, Kolarier, alle Völker Vorderindiens mit Mundasprachen, rd. 5,6 Mill. Menschen; sie kamen als neolith. Bauern aus Hinterindien. Hauptwohngebiete: Tschota Nagpur, Orissa, W-Bengalen, ferner W-Ghats, Satpura-Berge, südl. Himalaya.

Mündel *das* oder *der,* ♐ unter →Vormundschaft stehender Minderjähriger.

Mündelgeld, ♐ das vom Vormund verwaltete, bes. sicher anzulegende **(mündelsicher)** Kapitalvermögen eines Mündels.

Münden, Hannoversch Münden, Stadt in Ndsachs., am Zusammenfluß von Werra und Fulda zur Weser, 18 600 Ew.; Fachwerkbauten, Rathaus. Biolog. Bundesanstalt für Land- und Forstwirtschaft.

M′ünder, Bad M. am Deister, Stadt in Ndsachs., 8400 Ew.; Heilbad (Sole, Schwefel, Eisen), Heilquellenschwimmbad; Stuhl- und Möbelfabriken.

Mundfäule, eine fieberhafte, schmerzhafte Entzündung der Mundschleimhaut **(Stomatitis ulcerosa).**

Mundharmonika *die,* ♪ volkstüml. Instrument, dessen Metallzungen durch Einziehen oder Ausstoßen des Atems in Schwingungen versetzt werden; 1821 erfunden.

Mündigkeit, →Volljährigkeit.

Mundkatarrh, Rötung und Schwellung der Mundschleimhaut mit Speichelfluß **(Stomatitis simplex).**

Mündlichkeit, ♐ Grundsatz im Zivilprozeß: Entscheidungsgrundlage kann nur das sein, was mündlich vorgetragen wurde. - Im Strafprozeß gilt der Grundsatz der M. für die →Hauptverhandlung.

Mundraub, ♐ die Entwendung von Unterschlagung von Nahrungs- oder Genußmitteln oder anderen Gegenständen des hauswirtschaftl. Verbrauchs in geringer Menge oder von unbedeutendem Wert zum alsbaldigen Verbrauch; nur als Übertretung strafbar.

Mundschenk, im MA. Hofbeamter, dem das Getränk anvertraut war, an großen Fürstenhöfen zum erbl. Hofamt entwickelt; im alten Dt. Reich war M. der König v. Böhmen.

Mundt, Theodor, Schriftsteller, * 1808, † 1861, Kritiker, Erzähler, galt als einer der Führer des ,Jungen Deutschland‘.

Mündung, die Stelle, an der ein Wasserlauf in einen anderen, in einen See oder ins Meer fließt.

Mündungsfeuer, bei Feuerwaffen das beim Schuß aus der Mündung schlagende brennende Pulvergas.

Mündungsschoner, Mündungskappe, Schutzkapsel für die Mündung von Feuerwaffen.

Mund-zu-Mund-Beatmung, →Atemspende.

M′ungenast, Ernst Moritz, Schriftsteller, * 1898, † 1964; ,Der Zauberer Muzot‘ (1939); ,Tanzplatz der Winde‘ (1957).

M′ungo [ind.]*der,* →Schleichkatzen.

M′ungobohne, indische Schwesterart der Gartenbohne, mit eßbaren Samen.

Munic′ipium [lat.], in der röm. Republik seit 338 v. Chr. die in den röm. Staatsverband aufgenommenen italischen Städte.

Munition [frz.] *die,* Sammelbegriff für Gegenstände zum Sprengen, Schießen, für Leucht- oder Signalzwecke oder zur Sichtbehinderung.

Munk, 1) Andrzej, poln. Filmregisseur, * 1921, † 1961; Filme ,Ein Mann auf den Schienen‘ (1956), ,Eroica‘ (1957), ,Schielendes Glück‘ (1960). **2)** [mong], Kaj, eigentl. K. **Petersen,** dän. Schriftsteller, * 1898, † (von der Gestapo erschossen) 1944, Pfarrer; Dramen über weltanschauliche Fragen in christlich-humanitärem Geist.

Munkács [m′uŋka:tʃ], ungar. Name der Stadt →Mukatschewo.

Munkácsy [m′uŋka:tʃi], Michaelvon (1878), eigentl. M. **v. Lieb,** * 1844, † 1900, ungar. Maler religiöser, genrehafter Bilder.

Münnerstadt, Stadt in Unterfranken, Bayern, 4700 Ew.; in der Pfarrkirche des alten Altars: Schnitzereien von T. Riemenschneider, Flügelbilder von V. Stoß.

Münnich, Ferenc, ungar. Politiker (Kommunist), * 1886, † 1967, Mitgründer der ungar. KP, im 2. Weltkrieg in der Sowjetarmee, 1958-61 ungar. MinPräs.

Munster, 1) Stadt in Niedersachsen, in der Lüneburger Heide, 12 900 Ew., Truppenübungsplatz, Bundeswehrgarnison. **2)** [m′ʌnstə], irisch **Cúige Mumhan,** Provinz im SW der Rep. Irland, 24 119 km², 859 300 Ew., Hauptstadt: Limerick.

Münster [von lat. monasterium ,Kloster‘] *das,* im ursprüngl. Sinn eine Klosterkirche; in S- und W-Deutschland auch eine Bischofs- oder große Pfarrkirche.

Münster, 1) RegBez. in Nordrh.-Westf., 7298 km², 2,4 Mill. Ew., umfaßt die kreisfreien Städte Bocholt, Bottrop, Gelsenkirchen, Gladbeck, Münster, Recklinghausen und die Landkreise Ahaus, Beckum, Borken, Coesfeld, Lüdinghausen, Münster, Recklinghausen, Steinfurt, Tecklenburg, Warendorf.

2) M. in Westfalen, Hauptstadt von 1), in der Münsterschen Bucht, 205 000 Ew., Hafen an einem Stichkanal des Dortmund-Ems-Kanals, reich an got. und Renaissancebauten (nach den Zerstörungen des 2. Weltkriegs zum großen Teil wieder stilgerecht aufgebaut). M. hat Univ., hauptstädt. Behörden, Brauereien, Brennereien, Molkereien, Mühlen-, Textil- u. a. Industrie. - Das Bistum M. wurde Ende des 8. Jahrh. von Karl d. Gr. gegr. Der Ort (1137 Stadtrecht) war seit dem 14. Jahrh. Hansestadt; 1534/35 herrschten die Wiedertäufer. 1648 Abschluß des Westfäl. Friedens in M.; 1803 kamen die Stadt und der größte Teil des Hochstifts an Preußen. (Bild S. 842)

3) Bad M. am Stein-Ebernburg, Gemeinde in Rheinl.-Pfalz, an der Nahe, 4000 Ew., Thermal-Sol-Radium-Quellen. Bei M. die **Ebernburg** und der **Rheingrafenstein.**

München mit Rathaus und Frauenkirche

Münster: Rathaus

Münster, Sebastian, * 1488, † 1552, Franziskaner, dann Anhänger der Reformation; lehrte an der Univ. Basel Hebräisch und Mathematik. - ,Cosmographia universalis' mit 471 Holzschnitten und 26 Karten.

Münsterberg, poln. **Ziębice,** Stadt in Niederschlesien, an der Ohle, 10 800 (1939: 8900) Ew.; hatte Landhandel, Tonwaren-, Nahrungsmittelindustrie. Pfarrkirche (13. bis 15. Jahrh.); seit 1945 unter poln. Verwaltung.

Münster|eifel, Bad M., Stadt und Kneippkurort in Nordrh.-Westf., 14 800 Ew., 2 Radioteleskope, Fremdenverkehr.

Münstermann, Ludwig, † 1637/38, schuf für Kanzeln, Altäre u. a. des Oldenburger Landes Holz- und Alabasterfiguren von manieristischer Ausdrucksgestaltung.

Münstersche Bucht, Einbuchtung des Norddt. Tieflands zwischen dem Teutoburger Wald und dem Rhein. Schiefergebirge. Der Teil zwischen Teutoburger Wald und Lippe, das **Münsterland,** ist meist fruchtbarer Aufschüttungsboden der Eiszeit und Verwitterungsboden der Kreidezeit.

Münstertal, 1) rätoroman. **Val Müst'air,** italien. **Val Monast'ero,** Tal größtenteils im Kt. Graubünden, zwischen vom Ofenpaß bis Glurns an der Etsch auf italien. Gebiet, Hauptort: Müstair.
2) Tal in den Vogesen, Hauptort: Münster; Käseherstellung, Textilindustrie.

Munt [ahd. ,Schutz'] *die,* im german. Recht ein personenrechtliches Schutz- und Vertretungsverhältnis **(Muntschaft);** sie umfaßte die Schutz- und Fürsorgegewalt des Hausherrn, des Vormunds u. ä.

Münter, Gabriele, Malerin, * 1877, † 1962, Schülerin Kandinskys, malte, dessen vorabstrakten Stil fortsetzend, mit zeichnerischer Umrißbetonung und in starken Farben.

Munthe, 1) Axel, schwed. Arzt, * 1857, † 1949; ,Das Buch von San Michele' (1929).
2) Gerhard, * 1849, † 1929, norweg. Maler heimischer Landschaften, auch dekorativer Bilder von Märchen und Sagas.

Muntmannen [zu Munt], im Mittelalter Minderfreie, die als Schutzhörige in einem Untertänigkeits- und Treueverhältnis zu einem Schutzherrn standen.

Münzdelikte, ⚖️ Verstöße gegen die Strafvorschriften zum Schutze des Münzwesens, bes. das Nachmachen von Geldzeichen **(Falschmünzerei),** die Veränderung von echtem Geld zur Erhöhung seines Wertes **(Münzverfälschung)** oder die Ausgabe von falschem Geld als echtem **(Münzbetrug).** Bei den M. handelt es sich z. T. um **Münzverbrechen,** z. T. um **Münzvergehen** (§§ 146 ff. StGB). Ähnliche Regelung in Österreich (§§ 106 ff. StGB.) und der Schweiz (Art. 240 ff. StGB.).

Münze, 1) nach Zusammensetzung und Gewicht genau bestimmtes, mit Gepräge

versehenes Metallgeld in Scheibenform. **2)** die →Münzstätte. **3)** Medaille.

Münzenberg, Willi, Politiker (KPD) und Publizist, * 1889, † 1940, Mitarbeiter Lenins, 1924 MdR., 1933 emigriert, 1937 wegen Kritik an Stalin aus der KP ausgeschlossen.

Münzer, Müntzer, Thomas, Theologe und Revolutionär, * 1468 oder 1489/90, † (enthauptet) 1525, erst Anhänger, später Gegner Luthers, evang. Prediger; verband mit der Verkündigung des Evangeliums sozialrevolutionäre Forderungen. Er organisierte 1525 den Bauernkrieg in Thüringen. In der Entscheidungsschlacht von Frankenhausen wurde er gefangen.

Münzfernsprecher, ein Fernsprecher, bei dem erst nach Einwurf einer Münze die Verbindung ermöglicht wird.

Münzfuß, die gesetzlich festgelegte Zahl von Münzen, die aus der Gewichtseinheit des Münzmetalls geprägt werden sollen.

Münzgewinn, der →Schlagschatz.

Münzhoheit, das obrigkeitl. Recht zur Ordnung des Münzsystems. In der Bundesrep. Dtl., in Österreich und der Schweiz steht die M. dem Bund zu.

Münzkraut, ⊕ ein →Gilbweiderich.

Münzkunde, Numism'atik, die Erforschung früherer Münzen, seit dem 19. Jahrh. wichtige geschichtl. Hilfswissenschaft.

Münzlegierung, eine Legierung aus 75% Kupfer und 25% Nickel.

Münzprägung, die Herstellung von Münzen, z. B. aus Münzlegierung; diese werden zu Stäben (Zainen) gegossen und zu Streifen von bestimmter Dicke ausgewalzt. Hieraus werden die **Münzplättchen** gestanzt und nach Prüfung auf Gewicht und Reinigung geprägt.

Münzregal, das vom Staat ausgeübte oder verliehene Recht, Münzen zu prägen und in Verkehr zu bringen.

Münzstätte, der Prägeort der Münzen. M. sind in der Bundesrep. Dtl. München (Münzbuchstabe D), Stuttgart (F), Karlsruhe (G), Hamburg (I).

Münzvertrag, Vereinbarung mehrerer Staaten über die Vereinheitlichung oder Annäherung des Münzwesens **(Münzkonvention, Münzunion);** heute bedeutungslos.

Muonen, Myonen, früher μ-**Mesonen,** ⊠ instabile geladene Elementarteilchen von etwa 207facher Elektronenmasse, 1937 entdeckt.

Mur *die,* linker Nebenfluß der Drau, 435 km lang, kommt aus den Niederen Tauern, mündet bei Legrad.

Mur'ad, türk. Sultane:
1) M. I. (1359-89), * 1326 (?), † (ermordet) 1389, eroberte 1361 Adrianopel, siegte 1389 auf dem Amselfeld über die Serben.
2) M. II. (1421-51), * 1403, † 1451, eroberte Saloniki 1430, Serbien 1440, schlug die Ungarn bei Warna 1444, auf dem Amselfeld 1448.
3) M. III. (1574-95), * 1546, † 1595, nahm 1590 den Persern Kars, Eriwan, Georgien und Täbris ab.

Mur'äne [lat.] *die,* räuberischer aalartiger Fisch des Mittelmeers; schmackhaft.

Mur'ano, Stadt in der Lagune von Venedig, rd. 8800 Ew.; Mittelpunkt der venezian. Kunstglaserzeugung (seit 1292).

Murat [myr'a], Joachim, franzöz. Marschall (1804), * 1767, † (erschossen) 1815, ⚭ mit Karoline Bonaparte; 1808-14 König von Neapel.

Murat'ori, Ludovico Antonio, italien. Historiker, * 1672, † 1750; seine Quellenausgaben sind bis heute grundlegend.

M'urbach [frz. myrb'ak], Dorf und ehemal. Benediktinerkloster bei Gebweiler (Oberelsaß) im französ. Dép. Haut-Rhin; von der Kirche, einem Hauptwerk der elsäss. Romanik, sind Chor und Querschiff erhalten.

Murcia [m'urθia], **1)** Provinz Spaniens, 11 317 km², 825 800 Ew.
2) Hauptstadt von 1), 281 350 Ew., got. Kathedrale, Univ.; Textil- u. a. Industrie.

Murdoch [m'ɔːdɔk], Jean Iris, engl. Erzählerin, * 1919; Romane ,Unter dem Netz' (1954), ,Die Sandburg' (1957), ,Maskenspiel' (1961).

Mure *die,* **Murgang,** Schlamm- und Gesteinsströme in Hochgebirgen, oft von verheerender Wirkung für Kulturland und Siedlungen.

Muret [myr'ɛ], Eduard, Lexikograph, * 1833, † 1904; Wörterbuch der engl. und dt. Sprache (mit D. Sanders, 1891-99).

Murg *die,* rechter Nebenfluß des Rheins, 96 km lang, kommt vom Schwarzwald, mündet bei Rastatt; oberhalb von Forbach durch die Schwarzenbach-Talsperre gestaut.

Murger [myrʒ'ɛr], Henri, französ. Erzähler, * 1822, † 1861; ,Szenen aus dem Leben der Bohème' (1847); danach die Oper ,La Bohème' von Puccini.

Muri, Bezirksort im Kt. Aargau, 4800 Ew.; Mostherstellung, verschiedene Ind.; Kloster (11. Jahrh.).

Murillo [-r'iλo], Bartolomé Esteban, span. Maler, * 1618, † 1682, schuf Heiligen- und bes. Madonnenbilder, innig empfunden, von oft verzücktem Ausdruck.

B. E. Murillo: Bettelbube (Ausschnitt; München, Pinakothek)

Mur|insel, serbokroat. **Medjimurje,** fruchtbares Zwischenstromland zwischen Drau und Mur, in Jugoslawien; Erdölfelder.

Müritz *die,* von der Elde durchflossener See in SO-Mecklenburg, 117 km².

M'urmansk, Stadt und Flottenstützpunkt im N der Halbinsel Kola, Sowjetunion, an der **Murmanküste,** 309 000 Ew., Endpunkt der von Leningrad kommenden **Kirowbahn** (früher **Murmanbahn);** ganzjährig eisfreier Hafen, Werften, Fischereikombinat.

Murmeltier, eine Gattung der Nagetiere **(Marmotte).** Das **Alpen-M.** ist oben braungrau, unten rostgelb, 50-70 cm lang; lebt unter der Schneegrenze (1600-3000 m), gräbt im Sommer einfache Baue mit

Alpen-Murmeltier

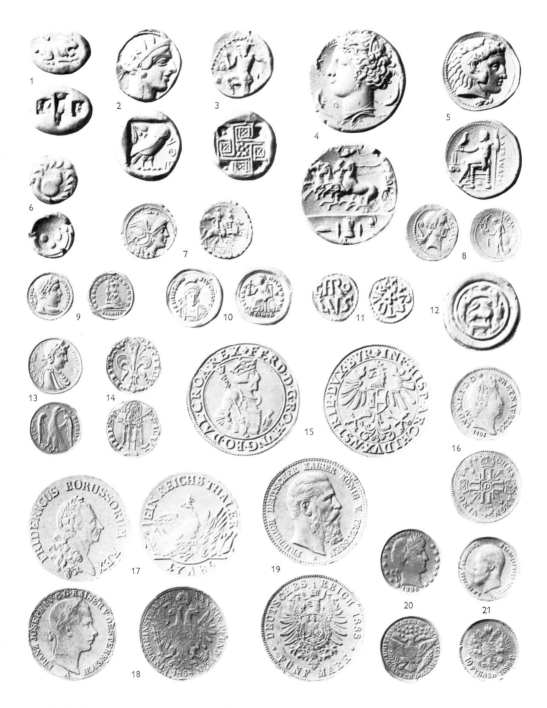

1-5 Griechenland. 1 Milet, um 600 v. Chr., Elektron-Stater. 2 Athen, nach 490 v. Chr., Tetradrachme. 3 Knossos, 5. Jahrh. v. Chr., Stater. 4 Syrakus, nach 413 v. Chr., Dekadrachme. 5 Makedonien, Alexander d. Gr., Tetradrachme. 6 Kelten. 1. Jahrh. v. Chr., Regenbogen-schüsselchen (Gold-Stater). 7 und 8 Röm. Republik. 7 Denar (Seratus), 2. Jahrh. v. Chr. 8 C. J. Cäsar, 44 v. Chr., Denar. 9 Röm. Kaiser-reich. Konstantin d. Gr., Aureus. 10 Byzanz. Theodosius II., Gold-Solidus. 11-14 Mittelalter. 11 Franken, Karl d. Gr., Denar von Straß-burg, vor 774. 12 Braunschweig, Heinrich der Löwe, Brakteat, um 1160. 13 Sizilien, Friedrich II., Augustalis, Gold. 14 Florenz, Floren, Gold, um 1300. 15-21 Neuzeit. 15 Ferdinand I., Wiener Taler, nach 1531. 16 Frankreich, Ludwig XIV., Louisdor, 1701, Gold. 17 Preußen, Friedrich d. Gr., Reichstaler, 1785. 18 Österreich, Franz Josef, Vereinstaler, 1858. 19 Deutsches Reich, Friedrich, 5 Mark, 1888. 20 Ver-ein. Staaten, Vierteldollar 1896. 21 Rußland, Nikolaus II., 10 Rubel, Gold, 1899

Fluchtröhre, im Winter Kessel. M. pfeifen bei Gefahr; unter Naturschutz.

Murner, Thomas, Satiriker, * 1475, † 1537, Pfarrer. Predigten; Übersetzungen (Vergil); Lehrbücher der Logik, Metrik, Rechtswissenschaft; Verssatiren: ‚Narrenbeschwörung' (1512), ‚Schelmenzunft' (1512), ‚Von dem großen Luther. Narren' (1522).

Th. Murner (Holzschnitt, 1519)

M'urom, Stadt an der Oka, Russ. SFSR, Hafen an der Oka, 100 000 Ew.; Maschinenbau, Textil-, Holzindustrie.

Muroran, Hafenstadt auf Hokkaido, Japan, 181 000 Ew.; ein Zentrum der japan. Eisen- und Stahlindustrie.

Murphy [m'ɔːfi], **1)** Robert Daniel, amerikan. Diplomat, * 1894; war 1944–49 Berater der Militärregierung der USA für Dtl.
2) William Parry, amerikan. Arzt, * 1892; führte mit G. R. Minot und G. Whipple die Leberdiät bei perniziöser Anämie ein. 1934 mit ihnen zusammen Nobelpreis.

Murray [m'ʌri] der, der wasserreichste Fluß Australiens, 2570 km lang; kommt aus den Austral. Alpen, mündet in die Encounter-Bai.

Mürren, Kurort und Wintersportplatz im Berner Oberland, Schweiz, 1639 m ü. M.

Murrhardt, Stadt in Bad.-Württ., an der Murr, 11 300 Ew.; Industrie.

Murrumbidgee [mʌrəmb'idʒi] der, rechter Nebenfluß des Murray, aus den Austral. Alpen, 2160 km lang.

Murry [m'ʌri], John Middleton, engl. Schriftsteller, * 1889, † 1957; Biographien ‚(D. H. Lawrence', 1931), zeitkrit. Werke.

M'urten, französ. **Morat** [mor'a], Stadt im Kt. Freiburg, Schweiz, am Mugtensee, 4100 Ew.; Uhren-, elektrotechn. Ind. - 1476 Sieg der schweizer. Eidgenossen über Karl d. Kühne von Burgund.

Mürzz'uschlag, Stadt am Fuß des Semmering, Steiermark, Österreich, 12 000 Ew.; Sommerfrische, Wintersportplatz; Eisen- und Holzindustrie.

Mus|ag'et [grch.], Musenführer; Beiname des Gottes Apoll.

Mus'alla, Berg im Rilagebirge, Bulgarien, 2925 m hoch.

Mus'äus, griech. **Mus'aios. 1)** griech. sagenhafter Sänger und Dichter. **2)** griech. Dichter, um 500 n. Chr.; Liebesepos ‚Hero und Leander'.

Mus'äus, Johann Karl August, Erzähler, * 1735, † 1787 als Gymnasiallehrer in Weimar; satir. Romane ‚Grandison der Zweite' (1760–62), ‚Physiognom. Reisen' (1778/79), ‚Volksmärchen der Deutschen' (1782–86).

Muscar'in [lat.] das, Gift des Fliegenpilzes.

Muschelkalk, ⊕ die mittlere Abteilung der Triasformation (→Erdgeschichte).

Muschelkrebse, niedere Krebse, mit einer den Körper deckenden, muschelförmigen, zweiklappigen Schale; im Meer und im Süßwasser.

Muscheln, Lamellibranchiata, Weichtiere mit seitlich zusammengedrücktem

Körper, der von einem Mantel und zwei von diesem abgeschiedenen Schalen umhüllt ist. Die Schalen sind am Rücken durch ein Schloßband miteinander verbunden und können durch Muskeln verschlossen werden. Die M. haben zwei röhrenförmige Öffnungen (Siphonen) für Atemwasser und Nahrung. Eßbar sind z. B. Austern und Mies-M. Perl-M. liefern Perlen.

Muschelpilz, der →Austernpilz.

Muschelvergiftung, eine Vergiftung durch den Genuß verdorbener Muscheln (bes. Austern, Miesmuscheln). Behandlung wie bei Fleischvergiftung.

Muschg, Walter, schweizer. Literarhistoriker, * 1898, † 1965; ‚Tragische Literaturgeschichte' (1948), ‚Die Zerstörung der dt. Literatur' (1956).

Musch'ik [russ.] der, Bauer.

Muschler, Reinhold Conrad, Schriftsteller, * 1882, † 1957, Romane ‚Bianca Maria' (1924), ‚Der Geiger' (1935).

M'uselman, ⚘ Muslim.

M'usen, in der griech. Mythologie die Töchter des Zeus und der Mnemosyne, Göttinnen des Dichtersanges, dann überhaupt aller höheren Geistigkeit: Klio (Geschichte), Kalliope (Epos), Melpomene (Tragödie), Thalia (Komödie), Urania (Astronomie), Terpsichore (chorische Lyrik), Erato (Liebeslied), Euterpe (Flötenmusik), Polyhymnia (Tanz).

Musen|almanach, periodische Gedichtsammlung, um 1800 die beliebteste Form der Veröffentlichung von Lyrik.

Musette [myz'ɛt, frz.] die, französ. Gesellschaftstanz im Dreitakt zur Zeit Ludwigs XIV.; später Suitensatz. Aus der M. entwickelte sich der **Musette-Walzer.**

Mus'eum [lat.-grch.] das, -s/...s'e|en, eine Sammlung von Kunstwerken oder von Gegenständen wissenschaftlicher und belehrender Art sowie der sie bergende Bau. Große Kunstsammlungen entstanden in der Spätantike (Alexandria, Pergamon, Rom), dann seit der Renaissance: Antikensammlungen (meist Skulpturen), Gemäldegalerien, Kupferstichkabinette u. a. 1753 wurde das Britische Museum in London, 1793 die Galerie des Louvre in Paris eröffnet. Die wissenschaftl. M. kamen im 19. Jahrh. dazu: Kulturgeschichtl. M. (zugleich Kunstmuseen wie das German. M. in Nürnberg), M. für Volks- und Heimatkunde, Völkerkunde, Naturwissenschaften, Technik (Deutsches M., München), Handwerk und Industrie, Heer und Flotte u. a. sowie für große Persönlichkeiten (z. B. Goethe-M. in Frankfurt a. M. und Weimar).

Museumskäfer, der →Kabinettkäfer.

Mushin, Stadt in SW-Nigeria, 169 300 Ew., Metall-, Textil- u. a. Industrie.

Musical [mj'uːzikəl, engl.] das, singspielartiges Bühnenstück amerikan. Herkunft mit aufgelockerter, revuehafter Handlung.

Mus'ik [grch. musiké techné ‚Kunst der Musen'] die, bei den alten Griechen alle Geist und Gemüt bildenden Künste im Unterschied zur Gymnastik.

Die M. als Tonkunst gestaltet aus der Aufeinanderfolge und dem Zusammenklang einzelner Töne (→Stimmung) Formen, die in einem höheren Sinn Ausdruck des menschlichen Seelen- und Gefühlslebens sind. Im Unterschied zu aller sichtbaren Kunst erfüllen sich diese Formen im rhythmisch geregelten Ablauf der Zeit. Die jeweils nach Volkstum und Nationalität abgewandelten Grundmittel der Gestaltung sind →Rhythmus, →Melodie, →Harmonie. Problematisch sind Epochenübertragungen aus der Kultur- und bes. aus der Kunstgeschichte (wie Renaissance, Barock) auf die M. - In der mehrstimmigen Musik des Abendlandes ist bis um 1600 die melodisch-lineare Führung der Einzelstimmen, die im kontrapunktischen Satz (→Kontrapunkt) zur Einheit gebunden werden (Polyphonie), die eigentlich formbildende Kraft; die tonale Grundlage bilden dabei die Kirchentöne (→Kirchentonarten). 1600–1750 Generalbaß-Satz, dann die ‚Klassische' und die ‚Romantische M.'. Im 20. Jahrh. und bes. seit dem 2. Weltkrieg verdichtet sich die Tendenz, von der die europ. M. seit ihren Anfängen bestimmen den Bindung an das Tonphänomen wegzukommen (→Neue Musik).

Der Komponist verfügt über die verschiedenen Möglichkeiten der Rhythmik und Melodiebildung u. a., der Kompositionsformen (Lied, Tanz, Fuge, Kanon, Sonate, Sinfonie, Arie, Rezitativ, Oper, Oratorium, Motette, Messe usw.) und der Darstellungsmittel der M. (Instrumentationslehre). Der nachschaffende, ausübende Musiker ist von der M. als Kunst untrennbar.

Einteilung der M. nach verschiedenen Gesichtspunkten: Neben der Volksmusik steht die von einzelnen Komponisten geschaffene Kunstmusik. Von der Kunstmusik (heute oft ernste Musik, E-Musik, genannt) hebt sich die heitere Unterhaltungsmusik (U-Musik) einschließlich Tanz-M. und Jazz ab. Der mehrstimmigen M. (Abendland) steht die einstimmige M. (Antike, Orient) gegenüber, der geistlichen die weltliche, der absoluten M. (ohne begrifflich faßbaren Inhalt) die →Programmusik. - Nach der zur Ausführung der M. erforderlichen Klangkörpern unterscheidet man die beiden Hauptgruppen Instrumental- und Vokal-M. Die Instrumental-M. gliedert sich in Orchester-, Kammer- und Salon-M., die Vokal-M. in die reine (A-cappella-M.) und die von Instrumenten begleitete Gesangs-M., in Chor- und Solo-gesangs-M.

Die Anfänge der M. liegen im dunkeln. Eine Wurzel kommt aus dem kultischen Tanz und religiösen Zauberglauben. Die M. jenseits des europäisch-geschichtl. Bereichs (z. B. M. der Naturvölker) sollte grundsätzlich im Zusammenhang mit ihren kulturellen und soziolog. Voraussetzungen gesehen werden. Bei den Griechen war die M. im engeren Sinn bis Ende des 5. Jahrh. nur eine der Komponenten der musiké (die anderen waren die Sprache als

Muscheln: links Stachelige Herzmuschel; rechts Kompaßmuschel

Vers und der Tanz). Erst im Verlauf der christl. Zeit bahnte sich die M. den Weg zur autonomen Kunst. Über die Entwicklung im einzelnen vgl. die Artikel →deutsche Musik, →englische Musik usw.

Musikbox, Plattenspieler, der nach Einwurf eines Geldstücks eine gewünschte Platte abspielt.

Musikdirektor, der staatl. oder städtische Leiter musikal. Aufführungen; General-M., der Leiter großer Opernhäuser und öffentlicher Konzerteinrichtungen.

Musikdrama, die Form der durchkomponierten Oper.

Musiker, schöpferisch, nachgestaltend oder erlernend tätiger Tonkünstler oder Musikliebhaber, im engeren Sinn berufsmäßiger Instrumental-M. Ausbildung zum Berufs-M. an Musik-, Orchester-, Opernschulen, Konservatorien, Musikhochschulen.

Musik|erziehung wird an allgemeinbildenden Schulen im Musikunterricht, bei der musikal. Berufsausbildung an Musiklehranstalten gepflegt.

Musikhochschulen, Hochschule für Musik, Musikakademien, staatl. Anstalten zur Ausbildung auf allen Gebieten der Tonkunst.

Musik|instrumente, Geräte zum Hervorbringen musikalisch verwertbarer Töne, Klänge und Geräusche. Die Einteilung in 1) Saiteninstrumente (Streich-, Zupf-, Klavierinstrumente), 2) Blasinstrumente (Holz-, Blechblasinstrumente), 3) Schlaginstrumente ist unvollkommen und durch eine von v. Hornbostel und C. Sachs entwickelte Ordnung ersetzt. **I. Idiophone** (Selbstklinger), darunter vor allem die Schlagidiophone: Kastagnetten, Becken, Triangel, Xylophon, Glocken u. a. **II. Membranophone** (Fellklinger). 1) Schlagtrommeln: Pauke, Trommel. 2) Reibetrommeln. 3) Mirlitons. **III. Chordophone** (Saitenklinger). 1) einfache Chordophone. a) Stabzithern. b) Brettzithern: Psalterium, Hackbrett; mit Tasten: Saitenklaviere (Clavichord; Kielklavier; Hammerklavier). 2) zusammengesetzte Chordophone mit Resonanzkörper: Lyra, Drehleier; Geige, Bratsche, Violoncello, Kontrabaß; Laute, Gitarre, Harfe. **IV. Aerophone** (Luftklinger) 1) Trompeteninstrumente: Hörner, Trompeten, Posaunen. 2) Flöten. a) Längsflöten, meist mit Schnabel: Panflöte, Blockflöte, Okarina. b) Querflöten. 3) Rohrblattinstrumente. a) Oboeinstrumente (mit doppeltem Rohrblatt): Oboe, Englischhorn, Fagott. b) Klarinetteninstrumente (mit einfachem Rohrblatt): Klarinette, Saxophon. c) Sackpfeifen: Dudelsack. 4) Orgeln und Verwandtes: Orgel, Harmonium, Zieh- und Mundharmonika. **V. Elektrophone.** 1) elektro-mechanische M.: Neo-Bechstein, Elektrochord, Hawaii-Gitarre, Wurlitzer-Orgel, Hammondorgel, Welte-Lichttonorgel, Superpiano, Vierling-Orgel. 2) rein elektr. M.: Ätherwelleninstrument, Sphärophon, Martenot-Orgel, Trautonium, Hellertion, Melochord, Baldwin-Orgel.

Musiklehre, die Elementarkunde der Musiktheorie; sie umfaßt u. a. Notenschrift, Tonbenennung, Tonstufen, Tonarten, Tonleitern, Takt, Rhythmus, Harmonielehre, Kontrapunkt.

Musikschulen in fast allen größeren Städten dienen der Ausbildung des Nachwuchses für die Hausmusik und von Privatmusiklehrern.

Musiktherapie, ein psychotherapeut. Hilfsmittel, um die seelisch-körperl. Gesamtverfassung eines Menschen günstig zu beeinflussen.

Musik|übertragung, mechan. oder elektr. Übertragung von Musik über Mikrophon und Lautsprecher.

Musikwerk, Musik|automat, Gerät zur Musikwiedergabe mit mechan. Antrieb, z. B. Spieldose, elektr. Klavier (nicht Plattenspieler und Bandgerät).

Musikwissenschaft, umfaßt die Hauptgebiete Akustik (mit Tonpsychologie, Ton-

physiologie), Musikästhetik, Musikgeschichte, Musikethnologie, Musiksoziologie.

M'usil, Robert Edler von, österreich. Schriftsteller, * 1880, † 1942. Sein unvollendeter ironischer Roman ‚Der Mann ohne Eigenschaften‘ (1931-43, Gesamtausg. 1953) sucht im Bild des verfallenden alten Österreichs geistige Strukturen der modernen Gesellschaft freizulegen und experimentiert mit utopischen Erlösungswegen des Menschen. Weitere Werke ‚Die Verwirrungen des Zöglings Törless‘ (1906), ‚Die Schwärmer‘ (Schauspiel, 1920). (Bild S. 837).

Musique concrète [myz'ik kōkr'ɛt, frz.], →konkrete Musik.

m'usisch, kunstempfänglich.

musische Erziehung, die Erziehung auf der Grundlage des Musischen, insbes. der Kunst- und Musikunterricht.

Mus'ivgold, goldfarbenes Zinnsulfid, Malerfarbe.

mus'ivisch [lat.-grch.], aus Mosaik bestehend, eingelegt.

Musk'at der, Gewürz, →Muskatnußbaum.

Muskat'ellerwein, nach Muskatnuß schmeckender Rot- oder Weißwein von der Muskatellertraube; meist Süßwein.

Muskatfink, →Weberfinken.

Muskatkraut, eine →Pelargonie.

Muskatnußbaum, tropischer Baum mit maiglöckchenähnl. Blüten und pfirsichähnl. Frucht, die in rotem zerschlitztem Samenmantel (**Muskatblüte**) den Gewürz dienenden Samen (**Muskatnuß**) enthält.

M'uskau, Stadt im Bez. Cottbus, an der Lausitzer Neiße, 5200 Ew., Moorbad; keram., Glasindustrie, nahebei Braunkohlenbergbau. - 1815-45 von Fürst Pückler angelegter Park.

Muskel [lat.] der, fleischiger Teil des menschlichen und des tierischen Körpers, der durch Zusammenziehen die Bewegungen vermittelt, besteht aus **Muskelfasern.** Die M. an den Knochen sind dem Willen unterworfen (**willkürliche oder quergestreifte M.**), im Gegensatz zu den **unwillkürlichen oder glatten M.,** die unabhängig vom Willen betätigen und die Bewegungen der inneren Organe regeln. Die Herzmuskeln sind zwar quer gestreift, sind aber dem Willen nicht unterworfen. (Tafel Mensch I)

Muskel|atrophie, der Muskelschwund.

Muskelblatt, das mittlere Keimblatt (**Mesoderm,** →Entwicklung).

Muskel|elektrizität, die elektrischen Erscheinungen, die der Muskel zeigt, wenn er tätig ist (**Aktionsstrom** oder **-potential**) oder verletzt wird (**Verletzungsstrom**).

Muskelgifte, chemische Stoffe, die die willkürl. Muskulatur lähmen, z. B. →Curare; dienen als **muskelerschlaffende Mittel** (Muskelrelaxantien) bei chirurg. Eingriffen und zur Krampfverhütung.

Muskelhärte, ♯ der →Hartspann.

Muskelkater, eine schmerzhafte Verhärtung der Muskulatur, nach größeren Anstrengungen. Behandlung: bei hochgradigem M. völlige Ruhe, bei leichterem M. Bewegung als innere Muskelmassage.

Muskelkrampf, ♯ unwillkürliche starke Muskelzusammenziehung (→Krampf).

Muskelrheumatismus, eine Form von →Rheumatismus mit Muskelschmerzen.

Muskelschwund, ♯ eine mit zunehmender Muskelschwäche verbundene Abnahme der Muskelmasse (**Muskelatrophie**) durch Untätigkeit, z. T. infolge Muskellähmungen.

Muskelsinn, ♯ ⧓ ein Sinn, der den Lageund Spannungszustand der Muskeln wahrnimmt (**kinästhetischer Sinn**).

Muskelzerreißung, ♯ ein unter blitzartigem Schmerz entstehender Riß eines Muskels (**Muskelriß, Muskelzerrung**).

Musk'ete [span.] die, Handfeuerwaffe mit Luntenschloß (16./17. Jahrh.).

Musket'ier, der mit einer Muskete Bewaffnete; später (bis 1919) der Soldat in den meisten Infanterieregimentern.

Muskie [m'ʌski], Edmund Sixtus, ameri-

kan. Politiker (Demokrat), * 1914, Jurist, seit 1959 Senator für Maine.

Muskov'it der, ein heller →Glimmer.

muskul'är [lat.], die Muskeln betreffend.

muskul'ös, muskelstark.

Muskulat'ur, Gesamtheit der Muskeln.

M'uslim [arab.], engl. früher **Moslem,** Selbstbez. der Bekenner des Islams.

M'uslim-Bruderschaft, islam. Organisation. Ziel: Befreiung der arab. Länder von der Fremdherrschaft Andersgläubiger, Herstellung einer islam. Staats- und Gesellschaftsordnung; gegr. 1928 von Hasan al-Banna. Nach 1945 ein polit. Machtfaktor, 1954 von Nasser verboten. Sie wirkt in einigen Ländern weiter.

Muslim-Liga, von den Muslimen in Indien 1906 zur Wahrung ihrer Interessen gegenüber den Hindus gegr. Organisation, hatte entscheidenden Anteil an der Gründung des Staates Pakistan.

M'uspilli, Bruchstück eines altbair. Gedichts von den letzten Dingen aus dem 9. Jahrh.

Mussel'in [frz.] der, ein feinfädiges, leichtes Gewebe aus Wolle, Baumwolle, Zellwolle u. a. in Leinwandbindung.

Musset [mys'ɛ], Alfred de, franzö. Dichter, * 1810, † 1857, der geistreichste französ. Romantiker, verband Ironie, Phantasie und modischen Weltschmerz; Gedichte, Verserzählungen, anmutige, verspielte Theaterstücke; ‚Beichte eines Kindes unserer Zeit‘ (1836, über M.s Liebe zu George Sand).

Mußkaufmann, →Kaufmann.

Mussolini, Benito, italien. Politiker, * 1883, † (erschossen) 1945, urspr. Lehrer, wurde 1912 Chefredakteur des sozialdemokrat. ‚Avanti‘. 1914 befürwortete er den Anschluß an die Entente, im ‚Popolo d'Italia‘ schuf er sich ein Kampfzeitung; 1915-17 Kriegsteilnehmer. 1919 gründete er in Mailand den Wehrverband der **Schwarzhemden** und löste damit die Bewegung des →Faschismus aus. Als Führer (Duce) der Faschist. Partei und die Regierungschef (seit Nov. 1922) kam M. zu diktator. Gewaltpolitik. Sie führte ihn 1936 zum Bündnis mit Hitler, 1940 an dessen Seite in den 2. Weltkrieg. Nach militär. Mißerfolg

Benito Mussolini   Modest Mussorgskij

und innerer Krise wurde M. auf Befehl des Königs auf dem Gran Sasso d'Italia in Haft gesetzt, von dt. Fallschirmtruppen befreit (1943). Er leitete dann bis zur Kapitulation die von Hitler abhängige ‚Italien. Sozialrep.‘. Bei dem Versuch, in die Schweiz zu flüchten, wurde er von kommunist. Partisanen erschossen.

Muss'orgskij, Modest Petrowitsch, russ. Komponist, * 1839, † 1881, schuf eine an das russ. Volkstum gebundene eigene Tonsprache von ausdrucksstarker Melodik. Opern: ‚Boris Godunow‘ (1874), ‚Chowanschtschina‘ (1872/80); Sinfon. Dichtung ‚Eine Nacht auf dem Kahlenberge‘; Orchesterstücke für Klavier ‚Bilder einer Ausstellung‘; Lieder.

M'ustafa, türk. Sultane, darunter: **M. II.** (1695-1703), * 1664, † 1703, von Eugen von Savoyen 1697 bei Zenta geschlagen, verlor den großen Türkenkrieg; 1703 gestürzt und vergiftet.

M'ustafa Kara, * 1634/35, seit 1676 türk. Großwesir, 1683 vor Wien geschlagen, auf dem Rückzug in Belgrad erdrosselt.

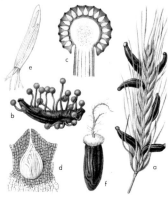

*Mutterkorn: a Roggenähre mit Mutterkör-
nern, b keimendes Mutterkorn mit gestiel-
ten Köpfchen, c Längsschnitt durch am
Rande des Köpfchens mit Sporenschläu-
chen, d krugförmige Vertiefung am
Rande des Köpfchens mit Sporenschläu-
chen, e Sporenschlauch, f Roggenfrucht-
knoten mit jungem Pilzgeflecht (a etwa
¹/₃ nat. Gr.)*

M'ustafa Kemal Pascha, →Atatürk.
Must'agh-ata, ein Gipfel der östlichen
Pamirkette, 7546 m hoch.
M'ustang [span.]*der,* ein Präriepferd.
Musterpaß, ein Zollpapier bei der Aus-
und Wiedereinfuhr von Mustern zollpflichtiger Waren.
Musterrolle, ⚓ 1) eine vom Seemannsamt
ausgefertigte Urkunde über die Anmuste-
rung der Schiffsmannschaft; gehört zu den
Schiffspapieren. 2) →Gebrauchsmuster.
Musterschutz, ⚓ der gesetzl. Schutz bestimmter Gegenstände gegen Nachbildung. Der M. besteht für gewerbl. Muster
und Modelle (→Geschmacksmuster) und
für Arbeitsgerätschaften und Gebrauchsgegenstände (→Gebrauchsmuster).
Musterung, 1) die Feststellung der militärischen Tauglichkeit. 2) ein Arbeitsver-
tragsabschluß für den Angehörigen einer
Schiffsbesatzung (→Musterrolle).
Musterzeichner, Hersteller von Entwürfen für Stoffe, Tapeten u. a. Ausbildung:
prakt. Lehre, Besuch von Fach- oder
Kunstgewerbeschulen oder -akademien.
M'utae [lat.] Mz., →Verschlußlaute.
mut'abel [lat.], veränderlich. **Mutabilität**
die, Veränderlichkeit.
Mutangkiang, Stadt in China, im ost-
mandschur. Bergland, etwa 250 000 Ew.,
an der Bahn Harbin-Wladiwostok.
Mutation, ♂ ♀ ♁ ⊕ die meist sprunghaft auftretende Änderung eines erbl.
Merkmals **(Erbänderung),** beruht auf einer
Wandlung der Erbanlage (Gen).
mut'atis mut'andis [lat.], nach Vornahme
der erforderlichen Änderungen.
Muth, Carl, Publizist, * 1867, † 1944, leitete 1903-41 die kath. Monatsschrift ‚Hochland'.
Müthel, Lothar, Schauspieler, Regisseur,
Schauspieldirektor (1951-56 in Frankfurt
a. M.), * 1896, † 1964.
Muth'esius, Hermann, * 1861, † 1927,
baute, nach engl. Vorbildern, bes. Landhäuser des wohlhabenden Bürgertums.
mut'ieren [lat.], 1) verändern; 2) sich im
Stimmwechsel befinden.
Mutilation [lat.], Verstümmelung.
Mutsuhito [mutshito], Kaiser von Japan
(1867-1912), * 1852, † 1912, stellte nach Beseitigung des Shogunats (1868) die Kai-
sergewalt wieder her; unter ihm wurde Ja-
pan Großmacht.
Muttenz, Gem. im Kanton Basel-Landschaft, Schweiz, 15 700 Ew.; chemische,
Metallwaren- und Elektroindustrie.
Mutter, 1) die Frau im Verhältnis zu ihren
Kindern. In vielen Religionen genießt die
M. Verehrung **(M.-Kult),** im Christentum

Maria als M. Jesu. In manchen Kulturen ist
die M. das Symbol der Erde, des Chthoni-
schen.
2) ⊕ zu einem Schraubenbolzen gehörender Körper mit Innengewinde.
Mütterberatungsstelle, Einrichtung des
Gesundheitsamtes zur Aufklärung und
Beratung in Säuglings- und Kleinkinder-
pflege.
Mutter|erde, Mutterboden, die humushal-
tige, fruchtbare Ackerkrume.
Müttergenesungswerk, Deutsches M.,
1950 von E. Heuss-Knapp gegr. gemeinnützige Stiftung, unterhält rd. 180 **Mütter-
genesungsheime.**
Mutterhaus, 1) evang. Diakonie und Rotes
Kreuz: eine Anstalt, in der weibl. Pflege-
kräfte ausgebildet, von der sie ausgesandt
und am Lebensabend versorgt werden.
2) kath. Kloster, das Sitz der Gesamtleitung
einer Klostergenossenschaft ist.
Mutterkorn, ein schwarzvioletter, hornartiger Körper in der Ähre des Roggens,
entsteht durch schmarotzende Schlauchpilze; Arzneimittel gegen Hochdruck, Migräne, Gebärmutterblutungen; giftig. Anzeichen der **M.-Vergiftung** (Ergotismus):
Hautkribbeln **(Kribbel-** oder **Kriebelkrank-
heit),** Erbrechen, Durchfall u. a.
Mutterkraut, verschiedene Pflanzen,
Volksmittel gegen Frauenbeschwerden.
Mutterkuchen, scheibenförmiges, blut-
reiches Organ **(Plazenta),** das sich während der Schwangerschaft in der Gebärmutter bildet und dem Austausch von
Nährstoffen, Sauerstoff, Kohlensäure zwischen kindl. und mütterl. Blut dient. Der
M. besteht aus einem Teil der Gebärmutterschleimhaut **(Decidua),** der mittleren Schicht **(Zottenhaut,** Chorion) und der
innersten Schicht **(Schafhaut,** Amnion).

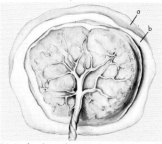

*Mutterkuchen: dem Kind zugekehrte Flä-
che mit der Nabelschnur (etwa ¹/₄ nat. Gr.);
a zottenfreier Teil der Zottenhaut,
b Schafhaut*

Mutterlauge, ⚗ Restflüssigkeit nach
Auskristallisieren einer chem. Verbin-
dung.
Muttermal, lat. **Naevus,** ♀ eine angebo-
rene Geschwulst der Haut: als Farbstoffan-
häufung **(Pigmentmal, Leberfleck)** oder als
Blutgefäßgeschwulst (erweiterte Blutge-
fäße, **Feuer-, Blutmal).**
Muttermilch, die Frauenmilch.
Muttermund, Teil der Gebärmutter.
Mutterpaß, Gesundheitsbuch für wer-
dende Mütter mit Ergebnissen der ärztl.
Untersuchungen (Blutgruppe, Rhesusfak-
tor).
Mutterrecht, Erbfolge- und Rechtsform,
bei der die Gruppenzugehörigkeit und
Rechte des Kindes durch die Verwandt-
schaft der Mutter bestimmt werden; der
nächste männl. Verwandte ist der Mutter-
bruder.
Mutterrolle, ⚓ das zum Grundkataster
(→Kataster) gehörende Verzeichnis der
Grundstücke einer Gemeinde.
Mütterschulen belehren Mütter über
Säuglingspflege, Kindererziehung u. a.
Träger sind Gemeinden, Kirchen, Freie
Wohlfahrtspflege u. a.
Mutterschutz, ⚓ der arbeitsrechtl.
Schutz der werdenden Mütter und der

Wöchnerinnen. In der Bundesrep. Dtl. besteht nach dem M.-Ges. v. 24. 1. 1952 i. d. F.
v. 18. 4. 1968 ein Beschäftigungsverbot 6
Wochen vor und 8 Wochen nach der Nie-
derkunft. Mehr-, Nacht- und Sonntagsar-
beit ist grundsätzlich verboten. Eine Kündigung ist während der Schwangerschaft
und bis 4 Monate nach der Geburt nicht
möglich.
Muttertag, der 2. Sonntag im Mai, zu
Ehren der Mutter.
Muttertrompete, ♀ die Tube (→Eileiter).
Mutterwild, ⚥ weibl. Hirschwild **(Kahl-
wild).**
Mutterwurz, Mad'aun, ein fiederblättri-
ger Doldenblüter auf Gebirgswiesen; Futterpflanze und Volksheilmittel.
mutu'al [lat.], **mutu'ell** [frz.], wechselseitig, gegenseitig.
Mutual Security Agency [mj'u:tjəl
sikj'uriti 'eidʒənsi], **MSA,** in den USA ein
Amt für gegenseitige Sicherheit, das 1952
die Auslandshilfe leitete.
Mutung *die,* ⚒ der Antrag auf Verleihung
des Gewinnungsrechts in einem bestimmten Feld (→Bergrecht).
MW, Abk. für 1) **M**egawatt. 2) **M**ittel**w**ellen (→Wellenbereiche).
m. W., Abk. für **m**eines **W**issens.
MWD, russ. Abk. für ‚Ministerium für
innere Angelegenheiten', →KGB.
Mw'erusee, M'erusee, See in Zentralafrika (Zaïre, Sambia), 5230 km², 992 m
ü. M.
My *das,* der griech. Buchstabe μ, entspricht dem deutschen m.
Myalg'ie [grch.], *die,* ♀ Muskelschmerz,
z. B. bei Muskelrheumatismus.
Myasthen'ie [grch.], *die,* ♀ abnorme Er-
müdbarkeit der Muskulatur; wahrscheinlich durch die Thymusdrüse verursacht.
Myel'itis [grch.] *die,* ♀ die Rückenmarkentzündung.
Myelograph'ie [grch.], *die,* ein Verfahren
zur Röntgenuntersuchung von Rückenmark und Wirbelkanal.
myel'o|isch [grch.], das Knochenmark be-
treffend, vom Knochenmark ausgehend.
Myeloz'yten [grch.] Mz., Vorstufen der
weißen Blutkörperchen, die Granulozyten
(→Blut).
My'iasis [grch.] *die,* ♀ von Fliegenlarven
hervorgerufene Erkrankungen bei Mensch
und Tier (z. B. Dasselplage).
Myk'ene, griech. **Myk'enai,** Burg und Stadt
in der griech. Landschaft Argolis, dem
Mythos nach der Königssitz Agamemnons; im 2. Jahrtausend v. Chr. ein Mittelpunkt der **myken.** Kultur (→ägäische Kultur); um 1150 v. Chr. von den Dorern zerstört.
Mykobakterien [grch.], eine Gruppe von
Bakterien mit pilzähnlichen Verzweigun-
gen; z. B. das Tuberkelbakterium **(M.
tuberculosis)** und das Leprabakterium **(M.
leprae).**
Mykolog'ie [grch.], die Pilzkunde.
Mykorrh'iza [grch.] *die,* eine Symbiose
der Saugwürzelchen vieler höherer Pflan-
zen mit Pilzfäden, bes. in humusreichem
Boden; kommt vor bei Orchideen, Farnen,
Waldbäumen u. a.
Myk'ose [grch.] *die,* ♀ ♁ ⊕ eine durch
höhere Pilze hervorgerufene Krankheit.
Mylady [mil'ei:di, engl.], Anrede der
Lady.
Mylord [mil'ɔ:d, engl.], Anrede des Lord.
Mynheer [mən'e:r, niederl.], ‚mein Herr'.
Myogel'ose [grch.] *die,* ♀ der Hartspann.
Myok'ard [grch.] *das,* der Herzmuskel.
Myok'ard|infarkt, ♀ der Herzinfarkt.
Myokard'itis [grch.] *die,* ♀ die Entzün-
dung des Herzmuskels.
Myokard'ose [grch.] *die,* ♀ nicht-ent-
zündliche Schädigung des Herzmuskels.
Myok'ardschaden, ♀ eine Herzmuskel-
erkrankung.
My'om [grch.] *das,* ♀ gutartige Muskelge-
schwulst.
Myop'ie [grch.] *die,* ♀ die Kurzsichtigkeit.
Myos'otis, ⊕ die Gatt. Vergißmeinnicht.
Myrdal, Gunnar, schwed. Volkswirt-

schaftler, * 1898, Prof. in Stockholm und Genf, 1947-57 Generalsekretär der Europ. Wirtschaftskommission (ECE), 1970, zusammen mit seiner Frau Alva, Friedenspreis des Dt. Buchhandels.

Myri'ade [grch.] *die*, Zehntausendschaft; Unzahl, Riesenmenge.

Myriap'oden, Myriopoden [grch.], Gliederfüßersippe, die Tausendfüßer.

Myrmekolog'ie [grch.] *die*, die Lehre von den Ameisen.

Myrmekoph'ilen [grch.] Mz., die Ameisengäste; z. B. bestimmte Blattläuse.

myrmekophile Pflanzen, die Ameisenpflanzen.

Myrmid'onen, südthessalischer Volksstamm, in der Ilias Gefolgsleute des Achilles.

M'yron, griech. Bildhauer des 5. Jahrh. v. Chr. Von seinen Bronzebildwerken sind durch Marmorkopien bekannt bes. der Diskuswerfer und die Gruppe der Athene mit Marsyas.

Myron: Diskuswerfer,
röm. Kopie (Rom, Nationalmuseum)

M'yrrhe *die*, Gummiharz mehrerer Arten von Sträuchern und Bäumen, Riechmittel und Räucherstoff. Durch Destillation wird aus M. das ätherische **M.-Öl** gewonnen.

Myrrhentinktur, ein alkoholischer Auszug aus Myrrhe, wirkt zusammenziehend und dient zu Mundspülungen und zum Einpinseln entzündeten Zahnfleischs.

M'yrte *die*, Pflanzengattung der Myrtengewächse. Die Blättchen sind immergrün,

die Blüten weiß, die arzneilich verwendeten Beeren blauschwarz. Ästchen werden zu Brautkränzen verwendet.

M'ysien, antike Landschaft im NW Kleinasiens.

M'yslowitz, poln. **Mysłowice** [myswɔ-v'itsε], Stadt in der Woiwodschaft Kattowitz, O-Oberschlesien, Polen, 43 600 Ew.; Steinkohlengruben, Metall- und chem. Industrie.

Mysore [m'aizɔ:], engl. für →Maisur.

M'ysost [-sust, norweg.] *der*, eingedampfte Molke, skandinav. Volksnahrungsmittel.

Mystag'oge [grch.] *der*, Hüter einer Geheimlehre.

Mysterienspiel, geistl. Dramen, seit dem 14. Jahrh. aus der Liturgie entwickelt (Oster-, Passionsspiel).

mysteri'ös [frz.], geheimnisvoll.

Myst'erium [lat.] *das*, -s/...ri|en, Geheimnis, Geheimlehre, Geheimdienst. **1)** altes Griechenland und Rom: ritueller Gottesdienst, an dem nur Eingeweihte **(Mysten)** teilnehmen durften. Die wichtigsten M. waren die eleusinischen, die orphischen, die samothrakischen M., ferner die M. der kleinasiat. Göttermutter Kybele, der ägypt. Isis und des pers. Mithra. **2)** Kath. Kirche: verstandesmäßig nicht faßbare Glaubenswahrheiten (z. B. Dreieinigkeit); auch das einzelne Sakrament und besonders die Messe.

Mystifikation [grch.], Täuschung, Vorspiegelung. **mystifizieren**, täuschen, mystisch machen.

M'ystik [grch.] *die*, eine Grundform des religiösen Lebens, das unmittelbare Erleben Gottes. M. kann der Art nach gefühlsbetont, sinnlich-rauschhaft, kontemplativ oder spekulativ sein; ihre Grundlage ist durchweg asketisch. - Bedeutende Ausprägungen der M. sind in China der Taoismus, in Indien die Erlösungslehre der Wedanta, im alten Griechenland die Mysterienkulte, in der Spätantike der Neuplatonismus, im Islam der Sufismus, im Judentum die Kabbala und der Chassidismus, innerhalb des Christentums im MA. die Jesus- und Brautmystik (Bernhard von Clairvaux), die Passionsmystik (Bonaventura), die spekulative M. der Dominikaner (Eckart, Seuse, Tauler), in der Neuzeit die mystischen Bewegungen in Spanien (Loyola), Frankreich (Franz von Sales, Fénelon) und Rußland (Starzentum) sowie der Pietismus.

mystisch [grch.], die Mystik betreffend, geheimnisvoll.

Mystiz'ismus [grch.] *der*, intuitiv-irrationale Geisteshaltung.

M'ythen, zwei schweizer. Gebirgsstöcke, **Großer M.** 1899 m, **Kleiner M.** 1811 m hoch.

mythisch [grch.], nach Art alter Sagen (→Mythos); sagenhaft.

Mytholog'ie [grch.], **1)** die Gesamtheit der

Gemeine Myrte: a Blüte, b Blüte ohne Blüten- und Staubblätter, c Same (Hauptbilder etwa ⅓ nat. Gr.)

Mythen eines Volkes. **2)** die Wissenschaft, die sich mit Sammlung, Erforschung und Erklärung der Mythen beschäftigt.

M'ythos [grch.], lat. **Mythus** *der*, -/...then, **1)** die Götter- und Heldensagen, die Weltschöpfungs- und die Weltuntergangssagen der frühen Kulturstufen. **2)** evang. Theologie: der zeitgebundene Ausdruck der neutestamentl. Verkündigung, von der die eigentl. bibl. Botschaft (Kerygma) nach Auffassung vieler Theologen abgelöst werden muß **(Entmythologisierung). 3)** das legendäre Bild einer welthistor. Persönlichkeit oder eines welthistor. Ereignisses.

Mytil'ene, neugriech. **Mytilini, 1)** anderer Name für die griech. Insel Lesvos. **2)** Haupt- und Hafenstadt von Lesbos, 25 800 Ew.

Myt'ischtschi, Stadt nördl. von Moskau, Sowjetunion, 119 000 Ew.; Maschinenbau u. a. Industrie.

Myx|öd'em [grch.] *das*, ♀ durch zu schwache Tätigkeit der Schilddrüse bewirkte Krankheit: Anschwellung der Haut; die Oberhaut wird trocken, rissig; die Haare fallen aus; Wachstumsverzögerung.

Myxomat'ose [grch.] *die*, ♀ eine Viruskrankheit der Kaninchen und Hasen, mit eitriger Bindehautentzündung und Anschwellung der Körperöffnungen.

Myxomyz'eten [grch.], die Schleimpilze.

Myz'elium, Myz'el [grch.] *das*, der fädige, fortwachsende Körper der Pilze.

Mzab, Oasenregion am N-Rand der alger. Sahara; Handels- und Wirtschaftszentrum, Siedlungsgebiet der Berbergruppe der Mzab (rd. 90 000). Anhänger einer stark mit christl. und jüd. Elementen durchsetzten islam. Sekte.

N

n, N, der vierzehnte Buchstabe im Abc, bezeichnet den dentalen, vor g und k den Gaumennasal.

n, 1) Sprachlehre: Neutrum. **2)** Kernphysik: Neutron. **3)** netto. **4)** vor Maßeinheiten Abk. für nano = 10⁻⁹(0,000000001).

N, 1) Abk. für Norden. **2)** chem. Zeichen für Stickstoff, **3)** ⊠ Maßeinheit Newton.

Na, chem. Zeichen für Natrium.

Naab *die*, linker Donau-Nebenfluß, von der Quelle der Waldnaab bis zur Mündung oberhalb Regensburg 188 km lang.

NAACP, Abk. für →National Association for the Advancement of Colored People.

Nabe, ⊚ der Teil eines Rades, mit dem es auf der Welle oder dem Zapfen sitzt.

Nabel *der*, **1)** ⊿ ♀ bei Säugetieren und

Mensch eine rundliche Vertiefung am Bauch, in die während des vorgeburtl. Lebens die **N.-Schnur** mündet. Sobald das Kind nach der Geburt zu atmen beginnt, hört der Blutkreislauf in den N.-Gefäßen auf. **2)** ⊕ bei Samenpflanzen die Abbruchnarbe des Samens am Samenstil.

Nabelbruch, ♀ bei Säuglingen eine Vorwölbung des Nabels, sie kann durch einen Heftpflasterverband zusammengezogen und zur Heilung gebracht werden. Beim Erwachsenen können N. infolge Erschlaffung der Bauchdecken entstehen.

Nabelkraut, die Pflanzengattung Cotyledon, Dickblattgewächse mit rötl. oder glänzenden Rosettenblättern; Zierpflanzen.

Nabelschnecken, räuberische Vorder-

kiemerschnecken des Meeres, deren Gehäuse eine weite Öffnung (Nabel) hat.

Nabelschweine, →Pekaris.

Nabis [nab'i], Gruppe französ. Maler (P. Sérusiers, P. Bonnard, E. Vuillard u. a., Zusammenschluß 1888); gegen impressionist. Formauflösung.

Nabl, Franz, Schriftsteller, * 1883; Erzähler von tiefer Menschenkenntnis und eindringlichem Realismus.

N'ablus, Nabulus, Stadt in W-Jordanien, rd. 60 000 Ew.; Mittelpunkt eines Landwirtschaftsgebietes. 2 km südöstlich der Jakobsbrunnen und das Josephsgrab. 1967 von den Israelis besetzt.

N'abob [ind.-arab.] *der*, Geldfürst, steinreicher Mann, bes. in Indien.

Nab′okov, Vladimir, russ.-amerikan. Schriftsteller, * 1899, emigrierte 1919, schreibt russisch und englisch. Romane ‚Lolita' (1955) u. a.

Nabupol′assar, König von Babylon (626 bis 605 v. Chr.), stürzte im Bund mit den Medern die Herrschaft der Assyrer und schuf nach dem Sieg über die Ägypter das neubabylonische Reich.

Nach|ahmung, 1) ♪ die →Imitation. 2) →Nachbildung.

Nachbarrecht, die Rechtssätze, die das Verhältnis von benachbarten Grundstückseigentümern zueinander regeln (§§ 906 ff. BGB.), bes. die Bestimmungen über →Immissionen, →Überbau, →Notweg und Grenzen. Bei →genehmigten gewerbl. Anlagen können nur schadensverhindernde Einrichtungen verlangt werden, evtl. Schadensersatz (§ 26 GewO.).

Nachbarschaft, Strukturbezeichnung für Siedlungseinheiten.

Nachbild, das Nachwirken des Bildes eines länger betrachteten Gegenstandes, wenn dieser selbst nicht mehr wahrgenommen wird, meist in umgekehrten Farb- und Helligkeitswerten. Das N. beruht auf einer örtl. Umstimmung der Netzhaut.

Nachbildung, die Darstellung nach einem Vorbild oder das Wiederholen fremden Tuns (**Nachahmung**). Die N. von geschützten Abbildungen oder Geschmacksmustern zur Verbreitung ist verboten.

Nachbörse, Handel nach der amtl. Börsenzeiten; die zustande gekommenen Kurse heißen **nachbörslich**.

Nachbrenner, Gerät zur Nachverbrennung des oxidatorreichen Abgases eines Turbinen-Luftstrahl-Triebwerkes.

Nachbürge, ♊ ein zweiter Bürge, der dem Gläubiger dafür einsteht, daß der erste Bürge seine Verpflichtung erfüllt.

nach dato, ♊ Fälligkeit mit Ablauf einer bestimmten Frist nach Ausstellung (z. B. bei Wechsel).

Nachdruck, die meist unberechtigte Vervielfältigung (auch im photomechan. Verfahren) durch →Urheberrecht geschützter Werke.

Nach|eile, das Recht der Polizei, einen auf frischer Tat angetroffenen Täter über die eigenen Dienstgrenzen hinaus zu verfolgen.

Nachen, kleines Boot, Kahn.

Nach|erbe, ♊ ein Erbe, der nach einem →Vorerben Erbe wird (§§ 2100 ff. BGB.).

Nachfolge Christi, lat. **Imit′atio Christi**, nach Markus 1, 16-20, 8, 34 ff. die echte, in hingebender Gottesliebe und werktätigem Christentum beruhende Frömmigkeit; Titel eines wahrscheinlich von Thomas von Kempen verfaßten Andachtsbuchs (15. Jahrh.).

Nachfolgegesellschaften, Unternehmen mit wirtschaftl. und rechtl. Selbständigkeit, die auf Grund des Besatzungsrechts im Zuge der Entflechtung von Großunternehmen und Konzernen neu gegr. wurden.

Nachfolgestaaten, die nach dem Ersten Weltkrieg auf dem Boden der früheren Österreich.-Ungar. Monarchie neuentstandenen (Tschechoslowakei, Ungarn, Österreich) oder durch Gebiete der Monarchie erheblich vergrößerten Staaten (Jugoslawien, Rumänien, auch Polen).

nachformen, ⊕ ein Werkstück nach Modell, Schablone oder Muster formen: ein Fühler tastet das Modell ab und steuert die Bewegungen des Werkzeugs.

Nachfrage, ⌂ die bei einem bestimmten Preis bestehende Bereitschaft der Käufer zur Abnahme einer bestimmten Gütermenge. Die Kaufbereitschaft steigt (sinkt) bei fallenden (steigenden) Preisen; je stärker sie auf eine Änderung des Preises oder Einkommens reagiert, desto elastischer ist sie (**N.-Elastizität**).

Nachfrist, ♊ die bei einem gegenseitigen Vertrag der im Verzug befindlichen Partei zu setzende Frist, um vom Vertrag zurücktreten oder Schadensersatz verlangen zu können (§ 326 BGB.).

Nachgebühr, Gebühr für nicht oder ungenügend freigemachte Postsendungen.

Nachgeburt, →Geburt.

nachgiebiges Recht, das →dispositive Recht.

Nachgründung, ♊ ein Vertrag, durch den eine AG. innerhab von 2 Jahren seit der Eintragung Anlagen oder sonstige Vermögensgegenstände erwirbt, deren Wert 10% des Grundkapitals übersteigt.

Nachhall, 1) ein mehrfaches Echo. 2) bei einer Schallaufzeichnung künstlich hinzugefügtes Echo, um ihre Qualität zu verbessern oder Klangeffekte zu erzeugen.

Nachhut, ♊ die Rückendeckung der Truppen, die vor dem Feind zurückgehen.

Nachitschew′anische Autonome Sozialistische Sowjetrepublik, Teilstaat der Aserbeidschan. SSR, 5500 km², 202 000 Ew., darunter 90% Aserbeidschaner, daneben Armenier und Russen. Hauptstadt: **Nachitschewan** (29 000 Ew.).

Nachkalkulation, →Kalkulation.

Nachlaß, die Erbschaft (→Erbe).

Nachlaßgericht, das zu gerichtl. Fürsorge für einen Nachlaß bestimmte Gericht: das Amtsgericht, in dessen Bezirk der Erblasser seinen letzten Wohnsitz hatte.

Nachlaßgläubiger, ♊ die Gläubiger, denen ein Recht auf Befriedigung aus einem Nachlaß zusteht.

Nachlaß|inventar, ♊ ein Verzeichnis des Nachlasses, dessen Einreichung beim Nachlaßgericht (**Inventarerrichtung**) dem Erben die Möglichkeit der Haftungsbeschränkung erhält (§§ 1993 ff. BGB.).

Nachlaßkonkurs, ♊ das Konkursverfahren über den Nachlaß bei dessen Überschuldung (§ 214 ff. KO.).

Nachlaßpflegschaft, ♊ die vom Nachlaßgericht anzuordnende →Pflegschaft zur Sicherung des Nachlasses für die Erben, wenn sie unbekannt oder ungewiß sind (§§ 1960 ff. BGB.).

Nachlaßverbindlichkeiten, ♊ die Schulden des Erblassers und diejenigen, die infolge des Erbfalls entstehen.

Nachlaßvertragsverfahren, →Vergleichsverfahren.

Nachlaßverwalter, ♊ ein vom Nachlaßgericht bestellter Verwalter für den Nachlaß (→Nachlaßverwaltung).

Nachlaßverwaltung, ♊ die vom Nachlaßgericht auf Antrag der Erben oder eines Nachlaßgläubigers anzuordnende Verwaltung zur Befriedigung der Nachlaßgläubiger (§§ 1975 ff. BGB.). - Ähnliche Regelung in Österreich (§§ 810/818 AGBG.) und der Schweiz (Art. 593 ff. ZGB., ‚Erbschaftsverwaltung').

Nachlauf, 1) ⊙ bei gelenkten Rädern der Abstand des Bodenberührungspunktes vom Schnittpunkt der (verlängerten) Schwenkachse mit der Fahrbahn; bewirkt, daß sich das Rad selbständig in die Geradeaus-Richtung stellt. 2) ⊽ der Anteil eines Destillats, der erst dann übergeht, wenn die Hauptmenge abdestilliert ist.

Nachnahme, Post: das Einziehen des Rechnungsbetrages bei Aushändigung der Sendung.

Nachrede, üble N., ♊ eine Form der →Beleidigung.

Nachrichten|agentur, vermittelt gegen Entgelt aktuelle Nachrichten an Zeitungen, Rundfunk- und Fernsehsender. Die nationalen N. sind oft staatlich subventioniert; N. schließen Austauschverträge, um in bestimmten Gebieten Wettbewerb zu vermeiden.

Nachrichtendienst, 1) →Nachrichtenagentur. 2) ein →Geheimdienst.

Nachrichtensatellit, künstlicher Erdsatellit zur drahtlosen Übertragung von Nachrichten (Bildfunk, Fernsehen, Rundfunk, Telegraphie, Daten, Telephonie) zwischen Bodenstationen.

Nachrichtentechnik, die Übertragung, Verarbeitung und Vermittlung von Nachrichten mit Hilfe von Elektrizität, Magnetismus, elektromagnet. und Luftschwingungen u. a. Mitteln.

Nachrichtentheorie, **Informationstheorie**, mathematische Behandlung des forma-

len Aufbaus und der Störbeeinflussung übertragener Nachrichten.

Nachrichtentruppe, früherer Name der Fernmeldetruppe.

Nachrichter, ⚔ Scharfrichter, Henker.

Nachschlag, 1) ein oder zwei Ziernoten, die dem Hauptton folgen und ihn verkürzen; als Abschluß des Trillers oder selbständig (**freier N.**). 2) zusätzl. Essensportion.

Nachschlüssel, widerrechtlich angefertigter oder zufällig passender Schlüssel.

Nachschub, die Versorgung der Truppen im Kriege mit Verpflegung, Munition u. a.

Nachschuß, ⚔ der unmittelbar wiederholte Torschuß, nachdem der vorangegangene Schuß abgeprallt war.

Nachschußpflicht, ♊ die Pflicht der Gesellschafter einer GmbH., über ihre Einlagen hinaus Einzahlungen zu leisten.

Nachsichtwechsel, ♊ der an einem bestimmten Tag nach Vorlegung zur Annahme fällige Wechsel.

Nachspielen, ⚔ die Verlängerung eines sportl. Wettkampfs über die reguläre Spielzeit hinaus.

Nächstenliebe, Gebot Jesu, gleich notwendig neben dem der Gottesliebe.

Nacht, die Zeit zwischen Abend und Morgen, am Äquator stets 12 Stunden lang, nördlich und südlich davon mit der Tageslänge wechselnd.

Nacht|affen, eine Unterfamilie der Neuweltaffen, großäugige Nachttiere; z. B. der **Mirikina**, 35 cm hoch, katzenartig.

Nacht|arbeit, ♊ die Arbeit zwischen 20 Uhr und 6 Uhr. Für Frauen und Jugendliche bestehen bes. Schutzbestimmungen, die vielfach die N. verbieten.

Nachtblindheit, die verminderte Anpassungsfähigkeit der Augen an geringe Helligkeit; vorübergehend infolge unzureichenden Vitamingehalts der Nahrung.

Nachtbogen, ☆ der unter dem Horizont

Nachrichtenagenturen (nationale und internat. Nachrichtenbüros, Auswahl)	
ADN	Allgem. Deutscher Nachrichtendienst, Berlin (Ost)
AFP	Agence France-Presse, Paris
ANP	Algemeen Nederlandsch Persbureau, Den Haag
ANS	Agencia Noticiosa Saporiti, Buenos Aires
ANSA	Agenzia Nazionale Stampa Associata, Rom
AP	Associated Press, New York
APA	Austria Presse-Agentur, Wien
ATS-SDA	Agence Télégraphique Suisse, Schweizerische Depeschenagentur, Agenzia Telegrafica Svizzera, Bern
BELGA	Agence Télégraphique Belge, Brüssel
CNA	Central News Agency, Taipeh (Formosa)
CP	The Canadian Press, Ottawa
dpa	Deutsche Presse-Agentur, Hamburg
Efe	Agencia Efe, Madrid
Kyodo	K. News Service, Tokio
MTI	Magyar Tavirati Iroda, Budapest
NCNA	New China News Agency, Peking
NTB	Norsk Telegrambyrå, Oslo
PAP	Polska Agencia Prasowa, Warschau
PTI	Press Trust of India, Bombay
RB	Ritzaus Bureau, Kopenhagen
Reuter	Reuter's Ltd., London
Tanjug	Telegrafska Agencija Nova Jugoslavija, Belgrad
TASS	Telegrafnoje Agenstwo Sowjetskowo Sojusa, Moskau
TT	Tidningarnas Telegrambyrå, Stockholm
UPI	United Press International, New York

liegende Teil der scheinbaren Bahn eines Gestirns.

Nacht|effekt, →Dämmerungseffekt.

Nachtfalter, werden heute zur Unterordnung **Frenatae** gerechnet mit 7 Unterfam.

Nachtgleiche, →Äquinoktium.

Nachthimmelslicht, das Eigenleuchten der hohen Atmosphärenschichten in klaren mondlosen Nächten.

Nachtigal, Gustav, Arzt, * 1834, † 1885, erforschte Tibesti und den Sudan, stellte 1884 Togo und Kamerun unter dt. Schutz. ‚Sahara und Sudan', 3 Bde. (1879-89).

Nachtigall, rostbraun-grauer, schlankbeiniger Singvogel in Gärten und Parkanlagen. Die N., ein Zugvogel, ist von April bis August in Mitteleuropa. Der N. ähnlich ist der dunklere **Sprosser,** vorwiegend in Nord- und Osteuropa.

Nachtigall mit Jungen im Nest

Nachtkerze, eine Pflanzengattung mit großen, abends aufgehenden Blüten. Die zweijährige N. mit hellgelben Blüten, aus Nordamerika, ist in Europa eingebürgert und z. T. verwildert; manche Arten sind Zierpflanzen.

Nachtnelke, eine →Lichtnelke.

Nachtpfauenauge, Schmetterlinge aus der Familie der Augenspinner mit hellgrau-schwärzl. gezeichneten Flügeln, die je einen Augenfleck tragen.

Nachtragshaushalt, ein nachträgl. Haushaltsplan zur Änderung des ordentl. oder außerordentl. →Haushaltsplanes.

Nacht|raubvögel, unzutreffend für →Eulen.

Nacht|reiher, den Rohrdommeln nahestehende Gruppe kleiner Reiher mit etwa 12 Arten.

Nachtschatten, die Gattung Solanum der Familie **N.-Gewächse** (Solanaceae). Nutzpflanzen sind bes. Kartoffel und Tomate. Der **Bittersüße N.,** ein Halbstrauch, giftig durch Solanin, war früher Volksarznei; der **Schwarze N.,** einjährig, ebenfalls leicht

Bittersüßer Nachtschatten

giftig, war früher Wundmittel. Gemüsepflanze ist die **Eierpflanze** (→Aubergine).

Nachtschmetterlinge, die →Nachtfalter.

Nachtschwalben, →Ziegenmelker.

Nachtsichtgeräte enthalten ein lichtstarkes Objektiv und einen Bildwandler. Bei **aktiven N.** werden die zu beobachtenden Gegenstände mit Infrarotstrahlen beleuchtet, z. B. in Nachtfahrgeräten. **Passive N.** nützen die natürl. (bes. infrarote) Strahlung aus (Nachtfernrohr).

Nachtviole, ein Kreuzblüter lichter Wälder mit rotvioletten Blüten und stabrunden Schoten **(Frauenkilte);** Gartenzierpflanze.

Nachtwächter, 1) Personen, die Häuser, Betriebe, Baustellen u. ä. außerhalb der Betriebs- und während der Nachtzeit bewachen (→Wach- und Schließgesellschaft). **2)** Gemeindebeamte, die bes. früher für Ruhe und Ordnung in der Nachtzeit zu sorgen hatten.

Nachtwandeln, das →Schlafwandeln.

Nachverfahren, ♂♀ das in einem Zivilprozeß sich an ein Vorbehaltsurteil anschließende weitere Verfahren (z. B. im Urkunden-, Wechsel- und Scheckprozeß).

Nachwahl, →Wahlrecht.

Nachwein, ein Haustrunk aus Weinrückständen.

Nacken, der nach dem Rücken zu gelegene Teil des Halses (das **Genick).**

Nackenhebel, 1) Ringkampf: Griff, der den Gegner auf die Schultern zwingen soll. **2)** ein Rettungsgriff bei Ertrinkenden.

Nacktkultur, Freikörperkultur (FKK), gemeinsamer Freiluft- und Wassersport beider Geschlechter ohne Bekleidung **(Naturismus, Nudismus).** In der Bundesrep. Dtl. sind die Vereine für N. im ‚Dt. Verband für Freikörperkultur' (DFK) zusammengeschlossen.

Nacktsamige, Nacktsamer, Gymnospermae, ♠ Holzgewächse; die Samenanlagen sitzen frei an den Samenblättern, die Blüten sind getrenntgeschlechtlich.

Nacktschnecken, Land-Lungenschnecken mit rückgebildeter Schale; z. B. Wegschnecken (rot oder schwarz).

Nadel. 1) ♠ **Nadelblatt,** schlankes, nadelförmiges Assimilationsorgan der Nadelhölzer und einiger Angiospermen trockener Steppen und Wüstengebiete. Die gegenüber den Laubblättern stark verkleinerte Oberfläche der N. schützt gegen Wasserverlust und Kälte. **2)** ⊕ Näh-, Leder-, Pack-, Nähmaschinen-N. haben ein Öhr zur Durchführung des Fadens; Häkel- und Strick-N. dienen für Handarbeiten; Steck-N. haben einen Kopf, Sicherheits-N. eine federnde Drahtschlaufe und Schutzkappe zur Aufnahme der Spitze. Nähmaschinen-N. werden in etwa 1500 Typen hergestellt.

Nadel|eisen|erz, Goethit, rhombisches Mineral, nadelförmiges Eisenhydroxid.

Nadelgeld, Spielgeld, Spillgeld, im älteren dt. Recht Geldzuwendungen des Ehemanns an die Ehefrau.

Nadelhölzer, Conif'erae, die Hauptmenge der Nacktsamigen, vorwiegend immergrüne Bäume mit Nadeln oder Schuppen als Blättern und zu Zapfen vereinigten weibl. Blüten. Lärchen, Sumpfzypresse werfen die Nadeln im Herbst ab.

Nadelkap, Kap Agulhas, die Südspitze Afrikas.

Nadelkerbel, ein weißblütiger Doldenblüter des Mittelmeergebiets, mit nadelförmigen, kammähnlich stehenden Früchten.

Nadeltonverfahren, ein Schallaufzeichnungsverfahren: Mit einem Stichel werden die zeitl. Änderungen des Schalldrucks in den Träger (Platte) eingeritzt.

Nad'ir [arab.] der, ☆ Gegenpunkt des Zenits an der Himmelskugel.

Nad'ir, Schah von Persien (1736-47), * 1668, † 1747, dehnte sein Reich bis an den Indus, das Kasp. Meer und den Euphrat aus; wurde ermordet, nachdem er sich von den Dogmen der Schiiten losgesagt hatte.

Nadler, Josef, Literarhistoriker, * 1884, † 1963, Prof. in Wien; behandelte die dt. Literatur auf stammesgeschichtl. Grundlage.

N'aga, mongolide, tibetobirmanisch sprechende Stämme im Gebirge zwischen Assam und Birma; sie sind Rodungs-

bauern. **Nagaland,** Staat Indiens, 16488 km², 418000 Ew. Hauptstadt: Kohima.

Nag'aika die, aus Lederriemen geflochtene Kosakenpeitsche.

Nagano, Stadt auf Honschu, Japan, 280000 Ew.; Reis- und Apfelkulturen.

Nagaoka, Stadt in Japan, im W von Honshu, 159000 Ew.; Mittelpunkt eines Erdölgebiets.

Nagasaki, Stadt in Japan, wichtiger Hafen an der Westküste von Kiuschu, 422000 Ew.; Schiffbau, Stahl-, Textil- und Fischindustrie. - 1641-1854 der einzige japan. Hafen, der fremden Kaufleuten geöffnet war. 9. 8. 1945 durch eine Atombombe fast völlig zerstört (150000 Tote).

Nagekäfer, die →Bohrkäfer.

Nagel, 1) ein Metall- oder Holzstift zum Verbinden von Teilen, meist mit Kopf. **2)** ◔ ♀ eine Hornplatte **(N.-Platte)** auf Finger und Zehen. Der N. des Menschen liegt auf dem **N.-Bett,** wird seitlich vom **N.-Wall** und hinten vom **N.-Falz** bedeckt, unter dem die **N.-Wurzel** und vor dem weiße **N.-Mond** liegt. Der N. wächst um 3 mm im Monat. - Die **Nagelbettentzündung** ist eine Form von Umlauf (→Fingerentzündung).

Nagelbau, eine Bauart für Tragwerke aus

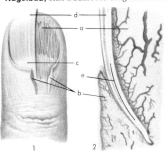

Nagel: 1 Fingerendglied mit halbseitig entfernter Nagelplatte. 2 Schnitt durch die Nagelwurzel mit starker Vergrößerung (senkrecht zu Bild 1; nach Benninghoff); a Nagelbett, b Nagelwall, c Nagelmond, d Nagelplatte, e Nagelwurzel

Holz, bei der Binder und Balken aus hochkant stehenden Bohlen und Brettern zusammengenagelt werden.

Nägelein, Nagelblume, Nagerl, volkstüml. für Flieder, Nelke, Gewürznelke.

Nagelfleck, ein Augenspinner-Schmetterling in Buchenwäldern; Flügel mit blauschwarz-weißem Augenfleck.

Nagelfluh die, Geologie: ein grobes Konglomerat, bildet stellenweise ein mächtiges Glied der Molasse im Alpenvorland.

Nagetiere, Nager, Rodentia, die größte Ordnung der Säugetiere (rd. 3000 Arten); die mittleren Schneidezähne sind zu mächtigen, ständig wachsenden Nagezähnen umgebildet. N. sind vorwiegend Pflanzenfresser; sie gliedern sich in: **1) Hörnchenverwandte, 2) Mäuseverwandte, 3) Stachelschweinverwandte, 4) Meerschweinchenverwandte.**

Nagi'ib, Ali Mohammed, ägypt. General, * 1901, führte 1952 den Staatsstreich gegen König Faruk durch, war 1952-54 MinPräs., 1953-54 Staatspräsident.

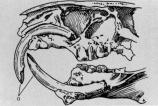

Nagetiere: Einlagerung der Nagezähne (a) im Ober- und Unterkiefer

Naginata, japan. Hellebardenfechten, ein Frauensport.

Nagoja, Nagoya, Stadt auf Honschu, Japan, 1,996 Mill. Ew.; Maschinen-, Textil-, Porzellan-, Stahl-, chemische u. a. Ind.

Nagold, 1) *die,* rechter Nebenfluß der Enz, entspringt im nordöstl. Schwarzwald, 92 km lang, mündet bei Pforzheim. **2)** Stadt in Bad.-Württ., an der N., 13 300 Ew.; Textil-, Metall-, Möbelindustrie.

Nag'ornij Karab'agh, →Berg-Karabach.

Nagoya, Stadt in Japan, →Nagoja.

N'agpur, Stadt in Maharaschthra, Indien, 876 000 Ew.; kath. Erzbischofssitz, Universität; Textil- u. a. Industrie.

Nagy [nɔdj], ungar. Politiker: **1)** Ferenc, * 1903, wurde 1930 Gen.-Sekretär der Partei der Kleinen Landwirte, war 1946/47 MinPräs., emigrierte 1947 in die USA. **2)** Imre, * 1896, † (hingerichtet) 1958 (?), seit 1918 mehui in der Sowjetunion, kehrte 1944 mit der Roten Armee nach Ungarn zurück. N. wurde Mitgl. des Politbüros der KP, war wiederholt Min., als MinPräs. (1953-55) vertrat er den ‚Neuen Kurs‘. Ende 1955 durch Rákosi verdrängt, übernahm N. (seit 24. 10. 1956 auf Forderung der Aufständischen wieder MinPräs.) die Führung der Volkserhebung.

Naha, Hauptstadt und -hafen der Riukiu-Inseln, an der SW-Küste der Insel Okinawa, Japan, 266 000 Ew., Flughafen.

Nahe *die,* linker Nebenfluß des Rheins, 116 km lang, entspringt im Hunsrück, mündet bei Bingen. Im Tal der N. Weinbau.

nähen, mit Nadel und Faden zusammenfügen.

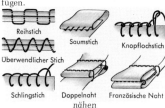

Reihstich — Saumstich — Knopflochstich
Überwendlicher Stich
Schlingstich — Doppelnaht — Französische Naht
nähen

Naher Osten, Nahost, politisch-geograph. Sammelbegriff für die außereurop. Länder am östl. Mittelmeer.

Näherrecht, im älteren dt. Recht ein dingl. →Vorkaufsrecht (**Losungsrecht**), z. B. der nächsten Erben (**Erblosung**).

Näherung, △ angenäherte Berechnung oder Konstruktion einer unbekannten Größe.

Nahewirkung, ⊠ eine physikalische Wirkung, die sich nur mit endlicher Geschwindigkeit räumlich ausbreitet.

Nähgarn ist Baumwoll-, Leinen- oder Ramiezwirn. **Nähseide** besteht aus verzwirnten Grègefäden.

Nahh'as Pasch'a, Mustafa an-N. P., ägypt. Politiker, * 1879, † 1965, Richter, ab 1952 Führer der Wafd-Partei, war mehrfach MinPräs. (1928-52), galt als Verkörperung des Kampfes gegen Großbritannien.

Nahkampf, 1) ⚔ Kampf Mann gegen Mann, auch Mann gegen Panzer. **2)** Boxen: Kampf auf kurze Distanz, bes. mit kurzen Hakenschlägen.

Nähmaschine. Die auf und ab gehende Nadelstange wird durch Tretkurbel oder Elektromotor über eine Kurvenwalze oder ein Kurbelgetriebe bewegt. Der von der Nadel durch das Nähgut gebrachte Oberfaden bildet unterhalb eine Schlinge, in die bei der **Steppstich-N.** vom Schiffchen der Unterfaden geschlungen wird. Bei der **Kettenstich-N.** wird der Oberfaden mit sich selbst verschlungen, indem er durch eine Schlinge geführt wird, die beim vorhergehenden Stich gebildet wurde. **Zickzack-N.** haben Kulissensteuerung zur Herstellung zickzackförmiger Nähte. Haushalts-N. erreichen 2500 Stiche je Min., Industrie-N. bis 6500 Stiche je Min. - N.-Industrie: Die Weltproduktion an Haushalts-N. betrug 1967 rd. 16 Mill. Stück; der Welt größter

Hersteller mit (1968) 4,24 Mill. Stück ist Japan. In der Bundesrep. Dtl. wurden (1969) 687 937 N. hergestellt.

Nah|ost, →Naher Osten.

Nahost-Pakt, →CENTO.

Nährgeldwert, die Geldsumme, für die man beim Kauf eines Nahrungsmittels einen bestimmten Nährwert (in Kalorien) erhält. Den höchsten N. hat ein Nahrungsmittel, das bei niedrigstem Preis den höchsten Kaloriengehalt hat. Je 1000 Kilokalorien sind enthalten in etwa:

Nährgeldwert[1] (Jahresdurchschnitt 1970)

1000 g Kartoffeln	0,52 DM
500 g Roggenbrot	0,65 DM
1 1/2 l Milch	1,11 DM
125 g Butter	0,94 DM
800 g Rindfleisch zum Braten	8,00 DM

[1] Einschl. Mehrwertsteuer

Nährgewebe, ⊕ Gewebe im Samen.

Nährhefe, →Hefe.

Nährmedium, ein für die Kultur von Organismen geeignetes Substrat. Natürl. N. sind Boden, Süß- und Meerwasser. Künstl. N. sind **Nährböden** und **Nährlösungen** für ‚höhere‘ und ‚niedere‘ Pflanzen und **Nährbrühe** oder **Nährbouillon** sowie **Nähragar** und **Nährgelatine** für Mikroorganismen.

Nährpräparat, fabrikmäßig hergestelltes Kräftigungsmittel oder pflanzl. Herkunft, Konzentrat von Nährstoffen, Salzen, Vitaminen u. a., z. B. →Lebertran.

Nährstoffe, die in der Nahrung enthaltenen Stoffe, die zum Aufbau körpereigener Substanzen und zum Betriebsstoffwechsel von Lebewesen benötigt werden.

Nahrungsmittel, Lebensmittel, die einen Nährwert besitzen (→Ernährung). **N.-Chemie,** →Lebensmittelchemie. Die **Nahrungs- und Genußmittelindustrie** hatte in der Bundesrep. Dtl. (1970) in 5675 Betrieben 515 000 Beschäftigte. Sie ist in der Bundesvereinigung der Dt. Ernährungsindustrie e. V. (Bonn) zusammengeschlossen.

Nahrungsmittelfälschung, die strafbare Verfälschung von →Lebensmitteln.

Nahrungsmittelvergiftung, Vergiftung durch verdorbene Nahrungsmittel, beruht meist auf Infektion mit Bakteriengiften, z. B. Fleischvergiftung, Botulismus, Muschelvergiftung, Pilzvergiftung.

Nahrungsspielraum, Ernährungskapazität, die größte Anzahl von Menschen, die innerhalb eines bestimmten geograph. Raumes ernährt werden kann.

Nährwert, der Gehalt an verwertbaren, essentiellen Nährstoffen, durch deren Zu

Nähmaschine: a Rückwärts-Nähhebel und Transporteur-Versenkhebel, b Stoffdrücker und Stopmatik-Hebel, c Obertransportfuß, d Transporteur, e Doppelumlaufgreifer, f Nähfuß, g Nadelhalter, h Schiebestange, i Transport-Antriebswelle, k Stichsteller-Gelenke, l Transport-Umschaltstange, m Knopflochtaste, n Stichlagen-Einstellknopf, o Universal-Einstellknopf, p Schnurkette, q Handrad, r Einstellrad für Musteranfang, s Nutz- und Zierstich-Automatik, t Tasten für Nutz- und Zierstiche, u Löschtaste

fuhr die Voraussetzungen für die Aufrechterhaltung aller Körperfunktionen eines Organismus gegeben werden.

Naht, 1) genähte Linie, bes. an Kleidern. **2)** Anatomie: unbewegl. Verbindung zweier Schädelknochen. **3)** ⊕ Verwachsungslinie. **4)** Chirurgie: künstl. Vereinigung durchtrennter Gewebe.

N'ahua, eine Sprachgruppe indian. Stämme in Mittel- und S-Mexiko, rd. 1 7 Mill. Menschen; ihre Sprache, das **Nahuatl,** wird noch von rd. 2,1 Mill. Menschen gesprochen. Die N.-Stämme kamen aus N-Amerika: im 10. Jahrh. die Tolteken, im 13. Jahrh. der bedeutendste N.-Stamm in vorspan. Zeit, die Azteken.

N'ahuel Huap'i, Gebirgssee in den argentin. Anden, 529 km². Nationalpark.

N'ahum, einer der zwölf Kleinen Propheten des A. T.

N'ahur der, **Halbschaf,** Gattung schafartiger Horntiere Innerasiens; durch Rückbildung der Klauendrüsen u. a. auch ziegenähnlich.

N'aidu, Sarodschini, ind. Lyrikerin, * 1879, † 1949, war Führerin der ind. Frauen- und Freiheitsbewegung, 1925 Präs. des Ind. Nationalkongresses.

Nairn [n'ɛən], schott. Grafschaft südl. vom Moray Firth, 422 km², 8000 Ew., Hauptstadt: Nairn.

Nair'obi, Hauptstadt von Kenia, an der Ugandabahn, 1660 m ü. M., 509 300 Ew. N. ist Kultur-, Wirtschafts- und Handelszentrum des Landes; internat. Flughafen.

na'iv [frz.], kindlich-unbefangen, unüberlegt, einfältig.

naive Malerei, der Hauptzweig der Laienkunst, der sich von der älteren und gleichzeitigen Volkskunst dadurch unterscheidet, daß sie nicht wie jene als Handwerk und in der Regel nicht mit gewerbl. Absicht betrieben wird. Ihre ‚Sonntagsmaler‘ üben die unterschiedlichsten Berufe aus, gehören aber meistens den einfacheren Bevölkerungsschichten an. Zu größter Beliebtheit gelangten u. a. der franzöz. Zöllner H. →Rousseau, die amerikan. Farmersfrau Grandma →Moses und der taubstumme Nikifor aus Polen. In Jugoslawien blüht die n. M. in der Bauernschule von Hlebine, deren Haupt J. →Generalić ist.

Naj'aden, 1) griech. Mythos: Wassernymphen. **2)** die Flußmuscheln.

N'akskov [n'agsgɔu], Hauptort der Insel Lolland, Dänemark, 17 000 Ew.; Schiffswerft, größte Zuckerfabrik Skandinaviens.

N'altschik, Hauptstadt der Kabardino-Balkarischen ASSR, Kurort im nördl. Kaukasus-Vorland, 146 000 Ew.

N'ama, Stamm der Hottentotten, im südwestl. Afrika.

N'amaland, zwei Landschaften in Afrika: **1) Groß-N.,** der südl. Teil des südwestafrikan. Binnenhochlandes zwischen dem unteren Oranje und Windhoek; von Nama bewohnt. **2) Klein-N., Namaqualand,** das südlich vom Oranje an 1) anschließende Gebiet im NW der Kapprovinz, Rep. Südafrika, Halbwüste, von Nama dünn bevölkert.

Namang'an, Stadt in der Usbek. SSR, 175 000 Ew., Mittelpunkt eines Baumwollgebiets; Baumwoll-, Seiden- und Metallwarenindustrie.

Name, Bezeichnung eines Wesens oder Dinges. Der **Gattungs-N.** gibt die Gattung von Personen, Dingen und Begriffen an, z. B. Verwandtschafts-, Berufs-, Tier- und Pflanzennamen. Die **Eigen-N.** bezeichnen Einzelwesen oder -dinge, die man aus der Gattung herausheben will. Man teilte sie in Orts-N. und Personen-N. **Orts-N.** im weiteren Sinn sind die N. von Ländern, Meeren, Bergen, Tälern, Seen, Flüssen, Städten und Dörfern. Die **Personen-N.** entsprachen in germanischer und altdeutscher Zeit unseren heutigen **Vor-N.** Sie bestanden aus zwei Wörtern, die meist aus der dichterischen Sprache stammten und Kampf, Sieg, Ruhm, Stärke, edle Abkunft, Götterglauben u. ä. bezeichneten. Zu

NAHRUNGSMITTEL

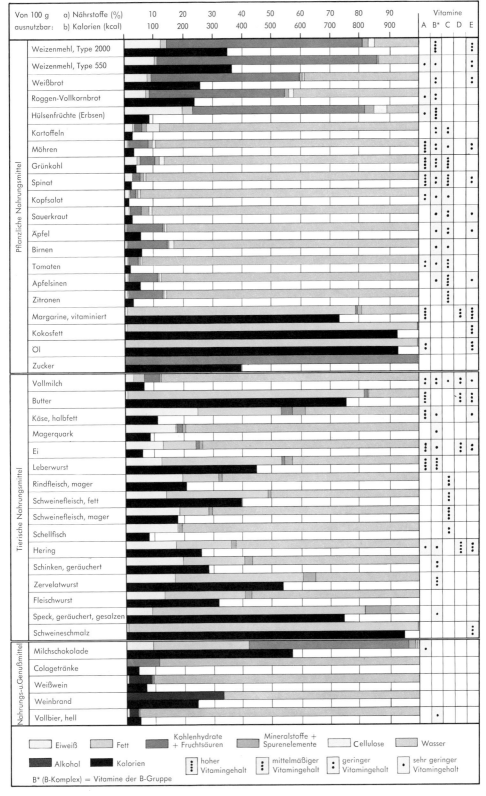

851

ihnen traten seit dem 12. Jahrh. biblische und Heiligen-N. und später weitere Entlehnungen aus anderen Sprachen (Übersicht Vornamen). Sippenbezeichnungen gab es schon in german. Zeit, doch erst der fortschreitende Handel und Verkehr mit seinen Rechtsgeschäften machte in Deutschland seit dem 12. Jahrh. die Einführung von **Familien-N.** notwendig. Mit der sprachl. Erklärung von Orts- und Personennamen beschäftigt sich die **Namenkunde.** (→Namensrecht)

Namens|aktien, eine auf den Namen des Eigentümers ausgestellte Aktie, durch Indossament übertragbar, im Unterschied zur Inhaberaktie. Bestimmt die Satzung nicht, ob Inhaber- oder N. auszugeben sind, lauten die Aktien auf den Inhaber.

Namensänderung, ⚖ die Änderung eines Namens, auch seiner Schreibweise; sie bedarf behördl. Genehmigung.

Namensehe, ⚖ eine Ehe, um der Frau den Familiennamen des Mannes zu geben, ohne eine eheliche Lebensgemeinschaft zu begründen; die N. ist nichtig.

Namenspapier, Rektapapier, ⚖ ein Wertpapier, dessen Geltendmachung nur der in der Urkunde namentlich genannten Person zusteht, z. B. Namensscheck.

Namensrecht, das Recht einer natürlichen oder juristischen Person oder einer Personenvereinigung, einen bestimmten Namen, Decknamen oder eine Firma zu führen. Der Name wird gegen Mißbrauch geschützt (§ 12 BGB., § 37 HGB.). - Der **Familienname** wird durch Geburt, Heirat oder Adoption erworben. Das ehel. Kind erhält den Namen des Vaters, das nichtehel. Kind den der Mutter, die Ehefrau mit der Heirat den des Mannes; sie kann jedoch ihren Mädchennamen hinzufügen. - In der Dt. Dem. Rep. führen Ehegatten den N. des Mannes oder der Frau als gemeinsamen Familiennamen; diesen erhalten auch die gemeinsamen Kinder. Die **Vornamen** bestimmen die Eltern.

Namensscheck, Rektascheck, ⚖ der für eine bestimmte Person ausgestellte Scheck; er kann durch →Indossament übertragen werden.

Namenstag, der Kalendertag des Hl., dessen Namen jemand führt; bei Katholiken oft neben dem Geburtstag gefeiert.

Namenszug, die →Unterschrift.

N'amib, Fels- und Sandwüste entlang der Küste SW-Afrikas, etwa 120 km breit, etwa 1300 km lang, eines der trockensten Gebiete der Erde.

Nam'ibia, →Südwestafrika.

Nam II, nordkorean. General und Politiker (Kommunist), * 1913, war 1950-53 Generalstabschef der nordkorean. Armee, 1953-59 Außenmin. und Vizepräsident.

Nämlichkeitssicherung, Identitätsnachweis, Zollmaßnahme zum Wiedererkennen vorübergehend ein- oder ausgeführter zollpflichtiger Waren; bei unveränderter Wiedereinfuhr oder -ausfuhr Zollfreiheit.

Namp'ula, Distriktshauptstadt in N-Mocambique, 104 600 Ew.

Nam-tso, mongol. **Tengri Nor,** größter See Tibets, 2207 km², ein abflußloser Salzsee.

Namur [nam'y:r], fläm. **Namen,** 1) Prov. Belgiens, 3660 km² groß, 383 600 Ew. 2) Hauptstadt von 1), an der Mündung der Sambre in die Maas, 32 300 Ew.; Kathedrale (18. Jahrh.); Glas-, Porzellan-, Papiermühlen- und Laborbedarfindustrie.

Nancy [näs'i], Hauptstadt des französ. Dép. Meurthe-et-Moselle, an der Meurthe und am Rhein-Marne-Kanal, 123 400 Ew.; ehem. Herzogspalast, Kathedrale; Univ.; Hochschulen; Metall-, Textil-, Nahrungsmittel-, Leder-, pharmazeut. Betriebe. - N., bis 1766 Hauptstadt Lothringens, kam dann an Frankreich. In der Schlacht bei N. 5. 1. 1477 wurde Herzog Karl der Kühne von Burgund von den schweizer. Eidgenossen und den Lothringern besiegt und getötet.

Nanda Devi, doppelgipfliges Massiv im Zentral-Himalaya, Hauptgipfel 7816 m hoch. Ersteigung 1936.

N'andu der, **Pampasstrauß,** Gatt. dreizehiger, grauer Strauße mit zwei Arten: N. und **Darwin-**Strauß. Das Männchen bebrütet die Eier und führt die Jungen.

N'anga P'arbat, Diamir, Gneismassiv im Himalaya, 8125 m hoch; Erstersteig. 1953.

N'änie [aus lat. ‚Nenia‘, Göttin der Totenklage] die, die Totenklage im republikan. Rom; bei Schiller Titel eines Klagegedichts (vertont von J. Brahms).

Nanking [chines. ‚Südliche Hauptstadt‘], **Nan jing,** Hauptstadt der chines. Prov. Kiangsu, am rechten Ufer des Jangtsekiang, 1,5 Mill. Ew.; Univ.; Seiden-, Brokat-, Baumwollweberei. In den Purpurhügeln befindet sich das Grabmal von Sun Yatsen. - N. war bis 1421 Reichshauptstadt der Ming-Kaiser, 1911/12 Sitz der vorläufigen revolutionären Regierung. 1927 Eroberung durch die Kuomintang-Truppen, von 1928 bis 1945 Hauptstadt des Chines. Reiches, 1937-45 in Japan. Hand und 1940-44 Sitz der Regierung Wang Tsching-wei, 1948 von rotchines. Truppen besetzt.

Nanning [chines. ‚Befriedeter Süden‘], **Yungning,** Hauptstadt der chines. Autonomen Region Kuangsi-Tschuang, 264 000 Ew.; lebhafter Handel.

nano, Abk. **n,** vor Maßeinheiten: der milliardste Teil, $10^{-9} = 1/1\,000\,000\,000$.

Nanschan [chines. ‚Südgebirge‘], Gebirge in Mittelasien, ein Teil des Kun-lun, über 6000 m hoch.

Nansen, 1) Fridtjof, norweg. Polforscher und Zoologe, * 1861, † 1930, durchquerte 1888 als erster Grönland von O nach W, unternahm 1893-96 eine Polfahrt mit der ‚Fram‘, wobei er auf einem Schlittenvorstoß 86°14' n. Br. erreichte, wirkte seit 1918 für die Rückführung der Kriegsgefan-

Fridtjof Nansen   *Gamal Abd el-Nasser*

genen und (1921-30) als Hochkommissar des Völkerbundes für Flüchtlingsfragen; 1922 Friedensnobelpreis.
2) Odd, norweg. Philanthrop, Sohn von 1), * 1901, gründete nach dem 2. Weltkrieg die Kinderhilfe der Verein. Nationen (UNICEF).
3) Peter, dän. Schriftsteller, * 1861, † 1918; ‚Julies Tagebuch‘ (1893).

Nansen-Paß, ein auf Anregung von F. →Nansen 1) vom Völkerbund geschaffener Ausweis als Paßersatz für Staatenlose.

Nanterre [nät'ε:r], Hauptstadt des französ. Dép. Hauts-de-Seine, westl. von Paris, 90 600 Ew.; Univ., chem., Metallind.

Nantes [nä:t], Hauptstadt des französ. Dép. Loire-Atlantique, an der Loire, 265 000 Ew., Import- und Industriehafen; Schloß, Universität; Schiff- und Maschinenbau, Luftfahrt-, chem., Lebensmittel- u. a. Ind. - 13. 4. 1598 **Edikt von N.** Heinrichs IV., gewährte den Hugenotten Gewissens- und örtlich beschränkte Kultfreiheit (am 18. 10. 1685 von Ludwig XIV. aufgehoben).

Nantschang [chines. ‚Glanz des Südens‘], Hauptstadt der chines. Prov. Kiangsi, 508 000 Ew., am Kankiang, Handelszentrum.

Nantung, früher **Tungtschou,** Stadt in der chines. Prov. Kiangsu, an der Mündung des Jangtsekiang, 140 000 Ew.; Baumwollverarbeitung.

Naoge'orgus, Thomas, eigentl. **Kirchmair,** neulatein. Dichter, * 1511, † 1563 als Pfarrer, wandelte das latein. Schuldrama zum protestant. Tendenzdrama (‚Pammachius‘, 1538; ‚Mercator‘, 1540).

Napalm, eine kolloidale Lösung kleiner Mengen bestimmter Metallseifen von Fettsäuren (**Palm**itinsäure) oder **Naph**tensäuren in Kohlenwasserstoffen (Benzin, Benzol, Petroleum), die als Brandbombenfüllung verwendet wird. Das Gemisch zündet beim Aufschlag von selbst und ist praktisch nicht löschbar. Die Masse haftet überall und erreicht eine Temperatur von mehr als 2000° C.

Napfpilze, Bauchpilze mit becherförmigen Fruchtkörpern und darin linsenförmigen Sporenbehältern.

Napfschnecke, eine marine Familie der Vorderkiemer, mit napfförmiger Schale.

N'aphtali, israelit. Stamm im östl. Galiläa (Jos. 19, 32-39).

N'aphtha das, ein Erdöldestillat, dient als Lösungsmittel und Verdünner für Farben und Lacke, zur Chemisch-Trockenreinigung u. a.

Naphthal'in das, $C_{10}H_8$, fester Kohlenwasserstoff aus dem Steinkohlenteer, dient als Schädlingsbekämpfungsmittel u. a. N.-Derivate sind wichtige Ausgangsstoffe der chem. Industrie.

Naphth'ole Mz., aromatische Alkohole, Naphthalinabkömmlinge; Ausgangsstoffe für Farbstoffe und Riechstoffe.

Napier [n'eipiə], **Neper,** John N. of Merchiston, schott. Mathematiker, * 1550, † 1617, erfand unabhängig von J. Bürgi (1552-1632) die Logarithmen.

Nap'oleon, 1) Napoléon Bonaparte, als N. I. Kaiser der Franzosen (1804-14/15), * Ajaccio (Korsika) 15. 8. 1769, † Longwood (St. Helena) 5. 5. 1821. Der Artillerieleutnant wurde nach der Rückeroberung von Toulon zum Brigadegeneral (1793) und nach der Niederwerfung des royalist. Aufstandes in Paris (1795) zum Oberbefehlshaber der Italienarmee (1796) befördert. 1796 heiratete er Joséphine de Beauharnais. Mit dem oberitalien. Feldzug (1796/97, →Französische Revolutionskriege) und N.s selbständiger Politik (territoriale Umgestaltung Oberitaliens) begann N.s Aufstieg zur Macht. Am 18. Brumaire VIII (9. 11. 1799) stürzte er das Direktorium. Als Erster Kon-

Nancy: Schloß

Napoleon I. (Ölstudie von J.-L. David, 1799; Paris, Louvre)

sul schuf er ein streng zentralist. Ordnungssystem. Das Konkordat mit Papst Pius VII. (1801) sicherte dem Staat die Verfügung über die Kirche. N. erließ 1804 den Code civil, der das bürgerl. Recht in Frankreich bis heute bestimmt. Er beendete erfolgreich den zweiten Koalitionskrieg. 1802 machte N. sich zum Konsul auf Lebenszeit und krönte sich am 2. 12. 1804 in Paris selbst zum ,Kaiser der Franzosen', worauf ihn der Papst weihte. Seine Brüder Joseph, Ludwig, Jérôme wie auch seinen Schwager J. Murat erhob N. zu Königen in den von Frankreich abhängigen Territorien.

Die durch den Reichsdeputationshauptschluß 1803 eingeleitete territoriale Neuordnung Deutschlands wurde fortgesetzt durch den unter Frankreichs Schutz gebildeten →Rheinbund (12. 7. 1806), der zur Auflösung des alten Dt. Reiches führte. Der unüberwindl. Gegensatz zwischen napoleon. und brit. Imperialismus führte schon 1803 zum Wiederausbruch des Krieges mit Großbritannien, der erst 1814/15 beendet wurde. Mehrere Kontinentalkriege verbanden sich damit (→Napoleonische Kriege, →Kontinentalsperre). 1808 stand N. auf dem Gipfel seiner Macht (Erfurter Fürstenkongreß). Nach der Scheidung seiner kinderlosen Ehe mit Joséphine heiratete er 1810 die österreich. Kaisertochter Marie Louise, die ihm einen Sohn - später Herzog von →Reichstadt - gebar. Der Russische Feldzug (→Napoleonische Kriege 6) wurde zur Wende der napoleon. Herrschaft in Europa. Die →Freiheitskriege führten zum Rückzug N.s auf französ. Boden. 1814 dankte N. ab. Er erhielt Elba als souveräne Herrschaft. Der Versuch einer Rückkehr (Herrschaft der Hundert Tage) scheiterte bei →Waterloo (18. 6. 1815). N. wurde auf Lebenszeit nach der brit. Insel St. Helena verbannt. Seine Leiche wurde 1840 nach Paris überführt und im Invalidendom beigesetzt.

2) N. (II.), König von Rom, einziger legitimer Sohn von 1), Herzog von →Reichstadt.

3) N. III., Kaiser der Franzosen (1852-70), eigentl. **Charles Louis N. Buonaparte,** Sohn König Ludwigs von Holland und der Hortense Beauharnais, ☉ mit Eugenie de Montijo, * 1808, † 1873, nach zwei vergebl. Putschen gegen König Ludwig Philipp (1836, 1840) 1848 Präs. der 2. Rep., 1851 Staatsstreich, 1852 zum Kaiser gewählt, siegte im Krimkrieg gegen Rußland (1854 bis 1856), 1859 gegen Österreich, erwarb 1860 Savoyen und Nizza, scheiterte in der Mexikan. Expedition (1861-67) und im →Deutsch-Französischen Krieg von 1870/71, wo er bei Sedan in preuß. Kriegsgefangenschaft geriet (2. 9. 1870).

Napoleond'or, unter Napoleon I. und III. geprägte 20-Franken-Münze in Gold.

Napole'onische Kriege, die Kriege, die

Napoleon I. nach den →Französischen Revolutionskriegen 1803-15 führte; gegen:

1) England seit 1803. Lager von Boulogne zur Invasion in England, Besetzung Hannovers. 1805 Sieg Nelsons bei Trafalgar. 1806 Kontinentalsperre. **2) Rußland und Österreich 1805.** Kapitulation der Österreicher in Ulm, Einnahme Wiens, Dreikaiserschlacht von Austerlitz, Friede von Preßburg. **3) Preußen und Rußland 1806/07.** Französ. Siege bei Jena und Auerstedt, Kapitulationen der Preußen bei Prenzlau, Ratekau, Schlachten von Preußisch-Eylau, Friedland, Friede von Tilsit. **4) Spanien und Portugal 1808-14,** veranlaßt durch Absetzung der einheim. Herrscher, Volkskrieg, Spanien und Portugal wurden von England unterstützt. **5) Österreich 1809.** Einnahme Wiens. Napoleons (erste) Niederlage bei Aspern. Sieg bei Wagram. Aufstände des Herzogs von Braunschweig, Dörnbergs, Schills, Hofers, Friede von Schönbrunn. **6) Rußland 1812.** Nach Anfangserfolgen (Smolensk, Borodino, Einnahme Moskaus) Untergang der ,Großen Armee' auf dem Rückzug im russ. Winter. Konvention von Tauroggen. **7)** →Freiheitskriege 1813-15.

Napoleonshut, der Übergangsform vom Dreispitz zum Zweispitz (etwa 1800-20).

N'apoli, →italien. für Ne'apel.

N'appaleder, glacégar gegerbtes Schaf- oder Ziegenleder für Handschuhe, Taschen u. a., durch Nachgerbung mit Chromsalz u. pflanzl. Gerbstoffen waschbar gemacht.

Nara, Stadt auf Honschu, Japan, 191000 Ew.; 710 als erste Hauptstadt Japans gegr.; viele histor. Bauten, u. a. Schatzkammern, viele alte Tempel.

N'araspflanze, ein strauchiges südwestafrikan. Kürbisgewächs. Die orangeähnlichen Früchte enthalten ölreiche Samen.

N'arbada, N'armada der oder die, einer der heiligen Flüsse Indiens, 1250 km lang, kommt aus der Satpurakette, mündet in den Golf von Cambay.

Narbe, 1) ♀ das durch Vernarbung von Wunden aus Fleischwärzchen hervorgegangene Dauergewebe. **2)** ⊕ Teil des Fruchtknotens der Blüte. **3)** Grasdecke des Bodens.

Narbonne [-b'ɔn], Stadt im französ. Dép. Aude, durch einen Kanal mit dem Mittelmeer verbunden, 40 000 Ew.; Weinhandel. - Hauptstadt der röm. Prov. Gallia Narbonensis, 413 westgotisch, 720 arabisch, 759 fränkisch; 1507 kam N. an die französ. Krone.

Narcot'in, $C_{22}H_{23}O_7N$, eines der Hauptalkaloide des Opiums, wirkt hustenstillend.

N'arde die, wohlriechende Pflanzenteile für Salben, Salböl, Arznei; z. B. das Baldriangewächs **Indische N.** (Ind. Speik).

N'arew, rechter Nebenfluß des westl. Bug in Polen, 435 km lang, entspringt in der Bialowiezer Heide, mündet unterhalb von Pultusk.

Nargil'e [pers.] die oder das, eine Wasserpfeife mit langem Schlauch.

N'arkoanal'yse [grch.], psychoanalyt. Befragung während oder nach einer Kurznarkose.

Nark'ose [grch.], **Betäubung** die, ♀ ein künstlich mit Hilfe narkotischer Mittel herbeigeführter Schlaf, im Unterschied zum Unempfindlichmachen, bei dem das Bewußtsein erhalten bleibt. Die N. wird vor allem bei Operationen verwendet. In neuzeitlichen Kliniken obliegt die N.-Wesen einem Facharzt für **Anästhesiologie (Anästhesist).** Die N. wird eingeleitet (Ba-sisnarkose) durch eine Spritze in den Arm (intravenöse N.), einen Einlauf (rektale oder Darm-N.) oder das Einatmen eines geruch- und geschmacklosen Gases (Inhalations-N.). Die früher übliche Narkosemaske, auf die das N.-Mittel aufgetropft wurde, ist in neuzeitl. Kliniken ersetzt durch den **Narkoseapparat,** der auch der künstl. Beatmung des Narkotisierten dient;

die hierzu erforderl. →Intubation (Intubations-N., Intratracheal-N.) verhütet eine Verlegung der Atemwege. Die **Rauschnarkose** ist eine oberflächliche Kurz-N. für chirurg. Eingriffe. Die **potenzierte N.** wird angewendet, um Erregungszustände bei operationsgefährdeten Kranken auszuschalten; mit Hilfe von stoffwechselsenkenden Mitteln wird hierbei die Wirkung der N.-Mittel gesteigert. - Die erste Operation (Zahnausziehen) in Äther-N. führte 1846 der amerikan. Zahnarzt W. Morton aus.

nark'otisch, betäubend. **narkotisieren,** betäuben durch einschläfernde Mittel.

narkotische Mittel, Narc'otica, Mittel, die lähmend auf bestimmte Teile des Zentralnervensystems wirken und dadurch betäuben, jedoch Atem- und Kreislaufzentren sowie die Tätigkeit der anderen Organe nicht beeinträchtigen.

Nar'odnaja, höchster Berg im N-Ural, Sowjetunion, 1894 m hoch.

N'arodna 'Odbrana [serb. ,Nationale Verteidigung'], serb. Vereinigung, gegr. 1908, kämpfte im Bunde mit der ,Schwarzen Hand' für eine Vereinigung aller Südslawen; verlor nach 1918 an Bedeutung.

Nar'odniki [russ. ,Volksfreunde'], **Populisten** Mz., die Vertreter einer literar. und polit. Richtung in Rußland, etwa von 1860 bis 1900; sie forderten eine neue Gesellschaftsordnung aus der Tradition des russ. Landvolks heraus auf agrarsozialist. Grundlage.

Narr, durch Unvernunft auffallender Mensch, Tor, Spaßmacher (urspr. ,Geisteskranker'), zählte im MA. zum ritterl. Gesinde. Offene Kritik an herrschenden Verhältnissen durften die Hofnarren üben. Literar. Narrenfiguren: Till Eulenspiegel, Hanswurst, die ,weisen' Narren Shakespeares u. a.

N'arses, Feldherr Justinians I., Armenier, * um 480, † um 574, eroberte 552-555 das Reich der Ostgoten in Italien und verwaltete es bis 567 als kaiserl. Statthalter.

N'arthex [grch.] der, **1)** im Mittelmeergebiet häufige, bis 5 m hohe Doldenpflanze; ihre vertrockneten Stengel waren im Altertum Werkstoff für Kästchen. **2)** ⊓⊓ dem Langhaus einer Basilika vorgelagerte Eingangshalle.

N'arvik, Hafenstadt in N-Norwegen, am Ofotenfjord, 13 400 Ew.; Endpunkt der Lapplandbahn und eisfreier Ausfuhrhafen für schwed. Erze. Über die Kämpfe um N. (1940) →Weltkrieg II.

N'arwa, 1) die, russ. **Narowa,** Abfluß des Peipussees, im NO der Estn. SSR, 78 km lang, mündet in den Finn. Meerbusen.

2) estnisch **Narva,** Stadt in der Estn. SSR, an der N., 53 000 Ew.; Textilind. (Baumwoll- und Flachsverarbeitung), Möbelfabrik, Wasser- und Wärmekraftwerk. In der von einem Wall umgebenen Altstadt das ehem. Ordensschloß, got. Johanniskirche, Rathaus (1668-71), alte Giebelhäuser. - Um 1250 nach Lübischem Stadtrecht gegr. 20. 11. 1700 Sieg der Schweden über die Russen.

N'arwal [dän.], →Gründelwal.

Narz'iß, griech. Mythos: schöner Jüngling, der die Liebe der Echo verschmähte, dafür mit unstillbarer Selbstliebe bestraft und in die Narzisse verwandelt wurde.

Narz'isse die, Gatt. der Amaryllisgewächse, Zwiebelpflanzen, vom Mittelmeergebiet bis Ostasien. Gartenzierpflanzen: **Weiße N.,** mit weiß-gelb-roter Blüte, **Gelbblütige N.** oder **Osterblume;** Topfpflanzen: **Tazette, Jonquille.** (Tafel Blüte)

NASA, Abk. für National Aeronautics and Space Administration, 1958 gegr. Behörde der USA, in der alle luft- und raumfahrttechn. Organisationen zusammengefaßt sind (Sitz Washington); sie verfügt über viele Forschungszentren und betreibt bes. die amerikan. Raumfahrtprogramme.

Nas'al [lat.] der, Nasenlaut (m, n, ng).

nasal, 1) ♀ auf die Nase bezüglich. **2)** näselnd.

Nase, Geruchsorgan, Eingang in die Luftwege bei Menschen und Tieren. Die äußere N. mit dem **N.-Bein** und dem knorpeligen Teil bestimmt wesentlich den Gesichtsausdruck. Die **N.-Höhle** wird durch die **N.-Scheidewand** in zwei N.-Gänge geschieden, deren Außenwände je drei knorpelige **Muscheln** tragen. Im Bereich der

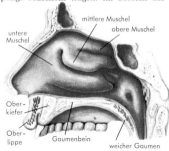

mittlere Muschel
obere Muschel
untere Muschel
Oberkiefer
Oberlippe
Gaumenbein
weicher Gaumen

Nase: rechte seitliche Nasenwand mit Muscheln

oberen N.-Muschel liegt die **Riechschleimhaut,** das eigentl. Geruchssinnesorgan. Die N.-Höhle steht mit den lufthaltigen **Nebenhöhlen** (bes. Stirn- und Oberkieferhöhlen) in Verbindung. Die Atemluft gelangt durch die hinteren Öffnungen der N.-Gänge **(Choanen)** in den N.-Rachenraum.

Nasen|affe, ein Stummelaffe auf Borneo; Männchen mit über den Mund hängendem gurkenförmiger Nase.

Nasenbär, Rüsselbär, Coati, ein Kleinbär mit Wühlrüssel, im wärmeren Amerika.

Nasenbluten infolge Zerreißens kleiner Schleimhautadern kann auftreten bei Verletzungen, Blutandrang im Kopf, Blutdrucksteigerung, manchen Infektionskrankheiten u. a. Behandlung: sitzend, mit leicht vorgebeugtem Kopf ein nasses, kaltes Tuch in den Nacken legen; den Nasenflügel der blutenden Seite an die Nasenscheidewand drücken.

Nasenbremsen, Fliegen, deren Larven im Nasenrachenraum von Säugetieren leben.

Nasenplastik, die chirurgische Verbesserung von Formfehlern der äußeren Nase.

Nasenpolypen, ⚕ gutartige geschwulstförmige Wucherungen der Nasenschleimhaut. Behandlung chirurgisch.

Nasenrachenraum, Teil des Schlundkopfes, nach vorn mit der Nasenhöhle, nach hinten mit dem Rachen verbunden.

Nasenschmuck wird hauptsächlich von Naturvölkern in Durchbohrungen der Nasenscheidewand oder der Nasenflügel getragen: Pflöcke, Knöpfe, Ringe, Gehänge aus Holz, Knochen, Muscheln, Metall u. a.

Nasenspiegel, ein dem Kehlkopfspiegel ähnliches ärztliches Gerät zum Beleuchten der inneren Nasenhöhle.

Nasenwurzel, die Verbindungsstelle zwischen Nasenbeinen und Stirnbein.

Nash [næʃ], Paul, engl. Maler, * 1889, † 1946, behandelte landschaftl. Themen in geometrisch-symbol. Art.

Nashe [næʃ], Thomas, engl. Dichter, * 1567, † 1601; erster engl. Schelmenroman ,Der unglückliche Reisende' (1594).

Nashorn, Rhin′oceros, Fam. der Unpaarhufer, plumpe Pflanzenfresser, mit ein oder zwei Hörnern auf dem Nasenbein, fast unbehaarter, faltiger Panzerhaut und dreizehigen Füßen. Die N. leben in Afrika **(Breitmaul-N., Spitzmaul-N.)** und Asien (so das **Ind. Panzer-N.).**

Nashornkäfer, Gatt. der Blatthornkäfer; als Männchen auf dem Kopf und/oder Halsschild erhaben, z. B. der **Gemeine N.**

Nashornvögel, Hornvögel, rackenartige trop. Vögel mit großem, leicht gebogenem Schnabel, der einen hornförmigen Aufsatz hat; z. B. afrikan. **Hornrabe,** ind. **Doppelhornvogel.**

Nashville [n′æʃvil], Hauptstadt des Staates Tennessee, USA, am Cumberlandfluß, 447 900 Ew., Universitäten; Nahrungsmittel-, Leder-, Metallwaren-, Glas-, Bekleidungs-, Textilindustrie.

N′asik, Stadt in Maharaschthra, Indien, 170 000 Ew.; buddhist. Höhlentempel und Klöster in der Umgebung.

Naso, Eckart von, Schriftsteller und Dramaturg, * 1888; Romane (,Seydlitz', 1932, ,Die große Liebende', 1950, ,Flügel des Eros', 1960).

Nasredd′in Hodsch′a, der sagenhafte türk. Eulenspiegel aus dem 14. Jahrh.; Held einer Schwanksammlung.

Nassau, 1) ehemals Grafschaft, später Fürstentum, seit 1806 Herzogtum am Mittelrhein, 1866 preußisch. Die **Otton. Linie,** der die Dillenburger, Oranier und somit die Statthalter, seit 1815 Könige der Niederlande entstammten, erlosch mit Wilhelm III. 1890 im Mannesstamm. Die **Walram. Linie,** der u. a. der deutsche König Adolf von N. (1292-98) entstammte, starb mit Großherzog Wilhelm von Luxemburg 1912 im Mannesstamm aus. **2)** Stadt in Rheinl.-Pf., an der Lahn, 5200 Ew., Schloß (1621, später erweitert); Geburtshaus des Freiherrn vom Stein). Metallverarbeitende und chem. Industrie. **3)** [n′æsɔ:], die Hauptstadt der Bahama-Inseln, 100 000 Ew.

nassauern [vermutlich Rotwelsch], sich einen Genuß auf Kosten anderer verschaffen.

Nasser, 'Abd el-N., Gamal, * 1918, † 1970, war maßgeblich am Staatsstreich von 1952 beteiligt, wurde Oberbefehlshaber der ägypt. Streitkräfte, 1954 MinPräs., dann Staatspräs. In der Folgezeit wurde N. der einflußreichste Politiker der arab. Welt. Er verstaatlichte den Suezkanal, behauptete sich mit Hilfe der Vereinten Nationen gegen Israel, Großbritannien und Frankreich. 1958-61 Staatspräs. der →Vereinigten Arabischen Republik. Weiteres →Ägypten, Geschichte. (Bild S. 852)

Nasser-See, der durch den Bau des Assuan-Staudamms entstandene See, rd. 5000 km² groß.

Naßfäulen, enzymatische Zersetzung des Pflanzengewebes, hervorgerufen durch Mikroorganismen, gefördert durch Feuchtigkeit, z. B. Kartoffelfäule.

Nast′ie [grch.] die, Krümmungsbewegung eines Pflanzenorgans, ausgelöst durch einen Reiz, z. B. **Photo-N.** (durch Lichtreiz).

Nasuti′on, Abdul Haris, indones. Politiker und General, * 1918, war 1945-49 führend in den Unabhängigkeitskämpfen gegen die Niederlande, 1950-52 und 1955 bis 1966 Generalstabschef der Armee, 1959 bis 1966 Verteidigungs-Min., 1966 wurde er Präs. des beratenden Volkskongresses.

Nat′al, 1) kleinste Prov. der Rep. Südafrika, 86 967 km², 2,98 Mill. Ew. Hauptstadt: Pietermaritzburg. 1497 von Vasco da Gama entdeckt; Buren gründeten 1839 Pietermaritzburg und bildeten einen Freistaat, 1843 der brit. Herrschaft unterstellt; 1893 Selbstregierung, 1910 Prov. der Südafrikan. Union.

Spitzmaul-Nashorn

2) Hauptstadt und wichtigster Hafen des Staates Rio Grande do Norte, Brasilien, 265 000 Ew., kath. Erzbischofssitz; war Hauptstützpunkt für den Transatlantikluftverkehr mit Propellerflugzeugen.

N′athan, Prophet, der David die Verheißung (2. Sam. 7) und Strafdrohung Gottes brachte (Parabel des N.: 2. Sam. 12).

Nath′anaël, Jünger Jesu (Joh. 1, 43-51), wird mit Bartholomäus gleichgesetzt.

Nati′on [lat. natio ,Geburt'] die, seit dem 18. Jahrh. eine polit. Begriff. Gemeinschaft von staatstragender Kraft; sie ist gekennzeichnet durch das Bewußtsein der politisch-kulturellen Eigenständigkeit, das Nationalbewußtsein und den Willen zur Zusammengehörigkeit. **Staats-N.,** die in gemeinsamer staatlich-polit. Entwicklung gewachsene N.; **Kultur-N.,** die politisch-kulturelle Volkseinheit.

nation′al [lat.], **1)** die Nation betreffend. **2)** die Nation betonend, im Gegensatz zu: international.

National Association for the Advancement of Colored People [næʃnl əsousi′eiʃn fɔ: ði ədv′a:nsmənt ɔv k′ʌləd p′i:pl, engl.], Abk. **NAACP,** die bedeutendste, von Weißen und Farbigen getragene amerikan. Organisation, die sich für die Überwindung der Rassendiskriminierung einsetzt; gegr. 1909.

National Association of Manufacturers [n′æʃnl əsousi′eiʃn ɔv mænjuf′æktʃərəz, engl.], Abk. **NAM,** eine der Spitzenorganisationen der nordamerikan. Arbeitgeberverbände, gegr. 1895, Sitz: New York.

Nashornvögel: Hornrabe (1 m lang)

National Banks [næʃnl bæŋks, engl.], ein Typ der Geschäftsbanken in den USA, der seine Zulassung von der Bundesregierung erhält. N. B. müssen dem →Federal Reserve System angehören.

National Broadcasting Company [næʃnl br′ɔ:dka:stiŋ k′ʌmpəni, engl.], Abk. **NBC,** New York, amerikan. private Rundfunkgesellschaft, gegr. 1926.

Nationalchina, →Taiwan.

Nationaldemokratische Partei Deutschlands, Abk. **NDPD,** Partei in der Dt. Dem. Rep., gegr. 1948; sollte die ehem. Offiziere und Berufssoldaten sowie ehem. Nationalsozialisten sammeln und sie im Sinne der polit. Zielsetzung der SED lenken.

Nationaldemokratische Partei Deutschlands, Abk. **NPD,** rechtsstehende Partei in der Bundesrep. Dtl., gegr. 1964, zwischen 1966 und 1972 in einigen Länderparlamenten vertreten.

Nationale [frz.] das, **1)** auch **Signalement,** bei Haustieren die Angabe von Art, Geschlecht, Rasse, Hautfarbe und besonders der Abzeichen. **2)** svw. →Kokarde.

Nationale Befreiungsfront, →Front de Libération Nationale.

Nationale Forschungs- und Gedenkstätten der klassischen deutschen Literatur in Weimar, die organisator. Zusammenfassung der Goethe- und Schillergedenkstätten in Weimar.

Nationale Front, gemeinsame, von der SED gesteuerte Organisation der Parteien und Massenorganisationen der Dt. Dem. Rep., sucht die Bevölkerung politisch zu erfassen; gegr. 1949.

Nationales Komitee für Elite-Sport, Abk. **NKES,** koordinierendes Organ für die Förderung von Spitzensportlern in der Schweiz, gegr. 1966.

Nationales Olympisches Komitee, Abk. **NOK,** Bez. für die nationalen Mitgliedsorganisationen des Internationalen Olymp. Komitees. Präs. des NOK der Bundesrep. Dtl. ist seit 1961 W. Daume.

Nationale Volksarmee, Abk. **NVA,** die Streitkräfte der Dt. Dem. Rep. Ihre Aufstellung wurde am 18. 1. 1956 beschlossen, doch bestand die Truppe bereits unter dem Namen ,Kasernierte Volkspolizei', eingerichtet nach sowjet. Vorbild. Die Uniformen wurden 1956 denen der ehem. dt. Wehrmacht angepaßt (Tafel Dienstgradabzeichen). Oberste Kommandobehörde ist das Ministerium für Nationale Verteidigung. 1962 wurde in der Dt. Dem. Rep. die allgemeine Wehrpflicht eingeführt. Die NVA hat (1966) rd. 182000 Mann unter Waffen mit rd. 240000 Reservisten und 320000 Mann in den Kampfgruppen der SED.

Nationalfarben, Landesfarben, die Farben eines Staates, in Nationalflaggen, auf Kokarden, Schärpen, Orden u. ä. geführt.

Nationalfeiertage, →Feiertag.

Nationalflagge, →Flagge.

Nationalgarde, 1) Garde nationale [gard nasjɔn'al, frz.], in Frankreich 1789-1871 (mit Unterbrechungen) eine Art Bürgerwehr. **2) National Guard** [næʃnl ga:d, engl.], Teil der Armee in den Verein. Staaten, den Gouverneuren der Einzelstaaten untersteht.

Nationalhymne, Lied mit volkstüml. Melodie, das als Ausdruck des National- und Staatsbewußtseins empfunden wird.

nationalisieren, zum Staatseigentum erklären, z. B. ein Wirtschaftsunternehmen.

Nationalisierung, 1) die →Einbürgerung. **2)** →nationalisieren.

Nationalismus, die Überbetonung des nationalen Gedankens.

Nationalität [frz.], **1)** Zugehörigkeit zu einer Nation, im franz. und engl. Sprachgebrauch gleichbedeutend mit Staatsangehörigkeit. **2)** Volksgruppe in einem fremden Staat (nationale ,Minderheit).

Nationalitätenstaat, ein Staat, dessen Bevölkerung sich aus mehreren Nationen oder Volksgruppen (Nationalitäten) zusammensetzt. Gegensatz: Nationalstaat.

Nationalitätszeichen, Staatsangehörigkeitszeichen für Kraftfahrzeuge im Luftverkehr.

Nationalkirche, eine Kirche, die als Volkskirche möglichst die ganze Nation umschließt, nationales Gepräge und eine bevorrechtete Stellung hat; so die autokephalen Kirchen innerhalb der Ostkirche und die lutherischen Kirchen in den skandinav. Staaten.

Nationalkollegien, Gemeinschaftshäuser für kath. Kleriker gleicher Volkszugehörigkeit, die eine kirchl. Hochschule in Rom besuchen; z. B. Collegium Germanicum.

Nationalkomitee Freies Deutschland, eine 1943 gegr. Organisation dt. kommunist. Emigranten, Überläufer und Kriegsgefangener (Sitz bald nach der Gründung: bei Moskau); 1945 aufgelöst.

Nationalkonvent, →Konvent.

Nationalliberale Partei, eine in Dtl. 1867 bis 1918 bestehende Partei bes. des gebildeten und besitzenden Bürgertums, anfangs die stärkste im Reichstag, unterstützte Bismarck bis 1879. Führer: Bennigsen, Miquel, Bassermann, Stresemann.

Nationalmannschaft, ⚔ eine vom jeweiligen nationalen Fachverband getroffene Auswahl von Spitzensportlern für internat. Wettkämpfe.

Nationalökonomie, die →Volkswirtschaftslehre.

Nationalpark, →Naturschutz.

Nationalpreis der Deutschen Demokratischen Republik, seit 1968 alljährlich für beste Leistungen in Wissenschaft und Technik, Kunst und Literatur verliehener Geldpreis in je 3 Klassen; dazu Goldmedaille.

Nationalprodukt, das →Sozialprodukt.

Nationalrat, in Österreich: die erste gesetzgebende Kammer. In der Schweiz: eine der beiden Kammern der Bundesversammlung.

Nationalsozialismus, die 1919 in München gegr., seit 1921 von A. →Hitler geführte Bewegung, die sich in den **Nat.-sozialist. Dt. Arbeiterpartei (NSDAP)** organisierte und 1933-45 die Herrschaft in Dtl. ausübte. Hitler hat die Ziele des N. in ,Mein Kampf' (1925) offen dargelegt. Danach mißt der N. dem als ,rassische' Einheit aufgefaßten Volk den höchsten Wert zu; in der Wertung der Rassen wird der nordisch-german. Mensch an die Spitze gestellt, der Jude auf den untersten Rang verwiesen. Am Ende der Entwicklung soll eine ,höchste Rasse als Herrenvolk' stehen. Dem dt. Volk gebühre der nötige ,Lebensraum', der nur durch ,das Schwert' gewonnen werden könne. Diesem Ziel diente die Gewinnung der Massen durch eine grobe, aber erfolgreiche Propaganda mit Aufmärschen, Symbolen, Fahnen, Uniformen und die straffe Organisation der Partei und ihrer Gliederungen, bes. der SA und SS, sowie das schon 1920 aufgestellte ,unabänderliche' Parteiprogramm (25 Punkte). In seiner Propaganda wandte sich der N. radikal und fanatisch gegen die Folgen der Niederlage im 1. Weltkrieg und der Novemberrevolution, gegen die Bedingungen des Versailler Vertrages, gegen die parlamentarisch-demokrat. Neuordnung, gegen den Marxismus der kommunist. wie der sozialdemokrat. Richtung, gegen die demokrat.-liberale Ideenwelt, gegen den polit. Katholizismus, gegen bürgerl.-nationale und konservativ-feudale Richtungen und bes. in einem schrankenlosen Antisemitismus gegen das Judentum. Mißstände und Krisenerscheinungen in der staatl. und gesellschaftl. Entwicklung der Weimarer Republik wurden in diesem Kampf gegen die bestehende Ordnung geschickt und bedenkenlos ausgenutzt. Die 1929 einsetzende Wirtschaftskrise mit ihrer Massenarbeitslosigkeit und der Verschuldung der Bauern führte der NSDAP Wählermassen zu, wobei auch die außenpolit. Schlagworte (für Gleichberechtigung, gegen Erfüllungspolitik) gegen das Judentum. Der 30. 1. 1933 brachte die ,Machtübernahme' im Staat. Kennzeichen des nat.-soz. ,Führerstaats' waren: der erbarmungslose Kampf gegen das Judentum, das erst entrechtet, dann in Hitlers Machtbereich nahezu ausgerottet wurde; die Errichtung eines Polizeistaates mit Gestapo (→Geheime Staatspolizei), Sicherheitsdienst und Konzentrationslagern; der Fortfall aller rechtsstaatl. Garantien: die Beseitigung der Parteien und Parlamente; die Auflösung oder Gleichschaltung aller nicht nat.-soz. Organisationen; die Gleichschaltung des Presse- und Rundfunkwesens; die Unterdrückung freier literar. und künstler. Tätigkeit; der Kampf gegen die Kirchen; die Zerschlagung der Gewerkschaften; die Ersetzung der Tarifverträge durch staatl. Tarifordnungen und das Streikverbot; die Errichtung des dt. Einheitsstaates unter Beseitigung der Eigenstaatlichkeit der Länder; die Wiedereinführung der allgem. Wehrpflicht sowie die Schaffung einer starken Wehrmacht und Rüstungsindustrie. Neben dem Rassenprinzip wurden einige wenige Grundsätze dem Volk eingehämmert, so: 1) der Anspruch auf Totalität. Das gesamte Leben mit Wirtschaft, Kultur und Religion wurde ,gleichgeschaltet' und dem Machtanspruch des N. unterworfen. 2) das Führerprinzip. Die Entscheidungen wurden nicht durch Mehrheitsbeschlüsse herbeigeführt; an ihre Stelle trat die Befehlsgewalt einer abgestuften Führerhierarchie mit Hitler als ,dem Führer' an der Spitze. 3) der Gedanke der Volksgemeinschaft durch Überwindung der Klassen- und Standes-

gegensätze, dadurch entwertet, daß weite Kreise, Juden und Andersdenkende, ausgeschlossen wurden. 4) ,Gemeinnutz geht vor Eigennutz', ein Grundsatz, der zu Willkürakten mißbraucht wurde. Der außenpolit. Weg führte über den Austritt des Dt. Reiches aus dem Völkerbund (1933), die einseitige Kündigung der Rüstungsbeschränkung des Versailler Vertrages (1934), die Wiederbesetzung des Rheinlandes (1936), den Anschluß Österreichs (1938) und des Sudetenlandes (1938) zum Einfall in Polen (1. 9. 1939). Der 2. →Weltkrieg brachte eine gesteigerte Schreckensherrschaft in Dtl und in den besetzten Gebieten und führte nach militär. Anfangserfolgen zur militär., polit., wirtschaftl. und moral. Katastrophe der→deutschen Geschichte. Von den führenden Nationalsozialisten endeten Hitler, Göring, Goebbels, Himmler und Ley durch Selbstmord; Rosenberg, Frank, Frick, Streicher, Ribbentrop und Kaltenbrunner wurden in Nürnberg vom Internat. Militärtribunal zum Tode verurteilt und hingerichtet. Andere erhielten Freiheitsstrafen; von ihnen befindet sich (1969) nur noch R. Heß im alliierten Kriegsverbrechergefängnis in Spandau (→Widerstandsbewegung, →Entnazifizierung).

Nationalstaat, ein Staat, dessen Bevölkerung ganz oder überwiegend zur selben Nation gehört. Gegensatz: Nationalitätenstaat.

Nationalstraßen, die Fernstraßen in der Schweiz, Italien, Frankreich.

Nationaltracht, im Unterschied zu den landschaftlich und sozial begrenzten Volkstrachten jene Kleidung, die von allen Ständen einer Nation unabhängig von der herrschenden Mode getragen wird (z. B. Kilt, Kimono).

Nationalversammlung, eine Volksvertretung, die zu bes. Zwecken einberufen ist, namentlich zur Schaffung einer neuen Verfassung; in Deutschland →Frankfurter Nationalversammlung, →Weimarer Nationalversammlung. In Frankreich ist die N. **(Assemblée Nationale)** seit 5. 10. 1946 gesetzgebendes Organ.

nat'iv [lat.], angeboren, natürlich.

Nativ'ismus, die Lehre, die das Angeborensein bestimmter Vorstellungen und Fähigkeiten behauptet (z. B. Raumvorstellung).

Nativität [lat.], die Gestirnkonstellation bei der Geburt.

NATO, Abk. für North Atlantic Treaty Organization, →Nordatlantik-Pakt.

N'atorp, Paul, Philosoph und Pädagoge, * 1854, † 1924, Vertreter der Marburger Schule des →Neukantianismus.

Natrium, chem. Zeichen **Na,** chem. Element, Alkalimetall; Ordnungszahl 11, Atomgewicht 22,9898, spez. Gewicht 0,971, Schmelzpunkt 97,7° C, Siedepunkt 883° C, silberweiß, sehr weich, guter Wärme- und elektr. Leiter. In der Natur kommt es in Form seiner Verbindungen in großen Mengen vor. Im Laboratorium muß es wegen seiner großen Affinität zum Sauerstoff unter Petroleum aufbewahrt werden. Technisch wird N. durch Elektrolyse von geschmolzenem Natriumhydroxid oder Kochsalz gewonnen. Verwendet wird es bei der Synthese organ. Verbindungen, zur Entfernung letzter Feuchtigkeitsspuren aus Gasen, als Bestandteil von Natrium u. a. - Verbindungen: **Kochsalz** (NaCl), wesentl. Bestandteil der menschl. und tier. Ernährung. **Ätz-N.** wird durch Elektrolyse von Kochsalz gewonnen; seine Lösung ergibt die sehr starke, ätzende **Natronlauge,** die vielfältig, z. B. in der Seifenherstellung, verwendet wird. **N.-Carbonat** ist die →Soda. **N.-Bicarbonat,** kurz **Natron,** ist Brausepulver, Backpulver u. a. verwendet. **N.-Sulfat, Glaubersalz,** kommt als Mineral und in Mineralwässern vor, Verwendung in der Glasherstellung, Färberei u. a. **N.-Nitrat, Natronsalpeter,** ist Düngemittel. **N.-Silicat,** →Wasserglas.

Natriumdampflampe, eine →Metalldampflampe.

N'atron *das,* veraltet für →Natrium.

Nattern, artenreichste Fam. der Schlangen mit vielen Unterfam., so **Eierschlangen, Schnecken-, Wassertrug-, Wasserntern** (mit der **Ringelnatter), Höckerschlangen.** Kennzeichnend für diese **Eigentl. N.:** symmetrisch angeordnete Schilder auf dem Kopf, zahnloser Zwischenkiefer, Vorderstirn- und Nasenbeine liegen getrennt, im Unterkiefer fehlt ein Kronenbein.

Natternkopf, borstiges Borretschgewächs, mit roten, später blauen Blüten, wächst auf trockenem Boden.

Natterzunge, ein Farnkraut mit ungeteilten Blättern und Sporangienähren.

Natur [lat.] *die,* Gesamtheit der beobachtbaren Tatbestände, soweit sie unabhängig von der Tätigkeit des Menschen da sind, also im Unterschied einerseits zum Übernatürlichen (als Gegenstand religiösen Glaubens), andererseits zur Kultur (als Inbegriff des vom Menschen Geschaffenen). Der Mensch macht die N. in den Naturwissenschaften zum Gegenstand der Erforschung und Erkenntnis, die dadurch ermöglichte Technik macht ihn im hohen Maße zum Beherrscher der N. Er bleibt aber selbst Glied und Teil der N.

Natur'aleinkommen, Einkommen, das in Waren oder Leistungen besteht.

Natur'alien [lat.] *Mz.,* **1)** Schaustücke in naturkundl. Sammlungen. **2)** Bodenerzeugnisse, Lebensmittel, Rohstoffe.

naturalis'ieren [lat.], einbürgern.

Natural'ismus [lat.], **1)** die Lehre, daß nichts außer der Natur real sei; allgemeiner: jede Auffassung, die alles aus Naturtatsachen erklären will. **2)** Kunst: eine nicht scharf gegen den Realismus abgrenzbare Bezeichnung; meist als dessen Steigerung begriffen. In der Literatur löste der N., die naturgetreue Darstellung auch des Häßlichen, Triebhaften, Niederen und die Auffassung des Menschen als Produkt seiner Umwelt (Milieutheorie), um 1880 den Realismus ab. In der Ausbildung des N. war Frankreich führend, insbes. im Gesellschaftsroman (Goncourt, Zola), im psycholog. Roman gab Rußland Impulse (F. Dostojewskij, L. Tolstoi). G. Hauptmanns ,Vor Sonnenaufgang' (1889) war das erste naturalist. Drama auf der dt. Bühne; mit seinen ,Webern' (1892/93) wurde der Gipfel des naturalist. europ. Dramas erreicht.

Natur'alleistung, ♐ die Sachleistungspflicht des einzelnen gegenüber dem Staat (Bundesleistungs-Ges. v. 19. 10. 1956 i. d. F. v. 27. 9. 1961).

Naturallohn, →Lohn.

Natur'al|obligati'on [lat.], ♐ eine Forderung, die nicht eingeklagt werden kann, z. B. Spiel- und Wettschulden.

Natur'alrestituti'on, ♐ Schadenersatz durch Wiederherstellung des urspr. Zustandes (§ 249 BGB.). Gegensatz: Schadenersatz in Geld.

Naturalsteuer, eine Abgabe in Form von Sachgütern oder Dienstleistungen.

Naturalwirtschaft, eine geldlose Wirtschaft, in der die Wirtschaftsgüter als solche **(in natura)** getauscht werden.

Naturdenkmal, eine Naturschöpfung, die unter Naturschutz steht (Felsen, Quellen, Wasserfälle, Bäume u. a.), in der Bundesrep. Dtl. etwa 40 000 N.

Natur'ell [frz.] *das,* Gemütsart.

Naturfasern, Faserstoffe, umfassen pflanzl. (z. B. Baumwolle, Flachs, Hanf, Jute, Sisalhanf), tier. (z. B. Schafwolle, Ziegenhaar, Kamelhaar, Roßhaar, edle und wilde Seide) und mineral. Fasern (Asbest).

Naturfreunde, Touristenverein Die N., Abk. **TVN,** Vereinigung zur Pflege des Wanderns, gegr. 1895 von sozialdemokrat. Arbeitern in Wien, seit 1905 auch in Deutschland, 1933-45 verboten, seitdem wieder weit verbreitet.

Naturgesetze, feste Regeln, nach denen erfahrungsgemäß das Naturgeschehen verläuft und die sich meist mathematisch ausdrücken lassen, z. B. das Gesetz von der Erhaltung der Energie.

Naturharze, →Harze.

Naturheilkunde, eine Lehre der Krankheitsbehandlung, die auf Steigerung der dem Menschen innewohnenden Heilkräfte hinzielt. Behandlung mit naturgemäßen Verfahren durch Luft, Licht, Gymnastik, Massage, Ernährungsänderung, Aufgüsse von Pflanzen. Die neuzeitliche N. hat als **biologische Medizin** innerhalb der Schulmedizin große Bedeutung erlangt.

Naturismus, →Nacktkultur.

Naturkonstanten, →physikalische Konstanten.

Naturkunde, der pflanzen- und tierkundliche Unterricht der Grundschule.

Naturlandschaft, →Landschaft.

natürliche Person, der Mensch als Träger von Rechtsbeziehungen im Unterschied zur juristischen Person.

natürliche Religion, der →Deismus.

natürliches Kind, 1) ♐ das eheliche Kind im Unterschied zum Adoptivkind. **2)** nichteheliches Kind.

natürliche Zahl, →Zahl.

Naturpark, →Naturschutz.

Naturphilosophie, die philosoph. Bemühungen um die Erkenntnis der Natur als Ganzem, in neuerer Zeit meist beschränkt auf die Deutung der Grundlagen der Naturwissenschaften, die logische Klärung der Grundbegriffe sowie methodolog. Fragen.

Naturrecht, das im Wesen des Menschen, bes. in seiner Vernunft begründete, daher unwandelbare Recht, im Unterschied zum staatlich gesetzten **positiven Recht.** - Die Grundgedanken des N. finden sich bereits im Altertum (Heraklit, Aristoteles u. a.). Augustinus, Thomas von Aquin u. a. sahen im N. das von Gott der menschl. Vernunft eingeschriebene Gesetz. Die Renaissance und bes. die Aufklärung (Grotius, Spinoza, Pufendorf, Kant u. a.) lösten das N. aus der Verbindung zur Theologie und entwickelten es zum rationalen System.

Naturreligion, Glaubens- und Kultformen der Naturvölker. Die N. bezieht sich nicht auf die Verehrung der Natur, sondern umfaßt die Glaubensvorstellungen, die im abendländ. Sinn als Religion verstanden werden, dazu auch Weltanschauung, Mythos, Magie.

Nat'urschutz, im klassischen Sinn der Schutz der Natur und der naturnahen Landschaft einschließlich Tier- und Pflanzenwelt: →Landschaftsschutz, Wildtierschutz oder zoolog. N., Wildpflanzenschutz oder botan. N. Im umfassenden Sinn bedeutet moderner N. Erhaltung und Pflege der natürl. Umwelt der Menschen, Tiere und Pflanzen, auch in den Kulturlandschaft. N. arbeitet mit Heimatschutz und →Lebensschutz zusammen. Nach dem Grad der Schutzwürdigkeit, der Beschaffenheit und Größe einer Landschaft unterscheidet der N. verschiedene Kategorien: **Naturschutzgebiete** sind geschützte Naturlandschaften, die vorwiegend der Erhaltung bedrohter Tier- oder Pflanzenarten sowie der wissenschaftl. Forschung dienen. **Nationalparke** sind großräumige N.-Gebiete z. B. im Bayer. Wald, Schweizer, Krüger- (Südafrika), Yellowstone-(USA) Nationalparke. Weitere Kategorien sind: **Landschaftsschutzgebiete** mit weniger strengen Bestimmungen als bei N.-Gebieten. **Naturparke** mit möglichst naturnahem Charakter als großräumiges Landschaftsschutzgebiet, in der Bundesrep. Dtl. z. B.: Lüneburger Heide, Rothaargebirge, Bergstraße/Odenwald und viele andere, ferner →Naturdenkmäler. Mangelnde Berücksichtigung biolog. Erkenntnisse hat oft zu schweren Störungen im Naturhaushalt geführt. Die Grundlagenforschung des N. ist Aufgabe der →Ökologie.

Es gibt staatl. (Naturschutzbehörden) und private (Naturschutzverbände) Institutionen und Organisationen des N. Natur-(schutz)wacht nennt man meist ehrenamtl. tätige Vollzugsorgane, die die Einhaltung naturschutzrechtl. Bestimmungen überwachen (Bergwacht, Waldwacht u. a.). Mit der Ausweitung des N. im Sinne des Umweltschutzes wurde seit dem vom Europarat zum Europ. Naturschutzjahr erklärten Jahr 1970 begonnen, Ämter und Ministerien für Umweltschutz zu schaffen.

Naturschutzrecht: Wegbereiter moderner N.-Gesetzgebung war die poln. N.-Gesetz von 1949, welches das Vorbild für das Gesetz der Russ. SFSR von 1960 sowie für entsprechende Gesetze anderer Sowjetrepubliken wurde. In der Bundesrep. Dtl. gilt das Reichsnaturschutzges. v. 26. 6. 1935 als Landesrecht fort. Es erfuhr jedoch in allen Bundesländern zahlreiche Änderungen, die zur Uneinheitlichkeit und Zersplitterung führten. Daher wird die volle Bundeskompetenz und als Fernziel ein einheitl. Gesetzbuch zum Schutze des Lebens angestrebt. In der Dt. Dem. Rep. wurde das Reichsnaturschutzes. durch das Landeskulturges. v. 14. 5. 1970 abgelöst.

Naturtheater, Theateranlage im Freien (Felsen-, Parktheater) in der höf. Kultur des 18. Jahrh. Nachfolger: Freilichtbühne.

Naturtöne, auf Trompeteninstrumenten die durch schärferes Anblasen außer dem Grundton ansprechenden Töne.

Naturvölker, Menschengruppen, die abseits der Hochkulturen leben, ausschließlich ihre traditionelle Wirtschaft betreiben, in traditionsgebundenen Sozialordnungen leben und nur ihre Stammessprache sprechen. Bei gering entwickelter Technik sind sie stark von der Naturumwelt abhängig.

Naturwissenschaften, die Wissenschaften von den Naturerscheinungen und den Naturgesetzen, z. B. Physik, Chemie, Astronomie, Geo- und Biowissenschaften.

Nauen, Stadt im Bez. Potsdam, 11 800 Ew.; früher Großfunkstation.

Naugard, poln. **Nowogard,** Stadt in Pommern, rd. 8700 (1939: 8200) Ew.; hatte Stärkefabrik, Landhandel, Märkte. Seit 1945 unter poln. Verwaltung.

Nauheim, Bad N., Stadt in Hessen, am O-Rand des Taunus, 15 000 Ew. N. ist Heilbad bes. bei Herzleiden; Kerckhoff-Inst. für Herzforschung, Institute für Physikal. Medizin, Balneologie, Physiologie der Univ. Gießen.

N'aukratis, altgriech. Stapelplatz im westl. Nildelta seit der 1. Hälfte des 6. Jahrh. v. Chr., vor Gründung Alexandrias Mittelpunkt des griechisch-ägypt. Handels.

Naumburger Dom

1 *Große Brachvögel in der Seevogelfreistätte Norderoog.* 2 *Vermilion-See mit Mount Rundle, Banff-Nationalpark, Kanada.* 3 *Zebras im Serengeti-Nationalpark, Tansania.* 4 *Fudschi-Hakone-Izu-Nationalpark mit Tor zum Schinto-Heiligtum von Hakone, im Hintergrund der Fudschisan, Japan*

Naumann, Friedrich, evang. Theologe und christlich-sozialer Politiker, * 1860, † 1919, gründete 1895 die Wochenschrift ,Die Hilfe', 1896 den ,Nationalsozialen Verein' mit dem Programm, die Arbeiterschaft für den Staat zu gewinnen, wurde 1919 Vors. der Dt. Demokrat. Partei.

Naumburg/Saale, Stadt im Bez. Halle, an der Saale, 37 600 Ew.; Lebensmittel-, Textil-, Spielwaren-, Werkzeugmaschinenind. Das Stadtbild wird vom Naumburger Dom (13./14. Jahrh., mit bedeutenden Bildwerken des→NaumburgerMeisters) beherrscht. Viele Bürgerhäuser, Renaissance-Rathaus, Stadtkirche (15./16. Jahrh.). - Das 968 gegr. Bistum Zeitz wurde 1030 nach N. verlegt.

Naumburger Meister, der Bildhauer, der seit 1249 die Stifterfiguren und die Bildwerke des Lettners im W-Chor des Naumburger Doms schuf. Weitere Werke: Bruchstücke des Jüngsten Gerichts vom ehem. W-Lettner des Mainzer Doms, Relief des hl. Martin (Bassenheimer Reiter).

Naupaktos [neugrch. Aussprache n'af-], italien. **L'epanto,** Hafenstadt in Griechenland, am Nordufer des Golfs von Korinth, 7100 Ew. - 7. 10. 1571 Seesieg der Spanier und Venezianer über die Türken.

Nauplion [neugrch. n'af-], Hauptstadt des Bez. Argolis, Griechenland, 9300 Ew., Hafen. N. war bis 1834 Hauptstadt Griechenlands.

Nauplius [grch.] der, die Larvenform der niederen Krebstiere.

Nauru, amtl. **Republic of Nauru,** Inselrep. im Stillen Ozean, 21 km² mit 6000 po-

lynes. u. a. Ew. Phosphatlager. - 1888 dt. Schutzgebiet, seit 1920 Völkerbundsmandat, seit 1947 Treuhandgebiet der Vereinten Nationen, seit 1968 selbständig.

Naus'ika|a, griech. Mythos: Tochter des Phäakenkönigs Alkinoos; nahm Odysseus auf.

Nautik [lat.] die, alle Wissensgebiete, die zur Schiffahrt gehören (Navigation, Schiffsführung, Seemannschaft); heute erweitert auf Aeronautik (Luftraum) und Astronautik (Weltraum).

Nautiker, Inhaber eines Seepatents, vertraut mit Schiffsführung und allen Aufgaben der Handelsschiffahrt.

N'autilus [grch.-lat.], **1)** der, **Perlboot** oder **Schiffsboot,** ein Kopffüßer mit perlweißer, rötlich und schwarz gezeichneter kalkiger Spiralschale, verwandt mit den ausgestorbenen Ammoniten. **2)** die, Name des ersten

Friedrich Naumann   *Nehru*

mit Kernenergie angetriebenen U-Boots (Verein. Staaten, 1954).

nautisch, die Seefahrt betreffend.

N'avaho, span. **Navajo** [n'aβaxo], der zahlenmäßig größte Indianerstamm in den Verein. Staaten, aus der Sprachgruppe der Athapasken. Die (1966) rd. 120 000 N. leben in Reservationen in Arizona, New Mexico und Utah.

Nav'arra, franzöz. **Navarre** [nav'ar], geschichtl. Landschaft beiderseits der W-Pyrenäen; seit 905 Königreich; 1512-15 kam der S **(Ober-N.)** durch Ferdinand den Katholischen an Kastilien, 1589 der N **(Nieder-N.)** durch Heinrich IV. an Frankreich. Die span. Prov. N. umfaßt 10 421 km² mit 440 600 Ew. (meist Basken), Hauptstadt: Pamplona.

Navigati'on [lat.], alle Verfahren zur Kurs- und Ortsbestimmung von Luft- und Seefahrzeugen. Der Standort ergibt sich als Schnittpunkt von Standlinien, die bei der **terrestrischen N.** optisch oder durch Radar gepeilt, bei der **astronomischen N.** durch Bestimmen von Höhe und Azimut der Gestirne gefunden werden. Hilfsmittel der N. sind Seekarten, Kompaß, Sextant, astronom. Tafeln u. a. Die praktisch wichtigsten navigator. Verfahren umfaßt die →Funknavigation. Für U-Boote, Luft- und Raumfahrt wurde die →Trägheitsnavigation wichtig, ebenfalls das Doppler-Navigationsverfahren. **Navigationssatelliten** (z. B. amerikan. Transit) stellen eine Verbindung von astronom. und Funk-N. dar, sie ermöglichen eine durch Wetter und Tageszeit nicht beschränkte, schnellere und genauere Ortung als die astronom. N.

Navigations|akte, das engl. Gesetz von 1651 (Cromwell), das die Einfuhr aus Übersee den engl. Schiffen, aus Europa den engl. und den Schiffen des Ursprungslandes vorbehielt; es war gegen den holländ. Zwischenhandel gerichtet; 1849 aufgehoben.

N'aevius, Gnaeus, röm. Dichter, † um 201 v. Chr.; erstes röm. Nationalepos.

Nawi'asky, Hans, Staatsrechtler, * 1880, † 1961, Prof. in Wien, München, St. Gallen; ‚Allgem. Staatslehre', 4 Bde. (1945-58).

N'axos, griech. Insel, die größte der Kykladen, 449 km² groß, bis 1002 m hoch. Hauptstadt ist N. - Von Ioniern besiedelt; im 7./6. Jahrh. v. Chr. bedeutende Kunststätte.

Nay, Ernst Wilhelm, Maler, * 1902, † 1968, ging vom Expressionismus aus (Bilder von den Lofoten, 1937), gelangte zu ge-

E. W. Nay: Gelb und Purpur

genstandsloser Malerei von lebhafter Farbigkeit.

Nayar'it, Staat Mexikos an der pazif. Küste, 27 621 km², 544 000 Ew. Hauptstadt: Tepic.

Naye Paise, kleine Währungseinheit in Indien, 1 N. P. = $^1/_{100}$ Rupie.

Nazar'äer, alter Beiname Jesu, auch zunächst Name der Christen, später der syrischen Judenchristen.

Nazar'ener, 1) die →Nazaräer. **2)** die Maler des Lukasbundes, gegr. 1809 von Overbeck und Pforr in Wien, seit 1810 in Rom, wo sich Cornelius, W. Schadow, Schnorr v. Carolsfeld u. a. anschlossen. Die N. erstrebten eine Erneuerung der Kunst auf religiöser Grundlage.

N'azareth, arab. **En-Nāsira,** Stadt und Wallfahrtsort in Israel, 43 700 Ew., viele Kirchen und Klöster in der oriental. Unterstadt. Nach den Evangelien war N. Wohnort der Eltern Jesu.

Nb, chem. Zeichen für Niobium.

NB., auch **N. B.** oder **n.b.,** Abk. für latein. nota bene, beachte.

NBC, Abk. für →National Broadcasting Company.

n. Chr., Abk. für nach Christi (Geburt).

Nd, chem. Zeichen für Neodym.

Nd'ola, Provinzhauptstadt im südöstl. Kupfergürtel von Sambia, 110 000 Ew., Wirtschafts- und Verkehrszentrum.

NDPD, Abk. für Nationaldemokratische Partei Deutschlands (Dt. Dem. Rep.).

NDR, Abk. für Norddeutscher Rundfunk.

Ne, chem. Zeichen für Neon.

Ne'andertaler, ausgestorbene Menschenrasse der jüngeren Eiszeit, nach einem Skelettfund von J. C. Fuhlrott (1856) aus dem Neandertal bei Düsseldorf; in Europa, Asien, Afrika verbreitet **(Neandertalgruppe).**

Neapel, im Hintergrund der Vesuv

Neanthrop'inen [grch.], **Sapiens-Gruppe,** zur Unterfam. der Eu-Homininen gehörige Hominiden. Ältere Gruppe: seit der zweiten Zwischeneiszeit durch Funde belegt. Jüngere Gruppe: fossil, zuerst aus der letzten Eiszeit belegbar, mit späteren Formen zum Menschen der Jetztzeit überleitend.

Ne'apel, italien. **N'apoli, 1)** Prov. in Italien, Kampanien, 1171 km², 2,7 Mill. Ew. **2)** Hauptstadt von 1), am Nordrand des Golfs von N., 1,3 Mill. Ew., etwa 500 Kirchen und Kapellen, bedeutende weltliche Bauwerke, viele Bildungsstätten, Universität, Museen, im Nationalmuseum Altertumssammlungen (Ausgrabungen von Herculaneum und Pompeji). Katholischer Erzbischofssitz; Kriegs- und Handelshafen (zweitgrößter Hafen Italiens), Schiffbau, Schwerindustrie, Erdölraffinerien, Textil-, chemische, Nahrungsmittel- und andere Industrie.

Die griech. Kolonie Neapolis (‚Neustadt') schloß sich 326 v. Chr. Rom an. Im 6.-8. Jahrh. gehörte N. zum byzantin. Exarchat, im 9.-11. Jahrh. besaß es große Selbständigkeit, unter den Normannen wurde es die Hauptstadt des **Königreiches N.,** das durch die Ehe →Konstanzes mit Heinrich VI. die Staufer erbten. 1268 kam N. an die Anjou, 1529 endgültig an Spanien, 1735 an eine Nebenlinie der span. Bourbonen. 1806-08 herrschte Napoleons Bruder Joseph, 1808-15 sein Schwager Murat. Unter Ferdinand I. kam es 1820 im **Königreich beider Sizilien** (seit 1816) zum Aufstand, unter Ferdinand II. (1830-59) zur Erhebung von 1848/49. 1861 wurde das Land dem Königreich Italien einverleibt.

neapolit'anische Schule, ein Kreis von

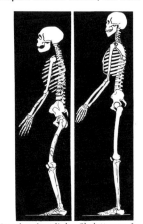

Neandertaler: links Skelett von La-Chapelle-aux-Saints, rechts zum Vergleich Skelett eines Australiers (nach Boule-Vallois)

Komponisten in Neapel im 17./18. Jahrh.; sie schufen die Buffo-Oper und führten Solo-Arie und Opernmelodik in die Kirchenmusik ein (A. Scarlatti, F. Durante, G. F. Händel, N. Porpora, G. B. Pergolesi, D. Cimarosa u. a.).

Nebel, 1) eine Trübung der Luft durch Ausscheiden von Wasserdampf in kleinen Tröpfchen, bildet sich, wenn feuchte Luft unter den Taupunkt abgekühlt wird, bei Ausstrahlung feuchten Erdbodens **(Boden-N.),** bei niedriger Temperatur über Gewässern **(Fluß-** oder **See-N.). 2)** feinste

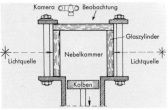

Nebelkammer (Schema)

Verteilung einer Flüssigkeit in einem Gas. **3)** ☆ kleine, schwach leuchtende, flächenhafte Gebilde am Himmel, von denen der Andromeda-N. und der Orion-N. mit freiem Auge sichtbar sind. Die unregelmäßigen **diffusen N.** haben teils ein Emissionslinien-Spektrum, teils ein kontinuierliches mit Absorptionslinien, das den benachbarten Sternen gleicht, deren Licht sie reflektieren **(Reflexions-** und **Emissionsnebel).** Planetarische **N.** sind Gasmassen, die einen heißen Stern umlagern, von dem sie wahrscheinlich früher ausgestoßen sind und eine sehr häufige Form der →Sternsysteme. Spiral-N. sind

Nebel, Gerhard, Schriftsteller, * 1903, Essays, Reiseberichte, Tagebücher.

Nebelhorn, Berg in den Allgäuer Alpen, 2224 m hoch; Drahtseilbahn.

Nebelhorn, ✈ weit hörbares Signalgerät für Schiffe zur Warnung bei Nebel.

Nebelkammer, Gerät zum Sichtbarmachen der Bahnen elektrisch geladener atomarer Teilchen in einem mit übersättigtem Dampf gefüllten Behälter. Je nach der Methode der Herstellung des übersättigten Dampfes unterscheidet man **Expansions-N.** und **Diffusions-N.**

Nebelung, der Monat November.

Nebelwerfer, Raketensalvengeschütz des 2. Weltkrieges.

Nebenanschluß, die →Nebenstelle.

Nebenberuf, Nebenerwerb, eine Tätigkeit zur Ergänzung des Hauptberufs; in der Statistik die regelmäßige Erwerbstätigkeit neben dem Hauptberuf aus zusätzlich steuerbares Einkommen erzielt wird.

Nebenbetrieb, erzeugt Hilfsstoffe für den Hauptbetrieb oder verarbeitet Abfall- oder Nebenprodukte weiter.

Nebenbücher, Hilfsbücher, Aufzeich-

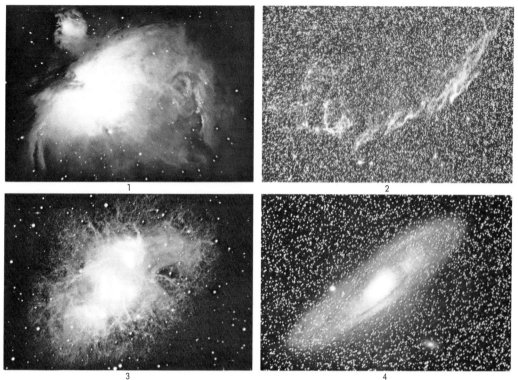

1 *Orion-Nebel.* 2 *Teil des Schaum- und Spitzen-Nebels im Schwan.* 3 *Crab-Nebel im Stier.* 4 *Andromeda-Nebel*
(Aufn. California Institute of Technology)

nungen außerhalb der doppelten Buchführung, z. B. die Lagerkartei.

Nebeneierstock, ein Rest der Urniere, zwischen Tube des Eileiters und Eierstock.

Nebengelenker, ↘ die →Zahnarmen.

Nebenhoden, ein längliches, dem Hoden aufsitzendes Organ; Speicher für reife Samenfäden.

Nebenhöhlen, lufthaltige, mit der Nasenhöhle in Verbindung stehende Hohlräume in Schädelknochen; z. B. Stirn-, Oberkiefer-, Keilbeinhöhle.

Nebenintervention, ♊ der Eintritt eines Dritten **(Nebenintervenienten)** in einen Zivilprozeß zur Unterstützung der Partei, an deren Obsiegen er ein Interesse hat.

Nebenklage, im Strafprozeß der Anschluß des durch eine Straftat Geschädigten an die von der Anklagebehörde erhobene öffentl. Klage. Der Nebenkläger hat die Rechte eines Privatklägers (→Privatklage).

Nebenleistung, ♊ eine Leistung, die aus einem Vertrag neben der Hauptleistung geschuldet wird, z. B. Zinsen.

Nebenlinie, Genealogie: Abkömmlinge eines jüngeren Sohnes, Gegensatz: Hauptlinie.

Nebennieren, bei Mensch und Säugetieren zwei den Nieren aufsitzende kleine Drüsen mit innerer Sekretion, die lebenswichtige Hormone herstellen, u. a. Adrenalin (im **N.-Mark),** Corticosteron und Cortison (in der **N.-Rinde).**

Nebensatz, Sprachlehre: von einem Hauptsatz abhängiger Satz.

Nebenschilddrüsen,   Epith'elkörperchen, erbsengroße Organe mit innerer Sekretion, an der Schilddrüse gelegen. Das von ihnen abgesonderte Parathormon regelt den Calcium- und Phosphatgehalt des Blutes.

Nebenschluß, ein Zweig einer Parallelschaltung von Stromverbrauchern.

Nebensonne, ein atmosphär. →Halo.

Nebensprechen, unerwünschte gegenseitige Beeinflussung verschied. Kanäle eines Nachrichtenübertragungssystems.

Nebenstelle, eine durch Nebenanschlußleitung mit einem Hauptanschluß verbundene Fernsprechstelle.

Nebenstrafen, die in einem Strafverfahren in Verbindung mit der Hauptstrafe verhängten Strafen, z. B. Fahrverbot, Verlust der Amtsfähigkeit.

ne bis in 'idem [lat.], Strafprozeß: wegen derselben Tat kann derselbe Täter nur einmal angeklagt und abgeurteilt werden.

N'ebo, 1) Berg, von dem aus Moses das verheißene Land (5. Mos. 34,1) sah. **2) N., Nabû,** babylon. Gott der Schreibkunst.

Nebr'aska, Abk. **Nebr.,** ein nordwestl. Mittelstaat der Verein. Staaten, 198 553 km², 1,483 Mill. Ew. Hauptstadt: Lincoln. Ackerbau (Mais, Weizen u. a.; Rinderhaltung) mit Bewässerung. Verarbeitung landwirtschaftl. Erzeugnisse; Erdöl-, Erdgaslager. - N., ein Teil des ehemaligen Louisiana, wurde 1867 als 37. Staat in die Union aufgenommen.

Nebukadn'ezar, König von Babylon (605 bis 562 v. Chr.), schlug 605 Necho II. von Ägypten bei Karkemisch, eroberte Syrien und Palästina, zerstörte 586 Jerusalem, führte die Juden in die Babylonische Gefangenschaft, baute Babylon zur prächtigsten Großstadt seiner Zeit aus.

nebul'os [lat.], unscharf, düster.

Necessaire [nɛsɛs'ɛːr, frz.   ,das Notwendige'] *das,* Behälter für Toilettengegenstände oder Nähzeug.

Necho II., ägypt. **Nekaw,** König von Ägypten (610-595 v. Chr.), eroberte Syrien, 605 von Nebukadnezar geschlagen.

N'eckar *der,* rechter Nebenfluß des Rheins, 367 km lang, entspringt bei Schwenningen, mündet bei Mannheim; durch Staustufen bis Plochingen schiffbar.

Neckar|s'ulm, Stadt in Bad.-Württ., an der Mündung der Sulm in den Neckar, 18 500

Ew., Autowerk (Audi-NSU-Auto-Union AG.).

Necker [nɛk'ɛr], Jacques, französ. Staatsmann, * 1732, † 1804, Bankier, 1777-81, 1788-90 französ. Finanzmin., veranlaßte 1789 die Einberufung der Generalstände. N. erstrebte einen Bund zwischen Königtum und Drittem Stand. Seine Entlassung (1789) war einer der Anlässe zum Sturm auf die Bastille.

Neckermann, Josef, Versandkaufmann, * 1912, gründete 1948 die spätere Neckermann-Versand KGaA., Frankfurt a. M., erfolgreicher Dressurreiter, Olympiasieger und Weltmeister; Präs. der Dt. Sporthilfe.

Neckermann-Versand KGaA., Frankfurt a. M., westdt. Versandunternehmen, gegr. 1948 als Textilgeschäft N. KG., das 1950 das Versandgeschäft aufnahm. Kap. 102 Mill. DM (1971), Besch.: rd. 19 000 (1970).

N'edbal, Oskar, tschech. Komponist und Dirigent, * 1874, † 1930; Ballette, Operetten (Polenblut, 1913), Kammermusik.

Nedschd [arab.], Binnenhochland im Innern der arab. Halbinsel, etwa 1000 m hoch, die Kernlandschaft Saudi-Arabiens.

N'edschef, engl. **Nedjef,** Stadt im Irak, schiitischer Wallfahrtsort, rd. 100 000 Ew., schiitische Hochschule.

Neefe, Christian Gottlob, Komponist, * 1748, † 1798, Lehrer Beethovens in Bonn.

Néel [ne'el], Louis, französ. Physiker, * 1904, Prof. in Straßburg und Grenoble, erhielt für seine Forschungen auf dem Gebiet des Ferromagnetismus und der Festkörperphysik 1970 mit H. Alfvén den Nobelpreis.

Neer, Aert van der, holländ. Landschaftsmaler, * um 1603, † 1677, betonte Stimmungshaftes (Mondschein, nächtl. Feuer).

Neffe, Sohn des Bruders oder der Schwester, im weiteren Sinn auch des Vetters oder der Base.

Nef'ud, Naf'ud, Wüstengebiet im Innern Saudi-Arabiens.

Nega

Negati'on [lat.] *die*, Verneinung.

n'egativ [lat.], 1) verneinend. 2) nach der Wenigerseite (Minusseite) weisend. 3) ungünstig, erfolglos. 4) ⊠ negative Ladung.

N'egativ *das*, Photographie: das beim Entwickeln entstehende Bild mit dem Original entgegengesetzten Helligkeitswerten.

Negativ-Druck, Druckverfahren, bei dem Schrift oder Bild in der Farbe des Papiers auf dunklem Grund erscheint.

negative Zahl, eine Zahl, die kleiner ist als Null, z. B. −1, −2, −3.

Negativmodulati'on, beim Fernsehen das Verfahren, die Bildsignale der Senderwelle so aufzumodulieren, daß den größten Helligkeitswerten die kleinste Trägeramplitude entspricht.

Neg'ator *der*, in als Zugfeder wirkendes, an den Enden aufgerolltes Stahlband, bei dem mit größer werdender Federlänge die Federkraft abnimmt.

Neger, die dunkelhäutigen, kraushaarigen Eingeborenen Afrikas südlich der Sahara (Schwarzafrika). Sie gehören zu den →Negriden und zeigen große gesch. und kulturelle Unterschiede (→afrikanische Sprachen, →afrikanische Literatur, →afrikanische Kunst, →neo-afrikanische Literatur).

Vom 16.-19. Jahrh. wurden N.-Sklaven in großer Zahl in Mittel- und Südamerika, seit Ende des 18. Jahrh. in die Verein. Staaten eingeführt. In Westindien, Guayana, im mittleren Küstenland Brasiliens und in den atlant. Küstengebieten Zentralamerikas stellen sie samt den Mischlingen (N. mit Weißen: Mulatten, N. mit Indianern: Zambos) einen wesentl. Anteil der Bevölkerung. In Westindien befreiten sie sich um 1800 von der Herrschaft der Weißen und gründeten selbständige Staaten (Haiti, Dominikan. Rep.). In Afrika gründeten 1822 freigelassene Negersklaven aus den Verein. Staaten Liberia.

In den Verein. Staaten brachte das Ende des Sezessionskrieges die nominelle bürgerliche Gleichstellung der N. mit den Weißen, die aber in den Südstaaten bis heute erschwert wird. Am schärfsten ist (1961) die Kluft zwischen Weißen und N. in der Rep. Südafrika (→Apartheid). Ausgehend vom Panafrikanismus, erwacht, zunehmend seit etwa dem Ende des zweiten Weltkriegs, das Selbstbewußtsein der N., wie es bes. in den Begriffen 'Neger-Renaissance', 'Négritude', 'African Personality', 'Black is beautiful' und 'Black Power' zum Ausdruck kommt. Über die neuen N.-Staaten vgl. die Artikel der Länder Afrikas.

Negerkorn, die Negerhirse (→Hirse).

N'egev, N'egeb [hebr. 'Süden'] *der*, Landschaft im S Israels, ein wüstenhaftes Tafelland. Bodenschätze: Kupfer, Phosphate, Erdöl. Im Norden Landwirtschaft durch Bewässerung; Erdölleitung: Beersheba-Elath. (Bild Israel)

neg'ieren [lat.], leugnen; ablehnen.

Négligé [-ʒe, frz.] *das*, Morgengewand.

Negr'elli, Alois Ritter von **Moldelbe**, österreich. Ingenieur, * 1799, † 1858, Generalinspektor der österr. Staatsbahnen; sein Suezkanal-Entwurf wurde von F. de Lesseps verwirklicht.

Negr'etti, eine Schafrasse, →Schafe.

N'egri, Ada, italien. Schriftstellerin, * 1870, † 1945; soziale und religiöse Lyrik, Romane.

Negr'ide, negrider Rassenkreis, schwarze Rasse, die in Afrika südlich der Sahara beheimateten Menschenrassen; sie sind gekennzeichnet durch dunkelbraune bis schwarze Haut, schwarzbraune bis schwarze, kurze, krause Haare; braune bis schwarze Augen; Wuchs mittelgroß bis groß; breite, niedrige Nase; dicke, oft gewulstete Schleimhautlippen. Die N. sind vermutlich eine stammesgeschichtlich junge Rassenbildung, deren Ursprung noch nicht eindeutig geklärt ist. Die Sudaniden in W-Afrika verkörpern den Rassentypus mit bes. intensiver Ausbildung der negriden Merkmale. Die ostwärts sich anschließenden

Nilotiden sind durch oft extrem hohen Schlankwuchs, längeres Gesicht, schmalere Nase, schwächer gewulstete Lippen von den Sudaniden unterschieden. Die Bantuiden sind die zahlenmäßig größte und am weitesten verbreitete Gruppe. Ihr Gebiet erstreckt sich etwa von Kenia bis zum Sambesi und umfaßt südlich des Sambesi ganz Südafrika mit Ausnahme der von Khoisaniden besetzten Teile. Sie sind von etwas geringerer Größe, z. T. untersetzt, haben häufig etwas hellere Hautfarbe. Die Palänegriden, deren Verbreitungsgebiet die trop. Regenwald ist, zeigen meist die nichtnegriden Beimischungen noch im extrem negride Formgebung ihrer Schwesterrasse. Sie sind mittelgroß mit oft plumpem Körperbau; ihre Kopfform neigt zu mehr rundlichem Umriß; ihr Gesicht ist grob, die Nase plump, die Lippen sind dick und meist deutlich gesäumt; das Haar ist engkraus. Mischungen mit Pygmäen, mit denen sie z. T. zusammenleben, sind nicht selten. Über die verwandtschaftl. Beziehungen der N. zu den Khoisaniden und den Pygmiden herrscht noch keine Klarheit, ebensowenig der N. zu den dunkelhäutigen, kraushaarigen Gruppen in SO-Asien (Melanide; Negritos) und Ozeanien (Melanesiden). Ein Sonderproblem der afrikan. Rassensystematik stellen die →Äthiopiden dar.

N'egri S'embilan, Teilstaat von Malaysia, 6708 km², 517 500 Ew. Hauptstadt: Seremban.

Negr'itos, klein- bis zwergwüchsige Menschengruppen negerhaften Aussehens: Semang und Senoi auf der Malaiischen Halbinsel, Aëta auf den Philippinen und Andamaner.

Négritude [negrit'yd, frz.], von A. Césaire 1939 geprägter Begriff für die Rückbesinnung der Afrikaner und Afroamerikaner auf afrikan. Kulturtradition. Die Dichtung (in französ. Sprache) der N. hatte 1939 bis 1948 mit L. Damas, A. Césaire und L. S. Senghor ihre schöpfer. Periode.

negro'id, Anklänge an das Merkmalsbild der Negriden zeigend.

Negro Spiritual [n'i:grou sp'irituəl, engl.], →Spirituals.

N'egus, äthiopischer Königstitel.

N'eheim-Hüsten, Stadt in Nordrhein-Westfalen, 36 900 Ew.; Lampen-, Metallwarenind., Maschinenbau.

Nehem'ia, 445 bis 433 v. Chr. Statthalter in Jerusalem, erneuerte das jüdische Gemeindeleben; aus seinen Aufzeichnungen entstand das **Buch N.** des A. T.

Neher, Caspar, Bühnenbildner, * 1897, † 1962, Mitarbeiter B. Brechts.

Nehru, Dschawaharlal, indischer Politiker, * 1889, † 1964; Sohn des indischen Politikers **Motilal N.** (* 1861, † 1931), war 1929 und 1936 Präs. des Indischen Nationalkongresses, seit 1933 Führer der Kongreßpartei, wegen Widerstandes gegen die engl. Herrschaft mehrmals im Gefängnis (zuletzt 1942-45); seit 1947 Premier-Min. des unabhängigen Indiens, zeitweilig auch Außen-Min. Innenpolitisch um einen demokrat. Sozialismus bemüht, betonte er außenpolitisch mit seiner Politik der Bündnisfreiheit die Unabhängigkeit vom Ostblock wie auch von den paktgebundenen westl. Demokratien Europas und Nordamerikas. (Bild S. 857)

Nehrung, italien. **Lido**, flacher, schmaler, einem Haff vorgelagerter Landstreifen.

Neidenburg, poln. **Nidzica**, Stadt in S-Ostpreußen, 8500 (1939: 9200) Ew., hatte bes. Holz-, Mühlen-, Ziegelind.; seit 1945 unter poln. Verwaltung.

Neidhart von Reuenthal, mittelhochdt. ritterl. Lyriker aus Bayern, bekannt um 1210 bis um 1245; derbe Tanzlieder.

Neigung, ☆ →Inklination.

Neiße *die*, drei Flüsse in Schlesien: 1) **Glatzer N.**, linker Nebenfluß der Oder vom Glatzer Schneeberg, mündet zwischen Oppeln und Brieg, 195 km lang. 2) **Jauersche** oder **Wütende N.**, rechter Nebenfluß der Katzbach, 37 km lang.

3) **Lausitzer** oder **Görlitzer N.**, linker Nebenfluß der Oder vom Isergebirge (böhm. Seite), mündet 20 km unterhalb Guben, 256 km lang. (→Oder-Neiße-Linie)

Neisse, poln. **Nysa**, Stadt in Oberschlesien, an der Glatzer Neiße, 30 100 (1939: 37 800) Ew.; Maschinen-, Textil-, landwirtschaftl. Industrie. In der Altstadt (Renaissance-, Barockhäuser) u. a. Jakobskirche (1430 erneuert), Kreuzkirche St. Peter und Paul (1719-27), Rathausturm (1499). 1945 kam N. stark zerstört unter poln. Verwaltung.

Neisser, Albert, Hautarzt, * 1855, † 1916, entdeckte den Erreger des Trippers und sicherte den Nachweis des Lepra-Erregers.

Neithardt, Matthis, Maler, →Grünewald.

Nekr'assow, 1) Nikolaj Aleksejewitsch, russ. Dichter, * 1821, † 1878, polit.-soziale Gedichte; epische Dichtung 'Wer lebt gut in Rußland?' (1866-74).

2) Viktor Platonowitsch, russ. Schriftsteller, * 1911; 'In der Heimatstadt' (1954).

Nekrol'og [grch.] *der*, Nachruf für einen Verstorbenen. **Nekrol'ogion** *das*, Verzeichnis der Todestage der Mitglieder einer kirchl. Gemeinschaft.

Nekromant'ie [grch.] *die*, die Weissagung durch Totenbeschwörung.

Nekrop'ole [grch.] *die*, Gräberstätte aus vorgeschichtl. Zeit oder dem Altertum.

Nekr'ose [grch.] *die*, ⚕ der →Brand.

N'ektar [grch.], 1) griech. Mythologie: der Trank der Götter. 2) Zuckersaft bei Pflanzen (Honigpflanzen), wird von Drüsen (meist in Blüten) abgeschieden.

Nekt'arium [grch.-lat.] *das*, ⚘ eine Nektar liefernde Drüse bei Honigpflanzen.

N'ekton [grch.] *das*, die selbständig im Meer schwimmenden Tiere; Gegensatz: Plankton.

N'elken, 1) Dianthus, buntblühende, duftreiche Zierpflanzen, so Garten-N., Feder-N., mit weißen bis roten Blüten; wild wachsen: **Heide-N.** und **Karthäuser-N.** 2) **Tunica**, bes. die rosablühende **Fels-N.** 3) →Gewürznelke.

Karthäuser-Nelke

Nelkenöl, das ätherische Öl aus den Blütenknospen der Gewürznelke, Mittel bei Zahnbehandlungen und gegen Mückenstiche.

Nelkenpilz, ein Pilz (→Schwindling).

Nelkenwurz, eine Rosengewächsgattung mit fiederspaltigen Blättern; **Echte N.**, auf Waldwiesen, mit gelben, **Bach-N.** mit fleischfarbigen, glockigen Blüten. Zierpflanze ist die **Scharlachblütige N.** aus Chile.

Nell-Breuning, Oswald von, Sozialwissenschaftler, Jesuit, * 1890, Prof. in Frankfurt, ein führender Vertreter der kath. Soziallehre, befaßt sich mit Wirtschafts- und Sozialpolitik.

Nelson, Ringen: verschiedene Arten des Nackenhebels (Halb-N., Doppel-N.).

Nelson [nelsn], Horatio, brit. Admiral, * 1758, † (gefallen) 1805, vernichtete 1798 die französ. Flotte bei Abukir, siegte 1805 über die französisch-span. Flotte bei Trafalgar. (Bild S. 862)

Nelson River [nelsn rivə], Fluß in Kanada, Abfluß des Winnipegsees, mit dem Saskatchewan als Oberlauf 2600 km lang,

mündet bei Port Nelson in die Hudsonbai.
Nelson-Test[nelsn-], eine v. R. A. Nelson (1952) eingeführte Serumreaktion zur Erkennung der Syphilis.
Nemat'oden [grch.] Mz., die →Fadenwürmer.
Nem'ea, Tal südwestlich von Korinth, mit Zeustempel (4. Jahrh. v. Chr.).
N'emesis, griech. Göttin der Vergeltung.
NE-Metalle, Abk. für Nichteisenmetalle.
Németh, László, ungar. Schriftsteller, * 1901; Romane ('Wie der Stein fällt', 1947).
N'emisee, See im Albaner Bergen, bei Rom; 1930/31 zeitweilig trockengelegt, um zwei Prunkschiffe des röm. Kaisers Caligula zu bergen (1944 vernichtet).
Nenndaten, die durch Normen oder Übereinkunft festgelegten Kennwerte für Bauteile, Maschinen und Geräte, die diese aufweisen oder unter den vereinbarten Bedingungen einhalten müssen und für die sie bemessen sind. Je nach Art der Teile werden, z. B. auf dem Typenschild, angegeben: Nennleistung, Nenndrehzahl, Nenndrehmoment, Nenndruck, Nenndurchfluß, Nennspannung, Nennstrom, Nennverbrauch.
N'enndorf, Bad N., Gem. in Niedersachsen, 5900 Ew; Sol-, Schwefel- und Schlammbad.
Nenner, △ im Bruch der unter dem Bruchstrich stehende Zahl.
Nennfall, Ⓢ der Werfall (Nominativ).
Nennform, Ⓢ Grundform des Zeitwortes, Infinitiv.
Nenni, Pietro, italien. Politiker (Linkssozialist), * 1891; 1945-47 stellvertretender MinPräs., 1946 zugleich Außenmin., seit 1949 Gen.-Sekretär des abgespaltenen linken Flügels des Sozialisten **(N.-Sozialisten).** In der Koalition der 'Linken Mitte' war er von 1963-69 stellvertr. MinPräs., 1968-69 Außenmin. 1966 war er Mitbegründer der der 'Wiedervereinigten Sozialist. Partei'. Von 1966 bis zu ihrer erneuten Spaltung (1968) war er deren Präsident.
Nennwert, der auf Aktien und Wertpapieren aufgedruckte Betrag gemäß den gesetzl. Bestimmungen.
Nennwort, Ⓢ Eigenschaftswort und Hauptwort **(Nomen).**
N'enzen Mz., die wichtigste Untergruppe der →Samojeden. Sie bewohnen den **Nenzen-Nationalbezirk** (176 700 km², 39 000 Ew. Hauptstadt: Narjan-Mar), den Nationalbezirk der →Jamal und den Nationalbezirk →Dolganen.

neo ... [grch.], neu ...
neo-afrikanische Literatur, Sammelbez. für Literatur, die sich auf afrikan. und afroamerikan. mündl. Tradition und auf europ. Literatureinflüsse gründet. Eine n.-a. L. bestand schon im 16.-19. Jahrh. (z. B. in den Verein. Staaten im 19. Jahrh.: W. W. Brown, P. L. Dunbar, J. da Cruz e Sousa). Nach dem 1. Weltkrieg entstand infolge der Negeremanzipation die Milieu- und Protestdichtung der Negro Renaissance. So erwuchs aus Spirituals und Blues **(afroamerikan.** Musik) in den USA eine gefühlsbetonte Negerlyrik (Langston Hughes u. a.). Die Romane von R. Wright zeichnen die Rassendiskriminierung, J. Baldwins Prosa nimmt den Jazz-Rhythmus auf. Zu den Black-Power-Autoren zählt u. a.: LeRoi Jones. Die n.-a. L. der Antillen (J. Roumain, Aimé Césaire u. a.) zeigt neben sozialist. Tendenz die Bindung des Negers an altafrikan. magische Vorstellungen. In Kuba entstand seit 1928, anknüpfend an den Rumba-Rhythmus, die **afrokuban.** Lyrik (N. Guillén, M. Arozarena). In Afrika setzt L. Sédar Senghor (Senegal) Bildreichtum und Rhythmus afrikan. Sänger in französ. Sprache fort. A. Tutuola (Nigeria) erzählt afrikan. Mythen in engl. Prosa.
Neod'ym das, Zeichen **Nd,** chem. Element, ein Lanthanid, gelblich glänzend, Ordnungszahl 60, Massenzahlen 142-146, 148, 150, Atomgewicht 144,24. Zusatz zu Spezialgläsern.
Neofaschismus, polit. Bewegung, die

den Faschismus wiederbeleben wollen, z. B. Movimento Sociale Italiano in Italien.
Neo|impression'ismus, →Impressionismus.
Neokolonialismus, Bez. für wirtschaftl. und soziale Entwicklungspolitik der Industrieländer gegenüber den Staaten Lateinamerikas, Asiens und Afrikas.
Neoliberalismus, strebt unter Erneuerung des wirtschaftl. Liberalismus an und bildet die Grundlage der sozialen →Marktwirtschaft. Hauptvertreter: W. Eucken, F. A. Hayek, W. Röpke, A. Rüstow (Freiburger Schule).
Neol'ithikum das, die Jungsteinzeit.
Neolog'ismus [grch.], ⌐Ⓢ Neubildung, neue meist künstl. Wortbildung.
N'eon das, Zeichen **Ne,** chem. Element, Edelgas; Ordnungszahl 10, Massenzahlen 20, 22, 21, Atomgewicht 20,183. N. kommt in der Luft und spurenweise in manchen Quellen vor. Verwendung in Leuchtröhren und Glimmlampen.
Neopl'asma [grch.] das, krankhafte Neubildung von Gewebe (→Geschwulst).
Neopositiv'ismus, philos. Lehren des 20. Jahrh., die an den →Positivismus anknüpfen, bes. der Wiener Kreis (Schlick, Carnap), die mathemat. Logik und die analyt. Philosophie.
Neoreal'ismus, italien. **Neorealismo, Neoverismo,** Literatur: Stilbegriff zur Kennzeichnung der italien. gesellschaftskrit. Lit. nach dem 2. Weltkrieg; auch für neuere gesellschaftskrit. Lit. in anderen Ländern. Film: der bes. in Italien nach dem 2. Weltkrieg entwickelte Stil der unbeschönigten Darstellung sozialen Elends und moral. Verwilderung (Regisseure: Visconti, Rossellini, De Sica, Zampa, Fellini).
Neoz'oikum das, Erdgeschichte, die →Känozoische Formationsgruppe.
N'epal, Königreich auf der Südseite des Himalaya, 141 400 km² mit 10,85 Mill. Ew., Hauptstadt: Katmandu, Amtssprache: Nepali. Der Hinduismus ist Staatsreligion; außerdem Buddhismus. Nach der Verf. von 1962 ist N. eine konstitutionelle Monarchie. ⊕ IV/V, Bd. 1, nach S. 320. Währung ist die Rupie = 100 Paisa. Ⓢ 1.179. ▢ Bd. 1, S. 392. (Bild Asien)
N. hat Anteil an der Hochgebirgsregion des Hoch-Himalaya (Mount Everest), am Nieder-Himalaya mit dem fruchtbaren Tal von Katmandu, in dem der größte Teil der Ew. wohnt; im S Vorberge und Tiefland, mit Sümpfen und Urwald. Herrschende Schicht der Bevölkerung sind die hinduist. →Gurkha. Allgem. Schulpflicht ist für 1980 vorgesehen; Univ. seit 1960. Landwirtschaft zur Selbstversorgung ist der wichtigste Wirtschaftszweig; Anbau von Reis, Weizen, Mais, Zuckerrohr, Jute, Ölfrüchten; zwischen 2500 und 5000 m ü. M. Grünlandwirtschaft (nomad. Hirtenvölker). Wichtig ist noch immer der Trägerverkehr; ferner 2 kurze Stichbahnen von Indien, 1800 km Allwetterstraßen; internat. Flughafen: Katmandu.
Geschichte. Das Königreich wurde 1769 von einem Gurkha-Fürsten gegr. 1816 und 1923 Freundschaftsverträge mit Britisch-Indien. 1959 erhielt N. die erste demokrat. Verfassung.
Neper[n'eipə, nach J. →Napier], Abk. **N,** ein Maß für die Dämpfung in elektr. Leitungen, bes. in Nachrichtenübertragungswegen.
Nephel'in, Eläolith der, Mineral, farbloses gelbliches Natrium-Aluminium-Silicat, Gemengteil in Basalten, Syeniten u. a.
Nephelin'it der, junges Ergußgestein aus der Familie der Basalte, enthält Nephelin, Augit, auch Hauyn.
Nephelometrie, Trübungsmessung zur Konzentrationsbestimmung feindisperser Fällungen.
Nephr'it der, grünliches, zähes Gestein, bes. verfilzten Strahlsteinfasern. (Tafel Edelsteine)
Nephr'itis [grch.] die, Nierenentzündung.

Nephr'os [grch.] der, die Niere.
Nephr'ose [grch.] die, eine nichtentzündl. Nierenkrankheit.
N'epomuk, →Johannes 4).
N'epos, Cornelius, röm. Biograph, * um 100, † nach 32 v. Chr., verfaßte Lebensbeschreibungen bes. grich. Feldherren des 5. und 4. Jahrh.
Nepot'ismus [lat.], **Vetternwirtschaft,** die Begünstigung von Verwandten bei der Verleihung von Ämtern und Würden.
Nept'un, 1) altitalischer Gott des fließenden Wassers. **2)** der achte Planet von der Sonne aus, Zeichen ♆, mittl. Abstand von der Sonne 4494 Mill. km, Umlaufzeit 164,8 Jahre, Durchmesser etr. 50 000 km, mittl. Dichte 1,61 g/cm³, Umdrehungszeit 15,8 Stunden, Masse: 17,23fache Erdmasse. N. ist mit einer Gashülle umgeben, in der Methan ein Hauptbestandteil ist. Oberflächentemperatur: − 200° C. 2 Monde: Triton und Nereide.
Neptun'ismus [vom Gott Neptun], die Vorstellung, daß alle Gesteine aus dem Wasser entstanden seien, mit Ausnahme der Erzeugnisse der tätigen Vulkane.
Nept'unium das, chem. Zeichen **Np,** künstlich hergestelltes radioaktives chem. Element, ein Transuran, Ordnungszahl 93, Massenzahlen 234-239; Zwischenprodukt bei der Plutoniumherstellung.
Nere'iden [grch.], griech. Mythos: Meernymphen, die 50 Töchter des Meergottes **Nereus,** darunter Thetis und Galatea.
N'eresheim, Stadt in Bad.-Württ., 3700 Ew. Der Neubau der Kirche des 1095 gegr. Benediktinerklosters wurde 1745 von J. B. Neumann begonnen.
N'eretwa, italien. **Nar'enta,** Fluß in Jugoslawien, 230 km lang, durchfließt die Karstgebirge der Herzegowina und mündet in die Adria.
N'eri, Filippo, * 1515, † 1595, gründete 1575 die Weltpriester-Kongregation der Oratorianer. Heiliger; Tag: 26. 5.
Nerit'ine [grch.], die **Schwimmschnecke,** eine zu den Vorderkiemern gehörige Süßwasserschnecke, mit halbkugeliger, fester Schale und Kalkdeckel.
Nernst, Walther, Physiker, * 1864, † 1941, war einer der Begründer der physikal. Chemie. Nobelpreis 1920.
Nernst-Effekt, das Auftreten eines Peltier-Effekts (→Peltier) im Magnetfeld.
Nernstlampe, Lichtquelle mit elektrisch geheiztem Stäbchen aus Oxiden der Erdmetalle; strahlt fast weißes Licht aus.
Nernstsches Wärmetheorem, der dritte Hauptsatz der Thermodynamik (W. Nernst, 1906). Nach dem N. W. nähert sich die →Entropie eines jeden Körpers bei abnehmender Temperatur dem Werte Null. Eine andere Formulierung (H. A. Lorentz, 1913) lautet: Der absolute Nullpunkt der Temperatur ist nicht erreichbar. Die Quantentheorie hat das N. W. theoretisch begründet.
N'ero, eigentl. **Lucius Domitius Ahenobarbus,** seit 50 n. Chr. **N. Claudius Caesar** genannt, röm. Kaiser (54-68), * 37 n. Chr., † 68; ließ 59 seine Mutter, 62 seine Gattin ermorden, verfolgte als erster planmäßig nach dem Brande Roms (64) die Christen. Schließlich wurde er vom Senat geächtet und beging Selbstmord.
Ner'oliöl, ätherisches Öl aus Orangenblüten, Bestandteil des Kölnisch Wassers.
N'erthus, german. Göttin des Wachstums und der Fruchtbarkeit.
N'eruda, 1) Jan, tschech. Schriftsteller, * 1834, † 1891; Lyrik, Skizzen aus Prag 'Kleinseitner Geschichten' (1878).
2) Pablo, eigentl. Neftalí Ricardo **Reyes Basualto,** chilen. Schriftsteller, * 1904, 1934-36 Konsul in Spanien. Lyrik, Hinwendung zu polit. Themen. Nobelpreis 1971. (Bild S. 862)
N'erva, Marcus Cocceius, röm. Kaiser (96 bis 98), * 30 n. Chr. † 98, adoptierte Trajan und bestimmte ihn zum seinem Nachfolger.
Nerval [n'erv'al], Gérard de, eigentlich **Labrunie,** französ. Dichter, * 1808,

Pablo Neruda   *Lord Nelson*

† (Selbstmord) 1855, übersetzte Goethes ,Faust', schrieb u. a. ,Sylvie' (1853), gilt als ein Vorläufer des Surrealismus.

Nerven [lat.], **1)** ♂ ☌ strangartige Gebilde zur Reizleitung, meist aus Bündeln von N.-Fasern kabelähnlich aufgebaut. Das **N.-Gewebe** besteht aus N.-Zellen, N.-Fasern und einem Stützgewebe **(Neuroglia).** Die **N.-Zellen** (Ganglienzellen) haben einen sternförmigen Zellkörper mit verästelten kurzen Fortsätzen **(Dendriten)** und einem längeren, zunächst unverästelten Fortsatz, dem **Neuriten** (Axon). Die N.-Zelle mit ihren Fortsätzen bildet ein **Neuron.** Die Neuronen haben an ihren Zellwänden Kontaktverbindungen (Synapsen). Bei den zerebrospinalen (zu Gehirn und Rückenmark gehörigen) **markhaltigen N.-Fasern** ist der Neurit umhüllt von der Markscheide, diese wieder von der Schwannschen Scheide. Die sympathischen (zum Sympathicus gehörigen) **marklosen N.-Fasern** haben keine oder nur eine ganz zarte Markscheide, jedoch eine Schwannsche Scheide. - Die N.-Zellen liegen bes. in Gehirn und Rückenmark; von dort gehen alle N. aus. Die Empfindungen leiten der willkürliche Bewegungen veranlassen, die 12 Paar **Gehirn-N.** und die 31 Paar (beim Menschen) **Rückenmarks-**(Spinal-)**N.** Die von den Sinnesorganen zum Gehirn oder Rückenmark ziehenden N. heißen **Empfindungs-N.** (sensorische, sensible N.), die vom Gehirn oder Rückenmark zu den willkürlichen Skelettmuskeln ziehenden **Bewegungs-N.** (motorische N.). **2)** ⊕ Rippen, Adern im Blatt.

Nervenentzündung, griech. **Neuritis,** krankhafte Vorgänge an den peripheren Nerven, die sich in Bewegungsstörungen und Mißempfindungen äußern. Behandlung je nach dem Grundleiden, bes. durch Zufuhr von Vitaminen der B-Gruppe. Über N. mehrerer Nerven →Polyneuritis.

Nervengeflecht, Nervenplexus, geflechtartig verbundene Nervenknoten; z. B. das →Sonnengeflecht.

Nervenknoten, griech. **Ganglion,** eine Ansammlung von Nervenzellen.

Nervenkrankheiten, Erkrankungen im Bereich des Nervensystems. Die Lehre von den N. heißt Neurologie.

Nervennaht, die chirurg. Wiedervereinigung durchtrennter Nerven.

Nervenschmerz, die →Neuralgie.

Nervensystem, ☌ ♂ ♀ die Gesamtheit der reizleitenden und reizverarbeitenden Organe. Einzellige Tiere haben nur reizleitende nervenähnliche Bildungen. Die Hohltiere durchzieht ein gleichmäßiges Nervennetz **(diffuses N.).** Die meisten anderen Wirbellosen haben bauchwärts unter dem Darm ein N. **(Bauchmark)** aus zwei Längssträngen, die quer verbunden sind und die beim **Strickleiter-N.** der Gliederfüßer im Vorderende des Körpers Ansammlungen von Nervenzellen **(Ganglien)** enthalten. Der wesentlichste Teil des N. der Wirbeltiere ist röhrenförmig und liegt längs der Rückenseite. Aus ihm gehen Gehirn und Rückenmark hervor, die als **Zentral-N.** zusammengefaßt werden; die von ihm ausgehenden zerebrospinalen Nerven bilden das **periphere N.** Das die Eingeweide versorgende **vegetative (autonome) N.** ist durch den Willen nicht beeinflußbar. Beim Menschen werden Gehirn, Rückenmark, die zerebrospinalen Nerven und die Sinnesorgane als **Umwelt-N.** zusammengefaßt und dem vegetativen N. als **Lebens-N.** gegenübergestellt; dieses gliedert sich in →Parasympathicus und →Sympathicus.

N'ervi, Pier Luigi, italien. Ingenieur und Architekt, * 1891, fand neue technischkünstler. Lösungen für weitgespannte Hallenbauten aus vorgefertigten Stahlbetonteilen.

N'ervier, keltisch-german. Stamm der Belgen, zwischen Schelde und Maas, 57 v. Chr. von Caesar bezwungen.

nerv'ös [frz.], **1)** die Nerven betreffend. **2)** nervenschwach, leicht reizbar.

Nervosit'ät die, ♀ eine an der Grenze zum Krankhaften stehende körperliche und psych. Erregbarkeit und Unbeständigkeit.

N'ervus [lat.] der, Nerv. **Nervus r'erum,** ,der Nerv aller Dinge', das Geld.

Nerz der, Raubtier, →Marder.

Nesch, Rolf, Maler und Graphiker, * 1893, bekannt bes. durch seine farbigen Metalldrucke und Materialbilder (Verwendung von Industrieabfällen u. a.).

Nessel, 1) Brenn-N., Kräuter mit grünlichen Blütchen und hakenspitzigen Brennhaaren. Diese brechen leicht ab, ritzen die Haut und ergießen einen Brennsaft hinein. Junge Blätter sind Gemüse. **2)** ein leinwandbindiges Baumwollgewebe.

Nesselsucht, stark juckende Quaddeln auf der Haut, bisweilen von Fieber **(Nesselfieber)** begleitet, nach Insektenstichen, Berühren von Brennesseln, nach bestimmten Speisen oder Arzneien, nach Seruneinspritzungen u. a.; auch Ausdruck einer Allergie.

Nesseltiere, latein. **Cnidaria,** Hohltiere mit **Nesselzellen,** deren Absonderung, durch den **Nesselfaden** übertragen, das Beute- oder Feindtier lähmt. N. sind z. B. die Quallen.

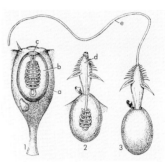

Nesseltiere. Nesselorgane: **1** *vor,* **2** *während,* **3** *nach dem Hinausschleudern des Nesselfadens, a Nesselzelle, b Nesselkapsel, c Deckel, d Halsteil, e Nesselfaden (schemat. etwa 570fach vergr.)*

Nest, Wohn- oder Brutstätte der Insekten, Fische, Säugetiere und Vögel. Bei den **N.-Hockern** (z. B. Singvögel) bleiben die Jungvögel im Nest; die **N.-Flüchter** verlassen es sofort nach dem Ausschlüpfen.

Nestlé, N. Aliment'ana AG., Cham und Vevey (Schweiz), Holdinggesellschaft der Nahrungs- und Genußmittelind., gegr. 1866. Kap.: 196 Mill. sfr, Beschäftigte: 91 090 (1969). **Deutsche Nestlé GmbH.,** Lindau. Kap.: 70 Mill. DM (1970), Beschäftigte: 1777 (1971).

N'estor, 1) griech. Mythos: der König von Pylos, nahm als Greis am Trojanischen Krieg teil, war als weiser und beredter Ratgeber hoch angesehen.

2) russ. Mönch des Höhlenklosters bei Kiew, * 1056, † um 1114, der angebliche Verfasser der ältesten russ. Chronik, der **N.-Chronik.**

Nestori'aner, Anhänger der Lehre des **Nestorius** (Patriarch von Konstantinopel, * nach 381, † nicht vor 451), daß in Christus Mensch und Gott getrennt seien. Die N. bildeten bis zum 13. Jahrh. eine der ehemals sehr großen christl. Kirchen des Morgenlandes.

N'estroy, Johann Nepomuk, österr. Bühnendichter, * 1801, † 1862, Schauspieler, Sänger, führte die Überlieferung des Wiener Volkstheaters weiter; bedeutender Satiriker und Sprachkünstler. Werke: ,Der böse Geist Lumpazivagabundus' (1833), ,Zu ebener Erde und im ersten Stock' (1835), ,Einen Jux will er sich machen' (1842), ,Der Zerrissene' (1844), ,Freiheit in Krähwinkel' (1848, Satire auf die Märzrevolution), ,Judith und Holofernes' (1849) u. a. (Bild S. 867)

Nestwurz, eine gelbbraune fast blattgrünfreie Orchidee, mit vogelnestähnlich verflochtenen, fleischigen Wurzeln **(Vogelnest);** Humusbewohner mit Mykorrhiza.

N'etphen, Gem. in Nordrh.-Westf., 19 500 Ew., an der Sieg, 1969 aus 24 Gemeinden des ehem. Amts N. gebildet.

Netsuke [netske] die, in Japan ein reich mit Schnitzereien verzierter Gürtelknopf aus Holz, Elfenbein, Horn; an ihm wird die Schnur einer Dose oder eines Tabakbeutels befestigt.

N'ettelbeck, Joachim, * 1738, † 1824, als Bürgeradjutant neben Gneisenau Verteidiger der Festung Kolberg 1807.

N'ettetal, Stadt in Nordrh.-Westf., 37 200 Ew., an der niederländ. Grenze, 1970 durch Zusammenschluß gebildet; Walzwerke, Maschinen-, Kunststoff-, Textilind.; Fremdenverkehr.

netto [ital.], Abk. **n,** rein, nach Abzug; Gegensatz brutto.

Netto|ertrag, der Reingewinn.

Nettogewicht, Reingewicht einer Ware ohne Verpackung.

Netto|investition, die über den bloßen Ersatz hinausgehende Investition.

Nettolohn, der Lohn nach Abzug von Steuern, Versicherungsbeiträgen usw.

P. L. Nervi: Ausstellungshalle ,Palazzo del Lavoro' in Turin, 1961

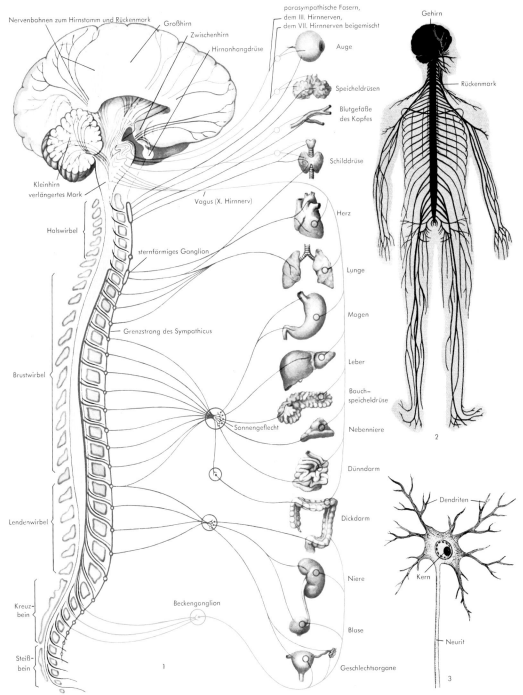

Nervenbahnen zum Hirnstamm und Rückenmark
Großhirn
Zwischenhirn
Hirnanhangdrüse

parasympathische Fasern, dem III. Hirnnerven, dem VII. Hirnnerven beigemischt

Auge

Speicheldrüsen

Blutgefäße des Kopfes

Schilddrüse

Kleinhirn
verlängertes Mark

Vagus (X. Hirnnerv)

Herz

Halswirbel

sternförmiges Ganglion

Lunge

Magen

Grenzstrang des Sympathicus

Leber

Bauch-speicheldrüse

Brustwirbel

Sonnengeflecht

Nebenniere

Dünndarm

Dickdarm

Lendenwirbel

Niere

Kreuz-bein

Beckenganglion

Blase

Steiß-bein

Geschlechtsorgane

1

Gehirn

Rückenmark

2

Dendriten

Kern

Neurit

3

1 *Vegetatives Nervensystem mit Gehirn und Rückenmark (schematisch; Rückenmark im Wirbelkanal gelb, Zentren und Bahnen für den Sympathicus rot, Parasympathicus blau dargestellt, periphere Rückenmarksnerven schwarz angedeutet): Von den Seitenhörnern des Brustmarks laufen Fasern der Rückenmarksnerven zum Grenzstrang, einer zu beiden Seiten der Wirbelsäule gelegenen Kette von Nervenknoten (Ganglien). Hier erfolgt für die Kopf- und Brustorgane die Umschaltung auf Nervenbahnen, die zu den Organen ziehen. Der wichtigste Nervenknoten des Grenzstrangs ist das sternförmige Ganglion. Die Nervenbahnen für die Bauch- und Beckenorgane werden in drei großen, vor der Wirbelsäule gelegenen Nervenknoten umgeschaltet (z. B. im Sonnengeflecht), wodurch Querverbindungen nach allen Seiten möglich sind. – Der Parasympathicus gliedert sich in ein Kopf- und ein Beckensystem. Die parasympathischen Nervenbahnen werden in Nervenbahnen umgeschaltet, die im zugehörigen Organ oder in seiner unmittelbaren Nähe liegen. Das Zusammenspiel von Sympathicus und Parasympathicus wird durch Nervenzentren im Zwischenhirn gesteuert, wozu noch Einflüsse der Hirnanhangdrüse kommen.* **2** *Zentralnervensystem mit den von Gehirn und Rückenmark ausgehenden peripheren Nerven (zerebrospinalen Nerven).* **3** *Neuron: Nervenzelle mit Dendriten und Neurit (etwa 125fach vergr.)*

Nettopreis, Preis, von dem kein Abzug mehr gewährt wird.

Nettoraumgehalt, der Nutzraumgehalt eines Schiffes nach Abzug der Mannschafts-, Maschinen- u. ä. Räume.

Nettoregistertonne, Abk. **NRT,** Maß für den Nettoraumgehalt eines Schiffes (→Registertonne).

Nettosozialprodukt, das Volkseinkommen (→Sozialprodukt).

Network [n'etwə:k, engl.] *das,* eine Sendergruppe oder ein Rundfunkverbundsystem in den USA.

Netz, 1) Maschenwerk. **2)** ⚡ ein System elektr. Versorgungsleitungen, als **Strahlen-N.** sternförmig von einem Punkt ausgehend, als **Ring-N.** in eine sich geschlossene Leitung. Elektr. N. werden betrieben als **Höchstspannungs-N.** (rd. 300-765 kV), **Hochspannungs-N.** (rd. 60-250 kV), **Mittelspannungs-N.** (rd. 3-30 kV), **Niederspannungs-N.** (bis 1 kV). **Überland-N.** werden mit hoher Spannung betrieben; **Orts-N.** sind Niederspannungs-N., oft in Verbindung mit einem Mittelspannungs-N. **3)** ein Teil des Bauchfells. **4)** ☆ kleines Sternbild des Südhimmels.

Netzanschlußgerät, ein aus dem elektr. Versorgungsnetz gespeistes Gerät.

Netzarbeit, die →Filetarbeit.

Netzätzung, ✍ die →Autotypie.

Netzball, Tennis: ein Ball, der das Netz berührt. Fällt ein N. beim Aufschlag in das gegner. Feld, dann wird der Aufschlag wiederholt.

Netze *die,* poln. **Notéc,** rechter Nebenfluß der Warthe, 370 km lang, wird bei Nakel schiffbar, durchfließt das **Netzebruch,** mündet oberhalb von Landsberg.

Netzfischerei, der Fischfang mit Netzen.

Netzflügler, Insekten mit aderreichen Flügeln, z. B. Ameisenlöwe, Florfliegen.

Netzhaut, die lichtempfindliche innere Schicht des Augapfels (→Auge). **N.-Ablösung,** Augenkrankheit, bei der sich die N. von der Aderhaut ablöst.

Netzkarte, 🚂 Zeitfahrkarte zu beliebig häufigen Fahrten in einem bestimmten Gebiet gegen Zahlung eines Pauschalbetrages.

Netzmagen, →Wiederkäuer.

Netzmittel, Fettsäure- oder Fettalkohol-Abkömmlinge, z. B. Tenside, die die Grenzflächenspannung von Flüssigkeiten herabsetzen, so daß ihr **Netzvermögen** erhöht wird.

N'etzplantechnik, Netzwerkanalyse, das Aufstellen graphischer Ablaufschemata für komplizierte techn. und industrielle Projekte. Mit der N. errechnet man, z. T. mit Hilfe von Elektronenrechnern, Termine für die Bereitstellung von Arbeitskräften, Maschinen, finanziellen Mitteln usw.

Netzschlange, Gitterschlange, die indoaustral. Riesenschlange mit schwärzl. Netzzeichnung.

Netzsperre, Kriegsmarine: Netze aus Stahltrossen oder ringförmig geflochtenen Stahldrähten, ins Meer versenkt, zur Sicherung von Seezufahrtsstraßen u. a.

Netzspiel, Tennis: Spiel am Netz, um den Ball des Gegners im Fluge abzufangen.

Netzwerk-Rechengerät, ein Analogrechner mit modellartiger Darstellung rechner. Zusammenhänge in Form eines elektr. Netzwerks.

Neu-Amsterdam, 1) franzö. **Nouvelle-Amsterdam,** unbewohnte Insel im südl. Ind. Ozean, seit 1893 französisch. **2)** 1626-64 Name der Stadt New York.

Neuapost'olische Kirche, eine Abspaltung (1863) von der Kath.-Apostolischen Gemeinde, mit streng hierarch. Ordnung.

Neubauern, bis 1960 in der Dt. Dem. Rep. Siedler, die durch die Bodenreform 1945 in Kleinbauernstellen eingewiesen wurden.

Neubauerverfahren, physiologisch-chem. Verfahren nach H. Neubauer (* 1868, † 1945) zur Untersuchung von Böden auf Kali- und Phosphorsäuregehalt als Grundlage für die Düngeranwendung.

Neub'eckum, Gem. in Nordrh.-Westf.,

10 700 Ew.; Zementind., Kessel- und Apparatebau.

Neuber, Friederike Caroline, geb. Weißenborn, genannt **die Neuberin,** Schauspielerin und Theaterleiterin, *1697, †1760, reinigte mit Gottsched die dt. Bühne von den groben Hanswurstspäßen.

Neubrandenburg, 1) Bezirk der Dt. Dem. Rep., 1952 aus Teilen der Länder Mecklenburg und Brandenburg gebildet, umfaßt die Landkreise Altentreptow, Anklam, Demmin, Malchin, N., Neustrelitz, Pasewalk, Prenzlau, Röbel/Müritz, Strasburg, Templin, Teterow, Ueckermünde, Waren sowie den Stadtkreis N. **2)** Hauptstadt von 1), 45 700 Ew.; Holz-, Maschinen- u. a. Ind.; Fritz-Reuter-, Altertumsmuseum; got. Backsteinbauten. Backstein-Stadtmauer (14. Jahrh.).

Neubraunschweig, engl. **New Brunswick,** Prov. in Kanada am Atlant. Ozean, 72 000 km², 626 000 Ew. Hauptstadt: Fredericton. N. hat viel Wald, bedeutende Holzwirtschaft, Viehzucht, Fischerei. Gewinnung von Blei, Zink, Kupfer, Silber u. a.

Neubritannien, engl. **New Britain,** 1884 bis 1919 als dt. Schutzgebiet **Neupommern,** bedeutendste Insel des Bismarckarchipels, 36 500 km², 154 000 meist melanes Ew.; Hauptort: Rabaul. N. ist gebirgig (mehrere z. T. tätige Vulkane). Kopraplanzungen.

Neubruch, die Erschließung von Öd- und Weideland für den Ackerbau.

Neuburg an der Donau, Stadt in Schwaben, Bayern, 18 500 Ew.; Textil- u. a. Ind. In der Altstadt u. a. ehem. Residenzschloß (16./17. Jahrh.), Hofkirche (1607-18), Rathaus (17. Jahrh.).

Neuchâtel [nøʃat'ɛl], franzö. Name von Neuenburg.

Neudamm, poln. **Dębno.** Stadt in der Neumark, Brandenburg, 10 400(1939:7500) Ew.; seit 1945 unter poln. Verwaltung; Tuch-, Möbel-, landwirtschaftl. Maschinen-Ind.

Neu-Delhi, →Delhi.

Neue Hebr'iden, franzö. **Nouvelles-Hébrides,** engl. **New Hebrides,** melanes. Inselgruppe im Stillen Ozean, 14 763 km², 80 000 meist melanes. Ew.; Verwaltungssitz ist Port Vila auf Efate, größte Insel Espiritu Santo. Haupterzeugnisse: Kopra, Kakao, Kaffee u. a. Die N. H. wurden 1606 entdeckt und sind seit 1906 britisch-franzö. Kondominium.

Neue Heimat-Gruppe, Hamburg, das größte Wohnungs- und Städtebauunternehmen W-Europas, gegr. 1926. Kap.: 40 Mill., 4615 Beschäftigte (1970).

Neue Kerze, Abk. **NK,** ⚜ →Candela.

Neue Linke, eine seit den 1950er Jahren entstandene politisch-soziale Bewegung, bes. in den hochindustrialisierten Staaten der westl. Welt, seit etwa 1960 hauptsächlich von Studenten- und Jugendgruppen getragen, in der Bundesrep. Dtl. als Außerparlamentarische Opposition auftretend. Programm: Beseitigung der modernen Konsumgesellschaft durch Revolution, die von ,Außenseitern' (z. B. Studenten) durchgeführt werden müsse und nicht von der Arbeiterschaft, die bereits zu sehr in der modernen Gesellschaft ,integriert' sei. Auch die bürokratisch-kommunist. Industriegesellschaft unterliegt - in geringerem Maße - der Kritik der N. L.

Neue Musik, die Musik seit etwa 1910, nach Charakter und Kompositionstechnik von der traditionsgebundenen unterscheiden. Im Widerstand gegen den Zwang des Dur-Moll-Systems entstand die →atonale Musik, die sich bes. in der →Zwölftonmusik ausprägte. Daneben zeigten sich neoarchaistische Tendenzen, die auf frühe Formen der Musik zurückgriffen. Die Anwendung von Zahlenreihen führte zur →seriellen Musik. Eine bedeutende Erweiterung der Geräuschskala brachte die →konkrete Musik, auf elektr. Klangerzeugung an Stelle der herkömml. Instrumente greift die →elektronische Musik zurück. Die exotische Musik und der →Jazz wirkten auf die Kunstmusik ein.

Neuen'ahr-Ahrweiler, Bad N.-A., Stadt und Heilbad in Rheinl.-Pf., an der unteren Ahr, 25 400 Ew.; alkalische Säuerlinge. Bei N.-A. Ruine der Burg Landskron.

Neuenburg, franzö. **Neuchâtel, 1)** Kanton der Schweiz, 797 km², von den Kalkketten des Jura durchzogen. Haupterwerbszweig ist die Uhrenind. - Das Fürstentum N. kam 1707 an Preußen, 1806 an den franzö. Marschall Berthier, 1814 an Preußen; zugleich wurde es schweizer. Kanton. 1857 verzichtete Preußen auf N. **2)** Hauptstadt von 1), am Neuenburger See, 38 000 Ew.; Univ., Handelshochschule; Uhrenind., Apparatebau. Fundstelle Renaissance-, Barockbauten.

Neuenburger See, franzö. **Lac de Neuchâtel,** der größte See der Schweiz. Jurarandseen, 38 km lang, 8 km breit, 218 km² groß, von der Zihl durchflossen; an seinem Nordostende die vorgeschichtl. Fundstelle La Tène; Pfahlbaufunde.

Neuendettelsau, Gem. in Mittelfranken, Bayern, 5400 Ew.; bekannt durch das Wirken W. →Löhes (Missionsanstalt 1841, Diakonissenanstalt 1854 gegr.); seit 1947 evang.-luther. Hochschule.

Neuengland, engl. **New England,** der nordöstl. Teil der Verein. Staaten mit den 6 Neuenglandstaaten: Maine, New Hampshire, Vermont, Massachusetts, Rhode Island, Connecticut; seit Anfang des 17. Jahrh. meist von engl. Puritanern, später auch von Iren u. a. besiedelt.

Neuenhagen bei Berlin, östl. Landhausvorort Berlins im Bez. Frankfurt a. d. O., 13 200 Ew.; Gestüte.

Neuenkirchen, Gem. in Nordrh.-Westf., 10 200 Ew.; Textilindustrie.

Neue Sachlichkeit, 1) eine um 1920 aufgekommene Richtung der Malerei, die im Gegensatz zum Expressionismus wieder das objektive Dasein der Gegenstände realistisch erfassen wollte, plastisch, oft starr und mit überbetonter Schärfe. A. Kanoldt, G. Schrimpf u. a. malten Bilder von ruhiger Zuständlichkeit; G. Grosz und O. Dix malten und zeichneten mit krassem Naturalismus und Sozialkrit. Tendenz. **2)** Literatur: die Abkehr vom Pathos und Gefühlsüberschwang des Expressionismus (A. Döblin, F. Bruckner, E. Kästner, A. Zweig u. a.).

Neues Deutschland, Tageszeitung in der Dt. Dem. Rep., gegr. 1946; Organ des Zentralkomitees der SED.

Neue Städte, neue, planmäßig angelegte Städte oder der Ausbau bereits vorhandener Siedlungen zur Stadt. N. S., zuerst in Großbritannien (New Towns) entstanden, dienen zunehmend der Entlastung von Großstädten oder der Sanierung von Notstandsgebieten. N. S. in der Bundesrep. Dtl.: Sennestadt, Neckarsulm.

Neue Sterne, die →Novae.

Neues Testament, Abk. **N. T.,** die Gesamtheit der bibl. Schriften, in denen die Verkündigung Jesu, der Apostel und der Apostelschüler enthalten ist (→Bibel).

Neue Welt, die gesamte westliche Hemisphäre, im 16. Jahrh. nach der Entdeckung Amerikas entstandener Name.

Neue Zürcher Zeitung, Abk. **NZZ,** schweizer. freisinnige Tageszeitung, gegr. 1780.

Neufundland, engl. **Newfoundland,** franzö. **Terre-Neuve,** die östlichste Prov. Kanadas, besteht aus der vor der St.-Lorenz-Bucht gelegenen Insel N. mit Nebeninseln (110 700 km²) und der O-Küste von Labrador, insgesamt 417 000 km², 514 000 Ew. Hauptstadt: Saint John's. N. hat Fischerei, viel Wald (Cellulose- und Papierind.); Bergbau auf Eisenerz, Zink, Blei, Kupfer. - 1497 von G. Caboto entdeckt, 1713 britisch, 1855 erhielt es volle Selbstverwaltung, 1918 wurde es brit. Dominion, seit 1948 Prov. Kanadas.

Neufundlandbänke, flaches Schelfgebiet vor Neufundland, oft nur 50 m u. M.

Neufundländer, eine dem Bernhardiner ähnl. Hunderasse; meist schwarzhaarig.

Neugersdorf, Stadt im Bez. Dresden, im Lausitzer Bergland, 11 200 Ew.; Textilindustrie.

Neugliederung des Bundesgebietes ist im GG. (Art. 29) vorgeschrieben; danach sind die Länder der Bundesrep. Dtl. unter bestimmten Voraussetzungen durch Bundesgesetz neu zu gliedern.

Neugotik, Wiederaufnahme der Gotik, bes. in der Baukunst, seit dem 18. Jahrh., ausgehend von England.

Neugrad, →Grad.

neugriechische Literatur, die Lit. in neugriech. Sprache. Eine eigenständige Lit. entwickelte sich im 17. Jahrh. auf der Insel Kreta. In Griechenland selbst gab es eine reiche Volksdichtung (Klephtenlieder). Sänger des griech. Freiheitskampfes war D. Solomos. In den achtziger Jahren ergriff J. Psicharis gegenüber den ,Reinsprachlern' die Partei der Volkssprache. E. Roidis gab der volkssprachl. Literatur ihr Programm, in Kostis Palamas (1859-1943) fand sie ihren Dichter. Elias Venesis schuf in ,Äolische Erde' (dt. 1958) ein Meisterwerk des modernen Romans. Mit ihm und bes. mit dem Werk von N. Kazantzakis († 1957) hat die n. L. den Anschluß an die Weltliteratur gefunden. Bekannte Lyriker: G. Seferis und O. Elytis.

neugriechische Sprache, die Sprache der Griechen seit etwa dem 15. Jahrh. Die **Katharëusa** (,Reinsprache') behauptet sich als Amtssprache und herrscht auf wissenschaftl. Gebiet vor, die **Demotike** (,Volkssprache', auch **Romaike** oder **Kathomilumene**) ist inzwischen als die allgemeine griech. Schriftsprache für Literatur und Kultur anerkannt. Beide sind aus der Koine hervorgegangen.

Neuguinea [-gin'ea], Insel nördlich von Australien (⊕ VI/VII, Bd. 1, nach S. 320), durch Torres-Straße und Arafura-See von diesem getrennt, 771 900 km² groß; südlich vom steilen Zentralgebirge (bis 5030 m) breitet sich eine weite, z. T. sumpfige Ebene aus, längs der Nordküste verlaufen niedrigere Gebirge. Wichtige Flüsse: Digul, Fly River, Sepik, Ramu. Klima: feuchttropisch; Gebirge bis 2000 m Höhe mit trop. Regenwald bedeckt. Die Bevölkerung setzt sich zusammen aus Papua und, bes. im O, Melanesiern; außerdem Chinesen; ostindones. Einfluß im nordwestl. Küstengebiet.

Wirtschaft. Außer Kaffee-, Kakao-, Zuckerrohr-, Bananen-, Sisal-, Kautschuk-, Kopra-, Reis-, Maisanbau u. a. sind nur die Ölfelder bei Sorong und die Goldfelder im Hinterland von Salamaua und Lae wichtig. Die Viehzucht ist im Wachsen.

Politisch ist N. aufgeteilt in: **1) Westirian,** mit zugehörigen Inseln 412 781 km², 918 000 Ew.; Hauptstadt Djajapura. **2) Papua,** austral. Territorium, mit zugehörigen Inseln 222 998 km², 648 000 Ew.; Hauptstadt Port Moresby. **3)** das austral. Treuhandgebiet **N.,** ehemals dt. Schutzge-

biet **(Kaiser-Wilhelms-Land),** mit Bismarckarchipel und Inseln 238 693 km², 1,75 Mill. Ew.; Verwaltungssitz ist Port Moresby.

Geschiche. N. wurde 1527 von den Spaniern entdeckt. 1828 wurde der W niederländ., 1884 der NO deutsch, der SO britisch. Der brit. Teil wurde 1901 Territorium Australiens, der dt. Teil 1921 Mandats- (seit 1946 Treuhand-)Gebiet Australiens. Nach der Unabhängigkeit Indonesiens 1949 blieb der niederländ. Teil weiterhin niederländ. Besitz, wurde jedoch 1963 an Indonesien übergeben.

Neuhannover, früherer Name von →Lavongai.

Neuhausen am Rheinfall, Gem. im Kanton Schaffhausen, Schweiz, 12 500 Ew.; Aluminium-Forschungsinstitut, Waffen-, Tonwaren- u. a. Industrie.

neuhochdeutsch, Abk. **nhd.,** der jüngste, meist seit 1500 gerechnete Zeitabschnitt der dt. Sprache, auf hochdeutscher Grundlage erwachsen.

Neuholland, histor. Name für den von den Holländern entdeckten Teil Australiens.

Neuhumanismus, die Erneuerung der humanist. Bewegung seit etwa 1750. Das neue Ideal des Griechentums und die Idee der Humanität wurden zum Leitmotiv des dt. klass. Zeitalters. Die Idee der Humanität wurde u. a. von Herder, Schiller, Goethe und W. v. Humboldt betont. Bes. Bedeutung gewann der N. im 19. Jahrh. als Grundlage des Bildungswesens.

Neuilly-sur-Seine [nœjisyrs'ε:n], westl. Vorort von Paris, im Départem. Hauts-de-Seine, am Bois de Boulogne, 71 200 Ew.; Metall-, Kraftwagen-, chem. Industrie. - 27. 11. 1919 **Vertrag von N.:** Bulgarien verlor die südl. Dobrudscha an Rumänien, sein thrak. Küstengebiet an Griechenland.

neuindoarische Sprachen, die in Vorderindien verbreiteten arischen (indogerman.) Sprachen, Fortentwicklungen der mittelind. Dialekte. Hauptgruppen: Assami, Bengali, Nepali, Pahari, Orija, Ost- und Westhindi, Pandschabi, Marathi, Sindhi, Gudscharati. Dazu kommen als Verkehrssprachen Hindustani, Hindi, Urdu. Verwandt sind mit den n. S. das Singhalesische auf Ceylon und die Sprache der Zigeuner.

Neuirland, engl. **New Ireland,** als dt. Schutzgebiet 1884-1918 **Neumecklenburg,** Insel des Bismarckarchipels, 8650 km², 149 300 Ew.; Hauptort: Kavieng.

Neu-Isenburg, Stadt in Hessen, südl. von Frankfurt a. M., 36 000 Ew.; u. a. photochem., Fleischkonserven-Ind. N.-I. wurde 1699 als Hugenottensiedlung gegründet.

Neujahr, der erste Tag des Jahres, im Gregorian. Kalender der 1. Januar.

Neukaledonien, französ. **Nouvelle-Calédonie,** gebirgige Insel im Stillen Ozean nordöstl. von Neuseeland, 18 340 km², 95 000 Ew. Die Eingeborenen sind Melanesier. Hauptstadt: Nouméa.

Haupterwerbszweige: Rinderzucht, Bergbau (Chrom-, Nickelerze), Anbau von Kokospalmen, Kaffee, Bananen, Baumwolle. - N., 1774 von Cook entdeckt, ist seit 1853 französisch. Mit Loyalty- u. a. Inseln bildet es ein französ. Überseegebiet (19 103 km², 96 000 Ew.).

Neukantianismus, die um 1860 einsetzenden Bestrebungen in der Philosophie, Kantische Lehren zu erneuern und weiterzubilden; in Dtl. bes. die idealist. Richtungen der Marburger Schule (Cohen, Natorp, Cassirer) und der Südwestdt. Schule (Windelband, Rickert, Lask), ferner die realistische Richtung (Volkelt, Riehl) u. a.

Neukastilien, span. **Castilla la Nueva,** Landschaft des mittleren Hochlandes Spaniens, umfaßt die Provinzen Guadalajara, Madrid, Cuenca, Toledo, Ciudad Real, 72 363 km², 5,06 Mill. Ew. N. hat Weizen-, Oliven- und Weinbau.

Neukirchen-Vluyn [-fly:n], Gemeinde in Nordrh.-Westf., 23 300 Ew.; Textil-, Lebensmittelind.; Sitz der evang. **Neukirchner Mission** (1878 gegr.).

Neuklassik, Neuklassizismus, dt. Literaturrichtung um 1905, greift auf klass. Kunsttradition zurück als Gegenströmung zum Naturalismus, Impressionismus (P. Ernst, W. v. Scholz).

neulateinische Literatur, die Literatur in latein. Sprache seit Petrarca. Als eine Blütezeit gilt das Zeitalter des Humanismus. In Dtl. ragen u. a. Ulrich von Hutten, Conr. Celtis hervor, im 17. Jahrh. der Jesuit J. Balde; das neulatein. Drama pflegten hier bes. Reuchlin, Th. Naogeorg, Nik. Frischlin. Vertreter des barocken Ordensdramas: J. Bidermann, N. Avancinus, S. Rettenbacher. Seit dem 17. Jahrh. bes. kirchl. und Fachliteratur.

Neumann, 1) Alfred, Schriftsteller, * 1895, † 1952, unter Hitler emigriert; Romane (,Der Teufel', 1926, ,Das Kind von Paris', 1952), Dramen.

2) Alfred, Politiker (SED), * 1909, wurde 1967 stellvertr. MinPräs.

3) Franz, Physiker und Mineraloge, * 1798, † 1895, Prof. in Königsberg, Begründer der mathemat. Physik, veröffentlichte Arbeiten über die Wellenlehre des Lichts und zur Kristallographie.

4) Johann Balthasar, Baumeister, Ingenieur, * 1687, † 1753, schuf seit 1720 die Würzburger Residenz (z. T. mit L. v. Hildebrandt). In seinen Schloßbauten verbindet sich die Lebhaftigkeit des italien.-österreich. Barocks mit dem Formensinn französ. Architektur; einzigartig sind vor allem die Treppenhäuser (z. B. Würzburg). In seinen Kirchenbauten schuf er aus Durchdringungen von Lang- und Zentralbau großartige Raumphantasien (Vierzehnheiligen, Neresheim).

5) Johann Baron von, Mathematiker, * 1903, † 1957, Prof. in Princeton; arbeitete über topolog. Gruppen, Spieltheorie, mathemat. Logik u. a.

Neuguinea: Eingeborene auf dem Weg zum Markt

Neuseeland: Mount Cook

6) Robert, Schriftsteller, * 1897; Parodien („Mit fremden Federn', 1927, „Unterfalscher Flagge', 1932), Romane.

7) Therese, * 1898, † 1962; seit der Fastenzeit 1926 stigmatisiert, erlebte seitdem in Visionen die Leidensgeschichte Christi.

Neumark, der östlich der Oder gelegene Teil der Mark Brandenburg; Hauptstadt: Küstrin. Die N. wurde 1250 vom Markgrafen von Brandenburg erworben, 1402-55 dem Deutschen Orden verpfändet, 1535-71 von der Kurmark getrennt; 1816 kam der NO zur Prov. Pommern. Seit 1945 steht die N. unter poln. Verwaltung.

Neumarkt, 1) N. i. d. Opf., Stadt in der Oberpfalz, Bayern, 18 900 Ew.; Holz-, Metall-, Sprengstoffindustrie. Pfarrkirche (1. Hälfte des 15. Jahrh.), Schloß (16. Jahrh.). **2) N.,** poln. **Środa Śląska,** Stadt in Schlesien, 8400 (1939: 6400) Ew.; seit 1945 unter poln. Verwaltung. **3)** rumän. **Tîrgu Mureș,** magyar. **Marosvásárhely,** Stadt in Siebenbürgen, Rumänien, 86 500 Ew.; medizinisch-pharmazeut. u. a. Industrie.

Neumarkt, →Johann von Neumarkt.

Neumecklenburg, früherer Name der Insel →Neuirland.

Neumen [lat.] Mz., die ältesten Tonschriftzeichen der frühmittelalterl. Musik; sie bestehen aus Punkten, Strichen, Bogen und Häkchen und geben nur die Tonbewegung (nicht die Tondauer) ungefähr wieder.

Neumünster, Stadt in Schlesw.-Holst., 86 100 Ew.; Bundesbahnausbesserungswerk, Textil-, Konfektions-, Metall- und Elektrowerke.

Neunauge, Bricke, latein. **Petromyzontida,** zu den Rundmäulern gehörendes fischähnliches Wirbeltier. An jeder Körperseite befinden sich 9 Öffnungen (7 Kiemenspalten, 1 Auge, 1 Nasenloch). **Fluß-N.** bis 50 cm lang; **Meerbricke (Lamprete)** bis 1 m lang.

Neunkirchen, 1) N./Saar, Stadt im Saarland, 44 100 Ew.; Eisenwerk, metallverarbeitende, Maschinen-, chem. u. a. Industrie. **2)** Bezirksort in Niederösterreich, an der Schwarza, 11 400 Ew.; Wärmekraftwerk, Metallwaren-, Maschinen- u. a. Ind. **3)** Gem. in Nordrh.-Westf., 13 900 Ew.; 1969 zusammengeschlossen.

Neuntöter, Rotrücken-Würger, →Würger.

Neuphilologe, Literatur- und Sprachwissenschaftler auf dem Gebiet der noch lebenden Sprachen, bes. der german., roman. und slaw. Sprachen.

Neuplatonismus, die letzte große Systembildung der griech. Philosophie, seit etwa 200 n. Chr. Höchster Begriff ist das über alles erhabene Eine (Gott), aus dem durch wesensnotwendige Ausstrahlung alle Seinsformen hervorgehen. Der Stifter des N. war Ammonius Sakkas, der bedeutendste Systemschöpfer →Plotin. Eine spätere von Iamblichos begründete Richtung **(Syrische Schule)** verband die spätantikran und oriental. Götterlehren mit der Systematik des Neuplatonismus.

Neupommern, früherer Name der Insel →Neubritannien.

Neupositivismus, →Neopositivismus.

Neuquén [neuk'en], Prov. in Argentinien, 94 078 km², rd. 154 600 Ew.

Neuralgie [grch.] die, ein oft quälend empfundener Schmerz ohne (oder nur geringen) objektiven Krankheitsbefund. Ursachen: Einengung der Nervenwurzeln, Herdinfektion, beginnende Nervenentzündung, auch bei Neurose oder Wetterfühligkeit. Behandlung je nach Ursache.

Neuralmedizin, eine Arbeitsrichtung der Medizin, die von der Vorstellung beruht, daß jede Zell- und Organleistung abhängt von Antrieben aus dem Nervensystem; daraus ergibt sich für die Krankheitserkennung die **Neuraldiagnostik** und für die Behandlung die **Neuraltherapie.**

Neurasthenie [grch.], nervöse Erschöpfung nach schweren Krankheiten, hochgradiger Überarbeitung oder Unterernährung.

Neurath, Konstantin Freiherr von, Diplomat, * 1873, † 1956, war dt. Botschafter in Rom und London, 1932-38 Reichsaußenmin., 1939-43 Reichsprotektor in Böhmen und Mähren, 1946 in Nürnberg zu 15 Jahren Gefängnis verurteilt, 1954 aus der Haft in Spandau entlassen.

Neureut, Gem. in Bad.-Württ., 12 000 Ew.

Neurinom [grch.] das, Nervengeschwulst.

Neuritis [grch.] die, →Nervenentzündung.

Neurochirurgie [grch.], Chirurgie des Nervensystems: chirurg. Eingriffe an Gehirn, Rückenmark, Nerven, Nervenknoten.

Neurode, poln. **Nowa Ruda,** Stadt in Niederschlesien, am Eulengebirge, 19 100 (1939: 10 100) Ew.; hatte Steinkohlenbergbau, Textilfabriken. Seit 1945 unter poln. Verwaltung.

Neuroglia [grch.] die, **Glia,** das nicht reizleitende Stützgewebe des Nervensystems, bildet in Gehirn und Rückenmark ein Netzwerk um Nervenzellen und -fasern.

Neurohormone, Hormone, die im Gehirn gebildet, auf Nervenbahnen der Hirnanhangdrüse zugeführt und von dort nach Bedarf ausgeschieden werden.

Neurologie [grch.], die Lehre von den Nervenkrankheiten.

Neurom [grch.] das, druckschmerzhafte Verdickung am Stumpf eines verletzten Nervs, bes. das **Amputationsneurom** an den abgeschnittenen Enden der Nerven im Stumpf einer amputierten Gliedmaße.

Neuromantik, literar. Strömung der Abkehr vom Naturalismus und der Wiederaufnahme romant. Ideen und Stilformen. Sie kam seit 1905 in Dtl. auf, verschmolz mit Einflüssen des franz. Symbolismus.

N'euron [grch.] das, die Nervenzelle mit ihren Fortsätzen (Dendriten und Neurit).

Neuropt'eren [grch.] Mz., **Netzflügler,** Insekten mit aderreichen Flügeln.

Neur'ose [grch.] die, eine körperliche und seelische Erkrankung, die auf fehlerhaften psych. Einstellungen beruht, wobei ‚fehlerhaft' im Sinne einer Fehlanpassung zu verstehen ist. N. sind oft aus unbewältigten Lebenskonflikten, überhaupt aus der Lebensgeschichte der Kranken zu verstehen. Behandlung: Psychotherapie.

Neuruppin [grch.] N. Stadt und Luftkurort im Bez. Potsdam, am **Ruppiner See,** 22 300 Ew. Ind.: Feuerlöschgeräte, Maschinen.

Neusalz (Oder), poln. **Nowa Sól,** Stadt in Niederschlesien, 31 500 (1939: 17 500) Ew.; Textil-, Eisen- u. a. Ind. Seit 1945 unter poln. Verw.

Neusatz, serb. **Novi Sad,** Hauptstadt der Wojwodina, Jugoslawien, links der Donau, 123 000 Ew.; Seifen-, Seiden-, Zündholz-, Alkohol-, Maschinen-, elektrotechn. und chem. Industrie.

Neuscholastik, die Wiederbelebung der →Scholastik seit der Mitte des 19. Jahrh., bes. im Anschluß an Thomas von Aquin **(Neuthomismus).** Die N. des 20. Jahrh. wandte ihr Interesse bes. der Transzendentalphilosophie Kants und dem Idealismus, der induktiven Metaphysik, zuletzt auch der Existenzphilosophie zu.

Neuschottland, engl. **Nova Scotia,** kanad. Provinz, umfaßt die Halbinsel N. und die Kap-Breton-Insel, 55 000 km², 764 000 Ew.; Hauptstadt: Halifax. N. ist reich an Wald (Cellulose- und Papierind.). Eisen-, Stahlind., Apfelanbau. Bergbau auf Kohle, Gips, Baryt und Salz. - 1497 von Caboto entdeckt; seit 1604 ein Teil von Franzosen besiedelten Akadien; 1713 britisch, seit 1867 Prov. Kanadas.

Neu-Schwabenland, Randgebiet der O-Antarktis, zwischen 5° w. L. und 16° ö. L., von der dt. Südpolar-Expedition (1938/39) entdeckt.

Neuschwanstein, Schloß bei Füssen im Allgäu, 1869-86 für König Ludwig II. von Bayern im spätroman. Stil erbaut.

Neuseeland, engl. **New Zealand,** Land im Brit. Commonwealth, umfaßt die Doppelinsel N. (im Stillen Ozean südöstlich Au-

straliens) und benachbarte kleinere Inseln, 268 676 km², 2,816 Mill. Ew., Hauptstadt: Wellington; die Funktionen des Staatsoberhaupts übt der von der brit. Krone ernannte GenGouv. aus. Amtssprache: Englisch. ⊕ VI/VII, Bd. 1, nach S. 320. ◯ S. 1179. ☐ Bd. 1, S. 392. Die Rechtsordnung beruht auf dem brit. Common Law, ergänzt durch eigene Gesetze. Währung: Neuseeland-Dollar.

Landesnatur. Die Nordinsel hat zahlreiche Vulkanberge (u. a. Ruapehu 2797 m, Mt. Egmont 2478 m), umgeben von noch tätigen Schlammvulkanen, Solfataren, Geysiren. Die Südinsel wird von den teilweise vergletscherten Neuseeländ. Alpen durchzogen (Mt. Cook 3764 m), die nach W steil abfallen, nach O sich zu weiten Ebenen abdachen. Im S greifen Fjorde in das Land ein. Das Klima ist gemäßigt-mild, im W und N (Subtropen) niederschlagsreich. (Bild S. 865)

Die **Bevölkerung** ist zu 90% europ. Abstammung (meist Engländer und Schotten); die eingeborenen Maori (7,5%) sind Polynesier. Rd. 34% der Ew. gehören der Anglikan., 34% anderen ev., 16% der Kath. Kirche an. Vom 7.-15. Lebensjahr besteht Schulpflicht. Universitäten in Auckland, Christchurch, Dunedin, Wellington, Palmerston North, Hamilton.

Wirtschaft. N. ist ein hochentwickeltes Agrarexportland. Auf der Nordinsel herrscht Milchfarmwirtschaft vor (1969: 8,6 Mill. Rinder), auf der Südinsel Getreideanbau und Schafzucht (60,1 Mill. Schafe, 331 000 t Wolle). N. ist arm an Bodenschätzen: Nur Kohlen sowie Steine und Erden (Kalk) haben wirtschaftl. Bedeutung. In geringem Maße werden Gold, Silber, Wolfram, Mangan, Ilmenit gewonnen. Bohrtätigkeit nach Erdöl und -gas. Industrie: Verarbeitung landwirtschaftl. Erzeugnisse, Konsumgüter; neu sind Aluminiumhütte, Raffinerie und Stahlwerk. Ausfuhr: Molkereiwaren, Wolle, Gefrierfleisch, Häute, Felle. Haupthandelspartner: Großbritannien, Australien, Verein. Staaten, Japan.

Verkehr. Reger Küstenverkehr mit eigener Flotte (1970: 186 000 BRT); den Überseeverkehr wickeln vor allem ausländ. Reedereien ab. Eisenbahnnetz rd. 5200 km, Straßennetz rd. 90 000 km. Lebhafter Luftverkehr.

Geschichte. N. wurde 1642 von Tasman entdeckt. Seit 1814 weiße Besiedlung, seit 1840 brit. Kolonie, 1853 eigene Verfassung, seit 1907 Dominion. 1948 wurden die bereits seit 1926 von N. verwalteten Tokelau-Inseln eingegliedert.

Neusibirische Inseln, stark vergletscherte Inselgruppe im Nordpolarmeer, gehört zur Jakut. ASSR, Sowjetunion, rd. 38 000 km² groß.

Neusiedler See, ungar. **Fertő-tó,** flacher, salziger See stark wechselnder Größe (im Mittel 320 km²) in österreich. Burgenland und W-Ungarn.

Neusilber, Kupfer-Zink-Nickel-Legierung für ärztl. Geräte, feinmechan. Erzeugnisse, kunstgewerbl. Gegenstände.

Neuss, bis 1970 **Neuß,** Stadt in Nordrh.-Westf., links des Rheins gegenüber Düsseldorf, 117 600 Ew. Die vielseitige Ind. liegt meist am Hafen: Stahlwerke, Apparate-, Maschinen- und Brückenbau, galvanotechn., chem., Textil-, Papier-, Kunststoff- u. a. Ind. Ölraffinerien; Pferderennbahn. N., das röm. Novaesium, hat alte Bauwerke, z. B. Quirinusmünster (13. Jahrh.).

Neustadt, 1) N. a. d. Aisch, Stadt in Mittelfranken, Bayern, 9000 Ew.; Industrie.

2) N. a. d. Saale, Bad N. a. d. S., Stadt in Unterfranken, Bayern, 8800 Ew.; Ind. Karmeliterkirche (17. Jahrh.). Sol- und Moorbäder.

3) N. a. d. Waldnaab, Stadt in der Oberpfalz, Bayern, 5800 Ew.; Bleikristallfertigung u. a.

4) N. a. d. Weinstraße, Stadt in Rheinl.-

Pfalz, in der Oberrheinebene vor der Hardt, 51 100 Ew.; Wetterdienstschule, Weinbauamt; Weinbau und Weinhandel, Maschinen-, Papier- u. a. Industrie.

5) N. am Rübenberge, Stadt in Niedersachsen, an der Leine, 13 100 Ew.; pharmazeut., Textil- u. a. Industrie.

6) N. b. Coburg, Stadt in Oberfranken, Bayern,12 500Ew.; Spielwaren-,Elektroind.

7) N. im Schwarzwald, Kneipp- und Winterkurort im südl. Schwarzwald, 8500 Ew.; Papier- u. a. Industrie.

8) N. in Holstein, Stadt und Ostseehafen in Schlesw.-Holst., 16 200 Ew.; Fischerei, Holz- und Getreidehandel, Kondensmilchfabrik u. a. Industrie.

9) N. O. S., poln. **Prudnik,** Stadt in Oberschlesien, 19 700 (1939: 17 300) Ew.; Bekleidungs- u. a. Ind. Seit 1945 steht N. unter poln. Verwaltung.

10) N./Orla, Stadt im Bez. Gera, im Thüringer Wald, 10 100 Ew.; Leder-, Textil- u. a. Industrie; spätgot. Rathaus, Schloß (1674).

Neustett′in, poln. **Szczecinek,** Stadt in O-Pommern, 27 400 (1939: 19 900) Ew.; Maschinen-, Holz- u. a. Ind.; landwirtschaftl. Handel; seit 1945 unter poln. Verwaltung.

Neustrelitz, Stadt im Bez. Neubrandenburg, am Zierker See, 27 800 Ew.; 1733 sternförmig angelegt. Stadtkirche (1768-78), Schloßkirche (1853-59).

N′eustrien [,Neu-Westreich'], unter den Merowingern seit 561 der NW des Fränk. Reichs, im Unterschied zu →Austrasien.

Neusüdwales [-w′eils], engl. **New South Wales,** Staat des Austral. Bundes, im SO Australiens, 801 431 km², 4,56 Mill. Ew.; Hauptstadt: Sydney. Aus N. wurde das Bundesterritorium (→Canberra) ausgegliedert.

N′eutra, slowak. **Nitra, 1)** linker Nebenfluß der Waag in der Slowakei, kommt von der Kleinen Fatra, mündet bei Komorn.

2) Stadt in der südl. Slowakei, Tschechoslowakei, am Fuß des Tribeč (Gebirgszug der Westkarpaten), 41 600 Ew.; chem. und Kunststoffindustrie.

Neutra, Richard Joseph, österreich. Architekt, * 1892, † 1970; seit 1923 in den Verein. Staaten; Wohnhäuser, Schulen, Krankenhäuser in enger Verbindung zur umgebenden Natur.

neutr′al [lat. ,keines von beiden'], **1)** unparteiisch, unbeteiligt. **2)** völkerrechtlich: →Neutralität. **3)** farblos, blaß. **4)** Sprachlehre: sächlich. **5)** ⟂→Neutralisation.

neutrale Ecken, Boxen: die beiden von den Gegnern nicht besetzten Ecken.

Neutralisation, Absättigung, ⟂ das Zusammentreten äquivalenter Mengen Säure und Base zu Salz und Wasser.

neutrali′sieren, ⚔ einen Wettkampf auf bestimmte Zeit unterbrechen.

Neutralit′ät, Völkerrecht: die Nichtteilnahme eines Staates an einem Krieg zwischen anderen Staaten; teilweise geregelt im →Haager Abkommen. Im Gegensatz zu **neutralisierten Staaten,** die sich vertraglich zur Nichtteilnahme an kriegerischen Auseinandersetzungen verpflichtet haben (z. B. Schweiz, Vatikan, Österreich), kann es neutrale Staaten nur während eines Krieges geben. Doch spricht man heute auch von N., wenn ein Staat sich allgemein von internationalen Konflikten oder Bündnissen fernhält, ohne formell neutralisiert zu sein (z. B. Schweden).

Neutralitätszeichen, nach der Genfer Konvention das rote Kreuz im weißen Feld; wird von Lazaretten, Lazarettschiffen, Sanitätszügen und deren Personal geführt.

Neutr′ino, ungeladenes Elementarteilchen, die in zwei Typen vorkommen. Beide N.-Arten haben eine sehr kleine, wahrscheinlich sogar verschwindende Ruhmasse und den Spin ¹/₂. Daher ist ihre Wechselwirkung mit der übrigen Materie außerordentlich klein; der direkte Nachweis von N. ist erst in jüngster Zeit unter Verwendung intensivster Protonenstrahlen gelungen.

N′eutron [grch.] *das,* ungeladenes instabiles Elementarteilchen mit 12,3 min mittlerer Lebensdauer, neben dem Proton einer der beiden Kernbausteine. N. entstehen bei der Kernspaltung und spielen bei der Umwandlung und Spaltung von Atomkernen eine wichtige Rolle; sie dringen leicht in die Kerne ein und lösen Reaktionen aus. Ein N. geht in ein Proton über unter Emission eines Elektrons und eines Antineutrinos. N. dienen zur Erzeugung künstlicher radioaktiver Präparate.

Neutr′onenspektrometer, Gerät zum Messen der Geschwindigkeitsverteilung von Neutronen.

Neutr′onenstern, die theoretisch als Endstadium einer Supernova vorausgesagte Form der Materie, bei der eine Masse von der Größe der Sonne auf einen Durchmesser von rund 10 km zusammengestürzt ist.

Neutr′onenthermometer, Gerät zur Messung großer Neutronenintensitäten, ein mit Uran 235 umgebenes Thermoelement.

Neutr′onenzähler, Nachweisgerät für Neutronen, in bestimmter Weise präparierte Zählrohre, auch Szintillationszähler und Spaltkammern.

N′eutrum [lat.] *das,* sächl. Geschlecht, bes. das sächl. Hauptwort.

Neu-Ulm, Stadt in Bayern, rechts der Donau gegenüber von Ulm, 27 700 Ew.; Leder-, Holz-, Metallindustrie.

Neuwertversicherung gewährt im Schadenfall bei Gebäuden den ortsübl. Bauwert (Neubauwert), bei Anlagen usw. den Wiederbeschaffungspreis (Neuwert).

Neuw′ied, Stadt in Rheinl.-Pf., am Rhein, im Neuwieder Becken, 31 400 Ew.; Bimsbaustoffindustrie, Stahl-, Eisenwerke, Maschinen-, Zement-, Blech-, Papier-, Holzindustrie; Rheinbrücke.

Neuzeit, das Zeitalter von etwa 1500 (Entdeckungen, Renaissance, Humanismus, Reformation) bis zur Gegenwart, im Unterschied zum Altertum und zum Mittelalter.

Nevada [nɛv′a:də], Abk. **Nev.,** einer der Kordillerenstaaten der Verein. Staaten, 280 292 km², 481 900 Ew.; Hauptstadt: Carson City. Meist wüstenhaft, spärlicher Ackerbau; Bergbau auf Gold, Kupfer u. a.; in der Wüste Versuchsgelände für Kernwaffen. - N., 1848 von Mexiko abgetreten, wurde 1864 der 36. Staat der Union.

Nev′ado de Huascarán [-waskar′an], vergletscherter Doppelgipfel in der peruan. Westkordillere, 6768 und 6655 m hoch.

Nevermann, Paul, Politiker (SPD), * 1902, Jurist, 1945-53 und 1957-60 Bausenator, 1961-65 Erster Bürgermeister und Präs. des Senats von Hamburg, wurde 1967 Vors. des Dt. Mieterbundes.

Nevers [nəv′e:r], Hauptstadt des Dép. Nièvre, Mittel-Frankreich, 45 100 Ew.; Kathedrale (13.-15. Jahrh.), Metall- und Fayence-Industrie.

N′eviges, Stadt in Nordrh.-Westf., 23 700 Ew.; Maschinen-, Metallindustrie.

N′ewa *die,* der Abfluß des Ladogasees, Sowjetunion, mündet bei Leningrad in den Finn. Meerbusen; 74 km lang.

Newark [nju′u:ək], Stadt in New Jersey, USA, 401 000 Ew.; Hafen; Elektro-, Metall- und Hüttenindustrie.

New B′edford [nju:-], Stadt in Massachusetts, USA, 101 300 Ew.; Textilindustrie.

New Brunswick [nju: brʌnzwik], die kanad. Provinz →Neubraunschweig.

Newcastle [nju′u:ka:sl], **1) N. upon Tyne** [-əpən t′ain], Hauptstadt der engl. Gfsch. Northumberland, am Tyne, 240 300 Ew.; Handelshafen; Schiffbau, Metall-, Maschinen-, Elektro-, chem. u. a. Industrie.

2) N. under Lyme [-ʌndə laim], Stadt in Mittelengland, 76 600 Ew.; Textil-, Möbel- u. a. Industrie.

3) Hafenstadt in Neusüdwales, Australien, 234 000 Ew.; Univ.; Umschlagplatz für Steinkohle; Stahlwerk, Schiffbau.

4) Stadt in Natal, Südafrika, an den Drakensbergen, 17 500 Ew.; Mittelpunkt eines Kohlenreviers; Hochöfen, Eisenindustrie.

New Deal [nju: di:l], die wirtschaftspolit. Maßnahmen Präs. Roosevelts (seit 1933) zur Bekämpfung der Wirtschaftskrise und zur Durchführung sozialer und wirtschaftl. Reformen in den Verein. Staaten.

New Hampshire [nju: h′æmpʃə], Abk. **N. H.,** einer der Neuenglandstaaten der Verein. Staaten, 24 097 km², 722 800 Ew.; Hauptstadt: Concord. Seen- und waldreiches Hügelland; Leder-, Textil- u. a. Ind. - N. H. gehörte 1641-1741 zu Massachusetts; es trat 1788 als 9. Staat der Union bei.

New Haven [nju: h′eivn], Stadt in Connecticut, USA, am Ende des Long-Island-Sundes, 133 500 Ew.; Sitz der Yale-Universität (gegr. 1701); Metallverarbeitung.

Ne Win, eigentl. **Maung Shu Maung,** birman. General und Politiker, * 1911, wurde 1962 Staatsoberhaupt und MinPräs. In der Wirtschaft führte er z. T. Verstaatlichungen durch.

New Jersey [nju: dʒə′:zi], Abk. **N. J.,** einer der mittleren atlant. Staaten der Verein. Staaten, 20 295 km², 7,09 Mill. Ew., davon 8% Neger. Hauptstadt: Trenton. Hochentwickelte Landwirtschaft; Bergbau (Erden, Eisenerz), Metall-, chemische, Autoindustrie, Erdölraffinerie, Schiffbau, Großschlächtereien. - N. J. kam 1664 an England; es trat 1787 als 3. Staat der Union bei.

Newman [nju′u:mən], John Henry, engl. Theologe, Kardinal (1879), * 1801, † 1890, ursprüngl. anglikan. Geistlicher und einer der Führer der Oxfordbewegung, wurde 1845 kath.; relig. Lyriker, Dramatiker.

New M′exico [nju:-], Abk. **N. M.,** einer der Kordillerenstaaten der Verein. Staaten, 315 108 km², 998 300 Ew.; Hauptstadt: Santa Fe. Ackerbau (Getreide, Baumwolle) fast nur mit Bewässerung; Bergbau (Uran, Erdgas, Kalisalze, Erdöl). Forschungszentrum für Atomenergie in Los Alamos. - N. M., 1848 von Mexiko abgetreten, wurde 1912 der 47. Staat der Union.

New Orleans [nju: ′ɔ:liənz], Stadt in Louisiana, USA, Seehafen im Mississippidelta, 591 500 Ew.; Universitäten; vielseitige Ind. (bes. Nahrungsmittel, Bekleidung, Papier, Metallwaren, Chemikalien).

New Penny [nju: p′eni], die bei der Umstellung der brit. Währung auf das Dezimalsystem (1971) an die Stelle des Penny getretene Münze: 1 N. P. = ¹/₁₀₀ Pfund.

Newport [nju′u:pɔ:t], Hafenstadt im SW Englands, am Bristolkanal, 112 000 Ew.; Ausfuhr von Eisen- und Stahlerzeugnissen u. a.; chem. u. a. Industrie.

New Providence [nju: pr′ovidəns], eine der Bahama-Inseln mit dem Hauptstadt Nassau.

News [nju:z, engl.] Mz., Nachrichten.

Newton [nj′u:tn] *das,* **N,** Maßeinheit der Kraft, 1 N = 100 000 dyn.

Newton [nj′u:tn], Sir (seit 1705) Isaac, engl. Physiker und Mathematiker, * 1643, † 1727, Prof. in Cambridge, kgl. Münzmeister, ab 1703 Präs. der Royal Society in London. N. fand die 3 Bewegungsgesetze der klass. Mechanik (**N.sche Axiome, N.sche Mechanik**): das Beharrungsgesetz (Trägheitsprinzip), die Bewegungsgleichung (Aktionsprinzip) und das Reaktionsprinzip (Wirkung); erklärte mit dem von ihm gefundenen Gravitationsgesetz die Bewegung der Planeten um die Sonne, die Gezeiten, entwickelte die Anfänge der Infinitesimalrechnung, wies die spektrale Zusammensetzung des weißen Lichts nach.

Isaac Newton   *Johann Nestroy*

Newton-Metall [nj'u:tn-], Wismutlegierung, schmilzt bei 103° C, Schnellot.

New York [nju:j'ɔ:k], **1) N. Y. State,** Abk. **N. Y.,** einer der mittleren atlant. Staaten der Verein. Staaten von Amerika, am Atlantik, 128 399 km², 18,02 Mill. Ew., davon rd. 8% Neger; Hauptstadt: Albany. N. Y. ist der bedeutendste Industrie- und Handelsstaat Nordamerikas. - N. Y. kam als Teil der Kolonie Neuniederland 1664 an England; 1788 als 11. Staat zur Union.

2) N. Y. City, Stadt im Staat N. Y., 7,9 Mill. Ew., als Siedlungsplatz, zu dem auch polit. selbständige Gem. der Staaten New York und New Jersey gehören, 15 Mill. Ew. N. Y. liegt an der Mündung des Hudson, beiderseits des East River, auf mehreren Inseln und dem Festland. Fünf Stadtteile: Manhattan (auf der gleichnamigen Insel, mit der Wall Street, dem Hauptsitz der Großfinanz im S, dem über 20 km langen Broadway), Bronx auf dem Festland, Kings (Brooklyn) und Queens auf Long Island und Richmond auf Staten Island. Der ältere südliche Teil, die Hauptgeschäftsgegend, ist unregelmäßig gebaut, die übrige Stadt rechtwinklig mit vielen Hochhäusern. N. Y. hat mehrere Univ., Büchereien, Museen, viele Theater (Metropolitan Opera). Über Hudson und East River (beide untertunnelt) führen gewaltige Brücken. Der Hafen ist befestigt; in seiner Einfahrt steht auf einer Insel die Freiheitsstatue. N. Y. ist der größte Hafen- und Handelsplatz und einer der größten Industriebezirke der Erde; in Manhattan, am East River, liegt das Hochhaus der Vereinten Nationen. Hauptflughäfen: J. F. Kennedy, La Guardia. - N. Y. erwuchs aus Neu-Amsterdam, der 1626 von P. Minnewit gegr. Hauptstadt Neu-Niederlands, und wurde 1664 mit der Kolonie Neuniederland britisch und in N. Y. umbenannt.

New York H'erald Tribune [-h'erəld tr'ibju:n], republikan. New Yorker Tageszeitung, gegr. 1835, 1966 eingestellt.

New York Times [-taimz], amerikan. demokrat. Tageszeitung, gegr. 1851.

Nexö [n'ɛkʃø], →Andersen-Nexö.

N'exus [lat.] der, Zusammenhang.

Ney, 1) Elly, Pianistin, * 1882, † 1968.

2) [nɛ], Michael Herzog von **Elchingen** (1808), Fürst von der **Moskwa** (1813), französ. Marschall, * 1769, † 1815, siegte 1805 bei Ulm, 1812 bei Borodino; nach Rückkehr der Bourbonen als Hochverräter standrechtlich erschossen.

N. F., Abk. für **N**eue **F**olge.

NF, Abk. für **N**euer **F**ranc, **N**iederfrequenz.

Ng'amisee, verlandender Sumpfsee in NW-Botswana, empfängt nur zeitweilig Wasser vom Okawango.

Nganking, chines. Stadt, →Hueining.

Ngo Dinh-Diem, vietnames. Politiker, * 1901, † 1963, Katholik, seit 1954 Min Präs., seit 1955 Staatspräs. von S-Vietnam, 1963 gestürzt und ermordet.

Ng'uni, große Stammesgruppe der Bantu in SO-Afrika.

Nguyen Cao Ky, südvietnames. General und Politiker, * 1930, wurde 1967 Vizepräs. der Rep. S-Vietnam.

Nguyen Van Thieu [-ti'ø], südvietnames. Politiker, * 1923, wurde 1967 Staatspräs. der Rep. S-Vietnam.

Ngwane, eigener Name (seit 1968) von →Swasiland.

nhd., Abk. für **n**eu**h**och**d**eutsch.

Ni, chem. Zeichen für Nickel.

Niag'ara [engl. nai'æɡərə] der, der Verbindungsfluß von Erie- und Ontariosee, an der Grenze zwischen Kanada und den Verein. Staaten, 40 km lang, bildet die Niagarafälle, die durch die Ziegeninsel getrennt werden: den **Amerikan. Fall** im O (300 m breit, 59,9 m hoch) und den **Kanad.** oder **Hufeisenfall** im W (900 m breit, 48,2 m hoch); Kraftwerke.

Niagara Falls [nai'æɡərə fɔ:lz], **1)** Stadt im Staat New York, USA, am O-Ufer der Niagarafälle, 84 800 Ew.; Univ.; elektrochem. u. a. Industrie. **2)** Stadt in der kanad. Prov. Ontario, gegenüber von 1), 60 900 Ew. Industrie.

Niamey [-m'ɛ], Hauptstadt der Rep. Niger, Afrika, am Niger, 86 000 Ew.

N'ibelungen Mz., die dämon. Besitzer eines großen Goldhorts (→Alberich), das sie an Siegfried verloren. Nach dessen Ermordung durch Hagen ging der Hort an die Burgundenkönige über, die nun selbst N. genannt wurden.

Nibelungenlied, mittelhochdt. Epos, behandelt im 1. Teil Siegfrieds Werbung um Kriemhild und seine Ermordung durch Hagen, im 2. Teil Kriemhilds Rache, die zum Untergang der Burgunden am Hof des Hunnenkönigs Etzel führt; erhielt seine verbindliche Gestalt um 1200 von einem österreich. Dichter am Passauer Bischofshof, der die alte Heldendichtung im Sinne der zeitgenöss. höfischen Poesie bearbeitete. In einigen Handschriften ist dem N. die →Klage angefügt. Neuere Behandlungen des Stoffes

u. a. von Geibel, Hebbel; Opern von R. Wagner.

Nic'änisches Glaubensbekenntnis, das beim Konzil von Nikaia 325 beschlossene Glaubensbekenntnis, das die Wesenseinheit (Homousie) des Sohnes mit dem Vater lehrt. Es wurde durch eine in Konstantinopel 381 beschlossene, in Chalchedon 451 bestätigte, erweiterte Fassung **(Nicänisch-konstantinopolitanisches Glaubensbekenntnis)** verdrängt.

Nicar'agua, Republik in Zentralamerika, 148 000 km² mit 1,984 Mill. Ew. Hauptstadt ist Managua, Amtssprache Spanisch. Religion: überwiegend kath. Christen. ⊕ XII/XIII, Bd. 1, nach S. 320. Nach der Verf. von 1950 ist Staatsoberhaupt und Regierungschef der Präsident. ∪ S. 1179. □ Bd. 1, S. 392. Währung: 1 Córdoba (C$) = 100 Centavos.

N. erstreckt sich zwischen Honduras und Costa Rica vom Karib. Meer bis zum Stillen Ozean; größtenteils Bergland (bis 1990 m), im S die Nicaraguasenke (tiefste Einsenkung der gesamten Kordilleren, mit N.- und Managuasee), im W eine Reihe teilweise noch tätiger Vulkane, im O ausgedehntes, kaum erschlossenes Tiefland; hier ist das Klima feucht-heiß, im Bergland gemäßigt.

Bevölkerung: etwa 70% Mestizen, 10% Weiße, 9% Neger, 5% Indianer. Trotz allgem. Schulpflicht (7 Jahre) noch 60% Analphabeten. Eine staatl. und eine kath. Universität.

Wirtschaft. Wichtigster Zweig ist die Landwirtschaft mit Anbau bes. von Kaffee, Baumwolle, ferner Bananen, Zuckerrohr, Mais, Reis, Maniok sowie bedeutender Viehzucht (1,8 Mill. Rinder). Die großen Wälder (rd. 46% der Fläche) liefern wertvolle Hölzer (Mahagoni, Zeder u. a.). Industrie (Nahrungsmittel, Textilien) ist im Aufbau. Ausfuhr: Baumwolle, Kaffee, Fleisch, Zucker. Haupthandelspartner: USA, Japan, Bundesrep. Dtl. - Verkehr: Eisenbahnen: 403 km, Straßen: 6934 km, Haupthäfen: Corinto (Pazifik), Puerto Cabezas (Karib. Küste); internat. Flughafen: Managua.

Geschichte. Von Kolumbus 1502 entdeckt, wurde N. 1522 für Spanien erobert und gehörte dann zum Generalkapitanat Guatemala. 1821-39 Teil der Verein. Provinzen von Zentralamerika, dann selbständige Republik. 1910-25 war es von nordamerikan. Truppen besetzt.

Niccod'emi, Dario, italien. Dramatiker, * 1874, † 1934; Schauspiele (,Scampolo').

Nicholson [n'ikəlsn], Ben, engl. Zeichner, Maler, Bildhauer, * 1894.

Nichtangriffspakt, ein Vertrag, durch den sich Staaten verpflichten, keine Gewalt gegeneinander anzuwenden und Streitigkeiten durch Verhandlungen zu regeln.

N'ichte die, Tochter des Bruders oder der Schwester.

n'ichteheliche Kinder, uneheliche Kinder, außereheliche Kinder, Kinder, die keinen ehel. Vater haben; sie haben nur gegenüber der Mutter und deren Verwandten die rechtl. Stellung eines ehel. Kindes, führen den Familiennamen der Mutter und teilen ihren Wohnsitz. Durch Gesetz von 1969 steht der Mutter die elterl. Gewalt zu. Sie ist sein gesetzl. Vertreter, das Jugendamt nur noch Pfleger des n. K.

Als Erzeuger (Vater) des Kindes gilt, wer der Mutter in der Empfängniszeit beigewohnt hat, es sei denn, es bestehen nach Würdigung aller Umstände schwerwiegende Zweifel an der Vaterschaft (§ 1600 o Abs. 2 BGB.). Das n. K. hat dem Vater gegenüber bis zur Vollendung des 18. Lebensjahres einen Anspruch auf Gewährung von Unterhalt; es hat im Erbrecht grundsätzlich die gleiche Stellung wie ein ehel. Kind.

Nichteisenmetalle, NE-Metalle, die technisch genutzten Metalle und Legierungen außer Eisen und Stahl.

nichteuklidische Geometrie, die Geometrie, in der es zu jeder Geraden durch einen

New York: Manhattan

Punkt außerhalb von ihr nicht wie in der gewöhnl. euklid. Geometrie genau eine Parallele gibt, sondern in der entweder keine (**elliptische Geometrie**) oder mehrere (unendlich viele = **hyperbolische Geometrie**) Parallelen zugelassen sind.

Nichtigkeit, die absolute Unwirksamkeit eines Rechtsgeschäftes, eines Urteils oder Verwaltungsaktes; sie tritt z. B. ein bei Verstoß gegen gesetzl. Verbote (§ 134 BGB.) oder die guten Sitten (§ 138 BGB.).

Nichtigkeitsbeschwerde, ♋ schweizer. für →Nichtigkeitsklage.

Nichtigkeitsklage, ♋ 1) die Klage auf Nichtigkeitserklärung einer Ehe. 2) die Klage auf Wiederaufnahme eines rechtskräftig beendeten Rechtsstreits wegen bestimmter formaler Verstöße. 3) die Klage auf Feststellung der Nichtigkeit eines Hauptversammlungsbeschlusses einer AG. oder eines GmbH.-Gesellschaftsvertrages.

Nichtleiter, ⚡ der →Isolator.

Nichtmetalle, die chem. Elemente, die den Strom nicht leiten: Halogene, Stickstoff, Phosphor, Schwefel u. a.

Nickel, chem. Zeichen **Ni,** chem. Element, Metall; Ordnungszahl 28, Atomgewicht 58,71; spezif. Gewicht 8,9, Schmelzpunkt 1453° C, Siedepunkt 3177° C. N. läßt sich schmieden, walzen, ziehen, polieren, oxydiert an der Luft nur langsam. Es findet sich gediegen in Eisenmeteoriten und wird aus zahlreichen Erzen durch verschiedene Schmelz- und Anreicherungsverfahren gewonnen. N. dient zur Herstellung hitzebeständiger und nichtrostender Stähle, zum Vernickeln, als Katalysator und für Legierungen.

Nickel'in *das,* eine Kupfer-Nickel-Zink-Legierung, Widerstandsmaterial.

Nickfänger, Messer zum Abnicken (Töten), Aufbrechen (Öffnen) u. a. des Wildes.

Nickhaut, das dritte Augenlid der Wirbeltiere, das in kurzen Abständen den Augapfel abputzt; bei Affen und dem Menschen zu einer halbmondförmigen Falte im inneren Augenwinkel rückgebildet.

Nicolai, 1) Friedrich, Schriftsteller und Verlagsbuchhändler, * 1733, † 1811, leitete die Nicolaische Buchhandlung in Berlin, Freund Lessings und Moses Mendelssohns; sein Lebenswerk ist die krit. Zeitschrift ,Allgemeine Dt. Bibliothek' (1765-1805); Vertreter der Aufklärung. **2)** Otto, Komponist, * 1810, † 1849; Oper ,Die lustigen Weiber von Windsor' (1849).

Nicolieren, Obstbau: ein Zwischenveredelungsverfahren, überbrückt die Unverträglichkeit zwischen Veredlungspartnern.

Nicolle [nik'ɔl], Charles, franzöş. Bakteriologe, * 1866, † 1936, wies die Übertragung des Flecktyphus durch Läuse nach; 1928 Nobelpreis für Medizin.

Nicolsches Prisma, ein opt. Polarisator aus einem zerschnittenen und mit Kanadabalsam wieder gekitteten Kalkspatkristall.

Nicoti'ana, ⊕ die Gattung Tabak.

Nicot'in [nach J. Nicot, 1513-1600, der den Tabak in Frankreich einführte] *das,* $C_{10}H_{14}N_2$, Pyridyl-N-Methylpyrrolidin, das Hauptalkaloid der Tabakpflanze, ein starkes Gift, das heute synthetisch herstellbar ist. N. erregt zunächst und lähmt dann die Ganglien des vegetativen Nervensystems und des Kreislauf- und Atemzentrums. ,Roh-N.' ist Schädlingsbekämpfungsmittel. (→Tabak)

Nicotinsäure, β-**Pyridincarbonsäure,** Abbauprodukt des Nicotins. **N.-Amid** ist ein Bestandteil der B-Vitamin-Gruppe und Wirkgruppe von dehydrierenden Enzymen.

Nidau, Bezirksstadt im Kanton Bern, Schweiz, am Ausfluß der Zihl aus dem Bieler See, 7800 Ew.; Uhren- und Edelsteinindustrie.

Nidda, 1) rechter Nebenfluß des Mains, mündet bei Frankfurt-Höchst, 98 km lang. **2)** Stadt in Hessen, an der N., 4800 Ew.;

Papier-, Holzind. Turm (1491) der 1187 gegr. Komturei, Schloß (um 1600).

N'idwalden, Halbkanton der Schweiz, →Unterwalden.

Niebelschütz, Wolf von, Schriftsteller, * 1913, † 1960; Romane.

Niebergall, Ernst Elias, Schriftsteller, * Darmstadt 1815, † 1843; Lokalposse und Charakterkomödie ,Der Datterich' (1841).

Niebuhr, 1) Barthold Georg, Historiker, Staatsmann, * 1776, † 1831, 1816-23 preuß. Gesandter beim Vatikan; ,Römische Geschichte' (1811-32). **2)** Reinhold, amerikan. evang. Theologe, * 1892, † 1871; Prof. in New York.

Niederbayern, Regierungsbezirk in Bayern, 10 760 km², 1,0 Mill. Ew.; Hauptstadt: Landshut. N. (bisher 4 kreisfreie Städte, 22 Landkreise) wird nach dem Ges. vom 27. 12. 1971 neugegliedert in die kreisfreien Städte Landshut, Passau, Straubing und die Landkreise Deggendorf, Freyung, Kelheim, Landshut, Passau, Regen, Rottal, Straubing-Bogen, Untere Isar.

Niederbronner Schwestern, Schwestern vom allerheiligsten Heiland, Klostergenossenschaft für Krankenpflege und Unterricht, gestiftet 1849, seit 1880 in Oberbronn (Elsaß).

niederdeutsche Literatur, 1) die **altsächsische Literatur** von etwa 800-1000. Hauptdenkmäler sind der ,Heliand' (um 830) und die Bruchstücke der Genesis. 2) die **mittelniederdeutsche Literatur** (1200-1650). Am Anfang stehen der Sachsenspiegel des Eike von Repgau und die Sächsische Weltchronik. Der ,Reinke Vos' (Lübeck 1498) hat dem Stoff die weiteste Verbreitung verschafft. Ausgeprägt war der Sinn für das Schauspiel. Seit dem 16. Jahrh. wurde die niederdt. Sprache durch die hochdt. verdrängt. 3) die **neuniederdeutsche (plattdt.) Literatur** begann mit K. Groths ,Quickborn' (1852), F. Reuters Romanen, der Lyrik und den Erzählungen J. Brinckmans. Der Holsteiner Joh. Hinrich Fehrs begründete den niederdt. Dorfroman. Neuere Epiker und Lyriker: Herm. Claudius, R. Garbe, Gorch Fock, R. Kinau, M. Jahn, A. Mähl, F. Lau, K. Wagenfeld u. a. Dramatiker: F. Stavenhagen, H. Boßdorf, K. Bunje, H. Ehrke, H. Heitmann, A. Hinrichs, L. Hinrichsen, P. Schurek.

niederdeutsche Sprache, seit der althochdeutschen →Lautverschiebung eine Hauptgruppe der dt. Mundarten, mit Niederfränkisch (in der ehemal. nördl. Rheinprovinz), Niedersächsisch (Schleswigisch, Holsteinisch, Nordniedersächsisch, Westfälisch, Ostfälisch, Mecklenburgisch-Vorpommersch, Märkisch, Ostfriesisch), Ostniederdeutsch (Ostpommersch, Niederpreußisch).

Niederdruckkraftwerk, ein →Wasserkraftwerk.

Niederdruckpreßverfahren, Verfahren zur Herstellung von Formkörpern aus Kunststoffmassen.

Niederfinow [-oː], Gem. im Bez. Frankfurt (Oder), am Finow-Kanal, 1200 Ew.; nördlich von N. im Berlin-Stettiner Großschifffahrtsweg das **Schiffshebewerk N.**

Niederfrequenz, NF, Frequenzen bis 300 Hz, auch die hörbaren Frequenzen (**Tonfrequenzen**) von 16 Hz bis 20 000 Hz.

Niederkalifornien, span. **Baja California,** langgestreckte (1300 km) Halbinsel an der Westküste Nordamerikas, zu Mexiko gehörig, umfaßt im N den Staat Baja California (Hauptstadt: Mexicali) und im S das gleichnamige Territorium (Hauptstadt: La Paz) mit insgesamt 143 790 km², 998 400 Ew. Meist wüsten- und steppenhaft mit künstl. Bewässerung, Baumwollanbau, Acker- und Gartenbau. Erdöl, Kupfer-, Gold-, Silbererze; bedeutender Fremdenverkehr.

Niederkassel, Gem. südöstl. von Köln, Nordrh.-Westf., 19 500 Ew.

Niederlande, ungenau **Holland,** amtl. **Koninkrijk der Nederlanden,** konstitutionelle Monarchie (Königreich) im nordwestl. Mitteleuropa, 36 621 km² (einschl. der Binnengewässer), 12,96 Mill. Ew. Hauptstadt: Amsterdam, Regierungssitz: Den Haag. Staatsoberhaupt: Königin Juliana. Amtssprache: Niederländisch. ⊕ X/XI, Bd. 1, nach S. 320. Währung: 1 holländ. Gulden (Florin) = 100 Cents. Autonome Teile des Königreichs der N. sind →Niederländische Antillen und →Guayana 2).

Staat. Die Verfassung ist von 1815, zuletzt geändert 1963. Die Krone ist Trägerin der Exekutive. Die gesetzgebende Gewalt übt sie mit dem Parlament aus (Generalstaaten, 2 Kammern). Das Recht wird seit 1811 durch franzöş. Gesetzgebung und Gerichtsbarkeit bestimmt. Allgemeine Wehrpflicht. ⬯ S. 1179. ⬜ Bd. 1, S. 392.

Landesnatur. Die N. bestehen überwiegend aus Tiefland. Über ¹⁄₃ des Staatsgebietes liegt unter dem Meeresspiegel (Schutz durch Deiche). Nur im äußersten SO ist das Land hügelig (Ausläufer der Ardennen). Die Zuidersee wurde 1932 durch einen Damm abgeschlossen (Ijsselmeer) und seitdem großenteils trockengelegt. Hauptflüsse sind der Rhein mit seinen Mündungsarmen und die Maas (→Deltawerk). Das Klima ist gemäßigt maritim. W-Winde herrschen vor. Die Niederschläge verteilen sich ziemlich gleichmäßig.

Bevölkerung. Staatsvolk sind die Niederländer, östl. des Ijsselmeers wohnen Friesen. Eine neue Minderheit bilden die seit 1949 eingewanderten Indonesier und

Niederlande: Kanal bei Delft

Links Meister von Flémalle: Der gute Schächer (Frankfurt, Städelsches Kunstinstitut); Mitte A. van Dyck: Der hl. Martin (Stuttgart, Staatsgal.); rechts J. Vermeer: Brieflesendes Mädchen (Amsterdam, Rijksmus.). - Weitere Bilder bei den Artikeln einzelner Künstler

Mischlinge. Die Bevölkerungsdichte ist sehr hoch, bes. im Ballungsraum zwischen Rotterdam, Den Haag, Amsterdam, Utrecht (,Randstadt Holland' genannt, mit über 2500 Ew. je km²). Religion: 38% gehören zur Kath. Kirche, 30,7% zur niederl.-ref. Kirche 9,3% zur Reformierten Kirche, 3,6% zu sonst. Glaubensgemeinschaften, 18,4% sind konfessionslos. Bildung: Allgem. Schulpflicht, 4 staatl. Universitäten in Leiden, Groningen, Utrecht, Amsterdam, 2 konfessionelle Univ., 3 Techn. sowie 3 andere Hochschulen.

Größe und Bevölkerung (Anfang 1970)

Provinz	km²	Ew. in 1000
Groningen	2 419	517,3
Friesland	3 792	521,8
Drente	2 685	366,6
Overijssel	3 931	920,9
Gelderland	5 131	1 505,8
Utrecht	1 395	801,3
Nordholland	2 911	2 244,5
Südholland	3 263	2 968,7
Seeland	2 701	305,7
Nordbrabant	5 105	1 787,8
Limburg	2 208	998,6
Südl. Ijsselmeerpolder[1]	1 081	14,9
Zentralregister[2]	—	3,9
Niederlande[3]	**36 621**	**12 957,6**

[1] Bisher keiner Provinz zugeordnet.
[2] Ohne festen Wohnsitz. [3] Differenzen aus Abrundungen.

Wirtschaft. Hoch entwickelt sind Viehzucht, Milchwirtschaft, Gemüse- und Blumenzucht (Gewächshaus- und Blumenzwiebelkulturen bes. in Holland), Anbau von Getreide und Kartoffeln; bedeutende Seefischerei. Bodenschätze: Steinkohle in Süd-Limburg, Erdöl an der Grenze gegen Dtl. (1970: 1,93 Mill. t), Erdgas bei Groningen (1970: 30,66 Mrd. m³), Steinsalz bei Winterswijk. Die Industrie hat nach dem 2. Weltkrieg einen starken Aufschwung genommen, bes. die Metall-, Maschinen-, chem., petrochem., Nahrungsmittelindustrie, ferner Eisenindustrie, Zinnhütten, Schiffbau, elektrotechn., Textil-, Genußmittelindustrie. Bedeutend sind Handel und Schiffahrt. Hauptausfuhrgüter: Garten- und landwirtschaftl. Produkte, chem. und elektrotechn. Erzeugnisse. Haupteinfuhrgüter: Erze, Kohle, Erdöl, Woll- und Baumwollgarne, Personenkraftwagen, Papiermasse. Haupthandelspartner: Bundesrep. Dtl., Belgien, Luxemburg, Großbritannien, Verein. Staaten. Eisenbahn: rd. 3150 km, Straßennetz: rd. 96 000 km, Binnenwasserstraßen: rd. 5350 km. Der modernste Kanal ist der →Amsterdam-Rhein-Kanal. Die Binnenschiffahrtsflotte umfaßt rd. 6,7 Mill. t, die Handelsflotte 5,2 Mill. BRT. Bedeutendste Häfen sind Rotterdam (Europoort), Amsterdam. Hauptflughafen: Amsterdam-Schiphol. Zunehmende Bedeutung gewinnt das Rohrleitungsnetz für Erdöl und Erdgas (1969 fast 10 000 km).

Geschichte. Ursprünglich waren die heutigen N. von german. Batavern und Friesen, seit der Völkerwanderungszeit zu einem großen Teil von Franken, im O von Sachsen besiedelt. Im 8. Jahrh. kamen sie an das Fränk., 870 und 879 an das Ostfränk. (Deutsche) Reich. Seit dem 12. Jahrh. bestanden viele Territorien. 1384 kamen die meisten an Burgund, 1477 an Habsburg. Die südlichen N. (Gent, Brügge, Antwerpen) waren etwa 1350-1550 das reichste Land Europas und erreichten eine kulturelle Hochblüte. 1556 kamen die N. an den spanischen Habsburger. 1566 begann der Aufstand gegen den Versuch Philipps II. von Spanien, die Reformation und die ständischen Verfassungen zu unterdrükken: 1568 Hinrichtung der Grafen Egmont und Hoorn durch Alba. 80 Jahre dauerte der Freiheitskampf, unterbrochen 1609-21. An der Spitze standen Wilhelm von Nassau-Oranien, dann seine Söhne Moritz und Friedrich Heinrich. 1579 bildeten die nördl. Provinzen die Utrechter Union. Sie sagten sich 1581 von Spanien los und gründeten 1588 die Republik der Verein. N. Die südl. N. blieben durch die Bemühungen Alexander Farneses katholisch und spanisch. 1648 erlangten die nördl. N. die Unabhängigkeit. Das 17. Jahrh. brachte eine kulturelle und wirtschaftliche Blüte (größte See- und Handelsmacht Europas). Die N. bauten ein riesiges Kolonialreich in Asien, Afrika und Amerika auf (1602 Gründung der Niederländisch-Ostind. Kompanie). Innenpolitisch bestanden im 17. und 18. Jahrh. starke Gegensätze, was zeitweilig (1650-72 und 1702-47) zur Abschaffung des Amtes der Statthalters im Hause Oranien führte. 1674-1702 war Wilhelm III. Statthalter, seit 1689 auch König von England. Schon vorher waren die N., beginnend mit dem Verlust Neuniederlands (New York) 1664, durch England überflügelt worden. Die südl. N. verloren zwischen 1659 und 1679 den Artois, Cambrai, Teile des Hennegaus und Westflanderns (Lille, Dünkirchen) an Frankreich und kamen 1714 an Österreich. 1794/95 wurden sie französisch, die nördl. N. als ,Batavische Rep.' ein französ. Vasallenstaat, 1806 unter Napoleons Bruder Ludwig Königreich, 1810 auch französisch. Gleichzeitig gingen Kapland und Ceylon an England verloren. 1815 wurde aus den nördl. und südl. N. ein ,Verein. Königreich der N.' unter Wilhelm I. von Nassau-Oranien gebildet. 1830 löste sich →Belgien los. Mit dem Tod Wilhelms III. (1890) endete auch die Personalunion zwischen den N. und Luxemburg. 1890-1948 regierte dessen Tochter Wilhelmine. Im 1. Weltkrieg blieben die Niederlande neutral; im 2. waren sie 1940-44 von dt. Truppen besetzt, König und Regierung gingen nach London. Nach dem 2. Weltkrieg erholten sich die N. wirtschaftlich - vor allem dank des Marshall-Plans - verhältnismäßig rasch. Zusammen mit Belgien und Luxemburg suchten sie nach dem Kriege eine Zoll- und Wirtschaftsunion zu verwirklichen (→Benelux). Die N. gaben nach 1945 ihre Neutralitätspolitik auf und schlossen sich 1948 dem Brüsseler Pakt (→Westeuropäische Union) und 1949 dem Nordatlantikpakt an. Sie unterstützten die europ. Einigungsbestrebungen und wurden 1949 Mitgl. der Beratenden Versammlung des Europarates, 1952 Mitgl. der Montanunion (EKGS) und 1957 der EWG und Euratom. 1945-49 versuchten die N. vergeblich, Niederländisch-Indien wiederzugewinnen, das unter dem Namen →Indonesien in die Unabhängigkeit entlassen mußten.

Niederländische Antillen, die vor der Küste Venezuelas gelegenen Inseln Curaçao, Aruba, Bonaire, St. Martin, Sint Eustatius, Saba und der Südteil von St. Martin, 1011 km², 213 200 Ew.; Hauptstadt: Willemstad. Die N. A. bilden einen Teil der Niederlande unter einem Gouverneur als Vertreter der Königin, aber mit autonomer innerer Verwaltung (Parlament und Regierungsrat).

niederländische Kunst. Die n. K. umfaßt die Kunst im Gebiet der heutigen Niederlande (**holländische** Kunst) und der ehemals spanisch-österreich. Niederlande (**flämische** Kunst) bis zur Unabhängigkeitserklärung von 1830 (→belgische Kunst). Ihre höchsten Leistungen sind vor allem Werke der Malerei, deren Blütezeiten das 15. Jahrh. (**altniederländische** Malerei) und das 17. Jahrh. waren.

Romanik. St. Gertrud in Nivelles, um 1000 begonnen; St. Servatius in Maastricht; Kathedrale von Tournai, seit dem 12. Jahrh. (Fünfturmgruppe des Querschiffs). - Hochentwickelt im Maastal: Metallguß (Taufbecken, um 1115, in St. Barthelemy zu Lüttich); Goldschmiede- und Schmelzkunst (Hauptmeister: Nikolaus v. Verdun). - Steinbildwerke (Madonna, um 1170, Lüttich, Curtius-Museum). - Buchmalereien.

Gotik. St. Michael (früher St. Gudula) in Brüssel (seit etwa 1220; Doppelturmfassade: 14./15. Jahrh.), Kathedrale von Antwerpen (seit 1352); schlichte Formen bes. in

1 R. v. Huy: Taufbecken, um 1115 (Lüttich, St. Barthélemy). 2 Kathedrale von Tournai, 12./13. Jahrh. 3 C. Sluter: Moses (links) vom Mosesbrunnen in der Kartause bei Dijon, 1395-1406. 4 Rathaus in Oudenaarde, 1525 ff. 5 A. Quellinus d. J.: Gottvater vom Lettner der Kathedrale in Brügge, 1682

Holland: St. Peter in Leiden (seit 1339). Profanbauten: Rathäuser (Brügge, Löwen, Brüssel, Oudenaarde), Tuchhallen (Ypern), Belfriede. - Wenig got. Plastik erhalten; größter Bildhauer um 1400: Claus Sluter, am burgund. Hof in Dijon (Mosesbrunnen und Kirchenportalfiguren in der Kartause); Antwerpener Schnitzaltäre der Spätgotik (z. T. für Export, auch nach Dtl.).

15. Jahrhundert. Blütezeit der **altniederländischen Malerei,** vorbereitet durch niederländisch-burgund. Miniaturen (Brüder Limburg u. a.). Hauptwerk der Frühzeit: Genter Altar der Brüder van Eyck (1432 vollendet). Die Malerei im Süden begründet vom Meister von Flémalle, fortgebildet von R. van der Weyden. Von der altholländ. Malerei wenige Werke dem Bildersturm entgangen (Ouwater). In Löwen tätig der Holländer Bouts. Hauptmeister der 2. Hälfte des 15. Jahrh.: H. van der Goes (Portinari-Altar, um 1475; Florenz); Memling und David in Brügge; eigenwilligster Maler am Ende der Epoche: H. Bosch.

16. Jahrhundert. In der Baukunst Übernahme italien. Renaissanceformen: Antwerpener Rathaus (1561-65) von C. Floris, einflußreich auch als Bildhauer **(Floris-Stil).** Niederländ. Meister der manierist. Plastik: G. da Bologna in Italien, H. Gerhard und A. de Vries in Deutschland. - In der Malerei äußerste Verfeinerung: Q. Massys. **Romanisten** in Abhängigkeit von Italien: J. Gossaert, B. van Orley, L. van Leyden (bedeutend bes. als Kupferstecher), J. van Scorel u. a. Größter niederländ. Maler der Zeit: P. Bruegel d. Ä.

17. Jahrhundert. Baukunst: im fläm. Süden reiche, üppige Formen des Barocks (Jesuitenkirche in Antwerpen, 1614-21), im holländ. Norden ein an Palladio anknüpfender klassizist. Stil (,Haus im Busch' in Den Haag, seit 1645 von P. Post; Amsterdamer Rathaus, jetzt Königl. Palast, seit 1648 von J. van Kampen). - Plastik: Bildhauer meist südniederländ. Ursprungs, so F. Duquesnoy, tätig in Rom, A. Quellinus d. Ä., J. L. Faydherbe; prunkvolle Kanzeln mit barock-naturalist. Bildwerken. - Im kath. Süden: Blüte der in Rubens gipfelnden **flämischen Malerei;** dessen Schüler: van Dyck; ferner Jordaens, Brouwer, Teniers u. a. Im protestant. Norden: Rembrandt, der größte Meister der **holländischen Malerei;** im Gegensatz zum Reichtum seines des. auch bibl. Stoffe umfassenden Schaffens die anderen holländ. Maler, die höchste Meisterschaft in einzelnen Bildgattungen entwickelten, in Bildnissen und Gruppenbildern: F. Hals, Th. de Keyser, B. van der Helst, Innenraumbildern: J. Vermeer und P. de Hooch, Genrebildern: G. Terborch, A. van Ostade, J. Steen, Landschaften: H. Seghers, J. van Goyen, S. und J. Ruisdael, A. van der Neer, A. van de Velde, Tierbildern: P. Potter, A. Cuyp, M. d'Hondecoeter, Stilleben: P. Claesz, j. de Heem, W. Kalf, Seestücken: J. Porcellis, j. van de Capelle, W. van de Velde d. J., Architekturbildern: P. Saenredam, G. Houckgeest, E. de Witte.

Im 18. Jahrh. gab es keine Leistungen von europ. Bedeutung, im 19. Jahrh. vor allem Maler: J. Israëls, die Brüder Maris, Mauve, der größte: van Gogh, der nach Frankreich

ging. Im 20. Jahrh.: die stereometr. Plastiken von G. Vantongerloo, die Künstlergruppe ,Stijl' (abstrakt konstruierte Bilder von Mondrian, Doesburg u. a.), deren Einfluß sich auf die Architektur auswirkte. Im Gegensatz hierzu steht die antikonstruktivist. Gruppe →Cobra. In jüngster Zeit: K. Appel, Constant, Rooskens, Corneille, J. Wagemaker, Lucebert.

niederländische Literatur. Die Überlieferung beginnt gegen Ende des 12. Jahrh. mit Heinrich von Veldekes ,Servatiuslegende' und seinen Minneliedern in altlimburg. Mundart. Früher Höhepunkt der Lyrik in den mystischen Gedichten der Brabanterin Hadewijch (Mitte des 13. Jahrh.). Lehrhafte bürgerl. Dichtung von dem ,Vater der n. L.' Jacob van Maerlant (1235 bis 1300). Prosawerke der Mystiker: Schwester Hadewijch, Ruusbroec (1293 bis 1381), Gerhard Grote. Tierdichtung ,Van den Vos Reinaerde' (wohl vor 1250). Rederijkerdichtung. - Seit der Reformation und den Freiheitskriegen Spaltung in n. L. und →flämische Literatur. Das 17. Jahrh. wird das ,Goldene Jahrhundert' der n. L.: Lyriker, Lustspieldichter und Historiker P. C. Hooft, Lustspieldichter G. A. Bredero, größter niederländ. Dramatiker Joost van den Vondel, moralisierender Dichter Jacob Cats. Nach französ. Einfluß im 18. Jahrh. 1837 Gründung der national-romant. Zeitschrift ,De Gids' durch E. J. Potgieter. Roman gegen die Kolonisation auf Java ,Max Havelaar' (1860) von Multatuli. Histor. Romane von J. van Lennep (†1868), Frau Bosboom-Toussaint (†1886), J. F. Oltmans (†1854). Aufblühen des literar. Lebens in den 80er Jahren („Beweging van Tachtig'); Losung: persönlichste Wiedergabe der persönlichsten Gefühle; Hauptvertreter: J. F. H. Perk (†1881), W. J. T. Kloos (†1938), L. van Deyssel (†1952), J. van Eeden (†1932), A. Verwey (†1937), J. van Looy (†1930), H. Gorter (†1927). Schilderer der konventionellen holländ. Gesellschaft L. Couperus (1863 bis 1923). Naturalistische Romane von Scharten-Antink, Top Naeff, Ina Boudier-Bakker. Dramatiker H. Heijermans. - Im 20. Jahrh. Lyrik von Henriette Roland Holst-van der Schalk, A. Roland Holst, M. Nijhoff, H. Marsman, E. Hoornik u. a.; neuromatische Romane von A. van Schendel (†1946); Heimaterzählungen von H. de Man, A. Helman, A. Coolen, Th. de Vries; individualistisch-psycholog. Romane von S. Vestdijk, J. J. Slauerhoff; surrealist. Einfluß: E. Hoornik (†1970), G. Achterberg (†1962). Experimentelle Lyrik: Lucebert (*1924). Romane: Hella Haasse (*1918), A. van der Veen (*1916), G. K. van het Reve (*1923) u. a.

niederländische Musik. Die 1. niederländ. Schule (um 1420-70) mit Binchois und Dufay pflegte eine kontrapunktische, von Instrumenten begleitete Gesangsmusik (Messen mit weltl. Liedern; die 2. (um 1470-1500) mit Ockeghem und dem Holländer Obrecht entwickelte die reine mehrstimmige Gesangsmusik (a cappella) in durchimitierendem Stil (→Nachahmung) und bildete Fuge und Kanon stärker aus; in der 3. (um 1480-1530) mit Josquin des Prez, gelangte das Streben nach künstlerischer Freiheit des Ausdrucks zum Durchbruch; in der 4. faßt man die späteren Meister um Willaert (†1562) und Orlando di Lasso (†1594) zusammen. Um 1600 war der Holländer Sweelinck Meister der Orgelfuge. Eine holländ. Nationalmusik erstrebten im 19. Jahrh. u. a. C. Dopper und J. Wagenaar. Die neue Musik vertreten Werke von W. Pijper (*1894) und H. Badings (*1907).

Niederländischer Katech'ismus, im 1966 im Auftrag der niederländ. Bischöfe ausgegebener neuer kath. Katechismus.

niederländische Sprache, die Schrift- und Hochsprache der Niederlande und der nördl. Hälfte Belgiens (2. amtl. Landessprache). Die niederländ. Hochsprache ist hauptsächlich aus dem Niederfränkischen, einer mundartl. Hauptgruppe des Niederdeutschen, entstanden. Tochtersprache der n. S. ist das →Afrikaans.

Niederländisch-Guyana, Suriname, →Guayana.

Niederländisch-Indien, die ehemals niederländ. Gebiete des Malaiischen Archipels (→Indonesien) und **Niederländisch-Neuguinea** (→Neuguinea).

Niederländisch-Westindien, bis 1937 die →Niederländischen Antillen.

Niederlassung, 1) der örtliche Mittelpunkt eines gewerbl. Unternehmens (auch: ‚gewerbl. Arbeitsstätte'). **2)** die Begründung eines Wohnsitzes. Im Völkerrecht ist die N. die Wohnsitzbegründung mit Erwerbsabsicht.

Niederlassungsfreiheit, →Freizügigkeit.

Niederösterreich, Bundesland Österreichs, 19 170 km², 1,412 Mill. Ew., Sitz der Landesregierung ist Wien, das jedoch ein eigenes Bundesland bildet. N. liegt beiderseits der Donau zwischen Ennsmündung im W und Marchmündung im O; es grenzt im N und NO an die Tschechoslowakei, im SO an das Burgenland, im S an die Steiermark, im W an Oberösterreich. Anteil an den Alpen im S und am Alpenvorland, am Wiener Becken, dem Marchfeld und dem österreich. Granit- und Gneisplateau im NW (Waldviertel). N. hat große Ackerflächen (bes. Getreide-, Hackfrucht-, Futterpflanzenanbau; um Wien und im S des Wiener Beckens Erdöl-, chem., Nahrungs- und Genußmittel-, Textil-, Eisen-, Metallwarenind.; in den Alpen Holzstoff- und Papierind., Sägewerke. Fremdenverkehr.

Geschichte. →Österreich.

Niederrhein, der Unterlauf des Rheins, etwa von Bonn an.

Niederrheinische Bucht, die Landschaft westl. des Berg. Landes u. nördl. der Eifel.

Niedersachsen, Land der Bundesrep. Dtl., 47 408 km² mit 7,082 Mill. (74,6% evang., 19,6% kath.) Ew. Hauptstadt: Hannover. ✦ X/XI, Bd. 1, nach S. 320.

Der N gehört dem nordwestdt. Flachland an, das überwiegend von Urstromtälern, Grund- und Endmoränen der Saale-Eiszeit bedeckt ist. Der Marschensaum an der Küste geht in das Wattenmeer mit den Ostfries. Inseln über. Im S hat N. Anteil an der mitteldt. Gebirgsschwelle (Harz, Solling, Ith, Hils, Sieben Berge, Deister, Hildesheimer Wald, Elm, Süntel). Hauptflüsse: Ems, Weser, Elbe, durch Kanäle untereinander verbunden. Wichtige Bodenschätze: Erdöl, Erdgas, Torf im Flachland, Eisenerz, Salz, Kali, Stein- und Braunkohlen im Bergland.

Bevölkerung. Vorherrschend sind die Niedersachsen (→Sachsen). In Oldenburg leben auch Friesen. Die Bevölkerungsdichte ist sehr unterschiedlich, am höchsten im industrialisierten Teil (Ballungsgebiet Hannover). - **Hochschulen:** N. hat Universität in Göttingen, 3 TU in Hannover, Braunschweig und Clausthal, Medizin. und Tierärztl. Hochschule und Hochschule für

Niedersachsen, Verwaltung 1970

RegBez.	km²	Ew. in 1000
Aurich	3 144	404,2
Braunschweig[1]	3 122	861,1
Hannover	6 567	1 537,3
Hildesheim	5 218	964,2
Lüneburg	10 983	1 066,3
Oldenburg[1]	5 447	845,0
Osnabrück	6 206	779,7
Stade	6 720	624,3
Niedersachsen[2]	**47 408**	**7 082,2**

[1] VerwBez. [2] Differenzen durch Abrundungen.

Musik und Theater in Hannover, Hochschule für Bildende Künste in Braunschweig, Pädagogische Hochschule N.

Wirtschaft. Mehr als 3/5 der Gesamtfläche werden landwirtschaftlich genutzt, fast 1/5 ist Wald. In der Braunschweig-Hildesheimer Lößbörde Anbau von Weizen und Zuckerrüben, auf den Geestplatten bes. Roggen, Hafer, Kartoffeln, Gemüse und Obst zwischen Hannover und Braunschweig, bei Papenburg, in den Vierlanden, im Alten Land und Land Kehdingen; in den Fluß- und Küstenmarschen bes. Grünlandwirtschaft mit Viehzucht. Bergbau und Industrie sind im südl. N. konzentriert (Eisenerzförderung und -verhüttung, Eisen- und Stahlverarbeitung, Abbau von Kalisalzen und Braunkohle; Fahrzeug-, Maschinenbau, Nahrungsmittel-, optotechn., Textil-, feinmechan.-opt. Industrie). Erdöl wird im Emsland und Allergebiet gewonnen. In den Küstenstädten Schiffbau und Fischverarbeitung. Fremdenverkehr in den Nordseebädern, der Lüneburger Heide und im Harz.

Geschichte. N. wurde 1946 aus der ehemals preuß. Prov. Hannover und den Ländern Braunschweig, Oldenburg und Schaumburg-Lippe gebildet. 1947 kamen Teile des Landes Bremen hinzu. MinPräs.: H. W. Kopf (SPD), 1955 H. Hellwege (DP), 1959 Kopf, 1961 G. Diederichs (SPD), seit 1970 A. Kubel (SPD).

Niederschlag, 1) Meteorologie: flüssige und feste Wasserteilchen, die aus der Atmosphäre zur Erdoberfläche fallen: Nieseln, Regen, Eisnadeln, Schnee, Schneegriesel, Eiskörner, Reif- und Frostgraupeln, Hagel. **2)** ⊘ der aus einer Lösung ausgeschiedene Stoff.

Niederschlagung, ⚖ ein staatlicher Akt, durch den Strafverfolgungen aufgehoben **(Abolition)** oder Steuern oder andere Ab-

gaben niedergeschlagen werden (z. B. wegen Uneinbringlichkeit).

Niederschlesien, preuß. Provinz 1919 bis 1934 und 1941-45. (→Schlesien, Geschichte).

Niederspannung, elektr. Spannungen unter 1000 V, gebräuchlich 380 und 500 V.

Niederstwert, Niederstwertprinzip, der für die steuerrechtl. Bewertung von Umlaufgütern maßgeblich niedrigste Wert; ergibt sich aus dem Vergleich der Anschaffungskosten mit dem Tageswert.

Niederung, tiefliegendes Land, meist in Tälern oder Becken, an Flüssen oder am Meer, häufig mit Alluvialböden.

Niederwald, SW-Ausläufer des Taunus, bei Rüdesheim, 350 m hoch, mit dem **Niederwalddenkmal** (1883, von J. Schilling).

Niederwald, Laubwald mit Schlagholzbetrieb. Die Verjüngung erfolgt überwiegend aus Stock- oder Wurzelausschlägen oder aus Aststummeln. (Bild Forstwirtschaft)

Niederwild, →Hochwild.

Niednagel, ⚕ der eingewachsene Nagel.

Niedrigwasser, 1) der niedrigste Wasserstand von Gewässern innerhalb des bestimmten Zeitraumes. **2)** bei Ebbe der Tiefstand der tägl. Gezeitenwellen.

Niehans, Paul, schweizer. Arzt, *1882, †1971, führte die Behandlung mit Aufschwemmungen lebender Zellen **(Frischzellen)** ein (Form der →Zellulartherapie).

Niekisch, Ernst, polit. Schriftsteller, *1889, †1967, Herausgeber der Zeitschrift ‚Der Widerstand' (1926-34), ein Hauptvertreter des Nationalbolschewismus, seit 1948 Prof. in Berlin (Ost).

Ni'ello [ital.] das, eine in Metall, meist Silber, eingeschnittene Zeichnung, die mit einem schwarzen Schmelz ausgefüllt ist; seit dem Altertum bekannt, im Orient verbreitet, im Mittelalter bes. auf Kirchengerät. (→Tula-Arbeiten)

Nielsen, Asta, dän. Schauspielerin, *1885, †1972, führte den Film zum ersten künstlerischen Höhepunkt.

Asta Nielsen   Friedrich Nietzsche

Niemcewicz [njɛmts'evitʃ], Julian Ursyn, poln. Schriftsteller, *1757 oder 1758, †Paris 1841; Dramen, geschichtl. Romane.

Niemeyer, Oscar, brasilian. Architekt, *1907, entwickelte, von Le Corbusier angeregt, eine stark plast. Architektur, war u. a. führend beim Bau der Hauptstadt Brasilia.

Niemöller, Martin, evang. Theologe, *1892, im 1. Weltkrieg U-Boot-Kommandant. Als Pfarrer in Berlin-Dahlem (seit 1931) gründete er den Pfarrernotbund (→Bekennende Kirche), 1937-45 inhaftiert; nach 1945 führend in der EKD, 1947-64 Kirchenpräs. der Evang. Kirche in Hessen und Nassau, 1961-68 war er einer der Präs. des Ökumen. Rates der Kirchen.

Nienburg (Weser), Stadt in Ndsachs., 22 700 Ew., Glas-, chem. u. a. Industrie.

Niepce [njɛps], Joseph Nicéphore, *1765, †1833, erfand ein Verfahren, mit lichtempfindl. Asphaltschichten Bilder festzuhalten; später Mitarbeiter Daguerres.

Niere, das paarige Organ der Harnabsonderung. Beim Menschen liegen die beiden bohnenförmigen, etwa 11 cm langen N. an der hinteren Körperwand, beiderseits der Wirbelsäule in der Höhe der 12. Rippe, eingehüllt in fettreiches Bindegewebe; sie bestehen aus der äußeren Rindenschicht, die die **N.-Körperchen** (Gefäßknäuel in einer

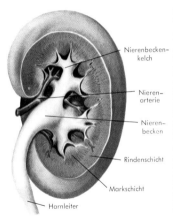

Geöffnete Niere; Nierenvenen und umhüllendes Fettgewebe sind entfernt (nach Benninghoff)

Labels on image: Nierenbeckenkelch, Nierenarterie, Nierenbecken, Rindenschicht, Markschicht, Harnleiter

Kapsel) enthält, und der inneren Markschicht mit den Harnkanälchen. Diese sammeln sich zu Ausflußröhrchen, aus denen der Harn in kelchartige Erweiterungen des **Nierenbeckens** und in den Harnleiter abfließt. **Nierenkrankheiten**, hierzu Übersicht.

Nierenbaum, ⊕ tropisch-südamerikan. Gatt. der Seifennußartigen.

Nießbrauch, ♫♪ das dingliche Recht, aus einem fremden Gegenstand (bewegl. Sache, Grundstück, Recht) sämtl. Nutzungen zu ziehen (§§ 1030 ff. BGB.). Der N. ist weder übertragbar noch vererblich, kann aber einem anderen zur Ausübung überlassen werden. Im österreich. Recht heißt der N. **Fruchtnießung** (§§ 509 ff. ABGB.), im schweizer. Recht **Nutznießung** (Art. 745 ff. ZGB.).

Nieswurz, Helleborus, Gatt. der Hahnenfußgewächse, mit fußförmig geteilten, ledrigen Grundblättern. N. enthält giftige Glucoside, die Herzschwäche bewirken; **Schwarze N.** (Christrose) mit weißen oder rötlichen, **Grüne N.** mit grünen Blüten.

Niet der, ⊙ ein Verbindungselement aus Metall für unlösbare Verbindungen. Der mit dem Setzkopf versehene Nietschaft wird mit dem Schellhammer oder Döpper oder mit der Nietmaschine zu einem zweiten Kopf (Schließkopf) geschlagen. Bei

Spreng-N. bildet ein Sprengsatz im Nietschaft den Schließkopf.

Niete [niederl.] *die*, nichtgewinnendes Los.

Nietzsche, Friedrich, Philosoph, * Rökken bei Lützen 15. 10. 1844, † Weimar 25. 8. 1900; 1869-79 Prof. der klass. Philologie in Basel, lebte dann in der Schweiz und in Italien, seit 1889 geisteskrank. Seine Jugendschriften, von Schopenhauer und der Musik R. Wagners beeinflußt, bringen eine neue Auffassung des Griechentums (,Geburt der Tragödie aus dem Geiste der Musik'). Nach dem Bruch mit Wagner suchte N. ein neues Wertsystem zu schaffen, wandte sich gegen Christentum und Demokratie und stellte der ,Sklavenmoral' die ,Herrenmoral', dem Jenseitsglauben die Bejahung der Erde und des Lebens entgegen. Das Bild des ,Übermenschen' wurde ihm zum Inbegriff der neuen Werte. Hauptwerke: ,Also sprach Zarathustra' (1883-85), ,Der Wille zur Macht' (unvollendet). N. war ein Meister der Sprache.

Nieuwe Maas [n'i:wə-], Hauptarm des Rheindeltas, Fortsetzung des Lek. Von der N. M. zweigt der **Nieuwe Waterweg** ab (Verbindung Rotterdams mit der Nordsee).

Nieuwe Rotterd'amse Courant [n'i:wə -se ku:r'ant], liberale niederländ. Tageszeitung, gegr. 1844.

Ni'evo, Ippolito, italien. Dichter, * 1831, † 1861; histor. Roman ,Pisana oder die Bekenntnisse eines Achtzigjährigen' (1857/ 1858).

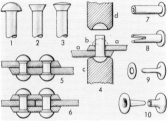

Niet. **1-3** *Genormte Nietformen:* **1** *Halbrundniet,* **2** *Senkniet,* **3** *Linsen-Senkniet.* **4** *Herstellung einer Nietverbindung: a zu verbindende Bleche, b N., c Gegenhalter, d Schellhammer (Nietdöpper).* **5-6** *Nietverbindungen:* **5** *Überlappungsnietung,* **6** *Laschennietung.* **7-10** *N. in Kartonagen- und Lederindustrie:* **7** *Hohlniet,* **8** *Zweispitzniet,* **9** *N. mit Vernietungsscheibe,* **10** *zweiteiliger N.*

Nièvre [njɛ:vr], Dép. in Mittel-Frankreich, 6888 km², 252 700 Ew. Hauptstadt: Nevers.

N'ife *das,* Abk. für die Materie des Erdkerns, die wohl im wesentlichen aus Nikkel **(Ni)** und Eisen **(Fe)** besteht.

N'iflheim [,Nebelwelt'], nordgerman. Mythologie: die Unterwelt.

N'iger *der,* drittgrößter Strom Afrikas, 4160 km lang; entspringt nahe der Grenze zwischen Guinea und Sierra Leone, durchfließt die Staaten Guinea, Mali (wo er ein großes Binnendelta bildet), Niger und Nigeria, wo er den Benuë aufnimmt, mündet in einem Delta in den Golf von Guinea. Staudämme dienen der Bewässerung (Sansanding in Mali), der Energiegewinnung und Verbesserung der Schiffahrt (Kainji in Nigeria).

N'iger, Republik in W-Afrika, 1,267 Mill. km² mit 4,016 Mill. Ew. Hauptstadt ist Niamey, Amtssprache Französisch. Religion: 85% Muslime. ⊕ II/III, Bd. 1, nach S. 320. Nach der Verf. von 1960 ist Staatsoberhaupt und Regierungschef der Präs. ♡ S. 1179. ☐ Bd. 1, S. 392. Währung: CFA-Franc.

N., ein fast ebenes Binnenland (200-250 m ü. M.) nördl. von Nigeria, reicht über das Aïr-Bergland (bis 1800 m) nach N bis weit in die Sahara, im SW vom Mittellauf des Niger, durchflossen, im SO Anteil am Tschadsee. ²/₃ N. sind Wüste und Halbwüste. 80% der Bevölkerung (Hausa, Djerma, Songhai) leben im S, 20% (Fulbe, Tuareg) sind Nomaden oder Halbnomaden. Keine Schulpflicht, nur 15% der Kinder besuchen Schulen.

Wirtschaft. In einem schmalen Gebiet im S werden Hirse, Reis, Hülsenfrüchte, Maniok angebaut, für die Ausfuhr Baumwolle und Erdnüsse. Im mittleren Teil N. gibt es Viehwirtschaft, im N nur Oasenkulturen. Die noch geringe Industrie verarbeitet bes. landwirtschaftl. Erzeugnisse. Der Bergbau fördert Zinn, seit 1966 (im Aïr) Uranerz für die Ausfuhr. Haupthandelspartner ist Frankreich. N. ist verkehrsmäßig noch kaum erschlossen; keine Eisenbahnen, rd. 7000 km Straßen; internat. Flughafen: Niamey.

Geschichte. Seit 1890 französ. Einflußgebiet, 1897-99 von Frankreich militärisch besetzt, wurde das Gebiet von N. 1910 ein eigenes Militär-Territorium innerhalb von Französisch-Westafrika. 1922 wurde eine zivile Kolonialverwaltung eingeführt. 1960 erhielt N. die volle Unabhängigkeit.

Nig'eria, Republik (Bundesstaat) im Brit. Commonwealth, in W-Afrika, am Golf von Guinea, 923 768 km² mit 66,174 Mill. Ew. Hauptstadt ist Lagos, Amtssprache Englisch. Religion: rd. 45% Muslime, 35% Christen. ⊕ II/III, Bd. 1, nach S. 320. Verf. (von 1963) seit 1966 aufgehoben, ein Oberster Militärrat ist Träger der Staatsgewalt. Das Land ist seit 1967 in 12 Bundesstaaten gegliedert. ♡ S. 1179. ☐ Bd. 1, S. 392. Währung: 1 Nigerian. Pfund (N£) = 20 Shillings = 240 Pence.

Hinter dem z. T. versumpften, lagunenreichen Küstengebiet beiderseits des Nigerdeltas liegt feucht-heißes Tiefland, dem nach N Hügelland, Ebenen mit Inselbergen und die Hochländer von Bauchi (bis 1700 m) und Adamaua (bis über 2000 m) folgen. Die jährl. Niederschlagsmenge nimmt von S (trop. Regenwald) nach N (Trockensavanne) ab. - N. ist der volkreichste Staat Afrikas. Hauptgruppen sind Hausa und Fulbe (N), Yoruba (SW), Ibo (SO). Schulunterricht ist kostenlos, aber noch keine Pflicht (im S besuchen 80%, im N 10% der Kinder Schulen); 5 Universitäten.

Wirtschaft. Anbau für den Eigenbedarf: Mais, Hirse, Reis, Maniok, Bananen. N. ist einer der Haupterzeuger von Kakao, Erdnüssen, Palmkernen und -öl. Viehwirtschaft (überwiegend nomadisch) in N und Forstwirtschaft (Edelhölzer) sind bedeutend. Bergbau: Zinn, Columbit, Steinkohle, seit 1958 rasch zunehmend Erdöl und Erdgas. Neben der Verarbeitung und

NIERE: Krankheiten und Krankheitszeichen

Nierenabszeß, Eiterhöhle im Nierengewebe. Anzeichen: Fieber, Schmerzen, Wassersucht. Behandlung: chirurgisch.

Nierenbeckenentzündung, Pyelitis, Entzündung der Nierenbeckenschleimhaut durch Bakterien. Anzeichen: Fieber; Schmerzen; Schleim, Eiter u. Blut im Harn. Behandlung: Chemotherapeutica, Antibiotica, Diät.

Nierenentartung, Nephrose, nichtentzündliche Schädigung der harnabsondernden Nierenteile. Bei **Lipoidnephrose** (infolge von Infektionen und Eiterungen) ist der Harn eiweißreich, das Blut enthält vermehrt Fette und fettähnliche Stoffe. Behandlung: kochsalz- und flüssigkeitsarme, jedoch eiweißreiche Kost, harntreibende Mittel.

Nierenentzündung, Nephritis, Entzündung des Nierengewebes, Schädigung auf allergisch-toxischer Grundlage. Anzeichen: steigender Blutdruck, spärl., blut- und eiweißhaltiger Harn, Wassersucht. Behandlung: Fasten, Bettruhe, salzfreie, eiweißarme Kost u. a.

Nierengeschwülste: Nephrom, bösartige

Geschwulst; **Nierenkrebs,** Krebsgeschwulst im Nierengewebe. Anzeichen: bluthaltiger Harn, Schmerzen. Behandlung: Operation.

Nierenkolik, starker Schmerzanfall bei Harnstauung durch eingeklemmte Nierensteine. Behandlung: Schmerzmittel, Ruhe.

Nierenschrumpfung, narbige Veränderung der Niere **(Schrumpfniere);** Harnbildung gestört. Anzeichen: Blässe, Bluthochdruck, Sehstörungen. Behandlung: kochsalz- und eiweißarme Diät, Kreislauf-, Herzmittel.

Nierensenkung, Teilerscheinung bei Eingeweidesenkung (Wanderniere).

Nierensteinkrankheit, Nephrolithiasis, Bildung von Niederschlägen aus Harnbestandteilen (Harnsteine), in Nieren oder Nierenbecken **(Nierensteine).** Anzeichen: Nierenkoliken. Behandlung: Diät, Trinkkuren; chirurg. Entfernen der Steine.

Nierentuberkulose, auf dem Blutweg übertragene Tuberkulose. Anzeichen: Harnbluten, Mattigkeit, Fieber, Schmerzen. Behandlung: Chemo- und Allgemeintherapie, Operation.

Ferner →Eiweißharnen, →Harnvergiftung, →Sackniere, →Wassersucht.

wirtschaftl. Erzeugnisse entstand auch moderne Großindustrie (Erdölraffinerie, Stahlwerk, Aluminiumerzeugung, Automontage). Ausfuhr: Kakao, Erdnüsse, Erdöl, Zinn u. a. Haupthandelspartner: Großbritannien, Bundesrep. Dtl., USA. Das Verkehrsnetz ist relativ gut ausgebaut. Eisenbahnen: 3504 km, Straßen: rd. 90 000 km (15 000 km asphaltiert); Bedeutung hat die Binnenschiffahrt (rd. 6400 km). Hauptseehäfen: Lagos, Port Harcourt; internat. Flughäfen: Lagos, Kano. **Geschichte.** Im Gebiet des heutigen N. bestanden in vorkolonialer Zeit im N die Stadtstaaten der Hausa (1804 im Reich Osman dan Fodios vereinigt), im NO das Reich Bornu. Die Yoruba im SW schlossen sich zu einem Reich zusammen (Höhepunkt um 1700). Seit 1497 von europ. Seefahrern angelaufen, wurde das Gebiet von N. bis 1807 zu einem Umschlagplatz des Sklavenhandels. In der 2. Hälfte des 19. Jahrh. von Großbritannien besetzt, wurde das Gebiet von N. bis 1914 zu einer Verwaltungseinheit zusammengefaßt. 1922 wurde ein Teil der ehem. dt. Kolonie Kamerun N. einverleibt. Nach Einführung einer Verfassung (1922) und verschiedenen Verf.-Reformen (bes. nach 1945) erhielt N. 1960 seine staatl. Unabhängigkeit. 1963 wurde es Republik. 1966/67 kam es zu schweren Spannungen zwischen der mehrheitlich von →Ibos bewohnten Ost-Region N.s und der Zentral-Reg. Der Versuch der Ost-Region, sich unter dem Namen Biafra als unabhängiger Staat zu behaupten, wurde in einem blutigen Bürgerkrieg (1967-70) niedergeschlagen.

Nightingale [n'aitiŋgeil], Florence, engl. Krankenpflegerin, * 1820, † 1910, verbesserte im Krimkrieg die Organisation der Krankenpflege.

Nihil'ismus [lat. nihil ‚nichts'], allgemein jedes Denken, das auf der Leugnung einer Erkenntnis-, Seins-, Wert- oder Gesellschaftsordnung gründet. Auf dem Gebiet der Gesellschaftslehre wird der N. als Anarchismus bezeichnet.

Niigata, Hafenstadt in Japan, an der Westküste Honschus, 370 000 Ew.; Mittelpunkt eines Erdölgebietes; petrochem. Ind.

Nij'inskij, Waclaw, russ. Tänzer und Choreograph, * 1890, † 1950.

Nik'aia, latein. **Nicaea**, antike Stadt in Phrygien (Kleinasien), heute Ruine. In N. fand 325 das erste (→nicänisches Glaubensbekenntnis), 787 das siebente Ökumenische Konzil statt.

Nikar'agua, →Nicaragua.

N'ike, griech. Göttin des Sieges.

N'ikias, athen. Staatsmann und Feldherr, schloß 421 v. Chr. mit Sparta den ‚N.-Frieden'; 413 von den Syrakusern hingerichtet.

N'ikisch, 1) Arthur, * 1855, † 1922, Dirigent des Leipziger Gewandhausorchesters.
2) Arthur Philipp, Jurist, * 1888, † 1968, Prof. in Dresden, Straßburg, Leipzig, Kiel; führender Arbeitsrechtler.

Nikko, japan. Tempelstadt auf Honschu, 32 000 Ew.; Nationalpark.

Nikob'aren, engl. **Nicobar Islands**, Inselgruppe im Golf von Bengalen, 1645 km², 14 500 Ew. Hauptort: Nankaurie. Die N. (19 Inseln, 12 bewohnt) haben trop. Temperaturen. Teil des ind. Territoriums Andamanen und N.

Nikod'emus, jüd. Schriftgelehrter, der Jesus besuchte (Joh. 3), ihn schützte (Joh. 7, 50 f.) und an seiner Bestattung teilnahm (Joh. 19, 39).

Nikol'ajew, Hafenstadt an der Bugmündung, Ukrainische SSR, 331 000 Ew.; Schiffbau, Maschinenbau, Bekleidungs-, Glas-, Nahrungsmittel-, Baustoffindustrie.

Nikolaus, Heilige;
1) legendärer Heiliger, Patron der Schiffer, Kaufleute, Bäcker, Schüler u. a. Tag: 6. 12.; beschenkt im Volksglauben am Vorabend (5. 12.) oder in der Nacht seines Festtages **(N.-Tag)** die Kinder.

2) N. von der Flüe, Bruder Klaus, schweizer. Einsiedler, Landespatron des Halbkantons Obwalden, * 1417, † 1487, verhütete 1481 den Bürgerkrieg unter den Eidgenossen. Tag 21. 3., in der Schweiz 25. 9.

Nikolaus, Päpste: **1) N. I** (858-867), setzte 863 den Patriarchen Photius von Konstantinopel ab; dadurch kam es zum Bruch mit dem byzantin. Kaiser.
2) N. V (1447-55), * 1397, † 1455, schloß 1448 mit Friedrich III. das Wiener Konkordat und krönte ihn 1452 zum Kaiser. 1449 erreichte er die Selbstauflösung des Baseler Konzils. N. gilt als erster Renaissance-Papst, war Förderer des Humanismus und Restaurator vieler Kirchen Roms.

Nikolaus, russische Fürsten:
1) N. I. Pawlowitsch, Kaiser (1825-55), * 1796, † 1855, warf die Aufstände der →Dekabristen und der Polen (1830/31) nieder, gewann in Kriegen gegen Persien (1826-28) und die Türkei (1828-29) große Gebiete, verlor den →Krimkrieg.
2) N. II. Alexandrowitsch, Kaiser (1894 bis 1917), * 1868, † 1918, regte 1899 die Haager Friedenskonferenzen an, verlor den Krieg gegen Japan 1904-05, mußte nach der Revolution von 1905 wesentl. Grundrechte, allgem. Wahlrecht und die Schaffung einer gesetzgebenden Volksvertretung gewähren, dankte infolge der Revolution von 1917 ab; mit seiner Familie von den Bolschewisten ermordet.
3) N. Nikolajewitsch, Großfürst, * 1856, † 1929, zu Beginn des 1. Weltkriegs russ. Oberbefehlshaber; 1915 abberufen.

Nikolaus Oresme [-ɔr'ɛ:m], französ. Mathematiker, Astronom und Philosoph, * zwischen 1320 und 1325, † 1382, Vorläufer der neuzeitl. Wissenschaft.

Nikolaus von Kues [-ku:s], **Cus'anus**, eigentl. **Nikolaus Krebs**, Philosoph, Theologe, * 1401, † 1464, seit 1448 Kardinal; sein universelles Denken leitet über die mittelalterl. Scholastik hinaus zur Philosophie der Neuzeit hin. N. lehrte, die Gegensätzlichkeit der endlichen Dinge werde im Unendlichen (Gott) geeint (coincidentia oppositorum).

Nikolaus von Verdun, lothring. Goldschmied und Emailmaler, vollendete 1181 die Grubenschmelztafeln des Klosterneuburger Altars und 1205 den Marienschrein der Kathedrale in Tournai (mit Treibarbeiten); sicher erscheint auch seine weitgehende Mitarbeit am Dreikönigsschrein des Kölner Doms.

N'ikolsburg, tschech. **M'ikulov**, tschechoslowak. Stadt im südl. Mähren, 6000 Ew.; Nahrungsmittelind., in der Umgebung Wein- und Tabakanbau. - 26. 7. 1866 Vorfriede im →Deutschen Krieg von 1866.

Nikom'edes IV., König von Bithynien, † 74 v. Chr., vererbte sein Reich den Römern, die darum noch mit Mithridates kämpfen mußten.

Nikom'edia, türkisch **Izmit**, die antike Hauptstadt Bithyniens.

N'ikon, Patriarch von Moskau, * 1605, † 1681, führte liturg. Reformen durch, worauf die Raskolniki von der Staatskirche abfielen; 1666 amtsenthoben (→Raskol).

N'ikopol, Stadt in der Ukrain. SSR, am Kachowkaer Stausee, 125 000 Ew. Mittelpunkt der bedeutendsten Manganerzlagerstätte der Sowjetunion. Ind.: Röhrenwerk, Maschinenbau, Nahrungsmittel.

Nik'osia, türk. **Nic'osia**, griech. **Leukos'ia**, Hauptstadt der Rep. Zypern, in der Mesaorid-Ebene, 114 000 Ew. (rd. ¹/₄ Türken); Handelsmittelpunkt, zahlreiche mittelalterl. Kirchen, Moscheen.

Nikot'in, das →Nicotin.

Nil der, arab. **Bahr en-Nil**, Strom Afrikas, 6671 km lang. Quellfluß ist der Kagera, der in den Victoriasee mündet. Er verläßt den Victoriasee als **Victoria-N.** über die Owen-Fälle, durchfließt den Kiogasee, durchbricht die östl. Randschwelle des Zentralafrikan. Grabens in den Murchison-Fällen und mündet in den Albertsee. Der **Albert-N.** (von der Grenze des Sudans ab **Bahr el-Dschebel** - Bergnil) erreicht im südl. Sudan das weite Sumpf- und Überschwemmungsgebiet des Bahr el-Sudd. Von links mündet der Bahr el-Ghasal. Nach Aufnahme des aus dem Äthiop. Hochland kommenden Sobat heißt der Fluß **Weißer N. (Bahr el-Abiad)**. Er vereinigt sich bei Khartum mit dem ebenfalls aus Äthiopien kommenden **Blauen N. (Bahr el-Asrak)** und durchbricht in 6 **N.-Katarakten** (bis Assuan) die Nubische und die Arabische Wüste. Letzter Nebenfluß (von rechts) ist der Atbara. In Ägypten ist das bis zu 15 km breite **N.-Tal** das wirtschaftl. Rückgrat des Landes. 20 km unterhalb von Kairo beginnt das große **N.-Delta** mit den Hauptarmen von Rosette und Damiette. - Die Nilflut wird von den aus Äthiopien kommenden Zuflüssen verursacht (Höchststand Mitte Sept./Anf. Okt.). Die wichtigsten Staudämme in Sudan: Dschebel-Aulia- und Sennar-Damm, in Ägypten: alter und neuer Assuandamm.

Nilgans, Halbgans, die im trop. Afrika, im Niltal und in Palästina vorkommt.

N'ilgiri-Berge, Gebirge im Verlauf der Westghats an der Westseite Indiens, bis 2670 m hoch; die N.-B. nehmen botanisch eine Sonderstellung ein: neben dem heimischen Rhododendron kommen eingeführte Baumarten vor (Eukalyptus-, Chininbäume), außerdem Zypressen, Kiefern, Akazien.

Nil'oten Mz., negride Völker im oberen Nilgebiet zwischen Kodok und Albertsee; sie bilden eine Einheit durch zahlreiche gemeinsame Züge in Rasse, Sprache und Kultur. Die wichtigsten N.-Völker: Schilluk, Dinka und Nuer. Meist Viehzüchter.

Nilpferd, ein Flußpferd (→Flußpferde).

N'imbus [lat.] der, **1)** Heiligenschein. **2)** Ansehen, Ruf. **3)** Regenwolke, →Wolken.

Nimes [ni:m], Hauptstadt des französ. Dép. Gard, 129 900 Ew., hat Kathedrale, Reste von Römerbauten (Amphitheater, korinth. Tempel, 1-14 n. Chr., u. a.). Teppich-, Kleider-, Schuh-, Maschinen-, Elektrogeräte-, Nahrungsmittelind. Weinhan-

Am Nil in Oberägypten

delszentrum. - Das kelt. Nemausus wurde 121 v. Chr. römisch und war im 2. und 3. Jahrh. n. Chr. eine der bedeutendsten Städte Galliens. In der Reformationszeit eine der Hauptfestungen der Hugenotten.

Nimmersatt, vier Arten von Störchen.

N'imrod, nach 1. Mos. 10,8 ff. ein großer Städteerbauer und Jäger.

N'imwegen, niederländ. **Nijmegen,** Stadt in der niederländ. Prov. Gelderland, links an der Waal, 148 000 Ew.; schöne alte Gebäude, Stadthaus, Stefanskirche, kath. Universität; wichtiger Handelsplatz. Schuh-, Lebensmittel-, Papier-, Konfektions-, Elektro-, Kunstfaserind., Stahl-, Apparate-, Schiffbau. - Das keltisch-röm. Noviomagus wurde später karoling. Pfalz, 1230 Reichsstadt, 1248 an Geldern, Hansestadt. - Im **Frieden von N.** (11. 8., 17. 9. 1678, 5. 2. 1679, zwischen Ludwig XIV., den Niederlanden, Spanien, Deutschland) erhielt Frankreich insbes. die Franche-Comté.

Ningpo, Ning Bo, Ninghsien, Hafenstadt in der Prov. Tschekiang, China, am Jungkiang, über 200 000 Ew.; Baumwoll-, Zementindustrie.

N'inive, Hauptstadt des Assyrerreiches, am Tigris, gegenüber dem heutigen Mosul, schon in vorgeschichtl. Zeit besiedelt, unter Sanherib (705-681 v. Chr.) größte Blüte, 612 v. Chr. von Medern und Babyloniern zerstört; Ausgrabungen.

N'iob N'iobium das, chem. Zeichen **Nb,** im franzö. und angloamerikan. Sprachbereich bis 1949 **Columbium,** chem. Zeichen **Cb,** metallisches Element, Ordnungszahl 41, Massenzahl 93, Atomgewicht 92,906, Schmelzpunkt 2415°, Siedepunkt 2900° C, spez. Gewicht 8,57, wird aus den Erzen Niobit, Tantalit, Columbit gewonnen und für einige Speziallegierungen verwendet.

N'iobe, griech. Mythos: die Tochter des Tantalos, Gemahlin des Königs Amphion; rühmte sich ihrer 7 Söhne und 7 Töchter gegenüber der Göttin Leto, die nur 2 Kinder, Apollon und Artemis, hatte. Aus Rache töteten diese N.s Kinder vor den Augen der Mutter, die zu Stein erstarrte.

Niort [ni'o:r], Hauptstadt des französ. Dép. Deux-Sèvres, 50 100 Ew.; Metall-, Maschinen-, Holz-, Textilindustrie.

N'ipapalme, stammlose Fiederpalme (Hinterindien, Malaiischer Archipel).

N'ipigon-See, See in Kanada, 4853 km².

N'ipissing-See, See in Kanada, 855 km².

Nipkow, Paul, Ingenieur, * 1860, † 1940, erfand 1884 die **N.-Scheibe** (bis 1930 beim Fernsehen verwendeter mechan. Bildzerleger).

Nippel der, ⊙ Überwurf- oder Rohrstück mit Gewinde zur Befestigung oder Verbindung von Teilen. Ein **Schmier-N.** schließt mit einem Rückschlagventil eine Schmierstelle ab.

Nipperdey, Hans-Carl, Jurist, * 1895, † 1968, Prof. in Jena und Köln, Arbeitsrechtler, 1954-63 Präs. des Bundesarbeitsgerichts.

Nippes [frz.] Mz., Gegenstände der Kleinkunst, bes. Porzellanfigürchen.

Nippflut, flache Flut, →Gezeiten.

Nippon, alter Name für →Japan.

Nippon Steel Corp., →Yawata Iron & Steel Co. Ltd.

Nirenberg, Marshall Warren, amerikan. Biochemiker, * 1927, 1968 (mit R. W. Holley und H. G. Khorana) Nobelpreis für die Aufklärung des genet. Codes bei der Eiweiß-Biosynthese.

Nirw'ana [Sanskrit] das, im Buddhismus die Erlösung als vollständiges Aufhören des Lebensdranges, den Zustand höchster Seligkeit, der von dem Erlösten schon im irdischen Dasein erreicht werden kann und eine individuelle Wiedergeburt ausschließt.

Niš [ni:ʃ], **Nisch,** Stadt in Serbien, Jugoslawien, 101 100 Ew., wirtschaftl. Mittelpunkt des Gebietes der Südl. Morawa; Textil-, Möbel-, Bau-, Lebensmittel-, Maschinen- u. a. Ind. N. war das röm. Naissus.

Nis'ām, 1717-1948 Titel des Fürsten von Haiderabad.

Nisām'i, pers. Dichter, * 1141, † 1209, schuf das romant. persische Epos.

Nischinomija, Nishinomiya, japan. Stadt auf Honschu, 352 000 Ew.; Stahl-, Auto-, Gummi-Industrie, Reisweinbrennerei.

N'ischnij N'owgorod, bis 1932 Name der russ. Stadt →Gorkij.

N'ischnij Tag'il, Stadt in der Russ. SFSR, 378 000 Ew.; Eisen-, Stahl-, Walzwerke, Kokereien, Waggonfabrik, Maschinenbau-, chem., Leicht-, Nahrungsmittel-, Baustoffindustrie. Wärmekraftwerk.

Niss'an [hebr.], **Nis'an,** der 7. Monat im jüd. Kalender (Mitte März bis Mitte April).

N'isse die, das Ei der Läuse.

Niter'oi, früher **Nictheroy,** Hauptstadt des Staates Rio de Janeiro, Brasilien, 320 000 Ew.; kath. Erzbischofssitz; Ind. (bes. Schiffbau, Metall-, Textil-, Nahrungsmittelbetriebe).

Nithard, fränk. Geschichtsschreiber, † 844, Enkel Karls d. Gr., schilderte die Kämpfe zwischen den Söhnen Ludwigs des Frommen; überlieferte die →Straßburger Eide.

Nithart, →Grünewald.

N'iton, veraltet für Radon (→Emanation).

Nitr'ate, Salze der Salpetersäure.

Nitr'ide, Metallverbindungen des Stickstoffs.

nitr'ieren, Nitrogruppen (−NO₂) in organ. Verbindungen einführen.

Nitrierhärtung, die Oberflächenhärtung von Stahl durch Erwärmen auf 500° C in stickstoffabgebenden Mitteln, meist Ammoniak (der Stickstoff diffundiert in den Stahl ein).

Nitrifikation, die bakterielle Umwandlung von Ammoniak über Nitrit zu Nitrat durch Oxydation.

Nitr'ile, organ. Verbindungen, die die Cyangruppe −CN an kohlenstoffhaltige Reste gebunden enthalten.

Nitr'ite, Salze der salpetrigen Säure. - **Nitritvergiftung** kann eintreten als Folge der Verwendung von Pökelsalzen, die mehr als die gesetzlich erlaubte Menge von 0,5% Natriumnitrit enthalten. Natriumnitrit schadet dem roten Blutfarbstoff.

Nitrobenzol, C₆H₅·NO₂, wird aus Benzol durch Erwärmen mit einem Gemisch von Salpetersäure und Schwefelsäure gewonnen. Das sehr giftige N. ist ein wichtiges Zwischenprodukt bei techn. Synthesen.

Nitrocellulose, der Salpetersäureester der Cellulose. N. wird verwendet als rauchschwaches Schießpulver und als Sprengstoff. Niedrig nitrierte Cellulose ergibt die Kollodiumwolle, höher nitrierte die Schießbaumwolle.

Nitrofarbstoffe, künstliche organ. Farbstoffe, die Nitrogruppen (−NO₂) enthalten.

Nitroglycerin, äußerst explosible, ölige Flüssigkeit, Hauptbestandteil des Dynamits, in einprozentiger alkohol. Lösung gefäßerweiternd, blutdrucksenkend.

Nitrophosphat, aus Salpetersäure und Rohphosphat gewonnener Mineraldünger.

Ni'uě, neuseeländ. Insel im Stillen Ozean, rd. 260 km², 5500 Ew. Hauptort: Alofi.

Niveau [niv'o:, frz.] das, **1)** waagerechte Fläche. **2)** Höhengrad. **3)** Stufe, Rang. **4)** Wasserwaage.

Nivelle de la Chaussée [nivɛldəlaʃos'e], französ. Dichter, →La Chaussée.

nivell'ieren [zu Niveau], **1)** einebnen, verflachen, gleichmachen. **2)** Vermessung: das Bestimmen von Höhen auf geometrischem Wege, bes. mit dem **Nivellierinstrument** (mit Zielfernrohr und Libelle) und der **Nivellierlatte** (3-4 m lang, mit Skala).

Nixen, Wassergeister. Der männl. **Nix,** ursprüngl. tierisches Ungeheuer, später vermenschlicht, verlockt die Menschen durch einen dem Ertrinkenden ähnlichen Ruf. Die weibl. **Nixe** ist oben Frau, unten Fisch.

Nixkraut, einkeimblättrige Unterwasserpflanzen des Süß- und Brackwassers mit unscheinbaren Blüten.

Nixon [n'iksn], Richard M., amerikan.

Richard Nixon   *Alfred Nobel*

Politiker (Republikaner), * 1913, 1953-61 Vizepräs. der Verein. Staaten, unterlag 1960 in den Präsidentschaftswahlen gegen J. F. Kennedy. Seit 1969 Präs. der Verein. Staaten, trat er entschieden für Recht und Ordnung ein; die Rassenintegration verlangsamte sich. Außenpolitisch bemühte er sich um einen Abzug der amerikan. Truppen aus →Vietnam; leitete 1972 durch seine Reise in die Volksrep. China eine neue Chinapolitik ein. Im selben Jahr hielt er sich in Moskau zur Unterzeichnung von amerikanisch-sowjet. Abkommen (→SALT) auf. 1972 wurde N. mit großer Mehrheit wiedergewählt.

Niz'äa, →Nikaia.

N'izza, französ. **Nice,** Hauptstadt des französ. Dép. Alpes-Maritimes, Kurort an der französ. Riviera, 325 000 Ew., Univ. (seit 1969), bedeutender Fremdenverkehr (Spielkasinos, Karneval, Blumenfeste); Hafen, Flughafen; Möbel-, Holz-, Metall-, Photo-, Elektronik-, Textil-, Lederind., Blumenzucht. - Das antike Nikaia wurde im 4. Jahrh. v. Chr. gegr. durch Phokäer, 1388 savoyischer Schutzherrschaft unterstellt, kam 1860 an Frankreich.

N. J., Abk. für den Staat New Jersey.

Nj'assaland, →Malawi.

Nj'assasee, Malawisee, langgestreckter See in Ostafrika, 30 800 km² groß, 472 m ü. M., bis 706 m tief. Abfluß: Schire (zum Sambesi).

Nj'emen, russ. Name der →Memel.

Nkrumah, Kwame, ghanaischer Politiker, * 1909, † 1972, gründete 1945 in Großbritannien im Sinne seiner panafrikan. Ziele ein Westafrikan. Nationalsekretariat, wurde 1952 MinPräs. der brit. Kolonie Goldküste, 1957 MinPräs. von Ghana; 1960 Staatsoberhaupt, 1966 gestürzt.

NKWD, Abk. für russ. Narodnij Kommissariat Wnutrennych Djel ('Volkskommissariat für Innere Angelegenheiten'), 1934 geschaffen unter Einbeziehung der →GPU.

N. M., Abk. für den Staat New Mexico.

Nm³, Abk. für →Normkubikmeter.

NN, Abk. für →Normal Null.

N. N., Abk. als Ersatz irgendeines Namens, wohl aus der im röm. Recht übl. Abk. N. N. für Numerus Negidius (Name des Beklagten in prozeßrechtl. Beispielen).

NNO, Abk. für Nordnordost; **NNW,** Nordnordwest; **NO,** Nordost.

No, chem. Zeichen für Nobelium.

Nō, das klass. japan. Drama, im 15. Jahrh. zur heute noch lebendigen Form unter dem Einfluß der buddhist. Zen-Sekte entwickelt (2 Hauptschauspieler, die tanzen und singen; Chor).

Noah, A. T.: der mit seinen Söhnen Sem, Ham, Japhet aus der Sintflut in der Arche gerettete Vater der neuen Menschheit.

Noailles [no'a:j], Anna Elisabeth Comtesse de, geb. Prinzessin Bibesco-Brancovan, französ. Dichterin, * 1876, † 1933; Romane, Gedichte.

n'obel [frz.-lat.], edel, vornehm. **Nobel,** der Löwe in der Tierfabel.

Nob'el, Alfred, schwed. Chemiker und Industrieller, * 1833, † 1896, erfand das Dynamit, die Sprenggelatine und ein rauchschwaches Schießpulver, errichtete die →Nobelstiftung.

Chemie

1901 J. H. van t'Hoff
1902 E. Fischer
1903 S. A. Arrhenius
1904 Sir W. Ramsay
1905 A. von Baeyer
1906 H. Moissan
1907 E. Buchner
1908 E. Rutherford
1909 W. Ostwald
1910 O. Wallach
1911 M. S. Curie
1912 V. Grignard
     P. Sabatier
1913 A. Werner
1914 Th. W. Richards
1915 R. Willstätter
1918 F. Haber
1920 W. Nernst
1921 F. Soddy
1922 F. W. Aston
1923 F. Pregl
1925 R. Zsigmondy
1926 T. Svedberg
1927 H. Wieland
1928 A. Windaus
1929 H. K. A. S. von
     Euler-Chelpin
     A. Harden
1930 H. Fischer
1931 F. Bergius
     C. Bosch
1932 I. Langmuir
1934 H. C. Urey
1935 F. Joliot
     I. Joliot-Curie
1936 P. J. W. Debye
1937 Sir W. N. Haworth
     P. Karrer
1938 R. Kuhn
1939 A. F. J. Butenandt
     L. Ruzicka
1943 G. K. von Hevesy
1944 Otto Hahn
1945 A. I. Virtanen
1946 J. H. Northrop
     W. M. Stanley
     J. B. Sumner
1947 Sir R. Robinson
1948 A. W. K. Tiselius
1949 W. F. Giauque
1950 K. Alder
     O. Diels
1951 E. M. McMillan
     G. Th. Seaborg
1952 A. J. P. Martin
     R. L. M. Synge
1953 H. Staudinger
1954 L. C. Pauling
1955 V. du Vigneaud
1956 Sir C. N. Hinshelwood
     N. N. Semjonow
1957 Sir A. R. Todd
1958 F. Sanger
1959 J. Heyrovský
1960 W. F. Libby
1961 M. Calvin
1962 J. C. Kendrew
     M. F. Perutz
1963 G. Natta
     K. Ziegler
1964 D. Crowfoot Hodgkin
1965 R. B. Woodward
1966 R. S. Mulliken
1967 M. Eigen
     R. G. W. Norrish
     G. Porter
1968 L. Onsager
1969 D. H. Barton
     O. Hassel
1970 L. Leloir
1971 G. Herzberg

Friedenspreis

1901 H. Dunant
     F. Passy
1902 E. Ducommun
     Ch. A. Gobat
1903 Sir W. R. Cremer
1904 Institut de droit
     international

1905 B. von Suttner
1906 Th. Roosevelt
1907 L. Renault
     E. T. Moneta
1908 K. P. Arnoldson
     F. Bajer
1909 A. M. F. Beernaert
     P. Baron d'Estour-
     nelles de Constant de
     Rebecque
1910 Bureau international
     permanent de la Paix
1911 T. M. C. Asser
     A. H. Fried
1912 E. Root
1913 H. La Fontaine
1917 Comité international
     de la Croix-Rouge
1919 W. Wilson
1920 L. Bourgeois
1921 K. H. Branting
     Ch. L. Lange
1922 F. Nansen
1926 A. Briand
     Sir A. Chamberlain
     Ch. G. Dawes
     G. Stresemann
1927 F. Buisson
     L. Quidde
1929 F. B. Kellogg
1930 N. Söderblom
1931 J. Addams
     N. M. Butler
1933 Sir N. Angell
1934 A. Henderson
1935 C. von Ossietzky
1936 C. de Saavedra Lamas
1937 Lord Robert Cecil
     of Chelwood
1938 Office international
     Nansen pour les Réfugiés
1944 Comité international
     de la Croix-Rouge
1945 C. Hull
1946 E. G. Balch
     J. R. Mott
1947 American Friends
     Service Committee
     Friends Service
     Council
1949 Lord (John) Boyd Orr
     of Brechin
1950 R. Bunche
1951 L. Jouhaux
1952 A. Schweitzer
1953 G. C. Marshall
1955 Flüchtlingsamt der
     Verein. Nat. (1954)
1957 L. B. Pearson
1958 G. Pire
1959 P. Noel-Baker
1960 A. Luthuli
1961 D. Hammarskjöld
1962 L. C. Pauling
1963 Comité international de
     la Croix-Rouge
1964 M. L. King
1965 UNICEF
1968 R. Cassin
1969 Internat. Arbeits-
     organisation
1970 N. Borlaug
1971 W. Brandt

Literatur

1901 R. F. A. Sully
     Prudhomme
1902 Th. Mommsen
1903 B. Björnson
1904 J. Echegaray
     F. Mistral
1905 H. Sienkiewicz
1906 G. Carducci
1907 R. Kipling
1908 R. Eucken
1909 S. Lagerlöf
1910 P. Heyse
1911 M. Maeterlinck
1912 G. Hauptmann
1913 R. Tagore
1915 R. Rolland

1916 V. von Heidenstam
1917 K. Gjellerup
     H. Pontoppidan
1919 C. Spitteler
1920 K. Hamsun
1921 A. France
1922 J. Benavente
1923 W. B. Yeats
1924 W. S. Reymont
1925 G. B. Shaw
1926 G. Deledda
1927 H. Bergson
1928 S. Undset
1929 Th. Mann
1930 S. Lewis
1931 E. A. Karlfeldt
1932 J. Galsworthy
1933 I. Bunin
1934 L. Pirandello
1936 E. O'Neill
1937 R. Martin du Gard
1938 P. S. Buck
1939 F. E. Sillanpää
1944 J. V. Jensen
1945 G. Mistral
1946 H. Hesse
1947 A. Gide
1948 T. S. Eliot
1949 W. Faulkner
1950 Earl B. Russell
1951 P. Lagerkvist
1952 F. Mauriac
1953 Sir W. Churchill
1954 E. Hemingway
1955 H. K. Laxness
1956 J. R. Jiménez
1957 A. Camus
1958 B. Pasternak
1959 S. Quasimodo
1960 Saint-John Perse
1961 I. Andrić
1962 J. Steinbeck
1963 G. Seferis
1964 J. P. Sartre
1965 M. A. Scholochow
1966 S. J. Agnon
     N. Sachs
1967 M. A. Asturias
1968 Y. Kawabata
1969 S. Beckett
1970 A. Solschenizyn
1971 P. Neruda

Physiologie und Medizin

1901 E. A. von Behring
1902 Sir R. Ross
1903 N. R. Finsen
1904 I. P. Pawlow
1905 R. Koch
1906 C. Golgi
     S. Ramon y Cajal
1907 Ch. L. A. Laveran
1908 P. Ehrlich
     I. Metschnikow
1909 Th. Kocher
1910 A. Kossel
1911 A. Gullstrand
1912 A. Carrel
1913 Ch. Richet
1914 R. Bárány
1919 J. Bordet
1920 A. Krogh
1922 A. V. Hill
     O. Meyerhof
1923 F. G. Banting
     J. J. R. Macleod
1924 W. Einthoven
1926 J. Fibiger
1927 J. Wagner von Jauregg
1928 Ch. Nicolle
1929 Ch. Eijkman
     Sir F. G. Hopkins
1930 K. Landsteiner
1931 O. Warburg
1932 E. D. Adrian
     Sir Chr. S. Sherrington
1933 Th. H. Morgan
1934 G. R. Minot
     W. P. Murphy
     G. H. Whipple

1935 H. Spemann
1936 Sir H. H. Dale
     O. Loewi
1937 A. Szent-Györgyi
1938 C. Heymans
1939 G. Domagk
1943 H. Dam
     E. A. Doisy
1944 J. Erlanger
     H. S. Gasser
1945 E. B. Chain
     Sir A. Fleming
     Sir H. Florey
1946 H. J. Muller
1947 C. F. Cori
     G. T. Cori
     B. A. Houssay
1948 P. H. Müller
1949 W. R. Hess
     Egas Moniz
1950 P. S. Hench
     E. C. Kendall
     T. Reichstein
1951 M. Theiler
1952 S. A. Waksman
1953 H. A. Krebs
     F. A. Lipmann
1954 J. F. Enders
     F. C. Robbins
     Th. H. Weller
1955 A. H. Th. Theorell
1956 A. F. Cournand
     W. Forssmann
     D. W. Richards
1957 D. Bovet
1958 G. W. Beadle
     J. Lederberg
     E. L. Tatum
1959 A. Kornberg
     S. Ochoa
1960 F. M. Burnet
     P. B. Medawar
1961 G. von Békésy
1962 F. H. C. Crick
     J. D. Watson
     M. H. F. Wilkins
1963 Sir J. C. Eccles
     A. L. Hodgkin
     A. F. Huxley
1964 K. Bloch
     F. Lynen
1965 F. Jacob
     A. Lwoff
     J. Monod
1966 Ch. B. Huggins
     F. P. Rous
1967 R. Granit
     H. K. Hartline
     G. Wald
1968 R. W. Holley
     H. G. Khorana
     M. W. Nirenberg
1969 M. Delbrück
     A. Hershy
     S. Luria
1970 J. Axelrod
     U. von Euler
     B. Katz
1971 E. W. Sutherland

Physik

1901 W. C. Röntgen
1902 H. A. Lorentz
     P. Zeeman
1903 H. A. Becquerel
     M. S. Curie
     P. Curie
1904 Lord Rayleigh
1905 Ph. Lenard
1906 J. J. Thomson
1907 A. A. Michelson
1908 G. Lippmann
1909 K. F. Braun
     G. Marconi
1910 J. D. van der Waals
1911 W. Wien
1912 G. Dalén
1913 H. Kamerlingh-Onnes
1914 M. von Laue
1915 Sir W. H. Bragg
     Sir W. L. Bragg

1917	Ch. G. Barkla		
1918	M. Planck		
1919	J. Stark		
1920	Ch. E. Guillaume		
1921	A. Einstein		
1922	N. Bohr		
1923	R. A. Millikan		
1924	K. M. G. Siegbahn		
1925	J. Franck		
	G. Hertz		
1926	J. Perrin		
1927	A. H. Compton		
	Ch. Th. R. Wilson		
1928	O. W. Richardson		
1929	L.-V. de Broglie		
1930	Sir Ch. V. Raman		
1932	W. Heisenberg		
1933	P. A. M. Dirac		
	E. Schrödinger		
1935	J. Chadwick		

1936	C. D. Anderson
	V. F. Hess
1937	C. J. Davisson
	G. P. Thomson
1938	E. Fermi
1939	E. O. Lawrence
1943	O. Stern
1944	I. I. Rabi
1945	W. Pauli
1946	P. W. Bridgman
1947	Sir E. V. Appleton
1948	P. M. S. Blackett
1949	H. Yukawa
1950	C. F. Powell
1951	Sir J. D. Cockcroft
	E. Th. S. Walton
1952	F. Bloch
	E. M. Purcell
1953	F. Zernike
1954	M. Born

	W. Bothe
1955	P. Kusch
	W. E. Lamb
1956	J. Bardeen
	W. H. Brattain
	W. Shockley
1957	T. D. Lee
	Ch. N. Yang
1958	P. A. Tscherenkow
	J. M. Frank
	J. Tamm
1959	O. Chamberlain
	E. Segrè
1960	D. A. Glaser
	R. Hofstadter
	R. Mössbauer
1962	L. D. Landau
1963	M. Goeppert-Mayer
	H. D. Jensen
	E. Wigner

1964	N. Basow
	A. Prochorow
	C. H. Townes
1965	R. P. Feynman
	J. Schwinger
	S. Tomonaga
1966	A. Kastler
1967	H. A. Bethe
1968	L. W. Alvarez
1969	M. Gell-Mann
1970	H. Alfvén
	L. Néel
1971	D. Gabor

**Wirtschafts-
wissenschaften**

1969	R. Frisch
	J. Tinbergen
1970	P. A. Samuelson
1971	S. Kusnez

N'obelgarde, bis 1969 Name der Päpstl. Ehrengarde.

Nob'elium, chem. Zeichen **No,** das künstliche chem. Element der Ordnungszahl 102. Die Isotope mit den Massenzahlen 253 und 254 konnten in kleinsten Mengen (Mikrogramm) hergestellt werden.

Nob'elstiftung, eine von Alfred Nobel errichtete Stiftung von etwa 31 Mill. schwed. Kronen (inzwischen verdoppelt). Aus den Zinsen werden jährlich Preise (**Nobelpreis,** Übersicht) für die bedeutendsten Leistungen auf dem Gebiet der Physik, der Chemie, der Physiologie und Medizin, der Literatur, des Völkerfriedens, der Wirtschaftswissenschaften (seit 1969) und der Theologie (seit 1972) verteilt.

Nobeoka, Industriestadt auf Kiuschu, Japan, 134 000 Ew., chem. Industrie.

N'obile, Umberto, italien. General, * 1885, überflog 1926 mit dem Luftschiff ‚Norge' den Nordpol, leitete 1928 die Polarexpedition mit dem Luftschiff ‚Italia', das bei Spitzbergen strandete.

N'obiles Mz., im republikan. Rom seit etwa 300 v. Chr. die führende Schicht der Senatsfamilien, die die höchsten Staatsämter (Konsulat, Zensur) besetzten.

N'obili Mz., in Italien vom Ende des Mittelalters bis zum 18. Jahrh. der Adel.

Nob'ility, der brit. hohe Adel, die Peers.

Nobl'esse [frz.] *die,* Adel, Vornehmheit, ritterl. Gesinnung. **noblesse oblige** [nobl'ɛs ɔbl'iːʒ] Adel verpflichtet.

Nochgeschäft, an der Börse ein Prämiengeschäft: Käufer oder Verkäufer ist dabei gegen eine Prämie berechtigt, zusätzlich zu dem fest abgeschlossenen Betrag am Erklärungstag weitere Effekten zu fordern oder nachzuliefern.

Nock [niederländ.] *das* oder *die,* ⟟ Ende einer Rahe oder Spiere an Bord eines Schiffes.

Nöck [schwed.], Wassergeist.

Nocken *der,* kurvenförmiger Vorsprung an einer Welle oder Scheibe, ruft an einem

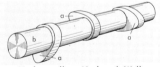

Nockenwelle: a Nocken, b Welle

darauf schleifenden Hebel eine Auf- und Abwärtsbewegung hervor; zur Steuerung der Ventile bei Verbrennungsmotoren.

Nocturne [nɔkt'yrn, frz.], →Notturno.

Nodier [nɔdj'e], Charles, französ. Schriftsteller, * 1780, † 1844; machte Shakespeare sowie engl. und dt. Romantiker in Frankreich bekannt.

No'etik [grch.] *die,* Lehre vom Denken, Begreifen und Erkennen.

Nofret'ete, ägypt. Königin, Gemahlin Amenophis' IV. Ihre Büste (Kalkstein, bemalt) wurde 1912 in Amarna gefunden.

Nog'aier, früher **Karatat'aren, Türkvolk,**

Muslime, hervorgegangen aus der Goldenen Horde, urspr. in der **Nogaier Steppe** zwischen Kuma und Terek, auch im N der Krim ansässig.

Nofretete, Büste aus Amarna, Kalkstein, um 1360 v. Chr. (Berlin, Staatl. Museen)

N'ogat *die,* der östlichste Mündungsarm der Weichsel, fließt in das Frische Haff.

Nog'insk, bis 1930 **Bogorodsk,** Stadt in der Sowjetunion, im Gebiet Moskau, 104 000 Ew.; Textil-, Maschinenbau-, Baustoffind.

Nohl, Herman, Pädagoge und Philosoph, * 1879, † 1960; Anhänger Diltheys, förderte Ästhetik und Sozialpädagogik.

No Iron [nou 'aiən, engl.], Kennzeichnung für bügelfreie Textilien.

NOK, **N**ationales **O**lympisches **K**omitee.

Nokt'urn [lat.] *die,* Teil des Breviergebets.

Nolde, Emil, eigentlich **Hansen,** expressionist. Maler und Graphiker, * 1867, †1956; schuf Bilder von äußerster Leuchtkraft der Farben, oft spukhaft und exotisch.

n'olens v'olens [lat.], wohl oder übel.

N'oli me t'angere [lat. ‚rühr mich nicht an'], 1) Worte Christi, der nach seiner Auferstehung Maria Magdalena erscheint, von ihr zuerst für einen Gärtner gehalten; oft bildlich dargestellt. 2) ♀ das Große Springkraut, auch die Schamhafte Mimose.

N'oma [grch.] *das,* ♀ ein von Bakterien erregtes Geschwür, meist der Wangen, bei durch Krankheit Geschwächten.

Nom'aden [grch. ‚weidend'] Mz., wandernde Völker oder Gruppen mit wechselndem Wohnsitz.

Nome [noum], Stadt in Alaska, USA, 2500 Ew., früher Goldgräberstadt, heute Handelszentrum; Flughafen von strategischer Bedeutung, Fremdenverkehr.

n'omen [lat.], Name. **n. est 'omen,** der Name hat Vorbedeutung. **Nomen** *das,*

-s/Nomina, Nennwort, zusammenfassend für Haupt- und Eigenschaftswort.

Nomenklat'ur [lat.] *die,* die Gesamtheit von Fachausdrücken in einem Wissensgebiet; in der Biologie die Namengebung für Gruppen von Lebewesen mit latein. oder lateinisierten Wörtern.

nomin'al [lat.], den Namen betreffend; nur dem Namen nach.

Nominal'ismus [von lat.], 1) Philosophie: die Annahme, daß die Allgemeinbegriffe nicht Wirklichkeit, sondern nur Namen seien. 2) eine Richtung der Geldtheorie, nach der das Geld nur Symbolcharakter hat. Gegensatz: Metallismus.

Nomin'allohn, →Lohn.

Nomin'alwert, der →Nennwert.

Nomination [lat.], Namhaftmachung; Ernennung für ein Amt.

N'ominativ [lat.] *der,* Werfall, Nennfall.

Nomograph'ie [grch.], △ die zeichnerische Lösung spezieller Rechenaufgaben.

N'omos [grch.] *der,* -/Nomoi, 1) Gesetz. 2) Verwaltungsbez. in Griechenland.

Non [lat.] *die,* zwischen 14 und 16.30 Uhr angesetztes Stundengebet.

Non-co̅operation [nɔnkouɔpər'ɔiʃn, engl.], die Ablehnung der Mitarbeit an den staatl. Aufgaben, die polit. Kampfweise Gandhis gegen die engl. Herrschaft.

N'one [lat.] *die,* ♪ die 9. Stufe der diaton. Tonleiter, also die Oktave der Sekunde.

N'onen [lat.] Mz., im altröm. Kalender der 5. Tag des Monats; im März, Mai, Juli, Oktober der 7. Tag.

non fiction [nɔn f'ikʃən, engl.], Fach- und Sachbuch.

N'onius *der,* Hilfsmaßstab für die Längenmessung, zum Ablesen von Zehnteln der Einheiten des Hauptmaßstabs. Der N. hat meist 10 Einheiten, die zusammen so lang sind wie 9 Einheiten des Hauptmaßstabs. (Bild S. 878)

E. Nolde: Frühmorgenflug, 1940

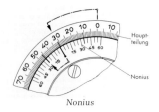

Nonius

Nonkonform'ist [lat.], **1)** jemand, der sich der engl. Staatskirche nicht unterwirft (→Dissenters). **2)** jemand, der mit herrschenden Ansichten nicht übereinstimmt.

Nonne [lat.], **1)** die Angehörige eines weibl. Ordens (**Ordensfrau**), ungenau jede Klosterschwester. **2)** ein Träg- oder Wollspinner-Schmetterling, Vorderflügel weiß mit schwarzen Zickzacklinien, Hinterleibsspitze rosa; Forstschädling (Tafel Schädlinge). **3)** Vogel, ein Weberfink.

Nonnenw'erth, Insel im Rhein bei Honnef, mit Abtei (1122-1802 Benediktinerinnen, seit 1854 Franziskanerinnen).

Nonnos, griech. Dichter aus Panopolis in Ägypten, 5. Jahrh. n. Chr.; Epos ,Dionysiaka'.

N'ono, Luigi, italien. Komponist, * 1924, schreibt serielle Musik.

Nonpareille [nɔ̃par'ɛj, frz.] *die,* Schriftgrad von sechs typograph. Punkten.

non plus ultra [lat. ,nicht darüber hinaus'], unübertrefflich.

Non-Proliferation [nɔn proulifər'ei∫n, engl.], Nichtweiterverbreitung von Atomwaffen.

N'onsens [lat.] *der,* Unsinn.

Nonstopflug, Langstreckenflug ohne Zwischenlandung.

Nonvaleur [nõval'œːr, frz.] *der,* entwertetes Wertpapier, unverkäufliche Ware.

N'opalschildlaus, die Echte Koschenille, lebt auf Opuntien der Gattung Nopalea.

noppen, Rohgewebe vor dem Ausrüsten von Knoten und vorstehenden Garnenden befreien und Webfehler beseitigen.

Norbert, Bußprediger, * um 1082, † 1134, gründete 1120 in Prémontré bei Laon den Prämonstratenserorden. 1126 Erzbischof von Magdeburg. Heiliger, Tag: 6. 6.

Nord, Himmelsrichtung, →Norden.

Nord [nɔːr], Dép. in N-Frankreich, 5774 km², 2,443 Mill. Ew.; Hauptstadt: Lille.

Nordalb'ingier, die seit dem 8. Jahrh. nördl. der Niederelbe wohnenden Sachsenstämme: Dithmarscher, Holsten, Stormarn.

Nordamerika, Erdteil der Neuen Welt, umfaßt den Nordteil von Amerika zwischen dem Nordpolarmeer, dem Stillen und Atlant. Ozean und dem Amerikan. Mittelmeer. Als naturräumliche Grenze gegen Mittelamerika wird die Landenge von Tehuantepec (Mexiko) angenommen; kulturgeographisch wird jedoch ganz Mexiko, da es dem ibero-amerikan. Kulturbereich angehört, Mittelamerika zugerechnet. ⊕XII/XIII, Bd. 1, nach S. 320.

Landesnatur. Der nördlichste Teil ist in viele Inseln aufgelöst (Kanad. Archipel und →Grönland). Im übrigen hat N. nur wenig Meeresbuchten (größte: Hudsonbai, St.-Lorenz-Golf, Golf von Mexiko, Golf von Kalifornien). Auf der Westseite wird N. von einem bis 1700 km breiten Gürtel junger Faltengebirge durchzogen, den →Kordilleren. Die höchste Höhe trägt das Alaska-Gebirge im Mount McKinley (6193 m). Den östl. Teil der Kordilleren begleitet die flache Tafelland der Prärien, das sich allmählich nach NO zum Tiefland des Kanad. Schildes, nach O zum breiten Stromtiefland des Mississippi absenkt. Auf der Ostseite N.s erstrecken sich die →Appalachen von NO nach SW. Die Küsten des NO sind meist niedere Felsküsten, die des SO überwiegend flache Schwemm-

landküsten, die des W Gebirgsküsten, im N von Inseln und Fjorden gegliedert. Hauptströme sind der Mississippi mit seinen großen Nebenströmen Missouri und Ohio, im NO der St.-Lorenz-Strom, der Abfluß der fünf großen Kanadischen Seen. Witere große Seen sind der Winnipegsee, der Große Sklaven-, der Große Bärensee. N. gehört verschiedenen **Klimazonen** an. Der N hat Polarklima; dieses geht an der Westküste über feuchtkühles Meeresklima in das subtrop. Winterregenklima Kaliforniens über, dem sich im Innern und im S ein trocknes, sommerheißes Binnenklima anschließt. Die Ostseite N.s ist ziemlich feucht und im S, in Florida und an der Golfküste, bereits subtropisch, doch dringen kalte Luftströmungen oft sehr weit nach S vor und umgekehrt Hitzewellen weit nach N. Den Klimagebieten angepaßt ist die Tier- und Pflanzenwelt. Im hohen N herrscht Moor- und Flechtentundra mit Rentieren, Moschusochsen. Darauf folgt ein breiter Waldgürtel, zunächst aus Nadelhölzern, Erlen und Birken (wertvolle Pelztiere), die im S in Laubwald übergehn. Im Innern sind weite Grassteppen (Prärien) und Wüsten, einst reich an Steppentieren wie Bison, Antilope, Puma, Präriewolf, Nagetieren (z. B. Präriehund) und Schlangen, in den südlichen anut. Küstenebenen und am Golf von Mexiko immergrüne Wälder, im S mit Palmen gemischt.

Bevölkerung. Die urspr. Bevölkerung (Indianer) wurde teils von den Eroberern ausgerottet, teils ging sie in Mischungen mit Europäern oder Negern auf; in Kanada und den Verein. Staaten gibt es noch rd. 1 Mill. Indianer, vorwiegend in Reservationen. Im äußersten N leben Eskimos. Der größte Teil der etwa 225 Mill. Ew. N.s besteht aus Nachkommen eingewanderter Europäer; die Hauptsprachen sind Englisch und Französisch. Neger bilden einen wesentlichen Bestandteil, bes. im SO. Die durchschnittl. Bevölkerungsdichte ist, verglichen mit der westeurop. Industriestaaten, sehr gering; die Verein. Staaten haben 22, Kanada (mit großen ungenutzten Reserven an Land und Bodenschätzen) hat nur 2 Ew. je km².

Wirtschaft. Die Vereinigten Staaten und Kanada sind das Musterbeispiel eines bis äußerster Arbeitsteilung hochgradig technisierten Wirtschaftsgebietes von einzigartiger Produktivität. Eine wesentliche Grundlage für deren Entwicklung ist der Reichtum an Bodenschätzen u. a. Rohstoffen. In der Weltbergbauförderung steht N. für Molybdän, Nickel, Asbest, Zink, Kupfer, Erdöl, Silber an 1. Stelle; von Bedeutung sind ferner Eisen, Schwefel, Steinkohle. Der Grad der Industrialisierung ist in den einzelnen Gebieten sehr verschieden; hochindustrialisierten mit großer Bevölkerungsdichte stehen andere vorwiegend landwirtschaftl. Charakters gegenüber. Das Dreieck Washington-Chicago-Montreal umschließt 15 Millionenstädte (mit Vorstädten). Die Technisierung und Mechanisierung der Landwirtschaft führte zu großen Erträgen im Anbau und in der Viehwirtschaft. Die hohe Produktivität der Wirtschaft hat hohe Einkommen zur Folge, diese wiederum starken Verbrauch und einen ungewöhnlich hohen Lebensstandard bei kurzen Arbeitszeiten.

Verkehr. Die Seehäfen N.s gehören zu den größten Weltumschlagplätzen; bedeutende Binnenschiffart. Ein geschlossenes Eisenbahnnetz überzieht den Erdteil

Nordamerika (1970)		
Staaten	1000 km²	1000 Ew.
Verein. Staaten	9 363	205 205
Kanada	9 976	21 406
Grönland[1]	2 176	40

[1] Dänisch.

mit Ausnahme des arktischen N. Der starken Motorisierung entspricht ein hervorragend ausgebautes Straßennetz. Der Luftverkehr wird immer mehr ein Mittel zum Massentransports.

Vorgeschichte. Die ältesten Funde stammen aus dem südl. N. (30 000 v. Chr.). Jägervölker können in der Wisconsin-Eiszeit über die damals trockenliegende Beringstraße eingewandert sein. Zusammenhänge mit dem eurasischen Jungpaläolithikum werden vermutet. Die →Folsom-Kultur zeigt abgewandelte Leitformen, z. B. Feuerstein-Pfeilspitzen mit eingehauenen Längsrillen. Kunstvolle Erzeugnisse aus Yukka-Faser hinterließ um Christi Geburt bis 700 die Basketmaker-Kultur. Darauf baute die bis ins 20. Jahrh. lebendige Pueblo-Kultur auf. **Entdeckungsgeschichte** vgl. Übersicht Erdkunde. **Geschichte,** →Kanada, →Vereinigte Staaten.

nordamerikanische Kunst. Bis zur Unabhängigkeitserklärung war die n. K. reine Kolonialkunst: in Neuengland wurden gotische und elisabethan. Formen Englands, in New York holländ. Vorbilder, im W Formen des span. Barocks nachgeahmt. Von der **Baukunst** ist vor allem das Old State House in Philadelphia von A. Hamilton (1733) und das im engl. Adam-Stil errichtete State House in Boston von Ch. Bulfinch (1798) erhalten. Die Kirchen, z. B. St. Paul's in New York, sind vereinfachte, in Holz ausgeführte Wiederholungen Londoner Kirchen. Unter dem Einfluß des Präsidenten Jefferson entwickelte sich seit Beginn des 19. Jahrh. ein klassizist. Repräsentationalstil (Kapitol in Washington, beg. 1793 nach Entwurf von W. Thornton, der bei staatl. Gebäuden seine Gültigkeit bis heute behalten hat. Die bedeutendste Leistung der n. K. ist ihre Hochhaus-Architektur. Die Entwicklung begann mit H. Richardson (* 1838, † 1886), dessen Bauten sich durch Einfachheit und Strenge auszeichnen. L. Sullivan (* 1856, † 1924) verwendete in seinen Chicagoer Hochhäusern die reinen Zweckformen des Stahlgerüstbaus und entwickelte die Form aus ihrer Funktion. Durch ihn wurden die Grundlagen der modernen amerikan. Baukunst geschaffen. F. L. Wright (* 1869, † 1959) nutzte mit Kühnheit und Phantasie die neuen Konstruktionsmöglichkeiten des Stahlbetonbaus. Entscheidend für die weitere Entwicklung wurde das Wirken der aus Dtl. eingewanderten Architekten W. Gropius und L. Mies van der Rohe, von A. Aalto sowie Eliel und Eero Saarinen.

Von den frühen Werken der **Malerei** läßt die naive Schlichtheit vor allem der Bildnisse amerikan. Eigenart erkennen. Der in England geschulte G. Stuart (* 1775, † 1828) war der beste amerikan. Bildnismaler seiner Zeit. Amerikan. Wesensart spricht vor allem aus den Werken der Laienmaler (E. Hicks, * 1780, † 1849), wie sie ohne künstlerische Vorbilder auch heute entstehen (Grandma Moses, * 1860, † 1961). Zu den international anerkannten Malern der Gegenwart gehören L. Feininger († 1956), B. Shan (* 1898), die Vertreter des Action Painting M. Tobey (* 1890), J. Pollock (* 1912, † 1956), W. de Kooning (* 1904), F. Kline (* 1910, † 1962), S. Francis (* 1923) und R. Rauschenberg (* 1925). Als Bildhauer nimmt A. Calder mit seinen Mobiles eine einzigartige Stellung ein; ferner in der **Plastik** H. Ferber, O. Hare, J. Lassow, S. Lipton, Th. Roszak, D. Smith. Als Reaktion auf Action Painting erfolgte die Wende zum bewußten Realismus der →op art und pop art.

nordamerikanische Literatur, die Literatur der Vereinigten Staaten. Am Anfang stehen historisch-topograph. und theolog. Werke (Autobiographie von B. Franklin, polit. Schriften von T. Paine, G. Washington, T. Jefferson). Es entstanden die Nationallieder, ,Yankee doodle', ,The star-spangled banner'. Der Romantiker C. B. Brown (1770-1810) verwertete in Schauerromanen

1 *Wattenlandschaft in Neuschottland, Kanada.* 2 *St.-Lorenz-Strom, Kanada.* 3 *Monument Valley, Utah, Verein. Staaten.* 4 *Basin Ranges, Nevada, Verein. Staaten.* 5 *Appalachen, Verein. Staaten.* 6 *Mohave-Wüste, Kalifornien, Verein. Staaten*

bewußt amerikan. Stoffe. Die Schaffung einer eigenen amerikan. Literatur setzte die von den Transzendentalisten formulierte geistige Unabhängigkeitserklärung voraus (R. W. Emerson 1803-82; D. Thoreau 1817-62: ‚Walden'). H. W. Longfellow (1807 bis 1882) machte in seiner Verslyrik den lebensbejahenden Idealismus volkstümlich; H. Beecher-Stowe schrieb für die Sklavenbefreiung ‚Onkel·Toms Hütte' (1851/52); J. F. Cooper (1789-1851) schuf in seinen ‚Lederstrumpf'-Erzählungen das Epos vom sterbenden Roten Mann. Zur Weltliteratur gehören der erste amerikanische Vertreter des psycholog. Romans N. Hawthorne (1804-64) und H. Melville (1819-91) mit ‚Moby Dick'. Eingeleitet durch W. Irving (1783-1859) erlangte die Kurzgeschichte durch E. A. Poe, später durch B. Hart, M. Twain, O. Henry, W. Saroyan, Carson

McCullers, J. Thurber in der n. L. größte Bedeutung. Der Lyriker W. Whitman lieh dem Lebensgefühl der Neuen Welt Ausdruck. Die Romantechnik von H. James wurde epochemachend auch für den engl. Roman. Nach F. Norris schrieben revolutionärnaturalist. oder sozialkrit. Romane Th. Dreiser, S. Lewis, U. Sinclair, J. London, J. Dos Passos, S. Anderson, J. Steinbeck, E. Hemmingway. Psycholog. Gesellschaftsromane schrieben Edith Wharton und Willa Cather. Den histor. Roman pflegten nach dem Welterfolg ‚Ben Hur' von L. Wallace, W. Churchill, Mary Johnston u. a. In den epischen Gemälden von Th. Wolfe, W. Faulkner, auch von Margaret Mitchell, trat der Süden der Verein. Staaten in den Vordergrund. Weltanschaul. Fragestellungen zeigen die Werke Th. Wilders, J. Baldwins; Pearl S. Buck be-

handelt chines. Leben. Kriegsromane schrieben N. Mailer, J. Jones, H. Wouk, J. Hershey, J. Michener, Antikriegsromane J. Heller. Als Romanschriftsteller traten hervor N. West, H. Miller, S. Bellow, B. Malamud, W. Burroughs, J. D. Salinger, Mary McCarthy, W. Styron, J. Updike. R. Wrights Romane zeichnen die Rassendiskriminierung. J. Baldwins Prosa nimmt den Jazz-Rhythmus auf. Realist. wie symbol. Elemente verbinden die Werke von Truman Capote, P. Bowles, W. Goyen. Als Dramatiker ragen E. O'Neill, T. Williams, A. Miller, E. Albee, W. Inge hervor. Ezra Pound u. a. ‚Imagisten' haben die moderne Lyrik entscheidend beeinflußt. Aus Spirituals und Blues erwuchs eine gefühlsbetonte Negerlyrik (P. L. Dunbar, C. McKay, L. Hughes). Neuere Lyriker sind R. Frost, C. Sandburg, V. Lindsay, R. Penn Warren,

Links E. Hicks: Das Reich des Friedens, um 1833 (Buffalo, Albright Art Gallery); rechts G. Wood: Farmerpaar, 1932 (Chicago, Art Institute)

P. Viereck, R. Lowell, E. E. Cummings. A. Ginsberg, Rexroth, J. Kerouac u. a. zählen zu den Autoren der Beat Generation.

nordamerikanische Philosophie. Im 18. Jahrh. durch den Puritanismus (Jonathan Edwards) und Lehren Berkeleys, der 1728 bis 1731 in Amerika lebte, geprägt. Seit 1800 wurde die europäische Aufklärungsphilosophie, nach 1825 der dt. Idealismus bekannt, im Transzendentalismus R. W. Emersons und in personalist. Richtungen fortgebildet. Seit etwa 1870 erhielt die n. P. ihre eigene Gestalt, bes. durch C. S. Peirce, der die auf Nützlichkeit gerichtete Denkweise zum philosoph. Begriff erhob (→Pragmatismus). Dieser wurde von William James fortgebildet und von John Dewey immer stärker dem amerikan. Denken angepaßt. In jüngerer Zeit machten sich wieder starke europ. Einflüsse bemerkbar (Einwanderung G. Santayanas, A. N. Whiteheads, E. Cassirers, R. Carnaps; nach dem 2. Weltkrieg M. Horkheimer, T. W. Adorno, H. Marcuse u. a.).

Nord-Assam-Völker, die tibetobirmanisch sprechenden, paläomongoliden Völker in den Himalaya-Vorbergen N-Assams.

Nordatlantikpakt, engl. **North Atlantic Treaty Organization,** Abk. **NATO,** der am 4. 4. 1949 in Washington von Belgien, Dänemark, Frankreich, Großbritannien, Island, Italien, Kanada, Luxemburg, den Niederlanden, Norwegen, Portugal und den Verein. Staaten unterzeichnete Sicherheitspakt. Griechenland und die Türkei traten 1952, die Bundesrep. Dtl. 1954 bei. Die Partner sind zur gegenseitigen Unterstützung, nicht aber zum automatischen militär. Beistand verpflichtet, wenn einer von ihnen in Europa, Nordamerika oder im nordatlant. Bereich angegriffen wird. Die politische Leitung liegt bei dem **Nordatlantikrat (NATO-Rat),** Sitz Paris, seit 1967 Brüssel, dort seit 1967 auch Sitz der militär. Leitung. Die Partner unterstellen diesen Land-, Luft- und Seestreitkräfte unter den Obersten Befehlshabern für Europa und für den Atlantik mit umfassender Untergliederung. Durch die Pariser Abkommen von 1954 sind NATO und Westeuropa. Union (diese mit automatischer Beistandspflicht ihrer Partner) in enge Verbindung gebracht. 1966 trat Frankreich aus der militär. Integration der NATO aus, blieb jedoch Mitglied.

Nordaustralien, →Nordterritorium.

Nordbaden, RegBez. von Baden-Württemberg, 5121 km², 1,91 Mill. Ew. Hauptstadt: Karlsruhe. N. (bisher 4 Stadt-, 9 Land-

kreise) wird nach dem Ges. vom 23. 7. 1971 neu gegliedert in die Stadtkreise Heidelberg, Mannheim, Baden-Baden, Karlsruhe, Pforzheim und die Landkreise Odenwaldkreis, Rhein-Neckar-Kreis, Karlsruhe, Rastatt, Calw, Enzkreis, Freudenstadt. Der RegBez. wird zum 1. 1. 1977 aufgelöst; das Gebiet umfaßt dann die Regionalverbände Unterer Neckar, Mittlerer Oberrhein, Nordschwarzwald.

Nordb′orneo, Britisch-Nordborneo, →Sabah.

Nordbrab′ant, niederländ. **Noord-Brabant,** Provinz im S der Niederlande, 5105 km², 1,787 Mill. Ew. Hauptstadt: Herzogenbusch.

Nordchinesische Tiefebene, Große Ebene, fruchtbare Landschaft in N-China, lößbedeckt; Anbau von Hirse, Weizen, Gerste und Baumwolle.

Nord-Dak′ota, →North Dakota.

Norddeich, zur Gem. Lintelermarsch, Ndsachs., gehörender Hafenort gegenüber Juist und Norderney, 1300 Ew. Küstenfunkstelle für den Seefunkdienst **(N.-Radio).**

Norddeutscher Bund, 1866-71, Bundesstaat, von Bismarck als Nachfolger des Dt. Bundes gegr.; Vorläufer des Dt. Reiches.

Norddeutscher Lloyd [-lɔid], 1857 in Bremen gegr. Reederei. Nach zweimaligem Wiederaufbau der in den Weltkriegen verlorenen Flotte besaß der N. L. am 1. 1. 1970 67 Schiffe mit 353 000 BRT. Im April 1970 wurde der N. L. mit der Hamburg-Amerika-Linie zur Hapag-Lloyd-AG. fusioniert.

Norddeutschland, Niederdeutschland, das Norddeutsche Tiefland mit den vorgelagerten Inseln, das nördl. Weserbergland und das nördl. Harz-Vorland. An Bodenschätzen ist N. arm bis auf die jüngst erschlossenen Erdöl- und Braunkohlenlagerstätten.

Norden, Nord, die Himmelsrichtung des tiefsten Sonnenstandes.

Norden, Stadt in Ndsachs., 16 400 Ew.; Kornbrennerei, Eisengießerei, Maschinenfabrik.

Nordenflycht [n′u:rdənflykt], Hedvig Charlotta, schwed. Lyrikerin, * 1718, † 1763.

Nordenh′am, Stadt in Ndsachs., Überseehafen an der Unterweser, 27 400 Ew., Flugzeugbau, Norddt. Seekabelwerke, Reederei u. a. Industrie.

Nordenskiöld [n′u:rdən∫œld], Adolf Erik, Freiherr von (seit 1880), schwed. Polarforscher, * 1832, † 1901, führte 1878/79 die erste →Nordöstliche Durchfahrt aus.

Nordenskjöld, Otto, schwed. Geologe

und Polarforscher, * 1869, † 1928; leitete 1901-03 die schwed. Südpolarexpedition.

Norderney, Nordseeinsel an der Küste von Ostfriesland, Ndsachs., 13 km lang, bis 2 km breit, 15 km², 9300 Ew.; Seebad.

Nordeurasischer Kulturkreis, jungsteinzeitl. Kulturgruppen in N-Europa, N-Rußland und Sibirien, die in der arkt. Umwelt einheitl. Gepräge annahmen.

Nordeuropa, die nordischen Länder Europas mit Norwegen und Schweden als Kernraum (Skandinavien), Dänemark, Finnland und Island als Randländern. *Vorgeschichte.* Die Besiedlung N. begann mit dem Ende der Altsteinzeit. Rentierjäger zogen dem mit dem Eis nach N weichenden Jagdwild nach. Zwischen 9000 und 8000 v. Chr. war die Kultur zwischen unterer Elbe und dem Rand des Eises in S-Schweden ausgeprägt. Nach weiterem Rückzug des Eises in der Mittelsteinzeit nahm die Zahl der Menschen in Jütland und S-Schweden zu. Den aus Kulturen der Polargebiete über Finnland kommenden Jägern folgten in der Jungsteinzeit Angehörige der osteurop. Kammkeramiker, und Menschen der Trichterbecherkultur wanderten von Norddeutschland in Dänemark und S-Schweden ein; das Gesamtgefüge dieser Kulturen nennt man den **Nordischen** Kulturkreis. Im Mittelneolithikum drangen osteurop. Hirtenstämme als Träger der Brotaxtkultur ein und verschmolzen mit den Trichterbecherleuten; die daraus entstehende Bevölkerung zur Bronzezeit gilt als Urahn der Germanen.

Nordfjord, einer der schönsten Fjorde W-Norwegens, 85 km lang, 1-4 km breit.

Nordfriesische Inseln, ein Teil der →Friesischen Inseln.

Nordfriesland, Landschaft an der Westküste Schleswig-Holsteins, nördl. von Husum, mit den vorgelagerten Nordfries. Inseln.

Nordgermanen, sprachlich und kulturell gesonderte Gruppe german. Völker, die die ethnische Grundlage der Dänen, Schweden, Norweger, Isländer bilden.

Nordhausen, Stadt im Bez. Erfurt, im NW der Goldenen Aue, 44 500 Ew.; Maschinen-, Apparatebau, Textil- u. a. Ind., Branntweinbrennereien (Nordhäuser). - 927 als Königspfalz erwähnt, 1220-1802 Reichsstadt, dann preußisch. 1945 wurde N. zu 74% zerstört, bes. die Altstadt mit vielen histor. Bauten, Kirchen des 12.-15. Jahrh., Rathaus (17. Jahrh.).

Nordhoff, Heinrich, Ingenieur, * 1899, † 1968, war seit 1948 Leiter des Volkswagenwerks.

Nordholland, niederländ. **Noord-Holland,** Prov. der Niederlande, Halbinsel westlich des Ijsselmeers mit den Inseln Texel, Vlieland und Terschelling, 2911 km² groß, 2,244 Mill. Ew. Hauptstadt: Haarlem.

Nordhorn, Stadt in Ndsachs., an der Vechte, 42 900 Ew., Textilindustrie.

Nordirland, engl. **Northern Ireland,** der 1921 bei Großbritannien verbliebene Teil von →Irland, 13 567 km² groß, 1,512 Mill. meist protestant. Ew. Hauptstadt: Belfast. N. hat beschränkte Autonomie; ausgenommen sind z. B. Verteidigung, Auswärtiges, und bestimmte Steuern. Parlament aus 2 Häusern, Kabinett mit MinPräs. Die brit. Krone wird durch den Gouverneur vertreten. - Seit 1969 kam es um die Stellung der kath. Minderheit zu Unruhen, die Großbritannien 1972 veranlaßten, die beschränkte Autonomie aufzuheben, die nordir. Regierung und das Parlament zu entlassen und selbst die Regierungsgewalt auszuüben.

Nordische Kombination, Ski-Wettkampf: 15-km-Langlauf und Springen.

nordische Rasse, eine den Europiden (Übersicht Bd. 1, S. 358) zugehörige Menschenrasse. (Tafel Menschenrassen.)

Nordischer Krieg, 1700-21, zwischen Schweden (Karl XII.) einerseits, Dänemark, Sachsen-Polen (August der Starke), Rußland (Peter d. Gr.), später Preußen, Hannover andererseits. Karl siegte 1700 bei Narwa, zwang August zum Frieden von Altranstädt, wurde 1709 bei Poltawa von Peter geschlagen, in die Türkei abgedrängt. Der N. K. brach das Übergewicht Schwedens im Norden und erhob Rußland zur europ. Großmacht.

Nordischer Rat, seit 1951/52 gemeinsames Organ der nordeurop. Staaten zur Förderung der kulturellen, wirtschaftl. und sozialpolit. Zusammenarbeit.

nordische Sprachen, die altnordische Sprache (→Altnordisch) mit ihren Tochtersprachen: Isländisch, Färöisch, Norwegisch, Dänisch und Schwedisch.

Nordische Wettbewerbe, Skisport: die Wettbewerbe Skispringen und →Langlauf.

Nordkalˊotte [schwed. aus frz.] die, Skandinavien nördl. des Polarkreises.

Nordkanal, engl. **North Channel,** Meerenge zwischen Schottland und Irland, an der engsten Stelle 20 km breit.

Nordkap, steiles, 307 m hohes Vorgebirge auf der norweg. Insel Mageröy; gilt als Nordspitze Europas, doch liegt ein anderer Vorsprung der Insel 1¹/₂ km weiter nördlich.

Nord-Karolina, →North Carolina.

Nordland, →Sewernaja Semlja.

Nördlicher Seeweg, die →Nordöstliche Durchfahrt.

Nördliches Eismeer, das →Nordpolarmeer.

Nordlicht, das nördl. →Polarlicht.

Nördlingen, Stadt in Schwaben, Bayern, im Ries, 14 200 Ew.; Textilindustrie, Schuhherstellung; mittelalterl. Stadtbild. - Seit Kaiser Friedrich II. Reichsstadt; 1803 an Bayern. Im Dreißigjähr. Krieg bei N. erste Niederlage der Schweden (am 6. 9. 1634).

Nordmark, ehemals Grenzmark gegen die Heveller, beiderseits der mittleren Elbe, später →Altmark genannt.

Nord-Ossetische Autonome Sozialistische Sowjetrepublik, im Nordkaukasus, innerhalb der Russ. SFSR, 8000 km², 553 000 Ew. (zu 85% Osseten). Hauptstadt: Ordschonikidse. Je ¹/₄ der Fläche sind Wald und Ackerland (bes. im Terektal: Weizen, Mais-, Gemüseanbau); sonst Weidewirtschaft. Zink- und Bleierzlager. Die Rep. wurde 1924 als Autonomes Gebiet eingerichtet, 1936 in eine ASSR umgewandelt.

Nordöstliche Durchfahrt, Nördlicher Seeweg, Nordostpassage, Seeweg vom nördl. Atlantischen zum nördl. Stillen Ozean, führt durch das Nordpolarmeer längs der Nordküsten von Europa und Asien und die Beringstraße; zum ersten-

mal 1878/79 von →Nordenskiöld befahren.

Nordostpolder, Koog und Gem. mit 31 000 Ew. in der niederländ. Prov. Overijssel, 468 km²; Hauptort: Emmeloord.

Nord-Ostsee-Kanal, früher **Kaiser-Wilhelm-Kanal,** Kanal zwischen Brunsbüttel und Kiel-Holtenau, 98,7 km lang, verbindet Nordsee und Ostsee. An seinen Mündungen Schleusenanlagen. Straßen- und Fußgänger-Tunnel bei Rendsburg.

Nordpol, 1) ⊕ der nördl. Schnittpunkt der Umdrehungsachse eines Himmelskörpers mit seiner Oberfläche. Gegenpunkt: Südpol. Der **N. der Erde** liegt im Nordpolarmeer. An ihm geht die Sonne am 21. 3. auf und am 23. 9. unter und teilt so das Jahr in **Polartag** und **Polarnacht. 2)** ☆ ein Schnittpunkt der Himmelsachse mit dem Meridian. **3)** Physik: einer der beiden Magnetpole.

Nordpolargebiet, Arktis, der nördlichste Teil der Erdkugel, mathematisch begrenzt durch den nördl. Polarkreis, biologischgeographisch besser durch die 10°-Juli-Isotherme (etwa die Waldgrenze). Das N. umfaßt das Nordpolarmeer mit Inseln (amerikan.-arkt. Archipel, Grönland, Spitzbergen, Nowaja Semlja, Franz-Josef-Land, Neusibir. Inseln u. a.) und einen schmalen Streifen der angrenzenden Festländer N-Amerikas und Eurasiens, inges. rd. 27 Mill. km², davon rd. 9 Mill. km² Land und Inseln. Landschaftlich ist es meist Eis-, Fels- und Schuttwüste (mit Tundravegetation). Die Bevölkerung (einige Hunderttausend) betreibt Jagd, Viehzucht, Fischfang. Die Bedeutung des N. steigt mit der Gewinnung von Bodenschätzen und dem Ausbau des transarkt. Flugverkehrs. ⊕ XVI, Bd. 1, nach S. 320. Über die Entdeckung vgl. Übersicht Bd. 1, S. 342.

Nordpolarmeer, Nördliches Eismeer, arktisches Mittelmeer des Atlant. Ozeans, zwischen Eurasien, Amerika und Grönland, rd. 14 Mill. km² groß, großenteils ständig von Eis bedeckt (Meereis, Treibeis, Packeis, nach S driftende Eisberge). Schiffahrt nur in den Randgebieten. Für Luftfahrt und Forschung bestehen auf dem umgebenden Festland und auf treibenden Eisschollen Beobachtungsstationen. Erste Durchquerung unter dem Eis 1958 durch ein mit Kernenergie betriebenes amerikan. U-Boot.

Nordpunkt, der in der Nordrichtung liegende Punkt des Horizonts.

Nordrhein-Westfalen, Land der Bundesrep. Dtl., 34 044 km² mit 16,9 Mill. (52,5% kath., 41,9% evang.) Ew. Hauptstadt: Düsseldorf. ⊕ X/XI, Bd. 1, nach S. 320.

N.-W. umfaßt etwa ²/₃ Tiefland (Niederrhein. und Westfäl. Bucht) und ¹/₃ Gebirgsland (Eifel, Hohes Venn, Sauerland, Sie-

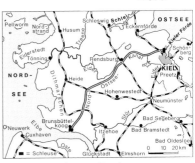
Nord-Ostsee-Kanal

gerland, Bergisches Land, Siebengebirge, Westteil des Weserberglandes und Teutoburger Wald). Der größte Teil N.-W.s gehört zum Stromgebiet des Rheins. Wichtige Bodenschätze: Steinkohle (Ruhrgebiet, Aachen, Ibbenbüren), Braunkohle (Niederrhein. Bucht), Salz (Niederrhein), Mineralquellen (Bad Salzuflen, Oeynhausen, Pyrmont, Aachen u. a.).

Die **Bevölkerung** besteht vor allem aus Rheinländern und Westfalen; nach dem 2. Weltkrieg wurden viele Flüchtlinge und Vertriebene angesiedelt. Ins Ruhrgebiet kamen um die Jahrhundertwende viele Ansiedler aus dem Osten (Schlesier, Ostpreußen, Polen u. a.). 42,5% der Ew. leben in Großstädten. **Hochschulen:** N.-W. hat 7 Universitäten: Bonn, Köln, Bochum,

Nordrhein-Westfalen, Verwaltung 1970

RegBez.	km²	Ew. (in 1000)
Düsseldorf	5 505	5 628
Köln	4 004	2 416
Aachen	3 098	1 017
Münster	7 209	2 404
Detmold	6 481	1 738
Arnsberg	7 746	3 721
Nordrhein-Westfalen	34 044¹)	16 924

¹) Differenz durch Abrundung.

Düsseldorf, Dortmund, Münster, Bielefeld; eine TH in Aachen (mit medizin. Fakultät). 1972 wurden in Duisburg, Essen, Paderborn, Siegen und Wuppertal Gesamthochschulen gegründet. Weiterhin bestehen: die katholisch-philosophisch-theolog. Akademie in Paderborn, die evang. kirchl. Hochschulen in Bethel und Wuppertal, die Staatl. Kunstakademie Düsseldorf, die Staatl. Hochschule für Musik in Köln, die Nordwestdt. Musikakademie in Detmold, Folkwang-Hochschule für Musik, Theater und Tanz in Essen, die Sporthochschule in Köln sowie die Sozialakademie in Dortmund, das Berufspädagog. Institut in Köln, Pädagog. Hochschulen Rheinland, Ruhr, Westfalen-Lippe.

Wirtschaft. Die wirtschaftl. Bedeutung N.-W.s wird weitgehend bestimmt durch den Wirtschaftsraum Rhein-Ruhr, das stärkste industrielle Ballungsgebiet der Bundesrep. Dtl. (dessen Kern das →Ruhrgebiet ist), mit Kohlenbergbau, Eisen- und Stahlerzeugung und -verarbeitung, chem. Ind., Erdölraffinerien, Metallwaren-, elektrotechn., Textil-, Glas-, Nahrungs- und Genußmittelind. Weitere Industriezentren: das Aachener Gebiet (Eisen-, Metallverarbeitung, Textil-, Glas-, Maschinenfabriken), Niederrhein und Münsterland (Textilind.), Ostwestfalen-Lippe (Textil-, Maschinen-, Fahrzeugindustrie), Bergisches Land (Stahlwaren-, Kleineisen-, Textilind.). - 58% der Fläche werden von der Landwirtschaft genutzt. Angebaut werden in den Lößgebieten am Rand der Mittelge-

Nördlingen

birge Roggen, Weizen, Zuckerrüben, auf den Sand- und Lehmböden des Tieflands bes. Kartoffeln und Futterpflanzen, bes. am Rand des Vorgebirges Gemüse und Obst. Bedeutende Viehwirtschaft (Schweine, Rinder, Pferde, Geflügel). **Geschichte.** N.-W. wurde 1946 aus dem Nordteil der Rheinprovinz, aus der Prov. Westfalen und dem Land Lippe gebildet. MinPräs.: 1946 R. Amelunxen (CDU), 1947 K. Arnold (CDU), 1956 F. Steinhoff (SPD), 1958 F. Meyers (CDU), seit 1966 H. Kühn (SPD).

Nordrhod'esien, engl. **Northern Rhodesia,** Teil der ehemal. brit. Kolonie Rhodesien im südl. Afrika, seit 1964 →Sambia.

Nordschleswig, dän. **Sönderjylland,** der nördliche, seit 1920 zu Dänemark gehörende Teil von Schleswig, 3929 km².

Nordsee, engl. **North Sea** (früher auch **German Sea**), ein Nebenmeer des Atlant. Ozeans zwischen den Brit. Inseln und Skandinavien, mit diesem durch die Straße von Dover und Ärmelkanal im SW und einen breiten Durchgang im N verbunden; zur Ostsee führen Skagerrak und Kattegat. Die N. ist rd. 575 000 km² groß und mit Ausnahme der Norweg. Rinne (bis 705 m tief) ein flaches Schelfmeer, das 200 m Tiefe nicht überschreitet (im Mittel 94 m). Die Flut erreicht in der Dt. Bucht 3 m, an der engl. Küste über 6 m Höhe. Die N. ist bedeutendes Fischereigebiet (Hering, Schellfisch, Kabeljau, Scholle; Hauptfanggebiete: Doggerbank, Fladengrund, norweg. Küstengewässer) und eines der verkehrsreichsten Meere; bedeutende Häfen: London, Antwerpen, Rotterdam, Amsterdam, Hamburg, Bremen. Seit den 60er Jahren werden die neuentdeckten, sehr großen Erdöl- und Erdgaslager genutzt.

,**Nordsee' Deutsche Hochseefischerei GmbH.,** Bremerhaven, 1896 gegr., Kap.: 77 Mill. DM, Beschäftigte: rd. 9000 (1971).

Nordseegermanen, Gruppe sprachlich engverwandter german. Stämme.

Nordseekanal, Kanal in der Prov. Nordholland, Niederlande, verbindet Amsterdam mit der Nordsee bei Ijmuiden, 19 km.

Nordstern-Versicherungsgruppe, Köln und Berlin, umfaßt: **N. Allgemeine Versicherungs-AG.,** gegr. 1866, 1969: 339 Mill. DM Prämie; **N. Lebensversicherungs-AG.,** Ursprung: 1867, 1969: 130,7 Mill. DM Prämie; **N. Rückversicherungs-AG.,** gegr. 1910. 1968: 153,3 Mill. DM Prämie.

Nordstrand, eingedeichte Marschinsel vor Husum, Schleswig-Holstein, 45 km² groß, 3000 Ew.; Damm zum Festland.

Nordström [n'u:rd-], Ludvig, schwed. Schriftsteller, * 1882, † 1942; Romane.

Nordterritorium, Nordaustralien, engl. **Northern Territory,** unmittelbares Bundesgebiet des Austral. Bundes, 1 356 100 km², 71 000 Ew., davon rd. 19 000 Eingeborene; Hauptstadt: Darwin; größtenteils Wüste und Savanne (extensive Viehzucht).

Nordtiroler Kalkalpen, der in Tirol liegende Teil der Nördlichen Kalkalpen.

Nordwestamerikaner, kulturell zusammengehörende indianische Völkergruppe auf den Inseln und an der W-Küste Kanadas; Hauptstämme: Haida, Kwakiutl, Tlingit.

Nordwest-Grenzprovinz, engl. **North West Frontier Province,** bis 1947 die nördlichste Provinz Brit.-Indiens, seitdem Pakistans, 1955 aufgelöst, 1970 wiederhergestellt; 43 303 km², 10,7 Mill. Ew.; Hauptstadt: Peschaur.

Nordwestliche Durchfahrt, Nordwestpassage, der Seeweg vom nördl. Atlantik längs der Nordküste Nordamerikas durch die Beringstraße zum Stillen Ozean, 1850 gefunden, 1903-06 von Amundsen ganz befahren.

Nord-West Ölleitung GmbH., NWÖ, Wilhelmshaven, gegr. 1956, betreibt Rohölleitungen (Wilhelmshaven-Ruhrgebiet), Kap. 65 Mill. DM, Beschäftigte: 172 (1971).

Nordwestterritorien, engl. **Northwest Territories,** Verwaltungsgebiet im NW Ka-

nadas, 3 392 000 km², 29 000 Ew. Im N überwiegend Tundra, im S Waldland; viele Pelztiere; Bergbau auf Uran, Gold, Silber, Blei, Nickel, Erdöl und Erdgas.

Nordwürttemberg, RegBez. von Baden-Württemberg, 10 581 km², 3,496 Mill. Ew. Hauptstadt: Stuttgart. N. (bisher 3 Stadt-, 19 Landkreise) wird nach dem Ges. vom 23. 7. 1971 neu gegliedert in die Stadtkreise Heilbronn, Stuttgart und die Landkreise Heilbronn, Hohenlohekreis, Schwäbisch Hall, Tauberkreis, Böblingen, Esslingen, Göppingen, Ludwigsburg, Rems-Murr-Kreis, Heidenheim, Ostalbkreis. Der RegBez. wird zum 1. 1. 1977 aufgelöst; das Gebiet umfaßt dann die Regionalverbände Franken, Mittlerer Neckar, Ostwürttemberg.

Nor'eia, im Altertum Hauptort der illyr. Noriker im Ostalpen (vermutlich südlich von Klagenfurt); Eisenbergbau. 113 v. Chr. Sieg der Kimbern und Teutonen über die Römer.

Norfolk [n'ɔ:fək], **1)** auch **Northfolk,** engl. Grafschaft an der Nordseeküste, 5319 km², 602 800 Ew. Hauptstadt: Norwich. **2)** Hafenstadt in Virginia, USA, 308 000 Ew.; Werften, chem. und Holzindustrie; größter Kriegshafen der Verein. Staaten.

Norfolk [n'ɔ:fək], engl. Herzogswürde. **1)** Thomas, * 1473, † 1554, Oheim der 2. (Anna Boleyn) und 5. (Katharina Howard) Gemahlin Heinrichs VIII.; Gegner Wolseys und Th. Cromwells. **2)** Thomas, Enkel von 1), * 1536, † 1572, wegen einer geplanten Verschwörung zugunsten Maria Stuarts enthauptet.

Norfolktanne, ⚘ eine Araukarie.

N'oricum, im Altertum das Gebiet östlich des Inns, von den illyrisch-kelt. **Norikern** bewohnt; Hauptstadt: Noreia; 16 v. Chr. von den Römern unterworfen, seit 45 n. Chr. röm. Prov.; Sitz des kaiserl. Statthalters: Virunum (bei Klagenfurt).

Nor'ilsk, 1935 gegr. Bergwerksstadt in Nordsibirien, Sowjetunion, 136 000 Ew., Bahn nach Dudinka am Jenissej. Nickel-, Kupfer-, Kobalt-, Kohlengruben.

Norische Alpen, Teil der Zentralalpen, zwischen Murtal und Kärntner Becken.

Norm [lat.] *die,* **1)** Regel, Vorschrift, Richtschnur. **2)** ✇ die Angabe des Buchtitels am Fuß der ersten Seite jedes Bogens. **3)** die Arbeitsleistung, die in einer bestimmten Zeit erbracht sein muß. **4)** Strafrecht: das Verbot oder Gebot einer Handlung im Unterschied zur Strafdrohung (Sanktion).

Norm'ale [lat.] *die,* Senkrechte auf einer Tangentialebene oder Schmiegebene, errichtet im Berührungspunkt.

Norm'al|element, ein galvan. Element,

das als Spannungsnormal dient. Das **Weston-Element** besitzt bei 20° C eine Spannung von 1,01865 Volt.

Normalfeld, Maximalfeld, Bergbau: die größte Fläche, die einem Fundpunkt bei Erteilung der Abbauberechtigung zugeteilt wird, gesetzlich auf 2 200 000 m² (in einigen Bergamtsbezirken nur 110 000 m²) festgelegt.

Normallösung, die Lösung von 1 (Gramm-) Äquivalent einer Substanz in 1 Liter.

Normal Null, Abk. **NN,** die Ausgangsfläche für Höhenmessungen auf der Erdoberfläche, abgeleitet vom mittleren Meeresniveau, daher in den einzelnen Ländern verschieden. Für die Bundesrep. Dtl.: Mittelwasser des Amsterdamer Pegels, für die Dt. Dem. Rep. der Ostseepegel von Kronstadt am Finn. Meerbusen.

Norm'alspur, die Eisenbahnspurweite, bei der der Abstand der Innenkanten der Schienenköpfe 1435 mm beträgt.

Norm'alton, 1) Akustik: Ton der Frequenz 1000 Hz. **2)** ♪ der →Kammerton.

Normaluhr, 1) bei Sternwarten die astronom. Hauptuhr. **2)** bei elektr. Uhrenanlagen die Mutteruhr, von der aus die Nebenuhren betrieben werden. **3)** öffentliche Uhr.

Normand'ie, geschichtl. Landschaft in Nordwest-Frankreich, umfaßt die Halbinsel Cotentin und die Kalk- und Kreidehochflächen (200 m) des Seinemündungsgebiets. Hauptstadt: Rouen. - Seit Ende des 9. Jahrh. an der Seinemündung seßhafte Normannen erzwangen 911 die Belehnung ihres Führers Rolf (Rollo) als Herzog durch Karl III. von Frankreich. Durch Wilhelm den Eroberer 1066 in Personalunion mit England, 1204 an Frankreich.

Norm'annen [von Nordmannen], **W'ikinger,** die aus Skandinavien, insbes. aus Dänemark, als Seefahrer, Eroberer und Staatengründer zu den Küsten Europas vordringenden Nordgermanen des 8.-11. Jahrh. Übervölkerung, polit. und religiöse Gegensätze in der Heimat, auch Abenteuerlust sind die Hauptbeweggründe der Normannenzüge.

Ende des 8. Jahrh. begannen die N. die Küsten des Fränk. Reichs und das angelsächs. England anzuschiffen. Sie fuhren die großen Flüsse aufwärts ins Binnenland vor (Köln, Trier, Paris) und gelangten bis ins Mittelmeer. 878 erzwangen sie die Abtretung des Landes nördl. der Straße London-Chester. Die deutschen Küsten blieben seit dem Sieg König Arnulfs bei Löwen (891) im wesentl. verschont. An der Seinemündung entstand 911 die →Normandie;

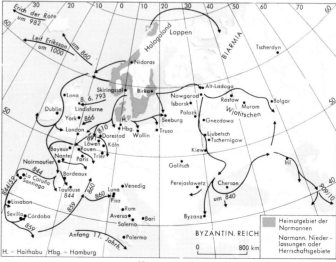

Normannenzüge

hier nahmen die N. mit dem Christentum bald die französ. Sprache und Kultur an. Die Dänenkönige (Knut d. Gr.) beherrschten 1013-42 ganz England, und auch in Irland (Dublin) hielt sich lange Zeit ein dän. Fürstenhaus. Von der Normandie aus unterwarf Wilhelm der Eroberer 1066 England; gleichzeitig gründeten französ. N. in Unteritalien das Reich Neapel-Sizilien. Diese Normannenreiche waren die am straffsten durchgebildeten Staatswesen ihrer Zeit. Auch in den Kreuzzügen waren die französisch-italien. N. führend. Im hohen Norden besiedelten norweg. N. seit 874 Island; Erik der Rote legte 986 Siedlungen an der Westküste Grönlands an, die bis ins 15. Jahrh. bestanden, und sein Sohn Leif Eriksson entdeckte um 1000 Nordamerika (Vinland). Ferner beherrschten die N. im 9.-11. Jahrh. die südl. Ostseeküste, wo sie →Haithabu bei Schleswig, Jomsburg bei Wollin, Truso bei Elbing u. a. gründeten. Schwed. N., die Waräger, schufen unter Rurik in den 60er Jahren des 9. Jahrh. das Russische Reich, drangen nach dem Schwarzen Meer vor und griffen wiederholt Konstantinopel an.

Normannisch, französ. Mundart in der Normandie. In ihr und im Anglonormannischen sind bedeutende Dichtungen überliefert (von Wace, etwa 1100-74, Philippe de Thaon, 1. Hälfte 12. Jahrh.).

Normannische Inseln, Kanalinseln, brit. Inselgruppe im Englischen Kanal vor der französ. Küste, zusammen 195 km², 113 400 Ew. Hauptinseln: Jersey, Guernsey, Sark, Alderney und kleinere Inseln. Amtssprache: Französisch; außerdem Englisch und normann. Mundarten.

normat′iv [lat.], als Regel geltend.

Normativbesteuerung, eine Besteuerung, die Normalgrößen zugrunde legt, z. B. den branchenüblichen Gewinn; wird angewendet, wenn keine Bücher geführt werden.

Normativbestimmungen, ⚖ zwingende Normen für die Satzung jurist. Personen, von deren Erfüllung die Eintragung in ein öffentl. Register abhängt.

normen [zu Norm], **normieren,** Einheitsmuster aufstellen, vereinheitlichen, regeln.

N′ormenkollision, ⚖ das Aufeinandertreffen von Rechtsnormen gleicher Geltungskraft (bes. im internat. Privat- und Strafrecht); **Kollisionsnormen** bestimmen, welche Gesetze anzuwenden sind.

Normenkontrolle, ⚖ die gerichtl. Prüfung der Übereinstimmung einer Rechtsnorm mit einer Norm höheren Ranges (z. B. abstrakte N. eines Gesetzes gegenüber der

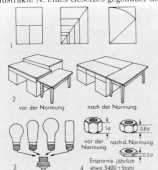

Normung: **1** Aufbau der Formatordnung bei Papier (A-Reihe). **2** Typnormung bei Büromöbeln; die Möbel passen zueinander, auch bei verschiedener Herkunft, die Lagerhaltung wird durch Typenbeschränkung vereinfacht, die Herstellung durch Sortenverminderung und Reihenanfertigung billiger. **3** Austauschbarkeit durch Normung der Glühlampengewinde. **4** Rohstoffersparnis bei der Herstellung von Schraubenmuttern (d = Dicke)

Verfassung durch die Verfassungsgerichte).

Normkubikmeter, Abk. **Nm³,** Kubikmeter bei 0° C und 1 at.

Normung [zu Norm] die, in der Industrie die Vereinheitlichung von Benennungen, Kennzeichen, Formen, Größen, Abmessungen und Beschaffenheit von Industrieerzeugnissen. Ziel: Verringerung der Sortenzahlen, einfachere Lagerhaltung, Verbilligung der Herstellung, leichtere Ersatzbeschaffung und Austauschbarkeit. Normen sind verpflichtende Empfehlungen. Die N. in der Bundesrep. Dtl. und (West-) Berlin werden vom **Dt. Normenausschuß** aufgestellt. (→DIN, →ISO)

Nornen, die drei Schicksalsschwestern (Urd, Skuld, Verdandi) des german. Glaubens; weben das unentrinnbare Schicksal.

N′orrbotten, Landschaft und VerwBez. im nördl. Schweden, 105 877 km², 255 700 Ew. Hauptstadt: Luleå.

N′orris, Frank, amerikan. Schriftsteller, * 1870, † 1902, erster amerikan. Naturalist.

Norrköping [n′ɔrtçøpiŋ], Hafen- und Industriestadt in Östergötland, Schweden, nahe der Mündung des Motalaström in die Ostsee, 95 000 Ew.; Textil-, Papier-, Lebensmittel-, Metallwaren-, Möbelind.

N′orrland, der nördliche, dünnbesiedelte Teil Schwedens.

Northampton [nɔ:θ′æmptən], Stadtgrafschaft und Hauptstadt der engl. Gfsch. Northamptonshire,123 700 Ew.; Schuhhindustrie, Lederfabrikation, Maschinenbau u. a.

Northamptonshire [nɔ:θ′æmptənʃiə], Grafschaft in Mittel-England, 2368 km², 444 800 Ew. Hauptstadt: Northampton.

North Carolina [nɔ:θkærəl′ainə], abgekürzt **N. C., Nord-Karolina,** einer der südl. atlant. Staaten der Verein. Staaten, 136 521 km², 5,082 Mill. Ew. Hauptstadt: Raleigh. Viel Landwirtschaft (Mais, Weizen, Tabak, Baumwolle, Viehzucht); Textil-, Tabak-, Holzwarenindustrie. - N. C. war 1789 einer der 13 Gründerstaaten der Union, gehörte im Sezessionskrieg zu den Südstaaten.

Northcliffe [n′ɔ:θklif], Alfred **Harmsworth,** Viscount N. (1917), * 1865, † 1922, Gründer eines engl. Zeitungskonzerns (Daily Mail, Times, Daily News, Evening News), Anhänger Frankreichs, scharfer Gegner Deutschlands, 1918 brit. Propaganda-Direktor. Erbe des Konzerns war sein Bruder Lord →Rothermere.

North Dakota [nɔ:θ dək′outə], Abk. **N. D., Nord-Dakota,** einer der nordwestl. Mittelstaaten der Verein. Staaten, 183 018 km², 617 800 Ew. Hauptstadt: Bismarck. Viel Ackerbau (Getreide, Kartoffeln, Flachs), Abbau von Braunkohle, Förderung von Erdöl und Erdgas. - N. D. wurde 1889 der 39. Staat der Union.

Northeim, Stadt in Ndsachs., 19 200 Ew.; alte Bürgerhäuser, Stadtbefestigung; Landwirtschaft, vielseitige gewerbl. Industrie.

Northumberland [nɔ:θ′ʌmbələnd], die nördlichste engl. Grafschaft, 5229 km², 822 400 Ew. Hauptstadt: Newcastle.

Northumbria [nɔ:θ′ʌmbriə], deutsch **Northumbrien,** das nördlichste der angelsächs. Königreiche.

Nortongetriebe, bes. bei Werkzeugmaschinen ein Zahnradstufengetriebe, bei der Übersetzung mit Hilfe eines bewegl. Zwischenzahnrades geändert wird.

Norwegen, norwegisch **Norge,** Königreich in Nordeuropa, 324 219 km², 3,9 Mill. Ew. Hauptstadt: Oslo; Amtssprache: Norwegisch. Religion: 96% der Ew. gehören der lutherischen Staatskirche an. ⊕ VIII/IX, Bd. 1, nach S. 320. Nach der Verf. von 1814 (mehrfach geändert) ist N. konstitutionelle Monarchie; Staatsoberhaupt ist der König. Die Gesetzgebung liegt bei der Volksvertretung (→Storting). ☉ S. 1179. ▯ Bd. 1, S. 392. Währung: 1 norweg. Krone = 100 Öre. Allgem. Wehrpflicht. Zu Norwegen gehören: Spitzbergen, Bäreninsel, Jan Mayen, Bouvet-Insel, Peter-I.-Insel.

Landesnatur. →Skandinavien.

Die **Bevölkerung** besteht fast nur aus Norwegern, im N leben auch Lappen. Es besteht allgemeine Schulpflicht (9 Jahre), Universitäten in Oslo, Bergen, Drontheim und Tromsö.

Wirtschaft. 74% der Fläche bestehen aus Felsen und Ödland, nur 3% sind landwirtschaftl. nutzbar. Anbau bes. von Gerste, Hafer, Kartoffeln; Viehzucht (Schafe, Rinder). Die Landwirtschaft ist hoch mechanisiert. 23% der Fläche tragen Wald (vorwiegend Nadelholz), davon ⁴/₅ wirtschaftlich genutzt. N. verfügt über die größten und reichsten Fischgründe Europas und zahlreiche Bodenschätze: hochwertige Eisenerzvorkommen, Ilmeniterze, Schwefel, Kupfer, Molybdän; Kohle auf Spitzbergen. Dank des Reichtums an Wasserkraft werden vorhandene und importierte (z. B. Bauxit) Rohstoffe in einer weit verzweigten Industrie verarbeitet. In der Produktion von Aluminium steht N. an 4. Stelle in der Welt. Ausfuhr: NE-Metalle (bes. Aluminium), Fische und Fischwaren, Papier und Papiermasse, chem. Erzeugnisse, Maschinen und Apparate, Eisen und Stahl, Haupthandelspartner sind Schweden und Großbritannien. N. hat die viertgrößte Handelsflotte der Welt (18 Mill. BRT). Dank guter natürl. Häfen ist die Küstenschiffahrt von Bedeutung. 4242 km Eisenbahn; von den 71 101 km Straßen sind die meisten im Winter nicht befahrbar; internat. Flughafen: Oslo.

Geschichte. Die Entstehung des Großkönigtums in N., die mit der oft gewaltsamen Christianisierung durch Olaf Tryggvason (um 1000) und Olaf d. Hl. (1015-30) einherging, war eine der Ursachen für die Expansion der →Normannen. 1261 wurde Grönland, 1262/64 Island norwegisch. →Margarete vereinigte die drei nordischen Königreiche und sicherte ihre Verbindung in der →Kalmarer Union (1397). 1450-1814 wurde N. von dän. Königen aus dem Hause Oldenburg regiert. 1814 trat Dänemark N. mit Ausnahme von Island, Grönland und den Färöer an Schweden ab, dessen Könige bis 1905 N. regierten. Diese Union wurde vom Storting (Parlament) am 17. 6. 1905 gelöst und der dän. Prinz Karl als Håkon VII. zum König gewählt. Im Ersten Weltkrieg betrieb N. eine englandfreundl. Neutralitätspolitik, in den Zweiten Weltkrieg wurde es durch den Angriff Hitlers 1940 einbezogen. Seit 1945 bestimmte die Mitgliedschaft im Nordatlantikpakt, in der EFTA und im Nord. Rat die Außenpolitik. Die Minderheitsreg. unter T. Bratteli beschloß für 1973 den Beitritt N. zur EWG; eine Volksabstimmung über den Beitritt Sept. 1972 verlief negativ und veranlaßte die Reg. Bratteli zum Rücktritt. Staatsoberhaupt ist seit 1957 König Olaf V.

norwegische Kunst. Ihre eigentümlichsten Leistungen sind frühgeschichtl. Zeit sind die nach der Christianisierung (11. Jahrh.) entstandenen →Stabkirchen und ihre Schnitzereien. Die Steinbauten schlossen sich dem Mittelalter engl. Vorbildern an (Dome von Stavanger und Drontheim, 12. Jahrh.). Im Spätmittelalter wurden viele Bildwerke und Malereien aus Lübeck und den Niederlanden eingeführt. Renaissance und Barock hinterließen geringe Spuren. Das Beste brachte die Volkskunst hervor. Aus klassizist. Zeit stammen Universität und Schloß in Oslo. Die Maler des 19. Jahrh. standen in enger Verbindung mit Deutschland (so war mit C. D. Friedrich befreundet J. Chr. Dahl und sein Schüler Th. Fearnley); später lernten sie meist in Paris (F. Thaulow, Chr. Krohg, E. Werenskiold); ebenso die Bildhauer (St. Sinding, G. Vigeland). Der größte norweg. Maler war E. Munch, der zu den Wegbereitern des Expressionismus gehört.

norwegische Literatur. Über die Anfänge →Altnordisch. Im 12. und 13. Jahrh. entstanden Geschichtswerke, der Königsspiegel (um 1250), ritterliche Epen in Form der Saga. Das ausgehende Mittelalter war die

Norwegen: Fischerdorf am Nordkap

Zeit der Volksballaden. - Mit der Reformation drang die neue dän. Schriftsprache ein (Heimatdichter P. Daß, † 1707; Komödiendichter L. Holberg, † 1754; Satiriker J. H. Wessel, † 1785).

Eine norweg. Nationalliteratur gab es erst wieder seit etwa 1830. Vorkämpfer war der Lyriker H. Wergeland (1808-45). Für die Kulturgemeinschaft mit Dänemark trat sein Gegner J. S. Welhaven ein. P. Chr. Äsbjörnsen, J. Moe wiesen auf die Volksdichtungen hin. Damit begann die Nationalromantik (Jugendwerke von Ibsen und Björnson).

Mit der Erzählerin Camilla Collett und dem Erscheinen von Lyrik und Prosa in Landsmål begann der Realismus. Einen Höhepunkt erreichte die n. L. mit H. Ibsen (1828-1906) und B. Björnson (1832-1910). Neben ihnen wirkten K. Elster d. Ä. (1841 bis 1881), A. L. Kielland (1848-1906), J. Lie (1833-1908), A. Skram, H. Jaeger. Nach 1890 entstand reiche landschaftsgebundene Erzählliteratur: A. Garborg, H. E. Kinck, Trygve Andersen, Th. Krag, Joh. Bojer, A. Haukland, Gabriel Scott, Olav Duun, J. Falkberget, T. Vesaas, S. Christiansen, R. Fangen. Knut Hamsun (1920) und Sigrid Undset (1928) erhielten den Nobelpreis. Dramatiker war Gunnar Heiberg († 1929). Außer Björnson erneuerte die Lyrik im neuromant. Sinn V. Krag († 1933), Nils Collett Vogt († 1937), S. Obstfelder († 1900). Von den sozialen und polit. Ideen nach dem 1. Weltkrieg wurden bes. der Dramatiker Helge Krog, der Erzähler und Dramatiker Sigurd Hoel und der Lyriker A. Överland bewegt. Sozialkritisch schrieb nach 1945 der von B. Brecht beeinflußte G. Johannesen. Die norweg. Lyrik blieb bis zur Gegenwart von großer Bedeutung: O. Bull, G. Reiss-Andersen, N. Grieg, T. Vesaas.

norwegische Musik. Die bodenständige Volksmusik läßt sich bis ins frühe MA. zurückverfolgen. Eine selbständige Kunstmusik auf der Grundlage der Volksmusik hat Norwegen erst im 19. Jahrh. ausgebildet; bedeutend sind H. Kjerulf (1815-68), J. Svendsen (1840-1911) und vor allem E. Grieg (1843-1907). In der Gegenwart lassen sich drei Richtungen erkennen: eine, die die nationale Romantik im Sinne Griegs weiterführt, eine vom französ. Impressionismus beeinflußte und eine, die neue polyphone Musik erstrebt.

Norwegische Rinne, etwa 50 km breite Vertiefung (bis rd. 700 m) der nordöstl. Nordsee entlang vor der norweg. Südküste.

norwegische Sprache, bildet mit dem Isländischen und Färöischen den westnord. Zweig der nordgerman. Sprachgruppe.

Nach der Reformation wurde in Norwegen das Dänische als Kirchen- und Schulsprache, um 1600 auch als Rechtssprache eingeführt (Höhepunkt des Einflusses um 1800). Mit der beginnenden Selbständigkeit Norwegens erwachte der Wunsch nach Sprachreinigung. Das **Bokmål** (‚Buchsprache‘, früher Riksmål) beruht auf der norweg. Stadtsprache, einer dän.-norweg. Mischung mit norweg. Lautgebung. Das 1853 von Ivar Aasen erarbeitete **Landsmål** (‚Landessprache‘), seit 1929 **Nynorsk** genannt, beruht auf den ältesten norweg. Mundarten. Seit 1907 sind beide Sprachen gleichberechtigt. 1960 benutzten $1/5$ der Bevölkerung Landsmål, $4/5$ Bokmål.

Norwich [n'ɔrɪdʒ], Stadtgrafschaft und Hauptstadt der Gfsch. Norfolk, England, 119 000 Ew., normann. Kathedrale (1096 begonnen). Maschinen-, Eisenwaren-, Leder- und andere Industrie. - N. war im MA. Englands bedeutendster Kornmarkt.

Nos'ema, Sporentierchen, Erreger der **Nosemaseuche** der Bienen und der **Flekkenkrankheit** (Pebrine) der Seidenraupe.

Noske, Gustav, Politiker (SPD), * 1868, †1946, Schriftleiter und MdR, warf 1919 den Spartakusaufstand nieder, 1919-20 Reichswehrminister, 1920-33 Oberpräsident der Prov. Hannover.

Nosolog'ie [grch.] *die,* Krankheitslehre.

No-Spiele, →No.

Nossack, Hans Erich, Schriftsteller, * 1901; Gedichte, Schauspiele (‚Die Rotte Kain‘, 1951), Romane (‚Spirale‘, 1956, ‚Dem unbekannten Sieger‘, 1969, ‚Die gestohlene Melodie‘, 1972).

Noss'airi|er, →Nusairier.

Nossen, Stadt im Bez. Dresden, an der Freiberger Mulde, 7800 Ew.; Papier-, Textilind. Bei N. liegt das ehem. Zisterzienserkloster Altzelle (1162 gegr.).

Nostrad'amus, eigentlich **Michel de Notredame,** französ. Astrologe, * 1503, †1566, Leibarzt Karls IX.; machte dunkle Prophezeiungen in gereimten Vierzeilern.

nostrifiz'ieren [lat.], (ein ausländ. Zeugnis) anerkennen.

Nostrokonto [ital.], Konto, das eine Bank bei einer andern (**Nostrobank**) unterhält.

N'ota [lat.] *die,* 1) kurze Aufzeichnung, Anmerkung. 2) Rechnung. 3) Auftrag: in N. geben, nehmen.

Not|abeln [frz.] *Mz.,* Angehörige einer maßgebenden bürgerl. Oberschicht.

n'ota b'ene [lat.], Abk. **NB,** beachte; übrigens. **Notabene** *das,* Merkzeichen.

Not|adresse, ⚕ im Wechselrecht die Angabe eines Dritten durch den Aussteller oder Indossanten, der den Wechsel ‚im Notfall‘ annimmt (→Ehreneintritt).

Not|anzeige, ⚕ die Pflicht eines Wechselinhabers, bei Erhebung des →Wechselprotestes seinen unmittelbaren Vormann und den Aussteller zu benachrichtigen.

Not'ar [lat.] *der, -s/-e,* eine mit öffentl. Glauben ausgestattete jurist. Amtsperson, die vor allem Rechtsgeschäfte beurkundet, Unterschriften und Abschriften beglaubigt, Testamente und Erbverträge errichtet. In der Bundesrep. Dtl. ist das Notariatswesen in der Bundesnotarordnung v. 24. 2. 1961 i. d. F. v. 20. 7. 1967 und durch Landesrecht geregelt.

Notari'at *das,* Amt eines Notars.

notari'elle Urkunden, durch einen Notar beurkundete Schriftstücke.

Not|arztwagen, ein bes. ausgerüsteter Krankenwagen für lebensrettende Sofortmaßnahmen durch einen Arzt.

Not|aufnahmeverfahren, das Verfahren nach dem Notaufnahme-Ges. v. 22. 8. 1950 i. d. F. v. 14. 8. 1957 bei der Aufnahme Deutscher aus der Dt. Dem. Rep. in das Bundesgebiet zur Erlangung einer Aufenthaltserlaubnis; ebenso nach dem Bundesvertriebenenges. i. d. F. v. 21. 12. 1967.

Not|ausgänge, baurechtlich vorgeschriebene, zusätzl. Ausgänge.

Notbedarf, die zum notdürftigen Unterhalt erforderlichen Mittel.

Notbetrug, ⚕ →Betrug.

Notbremse, die Druckluftbremse der Eisenbahnen, kann in Notfällen durch die Fahrgäste durch Ziehen eines Handgriffs betätigt werden.

Notb'urga, Schutzheilige der Bauern und Mägde, * um 1265, † 1313; Tag: 14. 9.

Note [lat.], 1) im Völkerrecht jede förmliche schriftl. Mitteilung einer Regierung an eine andere (→Kollektivnote, →Verbalnote, →Zirkularnote). 2) Banknote. 3) Anmerkung, Bemerkung. 4) Beurteilung einer Leistung; →Notenstufen der Schulzeugnisse. 5) ♪ →Noten.

Noten, 1) musikal. Schriftzeichen jeder Art. 2) die N.-Aufzeichnung eines Musikstücks, unsere heutige **N.-Schrift.** Die relative Tonhöhe wird auf dem Fünfliniensystem durch die verschieden hochgestellten N.-Köpfe ausgedrückt. Die absolute Tonhöhe zeigen die N.-Schlüssel an. Die in der diaton. Grundtonleiter C-Dur nicht enthaltenen Tonstufen werden durch Vorzeichen vor den einzelnen N. oder als Tonartenvorzeichnung am Anfang des Liniensystems angegeben. Zur N.-Schrift gehören ferner die Längenbezeichnung, Taktvorzeichnung und die Vortragszeichen.

Notenbank, Kreditinstitut, dessen Hauptpassivgeschäft die Ausgabe von Banknoten ist. Die heutigen N. sind meist →Zentralbanken.

Notenbankpolitik, Maßnahmen der Notenbank zur Sicherung der Geld- und Kreditversorgung der Wirtschaft, zur Regulierung des Geldumlaufs und zur Erhaltung der Geldwertstabilität, bes. die Diskont-, Mindestreserven-, Offenmarkt- und Einlagenpolitik.

Notendeckung, der Bestand der Notenbank an Gold oder anderen Edelmetallen und an Devisen als Gegenwert für die ausgegebenen Banknoten. Für die Deutsche Bundesbank bestehen keine Deckungsvorschriften.

Notenschlüssel, ♪ das am Anfang eines Notenliniensystems stehende Zeichen, das die absolute Tonhöhe der nachfolgenden Noten festlegt: Diskant-, Alt-, Tenorschlüssel (C-Schlüssel); Violin-(G-), Baßschlüssel (F-Schlüssel).

Notenstufen der Schulzeugnisse sind in der Bundesrep. Dtl. seit 1953 festgelegt: 1 (sehr gut), 2 (gut), 3 (befriedigend) 4 (ausreichend), 5 (mangelhaft), 6 (ungenügend).

Not|erb|recht, ⚕ in Österreich die Bezeichnung für →Pflichtteil.

Notfrist, ⚕ gesetzl. Fristen im Zivilprozeßrecht (§ 223 ZPO.), z. B. die Fristen zur Einlegung der Rechtsmittel.

Notgeld, in Zeiten zerrütteter Währung von Staat, Gemeinden oder privaten

I Notengestalt und Notenwert

Gestalt	▭	𝅝 = 𝅗𝅥 𝅗𝅥 = ♩♩♩♩ = ♪♪♪♪♪♪♪♪							Fähnchen Hals (Stiel) — Kopf
Bezeichnung u. Wertverhältnis	Doppeltakt-note = 2 Ganze	Ganze	2 Halbe	4 Viertel	4 Achtel	4 Sechzehntel	4 Zweiund-dreißigstel	8 Vierundsechzigstel	Verlängerungs-punkt
Pausen für je eine Note				𝄽	𝄾	𝄿	𝅀	𝅁	
Einzelnoten		𝅝	𝅗𝅥	♩	♪	♬	𝅘𝅥𝅲	𝅘𝅥𝅳	Balken

punktierte Noten Triolen Quintolen Duolen Quartolen

II Stellung der Noten im System und Versetzungszeichen

1 C cis cisis D dis disis E eis F fis fisis G gis gisis A ais aisis H his C usw.

2 C ces H b hes A as

asas G ges geses F fes E es eses D des deses C usw.

3 C cis D dis E F fis G F E D C b A as G usw.

I Notengestalt und Notenwert. II Stellung der Noten im System und Versetzungszeichen im Violin- (1), im Baß- (2), im Bratschen-schlüssel (3). Ausgangsnote ist jeweils das eingestrichene C (c'); ⌣ = Halbtonschritte der diatonischen Leiter

---

Unternehmen zur Überbrückung eines Mangels an gesetzlichen Zahlungsmitteln ausgegebenes Geld.

Notgemeinschaft der deutschen Wissenschaft, gegr. 1920, Vorgängerin der →Deutschen Forschungsgemeinschaft, zu der sie sich 1951 mit dem Dt. Forschungsrat zusammenschloß.

Notgesetz, ein zur Bekämpfung oder Behebung einer Notlage dienendes Gesetz (→Ermächtigungsgesetz, →Gesetzgebungsnotstand, →Notverordnung).

Nothelfer, Kath. Kirche: 14 Heilige, von denen man in besonderen Nöten Hilfe erwartet; meist: Achatius, Ägidius, Blasius, Christophorus (kirchenamtlich nicht mehr anerkannt), Cyriacus, Dionysius, Erasmus, Eustachius, Georg, Pantaleon, Vitus, Barbara, Katharina, Margareta.

Nothilfe, die →Hilfeleistung.

not'ieren [lat.], aufschreiben. **Notierung** *die,* Börse: die Feststellung, Aufzeichnung und Veröffentlichung von Warenpreisen und Kursen.

Notifikation [lat.], **1)** Benachrichtigung. **2)** die Übermittlung diplomatischer Noten. **3)** im Wechselrecht die →Notanzeige.

Nötigung, 🜰 die rechtswidrige Bestimmung eines anderen (durch Gewalt oder Drohung mit empfindlichem Übel) zu einer Handlung, Duldung oder Unterlassung; wird mit Freiheits- oder Geldstrafe bestraft (§ 240 StGB.).

Not'iz [lat.] *die,* Vermerk, kurze Aufzeichnung.

Notke, Bernt, Bildschnitzer und Maler in Lübeck, * um 1440, † 1509; sein Hauptwerk ist der Drachenkampf des hl. Georg (Stockholm, Nikolaikirche, 1489). N.s Kunst beeinflußte den ganzen Ostseeraum.

N'otker, Mönche der Benediktinerabtei St. Gallen: **1)** N., meist **Balbulus** genannt (lat. ‚Stammler'), * um 840, † 912; dichtete latein. Hymnen und Sequenzen. **2)** N. III. **Labeo** (lat. ‚der Großlippige'), einer der gelehrtesten Männer seiner Zeit, * um 950, † 1022; Übersetzungen aus dem Latein.

Notlandung, die durch Triebwerkausfall u. a. erzwungene Landung eines Flugzeugs auf einem unvorbereiteten Platz.

notleidendes Papier, 🜰 ein Wertpapier, bei dem die darin verkörperten Rechte unsicher geworden sind.

Notleiter, eiserne Leiter an der Außenseite von Theatern, Fabriken, Hotels u. a., als Rettungsweg für die Insassen.

Notopfer Berlin, von 1949 bis 1956 (von Körperschaften bis 1958) in der Bundesrep. Dtl. erhobene Steuer zur Unterstützung Berlins.

not'orisch [lat.], **1)** offenkundig, allbekannt. **2)** gewohnheitsmäßig.

Notrecht, →Notstand.

Notre-Dame [nɔtrəd'am, frz.], ‚Unsere liebe Frau', die Jungfrau Maria; Kirchenname, z. B. der Hauptkirche in Paris.

Notreife, die vorzeitige Reife der Samen (Früchte).

Notruf, ✆ eine vereinfachte Rufnummer für Polizei und Feuerwehr bei Gefahr.

notschlachten, kranke Tiere schlachten.

Notsignal, international vereinbarte Zeichen zur Anforderung von Hilfe, auf See: Knall- oder Leuchtsignale, das Flaggensignal NC oder das durch Scheinwerfer oder drahtlos gegebene Morsesignal SOS; im Gebirge →alpines Notsignal.

Notstand, 1) Zivilrecht: eine Zwangslage, in der eine fremde Sache beschädigt oder zerstört werden darf, wenn durch sie Gefahr droht **(Verteidigungs-N.,** § 228 BGB.) oder in der auf eine neutrale Sache eingewirkt werden darf, wenn eine drohende Gefahr nicht anders zu beseitigen ist **(Angriffs-N.,** § 904 BGB.). **2)** Strafrecht: eine unverschuldete Gefahrenlage für Leib oder Leben, aus der eine Rettung nur unter

B. Notke: Schutzheiliger vom Triumph-kreuz im Dom zu Lübeck, 1477

Verletzung strafrechtlich geschützter Interessen möglich ist; eine solche Handlung ist nicht strafbar (§ 54 StGB.). **3)** einen **übergesetzlichen N.** erkennt die Praxis als Rechtfertigungsgrund an, wenn der Täter eine höhere Rechtspflicht nur durch Verletzung geringerer Rechtsgüter erfüllen kann. **4)** Staatsrecht: →Gesetzgebungsnotstand, →Notstandsverfassung. **5)** ein fester Stand, in dem bes. widersetzl. Pferde und Rinder zum Hufbeschlag usw. befestigt werden.

Notstandsarbeiten, öffentl. Maßnahmen zur Beschäftigung Arbeitsloser.

Notstandsgebiet, Landesteil, dessen Wirtschaftsgefüge erschüttert ist.

Notstandsverfassung. Während das Staatsrecht dem Staat auch ohne gesetzl. Ermächtigung zusteht, wenn die Verfassung für Notfälle eine Ausnahmezustand nicht vorsieht, heißt N. das auf verfassungsmäßiger Ermächtigung beruhende Recht des Staates, sich in Notlagen durch außerordentl. Maßnahmen zu behaupten. In der Bundesrep. Dtl. hat die nach langer Vorbereitung erlassene Notstandsgesetzgebung (24. 6. 1968) das Staatsnotrecht umfassend geregelt. Danach sind unterschiedl. Notstandsmaßnahmen vorgesehen: 1) für den Katastrophenfall; 2) für den inneren Notstand (Gefahr für den Bestand oder die freiheitl. demokrat. Grundordnung); 3) für den äußeren Notstand (Spannungs- oder Verteidigungsfall). Die zur Gefahrenabwehr zulässigen Beschränkungen des Brief- und Fernmeldegeheimnisses, der Freizügigkeit, der Berufsfreiheit (z. B. durch Dienstverpflichtung) sind im Grundgesetz und ergänzenden einfachen Notstandsgesetzen geregelt.

Notstromaggregat, ein meist durch Verbrennungsmotor angetriebener Generator, der bei Netzausfall die Versorgung wichtiger Verbraucher übernimmt.

Nottaufe, Taufhandlung, kann bei Todesgefahr von Laien vorgenommen werden.

Nottestament, 🜰 ein Testament mit vereinfachten Testamentsformen für bes. Notfälle (→Dorftestament, →Seetestament).

Nottingham [n'ɔtiŋəm], **1)** Hauptstadt von 2), 305 100 Ew.; University College; Spitzen-, Strumpf-, Möbelindustrie, Maschinen-, Fahrzeugbau u. a. **2)** N., **Nottingham-shire** [n'ɔtiŋəm[iə], Abk. **Notts,** Gfsch. in Mittelengland, 2185 km², 964 500 Ew.

Nott'urno [ital.] *das,* französ. **Nocturne** [nɔkt'yrn], ♪Nachtmusik, Nachtstück.

Notverkauf, ⚖️ der Verkauf von Waren durch einen zu ihrer Aufbewahrung Verpflichteten (z. B. Lagerhalter, Kommissionär) unter Verfügung des Berechtigten, wenn ein Verderb der Waren droht.

Notverordnung, eine von der Regierung erlassene ‚gesetzesvertretende Verordnung' **(Notstands-VO.),** die volle Gesetzeskraft besitzt; sie muß durch Verfassung oder Gesetz zugelassen sein. - Ursprüngl. konnte das Staatsoberhaupt N. erlassen, wenn das Parlament nicht versammelt war (so 1850-1918 in Preußen). In der Weimarer Republik waren N. durch Art. 48 Abs. 2 der Reichs-Verf. gestützten ‚Diktatur-VO.' des Reichspräsidenten (→Ermächtigungsgesetz). In der Bundesrep. Dtl. gibt es nach Art. 81 GG. den →Gesetzgebungsnotstand.

Notweg, den Durchgang von einem Grundstück über Nachbargrundstücke zu einem öffentl. Weg; er ist gegen Zahlung einer Geldrente zu dulden (§ 917 BGB.).

Notwehr, ⚖️ diejenige Verteidigung, die erforderl. ist, um den gegenwärtigen, rechtswidrigen Angriff eines Menschen von sich oder einem andern abzuwenden (§ 53 StGB., § 227 BGB.). Eine N.-Handlung ist nicht rechtswidrig, daher nicht strafbar. Geht die N. über das zur Verteidigung erforderl. Maß hinaus **(N.-Exzeß),** dann ist sie straflos, wenn sie in Bestürzung, Furcht oder Schrecken erfolgte. Die irrtümliche Annahme einer N.-Lage **(Putativ-N.)** führt nur dann zu einer Bestrafung, wenn sie auf Fahrlässigkeit beruht.

Notzucht, die Nötigung einer Frau zur Duldung des außerehelichen Beischlafs **(Vergewaltigung);** sie wird mit Freiheitsstrafe nicht unter einem Jahr bestraft (§ 177 StGB.); ähnlich in der Dt. Dem. Rep. (§ 121 StGB.), in Österreich (§§ 125 ff. StGB.) und der Schweiz (Art. 187 StGB.).

Nouakchott, Nuakschott [nwakʃˈɔt], seit 1957 Hauptstadt Mauretaniens, 35 000 Ew., seit 1958 4 km vom Atlantik maden aufgebaut (abseits des 1903 gegr. alten N.); Flughafen.

Nougat [nˈuːgat] der oder das, Masse aus Haselnüssen oder gerösteten Mandeln und Zucker, auch mit Kakao.

Nouméa [numˈea], Hauptort von Neukaledonien, 43 000 Ew.; Hafen und Flughafen; Nickelhütte; lebhafter Handel.

Nous, Nus [grch.] der, das Geistige, Gedankliche, Bewußte im Menschen.

nouveau roman [nuvo rɔmˈãa, frz. ‚neuer Roman'], eine neue Romanform in der franzöz. Literatur der Mitte des 20. Jahrh. (A. Robbe-Grillet, M. Butor, Marguerite Duras, Nathalie Sarraute), die eine rein gegenständliche Beschreibung der Dinge sowie die Auflösung des menschl. Individuums anstrebt.

Nouveauté [nuvotˈeː, frz.] die, Neuheit.

N'ova [lat.], Mz. von →Novum.

N'ovae Mz., meist sehr lichtschwache Fixsterne, die ihre Helligkeit durch einen plötzlichen, außerordentlich starken Lichtausbruch auf das 10 000- bis 100 000fache steigern, um dann im Laufe von Monaten wieder in den früheren Zustand zurückzusinken. Die Außentemperatur steigt auf 20 000-50 000° C, es werden große Gasmassen mit hoher Geschwindigkeit (3000 km/s) ausgestoßen. Möglicherweise sind die N. bes. langperiodische Veränderliche. **Supernovae** sind N., deren Lichtausbrüche noch tausendmal stärker sind. Sie strahlen an einem Tag soviel Energie aus wie die Sonne in 40 000 Jahren. Im Milchstraßensystem wurden bisher nur 10 beobachtet.

Nova Iguaçu, Industrievorort von Rio de Janeiro, Brasilien, 478 300 Ew.

Nov'al|acker, neugewonnener Acker.

Nov'alis, Dichtername des Freiherrn Friedrich **von Hardenberg,** * 1772, † 1801, 1794-96 im Verwaltungsdienst, häufiger Gast im Jenaer Frühromantikerkreis, 1797 bis 1799 Studium der Bergwiss. in Freiberg, 1799 Salinen-Assessor in Weißenfels; bedeutendster Dichter der Frühromantik. ‚Hymnen an die Nacht' in rhythmischer

Prosa (niedergeschr. 1797), Romanfragment ‚Heinrich von Ofterdingen' (1798 bis 1801), Tagebücher und Studienhefte (Auslese ‚Blütenstaub', 1798). Aufsatz ‚Die Christenheit oder Europa' (geschr. 1799).

N'ova Lisb'oa, früher **Huambo,** Distriktshauptstadt in Angola, 70 000 Ew.; Flugplatz.

Nov'ara, 1) Provinz in Norditalien, Piemont, 3594 km², 492 700 Ew. 2) Hauptstadt von 1), 99 700 Ew.; Textil-, Seiden-, Maschinenbau-, chem. Industrie.

Novati'on [lat. ‚Erneuerung'] die, **Schuldumwandlung,** die vertragsmäßige Aufhebung eines bestehenden Schuldverhältnisses durch Schaffung eines neuen.

Novecento [novetʃˈento, ital. ‚900', Abk. für 1900] das, italien. für das 20. Jahrh.

Nov'elle [ital. ‚Neuigkeit'] die, 1) Prosaerzählung meist geringeren Umfangs; sie beschränkt sich im Unterschied von der im Roman üblichen umfassenden Zeit- und Lebensdarstellung auf einen Ausschnitt, der einen Wendepunkt, ein ungewöhnliches (‚neues') Ereignis bringt. Stoffe und Techniken der N. reichen bis in die oriental., bes. ind. Literaturen der vorchristl. Zeit zurück. Die kurzen Vers-Erzählungen des Hoch-MA. vermittelten viele Stoffe an die als klassisch anzusprechenden N. der Italiener des 14. Jahrh. (Boccaccios ‚Decameron', 1353), die auch erstmals den Namen N. als Gattungsbezeichnung verwendeten. Von Italien unabhängig ist der zweite große Schöpfer roman. N., Cervantes, der die Milieu- und Charakter-N. einführte. Deutsche N. schrieben Goethe, Kleist, Tieck, Eichendorff, E. T. A. Hoffmann, E. Mörike, G. Keller, C. F. Meyer, Stifter, Storm, Raabe, Heyse, P. Ernst, A. Schnitzler, Th. Mann u. a. 2) gesetzl. Abänderung einzelner Gesetzbestimmungen **(Nachtragsgesetz).**

Novell'ino, Il N., die älteste italien. Novellensammlung, nach 1250, Anfang des 14. Jahrh. überarbeitet.

November, der 11. Monat des Jahres, mit 30 Tagen. Volksnamen: **Windmonat, Nebelung.**

Novemberrevolution, der polit. Umsturz im Dt. Reich und in Deutsch-Österreich im November 1918, durch den die Monarchien beseitigt und der Übergang zur parlamentarisch-demokrat. Republik eingeleitet wurde. Ursachen der N. waren: langjährige Verweigerung innerer, bes. verfassungsrechtl. Reformen im Dt. Reich und Österreich-Ungarn, das Anwachsen der Sozialdemokraten und Radikalisierung der Arbeiterschaft. Ausgehend von einer Meuterei auf der dt. Hochseeflotte (Okt. 1918) und einem Matrosenaufstand in Kiel (3. 11. 1918) breiteten sich Unruhen in ganz Dtl. aus. In München wurde am 7./8.11. 1918 die ‚demokratische und soziale Republik Bayern', in Berlin die ‚Deutsche Republik' ausgerufen. Die Abdankung Wilhelms II. wurde bekannt gegeben. Überall im Deutschen Reich bildeten sich Arbeiter- und Soldatenräte. Als Regierung des Reiches konstituierte sich der Rat der Volksbeauftragten. Im Dezember 1918 billigten die Arbeiter- und Soldatenräte in Berlin den Be-

schluß des Rates der Volksbeauftragten, am 19. 1. 1919 Wahlen zu einer verfassunggebenden Nationalversammlung (→Weimarer Republik) abzuhalten. Die Entwicklung im neugebildeten Staat Deutsch-Österreich nahm einen grundsätzlich ähnlichen Verlauf (→Österreich, Geschichte).

Nov'ene [lat.] die, Kath. Kirche: neuntägige Andacht.

Noverre [-vˈeːr], Jean Georges, franz. Ballettmeister, Choreograph, * 1724, † 1810.

Novit'ät [lat.] die, Neuheit.

Novizi'at [lat.] das, die mindestens einjähr. Klosterprobe, die **Novizen** durchmachen.

Novoca'in das, Handelsname für ein Arzneimittel zur örtlichen Betäubung.

N'ovotný, Antonín, tschechoslowak. Politiker (Kommunist), * 1904, am Umsturz Febr. 1948 beteiligt, 1953 wurde er 1. Sekr. der KP, 1957 auch Staatspräsident; beide Ämter mußte er 1968 an Reformpolitiker (Dubček, Svoboda) abtreten.

N'ovum [lat.] das, -s/...va, Neuheit.

N'owa H'uta, seit 1949 entstandene poln. Industriesiedlung, in Krakau eingemeindet, rd. 130 000 Ew.; großes metallurg. Kombinat, chem. Industrie.

N'owaja Semlj'a, Inselgruppe, zwei Haupt- und mehrere kleinere Inseln, im Nordpolarmeer zwischen Barents- und Kara-See, rd. 82 600 km², zur Sowjetunion gehörig. Die Matotschkin-Straße trennt die Nordinsel von der Südinsel; rauhes Polarklima, geringe Bevölkerung.

Nowak, Josef, Schriftsteller, * 1901; Schauspiele, Erlebnisberichte.

N'owgorod, Stadt in der Sowjetunion, am Wolchow, nördlich des Ilmensees, 128 000 Ew.; Möbel-, Baustoff- und lebhafte Kleinindustrie. - Seit dem 9. Jahrh. das Holmgard der Waräger; im 13. Jahrh. Lübisches Stadtrecht (‚Naugard'); bis zum 15. Jahrh. Hauptstadt ganz NO-Rußlands, blühende Handelsrepublik. 1478 von Moskau erobert; 1494 der Peterhof der Hanse geschlossen.

N'owikow-Prib'oj, Aleksej Silytsch, russ. Schriftsteller, * 1877, † 1944; Tatsachenbericht ‚Tsuschima' (1932/35).

Nowok'uibyschewsk, Stadt in der Sowjetunion, am linken Wolgaufer, 104 000 Ew., Erdölraffinerie, chem., Leicht- u. a. Industrie.

Nowokusn'ezk, 1932-61 **Stalinsk,** Industriestadt in W-Sibirien, im Kusnezker Kohlenbecken, 499 000 Ew.; Steinkohlenbergbau, metallurg. Kombinate, Maschinen- und Aluminium- u. a. Industrie.

Nowomosk'owsk, 1934-61 **Stalinogorsk,** Stadt im Moskauer Kohlenbecken, Sowjetunion, 134 000 Ew.; Kohlengruben, chem., Baustoffindustrie.

Nowoross'ijsk, Hafenstadt am Schwarzen Meer, Sowjetunion, 133 000 Ew.; vielfältige Industrie.

Nowosch'achtinsk, Industriestadt im Donezbecken, Sowjetunion, 102 000 Ew., Kohlenbergbau, chem. Industrie.

Nowosib'irsk, bis 1925 **Nowonikolajewsk,** größte Stadt Sibiriens, Sowjetunion, am oberen Ob, 1,2 Mill. Ew.; wichtiger Bahnknoten, Fluß- und Flughafen; Maschinenbau, Hütten-, chem., Textil- u. a. Ind.; oberhalb N. Wasserkraftwerk. N. hat Universität, mehrere Hochschulen; Trabantenstadt Akademgorod (bedeutendes Forschungszentrum).

Nowotscherk'assk, Stadt in der Sowjetunion, östlich Rostow, 162 000 Ew.; Lokomotivbau, Eisenind., Getreidemühlen.

N'oxe [lat.] die, Schädlichkeit, Krankheitsursache.

np, chem. Zeichen für Neptunium.

NPD, Abk. für →Nationaldemokratische Partei Deutschlands.

NRT, Abk. für Netto-Register-Tonne.

NSDAP, Nationalsozialistische Deutsche Arbeiterpartei (→Nationalsozialismus).

n. St., Abk. für neuen Stils (→Kalender).

NSU-Motorenwerke AG., →Audi NSU Auto Union AG.

Novalis (Stahlstich von E. Eichens, 1845)

NT, Abk. für **N**ahverkehrs-**T**riebwagen.
N. T., Abk. für **N**eues **T**estament.
nto., Abk. für **netto**.
NTSC, das in den Verein. Staaten 1953, später auch in Kanada und Japan eingeführte Farbfernsehsystem. Weiterentwicklungen sind Secam und PAL (→Fernsehen).
Nu, U Nu, birman. Politiker, * 1907, 1947 bis 1956, 1957/58 und 1960-62 MinPräs., bemühte sich auf der Grundlage marxist. und buddhist. Ideen um eine Neuordnung Birmas; Neutralitätspolitik.
Nuakschott, →Nouakchott.
Nuance [ny̆ãs, frz.] *die*, Abstufung, Abtönung. **nuanc'ieren**, abstufen.
N'uba, Berg-Nuba, Gruppe negrider Splitterstämme in den Nubabergen Kordofans (Sudan).
N'ubi|en, Landschaft in NO-Afrika, beiderseits des Nils, zwischen Assuan und Khartum, mit Anteilen an der Libyschen und der **Nubischen Wüste**. Die rd. 1,3 Mill. rass. stark gemischten **Nubier** sprechen eine eigene Sprache; viele wurden nach Fertigstellung des neuen Assuan-Dammes aus dem Niltal ausgesiedelt. Im Altertum unter ägypt. Einfluß; im 4. Jahrh. drang das koptische Christentum ein (es entstanden christl. Königreiche), im 13. Jahrh. der Islam.
N'ubukleder, chromgegerbtes Schuhoberleder mit samtartigen Narben.
Nucle'insäuren, bes. in den Zellkernen vorkommende Verbindungen aus Phosphorsäure, Purin- oder Pyrimidinbasen und Kohlenhydraten. Mononucleotide enthalten nur je einen der Bausteine: Die Adenylsäure: Adenin, Ribose, Phosphorsäure), sie sind häufige Bestandteile der Wirkgruppen von →Enzymen oder, wie die Adenylsäure, wichtige Zwischensubstrate des Zellstoffwechsels. Polynucleotide, die N. im engeren Sinne, sind die →Desoxyribonucleinsäure (DNS) und die →Ribonucleinsäure (RNS), die Träger der genetischen Information bei allen zelligen Organismen und den Viren.
Nudit'ät [frz.] *die*, Nacktheit. **Nud'ismus** *der*, →Nacktkultur.
Nu'evo León, Staat im NO von Mexiko, 64 555 km², 1,695 Mill. Ew. Hauptstadt: Monterrey.
N'ufenenpaß, zwischen Simplon- und Gotthardgruppe in der Schweiz, 2478 m.
N'ugat, →Nougat.
nukle'ar [lat.], den Atomkern betreffend. **n. Waffen**, die →Kernwaffen.
Nuklearmedizin, früher **Atommedizin**, umfaßt alle aus der Verwendung von Radionukliden sich ergebenden ärztlichen Aufgaben, z. B. Diagnostik und Therapie der Geschwulstkrankheiten.
Nukle'onen Mz., die Bausteine der Atomkerne: Protonen und Neutronen.
N'ukleus [lat.] *der*, 1) ☉ 🜨 der Zellkern (→Zelle). 2) vorgeschichtl. Kulturen: Kernstück, das beim Abschlagen der Klingen von einem Feuersteinknollen übrigbleibt.
Nukl'id *das*, Atomkern. **Radio-N.**, radioaktiver Atomkern.
Null, 1) Zeichen 0, die Zahl, die, zu einer anderen hinzugezählt, diese nicht verändert. 2) das Skatspiel, bei dem der Spieler keinen Stich bekommen darf.
Nullarbor-Ebene [nʌl'ɑːbɔ̃], verkarstete Kalkebene mit Salzbuschvegetation an der mittleren S-Küste Australiens.
nullifiz'ieren, für ungültig erklären. **Nullifikation**, die Ungültigmachung (bes. von Bundesrecht durch die Einzelstaaten in den USA).
Null|instrument, elektr. Meßgerät mit dem Nullpunkt in der Skalenmitte.
Null-Leiter, in elektr. Stromkreisen mit mehr als 2 Leitern der bei symmetr. Belastung stromlose Mittelpunktsleiter, z. B. in Niederspannungsverteilungsnetzen. Er kann zur Nullung herangezogen werden.
Nullmeridian, der Meridian, von dem aus die geograph. °Länge gezählt wird.
Nullpunkt, Anfangspunkt einer Skala.
Nulltarif, Forderung nach freier Benut-

zung von Verkehrsmitteln, freiem Theatereintritt u. a.
nullum crimen sine lege [lat. ‚kein Verbrechen ohne Gesetz'], **nulla poena sine lege** [‚keine Strafe ohne Gesetz'], ein Grundsatz des Strafrechts: eine Tat kann nur dann bestraft werden, wenn Strafbarkeit und Strafe vor Begehung der Tat gesetzlich bestimmt waren.
Nullung, in elektr. Niederspannungsnetzen gegen gefährl. Berührungsspannungen; die zu schützenden Anlagenteile werden mit dem Nulleiter des Versorgungsnetzes verbunden.
Num'antia, Stadt der Keltiberer am Duero, in N-Spanien, 133 v. Chr. durch Scipio d. J. zerstört.
N'uma Pomp'ilius, röm. Mythos: der zweite König Roms, 715-672 v. Chr.
Numazu, Hafenstadt auf Honschu, Japan, 186 000 Ew., wirtschaftl. Mittelpunkt des Gebiets der Hakone-Vulkane und des Fudschisan-Gebietes.
Numeiri, Nimeiri, Jaafar Mohamed al-N., sudanes. Politiker, Führer des Staatsstreichs vom Mai 1969, übernahm zunächst als Vorsitzender des Obersten Revolutionsrates die polit. Führung Sudans. 1971 wurde N. zum Staatspräs. gewählt.

Numeiri   *Julius Nyerere*

N'umen [lat.] *das*, göttl. Wille, göttl. Walten, die Gottheit. **Numin'ose** *das*, nach R. Otto das Heilige in seiner zugleich erschreckenden und anziehenden Wirkung.
Numer'ale [lat.] *das*, Zahlwort.
numer'ieren [lat.], beziffern. **num'erisch**, der Zahl nach, zahlenmäßig.
numerische Maschinensteuerung, bei automat. Werkzeugmaschinen Steuerbefehle für einzelne Arbeitsgänge, die je nach dem von einer Rechenanlage ausgearbeiteten Programm ziffernmäßig verschlüsselt auf einem Loch- oder Magnetband geliefert werden.
N'umerus [lat.] *der*, 1) Zahl, Ziffer. 2) Logarithmus. 3) ⑤ die Form zur Bezeichnung von Einzahl (Singular), Mehrzahl (Plural), Zweizahl (Dual).
N'umerus cl'ausus [lat.], zahlenmäßige Beschränkung der Zulassung, z. B. zum Hochschulstudium, zu einer Veranstaltung.
Num'idien, antikes Königreich in Nordafrika (Algerien), bedeutend unter Masinissa (um 200 v. Chr.) und →Jugurtha; 46 v. Chr. durch Caesar römisch.
Numism'atik [grch.] *die*, →Münzkunde.
Nummul'iten [grch.] Mz., Foraminiferen, deren scheibenförmiges Kalkgehäuse das Gozän kennzeichnet.
N'unatakr [eskimoisch], durch das In-

Nummuliten im Gestein
(etwa ⁴/₅ nat. Gr.)

Nürburgring

landeis ragende Berge (Grönland, Antarktis).
Nuneaton [nʌn'iːtn], Industriestadt in Mittelengland, 64 900 Ew.; Textilind., Ziegel-, Tonröhrenwerk, Maschinenbau u. a.
Nuñez de Arce [n'uɲeθ ðe 'arθe], Gaspar, span. Dichter und Politiker, * 1834, † 1903, mehrmals Minister; polit. Lyrik.
N'untius [lat. ‚Bote'], der ständige diplomatische Vertreter des Papstes (**Apostolischer N.**) bei einer Staatsregierung. Der N. steht im Rang eines Botschafters. Der päpstl. Gesandte bei Regierungen kleinerer Staaten heißt **Internuntius**.
Nupe, Volk am unteren Niger-Kaduna-Benue mit hochentwickeltem Handwerk; vom 13.-19. Jahrh. eigener Staat.
Nur'agen [sardisch], kegelförmige Steinbauten auf Sardinien, Korsika und in S-Italien; 1500-500 v. Chr.; Burgen oder Grabstätten.
Nürburgring, Renn- und Prüfstrecke für Kraftfahrzeuge, in der Eifel um die Ruine Nürburg; besteht aus einer nördl. (22,8 km) und einer südl. (7,7 km) Schleife; gilt als schwierigste Rennstrecke der Welt.
Nurflügelflugzeug, eine Flugzeugart ohne Rumpf, mit Höhen- und Seitenleitwerk am Pfeil- oder Dreiecksflügel.
Nuri es-Sa'id, irak. Politiker, * 1888, † (ermordet) 1958, mehrmals militär. Oberbefehlshaber, Min., vierzehnmal MinPräs.; neigte der westl. Politik zu.
N'urmi, Paavo, finn. Sportsmann, * 1897, Weltrekordläufer im Langlauf, neunfacher Olympiasieger 1920-28.
Nürnberg, Stadt in Mittelfranken, Bayern, an der Pegnitz, 473 500 Ew.; Behördensitz, viele Bildungseinrichtungen: Wirtschafts- und Sozialwissenschaftl. Fakultät der Univ. Erlangen-N., Pädagog. Hochschule, Akademie der bildenden Künste, →Germanisches Nationalmuseum. Industrie: Elektrotechnik, Fahrzeug-, Büromaschinenbau, Metall-, Spielwaren-, Bleistiftfabriken, Lebkuchen, Brauereien. Trotz schwerer Zerstörungen im 2. Weltkrieg läßt N. nach dem Wiederaufbau noch den Charakter der alten Reichsstadt erkennen. Es wird überragt von der ehemals kaiserlichen Burg (älteste Teile aus dem 11. Jahrh.). In der Altstadt got. Kirchen (Sebalduskirche, 1240-73; Lorenzkirche, Chor 1439-77; Frauenkirche, 1352-61), Rathaus (14.-17. Jahrh., 1945 ausgebrannt, Wiederaufbau), Tugendbrunnen (1585-89), Schöner Brunnen (1395/96), Bürgerhäuser: Fembohaus (16. Jahrh.), Dürerhaus, Weinstadel, Unschlitthaus, Zeughaus, Mauthalle, Henkersteg. - 1050 erste Erwähnung N.s, 1219 Reichsstadt, 1427 Erwerbung der Burggrafschaft von den Hohenzollern, im 16. Jahrh. polit., wirtschaftl., kulturelle Blüte (Dürer, Stoß, Pirkheimer, Sachs, Behaim, Krafft, Vischer); seit 1524 führend in der Reformation. Niedergang seit dem Dreißigjähr. Krieg. 1806 an Bayern. (Bild Dt. Kunst II; Bild S. 888)
Nürnberger Eier, eirunde Taschenuhren

Nürnberg: Blick auf Burg und Altstadt

mit Federwerk, im 16. Jahrh. in Nürnberg hergestellt.

Nürnberger Gesetze, →Rassengesetze.

Nürnberger Prozesse, die aufgrund des Londoner Abkommens v. 8. 8. 1945 zur Aburteilung dt. Kriegsverbrecher in Nürnberg durchgeführten Prozesse. Die Anklage stützte sich auf Verbrechen gegen den Frieden, auf Kriegsverbrechen und auf Verbrechen gegen die Menschlichkeit. 1945-46 fanden vor dem Internat. Militärtribunal, das sich aus amerikan., engl., franzöz. und sowjet. Richtern zusammensetzte, die Prozesse gegen 24 führende Angehörige der NSDAP, des Staates und der Wehrmacht (Hauptkriegsverbrecher) und gegen 6 verbrecherische Organisationen statt; später weitere Prozesse gegen Generäle, Angehörige der SS, Ärzte, Juristen, Beamte usw.

Nürnberger Religionsfriede, am 23. 7. 1532 zwischen Karl V. und den Protestanten geschlossen, gewährte allen Reichsständen Frieden bis zu einem allgemeinen Konzil oder bis zum nächsten Reichstag.

Nürnberger Trichter, scherzhaft für ein Lehrverfahren, durch das auch dem Dümmsten etwas beigebracht (eingetrichtert) werden kann; entstanden aus dem Titel von Ph. Harsdörffers ‚Poetischem Trichter' (1647).

Nurse [nɔːs, engl.] *die,* Kinderpflegerin.

N'ürtingen, Stadt am Fuß der Schwäb. Alb, Bad.-Württ., 21 300 Ew.; Textil-, Metall-, Möbel-, Kork- und Baustoffindustrie.

Nus, →Nous.

Nusairi|er, Nossairi|er, Alauiten, islam. Geheimsekte, die sich 872 im Irak von dem Ismaeliten-Islam abspaltete und nach Syrien auswanderte.

Nuschke, Otto, Politiker, * 1883, † 1957, war 1945 Mitgründer der CDU in der Sowjetzone, seit 1948 deren Vorsitzender, seit 1949 stellv. MinPräs. der Dt. Dem. Rep.

Nuß, 1) die Nußfrucht, eine einsamige Schließfrucht. **2)** kugelförmiges Fleischstück aus der Keule, z. B. Kalbsnuß.

Nuß|öl, Öl aus Wal- oder Haselnüssen.

Nüster *die,* das Nasenloch, bes. beim Pferd.

Nut *die,* ⊙ längl. Vertiefung an Wellen, Zapfen, Naben, Balken zur Befestigung oder Führung anderer Teile.

Nutation [lat.], **1)** die kräftefreie period. Bewegung der Figurenachse eines Kreisels um seine Drehimpulsachse. **2)** die period. Verlagerung der Erdachse, die durch den 18,6jähr. Umlauf der Mondbahn-Knoten erzwungen wird. **3)** ⊕ eine durch ungleiches Wachstum gegenüberliegender Seiten eines Pflanzenteils verursachte Krümmungsbewegung.

N'utria [span.] *die,* die Biberratte, eine Ferkelratte; wertvolles Pelztier S-Amerikas.

Nutsche *die,* Trichter mit Filtrierpapier für Saugflaschen.

Nutzbremsung, ein Bremsverfahren bei elektr. Antrieben, bei dem der dann als Generator geschaltete Motor Strom in das Netz zurückspeist, z. B. bei Bergbahnen.

Nutzfläche, die nutzbare Bodenfläche von gewerblich genutzten Räumen, entspricht der Wohnfläche der Wohnräume.

Nutzholz, Bau- und Werkholz im Unterschied zu Brennholz.

Nutzkilometer, die von Fahrzeugen mit Last zurückgelegten Kilometer.

Nutzlast, 1) bei Fahrzeugen das behördlich zugelassene Gewicht der Ladung; bei Luftfahrzeugen Teil der Zuladung, der gegen Bezahlung befördert wird; in der Raumfahrt derjenige Teil eines Raumfahrzeugs, der nach Abzug aller Start- und Hilfseinrichtungen zur Erfüllung der eigentl. Aufgaben übrigbleibt. **2)** bei Gebäuden die Verkehrsbelastung durch Personen, Einrichtungen, Wind, Schnee u. a.

Nutzleistung, effektive Leistung, die von einer Maschine nach außen abgegebene nutzbare Leistung.

Nützlinge, Organismen, die schädliche Tiere oder Pflanzen vernichten.

Nutznießung, ⚖ das gesetzliche, auf familienrechtlichen Verhältnissen (Ehe, elterliche Gewalt) beruhende Nutzungsrecht an fremdem Vermögen.

Nutzpflanzen, Kulturpflanzen, die im Ackerbau (z. B. Getreide, Hack-, Ölfrüchte, Leguminosen), Obst-, Wein-, Garten-, Waldbau zur menschl. und tier. Ernährung und für techn. Zwecke angebaut werden.

Nutzungsrecht, der →Nießbrauch.

NW, Abk. für Nordwest.

Nyamw'ezi, Wanyamw'ezi, Bantustamm in Tansania; 1860-86 eigenes Reich.

N'yborg [-bər], Hafenstadt an der Ostküste von Fünen, Dänemark, 17 600 Ew.; Schloßruine mit Festungswerken (12. Jahr.); bedeutender Ölhafen.

N'ydam, Teil der Gem. Oster-Sottrup, in Nordschleswig, Fundort (1863) zweier german. Seeschiffe des 3.-5. Jahrh. (Landesmuseum Schleswig).

Nyerere, Julius K., Politiker in Tansania, * 1922, studierte in Edinburgh, Führer der Tanganyika African National Union (TANU); 1960-62 MinPräs., dann 1. Präs. der Rep. Tanganjika, später der Verein. Rep. Tansania; N. führte Tanganjika 1961 zur Unabhängigkeit. (Bild S. 887)

Nyíregyháza [njˈiːrɛdjhaːzɔ], Stadt in NO-Ungarn, 71 000 Ew.; in der Umgebung Kartoffel-, Obst- und Tabakanbau.

Nyktalop'ie [grch.], die, Tagblindheit.

Nylon [n'ailɔn], Chemiefasern und Kunststofferzeugnisse aus Polyamiden, die durch Kondensation von Adipinsäure mit 1,6-Hexamethylendiamin hergestellt wird.

Nymphal'iden [grch.] Mz., Tagschmetterlinge, deren Vorderbeine zu Putzpfoten rückgebildet sind.

N'ymphen [grch.], griech. Mythos: weibliche, sehr volkstümliche Naturgottheiten, Töchter des Zeus, zuweilen im Gefolge der Artemis, des Hermes, des Dionysos und des Pan. Die **Nereiden** leben im Meer, die **Najaden** in Quellen und Bächen, die **Oreaden** auf Bergen, die **Dryaden** in Bäumen und Wäldern.

Nymphenburg, westl. Vorort von München, entstanden an der Zufahrt zum **Schloß N.** (1664-1728); im Park kleinere Bauten: Amalienburg (1734-39 von Cuvilliés) u. a.

Nymphenburger Porzellan, die Erzeugnisse der 1747 in Neudeck gegr., 1761 nach Nymphenburg verlegten Manufaktur; bedeutendster Meister: Bustelli († 1763); Modelle nach seinem Tod von Auliczek, dann von Melchior u. a.

Nymphoman'ie [grch.], krankhaft gesteigerter Geschlechtstrieb der Frau.

N'ynorsk, →norwegische Sprache.

Nyon [njɔ̃], deutsch **Neuß,** Stadt im Kt. Waadt, Schweiz, am Genfer See, 11 200 Ew.; Lebensmittel-, pharmazeut. Ind., Weinbau.

Nyst'agmus [grch.] *der,* ⚕ unwillkürlich dauerndes Augenzittern.

Nydamboot (Schleswig, Landesmuseum für Vor- und Frühgeschichte)

O

o, O, der 15. Buchstabe unseres Abc, Selbstlaut mit breiter Lippenstülpung.
O, 1) Abk. für Osten. **2)** 🜔 Zeichen für Sauerstoff.
O' [altirisch ane ,Enkel'], in irischen Familiennamen Enkel, Abkömmling, z. B. O'Connor.
ö, Ö, Umlaut des O.
ø, Ø, dänisch, isländ., norweg. ö.
O'ahu, die drittgrößte Hawaii-Insel, 1549 km², 61 300 Ew.; Hauptstadt: Honolulu; Flottenstützpunkt: Pearl Harbor.
Oakland ['ouklənd], Stadt in Kalifornien, USA, 358 000 Ew., gegenüber San Francisco; Schiffbau, Erdölraffinerie u. a. Ind.
Oak Ridge ['ouk ridʒ], Stadt in Tennessee, USA, 28 100 Ew., eins der großen kernphysikal. Zentren der Welt.
OAS, Abk. für **1)** →Organisation de l'Armée Secrète. **2)** Organization of American States, →panamerikanische Bewegung.
Oase *die,* eine Stelle reicheren Pflanzenwuchses in Wüstengebieten, subtrop. Trockenzonen, durch Grundwasser oder Quellen, oft durch Bewässerung vergrößert.

Oase Tafilelt, SO-Marokko

OAU, Abk. für Organization of African Unity, →Organisation für die Einheit Afrikas.
Oaxaca [oax'aka], Staat Mexikos, 95 364 km² groß, 2,17 Mill. Ew. Hauptstadt: O. de Juárez, Anbau von Mais, Kaffee, Bohnen, Weizen, Zuckerrohr, Tabak, Holz.
Ob *der,* der Hauptstrom W-Sibiriens, mit Quellfluß Katun 5410 km lang, kommt aus dem Altai, mündet in den 30-90 km breiten, 800 km ins Festland greifenden **Ob-Busen** (Nordpolarmeer). Hauptnebenfluß: Irtysch.
o. B., Abk. für **1)** ohne Befund. **2)** 🕮 ohne Bericht.
Ob'adja, Abdias, Prophet des A. T.
Obdachlosenfürsorge, die Fürsorge für Personen ohne Wohnung oder Unterkunft. Zur Unterbringung dienen **Obdachlosenheime.** O. ist Aufgabe der Träger der Sozialhilfe (Städte, Gemeinden).
Obdukti'on [lat.], die Leicheneröffnung.
O-Beine, eine meist auf Rachitis beruhende Verbiegung der Beine nach außen.
Obel'isk *der,* hoher vierkantiger Steinpfeiler aus einem Stück, nach oben schwach verjüngt und in einer pyramidenartigen Spitze endend; zuerst in Ägypten, ursprünglich Kultsymbol des Sonnengotts.
Oeben, Jean-François, französ. Kunsttischler, * um 1720, † 1763, arbeitete für Ludwig XV.
Ober, 1) Kellner. **2)** dt. Spielkarte.
Oberalppaß, Paß in der Schweiz, Gotthardgruppe, 2048 m hoch, verbindet Vorderrhein- und Urserental.

Ober'ammergau, Sommerfrische und Wintersportplatz in Oberbayern, im Ammertal, 4700 Ew.; Mittelpunkt der Holzschnitzerei. Alle 10 Jahre (seit 1634) das **O.er Passionsspiel** (Darstellung der Leidensgeschichte Christi). Festspielhaus.
Oberarzt, der erste Assistent und Vertreter des Chefarztes im Krankenhaus.
Oberbau, bei Eisenbahnen die Schotterbettung mit Schwellen und Schienen; bei Straßen die auf den Unterbau aufgebrachte Fahrbahndecke.
Oberbayern, RegBez. in Bayern, 16 339 km², 3,242 Mill. Ew., Hauptstadt München. O. (bisher 7 kreisfreie Städte, 26 Landkreise) wird nach dem Ges. vom 27. 12. 1971 neu gegliedert in die kreisfreien Städte Ingolstadt, München, Rosenheim und die Landkreise Altötting, Bad Reichenhall, Bad Tölz, Dachau, Ebersberg, Eichstätt, Erding, Freising, Fürstenfeldbruck, Garmisch-Partenkirchen, Landsberg a. Lech, Miesbach, Mühldorf a. Inn, München, Neuburg a. d. Donau, Pfaffenhofen a. d. Ilm, Rosenheim, Starnberg, Traunstein, Weilheim i. OB.
Oberbergamt, Landesbehörde zur Wahrnehmung der staatl. Rechte im Bergbau.
Oberbürgermeister, hauptamtl. Bürgermeister in kreisfreien Städten.
Oberdeutsch, zusammenfassend für Alemannisch und Bairisch-Österreichisch (→Mundart).
Obereigentum, im alten dt. Recht beim ,geteilten Eigentum' die Rechte des Obereigentümers (z. B. Lehnsherrn) am Grundstück als solchem, während das **Untereigentum** das Recht auf die Nutzungen gewährte.
Oberer See, engl. **Lake Superior,** der größte der fünf Großen Seen Nordamerikas, 82 414 km² groß, bis 393 m tief. Durch den O. S. verläuft die Grenze zwischen Kanada und den USA.
Ober|etsch, dt. für italien. **Alto Adige,** →Südtirol.
Oberfinanzdirektion, OFD, eine bundeseigene Mittelbehörde, dem Bundesministerium der Finanzen nachgeordnet.
Oberfläche, die Begrenzungsfläche eines techn. Körpers, die gegenüber der idealen geometr. O. eine O.-Rauheit aufweist; die Abweichung wird als Rauhtiefe bezeichnet und gemessen. - Die **O.-Behandlung** dient dazu, die O. glatter, härter (→härten) und chemisch widerstandsfähiger zu machen (→Metallschutz, →Korrosion).
Oberflächenspannung, Grenzflächenspannung, eine Spannung, die bei Flüssigkeiten in der Grenzfläche gegen ein Gas wirkt und die Grenzfläche zu verkleinern sucht, eine Folge der gegenseitigen Anziehung der Flüssigkeitsmoleküle. Die O. verursacht z. B. die Kugelform kleiner Tropfen. Sie wird stark durch ober- oder grundflächenaktive Stoffe (Detergentien) beeinflußt.
Oberfranken, RegBez. in Bayern, 7497 km², 1,116 Mill. Ew., Hauptstadt Bayreuth. O. (bisher 9 kreisfreie Städte, 17 Landkreise) wird nach dem Ges. vom 27. 12. 1971 neu gegliedert in die kreisfreien Städte Bamberg, Bayreuth, Coburg, Hof und die Landkreise Bamberg, Bayreuth, Coburg, Forchheim, Hof, Kronach, Kulmbach, Lichtenfels und Wunsiedel.
Obergericht, ein Kollegialgericht, das über die mit Rechtsmitteln angegriffenen Entscheidungen der Untergerichte befindet. In der Schweiz ist das O. in den meisten Kantonen das höchste Gericht.
Oberhaus, die erste Kammer eines Parlaments; i. e. S.: das Haus der Lords **(House of Lords)** in Großbritannien.
Oberhausen, Stadt im Ruhrgebiet, 246 200 Ew.; Eisen- und Stahlerzeugung und -verarbeitung, Maschinenbau, chem. Ind., Steinkohlenbergbau.

Oberhof, im MA. das Gericht der Mutterrechtsstadt, das den Tochterrechtsstädten Rechtsbelehrung erteilte und meist auch Berufungsinstanz war (Magdeburg, Lübeck, Freiburg i. Br., Frankfurt a. M. u. a.).
Oberhof, Luftkurort und Wintersportplatz im Bez. Suhl, im Thüringer Wald, 800-835 m ü. M., rd. 1400 Ew.
Oberin, die Vorsteherin der Schwesternschaft eines Mutterhauses, Krankenhauses, Klosters o. ä.
Oberingenieur, leitender Ingenieur in der Ind. und techn. Instituten; der Titel ist nicht an akadem. Ausbildung gebunden.
Oberitalien, der nördl. Teil Italiens zwischen den Alpen und dem Apennin.
Oberitalienische Seen, die Seen des südl. Alpenrandes in Italien: Lago Maggiore, Luganer See, Comer See, Iseosee, Gardasee.
Oberkiefer, paariger Schädelknochen. Jedes **Oberkieferbein** besteht aus einem mittleren hohlen Teil **(Kieferhöhle)** und Fortsätzen, z. B. zur Nase.
Oberkirchenrat, evang. Kirche: **1)** oberste kirchl. Verwaltungsbehörde in den Landeskirchen von Baden, Oldenburg, Mecklenburg, Württemberg sowie die Evang. Kirche in Österreich. **2)** beamtete Mitgl. der Landeskirchenämter, der Kirchenkanzlei der EKD und des Kirchenamtes der VELKD.
Oberkommando der Wehrmacht, OKW, 1938-45 Führungsstab der dt. Wehrmacht.
Oberkreisdirektor, in Nordrh.-Westf. und Ndsachs. der Hauptverwaltungsbeamte in den Landkreisen.
Oberländer, Theodor, * 1905, Agrarpolitiker, 1952 Mitgründer des Gesamtdt. Blocks/BHE, trat 1956 zur CDU über; 1953 bis 1960 Bundesmin. für Vertriebene.
Oberlandesgericht, OLG, in der Bundesrep. Dtl. die höheren Gerichte der Länder, in Westberlin das Kammergericht (vgl. Übersicht Gericht).
oberlastig, →topplastig.
Oberlehrer, bis 1920 Amtstitel des Studienrats; in Bayern verliehener Titel, ebenso in Österreich, dort auch Volksschullehrer.
Oberleitungs-Omnibus, kurz **Obus,** durch Elektromotor angetriebener Omnibus; der Fahrstrom wird von einer zweipoligen Oberleitung (550-800 Volt Gleichspannung) über Stromabnehmer zugeführt.
Oberlicht, Fenster oder Öffnung im Dach, durch die Licht in den Raum fällt.
Oberliga, ⚒ **1)** Eishockey: zweithöchste Spielklasse in der Bundesrep. Dtl., unter der Bundesliga. **2)** Fußball: 1945-63 höchste Spielklasse, durch Bundesliga und Regionalliga abgelöst.
Oberlin, Johann Friedrich, Philanthrop, * 1740, † 1826, protestant. Pfarrer im Elsaß, nahm sich bes. der noch nicht schulpflichtigen Jugend an (1. Kinderbewahranstalt).
Obermaier, Hugo, Prähistoriker, * 1877, † 1946, kath. Geistlicher, seit 1937 Prof. in Freiburg (Schweiz); **O.-Gesellschaft** seit 1951.
'Oberon [aus Alberon, Nebenform von Alberich], Elfenkönig, Gemahl der Feenkönigin Titania. Aus einem altfranzös. Epos gelangte die Gestalt in die Volksbücher, durch Chaucer in die Kunstdichtung: (Shakespeares ,Sommernachtstraum'; Wielands ,Oberon').
Oberösterreich, Bundesland Österreichs, 11 979 km², 1,22 Mill. Ew.; Hauptstadt: Linz. - O. liegt beiderseits der Donau zwischen Inn- und Ennsmündung. Es gehört nördl. der Donau (Mühlviertel) noch zum Böhm. Massiv und südl. Böhmerwald. Das südl. anschließende fruchtbare Alpenvorland mit dem Inn-, Hausruck-

und Traunviertel bildet den Mittelteil des Landes; im Salzkammergut (Hallstätter, Traun-, Atter-, Mondsee) hat O. Anteil an den Nördl. Kalkalpen. Ackerbau und bes. Pferde- und Rinderzucht, Forstwirtschaft; Braunkohlenbergbau im Hausruck; Holz-, Zellstoff-, Papier-, Textil-, Nahrungsmittelindustrie, Eisen- und Stahlwerke (Linz), Aluminiumhütte (Ranshofen); Großkraftwerke; Fremdenverkehr. Geschichte: →Österreich.

Oberpfalz, RegBez. in Bayern, 9642 km², 955 500 Ew., Hauptstadt Regensburg. O. (bisher 5 kreisfreie Städte, 19 Landkreise) wird nach dem Ges. vom 27. 12. 1971 neu gegliedert in die kreisfreien Städte Amberg, Regensburg, Weiden i. d. OPf. und die Landkreise Amberg, Cham, Neumarkt i. d. OPf., Neustadt a. d. Waldnaab, Regensburg, Schwandorf i. Bay. und Tirschenreuth. - 1329 an Kurpfalz zum Unterschied von ihr O. genannt; der N 1353 vorübergehend an Böhmen; die ganze O. 1628 an Bayern.

Oberpfälzer Wald, der N-Teil des Böhmerwaldes.

Oberpräsident, in Preußen 1815-1945 der oberste Verwaltungsbeamte einer Prov., seit 1934 zugleich Vertreter der Reichsregierung.

Oberrealschule, lateinlose höhere Schule in der Schweiz, dem Maturitätstyp C, in Österreich der Realschule vergleichbar; in der Bundesrep. Dtl. früherer Name des mathematisch-naturwissenschaftl. →Gymnasiums. In der Dt. Dem. Rep. der naturwissenschaftl. Zweig der Erweiterten Oberschule.

Oberrechnungskammer, in Preußen von 1717-1945 Behörde zur Prüfung und Überwachung der Staatshaushalts.

Oberrheinisches Tiefland, Oberrheinebene, das Grabental des Oberrheins von Basel bis Mainz/Frankfurt (rd. 300 km), zwischen Schwarzwald und Odenwald im O und den Vogesen und der Haardt im W.

Obersachsen, urspr. die Bewohner der Mark Meißen, dann des ehem. Kurfürstentums Sachsen, meist kurz **Sachsen** genannt. **Obersächsisch,** →Mundarten.

Obersalzberg, Berg bei Berchtesgaden, 900-1000 m hoch, bekannt durch Hitlers ‚Berghof' (April 1945 zerstört).

Oberschenkel, ♙ ♀ Teil des Beins.

Oberschlema, ehem. Radiumbad (Heilquellen durch den Uranbergbau verschüttet), seit 1945 Teil von →Schneeberg.

Oberschlesien, der S-Teil →Schlesiens, 1919-34 und 1941-45 eigene preuß. Provinz.

Oberschulen, früher teilweise Bez. für höhere Schulen.

Oberschulrat, →Schulrat.

Oberschwaben, das schwäbische Land zwischen Alpen und Schwäbischer Alb.

Obersekundareife, früher **mittlere Reife** oder **Einjähriges,** erworben durch Versetzung in die Obersekunda einer höheren Schule, Voraussetzung für den Besuch von höheren Fachschulen und für den mittleren Dienst bei Behörden.

Oberst, die höchste Rangstufe der Stabsoffiziere (vgl. Übersicht Dienstgrade).

Oberstabsarzt, Sanitätsoffizier (vgl. Übersicht Dienstgrade).

Oberstadtdirektor, in Nordrh.-Westf. und Ndsachs. der Hauptverwaltungsbeamte in den kreisfreien Städten.

oberständig, ♁ die Stellung des Fruchtknotens oberhalb der Kelch-, Kron- und Staubblätter; Gegensatz: unterständig.

Oberstarzt, Sanitätsoffizier (vgl. Übersicht Dienstgrade).

Oberstbrigadier, Oberstdivisionär, militär. Rangstufe in der Schweiz (vgl. Übersicht Dienstgrade).

Oberstdorf, Markt im Allgäu, Bayern, 815 m ü. M., 9900 Ew.; Molkereien, Kurort, Wintersportplatz.

Oberste Heeresleitung, OHL, im 1. Weltkrieg die oberste dt. Kommandostelle.

Obersteiger, ⚒ Aufsichtsbeamter.

Oberster Gerichtshof, 1) das höchste Gericht in Zivil- und Strafsachen in

Österreich. **2)** 1947-50 das höchste Gericht für die Länder der brit. Besatzungszone Dtl.s (vgl. Übersicht Gericht).

Oberster Sowjet, oberstes Staatsorgan der Sowjetunion (russ. Werchownyj Sowjet).

Oberstes Bundesgericht, anstelle des urspr. nach Art. 95 GG vorgesehenen O. B. wurde durch Gesetz vom 19. 6. 1968 der Gemeinsame Senat der obersten Gerichtshöfe eingerichtet.

Oberstes Gericht, das höchste Gericht in der Dt. Dem. Rep. (vgl. Übersicht Gericht).

Oberstes Landgericht, das oberste Gericht für Zivil- und Strafsachen in Bayern (vgl. Übersicht Gericht).

Oberstimme, ♪ im mehrstimmigen Satz die höchste Stimme.

Oberstleutnant, Rangstufe der Stabsoffiziere (vgl. Übersicht Dienstgrade).

Oberstudiendirektor, der Leiter einer vollausgebauten höheren Schule.

Oberth, Hermann, Raketenforscher und Raumfahrtpionier, * 1894, entwarf 1917 eine Rakete mit 10 t Nutzlast, beschrieb

Hermann Oberth   *Georg Simon Ohm*

1923 die wesentl. Elemente der heutigen Großraketen, arbeitete 1941 in Peenemünde, 1955 bis 1958 in den USA.

Obertöne, die in einem klingenden Ton mitschwingenden höheren Töne, deren Schwingungszahlen ganze Vielfache der Schwingungszahl des Grundtons sind.

Oberursel (Taunus), Stadt in Hessen, am S-Hang des östl. Taunus, 25 600 Ew.; Bundesschule des DGB, Luth. Theolog. Hochschule; Glas-, Schmuck-, Leder-, Textilind.

Oberverwaltungsgericht, OVG, →Verwaltungsgerichtsbarkeit.

Oberv'olta, Republik in W-Afrika, 274 200 km² mit 5,38 Mill. Ew.; Hauptstadt: Ouagadougou. Amtssprache: Französisch. Religion: Rd. 75% der Ew. sind Anhänger von Naturreligionen, rd. 20% Muslime. ⊕ II/III, Bd. 1, n. S. 320. Nach der Verf. von 1960 ist Staatsoberhaupt und Regierungschef der Präs. ☐ S. 1179. ☐ Bd. 1, S. 392. Währung: CFA-Franc.

O. ist ein wasserarmes Binnenland mit Hochflächen (250-350 m ü. M.), im S Feuchtsavannen, die nach N in Trocken- und Dornsavannen übergehen. Größte der vielen Bevölkerungsgruppen sind die Mosi (rd. 50%). Allgem. Schulpflicht (7 Jahre; seit 1965), noch rd. 90% Analphabeten.

O. gehört zu den ärmsten Ländern Afrikas; extensiver Anbau von Hirse, Mais, Reis, Erdnüssen, Baumwolle; Viehwirtschaft (Rinder, Ziegen, Schafe). Ausfuhr: Vieh, Baumwolle, Erdnüsse; Haupthandelspartner: Frankreich. Eisenbahn zum Hafen Abidjan (Elfenbeinküste), 16 650 km Straßen; internat. Flughäfen in Ouagadougou und Bobo-Dioulasso.

Geschichte. 1896 wurde das Gebiet von O. Teil von Französisch-Westafrika. 1919 wurde eine Zivilverwaltung eingeführt. 1932-47 vorübergehend als eigenes Territorium aufgelöst, erhielt O. 1960 seine staatl. Unabhängigkeit. Es ist Mitgl. des Rates der Entente, der OAU, der OCAMM; mit der EWG assoziiert.

Oberwiesenthal, Stadt, Kurort, Wintersportplatz im Bez. Karl-Marx-Stadt, im oberen Erzgebirge, 2500 Ew.

'**obiit** [lat.], er ist gestorben.

Oebisfelde, Stadt im Bez. Magdeburg, an der Aller, 5400 Ew.; Übergangsstelle im Interzonenverkehr.

Obj'ekt [lat.] *das,* **1)** Philosophie: der Gegenstand des Erkennens, Denkens und Handelns, meist im Gegensatz zum Subjekt. **2)** ⑤ Satzteil, der das bezeichnet, worauf die durch das Zeitwort ausgedrückte Handlung zielt.

objekt'iv, sachlich, wirklich (nicht nur gedacht); vorurteilsfrei, unparteiisch. Hptw. **Objektivität** *die.*

Objekt'iv [von Objekt] *das,* bei opt. Geräten das dem Objekt zugewandte Linsensystem, bei Projektionsgeräten das Projektionssystem zwischen Objekt und Schirm. Es besteht meist aus mehreren, oft zusammengekitteten Linsen aus Gläsern mit verschiedener Brechkraft oder aus sphär. Spiegeln. **Tele-O.** (große Brennweite, kleines Gesichtsfeld) dient für Fernaufnahmen; **Weitwinkel-O.** (kurze Brennweite) erfassen einen großen Blickwinkel (→photographische Objektive).

objektives Strafverfahren, ein selbständiges Strafverfahren zur Einziehung, Vernichtung oder Unbrauchbarmachung von Gegenständen (instrumenta et producta sceleris), die zu einer Straftat bestimmt, gebraucht oder durch eine solche hervorgebracht sind, wenn ein Beschuldigter nicht verfolgt oder abgeurteilt werden kann (§ 42 StGB.).

Objektivierung, Vergegenständlichung. Naturwissenschaft: Rückführung des im Experiment eingefangenen Wirklichen auf allgemeingültige Naturgesetze; nur in der **Makrophysik** möglich. In der **Atomphysik** fehlt die Objektivierbarkeit (Quantentheorie) der mikrophysikal. Verhältnisse können nur in einer Beschreibung der Auseinandersetzung zwischen Gegenstand und Meßinstrument begrifflich erfaßt werden.

Objektkunst, Bez. des Kunstjournalismus für Produkte künstler. Betätigung, die sich nicht in die klass. Kunstgattung Malerei, Plastik usw. einordnen lassen, z. B. Sicht- und Lärmmaschinen, oder Industrieprodukte, die durch Vereinzelung verfremdet aufgestellt, in neuer Interpretation anregen sollen.

'**Oblast** [russ.] *die,* Gebiet. **Autonome Oblaste,** die autonomen Gebiete der kleineren Völker in der Sowjetunion.

Oblasten, ⚖ öffentlich-rechtl. Grundstückslasten, aus **O.-Büchern** ersichtlich.

Obl'ate [lat.] *die,* **1)** die Hostie. **2)** Arzneikapsel. **3)** waffelartiges Gebäck.

Obl'ate [lat.] *der,* **1)** im MA. dem Kloster übergebenes Kind. **2)** Person, die sich nach Art der Tertiarier einem kath. Orden angeschlossen hat. **3)** Mitgl. einer Klostergenossenschaft von O.: **O. der Allerheiligsten und Unbefleckten Jungfrau Maria,** 1816 gegr. Kongregation für Volks- und äußere Mission, Sitz: Rom; **O. des hl. Franz von Sales,** 1871 gegr. Kongregation für Erziehung, Seelsorge und Mission, Sitz: Rom.

Oblation [lat.], röm. Liturgie: die für die Eucharistiefeier bestimmten Gaben; auch Zurüstung für die Eucharistiefeier.

Oberstdorf

Oblig'ado, Rafael, argentin. Dichter, * 1851, † 1920; Santos-Vega-Dichtungen.

oblig'at [lat.], verbindlich, notwendig.

obligate Stimme, ♪ die selbständige Stimme eines mehrstimmigen Musikstücks, die nicht wegbleiben darf. Gegensatz: **ad lib.** (libitum), d. h. sie kann nach Belieben ausgeführt werden oder wegbleiben.

Obligation, das einzelne Stück einer in Form festverzinsl. Schuldverschreibungen aufgenommenen Anleihe (z. B. Staats-, Kommunal-, Industrie-O.).

Obligationenrecht, 1) →Schuldrecht. 2) der 5. Teil des Schweizer Zivilgesetzbuches.

obligat'orisch, verbindlich.

'Obligo [ital.] *das*, Verbindlichkeit, Gewähr, z. B. Wechsel-O. **Frei von O.** oder **ohne O.**, ein die Haftung ausschließender Vermerk, z. B. auf Wechseln („Angstklausel").

oblique Kasus ⑤ die abhängigen Fälle, die kein grammat. Subjekt ergeben: mich dürstet.

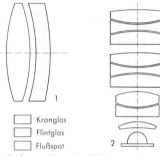

Kronglas

Flintglas

Flußspat

2

Objektiv: **1** *Fernrohrobjektiv vom Fraunhoferschen Typ.* **2** *Starkes Mikroskopobjektiv, apochromatische Ölimmersion, für starke Vergrößerungen (etwa 1000fach). Drei Linsen sind zur besseren Farbwiedergabe aus Flußspat hergestellt*

Oboe [ob'oə, frz.] *die*, Holzblasinstrument mit doppeltem Rohrblatt als Mundstück, kegeligem Schallrohr und leicht näselndem Klang; kam durch die Araber nach Europa. (Bild Blasinstrumente)

Oboedi'enz [lat.] *die*, Gehorsam, in der Kath. Kirche bes. der kanon. Gehorsam des Weltklerus oder der klösterliche.

'Obolos *der*, altgriech. Gewicht und Münze, = 1/6 Drachme. Danach: **Obolus**, kleiner Betrag, Spende, ‚Scherflein'.

Ob'ote, Apollo Milton, afrikan. Politiker, * 1925, 1961-66 MinPräs., dann Präs. von Uganda, 1971 entmachtet.

Obotr'iten, →Abodriten.

Obra *die*, linker Nebenfluß der Warthe, durchfließt den **Obra-Bruch**, mündet bei Schwerin.

Obr'adović [-vitʃ], Dositej, serb. Schriftsteller, * 1742, † 1811, Hauptvertreter der serbischen Aufklärung.

Obr'enović [-vitʃ], serb. Herrscherhaus, begründet von →Miloš Obrenović 1817, ausgestorben 1903 mit →Alexander 9).

O'Brien [oubr'aiən], Kate, irische Erzählerin, * 1897; ‚Jene Dame' (1946), ‚Die Blume im Mai' (1955) u. a.

Obrigkeit, der Träger der staatl. Gewalt, im christl. Sinn (nach Röm. 13, 1-7) die von Gott geordnete staatl. Gewalt, später die von diesem Gedanken gerechtfertigte Ordnung der säkularen Ständestaates, die wesentlich durch ihre Pflicht gegenüber dem Untertanen gebunden ist; später in patriarchal. Sinn verklärt (Gottesgnadentum der Monarchie). Heute ist dieser Begriff Teil der Problematik des Verhältnisses es von Bürger und Staat.

Obrigkeitsstaat, Bez. für einen autoritär regierten Staat; sie wurde um 1900 von den Gegnern des monarchisch-autoritären und bürokrat. Staates geprägt.

Obr'ist, früher für Oberst.

Obs'equien [lat.] *Mz.*, Totenfeier.

Observ'anz [lat.] *die*, -/-en, 1) in einem begrenzten Kreis ausgebildetes Gewohnheitsrecht. 2) die kirchlichen Abgaben. 3) im kath. Klosterrecht ein neben der eigentl. Regel beobachteter Brauch.

Observation [lat.], Beobachtung, Erfahrung.

Observat'orium, wissenschaftl. Institut zur Beobachtung astronomischer, geophysikal., meteorolog. Vorgänge.

Obsidi'an [lat.] *der*, rasch und daher glasig erstarrtes junges Ergußgestein, meist schwarz oder grau, mit muscheligem Bruch; kunstgewerbl. Werkstoff.

obsk'ur [lat.], dunkel, unklar; unbekannt, unberühmt.

obsol'et [lat.], ⚷ unüblich, veraltet.

Obst, die als Nahrung dienenden Früchte mehrjähriger, meist holziger Gewächse: **Kern-O.** (z. B. Äpfel, Birnen), **Stein-O.** (z. B. Kirschen, Pflaumen), **Beeren-O.** (z. B. Stachel-, Erdbeeren), **Schalen-O.** (z. B. Nüsse); ferner **Südfrüchte**. O. hat großen Gesundheitswert durch seinen Gehalt bes. an Mineralstoffen und Vitaminen (Nüsse und Bananen haben zusätzlich hohen Kalorienwert). O. wird zu Wein, Saft, **Trocken-O. (Dörrobst)**, Mus, Marmelade, Gelee, Konfitüren usw. verarbeitet.

Obstbau, im Gegensatz zum Liebhaber-O. ist der Markt-O. auf Anbau-Schwerpunkte konzentriert und je nach Lage spezialisiert. Der Anbau, bes. Äpfel, Birnen, Pflaumen, ist fast nur noch in geschlossenen Pflanzungen aussichtsreich.

'Obstfelder, Sigbjørn, norweg. Schriftsteller, * 1866, † 1900; in seiner Lyrik Vorläufer des Expressionismus.

obstin'at [lat.], starrköpfig, widerspenstig.

Obstipati'on [lat.], ⚕ die Verstopfung.

Obstmaden, in Obst lebende Raupen von Schmetterlingen; bes. schädlich sind die Raupen des **Apfelwicklers** (der **Apfelmotte**) und des **Pflaumenwicklers**.

Obstruktion [lat.], der Versuch der Minderheit, in der Volksvertretung o. ä. Mehrheitsbeschlüsse unter Ausnutzung geschäftsordnungsmäßiger Mittel zu verhindern.

Obstsaft, Fruchtsaft, erfrischendes, vitaminreiches Getränk, durch Pressen von frischem Obst gewonnen. **Obstdicksäfte** erhält man durch Eindampfen oder Ausfrieren von O.

Obstwein, weinartiges Getränk, aus Äpfeln, Birnen, Beeren u. a., durch Gärung ähnlich wie Wein erzeugt.

obsz'ön [lat.], unanständig, schmutzig, schamlos. **Obszönit'ät** *die*, Unzüchtigkeit; Zote.

Obus, kurz für **O**berleitungs-Omni**bus**.

'Obwalden, schweizer. Halbkanton, →Unterwalden.

OCAMM, Abk. für →**O**rganisation **C**ommune **A**fricaine, **M**algache et **M**auricienne.

O'Casey [ouk'eisi], Sean, * 1884, † 1964, der bedeutendste irische Dramatiker seit Synge. ‚Juno und der Pfau' (1924), ‚Gockel, der Geck' (1949).

Ochlokrat'ie [grch.] *die*, die Massen- oder Pöbelherrschaft.

Och'oa [-tʃ-], Severo, span.-amerikan. Biochemiker, * 1905, Prof. in New York, arbeitet über Enzyme, Vitamin B₁, Nucleinsäuren; Nobelpreis für Medizin (mit A. Kornberg) 1959.

Och'otskisches Meer, Randmeer des Stillen Ozeans, zwischen dem asiat. Festland, Kamtschatka und den Kurilen; rd. 1,59 Mill. km² groß.

Ochr'ana [russ. ‚Schutz'] *die*, seit 1881 die polit. Geheimpolizei der zarist. Rußlands.

Ochse, kastriertes männl. Rind.

Ochsenauge, 1) ein kreisrundes oder ellipt. Fenster. 2) **Rindsauge**, eine gelbblütige, staudige Korbblütengattung; auch andere Korbblütler, so Arnika.

Ochsenfurt, Stadt im bayer. Unterfranken, am Main, 8250 Ew.; Zuckerfabrik,

Stein-, Holz- u. a. Ind.; altertüml. Stadtbild: Stadtmauer, Rathaus (15. Jahrh.), Pfarrkirche (14. Jahrh.) u. a.

Ochsenknie, knieenge Stellung der Vorderbeine bei Pferden.

Ochsenkopf, Berg im Fichtelgebirge, 1023 m; Fernseh- und UKW-Sendeturm.

Ochsenkraut, ⊕ die Hauhechel.

Ochsenzunge, rauhhaarige krautige Borretschgewächse; z. B. die rot- bis blaublütige **Gemeine O.** Mittel- und Osteuropas.

'Öchslegrad [nach F. Öchsle, 1774-1852], Maßeinheit für das spezif. Gewicht des Mostes; erlaubt Angaben über Zucker- und Alkoholgehalt des zukünftigen Weines. 75° Öchsle bezeichnen z. B. das spezif. Gewicht 1,075.

Ochtrup, Stadt im Münsterland, Nordrh.-Westf., 16 200 Ew.; Textil-, feinmechan. Industrie.

OCist., Abk. für →Zisterzienser.

Ockeghem, Okeghem, Johannes, niederländ. Komponist, * um 1425, † um 1495, Hauptmeister der 2. niederländ. Schule; Messen, Motetten, Chansons.

Ocker, blaß- bis goldgelbe Mineralfarbe, Gemenge aus Eisenoxid(hydrat) und Ton.

Ockham ['ɔkhəm], **Occam**, Wilhelm von, scholast. Theologe, Philosoph und kirchenpolit. Schriftsteller, * um 1285, † um 1349; Begründer des spätmittelalterl. Nominalismus; forderte scharfe Trennung von Kirche und Staat.

O'Connel [ouk'ɔnl], Daniel, * 1775, † 1847, Führer der Iren, suchte vergeblich die Vereinigung Irlands mit Großbritannien aufzuheben.

O'Connor [ouk'ɔnə], Frank, eigentl. Michael **O'Donovan**, irischer Schriftsteller, * 1903, † 1966; Romane, Novellen, Kurzgeschichten.

Oct'avia, 1) Schwester des Kaisers Augustus, * um 70, † 11 v. Chr., 40 in zweiter Ehe mit Marcus Antonius verheiratet. 2) Tochter des Kaisers Claudius und der Messalina, * um 40 n. Chr. 53 Gemahlin Neros; verbannt und 62 ermordet.

Octavi'anus, Oktavian, →Augustus.

'Oculi [lat. ‚die Augen'], der 4. Sonntag vor Ostern.

Ocytoc'in, Oxytocin, Hormon der Neurohypophyse, das die Gebärmutter zu Kontraktionen veranlaßt; Synthese 1954.

Odal ['u:da:l, schwed.] *das*, das Stammgut des edlen Geschlechts, bes. im älteren skandinavischen Recht.

Odal'iske [frz.-türk.] *die*, weiße Haremssklavin; eur. Kunst: Berufsletänzerin.

Odd Fellows ['ɔdfɛlouz, engl.], **Independent Order of O. F.**, seit 1800 entstandene, bes. in Großbritannien und den USA verbreitete ordensähnl. Gemeinschaft, ähnl. den Freimaurern.

Ode [grch.] *die*, dichter. Ausdruck ernster Gedanken und Gefühle in meist reimlosen Versen nach antikem Muster (Horaz); in Dtl. bes. Klopstock, Hölderlin.

Öd'em [grch.] *das*, ⚕ die Wassersucht; **Hungerödem** (u. a. infolge Eiweißmangel).

Ödenburg, magyar. Sopron, Stadt in Westungarn, 45 000 Ew.; Hochschule für Forst- und Holzwirtschaft; Textilindustrie.

'Odense, die Hauptstadt Fünens, Dänemark, 104 000 Ew., Univ., Industrie: Werften, Eisen-, Stahl-, Elektroindustrie. Romanisch-got. Kirchen, Geburtshaus von H. Chr. Andersen.

Odenwald, Mittelgebirge zwischen Kraichgau und Main, das im W an der Bergstraße zur Oberrheinebene scharf abfällt. Der Vordere O., in der Neukircher Höhe 605 m hoch, ist stark zertalt und ziemlich dicht besiedelt; der Hintere O. ist eine nur wenig besiedelte, von Katzenbuckel (626 m) überragte, stark bewaldete Hochfläche. Fremdenverkehr (Naturpark Bergstraße-O.).

Oder *die*, 1) einer der Hauptströme Dtl., 860 km lang, entspringt im Odergebirge, durchfließt Schlesien und Brandenburg, durchfließt unterhalb Frankfurt das **O.-Bruch**, mündet in Pommern aus dem Stettiner Haff mit drei Armen (Dievenow, Swine,

Peene) in die Ostsee. Wichtige Nebenflüsse von links: Oppa, Glatzer Neiße, Katzbach, Bober, Lausitzer Neiße, von rechts: Klodnitz, Malapane, Stober, Bartsch, Warthe. Die O., durch Kanäle mit Elbe und Weichsel verbunden, spielt als Wasserstraße keine sehr bedeutende Rolle. Seit 1945 Teil der →Oder-Neiße-Linie.
2) Nebenfluß der Rhume im S-Harz. Im Oberlauf der **Oderteich**, bei Bad Lauterberg die **Oder-Talsperre**.

Oder-Havel-Kanal, früher **Hohenzollernkanal,** zwischen Oranienburg und Hohensaaten 55,9 km lang, für Schiffe bis 750 t.

Odermennig der, eine Rosengewächsgattung, meist drüsige Stauden mit gelben, aufrechten Blütentrauben, auf trockenem Boden; auch **Ackermennig** genannt.

Oder-Neiße-Linie, die im →Potsdamer Abkommen von 1945 festgelegte Demarkationslinie zwischen den polnisch verwalteten dt. Gebieten und dem übrigen Dtl. Sie verläuft von der Ostsee westl. Swinemünde die Oder entlang bis zur Einmündung der Lausitzer (,Westlichen') Neiße und folgt ihr bis zur tschechoslowak. Grenze. Die jenseits dieser Linie liegenden Gebiete wurden vorbehaltlich der Regelung durch einen Friedensvertrag unter poln. oder sowjet. Verwaltung gestellt. Die Dt. Dem. Rep. hat die O.-N.-L. (1950) anerkannt. Die Bundesrep. Dtl. hat sie bis 1970 nicht als Westgrenze Polens anerkannt. Der von der Regierung W. Brandt 1970 mit der poln. Regierung abgeschlossene Warschauer Vertrag enthält eine Anerkennung der O.-N.-L. bis zu einem Friedensvertrag.

Oder-Spree-Kanal, 83,7 km lange Wasserstraße zwischen Dahme (im SO Berlins), Spree bei Fürstenwalde und Oder bei Eisenhüttenstadt.

Od'essa, Hafen- und Industriestadt in der Ukrain. SSR, am Schwarzen Meer, 892 000 Ew.; Univ., Hochschulen, Forschungsinstitute; Schiff- und Maschinenbau, Nahrungsmittel-, elektrotechn., chem., Leder-, Jute-, Kork-, Textil-, Bekleidungs-Ind., Eisengießerei, Walzwerk, Erdölraffinerie, Wärmekraftwerk. - 1794 anstelle einer Festung gegr., Aufstieg im 19. Jahrh. durch Getreidehandel.1941-44 von dt. und rumän. Truppen besetzt.

Od'ets, Clifford, amerikan. Bühnen- und Drehbuchautor, * 1906, † 1963; ,Die das Leben ehren' (1935).

Odeur [-'œːr, frz.] das, Duft, Wohlgeruch.

Odgartenwirtschaft, die →Egartenwirtschaft.

Odilienberg, französisch **Mont-Sainte-Odile,** Berg in den mittleren Vogesen bei Barr, 824 m hoch, mit vielen vorgeschichtl. Denkmälern und dem Odilienkloster (Hohenburg, Ende des 7. Jahrh. von der hl. Odilia gegr.), heute Wallfahrtsort.

'**Odin** [nordgerm.], südgermanisch **Wuotan, Wotan, Wodan,** german. Gott der Winde, führt seine Anhänger durch die Lüfte über Land (Wilde Jagd); Herr der Schlacht, Schöpfer der Dichtkunst, Totengott; die Toten kommen zu ihm in seine

Valhöll (Walhall, Totenstätte). Eine Art Adoptivkinder sind die Schlachtjungfrauen, die **Walküren,** die ihm die gefallenen Helden zuführen.

odi'os, odiös [frz.-lat.], verhaßt, unausstehlich, ärgerlich.

'**Ödipus,** griech. **Oid'ipus,** griech. Mythos: König von Theben, Sohn des Laios und der Iokaste, wurde wegen eines Orakelspruches, wonach er seinen Vater töten und seine Mutter heiraten würde, ausgesetzt, aber gerettet; tötete, als er erwachsen war, ohne es zu ahnen, im Streit seinen Vater Laios, befreite Theben, indem er das Rätsel der Sphinx löste, und erhielt als Lohn den Thron und die Königin, seine Mutter, die ihm Eteokles, Polyneikes, Antigone und Ismene gebar. Als das Geheimnis enthüllt wurde, stach sich Ö. beide Augen aus und irrte, von Antigone begleitet, in der Fremde umher, bis er auf geheimnisvolle Weise von der Erde entrückt wurde.

Ödipuskomplex, nach S. Freud die verdrängte Liebe des Knaben zur Mutter, des Mädchens zum Vater, mit Eifersucht, Haß gegen den anderen Elternteil.

Odjibwa [ˈoudʒˈibwei], **Chippeway** [tʃiˈpəwei], nordamerikan. Indianerstamm aus der Gruppe der Algonkin, im Gebiet der Großen Seen in den Verein. Staaten und in Kanada ansässig.

Ödland, land- und forstwirtschaftlich nicht genütztes Land.

Odo'aker, Odowakar, german. Heerführer, * 433, † 493, 476 von den german. Söldnern in Italien zum König ausgerufen, setzte den (letzten) weström. Kaiser ab; von Theoderich ermordet.

Odontolog'ie [grch.] die, die Lehre von den Zähnen.

Odyss'ee die, Epos des →Homer, das die abenteuerreiche Geschichte der zehnjährigen Heimfahrt des Odysseus nach der Eroberung von Troja erzählt.

Od'ysseus, lateinisch **Ul'ixes,** griech. Mythos: König von Ithaka, galt als tapfer, klug, verschlagen; auf seinen Rat wurde im Trojan. Krieg das hölzerne Pferd erbaut, mit dem Troja erobert wurde.

OECD, Abk. für engl. **O**rganization for **E**conomic **C**ooperation and **D**evelopment, die →Organisation für wirtschaftliche Zusammenarbeit und Entwicklung.

OEEC, Abkürzung für engl. **O**rganization for **E**uropean **E**conomic **C**ooperation, die →Organisation für europäische wirtschaftliche Zusammenarbeit.

Oeillet-Verfahren [œjˈɛ-], die Herstellung sehr kleiner gezogener Teile (z. B. Schuhösen) aus dünnen Blechen.

Oeuvre [œːvr, frz.] das, Werk; Lebensarbeit eines Künstlers.

OEZ, Abk. für **O**steuropäische **Z**eit.

O'Faolain [ouˈfələn], Sean, irischer Schriftsteller, * 1900, krit. Interpret des modernen Irland; Romane, Kurzgeschichten u. a.

OFD, Abk. für →**O**berfinanz**d**irektion.

Ofen, alter dt. Name von Buda, des W-Teiles von Budapest.

Ofen, 1) ein Gerät zur Erzeugung nutzbarer Verbrennungs- oder Stromwärme, z. B. →Kachelofen, →Backofen, →Gasofen, →Industrieofen, →Herd. **Allesbrenner** sind eiserne Öfen (einfachste Form: →Kanonenofen), deren Schacht mit Schamotte ausgemauert ist. 2) Sternbild des Südhimmels.

Ofenpaß, Paßstraße zwischen Unterengadin und Münstertal im Kt. Graubünden, Schweiz, 2155 m hoch.

Ofenreise, die Dauer des ununterbrochenen Betriebs eines Ofens, bei Ind.- oder metallurg. Öfen etwa 6 bis 8 Jahre.

Ofensau, die ungeschmolzene metallische Abscheidung in metallurg. Öfen.

Ofensetzer, ein Kachelofenbauer.

Offa, Abk. für **Deutsche Gesellschaft für öffentliche Arbeiten AG.,** Berlin-Frankfurt a. M., Bundesbesitz, Grundkap.: 4,5 Mill. DM (1971), finanziert (seit 1955) den Autobahnbau.

Offbeat [-biːt, engl.], ♪ Vorweg- oder Nachher-Eintreten von Melodieakzenten gegenüber dem Grundakzent.

Offenbach, Jacques, Komponist, * 1819, † 1880, förderte die Operette durch die Schlagkraft seiner Melodien, zündende Rhythmik und musikal. (auch parodist.) Einfälle. Oper: Hoffmanns Erzählungen; Operetten: Orpheus in der Unterwelt, Die schöne Helena u. a.

Offenbach am Main, Stadt in Hessen, 119500 Ew., im N und W mit Frankfurt zusammengewachsen, u. a. Sitz des Zentralamtes des Dt. Wetterdienstes, der Bundesmonopolverwaltung für Branntwein, Lederwaren- (Leder- und Schuhmuseum, Lederwarenmessen), Maschinen-, chem., elektrotechn., Eisen-, Metallind. Schloß (1570-78 neu erbaut).

Offenbarung, in den Religionen die Willensmitteilung des verborgenen Gottes an den Menschen. Für die kath. Kirche ist O. eine durch Wort und Werke (z. B. Wunder) vermittelte Selbstenthüllung Gottes nach Wesen, Wirken und Wollen, die jeden zur Annahme verpflichtet, dem sie verkündigt wird. Quellen: Hl. Schrift und Überlieferung; die Weitergabe ist dem kirchl. Lehramt anvertraut. - Die evang. Glaubenslehre versteht im Sinne des N. T. unter O. nicht ein Wissen, sondern ein Geschehen, das Gott in der Sendung Christi bewirkt, in Gesetz und Evangelium zusammengefaßt.

Offenbarung des Johannes, Schrift im Neuen Testament, →Apokalypse.

Offenbarungseid, ♂♀ 1) ein Eid, den der erfolglos gepfändete Schuldner auf Antrag des Gläubigers über seinen Vermögensstand zu leisten hat (§§ 807, 899 ff. ZPO.). Über Schuldner, die den O. geleistet haben, führen die AGer. Schuldnerverzeichnisse, deren Einsicht jedem gestattet ist. - In Österreich ist der O. in der Zwangsvollstreckung nach § 47 Exekutionsordnung zu leisten, in der Schweiz ist er in der Zwangsvollstreckung ausgeschlossen. 2) ein Eid zur Bekräftigung einer Auskunftspflicht, im bürgerl. Recht (z. B. Rechenschaftslegung) abgeschafft und durch Ges. v. 27. 6. 1970 und durch die →eidesstattliche Versicherung ersetzt.

Offenburg, Stadt in Bad.-Württ., an der

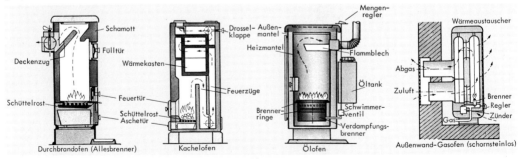

Öfen

Durchbrandofen (Allesbrenner) — Schamott, Fülltür, Deckenzug, Wärmekasten, Feuertür, Schüttelrost, Schüttelrost Aschetür

Kachelofen — Drossel-Außenklappe mantel, Heizmantel, Feuerzüge, Brenner ringe

Ölofen — Mengenregler, Flammblech, Öltank, Schwimmerventil, Verdampfungsbrenner

Außenwand-Gasofen (schornsteinlos) — Wärmeaustauscher, Abgas, Zuluft, Brenner Regler, Zünder, Gas

Kinzig, 32 700 Ew.; graph., Textil-, elektrotechn., Maschinenbauindustrie.

offene Fürsorge, alle Fürsorgemaßnahmen außerhalb der Anstaltsversorgung.

Offene Handelsgesellschaft, OHG, eine Gesellschaft, die unter gemeinschaftl. Firma ein Handelsgewerbe betreibt und bei der jeder Gesellschafter den Gesellschaftsgläubigern unbeschränkt haftet (§§ 105 ff. HGB.). Die OHG ist eine Gesamthandsgemeinschaft; sie kann unter ihrer Firma Eigentum erwerben, Verbindlichkeiten eingehen, vor Gericht klagen und verklagt werden. Sie entsteht mit Abschluß des Gesellschaftsvertrages; nach außen wird sie wirksam mit der Eintragung in das Handelsregister. - In Österreich gelten die dt. Bestimmungen, in der Schweiz entspricht der OHG die **Kollektivgesellschaft.**

offener Biß, ♨ ein Spalt zwischen den oberen und unteren Schneidezähnen (bei geschlossenen Kiefern).

offener Brief, eine meist in der Presse abgedruckte Mitteilung in Briefform, oft polemisch oder kritisch.

offene Rücklagen, die gesetzlichen und die freien →Rücklagen in der Bilanz.

offene Tür, zugänglich für die Öffentlichkeit, z. B. ,Tag der o. T.' in Behörden und Betrieben.

Offenkundigkeit, das Bekanntsein bestimmter Tatsachen; gerichtskundige (notorische) Tatsachen bedürfen im Prozeß keines Beweises.

Offenmarktpolitik, die An- oder Verkäufe von Wertpapieren durch die Zentralnotenbank, um die Geldmenge der Wirtschaft zu beeinflussen, ein währungspolit. Instrument der Notenbank. Kauft die Notenbank Wertpapiere von den Banken, so steigen deren Liquidität und die Möglichkeit zur Kreditgewährung; verkauft sie, so engt sie den Kreditspielraum ein.

offens'iv [lat.], angreifend; verletzend, beleidigend. **Offens'ive** *die,* der Angriff, bes. der militärische.

öffentliche Anleihen, die Kreditaufnahme des Staates oder anderer öffentlicher Körperschaften.

öffentliche Anstalt, →Anstalt.

öffentliche Arbeiten, Arbeiten, die von öffentl. Körperschaften (Bund, Länder, Gemeinden usw.) zu gemeinnützigen Zwecken vorgenommen werden.

öffentliche Aufträge, die Aufträge öffentl.-rechtl. Körperschaften; sie unterliegen bes. Preisbindungsvorschriften.

öffentliche Hand, die öffentl. Verwaltung (Staat, Gemeinde) als Unternehmer.

öffentliche Klage, ♨ die Anklage im Strafprozeß.

öffentliche Kredite, Kredite, die der Staat oder eine andere Körperschaft des öffentl. Rechts aufnimmt oder gewährt.

öffentliche Meinung, die Durchschnittsmeinung einer Bevölkerung, bes. in öffentl. Angelegenheiten. (→Meinungsforschung)

öffentlicher Glaube, ♨ der Grundsatz, daß der Inhalt bestimmter öffentlicher Bücher und Urkunden (z. B. Grundbuch) zugunsten der darauf vertrauenden Personen Rechtswirkungen erzeugt (**Publizitätsprinzip**).

öffentlicher Haushalt, der Haushalt des Staates oder anderer öffentl. Körperschaften, der die **öffentl. Einnahmen** und **Ausgaben** enthält.

öffentliche Sachen, Sachen des Staates oder sonstiger Verwaltungsträger, die den Verwaltungszwecken unmittelbar durch ihren Gebrauch dienen (im →Gemeingebrauch, →Verwaltungsvermögen).

öffentliches Recht, Teil der staatl. Rechtsordnung; es regelt die Rechtsverhältnisse, die durch das Wirken der staatl. oder vom Staat abgeleiteten Hoheitsgewalt bestimmt sind, bes. die Beziehungen zwischen dem Staat und den einzelnen Bürgern sowie die Beziehungen zwischen den Trägern hoheitl. Gewalt untereinander. Hauptgebiete des ö. R.: Ver-

fassungs- und Verwaltungsrecht (ö. R. im engeren Sinn), Prozeß- und Strafrecht, Völkerrecht. Im Gegensatz zum ö. R. steht das →Privatrecht. Auch der Staat (als Fiskus) und andere öffentl. Rechtssubjekte können dem Privatrecht unterliegen (z. B. bei privatrechtl. Verträgen). - Die Unterscheidung von ö. R. und Privatrecht entstammt dem röm. Recht. - Die Begründung von Rechtsverhältnissen des ö. R. ist möglich durch allgem. Rechtssätze (Gesetz, VO., Satzung), durch öffentlich-rechtl. Verträge, durch Verwaltungsakte und durch Urteil. - Öffentlich-rechtl. Streitigkeiten gehören bis auf wenige Ausnahmen vor die Verwaltungsgerichte.

öffentliches Vermögen, das dem allgemeinen Gebrauch überlassene Vermögen (Straßen usw.).

öffentliche Unternehmen, Unternehmen im Besitz oder unter maßgebender Beteiligung eines öffentlich-rechtl. Gemeinwesens. Sie treten in Organisationsformen des Privatrechts (AG., GmbH.) oder in den öffentl. Rechts auf, hier zumeist als rechtlich unselbständige **Regiebetriebe** oder als organisatorisch verselbständigte **Eigenbetriebe** (z. B. Bundesbahn, Bundespost). Dazu treten **Sondervermögen** (Lastenausgleichsfonds), Beteiligungsgesellschaften und bundeseigene Konzerne (→Bundesbetriebe). Die ö. U. dienen teils fiskalisch-erwerbswirtschaftl. Zwecken, teils der Entfaltung einer die Wirtschaft beeinflussenden Macht. Weiter →Gemischtwirtschaftliche Unternehmen. Über ö. U. in der Dt. Dem. Rep. →Volkseigentum.

öffentliche Versicherungsanstalt, von einer Körperschaft errichtete Versicherungsanstalt.

Öffentlichkeit, Grundsatz im Gerichtswesen: die Verhandlung vor dem erkennenden Gericht und die Verkündung der Urteile und Beschlüsse sind bis auf wenige Ausnahmen (z. B. in Jugendgerichtssachen, z. T. auch in Ehesachen) öffentlich.

Öffentlichkeitsarbeit, engl. Public relations.

öffentlich-rechtliche Körperschaft, eine →juristische Person, der zu öffentl. Zwecken besondere Rechte zustehen (z. B. Staat, Gemeinde, Kirche).

Off'erte [frz.] *die,* Angebot, Anerbieten; ♨ ein →Antrag. **offerieren,** anbieten.

Offert'orium [lat.], Kath. Kirche: die Opfergebete und der Begleitgesang dazu.

Office [frz. ɔf'is, engl. 'ɔfis] *das,* Büro, Geschäftsraum, Amt.

Offizi'al [lat.] *der,* -s/-e, Kath. Kirche: bischöfl. Richter, Vorsitzender des Offizialats, der bischöfl. Gerichtsbehörde zur Ausübung der kirchl. Gerichtsbarkeit.

Offizialbetrieb, ♨ Betreibung eines Prozesses von Amts wegen, bes. im Strafprozeß (Offizial-Inquisitions-Maxime).

Offizialdelikt, ♨ eine von Amts wegen zu verfolgende strafbare Handlung. Gegensatz: Antragsdelikt.

Offizialverteidiger, ♨ vom Gericht von Amts wegen bestellter Verteidiger (→Verteidigung).

offizi'ell [frz.], amtlich.

Offizier, Führer beim Militär und bei Organisationen, die nach militär. Vorbild aufgebaut sind. In der Bundeswehr gibt es **Berufs-O.** und **O. auf Zeit.** Die Anwärter für beide Laufbahnen müssen im allgemeinen das Abitur haben und vor der Einstellung eine Eignungsprüfung ablegen. Ausbildung: bei Berufs-O. 3 Jahre bei O. auf Zeit 2 Jahre. Weiteres →Seeoffizier, →Sanitätsoffizier.

Offizierstellvertreter, im 1. Weltkrieg im dt. Heer, in Österreich noch heute ein dauernd im Offiziersstelle verwendeter älterer Unteroffizier.

Offiz'in [lat.] *die,* 1) Apotheke. 2) Druckerei. **offizin'ell,** im Arzneibuch als Heilmittel aufgeführt.

offizi'ös [frz.], halbamtlich.

Off'izium [lat.], **Heiliges O.,** bis 1965 Name der Glaubenskongregation von ihrer

Gründung (1542) bis 1908 ,Kongregation für die röm. und allgemeine Inquisition der häret. Verkehrtheit'.

off l'imits [engl.], Zutritt (für Soldaten) verboten!

Offsetdruck, ein Flachdruckverfahren, bei dem von der Druckform erst auf einen mit Gummituch bespannten Zylinder und von diesem auf das Papier gedruckt wird (Bild →Druckverfahren). Das elast. Gummituch ermöglicht konturenscharfen Druck auf rauhe Flächen. Der O. ist bes. geeignet für hohe Auflagenzahlen.

Off-Shore-Käufe [ɔff'ɔ:-, engl.], die außerhalb der Küsten Nordamerikas getätigten Einkäufe amerikan. Vergabestellen (meist Kriegsmaterial).

O'Flaherty [ouflʼɛəti], Liam, irischer Erzähler, * 1897, schildert innerlich zerrissene Menschen als Werkzeug übermächtiger Gewalten; Romane (,Die Nacht nach dem Verrat', 1925) u. a.

OFM, Abk. für Ordo Fratrum Minorum, die Franziskaner.

Ofnet, 2 Höhlen bei Holheim im bayer. Schwaben mit vorgeschichtl. Kulturresten (Fundort von 32 Schädeln).

Ofotenfjord [ʼu-], tief ins Land dringender Fjord in N-Norwegen; an ihm liegt Narvik.

Ofterdingen, Heinrich von, →Heinrich von Ofterdingen.

Oeftering, Heinz Maria, Jurist, * 1903, 1957 bis 1972 Präs. der Dt. Bundesbahn.

Ogbomʼosho, Stadt in SW-Nigeria, 371 000 Ew.; Handelszentrum, Textilind.

Ogham-Schrift ['ɔgɔm-, engl.], **Ogamschrift** ['oːɔm-], eine altirische Schrift aus Punkten und Strichen, angeblich eine Erfindung des myth. Gottes Ogma.

Ogier der Däne [ɔʒj'eː-], Gestalt der Heldensage, Gegner Karls des Großen; Ende des 12. Jahrh. Mittelpunkt eines Epos von Raimbert de Paris; in den dän. Volksballaden des 15. und 16. Jahrh. dän. Nationalheld unter dem Namen **Holger Danske.**

Oglio [ʼɔʎo], linker Nebenfluß des Po, in Norditalien, 280 km lang.

Ogʼowe, Fluß in Zentralafrika, mündet in den Atlantik, 850 km lang.

O'Grady [ougrʼeidi], Standish James, irischer Schriftsteller, * 1846, † 1928, meisterhafte Nacherzählungen aus der irischen Sage und Geschichte.

O'Hara [ouhʼarə], John Henry, amerikan. Schriftsteller, * 1905, † 1970, schrieb gesellschaftskrit. Romane, Kurzgeschichten.

OHG, Abk. für →Offene Handelsgesellschaft.

Ohio [ouhʼaiou], 1) der größte linke Nebenfluß des Mississippi, 1586 km lang, durch Kanäle mit dem Kanad. Seen verbunden. 2) einer der östl. Vereinigten Staaten, 106 763 km² groß, 10,542 Mill. Ew. Hauptstadt: Columbus. Anbau von Mais, Weizen, Sojabohnen u. a. Viehhaltung, Milch-, Fleischerzeugung. Kohle, Kalkstein, Erdöl, Erdgas. Eisen-, Stahl-, Fahrzeug-, Maschinenbau-, chem., Gummi-Ind. - O. trat 1803 als 17. Staat der Union bei.

Ohlau, poln. **Oława,** Stadt in Niederschlesien, zwischen Ohle und Oder, 16 500 (1939: 13 100) Ew., seit 1945 unter poln. Verwaltung.

Ohle *die,* linker Nebenfluß der Oder, 98 km lang, mündet in Breslau.

'Oehlenschläger, Adam Gottlob, dän. Dichter, * 1779, † 1850, wurde durch H. Steffens mit der dt. Romantik vertraut; Tragödien, bes. über nord. Stoffe, Lyrik, Übersetzungen u. a.

Ohm, Georg Simon, Physiker, * 1789, † 1854, Lehrer, später Prof. in München, entdeckte die Ohmschen Gesetze, definierte den Ton als rein sinusförmige Schwingung, lieferte wichtige Beiträge zur Interferenz geradlinig polarisierten Lichts. (Bild S. 890)

Ohm *das,* 1) Zeichen Ω, die Einheit des elektr. Widerstandes, bis 1947 definiert als der Widerstand einer Quecksilbersäule von 1 mm² Querschnitt und 106,3 cm Länge bei 0° C, seitdem 1 Volt/1 Ampere (internat. O.). **2)** altes Flüssigkeitsmaß, 130-160 l.

Ohmberge, bis 535 m hohe Muschelkalk-hochfläche im unteren Eichsfeld.

Öhmd das, getrockneter 2. Schnitt der Wiesen.

Ohmmeter, Gerät zum Messen elektr. Widerstände, als Anzeigegerät dient meist ein Kreuzspulinstrument.

Ohmsches Gesetz, 1) Akustik: Das Ohr zerlegt jedes Tongemisch in die einfachen Töne. **2)** Elektrizitätslehre: das Gesetz, durch das die Beziehung zwischen Spannung U, Stromstärke I und Widerstand R bestimmt ist: U = IR.

Ohnblatt, einige höhere parasitäre Pflanzen, z. B. Fichtenspargel.

ohne Bericht, Abk. **o. B.,** Wechselklausel, ohne →Avis.

ohne Gewähr, eine ‚Angstklausel', →Obligo.

ohne Obligo, →Obligo.

Ohnmacht, ein meist harmloser Zustand von Bewußtlosigkeit, der auf mangelhafter Durchblutung des Gehirns beruht; Abfall des Blutdrucks, Zusammenbrechen mit Bewußtseinsverlust.

Ohr, Gehör- und Gleichgewichtsorgan bei Mensch und Wirbeltieren. Das menschl. O. besteht aus dem **äußeren O.** (O.-Muschel und Gehörgang mit den das Ohrenschmalz absondernden Drüsen), dem **Mittel-O.** (Paukenhöhle mit den 3 Gehörknöchelchen: Amboß, Hammer, Steigbügel) und dem Innen-O. Der Gehörgang wird durch das Trommelfell gegen das Mittelohr abgeschlossen. Das Mittelohr steht durch die Eustachische Röhre (O.-Trompete) mit dem Nasenrachenraum in Verbindung. Das **Innen-O.** (Labyrinth) enthält ein mit Flüssigkeit gefülltes Röhrensystem. Es besteht aus dem Vorhof, den drei Bogengängen und der Schnecke mit dem Cortischen Organ, dem eigentl. Gehörsinnesorgan, das die gegen Erschütterungen (Schallwellen) empfindl. Hörzellen enthält. Zur Schnecke geht der Schneckennerv genannte Teil des Hörnerven, zu den Bogengängen der Vorhofsnerv. Das innere O. hat nach der Paukenhöhle hin zwei Öffnungen: das ovale und das runde Fenster. Letzteres wird durch eine Membran

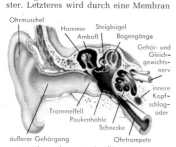

Ohrmuschel — Hammer — Steigbügel — Amboß — Bogengänge — Gehör- und Gleich-gewichts-nerv — innere Kopf-schlag-ader — Trommelfell — Paukenhöhle — Schnecke — äußerer Gehörgang — Ohrtrompete

Ohr, schematische Übersicht

verschlossen; im ovalen Fenster ruht die Fußplatte des Steigbügels. Die Gehörknöchelchen sind miteinander gelenkig verbunden und bilden eine Kette, die vom Trommelfell über Hammer, Amboß und Steigbügel zum ovalen Fenster reicht und die ‚vom Trommelfell aufgenommenen Schwingungen auf die Flüssigkeit im Labyrinth überträgt; sie werden von den Hörzellen aufgenommen und durch den Schneckennerv zum Hörzentrum im Gehirn geleitet. Die Bogengänge dienen der Bewegungssteuerung, der Vorhof dient als schweres Sinnesorgan (Gleichgewichtssinn). - Häufige **Ohrenkrankheiten** sind →Mittelohrentzündung, →Otosklerose.

Das O. der höheren Wirbeltiere entspricht im wesentlichen dem des Menschen. Bei Lurchen, Kriechtieren, Vögeln fehlt meist das äußere O., die Gehörknöchelchen sind durch ein Knochensäulchen ersetzt, und der schallumsetzende Teil ist

klein und nicht schneckenförmig aufgerollt.

Ohrdruf, Stadt im Bez. Erfurt, im Vorland des Thüringer Waldes, 6900 Ew.; vielseitige Industrie. Michaeliskirche (1760) an der Stelle der ältesten, 724 von Bonifaz errichteten Klosterkirche Thüringens. Nahebei Truppenübungsplatz.

Ohrenbeichte, →Beichte.

Ohrenfluß, Eiterabfluß aus dem Ohr; Anzeichen für eitrige Entzündung des Mittelohrs oder des äußeren Gehörganges.

Ohrenkriecher, Insekten, →Ohrwürmer.

Ohrenqualle, eine bis tellergroße Scheibenqualle der europ. Küstenmeere.

Ohrenrobben, Familie der Robben.

Ohrenspiegel, ärztl. Gerät: durchlöcherter Hohlspiegel **(Otoskop),** durch den (mit Hilfe eines in den Gehörgang eingeführten **Ohrtrichters)** Licht auf das Trommelfell geworfen wird.

Öhringen, Stadt in Bad.-Württ., 11 200 Ew., hat Stiftskirche (Neubau 1454-91), Rathaus (1504), Schloß (17. Jahrh.), Fachwerkhäuser. Blech-, Möbel-, Werkzeugmaschinen-, Schuhindustrie.

Ohrmarke, eine bes. bei Zuchttieren durch die Ohren gezogene Marke mit Nummer als Identitäts- und Abstammungsnachweis.

Ohrmuschelstil, ein im 16. und 17. Jahrh. in Dtl. und den Niederlanden verbreiteter Ornamentstil, dessen Formen an Ohrmuscheln erinnern (→Knorpelwerk).

Ohrschmuck, im Ohrläppchen getragener oder um das Ohr gelegter Schmuck: als Ring (Ohrring), Gehänge, Rolle, Scheibe (Ohrpflock).

Ohrspeicheldrüse, die größte Mundspeicheldrüse **(Parotis),** am Ohr. O.-Entzündung **(Parotitis)** ist der Mumps.

Ohrwurm, Tierkrankheit (bes. bei Hund, Katze, Kaninchen): Entzündung des äußeren und mittleren Ohrs mit Jucken und Ausfluß. Ursache sind oft Räudemilben.

Ohrwürmer, Insektenordnung mit rd. 1300 Arten; der **Gemeine O.,** Pflanzenstoff- und Blattlausfresser, ist kein Schädiger des menschl. Ohrs (Ohrenkriecher).

Oiroten-Gebiet, →Gorno-Altaisches Autonomes Gebiet.

Oise [wa:z] die, Fluß in NO-Frankreich, 302 km lang, entspringt in den belg. Ardennen, mündet in die Seine.
2) Dép. in N-Frankreich, 5887 km², 553 600 Ew. Hauptstadt: Beauvais.

Oistrach, David, * 1908, und sein Sohn Igor, * 1931, russ. Geiger.

Oita, Hafenstadt in Japan, auf Kiuschu, 237 000 Ew.; Fischkonservenindustrie.

o. J., ohne Jahr (des Erscheinens).

Oj'etti, Ugo, italien. Schriftsteller, * 1871, † 1946; Roman ‚Mein Sohn, der Herr Parteisekretär' (1922).

Ojmjak'on, Ort am Oberlauf der Indigirka, NO-Sibirien, einer der →Kältepole der Erde.

o. k., okay [ouk'ei, amerikan.], in Ordnung.

Ok'a die, **1)** Nebenfluß der Wolga (1480 km), entspringt südl. Orel, mündet bei Gorkij.
2) Nebenfluß der Angara (953 km), im Unterlauf Teil des Bratsker Stausees.

Ok'a die, altes türk. Handels- und Münzgewicht, auch Flüssigkeitsmaß.

Okajama, Okayama, Stadt auf Honschu, Japan, an der Inlandsee, 322 000 Ew.; Baumwoll- und Mattenindustrie.

Ok'api [afrikan.] das, eine giraffenartiger Paarhufer im Kongo-Urwald.

Okar'ina [ital. ‚Gänschen'] die, eine Gefäßflöte aus Ton mit Schnabelmundstück und 8-10 Grifflöchern; 1860 in Italien entwickelt; klingt dunkel weich.

Okasaki, Okazaki, Stadt auf Honschu, Japan, 198 000 Ew.; Textil- u. a. Industrie.

Okaw'ango, der, Fluß in S-Afrika, kommt als **Cubango** aus Angola, verliert sich im **O.-Becken** in N-Botswana.

Okayama, →Okajama.

Okean'os, griech. Mythos: der Welt-

Okapi

strom, der die Länder der Erde umfließt.

O'Kelly [ouk'eli], irisch **O Ceallaigh,** Seán Tomás, irischer Politiker, * 1882, Mitbegründer der →Sinn Féin (1905), seit 1927 führend in der Fianna Fáil, 1945-59 Staatspräsident der Irischen Republik.

Oken, Lorenz, Naturforscher und Philosoph, * 1779, † 1851, gründete 1822 die Gesellschaft Dt. Naturforscher und Ärzte; Naturphilosoph der Romantik.

Oker, 1) die, linker Nebenfluß der Aller, vom Oberharz, 105 km lang, Talsperre.
2) Stadt (seit 1952) in Ndsachs., 8600 Ew.; Blei- und Kupferhüttenwerk, Papier-, Zellstoff- u. a. Industrie.

Okin'awa, →Riukiu-Inseln.

Okischima, japan. Inselgruppe im Japan. Meer, 356 km² groß, 41 000 Ew.

Okkasi'on [lat.], (günstige) Gelegenheit.

Okkasional'ismus [lat.], philosoph. Lehre, nach der Leib und Seele nicht uv sich aus wechselseitig aufeinander wirken können; alle Wirkung zwischen ihnen geschieht durch Gott; für diesen sind die realen Zustände nur Anlaß (Gelegenheit), bestimmte Wirkungen hervorzubringen.

Okki, eine Knüpftechnik für Spitzen oder Deckchen; der Faden ist auf einem Schiffchen aufgewickelt **(Schiffchenarbeit).**

Okklusi'on [lat.], Ein-, Umschließung.

okk'ult [lat.], verborgen, geheimnisvoll, übersinnlich.

Okkultismus, 1) die Lehre, daß es verborgene, in unsere heutige Wissenschaft nicht einzugliedernde Tatsachen der Natur und des Seelenlebens gebe, bes. außersinnl. Wahrnehmungen (Telepathie, Hellsehen), Fernbewegungen (Psychokinese), Materialisationen, personen- und ortsgebundenen Spuk, Erscheinungen, Doppelgänger u. a. **2)** die Geheimwissenschaften, z. B. Magie, Theosophie.

Okkupation [lat.], Besitzergreifung; im Völkerrecht die militärische →Besetzung eines fremden Staatsgebietes.

Oklahoma [ouklə'oumə], Abk. **Okla.,** einer der südwestl. Mittelstaaten der Verein. Staaten, 181 080 km² groß, 2,498 Mill. Ew. Hauptstadt: O. City. Haupterwerbszweige: Landwirtschaft (Weizen, Rinder), Bergbau (Erdöl, Erdgas, Kohle, Blei, Zink). - Ursprünglich Indianerterritorium; 1907 als 46. Staat in die Union aufgenommen.

Oklahoma City [-s'iti], die Hauptstadt von Oklahoma, USA, 363 200 Ew., in einem Erdöl- und Erdgasrevier, Viehhandel, Flugzeugbau; Universität.

Okarina

Ökolamp'ad(ius), Johannes, eigentlich **Heußgen** oder **Hußgen,** schweizer. Reformator, * 1482, † 1531, kath. Geistlicher; 1522 schloß er sich Luthers Anschauungen an und wirkte dann als Prof. und Pfarrer in Basel, wo er die Reformation durchsetzte.

Ökolog'ie, die Lehre von den Umweltbeziehungen der Lebewesen. Sie untersucht deren räuml. Verbreitung und gegenseitige Zuordnung und analysiert die Reaktionsweisen einzelner Organismenarten **(Autökologie)** oder Lebensgemeinschaften **(Synökologie)** auf Umweltfaktoren, um so das qualitative und quantitative Verteilungsmuster der Organismen in den verschiedenen Lebensräumen der Erde verstehen zu können.

Ökon'om [grch.-lat.], Landwirt, Gutsverwalter. **Ökonom'ie** die, Wirtschaftlichkeit, Sparsamkeit.

Ökonometr'ie [grch.], eine Richtung der Wirtschaftswissenschaften, die mit Hilfe mathemat. und statist. Methoden die Vorgänge der Wirtschaft quantitativ zu erfassen und zu messen sucht.

Ökon'omik [grch.] die, Haushaltungs-, Wirtschaftskunde; Wirtschaftswissenschaft.

ökon'omisch, wirtschaftlich, sparsam.

ökonomisches Grundgesetz, nach der marxist. Lehre die gesetzmäßige Abfolge der Produktionsformen: Urgemeinschaft, Sklaverei, Feudalismus, (Wettbewerbs-) Kapitalismus, Monopolkapitalismus, Sozialismus.

ökonomisches Prinzip, der Grundsatz, mit dem geringsten Aufwand an Mitteln den größtmöglichen Ertrag zu erzielen.

Okta'eder [grch.], Achtflächner, ein regelmäßiger, von acht gleichseitigen Dreiecken begrenzter Körper.

Okt'ant der, **1)** ein Winkelmeßinstrument für die Schiffsortsbestimmung. **2)** ☆ Sternbild am Südpol des Himmels.

Okt'anzahl, Kennzahl für die Klopffestigkeit eines Kraftstoffs. Kraftfahr-Normalbenzin hat O. von 91-94, Superbenzin von 98-100,5, Flugbenzin von 100-145.

Okt'av [lat.], **1)** die, in der kath. Liturgie die achttägige Feier von Weihnachten, Ostern, Pfingsten. **2)** das, das gebräuchlichste Buchformat mit 22,5 cm Höhe (8°); **Klein-O.** bis 18,5 cm, **Groß-O.** bis 25 cm Höhe (Lexikonformat).

Okt'ave [lat. ‚die Achte'] die, **1)** der (von einem Grundton aus gerechnet) 8. Ton der diaton. Tonleiter, auch der Zusammenklang beider Töne. Das Oktavzeichen 8ᵛᵃ über (unter) den Noten bedeutet: eine O. höher (tiefer) zu spielen. **2)** die →Stanze.

Oktavi'an, röm. Kaiser, →Augustus.

Okt'ett das, Musikstück für 8 Instrumente oder 8 Singstimmen.

Oktober, der 10. Monat des Jahres mit 31 Tagen, auch **Weinmonat, Gilbhart.**

Oktoberrevolution, Sturz der russ. menschewist. Kerenski-Regierung durch die Bolschewiki unter Lenin am 7./8. 11. 1917.

Oktobr'isten, im zarist. Rußland die monarchisch-konstitutionelle Partei, die einen gemäßigten Liberalismus vertrat (Okt. 1905-17).

Oktog'on [grch. ‚Achteck'] das, ein Zentralbau über achteckigem Grundriß (z. B. das O. des Aachener Münsters).

Oktop'oda [grch.], achtarmige Kopffüßer, die Kraken.

Oktroi, Octroi [ɔktrw'a, frz.] der, urspr. landesherrl. Privileg (z. B. autorisierte Handelsgesellschaften); in roman. Ländern Art von Aufwand- und Verbrauchssteuer.

oktroy'ieren [ɔktrwaj'i:rən, frz.], urspr.: bewilligen, verleihen; heute meist: aufdrängen, zwangmäßig erlassen.

Okul'ademade, die Larve einer Gallmücke, die Eier an Okulierstellen und Wunden von Rosengewächsen legt.

Okul'ar [lat.] das, das dem Auge zugewandte Linsensystem an opt. Geräten.

okulieren [lat.], **äugeln,** Obstbau: eine Holzpflanze (Wildling) veredeln durch Einbinden eines schildförmigen Rindenstücks mit Knospe (Auge) vom Edelreis in einen T-förmigen Rindenschlitz des Wildlings.

Okumé, rötlichbraunes Holz aus dem trop. W-Afrika für Furniere, Täfelungen, Möbel, Parkett, mit geringer Schwindung.

Ökum'ene [grch.] die, der bewohnte Teil der Erde. **ökumenisch,** für die Welt geltend, allgemein.

Ökumenische Bewegung, i. w. S. alle christl. Unionsbestrebungen, i. e. S. die Einigungsbestrebungen der christl. Kirchen (mit Ausnahme der Kath. Kirche), die entweder eine Einigung im Praktischen Christentum (Allgemeine christl. Konferenz für praktisches Christentum, Stockholm 1925) oder in Glauben und Verfassung (Weltkonferenz für Glauben und Kirchenverfassung, Lausanne 1927) anstreben. Beide Richtungen beschlossen 1937 die Bildung eines →Ökumenischen Rates der Kirchen.

Ökumenischer Patriarch, Titel des Patriarchen von Konstantinopel.

Ökum'enischer Rat der Kirchen, Weltkirchenrat, eine Gemeinschaft christl. Kirchen zur gemeinsamen Beratung und Betätigung in kirchl. Fragen. Der Ö. R. d. K. vereinigt (1971) etwa 250 orthodoxe, protestant., altkath. und anglikan. Kirchen. Einige protestant. Kirchen und die Kath. Kirche gehören dem Ö. R. d. K. nicht an, entsenden aber offizielle Beobachter zu seinen Veranstaltungen. Oberstes Organ ist die Vollversammlung, die gewöhnlich alle 6 Jahre zusammentritt (zuletzt 1968 in Uppsala). Dem Zentralausschuß gehören das Präsidium und 100 Mitgl. an; er beruft den Generalsekretär (Sitz: Genf) und gibt die Richtlinien für die Arbeit des Exekutivausschusses.

Ökumenisches Konzil, Kath. und Ostkirche: eine Versammlung der kirchl. Hierarchie, deren Beschlüsse für die ganze Kirche bindend sind. In der Ostkirche gilt das Konzil von Nikaia 787 als letztes Ö. K. In der Kath. Kirche ist ein Ö.K. nur im Zusammenwirken mit dem Papst möglich.

Ökumenische Konzile

1.	325	Nikaia I
2.	381	Konstantinopel I
3.	431	Ephesus
4.	451	Chalcedon
5.	553	Konstantinopel II
6.	680-81	Konstantinopel III
7.	787	Nikaia II
8.	869-70	Konstantinopel IV (nur bei den Lateinern als ökumenisch betrachtet)
9.	1123	I. Laterankonzil
10.	1139	II. Laterankonzil
11.	1179	III. Laterankonzil
12.	1215	IV. Laterankonzil
13.	1245	Lyon I
14.	1274	Lyon II
15.	1311-12	Vienne
16.	1414-18	Konstanz
17.	1431-39	Basel-Ferrara-Florenz
18.	1512-17	V. Laterankonzil
19.	1545-63	Trient
20.	1869-70	Vatikanum I
21.	1962-65	Vatikanum II

Ökumenische Symbole, die drei in allen christl. Großkirchen anerkannten altkirchl. Bekenntnisse, das Apostolische, das Nicänisch-konstantinopolitan. und das Athanasianische Glaubensbekenntnis.

Ökumenismus, seit dem II. Vatikan. Konzil Bezeichnung für die kath. Unionsbestrebungen.

OKW, Oberkommando der Wehrmacht.

Okyo, japan. Maler, * 1733, † 1795, schuf realist. Bilder von Landschaften, Vögeln, Pflanzen, angeregt von europ. Vorbildern, doch in ostasiat. Pinseltechnik.

'Okzident [lat. ‚Sonnenuntergang'] der, das Abendland im Unterschied vom Orient. **okzident'alisch,** abendländisch.

ö. L., östliche Länge.

Olaf, Könige von Norwegen:
1) O. Tryggvason (995-1000), in seiner Jugend Wikingerführer, wurde 994 Christ, fiel bei einer Seeschlacht gegen Dänen und Schweden.
2) O. der Heilige (1015-28), * um 995, förderte mit Strenge das Christentum, von Knut d. Gr. vertrieben, gefallen 1030.
3) O. V. (seit 1957), * 1903.

Olaf V.   *Laurence Olivier*

Olafssagas, altisländ. Erzählungen von der Ausrottung des Heidentums durch →Olaf 1) und 2).

Öland, schwed. Ostseeinsel, durch den Kalmarsund vom Festland getrennt, 1346 km², 26 700 Ew.; Viehzucht, Zuckerrüben-, Getreideanbau, Fischerei. Einzige Stadt ist Borgholm.

Ölbaum, immergrüner Baum des Mittelmeergebiets und des Vorderen Orients (verwilderte Form: **Oleaster**), bis 12 m hoch, im Alter oft knorrig und hohl; mit weißen Blütenständen und kleinen, eßbaren Steinfrüchten **(Oliven;** →Olivenöl).

Ölbaum: a Blütenzweig, b Blüte, c Frucht, untere angeschnitten

Ölberg, Berg (809 m) östlich Jerusalem, gilt als Stätte der Himmelfahrt Jesu.

Olbernhau, Stadt im Bez. Karl-Marx-Stadt, an der Flöha, 13 800 Ew.; Holzbearbeitungs-, Spielwarenindustrie.

Ölbrenner, →Ölheizung.

Olbrich, Joseph Maria, Architekt, * 1867, † 1908, Vorkämpfer des Jugendstils; Bauten auf der Mathildenhöhe in Darmstadt.

Olbricht, Friedrich, General, * 1888, † (hingerichtet) 1944, gehörte als Chef des allgem. Heeresamtes zur Widerstandsbewegung.

Oldach, Julius, Maler, * 1804, † 1830, malte schlichte realist. Bildnisse.

Oelde, Stadt in Nordrh.-Westf., 21 600 Ew., Metall-, Holzind., Verlage.

Oldenb'arnevelt, Jan van, * 1547, seit 1586 Ratspensionär der Prov. Holland, Führer des republikan. Patriziats, Gegner des Statthalters Moritz von Nassau, der ihn 1618 verhaften und 1619 enthaupten ließ.

Oldenburg, 1) ehem. Land des Dt. Reiches

mit (1939) 5396 km² und 577 600 Ew. - Seit 1180 Grafschaft: 1234 erwarb O. das Stedingerland, fries. Gebiete, 1386 Varel. Nach Aussterben der alten Grafen 1667 mehrfacher Besitzwechsel innerhalb des →Oldenburger Hauses; 1777 Herzogtum, 1803 Erwerb münsterscher Gebiete und des Fürstentums Lübeck, 1815 Birkenfelds. 1815 Großherzogtum; 1918 Freistaat. 1937 kamen Lübeck und Birkenfeld an Preußen, das 1853 an Preußen abgetretene Wilhelmshaven kam wieder an O.
2) Verwaltungsbezirk von Ndsachs. (seit 1946), 5447 km², 849 100 Ew.
3) die Hauptstadt von 2), an der Hunte (Küstenkanal), 131 400 Ew., eine Gartenstadt; ehem. großherzogl. Schloß (1615, mit späteren Erweiterungen), Lambertikirche (13. Jahrh., später Umbau); in neuester Zeit Industrieansiedlung: landwirtschaftl., chem., Maschinen- u. a. Industrie.
4) O. (Holstein), Stadt in Schlesw.-Holst., 9700 Ew.; Getreidehandel; Ringwall.

Oldenburg, Claes, schwedisch-amerikan. Bildhauer und Happening-Künstler, * 1929, entwickelte in seinen Plastiken, Happenings und Environments eine neue Sicht der zeitgenöss. Kunst, die als Objektkunst bezeichnet wird.

Oldenburger Haus, weitverzweigtes Herrschergeschlecht in Europa, abstammend von den Grafen von Oldenburg: seit 1448 Könige von Dänemark, 1460-1866 Herzöge von Schlesw.-Holstein, 1762 bis 1917 Kaiser von Rußland, 1751-1818 Könige von Schweden, seit 1863 von Griechenland, seit 1905 von Norwegen.

Oldesloe [-lo:], **Bad-O.,** Stadt in Schlesw.-Holst., an der Trave, 18 900 Ew., Ind.

Oldham [′ouldəm], Stadtgfsch. in NW-England, 100 000 Ew.; Baumwollspinnerei, Maschinenbau.

Oldoway [-wei], Trockenschlucht am Rand der Serengeti in Tansania; Fundort ältester menschl. Skelette, die den Australopithecinen zugerechnet werden.

Oldtimer [′ouldtaimə, engl.] der, altes Kraftwagenmodell.

Öle, →Fette und fette Öle, →ätherische Öle, →Mineralöle.

Ole′ander [ital.] der, ein strauchiges Hundsgiftgewächs, vom Mittelmeergebiet bis Ostasien verbreitet, mit lederigen Blättern, roten, weißen oder gelben, duftigen Blüten, mit Milchsaft; giftig durch Glukoside, die ärztlich wie Digitalis angewendet werden; Kübelpflanze.

Ole′arius [ital.] der, ein strauchiges Hundsgiftgewächs, **Ölschläger,** Schriftsteller, * 1603, † 1671, nahm an Handelsexpeditionen nach Rußland und Persien teil; seine Reisebeschreibung ist eine kulturgeschichtl. Quelle.

Ole′aster [lat.] der, verwilderter Ölbaum, auch die Ölweide.

Olef′ine, die ungesättigten Kohlenwasserstoffe der allgemeinen Formel $C_n H_{2n}$.

Ol′eg, Waräger, † 912, übernahm nach Ruriks Tod (879) die Herrschaft über den ersten russ. Staat, bemächtigte sich Kiews (1. Großfürst), schloß einen Handelsvertrag mit dem Byzantin. Reich.

Ole′in, rohe, unreine Ölsäure.

Olekma, →Oljokma.

Olenj′ok, Olen′ek der, Fluß in Sibirien, 2162 km lang, mündet westlich des Lenadeltas in das Nordpolarmeer.

Oléron [-ɔ̃], **Ile d'Oléron,** Insel vor der Küste W-Frankreichs, 175 km²; Ackerbau, Austernzucht. - Das **Seerecht von O.** war vom 12.-17. Jahrh. die gewohnheitsrechtl. Grundlage der atlant., Nordsee- und Ostsee-Schiffahrt.

Ol′escha, Juri Karlowitsch, russ. Schriftsteller, * 1899, † 1960. Roman ′Neid′ (1927).

Oleum das, rauchende Schwefelsäure.

Ölfarbe, Malfarbe aus Pigmenten und trocknendem Öl (Leinöl, für Künstlerfarben auch Mohnöl), mit Streckmitteln, wie Tonerdehydrat oder Schwerspat, und Trockenmitteln.

Ölfrüchte, die Früchte der →Ölpflanzen.

OLG, Oberlandesgericht.

Olga, Frau des Großfürsten Igor von Kiew, nach dessen Tod Regentin, 955 auf den Namen **Helena** in Konstantinopel getauft, † 969. Ostkirchl. Heilige; Tag: 11. 7.

Ölheizung, eine →Heizung mit Ölfeuerung. Der **Ölbrenner** überführt das Heizöl in einen leicht entflammbaren Zustand und mischt es mit Luft. Er besteht aus Ölpumpe und Luftgebläse mit gemeinsamem Motor, aus Ölzerstäuberdüse und Druckregulierventil.

′Olifant [altfrz. ′Elefant′] der, elfenbeinernes Signalhorn des MA., in der Sage das Horn Rolands.

Olifants River [-r′ivə], **Elefantenfluß,** rechter Nebenfluß des Limpopo, in S-Afrika, rd. 600 km lang.

Oligarch′ie [grch.], **Oligokratie,** die Beherrschung des Staates durch eine kleine Gruppe Mächtiger, Reicher.

Oligopol [grch.] das, eine Marktform, bei der wenige Anbieter den gesamten Markt beliefern **(Angebots-O.)** oder wenige Nachfrager das ganze Angebot kaufen **(Nachfrage-O.).**

Oligoz′än [grch.] das, Erdgeschichte: eine Stufe des Tertiärs.

′olim [lat.], ehemals, einst; als fingierter Eigenname in der Redensart **seit Olims Zeiten,** seit undenklichen Zeiten.

Ol′iva, ehem. Marktflecken an der Danziger Bucht, 1926 Danzig eingemeindet. - Der Friede von O. am 3. 5. 1660 beendete den schwedisch-poln. Krieg.

Ol′ive [grch.-lat.] die, **1)** die Ölbaumfrucht. **2)** eiförmiger Drehgriff an Fenstern und Türen.

Olivenöl, Speiseöl aus den Früchten des Ölbaums. **Olivenkernöl** wird aus Olivenkernen gepreßt.

′Oliver, Joe, **King O.,** Jazztrompeter, * 1885, † 1938.

Olivet′aner, selbständige Benediktinerkongregation, 1313 gegr. von B. Tolomei.

Oliv′etti, Ing. C. O. & Co. S. p. A., Ivrea, italien. Unternehmen zur Herstellung von Büromaschinen u. a., gegr. 1908; Eigenkap. 117,3 Mill. US-$ (1969).

′Olivier [-vje], **1)** Ferdinand, Maler und Graphiker, * 1785, † 1841, schuf bes. Bilder aus dem Salzburger Land.
2) Friedrich, Maler, Bruder von 1), * 1791, † 1858, lebte 1818-23 im Kreis der Nazarener in Rom, wo er Landschaftsbilder und Bildniszeichnungen schuf. Später malte er meist romant. Landschaften.

Ferdinand Olivier: Straße in Mödling bei Wien; Federzeichnung, 1823 (Dresden, Kupferstichkabinett)

3) [ol′iviə] Sir (seit 1947) Laurence, * 1907, engl. Schauspieler, auch im Film (Shakespearerollen); Direktor des National Theatre. (Bild S. 895)

Oliv′in [zu lat.], rhombisches, kristallisierendes Mineral, oliv- bis spargelgrün, auch durch-

Olivin, von einer dünnen Rinde von grauem Basalt (links) umhüllt

sichtig **(Chrysolith),** chemisch Magnesium- mit Eisensilicat.

Olj′okma, Ol′ekma die, rechter Nebenfluß der Lena, Sibirien, kommt aus dem Jablonowyj-Gebirge, mündet bei Oljokminsk, 1310 km lang.

Ölkäfer, ein Insekt, der Maiwurm.

Ölkautschuk, der →Faktis.

Ölkraftwerk, ein Kraftwerk, das Heizöl als Brennstoff oder anstelle von Dampfkesseln, Dieselmotoren oder Gasturbinen verwendet.

Ölkürbis, eine Ölpflanze der Kürbisgewächse, als Buschform gezüchtet.

Ollenhauer, Erich, Politiker (SPD), * 1901, † 1963, wurde 1928 Vors. der Sozialist. Arbeiterjugend, 1933 Mitgl. des Parteivorstandes der SPD im Exil (Prag, Paris, England), wurde 1946 stellv. Vors. der SPD, 1952 Vorsitzender (Nachfolger K. Schumachers).

Ölmalerei, das Malen mit →Ölfarben; dabei können die Pinselstriche neben- und übereinander gesetzt werden, ohne daß die Farben ineinander verlaufen; auch bleiben die Farben tagelang vermalbar und verändern ihren Farbwert nicht beim Trocknen. Bei der **Primamalerei** werden die Farben auf der Palette fertig gemischt, um im Bild sogleich den endgültigen Farbwert zu ergeben. - Ölgemälde verändern sich mit der Zeit bes. durch Vergilben und Rißbildungen (Krakelüren). Auch der Firnis, mit dem sie zu ihrem Schutz überzogen werden, unterliegt Alterserscheinungen.

Olme Mz., Schwanzlurche mit larvenähnl. Merkmalen (wie bleibende äußere Kiemen, fehlende Lider; z. B. der **Grottenolm.**

Olm′eken, Indianerstamm an der Golfküste Mexikos zur Zeit der span. Eroberung. Im Gebiet der O. wurde seit 1938 eine bedeutende megalith. Kultur (monumentale Steinplastiken u. a.) entdeckt, die anfangs nach den O., neuerdings nach dem Hauptfundort La Venta benannt wird.

Ölmotor, 1) mit schwer siedenden Ölen (Gasöl, Petroleum, Leichtöl u. ä.) betriebener Verbrennungsmotor, meist ein Dieselmotor. **2)** ein mit Drucköl betriebener Motor eines hydraul. Antriebs.

Ölmühle, Betrieb zum Gewinnen von Öl aus Ölfrüchten mit hydraulischen Pressen (100-600 at).

Olmütz, tschech. **Olomouc** [′olomouts], Gebietsstadt im nördl. Mähren, Tschechoslowakei, an der March, 78 700 Ew.; kath. Erzbischofssitz, hat Univ., Rathaus (14. Jahrh.), Dom (12. Jahrh.); Stahlwerke, Lebensmittel- u. a. Industrie. - 29. 11. 1850 **Olmützer Punktation:** Aufgabe der kleindt. Einigungspolitik Preußens unter dem Druck Österreichs und Rußlands.

Ölpalme, eine westafrikan. Fiederpalme mit kopfigen Fruchtständen voll pflaumengroßer Früchte. Das Fruchtfleisch liefert **Palmöl** (für Speisefette, Seife, Kerzen), der Samen **Palmkernöl,** der Preßrückstand **Palmkernkuchen** (Mastfutter); der Blättersaft wird zu **Palmwein** vergoren.

Olpe, Stadt und Kurort im Sauerland, Nordrh.-Westf., 21 700 Ew.; Armaturen-, Maschinenfabriken, Gießereien, Herstellung elektron. Geräte.

Ölpest, die Verschmutzung küstennaher Meeresgebiete durch bei Tankschiff-Havarien auslaufendes oder in das Meer gepumptes, unbrauchbares Öl, das durch das Salzwasser verkrustet. Es verklebt u. a. das Gefieder der Seevögel, die dadurch zugrunde gehen, u. vernichtet Fischbestände.

Ölpflanzen, angebaute Pflanzen, die aus Samen oder Früchten fettes Öl liefern; z. B. in Europa: Ölbaum, Raps, Rübsen, Schwarzer Senf, Ölrettich, Weißer Senf, Mohn, Sonnenblume, Flachs (Lein), Hanf; außerhalb Europas: Öl-, Kokospalme, Sesam, Rizinus, Baumwolle, Erdnuß, Sojabohne, Mandelbaum, Tungbaum, Babassanüsse, Brasil-(Para-)Nüsse. Preßrückstände ergeben **Ölkuchen** (Futtermittel).

Ölrauke, einjährige Ölpflanze **(Saat-, Gartenrauke)** des Mittelmeergebiets, rauhhaarig, mit gelben Blütentrauben.

Olrik, Axel, dän. Volkskundler, * 1864, † 1917, trug zur Erforschung der nord. Mythologie und Heldendichtung bei.

Oels, poln. **Oleśnica,** Stadt in Niederschlesien, östlich Breslau, 25 900 (1939: 18 200) Ew.; Schuhind., Zuckerfabrik, Mühlen. Seit 1945 unter poln. Verwaltung.

Olsa *die,* tschech. **Olša,** Nebenfluß der Oder, 90 km lang, kommt aus dem Jablunkagebirge, mündet unterhalb von Oderberg, 1920-38 und seit 1945 Grenze zwischen Polen und der Tschechoslowakei.

Ölsäure, eine ungesättigte Fettsäure, deren Glycerinester in fast allen Fetten und fetten Ölen vorkommt.

Ölschiefer, dunkle Schiefer Nordeuropas, die bis zu 20% Kohlenwasserstoffe enthalten. Diese lassen sich abscheiden und ähnlich wie Erdöl verarbeiten.

Oelsnitz, 1) **O./Erzgebirge,** Stadt im Bez. Karl-Marx-Stadt, 17 600 Ew.; der Steinkohlenbergbau wurde 1970 eingestellt.

2) Stadt im Vogtland, Bez. Karl-Marx-Stadt, an der Weißen Elster, 15 600 Ew.; Teppich-, Gardinen-, Wäscheind. Über O. liegt Burg **Voitsberg.**

Oelssner, Fred, kommunist. Politiker, * 1903, war 16 Jahre in der Sowjetunion, seit 1945 führend in der SED (,Chefideologe'); 1958 wegen seiner Kritik aus den parteiamtl. und staatl. Funktionen entfernt.

Olten, Bezirksstadt im Kt. Solothurn, Schweiz, an der Aare, 21 900 Ew., Bahnknoten; Eisenbahnwerkstätten, vielseitige Industrie; Aare-Kraftwerk.

Ölweide, ein dorniger, aus dem wärmeren Asien stammender Zierstrauch mit schmalen Blättern und innen zitronengelben Blütchen **(Oleaster, Paradiesbaum).**

Ol'ymp *der,* griech. **Olympos,** vielgipfliges Gebirge in Griechenland, im NO Thessaliens, bis 2911 m hoch; in der griech. Mythologie Sitz der Götter.

Ol'ympia, im griech. Altertum Kultstätte des Zeus und der Hera, in der westl. Peloponnes, Schauplatz der Olympischen Spiele. Der Hauptbau des hl. Hains (Altis) war der um 460 v. Chr. erbaute Tempel des olympischen Zeus mit dem Goldelfenbeinbildwerk des sitzenden Gottes von Phidias (um 430). Die Giebelskulpturen stellten im O den Pelops-Mythos, im

Olympiade	Jahr	Ort Winterspiele	Beteiligte Staaten	Wettkämpfer	davon Frauen	Goldmedaillen nach Staaten
I	1896	Athen	13	285	—	Verein. Staaten (9), Griechenland (5), Deutschland (4)
II	1900	Paris	20	1066	6	Verein. Staaten (11), Großbritannien (10), Frankreich (7)
III	1904	St. Louis	11	496	—	Verein. Staaten (24), Deutschland (3), Cuba (3)
	1906[1])	Athen	20	883	7	Verein. Staaten (9), Frankreich (9), Großbritannien (4)
IV	1908	London	22	2059	36	Großbritannien (28), Verein.
I		*London*	6	21	7	Staaten (14), Schweden (4)
V	1912	Stockholm	28	2541	57	Verein. Staaten (17), Schweden (10), Großbritannien (7)
VII[2])	1920[3])	Antwerpen	29	2606	63	Verein. Staaten (27), Italien (13), Großbritannien (12)
		Antwerpen	10	85	12	
VIII	1924[3])	Paris	44	3092	136	Verein. Staaten (40), Finnland (13), Frankreich (12)
I		*Chamonix*	16	293	13	
IX	1928	Amsterdam	46	3015	290	Verein. Staaten (24), Deutschland (10), Finnland (10)
II		*St. Moritz*	25	494	27	
X	1932	Los Angeles	37	1408	127	Verein. Staaten (53), Italien (13), Frankreich (12)
III		*Lake Placid*	17	307	30	
XI	1936	Berlin	49	4069	328	Deutschland (42), Verein. Staaten (25), Ungarn (10)
IV		*Garmisch*	28	756	76	
XIV[2])	1948[3])	London	59	4468	385	Verein. Staaten (40), Schweden (22), Frankreich (12)
V		*St. Moritz*	28	713	77	
XV	1952	Helsinki	69	5867	468	Verein. Staaten (43), Sowjetunion (22), Ungarn (17)
VI		*Oslo*	30	730	123	
XVI	1956	Melbourne	68	3329	371	Sowjetunion (38), Verein. Staaten (32), Australien (14)
		Stockholm[4])	29	145	13	
VII		*Cortina*	32	819	146	
XVII	1960	Rom	84	5886	537	Sowjetunion (50), Verein. Staaten (37), Deutschland (16)
VIII		*Squaw Valley*	30	630	158	
XVIII	1964	Tokio	94	5694	732	Verein. Staaten (36), Sowjetunion (30), Japan (16)
IX		*Innsbruck*	36	1279	175	
XIX	1968	Mexiko	111	6626	844	Verein. Staaten (46), Sowjetunion (34), Japan (11), Frankreich (11)
X		*Grenoble*	36	1219	228	
XX	1972	München	121	7863	1251	Sowjetunion (50), Verein. Staaten (33), Dt. Dem. Rep. (20)
XI		*Sapporo*	35	1130	218	Sowjetunion (8), Dt. Dem. Rep., Niederlande, Schweiz (je 4)
XXI	1976	Montreal				

[1]) Olympische Zwischenspiele. - [2]) Die für 1916 in Berlin, 1940 in Tokio, 1944 in Helsinki geplanten VI., XII. und XIII. O. S. wurden infolge der beiden Weltkriege nicht ausgetragen. - [3]) Zu den O. S. von 1920, 1924 und 1948 war Dtl. nicht zugelassen. - [4]) Olympische Reiterspiele.

W den Kampf der Lapithen und Kentauren dar, die Metopen die Taten des Herakles. Im N lag der Heratempel (aus dem 7. Jahrh. v. Chr.), außerhalb der Altis das Stadion, die Palästra u. a. Freigelegt wurde O. durch dt. Ausgrabungen (seit 1875, wiederaufgenommen 1952); die Funde befinden sich im Museum von O.

Olymp'iade *die,* **1)** im alten Griechenland der Zeitraum von 4 Jahren zwischen zwei Olymp. Spielen. **2)** fälschlich für die →Olympischen Spielen.

Olympia-Ehrenzeichen, Deutsches O.-E., gestiftet 1936 in 2 Klassen; es ist - wie

die 1936 gestiftete **Olympia-Erinnerungsmedaille** - in der Bundesrep. Dtl. zugelassen.

Olympio, Sylvanus, * 1902, † (ermordet) 1963, seit 1961 Staatspräs. von Togo.

ol'ympisch, 1) den Olymp oder die Olymp. Spiele betreffend. **2)** erhabenruhig, königlich.

Olympischer Eid, die zur Eröffnung der Olymp. Spiele von einem Sportler für alle Teilnehmer ausgesprochene Verpflichtung zu ritterlichem Kampf.

Olympischer Rekord, Höchstleistung bei den Olymp. Spielen, die eine auf früheren Olymp. Spielen erreichte übertrifft.

Olympische Spiele, 1) im alten Griechenland die bedeutendsten Festspiele, in →Olympia von 776 v. Chr. bis 393 n. Chr. alle 4 Jahre **(Olympiade)** veranstaltet, urspr. ein Zeus-Kultus; seit dem 4. Jahrh. v. Chr. zunehmend von Berufsathleten bestritten. Im sportl. Mittelpunkt stand der →Fünfkampf, später kamen Dauerlauf, Lauf mit Waffen, Wagenrennen u. a. hinzu. **2)** die 1894 durch P. de →Coubertin ins Leben gerufenen **Internationalen O. S.,** die seit 1896 alle 4 Jahre stattfinden (Übersicht). Nach den Bestimmungen sind als Teilnehmer nur Amateure zugelassen, doch liegt die Entscheidung darüber bei den Nationalen Olymp. Komitees der einzelnen Staaten. Veranstalter ist das Internationale Olymp. Komitee. Die Sieger erhalten die **Olympische Medaille** in Gold, Silber oder Bronze.

Olympische Sportarten, vom Internat.

Olymp

Olympische Spiele: Entzünden des Olympischen Feuers im Olympiastadion von Mexiko (1968)

Olymp. Komitee anerkannte und für das Programm der Olymp. Spiele zugelassene Sportarten.

Für die **Sommerspiele** gilt die 1963 in Baden-Baden festgelegte Rangliste: 1. Leichtathletik, 2. Schwimmen (einschl. Wasserball und Wasserspringen), 3. Ringen, 4. Kunstturnen, 5. Gewichtheben, 6. Hockey, 7. Reiten, 8. Fechten, 9. Rudern, 10. Boxen, 11. Sportschießen, 12. Moderner Fünfkampf, 13. Segeln, 14. Basketball, 15. Kanusport, 16. Radsport, 17. Fußball, 18. Volleyball, 19. Bogenschießen, 20. Handball und 21. Judo.

Bei den **Winterspielen** sind zugelassen: Alpiner Skisport, Biathlon, Bobsport, Eishockey, Eiskunstlauf, Eisschnellauf, Nordischer Skisport, Rennrodeln und Skeleton.

'Ölzeug, durch Öl und Firnis wasserdicht gemachte Oberbekleidung für Seeleute.

Om [Sanskrit], mystische Silbe in hl. Texten der Hindus und Buddhisten.

Omaha [oumǝha:], Stadt in Nebraska, USA, am Missouri, 327 800 Ew.; kath. Univ.; Großschlachtereien, Industrie.

Omajj'aden, die erste muslim. Kalifendynastie, herrschte im Orient 661-749; von den Abbasiden gestürzt, gründete Abd er Rahman 756 in Spanien das Reich (Emirat) von Córdoba, das bis 1031 bestand.

Oman, früher **Maskat und Oman,** Sultanat im O der Arab. Halbinsel, 212 457 km² mit 565 000 muslim. Ew. Hauptstadt: Maskat. Amtssprache Arabisch. ⊕ V, Bd. 1, n. S. 320. Währung ist der Rial Saidi = 1000 Baizas. ☐ S. 1179. ☐ Bd. 1, S. 392.

Die Küstenebene am Golf von O. steigt zu einem bis 3108 m hohen Bergland an, das nach SW in wüstenhafte Tafellandschaften übergeht. Im Innern treiben Beduinen nomad. Viehwirtschaft; in den Oasen Anbau von Dattelpalmen u. a. Von Bedeutung ist das Erdöl (Förderung 1969: 16,3 Mill. t), das durch eine Pipeline zum Ölhafen Saihal-Mali bei den Häfen Maskat und Matrah geleitet wird.

Geschichte. 1508-1659 war O. teilweise durch die Portugiesen besetzt. In der 1. Hälfte des 19. Jahrh. mächtigster Staat Arabiens. 1891 brit. Schutzstaat. In dem Streit zwischen Großbritannien und Saudi-Arabien um die Ölfunde (seit 1938) stellte sich der Sultan auf die Seite der Briten; mit deren Hilfe vertrieb er 1957 die Anhänger der arab. Liga.

'Omar I., der zweite Kalif (634-44), eroberte Syrien, Ägypten, Mesopotamien, Teile Persiens und Kaukasiens, schuf die staatl. Grundlagen des islam. Reichs.

Omar Chajj'am, pers. Dichter, * 1048, † 1131; Sinnsprüche (dt. Auswahl 1929).

Omdurm'an, größte Stadt der Rep. Sudan, am Nil gegenüber von Khartum, 206 000 Ew.; Großhandelszentrum (Textilien, Vieh). - 2. 9. 1898 Sieg der Engländer unter Kitchener über den →Mahdi.

'Omega [grch. ,großes O'] *das,* der letzte Buchstabe des griech. Abc.

Omegatron, Massenspektrometer, in dem die Teilchen wie in einem Zyklotron umlaufen. Aus der Wechselspannungsfrequenz wird ihre Masse ermittelt.

Omel'ett [frz.] **das, Omelette** *die,* Eierkuchen ohne oder mit wenig Mehl.

'Omen [lat.] *das,* Omina Mz., Anzeichen, Vorbedeutung. **omin'ös,** von schlimmer Vorbedeutung, bedenklich, verdächtig.

Omija, Omiya, eine der Trabantenstädte von Tokio, Japan, 236 000 Ew.; Eisenbahnwerkstätte.

'Omikron [grch. ,kleines o'] *das,* der 15. Buchstabe des griech. Abc.

Omission [lat.], Aus-, Unterlassung.

Omiss'ivdelikt [lat.], das →Unterlassungsdelikt.

Om m'ani p'adme hum [Sanskrit], Segensformel des Lamaismus.

Omnibus [lat.], ein mindestens achtsitziger, auch zweistöckiger Kraftwagen zur Personenbeförderung.

omnilater'al [lat.], allseitig. **omnilaterales Zahlungssystem,** der unbeschränkte Zahlungsverkehr zwischen allen Staaten.

omnipot'ent [lat.], allmächtig. **Omnipotenz** *die,* Allmacht.

omnipräs'ent [lat.], allgegenwärtig. **Omnipräsenz** *die,* Allgegenwärtigkeit.

Omniv'ore [lat.], der, ♌ Allesfresser (→Ernährung); z. B. das Schwein.

Omod'eo, Giovanni A., →Amadeo.

Omoph'orion [grch.] *das,* breites Schulterband in der liturg. Kleidung der ostkirchl. Bischöfe.

Omph'ale, griech. Mythos: lyd. Königin, der Herakles 3 Jahre Sklavendienste leistete.

'Omphalos [grch.], altgriech. Kultus: hl. Stein in Delphi, galt als Erdmittelpunkt.

Ompteda, Georg Freiherr von, Schriftsteller, * 1863, † 1931; Gesellschafts-, Liebes- und Naturromane.

'Omre, Arthur, norweg. Schriftsteller, * 1887, † 1967; Romane (,Die Männer im Fuchsbau', 1936).

Omsk, Gebietshauptstadt in der Russ. SFSR, an der Om-Mündung in den Irtysch, 821 000 Ew.; kultureller Mittelpunkt Sibiriens; Maschinenbau, Erdölraffinerien, chem. Ind. - 1716 gegr.

Omuta, Omuda, Stadt auf Kiuschu, Japan, 214 000 Ew., eisenverarbeitende und chem. Industrie.

'Onager [grch.] *der,* **1)** ein asiatischer Halbesel (→Esel). **2)** altrömische Wurfmaschine, eine Steinschleuder.

Onan'ie [nlat.], die →Masturbation.

'Onanthäther, Estergemisch, das durch Destillation von Weinhefe, künstlich durch Verestern von Kokosöl-Fettsäuren gewonnen und für Fruchtaromas und Weinbrandessenzen verwendet wird.

Once [ɔnsə] *die,* niederländ.-belg. Gewichtseinheit = 100 g.

Oncken, Hermann, Historiker, * 1869, † 1945; erforschte bes. das 19. Jahrh.

on dit [ɔd'i, frz.], man sagt; **einem On dit zufolge,** gerüchtweise.

Ondulati'on [frz.], die künstl. Wellung (des Haares) mit erhitzter Brennschere.

On'ega, Fluß im N der Sowjetunion, 416 km lang, mündet in die **O.-Bucht** des Weißen Meeres.

On'egasee, See im N der Sowjetunion, 9900 km² (ohne Inseln), Nov. bis Mitte Mai eisbedeckt. Abfluß: Swir (zum Ladogasee). Der O. ist durch Weißmeer-Kanal im N und Wolga-Ostsee-Kanal im S Teil der binnenruss. Wasserstraßen.

O'Neill [oun'i:l], Eugene (Gladstone), amerikan. Schriftsteller, * 1888, † 1953. In seiner Dramatik durchdringen sich Sozial-

kritik, Psychoanalyse und Mystik, Naturalismus und Symbolismus. Werke: Anna Christie (1921), Kaiser Jones (1921), Gier unter Ulmen (1924), Trauer muß Elektra tragen (1931), O Wildnis (1933), Der Eismann kommt (1946), Eines langen Tages Reise in die Nacht (1956), Fast ein Poet (1957), Alle Reichtümer der Welt (hg. 1962); u. a. Nobelpreis 1936. (Bild S. 903)

Onestep [w'ʌn-] *der,* auch **Schieber,** Gesellschaftstanz, kam Anfang des 20. Jahrh. aus Amerika nach Europa.

Onitsha, Stadt in Nigeria, 189 100 Ew., Verwaltungs- und Großhandelszentrum, Flußhafen am Niger.

Onkelehe, →Rentenkonkubinat.

Onkologie [grch.] *die,* Geschwulstlehre.

'Onolog'ie [grch.] *die,* die Weinkunde. **Önol'oge,** der Weinkundige.

Onom'astik, Onomatolog'ie [grch.] *die,* Namenkunde, Namenforschung.

Onom'astikon [grch.] *das,* Namenverzeichnis.

Onomatopö'ie [grch.] *die,* die →Lautmalerei in der Dichtersprache. **onomatopo'etisch,** lautmalerisch.

Onsager, Lars, norwegisch.-amerikan. Chemiker, * 1903, arbeitete über Leitfähigkeit von Lösungen, erhielt für Untersuchungen zur Thermodynamik irreversibler Prozesse den Nobelpreis 1968.

Ontake, erloschener Vulkan in den Japan. Nordalpen, 3063 m hoch, nach der Fudschisan der heiligste Berg Japans.

Ont'ario [engl. ɔnt'eriou], Prov. Kanadas, 1 055 000 km² groß, 7,425 Mill. Ew.; Hauptstadt Toronto, Kulturzentrum des Angelsachsentums; Anbau von Gemüse, Obst, Zuckerrüben; Viehzucht, Holzwirtschaft. Bergbau auf Gold, Silber, Nickel, Kupfer, Platin, Eisenerz, Uran (Feld von Blind River/Elliot Lake). Vielseitige Industrie.

Ont'ariosee, engl. **Lake Ontario** [leik ɔnt'eriou], der östlichste und kleinste der Großen Seen Nordamerikas, 19 477 km² groß, bis 237 m tief. Haupthäfen Toronto (Kanada), Rochester (USA).

'ontisch [grch.], seiend.

Ontogen'ie [grch.], Entwicklungsgeschichte des einzelnen Lebewesens.

Ontolog'ie [grch.] *die,* die philosoph. Lehre vom Sein, bes. von den Bestimmungsgründen des Seienden, von den Seinsweisen und den Seinsschichten; im Kritizismus Kants als Erkenntnismöglichkeit abgelehnt, heute erneuert (z. B. Heidegger, Nicolai Hartmann).

'Onyx *der,* schwarzweißgestreifter Chalcedon.

Oogam'ie [grch.], die Fortpflanzung durch befruchtete Eier.

Oog'onium [grch.-lat.] *das,* einzelliges, weibl. Geschlechtsorgan bei Lagerpflanzen.

Ool'ithe [grch.] *der,* aus Kügelchen aufgebautes Gestein.

Oolog'ie [grch.] *die,* untersucht und beschreibt die Schale der Eier.

Oophor'itis [grch.] *die,* die Eierstockentzündung, verursacht durch Bakterien.

OP, Abk. für **O**rdo fratrum **p**raedicatorum, die Dominikaner.

OP., Abk. für Operationssaal.

o. P., Abk. für **1) o**rdentlicher **P**rofessor. **2)** ♐ **o**hne →**P**rotest.

op., Abk. für **O**pus.

op'ak [lat.], undurchsichtig.

Op'aklgas, lichtundurchlässiges Trübglas, für Glasfliesen, Wandplatten u. ä.

Op'al *der,* ein lebhaft schillerndes Mineral aus wasserhalt. Kieselsäure. Abarten: **Kascholong,** milchweiß; **Feuer-O.,** hyazinthrot; **Edel-O.,** wasserhell, milchweiß; **Gemeiner O.,** mit baumartigen Zeichnungen **(Moos-O.); Prasopal,** apfelgrün.

Opalesz'enz *die,* Schillern wie Opal, verursacht durch Lichtstreuung an eingelagerten Teilchen von der Größenordnung der Lichtwellenlänge.

Op'alglas, lichtdurchlässiges Trübglas mit ähnl. Farbenspiel wie der Opal.

opalis'ieren, schillern wie Opal.

Op'anke [serb. ,Sandale'], absatzloser Schuh.

op art, Abk. für optical **art,** seit etwa 1964 gebräuchlich als Gegenparole zu pop art. Stilistisch auf der Basis des Konstruktivismus oder der ,konkreten Kunst' beruhend, werden mit äußerster Exaktheit opt. Täuschungsphänomene und Schwingeffekte hervorgerufen. Als Begründer der o. a. gelten V. Vasarely, der in Paris 1960 die Groupe de recherche d'art visuel (Forschungsgruppe für visuelle Kunst) ins Leben gerufen hatte, und J. Albers, der die psycholog. Wirkung mehr als seine Nachfolger betont und der die Benennung ,perceptual art' (Wahrnehmungskunst) vorzieht. Seit der aufsehenerregenden Ausstellung ,The Responsive Eye' im Museum of Modern Art, New York, hat sich o. a. rasch über die ganze westl. und einen Teil der östl. Welt verbreitet und bes. die angewandten Künste, Werbegraphik und Kleidermode nachhaltig beeinflußt.

Op'atija, italien. **Abbazia,** Kurort in Istrien, Jugoslawien, am Quarnero, 13 000 Ew.

Opel, Adam O. AG., Rüsselsheim, Unternehmen der Kraftfahrzeugind., gegr. 1862 von Adam Opel (* 1837, † 1895), gehört seit 1929 zu General Motors. Kap.: 850 Mill. DM, Beschäftigte: 56 000 (1969).

Open Door [oupən d'o:r, engl.], →offene Tür.

'open shop [-ʃɔp, engl.], im amerikan. Arbeitsrecht eine für alle offene Stelle, d. h. kein Gewerkschaftszwang.

Oper [ital.], ein musikal. Bühnenstück, in dem Musik, Dichtung, Gesang, Darstellungskunst und Bühnenarchitektur, bisweilen auch Tanz vereinigt sind. Man unterscheidet **ernste O.** (opera seria) und **komische O.** (opera buffa). Der Form nach ist die O. eine Aneinanderreihung geschlossener Musikstücke (,Nummern', Nummern-O.), die durch Rezitative oder (in der komischen O.) Dialoge verbunden sind. - Die O. entstand in den Salons florentin. Adelskreise im letzten Jahrzehnt des 16. Jahrh. (Peri, Caccini). Die erste bedeutende O. war Monteverdis ,Orfeo' (1607). Von Italien aus wirkte die O. nach Frankreich (Lully), England (Purcell) und Dtl. Die erste erhaltene O. mit dt. Text ist G. Stadens ,Seelewig' (1644). Eine durchgreifende Erneuerung der O. ging von

Gluck aus. Die klass. O. gipfelte in Mozarts Meisteropern, die romant. in Webers ,Freischütz'. Lortzing schuf die bürgerl. komische O. Die letzte Form der romant. O. ist das durchkomponierte Musikdrama Wagners, das von Strauss und Pfitzner weitergeführt wurde.

'Opera [lat.], Mz. zu →Opus. **O. omnia,** sämtliche Werke.

Operati'on [lat.], **1)** allgemein Handlung, Verrichtung. **2)** ⚕ ein mit gewaltsamer Gewebedurchtrennung verbundener (chirurg.) ärztl. Eingriff. **3)** ♙ eine in sich abgeschlossene Kampfhandlung in einem begrenzten Gebiet (Operationsgebiet).

Operations Research [ɔpər'eiʃənz ris'əːtʃ, engl.], Unternehmensforschung zur Produktivitätssteigerung.

operat'iv [lat.], auf chirurg. Wege.

Operette [ital.], ,kleine Oper' mit gesprochenem Dialog, lockerer Handlung und gefälliger Musik. Die O. ist aus der opéra comique und dem Singspiel entstanden und von Offenbach entscheidend weiterentwickelt worden. Hauptmeister der klass. Wiener O.: Joh. Strauß (Sohn), K. Millöcker, R. Heuberger, K. Zeller. Neuere Komponisten: F. Lehár, E. Kálman, R. Benatzky, P. Abraham, F. Raymond. In Berlin pflegten um 1900 P. Lincke und W. Kollo eine mehr der Posse und der Ausstattungsrevue zugeneigte Richtung. Weitere Vertreter: E. Künnecke, T. Mackeben, P. Kreuder, N. Dostal (Übersicht Oper und O.).

Opernglas, ein handliches, binokulares Fernrohr.

Opfer, 1) die Darbringung von Gaben an die Gottheit (→Messe); auch die Gabe selbst. **2)** i. w. S. die Hingabe, der Verzicht auf etwas, was man schmerzlich vermißt.

Opferbereitung, kath. Liturgie: 1. Hauptteil der eucharist. Feier in der Messe.

Opfergang, Umgang des Volkes um den Altar zur Niederlegung von Opfergaben.

Opferstock, Behälter an Kirchentüren zur Aufnahme von Gaben für Liebeswerke.

'Ophir, A. T.: Land, aus dem Salomo zu Schiff Edelsteine und Gold holen ließ.

Oph'iten [aus grch.], verschiedene gnostische Sekten des 2. Jahrh.

Ophthalmol'oge [grch.] der, Augenarzt.

Ophthalmolog'ie [grch.] die, Augenheilkunde.

Ophüls ['ɔph-], Max, Filmautor, Regisseur, * 1902, † 1957; Filme ,Liebelei' (1933), ,Der Reigen' (1952), ,Madame de ...' (1953), ,Lola Montez' (1956).

Opi'at, opiumhaltiges Arzneimittel.

op'inio [lat.], Meinung. **communis o.,** allgemeine Anschauung.

Opisth'otonus [grch.] der, die krankhafte Rückwärtsbeugung der Wirbelsäule, bes. bei Wundstarrkrampf.

Opitz, Martin, Dichter, * 1597, † 1639, förderte die Entstehung einer dt. Nationallit. nach dem Muster der roman. gelehrt-höfischen Renaissancedichtung und setzte die natürliche dt. Betonung im Vers durch. ,Buch von der dt. Poeterey' (1624); ,Teutsche Poemata' (1624, 1625); ,Schäfferey von der Nimpfen Hercinie (1630); Übersetzungen von Seneca, Sophokles.

'Opium, der eingetrocknete Milchsaft des Schlafmohns, enthält die Alkaloide Morphin, Narcotin, Codein, Papaverin, Thebain, Narcein u. a.; wichtiges schmerzstillendes und betäubendes Arzneimittel. Das Rauschgift **Rauch-O.** enthält etwa 12% Alkaloide, es vermittelt tiefen Schlaf mit lebhaften Träumen. Die **O.-Vergiftung** entspricht der Morphinvergiftung. 🕮 →Betäubung.

Opiumkrieg, 1840-42 zwischen England und China, ausgelöst durch das chines. Verbot der engl. Opiumeinfuhr nach China. Im Frieden von Nanking mußte China Hongkong abtreten und einige Häfen öffnen, u. a. Kanton und Schanghai.

'Opladen, Stadt in Nordrh.-Westf., an der Wupper, 43 500 Ew., Bundesbahnausbesserungswerk, Maschinen-, Metallwaren-, Kartonagenindustrie.

Opod'eldok der, ⚕ Seifen-Kampfer-Liniment, ein Hautreizmittel.

Opop'anax [grch.] das, Doldenpflanze, die das **Echte O.,** ein Gummiharz, liefert. Das O. des Handels stammt von einem arab. Balsambaumgewächs; Räuchermittel und Duftstoff.

Op'orto, Stadt in Portugal, →Porto.

Op'ossum [indian.] das, mehrere Fellarten: **1) amerikanisches O.,** das Fell der Beutelratte O. in Nordamerika; ist grauweiß. **2) australisches O.,** das Fell des Fuchskusus.

Oppa die, tschech. **Opava,** linker Nebenfluß der oberen Oder, 129 km lang, mündet bei Ostrau.

Oppeln, poln. **Opole,** die ehem. Hauptstadt des RegBez. O. und der Prov. Oberschlesien, an der Oder, 80 400 (1939: 53 000) Ew.; vielseitige Industrie; Oderhafen. 1945 kam O., zu 75% zerstört, unter poln. Verwaltung; spätgot. Hallenkirche Hl. Kreuz u. a. Baudenkmäler.

Oppeln-Bronik'owski, Friedrich von, Schriftsteller, * 1873, † 1936; Romane, geschichtl. Studien, Übersetzungen.

Oppenheim, Stadt in Rheinl.-Pfalz, links des Rheins, 5500 Ew.; Weinbau und -handel, Brauereien, Brennereien; Textilindustrie. Got. Katharinenkirche (1234-1439, mehrmals umgebaut).

Oppenheimer, 1) Carl, Biochemiker, * 1874, † 1941, arbeitete über Enzyme, Stoff-

Opern und Operetten (Auswahl)

Orfeo; Monteverdi	1607	Tristan und Isolde;		Tiefland; D'Albert	1903
Iphigenie in Aulis;		Wagner	1865	Madame Butterfly;	
Gluck	1774	Verkaufte Braut;		Puccini	1904
Entführung aus dem		Smetana	1866	Salome; R. Strauss	1905
Serail; Mozart	1782	Meistersinger v. Nürn-		Die lustige Witwe;	
Figaros Hochzeit;		berg; Wagner	1868	Lehár	1905
Mozart	1786	Rheingold; Wagner	1869	Graf von Luxemburg;	
Don Giovanni;		Walküre; Wagner	1870	Lehár	1909
Mozart	1787	Aida; Verdi	1871	Rosenkavalier;	
Così fan tutte; Mozart	1790	Boris Godunow;		R. Strauss	1911
Zauberflöte; Mozart	1791	Mussorgski	1874	Palestrina; Pfitzner	1917
Fidelio; Beethoven	1805	Fledermaus;		Wozzek; Berg	1926
Barbier von Sevilla;		J. Strauß	1874	Turandot; Puccini	1926
Rossini	1816	Carmen; Bizet	1875	Oedipus Rex;	
Freischütz; Weber	1821	Siegfried; Wagner	1876	Strawinsky	1927
Oberon; Weber	1826	Götterdämmerung;		Dreigroschenoper;	
Lucia di Lammer-		Wagner	1876	Weill	1928
moor; Donizetti	1835	Hoffmanns Erzählun-		Arabella; R. Strauss	1933
Zar und Zimmermann;		gen; Offenbach	1881	Zaubergeige; Egk	1935
Lortzing	1837	Parsifal; Wagner	1882	Porgy and Bess;	
Wildschütz; Lortzing	1842	Bettelstudent;		Gershwin	1935
Flieg. Holländer;		Millöcker	1882	Johanna auf dem Scheiter-	
Wagner	1843	Zigeunerbaron;		haufen; Honegger	1936
Tannhäuser; Wagner	1845	J. Strauß	1885	Mathis der Maler;	
Undine; Lortzing	1845	Othello; Verdi	1887	Hindemith	1938
Martha; Flotow	1847	Cavalleria rusticana;		Die Kluge; Orff	1943
Die lustigen Weiber;		Mascagni	1890	Peter Grimes; Britten	1945
Nicolai	1849	Vogelhändler; Zeller	1891	Die Bernauerin; Orff	1947
Lohengrin; Wagner	1850	Bajazzo; Leoncavallo	1892	Aniara; Blomdahl	1959
Rigoletto; Verdi	1851	Falstaff; Verdi	1893	Intoleranza; Nono	1960
Troubadour; Verdi	1853	Hänsel und Gretel;		Soldaten;	
La Traviata; Verdi	1853	Humperdinck	1893	Zimmermann	1965
Margarethe; Gounod	1859	La Bohème; Puccini	1896	Bassariden; Henze	1966
		Tosca; Puccini	1900	Prometheus; Orff	1967

Oppenheim: Katharinenkirche

wechsel, Energetik der lebenden Substanz.
2) Sir (1921) **Ernest,** südafrikan. Wirtschaftsführer, * 1880, † 1957, führend im Diamanten- und Goldgeschäft (Kimberley).
3) Franz, Volkswirtschaftler und Soziologe, * 1864, † 1943, Prof. in Frankfurt, später in den Verein. Staaten; Vertreter des liberalen Sozialismus.
4) J. Robert, amerikan. Atomphysiker, * 1904, † 1967, Leiter des amerikan. Atomenergieprojekts, leitete die Herstellung der ersten Atombombe; seit 1947 Dir. des Instituts für Advanced Study, Princeton.
oppon'ieren [lat.], entgegensetzen, sich widersetzen; widersprechen. **Oppon'ent** *der,* Gegner, bes. bei Disputationen.
opport'un [lat.], passend, bequem, nützlich. **Opportun'ist** *der,* jemand, der nicht nach Grundsätzen handelt, sondern sich gegebenen Verhältnissen anpaßt. **Opportunismus,** die Neigung, sich den Umständen rasch, ohne Hemmung durch Grundsätze anzupassen; im kommunist. Sprachgebrauch: das Abweichen von der Parteilinie durch eine gemäßigtere und versöhnl. Politik; gilt als ,Verrat an der Arbeiterklasse'.
Opportunit'ätsprinzip, ⚖ im Strafprozeß der das →Legalitätsprinzip durchbrechende Grundsatz, daß die Staatsanwaltschaft nur dann Anklage erhebt, wenn dies im öffentl. Interesse liegt.
Opposit'ion [lat.], Gegensatz, Widerstand; **1)** politisch die Minderheit im Parlament, die der Regierungsmehrheit gegenübersteht. **2)** ☆ die Stellung zweier Gestirne, wenn ihr Längenunterschied 180° beträgt.
opposit'ion'ell, gegnerisch, Opposition treibend, zur Opposition gehörig.
Ops, altröm. Göttin der Erntesegens, auch **Consiva** genannt; später geheimnisvolle Schutzgöttin Roms.
Optativ [lat.] *der,* Wunschform, bes. im griech. Zeitwort.
opt'ieren [lat.], sich (für etwas, z. B. eine Staatsangehörigkeit) entscheiden.
Optik [grch.], **1)** die Lehre vom sichtbaren Licht und allen ihm ähnl. Strahlungen. Die **geometr. O.** umfaßt geradlinige Ausbreitung, Brechung, Reflexion, vernachlässigt also die Wellennatur des Lichts. In der **physikal. O.** werden die auf der Wellennatur des Lichts beruhenden Erscheinungen Beugung, Interferenz, Polarisation behandelt. Die **Quanten-O.** behandelt bes. die atomaren Vorgänge der Lichtemission und -absorption. **2) optisches System,** ein System aus mehreren Linsen oder Spiegeln oder beidem.
Optiker, ein Fachmann auf dem Gebiet opt. Erzeugnisse. Der **Augen-O.** ist ein handwerkl. Lehrberuf; der **Fein-O., Optikmechaniker,** ein industrieller und handwerkl. Lehrberuf. Lehrzeit 3¹⁄₂ Jahre.
Optim'aten, im alten republikan. Rom die senator. Adelspartei, im Unterschied zu den Popularen (,Volkspartei').
Optim'ierung, Aufsuchen des kleinsten (Minimierung) oder größten (Maximierung) Wertes einer Funktion (Zielfunktion, Objektfunktion) in einem bestimmten, durch Nebenbedingungen, oft in Form von Gleichungen oder Ungleichungen beschriebenen (zulässigen) Bereich.
Optim'ismus [lat.], die Neigung, alles von der günstigen Seite zu betrachten, auf einen guten Ausgang zu vertrauen. In der Philosophie die Lehre, daß die vorhandene Welt gut und vernünftig geordnet sei. **Optimist** *der,* wer das Günstige sieht, der Hoffnungsvolle. **optimistisch,** auf einen guten Ausgang vertrauend.
'Optimum [lat.] *das,* -/...ma, Bestfall. **optim'al,** bestmöglich.
Opti'on [lat.], freie Wahl, Entscheidung.
Optionshandel, Börse: Terminhandel mit Wertpapieren.
Optionsrecht, ⚖ **1)** allgemein: das vertraglich eingeräumte Recht, einen Gegenstand unter bestimmten Bedingungen zu

erwerben (,Vorhand'). **2)** Völkerrecht: der bei Abtretung eines Gebietes an einen anderen Staat vereinbarte Vorbehalt, daß sich dessen Bewohner innerhalb einer bestimmten Frist für ihre bisherige Staatsangehörigkeit erklären können. **Optant** *der,* der das O. Ausübende.
optische Aktivität, die Eigenschaft mancher Stoffe, infolge des schraubenartigen Aufbaus ihrer Moleküle die Polarisationsebene des Lichts nach links (**Linksform**) oder rechts (**Rechtsform**) zu drehen.
optische Aufheller, →Weißtöner.
optische Bank, Gerät für optische Messungen, mit verschiebbaren Linsen, Spiegeln, Lichtquellen u. dgl.
optische Gläser, ein bes. für Linsen und Prismen verwendetes Klarglas, muß vollkommen homogen, farblos und spannungsfrei sein und genaue Werte für die Lichtbrechung und die Farbzerstreuung einhalten. Unter 300 Sorten unterscheidet man bes. →Kronglas und →Flintglas.
optische Industrie, befaßt sich mit der Herstellung opt. Gläser, Geräte, Photo-, Projektions-, kinotechn. Erzeugnisse. Wichtigste Standorte: Oberkochen, Wetzlar, Berlin, Pforzheim, München, Stuttgart, Braunschweig. In der Bundesrep. Dtl. waren (1969) in 213 Betrieben 28 857 Personen beschäftigt, Umsatz: 794,4 Mill. DM.
optische Täuschung, eine Wahrnehmungstäuschung beim Erfassen und Vergleichen räuml. Größen; beruht auf Eigenarten des Auges und psycholog. Ursachen.
Opto|elektronik, eine Technik, die opt. und elektron. Bauelemente verknüpft, z. B. für die Übertragung von elektr. Signalen über Lichtstrahlen, zur Lichtverstärkung, Lichtwandlung, Lichtspeicherung (Optron) für elementare Schaltungen der Schaltalgebra.
opul'ent [lat.], reichlich, üppig.
Op'untien [grch.], strauchig oder baumförmig wachsende Kakteen, bes. der **Feigenkaktus (Feigendistel);** mit widerhakigen, leicht abbrechenden Stacheln.
'Opus [lat.] *das,* -/Opera, Werk. **Op'usculum** *das,* -/...la, kleines Werk.
Opus D'ei, span. religiöse Laienorganisation.
OR, Abk. für **O**ratorianer, →**O**ratorium 3).
Oradour-sur-Glane [ɔradursyrgl'an], Ort im Dép. Haute-Vienne, Südfrankreich, 1700 Ew. O. wurde 1944 als Repressalie gegen die franz. Widerstandsbewegung von der SS niedergebrannt, der größte Teil der Bevölkerung umgebracht.
'Oræfaj'ökull, höchste vulkan. Erhebung des Vatnajökull, an der S-Küste Islands, 2119 m hoch, teilw. eisbedeckt.
'ora et lab'ora [lat.], bete und arbeite!
Or'akel [lat.] *das,* im Altertum Stätte, an der im Namen der Gottheit geweissagt wurde, so die O.-Stätte des Apoll in Delphi. Danach: Wahrsagung, Schicksals-

spruch; rätselhaftes Wort, schwerverständl. Spruch.
Or'akelblume, gelegentliche Benennung der **Wucherblume (Margerite)** wegen ihrer Verwendung als Liebesorakel.
or'al [lat.], in der Mundgegend gelegen, den Mund betreffend.
Oran [ɔr'ã], Hafenstadt in Algerien, 325 500 Ew.; Univ., Konserven-, Düngemittel- u. a. Ind. Flughafen; wichtigster Ausfuhrhafen W-Algeriens. - O., angeblich 902 von den Mauren gegr., war 1509-1708 und 1732-1791 spanisch.
Orange [ɔr'ã:ʒə] *die,* Apfelsine.
Orange [ɔr'ã:ʒ], Stadt in SO-Frankreich, 25 600 Ew.; mit röm. Theater, Kathedrale (1208 geweiht); Lebensmittel- u. a. Ind.
Orangeade [ɔrãʒ'a:də, frz.] *die,* Limonade aus Orangensaft.
Orangeat [ɔrãʒ'a:t, frz.] *das,* kandierte Orangenschale.
Orangebäckchen, ein afrikanischer Weberfink.
Orangerie [ɔrãʒ:ʒr'i, frz.] *die,* Gewächshaus zum Überwintern südlicher Pflanzen.
'Orang-'Utan [malaiisch] *der,* ein Menschenaffe Borneos und Sumatras, mit sehr langen Armen, kurzen Beinen, rotbraunem (Borneo) oder mehr gelbbraunem (Sumatra) Fell. Männchen werden bis 1,5 m groß, haben im Alter starke Kehlsäcke.
Or'anien, franzö. **Orange,** ehem. Fürstentum im Rhônetal, kam 1530 an die Grafen von →Nassau, 1713 an Frankreich. →Niederlande, Geschichte.
Or'anienbaum, →Lomonossow.
Oranienburg, Stadt im Bez. Potsdam, an der Havel, 20 600 Ew.; Metall-, pharmazeut. Industrie. Bei O. lag das Konzentrationslager Sachsenhausen.
Or'anje *der,* Strom in Südafrika, 1860 km lang, kommt aus den Drakensbergen, bildet die Südgrenze von Oranje-Freistaat und Südwestafrika, mündet in den Atlantik. Größter Nebenfluß: Vaal.
Oranje-Freistaat, Prov. der Rep. Südafrika, 129 152 km², 1,386 Mill. Ew., Hauptstadt Bloemfontein. - 1842 als Burenrepublik gegr., 1848 von England annektiert, 1854 als selbständig anerkannt, nach dem Burenkrieg 1902 brit. Kolonie, 1910 Prov. der Südafrikan. Union.
Or'anjegebirge, der östl. Teil des Zentralgebirges auf W-Neuguinea, über 4700 m hoch.
'ora pro n'obis [lat.], bitte für uns, kath. Gebetsformel.
Orati'on [lat.], ein kurzes Gebet in der kath. Messe und im Brevier.
Or'ator [lat.], Redner; dazu: **orat'orisch.**
Orat'orium [lat.] *das,* -s/...orien, 1) ein mehrteiliges Musikstück für Chor, Einzelstimmen und Orchester über einen geistl. oder weltl. Text; seine musikal. Formteile sind Rezitativ, Arie, Duett, Terzett usw., ferner Chöre und Instrumentalsätze. Vor-

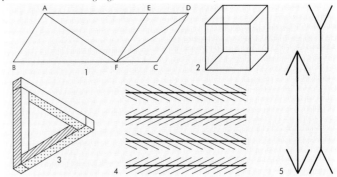

Optische Täuschungen: **1** *Sandersche Figur; AF = DF.* **2** *Umspringfigur (Neckerscher Würfel); schlägt bei längerer Betrachtung sprunghaft in eine andere räumliche Auffassung um.* **3** *,Unmögliche' Figur (nach Penrose).* **4** *Richtungstäuschung (Zöllnersche Täuschung); die Parallelen scheinen zusammenzulaufen.* **5** *Größentäuschung (Müller-Lyersche Täuschung); die von den Pfeilspitzen begrenzten Strecken sind gleich groß*

formen des O. entstanden im 16. Jahrh. Der erste bed. Meister des O. war Carissimi (‚Jephte‘, um 1660). Von Italien aus kam das O. nach Frankreich und Dtl. (Keiser, Mattheson, Fux). Höhepunkte der Entwicklung sind die bibl. O. Händels und die weltl. O. Haydns. Hauptmeister im 19. Jahrh.: Mendelssohn, Schumann, Liszt, Berlioz; in neuester Zeit: Pfitzner, Hindemith, Orff, Honegger, Strawinsky. **2)** Kath. Kirche: ein gottesdienstl. Raum, der nicht für den allg. Gottesdienst bestimmt ist. **3)** Kath. Klosterwesen: **O. des hl. Philipp Neri, Philippiner, Oratorianer,** ein Zusammenschluß selbständiger Gemeinschaftshäuser (Oratorien), in denen Priester und Laien ohne Gelübde unter einem Vorsteher die evang. Räte befolgen. Das erste O. wurde von Ph. Neri 1575 in Rom gegründet.

Orb, Bad-O., Stadt in Hessen, im NW-Spessart, 8100 Ew.; kohlensäurereiche, eisenhaltige Natriumchlorid-Säuerlinge.

Orbe [ɔrb], **1)** Fluß im Kt. Waadt, Schweiz, entspringt im Lac de Joux und mündet bei O. in die Thièle.

2) Bezirksstadt im Kt. Waadt, Schweiz, an der O., 4400 Ew.; Nestlé-Fabrik.

ˈ**Orbis** [lat.] *der*, Kreis. **O. pˈictus** [lat. ‚die gemalte Welt‘], Bilderfibel des Joh. Amos Comenius. **O. terrˈarum** [lat.], Erdkreis.

Orbisdruck, ein Textildruck: das Muster wird als seifenähnl. Masse auf den druckenden Walze aufgebracht.

Orbit [ˈɔːbit, engl.] *der*, die Umlaufbahn.

Orcagna [-kˈaɲa], eigentlich **Andrea di Cione,** Maler, Bildhauer, Baumeister in Florenz, † 1368; Hauptwerke: Tabernakel in Or San Michele (1352-59), Altarbild der Strozzi-Kapelle in S. Maria Novella (1357), in der sein Bruder **Nardo di Cione** die Fresken malte (Jüngstes Gericht).

ˈ**Orche** [grch.] *die,* die Gattung **Orchis** (Knabenkraut) u. a. Orchideen.

Orchˈester [grch. ‚Tanzplatz‘] **1)** Theater: der versenkte Raum vor der Bühne. **2)** ♪ aus einer größeren Anzahl von Instrumenten zusammengesetzter Klangkörper; Musikkapelle.

Orchˈestrion *das,* mechan. Musikinstrument mit orchesterähnl. Klang.

Orchidˈeen, Knabenkrautgewächse, einkeimblättrige Pflanzenfamilie; Kräuter, vorwiegend in feuchtwarmen Gebieten, mit farbenprächtigen, duftreichen Blüten, von deren drei inneren Blütenblättern eins oft lippenförmig und gespornt ist. Der Samen ist staubklein. Zur Keimung benötigen die O. die Symbiose mit Pilzen. Nutzerzeug-

Orchidee: Vanda coerulea

nisse von O. sind Salep und Vanille. O. stehen unter Naturschutz.

ˈ**Orchis** [grch.], **1)** *der,* der Hode(n). **Orchˈitis** *die,* die Hodenentzündung. **2)** ⊕ *die,* das Knabenkraut.

Ordˈal [lat.] *das,* das Gottesurteil.

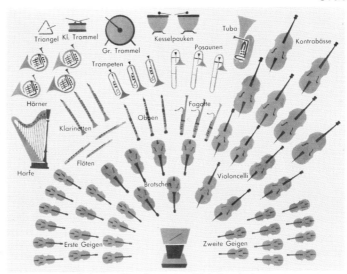

Orchester: Sitzordnung eines Sinfonieorchesters

Orden [von lat. ordo ‚Ordnung‘], **1)** Geistliche O. Nach kath. Klosterrecht heißen nur Klostergenossenschaften mit feierl. Gelübden, im außerrechtl. Sprachgebrauch vielfach auch die Klosterkongregationen (→Dritter Orden). Kirchenrechtlich bilden O. und Kongregationen einen eigenen **Klosterstand,** dessen Angehörige sich zum Klosterleben und durch **Klostergelübde** zur Übung der →Evangelischen Räte verpflichten. Die Männergenossenschaften umfassen meist Kleriker (als Priester gewöhnlich Patres genannt) und Laien **(Klosterbrüder).** Zu den Kongregationen werden meist auch die ohne Gelübde gemeinsam lebenden Genossenschaften gezählt; jedoch gehören diese nicht zum Klosterstand. - Evangelische ordensähnl. Gemeinschaften entstanden im 19. Jahrh. in der anglikan. Kirche.

2) geistliche Ritterorden, z. Z. der Kreuzzüge entstanden, ursprünglich zum Schutz

der Pilger und des Hl. Landes sowie zur Pflege der Kranken und Verwundeten; forderten von ihren Mitgliedern Mönchsgelübde und Kampf gegen die Ungläubigen (→Johanniterorden, →Deutscher Orden, →Templer-Orden, →Calatrava, →Alcántara).

3) O. als Verdienstauszeichnung: Sie sind aus den Abzeichen der Ritterorden hervorgegangen; dafür zunächst nur in einer Klasse, später in 3 Klassen verliehen. Das 5-Klassen-System der Ehrenlegion ist dann in der ganzen Welt, von wenigen Staaten abgesehen, zur Norm geworden. Seit dem 1. Weltkrieg werden auch statt der Originaldekoration am Zivilanzug Miniaturen in etwa ¹/₃ der Größe, an der Uniform nur Bandstreifen getragen. Zu fast jedem O. gehört ein Band in bestimmter Farbanordnung. Die seit den Befreiungskriegen weitverbreiteten Verdienstmedaillen haben meist Bänder, die auf den Landesfarben beruhen. Zwischen O., Ehrenzeichen und ähnl. Auszeichnungen besteht kaum eine scharfe Trennungslinie. Das 1813 gestiftete →Eiserne Kreuz ist kein O., sondern eine Tapferkeitsauszeichnung. - Die O. und Ehrenzeichen der Bundesrep. Dtl. werden vom Bundespräsidenten verliehen (Bundesverdienstkreuz; anders der →Pour le mérite). In der Bundesrep. Dtl. dürfen alle früheren Reichs- und Landesauszeichnungen, auch die Verwundeten- und Kampfabzeichen, getragen werden, sofern sie kein Hakenkreuz enthalten. Verboten bleiben die nichtstaatl. Erinnerungsabzeichen für den 1. Weltkrieg sowie nat.-soz. Auszeichnungen. Hinsichtlich der Trageweise gehen die Verdienst-O. der Bundesrep. Dtl. und die Rettungsmedaille den Kriegs-O., auch dem Eisernen Kreuz, vor. Manche Staaten verleihen keine O., so die Schweiz und die Türkei. (Tafel S. 902)

Ordensband, 1) Band, an dem der Orden getragen wird. **2) Bandeule,** Schmetterling; farbige Hinterflügel mit schwarzen Bändern.

Ordensburg, 1) eine Burg des Dt. Ordens. **2)** die nat.-soz. Parteischulungsstätten Crössinsee, Sonthofen und Vogelsang.

Ordensgeistlicher, kath. Priester, der einem Orden angehört.

Ordensregel, die Vorschriften, nach denen die Mitgl. eines Klosters leben.

ordentliche Gerichtsbarkeit, die durch die ordentlichen Gerichte (Gegensatz: Sonder-, Verwaltungsgerichte) ausgeübte Gerichtsbarkeit.

ordentlicher Haushalt, der Haushaltsplan des Bundes, eines Landes oder einer

Die wichtigsten männl. und weibl. Orden und Kongregationen	
Assumptionisten	Oblaten
Augustiner	Oratorianer
Barmherzige Brüder	Pallottiner
Barnabiten	Passionisten
Benediktiner	Paulisten
Dominikaner	Prämonstratenser
Franziskaner	Redemptoristen
Jesuiten	Rosminianer
Kamillianer	Salesianer
Kapuziner	Salvatorianer
Karmeliter	Serviten
Kartäuser	Steyler Missionare
Kreuzherren	Sulpizianer
Lazaristen	Theatiner
Maristen	Trappisten
Mechitaristen	Trinitarier
Mercedarier	Weiße Väter
Montfortaner	Zisterzienser
Benediktinerinnen	Salvatorianerinnen
Borromäerinnen	Schwestern Unserer
Dominikanerinnen	Lieben Frau
Elisabethinerinnen	Schwestern vom
Englische Fräulein	Allerheiligsten
Franziskanerinnen	Heiland
Graue Schwestern	Schwestern vom
Hedwigs-	Guten Hirten
schwestern	Töchter vom
Kapuzinerinnen	Hl. Kreuz
Karmeliterinnen	Trappistinnen
Klarissinnen	Ursulinen
Pallottinerinnen	Vinzentinerinnen
Salesianerinnen	Zellitinnen

1 Malteser-O. (1099). **2** Dt. Ritterorden, Ritterkreuz (1190). **3** O. vom Hl. Grabe (1868). **4** Afghanistan, Stern-O. (1923). **5** Äthiopien, Drei-faltigkeits-O. (1930). Bayern: **6** St.-Georgs-O. (1729); **7** Militär-Max-Josephs-O. (1797/1806). **8** Belgien, Leopold-O. (1832). **9** Bolivien, O. vom Kondor der Anden (1925). **10** Brasilien, O. vom Kreuz des Südens (1822). **11** China, Jade-O. (1933). **12** Dänemark, Danebrog-O. (1671). Bundesrep. Dtl.: **13** Verdienstorden (1951); **14** Orden pour le mérite, Friedensklasse (1842). **15** Dt. Dem. Rep., Karl-Marx-O. (1953). **16** Finnland, O. der Weißen Rose (1919). Frankreich: **17** O. vom Hl. Geist (1578); **18** O. der Ehrenlegion (1802); **19** O. vom Schwarzen Stern von Benin (1889). **20** Griechenland, Phönix-O. (1926). Großbritannien: **21** Hosenband-O. (1348); **22** O. vom Brit. Reich (1917). **23** Hl. Stuhl, Pius-O. (1847). **24** Iran, Kaiserl. O. (1931). **25** Island, Falken-O. (1921). **26** Italien, O. für Verdienste um die Rep. (1951). **27** Japan, O. der Aufgehenden Sonne (1875). **28** Luxemburg, O. der Eichenkrone (1841). **29** Niederlande, O. von Oranien-Nassau (1892). **30** Norwegen, St.-Olafs-O. (1847). Österreich: **31** O. vom Goldenen Vlies (1430); **32** Militär-Maria-Theresien-O. (1757); **33** Ehrenzeichen für Verdienste um die Rep. (1952). **34** Polen, O. der Auferstehung P.s (1921). **35** Portugal, O. von Turm und Schwert (1808). Preußen: **36** Orden pour le mérite (1740); **37** Johanniter-O., Kreuz der Rechtsritter (1382/1852); **38** Eisernes Kreuz (1813). **39** Schweden, Wasa-O. (1772). **40** Sowjetunion, Lenin-O. (1930). **41** Spanien, O. vom Joch und den Pfeilen (1937). **42** Verein. Staaten von Amerika, Verdienstlegion (1942)

Gemeinde, der die ordentlichen Einnahmen und Ausgaben enthält. Gegensatz: außerordentlicher Haushalt.

Order die, Befehl, Aufforderung, Bestellung, Verfügung.

Orderpapier, ⚖ Wertpapiere, die zwar eine bestimmte, namentlich bezeichnete Person als berechtigt benennen, aber durch →Indossament an eine andere Person übertragen werden können (**indossable Papiere**). O. kraft Gesetzes (‚geborene O.') sind z. B. Wechsel und Scheck (Ausnahmen möglich). Daneben gibt es die durch die **Orderklausel** zu O. gemachten Wertpapiere (‚gekorene O.'), z. B. kaufmänn. Anweisungen, Konnossemente, Ladescheine.

Orderscheck, ⚖ ein Orderpapier.

Ordinalzahl, Ordnungszahl, z. B. der erste, zweite usw.

ordin'är [frz.], gewöhnlich, gemein; geringwertig.

Ordinari'at [lat.] das, 1) der Lehrstuhl an einer Hochschule. 2) die bischöfl. Behörde des Bischofs, hauptsächlich Generalvikariat und Offizial.

Ordin'arius [lat.], 1) ordentl. Univ.-Professor. 2) die Träger ordentl. kirchlicher Jurisdiktion (z. B. Papst, regierender Bischof, Abt, Prälat nullius).

Ordinärpreis, Buchhandel: der Ladenverkaufspreis.

Ordin'ate die, im rechtwinkl. Koordinatensystem der Abstand von der x-Achse.

Ordination [lat.] die, 1) in der Kath. Kirche die Weihe, die dem Klerus bestimmte sakramentale Gewalten überträgt und ihn zur Übernahme kirchl. Jurisdiktionsgewalt befähigt. In der Evang. Kirche die Berufung zum Predigeramt und zur Sakramentsverwaltung. 2) die ärztliche Verordnung, die Sprechstunde.

'Ordines [lat.] Mz., die Weihen.

Ordnung, 1) ⚖ das im Sachgebiet umfassende Gesetz, z. B. Prozeß-, Städte-, Gemeinde-, Gewerbe-O. 2) ♌ ⊕ in der Systematik eine Einheit zwischen Familie und Klasse, in der Pflanzensoziologie eine Stufe. **3)** △ Reihe, Grad.

Ordnungsruf, Zurechtweisung eines Versammlungsmitglieds durch den Vorsitzenden, das durch unparlamentarisches Verhalten die Ordnung verletzt.

Ordnungsstrafe, ⚖ eine zur Aufrechterhaltung der Ordnung (bes. im Prozeßrecht) verhängte Strafe; sie ist keine Kriminalstrafe.

Ordnungswidrigkeit, ⚖ Verstoß gegen Anordnungen der Verwaltungsbehörden; i. d. R. mit Geldbuße geahndet (**Bußgeldverfahren**). Gegen den Bußgeldbescheid kann innerhalb einer Woche Einspruch eingelegt werden (Ges. v. 24. 5. 1968).

Ordnungszahl, 1) ⚛ Stellenzahl eines chem. Elements im Periodischen System, gleich der Kernladungs- oder Protonenzahl des Atomkerns. **2)** die Ordinalzahl.

'Ordo [lat.] der, Mz. Ordines, Reihe, Ordnung; Kath. Kirche: die Ordnung für liturg. Funktionen und die Ordination.

'Ordo-Liberalismus [nach der Zeitschrift Ordo], der Neoliberalismus.

Ordonn'anz [frz.] die, ♟ 1) Befehlsüberbringer. O.-Offizier, Hilfsoffizier bei Truppenstäben.

'Ordos, Steppentafel und Halbwüste in der Nordschleife des Huangho in China.

Ordov'izium das, eine geolog. Formation des Paläozoikums (→Erdgeschichte).

Ordschonik'idse, bis 1932 **Wladikawkas,** 1944-54 **Dsaudschikau,** die Hauptstadt der Nord-Osset. ASSR, Sowjetunion, im N-Kaukasus, 236 000 Ew.; wichtiger Verkehrsknoten; Buntmetallurgie, Maschinenbau-, Glas-, Textil- u. a. Industrie.

Ordschonik'idse, Grigorij Konstantinowitsch, sowjet. Politiker, * 1886, † 1937, gehörte seit 1903 zu den Bolschewisten, begründete 1920/21 die Sowjetherrschaft in Georgien und Armenien.

Öre, kleine Währung in Dänemark, Norwegen, Schweden; 1 Ö. = ¹/₁₀₀ Krone.

Ore'ade griech. Mythos: Bergnymphe.

Örebro [-br'u], Hauptstadt des VerwBez. Ö., Schweden, 90 900 Ew.; Schuh-, Papier-, Keksfabriken; Nikolaikirche (13. Jahrh., 1854 erneuert), Inselschloß (12./16. Jahrh.).

Or'echowo-S'ujewo, Stadt östl. von Moskau, 120 000 Ew.; Baumwollindustrie.

Oregon ['ɔrigən], Abk. **Oreg,** der der pazif. Kordillerenstaaten der Verein. Staaten, 251 175 km², 2,091 Mill. Ew. Hauptstadt: Salem. Ackerbau mit künstl. Bewässerung, Vieh-, Holzwirtschaft, Papier-, Aluminiumind. - 1859 wurde O. als 33. Staat in die Union aufgenommen.

Orel [arj'ɔlj], Gebietshauptstadt in der Russ. SFSR, SU; Maschinenbau, chem., Textil- u. a. Industrie.

Orenb'urg, 1938-57 **Tschkalow,** Gebietshauptstadt in der Russ. SFSR, am Uralfluß, 345 000 Ew.; Maschinenbau, chem., Nahrungsmittel- u. a. Ind. - 1735 als Festung gegründet.

'Orendel, mittelfränk. Epos, vermutlich um 1190 in Trier entstanden.

Or'ense, 1) Provinz Spaniens, in Galicien, 7281 km², 426 100 Ew. **2)** Hauptstadt von 1), am Mino, 73 000 Ew.; Handel. - Kathedrale (12./13. Jahrh.), roman. Kirche (13. Jahrh.).

Oreo'ithecus [grch.] der, stark menschenähnl. Skelettfunde aus dem europ. oberen Miozän.

Oer-Erkenschwick [oː r-], Stadt in Nordrh.-Westf., 24 700 Ew.; Steinkohlenbergbau, chem. Industrie.

Or'est, griech. Mythos: Sohn des Agamemnon und der Klytämnestra, rächte die Ermordung seines Vaters an Klytämnestra und deren Liebhaber Ägisth; als Muttermörder wurde er von den Rachegöttinnen verfolgt, die er auf Befehl des Apoll dadurch zu versöhnen suchte, daß er nach Taurien ging, um das Bild der Artemis zu holen; er kehrte glücklich mit seiner Schwester Iphigenie heim.

'Öresund, Sund der, Meerenge zwischen der dän. Insel Seeland und Südschweden, verbindet Nord- und Ostsee.

Orfe die, eine goldgelbe Zuchtrasse (**Goldorfe**) des Weißfisches Nerfling.

Orff, Carl, Komponist, * 1895, trat vor allem mit Opern (Die Kluge, Die Bernauerin, Antigonae, Ödipus) und szenisch auf

Carl Orff   *Eugene O'Neill*

führbaren Oratorien (Carmina burana, Catulli carmina, Trionfo di Afrodite, Prometheus) und dem O.-Schulwerk hervor.

Org'an [grch.] das, 1) Mittel, Werkzeug; Kommunikationsmittel. 2) ein zu bestimmter Leistung dienender Körperteil der mehrzelligen Lebewesen, z. B. Wurzel, Niere. Ein O. im Einzeller heißt **Organell.** 3) eine Person oder Personenmehrheit, die in Staat, Gemeinden, öffentl. Körperschaften u. a. bestimmte Aufgaben erfüllt: **Beschluß-O.** (z. B. Parlament), **ausführende O.** (z. B. Regierung, Vorstand), **beratende O.** (Beiräte), **Aufsichts-O.** (z. B. Aufsichtsrat) und **rechtsprechende O.** (Gerichte).

Org'andy das, ein feines, durchsichtiges, steifes Baumwoll- oder Reyongewebe.

Organgesellschaft, eine jurist. Person (z. B. AG., auch KG.), die finanziell, wirtschaftlich und organisatorisch wie eine Betriebsabteilung in ein beherrschendes Unternehmen (die Obergesellschaft) einge-

gliedert ist **(Organschaft).** Die Umsätze zwischen Mutter-(Ober-) und Tochter-(Organ-)Gesellschaft unterliegen nicht der Umsatzsteuer. Für die Gewinne gilt das Schachtelprivileg.

Organisation [frz.] die, 1) die zweckmäßige Gestaltung einer Partei, eines Vereins, Unternehmens u. a. 2) die den Lebensanforderungen entsprechende Gestaltung und Anordnung der Teile (Organe) eines Lebewesens.

Organisation Commune Africaine, Malgache et Mauricienne [ɔrganizasj'ɔ kɔm'yn afrik'ɛːn malgaʃemorisj'ɛn], Abk. **OCAMM,** dt. **Gemeinsame Afrikanisch-Madegassische-Mauritianische Organisation,** eine 1965 geschaffene zwischenstaatl. Verbindung unabhängiger afrikan. Staaten, der 1970 Mauritius beitrat. 1972: 14 Mitglieder.

Organisation de l'Armée Secrète [ɔrganizasj'ɔ də l'arm'e sɛkr'ɛt, frz. ,Organisation Geheimarmee'], Abk. **OAS,** eine französ. rechtsradikale Untergrundbewegung, die sich 1961/62 der Algerienpolitik de Gaulles mit Terrormaßnahmen widersetzte, bes. in Algerien.

Organisation der Amerikanischen Staaten, Abk. **OAS,** →panamerikanische Bewegung.

Organisation für die Einheit Afrikas, engl. **Organization of African Unity,** Abk. **OAU,** 1963 gegr. Organisation, in der alle unabhängigen afrikan. Staaten außer der Rep. Südafrika und Rhodesien (Unabhängigkeit umstritten) vertreten sind. Sitz: Addis Abeba.

Organisation für europäische wirtschaftliche Zusammenarbeit, engl. **Organization for European Economic Cooperation,** Abk. **OEEC,** der Europ. Wirtschaftsrat, Sitz: Paris, eine 1948 geschaffene Gemeinschaftsorganisation zur Durchführung des →Marshall-Plans. Vollmitgl. waren Belgien, Dänemark, Frankreich, Griechenland, Großbritannien, Irland, Island, Italien, Luxemburg, Niederlande, Norwegen, Österreich, Portugal, Schweden, Schweiz, Spanien, Türkei und die Bundesrep. Dtl. (seit 1949). Assoziierte Mitgl. waren Jugoslawien, Kanada und die Verein. Staaten. Das Abkommen erstrebte die wirtschaftl. Zusammenarbeit durch fortschreitenden Abbau der Handelsschranken (Liberalisierung) und gemeinsamen Zahlungsverkehr (bis 29. 12. 1958, →Europäische Zahlungsunion, seitdem das →Europäische Währungsabkommen). Die OEEC wurde am 30.9.1961 von der →Organisation für wirtschaftliche Zusammenarbeit und Entwicklung abgelöst.

Organisation für wirtschaftliche Zusammenarbeit und Entwicklung, engl. **Organization for Economic Cooperation and Development,** Abk. **OECD,** die Nachfolgeorganisation der Organisation für europäische wirtschaftl. Zusammenarbeit, gegr. am 14.12.1960, in Kraft seit dem 30.9.1961. Mitgl. sind die Vollmitglieder der OEEC, dazu Kanada und die Verein. Staaten. Ziele der OECD sind weiteres wirtschaftl. Wachstum, Aufrechterhaltung oder Erreichung der Vollbeschäftigung, Stabilität des Geldwerts, Entwicklungshilfe, Ausweitung des Welthandels.

Organisationsgewalt, ⚖ die Befugnis der Bundesrep. Dtl., Behörden zu errichten, zu ändern oder Zuständigkeiten zu übertragen.

Organisationsklausel, ⚖ die Bestimmung in einem Tarifvertrag, daß der Arbeitgeber nur Arbeitnehmer einstellen und beschäftigen darf, die gewerkschaftlich organisiert sind (closed shop).

Organisationsverbrechen, ⚖ die nach dem Londoner Abkommen v. 8. 8. 1945 und dem Kontrollratsges. Nr. 10 für strafbar erklärte Mitgliedschaft in einer durch die Nürnberger Prozesse für verbrecherisch erklärten Organisationen, z. B. Gestapo, SD, SS. Voraussetzung der Strafbarkeit: freiwilliger Beitritt und Kenntnis der verbrecherischen Ziele der Organisation.

Organis'ator, Ordner, Regler, Veranstalter. **organisat'orisch,** auf Organisation bezüglich; die Ordnung, Regelung betreffend. Zeitwort **organisieren.**

org'anisch, der belebten Welt zugehörig, einen Organismus betreffend; sinnvoll gegliedert, übertragen: sinnvoll geordnet.

organische Verbindungen, alle Kohlenstoffverbindungen, außer den Kohlenstoffoxiden und den Metallcarbiden.

Organ'ismus [grch.-lat.] *der,* -/...smen, Lebewesen; übertragen: Sozialkörper o. ä.

Organ'ist, Kirchenmusiker, Orgelspieler.

organog'en [grch.], aus Organismen gebildet, z. B. bestimmte Gesteine.

'Organon [grch.] *das,* **1)** Werkzeug, Mittel; bes. die Logik als Hilfsmittel der Wissenschaft. **2)** die Sammlung der logischen Schriften des Aristoteles.

Org'antherapie [grch.], die Behandlung von Krankheiten mit gereinigten Auszügen aus tierischen Organen **(Organextrakten)** und anderen **Organpräparaten.**

'Organum [lat.] *das,* **1)** die Orgel. **2)** die früheste gesetzmäßige Form der Mehrstimmigkeit in der Kunstmusik des frühen MA.; die zweite Stimme bewegt sich hauptsächl. im Oktav-, Quint- oder Quartabstand gleichlaufend mit der Hauptstimme.

Org'anza, steifes, leichtes, durchscheinendes Feingewebe aus Organsin (Seidenzwirn) oder entsprechender Chemieseide.

Org'asmus [grch.] *der,* Höhepunkt der geschlechtl. Erregung. Eigw. **orgastisch.**

Orgel, ein Tasteninstrument mit Pfeifen, die durch einen Luftstrom zum Erklingen gebracht werden. Die drei Hauptglieder sind: **Windwerk,** in dem der Luftstrom erzeugt wird; er gelangt durch die Windkanäle in die Windladen, auf denen die Pfeifen stehen. **Pfeifenwerk,** die Pfeifen, die in einzelnen, voneinander getrennten Reihen entsprechend den Registern zusammengefaßt sind. Zu jedem Register gehören Pfeifen von gleicher Bauart, Mensur und Klangfarbe, die sich über den ganzen Tonumfang der Klaviatur erstrecken. **Regierwerk:** Tastenreihen (Klaviaturen) für die Hände (Manuale) und Füße (Pedal), Registerzüge. Zu jeder Klaviatur gehören i. d. R. mehrere Register. Mit jeder Taste sind also mehrere Pfeifen verbunden. - Die älteste O. ist die von Ktesibios in Alexandria im 3. Jahrh. v. Chr. gebaute Wasserorgel. Im 8. Jahrh. kam von Byzanz aus die Windorgel ins Abendland. Hauptformen der **Orgelmusik:** Präludium, Fantasie, Toccata, Ricercare, Fuge, Sonate, Suite,

Orgel, 16. Jahrh. (Mailand, Musikinstrumentenmuseum)

Choralbearbeitung, Konzert. Hauptmeister der älteren Zeit: A. und G. Gabrieli, Prätorius, Frescobaldi, Froberger, Kerll, Pachelbel, Sweelinck, Scheidt, Buxtehude, J. S. Bach; der neueren Zeit: C. Franck, Reger, Kaminski, Distler, Hindemith, Thomas, Messiaen.

orgeln, Schreien der Hirsche in der Brunft.

Orgelpunkt, ♪ ein lang ausgehaltener Baßton, über dem sich die übrigen Stimmen verhältnismäßig frei bewegen.

'Orgie [grch.] *die,* Ausschweifung, wildes Fest; im alten Griechenland die ekstatischen Riten des Dionysos. **orgi'astisch,** ausgelassen, zügellos.

'Orient [lat. oriens ,Aufgang'] *der,* das Morgenland, die Gegend, in der die Sonne scheinbar aufgeht, im Unterschied zum Okzident oder Abendland. Im allgemeinen versteht man unter O. die Länder Vorderasiens mit Einschluß Ägyptens, im weiteren Sinn das Gebiet des islam. Kultur.

oriental'ide Rasse, eine zu den Europiden gehörende Menschenrasse. (Tafel Menschenrassen)

Orient'alische Kirche, 1) die orthodoxe Ostkirche und die östl. Nationalkirchen (→Ostkirche). **2)** die Unierte O. K. Sie ist innerhalb der Kath. Kirche mit der →Lateinischen Kirche durch die Anerkennung des päpstl. Jurisdiktionsprimats, durch Übereinstimmung mit der kath. Glaubens- und Sittenlehre sowie durch Gleichförmigkeit mit der kirchenrechtl. Grundsätze verbunden. Sie besteht wie die nichtunierte Ostkirche aus vielen voneinander rechtlich unabhängigen Einzelkirchen.

orientalische Musik, die Musik aller islamischen Länder vom nördl. Afrika bis Afghanistan, einstimmig meist vokal betont, mit improvisatorisch freier und verzierungsreicher Melodie.

Oriental'ist, Kenner der oriental. Sprachen und ihrer Literatur. **Orientalistik** *die,* Orientkunde, oriental. Philologie.

'Orientbeule, Al'eppobeule, eine zu den Leishmaniosen (→Leishmania) gehörende Hautkrankheit in warmen Ländern, mit beulenartigen Geschwüren.

orientieren [zu Orient] **1)** unterrichten, über die Lage in Kenntnis setzen. **2)** nach der Himmelsrichtung einrichten, z. B. eine Karte. **sich orientieren,** seinen Standort ermitteln; sich unterrichten. **Orientierung** *die,* Lage-, Standortermittlung.

'Oriflamme [mlat. Auriflamma, ,Goldflamme'], im MA. die Kriegsfahne der französ. Könige.

Or'igenes, griech. Kirchenschriftsteller, * um 185, † 253/54, der bedeutendste Theologe der christl. Frühzeit; seine Gedanken haben das Christentum weitgehend spiritualisiert; 553 Verdammung der Lehren des O.

origin'al [lat.], ursprünglich, eigen. **Original** *das,* **1)** Urbild. **2)** Urfassung, Urschrift. **3)** Kauz, Sonderling. **Originalität** *die,* Ursprünglichkeit, Besonderheit. **origin'är,** ursprünglich, urtümlich. **origin'ell, 1)** eigenartig, merkwürdig. **2)** neuartig, schöpferisch.

Orihu'ela, Stadt im östl. Spanien, Prov. Alicante, 47 100 Ew.; Südfrucht-, Getreide-, Öl- und Weinhandel, Textil-, Lederind.

Or'ija, Volk und Sprache im östl. Vorderindien. Die indoarische Sprache wird von rd. 16 Mill. Menschen gesprochen.

Orin'oco, Orinoko *der,* Strom Südamerikas, 2500 km lang, 1930 km schiffbar, kommt aus dem Bergland von Guayana, bildet Wasserfälle, Stromschnellen, ist über Casiquiare und Rio Negro mit dem Amazonasgebiet verbunden, mündet mit großem Delta (17 Mündungsarme) in den Atlantik.

Or'ion, 1) griech. Mythos: berühmter Jäger, den Eos liebte und entführte. **2)** Sternbild am Himmelsäquator mit den hellen Sternen Beteigeuze und Rigel und den drei Gürtelsternen **(Jakobsstab);** südlich davon der **Orionnebel.**

Or'issa, Staat Indiens, im O an den Ben-

gal. Golf grenzend, 155 825 km², 17,5 Mill. Ew. Hauptstadt: Bhuwaneschwar. Haupterzeugnisse: Reis, Weizen, Tabak, Zuckerrohr, Jute; Bergbau: Eisen, Mangan, Kohle.

Orizaba [ori⁹aβa], **1)** →Pico de Orizaba. **2)** Stadt im Staat Veracruz, Mexiko, 1284 m ü. M., 70 000 Ew.; Konsumgüterind.

Ork'an *der,* höchster Stärkegrad des Windes, Geschwindigkeit 120-130 km/h, in trop. Gegenden über 300, in Strahlströmungen (in 8-12 km Höhe) über 500 km/h.

Orkney-Inseln ['ɔːkni-], Inselgruppe vor der Nordspitze Schottlands, zugleich schott. Grafschaft, 975 km², 17 600 Ew.; Hauptstadt: Kirkwall. Fischerei seit etwa 1950 unbedeutend, Erzeugung von Schlachtvieh, Eiern, Milch.

'Orkus, röm. Gott des Todes, auch das Reich der Toten, die Unterwelt.

Orl'ando di Lasso, →Lasso.

Orléans [ɔrle'ã], die Hauptstadt des Dép. Loiret, Mittel-Frankreich, an der Loire, 100 100 Ew.; Kathedrale (1601-90 in got. Formen wieder erbaut), Stadthaus (16. Jahrh.); Verarbeitungs-, Textil-, Maschinenind.; Baumschulen. - Seit dem 4. Jahrh. ist O. Bischofssitz. 1429 wurde es durch die Jungfrau von O. von der engl. Belagerung befreit.

Orléans [ɔrle'ã], französ. Herzogs- und Königshaus, Nebenlinie der Bourbonen (→Ludwig 24), deren Thronansprüche von 1883 erbte; derzeit Haupt des Hauses: Graf Heinrich von Paris, * 1908.

Orléansville [ɔrleãvil], bis 1962 Name von →El-Asnam, Algerien.

Orlik, Emil, * 1870, †1932, schuf Farbholzschnitte und Radierungen.

Oerlingh'ausen, Stadt in Nordrh.-Westf., 13 500 Ew.; im Teutoburger Wald; Elektro-, Möbel-, Textilindustrie.

Orlog [niederländ.] *der,* Krieg. **Orlogschiff,** Kriegsschiff.

Orl'ow, Aleksej (* 1737, † 1808) und Grigorij (* 1734, † 1783), Brüder, russ. Grafen (1762), Anführer der Palastrevolution 1762, der Peter III. zum Opfer fiel; Grigorij war der Günstling Katharinas II.

Orl'ow *der,* ein großer Diamant, im Zepter der russ. Zaren.

Orl'ows, eine Haushuhnrasse.

Orly, Flughafen von Paris.

Orm'uzd, altiran. Gott, →Ahura Masda.

Ornam'ent [lat.] *das,* ein Flächenschmuck, der Werke bes. der Baukunst und des Kunsthandwerks dekorativ bereichert. Das O. gehört zu den ursprünglichsten Äußerungen des menschl. Gestaltungstriebes. Es kann die Form, die es schmückt, gliedern und betonen oder auch unabhängig von ihr bleiben oder sie überwuchern. Die Hauptmotive der Ornamentik sind linear abstrakt (geometrische Kunst, Mäander, Maßwerk) oder gehen von Pflanzenformen aus (Akanthus, Palmette, Laubwerk u. a.).

Ornamentstich, seit Mitte des 15. Jahrh. die graph. Wiedergabe ornamentaler Erfindungen; die O. dienten Künstlern und Handwerkern als Vorlage und trugen zur Verbreitung neuer Kunstformen bei.

Orn'at [lat.] *der,* feierliche Amtstracht.

Orne [ɔrn], **1)** Fluß in Nordfrankreich, 152 km lang, mündet in die Seinebucht. **2)** Dép. in N-Frankreich, 6144 km², 288 500 Ew.; Hauptstadt: Alençon.

Ornithol'oge [grch.] *der,* Vogelforscher. **Ornitholog'ie** [grch.] *die,* Vogelkunde.

Ornith'ose [grch.] *die,* Vogelkrankheit, bes. die Papageienkrankheit.

'Oro, mexikan. Stadt, →El Oro.

Orogen'ese [grch.] *die,* die Gebirgsbildung (→Gebirge).

Or'ontes, arab. **Nahr el-Asi,** Fluß in Vorderasien, kommt aus dem Antilibanon, durchfließt Syrien und mündet in der Türkei ins Mittelmeer.

'Orpheus, griech. Mythos: Sänger und Saitenspieler, Sohn der Kalliope und des Apoll, bezauberte durch seine Kunst Tiere, Steine und Bäume; er holte seine verstorbene Gattin Eurydike aus der

Unterwelt; doch wandte er sich gegen das Verbot dort nach ihr um, und sie mußte zurückkehren. - Opern ‚Orfeo' von Monteverdi (1607) und ‚O. und Eurydike' von Gluck (1762); Operette ‚O. in der Unterwelt' v. Offenbach (1858), Ballett ‚Orphée' v. Strawinsky, Schauspiele v. Cocteau u. a.

Orphiker, Anhänger des **Orphizismus,** einer altgriech. religiösen Bewegung des 6. Jahrh. v. Chr. mit Geheimlehren, Weihen **(orphische Mysterien).**

orphische Dichtungen, altgriech., dem Orpheus zugeschriebene Dichtungen (Themen: Kosmogonie, Unterwelt; Hymnen).

Orphismus, der Dichter G. Apollinaire 1912 geprägter Name für den gegenstandsfreien, kolorist. Kubismus z. B. des Malers R. Delauny.

Orpington [ˈɔ:pɪŋtən], ein Haushuhn.

Orpl'id, eine von E. Mörike und dem Dramatiker L. Bauer ersonnene Phantasie-Insel (Mörikes Gedicht ‚Du bist Orplid, mein Land . . . ', vertont v. H. Wolf).

Ors'at-Apparat, ein Gerät zur Gasanalyse, insbes. von Abgasen, zur Überwachung und Regulierung des Verbrennungsvorganges.

'**Orscha,** Stadt in der Weißruss. SSR, an der Bahnlinie Minsk-Moskau, am Dnjepr, 101 000 Ew.; Flachskombinat, Maschinenbau-, Baustoff-, Nahrungsmittelind.

Ors'ini, röm. Adelsgeschlecht, das 2 Päpste stellte, Führer der Guelfen gegenüber den ghibellinischen Colonna.

Orsk, Stadt in der Russ. SFSR, am Uralfluß, 225 000 Ew.; Erdölraffinerie, Buntmetallurgie, Maschinenbau u. a. Ind.

Örsted [ˈø:rsdεð], Hans Christian, dän. Chemiker und Physiker, * 1777, † 1851, entdeckte den Elektromagnetismus, fand das Piperin, maß die Kompressibilität des Wassers.

Oersted, Oe, Einheit der magnet. Feldstärke im elektromagnet. Maßsystem. 1 Oe entspricht $\frac{1000 \, A}{4\pi \, m}$

Ort, 1) Siedlung, Gemeinde. 2) ⚒ das, das Ende einer Strecke, an dem gearbeitet wird. 3) △ →geometrischer Ort. 4) in der Schweiz bis 1798 der Kt. als vollberechtigtes Mitgl. der Eidgenossenschaft; die ‚8 alten Orte', die ‚Urkantone' der Schweiz.

'**Ortasee,** italien. **Lago d'Orta,** See in N-Italien, am S-Rand der Alpen, 18 km², bis 143 m tief; Insel San Giulio.

Ort'ega y Gass'et, José, span. Philosoph und Schriftsteller, * 1883, † 1955; nahm als Kulturphilosoph vom Standpunkt des Individualismus Stellung zu den Problemen unserer Zeit (‚Aufstand der Massen',1930).

Ortega y Gasset   Axel Oxenstierna

Oertel, Curt, Filmregisseur, * 1890, † 1960; Kultur- und Dokumentarfilme.

Ortelsburg, poln. **Szczytno,** Stadt in Ostpreußen, in Masuren, 16 100 (1939: 14 200) Ew.; hatte bes. Bauindustrie, Landhandel. seit 1945 unter poln. Verwaltung.

Ortenau, histor. Landschaft rechts am Oberrhein; Weinbau; Hauptort: Offenburg.

'**Orthikon** [grch.] das, ein elektron. Bildzerleger für die Aufnahme von Fernsehbildern, ähnlich dem Ikonoskop, benutzt aber zur Abtastung der Speicherelektrode einen langsamen Elektronenstrahl.Das Bild

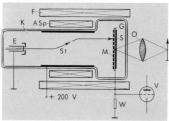

Orthikon: F Fokussierungsspule, ASp Ablenkspulen, K Glaskolben, E Elektronenkanone, St Elektronenstrahl, G Isolierplatte, M Mosaikschicht, S Silberschicht, O Objektiv, V Verstärker, W Widerstand

wird durch die durchsichtige Silberschicht und die Isolierplatte hindurch auf die Mosaikschicht abgebildet. Das **Super-O.** (O. mit Vorabbildung, Bild-O., Zwischenbild-O., Image-O.) ist die Kombination eines O. mit einem Bildwandler und einem Elektronenvervielfacher.

ortho... [grch.], Vorsilbe in Fremdwörtern: gerade, richtig, z. B. Orthographie, Rechtschreibung.

orthochrom'atisch ist photograph. Material mit verringerter Blau- und erhöhter Grün- und Gelbempfindlichkeit.

Orthodont'ie [grch.] die, das Richten schiefstehender Zähne und fehlgeformter Kieferknochen **(Kieferorthopädie).**

orthod'ox [grch.], rechtgläubig.

Orthodoxe Kirche, die Ostkirche.

Orthodox'ie, Rechtgläubigkeit; Strenggläubigkeit.

Orthogen'ese [grch.] die, die Annahme, daß die einmal eingeschlagene Richtung in der stammesgeschichtlichen Entwicklung eines Lebewesens, unbeeinflußbar durch die Umwelt, beibehalten wird.

orthognath'ie [grch.] die, eine Gesichtsform des Menschen, bei der die Profillinie von der Stirn bis zu den Zähnen annähernd senkrecht auf einer waagerechten Ebene des Kopfes steht; bes. bei den Europäern.

orthogon'al, rechtwinklig, aufeinander senkrecht.

Orthograph'ie [grch.] die, Rechtschreibung. **orthogr'aphisch,** den Regeln der Rechtschreibung entsprechend.

Orthokl'as der, monokliner Kalifeldspat.

Orthopäd'ie [grch.] die, die Lehre von der Entstehung und Behandlung von Fehlern des menschl. Stütz- und Bewegungsapparates (Knochen, Gelenke, Muskeln).

Orthopädieschuhmacher fertigt besonderes Schuhwerk für verletzte oder verkrüppelte Füße, Einlagen u. ä. an.

orthopädisches Turnen, Bewegungsübungen zur Heilung verletzter oder leistungsgestörter Glieder und zur Behebung von Haltungsfehlern.

Orthopt'eren [grch.] Mz., ⚲ Insektengruppe: die Geradflügler.

Orth'optik [grch.] die, eine Behandlungsweise des Schielens.

Ortlergruppe, Gebirgsmassiv der Zentralalpen, in Südtirol, z. T. gletscherbedeckt, im **Ortler** 3899 m hoch.

Ortner, 1) Eugen, Schriftsteller, * 1890, † 1947; soziale Dramen (‚Meier Helmbrecht', 1928), Romane (‚J. Chr. Günther', 1948).
2) Hermann Heinz, Schriftsteller, * 1895, † 1956; Dramen ‚Tobias Wunderlich' (1929, Oper von J. Haas), ‚Isabella von Spanien' (1938), ‚Alles für Amai' (1944).

'**Ortnid, Ortnit,** Gestalt der dt. Heldenepik (albische Geburt, Fahrt in den Orient, Drachenkampf); ostfränk. Epos vor 1250.

Ortol'an der, rot-grün gefiederte Ammer.

Ortsbausatzung, ein Teil des Baurechts, der u. a. Bestimmungen hinsichtlich der Baugestaltung, über Anschluß- und Benutzungszwang enthält.

Ortsbestimmung, die Feststellung der geograph. Breite und Länge eines Punktes

auf der Erdoberfläche durch Höhenmessung von Sternen im Meridian (Breite) und Messung der Ortszeit-Differenz zu Greenwich (Länge).

Ortscheit das, bei von Tieren gezogenen Wagen ein gleicharmiger Hebel, an dem die Zugseile oder -ketten angreifen.

Ortsgruppe, untere Einheit eines Verbandes, eines Vereins, einer Partei u. a.

Ortsklassen, nach der Höhe des Lebenshaltungsindex gebildete Gruppen der dt. Gemeinden. Zunächst für die Beamtenbesoldung geschaffen, sind sie auch für Tarifverträge u. ä. wichtig.

Ortskrankenkasse, Allgemeine O., AOK, der Hauptträger der sozialen Krankenversicherung.

Ortssatzung, Ortsstatut, Ortsgesetz, das von den Gemeinden auf Grund ihrer Autonomie erlassene Recht **(Ortsrecht).**

Ortstein, 1) starker Baustein zur Verstärkung der Ecken. 2) durch schwarzbraune Humusstoffe oder Eisenoxid verhärtete Schicht in Heide- und Waldboden.

Ortsverkehr, der Straßenverkehr in geschlossenen Ortschaften; begrenzte Fahrgeschwindigkeit.

Orts|zeit, der an einem bestimmten Ort gemessene Stundenwinkel der mittleren Sonne. Die O. beginnt mit 0 Uhr beim Durchgang der mittleren Sonne durch den Ortsmeridian. - Alle Orte auf dem gleichen Meridian haben die gleiche Ortszeit.

Ortung, die Standortbestimmung mit den Mitteln der Navigation.

Or'uro, Provinzhauptstadt in Bolivien, 3760 m ü. M., 92 800 Ew.; Mittelpunkt des bolivian. Bergbaugebiets.

Orvi'eto, Stadt in Mittelitalien (Umbrien), 24 100 Ew.; Dom (13.-16. Jahrh.), Museum, etrusk. Gräber; Weinbau.

Orwell [ˈɔ:wel], George, eigentl. Eric **Blair,** engl. Schriftsteller, * 1903, † 1950, warnte vor totalitären Denk- und Lebensformen, so in ‚Farm der Tiere' und dem Zukunftsroman ‚1984' (1949).

Os, chem. Zeichen für Osmium.

Osaka, Stadt auf Honshu, Japan, an der Japanischen Inlandsee, 3,0 Mill. Ew.; nach Tokio zweitgrößte Stadt Japans, Verkehrsknoten, Großhafen; Eisen-, Stahl-, Werft-, Zement-, chem., Textil-, Papier-, Holz-, Nahrungsmittelindustrie; Universität.

Osaka: Schloß

OSB, Abk. für Benediktiner.

Osborne [ˈɔzbɔ:n], John, engl. Dramatiker, * 1929; ‚Blick zurück im Zorn' (1957), ‚Der Entertainer' (1957) u. a.

Oscar, Statuette, jährl. (seit 1928) für beste Leistungen (Darstellung, Regie, Musik u. a.) in den amerikan. Films verliehen.

Osch, Gebietshauptstadt in der Kirgis. SSR, Sowjetunion, 130 000 Ew.; Seidenraupenzucht, Seidenwebereien, Bekleidungs- und Nahrungsmittelindustrie.

Oschatz, Stadt im Bez. Leipzig, 16400 Ew.; vielseitige Ind. Auf dem Collmberg westlich O. Geophysikal. Observatorium.

Oscher, eine afrikanisch-südasiat. Steppenpflanze, Seidenpflanzengewächs, mit langhaarigen Samen (Pflanzenseide).

Oschersleben (Bode), Stadt im Bez. Magdeburg, im SW der Magdeburger Börde, 18100 Ew.; Maschinen-, chem., Süßwaren- u. a. Industrie.

'Oseberg, Ort am Oslofjord, Norwegen, Fundort (1903) des **O.-Grabes** einer normann. Fürstin des 9. Jahrh.; darin das **O.-Schiff** (21,4 m lang) mit Wagen, Schlitten u. a.

Wagen aus dem Osebergschiff, 9. Jahrh. (Oslo, Altertümersammlung der Universität)

'Ösel, estn. **Saaremaa,** Ostseeinsel vor der Rigaer Bucht, zur Estn. SSR gehörig, 2714 km²; Viehzucht, Fischerei. Hauptstadt: Kingisepp. - Ö. kam 1227 an den Deutschen Orden, 1559 an Dänemark, 1645 an Schweden, 1710 an Rußland, 1918 an Estland, 1940 an die Sowjetunion.

'Öser, Adam Friedrich, Maler, * 1717, † 1799, bekämpfte den Barock zugunsten des Klassizismus; von starkem Einfluß auf Winckelmann und Goethe.

Osh'ogbo, Oschogbo, Stadt in SW-Nigeria, 242300 Ew.; versch. Industrie.

Osi'ander, Andreas, luther. Theologe, * 1498, † 1552, begleitete Luther zum Marburger Religionsgespräch mit Zwingli; geriet später mit den Anhängern Melanchthons in Streit über die Rechtfertigungslehre.

Os'iris, ägypt. Gott, Bruder und Gemahl der Isis, Vater des Horus, als Totengott verehrt; wurde nach der Sage von Seth erschlagen, durch Horus gerächt und von Isis zu neuem Leben erweckt.

Oskar, schwed. und norweg. Könige:
1) **O. I.** (1844-59), Sohn Bernadottes, * 1799, † 1859, Anhänger des Skandinavismus.
2) **O. II.** (1872-1907), Sohn von 1), * 1829, †1907, suchte vergebens, die Union mit Norwegen aufrechtzuerhalten, die sich 1905 löste.

Osker, altitalischer Volksstamm in Kampanien, nah verwandt den Samniten, mit diesen zur oskisch-umbr. Sprachgruppe gehörend; in den Römern aufgegangen.

Ösling der, die luxemburg. Ardennen.

Oslo, 1624-1924 **Christiania,** die Hauptstadt Norwegens, an der innersten Bucht des Oslofjords, 487000 Ew.; Universität, Akademie, Nobelinstitut, Hochschulen,

Nationaltheater (1895-99), Galerien, Museen; königl. Schloß (1825-48), Stortingsgebäude (1861-66). O. ist Haupthandelshafen und Industriemittelpunkt Norwegens: u. a. Maschinen-, Schiffbau-, Papier-, Textil-, chem. Ind. - O., um 1048 entstanden, war bis zur Reformation Bistum. 1624 wurde die Stadt nach Brand neu angelegt.

Osm'anen, anderer Name der Türken, nach ihrem ersten Sultan **Osm'an** (1300 bis 1326). **Osm'anisches Reich,** das Türkische Reich. **Osmanisch,** das Türkische im engeren Sinne (→türkische Sprachen).

Osmium *das,* **Os,** chem. Element, Platinmetall, schwerstes aller Metalle; Ordnungszahl 76, Massenzahlen 192, 190, 189, 188, 187, 186, 184, Schmelzpunkt 2500° C, Siedepunkt etwa 5500° C, Atomgewicht 190,2, spezif. Gewicht 22,5. O. ist in allen Säuren unlöslich. Verwendung bei der Herstellung bes. harter Teile, z. B. Federspitzen und elektr. Kontakte.

Osm'ose *die,* das Hindurchtreten von Flüssigkeit durch eine durchlässige oder halbdurchlässige Wand, die zwei Lösungen trennt. Durch O. können sich Konzentrationsunterschiede ausgleichen. Ist die Wand für den gelösten Stoff undurchlässig, so tritt durch die Wand so lange reines Lösungsmittel, bis der Diffusionsdruck dem hydrostat. Druck das Gleichgewicht hält **(osmotischer Druck).** Die O. ist wichtig für die Lebewesen; sie ermöglicht Aufnahme und Austausch von Wasser und Nährstoffen durch die Zellen.

Osmotherapie [grch.] *die,* ein Heilverfahren bei krankhaften Wasseransammlungen im Gewebe: durch Osmose wird dabei die zurückgehaltene Flüssigkeit ins Blut ausgeschwemmt.

Osnabrück, 1) Regierungsbezirk in Niedersachsen, 6206 km², 779700 Ew.; Landkreise: Aschendorf-Hümmling, Bersenbrück, Gfsch. Bentheim, Lingen, Melle, Meppen, O., Wittlage, kreisfreie Stadt O.
2) Hauptstadt des Reg.-Bez., 144900 Ew., Hafen am O.er Zweigkanal (zum Mittellandkanal); Metall-, Textil-, Auto-, Papier-, Gasuhren-, Lebensmittelindustrie; Fachschulen, Museen, Theater. Nach den Zerstörungen des 2. Weltkriegs wurden wiederhergestellt: der spätroman. Dom, die got. Johannis- und got. Marienkirche (Rathaus (um 1500), das Barockschloß). - Bistum durch Karl d. Gr. (bis 1803); O. war Hansestadt. (→Westfälischer Friede)

Osning *der,* Teil des Teutoburger Waldes, bei Bielefeld.

Ösophagoskop'ie [grch.] *die,* ♯ Speiseröhrenspiegelung.

Oes'ophagus [grch.-lat.] *der,* ♯ 🔬 die Speiseröhre.

Os'orno, 1) tätiger Vulkan im südl. Chile, 2660 m hoch.
2) Provinzhauptstad in S-Chile, 77000 Ew., Landwirtschafts- und Handelsmittelpunkt; älteste dt. Schule Chiles.

'Ossa, neugriech. **K'issavos,** Gebirgsstock in Griechenland, zwischen der Ebene Thessaliens und dem Golf von Saloniki, 1978 m hoch.

Osservat'ore Rom'ano, vom Hl. Stuhl 1873 erworbene Tageszeitung, erscheint seit 1929 im Vatikan.

Oss'eten, Ossen, Bergvolk im mittl. Kaukasus, ein Rest der Alanen, mit z. T. altertüml. Sozialordnung und eigener, iran. Sprache. Die O. bewohnen die **Nordossetische ASSR** und das **Südossetische Autonome Gebiet.**

'Ossiacher See, See in Kärnten, nordöstlich von Villach, 10,6 km² groß.

'Ossian, Held eines südirischen Sagenkreises; in schottischer Überlieferung wurde O. zum greisen erblindeten Sänger der Vorzeit. Macpherson gab seine empfindsamen Dichtungen (1760 ff.) als Übersetzungen aus dem Gälischen des Ossian aus und weckte damit eine Ossian-Begeisterung, auch in Deutschland.

Ossi'etzky, Carl von, ' Schriftsteller, * 1889, † (nach Haft im KZ) 1938; Pazifist, Herausgeber der 'Weltbühne'; Friedensnobelpreis 1936.

Ossip'enko, 1939-58 Name von Berdjansk, Ukrain. SSR.

Osswald, Albert, Politiker (SPD), * 1919, 1962-64 hess. Wirtschaftsmin., 1964-69 Finanzmin., seit 1969 MinPräs. von Hessen.

Ost'ade, Adriaen van, holländ. Maler und Radierer, * 1610, † 1685, schilderte das bäuerliche Leben in der Familie, im Wirtshaus und beim Tanz. Sein Bruder Isaak van O., * 1621, † 1649, malte Bauernszenen, Dorf- und Winterlandschaften.

Ostafrika, das Gebiet Afrikas östlich des Zentralafrikan. Grabens zwischen Äthiopien und dem Rovuma; umfaßt die Länder Uganda, Kenia, Rwanda, Burundi und Tansania.

Ostafrikanische Gemeinschaft, 1967 von Tansania, Kenia und Uganda gegr. Organisation zur Förderung eines gemeinsamen ostafrikan. Marktes; übernahm die Aufgaben der 1961 von den gleichen Staaten gebildeten East African Common Services Organization.

Ostafrikanisches Grabensystem, Zone von im Tertiär entstandenen, von Vulkanismus begleiteten Grabenbrüchen zwischen Golf von Aden und Sambesi; südl. Teil: Njassagraben (mit Njassasee); östl. Teil: Ostafrikan. Graben (in Kenia mit abflußlosen Seen), Fortsetzung nördlich des Rudolfsees: Äthiop. Graben; westl. Teil: Zentralafrikan. Graben (mit vielen, z. T. langgestreckten Seen, z. B. Tanganjikasee).

Ost'aijen, Paul van, fläm. Dichter, * 1896, † 1928, zählt mit Gezelle und van de Woestijne zum Dreigestirn fläm. Lyrik.

Ostasien, der Osten des Erdteils Asien: Japan, China, Korea, östl. Sowjetunion.

Ostasienmission, 1884 gegr. protestant. Missionsgesellschaft für China- und Japan; 1945 in eine Dt. und eine Schweizerische O. geteilt.

ostbaltische Rasse, die osteuropide Menschenrasse.

Ost-Bengalen, →Bangla Desh.

Ostblock, allgemein die kommunist. Staatenwelt, im engeren Sinne die kommunist. regierten Länder Mittel- und O-Europas unter Führung der Sowjetunion. Jugoslawien nimmt seit 1947/48 eine eigenständige Stellung ein, zählt nicht zum O. - Die Staaten des O. im engeren Sinn sind wirtschaftl. durch den →Rat für gegenseitige Wirtschaftshilfe, militärisch-polit. durch den →Warschauer Pakt verbunden.

Ostchinesisches Meer, ein Randmeer des Stillen Ozeans, zwischen China, Taiwan, Riukiu-Inseln und Gelbem Meer.

ostdeutsche Siedlung, ostdeutsche Kolonisation, die Besiedlung sowie die wirtschaftl. und kulturelle Erschließung der Gebiete östlich von Elbe-Saale und Böhmerwald bis zum Finnischen Meerbusen und Schwarzen Meer, südlich über die Ostalpen bis zum Karst und zur Save. Meist standen wirtschaftl. Ziele im Vordergrund. Die Einrichtung von Marken in karoling. Zeit und die von Bayern ausgegangene Besiedlung der Donauebene im 8. Jahrh. waren dem Höhepunkt der o. S. im 12.-14. Jahrh. vorausgegangen. Die Lauenburger gewannen Ostholstein, die

Oslo: Blick auf die Feste Akershus (rechts) und das Rathaus

Askanier Brandenburg, die Wettiner Obersachsen, Heinrich d. Löwe Mecklenburg. Die schles. Herzöge riefen ihrerseits dt. Bauern, Bürger und Mönche in ihr Land. Dt. Zuzug erhielten auch bes. die Randgebiete Böhmens. Im 13. Jahrh. erreichte die o. S. Posen und Krakau. Bes. Bedeutung erlangte das Wirken des →Deutschen Ordens.

Weit über das Gebiet der bäuerl. Siedlung hinaus reicht das der Stadtgründungen nach dt. (süddt., Magdeburger, Lübischem u. a.) Recht. Großen Anteil daran hatte die Hanse, die sich bis nach Nowgorod vorschob.

Die o. S. war keine Masseneinwanderung, sondern ein jahrhundertelanges Zuwandern bald größerer, bald kleinerer Gruppen, die von vielen Stellen aus planmäßig nach dem Neuland anfangs von den Landesherren, von weltl. und geistl. (bes. Zisterzienser und Prämonstratenser) Herren, später von ritterl. Vasallen geleitet wurden. Die Siedler verschmolzen mit den Einheimischen zu Neustämmen. Der dt. Siedlungsraum wuchs um mehr als ein Drittel.

Ostdeutschland, bis 1919 ein geographisch nicht fest abgegrenzter Sammelbegriff entweder für die dt. Reichsteile östlich der Elbe oder enger für die Ostprov. Preußens und des Dt. Reiches: Ost- und Westpreußen, Brandenburg, Posen, Schlesien, Pommern. Zwischen den Weltkriegen umschrieb der landläufige Begriff dieselben Gebiete ohne die 1919 an Polen abgetretenen Teile.

Nach 1945 verschob sich der Begriffsinhalt in der Umgangssprache allmählich nach Westen, so daß weithin die sowjetisch besetzten Gebiete (SBZ) als O. verstanden wurden. Dagegen legten die auf interministeriellen Vereinbarungen beruhenden Richtlinien (1961) des Bundesministers für gesamtdeutsche Fragen u. a. fest, daß die Gebiete östlich der Oder-Neiße-Linie in ihrer Gesamtheit amtlich als ‚Deutsche Ostgebiete, z. Z. unter fremder Verwaltung', im Umgangssprachgebrauch als O. zu bezeichnen seien. Seit 1969 wird auch offiziell in der Bundesrep. Dtl. die Dt. Dem. Rep. als solche bezeichnet, und der Name O. für diesen Bereich verschwindet wieder; für die Gebiete östlich der Oder und Neiße setzt sich der Name ‚Ostgebiete des Deutschen Reiches' durch.

Ost'elbier, früher die als reaktionär geltenden konservativen Großgrundbesitzer rechts der Elbe **(Ostelbien).**

Osten *der,* **Ost, O,** die Himmelsrichtung nach Sonnenaufgang.

Ost'ende, fläm. **Oostende,** Stadt, Seebad, Hafen in W-Flandern, Belgien, 57000 Ew.; Überfahrthafen nach Großbritannien; Werften, Tabak-, Seiden-, Spitzenindustrie.

ostentat'iv [lat.], **1)** augenfällig, deutlich. **2)** herausfordernd.

Osteolog'ie [grch.], Knochenkunde.

Oste'om [grch.] *das,* $ eine gutartige Knochengeschwulst.

Osteomalaz'ie [grch.] *die,* $ die Knochenerweichung.

Osteomyel'itis [grch.] *die,* $ die Knochenmarkentzündung.

'Österbotten, Landschaft in NW-Finnland, am Bottn. Meerbusen, meist Flachland eiszeitlicher Formung mit vielen Mooren und Seen.

Östergötland ['œstɛrjø:t-], VerwBez. in Südschweden, zwischen Vättersee und Ostsee, Hauptstadt: Linköping.

Osterholz-Scharmbeck, Stadt in Niedersachsen, nördl. von Bremen, 15300 Ew.; Landwirtschaftsschule; Industrie.

Oster'ia [ital.] *die,* -/...r'ien, Wirtshaus.

Osterinsel [nach dem Tag der Entdekkung, Ostern 1722], die östlichste der polynes. Inseln, im Stillen Ozean, zu Chile gehörig, 165 km², rd. 1200 Ew. Die O. ist vulkan. Ursprungs, baumlos, bis 590 m hoch. Um 1125 durch Polynesier besiedelt (Skulpturen aus Tuffstein), deren alte Kultur 1750 unterging. Die heutigen Bewohner sind Mischlinge aus Polynesiern, Tahitiern und Weißen. Sprache: Polynesisch.

Osterlieder, gehen im Deutschen bis ins 12. Jahrh. zurück. Dichter: N. Herman, A. Silesius, P. Gerhardt, Klopstock u. a.

'Osterluzei *die,* Pflanzengattung mit röhrenförmigen Blüten und unterständigem Fruchtknoten. Die **Gemeine O.,** in Weinbergen, hat herzförmige Blätter. Die **Pfeifenwinde,** windender Strauch Nordamerikas, hat pfeifenähnliche bräunliche Blüten.

Ostern, das Fest der Auferstehung Christi, das höchste christl. Fest und der Mittelpunkt des Kirchenjahres. Es wurde wohl schon in apostol. Zeit begangen und wird eingeleitet durch die vorangehende Osterwoche (Karwoche). Durch das erste Konzil von Nikaia (325 n. Chr.) wurde festgelegt, daß O. auf den ersten Sonntag nach dem ersten Frühjahrsvollmond fallen soll, wobei als Frühjahrsanfang stets der 21. 3. gilt.

Volksbräuche: Im MA. kirchl. **Osterspiele,** noch heute: **Osterfeuer, Osterwasser** (vor Sonnenaufgang geschöpft), **Osterreiten,** ein Flurumritt, **Ostersingen, Ostereier.**

Oster'ode, 1) O. am Harz, Stadt in Niedersachsen, an der Söse, 16700 Ew.; guterhaltenes mittelalterl. Stadtbild; Maschinen-, Apparatebau, Herstellung von Fernsprech-, Rundfunk-, Fernsehgeräten.

2) O. in Ostpreußen, poln. **Ostróda,** am Oberländischen Kanal, 113 m ü. M., 22000 (1939: 19500) Ew.; Maschinenbau u. a. Industrie. - O. war seit etwa 1340 Komtureisitz des Deutschritterordens. Seit 1945 unter poln. Verwaltung.

Österreich, amtlich **Republik Ö.,** Bundesstaat im SO Mitteleuropas, 83850 km² mit 7,4 Mill. Ew. Hauptstadt: Wien; Amtssprache: Deutsch. 🌐 X/XI, Bd. 1, n. S. 320.

Staat und Recht. Die Verf. von 1920 in der Fassung von 1929 ist seit 1945 wieder in Kraft. Staatsoberhaupt ist der Bundespräsident. Die Gesetzgebung üben der Nationalrat (165 Mitgl.) und der Bundesrat (54 Mitgl.) aus; der Bundesrat hat aufschiebendes Vetorecht. Beide bilden die Bundesversammlung. Ö. ist in 9 Bundesländer gegliedert. In Landesangelegenheiten üben die Landtage die Gesetzgebung aus; von ihnen werden die Landesregierungen gewählt. ⊔ S. 1179. ⚐ Bd. 1, S. 392. Währung ist der österreich. Schilling zu 100 Groschen. Die Wehrdienstzeit wurde 1971 auf 6 Monate verkürzt. - Grundlage des Privatrechts ist das Allgem. Bürgerl. Gesetzbuch (ABGB). Das Handelsrecht beruht auf dem dt. Handelsgesetzbuch von 1897. Das Strafrecht, urspr. von 1852, wurde vielfach geändert und ergänzt.

Landesnatur. Ö. ist vorwiegend Alpenland (60% des Staatsgebietes) und nimmt einen großen Teil der Ostalpen ein; es hat Anteil an den Nördl. Kalkalpen (Parseier Spitze 3038 m hoch), den Zentralalpen (Großglockner in den Hohen Tauern 3797 m) und den Südl. Kalkalpen (Gailtaler Alpen, Karnische Alpen, Karawanken). Nach O lösen sich die Alpen zwischen Enns, Mur und Drau stärker auf und sinken schließlich zu einem waldreichen Mittelgebirge ab (Wienerwald). Im NO hat Ö. am Alpenvorland Anteil, wo es über die Donau hinweg auf die Ausläufer des Böhmerwaldes (Mühlviertel), das Granitbergland des Waldviertels und das Hügelland des Weinviertels greift. Im O liegt das Wiener Becken (Marchfeld). Im S folgen von O nach W das burgenländ. und das steirische Hügelland sowie das des Kärntner Beckens. Ö. gehört mit Ausnahme Vorarlbergs, das zum Rhein entwässert, zum Stromgebiet der Donau mit ihren Nebenflüssen (Inn, Traun, Enns, Leitha, Raab, Drau mit Mur, March u. a.). Im Salzkammergut und in Kärnten besitzt Ö. zahlreiche Seen. - Das Klima ist vorwiegend kontinental; Niederschläge meist zwischen 1200-1500 mm.

Bevölkerung. Neben →Österreichern (99%) gibt es kleine kroat., magyar., slowen. und tschech. Minderheiten. In den Alpen ist die Besiedlung sehr dünn; am dichtesten ist sie in Ober- und Niederösterreich. In Wien leben 23% der Gesamtbevölkerung. 89% der Ew. sind kath., 6% evang. Christen.

Bildung. Die öffentl. Schulen sind Gemeinschaftsschulen. Die allgemeine Schulpflicht beträgt 9 Jahre; der Unterricht ist kostenlos. Die Volksschule umfaßt 8 Schuljahre, das 9. Schuljahr wird in einem polytechn. Lehrgang abgeleistet. Die neunjährigen höheren Schulen (früher Mittelschulen) umfassen Gymnasium, Realgymnasien und wirtschaftskundl. Realgymnasien für Mädchen. Daneben gibt es Berufsschulen, Fachschulen (zweiklassige Handelsschulen, 4jährige Handelsakademien, technisch-gewerbl. Schulen u. a.). Die Hochschulen unterstehen dem Bundesministerium für Wissenschaft und Forschung. Universitäten bestehen in Wien, Graz, Innsbruck und Salzburg, Techn. Hochschulen in Wien und Graz, eine Montanistische Hochschule in Leoben, Hochschulen für Bodenkultur, Welthandel, Tiermedizin in Wien, eine Hochschule für Sozial- und Wirtschaftswissenschaften in Linz, Kunsthochschulen für Musik, für darstellende Kunst und für angewandte Kunst in Wien, eine Musikakademie in Graz sowie das Mozarteum in Salzburg.

Größe und Bevölkerung 1971

Bundesland	km²	Ew. in 1000
Burgenland	3965	272,1
Kärnten	9533	525,7
Niederösterreich	19170	1414,2
Oberösterreich	11979	1223,4
Salzburg	7154	401,8
Steiermark	16386	1192,4
Tirol	12647	540,8
Vorarlberg	2601	271,5
Wien	415	1614,8
Österreich	**83850**	**7456,7¹)**

¹) Differenz durch Abrundung.

Wirtschaft. Im Gebirge wird fast ausschließlich Viehwirtschaft, im Alpenvorland auch Ackerbau betrieben (Roggen, Hafer, Kartoffeln, in günstigen Lagen Weizen, Zuckerrüben, Mais, Tabak). Bedeutend sind ferner Obst- und Weinbau. 39% der Gesamtfläche sind bewaldet. Industrie: Von Bedeutung sind Papier- und Holzindustrie, Eisen-, Stahl-, Maschinen-, chem., Textil- und Konsumgüterindustrie. Die Elektrizitätswirtschaft basiert zu über 70% auf Wasserkraft; Ö. gehört zu den größten Stromexporteuren der Welt. Eisenerzlager gibt es am Erzberg bei Eisenerz. Die Magnesitförderung macht die Hälfte der Welterzeugung aus; die Erdölförderung betrug (1970) 2,8 Mill. t. Ferner werden NE-Metalle und Salz gewonnen. Fast die gesamte Schwerindustrie, der Bergbau, große Teile der chem. und Maschinenind. und der Energiewirtschaft sind verstaatlicht. Industriell am stärksten entwickelt sind Ober- und Nieder-Ö., Steiermark und das Gebiet um Wien. Der Fremdenverkehr gleicht einen großen Teil des Defizits der Handelsbilanz aus. Ö. gehört mit (1970) 59 Mill. Ausländerübernachtungen, davon 44,5 Mill. aus der Bundesrep. Dtl., zu den führenden europ. Fremdenverkehrsländern. Bes. besucht sind das Salzkammergut, Tirol und Kärnten. Hauptausfuhrgüter sind Eisen und Stahl, Holz, Maschinen und Fahrzeuge, Textilien, Zellstoff und Papier, Metallfertigwaren, Chemikalien, Magnesit. Haupthandelspartner ist die Bundesrep. Dtl.

Verkehr. Von (1970) 5910 km Bahnlinien sind 2357 km elektrifiziert; das Straßen-

Links alte Bauernhäuser an der Kötschachache, im Hintergrund der Bocksteinkogel, Salzburg; rechts Burg Forchtenstein, Burgenland

netz umfaßt 32 357 km und rd. 500 km Autobahnen. Bestand an Kraftfahrzeugen (1970) 1,2 Mill. Pkw, 0,12 Mill. Lkw, 0,25 Mill. Zugmaschinen u. a. Bedeutendster der 6 Flughäfen: Wien-Schwechat.

Österreicher, die östliche Gruppe des bair. Stammes. Im engeren Sinn die Ober- und die Niederösterreicher, im weiteren Sinn auch die Tiroler, Salzburger, Kärntner, Steiermärker und Heinzen. Die Vorarlberger und Lechtaler sind Alemannen.

Österreichisch-Alpine Montangesellschaft AG., Wien, größtes Industrieunternehmen Österreichs, 1946 verstaatlicht.

Österreichische Bundesbahnen, ÖBB, die Staatsbahnen der Rep. Österreich, Schienenlänge (1969): 5908 km, davon 2306 km elektrifiziert.

österreichische Geschichte. Nach dem Sieg Ottos d. Gr. über die Ungarn 955 entstand die Bayerische Ostmark jenseits der Enns. 976-1246 waren die Babenberger Markgrafen der Ostmark, die dann Ö. genannt wurde; sie erwarben 1192 die Steiermark. 1251 bemächtigte sich König Ottokar II. von Böhmen der Herrschaft in Ö. 1278 gewann Rudolf von Habsburg Ö. und verlieh es 1282 mit der Steiermark seinen Söhnen. Die →Habsburger erwarben 1335 Kärnten und Krain, 1363 Tirol, 1368 den Breisgau, 1382 Triest, 1500 die Grafschaft Görz, seit der 2. Hälfte des 14. Jahrh. Vorarlberg, verloren jedoch einen Teil ihrer südwestdt. Stammbesitzungen an die Schweizer Eidgenossenschaft. Ö. wurde 1453 zum Erzherzogtum erhoben. 1438 erlangten die Habsburger wieder die dt. Königs- und Kaiserkrone. Durch ihre Heiratspolitik unter Friedrich III. (1440-1493) und Maximilian I. (1493-1519) gewannen sie 1482 das niederländ. Reich der Herzöge von Burgund, dann Spanien. Kaiser Karl V. (1519-56) überließ 1521 die österr. Erblande seinem Bruder Ferdinand I., der 1526 das Kgr. Böhmen mit Schlesien und der Lausitz sowie Ungarn erwarb, aber erfolglos gegen die Türken kämpfte (türk. Belagerung Wiens 1529). Der Protestantismus ergriff auch in Ö. den größten Teil der Bevölkerung, doch erzwangen die Habsburger fast überall die Rückkehr zum Katholizismus. Damit siegte in Ö. zugleich der Absolutismus. Im Dreißigjährigen Krieg wurden die Lausitz 1635 an Kursachsen, die habsburg. Besitzungen im Elsaß 1648 an Frankreich abgetreten. Mit der Abwehr der zweiten türk. Belagerung Wiens 1683 begann der große Türkenkrieg, in dem bis 1699 ganz Ungarn mit Siebenbürgen erobert wurde (→Türkenkriege); 1716-18

wurde den Türken durch Prinz Eugen von Savoyen auch das Banat entrissen. 1717 eroberte Prinz Eugen Belgrad. Durch den →Spanischen Erbfolgekrieg gewann Kaiser Karl VI. (1711-40) 1714 die südlichen Niederlande, Mailand und Neapel-Sizilien, das er aber 1735 wieder preisgab. Auf Grund der ,Pragmatischen Sanktion' von 1713 suchte Karl VI. die Nachfolge seiner Erbtochter Maria Theresia zu sichern, die durch ihre Heirat mit Herzog Franz Stephan von Lothringen (Kaiser Franz I.) die Stammutter des neuen Hauses Habsburg-Lothringen wurde (→Österreichischer Erbfolgekrieg, →Siebenjähriger Krieg). 1772 wurden das poln. Galizien, 1775 die Bukowina, 1779 das bayer. Innviertel erworben. Maria Theresia schuf eine einheitl. Verwaltung der österr.-böhm. Länder, während Ungarn seine alte Sonderverfassung behielt. Kaiser Joseph II. führte 1781 wichtige Reformen durch. Im Kampf gegen die Franzos. Revolution gingen 1797 die südlichen Niederlande und die Lombardei verloren. Ebenso unterlag Ö. 1805 und 1809 gegen Napoleon I. Kaiser Franz II. hatte 1806 der dt. Kaiserwürde entsagt, nachdem er schon 1804 den Titel eines Kaisers von Ö. (als Franz I.) angenommen hatte. In den →Freiheitskriegen half Ö. beim Sturz Napoleons mit und wurde nach dem →Wiener Kongreß die führende Macht im neuen Dt. Bund und in Italien (→Metternich). Die Revolution von 1848/49 erschütterte die habsburg. Monarchie. Ungarn konnte nur mit russ. Hilfe bezwungen werden. Seit 1848 war Franz Joseph I. Kaiser. 1859 wurde die Lombardei, 1866 Venetien an Italien abgetreten. Im Innern wurde 1860/61 der Absolutismus aufgegeben. Nach dem →Deutschen Krieg von 1866 schuf der Ausgleich mit den Ungarn 1867 die Doppelmonarchie **Österreich-Ungarn.** Diese erhielt die liberale Verfassung v. 21. 12. 1867. Sie wurde immer mehr in die Nationalitätenkämpfe, bes. mit den Slawen, verwickelt. Mit dem neuen Dt. Reich schloß sie das Verteidigungsbündnis von 1879, geriet aber in wachsenden Gegensatz zu Rußland, Serbien und Italien. 1907 wurde das allgemeine und gleiche Wahlrecht eingeführt. Die Ermordung des Thronfolgers Franz Ferdinand am 28. 6. 1914 gab den Anlaß zum Ausbruch des 1. Weltkriegs.

Mit dem militär. Zusammenbruch im Herbst 1918 entstanden aus dem Gebiet Österreich-Ungarns die Nachfolgestaaten Ö., Ungarn und Tschechoslowakei; andere Gebietsteile fielen an die neuen Staaten Polen und Jugoslawien, ferner an Italien

und Rumänien. Die Verträge von Saint-Germain (1919) und Trianon (1920) besiegelten die Aufteilung der habsburg. Monarchie.

Im Nov. 1918 wurde die Rep. Deutsch-Ö. ausgerufen, die alle dt. Siedlungsgebiete in den Alpen- und Sudetenländern des alten Ö. umfassen sollte, und durch Gesetz zum Teil des Dt. Reiches erklärt; diese Bestimmung wurde 1919 von alliiertes Verlangen aufgehoben, der Name in Rep. Ö. geändert. Ihr Gebiet wurde auf Nieder- und Ober-Ö., Nord- und Osttirol, Vorarlberg, Salzburg, den größten Teil von Steiermark und Kärnten beschränkt. Hinzu kam das bisher ungar. Burgenland (ohne Ödenburg). 1931 scheiterte der Plan einer deutsch-österr. Zollunion. 1934 errichtete Dollfuß, gestützt auf die ,Vaterländische Front', den ständisch-autoritären Bundesstaat Ö. Dollfuß wurde bei einem nat.-soz. Putschversuch 1934 ermordet. Sein Nachfolger Schuschnigg führte Dollfuß' Kurs weiter, doch mußte er unter starkem nat.-soz. Druck am 11. 3. 1938 zurücktreten; Seyß-Inquart übernahm die Regierung. Am 12. 3. rückte die dt. Wehrmacht in Ö. ein. Am 13. 3. wurde die Vereinigung Ö.s mit dem Reich von Hitler verkündet. Unter nat.-soz. Herrschaft wurde Seyß-Inquart Reichsstatthalter und Leiter der Österr. Landesregierung. 1939 wurde das Land Ö. aufgelöst und durch 7 ,Reichsgaue' ersetzt. Nach dem Zusammenbruch der nat.-soz. Herrschaft wurde am 27. 4. 1945 die demokrat. Rep. Ö. ausgerufen. Ö. wurde wie Dtl. in vier Besatzungszonen, Wien in vier Sektoren aufgeteilt. Am 15. 5. 1955 wurde in Wien von den vier Großmächten und Ö. der ,Staatsvertrag' unterzeichnet, der die Unabhängigkeit zurückgab und es zur Neutralität verpflichtete. 1960 trat Ö. in die EFTA ein, 1972 schloß Ö. ein Freihandelsabkommen mit der EWG. Präsidenten waren: K. Renner (1945-50), Körner (1951 bis 1957), A. Schärf (1958-63), seitdem F. Jonas. Bundeskanzler: K. Renner (1945), L. Figl (1945-53), J. Raab (1953-61), A. Gorbach (1961-64), J. Klaus (1964-70), B. Kreisky (seit 1970).

Österreichische Gewerkschaften, die im **Österreich. Gewerkschaftsbund, ÖGB,** gegr. April 1945, zusammengeschlossenen Arbeitnehmervereinigungen (16 Gewerkschaften). 1949 trat der ÖGB aus dem Weltgewerkschaftsbund aus und zum Internat. Bund Freier Gewerkschaften über.

österreichische Kunst läßt z. T. eine selbständige Entwicklung in den einzelnen Ländern erkennen. In ihren Blütezeiten

Vorarlberg
1 Feldkirch   3 Bludenz
2 Bregenz

Tirol
4 Reutte   9 Schwaz
5 Landeck   10 Kufstein
6 Imst   11 Kitzbühel
7 *Innsbruck*   12 Lienz
8 Innsbruck

Salzburg
13 Zell am See   16 Hallein
14 St. Johann i. P.   17 Salzburg
15 Tamsweg   18 *Salzburg*

Oberösterreich
19 Braunau a. Inn   28 Urfahr
20 Ried i. Innkreis   29 Linz
21 Schärding   30 *Linz*
22 Vöcklabruck   31 Kirchdorf a. d.
23 Grieskirchen   Krems
24 Gmunden   32 Steyr
25 Rohrbach   33 *Steyr*
26 Eferding   34 Freistadt
27 Wels   35 Perg

Niederösterreich
36 Amstetten   44 Krems a. d.
37 *Waidhofen a. d.*   Donau
     Ybbs   45 Krems a. d.
38 Gmünd   Donau
39 Waidhofen a. d.   46 Lilienfeld
     Thaya   47 Sankt Pölten
40 Zwettl   48 *Sankt Pölten*
41 Melk   49 Hollabrunn
42 Scheibbs   50 Tulln
43 Horn   51 Korneuburg

52 Wien Umgebung   57 Neunkirchen
53 Mödling   58 Mistelbach a. d.
54 Baden   Zaya
55 Wiener Neustadt   59 Gänserndorf
56 *Wiener Neustadt*   60 Bruck a. d. Leitha

Kärnten
61 Spittal a. d.   65 Klagenfurt
     Drau   66 *Klagenfurt*
62 Hermagor   67 St. Veit a. d. Glan
63 Villach   68 Völkermarkt
64 *Villach*   69 Wolfsberg

Steiermark
70 Liezen   77 Bruck
71 Murau   a. d. Mur
72 Judenburg   78 Graz
73 Leoben   79 *Graz*
74 Knittelfeld   80 Leibnitz
75 Voitsberg
76 Deutschlandsberg

81 Mürzzuschlag   84 Radkersburg
82 Weiz   85 Hartberg
83 Feldbach   86 Fürstenfeld

Burgenland
87 Neusiedl   91 Mattersburg
     am See   92 Oberpullendorf
88 *Eisenstadt*   93 Oberwart
89 Eisenstadt   94 Güssing
90 *Rust*   95 Jennersdorf

W Wien

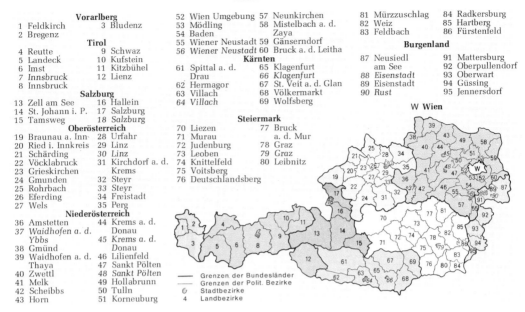

— Grenzen der Bundesländer
— Grenzen der Polit. Bezirke
⑥ Stadtbezirke
4 Landbezirke

---

um 1300, um 1500, dann bes. im Barock um 1700 und auch noch um 1830/40 wirkte sich ihr Einfluß auf das gesamte dt. Sprachgebiet aus. - Prächtige Beispiele der Romanik sind der Dom in Gurk, die Pfarrkirche in Schöngrabern, Kloster Millstatt und der Westbau vom Stephansdom in Wien. Zu den Hauptwerken der Gotik gehören die Chöre des Zisterzienserklosters Heiligenkreuz (1295) und von St. Stephan in Wien (1304-40), Marienbildwerke (‚Dienstbotenmadonna', Wien, St. Stephan) und die Tafelbilder des Klosterneuburger Altars (1324 bis 1329), zu den bedeutendsten der Spätgotik die Bildschnitzereien des Kefermarkter Altars, die Skulpturen A. Pilgrams, die Altäre M. Pachers. Das sich um 1500 regende neue Naturgefühl fand seinen stärksten Ausdruck in der Malerei der →Donauschule. Eine neue glanzvolle Epoche begann nach dem Sieg über die Türken (1683). Die von Fischer v. Erlach und L. v. Hildebrandt begründete Baukunst des österreich. Barocks wirkte sich auf die gesamte dt. Entwicklung aus. Gleichzeitig entstanden die Klosterbauten M. Prandtauers. Unter den Bildhauern ragen M. Guggenbichler, B. Mandl, Th. Stammel, im 18. Jahrh. G. R. Donner hervor, unter den Malern des 18. Jahrh. P. Troger und A. Maulbertsch. An der Kunst des 19. Jahrh. hatten den wichtigsten Anteil die Maler: J. A. Koch in Rom, der Romantiker M. v. Schwind, die Wiener Biedermeiermaler (J. Danhauser, F. v. Amerling, F. Waldmüller), H. Makart, C. Schuch u. a. Als Jugendstil waren die Wiener Architekten O. Wagner, J. Olbrich, J. Hoffmann maßgeblich beteiligt sowie der Maler G. Klimt und der junge E. Schiele. In bewußtem Gegensatz zum Jugendstil entwickelte A. Loos eine funktionale Architektur. Neben dem Zeichner A. Kubin ist der junge Expressionist O. Kokoschka, der Schülerkreis um A. P. Gütersloh (E. Brauer, E. Fuchs, R. Hausner, W. Hutter, A. Lehmden) und der farbenstarke Hundertwasser von europ. Bedeutung. Ein Klassiker der modernen Plastik ist F. Wotruba.

Österreichische Länderbank AG., Wien, gegr. 1880, zweitgrößte österreich. Geschäftsbank, 1946 verstaatlicht; 1957 wurden 40% der Aktien reprivatisiert.

österreichische Literatur. Während die Volksdichtung mit Bühnenspiel und Lied (Stranitzky; im 19. Jahrh. Raimund, Nestroy) sich sehr eigenständig entwickelte, steht die Dichtung von Grillparzer, Stifter, Lenau, Hofmannsthal, Trakl, Werfel, Schnitzler, Kafka, Rilke, Musil, Broch u. a. stärker im Zusammenhang mit der →deutschen Literatur, zeigt aber auch roman., slaw. und magyar. Einflüsse.

Das heutige Österreich hat einen im Verhältnis zu seiner geringen Bevölkerungszahl großen Reichtum an bedeutenden Schriftstellern. Österreicher sind die Erzähler K. H. Waggerl, F. Nabl, F. Perkonig, B. Brehm, Paula Grogger, Maria Grengg, E. H. Rainalter, F. Tumler, F. Torberg, A. Lernet-Holenia, H. v. Doderer, F. Habeck, Erika Mitterer, Ilse Aichinger u. a., die Lyriker J. Weinheber, E. Schönwiese, Christine Busta, Ingeborg Bachmann, die Dramatiker M. Mell, F. Th. Csokor, R. Billinger, F. Hochwälder, H. Zusanek, R. Bayr. Die ‚Avantgarde' vertreten P. Handke, E. Jandl, A. Okopenko, Friederike Mayröcker und den ‚Wiener Gruppe' (G. Rühm und sein Kreis).

österreichische Musik. Zur Entwicklung der europ. Musik hat Wien bes. seit dem 18. Jahrh. einen großen Beitrag geleistet (Haydn, Mozart, Beethoven, Schubert, Brahms, Bruckner, Mahler, Hugo Wolf, R. Strauss, Schönberg, Berg, Webern). Die Entwicklung des Klavierlieds, die Geburt des Walzers und die Entwicklung der Operette im 19. Jahrh. von Johann Strauß (Sohn) bis Franz Lehár **(Wiener Operette)** sind mit Österreich verbunden. Im 20. Jahrh. gaben Mahler, Schönberg, Berg, Webern u. a. der modernen Musik neue Impulse. Opernkomponisten sind Schreker und Křenek. Die interpretierende Musikübung erreicht übernationalen Rang bes. durch die Wiener Staatsoper, die Wiener Philharmoniker und die von H. von Hofmannsthal, R. Strauss und M. Reinhardt gegründeten Salzburger Festspiele. Internat. Ansehen erlangten die Musikhistoriker G. Adler und der Theoretiker H. Schenker.

Österreichische Nationalbank, die österreich. Zentralbank, gegr. 1922, Nachfolgerin der 1816 gegr. Österreichisch-Ungar. Bank.

Österreichische Nationalbibliothek, bis 1920 **Hofbibliothek,** Wien, gegr. um 1526 von Kaiser Ferdinand I., seit 1727 in dem von J. B. und J. E. Fischer von Erlach errichteten Barockbau.

Österreichischer Erbfolgekrieg 1740 bis 1748 zwischen Bayern, Sachsen, Frankreich, Spanien, später auch Preußen (→Schlesische Kriege) einerseits und Österreich, England, Holland, später auch Rußland andererseits. Nach wechselvollen Kämpfen wurde im Aachener Frieden die Erbfolge Maria Theresias anerkannt.

Österreichisches Staatsarchiv, Wien, gegr. 1945, umfaßt fünf Archive wie Verwaltungs-, Finanz-, Kriegsarchiv u. a.

Österreichische Staatsdruckerei, Wien, die bundeseigene Druckerei für amtl. Veröffentlichungen, Banknoten, Briefmarken u. a., gegr. 1804.

Österreichische Volkspartei, ÖVP, 1945 gegr., mit konservativ-demokrat., föderalist. und sozialreformerischem Programm auf der Grundlage einer christlich-abendländischen Kulturauffassung. Sie war 1945 bis 1970 die stärkste Partei im Nationalrat. Bundesobmann: K. Schleinzer.

Österreich-Ungarn, amtlich **Österreichisch-Ungarische Monarchie,** 1867-1918 das Habsburgerreich, auch **Donaumonarchie, Doppelmonarchie** genannt.

Osterspiele, geistliche Schauspiele, hervorgegangen aus ostkirchl. Osterprozessionen zum Grabe Christi. Das älteste überlieferte O. ist das von Muri (im Aargau) aus dem 13. Jahrh.

Östersund, Hauptstadt der VerwBez. Jämtland, Schweden, 27 000 Ew.; Altertumssammlung, Freiluftmuseum; Holzind.

Osteuropa, das Tiefland östl. der Ostsee und der Karpaten, etwa der europ. Teil der Sowjetunion (→Europa).

Vorgeschichte. Sichere Funde der frühen Altsteinzeit sind am östl. Schwarzmeergebiet entdeckt. Im Mittelpaläolithikum hat der Neandertalmensch O. von der Schwarzmeerküste bis zur Kama durchstreift. Die Tripolje-Kultur O. ist das von ihm im Spätneolithikum geprägte markanteste jungsteinzeitl. Kultur O. Ihre Träger lebten in geschlossenen Dörfern, trieben, Ackerbau, hielten Rinder, Schweine, Ziegen und fertigten schön verzierte Tongefäße. Die bronzezeitl. Abaschewo-Kultur bildete das metallurgische Zentrum von O. Zentren des Kupferbergbaus lagen im südl. und mittleren Ural. Die skythische Kultur (700-300 v. Chr.) gab O. zur frühen Eisenzeit das Gepräge. Besondere Formengruppen bildeten die Kultur der Thraker und die Koban-Kultur.

osteuropide Rasse, Menschenrasse der Europiden (dazu Übersicht).

909

Ostflandern, fläm. **Oost-Vlaanderen,** Prov. Belgiens, beiderseits der Schelde, 2982 km², 1,3 Mill. meist fläm. Ew. Hauptstadt: Gent.

Ostflevoland, trockengelegter Polder vor dem SO-Ufer des Ijsselmeers. Hauptort: Lelystad.

Ostfränkisches Reich, entstanden durch die Teilung des Fränkischen Reichs 843, unter den ostfränk. Karolingern bis 911.

Ostfriesische Inseln, Teil der →Friesischen Inseln.

Ostfriesland, Landschaft zwischen Oldenburg und den Niederlanden mit den vorgelagerten Ostfries. Inseln, besteht aus Marsch und Geest, deren Moore zum großen Teil kultiviert sind. - Führend wurde im Mittelalter die Familie Cirksena, seit 1464 Reichsgrafen, seit 1654 Fürsten von O., ausgestorben 1744; O. kam an Preußen (bis 1807), 1815 an Hannover, 1866 mit diesem wieder an Preußen, 1946 an Niedersachsen.

Ostgebiete, →Deutsche Ostgebiete unter fremder Verwaltung.

Ostgermanen, in frühgeschichtl. Zeit die german. Völker zwischen der Oder und dem Schwarzen Meer: Goten, Bastarner, Skiren, Rugier, Lugier, Wandalen, Burgunder, Gepiden, Heruler u. a.

Ostgoten, richtiger **Ostrogoten,** einer der beiden Stämme der Goten, gründete um 350 unter Ermanarich ein Reich nördl. des Schwarzen Meeres, das 375 den Hunnen erlag. Nach dem Ende des Hunnenreiches 453 wurden die O. unter röm. Oberhoheit in der Donau-Theiß-Ebene angesiedelt. Unter Theoderich d. Gr. gründeten sie 488 in Italien ein Reich (Hauptstadt: Ravenna); 536-52 wurde dieses unter den Königen Witigis, Totila, Teja durch die byzant. Feldherren Belisar und Narses vernichtet.

Ostholstein, Landkreis in Schlesw.-Holst., 1390 km², 177 800 Ew.; Verwaltungssitz: Eutin.

'Ostia [lat. ‚Mündung‘], Vorort von Rom, an der Tibermündung ins Meer. - Das antike O., einige km landeinwärts, war der Hafen Roms; seit dem 4. Jahrh. verfallen.

ostin'ato [ital., ♪ fortgesetzt die gleiche Tonfolge wiederholend. Der **Basso o.** hat ein immer wiederkehrendes Baßthema mit freien Veränderungen darüber.

Ostindien, alter Name für Vorder- und Hinterindien und Malaiischen Archipel.

Ostindische Kompanie, →Handelskompanien.

ostische Rasse, die alpine Menschenrasse (Übersicht Menschenrassen).

Ost'itis [grch.] die, Knochenentzündung.

Ostjaken, →Chanten.

Ostkirche, die Gesamtheit der Kirchen, die aus der alten Kirche in der östl. Hälfte des Röm. Reiches hervorgegangen sind; im einzelnen:

1) die Orthodox-Anatolische Kirche oder einfach **Orthodoxe Kirche,** die Gruppe der

Ostkirche: Der Patriarch von Jerusalem bei einer Prozession

Ostpreußen: Nikolaiken am Spirdingsee (Masuren)

aus der byzantin. Reichskirche unmittelbar oder mittelbar hervorgegangenen und an ihren Dogmen festhaltenden christl. Glaubensgemeinschaften. Ihre Selbstbezeichnung ist ‚Rechtgläubige allumfassende Kirche des Ostens‘. Sie besteht aus einer Reihe autokephaler, aber durch die Einheit des Dogmas und des Kultus miteinander verbundener Landes- und Staatskirchen. Dem Patriarchen von Konstantinopel kommt ein Ehrenvorrang unter den Oberhäuptern der autokephalen Kirchen zu. Die Bischöfe sind grundsätzlich gleichberechtigt. Erzbischöfe, Metropoliten und Patriarchen besitzen Verwaltungs- und Jurisdiktionsbefugnisse. Die Bischöfe sind unverheiratet, Priester und Diakone müssen vor Empfang der Weihen geheiratet oder die Mönchsweihe empfangen haben. Das wichtigste Glaubensbekenntnis ist das Nicaeno-Konstantinopolitanum (ohne Filioque). Die dogmat. Differenzen zur Kath. Kirche betreffen Filioque, Fegefeuer, unbefleckte Empfängnis und leibliche Himmelfahrt Marias und den päpstl. Primat. Der Kultus ist vergegenwärtigung der Heilsgeschichte und Empfang des Heilsgutes. Ihm dient der reich mit Bildern geschmückte, als Symbol des Weltalls verstandene Kirchenraum.

2) die aus der Orthodoxen Kirche entstandenen, aber von ihr durch Lehrdifferenzen getrennten Kirchen: Nestorianer, Monophysiten (Jakobiten, Koptische Kirche, Äthiopische Kirche, Armenische Kirche), Thomaschristen und die russ. Raskolniki.

3) die Unierte →Orientalische Kirche.

Ostmark, im früheren MA.: **1) Baier. O.,** das Gebiet zwischen Enns und Leitha, später Niederösterreich; **2) Sächs. O.,** das Gebiet zwischen Elbe und Spree, später die Mark Lausitz.

Ostmark, die DM-Ost, →Deutsche Mark.

Ost-Pakistan, →Bangla Desh.

Ostpolitik, die seit dem ersten Weltkrieg gegenüber den Staaten O-Europas, bes. gegenüber der Sowjetunion und Polens, betriebene dt. Politik.

Die O. der Bundesrep. Dtl. war 1955 bis 1969 von der →Hallstein-Doktrin bestimmt. Außenminister G. Schröder (1963-66) suchte durch Errichtung von Handelsmissionen Kontakte zu den Ostblockstaaten herzustellen. Unter der Regierung Kiesinger (1966-69) nahm die Bundesrep. Dtl. diplomat. Beziehungen zu Rumänien auf. Eine neue O. leitete die Regierung W. Brandt (seit Okt. 1969) ein. Am 12. 8. 1970 wurde in Moskau ein Vertrag mit der Sowjetunion über Gewaltverzicht und Unverletzlichkeit des Staatsgebietes aller Staaten in Europa auf der Grundlage der bestehenden Grenzen unterzeichnet, dessen Ratifizierung die Bundesreg. jedoch von einer ‚befriedigenden‘ Berlin-Regelung abhängig machte. Am 7. 12. 1970 folgte in Warschau die Unterzeichnung eines Vertrages mit der Volksrep. Polen,

der die Anerkennung der Oder-Neiße-Linie als poln. Westgrenze (unter Friedensvertragsvorbehalt) zur Ausgangsbasis für die Normalisierung des dt.-poln. Verhältnisses machte. Am 3. 9. 1971 schlossen die Botschafter der Sowjetunion, der Verein. Staaten, Großbritanniens und Frankreichs das →Berlin-Abkommen. Alle 3 Verträge traten am 3. 6. 1972 in Kraft, nachdem der parlamentar. Gremien Ende Mai den dt.-poln. und den dt.-sowjet. Vertrag gebilligt hatten.

Ostpreußen, bis 1945 eine preuß. Prov. mit (1937) 36 992 km² und (1939) 2,49 Mill. Ew.; Hauptstadt war Königsberg. - O. ist ein Teil des Nordd. Tieflandes, vom Preuß. Landrücken durchzogen (in der Kernsdorfer Höhe bis 313 m). Es hat viele Seen (u. a. Spirding-, Mauersee), im S weite Heidesandgebiete (Kiefern). Nach N senkt es sich allmählich zur Ostsee (Frisches Haff, Kurisches Haff). 69% der Fläche waren Ackerland (bes. Roggen, Weizen, Futtergetreide, Futterpflanzen, Kartoffeln). Bedeutende Viehzucht (Schweine, Rinder, Pferde: Trakehner, Ermländer u. a.). Industrie, Handel, Gewerbe waren auf die Städte beschränkt. Im Samland Bernsteingewinnung (Bernsteinküste).

Geschichte. O. ist aus dem ehemal. Herzogtum Preußen, dem Reststaat des →Deutschen Ordens, hervorgegangen; es fiel 1618 an Brandenburg. 1701 wurde es die Grundlage des Königreichs Preußen, 1772 kam das Ermland von Polen an O., 1813 begann in O. die Volkserhebung gegen Napoleon. 1815 wurde die Provinz O. gebildet, die 1829-78 mit Westpreußen zur Provinz Preußen zusammengeschlossen war. 1914/15 litt O. durch den Einfall der Russen. Durch den Versailler Vertrag (1919) kam das Gebiet um Soldau zu Polen, das Memelgebiet zunächst an die Alliierten (später an Litauen); der Polnische Korridor trennte O. vom Dt. Reich. 1944/45 erlitt die Bevölkerung schwerste Verluste (etwa 614 000 Todesopfer). Auf der Potsdamer Konferenz (1945) wurde O. vorbehaltlich der Regelung durch einen Friedensvertrag geteilt: der N kam unter sowjet., der S unter poln. Verwaltung. Im nördl. Teil wurde die vertriebene dt. Bevölkerung durch Zwangsumsiedler aus der Sowjetunion ersetzt. Auch aus dem poln. verwalteten Teil wurde die Masse der Deutschen vertrieben.

Ostpunkt, der Punkt des Horizonts, der von den Schnittpunkten des Meridians mit dem Horizont um 90° entfernt ist; in ihm geht die Sonne zur Tagundnachtgleiche auf.

Ostrak'ismos [grch.] der, eine Einrichtung in Athen (im 5. Jahrh. v. Chr.), durch die das Volk die Verbannung einzelner Bürger auf 10 Jahre aussprechen konnte. Die Bürger mußten den Namen des zu Verbannenden auf Tonscherben (Ostraka) schreiben **(Scherbengericht).**

Ostrau, tschech. 'Ostrava, Hauptstadt des Kreises Nordmähren, Tschechoslowakei, an der Ostravitza, 272 000 Ew.; wurde aus **Mährisch-O., Schlesisch-O.** u. a. gebildet. O. hat Hüttenwerk, Bergbau, chem., Baustoff-, Nahrungs- und Genußmittelind.; Bergbauakademie seit 1945.

Oströmisches Reich, das →Byzantinische Reich.

Ostr'owo, poln. **Ostrów Wielkopolski,** Stadt in Polen, Woiwodschaft Posen, 46 300 Ew.; Waggon-, Maschinen-, Textilindustrie.

Ostr'owskij, 1) Aleksandr Nikolajewitsch, russ. Dramatiker, * 1823, † 1886, neben Gogol der eigentl. Schöpfer des russ. Schauspiels, verband den russ. sozialen Realismus mit Sinn für Bühnenwirkung. ‚Das Gewitter' (1859), ‚Wald' (1871), ‚Wölfe und Schafe' (1875), ‚Schneeflöckchen' (Märchenspiel, 1872, Oper von N. Rimskij-Korssakow).

2) Nikolaj Aleksejewitsch, russ. Schriftsteller, * 1904, † 1936; Romane ‚Wie der Stahl gehärtet wurde' (1932-34), ‚Die Sturmgeborenen' (1936).

Ostrum'elien, Landschaft in Bulgarien, das fruchtbare Becken der oberen Maritza zwischen Balkan und Rhodopegebirge.

Ostsee, Baltisches Meer, kleines Mittelmeer zwischen Skandinavien, Jütland, Nord-Dtl., der Sowjetunion und Finnland, rd. 420 000 km², bis 459 m tief (im Mittel 55 m); durch Sund, Großen und Kleinen Belt sowie Kattegat mit der Nordsee verbunden. Die O. hat viele Buchten (Kieler, Lübecker, Mecklenburger, Rigaer Bucht u. a.) und ist im N und O (Bottn., Finn. Meerbusen) bis zu 5 Monaten eisbedeckt; die Gezeiten treten kaum in Erscheinung. Die Anliegerstaaten betreiben lebhaften Fischfang und Schiffahrt. Bedeutende O.-Häfen sind: Kopenhagen, Stockholm, Turku, Helsinki, Leningrad, Riga, Königsberg, Danzig, Stettin, Rostock, Lübeck, Kiel.

Ostseeprovinzen, Baltische Provinzen, die früheren russ. Gouvernements Estland (seit 1721), Livland (seit 1721) und Kurland (seit 1795). 1918 entstanden aus den O. die Republiken Estland und Lettland.

Ostsee-Weißmeer-Kanal, eigentl. **Weißmeer-Ostsee-Kanal,** russ. **Bj'elomorsko-Balt'ijskij-Kanal,** zeitweise **Stalin-Kanal,** verbindet die Onegasee von Powenez mit dem Weißen Meer bei Bjelomorsk; 227 km lang, auch im Winter befahrbar.

Ost-Tirol, der seit 1919 isolierte Osten des österreich. Bundeslandes Tirol im oberen Drautal (Bez. Lienz).

Ost-Turkestan, →Turkestan.

Ostung, die sich seit dem frühen MA. durchsetzende Anlage der Kirchenbaus, bei der der Chor im Osten liegt.

Ostwald, 1) Carl Wilhelm Wolfgang, Chemiker, Sohn von 2), * 1883, † 1943; Prof. in Leipzig, Hauptbegründer der Kolloidchemie.

2) Wilhelm, Chemiker, Philosoph, * 1853, † 1932, entdeckte die **O.sche Verdünnungsgesetz,** den Mechanismus der Katalyse, entwarf eine Energielehre **(Energetik),** eine neue Wissenschaftslehre und trat für einen Monismus (ähnlich Haeckel) ein; fand Verfahren zur Farbnormierung. Nobelpreis 1909.

Ost-West-Handel, der Warenaustausch zwischen den Mitgliedern des Rates für gegenseitige Wirtschaftshilfe (RGW) und den westl. Industrieländern (OECD-Staaten und Ozeanien). Der Anteil des O.-W.-H. am Welthandel betrug 1960 bis 1970 durchschnittlich nur 2-3 %.

Ostzone, Name für Sowjetische Besatzungszone Deutschlands (Dt. Dem. Rep.).

Oswald, Heiliger, König von Northumbrien, * 604, † 642, begünstigte die irischschottische Mission; Tag: 5. 8.

Oswald von Wolkenstein, * um 1377, † 1445, aus tirolischem Adelsgeschlecht; schrieb bekenntnishafte, mit frischer Sinnlichkeit erfüllte Lieder.

Oszillation [lat.] die, Schwingung. **oszillieren,** hin- und herschwingen.

Oszill'ator, (ψ) eine Zusammenschaltung von Röhre oder Transistor und Schwingungskreis, in der durch Rückkopplung Selbsterregung von Schwingungen bewirkt wird; verwendet in jedem Sender und Überlagerungsempfänger.

Oszillogr'aph der, ein elektr. Meßgerät, mit dem schnelle elektr. Schwingungsvorgänge (bis 100 kHz) sichtbar gemacht und aufgezeichnet werden können. Man unterscheidet Lichtstrahl-, Schleifen- und Kathodenstrahl-Oszillographen.

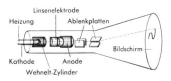

Kathodenstrahl-Oszillograph, Einstrahlröhre (schematisch)

Otaru, Hafenstadt in Japan, auf Hokkaido, 206 000 Ew.; Fischkonserven-, Gummiind.

Ot'avi-Bergland, Karstgebiet im N von Südwestafrika, bis 2134 m hoch; Kupfer-, Blei-, Zink-, Vanadiumerzbergbau. **Otavi-Bahn** nach Swakopmund und Windhoek.

Otfried, Mönch des Klosters Weißenburg im Unterelsaß, verfaßte eine althochdt. Bearbeitung des Lebens Jesu auf Grund der vier Evangelien (um 870); erste größere dt. Dichtung mit Endreim.

Oth'ello, der Mohr von Venedig, venezian. Feldherr im Kampf gegen die Türken, Held der gleichnamigen Trauerspiels von W. Shakespeare (1604). Opern von G. Rossini (Neapel 1816) und G. Verdi (Mailand 1887).

Ot'itis [grch.] die, die Ohrenentzündung.

'Otium [lat.] das, Beschaulichkeit, Muße.

Oetker-Gruppe, westdt. Mischkonzern, in dem bes. Reedereien, Brauereien, Unternehmen der Nahrungs- und Genußmittelind., Versicherungen und Banken zusammengefaßt sind. Umsatz: rd. 2 Mrd. DM, Beschäftigte: rd. 28 000 (1970).

Otolog'ie [grch.] die, Ohrenheilkunde.

Otoskler'ose [grch.] die, eine erbliche Erkrankung der knöchernen Wand des Labyrinths im Ohr, mit zunehmender Schwerhörigkeit.

'Otranto, italien. Stadt, 4500 Ew.; an der **Straße von O.,** Meerenge zwischen Süditalien und Albanien, 70 km breit.

ott'ava [ital.], ♪ Oktave. **all'o.,** über den Noten: eine Oktave höher, unter den Noten: eine Oktave tiefer zu spielen. **O. rima,** ital. Strophenform, →Stanze.

Ottavi'ani, Alfredo, Kurienkardinal, * 1890; Theoretiker der öffentlich-rechtl. Ansprüche der Kath. Kirche.

Ottawa ['otowo], die Bundeshauptstadt von Kanada, in der Prov. Ontario am O. River, 527 400 Ew. O. ist Sitz des Gen.-Gouverneurs, der Bundesregierung, des Obersten Gerichtshofes; Universitäten, Museum; Holz-, Textil-, chem. und Papierind., Druckereigewerbe.

Ottawa River ['otowo r'ivo], linker Nebenfluß des St.-Lorenz-Stroms, in Kanada, 1100 km lang, mündet bei Montreal.

Otten, Karl, Schriftsteller, * 1889, † 1963; expressionist. Lyrik; Romane (,Die Botschaft', 1957).

Otter, der, Unterfam. der Marder, mit wasserundurchlässigem Fell und kurzen Ohren mit verschließbarer Öffnung. Der **Fisch-O.** ist mit Schwanz bis 1,5 m lang. O.-Felle sind wertvolles Pelzwerk.

Otter die, Schlange, eine echte Viper.

Ottm'achau, poln. **Otmuchów,** Stadt in Oberschlesien, 4700 (1939: 5000) Ew.; alte Bauten. Oberhalb O. Neiße-Stauwerk (143 Mill. m³ Stauraum). Seit 1945 steht O. unter poln. Verwaltung.

Otto, Fürsten:
Römische Kaiser und deutsche Könige.
1) O. I. der Große (936-973), Sohn Heinrichs I., * 912, † 973; brach die Macht der Stammesherzöge, stützte sich auf die Bischöfe, besiegte die Ungarn 955 auf dem Lechfeld, dehnte die Ostgrenze gegen die Slawen aus, gründete 968 das Erzbistum Magdeburg, besetzte 951/952 das Königreich Italien (Oberitalien); 962 in Rom zum Kaiser gekrönt.

2) O. II. (973-983), Sohn von 1), * 955, † 983; verheiratet mit der byzantin. Prinzessin Theophano, kämpfte gegen Araber und Byzantiner (982 Niederlage bei Cotrone, heute Crotone).

3) O. III. (983-1002), Sohn von 2), * 980, † 1002; schwärmte für Wiederherstellung des röm. Weltreichs in christl. Geiste; gründete die Erzbistümer Gnesen und Gran.

4) O. IV. von Braunschweig (1198-1218), * um 1175 oder 1182, † 1218; Welfe, Sohn Heinrichs des Löwen, Gegenkönig des Staufers Philipp von Schwaben, nach dessen Ermordung 1208 allgemein anerkannt, 1209 Kaiser, 1212-14 durch den Staufer Friedrich II. verdrängt.

Bayern. Herzöge. **5) O. von Nordheim** (1061 bis 1070), † 1083, verlor das ihm von der Kaiserinwitwe Agnes verliehene Herzogtum infolge einer Anklage wegen Hochverrats; Führer der sächs. Aufstände gegen Kaiser Heinrich IV.

6) O. I. von Wittelsbach (1180-83), * um 1120, † 1183; Sohn des bayer. Pfalzgrafen Otto V., rettete Kaiser Friedrich Rotbart auf

Ottawa: Regierungsgebäude

dem Rückzug aus Italien; nach dem Sturz Heinrichs des Löwen erster wittelsbachischer Herzog.

7) O. II. der Erlauchte (1231-53), Enkel von 6), gewann durch Heirat die Rheinpfalz (1214) und die Grafschaft Andechs (1248). Braunschweig. **8) O. I. das Kind,** Herzog (1235-52), Enkel Heinrichs des Löwen, * 1204, besaß seit 1227 die welf. Stammlande, die Kaiser Friedrich II. zum Herzogtum erhob; Stammvater aller späteren Welfen.

Griechenland. **9) O. I.,** König (1832-62), zweiter Sohn Ludwigs I. von Bayern,

Fisch-Otter

* 1815, † 1867, von der griech. Nationalversammlung gewählt, durch einen Aufstand gestürzt. Österreich. **10)** O., der letzte Kronprinz der Österr.-Ungar. Monarchie, der älteste Sohn Kaiser Karls, * 1912, seit 1933 Oberhaupt der Habsburger, lebt in Bayern **(Otto Habsburg-Lothringen).**
Pfalz. **11)** O. **Heinrich,** auch **Ottheinrich,** Kurfürst(1556-59), * 1502, †1559, führte die Reformation ein, gründete die Heidelberger Bibliothek (Palatina) und führte den ‚Ottheinrichsbau' des Heidelberger Schlosses (im Renaissancestil) auf.
Otto, 1) Berthold, Pädagoge, * 1859, † 1933, gründete 1906 in Berlin eine Reformschule. **2)** Nikolaus August, Ingenieur, * 1832, † 1891, gründete 1864 mit E. Langen die Gasmotorenfabrik Deutz, erfand 1867 mit Langen einen atmosphär. Gasmotor, 1876 einen Viertaktgasmotor, das Vorbild für alle späteren →Ottomotoren. **3)** Rudolf, evang. Theologe, * 1869, † 1937, Religionspsychologe, schrieb ‚Das Heilige', dessen Wesen er im ‚Numinosen' sah. **4)** Walter F., klass. Philologe, * 1874, † 1958; ‚Die Götter Griechenlands' (1929).
Ottobeuren, bayer. Markt und Sommerfrische (Kneippkurort), an der Günz, 5100 Ew.; Benediktinerabtei (764 gestiftet, bis 1802 reichsunmittelbar).
Ottokar, Könige von Böhmen: **1)** O. I. **Přemysl** (1198-1230), erhielt 1198 von König Philipp die erbl. Königswürde. **2)** O. II. **Přemysl** (1253-78), Enkel von 1), * 1233, †1278, brachte 1251 Österreich, 1260 Steiermark, 1269 Kärnten und Krain an sich; Gegner König Rudolfs I., gegen den er in Schlacht und Leben auf dem Marchfeld verlor. - Trauerspiel von Grillparzer (‚König Ottokars Glück und Ende', 1825).
Ottom'ane [frz.], **1)** die, breites, niedriges Liegemöbel. **2)** der, Gewebe mit starken Querrippen, für Kleider, Möbelbezüge.
Ottomotor, der nach N. A. Otto benannte Verbrennungsmotor mit Fremdzündung. Er wird meist als Hubkolbenmotor (Zweitakt, Viertakt), teilweise auch als Kreiskolbenmotor (Viertakt) gebaut. Beim **Vergaser-O.** saugt der Kolben in den Zylinder Luft ein, die das im Vergaser gebildete Gemisch von Tröpfchen, Nebel und Dampf des Kraftstoffes mitreißt. Dieses Kraftstoff-Luft-Gemisch wird vom zurückgehenden Kolben verdichtet (bei 6 : 1 bis 10 : 1 und kurz vor Erreichen der oberen Totpunktlage des Kolbens gezündet. Bei der Verbrennung des Gemisches werden Drücke von 40-80 at und Temperaturen von 2000° C erreicht. Die heißen, unter Druck stehenden Verbrennungsgase treiben den Kolben vor sich her und leisten dabei Arbeit. Beim **Einspritz-O.** wird Kraftstoff in das Saugleitung oder direkt in den Zylinder gespritzt, wodurch der Kraftstoffverbrauch verringert und die Betriebssicherheit erhöht werden. Durch zusätzliche Aufladung mit →Aufladegebläse wird die Leistung des O. beträchtlich gesteigert. Das Gebläse kann vom Motor selbst **(Kompressormotor)** oder von einer durch die Abgase betriebenen Turbine **(Abgasturbolader)** angetrieben werden. Die Höchstdrehzahlen gehen bei Pkw bis 7000, bei Krafträdern bis 10 000, bei Rennmotoren bis 18 000 U/min; die Leistungen auf 1 l Hubraum umgerechnet betragen dabei bis 70, bis 110 und über 300 PS/l. Die leistungsstärksten O. sind Flugmotoren von rd. 3500 PS.
Ott'onen, die Könige und Kaiser aus dem sächs. Hause der **Ludolfinger:** Heinrich I., Otto I., II., III., Heinrich II. (919-1024).
ottonische Kunst, die Kunst unter den sächs. Herrschern (919-1024), vor allem unter Otto II., Otto III. und Heinrich II. Die Leistungen der o. K. - u. a. Dom zu Magdeburg, Halberstadt; Buchmalerei- gehören zu den hervorragendsten in Europa.
Otto-Peters, Luise, Vorkämpferin der Frauenbewegung, * 1819, † 1895, gründete 1849 die erste dt. ‚Frauenzeitung' und 1865 den ‚Allgemeinen Dt. Frauenverein'.

Otto von Bamberg, der ‚Apostel der Pommern', * um 1060, † 1139; 1102 Bischof von Bamberg; wirkte erfolgreich als Missionar in Pommern. Heiliger; Tag: 2. 7.
Otto von Freising, Oheim Kaiser Friedrichs I., Babenberger, * nach 1111, †1158, seit 1138 Bischof von Freising, schrieb (lat.): ‚Die Taten Friedrichs I.', ‚Weltchronik', der bedeutendste geschichtsphilosoph. Versuch des MA.s.
Ottweiler, Stadt im Saarland, an der Blies, 10 300 Ew.; Eisengießerei, die Firma ‚Grubenausbau und Technik'; Textil-, chem. Industrie.
Ötztal, rechtes Seitental des Inns, in Tirol, 86 km lang; kommt aus den **Ötztaler Alpen,** einer Gruppe der Zentralalpen an der österreichisch-italien. Grenze (Wildspitze 3774 m, Weißkogel 3736 m).
Ouaba'in das, Glykosid aus einem ostafrikan. Hundsgiftgewächs, chem. identisch mit g-Strophantin. Verwendung (urspr. als Pfeilgift) gegen Herzmuskelschwäche.
Ouagadougou, die Hauptstadt von Obervolta, 110 000 Ew.
Oud [aut], Jacobus Johannes Pieter, niederländ. Architekt, * 1890, † 1963, begründete eine neue Bauweise von strenger Sachlichkeit und Klarheit.
Oudenaarde [ɔudəna:rdə], französ. **Audenarde,** Stadt in der belg. Prov. Ostflandern, 22 100 Ew.; spätgot. Rathaus (1525-29).
Oudjda [uӡd'a, frz.], Provinzhauptstadt in NO-Marokko, 140 000 Ew.
Oued, →Wadi.
Oulu, schwed. **Uleåborg,** Hauptstadt der Prov. Oulun, N-Finnland, an der Mündung des Oulujoki in die Ostsee, 85 100 Ew.; Cellulosefabr., Sägewerke u. a. Ind.
ounce [auns, engl. ‚Unze'], **oz,** engl. und amerikan. Gewicht, als Handelsgewicht 28,35 g, als Edelmetall-, Medizinalgewicht 31,1 g.
Ourthe [urt] die, rechter Nebenfluß der Maas, in Belgien, 166 km lang, kommt aus den Ardennen, mündet bei Lüttich.
out [aut, engl.], aus, draußen.
'Outokumpu, Kupfererzgrube in O-Finnland (jährlich 30 000 t Rohkupfer).
Output [ˈautput, engl.] der, **1)** Ausgangsinformation oder Ausgabe, auch die Ausgangsleistung oder Ausgangsgröße eines elektron. Gerätes, einer Antenne u. a. **2)** der Produktionsausstoß, →Input-output-Analyse.
outriert [utr'i:rt, frz.], übertrieben.
Outsider [ˈautsaidə, engl.] der, Außenseiter.
Ouvertüre [uvɛrtˈy:rə, frz.] die, Instrumentalvorspiel zu Bühnenwerken (Oper, Ballett, Schauspiel) oder Oratorien; auch selbständig **(Konzert-O.).**
Ouwater [ˈɔuwa:tər], Albert van, Maler in Haarlem um 1430-60; ‚Auferweckung des Lazarus' (Berlin), ein Hauptwerk der altholländ. Malerei.

ov'al [lat. ‚eiförmig'], länglichrund.
Ov'al das, länglichrunde Form.
Ovamboland, Bantustan (mit Selbstverwaltung seit 1968) in Südwestafrika, von →Ambo bewohnt; Hauptort: Oshakati.
Ov'ar [lat.] **Ovarium** das, der Eierstock. **ovari'al,** das O. betreffend.
Ovation [lat.], Huldigung.
Overall [ˈouvərɔ:l, engl.] der, einteiliger Arbeitsanzug.
Overath, Gem. in Nordrh.-Westf., 15 600 Ew.; Armaturenwerk u. a. Industrie.
Overbeck, 1) Franz, evang. Theologe, * 1837, † 1905, Freund Nietzsches, trat mit diesem für ein vom Christentum gelöste Bildung und Kultur ein, da sich das Christentum durch die Kultur seinem ursprüngl. Wesen entfremde. **2)** Johann Friedrich, Maler, * 1789, † 1869, seit 1810 in Rom, führend im Kreis der Nazarener, an ihren röm. Wandmalereien maßgebend beteiligt. Seine zart empfundenen Bilder sind meist religiöser Art.
Overdrive [ˈouvərdraiv, engl.] der, Zusatzgang im Kraftfahrzeuggetriebe.
Overijssel [ˈɔfərɛjsəl], **Oberyssel,** Prov. der Niederlande, 3931 km², 920 900 Ew.; Hauptstadt: Zwolle.
Øverland [ˈø:vərlan], Arnulf, norweg. Schriftsteller, * 1889, † 1968; 1941-45 in nat.-soz. Konzentrationslagern; Lyrik, Dramen.
Ov'id, lat. **Publius Ovidius Naso,** röm. Dichter, * 43 v. Chr., † etwa 17 n. Chr. am Schwarzen Meer, wohin er 8 n. Chr. von Augustus verbannt worden war; Liebeselegien, Liebesbriefe grch. Sagengestalten (‚Epistulae'), Lehrbuch des Liebens (‚Ars amatoria' oder ‚Ars amandi') in elegischem Versmaß, mytholog. Epen ‚Metamorphosen' (Verwandlungen), elegische Klagelieder aus der Verbannung (‚Tristia') u. a. Bes. die elegische Dichtung des latein. Altertums steht ganz in der Nachfolge O.s; starke Nachwirkung auch in der Renaissance und im Barock.
ovip'ar [lat.], 🐦 eierlegend.
ÖVP, Abk. für →Österreichische Volkspartei.
Ovulati'on [lat.] die, ♀ der Eisprung oder Follikelsprung im →Eierstock.
Owen [ˈouən], Robert, engl. Sozialist, * 1771, † 1858, setzte als Industrieunternehmer soziale Reformen in seinem Betrieb durch; geistiger Begründer der engl. Genossenschaften.
Ox'alsäure, COOH–COOH, die einfachste organische Dicarbonsäure, in Pflanzen verbreitet, starkes Gift. Verwendung in der Färberei, Kattundruckerei, zum Bleichen von Stroh u. ə.

Oxford: Universität

Links Holzskulptur aus Neuirland, Bismarckarchipel; Mitte Kultmaske der Baining, Neubritannien; rechts Männer-Klubhaus, Palau-Inseln

Oxenstierna [ˈuksənʃærna], Axel Graf, * 1583, † 1654, seit 1612 Kanzler Gustav Adolfs, leitete nach dessen Tode (1632) die Politik Schwedens selbständig und erfolgreich; war auch in Verwaltung, Wirtschaft, Schulwesen bedeutend. (Bild S. 905)

'Oxer der, ✠ Hindernis beim →Parcours.

Oxford [ˈɔksfəd], Hauptstadt der Grafschaft Oxfordshire, England, an der Themse, 190 100 Ew.; Universität (gegr. im 13. Jahrh.) mit der großen Bodleianischen Bibliothek. Die bekanntesten Colleges sind University College, Balliol und Merton, Oriel, Queen's, New und Lincoln College.

Oxford-Bewegung, →Ritualismus.

Oxford-Gruppenbewegung, →Moralische Aufrüstung.

Oxfordshire [ˈɔksfədʃiə], Grafschaft in England, nördlich der Themse, 1939 km², 379 900 Ew.; Hauptstadt: Oxford.

Oxhoft *das,* altes dt. Flüssigkeitsmaß, bes. für Wein; meist 200-300 l.

Oxid, Ox'yd *das,* chem. Verbindung eines Elements mit Sauerstoff, je nach der Anzahl der Sauerstoffatome im O.-Molekül ein einfaches O., Di-, Tri-, Tetra-, Pent-O. usw.

Oxus *der,* antiker Name des Amu-Darja.

oxy... [von grch. oxys ,scharf', ,sauer'], bei chem. Verbindungen: sauerstoffhaltig.

Oxyd, →Oxid.

Oxyd'ase *die,* sauerstoffübertragendes Enzym.

Oxydation, ursprüngl. die chem. Verbindung von Elementen oder Verbindungen mit Sauerstoff, im weiteren Sinne auch die Wegnahme von Wasserstoff aus Verbindungen. Die Verbindung mit Sauerstoff kann als Verbrennung lebhaft und unter Selbsterhitzung oder langsamer bis fast unmerklich bei gewöhnl. Temperatur verlaufen.

Oxydationsverhinderer, die →Antioxydantien.

Oxyd'ul *das,* ⊛ für ein sauerstoffarmes Oxid.

Oxyg'enium [grch.] *das,* der Sauerstoff.

Oxym'oron [grch.] *das,* widersprüchliche Verbindung von Gegensätzen in einer Äußerung, um eine nachhaltige stilist. Wirkung zu erreichen: beredtes Schweigen.

Oxytoc'in [grch.], ein Hormon des Hypophysenhinterlappens, das die Gebärmutter zu Kontraktionen veranlaßt.

Oxy'uris [grch.] *der,* der Madenwurm.

Oyb'in *der,* bewaldeter Berg (513 m ü. M.) bei Zittau, mit einer Klosterruine.

Oeynhausen [ˈøːn-], **Bad O.,** Stadt und Heilbad in Nordrh.-Westf., 14 100 Ew.; Solquellen; holz- und metallverarbeitende Industrie.

oz, Abk. für engl. ounce, Unze.

'Ozean [grch.] *der,* das →Meer.

Oze'anien, die Inselwelt des südwestl. Stillen Ozeans, zwischen Australien, Indonesien und den küstennahen Inseln Amerikas, rd. 1,2 Mill. km² (auf etwa 70 Mill. km² Meeresraum) und 6,35 Mill. Ew. ⊕ VI/VII, Bd. 1, n. S. 320.

Die Inseln O.s bilden einen inneren und einen äußeren Gürtel. Der innere, große Inseln mit alten Festlandmassen als Grundgebirge, zieht sich von Neuguinea über den Bismarckarchipel, die Salomon-Inseln und Neuen Hebriden zu den Fidschi-Inseln und im S von Neukaledonien und Tonga nach Neuseeland hin (Melanesien); der äußere besteht aus Inseln, die von jüngeren vulkan. Gesteinen und Korallenkalk aufgebaut sind (Mikronesien, Polynesien). Das Klima ist durch die Passatwinde bestimmt, durch den Einfluß des Meeres aber ausgeglichen. Die O-Seiten der höheren Inseln sind meist regenreich, die W-Seiten regenarm. Mit Ausnahme Neuseelands und der nördl. Hawaii-Gruppe sind die Inseln tropisch. Tier- und Pflanzenwelt nehmen an Reichtum vom W nach O ab.

Die einheimische **Bevölkerung** besteht aus Papua, Melanesiern, Mikronesiern, Polynesiern. Eingewandert sind Weiße (Neuseeland, Hawaii in der Überzahl), Inder, Javanen, Vietnamesen, Filipinos, Chinesen (Handwerk, Kleinhandel). Die **Wirtschaft** beruht bes. auf der Kopraerzeugung (Fidschi, Französ.-Polynesien) und dem Anbau von Zuckerrohr (Hawaii), Kaffee u. a. Bodenschätze werden in größerer Menge nur auf Neukaledonien gewonnen (Nickel, Chrom); ferner Erdöl (NW-Neuguinea), Phosphat. Aus dem Meer werden Trepang, Perlmutter, Perlen gefischt; auch Fisch- und Walfang.

Selbständige **Staaten** in O. sind: Nauru, Neuseeland, Tonga, Indonesien mit Westirian, seinem Staatsgebiet auf Neuguinea, Westsamoa. Ferner haben polit. Anteil an den Inseln der Austral. Bund, Chile, Frankreich, Großbritannien, Neuseeland, Vereinigte Staaten. Die ehemal. dt. →Schutzgebiete sind jetzt Treuhandgebiete der Verein. Nationen.

oze'anische Sprachen, die melanesischen, mikrones., polynes. Sprachen, im Unterschied zu Papuasprachen.

Ozeanograph'ie *die,* die Meereskunde.

Oz'ellen [lat.], **Punktaugen,** einfachste Lichtsinnesorgane der Tiere.

'Ozelot [indian.] *der,* eine von Mexiko bis Argentinien verbreitete, bräunlichschwarz gezeichnete Katze; wertvolles Pelztier.

Ozelot, 80-100 cm lang

Ozenfant [ozɑ̃ˈfɑ̃], Amédé, französ. Maler und Kunsttheoretiker, * 1886, † 1966; mit Le Corbusier Begründer des Purismus.

Ozob'romdruck, ein dem Carbrodruck ähnl. Kolloidgerbungsverfahren: eine Gelatineschicht, die lichtempfindl. Substanzen enthält, wird beim Entwickeln des latenten Bildes oder beim Ausbleichen des Silberbilds mit gerbenden Substanzen gegerbt.

Ozoker'it [grch.] *der,* Mineralgemenge von Paraffinen, weiß bis braun, wachsähnlich, kommt zusammen mit Erdöl vor.

Oz'on [grch.] *das,* die Form des Sauerstoffs mit dreiatomigen Molekülen, O_3; stärkstes Oxydationsmittel, riecht kräftig und reizt die Atmungsorgane. Verwendung: Sterilisieren von Trinkwasser, Fleischkonservierung, Bleichmittel.

P

p, *das* **P** [pe], der sechzehnte Buchstabe im Abc, ein stimmloser Verschlußlaut.

p, Abk. für **1)** pagina, Seite. **2)** auf Wechseln: **protestiert. 3)** ♪ **piano. 4)** Physik: Pond; **pico...** = 10^{-12}.

P, chem. Zeichen für Phosphor.

p. a., Abk. für **1)** lat. pro anno, fürs Jahr. **2)** per adresse, unter der Anschrift von...

Pa, chem. Zeichen für Protaktinium.

Pa., Abkürzung für Pennsylvania.

PAA, Abk. für Pan American World Airways Inc., Luftverkehrsgesellschaft (USA).

Paarerzeugung, spontane Umwandlung von Elementarteilchen, z. B. eines Lichtquants genügender Energie in dem Feld eines Atomkerns in ein Elektron-Positron-Paar; die Mindestenergie muß die doppelte Ruheenergie übersteigen. Der umgekehrte Vorgang heißt **Paarvernichtung.**

Paarhufer, Paarzeher, Säugetierordnung (Nichtwiederkäuer, Schwielensohler, Wiederkäuer), bei der der 3. und 4. Zeh und der Mittelfußknochen bes. stark entwickelt sind.

Paarlauf, Eis-, Rollkunstlauf: ein Wettbewerb, bei dem die Sprünge und Figuren des Läufers und der Läuferin aufeinander abgestimmt sein müssen.

Paarspektrometer, Gerät zum Bestimmen der Energie von Gammaquanten aus den Koinzidenzen von Elektronen und Positronen.

Paarung, →Begattung, →Fortpflanzung.

P'aasikivi, Juho Kusti, finn. Staatsmann, * 1870, † 1956; führte 1920 und 1940 die Friedensverhandlungen mit Moskau. 1944 bis 1946 MinPräs., 1946-56 Staatspräs. **P.-Linie:** freundschaftl. Verhältnis zur Sowjetunion, gute Beziehungen zu den ‚Westmächten'.

Pabianice [-ian'itsɛ], Stadt in Polen, im SW von Lodz, 59 000 Ew.; Leinenindustrie.

Pace [peis, engl. ‚Schritt, Gangart'] *der*, das Tempo in einem Rennen.

Pac'elli [tʃ], Eugenio, Papst →Pius XII.

Pacem in terris [‚Frieden auf Erden'], Enzyklika Johannes' XXIII. vom 1. 4. 1963, enthält eine systemat. Darstellung der kath. Friedenslehre, mit konkreten Forderungen für die Gegenwart. Sie ist nicht nur an die Katholiken, sondern an die ganze Menschheit gerichtet.

Pacer [p'eisə, engl.] *der*, Pferdesport: ein Traber, der Paßgänger ist.

P'achelbel, Johann, Organist und Komponist, * 1653, † 1706, gehört zu den bedeutendsten Meistern der protestant. Kirchenmusik vor Bach.

Pacher, Michael, Bildschnitzer und Maler, einer der bedeutendsten der dt. Spätgotik, * um 1435, † 1498. Sein Hauptwerk ist der Hochaltar in St. Wolfgang (Salzkammergut, 1471-81). Weitere Werke: Geschnitzter Schrein mit Marienkrönung, Bozen-Gries; nur aus gemalten Tafeln besteht der Kirchenväter-Altar (München, Pinakothek), der zu den Hauptwerken dt. Kunst zählt. (Bild Altar)

Pach'omius der Ältere, Heiliger, † 346, durch die Klostergründung Tabennisi (Oberägypten, 320) Begründer des klösterl. Gemeinschaftslebens der Mönche; Tag: 14. 5.

Pacht, ⚖ die Überlassung eines Gegenstandes an einen andern (**Pächter**) zum Gebrauch und zur Nutzung gegen Zahlung eines Pachtzinses (§§ 581 ff. BGB.). Im Gegensatz zur Miete können auch Rechte (z. B. Jagdrechte) Gegenstand der P. sein,

außerdem erhält der Pächter im Rahmen einer ordnungsgemäßen Wirtschaft die Früchte des P.-Gegenstandes. - Im allgemeinen finden auf die P. die Vorschriften der Miete Anwendung. - Besondere Arten der P.: 1) **Generalpacht:** Verpachtung von Grundstücken, Steuern usw. im ganzen; 2) **Halb-** oder **Teilpacht;** 3) **Unter-** oder **Afterpacht,** entspricht der Untermiete.

Pachtgebiet, Gebiet eines Staats, das dieser einem andern Staat langfristig zur Anlegung von Stützpunkten u. a. überläßt.

Pachuca [patʃ'uka], die Hauptstadt des Staates Hidalgo, Mexiko, 2380-2430 m ü. M., 70 000 Ew.; Silberminen.

Pacioli [patʃ'oli], Luca, italien. Franziskaner, Prof. der Mathematik, * um 1445 (?), † 1514, gab als erster eine Beschreibung der doppelten Buchführung.

Päckchen, eine Postsendung (bis zu 2 kg), wird ohne Paketkarte mit Paketpost befördert.

Packeis, durch Pressungen zusammengeschobene Eisschollen, bes. in Polarmeeren.

Packer, Hetzhund für Saujagden, soll den Keiler decken (**packen**).

Packlage, Unterbau für Straßenfahrbahn-(Makadam-)Decken, aus pyramidenförm. Steinen von Hand gesetzt (**Setz-P.**) oder geschüttet (**Schütt-P.**) und festgewalzt oder eingerüttelt.

M. Pacher: Der heilige Gregor; Ausschnitt aus dem Kirchenväter-Altar (München, Pinakothek)

Packung, 1) ⚕ das Umhüllen des Körpers oder eines Körperteils mit feuchten Tüchern (zur **kühlenden P.** warm, zur **Schwitz-P.** heiß). **2)** ⚙ die Dichtung.

Packungsanteil, ⚛ die relative Abweichung des Isotopengewichts von der ganzzahligen Massenzahl; dabei wählt man das Atom des Sauerstoffisotops $^{16}_{8}O$ als Massennormal mit dem festgesetzten Wert 16,00000 und setzt seinen P. gleich Null.

P'acta sunt serv'anda [lat.], Rechtsgrundsatz: Verträge müssen gehalten werden.

Pädag'ogik [grch.] *die*, die Kunst und Lehre von der Erziehung. Aufgabe der P.: die nachwachsenden Generationen durch Einübung und geistige Auseinandersetzung so mit den Verhaltensmustern, den geistigen Formen, Inhalten und Ansprüchen der gesellschaftl. und kulturellen Welt vertraut zu machen, daß sie sich als Erwachsene in ihr bewegen können. - Als Erziehungswissenschaft bemüht sich die P. um Aufgaben und Voraussetzungen des Erziehens, außerdem auch um die Geschichte der Erziehung, der Bildungsformen, der erzieherischen Bedeutung der Gemeinschaften und Zeitalter und die Geschichte der pädagog. Theorie selbst. - Die P. gliedert sich als Wissenschaft in: Schul- und Erwachsenenpädagogik, Heil- und Sozialpädagogik, Berufs- und Wirtschaftspädagogik. In Kooperation mit den Nachbardisziplinen: Pädagog. Anthropologie, Ethik, Methodenlehre, Soziologie, Psychologie, Allgemeine Didaktik.

Pädagogische Hochschulen, wissenschaftl. Hochschulen zur Ausbildung von Grund-, Real-, Sonderschul-, Gewerbelehrern (Studium: 6 Semester). In der Bundesrep. Dtl. bestehen (1970) 29 P. H.

Pädag'ogium *das*, höhere Schule mit Heimerziehung.

P'adang, Hafenstadt an der Westküste von Sumatra, Indonesien, 144 000 Ew., Univ.; Flugplatz; Ausfuhr von Kaffee, Kopra, Kautschuk und Kohle.

Paddel *das*, freihandiggebrauchteshölzernes Ruder mit schaufelförm. Blatt zur Fortbewegung kleinerer Wasserfahrzeuge, der **Paddelboote.**

Paddock [p'ædɔk, engl.] *der*, Pferdegehege.

Päderast'ie, die Knabenliebe, erotischsexuelle Beziehungen von männl. Erwachsenen zu männl. Jugendlichen.

Paderb'orn, Stadt in Nordrh.-Westf., am Westfuß des Eggegebirges, 69 000 Ew., kath. Erzbischofssitz, Dom (11.-13. Jahrh.), malerische Altstadt (mit Fachwerkhäusern), Rathaus mit Spätrenaissance-Fassade; philosophisch-theolog. Akademie, Franziskanerhochschule, Pädagog. u. a. Hochschulen, Museen, Archive; Baustoff-, Metall-, Elektro-, Kunststoff-, Textil- u. a. Ind. - Karl d. Gr. gründete das Bistum P. Die Stadt P. gehörte zur Hanse.

Pader'ewski, Ignacy Jan, poln. Pianist, Komponist und Politiker, * 1860, † 1941, war 1919 MinPräs., 1940 Präs. des poln. Exilparlaments in Paris.

Pädiatr'ie [grch.] *die*, Kinderheilkunde.

Pädisch'äh [pers. ‚Beschützer-König'], pers. Fürstentitel, bes. von osman. Sultanen geführt (‚Großherr', ‚Kaiser').

Padmore [p'ædmɔː], George, panafrikan. Politiker, * 1902 (?), † 1959, Kommunist, 1930 Leiter des Moskauer ‚Neger-Büros', brach 1934 mit dem Kommunismus, wurde in Londoner afrikan. Kreisen politisch tätig, seit 1957 in Ghana.

Pädogen′ese [grch.] *die,* eine Jungfernzeugung, bei der bereits in der Larve aus unbefruchteten Eiern neue Lebewesen entstehen (so bei manchen Mücken).

P′adua, italien. **P′adova,** 1) Provinz Italiens, in Venetien, 2142 km², 754 600 Ew. 2) Hauptstadt von 1), 227 000 Ew.; alte Ringmauer, Basilica di Sant′Antonio (13. Jahrh. gegr., mit Grab des Heiligen), Dom (16. Jahrh.), Kirche der Eremitani mit 1944 stark zerstörten Fresken von Mantegna, Arena-Kapelle (14. Jahrh.; Fresken von Giotto); Univ. (1222 gegr.); botan. Garten; Maschinen-, Leder-, Lebensmittelind. - P., das röm. Patavium, machte sich im 12. Jahrh. selbständig, kam 1320 an das Haus Carrara, 1406 an Venedig, 1797 und wieder 1814 an Österreich, 1866 an Italien.

pag., Abk. für lat. pagina, Seite.

Pag, italien. **P′ago,** Insel Jugoslawiens, 295 km², 348 m hoch, Wein-, Olivenbau und Kleinviehzucht; Fischerei.

Pagan′ini, Niccolò, italien. Violinvirtuose, Komponist, * 1782, † 1840, bildete sich selbst aus und errang als einer der glänzendsten Geigenvirtuosen Weltruhm.

Niccolò Paganini   Giovanni Palestrina

Pagan′ismus [lat.], im Christentum fortlebender heidn. Brauch. **Paganus,** der Heide.

Pag′at [ital.] *der,* im Tarockspiel einer der drei wichtigsten Trümpfe.

Page [p′a:ʒə, frz.], 1) junger Adliger im fürstl. Hofdienst. 2) Lehrling in Gaststätten oder Hotels, oft uniformiert. **Pagenkopf,** knabenhafte weibl. Haartracht.

p′agina [lat.] *die,* Buchseite. **pagin′ieren,** mit Seitenzahlen versehen.

Pagnol [pan′ɔl], Marcel, französ. Dramatiker, * 1895; Lustspiele (,Topaze', 1928, ,Marius', 1929, ,Die Frau des Bäckers', 1938), Filme.

Pag′ode *die,* europ. Bezeichnung für die turmartigen Tempel Ostasiens, auch ind. Stupas. Die chines. P. sind auf polygonalem, auch rundem Grundriß errichtete Bauten von 7 bis 13 Stockwerken, alle mit eigenem Vordach. Die japan. P. entwikkelten sich aus den chinesischen (die älteste im Horyuji bei Nara, 607). - In Europa werden zuweilen auch asiat. Götterfiguren fälschlich P. genannt, bes. aus Ostasien stammende kleine Porzellanfiguren mit nickendem Kopf.

Pago-Pago [p′a:ŋou-], Haupthafen der Insel Tutuila, Amerikanisch-(Ost-)Samoa.

P′ahang, Teilstaat West-Malaysias, 35 931 km², 431 700 Ew., Hauptstadt: Kuantan (vor 1955 Kuala Lipis).

Pahlaw′i, Pählewi, →Pehlewi.

Pai′an, griech. Mythos: der Götterarzt, dann Beiname der Götter Apoll und Asklepios; auch: feierl. Gesang (**Pä′an**).

Paiho, Peiho, Pehho, Fluß in der nordchines. Tiefebene, etwa 560 km lang, mündet bei Taku.

P′äijänne, See in S-Finnland, rd. 150 km lang, 23 km breit; Abfluß: Kymijoki.

Pailletten [paj′ɛtən, frz.], gelochte, bunte, glänzende Metallplättchen zur Verzierung von Kleidern, Abendtaschen u. a.

Paine, Payne [pein], Thomas, amerikan. Politiker und Schriftsteller, * 1737, † 1809, Wortführer der amerikan. Unabhängigkeit (,Der gesunde Menschenverstand', 1776), Gegner Burkes (,Menschenrechte', 1791).

Padua: Sant′Antonio

Pai′onios, griech. Bildhauer des 5. Jahrh. v. Chr., erhalten ist von ihm das Marmorstandbild der Nike in Olympia.

pair [pɛːr, frz.], gerade (Roulett).

Pair [pɛːr, frz.], in Frankreich bis 1789/91 bevorrechtigte Angehörige des Hochadels, 1814-48 bildeten P. die Pairskammer (Erste Kammer); in England →Peer.

Pairsschub [p′ɛːz-], die gleichzeitige Ernennung einer Anzahl regierungsfreundlicher Pairs (→Peer) durch die engl. Krone, um das Oberhaus für sich zu gewinnen.

Paisi′ello, Giovanni, italien. Komponist, * 1740, † 1816, einer der besten Vertreter der italien. Buffo-Oper; Sinfonien, Messen u. a.

Paisley [p′eizli], Industriestadt in Schottland, 95 400 Ew.; wichtiger Textilort (Spinnereien, Webereien) u. a. Industrie.

Pak *die,* Abk. für Panzerabwehrkanone.

Pak′et [aus frz.] *das,* **Postpaket:** Kleingutsendung, die mit einer Paketkarte versandt wird. **Aktienpaket:** größerer Betrag von Aktien einer Gesellschaft in der Hand eines Besitzers.

Pak′etboot, ein Schiff, das neben Passagieren auf Ladung Post befördert.

Pakist′an, Islamische Republik P., Republik in Vorderindien, im Indusgebiet zwischen Iran, Afghanistan, China und Indien, 803 940 km² mit 60,37 Mill. Ew. Die provisorische Hauptstadt ist Rawalpindi, die neue Hauptstadt Islamabad (im Ausbau). Staatssprache ist Urdu, daneben (1972) Englisch. Nach der Verfassung von 1962 ist der Präsident zugleich Staatsoberhaupt. P. umfaßt die Prov. Pandschab,

Sind, Belutschistan, North West Frontier Province und kleinere Territorien. Das Recht ist auf dem früheren brit. Recht in Indien und auf islam. Überlieferung aufgebaut. Während ist die pakistan. Rupie= 100 Paisa. ☐ S. 1179. ☐ Bd. 1, S. 392. ⊕ IV/V, Bd. 1, n. S. 320.

Landesnatur. P. hat im N Anteil an den Hochgebirgen des Hindukusch, Himalaja und Karakorum (Kaschmir), im W an den Grenzgebirgen gegen Afghanistan und Iran. Mehr als ein Drittel des Landes nehmen die Ebenen des mittleren und unteren Indusgebietes mit den Landschaften Pandschab und Sind ein. Das Klima ist subtropischkontinental, vorwiegend trocken, im O unter Monsuneinfluß.

Die **Bevölkerung** besteht aus Sindhi, Belutschen, Pandschabi und Pathanen, die vorwiegend verwandte indoarische Sprachen sprechen. Sie konzentriert sich in den Städten; Karatschi und Lahor sind Millionenstädte. - Bildung: Bis 1975 soll die allgem. Schulpflicht eingeführt sein. Die Zahl der Analphabeten ist noch sehr groß (rd. 80%). P. hat 7 Universitäten.

Wirtschaft. Hauptwirtschaftszweig ist die Landwirtschaft. Weizen nimmt 60% der Anbaufläche ein, ferner werden Baumwolle, Zuckerrohr, Reis und Tabak angebaut (in starkem Maße mit Bewässerung aus Brunnen und Kanälen). Ausgedehnte Viehzucht (Rinder, Schafe, Kamele, Ziegen). Die Erträge des Fischfangs sind gering. Bergbau: Steinkohle, Chrom, Erdgas, Erdöl, Eisenerz (nur in geringem Umfang abgebaut). Industrie: Eisen und Stahl, Düngemittel, Baumwoll-, Juteverarbeitung, Schiffbau, Erdölraffinerie, Maschinen-, Nahrungsmittel-, chem., Textilindustrie. Die Handelsbilanz P.s ist negativ. Haupthandelspartner sind EWG-Länder, Verein. Staaten, Japan. - Verkehr. P. hat ein Eisenbahnnetz von rd. 8600 km Länge. Der Straßenverkehr gewinnt an Bedeutung. Haupthafen und -flughafen ist Karatschi.

Geschichte. Auf Betreiben der von M.A. Dschinnah geführten Muslimliga wurde am 15. 8. 1947 aus den vorwiegend muslim. Gebieten Britisch-Indiens der neue Staat P. geschaffen. Von der Gründung des Staates an wurde die Innenpolitik beherrscht von den Gegensätzen zwischen den beiden weit voneinander liegenden Landesteilen W- und O-P. und den Auseinandersetzungen zwischen orthodoxen und liberalen Muslimen. Am 23. 3. 1956 wurde die Bindung an die brit. Krone gelöst und die unabhängige islam. Rep. P. proklamiert. Das Verhältnis zu Indien blieb wegen →Kaschmir gespannt. 1965 kam es zu einem militär. Konflikt mit Indien, der 1966 mit dem Vertrag von Taschkent beendet wurde. 1956 hatte Gen. Ayub

Pakistan: Nathiagali

Khan die Macht übernommen. Nach seinem Rücktritt 1969 folgte ihm Gen. Yahya Khan. Seit Mitte der 60er Jahre hatten die Autonomiebestrebungen in O-P. zugenommen; die von →Mujibur Rahman geführte, im Sinne der Autonomie wirkende Awami-Liga gewann 1970 die ersten Wahlen in O-P. Bestrebungen, die Republik auszurufen, führten im März 1971 zum Bürgerkrieg. Im Dezember des gleichen Jahres gelang es mit indischer Hilfe, den unabhängigen Staat →Bangla Desh auszurufen. In P., jetzt auf W-P. beschränkt, wurde Ali Bhutto zum Präs. gewählt.

Pakt der, der Vertrag, bes. der Staatsvertrag. **paktieren,** übereinkommen, einen Vertrag schließen; Zugeständnisse machen.

PAL, Abk. für engl. **p**hase **a**lternation **l**ine, das von den meisten europ. Staaten angenommene und in der Bundesrep. Dtl. 1967 eingeführte Farbfernsehsystem, Weiterentwicklung des amerikan. NTSC-Systems.

Pala das, **Impala, Schwarzfersenantilope,** damhirschgroße Antilope der Steppen Süd- und Mittelafrikas.

Paläanthropolog´ie [grch.], die biolog. Anthropologie des fossilen Menschen und seiner Vorgänger.

Palacio Valdés [palˈaθjɔ valdˈɛs], Armando, span. Schriftsteller, * 1853, † 1938; realistische Romane.

Palacký [pˈalatskiː], František, tschech. Historiker und Politiker, * 1798, † 1876. ‚Geschichte Böhmens', 5 Bde. (dt. 1836 bis 1867).

Palad´in der, **1)** eigentlich: einer der zwölf Helden um Karl den Großen im Rolandslied; allgemein: treuer Gefolgsmann.

Palágyi [pˈɔlaːdji], Melchior, ungar. Philosoph, * 1858, † 1924, schuf philosoph. Grundlagen für die Relativitätstheorie. Seine psychologischen Anschauungen beeinflußten L. Klages.

Palaiol´ogen, das letzte byzantin. Kaiserhaus (1258/61-1453).

Palais [palˈɛ, frz.] das, Palast. In Paris: **P. Bourbon,** Sitz der franzöś. Abgeordnetenkammer, **P. de l´Elysée,** Sitz des Präsidenten der Republik, **P. du Luxembourg,** Sitz des Senats. In Bonn: **P. Schaumburg,** der Amtssitz des Bundeskanzlers.

Palam´as, Kostis, neugriech. Dichter, * 1859, † 1943; beeinflußte stark die Entwicklung der neugriech. Literatur nach der Einführung der Volkssprache als Literatursprache.

Palam´edes, griech. Mythos: der wegen vieler Erfindungen gerühmte Sohn des Nauplios; wurde, durch Odysseus des Verrats verdächtigt, von den Griechen vor Troja gesteinigt.

p´aläo... [grch.], alt..., Vorwelts..., z. B. **paläol´ithisch,** urzeitlich.

Paläobiolog´ie [grch.], die Wissenschaft vom Leben der Organismen der erdgeschichtl. Vergangenheit.

Paläogeograph´ie [grch.], ein Zweig der Geologie zur Erforschung der geograph. Verhältnisse (Verteilung von Land und Meer, Gebirge u. a.) der erdgeschichtl. Vorzeit.

Paläograph´ie [grch.], die Lehre von den Schriftarten des Altertums und MA.; geschichtl. Hilfswissenschaft.

Paläoklimatolog´ie [grch.], die Lehre von den Klimaten der erdgeschichtl. Vergangenheit.

Paläol´ithikum [grch.] das, Altsteinzeit.

Paläontolog´ie [grch.], die Wissenschaft von den versteinerten (fossilen) Tier- und Pflanzenresten und der Geschichte des Tier- und Pflanzenreichs im Laufe der Erdgeschichte.

Paläoz´oikum [grch.] das, der ältere Abschnitt der →Erdgeschichte, umfaßt Kambrium bis Perm.

P´alas [mhd. ‚Palast'] der, der Wohn-, auch Festsaalbau der mittelalterl. Burg.

Pal´ast, großes repräsentatives Gebäude, früher meist städt. Adelswohnsitz.

Paläst´ina, histor. Landschaft an der Ost-

küste des Mittelmeers, mit vielen dem Christentum, Judentum und Islam heiligen Orten, daher ‚Heiliges Land' genannt. P. reicht von der flachen, fast buchtenlosen Mittelmeerküste und der breiten Küstenebene über ein etwa 1000 m hohes Bergland bis zur Jordansenke. Hauptstrom: Jordan. Bei Mittelmeerklima mit spärlichen Niederschlägen im S und Landesinnern. Über Bevölkerung und Wirtschaft →Israel, →Jordanien.

Geschichte. Über die ältere Geschichte →Israel, →Juden. Durch Pompejus kam P. 63 v. Chr. unter röm. Hoheit, bildete seit dem 1. Jahrh. n. Chr. eine röm. Prov., war seit 395 oström. und stand 636-1918, abgesehen von der Zeit des Königreichs Jerusalem (1099-1187), unter muslimischer Herrschaft. Im 1. Weltkrieg wurde P. von den Engländern erobert. Es wurde britisches Mandat. Die zunehmende jüd. Einwanderung führte zu Auseinandersetzungen mit den Arabern. 1948 beendete die brit. Regierung das Mandat, der Staat →Israel wurde ausgerufen. Ost-P. kam 1950 an Jordanien.

Pal´ästra die, Ringerschule im alten Griechenland.

Palat´al [lat.] der, Gaumenlaut.

Palat´in, lat. **Mons Palatinus,** einer der 7 Hügel Roms, ältester, in der Kaiserzeit vornehmster Stadtteil; im MA. verödet, heute unbewohnt; Ausgrabungen.

Palat´in [lat.] der, **1)** Pfalzgraf. **2)** in Ungarn bis 1848 der Stellvertreter des Königs.

Palat´ina [lat. ‚die Pfälzische'] die, alte Heidelberger Bibliothek (um 1560); kam 1623 nach Rom als Entschädigung für päpstl. Kriegskostenbeiträge, ein Teil wurde 1816 zurückgegeben.

Palatsch´inke [magyar. aus rumän.] die, gefüllter Eierkuchen (Österreich).

P´alau-Inseln, Inselgruppe Mikronesiens, 480 km², 11 900 Ew.; Guanolager. - 1899 von Spanien an das Dt. Reich verkauft; 1920-45 japan. Völkerbundsmandat, seither Treuhandgebiet der Verein. Staaten.

Pal´aver [aus port. palavra ‚Unterredung'] das, Verhandlung von Weißen mit Eingeborenen oder von Eingeborenen untereinander; auch: überflüssiges Gerede.

Pal´awan, Insel der Philippinen, 11 780 km², als Prov. 14 896 km², 209 000 Ew., gebirgig und fruchtbar. Hauptort: Puerto Princesa.

Palazzeschi [-ˈeski], Aldo, italien. Schriftsteller, * 1885; Novellen, Romane (‚Die Schwestern Materassi', 1934).

Pal´azzo [ital.] der, -/...zi, Palast, vornehmes Haus. **P. pubblico,** Rathaus.

P´alembang, Hauptort der indones. Prov. Süd-Sumatra, 475 000 Ew.; Erdölraffinerien, Textilind.; bedeutender Hafen; Ausfuhr: Erdöl, Gummi, Kaffee und Tee.

Pal´encia [-θia], **1)** Provinz in Spanien, Altkastilien, 8029 km², 207 300 Ew.; **2)** Hauptstadt von 1), am Carrión, 54 100 Ew., spätgot. Kathedrale (1321-1516); Maschinen- und Textilindustrie.

Palenque [palˈeŋkɛ], Ruinenstadt der Maya, im mexikan. Staat Chiapas, mit Tempel- und Palastbauten.

Paleoz´än [grch.] das, die älteste Stufe des Tertiärs.

Pal´ermo, 1) Provinz Italiens, auf Sizilien, 5016 km², 1,178 Mill. Ew. **2)** Hauptstadt von 1), bedeutende Handels- und Hafenstadt, 663 800 Ew., kath. Erzbischofssitz, Universität, Kunstakademie, Observatorium, Museen; hat bedeutende Bauwerke: Dom (1170 von den Normannen erbaut), Palazzo Reale (11. Jahrh.); chemische, Textil-, Zement-, Papier-, Lebensmittelind.; starker Fremdenverkehr. - Als Panormus von den Phönikern gegr., 254 v. Chr. römisch, 535 n. Chr. byzantin., 830 arab., 1072 normannisch, 1190 staufisch. Seit der Araberzeit Hauptstadt Siziliens; Glanzzeit unter Kaiser Friedrich II.

Palestr´ina, Stadt in Mittelitalien, östlich von Rom, 11 400 Ew.; das antike Praeneste; Altertumsmuseum, röm. Tempelruinen (Tempo della Fortuna).

Palestr´ina, Giovanni, eigentl. **G. Pierluigi da P.,** italien. Komponist, * 1525 (?), † 1594, 1565 zum Komponisten der päpstl. Kapelle ernannt. P.s Werk stellt einen ersten Höhepunkt in der abendländ. Musik dar; er beeinflußte entscheidend die kirchenmusikal. Reformbestrebungen; langes Fortleben des ‚P.-Stils' in der Musik. Messen (Missa Papae Marcelli), Motetten, Hymnen, Madrigale u. a. Bild S. 915.

Paletot [palatˈo, frz.] der, Überzieher, Herrenmantel.

Pal´ette [frz.] die, **1)** eine ovale oder rechteckige Scheibe mit Daumenloch, auf der der Maler die Farben mischt; aus poliertem Holz, Blech oder Porzellan. **2) Pallet** [engl.], Hub-, Stapel- und Transportplatte aus Holz oder Stahl zum Zusammenfassen von Einzelstücken zu Ladungseinheiten (Eisenbahn, Lastwagen usw.).

P´ali die, eine indische Sprache, in der ein Teil der buddhist. Schriften abgefaßt ist, eine Literatursprache; die Blütezeit des P.-Schrifttums reicht bis ins 12. Jahrh.

Palimps´est [grch.] der oder das, alte Handschrift, auf der die ursprüngl. Schrift beseitigt und durch eine jüngere ersetzt ist. Hilfsmittel zum Lesen der älteren Schrift ist die Fluoreszenzphotographie.

Palindr´om [grch.] das, Lautreihe, die vor- und rückwärts gelesen einen Sinn ergibt, z. B. Otto, Neger, Gras; auch ein Wortspiel, das vor- und rückwärts gelesen denselben Inhalt hat.

Palingen´ese [grch.] die, **1)** Wiedergeburt. **2)** Biologie: die Wiederholung der

Palermo

Stammesentwicklung bei der Entwicklung eines Individuums (→Biogenetisches Grundgesetz).

Palis′ade die, früher bei Befestigungen: dichte Reihe zugespitzter Baumstämme, als Hindernis in die Erde gerammt.

Palis′adenwurm, ein bis 1 m langer, bleistiftdicker roter Fadenwurm; schmarotzt im Nierenbecken, z. B. des Hundes.

Palis′ander der, das rötlichbraune, harte, schwere Holz einiger Jacaranda-Arten.

Palitzsch, Peter, Regisseur, * 1918, von Brechts Werk und Theaterform stark beeinflußt. 1967-71 Schauspieldirektor in Stuttgart, seit 1972 in Frankfurt a. M.

Palkstraße, der nördl. Teil der Meeresenge zwischen Ceylon und SO-Indien.

Palladianismus, der von →Palladio geschaffene Stil; in der Zeit des Barocks bes. in Holland und Frankreich verbreitet, vorherrschend in England.

Pall′adio, Andrea, italien. Baumeister, * 1508, † 1580, schuf Bauten von strenger, harmon. Klarheit, rhythmisch bewegt durch Säulen und Pilaster, die meist mehrere Geschosse durchlaufen (Kolossalordnung); in Vicenza: ,Basilika' (Stadthaus), Paläste, Villa Rotonda; in Venedig: S. Giorgio Maggiore, Il Redentore. Maßgebender Lehrmeister für den Klassizismus.

Pall′adium das, 1) im Altertum geschnitztes Bild der Pallas Athene zum Schutz einer Stadt. 2) Schutzbild, Hort.

Pall′adium, chem. Zeichen **Pd**, chem. Element, Platinmetall; Ordnungszahl 46, Atomgewicht 106,4, spezif. Gew. 11,97, Schmelzpunkt 1555° C., Siedepunkt etwa 3600° C. Vorkommen in Platin-, Gold-, Silber-, Nickelerzen; Verwendung: als Katalysator, für Zahnersatz, Füllfederspitzen, Kontakte, Spinndüsen, für Verspiegelungen u. a.

P′allas, 1) Beiname der Göttin Athene. 2) →Planetoide.

P′allasch der, schwerer Säbel, früher die blanke Waffe der Kürassiere.

Pallenberg, Max, Schauspieler, * 1877, † 1934; Charakterkomiker; ∞ mit der Schauspielerin Fritzi Massary.

Pallet, →Palette 2).

palliativ [lat.] das, nur die Krankheitserscheinungen mildernd, nicht ihre Ursachen beseitigend. **Palliativum** das, Linderungsmittel.

P′allium [lat.] das, 1) Kath. Kirche: eine mit 6 schwarzen Kreuzen bestickte, weißwollene Schulterbinde, das liturg. Amtszeichen der Metropoliten. Auch der Papst trägt das P. Ehrenhalber kann es Erzbischöfen und Bischöfen verliehen werden. 2) bei den Römern ein mantelähnl. Umhang, im MA. kaiserl. Mantel, Krönungsmantel.

Pallott′iner Mz., **Gesellschaft des katholischen Apostolats,** eine 1835 von Vinzenz Pallotti gegr. Priestergenossenschaft (ohne Gelübde) für innere und äußere Mission; weibl. Zweig 1843 gestiftet.

Palm der, **Palmbesen,** ein am Palmsonntag kirchlich geweihter Zweig.

Palm, Johann Philipp, Buchhändler in Nürnberg, * 1768, † 1806, als Verleger der Flugschrift ,Deutschland in seiner tiefen Erniedrigung' auf Befehl Napoleons I. erschossen.

Palma, 1) Jacopo, **P. Vecchio** (der ,Alte'), Maler in Venedig, * um 1480, † 1528, einer der Hauptmeister der venezian. Hochrenaissance, von Giorgione und Tizian beeinflußt; ausgeglichene Komposition, fein abgestimmte Farbigkeit.
2) Jacopo, **P. Giovane** (der ,Junge'), Großneffe von 1), * 1544, † 1628, malte religiöse und geschichtl. Bilder manierist. Art.

P′alma de Mallorca, Hauptstadt und -hafen der Balearen, an der SW-Küste der Insel Mallorca, 182 100 Ew., got. Kathedrale; Lederind., Weberei, Stickerei, Kunstgewerbe. Fremdenverkehr.

Palm′arum, der Palmsonntag.

Palm Beach [pa:m bi:tʃ], Stadt und vornehmster Badeort in Florida, USA, 9100 Ew.

Palmen: links Dattelpalmen; rechts Kokospalme

Palme, Sven Olof, schwed. Politiker, * 1927, Jurist, seit 1963 Min. in versch. Ressorts, seit Okt. 1969 MinPräs. (Bild S. 918)

Palmen, einkeimblättrige Pflanzenfamilie; bis 30 m hohe Holzgewächse der Tropen und warmer Landstriche. Man unterscheidet nach der Form der Blätter **Fieder-P.** (z. B. Dattelpalme) und **Fächer-P.** (z. B. Zwergpalme). Die P. tragen blütenreiche, oft zweihäusige Blütenstände; die Früchte sind Beeren oder Steinfrüchte. P. liefern Holz, Fasern, Blätter zum Dachdecken, Nahrungs- und Genußmittel; manche P. sind Zierpflanzen.

Palmenhaus, Gewächshaus zur Pflege hochwüchsiger trop. Pflanzen.

Palmenkerne, Palmkerne, die Samen der Ölpalme. Sie enthalten 43-54% Fett, das zur Margarineherstellung verwendet wird.

Palmenorden, die →Fruchtbringende Gesellschaft.

Palmenroller, Schleichkatze (S-Asien, W-Afrika), katzengroß, marderähnlich, gefleckt.

Palmer-Archip′el [p′a:mə-], eis- und schneebedeckte Inselgruppe westlich vom Graham-Land, W-Antarktis.

Palmerston [p′a:məstən], Henry John Temple, Viscount, * 1784, † 1865, engl. Staatsmann, war für die Unabhängigkeit Belgiens und die Erhaltung der Türkei, gegen die dt. Lösung der schleswig-holstein. Frage; 1855-58, 1859-65 Premierminister.

Palmerston North [p′a:məstən nɔ:θ], Stadt auf der Nordinsel Neuseelands, 50 000 Ew.; Mittelpunkt eines reichen Ackerbaugebiets, Universität.

Palmesel, ein lebensgroßes, fahrbares

Palma de Mallorca: Börse

Holzbildwerk von Christus auf dem Esel, im MA. bes. in Süddeutschland bei Palmsonntags-Prozessionen mitgeführt.

Palm′ette [frz.] die, 1) griech. Kunst: palmblattähnliches Ornament. 2) eine Spalierbaumform.

Palm′etto [span.] der, kleine, Fasern liefernde Palme. Fälschlich auch für Fächer- und Besenpalme.

Palmfarne Mz., 1) Farne mit dicken Stämmen, an denen palmenartige Wedel sitzen; tropische Waldpflanzen Südasiens, Polynesiens, Madagaskars. 2) **Zykasgewächse,** einfachste Formen der Nacktsamigen, in warmen Ländern, farnähnlich mit holzigem Stamm. Die **japan. P.** liefern in ihren Stämmen Stärkemehl (Sago).

Palm′ira, Stadt in Kolumbien, in der oberen Cauca-Ebene, 164 400 Ew.; Tabak, Zucker.

Palmit′insäure ist, mit Glycerin verestert, ein Hauptbestandteil der meisten Fette.

P′almlilie, die Pflanzengattung Yukka.

Palmöl, Fett aus dem Fruchtfleisch der Ölpalme, nicht nach Veilchen; für Seifen, Kerzen, zur Carotingewinnung.

Palms′onntag, latein. **dies palmarum** [,Tag der Palmen'], der Sonntag vor Ostern, kirchl. Festtag, benannt nach dem Palmenstreuen beim Einzug Christi in Jerusalem.

Palmwein, alkohol. Getränk aus dem Saft zuckerhaltiger Teile verschiedener Palmenarten.

Palm′yra, Oasenstadt im N der syr. Wüste, alte Handelsstadt, 273 n. Chr. zerstört; bedeutende Ruinen; Fundort vieler aramäischer Inschriften. (Bild S. 918)

Palm′yrapalme, eine Borassuspalme.

Pal′olowurm, ein Ringelwurm der Südsee. Vom Weibchen löst sich am Vortag des letzten Mondviertels im Oktober und November das eigefüllte Endstück (Leckerbissen der Eingeborenen).

Palpati′on [lat.], ♉ das Betasten. **palp′abel,** tastbar. Zeitw. **palp′ieren.**

P′alpe [lat.], ♏ Anhänge des Kopfes oder der Mundgliedmaßen bei Insekten; die P. dient als Taster.

Pal′ucca (Gret), Tänzerin, * 1902, Meisterin des Ausdruckstanzes. (Bild S. 918)

P′aludan-Müller, Frederik, dän. Dichter, * 1809, † 1876; ironischer Erziehungsroman ,Adam Homo' (1841-48).

Pal′uschke die, eine Erbsenform.

Pam′ir der, **Dach der Welt,** Hochland in Zentralasien, Knotenpunkt der Gebirgszüge in Mittelasien, im Kungur 7719 m hoch, besteht aus verschiedenen Hochgebirgen und Hochflächen (Pamire). P. gehört zum größten Teil zur Sowjetrep. Tadschikistan.

P′ampa [Ketschua ,Ebene'] die, Landschaft in Argentinien, vom unteren Paraná bis zu den Hängen der Anden, urspr. baum- und strauchlose Grasebene, heute wirtschaftl. Kerngebiet Argentiniens (Anbau

Palmyra: römisches Amphitheater

von Weizen, Mais, Leinsaat; Rinderzucht, im S und W Schafhaltung).

Pampasgras, das Silbergras.

Pampashase, zu den Meerschweinchen gehöriges Nagetier der Pampas; hochbeinig, hasenähnlich, 50 cm lang.

Pampahirsch, ein Sprossenhirsch.

Pampahuhn, Art der Steißhühner.

Pampasstrauß, der Vogel Nandu.

Pampelm'use [niederl.] *die,* **Grapefruit,** Citrusfrucht, in Java beheimatet, im Mittelmeergebiet und Amerika kultiviert.

Pamphl'et *das,* Schmähschrift, Kampfschrift (wohl nach dem Titel ,Pamphilus' einer mittellatein. Liebesdichtung).

Pamph'ylien, antike Landschaft im südlichen Kleinasien.

Pamp'ine Sierren, Antikordilleren, langgestreckte Schollengebirge im W Argentiniens zwischen den Anden und dem Brasilian. Bergland; die größte ist die Sierra de Córdoba.

Pampl'ona, bask. **Iruña,** die Hauptstadt der span. Prov. Navarra, im Baskenland, 133 600 Ew., kath. Erzbischofssitz; Textil-, Papier-, Steingut-, Eisenindustrie.

pan... [grch.], ganz..., all...

Pan [poln.] *der,* Herr.

Pan, griech. Mythos: ein Hirten- und Weidegott, dargestellt mit Bocksbeinen, -hörnern und -ohren und halbtierischem Gesicht; galt als Erfinder der Syrinx (**Panflöte**) und Urheber plötzlicher und unerklärlicher (**panischer**) Schrecken.

Panafrikanismus, seit etwa 1900 kulturelle und polit. Bestrebungen, Gemeinsamkeiten zwischen allen Menschen schwarzer Hautfarbe hervorzuheben, diese Menschen politisch zu organisieren und gegen ihre Diskriminierung zu protestieren. Nach 1945 setzte sich das afrikan. Element und der Wille zu konkreter polit. Aktion durch. Verlagerung des Schwerpunkts des P. in die einzelnen afrikan. Länder. Bildung eines gesamtafrikan. Bundesstaates wurde nicht verwirklicht, da die unabhängig gewordenen afrikan. Staaten auf Wahrung ihrer Souveränität bedacht waren. 1963 Gründung der Organization of African Unity (OAU).

Pan'altios, griech. Philosoph aus Rhodos im 2. Jahrh. v. Chr., Leiter der stoischen Schule in Athen; prägte den Begriff der Humanität.

Panam'a, spanisch **Panamá,** Republik in

Gret Palucca

Olof Palme

Mittelamerika, 75 650 km² mit 1,425 Mill. Ew. Hauptstadt: Panama. Amtssprache: Spanisch. Religion: 83% kath. Christen. ⊕ XIV, Bd. 1, nach S. 320. Nach der Verf. von 1946 ist Staatsoberhaupt und Regierungschef der Präs. ◊ S. 1179. ⎕ Bd. 1, S. 392. Währung: 1 Balboa (B./) = 100 Centésimos. P. umfaßt den gebirgigen, von Wäldern bedeckten Teil der Landbrücke zwischen Costa Rica und Kolumbien. Höchste Erhebung (im W): Chiriqui (3478 m); die tiefste Einsattelung (82 m) wird vom →Panamakanal gequert. Das Klima ist tropischfeucht. 60% der Bewohner P.s sind Mestizen, 20% Neger und Mulatten; daneben Weiße, Indianer, Asiaten. Allgem. Schulpflicht (nur 20% Analphabeten); je eine staatl. und kath. Universität.

Wirtschaft. Nur 18% der Fläche sind landwirtschaftlich genutzt (Anbau von Reis, Mais, Zuckerrohr, Bananen, Kaffee, Tabak), davon ist über die Hälfte Weideland (Rinderzucht). Wichtigster Industriebetrieb ist eine Erdölraffinerie. Ausfuhr: Bananen, Erdölprodukte, Krabben. Haupthandelsstaaten: USA, Venezuela (bes. Erdöleinfuhr). Bedeutende Einnahmen aus Kanalpacht und Fremdenverkehr. Haupthafen: Colón; 1970 fuhren Schiffe mit rd. 5,65 Mill. BRT unter der Flagge P.s. Die wichtigste Eisenbahn (Colón-Balboa) führt durch die Kanalzone; rd. 6800 km Straßen, internat. Flughafen: Panama.

Geschichte. Über die Landenge von P. (erstmals 1513 von Balboa überquert) führte im 16./17. Jahrh. der Weg von und zu den südamerikan. Silberminen. Im 19. Jahrh. führte der Bau des **P.-Kanals** durch ein nordamerikan. Unternehmen zur Selbständigkeitserklärung unter dem Schutz der Verein. Staaten (6. 11. 1903). Zusammen mit sozialen Forderungen sucht heute P. seine volle Souveränität in der Kanalzone durchzusetzen.

Panama, Hauptstadt und Hafen der Rep. Panama, am Golf von P., 7 km vom Eingang des Panamakanals, 418 000 Ew.; Kulturzentrum des Landes. - P. wurde 1519 von den Spaniern gegründet.

P'anama *der,* ein Gewebe aus Baumwolle, Chemie- u. a. Fasern in **Panamabindung,** eine Abart der Leinwandbindung.

P'anamahut, aus Blättern der Kolbenpalmen (Panamapalme) geflochtener Strohhut mit breiter Krempe.

Panamakanal, Seekanal, der die Landenge von Panama durchschneidet (→Kanalzone) und den Atlant. mit dem Stillen Ozean verbindet, 81,6 km lang (Durchfahrtszeit 7-8 Stunden), 90-300 m breit, mindestens 12,4 m tief, mit drei z. T. mehrstufigen Schleusenanlagen; 1906-14 von den USA erbaut. Der P. wurde 1969 von 13 150 Schiffen durchfahren.

Pan-American-Highway [pænəm'erikən h'aiwei], span. **Carretera Panamericana,** ein fast fertiggestelltes Straßensystem, das Alaska (Fairbanks) mit Feuerland verbindet.

Pan American World Airways Inc. [pæn əm'erikən wɔːld ɛaweiz], Abk. **PAA, Pan Am,** New York, nordamerikanische Luftverkehrsgesellschaft.

panamerikanische Bewegung, die Zusammenarbeit der Staaten Amerikas zur freien Entwicklung gemeinsamer polit. und wirtschaftl. Interessen. Aus der 1. Konferenz (Washington 1889) ging 1890 die ,Panamerikan. Union' hervor. Auf der 9. Konferenz (Bogotá 1948) entstand die ,Organisation der Amerikanischen Staaten', OAS.

panarabische Bewegung, →Arabische Bewegung, →Arabische Liga.

Panar'itium [grch.-lat.] *das,* ♃ →Fingerentzündung.

Panasch'ee [frz.] *das,* **Bunt-, Weißfleckigkeit,** weiße Fleckung des Laubes.

panasch'ieren [frz.] **1)** streifig mustern. **2)** bei der Verhältniswahl (→Wahlrecht) Kandidaten verschiedener Parteien auf einem Stimmzettel zusammenstellen.

P'anax, Pflanzengattung der Araliengewächse, zu der u. a. Ginseng gehört.

Pan'ay, Insel der Philippinen, 12 296 km², 1,9 Mill. Ew. (Malaien, Negritos). Hauptort ist Iloilo.

Pan-chen Rin-po-che, Abk. **Pan-chen,** neben dem Dalai-Lama Titel des höchsten geistl. Würdenträgers Tibets.

panchrom'atisch [grch.] ist photographisches Material, das für alle Farben empfindlich ist, auch für Rot.

P'anda *der,* Großer P., Art der →Kleinbären; Kleiner P., →Katzenbär.

Kleiner Panda

Pandäm'onium [grch.] *das,* Versammlung(sort) aller bösen Geister.

P'andang *der,* die einkeimblättrige Gattung **Schraubenbaum** der afrikan.-asiat.-austral. Tropen, mit schraubiger Blattfolge und Stelzwurzeln; liefert Fasern, Obst.

Pand'ekten [grch.], latein. **Dig'esten,** Hauptteil des Corpus iuris civilis.

Pandem'ie [grch.] *die,* eine Epidemie, die sich über große Gebiete ausbreitet und große Teile der Bevölkerung erfaßt.

P'andharpur, Stadt in Indien, an der Bhima, mit dem Wischnutempel, stark besuchter Wallfahrtsort der Dekkan.

P'andit [Sanskrit ,klug'], in Indien Titel von Gelehrten.

Panamakanal

Pand'ora [grch.], griech. Mythos: die erste Frau auf Erden, die Zeus aus Zorn über den Feuerraub des Prometheus zum Unheil der Menschen von den Göttern schaffen ließ. Zeus gab ihr ein Gefäß, die **Büchse der P.,** in der unter verschiedenen Gaben auch Übel eingeschlossen waren. Als P. die Büchse öffnete, flogen auch die Übel heraus und verbreiteten sich über die Erde, nur die Hoffnung blieb darin.

Pandsch'ab [hindustanisch ,fünf Ströme'], englisch **Punjab,** Landschaft zwischen Himalaya und Suleimangebirge, vom Indus und seinen Nebenflüssen durchflossen. Durch ein Netz von Kanälen und Stauwerken wurde der P. zu einem der bedeutendsten Bewässerungsgebiete der Erde mit Weizen- und Baumwollanbau. Der westl. Teil gehört zu Pakistan, der östl. zu Indien. - Der P. ist das älteste Kulturland (Induskultur, um 3000 v. Chr.) und frühe-

Panamakanal

stes Siedlungsgebiet von Indogermanen in Vorderindien.

Pandsch′abi, neuindische Sprache, gesprochen von etwa 23 Mill. im Pandschab.

P′andschim, Pangim, die Hauptstadt und Hafen des ind. Territoriums Goa, Daman und Diu.

Pand′uren [magyar.], im 17./18. Jahrh. Soldaten der österreich. Armee aus Südungarn, bewährte sich bes. im Kleinkrieg.

Pan′eel [niederländ.] *das,* das vertiefte Feld in einer Wandtäfelung; die Täfelung selbst.

Paneg′yrikus [grch.] *der,* -s/...riken, ursprünglich Vortrag in einer (religiösen) Festversammlung der alten Griechen, der Panegyris, dann allgemein: Lobrede. **panegyrisch,** verherrlichend, lobredend.

P′anem et circ′enses [lat. ‚Brot und Zirkusspiele‘], Zitat Juvenals: das röm. Volk habe in der Kaiserzeit Ernährung und Vergnügungen ohne Arbeit verlangt.

Panenthe′ismus, die Lehre K. Chr. Krauses, nach der das All in Gott ruht.

Paneur′opa, →Europäische Einigungsbewegung.

P′anflöte, Syrinx, eine uralte, weitverbreitete Hirtenflöte aus mehreren verschieden langen Längsflöten.

Pangermanismus, Schlagwort für ein angeblich gemeinsames Stammesbewußtsein aller Völker german. Herkunft.

Pang′olin *der,* Art der Schuppentiere.

P′angwe, Bantuvolk in S-Kamerun und N-Gabun; zahlreiche Unterstämme.

panib′erische Bewegung, kulturelle und polit. Bestrebungen, die Beziehungen zwischen den lateinamerikanischen Staaten und Spanien und Portugal zu fördern.

Pan′ier [frz. ‚Heerfahne‘] *das,* Banner.

panieren [frz. zu lat. panis ‚Brot‘], Bratstücke in Eigelb, Mehl oder geriebener Semmel umwenden und dann braten.

P′anik [zu Pan] *die,* Massenangst, sinnlose Verwirrung, bes. bei plötzlich und unerwartet hereinbrechenden Gefahren.

p′anislamische Bewegung, abendländ. Bezeichnung für das Streben der islam. Welt nach Überwindung ihrer polit. Zersplitterung. Bemühungen einer Wiederherstellung des 1924 abgeschafften Kalifats scheiterten. Nach dem 2. Weltkrieg wurde Pakistan Zentrum einer p. B., die auf die gegenseitige Unterstützung unabhängiger islam. Staaten und Durchsetzung staatl. Unabhängigkeit derjenigen islam. Staaten zielte, die noch unter europ. Kolonialmächten standen.

P′anje [poln. ‚Herr‘] *der,* halb scherzhafter Name für Polen und Russen. **Panjepferd,** kleines russisches Pferd.

Pankhurst [p′æŋkhəːst], Emmeline, geb. Goulden, * 1858, † 1928, Vorkämpferin für das Frauenwahlrecht in England.

Pankok, 1) Bernhard, Architekt und Maler,

* 1872, † 1943, Meister des Jugendstils (Innenarchitektur, kunsthandwerkliche Entwürfe).

2) Otto, Graphiker, Maler, Bildhauer, * 1893, † 1966; sozialkritische Themen im expressionist. Stil.

Pankow [-ko], der 19. VerwBez. der Stadt Berlin (Ost-Berlin); Sitz verschiedener Regierungsstellen der Dt. Dem. Rep.

Pankr′atius, nach der Überlieferung mit 14 Jahren 304 (?) in Rom enthauptet; Eisheiliger, einer der 14 Nothelfer. Tag: 12. 5.

P′ankreas [grch.] *das,* die Bauchspeicheldrüse.

Panlog′ismus, die Lehre, nach der die Vernunft als das eigentlich Wirkliche und die Welt als deren Verwirklichung angesehen wird.

Panmunj′on, korean. Ort im NW von Söul; im →Koreakrieg wurde hier 1953 der Waffenstillstand abgeschlossen.

Pann′onien, latein. **Pannonia,** ehemals das Land zwischen Donau und Save, bewohnt von den illyrisch-kelt. **Pannoniern;** 9 n. Chr. bis etwa 400 n. Chr. röm. Provinz.

Pannwitz, Rudolf, Dichter und Kulturphilosoph, * 1881, † 1969; K. erstrebte einen neuen Humanismus im Geist von Dionysos und Apoll, eine Gesamterneuerung des europ. Menschen als Gegenwurf zum modernen Nihilismus.

Panophthalm′ie [grch.] *die,* eitrige Entzündung des Augeninnern, bei der die Sehkraft verlorengeht.

Pan′optikum [grch.] *das,* -s/...ken, Wachsfigurensammlung; Schaustellung von Sehenswürdigkeiten.

Panor′ama [grch.] *das,* Rundsicht, -bild.

Panorm′ita, Antonius, eigentl. Antonio degli **Beccadelli,** neulatein. Dichter, * 1394, † 1471; Epigramme.

Pan′owa, Wera Fjodorowna, russ. Schriftstellerin, * 1905; Romane (‚Weggenossen‘, 1946; ‚Jahreszeiten‘, 1953).

Panpsych′ismus, Allbeseelungslehre, seelische Vorgänge in der gesamten, auch unbelebten, Natur (Paracelsus, Fechner).

P′ansen *der,* ein Magenteil der Wiederkäuer.

Pansenstich, beim Rind: ein Stich in den Pansen mittels Trokar, zum Beseitigen einer Aufblähung.

Panslawismus, allslaw. Einigungsbewegung, kam 1830 bei der westslaw. Intelligenz auf (Ablehnung russ. Vormachtansprüche). Rußland erstrebte einen P. unter russ. Führung. Vor und im 1. Weltkrieg wirkte er bes. bei Tschechen und Serben. Im 2. Weltkrieg lebte er in der slaw. Solidarität gegen die Deutschen auf.

Pansoph′ie, eine philosophisch-relig. Bewegung des 16. und 17. Jahrh., die neuplaton. und alchemist. Gedanken fortführte (Paracelsus, Rosenkreuzer). Wirkte noch weit ins 18. Jahrh.

Pansperm′ielehre, nach Svante Arrhenius die Annahme, daß Lebenskeime von einem Himmelskörper zum andern übertragbar seien.

Pant′agruel, Sohn des Riesenkönigs Gargantua in Rabelais' Roman ‚Gargantua und Pantagruel‘.

Pant′aleon, einer der 14 Nothelfer, starb unter Diokletian den Märtyrertod. Patron der Ärzte; Tag: 27. 7.

Pantal′one, komische Charaktermaske der Commedia dell'arte, Typ des geschäftigen Bürgers und geizigen Vaters.

p′anta rhei [grch.], Lehrsatz Heraklits: alles fließt.

Panteller′ia, vulkan. Insel südwestlich von Sizilien, zu Italien gehörig, 83 km² groß, Flotten- und Luftstützpunkt.

Panthe′ismus [grch.-lat.], die philosoph. Lehre, daß Gott und die Welt eins seien; in reinster Form bei Spinoza.

P′antheon [grch.] *das,* die Gesamtheit der in einer polytheist. Religion verehrten Gottheiten und auch ein allen Göttern geweihtes Heiligtum, in der Neuzeit Gedächtnisstätte bedeutender Männer. **P. in Rom,** der größte Rundtempel und Kuppelbau der Antike, zwischen 118 und 125/28 n. Chr. errichtet, ein zylindr. Backsteinbau mit Giebelvorhalle. Der Innenraum wird von einer halbkugelförm. Kuppel überwölbt. Durchmesser und Höhe des Raums sind gleich: 43,2 m. **P. in Paris,** 1756 bis 1790 nach Plänen Soufflots erbaut, anfängl. Kirche, seit 1791 Ehrentempel der großen Franzosen.

Pantheon in Rom

Panther [grch.], der Leopard.

Pantherblume, Leopardenblume, ostasiatisches Schwertliliengewächs mit gelbrot gefleckten Blüten.

Pantherpilz, ein Wulstling.

Pantoffel [grch.-ital.], meist absatzlose leichte Fußbekleidung.

Pantoffelblume, Zierpflanze der südamerikan. Rachenblütergattung **Calceolaria.**

Pantoffeltierchen, latein. **Param′aecium,** zu den Wimpertierchen gehörige Gattung pantoffelähnlicher Faulwasserbewohner.

Pantherblume, Blüten

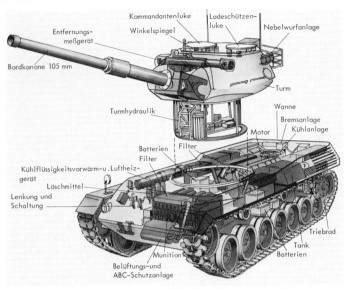

Panzer: Perspektivschnitt durch den Kampfpanzer ,Leopard'

Pantogr'aph [grch.] der, **Storchschnabel**, Zeichengerät.

Pantokr'ator [grch. ,Allherrscher'] der, **1)** Ehrentitel für den höchsten Gott, auch für Christus. **2)** Darstellung des thronenden und herrschenden Christus in der christl., bes. byzantin. Kunst.

Pantom'ime [grch.] die, seit der Antike eine theatral. Darstellung, ausgedrückt durch stummes Gebärdenspiel und Bewegung im Raum, verbunden auch mit Musik und Tanz. In der Neuzeit wurde die P. ein besonderer Zweig des Balletts.

Pantom'imik [grch.] die, Gebärdensprache des ganzen Körpers.

Pantoth'ensäure, Wirkstoff aus der Gruppe der B_2-Vitamine, wichtig für die Zellatmung.

Pantry [p'æntri, engl.] die, Raum zum Speisenanrichten, Geschirraufbewahren auf Schiffen und Flugzeugen.

Pantschat'antra [Sanskrit] das, eine altind. Fabelsammlung, enthält Regeln der Staatskunst und Weltklugheit.

Pantschen-Lama, →Pan-chen Rin-po-che.

Panzer, 1) Schutzbekleidung gegen feindl. Angriffe; auch im Tierreich. **2)** kurz für Panzerfahrzeug. Man unterscheidet: **Kampfpanzer**, zum Kampf gegen P. und Infanterieziele: Waffen in Drehtürmen, meist Schnellfeuerkanonen. **Sturmpanzer:** Unterstützungsfahrzeuge mit Steilfeuerwaffen zum Kampf gegen Feldstellungen. **Jagdpanzer:** zum Kampf gegen Kampfpanzer, Bewaffnung meist in der Vorderfront. **Aufklärungspanzer:** schnelle, leicht gepanzerte P. zur Aufklärung auf der Erde. **Schützenpanzer:** Kampffahrzeug der mechanisierten Infanterie, Hauptausstattung der →Panzergrenadiere, Beförderung von Mannschaften oder sämtlicher schwerer Waffen der Infanterie, Kampf vom Fahrzeug und abgesessen. Weitere P.: Artillerie-, Pionier-, Flapanzer.

Panzer, Friedrich, Germanist, * 1870, † 1956, widmete sich der Forschung über Märchen, Sagen, höfische Epik.

Panzerabwehrkanone, Abk. **Pak,** bewegliches Geschütz zur Bekämpfung von Kampfpanzern; große Feuergeschwindigkeit, Kaliber bis 100 mm oder mehr.

Panzerbarsch, der →Rotbarsch.

panzerbrechende Waffen, Waffen, deren Geschosse, meist mit →Hohlladung, Panzerplatten durchschlagen können.

Panzerechsen, Ordnung der Kriechtiere, mit Krokodil, Alligator, Gavial.

Panzerfaust, eine Panzernahkampfwaffe (Raketengeschoß) im 2. Weltkrieg; ähnlich der **Panzerschreck** und die →Bazooka.

Panzerfische, die ausgestorbenen urtümlichen Fische, mit Knochenpanzer.

Panzergeißelalgen, **Dinoflagellaten,** kleine algenartige Einzeller, meist mit siebartigem Cellulosepanzer und 2 Rudergeißeln; im Meeresplankton.

Panzerglas, schußsicheres mehrschichtiges →Verbundglas.

Panzergrenadiere, im 2. Weltkrieg als Spezialtruppe zum Zusammenwirken mit Kampfpanzern entstanden, in der Bundeswehr die gesamte Infanterie, mit Ausnahme der Jäger.

Panzerherz, ♥ Folge von Herzbeutelverwachsung (Übersicht Bd. 1, S. 532).

Panzerholz, Lagenholz mit Deckschichten aus Aluminium- oder Stahlblech.

Panzerkrebse, →Languste.

Panzerlurche, ausgestorbene salamanderförmige Lurche mit Hautskelett.

Panzerplatte, bis 40 cm dicke Stahlplatte aus zähem Schmiedestahl und einer aufgeschweißten Hartstahlplatte für Kriegsschiffe und Panzer.

Panzerschiff, Kriegsschiff mit Panzerdeck und Gürtelpanzer.

Panzersperren, ⚒ künstl. Hindernisse gegen das Vordringen feindl. Panzerverbände: Gräben, Höcker aus Beton, Minenfelder u. a.

Panzertruppe, eine Waffengattung der Kampftruppen, bestehend aus Panzerverbänden und Panzeraufklärungsverbänden. Die Panzerverbände sind mit Kampf-

panzern ausgerüstet, ihre Stärke liegt im Angriff. Mehrere Panzerbataillone bilden den Kern der Panzerbrigaden, in deren Rahmen sie mit Panzergrenadieren, Panzerartillerie, Panzerpionieren u. a. Unterstützungstruppen zusammenwirken.

Panz'ini, Alfredo, italien. Schriftsteller, * 1863, † 1939; Romane (u. a. ,Santippe', ferner ,Dizionario moderno' (1905).

P'aoli, Pasquale, kors. Freiheitskämpfer, * 1725, † 1807, errichtete auf Korsika ein freiheitl. Regime und leitete 1755-69 die Aufstände der Korsen gegen Genua und Frankreich.

Pä'onie [grch.] die, **Pfingstrose, Bauernrose,** Gattung der Hahnenfußgewächse, meist Stauden, z. T. knollig mit farbenprächtigen Blüten.

Paoting, Stadt in der chines. Prov. Hopei, 265 000 Ew., an der Bahn Peking-Wuhan.

Paot'ou, Stadt in China, in der Inneren Mongolei, 500 000 Ew., eines der großen Eisen- und Stahlzentren Chinas.

P'apa [lat. ,Vater'], Titel des Papstes.

Pap'abile [ital.] der, ein Kardinal, der Aussicht hat, zum Papst gewählt zu werden.

Papad'opulos, Georgios, griech. Offizier und Politiker, * 1919, führend am Militärputsch vom 21. 4. 1967 beteiligt, zunächst Min., nach dem erfolglosen Gegenputsch König Konstantins II. (Dez. 1967) MinPräs. und Verteidigungs-Min.

Papagallo der, Mz. Papagalli [ital.], Südländer (meist Italiener), der erotische Abenteuer sucht.

Papag'eien [afrikan.], über warme Länder verbreitete Vogel-Ordnung, oft farbenprächtig, mit Greiffüßen, der Oberschnabel wird beim Klettern mitbenutzt. Gedächtnis und Assoziationsvermögen sind hoch entwickelt.

Papageienbuch, die ind. Märchensammlung **Sukasaptati;** durch eine pers. Übersetzung (14. Jahrh.) gelangten viele ind. Erzählungen nach W-Asien und Europa.

Papageienkrankheit, Psittakose, eine bes. von Wellensittichen und Papageien ausgehende Vogelkrankheit (Ornithose); auf den Menschen übertragbar, ruft Fieber, Lungenentzündung, Kopfschmerz, Kreislaufstörungen hervor. Bekämpfung durch Antibiotica.

Papageifeder, eine buntlaubige, zur Gattung Amarant gehörige Zierpflanze.

Papageifische, Familie der Barschartigen, in warmen Meeren, mit schnabelartigen Kiefern; z. B. der **Seepapagei.**

Pap'agos, Alexandros, griech. Marschall (1949), * 1883, † 1955, 1952-55 MinPräs.

Papa'in das, eiweißspaltendes Enzym aus Pflanzen, wird zur Verkürzung der Fleischreife, zum Eiweißabbau in Getränken u. a. verwendet.

Papal'ismus, Pap'alsystem, das System der päpstl. Kirchenhoheit.

Papandreou, 1) Andreas, griech. Politiker, * 1919, Sohn von 2), 1964 und 1965 Min., nach Inhaftierung ging er 1968 ußer Landes.
2) Georgios, griech. Politiker, * 1888, † 1968, mehrfach Min. (1922-33), 1938 ver-

Papageien: links dunkelroter Ara; Mitte Gelbmantellori; rechts roter Lori

bannt, übernahm 1944 die Exilreg. in Kairo, mit der er im Okt. 1944 nach Athen zurückkehrte. 1963 MinPräs., 1965 Rücktritt.

Pap′antla, Stadt im Staat Veracruz, Mexiko, 7000 Ew.; in vorkolumb. Zeit Mittelpunkt der Totonaken; in der Nähe→El Tajín.

P′apau der, Gattung der Anonengewächse im atlant. N-Amerika.

Pap′aver [lat.], Pflanzengattung →Mohn.

Papaver′in das, Alkaloid aus dem Opium, krampflösendes Arzneimittel.

Papeet′e [frz.], Hauptort der Insel Tahiti, zugleich Hauptstadt von Französisch-Polynesien, 22 300 Ew., bedeutendes Handelszentrum; Tourismus; seit 1967 Basis der französ. Atomwaffenversuche im Pazifik.

P′apel die, Knötchen auf der Haut, bei vielen Hautkrankheiten.

Papen, Franz von, Politiker, * 1879, † 1969, 1921-32 Zentrumsabg. im preuß. Landtag, 1932 Reichskanzler, Jan. 1933 bis Juli 1934 Vizekanzler, dann Gesandter, seit 1936 Botschafter in Wien, 1939-44 in der Türkei. 1946 in Nürnberg freigesprochen; von einer Spruchkammer verurteilt (8 Jahre Arbeitslager), 1949 entlassen.

Papenburg, Stadt in Ndsachs., 17 300 Ew., durch schiffbaren Kanal mit der Ems verbunden; Schiffswerften, Maschinen-, Metallwaren-, Textilindustrie, Sägewerke; Frühgemüsegärtnereien.

Paperback [pˈeipbæk, engl.], Buch mit lackiertem oder laminiertem Kartonumschlag.

Paphlag′onien, im Altertum gebirgige Landschaft im nördl. Kleinasien.

Papier, durch Verfilzung fast ausschließl. von Pflanzenfasern entstandenes blattartiges Gebilde. Dickeres P. sind →Karton und →Pappe. Wichtigste Rohstoffe: Holz (Fichte, Tanne, Kiefer, Pappel, Weide, Buche, Birke, Kastanie), Stroh, Bambusrohr, Zuckerrohr, für Fein-P. Lumpen und Linters. Die Rohstoffe werden mechanisch aufbereitet, chemisch aufgeschlossen (Zellstoff), gebleicht, gewaschen, gemahlen (im Holländer oder Pulper) und mit Füllstoffen, Leim, Farben versetzt. Dieser P.-Brei (P.-Stoff) wird im Sandfang und Knotenfänger von festen Teilchen befreit, in Stoffschleudern weiter gereinigt und in der Stoffbütte gleichmäßig gemischt. Aus der Vorratsbütte wird der Brei entweder in mit Drahtgewebe bespannten Rahmen von Hand geschöpft (**Bütten-P.**, selten), oder der Brei wird durch Pumpen der P.-Maschine zugeführt. Auf der **Langsiebmaschine** läuft der Faserbrei auf ein endloses, schwach geneigtes Metalldrahttuch. Bei der **Rundsiebmaschine** tauchen umlaufende Siebzylinder in den P.-Brei. Die entstehende P.-Bahn wird durch einen Filz abgenommen, in der Gautschpresse entwässert, dann getrocknet, gekühlt, geglättet, beschnitten und aufgerollt. Dem

Holz Rohstoff Altpapier

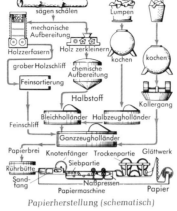

Papierherstellung (schematisch)

gleichen Filz können von mehreren Rundsiebmaschinen die P.-Bahnen zugeführt und zu einer Bahn vereinigt werden.

Ausrüstung: Durch →**Satinieren** erhält das P. besonderen Glanz oder Transparenz. Beim **Gaufrieren** (Prägen) werden Muster in das P. eingeprägt. Beim **Kreppen** erhält das P. Fältelung. P. aus Kunstfasern hat große Festigkeit und Elastizität, geringe Wasseraufnahme. - Die Papier- und Pappenindustrie umfaßt die Holzschliff, Zellstoff, Papier und Pappe erzeugende und die Papier und Pappe verarbeitende Industrie.

Papierblume, ein südeurop. Korbblüter, der zu den Immortellen gehört.

Papierboot, ⚲ zu den Kraken gehöriger Kopffüßer; Weibchen bis zu 25 cm lang, mit großer, papierdünner Brustschale, Männchen nur 1 cm lang.

Papierchromatographie, Verfahren der chem. Analyse zur Auftrennung von Stoffgemischen auf Grund der verschiedenen Löslichkeit der einzelnen Stoffe. Das gelöste Gemisch wird auf einen Filtrierpapierstreifen gebracht, der mit einem Ende

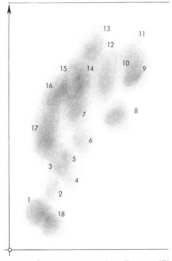

Papierchromatogramm eines Peptons (Eiweißbestandteils) aus Fleisch: **1** *Zystin,* **2** *Glutaminsäure,* **3** *Asparagin,* **4** *Serin,* **5** *Glykokoll,* **6** *Threonin,* **7** *Alanin,* **8** *Tyrosin,* **9** *Tryptophan,* **10** *Methionin,* **11** *Leucin-Isoleucin,* **12** *Valin,* **13** *Prolin,* **14** *Histidin,* **15** *Arginin,* **16** *Lysin,* **17** *Ornithin,* **18** *Asparaginsäure*

in einem Lösungsmittelgemisch hängt. Je stärker ein Stoff darin löslich ist, desto stärker wird er beim Emporsteigen des Lösungsmittels von diesem mitgenommen, was durch Reagentien ermittelt wird.

Papierformate, die vom Normenausschuß 1922 eingeführten Formate (**DIN-Formate**):

For-mat	Reihe A mm	Reihe B mm	Reihe C mm
0	841 x 1 189	1000 x 1414	917 x 1297
1	594 x 841	707 x 1000	648 x 917
2	420 x 594	500 x 707	458 x 648
3	297 x 420	353 x 500	324 x 458
4	210 x 297	250 x 353	229 x 324
5	148 x 210	176 x 250	162 x 229
6	105 x 148	125 x 176	114 x 162
7	74 x 105	88 x 125	81 x 114
8	52 x 74	62 x 88	57 x 81

Papiergewicht, ⚔ Gewichtsklasse im Boxen, bis 48 kg, ebenso im Gewichtheben.

Papiermaché das, eine bildsame Masse aus wassergelöstem Papier, gemischt mit Leimlösung, Gummi oder Stärke, Gips, Kreide, Schwerspat oder Ton; die Masse wird in geölte Formen gepreßt und getrocknet.

Papiermuschel, eine Muschel im Pazifik, mit dünnen durchscheinenden Schalen.

Papiernautilus der, ⚲ das Papierboot.

Papierwährung, das heute übl. Währungssystem, bei dem außer Scheidemünzen nur Banknoten (**Papiergeld**) umlaufen, die nicht in Edelmetall oder Metallgeld einlösbar sind.

Papierwerke Waldhof-Aschaffenburg AG., Abk. **PWA**, Mannheim-Aschaffenburg, größtes westdt. Unternehmen der Zellstoff- und Papierind., 1970 durch Fusion der ‚Aschaffenburger Zellstoffwerke AG.‘ mit der ‚Zellstoffabrik Waldhof‘, Mannheim, entstanden. Kap. 131,6 Mill. DM; Beschäftigte: rd. 14 000 (1970).

Papilionaz′een [lat.] Mz., ⚘ Schmetterlingsblüter, Fam. der Hülsenfrüchte.

Papill′arlinien [lat.], die feinen Tastlinien auf Fußsohlen und Hohlhand, bes. an den Fingerkuppen (**Hautleisten**). Ihre Anordnung ist bei jedem Menschen anders und dient daher als Erkennungszeichen (so beim Fingerabdruckverfahren).

Pap′ille [lat.] die, das Wärzchen.

Papin [papˈɛ̃], Denis, französ. Arzt und Naturforscher, * 1647, verschollen nach 1712 in England, Prof. in Marburg und Kassel, vielseitiger Erfinder: Dampfkochtopf mit Sicherheitsventil (**P.scher Topf**), eine einfache Dampfmaschine, eine Dampfpumpe u. a.

Pap′ini, Giovanni, italien. Schriftsteller, * 1881, † 1956; ‚Ein erledigter Mensch‘ (1912) u. a.

Papini′anus, Aemilius, bedeutender röm. Jurist, * um 140, ermordet 212.

Pappatac′ifieber, →Dreitagefieber.

Pappe, aus mehreren Lagen feuchten Papierstoffes hergestelltes dickes, festes Papier: Asbest-P., Bitumen-P., Braunholz-P. u. a. Well-P. besteht aus einer gewellten Lage billigen Papiers zwischen glatten Deckpapieren.

Pappel, zu den Weidengewächsen gehörender, rasch wachsender Baum, bis 30 m hoch, mit zweihäusigen Kätzchenblüten. Die **Schwarz-P.**, mit dreieckigem Blatt, ist als **Pyramiden-P.** Zierbaum an Landstraßen; die **Weiß-** oder **Silber-P.** und die **Zitter-P.** oder **Espe** haben Blätter, die unten weiß-filzig sind und bei der Zitter-P. im geringsten Luftzug flattern. - P.-Holz ist weich und leicht; es wird zu Zündhölzern, Schindeln, als Furnier-, Schnitz-, Kistenholz, zur Papierfabrikation u. a. verwendet. (Bild S. 922)

Pappelblattkäfer, Blattkäfer, größtenteils zinnoberrot, als Larve Pappel- und Weidenblattzerstörer.

Pappelbock, zwei Arten der Bockkäfer, die an Pappeln leben.

Papierherstellung (1970)

| | | dar. Zeitungs- in druckpapier |
	1 000 t	in 1 000 t
Bundesrep. Dtl.	5 675	407
Dt. Dem. Rep.[1]	1 037	95
Finnland	4 251	1 362
Frankreich	4 135	445
Großbritannien	4 941	757
Italien	3 451	273
Niederlande	1 389	167
Norwegen	1 418	170
Österreich	1 017	170
Schweden	4 359	1 030
Schweiz[2]	650	135
Sowjetunion[1]	6 284	1 051
Japan	12 973	1 918
Kanada[2]	10 174	7 795
Verein. Staaten	60 629	3 048
Welt[2]	**112 000**	**19 000**

[1] 1969. [2] 1968.

Pappel: **1** *Zitterpappel; a männl., b weibl. Kätzchen, c Blätter.* **2** *Schwarzpappel; Fruchtzweig mit geöffneten und geschlossenen Kapseln*

Pappenheim, Graf Gottfried Heinrich zu P., kaiserl. Reitergeneral, * 1594, † (gefallen) 1632, focht mit seinen Kürassieren (,Pappenheimer') im 30jährigen Krieg.

P´appus [grch.-lat.] *der*, ⊕ die Haarkrone der Korbblüter.

Pappus von Alexandria, griech. Mathematiker um 300 n. Chr., förderte die projektive Geometrie, verfaßte ein Sammelwerk über die mathemat. Kenntnisse des Altertums.

P´aprika [serb.] *der*, die Pflanzengattung Capsicum, stammt aus der trop. Südamerika, mit kartoffelähnl. Blüten und roten oder grünen Früchten (fälschl. Schoten), die als Gemüse oder wegen ihres hohen Gehalts an dem Alkaloid Capsaïcin als Gewürz dienen (**Spanischer, Roter, Cayenne-Pfeffer**). P. ist reich an Vitamin A und C. (Bild Gewürzpflanzen)

Papst [von lat. papa ,Vater'], der Bischof von Rom, nach kath. Lehre der Stellvertreter Christi auf Erden, Nachfolger des Petrus, Oberhaupt der Kath. Kirche. Der P. ist kraft seiner gesamtkirchlichen Gewalt (Primat) oberster Lehrer, Gesetzgeber und Richter der Kirche, steht über allen anderen Bischöfen und den Bischofsversammlungen (Konzilien) und ist, wenn er ,vom Lehrstuhl Petri aus' (ex cathedra) in Sachen der Glaubens- und Sittenlehre spricht, unfehlbar. Diesem Jurisdiktionsprimat entspricht sein Ehrenprimat, der den Vorrang vor allen anderen Patriarchen und Bischöfen, eine besondere Tracht, besondere Insignien (Tiara, gerader Bischofsstab, sog. Pedum rectum) und besondere Titel (Summus Pontifex, Lat. ,Oberster Bischof') und Anreden (Heiliger Vater, Euer Heiligkeit) einschließt. Völkerrechtlich beansprucht der P. die Unabhängigkeit von allem staatlichen Recht und ist als geistl. Souverän anerkannt. Aus dieser Eigenschaft ergibt sich seine weltl. Souveränität über den Vatikanstaat. Dem P. steht das aktive und passive Gesandtschaftsrecht zu. Die Besetzung des päpstl. Stuhles erfolgt durch Wahl der Kardinäle unter 80 Jahren; gewählt ist, wer zwei Drittel und eine der abgegebenen Stimmen erhält. Wählbar ist jeder Katholik, auch ein Laie, der aber zur Amtsausübung sich weihen lassen müßte. Seit 1389 wurde immer ein Kardinal, seit 1523 immer ein Italiener gewählt. Die Erledigung des päpstl. Amtes ist nur durch Tod oder Verzicht (bisher freiwillig nur Cölestin V.) möglich; Absetzung ist ausgeschlossen. Während der Sedisvakanz ruht die päpstl. Gewalt.

Geschichte. Der schon im 1. Jahrh. sich zeigende Anspruch der römischen Gemeinde (seit dem 2. Jahrh. des römischen Bischofs) auf den Vorrang in der Kirche wird seit dem 3. Jahrh. auf die Nachfolge

des Petrus als ersten Bischofs von Rom und auf die Petrusstelle Matth. 16, 18 gestützt. Diese dogmat. Theorie des römischen Primats ist mit der seit Ende des 5. Jahrh. beanspruchten Selbständigkeit der kirchlichen gegenüber der staatlichen Gewalt vollendet. Die praktische Durchsetzung des Primats gegenüber dem Episkopat erlitt immer wieder Rückschläge; sie war erst mit dem Konzil von Trient (1545-63) innerkirchlich endgültig gefestigt und wurde mit der Dogmatisierung der päpstl. Unfehlbarkeit auf dem Vatikanischen Konzil von 1870 zum förmlichen Abschluß gebracht. Gegenüber dem Staat konnte der geistl. Leitungsanspruch des Papstes und der Kirche weder unter den christlich gewordenen römischen Kaisern noch im Frühmittelalter durchgesetzt werden. Das gelang erst in dem großen Kampf zwischen P. und Kaiser, der mit dem Investiturstreit im 11. Jahrh. begann und das Papsttum unter Innozenz III. (1198-1216) auf den Höhepunkt seiner Vorherrschaft gegenüber dem Staate führte. Im Spätmittelalter geriet der P. wieder in politische Abhängigkeit. Trotzdem vermochte er seine geistliche Gewalt auch während der Reformation und der Aufklärung zu behaupten und steigerte sie nach 1870 bis zur Stellung des unbestrittenen und absoluten Leiters der Kath. Kirche, der auch über sie hinaus moralisch und politisch einflußreich ist. Seit dem 2. Vatikan. Konzil (1963-65) ist die synodale Gründung seines Amtes stärker betont worden.

Papstkatalog, Verzeichnis der röm. Bischöfe.

Pap´ua, P´apua [malaiisch], **1)** austral. Territorium im Südosten von →Neuguinea. **2)** die Eingeborenen von Neuguinea, bes. die nicht melanesisch sprechenden; eine Vielzahl rassisch und sprachlich verschiedener Stämme.

Papua-Golf, Bucht im SO von Neuguinea.

Pap´yrus, 1) Papyrusstaude, an sumpfigen Fluß- und Seeufern heimisches, 1-3 m hohes Zypergras; vom trop. Afrika bis Sizilien verbreitet.

2) griech. P´apyros *der*, -/ . . .ri, Beschreibstoff in Rollen-, Blatt- und Buchform, hergestellt aus dem Stengelmark der P.-Staude, das in Streifen geschnitten, dann kreuzweise geklebt und getrocknet wurde. Der P. gelangte von Ägypten aus, wo man ihn seit dem 3. Jahrtsd. v. Chr. kannte, in die ganze antike Kulturwelt, nach Griechenland wahrscheinlich im 6. Jahrh. v. Chr. Seit dem 2. Jahrh. n. Chr. wurde der P. allmählich durch das Pergament verdrängt. Beschriftete P. haben sich im Boden Ägyptens in großer Zahl erhalten. **Papyruskunde, Papyrologie,** eine historische Grundwissenschaft der Altertumskunde.

Paquet [pak´ɛ], Alfons, Schriftsteller, * 1881, † 1944; Erzähler, Essayist, Lyriker und Dramatiker.

para... [grch.], neben..., entlang..., bei..., beinahe..., überhinaus..., gegen..., wider...

Par´a [Tupí-Sprache ,Wasser'], **1)** Rio P., südl. Mündungsarm des Amazonas, bildet mit dem Tocantius eine trichterförmige Mündungsbucht.

2) Staat in N-Brasilien, 1 248 042 km² groß, 1 984 000 Ew. Hauptstadt: Belém.

3) häufig für die Hauptstadt von 2), →Belém.

Par´a, *der*, kleine Währungseinheit; in Jugoslawien 1 P. = $^1/_{100}$ Dinar, in der Türkei: 1 P. = $^1/_{4000}$ türk. Pfund.

Parab´ase [grch.] *die*, ein Kernstück der alten attischen Komödie, gewöhnlich vor der Mitte des Stücks eingeschaltet; war eine Scheltrede an das Publikum, Kritik an Zuständen und Personen.

Par´abel [grch.] *die*, **1)** lehrhafte Erzählung, die an einem Gleichnis zu deutende erdichtete Begebenheit veranschaulicht (Ring-P. in Lessings ,Nathan der Weise'). **2)** ein Kegelschnitt, dessen Punkte von

einem festen Punkt (Brennpunkt) und einer festen Geraden (Leitlinie) den gleichen Abstand haben. Das Lot vom Brennpunkt auf die Leitlinie schneidet die P. im Scheitel und liefert die Symmetrieachse der P.

Parabolo´id *das*, Fläche 2. Ordnung ohne Mittelpunkt. Das **Rotations-P.** entsteht durch Drehung einer Parabel um ihre den Scheitel mit dem Brennpunkt verbindende Achse. Das Rotations-P. ist ein spezielles **elliptisches P.** Man unterscheidet ellipt. von **hyperbolischen P.** danach, ob ihre Schnittkurven mit einer gewissen Schar paralleler Ebenen Ellipsen oder Hyperbeln sind.

Parac´elsus, eigentl. **Theophrast Bombast von Hohenheim,** Arzt und Naturforscher, * 1493, † 1541; Grundgesetz seiner

Paracelsus (Holzschnitt von A. Hirschvogel, 1540)

Lehre ist die Erhaltung und Pflege der natürl. Lebenskraft. P. erkannte als erster die chem. und physikal. Grundlagen des Lebendigen, und er gilt u. a. als Begründer der pharmazeut. Chemie.

Par´ade [frz.] *die*, **1)** ✶ Aufstellung und Vorbeimarsch einer Truppe, bes. vor Staatsoberhäuptern und Befehlshabern. **2) P., Deckung,** ✶ Abwehrbewegungen beim Fechten, Boxen u. ä. **3) P., Parieren,** das Anhalten des Pferdes aus dem Gange (ganze P.) oder das Verkürzen einer Gangart (halbe P.).

Parad´ies, 1) spätjüd. Name des Gartens Eden, aus dem Gott die ersten Menschen nach dem Sündenfall vertrieb (1. Mos. 2 f.). Neben dem urzeitl. heißt auch der endzeitl. Glückszustand gelegentlich P. - Der Glaube an einen urzeitl. und endzeitl. Glückszustand ist religionsgeschichtlich sehr weit verbreitet (→Islam, →Nirwana). **2)** ⊓ Vorhof frühchristl. Basiliken, in dem der Reinigungsbrunnen stand (Atrium); vereinzelt auch vor dem Westbau roman. Kirchen (z. B. Maria Laach).

Paradiesapfel, 1) Apfelbaumsorte. **2)** Tomate. **3)** Granatapfelbaum.

Paradiesbaum, 1) schmalblättrige →Ölweide. **2)** →Zedrachbaum.

Paradiesvogel, 1) den Raben verwandte Singvögel Neuguineas und Australiens, Waldbewohner. Die Männchen haben meist Prachtgefieder und besondere

Paradiesvogelblume, Blüte

** Heilige, * Selige, Gegenpäpste eingerückt

Petrus**	† 64 oder 67	Honorius I.	625-638	Gregor V.	996-999
Linus**	67-76	Severinus	640	Johannes XVI.	997-998
Anacletus oder		Johannes IV.	640-642	Silvester II.	999-1003
Cletus**	76-88	Theodor I.	642-649	Johannes XVII.	1003
Klemens I.**	88-97	Martin I.**	649-655	Johannes XVIII.	1004-1009
Evaristus**	97-105	Eugen I.**	654 (655)-657	Sergius IV.	1009-1012
Alexander I.**	105-115	Vitalian**	657-672	Benedikt VIII.	1012-1024
Sixtus I.**	115-125	Adeodatus II.	672-676	Gregor VI.	1012
Telesphorus**	125-136	Donus	676-678	Johannes XIX.	1024-1032
Hyginus	136-140	Agatho**	678-681	Benedikt IX.	1032-1045
Pius I.**	140-155	Leo II.**	682-683	Silvester III.	1045
Anicetus**	155-166	Benedikt II.**	684-685	Gregor VI.	1045-1046
Soter**	166-175	Johannes V.	685-686	Klemens II.	1046-1047
Eleutherus**	175-189	Konon	686-687	Benedikt IX.	1047-1048
Viktor I.**	189-199	Sergius I.**	687-701	Damasus II.	1048
Zephyrin**	199-217	Theodor	687	Leo IX.**	1049-1054
Calixtus I.**	217-222	Paschalis	687	Viktor II.	1055-1057
Hippolyt**	217-235	Johannes VI.	701-705	Stephan X. (IX.).	1057-1058
Urban I.**	222-230	Johannes VII.	705-707	Benedikt X.	1058-1059
Pontianus**	230-235	Sisinnius	708	Nikolaus II.	1058-1061
Anterus**	235-236	Konstantin	708-715	Alexander II.	1061-1073
Fabianus**	236-250	Gregor II.**	715-731	Honorius II.	1061-1064
Cornelius**	251-253	Gregor III.**	731-741	Gregor VII.**	1073-1085
Novatian	251	Zacharias**	741-752	Klemens III. 1080,	1084-1100
Lucius I.**	253-254	Stephan II.	752	Viktor III.**	1086-1087
Stephan I.**	254-257	Stephan III. (II.)	752-757	Urban II.*	1088-1099
Sixtus II.**	257-258	Paul I.**	757-767	Paschalis II..	1099-1118
Dionysius**	259-268	Konstantin	767-769	Theodorich	1100-1102
Felix I.**	269-274	Philipp	768	Albert	1102
Eutychianus**	275-283	Stephan IV. (III.)	768-772	Silvester IV.	1105-1111
Caius**	283-296	Hadrian I.	772-795	Gelasius II.	1118-1119
Marcellinus**	296-304	Leo III.**	795-816	Gregor VIII.	1118-1121
Marcellus I.**	308-309	Stephan V. (IV.)	816-817	Calixtus II.	1119-1124
Eusebius**	309 (310?)	Paschalis I.**	817-824	Honorius II.	1124-1130
Miltiades**	311-314	Eugen II.	824-827	Cölestin II.	1124
Silvester I.**	314-335	Valentin	827	Innozenz II.	1130-1143
Markus**	336	Gregor IV.	827-844	Anaklet II.	1130-1138
Julius I.**	337-352	Johannes	844	Viktor IV.	1138
Liberius	352-366	Sergius II.	844-847	Cölestin II.	1143-1144
Felix II.	355-365	Leo IV.**	847-855	Lucius II.	1144-1145
Damasus I.**	366-384	Benedikt III.	855-858	Eugen III.*	1145-1153
Ursinus	366-367	Anastasius Biblio-		Anastasius IV.	1153-1154
Siricius**	384-399	thecarius	855	Hadrian IV.	1154-1159
Anastasius I.	399-401	Nikolaus I.**	858-867	Alexander III.	1159-1181
Innozenz I.**	401-417	Hadrian II.	867-872	Viktor IV. (V.)	1159-1164
Zosimus**	417-418	Johannes VIII.	872-882	Paschalis III.	1164-1168
Bonifatius I.**	418-422	Marinus I.	882-884	Calixtus III.	1168-1178
Eulalius	418-419	Hadrian III.**	884-885	Innozenz III.	1179-1180
Cölestin I.**	422-432	Stephan VI. (V.)	885-891	Lucius III.	1181-1185
Sixtus III.**	432-440	Formosus	891-896	Urban III.	1185-1187
Leo I.**	440-461	Bonifatius VI.	896	Gregor VIII.	1187
Hilarus**	461-468	Stephan VII. (VI.)	896-897	Klemens III.	1187-1191
Simplicius**	468-483	Romanus	897	Cölestin III.	1191-1198
Felix III. (II.)**	483-492	Theodor II.	897	Innozenz III.	1198-1216
Gelasius I.**	492-496	Johannes IX.	898-900	Honorius III.	1216-1227
Anastasius II.	496-498	Benedikt IV.	900-903	Gregor IX.	1227-1241
Symmachus**	498-514	Leo V.	903	Cölestin IV.	1241
Laurentius	498; 501-506	Christophorus	903-904	Innozenz IV.	1243-1254
Hormisdas**	514-523	Sergius III.	904-911	Alexander IV.	1254-1261
Johannes I.**	523-526	Anastasius III.	911-913	Urban IV.	1261-1264
Felix IV. (III.)**	526-530	Lando	913-914	Klemens IV.	1265-1268
Bonifatius II.	530-532	Johannes X.	914-928	Gregor X.*	1271-1276
Dioskur	530	Leo VI.	928	Innozenz V.*	1276
Johannes II.	533-535	Stephan VIII. (VII.)	928-931	Hadrian V.	1276
Agapetus I.**	535-536	Johannes XI.	931-935	Johannes XXI.	1276-1277
Silverius**	536-537	Leo VII.	936-939	Nikolaus III.	1277-1280
Vigilius	537-555	Stephan IX. (VIII.)	939-942	Martin IV.	1281-1285
Pelagius I.	556-561	Marinus II.	942-946	Honorius IV.	1285-1287
Johannes III.	561-574	Agapetus II.	946-955	Nikolaus IV.	1288-1292
Benedikt I.	575-579	Johannes XII.	955-964	Cölestin V.**	1294
Pelagius II.	579-590	Leo VIII.	963-965	Bonifatius VIII.	1294-1303
Gregor I.**	590-604	Benedikt V.	964-966	Benedikt XI.*	1303-1304
Sabinian	604-606	Johannes XIII.	965-972	Klemens V.	1305-1314
Bonifatius III.	607	Benedikt VI.	973-974	Johannes XXII.	1316-1334
Bonifatius IV.**	608-615	Bonifatius VII. 974,	984-985	Nikolaus III.	1328-1330
Deusdedit		Benedikt VII.	974-983	Benedikt XII.	1334-1342
(Adeodatus I.)**	615-618	Johannes XIV.	983-984	Klemens VI.	1342-1352
Bonifatius V.	619-625	Johannes XV.	985-996	Innozenz VI.	1352-1362

Urban V.*	1362-1370
Gregor XI.	1370-1378
Urban VI.	1378-1389
Bonifatius IX.	1389-1404
Innozenz VII.	1404-1406
Gregor XII.	1406-1415
Gegenpäpste der Oboedienz	
von Avignon	
Klemens VII.	1378-1394
Benedikt XIII.	1394-1423
Klemens VIII.	1423-1429
Benedikt XIV.	1425-1430
Gegenpäpste der Oboedienz	
von Pisa	
Alexander V.	1409-1410
Johannes XXIII.	1410-1415
Martin V.	1417-1431
Eugen IV.	1431-1447
Felix V.	1439-1449
Nikolaus V.	1447-1455
Calixtus III.	1455-1458
Pius II.	1458-1464
Paul II.	1464-1471
Sixtus IV.	1471-1484
Innozenz VIII.	1484-1492
Alexander VI.	1492-1503
Pius III.	1503
Julius II.	1503-1513
Leo X.	1513-1521
Hadrian VI.	1522-1523
Klemens VII.	1523-1534
Paul III.	1534-1549
Julius III.	1550-1555
Marcellus II.	1555
Paul IV.	1555-1559
Pius IV.	1560-1565
Pius V.**	1566-1572
Gregor XIII.	1572-1585
Sixtus V.	1585-1590
Urban VII.	1590
Gregor XIV.	1590-1591
Innozenz IX.	1591
Klemens VIII.	1592-1605
Leo XI.	1605
Paul V.	1605-1621
Gregor XV.	1621-1623
Urban VIII.	1623-1644
Innozenz X.	1644-1655
Alexander VII.	1655-1667
Klemens IX.	1667-1669
Klemens X.	1670-1676
Innozenz XI.*	1676-1689
Alexander VIII.	1689-1691
Innozenz XII.	1691-1700
Klemens XI.	1700-1721
Innozenz XIII.	1721-1724
Benedikt XIII.	1724-1730
Klemens XII.	1730-1740
Benedikt XIV.	1740-1758
Klemens XIII.	1758-1769
Klemens XIV.	1769-1774
Pius VI.	1775-1799
Pius VII.	1800-1823
Leo XII.	1823-1829
Pius VIII.	1829-1830
Gregor XVI.	1831-1846
Pius IX.	1846-1878
Leo XIII.	1878-1903
Pius X.**	1903-1914
Benedikt XV.	1914-1922
Pius XI.	1922-1939
Pius XII.	1939-1958
Johannes XXIII.	1958-1963
Paul VI.	seit 1963

Schmuckfedern. 2) Sternbild des Süd-himmels.

Paradiesvogelblume, stammlose Zier-pflanze (Bananengewächs) aus Südafrika, Gewächshauspflanze, bes. auf Hawaii und in Kalifornien kultiviert. (Bild S. 922)

Parad'igma [grch.] das, Beispiel, Muster, bes. Beugungsmuster, Musterbeispiel in der Sprachlehre. **paradigmatisch,** bei-spielhaft.

Paradont'itis, →Parodentitis.
Paradont'ose, →Parodentose.
parad'ox [grch.], widersinnig, sonderbar. **Parad'ox** das, -es/-e, **Par'adoxon** das, -s/..xa, überspitzte (scheinbar) wider-sinnige Behauptung. **Paradox'ie** die, Wi-derstreit zweier an sich gleich begründeter Sinngehalte.
Paraff'inbehandlung, die Anwendung von Paraffin zu Heilzwecken: 1) innerlich

als Stuhlgleitmittel; 2) äußerlich, bes. als **Paraffinpackung,** zur Überwärmung eines Körperteils oder des ganzen Körpers.
Paraff'ine, die gesättigten Kohlenwasser-stoffe der Formel C_nH_{2n+2} (n = 1, 2, 3, ...), also Methan, Äthan, Propan, die Butane, Pentane, Hexane, Heptane, Oktane. Das P. des Handels, ein Gemisch fester kristal-liner P., wird für Kerzen, Salben, zur Kon-servierung, Isolierung usw. verwendet.

P.-Öl, ein Gemisch flüssiger P., dient als Darmgleitmittel.

Paragon′it der, Natronglimmer.

Paragr′aph [grch. ‚Randzeichen′] der, kleiner Abschnitt in einem Schriftwerk, bezeichnet durch das Paragraphenzeichen §, bes. die Einzelvorschrift in Gesetzen, Verträgen usw.

Paraguay, Fluß in Südamerika, größter Nebenfluß des Paraná, 2200 km lang, kommt aus dem Mato Grosso.

Paraguay, Republik in Südamerika, 406 752 km² mit 2,4 Mill. Ew. Hauptstadt: Asunción. Amtssprache: Spanisch. Staatskirche: Kath. Kirche. ⊕ XIV/XV, Bd. 1, nach S. 320. Staatsoberhaupt und Regierungschef ist der Präs.; Verf. vom 1967. □ S. 1179. □ Bd. 1, S. 392. Recht: Nach argentin.und span.Vorbild.Allgem.Wehrpflicht. Währung: 1 Guaraní (₲) = 100 Céntimos. P. ist ein Binnenstaat beiderseits des mittleren Paraguay, der O bis zum Paraná ein welliges Tafel- und Bergland, der W Tiefland (Teil des Gran Chaco). Das Klima ist überwiegend subtropisch, die Niederschläge nehmen von W nach O zu. Rd. 95% der Einwohner sind Mestizen, unter den Weißen etwa 25000 Deutsche. Vorherrschende Umgangssprache ist Guaraní. Allgem. Schulpflicht (seit 1870) kann wegen Schul- und Lehrermangel nicht durchgesetzt werden; je eine staatl. und kath. Universität. (Bild Südamerika.)

Wirtschaft. Die Landwirtschaft nutzt rd. 27% der Fläche, davon 91% als Weiden (bes. im W) für bedeutende Rinderzucht (1970: 5,8 Mill. Rinder). Angebaut werden Mais, Maniok, Bananen, Zuckerrohr, Ölfrüchte. Die Wälder (rd. 53% der Fläche) werden nur zu ¹/₃ genutzt; neben Holzeinschlag Gewinnung von Quebracho-Extrakt. Ausfuhr: Fleisch, Holz, Ölfrüchte, Häute. Haupthandelspartner: Argentinien, USA. Hauptverkehrswege sind Paraná und Paraguay, die P. mit der Atlantikküste verbinden. Haupthafen und -flughafen: Asunción. Eisenbahn nach Argentinien (327 km), rd. 6200 km Straßen.

Geschichte. Im heutigen P. entstand im 17./18. Jahrh. der einer span. Oberhoheit stehende Jesuitenstaat. 1811 wurde P. unabhängige Republik. 1865-70 unterlag es Brasilien, Argentinien und Uruguay. 1932-35 führte es im siegreichen Chacokrieg gegen Bolivien. Seit 1954 regiert A. Stroessner mit diktator. Vollmachten.

Para′íba, 1) Fluß in S-Brasilien, 1058 km lang, entspringt im Staat São Paulo. 2) Staat in NO-Brasilien, 56 372 km² groß, 2,384 Mill. Ew. Hauptstadt: João Pessoa, Seehafen Cabedelo. Anbau von Baumwolle, Zuckerrohr, Tabak u. a. 3) früherer Name von →João Pessoa.

Parakl′et [grch. ‚Beistand′], der, der Hl. Geist (auch Jesus selbst) als Fürsprecher.

Paralip′omena [grch. ‚Beiseitegelassenes′] Mz., Ergänzungen; in der Septuaginta, Vulgata: die Bücher der Chronik.

parall′aktische Aufstellung, eine Aufstellung astronom. Fernrohre: eine Drehachse weist nach dem Himmelspol, die zweite liegt in der Ebene des Himmelsäquators.

Parall′axe [grch. ‚Abweichung′] die, der Winkel zwischen zwei Geraden, die von verschiedenen Standorten aus nach dem gleichen Punkt gerichtet sind; wird bes. in

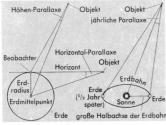

Parallaxe

der Astronomie zur Entfernungsmessung benutzt, wenn der Abstand der Punkte, die Basis, bekannt ist. Auch der Winkel, unter dem die Basis erscheint.

Parall′ax│panoramagr′amm, **Parall′ax│stereogr′amm** [grch.], streifenweise ineinandergeschachtelte photograph. Aufnahmen von dicht nebeneinander liegenden Standpunkten aus, die einen echten Raumeindruck vermitteln.

parall′el [grch.], gleichlaufend, vergleichbar. **Parallele** die, 1) Gegenüberstellung, vergleichbarer Fall. 2) Geometrie: mit einer andern Geraden in der gleichen Ebene in bestimmtem Abstand gleichlaufende und sich mit ihr nirgends im Endlichen schneidende Gerade.

Parall′el│epip′ed das, ein geometrischer Körper, begrenzt von 3 Paaren paralleler Ebenen (Parallelflach).

Parallel′ismus, 1) gleicher Verlauf, Übereinstimmung. 2) Stilistik: Übereinstimmung in benachbarten Wortgruppen; bei tautologischem oder synonymem P. sagen die parallelen Satzglieder das gleiche aus (Beispiel: Gott schuf den Menschen ihm zum Bilde, zum Bilde Gottes schuf er ihn), bei antithetischem P. wird Ungleiches gegenübergestellt. 3) psychophysischer P., Lehre, nach der seelische und leibliche Vorgänge stets parallel verlaufen.

Parallelkreis, Breitenkreis, →Breite.

Parallelogr′amm, →Parallelotop.

1 Parallelogramm. 2 Parallelepiped

Parallelot′op, in der Ebene das Parallelogramm, im Raum ein von drei Paaren paralleler Ebenen begrenzter Raumteil.

Parallelplattenzähler, ein Elektrodensystem aus zwei parallelen Metallplatten mit geringem Abstand, das zur scharfen Ortsmarkierung von geladenen Teilchen verwendet wird.

Parallelschaltung, elektr. Schaltung bei der die Stromerzeuger oder -verbraucher parallel an der gleichen Spannung liegen.

Paralog′ismus [grch.] der, Fehlschluß.

Paral′yse die, ⚕ vollständige Lähmung. - Paralysis agitans (Schüttellähmung) tritt auf bei Parkinsonismus. - Die progressive P. ist eine Form der Syphilis: die Erreger dringen in das Gehirn ein und bewirken dort zunächst Entzündungs-, später Entartungsvorgänge.

paralytisch, gelähmt, an Paralyse leidend.

Paramagnetismus, die magnetischen Erscheinungen in Stoffen, die in einem Magnetfeld eine zum Teil proportionale Magnetisierung annehmen.

Paramar′ibo, Hauptstadt und -hafen von Niederländisch-Guayana, am Suriname, 110 900 Ew.; Handels- und Ind.-Zentrum.

Param′ente [mlat.], christl. Liturgie: die liturg. Gewänder und sonstigen gottesdienstl. Zwecken dienenden Textilien.

Par′ameter der, veränderliche oder konstante Hilfsgröße, z. B. bei der Darstellung von gleichartigen Kurven, Flächen u. ä.

Par′ametron das, eine nichtlineare elektr. Schaltung zum Verstärken und für digitale Schaltkreise.

Paramount Pictures Corporation [p′æramaunt p′iktʃəz kɔːpər′eiʃən, engl.], amerikan. Filmgesellschaft, gegr. 1914, 1966 von der ‚Gulf & Western Industries, Inc.′ übernommen.

Paran′á, 1) Strom in Südamerika, mit dem Río de la Plata 4700 km lang. Quellflüsse: Paranaiba und Rio Grande. Der P. nimmt den Paraguay auf und mündet als →Río de la Plata.
2) Staat in S-Brasilien, 199 554 km² groß, 6,742 Mill. Ew. Hauptstadt: Curitiba. Viehzucht, Holzind. Kaffee.
3) Hauptstadt der argentin. Prov. Entre Ríos, am P., 190 000 Ew. Handelszentrum

(Flußhafen) eines reichen landwirtschaftl. Anbaugebiets; Universität, kath. Erzbischofssitz.

Paran′íba, früher **Paranahyba**, Quellfluß des Paraná in Brasilien, 860 km lang.

Parand′owski, Jan, poln. Schriftsteller, * 1895, seit 1933 im europ. Sektion des PEN-Clubs; Romane, Essays.

Paran′oia [grch.], **Verrücktheit**, eine als selbständig ‚Wahnkrankheit′ aufgefaßte Seelenstörung, heute meist als Sonderform der Schizophrenie angesehen.

P′aranuß, der dreikantige ölreiche, eßbare Samen eines südamerikan. Baumes.

Par′aph [grch.-frz.] der, **Paraphe** die, Namenszug, bes. der abgekürzte. **Paraphierung**, ⚕ bei diplomat. Verhandlungen der vorläufige Unterzeichnung einer Vereinbarung ohne Rechtsverbindlichkeit.

Paraphr′ase [grch.] die, 1) Umschreibung, erweiternde oder verdeutlichende Übertragung eines Textes in andere Worte. 2) freie Bearbeitung eines Musikstücks.

Paraprote│in′ose [grch.], **Paraproteinäm′ie**, ⚕ geschwulstähnliche, in wenigen Jahren zum Tode führende Erkrankung, bei der krankhafte Eiweißkörper in hoher Konzentration im Blutplasma vorkommen.

P′arapsychologie [grch.], die Wissenschaft von den okkulten Erscheinungen, d. h. von außersinnl. Wahrnehmungen (Telepathie, Hellsehen, Prophetie) und von physikalisch unerklärbaren seel. Wirkungen auf materielle Vorgänge (Psychokinese).

Paras′it [grch.] der, Schmarotzer. **parasit′är**, ⚕ durch P. verursacht, z. B. eine Krankheit. **paras′itisch**, schmarotzend.

Paras′olpilz, ein sonnenschirmförmiger, zu den Schirmlingen gehöriger Speisepilz.

Par′ästhes′ie [grch.] die, ⚕ Mißempfindung, z. B. bei Einschlafen der Glieder.

Parasymp′athicus [grch.-lat.], ein Teil des vegetativen Nervensystems, in seinem oberen Teil bes. mit dem X. Gehirnnerv (Vagus) gekoppelt. - Bei **Parasympathikotonie (Vagotonie)** befindet sich der P. in gesteigerter Spannung, d. h. im Zustand erhöhter Erregbarkeit.

Parat′axe [grch.] die, Ⓢ Beiordnung von Sätzen in einer Verbindung mehrerer Hauptsätze.

Paratyphus [grch.], eine dem Typhus ähnelnde meldepflichtige Infektionskrankheit. Vorbeugung und Behandlung wie bei Typhus. Typhus- und P.-Bakterien gehören zur Gruppe der Salmonellen. **P. B** wird als Wasser-, Nahrungs- und Schmierinfektion verbreitet, **P. A** ist eine Krankheit südlicher Länder.

par avion [par avj′ɔ̃, frz. ‚durch Flugzeug′], engl. **by air mail** [bai ɛə meil ‚mit Luftpost′], Vermerk auf Luftpostsendungen.

Parazent′ese [grch.] die, ‚Seitenstich′, meist: Einschnitt in das Trommelfell bei akuter Mittelohrentzündung.

Paraz′oa [grch.], Teil des Tierreichs zwischen Protozoen und Metazoen; einziger Tierstamm: Schwämme.

Parchim, Stadt im Bezirk Schwerin, an der Elde, 20 500 Ew.; Gasbetonwerk, Metallformwerk, Konserven- und Fleischwarenfabrik. Backsteinhallenkirchen St. Marien und St. Georgen.

Parcours [-k′uːr, frz.] der, eine Bahn mit festgelegten Hindernissen und Sprungkombinationen für Springreiten.

pardon! [pard′ɔ̃, frz.], Verzeihung! Entschuldigen Sie!

P′ardubitz, tschech. **Pardubice** [-tsɛ], tschechoslowak. Stadt in Ostböhmen mit 70 800 Ew., an der Elbe; techn. Universität, chem., pharmazeut. Ind., Erdölraffinerie. Schweres Jagdrennen seit 1874.

Pard′unen, ⚓ Taue zur seitl. und hinteren Abstützung des Mastes.

Par│ench′ym [grch.] das, 1) bei Pflanzen und niederen Tieren ein nur füllendes Gewebe aus einfach gebaute Zellen. 2) beim Menschen und Wirbeltieren spezifische Gewebselemente einiger Organe, z. B. von Drüsen (Leber).

parent'al [lat.], elterlich.

Parent'el [lat.] *die*, Nachkommenschaft, Verwandtschaft, bes. im Erbrecht.

par|enter'al [grch.], unter Umgehung des Magendarmkanals; p. einverleibt wird Arznei, z. B. durch Einspritzung.

Par|enth'ese [grch.] *die*, 1) eingeschalteter Satz. Die P. wird angezeigt durch Gedankenstriche, Kommata oder Klammern. 2) die Klammer selbst. **parenthetisch**, eingeschaltet, beiläufig.

Par|erga [grch.], ,Nebenwerke', Sammlung kleinerer Schriften eines Verfassers.

Par'ese [grch.] *die*, $ eine unvollständige Lähmung.

Par'eto, Vilfredo, italien. Volkswirt und Soziologe, * 1848, † 1923, Prof. in Lausanne, Vertreter der mathemat. Richtung der Volkswirtschaftslehre; P.s Lehren, bes. vom ,Kreislauf der Eliten', haben den Faschismus beeinflußt.

Paretz-Niederneuendorfer Kanal, →Havelkanal.

par excellence [-eksəl'ãs, frz.], vorzugsweise; schlechthin.

par exprès [-ɛkspr'ɛ, frz.], durch Eilboten.

Parf'orcejagd, Hetzjagd zu Pferd hinter Hunden auf Wild.

Parf'üm, Parfum [parf'œ̃, frz.], eine meist alkohol. Lösung von synthet. oder natürl. Riechstoffen. Die natürl. Riechstoffe sind pflanzl. oder tierischer Herkunft (äther. Öle; Ambra, Moschus, Zibet).

P'ari [ital.] *das*, Nennwert. **pari**, auf dem Nennwert stehend. **P.-Emission**, Ausgabe von Wertpapieren zu einem auf dem Nennwert lautenden Kurs **(Parikurs)**.

P'aria [ind.] *der*, Angehöriger der niedrigsten Kaste in Südindien; übertragen: unterdrückter, rechtloser Mensch.

Paricut'ín, jüngster Vulkan Mexikos, 2575 m hoch, etwa 350 km westl. der Hauptstadt. Seine Bildung begann 1943; 1952 für erloschen erklärt.

par'ieren [frz.], 1) gehorchen. 2) abwehren (Angriff, Hieb). 3) ein Pferd p., zum Stehen bringen, das Tempo verkürzen.

Par'ierstange, an Seitenwaffen kurze Querstange zwischen Griff und Klinge.

pari|et'al [lat.], Biologie: wandständig, nach der Körperwand hin liegend, zur Wand des Körpers gehörig.

Par'ini, Giuseppe, italien. Dichter, * 1729, † 1799; Oden, satirisches Epos im Geist der Aufklärung ,Il giorno' (1763-66).

Par'is, die Hauptstadt Frankreichs, im P.er Becken, beiderseits der Seine, zugleich Département (105 km²) mit 2,5 Mill. Ew., die Region P. (12 008 km²) hat 9,25 Mill. Ew. Die Stadt ist geistiger, kultureller und wirtschaftl. Mittelpunkt Frankreichs. Ihr Kern ist die Cité-Insel in der Seine, mit dem Justizpalast und der Kathedrale Notre-Dame. Mittelpunkt des heutigen P. ist der Stadtteil nördlich der Seine (Place Ch. de Gaulle mit Triumphbogen und Grabmal des Unbekannten Soldaten, Place de la Concorde, Place de l'Opéra, Place de la Bastille) mit dem Rathaus, dem →Louvre mit anschließendem Tuileriengarten und den Champs-Elysées mit dem Palais de l'Elysée, dem Sitz des Staatspräsidenten. Im W schließt sich der Bois de Boulogne an. Im N liegt der Stadtteil Montmartre, im O der Friedhof Père-Lachaise mit Grabdenkmälern bedeutender Männer, auf dem Südufer der Seine das Quartier Latin, das Universitätsviertel mit der Sorbonne, dem Palais de Luxembourg (Sitz des Senats), weiter westlich am Quai d'Orsay das Palais Bourbon (Tagungsort der Nationalversammlung), das Hôtel des Invalides und der Invalidendom (Grab Napoleons I.), das Marsfeld und der Eiffelturm; im S das Künstlerviertel Montparnasse. P. ist Sitz der französ. Regierung, der obersten Staats- und kirchl. Behörden und vieler internat. Organisationen. Es hat mehrere Universitäten (→Sorbonne), Hochschulen sowie Akademien und Forschungsinstitute, Nationalbibliothek, viele Museen und Theater. P. ist Finanz-, Handels- und Industriezentrum des Landes, Mittelpunkt des französ. Eisenbahn- und Straßennetzes, größter Binnenhafen des Landes. Untergrundbahn (Métro), Flughäfen (Orly, Le Bourget, P.-Nord im Bau). Die Region P. ist die größte Industrieballung Frankreichs (Metall-, Auto-, Luftfahrt-, elektrotechn. Ind.), die Stadt ist führend in Mode- und Luxuswaren, Parfüm- und kosmet. Industrie.

Geschichte. P., das gallisch-röm. Lutetia Parisorum, war 508 Sitz des Frankenkönigs Chlodwig, seit König Hugo Capet (987) dauernd die Hauptstadt Frankreichs. Die Stadt zählte 1518 schon 400 000 Ew. und wurde unter Ludwig XIV. zur anerkannten Metropole des europ. Festlandes. 1789 wurde P. zum Herd der Revolution; auch die Revolutionen von 1830, 1848 und der Aufstand der Kommune 1871 spielten sich hier ab. Im 2. Weltkrieg war P. 1940-44 von dt. Truppen besetzt.

P'aris, griech. Mythos: Sohn des Priamos und der Hekuba, entschied den Streit der Göttinnen Hera, Athene und Aphrodite um den Apfel der Eris zugunsten der Aphrodite, entführte Helena (→Troja), tötete Achilles durch einen Pfeilschuß in die Ferse, fiel durch Philoktet.

Pariser Abkommen, das 1910 in Paris geschlossene Abkommen zur Bekämpfung unzüchtiger Schriften, ergänzt durch das Genfer Abkommen (1923) und das Protokoll von Lake Success (1947).

Pariser Becken, besser **Seinebecken**, Plateaulandschaften in N-Frankreich, in deren Mittelpunkt Paris liegt. Das P. B. ist eine Mulde, in der die Schichten der Trias, des Jura, der Kreide und des Tertiär schüsselförmig ineinander liegen. Durch den Wechsel von härteren und weicheren Schichten entstanden fast ringförmig verlaufende Schichtstufen.

Pariser Bluthochzeit, →Bartholomäusnacht.

Pariser Friedensschlüsse, 1) 10. 2. 1763 zwischen Großbritannien, Portugal, Frankreich und Spanien, →Siebenjähriger Krieg. **2)** 3. 9. 1783 Friedensvertrag zwischen Großbritannien und den Verein. Staaten. **3)** 30. 5. 1814 (1. Pariser Friede), **4)** 20. 11. 1815 (2. Pariser Friede), →Freiheitskriege. **5)** 30. 3. 1856, →Krimkrieg. **6)** 10. 12. 1898 zwischen Spanien und den Verein. Staaten. **7) Pariser Vorortverträge** 1919/20 nach dem 1. Weltkrieg: mit dem Dt. Reich in Versailles, mit Österreich in Saint-Germain, mit Ungarn in Trianon, mit Bulgarien in Neuilly, mit der Türkei in Sèvres. **8)** 1946/47 nach dem 2. Weltkrieg zwischen den Alliierten und (gesondert) Finnland, Italien, Ungarn, Rumänien, Bulgarien.

Pariser Konferenzen, 1) der Ententemächte 1916 über den Wirtschaftskrieg gegen die Mittelmächte. **2)** 1921 über die Reparationen. **3)** 1929 über den Young-Plan. **4)** der Außen-Min. Großbritanniens, Frankreichs, der Verein. Staaten und der Sowjetunion 1944 und 1949 bes. über die Behandlung Dtl.s. **5)** 1951 zum Abschluß der Montanunion. **6)** 1954 über die →Pariser Verträge. **7)** 1960 der Regierungschefs der Sowjetunion, der Verein. Staaten, Frankreichs und Großbritanniens bes. über Entspannung (gescheitert; U-2-Zwischenfall). **8)** seit 1968 über die Beendigung des Krieges in Vietnam.

Pariser Seerechtsdeklaration, Völkerrecht: 1856 unterzeichnete Grundsätze des Seerechts: Abschaffung der Kaperei, Regeln für eine Blockade, Schutz für neutrale Schiffe im Krieg.

Pariser Verbandsübereinkunft, Abk. **PVÜ, Pariser Union**, die 1883 in Paris be-

Paris: links Notre-Dame; rechts Champs-Elysées

schlossene ‚Internationale Konvention zum Schutz des gewerbl. Eigentums‘; später abgeändert.

Pariser Verträge, die zwischen den westeurop. Staaten und den Verein. Staaten im Okt. 1954 in Paris getroffenen Vereinbarungen. Sie bestehen aus dem erweiterten →Deutschlandvertrag, dem Truppenvertrag (über den Aufenthalt ausländ. Truppen in der Bundesrep. Dtl.), den Protokollen über den Beitritt der Bundesrep. Dtl. zur Westeurop. Union und zum Nordatlantikpakt (damit Ermächtigung zum Aufstellen von Truppen im Rahmen der NATO) sowie dem Saarland-Abkommen zwischen Frankreich und der Bundesrep. Dtl. Diese stimmte den P. V. zu, sie traten Mai 1955 in Kraft.

Parität [lat.], **1)** Gleichberechtigung, Gleichstellung, bes. der Religionsbekenntnisse; auch die von der Landwirtschaft geforderte wirtschaftl. und soziale Gleichstellung mit der Industrie. **2)** das Austauschverhältnis zwischen zwei Währungen; bei Goldwährung bildet sich die P. nach dem gesetzl. Goldwert der Währungseinheiten (Gold-P.), bei Papierwährungen nach der Kaufkraft-P. **3)** ⊠ eine Quantenzahl zur Kennzeichnung von Zuständen oder Elementarteilchen, die die beiden Werte + 1 und − 1 annehmen kann. Bei schwachen Wechselwirkungen bleibt die P. nicht erhalten.

Paritätischer Wohlfahrtsverband e. V., Deutscher P. W., Abk. **DPWV,** überkonfessioneller, politisch nicht gebundener Spitzenverband der freien Wohlfahrtspflege, gegr. 1925, 1933/34 aufgelöst, nach 1945 neu gegr.

Parkbahn, eine Umlaufbahn um die Erde oder einen anderen Himmelskörper als Zwischenaufenthalt von Raumflugkörpern, von wo zum eigentlichen Ziel gestartet wird.

parken [von Park], ⚏ Kraftfahrzeuge an hierfür vorgesehenen Stellen vorübergehend abstellen, z. B. auf Parkplätzen in Parkhochhäusern oder Tiefgaragen.

Parker [p'a:kə], Dorothy, geb. Rothschild, amerikan. Schriftstellerin, * 1893, † 1967; Gedichte, Kurzgeschichten.

Parkett [frz.] das, **1)** ein Fußbodenbelag aus Holz (meist Eiche, Buche, Kiefer) in Stab- oder Tafelform. Die P.-Stäbe (Riemen) werden auf Blindboden genagelt oder Zementestrich geklebt; **Mosaik-P.-Lamellen** ergeben, zu Platten zusammengesetzt, Muster verschiedener Art. **2)** Theater: ein Teil der Saalsitzplätze des Zuschauerraums. **3)** Börse: die Gesamtheit der Kursmakler; auch der Markt der amtlich notierten Wertpapiere.

Parkinson [p'akinsn], Cyril, engl. Historiker und Journalist, * 1909, stellte in einer iron. Regel über das Wachstum von bürokrat. Einrichtungen (‚Parkinsonsches Gesetz‘) auf.

Parkinson'ismus, eine von dem engl. Arzt J. Parkinson (* 1755, † 1824) zuerst beschriebene, mit **Schüttellähmung** (Paralysis agitans) verbundene Krankheit, verursacht durch Gehirnentzündung oder krankhafte Vorgänge an Blutgefäßen.

Parkleuchte, ⚏ an Personenkraftwagen angebrachte Leuchten, weiß nach vorn, rot nach hinten, die zur Anzeige der seitl. Begrenzung beim Parken innerhalb geschlossener Ortschaften genügen.

Parkscheibe, ⚏ Einrichtung zur Kontrolle einer befristeten gebührenfreien Parkerlaubnis.

Parkuhr, ⚏ Gerät mit opt. Zeitangabe und Münzeinwurf zur Kontrolle eines Kurzparkens, an Fahrbahnrändern u. ä.

Parlament [frz.] das, die Volksvertretung, bestehend aus einer oder zwei →Kammern. Die eine von ihnen ist in den modernen Verfassungsstaaten vom Volk in allgemeiner, geheimer, unmittelbarer Wahl gewählt; der Zugang zur anderen ist verschieden (mittelbare oder unmittelbare Wahl, Ernennung, Erblichkeit). Das P. ist

in den Verfassungsstaaten das Hauptorgan der Gesetzgebung, wobei die in Volkswahl gewählte Kammer meist den entscheidenden Anteil hat.

Parlament'är [frz.], bevollmächtigter Unterhändler zwischen kriegführenden Parteien, nach dem Völkerrecht unverletzlich.

parlament'arische Monarchie, →Monarchie.

Parlamentarischer Rat, die von den 11 dt. Landtagen gewählte verfassungsberatende Versammlung, die das Grundgesetz für die Bundesrep. Dtl. ausgearbeitet hat.

Parlamentar'ismus, demokrat. Regierungsform, bei der die Regierung vom Vertrauen des Parlaments abhängig ist. Das Parlament ist an der Regierungsbildung beteiligt, indem es entweder den Regierungschef (die Regierung) wählt oder die vom Staatsoberhaupt ernannten oder vorgeschlagenen Mitglieder der Regierung durch ein Vertrauensvotum bestätigt. Alle Varianten des P. stimmen darin überein, daß ein verfassungsgemäß zum Ausdruck gebrachter Vertrauensentzug des Parlaments den Sturz der Regierung nach sich ziehen soll.

parl'ando [ital.], Gesang: in schnellen gleichen Notenwerten mehr sprechend als singend.

P'arler, Baumeister- und Bildhauerfamilie des 14. Jahrh. **Heinrich P.,** nachweisbar zuerst am Kölner Dombau, schuf seit 1351 den Hallenchor der Kreuzkirche in Schwäbisch Gmünd. Sein Sohn **Peter P.,** * 1330, † 1399, wurde von Kaiser Karl IV. nach Prag berufen und vollendete bis 1385 den von M. v. Arras begonnenen Chor des Doms, für den er auch die Bildnisbüsten des Triforiums und die Grabmäler der Przemysliden schuf. In Prag baute er ferner die Karlsbrücke mit dem Altstädter Brückenturm. Angehörige der Familie arbeiteten an vielen böhm. Bauten, am Wiener Stephansdom, an den Münstern in Ulm, Basel, Freilands

P. Parler: Selbstbildnis am Triforium des Prager Doms

burg, Straßburg, an der Sebalduskirche und am Schönen Brunnen in Nürnberg.

P'arma, 1) norditalien. Prov. in der Region Emilia-Romagna, 3449 km² groß, 399 000 Ew. **2)** die Hauptstadt von 1), 174 600 Ew.; bed. Bauten, u. a. Dom (12. Jahrh.). Universität; landwirtschaftl. Verarbeitungsindustrie. - Vorröm. Gründung, 183 v. Chr. römisch, im 12. Jahrh. im Lombard. Bund, 1322 nominell an den Kirchenstaat, 1346 an Mailand, 1545-1860 war P. Hauptstadt des Herzogtums P. und Piacenza, 1808-60 Hauptort des französ. Dép. Taro.

Parm'äne die, Apfelsorte der Goldrenetten.

Parm'enides, griech. Philosoph, * um 540, † um 470 v. Chr., Begründer der Eleatischen Schule, lehrte die Trennung des allein durch das Denken erfaßbaren Seins und des von den Sinnen vorgetäuschten Scheins.

Parmes'an, halbfetter oberitalien. Reibkäse.

Parmigianino [-midʒa'n:no], eigentl. Francesco **Mazzola,** italien. Maler, * 1503, † 1540, fand, ausgehend von Correggio, einen neuen manierist. Stil von raffinierter Eleganz, überschlanken Proportionen und meist kühlen, gebrochenen Farben.

Parna'íba, früher **Parnahyba,** Fluß in Nordost-Brasilien, 1716 km lang, mündet in den Atlantik.

Parn'aß der, griech. **Parnassos, Li'akura,** Kalkgebirgsgruppe in der Landschaft Phokis, Griechenland, 2459 m hoch; im Altertum als Sitz Apolls und der Musen. Am S-Abhang liegt Delphi.

Parn'assia die, Pflanzengatt. Herzblatt.

Parnassiens [parnasj'ɛ̃], französ. Dichtergruppe des 19. Jahrh., die eine entpersönlichte, gegenstandsbezogene Dichtung pflegte und nach formaler Vollendung strebte. Als Führer galt Leconte de Lisle.

Paroch'ie [grch.], Pfarrei, Kirchengemeinde. **Parochialzwang,** Pfarrzwang.

Parod'ie [grch. ‚Nebengesang‘] die, eine Darstellungsart, die eine Dichtung ins Komische zieht, indem sie Form und Ton des Vorbilds beibehält, diesem aber einen entsprechenden Inhalt unterschiebt, z. B. R. Neumann (,Mit fremden Federn', 2 Tle. 1927, 1952).

Parodont [lat.-grch.] die, früher **Paradontitis,** der entzündliche Zahnbettschwund (Übersicht Zähne).

Parodont'ose, [lat.-grch.], früher **Paradontose,** der nichtentzündliche Zahnbettschwund (Übersicht Zähne).

Par'ole [frz.] die, ⚔ Losung, jetzt: Kennwort, Schlagwort.

P'aroli [ital.-frz.] das, Verdoppelung des Einsatzes beim Pharaospiel; **ein P. bieten,** mit derber Münze heimzahlen.

Paröm'ie [grch.] die, Sprichwort.

P'aros, eine Kykladeninsel Griechenlands, 209 km² groß; im Altertum durch den Parischen Marmor berühmt.

Par'otis [grch.] die, die Ohrspeicheldrüse.

Parot'itis [grch.] die, ⚕ der Mumps.

Parox'ysmus [grch.], **1)** ⚕ höchste Steigerung von Krankheitserscheinungen, Anfall. **2)** ⊠ stärkste Entfaltung vulkan. Ausbruchstätigkeit.

Parric'ida, →Johann Parricida.

Parric'idium [lat.] das, nach röm. Recht ein todeswürdiges Verbrechen; später Vater-, Verwandtenmord.

Parry-Inseln [p'æri-], Inselgruppe im kanadisch-arkt. Archipel, von W. E. Parry (* 1790, † 1855) entdeckt; heute unbesiedelt.

P'arsec, Abk. **pc,** die Entfernung eines Fixsterns mit einer Parallaxe von 1 Bogenskunde, 1 pc = 3,26 Lichtjahre = 206 265 große Erdbahnhalbachsen = $3,0833 \cdot 10^{18}$ cm.

Pars'eier Spitze, der höchste Gipfel der Lechtaler Alpen, 3038 m hoch.

P'arsen, die heutigen Anhänger des altiran. Propheten Zarathustra in Indien, wohin sie im 8. Jahrh. auswanderten, und im Iran; rd. 100 000.

Pars'enn, schweizer. Wintersportgebiet bei Davos; Bergbahn zum Weißfluhjoch (2844 m); Skiabfahrtsrennen.

P'arseval, August von, Luftschiffer, * 1861, † 1942, konstruierte 1897 einen Fesselballon, baute 1906 das nach ihm benannte unstarre P.-Luftschiff.

Pars'ismus, Form der Lehre des Zarathustra, die sich nach Untergang des Sassanidenreichs bei den →Parsen entwickelte, eine Weiterbildung der Lehren der jüngeren Awesta in monotheist. Sinn.

Parsons [p'a:snz], **1)** Sir Charles, engl. Ingenieur, * 1854, † 1931, erfand die mehrstufige Überdruck-Dampfturbine (P.-Turbine, 1884 gebaut). **2)** Talcott, amerikan. Soziologe, * 1902, einer der führenden Vertreter der theoretischen Soziologie.

pars pro toto [lat.], Ⓢ ein Teil fürs Ganze, z. B. Kopf für Mensch.

Part [frz.] *der*, *das*, Anteil, Teil. 1) ♪ Satz, Stimme. 2) Schiffspart, Eigentumsanteil eines Mitreeders an Schiff und Zubehör.

Partei, 1) Gruppe von Gleichgesinnten, bes. im polit. Leben (→Parteien). 2) 🜨 Partner eines Vertrages, im Prozeßrecht die Person, die sich vor Gericht Rechtsschutz verlangt oder gegen die Rechtsschutz begehrt wird. 3) ⚃ im Manöver die als ,blaue P.' oder ,rote P.' gekennzeichneten Gegner.

Parteibetrieb, 🜨 die Form des Zivilprozesses, die den Parteien Beginn und Durchführung des Prozesses überläßt **(Dispositionsmaxime).**

Parteien, politische P., Verbindungen von Menschen, die infolge gleichgerichteter polit. Anschauungen oder Interessen Einfluß auf die staatl. Willensbildung erstreben, bes. durch Teilnahme an der Wahl der Volksvertretung. P. im modernen Sinne entstanden zuerst in England, dann in den USA und Frankreich, in Dtl. erst nach 1815. In den westl. Demokratien gilt der Grundsatz der freien Parteibildung. Seit dem beginnenden Konstitutionalismus (nach 1815) entwickeln sich zunächst in den meisten Staaten, auch in Dtl., die drei Richtungen der Konservativen, Liberalen und Demokraten. Dazu traten katholisch-konfessionelle und sozialist. P. Es gibt Staaten mit einem **Zweiparteiensystem** (USA, England) und einem **Vielparteiensystem** (Bundesrep. Dtl., Frankreich). In totalitären Staaten herrscht in der Regel das **Einparteisystem,** so in der Sowjetunion; alle polit. Vereinigungen außerhalb der herrschenden P. sind verboten. Eine Abart des Einparteisystems ist das **Blocksystem** der Volksdemokratien, in denen eine herrschende P. die neben ihr bestehenden P. unter ihrer Führung zu einem festen Block zusammenschließt. Man unterscheidet nach der Zielsetzung Patronage-P., Weltanschauungs-P., Interessen-P., Volks-P., Gesamtstaats-P., regionale P., kommunale P. Die Unterscheidungen deuten jedoch nur auf die überwiegende Wesensart einer P. hin. Auf Grund organisator. Gesichtspunkte unterscheidet man darüber hinaus Honoratioren-P., Massen-P., Kader-P. (so die kommunist. P.). Die Leitung der P. liegt in der Hand eines **P.-Vorstands.** Die P. stellen ein **P.-Programm** auf, entweder als Grundsatz- oder als Aktionsprogramm für eine kommende Wahl u. dgl. In den Volksvertretungen schließen sich die Abgeordneten einer P. zu **Fraktionen** zusammen, die häufig eine einheitl. Stimmabgabe durch **Fraktionszwang** herbeiführen. In der Bundesrep. Dtl. ist die Gründung von P. frei, doch können sie durch den Bundesverfassungsgerichtshof für verfassungswidrig erklärt werden. In der Dt. Dem. Rep. besteht das Blocksystem.

Parteifähigkeit, 🜨 die Fähigkeit, in einem Prozeß Partei zu sein. Parteifähig ist, wer rechtsfähig ist (§ 50 ZPO.), d. h. alle natürlichen und jurist. Personen, ferner die OHG. und die KG.

Parteiprozeß, 🜨 ein Prozeß, in dem die Partei selbst vertreten kann, im Unterschied zum →Anwaltsprozeß.

Parteivernehmung, 🜨 das letzte Beweismittel im Zivilprozeß, wenn alle andern Beweismittel erschöpft sind; das Gericht kann die Beeidigung (stets nur einer Partei) anordnen (§§ 445 ff. ZPO.). In Österreich geregelt in den §§ 371 ff. ZPO. In der Schweiz gibt es die ,Beweisaussage' einer Partei oder die ,Parteibefragung'.

Parteiverrat, Prävarikation, 🜨 die pflichtwidrige Beratung beider Parteien in derselben Rechtssache durch einen Anwalt oder einen Rechtsbeistand; Strafe: Freiheitsstrafe bis zu 5 Jahren (§ 356 StGB).

Partenreederei, Vereinigung mehrerer Personen zum Erwerb durch Seefahrt mit Hilfe eines ihnen gemeinsam gehörenden Schiffes.

part'erre [frz.], zu ebener Erde. **Parterre** *das*, 1) Erdgeschoß; 2) Theater: früher der

gesamte untere Zuschauerraum, jetzt meist die rückwärtigen Saalsitzplätze.

Parthenogen'ese [grch.] *die*, ⚥ ⊕ Jungfernzeugung und Jungfernfrüchtigkeit.

P'arthenon [grch.] *der*, Marmortempel der Athena Parthenos auf der Akropolis von Athen, ein dorischer Peripteros, 447 bis 432 v. Chr. unter Perikles und der Leitung des Phidias erbaut; 1687 bei einer Pulverexplosion stark beschädigt. Im Tempelinnern stand das Goldelfenbein-Bildwerk der Athena von Phidias, der wohl auch der Hauptmeister der Marmorskulpturen war: des um die Cella laufenden, 160 m langen Relieffrieses (Festzug der Panathenäen), der 92 Metopenreliefs (Kentauren- und Gigantenkämpfe) und der Giebelbildwerke (im Osten: Geburt der Athena, im Westen: Streit zwischen Athena und Poseidon um Attika); die meisten Skulpturen im Brit. Museum (→Elgin Marbles).

P'arther, altpers. **Pathawa,** Volksstamm der nordiran. Parner, besetzten um 250 v. Chr. die Landschaft Parthia (im NW des heutigen Chorassan). Schufen ein nach griech. Muster verwaltetes Reich (vom Euphrat bis zum Indus); die führte zu den Partherkriegen gegen die Römer; im 3. Jahrh. n. Chr. gingen im Reich der Sassaniden auf.

parti'al [lat.], teilweise.

Part'ie [frz.], 1) Teil eines (größeren) Ganzen. 2) Ausflug. 3) Gang in einem Spiel. 4) Heirat: eine gute P. 5) ♪ Stimme (Noten für ein Instrument, Rolle eines Sängers); Suite.

Partieware, unmodern oder unansehnlich gewordene Warenbestände.

parti'ell [frz.], teilweise, nur einen Teil betreffend.

Part'ikel [lat.] *die*, 1) Teilchen. 2) ⓢ unbeugbares Wort, Sammelbegriff für Verhältnis-, Binde-, Umstandswort.

partikul'ar, 1) einen Teil betreffend, abgesondert. 2) einzelstaatlich.

Partikular'ismus [lat.], das Bestreben der Bewohner von einem Teilgebiet eines Einheits- oder Bundesstaats, Sondervorteile mittels Dezentralisierung oder Autonomie zu erlangen.

Partikularrecht, das →Landesrecht.

Partikulier [-kylj'e, frz.] *der*, Privatmann, Rentner. **P., Privat-Schiffer,** Binnenschiffahrt: ein Schiffsführer, der zugleich Eigentümer von bis zu 3 Schiffen ist.

Partis'an [frz.] *der*, Freischärler, Widerstandskämpfer, der den Kleinkrieg im besetzten Gebiet führt.

Partis'ane *die*, Stoßwaffe (15.-19. Jahrh.) mit langem Schaft, zweischneidiger Spitze und Parierstange.

Part'ita [ital.] *die*, ♪ die →Suite.

Partiti'on [lat.], Einteilung, Teilung. **partit'iv,** teilend, die Teilung bezeichnend.

p'artitiver Artikel, franzö. Grammatik: der mit der Präposition ,de' verbundene Artikel zur Bezeichnung einer unbestimmten Menge, z. B. de l'eau fraîche.

Partit'ur [ital.] *die*, -/-en, die Aufzeichnungen sämtlicher an einem Musikstück beteiligten Instrumental- und Gesangsstimmen auf einzelnen übereinanderliegenden Liniensystemen, Takt für Takt untereinander, so daß die gleichzeitig erklingenden Noten untereinander stehen. Die Grundform der Anordnung von oben nach unten ist: Holzbläser, Blechbläser, Pauken und anderes Schlagzeug, Streichquintett; Chor- und Solostimmen stehen zwischen den Bratschen und Bässen, konzertierende Instrumente meist über der ersten Geige.

Partiz'ip [lat.] *das*, -s/-pien, **Participium,** Beiform des Zeitworts, Mittelwort, z. B. tragend **(Participium praesentis,** Beiform der Gegenwart), getragen **(Participium perfecti,** Beiform der Vergangenheit).

Partizipationsgeschäft, 🜨 ein Handelsgeschäft, von mehreren zu einer Gelegenheitsgesellschaft zusammengeschlossenen Personen für gemeinsame Rechnung durchgeführt wird (→Metageschäft).

partizip'ieren [lat.-frz.], sich beteiligen.

P'artnach *die*, Nebenfluß der Loisach, entspringt an der Zugspitze, bildet die **Partnachklamm,** mündet bei Garmisch.

Partner [engl.], 1) Teilhaber, Genosse. 2) Mitspieler, Gegenspieler.

P'artus [lat.] *der*, ⚕ die Entbindung (→Geburt).

P'arty [engl.] *die*, zwanglose Gesellschaft.

Par'ure [lat.] *die*, 1) abtrennbarer Besatz liturgischer Gewänder. 2) ein großes Schmuckstück (z. B. Kollier, Diadem), aus dem andere gebildet werden können.

Parus'ie [grch.] *die*, Gegenwart, Anwesenheit, Ankunft, bes. Christi Wiederkehr am Jüngsten Tag zum Weltgericht und zur Aufrichtung des Reiches Gottes.

Parven'ü [frz.] *der*, Emporkömmling.

Parz'elle [frz.] *die*, als Einheit vermessener Teil der Erdoberfläche, im Grundbuch numeriert; Grundstück.

P'arzen *die*, röm. Geburtsgöttinnen, später mit den →Moiren gleichgesetzt.

P'arzival, mittelalterl. Sagenheld, Urbild des ritterl. Ritters, der in schweren Kämpfen Ritterpflicht und Pflicht gegen Gott zu vereinigen sucht. Die Sage von P. ist der Artussage angegliedert. Bearbeitet: Chrétien de Troyes (1190), Wolfram von Eschenbach (etwa 1200-10), R. Wagner.

Pas [pa, frz.], der, Tanzschritt.

PAS, Abk. für **P**ara-**A**minosalicylsäure; sie dient zur Tuberkulosebehandlung.

Pasadena [pæzd'i:nə], Stadt in Kalifornien, USA, Wohnvorort von Los Angeles, 113 300 Ew.; Technolog. Institut; Ind. für Präzisionsinstrumente. Nördl. von P. der Mount Wilson mit Observatorium.

P'asardschik, Pazardžik, Stadt im bulgar. Gebiet P., an der Maritza, 59 500 Ew.; Handelsplatz für Landwirtschaft; Lebensmittelkonserven-, Holz- u. a. Ind., großes Akkumulatorenwerk.

Pasc'al, Blaise, *1623, †1662, französ. Philosoph, in dem sich christl. Frömmigkeit mit mathemat. und philosoph. Scharfsinn verbanden. Als Jansenist war er Gegner der Jesuiten (,Lettres à un provincial', 1656/57). P. baute die Wahrscheinlichkeitsrechnung aus und entdeckte die Eigenschaften der Zykloide. Seine ,Pensées sur la religion' (1670) verteidigen das Christentum. Obwohl selbst Naturwissenschaftler, war er im Religiösen der große Gegenspieler des naturwissenschaftl. Rationalismus und Optimismus. Er bestimmte das Herz als eigentliches Organ der religiösen Urteilskraft. Der Glaube ist für P. eine immer neu zu erwerbende Paradoxie.

Blaise Pascal   *Boris Pasternak*

Pascal, eine Maßeinheit des Druckes, 1 P. = 7,5 · 10^{-3} Torr. = 1 Newton/m^2.

Pascalsches Dreieck, das von Pascal aufgestellte Zahlenschema: Durch Addition zweier nebeneinanderliegender Zahlen erhält man die in der Lücke darunter befindliche Zahl.

$$
\begin{matrix}
 & & 1 & & \\
 & 1 & & 1 & \\
1 & & 2 & & 1 \\
1 & 3 & & 3 & 1 \\
1 & 4 & 6 & 4 & 1
\end{matrix}
$$

Pasch [aus frz.] *der*, Würfelspiel: ein Wurf mit gleicher Augenzahl auf den Würfeln. **paschen,** würfeln, auch schmuggeln.

P'ascha [türk.], Titel der höchsten Offiziere und Beamten im Osman. Reich, in der Türkei 1920/34, in Ägypten 1953 abgeschafft.

Pasch'alis, Päpste: **1) P. I.** (817-24), † 824, Römer, krönte Lothar I. 823 zum Kaiser. Heiliger; Tag: 14. 5. **2) P. II.** (1099-1118), † 1118, beendete den Investiturstreit in England und Frankreich, wurde von dem dt. König Heinrich V. 1111 in Rom gefangengenommen, der von ihm das Recht der Investiturerzwang. **3) P. III.** (1164-68), † 1168, Gegenpapst Alexanders III.

P'aschitsch, serb. **P'ašić**, Nikola, serb. Politiker, * 1846, † 1926, vertrat in Anlehnung an Rußland die Eingliederung der Südslawen Österreich-Ungarns, seit 1919 einen großserb. Zentralismus.

P'aschto das, die Sprache der Afghanen, eine ostiran. Sprache, wird im O, S und SW Afghanistans sowie in NW-Pakistan von etwa 12 bis 13 Mill. Menschen gesprochen; seit 1936 Amtssprache Afghanistans. Geschrieben wird sie mit dem arab. Alphabet und neupers. Zusatzbuchstaben.

Pascoaes [pɐʃkuˈaiʃ], **Teixeira de P.**, eigentl. **Joaquim Pereira Teixeira de Vasconcelos**, portugies. Dichter, * 1877, † 1952; Lyrik, Erzählungen, Biographien.

P'ascoli, Giovanni, italien. Dichter, * 1855, † 1912; melodische, zarte Gedichte.

Pas-de-Calais [padkalˈɛ], **1)** französ. Name der Straße von →Dover. **2)** Dép. in N-Frankreich, 6752 km² groß, 1,397 Mill. Ew. Hauptstadt: Arras.

Pasewalk, Stadt im Bez. Neubrandenburg, 14 500 Ew.; Maschinen-, Nahrungsmittel- u. a. Ind.; Nikolai- (13.-16. Jahrh.), Marienkirche (13./14. Jahrh.), Stadttore.

Pasigraph'ie [grch.], Zeichenschrift unabhängig von jeder Lautsprache, z. B. internationale Flaggensignale.

Pasod'oble [span., „Doppelschritt'] der, ursprünglich ein Marsch; als Tanz Nachfolger des One-step; Turniertanz.

Pasol'ini, Pier Paolo, ital. Schriftsteller, Filmregisseur und -schauspieler, * 1922; Lyrik, realist. Romane. Filme: Teorema (1968) u. a.

P'aspel [aus frz.] der, die, schmaler andersfarbiger Stoffstreifen, wird an Nähten oder Kanten als Vorstoß eingearbeitet.

Pasqu'ill [ital.] das, Schmähschrift.

Paß [lat.] der, **1)** ein für den Grenzübertritt und den Aufenthalt im Ausland bestimmtes Legitimationspapier; gilt im Inland als Ausweis. **2)** Einsenkung in einem Gebirgsrücken, meist mit Weg, Straße oder Eisenbahn. **3) Paßgang**, eine Gangart der Vierfüßer, z. B. des Kamels. **4)** ♀ Wechsel des niederen Haarwildes.

pass'abel [frz.], leidlich, erträglich.

Passacaglia [pasakˈaʎa, ital.], **1)** altitalien. Tanz. **2)** eine Variationsform: Variationen über gleichbleibendem Baßthema (Basso ostinato).

Passage [pasˈaːʒɔ, frz.] die, Durchgang, Durchfahrt. **1)** ♪ eine schnelle Tonfolge aus Tonleitergängen oder gebrochenen Akkorden. **2)** Ausführung des Trabes in höchster Versammlung (→Reiten). **3)** Abschnitt.

Passage-Instrument, ein astronomisches Fernrohr mit in der Meridianebene festliegender Fernrohrachse zur Registrierung von Gestirndurchgängen durch den Meridian, dient der Zeitbestimmung.

Passagier [pasaʒˈiːr, frz.], Fahrgast, Fluggast.

P'assah [hebr.], jüd. Fest zur Erinnerung an den Auszug der Israeliten aus Ägypten, am Abend des 14. Nisan.

Pass'ant [frz.] der, **1)** Durchreisender. **2)** Fußgänger (im Straßenverkehr).

Pass'arge die, Fluß in Ostpreußen, mündet ins Frische Haff; 120 km lang.

Pass'arowitz, serb. **Požarevac**, Stadt in Jugoslawien, 25 000 Ew. - Im **Frieden von P.** (21. 7. 1718) trat die Türkei das Banat, das nördl. Bosnien, nördl. Serbien mit Belgrad, die Kleine Walachei an Österreich ab, Venedig überließ den Türken die Peloponnes.

Pass'at der, regelmäßiger Wind aus östl. Richtungen in den Tropen, durch die Erdrotation und Bodenreibung etwas zum Äquator hin abgelenkt, auf der Nordhalb-

kugel also aus NO, auf der Südhalbkugel aus SO wehend.

P'assau, Stadt in Niederbayern, an der Mündung von Inn und Ilz in die Donau, 30 700 Ew. Philosophisch-theolog. Hochschule, höhere und Fachschulen, Bischofssitz; Museen, Bibliotheken, Theater. Industrie: Wäsche, opt. Werke, Brauereien. Umschlagplatz der Donauschiffahrt, Sitz der Donaukraftwerke. - Altstadt mit Dom St. Stephan (Krypta 1261, spätgot. Chor, sonst 1668-78), alter (1662/80) und neuer bischöfl. Residenz (bis 1771) auf der Landzunge zwischen Donau und Inn; rechts am Inn die Innstadt (Wallfahrtskirche Maria Hilf, 1627), an Donau und Ilz die Fischer- und Flößereisiedlung Ilzstadt. P. hat ferner viele alte Kirchen, Rathaus (1393), Schloß Freudenhain, Vesten Oberhaus und Niederhaus. - P. steht auf dem Boden des Römerkastells Batavis. Das Territorium des 737/39 gegr. Bistums P. kam 1803 an Bayern. Der **Passauer Vertrag** von 1552 zwischen Kurfürst Moritz von Sachsen und Ferdinand I. gewährte den Protestanten Religionsfreiheit bis zum nächsten Reichstag.

Passe [frz.] die, **Sattel, Koller**, abgeteilte Schnittform bei Kleidungsstücken an Schulter oder Hüfte.

Pass'eier, italien. **Valle Pass'iria**, linkes Seitental der Etsch in Südtirol, 34 km lang, von der Passer durchflossen, mündet bei Meran.

passen, Kartenspiel: auf ein Spiel verzichten. **2)** das Zuspielen eines Balles.

Passepartout [paspartˈuː, frz.] das, der, **1)** aus Karton geschnittene Umrahmung für eine Zeichnung oder ein graph. Blatt. **2)** Dauereintrittskarte. **3)** Hauptschlüssel.

Passe-pied [paspjˈe, frz.] der, alter französ. Rundtanz in raschem $^3/_4$- oder $^3/_8$-Takt; auch Satz in der Suite.

Paßgang, →Paß 3).

pass'ieren [frz.], **1)** durch-, überschreiten. **2)** geschehen, widerfahren. **3)** kochen: Brei oder Flüssigkeit durch ein Sieb oder einen Tuch pressen.

Passiergewicht, das gesetzliche Mindestgewicht umlaufender Münzen.

Passierschein, Ausweis für den kleinen Grenzverkehr; auch Zollbegleitschein.

Passierscheinabkommen, vier Abkommen, zwischen 1963 und 1966 von Vertretern des W-Berliner Senats und der Dt. Dem. Rep. unterzeichnet. Danach konnten die Bewohner W-Berlins zu bestimmten Zeiten (z. B. Ostern, Weihnachten) Verwandte in O-Berlin besuchen.

Passi'on [lat.], **1)** Leidenschaft, Hang. **2)** Leiden, bes. das Leiden Christi.

Passion'ar [lat.] das, ein im MA. beim Chorgebet gebrauchtes Buch, enthielt die Legenden der Heiligen und Märtyrer.

passion'ato [ital.], **appassionato**, ♪ leidenschaftlich.

passion'iert, leidenschaftlich begeistert.

Passion'isten, Priesterkongregation für Volksmission und Exerzitien, gegr. 1720 von Paulus vom Kreuz.

Passionsblume, meist kletternde Pflan-

Passionsblume, Blüte

zen vorwiegend im trop. Amerika. Die Einzelteile der strahligen Blüten deutet man als Sinnbilder der Marterwerkzeuge Christi. Die Früchte der **Grenadille** sind eßbar.

Passionsmusik, die Vertonung der Leidensgeschichte Christi. Älteste Form ist die **Choralpassion**, deren Anfänge auf das 13. Jahrh. zurückgehen. In der mehrstimmigen niederländ. Musik des 15. Jahrh. entwickelte sich die **Motettenpassion**, in der der gesamte Bibeltext, auch die Worte der Einzelpersonen, im A-cappella-Chorsatz motettenartig durchkomponiert ist. In einer dramat. Zwischenform tritt nur der Evangelist im Lektionston vor, die Reden der Einzelpersonen werden mehrstimmig gesungen (H. Schütz). Die reichste Form ist das im 17. Jahrh. entstandene **Passionsoratorium** für Einzelsänger (Evangelist, Christus usw.). Chor und Orchester: sie gipfelt in den Passionen J. S. Bachs (Johannespassion, 1723; Matthäuspassion, 1729). Im 20. Jahrh. griff man bes. auf A-cappella-Formen zurück (H. Distler, J. Ahrens, E. Pepping).

Passionsspiele, geistl. Schauspiele, sie bringen Leben und Sterben Christi zur Darstellung, z. B. in Oberammergau.

p'assiv [lat.], untätig, leidend, willenlos. **Passiv** das, ⑤ Leideform des Zeitworts, z. B. ich werde gesehen.

Pass'iva Mz., Ez. Passivum das, die auf der rechten Seite der Bilanz (**Passivseite**) ausgewiesenen Werte eines Unternehmens (Eigenkapital und Verbindlichkeiten).

passiver Widerstand, in polit. oder in Arbeitskämpfen eine Form der Auflehnung, versucht unter Verzicht auf Gewaltakte bestimmte Ziele durchzusetzen (z. B. Bummelstreik, Steuerstreik).

passives Wahlrecht, →Wahlrecht.

Pass'ivgeschäft, Geschäft einer Bank, bei dem sie Geld hereinnimmt, also Schuldnerin wird, z. B. das Depositengeschäft.

Passivierung, 1) →Passivität. **2)** das Verbu-

Passau, Blick über die Donau auf die Altstadt

chen von Werten auf der Passivseite der Bilanz.

Passivität, 1) der elektrochemische Zustand einer Metalloberfläche, der das Metall chemisch relativ widerstandsfähig macht. Die **Passivierung** kann durch anodischen Strom oder Oxydationsmittel erreicht werden. Dabei werden sehr dünne Oxidschichten gebildet. Bestimmte Metalle, z. B. Chrom, Nickel, rostfreier Stahl, werden an der Luft spontan passiv. **2)** tatenloses Zusehen, Trägheit.

Passivlegitimation, ⚖ die Frage nach dem sachlich richtigen Beklagten (die →Sachlegitimation).

Passivmasse, ⚖ die →Schuldenmasse.

Passivzins, die Zinsen für Bank- oder Sparkasseneinlagen.

Passos, →Dos Passos.

Passung die, ⚙ bezeichnet Form und Art, wie zusammengehörige Teile, z. B. Welle und Lager, ineinanderpassen. Wirtschaftl. Fertigung und Austauschbarkeit ohne Nach- oder Paßarbeit verlangen einheitl. Regelung des ,Passens'. Dies geschah in Dtl. 1922 durch die DIN-P., die inzwischen durch die internationale ISO-P. ersetzt wurde. Diese legen u. a. die zulässigen Abweichungen (Toleranzen) vom Nennmaß (= Sollmaß), gestuft nach Genauigkeitsgraden (Qualitäten) und die Lage der Abweichungen (Toleranzfeld) fest, fassen zur Vereinfachung die Nennmaße zu Durchmesserbereichen zusammen, innerhalb deren Größe und Lage der Toleranz gleichbleiben. Man unterscheidet Spiel-P., Preß-P. und Übergangs-P. Zum Messen werden Grenzlehren (→Lehre) benutzt.

P´assus [lat. ,Schritt'] der, Abschnitt, Stelle einer Schrift.

Paste [ital.·pasta ,Teig'] die, teigige Form von Speisen, Arzneien u. a.

Past´ell [ital.] das, ein mit Pastellfarben gezeichnetes oder gemaltes Bild. Diese haften nur leicht auf der Fläche und können zu feinsten Übergängen verrieben werden. Unfixiert sind sie sehr empfindlich gegen Berührung. Die zarten, duftigen Farben entsprachen dem Geschmack bes. des 18. Jahrh., in dem Rosalba Carriera das Bildnis-P. zur Vollendung entwickelte und hervorragende Nachfolger fand (M.-Q. de La Tour, J.-É. Liotard u. a.). Meister des P. waren in neuerer Zeit bes. E. Manet, E. Degas, M. Liebermann. (Bild Degas).

Pastellfarben, aus Farbpasten gepreßte Stifte zum Pastellzeichnen und Malen.

P´asternak der, ♃ →Pastinak.

Pastern´ak, Boris Leonidowitsch, russ. Dichter, * 1890, † 1960, Sohn des Malers **Leonid P.** (1862-1945), Lyriker und Übersetzer (Goethe, Shakespeare, Rilke). Sein Roman ,Dr. Schiwago' (1957) spielt im Rußland der bolschewist. Revolution, die mit dem Blick eines unabhängigen und human gesinnten Menschen gesehen ist. Den Nobelpreis, den er 1958 dafür erhielt, mußte er ablehnen. (Bild S. 927)

Past´erze die, Gletscher unterhalb des Großglockners, 9 km lang, bis zu 1,5 km breit.

Past´ete die, feingehackte, würzige Fleisch- oder Fischspeise, Gemüse- oder Pilzgericht in einer Teighülle, gebacken oder im Wasserbad gekocht.

Pasteur [past´œːr], Louis, französ. Chemiker und Biologe, * 1822, † 1895, entdeckte die Mitwirkung von Bakterien an der Gärung, schuf die Grundlagen der Bakteriologie (Asepsis), gewann Impfstoffe gegen Tollwut, Milzbrand u. a. (Bild S. 930)

Pasteur´ellen [-œ-], krankheitserregende Bakterien, die **Pasteurellosen** (z. B. Pest und Tularämie) hervorrufen.

pasteurisieren [-œ-], nach Pasteur, Lebensmittel, bes. Getränke (Frucht-, Obstsäfte, Bier, Milch), durch Erhitzen auf etwa 65° C haltbar machen. Dadurch werden die meisten Mikroorganismen abgetötet.

Pasticcio [past´itʃo] das, Werk eines unselbständigen Künstlers, in der Manier von anderen arbeitet, oft in betrügerischer Absicht; auch als Oper; im 18. Jahrh. beliebt.

Past´illen [lat.], Arzneizubereitungen in verschiedenen Formen.

P´astinak [lat.] der, Küchenpflanze mit weißer möhrenähnl. Wurzel (Gemüse) und gelben Dolden.

P´asto, Stadt in Kolumbien, 2594 m ü. M., 118 700 Ew., Univ., Konsumgüterindustrie.

P´astor [lat.], Seelsorger, bes. der protestant. Geistliche.

Pastor, Ludwig Freiherr von **Campersfelden** (1916), Historiker, * 1854, † 1928, 1920 österreich. Gesandter beim Vatikan; ,Geschichte der Päpste...', (1417-1799; 16 Bde., 1886-1933).

Pastor´albriefe, im N. T. die Briefe des Paulus an Timotheus und Titus. Herkunft ist umstritten.

Pastor´ale [ital.] das, **1)** Schäferspiel (mit Chören). **2)** Malerei oder Tonstück ländlich idyll. Charakters.

Pastoralring, der →Bischofsring.

Pastoralsoziologie, Kirchensoziologie, Pfarrsoziologie, untersucht die soziale Struktur der Kirchengemeinde, die Häufigkeit des Gottesdienstbesuches u. ä.; **Pastoralpsychologie,** Psychologie im seelsorger. Bereich.

Pastoraltheologie, die Lehre von der Seelsorge und ihrer Methodik.

past´os [ital.], teigig; dick aufgetragen in der Malerei.

Pastourelle [pastur´ɛl, frz.] die, altfranzös. und altprovenzal. kurzes lyrisches Gedicht mit Zwiesprache zwischen Schäferin und werbendem Schäfer oder Ritter.

P´aestum, griech. Kolonie an der Küste südlich von Salerno, um 650 v. Chr. gegr. Erhalten sind bes. drei dorische Tempel: die ,Basilika' (um 540 v. Chr.), der ,Ceres'-, eigentlich Athene-Tempel (um 490 v. Chr.) und der ,Poseidon'-Tempel, durch Funde als Tempel der Hera bezeugt (um 450 v. Chr.). (Bild Griechische Kunst II)

Patag´onien, Landschaft im S Südamerikas. Das argentin. Ost-P. ist ein in Stufen zum Atlantik abfallendes Tafelland; arm an Niederschlägen; Vieh-, bes. Schafzucht; Erdöl- und Erdgasfelder bei Neuquén und Comodoro Rivadavia. Das chilen. West-P. ist von den vergletscherten patagon. Kordilleren (über 4000 m hoch) durchzogen, Fjorde, Wald.

P´atan, Stadt in Nepal, 135 200 Ew., viele buddhist. Tempel.

Pate [lat. pater] der oder die, als Frau auch **Patin** die, Tauf- und Firmzeuge.

Pat´ella [lat.] die, die Kniescheibe.

Patell´ar-Reflex, ⚕ der Kniescheibenreflex (auch Kniesehnenreflex genannt).

Pat´ene [lat.] die, christl. Kirche: die flache Schale für die Hostien.

Patenschaft der, freiwillige Verpflichtung eines einzelnen oder einer Gemeinschaft, für einen Notleidenden in bestimmten Dingen zu sorgen; auch internat. Freundschaftsabkommen zwischen Städten u. ä. zum Zwecke kulturellen Austausches.

pat´ent [lat.], tüchtig, geschickt.

Pat´ent [lat.] das, ⚖ **1)** eine Urkunde, durch die für eine neue Erfindung ein Schutzrecht erteilt wird, geregelt im P.-Ges. von 1877/2. 1. 1968. Auch das Recht selbst wird P. genannt. Ein P. wird erteilt, wenn die Erfindung eine technische Neuheit darstellt und eine gewerbl. Verwertung gestattet; ausgenommen sind Erfindungen, die gegen Gesetze oder die guten Sitten verstoßen, außerdem Erfindungen von Nahrungs-, Genuß- und Arzneimitteln sowie von chem. Stoffen. Das Recht auf das P. hat der Erfinder oder sein Rechtsnachfolger. Die Schutzdauer des P. beträgt 18 Jahre. In Österreich und der Schweiz ist das P.-Recht ähnlich geregelt. **2)** eine Urkunde über ein erteiltes öffentl. Recht, Rechtshandlung, durch die einem Privaten ein Recht verliehen wird, z. B. Kapitäns-P., Jagd-P.).

Patentamt, Deutsches P., die 1948 als Nachfolgerin des 1877 gegr. Reichs-P. er-

richtete, dem Bundesjustizmin. unterstellte Behörde in München; sie erteilt die Patente.

Patentanwalt, akadem. Berater auf dem Gebiet des gewerbl. Rechtsschutzes.

patent´ieren, 1) durch Patent sichern (Erfindung). **2)** ⚙ Stahldraht auf 850-1100° C erhitzen und dann auf 400 bis 550° C abkühlen, um ein für das Ziehen günstiges Gefüge zu erhalten.

Patentrolle, Register, in das ein Patent nach seiner Erteilung eingetragen wird.

Patentstreitigkeit, die gerichtl. Auseinandersetzung über Patente; zuständig sind besondere Landgerichte.

P´ater [lat.], Klosterangehöriger, der die Priesterweihen erhalten hat.

Pater [p´eitə], Walter, engl. Schriftsteller, * 1839, † 1894, Prof.; philosoph. Bildungsroman ,Marius, der Epikureer' (1885) u. a.

P´ater fam´ilias [lat.], Hausherr.

Paternit´ät [lat.], Vaterschaft.

Patern´oster [lat.], **1)** das Vaterunser. **2)** ein Umlauf-Aufzug.

Paternoster´erbse, ind. Schmetterlingsblütler. Der rote, giftige Samen mit schwarzem Fleck gibt Perlen für Rosenkränze.

Paterson [p´ætəsn], Stadt in New Jersey, USA, 144 800 Ew.; Textilindustrie, Maschinen- und Motorenbau.

Path..., patho... [grch.], leiden..., krankheit...

P´athan, aus Hindi stammender Sammelname für rd. 60 Volksstämme in SO-Afghanistan und NW-Pakistan.

path´etisch [grch.], feierlich, leidenschaftlich.

pathog´en [grch.], Krankheit erzeugend.

Pathogen´ese [grch.] die, die Entstehungsgeschichte einer Krankheit.

Patholog´ie [grch.], Krankheitslehre. **pathologisch,** krankhaft, die P. betreffend.

P´athos [grch.] das, Leidenschaft, Schmerz, Leid; Gemütsbewegung.

Pathoskler´ose [grch.] die, krankhaftes Altern der Gewebe, z. B. bei Bluthochdruck.

Patience [pasj´ãs, frz.] die, ein Kartengeduldspiel, meist für eine Person.

Patient [patsj´ent, lat.] der, Kranker.

Pat´ina [lat.] die, grünliche, braune oder schwarze Oberflächenschicht auf Metallen, erzeugt durch Chemikalien.

Patin´ir, Joachim, niederländ. Maler, * um 1480, † 1524, malte Bilder gebirgiger Landschaften mit kleinen bibl. Figuren.

P´atio [span.] der, Innenhof span. Häuser.

Pâtisser´ie [frz.] die, feines Kleingebäck; auch Geschäft, in dem es verkauft wird.

P´atmos, griech. Insel im nördl. Dodekanes, 40 km² groß, Kloster (gegr. 1088); gilt als Aufzeichnungsort der Offenbarung des Evangelisten Johannes.

P´atna, Hauptstadt von Bihar, Indien, am Ganges, 414 500 Ew.; Univ., Oriental. Bibliothek; Getreidehandel, Industrie.

Patois [patw´a, frz.] das, die ländlichen franzöz. Ortsmundarten; auch: Mundart überhaupt, unkorrekte Sprache.

Paton [peitn], Alan, südafrikan. Erzähler, * 1903; Roman ,Denn sie sollen getröstet werden' (1948) u. a.

P´atras, griech. Patr´ai, Paträ, Hafenstadt in Griechenland, am Golf von P., 111 200 Ew.; Univ.; Ausfuhr von Wein und Korinthen.

p´atria [lat.] die, Vaterland.

p´atria pot´estas [lat.], die vom Familienhaupt ausgeübte Gewalt.

Patri´arch [lat.], **1)** im A. T. israelit. Erz- und Stammvater: Abraham, Isaak, Jakob. **2)** seit dem 3. und 4. Jahrh. die Bischöfe von Rom, Konstantinopel, Alexandria, Antiochia, Jerusalem. **3)** bei vielen Einzelkirchen der Ostkirche und der Oriental. Kirche: Titel des Oberbischofs.

patriarch´alisch, nach Art und Sitte der Vorfahren; altväterisch; vaterrechtlich.

P´atrick [-æ-], Apostel und Schutzheiliger Irlands, * um 385, † um 460, Tag: 17. 3.

patrimoni´al [lat.], väterlich, ererbt.

Patrim´onium [lat.] das, -s/...ien, im

röm. Recht das väterl. Erbgut. **P. Petri,**
→Kirchenstaat.

Patri'ot [frz.], Vaterlandsfreund. **Patrio-
t'ismus,** Vaterlandsliebe. **patriotisch,** va-
terländisch gesinnt.

Patr'istik [von lat.], Wissenschaft von
Lehre und Schriften der Kirchenväter.

Patr'ize [lat.], ein Stempel mit positi-
vem Bild zur Herstellung der Matrize.

Patr'izier [lat.], 1) im alten Rom die Mitgl.
des zunächst allein herrschenden Ge-
schlechtsadels **(Patriziat),** im Unterschied
zu den Plebejern. 2) im MA. die zunächst
allein den Rat stellende städt. Oberschicht, später meist von Zünften verdrängt.

P'atroklos, bei Homer Freund Achills.

Patrolog'ie [grch.], die Literaturgeschichte des christl. Altertums.

Patronage [-'aʒə, frz.] die, 1) Patronats-
recht. 2) Günstlingswirtschaft.

Patron'at [lat.], 1) das, die Gesamtheit der
Rechte und Pflichten des Schutzherrn **(Patron, Patronatsherr)** einer Kirche. 2) nach
altröm. Recht die Schutzherrschaft röm.
Bürger gegenüber den Freigelassenen.

Patr'one [frz.] die, 1) bei Handfeuerwaf-
fen, MG und kleinkalibrigen Geschützen:
Pulverladung, Geschoß und Zündmittel,
zusammengefaßt in der **Patronenhülse.**
Neben **scharfen P.** (mit Geschoß) gibt es
Platz-P. (mit Holzpfropfen) zu Übungs-
zwecken. 2) Weberei, Wirkerei: techn.
Zeichnung zur Herstellung von Geweben,
Gewirken.

Patron'ymikon [grch.] das, -s/... ka, Per-
sonenname, der vom Namen eines Vorfahren, meist des Vaters, abgeleitet ist, z. B.
Peterson, Hansen.

Patrouille [-ruljə, frz.] die, ⚔ Spähtrupp.
patrouillieren, eine Streife gehen.

Patroz'inium [lat.] das, christl. Liturgie:
der Heilige oder das Glaubensgeheimnis,
dem eine Kirche geweiht ist.

Patt [frz.], Schachspiel: Stellung, aus der
der König nur in Schach ziehen kann; die
Partie gilt als unentschieden (remis).

Patte [frz.] die, Klappe an Taschen, auch
Stoffstreifen zur Verzierung.

Pau [po:], Hauptstadt des Dép. Pyrénées-
Atlantiques in SW-Frankreich, 76200 Ew.,
Univ.; Fremdenverkehr, Textil- u. a. Ind.

P'auke, ♪ Schlaginstrument mit veränderbarer Tonhöhe aus einem halbkugeligen Kupfer- oder Messingkessel **(Kessel-
P.)** mit darübergespanntem Kalbfell, das
mit Schlegeln geschlagen wird.

Paukenhöhle, Teil des Mittelohrs.

Pauker, Anna, rumän. Politikerin (KP),
* 1893, † 1960, 1947-52 Außenmin., dann
amtsenthoben.

Paul, Fürsten:
Griechenland. 1) **P. I.,** König der Hellenen
(seit 1947), * 1901, † 1964, Sohn Konstantins I., ⚭ (1938) mit →Friederike (* 1917).
Jugoslawien. 2) **P. Karadjordjević,** Prinzregent, * 1893, Vetter Alexanders I., nach
dessen Ermordung (1934) Regent für Peter
II.; er wurde 1941 gestürzt.
Rußland. 3) **P. I. Petrowitsch,** Kaiser
(1796-1801), * 1754, † 1801, Sohn Katharinas II., kämpfte 1799 gegen Frankreich,
verband sich aber 1800 mit Napoleon; bei
einer Offiziersverschwörung ermordet.

Paul, Päpste:
1) P. III. (1534-49), vorher Alessandro
Farnese, * 1468, † 1549, bestätigte 1540 den
Jesuitenorden, eröffnete 1545 das Triden-
tinische Konzil; übertrug Michelangelo den
Weiterbau der Peterskirche.
2) P. IV. (1555-59), vorher Gianpietro **Ca-
raffa,** * 1476, † 1559, stiftete mit Cajetan
von Thiene den Theatinerorden, wirkte für
Kirchenreform und Neubelebung des Katholizismus.
3) P. V. (1605-21), vorher Camillo **Borghese,**
* 1552, † 1621, verbesserte die Verwaltung
des Kirchenstaates; Bauherr (St. Peter).
4) P. VI., Papst (seit 21. 6. 1963), vorher
Giovanni Battista **Montini,** * Concesio
(Prov. Brescia) 26. 9. 1897, seit 1922 in der
päpstl. Staatssekretarie tätig, leitete seit

Paul VI.   Louis Pasteur

1937 die ordentl. (d. h. innerkirchl.) Angele-
genheiten, zuerst als Substitut, seit 1952 als
Prostaatssekretär. 1954 wurde er Erzbischof
von Mailand, 1958 Kardinal. P. VI. führte das
II. Vatikan. Konzil zu Ende (Liturgie-, Ku-
rienreform, Bischofssynode). Große Reisen
(u. a. ins Hl. Land, zur UNO nach New
York, in den Fernen Osten) dienten der
missionar. und ökumen. Präsenz des
Papsttums. Die großen Enzykliken (1964:
Ecclesiam suam, 1965: Mysterium fidei
(Eucharistie), 1967: Populorum Progressio
(Soziallehre), 1967: Sacerdotalis Caeliba-
tus, 1968: Humanae vitae) fanden ein wei-
tes Echo.

Paul, 1) Bruno, * 1874, † 1968, Architekt
(Kathreiner-Hochhaus, Berlin, 1927/28),
begann als Maler und Zeichner (u. a. für
den Simplicissimus).
2) Hermann, Germanist, * 1846, † 1921,
,Grundriß der german. Philologie' (1891 bis
1893),,,Dt. Wörterbuch' (1897),,,Dt. Grammatik' (1916-20).
3) Jean, Dichter, →Jean Paul.

Paulhan [pol'ã], Jean, franzöś. Schriftsteller, Journalist, * 1884, † 1968.

Pauli, 1) Johannes, Schriftsteller, * nach
1450, † vor 1533; Schwankbuch ,Schimpf
und Ernst' (1522, Nachdr. 1967).
2) Wolfgang, österreich. Physiker, * 1900,
† 1958, Prof. in Zürich, arbeitete über Rela-
tivitäts- und Quantentheorie, stellte das
nach ihm benannte Ausschließungsprin-
zip auf. Nobelpreis 1945.

Pauliki'aner, um 650 gegr. ostkirchl.
Sekte, seit dem 9. Jahrh. auf dem Balkan.

Pauling, Linus Carl, amerikan. Chemiker,
* 1901, Prof. in Pasadena, arbeitete über
Quantenchemie, erhielt 1954 für die Aufstellung von Strukturmodellen der Ketten-
proteine den Nobelpreis für Chemie; 1962
Friedensnobelpreis.

L. C. Pauling   I. Pawlow

Paulinzella, Gem. im Bezirk Gera; Ruine
(seit 1525) der 1112-32 erbauten Säulen-
basilika einer 1105 gegr. Benediktinerabtei.

Pauliprinzip [nach W. Pauli], ein Prinzip
der Quantentheorie, wonach zwei Elementarteilchen mit halbzahligem Spin (Fermionen) sich niemals zugleich in Zuständen befinden können, die in allen Quantenzahlen übereinstimmen.

Paul'ownia die, ein ostasiat. Rachenblüter mit herzförmigen Blättern und rötlich-
violetten Blüten; Parkbaum.

Paulskirche, evang. Kirche in Frankfurt
a. M., 1786-1833 erbaut; 1848 Sitz der Nationalversammlung; heute Tagungsstätte.

Paulssen, Hans-Constantin, Industrieller, * 1892, Jurist; 1954-64 Vors. der Bundesvereinigung Dt. Arbeitgeberverbände.

Paulus, mit hebr. Namen **Saul(us),** Apostel
Jesu, der Heidenapostel, * Tarsos (Kili-
kien) um 10 n. Chr., zuerst eifriger Gegner
der Christen, wurde um 34 vor Damaskus
durch eine wunderbare Erscheinung (Da-
maskuserlebnis) zum Jünger Jesu bekehrt.
Missionsreisen nach Zypern, Kleinasien
(bes. Ephesus), Makedonien, Griechenland (bes. Korinth). Überall entstanden lebendige Gemeinden, mit denen P. in regem
persönl. und schriftl. Verkehr stand. Auf
Betreiben der Juden in Jerusalem wurde P.
von den Römern gefangengenommen und
zwischen 64 und 68 enthauptet. Die Lehre
des P. ist in seinen Briefen im N. T. enthalten. P. hat das junge Christentum den Ausdrucksformen der orientalisch-hellenist.
Kulturwelt angepaßt und ihm den Weg zur
Weltreligion bereitet. - Heiliger; Tage:
29. 6. (Peter-Pauls-Tag), 25. 1. (Pauli Bekehrung). Dargestellt wurde P. mit fast kahlem
Kopf, langem Bart, Buch und Schwert, oft
bei seiner Bekehrung vom Pferde stür-
zend.

Paulus, Friedrich, Gen.-Feldmarschall
(1943), * 1890, † 1957, war 1942 mit der 6.
Armee in Stalingrad eingeschlossen, 1943
bis 1954 in sowjet. Gefangenschaft, wo er
sich dem ,Nationalkomitee Freies
Deutschland' anschloß; lebte dann in
Dresden.

Paulusbriefe, die unter dem Namen des
Paulus im N. T. enthaltenen 13 Sendschrei-
ben (kath. auch der Hebräerbrief).

Paulus Di'aconus, Geschichtsschreiber,
* um 720, † um 797, aus langobard. Adel,
774 Mönch; ,Geschichte der Langobarden'.

Paulus vom Kreuz, * 1694, † 1775, stiftete
1720 den Orden der Passionisten; Heiliger;
Tag: 28. 4.

Paulus von Theben, der erste
Einsiedler, * um 228, † um 341; Tag: 15. 1.

Pauly, August, klass. Philologe, * 1796,
† 1845; begründete die ,Real-Encyclopädie
der class. Alterthumswiss.' (1837 ff.).

Paumgartner, Bernhard, österreich. Musikforscher, Komponist, Dirigent, * 1887,
† 1971, 1945-53 Direktor des Mozarteums
in Salzburg; Musikerbiographien, Kammermusik.

Paum'otu-Inseln, →Tuamotu-Inseln.

pauper'ieren [lat.], Genetik: ein Erbmerkmal in geringerer Ausprägung zeigen als
die Eltern; p. kommt bei Bastarden vor.

Pauperismus, im 19. Jahrh. gebräuchlich
für Massenarmut und -verelendung.

Paus'anias, 1) spartan. Feldherr und
Staatsmann, siegte 479 v. Chr. bei Plataä;
nach einem Aufstand in einem Tempel
eingemauert (469).
2) kleinasiat. Grieche, verfaßte 160-180
n. Chr. einen Reisebericht über Griechenland.

pausch'al, alles zusammen, zum Sam-
melpreis. **Pauschale** die, auch **Pauschal-
summe,** Gesamtabfindung anstelle von
Einzelzahlungen.

Pauschalpreis, nach überschläglicher
Berechnung vereinbarter Preis.

Pauschalreisen, durch Reisebüros vermittelte Reisen einschl. Beförderung, Verpflegung (ohne Getränke), Ausflüge u. ä.

Pauschbesteuerung, nach Durch-
schnittssätzen festgesetzte Steuer.

Pauschbetrag, Betrag, der ohne Ermittlung von Einzelzahlungen, -leistungen
usw. angerechnet, bezahlt oder abgezogen
wird.

Pausche die, 🏇 1) Wulst am Sattel. 2)
Handgriff am Pferd (Turngerät).

Pause, 1) Unterbrechung. 2) das Schweigen einer Stimme für einen zeitlich begrenzten Abschnitt (Bild Noten). 3) **Pau-
senzeichen,** ((•)) akust. oder opt. Signal zur
Senderkennzeichnung. 4) Durchzeich-
nung: Lichtpause.

Pauspapier, 1) durchscheinendes Papier.
2) Blau- oder Kohlepapier.

Paust'owskij, Konstantin, russ. Schriftsteller, * 1892, † 1968; ,Die Romantiker'
(1916 ff.),,,Taras Schewtschenko' (1939) u. a.

Pau ting, →Paoting.

Pav'ane [span.] *die*, langsamer Hof- und Gesellschaftstanz des 16./17. Jahrh. im geraden Takt; später Satz der Suite.

P'avelić [-litç], Ante, kroat. Politiker, * 1889, † 1959, leitete die →Ustascha, 1941 kroat. Staatschef, mußte 1945 flüchten.

Pav'ese, Cesare, italien. Schriftsteller, * 1908, † (Selbstmord) 1950; Romane ,Junger Mond' (1950), ,Die einsamen Frauen' (1949). Tagebuch ,Das Handwerk des Lebens' (1952).

Pav'ia, 1) Provinz Italiens in der Lombardei, 2965 km² groß, 529 400 Ew.

2) Hauptstadt von 1), am Tessin, 86 200 Ew., Handelsplatz, Univ., Kastell der Visconti (14. Jahrh.), Dom (begonnen 15. Jahrh.), Basilika San Michele (1155 geweiht).

Seit 572 Hauptstadt des Langobardenreichs; 1359 von den Visconti unterworfen, später an Mailand (Lombardei). 24. 2. 1525 unterlag Franz I. von Frankreich dem Heer Karls V.

P'aviane, afrikan.-arab. Affengatt.; jagdhundgroß, mit Raubtiergebiß, Backentaschen, roten Gesäßschwielen, langem Schwanz. Arten: z. B. der **Mantelpavian** mit langem Schulter- und Kopfhaar, der grünbraune **Anubis**, der hellere **Babuin**.

Pavillon [-vilj'õ, frz.] *der*, ein kleiner Bau, eckig oder rund, meist offen, bes. in einem Park; auch Teil eines Bauwerks.

Pawlod'ar, Gebietshauptstadt im N der Kasach. SSR, am Irtysch, 187 000 Ew.; Petrochemie, Nahrungsmittel- u. a. Ind.

P'awlow, Iwan, russ. Physiologe, * 1849, † 1936, stellte die Lehre von den bedingten Reflexen auf. 1904 Nobelpreis. (Bild S. 930)

P'awlowa, Anna, * 1882, † 1931, Ballerina des Kaiserl. Russischen Balletts.

Anna Pawlowa

Pax [lat.], Friede; altröm. Friedensgöttin.

Pax Christi, eine 1944 in Frankreich gegr. kath., internat. Friedensbewegung.

Payer, Julius Ritter von, * 1842, † 1915, führte 1872-74 die österreichisch-ungar. Nordpolarexpedition. Nach ihm ist die **P.-Spitze** in O-Grönland benannt.

Payerne [paj'ɛrn], dt. **Peterlingen**, Bezirksstadt im Kt. Waadt, Schweiz, 6900 Ew.; roman. Kirche, Tabak- u. a. Industrie.

Paz Estenss'oro, Victor, bolivian. Politiker (M.N.R.), * 1907, 1952-56 und 1960-64 Präs.; soziale Reformen.

Paz'ifik *der*, der →Stille Ozean.

Pazifik-Pakt, 1951 in San Francisco geschlossenes Verteidigungsbündnis zwischen Australien, Neuseeland und den Verein. Staaten (A, NZ, US, daher auch **ANZUS-Pakt**), ergänzt 1954 durch den Südostasiatischen Sicherheitsvertrag, →SEATO.

Pazifischer Ozean, der →Stille Ozean.

Pazif'ismus, der radikal-idealist. Richtung der Friedensbewegung, die Gewaltanwendung und militär. Vorbereitung verwirft, wobei sie sich, im Unterschied zur →Friedenssicherung, allein auf ethische Gründe beruft. Der moderne P. entwickelte sich in den **Friedensgesellschaften**: B. v. Suttner gründete 1891 die österreich., A. H. Fried 1892 die Dt. Friedensgesellschaft (1945 neu gegr. mit dem Zusatz ,Bund der Kriegsgegner'). In der Bundesrep. Dtl. trägt das Grundgesetz der Kriegsdienstverweigerung aus Gewissensgrün-

den Rechnung. In jüngster Zeit hat sich in vielen Ländern eine pazifist. Bewegung entfaltet, die bes. von der inneramerikan. Protestbewegung gegen die Präsenz amerikan. Truppen in Südvietnam starke Impulse erhielt.

Pazn'aun *das*, Seitental des →Stanzer Tals, Tirol, 35 km lang; Hauptorte: Kappl, Ischgl, Galtür; Fremdenverkehr.

Pb, chem. Zeichen für Blei.

pc, Abk. für →Parsec.

p. Chr., Abk. für post Christum (natum) [lat.], nach Christi Geburt.

Pd, chem. Zeichen für Palladium.

Peace Corps, →Friedenskorps.

Peace River [p'i:s rivə], Fluß in Kanada, 1920 km lang, kommt mit 2 Quellflüssen aus dem Felsengebirge, vereinigt sich mit dem Athabasca zum Großen Sklavenfluß.

Peacock [p'i:kɔk], Thomas Love, engl. Schriftsteller, * 1785, † 1866; humorvolle, satirische Romane.

Peak [pik, engl.] *der*, Bergspitze.

Pearl Harbor [pəːl h'abə], Flottenstützpunkt der Verein. Staaten auf der Hawaii-Insel Oahu; am 7. 12. 1941 Ziel eines japan. Luft- und U-Boot-Angriffs; der Überfall eröffnete den japanisch-amerikan. Krieg.

Pearson [p'iəsn], Lester Bowles, kanad. Politiker (Liberaler), * 1897, entwarf die Verfassung der Verein. Nationen, 1948-57 Außenmin., 1963-68 MinPräs. 1957 Friedens-Nobelpreis.

Peary [p'iəri], Robert Edwin, amerikan. Nordpolarforscher, * 1856, † 1920, stellte 1901 durch Umfahrung die Inselnatur Grönlands fest, erreichte 1909 die unmittelbare Nähe des Nordpols.

PeCe-Faser, Handelsname für Chemiefasern auf der Grundlage von Polyvinylchlorid.

Pech, zähflüssiger brauner bis schwarzer Rückstand bei der Destillation von Steinkohlenteer und Erdöl, auch von Holzkohlenteer, dient zur Herstellung von Teerpappe, als Bindemittel, zum Isolieren u. a.

Pechblende, →Uranpecherz.

Pechel, Rudolf, Publizist, * 1882, † 1961, Hg. der ,Dt. Rundschau' (1919-42 und wieder seit 1949), 1942-45 im Konzentrationslager.

Pechiney Ugine Kuhlmann S. A., Abk. **PUK** [peɕin'ɛ-], Paris-Lyon, französ. Chemie- und Aluminiumkonzern, entstanden 1971 aus der Pechiney, Cie. P. S. A., Lyon, und der Ugine Kuhlmann S. A.

Pechnase, ein unten offener Vorsprung mittelalterl. Befestigungsmauern, von dem man siedendes Pech auf den Feind goß.

Pechnelke, Klebnelke, staudiges Nelkengewächs mit klebrigen Stengelstrecken und purpurnen Blüten; auch Zierpflanze.

Pechstein, wasserhaltiges Gesteinsglas, braun, rot, grün oder schwarz, meist mit kleinen Einsprenglingen.

Pechstein, Max, Maler, * 1881, † 1955, Mitglied der →Brücke, 1913 in der Südsee, schuf Gemälde und graph. Arbeiten, die mit den Mitteln des Expressionismus temperamentvoll die Wirklichkeit erfassen.

Pécs [peːtʃ], →Fünfkirchen.

Ped'al [von lat.] *das*, 1) ⊕ mit dem Fuß betätigter Hebel oder Kurbel **(Tretkurbel)** zum Übertragen einer Bewegung. 2) ♪ Fußhebel bei Harfe, Klavier, Pauke; bei der Orgel die mit den Füßen zu spielende Tastenreihe.

Ped'ant [ital.], kleinlicher Mensch.

Peddigrohr, von den Blattscheiden befreiten Stämme der Schilf- oder Rohrpalme; Flechtmaterial.

Ped'ell [lat.], Schul-, Hochschuldiener.

P'edigree [-gri:, engl.] *der*, ⚘ Stammbaum von Tieren, bes. Pferden.

Pedik'üre [frz.] *die*, Fußpflege.

Pedr'ell, Felipe, span. Musiker und Musikforscher, * 1841, † 1922, erstrebte eine Erneuerung der national-span. Musik.

Pedro, span. und portugies. Fürsten, →Peter.

Peebles [pi:blz], Gfsch. im südl. Schott-

Pegel: 1 *mechanischer P. (System Wilcke-Ott): a Schwimmer, b Gegengewicht, c Zahnstange, d Schreibfeder, e Registriertrommel.* 2 *Druckluft-Fernpegel: a Pegelbrunnen, b Bleirohr, c Seekabel, d Quecksilbermanometer*

land, 899 km² groß, 13 500 Ew. Hauptstadt ist P., Fremdenverkehr.

Peel [pi:l], Sir Robert, brit. Staatsmann (Konservativer), * 1788, † 1850, 1822-46 mehrfach Min. und MinPräs., führte Einkommensteuer, Freihandel u. a. ein.

Peele [pi:l], George, engl. Dramatiker, * um 1556, † 1596, Schauspieler.

Peene *die*, **1)** der westl. Mündungsarm der Oder, zwischen dem Festland und Usedom. **2)** Fluß in Mecklenburg-Vorpommern, 112 km lang, mündet in die P. 1).

Peenemünde, ehem. Fischerdorf im NW von Usedom, an der →Peene 1), bis 1945 Forschungsstelle für Raketen- und Fernlenkwaffen, nach 1945 zum Marinestützpunkt der Dt. Dem. Rep. ausgebaut.

Peer [piə], in England Mitglied des hohen Adels, der u. a. das Recht auf Sitz und Stimme im Oberhaus hat. **Peerage** [p'iəridʒ]: Würde eines P. Titel: Lord.

P'egasus, 1) griech. Mythos: Flügelroß, durch dessen Hufschlag die Hippokrene, Quelle der Musen, entstand; daher Dichterroß. **2)** ⁂ Sternbild des Nordhimmels.

Pegau, Stadt im Bez. Leipzig, an der Weißen Elster, 6700 Ew.; Laurentiuskirche (vor 1189) mit Grabmal von Wiprecht (um 1235); Rathaus (1559).

Pegel *der*, **1)** Einrichtung zum Messen des Wasserstandes. Ihr Nullpunkt liegt etwa in Höhe der Gewässersohle oder unter dem niedrigsten mögl. Wasserstand. Meist ist sie eine Latte mit Maßeinteilung (**Latten-P.**). **Schreib-P.** zeichnen den Pegelstand auf eine sich drehende Trommel auf; sie

M. Pechstein: Mädchen in Rot am Tisch (Ausschnitt), 1910

können mechan. Schwimmer-P., Druckluft-P. oder elektr. Ruhstrom-P. sein, neuerdings auch Abruf-P. mit Anschluß an das öffentl. Fernsprechnetz. **2)** ein Maß zur Kennzeichnung der Strom-, Spannungs- oder Leistungsverhältnisse an den verschiedenen Punkten eines elektr. Übertragungssystems, gemessen in Neper oder Dezibel.

Pegmat´it, sehr grobkörniges Gestein, entstanden aus den an Gasen (Wasser, Fluor) reichen Magmaresten verschiedener Tiefengesteine, vorwiegend granitischer Zusammensetzung.

Pegnitz die, Nebenfluß der Rednitz, 85 km lang, entspringt in der Fränk. Alb, mündet bei Fürth.

Pegnitzorden, 1644 in Nürnberg von Georg Philipp Harsdörfer und J. Klaj gegr. Sprachgesellschaft.

P´egu, Stadt in Nieder-Birma, 35 000 Ew., Pagode, Riesenstatue Buddhas. Als **Hamsavati** gegr., war die Stadt Mittelpunkt des gleichnamigen Mon-Reiches und erlebte im 15. Jahrh. eine buddhist. Kulturblüte.

Péguy [peg´i], Charles, französ. Schriftsteller, * 1873, † (gefallen) 1914, Sozialist, dann Katholik, verkündete einen religiös verbrämten Nationalismus.

P´ehlewi, P´ahlawi, 1) mittelpers. Sprache aus der Zeit 300 v. Chr. bis 950 n. Chr. (Parsi; →iranische Sprachen). Von der P.-Literatur, dem einst umfangreichen Schrifttum der Parsen in mittelpers. Sprache, ist wenig erhalten. **2)** Dynastie in Iran (→persische Geschichte).

P´eies [hebr.] Mz., die Schläfenlocken der orthodox gläubigen Juden.

Peiho, Fluß in China, →Paiho.

Peikiang [chines. ‚Nordfluß'], **Peh-kiang,** kantones. **Pakkong,** Fluß in der südchines. Prov. Kuangtung, 480 km lang, schiffbar, mündet im Stromgeflecht des ‚Kanton-Deltas' (Perlfluß).

peilen, 1) die Himmelsrichtung ermitteln vom eigenen Standort zu einem sichtbaren Objekt **(optische Peilung)** oder zu einem drahtlos empfangenen Sender **(Funkpeilung).** Bei Funkpeilung unterscheidet man a) **Fremdpeilung:** vom Bordsender ausgesandte Wellen werden von wenigstens zwei festen Stationen gepeilt und die Ergebnisse zum Fahrzeug übermittelt; b) **Eigenpeilung:** mit dem Bordpeiler werden die Einfallsrichtungen der Funkwellen von wenigstens zwei Sendern bekannten Standorts zur Ortsbestimmung ermittelt. **2)** die Wassertiefe bestimmen mit Peillot (an Seil oder Draht hängendes Bleigewicht), Peilstange, Echolot.

Peine, Stadt in Ndsachs., am Mittellandkanal, 30 900 Ew.: eisenverarbeitende Industrie (Ilseder Hütte), Schuhfabrik.

peinlich, beschämend; im mittelalterl. Recht: Leib und Leben betreffend. **p. Befragung,** im Inquisitionsprozeß oder während der Folter die Befragung des Angeschuldigten. **p. Gerichtsordnung,** →Carolina.

Peiping, 1928-46 Name von →Peking.

P´eipussee, See an der Grenze der Estn. SSR und der Russ. SFSR, 3600 km² groß. Abfluß: Narwa zum Finn. Meerbusen.

Peirce [p´i:əs], Charles S., amerikan. Philosoph, * 1839, † 1914, Mitbegründer des Pragmatismus und der mathemat. Logik.

Peis´istratos, latein. **Pisistratus,** Tyrann von Athen, bemächtigte sich 560 v. Chr. der Alleinherrschaft, zweimal vertrieben.

Peißker der, Schlammpeitzker, Fisch, eine Art der Schmerlen.

Peisson [pes´ɔ̃], Edouard, französ. Schriftsteller, * 1896, † 1963, Seemannsromane.

Peitschenkaktus, lang- und dünntriebige Kakteen, meist hängend.

Peitschenwurm, ein schmarotzender Fadenwurm, der bei Tieren eine Darmentzündung (**P.-Krankheit**) hervorrufen kann.

pejorat´iv [lat.], verschlechternd.

Pek´aris [karib.], **Nabelschweine,** Fam. südamerikan. Schweine.

Peking [‚nördl. Hauptstadt'], 1928-46 Pei-

ping, die Hauptstadt der Volksrep. China, im äußersten N der Großen Ebene, rd. 7 Mill. Ew., Verwaltungs- und geistiges Zentrum. Im nördl. Stadtteil, der Mandschu- oder Inneren Stadt, liegt die von einer hohen Mauer umgebene ehem. Kaiser- oder Verbotene Stadt mit dem Kaiserpalast, künstl. Seen und Tempeln; ferner mit Palästen, Tempeln, Pagoden und Hochschulen sowie dem Gesandtschaftsviertel im SO. In dem ebenfalls ummauerten südl. Stadtteil, der Äußeren oder Chinesenstadt, liegt der Himmelstempel. P. hat Universitäten, Hochschulen, Museen, Bibliotheken, Kernforschungszentrum; durch Kuanting-Staudamm Ind.: Stahl, Elektronik; Baumwollspinnereien, Obstbau. - 1264-1368 Hauptresidenz der Mongolen, 1421-1912 Sitz der chines. Kaiser, 1937 von den Japanern, 1949 von den Kommunisten erobert und Hauptstadt der Volksrep. China.

Peking(g)´ese der, langhaariger Zwerghund aus China.

Peking-Mensch, →Sinanthropus.

Pekt´ine Mz., kohlenhydratähnliche, hochmolekulare, in Pflanzen weitverbreitete Verbindungen, die das Gelieren der Fruchtsäfte bewirken.

Pektor´ale [lat.] das, im MA. Gewandschließe für den Chormantel, auch das Brustkreuz.

Pekuliarbewegung, der Anteil an der scheinbaren Bewegung eines Fixsterns an der Sphäre, der allein durch dessen eigene räuml. Bewegung verursacht wird.

pekuni´är [lat.], geldlich, finanziell.

Pelagi´al [grch. pelagos ‚Meer'] das, **Pelagialfauna, Hochseefauna,** die Tierwelt des freien Wassers.

Pelagi´aner, Anhänger des irischen Mönches Pelagius (um 400), der die Erbsünde leugnete und eine natürl. Fähigkeit des Menschen zum Guten behauptete. Die P. wurden von Augustinus bekämpft und von dem weström. Kaiser (418) verbannt.

Pel´agische Inseln, vulkan. Inselgruppe südl. von Sizilien, 28 km²; Fischfang.

Pelarg´onie [grch.] die, eine Gattung der Storchschnabelgewächse, auch **Geranium** genannt; mit gespornten Blüten; z. T. Zierpflanzen. Die **Muskat-P. (Muskatkraut)** mit wohlriechenden Blättern, weißen Blütchen dient der Parfümherstellung.

Pel´asger, auch **Karer, Leleger,** vorindogerman. Bevölkerung der Ägäis.

Pel´é, eigentlich **Edson Arantes do Nascimento,** brasilian. Fußballspieler, * 1940.

Pelée, →Montagne Pelée.

Peler´ine [frz. ‚Pilgermantel'] die, Umhang.

P´eleus, griech. Mythos: Beherrscher der Myrmidonen, Vater des Achill (**Pelide**).

P´elias, griech. Mythos: Sohn Poseidons, sandte Iason nach dem Goldenen Vlies aus. Nach Iasons Rückkehr wurde P. auf Medeas tückischen Rat von seinen Töchtern (außer Alkestis) zerstückelt und in einem Zaubertrank gekocht.

Gemeiner Pelikan

P´elikan [grch.-lat.] der, Vogelgattung der Ruderfüßer; an Rumpf, Hals und Beinen gänseähnlich, schwanengroß, mit schwertförmigem, vorn hakigem Schnabel und großem, fangnetzartigem Kehlsack.

P´elion der, neugriech. **Pilion** das, Gebirge an der O-Küste Thessaliens, 1681 m hoch.

P´elkum, Gem. in Nordrh.-Westf., 25 100 Ew.; Steinkohlenbergbau, Bergbaumaschinen-, Papierfabrik.

P´ella, 1) Hauptstadt des alten Makedonien bei Saloniki, Griechenland; Mosaiken aus hellenist. Zeit. **2)** antike Stadt in Palästina.

P´ella, Giuseppe, italien. Politiker (Christl. Demokrat), * 1902, seit 1946 wiederholt Min., 1957/58 Vize-MinPräs., 1959/60 Außen-, 1960-62 Budgetminister.

P´ellagra [italien.] die, eine meist infolge von Vitamin-B-Mangel bei ausschließlicher Maisernährung auftretende Krankheit mit Rötung der dem Sonnenlicht ausgesetzten Haut und mit nervlichen Störungen.

Pellegrino, →Monte Pellegrino.

P´ellico, Silvio, italien. Dichter, * 1789, † 1854; 1820 als Carbonaro (→Carbonari) verhaftet und 10 Jahre eingekerkt (‚Meine Gefängnisse', 1832); Trauerspiel ‚Francesca da Rimini' (1815).

Pellw´orm, eine der Nordfries. Inseln, Schlesw.-Holst., eingedeichtes Marschgebiet, 37 km², 1600 Ew.; bis 1634 (Sturmflut) mit Nordstrand verbunden.

Pelop´iden, griech. Mythos: das von →Pelops abstammende Herrschergeschlecht in Mykene.

Peloponn´es [grch. ‚Insel des Pelops'] die, auch der, seit dem MA. auch **Morea,** die südliche Halbinsel Griechenlands, 21 410 km² groß, durch den Isthmus von Korinth mit Mittelgriechenland verbunden.

Peloponnesischer Krieg, 431-404 v. Chr. zwischen dem Att. Seebund (Athen) und dem Peloponnes. Bund (Sparta, 450 gegr.) um die Vorherrschaft in Griechenland, endete nach mancherlei Wechselfällen (Friede des Nikias 421, Expedition nach Si-

Peking: Verbotene Stadt

zilien 415-413, Alkibiades) mit der Niederlage Athens.

P'elops, griech. Mythos: Sohn des Tantalos; wurde von seinem Vater geschlachtet und den Göttern als Speise vorgesetzt, von ihnen aber neu belebt. P.' Nachkommen sind die **Pelopiden** (Mykene).

Pel'orie [grch.] *die,* strahlig gebaute Blüte statt normaler zweiseitig-symmetrischer Form (z. B. beim Fingerhut).

Pel'ota [span.] *die,* in Lateinamerika auch **Jai-Alai** [xai-], ein tennisartiges Rückschlagspiel, bei dem ein Ball von 2 Spielern oder Mannschaften (bis zu 10 Personen) mit einem oval geschwungenen Schläger (Chistera) gegen eine Mauer (Fronton) geschlagen wird.

Pel'otas, Stadt im Staat Rio Grande do Sul, Brasilien, 208 700 Ew.; Univ.; Schlachthäuser, Mühlen, Schuh-, Textilu. a. Industrie.

Pel'otte [frz.] *die,* ballenförmiges Polster, z. B. beim Bruchband.

Peltier [pɛltje], Jean Charles Athanase, franzöz. Uhrmacher,* 1785,† 1845, fand den nach ihm benannten Effekt **(Peltier-Effekt),** daß bei Durchgang des elektr. Stroms an der Lötstelle eines Metalles Erwärmung oder Abkühlung, je nach Stromrichtung, auftritt.

Peltier-Element, ein Halbleiter-Kühlelement, das den Peltier-Effekt zur Kühlung ausnutzt.

Pelton-Turbine, 1880 von L. A. Pelton erfundene Freistrahl-Wasserturbine.

P'eltsche [grch.-lat.] *die,* ⊕ Kronwicke.

Pel'uschke [slaw.] *die,* Felderbse.

Pel'usium, altägypt. Hafenstadt der östlichsten Nilmündung, 525 v. Chr. Sieg der Perser unter Kambyses über Psammetich III.: Ende des ägypt. Reiches.

P'elvis [lat.] *die,* ♀ $ das Becken.

Pelvoux [pɛlo'u], gletscherreiche Berggruppe der Dauphiné-Alpen in Frankreich mit den Gipfeln Les Ecrins (4102 m), La Meije (3983 m), Mont P. (3946 m).

Pelz, Tierfell, gegerbt, meist veredelt als Kleidungsstück (Rauchwaren).

Pelzflatterer, ⌔ katzengroßes malaiisches Baumsäugetier, mit Fallschirmhäuten **(Flatter-** oder **Flugmaki).**

Pelzflügler, ⌔ ⌔ Köcherfliegen.

Pelzkäfer, ⌔ ein Speckkäfer.

Pelztiere, Tiere mit verarbeitbaren Fellen, wie Lamm und Schaf (bes. Persianer), Nerz, Fuchs, Kaninchen, Bisamratte, Biber, Nutria, Waschbär, Zickel, Fohlen, Kalb, Bärenrobbe, Seehund, Chinchilla, Zobel, Marder, Otter, Leopard, Nebelparder, Jaguar, Ozelot, Ozelotkatze, Luchs.

P'emba, Koralleninsel vor der Küste Ostafrikas, 984 km², 140 000 Ew.; mit Sansibar Teil von Tansania; Gewürznelken, Kopra.

P'embroke [-bruk], Hafenstadt in Wales, 12 700 Ew.; Ruinen einer normann. Burg (11. Jahrh.). P. war 1814-1926 eines der größten Arsenale der engl. Kriegsflotte.

P'embrokeshire [-brukʃiə], in Wales, England, 1590 km², 100 400 Ew. Hauptstadt: Haverfordwest.

P'emmikan, haltbare Fleischkonserve der nordamerikan. Indianer.

P. E. N., PEN, Abk. für Poets, Essayists, Novelists, eine internat. Schriftstellervereinigung, London, gegr. 1921. Dt. PEN-Zentrum der Bundesrep. Dtl. in Darmstadt, daneben Dt. PEN-Zentrum der Dt. Dem. Rep. seit 1967. Österreich. PEN-Klub in Wien. Schweizer Sektionen in Basel, Zürich, Genf.

Peña [p'ɛŋa, span.] *die,* Berggipfel, Fels.

Penalty [p'ɔnəlti, engl.] *die,* ⚔ Strafstoß (Fußball), -schuß (Eishockey).

P'enang, Teilstaat Malaysias, 1030 km², 778 700 Ew. Hauptstadt: George Town.

Peñas de Europa [p'ɛŋas-], →Picos de Europa.

Pen'aten, altröm. Hausgötter.

Pence [pɛns, engl.], Mz. von →Penny.

Penck, Albrecht, Geograph, * 1858, † 1945, arbeitete bes. über Geomorphologie.

Pencz, Georg, * um 1500, † 1550, Maler (Bildnisse, stark italienisch beeinflußte Gemälde), wird als Stecher (als Stecher zu den →Kleinmeistern gezählt).

Pendant [pãd'ã, frz.] *das,* Gegenstück; Ohrgehänge.

Pendel, um eine Achse oder einen Punkt frei drehbarer Körper, der unter dem Einfluß der Schwerkraft nach Auslenkung aus der Ruhelage eine period. Bewegung ausführt. Beim **mathematischen P.,** dessen Masse man sich in einem Punkt vereinigt denkt, ist die Schwingungsdauer bei kleinen Schwingungen proportional der Wurzel aus der P.-Länge. Jedes wirkliche **(physikalische)** P. schwingt schneller als ein gleichlanges mathemat. P. Beim **Aus-**

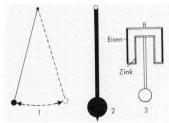

Pendel: **1** *mathematisches Pendel.* **2** *physikalisches Pendel mit etwa gleicher Schwingungsdauer.* **3** *Kompensationspendel*

gleichs- oder **Minimal-P.** ist die Schwingungsdauer von der Temperatur nahezu unabhängig. Beim **Kompensations-P.** wird die unterschiedl. Wärmeausdehnung verschiedener Metalle ausgenutzt, um eine konstante P.-Länge zu erhalten. Beim **Kegel-P.** durchläuft ein Massenpunkt einen horizontalen Kreis, so daß der Aufhängefaden den Mantel eines Kegels erzeugt.

Pendel|achse, eine Achsbauart für Personenkraftwagen; die Räder sind unabhängig voneinander abgefedert.

Pendelförderer, im Bergbau angewandte Förderung: der Förderweg ist in einzelne Abschnitte unterteilt, bei denen die Förderrichtung jeweils wechselt.

Pendel|uhr, 1) Uhr mit Pendelantrieb. **2)** Sternbild des Südhimmels.

Pendelverkehr, Verkehr durch ein einziges hin- und herfahrendes Verkehrsmittel.

Pendelwanderung, der Berufsverkehr zwischen Wohnort und Betriebsgemeinde, auch der Verkehr zwischen Wohnort und Unterkunft am Arbeitsort. Die Beteiligten heißen **Pendler** (von seiten der Wohngemeinde Auspendler, von seiten der Betriebsgemeinde Einpendler).

Pendent'if [frz.] *das,* 🏛 Gewölbeteil in Form eines sphär. Dreiecks (Zwickel), der von den Ecken eines quadrat. Grundrisses zum Ansatz einer Kuppel überleitet.

Penderecki [-'etski], Krzysztof, poln. Komponist, * 1933, ,Die Teufel von Loudun' (Oper 1969) u. a.

P'endschab, →Pandschab.

Penei'os *der,* der Hauptfluß von Thessalien, Griechenland, 224 km lang, entspringt im Pindos, mündet in die Ägäis.

Pen'elope, im griech. Mythos die treue Gattin des Odysseus, Mutter des Telemach; hielt die sie bedrängenden Freier mit einer Arbeit hin, die sie nachts wieder auftrennte.

penetr'ant [lat.], durchdringend; hartnäckig, aufdringlich, beißend.

Pengő, 1925-46 ungar. Währungseinheit, durch den Forint ersetzt.

pen'ibel [frz.], peinlich, genau, mühsam.

Penicill'in *das,* das aus Schimmelpilzen der Gattung Penicillium (Pinselschimmel) gewonnene erste, 1929 von A. Fleming entdeckte Antibiotikum.

P'enis [lat.] *der,* das männliche Glied.

Penki, Pen chi, Pen hsi, Industriestadt in der chines. Prov. Liauning, Mandschurei, reiche Eisenerz- und Steinkohlenvorkommen, rd. 500 000 Ew.; Stahl- und Walzwerke, chem. u. a. Industrie.

Penn, William, Gründer von Pennsylvania, * 1644, † 1718, Führer der Quäker, gründete 1683 Philadelphia, schuf auf der Grundlage relig. Toleranz freundnachbarl. Beziehungen mit den Indianern.

Penn'al [von lat. penna ,Feder'] *das,* studentisch: höhere Schule. **Penn'äler** *der,* Schüler einer höheren Schule.

Penn'inische Alpen, →Walliser Alpen.

Penn'inisches Gebirge, engl. **Pennines,** Gebirgszug in N-England, bis 893 m hoch.

Pennsylvania [-silv'einjə, ,Penns Waldland'], Abk. **Pa.,** einer der mittleren atlant. Staaten der USA, 117 410 km² groß, 11,7 Mill. Ew. Hauptstadt: Harrisburg. Anbau von Mais, Kartoffeln, Weizen, Obst; Viehhaltung; Bergbau: Kohle, Erdöl, Eisenerz; Eisen-, Stahlerzeugung u. a. Ind. - Gegr. von →Penn. 1776 einer der Gründerstaaten der Union.

Penny [engl.], Pfennig, Mz. **Pence,** Abk. **p,** die kleinste Einheit der engl. Pfundwährung; seit 1971 ist 1 £ = 100 New P. = 240 alte P. (Abk. d).

P'ennyweight [-weit, engl.] *das,* Abk. **dwt,** engl. Troygewicht für Edelmetalle, Münzen, Juwelen, auch Probier-, Apothekergewicht usw. = 1,555 g.

P'ensa, Gebietshauptstadt in der Russ. SFSR, an der Sura, 374 000 Ew.; Maschinenbau, pharmazeut. u. a. Industrie.

Pensée [pãs'e:, frz.] *das,* Garten-Stiefmütterchen.

Pensi'on [pãsj'on, aus frz.], **1)** das →Ruhegehalt. **2)** Ruhestand. **3)** Fremdenheim mit Verpflegung. **4)** das Wohnungs- und Verpflegungsgeld, das in Fremdenheimen und Erziehungsanstalten zu zahlen ist. **Pension'är,** **1)** Beamter im Ruhestand. **2)** Zögling; Kostgänger. **Pension'at,** privates Mädchenerziehungsheim.

Pensionskasse, versicherungsähnliche Einrichtung, die im Alters- und Invaliditätsfalle ihren Mitgliedern oder deren Hinterbliebenen Renten zahlt, auf die kein Rechtsanspruch besteht. Bei zahlreichen Unternehmen bestehen Betriebs-P., die eine Altersversorgung zusätzl. zur Rentenversicherung gewähren.

P'ensum [lat.] *das,* Aufgabe, Arbeit für eine bestimmte Zeit; Lehrstoff.

Pent'ade [von grch. penta ,fünf'] *die,* Zeitraum von fünf Tagen.

Pentag'on [grch.] *das,* **1)** Fünfeck. **2)** P'entagon, das Verteidigungsministerium (fünfeckiger Grundriß) in Washington, USA.

Pentagr'amm [grch.] *das,* magisches Zeichen seit der Antike (→Drudenfuß).

Pent'ameter [grch.] *der,* altgriech. Vers mit fünf, richtiger sechs Versfüßen (davon zwei katalektisch), aus zwei durch Zäsur geschiedenen Hälften. Meist wird der P. in Verbindung mit dem Hexameter im →Distichon gebraucht.

Penicillin; Penicillium-Kultur (etwa ¹/₂ nat. Gr.)

Pent′ane, die gesättigten Kohlenwasserstoffe der Zusammensetzung C_5H_{12}; sie sind Bestandteile des Benzins.

Pent′apolis [grch. ‚Fünfstadt'] *die,* im Altertum Landschaftsname, z. B. für die Cyrenaica; im frühen MA. für Rimini, Pesaro, Fano, Senigallia, Ancona.

Pentat′euch [grch.] *der,* die fünf Bücher Mose: Genesis (‚Schöpfung'), Exodus (‚Auszug'), Leviticus (‚Levitengesetze'), Numeri (‚Zählung des Volkes'), Deuteronomium (‚Wiederholung des Gesetzes'). Der P. ist das Gesetzbuch (Thora) des Judentums.

P′entathlon [grch.] *das,* der altgriech. Fünfkampf: Lauf, Weitsprung, Speer- und Diskuswurf, Ringen.

Pentat′onik [grch.] *die,* Tonordnung, die sich auf fünf Töne innerhalb des Oktavraumes beschränkt und urspr. keine Halbtöne aufweist: f g a . c d . f g (Südsee, Ostasien, Afrika). Eine jüngere Form: e f . a h c . e f liegt der japan. Musik zugrunde.

Pent′elikon, Berg in der griech. Landschaft Attika, 1108 m hoch; Marmorbrüche.

Pent′ere [grch.] *die,* Kriegsschiff im Altertum, hatte rd. 300 Ruderer, in 5 Reihen übereinander.

Penthesil′ea, im griech. Mythos eine Königin der Amazonen, die im Trojan. Krieg von Achilles getötet wurde.

Penthouse [p′ɛnthaus, engl.] *das,* bungalowartige Wohnung auf dem Flachdach eines mehrstöckigen Wohnhaus.

Pentland′it *der,* kub. Mineral der Zusammensetzung (Fe, Ni)$_9S_8$; Nickelerz.

Pent′ode *die,* eine Elektronenröhre mit 5 Elektroden: 3 Gittern, Kathode, Anode.

Pent′osen, Zuckerarten mit 5 Kohlenstoffatomen.

Pen′umbra *die,* **1)** Halbschatten der Erde bei Mondfinsternis. **2)** die hellere Umrandung größerer Sonnenflecke.

Penzberg, Stadt in Oberbayern, 10 800 Ew.; Textilindustrie.

Penzoldt, Ernst, Bildhauer, Schriftsteller, * 1892, † 1955; launig-humorvolle, phantasievolle Erzählungen (‚Die Powenzbande', 1930, ‚Korporal Mombour', 1941).

Peoria [pi′ɔ:ri], Stadt in Illinois, USA, 127 000 Ew., Univ.; Spirituosenherstellung (Maisbrennereien) u. a. Industrie.

Pep′ita, Gewebe aus Wolle oder Baumwolle in kleinkarierter Musterung.

Peplos [grch.] *der,* -/ . . . plen, ärmelloses griech. Frauen- und Männergewand.

Pepping, Ernst, Komponist, * 1901; Vertreter neuer evang. Kirchenmusik.

Peps′in, das eiweißabbauende Enzym des Magensafts; verdauungsfördernd.

Pept′ide, aus mehreren Aminosäuren gebildete Verbindungen, einfachste Vorstufe der Eiweiße.

Pept′one, stickstoffhaltige Umwandlungsprodukte der Eiweiße.

P′epusch, Johann Christoph, Komponist, * 1667, † 1752, vertonte das engl. Singspiel ‚Die Bettleroper' (1728), eine Parodie auf die ernste Oper (neu als ‚Dreigroschenoper' von Brecht/Weill).

Pepys [pi:ps, auch p′epis], Samuel, engl. Schriftsteller, * 1633, † 1703; sein Tagebuch gibt ein schonungsloses Zeitbild.

per [lat. und ital.], durch, für; mit; **per av′al,** 🜋 gegen Bürgschaft (Wechselvermerk); **per cassa,** gegen Barzahlung; **per Saldo,** zum Ausgleich; **per ultimo,** am Monatsende zurückzuzahlen; **per pedes,** zu Fuß; **per se,** von selbst.

per . . . , 🜊 eine Vorsilbe zur Bezeichnung von hohen Stufen der Oxydation oder der Substitution.

Per′äa [grch.], der jenseits, d. h. östlich des Jordan gelegene Teil des alten Palästina.

P′erak, Teilstaat Malaysias, an der Westküste Malakkas, 20 668 km² groß, 1,7 Mill. Ew. Hauptort: Ipoh; Zinnbergbau.

P′erborate, Salze, die aus Borsäure und Natriumperoxid entstehen; Bleichmittel.

Perche [pɛrʃ, frz.] *die,* eine hohe Bambusstange für artist. Balance-Akte.

Percht, Bercht *der,* oberdt. Volksglauben: eine Sagengestalt, die während der Zwölfnächte (25. 12.-6. 1.) helfend oder schadend durch die Lüfte fährt. In Oberbayern und den österr. Alpenländern ziehen in den Zwölfnächten vermummte Gestalten mit Masken als **Perchten (Berchten)** umher. Der Brauch ist Rest eines Fruchtbarkeitszaubers.

Perchtoldsdorf, Marktgem. am Wienerwald, Österreich, 13 900 Ew.; Weinbau. Pfarrkirche (14./15. Jahrh.).

Percier [pɛrsj′e], Charles, französ. Baumeister, * 1764, † 1838, arbeitete zusammen mit P. F. L. →Fontaine.

Percy [p′ə:si], Thomas, anglikan. Bischof, * 1729, † 1811; seine Sammlung alter engl. und schott. Volkslieder und Balladen (1765) wirkte anregend auch auf die dt. Literatur (Herder, Bürger, Goethe).

perd′endo [ital.], ♪ abnehmend, verhallend. **perd′endosi,** sich verlierend.

Perd′ikkas, Feldherr Alexanders d. Gr., * um 365 v. Chr., † (ermordet) 321, nach des Königs Tod Befehlshaber in Asien.

perdu [pɛrd′y, frz.], verloren; dahin.

p′ereat [lat.], er möge zugrunde gehen.

Peregr′inus [lat.], im altröm. Recht ein Fremder, der in Rom keine polit. Rechte genoß.

Per′eira, Stadt in Kolumbien, 201 700 Ew.; Techn. Univ., Kaffee-, Viehhandel.

Perek′op-Landenge, flache Landenge in der Ukrain. SSR, verbindet das Festland mit der Halbinsel Krim.

Père-Lachaise [pɛr laʃ′ɛ:z], Friedhof im NO von Paris.

per′emptorisch [lat.], 🜊🜊 vernichtend.

per′ennierend [lat.], ausdauernd, überwinternd (Pflanzen).

Per′eskia *die,* eine Kakteengattung mit echten Laubblättern.

Per′essigsäure, eine explosive organ. Verbindung mit starker Oxydationswirkung.

Pérez de Ay′ala [p′ɛrɛθ-], Ramón, span. Schriftsteller, * 1881, † 1962; Lyrik; Romane ‚Belarmino und Apolonio' (1921), ‚Tiger Juan' (1926).

Pérez Galdós [p′ɛrɛθ-], Benito, span. Schriftsteller, * 1843, † 1920; Romanreihe ‚Episodios nacionales' (46 Bde., 1873 bis 1912).

perf′ekt [lat.], vollendet, abgeschlossen; vollkommen. **P′erfekt** *das,* Ⓢ Zeitwortform, in der die Handlung vollendet ist, z. B. ich habe gelesen.

Perfektion [lat.], Vollendung. **Perfektionismus,** Streben nach äußerster Perfektion.

perf′id [frz.-lat.], heimtückisch, hinterhältig, treulos.

Perforation [lat.], 🜲 das Durchbrechen, z. B. eines Magen- oder Darmgeschwürs in die Bauchhöhle.

Pergam′ent, Beschreibstoff aus enthaarten, geglätteten, getrockneten Tierhäuten. **pergamentieren,** Baumwollgewebe durch Behandeln mit Schwefelsäure durchsichtig machen.

P′ergamon, Hauptstadt des um 280 v.

Chr. gegr. **Pergamenischen Reiches** im NW Kleinasiens. Der letzte König, Attalos III. († 133), vermachte P. den Römern.

P. wurde seit 1878 durch dt. Ausgrabungen freigelegt. Über dem Markt der Oberstadt erhob sich der Zeus-Altar mit einem 120 m langen Relieffries und darüber einer Säulenhalle mit einem niedrigeren Fries. Oberhalb des Altars lag der Athene-Tempel, dessen Bezirk überreich an Bildwerken war. Die Reliefs des Zeus-Altars kamen nach Berlin (**P.-Museum**).

P′ergola [ital.] *die,* Laubengang.

Pergol′esi, Pergolese, Giovanni Battista, italien. Komponist, * 1710, † 1736, Hauptmeister der neapolitan. Schule. Sein Singspiel ‚La serva padrona' (1733) ist die Urform der kom. Oper. Werke für Streichorchester, Stabat mater, Triosonaten.

peri . . . [grch.], um . . . , herum . . .

Perid′erm [grch.] *das,* ein pflanzliches Hautgewebe, der Kork.

Perid′ot [grch.] *der,* Mineral, →Olivin.

Perig′äum [grch.], Erdnähe, →Apsiden.

Perig′on [grch.] *das,* Blütenhülle mit gleichgestalteten Blumen- und Kelchblättern.

Périgord [perig′ɔ:r], alte Landschaft im SW Frankreichs, bekannt durch ihre Trüffeln. Hauptstadt: Périgueux.

Périgueux [perig′ø], Hauptstadt des französ. Dép. Dordogne, an der Isle, 40 100 Ew.; Reste eines röm. Amphitheaters, Kathedrale (12. Jahrh.); Konserven-, Schuh-, Textil- u. a. Industrie.

Perih′el [grch.] *das,* Sonnennähe, →Apsiden.

Perik′ard [grch.] *das,* der Herzbeutel.

Perikard′itis [grch.] *die,* 🜲 die Herzbeutelentzündung (→Herz).

Perik′arp [grch.] *das,* ⊕ die Fruchtwand.

P′erikles, athen. Staatsmann, * etwa 500, † 429 v. Chr., seit 461 Führer Athens, das unter ihm seine höchste Blüte erreichte (**Perikleisches Zeitalter**), →Akropolis.

Perik′ope [grch.] *die,* Bibelabschnitt.

perinat′al [grch.-lat.], um die Zeit der Geburt herum.

Die **Perinatologie** erforscht Leben und Lebensgefährdung von Mutter und Kind in dieser Zeit.

Peri′ode [grch. ‚Umlauf', ‚Kreislauf'] *die,* **1)** Wiederholung eines Vorgangs, einer Bewegung, einer Zahlenfolge o. dgl. in regelmäßigen zeitlichen oder räumlichen Abständen. **2)** Geschichte: Zeitraum, längerer Zeitabschnitt, z. B. Altertum, MA., Neuzeit. P. wird meist im Unterschied zur enger umgrenzten Epoche gebraucht. **3)** Ⓢ ein Satzgefüge, ein wohlgefügter, langer Satz. **4)** 🜲 die Menstruation. **5)** ♪ ein in sich geschlossener, in der Regel achttaktiger Abschnitt aus Vorder- und Nachsatz. **periodisch,** regelmäßig wiederkehrend. **Periodisches System der Elemente,** eine Anordnung der chem. Elemente nach steigendem Atomgewicht derart, daß chemisch ähnliche Elemente untereinandergestellt werden und ein rechteckiges Schema entsteht. Die Erklärung für diese Anordnung liefert die Quantenmechanik,

Pergamonaltar, 2. Jahrh. n. Chr. (Berlin, Pergamon-Museum)

Periodisches System der Elemente (Stand 1970)

		0	1	2	Perioden-Nummer 3	4	5	6
					Anzahl			
		2	8	8	18	18	32	
Gruppe I	a	1 H 1,00979	3 Li 6,939	11 Na 22,9898	19 K 39,102	37 Rb 85,47	55 Cs 132,905	87 Fr 223
	b				29 Cu 63,54	47 Ag 107,870	79 Au 196,967	
Gruppe II	a		4 Be 9,0122	12 Mg 24,312	20 Ca 40,08	38 Sr 87,62	56 Ba 137,34	88 Ra 226,05
	b				30 Zn 65,37	48 Cd 112,40	80 Hg 200,59	
Gruppe III	a		5 B 10,811	13 Al 26,9815	21 Sc 44,956	39 Y 88,905	57 La 138,91 58–71 Lanthaniden	89 Ac 227,05
	b				31 Ga 69,72	49 In 114,82	81 Tl 204,37	
Gruppe IV	a		6 C 12,01115	14 Si 28,086	22 Ti 47,90	40 Zr 91,22	72 Hf 178,49	90 Th 232,038
	b				32 Ge 72,59	50 Sn 118,69	82 Pb 207,19	
Gruppe V	a		7 N 14,0067	15 P 30,9738	23 V 50,942	41 Nb 92,906	73 Ta 180,948	91 Pa 231
	b				33 As 74,9216	51 Sb 121,75	82 Bi 208,980	
Gruppe VI	a		8 O 15,9994	16 S 32,064	24 Cr 51,966	42 Mo 95,94	74 W 183,85	92 U 238,03
	b				34 Se 78,96	52 Te 127,60	84 Po 210	
Gruppe VII	a		9 F 18,9984	17 Cl 35,453	25 Mn 54,9381	43 Tc 99	75 Re 186,2	Trans- urane (noch nicht einge- ordnet)
	b				35 Br 79,909	53 J 126,9044	85 At 211	
Gruppe VIII					26 Fe 55,847 27 Co 58,9332 28 Ni 58,71	44 Ru 101,07 45 Rh 102,905 46 Pd 106,4	76 Os 190,2 77 Ir 192,2 78 Pt 195,09	
Gruppe 0		2 He 4,0026	10 Ne 20,183	18 Ar 39,948	36 Kr 83,80	54 X 131,30	86 Rn 222	

Lanthaniden

58 Ce 140,12	59 Pr 140,907	60 Nd 144,24	61 Pm 144	62 Sm 150,35	63 Eu 151,96	64 Gd 157,25	65 Tb 158,924	66 Dy 162,52	67 Ho 164,930	68 Er 167,26	69 Tm 168,934	70 Yb 173,04	71 Lu 174,97

Transurane

93 Np	94 Pu	95 Am	96 Cm	97 Bk	98 Cf	99 Es	100 Fm	101 Md	102 No	103 Lw	104 Ku*)	105 Ha **)

Die Zahl vor jedem Element ist die Ordnungszahl (Kernladungszahl), die unter dem Element das Atomgewicht, bei instabilen Elementen die Massenzahl des längstlebigen bekannten Isotops.
*) nach amerikan. Vorschlägen auch Rf (Rutherfordium).   **) nach sowjetruss. Vorschlägen Bohrium.

bes. unter Anwendung des Pauli-Prinzips auf den Bau der Atomhülle. Danach unterscheiden sich die Atome der verschiedenen Elemente äußerlich durch die Anzahl der Elektronen, die den Kern umgeben; diese gruppieren sich in Schalen zu 2, 8, 18, 32 usw., wobei die Achtergruppe in den höheren Schalen als Untergruppe immer wieder auftritt. Sie hauptsächlich spiegelt sich in den Perioden des P. S. d. E. wider. Abweichungen von der Achtereinteilung geben die Vervollkommnung der höheren Schalen zu 18, 32 usw. Elektronen sowie Unregelmäßigkeiten in der nacheinanderfolgenden Auffüllung der Schalen mit Elektronen wieder (z. B. Lanthaniden). - Das P. S. d. E. wurde 1869 gleichzeitig und unabhängig von D. J. Mendelejew und L. Meyer gefunden.

Periodogr'ammanalyse, Verfahren zum Aufsuchen und Berechnen period. Anteile in unregelmäßig verlaufenden Vorgängen.
Peri'öken [grch. ‚Umwohner'], im Altertum bes. in Sparta eine persönlich freie, aber politisch rechtlose Bevölkerungsschicht.
Peri'ost [grch.] das, die Knochenhaut.
Periost'itis [grch.] die, die→Knochenhautentzündung.
Peripat'etiker [grch.] der, Philosoph aus der Schule des Aristoteles (nach der Wandelhalle, wo Aristoteles gehend lehrte).
Peripet'ie [grch.] die, Schicksalsumschwung, entscheidender Wendepunkt der Handlung im Drama und Roman.
Peripher'ie [grch.] die, 1) Umfangslinie, bes. des Kreises. 2) Rand, Außenseite. **periph'er,** am Rande gelegen.

Periphr'ase [grch.] die, Umschreibung.
Per'ipteros [grch.] der, ein griech. Tempel mit ringsum laufender Säulenreihe.
Perisk'op [grch.] das, →Sehrohr.
Perist'altik [grch.] die, bei Hohlorganen (z. B. Darm) die fortschreitende Zusammenziehung der Ringmuskeln zum Vorwärtstreiben des Inhalts.
Perist'yl [grch.] das, ein von Säulen umgebener Raum, bes. der gartenartige Hof des griechischen und röm. Hauses.
Periton'aeum [grch.-lat.] das, Bauchfell.
Periton'itis [grch.] die, ⚕ die Bauchfellentzündung.
Perk'al [pers.] der, feinfädiges Baumwollgewebe in Leinwandbindung.
Perkin [p'ɔːkin], 1) William Henry, engl. Chemiker, * 1838, † 1907, entdeckte den ersten synthetischen organ. Farbstoff

935

(1856) und errichtete die erste Teerfarbenfabrik.

2) William Henry, engl. Chemiker, Sohn von 1), * 1860, † 1929, arbeitete über Kohlenstoffringe, Terpene, Alkaloide.

Perk'unas, der baltische Donnergott.

Perkussi'on [lat.], 1) Erschütterung, Stoß, Schlag. 2) $ das Beklopfen des Körpers, um aus dem Schall Schlüsse auf die inneren Organe zu ziehen. 3) ♪ die Gruppe der Schlaginstrumente, das Schlagzeug.

perkut'an [lat.], $ durch die unverletzte Haut hindurch; p. wirken z. B. Einreibungen gegen Rheumatismus.

Perl [von Perle] die, Druckschrift von 5 typographischen Punkten.

Perlblümchen, ⊕ →Träubel.

Perlboot, ⚲ →Nautilus.

Perle, 1) Kügelchen aus Perlmutter, das als krankhafte Bildung bei vielen Weichtierarten, bes. Perlmuscheln, zwischen Mantel und Schale entsteht. Um den ‚Perlkern' herum wird innerhalb von Jahren dauernd neuer Perlstoff angelagert. Die Muscheln werden durch Taucher oder mit Netzen heraufgeholt **(Perlfischerei** im

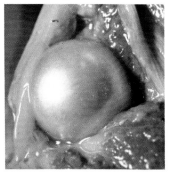

Perlen: oben Perle in der Muschel; unten die Perle wird der geöffneten Muschel entnommen

Pers. Golf, bei Ceylon, Australien, den Südseeinseln, Mexiko). Zucht-P. (nach dem Verfahren des Japaners Kokichi Mikimoto, * 1858, † 1955) werden durch Einschieben von kleinen Fremdkörpern oder Injizieren einer Ölmasse in gesunde Muscheln erzeugt. 2) ⚕ Knochenknötchen am Geweih.

Perleberg, Stadt im Bez. Schwerin, 13 600 Ew.; Bakteriolog.-Serolog. Institut; Maschinen- u. a. Ind. Rathaus mit Gerichtslaube (1450) und steinernem Roland (1546).

Perlenaugen, ⚲ die →Florfliegen.

Perl(en)schwamm, Perlpilz, ein eßbarer Wulstling, sein Fleisch färbt sich beim Aufbrechen rötlich.

Perlfluß, Kantonfluß, chines. **Tschukiang,** Fluß in der chines. Provinz Kuangtung, entsteht aus den Mündungsarmen des Sikiang, Peikiang und Tung-kiang und öffnet sich bei der Stromenge Bocca Tigris zu einem breiten Meeresarm.

Perlgras, eine Grasgattung mit schlanker,

unbegrannter Rispe. **Nickendes P.** in Laubwäldern, kalkliebend.

Perlhuhn, afrikan. Fasan mit kegelförmigem Knochenhelm **(Helm-P.),** zwei Fleischlappen am Unterkiefer, schwarzgrau, weiß getupft; auch Hausgeflügel.

Perlis, Teilstaat von Malaysia, 803 km²; 121 900 Ew. Hauptstadt: Kangar.

Perl'it der, 1) natürl., wasserhalt. Gesteinsglas von zwiebelartigem Aufbau. 2) Gefügebestandteil des kohlenstoffhaltigen Stahls und Gußeisens aus abwechselnden Schichten oder Lamellen von Ferrit und Zementit.

Perlmuschel, perlenbildende Muschel, meeresbewohnende P., auch Fluß-P.

Perlmutter die, **Perlmutt** das, Schicht aus vielen dünnen Kalkblättchen in Weichtier-, bes. Muschelschalen. Sie werden geschnitzt, gedrechselt und zur Einlegearbeit verwendet. P. wird auch künstlich erzeugt.

Perlmutterfalter, Tagfalter mit braunen, schwarzgeflecktem Flügeln; die hinteren haben unten Perlmutterflecke.

P'erlon, Handelsname für Chemiefasern aus Polyamiden (Caprolactam).

Perlpilz, der Perl(en)schwamm.

Perlstab, ⛩ →Astragal.

Perlsucht, Tuberkulose der Tiere.

Perlwein, ein Weiß- oder Rotwein, in den Kohlendioxid eingepreßt wird.

Perm, 1940-57 **Molotow,** Gebietshauptstadt in der Russ. SFSR, westlich vom Ural, 850 000 Ew., Univ.: 1723 gegr. (Kupferhütte); Maschinenbau, Erdölraffinerie, chem., Nahrungsmittel- u. a. Industrie.

Perm [nach P. in Rußland] das, **Dyas,** jüngste Formation des Paläozoikums, in Dtl. in **Rotliegendes** und **Zechstein** gegliedert.

Permall'oy, Legierungen mit hoher Anfangspermeabilität, meist Nickel-Eisen-Legierungen; wichtige Magnetwerkstoffe.

perman'ent [frz.], ständig, fortdauernd.

Permanenz die, Beharrlichkeit, ununterbrochene Dauer.

Permangan'ate, übermangansaure Salze, Salze der Permangansäure $HMnO_4$.

Permeabilit'ät [lat.] die, 1) Durchlässigkeit von Scheidewänden (Membran, gebrannter Ton), porösen Gesteins u. a. poröser Körper. 2) Verhältnis von magnet. Induktion zu magnet. Feldstärke.

P'ermier, finnisch-ugr. Volk, 8.-10. Jahrh. in Nordrußland (Biarmia).

Perm'iß [lat.] der, **Permission** die, Erlaubnis; Erlaubnisschein.

Permit [p'ɔ:mit, engl.] das, Erlaubnis; Erlaubnisschein.

Permj'aken, alter Name der Komi oder Syrjänen.

P'ermoser, Balthasar, Bildhauer, * 1651, † 1732, lange in Italien, seit 1689 in Dresden, wo er die Skulpturen des Zwingers schuf (1711-22); Apotheose des Prinzen Eugen (1718-21, Wien, Barockmuseum); Augustinus und Ambrosius (1725, Bautzen, Museum); Elfenbeinbildwerke.

Permutati'on [lat.] die, Vertauschung, Umstellung, Verwechseln, vertauschen.

Permut'ite [lat.], kristallisierte Mineralien, komplexe Natrium-Aluminium-Silicate, die bestimmte Stoffe aus wäßrigen Lösungen gegen mineraleigene Stoffe austauschen. **Permutitverfahren,** Verfahren zur Enthärtung von Wasser mit P.

Pernamb'uco, 1) Staat im nordöstl. Brasilien, 98 307 km², 5,21 Mill. Ew. Hauptstadt und Ausfuhrhafen: Recife. Anbau von Zuckerrohr, Baumwolle, Kaffee, Tabak, Viehzucht; Textil- u. a. Ind. 2) früherer Name von →Recife.

Pernau, estn. **Pärnu,** Hafenstadt in der Estn. SSR, an der Rigaer Bucht, 42 000 Ew.; Leinen- u. a. Ind.; 1241 gegr., war Hansestadt, bis 1830 Festung.

P'ernik, Stadt in Bulgarien, 79 300 Ew.; Kohlenbergbau, Maschinenbau, Eisen- und Stahlwerke.

pernizi'ös [lat.-frz.], bösartig.

pernizi'öse Anäm'ie, Biermersche Krankheit, eine Blutkrankheit, gekenn-

zeichnet durch Reifungshemmung der roten Blutkörperchen, Auftreten von Megalozyten und Magensaftverlust, Zungenbrennen, Hinfälligkeit. Behandlung mit Vitamin B_{12}.

Pernod [-n'o, frz.] der, aus Anis u. a. Kräutern hergestelltes alkohol. Getränk.

Perón, Juan Domingo, argentin. General und Politiker, * 1895, beteiligt an den Staatsstreichen 1942-44, war 1944-45 Min., wurde 1946 Staatspräs., 1955 gestürzt, lebt im Exil. Anteil an seinem Aufstieg hatte seine Frau Eva P. (* 1919, † 1952).

Peronosporac'eae [grch.], Pilze, die falschen Mehltau erzeugen, z. B. an Reben; auch der →Blauschimmel der Tabakpflanze.

per/or'al, per os [lat.], $ durch den Mund.

Peroration [lat.], Redeschluß; Schulrede.

Perot'inus, mit Beinamen **Magnus,** Musiker, lebte um 1200 als Kapellmeister von Notre-Dame in Paris; Meister der frühen Mehrstimmigkeit.

P'eroxide, Abkömmlinge des Wasserstoffperoxids, die anstelle des Wasserstoffs ein Metall enthalten.

Perpendicular style [pə:pənd'ikjulə stail, engl.], in der englischen Kunst der Stil der spätgot. Architektur.

Perpend'ikel [lat.] das oder der, 1) Uhrpendel. 2) Lot. **perpendikul'ar,** lotrecht.

Perp'etuum m'obile [lat.], ein Gerät, das ohne Energiezufuhr von außen dauernd Energie erzeugen **(P. m. 1. Art)** oder unter Abkühlung eines Wärmereservoirs mechan. Energie erzeugen soll **(P. m. 2. Art).** Beide sind mit den Naturgesetzen unvereinbar.

Perpignan [pɛrpiɲ'ã], Hauptstadt des französ. Dép. Pyrénées-Orientales, 104 100 Ew.; Univ., Kathedrale (14.-16. Jahrh.), Zitadelle (16.-17. Jahrh.); Metall-, Lebensmittel-, Textilindustrie.

per proc'ura, Abk. **p. p., ppa.,** Zusatz bei der Unterschrift durch einen Prokuristen.

Perrault [pɛr'o], 1) Charles, französ. Schriftsteller, * 1628, † 1703, verfocht den Vorrang der eigenen Zeit gegenüber dem Vorbild der Antike, Weltruhm mit seiner Märchensammlung ‚Gänsemütterchens Märchen' (1697).

2) Claude, * um 1613, † 1688, französ. Baumeister, Bruder von 1), entwarf für die Ostseite des Louvre die klassizistische maßvoll gegliederte Säulenfassade (1667 begonnen).

Perret [pɛr'ɛ], Jean, französe. Architekt, * 1874, † 1955, verwendete als erster den Stahlbeton architektonisch.

Perrin [pɛr'ɛ̃], Jean, französ. Physiker und Chemiker, * 1870, † 1942, entdeckte die negative Ladung der Kathodenstrahlen, bedeutende Untersuchungen zur Existenz der Moleküle. Nobelpreis für Physik 1926.

Perron [-'ɔ̃, frz.] der, Rampe, auch Bahnsteig.

Pers'ante die, Küstenfluß in Pommern, 165 km lang, mündet bei Kolberg in die Ostsee.

Perse, Saint-John P., französ. Dichter, →Saint-John Perse.

Perse'iden, ein Sternschnuppenschwarm.

Pers'enning die, starkfädiges, wasserdicht ausgerüstetes Flachs-, Hanf- oder Chemiefaser-Segeltuch in Leinwandbindung für Boots- und Autoverdecke, Planen, Zelte.

Pers'ephone, latein. **Pros'erpina,** griech. Mythos: Tochter des Zeus und der Demeter, von Pluton als Gemahlin in die Unterwelt entführt.

Pers'epolis, antike Königspfalz im NO von Schiras, 330 v. Chr. durch Alexander d. Gr. verbrannt. (Bild Persische Kunst)

Perser, indogerman. Volk im Iran. 1) die **alten P.,** von N kommend, unterwarfen die nichtindogerman. Bevölkerung, gründeten im 6. Jahrh. v. Chr. Persien. 2) die **heutigen P.** oder **Iranier** sind mit arab., türk., kurd. Volksteilen vermischt.

Perserkriege, die Kriege zwischen Per-

Links Dareios I. auf seinem Thron. Relief in Persepolis; rechts Tor des Xerxes in Persepolis, dahinter Säulen des Audienzpalastes Dareios' I. (erste Hälfte des 5. Jahrhunderts v. Chr.)

sern und Griechen (500-479, im weiteren Sinne bis 448 v. Chr.), ausgelöst durch den Aufstand der ion. Städte in Kleinasien (500 v. Chr.). Seit 492 wandte sich der Angriff der Perser gegen das griech. Mutterland. 490 siegten die Griechen unter Miltiades bei Marathon. Der Angriff von 480 (Verteidigung der Thermopylen durch Leonidas) führte zur Zerstörung Athens, dann zum Sieg der athen. Flotte unter Themistokles bei Salamis (480) und zum Landsieg bei Plataä (479) unter spartan. Führung. Das zur führenden Seemacht aufgestiegene Athen gründete 477 den Attischen Seebund und setzte den Kampf gegen Persien bis zur Befreiung der ionischen Städte fort (Kalliasfriede 448).

P′erseus, 1) griech. Mythos: Sohn des Zeus und der Danaë, tötete die Medusa, befreite Andromeda von einem Seeungeheuer und vermählte sich mit ihr; oft in der bildenden Kunst dargestellt. **2)** letzter makedon. König (179-168 v. Chr.), * um 212, von den Römern 168 bei Pydna besiegt, † 165 oder 162 in röm. Gefangenschaft. **3)** Sternbild des Nordhimmels mit Algol.

Persever′anz [lat.] *die*, Beharrlichkeit.

Perseveration [lat.], das Haftenbleiben von Erlebnissen, Gedanken, Tätigkeiten.

Pershing [p′ə:ʃiŋ], John Joseph, amerikan. General, * 1860, † 1948, im 1. Weltkrieg Führer der amerikan. Truppen in Frankreich.

Persi′aner, die Felle der zwischen dem 1. und 3. Tag nach der Geburt getöteten Lämmer des Karakulschafes.

P′ersien, →Iran.

Persiflage [-fl′a:ʒə, frz.] *die*, feiner versteckter Spott. **persifl′ieren**, verspotten.

persische Geschichte. Das im 6. Jahrh. v. Chr. von den Persern gegr. Reich wurde von den Medern beherrscht, die um 550 v. Chr. von Kyros II. besiegt wurden. Er eroberte Babylonien und Kleinasien, Kambyses Ägypten, Dareios I. vorübergehend Thrakien. Er und sein Sohn Xerxes I. führten die →Perserkriege gegen die Griechen. 331 v. Chr. wurde Persien von Alexander d. Gr. erobert; 323-250/40 v. Chr. war es seleukidisch, danach parthisch. Unter den Sassaniden (224-636/51) erstreckte sich Persien im 6. Jahrh. über ganz Vorderasien. 636 (oder 637) von den Arabern unterworfen und zur Annahme des Islams gezwungen, wurde es bis 1258 von den Kalifen beherrscht, dann von den Mongolen. 1501 entstand ein neues pers. Königtum, das im 18. Jahrh. bis zum Euphrat und Indus reichte; seit 1794 unter dem Geschlecht der Kadscharen. Im 19. Jahrh. erlitt Persien große Landverluste; seit 1858 Zankapfel zwischen Großbritannien und

Rußland. 1907 wurde das Land in eine brit., eine russ. und eine neutrale Zone aufgeteilt und im 1. Weltkrieg von russ., türk. und brit. Truppen besetzt.

1925 setzte Resa Chan die Dynastie der Kadscharen ab und bestieg als Resa Schah den Thron (Dynastie Pehlewi). Er führte zahlreiche Reformen durch. 1934 wurde 'Iran' amtl. Bez. Persiens. Im 2. Weltkrieg besetzten sowjet., brit. und amerikan. Truppen das Land. 1941 mußte der als Freund der Achsenmächte geltende Resa Schah zugunsten seines Sohnes Mohammed Resa zurücktreten. Unter MinPräs. Mossadegh (1951-53) kam es wegen der Verstaatlichung der Anglo-Iranian Oil Company zu einem Ölkonflikt mit Großbritannien, der nach Mossadeghs Sturz beigelegt wurde (1954). Seit Beginn der sechziger Jahre leitete der Schah wirtschaftl. und soziale Reformen ein. Obwohl dem Westen zuneigend, bemüht er sich um ein gutes Verhältnis zur Sowjetunion. Nach der Geburt des Thronfolgers Kyros Resa (1960) konnte 1967 die Krönung des Schahs vollzogen werden.

persische Kunst, im engeren Sinn die Kunst der alten Perser vom 7. Jahrh. bis 330 v. Chr.; im weiteren Sinn auch die Kunst der Parther, der Sassaniden und die Kunst Persiens in islam. Zeit. Hauptwerke altpers. Baukunst sind die Königspaläste in Persepolis und Susa mit ihren gewaltigen Säulenhallen, das Grabmal des Kyros in Pasargadä und die Felsgräber der Achaimenidenkönige in Naksch-i Rustam. Sehr gut erhalten sind die Reliefs der Palastwände in Persepolis (schreitende Gestalten, Tierkampfszenen) und die aus farbig glasierten Ziegeln in Susa (Bogenschützen, Löwen, Fabeltiere). Hoch entwickelt war die Kleinkunst.

persische Literatur, im weiteren Sinn die Literatur der Perser seit dem Altertum, im engeren Sinn nur die neupersische Literatur in neupers. Sprache und in arab. Schrift. Unter Naßr II. (914-43) lebte der erste pers. Lyriker Rudaki. Für die panegyr. Dichtung übernahmen die Perser die →Kasside, für die Lyrik bildeten sie das →Ghasel aus. Meister der Ghaselendichtung war Hafis (um 1326-90). Das Sinngedicht in der Form des Vierzeilers (Ruba'i) pflegte 'Omar Chajjam (etwa 1045-1122).

Persische Kunst; Miniatur: Mohammed auf dem Thron und der Feldzug gegen die Ungläubigen

937

Am Hof von Nuh II. (976-97) hatte Dakiki die poet. Verarbeitung des mittelpers. Königsbuchs begonnen, die Firdausi (etwa 941-1021) in dem für die gesamte pers. Epik vorbildlich gewordenen ‚Schah-Name' vollendete. Begründer des romant. pers. Epos war Nisami (1141-1209), bedeutendster Vertreter der Mystik Dschelal ed-Din Rumi (1207-73), der lehrhaften Dichtung Saadi (etwa 1215-92). Wichtigster Zweig der pers. Prosa im MA. bis ins 19. Jahrh. war die Geschichtsschreibung. Im 20. Jahrh. entfaltete sich die pers. Prosa bes. in der Novellistik.

Persischer Golf, auch **Arabischer Golf,** ein flaches Mittelmeer zwischen Iran, Irak und der arab. Halbinsel, durch die Straße von Hormus mit dem Golf von Oman (Ind. Ozean) verbunden. Die Bedeutung des P. G. steigt durch die Erdölgewinnung an seinen Küsten und im P. G. selbst.

persische Sprache, ein Zweig der →iranischen Sprachen.

persist'ent [lat.], beharrend, beharrlich.

P'ersius, Aulus P. Flaccus, latein. Dichter, * 34 n. Chr., † 62; Satiren.

Pers'on [lat.], **1)** der Mensch als leibliche Ganzheit. **2)** ♂♀ der Träger von Rechten und Pflichten: natürliche (jeder Mensch) und →juristische Person.

Pers'ona gr'ata [lat.] *die,* genehme Person. **Persona ingrata,** als diplomat. Vertreter unerwünschte Person.

Person'al [lat.] *das,* Beschäftigte, Belegschaft, Angestellten- und Arbeiterschaft.

Personalabteilung, Betriebsabteilung, die mit Einstellung, Einsatz und Entlassung der Arbeitskräfte betraut ist, meist auch mit der sozialen Betreuung.

Personalausweis, der →Ausweis.

Personalgesellschaft, ♂♀ eine →Handelsgesellschaft, deren Gesellschafter für die Verbindlichkeiten der Gesellschaft persönlich haften.

Personalgutachterausschuß, ein Ausschuß, der die Bewerber für die Bundeswehr vom Obersten aufwärts zu prüfen hatte (1955-67).

Personalhoheit, ♂♀ die Hoheitsgewalt des Staates, soweit sie sich im Unterschied zur Gebietshoheit aus der Treue- und Gehorsamsbindung der Staatsangehörigen an den Staat ergibt.

Person'alien Mz., Angaben über die persönl. Verhältnisse, den Lebensgang u. a.

Personal'ismus, die Lehre, die das Person und nicht die Sache als höchster Wert anzusehen ist.

Personalit'ätsprinzip, ♂♀ der Grundsatz, daß die rechtl. Verhältnisse einer Person sich nach dem Heimatrecht und nicht nach dem Recht des Aufenthaltsstaates richten; geregelt im Internationalen Privat- und Strafrecht. Gegensatz: Territorialitätsprinzip.

Personalkredit, →Kredit.

Personalpronomen, persönl. Fürwort.

Personalsteuer, eine Steuer, die nach dem Gesamteinkommen oder -vermögen einer Person bemessen wird.

Personal|union, durch die Person des Staatshauptes hergestellte Staatenverbindung, die die Selbständigkeit des einzelnen Staates nicht berührt. Gegensatz: →Realunion.

Personalvertretung, die Vertretung der Beamten, Angestellten und Arbeiter des öffentl. Dienstes. In der Bundesrep. Dtl. schreibt das **Personalvertretungs-Ges.** v. 5. 8. 1955 (i. d. F. v. 25. 6. 1969) die Bildung von P. (Personalrat, Jugendvertretung, Personalversammlung) bei jeder Dienststelle vor. Die Regelung entspricht der des →Betriebsverfassungsgesetzes. Der Schwerpunkt liegt beim **Personalrat,** der für jeweils 2 Jahre von den Beamten, Angestellten und Arbeitern anteilsmäßig gewählt wird; er wirkt an der Entscheidung der sozialen und personellen Angelegenheiten mit.

Personenfirma, ♂♀ eine Firma, deren

Name aus einem oder mehreren Personennamen gebildet ist.

Personenkilometer, Abk. **pkm,** Rechnungseinheit der Verkehrsstatistik im Personenverkehr zu Lande, zu Wasser und in der Luft, errechnet als Produkt aus der Zahl der beförderten Personen und der von ihnen zurückgelegten Entfernungen.

Personenkonto, in der Buchführung ein Konto für das geschäftlichen Verkehr mit einer Person oder Personengruppe.

Personenkraftwagen, Abk. **Pkw,** Kraftwagen zur Personenbeförderung.

Personenkult, im kommunist. Sinne die polit. Verehrung einer Einzelperson; seit 1956 gilt er als Abweichung vom Kollektivismus.

Personenrecht, ♂♀ Rechtssätze, die die Rechtsverhältnisse regeln, in deren Mittelpunkt die Person steht. Gegensatz: Vermögensrecht.

Personenrufanlage, elektr. Anlage zum Rufen von Personen in einem Gebäude, Werksgelände u. a. von einer Zentrale aus auf drahtgebundenem oder drahtlosem Wege.

Personenstand, ♂♀ das familienrechtl. Verhältnis einer Person zu einer anderen.

Personenstandsbücher, ♂♀ Bücher zur Beurkundung des Personenstandes (Geburten-, Heirats-, Familien-, Sterbebuch).

Personenstandsfälschung, ♂♀ die vorsätzl. Veränderung oder Unterdrückung des Personenstandes eines andern (z. B. →Kindesunterschiebung); wird mit Freiheitsstrafe bis zu 3 Jahren bestraft (§ 169 StGB.).

Personenverkehr, Beförderung von Personen durch Land-, See-, Luftverkehrsmittel. Es gibt **öffentl.** und **privaten P.**

Personenversicherung bezieht sich auf das Leben oder die Gesundheit einer Person, z. B. Lebensversicherung.

Personifikati'on [lat.], Verkörperung, Darstellung als Person. **personifiz'ieren,** verkörpern.

persönliche Dienstbarkeit, ♂♀ das Recht einer bestimmten Person auf beschränkte Grundstücksnutzung (z. B. Wegerecht).

Persönlichkeit, die ausgeprägte individuelle Eigenart eines Menschen.

Persönlichkeitsrecht, ♂♀ das im GG. (Art. 1, 2) garantierte Recht des einzelnen auf Achtung seiner Menschenwürde und Entfaltung der individuellen Persönlichkeit.

Persönlichkeitsspaltung, ein Grundsymptom der →Schizophrenie.

Perspekt'ive [frz.] *die,* die Darstellung räuml. Gebilde in einer ebenen Zeichenfläche in der Weise, daß der Gegenstand auf der Bildfläche unter den gleichen Sehbedingungen erscheint wie als Körper im Raum (in von vorn nach hinten fortschreitender Verkürzung, Größenabnahme u. ä.). Jede P. ist eine Zentralprojektion, da sich die Sehstrahlen im Auge als Zentrum vereinigen **(Augenpunkt).** Alle Sehstrahlen durch eine Gerade ergeben in der Bildebene wieder eine Gerade. Die Bilder paralleler Geraden schneiden sich in einem Punkt **(Fluchtpunkt).**

Die Malerei der Spätantike gab Raumtiefe und Verkürzungen wieder, doch ohne bis ins Detail durchgeführte Perspektivkonstruktion. Im MA. wurde die Tiefenraumdarstellung in got. Zeit wiedergewonnen (Giotto u. a.). Die Zentralperspektive wurde in der Frührenaissance von F. Brunelleschi gefunden (um 1420), von Masaccio zuerst angewandt, von L. B. Alberti theoretisch begründet (um 1435). Im Norden stellten J. van Eyck u. a. Innenräume perspektivisch dar, ohne jedoch zur Zentralperspektive zu gelangen. Farben-, Licht- und Luftperspektive wurden bes. von niederländ. Malern des 17. Jahrh. ausgebildet. Der Impressionismus stellte den Wert der tiefenräuml., linearperspektiv. Illusion in Frage. In der Folgezeit kam es zu einer völlig aperspektiv. Darstellungsweise, die von den häufig übersteigerten P. des Surrealismus durchbrochen wird.

Perspektiv'ismus [lat.] *der,* die philosoph. Lehre, daß es keine standpunktfreie, allgemeingültige Erkenntnis gebe.

Perth [pɔ:θ], **1)** Grafschaft in Schottland, 6458 km² groß, 125 500 Ew. **2)** Hauptstadt von 1), 41 600 Ew.; Eisenbahn- und Straßenknoten; vielseitige Ind. **3)** Hauptstadt von W-Australien mit der Hafenstadt Fremantle, 449 500 Ew.; Ausgangspunkt der Transkontinentalbahn;Univ.,Stahlindustrie.

P'erthes, 1) Friedrich Christoph, Buchhändler und Verleger, * 1772, † 1843, einer der Gründer des Börsenvereins der Dt. Buchhändler.

2) Johann Georg Justus, * 1749, † 1816, Onkel von 1), gründete 1785 in Gotha die Geograph. Verlagsanstalt Justus Perthes.

Pertin'enz [lat.] *die,* -/... tien, ♂♀ Zubehör.

Perturbation [lat.] *die,* Störung.

Pert'ussis [lat.] *die,* der Keuchhusten.

Peru, spanisch **Perú,** Republik im W Südamerikas, 1 285 216 km² mit 13,59 Mill. Ew. Hauptstadt: Lima. Amtssprache: Spanisch. Religion: Überwiegend kath. Christen. ⊕ XIV/XV, Bd. 1, n. S. 320. Nach der Verf. von 1933 (mehrfach geändert, seit 1968 praktisch außer Kraft) ist Staatsoberhaupt der Präs. Es besteht Wahlpflicht (seit 1969). ⬚ S. 1179. ▢ Bd. 1, S. 392. Recht nach dt. und schweizer. Vorbild. Allgem. Wehrpflicht.

Landesnatur. Drei Großlandschaften geben P. das Gepräge: die flache, schmale Küstenzone am Pazifik, das von Hochbecken erfüllte Gebirgsland der Anden (Huascarán 6768 m) und das östl., feuchtheiße, bes. im Amazonasbecken weithin unerschlossene Waldland (63 % der Fläche). Das trop. Klima ist in der trockenen, z. T. wüstenhaften Küstenebene durch die kühle Meeresströmung (Humboldtstrom), im Gebirge durch die großen Höhen gemäßigt. Die O-Kordillere wird von vielen wasserreichen Flüssen zum Amazonassystem durchbrochen; im SO hat P. mit 4996 km² Anteil am Titicacasee (3812 m ü. M.). (Bild Südamerika)

Die **Bevölkerung** (überwiegend Mestizen und Indianer, 12% Weiße, 5% Neger und Asiaten) lebt überwiegend im Hochland (51%) und im Küstengebiet (40%), nur etwa 9% im Waldland. 52% leben in Städten. Als Umgangssprachen sind Ketschua und Aimara noch verbreitet. Es besteht allgem. Schulpflicht; 1961 gab es noch 39% Analphabeten; 30 (z. T. private) Universitäten, die Univ. Lima (gegr. 1551) ist die älteste des amerikan. Festlands.

Wirtschaft. Haupterwerbszweig ist die Landwirtschaft, wichtigstes Anbaugebiet, großenteils mit Bewässerung, die Küstenzone (Baumwolle, Zuckerrohr, Reis, Mais, Erdnüsse, Tabak, Oliven, Früchte); im Hochland Anbau von Mais, Kartoffeln, Weizen, Gerste, Gemüse, am Osthang der Anden Kaffee, Kakao, Tee. Bedeutende Schafzucht bes. im Bergland. P. steht unter den Fischereiländern der Erde an erster Stelle; rd. 95% der Fänge werden zu Fischmehl und -öl verarbeitet. Die reichen Waldbestände (rd. 55% der Fläche) werden wegen geringer Erschließung noch wenig genutzt. Der Bergbau (zum großen Teil verstaatlicht) erbringt über die Hälfte der Deviseneinkünfte. Gefördert werden (bes. im Bergland) Kupfer, Eisen, Zink, Blei, Silber, Vanadium, Wismut, Steinkohle und (im westl. Küstengebiet und im östl. Tiefland) Erdöl. Industrie: Nahrungsmittel, Textilien, Fischverarbeitung, Erdölraffinerien und chem. Industrie, Eisen- und Stahlerzeugung. Ausfuhr: Kupfer, Fischmehl, Silber, Eisen, Zucker, Baumwolle u. a. Haupthandelspartner: USA, Bundesrep. Dtl. **Verkehr.** Eisenbahnen: rd. 2500 km (meist Stichbahnen von der Küste ins Hochland); Straßen: rd. 47 200 km (davon 3337 km Panamerikan. Straße). Hauptseehäfen: Callao, Matarani, Salaverry, wichtiger Flußhafen am Amazonas: Iquitos. P. hat eine Handelsflotte von

Peru: links Machu Picchú, Grenzburg der Inka bei Cuzco, Mond- und Sonnentempel; rechts schwimmende Häuser bei Iquitos

338 000 BRT. Internat. Flughafen ist Lima.

Geschichte. Das Reich der →Inka unterwarf F. Pizarro 1531-33 (Gründung von Lima 1535). Mit seinem Reichtum an Edelmetallen, bes. Silber, war das Vizekönigreich P. die wertvollste Besitzung der span. Krone. 1821 wurde die Unabhängigkeit ausgerufen, bis 1824 durch die Siege San Martins, Bolivars und Sucres gefestigt. 1827, nochmals 1839, schüttelte P. die kolumbian. Herrschaft ab. Seitdem häufige Bürgerkriege. 1879-83 unterlag P. im ‚Salpeterkrieg' gegen Chile und verlor seine Südprovinzen (die Prov. Tacna erhielt es 1929 zurück). 1942 wurde ein Streit mit Ecuador um die Zugänge zum oberen Amazonas zugunsten P.s entschieden. Präs. ist seit 1968 Gen. Velasco Alvarado.

Per'ubalsam, vanilleartig duftender Balsam aus einem mittelamerikan. Baum, Rohstoff der Parfüm-, Arzneimittelind.

Per'ücke [frz.] *die,* Haartracht aus Haaren, Fasern, getragen als Haarersatz oder als Modetracht (z. B. Allonge-, Stütz-, Beutel-, Zopf-P.).

Per'ückenbaum, ein →Sumach.

Per'ugia [-dʒa], **1)** Prov. in Italien, Umbrien, 6334 km², 557 500 Ew. **2)** Hauptstadt von 1) zwischen Tibertal und Trasimeni-

Perugia: Palazzo Comunale

schem See, 128 300 Ew., kath. Erzbischofssitz, Dom (1345-1490), Palazzo Comunale (1293-1443) mit Biblioteca Augusta und Gemäldegalerie, Univ.; Lebensmittelind.

Perugino [-dʒ'i:no], Pietro, * um 1448, † 1523, der bedeutendste Maler Umbriens vor Raffael, dessen Lehrer er war, schuf Fresken in der Sixtin. Kapelle in Rom (seit 1480) und Altarbilder, klar komponiert und von weichem Ausdruck (Vision des hl. Bernhard, München, Pinakothek).

P'erutz, Leo, Schriftsteller, * 1884, † 1957, emigrierte 1938 nach Tel Aviv.

perv'ers [lat.], verkehrt, entartet.

Perversion [lat.] *die,* bes. entwicklungsbedingtes Abweichen von der als Norm angenommenen Betätigung des Geschlechtstriebes.

Pervit'in *das,* Handelsname für **Methamphetamin,** ein Weckamin (Anregungsmittel), unterliegt dem Betäubungsmittelgesetz.

Perwo'uralsk, Stadt in der Russ. SFSR, 117 000 Ew.; hat eines der größten Röhrenwalzwerke der Sowjetunion, Hütten-, Maschinenbau-, chem. und Baustoffind.

Perw'uchin, Michail Georgijewitsch, sowjet. Politiker, * 1904, 1958-62 sowjet. Botschafter in der Dt. Dem. Rep.

Perzeption [lat.], Wahrnehmung.

P'esaro, Hauptstadt und Hafen der italien. Prov. Pesaro e Urbino, an der Adria, 83 500 Ew.; Schwefelraffinerie, keramische Industrie.

P'esaro e Urb'ino, Provinz im östl. Mittelitalien, 2893 km² groß, 318 200 Ew. Hauptstadt ist Pesaro.

Pescad'ores, chines. **Penghu,** Inselgruppe in der Formosa-Straße, zu Taiwan gehörend, 127 km², 114 000 Ew.; Hauptstadt: Makung.

Pesc'ara, 1) italien. Provinz in der Region Abruzzen, 1225 km², 266 500 Ew. **2)** Hauptstadt von 1), an der Adria, Seebad, 120 500 Ew.

Pesc'ara, Fernando **de Ávalos,** Marqués de, Feldherr Karls V., * 1489, † 1525, deckte eine mailänd. Verschwörung gegen Karl V. auf.

Pesch, Heinrich, Volkswirtschaftler, Jesuit, * 1854, † 1926, entwickelte von der kath. Soziallehre her den Solidarismus.

Pesch'aur, engl. **Peshawar,** pakistan. Stadt, 219 000 Ew., am Ausgang des Chaiberpasses; Univ.; Handelsstadt, Textil-, pharmazeut., Nahrungsmittelindustrie.

Peschit'a, die syr. Bibelübersetzung.

P'esel *der,* Prachtstube alter Bauernhausformen in Schlesw.-Holst.

Pes'eta *die,* -/...ten, Währungseinheit in Spanien, 1 P. = 100 Céntimos.

Pesne [pɛːn], Antoine, französ. Maler, * 1683, † 1757, 1710 an den preuß. Hof berufen, malte Bildnisse der königl. Familie, Wand- und Deckenbilder, Tanz- und Theaterszenen.

Peso *der,* Währungseinheit in Argentinien, Bolivien, der Dominikan. Republik, Kolumbien, Kuba, Mexiko, den Philippinen (1 P. = 100 Centavos) sowie in Uruguay (1 P. = 100 Centésimos).

Pess'ar [lat.] *das,* **Mutterring,** ⚕ ein Ring aus Hartgummi u. a., z. B. zum Stützen der Gebärmutter und zur Empfängnisverhütung.

Pessim'ismus [lat.] *der,* die Neigung, alles von der schlechtesten Seite her zu sehen. Gegensatz: Optimismus.

Pessim'ist [lat.], Schwarzseher.

Pessoa Câmara [pes'oa kam'ara], Helder, Erzbischof (1964) von Olinda und Recife, Brasilien, * 1909, vertritt die sozialpolit. Forderungen der heutigen kath. Soziallehre als Grundlage einer Neuordnung Lateinamerikas.

Pest [lat.] *die,* auch **Pestil'enz,** eine schwere Infektionskrankheit, die von

Nagetieren, bes. durch Vermittlung von Rattenflöhen auf den Menschen übergehen und dann - als **Lungen-P.** - von Mensch zu Mensch weitergegeben werden kann. - Der Erreger ist das zu den Pasteurellen gehörige **Pestbakterium.** Zunächst zeigen sich Lymphknotenerkrankungen **(Beulenpest).** Behandlung: Sulfonamide, Antibiotica. - Heute ist die P. in Europa fast ausgestorben. Der **Schwarze Tod,** die Pestepidemie in Europa 1347-52.

Pest, Sammelname für den linksufrigen östl. Teil von Budapest.

Pestal'ozzi, Johann Heinrich, Erzieher und Sozialreformer, * 1746, † 1827, errichtete 1774 im Aargau eine Armenanstalt, 1799 in Burgdorf eine Waisenschule mit Lehrerbildungsanstalt, wirkte 1805-25 in Iferten (Yverdon) im Sinne einer europ. Erziehungserneuerung. P. ist der geistige Schöpfer der modernen Volksschule. Die Erziehung suchte er auf der ‚Anschauung', auf ‚Liebe' und ‚Glauben' zu gründen. Vorbild war ihm die Familie. - Dorfgeschichte ‚Lienhard und Gertrud' (4 Tle., 1781-87).

J. H. Pestalozzi   Peter I. der Große

Pestalozzi'anum, Institut zur Förderung des Schul- und Bildungswesens und der Pestalozziforschung in Zürich, gegr. 1875.

Pestal'ozzidörfer, eine Gruppe der →Kinderdörfer, entstanden nach dem Vorbild des Kinderdorfs Pestalozzi in Trogen (Schweiz).

Pestalozzi-Fröbel-Verband e. V., 1870 bis 1938 **Dt. Fröbel-Verband,** Fachverband zur Vertretung der Sozialpädagogik in Theorie und Praxis.

Pestiz'ide, Bez. für alle Substanzen, die geeignet sind, schädl. Organismen jeder Art zu vernichten.

Pestwurz *die,* Korbblütergatt. mit kräftigem Wurzelstock, im Vorfrühling mit traubig oder rispig geordneten Körbchen mit Röhrenblüten.

P'etah T'ikva, Stadt in Israel, östl. von Tel Aviv, 80 000 Ew., 1878 als jüd. Ackerbaukolonie gegr. Zentrum des Orangenanbaus; Maschinen- und Fahrzeugbau, Textilverarbeitung, Lebensmittel- u. a. Ind.

Pétain [pet'ɛ̃], Philippe, französ. Marschall, * 1856, † 1951, war 1916 der Verteidiger von Verdun, schloß am 22. 6. 1940 als MinPräs. den Waffenstillstand mit Dtl.

und Italien. Als Staatschef (seit 11. 7. 1940, Regierung in Vichy) arbeitete er in gewissen Grenzen mit Dtl. zusammen. Deshalb wurde er Aug. 1945 vom französ. Obergerichtshof zum Tode verurteilt, jedoch zu lebenslänglicher Haft begnadigt.

P'etel, Georg, Bildhauer, * 1601/02(?), † 1634, in Antwerpen von Rubens beeinflußt (Holz-, Bronze-, Elfenbeinbildwerke).

Peter, 1) Blauer Peter, die internat. blaue Signalflagge P; Bedeutung: ‚Alle Mann an Bord.‘ 2) **Schwarzer P.,** Kartenspiel, bei dem am Schluß eine Karte übrigbleibt.

Peter, Fürsten:
Aragonien, Könige. 1) **P. (Pedro) II.** (1196 bis 1213), * 1174, † 1213, besiegte im Bunde mit Kastilien 1212 die Almohaden; gefallen auf seiten der Albigenser.

2) **P. (Pedro) III.** (1276-85), * 1239, † 1285, Schwiegersohn König Manfreds von Sizilien, unterstützte die →Sizilianische Vesper (1282), behauptete Sizilien gegen Karl von Anjou.

Brasilien, Kaiser. 3) **P. (Pedro) I.** (1822 bis 1831), * 1798, † 1834, Sohn des portugies. Königs Johann VI., ließ 1822 die Unabhängigkeit Brasiliens ausrufen.

4) **P. (Pedro) II.** (1831-89), * 1825, † 1891, Sohn von 3), bis 1840 unter Vormundschaft, förderte Wirtschaftsleben und die europ. Einwanderung; hob (1888) die Sklaverei auf, dadurch (1889) Sturz des Kaisertums.

Jugoslawien. 5) **P. II.,** König (1934-45), * 1923, † 1970, bis 1941 unter der Regentschaft seines Onkels Paul, 1941 vertrieben, 1945 abgesetzt.

Rußland. 6) **P. I. der Große,** Zar und Kaiser (1682-1725), * 1672, † 1725, war bemüht, die westeurop. Kultur nach Rußland zu verpflanzen. 1697/98 bereiste er das Ausland, erlernte in Holland und England den Schiffbau. Zurückgekehrt, hielt er ein blutiges Strafgericht über die aufständ. Strelitzen und führte die inneren Reformen mit harten Methoden durch; schuf ein modernes Heer und legte den Grund zur russ. Flotte. Während des →Nordischen Krieges gründete er die neue Hauptstadt St. Petersburg (1703). Im Frieden von Nystad (1721) errang er die Anerkennung Rußlands als Großmacht. (Bild S. 939)

7) **P. II.,** Kaiser (1727-30), * 1715, † 1730; letzter männl. Romanow.

8) **P. III.,** Kaiser (1762), Enkel von 6), * 1728, † 1762; vermählt 1745 mit Sophie Auguste von Anhalt-Zerbst, der späteren Kaiserin Katharina II., schloß mit Friedrich d. Gr. Frieden, wurde infolge einer Verschwörung gestürzt und ermordet.

Peterborough [pi:tǝbǝrǝ], Stadt im östl. Mittelengland, 66 900 Ew.; Kathedrale (12./13. Jh., alte Abtei gegr. 654); Maschinenbau, Stahlwerke.

P'eterhof, bis 1944 für →Petrodworez.

P'eterich, Eckart, Schriftsteller, * 1900, † 1968, Abhandlungen über Mythos, Religion, Kunst der Antike u. a.

Peter-I.-Insel, Inseln der Westantarktis, seit 1929 norweg. Hoheitsgebiet.

Petermann, August, Kartograph und Geograph, * 1822, † 1878, seit 1854 in Justus Perthes’ Geograph. Anstalt in Gotha tätig, regte mehrere Afrika- und die ersten dt. Polarexpeditionen an; gründete 1855 die später nach ihm benannte Geograph. Zeitschrift ‚P. s Geograph. Mitteilungen‘.

Petermännchen, ein bis 45 cm langer Drachenfisch mit giftiger erster Rückenflosse, an europ. Küsten.

Petermann-Spitze [nach A. Petermann], 2940 m hoher Gipfel in O-Grönland.

Peters, Carl, Gründer des →Schutzgebiets Deutsch-Ostafrika, * 1856, † 1918, erwarb privat 1884 Gebiete in Ostafrika, 1885 Reichskommissar. Sein Plan, 1889/90 Uganda zu gewinnen, kam durch den Helgoland-Sansibar-Vertrag nicht zustande.

Petersberg, Berg im Siebengebirge bei Königswinter.

Petersburg, St. P., bis 1914 Name von →Leningrad.

Petersen, 1) Julius, Literarhistoriker, * 1878, † 1941, seit 1920 Prof. in Berlin, bemüht um eine Gesamtdarstellung der Prinzipien und Ziele der Literaturwissenschaft.

2) Nis Johan, dän. Schriftsteller, * 1897, † 1943; Roman ‚Die Sandalenmachergasse‘ (1931), Novellen, Lyrik.

Petersilie [lat.], Doldenblüter, seit dem Altertum Küchengewürz.

Peterskirche in Rom, die in der Vatikanstadt gelegene Papstkirche. Die heutige Kirche wurde an Stelle einer alten Basilika (um 324 ff.) als Kuppelbau über griech. Kreuz 1506 von Bramante begonnen. Nach Planwechseln unter seinen Nachfolgern (Raffael u. a.) kehrte Michelangelo, seit 1547 Bauleiter, zur Zentralanlage zurück und führte den Bau bis zum Ansatz der Kuppel fort (nach seinem Entwurf 1590 vollendet). Das dreischiffige Langhaus im O wurde dann von Maderna errichtet. 1626 wurde die P. geweiht (Länge: 211,5 m; Kuppelhöhe außen: 132,5 m). Der **Petersplatz,** den eine dreigeteilte Kolonnade elliptisch umschließt, wurde 1656 ff. von Bernini geschaffen. (Bild Rom)

Peterspfennig, 1) vom 8.-16. Jahrh. eine jährl. Abgabe an den Papst, bes. aus England. 2) freiwillige Spende der Katholiken an den Papst, seit 1860.

Peterstal (Renchtal), Bad P. (R.), Kurort im Schwarzwald, Bad.-Württ., 2300 Ew.; Mineralquellen, Moorbad.

Peterswaldau, poln. **Pieszyce,** Gem. in Niederschlesien, am Eulengebirge, (1939) 7000 Ew.; Textil-, Tabaknd.; seit 1945 unter poln. Verwaltung. In P. spielt G. Hauptmanns ‚Weber‘.

Peter von Amiens [-amj'ε], Augustinerchorherr, * um 1050, † 1115, organisierte und führte einen Volkskreuzzug nach Kleinasien, der dort vernichtet wurde. Seliger; Tag: 8. 7.

Peter von Dusburg, erster Chronist des Deutschen Ordens in Preußen; ‚Chronicon terrae Prussiae‘ (1326).

Peter von V'inea, Petrus de V., * um 1190, † (Selbstmord) 1249, Richter (seit 1225) und Großkanzler Friedrichs II. in Sizilien.

Peterward'ein, serbokroat. **Petrovar'adin,** Vorstadt von Neusatz, Jugoslawien. 5. 8. 1716 Sieg Prinz Eugens über die Türken.

Petit [pti, frz. ‚klein‘] die, Schriftgrad von 8 typographischen Punkten.

Petit [pti], Alexis Thérèse, französ. Physiker, * 1791, † 1820, untersuchte die Wärmeausdehnung, fand die Dulong-Petitsche Regel für die Atomwärmen.

Petitgrainöl [ptigr'ε-], ätherisches Öl aus Blüten, Zweigen und grünen Früchten der bitteren Orange; für Parfümerie und Seifenherstellung.

Petition [lat.], ein Gesuch, bes. an Staatsoberhaupt, Volksvertretung oder Behörden. Das Petitionsrecht ist im GG. (Art. 17) garantiert.

Petition of Right [pit'iʃn ɔv rait, engl. ‚Bittschrift um (Herstellung des) Rechts‘], Grundrechte, aufgestellt vom engl. Parlament, 1628 von Karl I. anerkannt; an ihrer Auslegung entzündete sich u. a. die puritan. Revolution.

Pet'itio princ'ipii [lat.] die, Beweisfehler, bei dem der zu beweisende Satz als Beweisgrund dient.

Petitpierre [ptipj'ε:r], Max, schweizer. Politiker (freisinnig-demokratisch), * 1899, Jurist, Univ.-Prof., 1944-61 Leiter des (außen-)polit. Dep. des Bundesrates. 1950, 1955 und 1960 Bundespräsident.

Petit point [ptipw'ε, frz.], Stickerei mit bunten Garnen auf engmaschigem Gitterstoff **(Wiener Arbeit).**

Petits fours [ptif'u:r], kleine Gebäckstücke, oft glasiert.

Petöfi [p'ɛtøfi], Sándor, ungar. Dichter, * 1823, † 1849, trat im März 1848 an die Spitze der Pester Jugend, die den Sieg der Revolution herbeiführte, fiel im ungar. Unabhängigkeitskrieg 1849 bei Schäßburg; verfaßte zündende Revolutionslieder und

volksliedhafte Dichtungen. (Bild S. 943)

P'etra, Ruinenstätte im südl. Jordanien, alte Hauptstadt des Nabatäer-Reichs, seit 106 n. Chr. der röm. Prov. Arabia Petraea; gut erhaltene Fassaden von Felsengräbern.

Petr'arca, Francesco, italien. Dichter und Gelehrter, * Arezzo 1304, † Arquà bei Padua 1374, trat 1326 in den geistl. Stand, stand 1330-47 im Dienst des Kardinals von Colonna. P. war der erste repräsentative italien. Humanist. Rhetorik, Eloquenz, Moralphilosphie, Geschichte - die ‚studia humanitatis‘ - wurden bevorzugte Wissenschaften. Die wohllautenden italien. Gedichte (Sonette, Kanzonen) seines Liederbuchs (Canzoniere, seit 1366) auf

Petrarca, Initiale aus einer Petrarca-Handschrift (um 1380, Venedig, Biblioteca Nazionale di San Marco)

Leben und Tod der Madonna Laura waren neuartig in ihrer Psychologie der leidenschaftl. Seele. In den latein. Dichtungen (Eklogen, Epistolae metricae) und im latein. Epos ‚Africa‘ fällt der antiken Formenwelt eine entscheidende Rolle zu. Seine Lyrik und seine moralphilosoph. Schriften übten auf die folgenden Jahrh. stärkste Wirkung aus.

Petr'assi, Goffredo, italien. Komponist, * 1904, anfangs im Gefolge des Neoklassizismus, ließ sich von Zwölfton- und seriellen (u. a.) Techniken anregen.

P'etravič-Apparat [-vitʃ], selbstschreibendes Kreiselgerät zur Feststellung des Neigungswinkels bei langsam verlaufenden Schwingungen, bes. bei Schiffen.

Petref'akt [grch.-lat.] das, ♓ Fossil. **Petrefaktenkunde,** ♓ Paläontologie.

P'etri, Laurentius, schwed. Reformator, * 1499, † 1573, gab die erste schwed. Bibelübersetzung heraus.

Petrie [p'i:tri], Sir William Matthew Flinders, brit. Ägyptologe, * 1853, † 1942, Begründer der wissenschaftlichen archäologischen Ausgrabungsmethode in Ägypten.

Petri Heil!, der Anglergruß.

P'etrikau, poln. **Piotrk'ów Trybun'alski,** Stadt in Polen, südlich von Lodz, 59 700 Ew.; Textil-, Holz-, Metall-, Glasindustrie.

P'etrochemie, Petr'olchemie, ein Zweig der chem. Technik, der Chemikalien aus Erdöl, Erdgas und deren Abkömmlingen herstellt.

Petrodw'orez, bis 1944 **Peterhof,** westl. Vorort von Leningrad, am Finn. Meerbusen, 1714 von Peter d. Gr. als Sommerresidenz gegr. (Schloß, Park mit Wasserspielen).

Petrofin'a, S. A., Brüssel, belg. Erdölkonzern, gegr. 1920. Kap.: 320,6 Mill. US-$, Beschäftigte: 19 900 (1969).

Petrogr'ad, 1914-24 Name →Leningrads.

Petrograph'ie [grch.] die, Zweig der Gesteinskunde.

Petrol|äther, das →Ligroin.

Petr'olchemie, die →Petrochemie.

Petr'óleos Mexic'anos S. A., Abk. **Pemex,** Mexiko, staatl. mexikan. Erdölges.; gegr. 1938. Eigenkap.: 996 Mill. US-$, Beschäftigte: 71 800 (1969).

Petr'oleum, Keros'in, früher **Leuchtöl, Kerson,** ein Erdöldestillat (Heizwert: 10 250 kcal/kg), verwendet als Kraftstoff für Strahltriebwerke, Vergasermotoren bei Traktoren, Vielstoffmotoren, als Lösungsmittel, Waschöl.

Petr'onius 'Arbiter, röm. Schriftsteller, † 66 n. Chr., am Hofe Neros ein Meister in der Kunst des Lebensgenusses, schließlich der Verschwörung beschuldigt und zum Selbstmord getrieben. Roman ‚Satyricon' (mit ‚Gastmahl des Trimalchio').

Petrop'awlowsk, Stadt in der Kasach. SSR, 173 000 Ew. Nahrungsmittel-, Maschinenbau-, Buntmetall-, Tabak-, Leder-, Bekleidungs-, Baustoffind.; Wärmekraftwerke. Wichtiger Bahnknoten, Schwerpunkt der Neulandgewinnung.

Petrop'awlowsk-Kamtsch'atskij, die Hauptstadt von Kamtschatka, Russ. SFSR, 154 000 Ew.; Hafen, Hochseefischerei, Flottenstützpunkt, Schiff- und Maschinenbau-, Nahrungsmittel-, Baustoffind.; Wärmekraftwerk.

Petr'opolis, Stadt im Staat Rio de Janeiro, Brasilien, 200 100 Ew.; Kurort.

Petrosaw'odsk, Hauptstadt der Karel. ASSR, Russ. SFSR, am Onegasee und der Murman-Bahn, 185 000 Ew.; Univ., Maschinenbau-, Holz-, Bekleidungs- u. a. Industrie.

Petr'osjan, Tigran, sowjet. Schachspieler, * 1929, 1963-69 Weltmeister.

Petr'ossa, Pietro'asa, Petreossa, Dorf im rumän. Bez. Buzău. 1837 reicher Fund spätantiker und german. Silber- und Goldschmiedearbeiten.

P'etrus, Apostel Jesu, Beiname des **Simon,** Fischer in Kapernaum am See Genezareth, gehörte zu den vertrautesten Jüngern Jesu, von diesem nach Matth. 16, 18 mit dem Beinamen Kephas (‚Fels', grch. Petros) ausgezeichnet; erlitt in Rom unter Nero den Märtyrertod. Ihm ist nach kath. Lehre von Christus das über ihn fortdauernde Amt des Oberhauptes der Kirche übertragen worden (Matth. 16, 18), in dessen apostol. Nachfolge die Päpste stehen. Heiliger; Tage: **Peter-Pauls-Tag** am 29. 6., **Petri Stuhlfeier** (zur Errichtung des röm. Bischofsstuhls) am 22. 2.

P'etrusapokalypse, eine dem Petrus zugeschriebene apokryphe Schrift, wohl aus der ersten Hälfte des 2. Jahrh.

P'etrusbriefe, im N. T. zwei Briefe mit dem Namen des Apostels Petrus. Ihre Echtheit ist fraglich.

P'etrusevangelium, ein apokryphes Evangelium, das von Petrus verfaßt sein soll, Mitte des 2. Jahrh.

P'etrus Lomb'ardus, Scholastiker, * um 1100, † um 1164; seine ‚Libri quattuor sententiarum' sind das wichtigste theolog. Handbuch des MA.

P'etrus Vener'abilis, * 1094, † 1156, Reformator des Klosters Cluny. Heiliger; Tag: 25. 12.

P'etrus von Alc'antara, Ordensreformator, Heiliger, * 1499, † 1562, gründete 1555 die strengste Form der Franziskaner-Observanten (Alcantariner); Tag: 19. 10.

P'etsamo, russ. **P'etschenga,** Grenzgebiet im äußersten NW des europ. Teils der Sowjetunion, an der Barentssee; reiche Kupfer-Nickelerzlager. Am 15 km langen **P.-Fjord** der Hafen Liinahamari und P. P. wurde 1920 finnisch, 1947 russisch.

Petsch, Robert, Literarhistoriker, * 1875, † 1945, erforschte bes. Gattungsprobleme.

P'etschaft [tschech.] *das,* Siegel mit eingraviertem Namenszug, Wappen u. a.

P'etschenegen, türksprachiger Stammesverband, 834 am Kasp. Meer, 969 in der heutigen Ukraine, von den Russen nach Bulgarien abgedrängt, im 12. Jahrh. von den Byzantinern vernichtet.

P'etschenga, russisch für →Petsamo.

Petsch'ora, Fluß in NO-Rußland, 1809 km lang, entspringt im N-Ural, mündet in einem Delta in die P.-Bucht der Barentssee.

P'ettau, slowen. **Ptuj,** Stadt in Slowenien, Jugoslawien, an der Drau, 9000 Ew.; zahlreiche röm. Altertümer.

P'ettenkofer, Max von (1883 geadelt), Hygieniker, * 1818, † (Selbstmord) 1901, schuf die Grundlagen der neuzeitl. Hygiene.

P'etticoat [-kout, engl.] *der,* ein weiter gesteifter Unterrock.

P'etting [engl.] *das,* sexuell erregende Berührungen ohne Geschlechtsverkehr.

p'etto [ital.], Brust; **in p. haben,** im Sinne haben.

Petty, Sir William, engl. Volkswirtschaftler, * 1623, † 1687, führte statist. und demograph. Methoden in die polit. Ökonomie ein, Begründer der Arbeitswertlehre.

Pet'unie [petum, brasilian. ‚Tabak'] *die,* Nachtschattengewächse mit windenähnlichen Blüten; Zierpflanzen.

Petzold, Alfons, österr. Arbeiterdichter, * 1882, † 1923; Lyrik, Prosa.

Peuckert, Will Erich, Volkskundler, * 1895, † 1969, Prof. in Göttingen. ‚Pansophie' (1936), ‚Theophrastus Paracelsus' (1941), ‚Die große Wende' (1948) u. a.

Peugeot S. A. [pøʒ'o], Paris, französ. Automobilwerk, gegr. 1896; Kap. 1,59 Mrd. FF, Beschäftigte: 71 500 (1970).

Peutinger, Konrad, Humanist, * 1465, † 1547. P. besaß die nach ihm benannte **P.sche Tafel,** eine wohl aus dem 13. Jahrh. stammende Kopie einer röm. Straßenkarte.

P'evsner, 1) Antoine, russisch-französ. Maler und Bildhauer, * 1886, † 1962, schuf bes. konstruktivist. ‚Raumplastiken' aus Draht, Blech, Glas u. a.

2) Nikolaus, Kunsthistoriker, * 1902, Prof. in London und Cambridge.

Peynet [pɛn'ɛ], Raimond, populärer französ. Zeichner, * 1908.

Pey'otl [aztekisch] *die,* indian. Name der Stammpflanze des Mescalins.

Peyrefitte [pɛrf'it], Roger Pierre, französ. Schriftsteller, * 1907; Romane ‚Diplomatische Missionen' (1953), ‚Die Schlüssel von St. Peter' (1955).

Pf, Abk. für →Pfennig.

Pfadfinder, eine internat. Jugendbewegung, gegründet 1907 in Großbritannien durch →Baden-Powell; Gliederung: **Wölflinge (Cubs,** 8-12 Jahre), **Pfadfinder (Scouts,** 12-18 Jahre), **Rovers** (über 18 Jahre); in Dtl. seit 1909; seit 1949 zusammengeschlossen im Ring Dt. Pfadfinderbünde, der die Pfadfinderschaft St. Georg (kath.), die Christl. Pfadfinderschaft (evang.), den Bund dt. P. und den ‚Ring dt. Pfadfinderinnenbünde' umfaßt.

Pf'äfers, Gem. im Kanton St. Gallen, Schweiz, 1900 Ew., hat ehem. Benediktinerabtei, im 8. Jahrh. gegr.; barocke Klosterkirche. Unweit P. liegt Bad P.

Pfaffe [von grch. pappas ‚Vater'] *der,* Kleriker, seit Luther abschätzig.

Pfaffenhofen a. d. Ilm, Stadt in Oberbayern, 9800 Ew.; wichtiger Hopfenhandels- und -aufbereitungsplatz; Hopfenbaufachschule; Pfarrkirche (15. Jahrh.).

Pfaffenhütchen, ⚘ ein Spindelbaum.

Pfaffenlaus, der Fisch →Kaulbarsch.

Pf'äffikon, Bezirkshauptort im Kt. Zürich, Schweiz, am Ufer des Pfäffiker Sees, 7800 Ew.; Pfahlbaufunde.

Pfahl, 1) langer, unten zugespitzter Körper aus Holz, Stahlbeton oder Stahl zur Gründung von Bauwerken oder als Halterung. **2)** riffartig aus Gneisen und Granit herausgewitterte Quarzausfüllung im Bayerischen Wald, etwa 140 km lang.

Pfahlbauten, auf einer von Pfählen getragenen Plattform errichtete Wohnstätten. Um 1850 wurden bei ungewöhnlich niedrigem Wasserstand in einigen Schweizer Seen Reste von Holzpfosten zusammen mit vorgeschichtl. Hinterlassenschaften gefunden. Inzwischen sind mehrere hundert derartiger Fundstellen aus dem ganzen Alpengebiet, N-Italien und Jugoslawien nachgewiesen, meist aus der Jungsteinzeit und Urnenfelderzeit (um 3000/2500 v. Chr. und 1000/700 v. Chr.). Der Großteil der P. in alter Zeit wurde nicht im Wasser, sondern auf dem Strand errichtet und erst später vom steigenden Wasser überdeckt. Echte P. sind Ausnahmen (z. B. die Steinzeitdörfer am südwürttemberg. Federsee). Bei Naturvölkern sind P. bes. in SO-Asien und Ozeanien verbreitet.

Pfahlbürger, im MA. die außerhalb einer Stadt Wohnenden (Aus-, Schutzbürger), die Bürgerrecht erhalten hatten.

pfählen, eine Strafe im MA. für Notzucht, Hexerei und Kindermord; ein Pfahl wurde durch das Herz des Täters getrieben.

Pfahlmuschel, die →Miesmuschel.

Pfahlrost, bei Pfahlgründungen über die Pfähle gelegter Rost.

Pfalz [aus lat. palatium] *die,* im Fränk. und Deutschen Reich des MA. befestigte Wohnstätten, in denen sich die Könige (Kaiser) auf ihren Reisen mit ihrem Hofstaat aufhielten, z. B. Worms, Ingelheim, Frankfurt a. M., Forchheim, Nimwegen, Aachen. Aus P. gingen die ältesten Reichsstädte hervor.

Pfalz, 1) 1945-68 RegBez. in Rheinland-Pfalz, →Rheinhessen-Pfalz.

2) histor. Landschaft am Mittelrhein. Aus der lothring. Pfalzgrafschaft entstand im 12. Jahrh. die Pfalzgrafschaft bei Rhein **(Rheinpfalz).** Sie kam 1214 an Bayern, 1329 mit der →Oberpfalz an eine eigene Linie der Wittelsbacher (seit 1356 Kurfürsten; **Kurpfalz).** Hauptstadt war Heidelberg. Infolge der Annahme seiner Wahl zum König von Böhmen (1619) verlor Friedrich V. Land und Kur an Herzog Maximilian I. von Bayern; sein Sohn erhielt 1648 die Rheinpfalz zurück, dazu eine neue Kurwürde; Bayern behielt die alte Kur und die Oberpfalz. 1689 wurde die P. im →Pfälzischen Erbfolgekrieg verwüstet; 1720 wurde Mannheim Hauptstadt. 1777 wurde die P. mit Bayern vereinigt. Die linksrhein. P. fiel infolge der Französ. Revolutionskriege an Frankreich, die rechtsrhein. 1803 an Baden, Hessen und Leiningen. 1815 kam der größte Teil der linksrhein. P. wieder an Bayern. 1918-30 war die P. von den Franzosen besetzt, 1923/24 versuchten die Separatisten eine selbständige ‚Pfälz. Republik' zu errichten (→Separatismus). 1945 kam die P. zur französ. Besatzungszone und bildete einen RegBez. von Rheinland-P.; dieser wurde 1969 mit dem RegBez. Rheinhessen zu Rheinhessen-P. vereinigt.

Pfälzer Bergland, Nordpfälzer Bergland, die Landschaft zwischen der Haardt im S und dem Hunsrück im N (im Donnersberg 687 m hoch), geht nach W allmählich ins Saarland über.

Pfalzgraf, im Fränk. Reich ein Hofbeamter, seit Otto d. Gr. Wahrer der königl. Rechte in den Stammesherzogtümern; am bedeutendsten wurde der P. von Lothringen (Sitz: Aachen), →Pfalz 2).

Pfälzischer Erbfolgekrieg, 1688-97 Krieg Ludwigs XIV. von Frankreich, der Ansprüche auf die Pfalz (→Elisabeth 3) erhob, gegen den Kaiser, England, die Generalstaaten, Spanien und Savoyen. 1689 Verwüstung der Pfalz durch E. Mélac. Im Frieden von Rijswijk verzichtete Frankreich auf die Pfalz, seine rechtsrhein. Eroberungen und Lothringen, behielt aber Straßburg und die Réunionen im Elsaß.

Pfand *das,* ⚖ die zur Sicherung einer Verpflichtung in die Verfügungsmacht des Berechtigten gegebene Sache (→Pfandrecht).

Pfandbrief, festverzinsl. Schuldverschreibung einer Kreditanstalt **(P.-Anstalt),** durch deren Ausgabe sie sich Kapital beschafft. Dieses gibt sie gegen Bestellung von Hypotheken, bes. für den Wohnungsbau, weiter **(Hypotheken-P.).** Der Zeitpunkt der Rückzahlung wird durch Auslosung u. a. bestimmt. Mündelsicheres Wertpapier.

Pfandbruch, der →Arrestbruch.

Pfänder der, Berg im Vorderen Bregenzer Wald, 1063 m hoch, Seilbahn von Bregenz.

Pfandkehrung, ♐ eine Handlung, bei der zugunsten des Eigentümers dieser oder ein anderer eine beweg. Sache dem Nutznießer, Pfandgläubiger oder dem Gebrauchsoder Zurückhaltungsberechtigten rechtswidrig wegnimmt; Freiheits- oder Geldstrafe (§ 289 StGB.).

Pfandleihe, das Ausleihen von Geld gegen Pfänder; für empfangene Pfänder werden **Pfandscheine** ausgestellt. Die gewerbsmäßige P. durch private Pfandleiher bedarf der behördlichen Erlaubnis.

Pfandrecht, ♐ das dingl. Verwertungsrecht an einer Sache oder ein Recht zur Sicherung einer Forderung. Man unterscheidet P. an bewegl. Sachen (§§ 1204 ff. BGB.), an Rechten (§§ 1273 ff. BGB.) und an Grundstücken (→Hypothek, →Grundschuld, →Rentenschuld, §§ 1113 ff. BGB.). Das P. entsteht durch Rechtsgeschäft (Vertrags-P.), kraft Gesetzes (z. B. Vermieter-P.) oder durch Pfändung (Pfändungs-P.). - Das P. an bewegl. Sachen berechtigt nur zum Besitz des Pfandes, nicht zu dessen Nutzung, im Gegensatz zur heute gebräuchlicheren →Sicherungsübereignung. - Das österreich. Recht hat ähnl. Regelungen (§§ 447 ff., 1368 ff. ABGB.); in der Schweiz ist das →Faustpfand noch stärker ausgeprägt (Art. 884 ff. ZGB.).

Pfändung, ♐ die Beschlagnahme von bewegl. Sachen oder Rechten zur Sicherung oder Befriedigung eines Gläubigers (→Zwangsvollstreckung, →Pfandrecht).

Pfanne, Mulde in Trockengebieten, dauernd oder nach Regen mit Wasser gefüllt, salzhaltig **(Salzpfanne)** oder mit Tonen, Mergeln, Kalkablagerungen gefüllt.

Pfänner der, ⚒ Besitzer eines Salzbergwerksanteils. **Pfännerschaft** die, alte Organisationsform der Salz- und Solgutbesitzer.

Pfarrer, 1) Kath. Kirche: verantwortl. Seelsorger einer Pfarrei, d. h. eines mit eigener Kirche ausgestatteten selbständigen Seelsorgebezirks; vom Bischof bestellt. **2)** evang. Kirchen: selbständiger, von der Kirchengemeinde gewählter Träger des geistl. Amtes.

Pfarrhelfer, in den meisten evang. Landeskirchen ein Träger des geistl. Amtes mit Befugnis zur Predigt und z. T. zur Sakramentsverwaltung, ohne volle akadem. theolog. Ausbildung.

Pfarrschulen, im MA. vom Pfarrer betreute Elementarschulen.

Pfarrvikar, 1) Kath. Kirche: vom Bischof anstatt oder zur Unterstützung eines Pfarrers ernannter Geistlicher. **2)** evang. Kirchen: jüngerer Geistlicher als Stellvertreter oder Gehilfe des Pfarrers; auch der →Pfarrhelfer. **Pfarrvikarin,** eine evang. Theologin nach Ablegung ihrer Prüfungen.

Pfarrzwang, 1) evang. Kirchenrecht: Zuweisung der Gemeindemitglieder an die zuständige Pfarrei. **2)** kath. Kirchenrecht: Bindung feierl. kirchl. Amtshandlungen in einer Pfarrei an die Zustimmung des Pfarrers.

Pfau der, **1)** ein Fasanenvogel bes. Hinterindiens mit langen Oberschwanzdeckfedern (die beim Hahn zum ‚Rad' fächerartig aufgerichtet werden können), Feder-

Balzender Pfau

krönchen und blau, grün, rot schillerndem Gefieder. **2)** Sternbild des Südhimmels.

Pfauenauge, Schmetterlinge mit augenähnlich gezeichneten Flügeldecken: **Tag-P.,** braun, mit Vorder- und Hinterflügelauge; **Abend-P.,** Schwärmer, rotbraun, mit Hinterflügelauge; **Nacht-P.,** Augenspinner mit grauen Flügeln, Vorder- und Hinterflügelauge. (Bild Schmetterlinge)

Pfauenaugenbarsch, ein Sonnenbarsch.

Pfaueninsel, Havelinsel, zum VerwBez. Zehlendorf (West-Berlin) gehörig; Gartenanlage (Naturschutzgebiet), Schlößchen in Form einer Burgruine (1794-96).

Pfeffel, Gottlieb Konrad, Dichter, * 1736, † 1809 als Präs. des evang. Konsistoriums; Verserzählungen (‚Die Tabakspfeife').

Pfeffer [lat. aus grch.] der, scharfe Gewürze vom P.-Strauch, der in Tropenländern wächst. **Schwarzer P.** sind die unreifen, getrockneten Früchte von Piper nigrum, **Weißer P.** die reifen und geschälten Früchte.

Pfefferfresser, Tuk'ane, zu den Spechtvögeln gehörige Vogelfam. mittel- und

Pfefferfresser: Toko

südamerikan. Urwälder. Großer, oft bunter Schnabel mit sägeartiger Randkerbung. Der **Toko** wird 57 cm lang.

Pfefferkuchen, stark gewürztes Gebäck.

Pfefferküste, 1) ⚓ für die Malabar-Küste. **2)** Teil der Oberguinea-Küste zwischen Monrovia und Harper, Liberia.

Pfefferling der, der Pilz →Pfifferling.

Pfefferminze, ⚘ eine Art von Minze.

Pfefferminzöl, äther. Öl, in der Kosmetik, Likörfabrikation und Medizin verwendet.

Pfefferstaude, eine Art von Seidelbast, der **Zeiland** (Bergpfeffer).

Pfeife die, **1)** Schallsender, bei denen Luftsäulen zu Schwingungen angeregt

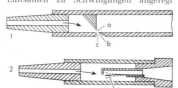

Pfeifen. **1** *offene Lippenpfeife;* **2** *offene Zungenpfeife: a Spalt,* **b** *Schneide, c Maulweite,* **d** *Zunge*

werden. Bei **Lippen-P.** trifft der Luftstrom gegen eine Schneide, an der periodisch Wirbel entstehen; bei **Zungen-P.** tritt die Luft durch eine Öffnung, die durch die Schwingungen eines Metallstreifens periodisch geöffnet und geschlossen wird. **2)** Gerät zum Rauchen (z. B. Tabaks-P.).

Pfeifenfische, Unterordnung der Röhrenmaulartigen Fische, mit langgestrecktem, durch Knochenplatten verfestigtem Körper und röhrenförmiger Schnauze. Erste Rückenflosse mit bes. kräftigen Stachelstrahlen.

Pfeifenstrauch, ⚘ Falscher Jasmin.

Pfeifhase, Fam. der Hasentiere in Steppen und Gebirgen Eurasiens und Nordamerikas.

Pfeil [von lat. pilum] der, **1)** Geschoß, mit

Bogen, Armbrust oder Blasrohr geschossen, besteht aus dem hinten oft gefiederten Holz- oder Rohrschaft und der Spitze, bei Naturvölkern oft mit **Pfeilgift** überzogen (Strychnosarten, Curare, seltener aus Schlangen, Spinnen oder Kadavern gewonnen). **2)** Sternbild des Nordhimmels.

Pfeiler, eine Stütze aus Stein, Mauerwerk, Beton zur Unterstützung von Trägern, Balken, Bogen, Gewölben.

Pfeilflügel, eine Tragflügelform an Flugzeugen für hohe Fluggeschwindigkeiten. **Positive P.** sind nach hinten, **negative P.** nach vorn abgewinkelt.

Pfeilhechte, Fischfam. der Barrakudas, gefährliche Raub- und geschätzte Speisefische in warmen Meeren.

Pfeilhöhe, der größte Abstand eines Bogens von der Bogensehne.

Pfeilkraut, Gatt. der Froschbißgewächse; die meisten Arten leben im temperierten und trop. Amerika; pfeilförmige Blätter.

Pfeilnaht, ⚕ die Naht zwischen den beiden Scheitelbeinen am Schädel.

Pfeilschwänze, urtüml., spinnentierartige, bis über 50 cm lange Meeresbewohner.

Pfeilwürmer, 5-25 mm lange wurmartige Meerestiere; Teil des Planktons.

Pfeilwurz, →Maranta.

Pfeilwurzelmehl, →Arrowroot.

Pfemfert, Franz, Publizist, * 1879, † 1954, gab 1911-32 die sozialrevolutionäre Zeitschrift ‚Die Aktion' heraus, die auch für die expressionist. Kunst eintrat; emigrierte 1933, zuletzt nach Mexiko.

Pfennig, Abk. **Pf,** kleinste dt. Münzeinheit, 1 P. = $^1/_{100}$ DM. Urspr. Silbermünze, wurde der P. allmählich zur Scheidemünze.

Pfennigkraut, 1) ein Gilbweiderich. **2)** Feldkresse, Hellerkraut.

Pferch der, umzäunter Raum für Vieh-, besonders Schafherden.

Pferd, 1) Reit- und Zugtier, →Pferde. **2)** Turngerät für Sprungübungen: ein gepolsterter, lederüberzogener Holzrumpf mit ausziehbaren Beinen. **3)** ☆ **Kleines P.,** das Sternbild Füllen.

Pferde, die zu den Unpaarhufern gehörige Säugetierfamilie der **Equiden.** Zu ihnen gehören Esel, Halbesel, drei Arten Zebras und das Wildpferd. Die P. sind hochbeinig, schnellfüßig und leben in Herden. Nur die dritte Zehe ihrer Gliedmaßen ist ausgebildet und von einem Huf bekleidet. Das Gebiß kennzeichnet die P. als Pflanzenfresser.

Das **Haus-P.** stammt vom Wild-P. ab. Es gibt 2 große Rassengruppen: das leichtgebaute, edle **Warmblut** und das schwergebaute **Kaltblut.** Die wichtigsten Warmblutrassen sind Vollblut (Turkmenen, Tataren, Araber, Berber, Perser, engl. Vollblut) und die aus Kreuzungen von Vollblut- und Landpferden entstandenen dt. Warmblutrassen: Trakehner, Hannoveraner, Holsteiner, Oldenburger, Ostfriesen. Die wichtigsten dt. Kaltblutrassen sind Rheinisch-dt., Süddt., Schleswiger Kaltblut. Zu den **Klein-P.** gehören u. a. Haflinger und Ponys. Das männl. P. heißt **Hengst,** das weibl. **Stute,** das junge **Fohlen (Füllen),** das kastrierte männl. **Wallach.** Nach der Farbe gibt es: Schimmel, Fuchs, Isabellen, Rappen, Schecken, Braune, Falben. - P. werden bis zu 40 Jahre alt (im Mittel 16-18 Jahre); seit der Bronzezeit Haustier. Tragzeit 11, Säugezeit 4-5 Monate. Der P.-Bestand der Welt ging von 94,6 Mill. (1938) auf 69,3 Mill. (1968/69) zurück; in der Bundesrep. Dtl. gab es 1970 0,25 Mill. P. (Bilder S. 943).

Pferdeböcke, kuhgroße Horntiere Afrikas, mit Mähne; z. B. die schwarze **Rappenantilope.**

Pferdebremse, ⚕ eine Magenbremse.

Pferdehirsche, die →Rusahirsche.

Pferderennen, Eignungsprüfungen der Pferde auf der Rennbahn auf Ausdauer, Schnelligkeit und Gesundheit, nach der

Pferde: links Hannoveraner; rechts Belgisches Kaltblut

Gangart eingeteilt in Galopp- (Flach- und →Hindernisrennen) und Trabrennen. In der Bundesrep. Dtl. hat die oberste Aufsicht das Direktorium für Vollblutzucht und Rennen (Köln).

Pferdespringer, eine Art der →Springnager.

Pferdestärke, Abk. **PS,** Einheit der Leistung: 1 PS = 735,5 Watt = 75 mkp/sec.

Pferdmenges, Robert, Bankier und Politiker (CDU), * 1880, † 1962, seit 1949 MdB., Vertrauter von K. Adenauer, bes. für Wirtschafts- und Finanzfragen.

Pfette, waagerechter Dachstuhlbalken, parallel zum First; trägt die Sparren.

Pfifferling der, ein dottergelber, pfefferig **(Pfefferling)** schmeckender eßbarer Blätterpilz. (Bild Pilze)

Pfingstbewegung, Sammelbez. für Glaubensgemeinschaften, die eine Glaubenserneuerung durch Empfang des Hl. Geistes und seiner Gaben in der ‚Geistestaufe‘ erstreben.

Pfingsten [grch. pentekoste ‚der fünfzigste‘ Tag nach Ostern], christl. Fest der Ausgießung des Hl. Geistes über die Jünger Jesu (Apostelgesch. 2) und der Gründung der Kirche, am 50. Tag nach Ostern. - Zu den zahlreichen Pfingstbräuchen zählt z. B. das Herumführen eines geschmückten **Pfingstochsen.**

Pfingstrose, die →Päonie.

Pfinzgau, oberrhein. Landschaft zwischen N-Schwarzwald und Kraichgau.

Pfirsich der, **Pfirsichbaum,** Steinobstart asiat. Herkunft mit rosaroten Blüten und apfelgroßen, saftigen Früchten, die eine wollige Schale besitzen.

Pfitzner, Hans, Komponist, * 1869, † 1949, gelangte, von der Romantik ausgehend, zu eigener Tonsprache moderneren, doch tonalen Charakters; Opern (‚Der arme Heinrich‘, 1895; ‚Palestrina‘, 1912-15), Orchester-, Chor-. Kammermusik, Lieder.

Hans Pfitzner   Sándor Petöfi

Pflanzen (hierzu Übersicht), außer Bakterien und Pilzen Lebewesen, die im allgemeinen befähigt sind, mit Hilfe des Blattgrüns die Lichtenergie in chem. Energie umzuwandeln und dadurch energiereiche organ. Stoffe aus anorgan. aufzubauen. Die P.-Zelle ist in der Regel von einer festen Zellwand umgeben. Die P. weisen in ihrer Organisation ein- und vielzellige Formen auf. Fortpflanzung und Vermehrung in der Regel sowohl geschlechtlich wie auch ungeschlechtlich. Die Einteilung der P. geht auf C. v. Linné zurück. Sie erfolgte nach rein äußerl. Blütenmerkmalen. Demgegenüber ordnet das neuere ‚natürl. System‘ die rd. 380 000 inzwischen beschriebenen lebenden Pflanzenarten nach vermuteten stammesgeschichtl. Zusammenhängen.

Pflanzen
Natürliches System der Pflanzen
A. Reich der Prokaryota (Akaryobionta)
Pflanzen mit Nukleoiden; ohne ‚echten‘ Zellkern.
Abteilung: Schizophyta (Spaltpflanzen)
1. Klasse: Schizomycetes (Bakterien, Spaltpilze).
2. Klasse: Cyanophyceae (Blaugrüne oder Spaltalgen).
B. Reich der Eukaryota (Karyobionta)
Pflanzen mit echtem Zellkern (Chromosomen, Nukleolen, Kernhülle).
I. Abteilung: Phycophyta (Algen), z. B. Grünalgen, Braunalgen, Rotalgen.
II. Abteilung: Mycophyta (Pilze), mit Schleimpilzen, Algenpilzen, Schlauchpilzen, Ständerpilzen.
III. Abteilung: Lichenes (Flechten = Pilz-Algen-Symbiosen).
IV. Abteilung: Bryophyta (Moose), mit Lebermoosen und Laubmoosen.
V. Abteilung: Pteriodophyta (Farngewächse), mit Ur- oder Nacktfarnen, Bärlappartigen Farngewächsen, Schachtelhalmartigen Farngewächsen und Farnkräutern im engeren Sinn.
VI. Abteilung: Spermatophyta (Blüten- oder Samenpflanzen).
Unterabteilung: Coniferophytina oder Gymnospermae (Nacktsamer), z. B. Fächerblattpflanzen, Nadelhölzer.
Unterabteilung: Magnoliophytina oder Angiospermae (Bedecktsamer).
1. Klasse: Magnoliatae oder Dicotyledoneae (zweikeimblättrige Bedecktsamer), z. B. Hahnenfußpflanzen, Rosen, Hülsenfrüchte, Doldenpflanzen, Kreuzblüter, Rachenblüter und Nachtschattengewächse, Korbblüter.
2. Klasse: Liliatae (Monocotyledoneae, einkeimblättrige Bedecktsamer), z. B. Laichkräuter, Lilienpflanzen, Orchideen, Ananaspflanzen, Bananenähnliche Pflanzen, Ried- und Sauergräser, Süßgräser, Palmen, Pandanuspflanzen.

Pflanzenarzt, Phytomediziner, Berufsbez. für einen Akademiker im Pflanzenschutzdienst mit Spezialausbildung.

Pflanzenformationen, ökologisch (→Ökologie) und physiognomisch definierte Vegetationseinheiten.

Pflanzengeographie, Phytogeographie, die Wissenschaft von der Verbreitung der Pflanzen; Teilgebiete: Arealkunde, ökolog. P. u. a.

Pflanzengesellschaft, aus verschiedenen Pflanzenarten zusammengesetzte Gemeinschaft von Pflanzen mit gleichen oder ähnl. ökolog. Ansprüchen.

Pflanzenhormone, Phytohormone [grch.], Wirkstoffe, die Wachstum und Entwicklung der Pflanzen steuern, z. B. die Auxine und Gibberelline.

Pflanzenkrankheiten können verursacht werden durch Witterungseinflüsse, tier. Organismen u. a.

Pflanzenkunde, Botanik, die Wissenschaft von den Pflanzen, ein Teilgebiet der Biologie; sie gliedert sich in: spezielle Botanik (Systematik), Gestaltlehre (Morphologie), Entwicklungsgeschichte, Stammesgeschichte (Evolution) der Pflanzen, Erbkunde (Genetik), Lehre von den Lebenserscheinungen (Physiologie), Lehre von den Beziehungen der Pflanzen zur Umwelt (Ökologie), Lehre von der Vergesellschaftung der Pflanzen (Pflanzensoziologie), Lehre von der Verbreitung der Pflanzen (Pflanzengeographie oder Geobotanik) und Lehre von den ausgestorbenen Pflanzen (Paläobotanik).

Pflanzenläuse, →Blattläuse, →Pflanzensauger.

Pflanzensauger, Insekten mit einem Saugrüssel, die sich von Pflanzensäften ernähren.

Pflanzenschutz, 1) Kulturpflanzenschutz, Bekämpfung und Verhütung von Pflanzenkrankheiten. **2) Wildpflanzenschutz,** Schutz seltener wildwachsender Pflanzenarten (botan. **Naturschutz).**

Pflanzenwespen, Hautflügelinsekten ohne ‚Wespentaille‘. Die Weibchen haben einen Legebohrer zur Unterbringung der Eier in Pflanzenteilen.

Pflanzenzüchtung, Züchten neuer Kulturpflanzensorten. Sie baut auf den Vererbungsgesetzen auf und entwickelt an die Standortverhältnisse angepaßte Kulturpflanzen. Hauptmethoden: Auslese-, Kreuzungs-, Hybrid-, Mutationszüchtung. - In der Bundesrep. Dtl. werden neu entwickelte Sorten vom Bundessortenamt auf Neuheit, hinreichende Homogenität, Beständigkeit (Sortenregister), Wert (Wertprüfung) geprüft. Die zugelassene Sorte bedarf der Erhaltungszüchtung.

Pflanzgarten, der →Kamp.

Pflanzholz, Setzholz, spitzer Stab zum Bohren von Pflanzlöchern.

Pflaster, 1) Fahrbahn- oder Böschungsbefestigung aus gesetzten Steinen. **2)** zum äußeren Gebrauch bestimmte, klebrigzähe Arzneizubereitungen.

Pflasterer, Steinsetzer, Lehrberuf der Industrie (3 Jahre Lehrzeit).

Pflaume, Pflaumenbaum, Steinobstart der Fam. der Rosengewächse. Man unterscheidet u. a. 1) die **Zwetsche,** Früchte violettblau, länglich. 2) die **Reineclaude (Reneklode),** grüngelbe, kugelige, sehr süße Frucht. 3) die **Kriechen-P.** 4) die **Mirabelle,** kugelige, rote bis gelbe Frucht.

Pflaumenpilz, der →Mehlpilz.

Pflegeamt, in den meisten größeren Städten eine Fürsorgestelle für sittlich Gefährdete, dem Gesundheitsamt angeschlossen.

Pflegekinder, Kinder bis zu 16 Jahren, die in einer fremden Familie zur Pflege und Erziehung untergebracht sind, auch solche, die nur tagsüber in Krippen, Kindergärten, Horten sind sowie Kinder in Erziehungsheimen.

pflegeleichte Textilien, aus synthet. Fasern oder veredelten natürl. Fasern, bedürfen nach dem Waschen kaum der Nacharbeit (Mangeln, Bügeln).

Pflegesatz, Richtsatz für die Kosten von Unterbringung und Behandlung Kranker und Pflegebedürftiger in Kranken-, Heil- und Pflegeanstalten.

Pflegschaft, ♂♀ die Fürsorge für eine in rechtl. Hinsicht hilfsbedürftige Person oder ein Vermögen **(Kuratel).** Im Unterschied zur →Vormundschaft bezieht sich die P. nur auf einzelne Angelegenheiten (§§ 1909 ff., 1961 BGB.), z. B. Gebrechlichkeits-, Abwesenheits-, Nachlaß-P. oder P. für die Leibesfrucht. Die Bestellung der P. erfolgt durch das Vormundschafts- oder Nachlaßgericht. In Österreich ist die P. in den §§ 269 ff. ABGB. geregelt, der Pfleger heißt Kurator. In der Schweiz entspricht der P. die Beistandschaft (Art. 392 ff. ZGB.).

Pflicht, →Pflichtübung.

Pflichteindruck, ✉ das →Impressum.

Pflichtenkollision, ⚖ ein Interessenkonflikt im Falle der übergesetzlichen →Notstandes: die Rettung eines Rechtsgutes auf Kosten eines anderen, geringwertigeren (**Pflichten- und Güterabwägung**).

Pflichtexemplar, Pflichtstück, das Exemplar einer Druckschrift, das auf Grund gesetzl. Vorschriften oder freiwillig übernommener Verpflichtung an den Staat, an öffentl. Bibliotheken oder Sammlungen meist kostenfrei abgeliefert wird. In der Bundesrep. Dtl. landesgesetzl. Regelung; auf Grund freiwilliger Vereinbarung erhält Freiexemplare die Deutsche Bibliothek in Frankfurt.

Pflichtprüfung, →Wirtschaftsprüfung.

Pflichtteil, & der Anteil am Nachlaß, den die Abkömmlinge, die Eltern und der Ehegatte des Erblassers verlangen können, wenn sie durch Verfügung von Todes wegen von der gesetzl. Erbfolge ausgeschlossen worden sind (§§ 2303 ff. BGB.). Der P. besteht in der Hälfte des Wertes des gesetzl. Erbteils; er ist ein schuldrechtl. Anspruch gegenüber den Erben. - In Österreich ist der P. (**Noterbrecht**) in den §§ 762 ff. ABGB., in der Schweiz in Art. 470 ff., 522 ZGB. z. T. abweichend geregelt.

Pflichtübung, kurz **Pflicht,** ⚜ festgelegte Übungen bei vorgeschriebenem Programm, z. B. im Kunstturnen, Eiskunstlaufen.

Pflichtversicherung, Versicherung auf Grund einer gesetzl. Verpflichtung, z. B. in der Sozialversicherung; auch Kraftverkehrs-, Seuchen-, Schlachtviehversicherung.

Pflichtverteidiger, →Verteidigung.

Pflimlin [pfliml'ε, frz.], Pierre, französ. Politiker (Mouvement Républicain Populaire), * 1907, mehrmals Minister, 1958 MinPräs., 1958/59 sowie 1962 Staatsmin.

Pflug, das wichtigste Gerät zum Wenden und Lockern des Bodens.

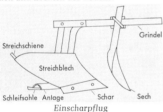

Einscharpflug

Pforr, Franz, Maler, * 1788, † 1812, seit 1810 mit den →Nazarenern in Rom, malte, an altdt. Vorbilder anknüpfend, Bilder aus der mittelalterl. Geschichte und Legende.

Pforta, ehem. Zisterzienserkloster im Saaletal, gegr. 1132, seit 1543 als **Schulpforta** eine →Fürstenschule, nach 1945 Heim-Oberschule (**Landesschule P.**). Seit 1968 führt das Internat in Meinerzhagen im Sauerland die Tradition von P. fort.

Pf'ortader, Vene, die das Blut aus Magen, Darm, Bauchspeicheldrüse, Gallenblase, Milz zur Leber führt.

Pforte, die →Hohe Pforte.

Pförtner, der Ausgang des Magens.

Pforzheim, Stadt in Bad.-Württ., am N-Rand des östl. Schwarzwalds, 90 800 Ew., Hauptsitz der dt. Schmuck- und Uhrenind.; elektrotechn. und feinmechan. Betriebe, Werkzeugbau u. a.

Pfosten, Rund- und Kanthölzer von mindestens 5 cm Durchmesser.

Pfriem, die →Ahle.

Pfriemengras, Grasgatt. bes. in Trockengebieten; in Mitteleuropa z. B. **Haar-P.** und **Federgras.**

pfropfen, ⊕ künstl. Übertragung eines Pflanzenteiles (Reis) auf eine andere Pflanze.

Pfründe, ein Kirchenamt, das mit einer Vermögensausstattung (z. B. Grundbesitz) verbunden ist.

Pfullingen, Stadt in Bad.-Württ., am mittleren Albtrauf, 16 000 Ew.; Textil-, Maschinen- u. a. Industrie.

Pfund [von lat. pondus, ,Gewicht'] *das,* **1)** bis zur Einführung des metrischen Systems die Gewichtseinheit in vielen Staaten (Libra, Lira, Livre), Größe und Einteilung waren verschieden; in Dtl. 500 g; seit 1884 nur noch im Sprachgebrauch Bez. für ½ kg. **2)** Währungseinheit, vor allem das engl. **P. Sterling** (pound sterling, livre sterling), Abk. £. Bis zur Einführung des Dezimalsystems in Großbritannien am 15. 2. 1971 war das P. eingeteilt in 20 Shilling = 240 Pence; seitdem ist 1 £ = 100 neue Pence. Pfundwährung haben auch Ägypten, Israel, der Libanon, Libyen, Syrien, die Türkei.

Pfungstadt, Stadt in Hessen, 17 300 Ew.; Nahrungsmittel-, Maschinen- u. a. Ind. Anbau von Spargel u. a.

pH, Maßzahl der →Wasserstoffionenkonzentration.

Phä'aken, griech. Mythos: glückliches Seefahrervolk der Insel Scheria.

Ph'ädra, griech. **Phaidra,** griech. Mythos: verleumdete bei ihrem Gatten Theseus ihren Stiefsohn Hippolytos, der ihre Liebe nicht erwiderte, und veranlaßte seinen Tod; darauf tötete sie sich selbst. - Drama von J. B. Racine (1677).

Ph'ädrus, Phaedrus, erster latein. Fabeldichter, tätig bis ungefähr 50 n. Chr., Freigelassener des Kaisers Augustus.

Pha'ethon, 1) griech. Mythos: Sohn des Sonnengottes Helios, setzte mit dem Sonnenwagen die Erde in Brand; von Zeus vernichtet. **2) Ph'aeton,** leichter vierrädriger Kutschwagen.

Ph'agen [grch.] Mz., Ez. der Phage, **1)** Bakteriophagen. **2) Phagozyten** (→Freßzellen).

Ph'aidon, griech. Philosoph, Schüler des Sokrates; nach ihm ist ein Dialog Platons benannt.

Ph'alanx [grch., lat.] *die,* **1)** Schlachtreihe, Schlachtordnung; danach symbolisch: der einmütige Widerstand. **2)** ♀ Finger- oder Zehenknochen.

Ph'aleron, Hafen des antiken Athen (bis zur Anlage von Piräus).

Ph'allus [lat.] *der,* das männl. Glied, Symbol von Kraft und Fruchtbarkeit.

Phänolog'ie [grch.] *die,* die Wissenschaft von den Beziehungen zwischen dem Verlauf der Witterung und der Entwicklung oder dem Verhalten von Organismen im Jahresablauf.

Phänom'en [grch.] *das,* Erscheinung; Wunder. **phänomen'al,** außerordentlich.

Phänomenolog'ie [grch.], die Lehre von den Erscheinungen. **1)** Beschreibung und Klassifikation der Erscheinungen eines bestimmten Gebietes (z. B. des Psychischen). **2)** philosoph. Lehre vom Werden und Auftreten der Erscheinungen im Bewußtsein.

Phanerog'amen [grch.], →Samenpflanzen.

Ph'änotypus [grch.-lat.] *der,* das Erscheinungsbild eines Lebewesens; entsteht aus dem Zusammenwirken von Erbanlagen (Genen) und Umwelt.

Phantas'ie [grch.] *die,* **1)** Einbildungskraft; schöpferische Erfindungsgabe; Träumerei, Wahngebilde. **2)** ♪ **P.,** italien. **Fantasia,** frei gestaltetes Instrumentalstück.

Phant'asma [grch.] *das,* Trugbild, Scheinbild. **Phantasmagor'ie** *die,* Wahngebilde, Trugbild; auf der Bühne: künstl. Gespenstererscheinung.

Phant'om [grch.] *das,* **1)** Trugbild, Hirngespinst. **2)** ♀ ein zu Lehrzwecken nachgebildeter Teil des menschl. Körpers.

Phant'omschmerz, ein Schmerz, der von den Nervenenden im Stumpf einer amputierten Gliedmaße ausgeht, bes. bei Neurombildung; wird als Schmerz in der abgenommenen Gliedmaße erlebt.

Ph'arao [grch. aus ägypt. ,großes Haus'], **1)** *der,* Titel der altägypt. Könige. **2)** *das,* ein Kartenglücksspiel.

Pharaonenhund, eine im Alten Reich Ägyptens künstlerisch dargestellte wind-

hundartige Rasse; ähnliche Rassen leben heute im Mittelmeerraum.

Pharis'äer, religiös-polit. Partei der Juden, im 2. Jahrh. v. Chr. entstanden. Die P. hielten streng am Wortlaut des Mosaischen Gesetzes fest und gewannen als Schriftgelehrte zur Zeit Jesu großen Einfluß auf das jüdische Volk.

Pharmakognos'ie [grch.] *die,* Lehre von Herkunft, Aussehen und Zusammensetzung der Arzneirohstoffe (Drogen).

Pharmakologie [grch.] *die,* Arzneimittellehre, →Arznei.

Pharmakop'öe [grch.] *die,* →Arzneibuch.

Pharmaz'eut [grch.] *der,* Fachmann für Pharmazie; Apotheker (→Apotheke).

pharmaz'eutische Industrie, ein Zweig der chem. Ind. In der Bundesrep. Dtl. stieg der Umsatz der p. I. von (1962) 2,8 Mrd. auf (1969) 5,1 Mrd. DM. Bedeutende Unternehmen u. a.: Farbwerke Hoechst AG. (Frankfurt a. M.), Farbenfabriken Bayer AG. (Leverkusen), E. Merck AG. (Darmstadt), C. H. Boehringer Sohn (Ingelheim/Rh.), Quandtgruppe, Schering AG. (Berlin), Sandoz AG. (Basel, Nürnberg), Hoffmann-La Roche & Co. AG. (Basel), Ciba-Geigy AG. (Basel), Knoll AG. (Ludwigshafen).

Pharmaz'ie [grch.] *die,* die Wissenschaft von den Arzneimitteln.

Ph'aros, im Altertum Insel bei Alexandria, mit Leuchtturm (280/279 v. Chr.) war eins der Sieben Weltwunder.

Ph'arsalos, Pharsala, Stadt in Thessalien. 48 v. Chr. Sieg Caesars über Pompeius.

Ph'arynx [grch.] *der,* ♀ Schlundkopf.

Ph'ase [grch.] *die,* Entwicklungsstufe, Erscheinungsform. **1)** die wechselnden Lichtgestalten von Monden und Planeten, verursacht durch die Richtung des Lichteinfalls von der Sonne. **2)** der durch Ort und Impuls bestimmte Zustand eines mechan. Systems. **3)** der durch Frequenz und Anfangszustand bestimmte Zustand einer Welle. **4)** homogener Bereich in einem heterogenen System, z. B. die Dampf-P. über einer Flüssigkeitsoberfläche.

Phasendet'ektor, Phasendiskriminator, ein Diskriminator zur Demodulation frequenzmodulierter Schwingungen.

Phasenkontrastverfahren, die Ausnutzung kleiner Phasenverschiebungen des von einer Metalloberfläche reflektierten Lichts zum Sichtbarmachen kleinster Unebenheiten im Mikroskop.

Phasenschieber, ⚙ für Blindleistungserzeuger und Blindleistungsverbraucher in der Starkstromtechnik.

PHB-Ester, nach dem dt. Lebensmittelgesetz zugelassene Konservierungsstoff, Ester der Hydroxybenzoesäure mit Äthyl- oder Propylalkohol.

Phen'ol *das,* C_6H_5OH, Monohydroxybenzol, findet sich im Steinkohlenteer, wirkt sehr giftig und keimtötend; vielseitiger Ausgangsstoff für chem.-techn. Synthesen. **Phenolvergiftung** kann nach Aufnahme in den Magen oder durch die Haut oder beim Einatmen von P.-Dämpfen entstehen. Anzeichen: bläuliche Gesichtsverfärbung, Erbrechen, Schwindel, Bewußtlosigkeit, Krämpfe, aussetzende Atmung. - Erste Hilfe: Tierkohle. Künstliche Atmung. Arzt rufen!

Phen'ole, Hydroxybenz'ole, aromat. Verbindungen, bei denen Wasserstoffatome des Benzolkerns durch die Hydroxylgruppe -OH ersetzt sind.

Phen'olharze, Kunstharze aus Phenol oder Phenolabkömmlingen für Lacke, Klebstoffe, Preßmassen, Schaumstoffe, wichtige Duroplaste.

Phenolphthale'in, chem. Indikator der Alkalimetrie, auch Abführmittel.

Phen'yl, die Atomgruppe C_6H_5-.

Phenyläth'ylalkohol, nach Rosen duftende Verbindung im Rosenöl. Synthetischer P., ist Parfümerierohstoff.

Phen'ylessigsäure, P. und ihre Ester werden für Kunsthonigaromen, in der Parfümerie und zur Arzneimittelsynthese gebraucht.

Phenylhydraz′in, organ. Base, dient als empfindl. Reagens zur Identifizierung vor Aldehyden und Ketonen.

Pherom′one, Ektohormone, Wirkstoffe, die als Kommunikationsmittel bei Tieren gleicher Art dienen (Sozialsekrete).

Phi *das*, (Φ, φ), der 21. Buchstabe im griech. Alphabet.

Phi′ale [grch.] *die,* flache Schale.

Ph′idias, griech. Bildhauer (5. Jahrh. v. Chr.), schuf die Goldelfenbeinbildwerke der stehenden Athene im Parthenon in Athen (438 geweiht, über 12 m hoch) und des sitzenden Zeus im Tempel in Olympia. P. leitete auch die Bau- und Bildhauerarbeiten auf der Akropolis; an den Skulpturen des Parthenons dürfte er maßgebend beteiligt gewesen sein.

phil... [grch.], ...freund, ...liebend.

Ph′ilä, Nilinsel, südl. von Assuan, zwischen dem alten und dem neuen Staudamm, mit Tempeln aus dem 4.-2. Jahrh. v. Chr., meist überschwemmt, Versetzung in sichere Höhe geplant.

Philad′elphia, Stadt in Pennsylvania, USA, am Delaware, 1,928 Mill. Ew., kath. Erzbischofssitz, Staatsuniv.; vielseitige Ind.: Textil-, elektrotechnische, Maschinen-, metallverarbeitende Ind. Hüttenwerke, Schiffbau. S. 1663 von W. →Penn gegr.; 1776 Unabhängigkeitserklärung, 1787 Verfassunggebende Versammlung, 1790 bis 1800 Bundeshauptstadt; →Germantown.

Philadelphia: Rathaus mit dem Penn-Turm

Philanthr′op [grch.], Menschenfreund.

Philanthrop′ismus, eine Erziehungsbewegung, vertreten von Basedow und seinen Anhängern **(Philanthropen)** Ende des 18. Jahrh. Sie erstrebte eine natur- und vernunftgemäße Erziehung.

Philatel′ie *die,* Briefmarkenkunde. **Philatelist** *der,* Briefmarkensammler.

Phil′emon, griech. Dichter, vielleicht aus Syrakus, Vertreter der neuen griech. Komödie, † um 264 v. Chr.

Phil′emonbrief, N. T.: ein kurzer Brief des Apostels Paulus an den von ihm bekehrten **Philemon;** Heiliger; Tag: 22. 11.

Phil′emon und B′aucis, griech. Mythos: bejahrtes treues Ehepaar in Phrygien; es nahm Zeus und Hermes gastfreundlich auf und erbat sich als Lohn den gleichzeitigen Tod: Philemon wurde in eine Eiche, Baucis in eine Linde verwandelt.

philharm′onisch [grch.], musikliebend. **Philharmon′ie** *die,* eine Konzertgesellschaft. **Philharm′oniker,** Name verschiedener Orchester (Berliner, Wiener Philharmoniker).

Philhell′enen, ‚Griechenfreunde‘, Nichtgriechen, die seit 1821 den Freiheitskampf der Griechen unterstützten.

Philip, Herzog von Edinburgh, seit 1957 Prinz Philip, seit 1947 ⚭ mit →Elisabeth 2), * 1921.

Philipp, Fürsten:

Deutscher König. **1) P. von Schwaben** (1198-1208), * um 1178, † 1208, jüngster Sohn Kaiser Friedrichs I., 1196 Herzog von Schwaben. Über den Gegenkönig Otto IV.

Philä: Tempelanlagen

erlangte P. die Oberhand; vom Pfalzgrafen Otto von Wittelsbach ermordet.

Burgund. Herzöge. **2) P. II. der Kühne** (1363 bis 1404), jüngster Sohn des französ. Königs Johann des Guten, * 1342, † 1404, erhielt 1363 das Herzogtum Burgund (Bourgogne), erwarb 1384 Flandern, Artois und die Freigrafschaft Burgund (Franche-Comté).

3) P. III. der Gute (1419-67), Enkel von 2), * 1396, † 1467, kämpfte im Hundertjährigen Krieg auf engl. Seite, erwarb 1429-33 Brabant, Limburg, Namur, Hennegau, Holland, Seeland, 1435 die Picardie, 1443 Luxemburg. Sein Hof war der Mittelpunkt spätmittelalterl. Ritterkultur.

Frankreich. **4) P. II. August,** König (1180 bis 1223), * 1165, † 1223, nahm am 3. Kreuzzug teil, entriß den Engländern 1203-08 die Normandie und die Bretagne. Verbündet mit Friedrich II., besiegte er bei Bouvines 1214 Kaiser Otto IV. und die Engländer.

5) P. IV. der Schöne, König (1285-1314), * 1268, † 1314, ließ 1303 Papst Bonifaz VIII. gefangennehmen, 1305 den von ihm abhängigen Papst Klemens V. wählen (Sitz Avignon), vernichtete 1312 den Templerorden.

Hessen. **6) P. der Großmütige,** Landgraf (1509-67), * 1504, † 1567, kämpfte 1523 gegen Franz von Sickingen, 1525 gegen die aufständ. Bauern, führte 1526 die Reformation ein, gründete 1527 in Marburg die erste protestant. Universität, versuchte, durch das Marburger Religionsgespräch 1529 zwischen Lutheranern und Reformierten zu vermitteln; einer der Führer des Schmalkald.; nach dessen Niederlage 1547 bis 1552 in Gefangenschaft Karls V.

Kastilien. **7) P. I. der Schöne,** König, Sohn Kaiser Maximilians I., * 1478, † 1506, ⚭ 1496 mit Johanna der Wahnsinnigen, Vater Karls V. und Ferdinands I.

Makedonien. **8) P. II.,** König (359-336 v. Chr.), Vater Alexanders d. Gr., * um 382, † (ermordet) 336, schuf den makedon. Einheitsstaat, siegte 338 bei Chäronea über Athen und Theben, trat 337 an die Spitze Griechenlands mit Ausnahme Spartas.

Philipp von Hessen   Philipp II. v. Spanien

Spanien. Könige. **9) P. I.,** →Philipp 7).

10) P. II. (1556-98), Sohn Karls V., * 1527, † 1598, erbte Spanien, die Kolonien in Amerika, die Niederlande, Mailand, Neapel, Sizilien, Sardinien. Vorkämpfer des Katholizismus, beherrschende Gestalt der Gegenreformation. 1559 beendete er siegreich den Krieg gegen Frankreich, kämpfte mit Erfolg gegen die Türken (Seesieg bei Le-

panto 1571), nahm 1580 Portugal in Besitz. P.s und Albas Vorgehen seit 1566 führte zum Abfall der Niederlande. Im Krieg gegen England wurde die span. Armada 1588 vernichtet. P. vollendete den Absolutismus. Er baute das Schloß Escorial bei Madrid. Bekannt ist sein Zerwürfnis mit dem Thronfolger Don Carlos.

Philippe [fil′ip], Charles-Louis, französ. Schriftsteller, * 1874, † 1909; Romane.

Phil′ipperbrief, im N. T. ein Brief des gefangenen Apostels Paulus an die Gemeinde in Philippi.

Philippeville, →Skikda.

Phil′ippi, antike Stadt in Makedonien, 42 v. Chr. Sieg des Antonius und des Oktavian über Brutus und Cassius.

Phil′ippika *die,* Reden des Demosthenes gegen Philipp von Makedonien; danach: heftige Strafrede.

Philippinen, Inselgruppe und Republik im Malaiischen Archipel, 300 000 km² mit 38,5 Mill. Ew. (Filipinos). Hauptstadt: Quezon City, nordöstl. von Manila, das (1972) noch Regierungssitz ist. Amtssprachen sind Englisch, Tagalog und Spanisch. Staatsoberhaupt und Regierungschef ist der Staatspräsident. ⊕ VI/VII, Bd. 1, n. S. 320. Währung ist der Philippinische Peso = 100 Centavos. ⎕ S. 1179. ⎕ Bd. 1, S. 392.

Die P. bestehen aus über 7100 Inseln (darunter Luzon, Mindanao, Mindoro, Palawan, die Visayan-Gruppe, Cebu), von denen nur 2440 bewohnt und nur 462 größer als 2,5 km² sind. Die Inseln sind die Gipfel untermeerischer Gebirgsketten mit vielen, z. T. noch tätigen Vulkanen; häufige Erdbeben. Klima: tropisch mit Monsuneinfluß (an den Ostküsten Regen- oder Monsunwald, an den Westküsten Savannen).

Die zu 80% kath. Bevölkerung besteht zu 40% aus Jungmalaien, ferner aus Polynesiern, Altmalaien, Negritos und Chinesen. Allgem. Schulpflicht; rd. 20% Analphabeten. Staatsuniversität; mehrere Hochschulen.

Wirtschaft. Haupterwerbszweig ist die Landwirtschaft. 25% der Gesamtfläche werden von ihr genutzt. Als Hauptnahrungsmittel werden Reis, Mais, Bananen und Bataten, für den Export Zuckerrohr, Kokospalme, Manilahanf und Tabak angebaut und Holz aus den trop. Wäldern (über 40% der Fläche) geliefert. Der Bergbau fördert Eisenerz, Kupfer- und Chromerz (10% der Welterzeugung), Gold, Silber u. a.; Nahrungs- und Genußmittel- sowie Textilindustrie. Haupthandelspartner sind die USA und Japan. Der Eisenbahnverkehr (nur auf Luzon und Panay, insgesamt 1100 km) spielt nur eine geringe Rolle. Das Straßennetz (60 600 km) ist nur auf Luzon gut ausgebaut. Bedeutend sind der Luftverkehr (81 Flugplätze) und die Küstenschiffahrt; die Hälfte der rd. 70 Häfen dienen ausschließlich dem Verkehr zwischen den Inseln. Internat. Flug- und bedeutendster Seehafen ist Manila.

Geschichte. 1521 von Magalhães entdeckt, span. Besitz, 1543 nach Philipp (II.) benannt. Seit 1870 Aufstände gegen die span. Herrschaft. Nach dem Krieg von 1898 an

Philippinen: links Reisfelder auf Luzon; rechts Pfahlbauten auf Mindanao

die Verein. Staaten abgetreten. 1916 beschränkte Selbstverwaltung. 1946 wurden die P. unabhängig. Nach Niederwerfung der letzten kommunist. Partisanen (1954) festigte sich der Staat. Seit der Unabhängigkeit des Landes bestanden enge wirtschaftl. und militär. Bindungen zu den USA. 1954 traten die P. dem Südostasien-Pakt (SEATO) bei. Seit 1967 unterstützen die P. die amerikan. Vietnam-Politik mit der Entsendung kleinerer Truppenkontingente.

Philipp'inengraben, die langgestreckte Senke im Stillen Ozean, östlich der Philippinen, größte Tiefe: 10 540 m.

Philipp'opolis, griech. für →Plowdiw.

Phil'ippus, 1) einer der 12 Apostel Jesu, Heiliger; Tag 3. 5., in der griech. Kirche: 14. 11. **2)** Prediger des Evangeliums, bekehrte nach Apostelgesch. 8, 26 ff. den Kämmerer aus dem Mohrenland. Heiliger; Tag: 6. 6., in der griech. Kirche: 11. 10.

Philips-Konzern, N. V. Philips' Gloeilampenfabrieken, fünftgrößter Elektrokonzern der Erde, Eindhoven (Holland), gegr. 1891. Kapital: 6,32 Mrd. US-$, Beschäftigte: 359 000 (1970).

Phil'ister 1) nichtsemit. Kulturvolk an der SW-Küste Palästinas (seit 1200 v. Chr.); von Saul und David besiegt; erlag seit 734 v. Chr. den Assyrern. **2)** engherziger, unbeschwingter Mensch, Spießbürger.

Philod'endron [grch.] *das,* tropisch-amerikan. Aronstabgewächse, Zierpflanzen.

Philokt'et, ein Held des griech. Mythos, erbte den Bogen des Herakles, tötete Paris, worauf Troja fiel.

Philol'oge [grch.], Forscher und Lehrer der Literatur- und Sprachwissenschaft.

Philolog'ie [grch.], die Deutung und Erforschung der geistigen Entwicklung und Eigenart eines Volkes oder einer Kultur auf Grund von Sprache und Literatur. Die **klass.** oder **Alt-P.** beschäftigt sich mit der Antike. Als **Neu-P.** faßt man die P. der neueren Sprachen zusammen, u. a. Germanistik, Anglistik, Romanistik, Slawistik. Aus der P. haben sich Sprachwissenschaft und Literaturwissenschaft entwickelt.

Philom'ela, griech. Mythos: Tochter des athen. Königs Pandion, wurde von Tereus, dem Gemahl ihrer Schwester Prokne, entehrt und der Zunge beraubt, damit es geheim bliebe; in eine Schwalbe verwandelt.

Ph'ilon von Alexandr'ia, jüdisch-hellenist. Philosoph, * 13 v. Chr., † 45/50, suchte die platonisch-aristotelische Philosophie mit dem mosaischen Gesetz zu verbinden.

Philos'oph [grch.], Forscher und Lehrer der Philosophie.

Philosoph'ia per'ennis [lat.], zeitlose philosoph. Wahrheiten oder Probleme.

Philosoph'ie [grch. ,Liebe zur Weisheit'] *die,* das Streben des menschl. Geistes, das Wesen und die letzten Zusammenhänge des Seins, die gültigen Werte und damit die Grundsätze der Lebensführung und Daseinsgestaltung zu erkennen.

Die P. richtet sich auf das Ganze der Wirklichkeit, ihre Grundbestimmungen und Gesamtzusammenhänge, während die Einzelwissenschaften auf bestimmte, umgrenzte Gegenstandsbereiche abzielen. Obenan steht das Sein selbst und seine allgemeinsten Bestimmungen (→Metaphysik, →Ontologie), die Grundsätze und -formen der Erkenntnis (→Erkenntnistheorie) sowie die allgemeine Gesetzlichkeit des Wahren (→Logik), des Guten (→Ethik), des Schönen (→Ästhetik). Aus dem Bedürfnis der log. Grundlegung und der Sinndeutung der Einzelwissenschaften wurden, teils früh, teils neuerdings, Sonderfächer wie Natur-P., Geschichts-P., Religions-P., Kultur-P., Sozial-P. ausgebildet.

Die Geschichte der P. ist für die P. selber von großer Bedeutung; vgl. dazu die Artikel griechische P., Neuplatonismus, Scholastik, deutsche P., englische P., französische P., italienische P., nordamerikanische P. Über die P. fremder Kulturkreise →chinesische Kultur, →indische Philosophie, →arabische Literatur.

Philosophisches Denken entwickelte sich aus dem mythischen Denken zuerst bei den Griechen; sie schufen die Grundlagen des abendländ. In der P. des MA., der →Scholastik, steht im Mittelpunkt die Frage, wie sich Offenbarung und menschl. Erkenntnis, Glauben und Wissen zueinander verhalten. Für die P. der Neuzeit vgl. deutsche P., englische P., französische P. u. a.

Phil'otas, Freund Alexanders d. Gr., Führer der makedon. Adelsreiterei, 330 v. Chr. wegen angeblichen Hochverrats zum Tode verurteilt.

Phim'ose [grch.] *die,* ♂ die Verengung der Vorhaut des Penis.

Ph'ineus, griech. Mythos: ein blinder Seher.

Phi'ole [grch.] *die,* birnenförmiges Glasgefäß mit engem Hals.

Phl'egma [grch.] *das,* Trägheit, Mangel an Erregbarkeit.

Phlegm'one [grch.] *die,* ♂ die Bindegewebsentzündung.

Phlegr'äische Felder, ital. **Campi Flegrei,** vulkan. Hügelland westlich von Neapel.

Phlo'em [grch.] *das,* ⚘ der Siebteil der Gefäßbündel bei Samen- und Farnpflanzen.

Phl'ogistonlehre, ältere, überholte Lehre von den Verbrennungsvorgängen (von G. E. Stahl im 18. Jahrh. aufgestellt).

Phlorogluc'in, ein dreiwertiges Phenol, empfindl. Reagens auf Lignin; auch medizinisch verwendet.

Phlox [grch.] *die,* auch *der,* eine Pflanzengattung mit Dolden weißer oder roter Trichterblüten; Gartenblume.

Phnom-Penh, Hauptstadt von Kambodscha am Mekong, (1966) 700 000 Ew.; Universität; Nahrungsmittel- u. a. Ind.; Hafen.

Ph'öbe, griech. **Phoibe,** Beiname der Artemis und Selene.

Phob'ie [grch.] *die,* krankhafte Angst, z. B. die Platzangst **(Agoraphobie).**

Ph'obos, griech. Mythos: die Verkörperung des Schreckens.

Ph'öbus, Phoibus, Beiname des griech. Gottes Apoll.

Ph'okis, Landschaft im alten Mittelgriechenland, mit Parnaß und Delphi im S.

Phokomel'ie [grch.], eine Gliedmaßenmißbildung, bei der unmittelbar an den Schultern oder Hüften die Hände oder Füße oder nur einzelne fingerähnliche Glieder angewachsen sind.

Phon, die Einheit der →Lautstärke, bezogen auf den Pegel des Normaltones von 1000 Hz.

Phon'etik [grch.] *die,* früher Lautlehre, heute die Wissenschaft von den äußeren Bedingungen menschl. Kommunikation mit gesprochener Sprache.

Phön'ikien, Phönizien, im Altertum der Küstenstrich Syriens, bewohnt von dem semit. Seefahrervolk der **Phöniker** (Sidonier, Kanaanäer, Punier). Sie gründeten zahlreiche Handelskolonien, u. a. →Karthago. Tyros (Sor) errang die Vorherrschaft über die phönik. Städte. Im 8. Jahrh. v. Chr. unterwarfen sie sich den Assyrern, 538 den Persern, 63 den Römern. Die Phöniker verehrten den Gott Baal, auch Astarte.

phön'ikische Sprache, dem Hebräischen nahestehende semitische Sprache; nur aus Inschriften bekannt (am ältesten die am Achirom-Sarkophag, um 1000 v. Chr.). Die **phönikische Schrift** ist die Grundlage aller westsemit. Alphabete und damit der europäischen, mongol. und ind. Schriften.

Ph'önix, 1) sagenhafter Vogel, der sich von Zeit zu Zeit selbst verbrennt und aus der Asche verjüngt aufsteigt. **2)** Sternbild des Südhimmels.

Phoenix [f'i:niks], Hauptstadt von Arizona, USA, 581 600 Ew.; elektron. Geräte, Flugzeugbau, vielseitige Leichtind.

Phnom-Penh: Eingang zum Königspalast

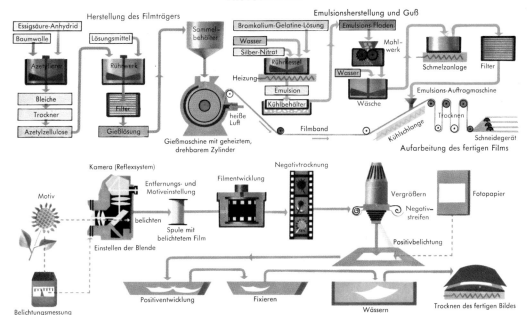

Oben Filmherstellung; unten Entstehung einer Aufnahme (schematisch)

Phoenix-Gummiwerke AG., Hamburg, zweitgrößtes westdt. Unternehmen der Kautschukind. Kapital: 50 Mill. DM, Beschäftigte: 10 294 (1970).

Ph'oenix-Inseln, Gruppe von 8 Atollen im Stillen Ozean, nördlich von Samoa, 28 km² groß, 1100 Ew.; britisch.

Phonograph'ie [grch.] *die,* die →Schallaufzeichnung.

Phonol'ith [grch.] *der,* junges, meist dunkelgrüngraues Ergußgestein; Baustein, gemahlen auch Kalidüngemittel.

Phonolog'ie [grch.], Lehre von der sprachl.-funktionellen Gliederung (Segmentierung) des Sprachschalls in elementare Einheiten **(Phoneme).**

Phonotypistin [grch.], Stenotypistin, die nach Tonband schreibt.

Phoronom'ie [grch.] *die,* →Kinematik.

Phosg'en [grch.] *das,* sehr giftige, bei 8° C siedende Flüssigkeit COCl₂; früher als Gaskampfstoff, heute in der Kunststoffind. verwendet. Die **Phosgenvergiftung** hat Lungenödem zur Folge. - Erste Hilfe: Ruhigstellung, warm einhüllen. Keine künstl. Beatmung! Arzt rufen!

Phosph'ate, Salze der Phosphorsäure.

Phosphat'ide, Gruppe zellwichtiger Lipoide, zu denen die Lecithine, das Kephalin und die Plasmalogene gehören.

phosphat'ieren, mit phosphorsäurehaltigen Lösungen auf Eisen, Zink u. a. Metallen unlösl. Schutzschichten erzeugen.

Phosph'ide, Verbindungen von Phosphor mit Metallen.

Phosph'in *das,* ein Acridinfarbstoff (häufig zum Lederfärben).

Phosph'ine, organ. Verbindungen, die sich von Phosphorwasserstoff so ableiten wie die Amine von Ammoniak.

Ph'osphor [grch.] *der,* **P,** chem. Element, Ordnungszahl 15, Massenzahl 31, Atomgewicht 30,9738; Schmelzpunkt 44,1° C, Siedepunkt 282° C. In der Natur kommt P. nur in Verbindungen vor. Zur Darstellung werden Mineralphosphate mit Kohle und Quarzsand hoch erhitzt und der entstehende P.-Dampf verdichtet. Fester elementarer P. kommt in fünf Modifikationen vor. Weißer P., farblos, wachsweich, leicht brennbar, wandelt sich bei Erwärmung oder Lichteinwirkung in **roten P.** um, der unlöslich und völlig ungiftig ist; Verwendung in der Zündholzindustrie. Wei-

tere Modifikationen: ,**Schenkscher** hellroter, schwarzer** und **schwarzer amorpher P.** Verbindungen: **P.-Trioxid,** weiß, kristallin; **P.-Pentoxid,** weiß flockig, stärkstes Wasserentziehungsmittel, bildet mit Wasser die **P.-Säure.** Technisch wird P.-Säure durch Aufschließen von Rohphosphaten mit Schwefelsäure gewonnen. Die gewöhnl. **Ortho-P.-Säure,** H₃PO₄, geht beim Erhitzen unter Wasserabspaltung in **Pyro-P.-Säure,** H₄P₂O₇, über, bei höherer Erhitzung in **Meta-P.-Säure,** HPO₃. **P.-Wasserstoff, Phosphin,** PH₃, ist ein faulig riechendes, giftiges Gas. **Phosphorsäureester** werden als Insektizide verwendet. In der Kriegstechnik wird P. zur Erzeugung künstl. Nebels und als Brandmittel (P.-Brandbomben) verwendet.

Phosphoresz'enz [grch.-lat.] *die,* die Fähigkeit mancher Stoffe (Phosphore), unter der Einwirkung von Licht, UV-, Röntgen- oder Elektronenstrahlen Licht auszusenden und längere Zeit nachzuleuchten.

Phosphor'it [grch.] *der,* Mineral, chemisch Calciumphosphat; Düngemittel.

Ph'osphorsäure, →Phosphor.

Phosphorvergiftung ist heute selten; häufiger Vergiftung mit Phosphorsäureester: Pupillenverengung, Krämpfe, Lähmung, Bewußtlosigkeit. Erste Hilfe: Abwaschen der benetzten Haut, ggf. künstl. Beatmung. Arzt rufen!

Phot *das,* Maßeinheit für die spezif. Lichtausstrahlung; 1 ph = 1 lm/cm².

Ph'otios, griech. Kirchenlehrer, Patriarch von Konstantinopel (858-67, 877-86), stärkte die griech. Kirche bedeutend. Heiliger der orthod. Ostkirche; Tag: 6. 2.

Photobiologie [grch.], die Lehre von der Einwirkung des Lichts auf die Lebewesen.

Photochemie, die Chemie der durch Licht und andere Strahlungen ausgelösten chem. Reaktionen.

Photoeffekt, lichtelektrischer Effekt, ein quantenmechan. Vorgang, bei dem durch die Einwirkung von Licht (Lichtquanten) Atomelektronen aus ihrem Bindungszustand losgelöst und für den elektr. Ladungstransport verfügbar werden (Photoemission). Der **äußere P. (Hallwachseffekt)** wird z. B. beobachtet, wenn ultraviolettes Licht auf eine Zinkplatte fällt. Der **innere P.** tritt auf, wenn elektromagnet. Wellen

bestimmte Kristalle treffen, die im Dunkeln gute Isolatoren sind (Zinksulfid, Cadmiumsulfid, Diamant). Die den Kristallelektronen zugeführte Energie ermöglicht ihnen, sich im Kristallverband fast wie freie Teilchen zu bewegen. Weitere P. sind **Sperrschicht-P., Kristall-P.**

Photofarbstoffe, organ. Farbstoffe, die zur Sensibilisierung lichtempfindlicher Schichten verwendet werden.

photog'en [grch.], als photographisches Objekt geeignet.

Photogrammetr'ie [grch.] *die,* Erd- und Luftbildmessung, Meßbildverfahren, der Teil der Vermessungstechnik, der aus photograph. Aufnahmen eines Teils der Erdoberfläche das topograph. Kartenbild oder aus Aufnahmen eines Gebäudes u. ä. das technisch konstruktive Zeichenbild herstellt. Die Meßbilder werden mit Spezialkameras von der Erde (terrestrisch) oder aus der Luft (Luftbild) aufgenommen. Die **photogrammetrischen Auswertegeräte** (Entzerrungsgeräte, Kartiergeräte) gestatten die Umformung von zwei stereoskop. Aufnahmen, die sich zu rd. 60% überschneiden, zu Bildplänen und Karten.

Photograph [grch.] *der,* **Lichtbildner,** Lehrberuf mit 3 J. Lehrzeit; Beschäftigung als **Presse-P., Werk-P.** u. a.

Photographie [grch.] *die,* die Erzeugung dauerhafter Abbildungen durch Strahlungen, insbesondere durch sichtbares Licht **(Lichtbild).** Das Bild des Gegenstandes entsteht dadurch, daß er mit Hilfe des photograph. Objektivs auf eine lichtempfindl. Schicht abgebildet wird, die meist Halogensilberkristalle sehr fein verteilt enthält. Beim Entwickeln wird das Halogensilber der belichteten Körner zu metall., schwarz erscheinendem Silber

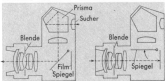

Photographie: Schema einer einäugigen Spiegelreflexkamera. Links der Strahlengang vor, rechts während der Aufnahme

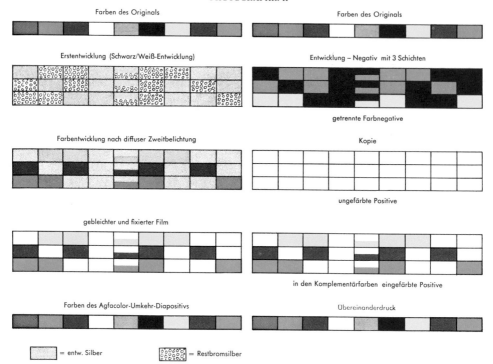

Farben des Originals — Farben des Originals

Erstentwicklung (Schwarz/Weiß-Entwicklung) — Entwicklung – Negativ mit 3 Schichten

getrennte Farbnegative

Farbentwicklung nach diffuser Zweitbelichtung — Kopie

ungefärbte Positive

gebleichter und fixierter Film — in den Komplementärfarben eingefärbte Positive

Farben des Agfacolor-Umkehr-Diapositivs — Übereinanderdruck

= entw. Silber   = Restbromsilber

Farbphotographie: links Schematische Darstellung des Agfacolor-Umkehr-Verfahrens (Aufnahme bis zum Bild); rechts Schema des Technicolor-Verfahrens

reduziert. Das entstandene Negativ wird durch Herauswaschen des unbelichteten Silberhalogenids fixiert. Durch Belichten eines photograph. Papiers unter Zwischenschaltung des Negativs (kopieren) erhält man schließlich ein Positiv. - ☞ Eine photograph. Aufnahme, die eine persönl. geistige Schöpfung darstellt, genießt urheberrechtl. Schutz. Die Veröffentlichung von Bildnissen ist ohne Zustimmung des Dargestellten unzulässig; ausgenommen Personen der Zeitgeschichte.

Farbphotographie, photograph. Verfahren zur Herstellung von Bildern in möglichst naturgetreuen Farben. Alle Farben werden aus drei Grundfarben dargestellt, man muß also gleichzeitig drei Aufnahmen, von denen eine den Rotanteil, eine den Grünanteil und eine den Blauanteil wiedergibt. Das kann erreicht werden durch Aufnahmen mit Farbfiltern oder durch Aufnahme mit drei übereinandergegossenen farbempfindlichen Schichten (Farbfilme). Früher wurde mit Hilfe von Kameras mit Strahlenteilung ein besonderes Negativ für jede Farbe hergestellt. Durch Verwendung von Farbfilm (nach dem Agfacolor- und dem Technicolorverfahren) kann man heute mit normalen Kameras arbeiten. Beim Farbnegativverfahren erhält man ein Negativ in Komplementärfarben. Es kann auf Farbfilm oder Farbpapier kopiert werden, man erhält dann das farbrichtige Positiv. Beim Umkehrverfahren erhält man durch entsprechende Entwicklung ein Diapositiv in den richtigen Farben. Kopien davon können auf besonderem Papier im Positiv-Positiv-Verfahren hergestellt werden.

photographische Objektive, optische (meist Linsen-) Systeme der Photoapparate, bilden den Gegenstand auf dem Film oder der Platte ab. Ihre Brennweite entspricht meist etwa der Diagonalen des Bildformates. **Teleobjektive** sind langbrennweitige Objektive (etwa ab 85 mm) für Aufnahmen in größerer Ferne. Zur Erfassung größerer Bildwinkel dienen **Weitwinkelobjektive** mit entsprechend kürzerer Brennweite (35 mm und darunter) und **Fischaugen-Objektive** (Bildwinkel bis zu 220°, Brennweite 6-12 mm). Objektive mit veränderl. Brennweite (Gummilinsen) werden bes. bei Filmkameras verwendet, um bei sich änderndem Abstand den Gegenstand scharf abzubilden.

Die relative Lichtstärke der Photoobjektive wird durch das Verhältnis des wirksamen Blendendurchmessers zur Brennweite gekennzeichnet (relative Öffnung, Öffnungsverhältnis). Um kurze Belichtungszeiten zu ermöglichen, wurden Objektive mit immer größerer Lichtstärke entwickelt, praktisch bis zu 1:1,2, für Sonderzwecke, z. B. die Röntgenschirmbildphotographie, bis zu 1:0,75.

Für die einfachsten Kameras genügt ein aus zwei verkitteten Linsen zusammengesetztes Objektiv (Achromat). Weit verbreitet ist das aus 3 Linsen zusammengesetzte **Triplet,** z. B. Apotar, Cassar, Radionar, Triotar, Vaskar. Höheren Ansprüchen genügt das Objektiv aus 4 Linsen,

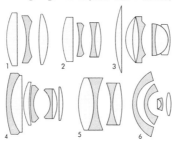

Photographische Objektive: 1 Cassar. 2 Tessar. 3 Sonnar. 4 Nokton. 5 Teleobjektiv. 6 Weitwinkelobjektiv (blau = Sammellinsen, rot = Zerstreuungslinsen)

z. B. Tessar, Elmar, Color-Skopar, Solinar, Xenar, Pantar. Objektive mit größeren Öffnungsverhältnissen (1:2 bis 1:1,4) erfordern eine weitere Steigerung der Linsenzahl auf im allgemeinen 6 bis 7, z. B. Biotar, Sonnar, Summarit, Nokton, Ultron, Heligon, Xenon. Für Kameras mit Schlitzverschluß ist ein vollständiges Auswechseln der Objektive möglich, für Kameras mit Zentralverschluß gibt es Satzobjektive, deren Vorderglieder auswechselbar sind.

photographischer Apparat, Kamera, ein Gerät zur opt. Abbildung eines Gegenstandes auf einer licht- oder strahlungsempfindl. Schicht. Man unterscheidet je nach Art des verwendeten Schichtträgers: Platten-Kameras, Rollfilm-Kameras, Filmpack-Kameras, Film-Kameras (z. B. Schmalfilm-Kameras); nach der Bauweise: Spring-Kameras, Klapp-Kameras, Spiegelreflex-Kameras; nach der Verwendbarkeit: Stativ-Kameras, Hand-Kameras, Kleinbild-Kameras u. a. (→Photographie, →Film). Die photograph. Kamera besteht aus dem photograph. Objektiv, dem →Verschluß zur zeitl. Begrenzung der Belichtung, einem Sucher, oft mit einem Entfernungsmesser gekoppelt (Meßsucher), einer Einrichtung zur Entfernungseinstellung und Belichtungsmessung sowie einer Halterung für das lichtempfindl. Material (Kassette für Planfilme, Platte, Rollfilme usw.). Zur Bildeinstellung wird oft eine Mattscheibe benutzt, die anstelle der Kassette eingesetzt werden kann. Bei der einäugigen Spiegelreflexkamera wird durch einen in den Strahlengang eingebauten Klappspiegel ein außerhalb des Aufnahmematerials liegendes Mattscheibenbild erzeugt. Die zweiäugige Spiegelreflexkamera hat dafür ein gesondertes zweites Objektiv, das mit dem Kameraobjektiv gekoppelt ist (Doppelkamera). Oft sind Zeit- und Blendeneinstellung so gekoppelt, daß nach Einstellen des am Belichtungsmesser abgelesenen Lichtwertes sich mit der Blende auch die Verschlußzeit ändert. Bei automatischen Kameras wird diese

948

1 und 2 Aufnahmen vom gleichen Standort mit verschiedenen Objektiven: 1 mit Weitwinkel-Objektiv (f = 28 mm), 2 mit Tele-Objektiv (f = 135 mm). 3 Aufnahme mit normalem Film. 4 Aufnahme mit infrarotempfindlichem Film

Einstellung vom Belichtungsmesser selbständig gesteuert. Die Blendenvorwahl der einäugigen Spiegelreflexkamera ermöglicht ein Einstellen bei voller Objektivöffnung Bei der Blendenautomatik springt die Blende vom vollen Öffnungswert im Moment der Auslösung auf den vorher gewählten Wert. Wegen des geringen Platzbedarfs hochempfindlicher CdS-(Cadmiumsulfid-)Belichtungsmesser läßt sich die Lichtmessung innerhalb einäugiger Spiegelreflexkameras durchführen (Belichtungsmessung durch das Objektiv, TTL-[Through-the-lens-]Messung). Abblenden ergibt größere Tiefenschärfe; bei zu starker Abblendung kann die Bildgüte durch Beugungserscheinungen verschlechtern. Blitzlichtgeräte werden auf die Kamera aufgesetzt oder, wenn getrennt verwendet, durch ein Kabel mit der Kamera verbunden. Die Verschlußauslösung ist mit dem Blitzlicht synchronisiert.

photographisches Material. Platten, Filme und Papiere haben mehrere Schichten: Schichtträger, Haftschicht, lichtempfindl. Emulsion, Schutzschicht gegen Kratzer und elektr. Aufladungen (,Verblitzen'), Lichthofschutzschicht. Die Papiere zur Herstellung der Positive (Gaslichtpapier, Bromsilber-,Chlorbromsilber-,Chlorsilberpapiere) unterscheiden sich für Kontaktabzüge und Vergrößerungen in ihrer Empfindlichkeit.
Die photographische Empfindlichkeit (Lichtempfindlichkeit) wird in Deutschland durch logarithmisch abgestufte DIN-Grade gekennzeichnet, in den Vereinigten Staaten in ASA-Graden, die numerisch abgestuft sind.
Photograv'üre, die →Heliogravüre.
Photokop'ie, durch photographisches Kopieren hergestelltes Doppel von Akten, Dokumenten u. ä.; die P. ist als einfaches Lichtbild schutzfähig. Die Herstellung einer P. von urheberrechtlich geschützten Vorlagen ist eine Vervielfältigung im Sinne des Urheberrechts.
Photolithograph'ie, reproduktions-photograph. Verfahren. zur Herstellung von Druckformen für den Flachdruck.
Photol'yse [grch.] die, Abbau einer chem. Verbindung durch Lichteinwirkung.
Photometr'ie [grch.] die, die Meßtechnik für Licht und ihre Maßeinheiten: Beleuchtungsstärke, Leuchtdichte, Lichtstärke, Lichtstrom, spezif. Lichtausstrahlung, Lichtmenge. Diese Größen werden mit **Photometern** gemessen durch Vergleich der Strahlung einer bekannten mit der zu messenden Lichtquelle, wobei das Auge **(visuelle P.)** oder lichtelektrische Photometer **(physikalische P.)** die Anzeigegeräte sind (Flimmerphotometer, Martensphotometer, Photometer nach Lummer-Brod-

hun, die Ulbrichtsche Kugel, Photozellen, Sekundärelektronen, Vervielfacher).
Photomontage [-'a:ʒə], das Zusammensetzen von Teilen verschiedener Aufnahmen zu einem neuen Bild und nochmalige photographische Aufnahme.
Ph'oton [grch.] das, →Lichtquant.
Photonast'ie [grch.] die, ⊕ eine →Nastie.
Phot'onen|antrieb, ein von E. Sänger vorgeschlagenes Antriebssystem für Flugkörper im Weltraum, bei dem ein gerichtetes Bündel elektromagnetischer Wellen (z. B. Licht) ausgestoßen wird, dessen Rückstoß Schub erzeugt.
Photophob'ie [grch.] die, →Lichtscheu.
Photoscan [grch.-engl.], Verfahren der Bildtelegraphie zur Fernübertragung von Bildern, Herstellung von Druckformen; die Vorlage wird mit einem Raster von 10 000 Linien abgetastet.
Photosph'äre [grch.] die, die strahlende Oberflächenschicht der Sonne.
Photosynthese, die Bildung organischer Substanz aus Kohlendioxid und Wasser bei grünen Pflanzen, die sich im Licht und unter Mitwirkung des Chlorophylls vollzieht.
Photot'axis [grch.] die, ⊕ ⅄ eine →Taxis.
Phototrop'ismus [grch.] der, ⊕ ⅄ ein →Tropismus.
Photowiderstand, →Photozelle.
Photozelle, lichtelektrische Zelle, Vorrichtung zum Umwandeln von Schwankungen des sichtbaren, ultravioletten oder infraroten Lichts in elektr. Stromschwankungen. Sie wird benutzt z. B. beim Fernsehen und in der Tonfilmtechnik, zur Sortierung von Gegenständen, zur Steuerung von Maschinen nach gelochten oder bedruckten Schablonen, ferner bei Lichtschranken und in Belichtungsmessern. - Es werden zwei Gruppen von P. unterschieden:
a) **Die Vakuum-P.,** die **gasgefüllte P.** und der **Photovervielfacher** beruhen auf dem äußeren lichtelektr. Effekt (→Photoeffekt): Durch Lichteinfall verlassen Elektronen einen geeigneten Festkörper (Metall oder

Photozelle: 1 Alkali-Photozelle: a Licht, b Photokathode, c Strommesser, d Batterie. 2 Sperrschicht-Photozelle: a Licht, b durchsichtige Metallelektrode, c Selenschicht, d undurchsichtige Metallelektrode, e Strommesser

Halbleiter), der in einem evakuierten oder gasgefüllten Gefäß die Kathode bildet. Die Anode ist positiv vorgespannt und saugt die ausgelösten Elektronen ab.
b) Der **Photowiderstand,** das **Photoelement** (Selenzelle, Sperrschicht-P., Sonnenbatterie), die **Photodiode** und der **Phototransistor** beruhen auf dem inneren lichtelektr. Effekt: Elektronen können durch Aufnahme von Lichtenergie in einen im Halbleiterkristall frei beweglichen Zustand übergehen. Der **Photowiderstand (Kristall-P.)** besteht aus einem homogenen Halbleiter. Er hat von allen P. die größte Belastbarkeit. Das **Photoelement** besteht aus einem Halbleiter mit zwei Zonen von entgegengesetztem Leitfähigkeitstyp, zwischen denen ein pn-Übergang, eine Sperrschicht, liegt. Diese Schicht setzt man der Lichteinwirkung aus; an ihr wird ohne angelegte Spannungsquelle eine ‚Photospannung' erzeugt.
Phrase [grch.] die, **1)** Satz, Redewendung; inhaltloses Gerede. **2)** ♪ in sich geschlossene Motivfolge.
Phraseolog'ie die, Sammlung der einer Sprache eigentüml. Redewendungen.
Phras'ierung die, ♪ die Sinngliederung eines Stücks, d. h. die dem musikal. Sinn gemäße Abgrenzung und Verbindung der Einzelteile, aus denen ein zusammenhängender Satz besteht; angezeigt durch Phrasierungsbogen.
Phrenes'ie [grch.] die, ♂ eine mit Irrereden und Tobsucht verbundene seelische Störung. **phren'etisch,** irrsinnig, rasend.
Phrenolog'ie [grch.] die, die von F. J. →Gall vertretene ‚Schädellehre'.
Phr'ygien, antike Landschaft in Kleinasien. Die indogerman. Phryger bildeten bis etwa 600 v. Chr. ein selbständiges Reich.
phr'ygische Mütze, Zipfelmütze der Phryger und kleinasiat. Griechen; →Jakobinermütze.
phr'ygische Tonart, Tonart der →griech. Musik und der Kirchentöne (→Kirchentonarten), z. B. e f g a h c' d' e'.
Phr'yne, griech. Hetäre des 4. Jahrh. v. Chr., soll dem Praxiteles Modell für seine Aphrodite von Knidos gewesen sein.
Phthale'ine, organische Verbindungen, die aus Phthalsäureanhydrid und Phenolen oder Aminophenolen unter Wasseraustritt entstehen; z. B. der Indikator **Phenol-Phthalein.**
Phthalocyan'ine, sehr beständige, blaue bis grüne Pigmentfarbstoffe.
Phthalsäure, C_6H_4 (COOH)$_2$, zweibasige organ. Säure, deren Anhydrid zur Herstellung von Kunstharzen dient.
Phth'ise [grch.] die, ♂ für Tuberkulose.
pH-Wert, →Wasserstoffionenkonzentration.

phyl... [grch.], ...abstammung, ...stamm.

Ph'yle [grch.] *die*, Untergliederung der altgriech. Stämme und Stadtstaaten:

phyl'etisch [grch.], die Stammesgeschichte betreffend.

...phyll [grch.], ...blatt...

Ph'yllis [grch.], Name von Schäferinnen in Hirtengedichten.

Phyll'it [grch.] *der*, feinkörniges bis dichtes schieferiges Gestein, grünlichgrau, besteht im wesentlichen aus Quarz, Hellglimmer und Chlorit.

Phylloc'actus [grch.-lat.], →Blattkaktus.

Phyllochin'on, Vitamin K, →Vitamine.

Phyll'om [grch.] *das*, ⊕ jedes Blattgebilde.

Phylloman'ie [grch.], die **Blattsucht,** die Verlaubung der Blüten (Vergrünen).

Phylogen'ese [grch.], *die*, ⊕ ⊡ $ die Stammesentwicklung. **Phylogenetik, Phylogenie** *die*, die →Stammesgeschichte.

Phys'ik [grch.] *die*, die Wissenschaft von den Naturvorgängen, die durch Beobachtung und Messung festgestellt, in ihrer Gesetzmäßigkeit erfaßt und in mathemat. Darstellung zugänglich gemacht werden können. Die ältere Einteilung der P. in Mechanik, Thermodynamik, Elektrodynamik, Akustik, Optik entspricht nicht den durch Relativitätstheorie und Quantentheorie herbeigeführten Wandlungen. Wesentlicher ist die moderne Unterscheidung in **Makro-P.** und **Mikro-P.** Die Relativitätstheorie gehört noch zur Makro-P., ihre Gesetze gelten aber auch für die Mikro-P., in der die Atomistik und Quantenerscheinung voll zur Geltung kommen. Die **physikal. Chemie** stellt die Verbindung zur Chemie her. An die Grenze des Erfahrbaren rührt die P. des Weltalls, die Kosmologie. In allen physikal. Teilbereichen arbeiten experimentelle Forschung **(Experimental-P.)** und theoret. Überlegungen **(theoretische P.)** eng zusammen. Die theoret. P. versucht, die Vielfalt physikal. Erscheinungen auf wenige Grundgesetze zurückzuführen. Schwerpunkte der heutigen theoret. und experimentellen Bemühungen sind die Atom-P., die Kern-P. und die P. der Elementarteilchen. Die theoret. Grundpfeiler dieser Forschungsbereiche sind Quantentheorie und Relativitätstheorie; besteht sucht man zu vereinigen und in einer Theorie der Elementarteilchen zu vertiefen. Um hierfür notwendige neue Erfahrungen zu sammeln, mußte die Experimental-P. in den letzten Jahrzehnten ihren materiellen Aufwand ständig steigern; seine Ausmaße übersteigen in einzelnen Fällen die Finanzkraft mittlerer Staaten, weshalb überstaatl. Zusammenschlüsse mit bestimmten Forschungszielen notwendig wurden (z. B. CERN).

Zu den bedeutendsten Naturforschern des Altertums gehörte Archimedes (Hebelgesetze, Auftrieb). Planmäßige Beobachtungen, Versuche und theoret. Überlegungen setzten erst mit dem Ausgang des Mittelalters ein (Galilei, Kepler, Newton, Snellius, Descartes, Huygens). Die folgende, seit dem 18. Jahrh. immer raschere Entwicklung führte über eine Reihe von Höhepunkten (Ampère, Fresnel, Clausius, Boltzmann, Maxwell, Planck, Einstein, Rutherford, Bohr, de Broglie, Heisenberg, Schrödinger, Born, Jordan, Dirae, Hahn, Meitner u. v. a.) bis zur gegenwärtigen P.

physik'alische Konstanten, in den physikal. Gesetzen vorkommende Konstanten, z. B. die Lichtgeschwindigkeit c, das Plancksche Wirkungsquantum h, die Gravitationskonstante u. a.

physik'alische Therapie, $ die Anwendung physikalischer Mittel (so Licht, Wärme, Elektrizität) in der Therapie.

Physikalisch-Technische Bundesanstalt, PTB, Braunschweig und Berlin, Bundesoberbehörde für das Prüfungs-, Eich- und Zulassungswesen, hervorgegangen aus der früheren **Physikal.-Techn. Reichsanstalt.** In der Dt. Dem. Rep. besteht das **Dt. Amt für Maß und Gewicht,** Berlin.

Ph'ysiker, wissenschaftl. Beruf, ausgeübt in Wissenschaft und Forschung, in der Industrie oder im Lehramt (mit zusätzl. Prüfung). Man unterscheidet: **theoret.** und **experimentelle P.,** Akustiker, Astro-, Bio-, Festkörper-, Gesundheits-, Kern-P., Mikroskopiker, Physikochemiker, Plasma-P., Spektroskopiker, Tieftemperatur-P., Physikingenieure u. a. Die Ausbildung erfolgt an wissenschaftl. Hochschulen oder an Fachhochschulen. Abschluß: Diplom-, Doktorprüfung oder durch Prüfung zum graduierten Ingenieur.

Ph'ysikum [grch.-lat.] *das*, früher übl. 2. ärztl. Vorprüfung. Nach der Reform der Approbationsordnung für Ärzte v. 28. 10. 1970 gibt es nur noch eine ärztl. Vorprüfung (nach 2 Studienjahren).

Physiogn'omik [grch.], die Deutung der Wesensart des Menschen aus seiner Körpergestalt, bes. aus den Gesichtszügen **(Physiognomie).**

Physiokrat'ismus, eine von F. →Quesnay im 18. Jahrh. entwickelte Wirtschaftstheorie, die den naturrechtl. Gedanken von der allem menschl. Zusammenleben innewohnenden Harmonie auch das Wirtschaftsleben übertrug. Nach dem P. erzielt nur die Landwirtschaft einen Reinertrag, er hält daher nur die Grundsteuer für gerechtfertigt. Die Bevölkerung teilt er in folgende Klassen: Grundbesitzer; Pächter; Handwerk und Handel als unfruchtbare Klasse (Lohnarbeiter werden nicht berücksichtigt). Die Verflechtung der wirtschaftl. Vorgänge stellt der P. als Güterkreislauf dar. Weitere Vertreter: in Frankreich Turgot, V. de Riqueti Graf von Mirabeau, in Dtl. Schlettwein, K. Fr. von Baden-Durlach.

Physiolog'ie [grch.], die, $ ⊡ ⚥ die Wissenschaft von Leistungen und Arbeitsweise der Zellen, Gewebe, Organe.

Physi'ologus [grch.], Zusammenstellungen christl. Tiersymbolik, entstanden wahrscheinlich gegen Ende des 2. Jahrh.

Ph'ysiotherapie [grch.] *die*, $ →physikalische Therapie.

Ph'ysis [grch.] *die*, Natur-, Körperbeschaffenheit. **physisch,** körperlich.

Physostigm'in *das*, das Alkaloid der Kalabarbohne, wirkt erregend auf das parasympath. Nervensystem, in höheren Mengen einatmend.

Phytogeographie, →Pflanzengeographie.

Phyt'ol, ein ungesättigter Alkohol, liegt verestert im Chlorophyll vor.

Ph'ytomedizin [grch.-lat.] *die*, **Pflanzenheilkunde,** dient dem Schutz der Pflanzen vor Krankheiten und Schädlingsbefall, der Behandlung kranker Pflanzen u. a.

Ph'ytopathologie [grch.] *die*, die Lehre von den Pflanzenkrankheiten.

Phytoph'agen [grch.], pflanzenfressende Tiere. **phytoph'ag,** pflanzenfressend.

Pi, 1)Π, π, der 16. Buchstabe des griech. Alphabets. 2) △ Zeichen für die Ludolfsche Zahl (Kreiszahl).

Piacenza [-tʃ'ɛntsa], **1)** italien. Provinz, in der Emilia-Romagna, 2590 km² groß, 288 000 Ew.
2) Hauptstadt von 1), 105 250 Ew., reich an alten Bauten; Mittelpunkt eines landwirtschaftl. Gebiets. - 218 v. Chr. als röm. Colonia Placentia gegr.; kam 1336 an Mailand, 1512 an den Kirchenstaat, 1545-1860 mit →Parma selbständiger Kleinstaat.

Piaf, Edith, französ. Sängerin, * 1915, † 1963, trat seit 1935 mit eigenen Chansons auf.

Pi'affe [frz.] *die*, Reitkunst: Traben des Pferdes auf der Stelle.

p'ia fraus [lat.], frommer Betrug (Ovid).

Piaget [pjaʒ'ɛ], Jean, schweizer. Entwicklungspsychologe, * 1896, Leiter des Internat. Erziehungsbüros in Genf.

Pian'ino [ital. ‚kleines Piano'] *das*, →Klavier.

pian'issimo [ital.], **pp.,** ♪ sehr leise.
pi'ano [ital.], **p,** ♪ leise.

Pi'ano, Pianof'orte [ital.] *das*, →Klavier.

Pian'ola *das*, ein Klavier, das die Einrichtung für halb selbsttätiges Spiel besitzt.

Piar'isten, eine 1617 in Rom gegr. Klostergenossenschaft für Schulunterricht.

Piass'ave [indian.-portug.] *die*, Blatt-(Bast-)Faser verschiedener Palmen zur Herstellung von Besen, Bürsten u. a.

Pi'asten, ältestes poln. Herrschergeschlecht (seit 963); in Polen 1370, in Masowien 1526, in Schlesien 1675 ausgestorben.

Piauí, früher **Piauhy** [piau'i], **1)** Zufluß des Paranaíba in Brasilien. **2)** Staat in N-Brasilien, 250 934 km², 1,735 Ew.: Hauptstadt: Teresina.

Pi'ave *der*, Fluß in Oberitalien, 220 km lang, kommt aus den Karnischen Alpen und mündet ins Adriat. Meer.

Pi'azza [ital.] *die*, Platz, Marktplatz.

Piazz'etta, Giovanni Battista, italien. Maler, * 1682, † 1754, ein Hauptmeister des venezian. Rokokos.

Pibul Songgram, thailänd. Marschall (1943), * 1897, † 1964; 1938-44 und 1947 bis 1957 MinPräs.; diktator. Herrschaft mit faschist. Tendenz.

Picabi'a, Francis, französ. Maler und Schriftsteller, * 1879, † 1953, Wegbereiter des Dadaismus und des Surrealismus.

Picard [pik'a:r], Max, Schriftsteller, * 1888, † 1965, betrieb Physiognomik als ganzheitliche Lebensdeutung.

Picardie, geschichtl. Landschaft und ehemal. Provinz im nördl. Frankreich, ein Kreide-Tafelland mit fruchtbarem Boden. Hauptstadt: Amiens.

Pic'asso, eigentlich **Ruiz y P.,** Pablo, span. Maler, * 1881, schuf in seiner Frühzeit in Paris schwermütige Figurenbilder, die er auf einen blauen, seit 1905 auf einen rosa Ton stimmte; entfernte sich dann mehr und mehr vom Naturabbild. 1908 schuf er gleichzeitig mit Braque die ersten kubist. Bilder, seit 1917 auch Werke eines neuen klassizist. Stils, vor allem Zeichnungen von zarter Linienschönheit. 1925

P. Picasso: Madame ‚Z'; 1954 (Privatbesitz)

begann er mit immer krasser werdenden Verzerrungen zu malen. Höhepunkt in P.s Schaffen ist das Kolossalgemälde ‚Guernica' (1937). Die sich ständig wandelnde Vielfalt von P.s Kunst läßt oft gleichzeitig gegensätzliche Werke entstehen, so in neuerer Zeit monströse Gebilde, realist. Stierkampfszenen (Aquatinta-Illustrationen) und heiter-parodist. Zeichnungen (Maler und Modell). (Bild Lithographie)

Piccadilly [pikəd'ili], Geschäftsstraße im W der Londoner City.

Piccard [pik'a:r], Auguste, schweizer. Physiker, * 1884, † 1962, Prof., unternahm 1931/32 die ersten Stratosphärenflüge im Ballon und 1953 erfolgreiche Tiefseetauchfahrten mit einem selbst entworfenen Tauchschiff (zus. mit seinem Sohn **Jacques P.).** Sein Zwillingsbruder **Jean P.** († 1963), ebenfalls Physiker, führte in den USA Stratosphärenflüge durch.

Piccini [pitʃ'i:ni], Nicola, italien. Komponist, * 1728, † 1800, war ein Meister der italien. Buffo-Oper.

Piccol'omini, italien. Adelsgeschlecht.
1) Enea Silvio, Papst →Pius II.
2) Ottavio, Fürst (1650), kaiserl. General, * 1599, † 1656, Vertrauter Wallensteins, gleichwohl 1634 führend bei dessen Sturz.
3) Joseph Silvio Max, Neffe und Adoptivsohn von 2), Oberst, † (gef.) 1645.
P. 2) und 3) sind mit dichterischer Freiheit in Schillers ‚Wallenstein' dargestellt.

Pichegru [piʃgr'y], Charles, französ. General, * 1761, † (Selbstmord) 1804, Lehrer, später Gegner Napoleons und Royalist.

Pichelsteiner Fleisch, Eintopfgericht aus Rind-, Kalb-, Hammel- und Schweinefleisch, Gemüse und Kartoffeln.

Picht, Georg, Altphilologe, * 1913, Leiter der Forschungsstätte der Evang. Studiengesellschaft; krit. Untersuchungen zum dt. Bildungswesen: ‚Die dt. Bildungskatastrophe' (1964).

Pickel, 1) Spitzhacke. **2)** ⚕ Hautknötchen, oft eiterhaltig.

Pickelhaube, Lederhelm mit Metallbeschlag und -spitze, seit 1842 zunächst in der preuß. Armee, bis 1915 von der dt. Infanterie getragen.

Pickelhering [‚gepökelter Hering'], komische Bühnengestalt bei den engl. Komödianten des 17./18. Jahrh.

P'icknick [frz.] *das,* Ausflug mit einer Mahlzeit im Freien.

Pick-up [-ʌp, engl.] *der,* der Tonabnehmer beim Plattenspieler.

pico-, piko-, abgek. **p,** vor Maßeinheiten: 10^{-12}.

P'ico, P. della Mir'andola, Giovanni, italien. Humanist und Philosoph, * 1463, † 1494, suchte aus Christentum, Judentum und Griechentum eine geläuterte Religion zu begründen.

Pico de An'eto, höchster Gipfel der Pyrenäen, 3404 m ü. M.

Pico de Orizaba [-θ'aβa], **Citlalt'epetl,** Vulkan am Südrand des Hochlandes von Mexiko, höchster Berg des Landes, 5700 m.

Picos de Europa, Peñas de Europa, Kalkgebirgsstock des Kantabr. Gebirges in Spanien, im Torre de Cerredo 2648 m hoch.

Picr'asma, eine Gattung der Bitterholzgewächse, zu der u. a. die →Quassia gehört.

Pidgin English [p'idʒin 'ingliʃ], eine Verkehrssprache zwischen O-Asiaten und Europäern, mit chines. Satzbau und engl. Wortschatz.

Pièce [pjɛs, frz.] *die,* **1)** Gemach, Zimmer. **2)** Stück; Theaterstück; Stückfaß. **pièce de résistance** [də rezist'ãs], Hauptgericht beim Essen; Prunkstück.

Pieck, Wilhelm, Politiker (KPD, SED), * 1876, † 1960, war seit 1895 in der SPD, seit 1918 in der KPD (1928-33 MdR.), emigrierte 1933 nach Frankreich, 1934 in die Sowjetunion (1943 Mitgr. des ‚Nationalkomitees Freies Deutschland'). 1945 wurde P. Vorsitzender der KPD, 1946 (mit Grotewohl, bis 1954) der SED, 1949-60 war er Präs. der Dt. Dem. Rep.

Piedestal [pjedɛst'al, frz.] *das,* Sockel, Fußgestell, Grundlage.

Piek *die,* ⚓ **1)** Spitze, Ende. **2)** unterster enger Raum vorn und hinten im Schiff.

Piem'ont, italien. **Piemonte,** geschichtl. Landschaft in Oberitalien, umfaßt den westl. Teil der Po-Ebene und das anschlie-

Auguste Piccard   *Luigi Pirandello*

ßende Alpengebiet, ist eins der wichtigsten Industriegebiete Italiens (Hütten-, chemische, Textil-, Automobil-, Leder- und Lebensmittelindustrie).

Geschichte. Die Grafen, seit 1416 Herzöge von Savoyen, erwarben seit dem 11. Jahrh. P., Aosta, die Waadt (1536 an Bern), 1388 Nizza; Viktor Amadeus II. gewann 1713 Montferrat, Teile Mailands und Sizilien mit der Königskrone, die er 1718/20 gegen Sardinien austauschen mußte. 1814/15 kam Genua an P. König Karl Albert stellte sich 1848/49 an die Spitze der italien. Nationalbewegung gegen Österreich; unter seinem Sohn Viktor Emanuel II. einigte Cavour mit Hilfe Napoleons III., der dafür Savoyen und Nizza erhielt, 1859-61 Italien.

Pieper *der,* zu den Stelzen gehörende bräunliche Singvögel; sie brüten am Boden. **Baum-P., Wiesen-P., Brach-P.** u. a.

Pieper, Josef, Philosoph, * 1904, durch seine Modernisierung der thomist. Ethik einflußreicher Träger kath. Kulturarbeit.

Pier *der,* eine senkrecht zum Ufer vorgebaute feste Anlegestelle für Schiffe.

Pi'ero della Francesca [-frantʃ'eska], italien. Maler, * um 1415, † 1492, schuf Fresken und Tafelbilder, in denen sich klar geordneter Bildaufbau und groß gestaltete

Piero della Francesca: Reiterknechte mit Pferden, aus den Fresken der Legende vom heiligen Kreuz (Arezzo, S. Francesco)

Raum- und Menschendarstellung mit lichter, zarter Farbigkeit verbinden. Hauptwerke: Fresken aus der Legende des hl. Kreuzes, vollendet 1466 (Arezzo, S. Francesco); Bildnisse des Herzogs Federigo da Montefeltro und seiner Gattin, 1461-72 (Florenz, Uffizien); Madonna mit Heiligen und F. da Montefeltro als Stifter, um 1470 (Mailand, Brera).

Pi'ero di C'osimo, Maler in Florenz, * 1462, † 1521; religiöse und mytholog. Bilder von eigenwilliger Erfindung und Form.

Pierre [p'iə], die Hauptstadt von South Dakota, USA, am Missouri, 9700 Ew.

Pierre [pjɛːr], **Abbé P.,** eigentlich **Grouès,** * Lyon 1912, Geistlicher, Leiter sozialer Hilfswerke.

Pierrot [pjɛr'o:, frz. ‚Peterchen'], komische Gestalt des italien. Theaters in Paris, seit 1673 nachweisbar, mit weißen weiten Kleidern; weiblich: **Pierrette.**

Pi'et'à [ital.] *die,* eine Darstellung Mariä mit dem toten Christus; die bekannteste der italien. Kunst ist die P. von Michelangelo in St. Peter in Rom (1501), zurückgehend auf den dt. Typus des **Vesperbilds** (→Andachtsbild).

Pi'et'ät [lat.] *die,* Frömmigkeit, Ehrfurcht, Anhänglichkeit, Überlieferungstreue.

Pieterm'aritzburg, Hauptstadt der Provinz Natal, Rep. Südafrika, 112 700 Ew.; Univ., Botan. Garten; vielseitige Industrie.-1838 von Buren gegründet.

Pi'et'ismus, eine evang. religiöse Bewegung zur Erneuerung des frommen Lebens und der Kirche, seit dem 17. Jahrh. Ihre Anhänger wurden ursprünglich spottweise **Pietisten** (‚Frömmler') genannt. Der eigentliche Schöpfer des P. war Ph. J. Spener. Hauptsitze des älteren P. waren Halle (A. H. Francke), Württemberg, niederrhein. Gebiete, Westfalen und die Herrnhuter Brüdergemeine. Über das kirchl. Gebiet hinaus gewann der P. Bedeutung bis zu Goethe. Schleiermacher u. a.

Pi'etra d'ura [ital. ‚harter Stein'] *die,* ein ornamentales Mosaik, aus verschieden geformten, fugenlos aneinandergefügten Platten von farbigem Marmor, auch mit Einlagen von Edelsteinen, Perlmutt, Korallen; seit Mitte des 16. Jahrh. bes. in Florenz für Tischplatten u. a. verwendet (Florentiner Mosaik).

Pi'ezo|effekt, elektrische Aufladung mancher Kristalle durch mechan. Druck, beruht auf der Polarisation der Atome, der Verschiebung der äußeren Elektronenhülle gegenüber dem Atomrumpf. Sie hat an den Enden ausgezeichneter Richtungen entgegengesetztes Vorzeichen. Durch elektr. Felder kann umgekehrt Zusammenziehung und Ausdehnung, durch elektr. Wechselfelder mechan. Schwingung im Kristall erzeugt werden. Anwendung zur Ultraschallerzeugung, als Schwingquarz in Quarzuhren, gesteuerten Sendern u. a.

Pi'ezometer, Gerät zur Messung der Kompressibilität von Flüssigkeiten.

Pi'ezoquarz, →Piezoeffekt.

Pigalle [-gal], Jean-Baptiste, französ. Bildhauer im Übergang vom Rokoko zum Klassizismus, * 1714, † 1785; Hauptwerke: Merkur (1744, Louvre; größere Ausführung für Sanssouci, 1748, Berlin, Staatl. Museen); Grabmal Moritz v. Sachsens (1770, Straßburg, St. Thomas).

Pigm'ent [lat.] *die,* **1)** ⚕ in Augen, Haaren, Haut u. a. vorkommende Farbstoffe. **2)** farbgebender Stoff, der vom Bindemittel aufgenommen, aber nicht gelöst wird.

Pigmentdruck, ein Verfahren zum Färben und Bedrucken von textilen Flächen durch Festlegen der Farbpartikel mit Hilfe von Bindern.

Pijade, Moša, jugoslaw. Politiker (Kommunist), * 1890, † 1957, 1925-41 wegen Hochverrats im Zuchthaus, wurde 1954 Präs. der Nationalversammlung.

Pijper [p'ɛjpər], Willem, niederländ. Komponist, * 1894, † 1947, Vertreter der neueren niederländ. Musik.

Pik [schwed.] *der,* Berggipfel.

Pik [frz.] *das,* Farbe des französ. Kartenspiels, entspricht dem dt. Grün (Schippe).

pik'ant [frz.], **1)** appetitanregend gewürzt. **2)** lüstern, prickelnd. **Pikanter'ie** *die,* Anzüglichkeit, Reiz.

pikar'esker Roman [span. pícaro ‚Gauner'], **pikarischer Roman,** der →Schelmenroman.

Pike [frz.] *die,* Langspieß, Hauptwaffe der Landsknechte.

Pik'ett [frz.] *das,* **1)** Truppenabteilung. **2)** P., Rummel-P., Feldwache, Kartenspiel für zwei Personen.

pikieren, 1) junge Pflanzen verpflanzen. **2)** stechen, sticheln, reizen. **pikiert,** gekränkt.

P'ikkolo [ital.] *der,* Kellnerlehrling.

Pikkoloflöte, die kleine →Flöte.

Pik Kommunismus, bis 1962 **Pik Stalin,** höchster Berg der Sowjetunion, im Pamir, 7482 m.

Pik'ör [frz.] *der,* reitender Jäger, der bei der Jagd die Hundemeute führt.

Pik Pob'edy, höchster Gipfel des Tienschan, Kirgis. SSR, 7439 m.

Pikr'insäure, Trinitrophenol, organ. Säure, deren Salze, die **Pikrate,** explosibel sind. Verwendung zum Nachweis von Eiweiß im Harn.

Pikten, kelt. Volksstämme in Schottland, unabhängig gegenüber den Römern (Piktenmauer, →Hadrianswall) und Angelsachsen; 844 mit den Skoten vereinigt.

Piktogramm, Pictogramm, ein allgemeinverständl. Bildsymbol, z. B. Totenkopf für Gift.

Pikul, ostasiat. Gewicht, um 60 kg.

Pil'aster [ital.] *der*, ⚏ ein mit der Wand verbundener, nur wenig aus ihr hervortretender Pfeiler, im Unterschied von der Lisene mit Basis und Kapitell.

Pil'atus *der*, Bergstock in den Berner Alpen, am Vierwaldstätter See, 2120 m hoch; Zahnradbahn.

Pil'atus, Pontius, röm. Prokurator (‚Landpfleger') von Judäa (26-36 n. Chr.), beteiligt an der Verurteilung und Hinrichtung Jesu.

Pil'aw, Pilaf, Pilau [türk.] *der*, oriental. Gericht aus Reis und Hammelfleisch.

Pilcom'ayo, Fluß in Südamerika, 1100 km lang, kommt vom Hochland von Bolivien, mündet unterhalb von Asunción.

Pile [pail, engl.] *der*, Kernreaktor.

Pil'eolus [lat.] *der*, das vom Papst und anderen geistl. Würdenträgern getragene Scheitelkäppchen.

Pilger, der Wallfahrer nach hl. Orten.

Pilgerschrittverfahren, ein Walzverfahren, insbes. für Rohre, mit abwechselnd vor- und rückwärtsgehender Bewegung.

Pilgerväter, →Mayflower.

Pilgram, Anton, Bildhauer, * um 1450/60, † um 1515, tätig in SW-Dtl., Brünn und Wien, wo er seit 1511 die Dombauhütte leitete, schuf Bildwerke von ausdrucksstarkem Realismus.

Pilgrim, Bischof von Passau (971-91), verdient um die dt. Besiedlung der Ostmark und die Missionierung Ungarns. Angebl. ließ P. die Nibelungensage lat. aufzeichnen; er erscheint im Nibelungenlied als Oheim Kriemhilds.

Pillau, russ. **Baltijsk**, Stadt in Ostpreußen, am **Pillauer Tief** (Verbindung vom Frischen Haff zur Ostsee) und am Königsberger Seekanal, (1939) 12400 Ew.; seit 1945 unter sowjet. Verwaltung; Kriegshafen, Kommando der Baltischen Flotte.

Pille, eine Arzneizubereitung in Kugelform, von meist 0,1 g Gewicht.

Pillendreher, Gruppe der Kotkäfer, bes. der **Heilige P. (Skarabäus)** im Mittelmeergebiet. Die P. leben von Dung und formen ihn zu Kugeln, in die sie Eier ablegen.

Pillendreher (Skarabäus-Art) mit Dungpille, Länge etwa 35 mm

Pillenfarn, ein Wasserfarn mit Pfriemenblättchen und grundständigen, pillenähnlichen Sporenfrüchten.

Pillenwespe, eine Art Lehmwespe.

Pillkallen, russ. **Dobrowolsk**, 1938-45 **Schloßberg**, Stadt in Ostpreußen, (1939) 5800 Ew.; Leinhandel. - P., in beiden Weltkriegen umkämpft, kam 1945 unter sowjet. Verwaltung.

Pillnitz, Schloßanlage an der Elbe, südöstl. von Dresden: Wasser- und Bergpalais (1720-23 von Pöppelmann), Neues Palais (1818-26; Abteilung der Dresdner Galerie).

Pilon [-õ-], Germain, franzöz. Renaissancebildhauer, * um 1536, † 1590, Stein- und Bronzebildwerke, Münzen, Medaillen.

Pil'ot [frz.] *der*, 1) Flugzeugführer; Hochseesteuermann, Lotse. 2) *der* →Lotsenfisch.

3) kräftiges, lockeres Baumwollgewebe für Berufskleidung.

Pil'otballon, kleiner Ballon zur Messung des Höhenwindes, wird von der Erde aus mit Theodoliten verfolgt; als Radiosonde übermittelt er meteorolog. Werte.

Pil'oty, Karl von, * 826, † 1886, malte theatralisch-realist. Historienbilder.

Pilsen, tschech. **Plzeň**, Stadt in SW-Böhmen, Tschechoslowakei, 147300 Ew.; bed. Wirtschaftsmittelpunkt: Brauereien, Stahl- und Geschützwerke, Maschinen-, Glas-, Ton- u. a. Industrie.

Piłs'udski, Józef, poln. Staatsmann und Marschall, * 1867, † 1935, Mitgründer und Führer der ‚Poln. Sozialist. Partei', kämpfte mit seiner eigen. Legion auf seiten der Mittelmächte gegen Rußland; 1917 in Magdeburg gefangengesetzt, weil er insgeheim gegen die Mittelmächte arbeitete. 1918-22 poln. Staatspräs., sicherte 1920 im Kriege gegen die Sowjetunion den poln. Unabhängigkeit, stürzte 1926 die parlamentar. Regierung und herrschte danach autoritär.

Pilzdecke, eine Stahlbetondeckenplatte, ohne Unterzüge fest mit der sich pilzförmig verbreiternden Stütze verbunden.

Pilze, lat. **Fungi**, in ihren Großformen auch **Schwämme** genannt, die blattgrünfreien Thalluspflanzen ausschließlich der Bakterien und der Schleimpilze. - Die meisten P. bilden Schläuche oder Zellreihen (Hyphen), die zu fädigen Körpern (Myzelien) zusammentreten. Manche P. ernähren sich von abgestorbenen Pflanzenteilen; andere beziehen als Schmarotzer ihre Nahrung von einem lebenden Wirt oder leben in Symbiose (→Mykorrhiza) mit höheren Pflanzen. Viele P. sind eßbar (**Speise-P.**); ihr Nährwert ist gering (Wassergehalt frischer P. um 90%), doch liegt der Eiweißgehalt (2-5%) höher als der der Blattgemüse; außerdem enthalten sie kleine Mengen Vitamin D. P. dienen außerdem zum Bereiten von berauschenden Getränken (→Back- und Trockenhefe u. a.). Einige Arten von Pinselschimmel sind an der Käsereifung beteiligt, andere liefern Antibiotica. Viele P. erregen Krankheiten (→Hautkrankheiten); andere zerstören z. B. verbautes Holz (Hausschwamm); am Verderb von Lebensmitteln sind Schimmelpilze beteiligt. **Gift-P.** können schwere Vergiftungen hervorrufen (→Pilzvergiftung). **Pilzbekämpfungsmittel** sind die Fungizide. Die Lehre von den P. ist die **Mykologie**.

Pilzfelsen, durch schnellere Abtragung der bodennahen Schichten (Sand-, Windschliff) pilzartig geformter Einzelfels.

Pilztiere, die →Schleimpilze.

Pilzvergiftung, Vergiftung durch **Pilzgifte** des grünen Knollenblätterpilzes (90% aller tödlichen Vergiftungen), ferner des Fliegenpilzes, des Satanspilzes, des Giftreizkers u. a. Anzeichen (oft erst nach mehr als zehn Stunden): Übelkeit, Erbrechen, Magenschmerzen; reiswasserähnl. Durchfall, Wadenschmerzen, Bewußtseinstrübung, schließlich Herzversagen. - Erste Hilfe: Erregen von Erbrechen und Durchfall; medizin. Kohle; Arzt rufen!

Pim'ent *der*, das getrocknete unreife Früchte eines südamerikan. Myrtengewächses; Gewürz. Das äther. **P.-Öl** wird für Parfüms, Seifen, Liköre verwendet.

P'impernuß, Sträucher mit dreizähligen oder gefiederten Blättern, meist weißen Blütentrauben und blasiger Frucht mit klappernden Samen; z. B. **Gefiederte P.** (Maibaumstrauch).

Pimpf *der*, 1) österreichisch: Tropf, Bub. 2) Mitglied der nat.-soz. Dt. Jungvolks.

Pimpin'elle [frz.] *die*, eine Doldenblütergattung; hierzu gehören u. a. **Anis** und die **Kleine P.** (deutsche Theriakwurzel), ein Kraut Gemüse, deren Wurzelstock schleimlösende Arznei gibt.

Pinakoth'ek [grch.] *die*, im Altertum eine Bildersammlung (Pergamon, Rom); wiederverwendet wurde die Benennung seit dem Humanismus bes. in Italien, in München für die **Alte P.** (1824-36 von L. v. Klenze erbaut) und die **Neue P.** (1846-53 von A. v. Voigt), deren Gebäude im 2. Weltkrieg zerstört wurden. Die Alte P. wurde wiederaufgebaut (1957 eröffnet).

Pin'ang [malaiisch] *der*, die Arekapalme (→Betelnußpalme).

Pin'ar del Río, Provinzhauptstadt auf Kuba, 67600 Ew., Tabakmarkt.

Pin'asse *die*, nächst der Barkasse das zweitgrößte Beiboot eines Kriegsschiffes.

Pinay [pin'ε], Antoine, franzöz. Politiker (Unabhäng. Republikaner), * 1891, war wiederholt Minister, zuletzt (1958/60) Finanz- und Wirtschaftsminister.

Pincenez [pẽsn'e, frz.] *das*, Kneifer.

Pinch-Effekt [pintʃ-], das Zusammenschnüren einer Gasentladung hoher Stromstärke durch ihr eigenes Magnetfeld; wichtig für Experimente zur Kernverschmelzung.

Pincio [p'intʃo], **Monte P.**, Hügel im Norden Roms, einst mit den Gärten des Lucullus und Sallust, heute mit großem Park um die Villa Borghese.

P'indar, griech. Dichter, * um 518 v. Chr., † nach 446, steht mit seiner Chorlyrik am Ausgang der archaischen Zeit. Erhalten sind Siegeslieder für die Preisträger der großen Wettkämpfe, z. B. der Olymp. Spiele.

Pinder, Wilhelm, Kunsthistoriker, * 1878, † 1947, veröffentlichte maßgebende Bücher über dt. Kunst, bes. über mittelalterl. Plastik, Baukunst und Plastik des Barocks.

P'indos, Gebirgskamm in Griechenland, im Smolikas 2637 m hoch, trennt Epirus von Thessalien.

Pineau [pin'o:], Christian, franzöz. Politiker (Sozialist), * 1904, Jurist, seit 1945 mehrmals Minister, 1956-58 Außenmin.

Pine'öl [pain-, engl.], äther. Öl aus Fichtenholz, Rohstoff für zahlreiche Riechstoffe.

Ping-Pong [Schallwort] *das*, Tischtennis.

Pingu'in [pin-] *der*, Ordnung flugunfähiger Meeresvögel der südl. Halbkugel, deren Körper und die zu einem starren, flachen Ruderblatt umgewandelten Flügel mit harten Federchen bedeckt sind. Am Land stehen sie aufrecht und benutzen die steifen Schwanzfedern als Stütze.

Königspinguine

P'inie *die*, zur Gattung Kiefer gehöriger Nadelbaum mit schirmförmiger Krone, in den Mittelmeerländern, bis 25 m hoch; der hartschalige Samen (**P.-Nuß**) enthält einen mandelähnl. schmeckenden Kern. - Der Pinienzapfen war in der Antike und im frühen MA. ein Lebenssymbol.

Pinne, 1) kurzer Nagel mit breitem Kopf; Reißzwecke. 2) Hebel zum Bedienen des Steuerruders.

Pinneberg, Stadt in Schlesw.-Holst., 36600 Ew.; Rosenzucht, Baumschulen; vielseitige Industrie.

Pinnip'edia [lat.] *Mz.*, die →Robben.

Pinocchio [pin'okjo], Titelgestalt des verbreitetsten italien. Kinderbuches ,P.' (1880, von C. Collodi).

Pinscher [engl.] *der*, alte Hunderasse; meist glatthaarig.

Pinsel, 1) Handwerkszeug aus einem Stiel

1-6 *Speisepilze:* 1 *Steinpilz,* 2 *Sandröhrling,* 3 *Speisetäubling,* 4 *Wiesenchampignon,* 5 *Speisemorchel,* 6 *Pfifferling;* 7-9 *Giftpilze:*
7 *Satanspilz,* 8 *Frühlorchel,* 9 *Fliegenpilz*

mit daran befestigten Borsten, bes. zum Auftragen von Flüssigkeiten. **2)** Jägersprache: Haarbüschel, z. B. Schwanzquaste, Ohrborsten.

Pinsel|äffchen, Krallenaffen im nördl. Südamerika, mit Haarbüscheln an den Ohren; so das **Weiß-P.**

Pinselschimmel, die Schlauchpilzgattung **Penicillium;** manche P. leben auf Obst und Brot, andere liefern Penicillin.

Pinselzüngler, die australisch-papuanische Papageiengruppe der **Loris,** mit hornigem Faserpinsel an der Zunge.

Pinsk, Stadt in der Weißruss. SSR, 62 000 Ew.; Hafen am Pripet, Holz- u. a. Industrie.

pint |paint, engl.| die, engl. (0,57 l) und amerikan. (0,55 l) Hohlmaß.

Pinte die, **1)** Steinzeugkrug, auch. Schenke. **2)** altes Hohlmaß (Kanne, Quart).

Pinter |p'intə|, Harold, engl. Dramatiker, * 1930, in frühen Stücken dem absurden Theater verpflichtet, nähert sich später einem neuen Realismus (,Die Geburtstagsparty', 1957; ,Der Hausmeister', 1959).

Pinturicchio |-'ikjo|, italien. Maler, * 1454 (?), † 1513, malte außer Tafelbildern erzählende, dekorative Fresken besonders in der Dombibliothek in Siena, 1502-08. (Bild S. 954)

pin up girl |pin ʌp gəːl, engl.|, aus Zeitschriften ausgeschnittenes reizvolles Mädchenbild; an die Wand geheftet.

p'inxit |lat. ,hat gemalt'|, abgekürzt **pinx.,**

auf Gemälden, Stichen u. a., oft dem Namen des Malers beigefügt.

Pinzette |frz.| die, zangenartiges Gerät mit federnden Armen zum Fassen und Halten kleiner Gegenstände.

Pinzgau, das Längstal der oberen Salzach, zwischen Kitzbüheler Alpen und Hohen Tauern, Österreich. Pferde- und Rinderzucht; reiche Wasserkräfte (u. a. Kaprun-Kraftwerk).

Pi'ombo, →Sebastiano del Piombo.

Pi'onen, π-Mesonen, →Mesonen.

Pion'ier der, **1) Genietruppen,** Truppen mit kriegstechn. Aufgaben: Bau von Brükken, Eisenbahnen, Feldbefestigungen; Sprengungen, Verlegen und Suchen von Minen. **2)** Wegbereiter, Vorkämpfer.

Pi'ontek, Heinz, Schriftsteller, * 1925; Lyrik, Erzählungen, Hörspiele.

Piov'ene, Guido, italien. Journalist und Schriftsteller, * 1907; Romane, Reiseberichte (,Achtzehnmal Italien', 1957).

P'ipakröten, südamerikan. Froschlurche, bis 20 cm lang. Das Weibchen legt sich die Eier auf den Rücken, wo sie nach der Besamung bis zum Schlüpfen der Jungen von wabigen Hautwucherungen **(Wabenkröte)** umschlossen werden.

Pipe |paip|, engl. Hohlmaß für Wein und Branntwein, von 572,5 bis 409,2 l; USA: 476,9 l.

Pipeline |p'aiplain, engl.| die, Rohrleitung für Öl, Gas u. a. über große Entfernungen.

Pipeline-Theorie |p'aiplain-, engl.|, eine Hypothese, nach der u. a. die Ausbreitung von Radiowellen in der hohen Atmosphäre dadurch ermöglicht oder begünstigt wird, daß dort die Elektronenverteilung eine längs der erdmagnet. Kraftlinien ausgerichtete (,fibröse') Struktur aufweist.

Piper |lat.|, ⊕ die Gattung Pfeffer.

Piper, 1) |p'aipə|, John, engl. Maler, * 1903, malte abstrakt, später Landschaften und engl. Bauten, oft als Ruinen.

2) Reinhard, * 1879, † 1953, förderte in dem von ihm gegr. Verlag die zeitgenöss. Literatur, gab farbentreue Bildreproduktionen (Piperdrucke) heraus.

Piperaz'in, zykl. organ. Base, Zwischenprodukt für Arzneimittel und Insektizide; auch als Vulkanisationsbeschleuniger.

Piperid'in, Hexa|hydro|pyridin, giftige organ. Base; viele wichtige Alkaloide sind Derivate des P.: Piperin, Nicotin, Cocain.

Piper'in, Alkaloid aus Pfefferarten.

Pip'ette die, Stechheber mit Meßskala.

P'ippau der, eine Korbblütergattung mit Doldentrauben oder Rispen gelber Blütenkörbchen (z. B. **Gold-P.).**

P'ippin, fränkische Hausmeier und Fürsten aus dem Hause der Karolinger:

1) P. der Ältere, † 640, Hausmeier Dagoberts I., zusammen mit Arnulf von Metz.

2) P. der Mittlere oder **P. von Heristal,** * um 635, † 714, seit 687 Hausmeier des Fränk. Reichs; Vater Karl Martells.

Pinturicchio: Friedensmadonna (Ausschnitt; Kathedrale von S. Severino Marche)

3) P. der Jüngere (fälschlich ‚der Kleine‘, ‚der Kurze‘), Sohn Karl Martells, Vater Karls d. Gr., * um 715, † 768, 751 zum König gewählt; unterstützte 754 und 756 den Papst gegen die Langobarden, machte ihm die **Pippinische Schenkung:** das byzant. Exarchat von Ravenna und die Pentapolis (→Kirchenstaat).

Pips *der*, eine Geflügelkrankheit, auch der ansteckende Schnupfen.

Piqué [pik'e:, frz.] *das*, reliefartig gemustertes Gewebe mit zwei Kett- und zwei Schußfadensystemen.

Pirandello, Luigi, italien. Schriftsteller, * 1867, † 1936, behandelte bes. die Fragwürdigkeit des Ichbewußtseins, die Grenzen zwischen Sein und Schein. Dramen: ,So ist es, wie Sie meinen‘ (1917), ,Sechs Personen suchen einen Autor‘ (1921), ,Heinrich IV.‘ (1922). Romane: ,Mattia Pascal‘ (1904), ,Einer, keiner, hunderttausend‘ (1926). Nobelpreis 1934. (Bild S. 951)

Piran'esi, Giovanni Battista, italien. Kupferstecher, * 1720, † 1778, veröffentlichte Radierungen, die in malerischer, durch Helldunkelgegensätze gesteigerter Monumentalität Ansichten von Rom, röm. Altertümer u. a. darstellen. (Bild Basilika)

Piranha [pir'anja, indian.-portug.], span.

Piraya *die*, der →Sägesalmler.

Pirarucu *der*, der südamerikan. Süßwasserfisch →Arapaima.

Pir'at [lat.], Seeräuber.

Piratenküste, Seeräuberküste, →Vereinigte Arabische Emirate.

Pirater'ie *die*, die →Seeräuberei.

Pir'äus, Hauptstadt eines VerwBez. und Haupthafen Griechenlands, am Golf von Ägina, mit Athen zusammengewachsen, 183 900 Ew.; Schiffbau, Textil-, Maschinen-, chem. Industrie. - Von Themistokles ausgebaut, nach 460 v. Chr. durch die Langen Mauern mit Athen verbunden, 86 v. Chr. von Sulla zerstört.

Pire [pi:r], Dominique Georges, Dominikaner, * 1910, † 1969, gründete 1950 die ,Hilfe für heimatlose Ausländer und deren Europadörfer‘ (Sitz: Huy, Belgien): Patenschaften, Beherbergungswerke und Europadörfer; 1958 Friedens-Nobelpreis.

Pirelli S. p. A., Mailand, größtes kautschukverarbeitendes Unternehmen Italiens. Westdt. Beteiligung: Veith-Pirelli

AG. - Kap.: 345,4 Mill. US-$; Beschäftigte: 80 900 (1970); seit 1970/71 enge Verflechtung mit der Dunlop Co. Ltd.

Pirkheimer, Willibald, Humanist, * 1470, † 1530, Freund Dürers, Ratsherr in Nürnberg, übersetzte griech. Schriftsteller ins Lateinische.

P'irmasens, Stadt in Rheinland-Pfalz, im Pfälzer Wald, 55 000 Ew.; Schuhind.; Pfälz. Schuhmuseum, Schuhfachschule, internat. Messe für Schuhfabrikation.

Pirm'inius, Abt und Wanderbischof (Elsaß, Oberrhein), † um 753, gründete viele Klöster. Heiliger; Tag: 3. 11.

P'irna, Stadt im Bez. Dresden, links der Elbe, 47 500 Ew.; Industrie (Kunstseide, Cellulose, Glas, Gasturbinenbau). P. hat alte Bürgerhäuser, Marienkirche (1502 bis 1546), Rathaus (16. Jahrh.), Kapitelhaus (um 1470) eines ehemal. Dominikanerklosters. Über der Stadt Schloß Sonnenstein.

Pir'og [russ.] *der*, Pastete aus Hefeteig; Füllung: Fleisch, Fisch, Kohl, Pilze, Eier.

Pir'oge [span.] *die*, **Plankenboot,** Einbaum der Indianer, dessen Bordwände mit aufgesetzten Planken erhöht sind.

Pir'ol, Goldamsel, ein starengroßer, gelbschwarzer, als Weibchen grüngrauer Singvogel des Laubwaldes.

Pirol mit Jungen am Nest

Piropl'asmen [grch.] *Mz.*, zu den Protozoen gehörige einzellige Schmarotzertierchen. **Piroplasmosen** sind durch P. verursachte Tierkrankheiten, z. B. Küstenfieber.

Pirou'ette [-ru-, frz.] *die*, **1)** Ballett, Eis- und Rollkunstlauf: eine schnelle Drehung auf dem Standbein um die eigene Achse. **2)** Reittübung der Hohen Schule: Drehung im Galopp.

Pirquet [-k'ε], Clemens Freiherr von, Kinderarzt, * 1874, † 1929; erfand die für die Feststellung der kindl. Tuberkulose wichtige Hautreaktion mit Tuberkulin.

pirschen, ♦ lautloses, waidgerechtes Anschleichen an Wild. **Pirsch** *die*, Spürjagd.

P'isa, 1) Provinz Italiens, in der Toskana, 2448 km², 375 800 Ew. **2)** die Hauptstadt von 1), am Arno, 103 200 Ew., kath. Erzbischofssitz; bedeutende Bauten: Dom (ro-

man. Basilika, 1063-1118) mit der Kanzel G. Pisanos, Baptisterium (1152 begonnen) mit der Kanzel Niccolò Pisanos, den Schiefen Turm (Campanile, 1173 begonnen, durch Senkung des Bodens nach S geneigt), Camposanto, Universität, Museum; Motorrad-, Textil- u. a. Industrie, Spiegelfabrik. - Im 11.-13. Jahrh. war P. eine der bedeutendsten Handelsstädte.

Pisan'ello, Antonio, italien. Maler und Medailleur, * 1395, † um 1450/55, begründete die Medaillen-Kunst der Renaissance, malte auf noch spätgot. Art (Fresken in Verona; Tafelbilder), schuf naturgetreue Tierdarstellungen.

P'isangfresser, den Kuckucken verwandte Waldvögel des trop. Afrika; so der **Turako** mit rotem Fleck auf den Flügeln.

Pis'ano, 1) Andrea, italien. Bildhauer, * um 1295, † nach 1349, schuf in Florenz die älteste der drei Bronzetüren des Baptisteriums mit Reliefs aus dem Leben Johannes des Täufers (1330-36) und am Untergeschoß des Campanile Marmorreliefs mit Darstellungen menschl. Schaffens (seit 1337).
2) Antonio, →Pisanello.
3) Giovanni, der bedeutendste italien. Bildhauer des Mittelalters, auch Baumeister, * um 1250, † bald nach 1314, Sohn von 4) und Mitarbeiter an dessen Spätwerken, Dombaumeister in Siena und Pisa, schuf wie sein Vater zwei Kanzeln: 1298-1301 für S. Andrea in Pistoia und 1302-12 die überaus reiche im Dom zu Pisa, ferner vor allem Madonnenstandbilder. P.s frühe Werke knüpfen an die antikisierende Art des Vaters an. Seine reife Kunst setzt die Kenntnis der franzÖs. Gotik voraus.
4) Niccolò, italien. Bildhauer, * um 1225, † bald nach 1278, wohl aus Apulien stammend, schuf die Kanzel des Baptisteriums in Pisa (1260), deren Skulpturen sich eng an antike Vorbilder anschließen. Von franzÖs. Gotik beeinflußt die Domkanzel in Siena (1265-68), die wie auch der Brunnen auf dem Domplatz in Perugia ein Werk von ihm und seinem Sohn Giovanni ist.
5) Nino, italien. Bildhauer, Sohn von 1), * um 1315, † 1368, schuf in Anlehnung an franzÖs. Plastik Grabmäler und Madonnenbildwerke.

Piscator, Erwin, Regisseur und Theaterleiter, * 1893, † 1966; expressionist. Inszenierungen in Berlin im Dienste eines proletar. Theaters als polit. Kampfmittel; nach Emigration (1931) seit 1951 wieder in Europa, seit 1962 Intendant der Freien Volksbühne (W-Berlin). (Bild S. 955)

Pisébau, die Bauweise, bei der Wände und Decken durch Einstampfen einer breiigen, später erhärtenden Masse (Beton, Lehm) in Schalung hergestellt werden.

Pis'idien, antike, burgenreiche Berglandschaft im S Kleinasiens.

Pissa *die*, Fluß in Ostpreußen, 109 km lang, mündet bei Insterburg in die Angerapp.

Pissarr'o, Camille, franzÖs. Maler,

Pisa: Dom und Schiefer Turm

N. Pisano: Domkanzel, Siena

* 1830, † 1903, malte anfangs dunkeltonige, dann impressionistische, das Licht in hellen Farben erfassende Bilder von Landschaften, später auch belebte Großstadtstraßen.

Pissek, Galinde, Abfluß des Spirdingsees (Ostpreußen) zum Narew.

Pist'azie *die,* **1)** harziger Strauch oder Baum mit immergrünen, meist fiedrigen Blättern, Steinfrüchten mit ölreichem Samen und polierbarem Holz (Mastixholz). Die im Mittelmeergebiet angepflanzte **Echte P.** gibt die eßbaren Pistazienmandeln (Pistazien), die rotblütige **Mastix-P.** den Mastix; aus der baumförmigen **Terpentin-P.** (Terebinthe) gewinnt man Terpentin. **2) Erdpistazie,** die Erdnuß (Arachis).

Piste *die,* **1)** Einfassung der Manege im Zirkus. **2)** Rennstrecke (z. B. Ski-, Motorsport); Start- und Landebahn im Flughafen. **3)** nicht ausgebauter Verkehrsweg.

Pist'ill *das,* **1)** Mörserkeule, Stampfer. **2)** ⚙ der Stempel.

Pist'oia, 1) Provinz Italiens, in der Toskana, 965 km² groß, 253 800 Ew. **2)** die Hauptstadt von 1), 92 500 Ew., hat roman. Dom (12./13. Jahrh.), Baptisterium (1338 bis 1359). Konserven-, Metallwaren-, Musikinstrumenten- und Textilindustrie.

Pist'ole *die,* **1)** 🔫 **Pist'ol** *das,* Faustfeuerwaffe, heute meist Selbstlader; Kaliber 6,35-11,5 mm. **2)** Goldmünze im 16. bis 19. Jahrh., Wert etwa 20 Goldfranken.

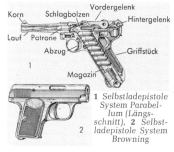

1 *Selbstladepistole System Parabellum (Längsschnitt),* **2** *Selbstladepistole System Browning*

Pistolenschießen, →Schießsport.

Piston [pist'ɔ̃, frz.] *das,* Blechblasinstrument mit Ventilen; aus dem Posthorn hervorgegangen.

Piston [pistn], Walter, amerikan. Komponist, * 1894, Symphonien, Konzerte.

P'isum [lat.], ⚙ Gattung Erbse.

Pitav'al, François **Gayot de,** französ. Rechtsgelehrter, * 1673, † 1743, gab ,Berühmte und interessante Rechtsfälle (20 Bde.) heraus; später wurde der Name P. allgemeine Bezeichnung für Sammlungen von Kriminalgeschichten.

Pitcairn [p'itkɛən], brit. Insel im östl. Stillen Ozean, 4,6 km² mit rd. 100 Ew., Nachkommen von 1790 nach P. gekommenen meuternden Matrosen der Bounty und Tahitierinnen.

Pitch pine [p'itʃpain, engl.] *das,* das harte Holz der amerikan. Sumpfkiefer, für Möbel, Schiffe, Holzgefäße, Bauholz.

Pit'ești, Stadt in Rumänien, 74 200 Ew.; Industrie- und Kulturzentrum.

Pithec'anthropus [grch.] *der,* ausgestorbene eiszeitliche Menschenform, zuerst von E. Dubois (1891) bei Trinil auf Java an Knochenfunden nachgewiesen. P. steht dem Sinanthropus nahe und ist gekennzeichnet durch flachen Schädel, starke Überaugenwülste und kleines Gehirn.

Pitotrohr [pit'o:-], ein Gerät zum Messen des Gesamtdrucks in Strömungen.

Pitt, William, brit. Staatsmänner: **1) P. der Ältere,** Earl of **Chatham** [tʃ'ætəm], * 1708, † 1778, unterstützte Friedrich d. Gr. im Siebenjährigen Krieg mit Hilfsgeldern, ließ das französ. Kolonialreich in Amerika und Indien erobern. **2) P. der Jüngere,** Sohn von 1), * 1759, † 1806, entschiedener Gegner Napoleons; vereinigte 1800 Irland staatsrechtlich mit Großbritannien.

Pittermann, Bruno, österreich. Politiker (SPÖ), * 1905, Fachschullehrer, 1945-71 im Nationalrat, 1957-67 Parteivors., 1957 bis 1966 Vizekanzler, seit 1964 Präs. der Sozialist. Internationale.

Pitti, Palazzo Pitti in Florenz, Palast der Familie P., dann der Medici, 1458 von Brunelleschi begonnen; jetzt Gemäldegalerie.

pittor'esk [ital.], malerisch.

Pittsburgh [p'itsbə:g], Stadt in Pennsylvania, USA, am Zusammenfluß von Allegheny und Monongahela zum Ohio, 520 100 Ew., Universität, Carnegie-Institut (Kernforschung); eine der bedeutendsten Industriestädte der Erde (Eisen, Stahl, Maschinen, Glas). In der Umgebung reiche Kohle-, Erdöl- und Naturgasvorkommen.

Pitt'ura metaf'isica [ital., ,metaphys. Malerei'], Richtung der modernen italien. Malerei um 1917, die eine plast. Modellierung isolierter Gegenstände anstrebte und den →Surrealismus beeinflußte (De Chirico, C. Carrà).

Pity'usen, span. Inselgruppe, →Balearen.

Pitztal, rechtes Seitental des Oberinntales, Tirol, in den Ötztaler Alpen, vom **Pitzbach** durchflossen, 40 km lang; Fremdenverkehr.

più [pj'u, ital.], ♪ mehr, z. B. **p. forte,** stärker.

Pi'ura, früher **San Miguel de P.,** Provinzhauptstadt in Peru, 42 600 Ew.; Mittelpunkt des peruan. Erdölgebiets.

P'ius, Päpste: **1) P. II.** (1458-64), vorher Enea Silvio de' **Piccol'omini,** lat. Aeneas Silvius, 1442 Rat Kaiser Friedrichs III., Staatsmann, humanistisch gebildeter Dichter und Gelehrter.
2) P. IV. (1559-65), vorher Giovanni Angelo **Medici,** um die Beendigung des Tridentinischen Konzils verdient.
3) P. V. (1566-72), vorher Michele **Ghislieri,** führte die Beschlüsse des Konzils von Trient durch, publizierte den ,Catechismus Romanus' (1556), das ,Breviarum Romanum' (1568), das ,Missale Romanum' (1570); Reformpapst. Heilig gesprochen 1712; Tag: 30. 4.
4) P. VI. (1775-99), vorher Gian Angelo **Braschi,** wurde 1798 als Gefangener nach Frankreich gebracht.
5) P. VII. (1800-23), vorher Barnaba (Gregorio) **Chiaramonti,** verlor 1809 die Restgebiete des Kirchenstaates an Napoleon, 1809-14 Gefangener der Franzosen, zog 1814 wieder in Rom ein, stellte den Jesuitenorden wieder her, gab 1816 dem neu-

begründeten Kirchenstaat eine Verfassung.
6) P. IX. (1846-78), vorher Giovanni **Mastai-Ferretti,** 1840 Kardinal. Er verkündete 1854 das Dogma von der Unbefleckten Empfängnis Mariä. Das 1869 eröffnete (Erste) Vatikan. Konzil erklärte am 18. 7. 1870 die Unfehlbarkeit des Papstes zum Dogma.
7) P. X. (1903-14), vorher Giuseppe **Sarto,** 1893 Patriarch von Venedig und Kardinal; hat die Auseinandersetzung mit der Französ. Rep. zur offenen und gegensätzlichen Trennung von Kirche und Staat geführt (1904-06). Im kirchenpolit. Bereich löste er sich von der polit. Katholizismus; bekämpfte den Modernismus; P. schuf im Codex Iuris Canonici die Kodifizierung des kirchl. Rechts. Heiliger (1954); Tag: 21. 8.
8) P. XI. (1922-39), vorher Achille **Ratti,** 1921 Erzbischof von Mailand und Kardinal; hat durch seine Konkordatspolitik die Stellung der Kirche in Mittel- und Osteuropa nach dem 1. Weltkrieg neu geordnet, schloß 1929 die Lateranverträge.
9) P. XII. (1939-58), vorher Eugenio **Pacelli,** wurde 1920 Nuntius für das Dt. Reich, 1929 Kardinal, 1930 Kardinalstaatssekretär. Die Konkordate mit Bayern (1924), Preußen (1929), Baden (1932) und das Reichskonkordat (1933) gelten als seine persönl. Leistung. Als Papst hat er Lehre und kirchl. Leben wichtige neu gestaltet. Von Bedeutung waren die Dogmatisierung der Himmelfahrt Mariens (→Maria) und (1954) die Heiligsprechung Pius' X.

Erwin Piscator   Pius XII.

P'ius-Orden, päpstl. Orden, gestiftet 1847 von Pius IX.

Piz [ladin.] *der,* Berggipfel.

Piz'arro, Francisco, span. Konquistador, * 1478, † (ermordet) 1541, drang 1531 in Peru ein, eroberte das Inkareich, ließ dessen Herrscher Atahualpa hinrichten, gründete 1535 Lima.

Piz Languard, Berg (3262 m) der Livignoalpen, Kt. Graubünden, Schweiz.

Piz Lin'ard, höchster Gipfel (3411 m) der Silvrettagruppe, in Graubünden.

Piz Pal'ü, Gipfel (3905 m) der östl. Bernina.

P'izza *die,* italien. Gericht: aus Hefeteigboden, mit Tomaten, Käse, Salami, Sardellen u. a. belegt, im Ofen gebacken.

Pizz'etti, Ildebrando, italien. Komponist, * 1880, † 1968, Opern (Ifigenia, 1950), Orchesterwerke, Kammermusik, Chöre.

pizzic'ato [ital.], abgek. **pizz.,** ♪ bei Streichinstrumenten die Saiten mit den Fingern zupfen.

P'izzo Rot'ondo, höchster Gipfel (3192 m) im Massiv des St. Gotthard.

Pjatig'orsk, Kurort im N-Kaukasus, Sowjetunion, 84 000 Ew.; radioaktive Quellen, Moorbad.

Pjöngjang, Hauptstadt (seit 1948) von Nordkorea, am Taedong, 940 000 Ew.; Schwerindustriezentrum, Textil-, Aluminium-, Flugzeugindustrie.

Pkw, Abk. für **P**ersonen**k**raft**w**agen.

Pl., pl., Abk. für Plural, Mehrzahl.

Plac'ebo [lat.] *das,* ein in Form, Farbe, Geschmack einer bestimmten Arznei nachgebildetes Präparat, das jedoch keinen Arzneistoff enthält; dient u. a. zu Versuchen.

Placenta [lat.], **Plazenta** die, der Mutterkuchen.

placieren [frz.], auch **plazieren, 1)** unterbringen, anlegen (Geld). **2)** ⚔ einen Treffer erzielen; **sich p.,** einen der ersten Plätze des Wettbewerbs besetzen. **Placierung, 1)** die Unterbringung von Waren oder Wertpapieren. **2)** Reihenfolge.

plädieren [frz.], eine Sache mündlich vertreten vor der darüber entscheidenden Stelle. **Plädoyer** [-dwaj´eː] das, zusammenfassender Vortrag vor Gericht, bes. des Staatsanwalts und Verteidigers.

Plafond [plaf´õ] der, **1)** Zimmerdecke. **2)** Höchstbetrag, z. B. gesetzl. Obergrenze für die Kredite der Zentralnotenbank an den Staat, auch Höchstsatz einer Steuerprogression.

Plagiat [frz. aus lat.] das, geistiger Diebstahl, bewußte Verletzung des Urheberrechts. **Plagiator,** jemand, der P. begeht.

Plagioklas der, trikliner Feldspat. Zu den P. gehören Albit, Anorthit, Oligoklas, Andesin, Labradorit, Bytownit.

Plaid [pleid, engl.] das, der, **1)** in der schott. Nationaltracht ein Umhang aus kariertem Wollstoff. **2)** Reisedecke.

Plakat das, engl. **Poster** [p´oustə], eine öffentlich angeschlagene Bekanntmachung oder Werbung in Schrift und Bild. Künstlerisch gestaltete, auf Fernwirkung berechnete P. sind seit Ende des 19. Jahrh. ein Zweig der Gebrauchsgraphik.

Plakette [frz.] die, **1)** eine kleine Reliefplatte, meist rechteckig und aus Bronze, mit religiöser, mythologisch-allegor. Darstellung oder Bildnis; bes. in der Renaissance. **2)** Preß- oder Gußtäfelchen als Abzeichen oder zur Erinnerung.

plan [lat.], eben; einfach, klar.

Planck, 1) Gottlieb, Jurist, * 1824, † 1910, Prof. in Göttingen; war maßgeblich an der Ausarbeitung des BGB. beteiligt.
2) Max, Physiker, * 1858, † 1947, Prof. in Kiel und Berlin, Präs. der Kaiser-Wilhelm-Gesellschaft, die nach ihm Max-P.-Ges. genannt wurde; Begründer der Quantentheorie. Hauptarbeitsgebiete: Strahlungstheorie und Thermodynamik. Nobelpreis 1918.

Max Planck   August v. Platen

Plancksches Wirkungsquantum, →Quantentheorie.

Plane, Flachs- oder Hanfsegeltuch.

Planetarische Nebel, →Nebel.

Planet´arium das, eine Vorrichtung zur anschaulichen Darstellung des Fixsternhimmels und der scheinbaren Bahnen von Sonne, Mond und Planeten. Durch Projektion an die Innenfläche einer halben Halbkugel kann das Aussehen des Fixsternhimmels und die Stellung von Sonne, Mond und Planeten während eines langen Zeitraums und für verschiedene Beobachtungsorte wiedergegeben werden.

Plan´eten [grch.], Himmelskörper, die sich in ellipt. Bahnen um die Sonne bewegen. Die heute bekannten P. sind: Merkur, Venus, Erde, Mars, Jupiter, Saturn, Uranus, Neptun, Pluto. Die 4 ersten heißen die **erdähnlichen,** die anderen (außer Pluto) die **großen P.** Zwischen Mars und Jupiter laufen die →Planetoiden um die Sonne. **P.-Jahr,** die Zeit, in der ein P. die Sonne einmal umkreist. **P.-System,** →Sonnensystem. **Planetengetriebe,** ein →Umlaufrädergetrie-

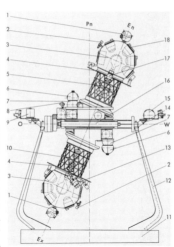

Planetarium: Schema (Pn = Polarachse, senkrecht zur Äquatorebene; En–Ex = Ekliptikachse, senkrecht zur Erdbahnebene; bildet mit der Polarachse einen Winkel von 23,5°; O–W = Horizontalachse). 1 Kugeln mit je 10 einzeln schaltbaren Projektoren für nördl. und südl. Sternbildfiguren; 2 Projektoren für nördl. und südl. Präzessionsziffernblatt; 3 nördl. und südl. Fixsternkugeln mit je 16 Projektoren; 4 nördl. und südl. Montageplatte mit insgesamt 11 Sonderprojektoren für die hellsten Fixsterne und 3 Projektoren für veränderliche Sterne; 5 Planetengerüst Nord mit Doppelprojektoren und Getriebe für Sonne, Mond und Saturn; 6 Kugeln mit je 5 Projektoren für äquatoriales Gradnetz; 7 Kugeln mit je 4 Projektoren zur Darstellung der Ekliptik; 8 Tragring für die Einrichtung zur Darstellung der Mittleren Sonne und des Nautischen Dreiecks mit Vertikalkreis- und Stundenkreisprojektor; 9 Wolkenprojektor; 10 Planetengerüst Süd mit Doppelprojektoren und Getriebe für Merkur, Venus, Mars und Jupiter; 11 Verkleidung für Tragegestell; 12 Tragegestell; 13 Sirius-Projektor mit Parallaxen- und Aberrationseinrichtung; 14 Horizontalleuchten für Dämmerung; 15 Kugel mit 4 Projektoren für Meridian; 16 Mittelstück mit Getriebe und stufenlos regelbare Antriebe für die Polhöhen-, Tages-, Jahres- und Präzessionsbewegung; 17 nördl. Milchstraßenprojektor; 18 Fixsternprojektor mit Helligkeitsregelung

Planeto´iden, Astero´iden [grch.], eine große Gruppe nur im Fernrohr sichtbarer kleiner Himmelskörper, die sich fast ausschließlich zwischen Mars und Jupiter um die Sonne bewegen. Ihre Gesamtzahl beträgt wahrscheinlich mehr als 50 000; von 1600 kennt man die Bahnelemente. Die 4 größten P. haben die Durchmesser: Ceres 768 km, Pallas 492 km, Vesta 392 km, Juno 204 km.

Planfeststellung, ⚖ die bei der Enteignung von Grundstücken durch Verwaltungsakt verbindliche Feststellung des zu enteignenden Geländes.

Plan´ica [-tsa], Ort in der Volksrep. Slowenien, Jugoslawien, in den Jul. Alpen; große Skiflugschanze.

planieren, einebnen, glätten.

Planierraupe, ein Raupenfahrzeug mit vorn angebrachtem Schild zum Einebnen von Bodenunebenheiten.

Planifikation, volkswirtschaftl. Gesamtplanung in einer Marktwirtschaft mit Hilfe eines alle oder die wichtigsten Wirtschaftszweige umfassenden, langfristigen Rahmenplanes, der die unternehmerischen Dispositionen in Richtung auf die Erfüllung bestimmter wirtschaftspolit.

Ziele beeinflußt. Dazu gehört eine in allen Teilen abgestimmte Wirtschaftspolitik. Der Begriff der P. geht auf die umfassende ,planification' in Frankreich zurück.

Planim´eter das, mathemat. Gerät zum Messen des Flächeninhalts (Integrieren) ebener Figuren, meist durch Umfahren der Umrandungslinie. Es gibt Polar-P., Linear-P. und Scheiben-P. (Bild S. 957)

Planimetr´ie, die ebene Geometrie.

Planke, Brett, Bohle; Bretterwand.

Plankommission, in Systemen der Planwirtschaft die oberste Planungsbehörde.

plankonk´av, mit einer ebenen und einer nach innen gewölbten Fläche.

plankonv´ex, mit einer ebenen und einer nach außen gewölbten Fläche.

Plankostenrechnung, eine zukunftsbezogene Kostenrechnung zur Kontrolle der Wirtschaftlichkeit von Leistungsprozessen in Unternehmungen, zugleich ein wichtiges Lenkungs- und Steuerungsinstrument.

Pl´ankton [grch.] das, die Gesamtheit der im Wasser frei schwebend lebenden Tiere (**Zooplankton**) und Pflanzen (**Phytoplankton**) einschließlich Mikroorganismen (Bakterien), die infolge geringer oder fehlender Eigenbewegung von Strömungen fortgeführt werden können. Die Planktonten besitzen besondere Einrichtungen, die das Absinken verhindern, z. B. Gasblasen im Innern des Körpers, lange Schwebefortsätze. Zum tier. P. gehören Radiolarien, Geißeltierchen, Quallen u. a. Zum pflanzl. P. zählen Bakterien, Kieselalgen, Algen. Das P. dient vielen Tieren als Nahrung; ferner ist es ein wichtiger Sauerstofflieferant.

Planscheibe, eine Scheibe an der Drehbank zum Aufspannen großer, auch unregelmäßig geformter Werkstücke.

Plansichter, eine Müllereimaschine: übereinander gesetzte, schwingende Siebe verschiedener Maschenweite zum Trennen der Mahlerzeugnisse Schrot, Grieß, Dunst, Mehl.

Plantage [plant´aːʒə, frz.] die, Pflanzung.

Plantagenet [plænt´ædʒinit], **Anjou-P.,** engl. Königshaus, 1154-1485, nach dem Ginster (lat. planta genista) als Helmzier. →englische Geschichte, →Lancaster, →York.

Plantin [plãt´ɛ̃], Christoph, Buchdrucker, * um 1520, † 1589. P.-Drucke aus seiner Antwerpener Druckerei und Verlagsbuchhandlung zählen zu den typograph. Meisterwerken.

Planungsrechnung, neuerer Zweig der angewandten Mathematik, liefert die Unterlagen zur Berechnung gewinnmaximaler Produktionsprogramme.

Planwirtschaft, Zentralverwaltungswirtschaft, Wirtschaftsform, bei der der gesamte Wirtschaftsablauf von einer zentralen Stelle aus gelenkt, der marktwirtschaftl. Gedanke der Selbstregulierung der Wirtschaft dagegen nicht anerkannt wird. In einem für alle verbindlichen Gesamtplan legt der Staat Produktion, Investition, Güterverteilung, z. T. auch Berufs- und Arbeitsplatzwahl fest. Der P. bedienen sich besonders die totalitären Staaten, aber auch die Entwicklungsländer zum beschleunigten Aufbau eigener Industrien. In der P. der kommunist. Länder sind die Produktionsmittel einschließlich Grund und Boden verstaatlicht.

Pläsier [frz.] das, Vergnügen.

Pl´asma [grch.] das, -s/...men, **1)** das Protoplasma der →Zelle. **2)** gerinnbare Flüssigkeit, z. B. des →Blutes. **3)** ionisiertes Gas aus positiven Ionen und Elektronen neben neutralen Teilchen. Ein P. ist quasineutral, d. h. es hat nahezu die gleiche Anzahl von positiven und negativen Ladungen. Von bes. Bedeutung ist die **P.-Physik** für die Kernverschmelzung und die Physik der Sternatmosphären.

Plasmabrenner, 1) Lichtbogen-P., ein mit Gleichstrom betriebenes Gerät zur Erzeugung eines hocherhitzten Plasmastrahls (10 000 bis 50 000° C) durch Aufheizung eines Gasstrahls in einem Licht-

Name	astronom. Zeichen	Masse (Erde =1)	mittlere Dichte (Wasser =1)	Volumen (Erde =1)	Rotation (d =Tage; h =Stunden; m =Minuten)	Entfernung von der Sonne Mill. km	Umlaufzeit	Oberflächentemperatur °C	Durchmesser (äquatorial) in km
Merkur	☿	0,037	3,12	0,066	59^d	58	88 Tage	+700	5 140
Venus	♀	0,826	4,70	0,970	243^d,1 rückläufig	108	225 Tage	−15 − +600	12 610
Erde	♁	1,012¹)	5,52	1,000	23^{h}56^m	149	1,00 Jahr	+ 14	12 730
Mars	♂	0,108	3,85	0,154	24 37	228	1,88 Jahre	−85 −+ 15	6 860
Jupiter	♃	318,36	1,31	1 344,8	9 53	778	11,86 Jahre	−138	143 640
Saturn	♄	95,22	0,68	766,6	10 14	1 426	29,46 Jahre	−153	120 570
Uranus	♅	14,58	1,09	73,5	10 49	2 868	84,02 Jahre	−183	53 390
Neptun	♆	17,26	1,61	59,2	15 49	4 494	164,8 Jahre	−203	50 000
Pluto	♇	0,18	7,7	0,13	6^d,4	5 900	247,7 Jahre	?	6 400

¹) Die angegebenen Massen der P. schließen die Massen der Monde ein.

bogen. 2) Der **Induktions-P.** nutzt die Eigenschaft des leitenden Gasstrahls, hochfrequente Wechselstromenergien aufnehmen zu können. - P. werden zur Herstellung von Metall- und Keramiküberzügen, zum Schweißen, Schneiden, Härten und zum Erschmelzen von Stahl angewendet.

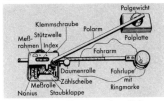

Planimeter: Kompensations-Polarplanimeter

Pl'asma|gen [grch.] *das,* eine Erbanlage (Gen) im Protoplasma.

Plasm'odium [grch.-lat.] *das,* **1)** ein nicht von Zellhaut umgebener (nackter) Protoplasmakörper, z. B. Schleimpilze. **2)** der Erreger der Malaria, ein Sporentierchen.

Plasmol'yse [grch.] *die,* die Ablösung des Protoplasmakörpers (Protoplast) der pflanzl. Zelle von der Zellmembran durch Änderung des osmotischen Drucks.

Plast, Mz. **Plaste,** Kunststoffe.

plastifizieren, einen elast. Werkstoff (Holz, Kunststoffe, synthet. Fasern) durch bes. mechan., thermische und /oder chem. Behandlung plastisch machen.

Plastik, 1) →Bildhauerkunst. **2)** umgangssprachlich für Kunststoff.

Plastik'ator, Zusatz zu Gummimischungen, die deren plastische Eigenschaften erhöhen sollen.

Plastik-Sprengstoffe, plastisch verformbare, knetbare Sprengstoffe: Nitroglycerin oder Nitroglykol mit Ammonnitrat oder Hexogen, Vaseline, hochviskoses Öl oder Gummilösung. P.-S. werden im Berg- und Tunnelbau, in Steinbrüchen, bei militär. Einsätzen und terrorist. Anschlägen **(Plastikbombe)** verwendet.

plastisch, 1) körperhaft. **2)** anschaulich. **3)** geschmeidig, formbar.

plastische Chirurgie, Zweig der Chirurgie: Wiederersatz verlorengegangener Ge

websteile **(Wiederherstellungschirurgie);** Behandlung angeborener oder erworbener Verunstaltungen **(kosmetische Chirurgie).**

plastisches Hören, räumliches Hören, das Hören mit zwei Ohren, wodurch jede Schallquelle räumlich lokalisiert werden kann. Über stereophon. Wiedergabe durch Lautsprecher →Stereophonie.

plastisches Sehen, räumliches Sehen, künstlich erzeugt durch Stereoskop, dreidimensionalen Film, Anaglyphenbilder u. a. (→Stereoskopie).

Plastizit'ät, Verformbarkeit mit bleibender Gestaltänderung.

Plastron [plastr'ɔ, frz.] *der* oder *das,* **1)** breite Krawatte. **2)** Schutzpolster für den Fechter.

Plat'ane [grch.] *die,* eine Pflanzengattung; bis 30 m hohe Bäume mit ahornähnl. Blättern. Die eingeschlechtigen, grünl. Blütchen sitzen in kugeligen Köpfchen. Die Früchte sind borstige Nüßchen. Die graue Borke löst sich in Platten und legt die junge gelbgrüne Rinde frei; Parkbäume.

Plateau [plat'o, frz.] *das,* Hochebene.

Platen, August, Graf von **P. Hallermund,** Dichter, * 1796, † Syrakus 1835, lebte seit 1826 in Italien, erstrebte gegenüber romant. Formauflösung die makellose Form; schrieb neben Dramen bes. Gedichte (Sonette, Oden, Ghasele, Romanzen). (Bild S. 956)

Plater'eskenstil, Schmuckstil der span. Baukunst der Frührenaissance.

Plathelmin'then [grch.] *Mz.,* die Plattwürmer, z. B. Bandwürmer.

Platin *das,* **Pt,** chem. Element, Schwermetall, Ordnungszahl 78, Atomgewicht 195,09, spezif. Gewicht 21,45, Schmelzpunkt 1773,5° C, Siedepunkt etwa 4400° C. Reines P. ist grauweiß glänzend, sehr geschmeidig und chemisch sehr widerstandsfähig, es ist nur in Königswasser löslich. Gewinnung vor allem aus platinhaltigen Nickelerzen, Verwendung in der Knochenchirurgie, für Schmelztiegel, Schalen, Drähte, in fein verteilter Form als Katalysator. P.-Legierungen werden für Thermoelemente, Schmuck, Zahnfüllungen, Gebißplatten verwendet. Vorkommen: Kanada, Sowjetunion, Rep. Südafrika, Kolumbien u. a.

Plat'ine *die,* **1)** ein Walzerzeugnis aus Metall von 15 bis 30 cm Breite, 0,6 bis 7,5 cm

Dicke, 0,5 bis 6 m Länge. **2)** in der Weberei die hakenförmigen Huborgane an der Schaft- und Jacquardmaschine.

Platinmetalle, Platin und die ihm ähnl. Metalle Ruthenium, Rhodium, Palladium, Osmium, Iridium.

Platit'üde [frz.] *die,* Plattheit (im Ausdruck).

Pl'aton, lat. **Plato,** griech. Philosoph, * 427 v. Chr., † 347, Schüler des Sokrates, gründete 387 in Athen eine Art Hochschule zur philosoph. Erziehung. Seine Ideenlehre behandelt das sich immer gleich bleibende Seiende, das Urbild und gleichsam die Urgestalt (Eidos) der Dinge. Die höchsten Ideen sind das Wahre, Gute, Schöne. Die Dinge der Wirklichkeit sind deren unvollkommene Abbilder. Nach seiner Lehre vom Staat ist der in der Ideenschau Lebende, sich Bewährende der auserlesene Herrscher. P. ist der Schöpfer des metaphys. und ethischen Idealismus. Seine Lehre wurde in vielen Formen fortgebildet (Neuplatonismus). Das Lehrgespräch hat er zu hoher künstler. Form entwickelt; von seinen Dialogen sind 35 erhalten.

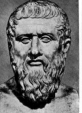

Platon   Pompeius

plat'onische Liebe, rein seelische Zuneigung (nach Platons Schrift ,Symposion').

platonische Körper, regelmäßige Körper.

Plattdeutsch, auch das **Platt,** die niederdeutsche Mundart. **plattdeutsche Literatur,** →niederdeutsche Literatur.

Plattenleger, P.- und Fliesenleger, Bauhandwerker, Lehrzeit 3 Jahre.

Plattenschneider, Gerät zum Aufzeichnen der Schallrillen in Schallplatten. Ein

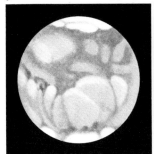

Planeten: links Mars; Mitte Jupiter; rechts Saturn

durch die Schallwellen in Schwingungen versetzter Schneidstichel schneidet auf einer sich gleichmäßig drehenden Folie die Rillen spiralförmig ein.

Plattensee, magyarisch **B'alaton**, der größte See Ungarns und Mitteleuropas, 591 km² groß, flach und fischreich.

Plattenspieler, Gerät zur Wiedergabe des auf einer Schallplatte aufgezeichneten Schalls. Die Platte liegt auf einem Plattenteller, der durch ein meist auf 4 Geschwindigkeiten (78, 45, 33¹/₃, 16²/₃ U min) umschaltbares Laufwerk gleichmäßig gedreht wird. Die Schallrillen der Platte werden im Tonabnehmer mit Abtaststift, meist mit Saphirspitze, abgetastet. Der Tonabnehmer ist ein mechanisch-elektr. Wand-

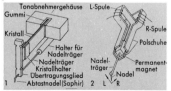

Plattenspieler: **1** *Kristall-Tonabnehmer;* **2** *Stereo-Magnet-Tonabnehmer*

ler, der seitl. Schwingungen des Abtaststiftes in den Plattenrillen in elektr. Spannungen umwandelt. Diese Wechselspannungen werden verstärkt und über den Lautsprecher wiedergegeben.

Plattenwechsler, ein Plattenspieler mit einer automat. Einrichtung zum fortlaufenden Abspielen mehrerer Schallplatten.

Platter, Thomas, schweizer. Humanist, * 1499, † 1582, Verleger Calvins; bedeutende Selbstbiographie.

Platt'erbse, Schmetterlingsblüter mit paarig gefiederten Blättern und langgestielten Blütentrauben. Eine Stachelspitze an der Blattspindel hat z. B. die **Frühlings-P.** Wickelranken als Ende der Blattspindel und nur ein Fiederblattpaar hat z. B. die gelbblühende **Wiesen-P.** Die **Knollige P.**, mit roten, duftenden Blüten, hat haselnußgroße, stärke- und fettreiche eßbare Wurzelknollen. Einige Arten sind Kulturpflanzen für Futter und Nahrungsmittel, z. B. **Saat-P.**

Platte River [pl'ætə r'ivə], **Nebraska River**, Nebenfluß des Missouri, Verein. Staaten, rd. 500 km lang.

Plattfische, Flachfische, Ordnung der Knochenfische, deren Körper im Verlauf der Metamorphose asymmetrisch wird; meist auf dem Grund der Küstengewässer, mit den Familien der Ebarmen, Butte, Schollen, Seezungen und Hundszungen.

Plattfuß, ♀ angeborene oder erworbene Senkung des Fußgewölbes; der Fuß kippt in seinen Gelenken nach innen (**Knickfuß**), die Querverspannungen des Mittelfußes lockern sich (**Spreizfuß**). Behandlung: Einlagen, orthopäd. Maßnahmen.

plattieren, 1) ein Metall zum Schutz oder zur Verschönerung mit einem Überzugsmetall unter Druck vereinigen, z. B. durch Walzen, meist bei erhöhter Temperatur. P. von Kupfer und Kupferlegierungen mit Goldlegierungen ergibt Doublé. **2)** Textiltechnik: Maschen mit einem anderen Faden überdecken (z. B. Ferse verstärken) oder einen minderwertigen Faden mit einem besseren umwickeln.

Plattmuschel, eine Tellmuschel, mit rd. 2 cm langen, runden Schalen, innen rot; vom Nördl. Eismeer bis Westafrika.

Plattwürmer, Plathelminthes, Würmer mit plattgedrücktem Körper; viele als Schmarotzer ohne Sinnes- und Verdauungsorgane. Zu den P. gehören Strudel-, Saug- und Bandwürmer.

Platyrrh'inen [grch.] Mz., Breitnasen, die neuweltlichen Affen.

Platzangst, Agoraphobie, eine Phobie, bei der die Kranken nicht wagen, einen größeren Platz zu überschreiten.

Platzhirsch, der stärkste am Brunftplatz.

Platzkarte, Anrechtsschein auf einen bestimmten Sitzplatz in Verkehrsmitteln.

Platzpatrone, eine →Patrone.

Platzverweis, Feldverweis, ⚽ der Ausschluß von der weiteren Teilnahme an einem Wettbewerb wegen Verstoßes gegen die Regeln oder unsportl. Verhaltens.

Platzwechsel, 1) ♫♫ ein Wechsel, bei dem der Ausstellungsort auch Zahlungsort ist. **2)** ⚽ **Seitenwechsel,** →Halbzeit.

Platzwette, Wette, daß ein Pferd ein Rennen auf einem der mit Preisen bedachten ersten (drei) Plätze beendet.

Platzziffer, ⚽ Form der Wertung in nicht meßbaren Sportarten, die sich aus der Addition der Rangfolge (Plätze) der einzelnen Kampfrichter ergibt.

Plauen, Stadt im Bez. Karl-Marx-Stadt an der Weißen Elster, 81 900 Ew., Hauptort des Vogtlandes; bed. Textilindustrie (Gardinen, Spitzen, Stickereien), Maschinen-, Lastkraftwagenbau. Stadtkern mit Altem Rathaus (1508, 1548 erneuert), das mit dem Neuen Rathaus verbunden ist, Johanniskirche (12. Jahrh.; 1548-56 erneuert).

plaus'ibel [frz.], einleuchtend, glaubhaft.

Pl'autus, Titus Maccius, lat. Komödiendichter, * um 250 v. Chr., † 184. Seine Komödien, nach griech. Vorlagen, wurden seit der Renaissance für das Lustspiel der europ. Völker wegweisend. 21 erhaltene Komödien, darunter ,Amphitruo', ,Aulularia' (Der Goldtopf), ,Menaechmi' (Die Zwillinge).

Playback [plɛib'æk, engl.] das, bei Schallplatten-, Tonband-, Film-, Hörfunk- oder Fernsehaufnahmen das Abspielen eines getrennt aufgezeichneten Darbietungsteils (z. B. Begleitmusik) zur Aufnahme eines anderen Teils (z. B. Gesang), wodurch eine neue Aufzeichnung entsteht, die beides enthält.

Playboy [pl'eiboi, engl.], reicher, vor allem am Vergnügen lebender Mann.

Plaz'enta, Plac'enta [lat.] die, ♟ ♀ →Mutterkuchen. - **Plazentalier,** Säugetiere, die eine P. bilden.

Pl'azet [lat.] das, Zustimmung.

plazieren, →placieren.

Pleb'ejer, Angehöriger der →Plebs.

Plebisz'it [lat.] das, **1)** im röm. Recht ein durch Volksbeschluß zustande gekommenes Gesetz. **2)** im Staatsrecht die Abstimmung der Bürger über Sachfragen (**Volksabstimmung**), oft in der Form des Volksbegehrens und Volksentscheides. **3)** im Völkerrecht eine auf Grund des Selbstbestimmungsrechts durchgeführte Abstimmung über einen Gebietswechsel.

Plebs [lat. ,Menge'] die, im altröm. Staat ursprünglich die gesamte Bevölkerung, die nicht zum Adel (→Patrizier) gehörte (**Plebejer**), errang erst 287 v. Chr. polit. Gleichberechtigung. - Bedeutung: Pöbel, Pack.

Plech'anow, Georgij, einer der Gründer und Führer der russ. Sozialdemokratie, * 1856, † 1918, gehörte bis 1904 zur Exekutive der 2. Internationale.

Pléi'ade, an antiken und italien. Vorbildern orientierte Dichterschule in Frankreich um 1550 mit Ronsard, Du Bellay, Jodelle u. a.

Pl'eier, Der P., mittelhochdt. Dichter, vermutlich aus Salzburg; drei Artusromane (zwischen 1260 und 1280).

Pleinair-Malerei [plɛn'ɛːr], franzöz. für →Freilichtmalerei.

Pleinpouvoir [plɛpuvw'aːr, frz.] das, freie Hand, unbeschränkte Vollmacht.

Pleiße die, Nebenfluß der Weißen Elster, mündet in Leipzig, 90 km lang.

Pleistoz'än [grch.] das, **Diluvium**, ältere Abteilung der Quartärformation, bes. das quartäre Eiszeitalter (→Eiszeit).

Pleite [hebr.] die, Bankrott.

Plej'aden Mz., **1)** offener Sternhaufen im Sternbild des Stiers. **2)** die Gesamtheit der Isotope eines Elements.

Pl'ektron [grch.] das, ♪ Plättchen aus Holz, Horn, Metall u. a. zum Anreißen der Saiten von Zupfinstrumenten.

Plen'arsitzung, das →Plenum.

plentern, femeln, den Wald auslichten, aushauen. **Plenterwald,** Forst mit Femelbetrieb.

Plenum [lat.] das, die Vollversammlung eines Parlaments oder einer anderen Körperschaft.

Pleomorph'ismus [grch.] der, ⊕ ♑ Vielgestaltigkeit, der →Polymorphismus.

Pleon'asmus [grch.] der, Stilistik: überflüssiger Zusatz, z. B. weißer Schimmel.

Plesios'aurier [grch.] der, ein ausgestorbener, bis 5 m langer Saurier mit kleinem Schädel, langem Hals, paddelartigen Gliedmaßen.

Pl'eskau, russ. **Pskow**, Gebietshauptstadt in der Russ. SFSR, südöstl. des P.er Sees, 127 000 Ew.; Textil- u. a. Industrie; Kreml (12.-16. Jahrh.), Kloster (12. Jahrh.).

Pleß, oberschles. .Adelsgeschlecht, seit 1850 Fürsten; der riesige Grund- und Bergwerksbesitz kam 1922 und 1945 an Polen.

Pless'uralpen, Gebirgsgruppe in Graubünden, Schweiz, von der Plessur durchflossen, im Aroser Rothorn 2980 m hoch.

Plettenberg, Stadt in Nordrh.-Westf., im Sauerland, 30 500 Ew.; Walzwerke, Stahlwerk, Kleineisenindustrie u. a.

Plettenberg, Wolter von, * um 1450, † 1535, seit 1494 Deutschordensmeister in Livland, das er 1502 durch den Sieg am See Smolina vor den Russen rettete; 1526 Reichsfürst.

Pleuelstange, beim Kurbeltrieb von Maschinen das Organ, das die hin- und hergehende Bewegung (eines Kolbens) in die Drehbewegung (eines Rades) umwandelt und umgekehrt.

Pl'eura [grch.] die, das Brustfell.

Pleureuse [plœr'øːzə, frz.] die, **1)** Trauerbesatz, Trauerrand am Briefpapier. **2)** Straußenfedern mit angeknüpften Federästen (auf Damenhüten).

Pleur'itis [grch.] die, ♟ die Brustfellentzündung (→Rippenfellentzündung).

Pleven [plɔv'en], René, franzöz. Politiker, * 1901, war seit 1945 mehrmals Min.; im **P.-Plan** wurde die Gründung einer →Europäischen Verteidigungsgemeinschaft vorgeschlagen.

Pl'exus [lat.] der, ♟ ♟ ein Geflecht aus Nerven oder Blutgefäßen.

Pleydenwurff, Hans, Maler, † 1472, tätig in Nürnberg, wo sich mit ihm ein neuer, durch die niederländ. Kunst geprägter Wirklichkeitssinn durchsetzte (Hochaltar für St. Elisabeth in Breslau). Sein Sohn Wilhelm, † 1494, schuf u. M. Wolgemut die Holzschnitte für Schedels ,Weltchronik'.

Plicht die, **Cockpit**, vertiefter Sitzraum im Hinterschiff einer Yacht; von hier Bedienung von Ruder und Segel.

Plievier, Theodor, Schriftsteller, * 1892, † 1955, 1918 am Matrosenaufstand in Wilhelmshaven beteiligt, Emigration 1933, nach Rückkehr Gegner des kommunist. Totalitarismus. Romane ,Stalingrad' (1945), ,Moskau' (1952), ,Berlin' (1954). Schauspiele.

Pl'inius, 1) P. der Ältere, röm. Schriftsteller, * 23 oder 24 n. Chr., † 79 beim Vesuvausbruch. ,Naturgeschichte' in 37 Büchern. **2)** P. der Jüngere, Neffe und Adoptivsohn von 1), * 61 oder 62 n. Chr., † 113, hoher Beamter unter Trajan. Seine Briefe geben ein anschauliches Zeitbild.

Plinthe [grch.] die, Fußplatte einer Säulen- oder Pfeilerbasis, auch das entsprechende Glied eines Sockelprofils.

Plioz'än [grch.] das, die jüngste Stufe des Tertiärs.

Plisnier [plinj'e], Charles, belg. Schriftsteller, * 896, † 1952; sozial-krit. Romane.

Pliss'ee, Gewebe mit Falten, die durch besondere Webtechnik oder bei glatten Stoffen in der Appretur durch Plätten oder Heißfixieren entstehen.

Plochingen, Stadt in Bad.-Württ., am Neckar, 12 300 Ew.; Textil-, Maschinen-, elektrotechn., Kunststoffindustrie.

Płock [pɫɔtsk], dt. **Plozk,** Stadt in der Woiwodschaft Warschau, Polen, an der Weichsel, 56 400 Ew., roman. Dom; Zentrum der petrochem. Industrie.

Plöckenpaß, italien. **Passo di Monte Croce,** Straßenpaß in den Karn. Alpen, 1355 m hoch, führt vom oberen Gailtal (Österreich) zum Tagliamento-Tal (Italien).

Plöckenstein, tschech. **Plechý,** Bergkuppe im Böhmerwald, 1378 m hoch.

Ploieşti [ploj'εʃtj], Stadt in Rumänien, 147 000 Ew., Mittelpunkt des größten rumän. Erdölgebiets, Erdölraffinerien; Erdölleitung nach Constanţa, Galatz und Giurgiu.

Pl'ombe [frz.] die, **1)** ein Verschlußsiegel. **2)** ϟ die Zahnfüllung (Übersicht Zähne). Zeitwort: **plombieren.**

Plön, Stadt in Schlesw.-Holst., Kurort auf einer Landzunge zwischen dem **Großen** und dem **Kleinen Plöner See,** 10 500 Ew., Hydrobiologische Station der Max-Planck-Gesellschaft.

Plot'in, griech. Philosoph, * um 205 n. Chr., † 270, Leiter seiner Schule in Rom, der bedeutendste Denker des →Neuplatonismus. Aus dem obersten Einen (Gott, das ‚Gute') gehen durch Emanation Geist, Ideen, Seelen, Körperwelt und Materie hervor.

Ploetz, Karl, * 1819, † 1881, Journalist, Gymnasiallehrer; französ. Schulbücher; ‚Auszug aus der Geschichte' (1863 u. ö.).

Plötze die, ein bis 30 cm langer mitteleuropäischer Weißfisch mit roter Iris und roten Flossen.

Plötzensee, Gefängnis in Charlottenburg, West-Berlin; hier wurden u. a. die Männer des 20. 7. 1944 hingerichtet (Gedenkstätte).

Pl'owdiw, dt. früher **Philipp'opel,** Stadt in Bulgarien, an der Maritza, 222 700 Ew., Verkehrsknoten; Zink- und Bleihütten, landwirtschaftl. Verarbeitungsind. u. a.

Pluderhose, weite Kniehose (16. Jahrh.).

Plumb'ate, Salze des vierwertigen Bleis.

Plumbi-, Verbindungen der vierwertigen, **Plumbo-,** des zweiwertigen Bleis.

Plumbicon, die Fernsehaufnahmeröhre nach dem Prinzip des →Vidikons.

Plumb'ite, salzartige Abkömmlinge des Bleihydroxids Pb(OH)₂.

Plumbum [lat.] das, Blei.

Plumeau [plym'o, frz.] das, kurzes Federdeckbett.

Plumpbeutler, Beuteltiere, →Wombats.

Plumpudding [plʌm-], Pudding mit Nierenfett, Rosinen, Zitronat, Gewürz, mit Rum-Zucker-Gemisch übergossen und angezündet; engl. Weihnachtsspeise.

Plünderung, im Kriege die unbefugte Wegnahme privater Sachen unter Ausnutzung der Kriegsverhältnisse. Nach der Haager Landkriegsordnung verboten.

Plunkett [pl'ʌŋkit], Edward, Lord **Dunsany,** irischer Schriftsteller, * 1878, † 1957; phantastisch-ironische Erzählungen.

Pl'ural [lat.] der, Sprachlehre: Mehrzahl; Gegensatz: Singular.

Pluralet'antum [lat.] das, -s/-s, nur in der Mehrzahl gebrauchtes Wort, z. B. Leute.

Plur'alis maiest'atis (oder **majestaticus**) [lat.], die von Fürsten gebrauchte Mehrzahl ‚wir' statt ‚ich'. **Pluralis mod'estiae,** die von Autoren gebrauchte Mehrzahl ‚wir', um ‚ich' zu vermeiden.

Plural'ismus, jede Lehre, die eine Vielheit von Prinzipien, Elementen oder Bereichen der Wirklichkeit annimmt, im Unterschied zum Monismus und Dualismus; auch die Lehre, daß Staat oder Gesellschaft aus einer Vielheit von freiwillig gebildeten, autonomen Macht- und Interessengruppen bestehen.

Plural'ät [lat.], Mehrheit, Vielheit.

Plur'alwahlrecht, →Wahlrecht.

plus, △ math. Vorzeichen der positiven Zahlen, z. B. + 4, gesprochen ‚plus vier'. **P.** das, Mehr, Überschuß, Vorsprung.

Plüsch der, **1)** ein Florgewebe für Möbelbezüge, Oberbekleidung u. a. **2)** Wirk- oder Strickware, deren Plüschdecke durch längere Maschen eines besonderen Fadensystems entsteht.

Pl'usquamperfekt [lat.], Sprachlehre: Zeitwortform der Vorvergangenheit.

Plut'arch, griech. Schriftsteller, * um 50 n. Chr., † um 125, von seinen erhaltenen Schriften sind bes. wichtig die 44 ‚Parallelbiographien', vergleichende Lebensbeschreibungen berühmter Griechen und Römer; sie bildeten eine Fundgrube für dramat. Stoffe (Shakespeare, klass. französ. Drama). Seine popularphilos. Abhandlungen ‚Moralia' wirkten bes. in Renaissance und Aufklärung.

Pl'uto, Zeichen ♇, der neunte Planet des Sonnensystems, 1930 von Tombaugh aufgrund der Rechnungen von Lowell und Pickering aus den Bahnstörungen des Uranus als Stern 15. Größe entdeckt. Über die Daten →Übersicht Planeten.

Plutokr'at [grch.] der, umgangssprachlich Kapitalist, Geldherrscher. **Plutokrat'ie** die, Geldherrschaft.

Pl'uton, lat. **Hades,** griech.-röm. Mythos: der Gott der Unterwelt, Sohn des Kronos und der Rhea, Bruder des Zeus und des Poseidon, Gemahl der Persephone; als Reichtumsspender und Fruchtbarkeitsgott verehrt. Die Römer nannten ihn Dis und Orcus.

plut'onisch, aus der Tiefe kommend.

Pluton'ismus [von Pluto], alle Erscheinungen, die mit der Bewegung des Magmas in der Erdkruste zusammenhängen; Gegensatz: Neptunismus.

Plut'onium, Pu, radioaktives metall. Element, Transuran der Ordnungszahl 94, Massenzahlen etwa von 233 bis 244; Schmelzpunkt 639° C, Siedepunkt undefinierbar. Das langlebige Isotop Pu 239 (24 360 Jahre) wird im Reaktor aus Uran 238 und ist zur Kernspaltung fähig; es wird daher in Reaktoren und Atombomben **(P.-Bomben)** verwendet. Großtechnisch wird P. in gepanzerten Betontunneln durch mannigfache ferngesteuerte physikalischchem. Reaktion aus bestrahltem Uran gewonnen.

Pl'utos, der altgriech. Gott des Reichtums.

Pluvi'ale [lat.] das, →Cappa.

Pluvi'alzeit, eine Zeit stärkerer Niederschläge in den Tropen und Subtropen während der quartären Eiszeit.

Pl'uvius, Beiname Jupiters.

Plymouth [pl'iməθ], Hafenstadt an der Südküste Englands, 256 600 Ew.; Investitionsgüter- u. a. Ind.; wichtiger Verkehrsknoten.

Pm, chem. Zeichen für Promethium.

p. m., Abkürzung für lat.: **1) post meridiem,** nachmittags. **2) pro mille,** auf das Tausend. **3) pro memoria,** zum Andenken.

pneum..., pneumo... [grch.], atem..., luft...

Pn'euma [grch.] das, der Heilige Geist; bei den Gnostikern der göttl. Lebenskeim in der Welt.

Pneum'atik [grch.] die, Anwendung von Gasen, bes. Luft, in Maschinenanlagen als Energieträger für Arbeitsprozesse und Steuerungen bei meist 6-8 at, z. B. für Bremsanlagen, Kupplungen, Förderanlagen, Werkzeugantriebe, Schaltelemente ohne bewegl. Teile **(Pneumonik).**

pneum'atisch [grch.], auf Luft, Gase, Druckluft bezüglich; mit Luft gefüllt.

pneumatische Wanne, mit einer Flüssigkeit (Wasser, Sole, Quecksilber) gefülltes wannenartiges Gefäß zum Auffangen von Gasen im Meßrohr.

Pneumok'okken [grch.], Ez. Pneumokokkus der, Kugelbakterien, die sich im Wirtskörper mit einer Kapsel umgeben; Erreger der bakteriellen Lungen-, der Mittelohrentzündung und der Sepsis.

Pneumonektom'ie [grch.] die, ϟ eine →Lungenoperation.

Pneumon'ie [grch.] die, ϟ die Lungenentzündung.

Pneumotachographie [grch.], ein Ver-

fahren zur Aufzeichnung der Luftgeschwindigkeit während der Atmung; das **Pneumotachogramm** erlaubt Rückschlüsse auf Atem- und Herzfunktion.

Pneumoth'orax [grch.] der, Luftansammlung in der Brustfellhöhle; kann durch Verletzung entstehen. Bei Lungentuberkulose wird der **künstliche P.** angewendet, um den erkrankten Lungenflügel ruhigzustellen.

Pnom-Penh, →Phnom-Penh.

Po der, Strom in Oberitalien, 676 km lang, entspringt am Monte Viso in den Cottischen Alpen, tritt bei Saluzzo in die Po-Ebene ein. Bei Ferrara zweigt er mehrere Nebenarme ab und mündet in einem Delta, das immer weiter ins Adriat. Meer hinauswächst (jährlich rd. 50 ha).

Po, chem. Zeichen für Polonium.

Pobedy, →Pik Pobedy.

Pöbel der, gemeines, rohes Volk.

pochieren [pɔʃ-], Eier in kochendes Essigwasser schlagen und gar werden lassen (pochierte, verlorene Eier).

Pöchlarn, Stadt in Niederösterreich, an der Donau, 3200 Ew. - P. ist das **Bechelaren** des Nibelungenlieds.

Pochwerk, eine Anlage, in der durch fallende Stempel metallarme Erze zerkleinert werden.

Pocken, Blattern Mz., durch ein Virus hervorgerufene Infektionskrankheit (Übersicht Infektionskrankheiten), bei der sich auf Haut und Schleimhäuten unter hohem Fieber Eiterpusteln bilden. Diese gehen in Geschwüre über, die beim späteren Abheilen entstellende Narben hinterlassen; die Sterblichkeit ist relativ hoch, nicht selten kommt es zu Komplikationen und Nachkrankheiten. - Seit der Einführung der gesetzl. P.-Schutzimpfung (1874) sind die P. in Dtl. fast erloschen, können aber aus anderen Ländern mit fehlendem oder schlechtem Impfschutz eingeschleppt werden. Die P. zählen zu den gemeingefährlichen Krankheiten und sind meldepflichtig; Quarantäne ist verbindlich vorgeschrieben.

P'ocket-book [-buk, engl.], Taschenbuch.

Pockholz, das Holz des tropisch-amerikanischen Guajakbaumes.

p'oco [ital.], wenig, etwas. ♪ **p. allegro,** etwas schnell.

P'odagra [grch.] das, ϟ Stoffwechselkrankheit, eine Form der →Gicht.

Podebrad [p'ɔdjε-], →Georg 2).

Pod'est [lat.] der, das, **1)** Treppenabsatz. **2)** Bühne, erhöhter Tritt.

Podest'à [ital. ‚Macht, Obrigkeit'] der, in Italien ursprünglich ein von den Staufern eingesetzter kaiserl. Vogt, später ein Stadtherr oder Bürgermeister.

Podgorny, Nikolaj Wiktorowitsch, sowjet. Politiker, * 1903, seit 1960 führendes Mitglied des Präsidiums des ZK, seit 1965 Vors. des Präsidiums des Obersten Sowjets (Staatsoberhaupt).

N. Podgorny   E. A. Poe

P'odium [lat.] das, Bühne, erhöhter Tritt.

Podiumtempel, in der etrusk. und röm. Baukunst ein Tempel auf hohem Unterbau, an der Frontseite mit Freitreppe.

Pod'olien, histor. Landschaft in der W-Ukraine, Hauptstadt: Kamenez-Podolskij. - 1793 von Polen an Rußland abgetreten.

Podo

Po-Ebene

Pod′olsk, Stadt im Gebiet Moskau, Sowjetunion, 169 000 Ew.; Maschinenbau-, Zement- u. a. Industrie.

Podsolböden, nährstoffarme Böden mit Rohhumusdecke.

Poe [po], Edgar Allan, amerikan. Schriftsteller, * 1809, † 1849, bedeutendster Vertreter der amerikan. Romantik, verband Scharfsinn und zum Unheimlichen neigende Phantastik. Gedichte (‚Der Rabe‘); Erzählungen (Kriminalgeschichten und Muster der Kurzgeschichte). (Bild S. 959)

Po-Ebene, das vom Po durchflossene Tiefland Oberitaliens, zwischen Alpen und Apennin, sehr fruchtbar (Weizen, Mais, Reis, Wein), mit Seidenraupen- und Milchviehzucht, reich an Industrie.

Po′em [grch.] *das,* Gedicht. **Po′et,** Dichter. **poetisch,** dichterisch.

Poes′ie [grch.] *die,* die →Dichtung. **Poésie pure** [poes′i py:r, frz. ‚reine Dichtung‘], eine bes. im 19. und 20. Jahrh. gepflegte Dichtungsart, bei der alle Inhalte so zurückgedrängt sind, daß die Sprache vor allem Klangzauber ist.

po′eta laure′atus [lat.], lorbeergekrönter Dichter; der antike Brauch von Dichterkrönungen wurde seit der Renaissance verschiedentlich wiederaufgenommen.

Po′etik [grch.] *die,* die Lehre von der Dichtung, ihrem Wesen und ihrer Wirkung, ihren Erscheinungsweisen, ihren Form- und Gattungsgesetzen und ihren Gestaltungsmitteln.

Poggio di Guccio Bracciolini [pɔdʒo di g′utʃo bratʃol′i:ni], Gian Francesco, Humanist, * 1380, † 1459; Briefe, Dialoge, Traktate; Liber facetiarum (Sammlung gewagter Anekdoten und Schwänke).

Pogonophoren, →Bartträger.

Pogr′om [russ. ‚Verwüstung‘] *der,* Hetze mit Plünderung und Gewalttaten, bes. gegen Juden.

Pohl, 1) Gerhart, Schriftsteller, * 1902, † 1966, Freund G. Hauptmanns; Erzählungen und Dramen. **2)** Robert Wichard, Physiker, * 1884, legte die Grundlage einer modernen Festkörperphysik und setzte für die Didaktik der Physik neue Maßstäbe.

Poincaré [pwĕkar′e], **1)** Henri, französ. Physiker und Mathematiker, * 1854, † 1912, arbeitete über Funktionen, Differentialgleichungen, theoret. Physik und Himmelsmechanik und schrieb stark nachwirkende Bücher über Wissenschaftstheorie. **2)** Raymond, französ. Politiker, Vetter von 1), * 1860, † 1934, 1912-13, 1922-24 und 1926 bis 1929 Minpräs., 1913-20 Präs. der Republik. P. baute das Bündnissystem mit England und Rußland aus. Nach 1918 vertrat er Deutschland gegenüber eine starre Reparationspolitik und ließ 1923 das Ruhrgebiet besetzen.

Poins′ettie *die,* ⊕ →Weihnachtsstern.

Point [pwĕ, frz.] *der,* Punkt, Stich (im Spiel). **P. d'honneur** [-dɔn′œ:r], Ehrenpunkt, Ehrensache.

Point Arguello [-a:gw′ɛlo], Raketenstartbasis der US-Luftwaffe in Kalifornien.

Pointe [pw′ɛt, frz.] *die,* Spitze; Hauptpunkt, auf den es bei einem Witz ankommt, Schlußwirkung. **pointieren,** nachdrücklich betonen. **pointiert,** zugespitzt, geistreich.

Pointe-Noire [pwɛ̃tnw′a:r], der wichtigste Hafen von Kongo (B.), 85 000 Ew.; bedeutendes Industriezentrum, Bahn nach Brazzaville.

P′ointer [engl.], ein Vorstehhund.

Pointillismus [pwɛ̃-], auch Neoimpressionismus, →Impressionismus.

Poisson [pwas′ɔ̃], Siméon Denis, französ. Mathematiker und Physiker, * 1781, † 1840, trug wesentlich zum Ausbau der Potentialtheorie bei.

Poissonnier [pwasɔnj′e], Koch, der Fischspeisen zubereitet und anrichtet.

Poitiers [pwatj′e], die Hauptstadt des Dép. Vienne, Mittel-Frankreich, 74 900 Ew.; got. Kathedrale (1162-1379), Taufkapelle (4. Jahrh.), Universität (gegr. 1432), Museen. Handel mit landwirtschaftl. Erzeugnissen, Industrie. - 17. 10. 732 Sieg Karl Martells über die Araber.

Poitou [pwat′u], geschichtl. Landschaft in W-Frankreich, eine fruchtbare Hochfläche. Hauptstadt: Poitiers. - Die Grafen von P. wurden 950 Herzöge von Aquitanien.

Pok′al *der,* ein kelchartiges Trinkgefäß mit Fuß und Schaft, auch mit Deckel.

pökeln, Fleisch durch Einreiben mit Salz und Salpeter oder durch Einlegen in eine Salz-Salpeter- oder Natriumnitritlösung haltbar machen.

P′oker *der,* amerikan. Glücksspiel mit Whistkarten.

Pok′orny, Julius, Sprachforscher, * 1887, † 1970; ‚Indogerman. etymolog. Wörterbuch‘ (1948-69).

pokulieren [lat.], ⚭ für zechen.

Pol [grch.-lat.] *der,* -s/-e, **1)** ✶, ⊕ Endpunkt der Achse eines sich drehenden Körpers, →Nordpol, →Südpol. **Magnetischer P.** →Magnetismus, →Erdmagnetismus. **2)** △ auf der Kugel ausgezeichneter Punkt zur Festlegung eines Systems von Polarkoordinaten; in der analyt. Geometrie →Polare. **3)** Endklemme einer Stromquelle.

Poel [pø:l], **Pöl,** Ostseeinsel in der Wismarer Bucht, 37 km².

Pola, italien. Name von →Pula.

P′olack *der,* ein dem Kabeljau verwandter Schellfisch.

Polanski, Roman, poln. Filmregisseur, * 1933; Filme: ‚Das Messer im Wasser‘ (1961), ‚Ekel‘ (1964), ‚Rosemary's Baby‘ (1968) u. a.

pol′ar, 1) die Pole betreffend. **2)** entgegengesetzt wirkend.

Pol′are *die,* Verbindungsgerade der Berührungspunkte zweier Tangenten an einen Kegelschnitt. Der Schnittpunkt beider Tangenten heißt der **Pol** zur Polaren.

Pol′arforschung, die Erforschung der Polargebiete zum Zweck der wissenschaftl. Erkenntnis und der Erschließung neuer Wirtschafts- und Verkehrsmöglichkeiten. (Zeittafel Erdkunde, Bd. 1, S. 342)

Pol′argebiete, das Nordpolargebiet (Arktis) und das Südpolargebiet (Antarktis).

Pol′argrenzen, die Ausbreitungsgrenzen für Lebens- und Kulturbedingungen nach den Polen hin, bedeutsam für Bewaldung, Kulturpflanzen u. a.

Polarim′eter *das,* Gerät zum Messen der Drehung der Polarisationsebene von Licht durch ein optisch aktives Mittel (Zuckerlösung, Kristall).

Polarisation, 1) elektrische P., Elektrisierung, die durch ein äußeres elektr. Feld hervorgerufene Verschiebung der zuvor im Mittel zusammengefallenen Schwerpunkte der negativen und der positiven elektr. Ladungen oder die Ausrichtung beständiger elektr. Dipole durch das Feld. **2) elektrochemische P.,** die Änderung der

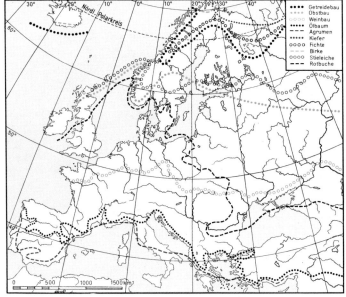

Polargrenzen von Pflanzen (Auswahl)

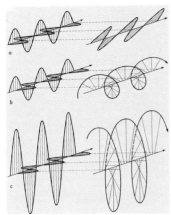

Polarisation: Zusammensetzung zweier senkrecht zueinander linear polarisierter Wellen durch Addition zusammengehöriger Schwingungsvektoren. **a** *Bei Amplituden- und Phasengleichheit entsteht eine linear polarisierte Welle, deren Schwingungsebene um 45° gegen die Vertikale geneigt ist.* **b** *Bei Amplitudengleichheit und um 90° verschiedenen Phasen entsteht eine ‚innere Ausrichtung‘ zirkular polarisierte Welle.* **c** *Bei verschiedenen Amplituden und verschiedenen Phasen entsteht eine elliptisch polarisierte Welle*

elektromotor. Kraft einer elektrochem. Zelle oder des Potentials einer Einzelelektrode durch die stoffl. Veränderungen in der Zelle bei Stromfluß, →Elektrolyse. **3)** Optik: die Eigenschaft des Lichts - allgemeiner: aller elektromagnet. Wellen -, unter bestimmten experimentellen Bedingungen eine ‚innere Ausrichtung‘ senkrecht zur Ausbreitungsrichtung zu zeigen. Sie erklärt sich aus dem transversalen Charakter, der Licht- (elektromagnet.) Wellen: in einer ebenen Welle schwingen die elektr. und die magnet. Feldstärke senkrecht aufeinander und senkrecht auf der Ausbreitungsrichtung. Im natürl. Licht ändert sich die Richtung dieser Schwingungen fortgesetzt derart, daß im zeitlichen Mittel alle Richtungen senkrecht zum Strahl gleich häufig vorkommen. Beim Durchgang des Lichts durch eine bestimmte opt. Vorrichtung **(Polarisator)** sind jedoch nur noch bestimmte Schwingungsrichtungen möglich. Dabei definiert man die Richtung der elektr. Feldvektors als P.- oder Schwingungsrichtung des Lichtvektors. Ist die **linearer P.** bleibt die Schwingungsrichtung zeitlich konstant; bei **zirkularer P.** läuft der Endpunkt des elektr. Vektors mit bestimmter Geschwindigkeit auf einem Kreis um (Drehfeld), bei **elliptischer P.** auf einer Ellipse.

Polarisationsmikroskop, ein Mikroskop zur Untersuchung von Kristallen, Mineralen und Gesteinen im polarisierten Licht. Zur Polarisation dient ein Polarisator zwischen Lichtquelle und Objekt.

Polarisator, polarisierende Vorrichtung, z. B. Nicolsches Prisma im Polarisationsapparat.

Polarisierung [lat.-grch.], Soziologie: Herausbilden eines Spannungsverhältnisses innerhalb eines Bezugsfeldes.

Polarität, äußerster Gegensatz; die Gegensätzlichkeit, in der eins das andere bedingt (Licht - Finsternis).

Pol'arkreise, die Breitenkreise von 66° 33′ nördl. **(nördl. P.)** und südl. Breite **(südl. P.),** die mathemat. Begrenzung der Polarzonen.

Pol'arlicht, farbige Lichterscheinung der höheren Atmosphäre in den Polarzonen **(Nordlicht, Südlicht),** seltener auch in den gemäßigten Zonen, verursacht durch Ströme geladener Teilchen von der Sonne, die vom Erdmagnetfeld eingefangen werden.

Pol'armeere, das Nordpolarmeer und das Südpolarmeer.

Pol'arnacht, die länger als 24 Stunden (am Pol annähernd $^1/_2$ Jahr) dauernden Nächte der Polarzonen. Die Tage von mehr als 24stündiger Dauer heißen **Polartage.**

Polarographie, bedeutendes analyt. Verfahren zur qualitativen und quantitativen Bestimmung gelöster Ionen; qualitativ durch Messung des jedem Ion eigentümlichen Abscheidungspotentials, quantitativ durch Messung der Strommenge.

Pol'arroute, Fluglinie über Grönland nach N-Amerika (Alaska) und Japan.

Pol'arstern, Stern 2. Größe, α im Kleinen Bären, etwa 1° vom Nordpol des Himmels entfernt.

Polartag, →Polarnacht.

Polarzonen, die **kalten Zonen** der Erde jenseits der beiden Polarkreise.

Pol de Mont, →Mont.

Polder der, ein eingedeichtes Marschland.

Poldistanz, Polardistanz, der Winkelabstand eines Gestirns vom Pol der Sphäre, gezählt von 0° über 90° (Äquator) bis 180° (Südpol).

Pol'emik [grch.] die, wissenschaftl. Streit, gelehrte Fehde, Streitkunst. **pol'emisch,** streitend, feindselig.

Polen, amtlich polnisch **Polska Rzeczpospolita Ludowa,** Volksrepublik in Mitteleuropa, zwischen Karpaten und Ostsee, einschl. der ehem. dt. Ostgebiete und Danzig 312 520 km² mit 32,807 Mill. Ew. Hauptstadt ist Warschau. ⊕ X/XI, Bd. 1, n. S. 320. Amtssprache: Polnisch. **Staat.** Nach der Verf. von 1952 ist oberstes gesetzgebendes Organ das Parlament (Sejm); es wählt den Staatsrat, dessen Vorsitzender die Funktionen des Staatsoberhauptes ausübt, sowie den MinPräs. Recht: nach sowjet. Vorbild neu geregelt. □ S. 1179. □ Bd. 1, S. 392. Verwaltung: P. ist in 22 Woiwodschaften (darunter 5 Stadtwoiwodschaften) gegliedert. Währung ist der Zloty zu 100 Groszy. Allgem. Wehrpflicht.

Landesnatur. Der größte und nördliche Teil wurde durch die Eiszeit geprägt (Moränen, Urstromtäler, Seen). Nach S schließt sich Mittelgebirge, ein Teil des Sudetensystems, an (Łysica 611 m), daran im äußersten Süden mit den Karpaten Hochgebirge (Meeraugspitze in der Hohen Tatra 2499 m). Hauptflüsse: Weichsel und Oder mit ihren Nebenflüssen. Die Kontinentalität des gemäßigten Klimas nimmt von der

Polarlicht: ‚Rote Draperie‘

Küste zum Innern und nach O zu (Juli 18-20, Januar −1 bis −5° C, jährl. Niederschläge im N 400-600, in den Karpaten 800 bis über 1000 mm).

Die **Bevölkerung** besteht überwiegend aus Polen. 1963 gehörten (nach poln. Angaben) nur etwa 453 000 anderen Nationalitäten an, darunter 40 000 Deutsche. Größte Städte: Warschau und Lodz. Religion: Die Bevölkerung ist überwiegend katholisch. Es gibt nur kleine protestant. und orthodoxe Minderheiten. Bildung: Es besteht allgem. Schulpflicht. P. hat 77 Hochschuleinrichtungen, darunter 9 Universitäten.

Wirtschaft. Vor dem 2. Weltkrieg war P. vorwiegend Agrarstaat. Seit 1947 fördern Mehrjahrespläne die Industrialisierung. Die Landwirtschaft baut bes. Roggen (1969: 8,2 Mill. t), Kartoffeln (44,9 Mill. t), Futterpflanzen an, ferner Gerste, Weizen, Hafer. Die Viehzucht ist umfangreich (1969: 14,34 Mill. Schweine, 11,05 Mill. Rinder, ferner Geflügel). Bodenschätze: P. ist das fünftwichtigste Steinkohlenland der Welt (1970: 140,1 Mill. t, Oberschlesien, Waldenburger Bergland). Ferner werden viele Metallerze (Eisen-, Zink-, Bleierz) sowie Schwefelkies gewonnen. Eisenerz und Erdöl müssen auch in großem Umfang eingeführt werden. Industrieller Schwerpunkt ist das oberschles. Industriegebiet einschl. Tschenstochau und Krakau. Große Bedeutung haben Eisen- und Stahlerzeugung, Maschinenindustrie, ferner Textil-, Lebensmittel-, Holz-, Papierindustrie. Wichtigste Handelspartner: Sowjetunion, Dt. Dem. Rep. und Tschechoslowakei.

Verkehr. Das Eisenbahnnetz betrug 1969 rd. 26 600 km, das Straßennetz rd. 125 000 km. Wichtige Häfen sind Gdingen, Danzig, Stettin. Die Handelsflotte hatte (1970) 1,58 Mill. BRT. Binnenschiffahrt und Luftverkehr sind nicht sehr bedeutend. Hauptflughafen: Warschau.

Geschichte. Erster bekannter Herrscher eines poln. Staates war Mieszko I. (um 960-992) aus dem Geschlecht der →Piasten. Durch die Annahme des latein. Christentums (966) und enge Bindungen an den Kaiser fügte sich der von Mieszko geführte Fürstenstaat in die abendländ. Staatenwelt ein. Bolesław I. Chrobry (992-1025) dehnte die Herrschaft seines Staates auf Schlesien, Pommern, die Lausitz und Mähren aus. 1000 erwirkte er bei Kaiser Otto III. die Errichtung des Erzbistums Gnesen an. Von 1025 bis zur Teilung P. in mehrere Fürstentümer war P. das nordöstlichste Glied der abendländ. Staatenwelt. 1138 teilte Bolesław III. (1102-38) P. in vier Gebiete: Groß-P., Klein-P., Masowien und Schlesien. In der Folgezeit entwickelten sich die Fürstentümer weiter auseinander. Doch verhinderten die Kirche und das Bewußtsein der dynast. Einheit eine völlige Auflösung. Pommern schied 1181 aus der Abhängigkeit von P. aus. Seit 1163 nahm Schlesien eine Sonderentwicklung. In die Zeit der Teilfürstentümer (1138-1320) fällt die Ausbreitung dt. Rechts und dt. Siedlung im Zuge der Ostdeutschen Siedlung. Herzog Konrad von Masowien rief 1225 den →Deutschen Orden ins Land, dessen Festsetzung im Culmer Land und 1308 in Pommerellen im 14. und 15. Jahrh. zu starken Spannungen mit P. führte. Nach der Vereinigung von Groß- und Kleinpolen sowie Kujawien ließ sich Władysław II. Lokietek 1320 in Krakau zum König krönen. Unter den beiden Piastenkönigen, Władysław II. (1320-33) und Kasimir III. (1333-1370) konnte sich das Königreich nach innen und außen festigen. 1370 folgte (bis 1382) die Union mit Ungarn, 1386-1572 unter den →Jagiellonen mit Litauen. In dieser Epoche wurde P. zur führenden Macht in Osteuropa. Durch den Sieg über den Deutschen Orden sicherte sich P. die Vorherrschaft an der Ostsee. Unter den Jagiellonen hatte sich der poln. Adel eine immer stärkere Stellung im Innern gesichert. In der Zeit des Wahlkönigtums

Pole

(1572-1795) konnte P. weder seine polit. Machtstellung noch seine kulturelle Blüte erhalten. Im Innern führte der seit 1652 praktizierte Grundsatz der Einstimmigkeit zur fast permanenten Beschlußunfähigkeit des Reichstages (Sejm). Die an keine Dynastie gebundenen Königswahlen gaben den Großmächten, bes. Habsburg und Frankreich, erhebliche Einflußmöglichkeiten. P. wurde immer stärker zum Objekt der Großmächte. Durch die Teilung P.s von 1772, 1793 und 1795 kam der Hauptteil P. an Rußland, Galizien und Kleinpolen an Österreich, Westpreußen, Großpolen und Masowien mit Warschau an Preußen. Napoleon I. errichtete 1807 das Hzgt. Warschau unter dem König von Sachsen. Dieses kam 1815 als Königreich P. (Kongreß-P.), um das Thorner Gebiet, die Prov. Posen und Krakau verkleinert, in Personalunion (1831 aufgehoben) an Rußland. 1830/31, 1846, 1848 und 1863 scheiterten Aufstände der Polen gegen die Teilungsmächte. 1916 proklamierten die Mittelmächte einen poln. Staat. 1917 nahmen auch die Alliierten die poln. Forderung nach Wiedererrichtung der poln. Staates auf. Mit ihrer Hilfe entstand Nov. 1918 die unabhängige Rep. P. Durch den Versailler Vertrag gewann sie den größten Teil Westpreußens (als ‚Poln. Korridor‘ zur Ostsee) und der preuß. Provinz Posen, Vorrechte in der Freien Stadt Danzig, dann 1922 den wirtschaftlich wertvollsten Teil von Oberschlesien. Nach dem polnisch-sowjet. Krieg (1920) gewann P. im Frieden von Riga weißruss. und ukrainische Gebiete. Bündnisverträge mit Frankreich (1921) und Rumänien (1921) bezogen P. in das französ. Allianzsystem ein. Durch einen Staatsstreich gewann Marschall J. →Piłsudski 1926 eine autoritäre Machtstellung. Außenpolitisch verfolgte Piłsudski u. a. den Plan, P. als Führungsmacht in Ost-Mitteleuropa herauszuheben. 1934 schloß er den deutschpoln. Nichtangriffspakt. In der dt.-poln. Krise 1939 Garantieerklärung Großbritanniens. An der poln. Frage entzündete sich der 2. Weltkrieg. P. wurde 1939 von dt. Truppen erobert; die Sowjetunion nahm die poln. Ostprovinzen in Besitz, die ihr im Potsdamer Abkommen zugesprochen wurden. P. erhielt 1945 nach diesem Abkommen die Verwaltungsbefugnis über die dt. Gebiete östl. der →Oder-Neiße-Linie, die dt. Bevölkerung wurde vertrieben. Seit 1947 hat P. eine volksdemokrat. Regierungsform. P. nutzte die durch den 20. Parteikongreß der KPdSU 1956 geschaffene Lage z. Wechsel in Führerstellen (Gomułka, →Rokossowskij). Unzufriedenheit mit dem stalinist. Regierungssystem führten zum Posener Aufstand. Nach einer vorübergehenden inneren Liberalisierung des Regierungssystems nahm zu Beginn der 60er Jahre die Parteidiktatur wieder zu.

Außenpolitisch stand seit 1949 in P. die völlige Unterordnung unter die sowjet. Politik im Vordergrund. 1955 trat P. dem Warschauer Pakt bei.

Polen, eigener Name **Polacy,** westslaw. Volk im östl. Mitteleuropa, meist römischkath. Glaubens, rd. 32,4 Mill., dazu etwa 3 Mill. in den Verein. Staaten.

Pol'enta [ital.] *die,* italien. Maisbrei.

Pol'ente [Gaunerwort] *die,* die Polizei.

Pol'esien, russ. **Polessje,** Sumpflandschaft beiderseits des Pripets und seiner Zuflüsse, im S der Weißruss. SSR. Hauptort: Pinsk.

Polflucht der Kontinente, die Annahme, daß die Kontinente langsam zum Äquator wandern.

P'olgar, Alfred, Schriftsteller, * 1875, † 1955, emigrierte 1940 nach Amerika; Theaterkritiken und Essays.

Polhöhe, die Höhe des Himmelspols über dem Horizont. Die P. ist der geograph. Breite gleich.

Polhöhenschwankung, die dauernde geringe Verlagerung der Drehachse der Erde im Erdkörper.

Poli'akoff, Serge, * 1906, † 1969; russ. Maler gegenstandsloser Bilder in Paris.

Police [pɔl'i:sə, frz.] *die,* Versicherungsschein.

Pol'ier, Bauhandwerker, der die Arbeit auf dem Bau anordnet und überwacht.

polieren, glänzende, glatte Oberflächen von Metallen, Glas, Kunststoffen herstellen durch Behandlung mit weichem Tuch oder Leder und feinpulvrigen Poliermitteln, bei Holz mit Politur oder Lacken.

P'oliklinik [grch.], Krankenhaus zur Behandlung nicht bettlägeriger Kranker.

Poliomyel'itis *die,* ♁ spinale Kinderlähmung.

P'olis [grch.] *die,* der altgriech. Stadtstaat. Beschränkt auf ein kleines Gebiet und eine kleine Zahl von Bürgern, war die P. eine polit. und religiöse Lebensgemeinschaft mit der Verfassung einer Demokratie oder Oligarchie. Blütezeit im 6. bis 4. Jahrh. v. Chr.

Pol'itbüro, 1919-52 Name des vom →Zentralkomitee (ZK) gewählten obersten Vollzugsorgans der Kommunist. Partei in der Sowjetunion.

Polit'esse [frz.] *die,* 1) Höflichkeit. 2) Hilfspolizeibeamtin.

Polit'ik [von Polis], 1) das staatl. oder auf den Staat bezogene Handeln; als **Staats-P.** zur Verwirklung der Staatszwecke (Macht, Sicherheit, Frieden, Gerechtigkeit, Wohlfahrt u. a.) und als **Partei-P.** zur Erringung von Macht oder Einfluß im Staate (durch Parteien, Klassen, Verbände, Interessengruppen u. a.). Bereiche: Außen-, Innen-, Länder-, Kommunal-, Finanz-, Sozial-, Wirtschafts-, Agrar-, Bevölkerungs-, Kulturpolitik u. a. 2) **wissenschaftliche P., Politologie,** die Lehre vom staatsbezogenen Denken und Handeln; sie umfaßt Wissensgebiete aus Staat, Recht, Wirtschaft, Soziologie, Geschichte, Geographie.

Pol'itikum [grch.-lat.] *das,* eine ins Politische gezogene Angelegenheit.

pol'itisch, das Staatsleben betreffend; staatsklug, staatsmännisch.

pol'itische Dichtung, Dichtung, die der Auseinandersetzung mit polit. und sozialen Fragen dient. Sie entsteht vorwiegend in polit. Krisenzeiten und bedient sich alter literar. Formen. Es hat p. D. von der Antike (Thukydides, Aristophanes, Horaz) über das M.A. (Walther v. d. Vogelweide) bis in die Gegenwart zu jeder Zeit gegeben. Während der letzten Jahrzehnte trat sie in ideolog. Auseinandersetzungen bes. stark hervor.

politische Geographie, ein Zweig der Anthropogeographie, erforscht die Zusammenhänge zwischen den räumlichen Gegebenheiten und den politischen Zuständen, Vorgängen und Entwicklungen.

politische Ökonomie, die Volkswirtschaftslehre.

politische Polizei, →Geheime Staatspolizei.

politische Rechte, in der Schweiz der Sammelbegriff für die dem Bürger zustehenden Rechte der polit. Betätigung.

politischer Katholizismus, jeder von der Kath. Kirche getragene Versuch, die Gesamtheit oder einzelne kirchl. Gesichtspunkten zu beeinflussen; gefördert von den Parteien der Christl.-Demokratischen Bewegung, von der Kath. Aktion u. a. Organisationen.

Politisches Testament, Richtlinien, die ein Fürst oder Staatsmann seinem Nachfolger gibt.

politische Verbrechen und Vergehen, alle gegen Bestand und Sicherheit deseigenen oder eines fremden Staates sowie gegen ein Staatsoberhaupt, eine Regierung und die Ausübung staatsbürgerl. Rechte gerichteten Straftaten. →Staatsgefährdung.

Polit|offiziere, in der Dt. Dem. Rep. die in der Nationalen Volksarmee für Durchführung des kommunist. Schulungsprogramms verantwortlichen Offiziere.

Politolog'ie, die Lehre von der Politik. **Diplom-Politol'oge,** akadem. Grad, von den Hochschulen für Politik seit 1955 verliehen.

Polizei, ein Teil der öffentl. Verwaltung; sie dient in erster Linie der Abwehr von Gefahren, durch die öffentl. Sicherheit oder Ordnung bedroht wird (Generalermächtigung). - Das P.-Recht ist in der Bundesrep. Dtl. bis auf einige Ausnahmen Angelegenheit der Länder. Es umfaßt die Vorschriften über Aufgaben und Befugnisse (materielles) sowie über die Organisation der P. (formelles Polizeirecht) und ist in den P.-Gesetzen der Länder geregelt. - Die Länder sind auch Träger der P., daneben auch in einigen Ländern die Gemeinden. Auf einzelnen Gebieten verfügt der Bund

Polen: links Ostrowiecko-See in Mittelposen; rechts Hohe Tatra zwischen Rabka und Zakopane

Polizei: Zentralsteuerung einer Ampelanlage

über echte Sonderpolizeibehörden: Bahn-P., Bundesgrenzschutz, Bundeskriminalamt u. a. - Die P. gliedert sich in die Sicherheitspolizei i. w. S. oder Ordnungs-P., mit der sie alle Behörden umfaßt, die der öffentl. Sicherheit und Ordnung dienen, und in die Sicherheitspolizei i. e. S., das ist die gesamte Vollzugs-P. (die uniformierte Schutz-P., Bereitschafts-P., Wasserschutz-P. und die nichtuniformierte Kriminal-P.). Die Voraussetzung für die Tätigkeit der P. gibt die Generalermächtigung. Die Maßnahmen sind nach pflichtmäßigem Ermessen zu treffen und dürfen nicht weitergehen, als zur Erreichung des Zieles nötig ist. Eingeschränkt werden die Maßnahmen der P. durch die zum Schutze des Bürgers vor Eingriffen in seine Freiheitssphäre (→Menschenrechte) erlassenen Gesetze, z. B. über die Durchsuchung von Personen und Räumen. - In Österreich und der Schweiz ist die P. ähnlich aufgebaut.

Polizeiaufsicht, ⚖ eine Freiheitsbeschränkung (z. B. Untersagung des Aufenthaltes an bestimmten Orten), die in einem Strafverfahren neben einer Freiheitsstrafe verhängt werden kann.

Polizeibeamte, alle im Polizeidienst stehenden Personen mit Beamteneigenschaft. In der Bundesrep. Dtl. unterscheidet man P. für den äußeren **(Polizeivollzugsbeamte)** und für den inneren Dienst **(Polizeiverwaltungsbeamte).**

Polizeidirektor, der Leiter einer Polizeibehörde oder -dienststelle ohne Polizeipräsident.

Polizeigerichte, vor 1879 landesrechtl. Gerichte zur Aburteilung von Bagatellstrafsachen.

Polizeihund, ein Diensthund mit bes. Ausbildung zur Unterstützung der Polizei.

Polizeimeldeanlage, Notrufanlage, vom allgemeinen Fernmeldenetz unabhängige Anlage zur Übermittlung von Alarmmeldungen an die Polizeidienstbehörden.

Polizeipräsident, der Leiter der Polizei in größeren Städten.

Polizeischule, staatliche Schule zur Ausbildung der Polizeibeamten.

Polizeistaat, der Staat des Absolutismus im 17./18. Jahrh., der nach der Willkür der Fürsten mit seiner Verwaltung (Polizei im damaligen Sinn) stark in den Privatbereich der ‚Untertanen' eingriff; er wurde vielfach auch als ,Wohlfahrts- und Ordnungsstaat' bezeichnet. Der P. wurde im 19. Jahrh. durch den Verfassungs- und Rechtsstaat abgelöst. In den totalitären Staaten des 20. Jahrh. fand mit ihrer Beseitigung der rechtsstaatl. Garantien eine Rückentwicklung zum P. statt.

Polizeistrafrecht, der Teil des allgem. Polizeirechts, der die Polizeidelikte und das Verfahren regelte. Heute sind die Polizeistrafgesetzbücher weitgehend außer Kraft.

Polizeistunde, Sperrstunde, der Zeitpunkt, zu dem das Gast-, Schank-, Speisewirt-

schaften und öffentl. Vergnügungsstätten zu schließen sind, ferner die Zeitspanne, während der ein Verweilen darin verboten ist.

Polizeiverfügung, ⚖ die Anordnung einer Polizeibehörde, die an bestimmte Personen oder einen bestimmten Personenkreis ergeht und einen Einzelfall regelt; sie dient der sog. konkreten Gefahrenabwehr.

Polizeiverordnung, ⚖ ein polizeil. Ge- oder Verbot, das für eine unbestimmte Anzahl von Fällen an eine unbestimmte Anzahl von Personen gerichtet ist; es dient der sog. abstrakten Gefahrenabwehr.

Polizi'ano, Angelo, mit Familiennamen **Ambrogini,** * 1454, † 1494, führender klass. Philologe Italiens im 15. Jahr.; italien. Tanzlieder und Stanzen; griech. und latein. Gedichte; Drama ‚Orfeo' (1471).

Polje [serbokroat. ,Ebene, Feld'] *das,* ein Becken im Karstgebiet.

Polk [russ., von german. ,Volk'], →Pulk.

P'olka [tschech. ,Halbschritt'] ein böhmischer Rundtanz im lebhaften $2/_4$-Takt; um 1830 entstanden.

Poll [engl.], Stimmabgabe, Abstimmung.

Pollaiu'olo, Antonio del, italien. Goldschmied, Bildhauer, Maler, * 1432(?), † 1498, schuf die Grabmäler für Sixtus IV. und Innozenz VIII. (Rom, St. Peter), Kleinbronzen und Gemälde (vor allem Taten des Herkules). Sein Bruder Piero, * 1443, † 1496, arbeitete mit ihm gemeinsam.

P'ollak *der,* der Fisch Polack.

Pollen *der, das,* **Blütenstaub,** eine meist staubähnl. Absonderung der Staubbeutel (**P.-Säcke)** der Blüte, die männl. Keimzellen der Samenpflanzen. Das **P.-Korn** (∅ 0,0025-0,25 mm) bewirkt nach der Bestäubung die Befruchtung.

Pollen|allergie *die,* →Heufieber.

Pollen|analyse, die Erschließung vorzeitl. Pflanzenwuchses durch Untersuchung der in Mooren oder anderen ungestörten Bodenschichten erhaltenen Pollen.

Poller *der,* kurzer, dicker, meist verdickter Pfahl zum Festmachen eines Schiffes; aus Gußeisen oder Stahlrohr.

Poll'inium [lat.] *das,* die zusammengekittete Pollenmasse eines Staubbeutels, z. B. bei Orchideen.

Pollock, 1) Friedrich, Soziologe, * 1894, † 1970; Mitbegründer, später Leiter des Instituts für Sozialforschung, Frankfurt a. M. **2)** Jackson, amerikan. Maler, * 1912, † 1956, Vertreter des →action painting.

Pollution [lat.] *die,* ⚕ nächtl. Samenerguß, oft mit sexuellen Träumen verknüpft. P. sind natürliche Ausgleichsvorgänge.

P'ollux, 1) einer der Dioskuren. **2)** der Stern 1. Größe, β im Sternbild Zwillinge.

polnische Kunst. Im MA. enger Zusammenhang mit mitteleurop. Kunst. Wenige roman. Kirchen erhalten, bes. Zentralbauten. Bronzetüren in Gnesen (um 1127). Im 13. Jahrh. Bauformen durch Zisterzienser

verbreitet. Nach dem Mongolensturm (1241) Aufschwung der Baukunst in den nach dt. Recht neugegr. Städten (Krakau, Lublin, Lemberg u. a.). In spätgot. Zeit Nürnberger Meister in Krakau: V. Stoß, P. Vischer, H. v. Kulmbach u. a. Seit dem 16. Jahrh. wachsender Einfluß der Renaissance; italien. Baumeister in Polen; dann zunehmende Verselbständigung. Im 17. Jahrh., Verschmelzung europäischer und oriental. Formen (,sarmatischer Stil, bes. im Kunsthandwerk). Warschau Mittelpunkt des höfischen Barocks. Im 18. Jahrh.: dt. Einfluß maßgebend unter den sächs. Königen. Seit dem Übergang zum 19. Jahrh. der westeurop. Kunst entsprechende Entwicklung: Klassizismus, Eklektizismus; in der Malerei nationale Themen (J. Matejko, * 1836, † 1893). Im 20. Jahrh. wurde Krakau Kunstzentrum mit J. Malczewski, S. Wyspiański und X. Dunikowski. Hauptmeister abstrakter Kunst waren W. Strzeminski (* 1892, † 1952) und H. Stażewski (* 1894). Hochentwickelt die Volkskunst, die bis in die Gegenwart ihre bodenbeständige Überlieferung bewahrt hat; hervorragende Leistungen in der Gebrauchsgraphik: Plakate, Illustrationen (bes. Kinderbücher).

polnische Literatur. Die p. L. des MA. war zunächst vorwiegend lateinisch. Als ‚Vater der p. L.' gilt Mikolaj Rej (1505-69). Renaissancelyriker und -dramatiker J. Kochanowski. Schöpfer der literar. poln. Prosa Piotr P. Skarga (1536-1612). Barockepik W. Potockis (1625-1699); Barocklyrik von A. Morsztyn, S. Zimorowic; Satiren von K. und L. Opaliński. Memoiren von Ch. Pasek. Französisch beeinflußte lehrhafte und unterhaltende Literatur in der Zeit der Aufklärung (I. Krasicki, 1735 bis 1801; Lyriker S. Trembecki, K. Węgierski). Zur Romantik leiten über F. Karpinski, F. Bohomolec, F. Zablocki.

Die Romantik wurde die Blütezeit der p. L. Hauptvertreter: A. Mickiewicz (1798 bis 1855), Z. Krasiński (1812-59), J. Słowacki (1809-49), C. Norwid (1820-83). Romantisch-realist. Geschichtserzählungen (J. I. Kraszewski, H. Rzewuski, J. Korzeniowski). Realist. Dramen von A. Świętochowski. Romane von B. Prus, Eliza Orzeszkowa, Nobelpreisträger H. Sienkiewicz (1846-1916). Naturalist. Romane und Theaterstücke von Gabriela Zapolska. Symbolismus des ‚Jungen Polen': St. Przybyszwewski (1868-1927), Lyriker Jan Kasprowicz (1860-1926), zweiter poln. Nobelpreisträger W. Reymont (1868-1925), K. Tetmajer (1865-1940), L. Staff (1878-1957). Symbolist. Dramen von St. Wyspiański (1869-1907). Spracherneuerung durch den Lyriker und Epiker St. Żeromski (1864 bis 1925). Roman des ‚Doppeljahrzehnts' (1919 bis 1939) des wiedererstandenen Polens: J. Kaden-Bandrowski, Zofia Nałkowska, Marja Dąbrowska, F. Goetel, J. Parandowski, Marxist L. Kruczowski. Blüte der Lyrik durch die Gruppe des Skamander, die bald in eine nationale (J. Lechoń, K. Wiercyński) und linksradikale Gruppe zerfällt (J. Tuwim, A. Słonimski).

Nach dem 2. Weltkrieg kommunist. Gleichschaltung; bes. gefördert: Tuwim, Iwaszkiewicz, Kruczowski, Jerzy Putrament. Weitere Erzähler: K. Brandys, A. Rudnicki, J. Andrzejewski, Lyriker Jastrun, W. Broniewski, J. Przyboś. Kath. Erzähler seit A. Golubiew, J. Dobraczyński, Hanna Malewska. Zeitweise etwas größere Schaffensfreiheit seit dem polit. Umbruch im Okt. 1956. Außer Landes Gebliebene, wie die Erzähler Maria Kuncewiczowa, M. Wańkowicz, T. Parnicki, W. Gombrowicz können wieder ihre Werke in Polen veröffentlichen. Dramatiker: J. Szaniawski, J. Zawieyski. Neue Autoren: St. Rembek, M. Hłasko (1958 emigriert), St. Lem, L. Tyrmand, Z. Herbert, A. Braun, St. Grochowiak. Satiriker S. Mrożek.

polnische Musik. Die alten poln. Volkslieder benutzten fünfstufige Tonleitern (Pentatonik) und Kirchentonarten, die vom Westen her Eingang fanden. Stark ausgeprägt war das Tanzlied. Erste kunstmusikal. Zeugnisse entstanden im 14. Jahrh. in Anlehnung an die dt. und niederländ. Volksmusik. Im 17. und 18. Jahrh. entwickelte sich, angeregt durch in Polen wirkende italien. und dt. Künstler, die Instrumentalmusik. In der charakterist. Rhythmik der Tänze zeigen sich nationale Eigentümlichkeiten (Polonäse, Masurka, Polka, Krakowiak; vgl. auch Chopin). Im 19. Jahrh. schuf St. Moniuszko die poln. Nationaloper ,Halka (1847). Der wichtigste Vertreter der modernen Musik in Polen war K. Szymanowski (1883-1937), daneben A. Tansman (* 1897). In den 30er und 40er Jahren herrschten in der p. M. Folklorismus und Neoklassizismus vor; seit etwa 1956 Auseinandersetzung mit serieller und experimenteller Musik.

Polnischer Korridor, Gebietsstreifen, der nach dem Versailler Vertrag (1919) Polen den Zugang zur Ostsee ermöglichte und Ostpreußen vom Dt. Reich abschnitt.

Polnischer Thronfolgekrieg, 1733-38, zwischen Österreich und Rußland (für Friedrich August von Sachsen als poln. Thronanwärter) und Frankreich, Spanien, Sardinien (für Stanisław Leszczyński). 1734 wurde Friedrich August als König anerkannt; S. Leszczyński für Lebzeiten mit Lothringen entschädigt.

polnische Sprache. Das Polnische gehört zum westl. Zweig der slawischen Sprachfamilie. Kennzeichnend sind die Erhaltung der altslaw. Nasalvokale, die feste Betonung auf der vorletzten Silbe und das fein differenzierte System palataler Zischlaute (ś, ź, ć). Geschrieben wird in Lateinschrift.

P o l o das, Ballspiel für Reiter (Pferde-P.) oder Radfahrer (Rad-P.); zwei Parteien treiben mit dünngestielten Hämmern den Ball ins gegner. Tor.

P o l o, Marco, der bedeutendste Reisende des MA., * Venedig 1254, † 1324. Er reiste mit seinem Vater Nicolò und seinem Bruder Matteo 1271 über Bagdad zum Pers. Golf, durch Persien und durch den Pamir am Lop-nor vorbei nach China zum heutigen Peking. P. verließ 1292 China und reiste über die Sunda-Inseln, Vorderindien, Persien, Armenien, Trapezunt reichbegütert nach Venedig zurück; Reisebericht.

Polon äse, Polonaise [frz. ,polnischer Tanz'] die, Schreittanz in breitem ³/₄-Takt; seit dem 17. Jahrh. in der Kunstmusik.

Pol onium, Po, radioaktives chem. Element, Ordnungszahl 84, Massenzahl 210, Atomgewicht etwa 210. P. ist identisch mit Radium F der Uran-Radium-Zerfallsreihe und wandelt sich unter Aussendung von α-Strahlen in Radium G (Radium-Blei) um; seine Halbwertzeit beträgt 128,8 Tage.

P olreagenzpapier, mit einem Indikator getränktes Papier zur Feststellung der Pole einer Stromquelle.

Polsterer, handwerkl. und anerkannter industrieller Lehrberuf; Lehrzeit 3 Jahre.

Polsterpflanzen, ausdauernde, polsterigbuschig verästelte und dichtbeblätterte Wüsten-, Felsen-, Alpenpflanzen, so Arten von Steinbrech, Silberwurz, Leinkraut.

Polsucher, eine Glimmlampe zur Feststellung der Polung einer Gleichstromleitung; die mit dem negativen P. verbundene Elektrode leuchtet auf.

Polt awa, Gebietshauptstadt in der Ukrain. SSR, 220 000 Ew.; Nahrungsmittel-, Maschinenbau-, elektrotechn. u. a. Ind. - 8. 7. 1709 Sieg Peter d. Gr. über den Schwedenkönig Karl XII.

Polterabend, der Abend vor der Hochzeit, an dem Porzellan zerschlagen wird, das den Brautleuten Glück bringen soll.

Poltor azk, alter Name von Aschchabad.

Polwechsler, in der Fernsprechtechnik ein Pendelwechselrichter zur Erzeugung der Rufwechselspannung, z. B. bei Feld-Vermittlungen.

poly... [grch.], viel...; vor chem. Verbindungen: mehrfache Wiederholung einer bestimmten Atomgruppierung.

Poly|acrylharze, →Acrylharze.

Poly|addition, zur Bildung von Makromolekülen führende und deshalb zum Aufbau von Kunststoffen dienende Reaktionsweise, bei der sich mehrere verschiedenartige, polyfunktionelle Verbindungen ohne Abspaltung anderer Stoffe zu **Polyadidukten** verbinden.

Polyam ide, Polykondensate von Diaminen mit Dicarbonsäuren, hornartige Kunststoffe, aus der Schmelze zu synthet. Fasern verspinnbar (Handelsnamen Nylon, Perlon).

Polyandr ie [grch. ,Vielmännerei'] die, eine Form der →Ehe.

Poly anionen, Alkalisalze synthetischer hochpolymerer organischer Säuren, die, in Kulturböden gebracht, durch Adsorption an den Ton und Anionenaustausch Bodenkrümelung bewirken.

Polyarch ie [grch. ,Vielherrschaft'] die, die Herrschaft mehrerer in einem Staat.

Polyarthr itis rheumatica [grch.] die, der Gelenkrheumatismus.

Polyäthyl en das, thermoplast., neben PVC am meisten produzierter Kunststoff, Polymerisat des Äthylens, bes. für Gebrauchsgegenstände, Isolierungen, Rohre, Chemiefasern. (Bild Kunststoffe)

Pol ybios, griech. Geschichtsschreiber, * vor 200 v. Chr., † nach 120, seit 167 in Rom, verfaßte für die Jahre 264-144 eine Weltgeschichte.

P olycarbonate, hochschmelzende, durchsichtige Kunststoffe für Fasern, Filme, Folien, Spritzguß- und Preßkörper.

Polychrom ie [grch.] die, Vielfarbigkeit, farbige Bemalung der griech. Tempel, Inkrustation italien. Bauten u. a. Die archaische Plastik der Griechen war bunt bemalt; in klass. Zeit wurden nur Augen, Lippen, Haar, Gewand hervorgehoben. Farbig waren auch die Bildwerke in den Kirchen des MA. (Namburger Stifterfiguren), bes. farbige →Fassung der Holzbildwerke, auch noch im Barock.

Poly eder der, eine von Vielecken begrenzte geschlossene Fläche oder der von ihr begrenzte Körper.

Poly ester, durch Polykondensation hergestellte Kunststoffe, hochpolymere Ester; durch Einbau ungesättigter Verbindungen werden Gießharze, Lackharze und mit Glasfasern glasfaserverstärkte Kunststoffe (GFK) hergestellt. (Bild Kunststoffe)

Polygam ie [grch. ,Mehrehe'] die, Form der →Ehe.

Polygen ie [grch.] die, ♂ ♀ ⊕ die Polyphylie (→polyphyletisch).

Polygl otte [grch.] die, mehrsprachige Ausgabe von Texten, bes. mehrsprachige Bibelausgabe.

Polygn ot, griech. Maler der 1. Hälfte des 5. Jahrh. v. Chr., schuf Wandgemälde, die nur durch Beschreibungen und Wiedergaben auf Vasen bekannt sind.

Polyg on das, Vieleck, ebener Streckenzug, z. B. Dreieck, Pentagramm.

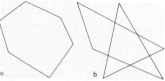

Polygon: **a** gewöhnliches sechsseitiges P.; **b** überschlagenes P.

Polygr aph [grch.] der, der Lügendetektor.

Polygyn ie [grch. ,Vielweiberei'] die, eine Form der →Ehe.

Polyhal it, farbloses oder rotes, triklines Kalisalzmineral.

Polyh istor, ein Gelehrter, der über das Gesamtwissen seiner Zeit verfügt.

Polyhybr id [grch.] der, ♂ ♀ ⊕ ein Bastard, dessen Eltern sich in mehreren Erbmerkmalen unterscheiden.

Polyh ymnia, die Muse des Gesangs.

Poly|isobutyl ene, durch Polymerisation des Isobutylens gewonnene Kunststoffe, je nach Molekülgröße Öle, Weichharze, kautschukähnl. Stoffe.

Polykl et, griech. Bildhauer, 2. Hälfte des 5. Jahrh. v. Chr., schuf die Bronzebildwerke des Doryphoros und Diadumenos in klass. Kontrapost (Marmorkopien erhalten), das Goldelfenbeinbildwerk der Hera in Argos (Kopf durch Münzen bekannt) u. a. Seine Schrift ,Kanon legte die Maßverhältnisse des menschl. Körpers fest.

Polykondensati on, der Aufbau von höher- und hochpolymeren Stoffen, bes. von Kunstharzen, Kunststoffen und Chemiefasern durch eine fortlaufende, stufenweise Verknüpfung mehrfunktioneller Verbindungen unter Abspaltung niederer Moleküle.

Pol ykrates, seit etwa 538 v. Chr. Tyrann von Samos, großartiger Bauherr mit glanzvollem Hof; vom pers. Satrapen Oroites getötet.

Polym ere, Stoffe, in denen bestimmte gleiche oder gleichartige Grundmoleküle in mehrfacher Wiederholung durch Hauptvalenzbindungen zu größeren Molekülen vereinigt sind. **Hochpolymere** enthalten Hunderte und Tausende von Grundeinheiten des gleichen Aufbauprinzips. P. erhält man synthetisch durch Polymerisation, Polykondensation und Polyaddition, →Kunststoffe.

Polymerisati on, chem. Reaktionsform, bei der sich mehrere, meist sehr viele Moleküle gleicher oder artgleicher, reaktionsfähiger Verbindungen ohne Bildung weiterer Stoffe in der Weise miteinander verbinden, daß das Endprodukt, das **Polymerisat,** ein Vielfaches der eingesetzten Grundmoleküle, der Monomeren, darstellt.

Polymorph ie die, Vielgestaltigkeit, z. B. der gleichen Verbindung in verschiedenen Kristallstrukturtypen (Modifikationen).

Polymorph ismus [grch.] der, bei manchen Pilzen und Algen die Aufeinanderfolge mehrerer ungeschlechtl. Formen. Bei Tieren tritt P. im Zusammenhang mit Arbeitsteilung in Tierstöcken (z. B. Hydrozoa) und Tierstaaten (z. B. Ameisen) auf.

Polynes ide, der rassische Grundbestandteil der Inselbevölkerung Mikronesiens und Polynesiens; mit lichtbrauner Haut, langen braunen Haaren, braunen, auch braungrünlichen Augen, den Europiden nahestehend. (Tafel Menschenrassen)

Polyn esien [grch. ,Vielinselland'], die Inselgruppen des östl. Ozeaniens, rd. 43 700 km², etwa 1,3 Mill. Ew. Die Inseln sind vulkan. oder korallinen Ursprungs. Zu P. gehören Tonga-, Cook-, Samoa-, Tokelau-, Phoenix-, Gesellschafts-, Marquesas-, Tuamotu-, Tubuai-Inseln u. a. Gruppen sowie viele Einzelinseln (Osterinsel mit Sala-y-Gómez, Wake, Jarvis u. a.). Wirtschaftl. Bedeutung (Plantagenbau) haben nur Samoa- und Fidschi-Inseln.

Polyn esier, die Bewohner Polynesiens, rassisch →Polyneside. Die P. waren Meister der Herstellung von Stoffen aus Baumbast, der Stein- und Holzbearbeitung, Tatauierung. Die P. wanderten aus dem W ein, erreichten die Gesellschaftsinseln im 8.Jahrh.; ihre Hauptwanderungs- und Ausbreitungszeit über Polynesien lag im 11.-13. Jahrh. 1350 erreichten sie Neuseeland (Maori). Ihre Sprachen gehören zu den austrones. Sprachen.

Polyneur itis [grch.] die, eine Nervenentzündung, die mehrere Nerven befällt (Einschlafen der Haut, Schmerzen, Lähmungen); infolge Erkältung, Durchnässung, Vergiftung u. a. Behandlung je nach der Grundkrankheit.

Polyn om das, eine Summe aus zwei oder mehr Gliedern, in denen Zahlen auch eine oder mehrere Unbestimmte x, y,... auftreten, z. B. $3 + 7x - 5x^2$.

Poly|olef ine, Kunststoffe auf der Grundlage von polymerisierten Olefin-Kohlenwasserstoffen, z. B. Polyäthylen und Polypropylen.

Pol'yp [grch.] der, **1)** ♐ die festsitzende Form der Hydrozoa und der Scheibenquallen. **2)** ♐ gutartige geschwulstförm. Wucherungen der Schleimhäute, die gestielt sein können. P. kommen vor, z. B. an Nase, Kehlkopf, Magen, Darm. **3)** ♐ volkstümlich für →adenoide Wucherungen.

Polypept'ide, →Peptide.

Polyph'em, griech. Mythos: ein einäugiger Kyklop, wurde von Odysseus geblendet.

Polyphon'ie die, musikal. Satz, aus mehreren, sich selbständig bewegenden Stimmen; Blütezeit 14.-16. Jahrh.

polyphyl'etisch [grch.], ♐ ⊕ von verschiedenen Stämmen der Lebewesen abstammend (polygenetisch). - **Polyphylie** (Polygenie), die Mehrstämmigkeit.

Polyploid'ie [grch.] die, ⊕ die Vervielfachung der Chromosomen eines Zellkerns; wird künstlich ausgelöst bei Pflanzenzuchtversuchen.

Polypropyl'en das, thermoplast. Kunststoff von niedrigem spezif. Gewicht und hoher Festigkeit; Verwendung ähnlich der des Polyäthylens.

Polyrh'ythmik, ♪ verschiedene, gleichzeitig erklingende Rhythmik; Gegensatz: Isorhythmik.

Polysacchar'ide, zusammengesetzte Zukkerarten, →Zucker.

Polystyr'ol das, Polymerisat des Styrols, glasklarer Kunststoff für den Spritzguß von Massenartikeln.

polysynth'etisch [grch.], vielfach zusammengesetzt. **polysynthetische Sprachen,** inkorporierende Sprachen, bei denen der Satz aus einem vielfach zusammengesetzten Wort besteht.

Polyt'echnikum, ⚙ höhere techn. Fachschule; Ingenieurschule.

polytechnischer Unterricht, wirtschaftlich-techn. Unterricht in den Ostblockländern.

Polytetrafluoräthyl'en das, Polymerisat des Tetrafluoräthylens, sehr chemikalienbeständiger Kunststoff, für Rohre, Behälterauskleidungen u. dgl.

Polythe'ismus der, Anerkennung und Verehrung mehrerer Götter, so in den antiken Religionen, mittelamerikan. Hochkulturen bei den Polynesiern u. a.

polyton'al, eine Musik, die verschiedene Melodielinien in verschiedenen Tonarten zugleich erklingen läßt.

Poly|ureth'ane, durch Polyaddition aufgebaute Gruppe von Kunststoffen für Fasern, Borsten, Schaumstoffe, Beschichtungen, Klebstoffe, P.-Kautschuk u. a.

Polyur'ie [grch.] die, ♐ die Harnruhr.

Polyvin'ylchlorid, PVC, Polymerisat des Vinylchlorids, in großen Mengen hergestellter thermoplast. schwer entflammbarer Kunststoff, als **Hart-PVC** für Folien, Rohrleitungen, Behälterauskleidungen, als **Weich-PVC** für Isolierungen, Beschichtungen, Wand- und Bodenbeläge, Schläuche, Schaumstoffe, Kunstleder u. a. (Bild Kunststoffe).

Polyvinylharze, Vinylharze, durch Polymerisation erhaltene thermoplast. Kunststoffe aus Verbindungen mit der Vinylgruppe - CH = CH$_2$, z. B. Polyvinylacetale, Polyvinylacetat, Polyvinylalkohol, Polyvinyläther, Polyvinylchlorid. P. sind sehr vielseitig verwendbar.

Poelzig, Hans, Architekt, * 1869, † 1936, baute sachlich und monumental (Wasserturm Posen, 1911; Verwaltungsgebäude I. G. Farben, Frankfurt, 1929/30), schuf auch phantast. Entwürfe (ausgeführt: Umbau des Großen Schauspielhauses Berlin, 1919).

Pom'ade die, wohlriechende Haarsalbe.

Pom'aken, die muslim. Bulgaren, rd. 120 000 Menschen.

Pomb'al, Sebastião José **de Carvalho e Mello,** Marquis von, * 1699, † 1782, 1750-77 leitender Min. Portugals im Geiste des aufgeklärten Absolutismus, bedeutender Re-

Pombal — *Georges Pompidou*

former, Merkantilist, vertrieb 1759 die Jesuiten.

Pomer'anze die, Südfrucht mit nußgroßen Früchten, stark bitterwürziger Schale, saurem Fruchtfleisch. Verarbeitung zu Likör, Magenmitteln, Parfüms u. a.

Pomes'anien, altpreuß. Gau rechts der Weichsel, von Graudenz bis Elbing.

Pommer'ellen, poln. **Pom'orze,** Landschaft westl. der unteren Weichsel und nördl. der Netze, etwa der 1919 an Polen abgetretene Teil Westpreußens. - Nach Aussterben der slaw. Herzöge 1294 kam der W an Pommern, der O 1309 an den Deutschen Orden; Kernland des späteren Westpreußens.

P'ommern, ehem. preuß. Provinz, entlang der Ostsee von Darßer Ort bis etwa Rixhöft, (1933) 30 208 km², rd. 1,88 Mill. Ew.; Hauptstadt: Stettin. P. ist vorwiegend eben, im S vom Pommerschen Landrücken durchzogen. Die Oder trennt es in **Vor-** und **Hinterpommern.** In der Wirtschaft standen Land- und Forstwirtschaft voran (Roggen, Hafer, Kartoffeln, Zuckerrüben, Gerste, Weizen; Pferde-, Rinder-, Schweinezucht). In der Ostsee Fischerei. Industrie gab es bes. in den Städten (landwirtschaftl. Güter, Textilien, Maschinen, Holzwaren, Papier, Schiffbau u. a.). P. hatte in den Seebädern bed. Fremdenverkehr.

Geschichte. P. war urspr. germanisch, seit dem 6. Jahrh. slawisch besiedelt. Nach der Christianisierung durch Bischof Otto von Bamberg 1124-28 (Bistum Cammin) wurde P. meist niederdeutsch besiedelt. Die slaw. Herzöge wurden 1181 Reichsfürsten, erwarben 1295 das westl. Pommerellen, 1325 Rügen, starben 1637 aus. 1648 kam Hinter-P. an Brandenburg, Vor-P. an Schweden, letzteres 1720 (Stettin) und 1815 (Greifswald, Rügen) an Preußen. 1938 wurde der nördl. Hauptteil der Grenzmark Posen-Westpreußen als RegBez. Schneidemühl P. angegliedert.

1945 kam durch die Oder-Neiße-Linie Vorpommern bis westl. von Stettin zur sowjet. Besatzungszone (1952 auf die Bez. Rostock und Neubrandenburg verteilt), das übrige P. unter poln. Verwaltung.

Pommersches Haff, das Stettiner Haff.

Pommersf'elden, Gem. in Bayern. Das Barockschloß Weißenstein wurde für Fürstbischof Lothar Franz v. Schönborn 1711/18 von J. Dientzenhofer u. a. erbaut.

Pommersfelden: Treppenhaus in Schloß Weißenstein von J. L. v. Hildebrandt, 1711/17

Pommes frites [pɔmfr'it, frz.], roh in Streifen geschnittene, dann in Fett gebackene Kartoffeln.

Pomod'oro, Arnaldo, italien. Bildhauer, * 1926, wurde zusammen mit seinem Bruder **Giò P.** (* 1930) bes. durch Metallplastiken bekannt.

Pomol'oge [grch.], Obstkenner. **Pomolog'ie** die, Obstkunde.

Pomona [pəm'ounə], anderer Name der Orkney-Insel Mainland.

Pom'ona, altröm. Göttin der reifenden Früchte.

Pomor'anen, Pomorjanen [‚Küstenbewohner'], westslaw. Stammesgruppe zwischen unterer Oder und Weichsel; Reste sind die Kaschuben.

Pomp [frz.] der, Gepränge, Pracht, feierlicher Aufwand. **pomp'ös,** großartig.

Pompadour [pɔpad'ur], Jeanne Antoinette **Poisson,** Marquise de (1745), * 1721, † 1764, Geliebte Ludwigs XV., von großem polit. Einfluß.

Pompadour [pɔpad'ur] der, beutelförmige Damentasche.

Pomp'eius, Gnaeus P. Magnus, röm. Feldherr und Staatsmann, * 106, † 48 v. Chr., besiegte 67 die Seeräuber, 66-63 den König Mithridates von Pontus, schuf Ordnung in Kleinasien und Syrien, schloß 60 mit Caesar und Crassus das 1. Triumvirat, zerfiel aber mit jenem, wurde 48 von ihm bei Pharsalos geschlagen und auf der Flucht in Ägypten ermordet. (Bild S. 957)

Pomp'eji, italien. **Pompei,** Stadt in Unteritalien, südöstl. des Vesuvs, 22 700 Ew. Die antike Stadt wurde 79 n. Chr. durch einen Ausbruch des Vesuvs verschüttet und blieb unter der hohen Aschen- und Bimssteinschicht zum großen Teil erhalten. 1748 begann man mit ersten Grabungen, 1869 mit der planmäßigen Aufdeckung. Die freigelegten Teile bieten ein einzigartiges Bild einer reichen Landstadt der frühen röm. Kaiserzeit: Stadtmauern, Tore, Tempel, Basilika, Markthalle, Theater u. a. und vor allem Wohnhäuser mit Läden,

H. Poelzig: Zuschauerraum des Großen Schauspielhauses in Berlin; 1919

Pompeji, Wandgemälde, um 60-70 n. Chr.
(Neapel, Nationalmuseum)

Werkstätten, Hausgerät. Die Häuser der Wohlhabenden waren überreich an Kunstwerken. Funde z. T. im National-museum, Neapel (Bild Alexanderschlacht), andere am Fundort (Fresken der Villa dei Misteri).
Pompidou [pɔ̃pid'u], Georges, französ. Politiker, * 1911; Anhänger de Gaulles, 1962-68 Premiermin., seit Juni 1969 Staats-präsident. (Bild S. 965)
Pompon [pɔ̃p'ɔ̃], frz.] *der,* Wollknauf, Troddel.
Ponap'e, die größte Insel der Karolinen, 347 km², 12 800 Ew.
Ponce [p'ɔnse], Stadt auf der Insel Puerto Rico, 156 500 Ew.; Vorhafen La Playa (Aus-fuhr von Zucker, Melasse, Rum, Tabak und Kaffee, Fischkonserven).
Ponce de León [p'ɔnθe ðe le'ɔn], →León.
Poncelet [pɔ̃sl'ɛ], Jean Victor, französ. Ingenieur und Physiker, * 1788, † 1867, ein Begründer der techn. Mechanik, Schöpfer der projektiven Geometrie.
Ponchielli [pɔŋkj'ɛli], Amilcare, italien. Opernkomponist, * 1834, † 1886; noch be-kannt: La Gioconda (1876).
Poncho [p'ɔntʃɔ, span.] *der,* ungenähte Decke mit Halsschlitz, wird als mantelarti-ger Überwurf von mittel- und südamerikan. Indianern und von Gauchos getragen.
Pond *das,* **p,** Gewicht der Masseneinheit 1 g am Ort der Normalfallbeschleunigung (980,665 cm/sec²). 1 p = 980,665 dyn.
ponder'abel [lat.], wägbar, körperlich. **Ponderab'ilien** *die,* Mz., Wägbarkeiten.
Pondicherry [pɔnditʃ'eri], **Pondichéry,** ehem. französ. Besitzung an der SO-Küste Indiens, kam 1954 an Indien; 479 km², 430 000 Ew.
Pon'ente [ital.] *die,* Westen. Gegensatz: Levante.
Pongau, Talweitung der Salzach im österreich. Bundesland Salzburg, vom Ga-steiner Tal bis zum Paß Lueg, geht nach O in das obere Ennstal über.
Ponge [pɔ̃ʒ], Francis, französ. Schriftstel-ler, * 1899.
Poniat'owski, 1) poln. Adelsgeschlecht, dem der letzte poln. König →Stanislaus II. August entstammte. **2)** Józef Fürst, * 1763, † 1813, poln. General, napoleon. Marschall, führte die Armee des Hzgt. Warschau und unterstützte Napoleon bis zuletzt.
Pönitenti'ar [lat.], Bußpriester; Kath. Kir-che: Stellvertreter des Bischofs zur Ver-waltung des Bußsakraments.
Pönit'enz [lat.] *die,* Kath. Kirche: Beichte, Buße und auferlegte Bußwerke. **Pönitent,** der Beichtende.
P'onta Delg'ada, die Hauptstadt der Azo-ren, auf der Insel São Miguel, 25 000 Ew.
Pont du Gard [pɔ̃dyg'a:r], röm. Aquädukt, der den Gard überquert, 269 m lang, 49 m hoch.
Ponten, Josef, Schriftsteller, * 1883, † 1940; Romane (,Volk auf dem Wege', 6 Bde., 1931-42).

Pontev'edra, 1) Provinz Spaniens, in Ga-licien, 4477 km², 742 900 Ew. **2)** Hauptstadt von 1), Hafen, 56 100 Ew.
Pontiac [p'ɔntiæk], Stadt in Michigan, USA, 85 300 Ew.; Autoindustrie.
Pontiac [p'ɔntiæk], Indianerhäuptling der Ottawa, * um 1720, † 1769, organisierte 1763 bis 1764 einen Aufstand der Indianer gegen die Briten.
Ponti'anak, Hafen an der Westküste Bor-neos, Indonesien, 180 000 Ew.
Ponticello [-tʃ'ɛlo, ital. ‚Brückchen'] *der,* der Steg bei Saiteninstrumenten.
P'ontifex [lat.] *der,* -/ ... 'ifices, **1)** im alten Rom Mitglied des höchsten Priesterkol-legiums, an dessen Spitze der **P. maximus** stand. **2)** Kath. Kirche: **P. maximus** (sum-mus), amtl. Bez. des Papstes.
Pontifik'alamt, feierliches Hochamt des Bischofs (→Messe).
Pontifik'ale [lat.] *das,* amtl. Sammlung li-turg. Formulare für die bischöfl. Amtsver-richtungen (nicht für die Meßfeier).
Pontifikalien [lat.], Kath. Kirche: **1)** be-stimmte den Bischöfen und gleichgestell-ten Prälaten vorbehaltene Amtsverrich-tungen, z. B. Firmung. **2)** die den Bischof auszeichnenden gottesdienstl. Gewänder (z. B. Mitra), Abzeichen (z. B. Ring, Stab).
Pontifikalring, der Bischofsring.
Pontifikat [lat.] *der, das,* Amtszeit, Amts-dauer, Regierung des Papstes oder eines Bischofs.
Pont'inische Inseln, die →Ponzainseln.
Pont'inische Sümpfe, italien. ‚**Agro Pon-t'ino,** früher **Paludi Pontine,** ehemals sumpfige Küstenebene südöstlich von Rom, seit 1928 urbar gemacht.
P'ontisches Gebirge, Nordanatolisches Randgebirge, das Gebirgssystem, das den Nordrand von Anatolien bildet, bis 3937 m hoch; Steinkohle in der Ereğli-Zonguldak.
Pontoise [pɔ̃tw'az], Hauptstadt des franz-ös. Dép. Val-d'Oise, mit 19 400 Ew.; Elek-troind., Druckereien.
P'ontok, der, Hütte der Hereros, Hotten-totten, Kaffern; ein halbkugeliges Gerüst, mit Matten, Fellen, Gras bedeckt und mit Lehm verschmiert.
Ponton [pɔ̃t'ɔ̃, frz.] *der, das,* kahnartiges Fahrzeug, meist aus Stahl. Nebeneinander festgemacht, sind Pontons die Träger von Behelfs-(Schiffs-)Brücken.
Pont'oppidan, Henrik, * 1857, † 1943, dä-nischer Erzähler; Zeitkrit. Romane (,Hans im Glück', 1898-1905). Nobel-preis 1917 (mit K. Gjellerup).
Pont'ormo, Jacopo da, Maler in Florenz, * 1494, † (begraben) 1557, wandte sich vom klass. Stil der Hochrenaissance ab, angeregt auch von der Graphik Dürers. Seine Werke gehören zu den frühesten des Manierismus (Fresken im Hof der Certosa bei Florenz, 1523-24).
P'ontos, im Altertum Küstenlandschaft des nordöstl. Kleinasiens, Kern des **Ponti-schen Reiches;** nach Mithridates' VI. Tod 63 v. Chr. durch Pompeius röm. Provinz.
P'ontos 'Eux'einos, latein. **P'ontus Eux'i-nus,** im Altertum das Schwarze Meer.
Pontres'ina, Kurort im Kt. Graubünden, Schweiz, im Oberengadin, 1777 m ü. M., 1600 Ew.

J. Pontormo: Heimsuchung Mariä, um 1528/36 (Carmignano, Pfarrkirche)

Pontypool [p'ɔntipu:l], Stadt in der engl. Gfsch. Monmouthshire, 36 100 Ew.; Stein-kohlenbergbau, Eisen- und Weißblech-werke, Glas-, Gummi-, Textilindustrie.
Pony [engl.] *das,* kleine Pferderasse (bis 120 cm Schulterhöhe).
P'onzainseln, Pontinische Inseln, italien. ‚**Isole Ponzi'ane,** vulkan. Insel-gruppe vor der Westküste Italiens. Größte Insel: Ponza.
Pool [pu:l, engl.] *der,* **1)** Spieleinsatz; das Wettbüro; die gemeinsame Kasse. **2)** In-teressengemeinschaft zwischen mehreren Unternehmen, die Gewinne nach festem Schlüssel zu verteilen. **3) Swimming-P.,** Schwimmbad mit allen dazugehörigen Anlagen.
Poole [pu:l], Hafenstadt an der S-Küste Englands, 104 600 Ew.; Schiffbau u. a. Ind
Poona, die ind. Stadt →Puna.
P'opanz [tschech.] *der,* Vogelscheuche; Schreckgespenst; spaßige Figur.
pop art, Kunstrichtung seit etwa 1960, dem Dadaismus verwandt, mit der Grund-idee, Realität als Kunst zu bieten, banale Objekte des Massenkonsums durch Isolie-rung, Vergrößerung, Reihung entweder der Objekte selbst oder genauer Imitationen zu verfremden, zu parodieren oder zu feti-schieren. (Bild S. 967)
Popcorn [p'ɔpkɔ:n, engl.] *das,* -s/-s, **P'uffmais,** gebrannter Mais.
P'ope, früher volkstüml., heute z. T. ver-ächtl. Bez. orthodoxer Priester.
Pope [poup], Alexander, engl. Dichter, * 1688, † 1744, Hauptvertreter des Klassi-zismus in England; komisch-heroisches Epos ‚Der Lockenraub' (1712-14); Lehrge-dicht ‚Versuch über den Menschen', (1732/34).

Pontinische Sümpfe

Popel'ine [frz.] *die,* **Poplin,** feines, leinwandbindiges Gewebe, aus Baumwolle, Chemiefaser, Wolle, Seide.

P'opitz, Johannes, * 1884, † (hingerichtet) Febr. 1945, 1933-44 preuß. Finanzminister, gehörte der Widerstandsbewegung an, Okt. 1944 zum Tode verurteilt.

Popmusik, eine aus dem Rock'n Roll der Zeit um 1955 entwickelte Musikform, die sich seit 1965 an Ausdrucksformen wie Blues, Jazz, Folksong und Kunstmusik angenähert hat.

Popocat'epetl, Vulkan am Rand des Hochlands von Mexiko, südöstl. von der Stadt Mexiko, 5452 m hoch.

Popović [-vitsj], Koča, jugoslaw. General und kommunist. Politiker, * 1908, wurde 1945 Gen.-Stabschef, 1953-65 Außenmin.

Pöppelmann, Matthäus Daniel, Baumeister, * 1662, † 1736, seit 1686 in kursächs. Dienst, baute den Dresdner Zwinger, das Elbschloß in Pillnitz, Bürgerhäuser in Dresden.

popul'är [frz.], volkstümlich, beliebt, gemeinverständlich.

popularis'ieren [frz.], gemeinverständlich machen. **Popularität,** Volkstümlichkeit, Beliebtheit.

Popul'arklage, im röm. Recht die jedem Bürger im öffentlichen Interesse zustehende Klage; sie wurde in das heutige Recht nicht übernommen.

pop art. A. Warhol: ‚Marilyn Monroe',
Siebdrucke, 1967 (Hamburg, Kunsthalle)

Popul'arphilosophen, Schriftstellergruppe der Aufklärung, die ihre Lehren weiten Kreisen verständlich machen wollten (z. B. F. Nicolai, M. Mendelssohn).

Populati'on [lat.], **1)** Bevölkerung. **2)** ⊕ ⚯ vorhandener Bestand einer Art. **3)** ✭ durch besondere physikal. Eigenschaften ausgezeichnete Gruppe von Sternen. Man unterscheidet zwei P., die sich im Milchstraßensystem auch räumlich verschieden verteilen (**Kern-** und **Spiralarm-P.**).

Popul'orum Progr'essio [lat.], Enzyklika Pauls VI. über die ‚Entwicklung der Völker' vom 26. 3. 1967.

P'opulus Rom'anus [lat.], die römische Bürgerschaft.

Pore, Anatomie: Öffnung eines Kanals, z. B. des Ausführganges einer Schweißdrüse.

P'ori, schwed. **Björneborg,** Stadt in SW-Finnland, 73 000 Ew.; Sägewerke, Papier-, Cellulosefabriken, Maschinenbau u. a. Ind.

P'orkkala, Halbinsel südwestl. von Helsinki, Finnland, war 1944-56 der Sowjetunion als Marinestützpunkt verpachtet.

P'orlinge Mz., die Pilzfam. Löcherpilz.

Pornograph'ie [grch.] *die,* unzüchtige Schriften, Bilder, Darstellungen.

por'ös [lat.], löcherig, durchlässig. **Porosität,** Durchlässigkeit.

P'orphyr *der,* Eruptivgestein aus einer Grundmasse mit Einsprenglingen. **Granit-** und **Quarz-P.** werden zu Pflastersteinen, Schotter, Splitt verarbeitet.

Porph'yrios, griech. Philosoph, * 233, † um 304, Neuplatoniker, bes. als Aristoteles-Kommentator bedeutend.

P'orree [frz.] *der,* eine Lauchart, dient als Gemüse und Würzkraut.

Porridge [p'ɔridʒ, engl.] *das,* in Salzwasser gekochter Brei aus Hafergrütze oder Haferflocken, mit Butter, Milch oder Sahne zum Frühstück gegessen.

P'orsche, Ferdinand, * 1875, † 1951, erfand den Radnabenmotor (1900), konstruierte Personen- und Lastwagen, entwickelte 1934 den Volkswagen, 1948/49 den P.-Sportwagen, der seit 1950 in der Dr. Ing. h. c. F. Porsche KG., Stuttgart, gebaut wird.

Pors'enna, etrusk. König, soll 508 v. Chr. Rom belagert haben, um den vertriebenen König Tarquinius Superbus wiedereinzusetzen.

Porst *der,* Heidekrautgewächse; z. B. **Sumpf-P.,** ein Strauch mit immergrünen, unten rotbraun-filzigen Blättern und weißen Doldentrauben; auf Mooren Mitteleuropas; unter Naturschutz.

Port [lat. portus] *der,* Hafen.

Port'al [lat.] *das,* Eingang eines Gebäudes, architektonisch, auch plastisch ausgestaltet, bes. an mittelalterl. Kirchen.

Portam'ent [ital.] *das,* ♪ das Hinüberschleifen von Ton zu Ton.

P'orta N'igra [lat. ‚Schwarzes Tor'] *die,* röm. Stadttor in Trier.

Port Arthur, Teil der chines. Stadt →Lüta. 1898 pachtete Rußland P. A. und baute es zum stärksten Flottenstützpunkt Ostasiens aus. 1905 von den Japanern erobert; bis 1945 japanisch, nach 1945 gemeinsame Marinebasis der Sowjetunion und Chinas, 1955 an China zurückgegeben.

Portat'iv [frz.] *das,* kleine tragbare Orgel, bes. im 13.-15. Jahrh.

Port-au-Prince [pɔrtopr'ɛ̃s], die Hauptstadt von Haiti, an der Westküste, 250 000 Ew., kath. Erzbischofssitz; Hafen.

P'orta Westf'alica [lat.] *die,* Durchbruchstal der Weser, →Westfälische Pforte.

Portefeuille [pɔrtf'œj, frz.] *das,* **1)** Brieftasche. **2)** staatspolitisch: Ministerressort. Der **Minister ohne P.** gehört dem Kabinett an, aber ohne Geschäftsbereich.

Port Elizabeth [pɔːt ilizəbəθ], Hafenstadt in der Rep. Südafrika, 381 200 Ew. Industrie, Wollbörse, Kulturmittelpunkt. P. E. wurde 1820 von engl. Siedlern gegründet.

Portemonnaie [pɔrtmɔn'ɛ, frz.] *das,* Geldtasche, Geldbörse.

P'orten, Henny, * 1890, † 1960, beliebte Darstellerin im Stummfilm (‚Anna Boleyn', 1920) und Tonfilm (‚Königin Luise', 1931).

Portep'ee [frz.] *das,* silbergestickter Riemen mit versilberter Quaste an der Seitenwaffe der Offiziere und höheren Unteroffiziere (**P.-Träger**), in Dtl. bis 1945.

Porter [p'ɔːtə], **1)** Cole, * 1893, † 1964, amerikan. Schlagerkomponist; Musicals (‚Kiss me, Kate', 1948).
2) Katherine Anne, amerikan. Schriftstellerin, * 1894; Kurzgeschichten, Erzählungen; Roman ‚Das Narrenschiff' (1962).
3) William Sidney, amerikan. Schriftsteller unter dem Decknamen O. →Henry.

Porter *der,* schweres dunkles engl. Bier.

Port Fuad, ägypt. Stadt am nördl. Eingang des Suezkanals, gegenüber von Port Said, 1926 gegründet.

Port Harcourt [pɔːt h'aːkət], Hafenstadt am O-Rand des Nigerdeltas, Nigeria, 208 200 Ew., zweitwichtigster Hafen, bedeutende Industrie.

Portici [p'ɔrtitʃi], Hafenstadt in Unteritalien, am Vesuv, 70 800 Ew.

Portier [pɔrtj'e, frz.], Pförtner.

Portière [-j'ɛːr, frz.] *die,* Türvorhang.

P'ortikus [lat.], ein Säulenvorbau an der Eingangsseite eines Gebäudes.

Porti'on [frz.], zugemessene Menge.

Portland [p'ɔːtlənd], **1)** Isle of P. [ail ɔv-], Halbinsel an der engl. Kanalküste, mit der Stadt P. (11 600 Ew.) und dem Kriegshafen Portland Harbour.
2) Hafenstadt im Staat Maine, USA, an der Cascobai, 65 100 Ew.; Industrie.
3) Stadt im Staat Oregon, USA, am Willametefluß, 382 600 Ew., Hafen-, Handels- und Indstrieplatz, Sitz eines kath. Erzbischofs und der University of P.

Port-Louis [pɔːt l'uis], Hauptstadt und -hafen der Insel Mauritius, 136 200 Ew.

Port-Lyautey [pɔrljot'ɛ], früherer Name von →Kenitra.

Ferdinand Porsche   Adolf Portmann

P'ortmann, Adolf, schweizer. Zoologe, * 1897; untersucht die Entwicklungsgeschichte von Mensch und Tier.

Port Moresby [pɔːt m'ɔːzbi], Hauptstadt des austral. Teils von Neuguinea, 41 800 Ew.; Universität, kath. Erzbischofssitz, Flughafen.

Port Natal [pɔːt nət'æl], →Durban.

Porto [p'ortu], spanisch **Op'orto,** portugies. Distrikthauptstadt, Hafen- und Handelsstadt am Douro, 300 000 Ew.; Kathedrale (12. Jahrh.), barocker Bischofspalast; Universität; Herstellung von Portwein, Nahrungsmittel-, Fischkonserven-, Maschinen-, Textil- u. a. Industrie.

Porto [ital.] *das,* Postgebühr.

Pôrto Alegre [p'ortu al'egri], Hauptstadt des Staates Rio Grande do Sul, Brasilien, 1,026 Mill. Ew., kath. Erzbischofssitz, 2 Univ. u. a. Kultureinrichtungen; Hafen- und Industrieplatz; Brauereien, Textilind., Werften u. a.

Portoferr'aio, die Hauptstadt und -hafen der Insel Elba, 10 700 Ew.

Port of Spain [pɔːt ɔv spein], Hauptstadt von Trinidad und Tobago, im NW von Trinidad, 93 000 Ew., kath. Erzbischofssitz.

P'orto N'ovo, Hauptstadt von Dahomey, 77 100 Ew., Hafen ist das 30 km südwestlich gelegene Cotonou.

P'orto R'ico, Portor'iko, →Puerto Rico.

Port R'adium, Uranbergwerk (stillgelegt) am Ostufer des Großen Bärensees, Kanada.

Porträt [-tr'ɛ, frz.] *das,* →Bildnis.

Port Royal des Champs [pɔːr rwaj'al də ʃɑ̃], 1204 gegr. Zisterzienserinnenkloster bei Paris, bedeutend in der relig. Reformbewegung des Jansenismus, 1709 aufgehoben, 1710-12 zerstört.

Port Said, Hafenstadt in Ägypten, am nördl. Eingang des Suezkanals, 283 000 Ew. Die wirtschaftl. Bedeutung ging seit Schließung des Suezkanals zurück.

P'örtschach am Wörthersee, Badeort in Kärnten, Österreich, am N-Ufer des Sees, 464 m ü. M., 2900 Ew.

Portsmouth [p'ɔ:tsməθ], 1) engl. Stadt-gfsch. an der Kanalküste, 218 800 Ew., Werften, Flugzeugbau u. a. Industrie.
2) Hafenstadt im Staat Virginia, USA, 109 800 Ew., Marinewerft, chem. u. a. Ind.

Port Sud'an, Hafenstadt des Sudan am Roten Meer, 85 800 Ew.; Erdölraffinerie, Meersalzgewinnung u. a. Industrie.

Port Talbot [pɔ:t t'ælbət], Hafenstadt in Wales, England, 51 300 Ew.; Stahlwalz-werke, Chemieindustrie, Maschinenbau.

Portugal, Republik auf der W-Seite der Pyrenäenhalbinsel, einschließlich der zum Mutterland zählenden Azoren und Madeira 92 082 km² mit 9,58 Mill. Ew. Hauptstadt: Lissabon. Amtssprache: Portugiesisch. Nach der Verf. von 1933 (mehrfach geändert) steht der Staatspräs. ein Staatsrat zur Seite. Die Überseeprovinzen (Kapverdische Inseln, Portugiesisch-Guinea, São Tomé e Principe, Angola, Moçambique, Macao, Timor) haben Verwaltungs- und Finanzautonomie. ⊕ VIII/IX Bd. 1, nach S. 320. Währung ist der Escudo = 100 Centavos. ⟲ S. 1179. ⊡ Bd. 1, S. 392. Allgemeine Wehrpflicht.
Landesnatur. Im N und O hat P. Anteil am inneren Hochland der Halbinsel mit Gebirgen bis fast 2000 m. An der Küste und im S herrscht Tiefland vor. Hauptflüsse: Tejo, Douro, Guadiana und Minho. Das Klima ist im N mild und feucht, im S sommerheiß und bes. im Innern trocken. Im N sind sommergrüne Wälder, im S immergrüne Gewächse verbreitet.
Die **Bevölkerung,** die →Portugiesen, zu 98% kath., konzentriert sich in einem rd. 50 km breiten Küstenstreifen. Allgem. Schulpflicht; rd. 30% Analphabeten. 3 Universitäten, 1 Techn. Hochschule.
Wirtschaft. Die Landwirtschaft erzeugt vor allem Weizen (im feuchten NW statt dessen Mais, im Gebirge Gerste und Roggen), Wein, Oliven und Baumwolle. Korkeichen liefern etwa die Hälfte der Welterzeugung an Kork. Viehhaltung und Waldwirtschaft sind eng verbunden. Aufforstung und Bewässerung (Alentejo-Bewässerungsprojekt) werden gefördert. Wichtig ist die Küstenfischerei (Sardinen, Thunfisch). An Bodenschätzen werden bes. Eisen, Steinkohle, Wolfram, Pyrit, Kupfer gefördert; im N zahlreiche Heilquellen. Die Industrie wird mit staatl. Hilfe (Sechsjahrespläne) ausgebaut; am stärksten entwickelt ist die Textilindustrie. Ausgeführt werden Textilrohstoffe und -erzeugnisse, Wein, Fischkonserven, Kork, Holz. Haupthandelspartner sind die Bundesrep. Dtl. und Großbritannien. Deviseneinnahmen aus dem Fremdenverkehr decken einen Teil des Defizits der Handelsbilanz. Verkehr. Das Bahnnetz umfaßt 3600 km, das Straßennetz 32 100 km (davon 19 000 km mit fester Decke). Wichtigste Häfen: Lissabon, Porto. Internat. Flughafen bei Lissabon.
Geschichte. P. entstand im Kampf gegen

die Mauren. König Alfons VI. von León und Kastilien belehnte 1095 Heinrich von Burgund mit der Grafschaft P. 1139 nahm Graf Alfons Heinrich als Alfons I. den Königstitel an. 1143 erkannte Alfons VII. von Kastilien-León die Unabhängigkeit P.s an. 1147 eroberte Alfons I. im Kampf gegen die Mauren Lissabon. Im 13. Jahrh. war die territoriale Entwicklung P.s abgeschlossen. 1373 schloß Ferdinand I. ein Bündnis mit England.
Unter den Herrschern aus dem Hause Aviz (1385-1580) stieg P. zu einer Weltmacht auf. Seit 1413 veranlaßte Prinz Heinrich der Seefahrer Entdeckungsfahrten entlang der westafrikan. Küste. Zwischen dem 15. und 17. Jahrh. lag der von der westafrikan. Küste ausgehende Sklavenhandel vorwiegend in den Händen der Portugiesen. Der auf Vermittlung des Papstes zwischen P. und Spanien abgeschlossene Vertrag von Tordesillas (1494) grenzte die Interessensphären beider Staaten in Amerika ab. 1500 landete Cabral in Brasilien. Entdeckungsfahrten nach Afrika (B. Diaz) und Ostindien (V. da Gama; F. de Almeida u. A. de Albuquerque).
Unter Philipp II. wurde P. mit Spanien vereinigt. Nach den span. Seeniederlagen gingen auch die meisten Kolonien außer Brasilien verloren. Nach dem erfolgreichen Aufstand unter Bragança (1640) wurde P. wieder ein unabhängiges Königreich. Im 18. Jahrh. erlebte P., das sich seit Wiederlangung seiner Unabhängigkeit mit Unterbrechungen wieder stark an England angelehnt hatte, unter dem leitenden Minister Pombal eine Blütezeit. In der Zeit der Napoleon. Kriege war P. 1807-08 von einem französ. Heer erfüllt. Das 19. Jahrh. war erfüllt von Verfassungskämpfen zwischen liberalen und konservativen polit. Kräften. 1822 erlangte Brasilien als Kaiserreich seine Unabhängigkeit von P. P. gewann in Afrika Kolonien (bes. Angola und Moçambique). Nach der Revolution von 1910 wurde 1911 eine republikan. Verfassung verkündet. Die neue Republik führte eine scharfe Trennung von Staat und Kirche durch. Tiefgreifende Meinungsverschiedenheiten zwischen den Parteien, polit. Korruption und Finanzkrise führten zu einem dauernden Wechsel der Regierung. 1916-18 nahm P. an der Seite der Alliierten am 1. Weltkrieg teil. 1926 wurde das parlamentar. Regierungssystem beseitigt. Der 1932 zum MinPräs. berufene A. de Oliveira Salazar wandelte P. durch die Verf. von 1933 in einen ständisch-autoritären Staat um (Korporativsystem, Einparteienherrschaft) und suchte bei gleichzeitiger wirtschaftl. Erschließung der Kolonien, diese als Teil P.s zu erhalten. Im Spanischen Bürgerkrieg und im 2. Weltkrieg bemühte sich P. um Neutralität. 1949 trat es dem Nordatlantikpakt bei. 1968 wurde Caetano zum Nachfolger Salazars gewählt.

portug'iesische Kunst. Die ältesten, aus roman. Zeit stammenden Kirchen (Kathedrale in Coimbra u. a.) schlossen sich span. an. Mit den Zisterziensern kam die Gotik nach Portugal (S. Maria in Batalha). Zu voller Blüte entwickelte sich die Baukunst im 16. Jahrh. (Emanuelstil), in dem sich französisch-gotische, maurische und indische Formen verbanden. Seit Mitte des 16. Jahrh. herrschte italien. Einfluß vor. Die Bildhauerkunst schuf im MA. vor allem Grabmäler und entfaltete sich am reichsten zur Zeit des Emanuelstils. Der bedeutendste portugies. Maler ist N. Gonçalves (um 1450-80), der den Vinzenz-Altar schuf. Von den Bildhauern des 18. Jahrh. ist Machado de Castro, von den Malern F. Vieira und D. A. de Sequeira zu nennen. Die Bildhauer und Maler des 19. Jahrh. (M. A. Lupi, A. C. da Silva Porto) schlossen sich der franzöś. Entwicklung an.

portug'iesische Literatur. Bis in das 14. Jahrh. hinein blühte in Portugal und Galicien eine lyr. höfische Dichtung, die von der franzöś.-provenzal. Dichtung angeregt war. Die Prosa begann im 14. Jahrh. mit Adels- und Geschlechterbüchern, Chroniken, Heiligenlegenden. Der Abenteuerroman →Amadis von Gaula ist nur in der spanischen Fassung überliefert.
In der Renaissancezeit (15. und 16. Jahrh.) drang der Humanismus ein. Die ‚Palastdichtung‘, die der höfischen Unterhaltung diente, wurde von Garcia de Resende gesammelt (‚Cancioneiro geral‘). Bernardim Ribeiro (1482 bis 1552) und Cristóvão Falcão vertraten die neue Richtung gefühlsbetonter bukolischer Dichtung, bes. von unglücklicher Liebe. Der größte portugies. Lyriker und Epiker war Luís de Camões (‚Die Lusiaden‘).
Reich entfaltet ist im 16. Jahrh. die mystische Lyrik und Prosa. Montemôr (Montemayor, 1523-61) schrieb seinen berühmten Schäferroman ‚Diana‘ in span. Sprache.
Der Schöpfer des portug. Dramas ist Gil Vicente (†1540?). Sá de Miranda führte die klassizist. Komödie ein, deren wichtigstes Stück die ‚Eufrosina‘ des Jorge Ferreira de Vasconcellos (1515?-63?) ist.
17. und 18. Jahrh. werden durch die literar. Strömungen in Spanien beeinflußt. Im 18. Jahrh. stand Portugal unter dem Einfluß der Ideen der franzöś. Aufklärung, auch der engl. Philosophie.
Im 19. Jahrh. erfolgte durch die Romantiker eine Erneuerung aller literar. Gattungen. A. Herculano wurde der Schöpfer des histor. Romans; A. Garrett war Epiker und Lyriker und wurde zum Erneuerer des portugiesischen Dramas. Bürgerliche Sittenromane schrieb Camilo C. Branco, während J. Denís den ländl. Liebesroman pflegte.
Der Realismus wurde seit 1865 durch die ‚Generation von Coimbra‘ in die p. L. eingeführt. Der bedeutendste Romanschriftsteller des Realismus ist Eça de Queirós.
Führer der portugies. Moderne, die unter dem Einfluß der franzöś. Parnassiens und Symbolisten 1890 einsetzte, war der Lyriker E. de Castro (1869-1944). Gegen Ende des Jahrh. pflegten J. da Câmara (1852 bis 1908) und M. Mesquita (1856-1919) das histor. Drama und das moderne Gesellschaftsstück.
20. Jahrh. Als Lyriker ragen hervor die religiös-philosophischen Dichter A. C. d'Oliveira (1879-1960) und T. de Pascoaes (1877-1952), ferner der Symbolist F. Pessoa (1888-1935). Romanschriftsteller sind A. de Figueiredo (1866-1953), A. Ribeiro (1885 bis 1963), R. Brandão (1867-1930), V. Nemésio (* 1901), J. Ferreira de Castro (* 1898; ‚A selva‘, 1930). J. Dantas (1876-1962) gestaltete in Erzählungen und Dramen die portugiesische Kultur vergangener Epochen.
portugiesische Musik. Die portugies. Volksmusik berührt sich nur teilweise mit der spanischen, die Kunstmusik stand bis

Portugal: Tal im Bergland der Provinz Beira Alta

zum 17. Jahrh. unter span. und niederländ. Einfluß. J. D. Bomtempo (1775-1842) begründete die neuere p. M., deren bedeutendster Vertreter J. V. da Motta (1868-1948) wurde. J. Peixinho (* 1940) ragt als Avantgardist hervor.

portugiesische Sprache, eine romanische Sprache, gesprochen in Portugal, auf Madeira und den Azoren, im portugies. Überseegebiet und in Brasilien. Sie ist dem Galicischen in NW-Spanien eng verwandt. Die Schriftsprache und Aussprache beruht auf der Sprache von Coimbra und Lissabon. Das brasilian. Portugiesisch weicht von der Sprache Portugals ab.

Portug'iesisch-Guinea [-gin'ea], portugies. **Guiné Portuguesa,** portug. Überseeprovinz im Tiefland der W-Küste Afrikas, mit dem Bissagos-Archipel, 36 125 km² mit 550 000 Ew.; Klima heiß und feucht; Anbau und Ausfuhr von Reis, Mais, Kopra, Palmöl, Erdnüssen. Hauptstadt und -hafen ist Bissau. - P.-G., 1446 für Portugal in Besitz genommen, wurde 1879 Kolonie.

Portugiesisch-Indien, ehem. portugies. Überseeprov. in Indien, umfaßte Damão, Diu und Goa; gehört seit 1961 zu Indien.

Portugiesisch-Ostafrika, →Moçambique.

Portugiesisch-Westafrika, →Angola.

P'ortulak [lat.] der, 1) Gemüse-P., fette, oft rötliche Gemüse-, Würzpflanze, mit gelbl. Blütchen. 2) **Wasser-P.,** rotüberlaufenes Weiderichgewächs auf nassem Boden.

Portwein, portugies. Wein, bes. Rotwein.

Porz am Rhein, Stadt in Nordrh.-Westf., 79 000 Ew.; Dt. Forschungs- und Versuchsanstalt für Luft- und Raumfahrt; Glas- und elektrotechn. Industrie.

Porzell'an [ital.], das edelste keramische Erzeugnis, besteht aus 40-65% Kaolin, 15 bis 35% Feldspat, 12-30% Quarz. Die feinstgemahlenen Bestandteile werden in wäßriger Aufschlämmung gemischt, entwässert, fest gelagert (gemaukt) und nochmals durchgearbeitet. Runde Gegenstände (Schüsseln, Tassen, Teller) wurden früher auf der Töpferscheibe geformt, heute durch Eindrehen in Gipsformen. Vasen, Figuren, Terrinen werden in Gipsformen gegossen; Henkel, Ausgüsse u. a. in halbtrockenem Zustand mit breiartiger Masse angesetzt (garniert). Isolierteile, Schalter, Fassungen werden in Stahlformen gepreßt. Nach dem Trocknen werden die Gegenstände bei etwa 900° C vorgebrannt, dann mit Glasur überzogen und bei 1300 bis 1450° C fertig gebrannt (Gut- oder Glattbrand). Farben werden unter oder auf die Glasur aufgemalt. Je nach Zusammensetzung und Brenntemperatur unterschei-

Porzellanmarken: 1 Meißen (1725-63, 1813 bis 1924 und gegenwärtig). 2 Wien (unterglasurblau ab 1749). 3 Nymphenburg (1754 bis um 1800). 4 Ludwigsburg (um 1758-93). 5 Capo di Monte (bis 1759). 6 Frankenthal (1762-98). 7 Fürstenberg (18. und 19. Jahrh.). 8 Berlin, Königl. Manufaktur (1763-1837). 9 Höchst (um 1765-78). 10 Sèvres (1793-1800). 11 Kopenhagen, Königl. Manufaktur (Marke seit 1885). 12 Rosenthal (Neuzeit)

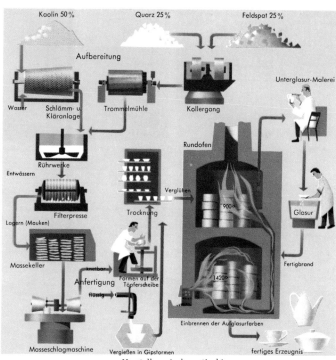

Herstellung (schematisch)

det man: Weich-, Hart-, Fritten-, Knochen-, Biskuit-, Seger-P. - Das Mutterland des P. ist China, wo es vermutlich seit dem 7. Jahrh. hergestellt wurde. Seit Ende des 13. Jahrh. kam chines. P. auch nach Europa. Die erste europ. Porzellanmanufaktur wurde 1710 in Meißen gegründet (→Böttger). Bald kamen hinzu Wien, Höchst, Nymphenburg, Berlin, Frankenthal, Fürstenberg, Ludwigsburg, Sèvres, Worcester, Chelsea, Capo di Monte, Kopenhagen, St. Petersburg (Bild S. 970). In Dtl. bestehen noch: Berlin, Nymphenburg, Meißen. Die Manufakturen sind aus den **Porzellanmarken** (auf der Unterseite) zu erkennen; die Formen dieser Zeichen wechseln, sie geben daher einen Anhalt für die Datierung. - Hauptsitz der P.-Industrie in der Bundesrep. Dtl. ist das Fichtelgebirge (Selb, Arzberg, Schönwald u. a.). - In der Bundesrep. Dtl. wurden 1971 Haushalts-, Wirtschafts- und Zier-P. für 318 Mill. DM, Hoch- und Niederspannungsmaterial für 182 Mill. DM hergestellt.

Porzellanblümchen, ⊕→Steinbrech.

Porzell'anerde, der →Kaolin.

Porzell'anschnecken, →Kauri.

Posam'enten [frz.] Mz., **Passamenten,** Besatzwaren wie Bänder, Borten, Fransen.

Pos'aune, italien. **Tromb'one,** tiefes Blechblasinstrument. Bei der **Zug-P.** kann jeder angeblasene Naturton durch Ausziehen des Rohres bis zu 6 chromat. Halbtönen vertieft werden; seltener und bes. für tiefste Lagen verwendet wird die **Ventil-P.** Die P. hat sich seit dem 15. Jahrh. entwickelt. (Bild Blasinstrumente)

Poeschel, Carl Ernst, * 1874, † 1944, Wegbereiter einer neuen Buchkultur in Deutschland, bes. als Leiter der Druckerei P. und Trepte in Leipzig.

Poschiavo [poski'a:vo], deutsch **Puschlav,** Landschaft im Kanton Graubünden, Schweiz, zwischen dem Berninapaß und der italien. Grenze, von der Berninabahn und -straße durchzogen. Hauptort: P.

P'ose [frz.] die, Haltung, Stellung, Gebärde. **Poseur** [-'œ:r], Wichtigtuer.

Pos'eidon, der griech. Gott des Meeres,

Bruder des Zeus, Gatte der Amphitrite; alle Meerwesen (Tritonen, Nereïden) sind sein Gefolge; seine Attribute sind Dreizack, Fisch und Delphin.

Poseid'onios, griech. Philosoph, * 135 v. Chr., † 51, Stoiker, dessen Lehre alles Wissen seiner Zeit umfaßte und auf die Philosophie des späten Altertums von großem Einfluß war.

P'osen, polnisch **Poznań,** Hauptstadt der poln. Woiwodschaft P., an der Warthe, 457 000 Ew., kath. Erzbischofssitz, Universität und andere Hochschulen, Museen, Bibliotheken; chem., metallverarbeitende, Landwirtschaftsmaschinen- und Glasind., Herstellung von Dieselmotoren, Textilien, kosmet. Artikeln; Internationale Messen. Alte Bauten: Dom (1453, später barock umgebaut, nach dem 2. Weltkrieg in alter Gestalt wiederaufgebaut), das Schloß und das Renaissance-Rathaus u. a. - Seit dem 10. Jahrh. Bischofssitz. 1253 deutsch besiedelt, Mitglied der Hanse.

Das Gebiet P. gehörte zum alten poln. Reich. Im MA. kamen dt. Siedler ins Land.

Posen: Konservatorium

Porzellan: links Muschelschale, Meißen, um 1730; rechts Kanne und Becken, Sèvres, 1757 (München, Bayer. Nationalmuseum)

1772 fiel der Netze-Distrikt, 1793 das übrige P. (,Südpreußen') an Preußen; seit 1815 als Provinz P. (1910: 2,1 Mill. Ew., davon rd. 1/3 deutschsprachig). 1919 kam diese bis auf einen Rest (Grenzmark P.-Westpreußen) an Polen.

Pos´illipo, Posilipo, Hügelzug aus Tuffstein südwestlich von Neapel.

Positi´on [lat.], **1)** Stellung, Ort, Lage (z. B. Schiff, Gestirn). **2)** Anstellung. **3)** Einzelposten (z. B. im Haushaltplan).

Positionslampen, Lampen auf Schiffen, Flugzeugen oder festen Punkten, bes. bei Nacht; auch Hochfrequenzsender, die in bestimmter Richtung strahlen, um Lage und Fahrtrichtung anzuzeigen.

p´ositiv [lat.], **1)** bejahend. **2)** tatsächlich, vorhanden; Gegensatz: negativ. **3)** △ größer als Null.

P´ositiv [lat.] *das,* **1)** Photoabzug. **2)** kleine Orgel mit wenig Stimmen in hoher Lage. **3)** **P. der,** Sprachlehre: Grundstufe bei der Steigerung.

Positiv´ismus [lat.], philosoph. Denkweise, die nur in dem unmittelbar Wahrgenommenen eine sichere Grundlage des Erkennens sieht.

Positivkopierverfahren, photomechan. Verfahren, bei dem an Stelle eines Negativs ein Positiv nach einem Kolloidgerbungsverfahren auf die Druckplatte kopiert wird.

Positivmodulation, beim Fernsehen eine Modulationsart, bei der den hellsten Bildstellen die größte Trägeramplitude entspricht und den schwarzen Bildstellen die geringste.

Positiv-Positiv-Verfahren, ein photograph. Kopierverfahren, bei dem man mit besonderem lichtempfindl. Material von einer positiven Vorlage direkt eine positive Kopie erhält.

P´ositron *das,* Antiteilchen des Elektrons, Zeichen: e+.

Posit´ur [lat.]*die,* Stellung, Haltung.

P´osse, derber, übermütiger Streich; derbkomisches Theaterstück.

Poss´essio [lat.] *die,* ♌ der Besitz.

Possess´iv [lat.] *das,* auch **Possessivpronomen,** das Besitzfürwort.

possess´orisches Rechtsmittel, die →Besitzstörungs- und Besitzentziehungsklage.

possierlich, drollig, spaßig.

Pößneck, Stadt im Bez. Gera, 19100 Ew.; vielseitige Industrie; spätgot. Rathaus, Stadtkirche St. Bartholomäus (1349).

post [lat.], nach, hinter; **p. f´estum,** nachträglich; **p. mer´idiem,** nachmittags; **p. Christum n´atum,** nach Christi Geburt.

Post, eine Organisation zum Übermitteln von Nachrichten durch Briefe, Postkarten u. a. oder auf dem Draht- und Funkweg, ferner für die Beförderung von Personen und Kleingütern sowie zur Abwicklung von Geldverkehr. In den meisten Ländern ist die P. eine staatl. Einrichtung (→Postregal), nur das Fernmeldewesen wird in außßereurop. Ländern, z. B. in den Verein. Staaten, oft vom Privatgesellschaften unter staatl. Aufsicht betrieben. In der Bundesrep. Dtl. hat der Bund die ausschließl. Gesetzgebung über die P. (→Deutsche Bundespost). Postähnl. Einrichtungen gab es schon im MA. Vom Ende des 15. bis ins 19. Jahrh. lag das dt. Postwesen im wesentlichen in den Händen der Familie Thurn und Taxis. 1850 wurde der **Deutsch-Österreichische Postverein** gegr., 1868 von Preußen die **Norddeutsche Bundespost.** 1880 wurde als selbständige oberste Reichsbehörde das **Reichspostamt** eingerichtet (nach dem 1. Weltkrieg oberste Behörde: Reichspostministerium); seit 1924 weitgehend verselbständigt. 1950 wurden die neugebildeten Verwaltungen in der Bundesrep. Dtl. dem Bundesmin. für das Post- und Fernmeldewesen unterstellt, 1964 eine neue Postordnung geschaffen. - In der Dt. Dem. Rep. ist das Post- und Fernmeldewesen (Dt. Post) seit 1949 dem Ministerium für Post- und Fernmeldewesen unterstellt. - In Österreich gibt es eine Generaldirektion für die Post- und Telegraphenverwaltung, in der Schweiz das Post- und Eisenbahndepartement und die Generaldirektion der P. T. T. (Post-, Telegraphen-, Telephonverwaltung, Bern). (Bild S. 971)

Postablage, Österreich, Schweiz: eine Postanstalt kleineren Umfangs.

Postagentur, ⚹ für Poststelle.

post´alisch, die Post betreffend.

Postam´ent [lat.] *das,* Sockel, Untergestell.

Postamt, nimmt den Postdienst und die Abwicklung des Postbetriebs wahr, untersteht einer Oberpostdirektion.

Postanweisung, Auftrag an die Post, einen eingezahlten Geldbetrag an einen Empfänger auszuzahlen (inländ. Höchstbetrag 1000 DM).

P´osten [ital.] *der,* **1)** ⚹ wachehaltender Soldat. **2)** Handel: der einzelne Bestandteil einer Rechnung oder eines Kontos.

Poster [p´ousta, engl.] *das,* künstler. Plakat, oft Nachdruck von klass. oder modernen Plakaten, Photos.

Posteriorität [lat.] *die,* Spätersein, zeitliches oder rangliches Nachstehen.

Posterität [lat.] *die,* Nachwelt, Nachkommenschaft.

postfrisch sind unbenutzte und unbeschädigte Briefmarken.

Postgeheimnis, ♌ das von den Postbeamten zu wahrende Amtsgeheimnis.

postglazi´al [lat.], nacheiszeitlich.

Postglossat´oren [lat.], **Kommentatoren,** die Mitglieder einer italien. Rechtsschule, bes. des 14. Jahrh. (Bartolus, Baldus u. a.). Sie sind die Begründer der modernen europ. Rechtswissenschaft.

Postgut, Kleingutsendung (bis 10 kg) für Großbeinlieferer zu ermäßigten Gebühren.

Posthaftung, ♌ die Haftung der Post für Schäden bei der Benutzung ihrer Einrichtungen. Die Post haftet für typisch postalische Schadensrisiken nur, soweit dies in den Postgesetzen und Nutzungsordnungen ausdrücklich bestimmt ist.

Posthorn, Signalhorn des Postillons, urspr. ein Naturhorn; Sinnbild der Post.

Posthornschnecke, eine Wasserlungenschnecke, lebt in pflanzenreichen Kleingewässern.

posth´um, fälschlich für →postum.

Post´ille [lat.] *die,* Sammlung von Predigten, Andachtsbuch.

Postillon [pɔstij´õ, frz.], **Postillion,** Postkutscher. **P.d´amour** [-dam´uːr], Liebesbote.

Postkarte, offen versendbare Mitteilungskarte mit aufgeklebtem oder eingedrucktem Postwertzeichen (seit 1870).

Postl, Karl, Erzähler, →Sealsfield.

postlagernd, im Auslandsverkehr **poste restante,** Vermerk auf Postsendungen, die das Postamt nicht zustellen, sondern aufbewahren soll, bis der Empfänger sie abholt.

Postleitzahl, Zahlenzusatz der Ortsbezeichnung, 1941 in Dtl. eingeführt, 1961 in der Bundesrep. Dtl. durch neue Gliederung ersetzt; in der Schweiz seit 1964, Dt. Dem. Rep. 1965, Österreich 1966.

Postl´udium [lat.] *das,* ♪ Nachspiel.

postnumer´ando [lat.], nachträglich zahlbar oder gezahlt.

Postregal, das dem Staat vorbehaltene Recht, Postanstalten zu errichten und zu betreiben. Dem P. unterliegt die entgeltl. Beförderung von verschlossenen Briefen und von mehr als einmal wöchentlich erscheinenden polit. Zeitungen außerhalb des Ortsbereichs.

Postscheckverkehr, bankmäßige Posteinrichtung für den (bes. bargeldlosen) Zahlungsverkehr. Beim **Postscheckamt** kann man sich ein **Postscheckkonto** errichten lassen (Stammeinlage 5 DM). Guthaben werden nicht verzinst. Überweisungen von Konto zu Konto erfolgen gebührenfrei, Bareinzahlungen durch **Zahlkarten,** Auszahlungen durch **Zahlungsanweisung;** auch Postanweisungs-, Postauftrags-, Nachnahmezahlungen werden gutgeschrieben.

Postkriptum]lat.] *das,* Abk. **P. S.,** Nachschrift.

Postsparkasse, Annahme (und Verzinsung) von Spareinlagen durch die Post. **Postsparbücher** (Mindesteinlage 1 DM) gibt jedes Postamt aus. Der Sparer kann an allen Postschaltern Beträge einzahlen oder abheben, jedoch können innerhalb von 30 Tagen nicht mehr als 2000 DM abgehoben werden.

Postul´at [lat.] *das,* **1)** Forderung. **2)** unbeweisbare, aber unentbehrliche Annahme.

postulieren, fordern, voraussetzen.

post´um [lat.], nachgeboren; nach dem Tode des Verfassers veröffentlicht.

Postvollmacht, schriftl. Vollmacht, Postsendungen für den Adressaten anzunehmen.

P´ostwertsendungen, Briefe, Pakete, Postgüter, die gegen bes. Gebühr unter Wertangabe versandt werden.

Postwertzeichen, Wertzeichen zum Freimachen von Postsendungen (Brief-, Freimarken, Vordrucke wie Postkarten usw.).

Postwurfsendung, unverschlossene, mit Sammelanschrift versehene Drucksachen, auch mit Warenproben, an bestimmte Empfängergruppen, werden zu ermäßigten Gebühren durch die Post verteilt.

Postzwang, die Pflicht des einzelnen, sich im Umfang des →Postregals ausschließlich der Posteinrichtungen zu bedienen.

Potamologie [grch.], Teilgebiet der Limnologie, das sich mit den fließenden Gewässern befaßt.

Pot-au-feu [potof´ø, frz.], französ. Nationalgericht: kräftige Fleischbrühe mit Fleisch, auch Geflügel, Gemüse und geröstetem Brot.

Pot´emkin [patj´ɔmkin], Grigorij Aleksandrowitsch Fürst, russ. Heerführer und Staatsmann, * 1739, † 1791, seit 1774 Günstling und polit. Ratgeber Katharinas II.; unterwarf 1783 die Krim. **P.sche Dörfer,** die angeblich von P. rasch aufgebauten Dörfer in der Krim, die der Kaiserin Wohlstand vorspiegeln sollten. Ungeachtet der Attrappen lag jedoch auch eine beachtl. Kolonisationsleistung vor.

pot´ent [lat.], leistungsfähig; zeugungsfähig; wohlhabend.

Potent´at [lat.] *der,* Herrscher, Machthaber.

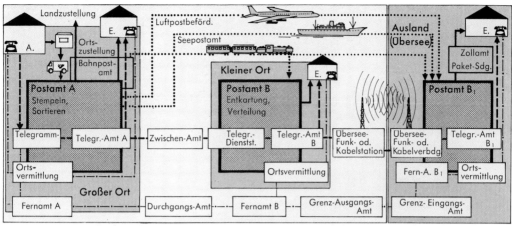

Postdienste im In- und Auslandsverkehr (schematisch; A= Absender, E= Empfänger)

potenti′al, potenti′ell [lat.], möglich; als Kraft vorhanden. **Potential** *das*, kennzeichnende Größe eines Kraft- oder Geschwindigkeitsfeldes **(Gravitations-, elektr., Strömungs-P.).** Elektrische **P.-Differenz,** elektrische Spannung.

Potenti′alis [lat.] *der*, Sprachlehre: die Möglichkeitsform des Zeitworts.

Potentiom′eter, ein Widerstand mit Schleifkontakt zur Spannungsregelung.

Potentiometrie, ein maßanalyt. Bestimmungsverfahren, bei dem das elektrochem. Potential als Indikator verwendet wird.

Pot′enz [lat.] *die*, 1) Macht, Leistungsfähigkeit. 2) Zeugungskraft. 3) △ Produkt gleicher Faktoren, z. B. $5^3 = 5 \cdot 5 \cdot 5 = 3$. Potenz von 5. 4) Philosophie: die reine Möglichkeit, im Unterschied zum Akt.

Pot′enza, 1) Provinz in Süd-Italien, 6545 km², 419 800 Ew. **2)** die Hauptstadt von 1), 54 200 Ew.

potenzieren, 1) steigern, verstärken, **2)** △ zur Potenz erheben.

Pot′estas [lat.] *die*, Gewalt, Macht; im röm. Recht bes. Amtsgewalt der Beamten; Gewalt des Familienvaters →patria potestas.

P′otiphar, A. T.: ein ägypt. Beamter; seine Frau versuchte, den Joseph zu verführen.

Potocki [pɔt′ɔtski], Jan Graf, poln. Historiker und Schriftsteller, * 1761, † 1815; Erzählungen ,Die Handschrift von Saragossa' (1803-15).

Potomac [pət′oumək], Fluß in den USA, 670 km lang, vom Alleghenygebirge, mündet in die Chesapeake Bay.

Potosí [pɔtɔs′i], Hauptstadt des Dep. P. in Bolivien, 57 900 Ew., 4040 m ü. M., Zinnbergbau (früher Silber); Universität.

Potpourri [p′ɔtpuri, frz.] *das*, 1) Verschiedenerlei, Allerlei. 2) Tonstück aus verschiedenen, einem größeren Werk (Oper u. a.) entstammenden Melodien.

P′otsdam, 1) Bezirk der Dt. Dem. Rep., wurde 1952 aus dem Westteil Brandenburgs und einem kleinen Teil Sachsen-Anhalts gebildet, 12 572 km², 1,133 Mill. Ew., umfaßt die Stadtkreise Brandenburg (Havel) und P. sowie die Landkreise Belzig, Brandenburg, Gransee, Jüterbog, Königs Wusterhausen, Kyritz, Luckenwalde, Nauen, Neuruppin, Oranienburg, P., Pritzwalk, Rathenow, Wittstock, Zossen.

2) Hauptstadt von 1), südwestl. von Berlin, an der Havel, 111 300 (1939 : 137 200) Ew.; hat Pädagogische Hochschule, Astrophysikalisches, Meteorolog. Observatorium, Geodät. Institut u. a., Industrie: Bootsbau, Elektrotechnik, Feinmechanik, Lokomotivbau, Metallverarbeitung, Konserven u. a. Der Ortsteil Babelsberg ist Filmstadt. Die Altstadt wird von einem Vorstadtring umschlossen. Der Stadtkern mit den klassizist.

Bauten der friderizian. Zeit wurde 1945 schwer beschädigt (u. a. Stadtschloß, Garnisonkirche, 1730-35). Die Nikolaikirche (1830-37) wurde wiederhergestellt. Im N von P. liegt der Neue Garten mit Marmorpalais (1787-90, vollendet 1845) und Schloß Cecilienhof (1913-17), auf dem Pfingstberg Belvedere (1849), im W→Sanssouci. - Unter dem Großen Kurfürsten zeitweise Residenz, seit 1713 zur zweiten preuß. Residenz ausgebaut. - Im **Edikt von P.** (8. 11. 1685) rief der Große Kurfürst die Hugenotten nach Brandenburg.

Potsdamer Abkommen, unterzeichnet am 2. 8. 1945 als Ergebnis der **Potsdamer Konferenz** (17. 7.-2. 8.) zwischen Truman, Stalin und Churchill, an dessen Stelle am 25.-7. Attlee getreten war. Vereinbart wurden u. a.: Grundsätze der polit. und wirtschaftl. Behandlung Dtl.s, Reparationen, Demontagen, Übertragung der Verwaltung der dt. Ostgebiete an die Sowjetunion und Polen bis zu einer Friedensregelung (wobei der Sowjetunion die Unterstützung ihres Anspruchs auf Königsberg und das anliegende Gebiet zugesagt wurde); die Ausweisung der Deutschen aus den osteurop. Gebieten wurde mit der Bestimmung einer geordneten und humanen Durchführung gebilligt. Frankreich und China wurden eingeladen, einem Fünf-Mächte-Rat der Außenminister (Sitz London) beizutreten, der zuerst die Friedensverträge mit Italien, Bulgarien, Finnland, Rumänien und Ungarn vorbereiten sollte. - Für Dtl. wurde die Herstellung der wirtschaftl. Einheit und die Einsetzung zentraler Verwaltungsinstanzen vereinbart, aber nicht durchgeführt.

Pottasche, Kaliumcarbonat.

P′otter, Paulus, holländ. Maler, * 1615, † 1654, Tierbilder.

Potteries [pɔt′əriz, engl. ,Töpfereien'],

Potsdam: Bildergalerie in Sanssouci

Pottery District, Fabrikgegend im westl. Mittelengland mit Steingut- und Porzellanindustrie.

P′ottwale, Familie der Zahnwale mit zwei Arten: **P.** oder **Kaschelot,** 18-20 m lang; der Kopf enthält das ölartige Walrat. Der **Zwerg-P.** wird 3-4 m lang.

Poularde [pul′ardə, frz.] *die*, junger, gemästeter, früher auch kastrierter Hahn.

Poulenc [pul′ɛ̃k], Francis, französ. Komponist, * 1899, † 1963, schrieb in neoklassizist. Stil Opern, Lieder u. a.

Poulet [pul′ɛ, frz.] *das*, sehr junges Masthuhn oder -hähnchen.

Poulsen [-au-], Valdemar, dän. Radiotechniker, * 1869, † 1942, baute 1898 das erste betriebsfähige Magnet-Ton-Gerät (,Telegraphon'), 1903 den Lichtbogensender.

Pound [paund] *das*, Abk. **Ib.,** engl. und amerikan. Pfund (Gewicht). **P. Sterling** [st′əːliŋ], die Währungseinheit des Sterlingblocks, →Pfund.

Pound [paund], Ezra, amerikan. Lyriker, * 1885, lebte 1922-45 in Rapallo, kam wegen seines Eintretens für den Faschismus seit 1945 in ein amerikan. Straflager, dann in

Ezra Pound   John B. Priestley

eine Heilanstalt; 1958 entlassen. Als Dichter Haupt der →Imagisten. Seine experimentelle Lyrik (,Cantos', seit 1917) übte großen Einfluß aus.

Pour le mérite [purləmer′it, frz. ,für das Verdienst'], **1)** 1740-1810 der höchste preuß. Verdienstorden, von Friedrich d. Gr. gestiftet, 1810-1918 nur als Kriegsorden; **2)** Friedensklasse für Verdienste um Wissenschaft und Kunst, 1842 von Friedrich Wilhelm IV. gestiftet, 1952 erneuert: je 30 deutsche und ausländ. Mitglieder; Ergänzung durch Zuwahl.

Pourtalès [purtal′ɛs], Guy de, französ.-schweizer. Schriftsteller, * 1881, † 1941; Musikerbiographien, Romane (,Der wunderbare Fischzug', 1937).

Poussin [pus′ɛ̃], 1) Gaspard, eigentl. **Dughet,** französ. Landschaftsmaler, * 1615, † 1675; Schwager von 2).

2) Nicolas, französ. Maler, * 1593 oder

N. Poussin: Landschaft mit Diogenes, 1648 (Paris, Louvre)

1594, † 1665, tätig in Rom, an der Antike, an Raffael und Tizian geschult, malte Bilder aus der antiken Welt, religiöse Darstellungen und südl. Landschaften, deren ins Erhabene gesteigerter Stil die heroische Landschaft begründete.

Powell [p'ouəl, p'auəl], **1)** Cecil Frank, engl. Physiker, * 1903, † 1969, Prof. in Bristol, war an der Entwicklung der Kernphotoplatte beteiligt, entdeckte mit Occhialini die π-Mesonen. Nobelpreis 1950.
2) Enoch John, brit. Politiker, * 1912, tritt für eine Begrenzung des farbigen Bevölkerungsanteils in Großbritannien ein.

Powys [p'ouis], John Cowper, engl. Schriftsteller, * 1872, † 1963; Romane (‚Wolf Solent', 1929).

Pozzu'oli, Hafenstadt am Golf von Neapel, Italien, 63 200 Ew., hat Ruinen einer römischen Markthalle (‚Serapeum'), deren Säulen von Meeresmuscheln angefressen sind (Beweis für Hebungen und Senkungen des Festlands, zuletzt 1970 um 1,40 m).

pp, ♪ pianissimo, sehr leise.
pp. [lat. **p**erge, **p**erge ‚fahre fort!'], und so weiter.
PP., Abkürzung für latein. Patres.
P. P., auch **p. p., 1)** Abk. für lat. praemissis praemittendis, ‚nach Vorausschickung des Vorauszuschickenden', Ersatz für Anrede und Titel. **2)** Abkürzung für franzö-
port **p**ayé ‚Porto bezahlt' (Handelsklausel).
ppa., p. p., ◊ Abk. für lat. **p**er **p**rocura.
Pr, chem. Zeichen für Praseodym.
PR, Abk. für →Public relations.
prä... [lat.], vor..., vorher.).
Prä'ambel [lat.] die, Vorspruch, Eingang, z. B. bei Staatsverträgen, Gesetzen.
Präb'ende [lat.] die, die →Pfründe.
Prachtfinken, die Weberfinken.
Prachtkäfer, bes. in den Tropen lebende Käfer; meist Blütenstaubfresser mit prächtigen Metallfarben, so der **Kiefern-P.** Die Larven bohren in Holz.
Prachtlein, eine nordafrikan. rotblühende Zierpflanze der Gattung Flachs.
Prachtnelke, ⊕ die Donie.
praecox [lat.], frühreif, frühzeitig.
Prädestination [lat.], Vorherbestimmung.
prädestin'iert, vorherbestimmt.
Prädestinationslehre, die christl. Lehre, daß ein von Ewigkeit her feststehender Willensentschluß Gottes über Seligkeit oder Verdammnis der Menschen entscheidet. Die P. wurde zuerst von Augustinus entwickelt. Die kath. P. läßt die zur Seligkeit bestimmten Menschen durch Gottes Gnadenwahl ihr Ziel erreichen, die anderen wegen ihrer von Gott vorausgesehenen Sünden verworfen sein. Diese doppelte

Prädestination stand bei Calvin mehr im Vordergrund als bei den anderen Reformatoren. Die heutige protestant. Dogmatik lehnt die doppelte P. ab.
Prädik'ant [lat.], Prediger.
Prädikantenorden, die →Dominikaner.
Prädik'at [lat.] das, **1)** Grammatik: Satzaussage. **2)** ehrendes Beiwort; Titel.
prädisponiert [lat.], vorausbestimmt; empfänglich, anfällig (für Krankheiten).
Pr'ado [span.] der, **1)** öffentl. Parkanlage in span. Städten. **2)** das span. Nationalmuseum, hervorgegangen aus königlichem Besitz, Meisterwerke bes. der span. Malerei.
prädominieren [lat.], vorherrschen, überwiegen.
Präexist'enz [lat.], früheres Dasein, das Bestehen der Seele vor der Geburt.
Praefat'ion [lat.], abendländ. Liturgie: der veränderl. Teil des Hochgebets.
Präf'ekt [lat.] der, Titel hoher Beamter: **1)** im alten Rom: **praefectus,** Amtsträger in Verwaltung oder Heer; **2)** in Frankreich: **préfet,** der oberste Verwaltungsbeamte eines Départements.
Präfer'enz [lat.] die, Vorzug, Vorrang; ◊ die gegenseitige Vorzugsbehandlung zwischen zwei oder mehreren Ländern, bes. durch niedrige Zollsätze (Vorzugszölle, **Präferenzzölle).**

Präf'ix [lat.] das, Grammatik: Vorsilbe.
Prag, tschech. **Pr'aha,** Hauptstadt der Tschechoslowakei, beiderseits der Moldau, 1,034 Mill. Ew., geschlossenes Stadtbild aus der Zeit der Gotik und des Barocks mit vielen Palästen. Auf dem hochgelegenen Hradschin der got. Dom St. Veit (von P. Parler vollendet) mit Wenzelkapelle, Grabmal des hl. Nepomuk; in der Altstadt das Rathaus, die Universität. Die künstlerisch bedeutendste Brücke ist die von P. Parler begonnene got. Karlsbrücke mit got. Brückentürmen und barocken Standbildern. Sitz eines kath. Erzbischofs und des Patriarchen der tschechoslowak. hussit. Kirche, mehrere Hochschulen; Maschinen-, Flugzeug-, Kraftfahrzeug- u. andere Industrie. - 1344 Erzbistum. Glanzzeit unter Karl IV.; 1348 Gründung der ersten dt. Universität. 30. 7. 1419 1. Prager Fenstersturz: Beginn der Hussitenkriege. 23. 5. 1618 2. Prager Fenstersturz: Beginn des Dreißigjährigen Kriegs. 1939-45 war P. Hauptstadt des Protektorats Böhmen und Mähren.
Prägedruck, 1) Drucktechnik: auf Prägepressen hergestellter reliefartiger Druck **(Reliefdruck)** von gravierten oder tiefgeätzten Platten mit oder ohne Druckfarbe, z. B. für Buchdecken, Plakate, Packungen u. a. **2) Gaufrage,** →gaufrieren.
prägen, 1) Drucktechnik: →Prägedruck. **2)** Fertigungstechnik: zwischen Formwerkzeugen, die das Werkstück (Metall, Kunststoff) umschließen, Oberflächen mit geringer Profilierung durch Kaltumformen herstellen. **3)** →Münzprägung.
prägepolieren, vorbearbeitete Oberflächen durch unter Druck darübergeführte, hochglanzpolierte Werkzeuge (z. B. Stahlrolle) glätten.
präglazi'al [lat.], voreiszeitlich.
Pragm'atik [grch.] die, Sachkunde, bes. die Geschäftsordnung im Staatsdienst.
pragmatisch [grch.], auf Tatsachen beruhend; auf die Praxis bezogen.
Pragmatische Sanktion, ein Staatsgrundgesetz: **1)** Die P. S. von Bourges vom 7. 7. 1438, durch die Karl VII. der franzö. Kirche Sonderrechte vorbehielt, bildete die Grundlage des Gallikanismus. **2)** die P. S. Karls VI. vom 19. 4. 1713: Unteilbarkeit der habsburg. Länder, weibl. Thronfolge (zugunsten seiner Tochter Maria Theresia); →Österreichischer Erbfolgekrieg. **3)** das 1789 beschlossene, 1830 veröffentlichte span. Gesetz zur Abschaffung des sal. Erbfolgerechts. Es ermöglichte die Thronbesteigung Isabellas II. und führte zum Aufstand der →Karlisten.
Pragmat'ismus, philosoph. Lehre, die alles theoret. Erkennen nur nach prakt. Konsequenzen wertet (W. James). Dem **In-**

Prag: Altstadt mit Teynkirche

strumentalismus (Dewey) ist Erkennen nur ein Werkzeug menschl. Handelns.

prägn'ant [lat.], bündig, treffend-kurz.

Prägn'anz *die*, Bestimmtheit, Begriffsschärfe.

Prähist'orie [lat.] *die*, die Vorgeschichte. **prähistorisch**, vorgeschichtlich.

Prahm *der*, breiter flacher Lastkahn.

Pr'aia, die Hauptstadt der Kapverdischen Inseln, auf der Insel São Tiago, 32 300 Ew.

Präjud'iz [lat.] *das*, -es/-e, eine Gerichtsentscheidung, die für spätere Rechtsfälle bindend ist.

Präk'ambrium *das*, Geologie: die vor dem Kambrium liegenden Formationsgruppen.

Präklusion [lat.] *die*, die Ausschließung; die bei Versäumnis einer befristeten Rechtshandlung eintretende Verwirkung.

Präkogniti'on [lat.], außersinnl. Wahrnehmung, Vorausblick in die Zukunft; Gegenstand der Parapsychologie.

Pr'akrit [Sanskrit] *das*, eine Gruppe mittelind. Mundarten, die zwischen 500 v. Chr. bis 1000 n. Chr. neben dem Sanskrit gebraucht wurden. In P. sind religiöse Schriften der Dschainas und Buddhisten, auch weltl. Dichtungen der Hindus abgefaßt.

Pr'aktik [grch.] *die*, **1)** Praxis, Ausübung. **2)** Kunstgriff, Kniff.

praktik'abel, zweckdienlich, brauchbar; Bühnentechnik: wirklich, nicht nur gemalt.

Pr'aktikum *das*, -s/...ka, **1)** prakt. Tätigkeit zur Vorbereitung auf bestimmte Berufe (Praktikantenzeit). **2)** im akadem. Unterricht: Übung zur prakt. Anwendung des Gelernten.

pr'aktisch, 1) für das tätige Leben tauglich, Gegensatz: theoretisch. **2)** zweckdienlich, brauchbar, geschickt, Gegensatz: unpraktisch. **3)** tätig, die Praxis ausübend.

praktischer Arzt, volkstümlich: Arzt mit Allgemeinpraxis.

praktische Theologie, die theolog. Wissenschaft, die sich mit den Bedingungen und Formen des kirchl. Handels befaßt.

praktizieren, ausüben (Anwalt, Arzt).

Prāl'at [mlat.], ein hoher kirchl. Amtsträger; in der evang. Kirche in einigen Landeskirchen die Leiter der Aufsichtsbez. und der Vertreter der EKD bei der Bundesregierung; in der Kath. Kirche in →Ordinarius. Daneben gibt es Ehrenprälaten.

prälimin'ar [lat.], einleitend, vorläufig. **Präliminarien**, Vorverhandlungen, vorläufige Abmachungen.

Präliminarfrieden, der →Vorfrieden.

Pral'ine [frz.] *die*, **Pr'aliné** *das*, Süßigkeit mit Schokoladenkruste.

Pralltriller, Schneller, ♪ eine Verzierung: die einmalige schnelle Berührung der Obersekunde von einem Hauptton aus.

Prāl'udium [lat.] *das*, das einleitende Vorspiel, bes. das freie Choralvorspiel auf der Orgel; Einleitungsstück der Suite und bes. der Fuge.

Pr'ämie [lat.] *die*, **1)** Belohnung für Verdienste. **2)** 🐟 Zuschuß (Ausfuhr-P.). **3)** Börse: das Reugeld beim P.-Geschäft. **4)** Zuschlag zum Lohn. **5)** Risikozuschlag. **6)** Versicherung: der regelmäßige Beitrag des Versicherten. **7)** Lotterie: Zusatzgewinn.

Prämienanleihe, verzinsliche Lotterieanleihe, →Lotterie.

Prämiengeschäft, Börse: bedingtes Termingeschäft, das den Rücktritt gegen Zahlung einer Prämie zuläßt.

Prämienlohn, ein Lohn, der Prämien für bes. Leistungen enthält.

Prämiensparen, 1) ein Sparverfahren bei Volksbanken und Sparkassen: ein Sparund ein Auslosungsbetrag sind einzuzahlen. **2)** →Sparprämie. **3)** →Wohnungsbauprämie.

prämi'ieren [lat.], mit einem Preis auszeichnen (bei einem Wettbewerb).

Prām'isse [lat.] *die*, die Vorbedingung, aus der in einem logischen Schluß auf das Ergebnis (Konklusion) geschlossen wird.

Prämol'aren [lat.], 🦷 →Zähne.

Prämonstrat'enser, kath. Orden, gestiftet

1120 vom hl. Norbert von Xanten in Prémontré mit der Augustinerregel, verdient um die Christianisierung N-Dtl.s. Weibl. Zweig: **Prämonstratenserinnen.**

Prampol'ini, Enrico, italien. Maler, Architekt, Bühnenbildner und Kunsthistoriker, * 1894, † 1956, Futurist, in Paris bei der Gruppe Abstraction - Création, empfahl das Kunstprogramm der Futuristen für die Bühne.

Pr'andtauer, Jakob, der bedeutendste Klosterbaumeister des österreich. Barocks, * 1660, † 1726, schuf in Melk a. d. Donau die weithin die Landschaft beherrschenden Stiftsbauten (seit 1701).

Prandtl, Ludwig, Physiker, * 1875, † 1953, Prof. in Göttingen, Direktor des Kaiser-Wilhelm-Instituts für Strömungsforschung, Begründer der modernen Aero- und Hydrodynamik.

Prandtl-Rohr, Gerät zum Messen des Gesamtdrucks und des stat. Drucks in einer Strömung.

Pranger *der*, der Schandpfahl, ein steinerner oder hölzerner Pfahl, an dem im MA. Verbrecher zur Schau gestellt wurden.

pränumer'ando [lat.], im voraus zahlbar oder gezahlt. **pränumerieren**, vorauszahlen.

Präpar'ant, Hersteller von Präparaten.

Präpar'at [lat.] *das*, **1)** Arzneimittel. **2)** Schaustück zur Lehrzweck.

Präparati'on [lat.], Vorbereitung; Zurichtung. **Präpar'ator**, Hersteller von Präparaten.

präparieren, 1) herrichten zur Aufbewahrung als Schaustück. **2)** vorbereiten.

Präpositi'on [lat.], das Verhältniswort.

Praep'ositus [lat.] *der*, Vorsteher, Propst.

Praep'utium [lat.] *das*, die Vorhaut des Penis und der Clitoris.

Präraffael'iten, die Künstler der von den engl. Malern D. G. Rossetti, W. H. Hunt, J. E. Millais u. a. 1848 gegr. ,Präraffaelitischen Bruderschaft', sich der F. M. Brown, E. Burne-Jones, W. Morris u. a. anschlossen. Ihr literar. Wortführer war Ruskin. Die P. suchten der Kunst einen neuen Gehalt zu geben, indem sie auf die Maler vor Raffael zurückgingen. Die Kunst der P. war eine der Voraussetzungen des engl. Jugendstils.

Prär'ie [frz. ,Wiese'] *die*, die große baumlose Grasebene Nordamerikas, vom Saskatchewan im N bis gegen den Golf von Mexiko im S, im W vom Felsengebirge, im O und N von den Waldgebieten begrenzt.

Prärichunde, Nagetiere, vorwiegend in Nordamerika, graben Wohnhöhlen und haben eine bellende Stimme.

Nordamerikanischer Präriehund, etwa 40 cm lang, davon 7 cm Schwanz

Prärie-Indianer, die indian. Stämme in der nordamerikan. Prärie, Büffeljäger, deren Kultur ihren Höhepunkt erst erreichte, als sie im 17. Jahrh. von den Europäern Pferde erhielten. Sie lebten in Fellzelten (Tipi), trugen Lederkleidung, führten neben Bogen den Tomahawk, später Feuer-

Präriewolf (Widerristhöhe 55 cm)

waffen. Zu den P.-I. gehören Mandan, Sioux u. a.

Präriewolf, Heulwolf, Coyote, ein den Hunden zugehöriges Raubtier in Nordamerika.

Prärogat'iv [lat.] *das*, die Vorrecht des Staatsoberhauptes (z. B. Begnadigung).

Pras'ad, Radschendra, ind. Politiker, * 1884, † 1963, Jurist, mehrmals Vors. des Ind. Nationalkongresses, 1946 Vors. der Verfassunggebenden Versammlung, 1950 bis 1962 Staatspräs. der Ind. Republik.

Pr'äsens [lat.] *das*, -/...s'entia, die Gegenwartsformen des Zeitworts.

präs'ent [lat.], anwesend, verfügbar; geistesgegenwärtig.

Präs'ent [frz.] *das*, Geschenk.

Präsentati'on [lat.] *die*, das Vorzeigen, Vorlegen; der Vorschlag für ein Amt.

präsentieren [lat.], **1)** überreichen, vorlegen, vorschlagen. **2)** ⚔ Ehrenbezeigung: das Gewehr senkrecht vor den Körper bringen.

Präs'enz [lat.], die Anwesenheit.

Präsenzbibliothek, Bibliothek, bei der die Benutzung der Bücher nur in der Bibliothek selbst möglich ist.

Praseod'ym *das*, chem. Zeichen Pr., chem. Element, Metall, Ordnungszahl 59, Atomgewicht 140,907, Schmelzpunkt 935° C, Siedepunkt 3130° C, spezif. Gewicht 6,78. P.-Verbindungen werden für grüne Unterglasurfarben in der Porzellanmalerei verwendet.

Präs'epe [lat. ,Krippe'], Sternhaufen im Sternbild Krebs.

Präservat'iv [lat.-frz.] *das*, Kondom.

P'räses [lat.], in der EKD: der gewählte Vorsitzende einer Provinzial- oder Landessynode; Rheinland und Westfalen: auch Vorsitzender der Kirchenleitung.

Präsid'ent [lat.], der Vorsitzende; im Amtstitel für den Leiter von Staatsorganen, von Behörden sowie öffentl. Anstalten oder Körperschaften (z. B. Staats-P., Minister-P., Polizei-P.); vielfach auch Titel in privaten Vereinigungen.

Präsidenten-Pokal, Pferdesport: seit 1968 verliehener Ehrenpreis der Internat. Reiterl. Vereinigung für Nationenpreis-Mannschaften.

Präsid'aldemokratie, →Demokratie.

Präsidialgewalt, die Autorität und Macht eines republikan. Staatspräs.

Präsidialkanzlei, im Dt. Reich 1934-45 die Kanzleibehörde des Reichsoberhauptes. Ihr entspricht heute das →Bundespräsidialamt.

Präsidialsystem, die Regierungsform, bei der die Spitze der Exekutive, die zugleich Staatsoberhaupt ist, nicht vom Parlament bestimmt wird und von diesem unabhängig ist (z. B. in der Verein. Staaten).

präsidieren, den Vorsitz führen.

Präs'idium [lat.] *das*, -s/...dien, eine den Vorsitz führende Personenmehrheit als Kollegialorgan.

Präskription [lat.] *die*, →Verjährung.

prästabiliert [lat.], von vornherein festgesetzt, vorausbestimmt.

prästabilierte Harmonie, →Leibniz.

präsumieren [lat.], voraussetzen, anneh-

973

men. **Präsumtion,** Vermutung. **präsumt´iv,** mutmaßlich.

Prätend´ent [lat.], einer, der auf etwas Anspruch erhebt, bes. ein Fürst auf einen ihm vorenthaltenen Thron **(Thron-P.).**

prätendieren [lat.-frz.], beanspruchen. **Prätention,** Anspruch, Anmaßung. **prätenti´ös,** anmaßend.

Pr´ater [von ital. prato ‚Wiese‘] der, großer Naturpark mit Volksbelustigungsstätten in Wien.

Präteritopr´äsens[lat.]*das*,Mz. . . . s´entia, in den german. Sprachen ein starkes Zeitwort, dessen ursprüngliche Vergangenheitsform Gegenwartsbedeutung angenommen hat, z. B. ‚ich weiß‘, eigentlich ‚ich habe gesehen‘ [lat. vidi].

Prät´eritum [lat.] *das*, Vergangenheit des Zeitworts.

pr´aeter pr´opter [lat.], ungefähr.

Prät´ext [lat.] *der*, Vorwand.

Pr´ati, Giovanni, italien. Schriftsteller, * 1814, † 1884; Spätromantiker; Sonette, Verserzählung ‚Edmenegarda‘.

Pr´ätigau, →Prättigau.

Pr´ato, Stadt in der Toskana, Italien, 143 400 Ew., Dom (auf das 9. Jahrh. zurückgehend, Außenkanzel mit Reliefs von Donatello), Kastell Kaiser Friedrichs II.; Woll- und Lederwarenindustrie.

Pratol´ini, Vasco, italien. Schriftsteller, * 1913; Romane (‚Chronik armer Liebesleute‘, 1947).

Pr´ätor [lat.] *der*, s´. . . t´oren, urspr. wohl der Heermeister des röm. Königs, in der Frühzeit der Rep. Amtsbez. der obersten Magistrate, seit 367 v. Chr. Titel eines Beamten für die Zivilgerichtsbarkeit: **p. urbanus** für die röm. Bürger, **p. peregrinus** für Prozesse zwischen Bürgern und Nichtbürgern. **Prät´ur** *die*, das Amt des P.

Prätori´aner [lat.], seit dem 2. Jahrh. v. Chr. die Garde röm. Feldherren, seit Augustus die Leibwache der Kaiser.

Prät´orius, Michael, Komponist und Musikschriftsteller, * 1571, † 1621, schuf evang. Kirchenmusik (Choralbearbeitungen, Lieder, Motetten, Konzerte) und das theoret. Werk ‚Syntagma musicum‘.

Pr´atteln, Gem. im Kt. Basel-Land(schaft), am Rhein, 16 600 Ew.; Waggon-, Metall-, chem. u. a. Industrie.

Pr´ättigau [‚Wiesengau‘] *der* oder *das*, romanisch **Val Partens,** das Tal der Landquart im Kanton Graubünden, Schweiz, 40 km lang. Hauptorte: Klosters, Schiers, Seewies, Serneus, Fideris.

Präval´enz [lat.] *die*, Vorrang, Übergewicht.

Präventi´on [lat.], im Strafrecht →Generalprävention, →Spezialprävention.

prävent´iv [lat.], ⚕ vorbeugend.

Präventivkrieg, ein Angriffskrieg, mit dem man dem vom Gegner geplanten Krieg zuvorkommen will.

Präventivmedizin, die vorbeugende (prophylaktische) Medizin.

Präventivmittel, ⚕ ein Mittel zur Empfängnisverhütung (→Empfängnis).

Pr´awda [russ. ‚Wahrheit‘] *die*, seit 1918 in Moskau erscheinende Tageszeitung, Organ der Kommunist. Partei der Sowjetunion.

Pr´axis [grch.] *die*, Ausübung, Erfahrung, Brauch; Tätigkeit, Berufsbetrieb (des Arztes, Rechtsanwalts).

Prax´iteles, griech. Bildhauer der Spätklassik des 4. Jahrh. v. Chr., schuf Götterbilder auf anmutig vermenschlichende Art; durch kaiserzeitl. Kopien bekannt: ‚Aphrodite von Knidos‘ (mit der erstmals in der griech. Kunst die Schönheit des nackten Frauenkörpers der männl. Gestalt gegenübergestellt wird), ‚Apollo Sauroktonos‘ (Eidechsentöter) u. a. Der ‚Hermes mit dem Dionysosknaben‘ in Olympia ist wohl ein Spätwerk des P.

Präzed´enz [lat.] *die*, Vorrang.

Präzedenzfall, ein Musterfall, der späteren Sachverhalten als Vorbild dienen kann, z. B. in der polit. Verwaltung. Für gerichtliche Entscheidungen →Präjudiz. Im

---

Staats- und Völkerrecht wirken P. oft rechtserzeugend.

Präz´eptor [lat.] *der*, Lehrer, Hauslehrer.

Präzessi´on [lat.], die Drehbewegung der Figurenachse eines Kreisels um die raumfeste Drehimpulsachse; bes. in der Astronomie: das Vorrücken der Tagundnachtgleichen, das darauf beruht, daß der Frühlingspunkt auf der Ekliptik jährlich um 50,26´´ zurückläuft. Da er in rd. 25 800 Jahren einmal umläuft, ist dieser Zeitraum die Periode der P.

Präzipitation [lat.], ⚕ die Trübung oder Bildung eines Niederschlags **(Präzipitat)** beim Zusammenbringen, z. B. von Blutserum eines Tieres, dem eine körperfremde Eiweißart eingespritzt wurde, und einer Lösung dieses körperfremden Eiweißes. Die P. dient zur Unterscheidung von Blutarten u. a.

präz´is [frz.], genau; knapp. **Präzision,** Genauigkeit. **präzisieren,** genau angeben.

Präzisionsuhren, Uhren mit einer hohen Ganggenauigkeit, z. B. Quarzuhren, Atomuhren.

Précieuses[presj´ø:z,frz. ‚die Kostbaren‘], Gruppe gebildeter Damen, die in der 1. Hälfte des 17. Jahrh. im Salon der Marquise de Rambouillet zusammenkamen (→Rambouillet 2) und den Grund für die Kultur des geselligen Gesprächs legten. Mit der von ihnen geschaffenen Kunstsprache bereiteten sie den dichter. Stil der französ. Hochklassik vor. Die späteren Übertreibungen des Preziösentums wurden von Molière verspottet.

Prede´al, T´ömöscher Paß, Paß der Südkarpaten in Rumänien, 1033 m hoch. Südlich davon der Kurort P.

Pred´ella [ital.] *die*, **Altarstaffel,** beim Altar des Spät-MA., z. T. auch der Renaissance der Unterbau mit einer gemalten oder plast. Darstellung.

Prediger, 1) Verkünder des Wortes Gottes. 2) geistl. Hilfskraft in einigen evang. Landeskirchen.

Predigerorden, die →Dominikaner.

Prediger Salomo, Koh´elet, Ekklesi´astes, ein dem König Salomo zugeschriebenes Buch der A. T.

Predigerseminar, Vorbildungsanstalt zum Kirchendienst für evang. Theologen.

Predigt, die gottesdienstl. Rede zur Verkündung und Auslegung des Wortes Gottes und der Kirchenlehre.

Pred´il *der*, Paß (1156 m) in den Julischen Alpen, verbindet Gail- und Isonzotal.

Pŕedmost, tschech. **Pŕedmosti,** Dorf bei Prerau, Mähren, Fundort einer der größten altsteinzeitl. Siedlungen mit Überresten von nahezu 1000 Mammuts, Massengrab von Menschen, Knochenskulpturen.

Praxiteles: Hermes (Olympia, Museum)

Pred´öhl, Andreas, Volkswirtschaftler, * 1893, wurde 1965 Präs. des Dt. Übersee-Instituts, Hamburg.

Preet´orius, Emil, Graphiker, * 1883, Illustrator und Gestalter von Büchern, Bühnenbildner, 1948-68 Präs. der Bayer. Akademie der Schönen Künste, schuf eine Sammlung asiat. Kunst.

Preetz, Stadt in Schlesw.-Holst., an der Schwentine, 14 700 Ew.; Nahrungsmittel- und Spirituosenind.; nahebei Erdölfeld.

prefabricated [priˈæbrikeitid, engl.], vorgefertigt.

Pr´egel *der*, Fluß in Ostpreußen, 127 km lang, mündet westlich von Königsberg ins Frische Haff.

Pregl, Fritz, österreich. Chemiker, * 1869, †1930, Prof. in Graz; Nobelpreis 1923 für den Ausbau der quantitativen Mikroanalyse.

Preis, 1) Gegenwert für eine Ware oder Leistung. In der freien Marktwirtschaft bilden sich die P. durch Ausgleich von Angebot und Nachfrage **(P.-Bildung).** Das Ausmaß, mit dem die P. auf Änderungen des Angebots oder der Nachfrage reagieren, ist die **P.-Flexibilität.** Daneben wirken die P. der Konkurrenzgüter auf die P.-Höhe. Die P. stehen zueinander in einem bestimmten Verhältnis **(P.-Gefüge).** Voraussetzung für das selbsttätige Einspielen der Markt-P. ist freier Wettbewerb. Monopole können ihre marktbeherrschende Stellung zum Herauftreiben oder Herabdrücken der P. wahrnehmen, auch zur Festsetzung unterschiedl. P. für verschiedene Käuferschichten **(P.-Differenzierung).** – Veränderungen der Waren-P. **(P.-Bewegungen)** sind eine Erscheinungsform der wirtschaftl. Wellenbewegung. Generelle P.-Bewegungen erklären sich aus dem Steigen und Sinken des Geldwerts. – In der Bundesrep. Dtl. besteht im wesentlichen freie P.-Bildung. Ausnahmen bilden z. B. die P. für landwirtschaftl. Grunderzeugnisse. Das P.-Strafrecht ist im Wirtschaftsstraf-Ges. v. 9. 7. 1954 i. d. F. v. 21. 12. 1962 geregelt. In der Planwirtschaft werden die P. behördlich festgesetzt **(Preisbewirtschaftung).** Da staatl. Fest-P. keinen automat. Ausgleich von Angebot und Nachfrage bewirken, sind ergänzende Maßnahmen der Produktions- und Verbrauchslenkung notwendig. 2) Siegergewinn bei Wettkämpfen. 3) verliehene Auszeichnungen (z. B. Nobel-P.).

Preisausschreiben, ↯↯ Wettbewerb um Preise, die für die Lösung einer Aufgabe öffentlich ausgesetzt werden (→Auslobung).

Preisbindung der zweiten Hand, vertikale Preisbindung, ein Vertragssystem, durch das sich der Abnehmer verpflichtet, beim Weiterverkauf der Ware den vom Hersteller festgesetzten Preis einzuhalten und weitere Abnehmer zur Einhaltung des gleichen Preises zu verpflichten; für Markenartikel und Verlagserzeugnisse unter gewissen Voraussetzungen zulässig.

Preis der Nationen, Pferdesport: Mannschaftswettbewerb im Springreiten mit Equipen verschiedener Nationen.

Preiselbeere, Kronsbeere, immergrüner Kleinstrauch, Heidekrautgewächs, auf trockenem Waldboden, mit rötlichweißen Blüten und roten, herben Beeren, wertvolles Beerenobst.

Preisindexziffern, aus Preisreihen berechnete Indexzahlen, z. B. Index der Erzeugerpreise industrieller oder landwirtschaftl. Produkte. (→Lebenshaltungskosten)

Preiskartell, →Kartell.

Preislied, Lied zum Preis eines Helden oder Ereignisses.

Preisliste, Verzeichnis der Waren einer Firma mit Angaben über Preise u. a.

Preisnachlaß, →Rabatt.

Preisnotierung, Börse: die in der Bundesrep. Dtl. gebräuchl. Art der Kursbildung.

Preispolitik, Maßnahmen einzelner Wirtschaftsverbände oder des Staates zur Festsetzung oder Beeinflussung der Preise.

Preisschere, bildlicher Ausdruck für die Spannung zwischen zwei Preisreihen, bes. der landwirtschaftl. Erzeugnisse und der von der Landwirtschaft benötigten Industriegüter.

Preisschleuderei, Abgabe von Waren zu bes. niedrigen, unter den Selbstkosten liegenden Preisen.

Preisstop, das Festhalten der Preise auf erreichtem Stand, um Preissteigerung bei Angebotsverknappung zu verhindern.

Preistreiberei, unangemessene Preiserhöhungen für lebenswichtige Güter unter Ausnutzung einer Wettbewerbsbeschränkung, Monopolstellung oder Mangellage.

Preisüberwachung, die Kontrolle der Preisgestaltung durch den Staat.

Preiswerk, eine Form des Handwerks, bei der der Handwerker die Rohstoffe nicht vom Auftraggeber erhält, sondern selbst beschafft.

prek'är [frz.], bedenklich, mißlich.

Prellball, Hallenspiel mit einem Hohlball in Lederhülle zwischen zwei Mannschaften von 4 Spielern. Der Ball wird innerhalb des eigenen Spielfelds so stark auf den Boden geprellt, daß er über eine Leine in das Spielfeld des Gegners springt.

Prellbock, bockartiger Abschluß an Gleisen zum Auffangen von Fahrzeugen.

Preller, Friedrich d. Ä., Maler, * 1804, † 1878, Landschaftsbilder meist aus dem Süden und mit Gestalten aus der Odyssee; sein Sohn Friedrich d. J., * 1838, † 1901, arbeitete in der Art des Vaters.

Prellerei, ♫♫ der Betrug, bes. an Gastwirten. Im österreich. StGB. die Erschleichung des Zutritts zu einer Veranstaltung ohne Entgelt u. a. (§ 467 a). Das schweizer. StGB. kennt als bes. Tatbestand die Zechprellerei (Art. 150).

Prellschuß, Schuß, bei dem das Geschoß einmal oder mehrmals aufschlägt und abprallt. (→Querschläger).

Prellung, eine Verletzung durch stumpfe Gewalt (Schlag, Stoß, Auffallen); mit Bluterguß verbunden. Behandlung: kalte Umschläge; Ruhigstellung.

Prélude [-l'yd] *das,* ♫ Vorspiel, Präludium.

Premier [prəmj'e, frz. ,der Erste'] *der,* kurz für **Premierminister,** Ministerpräsident.

Premiere [prəmj'ɛːrə, frz.] *die,* Theater: Uraufführung, auch Erstaufführung.

Pr'emnitz, Gem. im Bez. Potsdam, an der Havel, 11 700 Ew.; bedeutendes Kunstseidenwerk.

Pr'enzlau, Stadt im Bez. Neubrandenburg, in der Uckermark, 21 550 Ew.; landwirtschaftl. (bes. Zucker-), Maschinenu. a. Industrie. Marienkirche (14. Jahrh.) und Altstadt wurden im 2. Weltkrieg schwer beschädigt.

Prer'adović [-vitsj], Paula von, Schriftstellerin, * 1887, † 1951, Lyrikerin (dichtete die neue österr. Bundeshymne) und Erzählerin.

Pr'erau, tschechisch **Přerov** [prʃ'ɛrof], Stadt in Mähren, Tschechoslowakei, 36 400 Ew.; Maschinen-, chem., optische, Nahrungsmittel-Industrie. P. war einst Hauptsitz der Böhmischen Brüder.

Pr'esber, Rudolf, Schriftsteller, * 1868, † 1935; Romane, Lustspiele, Novellen, Skizzen.

Pr'esbyter [grch.], 1) Kirchenältester, in der frühesten christl. Kirche angesehene Mitglieder, die mit der Aufsicht betraut waren, seit dem 2. Jahrh. mit dem Bischof als Spitze ihres Kollegiums. 2) evang. Kirche: die erwählten Vertreter der Gemeinden.

Presbytar'at, Weihe, Amt, Stand und Würde des kath. Priesters; die siebente Weihe der kath. Priester.

Presbyteri'aner, reformiert-evang. Kirchen, die die bischöfl. Verfassung der Anglikaner ablehnen und die demokrat. kongregationalismus ablehnen und sich selbst regieren (Presbyterialverfassung).

Presbyt'erium, 1) das Kollegium der Presbyter. 2) Kath. Kirche: seit dem Zweiten Vatikan. Konzil (1962-65) die Gesamtheit der Priester einer Diözese. 3) evang. Kirchen: das leitende Organ einer Kirchengemeinde.

Pres'idios [span. ‚Festungen'], ehem. Bez. der span. Besitzungen an der N-Küste Marokkos. Mit Ausnahme von Ceuta und Melilla kamen sie 1956 an Marokko.

Preßburg, slowakisch **Bratislava,** die Hauptstadt der Slowakei, am linken Ufer der Donau, 272 000 Ew., Universität und andere Hochschulen, wichtiger Donauhafen; Maschinenbau, chem., Lebensmittelind., Erdölraffinerie. Bedeut-

Preßburg: Schloßruine

same Bauten: Got. Dom St. Martin (einstige Krönungskirche der ungar. Könige), Rathaus (1288 gegr.) und barocke Paläste. - Seit dem 13. Jahrh. dt. Stadt. 1526 bis 1784 Hauptstadt Ungarns. 26. 12. 1805 **Friede von P.:** Österreich verlor Vorderösterreich, Tirol, Dalmatien.

Presse, 1) eine Maschine zum Pressen, Schmieden, Trennen, Ausquetschen, Prägen u. a. Zwischen dem Pressentisch und dem Stößel, die bei den P. der Fertigungstechnik das Unter- und Oberwerkzeug tragen, wird das Werkstück geformt. - Nach dem Antrieb unterscheidet man hydraulische, pneumatische, Dampf-, Exzenter-, Kniehebel-, Spindel-P. 2) die Erzeugnisse der Druckerpresse. Seit der Mitte des 19. Jahrh. werden unter P. nur noch die period. Druckschriften, die Druckmedien oder P.-Medien (Zeitung, Zeitschrift) verstanden. Standesorganisationen: Dt. Journalistenverband e. V., Bonn (gegr. 1949), Dt. Journalisten-Union (gegr. 1951), Bundesverband Dt. Zeitungsverleger e. V., Bad Godesberg (neu gegr. 1954), Verband Dt. Zeitschriftenverleger e.V., Frankfurt a. M. (neu gegr. 1949).

Pr'esse|agentur, →Nachrichtenagentur.

Presseamt, →Pressestelle.

Pressedienst, ein Nachrichtenunternehmen für bestimmte interessen- oder sachbezogene Aufgaben, heute meist Nachrichten- oder Informationsdienst genannt.

Pressefreiheit, ♫♫ das Recht der Presse auf freie Meinungsäußerung, garantiert in Art. 5 GG. Dazu gehört das Recht, sich aus allgemein zugängl. Quellen ungehindert zu unterrichten.

Pressegeheimnis, ♫♫ das Zeugnisverweigerungsrecht der Redakteure, Verleger, Drucker usw. einer period. Druckschrift über den Verfasser oder Einsender einer Veröffentlichung strafbaren Inhalts, wenn der verantwortl. Redakteur der Druckschrift wegen dieser Veröffentlichung bestraft ist oder seiner Bestrafung kein rechtl. Hindernis entgegensteht.

pressen, Verfahren der spanlosen Formung mit Hilfe einer Presse, z. B. formpressen, prägen, strangpressen u. a.

Presserecht, ♫♫ die Rechtsvorschriften, die sich mit Presseunternehmen, ihren Trägern und Mitarbeitern, mit Presseerzeugnissen, ihren Inhalten und ihrer Verbreitung befassen, die Rechtsnormen aus dem öffentl., privaten und sozialen Recht, die für publizistische Wissensvermittlung durch Druck-, Bild-, Film- und Funkmedien, durch Ton- und Bildträger gelten. In der Bundesrep. Dtl. galt bis 1. 7. 1966 das Reichspressegesetz (1. 7. 1874). Seither gelten in den Bundesländern die Landespressegesetze.

Pressestelle, Presseamt, Presseabteilung, Abteilung bei Behörden und öffentl. Einrichtungen zur Unterrichtung der Presse (Rundfunk) über ihre Ereignisse und Entwicklungen ihrer Organisation. Die P. der Bundesregierung heißt Presse- und Informationsamt der Bundesregierung, Leiter ist der Bundespressechef.

Preßglas, alle durch Pressen weicher Glasmasse in Stahlformen hergestellten Gegenstände: Schüsseln, Glasbausteine, Isolatoren, Prismen u. a.

Preßholz, mit Kunstharz imprägniertes Lagenholz, durch hohen Druck verdichtet.

pressieren [frz.], eilen.

Preßkopf, eine sülzenartige Wurst aus Schweinefleisch.

Preßmassen, in Preßformen unter Hitze zu **Preßstoffen** verarbeitete Gemische aus härtbaren Kunstharzen, Füll- und Verstärkerstoffen, verwendet für viele elektrotechn. Installationsteile, im Fahrzeug- und Maschinenbau, für Haushaltgeräte (Eß- und Trinkgeschirr).

Preßspan, dünne, sehr feste Pappe aus Hadern u. a.

pressure group [pre'ʃə gru:p, engl.], eine Interessengruppe (z. B. Wirtschaftsverbände), die auf die Regierungsorgane Druck auszuüben sucht (→Lobbyismus).

Prestige [-'iːʒ, frz.] *das,* Geltung, Ansehen.

prest'issimo [ital.], ♪ sehr schnell.

pr'esto [ital.], ♪ schnell.

Preston [pre'stən], Stadtgfsch. in der engl. Grafschaft Lancashire, Seehafen, 102 100 Ew.; Textilmaschinen-, Schiffbau.

Preti'ose [lat.] *die,* -/-n, Wertstück, Kostbarkeit; Mz. Schmuck, Edelsteine.

Pret'oria, Verwaltungshauptstadt der Republik Südafrika und Hauptstadt der Prov. Transvaal, 550 000 Ew.; Sitz eines kath. Erzbischofs, eines anglikan. Bischofs, zweier Universitäten; Stahl- und Walzwerk, Auto-, elektrotechn., Nahrungs- und Genußmittel-, keram. Ind.; Eisenbahnwerkstätten. 1855 gegr., benannt nach dem Burenführer Andries Pretorius (* 1799, † 1853).

Preugo, Abk. für **Preu**ßische **G**ebühren**o**rdnung, nach der die ärztlichen Leistungen für die Mitglieder der gesetzlichen Krankenversicherung berechnet wurden. Seit 1965 ist die ‚Amtliche Gebührenordnung für Ärzte' (G.O.Ae.) in Kraft.

Preusker, Viktor Emanuel, Politiker (CDU, bis 1956 FDP, bis 1960 DP), * 1913, 1953-57 Bundeswohnungsbauminister.

Preuß, Hugo, Staatsrechtler, * 1860, † 1925, entwarf die Weimarer Verfassung und war Febr. bis Juni 1919 Reichsinnenminister (Demokrat).

Preußag AG., Berlin, Hannover, Holdinggesellschaft der Nichteisenmetall-, Kohle- und Erdölind., gegr. 1923 vom preuß. Staat, seit 1959 privatisiert (Grundkap.: 315 Mill. DM, Beschäftigte 20 650 (1970).

Preußen, bis 1945 der größte Einzelstaat des Dt. Reichs.

Geschichte. Die Entstehung des preuß. Staates ist das Werk der →Hohenzollern, die seit 1415 Kurfürsten von Brandenburg waren (→Brandenburg, Geschichte); sie erhoben Berlin zur Hauptstadt und führten 1539 die Reformation ein. Kurfürst Johann Sigismund erwarb 1614 die rheinisch-westfälischen Gebiete Kleve, Mark und Ravensberg, ferner 1618 das Herzogtum P. (Ostpreußen ohne Ermland), den Rest des alten Deutschordensstaates (→Deutscher Orden). Der Große Kurfürst

Friedrich Wilhelm (1640-88) setzte im Innern den fürstl. Absolutismus durch, erwarb 1648 Hinterpommern, Halberstadt, Minden und 1680 das Herzogtum Magdeburg, beseitigte 1657 die poln. Lehnsoberhoheit über das Herzogtum P. 1675 schlug ein Heer des Großen Kurfürsten bei Fehrbellin die Schweden. 1685 fanden Hugenotten in Brandenburg Aufnahme. Kurfürst Friedrich III. krönte sich am 18. 1. 1701 in Königsberg als Friedrich I. zum König in Preußen. Sein Nachfolger Friedrich Wilhelm I. (1713-40) schuf das preuß. Heer und Beamtentum; von Schweden erwarb er 1720 Vorpommern bis zur Peene. Friedrich II., d. Gr. (1740-86), erhob P. zur europ. Großmacht; er eroberte das bisher österreich. Schlesien und verteidigte es im →Siebenjährigen Krieg; dazu erwarb er 1744 Ostfriesland. Er gewährte volle Glaubensfreiheit, trieb eine großzügige Siedlungspolitik und schuf das ‚Allgemeine Preußische Landrecht'. Bei den Teilungen Polens erhielt P. 1772 Westpreußen mit dem Ermland und Netzedistrikt, 1793 und 1795 weite Gebiete einschließl. Warschau. Im Krieg von 1806/07 gegen Napoleon I. erlebte P. einen völligen Zusammenbruch und verlor im Tilsiter Frieden 1807 die Hälfte seines Staatsgebiets. Die innere Erneuerung kam durch die Reformen Steins, Hardenbergs und Scharnhorsts: Bauernbefreiung, Selbstverwaltung der Städte, allgemeine Wehrpflicht. Im Frühjahr 1813 erhob sich P. gegen die napoleon. Herrschaft; nach den siegreichen →Freiheitskriegen erhielt P. 1814/15 die Provinz Posen, den Rest Vorpommerns, die nördl. Hälfte des Königreichs Sachsen, vor allem Westfalen und die Prov. Rheinland. Es gründete 1828-34 den Dt. Zollverein. Unter Friedrich Wilhelm IV. (1840-61) erhob der bürgerl. Liberalismus vorübergehend einen Sieg im Märzrevolution 1848; die Folge war die konservative Verfassung von 1850 mit der Einführung des Dreiklassenwahlrechts. Der König lehnte 1849 die dt. Kaiserkrone ab, und der Versuch, durch eine ‚Union' der dt. Fürsten einen kleindt. Bundesstaat zu schaffen, scheiterte am Widerstand Österreichs (Olmützer Punktation 1850). Dann begann Wilhelm I. (seit 1858 Prinzregent, seit 1861 König) mit seinem Kriegsminister Roon eine Neuordnung und Vermehrung des Heeres, geriet jedoch in scharfen Gegensatz zur liberalen Mehrheit des Abgeordnetenhauses. Diesen Konfliktkampf focht Bismarck, 1862 zum MinPräs. berufen, zugunsten der Monarchie durch. Gleichzeitig gelang ihm die bisher vergeblich erstrebte kleindt. Reichsgründung: In den Kriegen von 1864, 1866 und 1870/71 siegte das preuß. Heer unter Führung Moltkes; P. wurde 1866 durch die Einverleibung Schleswig-Holsteins, Hannovers, Hessen-Kassels, Nassaus und Frankfurts wesentlich vergrößert, Wilhelm I. am 18. 1. 1871 in Versailles zum Deutschen Kaiser ausgerufen.

Im neuen Dt. Reich war P. der führende

Provinzen	km² 1937	Ew. 1933 in 1000
Ostpreußen	36 992	2 333,3
Grenzmark Posen-		
Westpreußen	7 715	337,6
Pommern	30 208	1 920
Brandenburg	39 095	2 726,3
Berlin	884	4 242,5
Niederschlesien	26 592	3 204
Oberschlesien	9 715	1 482,8
Sachsen	25 528	3 400,6
Schleswig-Holstein	15 684	1 420,3
Hannover	38 704	3 236,9
Westfalen	20 215	5 040
Hessen-Nassau	16 845	2 584,8
Rheinprovinz	24 477	7 690,3
Hohenzollern	1 142	73
Insges. (abgerundet)	293 796	39 692

Bundesstaat (→deutsche Geschichte); der Reichskanzler war meistens auch preuß. MinPräs. Die Geschichte P. ging seit 1871 untrennbar in die →deutsche Geschichte über. Durch die Verf. vom 30. 11. 1920 wurde P. - wie die anderen dt. Länder - Freistaat. Durch die Bestimmungen des Versailler Vertrages erlitt P. starke Gebietsverluste. Die langjährige sozialdemokrat. Regierung Braun-Severing wurde 1932 durch Reichskanzler v. Papen abgesetzt. 1933 unterlag P. der Gleichschaltung durch die nationalsozialisten. Nach dem Zusammenbruch von 1945 wurde P. 1947 aufgelöst.

Preußen, 1) Altpreußen, Prußen, ehemaliger balt. Volksstamm zwischen Weichsel und Memel, vermischt mit den deutschen Siedlern. Danach: **2)** die Bewohner Ost- und Westpreußens und **3)** 1701-1945 die Einwohner des preuß. Staates.

Preußisch Blau, das →Berliner Blau.

Preußische Elektrizitäts-AG., Abk. **Preußenelektra,** Hannover, Energieversorgungsunternehmen mit eigenen Kraftwerken, gegr. 1927, Kap.: 500 Mill. DM (1971), Beschäftigte: 4459 (1970).

Preußischer Landrücken, ein Teil des →Baltischen Landrückens.

Preußisches Allgemeines Landrecht, Allgemeines Landrecht für die preußischen Staaten, Abk. **ALR,** die von Friedrich d. Gr. angeordnete, von J. H. K. v. →Carmer und C. G. →Svarez bearbeitete Zusammenfassung des bürgerl. und Strafrechts, großer Teile des Staats-, Stände-, Lehn- und Kirchenrechts in Preußen, 1794 in Kraft getreten. Es galt in erster Linie in den altpreuß. Provinzen und erlosch bis auf wenige Bestimmungen mit Inkrafttreten des BGB. (1900).

Preußische Staatsbank (Seehandlung), öffentl.-rechtl. Anstalt, gegr. 1772 als Seehandlungs-Gesellschaft, seit 1820 selbständiges Geld- und Handels-Institut; 1950 zur Abwicklung der Verpflichtungen im Bundesgebiet anerkannt (Sitz Berlin).

Preußische Staatsbibliothek, 1918 bis 1945 Name der 1661 als ‚Churfürstl. Bibliothek' eröffneten Bibliothek in Berlin. Sie entwickelte sich im 19. Jahrh. zur größten dt. Bibliothek. Ein großer Teil der im Zweiten Weltkrieg ausgelagerten Bestände wurde in der ‚Westdeutschen Bibliothek' (Marburg) treuhänderisch verwaltet, seit 1964 als Staatsbibliothek der Stiftung Preuß. Kulturbesitz in West-Berlin (rd. 2,25 Mill. Bde.). Die Bibliothek in Ost-Berlin heißt seit 1955 ‚Deutsche Staatsbibliothek' (rd. 3 Mill. Bde.).

Preußische Zentralgenossenschaftskasse, →Deutsche Genossenschaftskasse.

Preußisch Holland, poln. **Pasłęk,** Stadt in Ostpreußen, 7200 (1939: 6350) Ew.; Landwirtschaftl. Veredlungs- û. u. Ind. Ordensburg (14. Jahrh.). P. H. wurde von niederländ. Einwanderern gegr. Seit 1945 unter poln. Verwaltung.

Prev'enter [engl.] der, eine Bohrlochsicherung, die das plötzliche Ausbrechen von Erdgas aus Bohrlöchern verhindern soll.

Prévert [prev'ε:r], Jacques, französ. Schriftsteller, * 1900; chansonartige Lyrik in Alltagssprache, Drehbücher.

Pre'vesa, Prewesa, Bezirksstadt in Griechenland, am Eingang des Golfs von Arta, 12 800 Ew.

Prévost [prev'o:], Marcel, eigentl. Eugène **Marcel,** französ. Erzähler, * 1862, † 1941; Romane (‚Halbe Unschuld', 1894)

Prévost d'Exiles [prevodegz'il], Antoine-François, Abbé, französ. Schriftsteller, * 1697, † 1763. Eingelegt in einen vielbändigen Roman war die ‚Geschichte des Chevalier des Grieux und der Manon Lescaut' (1731), ein Meisterwerk französ. Erzählkunst.

Preysing-Lichtenegg-Moos, Konrad Graf von, Kardinal (1946), * 1880, † 1950, 1935 Bischof von Berlin, war führend im Kampf der Kath. Kirche gegen den Nationalsozialismus.

Prez [pre], Josquin des, auch **de(s) Près, De(s)prez,** franko-niederländ. Komponist, * um 1450, † 1521, schrieb ausdrucksstarke Messen, Motetten, weltl. Lieder.

prezi'ös [frz.], kostbar; geziert.

Pri'amel [aus lat.] die oder das, kurze volkstümliche Sinnspruchdichtung, im 14. und 15. Jahrh. in Dtl. sehr beliebt.

Pr'iamos, griech. Mythos: König von Troja, bei dessen Eroberung erschlagen.

Priap'ismus [zu Priapus] der, dauernde Erektion des Penis ohne geschlechtl. Erregung, meist Zeichen einer ernsten Krankheit, z. B. des Rückenmarks.

Pri'apus, griechisch-römischer Fruchtbarkeitsgott.

Příbram [prʒ'i:bram], tschechoslowak. Stadt, 29 600 Ew., Silber-, Blei-, Uranerzbergbau, Wallfahrtskirche am Fuß des Heiligen Berges.

Pricke die, 1) ↨ Neunauge. 2) Seezeichen in flachem Wasser.

Priel [niederdt.] der, schmale Wasserrinne im Wattenmeer, durch die Strömungen (Ebbe, Flut) offengehalten.

Priem [niederl.] der, Kautabak.

Prien am Chiemsee, Markt und Kurort in Oberbayern, 6200 Ew.

Prießnitz, Vincenz, Naturheilkundiger, * 1799, † 1851, trat für die Kaltwasserbehandlung ein und gehört zu den Begründern der Naturheilkunde. **P.-Umschlag,** feuchte Packung, mit Wollstoff bedeckt.

Priester [aus grch.] der, Bevollmächtigte und Stellvertreter der Gemeinde bei kult. und rituellen Handlungen, häufig auch der Mittler zur Gottheit. Das Amt des P. ist, die kult. Tradition zu hüten. Das Priestertum kann erblich sein, oder es kann als unpersönl. Amt durch Weihen u. a. übertragen werden. In der chines. Staatsreligion, im Islam und im Urbuddhismus fehlt das Priestertum. - In der Kath. Kirche ist der P. ein Kleriker, der die Priesterweihe empfangen hat. Die evang. Kirchen kennen keinen besonderen Priesterstand.

Priestley [pr'i:stli], 1) John Boynton, engl. Schriftsteller, * 1894. Romane: Die guten Gefährten (1929), Engelgasse (1930) u. a. Dramen: Ein Inspektor kommt (1947), Familie Prof. Linden (1948), Schafft den Narren fort (1960), Das Turnier (1965). (Bild S. 971)

2) Joseph, engl. Philosoph, Theologe und Naturforscher, * 1733, † 1804, suchte die Assoziationspsychologie physiologisch zu begründen, entdeckte Sauerstoff, Ammoniak, Chlorwasserstoff, Kohlenoxid u. a.

Pr'ignitz, Priegnitz die, Landschaft im Nordwesten Brandenburgs, vorwiegend Landwirtschaftsgebiet.

Pr'ilep, Stadt in Makedonien, Jugoslawien, 43 000 Ew., wichtiges Wirtschafts- und Handelszentrum.

Prim [lat.] die, 1) Tageszeit des kath. Breviers. 2) →Prime. 3) beim student. Fechten ein gerader Hieb von oben nach unten.

prima [lat.], erste Güte, hervorragend.

Pr'ima [lat.] die, die 8. und 9. Klasse des Gymnasiums (Unter- und Oberprima).

Primaballer'ina [ital.], die erste Solotänzerin eines Theaters.

Primad'onna [ital.] die, erste Sängerin.

Primamalerei, eine einschichtige Malweise ohne Untermalung.

prim'är [lat.], ursprünglich; anfänglich.

Prim'ararzt, Prim'arius, in Österreich: leitender Arzt einer selbständigen Krankenhausabteilung.

Prim'arschule, frühere Bez. für die Volksschule, heute die allen Schülern gemeinsame Eingangsstufe der Pflichtschulbereichs.

Prim'ärwicklung, bei Induktionsapparaten und Transformatoren die vom Netzstrom durchflossene Spule.

primary elections [pr'aiməri il'ekʃənʒ, engl.], in den Verein. Staaten die Abstimmungen innerhalb der Partei zur Aufstellung der Kandidaten für die allgemeinen Wahlen, bes. zur Aufstellung der Präsidentschafts-Kandidaten.

Pr'imas, 1) [lat.] Ehrentitel des Papstes (P. von Italien) und einzelner Erzbischöfe (z. B. des Erzbischofs von Salzburg: P. von Deutschland); **2)** [pr'imaʃ] erster Geiger; Vorgeiger einer Zigeunerkapelle.

Prim'at [lat.] *der, das,* **1)** Vorrang, Vorzug. **2)** Erstgeburtsrecht. **3)** die oberste Rechts- und Lehrgewalt (Unfehlbarkeit) des Papstes.

Prim'aten [lat.], **Herrentiere:** Ordn. der Säugetiere mit den Unterordn. Halbaffen und Affen; schließen im zoolog. System neben die tier. P. auch die Menschen ein.

Primaticcio [-t'itʃo], Francesco, italien. Maler, * 1504, † 1570, Führer der Schule von Fontainebleau, deren Manierismus schulbildend wirkte.

Primav'era [ital.] *die,* Frühling.

prima v'ista [ital.], **1)** ♪ vom Blatt. **2)** ♫♫ auf Wechseln: ,bei Sicht' (zu bezahlen).

prima v'olta [ital.], ♪ das erste Mal.

Pr'ime [lat.], **Prim** *die,* die erste Stufe, der Grundton einer Tonleiter; als Intervall unterscheidet man **reine** (c-c, Einklang) und **übermäßige** (c-cis) **P.**

Primel, eine Gattung der Primelgewächse, meist Kräuter mit grundständigen Blättern und Dolden ansehnl. Blüten. Die häufigsten einheim., im Volksmund **Himmelschlüssel** genannten Arten sind: **Hohe** oder **Weiße Schlüsselblume,** bis 30 cm

Primel: Hohe Schlüsselblume

hoch, mit geflügelten Blattstielen und blaßgelben Blüten, und **Frühlings-Schlüsselblume,** niedrig, mit orangefleckigen Blüten, beide Frühlingsblumen auf Wiesen und in Laubgehölzen Europas, Vorder- und Innerasiens. Die **Mehl-P.,** mit unterseits mehligen Blättern und hellpurpurnen, im Schlund gelben Blüten, wächst auf Moorwiesen bes. der Alpen. Alpenpflanzen sind auch **Alpenaurikel** und **Zwerg-P.** Für alle wildwachsenden P. besteht Handelsverbot; geschützt sind alle rotblühenden Arten. Zierpflanzen sind: vielfarbig blühendes **Aurikel,** die **Becher-P.** aus Osttibet, mit großen Blüten u. a.

Primelkrankheit, Hautausschlag, erregt durch die →Becherprimel.

Primelstrauch, engl. **Mayflower,** kriechendes Heidekrautgewächs des atlant. N-Amerikas, mit immergrünen Blättern und rosafarbenen, primelähnlichen Blüten.

primit'iv [lat.], **1)** urtümlich. **2)** geistig wenig entwickelt. **3)** einfach, dürftig.

primitive Kunst, veraltete Bez. für die Kunst der Naturvölker, auch die Kunst prähistor. Jägervölker sowie Bez. für ältere Entwicklungsstufen einer noch bestehenden Kunst, auch Kunstäußerungen von Sonntags- und Laienmalern.

Prim'iz [lat.], Kath. Kirche: die erste Messe eines neu geweihten Priesters.

Primo de Riv'era, 1) José Antonio, span. Politiker, Sohn von 2), * 1903, † 1936, Gründer der Falange, im Bürgerkrieg von Kommunisten erschossen.

2) Miguel, Marqués de **Estella,** span. General und Politiker, * 1870, † 1930, errichtete 1923 eine Militärdiktatur im Einverständnis mit dem König, der ihn jedoch 1930 entließ.

Primogenit'ur [lat.] *die,* Erstgeburt, seit der Goldenen Bulle (1356) die ungeteilte Erbfolge des ältesten Kurfürstensohnes; später in kaat der Fürstenhäusern. Gegensatz →Sekundogenitur.

primordi'al [lat.], ursprünglich.

Pr'imus [lat.], Klassenbester.

primus inter pares [lat.], der Erste unter an Rang Gleichen.

Primzahl, ganze Zahl, die nicht durch andere ganze Zahlen (außer 1) teilbar ist, die sich also nicht in Faktoren zerlegen läßt; z. B. 2, 3, 5, 7, 11, 13, 17, 19. Es gibt unendlich viele P. (Euklid).

Prince Edward Island [prins 'edwəd 'ailənd], die →Prinz-Eduard-Insel.

Prince of Wales [prins ɔv weilz], Titel des brit. Thronfolgers.

Pr'inceps [lat. ,der Erste'], im alten Rom: durch Ansehen und Einfluß führende polit. Persönlichkeit, seit Augustus selbstgewählte Bez. des Kaisers.

Princetown [pr'instən], Stadt in New Jersey, Verein. Staaten, 12300 Ew.; bedeutende Universität.

princip'aliter [lat.], **1)** hauptsächlich. **2)** grundsätzlich.

Principe [pr'insipə], **Ilha do P.,** Insel im Golf von Guinea, 128 km², rd 4000 Ew.; Kakao- u. a. Anbau. Teil der portugies. Überseeprov. São Tomé e P.

Printe, Pfefferkuchen aus Sirup, Wasser, Mehl, Orangeat, Pottasche u. a.

Prinz [aus lat. →Princeps], **Prinzessin,** nichtregierendes Mitglied eines Fürstenhauses; **Prinzgemahl,** Gemahl der regierenden Herrscherin; **Prinzregent,** regierender P. bei Behinderung eines Monarchen.

Prinz-Eduard-Insel, engl. **Prince Edward Island,** kanad. Insel südl. vom Sankt-Lorenz-Golf, bildet die kleinste kanad. Provinz, 6000 km², 110000 Ew.; Hauptstadt: Charlottetown. Ackerbau und Fischfang.

Prinzhorn, Hans, Nervenarzt, * 1886, † 1933; untersuchte die künstler. Erzeugnisse Geisteskranker.

Prinz'ip [lat.] *das,* Grundsatz, Grundgesetz. **prinzipi'ell,** grundsätzlich.

Prinzip'al [lat.] *der,* **1)** ♂ Eigentümer eines kaufmännischen Unternehmens. **2)** ♪ Hauptstimmen der Orgel.

Prinzip'at [lat.] *der, das,* seit Augustus die staatsrechtlich nie festgelegte röm. Kaiserherrschaft, von Diokletian zum Dominat umgebildet.

Pr'ior [lat.], Gehilfe eines Abtes (Äbtissin) oder Obere in selbständigen Klöstern aller und moderner Orden (in Frauenklöstern **Pri'orin**). **Prior'at,** die Würde eines Priors.

Priorität [lat.] *die,* der Vorrang. **1)** der rangl. oder zeitl. Vorzug eines Rechts (z. B. bei mehreren Pfandrechten an einer Sache). **2)** bevorzugtes Wertpapier.

Pr'ipet [lat.] *der,* rechter Nebenfluß des Dnjepr, 775 km lang, durchfließt Polesien; beiderseits die P. die **Pripet-Sümpfe.**

Pr'ise [frz.] *die,* ♫♫ das nach Seekriegsrecht als Beute weggenommene Feind- oder neutrale Schiff oder Ladegut. Grundsatz des P.-Rechts ist, daß die Beute nur auf Grund eines Urteils des **P.-Gerichts** vom Nehmestaates eingezogen werden darf, das nach nat. Recht und nach Völkerrecht entscheidet.

Pr'isma [grch.] *das,* -s/ . . .men, **1)** △ Körper, dessen Grund- und Deckfläche parallele, kongruente Vielecke sind. **2)** Optik: prismat. Körper aus Glas oder anderem lichtbrechendem Stoff. Ein Lichtbündel wird durch ein P. infolge Brechung und Dispersion spektral zerlegt, wenn Ein- und Austrittsfläche einen Brechungswinkel miteinander bilden; einfachster Fall: **Dreikant-P.** Es gibt **P. konstanter Ablenkung,** durch Kombination verschiedener Glasarten auch **achromatische P., geradsichtige P.** u. a.

Prismen|astrol'abium, ein Instrument zur Bestimmung der Zeit, der geograph. Breite und der Länge durch Beobachtung von Sterndurchgängen durch eine Höhe von 60°.

Prismenglas, ein Feldstecher mit einem Prismensatz zur Bildumkehr.

Prismeninstrumente, Vermessungstechnik: opt. Geräte zum Abstecken von Winkeln im Gelände mit Hilfe von **Prismenkreuz** (zwei rechtwinklig-gleichschenklige Glasprismen) oder **Prismentrommel** (dreiseitiges Prisma).

Pr'iština, jugoslaw. Stadt in Serbien, 44000 Ew.; Moschee aus dem 15. Jahrh.; Industrie.

Pr'itzwalk, Stadt im Bez. Potsdam, in der Prignitz, 10600 Ew.; Spielwaren-, Bau-, landwirtschaftl. Industrie.

priv'at [lat.], nicht öffentlich, persönlich. **Privatier** [-j'eː], wer ohne Beruf lebt. **privatim,** nicht öffentlich (bei Vorlesungsankündigungen). **privat'issime,** im engsten Kreis.

Privatbahnen, die Eisenbahnen im Eigentum von Privatunternehmen, im Unterschied zu den Staatsbahnen. In der Bundesrep. Dtl. sind P. die nichtbundeseigenen Eisenbahnen.

Privatbanken, die privatrechtl. Banken im Unterschied zu den öffentl.-rechtl. Banken, bes. die von Privatbankiers als Einzelfirmen, oHG., KG. oder GmbH. betriebenen Banken im Unterschied zu den als AG. betriebenen Großbanken.

Privatbeamter, in einigen Berufszweigen gebräuchlich für Angestellte (z. B. Bank-, Versicherungs-, Gutsbeamter).

Privatbeteiligter, ♫♫ in Österreich der durch eine Straftat Geschädigte (§ 47 StPO.). Er hat eine dem Nebenkläger (→Nebenklage) ähnliche Rechtsstellung.

Privatdiskonten, von zum Privatdiskontmarkt zugelassenen Banken akzeptierte Wechsel guter Unternehmen (mindestens 100000 DM, höchstens 90 Tage Laufzeit); bes. DM-Bankakzepte, die der Finanzierung internat. Warengeschäfte dienen.

Privatdozent, ein Dozent, der seinen Lehrauftrag ohne feste Besoldung neben seinem Amt als Assistent, Oberarzt, Studienrat usw. ausübt.

Privateigentum, ♫♫ das in die persönl. Verfügungs- und Nutzungsmacht der einzelnen gestellte Eigentum, im Unterschied zum Eigentum der öffentl. Hand und zum Gemeineigentum. In der Bundesrep. Dtl. ist das P. durch das GG. gesichert, es besteht eine unabdingbare Entscheidungspflicht zugunsten des Eigentümers (Art. 14). Anderseits ist die Verfügungs- und Nutzungsmacht durch die soziale Verantwortung beschränkt. - In der Dt. Dem. Rep. werden gesellschaftliches (**Gemeineigentum**) und P. unterschieden. Das P. wird von der Verfassung gewährleistet; doch sind durch die Wirtschaftsplanung die Gebrauchs-, Nutzungs- und Verfügungsmög-

Kronglas

Flintglas

a b

1   2   3   4

Prisma: **1 a** *gerades, sechsseitiges P.;* **1 b** *schiefes dreiseitiges P.* **2** *Lichtbrechung im Dreikantprisma (n. K. Räntsch, Die Optik in der Feinmeßtechnik).* **3** *Prisma konstanter Ablenkung: Abbe-Prisma (n. F. Kohlrausch, Prakt. Physik).* **4** *Geradsichtiges Prisma (n. Grimsehl-Tomaschek, Lehrbuch der Physik)*

lichkeiten auf ein Mindestmaß eingeschränkt.

Privation [lat.], Beraubung, Entziehung. **privat'iv,** beraubend, ausschließend.

Privatisierung, die Überführung eines Teils des Staatsvermögens in Privateigentum; bei der Preußag AG., der Volkswagenwerk-AG., der Verein. Elektrizitäts- und Bergwerks-AG. durchgeführt.

Privatklage, ♐ die Verfolgung strafbarer Handlungen durch den Verletzten selbst; sie ist nach der dt. StPO. (§§ 374 ff.) gegenüber der öffentlichen (von der Staatsanwaltschaft erhobenen) Anklage die Ausnahme, z. B. bei Beleidigung, Hausfriedensbruch, Sachbeschädigung. Bei Zulässigkeit der P. wird die öffentl. Klage nur erhoben, wenn es im öffentl. Interesse liegt (Opportunitätsprinzip). Die P. wird zu Protokoll der Geschäftsstelle oder durch Einreichung einer Anklageschrift erhoben. Regelmäßig muß ein Sühneversuch vorausgehen (→Schiedsmann).

Privatkonto, Zwischenkonto bei Einzelfirmen und Personalgesellschaften, auf dem Entnahmen oder Einlagen der Inhaber verbucht werden.

Privatnotenbank, im Dt. Reich zur Ausgabe von Noten berechtigte Bank (1936 gab es noch: Badische Bank, Bayerische Notenbank, Sächsische Bank, Württembergische Notenbank); in der Bundesrep. Dtl. und der Dt. Dem. Rep. nicht zugelassen.

Privatrecht, der Teil der Rechtsordnung, der die auf dem Boden der Gleichordnung erwachsenen Rechtsbeziehungen regelt; im Gegensatz hierzu steht das →Öffentliche Recht. Hauptgebiete des P. sind Bürgerl. Recht, Handels-, Gesellschafts-, Wechsel- und Scheckrecht, Urheber- und Wettbewerbsrecht. - Privatrechtliche Streitigkeiten gehören vor die ordentlichen Gerichte. - Das **Internationale P.** ist der Inbegriff der Rechtssätze, die die Anwendung des staatl. Rechts auf private Rechtsverhältnisse mit Auslandsbeziehungen regeln.

Privatschulen, alle nichtöffentl. Schulen. Das Schulrecht unterscheidet P., die an Stelle der öffentl. Schulen (Ersatzschulen), und solche, die neben diesen oder zusätzlich (Ergänzungsschulen) besucht werden können.

Privatversicherung, 1) die von privaten Unternehmen betriebene Versicherung; 2) die →Individualversicherung.

Privatweg, der im Privateigentum stehende Weg im Gegensatz zum öffentl. Weg.

Privatwirtschaft, die auf Privateigentum an Produktionsmitteln beruhende wirtschaftl. Tätigkeit von Einzelwirtschaften.

Privil'eg [lat.] *das,* -s/-ien, ein Sonderrecht zugunsten einer Person oder einer Gruppe von Rechtsverhältnissen; es kann auf Gesetz oder Verwaltungsakt beruhen. Früher war das P. häufig mit dem Grundeigentum verbunden (**Real-P.**). Bis in das 19. Jahrh. hatten ganze Stände P. (z. B. Adel, Geistliche), ebenso hing der Betrieb vieler Gewerbe von obrigkeitlichen P. ab.

privilegiertes Delikt, ♐ eine wegen bes. Umstände milder bestrafte Tat, z. B. Notwendung.

Privilegium de non appell'ando et de non evoc'ando [lat.], das auf der Goldenen Bulle beruhende Recht der Kurfürsten, keine Berufung von Rechtsstreitigkeiten an Reichsgerichte und keine →Evokation des Kaisers zu dulden.

Prix [pri:, frz.], Preis.

PR-Mann, engl. **Public Relations Officer (PRO),** wer für die →Public relations zuständig ist.

pro [lat.], für. **pro d'omo,** ,fürs Haus', in eigener Sache, für sich selbst. **pro f'orma,** zum Schein. **pro p'atria,** für das Vaterland. **Pro und Kontra,** Für und Wider.

prob'abel [lat.], wahrscheinlich.

Probabil'ismus [lat.], Wahrscheinlichkeitsstandpunkt.

prob'at [lat.], erprobt, bewährt.

Probearbeitsverhältnis, ♐ ein Arbeitsverhältnis, über dessen Fortsetzung erst

nach einer **Probezeit** entschieden wird. Das P. wird entweder auf bestimmte Zeit abgeschlossen, dann endet es, wenn vor Fristablauf keine Einstellung erfolgt; oder es wird ein Dauerarbeitsverhältnis vereinbart, dessen erste Zeit als Probezeit gelten soll mit kurzen Kündigungsfristen.

Probedruck, 1) ⌀ zugerichteter Abzug für den Auftraggeber. 2) Graphik: der erste Abzug, nach dem die Platte oft weiterbearbeitet wird; voneinander abweichende Abzüge werden Zustände genannt.

Probeglas, in der opt. Industrie und Feinmeßtechnik verwendete Vorrichtung aus Glas oder Quarz zur Prüfung der Flächen von Linsen und Spiegeln, wobei Newtonsche Interferenzringe entstehen.

Probezeit, ♐ →Probearbeitsverhältnis.

probieren [lat.], versuchen; kosten.

Probl'em [grch.] *das,* Aufgabe, Rätsel, Schwierigkeit, ungelöste wissenschaftl. Aufgabe. **Problem'atik,** Fragwürdigkeit. **problematisch,** ungewiß, verdächtig; schwierig, zerrissen.

Pr'ochorow, Aleksandr Michailowitsch, sowjet. Physiker, * 1916, arbeitete auf dem Gebiet der Quantenelektronik. 1964 Nobelpreis für Physik mit N. Basow und Ch. H. Townes.

Procter & Gamble Company [-gæmb'l k'ʌmpəni], Cincinnati (USA), Chemiekonzern, gegr. 1837. Kap.: 82 Mill. US-$, Beschäftigte: 43 500 (1970).

Pr'odekan, Stellvertreter des amtierenden Hochschuldekans.

Prod'igium [lat.] *das,* -s/...gien, Wunder.

Prodr'om [grch.] *der,* Vorläufer, Vorrede.

Producer [prɔdj'u:sə, engl.] *der,* (Film-)Hersteller, Spielleiter, Sendeleiter.

Prod'ukt [lat.] *das,* 1) Erzeugnis. 2) △ das Ergebnis der Multiplikation.

Produktenbörse, die Warenbörse.

Produktenhandel, 1) der Handel mit Landeserzeugnissen. 2) der Roh-P.

Produkti'on [lat.], Erzeugung. 1) Volkswirtschaft: die Herstellung neuer Güter zur Befriedigung menschl. Bedürfnisse, erfordert den Einsatz von **Produktionsmitteln** (Rohmaterial, Energie, menschl. Arbeitsleistung u. a.). Die Aufwendungen bilden die **Produktionskosten.** Die P. gliedert sich in **Urproduktion** (Land-, Forstwirtschaft, Bergbau) und **Weiterverarbeitung.** Sie umfaßt die Herstellung materieller Güter, im weiteren Sinn auch Dienstleistungen und geistige Leistungen. 2) Betriebswirtschaft: Betriebsabteilungen zur techn. Herstellung der Erzeugnisse. 3) die gesamte der erzeugten Gütermenge (landwirtschaftl. P., industrielle P., Welt-P.).

Produktionsfaktoren, die drei elementaren Kräfte der Gütererzeugung: Arbeit, Boden, Kapital.

Produktionsgenossenschaften, gewerbl. oder landwirtschaftl. Genossenschaften, die die Erzeugnisse ihrer Mitglieder bes. veredeln, verarbeiten, verkaufen.

Produktionskapazität, die bei gegebener techn. Ausrüstung und personeller Besetzung größtmögliche Erzeugungsmenge in einem Zeitraum.

Produkti'ons|statistik, statist. Erfassung der hergestellten Güter entweder der Menge (in naturalen Einheiten) oder dem Wert nach (Gütermenge x Preis).

Produktionssteuer, Verbrauchssteuer, die nach der Menge der vom Produzenten in Verkehr gebrachten steuerbaren Erzeugnisse erhoben und von ihm zumeist im Preis auf den Verbraucher abgewälzt wird.

Produktionsvolumen, die in bestimmter Zeit erzeugte Gütermenge.

produkt'iv, schöpferisch, fruchtbar.

Produktivgenossenschaften, i. e. S. besondere Form der Gewinn- oder Ergebnisbeteiligung; Teilnahme der Mitgl. am Kapitalzins oder Unternehmergewinn.

Produktivität [lat.], schöpferische Kraft, Ergiebigkeit; in der Wirtschaft wird P. als das Verhältnis zwischen der Produktionsmenge (output) und dem Faktoreinsatz (input) definiert. Die P. wird gemessen

durch das Verhältnis des Produktionsergebnisses zu einem der Produktionsfaktoren (Arbeit, Kapital; Arbeits-, Kapital-, besser arbeits-, kapitalbezogene P.). Als Ausdruck für die Produktionsmenge wird das Bruttoinlandprodukt, besser jedoch die Wertschöpfung gewählt. Die P.-Messung soll Aufschluß über das Ausmaß des techn. Fortschritts geben.

Produktivitätsrente, die der Entwicklung der Produktivität der Wirtschaft angepaßte Rente.

Produz'ent [lat.], Erzeuger, Hersteller. **produzieren,** herstellen, erzeugen; zeigen; sich zur Schau stellen.

Pro Fam'ilia, Dt. Gesellschaft für Sexualberatung und Familienplanung e. V., gegr. 1952, Sitz: Frankfurt a. M.

prof'an [lat.], unheilig, weltlich; nicht geweiht. **profanieren,** entweihen, entheiligen.

Prof'eß [lat.] *die,* die Ablegung der Klostergelübde.

Profession [lat.], Beruf, Gewerbe. **profession'ell,** berufsmäßig.

Professional [-f'eʃnl, engl.], Abk. **Profi,** wer Sport berufsmäßig treibt.

Prof'essor, 1) Amtsbezeichnung für Hochschullehrer. In der bis 1971 geltenden Lehrkörperstruktur wurde unterschieden zwischen dem **planmäßigen P.** (auf Lebenszeit in eine Planstelle im Hochschulhaushalt berufener Beamter), der entweder einen ordentl. oder einen außerordentl. Lehrstuhl innehat, und dem **außerplanmäßigen P.** Zu außerplanmäßigen P. können Dozenten ernannt werden, die sich in der Regel seit sechs Jahren in Forschung und Lehre bewährt, aber keinen Ruf erhalten haben. Die neue Lehrkörperstruktur unterscheidet nur noch zwischen Assistenz-P. und P. 2) In der Bundesrep. Dtl. von einigen Landesregierungen für besondere wissenschaftl. oder künstler. Verdienste verliehener Titel. 3) in einigen Ländern auch Titel für Lehrer an höheren Schulen, z. B. in Österreich.

Pr'ofi, Abk. für →Professional.

Prof'il [ital.] *das,* Seitenansicht; senkrechter Schnitt durch einen Körper.

profil'iert, scharf umrissen, hervortretend.

Profilmaterial, Halbzeug mit bestimmtem, über die ganze Länge unverändertem Querschnitt, aus Metall, Kunststoff, Holz, Gummi, z. B. Stangen, Rohre, Winkel.

Profilprojektor, ein Prüfgerät für Werkzeuge und Werkstücke, die vergrößert projiziert und mit aufgezeichneten Profilen verglichen werden.

Prof'it [frz.] *der,* Gewinn, Nutzen, Vorteil. **profit'abel,** gewinnbringend, vorteilhaft. **profitieren,** Gewinn haben, Nutzen ziehen.

Prof'os, Profoß, in manchen Heeren ein mit der Beaufsichtigung von Arrestanten betrauter Unteroffizier. General-P. →Generalregalmeister.

prof'und [lat. ,tief'], gründlich.

Progester'on [lat.] *das,* -s, das Gelbkörperhormon der Eierstöcke, reguliert den Ablauf der Schwangerschaft; gehört chemisch zu den Sterinen.

Prognath'ie [grch.-lat.] *die,* ⚕ vorspringende Kiefer, z. B. bei den Negriden.

Progn'ose [grch.] *die,* Vorhersage.

Progr'amm [grch.] *das,* 1) Spielfolge, Festordnung. 2) Arbeitsplan. 3) die Gesamtheit von verschlüsselten Anweisungen an eine Rechenanlage.

programm'atisch, richtungweisend, vorbildlich.

Programm'ierer *der,* -s/-, nicht geschützte Berufsbez. für planerische und prakt. Tätigkeit an Datenverarbeitungsanlagen. Der P. entwickelt selbständig Programme aus vorgegebenen Aufgabenstellungen.

Programm'iersprache, eine zum Abfassen von Programmen für digitale →Rechenanlagen geschaffene Sprache. In einer **maschinenorientierten P.** kennzeichnet jede

Anweisung einen Befehl oder eine Befehlsfolge eines bestimmten Rechenanlage-Typs in leicht merkbarer Form. ·Die **problemorientierte P.** ist auf ein bestimmtes Anwendungsgebiet zugeschnitten und lehnt sich an die hier üblichen Sprech- und Schreibweisen an. Beispiele: ALGOL und FORTRAN für Formelberechnungen, COBOL für kaufmänn. Berechnungen, APT für Werkzeugmaschinensteuerungen. Als Übersetzerprogramm dient hier der Kompilierer (Compiler, engl.), mit dem die Rechenanlage das Maschinenprogramm meist in einem getrennten Arbeitsgang gewinnt und für spätere Bearbeitung speichert.

programmierter Unterricht, programmiertes Lernen, ein Lehr- und Lernverfahren, bei dem Auswahl und Gliederung der Lernschritte durch Programme in Form von Fragebogen, Lehrbüchern, Tonband, Bild, Film, Lehrmaschinen (audiovisuelle Hilfen) übernommen werden. Der Schüler kann nach individuellem Lerntempo fortschreiten und seine Erfolge selbst kontrollieren. P. U. gibt es in der Verein. Staaten seit etwa 1926, in der Bundesrep. Dtl. seit etwa 1963.

Programmsteuerung, die nach einem Zeitplan (Programm) einstellbare automat. Steuerung eines Apparates, z. B. einer Werkzeug-, Rechenmaschine.

Programmusik, Instrumentalmusik mit einem begrifflich faßbaren Inhalt, im Gegensatz zur absoluten Musik.

Progressi'on [lat.], 1) Fortschreiten, fortschreitende Steigerung. 2) Steuer: eine solche Ausgestaltung des Steuertarifs, daß die zu zahlende Steuer beim Anwachsen der Bemessungsgrundlage (z. B. des Einkommens) nicht entsprechend (proportional), sondern übermäßig (überproportional) zunimmt. 3) △ bes. die arithmetische und die geometrische Reihe.

progress'iv, fortschreitend; im polit. Sinn: fortschrittlich.

progressive Paral'yse, ⚕ eine Form der Syphilis (→Paralyse).

prohibieren [lat.], verbieten, verhindern.

Prohibiti'on [lat.], das staatl. Verbot der Herstellung und des Verkaufs alkoholhaltiger Getränke, z. B. in den USA 1919-33.

Prohibitivsystem, Maßnahmen, die auf das Verbot der Ein- und Ausfuhr von Waren oder auf die Erschwerung durch bes. hohe Zölle **(Prohibitivzölle)** gerichtet sind.

Proj'ekt [lat.] *das,* Plan, Entwurf. **projektieren,** planen, beabsichtigen.

Projekt'il [lat.-frz.] *das,* Geschoß.

Projekti'on [lat.], 1) △ Abbildung von Körpern, Flächen oder Kurven auf eine Bildebene durch Strahlen. Bei der **Zentral-P.** gehen alle Strahlen von einem Punkt (Zentrum) aus. Die **Parallel-P.** bildet durch parallele Strahlen die zur Bildebene parallelen Strecken in wahrer Größe ab. Beim techn. Zeichnen erhält man durch Parallel-P. auf drei senkrecht aufeinanderstehende Ebenen Grund-, Auf- und Seitenriß räumlicher Gebilde. 2) Psychologie: das Übertragen von Erlebnisqualitäten auf die Außenwelt.

Projektionsapparat, →Bildwerfer.

Projektionslampe, eine Glühlampe mit bes. aufgebautem Leuchtkörper für Projektionsgeräte, heute Halogenglühlampen und Gasentladungslampen (Xenon).

Projektionsröhre, in Fernsehempfängern eine Bildröhre, bei der das Bild nicht direkt angeschaut, sondern mit einem Linsensystem (selten) auf eine Mattscheibe im Empfänger oder (häufig) auf eine Leinwand projiziert wird.

projektive Ebene, projektiver Raum, die Ebene und der Raum der **projektiven** Geometrie, die außer den ‚eigentlichen‘ auch die ‚uneigentlichen‘ (unendlich fernen) Punkte enthalten.

Proj'ektor [lat.], →Bildwerfer.

projizieren [lat.], 1) Bilder von Körpern auf eine Fläche zeichnen. 2) Lichtbilder an die Wand werfen.

Pro Juvent'ute, eine schweizer. Stiftung, Zürich; gegr. 1912. Sie leistet Einzelhilfe und befaßt sich mit sozialen Fragen aller Altersstufen, auch mit Problemen der Freizeitgestaltung.

Proklamati'on [lat.], die, Verkündigung, Aufruf, bes. eine Kundmachung der Regierung in feierl. Form über wichtige Staatsangelegenheiten, im Völkerrecht eine förml. Verlautbarung mehrerer Staaten über gemeinsame Grundsätze ihrer Politik.

proklamieren, öffentlich kundgeben.

prokl'itisch [lat.], Ⓢ unbetont vorangestellt.

Pr'oklos, griech. Philosoph, * 411, † 485, der letzte bedeutende Neuplatoniker.

Prok'ofieff, Serge, russ. Komponist, * 1891, † 1953, seit 1918 in Westeuropa und den Verein. Staaten, kehrte 1934 nach Rußland zurück. Opern, Ballette, Sinfonien, Klavier-, Violinkonzerte u. a.

Serge Prokofieff   *Marcel Proust*

Prokonsul und **Proprätor,** im alten Rom ehem. Konsul (Prätor) als Statthalter einer Provinz.

Prok'op, Prokopios, * um 500 n. Chr., † nach 562, byzantin. Geschichtsschreiber der Kriege gegen Perser, Wandalen, Goten; Verfasser einer Geheimgeschichte (u. a. ein Pamphlet gegen Justinian und Theodora).

Pr'okop der Große, * um 1380, † 1434, seit 1424 Führer der Hussiten.

Prok'opjewsk, Bergwerkstadt im Kusnezker Kohlenbecken, Sowjetunion, 275000 Ew.; Kohlengruben, Maschinenbau.

Prokr'ustes, griech. Mythos: ein Räuber, der alle, die in seine Hände fielen, auf ein Bett (P.-Bett) legte. Waren sie zu kurz, streckte er sie aus; waren sie zu lang, hackte er ein Stück ab. Theseus überwältigte ihn.

Proksch, Anton, österreich. Politiker (SPÖ), * 1897, wurde 1945 Abg. im Nationalrat und Gen.-Sekretär des Österr. Ge-

werkschaftsbundes, 1956-66 Min. für soziale Verwaltung.

Prok'ura [lat.] *die, -/ . . . ren,* 🔁 eine Vollmacht eines Vollkaufmanns oder seines gesetzl. Vertreters, die den Bevollmächtigten **(Prokuristen)** zu allen Geschäften und Rechtshandlungen ermächtigt, die der Betrieb eines Handelsgewerbes mit sich bringt.

Prokur'ator [lat.] *der,* 1) im Röm. Reich kaiserl. Beamte aus dem Ritterstand, die der Zentral-, Finanz- und Domänenverwaltung vorstanden; auch Statthalter in kleineren Prov. 2) Kath. Kirche: →Generalprokurator.

Prokur'ist, 🔁 →Prokura.

Pr'okyon [grch.], Stern 1. Größe, α, im Sternbild des Kleinen Hundes.

Prolact'in *das,* ein Hormon des Hypophysenvorderlappens, bewirkt während der Stillzeit die Milchabsonderung der Brustdrüsen.

Prol'aps [lat.] *der,* ⚕ **Vorfall,** z. B. das Heraustreten von im Körperinneren gelegenen Organen.

Proleg'omenon [grch.] *das, -s/ . . . mena,* Vorbemerkung, Einführung.

Prol'epsis [grch.] *die,* 1) vorzeitiges Erscheinen eines Pflanzenorgans (z. B. herbstliche Obstblüten). 2) Ⓢ Vorwegnahme eines sprachl. Elements.

Prol'et *der,* Lümmel, ungehobelter Kerl.

Prolet'arier, 1) im alten Rom die ärmste Schicht der Bürger, die urspr. keine Steuern zu zahlen brauchte und dem Staat nur durch ihre Nachkommenschaft (proles) von Wert war. 2) beim Kommunist. Manifest: in der kapitalist. Wirtschaftsordnung die Lohnarbeiter, die kein Eigentum an Produktionsmitteln besitzen. Sie führen den Klassenkampf mit dem Ziel des Kommunismus, der auf dem Weg über die Diktatur des Proletariats erreicht werden soll.

Proletarier aller Länder, vereinigt euch!, der Schlußsatz des →Kommunistischen Manifests.

Prol'og *der,* Vorrede, diente im antiken Drama, auch im Drama des MA. und der Renaissance der Einführung in die Handlung.

Prolongati'on [lat.] *die,* Verlängerung, bes. einer Zahlungsfrist bei Wechseln; an der Börse das Hinausschieben der endgültigen Abwicklung eines Termingeschäfts **(Prolongationsgeschäft).**

Prolongationswechsel, 🔁 die Ausstellung eines Wechsels mit hinausgeschobener Verfallszeit zur Stundung einer alten Wechselverpflichtung.

Promem'oria [lat.] *das, -s/ . . . rien,* Denkschrift.

Promen'ade [frz.] *die,* Spaziergang, -weg, Baum- oder Parkanlage. **promenieren,** spazierengehen.

Prom'esse [frz.] *die,* 🔁 eine Urkunde, in der eine Leistung, z. B. Lieferung von Wertpapieren, versprochen wird.

Prom'etheus, griech. Mythos: einer der Titanen, Schöpfer des Menschen und der Anfänge menschlicher Kultur. Da er gegen den Willen des Zeus den Menschen das Feuer brachte, wurde er an einen Felsen im Kaukasus geschmiedet, wo ihm ein Adler immer wieder nachwachsende Leber aushackte. Später befreite ihn Herakles.

Prom'ethium, chem. Zeichen **Pm,** metallisches chem. Element aus der Gruppe der Lanthaniden, Ordnungszahl 61. P. wurde bisher nur in Form radioaktiver Isotope in Spaltprodukten von Kernreaktoren nachgewiesen. Massenzahl des längstlebigen (Halbwertszeit 18 Jahre) Isotops: 145.

Promille [lat.], **p. m.,** ⁰/₀₀, für, auf, vom Tausend.

promin'ent [lat.], hervorragend, tonangebend. **Promin'enz** [lat.], Gesamtheit tonangebender Persönlichkeiten.

prom'iscu|e [lat.], gemeinschaftlich ohne Unterschied, alles durcheinander.

Promiskuität [lat.], wahlloser Ge-

Projektion: links Parallelprojektion, rechts Zentralprojektion

schlechtsverkehr ohne eheliche Bindung.

Promorpholog'ie [grch.], das Wissen von den Grundformen **(Grundformenlehre)** und Formverhältnissen der Lebewesen.

Prom'oter [engl.] der, -s/-, Veranstalter bes. von Box-, Ringkämpfen.

Promoti'on [lat.], die Verleihung der Doktorwürde. **promov'ieren,** die Doktorwürde erlangen, verleihen.

Prom'otor iust'itiae [lat.], der Vertreter des kirchl. Interesses im kirchl. Prozeß.

prompt [lat.], rasch, schlagfertig.

Promulgati'on [lat.], die amtl. Ausfertigung eines Gesetzes.

Pron'omen [lat.] das, -s/...mina, Ⓢ das Fürwort. **Personal-P.,** persönl. Fürwort; **Demonstrativ-P.,** hinweisendes Fürwort; **Reflexiv-P.,** rückbezügliches Fürwort; **Relativ-P.,** bezügliches Fürwort; **Interrogativ-P.,** Fragefürwort; **Possessiv-P.,** besitzanzeigendes Fürwort; **P. reciprocum,** wechselseitiges Fürwort; **P. indefinitum,** unbestimmtes Fürwort.

prononciert [prɔnõs'i:rt, frz.], ausgesprochen, betont, ausgeprägt.

Pronunciamiento [prɔnunθiami'ento, span.] das, der, Militärputsch; urspr. Kundgebung.

Pronyscher Zaun, →Dynamometer.

Pro'ömium [grch.-lat.] das, Vorrede, Vorspiel.

Propäd'eutik [grch. ‚Vorunterweisung'] die, Einführung. **philosophische P.,** der philosoph. Einführungsunterricht.

Propag'anda [lat.] die, Werbung, Werbetätigkeit, bes. für bestimmte politische, religiöse, weltanschaul. u. a. Ziele. **Propagand'ist,** wer P. betreibt.

Propagandakongregation, →Mission 2).

propagieren, werben, verbreiten.

Prop'an das, C_3H_8, gasförmiger Kohlenwasserstoff aus Erdgas und Erdöl, verwendet als chem. Rohstoff, Treibstoff, in Flaschen komprimiert als Heizgas (Flaschengas). Heizwert: 22 250 kcal/m³.

Prop'eller [engl.] der, →Luftschraube, →Schiffsschraube.

Propeller-Turbinen-Luftstrahltriebwerk, PTL-Triebwerk, Turboprop, ein →Strahltriebwerk.

pr'oper [von frz. propre], sauber, nett.

Propergeschäft, 🏛 das →Eigengeschäft.

Prop'erz, latein. **Sextus Propertius,** Klassiker der röm. Elegiendichtung, * um 50 v. Chr., † nach 16 v. Chr.; von P. sind 4 Bücher elegischer Gedichte erhalten, Goethe erhielt wichtige Anregungen von ihm (Hermann und Dorothea, Römische Elegien).

Proph'et [grch.], Verkünder oder Deuter des göttl. Willens. **Prophezeiung, Prophetie,** Weissagung, Vorhersage künftiger Ereignisse.

Prophyl'axe [grch.] die, ⚕ die Vorbeugung; Maßnahmen zur Krankheitsverhütung. **prophylaktisch,** vorbeugend.

Propi'onsäure, Fettsäure der Zusammensetzung CH_3-CH_2-COOH.

proponieren [lat.], vorschlagen.

Prop'ontis [grch. ‚Vormeer'], im Altertum das Marmarameer.

Proporti'on [lat.], 1) Verhältnis. 2) △ Gleichheit von Verhältnissen, z. B. 5:15 =6:18, allgemein a:b=c:d. **proportion'al,** verhältnisgleich.

Proportion'alsteuer, die im gleichen Verhältnis mit der Höhe der Bemessungsgrundlage ansteigende Steuer.

proportioniert, im richtigen Verhältnis stehend, gut abgestimmt.

Prop'orz [von Proportion] der, 1) Verhältniswahl. 2) ein System, in dem Ämter an Mitgl. der polit. Parteien (gegebenenfalls auch die Konfessionen) so vergeben werden, daß diese entsprechend ihrer zahlenmäßigen Stärke vertreten sind.

Proposition [lat.], Vorschlag, Angebot; Antrag; 🏛 Ausschreibung.

Propst, 1) Kath. Kirche: Leiter eines Dom- oder Stiftskapitels. **2)** evang. Kirchen: in einigen Landeskirchen der Leiter eines unteren oder mittleren Aufsichtsbezirks.

Propst'ei, Amt, Bezirk eines Propstes.

propuls'iv [lat.], dranghaft und ungerichtet vorantreibend.

Prop'yl das, die einwertige Atomgruppe $-C_3H_7$.

Propyl'äen [grch.] Mz., 1) ein Torbau zu Heiligtümern, Palästen u. a., am bekanntesten der P. der Akropolis in Athen (438-432 v. Chr.), ein Vorbild für viele spätere Bau-

Propyläen der Akropolis in Athen

ten, z. B. die P. in München von L. v. Klenze (1846-62). **2)** Titel einer von Goethe 1798 bis 1800 herausgegebenen Zeitschrift, in der er eine Anschauungen über Kunstfragen auseinandersetzte.

Prop'ylalkohol, der im Fuselöl enthaltene Alkohol $CH_3 \cdot CH_2 \cdot CH_2OH$.

Propyl'en, Prop'en das, $CH_3 \cdot CH = CH_2$, gasförmiger, ungesättigter Kohlenwasserstoff.

Pr'orektor [lat.], der Stellvertreter des amtierenden Hochschulrektors.

Prorogati'on [lat.], Aufschub; die Unterwerfung unter ein gesetzlich nicht zuständiges Gericht. **prorog'at'iv,** aufschiebend.

Pr'osa [aus lat.] die, nicht durch Gesetze des Verses gebundene Sprachform.

pros'aisch, 1) in Prosa geschrieben. **2)** nüchtern, sachlich.

Prosekt'ur [lat.] die, Institut an Krankenanstalten für Sektionen und bakteriolog. Untersuchungen. **Pros'ektor,** Leiter der P.

Prosel'yt [grch.] der, von einer Partei oder Religion zu einer andern Übertretender.

Prosench'ym [grch.] das, ✿ ein Gewebe mit gestreckten, spitzendigen, dickwandigen Zellen, das den Pflanzenkörper festigt.

Pros'erpina, lat. Name der Göttin →Persephone.

pr'osit [lat. ‚es soll nutzen'], Zuruf beim Zutrinken: wohl bekomm's!

Proskripti'on [lat. ‚Bekanntmachungen'], im alten Rom seit Sulla und während des zweiten Triumvirats die durch angehängte Tafeln bekanntgemachten Ächtungen polit. Gegner.

Prosod'ie [grch.], **Pros'odik** die, in der Antike bes. die Lehre von der Quantität der Silben, heute die Lehre von der Sprachbehandlung im Vers.

Prosp'ekt [lat.] der, 1) Ansicht, Aussicht, Fernsicht. 2) Werbeschrift. 3) (gemalter) Hintergrund der Bühne. 4) Bekanntmachung von Wertpapieren, die zur Börse zugelassen werden sollen.

prospekt'iv [lat.], vorausschauend.

prosperieren [lat.], gedeihen. **Prosperität,** engl. **Prosp'erity,** Wohlstand, wirtschaftl. Gedeihen, Konjunkturaufschwung.

Pr'oßnitz, tschech. **Prostějov,** Stadt in Mähren, Tschechoslowakei, 36 700 Ew.; Textil-, Maschinenind., Eisenwerke.

Pr'ostata [grch.] die, →Vorsteherdrüse.

prostituieren [frz.], bloßstellen; sich preisgeben, bes. im Sinne der →Prostitution.

Prostituti'on [lat.], die gewerbsmäßige Hingabe des eigenen Körpers zu geschlechtl. Zwecken. 🔯 Die P. kann in Gemeinden unter 50 000 Ew. ganz und in Gemeinden über 50 000 Ew. für einzelne Bezirke verboten werden; sie ist außerdem verboten, wenn sie geeignet ist, einzelne Personen oder die Allgemeinheit zu belästigen (z. B. in der Nähe von Schulen, Kirchen); bei Verstoß strafbar nach § 361, Ziff. 6 StGB.

Pr'ostylos [grch.] der, ein griech. Tempel, bei dem nur die Eingangsfront mit Säulen versehen ist.

Prosz'enium [aus grch.] das, -s/...ien, der vorderste Bühnenteil, der Übergang vom Zuschauer- zum Bühnenraum, z. T. mit **Proszeniumslogen.**

Protact'inium, chem. Zeichen **Pa,** seltenes radioaktives metall. Element, Ordnungszahl 91, Massenzahlen 231, 234, ein Glied der Uran-Actinium Zerfallsreihe (→Radioaktivität).

Protagonist [grch.], in griech. Drama der erste Schauspieler; danach jemand, der maßgeblich für eine Sache eintritt.

Prot'agoras, griech. Philosoph, * etwa 481 v. Chr., † etwa 411, Sophist, lehrte die Bedingtheit aller Erkenntnisse (‚Der Mensch ist das Maß aller Dinge').

Protandr'ie [grch.] die, bei zwittrigen Lebewesen das frühere Reifen der männlichen Geschlechtszellen. P. verhindert die Selbstbefruchtung.

Protégé [prɔteʒ'e:, frz.] der, Schützling, Günstling. **protegieren** [-ʒ-], begünstigen.

Prote'ide, zusammengesetzte Eiweißkörper.

Prote'ine, einfache Eiweißkörper.

Prote'inur'ie, Eiweißharnen, Auftreten von Eiweiß im Harn, zuweilen vorübergehend nach körperl. Anstrengung; krankhaft u. a. bei Nierenkrankheiten.

Protektion [lat.], Förderung, Gönnerschaft, Schutz.

Protektionismus [lat.], ein handelspolit. System, das im Ggs. zum Freihandel einzelner Wirtschaftsbereiche (z. B. Landwirtschaft) durch Schutzzölle, Einfuhrkontingente u. a. vor der ausländ. Konkurrenz zu schützen sucht. Das →GATT strebt den allmähl. Abbau des P. seiner Mitglieder an.

Prot'ektor [lat.], Beschützer, Gönner.

Protektor'at [lat.] das, 1) Völkerrecht: die Schutzherrschaft eines Staates oder einer Staatenmehrheit über einen anderen Staat. Die Schutzmacht nimmt die Vertretung und den Schutz des protegierten Staates wahr und übt auf dessen innere Angelegenheiten ein gewisses Maß von Aufsicht und Beeinflussung aus. 2) Gönnerschaft. 3) Ehrenvorsitz. 4) Früher die Schutzgewalt eines Staates über seine Kolonien (Schutzgebiete).

Proteroz'oikum, Alg'onkium das, früher auch **Eoz'oikum,** der Abschnitt der Erdgeschichte, der auf das Archäikum folgt und mit diesem das Präkambrium bildet. Das P. besteht u. a. aus Sandsteinen, Arkosen, Quarziten.

Prot'est [lat.] der, 1) Widerspruch. 2) 🔯 der →Wechselprotest. 3) ✿ Einspruch.

Protest'ant [lat.], Angehöriger des →Protestantismus.

Protestantenverein, Deutscher P., gegr. 1863 in Frankfurt a. M. zur Erneuerung des kirchl. Lebens im Einklang mit der Kulturentwicklung.

Protestantisch-bischöfliche Kirche Nordamerikas, engl. **Protestant Episcopal Church in the United States,** 1789 aus der Anglikan. Kirche entstanden; hat synodalen Charakter; 3,4 Mill. Mitgl. (1970).

Protestantische Union, die Union der protestant. Fürsten (→Union 3).

Protestant'ismus, die christl. Kirchen und Gemeinschaften, die aus der Reformation hervorgegangen sind, benannt nach der Protestation der evang. Stände auf dem Reichstag zu Speyer (19. 4. 1529) gegen den alle kirchl. Reformen verbietenden Mehrheitsbeschluß. Inhaltlich bedeutet der P.

Protestantismus: links Konfirmation; rechts Feier des Heiligen Abendmahls in einer finnischen Kirche

Verwahrung gegen die Bindung der göttl. Offenbarung und Gnade an menschl. Autoritäten (Papsttum, Klerus, Tradition). Indem er das in der Hl. Schrift dargebotene Wort Gottes als alleinige Autorität anerkennt (Schriftprinzip), stellt er als Kern der christl. Botschaft die Rechtfertigung des Sünders allein aus dem Glauben hin. Hieraus werden als Forderungen abgeleitet: die Bewährung des Glaubens in der Welt, das Priestertum aller Gläubigen, Gemeinde als Gemeinschaft der Glaubenden.

Zum P. gehören die großen Bekenntnisgemeinschaften der Lutheraner und Reformierten mit vielen nationalen, landeskirchl. und freikirchl. Organisationsformen, weiter die Unionskirchen, die Altlutheraner und Altreformierten, ferner die kleineren in der Reformationszeit entstandenen (Schwenkfelder, Mennoniten, Unitarier) oder erneut angeregten Gemeinschaften (Waldenser, Brüderunität) ein. Aus dem Gesamtbewußtsein der protestant. Gläubigen entstand die →Ökumenische Bewegung. Geschichte →Reformation.

Protest′at [lat.], Wechselrecht: die Person, gegen die Protest erhoben wird.

protestieren [lat.], Einspruch erheben; einen Wechsel zu Protest gehen lassen.

Prot′est-Songs [lat.-engl.] Mz., in den 1960er Jahren Lieder der Neuen Linken mit stark polit., zeit- und gesellschaftskrit. Einschlag.

Pr′oteus, griech. Mythos: weissagender Meergreis, der sich in viele Gestalten verwandeln konnte.

Proth′allium [grch.-lat.] das, ⚥ Generationswechsel der Farnpflanzen: die geschlechtl. Generation (der **Vorkeim**).

Proth′ese [grch.] die, ⚕ Kunstglied, auch Zahn- und Kieferersatz.

Prot′isten [grch.] Mz., nach E. Haeckel die einzelligen Lebewesen (Einzeller).

Pr′otium das, das Wasserstoffisotop mit der Massenzahl 1.

Protok′oll [grch.] das, 1) 🔱 die urkundl. Niederschrift einer Verhandlung, Aussage usw., bes. einer Gerichtsverhandlung; im Völkerrecht die urkundl. festgelegte Vereinbarung. 2) die im diplomat. Verkehr festgelegten Regeln der Höflichkeit und

Form; verantwortlich ist der **Chef des P.**

Protok′olle der Weisen von Zion, gefälschte Protokolle (1905) einer fiktiven jüd. Tagung (1897), die einen Plan zur Aufrichtung der jüd. Weltherrschaft unter einem König aus dem Hause Zion enthalten.

Pr′oton [grch.] das, positiv geladenes Elementarteilchen, etwa 1836mal schwerer als das Elektron, mit dem Neutron zusammen Baustein der Atomkerne. Der Kern des Wasserstoffatoms besteht aus einem einzigen P., so daß **P.-Strahlen** am einfachsten durch Ionisation von Wasserstoff gewonnen werden können.

Protonenstürme, in seltenen Fällen von der Sonne ausgeworfene Protonen, die so energiereich sind, daß sie die Erdatmosphäre durchdringen und eine merkliche Zunahme der Intensität der kosm. Ultrastrahlung auf dem Erdboden bewirken.

Pr′otonotar [lat.], Kath. Kirche: oberste Rangstufe der päpstl. Hof- und Ehrenprälaten.

Protopl′asma [grch.], **Zytoplasma** das, ⚕ ◔ ⚘ das in den Zellen aller Lebewesen enthaltene eiweißhaltige Stoffgemisch **(Protoplast)**, das sich in eine äußere gleichförmige Schicht (Ektoplasma) und eine innere, Körnchen (z. B. Mitochondrien, Chromatophoren, Fettkügelchen) aufweisende Schicht (Entoplasma) gliedert. P. und Zellkern sind die Träger des Lebens.

Protost′omia [grch.], **Bauchmarktiere,** Gruppe von Tierstämmen, bei denen der Urmund der Gastrula zum endgültigen Mund wird und der After sich neu bildet. Das Nervensystem liegt auf der Bauchseite.

Protot′yp [grch.] der, Urbild, Muster; Erstabdruck.

Protoz′oen [grch.] Mz., meist mikroskopisch kleine, einzellige Lebewesen **(Urtiere).** Die einfachsten P. (Amöben) bestehen nur aus einem Plasmaklümpchen mit Zellkern. Der Fortbewegung dienen formveränderliche Plasmafortsätze (Pseudopodien), Geißeln oder Wimpern. Die Nahrung wird in Vakuolen verdaut. Die meisten P. leben im Meer oder Süßwasser, einige auch in feuchter Erde; manche sind (z. T. krankheitserregende) Schmarotzer, so die Ruhramöbe, andere haben mit ihren Kalkschalen in der Erdgeschichte ganze Gesteinsschichten aufgebaut, so die Nummuliten. Zu den P. gehören Wurzelfüßer, Geißeltierchen, Sporentierchen, Wimpertierchen.

Protuber′anz [lat.] die, 1) ⚕ Vorsprung. 2) aus der Chromosphäre der Sonne empor-

geschleuderte leuchtende Gasmasse sehr geringer Dichte, hauptsächlich Wasserstoff. Größte Aufstiegshöhen etwa 1 Mill. km.

Protze die, ⚓ früher ein mit 6 Pferden bespannter, starker zweirädriger Vorderwagen für Geschütze (auch Munitionsbeförderung).

Proudhon [prud′ɔ̃], Pierre-Joseph, französ. Sozialist, * 1809, † 1865, griff die herrschende Eigentumsverfassung an (Eigentum ist Diebstahl).

Proust [pruːst], Marcel, französ. Schriftsteller, * 1871, † 1922. Sein Hauptwerk ‚Auf der Suche nach der verlorenen Zeit‘ (7 Teile, 1913-27) ist ein autobiographisch gehaltener Bericht über die Aristokratie und großbürgerl. Gesellschaft der Jahrhundertwende. Sein revolutionärer Gehalt liegt in einem neuen Verhältnis zur Zeit: der äußeren, meßbaren Zeit wird eine ‚innere‘ Zeit gegenübergestellt. (Bild S. 979)

Provence [prɔv′ãs] die, geschichtl. Landschaft Frankreichs, zwischen Rhônetal und Italien, gebirgig mit Mittelmeerklima, nur in den Flußniederungen und an der Mittelmeerküste fruchtbar. Lebhafter Fremdenverkehr an der Riviera. - Die röm. ‚Provincia‘ (seit 125-118 v. Chr.) gehörte im MA. zu Burgund, kam mit diesem 1033 an das Dt. Reich, 1246 an das Haus Anjou, 1481 an Frankreich. (Bild S. 982)

Proveni′enz [lat.] die, Herkunft.

provenzalische Literatur, die früheste voll ausgebildete roman. Literatur mit der ganz Europa anregenden Lyrik der Trobadore (seit Ende des 11. Jahrh.). Der Albigenserkrieg (1208-29) vernichtete diese höfische Kultur. Erst im Gefolge der Romantik lebte die p. L. bei den ›Felibres‹ wieder auf.

provenzalische Sprache, die Mundarten Südfrankreichs; sie werden nach ihrer Bejahungsformel ‚oc‘ auch **langue d′oc** genannt. Im MA. war das Provenzalische die Kunstsprache der Trobadore, →provenzalische Literatur.

Prov′erb [lat.] das, Sprichwort.

Provi′ant [ital.] der, Mundvorrat, bes. für Truppen.

Providence [pr′ɔvidəns], 1) brit. Insel im Indischen Ozean, nördl. von Madagaskar; Kopragewinnung.
2) Hauptstadt von Rhode Island, USA, Hafen, 179 200 Ew.; Universität; Schmuckwaren-, Werkzeug- und Textilindustrie.

Provid′enz [lat.] die, Vorsehung.

Prov′inz [lat.] die, -/-en, 1) im alten Rom ein Verwaltungsbezirk außerhalb Italiens. 2) größere Teile eines Staatsganzen; staatl. Verwaltungsbezirke ohne polit.

Autonomie. In der Bundesrep. Dtl. gibt es in keinem Land mehr P. **3)** →Kirchenprovinz.

Provinzialbanken, die Landesbanken.

Provinzi′alstände, in Preußen 1823 (statt des versprochenen Landtags) mit beschränkter Befugnis von Friedrich Wilhelm III. errichtet; 1847 als ,Vereinigter Landtag' in Berlin.

provinzi′ell, kleinstädtisch, beschränkt (in Gesichtskreis und Ansichten).

Provisi′on [lat.], ♊ die Vergütung für die Vermittlung oder Besorgung eines Geschäfts, die nach Prozentsätzen des Umsatzes oder Gewinns berechnet wird.

Prov′isor [lat.] der, ⚕ Verwalter einer Apotheke.

provis′orisch [lat.], vorläufig, einstweilig.

Provis′orium das, Übergangsregelung.

Provitamine, natürl. Vorstufen der Vitamine.

Provo [Abk. von Provokant] der, Vertreter einer in den Niederlanden 1965 entstandenen Protestbewegung von Jugendlichen und Studenten.

Provokation [lat.-frz.], Herausforderung, Aufreizung. **Provokateur** [-′œːr], Lockspitzel. **provokat′orisch, provokat′iv,** herausfordernd, aufreizend. **provoz′ieren,** herausfordern, reizen, heraufbeschwören.

Pr′oxima Cent′auri, der erdnächste Fixstern in einer Entfernung von 4,3 Lichtjahren, ein Stern 11. Größe.

proxim′al [lat.], zum Mittelpunkt eines Lebewesens hin gelegen. Gegensatz: distal.

prozedieren [lat.], verfahren, vorgehen; in der Schweiz: einen Prozeß führen.

Prozed′ur [lat.] die, Verfahren.

Proz′ent [lat.] das, **v. H.,** %, für, auf, vom Hundert. Eigw. **prozentu′al.**

Proz′eß [lat.] der, **1)** Vorgang, Geschehen. **2)** ♊ das Gerichtsverfahren zur Entscheidung von Rechtsstreitigkeiten. Man unterscheidet Zivilprozesse, Strafprozesse, Verwaltungsgerichtsprozesse u. a. Das **Prozeßrecht** ist in einer Reihe von **Prozeßordnungen** enthalten.

Prozeßfähigkeit, ♊ die Fähigkeit, einen Prozeß selbst oder durch einen Bevollmächtigten zu führen.

Prozessi′on [lat.], Kath. Kirche: feierl. Umzüge der Geistlichkeit und des Volkes.

Prozessi′onsspinner, Nachtschmetterlinge, den Zahnspinnern verwandt, deren Raupen abends in geordneten Zügen vom Ruheplatz zum Futterplatz in die Baumkronen wandern. **Eichen-P.** und **Kiefern-P.** sind Schädlinge.

Prozeßkosten, ♊ die durch einen Prozeß verursachten Kosten, z. B. Gerichts- und Anwaltsgebühren.

Prozeßrechner, Sonderform einer Rechenanlage zur Steuerung gleichförmiger industrieller Prozesse **(Prozeßsteuerung),** z. B. in der chem. Industrie.

Prschew′alskij, Nikolai Michailowitsch, russ. General und Asienforscher (bes. Zentralasien), * 1839, † 1888.

prüde [frz.], zimperlich, spröde, geziert.

Prüderie die, Zimperlichkeit, Geziertheit.

Prud′entius, Aurelius P. Clemens, der bedeutendste christl.-latein. Dichter des Altertums, * Spanien 348 n. Chr., † um 405.

Prud′hon [pryd′ɔ̃], Pierre-Paul, französ. Maler, * 1758, † 1823, schuf, von Correggio beeinflußt, mythologisch-allegor. Bilder und Bildnisse.

Prüffeld, der Teil eines Betriebes, in dem die Erzeugnisse auf einwandfreies Arbeiten, meist durch einen Probelauf, geprüft werden.

Prüfstand, eine Versuchsanlage zur Prüfung von Geräten und Maschinen unter Betriebsbedingungen.

Prüfungsverbände, die mit der Durchführung der für die Genossenschaften gesetzlich vorgeschriebenen Pflichtprüfungen betrauten Verbände (früher Revisionsverbände).

Prüfungsverfahren, ♊ ein Teil des Konkursverfahrens **(Prüfungstermin).**

Pr′üfzeichen, amtl. vorgeschriebene Kennzeichen für Fahrzeugteile, elektr. Geräte u. a., deren Bauart gesetzl. Vorschriften entsprechen muß.

Prüm, Stadt in der westl. Eifel, Rheinl.-Pf., 5000 Ew. In der Basilika des Benediktinerklosters ist Kaiser Lothar I. beigesetzt.

Prünelle [frz.] die, **1)** Frucht (Pflaumensorte, Nektarinenpfirsich). **2)** olivgrüner Pflaumenlikör.

Prunkbohne, Feuerbohne, eine buntblühende Stangenbohne.

Prunkwinde, eine Gartenpflanze der Gattung Ipomoea, mit großen blauroten oder weißen Trichterblüten **(Trichterwinde).**

Pr′unus [lat.], eine Gattung der Rosengewächse, Sträucher und Bäume mit weißen bis rosa Blüten und Steinfrüchten; hierzu gehören das Steinobst, Schlehe u. a.

Prus, Bolesław, eigentl. Aleksander Głowacki, poln. Schriftsteller, * 1847, † 1912; realistische Romane.

Prußen, Pruzzen, →Preußen (Stamm).

Pr′ussia, neulatein. Name für das Land Preußen.

Prüßwand, eine freitragende Backsteinwand, die durch waagerechte und senkrechte Stahlbänder im Abstand von zwei Ziegellängen bewehrt ist.

Pruth, Stadt in der Ukraine. **Prut,** linker Nebenfluß der Donau, 953 km lang, ist Grenzfluß zwischen Rumänien und der Sowjetunion.

Prutz, Robert, Schriftsteller und Literarhistoriker, * 1816, † 1872; polit. Gedichte in demokrat. Geist; dramat. Satire ,Die politische Wochenstube'; Romane.

Pryt′anen, im alten Griechenland die aus der →Bule gewählten Stadträte. **Prytan′eion,** Rathaus.

Przemyśl [pʃ′emysl], Stadt in Polen, am San, 53 100 Ew.; mit Kathedralen, Grenzübergang in die Sowjetunion.

Przemysl′iden, Přemysliden [pʒ′ɛ-], böhm. Herrscherhaus seit Anfang des 10. Jahrh., seit 1198 Könige, ausgestorben 1306.

Przybyszewski [pʃibiʃ′ɛfski], Stanisław, poln. Dichter, * 1868, † 1927, schrieb zunächst deutsch (Essays, Romane); seit 1898 in Krakau einer der Führer des naturalistisch-symbolist. ,Jungen Polens'.

Przw′ara [pʃy-], Erich, Jesuit, * 1889; religions- und kulturphilosoph. Arbeiten.

PS, Abk. für **P**ferde**s**tärke.

P. S., Abk. für →Postskriptum.

Ps′almen [grch.], A. T.: die im **Psalter** vereinigten 150 relig. Lieder Israels und der jüd. Gemeinde; spätestens im 2. Jahrh. v. Chr. entstanden.

Psalm′ist [grch.], Psalmendichter.

Psalmod′ie, Psalmengesang im christl. Gottesdienst.

Psalter der, **1)** das Buch der Psalmen. **2) Psalterium,** harfenähnl. Saiteninstrument.

Ps′ammetich, ägypt. Könige der 26. Dynastie. **P. I.** (664-610 v. Chr.) befreite das Land von den assyr. Oberhoheit. **P. III.** verlor 525 v. Chr. Ägypten an die Perser.

pseud..., pseudo... [grch.], falsch..., schein...

Pseud|arthr′ose [grch.] die, ⚕ die Neubildung eines Gelenks an falscher Stelle, z. B. bei nicht eingerichteten Verrenkungen.

Pseud|epigr′aphen [grch.], protestant. Sprachgebrauch: die jüd. Schriften aus dem Jahrh. vor und nach Christus, die zum A. T. gehören wollen, aber weder in der hebr. Bibel noch unter den Deuterokanon. Büchern enthalten sind.

Pseudo-Isid′orien, Pseudoisid′orische Dekret′alen, eine Sammlung größtenteils unechter kirchl. Rechtsquellen aus dem 9. Jahrh., wahrscheinl. aus Reims; sie sollten die Kirche von der Staatsgewalt befreien.

Pseudomorphose, die Verdrängung einer Mineralart durch eine andere unter Beibehaltung der Kristallform der ersten.

Pseudon′ym [grch.] das, Deckname, auch einer Schrift; das P. ist rechtlich geschützt. **pseudonym,** unter Deckname.

Pseudop′odium [grch.-lat.] das, ♊ ein der Fortbewegung und Ernährung dienender Protoplasmafortsatz **(Scheinfüßchen),** bes. der Wurzelfüßer.

Psichari [psikar′i], **1)** Ernest, Sohn von 2), französ. Schriftsteller, * 1883, † 1914; ,Der Wüstenritt des Hauptmanns' (1916). **2)** Jean, eigentl. Jannis **Psycharis,** neugriech.-französ. Schriftsteller, * 1857, † 1929; trat für die neugriech. Volkssprache ein.

Psilomel′an [grch.] das, **Hartmanganerz,** schwarzes Mineral in traubigen Formen, enthält im wesentl. Manganoxide.

Psi-Phänomene [grch.], Parapsychologie: die Erscheinungen der ,außersinnl. Wahrnehmung' und der Psychokinese.

Ps′ittacus [grch.] der, Papagei.

Psittak′ose [grch.] die, ⚕ →Papageienkrankheit, eine Viruskrankheit.

Pskow, russ. Name von →Pleskau.

Psor′iasis [grch.] die, ⚕ die Hautkrankheit Schuppenflechte.

psych..., psycho... [grch.], seelen...

Psychag′ogik [grch.], die Menschenführung durch seelische Beeinflussung, bes. zu heilpädagog. Zwecken.

Psych|asthen′ie [grch.] die, eine Persönlichkeitsstörung, die sich in Entschlußunfähigkeit und Zwangsvorstellungen äußern kann.

Ps′yche [grch.] die, **1)** Hauch, Atem. **2)** Seele. **3)** Antike: die Verkörperung der Seele als kleines geflügeltes Wesen, Geliebte des →Amor.

psyched′elisch nennt man die Wirkungen mancher Drogen (z. B. LSD), die angeblich den geistig-sinnl. Erfahrungsbereich erweitern.

Psychedelische Kunst versucht, die unter dem Einfluß von Drogen oder in myst. Versenkung gewonnenen Eindrücke wiederzugeben.

Psychi′ater [grch.] der, Facharzt für Psychiatrie.

Psychiatr′ie [grch.] die, ⚕ die Seelenheilkunde; sie sucht die seelischen Krankheiten nach Ursache und Verlauf zu erkennen und zu heilen. **psychi′atrisch,** seelenheilkundlich.

ps′ychisch [grch.], seelisch.

Provence, in der Gegend von Vence

Psychoanaly'se [grch.] *die*, ein Verfahren zur Heilung von Neurosen und Hysterie, das um 1900 von S. →Freud entwickelt wurde. Der Patient überläßt sich seinen Einfällen und Assoziationen, erzählt seine Konflikte, Erinnerungen und Träume. Der Arzt sucht die ins Unbewußte verdrängten Erlebnisse zu rekonstruieren, die sich in Symptomen, wie Fehlhandlungen, Ängsten und nervösen Störungen ausdrücken. Die zugrunde liegenden Erlebnisse sind nach Freud im Kern triebhafter und bes. sexueller Natur (**Libido**). Die P. wird als therapeut. Verfahren heute durch andere Verfahren ergänzt oder ersetzt.

Psychochirurg'ie [grch.] *die*, Gehirnoperationen zur Behandlung seelischer Krankheiten, z. B. die Leukotomie.

Psychodrama [grch.], psychotherapeut. Methode, bei der die Patienten ihre Konfliktsituationen schauspielerisch darstellen.

Psycho|endokrinolog'ie, eine psychiatr. Forschungsrichtung, die sich mit der Einwirkung der inneren Sekretion auf den seelischen Bereich beschäftigt.

psychog'en [grch.], seelisch bedingt; p. ist z. B. Herzklopfen durch Angst.

Psychogr'amm [grch.], 1) Psychologie: Bild der Eigenschaften einer Einzelpersönlichkeit. 2) Spiritismus: Geister-Niederschrift.

Psychohygi'ene [grch.], seelischer Gesundheitsschutz, bes. Vorbeugung gegen Überbelastung und Fehlentwicklung.

Psycho'id [grch.] *das*, seelenähnl. Ganzheit oder Schicht bei niederen Organismen.

Psychokinese [grch.], Parapsychologie: angebliche seelische Einwirkung eines Mediums auf äußere Vorgänge.

Psycholog'ie [grch.], die Wissenschaft vom seelischen Leben. Erlebnisse, Affekte u. a. sind teils unmittelbar dem einzelnen bewußt, teils an anderen Personen als Ausdruck, Aussage oder Verhalten beobachtbar. Auch aus Werken oder Leistungen kann auf die Person des Urhebers geschlossen werden. Bes. Forschungsgebiete und -richtungen sind Charakterologie und Ausdruckskunde, Gestalt-, Ganzheits-, Tiefen-P. Daneben hat die Entwicklungs-P. und, bes. in Nordamerika, die Sozial-P. starke Ausprägung erreicht; ebenso Kinder- und Jugend-P. sowie medizinische P. und Psychopathologie. Von der **reinen (theoretischen) P.** wird die **angewandte P.** unterschieden: Arbeits- und Wirtschafts-P. (Psychotechnik), pädagogische P., politische P., forensische (gerichtliche) P., medizinische P.

psychol'ogischer Roman, Roman, der weniger die äußeren Vorgänge als die seelischen Zusammenhänge herausarbeitet.

Psycholog'ismus [grch.-lat.], Philosophie: die sachlich nicht gerechtfertigte Heranziehung psycholog. Gesichtspunkte.

Psychometr'ie [grch.], 1) die Anwendung von Messungen in der Psychologie. 2) die angebliche Fähigkeit von Medien, durch Betasten eines Gegenstandes die Schicksale dieses ,Induktors' und der mit ihm verknüpften Persönlichkeit zu erfühlen.

Psychop'ath [grch.] *der*, ♄ eine abnorme, an einer Psychopathie leidende (**psychopathische**) Person.

Psychopath'ie [grch.] *die*, ♄ eine anlagebedingte charakterlich-seelische Normabweichung.

Psychopatholog'ie [grch.] *die*, die Lehre vom kranken Seelenleben, die wissenschaftl. Grundlage der Psychiatrie.

Psychoph'armaca *Mz.*, Arzneimittel mit vorwiegend antriebssteigernder, erregender oder beruhigender Wirkung, die die Stimmung und Verhaltensweise des Menschen beeinflussen.

Psychophys'ik [grch.], eine 1860 von Th. Fechner begründete Wissenschaft, die die Abhängigkeit der Sinnesempfindungen von physikal. Reizen untersuchte (Weber-Fechnersches Gesetz). 2) Gestaltpsy-

chologie: Untersuchungen der Abhängigkeit zwischen seelischen und entsprechenden nervösen Vorgängen.

Psych'osen [grch.] *Mz.*, Hauptgruppe der seelischen Krankheiten.

Psychosom'atik [grch.] *die*, Krankheitslehre, die auf der Vorstellung von der Leib-Seele-Einheit fußt und psych. Einflüsse auf körperl. Vorgänge berücksichtigt.

Psychotherap'ie [grch.], die Behandlung seel. Leiden und seelisch bedingter körperl. Störungen mit seelischen Mitteln.

Psychrometer [grch.] *das*, Luftfeuchtigkeitsmesser.

Pt, chem. Zeichen für Platin.

Ptah, ägypt. Ortsgottheit von Memphis, neben Amun und Horus die Hauptgottheit im alten Ägypten, Schutzherr der Handwerker und Künstler.

Pteridoph'yten [grch.], Farnpflanzen.

Pterod'actylus [grch.] *der*, ein →Flugsaurier mit bezahnten Kiefern, kurzem Schwanz, 7 m Flügelspannweite.

Pteros'aurier [grch.], die Flugsaurier.

Ptolem'äer, makedon. Dynastie, seit Alexanders d. Gr. Tod Herrscher Ägyptens (323-30 v. Chr.). **Ptolemaios I. Soter**, * um 367, † 283 v. Chr., Freund Alexanders, erhielt 323 Ägypten, nahm 305 den Königstitel an. Sein Sohn **Ptolemaios II. Philadelphos** (285-246) machte Alexandria zum Mittelpunkt des Hellenismus. **Ptolemaios III. Euergetes** (246-221) behauptete die Machtstellung des Reiches. Unter **Ptolemaios IV. Philopator** begann der Abstieg. Die letzte Ptolemäerin war →Kleopatra.

Ptolem'äus, griech. **Ptolem'aios**, Claudius, griech. Naturforscher, * um 100 in Oberägypten, † um 160, lebte in Alexandria, faßte Beobachtungen seiner Vorgänger im **Ptolemäischen System** zusammen; danach wurde die Erde als Mittelpunkt der Welt angenommen. Von ihm stammt eine wissenschaftl. Begründung der Astrologie als Physik des Weltalls sowie ein geograph. Tabellenwerk.

P T T, Abk. für französ. **P**oste, **T**élégraphie, **T**éléphonie: Post- und Fernmeldewesen.

Pty. Ltd., Abk. für **P**roperty **L**imited, austral. Form der Handelsgesellschaft.

Pu, chem. Zeichen für Plutonium.

Pubert'ät [lat.], **Pubeszenz**, die Lebensstufe der Entwicklung zur Geschlechtsreife; beginnt bei europ. Mädchen mit 10 bis 11 Jahren, bei Knaben mit etwa 12 Jahren; sie reicht bei Mädchen bis zum 16. oder 17., bei Knaben bis zum 18. oder 19. Lebensjahr.

Publicity [pʌbl'isiti, engl.] *die*, 1) allgemeine Bekanntheit, Berühmtheit. 2) Reklame, Werbung.

Public relations [p'ʌblik ril'eiʃənz, engl.], Abk. **PR**, die Öffentlichkeitsarbeit; Maßnahmen, um Menschen für eine Idee, eine Berufsgruppe, eine Firma zu interessieren.

Public Schools [p'ʌblik sku:lz, engl.], in Großbritannien höhere Privatschulen mit angeschlossenem Internat.

publ'ik [lat.], öffentlich, bekannt. **Publikat'ion** *die*, Veröffentlichung, Bekanntmachung, Druckschrift. **P'ublikum** *das*, Öffentlichkeit; Zuschauer, Hörerschaft.

publizieren, veröffentlichen.

Publiz'istik [lat.] *die*, 1) der öffentliche und aktuelle Austausch von Wissen unter Menschen, unvermittelt (Mundpublizistik) oder vermittelt (Medienpublizistik). Vielfach nur P. gleichgesetzt mit der sozialen →Kommunikation. 2) die →Publizistikwissenschaft. **Publizist**, polit. Schriftsteller, Journalist.

Publiz'istikwissenschaft, Kommunikati'onswissenschaft, die Erforschung der Kommunikation durch Massenmedien; entstanden aus der Zeitungswissenschaft. Universitätsinstitute in der Bundesrep. Dtl.: Berlin, Bochum, Göttingen, Mainz, München, Münster, Nürnberg-Erlangen.

Publizität [lat.], Öffentlichkeit, Offenkundigkeit.

Publizitätsprinzip, ♩ der Grundsatz des →öffentlichen Glaubens.

Puccini [putʃ'i:ni], Giacomo, italien. Komponist, * 1858, † 1924, Hauptvertreter der Oper nach Verdi, Hauptvertreter des italienischen Opern-Naturalismus (Verismo) mit lyrischen Zügen. ,La Bohème' (1896), ,Tosca' (1900), ,Madame Butterfly' (1900, 1904), ,Turandot' (ergänzt von Alfano, 1926). (Bild S. 984)

Puchta, Georg Friedrich, Jurist, * 1798, † 1846, gilt als der Führer der jüngeren Histor. Rechtsschule.

Puck [engl. Aussprache pʌk], 1) bei den Friesen, Sachsen und in Skandinavien ein Kobold. 2) Hartgummischeibe (an Stelle eines Balles) beim Eishockeyspiel.

Pückler, Hermann Fürst von **P.-Muskau**, * 1785, † 1871, Landschafts- und Gartenkünstler (Park Muskau); Reisebücher.

Pud *das*, früheres russ. Handelsgewicht zu 40 Pfund = 16,381 kg.

Pudding, 1) gekochte Mehl-, Grieß- oder Reisspeise mit Rosinen oder Früchten, auch mit Gemüse- oder Fleischfüllung. 2) kalte Süßspeise aus Milch, Fruchtmark, Eiercreme, Sahne o. ä.

Pudel *der*, ein kraushaariger, gelehriger Hund, urspr. bes. zur Jagd auf Wasserwild abgerichtet. (Bild Hunde)

Puder, ein Pulver aus Reisstärke oder Zinkoxid und Talk zur Hautpflege.

Pud'owkin, Wsewolod Iwanowitsch, russ. Filmregisseur, * 1893, † 1953; Stummfilm ,Sturm über Asien' (1928).

P'udu [indian.] *der*, kleine Hirsche des westl. Südamerika, mit kurzem Spießgeweih. Der **Chilenische P.** mit 34 cm Schulterhöhe ist rotbraun und gelb gesprenkelt.

Pu'ebla, 1) Staat der Rep. Mexiko, 33 919 km², 2,508 Mill. Ew. Anbau von Mais, Weizen, Agaven im Hochland, von Mais und Zuckerrohr in den Gebirgstälern. 2) Hauptstadt von 1), 2170 m ü. M., 372 000 Ew.; Baumwoll-, Leder-, Auto-, Glasindustrie.

Pu'eblo, Stadt in Colorado, USA, 97 500 Ew., 1430 m ü. M.; Silber-, Kupferhütten, Eisenhüttenwerk, stahlverarbeitende und Nahrungsmittel-Industrie.

Pu'eblo [span. ,Dorf'], Gruppe kulturverwandter, seßhafter Indianerstämme im SW Nordamerikas (Arizona, New Mexico), benannt nach ihren festungsartigen, mehrstöckigen Wohnanlagen.

puer'il [lat.], 1) kindlich. 2) kindisch, zurückgeblieben. Hptw. **Puerilität** *die*.

Puerper'alfieber [lat.], ♄ *das* →Wochenbettfieber (Kindbettfieber).

Pu'erto Cabello [-kaβ'ελɔ], Erdölhafen in Venezuela, 70 600 Ew.

Pu'erto La Cruz [-la kr'uθ], Hafenstadt in Venezuela, 82 100 Ew.; Erdölraffinerien.

Puerto Rico, früher **Porto Rico**, die kleinste und am dichtesten besiedelte Insel der Großen Antillen und den USA assoziierter Freistaat, mit Nebeninseln 8897 km² und 2,690 Mill. Ew. Hauptstadt: San Juan, Amtssprachen: Spanisch und Englisch. Religion: 94% kath. Christen. ⊕ XIV, Bd. 1 n. S. 320. Nach der Verf. von 1952 steht an der Spitze der Regierung der auf 4 Jahre gewählte Gouverneur. ☉ S. 1179. Die Insel wird in Längsrichtung von Gebirgen durchzogen (bis 1338 m). Das Klima ist tropisch, im N feucht, im S trocken. Bevölkerung: 75% Weiße, 25% Mulatten und Neger; allgem. Schulpflicht (seit 1899), 3 Univ. Neben Landwirtschaft (Anbau von Zuckerrohr, Ananas, Kaffee, Bananen, Mais u. a.) vielseitige Industrie (Textil-, Nahrungsmittel-, Maschinen-, Elektro-, chem., Grundstoffindustrie) und Fremdenverkehr. Ausfuhr: Industrie- und landwirtschaftl. Erzeugnisse. Haupthandelspartner: USA. Gut ausgebautes Straßennetz (rd. 8000 km), Haupthafen und internat. Flughafen: San Juan.

Geschichte. P. R. wurde 1493 von Kolumbus entdeckt und seit 1508 von Spanien kolonisiert. 1897 wurde es autonom, 1898 an die Verein. Staaten abgetreten, die der Bevölkerung 1917 das Bürgerrecht der Verein. Staaten und beschränkte Selbstverwaltung gaben. 1952 erhielt P. R. den Status

983

eines sich selbst regierenden, aber den Verein. Staaten zugehörigen ,Commonwealth'. Der Unabhängigkeitsbewegung versuchten die Verein. Staaten durch Verbesserung der Infrastruktur entgegenzuwirken.

P'ufendorf, Samuel, Freiherr von (seit 1694), Jurist und Historiker, * 1632, † 1694. Sein Buch ,De iure naturae et gentium' (1672) war ein Hauptwerk der dt. Natur- und Völkerrechtslehre.

Samuel v. Pufendorf   Giacomo Puccini

Puffer, 1) federnde Vorrichtung an den Stirnseiten der Untergestelle von Eisenbahnwagen zur Aufnahme von Druck- und Stoßkräften. 2) ⊙ Stoffe zur Aufrechterhaltung der Wasserstoffionenkonzentration in Reaktionssystemen.

Pufferbatterie, eine Akkumulatorenbatterie in Parallelbetrieb mit einem Gleichstromgenerator zum Ausgleich von stoßweise auftretenden Stromentnahmen; bei schwacher Belastung des Netzes wird sie aufgeladen; angewendet bei der Lichtmaschine mit Akkumulator in Kraftfahrzeugen und Eisenbahnwagen.

Pufferstaat, ein kleiner Staat zwischen größeren.

Puff|otter, sehr giftige, bis 1,5 m lange Viper des subtrop. Afrikas.

Pugatschow [-tʃ'ɔf], Jemeljan Iwanowitsch, * um 1726 (oder 1740), † 1775, Kosak, gab sich 1773 für den ermordeten Zaren Peter III. aus und zettelte einen Volksaufstand an; 1775 hingerichtet.

Puget [py'ɛ'], Pierre, französ. Bildhauer, * 1620, † 1694, geschult an italien. Barockplastik, schuf im Gegensatz zum klassisch maßvollen Stil der französ. Kunst seiner Zeit Bildwerke von heftig bewegter, naturalist. Art.

Pugetsund [pj'u:dʒit-], Bucht des Stillen Ozeans an der Grenze der USA und Kanadas, mit natürl. Häfen (Tacoma, Seattle).

Pugwash-Konferenzen [p'ʌgwɔʃ-], seit 1957 Konferenzen für Wissenschaftler aus aller Welt über die Gefahren des techn. Zeitalters; die erste fand in Pugwash (Neuschottland, Kanada) statt.

P'u-i, Pu-Yi, chines. Herrscher, * 1906, † 1967; war 1908-12 in China der letzte Kaiser der Mandschu-Dynastie, wurde 1932 Regent und 1934 Kaiser in Mandschukuo, kam 1945 in sowjet. Gefangenschaft, 1950 an die VR China ausgeliefert, 1959 entlassen.

Pul, kleine Münzeinheit in Afghanistan, 1 P. = $^1/_{100}$ Afghani.

P'ula, italien. **Pola,** Stadt in Kroatien, Jugoslawien, an der Südspitze von Istrien, 41 000 Ew.; röm. Baureste (Amphitheater), Dom (9. Jahrh. gegr., 1923 neu erbaut); Schiffswerft. - P. war 1850-1918 österreich.-ungar. Hauptkriegshafen.

Pulcinella [pultʃin'ɛla, ital. ,Hähnchen'], französ. **Polichinelle** [poliʃin'ɛl], Charaktermaske der Commedia dell'arte, der gefräßige, unverschämte, listige Diener.

P'ulex [lat.] der, Insekt, →Flöhe.

P'ulitzer, Joseph, amerikan. Journalist und Zeitungsverleger, * 1847, † 1911, Stifter der **P.-Preise** für Literatur, Erziehung, öffentl. Verdienste.

Pulk, Polk [russ.] der, eine Truppenabteilung; ein Kampfflugzeugverband.

pullen [engl.], 1) ⚓ rudern. 2) im Rennen: ein Pferd pullt, drängt scharf vorwärts. 3) beim Wettrennen betrügen.

Pullman [p'ulmən], George Mortimer, amerikan. Industrieller, * 1831, † 1897, baute 1858 den ersten modernen Schlafwagen, 1865 den ersten Durchgangswagen (**P.-Wagen**); gründete 1867 die **P.-Palace Car Company** in Chicago (später **P. Car Comp.**).

Pull'over [engl.] der, über den Kopf zu ziehende gestrickte Oberbekleidung.

P'ulpa [lat.] die, ⚘ ◌ das Zahnmark in der Zahnhöhle (**P.-Höhle**), →Zähne.

Pülpe die, **Pulp** der, 1) die Schnitzelteilchen in den Rohsäften der Zuckerfabrikation. 2) Fruchtmark, Zwischenprodukt der Marmeladeherstellung.

Pulque [p'ulke, span.] der, mexikan. Getränk, gegorener Agavensaft.

Puls [lat.] der, ⚘ die an den größeren Schlagadern (**Pulsadern**) fühlbare stoßartige Bewegung, hervorgerufen durch das mit jedem Herzschlag wiederholte Einströmen des Blutes in den Anfangsteil der Hauptschlagader. Jedem Herzschlag entspricht ein **Pulsschlag**; in Ruhe beim Erwachsenen etwa 60-80 in der Minute, beim Kinde im 10. Lebensjahr 90, im ersten 130; die Zahl wird erhöht durch körperliche, geistige Erregung, Fieber (**Pulsbeschleunigung,** Tachykardie). Bei allen, auch krankhaften Veränderungen der Herztätigkeit ist der Puls mit verändert. **Pulsverlangsamung** (Bradykardie) tritt z. B. bei Gehirnblutung auf.

Puls'are Mz., radioastronom. entdeckte Objekte, die mit Perioden zwischen 0,03 und einigen Sekunden mit großer Regelmäßigkeit Energieimpulse aussenden. Sie werden erklärt als rotierende Neutronensterne. Im einzelnen ist die Frage der Energieerzeugung noch nicht restlos beantwortet. Bisher ist nur der Zentralstern im Crabnebel optisch nachgewiesen worden.

Pulsat'ille [lat.] die, ⚘ die →Küchenschelle.

Pulsati'on [lat.] die, ⚘ 1) das Klopfen, bes. des Herzens, der Pulsschlag. 2) die period. Änderung des Radius eines veränderl. Sternes vom Typus der Cepheiden.

Puls'ator [lat.] 1) bei der Melkmaschine der Druckwechsler, der die Saugbewegung nachahmt. 2) Prüfmaschine zur Durchführung des Dauerschwingversuches.

Pulsnitz, 1) Nebenfluß der Schwarzen Elster, aus dem Lausitzer Bergland, mündet unterhalb Elsterwerda, 60 km lang.

2) Stadt im Bez. Dresden, an der P., 7000 Ew.; Pfefferkuchenherstellung.

Pułtusk [puwt'usk], Stadt in der Woiwodschaft Warschau, Polen, an der Narew, 17 900 Ew. - 1. 5. 1703 Sieg Karls XII. von Schweden über die Sachsen und Polen.

Pulver [lat. ,Staub'] das, 1) sehr fein zerteilter fester Stoff. Man unterscheidet grobe P. (Korngröße größer als 0,75 mm), mittlere P. (0,3 bis 0,75 mm), feine P. (unter 0,3 mm). 2) →Schießpulver.

Pulvermaar, Maar bei Gillendorf in der Eifel.

Pulvermetallurgie, aus Pulver, Körnern oder Spänen von Metallen Formkörper durch Druck und Wärme herstellen.

Pulverschnee, lockerer, nicht ballender Schnee bei Temperaturen unter 0° C.

Pulververschwörung, engl. **Gunpowder plot** [g'ʌnpaudə plɔt], der Plan engl. Katholiken (Guy Fawkes), König Jakob I. und das Parlament in die Luft zu sprengen; am 4. 11. 1605 entdeckt.

P'uma [peruan.] der, ein zu den Katzen gehöriges Raubtier Amerikas, mit silbrig-rotem Fell (**Silberlöwe**).

Puma

Pumpe, eine Arbeitsmaschine zum Fördern von Flüssigkeiten und Gasen. Nach der Wirkungsweise unterscheidet man **Kreisel-P., Verdränger-P.** (Kolben-, Flügel-, Rotations-, Zahnrad-, Schraubenspindel-, Wälzkolben-, Zellen-, Wasserring-P.), **Strahl-P., Stoßheber** (hydraul. Widder), **Mischheber, Hebewerke** (Schnecken-, Ketten-P.).

Pumpernickel der, sehr dunkles, süßl. Roggenschrotbrot.

Pumps [pœmps, engl.] Mz., Damenhalbschuhe mit Absatz ohne Schnüre oder Spangen.

Pumpspeicherwerk, ein Wasserkraftwerk zur Deckung des Spitzenbedarfs an elektr. Energie: Nachts wird mit der Überschußenergie aus Wärme- und Laufwasserkraftwerken Wasser in hochgelegene Speicherbecken gepumpt. Bei großem Energiebedarf (tags) werden mit diesem Wasser Turbinen mit Generatoren angetrieben. (Bild S. 985)

P'una, engl. **Poona,** Stadt in Maharasch-

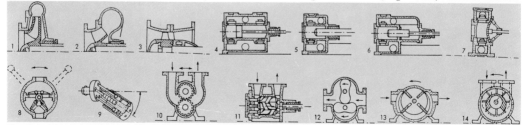

Pumpe: **1-3** Kreiselpumpen, **1** mit radialem Laufrad, **2** mit halbaxialem Laufrad, **3** mit axialem Laufrad; **4-9** Kolbenpumpen, **4** mit Scheibenkolben, **5** mit Tauchkolben, **6** mit Differentialkolben, **7** Membranpumpe, **8** Flügelpumpe, **9** Axialkolbenpumpe; **10-14** Rotationspumpen, **10** Zahnradpumpe, **11** Schraubenspindelpumpe, **12** Wälzkolbenpumpe, **13** Zellenpumpe, **14** Wasserringpumpe

thra, Indien, 806 400 Ew.; Universität, Forschungsanstalten; Textil-, Gummi-, Papierfabriken, Leichtmetallgewerbe.

P'una die, das Hochland in den mittleren Anden, oberhalb 3500 m.

Punch [pʌntʃ, engl. nach ital. Pulcinella], **1)** der, Gestalt der engl. Komödie des 18. Jahrh. und des engl. Puppenspiels. **2)** politisch-satirisches Wochenblatt in London, gegr. 1841.

Punchingball [p'ʌntʃiŋ-, engl.], birnenförmiger Ledervollball, etwa in Kopfhöhe aufgehängt, Übungsgerät für Boxer.

p'unctum p'uncti [lat.] das, Hauptpunkt, bes. Geldpunkt. **punctum s'aliens,** der springende Punkt.

Pünder, Hermann, Verwaltungsjurist, * 1888; 1949-57 MdB (CDU); 1952-57 Vizepräs. der Hohen Behörde der Montanunion.

P'unier, latein. **Poeni** [,Phöniker'], altröm. Name der Karthager.

Punische Kriege, die Kriege der Römer mit den Karthagern (Puniern) um die Herrschaft im westl. Mittelmeer. Im **1. P. K.** (264-241 v. Chr.) verlor Karthago Sizilien, 238 auch Sardinien. Der **2. P. K.** (218-201) begann in Spanien (Sagunt), Hannibal überschritt die Alpen, siegte am Trasimen. See (217) und bei Cannae (216), mußte aber schließlich Italien verlassen (203) und wurde von Scipio d. Ä. bei Zama besiegt (202); Karthago verlor alle Außenbesitzungen und die Flotte. Im **3. P. K.** (149-146) wurde Karthago durch Scipio d. J. zerstört.

punischer Apfel, der Granatapfel.

Punjab [p'ʌndʒab], engl. Schreibung für →Pandschab.

Punkt, 1) △ ausdehnungsloses Gebilde, geomet. Grundbegriff. **2)** ♫ Einheit für die Wertung. **3)** Ⓢ Satzeichen am Satzende. **4)** Maßeinheit für die Schriftgröße: 0,38 mm.

Punktati'on [lat.] die, die vorläufige Abfassung eines Vertrages.

P'unktball, Übungsgerät des Boxers, ein kleiner, frei hängender Ball.

Punktierkunst, die Deutung der Zukunft aus wahllos in Erde oder Sand oder nach einer Regel auf Papier verteilten Punkten. Die P. stammt aus dem Orient.

Punktiermanier, ein Verfahren des Kupferstichs, das die Darstellung aus feinen Punkten bildet.

Punkti'on [lat.] die, ♯ Einstich in den Körper mit einer Hohlnadel zum Entnehmen von Flüssigkeiten (z. B. Lumbalpunktion).

punktieren, eine P. ausführen.

Punktschrift, die Blindenschrift.

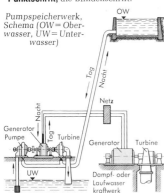

Pumpspeicherwerk, Schema (OW = Oberwasser, UW = Unterwasser)

Punkt-Vier-Programm, das von dem ehem. Präs. der Verein. Staaten, Truman, neben den drei Hauptlinien seiner Politik (Vereinte Nationen, Marshallplan, Atlantikpakt) 1949 aufgestellte Hilfsprogramm für Entwicklungsländer.

Punsch [engl. aus altind.] der, Getränk aus Arrak (Rum), Wasser (Wein, Tee), Zukker, Gewürz, meist heiß genossen.

Punt [pʌnt, engl.] das, flachgehendes Boot zum Staken oder Paddeln.

Punta Ar'enas, Hauptstadt der Prov. Magallanes, Chile, Hafen an der Magellanstraße, 64 500 Ew.; Ausfuhr: Schafe, Häute, Felle, Holz. Flugplatz.

P'unta del Este, Seebad und Tagungsort in Uruguay, 160 km von Montevideo.

Punze die, **1)** ein Metallstift zum Einschlagen von Vertiefungen, bes. in Metall, auch für Treibarbeiten in Metall oder Leder. **2)** das →Beschauzeichen.

Pup'ille [lat.] die, ♯ 👁 das Sehloch in der Regenbogenhaut des Auges.

Pupin, Michael Idvorsky, jugoslaw. Elektroingenieur, * 1858, † 1935, erfand die **P.-Spulen** (Induktionsspulen) zur Verminderung der Dämpfung in Fernsprechkabeln, die vor Einführung der Elektronenröhren als Verstärker in gleichmäßigen Abständen eingebaut wurden (Pupinisierung).

Puppe [lat.] die, **1)** Nachbildung der Menschengestalt, bes. Kinderspielzeug. **2)** Getreide-P., eine Art Garbenstapel. **3)** 🦋 Entwicklungsstufe der Insekten; ein Ruhezustand, in dem das Tier, in einer festen Haut liegend, die Verwandlung von dem Zustand der Larve zum ausgebildeten Vollkerf vollzieht.

Puppenräuber, ein →Laufkäfer.

Puppentheater, Puppenspiel, ein Theater mit Handpuppen, Marionetten, Stockoder Stabpuppen, auch ein Figurentheater mit Standpuppen oder Papierfiguren. Über Schattenpuppentheater →Schattenspiel. Puppenspiele sind seit 422 v. Chr. in Griechenland bezeugt. Im Orient kam das P. bes. in China, Japan, Birma und der Südsee zu hoher Blüte; in Dtl. seit etwa 1450 nachweisbar.

pur [lat.], rein, lauter, unvermischt.

Purcell [p'ɔːsl], **1)** Edward Mills, amerikan. Physiker, * 1912, Prof., arbeitete über Kernmagnetismus und Astrospektroskopie. Nobelpreis für Physik 1952 (zus. mit F. Bloch).

2) Henry, engl. Komponist, * 1659, † 1695, der größte engl. Musiker der Barockzeit. Oper ,Dido und Äneas' (1688), Schauspielmusiken, Triosonaten, Klavierwerke, Kirchenmusik.

Pür'ee [frz.] das, Brei, Mus.

Purgation [lat.], Reinigung (vom Verdacht eines Verbrechens).

Purgat'orium [lat.], das Fegefeuer.

purgieren [lat.], ♯ abführen.

Purgierwinde, ⊕ →Jalape.

P'uri, Jaganathpur, Stadt in Orissa, Indien, am Mahanadidelta, rd. 60 000 Ew.; Wallfahrtsort der Hindus.

Purifikation [lat.], Reinigung, Läuterung.

Pur'imfest, Losfest, jüd. Freudenfest am 14. und 15. Adar (Febr./März) zur Erinnerung an die Errettung der pers. Juden durch Esther und Mardochai.

Purine, organ. Verbindungen mit einem Pyrimidin- und einem Imidazolring zusammengesetzten **Purinkern.** Zu den P. gehören Harnsäure, Coffein u. a.

Pur'ismus [lat.] der, das übertriebene Streben, die Muttersprache von Fremdwörtern zu reinigen. **Pur'ist** der, Sprachreiniger.

Purit'aner [aus lat.], seit etwa 1560 die engl. Protestanten, die im Geiste des Calvinismus der Kirche ihre evang. Reinheit wiedergeben und vor allem auch die bischöfl. Verfassung der anglikan. Staatskirche durch eine presbyterian. Synodalverfassung ersetzen wollten. Aus den P. sind neben den eigentl. Presbyterianern auch die Independenten, Baptisten und Quäker hervorgegangen. Die sittlichen Ideale des **Puritanismus** sind strenge Selbstzucht und verstandesmäßige Beherrschung des Trieblebens.

Purpur, roter Farbstoff, der von den →Purpurschnecken abgeschieden wird.

Purpurschnecken, Sippe der Vorderkiemer, mit dickwandigem Gehäuse, vorwiegend in warmen Meeren. Die Abscheidung einer Drüse gibt Purpurfarbstoff.

Purrmann, Hans, Maler, * 1880, † 1966;

H. Purrmann: Häuser in Porto d'Ischia, 1957 (Köln, Galerie Theo Hill)

Schüler und Freund von Matisse, malte südl. lichterfüllte Landschaften, Stilleben und figürl. Bilder.

Purtscheller, Ludwig, Alpinist, * 1849, † (verunglückt) 1900, widmete sich bes. der tourist. Erforschung der Alpen.

Pusan, japan. **Fusan,** wichtigste Hafenstadt und größtes Industriezentrum in S-Korea, 1,430 Mill. Ew., hat Baumwoll-, Werft-, Gummi- und Nahrungsmittelind.

P'uschkin, Stadt in der Russ. SFSR, 24 km südl. von Leningrad, 73 000 Ew.; Maschinenbau, Baustoff- u. a. Industrie.

P'uschkin, 1) Aleksandr Sergejewitsch, russ. Dichter, * 1799, † 1837 (an den Folgen eines Duells), gab der russ. Schriftsprache ihre endgültige Gestalt und gilt als der eigentl. Schöpfer der neuen russ. Lit. P. war vorwiegend Lyriker. Hauptwerk ist der Versroman ,Eugen Onegin' (erste vollst.

A. Puschkin (Gemälde von W. A. Tropinin)

Pythagoras (röm. Kopie, Ende 4. Jahrh.)

Ausg. 1833), ein Bild ländl. russ. Adelslebens. Novellen ,Die Hauptmannstochter' (1836), ,Dubrowski' (1832), ,Pique-Dame' (1833), Schauspiele ,Boris Godunow' (1825), Oper von Mussorgskij (1874), ,Mozart und Salieri' (1830), ,Der steinerne Gast' (1830).

2) Georgij Maksimowitsch, sowjet. Diplomat, * 1909, † 1963; wurde 1949 Chef der Diplomat. Mission, dann Botschafter in Ost-Berlin (bis 1952, 1954-58), 1952/53 und seit 1959 stellvertr. Außenminister.

Puschlav, Landschaft in Graubünden, →Poschiavo.

Pusey [pj'uːzi], Edward Bouverie, anglikan. Theologe, * 1800, † 1882, seit 1845 Führer der Oxfordbewegung.

Pushball [p'uʃ-, engl.], Spiel zwischen 2 Mannschaften: ein großer Ball (∅ 1,80 m) ist ins Mal des Gegners zu schieben.

P'ußta die, steppenartiges Viehzuchtgebiet im ungar. Tiefland. (Bild Ungarn)

Pustel [lat.] die, ♯ kleine Eiterblase.

Pustertal, italien. **Val Puster'ia,** Landschaft zwischen hohen Tauern und Dolomiten, von Rienz und oberer Drau durchflossen. Hauptorte: Bruneck und Toblach.

Pustkuchen (-Glanzow), Joh. Friedrich Wilhelm, Schriftsteller, * 1793, † 1834 als Pfarrer; christl. Parodie von ,Wilhelm Meisters Wanderjahren' (1821/22,1823-28).

putat'iv [lat.], vermeintlich, irrtümlich. **Putat'ivdelikt,** ♫♫ ein →Wahndelikt. **Putat'ivnotwehr,** ♫♫ →Notwehr.

Putbus, Stadt und Sommerfrische auf Rügen, Bez. Rostock, 6100 Ew.; Park mit Schloß (1960 abgetragen).

Pute die, Truthenne. **Puter,** Truthahn.

Püterich von Reichertshausen, Jakob, * 1400, † 1469, bayer. Ritter; dichtete einen Ehrenbrief mit einem Verzeichnis mittelalterl. Ritterepen.

Putsch, Umsturzversuch, →Staatsstreich.

Putte [ital.] die, **Putto** der, in der Malerei und Plastik seit der italien. Frührenaissance eine Kindergestalt mit oder ohne Flügel, nackt oder leicht bekleidet.

Putter [p′ʌtə, engl.], Golf: der zum Einlochen des Balls auf dem Grün bestimmte Schläger.

P′uttfarcken, Hans, Jurist, * 1902, † 1971, 1961-70 Präses der Synode der Evang. Kirche in Dtl.

P′uttgarden, Ortsteil von Bannesdorf auf der Ostseeinsel Fehmarn, Schlesw.-Holst.; hat Fährhafen nach Dänemark im Zuge der →Vogelfluglinie.

Puttkamer, 1) Johanna von, * 1824, † 1894, ∞ mit Otto von Bismarck. **2)** Robert von, * 1828, † 1900, 1879-81 preuß. Kultus-, 1881 bis 1888 Innenminister.

P′üttlingen, Gem. im Saarland, 14 200 Ew.; eisenverarbeitende Industrie.

Püttmaschine, eine bes. in Marschen verwendete Maschine zum Fördern der fruchtbaren Erde an die Oberfläche.

Putto der, →Putte.

Putumayo, linker Nebenfluß des Amazonas, 1580 km lang, bildet die Grenze zwischen Kolumbien und Peru.

Putz, 1) Putzwaren, Spitzen, Stickereien, Bänder, Schnüre, Federn zur Verzierung von Kleidern und Hüten. **2)** ⌗ eine bis 2,5 cm dicke Mörtelschicht auf Bauteilen. Einem Brei aus Wasser und Sand wird je nach Art Weißkalk, Gips, Zement, Natursteinkies, Dichtungszusatz zugemischt. Man unterscheidet nach Art des Aufbringens und der Weiterbearbeitung Schlämm-, Glatt-, Reibe-, Walz-, Rauh-, Kellen-, Spritz-, Kratz-, Waschputz.

Pütze die, ⚓ Wassereimer.

Putziger Nehrung, Halbinsel Hela, in den W der Danziger Bucht hineinragender schmaler Landstreifen, 35 km lang.

Putzmacherin, Handwerkl. Lehrberuf. Die P. macht Damenhüte, auch Zusatzarbeiten zur weibl. Kleidung; Lehrzeit: 3 Jahre.

Puvis de Chavannes [pyvidəʃav′an], Pierre, französ. Maler, * 1824, † 1898, schuf vor allem Wandmalereien (im Pantheon, in der Sorbonne u. a.) in gedämpften Farben.

Puy de Dôme [pyidə′d′o:m], mit 1465 m Berg der Chaîne des Puys in der Auvergne, Frankreich, 1465 m hoch.

Puy-de-Dôme, Dép. in Mittelfrankreich, 7955 km², 547 000 Ew.; Hauptstadt: Clermont-Ferrand.

Puzzle [pʌzl, engl.] das, Geduldspiel.

PVC, Abk. für →Polyvinylchlorid.

pwt, Abk. für Pennyweight.

Pyäm′ie [grch.] die, ⚕ für →Sepsis.

Pydna, alte Hafenstadt in Makedonien. – 168 v. Chr. Sieg der Römer über Perseus von Makedonien.

Pyel′itis [grch.] die, ⚕ die Nierenbeckenentzündung.

Pyelograph′ie [grch.] die, ⚕ ein Verfahren zur Darstellung des Nierenbeckens im Röntgenbild.

Pygm′äen [grch. ‚faustgroß‘, ‚Zwerge‘], eine Gruppe von Zwergstämmen (→Pygmide) in trop. Regenwaldgebieten Afrikas und Asiens. Unter den rd. 150 000 P. in Zentralafrika gelten die rd. 3000 Bambuti als die rassenreinsten. Die P. sind Urwaldjäger (Männer) und -sammler (Frauen), in Asien auch Fischer. Fast alle P. sprechen die Sprache ihrer großwüchsigen Nachbarn.

Pygm′alion, bei Ovid: ein König, der sich in die von ihm selbst geschaffene Statue einer Jungfrau verliebte. Aphrodite belebte das Bild, und P. nahm die Jungfrau zur Gattin.

Pygm′ide, Gruppe von zwergwüchs. Stämmen (Durchschnittsgröße des erwachsenen Mannes unter 1,50 m), zu denen neben den eigentlichen Pygmäen Afrikas **(Bambutide)** auch die Negritos **(Negritide)** SO-Asiens, Melanesiens und der Philippinen zählen.

Pyhrn, Paß zwischen den Ennstaler und den Ausseer Alpen, 945 m hoch.

P′ykniker [grch.] der, ein Mensch mit **pyknischem** (rundwüchsigem) Konstitutionstypus.

Pyknometer [grch.], Gerät zur Messung des spezif. Gewichts von Flüssigkeiten und festen Körpern.

P′ylades, griech. Mythos: Freund des Orest.

Pyl′on [grch.] der, ägypt. Tempeltor mit zwei festungsartigen Seitenbauten; auch ein diesen ähnlicher turmartiger Bauteil (z. B. Brückenpfeiler).

Pyloromyotom′ie [grch.] die, ⚕ eine Magenoperation zur Beseitigung des Magenpförtnerkrampfes.

Pylorosp′asmus [grch.] der, der Magen-Pförtnerkrampf.

pyr..., pyro... [grch.], feuer...

P′yra, Immanuel Jakob, Schriftsteller, * 1715, † 1744; ‚Thirsis und Damons freundschaftliche Lieder‘ (mit S. G. Lange, 1745).

Pyram′ide, 1) △ Körper mit einem Vieleck als Grundfläche, dessen Eckpunkte durch Kanten mit der Spitze verbunden sind. Rauminhalt = ¹⁄₃ Grundfläche x Höhe. **2)** ⌗ Grabbau altägypt. Könige aus einer mit P. quadrat. Grundfläche. Das Kernmauerwerk besteht meist aus Muschelkalk, die Verkleidung aus Blöcken von feinkörnigem Kalkstein, auch Granit. Das Innere birgt die Sargkammer, zu der ein Stollen von der Nordseite führt. Die meisten P. (rd. 70) liegen am westl. Nilufer (die größten: die P. des Cheops und des Chephren bei Giseh). - P. wurden auch in Ozeanien, Hinterindien und dem in vorkolumb. Mittel- und Südamerika errichtet, wo sie, z. T. als Stufen-P., meist den Unterbau von Tempeln bildeten. **3)** turnerische Gruppe: auf den Schultern der stärkeren Untermänner stehen die leichteren Obermänner.

Pyram′idenbahn, ⚕ ↓ die Nervenbahn im Rückenmark für die Nerven der willkürlichen Muskeln. Die Nervenfasern kommen von der Großhirnrinde und kreuzen sich im verlängerten Mark.

Pyramid′on, Handelsname für Aminophenazon oder Dimethylaminophenyldimethylpyrazolon. P. wirkt fiebersenkend, schmerzstillend.

P′yramus und Th′isbe, der Sage nach ein babylon. Liebespaar, dessen Geschichte Ovid erzählt.

Pyraz′ol [grch.] das, organ. Base, von der sich Farbstoffe und Fiebermittel ableiten.

Pyren′äen Mz., junges Faltengebirge, erstreckt sich von der Biscaya (Atlant. Ozean) bis zum Golfe du Lion (Mittelmeer) und scheidet Spanien von Frankreich, 435 km lang, im Pico de Aneto 3404 m hoch. Nur die höchsten Teile tragen Spuren eiszeitlicher Vergletscherung. Die Schneegrenze liegt heute zwischen 2700 und 3000 m Höhe. Die den Nordwestwinden ausgesetzte französ. Abdachung hat Eichen-, Edelkastanien- und Buchenwälder; Landwirtschaft, Wasserkraftnutzung und Fremdenverkehr (Thermalquellen) haben hier eine dichtere Besiedlung ermöglicht als auf der weniger begünstigten span. Seite. Bahnlinien und Straßen queren das Gebirge an mehreren Stellen.

Pyrenäenfriede, am 7. 11. 1659 zwischen Frankreich und Spanien geschlossen. Er beendete die span. Vormachtstellung in Europa.

Pyrenäenhalbinsel, Iberische Halbinsel, die westlichste der drei südeuropäischen Halbinseln mit Spanien und Portugal.

Pyrénées [piren′e], 3 Dép. in SW-Frankreich:

1) P.-Atlantiques [-atlãt′ik], 7629 km², 508 700 Ew.; Hauptstadt: Pau.

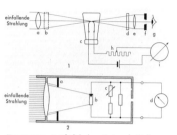

Pyrometer: 1 Glühfaden-P. (nach Holborn-Kurlbaum); a Objektiv, b Graufilter, c Glühfadenlampe, d Farbfilter, e Okular, f Blende, g Beobachter, h Drehwiderstand, i Meßgerät. 2 Photoelement-P. (Siemens); a Blende, b Photoelement, c Widerstand für Temperatur-Kompensation, d Meßgerät

2) P.-Orientales [-ɔriãt′al], 4507 km², 282 000 Ew.; Hauptstadt: Perpignan.

3) →Hautes-Pyrénées.

Pyrid′in [grch.] das, ringförmige organ. Base mit einem Stickstoffatom im Ring, aus der durch Anlagerung von Wasserstoff das **Piperidin** entsteht; aus beiden leiten sich zahlreiche Alkaloide ab.

Pyrimid′in, ringförmige organ. Verbindung mit zwei Stickstoffatomen im Ring, Bestandteil der Nucleinsäuren.

Pyr′it [grch.] der, Mineral, →Eisenkies.

Pyritz, poln. Pyrzyce, Stadt im S Pommerns, 8800 (1939: 11 300) Ew.; im 2. Weltkrieg schwer zerstört; Stadtmauer z. T. erhalten. Seit 1945 unter poln. Verwaltung.

Pyrm′ont, 1) ehem. Fürstentum, kam 1625 an Waldeck, 1922 an Preußen.

2) Bad P., Stadt in Ndsachs., 16 500 Ew.; an der Emmer im Weserbergland, hat Eisensäuerlinge und kohlensäurereiche Solquellen.

Pyro′elektrizität, die Fähigkeit mancher Kristalle, sich bei Erwärmung oder Abkühlung in entgegengesetzten Richtungen entgegengesetzt elektrisch aufzuladen.

Pyrogall′ol [grch.] das, ein Trihydroxybenzol, verwendet in der Gasanalyse (früher photograph. Entwickler).

Pyrog′ene [grch.], **Fieberstoffe,** bestimmte Lipopolysaccharide aus Bakterien, die schon in winzigen Mengen die Körpertemperatur erhöhen.

Pyrolus′it [grch.] der, der→Braunstein.

Pyrol′yse, der Abbau chem. Verbindungen durch thermische Energie. Bei der **Hochtemperatur-P.** (HTP-Verfahren) wer-

Pyrenäen: Cirque de Gavarnie

den aus höheren Kohlenwasserstoffen u. a. Äthylen und Acetylen gewonnen.

Pyroman'ie [grch.], Brandstiftungstrieb.

Pyrom'eter [grch.] *das,* Geräte zum Messen hoher Temperaturen eines Gegenstandes aus der von ihm ausgesandten Temperaturstrahlung **(Strahlungs-P.).** Sie sammeln die Strahlung auf einem Photoelement **(Photoelement-P.),** oder sie beruhen auf dem Vergleich der Helligkeit des glühenden Körpers mit der des Glühfadens einer geeichten Glühlampe **(Glühfaden-Pyrometer).** (Bild S. 986)

Pyr'one [grch.] *Mz.,* in Pflanzen vorkommende heterozykl. organ. Verbindungen, von denen sich viele Farbstoffe ableiten.

pyroph'or [grch.] heißen feinstverteilte Metalle, die sich an der Luft durch Verbindung mit Sauerstoff entzünden.

Pyrotechniker, →Feuerwerker.

Pyrox'ene [grch.], wichtige gesteinsbildende Mineraliengruppe, chem. Silicate: Enstatit, Bronzit, Hypersthen, Augit, Diopsid, Salit, Diallag, Omphazit, Rhodonit u. a.

P'yrrhon, griech. Philosoph aus Elis zur Zeit Alexanders d. Gr., gründete in Athen die Schule der Skeptiker. Er stellte alle Erkenntnis in Abrede.

Pyrrhos, latein. **Pyrrhus,** König von Epirus, * 319, † (gefallen) 272 v. Chr., siegte u. a. 280 und 279 in Unteritalien über die Römer, jedoch unter schweren Verlusten **(,Pyrrhussieg'),** ging 275 nach Griechenland zurück.

Pyrr'ol [grch.] *das,* in Teer enthaltene, ringförmige organ. Verbindung, Baustein des Chlorophylls und des Blutfarbstoffs.

Pyth'agoras, griech. Philosoph aus Samos, im 6. Jahrh. v. Chr., gründete in Unteritalien einen bis ins 4. Jahrh. verbreiteten Bund mit religiösen, wissenschaftl., polit. und sittl. Zielen **(Pythagoreer);** P. sah in der Zahl das Wesen der Wirklichkeit. (Bild S. 985)

Pythagor'eischer Lehrsatz: im rechtwinkl. Dreieck ist die Summe der Flächeninhalte der Quadrate über den Katheten gleich dem Flächeninhalt des Quadrats über der Hypotenuse.

P'ytheas von Mass'ilia (Marseille), griech. Seefahrer, Geograph, Astronom und Mathematiker, bereiste um 330 v. Chr. Spanien, Mittel-Norwegen (,Thule') und die Deutsche Bucht; brachte der antiken Welt die erste Kunde von den Germanen und den Gezeiten.

P'ythia, weissagende Priesterin des Orakels zu Delphi.

P'ythien *Mz.,* **Pythische Spiele,** eins der vier großen altgriech. Nationalfeste, in Delphi seit 582 v. Chr. bis ins 4. Jahrh. n. Chr. alle 4 Jahre zu Ehren des Apoll gefeiert.

pythisch [zu Pythia], dunkel, gewollt zweideutig.

P'ython, griech. Mythos: ein Drache im Parnaß, den Apoll tötete.

P'ython, P'ythonschlangen, Riesenschlangen, darunter die bis 4 m lange vorderind. **Tigerschlange,** die bis 9 m lange **Netz-** oder **Gitterschlange** im indoaustral. Raum und die afrikan. **Felsenschlange (Assala).**

P'yxis [grch.] *die,* →Ciborium.

Q

q, *das* **Q** [ku], der 17. Buchstabe im Abc; im Deutschen immer zusammen mit u geschrieben: qu, Lautwert [kv].

q, Quadrat, z. B. in **qm,** veraltete Abk. für Quadratmeter (m²).

Qantas, australische Luftverkehrsgesellschaft.

QC-Verkehrsflugzeug [Abk. von engl. Quick Change, ,Schnellumrüstung'], durch schnelles Umrüsten der Kabinenausstattung für Passagier-, Fracht- oder Postbeförderung einsetzbares Verkehrsflugzeug.

q. e. d., Abk. für →quod erat demonstrandum.

Q-Fieber, Queensland-Fieber, eine durch Rickettsien hervorgerufene Infektionskrankheit des Menschen mit Fieber und Lungenentzündung. Sie tritt vorwiegend bei landwirtschaftl. Tätigkeit auf. Behandlung: Antibiotica.

Qu'acksalber, Kurpfuscher.

Quaddel *die,* ♃ eine juckende Hauterhebung bei Nesselsucht.

Quaden *Mz.,* westgerman. Stamm, der von Mähren aus mit den →Markomannen seit dem 2. Jahrh. das Röm. Reich heimsuchte; schloß sich teils den →Wandalen, teils den →Langobarden an.

Quader [aus lat.] *der,* △ von sechs Rechtecken begrenzter Körper.

Quadrag'esima [lat.], die 40tägige Fastenzeit vor Ostern.

Quadrag'esimo 'anno [lat. ,Im 40. Jahr'], Enzyklika Pius' XI. vom 15. 5. 1931 über die kath. Soziallehre.

Quadr'ant [lat.], **1)** △ Viertelkreis. **2)** ⚹ ♈ Instrument zur Messung der Höhen im Meridian.

Quadr'at [lat.], **1)** ebenes Viereck mit vier gleichen Seiten und vier rechten Winkeln. **2)** Quadrat-, Flächen-, einer Zahl. - **Q.-Meter,** Flächenmeter, Meter×Meter.

Quadrat'ur [lat.] *die,* die Berechnung des Flächeninhalts eines von Kurven beranderten Bereiches. Als besondere Aufgabe erschien seit dem Altertum die Q. des Kreises (Zirkels). Sie ist mit alleiniger Anwendung von Lineal und Zirkel unmöglich.

Quadratwurzel, △ →Wurzel.

quadrieren [lat.], △ in die 2. Potenz erheben.

Quadr'iga [lat.] *die,* -/...gen, Viergespann, Kampf- und Jagdwagen im Alten Orient, Rennwagen der Griechen und Römer, bei den Römern auch Triumphwagen;

in plast. Nachbildung Weihgabe sowie Bekrönung von Bauwerken (→Brandenburger Tor).

Quadrille [kadr'i:j, frz.] *die,* **1)** französ. Gesellschaftstanz aus mehreren Teilen (Figuren) für je 4 Paare. **2)** Reiterspiele: Aufstellung in Kreuzform.

Quadr'ivium, der mathem. Teil der Sieben Freien Künste: Arithmetik, Geometrie, Musik, Astronomie.

quadr'upel [lat.], vierfach.

Qu'agga [hottentott.] *das,* ausgestorbene Unterart des Steppenzebras.

Quai [ke] *der,* französ. für Kai.

Quai d'Orsay [kedərs'e], Uferstraße links der Seine in Paris; übertragen: das (dort befindliche) französ. Außenministerium.

Quakenbrück, Stadt in Niedersachs., an der Hase, 8100 Ew.; alte Fachwerkhäuser (16. bis 18. Jahrh.), Industrie.

Qu'äker, religiöse Gemeinschaft, die sich selbst meist **Gesellschaft der Freunde** (Society of Friends) nennt, vor allem in Großbritannien und den USA verbreitet. Sie lehren eine über jedem Menschen kommende Erleuchtung als Quelle der Gotteserkenntnis; lehnen das organisierte Kirchentum, die Sakramente, den Eid, den Kriegsdienst, äußerl. Lustbarkeiten und Konvention ab. Die Gemeinschaft wurde Mitte des 17. Jahrh. in England von George Fox gegründet, in den USA von William Penn ausgebaut. - Nach den beiden Weltkriegen wurden bes. von den amerikan. Q. Hilfsaktionen unternommen: Friedensnobelpreis 1947.

Qualifikation [lat.], Befähigung, Berechtigung, Eignung. **qualifiziert,** ausgezeichnet, bes. geartet.

qualifizierte Gründung, 🜨 die Vereinbarung bei der Gründung einer AG., daß ein-zelnen Aktionären Sondervorteile gewährt werden, z. B. →Sacheinlagen.

qualifizierte Mehrheit, bei Abstimmungen ein bestimmter, über der Hälfte liegender Bruchteil aller Stimmen, z. B. nach dem GG. ²/₃-Mehrheit bei Verfassungsänderung.

qualifiziertes Verbrechen, 🜨 eine wegen besonderer Umstände schwerer bestrafte Tat, z. B. Einbruchsdiebstahl.

Qualität [lat.] *die,* Güte, Beschaffenheit, Wertstufe, bes. im Gegensatz zur →Quantität. **qualitat'iv,** der Q. nach.

Qualle, →Meduse.

Quandt-Gruppe, Firmenverbund, gegr. von Günther Quandt (* 1881, † 1954), beteiligt u. a. an Bayerische Motorenwerke AG. (40%), Daimler-Benz AG. (14%), Industriewerke Karlsruhe-Augsburg AG. (75%).

Quant *das,* **1)** →Quantum. **2)** Ez. von →Quanten.

Quantelung, →Quantenmechanik.

Quanten, kleinste, unteilbare Mengen von z. B. elektr. Ladung, Energie in monochromatischem Licht (Lichtquant), bes. aber von Wirkung (Wirkungsquantum).

Quantenbiologie, die Untersuchung der Rolle quantenphysikal. Vorgänge im biolog. Geschehen.

Quantenchemie, ein Zweig der physikal. Chemie, der die Theorie chem. Bindungen quantenmechanisch erfaßt.

Quantenelektrodynamik, Teil der Quantenfeldtheorie, die Anwendung der quantenmechan. Prinzipien auf das elektromagnet. Feld und seine Wechselwirkungen mit der Materie, bes. den Elektronen.

Quantenelektronik, das Teilgebiet der Elektronik, das sich mit der Wechselwirkung elektromagnet. Schwingungen mit in atomaren Systemen oder Kristallen gebundenen Elementarteilchen befaßt.

Quantenfeldtheorie, eine Erweiterung der Quantenelektrodynamik mit dem Ziel, neben Lichtquanten und Elektronen auch die anderen Elementarteilchen (Nukleonen, Mesonen usw.) zu berücksichtigen. Man will dadurch außer dem elektromagnet. Kräften auch die **Kernbindungskräfte** (,starke Wechselwirkungen') aufklären.

Quantenmechanik, die von W. Heisenberg, M. Born, P. Jordan, P. A. M. Dirac begründete Mechanik der Atomelektronen, die den Erfordernissen der →Quantentheorie in widerspruchsfreier Weise Rechnung trägt. Die Q. verzichtet völlig auf die Definition und Berechnung von Quantenbahnen nach klass. Vorbild und ersetzt beobachtbare Größen (Observable) wie Ort, Impuls, Energie durch Operatoren (Rechenvorschriften). Die Operatoren liefern die möglichen Ergebnisse von Messungen nicht mehr in stetig zusammenhängender Form, sondern, den quantenhaften Erscheinungen angemessen, in diskreten Folgen **(Quantelung).** Als Operatoren benutzt die Q. im Gegensatz zur →Wellenmechanik quadratische Matrizen, deren Eigenwerte gerade die Werte der Observablen sind, die diese in den verschiedenen Zuständen des Atoms, Moleküls usw. annehmen können. Das Rechnen mit ihnen führt nur zu statist. Aussagen über die voraussichtl. Meßergebnisse, entsprechend der Erfahrung, daß das Verhalten der Atome und Elementarteilchen von statist. Gesetzen beherrscht wird. Eine Weiterentwicklung der gewöhnl. Q., in der nur die beobachtbaren Eigenschaften der Teilchen gequantelt sind, ist die →Quantenfeldtheorie, die auch die Existenz der Teilchen selbst durch Quantelung von Feldern erklärt.

Quantenstatistik, die Verallgemeinerung der statistischen Mechanik durch die →Quantentheorie; Q. ist also die Zurückführung der Gesetze der Wärmeerscheinungen auf die quantentheoret. Reaktionsgesetze der einzelnen Atome. Die Q. liefert u. a. eine Begründung des 3. Hauptsatzes der Thermodynamik. Dabei ergibt sich je nach der Art der Teilchen die →Fermi-Dirac-Statistik für Teilchen mit halbzahligem Spin **(Fermionen)** oder die →Bose-Einstein-Statistik für Teilchen mit ganzzahligem Spin **(Bosonen).**

Quantentheorie, die Theorie des physikal. Verhaltens mikrophysikal. Gebilde (Atome, Moleküle, Elektronen u. a. Elementarteilchen, Lichtquanten). Die Q. wurde 1899/1900 von M. Planck begründet, 1905 durch A. Einstein vertieft, seit 1913 von N. Bohr auf die Fragen des Atombaus angewandt und von zahlreichen Forschern bis zur vollständigen mathemat. Präzisierung (1925) weiter ausgebaut. Den Zugang zur Q. lieferte die Plancksche Strahlungsformel (1900), die die Intensitätsverteilung der Strahlung eines schwarzen Körpers über das ganze Spektrum empirisch richtig wiedergibt. Die theoret. Begründung der Formel führte zu der Vorstellung, Energie könne nur in kleinsten, unteilbaren ‚Paketen‘ **(Quanten)** übertragen werden. Ein Energiequantum E einer Strahlung der Frequenz ʋ hat danach die Größe $E = h\nu$, wo h das **Plancksche Wirkungsquantum**, eine physikal. Konstante vom Wert $6{,}625 \cdot 10^{-27}$ Ergsekunden, ist. Die Übernahme dieser Vorstellung in die Theorie des Atombaus durch N. Bohr führte zur qualitativ richtigen Deutung der Lichtemissions- und -absorptionsvorgänge in Atomen und damit der opt. Spektren. Aus der Q. der Atomspektren ergab sich die →Quantenmechanik als eine mathematisch exakte Theorie. Sie konnte die Lücken der behelfsmäßigen älteren Theorie schließen und ihre inneren Widersprüche beseitigen. Gleichzeitig gelang der Fortschritt von De Broglies Hypothese der Materiewellen zur →Wellenmechanik, die auf ganz anderem Wege das Problem einer exakten Fassung der quantenphysikal. Dynamik der Atom-Elektronen löste. Die Q. gibt grundsätzlich Rechenschaft von allen die Elektronenhüllen der Atome betreffenden Vorgänge und Zustandsmöglichkeiten, einschließlich der Moleküle, der chemischen Valenzkräfte, der Physik der Festkörper usw. Auch die Gesetze der Atomkerne konnten durch die Q. weitge-

hend aufgeklärt werden, doch verbleiben hier noch ungelöste Aufgaben, die auf eine tiefere Schicht des Naturgeschehens hinweisen; →Quantenfeldtheorie, →Elementarteilchen.

Quantenzahlen, Zahlen, die die verschiedenen nach der Quantentheorie möglichen Zustände eines Atoms, Atomkerns, Moleküls usw. kennzeichnen. Ganzzahlig sind die Haupt-Q. und die Azimutal-Q., die innere Q. kann auch halbzahlig sein.

Quantität [lat.], 1) Menge, Größe; Gegensatz: Qualität. **quantitat'iv,** nach der Q. 2) Metrik: Silbendauer (lang, kurz), →Vers.

Quantitätstheorie, eine Geldtheorie, die einen Zusammenhang zwischen den Veränderungen der Geldmenge und der Güterpreise annimmt.

quantité négligeable [kãtit'e negliʒ'abl, frz.] die, Größe oder Tatsache, die nicht berücksichtigt zu werden braucht.

Qu'antum [lat.] das, 1) durch Maß, Gewicht oder Stückzahl bestimmte Menge. 2) kleinste Menge, z. B. von Energie **(Energie-Q.).**

Quantz, Johann Joachim, Flötist, Komponist, * 1697, † 1773, Flötenlehrer und Hofkomponist Friedrichs d. Gr.

Quappe die, ♌ 1) der Fisch Aalquappe. 2) die Kaulquappe.

Quarant'äne [frz.] die, Schutzmaßregel gegen Einschleppen von Seuchen: Überwachung der Ankommenden in **Q.-Stationen,** bes. in Seehäfen. Die gelbe Flagge bei Schiffen zeigt an, daß an Bord eine Seuche herrscht, oder daß das Schiff aus einem verseuchten Hafen kommt.

Quark der, **Topfen, Matte,** aus Sauermilch ausgeschiedenes Casein, wertvolle, leichtverdauliche Speise, wird auch technisch verwendet.

Quarks [von Gell-Mann eingeführt nach einem Kunstwort von J. Joyce], drei hypothetische →Elementarteilchen, deren Existenz durch ein gruppentheoret. Ordnungsschema für die mittleren und schweren Elementarteilchen, die Hadronen, nahegelegt wird. Die Q. konnten experimentell bisher (1971) nicht nachgewiesen werden.

Quarnero [kuarn'ɛːro], kroat. **Kv'arner,** Golf des Adriat. Meeres zwischen Istrien und dem kroat. Küstenland.

Quart [lat.] das, 1) ¼ vom Ganzen. 2) Papiergröße: 22,5 × 29 cm. 3) Buchformat: 4 Blätter von 8 Seiten auf den Bogen, bis 35 cm hoch. 4) Flüssigkeitsmaß, Großbritannien, Verein. Staaten: 1 Q = ¼ Gallon. 5) Fechten: die, Stoß oder Hieb gegen eine von der linken Schläfe oder Schulter zur rechten Hüfte angenommene Linie. 6) ♪ →Quarte.

Qu'arta [lat.], früher die 3. Klasse des Gymnasiums, heute ersetzt durch die für alle Schularten gültige einheitl. Bez. ‚7. Klasse‘.

Quart'al [lat.] das, Vierteljahr.

quart'an [lat.], alle vier Tage.

Quart'är das, das jüngste Zeitalter der →Erdgeschichte.

Quarte [lat.] die, **Quart,** ♪ der vierte Ton der diatonischen Tonleiter und das entsprechende Intervall; man unterscheidet reine, übermäßige und verminderte Q.

Quarter [kw'ɔːtə, engl.], abgek. **qr,** 1) engl.

Hohlmaß = 2,91 hl. 2) engl. Handelsgewicht = 12,7 kg.

Quart'ett [lat.] das, 1) Musikstück für 4 Instrumente oder Singstimmen; auch die vier Ausführenden. 2) ein Kartenspiel: je 4 Karten bilden eine Gruppe.

Quart'ier [frz.] das, 1) Wohnung, Nachtunterkunft. 2) Stadtviertel. 3) ⚔ Unterkunft, Standquartier, Kaserne. 4) ⚓ Ruhezeit; die Wache während dieser Zeit.

Quartier latin [kartj'e lat'ẽ] das, Hochschulviertel von Paris, links der Seine.

Quartiermeister, im dt. Heer bis 1945 ein Generalstabsoffizier, der die Versorgung bearbeitete.

Quarton [kart'ɔ̃], **Charonton** [ʃarɔ̃t'ɔ̃], querrand, französ. Maler, * um 1410, malte um 1453/54 die Marienkrönung in Villeneuve-lès-Avignon, ein Hauptwerk der französ. Spätgotik.

Quartsextakkord, ♪ die zweite Umkehrung des →Dreiklangs mit der Quinte als Baßton.

Quarz der, weitverbreitetes, wasserhelles, oft trübes bis gefärbtes, hexagonales Mineral, chemisch Kieselsäure, SiO_2. Arten: Bergkristall (wasserhell), Amethyst (violett), Milch-Q. (milchweiß), Rosen-Q. (rosenrot), Saphir-Q. (indigoblau), Prasem (lauchgrün), Katzenauge (grünlich), Aventurin (rotbraun), Stink-Q. (grau bis braun), ferner →Jaspis, →Chalcedon u. a.

Quarzfilter, ein elektr. Filter, das mindestens einen Schwingquarz enthält.

Quarzglas, aus zerkleinertem Bergkristall oder synthetisch hergestelltes Kieselsäureglas; wasserklar, hochhitze- und korrosionsfest, ultraviolettdurchlässig.

Quarz'it der, dichtes, helles Gestein, das fast nur aus Quarz besteht.

Quarzlampe, eine Quecksilberdampflampe zur Erzeugung ultravioletter Strahlen, angewendet als Strahlungsquelle in Heimsonnen, als Entkeimungslampe, als Diagnostikgerät in der Kriminologie und für Gemäldeprüfung.

Quarzsteuerung, die Steuerung hochfrequenter Schwingungen mit einem Schwingquarz.

Quarz'uhr, ein von A. Scheibe und U. Adelsberger 1933/34 entwickeltes Zeitmeßgerät, in dem die Schwingungsdauer eines Schwingquarzes zur Zeitmessung ausgenutzt wird. Der piezoelektrisch erregte Schwingquarz schwingt bei gleichbleibender Temperatur mit sehr konstanter Frequenz. Die am Kristall abnehmbare Wechselspannung dieser Frequenz dient nach Verstärkung und Frequenzteilung zum Antrieb einer Uhr.

Qu'asar, Abk. für quasi Stellare Radioquelle, auch optisch nachgewiesene kosm. Radioquelle mit starker Rotverschiebung der Spektren.

qu'asi [lat.], gleichsam, als ob.

quasikristall'in, nahezu kristallin.

Quas'imodo, Salvatore, italien. Schriftsteller, * 1901, † 1968, erhielt für seine Lyrik 1959 den Nobelpreis.

Quasimodog'eniti [lat. ‚wie Neugeborene‘], der erste Sonntag nach Ostern.

quasi'optisch, nahezu optisch, im Verhalten ähnlich dem Licht.

Qu'assia die, tropisch-südamerikan.

Bergkristall

Rauchquarz

Rosenquarz

Quebec: Befestigungsanlagen und Château Frontenac

Bäumchen mit gefiederten Blättern und roten Blüten; liefert den Bitterstoff **Quassin** (Hopfen- und Chininersatz). Das Holz (**Bitterholz**) gibt Wurmmittel, Fliegengift.

Qu'astenflosser, eine aus dem Devon bekannte Gruppe der Fische, die **Crossopterygier.** Gegenwärtig lebt noch die Art **Latimeria chalumnae**, z. B. im Indischen Ozean.

Qu'ästor [lat.] der, 1) im alten Rom oberster Finanzbeamter. 2) alte Bez. des obersten Kassenbeamten einer Hochschule, dessen Amtsraum die **Quästur** ist.

Quat'ember [aus lat.], kath. Liturgie: Buß- und Fastentage (Mittwoch, Freitag, Samstag) zu Beginn der vier Jahreszeiten.

Quattrocento [-tʃ'ɛnto, ital. ,vierhundert', Abk. für 1400] *das,* italien. Bez. für das 15. Jahrh. und seinen Stil (Frührenaissance).

Quebec [kwib'ɛk], 1) Prov. in Kanada, 1 540 000 km², 6,013 Mill. Ew. (81% Frankokanadier), reich an Wäldern und Wasserkräften; bedeutender Bergbau (Kupfer, Eisen); chem.-, Textil-, Maschinenind., Schiff-, Flugzeugbau. 2) die Hauptstadt von 1), am St.-Lorenz-Strom, 432 000 Ew., kultureller Mittelpunkt der Frankokanadier, kath. und anglikan. Erzbischofssitz, Universität. Werften, Leder-, Pelz-, Bekleidungs-, Nahrungsmittel-, Tabak-, Papierind. - Q., 1608 von Franzosen gegründet, wurde Hauptstadt des französ. Kolonialreichs in N-Amerika; 1795 von den Engländern erobert.

Quebracho [kɛbr'atʃo, span.] der, südamerikan. Baum der Sumachgewächse; das dunkelrote, schwere, harte Holz wird verwendet als Gerbmittel und im Wasserbau.

Quechua [k'ɛtʃua], →Ketschua.

Qu'ecke die, Grasgatt., Feldunkraut mit zählebigen Wurzelstöcken und Ausläufern. (Bild Gräser)

Quecksilber, Hg, metallisches Element, Ordnungszahl 80, Atomgew. 200,59, spezif. Gew. 13,55. Schmelzpunkt −38,87° C, Siedepunkt 356,6° C. Q. ist bei gewöhnl. Temperatur flüssig und verdampft merklich; der Q.-Dampf sowie alle löslichen Verbindungen sind sehr giftig. Q. bildet mit den meisten Metallen Amalgame. Gewinnung durch Rösten der Q.-Erze (Zinnober, Q.-Fahlerz, Q.-Hornerz). Kondensation der Dämpfe und Reinigen; Verwendung in Thermometern, Barometern, Gleichrichtern, Dampfstrahl- und Diffusionspumpen, zur Gold- und Silberlaugung, als Kontaktmaterial, Katalysator, für Arzneimittel. **Quecksilbervergiftung** entsteht durch Aufnahme von Q.-Dämpfen, von flüssigem metall. Q. oder von Q.-Verbindungen. **Akute Q.-Vergiftung** äußert sich durch Magen- und Darmschmerzen, Erbrechen, Durchfall, Nierenschädigung, **chronische Q.-Vergiftung** durch Ernährungs- und nervliche Störungen. - Erste Hilfe: Erbrechen erregen, Tierkohle, Abführmittel, Arzt rufen!

Quecksilberdampflampe, eine Gasentladungslampe mit Quecksilberdampffüllung. **Niederdruck-Q.** werden verwendet als Quarzlampe, Leuchtstofflampe, **Hochdruck-Q.** für Straßenbeleuchtung, **Höchstdruck-Q.** als Projektionslampe, für Scheinwerfer.

Quedlinburg, Stadt im Bez. Halle an der Bode, 30 800 Ew. Pflanzenzucht, Meßgeräte-, Werkzeugfabriken u. a. Ind., Schloßberg mit Renaissanceschloß und Stiftskirche (roman. Basilika, 1129). In der Stadt roman. Wigbertikirche (mit altertüml. Krypta; Ende 8. Jahrh.), got. Kirchen: St. Ägidien, St. Benedikt, St. Nikolai; Re-

Quedlinburg: Schloß und Stiftskirche St. Servatius

naissance-Rathaus, Fachwerkhäuser (16. bis 17. Jahrh.), Teile der Stadtbefestigung (14. Jahrh.). - 922 Königspfalz, 936 reichsunmittelbares Frauenstift; Stift und Stadt kamen 1698 an Brandenburg.

Queen [kwi:n, engl.], Königin.

Queen Charlotte Islands [kwi:n ʃ'a:lət 'ailəndz], →Königin-Charlotte-Inseln.

Queensland [kw'i:nzlənd], der nordöstl. Staat des Austral. Bundes, 1 736 500 km², 1,79 Mill. Ew., Hauptstadt Brisbane. Dem parallel zur Küste laufenden Gebirge ist das Innere Küstengebirge vorgelagert. Ins Innere fällt Q. zum Artes. Becken ab. Der feuchtere O hat Eukalyptuswälder, das Innere Baum-, Busch-, Grassteppen. Im nördl. Teil der Ostküste trop. Regenwald. Wirtschaft: Schafzucht, Viehwirtschaft (Weizen, Obst, Zuckerrohr); Bodenschätze: Steinkohle, Kupfer, Blei, Silber, Zink, Erdöl, Bauxit.

Queich die, linker Nebenfluß des Rheins, entspringt im Wasgau, an der Haardt, 50 km lang.

Queipo de Llano y Si'erra [k'eipo ðe λ'ano i-], Gonzalo, span. General, * 1875, † 1951,

im span. Bürgerkrieg (1936-39) Führer der nationalspan. Südarmee.

Queirós [keir'ɔːʃ], portugies. Schriftsteller, →Eça de Queiroś.

Queis der, linker Nebenfluß des Bobers, in Schlesien, 103 km lang, 2 Talsperren.

Quelle, im weiteren Sinn jedes Ausströmen von Flüssigkeit oder Gasen aus der Erde (Wasser, Erdöl, Gas); im engeren Sinn das Zutagetreten fließenden Wassers, meist Grundwasser. **Warme** und **heiße Q.** (Thermen, Geysire) kommen aus größeren Tiefen. **Mineralquellen** enthalten Kohlensäure, Salze, radioaktive Stoffe.

Quelle, Großversandhaus Q. **Gustav Schickedanz KG.,** Fürth, gegr. 1927, größtes europ. Versandunternehmen mit Tochtergesellschaften in Österreich, Frankreich, Italien, Schweden, der Schweiz; 161 Verkaufsniederlassungen, 112 Verkaufsstellen, 24 Fotospezialgeschäfte.

Queller, Glasschmelz, Meldengewächs, eine Strandpflanze.

Quellfestausrüstung, ein Verfahren, um Gewebe durch Quervernetzen des Fasergefüges mit Formaldehyd oder durch Einlagern von Kunstharzen naßfest, krumpfecht, waschbeständig zu machen.

Quell'inus, Artus d. Ä., der führende niederländ. Barockbildhauer, * 1609, † 1668, schuf üppig bewegte Skulpturen für Kirchen für das Amsterdamer Rathaus, auch Bildnisbüsten. Sein Neffe Artus d. J., * 1625, † 1700, arbeitete meist kirchl. Bildwerke.

Qu'elpart, korean. Insel, →Tschedschu.

Quemoy, chines. Insel vor dem Festland, Festung für die Verteidigung Taiwans.

Qu'empas [aus lat.: **Quem** pastores laudavere ,den die Hirten lobten'], alte, auf die Weihnachtsgeschichte bezogene Wechselgesänge.

Qu'endel der, Pflanzen: Thymian, Lavendel, Glasschmalz.

Queneau [ken'o], Raymond, französ. Schriftsteller, * 1903. Roman ,Zazie in der Metro' (1959).

Quent [von lat. quintinus ,Fünftel'] das, **Quentchen,** früheres dt. Gewicht.

Quental [kent'al], Antero Tarquínio de, portugies. Dichter, * 1842, † (Selbstmord) 1891; philosoph. Lyrik.

Querbaum, Turnen: Gerät zum Hangeln oder für Gleichgewichtsübungen, Vorläufer des Schwebebalkens.

Qu'ercia [kv'ɛrtʃa], Jacopo della, Bildhauer der Frührenaissance in Siena, * 1367, † 1438; Hauptwerke: Reliefs aus der Schöpfungsgeschichte, Bologna, S. Petronio, Hauptportal (seit 1425), Grabmal der Ilaria del Carretto, Lucca, Dom.

Quercus [lat.], Eiche.

Quer'ele [lat.] die, Klage, Beschwerde.

Querétaro [ker'etaro], 1) Staat der Rep. Mexiko, 11 769 km², 485 500 Ew. 2) Hauptstadt von 1), 74 000 Ew.; Industrie, 2 Univ.; hier wurde Kaiser Maximilian 1867 gefangengenommen und am 19. 6. erschossen.

Querfeldeinlauf, ein Langstreckenrennen quer durch das Gelände; entsprechend **Querfeldeinrennen** im Motor-, Pferde-, Radsport.

Querfurt, Stadt im Bez. Halle, im Quernetal, 7600 Ew.; Zuckerindustrie, Kalk-, Zementwerke.

Querpfeife, kleine klappenlose Flöte der Spielleute.

Querruder, wechselseitig nach oben und unten ausschlagbare Klappen an den äußeren Hinterkanten der Flugzeugtragflächen, dienen zur Steuerung um die Flugzeuglängsachse, zusammen mit dem Seitenruder zum Kurvenflug.

Querschiff, Transept, bei Kirchenbauten der dem Langhaus im O oder W quer vorgelagerte oder dieses durchkreuzende Raum. Roman. Kirchen haben oft ein Q. im O und W.

querschiffs, rechtwinklig zur Kiellrichtung des Schiffs.

Querschläger, Geschoß, das als →Prellschuß schräg oder quer auftrifft und meist schwer verwundet.

Querschnitt, techn. Zeichnen: der Schnitt durch einen Körper quer zur Längsachse; läßt die äußere Umrißform und innere Beschaffenheit erkennen.

Querschnittslähmung, ♀ die Lähmung beider Beine sowie der After- und Blasenschließmuskeln, mit Empfindungslosigkeit, infolge von Verletzungen u. a., die das Rückenmark durchtrennen.

querschreiben, volkstümlich: einen Wechsel akzeptieren.

Quersumme, Summe der Ziffern einer natürl. Zahl, von 314 z. B. ist die Q. 8.

Querul'ant [lat.] der, Nörgler. **querul'ieren,** mit wiederholten, nichtigen Beschwerden lästig fallen.

Querverband, 1) Bauglied einer Stahlbrücke, quer zur Längsrichtung der Hauptverbände. 2) Flugzeugbau: Queraussteifung zur Formhaltung und Krafteinleitung in Rumpf- und Flügelschalen.

Querwindfahrwerk, das Fahrwerk sehr großer Flugzeuge; es wird bei Landung mit starkem Seitenwind schräg gestellt, um die seitl. Versetzung durch den Wind beim Rollen auszugleichen.

Quesada [kɛ'aða], 1) Ernesto, argentin. politisch-histor. Schriftsteller, * 1858, † 1934, Generalstaatsanwalt, schenkte seine Bibliothek als Grundstock für das Ibero-Amerikan. Institut (Hamburg). 2) Gonzalo **Jiménez de,** span. Konquistador, * vor 1500, † 1579, ging 1535 nach Südamerika, gründete 1539 Bogotá.

Qu'ese die, 1) ♀ Blase unter der Haut. 2) ⚕ **Gehirnquese,** Finne des Hundebandwurms, verursacht die →Drehkrankheit.

Quesnay [kɛn'ɛ], François, franz. Nationalökonom, Leibarzt Ludwigs XV., * 1694, † 1774, steht als Begründer des Physiokratismus am Anfang der Volkswirtschaftslehre.

Quetelet [kɛtl'ɛ], Lambert Adolphe Jacques, belg. Astronom und Statistiker, * 1796, † 1874, Begründer der Sozialstatistik.

Quetscheffekt, der →Pinch-Effekt.

Quetschhahn, Metallklemme zum Absperren von Schläuchen.

Quetschung, ♀ Verletzung durch stumpfe Gewalt, wobei Weichteile unter der Haut zerreißen und sich ein Bluterguß bildet.

Qu'etta, Stadt in Pakistan, 106 600 Ew., Woll-, chem.-, Obstkonservenindustrie.

Quetz'al [kɛ-, indian.], Währungseinheit in Guatemala, 1 Q. = 100 Centavos; benannt nach dem zu den Trogons gehörigen Urwaldvogel Quetzal.

Quetzalcoatl [k'ɛtsalk'oatl, Nahuatl], wichtige Gottheit der alten Kulturvölker Mexikos und Mittelamerikas, meist als gefiederte Schlange (Federschlange) dargestellt.

Queue [kø, frz.] das, Billardstock. **die Q.,** Schlange, ‚Schwanz' von Wartenden.

Quevedo y Villégas [keβ'eðo i βiʎ'eɣas], Francisco Gómez de, span. Schriftsteller, getauft Madrid 1580, † 1645, ein Hauptvertreter des →Konzeptismus; Gedichte,

Quetzalcoatl: Darstellung an einem Tempel in Teotihuacán

Schelmenroman ‚Das Leben des Buscón' (um 1608); ‚Träume' (Sueños), Höllengesichte, in denen der lasterhaften Welt der Spiegel vorgehalten wird.

Quezalten'ango [kɛsalten'aŋgo], Dep.-Hauptstadt, 57 000 Ew., zweitgrößte Stadt von Guatemala, 2330-2380 m ü. M.; kath. Bischofssitz; Ind.-Betriebe.

Quezon City [k'ɛθɔn s'iti], seit 1950 Hauptstadt der Philippinen, östl. von Manila, 501 800 Ew.; Universität, Kernforschungsinstitut.

Quiché [kitʃ'e], Indianerstamm der Maya im südlichen Guatemala.

Quickborn, Gem. in Schlesw.-Holst., 15 000 Ew.; Wetternachrichtenzentrale, Schallplatten- und Schokoladenindustrie.

Quickborn, kath. Jugendbund, seit 1909, fördert die musische Erziehung; Sitz Buir bei Köln, heute bestehen: der ‚Bund Christl. Jugendgruppen' und die ‚Q.-Arbeitskreis'.

Quickstep [kw'ikstep, engl.], Gesellschaftstanz, schnellere Abart des Foxtrotts.

Quidde, Ludwig, Geschichtsforscher und Politiker, * 1858, † 1941, Pazifist, war 1914 bis 1929 Vors. der Dt. Friedensgesellschaft; Friedens-Nobelpreis 1927.

quid pro quo [lat. ‚dies für das'], **Quidproquo** das, Verwechslung, Konfusion.

Quierschied, Gem. im Saarland, 10 700 Ew.; Dampfkraftwerk, Textilindustrie.

Qui'et'ismus [lat.], myst. Richtung des 17./18. Jahrh., die eine Einigung mit Gott durch die affekt- und willenlose Ergebung in seinem Willen suchte.

qui'eto [ital.], ♪ ruhig.

Quill'ajarinde, saponinhaltige Rinde des Seifenbaums; Waschmittel.

Quimper [kɛ̃p'ɛːr], Hauptstadt des franzòs. Dép. Finistère, 57 000 Ew.; Kathedrale (13.-16. Jahrh.), Steingut-, Nahrungsmittel-, Textil- u. a. Industrie.

Quito: Plaza de Independencia

Quincy [kw'insi], Hafenstadt in Massachusetts, USA, 88 000 Ew., Schiff- und Maschinenbau, Granitbrüche.

Quinquag'esima [lat.], der 50. Tag vor Ostern, der Sonntag Estomihi.

Quint [lat.] die, 1) Fechten: Stoß oder Hieb gegen eine von der rechten Hüfte zur linken Schulter oder Schläfe angenommene Linie. 2) ♪ →Quinte.

Qu'inta [lat.], früher die 2. Klasse des Gymnasiums, heute ersetzt durch die für alle Schularten einheitl. Bez. ‚6. Klasse'.

quint'an [lat.], alle fünf Tage.

Quintana Roo [kint'ana ro'o], mexikan. Territorium im O der Halbinsel Yucatán, 42 030 km², 88 200 Ew.; Hauptstadt: Chetumal.

Qu'inte [lat. ‚die fünfte'] die, **Quint,** ♪ die 5. Stufe der diaton. Leiter; auch das entsprechende Intervall. Man unterscheidet reine, übermäßige und verminderte Q.

Qu'intenzirkel, ♪ Rundgang, der unter Zugrundelegung der temperierten Stimmung von einem beliebigen Grundton aus nach 12 Quinten-Intervallen wieder zum enharmonisch gleichen Ton zurückführt.

Qu'int|essenz [lat.] die, das Wesentliche, der Hauptinhalt.

Quint'ett [ital.] das, Musikstück für fünf Instrumente oder Singstimmen; auch die fünf Ausführenden.

Quintili'an, Marcus Fabius, röm. Redner,

Quitte: a Blütenzweig, b Blütenlängsschnitt, c Fruchtzweig, d Fruchtlängsschnitt

* Spanien um 30, † um 96. Sein Werk über Rhetorik wirkte stark auf die Humanisten.

qui pro quo [lat. ‚der für den'], **Quiproquo** das, Personenverwechslung.

Quipu [k'ipu], **Knotenschnur,** Schriftersatz der Inka, diente als Register für Volkszählungen, Steuereingänge u. a. Verschiedenfarbige Schnüre bezeichneten Menschen, Tiere, Gegenstände u. ä., die Knoten darin Zahlen.

Quirin'al der, latein. **C'ollis Quirin'alis,** einer der sieben Hügel Roms, seit dem 16. bis 18. Jahrh. mit päpstl. Palast, seit 1870 Sitz des italien. Königs, seit 1947 des Präs. der Rep.; übertragen: der Staatspräsident.

Quir'inus, altröm. Gott, später mit Romulus gleichgesetzt.

Quir'iten, im antiken Rom die Bürger.

Quirl, 1) Küchengerät zum Rühren. 2) ⚘ büschelartig stehende Pflanzenteile, auch Wirtel genannt; z. B. **Blatt-Q.**

qui s'excuse, s'accuse [ki sɛksk'y:z sak'y:z, frz.], wer sich (ohne beschuldigt zu sein) entschuldigt, klagt sich an.

Quisling, Vidkun, norweg. Politiker, * 1887, † (erschossen) 1945, 1931-33 Kriegs-Min., gründete 1933 die faschist. ‚Nasjonal Samling'. Unter der dt. Besatzung bildete er 1942 eine ‚nationale Regierung'. 1945 wurde er deshalb zum Tode verurteilt. Sein Name wurde gleichbedeutend mit Landesverräter.

Quisqu'ilien [lat.] Mz., Kleinigkeiten.

qui t'acet, consent'ire vid'etur [lat.], wer schweigt, scheint zuzustimmen.

Quito [k'ito], Hauptstadt von Ecuador, 2850 m ü. M., 483 800 Ew., kath. Erzbischofssitz, zwei Universitäten, Nationalbibliothek; Textil-, Schuh-, Metall-, Papier- u. a. Industrie.

quitt [frz.], frei, ledig, ohne Verbindlichkeiten.

Quitte die, 1) **Echte Q.,** Kernobststrauch oder -baum aus SO-Europa und dem Orient. Die Frucht ist groß, gelb, behaart,

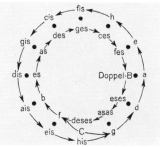

Quintenzirkel

stark gerippt, birnen- **(Birn-Q.)** oder apfelförmig **(Apfel-Q.)**. 2) **Japanische Q.**, ein Zierstrauch mit roten Blüten und eigroßen, grünl. Früchten.

quitt'ieren [lat.], den Empfang schriftlich bestätigen; den Dienst verlassen.

Quittung, ♊ schriftl. Bekenntnis über den Empfang einer geschuldeten Leistung **(Empfangsschein).** Der Gläubiger hat die Q. auf Verlangen des Schuldners zu erteilen. Der Überbringer einer Q. gilt als ermächtigt, die Leistung zu empfangen (§§ 368 ff. BGB.).

Qu'itzow, brandenburg. Adelsgeschlecht, gelangte im 14. Jahrh. zu großer Macht, 1414-17 durch Kurfürst Friedrich I. niedergeworfen.

qui vive? [kiv'iv, frz.], französ. Postenruf: wer da? **auf dem Quivive sein,** auf der Hut sein, aufpassen.

qui vivra, verra [ki vivr'a vɛr'a, frz. ‚Wer es erlebt, wird es sehen'], die Zukunft wird es lehren.

Quiz [kviz, amerikan.] *das,* Rätsel-, Frage- und Antwortspiel bes. bei Rundfunk- und Fernsehsendungen.

Qumran [kumr'a:n], **Chirbet Qumran,** Ort am NW-Ende des Toten Meeres und Austritt des Wadi Q. aus dem Gebirge; mit Resten einer 68 n. Chr. zerstörten klosterähnl. Siedlung des jüd. Ordens der Essener. Seit 1947 wurden dort Handschriften wiedergefunden, bes. von Büchern des A. T. in vollständiges Jesajabuch, Reste der meisten kanon. Bücher des A. T., teils in althebr. Schrift, hebräische und aramäische Bruchstücke der Septuaginta. Ferner fand man die Ordensregel der Bruderschaft, Kommentare zu Büchern des A. T., Danklieder u. a.

quod 'erat demonstr'andum [lat.], Abk. **q. e. d.,** was zu beweisen war.

Qu'odlibet [lat. ‚was beliebt'] *das,* 1) buntes Durcheinander, willkürl. Zusammenstellung. 2) scherzhafte Kompositions-

form, die verschiedene Melodien verknüpft, bes. im 16.-18. Jahrhundert.

Qu'orum [lat.] *das,* die zu einer Beschlußfassung nötige Anzahl von Mitgliedern (einer Körperschaft).

Quotation [kvot'eiʃn, engl.], Börsenausdruck für Kursnotierung.

Quote [lat.] *die,* 1) rechnungsmäßiger Anteil. 2) Statistik: Verhältniszahl, die über den Anteil an einem Ganzen aussagt.

Quotenaktie, Aktie, die nicht auf einen bestimmten Nennwert, sondern auf einen Anteil am Gesellschaftsvermögen lautet; in den Verein. Staaten üblich.

Quotenkartell, →Kartell.

quotidi'an [lat.], täglich.

Quotidi'anfieber [lat.] *das,* eine Form der Malaria mit täglichen Fieberanfällen.

Quoti'ent, △ Ergebnis der →Division.

quo vadis? [lat.], vollständig: Domine, q.? (‚Herr, wohin gehst du'), die Frage, die der aus dem Kerker entflohene Petrus dem ihm erscheinenden Christus stellte.

R

r, *das* **R** [ɛr], der 18. Buchstabe des Abc, ein Mitlaut. r war zuerst ein Zungenspitzenlaut, seit dem 17. Jahrh. verbreitete sich von Paris aus das Zäpfchen-r, das im Hochdeutschen außer in Bayern und Österreich gesprochen wird.

r, 1) Zeichen für die Einheit →Röntgen. 2) **r., rep.,** Abk. für repartiert (→repartieren).

R, Abk. für: 1) auf röm. Inschriften: Roma, Romanus, rex, regius, regnum u. a. 2) auf Rezepten: lat. Recipe (nimm). 3) △ rechter Winkel. 4) bei Temperaturangabe: Réaumur. 5) auf Uhren: französ. Retard (Verzögerung) oder retard (verlangsamen). 6) ♩ rechte Hand. 7) Post: Recommandé (Einschreiben). 8) in Briefmarken- und Münzkatalogen: selten (von lat. rarus).

Ra, chem. Zeichen für Radium.

Raab, 1) *die,* magyar. **Rába,** rechter Nebenfluß der Donau, entspringt in der Steiermark und mündet unterhalb der Stadt R., 398 km lang.

2) magyar. **Győr** [djø:r], Stadt in W-Ungarn, 101 000 Ew.; Dom (12. Jahrh.), Bibliothek; Waggon-, Fahrzeugfabrik, Eisengießerei, Textilind., Kunstlederfabrik.

Raab, Julius, österreich. Politiker, * 1891, †1964, Nationalrat (1927-34 christlich-soz.); seit 1945 ÖVP, 1952-60 deren Obmann), 1938 Handels-, Verkehrsmin. unter Schuschnigg, 1953-61 Bundeskanzler.

Raabe, Wilhelm, Erzähler, * 1831, †1910. R.s Erzählweise ist humorvoll, verschmitzt, anspielungsreich. Er bevorzugte die stillen Nester und seltsamen Käuze, die von dem wachsenden materialist. Ungeist frei und innerlich reich geblieben sind. Werke: ‚Die Chronik der Sperlingsgasse' (1857), ‚Die Leute aus dem Walde' (1863); pessimistische Entwicklungsromane unter dem Einfluß Schopen-

Wilhelm Raabe   *François Rabelais*

hauers: ‚Der Hungerpastor' (1864), ‚Abu Telfan' (1867), ‚Der Schüdderrump' (1870). Erzählungen: ‚Wunnigel' (1879), ‚Alte Nester' (1880), ‚Unruhige Gäste' (1886), ‚Stopfkuchen' (1891), ‚Die Akten des Vogelsangs' (1895), ‚Altershausen' (hg. 1911) u. a.

Raape, Leo, Jurist, * 1878, †1964, Prof. in Bonn, Halle und in Hamburg für bürgerl. und internat. Privatrecht.

Rab, italien. '**Arbe,** Insel im Quarnero, Kroatien, Jugoslawien. Hauptort R., 1500 Ew., ist Touristenzentrum, mittelalterl. Stadtbild.

Rabanus Maurus, →Hrabanus Maurus.

Rab'at, Hauptstadt Marokkos, am Atlantik, 410 000 Ew.; kath. Erzbischofssitz; Rundfunksender, Flughafen; einheim. Gewerbe (Teppiche, Bekleidung). R. wurde im 12. Jahrh. von den Almohaden gegründet.

Rabatt [ital. ‚Abschlag'], ein Preisnachlaß oder Mengenzuschlag (Material-R.), der dem Käufer, bes. dem Wiederverkäufer, für schnelle Zahlung, für den Bezug größerer Mengen, bei Dauerbezug, zur Neueinführung von Waren u. a. gewährt wird. - R. im Einzelhandel darf bei Barzahlungs-R. 3% nicht überschreiten.

Rab'atte [frz.] *die,* 1) Einfassungs-, Randbeet. 2) Umschlag am Rock und Ärmel, seit dem 18. Jahrh. zunächst am Uniformrock.

Rab'aul, wichtigste Hafenstadt des Bismarckarchipels, auf Neubritannien, 10 600 Einwohner.

Rabbi [hebr.], Ehrentitel der jüdischen Schriftgelehrten; auch Anrede Jesu.

Rabb'iner, der von den jüd. Gemeinden berufene Religionslehrer, Prediger und Seelsorger.

Rabel, Ernst, Jurist, * 1874, † 1955, Prof. u. a. in Basel und Berlin, wo er das Kaiser-Wilhelm-Institut für ausländ. und internat. Privatrecht leitete. Durch den Nat.-Soz. vertrieben, lehrte er in den USA.

Rabelais [rabl'ɛ], François, französ. Schriftsteller, * um 1494, † 1553, Minorit, dann Benediktiner, später Weltgeistlicher, führte ein Wanderleben, wirkte zeitweise als Arzt. Er schrieb von Satire und Witz übersprudelnde Geschichten vom Riesen Pantagruel und seinem Vater Gargantua (1532 ff.); darein verflochten sind scharfe Zeitkritik und für alle Zeit ein neues, auf Natürlichkeit beruhendes Bildungsprogramm der Renaissance.

Raben, Rabenvögel, eine Fam. der Singvögel. Zu den Rabenvögeln gehören u. a.

Kolkrabe, Krähen, Dohle, Elster und Häher. - Nach dem Volksglauben: Künder der Zukunft, des Todes und Unglücks.

Rabener, Gottlieb Wilhelm, * 1714, †1771; Satiren gegen Zeittorheiten.

Rabenschlacht, mhd. Epos über die Kämpfe Dietrichs von Bern mit Ermanarich vor Raben (Ravenna).

rabi'at [lat.], wütend, außer sich.

R'abi|es [lat.] *die,* ⚕ die Tollwut.

Rabitzwand, Drahtputzwand, leichte Trennwand von 3-4 cm Dicke. Auf einen in Fußboden, Wänden, Decke, eingespannten Rost aus Rundstahl wird ein Drahtgeflecht aufgezogen und mit Mörtel verputzt.

Rabul'ist [lat.], Rechtsverdreher. **Rabulist'ik,** Rechtsverdrehung, Wortklauberei.

Rachbeere, volkstüml. Name des →Seidelbastes.

R'achel *der,* zweithöchste Berggruppe des Böhmerwaldes, **Großer R.** (1453 m), **Kleiner R.** (1399 m), an der O-Seite der **R.-See** (1071 m ü. M.).

Rachen *der,* Teil des Schlundkopfes, der mit der Mundhöhle in Verbindung steht.

Rachenblüter, Scrofulariaceae, Braunwurzgewächse, zweikeimblättrige Pflanzenfamilie, mit gegen- oder quirlständigen Blättern, fünfgliedrigen, meist zweilippigen Blüten, Frucht meist Kapsel.

Rachenbremsen, plumpe, über 1 cm große, pelzig behaarte Fliegen, deren Larven sich im Nasen- und Rachenraum von Hirscharten entwickeln. Befallene Tiere husten und brechen viel.

Rachenkatarrh, eine Entzündung der Rachenschleimhaut, mit Kratzen im Hals, Schluckbeschwerden, Reizhusten. Behandlung: Bettruhe, Schwitzen, Inhalieren.

Rachenmandel, ⚕ →Mandel 2).

Rachisch'isis [grch.] *die,* ⚕ angeborene Spaltbildung in der Wirbelsäule infolge vorgeburtl. Entwicklungsstörung.

Rach'itis [grch.] *die,* **Englische Krankheit,** ⚕ eine Störung des Kalk- und Phosphorstoffwechsels, die bes. Veränderungen am Knochensystem verursacht, beginnt meist im 2.-3. Lebensvierteljahr. Ursache ist Mangel an Vitamin D_2. Anzeichen: Schwitzen (bes. am Hinterkopf), stechender Geruch des Harns, Blässe, Blutarmut, mangelhafte Zahnung, aufgetriebener Bauch, Erweichung von Hinterhaupts- und Schläfenbein, Knochenverkrümmung (‚Hühnerbrust', ‚O-Beine'). Schutz vor R. gewährt Muttermilch, Licht,

Luft und Sonne, Heimsonnenbestrahlung, Lebertran, Vitamin-D-Präparate.

Rachm'aninow, Sergej Wassiljewitsch, russ. Komponist, * 1873, † 1943, seit 1919 in den USA, schrieb in wirkungsvollem spätromant. Stil Orchesterwerke, 4 Klavierkonzerte, Klavierstücke, Lieder.

Rachm'anowa, Alja, emigrierte russ. Schriftstellerin, * 1898; Romane: ,Studenten, Liebe, Tscheka und Tod' (1931), ,Ehen im roten Sturm' (1932) u. a.

Racine [r'ɛsin], Hafenstadt am Michigansee im Staate Wisconsin, USA, 95 200 Ew.; Landmaschinen-, Kraftwagenzubehör-, Elektro-, Bekleidungsindustrie.

Racine [ras'in], Jean, franzö́s. Dichter, * 1639, † 1699. R.s Dramen sind der Höhepunkt der französ. Bühnendichtung. Im Unterschied zu Corneille, der heroische Willensnaturen verherrlicht, läßt R. in einer Sprache voll Klangzauber und Maß die Menschlichkeit des Herzens sprechen.

Jean Racine Gustav Radbruch

Tragödien: ,Alexander der Große' (1665), ,Andromache' (1667), ,Britannicus' (1669), ,Bérénice' (1670), ,Mithridates' (1673), ,Phädra' (1677), ,Esther' (1689), ,Athalie' (1691). Geistliche Lyrik. Dramen.

Rackelhuhn, ein Wildhuhn, Mischling zwischen Auer- und Birkhuhn.

Racken, Fam. der Rackenvögel mit den madegass. Kurols und Erdraken. In Europa heimisch ist die **Blauracke.**

Racket [r'ækit, engl.] *das,* Tennisschläger.

rad, 1) Kerntechnik: Abk. für **r**adiation **a**bsorbed **d**ose [reidi'eiʃn ᵊbs'ɔ:bd d'ouz, engl.], Einheit der absorbierten Strahlendosis je Gramm Materie; 1 rad = 100 erg/g. **2)** Abk. für →**Radiant.**

Rad, 1) ein Rollkörper, dessen äußerer runder Rollkranz (Felge) durch Speichen oder eine Scheibe mit der Nabe verbunden ist. Die R. von Schienenfahrzeugen bestehen aus der Radscheibe, auf die der Laufkreis (Radreifen) mit Spurkranz aufgeschrumpft ist. - Älteste R.-Darstellungen stammen aus dem sumer. Ur etwa 3000 v. Chr. Das R. hat kultische Bedeutung als Sonnenzeichen und magisches Abwehrmittel. **2)** 🜊 seitl. Überschlag, bei dem die Hände nacheinander in großem Abstand auf dem Boden aufsetzen (ein R. schlagen).

R'adagais, german. Heerkönig, drang 405 in Italien ein; bei Fiesole von Stilicho geschlagen, 406 hingerichtet.

Radar, Abk. für engl. **r**adio **d**etecting **a**nd **r**anging, **Funkmeßtechnik** zur Erfassung, Orts- und Geschwindigkeitsbestimmung von Hindernissen, Kraftfahrzeugen, Flugzeugen, Schiffen u. a. durch Ausstrahlung sehr kurzer elektromagnet. Wellenzüge (Impulse) und dem Empfang ihres ,Echos', in der Regel unter gleichzeitiger Messung der Laufzeit.

Eine Funkmeßanlage **(Funkmeßgerät, Radargerät)** besteht grundsätzlich aus einem Sender, Antennenanlage sowie Empfänger mit nachgeschalteten Auswertegeräten für Entfernung, Seiten- und Höhenwinkel. Der Impuls wird ausgestrahlt, vom Zielgegenstand reflektiert, wieder empfangen und ausgewertet. Mit Hilfe einer Entfernungsskala können die Entfernungen der erfaßten Objekte unmittelbar abgelesen werden. Bei den mit einem rotierenden, scharf bündelnden

Antennensystem (etwa 10 Umdrehungen/ min) arbeitenden **Rundsuch-, Rundumsuch-** oder **Panoramageräten** tastet der Peilstrahl die ganze Umgebung nacheinander ab. Das Ergebnis ist eine richtungs- und entfernungsmäßig getreue Abbildung der reflektierenden Gegenstände. Anwendung in der Schiffs- und Flugnavigation, der Verkehrsüberwachung auf Land-, Fluß- und Seestraßen, der Meteorologie, der Luftabwehr sowie der Technik der elektron. Zünder für Geschosse und Raketen.

Radarbug, Radarnase, →Radom.

Rad'aune, Fluß in Pommerellen, 98 km lang, kommt aus dem Radaunesee, mündet südl. Danzig in die Mottlau.

Radball, Ballspiel vom Fahrrad aus: mit dem Vorder- oder Hinterrad des Rades sucht der Spieler den Ball ins Tor des Gegners zu treiben. Im **Hallen-R.** stehen sich 2 Zweier-Mannschaften gegenüber, beim **Rasen-R.** 2 Sechser-Mannschaften.

R'adbod, Ratbod, Herzog der Friesen, † 719, kämpfte mit den Franken um Westfriesland.

Radbruch, Gustav, Rechtsphilosoph und Politiker, * 1878, † 1949, Prof. in Königsberg, Kiel, Heidelberg; war 1920-24 MdR. (SPD), 1921/22, 1923 Reichsjustizmin. Werke: ,Rechtsphilosophie' (1914) u. a.

Radcliffe [r'ædklif], Ann, geb. **Ward,** engl. Erzählerin, * 1764, † 1823; Schauerromane.

Raddampfer, ein durch Heckrad oder Seitenräder angetriebenes Dampfschiff.

Rade *die,* volkstüml. Name für verschiedene Pflanzen, z. B. die Kornrade.

Radeberg, Stadt im Bez. Dresden, 18 500 Ew.; Glas-, Metall- u. a. Industrie.

Radebeul, Stadt im Bez. Dresden, an der Elbe, 39 600 Ew. Pharmazeut. u. a. Ind.; Weinbau. Das in der Karl-May-Museum ist heute Indianermuseum.

Radecki [rad'etski], Sigismund von, Schriftsteller, * 1891, † 1970, humorvolle Betrachtungen; Übersetzungen (Puschkin, Gogol u. a.).

Radek, Karl Bernhardowitsch, früher **Sobelsohn,** sowjet. Politiker, * 1885 (1883?), † 1939(?), Mitgründer der KPD, bereitete 1923 in Dtl. als Mitgl. des Exekutivkomitees der Komintern ein kommunist. Aufstand vor. Als Anhänger Trotzkijs wurde er 1938 in Moskau zu 10 Jahren Gefängnis verurteilt. R. gilt als einer der brillantesten bolschewist. Pamphletisten.

Rädelsführer, der Anführer eines Aufruhrs, einer Verschwörung. Die schärfere Bestrafung des R. beim →Landfriedensbruch wurde durch das 3. Strafrechtsreformges. vom 20. 5. 1970 beseitigt.

Raeder, Erich, Großadmiral (1939), * 1876, † 1960, im 1. Weltkrieg Kreuzerkommandant, 1928 Chef der Marineleitung, 1935-43 Oberbefehlshaber der Kriegsmarine, 1946 in Nürnberg zu lebenslängl. Gefängnis verurteilt, 1955 entlassen.

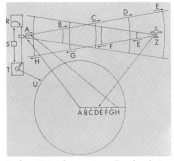

Radar: Entstehung einer Rundsuch-Anzeige. Die Drehantenne hat im Flugzeug nach Richtung und Entfernung erfaßt. A-H Erfassungspunkte des Objekts, R Sender, S Synchronisation, T Empfänger, U Anzeigegerät, Z Ziel

Rädergetriebe, in der Grundform zwei Räder, die in einem dritten Glied, dem meist feststehenden Steg oder Gestell in Gelenken, drehbar geführt werden und miteinander **kraft- (Reibradgetriebe)** oder **formschlüssig (Zahnradgetriebe)** in Berührung stehen.

rädern, eine bei den Römern und im Spätmittelalter angewandte. Art der Todesstrafe, bei der die Glieder des Verurteilten durch ein Rad zerschlagen wurden.

Rädertiere, Rotatoria, meist mikroskopisch kleine, durchsichtige Wassertiere; am Vorderende mit einzelnhaben Wimperbesatz, der Nahrung herbeistrudelt und der Fortbewegung dient.

Rad'etzky, Joseph Graf **R. von R'adetz,** österreich. Feldmarschall (1836), * 1766, † 1858, 1813/14 Stabschef Schwarzenbergs, 1831-57 Oberbefehlshaber in der Lombardei und Venetien, besiegte die Italiener 1848 bei Custoza, 1849 bei Novara.

R'adevormw'ald, Stadt im Berg. Land, Nordrh.-Westf., 22 100 Ew., Maschinenbau, Werkzeug-, feinmechan. Fabriken, Kunststoffverarbeitung.

Radfahrweg, der →Radweg.

Radfenster, speichenartig gegliedertes Rundfenster spätroman. und got. Kirchen, frühe Form der →Fensterrose.

Radhakrischnan, Sarwapalli, ind. Philosoph und Politiker, * 1888, 1952-62 Vizepräs., 1962-67 Präs. der Rep. Indien. 1961 Friedenspreis des Dt. Buchhandels.

radi'al [lat.], **1)** vom Mittelpunkt ausgehend; strahlenförmig. **2)** Anatomie: dem →Radius zu gelegen.

Radi'algeschwindigkeit, die Geschwindigkeit der Sterne in Richtung auf die Erde oder von ihr weg; sie wird mit Hilfe des →Doppler-Effektes spektrographisch gemessen.

Radialturbine, eine Turbine, bei der das Arbeitsmittel radial nach innen oder außen die Turbine durchströmt, im Gegensatz zur →Axialturbine.

Radi'ant [lat.]. **1)** Abk. die **rad,** die Einheit des Winkels im Bogenmaß (57°17'45''), der aus dem Kreisumfang einen Bogen von der Länge des Radius herausschneidet. **2)** ☆ scheinbarer Ausstrahlungspunkt eines Sternschnuppenschwarms am Himmel.

Radi'ästhes'ie [lat.-grch.] *die,* Strahlenfühligkeit von Wünschelrutengängern.

Radiation [lat.], die Strahlung.

Radi'ator, aus einzelnen Hohlkörpern bestehender Zentralheizungs-Heizkörper.

Radić [r'aditʃ], Stjepan, kroat. Politiker, * 1871, † (Attentat) 1928, gründete 1904 die kroat. Bauernpartei, stand seit 1918 meist in Opposition gegen den großserb. Zentralismus, 1925/26 Unterrichts-Min.

Radićević [rad'itʃevitsj], Branko, serb. Dichter, * 1824, † 1853; romantische lyr. und epische Gedichte.

Radierung, →Kupferstich.

Radieschen [lat.], bes. der Monatsrettich.

Radiguet [-g'ɛ], Raymond, franzö́s. Schriftsteller, * 1903, † 1923; Roman ,Den Teufel im Leib' (1923), ,Der Ball des Comte d'Orgel' (1924).

radik'al [lat.], von der Wurzel, vom Grund aus, vollständig, rücksichtslos, bis zum Äußersten gehend.

Radik'al *das,* **1)** △ ein Begriff aus der Theorie der algebraischen Gleichungen. **2)** 🜍 verhältnismäßig beständige Atomgruppen, die nicht Moleküle sind und bei chem. Reaktionen unverändert übertragen werden; bes. in der organ. Chemie Moleküle, die eine ungerade Zahl von Elektronen enthalten.

Radikal'ismus [lat.] *der,* Unentwegtheit, Unbedingtheit, Schärfe der Anschauungen, bis zum Äußersten gehende Richtung.

Radikalsozialistische Partei, in Frankreich 1901 gegr., führend in der III. Rep. (1871-1940), spielte in der IV. Rep. wieder eine maßgebl. Rolle, in der V. Rep. (seit 1958) sank ihr Einfluß. Unter M. Faure und J. J. Servan-Schreiber versucht die R. ihren polit. Standort zwischen Gaullismus und

Kommunismus neu zu bestimmen. Die R. betrachtet sich als Erbe der Französ. Revolution. Sie will die ,gerechte Ordnung' nicht durch die soziale Revolution, sondern durch polit. Reformen herbeiführen.

Radik′and der, △ Zahl, aus der eine Wurzel gezogen wird.

R′adio [lat. radius ,Strahl'] das, Kurzwort für Rundfunk, auch Rundfunkgerät.

radioaktive Abfälle, Abfallstoffe, die z. B. in Kernreaktoren entstehen. Sie können gasförmig, flüssig oder fest sein. Wegen ihrer schädlichen Strahlung werden sie isoliert gelagert, vergraben oder versenkt (→Radioaktivität).

radioaktiver Niederschlag, das Ausfallen radioaktiver Spaltprodukte und von ungespaltenem Kernmaterial aus einer Kernwaffendetonation sowie aus radioaktiven Aerosolen auf die Erd- oder Wasseroberfläche. Das Absetzen fester Teilchen heißt **Fall-out,** das Ausscheiden der Aerosole über die atmosphär. Niederschläge **Rain-out** (bei Beginn der Wolkenbildung) und **Wash-out** (bei Anlagerung an fertige Niederschlagsteilchen).

Radioaktivität, die Eigenschaft bestimmter Elemente oder Isotope, sich ohne äußere Beeinflussung unter Aussendung von Alpha-, Beta- oder Gammastrahlen in andere Elemente (Isotope) umzuwandeln. Die Atomkerne solcher Elemente sind instabil: Sie wandeln sich durch Ausschleudern eines Teils ihrer Masse und Energie in stabile Kerne um **(radioaktiver Zerfall). Natürliche R.** findet sich bei allen Isotopen der natürl. Elemente mit Ordnungszahlen größer als 83. Für die radioaktiven Kerne ist ihre Lebensdauer kennzeichnend (→Halbwertzeit); sie kann Bruchteile einer Sekunde bis zu Millionen von Jahren betragen. Durch Aussenden von Alphastrahlen (Heliumkerne der Masse 4 und der positiven Ladung 2) verwandelt sich ein **Alphastrahler** in ein neues Element, dessen Ordnungszahl um 2 und dessen Massenzahl um 4 kleiner sind. Bei einem **Betastrahler** erhöht sich lediglich die Ordnungszahl um eine Einheit. Gammastrahlen werden von radioaktiven Kernen nur anläßlich der Aussendung von Alpha- oder Betateilchen emittiert. Alle natürlichen radioaktiven Elemente sind durch Zerfall von Uran oder Thorium über verschiedene Zwischenglieder entstanden; die End-

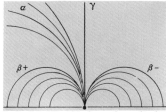

Radioaktivität: Ablenkung der radioaktiven Strahlen im Magnetfeld. Das Magnetfeld ist senkrecht zur Papierebene gerichtet. α = Alphastrahlen, β⁻ = Betastrahlen (Elektronenstrahlen), β⁺ = Positronenstrahlen, γ = Gammastrahlen

glieder der Zerfallsreihen sind verschiedene stabile Bleiisotope. Es gibt 4 Zerfallsreihen: die Uran-Radium-Reihe, die Thoriumreihe, die Uran-Actinium-Reihe und die Neptuniumreihe. Die Glieder der letzteren kommen wegen ihrer verhältnismäßig kurzen Halbwertzeiten in unserer natürl. Umgebung nicht mehr vor, konnten aber künstlich hergestellt werden. Da man die Halbwertzeiten genau kennt, kann man aus dem Gehalt eines Gesteins an Uran (Thorium) und Blei die Zeit berechnen, die zur Entstehung des Bleis durch Zerfall des Urans notwendig war (Altersbestimmung der Gesteine). **Künstliche R.** tritt bei allen künstlich hergestellten Isotopen auf. Künstlich radioaktive Kerne senden meist Beta- und Gammastrahlen, viele aber auch **Positronenstrahlen;** andere fangen Elektronen aus der Atomhülle ein, wodurch diese zur Emission von Röntgenstrahlen angeregt wird **(K-, L-Einfang).** - Radioaktive Strahlungen werden mit Elektrometern, Zählrohren u. a. in den Einheiten →Curie oder →Röntgen gemessen. Biologische Wirkung. Alphastrahlen sind wegen ihrer kurzen Reichweite nur schädlich, wenn α-strahlende Stoffe in den Körper hineingelangt sind. Gammastrahlung kann bei stärkerer Dosierung die Zellen der Lebewesen zerstören, insbes. die Keimdrüsen, die blutbildenden Organe und die schnellwachsenden Geschwulstbildungen (Krebsbehandlung). Durch Zufallstreffer können auch Mutationen (Erb-

änderungen) entstehen (Anwendung in der Erbforschung). - Über Schutz gegen radioaktive Strahlung →Strahlenschutz, →radioaktive Abfälle, über ihre Heilwirkung vgl. auch Radium.

Radioastronomie, die Untersuchung der Himmelskörper und der interstellaren Materie mit Hilfe der von ihnen ausgesandten Kurzwellenstrahlung (Radiostrahlung), die von der Erdatmosphäre im Bereich zwischen 0,6 cm und 30 m durchgelassen wird. Besonders wichtig ist die vom interstellaren Wasserstoff ausgesandte Strahlung bei 21,1 cm Wellenlänge. Diese unterscheidet sich vom Licht nur durch ihre viel größere Wellenlänge. Sie macht als Empfänger Antennen besonderer Form, die **Radioteleskope,** notwendig, die meist sehr schwachen Wellen bündeln, verstärken und registrieren. Radioteleskope sind meist als bewegliche parabolische Reflektoren (größter Durchmesser 1972: 100 m)

Radioastronomie: 100-m-Radioteleskop in Münstereifel. Die voll bewegliche Parabolantenne kann für den Empfang kosmischer Radiowellen zwischen 1 cm und 3 m Wellenlänge eingesetzt werden

gebaut; der Durchmesser des bisher größten nicht beweglichen Radioteleskops (USA, Fertigstellung 1962) beträgt 200 m. Auf Grund der Verteilung von Strahlungsquellen in einem Sternsystem lassen sich Anhaltspunkte über dessen Aufbau gewinnen; so wurden über die Spiralstruktur unserer Milchstraße bestätigt. Durch die Untersuchung fernster Radioquellen hofft man Material für die Prüfung kosmolog. Theorien zu erhalten. In neuerer Zeit werden Radioteleskope auch zur Beobachtung von künstl. Erdsatelliten und Raumsonden eingesetzt.

Radiochemie, Chemie radioaktiver Stoffe. Unwägbar kleine Stoffmengen können, wenn sie strahlen, durch Strahlungsmessung bestimmt werden **(Hevesy-Paneth-Analyse).** Nicht strahlende Stoffe können durch Bestrahlung radioaktiv gemacht und dann ebenfalls durch Messung der Aktivität analysiert werden **(Aktivierungsanalyse).** Größere Mengen radioaktiver Stoffe werden in Strahlenschutzzellen behandelt (,heiße Chemie').

Radio Corporation of America [r′eidiou kɔːpər′eiʃn əv əm′erikə, engl.], Abk. **RCA,** →RCA Corporation.

Radioelemente, radioaktive chem. Elemente.

Radioindikatoren, radioaktive →Isotopenindikatoren.

Radiokarbonmethode, Verfahren zur Altersbestimmung geolog. und histor. Gegenstände aus ehemals organ. Stoff (Holz, Kohle u. dgl.) durch Ermittlung ihres Ge-

Radioaktivität: Die vier radioaktiven Zerfallsreihen			
Uran-Radium-Reihe	Thorium-Reihe	Uran-Actinium-Reihe	Neptunium-Reihe
U 238	Th 232	U 235	Pu 241
Th 234	Ra 228	Th 231	Am 241
Pa 234	Ac 228	Pa 231	Np 237
U 234	Th 228	Ac 227	Pa 233
Th 230	Ra 224	Th 227 Fr 223	U 233
Ra 226	Rn 220	Ra 223	Th 229
Rn 222	Po 216	Rn 219	Ra 225
Po 218	Pb 212 At 216	Po 215	Ac 225
Pb 214 At 218	Bi 212	Pb 211 At 215	Fr 221
Bi 214	Po 212 Tl 208	Bi 211	At 217
Po 214 Tl 210	Pb 208	Po 211 Tl 207	Bi 213
Pb 210		Pb 207	Po 213 Tl 209
Bi 210	↓ Zerfall unter Aussenden von α-Strahlung		Pb 209
Po 210 Tl 206	↓ Zerfall unter Aussenden von β-Strahlung		Bi 209
Pb 206			

993

halts an radioaktivem Kohlenstoff. Dieser wird ständig durch die kosm. Ultrastrahlung aus dem Stickstoff der Luft erzeugt und gelangt von dort in Pflanzen und Tiere. In den Organismen verringert er sich im Laufe der Zeit gesetzmäßig (Halbwertzeit) durch radioaktiven Zerfall. Reichweite der R. in den günstigsten Fällen: 70 000 Jahre.

Radiokompaß, Funkkompaß, →Kompaß 1).

Radiol′aria [lat.], **Strahlentierchen,** im Meer lebende Wurzelfüßer mit fadenförm. Scheinfüßchen und innerem Kieselskelett. Der Protoplasmakörper ist durch eine Membran (Zentralkapsel) zweigeteilt. Die Skelette bilden **R.-Schlamm.**

Radiolarien: Hexacontum asteracanthium (nach R. Hertwig) mit innerem Kieselskelett aus Stäben und drei Gitterkugeln, von denen zwei innerhalb der Zentralkapsel liegen. S Scheinfüßchen

Radiolog′ie, die Strahlenkunde.

Radiol′yse, Zersetzung chem. Verbindungen durch radioaktive Strahlung.

Radiometer, Gerät zum Messen optischer Strahlung, bes. im Infrarot. Die Crookessche Lichtmühle ist ein physikal. Spielzeug auf der Grundlage des R.-Effektes.

Radionuklide, radioaktive, instabile Isotope oder Atomkerne.

Radiosextant, ein bes. auf Schiffen verwendeter Sextant mit Richtantenne zur astronom. Navigation mit Hilfe der Radioquellen.

Radiosonde, Beobachtungsgerät der Aerologie und Flugmeteorologie, besteht aus einem →Pilotballon mit Meßgeräten (für Luftdruck, Temperatur, Feuchte) und einem kleinen Kurzwellensender zum Übermitteln der Meßwerte. Von über 400 Wetterstationen auf der Erde werden täglich je 2 Aufstiege mit R. durchgeführt.

Radiospektrograph, Radioteleskop für die fast gleichzeitige Aufnahme eines breiten Bandes elektromagnet. Wellen (etwa 1,25 bis 7,5 m), bes. für die Sonnenforschung.

Radiosterne, →Pulsare, →Quasare.

Radiotechnik, →Rundfunk.

Radioteleskop, →Radioastronomie.

Rad′ischtschew, Aleksandr Nikolajewitsch, russ. Schriftsteller, * 1749, † (Selbstmord) 1802. „Reise von Petersburg nach Moskau" (1790), gegen den Despotismus.

R′adium, Ra, radioaktives, weißglänzendes, unedles, metallisches Element, Ordnungszahl 88, Atomgewicht 226,05, spezif. Gewicht 6, Schmelzpunkt etwa 700° C, Siedepunkt etwa 1140° C, Massenzahl 226. Isotope des R. sind Actinium X und Thorium X. Beim Zerfall bildet das R. Emanation. Vorkommen in Uranmineralien, in vielen Gewässern; Gewinnung durch Erzaufschluß und verwickelte chem. Umsetzungen. **Radiumpräparate** dienen zur Diagnostik z. B. bei Stoffwechsel- und Geschwulsterkrankungen sowie zur **Radiumbehandlung** bei Krebs-, Haut- und Drüsenerkrankungen durch Bestrahlung, Einspritzung, Einatmen oder Einpflanzung. Wegen ihres Gehaltes an R.-Salzen und R.-Emanation dienen radioaktive →Heilquellen zu Bade- und Trinkkuren und radioaktiver Schlamm zu Packungen, z. B. bei Gelenkkrankheiten.

R′adius [lat.] *der,* -/...dien, **1)** △ Halbmesser. **2) Speiche,** ein Unterarmknochen.

R′adix [lat.] *die,* -/...dices, Wurzel.

radiz′ieren, △ die Wurzel ziehen.

Radnorshire [r′ædnəʃiə], Gfsch. in Wales, 1219 km², 18 200 Ew.

Radolfz′ell, Stadt und Kneippkurort in Bad.-Württ., 15 500 Ew., am Bodensee, am NW-Ende des Zeller Sees; Vogelwarte; Fremdenverkehr; Textil-, Apparate-, Metallwaren- u. a. Fabriken.

Radom, Radar-Kuppel, eine Kunststoff-Schutzkuppel für Radargeräte und Antennen bei Flugzeugen zusätzlich als aerodynam. Verkleidung **(Radarbug, Radarnase).**

R′adom, Stadt in der Woiwodschaft Kielce, Polen, 154 500 Ew.; Technikum, Leder-, Metall-, Tabak- u. a. Industrie. Rohrleitung zu den Erdgasfeldern von Jasło-Krosno.

Radon, Rn, radioaktives gasförmiges chem. Element der Ordnungszahl 86 mit den Massenzahlen 222 (Radon, Rn), 220 (Thoron, Tn), 219 (Actinon, An). Sein früherer Name war →Emanation.

R′adowitz, Joseph Maria von, preuß. General, * 1797, † 1853, einer der Führer der Rechten in der Frankfurter Nationalversammlung, erstrebte als Außenmin. 1849/50 einen kleindeutschen Bundesstaat unter preuß. Führung.

Radpolo, Ballspiel für Zweier-Damenmannschaften vom Fahrrad aus: mit dem Schläger, einem kleinen Holzhammer am 70 bis 100 cm langen Stiel, sucht die Spielerin den Ball ins gegner. Tor zu treiben.

Radrennbahn, eine 200-500 m lange Zementbahn, im Oval angelegt mit 2 stark überhöhten Kurven und 2 nach dem Innenraum leicht geneigten Geraden (in Hallen meist aus Holz, Länge 150-250 m).

Radscha, Raja [altind. „König'], eingeborener Fürst in Indien und dem Malaiischen Archipel; **Maharadscha,** Fürst über mehrere R.

Radschamandri, Rajamundry, Stadt in Andhra Pradesh, Indien, 130 000 Ew.;

Umschlagplatz für Reis, Tabak, Ölfrüchte, Zuckerrohr; Ind. im Aufbau.

Radschasthan, Rajasthan, Staat in Indien, 342 273 km², 24,159 Mill. Ew.; Hauptstadt: Dschaipur. Im wüstenhaften NW Viehzucht, im SO Anbau von Hülsenfrüchten, Getreide, Baumwolle; Düngemittel-, Textilind. Wichtige Bodenschätze: Salz, Gips, Marmor, Braunkohle, Glimmer, Blei, Eisen, Mangan.

Radschasthani, die Sprache von →Radschasthan. Erst seit dem 15. Jahrh. begann sich das R. aus dem Alt-Gudscharati/ Radschasthani (→Gudscharati) zu entwickeln und steht heute dem Hindi nahe. Hauptdialekte: Dschaipuri, Marwari, Mewati, Malwi.

Radschkot, Rajkot, Stadt im Staat Gudscharat, Indien, 194 000 Ew., Öl- und Getreidemühlen, Textilindustrie.

Radschloß, Gewehrschloß (16./17. Jahrh.), bei dem ein Stahlrädchen an einem Stück Schwefelkies Funken erzeugte.

Radschp′uten, Rajputs, Stammeskaste in Nordindien, rd. 10 Mill. Menschen, meist Grundbesitzer und Ackerbauern.

Radsport, Radfahren als Sport für Amateure und Berufsfahrer. Auf der Radrennbahn werden veranstaltet: **Fliegerrennen,** bes. über die 1000-m-Strecke, und **Steherrennen** über Langstrecken (10 km bis 100 km) hinter Schrittmachern. Weiteres →Tandem, →Mannschaftsfahren, →Verfolgungsrennen, →Sechstagerennen, →Zeitfahren. **Straßenrennen** großen Stils sind die →Etappenrennen. Kraft und Geschicklichkeit erfordert das Querfeldeinfahren auf schwierigen Wegen, turnerische Gewandtheit der →Saalradsport.

In der Bundesrep. Dtl. ist Dachorganisation für den R. der Bund Deutscher Radfahrer, in der Dt. Dem. Rep. der Dt. R.-Verband. Beide gehören der Union Cycliste Internationale, Sitz Paris, an.

Radstadt, Stadt im österreich. Bundesland Salzburg an der oberen Enns, 862 m ü. M., 3600 Ew. Paßstraße über die Radstädter Tauern nach Kärnten.

Radstädter Tauern, 1) westliche Gruppe der Niederen Tauern. **2)** Paß in den Niederen Tauern, 1738 m hoch.

Radstand, beim Kraftfahrzeug der Abstand zwischen den Radmitten der Vorder- und Hinterräder, bei Schienenfahrzeugen der →Achsstand.

Radsturz, der →Achssturz.

R′adula [lat.] *die,* die Reibzunge der Schnecken und Kopffüßer.

Radweg, ein bes. gekennzeichneter Weg nur für Radfahrer, die zu seiner Benutzung verpflichtet sind.

R′adziwill, litauisch-poln. Magnatengeschlecht; besteht im Exil und in Polen weiter.

Raeburn [r′eibə:n], Sir (1821) Henry, * 1756, † 1823, schottischer Bildnismaler.

RAF, Abk. für →Royal Air Force.

Raff, Joseph Joachim, Komponist, * 1822, † 1882, schrieb in klassizist. Stil Orchesterwerke, Kammermusik, Chorwerke u. a.

R′affael, eigentlich Raffaello (Raphael) **Santi** (Sanzio), italien. Maler und Bau-

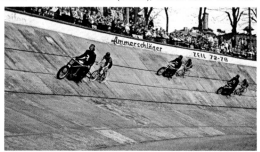

Radsport: links Straßenrennen; rechts Steherrennen

Raffael: Madonna Colonna; um 1507 (Berlin, Staatl. Museen)

meister, * Urbino 1483, † Rom 1520, Sohn des Malers Giovanni Santi († 1494), Schüler Peruginos, ging 1504 nach Florenz und 1508 nach Rom, wo er seit 1515 Baumeister von St. Peter und Konservator der antiken Denkmäler war. - Seine von Perugino ausgehende Kunst fand unter dem Einfluß von Leonardo, Fra Bartolomeo und Michelangelo ihren eigenen, durch die Anschauung der Antike geläuterten Stil, der das von der Hochrenaissance erstrebte Ideal harmonisch klarer und edler Form am vollkommensten verwirklichte. Die schlichte Größe seiner auf aufs letzte durchdachten Werke wurde zum Inbegriff klass. Vollendung. Seine Madonnenbilder machten ihn zugleich zu einem der volkstümlichsten Maler. - Aus der Frühzeit stammen meist kleine Bilder und die Vermählung Mariä (1504, Mailand), aus den Florentiner Jahren die Grablegung Christi (Rom, Galleria Borghese), die Madonna im Grünen (Wien), die Madonna mit dem Stieglitz (Florenz). Die größten Aufgaben bot ihm Rom, wo er vom Papst den Auftrag erhielt, die Stanzen des Vatikans auszumalen (Fresken der Stanza della Segnatura, 1508-11: Disputa, Schule von Athen, Parnaß u. a.; der Stanza di Eliodoro, 1511-14: Vertreibung des Heliodor aus dem Tempel, Messe von Bolsena, Befreiung Petri u. a.; der Stanza dell' Incendio, 1514-17, größtenteils von Schülern ausgeführt). Für die Sixtinische Kapelle schuf er die Bildteppiche, für die Chigi-Kapelle von S. Maria del Popolo die Mosaiken Gottvaters im Gestirnkreis, für die Villa Farnesina die Amor- und Psyche-Fresken. Zu den bekanntesten der in Rom entstandenen Tafelbilder gehören die Sixtin. Madonna (Dresden), die Madonna della Sedia (Florenz), die Bildnisse Julius II. (ebd.), Leos X. mit zwei Kardinälen (ebd.) und der Donna Velata (ebd.). Sein letztes großes Altarbild, die Verklärung Christi (Vatikan) wurde von Schülern vollendet, denen er in späteren Jahren die Ausführung vieler Werke überließ (Loggien des Vatikans). (Bild Renaissance)

Raffin'ade [frz.], →Zucker.

raffin'ieren, bes. in der chem. Technik Naturstoffe und techn. Produkte (Erdöl, Fette, Metalle, Zucker) reinigen und veredeln. Größere Raffinieranlagen heißen **Raffinerien.**

Raffl'esia die, **Riesenblume,** hinterindisch-indones. Schmarotzerblumengewächs mit Blüten bis 0,50 m ⌀.

Rag'az, Bad R., Gem. im Kt. St. Gallen, Schweiz, 3700 Ew., Heilanstalten benutzen die von Pfäfers hergeleitete mäßig radioaktive Therme.

Rag'az, Leonhard, evang. Theologe, * 1868, † 1945, bedeutender Vertreter des relig. Sozialismus in der Schweiz.

Rage [r'a:ʒə, frz.] die, Wut; Übereifer; Raserei.

Raglan [engl. r'æglən] der, Schnittform von Ärmeln mit angeschnittenem Schulterteil, bes. an Sportmänteln.

Ragnarök [‚Götterverhängnis'] Mz., nord. Mythologie: der Kampf der Götter mit den feindl. Mächten (Fenriswolf, Midgardschlange), ihr Untergang und die Vernichtung der Erde; die Mythe findet sich vor allem in der →Völuspá.

R'agnit, poln. **Njeman,** Stadt in Ostpreußen, an der Memel, (1939) 10 100 Ew.; Flußhafen, Holzind.; Burg des Dt. Ordens (1397 bis 1409). Seit 1945 unter sowjet. Verw.

Ragout [rag'u, frz.] das, Mischgericht aus Fleisch, auch Fisch, Pilzen, Gurken u. a., in gewürzter Soße. **R. fin** [fɛ̃], Würfelchen von Kalbfleisch, Geflügel oder Hirn in feiner weißer Soße, überbacken.

Ragtime [r'ægtaim, engl.] der, seit etwa 1870 in den USA verbreitete Frühform des Jazz für Klavier.

Rag'usa, 1) Prov. im SO Siziliens, Italien, 1614 km², 261 100 Ew. **2)** Hauptstadt von 1) mit 60 600 Ew., in der Nähe Erdöllagerstätten. **3)** ital. Name von →Dubrovnik.

R'agwurz, verschiedene Orchideen; i. e. S.: **Insektenorche** mit ährig stehenden, insekten- oder spinnenähnlichen Blüten und je zwei kugeligen Knollen.

Rah(e), Raa, eine Querstange am Mast zum Anbringen des trapezförmigen **Rahsegels,** auf Nicht-Segelschiffen für Antennen oder die Leinen zum Setzen der Flaggensignale.

R'ahel, R'achel, in der Bibel Tochter Labans, Frau Jakobs.

Rahm, Milchfett, Ausgangsstoff für Butter und Käse, wird durch Aufrahmenlassen oder Zentrifugieren gewonnen.

Rähm, waagerechte Hölzer zur Längsaussteifung der Dachtragwerks.

Rahm'an, Scheich, →Mujibur Rahman.

Rahmenerzählung, Umschließung einer oder mehrerer Erzählungen durch eine andere, z. B. Gottfried Kellers ‚Das Sinngedicht'.

Rahmengesetz, ⚖ ein Gesetz mit allgemeinen Richtlinien (auch **Mantelgesetz**); die Regelung im einzelnen erfolgt durch Ausführungsgesetze.

Rahmenheer, in Staaten mit allgem. Wehrpflicht das stehende ‚Friedensheer, das erst bei einer Mobilmachung durch Reservisten auf volle Stärke gebracht wird.

Rahmenplan, Kurzbezeichnung eines Schulreformplanes, den der Dt. Ausschuß für das Erziehungs- und Bildungswesen 1959 veröffentlichte: 4jährige Grundschule, 2jährige Förderstufe, als weiterführende Schulen 3-4jährige Hauptschule, 4-5jährige Realschule, 7jähriges Gymnasium und 9jährige (auf der Grundschule aufbauende) Studienschule. Der R. wurde abgelöst durch den Strukturplan für das Bildungswesen (1970).

Rahmentarif, ⚒ der →Manteltarif.

R'ahner, Karl, Jesuit, * 1904, Prof. in München, gehört als Dogmatiker und Religionsphilosoph zu den Führern der kath. Erneuerung.

RAI, Abk. für **R**adiotelevisione **I**taliana, italien. Rundfunkgesellschaft.

Raiat'ea, eine der französ. Gesellschaftsinseln, 194 km² groß, 6000 Ew.

Raid [reid, schott.] der, Streifzug, bewaffneter Einfall.

R'aife die, **'Afterraife,** Organe der Insekten.

Raiffeisen, Friedrich Wilhelm, * 1818, † 1888, Bürgermeister im Rheinland, gründete die ländlichen genossenschaftl. Spar- und Darlehnskassen (**R.-Kassen, R.-Vereine**). Die **Raiffeisen-Versicherungsgruppe** (Wiesbaden) betreibt Sach-, Lebens- u. a. Versicherung.

Raigras, →Raygras.

Raim'ondi, Marcantonio, italien. Kupferstecher, * um 1480, † um 1534, lernte von der Graphik Dürers, stach Zeichnungen Raffaels.

Raimund, Ferdinand, eigentl. **Raimann**, * 1790, † 1836, österreich. Dramatiker und Schauspieler. In seinen Zauberpossen und heiter-wehmütigen Märchenstücken erreichte das Wiener Volksstück seinen Höhepunkt. ‚Das Mädchen aus der Feenwelt oder der Bauer als Millionär' (1826), ‚Der Alpenkönig und der Menschenfeind' (1828), ‚Der Verschwender' (1834).

Rain der, grasbewachsene Ackergrenze zwischen zwei Feldern; Rand.

Rainald von Dassel, Erzbischof von Köln (1159-67), * um 1120, † 1167, seit 1156 Kanzler Friedrich Barbarossas.

Rainalter, Erwin Herbert, österr. Schriftsteller, * Istanbul 1892, † 1960; ‚Der Sandwirt' (1935), ‚Hellbrunn' (1958).

Rainfarn, ein Chrysanthemum mit gelben, knopfförmigen Blütenkörbchen ohne Strahlenblüten; Volksarznei.

Rainier III. [rɛnj'e], Fürst von Monaco (seit 1949), * 1923, ⚭ 1956 mit Gracia Patricia (Grace →Kelly).

Rainkohl, Korbblütlerstaude mit Rispen gelber, nur zungenblütiger Köpfchen, herzbis eiförmigen Blättern und Milchsaft; in Laubwald und auf Äckern.

Rainweide, ⚘ der Liguster.

Raison [rɛz'ɔ̃, frz.] die, →Räson.

Raisting, Gem. in Oberbayern, südlich des Ammersees, 1300 Ew. Die von der Bundespost bei R. errichtete Erdefunkstelle (Satelliten-Relaisstation) wurde 1964 in Betrieb genommen.

Rajk [rɔjk], László, ungar. Politiker (Kommunist), * 1909, † (hingerichtet) 1949, 1946 bis 1948 Innen-Min., 1949 Außen-Min., wurde im gleichen Jahr in einem aufsehenerregenden Schauprozeß (Rajk-Prozeß) zum Tode verurteilt. 1956 wurde er rehabilitiert.

Rakel, messerartiges Stahlband, das beim Tiefdruck die Druckfarbe vom Druckzylinder abstreift (abrakelt); im Textildruck ein entsprechendes Farbabstreifmesser, im Siebdruck zum Durchstreichen der Farbe, an Appreturmaschinen zum Abstreichen des überschüssigen Appreturmittels.

Raken, ältere Schreibung für →Racken.

Rak'ete, ein durch →Rückstoß angetriebener Flugkörper, im einfachsten Falle ein vorn geschlossener, hinten offener länglicher Behälter, als Mittel für die Erzeugung eines Antriebsstrahles (Energie und Masse) mit sich führt. Die R. ist deshalb nicht, wie die luftatmenden Strahltriebwerke, an die umgebende Lufthülle als Sauerstofflieferant gebunden und so das einzige Antriebsprinzip für die →Raumfahrt. Wegen seiner hohen Energiedichte wird der chem. R.-Antrieb auch für militär. Flugkörper verwendet (→Raketenwaffen).

Eine R. besteht im allg. aus einem Behälter- und Versorgungssystem, das den Treibstoff, die Bordgeräte und die Energieversorgungszellen birgt, aus dem **R.-Triebwerk** mit Brennkammer, Düse und Treibstoff-Fördereinrichtung und aus der im R.-Kopf untergebrachten Nutzlast (Satellit, Raumkapsel, wissenschaftliche Geräte, Sprengladung). Die freigesetzte und im

Ferdinand Raimund   F. W. Raiffeisen

995

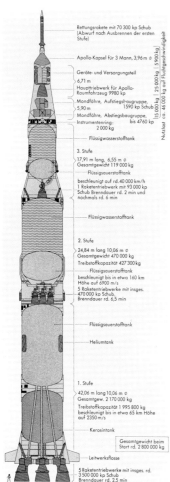

Rettungsrakete mit 70 300 kp Schub
(Abwurf nach Ausbrennen der ersten Stufe)

Apollo-Kapsel für 3 Mann, 3,96 m ⌀

Geräte- und Versorgungsteil
6,71 m
Haupttriebwerk für Apollo-
Raumfahrzeug 9980 kg
Mondfähre, Aufstiegsbaugruppe,
5,90 m   1590 kg Schub
Mondfähre, Abstiegsbaugruppe,   bis 4760 kg
Instrumentenring:
2 000 kg

Flüssigwasserstofftank

3. Stufe

17,91 m lang, 6,55 m ⌀
Gesamtgewicht 119 000 kg

Flüssigsauerstofftank

beschleunigt auf rd. 40 000 km/h
1 Raketentriebwerk mit 93 000 kg
Schub Brenndauer 2. min und
nochmals rd. 6 min

Flüssigwasserstofftank

2. Stufe

24,84 m lang 10,06 m ⌀
Gesamtgewicht 470 000 kg
Treibstoffgewicht 427 300 kg

Flüssigsauerstofftank

beschleunigt bis in etwa 160 km
Höhe auf 6900 m/s
5 Raketentriebwerke mit insges.
470 000 kg Schub
Brenndauer 6,5 min

Flüssigsauerstofftank

Heliumtank

1. Stufe

42,06 m lang 10,06 m ⌀
Gesamtgew. 2 170 000 kg
Treibstoffkapazität 1 995 800 kg
beschleunigt bis in etwa 65 km Höhe
auf 2350 m/s

Kerosintank

Gesamtgewicht beim
Start rd. 2 800 000 kg

Leitwerksflosse

5 Raketentriebwerke mit insges. rd.
3 500 000 kg Schub
Brenndauer rd. 2,5 min

(Nutzlast ca. 46 000 kg auf Fluchtgeschwindigkeit / 15 000 kg 25 000 kg 5900 kg)

*Rakete: Trägerrakete ‚Saturn 5' für das
Apollo-Mondlandeprogramm. Höhe etwa
111 m, Startgewicht etwa 2800 t*

Triebwerk beschleunigte Strahlmasse tritt
durch die Schubdüse als gerichteter Strahl
mit großem Impuls aus; die R. erhält dadurch einen gleichgroßen, entgegengesetzt
gerichteten Impuls (Schub), der sie vor-
wärtstreibt.

Die R.-Bahn umfaßt während der Wir-
kungszeit des Antriebs die Antriebsbahn
und nach Beendigung der Triebstoffwir-
kung im Brennschlußpunkt die Freiflugbahn. Zur Erreichung größter Weiten und
Höhen baut man **Mehrstufen-R.**, die aus
mehreren (meist 2-4) hintereinandergе-
schalteten Teilen (Stufen) mit jeweils einem Antrieb bestehen. Nach Verbrauch
ihres Treibstoffs wird die jeweilige Stufe
abgetrennt und die nächste gezündet; der
verbleibende Restflugkörper fliegt so, um
die Leermasse der abgetrennten Stufe erleichtert, weiter.

Am verbreitetsten sind die **chem. R.**, zu
denen die Feststoff- und Flüssigkeits-R.
gehören. **Feststoff-R.** haben einen kon-
struktiv einfachen Aufbau; der feste Treib-
satz enthält die chemisch gebundenen
Energieträger. Gemische aus im wesentl.
Nitrocellulose und Nitroglycerin heißen
Doppelbasistreibstoffe. Gemenge aus Ammoniumnitrat oder Ammoniumperchlorat
mit Kunstkautschuk, Polyestern, Polyurethan u. a. heißen Compositetreibstoffe.

Leichtmetallpulver wird zur Energiean-
reicherung häufig beigemischt. Die Aus-
strömgeschwindigkeit des Gasstrahls beträgt 2500-3000 m/s, die Abbrandge-
schwindigkeit des Treibstoffes zwischen 3
mm/s und 30 cm/s. Der Schubverlauf wird
durch die Formgebung des Treibsatzes
festgelegt. Triebwerke können bis zu
500 000 kp Schub gebaut werden.

Flüssigkeits-R. haben getrennte Behälter
für beide Treibstoffkomponenten und
hiervon getrennte Brennkammer, in die sie
durch Druckgas oder Pumpen gefördert
werden. Mit Kombinationen von Flüssig-
wasserstoff/Flüssigsauerstoff und Flüssig-
wasserstoff/Flüssigfluor lassen sich Ausströmgeschwindigkeiten bis zu 4600 m/s
bei einem spezif. Verbrauch von etwa
2,2 g/s/kg erzielen. Die bei den hohen Ver-
brennungstemperaturen (bis zu 4000° C)
auftretenden Kühlprobleme werden meist
durch Zwangsumlauf- und Schleierküh-
lung gelöst. - **Hybrid-R.** sind eine Kombination von Feststoff- und Flüssigkeits-R.
(flüssiger Oxydator im Tank, fester Brennstoff in der Brennkammer.)

Elektrische R.-Triebwerke benutzen die
von einer Sonnenbatterie, Isotopenbatte-
rie oder einem kleinen Kernreaktor erzeugte elektr. Energie zur Beschleunigung
der Masseteilchen eines Arbeitsmediums.
Hohe Ausströmgeschwindigkeiten, aber
geringer Massendurchsatz machen die
elektr. R.-Antriebe für den schwerelosen
Raum und für Lagesteuerung, nicht aber
für Träger-R. geeignet. Man unterscheidet
elektrostat. oder Ionentriebwerke, elektro-
therm. oder Lichtbogentriebwerke, elektromagnet. oder magnetohydrodynam.
oder MHD-Triebwerke. Davon ist der Io-
nenantrieb am weitesten entwickelt (Bild
Ionenbetrieb); die beiden anderen Systeme, in denen ein Hochtemperatur-
plasma erzeugt und beschleunigt wird,
heißen auch Plasmatriebwerke.

Kernenergie-R. (,Atom-R.') sollen die
Energie der Kernspaltung, später möglicherweise der Kernfusion zum Vortrieb
ausnutzen. In der Entwicklung befinden
sich Triebwerke, in denen ein Massenträ-
ger (Wasser, Wasserstoff, Ammoniak)
durch Kernenergie aufgeheizt wird und als
Gasstrahl mit hoher Geschwindigkeit (um
8000 m/s) austritt (Stützmassentriebwerk).
Ein unmittelbarer Ausstoß von bei Kernreaktionen frei werdenden Teilchen liegt
noch außerhalb der techn. Möglichkeiten.

Photonen-R., →Photonenantrieb.

Kleine Feststoff-R. werden als **Feuer-
werks-, Signal-** und **Leucht-R.** verwendet.
Kleinere Feststoff-R. dienen als **Seenot-
rettungs-R.** (→Raketenapparat), größere als
Starthilfe-R. für Flugzeuge oder als Haupttriebwerk von →Raketenflugzeugen oder
→Raketenschlitten für die Forschung. **Forschungs-R.** sind Feststoff- oder Flüssigkeits-R., die als Höhenforschungs-R. meteorolog. und geophysikal. Zwecken dienen. Die **Träger-R.** der Raumfahrt sind
meist Flüssigkeits-R., in Grundstufen seltener, in Oberstufen häufiger Feststoff-R.
Die kleinen R.-Triebwerke zur Bahnände-
rung und Lagesteuerung von Flugkörpern
sind Flüssigkeits- und Katalyse-R. Für Raketenwaffen werden sowohl Feststoff- als
auch Flüssigkeits-R. verwendet.

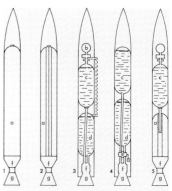

*Raketen mit chemischen Triebwerken
(Schema): 1 und 2 Feststoffraketen; 1 Stirn-
brenner, 2 Innenbrenner; 3 und 4 Flüssig-
keitsraketen (Zweistoffsystem); 3 mit
Druckgasförderung, 4 mit Turbopumpen-
förderung; 5 Hybridrakete. a fester Treibstoff, b Druckgasbehälter, c flüssiger Treibstoff, d flüssiger Oxydator, e Turbopumpe,
f Brennkammer, g Schubdüse*

Geschichte. Von China kam die R. über
Mongolen und Araber im 13. Jahrh. nach
Europa, wo sie vereinzelt als Waffe eingesetzt wurde. Die wichtigsten R.-Forscher
im 20. Jahrh. sind K. E. Ziolkowski, R. H.
Goddard, H. Oberth, W. v. Braun. Im
2. Weltkrieg spielten Infanterie-R. (Panzerfaust u. a.), Artillerie-R. (R.-Werfer, Salvengeschütze) und die Fern-R. A 4 (V 2)
eine Rolle. Seit 1945 wurden bes. in den
Verein. Staaten und der Sowjetunion For-
schungs- und Träger-R. und Interkontinen-
tal-R. mit Atomgefechtsköpfen für den
strateg. Luftkrieg entwickelt.

Raketenapparat, Gerät zur Rettung
Schiffbrüchiger von gestrandeten Schif-
fen. Von Land wird mit einer Rakete eine
Leine zum Schiff geschossen, mit der ein
Tau zum Schiff gezogen wird. In einer auf
dem Tau gleitenden Hosenboje werden die
Schiffbrüchigen an Land gezogen.

Raketenflugzeug, ein Flugzeug, dessen
Hauptantrieb von einem Raketentriebwerk geliefert wird. Das erste R. (He 176)
flog 1939, ein amerikan. R. durchbrach 1947
erstmals die Schallmauer, das amerikan.
R. X-15 erreichte 7250 km/h.

Raketenschlitten, ein durch Raketen
angetriebener, mit Überschallgeschwindigkeit auf Schienen gleitender Schlitten
zur Untersuchung von Menschen bei hoher Beschleunigung, zur Erprobung von
Schleudersitzen u. a.

Raketentreibstoffe, hochenergetische
Stoffsysteme für den Antrieb von →Rake-
ten. Je nach Zusammensetzung und Energiezufuhr unterscheidet man Aropergol,
Monergol, Katergol, Lithergol, Hypergol.
Flüssige Brennstoffe sind Alkohole, Hy-
drazin, Ammoniak, flüssiger Wasserstoff,
flüssige Oxydatoren sind Salpetersäure,
Distickstofftetroxid, flüssiger Sauerstoff,
flüssiger Fluor.

Raketentriebwerke, →Rakete.

Raketenwaffen, Kampfraketen, amtlich
Flugkörper, Flugkörper mit Raketenantrieb und Sprengkopf, einschließlich der
Abschußvorrichtung. Es gibt ungelenkte
und mit Kommandolenkung und mit Ziel-
sucheinrichtung versehene R. Abschußvorrichtungen: Rohre, Schienen, Tische,
Gerüste auf der Erde, auf (Panzer-)Fahr-
zeugen, Flugzeugen, Schiffen usw., für
schwere R. auch unterirdische **Raketenba-
sen.** In den NATO-Staaten gebräuchl. Einteilung: Infanterie-R. (Panzerfaust,
Panzerabwehrlenkrakete u. a. Zu den Artillerie-R. gehören Raketenwerfer, oft in
Mehrfachanordnung der Abschußvorrichtung (Salvengeschütze, im 2. Weltkrieg

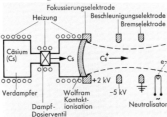

Fokussierungselektrode

Heizung

Beschleunigungselektrode
Bremselektrode

Cäsium
(Cs)   Cs   Cs⁺   e⁻

+2 kV   -5 kV

Verdampfer   Wolfram
Kontakt-   Neutralisator
Dampf-   ionisation
Dosierventil

*Rakete: Schema eines Kontaktionen-
Triebwerkes*

z. B. Nebelwerfer, Stalinorgel). Kaliber über 200 mm können mit Atomsprengköpfen versehen werden. R. für größere Reichweiten sind Mittelstreckenraketen (engl. Intermediate Range Ballistic Missile, IRBM) und Interkontinentale Raketen (engl. Intercontinental Ballistic Missile, ICBM), letztere mit Reichweiten von 8000 bis 12 000 km. Nach dem militär. Zweck werden unterschieden: Boden-Boden-R., Boden-Luft-R., Luft-Luft-R., Luft-Boden-R., Luft-Unterwasser-R., Unterwasser-Boden-R., Unterwasser-Luft-R., Unterwasser-Unterwasser-R.

R'aki, R'ake [türk.] der, Branntwein aus Rosinen, mit Anissamen destilliert.

Rákóczi [r'a:ko:tsi], ungar. Adelsgeschlecht, ausgestorben 1756; protestant. Fürsten von Siebenbürgen: Georg I. (1630 bis 1648), sein Sohn Georg II. (1648-60), Franz II. (* 1676, † 1735), 1703-1711 Führer eines Aufstands gegen die Habsburger. - **R.-Marsch** [nach Franz II. R.], ungar. Nationalmarsch.

Rákosi [r'a:koʃi], Mátyás, ungar. Politiker (Kommunist), * 1892, † 1971, war 1919 Volkskommissar der ungar. Räterep., bekam 1945 in höchsten Partei- und Staatsämtern (1952/53 MinPräs.), aus denen er 1956 als Stalinist entlassen wurde.

Raleigh [r'ɔ:li], Hauptstadt des Staates North Carolina, USA, 121 600 Ew., Staatsuniversität; Baumwoll-, Tabakhandel; Baumwoll-, Elektroindustrie.

Raleigh [r'ɔ:li], Sir (1584) Walter, * um 1552, † 1618, Günstling Elisabeths I., engl. Freibeuter gegen Spanien, vorübergehend in Virginia, schrieb Gedichte, eine Weltgeschichte, politisch-volkswirtschaftl. Abhandlungen; von Jakob I. hingerichtet.

Rallen, Vogelfam., sperlings- bis hühnergroß, z. T. kaum flugfähig. Zu den R. gehören: **Wasser-R.,** oben dunkelbraun, unten grau, seitlich schwarzweiß gebändert, in Ufergebüsch; ferner Bleßralle, Sumpfhuhn, Teichhuhn, Wachtelkönig.

rallent'ando [ital.], ♪ langsamer werdend.

Rallye [ral'i, frz.], engl. **Rally** [r'æli] die, früher **Sternfahrt,** →Automobilsport.

Ramad'ān [arab.], der 9. Monat des muslim. Mondjahres. Im R. wird tagsüber gefastet; nachts werden Feste gefeiert oder relig. Übungen veranstaltet.

Ramadier [ramadj'e], Paul, französ. Politiker (Sozialist), * 1888, † 1961, war 1928-40 und 1945-58 Abg., zwischen 1936 und 1957 wiederholt Min., 1947 MinPräs.

Ram'ajana das, das zweite Nationalepos der Inder, ein Kunstepos, das einem Dichter Walmiki zugeschrieben wird (4./3. Jahrh. v. Chr.); später beträchtlich erweitert.

Ramakrischna, ind. Mystiker, * 1836, † 1886, Gründer einer vom Wedanta ausgehenden Lehre, in der alle Religionen gleichberechtigte zum Göttlichen führende Wege sieht.

R'aman, Chandrasekhara Ventaka, ind. Physiker, * 1888, † 1970, Prof., erhielt für die Entdeckung des **R.-Effekts** 1930 den Nobelpreis für Physik.

R'aman-Effekt, die Erscheinung, daß an Materie gestreutes Licht infolge der Schwingungen und Rotationen der streuenden Moleküle veränderte Frequenzen aufweist. Bes. im Bereich der langen Wellen zur Untersuchung der Molekülspektren verwendet.

R'amat Gan, Stadt in Israel, bei Tel Aviv, 112 600 Ew., 1930 als Gartenvorstadt von Tel Aviv gegr.; Lebensmittel-, Konserven-, Zigaretten- u. a. Industrie.

Ramberg, Granitmassiv im Unterharz, in der Victorshöhe 582 m hoch.

Rambouillet [rãbuj'e], **1)** Stadt im französ. Dép. Yvelines, südwestl. von Paris; das Schloß ist Sommerresidenz des französ. Staatspräsidenten. **2)** Hôtel de R., Palais der Marquise de R. (1588-1665) in Paris (→Précieuses).

Rameau [ram'o], Jean-Philippe, französ. Komponist, * 1683, † 1764, Hauptmeister

der französ. Oper nach Lully, Schöpfer feingliedriger Klaviermusik; Theoretiker, Schöpfer der modernen Harmonielehre.

Ram'ie, Bastfaser eines ostasiat. Nesselgewächses; für Seilerwaren, Schläuche, Segel, Tischwäsche u. a.

Ram'in, Günther, Organist und Chordirigent, * 1898, † 1956, seit 1939 Thomaskantor in Leipzig; einer der größten Interpreten der Orgelwerke J. S. Bachs.

Ramler, Karl Wilhelm, Dichter, * 1725, † 1798; Oden in antiken Versmaßen.

Ramme, durch die Schwerkraft wirkendes Gerät zum Verdichten des Bodens, Eintreiben von Pflaster, Pfählen, Spundwänden u. ä. in die Erde. Es gibt Hand-R., Explosions-R., Diesel-R., Dampf-R., Schnellschlaghämmer, Vibrations-R.

Rammelsberg, Berg im Oberharz, südl. von Goslar, 636 m hoch; sehr erzreich.

Rammler, bei Hase und Kaninchen das Männchen.

Rammsporn, an Kriegsschiffen des Altertums der spitze, eisenbeschlagene Schiffsschnabel zum Rammen.

Rampe, 1) eine schiefe Ebene, besonders bei Verkehrswegen, die Höhenunterschiede stufenlos überbrückt. **2)** das Montagegestell für Raketen, das etwa 100 m hoch, mit eigenem Kraftwerk, mehreren Aufzügen und Plattformen, als Ganzes fahrbar. **3)** Theater: der vorderste Rand des Bühnenbodens und dessen Lampenreihe.

Ramp'olla, Mariano, Marchese del **Tin-d'aro,** * 1843, † 1913, 1887-1903 Kardinalstaatssekretär Leos XIII., suchte die Wiederherstellung der weltl. Macht des Papsttums durch enge Zusammenarbeit mit Frankreich zu erreichen.

Ramsau die, **1)** Hochfläche auf der S-Seite des Dachsteins, in der Steiermark, 1000 bis 1200 m ü. M. **2)** Seitental der Königssee-Ache in den Berchtesgadener Alpen.

Ramsauer, Carl Wilhelm, Physiker, * 1879, † 1955, Prof., prägte den Begriff des Wirkungsquerschnitts und fand die erste Andeutung der Wellennatur des Elektrons (**R.-Effekt).**

Ramsay [r'æmzi], **1)** Allan, schott. Dichter, * 1686, † 1758, sammelte heimische volkstüml. Poesie, Wegbereiter für R. Burns, schrieb das Hirtenspiel ‚The gentle Shepherd' (1725).
2) Sir William, engl. Chemiker, * 1852, † 1916, entdeckte die Edelgase und die Entstehung von Helium beim Radiumzerfall; Nobelpreis für Chemie 1904.

Ramsch [frz.] der, **1)** Ausschußware, Minderwertiges. **2)** Kartenspiel: ein Spiel beim Skat.

R'amses, ägypt. **Ram'esse,** 11 ägypt. Könige der 19. und 20. Dynastie, vor allem **R. II.** (1290-24 v. Chr.) und **R. III.** (1184-1153 v. Chr.), bes. als Bauherren bedeutend (Luxor, Ramesseum, Abydos, Abu Simbel, Medinet Habu).

Ramsey [r'æmzi], Arthur Michael, anglikan. Theologe, * 1904, wurde 1940 Prof. in Durham, 1952 Bischof ebd. 1956 Erzbischof von York, 1961 von Canterbury, Primas der Anglikan. Kirche. R. ist stark in der ökumen. Bewegung tätig.

Ramsgate [r'æmzgit], Hafenstadt und Seebad in SO-England, 38 900 Ew.; Hovercraft-Dienst (→Luftkissenfahrzeug) nach Calais.

Ramtill [neuind.] der, aus O-Afrika stammender Korbblüter, dessen Früchte **(Nigersaat, Gingellisamen)** Niger- oder Ramtillöl liefern.

Ramuz [ram'y], Charles Ferdinand, französisch-schweizer. Schriftsteller, * 1878, † 1947, schildert bes. das Lebenskampf der Bergbewohner. Romane: ‚Das große Grauen in den Bergen' (1926), ‚Der junge Savoyarde' (1936). Dichtung: ‚Die Geschichte vom Soldaten' (Musik von I. Strawinsky; Auff. 1918).

Ranch [rænt], engl.] die, Viehwirtschaft, Farm in Amerika. **Rancher** [r'æntʃə] der, Viehzüchter. **Rancheria** [rantʃer'ia, span.] die, Pacht-, Viehhof.

Rand [rænd]. Währungseinheit der Rep. Südafrika, 1 R. = 100 Cents.

rändeln, Rillen auf dem Umfang von Stellschrauben, Münzen u. ä. mit einem Stahlrädchen einprägen.

R'anders, Hafen- und Handelsstadt in O-Jütland, Dänemark, 64 000 Ew., Nahrungsmittel-, Metallind., Waggonbau.

Ränderware, eine Wirk- oder Strickware mit Rechtsmaschen auf beiden Seiten.

Rang, 1) Stufe in einer Ordnung; gesellschaftliche Stellung. **2)** ♂ svw. Dienstgrad. **3)** Stockwerk im Zuschauerraum. **4)** ⚖ das Verhältnis eines Rechtsanspruchs zu einem andern an derselben Sache. Für den R. mehrerer Rechte an Grundstücken ist die Aufeinanderfolge der Eintragung in das Grundbuch maßgeblich (§ 879 BGB.).

Rangabzeichen, die Dienstgradabzeichen (Tafel Bd. 1, S. 275).

Ranger [r'eindʒə], **1)** berittener amerikan. Polizist. **2)** amerikan. Raumsondenserie 1961-65 zur Erforschung des Mondes als Vorbereitung des Mondlandeprogramms.

rang'ieren [räʒ-], **1)** ✎ Wagen verschieben. **2)** eine bestimmte Rangstufe einnehmen, gelten.

Rangliste,· 1) ♂ Namensverzeichnis der Offiziere mit Dienstgrad und Dienststellung. **2)** ⚽ Liste, in der die Vertreter bestimmter Sportarten (z. B. Tennis, Boxen) nach ihren Leistungen eingestuft werden.

R'angström, Ture, schwed. Komponist, * 1884, † 1947, Vertreter einer national-romant. Richtung.

Rangun: Pagode

Rang'un, Hauptstadt von Birma, 1,8 Mill. Ew., an einem Mündungsarm des Irawadi, kath. Erzbischofssitz, Universität, Reismühlen, Sägemühlen, Erdölraffinerien. R. hat mit der Shwe-Dagon-Pagode eines der größten Heiligtümer des Buddhismus.

rank, 1) schlank. **2)** ⚓ sich leicht neigend (Schiff mit zu hohem Schwerpunkt).

Rank [ræŋk], Joseph Arthur, engl. Filmproduzent, * 1888, vereinigte in der **J. A. R.-Organisation** mehrere Filmunternehmen.

Ranke, ein fadenförmiges, verzweigtes oder unverzweigtes, reizempfindl. Befestigungsorgan der Kletterpflanzen.

Ranke, 1) Johannes, Anthropologe, * 1836, † 1916, wurde 1886 in München der erste ordentl. Prof. der Anthropologie in Dtl.
2) Leopold von (1865), * 1795, † 1886, Historiker auf der Grundlage strenger Quellenkritik und unbedingter Sachlichkeit. Hauptwerke: ‚Die röm. Päpste im 16. u. 17. Jahrh.' (1834-36), ‚Dt. Gesch. im Zeitalter der Reformation' (1839-47), ‚Preuß. Gesch.' (1847/48/74), ‚Französ. Gesch.' (1852-61), ‚Engl. Gesch.' (1859-68), ‚Weltgeschichte' (1881-88). (Bild S. 998)

Rankenfüßer, im Meer lebende Gruppe

Leopold v. Ranke   Christian D. Rauch

niederer Krebstiere; festsitzend, mit rankenhaft verlängerten Beinen, die Nahrung und Atemwasser herbeischaffen; z. B. **Seepocken** mit kegelförm. Schale, **Entenmuscheln** mit muschelähnl. Schale, **Sackkrebs.**

Rankine|skala [rˈæŋkin-], absolute Temperaturskala, deren Nullpunkt (0° Rank) mit dem absoluten Nullpunkt zusammenfällt und deren Einheit der Fahrenheit-Grad ist. Es gilt: x° Rank = $\frac{5}{9}$ (x − 491,7)° C.

Rankmade, die Raupe der→Bienenmotte.

Rank´üne [frz.] *die,* Groll, heimliche Feindschaft.

Ranshofen, Ortsteil von Braunau am Inn, Oberösterreich; 788 erwähnt; große Aluminiumhütte.

Ran´unkel *die,* ♫ Hahnenfuß.

Ranunkelstrauch, die →Kerria.

Ranz des Vaches [rã(s)dɛvˈaʃ], der Kuhreigen in der Westschweiz.

ranzig, unangenehmer Geruch und Geschmack von Fetten und Ölen infolge Zersetzung durch Sauerstoff, Licht, Wasser, Bakterien, Schimmelpilze.

RAO., Abk. für **1)** Reichsabgabenordnung. **2)** Rechtsanwaltsordnung.

Raoult [raˈul], François Marie, franzöz. Chemiker, * 1830, † 1901, entdeckte Gefrierpunktserniedrigung und Siedepunktserhöhung bei Lösungen und die sich darauf gründende Molekulargewichtsbestimmung gelöster Stoffe.

Rapacki [rapˈatski], Adam, poln. Politiker (Kommunist), * 1909, † 1970, von 1956-68 Außenmin., trat 1957 mit dem Plan einer kernwaffenfreien Zone in Mitteleuropa hervor **(R.-Plan).**

Rap´allo, italien. Hafenstadt und Kurort an der Riviera di Levante, Prov. Genua, 25 900 Ew.

Rapallo-Verträge, 1) Vertrag (1920) zwischen Italien und Jugoslawien über die Bildung des Freistaats Fiume. **2)** Vertrag (1922) zwischen dem Dt. Reich und der Sowjetunion über die Wiederaufnahme diplomatischer und wirtschaftlicher Beziehungen.

R´apha|el, 1) einer der Erzengel, Schutzheiliger der Apotheker und Reisenden; Tag: 29. 9. **2)** italien. Maler, →Raffael.

R´apha|el, Günter, Komponist, * 1903, † 1960, schuf Orchesterwerke, u. a. 5 Sinfonien, Orgelwerke, geistl. Vokalmusik.

R´aphia [madegass.] *die,* afrikan. Palmengattung mit 10-20 m langen Fiederblättern. Die Blatthaut gibt **R.-Bast,** die Blattscheidenfaser Piassave, der Blattstiel einen bambusartigen Werkstoff.

rap´id [lat.], reißend, schnell.

Rap´ier, Rappier [frz.] *das,* **1)** Degen zum Hieb- und Stoßfechten. **2)** ⚔ Schläger.

Rappe [zu: Rabe] *der,* schwarzes Pferd.

Rappen [nach seiner früher dunklen Farbe] *der,* schweizer. Münzeinheit, = $\frac{1}{100}$ Franken.

Rappenau, Bad R., Gem. im Kraichgau, Bad.-Württ., 5400 Ew.; Saline, Solebäder; Textil- und Maschinenindustrie.

Rapp´ort *der,* ⚘ Bericht, Meldung.

Raps *der,* gelbblühender Kreuzblütler, dem Kohl verwandt. Fettfrucht, wird als Hauptölfrucht Mitteleuropas angebaut und liefert Rüböl **(R.-Öl),** R.-Fett aus dem

Samen und **R.-Kuchen** als Futtermittel aus den Rückständen.

Rapsglanzkäfer, metallisch glänzender Käfer, Schädling, bes. an Raps.

R´aptus [lat.] *der,* anfallartiger Erregungszustand (Rappel).

Rapunzel *die,* **1)** das Baldriangewächs **Rapünzchen** oder Feldsalat. **2)** das Glockenblumengewächs Teufelskralle.

rar [lat.], selten. **Rarit´ät** *die,* Seltenheit.

Rarot´onga, bedeutendste Insel der neuseeländ. Cook-Inseln, 66 km² groß.

Rās [arab.] *der,* Haupt, Oberhaupt; Gipfel, Vorgebirge; in Äthiopien Titel für den dritten Fürstenrang.

Rasam´ala *die,* hochstämmiger Baum der Hamamelisgewächse, auf Java; bringt Edelholz und Balsamharz.

ras´ant [frz.], **1)** flachverlaufend (Flugbahn des Geschosses). **2)** außerordentlich schnell. Hptw. **Rasanz** *die.*

Raschelmaschine, eine Kettenwirkmaschine für Trikotagen, Jersey, Tücher, Bänder, Spitzenstoffe, Netze, Plüsch u. a.

Ras D´aschan, der höchste Berg Äthiopiens, im nördl. Hochland, 4620 m hoch.

Rasen|eisen|erz, tonhaltiges Brauneisenerz.

Rasenkraftsport, sportl. Dreikampf für Männer (Hammerwerfen, Gewichtwerfen, Steinstoßen).

Rasenmäher, Geräte zur Rasenpflege, haben entweder um eine waagerechte Achse angeordnete Messertrommel oder Schneidzylinder **(Spindelmäher)** oder um eine senkrechte Achse umlaufende Propellermesser **(Sichelmäher).**

Rasensport, der im allgem. auf dem Rasen, den Sport- und Spielplätzen ausgeübte Sport: Leichtathletik, Rasenspiele u. a.

Ras H´afun, Kap der Somali-Halbinsel, Ostafrika.

Rasierflechte, ⚕ eine →Bartflechte.

R´asin, Stepan, Führer eines Kosaken- und Volksaufstands in Südrußland, * um 1630, † (hingerichtet) 1671; in Lied und Sage verherrlicht.

Rask, Rasmus Kristian, dän. Sprachforscher, * 1787, † 1832, entdeckte die regelmäßige Lautentsprechungen zwischen den indogerman. Sprachen.

Rask´ol [russ. ,Spaltung´] *der,* allgem. eine Spaltung innerhalb von Gruppen und Institutionen; im engeren Sinn die Spaltung der Russ. Kirche des 17. Jahrh. unter Zar Aleksej Michailowitsch und Patriarch Nikon. **Rask´olniki** *Mz.,* die nach den liturg. Reformen Nikons von der russ. Staatskirche abgespaltenen Altgläubigen. Sie erkannten nur die alte Glaubenslehre und die alten Gebräuche an.

Rasmar´ā, Razmara, Ali, iran. General, * 1899, † (ermordet) 1951, unterdrückte als Generalstabschef 1946 die Selbständigkeitsbestrebungen Aserbaidschans, 1950 Ministerpräsident.

R´asmussen, Knud, dän. Polarforscher, * 1879, † 1933, nahm 1902-04 an der Grönlandexpedition von Mylius-Erichsen teil, leitete von 1912-33 sieben Polarexpeditionen.

Räson [rɛzˈõ, frz.] *die,* **1)** Vernunft, Einsicht. **2)** Erkenntnisgrund; Maßregel. **Räsonnement** [rɛːzɔnmˈã] *das,* verständige Beurteilung, Vernunftschluß; Gedankenfolge; Einwendung. **Räsoneur** [-ˈœːr] *der,* Krittler, Schwätzer. Zw. **räson´ieren.**

Raspe, →Heinrich 27).

Raspel, Werkzeug aus gehärtetem Stahl, eine Art grober Feile, zur Bearbeitung von Holz, Horn, Kunststoffen, Leder u. ä.

Rasp´utin, Grigorij Jefimowitsch, russ. Abenteurer, * 1872, † 1916, seit 1907 von großem Einfluß auf die Zarenfamilie; wurde von Angehörigen der Hofgesellschaft ermordet.

Rasse *die,* Zusammenfassung von Lebewesen, die sich durch ihre gemeinsamen Erbanlagen von anderen der gleichen Art unterscheiden. Statt von R. spricht man im biolog. System (Einheit) auch von **Unterart** (Subspezies).

Rasse *die,* eine etwa 100 cm lange asiatische Schleichkatze; liefert, wie die Zibetkatze, das Drüsensekret Zibet.

Rassemblement Démocratique Africain [rasãbləmˈã demokratˈik afrikˈɛ̃, frz.], abgek. **RDA,** dt. **Demokratisch-Afrikanische Sammlungsbewegung,** die stärkste überregionale polit. Organisation in Franzö.-West- und Äquatorialafrika in der Zeit der Entkolonialisierung (1946-60).

Rassemblement du Peuple Français [rasãbləmˈã dypˈœplə frãsˈɛ, frz. ,Sammlung des frz. Volkes´], eine von de Gaulle 1947 gegr. Partei, 1953 als Parlamentsfraktion (nach ihrer Spaltung von 1952) aufgelöst.

Rassenfrage, Sammelbezeichnung für die polit. und gesellschaftl. Probleme, die sich aus dem Zusammenleben von Menschen verschiedener Rasse in einem Staat ergeben können. Die Grenze zwischen ,Rasse´ und ,ethnischer Gruppe´ wird nicht immer scharf gezogen. - Häufig ist die R. eng mit wirtschaftl. und sozialen Spannungen verquickt, wobei Motive und Wirkungen einander wechselseitig beeinflussen (bes. →Apartheid, →Vereinigte Staaten).

Rassengesetze, die vom nationalsozialist. Reichsparteitag in Nürnberg 1935 beschlossenen Gesetze, die zur Diskriminierung und Verfolgung der Juden führten. Das **Reichsbürger-Ges.** nahm ihnen den Status als Bürger, das **Blutschutz-Ges.** verbot den Juden die eheliche und außereheliche Verbindung mit Staatsangehörigen deutschen Blutes.

Rassenkunde, Teilgebiet der biologischen Anthropologie, das sich mit der Beschreibung und Gliederung der Menschenrassen **(Rassensystematik)** beschäftigt, ihre Entstehung und Entwicklung in Raum und Zeit **(Rassengeschichte),** ihre Lebensäußerungen **(Rassenbiologie)** und Krankheitserscheinungen **(Rassenpathologie)** erforscht. Die R. benutzt sowohl anatomische und morpholog. Merkmale (z. B. Maße, Farben u. a.) als auch physiolog. **(Rassenphysiologie),** z. B. Blutgruppen, Stoffwechsel u. a., zur Kennzeichnung.

Rassenpolitik. Im Gegensatz zur wissenschaftl. Rassenkunde beruht die politische Rassenlehre auf subjektiven Wertungen, so die Behauptung, daß der Untergang von Kulturen und Völkern durch Vermischung mit nicht ebenbürtigen Rassen bedingt werde (Gobineau, H. S. Chamberlain). Die Rassenpolitik des Nationalsozialismus richtete sich bes. gegen die Juden (→Antisemitismus, →Rassengesetze). In Nordamerika und Südafrika wirft das Zusammenleben von Weißen mit Farbigen, insbes. mit Negern, zunehmende staatspolitische Probleme auf.

Rastatt, Stadt in Bad.-Württ. im Oberrhein. Tiefland, an der Murg, 29 200 Ew. Akkumulatoren-, Waggon-, Maschinen- u. a. Ind. R. wurde im 18. Jahrh. neu angelegt, war seit 1705 Residenz der Markgrafen von Baden-Baden, seit 1840 Bundesfestung.

Rastatter Friede vom 6. 3. 1714 zwischen Österreich und Frankreich, beendete den Span. Erbfolgekrieg.

Rastatter Kongreß vom 9. 12. 1797 bis 23. 4. 1799, auf Grund des Friedens von →Campoformio einberufen, bewilligte die Abtretung des linken Rheinufers an Frankreich durch das Dt. Reich. Die dt. Fürsten sollten durch Säkularisation entschädigt werden. 28. 4. 1799 Ermordung zweier französ. Gesandter durch österreich. Husaren **(Rastatter Gesandtenmord).**

Rast´ede, Gem. in Ndsachs., 16 900 Ew.; Radiatoren- und Kesselwerk u. a. Ind.; Fremdenverkehr. - Schloß mit engl. Park.

Rast´elli, Enrico, italien. Jongleur, * 1896, † 1931.

Rastenburg, poln. **Ketrzyn,** Stadt in Ostpreußen, 18 400 Ew. (1939: 19 600 Ew.); Landgestüt, Eisen- und Glockengießerei, Mühlenwerke u. a. Ind. Ordensburg (um

1330); Kirche in Backsteingotik. Seit 1945 unter poln. Verwaltung.

Raster [lat.] *der*, Drucktechnik: Glasplatte oder Folie mit Linien, Punkten, Flächen, wird bei der Herstellung von Druckformen vor das photograph. Material geschaltet, um die Tonwerte von Halbtonvorlagen in druckfähige Elemente zu zerlegen (**Rasterätzung**, →Autotypie).

Rasterfrequenz, Teilbildfrequenz, Vertikalfrequenz, beim Fernsehen die Anzahl der je Sekunde abgetasteten Teilbilder; sie ist mit zwei Teilbildern je vollständigem Bild doppelt so groß wie die Bildfrequenz, in Europa 50 Hz.

Rasthäuser, Gaststättenbetriebe, bes. an den Autobahnen, z. T. mit Übernachtungsmöglichkeit.

Rastral [lat.] *das*, Gerät mit 5 Zinken zum Ziehen von Notenlinien.

Rastrelli, Bartolomeo Francesco Graf, italienisch-russ. Architekt, * um 1700, † 1776, entwickelte eine russ. Sonderform des Spätbarock (Schloß Peterhof; Großes Palais in Zarskoje Selo [heute Puschkin]; Winterpalais, Leningrad).

Rasur [lat.] *die*, 1) ausradierte Stelle. 2) das Rasieren.

Raszien, Landschaft in Jugoslawien, Kerngebiet des mittelalterl. serb. Reiches mit dem Zentrum Novi Pazar.

Rat, 1) seit dem 11. Jahrh. kollegiale Behörde an der Spitze einer Stadt, tagend im Rathaus, bis ins 14. Jahrh. ohne Bürgermeister. 2) eine kollegiale Behörde oder ein parlamentar. Gremium (z. B. Bundes-, National-R.). 3) Amtsbezeichnung für Beamte höheren Ranges (z. B. Regierungs-, Ministerial-R.). 4) das leitende Organ der Evang. Kirche in Dtl.

Ratak-Inseln, östliche Gruppe der Marshallinseln.

Ratam *der*, ein blattloser, weißblütiger Ginster N-Afrikas und SW-Asiens.

Ratatoskr [altnord. ,Nagezahn'] *der*, nord. Mythologie: Eichhörnchen, das an der Weltesche Yggdrasil auf und ab klettert und die feindl. Worte zwischen dem Adler im Wipfel und dem an der Wurzel nagenden Drachen Nidhögg übermittelt.

Rat der Republik, 1946-58 die zweite Kammer des französ. Parlaments, seit 1958 der Senat.

Rat der Volkskommissare, in der Sowjetunion 1917-46 der →Ministerrat.

Rat des Deutschen Handels, 1961 in Köln gegr. als Dachverband zur Vertretung des westdt. Handels (Einzel-, Groß-, Versandhandel, Genossenschaften).

Rate *die*, 1) Beitrag oder Anteil. 2) Teilzahlung.

Ratekau, Großgem. in Schlesw.-Holst., 11 600 Ew., besteht aus 14 Ortschaften, sie haben teilweise ländlichen Charakter, die Randorte von Lübeck sind verstädtert (eigene Industrie).

Ratemeter [r'cit-, engl.] *das*, elektron. Zählgerät für Zählrohre u. a. Strahlungsmesser.

Ratengeschäft, das Abzahlungsgeschäft.

Ratenzahlung, →Abzahlung.

Ratserteilung, 🔾 die Erteilung eines unrichtigen Rates gibt nur bei Vorliegen eines Vertrages oder einer unerlaubten Handlung einen Schadenersatzanspruch (§ 676 BGB.).

Rätesystem, eine radikale Form der direkten Demokratie in der Wählervollversammlungen als Vertreter die an ihr Mandat gebundenen und jederzeit abberufbaren Arbeiter-, Soldaten- und Bauernräte wählen. Das R. steht im Gegensatz zur Repräsentativverfassung. Erstmals in der Pariser Kommune 1871 verwirklicht, wurde das R. in den russ. Revolutionen 1905/06 und 1917 Organisationsprinzip revolutionärer Selbstverwaltung (→Sowjet). Arbeiter- und Soldatenräte entstanden auch in Dtl. 1918. Neu belebt wurde die Idee des R.s durch Theorie und Praxis der →Neuen Linken im Verein. Staaten und Westeuropa.

Rat für gegenseitige Wirtschaftshilfe, engl. **Comecon**, 1949 gegr. Organisation für wirtschaftl. Zusammenarbeit der Ostblockländer. Mitglieder: Sowjetunion, Polen, Tschechoslowakei, Dt. Dem. Rep., Ungarn, Rumänien, Bulgarien, seit 1962 die Mongol. Volksrepublik, seit 1972 Kuba. Albanien ist seit 1961 nur noch formell, Jugoslawien seit 1964 assoziiertes Mitglied.

Ratgeb, Jerg, Maler, * um 1480, † 1526 (als Anführer im Bauernkrieg geviertelt), malte religiöse Bilder von seltsamer Phantastik und drastischem Realismus (Herrnberger Altar, 8 große Tafeln aus dem Leben Christi, 1519; Stuttgarter Staatsgalerie).

Rathaus, Gebäude für die Gemeindeverwaltung und die städt. Ämter. - Aus dem Altertum bekannt sind bes. die R. von Milet. Im Mittelalter wurden die R. meist am Markt, oft mit Turm und Lauben errichtet; die ältesten seit dem 13. Jahrh. in Italien: Orvieto (12. Jahrh.), Volterra, Siena, Florenz; in Dtl.: Lübeck, Stralsund, Danzig, Münster, Ulm, Breslau; aus nachmittelalterl. Zeit: Rothenburg, Paderborn, Augsburg, Nürnberg, Schwäbisch Hall, Frankfurt. Stattliche R., z. T. mit hohen Türmen, bauten im MA. vor allem die fläm. Städte: Brügge, Brüssel, Löwen u. a.

Rathausparteien, Gruppen, die als Freie Wählergemeinschaften nur bei Kommunalwahlen kandidieren, sie vertreten örtliche Interessen.

Rathenau, Walther, Industrieller und Politiker, * 1867, † (ermordet) 1922, Sohn des Gründers der AEG, Emil R. (* 1838, † 1915). War 1921 Wiederaufbau-, 1922 Außenminister, trat für die Erfüllung der Versailler Vertrags an und schloß den Rapallo-Vertrag ab. Von nationalist. und antisemit. Gruppen befehdet, wurde er das Opfer des Attentats.

Rathenow [-o], Stadt im Bez. Potsdam, an der Havel, 29 800 Ew.; u. a. opt. Ind.; St. Marien-Kirche (13., 15., 16. Jahrh.), Rathaus (16. Jahrh.).

Ratibor, poln. **Racibórz**, Stadt in Oberschlesien, 41 000 Ew. (1939: 50 000 Ew.); Elektroind., Maschinen-, Waggon- und Schiffbau u. a. Ind.; 1281-1532 schles. Herzogssitz. Seit 1945 unter poln. Verwaltung.

Rätien, Rhätien, lat. **Raetia**, röm. Prov., die Graubünden, Tirol und Südbayern umfaßte und 15 v. Chr. durch Augustus erobert wurde. Die **Räter** sind mit den Kelten und Illyrern verwandt.

Ratifikation, Ratifizierung [lat.], die Genehmigung eines Staatsvertrages durch das zum Abschluß befugte Organ. Der Vertrag tritt mit Austausch oder Hinterlegung der **Ratifikationsurkunden** in Kraft.

Rätikon, der, Gebirgszug in den Ostalpen, zwischen Ill, Landquart und Rhein, in Schesaplana 2965 m hoch.

Ratiné *der*, dickes, weiches Streichgarngewebe mit aufgerauhter Oberfläche.

Rating [r'ctiŋ, engl.] *das*, Hörerbefragung zur Ermittlung der Hörerzahl einzelner Rundfunksendungen.

Ratingen, Stadt in Nordrh.-Westf., an Angerbach, 44 900 Ew.; Kesselbau, Elektro- u. a. Industrie.

Ratio [lat.] *die*, Vernunft, Verstand, Erkenntnisgrund.

Ratiodetektor, →Diskriminator.

Ration [lat.] *die*, Tagesbedarf, zugeteiltes Maß (an Lebensmitteln).

rational [lat.], vernunftmäßig, auf Vernunfterkenntnis gegründet.

Rationale [lat.] *das*, bischöfl. Schulterschmuck, bes. im MA. verbreitet, heute nur noch vereinzelt getragen.

rationale Zahlen, die ganzen Zahlen und die Brüche.

Rationalisierung [von Ratio], die Ersetzung herkömml. Verfahren durch verstandesmäßig durchdachte und zweckmäßige. Man unterscheidet in der Wirtschaft technische R., die vielfach zu Mechanisierung und Automatisierung führt, betriebswirtschaftliche R., die bes. die kaufmännische Seite der Produktion betrifft, organisatori-

sche R., soziale R. zur Bestgestaltung betriebl. Arbeitsgemeinschaften. - Die Aufgaben der R. liegen in allen Lebensbereichen.

Rationalisierungs-Kuratorium der Dt. Wirtschaft e. V., Abk. **RKW**, Frankfurt a. M., gemeinnützige Organisation zur Pflege und Förderung der Rationalisierungsbestrebungen.

Rationalismus [von ratio] *der*, die Überzeugung, daß die Welt der Vernunft gemäß, d. h. nur logischer, gesetzmäßig berechenbarer Beschaffenheit sei. Nach rationalist. Auffassung sind auch alle geschichtl. Erscheinungen, bes. die Kulturgebilde aus vernunftgeleiteten Erwägungen und Entschlüssen der handelnden Menschen entstanden. Die →Aufklärung als Zeitalter des R. hat auch seine Schwächen deutlich gemacht: Verkennung der Bedeutung und Macht der Erfahrung, der Gefühlskräfte und des Unbewußten. Gegen die mit Descartes beginnenden und in Leibniz und Chr. Wolff gipfelnden rationalistischen philosophischen Systeme wandte sich Kants Kritik.

rationell, verständig, wissenschaftlich begründet; wirtschaftlich zweckmäßig.

Rationierung [lat.], behördl. Verteilung von Gütern und Vorräten, bes. Lebensmitteln, die nicht ausreichend vorhanden sind oder erzeugt werden können.

Rätische Alpen, Rhätische Alpen, ostschweizer. Gebirgsgruppen nördlich des Oberengadins von Splügen- und Septimerbis zum Flüelapaß.

Ratke, auch **Ratichius**, Wolfgang, Schulreformer, * 1571, † 1635, suchte den Unterricht auf Anschauung und Muttersprache zu gründen; durch seine Lehren von großem Einfluß, z. B. auf Comenius.

Rätoromanen, roman. Volksgruppen im Alpengebiet: die **Bündner Romanen** im schweizer. Kanton Graubünden (etwa 40 000), die **Ladiner** in Südtirol (etwa 17 500), die **Friauler** in Friaul (etwa 500 000); Nachkommen der frühzeitig romanisierten Räter (→Rätien), sie sprechen die →rätoromanische Sprache.

rätoromanische Sprache, eine romanische Sprache, die gebietsweise in den Alpen gesprochen wird, in 3 Mundartgruppen geteilt: 1) **Westrätisch**, auch **Graubündnerisch** oder **Bündnerromanisch (rumantsch)** in Graubünden, seit 1938 die vierte Landessprache der Schweiz, 2) **Mittelrätisch (ladinisch)** in SW-Tirol. 3) **Friaulisch (furlanisch)** mit dem Karnischen, von der friaulischen Ebene bis zu den Karnischen Alpen.

Ratsche, ein Zahnkranz mit ein- und ausschaltbarer Sperrklinke zum Feststellen eines Getriebeteiles, z. B. der Handbremse beim Kraftwagen.

Rätsel, Denkaufgabe, die eine Lösung verlangt. Rätselarten sind u. a. das Silbenrätsel (→Scharade), das Zahlenrätsel (Arithmogriph), bei dem an Stelle der Buchstaben Zahlen stehen, und das Buchstaben- oder Worträtsel (Logogriph), bei dem ein Wort durch Hinzusetzen eines oder mehrerer Buchstaben jedesmal eine andere Bedeutung erhält; ein durch Bilder oder Zeichen dargestelltes R. ist das Bilderrätsel (Rebus), verwandt damit der Rösselsprung (Rössel). Eine beliebte Form ist das Kreuzworträtsel.

Ratte, 1) Gattung der →Mäuse. **Haus-** oder **Dach-R.** mit schwärzl. Pelz (unterseits braun, 18 cm Körper- und 19 cm Schwanzlänge) und **Wander-R.** (oberseits bräunlichgrau, unterseits grauweiß, 24 cm Körper- und 18 cm Schwanzlänge) kommen in vielen Abarten vor. R. sind Allesfresser, sie schaden vor allem als Krankheitsüberträger (Pest, Trichinen u. a.). Bekämpfung: Cumarin-Derivate, Diazo-Aminoverbindungen. 2) andere Nagetiere (z. B. R. Bisam-R.) und Beuteltiere (z. B. Beutel-R.).

Rattenbißfieber, japan. **Sodoku**, eine meist durch Bisse von Ratten übertragene Krankheit des Menschen, mit Lymphknotenschwellung und Fieberanfällen. Erreger sind Spirillen und Streptobazillen.

Rattenfänger von Hameln, mittelalterl. Sage, nach der 1284 ein Pfeifer 130 Kinder aus Hameln entführt haben soll. Sie ist mit einer Wandersage verbunden, die von der Austreibung aller Ratten durch einen Pfeifer erzählt. Rattenfängerlied von Goethe, Ballade von Simrock.

Rattenkönig, junge Ratten, deren Schwänze vom Nestleben her miteinander verschlungen und verklebt sind.

Rattenschweif, Verlust der Schweifhaare bei Haustieren infolge eines Hautekzems.

Rattigan [r'ætigən], Terence Mervyn, engl. Dramatiker, * 1911; Lustspiele, Problemstücke; ,Tiefe blaue See' (1953).

Ratzeburg, Stadt in Schlesw.-Holst., 11 800 Ew., auf einer Insel im **Ratzeburger See,** roman. Backsteindom (12./13. Jahrh.); landwirtschaftl. Handel; Ruderakademie, europ. Segelzentrum. - Der Hauptteil des Gfsch. R. bildete seit dem 13. Jahrh. das Hzgt. →Lauenburg; die Stadt R. war Herzogssitz. Ein Teil der Gfsch. kam an das 1154 gegr. Bistum R., dieses 1648 als Fürstentum an Mecklenburg-Schwerin, 1701 an Mecklenburg-Strelitz.

Ratzel, Friedrich, Geograph, * 1844, †1904; Begründer der polit. Erdkunde und der Anthropogeographie.

Rau, 1) Heinrich, Politiker (KPD, SED), * 1899, †1961, gehörte dem Spartakusbund, seit 1919 der KPD an, nahm am Span. Bürgerkrieg teil und war 1942-45 im KZ. Fachmann für Wirtschaftsplanung, mehrfach Min. in der Dt. Dem. Rep.
2) Karl Heinrich, Nationalökonom, * 1792, † 1870, schuf die Einteilung der Nationalökonomie in Wirtschaftstheorie, -politik und Finanzwissenschaft.

Raub, ∫∫ der mit Gewalt gegen eine Person oder unter Drohungen mit gegenwärtiger Gefahr für Leib oder Leben begangene →Diebstahl (§§ 249 ff. StGB.); Strafe: grundsätzlich Freiheitsstrafe nicht unter einem Jahr, ebenso bei ,räuberischer →Erpressung' und ,räuberischem Diebstahl'. ,Schwerer R.' wird mit Freiheitsstrafe nicht unter 5 Jahren, ,R. mit Marterung' nicht unter 10 Jahren bestraft. Ähnliche Bestimmungen enthalten das österreich. (§§ 190 ff.) und schweizer. StGB. (Art. 139).

Raubbau, eine Wirtschaftsführung, die einen möglichst hohen Ertrag anstrebt ohne Rücksicht auf Erhaltung der Erzeugungsgrundlagen.

Raubdruck, unerlaubter Nachdruck, heute bes. von Werken solcher Autoren, auf denen die Theorien der Neuen Linken fußen.

Räuberroman, Gattung des Unterhaltungsromans im Ausgang des 18. Jahrh. (H. Zschokke ,Abällino', 1793; C. A. Vulpius ,Rinaldo Rinaldini', 1797 u. a.).

Raubfisch, Fisch, der sich ausgewachsen von anderen Fischen, gegebenenfalls sogar von kleineren Vögeln oder Säugetieren ernährt, z. B. Hai, Hecht.

Raubfliegen, Mordfliegen, behaarte Fliegen mit kräftigen Beinen, ergreifen im Flug Insekten und saugen sie aus; z. B. die 2 cm lange **Hornissenartige R.**

Raubkäfer, räuberisch lebende Käfer, so Laufkäfer, Schwimmkäfer.

Raubmord, ∫∫ Raub und Mord in einheitlicher Handlung (→Idealkonkurrenz).

Raubmöwen, räuberische, braun gefärbte Möwen der Tundren und Moore.

Raubtiere, Carnivora, im weiteren Sinne Tiere, die sich von lebendig ergriffener Beute ernähren; im engeren Sinne eine Ordnung der Säugetiere mit großen Eckzähnen, starken Schneidezähnen und scharfen Krallen, Sohlen- oder Halbsohlengänger (Katzen, Schleichkatzen, Hyänen, Hunde, Marder, Bären, Kleinbären u. a.).

Raubvögel, →Greifvögel.

Raubwild, alle jagdbaren Raubtiere und Greifvögel.

Raubzeug, nichtjagdbare Tiere, die das

Nutzwild schädigen, z. B. wildernde Hunde, Krähen, Elstern u. a.

Rauch, schwebestoffhaltige Luft, deren fein verteilte feste oder flüssige Teilchen (Ruß, Flugasche, Flugkoks, Teertröpfchen u. a.) aus Verbrennungsvorgängen stammen. **Rauchgase** bestehen bes. aus Kohlendioxid, Stickstoff, Wasserdampf, unverbrauchter Luft, Schwefeldioxid und -trioxid. Sie können zu **Rauchschäden** führen (Korrosion von Metallen, Schäden an Bauwerken und Pflanzen, →Rauchvergiftung). Die Schwebeteilchen sind an der Bildung von Nebel und Wolkentröpfchen und an der des Niederschlags beteiligt.

Rauch, Christian Daniel, Bildhauer, * 1777, †1857; Sarkophag der Königin Luise (Charlottenburg, Mausoleum), Reiterdenkmal Friedrichs d. Gr. (Park von Sanssouci); Bildnisbüsten. (Bild S. 998)

Rauchbombe, Markierungsbombe, abgeworfen über dem Zielraum des Tagbomberangriffs (im 2. Weltkrieg).

räuchern, durch Rauch haltbar machen.

Rauchfang, trichterförmige Haube über brennenden Feuern (Schmiedefeuer, Kamin), die die Rauchgase in den Schornstein leitet.

Rauchfaß, Kath. Kirche: Behälter zum Verbrennen von Weihrauch, mit Ketten zum Schwenken.

Rauchgasprüfer, →Gasprüfer.

Rauchmüller, Matthias, Bildhauer, * 1645, †1686, beeinflußt von fläm. Kunst; seit 1676 in Wien, schuf Grabmäler (K. v. Metternich, Trier, Liebfrauenkirche) und Elfenbeinarbeiten.

Rauchnächte, die →Zwölfnächte.

Rauchvergiftung, meist eine Kohlenoxidvergiftung (→Kohlenoxid).

Rauchverzehrer, kleine Geräte zum Verdunsten einer mit Geruchsstoffen (Formalin, Fichtennadel-, Rosmarinöl u. ä.) versetzten Lösung.

Rauchwaren, die veredelten, d. h. zugerichteten und gefärbten Pelzfelle, die vom Kürschner zu Pelzen verarbeitet werden. Unter Zurichterei versteht man die Gerbung der rohen Pelzfelle, wobei das Haarkleid erhalten bleiben muß. Das Färben der nicht natürell zu verarbeitenden Felle wird meist mit Oxydationsfarben durchgeführt. Das entfettete und gereinigte Fell wird in einem Metallsalzbad imprägniert (Farbbeize). Auf dieser Beize ziehen sich dann die Oxydationsfarben. Wichtigste Ursprungsländer der Pelzfelle sind: Nord- und Südamerika, Sowjetunion, Zentralasien. An den großen Welthandelsplätzen, bes. New York, London, Leningrad, kauft der R.-Handel auf Auktionen. In Dtl. war bis 1945 Leipzig das Zentrum, heute ist es Frankfurt a. M. mit jährl. Rauchwarenmessen.

Rauchwarenzurichter, handwerklicher und industrieller Lehrberuf, zur Verarbeitung (zum Zurichten) der Felle zu Pelzen.

Räude, Krätze, Grind, Hautkrankheit der

Haustiere, verursacht durch in oder an der Haut fressende bis zu 0,8 mm große R.-Milben. Die R. des Geflügels tritt als Fuß-R., Fußkrätze oder als Elefantenbeine (Kalkbeine) auf.

Raudische Felder, →Vercelli 2).

Raufhandel, ∫∫ eine Schlägerei oder ein von mehreren Personen verübter Angriff, durch den der Tod eines Menschen oder eine schwere Körperverletzung verursacht worden ist. In der Bundesrep. Dtl. wird jeder am R. Beteiligte, wenn er nicht ohne Verschulden hineingezogen war, mit Freiheitsstrafe bis zu drei Jahren bestraft.

Rauhes Haus, eigentl. Ruges [des Erbauers] Haus, eine Anstalt zur Betreuung gefährdeter männl. Jugendlicher in Hamburg-Horn, gegr. 1833 von J. H. Wichern.

Rauhfaserpapier, sehr voluminöses, asche- und holzschliffhaltiges, einseitig sehr unebenes, unbedrucktes Papier, das als Wand- und Deckenbekleidung wie Tapete verwendet wird.

Rauhfußhühner, die →Waldhühner.

Rauhgewicht, das Bruttogewicht einer Münze im Unterschied zum Feingewicht.

Rauhreif, Rauhfrost, →Reif.

Rauke die, ⊕ 1) manche Kreuzblüter, die als **Rauken-** oder **Senfkohl** Ölpflanzen oder Wildgemüse sind. 2) wilde Resedaarten.

Raum, 1) ⊠ ✰ die in drei zueinander senkrechten Richtungen (Länge, Breite, Höhe) ausmeßbare Leere, die von materiellen Körpern ausgefüllt werden kann. Bei sehr hohen Geschwindigkeiten kann der R. nicht mehr unabhängig von der Zeit betrachtet werden: beide verschmelzen zum **R.-Zeit-Kontinuum** (kurz **Raumzeit**), in dem die Abtrennung der zeitl. von den räuml. Dimensionen je nach dem Bewegungszustand der Beobachters verschieden ausfällt. 2) △ ursprünglich der dreidimensionale Erfahrungs-R., in dem zur Untersuchung geometr. Gesetze abstrakt, aus Punkten aufgebaute Figuren angenommen werden; dann allgemeiner die dreidimensionale Gesamtheit von Punkten überhaupt. Weitere Abstraktion führt zu R. mit mehr als drei (bis unendlich vielen) Dimensionen sowie zu R., die aus beliebigen Elementen aufgebaut sind.

Raum|anzug, der allseits abgedichtete Schutzanzug der Raumfahrer im Weltraum, ermöglicht die Sauerstoffzufuhr und schützt vor Strahlung, Hitze, Kälte, Mikrometeoriten.

Raumausstatter, Lehrberuf des Handwerks mit 3jähriger Lehrzeit, mit den Zweigen Polsterer und Dekorateur, Tapezierer, Bodenleger u. ä.

Raumbildverfahren, →Stereoskopie 2), →Stereofilm.

räumen, Verfahren der spanenden Formung zur Herstellung beliebig profilierter Außen- und Innenflächen an Metallwerkstücken mit **Räumnadeln** auf der **Räummaschine.**

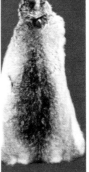

Rauchwaren: links Lincoln Lamm, naturell; *Mitte* Chinchilla; *rechts Kanadischer Nerz, pastell*

Mondlandung	Mondaufenthalt	außerhalb der Fähre	zurückgelegte Strecke auf dem Mond km	mitgebrachtes Mondgestein kg
Apollo 11	Mare Tranquilli-tatis (Krater Moltke) 21h 36m	2h 24m	0,25	20,7
Apollo 12	Oceanus Procel-larum (Krater Reinhold) 31h 31m	7h 29m	2,0	34,1
Apollo 14	Krater Fra Mauro 33h 31m	9h 23m	3,3	43,5
Apollo 15	Apenninen (Hadley-Rille) 66h 55m	18h 34m	27,9	76,6
Apollo 16	Krater Descartes 71h	20h	25,5	96,5

Raumer, Friedrich von, Historiker, * 1781, † 1873, schrieb eine romantisch verklärte ‚Geschichte der Hohenstaufen und ihrer Zeit' (6 Bde., 1823-25).

Raumfahrer, Astronaut, Kosmonaut, der Insasse eines Raumfahrzeuges, meist Pilot.

Raumfahrt, Weltraumfahrt, Astronautik, die Durchquerung und Erforschung des Weltraumes außerhalb der irdischen Atmosphäre. Die Voraussetzung, sich im luftleeren und schwerelosen Raum zu bewegen, erfüllt ausschließlich das Antriebsprinzip der →Rakete. Raketen sind die Träger und Steuerorgane der →Raumfahrzeuge, →Raumflugkörper, →Satelliten, →Raumsonden, →Raumkapseln, →Raumstationen, →Raumtransporter, Mondlandefähren.

Die Bewegung eines Körpers im Weltraum hängt nur von der Größe und Richtung seiner Geschwindigkeit und den auf ihn wirkenden Kräften (Schwerefelder) anderer Himmelskörper ab. Damit er nicht wieder auf die Erde zurückfällt, muß er die **Kreisbahn-** oder **Satelliten-** oder **1. kosm. Geschwindigkeit** von 7,9 km/s erreichen, die eine elliptische oder kreisförmige Erdumlaufbahn ermöglicht. Mit steigender Höhe wird die Kreisbahngeschwindigkeit niedriger, während die Umlaufzeit wächst; in rd. 36 000 km Höhe beträgt die Kreisbahngeschwindigkeit 3 km/s, die Umlaufzeit 24 Stunden (geostationäre Umlaufbahn von Synchronsatelliten). Um den Anziehungsbereich der Erde zu verlassen, ist die **Flucht-** oder **2. kosmische Geschwindigkeit** von 11,2 km/s erforderlich. Unter Ausnutzung der Schwerefelder von Himmels-

körpern läßt sich die Flugbahn stark beeinflussen (Swing-by-Methode), was beim Flug zu den äußeren Planeten geplant ist (‚Grand-Tour'-Projekt 1978).

Der aktive Teil der Flugbahn, die **Antriebsbahn,** dauert nur Minuten und damit einen kleinen Bruchteil des passiven Teils, der als **Freiflugbahn** antriebslos zurückgelegt wird. Bei Raumflügen zu anderen Himmelskörpern bringt man die letzte Raketenstufe mit der Nutzlast zunächst in eine Erdumlaufbahn **(Parkbahn),** auf der zu einem bestimmten Zeitpunkt das Triebwerk wieder gezündet wird, um die Nutzlast auf Fluchtgeschwindigkeit zu beschleunigen. So läßt sich die Genauigkeit für den Einschuß in die berechnete Richtung (z. B. ‚Mondkorridor') erzielen. Der **Einschußkorridor** liegt für einen jeweiligen Tag im Raum fest; er ist u. a. bestimmend für den oder die möglichen Starttage **(Startfenster).**

Die gesamte Flugbahn wird durch elektron. Rechenanlagen vorausberechnet. Das Programm wird in Form von Steuerbefehlen gespeichert und nach dem Start automatisch durchgeführt (Programmsteuerung) und mit Hilfe der →Trägheitsnavigation korrigiert. Daneben können die Kommandosteuerung von der Erde aus und die manuelle Steuerung durch die Besatzung treten. Die für die elektron. Geräte u. a. benötigte Energie wird aus Brennstoffzellen, chem. Batterien und Sonnenenergie bezogen.

Die **unbemannte R.,** aus Versuchen mit Höhenforschungsraketen hervorgegangen, wird vor allem mit →Satelliten und →Raumsonden betreiben. Seit 1957 wurden weit über tausend solcher Raumflugkörper gestartet, darunter viele militärische. Seit 1959 ist der Mond, seit 1961 die Venus, seit 1962 der Mars das Ziel der sowjetruss. und amerikan. Weltraumforschung. Im Laufe der Zeit (nach Tagen bis Jahren) nähern sich die Erdsatelliten auf ihren Umlaufbahnen der Erde, bis sie beim Eintauchen in die Atmosphäre verglühen. Die Raumsonden, die nicht auf ihren Zielen aufschlagen oder weich landen, werden entweder zu Satelliten des betreffenden Himmelskörpers oder umkreisen als künstl. Planetoiden die Sonne.

Die **bemannte R.** wird vor allem mit dem Ziel betrieben, Menschen auf anderen Himmelskörpern landen und in Raumstationen längere Zeit verweilen zu lassen. Als Vorbereitung hierzu gelten die zahlreichen bemannten Flüge auf Satellitenbahnen (seit 1961, Übersicht). Die Erforschung der Probleme der **Raumfahrtmedizin,** die Vorversuche mit Hunden und Affen, mit Raketenschlitten und Raketenflugzeugen. Techn. Hauptprobleme waren und sind, die Raumkapsel und die Raumanzüge gegen das Vakuum und die Strahlung des Weltraums abzudichten, in ihr die lebensnotwendigen Umweltbedingungen zu sichern (Sauerstoff, Wiederaufbereitung der Luft, Temperatur), die Betriebssicherheit durch Einbau von Mehrfachsystemen zu erhöhen, die Reibungshitze, die beim Wiedereintritt in die Atmosphäre 3000° C betragen kann, durch eine be-

stimmte Formgebung und durch einen Hitzeschild vom Inneren der Kapsel abzuhalten, die weiteren Landephasen zu beherrschen. Die amerikan. Raumkapseln wasserten bisher ausnahmslos, die sowjetruss. landeten auf festem Boden, wobei zu den Fallschirmen noch eine zusätzl. Raketenbremsung tritt.

Die bisherigen bemannten Raumflüge der Sowjetunion wurden mit Wostok-, Woschod- und Sojus-Raumfahrzeugen durchgeführt, die der Verein. Staaten im Rahmen des →Mercury-Programms, des →Gemini-Programms, des →Apollo-Programms. Seit den ersten Raumflügen von J. Gagarin (1961), G. Titow (1961) und J. Glenn (1962) waren wichtigste R.-Ereignisse: das freie Schweben im Raum von A. Leonow (Woschod 2, 1965) und E. White (Gemini 4, 1965), das erste gelungene Rendezvous-Manöver (von Gemini 6 und 7), die erste Mondlandung von N. Armstrong und E. Aldrin (Apollo 11, 1969), die Erprobung der Versuchs-Raumstation Saljut 1 durch die Besatzung von Sojus 11, die sich darin 23 Tage und 18 Stunden aufhielt. In Raumfahrzeugen verunglückten (bis 1972) die drei Amerikaner V. Grissom, E. White, R. Chaffee bei einem Bodentest 1967 durch Brand, der Sowjetrusse W. Komarow (Sojus 1) 1967 durch Versagen des Fallschirms, die Sowjetrussen G. Dobrowolski, V. Patsajew, W. Wolkow (Sojus 11, 1971) durch starken Druckabfall in der Raumkapsel. (Tafel S. 1003)

Wissenschaftl. Nutzen ziehen aus der R. vor allem Geophysik, Geologie, Geogra-

Raumfahrt: Flugbahn eines Raumflug-körpers zu anderen Planeten, hier zum Mars, auf einer Berührungsellipse

phie, Meteorologie, Astronomie und Astrophysik. Wirtschaftl. Nutzen bringen bes. Wetter-, Nachrichten- und Navigationssatelliten. Indirekter Nutzen wird gewonnen aus den Erzeugnissen, Werkstoffen und techn. Verfahren, die für die R. entwickelt wurden, bes. auf dem Gebiet der Elektronik, Metallurgie und der Kunststoffe. Die Forderung nach ultraleichter Bauweise, nach höchster Leistung und Zuverlässigkeit hebt den techn. Entwicklungsstand insgesamt. Fast alle diese Erkenntnisse und Errungenschaften sind auch von militär. Wert. Die polit. Weltlage führte zu einer Prestige-Rivalität zwischen den großen R.-Nationen Verein. Staaten und Sowjetunion, andererseits zwang der finanzielle Aufwand für R.-Programme zu internationaler Zusammenarbeit.

Raumfahrtmedizin, medizin. Fachgebiet, befaßt sich mit dem Einfluß des (bes. langzeitigen) Raumfluges auf der menschl. Organe und deren Funktionen (Schwerelosigkeit, Beschleunigung, kosm. Strahlung), mit der Erhaltung der Lebens- und Arbeitsfähigkeit unter Weltraumbedingungen, mit der Bereitstellung dafür erforderlicher Einrichtungen und Geräte.

Raumfahrzeug, bemanntes Raumfluggerät, z. B. Raumkapsel, Raumstation, Raumtransporter.

Raumflugkörper, unbemanntes Raumfluggerät, z. B. Satelliten und Raumsonden.

Raumforschung, →Raumordnung.

Raumgitter, →Kristall.

Raumfahrt: Schema der Baugruppen des Apollo-Programms (ohne Trägerrakete). Apollo-Kommandokapsel mit Geräte- und Versorgungsteil und Mondfähre LEM (Lunar Excursion Module)

Hauptraketenmotor

Geräte- und Versorgungsteil (wird vor dem Eintritt in die Erdatmosphäre abgetrennt)

Hitzeschild

Trennstelle

Besatzung 3 Mann

Apollo-Kommandokapsel

Trennstelle

Umsteigetunnel

Kabine für 2 Mann

Mond-Aufstiegsstufe (bleibt auf Mondumlaufbahn zurück)

Treibstoff

Trennstelle

Raketenmotor

Mondfähre (LEM)

Treibstoff

Mond-Abstiegsstufe (bleibt auf dem Mond zurück)

Raketenmotor

Landebeine

Bemannte Raumflüge

Raumfahrzeug	Astronauten	Staat	Start	Umläufe	Flugdauer
Wostok 1	J. Gagarin	UdSSR	12. 4. 1961	1	1h 48m
Wostok 2	G. Titow	UdSSR	6. 8. 1961	17	1d 1h 18m
Mercury-Atlas 6	J. Glenn	USA	20. 2. 1962	3	4h 56m
Mercury-Atlas 7	S. Carpenter	USA	24. 5. 1962	3	4h 56m
Wostok 3	A. Nikolajew	UdSSR	11. 8. 1962	64	3d 22h 22m
Wostok 4	P. Popowitsch	UdSSR	12. 8. 1962	48	2d 22h 57m
Mercury-Atlas 8	W. Schirra	USA	3. 10. 1962	6	9h 13m
Mercury-Atlas 9	G. Cooper	USA	15. 5. 1963	22	1d 10h 20m
Wostok 5	V. Bykowski	UdSSR	14. 6. 1963	81	4d 23h 6m
Wostok 6	Valentina Tereschkowa	UdSSR	16. 6. 1963	48	2d 22h 50m
Woschod 1	W. Komarow, K. Feok-tistow, B. Jegorow	UdSSR	12. 10. 1964	16	1d 0h 17m
Woschod 2	P. Beljajew, A. Leonow	UdSSR	18. 3. 1965	17	1d 2h 17m
Gemini-Titan 3	V. Grissom, J. Young	USA	23. 3. 1965	3	4h 54m
Gemini-Titan 4	J. McDivitt, E. White	USA	3. 6. 1965	62	4d 1h 57m
Gemini-Titan 5	G. Cooper, C. Conrad	USA	21. 8. 1965	120	7d 22h 56m
Gemini-Titan 7	F. Borman, J. Lovell	USA	4. 12. 1965	206	13d 18h 35m
Gemini-Titan 6	W. Schirra, T. Stafford	USA	15. 12. 1965	16	1d 1h 52m
Gemini-Titan 8	N. Armstrong, D. Scott	USA	16. 3. 1966	6½	10h 43m
Gemini-Titan 9	T. Stafford, E. Cernan	USA	3. 6. 1966	44	3d 0h 21m
Gemini-Titan 10	J. Young, M. Collins	USA	18. 7. 1966	43	2d 22h 46m
Gemini-Titan 11	C. Conrad, R. Gordon	USA	12. 9. 1966	44	2d 23h 17m
Gemini-Titan 12	J. Lovell, E. Aldrin	USA	11. 11. 1966	59	3d 22h 35m
Sojus 1	W. Komarow	UdSSR	23. 4. 1967	17	1d 2h 45m
Apollo 7/Saturn 1 B	W. Schirra, D. Eisele, W. Cunningham	USA	11. 10. 1968	163	10d 20h 9m
Sojus 3	G. Beregowoi	UdSSR	26. 10. 1968	64	3d 22h 51m
Apollo 8/Saturn 5	F. Borman, J. Lovell, W. Anders	USA	21. 12. 1968	2 Erd-, 10 Mond-umläufe	6d 3h
Sojus 4	W. Schatalow	UdSSR	14. 1. 1969	48	2d 23h 14m
Sojus 5	B. Wolynow, A. Jelis-sejew, J. Chrunow	UdSSR	15. 1. 1969	49	3d 0h 46m
Apollo 9/Saturn 5	J. McDivitt, D. Scott, R. Schweikart	USA	3. 3. 1969	151	10d 1h 1m
Apollo 10/Saturn 5	T. Stafford, J. Young, E. Cernan	USA	18. 5. 1969	2 Erd-, 31 Mond-umläufe	8d 0h 3m
Apollo 11/Saturn 5	M. Collins, N. Arm-strong, E. Aldrin	USA	16. 7. 1969	20. 7. Mondlandung, 31 Mondumläufe	8d 3h 18m
Sojus 6	G. Schonin, V. Kubasow	UdSSR	11. 10. 1969	81	4d 22h 34m
Sojus 7	A. Filipschenko, W. Wolkow, W. Gorbatko	UdSSR	12. 10. 1969	81	4d 22h 40m
Sojus 8	W. Schatalow, A. Jelissejew	UdSSR	13. 10. 1969	81	4d 22h 44m
Apollo 12/Saturn 5	C. Conrad, R. Gordon, A. Bean	USA	14. 11. 1969	19. 11. Mondlandung, 45 Mondumläufe	10d 4h 36m
Apollo 13/Saturn 5	J. Lovell, F. Haise, J. Swigert	USA	11. 4. 1970 Mondlandung beabsichtigt, wegen Havarie abgebrochen	2 Erdumläufe, ½ Mondumlauf	5d 22h 50m
Sojus 9	A. Nikolajew, V. Sewastianow	UdSSR	1. 6. 1970	287	17d 16h 59m
Apollo 14/Saturn 5	A. Shepard, S. Roosa, E. Mitchell	USA	31. 1. 1971	5. 2. Mondlandung, 36 Mondumläufe	9d 0h 2m
Sojus 10	W. Schatalow, A. Jelissejew, N. Rukawischnikow	UdSSR	23. 4. 1971	32 24. 4. Kopplung mit Saljut 1	48h
Sojus 11/Saljut 1	G. Dobrowolski, V. Patsajew, W. Wolkow	UdSSR	6. 6. 1971	370 7. 6. Kopplung mit Saljut 1	24d 18h
Apollo 15/Saturn 5	A. Worden, D. Scott, J. Irwin	USA	26. 7. 1971	30. 7. Mondlandung, 74 Mondumläufe	12d 7h 12m
Apollo 16/Saturn 5	J. Young, C. Duke, T. Mattingly	USA	16. 4. 1972	21. 4. Mondlandung	11d 1h 36m

Raumgleiter, →Raumtransporter.

Rauminhalt, Volumen, die Anzahl von Raumeinheiten (z. B. cm³, l) in einem Körper.

Raumkapsel, Teil eines Raumflugzeugs, die die Kommando- oder Führungseinheit, die bei den bisherigen Raumflügen ein bis drei Astronauten aufnehmen konnte (Mercury, Gemini, Apollo; Wostok, Woschod, Sojus). R. werden von Trägerraketen auf Erdumlaufbahn gebracht; sie landen als Verlustgeräte, d. h. sie sind nur einmal benutzbar. Die Apollo-R. war mit einem Geräte- und Versorgungsteil und mit der Mondlandefähre verbunden.

Raumkurve, eine Kurve, die nicht in einer Ebene liegt, z. B. die Schraubenlinie. Ihre Abweichung vom ebenen Verlauf heißt **Windung,** die Abweichung vom geradlinigen Verlauf **Krümmung.**

Raumladung, Elektronenwolke um eine Elektronenquelle, z. B. eine Kathode.

Raummeter, rm, Ster, Raummaß der Forstwirtschaft, 1 m³ geschichtetes Holz mit Zwischenräumen (→Festmeter).

Raumordnung, koordinierende Vorsorge für eine geordnete, den Gegebenheiten der Natur und dem zusammengefaßten öffentl. Interesse entsprechende, planmäßige, vorausschauende, an einem Leitbild ausgerichtete Gesamtgestaltung des Landesgebietes oder einzelner Landesteile.

Raumschiff, ein Raumfahrzeug, das in seiner Größenordnung dem Begriff ‚Schiff‘ nahekommt. Unzutreffend wurden bisherige Raumkapseln R. genannt.

Raumsinn, Ortssinn, Orientierungssinn, Gesichtssinn, das Vermögen vieler Organismen, sich nach den aus der Umwelt auf sie einwirkenden Reizen zu orientieren; ihre Einstellungsreaktionen stehen in unmittelbarer räumlicher Beziehung zur Reizrichtung. Bei positiver Einstellung verläuft die Bewegung zur Reizquelle hin, bei negativer Einstellung von ihr weg. Die Reizintensität kann für die Art der Einstellung entscheidend sein. - Noch ungeklärt ist der erstaunliche Ortssinn mancher Wirbeltiere, z. B. des Hundes, der Brieftaube, der Zugvögel.

Raumsonde, unbemannter Raumflugkörper zur Durchführung wissenschaftl. Aufgaben bei Vorbeifliegen an Mond oder Planeten oder dort bei harten und weichen Landungen sowie zur Erforschung der Sonne und des interplanetaren Raumes. Die Flugbahn kann in eine Satellitenbahn oder in eine Planetenbahn übergehen. Zum Mond wurden die R. Luna, Lunik, Lunar Orbiter, Pioneer, Ranger, Surveyor gestartet. Lunik 3 photographierte 1959 erstmals die Mondrückseite, Luna 9 gelang die erste weiche Mondlandung, Surveyor funkte die Analysen von Mondproben zur Erde, Luna 16 kehrte 1970 mit Mondgesteinsproben zur Erde zurück, Luna 17 setzte 1970 das Mondauto Lunochod 1 auf dem Mond ab, das dort rd. 10,5 km zurücklegte. - Venus und Mars zum Ziel hatten die R. Venus, Mars und Mariner. Venus 7 landete 1970 weich auf der Venus, Mariner 9 sendete 1971/72 die bisher besten Marsbilder zur Erde. - Luna, Lunik, Venus und Mars sind sowjet. R., alle anderen amerikanische. (Tafel S. 1003)

1 Sowjet. Raumsonde ‚Luna 9‘, der am 3. 2. 1966 die erste
weiche Landung auf dem Mond gelang; **2** Saturn-5-Rakete
mit Apollo 11 startet zum Mondflug (Kap Kennedy, 16. 7.
1969); **3** Der amerikanische Astronaut E. White schwebt frei
im Weltraum, nachdem er die Kapsel von Gemini 4 verlassen
hat; **4** Mondlandung von Apollo 15 (30. 7. 1971); Mondlandefähre ‚Falcon‘, rechts Elektrowagen ‚Rover‘ (im Hintergrund
die Mond-Apenninen)

Raum

Raumstation: Steuerpult der sowjetischen R. Saljut; darüber die Luke zum Umsteigen in die Sojus-Raumkapsel

Raumstation, engl. **space station,** bemannter Weltraumstützpunkt, der auf Umlaufbahnen um die Erde, später auch um Mond und Planeten, Menschen den Aufenthalt und die Durchführung von Arbeiten für längere Zeit ermöglichen soll. Erste sowjet. Versuchs-R. war Saljut 1 (1971), für 1973 ist die amerikan. R. ‚Skylab‘ geplant.

Raumtransporter, engl. **space shuttle,** geplantes, wiederholt verwendbares Raketenflugzeug mit Gleiter-Eigenschaften **(Raumgleiter),** zum Transport von Menschen und Material von der Erde zu Raumstationen und zurück. Der R. soll zweistufig gestaltet werden.

Räumung, ⚖ die Herausgabe eines Raumes auf Verlangen des Berechtigten.

Räumungsfrist, ⚖ die Frist, die das Gericht dem zur Räumung Verurteilten auf dessen Antrag gewähren kann.

Räumungsklage, ⚖ die Klage auf Herausgabe eines Raumes.

Raumwelle, die von einem Sender ausgestrahlte elektromagnet. Welle, die sich durch den Raum ausbreitet, z. B. Kurzwellen. Eine R. gelangt nur durch Reflexion an der Ionosphäre zur Erdoberfläche zurück, bewirkt daher große Reichweite.

Raumwinkel, △ durch einen beliebig gestalteten Kegel vom Gesamtraum abgesonderter Raumteil.

Raunheim, Stadt in Hessen, links des unteren Mains, 13 700 Ew.; Erdölraffinerie, Textil- und chem. Industrie.

Raupach, Ernst, Dramatiker, * 1784, † 1852; Dramenreihe ‚Die Hohenstaufen‘.

Raupe, die Larve der Schmetterlinge, die unter mehrfacher Häutung heranwächst und sich zuletzt in die Puppe verwandelt, aus der mit einer weiteren Häutung der Schmetterling wird. (Bild Larve)

Raupenfahrzeuge, die →Gleiskettenfahrzeuge.

Raupenfliegen, Schmarotzerfliegen, sie entwickeln sich in Insekten, bes. in Schmetterlingsraupen, und nützen als Schädlingsvertilger.

Rausch, ⚕ 1) ein aufs höchste gesteigerter, meist als beglückend erlebter emotionaler Zustand, der durch erregende Erlebnisse oder durch Rauschmittel (Drogen, Rauschgifte; Alkohol) hervorgerufen wird. 2) die Rauschnarkose (→Narkose).

Rausch der, **Almrausch,** Volksname verschiedener Pflanzen, z. B. Alpenrose, Edelraute.

Rauschbeere, ⚘ Krähenbeere, Heidelbeere, Preiselbeere, Seidelbast u. a.

Rauschbrand, Flugkrankheit, eine durch den R.-Bazillus hervorgerufene Seuche mit gashaltigen, ‚rauschenden‘ Anschwellungen in der Muskulatur **(Gasbrand).**

Rauschen, russ. **Swetlog′orsk,** Ostseebad in Samland, Ostpreußen, seit 1945 unter sowjet. Verwaltung, Garnison.

Rauschen, ein Störeffekt bei der elektr. Nachrichtenübertragung, wird verursacht durch unregelmäßige Elektronenbewegung in den Übertragungsgliedern (Widerständen, Elektronenröhren, Transistoren u. a.). Beim Fernsehen tritt R. als ‚Schnee‘ oder ‚Grieß‘ in der Bildwiedergabe auf.

Rauschenberg, Robert, amerikan. Maler und Grafiker, Kostüm- und Bühnenbildner, * 1925, wirkte bahnbrechend für die pop art.

Rauschgifte, Gifte, die einen Zustand des Wohlbehagens, einen Rausch hervorrufen, so vor allem Opium, Morphin und Heroin, ferner Alkohol, Haschisch, Marihuana u. a. Die meisten R. führen bei längerem Gebrauch zur Sucht mit schweren körperl. Schäden. Der Handel mit ihnen unterliegt daher dem Betäubungsmittelgesetz.

Rauschgold, ausgewalztes Messingblech von 0,01-0,03 mm Stärke.

Rauschning, Hermann, Politiker und polit. Schriftsteller, * 1887, wurde 1933 als Nationalsozialist Präs. des Senats der Freien Stadt Danzig, legte 1934 sein Amt nieder, floh 1936; seit 1948 in den Verein. Staaten. ‚Die Revolution des Nihilismus‘ (1938).

Rauschtat, ⚖ die Begehung einer mit Strafe bedrohten Handlung in einem die Zurechnungsfähigkeit ausschließenden Rausch, der vorsätzlich oder fahrlässig durch Genuß geistiger Getränke oder anderer Rauschmittel herbeigeführt wurde; Freiheitsstrafe bis zu fünf Jahren oder Geldstrafe (§ 330 a StGB.).

Raute die, ⚘ 1) Ruta, zweikeimblättrige Pflanzengattung. Die **Garten-R.,** herb-aromatisch, bis 60 cm hoch, mit doppeltfiederschnittigen Blättern, ist Zier-, Gewürz- und Heilpflanze. 2) ähnl. Pflanzen wie **Mauer-R., Mondraute** u. a. 3) Geometrie, Wappenkunde: Rhombus.

Rautenöl, ätherisches Öl aus Rautenarten, Rohstoff der Parfümerie und Medizin.

Rauw′olfia serpent′ina [lat.] die, südostasiat. Strauch der Hundsgiftgewächse, dessen Wurzeln bes. in Indien Volksheilmittel sind; in ihnen ist das arzneilich gebrauchte **Reserpin;** es dämpft die Erregbarkeit des Zentralnervensystems und setzt Pulszahl und Blutdruck herab.

Rauwolfia serpentina: a Einzelblüte, b Frucht, c Wurzel

Ravel [rav′ɛl], Maurice, französ. Komponist, * 1875, † 1937, ist neben Debussy führender Vertreter des französ. Impressionismus. Opern (L'heure espagnole, 1911), Ballette, Orchesterwerke (Boléro, 1928), Kammermusik, Lieder.

Ravelin [ravl′ɛ̃, frz.] der, im Festungsbau eine halbmondförmige Schanze.

Raven′ala die, Bananengewächse mit fächerförmigem Blätterschopf; so der durch wasserbergende Blattscheiden be-

rühmte ‚Quellenbaum‘ oder ‚Baum der Reisenden‘ Madagaskars.

Rav′enna, 1) italien. Provinz, in der Romagna, 1860 km², 353 800 Ew. **2)** Hauptstadt von 1), 132 200 Ew., Erzbischofssitz. Aus frühchristl. Zeit stammen großartige Bauten mit Mosaiken: Mausoleum der Galla Placidia, Kirche S. Vitale, Basilika S. Apollinare Nuovo, die Baptisterien der Orthodoxen und Arianer, die Basilika S. Apollinare in Classe. In R. befindet sich auch das Grabmal Theoderichs. Im 18. Jahrh. entstand die Grabkapelle Dantes; Kunstakademie mit Pinakothek. Ind.: Stickstoffdünger, synthet. Gummi; Erdölraffinerie, Energieerzeugung; Hafen. - R. wurde durch Augustus röm. Hafen, 402 Sitz der weström. Kaiser, 476 Odoakers, 493 der Ostgotenkönige, 552 der byzantin. Exarchen, 751 langobardisch, 754 von Pippin dem Kirchenstaat geschenkt (bis 1860). (Bild S. 1005).

Ravensberg, ehem. westfäl. Grafschaft, Hauptstadt Bielefeld, kam 1346 an Jülich, 1609 an Brandenburg.

Ravensburg, Stadt im südl. Bad.-Württ., 32 100 Ew.; mittelalterl. Bauwerke; Fachschulen, Maschinen-, Textil-, Holz- u. a. Ind. R. entstand am Fuß der gleichnamigen Burg, des Stammsitzes der Welfen; 1180 staufisch, 1272 Reichsstadt, 1802 an Bayern, 1810 an Württemberg. Größte Blüte durch die **Ravensburger Handelsgesellschaft** 1380-1530.

Ravi′oli [ital.], kleine Nudelteigtaschen mit Gemüse- oder Fleischfüllung.

Rawalp′indi, Pakistan, mit 340 200 Ew., 1958-60 provisor. Hauptstadt von Pakistan. Textil-, chem. und Erdölraffinerie.

Rawlinson [rɔ′:linsn], Sir Henry Creswicke, engl. Assyriologe, * 1810, † 1895; förderte die Kenntnis der pers. und babylon. Keilschrift.

Ray [rei], Man, amerikan. Maler und Photograph, * 1890, erkannte als einer der ersten die Möglichkeiten der photograph. Technik für die moderne Kunst.

Raygras, Arten von Lolch und Glatthafer.

Rayleigh [r′eili], John William **Strutt,** 3. Baron R., engl. Physiker, * 1842, † 1919, lieferte wichtige Beiträge auf vielen Gebieten der klass. Physik. Nobelpreis 1904.

Raymond, Fred, eigentl. Friedrich **Vesely,** Komponist, * 1900, † 1954, schrieb erfolgreiche Schlager und Revue-Operetten: Maske in Blau (1937).

Raynal [ren′al], Paul, französ. Dramatiker, * 1885; Kriegsstück ‚Das Grabmal des unbekannten Soldaten‘ (1924).

Raynaudsche Krankheit [ren′o:-], eine zuerst 1862 von dem französ. Arzt M. Maurice Raynaud (* 1834, † 1881) beschriebene Störung der Blutversorgung, bes. im Bereich der Hände. Im Anfall (auf Kältereiz) sind die feinsten Blutgefäße verkrampft.

Rayon [rɛ′ɔ̃, frz.] der, Bezirk, Abteilung; **1)** in der Sowjetunion: unterster Verwaltungsbezirk. **2)** ⚔ Festungsgebiet. **rayon′ieren,** einteilen, zuteilen.

R′azzia [ital.], -/-ien, eine Streife der Polizei nach verdächtigen Personen.

Rb, chem. Zeichen für Rubidium.

RCA Corporation [a:siei kɔ:pər′eiʃn, engl.], New York, führendes amerikan. Unternehmen der Elektronik-, Rundfunk-, Fernsehgeräte- und Unterhaltungsind.; gegr. 1919. Eigenkap.: 1,09 Mrd. $; Beschäftigte 127 000 (1970).

Re, ♪ italien. und französ. der Ton D.

Re, chem. Zeichen für Rhenium.

Re, Ra, ägyptischer Name der Sonne und des Sonnengottes.

Read [ri:d], **1)** Sir Herbert Edward, engl. Schriftsteller, * 1893, † 1968, Gedichte, Kunstkritik, ‚Gesch. der modernen Malerei‘ (1959). **2)** Dick-R., Grantley, →Dick Read.

Reader's Digest [r′i:dəz d′aidʒəst, engl. ‚Auszug für den Leser‘], amerikan. Unterhaltungszeitschrift, gegr. 1922, die Aufsätze allgem. Interesses nachdruckt; dt. Ausgabe ‚Das Beste aus R.s D.‘

Ravenna: Sant'Apollinare in Classe

Reading [r'ediŋ], Hauptstadt der engl. Gfsch. Berkshire, 127 300 Ew., Universität, landwirtschaftl. Hochschule, Biskuitfabriken, Mälzereien, Druckereien u. a.

ready-mades [r'edimeids], handelsübliche Gegenstände, die als Kunstwerke ausgestellt sind (M. →Duchamp).

Reag'ens das, -/... genzien, chem. Stoff zum Hervorrufen einer bestimmten Reaktion.

Reagenzglas, ℧ Probierglas.

Reagenzpapier, ℧ mit Indikator imprägniertes Papier.

reag'ieren [nlat.], eine Rückwirkung ausüben, entgegenwirken, eine chemische Reaktion eingehen.

Reakt'anz [lat.] die, **Blindwiderstand,** der Wechselstromwiderstand eines verlustfreien Energiespeichers (Kondensator, Spule). **Reaktanzröhre,** →Blindröhre.

Reaktion [lat.], 1) Gegenwirkung, Gegendruck, Rückschlag. 2) Physiologie und Psychologie: die Antwort auf einen Reiz. 3) ℧ stofflicher Umwandlungsvorgang. 4) Politik: das Streben nach Rückkehr zu überholten, veralteten Anschauungen und Einrichtungen.

Reaktion'är, Anhänger der →Reaktion 4), Rückschrittler. Eigw. **reaktionär.**

Reaktionsharze, flüssige Kunstharze, die nach Zumischung von Härtern und Beschleunigern unlösl. Massen bilden; verwendet bes. als Zweikomponenten-Systeme bei Klebstoffen (**Reaktionskleber**) und Lacken (**Reaktionslacke**).

Reaktionswärme, die Wärmemenge, die bei einer chem. Reaktion je Mol entsteht oder verbraucht wird.

reaktiv'ieren [frz.], wieder in eine Tätigkeit (einen Dienst) einsetzen.

Re'aktor der, 1) in der chem. Technik ein Apparat, in dem chem. Reaktionen in techn. Maßstab ablaufen (je nach Form Türme oder Kolonnen genannt). 2) **Kern-R., Atommeiler, Uranbrenner, Atombrenner,** Anlage zur geregelten Erzeugung von Wärme, radioaktiver Strahlung und radioaktiver Isotope durch Einleitung und Aufrechterhaltung von Kernspaltungen in großtechn. Umfang. Das Erzeugnis, auf dessen Gewinnung das Hauptgewicht gelegt wird, bestimmt einen R. als **Leistungs-R.** (Wärme), **Forschungs-R.** (Strahlung u. a.) Der Spaltstoff im Kern (**Core**) eines R. ist so bemessen, daß der eingeleitete Kernspaltungsprozeß sich, ähnlich einer Verbrennung, selbst aufrechterhalten kann (**Kettenreaktion**). Als Spaltstoff eignen sich Uran 235, Uran 233, Uran 238 und Plutonium 239; benutzt wird meist Uran 235, angereichert in gewöhnl. Uran. Die bei jeder Kernspaltung entstehenden schnellen Neutronen werden durch geeignet angeordnete **Bremsstoffe** oder **Moderatoren** (Graphit, leichtes oder schweres Wasser, Beryllium) auf die der Wärmebewegung der Atome entsprechende Geschwindigkeit abgebremst

(**thermische R.**). Die überschüssigen Neutronen treffen z. B. auf Kerne des Uranisotops 238 und wandeln diese in spaltbare Plutoniumkerne um: der R. brütet neuen Spaltstoff aus. R., bei denen die Spaltungen vorwiegend durch schnelle Neutronen ausgelöst werden, heißen **schnelle R.;** sie haben geringe Absorption im Bereich hoher Energie, also gute Neutronenökonomie und eignen sich besonders als **Brut-R.,** kurz **Brüter.** Die durch die Kernspaltung erzeugte Wärme wird als Nutzwärme oder auch (bei Forschungs-R.) als unerwünschtes Nebenprodukt nach außen abgeführt. Die Kühlsysteme, die dies leisten, bilden ein wesentliches Merkmal der verschiedenen R.-Typen. Nach dem Brennstoff unterscheidet man **Uran-** und **Thorium-R.,** nach dem Moderator **Graphit-, Schwerwasser-** und **Leichtwasser-R.,** nach dem Kühlsystem **wassergekühlte Druckwasser-, Siedewasser-, gasgekühlte Hochtemperatur-R.** Im homogenen **R.** ist der Spaltstoff homogen verteilt, meist als Uranylsulfat in schwerem Wasser, das zugleich als Brennstoff und Kühlmittel dient. Im **heterogenen R.,** z. B. alle Leistungs-R., ist der Brennstoff heterogen in einzelnen Brennstäben verteilt. Der ausgereifteste Typ ist der Druckwasser-R.; er ist die Energiequelle aller bisher erbauten Atomschiffe. Alle R. haben ein verwickeltes Regelsystem (in den Kern versenkbare, neutronenabsorbierende Stäbe u. dgl.) sowie Meßgeräte, Sicherungen, Strahlenschutzeinrichtungen. Forschungs-R. besitzen Kanäle, durch die Stoffproben in den R.-Kern gebracht und den dort herrschenden starken Strahlungen (Neutronen-, Gamma-, Beta-, Röntgenstrahlen) ausgesetzt werden, und Strahlrohre, durch die Strahlungen austreten können. - Aus 1 g reinem Uran werden als Wärmeenergie rund 23 000 kWh. Der Wirkungsgrad der Kraftanlage beträgt etwa 25%, so daß aus 1 g natürl. Uran rund 6000 kWh elektr. Nutzleistung gewonnen werden können. (Tafel S. 1006)

re'al [lat.], 1) sachlich, dinglich. 2) stofflich. 3) wirklich, wahrhaft.

Re'al del Oro, →El Oro.

Re'al|enzyklopädie, Enzyklopädie.

Realg'ar der, rotes, glänzendes Mineral, chemisch Arsensulfid.

Re'algewerberecht, ein mit einem Grundstück verbundenes Recht (→Privileg) zum Ausüben eines bestimmten Gewerbes (z. B. Fischereigerechtigkeiten).

Re'algymnasium, →Realschule.

Re'alien Mz., 1) Tatsachen. 2) Gegenstände als Quellen der Wissenschaft. 3) ältere Bezeichnung für die Unterrichtsfächer Mathematik, Naturwissenschaften, Erdkunde und Geschichte ('Sachfächer').

Re'alinjurie, ⚖ eine →Beleidigung.

realis'ieren, verwirklichen, ausführen; verkaufen, in Geld umwandeln.

Real'ismus [zu real], 1) wirklichkeits-

nahe, sachliche Einstellung oder Darstellung. 2) eine der beiden Grundrichtungen des abendländ. Denkens, der Gegenpol zum neuzeitl. Idealismus. Der ontolog. R. vertritt den Bestand einer nach Beschaffenheit und Bestehen vom Bewußtsein unabhängigen Wirklichkeit. Diese wird als materielle (Materialismus) und ideelle (Ideal-R.: Platonismus, Aristotelismus) aufgefaßt. Im Gegensatz zur neuzeitl. Bedeutung bezieht sich der Begriff der Realität im letzteren Fall auf das Wesen der Dinge, nicht auf die konkrete Existenz. Der Ideal-R. wird fortgesetzt vom Begriffs-R. der Scholastik (Thomismus), nach dem den allgemeinen Begriffen (das Eine, das Wahre usw.) eine Wirklichkeit zukommt. Der erkenntnistheoret. R., der mit dem ontolog. verknüpft sein kann, behauptet die Möglichkeit der Erkenntnis einer bewußtseinsunabhängigen Wirklichkeit. 3) in der Literatur die Wiedergabe des Tatsächlichen. Hauptblütezeit des R. wurde das 19. Jahrh. In ihm wurde R. die Bezeichnung einer literar. Epoche, die etwa durch Goethes Tod und die ausgehende Romantik einerseits und den Naturalismus andrerseits begrenzt ist. Der 'sozialist. R.', die Darstellung der Wirklichkeit im Sinne der marxistisch-leninistischen Ideologie, ist in den kommunistisch beherrschten Ländern von der Partei geforderter literar. Stil.

Real'ist, 1) Anhänger des Realismus. 2) der sachliche Mensch. **realistisch,** wirklichkeitsnah, naturgetreu; derb alltäglich.

Realit'ät die, Wirklichkeit, das tatsächlich Gegebene.

re'aliter [lat.], in Wirklichkeit.

Re'alkapital, die Produktionsanlagen eines Unternehmens.

Re'alkonkurrenz, ⚖ die Verletzung mehrerer Strafgesetze oder die mehrfache Verletzung desselben Strafgesetzes durch mehrere selbständige Handlungen (**Tatmehrheit**). Gegensatz: Idealkonkurrenz. Die R. führt bei Verwirkung mehrerer Freiheitsstrafen durch Erhöhung der schwersten Strafe zu einer Gesamtstrafenbildung (§§ 74 ff. StGB.).

Re'alkredit, ein dinglich oder rechtlich besonders gesicherter Kredit. **Re'alkreditinstitute, Boden-, Grund- und Immobilienkreditinstitute** gewähren langfristige R.

Re'allast, ⚖ die Belastung eines Grundstücks in der Weise, daß aus dem Grundstück an den Berechtigten wiederkehrende Leistungen (z. B. Rente) zu entrichten sind (§§ 1105 ff. BGB.).

Re'allexikon, Sachwörterbuch, →Enzyklopädie.

Re'allohn, Realeinkommen, der Lohn nach seiner Kaufkraft bemessen.

Re'alpolitik, eine von den realen Gegebenheiten bestimmte Politik.

Re'alrechte, ⚖ dingliche, mit einem Grundstück verbundene Rechte (z. B. Grunddienstbarkeiten).

Re'alschule, in der Bundesrep. Dtl. seit 1964 die einheitl. Bezeichnung für Sekundarschulen (vorher Mittelschule), die mit der zehnten Klasse abschließen und eine über die Hauptschule hinausgehende allgemeine Bildung vermitteln. - In der Schweiz entspricht den R. die Sekundarschulen, in Österreich die Hauptschulen.

Re'alschullehrer, →Lehrer.

Re'alsteuer, →Ertragsteuer.

Re'alteilung, die Besitzteilung.

Re'alunion, eine Staatenverbindung, in der zwei Staaten nicht nur personell, sondern auch verfassungsrechtlich durch Gemeinsamkeit leitender Institutionen dauerhaft verbunden sind (z. B. Österreich-Ungarn 1867-1918).

Re'alwert, der wirkliche Wert einer Sache, z. B. bei einer Münze der Metallwert.

R'ea S'ilvia, röm. Mythos: die Mutter von Romulus und Remus.

R'e|eassekuranz die, die →Rückversicherung.

Réaumur [reom'yr], René-Antoine Sei-

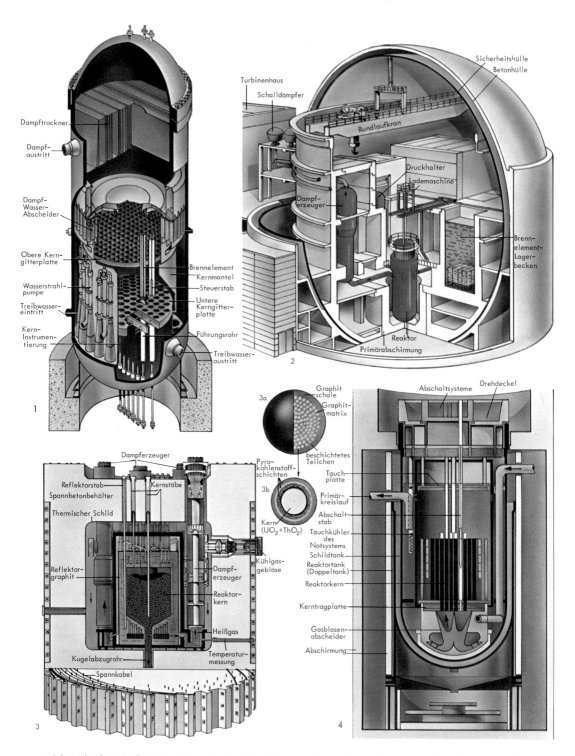

1 Dampftrockner
Dampf-austritt
Dampf-Wasser-Abscheider
Obere Kern-gitterplatte
Wasserstrahl-pumpe
Treibwasser-eintritt
Kern-Instrumen-tierung
Brennelement
Kernmantel
Steuerstab
Untere Kerngitter-platte
Führungsrohr
Treibwasser-austritt

2 Turbinenhaus
Schalldämpfer
Sicherheitshülle
Betonhülle
Rundlaufkran
Druckhalter
Lademaschine
Dampf-erzeuger
Brenn-element-Lager-becken
Reaktor
Primärabschirmung

3 Dampferzeuger
Reflektorstab
Spannbetonbehälter
Kernstäbe
Thermischer Schild
Reflektor-graphit
Kugelabzugrohr
Spannkabel
Dampf-erzeuger
Reaktor-kern
Heißgas
Temperatur-messung
Kühlgas-gebläse
Kern (UO$_2$+ThO$_2$)

3a Graphit-schale
Graphit-matrix
beschichtetes Teilchen

3b Pyro-kohlenstoff-schichten

4 Abschaltsysteme
Drehdeckel
Tauch-platte
Primär-kreislauf
Abschalt-stab
Tauchkühler des Notsystems
Schildtank
Reaktortank (Doppeltank)
Reaktorkern
Kerntragplatte
Gasblasen-abscheider
Abschirmung

1 *Schnitt durch ein Siedewasser-Reaktor-Druckgefäß mit Einbauten (Kernkraftwerk Würgassen).* **2** *Schnitt durch den Sicherheitsbehälter eines Druckwasser-Reaktors (Kernkraftwerk Biblis).* **3** *Schnitt durch den Spannbetonbehälter des gasgekühlten Thorium-Hochtemperatur-Reaktors Uentrop; a Brennstoffkugel, b Beschichtete Teilchen (Coated Particles).* **4** *Schnitt durch den natriumgekühlten Schnellbrüter-Reaktor SNR 300 (Kernkraftwerk Kalkar)*

gneur de, franzöz. Technologe und Biologe, * 1683, † 1757, führte die 80teilige Gradeinteilung für das Thermometer ein, verbesserte die Stahlerzeugung, lieferte wertvolle Beiträge zur Insektenkunde.

R'ebbach, R'ebbes [hebr.] *der,* Gaunersprache: Gewinn, Nutzen.

Rebe, 1) Schößling, Zweig des Weinstocks, der Weinstock selbst und seine Gattung. **2)** andere Pflanzen, z. B. Dolden-R., Jungfern-R., Wald-R.

Reb'ekka, A. T.: Frau Isaaks, Mutter von Esau und Jakob.

Reb'ell [lat.] *der,* Aufrührer. **Rebelli'on,** Aufruhr. **rebell'ieren,** sich auflehnen, empören.

Rebhuhn, ein 28-30 cm langes erdfarbenes Feldhuhn; Bodenbrüter.

Rebhun, Paul, Dichter, * um 1500, † 1546, geistliche Schauspiele nach antiken Mustern (,Hochzeit zu Cana Galileae', 1538).

Reblaus, ein zur Familie der Zwergläuse gehörendes Insekt, ursprüngl. aus N-Amerika, gefährlicher Weinbaugroßschädling. Als Wurzelläuse saugen die ungeflügelten Weibchen an den feinen Wurzeln des Weinstocks und erzeugen hier Anschwellungen, die später faulen. Befallene Weinstöcke sterben ab. Bekämpfung: Beseitigung der befallenen Rebpflanzungen, Züchtung widerstandsfähiger (immuner) Reben, Desinfektion des Bodens.

Reboux [rəb'uː], Paul, eigentlich P.-Henri Amillet, franzöz. Schriftsteller, * 1877, † 1963, Romane, Parodien.

Rebre'anu, Liviu, rumän. Schriftsteller, * 1885, † (Selbstmord) 1944; psychologisch-realistische Romane.

Rebstecher, sehr schädlicher, bis zentimeterlanger, grüner oder blauer Rüsselkäfer, dessen Weibchen Weintriebe anbohrt und deren Laub mit Eiern belegt.

R'ebus [lat.] *das,* Bilderrätsel.

Récamier [rekamj'e], Julie, geb. Bernard, * 1777, † 1849, geistvolle und schöne Frau, deren Salon Mittelpunkt der Gegner Napo-

Rebhuhn

Madame Récamier, Gemälde von F. Gérard, 1802 (Paris, Musée Carnavalet)

leons war; 1811-14 aus Paris verbannt; R. wurde die Bez. einer Liegebank im Directoire-Stil.

Rechaud [rəʃ'o, frz.] *das,* Wärmeplatte (für Speisen) für den Tisch.

Rechenanlage, Computer, programmgesteuerte Rechenmaschine, ein meist elektr. oder elektron. Rechengerät, mit dem umfangreiche Rechnungen nach einem von Fall zu Fall eingegebenen Programm selbsttätig ausgeführt werden können (,Elektronenge-

hirn'). Das **Programm** steuert den Ablauf aller Funktionen der R.; es besteht aus einer Folge von Befehlen und Zahlen, beide meist im reinen Dualsystem oder buchstaben- und ziffernweise nach einem nur 2 Zeichen (O und L) enthaltende Code verschlüsselt. Zum Aufstellen des Programms muß die Aufgabe in verständliche Anweisungen zerlegt werden (programmieren). Das Programm wird durch Lochkarten oder Magnetbänder des **Eingabewerks** in das **Speicherwerk** gegeben. Von dort werden die einzelnen Rechenbefehle, Zahlen usw. vom **Kommandowerk** abgerufen und in das Rechenwerk geleitet; den Gesamtablauf steuert ein Taktgeber. Das **Rechenwerk** führt ähnlich wie die gewöhnl. Rechenmaschine die vier Grundrechnungsarten aus, allerdings beträchtlich schneller, z. B. bis zu 1 Mill. vollständige Rechenoperationen in 1 sec. Teilergebnisse werden in das Speicherwerk zurückgegeben, von wo sie je nach Programmfolge erneut abgerufen und in anderen Operationen im Rechenwerk weiterverarbeitet werden usw. Das Endergebnis gelangt nochmals in das Speicherwerk und von dort in das **Auslieferungswerk,** wo es auf Lochkarten oder Magnetbänder übertragen oder mit Fernschreibern weitergeleitet oder mit Schnelldruckern unmittelbar niedergeschrieben wird. - Die Zusammenstellung eines Programms erfordert oft erhebliche Mühe und Zeit, so daß man heute bemüht ist, das **Programmieren** durch Anwendung von ,Programmiersprachen' so stark zu vereinfachen, daß es mittels einfacher Hilfsprogramme von der R. zum Teil selbst ausgeführt werden kann. Durch zusätzl. Einrichtungen kann man einer R. schließlich ,Entscheidungsfähigkeit' verleihen, indem man im Programm selbst die automatische Abänderung des Programms vorsieht, sobald ein Zwischenergebnis bestimmten Bedingungen genügt (,lernende R.'). Obwohl solche Möglichkeiten bisher nur geringe praktische Anwendungen finden, wird ihnen im Rahmen der →Kybernetik hohe theoret. Bedeutung beigemessen. - Hauptbenutzer von R. sind wissenschaftl. Institute, Banken, Versicherungen, kaufmänn. Großbetriebe, Verwaltungsstellen und andere Einrichtungen, bei denen große Zahlenmengen, die ständigen Veränderungen unterliegen, dauernd überschaubar gemacht werden sollen. (Bild S. 1008)

Rechengetriebe, Getriebe zum Ausführen von Rechenoperationen in mathemat. Geräten.

Rechenmaschine, Tischrechenmaschine, eine mechan. oder elektr. Einrichtung für kürzere Zahlenrechnungen; die Eingangswerte werden eingetastet, die Ergebnisse abgelesen oder gedruckt. Elektr. Tisch-R. haben zur Eingabe eine Zehnertastatur, zur Ausgabe der Ergebnisse eine Zifferanzeige mit Glimmröhren oder mit einem Kathodenstrahl-Bildschirm (Sichtgerät), selten ein Druckwerk. Die Rechenoperationen werden in digitalen →Rechen-

anlagen als schnelle Folge einfacher Teiloperationen (seriell) ausgeführt; den Programmablauf bestimmt der Benutzer durch Drücken der Rechenoperationstasten, Unterprogrammsteuerungen z. B. für Quadratwurzelberechnung, und mehrere Zwischen- und Endergebnis-Register erweitern die Arbeitsmöglichkeiten gegenüber mechan. R. beträchtlich.

Rechenscheibe, scheibenförmiger Rechenschieber.

Rechenschieber, Rechenstab, Gerät zum Multiplizieren, Dividieren, Potenzieren und für verwandte Rechnungen. Grundlage bilden logarithm. Teilungen, die auf dem Körper des R. und der darin verschiebbaren Zunge angebracht sind. Zum Multiplizieren werden die logarithm. Strecken aneinandergefügt, zum Dividieren mit übereinstimmendem Endpunkt zur Deckung gebracht. Die gebräuchl. R. besitzen ferner quadrat. und kub. Teilungen u. a.

Rechenzentrum, Datenverarbeitungszentrum, öffentl. Dienstleistungsbetriebe oder zentraler Organisationsteil eines Instituts oder Wirtschaftsunternehmens, der umfangreiche Berechnungen mit einer →Rechenanlage erledigt.

Recherche [rəʃ'ɛrʃ, frz.] *die,* Ermittlung. **recherch'ieren,** ermitteln, nachforschen.

Rechnung, Wirtschaft: Aufstellung über eine Geldforderung für eine Warenlieferung oder sonstige Leistung.

Rechnungsabgrenzung, in der Buchführung die zeitliche Abgrenzung in der Ergebnisrechnung; **Rechnungsabgrenzungsposten,** Posten der Bilanz. Durch die **transitorischen Posten** werden im alten Geschäftsjahr Zahlungen ausgewiesen, die die folgende Rechnungsperiode betreffen (im voraus gezahlte oder vereinnahmte Miete), die **antizipativen Posten** umfassen noch zu leistende Zahlungen für die vergangene Rechnungsperiode (Umsatzsteuer, Telephon).

Rechnungseinheit, Abk. **RE,** Einheit, in der Preise und Werte ausgedrückt werden; im allgemeinen die Währungseinheit, bei Geldwertschwankungen eine von dieser unabhängige Einheit.

Rechnungsgeld, Zahlungen, die nicht mit Bargeld, sondern durch Übertragung von Buchforderungen beglichen werden.

Rechnungshof, →Bundesrechnungshof.

Rechnungsjahr, 1) Haushaltjahr, der Zeitraum, für den der Haushaltplan gilt; in der Bundesrep. Dtl. seit 1. 1. 1961 das Kalenderjahr. **2)** das Geschäftsjahr.

Rechnungslegung, ⚖ die Vorlage einer Zusammenstellung der Einnahmen und Ausgaben, die sich bei einer Verwaltung ergeben; sie ist für Vormünder, Pfleger

Rechenmaschine für die vier Grundrechnungsarten (elektrisch angetrieben): a verschiebbarer Schlitten mit siebenstelligem Umdrehungszählwerk und fünfzehnstelligem Ergebniswerk, b Volltastenfeld für zehnstellige Zahlen, c Wahltastenreihe, auf der die Multiplikatorziffern eingetastet werden, d Funktionstasten zum Steuern der Maschinenbewegung

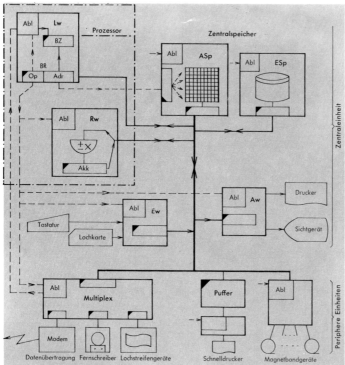

Digitale Rechenanlage: Beispiel des Grundaufbaus einer mittelgroßen Anlage mit einigen Ein- und Ausgabegeräten. —— Datenwege, --- Steuerwege, ▰ Register. Lw Leitwerk, Abl Ablaufsteuerung, BZ Befehlszähler, BR Befehlsregister, Op Operationsteil, Adr Operandenteil (Adresse), Rw Rechenwerk, Akk Akkumulator, ASp Arbeitsspeicher, ESp Ergänzungsspeicher, Ew Eingabewerk, Aw Ausgabewerk

(§§ 1890, 1915 BGB.) u. a. vorgeschrieben. Der Umfang der Rechnungslegungspflicht ist gesetzlich festgelegt (§§ 259 f. BGB.).

Rechnungswesen, Abteilung der Unternehmen, umfaßt Buchführung, Kostenrechnung, Teile des Planungswesens und der Betriebsstatistik.

Recht, 1) im objektiven Sinn: die Rechtsordnung als Gesamtheit der Rechtssätze, die in bindender Weise das Gemeinschaftsleben regeln. **2)** im subjektiven Sinn: der Anspruch, der sich im Einzelfall für eine Person aus der Rechtsordnung ergibt. - Das R. kann entstehen entweder durch förmliche Rechtssetzung (geschriebenes R.) oder durch Gewohnheitsrecht. Dieses sog. positive R. (im Unterschied hierzu das →Naturrecht) wird in Dtl. in die beiden großen Gruppen des öffentlichen R. und des Privatrechts eingeteilt. Ferner werden unterschieden: das materielle R., die Vorschriften über Entstehung und Veränderung von R., und das formelle R., die Vorschriften über das Verfahren zur Durchführung des materiellen R. Von der Sitte unterscheidet sich das R. durch seinen zwingenden Charakter.

Rechte *die* **1)** im Parlament die - vom Präsidentenplatz aus gesehen - auf der rechten Seite des Saales sitzenden Parteien, meist die Konservativen. **2)** in einer Partei der Flügel mit gemäßigteren oder konservativen Zielen. **3)** Boxen: **rechte Gerade** und **rechter Haken,** entsprechend →Linke.

Recht|eck, Parallelogramm mit 4 rechten Winkeln.

Rechtfertigung, 1) in der evang. Theologie die Grundlehre der Reformatoren, die Lehre von der R. allein aus dem Glauben auf Grund des Römerbriefes. Danach vermag der Mensch von sich aus nichts, um das durch die Sünde gestörte Verhältnis zu Gott wiederherzustellen. In dem ihm von

Gott aus freier Güte geschenkten Glauben nimmt der Mensch Gnade und R. an. **2)** nach kath. Lehre verläuft die R. des Sünders in einem durch Gottes Gnade eingeleiteten Prozeß, auf Grund dessen dann Gott ihm das heiligmachende eingegossene Gnade aus freier Güte schenkt und zugleich die Sünden vergibt.

Rechtlosigkeit, im älteren Recht die Unfähigkeit, Träger von Rechten und Pflichten zu sein, z. B. im röm. Recht die R. der Sklaven, im altgerman. Recht die der Unfreien, der Geächteten (→Acht).

Rechtsanwalt, ⚖ ein Jurist, der als unabhängiges Organ der Rechtspflege dazu berufen ist, Verteidiger, Beistand oder Bevollmächtigter in allen Rechtsangelegenheiten zu sein und vor Gerichten, Landgerichten oder Behörden aufzutreten. Der R. muß durch die Landesjustizverwaltung zugelassen werden; Voraussetzung hierfür ist seine Fähigkeit zum Richteramt. - Seit 1. 8. 1959 gibt es in der Bundesrep. Dtl. eine Bundesrechtsanwaltsordnung (BRAO), zuletzt geändert durch Ges. v. 10. 9. 1971. Die R. sind in **Rechtsanwaltskammern** (→Anwaltskammer) organisiert.

Rechtsbehelf, ⚖ die von der Prozeßordnung einem Beteiligten gewährte Möglichkeit, eine gerichtl. Entscheidung erneut überprüfen zu lassen, z. B. durch →Einspruch; auch →Rechtsmittel.

Rechtsbeistand, Rechtskonsulent, ⚖ jemand, dem vom zuständigen Landgerichtspräs. (Rechtsberatungsges. v. 13. 12. 1935) die geschäftsmäßige Besorgung fremder Rechtsangelegenheiten gestattet ist.

Rechtsbeugung, ⚖ die vorsätzliche Gesetzesverletzung durch einen Beamten oder Schiedsrichter bei der Leitung oder Entscheidung einer Rechtssache zugunsten oder zum Nachteil einer Partei. Freiheitsstrafe bis zu 5 Jahren (§ 336 StGB.).

Rechtsbücher, im MA. private Darstellungen dt. Rechtssätze und Gewohnheiten, erlangten z. T. gesetzesähnliches Ansehen (z. B. der Sachsenspiegel).

Rechtschreibung, Orthographie, die Regelung der Schreibweise durch Buchstaben und Satzzeichen. Da zwischen Sprachlaut und Schrift nie volle Übereinstimmung erreichbar ist, treten in allen Sprachen Rechtschreibprobleme auf.

Rechtsdenkmäler, Rechtsaufzeichnungen (Urkunden; Siegel) und sonstige Überbleibsel des Rechtslebens der Vergangenheit (Folterwerkzeuge, Richtstätten).

Rechtsfähigkeit, die Fähigkeit, Träger der in der Rechtsordnung vorgesehenen Rechte und Pflichten zu sein. Rechtsfähig ist jeder Mensch von vollendeter Geburt an (§ 1 BGB.) bis zum Tode, ferner jede juristische Person.

Rechtsfrage, die Frage, ob auf einen feststehenden Tatbestand eine Rechtsvorschrift anwendbar ist.

Rechtsgebiet, der räuml. Geltungsbereich einer Rechtsquelle. Staatsgebiet und R. fallen nicht immer zusammen.

Rechtsgeschäft, eine Willenserklärung, mit der der Erklärende einen bestimmten rechtl. Erfolg herbeiführen will. Das R. ist das wichtigste rechtl. Mittel der Selbstgestaltung des individuellen Lebens (Privatautonomie). Man unterscheidet einseitige und zweiseitige R., je nachdem die Willenserklärung einer Person (z. B. Kündigung) oder die übereinstimmende Erklärung mehrerer Personen (Vertrag) erforderlich ist; entgeltliche (z. B. Kauf) und unentgeltliche R. (z. B. Schenkung); formlose und formbedürftige; dingliche, die eine unmittelbare Rechtsänderung zur Folge haben (z. B. Eigentumsübertragung) und obligatorische R., die nur eine schuldrechtliche Verpflichtung begründen.

Rechtsgeschichte, die Wissenschaft vom Recht der Vergangenheit und vom Werdegang der verschiedenen Rechtsordnungen.

Rechtsgrund, →Causa.

Rechtshängigkeit, der prozessuale Zustand, der mit der Klageerhebung im Zivilprozeß eintritt. Die R. führt u. a. zur Unterbrechung der Verjährung.

Rechtshilfe, Art der Amtshilfe, richterl. Hilfeleistung (z. B. Zeugenvernehmung) durch ein anderes als das Prozeßgericht.

Rechtsinstitut, ein Lebensverhältnis, das von der Rechtsordnung allgemeinverbindlich geregelt ist (z. B. Eigentum, Ehe).

Rechtskirche, die Kath. Kirche, deren Bekenntnis und Hierarchie nach ihrer Ansicht durch göttl. Recht begründet ist.

Rechtskonsulent, der →Rechtsbeistand.

Rechtskraft, die Endgültigkeit von Rechtsentscheidungen. Man unterscheidet die **formelle R.,** mit der die Entscheidung unanfechtbar wird, und die **materielle R.,** die das Gericht und die Parteien an die Entscheidung bindet. In bestimmten Fällen gibt es eine Durchbrechung der Rechtskraftwirkung (z. B. durch Wiederaufnahme des Verfahrens).

Rechtsmängel, die Mängel, die sich auf den Rechtszustand eines Vertragsgegenstandes beziehen; sie können zur →Mängelhaftung führen.

Rechtsmißbrauch, die unzulässige Ausübung eines Rechts. Ein R. liegt z. B. dann vor, wenn die Ausübung des Rechts nur den Zweck hat, einem anderen Schaden zuzufügen (**Schikane,** § 226 BGB.).

Rechtsmittel, →Rechtsbehelf, der den Eintritt der Rechtskraft hemmt (Suspensiveffekt) und das Verfahren von der unteren Instanz zur höheren führt (Devolutiveffekt). R. sind die Beschwerde, Berufung und Revision.

Rechtsnachfolge, Sukzession, der Übergang von Rechten und Pflichten von einer Person auf eine andere. Man unterscheidet →Einzel- und Gesamtrechtsnachfolge.

Rechtsnorm, Rechtssatz, eine zur Regelung des Gemeinschaftslebens erlassene Vorschrift (z. B. Gesetze, Rechtsverordnungen, Staatsverträge, autonome Satzungen).

Rechtspflege, die Ausübung der Gerichtsbarkeit durch dazu berufene Organe.

Rechtspfleger, ein Beamter des gehobenen Justizdienstes, der bestimmte richterl. Aufgaben im Vormundschafts-, Nachlaß-, Grundbuch-, Vollstreckungswesen u. a. selbständig und mit richterl. Unabhängigkeit erledigt; geregelt im Rechtspfleger-Ges. v. 5. 11. 1969, geändert durch Ges. v. 27. 6. 1970 und v. 10. 9. 1971.

Rechtsphilosophie, ein Zweig der Philosophie, der sich mit Sinn und Zweck, Ursprung und Geltung des Rechts beschäftigt. Bedeutende Rechtsphilosophen des 20. Jahrh. sind u. a. Stammler, Binder, Radbruch.

Rechtspositivismus, eine Richtung der Rechtsphilosophie, die im Gegensatz zum Naturrecht das Recht mit dem in einem Staat tatsächlich (‚positiv‘) geltenden Normen gleichsetzt und seine Rechtfertigung in der staatlichen Macht sieht.

Rechtsprechung, Anwendung der Gesetze auf den Einzelfall durch die Gerichte.

Rechtsquelle, die Grundlage für einen Rechtssatz, z. B. ein Gesetz.

Rechts-Rechts-Ware, Textilkunde: die →Ränderware.

Rechtsschulen, 1) Schulen für Rechtsunterricht, bes. berühmt im MA. z. B. die R. von Pavia und Bologna. **2)** Richtungen innerhalb der Rechtswissenschaft, im MA. z. B. die Glossatoren und Postglossatoren.

Rechtsschutzversicherung, Versicherung gegen die Kosten eines Rechtsstreits.

Rechtssoziologie, der Zweig der Rechtswissenschaft, der das Recht in seiner gesellschaftlichen Wirkung und im Zusammenhang mit anderen gesellschaftlichen Tatsachen und Vorgängen erforscht.

Rechtssprichwörter, die in sprichwortähnlichen Fassung gebildeten Rechtssätze, die sich dem Volk leicht einprägen (z. B. Augen auf, Kauf ist Kauf).

Rechtsstaat, ein Staat, in dem die Staatstätigkeit durch die Rechtsidee bestimmt sowie durch die Rechtsordnung begrenzt ist und in dem die Rechtsstellung der Verbände wie der einzelnen durch Rechtsgarantien gesichert ist.

Rechtsstreit, der →Prozeß.

Rechtssubjekt, Träger der allgemeinen →Rechtsfähigkeit.

Rechtssymbole, german. Recht: Handlungen oder Gegenstände, die einen Rechtsakt veranschaulichen.

Rechtstitel, →Titel.

Rechtsverordnung, die →Verordnung.

Rechtsverweigerung, die Ablehnung der pflichtmäßigen Amtsausübung durch ein angerufenes Gericht. Gegen die R. gibt es die Dienstaufsichtsbeschwerde.

Rechtsvorbehalt, Reservation, der Vorbehalt bei einem Rechtsgeschäft, z. B. der Eigentumsvorbehalt.

Rechtsweg, der Begriff für die Zuständigkeit der Gerichte. Das angerufene Gericht hat zunächst über die Zulässigkeit des R. zu entscheiden.

Rechtswidrigkeit, der Verstoß einer Handlung oder Unterlassung gegen die Ver- oder Gebote des Rechts.

Rechtswissenschaft, Jurisprud′enz die, die systemat. und begriffl. Durchdringung und Auslegung des geltenden Rechts (Dogmatik); im weiteren Sinn umfaßt die R. auch Rechtsphilosophie, -geschichte, -soziologie und -politik. In diese Zweige greift die **vergleichende R.** ein, die die verschiedenen Rechtsordnungen miteinander vergleicht.

Rechtszug, die →Instanz.

Recife [res′ifi, brasilian.-portug.], früher **Pernambuco,** Hauptstadt des brasilian. Bundesstaates Pernambuco, mit 1,195 Mill. Ew., kath. Erzbischof; Universitäten, Institute, Bibliotheken u. a. Bedeutendste Hafen-, Handels- und Industriestadt NO-Brasiliens; Zucker-, Textil-, Möbel- u. a. Industrie.

R′ecipe [lat.], nimm! (auf Rezepten), meist **Rp.** abgekürzt.

Reck das, Turngerät: waagerechte Stahlstange zwischen zwei Haltestangen, höher oder tiefer einstellbar.

Recke, Held, Krieger.

Recke, Elisabeth (Elisa) von der, geb. Reichsgräfin von Medem, Schriftstellerin, * 1756, † 1833, war an der Entlarvung Cagliostros beteiligt, versammelte auf Schloß Löbichau bei Altenburg Schriftsteller und Künstler um sich.

Recklinghausen, Stadt in Nordrh.-Westf., zwischen Emscher und Lippe, 125 600 Ew.; Hafen am Rhein-Herne-Kanal; Steinkohlenbergbau, Maschinen-, Metall-, chem. und Textilindustrie; Ruhrfestspiele; Volkssternwarte.

Reck-Malleczewen [-tʃ′eːvən], Friedrich, Schriftsteller, * 1884, † (KZ Dachau) 1945; Romane; ‚Tagebuch eines Verzweifelten‘ (1947).

Recknitz die, Küstenfluß zur Ostsee, mündet in den Saaler Bodden, 82 km lang.

Reclam, Anton Philipp, Verlagsbuchhändler, * 1807, † 1896, eröffnete 1828 in Leipzig das ‚Literar. Museum‘ (Leihbibliothek; Lesezirkel); aus dem der Verlag Philipp R. jun. und ‚Reclams Universal-Bibliothek‘ (gegr. 1867) hervorgingen.

Reconquista [rekɔnk′ista, span. ‚Wiedereroberung‘] die, der nationale und religiöse Kampf der Bevölkerung der Pyrenäenhalbinsel gegen die Mauren im Mittelalter, beendet 1492 mit dem Fall Granadas.

Recorder [rik′ɔːdə, engl.], Gerät zur magnet. Aufzeichnung auf Tonbändern, aber auch zur magnet. oder mechan. Aufzeichnung auf Platten.

r′ecte [lat.], richtig, recht.

R′ector [lat.], der →Rektor.

Rectum [lat.] das, der Mastdarm (→Darm).

Redakteur [-′œːr, aus frz.], in der Schweiz **Redaktor,** in Dtl. auch **Schriftleiter,** Verlagsangestellter oder angestellter Journalist, der Beiträge zu Sammelwerken u. a. redigiert, Mitglied einer **Redaktion.**

Redaktionsgeheimnis, das →Pressegeheimnis.

Red′aktor [lat.], in der Schweiz der →Redakteur; allgemein: Herausgeber eines wissenschaftl. Werkes.

Redefreiheit, →Meinungsfreiheit.

Redekunst, griech. **Rhetorik,** die Kunst der (öffentl.) Rede, zugleich die Lehre von den Wegen, die zur Redevollkommenheit führen. Die R. will durch Überzeugen Meinungswandel oder Handlung auslösen, während der Vortrag versucht, ein Thema zu klären. Über die R. im Antike →Rhetor. Im Mittelalter zählte die R. zu den Freien Künsten. In der Gegenwart suchen Schule und Erwachsenenbildung die Fertigkeit zur freien Rede, bes. in der Diskussion, zu entwickeln.

Redemptor′isten, Congregatio Sanctissimi Redemptoris, abk. **CSSR,** 1732 von A. M. de Liguori gestiftete kath. Priesterkongregation für die Seelsorge, bes. für Volksmission. Seit 1731 gibt es auch einen weibl. Zweig (**Redemptoristinnen**).

Rederijkers [-rɛ:dərəkərs], seit etwa 1400 bes. in den südl. Niederlanden wirkende Dichter von Meistersängerart.

R′edi, Francesco, italien. Arzt und Schriftsteller, * 1626, † 1698, Leibarzt der Großherzöge von Toskana, als Sprachforscher Mitarbeiter am Wörterbuch der Accademia della Crusca; Gedichte.

redigieren [lat.], einen Schriftsatz überarbeiten, druckfertig machen.

Redingote [rədɛ̃g′ɔt, frz.] die, leicht taillierter Mantel oder Mantel.

Rediskontierung, →Diskont.

rediv′ivus [lat.], wiedererstanden, erneut.

Rednitz die, Fluß in Mittelfranken, aus der Schwäb. und Fränk. Rezat gebildet, von der Mündung der Pegnitz bei Fürth an meist **Regnitz** genannt.

Redon [-ɔ̃], Odilon, französ. Maler, * 1840, † 1916, mit den Symbolisten befreundet,

versuchte, einer visionären Traumwelt Ausdruck zu geben.

Redondilla [-d′iʎa ‚Rundreim‘] die, span. Strophe aus vier achtsilbigen Versen; Reimordnung abba oder ab ab.

Redoute [rəd′uːt, frz.] **1)** geschlossene Veranstaltung für geladene Gäste; im 19. Jahrh. Ball besonderer Art, z. B. Maskenball. **2)** früher ein trapezförmiges Festungswerk.

Redouté [rədut′e], Pierre-Joseph, französ. Zeichner, * 1759, † 1840, schuf botanisch getreue Pflanzenzeichnungen.

Redox-System, Oxydations-Reduktions-System, ein System aus Oxydations- und Reduktionsmitteln, dessen chem. Gleichgewicht sich nach dem Massenwirkungsgesetz einstellt.

Red River [red r′ivə, engl. ‚Roter Fluß‘], **1)** rechter Nebenfluß des Mississippi, 2040 km lang, kommt aus Texas. **2) R. R. of the North,** Zufluß des Winnipegsees, 1200 km lang.

Réduit [redy′i, frz.] der oder das, Festungsbau: das bes. starke innerste Werk.

Reduktase [lat.] die, ein in roher Milch enthaltenes Enzym, wird bei Erhitzung zerstört, dient zur Unterscheidung von roher und gekochter Milch.

Reduktion [lat.], **1)** Zurückführung auf Einfacheres oder Grundsätzliches. **2)** △ Zerlegung in nicht weiter zerlegbare Teile. **3)** ♁ Entfernung von Sauerstoff aus Verbindungen, auch Einführung von Wasserstoff. **4)** Physik, Astronomie: Befreiung der Beobachtungswerte von Fehlern und Beziehung auf Vergleichsgrößen.

Reduktionsteilung, Reifeteilung, Mei′ose, zwei aufeinanderfolgende Kernteilungen, die bei der Befruchtung entstehende Verdoppelung des Chromosomensatzes wieder rückgängig machen.

Reduktionszirkel, Zirkel mit verstellbaren Schenkellängen zum Übertragen von Strecken in einen anderen Maßstab.

Redund′anz [lat.] die, Weitschweifigkeit, überflüssiger Informationsinhalt der Nachrichtenübermittlung.

Reduplikation [lat. ‚Verdoppelung‘] die, Grammatik: die Wiederholung von Silben als Mittel der Wort- und Formenbildung, z. B. Mama, Papa.

reduzieren [lat.], zurückführen (auf Einfacheres), vermindern.

Redwitz, Oskar Freiherr von, Schriftsteller, * 1823, † 1891; vaterländ.-romant. Gedichte, Dramen, Romane.

Reed [riːd], Sir Carol, engl. Filmregisseur, * 1906; ‚Der dritte Mann‘ (1949).

Reede, der geschützter Ankerplatz vor einer Küste (Bucht, Flußmündung).

Reeder, der Eigentümer eines Schiffes, das dem Erwerb dient. Im Binnenschiffahrtsrecht heißt er **Schiffseigner.**

Reederei, Schiffahrtsunternehmen eines oder mehrerer (Mit-, Parten-) Reeder. Es gibt **Linien-** und **Tramp-Reedereien.**

re′ell [frz.], **1)** wirklich, tatsächlich. **2)** zuverlässig, geschäftlich anständig.

re′elle Zahlen, die rationalen und die irrationalen Zahlen.

Reemtsma, H. F. & Ph. F. R. (KG.), Hamburg, gegr. 1910, seit 1936 jetziger Name; Holdinggesellschaft des größten Unternehmens der westdt. Zigaretten-Ind. (Marktanteil 1971: 41%).

Reep das, Tau, Schiffstau. **Reeperbahn, 1)** Seilerbahn. **2)** Vergnügungsviertel in Hamburg. **Reepschläger,** Seiler.

REFA, Abk. für den 1924 gegr. Reichsausschuß für Arbeitszeitermittlung, seit 1936 Reichsausschuß für Arbeitsstudien, seit 1948 Verband für Arbeitsstudien, REFA e. V., Sitz Darmstadt.

Ref′aktie [niederländ.], ein Abzug im Warenhandel, z. B. wegen Schadhaftigkeit; auch geheime Rückvergütung.

Refekt′orium [lat.] das, Speisesaal eines Klosters, am Kreuzgang gelegen, meist gegenüber der Kirche.

Refer′at [lat.] das, Berichterstattung, Vortrag; Bearbeitungsgebiet.

Referend'ar [lat.], der im Vorbereitungsdienst für die höhere Beamtenlaufbahn stehende Anwärter (Gerichts-, Studien-R.).

Refer'endum [lat.] *das*, -s/...da, der →Volksentscheid.

Refer'ent [lat.], der Berichterstatter, Sachbearbeiter.

Refer'enz [frz.] *die*, Empfehlung; auch Person oder Stelle, bei der man Auskunft über den Empfohlenen einholen kann.

refer'ieren [lat.], berichten, vortragen.

reffen, die Segelfläche verkleinern.

Refinanzierung, Geldbeschaffung eines Kreditgebers bei Mangel an Eigenmitteln, z. B. durch Beleihung von Wertpapieren bei der Notenbank.

Refinanzierungspolitik, Geldpolitik: die Einwirkung der Notenbank auf die Bankliquidität durch Variation von Diskont- und Lombardsatz sowie der Rediskontkontingente.

Reflation [lat.], die Korrektur einer Deflation durch Mittel der Geldpolitik, bes. Kreditausweitung.

reflekt'ieren [lat.], **1)** zurückwerfen, zurückstrahlen. **2)** seinen Sinn auf etwas richten, z. B. auf den Erwerb einer Sache (Reflektant). **3)** über etwas nachdenken.

Refl'ektor, **1)** Lichttechnik: Vorrichtung an Leuchten zum Zurückwerfen des Lichtes, z. B. Spiegel bei Scheinwerfern. **2)** Funktechnik: Drahtgeflecht oder Metallfläche in Hohlspiegelform hinter Antennen, erhöht deren Richtwirkung. **3)** Kerntechnik: ein Neutronen ,reflektierender' Mantel um einen Reaktor zur Verbesserung von dessen Neutronenökonomie.

Refl'ex *der*, **1)** Optik: von einem beleuchteten, spiegelnden Körper zurückgeworfener Schein. **R.-Minderung**, Herabsetzung der Reflexion an Linsenoberflächen durch interferenzerzeugende dünne Schichten. **2)** bei Menschen und Tieren: eine auf einen bestimmten Reiz hin regelmäßig eintretende, im allgemeinen von Willen und Bewußtsein unabhängige Aktion. Bei jedem R. wird die Sinneserregung im Sinnesnerv zum Rückenmark, zum verlängerten Mark oder zum Hirnstamm geleitet, wo die Umschaltung auf efferente zu Muskeln oder Drüsen als Erfolgsorganen führende Nerven stattfindet. Die R. werden eingeteilt, z. B. nach ihrer Bedeutung (z. B. Abwehr-R.); nach der Herkunft des auslösenden Reizes (z. B. Eigen-R. aus dem Körperinnern); nach der Entstehungsweise (natürliche und →bedingte Reflexe).

Reflexion [lat.], **1)** Nachdenken, Betrachten, insbes. über Grundfragen **2)** Physik: Zurückwerfung von Strahlen (Wellen) an Grenzflächen zwischen zwei Medien. Bei der **regulären R.** ist der Einfallswinkel gleich dem R.-Winkel; einfallender, reflektierter Strahl und Flächensenkrechte liegen in einer Ebene (**R.-Gesetz**). Licht wird im allgemeinen nicht vollständig reflektiert, sondern teilweise gebrochen. Beim Übergang von Licht aus einem optisch dünneren in ein optisch dichteres Medium wird stets nur ein Teil des Lichtes reflektiert. Beim Übergang aus einem dichteren (z. B. Wasser) in ein dünneres Medium (z. B. Luft) gilt dies nur bis zu einem bestimmten größten Einfallswinkel; bei größeren Einfallswinkeln wird das Licht vollständig reflektiert (**Total-R.**).

reflex'iv [lat.], **1)** zurückwirkend. **2)** Grammatik: rückbezüglich. **Reflexivpronomen** *das*, rückbezügliches Fürwort.

Reflexolog'ie, die Lehre von den →bedingten Reflexen.

Reflexschaltung, Funktechnik: eine Schaltung zur gleichzeitigen Verwendung einer Röhre zur Hoch- und Niederfrequenzverstärkung.

Reflexzone, ein Abschnitt des Körpers, dessen innere Organteile und dessen äußere Bedeckung aus demselben Segment des Rückenmarks und denselben Ganglien mit Nerven versorgt werden.

Ref'orm [lat.] *die*, Verbesserung, planmäßige Umgestaltung.

Reformanstalten, früher Reformgymnasien und Reformrealgymnasien, die in der Unterstufe statt Latein eine neuere Fremdsprache lehrten.

Reform'atio in peius [lat.] *die*, 🜲 die Abänderung einer gerichtlichen Entscheidung in höherer Instanz zum Nachteil des Anfechtenden; sie ist verboten im Zivilprozeß ohne Anschlußantrag des Anfechtungsgegners, im Strafprozeß, wenn nur der Angeklagte ein Rechtsmittel einlegt.

Reformation [lat.], **1)** innere Umgestaltung. **2)** die durch Luther ausgelöste kirchlich-religiöse Bewegung. Die Ursachen der R. waren die Krise des Papsttums im 14. und 15. Jahrh. (Schisma), die Überspannung des päpstl. Herrschaftsanspruchs und kirchl. Mißstände, die Kritik des Humanismus am geistl. Stande u. a.

Die R. begann mit Luthers Veröffentlichung der 95 Thesen gegen den Ablaßhandel (Tetzel) in Wittenberg am 31. 10. 1517; sie ergriff große Teile des dt. Volkes; 1521, auf dem Wormser Reichstag, trat Luther dem Kaiser gegenüber. Vorübergehend berührten sich andere Kräfte mit der R. (→Hutten, →Sickingen, →Bauernkrieg); Luther lehnte jeden gewaltsamen Umsturz ab und bewahrte den religiösen Kern der R., deren Träger nunmehr die Landesfürsten wurden. Auf dem Reichstag zu Speyer protestierten 1529 die Fürsten und Städte, die sich zur R. bekannten, gegen die Majorisierung in Glaubensdingen (Protestanten). Auf dem Augsburger Reichstag legten sie 1530 die Augsburgische Konfession vor. Es kam zur religiösen Spaltung der Nation. Die Protestanten schlossen sich 1531 im →Schmalkaldischen Bund zusammen, und Karl V. mußte die R. anerkennen, die in den Ländern mit Ausnahme Bayerns und der geistl. Fürstentümer durchgeführt wurde; evangelische Landeskirchen entstanden, der Landesherr trat als Notbischof an die Spitze der Kirche seines Landes. Nachdem schon 1525 der Ordensstaat Preußen in ein weltl. Herzogtum umgewandelt worden war, standen jetzt auch dessen geistl. Gebiete vor der Säkularisierung. Selbst in Österreich drang die R. ein. Karl V. konnte jedoch im Schmalkaldischen Kriege die protestant. Fürsten in der Schlacht bei Mühlberg 1547 niederwerfen. Das vom Augsburger Reichstag 1548 beschlossene Interim sollte einen Ausgleich in der Glaubensfrage vorbereiten, doch widersetzte sich ihm das Volk. Gleichzeitig erhoben sich die Fürsten gegen die Steigerung der kaiserl. Macht und erzwangen den Augsburger Religionsfrieden (1555). In ihm wurde die Augsburgische Konfession reichsrechtlich anerkannt; der Landesherr (nicht der Untertan) erhielt das Recht der freien Religionswahl; die geistl. Fürstentümer wurden in ihrem Besitzstand gesichert. Damit war die religiöse Spaltung Dtl.s endgültig bestätigt,

wenn auch die Kath. Kirche in der Gegenreformation wieder Boden gewann.

Außerhalb Dtl.s errang die lutherische R. volle Erfolge in Dänemark, Norwegen, Island und Schweden, sie gelangte auch nach Finnland und Livland. In England wurde die R. von Heinrich VIII. durchgeführt und erhielt in der Anglikanischen Kirche eine eigene Form. Ein selbständiger Typ entstand auch in der Schweiz, →Reformierte Kirchen.

Reformationsfest, evangel. Fest zum Gedächtnis der Reformation, am 31. 10. oder am Sonntag danach begangen.

Reformhaus, Fachgeschäft, das gesundheitsfördernde, nicht apothekenpflichtige Waren führt.

reform'ieren [lat.], erneuern, umgestalten.

Reformierte Kirchen, die von Zwingli und Calvin begründete evangel. Kirchengemeinschaft, ausgehend von der Schweiz, wo in Zürich die Reformation seit 1522 durch Zwingli, in Genf seit 1536 durch Calvin durchgeführt wurde.

Lehre und Verfassung: Gottesdienst und Leben sind schlicht und prunklos; an die Stelle der bischöfl. Verfassung tritt die Presbyterial- und Synodalverfassung. Der Hauptunterschied zwischen reformierter und lutherischer Lehre betrifft das Abendmahl. Luther lehrt die wirkliche Gegenwart Christi in Brot und Wein. Für Zwingli sind Brot und Wein Sinnbilder für Leib und Blut; für Calvin ist Christus beim Abendmahl geistig gegenwärtig. Die Prädestinationslehre ist in den R. K. zunächst streng festgehalten worden.

Geschichte: Der Versuch Philipps von Hessen, einen Ausgleich zwischen den Auffassungen des Abendmahls bei Luther und Zwingli zu erreichen, scheiterte (Marburger Religionsgespräch, 1529). Nach Luthers Tod näherte sich Melanchthon Calvins Lehre, die seit 1560 in Dtl. größere Verbreitung fand. Reformiert wurden die Kurpfalz, Baden, Bremen, das niederrhein. Gebiet, Anhalt, Hessen, Lippe, Brandenburg. Erst seit 1817 kam es in vielen Gebieten Nord- und Mitteldeutschlands zu einer Union zwischen Reformierten und Lutheranern (→Landeskirchen).

Der Calvinismus gewann Boden in W-Europa: Niederlande, Schottland (John Knox), auch England (Puritaner), Frankreich (Hugenotten); ferner in Polen, Ungarn und Amerika. Einen Zusammenschluß der meisten (nicht der dt.) reformierten Kirchen bildet seit 1875 die ,Presbyterianische Allianz'; seit 1921 als **Reformierter Weltbund**. 1970 schloß sich der Reformierte Weltbund mit dem Internationalen Kongregationalistenrat zum **Weltbund der Reformierten Kirchen** zusammen.

Reformkatholizismus, eine katholische Reformbewegung vor dem 1. Weltkrieg, hielt im Unterschied zum Modernismus in ihrer wissenschaftl. Arbeit und ihren Reformbestrebungen an der Bindung zur Kirche fest.

Reformkleidung, eine Mode nach 1900, die bei größter Einfachheit gute Hautatmung und Bewegungsfreiheit ermöglichen sollte.

Reformkonzilien, die spätmittelalterl. Kirchenversammlungen von Pisa (1409), Konstanz (1414-18), Basel (1431-37 und 1449) und Ferrara-Florenz-Rom (1438 bis 1445), die zur Beseitigung des abendländischen Schismas und der kirchlichen Mißstände einberufen wurden.

Refrain [rǝfr'ɛ̃, frz.] der, Kehrreim.

refrakt'är [lat.], unempfänglich.

Refraktion [lat.], Brechung von Licht, bes. von Gestirnen in der Erdatmosphäre.

Refraktom'eter [grch.-lat.] *das*, opt. Instrument zur Bestimmung der Brechzahl opt. Körper, oft unter Benutzung von Totalreflexion oder Interferenzerscheinungen.

Refr'aktor [lat.], Linsenfernrohr, meist für astronomische Zwecke.

Réfugiés [refyʒj'e, frz. ,Flüchtlinge'], die

Reflexion: **A** reguläre R. **B** R. von Licht beim Übergang aus Wasser in Luft; **1** Einfallswinkel kleiner als Grenzwinkel: normale Brechung. **2** Einfallswinkel = Grenzwinkel (g): der gebrochene Strahl verläuft in der Wasseroberfläche. **3** Einfallswinkel größer als Grenzwinkel: Totalreflexion

bes. nach der Aufhebung des Edikts von Nantes (1685) aus Frankreich ausgewanderten Reformierten (→Hugenotten).

Ref'ugium [lat.] *das*, Zufluchtsort.

refüs'ieren [frz.], verweigern, abschlagen; Pferdesport: ein Hindernis verweigern.

Rega *die*, Küstenfluß der Ostsee, in Hinterpommern, 188 km lang.

Reg'al *das*, 1) Büchergestell, Warenbord. 2) Register aus Zungenpfeifen mit verkürzten Schallbechern, in alten Orgeln. 3) kleine Orgel von hellem, durchdringendem Klang; im 16.-18. Jahrh. verbreitet.

Reg'alien [lat.], *Ez. Regal das*, im MA. die urspr. dem König vorbehaltenen (servitium regis), später an den Landesherrn gelangten nutzbaren Hoheitsrechte, bes. Zoll-, Münz- und Marktrechte. Sie leben in den öffentlich-rechtl. Monopolen fort.

Reg'alienfeld, Wappenkunde: leeres rotes Feld als Zeichen des Blutbanns.

Reg'atta *die*, -/...tten, sportl. Wettbewerb auf dem Wasser (Ruder-, Kanu-, Segel-, Motorboot-R.).

Regel, 1) Richtschnur, Norm, Vorschrift. 2) →Menstruation.

Regelation, Wiedergefrieren des Wassers zu Eis, das durch Druck zum Schmelzen gebracht wurde.

Regel de tri, →Dreisatz.

regelmäßige Körper, die fünf von kongruenten, regelmäßigen Vielecken begrenzten Körper: **Tetraeder** mit 4 gleichseitigen Dreiecken, **Würfel (Hexaeder)** mit 6 gleichs. Vierecken (Quadraten), **Oktaeder** mit 8 gleichs. Dreiecken. **Dodekaeder** mit 12 gleichs. Fünfecken, **Ikosaeder** mit 20 gleichs. Dreiecken.

Regelung, natürliche oder technische Vorgänge so beeinflussen, daß ihr ungestörter Ablauf mit möglichst geringen Schwankungen gewährleistet wird. Die einfachste techn. R. nimmt der Mensch mit der Hand vor. 1) Technik: Der Wirkungsablauf einer **selbsttätigen R.** geht in einem geschlossenen **Regelkreis** vor sich, der aus der **Regelstrecke** und dem **Regler** besteht. Der Regler mißt mit einem Fühler (z. B.

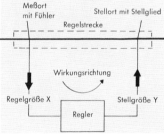

Regelung: Regelkreis

Thermoelement) am Meßort die einzuhaltende **Regelgröße** (z. B. Temperatur). Weicht diese wegen einer **Störgröße** (z. B. Einbringen kalten Gutes) vom Sollwert ab, liegt also eine **Regelabweichung** vor, so wirkt der Regler mit seiner **Stellgröße** (z. B. Luftdruck) auf ein **Stellglied** (z. B. Gasventil) ein. Jeder Regler regelt nur die Größe, die er mißt. Im Beispielsfall müßte daher ein zweiter Regler als **Folge-R.** die Klappen für die Verbrennungsluft einstellen. - Nach der Hilfskraft unterscheidet man mechan., hydraul., pneumat., elektr. Regler. 2) Biologie: Physiolog. Prozesse wie Herzschlag, Atembewegungen, Hormonausschüttung und physiolog. Zustände wie Körpertemperatur, Blutdruck, Kohlendioxid-(CO_2-)Gehalt des Blutes werden durch Regelkreismechanismen konstant gehalten. Der tatsächliche CO_2-Gehalt wird durch CO_2-Rezeptoren, die u. a. in der Wand der Halsschlagader sitzen, gemessen und über Nervenleitungen an das

Regensburg: Stadtkern mit Dom und Steinerner Brücke

Atemzentrum im Verlängerten Mark gemeldet. Dort wird die eingehende Meldung mit dem Sollwert für die CO_2-Konzentration verglichen, und die Atembewegungen werden je nach Differenz beider Werte gesteuert: bei zu hohem CO_2-Gehalt werden sie verstärkt, bei niedrigem CO_2-Gehalt gedämpft.

Regen, die häufigste Form des Niederschlags mit einem Tropfendurchmesser von 0,5-5 (selten 7) mm, entsteht bei Abkühlung wasserdampfhaltiger Luft, tritt in Abstufungen von nässendem Nebel über Nieseln, Landregen bis zu Platzregen (Schauer) und Wolkenbrüchen auf.

Regen *der*, Nebenfluß der Donau, aus dem Böhmerwald (Quellflüsse: **Schwarzer, Weißer R.**), mündet bei Regensburg, 184 km lang.

Regenbogen, farbiger leuchtender Bogen von etwa 42° Halbmesser **(Haupt-R.)**, oft begleitet von einem lichtschwächeren Bogen von 51° Halbmesser **(Neben-R.)**, der entsteht, wenn die im Rücken des Beobachters stehende Sonne eine Regenwolke oder -wand vor ihm bescheint. Beim Haupt-R. liegt Violett innen, Rot außen, beim Neben-R. umgekehrt. Ursache sind Brechungen und Reflexionen der Sonnenstrahlen in den einzelnen Regentropfen.

Regenbogenhaut, die Iris des Auges.

Regenbogenpresse, Wochenendzeitschriften, ursprüngl. im Zeitungsformat in buntfarbigem Rotationsdruck; heute im Illustriertenformat im Tiefdruckverfahren.

Regenbogenschüsselchen, kleine schüsselförmige Goldmünzen donau-, alpenländ. Kelten des 2. u. 1. Jahrh. v. Chr.

Régence-Stil [re3'ãs], in der französ. Kunst zur Zeit der Regentschaft Philipps v. Orléans (1715-23) der Übergangsstil vom Louis-Quatorze (Barock) zum Louis-Quinze (Rokoko).

Regener, Erich, Physiker, * 1881, † 1955, untersuchte kosm. Ultrastrahlung und die Stratosphäre.

Regeneration [lat.], Wiedererzeugung. ☽ ⊕ Ersatz verlorengegangener Organe oder Organteile, entweder von im Lebensvorgang abgenutzten Teilen: z. B. Hauterneuerung, Nachwachsen der Nägel, Neubildung der Geweihe (Restitution) oder Neubildung nach Verletzung: Eidechsenschwanz, Wundverschluß bei Bäumen u. a. (Reparation). Beim Menschen: R. aller Gewebe und Organe des Körpers, so Haut, Darmschleimhaut, Nägel, Haare, Drüsenzellen, Blut, Knochen, z. T. Nerven.

Regenerativgasfeuerung, eine Umschaltfeuerung zum Vorwärmen von Gas und Luft (auf 1000°-1200° C) für Industrieöfen durch Ausnutzen der Abgaswärme.

Regenmesser, Niederschlagmesser, ein meist zylindrisches Gefäß zum Auffangen der tägl. Niederschläge, die nach mm Wasserhöhe (=1 pro m²) bestimmt werden.

Regenpfeifer, zur Ordnung der Watvögel gehörig, mit kurzem, geradem Schnabel. Der **Sand-R.**, lerchengroß, oben braun, unten weiß, lebt an den Küsten N-Europas; der **Gold-R.** ist von der Tundra bis N-Dtl. anzutreffen.

R'egens [lat.], der geistliche Leiter eines kathol. Priesterseminars.

Regensburg, Stadt in Bayern, 130 900 Ew., Brücken- und Umschlagplatz an der Donau; chem., elektrotechn., Leder-, Nahrungs-, Genußmittel- u. a. Ind. Schiffswerften, Maschinenbau, Univ., Pädag. Hochschule. R., eine bedeutende mittelalterl. Stadt, hat viele alte, teilweise vorkaroling. Bauten und bedeutende Kirchen; u. a. den got. Dom St. Peter (1275 bis 1525), Kirche des ehem. Benediktinerstifts St. Emmeram, Schottenkirche (12. Jahrh.); Rest des Herzogshofs (13. Jahrh.), Steinerne Brücke (12. Jahrh.), got. Rathaus mit dem Reichssaal (14./15. Jahrh.). - R., auf dem Boden der röm. Standlagers Castra Regina, war 6.-13. Jahrh. Sitz der baier. Herzöge. Bonifatius gründete 739 das Bistum R. Nach 788 war R. karoling. Pfalzort, dann Residenz des ostfränk. Reiches, 907 bis Mitte 13. Jahrh. Hauptstadt des Hzgt. Bayern. 1. Hälfte 13. Jahrh. Reichsstadt. R. war bis zum späten MA. der bed. Handelsplatz SO-Dtl.s. 1663-1806 tagte in R. der Immerwähr. Reichstag. 1803 kamen Stadt u. Hochstift als Fürstentum an den Kurerzkanzler K. Th. von Dalberg, 1810 an Bayern.

Reg'ent [lat.] *der*, das monarch. Staatsoberhaupt oder der Stellvertreter, der bei Minderjährigkeit, Verhinderung des Staatsoberhauptes u. a. die Regierung führt; oft wird ein Kollegium als **Regentschaftsrat** bestellt.

Reg'entenstück, in der holländ. Malerei des 17. Jahrh. ein Gruppenbild, das die Vorsteher (Regenten) einer Gilde oder wohltätigen Einrichtung darstellt.

Regenversicherung erstattet die durch Verregnen (z. B. im Urlaub, Sport) entstandenen Vermögensschäden; 1972 in der Bundesrep. Dtl. nicht betrieben.

Gold-Regenpfeifer

Regenwald, artenreicher, immergrüner Wald der inneren Tropen.

Regenwürmer, zu den Wenigborstern gehörende Familie der Gürtelwürmer; ihr Körper besteht aus vielen Gliedern, die auf der Bauchseite Borsten zur Fortbewegung tragen. Außer Pflanzen fressen die R. humusreiche Erde und sorgen für Umarbeitung und Krümelung des Bodens. Der **Große R.** wird 36 cm lang.

Regenzeit, 1) die Jahreszeit vorherrschender Regenfälle. **2)** die →Pluvialzeit.

Reger, 1) Erik, eigentl. Hermann **Dannenberger,** * 1893, † 1954, nach dem 2. Weltkrieg Hg. des ,Berliner Tagesspiegels'. **2)** Max, Komponist, * 1873, † 1916, wurde 1907 Univ.-Musikdirektor und Kompositionslehrer in Leipzig, seit 1914 lebte er in Jena. Er verband die kontrapunktische Mehrstimmigkeit, die er im Werk J. S. Bachs fand, mit einer chromatisch erweiterten Harmonik von höchster klangl. Sensibilität und wurde, zwischen Spätromantik und Moderne vermittelnd, ein Wegbereiter für die Musik des 20. Jahrh. - Werke: Orgel: Choralvorspiele, Präludien und Fugen. Orchestermusik: Sinfonietta (1905), Hiller-Variationen (1907), Böcklin-Suite (1913), Mozart-Variationen (1914), Violinkonzert, Klavierkonzert. - Chorwerke, Kammermusik, Klavierwerke, Lieder. (Bild S. 1016)

Reg'esten [lat.], Auszüge aus Urkunden, auch deren gedruckte Verzeichnisse.

Reggio di Cal'abria [r'edʒo-], **1)** Prov. in Süditalien, 3183 km², 598 600 Ew. **2)** Hauptstadt von 1), 167 100 Ew., an der Straße von Messina, Erzbischofssitz.

Reggio nell' Emilia [r'edʒo-], **1)** Prov. in Norditalien, 2291 km², 393 100 Ew. **2)** Hauptstadt von 1), 128 700 Ew., in landwirtschaftlich reicher Umgebung.

Regie [reʒ'i:, frz.] die, Theater: der Aufgabenkreis des Regisseurs: die Einrichtung des Spieltextes (Regiebuch), die Anordnung der Bühnenbilds, die Leitung der Proben bis zur Aufführung. Der Regisseur bestimmt so den Stil der Aufführung. Verwandte Aufgaben hat die R. bei Film, Rundfunk (Hörspiel), Fernsehen.

Regiebetrieb, in der Staats- und Gemeindewirtschaft ein organisatorisch und rechtlich unselbständiger Betrieb (Verwaltungsunternehmen).

reg'ieren [lat.], **1)** herrschen, beherrschen; verwalten, leiten. **2)** Ⓢ →Rektion.

Regierung, im Staate ohne Gewaltenteilung: Herrschergewalt, welche die gesamte Staatsgewalt umfaßt. In gewaltenteilenden Staaten: die oberste, zentrale Exekutivgewalt, umfaßt die leitende polit. Tätigkeit. Zur R. gehören im Verfassungsstaat: Staatsoberhaupt, Gesamtministerium, Einzelminister.

Regierungsakt, justizfreier Hoheitsakt, →Justizfreiheit.

Regierungsbezirk, in der Bundesrep. Dtl. in den Ländern Bad.-Württ., Bayern, Hessen, Ndsachs., Nordrh.-Westf., Rheinl.-Pfalz in Landkreise, kreisfreie Städte (Stadtkreise in Bad.-Württ.) gegliederte höhere staatl. Verwaltungsbezirk, in Bayern und Rheinl.-Pfalz (nur Reg.-Bez. Pfalz) zugleich kommunaler Selbstverwaltungsverband. In Bad.-Württ. wurde die R. bis 1977 durch Regionalverbände ersetzt.

Regierungspräsident, Amtsbezeichnung für den Leiter eines Regierungsbezirks.

Regierungsrat, 1) Amtsbezeichnung für höhere Verwaltungsbeamte; in gehobener Stellung **Oberregierungsrat, Regierungsdirektor. 2)** in vielen schweizer. Kantonen die Regierung und ihre Mitglieder.

Regime [reʒ'i:m, frz.] das, Leitung; Herrschaft; Regierungsform.

Regim'ent [lat.] das, **1)** Herrschaft, Leitung, Regierung. **2)** bis 1945 mittlere Truppeneinheit, geführt vom Regimentskommandeur, gegliedert in Bataillone. Heute Gliederung in Brigaden.

Reg'ina [lat.], Königin; weibl. Vorname.

Regina [ridʒ'ainə], Hauptstadt der Prov. Saskatchewan, Kanada, 139 000 Ew., kath. Erzbischofssitz; Erdölraffinerien, Brauereien, Fleisch-, Mühlen- u. a. Ind.

Regiomont'anus, eigentlich Johann **Müller,** Mathematiker und Astronom, * 1436, † 1476, arbeitete über Zahlentheorie, Algebra, Trigonometrie, Jahreslänge, Planetenbewegungen.

Regi'on [lat.] die, Gegend, Bezirk, Gebiet. **region'al,** die R. betreffend.

Regional'ismus, der Sondergeist (Partikularismus) geschichtl. Landschaften in den roman. Einheitsstaaten des 19. und 20. Jahrh.: in Frankreich (Bretagne, Provence), Spanien (Katalonien, Baskenland), Italien (Sizilien, Sardinien); in der Literatur die Heimatkunstbewegung.

Regional'liga, Fußball: die zweithöchste Spielklasse in der Bundesrep. Dtl. (seit 1963); es gibt 5 R. mit Vertragsspielern.

Regionalverbände, Verwaltungs- und Planungseinheiten in Bad.-Württ. (ab 1. 1. 1973).

Regisseur [reʒisˈœːr, frz.], Spielleiter, der Leiter der →Regie.

Reg'ister [lat.] das, **1)** ein Verzeichnis, bes. ein amtlich geführtes über bestimmte rechtl. Tatbestände, z. B. das Straf-R., Standes-R., Grundbuch, Vereins- und Handels-R. **2)** in Büchern: Sach-, Namensverzeichnis. **3)** Orgel: eine Stimme, d. h. eine Reihe verschieden großer Pfeifen gleicher Bauart und Klangfarbe. **4)** Tonlage der menschlichen Stimme, z. B. Bruststimme, Falsett. **5)** in Reiheneinrichtungen ein Speicher für eine Angabe oder Zahl, z. B. Ergebnis-R., Multiplikator-R.

registered [r'edʒistəd, engl.], in ein Register (bes. Patentregister) eingetragen, oft gesetzlich geschützt.

Registermark, auf Reichsmark lautende, vom Stillhalteabkommen von 1931 und vom Kreditabkommen von 1933 erfaßte inländ. Guthaben ausländ. Gläubiger, die nur im Inland verwendet werden durften.

Registertonne, Reg.-T., RT, Raummaß für Schiffe = 2,8316 m³. **Brutto-R., Br.-Reg.-T., BRT,** der gesamte Schiffsraum. **Netto-R., N.-Reg.-T., NRT,** Nutzraum für Ladung und Fahrgäste.

Registr'ator, Beamter oder Angestellter, der ein Register führt.

Registrat'ur die, bei Firmen und Behörden die Ablage von Schriftstücken.

Registrierballon, unbemannter Ballon mit meteorolog. Schreibgeräten; heute durch die Radiosonde ersetzt.

registr'ieren, verzeichnen, buchen.

Registr'iergeräte, Meßgeräte, die die Meßwerte meist in Abhängigkeit von der Zeit aufzeichnen.

Registrierkasse, Ladenkasse mit Buchungs-, Rechen- und Sicherungseinrichtungen.

Regl'ette die, Buchdruck: schmaler Metallstreifen für den Durchschuß.

Regnitz die, der 68 km lange Unterlauf der →Rednitz.

Regr'eß [lat.] der, der Rückgriff eines haftbar gemachten Erst- auf einen Zweitverpflichteten (z. B. im Wechselrecht); im Recht der Amtshaftung der Rückgriff des entschädigungspflichtigen Staates auf den verantwortlichen Beamten. **regreßpflichtig,** ersatzpflichtig.

Regression [lat.], Rückbewegung. **1)** Geologie: Rückzug des Meeres und damit verbundene Trockenlegung eines Meeresbodens, durch Bewegungen der Erdrinde oder Meeresspiegelschwankungen verursacht. **2)** Psychologie: Rückfall gehemmter Triebe auf unreife, meist kindliche Formen ihrer Befriedigung (S. Freud).

regress'iv [lat.], rückwirkend, zurückgehend.

Regr'essus [lat.] der, Philosophie: der Weg von der Folge zum Grund.

Reguera, Fernández de la R. [reɣ'era], Ricardo, span. Schriftsteller, * 1912, realist. Romane: ,Schwarze Stiere meines Zornes' (1950).

r'egula f'alsi [lat.], ein Verfahren zur Ermittlung von immer besseren Näherungswerten für die Nullstellen einer Funktion.

regul'är [lat.], regelmäßig, regelrecht.

Regul'aren [lat.] Mz., Ordensmitglieder.

Regularkleriker, Klostergenossenschaften ohne Bindung des Klerikers an das Kloster des Eintritts und ohne Chorgebet, z. B. Jesuiten, Kamillianer.

reguläres Kristallsystem, →Kristall.

Regulati'on [lat.], **1)** Ausgleichung, Wiederherstellung der Ordnung. **2)** Biologie: die Aufrechterhaltung des morpholog. und physiolog. Gleichgewichts im Organismus.

regulat'iv [lat.], normbildend, regelnd. **Regulativ** das, regelnde Verfügung, Vorschrift, Verordnung.

Regul'ator [lat.] der, Pendeluhr, meist mit Halbsekundenpendel.

regul'ieren [lat.], regeln, in die richtige Ordnung bringen; einen Fluß begradigen; im Handel: eine Schuld begleichen.

Regulus, Stern 1. Größe, α, im Sternbild des Löwen.

Reh, eine Art aus der Familie Hirsche. Im Sommer ist das Fell (,Decke') rotbraun, mit weißem Fleck am After (,Spiegel'), das

Reh

Winterfell ist graubraun. Die R. leben, bes. im Winter, in Rudeln. Der Bock trägt ein ,Gehörn' (→Geweih). Das weibl. Jungtier heißt **Schmalreh.** Das Muttertier, die **Ricke,** setzt im Mai/Juni 1-2 Junge (Kitze).

Reh'abeam, König von Juda (926-910 v. Chr.), versuchte die Abspaltung der Nordstämme Israels vom Südreich (Juda).

Rehabilitati'on [lat.], **Rehabilitierung, 1)** die Wiederherstellung der Ehre. **2)** im Strafrecht die rechtl. Wiederherstellung des sozialen Ansehens eines Verurteilten. **3)** Sozialmedizin, Sozialhilfe: alle ärztl., sozialpädagog., psycholog. und sozialrechtl. Maßnahmen, um Menschen, die durch Erkrankung, Unfälle oder Katastrophen in ihrer seel. und körperl. Verfassung stark beeinträchtigt sind, wieder in die Lage zu versetzen, sich geistig, gesellschaftlich und wirtschaftlich zu behaupten.

Rehau, Stadt in Oberfranken, Bayern, 10 600 Ew.; Porzellan-, Leder-, Textilind.

Rehberg, Hans, Dramatiker, * 1901, † 1963; histor. und biograph. Stoffe.

Rehe die, Hufverschlag, beim Pferd eine Huflederhautentzündung.

Rehfisch, Hans José, Dramatiker, * 1891, † 1960, 1936-50 in der Emigration. Komödien und Schauspiele: ,Wer weint um Juckenack?' (1924), ,Wasser für Canitoga' (1932).

Rehoboth, Ort im mittleren Südwestafrika mit dem Reservat der **Rehobother Bastaards** (→Bastaards).

Rehpilz, der Habichtschwamm, ein Stachelpilz.

Rehposten, stärkster Flintenschrot, in der Bundesrep. Dtl. verboten.

Reibelaut, ein mit Reibegeräusch an der

Engenstellung artikulierter Dauerlaut (s, f, z).

reiben, spanende Formung: zylindrische und kegelige Bohrungen mit der **Reibahle** feinbearbeiten zur Steigerung der Maßhaltigkeit und Oberflächengüte.

Reibräder, Räder mit glatten Umfangsflächen, die so gegeneinander gepreßt werden, daß durch die entstehende Reibung Kräfte oder Drehmomente übertragen werden können, angewandt z. B. als Wechsel- und Wendegetriebe **(Reibradgetriebe).**

Reibung, bewegungshemmende Kraft bei der Berührung von Körpern **(äußere R.)** oder im Innern von Flüssigkeiten und Gasen **(innere R.,** →Viskosität).
Bei der R. fester Körper unterscheidet man **Gleit-, Roll-** und **Haft-R.** Ihre Erforschung sowie R.- und Verschleißminderung ist Aufgabe der **Tribologie.**

Reibungsbahn, die gewöhnliche Schienenbahn, bei der die Fortbewegung durch Reibung zwischen Rad und Schiene ermöglicht wird. Gegensatz: z. B. Zahnradbahn.

Reibungselektrizität, durch Reiben hervorgerufene entgegengesetzte Aufladung zweier Körper, z. B. Kamm und Haar beim Kämmen.

Reibungsgewicht, das auf die angetriebenen Achsen entfallende Gewicht des Fahrzeugs.

Reibzunge, Radula, eine Leiste mit Zähnchen in der Mundhöhle von Schnecken und Kopffüßern.

Reich das, 1) Gebiet, Bereich, z. B. R. der Natur. 2) R. Gottes. 3) ein nicht scharf abgrenzbarer Name für Großstaaten, vor allem im Altertum (babylon., assyr., pers., ägypt., röm.); auch neuzeitl. Großstaaten (brit., russ. R.); bes. aber auf die dt. Geschichte bezogen: Heiliges Röm. Reich Deutscher Nation, Drittes Reich.

Reichardt, Johann Friedrich, Komponist und Musikschriftsteller, * 1752, † 1814, vertonte Lieder und Singspiele von Goethe, der ihn hoch schätzte; Opern, Oratorien, Kammermusik.

Reichenau, Insel im Untersee (Bodensee), 4,5 km² groß, Gemüsezucht, Fischerei, Fremdenverkehr. Die 724 gegr. Bene-

Insel Reichenau: Niederzell

diktinerabtei war eine wichtige Pflegestätte der frühmittelalterlichen Kultur. Die **Reichenauer Malerschule** (Fresken, Miniaturen) darf um 1000 als bedeutendste Malerschule des Abendlandes gelten.

Reichenau, Walter von, Gen.-Feldmarschall (1940), * 1884, † 1942, Armeeführer im 2. Weltkrieg.

Reichenbach, 1) R. im Eulengebirge, poln. **Dzierżoniów,** Stadt in Niederschlesien, 33 600 (1939: 17 250) Ew.; Textilindustrie. Seit 1945 unter poln. Verwaltung. - 27. 7. 1790 Konvention von R. zwischen Österreich und Preußen.

2) R. im Vogtland, Stadt im Bez. Karl-Marx-Stadt, 28 800 Ew.; Textil- u. a. Industrie, Textilfachschule.

Reichenbach, 1) Carl (geadelt 1839), techn. Chemiker, * 1788, † 1869, entdeckte im Holzteer das Paraffin und Kreosot.
2) Hans, Philosoph, * 1891, † 1953, vertrat den Neopositivismus.

Reichenberg, tschech. L´iberec, Stadt im Kreis Nordböhmen, Tschechoslowakei, 73 500 Ew.; Hochschule für Maschinenbau, botan., zoolog. Garten, Textil- u. a. Ind.

Reichenhall, Bad R., Stadt und Kurort (Solbad) in Oberbayern, an der Saalach, 13 000 Ew.; starke Solquellen, schon seit früh- und vorgeschichtl. Zeit zur Salzgewinnung genutzt. - Roman. Kirche S. Zeno (um 1208 vollendet), gotisch umgebaut.

Bad Reichenhall mit Lattengebirge

Reichenstein, Gipfel im Gesäuse, Ennstaler Alpen, 2247 m hoch.

Reichensteiner Gebirge, poln. **Góry Złoty** oder **Kłodska Góra,** Teil der Sudeten.

Reich Gottes, in Christi Lehre die religiös-sittl. Ordnung der unter der Herrschaft des Willens Gottes in Bruderliebe verbundenen Menschheit, auch die eschatologisch erwartete Herrschaft Gottes.

Reichle, Reichel, Hans, Bildhauer, * um 1570, † 1642, Schüler und Mitarbeiter des Giovanni da Bologna in Florenz. Sein Hauptwerk ist die Bronzegruppe des hl. Michael im Kampf mit Luzifer (1603-06) an der Augsburger Zeughausfassade.

Reichsabgabenordnung, RAO., das dt. Abgabenrecht vom 22. 5. 1931; es enthält u. a. das Steuerverfahren und das Steuerstrafrecht.

Reichsabschied, im Deutschen Reich bis 1806 die Beschlüsse des Reichstags.

Reichsacht, im alten Dt. Reich bis 1806: die Acht durch den Kaiser.

Reichsadel, →Reichsritterschaft.

Reichsadler, →Adler.

Reichsämter, 1) im Dt. Reich bis 1806 die Erz- und Erbämter. **2)** im Dt. Reich 1871 bis 1918 die obersten Reichsbehörden.

Reichsanstalten, die reichsunmittelbaren öffentl. Anstalten im Dt. Reich 1871 bis 1945, z. B. die Reichspost.

Reichsapfel, →Reichskleinodien.

Reichsarbeitsdienst, Abk. **RAD,** der →Arbeitsdienst 1935-45.

Reichsarbeitsgericht, 1926-45 das höchste dt. Gericht in Arbeitsrechtsstreitigkeiten; Sitz beim Reichsgericht, Leipzig.

Reichsarchiv, Archiv des Dt. Reichs zur Verwaltung des Urkunden- und Aktenmaterials des alten Heeres und der Reichsbehörden, 1919 in Potsdam gegr., 1945 von schweren Verlusten betroffen; die Reste gelangten in das Bundesarchiv in Koblenz und das Deutsche Zentralarchiv in Potsdam.

Reichsarmee, das Heer des Dt. Reiches von 1521-1806.

Reichsautobahnen, →Bundesautobahnen.

Reichsbahn, →Deutsche Reichsbahn.

Reichsbank, Deutsche R., 1875-1945 die Zentralnotenbank des Dt. Reichs, Sitz Berlin. →Deutsche Bundesbank, →Deutsche Staatsbank.

Reichsbanner Schwarz-Rot-Gold, 1924 bis 1933 polit. Wehrverband zum Schutze der Weimarer Republik, gegr. von den Sozialdemokraten O. Hörsing und K. Höltermann.

Reichsbehörden, die Behörden, die der Regierung, Verwaltung und Justiz des Dt. Reiches 1871-1945 dienten.

Reichsdeputationshauptschluß, letzter Beschluß der Reichsdeputation (Ausschuß des alten Reichstags) vom 25. 2. 1803. Um die Fürsten für den Verlust der linksrhein. Gebiete an Frankreich (1801) zu entschädigen, wurden fast alle geistl. Fürstentümer und Reichsstädte aufgehoben (→Säkularisation).

Reichsdienststrafhof, die Berufungsgericht bei Dienstvergehen der Reichsbeamten (1937-45), Sitz Berlin; von 1873-1937 **Reichsdisziplinarhof** (Sitz Leipzig) genannt.

Reichserbhofrecht, →Erbhof.

Reichsexekution, im Dt. Reich bis 1806 die zwangsweise vorgenommene Durchführung von Urteilen des Reichskammergerichts. Im Dt. Bund, im Dt. Reich von 1871 und in der Weimarer Rep. hieß sie **Bundesexekution.** In der Bundesrep. Dtl. →Bundeszwang.

Reichsfinanzhof, 1918-45 oberste Spruchbehörde in Steuersachen, Sitz München.

Reichsfiskus, das Dt. Reich als Träger von Vermögensrechten und -pflichten (→Fiskus).

Reichsfluchtsteuer, im Dt. Reich von 1931 bis 1945 von Auswanderern erhoben.

reichsfrei, →reichsunmittelbar.

Reichsfreiherr, im Dt. Reich bis 1806 der durch kaiserl. Brief zum Freiherrn Erhobene.

Reichsfürsten, →Fürst.

Reichsgaue, im nat.-soz. Dt. Reich seit 1939 staatl. Verwaltungsbezirke unter einem Reichsstatthalter, z. B. Sudetenland.

Reichsgericht, von 1879-1945 der höchste dt. Gerichtshof in Zivil- und Strafsachen, Sitz Leipzig.

Reichsgesetzblatt, Abk. **RGBL.,** das amtl. Verkündungsblatt für die Gesetze des Dt. Reiches (1871-1945).

Reichsgraf, im Dt. Reich bis 1806 der durch kaiserl. Brief zum Grafen Erhobene.

Reichsgrundgesetz, 1) die Reichsverfassung. **2)** gewisse grundlegende Reichsgesetze des alten Dt. Reiches bis 1806: Goldene Bulle (1356), Ewiger Landfrieden (1495), Reichskammergerichtsordnung (1555), Westfälischer Frieden (1648), Reichsdeputationshauptschluß (1803).

Reichshofgericht, das →Hofgericht.

Reichshofrat, bis 1806 das neben dem Reichskammergericht bestehende oberste kaiserl. Gericht, gegr. 1498; Sitz Wien.

Reichsins´ignien, →Reichskleinodien.

Reichskammergericht, im Dt. Reich von 1495-1806 neben dem Reichshofrat das höchste Gericht; es wurde durch den Wormser Reichstag von 1495 errichtet, seit 1693 in Wetzlar.

Reichskanzlei, das Büro des Reichskanzlers 1878/79-1945.

Reichskanzler, 1) bis 1806 der Erzbischof von Mainz als Erzkanzler für Dtl. **2)** 1871 bis 1918 der vom Kaiser ernannte einzige Minister des Reiches, zugleich der Vorsitzende des Bundesrats; er leitete die gesamte Verwaltung des Reiches, bes. die Außenpolitik. **3)** 1919-33 der Leiter der Reichsregierung; er wurde vom Reichspräsidenten ernannt und entlassen, war abhängig vom Vertrauen des Parlaments. **4)** 1934-45: nach Hindenburgs Tod vereinigte Hitler das Amt des Reichspräs. mit dem R.

Links Reichskrone, Gold, von der Stirn- zur Nackenplatte 21 cm, wahrscheinlich auf der Reichenau für die Kaiserkrönung Ottos d. Gr. angefertigt, Kreuz um 1000, Bügel von Konrad II. zugefügt. Mitte Zeremonienschwert, Gesamtlänge 108,5 cm, auf der Scheide Goldplatten mit Zellenschmelz, für die Kaiserkrönung Friedrichs II. (1220). Rechts Reichsapfel, 21 cm hoch, Goldblech auf Harzmasse, staufisch.

Reichskartenwerk, die amtl. deutschen Kartenwerke 1:50 000, 1:100 000, 1:200 000, 1:300 000, 1:1 Mill., bis 1945 vom Reichsamt für Landesaufnahme, jetzt als Landeskartenwerke von den Landesvermessungsämtern herausgegeben.

Reichsklein´odien, Krönungsinsignien, im alten Dt. Reich (u. a. Ländern) die symbol. Schmuckstücke bei der Krönung der Herrscher (Krone, Zepter, Reichsapfel), dazu die Reichsheiligtümer (Lanze, Schwerter u. a.); jetzt in der Wiener Hofburg aufbewahrt.

Reichskommissar, im Dt. Reich der Inhaber einer höheren Amtsstelle, der für einen bestimmten, meist zeitlich begrenzten Zweck eingesetzt war (z. B. der R. für die besetzten rhein. Gebiete, R. für Preisüberwachung).

Reichskonkordat, der am 12. 7. 1933 zwischen dem Hl. Stuhl und dem nat.-soz. Dt. Reich abgeschlossene Vertrag über die Rechtsstellung der Kath. Kirche in Dtl. Nach Entscheidung des Bundesverfassungsgerichts (1957) ist das R. gültiges Recht, die Länder sind aber an die Schulbestimmungen nicht gebunden.

Reichskreise, seit 1500 sechs, seit 1512 zehn Bezirke, in die das Deutsche Reich bis 1806 zur Wahrung des Landfriedens, Aufstellung von Truppen, Erhebung von Reichssteuern, Durchführung der Reichspolizeiordnungen eingeteilt war.

Reichskulturkammer, 1933-45 die nat.-soz. Zwangsorganisation der ‚Kulturschaffenden‘, überwacht vom Reichspropagandamin., der zugleich Präs. der R. war.

Reichslande, das Gebiet des Deutschen Reiches bis 1806. **Reichsland Elsaß-Lothringen,** 1871-1918, →Elsaß.

Reichsmarine, die dt. Kriegsmarine 1919 bis 1935.

Reichsmark, Abk. **RM,** Währungseinheit des Dt. Reiches seit 1924, 1 RM = 100 Reichspfennige. Die RM war bis 1931 in Gold oder Devisen einlösbar. Die zunehmende Geldvermehrung als Folge der Kriegsfinanzierung und des Umlaufs von Besatzungsgeld führte zur Entwertung der RM, die 1948 von der Deutschen Mark abgelöst wurde.

Reichsnährstand, unter dem Nat.-Soz. die öffentlich-rechtliche Gesamtkörperschaft der dt. Landwirtschaft.

Reichspartei, →Deutsche Reichspartei.

Reichspatentamt, im Dt. Reich Behörde für Patent-, Muster- und Zeichenwesen (1877-1944); Sitz Berlin.

Reichspost, die Dt. Reichspost, →Post.

Reichspräsident, das Staatsoberhaupt des Dt. Reichs 1919-34; er wurde unmittelbar vom Volk auf 7 Jahre gewählt. Erster R. war Ebert (1919-25), zweiter Hindenburg (1925-34). 1934 vereinigte Hitler das Amt des R. mit dem des Reichskanzlers (‚Führer und Reichskanzler‘).

Reichsrat, 1) im Dt. Reich 1919-34 die Vertretung der Länder bei der Gesetzgebung und Verwaltung des Reiches. **2)** in Bayern 1818-1918 die erste Kammer des Landtags. **3)** im Kaisertum Österreich 1867-1918 das zur gemeinsamen Vertretung der Königreiche und Länder berufene Staatsorgan (Herrenhaus und Haus der Abgeordneten).

Reichsrecht, das Recht des Dt. Reichs im Unterschied zum Recht der einzelnen Länder. Das R. galt es im alten Dt. Reich (bis 1806) und im Dt. Reich seit 1871. Soweit das R. kein nat.-soz. Gedankengut enthält oder ausdrücklich aufgehoben wurde, gilt es in der Bundesrep. Dtl. fort.

Reichsreform, 1) im 15. und 16. Jahrh. die Versuche, die in Auflösung begriffene Reichsverfassung zu erneuern. Den Höhepunkt erreichte diese Bewegung unter Kaiser Maximilian I., getragen von den Reichsständen unter Führung des Mainzer Kurfürsten Berthold von Henneberg. Die Ergebnisse waren gering. **2)** Neuordnungen in der Zeit der Weimarer Republik: Anschluß Coburgs an Bayern (1920), Vereinigung der thüring. Staaten zum Land Thüringen (1920), Anschluß Waldecks an Preußen (1922, 1929). **3)** In der Zeit der nat.-soz. Regierung die Aufhebung der Eigenstaatlichkeit der Länder und die Bildung von Reichsgauen im Zuge der zentralist. Umgestaltung des Reichs.

Reichsregierung, im Dt. Reich die oberste staatsleitende Behörde **(Reichskabinett):** im Kaiserreich nach 1870 der Reichskanzler und die ihm unterstellten Staatssekretäre; in der Weimarer Rep. der Reichskanzler und die ihm gleichgestellten Minister; im nat.-soz. Staat war die R. fast ohne Bedeutung, sie trat seit 1938 nicht mehr zusammen.

Reichsritterschaft, im Dt. Reich bis 1806 der reichsunmittelbare niedere Adel in Süd- und West-Dtl., seit 1422 in Ritterbünden, seit 1577 in drei Ritterkreisen in Schwaben, in Franken und am Rhein zusammengeschlossen.

Reichsschulden, die Verbindlichkeiten, die das Dt. Reich eingegangen war, um damit seine durch regelmäßige Einnahmen nicht gedeckten Ausgaben zu begleichen.

Beim Zusammenbruch 1945 betrugen die R. 379,8 Mrd. RM. Das Umstellungs-Ges. v. 21. 6. 1948 nahm die Reichsverbindlichkeiten von der Umstellung in DM aus; eine nachträgl. Anerkennung und Umstellung ist in der Bundesrep. Dtl. einer gesetzl. Regelung vorbehalten. Ansprüche aus Rückerstattungs-, Reparations- und Demontageschäden werden in dem Allgemeinen Kriegsfolgen-Ges. v. 5. 11. 1957, Teile der Auslandsschulden des Reichs durch das Londoner Schuldenabkommen (1953) oder einzelne Staatsverträge geregelt.

Reichsstädte, Freie R., im alten Dt. Reich bis 1806 die reichsunmittelbaren Städte, meist in SW-Dtl., zeitweise 83 →Freie Städte, →Reichstag 1).

Reichsstände, im Dt. Reich bis 1806 die unmittelbaren Glieder des Reiches, die im →Reichstag 1) Sitz und Stimme hatten.

Reichsstatthalter, im nat.-soz. Dt. Reich ständige Vertreter der Reichsregierung in den dt. Ländern und Reichsgauen, Organ der Gleichschaltung und der Zentralismus. R. war meist der Gauleiter der NSDAP.

Reichsstraßen, nach der R.-Verkehrsordnung 1934 für den durchgehenden Überlandverkehr bestimmte Straßen (1939: 41 600 von 213 400 km Landstraßen); →Bundesstraßen.

Reichstadt, Napoleon Herzog von, einziger Sohn Napoleons I. und der Marie Luise, * 1811, † 1832, von seinem Vater zuerst als König von Rom proklamiert; 1815 dankte Napoleon zu seinen Gunsten ab (Napoleon II.); in Wien erzogen und dort gestorben; 1940 nach Paris übergeführt.

Reichstag, 1) im alten Dt. Reich bis 1806 die neben dem König stehende ständische Körperschaft; entwickelte sich seit dem 12. Jahrh. aus den zunächst formlosen Hoftagen, tagte stets in Reichsstädten, seit 1663 als ständiger Gesandtenkongreß in Regensburg (‚Immerwährender R.‘). Er gliederte sich seit 1489 in drei Kollegien: das Kurfürstenkollegium, den Reichsfürstenrat, das Kollegium der Reichsstädte.

2) Im Dt. Kaiserreich 1871-1918 verkörperte der R. den Gedanken der Einheit des Reichs, doch lag die Fülle der Reichsgewalt beim Bundesrat, während der R. die Ausübung der Gesetzgebung in Gemeinschaft mit dem Bundesrat, die Mitentscheidung über das jährl. Haushaltsgesetz und die Entgegennahme des jährl. Rechenschaftsberichts über die Verwendung der Reichseinnahmen zustanden. Der R. ging aus allgemeinen, gleichen, unmittelbaren und geheimen Wahlen hervor und zählte 397 Mitglieder. Die Wahlperiode betrug zunächst 3, seit 1888 5 Jahre.

3) 1919-33 war in der Weimarer Republik der R. als Vertretung des souveränen Volkes Träger der Reichsgewalt. Gegengewichte lagen in den Rechten des Reichsrats und des Reichspräsidenten. Reichskanzler und -minister bedurften des Vertrauens des R., der es ihnen entziehen konnte, so daß sie zurücktreten mußten.

4) 1933-45 ließ der Nationalsozialismus den R. bestehen, doch nur als Plattform für die Entgegennahme von Regierungserklärungen und als Demonstrationsorgan.

Reichstagsbrand, die Zerstörung des 1884-94 von P. Wallot erbauten Reichstagsgebäudes in Berlin durch Brandstiftung am 27. 2. 1933. Der R. wurde von Hitler benutzt, um die wichtigsten Grundrechte außer Kraft zu setzen. Im R.-Prozeß (Sept. bis Dez. 1933) wurde der niederländ. Kommunist van der Lubbe zum Tode verurteilt; Torgler, Dimitrow u. a. Kommunisten wurden freigesprochen. Indizien sprechen für die Urheberschaft einer nat.-soz. Terrorgruppe. Restlose Aufklärung ist nicht gelungen.

Reichstein, Tadeusz, Chemiker, * Włocławek (Polen) 1897, Prof. in Basel, erhielt für die Isolierung der Nebennierenhormone 1950 den Nobelpreis (mit P. S. Hench und E. C. Kendall).

reichsunmittelbar, reichsfrei, im Dt. Reich bis 1806 die Gebiete und Personen, die dem Kaiser und Reich unmittelbar unterstanden: Landesherren, Reichsstädte, Reichsdörfer, Reichsritter, Reichsbeamte.

Reichsverfassung, 1) im Dt. Reich bis 1806 in den Reichsgrundgesetzen und in allgemeinen Rechtsgrundsätzen niedergelegte staatsrechtl. Ordnung. **2)** der von der Frankfurter Nationalversammlung ausgearbeitete Verfassungsentwurf v. 28. 3. 1849. **3)** die Verfassung des Dt. Kaiserreichs v. 16. 4. 1871; sie war die nur wenig geänderte Verfassung des Norddt. Bundes v. 1867. **4)** die Verfassung der Weimarer Republik v. 11. 8. 1919; sie schuf einen demokratisch-parlamentar. und föderativen Rechtsstaat, der unter der nat.-soz. Herrschaft nach und nach beseitigt wurde, ohne daß formell die Verfassung außer Kraft gesetzt wurde.

Reichsversicherungsordnung, Abk. **RVO,** die Zusammenfassung der Invaliden-, Kranken-, Unfallversicherung v. 19. 7. 1911 mit Neufassungen, nach 1945 bes. durch das Arbeiterrentenversicherungs-Neuregelungs-Ges. v. 23. 2. 1957, daß Unfallversicherungs-Neuregelungs-Ges. v. 30. 4. 1963 sowie die Krankenversicherungs-Änderungs-Ges. v. 27. 7. 1969 und 21. 12. 1970.

Reichsverweser, 1) im Dt. Reich bis 1806 der →Reichsvikar. **2)** das von der Frankfurter Nationalversammlung 1848 gewählte Staatsoberhaupt (Erzherzog Johann). **3)** in Ungarn 1920-44 Admiral N. v. →Horthy.

Reichsvikar, im Dt. Reich bis 1806 der Verwalter der Königsgewalt bei Thronerledigung, Regierungsunfähigkeit oder längerer Abwesenheit des Königs.

Reichswehr, die Wehrmacht des Dt. Reichs 1919-35. Nach dem Versailler Vertrag bestand sie aus freiwilligen Berufssoldaten mit 12jähriger Dienstzeit; das **Reichsheer** durfte 100 000, die **Reichsmarine** 25 000 Mann haben, die Luftwaffe war verboten. Art und Zahl der Waffen waren genau vorgeschrieben.

Reichswerke, vom Dt. Reich (1937-41) gegr. Gesellschaften, bes. die **AG. für Erzbergbau und Eisenhütten,** Berlin. Verwaltungssitz Salzgitter-Drütte, gegr. 1937. Nach 1945 wurden die R. im Zuge der Entflechtung liquidiert.

Reichwein, Adolf, Pädagoge, * 1888, † (hingerichtet) 1944, war am Aufbau der Pädagog. Akademie in Halle beteiligt, gehörte der Widerstandsbewegung an.

Reif der, Niederschlag aus feinen Eisteilchen, die sich auf dem Erdboden und auf festen Körpern aus dem Wasserdampf der Luft bei Kälte statt Tautropfen bilden.

Reifefeier, die →Initiation.

Reifen, 1) ein biegsames Band, das etwas zusammenhält (Dauben des Fasses). **2)** der Teil eines Rades, der die Felge umschließt, bei Holzrädern meist ein Stahl-R., sonst ein Gummi-R. Bes. elastisch sind die **Luft-R.,** die als **schlauchlose R.** luftdicht an der Felge abschließen, sonst aus einem aufblasbaren Schlauch, der von der Decke (Mantel) umschlossen wird, bestehen. Die Lauffläche der Decken ist je nach Verwendungszweck profiliert, auch mit Hartmetallstiften (Spikes) versehen. Im Unterschied zum früher üblichen **Diagonal-R.**

Reifen: Ansicht eines aufgeschnittenen, schlauchlosen Gürtelreifens; a Schulter, b Seitenwand, c Scheuerrippe, d Wulst, e Lauffläche, f Gürtel, g Unterbau (Karkasse), h Innenisolierung, i Tiefbettfelge

hat die Karkasse (Unterbau) des **Gürtel-** oder **Radial-R.** radialen Fadenverlauf; außerdem liegt zwischen Karkasse und Lauffläche eine Verstärkungseinlage (Gürtel).

Reifenberg, Benno, Schriftsteller, * 1892, † 1970, Mithg. der Frankfurter Allgemeinen Zeitung bis 1966; Essayist, Kunsthistoriker.

Reifensteiner Verband, Sitz Goslar, gegr. 1897 zur Ausbildung der weiblichen Jugend in Landfrauenschulen.

Reifeprüfung, die Abschlußprüfung der höheren Schulen, **Abitur,** in Österreich **Matura,** in der Schweiz **Maturität(sprüfung).** Sie kann auch von Nichtschülern (Externen), von Schülern einer Privatschule oder eines Abendgymnasiums abgelegt werden. Der R. entspricht die **Begabtenprüfung** (seit 1952 'Prüfung für die Zulassung zum Hochschulstudium ohne Reifezeugnis') für Hochschulanwärter mit Hauptschul-, meist der Berufsabschluß, mittlerer Reife etc. Zunehmend wird in den einzelnen Bundesländern den Absolventen der Höheren Fachschulen und der Fachhochschulen uneingeschränkter Zugang zu allen Hochschulen eröffnet. Die R. der Mitgliedstaaten des Europarates werden gegenseitig anerkannt.

Reifeteilung, →Reduktionsteilung.

Reifrock, Frauenrock, ähnlich der Krinoline, kam in der 2. Hälfte des 16. Jahrh. auf, bis 18. Jahrh. Modetracht.

Reigate [r'aigit], Stadt in der engl. Grafschaft Surrey, einschl. Redhill 57 600 Ew.

Reigen der, volkstüml. Tanz, mit rhythm. Bewegungen und Gesang.

Reihe, 1) △ eine Folge endlich oder unendlich vieler Glieder, die durch das Zeichen + verknüpft sind ($a_0 + a_1 + a_2 + \ldots$); die Glieder können Zahlen oder Funktionen sein. Bei **arithmetischen R.** haben je zwei aufeinanderfolgende Glieder die gleiche Differenz, z. B. $2 + 4 + 6 + 8 + \ldots$, sie hat keine Summe, ist divergent. Bei **geometrischen R.** ergibt sich jedes Glied aus seinem Vorgänger durch Multiplikation mit dem gleichen Faktor, z. B. $2 + 4 + 8 + 16 + \ldots$, allgemein $a_n = a_1 q^{n-1}$ liegt q zwischen −1 und +1, konvergiert sie gegen die Summe $\frac{a_1}{1-q}$. Weitere R. sind har-

mon. R., Funktionen-R., Potenz-R., Fourier-R. **2)** in der Statistik die nach bestimmten Merkmalen geordneten statistischen Massen, Verhältniszahlen oder Zahlenwerte.

Reihendorf, ⚬ Ortsform, bei der die Höfe auf der einen oder zu beiden Seiten eines Weges, Baches oder Flusses in größerem Abstand aneinandergereiht sind.

Reihenfertigung, →Serienfertigung.

Reihengrab, die seit etwa 500 n. Chr. bis rd. 700 n. Chr. übl. Bestattungsart auf (ungefähr) in Reihen angelegten Friedhöfen.

Reihenhaus, mit anderen Häusern ohne Zwischenraum zusammengebautes Haus.

Reihenschaltung, die →Hintereinanderschaltung.

Reiher der, storchenähnliche Schreitvögel mit Schmuckfedern an Kopf und Hals; leben in wasserreichen Gegenden, nähren sich von Fischen und Lurchen. Der **Grau-** oder **Fisch-R.** wird etwa 1 m hoch, ist grau, weiß und schwarz gefärbt, nistet in Baumkronen; **Silber-R.,** etwa ebenso groß, schneeweiß; **Purpur-R.,** mit brauner Brust.

Reiherschnabel, Gattung der Storchschnabelgewächse. Bei der Fruchtreife spalten sich die fünf grannenartigen Teilfruchtschnäbel ab und krümmen sich im Austrocknen; man verwendet sie für Hygrometer. - Der südeurop. **Moschus-R.** ist Zierpflanze.

Reim, in der Dichtung der Gleichklang zweier oder mehrerer Silben (vom letzten betonten Vokal an). Stumpfe oder männliche R.: eine Silbe reimt (Jahr : Gefahr), klingende oder weibliche R.: zwei Silben reimen (Jahren : Gefahren), gleitende oder reiche R.: drei oder mehr Silben reimen (lebende : strebende); rührende R.: auch der Anlaut der Reimsilbe reimt mit (Wirt : wird). Ist Vokal oder Konsonant im Laut etwas abweichend (erschienen/grünen), so ist der Reim unrein.

Reimann, 1) Hans, Schriftsteller, * 1889, †1969; Grotesken, Satiren, Parodien (Hg. von 'Literazzia'), Romane ('Die Feuerzangenbowle', 1936, mit H. Spoerl), Buchkritiken.

2) Max, kommunist. Politiker, * 1898, seit 1948 Vors. der KPD für die Bundesrep. Dtl., MdB. 1949-53, lebte 1954-69 in der Dt. Dem. Rep., seit 1971 Ehrenvors. der DKP.

Reim'arus, Hermann Samuel, Theologe und Philosoph, * 1694, † 1768, vertrat eine natürl. Vernunftreligion und übte scharfe Bibelkritik.

Reimbrechung, in der mhd. erzählenden Dichtung zwei zu einem Reimpaar gebundene Verse, von denen der erste Vers

Purpurreiher

zu einem vorausgehenden, der zweite zu einem nachfolgenden Satz gehört, deren Sinnzusammenhang also mehr oder weniger stark ‚gebrochen' ist.

Reimchroniken, geschichtl. Darstellungen in poet. Form, urspr. lateinisch, später in den Landessprachen. Sie kamen im 12. Jahrh. auf und verschwanden im 16. Jahrh.

Reimer, Georg Andreas, * 1776, † 1842, Buchhändler und Verleger in Berlin, mit Romantikern befreundet und ihr Verleger.

Reims [rɛs], Stadt im Dép. Marne, Frankreich, 158 600 Ew., in der Champagne, kath. Erzbischofssitz, hat mächtige got. Kathedrale mit prachtvoller Westfassade (Bild französ. Kunst); überw. R. ist Mittelpunkt der Champagnererzeugung; Textil-, Metall- u. a. Ind. - Im Altertum Hauptstadt der belg. Remer. Seit 1179 Krönungsstadt der französ. Könige (1429 Dauphin Karl durch Jeanne d'Arc). Am 7. 5. 1945 wurde hier die dt. Kapitulation unterzeichnet.

Rein, Wilhelm, * 1847, † 1929, Prof. in Jena, bedeutend durch seine Universitätsschule und die mit ihr verbundenen Ferienkurse.

R'einbek, Stadt in Schlesw.-Holst., 16 000 Ew., Bundesforschungsanstalt für Forst- und Holzwirtschaft, Verlage, Industrie.

Reinecke, Carl, Pianist, Komponist, Dirigent, * 1824, †1910, war 1860-95 Kapellmeister der Gewandhauskonzerte in Leipzig; bekannt sind noch seine ‚Kinderlieder'.

Reinecke Fuchs, Reineke Fuchs, der Fuchs der Tiersage (Reinhart: der wegen seiner Schlauheit Überwindliche; mittelniederdt. Koseform ‚Reineke'). Verbreitet wurde die Sage durch das niederdt. satir. Epos ‚Reinke de Vos' (gedruckt 1498).

Reineclaude [rɛːnklˈoːd, frz.], **Renekl'ode** die, Form der Pflaume.

Reiners, Ludwig, Unternehmer und Schriftsteller, * 1896, †1957; ‚Dt. Stilkunst' (1945), ‚Bismarck' (1956/57).

Reingewinn, die Differenz aller Erträge und aller Aufwendungen; im Gegensatz zum **Rohgewinn,** bei dessen Ermittlung nur ein Teil der Aufwendungen verrechnet wird.

Reinhardswald, Höhenzug zwischen Diemel und Weser, bis 472 m hoch.

Reinhardt, 1) Karl, klass. Philologe, * 1886, † 1958; ‚Sophokles' (1933), ‚Vermächtnis der Antike' (1960).
2) Max, eigentlich **Goldmann,** * 1873, †1943, überwand als Regisseur und Theaterleiter in Berlin, Wien, Salzburg den Naturalismus auf der Bühne zugunsten eines impressionist.-magischen Spiels; beispielhafte Klassiker- und Shakespeareaufführungen; emigrierte 1938 nach Amerika.

Max Reinhardt   *Max Reger*

Reinhart, Johann Christian, Maler, Zeichner, Radierer, * 1761, † 1847, seit 1789 in Rom, wo er, von J. A. Koch beeinflußt, Bilder der Stadt und ihrer Umgebung schuf.

Reinhold, Karl Leonhard, Philosoph, * 1758, †1823, suchte die Kantische Philosophie im Sinne einer Korrelationsphilosophie fortzubilden.

Reinick, Robert, Maler, Dichter, * 1805, †1852, ‚Lieder eines Malers, mit Randzeichnungen seiner Freunde' (1838).

Reinig, Christa, Schriftstellerin, * 1926; Gedichte, Prosa.

Reinigungseid, latein. **Purgatio,** im alten dt. Recht die Möglichkeit des Angeklagten, sich freizuschwören.

Re|inkarnation [lat.], Wiederfleischwerdung, Seelenwanderung.

Reinke, Johannes, Botaniker und Philosoph, * 1849, † 1931, vertrat im Gegensatz zu E. Haeckel den Vitalismus und die christliche Weltanschauung.

Reinken, Jan Adams, Organist und Komponist, * 1623, † 1722, Choralbearbeitungen, Klavierwerke, Triosonaten.

Reinkultur, das Ansiedeln von Lebewesen gleicher Gatt. oder Art auf gemeinsamem Nährboden zu Forschungszwecken.

Reinmar von Hagenau, Minnesänger, † vor 1210, lebte am Hof Leopolds VI. in Wien; formal vollendete Minnelieder; von Walther von der Vogelweide als sein Meister gerühmt.

Reinmar von Zweter, mhd. Spruchdichter, † vor 1260, stammte vom Rhein.

Reis der, urspr. trop. Getreidegras, einjährig, 1,3 m hoch, mit schmallangen Blättern und Rispen. Nach der Beschaffenheit des Kornes werden im allgemeinen **Stärke-R.** und **Kleb-R.** (nur in SO-Asien), nach dem Standort **Wasser-R.** und **Trocken-R.** (**Berg-R.**) unterschieden. Für den Handel wird der **Roh-R.** (**Paddy**) in der **Reismüllerei** auf Maschinen geschält und poliert. Gesünder ist ungeschälter **Voll-R.** R. ist das am leichtesten verdaul. Getreide. Einseitige Ernäh-

Reispflanzen

rung mit geschältem R. kann Beriberi hervorrufen. Der R. eignet sich bes. zum Kochen und Dünsten; **Reismehl** für Puddingpulver, Backhilfsmittel; **Reisstärke** dient zu Puder, Kleister, Wäschestärke, Schminke. Aus vergorenem R. wird japan. **Reiswein (Sake)** hergestellt, auch Branntwein, z. B. Arrak. **Reisöl** gibt Seife und Kerzen, **Reisstroh,** Viehstreu, Viehfutter, Geflechte, auch Papier. (Bild Getreide)

Reisernte (in 1000 t)

Land	1964/65	1970
VR China	. . . . .	100 000
Indien	58 098	62 500
Pakistan	17 780	22 000
Japan	16 802	16 479
Indonesien	19 300	16 839
Thailand	9 625	16 660
Birma	7 457[1]	8 128
Brasilien	7 580	7 600
S-Korea	3 974	5 893
Philippinen	4 002	5 659
S-Vietnam	5 185	5 651
Verein. Staaten	3 316	3 758
Welt	*266 800[2]*	*306 817*

[1] 1963/64. [2] einschl. Schätzung für VR China.

Reis, Philipp, Physiker, * 1834, † 1874, entwickelte den ersten Fernsprecher.

Reisebüro, ein Unternehmen, das Einzel- und Gesellschaftsreisen vermittelt, Fahrkarten ausgibt, Hotelunterkünfte besorgt und Reiseauskünfte erteilt.

Reisegepäckversicherung, Versicherung gegen Verlust oder Beschädigung des Reisegepäcks.

Reisegewerbe, das außerhalb der Räume einer festen Niederlassung und ohne feste Niederlassung betriebene Gewerbe (ambulantes Gewerbe). Das R. unterliegt einer besonderen, in der Gewerbeordnung geregelten Aufsicht. Die Ausübung setzt einen **R.-Karte.**

Reisekostenvergütung, die steuerfreie Entschädigung der Beschäftigten des öffentl. Dienstes für durch Dienstreisen entstandenen Mehraufwand.

Reisekrankheit, →Bewegungskrankheit.

Reiseleiter, von den Reiseveranstaltern eingesetzte sach- und sprachkundige Begleiter von Reisegruppen (Gesellschaftsreisen).

Reiseliteratur, ursprünglich Abenteuergeschichten, durchsetzt mit Fabel-Elementen. Im christl. Abendland gab es Schilderungen von Reiseerlebnissen, vermischt mit orientalischer Phantastik; später folgen Seeromane, die phantastischen Reiseromane nach Art von Jules Verne. Wirklichkeitsbezogene Reisedarstellungen finden sich seit dem Zeitalter der Kreuzzüge. Seit dem 18. Jahrh. besteht die R. aus Berichten der Naturforscher über Expeditionen der Bildungsreisenden, feuilletonist. (so von Heine, 1826-31), philosophischkulturpsycholog. Reisebüchern (Graf Keyserling, E. Grassi), Reisereportagen der modernen Journalisten. Erlebnis und Dichtung verbinden die Reisebeschreibungen und Romane von Sealsfield, Gerstäcker, Kipling, Conrad, Maugham, E. Schnabel u. a.

Reisender, der reisende ‚ Handlungsgehilfe (**Handlungsreisender**) oder der reisende Handelsvertreter.

Reisepaß, der →Paß.

Reisescheck, →Kreditbrief.

Reise- und Versandbuchhandel, ein Zweig des Buchhandels, der Bücher durch Vertreter, Prospektversand, Anzeigen, auch gegen Teilzahlung vertreibt.

Reisfink, ein javan. Weberfink.

Reisige, schwerbewaffnete Reiter im MA.

Reisiger, Hans, Schriftsteller, * 1884, † 1968, Erzählungen, Übersetzungen.

Reislaufen [mhd. reis(e), ‚Kriegszug'] das, der Eintritt als Söldner in fremden Kriegsdienst, bes. in der Schweiz im 16.-18. Jahrhundert.

Reismelde, eine zur Gattung Gänsefuß gehörige südamerikan. Mehlfrucht.

Reißbrett, Zeichenbrett in genormten Größen, auf dem mit Reißzwecken Zeichenpapier befestigt wird.

Reißen, 1) ⚔ Übung im →Gewichtheben.
2) ⚕ **Gliederreißen,** der Rheumatismus.

Reißfeder, Zeichengerät zum Ausziehen einer Bleistiftzeichnung mit Tusche (**Ziehfeder**). Beim Tusche-Füllhalter sind Federn und Zirkeleinsätze auswechselbar.

Reißlänge, Werkstoffprüfung zur Maß für die Zerreißfestigkeit von Garn und Papier: die Länge, bei der ein frei aufgehängter Streifen oder Faden infolge seines Eigengewichtes reißt.

Reißverschluß, eine Verschlußvorrichtung, bei der an zwei Bändern befestigte Verschlußstücke (Krampen) durch einen Schieber wechselseitig ineinandergeschoben werden. Bei **Gleitverschlüssen** greifen Wendeln ineinander, bei **wasserdichten R.** (aus Kunststoff) werden keilförmige Nutenpaare ineinander geschoben. **Klettenverschlüsse** aus zwei Textilbändern haften mit kleinen Häkchen aneinander.

Reißwolle, Abfallwolle aus Garn- und Neutuchabfällen, wird nach dem Streichgarnverfahren erneut versponnen.

Reiten: links Dressurreiten; Mitte Jagdspringen (Springreiten); rechts Geländeritt (Military)

Reißzahn, ein scharfkantiger Backenzahn der Raubtiere.

Reißzeug, Satz von Tuschzeichengeräten (**Reißfedern**) und Zirkeln für techn. und geometr. Zeichnungen. Weitere Hilfsmittel sind **Reißschiene** und **Reißdreieck.**

Reiten *das,* das Benutzen von Reittieren, bes. Pferden, zum Tragen des Menschen. Ziel des Schul- oder Dressurreitens ist es, den Schwerpunkt des Tieres (durch stärkeres Biegen der Gelenke der Hinterhand und Aufrichten von Hals und Kopf) nach hinten zu verlegen und so die Vorderhand zu entlasten (‚Versammlung‘). Durch die →Hilfen muß das Tier die Gangarten Schritt, Trab und Galopp sowie Wenden, Rückwärts- und Seitwärtstreten, Springen usw. lernen. Höchste Anforderung stellt die →Hohe Schule. Der Zuchtauswahl dienen →Pferderennen.

Den **Pferdesport** (→Dressur, →Springreiten, →Military, →Fahren) pflegen in der Bundesrep. Dtl. die Dt. Reiterliche Vereinigung, die Turniere (→CSI) mit Prüfungen veranstaltet, und die örtl. Reitervereine, internat. Org. ist die FEI.

Reiter *der,* **1)** Soldat der Kavallerie. **2)** verschiebbarer Maschinenteil, Laufgewicht; Klammer, z. B. auf Karteikarten. **3)** Bock, Gestell.

Reit im Winkl, Fremdenverkehrsort in Oberbayern, 2500 Ew.; Holzhandel.

Reitsitz, Sitz mit gespreizten Beinen.

Reit- und Fahr-Turnier, reiterliche Veranstaltung (→CSI), besteht aus Dressur-, Eignungs- und Materialprüfungen, Springreiten, Fahrkonkurrenzen.

Reitwechsel, ♃ die Dt. →Wechselreiterei.

Reiz, Biologie: jede äußere oder innere Bedingung, die den Ablauf der Lebensvorgänge in einem Organismus zu beeinflussen vermag. Die Fähigkeit zur R.-Beantwortung (**Reizbarkeit,** Erregbarkeit) ist ein Kennzeichen des Lebendigen.

Reizbehandlung, eine Heilweise, die auf die Umstimmung der vegetativen Nerven und der innersekretor. Drüsen abzielt; z. B. →Reizkörperbehandlung, Bäder.

Reizker *der,* ⊕ **1)** Milchling, Gattung trichterförmiger Blätterpilze, mit weißem (**Milch-, Brot-R.**) oder farbigem Milchsaft. Bedenklich als Nahrungsmittel (bes. nach nur schwachem Kochen) ist z. B. der am Rand zottige **Gift-R. 2)** Arten von Ritterling.

Reizklima, Klima, das durch seine Faktoren Wind, Strahlung, Feuchtigkeit usw. Reize auf den Körper ausübt, die heilwirksame Reaktionen hervorrufen können.

Reizkörperbehandlung, eine Form der Reizbehandlung, bei der Eiweißkörper (Milch, Eigenblut, abgetötete Bakterien u. a.) als **Reizkörper** eingespritzt werden.

Reizmittel, ⚕ Arzneimittel, bes. zur Erregung des Zentralnervensystems, so die Anregungsmittel; ferner Haut-R.

Reizüberflutung, Psychologie: das Einströmen vieler ungeordneter Umweltreize.

Rekapitulati'on [lat.], Wiederholung, Zusammenfassung. **rekapitul'ieren,** wiederholen.

R'eken, Gem. in Nordrh.-Westf., 9700 Ew., Lebensmittelindustrie.

R'ekkared, König der Westgoten (586 bis 601) in Spanien, trat 587 vom arian. zum kath. Glauben über und trug damit zur Annäherung der Germanen und Romanen bei.

Rekl'ame [frz.] *die,* →Werbung.

reklam'ieren [frz.], anmahnen, sich beschweren. **Reklamati'on** [lat.] *die,* Beanstandung, Beschwerde.

Rekogniti'on [lat.] *die,* Wiedererkennung, Anerkennung, Beglaubigung.

rekognosz'ieren [lat.], **1)** ♃♂ für richtig erklären. **2)** ⚥ ♂ erkunden, aufklären.

Rekoll'ekten [lat.], klösterl. Reformrichtungen mit strengster Beobachtung der Ordensregeln.

rekonstru'ieren [lat.], wiederherstellen, zum ursprünglichen Zustand ergänzen.

Rekonstrukti'on [lat.], **1)** die Wiederherstellung des ursprüngl. Zustands von Bau- und Kunstdenkmälern; auch seine Veranschaulichung durch Zeichnungen oder Modelle. **2)** Paläontologie: der Versuch, aus Fossilien die körperliche Erscheinung früherer Lebewesen nachzubilden.

Rekonvalesz'enz [lat.] *die,* die Genesung.

Rekonziliati'on [lat.], im kath. Kirchenrecht die Wiederaufnahme eines Zensurierten; ferner die Wiederheilung einer Kirche durch neue Weihe.

Rek'ord [engl.] *der,* von einem Sportverband beglaubigte sportl. Höchstleistung.

Rekr'ut *der,* der neu eingestellte Soldat.

R'ektaklausel, ♃ im Wertpapierrecht eine Klausel (‚nicht an Order‘), die die Übertragung eines Orderpapiers durch Indossament untersagt.

rekt'al [lat.], den Mastdarm betreffend.

Rektapapier, ♃ ein →Namenspapier.

Rektaszensi'on [lat.], ⚹ →gerade Aufsteigung.

Rektifikati'on [lat.], **1)** △ Bestimmung der Bogenlänge einer gekrümmten Kurve durch Integration (Integralrechnung). **2)** ⊙ →Destillation.

Rekti'on [lat.], ⑤ Fähigkeit eines Wortes, den Fall des von ihm abhängigen Wortes zu bestimmen, z. B. fordert ‚ich trage‘ den Wenfall: ‚den Eimer‘.

R'ektor [lat.], **1)** Leiter einer Volks-, Haupt-, Real- oder Sonderschule. **2)** Leiter der akadem. Selbstverwaltung an einer wissenschaftl. Hochschule. **3)** der leitende Geistliche einer Kirche, die nicht Pfarr-

kirche ist; der Hausgeistliche eines Frauenklosters oder Krankenhauses.

Rektor'atsschulen, private oder öffentl. mittlere Schulen; wurden 1938 in Zubringeschulen, Aufbauzüge oder Mittelschulen, 1964 in Realschulen umgewandelt.

Rekt'orenkonferenz, Westdeutsche R., Abk. **WRK,** seit 1949 der ständige Zusammenschluß der westdt. Univ. und Hochschulen, Sitz: Bonn-Bad Godesberg.

Rektoskop'ie [lat.] *die,* ♃ die →Mastdarmspiegelung mit dem **Rektoskop.**

Rekuper'ator [lat.] *der,* ein Wärmeaustauscher aus zwei parallel laufenden Röhrenoder Kanalsystemen mit dünnen Trennwänden zum Ausnutzen der Abgaswärme von Feuerungen oder der Kälte in Luftverflüssigungsanlagen.

Rek'urs [lat.] *der,* ♃ Rechtsmittel, im dt. Verwaltungsrecht seit Inkrafttreten der VwGO. (1. 4. 1960) weggefallen. In Österreich das Rechtsmittel gegen Beschlüsse im Zivilprozeß. In der Schweiz die Anfechtung von Verwaltungsakten vor Sonderverwaltungsgerichten.

Relais [rəl'ɛ, frz.] *das,* elektr. Schaltgerät, das durch Änderung physikal. Größen (Temperatur, Stromstärke) betätigt wird und weitere Einrichtungen elektrisch steuert. Beim **elektromagnet. R.** wird vom Steuerstrom im Elektromagnet erregt, der einen die Kontakte betätigenden Anker anzieht, beim **thermischen R.** schaltet ein Bimetallstreifen die Kontakte.

Relaisstation, eine Zwischenstation in einer Richtfunkverbindung mit Empfänger und Sender; empfängt die Nachricht, verstärkt sie und sendet sie auf einer anderen Frequenz zur nächsten R.

Relation [lat.], Beziehung, Verhältnis.

Relation'ismus [lat.], Philosophie: die Lehre, daß etwas nur in seinen Relationen zu allem anderen real oder erkennbar sei.

relat'iv, bezogen, verhältnismäßig, bedingt, vergleichsweise.

relat'ive biologische Wirksamkeit, Abk. **RBW,** Maß für die biolog. Wirksamkeit radioaktiver Strahlen. Einheit ist das **rem** (engl. röntgen equivalent men): 1 rem ist die (absorbierte) Dosis irgendeiner ionisierenden Strahlung, die gleiche biolog. Wirksamkeit hat wie 1 rad einer Röntgenstrahlung (1 rad entspricht einer Energieabsorption von 100 erg/g Materie).

relative Mehrheit, →Mehrheit.

relatives Recht, ♃ ein Recht, das nur gegenüber bestimmten Personen wirkt, von diesen verletzt und nur ihnen gegenüber durchgesetzt werden kann.

Relativ'ismus [lat.], philosoph. Lehre, daß jede Erkenntnis nur relativ, d. h. in bezug auf einen einzelnen Standpunkt gültig ist.

Relativit′ät, Verhältnismäßigkeit, Bezogenheit, Bedingtheit.

Relativitätstheorie, eine physikal. Theorie des Raumes und der Zeit: In ihrer engeren Form, der speziellen R., erklärt sie die Unabhängigkeit der Naturgesetze von den verschiedenen möglichen gleichförmigen Bewegungszuständen des messenden Beobachters; in ihrer weiteren Fassung, der allgemeinen R., hat sie eine sehr tiefreichende Annäherung zwischen der Mechanik und der Theorie der elektromagnet. Erscheinungen ermöglicht. Ausgangspunkt der **speziellen R.** ist das klass. **Relativitätsprinzip,** nach dem Bewegungen sich nur relativ zu einem Bezugssystem beobachten und messen lassen. Während sich jedoch der Geltungsbereich dieses Prinzips nur auf mechan. Meßverhältnisse erstreckt, spricht die R. den Begriffen der Ruhe und der gleichförm. Bewegung jede ,absolute‘ Bedeutung grundsätzlich ab: ein Beobachter in einem geschlossenen Kasten hat prinzipiell keine Möglichkeit, zu entscheiden, ob der Kasten ruht oder sich gleichförmig bewegt, auch nicht durch Messung der Lichtgeschwindigkeit in verschiedenen Richtungen. Damit wird der negative Ausgang solcher Experimente erklärt und zugleich die **Konstanz der Lichtgeschwindigkeit** zum Prinzip erhoben. Die Folge ist eine neue Lehre von Raum und Zeit, in der sich die Vorstellung vom absoluten Ablauf der Zeit in Strenge nicht aufrechterhalten läßt; vielmehr ist jede Zeitangabe an ein Bezugssystem gebunden. Die Zeit eines schnell bewegten Gegenstandes vergeht für den ruhenden Beobachter langsamer als für einen mitbewegten Beobachter **(Zeitdilatation).** Zugleich verkürzen sich die in die Bewegungsrichtung fallenden räuml. Abmessungen des bewegten Gegenstandes gegenüber der vom mitbewegten Beobachter gemessenen Länge **(Lorentzkontraktion).** Eine weitere Folge ist das Anwachsen der Masse eines bewegten Körpers mit seiner Geschwindigkeit. Alle diese Effekte werden erst merklich bei sehr hohen, mit der Lichtgeschwindigkeit vergleichbaren Geschwindigkeiten. Aus der speziellen R. folgt ferner die Äquivalenz von Masse und Energie: einer Masse m entspricht stets eine Energie $E = mc^2$ (c = Lichtgeschwindigkeit) und umgekehrt. - Die **allgemeine R.** dehnt das Relativitätsprinzip auch auf beschleunigte Bewegungen aus, indem sie Gravitationsfelder mit in Betracht zieht: Der in einem Kasten eingeschlossene Beobachter kann durch physikal. Versuche grundsätzlich nicht entscheiden, ob der Kasten sich im gravitationsfreien Raum gleichförmig bewegt (oder ruht) oder ob er durch ein Gravitationsfeld beschleunigt wird (in ihm ,frei fällt‘). Gilt es, die physikal. Erscheinung der Gravitation durch rein geometr. Eigenschaften des Raumes zu ersetzen, so ist damit die Gleichwertigkeit gleichförmiger und beschleunigter Bewegungen ähnlich wie in der speziellen R. auf die Gleichberechtigung bestimmter Koordinatensysteme zurückgeführt. Die Durchführung dieses Gedankens wird ermöglicht durch den grundsätzl. Verzicht auf die euklidische Geometrie des physikal. Raumes; an ihre Stelle tritt die viel allgemeinere Riemannsche Geometrie, die eine (von Ort zu Ort wechselnde) ,Krümmung‘ des Raumes analog der Krümmung einer Fläche zuläßt. Eine Bewegung im Gravitationsfeld ist nach der allgemeinen R. nur eine andere Beschreibungsweise für eine kräftefreie Bewegung entlang der Raumkrümmung. Die allgemeine R. führt zu einer Reihe prüfbarer Voraussagen, die sich durchweg bestätigt haben (Perihelverschiebung der Merkurbahn, Krümmung der Lichtstrahlen und Rotverschiebung des Lichts im Schwerefeld u. a.). - Beide R. wurden von A. Einstein 1905 und 1916 entwickelt.

Relativpronomen das, ⓢ bezügliches

Fürwort (der, die, das). **Relativsatz,** Bezugssatz, Beifügungssatz.

Relax′antien [lat.], Ez. das Rel′axans, ☤ Erschlaffung bewirkende Arzneimittel. Als **Muskel-R.** (muskelerschlaffende Mittel) dienen bestimmte Muskelgifte.

Relaxati′on, die durch innere Reibung oder Widerstände verzögerte Annahme des neuen Gleichgewichtszustandes bei Einwirkung oder Aufhebung äußerer Kräfte.

Relax′in, ein Hormon des Gelbkörpers, entspannt die weibl. Beckenmuskulatur.

Relegati′on [lat.], Verweisung eines Studierenden von der Hochschule.

relev′ant [lat.], wichtig, wesentlich.

Relevati′on [lat.], Befreiung von einer Verpflichtung.

Reli′ef, 1) ein Werk der Plastik, das im Gegensatz zu einem freiplast. Bildwerk an eine Fläche gebunden ist. Nach dem Grad der Erhebung über den Grund unterscheidet sich das Hochrelief vom Flachrelief. Bei dem versenkten R. der ägypt. Kunst setzen sich die Formen nur durch herausgemeißelte Umrisse gegen die Fläche ab. 2) ⊕ die Höhengestaltung der Erdoberfläche, in Karten plastisch wiedergegeben durch Schummerung oder Photographie eines R. aus Gips oder anderen Stoffen **(Reliefkarten).** Mit einer Karte überzogene oder bedruckte Prägungen heißen **Kartenrelief.**

Religi′on [lat.], das Ergriffenwerden von der Wirklichkeit des Heiligen, das überwiegend in Glaubensgemeinschaften, den geschichtl. R., seinen Ausdruck findet.

Das religiöse Erleben hebt sich vom Erkennen einer Wahrheit, vom Anerkennen einer sittl. Forderung und vom Erfassen eines ästhet. Wertes ab. Es ruft im Menschen das Kreaturgefühl der ,schlechthinnigen Abhängigkeit‘ hervor (Schleiermacher) und erhebt ihn zugleich. Religiöses Erleben äußert sich in Gebet und Verehrung.

Der religiöse Glaube an ein transzendentes Sein oder Sollen hat stets auch das Erkenntnisstreben herausgefordert, das den Gegenstand der R. zu begreifen, zu objektivieren sucht, in frühen Zeitaltern magisch, dann mythisch, dann rational. Die vielen Einzel-R. lassen die folgenden Hauptformen erkennen: pantheistische, für die Gott mit der Welt eins ist, und mono- oder polytheistische, in denen ein persönl. Gott oder eine Mehrzahl von Göttern der Welt gegenüberstehen; Natur-R., die das Heilige in Naturdingen erfassen, und Offenbarungs-R., die durch historische Persönlichkeiten gestiftet sind und hl. Schriften besitzen; Volks-R., die an eine begrenzte Gemeinschaft (Stamm, Volk) gebunden sind, und Universal-R., die bei aller volksmäßigen Unterschieden den Einzelnen auf der ganzen Welt erfassen wollen (→Weltreligionen).

Religionsdelikte, ⚖ Straftaten, die sich auf die Religion beziehen (§§ 166 ff. StGB.), z. B. Beschimpfung religiöser oder weltanschaul. Bekenntnisse, Störung der Religionsausübung. Ähnliche Bestimmungen enthalten das österreich. (§§ 122 b, 303, 304) und schweizer. StGB. (Art. 261).

Religionsedikt, staatl. Verordnung, die die öffentl.-rechtl. Stellung einer Religionsgemeinschaft regelt.

Religionsfreiheit, →Glaubensfreiheit.

Religionsfriede, →Augsburger Religionsfriede, →Nürnberger Religionsfriede.

Religionsgeschichtliche Schule, eine um 1880 entstandene Richtung der evang. Theologie; sucht das Christentum in den Gesamtverlauf der Geistesgeschichte einzugliedern (A. Eichhorn, W. Wrede, H. Gunkel, W. Bousset u. a.).

Religionsgesellschaften, Vereinigungen von Angehörigen desselben Glaubensbekenntnisses zu gemeinsamer Religionsausübung. Nach dem Art. 137, 138 Weimarer Verfassung, die nach Art. 140 GG. gelten-

des Recht sind, verwalten die R. ihre Angelegenheiten selbständig. Man unterscheidet R. mit privatrechtl. und solche mit öffentl.-rechtl. Stellung (Körperschaften des öffentl. Rechts), z. B. die Evang. Kirche Dtl.s, die Kath. Kirche; sie haben u. a. Gesetzgebungs- und Steuerbefugnis.

Religionsgespräch, meist öffentliche theolog. Auseinandersetzung zum Ausgleich strittiger Lehrpunkte; z. B. **Marburger R.** (1.-4. 10. 1529) zwischen Luther und Zwingli bes. über das Abendmahl.

Religi′onskriege, die hauptsächlich durch den Gegensatz der religiösen Bekenntnisse bedingten Kriege, z. B. die des Zeitalters der Gegenreformation (1555 bis 1648): die Hugenottenkriege (1562-1629) und der Dreißigjährige Krieg (1618-48).

Religionsphilosophie, die Philosophie, die das Wesen, den Wahrheitsgehalt und Wert der Religion untersucht.

Religionspsychologie, Zweig der Religionswissenschaft, die psycholog. Erforschung des religiösen Verhaltens des Einzelnen.

Religionssoziologie, Grenzgebiet der Soziologie und Religionswissenschaft. Die R. untersucht die Beziehungen zwischen Religion und Gesellschaft in ihrer wechselseitigen Bedingtheit.

Religionswissenschaft, die undogmatische Erforschung der gesamten religiösen Erscheinungswelt.

religi′ös [lat.-frz.], †romm, gottesfürchtig.

Religi′ose [aus lat.] der, in der Kath. Kirche das Klostermitglied.

religiöse Erziehung, die erzieherische Einwirkung bes. auf Kinder und Jugendliche im Geiste der Religion oder eines Bekenntnisses. Hauptträger sind die Eltern, die betreffenden Kirchen und die Schule. - ⚖ Nach dem Ges. über die religiöse Kindererziehung v. 15. 7. 1921 entscheiden die Eltern über die r. E. Nach dem 12. Lebensjahr kann ein Kind nicht gegen seinen Willen in einem anderen Bekenntnis als bisher erzogen werden. Nach dem 14. Lebensjahr steht die Entscheidung dem Kind allein zu.

Rel′ikt [lat.], Überbleibsel, Rest, bes. Tier- und Pflanzenarten, die sich nur noch in geringer Zahl und Verbreitung in einer Gegend finden, die früher verbreitet waren.

R′eling [niederl.] die, **Reeling,** Geländer um die freiliegenden Decks der Schiffe.

Reliqui′ar das, ein Behälter, in dem Reliquien bewahrt und ausgestellt werden, seit frühchristl. Zeit zu mannigfachen Formen entwickelt (Kästen, Büchsen, Büsten, Schreine u. a.) und aufs kostbarste ausgestaltet; anfänglich bes. aus Elfenbein (→Lipsanothek, um 350, Brescia), später meist aus Edelmetall, oft mit Schmelzarbeit (→Staurothek, 10. Jahrh., Limburg; Dreikönigsschrein, Ende 12. Jahrh., Kölner Dom); aus dem 13. Jahrh. der Elisabethschrein in Marburg; mit Gemälden von Memling der Ursulaschrein in Brügge (1489).

Reliquiar aus St. Taurin, Evreux, 13. Jahrh.

Rel'iquien [lat.], kath. Kult: die Überreste der Heiligen oder Gegenstände, die zu Christus oder den Heiligen in Beziehung standen. R.-Verehrung gibt es auch im Islam und Buddhismus.

Rellingen, Gem. in Schlesw.-Holst., 10 100 Ew., eines der größten Baumschulengebiete der Erde.

rem, physikal. Maßeinheit, →relative biologische Wirksamkeit.

R'emagen, Stadt in Rheinl.-Pf., unterhalb der Mündung der Ahr in den Rhein, 13 700 Ew., Maschinen-, Werft-, Konserven-, Textil-, Holzindustrie.

Remarque [rə'mark], Erich Maria, Schriftsteller, * 1898, † 1970, emigrierte zunächst in die Schweiz, dann in die USA. Romane ‚Im Westen nichts Neues' (1929), ‚Arc de Triomphe' (1946), ‚Schatten im Paradies' (postum, 1971).

Rembours [rãb'u:r, frz.] der, Rückerstattung, Deckung von Auslagen.

Rembourskredit [rãb'u:r-], früher ein Akzeptkredit im Überseehandel; heute z. T. →Akkreditiv. Im Auftrag des Käufers übergab die Bank dem Verkäufer einen von ihr akzeptierten Wechsel und erhielt dafür von ihm die Verschiffungspapiere (Konnossemente) über die Waren **(Rembourskreditgeschäft).**

Rembrandt, eigentlich **R. Harmensz van Rijn,** holländ. Maler und Radierer, * Leiden 15. 7. 1606, † Amsterdam 4. 10. 1669, dort Schüler von Lastman, dann in Leiden tätig und seit 1631 in Amsterdam, wo er Saskia van Uijlenburg heiratete und nach

Rembrandt: Selbstbildnis, um 1656/58 (Wien, Kunsthistor. Museum)

deren Tod (1642) mit Hendrickje Stoffels lebte. 1656 kam es zu seinem wirtschaftl. Zusammenbruch, seine Schaffenskraft blieb ungebrochen.

R. schuf vor allem biblische Darstellungen und Bildnisse, auch Landschaften und mytholog. Szenen. Neu und einzigartig waren seine Gruppenbildnisse. Sich selbst hat er fast hundertmal dargestellt. Zu den unmittelbarsten Zeugnissen seiner Kunst gehören Radierungen und Zeichnungen.

In der Leidener Frühzeit malte er mit eingehend stoffl. Wiedergabe und scharfen Helldunkelgegensätzen. In dieser Zeit entstanden z. B. Steinigung des Stephanus, 1625, Lyon, Goldwäger, 1627, Berlin, ‚Simson und Delila', 1628, ebd. In Amsterdam, wo er bald der begehrteste Bildnismaler wurde, entstanden sein erstes Gruppenbild, die Anatomie (1632; Den Haag), große biblische und mytholog. Gemälde (Simsons Blendung, 1636, Frankfurt; Belsazar, um 1639, London) und reichbewegte Radierungen (Ecce Homo, 1636). Die 1642 gemalte Nachtwache brachte ihn in Widerstreit mit der Bürgerschaft. Barocke Wirkungen wichen zunehmender Beruhigung und ver-

Rembrandt: Doktor Faust (Radierung)

innerlichtem Ausdruck: Hl. Familie (1646, Kassel), Emmausmahl (1648, Paris), Joseph und Potiphars Weib (1655, Berlin), Jakob segnet seine Enkel (1656, Kassel), David und Saul (um 1657, Den Haag), Mann mit dem Goldhelm (Berlin); Radierungen: Hundertguldenblatt, Die drei Kreuze u. a. In dem Spätstil der 60er Jahre wurde der Schauplatz bedeutungslos; aus dem belebten Dunkel treten die Menschen groß und gleichhaft hervor: Verschwörung des Claudius Civilis (1661; Stockholm), die Staalmeesters (1662, Amsterdam), die ‚Judenbraut' (um 1666, Amsterdam), Die Rückkehr des verlorenen Sohnes (um 1668, Leningrad).

Rem'edium [lat.] das, ₰ Heilmittel. **Remed'ur** die, Heilung, Abhilfe.

Remington [r'emiŋtən], Philo, amerikan. Industrieller, * 1816, † 1889, Erfinder vieler Neuerungen in der Waffentechnik, stellte seit 1870 und 1873 auch Näh- und Schreibmaschinen her. **R. Rand Inc.,** →Sperry Rand Corporation.

Remin'iscere [lat. ‚gedenke'], der 5. Sonntag vor Ostern, 2. Fastensonntag.

Reminisz'enz [lat.] die, Anklang, Erinnerung.

remis [rə'mi:, frz.], Schach: unentschieden.

Rem'ise [frz.] die, Wagenschuppen; dichtes Gehölz.

R'emisow, Aleksej Michajlowitsch, russ. Schriftsteller, * 1877, † 1957; Erzählungen, Romane, Legenden.

Remissi'on [lat.], Verminderung.

Remitt'enden [lat. ‚die Zurückzusenden-den'], im Buchhandel die unverkauften Teile des Konditionsgutes, die vom Sortimenter an den Verleger zurückgeschickt werden.

Remittent, ₰₰ der →Wechselnehmer.

Remonstr'anten [lat.], →Arminianer.

Remonstrati'on [lat.], Einwendung, Gegenvorstellung.

Rem'onte die, für das Heer bestimmtes unzugerittenes Pferd.

Remoulade [-u-], kalte Soße aus Mayonnaise, mit Senf, Kapern, Pfeffergurken, Kräutern.

Rempe die, Kreuzblütergattung, z. B. **Mauer-Senf,** mit gelben Blütchen.

Rems die, rechter Nebenfluß des Neckars, kommt von der Schwäb. Alb, mündet oberhalb Ludwigsburg, 80 km lang.

Remscheid, Stadt im Bergischen Land, Nordrh.-Westf., 136 800 Ew. Hauptsitz der dt. Werkzeugind., Maschinenbau, Stahl-, Walzwerk, Textilind.; Fachschulen, Röntgen-Museum, Dt. Werkzeugmuseum.

R'emter [von Refektorium] der, Speise- und Versammlungssaal in den Deutschordensburgen, z. B. der Marienburg.

Remunerati'on [lat.], Entschädigung, Vergütung.

R'emus, Zwillingsbruder des →Romulus.

Ren [schwed.] das, das Rentier.

Renaissance [rənε'ã:s, frz. ‚Wiedergeburt'], die Wiedererweckung der klass. Altertums, kulturgeschichtl. eine der großen Geistesbewegungen, mit denen die abendländ. Neuzeit beginnt. Die R. setzt am frühesten (14. Jahrh.) in Italien ein und greift seit Ende des 15. Jahrh. auf alle europ. Länder über. Ihre Mittelpunkte für Italien sind Florenz und Rom. Entscheidend ist ‚die Entdeckung der Welt und der Menschen': die Hinwendung zur Erscheinungsfülle und zur immanenten Gesetzlichkeit der Natur, die Bewußtwerdung der menschl. Persönlichkeit. Als Vorbild gelten die antiken Werke und die aus ihnen sprechende menschl. Haltung. Das dem Diesseits zugewandte Weltgefühl der R. wird in allen Bereichen der Kultur und der Lebensgestaltung schöpferisch, in neuen Vorstellungen vom menschl. Größe (‚uomo universale'), sittl. Freiheit und gesellschaftl. Geltung.

In der **bildenden Kunst** löste die R. zuerst in Italien die Gotik ab. Sie setzte um 1420 in Florenz ein (Früh-R.), erreichte ihren Höhepunkt zu Anfang des 16. Jahrh. (Hoch-R.) und wirkte in ihrer Spätzeit neben dem um 1520/30 aufkommenden Manierismus fort. Seit der Wende zum 16. Jahrh. wurden Formen der R. von allen europ. Ländern aufgenommen und ihren Überlieferungen entsprechend abgewandelt.

Im Norden wie im Süden war das Kunstwerk nicht mehr zweckgebunden, sondern wurde zum Instrument eines Ausdruckswillens. Während jedoch Italien auf Verwissenschaftlichung zielte, strebte der Norden nach Meditation über Wesensgehalte. Einen Gegensatz zwischen heidn. Altertum und Christentum haben die Künstler der R. nicht gesehen.

Die **Baukunst** der R., von Brunelleschi begründet und von Bramante zur Reife entwickelt, übernahm die antiken Säulenordnungen. Der got. Spitzbogen wird dem Rundbogen und Architrav, das Kreuzgewölbe dem Tonnengewölbe und der Kassettendecke. Die kirchl. Baukunst neigte zum Zentralbau, der, in der Kuppel gipfelnd, dem Ideal allseitig ausgeglichener Harmonie am vollkommensten entsprach. Doch kam es aus liturg. Gründen meist zu einem Kompromiß zwischen Zentralbau und Basilika (Peterskirche). Architekten entwarfen die Idealstadt; Vitruv wurde uneingeschränktes Vorbild.

Kennzeichnend für die darstellenden Künste ist die Wiederkehr des im MA. gemiedenen Akts. Die **Plastik** der R., die mit Donatello begann und ihren Höhepunkt mit Michelangelo erreichte, löste sich von der engen Bindung an die Architektur und erweckte antike Gestaltungsmittel (Kontrapost) und antike Themen zu neuem Leben (Reiterdenkmal, Bildnisbüste). Den **Malern,** die in Italien und im Norden die Flächenhaftigkeit des Bildes zu überwinden begonnen, bot die seit einem Freundeskreis, zu dem F. Brunelleschi, Donatello und L. Ghiberti gehörten, entwickelte Zentralperspektive die Möglichkeit zur geometrisch konstruierbaren Raumdarstellung. Es entstand ein neues Naturgefühl, das ein Wiederaufleben der Landschaftsmalerei zur Folge hatte (Masaccio, Pollaiuolo, Leonardo da Vinci). Auch für die Maßverhältnisse des menschl. Körpers suchte man Gesetze zu finden (Alberti, Leonardo da Vinci, Dürer). (Bild S. 1020)

Vgl. auch →italienische Kunst, →deutsche Kunst u. a. (Bilder Bramante, Brunelleschi, italien. Kunst II, III, Rom, Sixtin. Kapelle).

Die **Literatur** der R. ist geprägt vom Geist des →Humanismus mit seiner Erneuerung der literar. Formen des Altertums. In Dtl. kamen die Antriebe der R. infolge der Reformationsbewegung nicht zu voller Entfaltung. Die dt. ‚R.-Dichtung' nach roman.

Renaissance. links Michelangelo: Grabmal des Giuliano de' Medici, 1524-35 (Florenz, S. Lorenzo); rechts Raffael: Donna Velata, um 1513 (Florenz, Palazzo Pitti)

Muster begann erst im 17. Jahrh. (Opitz) und gehört so bereits ins Barockzeitalter.

Renan [rən'ã], Ernest, französ. Religionswissenschaftler, * 1823, † 1892, suchte positivist. Wissenschaft und Christentum zu vereinen und das Leben Jesu aus dessen Zeit, Land und Volk zu erklären.

Renault-Werke [rən'o-], **Régie Nationale des Usines Renault,** Boulogne-Billancourt, Unternehmen der Kraftfahrzeugindustrie, gegr. 1898 von L. Renault (* 1877, † 1944), 1945 verstaatlicht; Kap.: 307,3 Mill. US-$; Beschäftigte: 155 000 (1970).

Rench die, rechter Nebenfluß des Rheins, vom Kniebis im Schwarzwald, 54 km lang.

Rend'ant [frz.] der, Rechnungsführer, Kassenverwalter.

Rendement [rãdm'ã, frz.] das, Ertrag, bes. das Verhältnis, welche Ausbeute an Fertigwaren ein Rohstoff zu liefern vermag.

Rendezvous [rãdev'u, frz.] das, Treffpunkt, Stelldichein, Verabredung.

Rendezvousmanöver, gesteuerte Flugbewegung zur Annäherung von zwei Raumfahrzeugen bis zur nahen Begegnung, ggf. auch mit Kopplung (Docking).

Rend'ite die, die Rentabilität, bes. von Wertpapieren: zur Berechnung wird der Ertrag (Dividende, z. B. 12%) in Beziehung zum Kurs (z. B. 300%) gesetzt (12·100): 300 = 4%.

Rendl, Georg, österreich. Schriftsteller, * 1903, † 1972; Romane ('Bienenroman', 1931; Trilogie 'Die Glasbläser', 1935-37), Dramen.

Rendsburg, Stadt in Schlesw.-Holst., 34 800 Ew., mit Eisenbahnhochbrücke über und Straßentunnel unter dem Nord-Ostsee-Kanal; Werften, Düngemittelfabrik, Telefonwerke, Kabelind., Reederei.

Reneg'at [lat.] der, Abtrünniger.

Renekl'ode die, →Reineclaude.

Ren'ette [frz.], **Reinette** die, festfleischige, saftige Apfelsorten.

Renfrew [r'ɛnfru:], Stadt in der schott. Gfsch. R. am Clyde, 17 900 Ew., Seehafen, Dampfkesselfabrik, Werften, Maschinenbau, Gummi-, Farbenindustrie.

R'eni, Guido, italien. Maler, * 1575, † 1642, tätig in Rom (Aurora, Deckenfresko, 1613/14, Palazzo Rospigliosi), später in Bologna, wo er Werke in kühlem, elegantem Stil schuf.

renit'ent [lat.], widerspenstig.

R'enke die, Fisch, →Felchen.

Renker, Gustav, schweizer. Schriftsteller, * 1889, schildert bes. das Leben in den Bergen.

Renkontre [rãk'õtr, frz.] das, Zusammenstoß.

Ren Min Bi, Abk. **RMB,** chines.: 'Währung des Volkes', Währung der Volksrepublik China. 1 RMB = 10 Jiao = 100 Fen.

Renn, Ludwig, eigentl. Arnold **Vieth von Golßenau,** * 1889, Offizier, später Kommunist; wurde nach seiner Rückkehr aus der Emigration Prof. in Dresden. Romane 'Krieg' (1928), 'Nachkrieg' (1930); Jugendbücher.

Rennbahn, abgesteckte Strecke für Pferde-, Radrennen, Leichtathletik; **Rennstrecke** für Motorsport.

Rennenkampff, Paul Edler von, russ. General, * 1854, † (erschossen) 1918, führte 1914 und 1916 Armeen an der russ. NW-Front.

Renner, Karl, österreich. Staatsmann (SPÖ), * 1870, † 1950, 1919/20 Staatskanzler, 1930-33 Präs. des Nationalrats, 1945-50 Bundespräsident.

Rennes [rɛn], Hauptstadt des Dép. Ille-et-Vilaine, NW-Frankreich, 188 500 Ew., Erzbischofssitz, Univ.; Marktzentrum, Auto-, Elektronik- u. a. Industrie.

Rennklassen, die Einteilung der Segelboote nach ihrer Segelfläche.

R'ennschuh, Dornschuh, ⚔ absatzloser Schuh aus Leder mit Stahldornen (**Spikes**) in der Sohle, die das Aus- und Rückgleiten verhindern.

Rennstall, alle Rennpferde eines Besitzers.

Rennsteig [zu Rain 'Grenze'], **Rennweg,** alter Grenzweg zwischen Thüringen und Franken auf dem Thüringer Wald.

R'ennwagen, ⚔ einsitziges Wettbewerbsfahrzeug im Automobilsport, mit verkleidetem Rumpf, aber ohne Kotflügel und Scheinwerfer, zugelassen für geschlossene Rennbahnen oder abgesperrte Straßenrennkurse. Die Merkmale der R. sind in unterschiedl. und häufiger wechselnden Rennformeln festgelegt. Diese bestimmt vor allem den Hubraum des Motors und das Mindestgewicht der R.

Rennwett- und Lotteriesteuer, bei öffentl. Lotterien und Ausspielungen vor Beginn des Losabsatzes und bei Pferde- und Fußballwetten zu zahlende Steuer (Aufkommen 1970 : 566 Mill. DM).

Reno [r'i:nou], Stadt in Nevada, USA, 72 900 Ew., Staatsuniv., Handel, leichte Ehescheidungsbedingungen.

Renoir [rənw'a:r], **1)** Pierre-Auguste, französ. Maler, * 1841, † 1919, begann in der Art des Impressionismus zu malen, zu dessen Hauptwerken seine frühen, meist figürl. Bilder gehören (Ehepaar Sisley, 1868, Köln, Wallraf-Richartz-Mus.; Die Loge, 1874, London, Courtauld Institute Galleries). Später gelangte er zu einem neuen, sich in blühenden Farben entfaltenden Stil, in dem er meist Frauen und junge Mädchen von naturhafter Anmut und heiterer Sinnlichkeit malte.

2) Jean, französ. Filmregisseur, Sohn von 1), * 1894. Filme 'Die große Illusion' (1937), 'Die goldene Karosse' (1953), 'Das Frühstück im Grünen' (1959).

Renommée [frz.] das, Ruf, guter Name. **renommieren,** aufschneiden, prahlen, 'angeben'. **renommiert,** angesehen, berühmt.

Renonce [rən'õ:s, frz.] die, Fehlfarbe im Kartenspiel.

Renouvier [rənuvj'e], Charles, französ. Philosoph, * 1815, † 1903, Begründer des französ. Kritizismus, angelehnt an Kant.

Renovati'on [lat.], Erneuerung, Ausbesserung. **renov'ieren,** erneuern, wiederherstellen.

rent'abel [lat.-frz.], lohnend, gewinnbringend.

Rentabilit'ät [lat.] die, das prozentuale Verhältnis zwischen dem Gewinn einer Unternehmung und dem Kapital. Bei Berechnung der R. wird der Reingewinn zum Eigenkapital oder zum Umsatz in Beziehung gesetzt oder auch der Reingewinn plus Fremdkapitalzinsen zur Summe von Eigen- und Fremdkapital.

R'entamt, Rentei, Finanz- oder Kassenverwaltung, bes. auf großen Besitzungen oder Universitäten.

R'ente, Einkommen, das auf Besitz, Ver-

P.-A. Renoir: Die Schaukel; 1876 (Paris, Louvre)

sicherungs- oder Versorgungsansprüchen beruht. - Die Wirtschaftstheorie erklärt das R.-Einkommen aus dem Besitz an Kapitalanlagen als Preis für die Nutzung knapper Produktionsmittel oder dauerhafter wirtschaftl. Güter, aus dem Besitz an Grund und Boden als Vergütung für die Nutzung des Bodens (→Grundrente). - Sozialpolitisch spielt die auf Ansprüchen gegen eine Lebens-, vor allem die Sozialversicherung oder auf Versorgungsansprüchen beruhende R. eine entscheidende Rolle zur Sicherung des Alters und der Hinterbliebenen und als Versorgung im Falle der Berufs- oder Erwerbsunfähigkeit.

Rentenanleihe, landwirtschaftl., durch deren Zeichnung der Gläubiger nur Anspruch auf Verzinsung, nicht aber auf Rückzahlung des Kapitals erwirbt.

Rentenbank, landwirtschaftl. Kreditorganisationen im 19. Jahrh. zur Ablösung der bäuerl. Lasten (durch **Rentenbriefe**, staatl. Schuldverschreibungen) errichtet.

Rentenkauf, ein Kreditgeschäft des älteren dt. Rechts: dem Geldgeber (Rentenkäufer) wurde eine dauernde Rentenschuld an einem Grundstück bestellt. Im BGB. entspricht dem R. die →Rentenschuld.

Rentenkonkubinat, Lebensgemeinschaft ohne Eheschließung, um die Rentenansprüche der Frau zu erhalten (**Onkelehe**).

Rentenmark, durch Gesetz 1923 zur Stabilisierung der dt. Währung geschaffene Zwischenwährung, die 1924 durch die Reichsmark ersetzt wurde.

Rentenmarkt, der Markt der festverzinslichen Wertpapiere, im Gegensatz zum Aktienmarkt.

Rentenneurose, krankhaftes Verhalten eines durch Unfall oder Krankheit Geschädigten aus dem unbewußten Streben nach Versorgung durch Rente.

Rentenpapier, ein festverzinsliches Wertpapier, bes. staatl. und kommunale Schuldverschreibungen.

Rentenreform, →Rentenversicherung.

Rentenschuld, ♫ eine Art der Grundschuld, bei der in regelmäßigen Abständen eine bestimmte Geldsumme aus dem Grundstück zu zahlen ist (§ 1199 BGB.); eine Ablösungssumme muß festgelegt sein.

Rentenversicherung, Versicherung, die gegen eine einmalige oder laufende Prämie an den Versicherten oder einen Dritten regelmäßige Zahlungen leistet von einem bestimmten Zeitpunkt oder Ereignis an bis zum Tode (Leib-, Lebens-, Altersrente) oder bis zu einem vereinbarten Termin (Zeitrente). Mit dem Tode des Versicherten beginnt die Laufzeit der Witwen- und Waisenrenten. - **Soziale R.**, ein Zweig der Sozialversicherung, leistet an die versicherten Arbeitnehmer bei Berufs- und Erwerbsunfähigkeit und bei Eintritt in den Ruhestand Rentenzahlungen. Sie umfaßt die Arbeiter-R. (früher Invalidenversicherung), Angestellten-R. (früher Angestelltenversicherung) und knappschaftl. R., die durch die Neuregelungsgesetze v. 23. 2. 1957 (Arbeiter- und Angestellten-R.) und v. 21. 5. 1957 (knappschaftl. R.) umgestaltet und einander stark angenähert wurden (**Rentenreform**). Die Neuregelungsgesetze brachten die Aufbesserung der bestehenden Renten um rd. 50%; die an die Lohnentwicklung orientierte **Produktivitätsrente**: der Rentenberechnung wird das Verhältnis zwischen dem persönl. Jahresverdienst des Versicherten und dem durchschnittl. aller Arbeitnehmer zugrunde gelegt (allg. Bemessungsgrundlage, deren Feststellung jährlich erneut durch die Bundesregierung erfolgt; Anpassung der bestehenden Renten an die volkswirtschaftl. Produktivitätssteigerung durch Gesetz, von 1959 bis 1971 durch 14 Rentenanpassungsgesetze); vielseitige Maßnahmen zur Erhaltung und Wiederherstellung der Erwerbsfähigkeit und Renten auf Zeit bei Berufs- und Erwerbsunfähigkeit u. a.

Die Einnahmen des sozialen R. setzen sich aus Beiträgen, Zinsen und Bundeszuschüssen zusammen. Sie betrugen (1970) in der Arbeiter-R. 32,8, in der Angestellten-R. 19,1, in der knappschaftl. R. 6,1 Mrd. DM, die Bundeszuschüsse machten rd. 19% der Einnahmen aus. Die Ausgaben umfassen bes. die Renten an die Versicherten und an die Witwen und Waisen, die Krankenversicherung der Rentner, die Kosten der Heilverfahren u. a., sie hatten (1970) in der Arbeiter-R. die Höhe von 31,8, in der Angestellten-R. von 16,5, in der knappschaftl. R. von 6,2 Mrd. DM. Die Zahl der Versicherten betrug im April 1970: 25,9 Mill.; ausgezahlt wurden Ende 1970 rd. 10,2 Mill. Renten (Rentenbestand).

R'entiere, R'ene, Ez. Ren, kälteliebende Trughirsche, deren beide Geschlechter Geweih tragen. **Wild-R.** sind heute in der Tundra Eurasiens und Nordamerikas

---

Soziale Rentenversicherung (Stand Ende 1972)

Arbeiter-R.	Angestellten-R.	Knappschaftsversicherung
Träger: Landesversicherungsanstalten	Bundesversicherungsanstalt für Angestellte	Bundesknappschaft
Pflichtversicherung: a) Versicherte **b)** Beiträge		
a) alle Arbeiter (ohne Bergbau), Lehrlinge, Heimarbeiter u. a. **b)** 17% des Bruttoverdienstes (bis 2100 DM angerechnet); 15 Beitragsklassen von 17 bis 357 DM; je zur Hälfte von Arbeitgeber und -nehmer getragen	**a)** Angestellte (ohne Bergbau) und Gruppen von Selbständigen	**a)** Beschäftigte im Bergbau **b)** 23,5% des Bruttoverdienstes (bis 2500 DM). 15% Arbeitgeber-, 8,5% Arbeitnehmeranteil
Weiterversicherung: a) Berechtigte **b)** Beiträge		
a) Nicht mehr Versicherungspflichtige, die bereits 60 Pflichtbeiträge zahlten. Bei vor dem 31. 12. 1956 begonnener Weiterversicherung auch ohne 60 Pflichtbeiträge		**a)** Möglich bei 60 Pflichtbeiträgen für Hauer- o. ä. Arbeiten oder bei 180 Pflichtbeitr.; sonst in der Arbeiter- oder Angestellten-R.
b) 15 Beitragsklassen		**b)** 25 Beitragsklassen
Höherversicherung: a) Berechtigte **b)** Beiträge		
a) Pflichtversicherte **b)** 7 Beitragskl., Grundbeitrag nicht überschreiten		**a, b)** in der Arbeiter- oder Angestellten-R. möglich

Versicherungsleistungen: Pflicht-, Weiterversicherung
1) Maßnahmen zur Erhaltung und Wiederherstellung der Erwerbsfähigkeit
2) Renten wegen Berufsunfähigkeit, wegen Erwerbsunfähigkeit; Altersrente bei 65 J., bei 60 J. bei einjähr. Arbeitslosigkeit, bei 60 J. für weibl. Versicherte; Witwen-, Witwer-, Waisenrenten
2) Bergmannsrente bei verminderter Berufsfähigkeit, Knappschaftsrente bei Berufs-, Erwerbsunfähigkeit, Knappschaftsruhegeld
3) Witwen- und Witwerabfindungen; 4) Beiträge zur Krankenversicherung der Rentner
Höherversicherung: Steigerungsbeträge, ein %-Satz der geleisteten Beiträge

Voraussetzungen für Versicherungsleistungen: a) Wartezeit **b)** Versicherungsfall
a) Versicherungszeit von 60 Monaten für Renten wegen Berufs-, Erwerbsunfähigkeit, Hinterbliebenen-R.; von 180 Monaten für Altersruhegeld
a) bes. geregelt
b) Berufs-, Erwerbsunfähigkeit, 60., 65. Lebensjahr, Tod

Rentenberechnung
Anrechnungsfähige Versicherungsjahre: Versicherungszeiten (Beitrags-; Ersatz-: z. B. militär. Dienst; Ausfallzeiten: z. B. Ausbildung, Krankheit; Zurechnungszeit: zwischen Eintritt des Versicherungsfalls und 55. Lebensjahr) addieren, durch 12 teilen
Allgemeine Bemessungsgrundlage: durchschnittl. Bruttoarbeitsentgelt aller Versicherten (ohne Lehrlinge) im Mittel des 3jähr. Zeitraums vor dem Kalenderjahr vor Eintritt des Versicherungsfalls
Maßgebende Bemessungsgrundlage: Verhältnis des Bruttoarbeitsentgelts des Versicherten zu dem aller Versicherten in jedem Beitragsjahr, ausgedrückt in %; die Werte addiert, durch die Beitragsmonate geteilt und mit 12 multipliziert, ergeben den %-Satz. Mit diesem wird nach der allgemeinen Bemessungsgrundlage die maßgebende Rentenbemessungsgrundlage errechnet

Prozentsatz: Für jedes anrechnungsfähige Versicherungsjahr wird Rente wegen Berufsunfähigkeit 1%, Erwerbsunfähigkeit 1,5%, bei Altersruhegeld 1,5% der maßgebenden Rentenbemessungsgrundlage gewährt
bei Bergmannsrente 0,8%, Knappschaftsrente wegen Berufsunfähigkeit 1,2%, Erwerbsunfähigkeit 2,0%, Knappschaftsruhegeld 2,0% (2% für Versicherungsfälle ab 1972, vorher höher)

Rentenformel:
$$\text{Jahresrente} = \frac{\text{Versicherungsjahre} \times \text{Prozentsatz}}{100} \times \text{maßgeb. Rentenbemessungsgrundl.}$$

(Karibu) verbreitet. In halbwilden Herden zwingt das R. durch jahreszeitl. Wanderung zwischen Tundra und Wald seine Züchter zum Nomadentum. (Bild S. 1022)

rent'ieren, Gewinn abwerfen.

Rentierflechte, Rentiermoos, Arten der Becherflechte, auf Tundren des Nordens, auch auf Heiden Mitteleuropas, Hauptnahrung der Rentiere, Winternahrung für Rinder u. a.

Rentner, Rentier [rɛntj'e], Person, die von einer Rente lebt.

Renumeration [lat.], Rückzahlung, Rückgabe.

Reorganisation [lat.], Neueinrichtung, Umgestaltung. Zw.: **reorganisieren.**

rep., r., Börse: Abk. für repartiert.

Reparati'onen [lat.], den Besiegten auferlegte Leistungen zum Ausgleich der Kriegsschäden der Sieger. - Nach dem 1. Weltkrieg wurden dem Dt. Reich bes.

Rentier: Karibu

Geldleistungen auferlegt. Ihre Höhe, auf den R.-Konferenzen von Boulogne, Spa, Paris, London (1921) bestimmt, überschritt die dt. Leistungskraft. Auf Grund von Rückständen in den Lieferungen kam es 1923 zur Besetzung des Ruhrgebiets. Auch der Dawesplan (1924) und der Youngplan (1930) erwiesen sich als unerfüllbar. Das Hoover-Moratorium (1931) stundete die Zahlungen, die Konferenz von Lausanne (1932) beendete faktisch die R. - Die dt. R. nach dem 2. Weltkrieg bestanden in Sachleistungen, die aus dem dt. Auslandsvermögen und der Industrieausrüstung zu erbringen waren (auf den Konferenzen in Quebec, Jalta, Moskau, Potsdam, London, Paris festgelegt). Die dt. R. an die Westmächte betrugen 517 Mill. $ (Handelsflotte, Auslandswerte, Erträge von Demontagen; andere Werte nicht anerkannt). Die Sowjetunion zog nach westl. Angaben R.-Leistungen im Werte von 13 Mrd. $ aus ihrer Besatzungszone (Demontagen, Beschlagnahmen, Lieferungen aus der laufenden Produktion). 1954 verzichtete sie auf weitere R. Die Pariser Verträge v. 1954 beendeten die R.-Leistungen der Bundesrep. Dtl.

Reparat´ur [lat.] *die*, Ausbesserung, Instandsetzung. **reparieren,** ausbessern.

repart´ieren [lat.], aufteilen, Kostenanteile berechnen. **repartiert,** Abk. **r., rep.,** Börsenaufträge zum Teil ausgeführt.

Repatri´ierung [lat.], **1)** die Zurückführung Kriegsgefangener u. a. Internierter in ihre Heimat. **2)** Wiedereinbürgerung.

Repertoire [ɾəpɛrtw´aːr, frz.] *das*, Gesamtheit der Stücke im Spielplan einer Bühne, ferner die von einem Künstler beherrschten Rollen.

Repert´orium [lat.], Nachschlagewerk. **repet´ieren** [lat.], wiederholen.

Repetiti´on [lat.], Wiederholung, erneute Durchnahme eines Lehrstoffs.

Repet´itor [lat.], jemand, der andere durch Wiederholen eines Lehrstoffs auf Prüfungen vorbereitet.

Repetit´orium [lat.], Kursus oder Lehrbuch zur Wiederholung.

R´epin, Ilja Jefimowitsch, russ. Maler, * 1844, † 1930; naturalist. Bilder sozialen und geschichtl. Inhalts (Wolgaschiffer). Bildnisse (Tolstoi).

Replantati´on [lat.] *die*, ✚ die Wiedereinpflanzung, z. B. eines Zahns.

Repl´ik [frz.] *die*, die Erwiderung. **1)** bes. in einem Prozeß die Erwiderung des Klägers auf ein Vorbringen des Beklagten. **2)** eine von Künstler selbst hergestellte Wiederholung seines eigenen Werkes im Unterschied zu der von anderer Hand gefertigten Kopie. Weicht eine R. vom ersten Werk ab, spricht man von 2. Fassung. **repliz´ieren** [frz.], entgegnen.

Rep´ort [frz.] *der*, **1)** Bericht, Mitteilung. **2)** ein Kurszuschlag beim Prolongationsge-schäft (**Reportgeschäft**). Wenn jemand im Börsentermingeschäft Wertpapiere in Erwartung einer Kurssteigerung gekauft hat, diese aber nicht erfolgt, so kann er prolongieren, indem er einen andern sucht, der für ihn die Stücke abnimmt mit der Verpflichtung, sie ihm am nächsten Ultimo zum gleichen Kurs zuzüglich eines Kurszuschlags (R.) zurückzuliefern.

Reportage [ɾəpɔrt´aːʒə, frz.] *die*, Bericht, Berichterstattung.

Rep´orter [engl.] *der*, Berichterstatter.

Reppe, Walter, Chemiker, * 1892, † 1969, entwickelte die katalyt. Synthesen unter erhöhtem Druck auf dem Gebiet des Acetylens und des Kohlenoxids (**R.-Chemie**).

Reppe-Chemie, die nach W. Reppe benannte Herstellung organ. Zwischenprodukte aus Acetylen.

Repräsent´ant [lat.] *der*, Vertreter, Volksvertreter, Abgeordneter.

Repräsentantenhaus, die Zweite Kammer der Volksvertretung, bes. in den USA und den meisten ihrer Gliedstaaten.

Repräsentati´on [lat.], **1)** Vertretung, Stellvertretung. **2)** würdiges, standesgemäßes Auftreten, Aufwand.

Repräsentationskosten, der Aufwand, zu dem Unternehmen, Persönlichkeiten auf Grund ihrer Stellung u. a. durch die Pflichten der Repräsentation gezwungen sind; u. U. steuerlich abzugsfähig, →Werbungskosten.

Repräsentativerhebung, statistische Erhebung durch Stichproben oder Erfassen von Teilbereichen, die für die Gesamtmasse repräsentativ sind.

Repräsentativverfassung, Repräsentativsystem, eine Staatsverfassung, bei der das Volk durch Repräsentanten an der Staatsgewalt teilnimmt.

repräsent´ieren [lat.], darstellen, würdig vertreten.

Repress´alie [lat.] *die*, die Vergeltung; im Völkerrecht eine angemessene Vergeltungsmaßnahme eines Staates gegen völkerrechtswidrige Handlungen eines anderen Staates. R. gegen Kriegsgefangene sind verboten.

Repressi´on [lat.], Unterdrückung, Hemmung; Begriff der Psychoanalyse, der in den 1960er Jahren Eingang in die Soziologie und Pädagogik gefunden hat.

repress´iv [frz.], hindernd, unterdrückend.

repressive Toleranz, von H. Marcuse geprägter Begriff für die Manipulation der Gesellschaft durch scheinbares Gewährenlassen, das auf Unterdrückung zielt.

Repressivmaßregeln, ♫♫ Maßnahmen gegen staatsgefährdende Umtriebe oder andere die Sicherheit des Staatslebens bedrohende Bestrebungen.

Repr´ise [frz.] *die*, **1)** Wiederaufnahme. **2)** ♪ in der Form des Sonatensatzes die Wiederaufnahme des ersten Teiles (Themenaufstellung). **3)** Theater, Film: Wiederaufnahme eines bereits gespielten Stückes in den Spielplan. **4)** Börse: Kurserholung.

Reprivatisierung, Rücküberführung von Erwerbsunternehmen der öffentl. Hand in Privateigentum.

Reprobati´on [lat.], Verwerfung; kirchlich das Gegenteil von Erwählung.

Reprocessing [ɾiprous´esıŋ, engl.] *das*, chem. Aufarbeitung bestrahlter Kernreaktorbrennstoffe.

Reprodukti´on [lat.], Nachbildung, Wiedergabe, Vervielfältigung, Abdruck.

Reproduktionskosten, Kosten der Wiederbeschaffung, -herstellung eines Gutes.

Reproduktionsrecht, ein Teil der Urheberrechts; das R. gewährt dem Urheber die Befugnis, ein Werk zu vervielfältigen und nachzubilden.

Reproduktionstechnik, Sammelbez. für alle Verfahren zur Wiedergabe von ebenen Vorlagen mit photograph., photomechan. oder chemigraph. Verfahren, z. B.: Chemigraphie (Buchdruck) Lithographie (Flachdruck und Tiefdruck), Holzschnitt, Kupfer- und Stahlstich. (Bild S. 1023)

Reproduktionswert, der Wiederbeschaffungswert, Wiederherstellungswert.

reproduz´ieren [lat.], nachbilden, wiedergeben, vervielfältigen.

Reprograph´ie, die Gesamtheit der Kopierverfahren mit Hilfe elektromagnet. Strahlung, vorwiegend mit sichtbarem, ultraviolettem oder infrarotem Licht; R. ist oft auch ein Begriff für →Vervielfältigungsverfahren.

Rept´ilien [lat.], Ez. Reptil *das*, Kriechtiere, Klasse der Wirbeltiere.

Republic Steel Corporation [rip´∧blik stiːl-], Cleveland (Ohio), nordamerikan. Stahlkonzern, gegr. 1889, seit 1930 jetziger Name. Kap.: 1,04 Mrd. US-$; Beschäftigte: 47 730 (1970).

Republik [lat. res publica ‚das Gemeinwesen'] *die*, urspr. jeder Staat, der nicht den Sonderinteressen der Herrschenden, sondern dem allgemeinen Wohl dient. Seit Ausgang des 18. Jahrh. wird als R. nur ein Staat bezeichnet, der keine →Monarchie ist. Dazu zählen sowohl die →Aristokratie wie auch die →Demokratie. Im MA. und in der Neuzeit bis ins 19. Jahrh. waren aristokrat. R. mit feudalan Adels- oder bürgerlich-patrizischem Regiment weit verbreitet. Auch Staaten mit sozialist. Klassenherrschaft bezeichnen sich als R.

Republik´aner Mz., Anhänger der republikan. Staatsform oder einer republikan. Partei.

Republikanische Parteien, 1) Frankreich: Unter Napoleon III. trat seit 1863 eine rasch anwachsende republikan. Bewegung hervor, die 1870 die Gründung der Dritten Republik erreichte, aber innenpolitisch errangen die Gruppen der Linken (Union républicaine um L. Gambetta und Gauche républicaine um J. Ferry) erst 1879, später die extremen Radikalen um G. Clemenceau und die Gemäßigten das Übergewicht. Als um 1900 die Radikalsozialisten die parlamentar. Führung übernahmen, wurden die Republikaner in die Opposition gedrängt. Nach 1945 gingen sie ihnen u. a. das Mouvement Républicain Populaire und die Unabhängigen Republikaner hervor. **2)** Verein. Staaten: Die R. P. entfaltete sich 1854 als Gegnerin der herrschenden Demokrat. Partei in der Frage der Negersklaverei, erreichte 1860 die Wahl Lincolns zum Präsidenten und blieb nach dem Sezessionskrieg die führende Partei. Vor allem vertrat sie die Hochschutzzollpolitik. Bei den Wahlen stützte sie sich bes. auf die konservativen Kreise. 1953 und 1957 wurde Dwight D. Eisenhower als Kandidat der R. P. zum Präsidenten gewählt. Nachdem R. Nixon 1960 J. F. Kennedy nur ganz knapp unterlegen war, erlitt der republikan. Präsidentschaftskandidat B. Goldwater eine schwere Niederlage. 1968 wurde der Republikaner R. Nixon zum Präs. der USA gewählt.

Republikanischer Schutzbund, 1924 bis 1933 Wehrverband der sozialdemokrat. Arbeiter Österreichs; nach der Auflösung durch Dollfuß unternahm er Febr. 1934 noch einen Aufstand.

Republ´ikflucht, früher gebräuchl. Bezeichnung für unerlaubtes Verlassen der Dt. Dem. Rep.; gem. Gesetz vom 11. 12. 1957 vorübergehend auch gesetzlicher Straftatbestand. Das StGB. von 1968 kennt lediglich einen Tatbestand des ungesetzl. Grenzübertritts (§ 213).

Republikschutzgesetz, ein Gesetz zur Verteidigung der republikanisch-demokrat. Staatsform in Dtl., erlassen nach der Ermordung W. Rathenaus am 21. 7. 1922; 1932 durch VO außer Kraft gesetzt; heute z. T. entsprechende Bestimmungen im StGB.

Repulsi´on [lat.] *die*, Abstoßung, Zurückweisung. Eigw. **repuls´iv.**

Reputati´on [lat.], Ansehen, guter Ruf. **reput´ierlich,** achtbar, ordentlich, wacker.

R´equiem [lat.], Kath. Kirche: Totenmesse. R.-Kompositionen gibt es vor allem von Orlando di Lasso, M. Haydn, W. A.

Reproduktionstechnik: oben Die Bildvorlage wird aufgenommen und das Bild dabei in einzelne Rasterpunkte zerlegt; unten Probedruck in der Andruckpresse

Mozart, L. Cherubini, H. Berlioz, G. Verdi, G. Fauré, A. Dvořák, I. Strawinsky, G. Ligeti. Das ‚Deutsche R.‘ von J. Brahms ist eine Vertonung dt. Bibeltexte.

requi′escat in p′ace [lat. ‚er (sie) ruhe in Frieden‘], Abk. **R. I. P.**, Grabinschrift nach Psalm 4, 9.

Requis′it [lat.] *das*, Theater: ein Gebrauchsgegenstand, der zwar zur·Ausstattung gehört, aber kein festes Dekorationsstück bildet.

Requisiti′on [lat.] ♐, **1)** das Ersuchen einer Behörde an eine andere (z. B. um Rechtshilfe). **2) R. Beitreibung,** die Forderung von Sach- oder persönl. Leistungen für militär. Zwecke oder einen öffentl. Notstand. **3)** Völkerrecht: Sach- und Dienstleistungen eines besetzten Gebiets an das Besatzungsheer.

R′erum Nov′arum [lat. ‚nach Neuerungen‘ begierig], die Enzyklika Leos XIII. vom 15. 5. 1891 über die kath. Soziallehre.

res [lat.] *die*, Sache.

RES, Abk. für →retikulo-endotheliales System.

Resai′eh, früher **Urmia,** Hauptstadt der iran. Prov. West-Aserbaidschan, 110 000 Ew., westlich des R.-Sees (früher Urmiasee, rd. 5800 km² großer Salzsee), 1340 m ü. M.; Bazar; Handel.

Res′a Schah Pahlew′i, Schah von Iran (1925-41), * 1878, † 1944. R., 1925 Begründer seiner Dynastie, brachte den Iran zu wirtschaftl. Geltung, mußte 1941 nach dem Einrücken Großbritanniens und der Sowjetunion zugunsten seines ältesten Sohnes →Mohammed Resa Pahlewi abdanken.

Reschenpaß, Reschen-Scheideck, 1510 m hoher Paß zwischen Nord- und Südtirol, verbindet Inntal und Vintschgau.

R′eschitza, rumän. **Reşiţa,** Stadt im Banat, Rumänien, 68 000 Ew.; Hüttenkombinat, Stahl-, chem. Industrie.

Rescht, Provinzhauptstadt in Iran, 144 000 Ew., am Kaspischen Meer, Mittelpunkt von Reisanbau; Industrie.

Res′eda [lat.] *die*, Pflanzengattung mit ährigen Blütenständen und zerschlitzten Blütenblättern. Die **Wohlriechende R.,** mit grünlichen, herb duftenden Blüten, ist Gartenblume. Gelblich blühen **Gelber Wau** und **Färberwau.**

Resekti′on [lat.] *die*, ♐ das operative Entfernen eines erkrankten Organteiles oder Knochens.

Reserp′in [lat.] *das*, ♐ Arzneimittel, ein Alkaloid aus →Rauwolfia serpentina, 1956 von R. B. Woodward synthetisch hergestellt.

Reserv′at [lat.] *das*, Vorbehalt. **reserv′atio ment′alis** [lat.] *die*, ♒ →Gedankenvorbehalt.

Reservati′on [lat.] *die*, **1)** Vorbehalt, bes. im Recht. **2)** →Indianer-Reservation.

Reserv′atrechte, im Dt. Reich 1871-1918 die Sonderrechte über Post und Heer, die sich bes. die süddt. Königreiche Bayern und Württemberg bei ihrem Eintritt ins Reich vorbehalten hatten.

Res′erve [frz.] *die*, **1)** Rücklage, Notvorrat. **2)** Zurückhaltung. **3)** in der Betriebswirtschaft die Rücklage; im Bankwesen die Mindestreserven. **4)** ⚔ die ausgebildeten Wehrpflichtigen im Beurlaubtenstand, in der Bundesrep. Dtl. die Jahrgänge bis zum 35. Lebensjahr. **5)** ⚔ Truppen, die zunächst zurückbehalten und je nach der Kampflage eingesetzt werden.

Reservedruck, Textildruckverfahren, bei dem die Gewebe vor dem Färben mit Pasten bedruckt werden, so daß sie an diesen Stellen keinen Farbstoff annehmen.

Res′ervestoffe, Biologie: Speicherstoffe. **reserv′ieren** [frz.], zurückhalten, vormerken lassen. **reserviert,** zurückhaltend.

Reservoir [rezɛrvw′a:r, frz.] *das*, Vorratsbehälter.

Resid′enz [lat.] *die*, Sitz des Landesherrn oder eines hohen geistl. Würdenträgers. **residieren,** seinen Wohnsitz haben.

Residenzpflicht, die Pflicht der Beamten, am Dienstort zu wohnen, soweit die Natur des Amtes es erfordert.

Res′iduum [lat.] *das*, Rückstand, Rest.

Resignati′on [lat.] *die*, Ergebung, Verzicht, Entsagung. **resign′ieren,** verzichten.

Res′ina, seit 1969 **Ercol′ano,** Gem. am Fuße des Vesuvs, Italien, 52 200 Ew., auf Lava- und Ascheschichten, unter denen Herculaneum begraben liegt.

Résistance [-t′ãs, frz.] *die*, die französ. Widerstandsbewegung im 2. Weltkrieg.

Resist′anz *die*, der Wirkwiderstand in Wechselstromkreisen.

Resist′encia [-sia], Hauptstadt der Prov. Chaco, Argentinien, 94 000 Ew., Univ.

Resist′enz [lat.] *die*, ererbte Widerstandsfähigkeit. Die Entwicklung von R. bei Krankheitserregern macht sie für Heilmittel unangreifbar. Ebenso wichtig ist die R. von Insekten gegenüber den neuzeitl. Schädlingsbekämpfungsmitteln. - **resist′ent,** widerstandsfähig.

Resist′enza [ital.] *die*, die italien. Widerstandsbewegung gegen den Faschismus.

Resist′in, Kupfer-Mangan-Eisen-Legierung, elektr. Widerstandsmaterial.

Reskr′ipt [lat.] *das*, **1)** Verfügung. **2)** röm. Recht: die Entscheidung eines Einzelfalls durch den Kaiser. **3)** Kath. Kirche: der schriftliche Bescheid des Papstes oder eines anderen Ordinarius.

Resnais [rɛn′ɛ], Alain, französ. Filmregisseur, * 1922; ‚Hiroshima, mon amour‘ (1959), ‚Letztes Jahr in Marienbad‘ (1960), ‚Der Krieg ist vorbei‘ (1965) u. a.

resol′ut [lat.], entschlossen, herzhaft, forsch. **Resoluti′on,** Entschließung.

Resolution-Insel [rezɔl′u:ʃən-], Insel im kanadisch-arkt. Archipel, 2530 km² groß.

Reson′anz [lat.] *die*, Mitklingen, allgemeiner: Mitschwingen eines Körpers, Moleküls, Atoms beim Einwirken relativ schwacher äußerer Kräfte mit einer Schwingungszahl, die einer Eigenschwingung des Körpers, Moleküls, Atoms benachbart ist. Resonanzfähig sind z. B. eingespannte Metall- oder Glasstücke, gespannte Saiten, eingeschlossene Luft, elektromagnet. Schwingungskreise. Die R. ist ein Grundprinzip der musikal. Klangbildung.

Reson′ator [lat.] *der*, -s/...t′oren, Hilfsmittel der Klanganalyse.

resorb'ieren [lat.], aufsaugen, vollständig aufnehmen.

Resorc'in, meta-Dihydroxybenzol, $C_6H_4(OH)_2$, wird verwendet zur Herstellung von Farbstoffen, Kunstharzen (**R.-Harze**) für Leime, in der Hautheilkunde.

Resorpti'on [lat.] *die*, ⚕, ⚘ die Aufnahme von Stoffen in das Blut oder die Körpersäfte; z. B. der Nahrungsstoffe im Magen-Darm-Kanal.

Resozialis'ierung, bei lange Zeit Erkrankten oder Inhaftierten Bez. für deren Wiedereingliederung in die soziale Gemeinschaft.

resp., →respektive.

Resp'ekt [lat.] *der*, Achtung, Ehrfurcht. **respekt'abel**, achtunggebietend.

respekt'ieren [lat.], achten, anerkennen; Wechsel einlösen.

respekt'ive [lat.], beziehungsweise, oder.

Resp'ekttage, ⚖ eine gesetzl. oder vertragl. Frist zum Hinausschieben der Fälligkeit einer Schuld. Im dt. Wechselrecht sind ausschließl. R. nicht anerkannt.

Respighi [resp'i:gi], Ottorino, italien. Komponist, * 1879, † 1936, ist mit seiner von R. Strauss angeregten Orchesterbehandlung ein Meister der neueren italien. Musik; sinfon. Dichtungen, Opern, Lieder.

Respirati'on [lat.], Atmung.

Respirationsapparat, 1) ⚕, ⚘ die Gesamtheit der Atmungsorgane. 2) ⚘ Vorrichtung zum Bestimmen der Sauerstoffaufnahme und der Kohlensäureabgabe durch die Lungen als Maß für den Stoffwechsel.

Respons'orium [lat.] *das*, -s/...rien, 1) kath. Liturgie: die Antwortgesänge, meist nach den Lesungen. 2) evang. Liturgie: der Wechselgesang zwischen den Liturgen und der Gemeinde.

Ressentiment [rəsãtim'ã, frz.] *das*, gefühlsbedingtes Vorurteil.

Ressort [rəs'ɔ:r, frz.] *das*, Abteilung, (Amts-)Bereich. **Ressortminister**, ein Minister, dem ein eigener Verwaltungszweig untersteht.

Ressourcen [rəs'urs-, frz.] *Mz.*, Hilfsquellen, Geldmittel.

Rest'anten [lat.], Rückstände; liegengebliebene Ware.

Restaurant [-stor'ã, frz.] *das*, **Restaurati'on** *die*, Gaststätte. **Restaurateur** [-'œ:r], Gastwirt.

Restauration [lat.], 1) Wiederherstellung. 2) Restaurierung. 3) Gaststätte. 4) Wiedereinsetzung eines gestürzten Herrscherhauses, bes. der Bourbonen in Frankreich 1815-30 (**Restaurationszeit**); allgemein: die Wiederherstellung eines früheren polit. oder wirtschaftl. Zustands (→Reaktion).

Restaur'ator [lat.], Wiederhersteller von beschädigten Kunstwerken.

Restaurierung, die Wiederherstellung oder Erhaltung gealterter, schadhafter, auch durch spätere Eingriffe entstellter Bau- und Kunstdenkmäler.

Restif de la Bretonne [-brət'ɔn], **Rétif de la Bretonne**, Nicolas Edme, franzöz. Schriftsteller, * 1734, † 1806; sittengeschichtl. Romane, wegen ihrer erotischen Szenen als Skandalliteratur angesehen, von den Realisten des 19. Jahrh. geschätzt.

Restituti'on [lat.], Erstattung. 1) die Rückgabe in Dtl. unter der nat.-soz. Herrschaft im Zuge rassischen, religiöser oder polit. Verfolgung entzogener Gegenstände (→Rückerstattung). 2) die Rückgabe der während eines Krieges in einem besetzten Gebiet rechtswidrig beschlagnahmten Gegenstände.

Restitutionsedikt, am 6. 3. 1629 von Kaiser Ferdinand II. erlassen, um den kath. Besitzstand von 1552 wiederherzustellen; im Westfäl. Frieden 1648 aufgegeben.

Restitutionsklage, Klage auf Wiederaufnahme eines rechtskräftig abgeschlossenen Verfahrens, z. B. bei Meineid eines Zeugen (→Wiederaufnahme des Verfahrens).

Restrikti'on [lat.], 1) Beschränkung, Vorbehalt. 2) im Kreditwesen die Beschränkung der Kredite. **restringieri**, beschränkt.

Reststrahlen, elektromagnet. Wellen mit Wellenlängen von 0,01-0,15 mm, die durch mehrfache Reflexionen ultraroter Wellen an bestimmten Kristallen entstehen.

Result'ante [lat.] *die*, 1) △ rechner. Hilfsmittel zur Auflösung algebraischer Gleichungssysteme. 2) ✕ **Resultierende**, Summe zweier Vektoren, z. B. zweier Kräfte.

Result'at [lat.] *das*, Ergebnis, Erfolg. **result'ieren** [lat.], sich ergeben, folgen.

Resüm'ee [frz.] *das*, Zusammenfassung, Übersicht. **resümieren**, zusammenfassen.

Resurrektion [lat.], Auferstehung.

Ret'abel *das*, Altaraufsatz.

Ret'am [span.] *der*, ⚘ der Rätam.

retard'iert [lat.], verzögert. **Retardati'on**, Verzögerung.

Retcliffe [r'etklif], Sir John, Deckname von Hermann **Goedsche**, Romanschriftsteller, * 1816, † 1878; histor. Romane.

Retenti'on [lat.], Zurückbehaltung. **Retentionsrecht**, ⚖ das →Zurückbehaltungsrecht.

Retez'atgebirge, rumän. **Munții Retezatului**, Granitmassiv in den westl. Südkarpaten, Rumänien, 2509 m hoch.

R'ethel, Alfred, Maler, * 1816, † 1859, erhielt 1840 den Auftrag, Wandbilder aus der

A. Rethel: Der Tod als Freund; Holzschnitt, 1851

Geschichte Karls d. Gr. im Aachener Rathaus zu malen (sein Hauptwerk); Gemälde, Holzschnitte und Zeichnungen.

Rétif de la Bretonne, franzöz. Schriftsteller, →Restif de la Bretonne.

retikul'ar [lat.], **retikulär**, netzförmig. **ret'ikulo-endotheli'ales System**, **Retikuloendoth'el**, Abk. **RES**, nach L. Aschoff eine Leistungsgemeinschaft von Zellen, die bei Stoffwechsel- und Abwehrvorgängen eine Rolle spielen; bes. in Milz, Knochenmark, Lymphknoten, Leber.

R'etina, **Ret'ina** [lat.] *die*, ⚕, ⚘ die Netzhaut des Auges.

Retir'ade [frz.] *die*, ⚔ der Rückzug. **retirieren** [frz.], sich zurückziehen, den Rückzug antreten.

Retorsi'on [lat.], ⚖ 1) im Strafrecht allgemein die Vergeltung; sie kann, wenn sie bei Beleidigung oder leichter Körperverletzung auf der Stelle vorgenommen wird, für straffrei erklärt werden. 2) im Völkerrecht die Vergeltung einer Völkerrechtsverletzung oder eines unfreundl. Aktes durch einen völkerrechtswidrigen, aber möglicherweise einen ,unfreundl. Akt' darstellendes Verhalten.

Ret'orte, Laborgefäß mit abwärts geneigtem Hals; in der Technik beheizte Behälter zur Schwelung oder Verkokung von Kohlen.

retour [rət'u:r, frz.], zurück. **retournieren**, zurückschicken.

Retraite [rətr'ε:t, frz.] *die*, ⚔ Rückzug.

Retributi'on [lat.], Vergütung, Rückgabe.

retrogr'ad [lat.], rückläufig.

retrospekt'iv [lat.], rückschauend.

Retrozessi'on [lat.], weitere Rückversicherung seitens eines Rückversicherers.

Rets'inawein [neugriech.], der mit Harz versetzte griech. Landwein.

R'ettenpacher, Rettenbacher, österreich. Dichter, * 1634, † 1706, Benediktiner; barocke Ordensdramen; latein. und dt. Gedichte.

Rettich, latein. **Raphanus sativus**, Kreuzblüter, mit weißen, rosa- oder blaßvioletten Blüten und kugelig-fleischiger, durch Senföl und Zucker scharfwürziger Wurzel; einjähr. **Sommer-**, zweijähr. **Winter-R., Radieschen (Radies, Monatsrettich)** mit roter oder weißer Wurzelschale.

Rettungsgürtel, die →Schwimmweste.

Rettungsmedaille, Auszeichnung für Rettung aus Lebensgefahr unter Einsatz des eigenen Lebens.

Rettungsschwimmen, die Übungen im Wasser, die der Vorbereitung zur Rettung Ertrinkender dienen; es schließt auch Wiederbelebungsversuche und Erste Hilfe ein.

Rettungswesen, Maßnahmen und Einrichtungen der öffentl. Hand, gewerbl. und industrieller Betriebe sowie privater Institutionen und Vereinigungen zur Hilfe bei Katastrophen, Unfällen, Erkrankungen u. a. Notständen. Am Rettungsdienst beteiligen sich viele Organisationen, so das Deutsche Rote Kreuz, Bergwacht und Wasserwacht, der Arbeitersamariterbund, der Malteser-Hilfsdienst, der Dt. Gesellschaft zur Rettung Schiffbrüchiger, die Johanniter-Unfall-Hilfe, außerdem Einrichtungen der Kreise und Gemeinden, der Länder und des Bundes. (Bild S. 1025)

retusch'ieren, positive oder negative Bildvorlagen überarbeiten zur Beseitigung von Mängeln, z. B. Abdecken, Abschwächen, Verstärken durch Farbauftrag, Schaben mit dem Retuschiermesser oder auf weg. Wege.

Retz [res], Jean-François Paul de **Gondi** Baron von R., Kardinal, franzöz. Politiker, * 1613, † 1679; 1648-52 ein Führer der Fronde, entfloh ins Ausland (bis 1661). Seine Memoiren haben histor. Quellenwert und sind ein literar. Kunstwerk.

Reuchlin, Johann, Humanist, * 1455, † 1522, gilt neben Erasmus als Haupt des Humanismus; förderte die Kenntnis des Griechischen und legte die Grundlage für die Beschäftigung mit dem Hebräischen, schrieb latein. Komödien (,Henno‘, 1497). (→Dunkelmännerbriefe)

Reue, 1) Schmerz über das eigene Tun. 2) im Strafrecht →tätige Reue.

Reugeld, 1) ⚖ eine Zahlung, die den Leistenden vertragsmäßig den Rücktritt vom Vertrag gestattet (§ 359 BGB.). 2) die vom Besitzer eines Rennpferdes dem Rennveranstalter zu zahlende Summe, wenn die Meldung nicht aufrechterhalten wurde.

Réunion [reynj'ɔ̃, frz.], 1) Verein, Versammlung. 2) ⚘ für Tanzgesellschaft. 3) Wiedervereinigung, Einverleibung.

Réunion [reynj'ɔ̃], franzöz. Insel im Ind. Ozean, die südlichste der Maskarenen, 2512 km², 430 000 Ew., meist Mischlinge. Hauptstadt ist St. Denis. Die gebirgige, vulkan. Insel mit trop. Klima hat Anbau von Zuckerrohr, Maniok, Kaffee, Gewürzpflanzen. R., Anfang des 16. Jahrh. von dem Portugiesen P. da Mascarenhas entdeckt, ist seit 1652 von Franzosen besiedelt, seit 1946 als Übersee-Département.

Reuni'onen, die gewaltsamen Gebietsaneignungen Ludwigs XIV. an der franzöz. Ost- und Nordgrenze 1679-81, mit der Begründung, daß diese früher zu den 1648, 1668 und 1679 an Frankreich abgetretenen Ländern gehört hätten. 1697 mußte Ludwig zwar einen Teil der R., nicht aber Straßburg u. elsäss. Gebiete zurückgeben.

R'e|us, Stadt in Katalonien, Spanien, 55 500 Ew.; Kirche San Pedro (16. Jahrh.); Textilind. Maschinen- u. a. Fabriken.

Rettungswesen: links ein Hubschrauber der schweizerischen Bergwacht setzt eine Rettungsmannschaft im Hochgebirge ab; Mitte Soldaten verstärken mit Sandsäcken einen einbruchgefährdeten Deich; rechts nach einer Schlagwetterexplosion arbeitet sich die Rettungsmannschaft in den Schacht vor

Reuse die, Fanggerät für Fische und Vögel, aus Netzwerk, Holzstäbchen und Drahtgeflecht.

Reusner, Esaias, Lautenvirtuose und Komponist, * 1636, † 1679.

Reuß die, rechter Nebenfluß der Aare in der Schweiz, 159 km lang, entspringt im Gebiet vom Furkapaß und St. Gotthard, durchfließt den Vierwaldstätter See und mündet bei Windisch.

Reuß, bis 1918 zwei ehem. dt. Fürstentümer im östl. Thüringen: **R. ältere Linie (R.-Greiz)** und **R. jüngere Linie (R.-Gera).**

reüss´ieren [frz.], Erfolg haben, gedeihen.

Reuter, 1) Christian, Dichter, * 1665, † nach 1712; satir. Lustspiele ‚L'honnête femme oder Die Ehrliche Frau zu Plißine‘ (1695), ‚Der ehrlichen Frau Schlampampe Krankheit und Tod‘ (1696); Lügenroman ‚Schelmuffkys Wahrhafftige Curiöse und sehr gefährliche Reisebeschreibung zu Wasser und zu Lande‘ (1696 f.).
2) Ernst, Politiker (Sozialdemokrat), * 1889, † 1953, 1931 Oberbürgermeister von Magdeburg, 1939-45 Prof. für Kommunalwissenschaft in Ankara, 1947 Oberbürgermeister von Berlin, 1948 von West-Berlin, 1951 Regierender Bürgermeister, zugleich Präs. des Dt. Städtetags.
3) Fritz, niederdt. Dichter, * 1810, † 1874, wegen Teilnahme an ‚Umtrieben‘ der Bur-

Fritz Reuter   Ernst Reuter

schenschaft in Jena 1833-40 in Haft (1836-40 in Festungshaft), dann 10 Jahre in der Landwirtschaft tätig, zuerst als ‚Strom‘ (Wirtschaftseleve). Scherzgeschichten ‚Läuschen un Rimels‘ (1853), Verserzählung ‚Kein Hüsung‘ (1857). Romane ‚Ut de Franzosentid‘ (1859), ‚Ut mine Festungstid‘ (1862), ‚Ut mine Stromtid‘ (1862-64). R. stellte neben Groths plattdt. Lyrik den plattdt. humorvollen Prosaroman.

4) Gabriele, Erzählerin, * 1859, † 1941; Romane ‚Frau Bürgelin und ihre Söhne‘ (1899), ‚Das Tränenhaus‘ (1909) u. a.

Reuters Ltd., brit. Nachrichtenagentur, London (seit 1851), 1849 in Aachen gegründet.

Reuther [r´u:ðə], Walter Philip, amerikan. Gewerkschaftsführer, * 1907, † 1970, 1952 bis 1955 Präs. des CIO, 1955 Vizepräs. der AFL/CIO.

Reutlingen, Stadt in Bad.-Württ., am Fuß der Schwäb. Alb, 84 900 Ew.; Fachwerkbauten, alte Wehranlagen, Marienkirche (im 13. Jahrh. begonnen); Pädagog. Hochschule, Textilingenieurschule; Holz-, Textil-, Elektro- u. a. Ind. - Seit Mitte des 13. Jahrh. Reichsstadt, 1803 an Württemberg.

Reut-Nicol´ussi, Eduard, südtiroler Politiker, * 1888, † 1958, vertrat als Abg. im italien. Parlament die nat. Rechte der Südtiroler gegen die verschärfte Italienisierungspolitik der faschist. Regierung; floh 1927 nach Tirol.

Reutte, Sommerfrische, Wintersportplatz in Tirol, Österreich, im Lechtal, 845 m ü. M., 5000 Ew.; Textilind., Metallwerke.

Reutter, 1) Hermann, Komponist, * 1900, Werke (bes. Lieder) teils volkstüml., teils gemäßig modernen Charakters.
2) Otto, Vortragskünstler, * 1870, † 1931; Couplets.

R´eval, estn. und russ. **T´allinn,** Hauptstadt und -hafen der Estn. SSR, Sowjetunion, am Finn. Meerbusen, 363 000 Ew.; vier Hochschulen; Schiff-, Maschinenbau, Textil-, elektrotechn., Leder-, Cellulose-, Holzindustrie. Schloß (1227, vielfach erneuert), Dom (13. Jahrh.), Nikolaikirche (14. Jahrh., zerstört, im Wiederaufbau), Rathaus (1404 vollendet) u. a. alte Bauten. R. entstand um 1230 als dt. Stadt, war Mitglied der Hanse.

Reval´ierungsklage, im Wechselrecht die Klage des Bezogenen gegen den Aussteller auf Ersatz des zur Einlösung des Wechsels Aufgewendeten oder auf Deckung vor der Zahlung.

Revanche [rəv´ã∫, frz.] die, Vergeltung.
revanchieren, ein Gegengeschenk machen; sich rächen. **Revanchismus,** Revanchepolitik.

Reveille [rəv´ej, frz.] die, ⚔ früher das militär. Wecksignal.

R´eventlow [-lo], Adelsgeschlecht aus Dithmarschen, seit 1763 gräflich. - **Franziska** (eigentl. Fanny) Gräfin von, Schriftstellerin, * 1871, † 1918, gehörte zur Münch-

ner Bohème; Skizzen, Romane, Tagebücher.

Reverdy [rəv´ɛrd´i], Pierre, französ. Schriftsteller, * 1889, † 1960, Surrealist; Lyrik, kunsttheoret. Schriften.

R´everend [lat.], Abk. **Rev.,** Titel der Geistlichen in Großbritannien und den USA.

Rever´enz [lat.] die, Verbeugung, Ehrerbietung.

Rev´ers [frz.] der, **1)** schriftl. Verpflichtung, z. B. im Handel die Verpflichtung des Abnehmers zur Einhaltung der vom Hersteller vorgeschriebenen Verkaufspreise. **2)** Rückseite der Münze. **3)** Aufschlag an Kleidungsstücken.

revers´ibel [lat.-frz.], umkehrbar.

Reversible [-s´ibl, frz.] der, ein beidseitig verwendbares Gewebe oder Gewirke, deren beide Seiten unterschiedl. Effekte zeigen (z. B. eine Seite glänzend, die andere matt).

revidieren [lat.], überprüfen.

Rev´ier [frz.] das, **1)** Bezirk, begrenztes Gebiet, Tätigkeitsbereich (bes. im Forstwesen), **2)** ⚒ größeres Abbaugebiet. **3)** Krankenstube in der Kaserne.

Review [riv´ju, engl.] die, Übersicht, Rundschau; Rezension; auch Zeitschriftentitel.

Revirement [rəvirm´ã, frz.] das, Wechsel in der Besetzung von Ämtern, bes. im diplomat. Dienst.

Revisi´on [lat.], **1)** Überprüfung, Nachprüfung. **2)** die regelmäßige Überprüfung des Rechnungswesens eines Unternehmens. **3)** ⚖ Überprüfung des korrigierten Satzes. **4)** ⚖ ein Rechtsmittel zur Nachprüfung der Rechtsfragen (nicht der Tatfragen) durch ein höheres Gericht. **R.-Gerichte** sind in Zivilsachen der Bundesgerichtshof, in Strafsachen der Oberlandesgerichte oder der Bundesgerichtshof. **5)** Abänderung von Verträgen, Verfassungsurkunden oder Gesetzen.

Revision´ismus der, seit 1900 eine gemäßigt-krit. Richtung der dt. Sozialdemokratie, die an E. Bernsteins Lehre anknüpfte, daß der orthodoxe Marxismus überholt und durch zeitgemäße Theorien zu ersetzen sei. Vom Kommunismus wird der R. (auch **Reformismus** genannt) als ‚Verfälschung der marxist. Grundlehre‘ bekämpft.

Rev´isor [lat.], der Buchprüfer.

Revokati´on [lat.], ⚖ der →Widerruf.

Rev´olte [frz.] die, Aufruhr. **revoltieren,** sich empören, auflehnen.

Revoluti´on [frz.], **1)** Umwälzung. **2)** im

1025

polit. Sinn eine von unten ausgehende, tiefgreifende und für einen gewissen Zeitabschnitt anhaltende gewaltsame Änderung der gesamten gesellschaftl. und polit. Struktur eines Staates; i. w. S. wird der Terminus R. auch für Prozesse des totalen Bruchs mit kulturellen Wertsystemen und überkommenen Wissensbeständen und Organisationsstrukturen in Wirtschaft, Technik und Wissenschaft verwendet.

revolution'är [frz.], umstürzlerisch; vorwärtsdrängend. **revolutionieren**, in Aufruhr bringen.

Rev'olver [engl.] der, 1) kurze Faustfeuerwaffe mit einer Mehrladeeinrichtung in Gestalt einer drehbaren Trommel. 2) der →Revolverkopf.

Revolverkopf, drehbare Vorrichtung zum schnellen Wechseln, z. B. von mehreren Werkzeugen, Objektiven u. ä.

Revolving-Kredit, ein Kreditgeschäft, bei dem entsprechend dem Geschäftsrhythmus der Kreditnehmer zurückgezahlte Kreditbeträge wieder in Anspruch genommen werden können, bes. bei Diskont-, Lombard-, Akkreditivgeschäften.

revoz'ieren [lat.], widerrufen.

Revue [rəv'y, frz.] die, 1) Bühnendarbietung aus lose aneinandergereihten Szenen mit Gesang, Tanz, Artistik (Tanz-, Eis-R.). 2) Titel vieler Zeitschriften.

R'EWE-Gruppe, Genossenschaftsorganisation des Lebensmittelhandels, der rd. 10 050 Einzelhandelsgeschäfte angeschlossen sind.

Rex [lat.], König.

R'ex-Bewegung, Rex'isten, von Léon Degrelle gegr. rechtsradikale kath. Reformbewegung in Belgien (1930-44); 1944 verboten.

Reyes [r'ɛjes], Alfonso, mexikan. Schriftsteller, * 1889, † 1959, Lyriker, Erzähler, Dramatiker, Gelehrter.

Reykjavik [r'ɛjkjavi:k], Hauptstadt und -hafen Islands, 81 500 Ew.; Universität, wissenschaftl. Anstalten. 874 von norweg. Wikingern gegründet.

Reymont, Władysław, eigentl. **Reyment,** poln. Erzähler, * 1868, † 1925; Romane ‚Das gelobte Land‘ (2 Bde., 1899), ‚Die Bauern‘ (4 Bde., 1904-09); Nobelpreis 1924.

Reynaud [rɛn'o], Paul, französ. Politiker (Unabhängiger Republikaner), * 1878, † 1966; seit 1930 wiederholt Min. und Min.-Präs., versuchte 1940 den französ. Widerstand aufrechtzuerhalten, 1940-45 von der Regierung Pétain interniert; 1958 maßgebend an der neuen französ. Verfassung beteiligt.

Reynolds [r'ɛnldz], Sir Joshua, engl. Maler, * 1723, † 1792, malte, beeinflußt besonders von van Dyck, Bildnisse der engl. Gesellschaft.

Reynoldssche Zahl [r'ɛnldz-], Zeichen **Re,** eine Größe zur Charakterisierung von Strömungen, das Verhältnis der Beschleunigungsarbeit Ab zur Reibungsarbeit Ar,

J. Reynolds: Bildnis einer jungen Dame (Wien, Kunsthistor. Museum)

die beim Fließen einer Strömung geleistet wird.

Reyon, engl. **Rayon,** französ. **Rayonne,** Bez. für alle auf Cellulosebasis als Acetat oder Cupro oder aus Viskose hergestellten Chemieseiden, seit 1951 auf die Endlosgarne aus Viskose beschränkt. Aus Zellstoff wird mittels Natronlauge Alkalicellulose hergestellt, die mit Schwefelkohlenstoff das in Natronlauge lösliche und dann verspinnbare Xanthogenat ergibt (**Viskose-R.**).

Rez'a P'ahlevi, andere Schreibung für Resa Pahlevi (→Resa Schah Pahlewi)

R'ezat die, **Schwäbische** und **Fränkische R.,** die Quellflüsse der Rednitz.

Rezens'ent, Verfasser einer Rezension.

Rezensi'on [lat.], Beurteilung, Besprechung. **rezensieren,** besprechen, beurteilen.

rez'ent [lat.], 1) neu, jung. 2) ⊕ im Jetztzeit noch lebend. Gegensatz: fossil.

Rezep'isse [lat.] das, in Österreich: Empfangsbescheinigung, auch ein Teil des Lagerscheins.

Rez'ept [lat.] das, 1) ♀ die schriftl., mit Datum und Unterschrift versehene Anweisung eines Arztes an den Apotheker zur Herstellung oder Abgabe einer Arznei. 2) Zubereitungsvorschrift beim Kochen.

Rezept'akulum das, 1) ♨ Hohlgebilde, ein Organ zur Aufbewahrung von Samen, so die Samentasche der Bienenkönigin. 2) der Blütenboden.

Rezepti'on [lat.], 1) Aufnahme, Übernahme. 2) Empfangsbüro. 3) die Übernahme fremden Rechts (z. B. dt. Recht in Japan); im besonderen das Eindringen des röm. Privat- und Prozeßrechts in Dtl. (bes.

15.-16. Jahrh.). Die R. vollzog sich durch gewohnheitsrechtl. Anwendung des röm. Rechts als Juristenrecht und diente u. a. der Überwindung der Zersplitterung des einheim. Rechts. Mit dem Inkrafttreten des BGB. haben die röm. Rechtsquellen ihre Geltung in Dtl. verloren.

rezept'iv [lat.], 1) empfänglich, aufnahmefähig. 2) nur aufnehmend, nicht schaffend, Gegensatz: produktiv. **Rezeptivit'ät,** Aufnahmefähigkeit.

Rezept'ur [lat.] die, ♀ Zubereitung einer Arznei auf Grund eines Rezeptes.

Rez'eß [lat.] der, ♐ die Auseinandersetzung, der Vergleich, bes. das schriftlich niedergelegte Ergebnis von Verhandlungen.

Rezessi'on [lat.], eine konjunkturelle Abschwungphase, bei der die Wachstumsrate des realen Bruttosozialprodukts sinkt, aber nicht wie in einer Depression das reale Bruttosozialprodukt selbst fällt.

rezess'iv [lat.], ♀, ☽, ⊕ im Erbgang von anderen Erbanlagen unterdrückt, überdeckt.

Rezid'iv [lat.] das, **Rückfall,** ♀ erneuter Ausbruch einer Krankheit.

Rezipi'ent, Gefäß, das luftleer gepumpt werden kann.

rezip'ieren [lat.], aufnehmen.

rezip'rok [lat.], wechselseitig; kehrwertig; z. B. ist $^1/_3$ die **Reziproke** der Zahl 3, den Kehrwert.

Reziprozit'ät, die →Gegenseitigkeit.

Rezitati'on [lat.], künstler. Vortrag.

Rezitat'iv [aus ital.] das, dem Tonfall der Sprache angepaßter dramat. Sprechgesang; er ist in Oper, Oratorium (Passion) und Kantate Träger der Handlung. Das **Recitativo secco** (‚trockenes‘ R., kurz ‚Secco‘) wird nur von einigen Akkorden auf dem Cembalo (Klavier) unterstützt, während das **Recitativo accompagnato** (kurz, Accompagnato‘) eine musikalisch und dramatisch stärker ausgebildete Form der Orchesterbegleitung hat.

Rezit'ator [lat.] der, Vortragskünstler.

rezit'ieren [lat.], vortragen.

Rezn'iček [grch.-lat.], Emil Nikolaus Freiherr von, Komponist und Dirigent, * 1860, † 1945, gehört der neuromant. Richtung an; Opern, Sinfonien, sinfon. Dichtungen, Violinkonzert, Kammermusik.

Rezz'ori, Gregor von, Schriftsteller, * 1914; ‚Maghrebinische Geschichten‘ (1953), Roman ‚Ein Hermelin in Tschernopol‘ (1958) u. a.

Rf, chem. Zeichen für Rutherfordium.

RGBl., Abk. für **R**eichs**g**esetz**bl**att.

rh, Abk. für **Rh**esusfaktor negativ. **Rh,** Abk. für **Rh**esusfaktor positiv.

Rh, chem. Zeichen für Rhodium.

Rhab'anus M'aurus, andere Schreibung für →Hrabanus Maurus.

Rhab'arber [grch.-lat.] der, die asiat. Gattung **Rheum** der Knöterichgewächse; meist mit großen, langgestielten, gelappten Grundblättern und hochragenden weißl., gelbl. oder rötl. Blütenständen. R. liefert die **Rhabarberwurzel (Chines. R.);** der **Rhabarberextrakt** dient als Abführmittel, die **Rhabarbertinktur** als appetitanregendes Mittel. Einige Arten sind Zierstauden oder Nutzpflanzen wegen der z. B. als Kompott genießbaren Blattstiele.

Rhadam'anthys, griech. Mythos: König auf Kreta, nach seinem Tode ein Totenrichter der Unterwelt.

Rhaps'ode [grch.], bei den alten Griechen umherziehender, epische Gedichte (Homer, Hesiod) vortragender Sänger; die R. waren bis ins 5. Jahrh. v. Chr. die wichtigsten Erhalter und Verbreiter des Epos.

Rhapsod'ie [grch.] die, 1) das von einem Rhapsoden vorgetragene Gedicht. 2) ♪ in Anlage und Vortrag freie Komposition (Brahms); Phantasiestück über nationale Volksweisen (Liszt).

rhaps'odisch [grch.], bruchstückhaft, nicht zusammenhängend.

Rhät das, ⊕ die oberste Abteilung des Keupers.

Reykjavík

Rhein bei Bacharach, im Vordergrund Burg Stahleck

Rh′ea, Rheia, griech. Mythos: Frau des Kronos, Mutter des Zeus.

Rhea Silvia, Mutter des Romulus und Remus.

Rheda-Wiedenbrück, Stadt in Nordrh.-Westf., an der oberen Ems, 37 100 Ew., zum Schloß umgebaute Burg (Gebäude 16.-18. Jahrh.); Holz-, Textil- u. a. Industrie.

Rh′ede, Gem. in Nordrh.-Westf., 13 800 Ew.; Textilindustrie.

Rhee, Syngman, korean. Politiker, * 1875, † 1965; leitete 1919-39 die korean. Exilregierung in Schanghai, kehrte nach Korea zurück und war 1948-60 Präs. von Süd-Korea.

Rheiderland, Marschlandschaft zwischen der unteren Ems und dem Dollart.

Rhein [wohl vorkelt.] der, der größte und wasserreichste Fluß Dtl., 1320 km lang. **Vorderrhein** und **Hinterrhein,** die aus den Adulaalpen im schweizer. Kt. Graubünden kommen, vereinigen sich zum **Alpenrhein.** Dieser wendet sich bei Chur nach N und fließt in den Bodensee, den er als **Hochrhein** in westl. Richtung wieder verläßt. Danach bildet er den Rheinfall bis Schaffhausen. Von unterhalb Eglisau an ist er der Grenzfluß der Schweiz zu Dtl. Bei Basel wendet sich der R. nach N und tritt als **Oberrhein** in die Oberrhein. Tiefebene ein. Bis oberhalb Karlsruhe bildet er die dt.-französ. Grenze. Bei Mainz wendet sich der R. wiederum nach W, um von Bingen an als **Mittelrhein** in nordwestl. Richtung das Rheinische Schiefergebirge zu queren. Als **Niederrhein** tritt er bei Bonn in die Kölner Bucht ein. Unterhalb Emmerich erreicht er niederländ. Gebiet und mündet in zwei Armen als **Lek** und **Nieuwe Waterweg** in die Nordsee. Wichtige Nebenflüsse rechts: Kinzig, Murg, Neckar, Main, Lahn, Sieg, Wupper, Ruhr, Emscher, Lippe; links: Aare, Ill, Sauer, Lauter, Nahe, Mosel, Ahr, Erft, Maas.

Der R. ist die Hauptader eines ausgedehnten mitteleurop. Wasserstraßennetzes. Die für Schiffe bis 1500 t schiffbare Strecke ab Rheinfelden (oberhalb Basel) beträgt 886 km. Seeschiffe können rheinaufwärts bis Köln fahren. Von den Nebenflüssen sind Main, Mosel, Neckar der Schiffahrt erschlossen. Der Rhein-Main-Donau-Großschiffahrtsweg ist im Bau. Der R. ist durch Kanäle mit der Rhône, der Marne, der Nordsee und dem mitteldt. Flußnetz sowie mit Amsterdam und Antwerpen verbunden. 1969 wurden auf dem R. zwischen Rheinfelden und Emmerich 265 Mill. t Güter befördert (Kohle, Sand, Steine, Erze, Öl, Holz u. a.). Auch der Personenverkehr ist bedeutend. Im Bereich des Hochrheins und des Rheinseitenkanals wird das Gefälle des R. durch zahlreiche Staustufen zur Energiegewinnung

genutzt. Die internat. R.-Schiffahrt ist geregelt in der Mannheimer R.-Schiffahrtsakte von 1868, zuletzt revidiert 1963.

Rheinau, Stadt im Kt. Zürich, Schweiz, 1240 Ew. Auf einer Rheininsel das ehem. Benediktinerkloster R. An der Rheinschleife die R.-Kraftwerk.

Rheinberg, Stadt in Nordrh.-Westf., am Niederrhein, 12 100 Ew.; Hafen in R.-Ossenberg, Textil-, chem. u. a. Industrie.

Rheinberger, Joseph, Komponist, * 1839, † 1901, schrieb in klassizist. Stil Opern, Orchester-, Orgelwerke, Kammermusik.

Rheinbund, 1) 1658-68 das Bündnis zwischen den Rheinkreisen, mehreren westdt. Fürsten sowie Braunschweig-Lüneburg und dem schwed. Bremen-Verden mit Frankreich, ein Werkzeug der französ. Politik im Reich, vor allem gegen Österreich. **2)** Der am 12. 7. 1806 von Napoleon als Protektor gegr. Bund von zunächst 16 west- und süddt. Fürsten, führte alsbald zur Auflösung der Dt. Reichs (6. 8.). Nach dem Zusammenbruch Preußens traten bis 1808 Würzburg, Sachsen und weitere mittel- und norddt. Kleinstaaten dem R. bei; das neugeschaffene Kgr. Westfalen wurde 1807 zum R.-Staat erklärt. Dem R. gehörten außer Preußen und Österreich nur Braunschweig und Kurhessen nicht an. Die meisten Mitgliedstaaten entgingen ihrer Auflösung nur durch den rechtzeitigen Anschluß an das preußisch-russisch-österreich. Bündnis 1813 während der Freiheitskriege.

Rheine, Stadt in Nordrh.-Westf., 50 200 Ew., an der Ems; Textil-, Maschinen- u. a. Industrie.

Rheinf′elden, 1) R. (Baden), Stadt in Bad.-Württ., 16 500 Ew.; gegenüber 2), ältestes Rheinkraftwerk, chem. u. a. Industrie. **2)** Bezirkshauptstadt und Solbad im Kt. Aargau, Schweiz, 7100 Ew.; alte Mauern und Türme; Holzwaren-, Tabak- u. a. Ind.

Rheinfunk, internat. Funkdienst für die Schiffahrt auf dem Rhein.

Rheingau, das vom südwestl. Taunus (**Rheingaugebirge**) zum Rhein abfallende, klimatisch begünstigte Hügelland; Weinbau- und Obstanbaugebiet.

Rheinhausen, Industriestadt in Nordrh.-Westf., am Rhein gegenüber Duisburg, 69 200 Ew.; Eisenhüttenwerk, Maschinen-, Stahlbau, Steinkohlenbergbau.

Rhein-Herne-Kanal, Schiffahrtsverbindung zwischen dem Rhein bei Duisburg und dem Dortmund-Ems-Kanal bei Henrichenburg, 45,6 km lang, für Schiffe bis 1350 t.

Rheinhessen, 1945-68 RegBez. von Rheinland-Pfalz, seitdem Teil des RegBez. →Rheinhessen-Pfalz.

Rh′einhessen-Pfalz, RegBez. (seit 1969)

in Rheinland-Pfalz, 6823 km², 1,85 Mill. Ew.; umfaßt die kreisfreien Städte Frankenthal (Pfalz), Kaiserslautern, Landau i. d. Pfalz, Ludwigshafen a. Rh., Mainz, Neustadt a. d. Weinstraße, Pirmasens, Speyer, Worms, Zweibrücken und die Landkreise Alzey-Worms, Bad Dürkheim, Donnersbergkreis, Germersheim, Kaiserslautern, Kusel, Landau-Bad Bergzabern, Ludwigshafen, Mainz-Bingen, Pirmasens und Zweibrücken; Hauptstadt: Neustadt a. d. Weinstraße.

Rheinische Alli′anz, das am 15. 12. 1654 in Köln zwischen den drei geistl. Kurfürsten, Münster und Pfalz-Neuburg geschlossene Bündnis mit dem Ziel eines Regionalblocks zwischen Frankreich und Habsburg, weiterentwickelt zum →Rheinbund 1).

Rheinische Braunkohlenwerke AG., Köln, gegr. 1898. Grundkap.: 228 Mill. DM, Beschäftigte: 15 700 (1970).

Rheinischer Merk′ur, 1) polit. Zeitung, 1814-16 in Koblenz hg. v. J. Görres im Auftrag der preuß. Verwaltung gegen die napoleon. Herrschaft und für ein neues dt. Reich. **2)** christl.-demokrat. Wochenzeitung, gegr. 1946.

Rheinischer Städtebund, 1254 von Mainz und Worms gegr., dem sich mehr als 70 Städte, auch geistl. und weltl. Fürsten anschlossen, um in kaiserloser Zeit den Landfrieden zu wahren, löste sich schon 1257 auf. Ein neuer R. S., 1381 gegen die Erterbünde gegr., wurde 1388 bei Worms von Pfalzgraf Rupprecht II. geschlagen.

Rheinisches Recht, das im linksrhein. Dtl. bis zum Inkrafttreten des BGB. (1900) geltende französ. Code civil.

Rheinisches Schiefergebirge, der Westteil der dt. Mittelgebirgsschwelle, ein plateauartiger Block, der durch die tiefen Einschnitte von Rhein, Nahe, Mosel, Lahn und Sieg gegliedert ist in: linksrheinisch Hunsrück, Eifel, Hohes Venn mit Anschluß an die belg. Ardennen, rechtsrheinisch Taunus, Westerwald, Bergisches Land, Sauerland und Kellerwald.

Rheinische Stahlwerke AG., →Rheinstahl AG.

Rheinisch-Westfälisches Elektrizitätswerk AG. (RWE), Essen, gegr. 1898, größter Konzern der westdt. Elektrizitätswirtschaft. Grundkap.: 1,5 Mrd. DM, Beschäftigte: 17 280 (1970/71).

Rheinisch-Westfälisches Industriegebiet, →Ruhrgebiet.

Rheinkamp, bis 1950 **Repelen-Baerl,** Gem. in Nordrh.-Westf., 43 200 Ew.; Steinkohlenbergbau, Armaturenfabrik.

Rheinland, die Gebiete beiderseits des Mittel- und Niederrheins, bes. die ehem. preuß. →Rheinprovinz.

Geschichte. Während der Römerzeit bildeten Rhein und Limes (bis 260) die Grenze zwischen dem Röm. Reich und dem freien Germanien. Die Alemannen besiedelten dann die südl., die Franken die nördl. R. Seit dem 6. Jahrh. waren die R. im Frankenreich vereinigt und bildeten seit den Karolingern dessen Rückgrat. Durch die Teilungsverträge von Verdun (843), Meerssen (870) und Ribemont (880) kamen die R. ganz an das Ostfränk., das spätere Dt. Reich.

Seit Richelieu zielte die französ. Politik auf Erwerbung der R. Im Westfäl. Frieden 1648 gelangen die ersten Erwerbungen im Elsaß, die Ludwig XIV. bedeutend erweiterte, bes. durch die Reunionen und Straßburg. 1735/66 gewann Frankreich das Herzogtum Lothringen, 1795-1801 das linke Rheinufer. Der Rheinbund sollte den Besitz der R. festigen. Nach 1815 wurden aus den an Preußen gekommenen Gebieten die Provinzen Jülich-Kleve-Berg und Niederrhein gebildet (1824 zur Rheinprovinz vereinigt). 1871-1918 gehörte Elsaß-Lothringen wieder zum Reich; durch den Versailler Vertrag kam es an Frankreich zurück. Die linksrhein. Gebiete und eine 50 km breite Zone am rechten Ufer wurden entmilitarisiert. Die polit. Oberhoheit in den Rheinlanden übernahm die ,Interalliierte Rheinlandkommission'. Der von Frankreich unterstützte Separatismus scheiterte am Widerstand der Bevölkerung. 1936 wurde die dt. Wehrhoheit in den R. wiederhergestellt. - Nach dem 2. Weltkrieg wurden in dem Gebiet die Länder Nordrhein-Westfalen, Rheinland-Pfalz, Hessen, Baden-Württemberg und Saarland gebildet.

Rheinlande, die Gebiete beiderseits des Rheins mit dem Oberrhein. Tiefland, dem Rhein-Main-Gebiet mit dem Rheingau, dem Gebirgsland um den Mittelrhein und dem Tiefland am Niederrhein mit einem Teil des Ruhrgebiets; bisweilen auch für das →Rheinland gebraucht.

Rheinländer, Rheinische Polka, langsame Polka, Gesellschaftstanz um 1850.

Rheinland-Pfalz, Land der Bundesrep. Dtl., 19 837 km², 3,754 Mill. Ew. (55,7% kath., 40,7% evang.), Hauptstadt: Mainz. ⊕ X/XI, Bd. 1, nach S. 320.
R.-P. hat im nördl. Hälfte Anteil am Rhein. Schiefergebirge, in der südl. am Oberrheingraben, dem Pfälzer Wald

Rheinland-Pfalz, Verwaltung 1970

RegBez.	km²	Einw.[1]) in 1000	Hauptstadt
Koblenz	8 256	1 397	Koblenz
Trier	4 758	504	Trier
Rheinhessen-Pfalz	6 823	1 853	Neustadt a. d. Weinstr.
Rheinland-Pfalz	19 837	3 754	Mainz

[1]) Volkszählung 27. 5. 1970.

(Haardt) und dem Pfälzer (Saar-Nahe-) Bergland. Größere Einbrüche sind das Neuwieder Becken und die Trierer Bucht. Die **Bevölkerung** besteht aus Franken. Am volkreichsten sind die Landschaften am Oberrhein und im Neuwieder Becken. Hunsrück und Eifel sind dünn besiedelt. **Hochschulen:** 2 Universitäten (Mainz, Trier-Kaiserslautern), Erziehungswissenschaftl. Hochschule, Kath.-Theolog. Fakultät (Trier).
Wirtschaft. Grundlage sind Land- und Forstwirtschaft (37,1% Waldfläche). Die besten Anbaugebiete liegen im Neuwieder Becken, Bitburger Gutland, in der Witt-

licher Senke, Rheinhessen, in der Vorderpfalz, im Zweibrücker Hügelland (Kartoffeln, Getreide, Zuckerrüben, Tabak, Obst u. a.). 63% der Weinanbaufläche der Bundesrep. Dtl. gehören zu R.-P. (Rhein, Ahr, Mosel, Nahe, Rheinhessen, Pfalz). Das Land hat wenig Bodenschätze, ist reich an nutzbaren Steinen und Erden und besitzt zahlreiche Mineralquellen. Eisen- und Stahlind. gibt es in den westl. Randgebieten des Siegerlandes, Maschinenind. in Kreuznach, Frankenthal, Mainz, Kaiserslautern, Zweibrücken, Schuhind. bes. in Pirmasens, bedeutende chem. Ind. u. a. in Ludwigshafen (BASF).
Geschichte. R.-P. wurde 1946 aus der bayer. Pfalz, Rheinhessen, Teilen der preußischen Rheinprovinz und der Provinz Hessen-Nassau gebildet. MinPräs. seit 1947: P. Altmeier (1947-69), H. Kohl (seit 1969).

Rhein-Main, einer der industriellen Ballungsräume der Bundesrep. Dtl. (1000 Ew./km²), am Zusammenfluß von Rhein und Main, um die Städte Frankfurt, Wiesbaden, Mainz, Darmstadt.

Rhein-Main-Donau-Großschiffahrtsweg, Europakanal Rhein-Main-Donau, Binnenschiffahrtsstraße, die nach ihrer Fertigstellung (rd. 3500 km lang) eine Verbindung von der Nordsee bis zum Schwarzen Meer herstellen soll; 1921 begonnen: Ausbau des Mains (1962 fertiggestellt); Main-Donau-Kanal (1970 Bamberg-Erlangen). Fertigstellung des gesamten Schiffahrtswegs (Kanalstrecke Erlangen-Kelheim, Ausbau der Donau Kelheim-Regensburg) bis 1981 geplant.

Rhein-Marne-Kanal, französ. **Canal de la Marne au Rhin,** Kanal in Ost-Frankreich, 315 km lang, verbindet die Marne mit dem Rhein-Ill-Kanal (Straßburg).

Rheinpfalz, →Pfalz.

Rheinprovinz, ehem. preuß. Provinz. Nach dem Übergang des Rheinlands an Preußen 1815 wurde ersteres in zwei Provinzen geteilt. 1824 entstand durch die Vereinigung der beiden Provinzen die R., die bis 1945 existierte.

Rhein-Rhône-Kanal, französ. **Canal du Rhône au Rhin,** Kanal in Ost-Frankreich, 320 km lang, verbindet die Ill bei Straßburg mit der Saône; seit 1967 bei Mülhausen Anschluß an den Rheinseitenkanal.

Rheinsberg (Mark), Stadt im Bez. Potsdam, 5300 Ew.; Schloß; erstes (seit 1966) Versuchskernkraftwerk der Dt. Dem. Rep. (Leistung: 70 MW).

Rheinseitenkanal, französ. **Grand Canal d'Alsace,** Kanal im Elsaß, zwischen Basel und Straßburg, 120 km lang, leitet den Oberrhein unterhalb Basel streckenweise auf französ. Gebiet ab. Der R. dient der Energieerzeugung und der Großschiffahrt.

Rheinstahl AG., Essen, bis 1970 **Rheinische Stahlwerke AG.,** Holdinggesellschaft der westdt. Stahl- und Maschinenbauind. mit mehr als 90 Tochtergesellschaften, gegr. 1870. Kap.: 470 Mill. DM; Beschäftigte: 71 100 (1970). - Die ,R. Hanomag AG.', Hannover, wurde 1971 umbenannt in **R. AG. Hanomag Baumaschinen GmbH.**

Rheinstahl Henschel AG., Kassel, Unternehmen der Maschinenindustrie, gegr. 1810. Kap.: 63 Mill. DM; Beschäftigte: 7 351 (1969); seit Anfang 1971 GmbH., firmiert das Unternehmen seit 1971 unter dem Namen **Rheinstahl AG. Transporttechnik.**

Rheinweine, die im Flußgebiet des Rheins erzeugten Weine; teils für die Weine von Rheingau, Rheinhessen und Mittelrhein, teils auch für die der Rheinpfalz und von der Bergstraße.

Rh'enium, chem. Zeichen **Re,** chem. Element, Ordnungszahl 75, Atomgewicht 186,2, spezif. Gewicht 20,5; hartes, weißglänzendes seltenes Metall, das für Thermoelemente, Federspitzen, Spiegelüberzüge u. a. verwendet wird.

Rhens, früher **Rhense,** Gem. in Rheinl.-Pf., links am Rhein, 2900 Ew.; Obst-, Weinbau und Mineralwasserversand.

Rhenser Kurverein, →Kurverein von Rhense.

Rheost'at [grch.] *der,* ein veränderbarer elektr. Präzisionswiderstand für genaueste Messungen.

Rheot'axis [grch.] *die,* die Fähigkeit eines Lebewesens, in strömender Flüssigkeit eine bestimmte Bewegungsrichtung einzuschlagen; z. B. Schwimmen gegen den Strom.

Rheotrop'ismus [grch.] *der,* ⊕ die Einstellung eines Pflanzenteils zur Strömungsrichtung einer Flüssigkeit.

Rh'esusaffe, Bunder, meerkatzenartiger Affe in Indien, Kaschmir, Südchina; eignet sich für Laborzwecke.

Rh'esusfaktor, Rh-Faktor, ein erbliches Blutkörperchenmerkmal des Menschen (ein Blutfaktor), das durch Immunisierung von Meerschweinchen mit Rhesusaffenblut entdeckt wurde. Nichtbeachtung des R. kann, z. B. bei wiederholten Blutübertragungen, zur Unverträglichkeit führen. Die

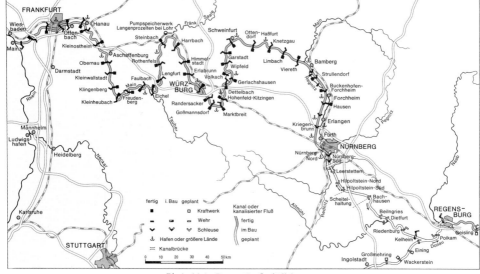

Rhein-Main-Donau-Großschiffahrtsweg

Sensibilisierung einer Frau, in deren Blut der R. fehlt, durch R.haltiges Blut führt bei ihr zur Bildung von Antikörpern; treffen diese mit dem R. zusammen, z. B. während der Schwangerschaft, wenn das Kind vom Vater her den R. besitzt, so kann das Kind an Erythroblastose erkranken.

Rh'etor [grch.], bei den alten Griechen Redner, auch Lehrer der Beredsamkeit. In Athen gelangte die **Rhetorik** (Redekunst) zur höchsten Vollendung (Isokrates, Demosthenes); die röm. Redekunst erreichte in Cicero ihren Höhepunkt. Sie stand stets im Mittelpunkt der griech. und röm. Bildung (Quintilians Lehrbuch). Eigw. **rhet'orisch.**

Rhet'orische Frage, eine Frage, die keine Antwort erwartet, sondern als stilist. Kunstgriff verwirren oder mitreißen will.

Rh'eum, Pflanzengatt., →Rhabarber.

Rheumat'ismus [grch.-lat.] der, **Rheuma, Gliederreißen,** vielerlei zeitlich wechselnde schmerzhafte Krankheiten der Muskeln, Gelenke, Nerven, Sehnen und des Bindegewebes, die auf ,Erkältungen' zurückgeführt werden, durch nasse Kälte verschlimmert, durch Wärme gelindert werden, oft ihren Sitz im Körper wechseln, gleichsam herumwandern (,fließen'). Die Ursachen des R. sind vielfältig, z. T. noch ungeklärt; Infektion, bes. der oberen Luftwege, spielt im Beginn eine wichtige Rolle. Eine Überempfindlichkeit (Allergie) stellt sich ein; sie scheint den Anstoß für die Entzündungserscheinungen an der Schleimhaut der Gelenke zu geben. Auch Abweichungen in der Bildung bestimmter Hormone im Körper können von Einfluß sein. Kennzeichnend für R. sind entzündliche Ausschwitzungen in die Gelenke und ,rheumatische' Knötchen in Bindegewebe, Sehnen, Herzmuskel und Herzinnenhaut. Im einzelnen werden zum R. gerechnet: 1) **Gelenkrheumatismus** (→Bechterewsche Krankheit). 2) **Muskelrheumatismus,** plötzlich beginnender ,Hexenschuß' und dauernde Schmerzen in den Muskeln (Myalgien) mit Muskelhärten (Myogelosen, →Hartspann). - Ihres Krankheitsbildes wegen wird auch die **nichtentzündliche Gelenkkrankheit** (Arthropathia deformans) als rheumatisch bezeichnet. - Behandlung: chemotherapeut. Mittel, Diät (bes. Obst, Salat, Vollkornbrot, Milch), Massage und Gymnastik, warme oder auch kalte Packungen, Schwitzbäder, Sand-, Moor- und Schlamm-, Thermal- und radioaktive Bäder; Neuraltherapie.

Rheydt, Stadt in Nordrh.-Westf., 101 000 Ew.; Textilind.; Wasserbrug.

Rh-Faktor, der →Rhesusfaktor.

Rhin, 1) der, rechter Nebenfluß der Havel, 105 km lang. Das **Rhinluch** ist Rückstauraum der Havel bei Elbehochwässern. **2) R.** [rɛ̃], franzӧs. Name des Rheins, danach die beiden Dép. →Bas-Rhin und →Haut-Rhin im Elsaß.

Rhingrave [rɛ̃grɑ:v, frz.], eine überweite, tiefsitzende, kurze, spitzenbesetzte Männerhose im 17. Jahrh.

Rhin'oceros [grch.] das, das Nashorn.

Rhizo'id [grch.] das, Zellfaden oder schlauchförmige Zelle zur Verankerung von Moosen und Farn-Vorkeimen am Untergrund.

Rhiz'om [grch.] das, ⚘ Wurzelstock.

Rhizop'oda [grch.] Mz., eine Klasse einzelliger Tiere, die →Wurzelfüßer.

Rho das, der 17. Buchstabe des griech. Alphabets, P, ρ, Lautwert: r.

Rhod'an das, **Thiocyan,** die Atomgruppe SCN−. Die Salze der **R.-Wasserstoffsäure,** HSCN, die **Rhodanide,** haben in der chem. Analyse Bedeutung.

Rhode Island [roud 'ailənd], Abk. **R. I.,** einer der Neuenglandstaaten der USA, 3144 km², 949700 Ew. Hauptstadt: Providence. Neben der Landwirtschaft und Fischerei ist die Textilindustrie Haupterwerbszweig. - Die Kolonie R. I., 1636 gegr., trat 1790 als letzter der 13 Gründerstaaten der Union bei.

Rhodos 2): Ordensburg der Johanniter

Rhodeländer, eine Haushuhnrasse.

Rhodes [roudʒ], Cecil, brit.-südafrikan. Politiker, * 1853, † 1902, wurde durch die Ausbeutung südafrikan. Diamantenfelder reich, war 1890-96 Premiermin. der Kapkolonie, veranlaßte die Besitznahme Betschuanalands und Rhodesiens, erstrebte die Angliederung der Burenrepubliken an das brit. Südafrika.

Rhodesiaschädel, Skelettfund von Broken Hill, zur Gruppe Homoerectus gehörend.

Rhod'esien, engl. **Rhodesia,** Republik im südöstl. Afrika (Unabhängigkeit 1972 noch nicht anerkannt), 389303 km² mit 5,27 Mill. Ew. Hauptstadt ist Salisbury, Amtssprache Englisch. Religion: überwiegend Naturreligionen; 20% Christen. ⊕ I/II, Bd. 1, nach S. 320. Nach der Verf. von 1970 ist Staatsoberhaupt der Präs. ⛫ S. 1179. ▯ Bd. 1, S. 392. Allgem. Wehrpflicht für die weiße Bevölkerung. Währung: Rhodes. $ = 100 cents.
R. ist ein Hochland (Niederveld bis 800 m; Hochveld bis 1200 m) zwischen Sambesi und Limpopo, im O von einer Gebirgsschwelle (bis 2595 m) begrenzt. Das trop. Klima ist durch die Höhenlage gemäßigt. Von der Bevölkerung sind rd. 95% Afrikaner (Bantuvölker), 4,5% Europäer, 0,5% Mischlinge und Asiaten. Allgem. Schulpflicht, getrennte Schulen für Afrikaner und Europäer, gemeinsame Univ. Hauptanbauerzeugnisse (vor allem von Europäerfarmern): Tabak, Mais, Erdnüsse, Weizen, Baumwolle, Zuckerrohr, Citrusfrüchte. Bedeutende Viehwirtschaft. Abbau der reichen Bodenschätze: Chrom (3. Stelle der Welterzeugung), Asbest, Gold, Eisen, Steinkohle u. a. R. gehört zu den am stärksten industrialisierten Ländern Afrikas: Metall-, Nahrungsmittel-, Tabak-, Textil-, chem. u. a. Industrie. Das Land ist verkehrsmäßig gut erschlossen, durch Bahnlinien mit Sambia, Botswana und Moçambique (Häfen Beira und Lourenço Marques) verbunden; 75000 km Straßen; internat. Flughafen: Salisbury.
Geschichte. 1889/90 drang die British South Africa Company unter C. Rhodes mit Besiedlern und Truppen in das Gebiet zwischen Limpopo und Sambesi ein, das später den Namen Süd-R. erhielt. Das von derselben Gesellschaft danach eroberte Gebiet nördlich des Sambesi wurde Nord-R. genannt (→Sambia). Seit 1923 Kolonie mit innerer Selbstverwaltung, schloß sich Süd-R. 1953 mit Nord-R. und Njassaland (heute zur →Zentralafrikanischen Föderation zusammen. Nach Auflösung dieser Föderation (1963) und schweren Auseinandersetzungen zwischen den europ. Siedlern und der brit. Reg. um die Gleichberechtigung der Afrikaner erklärte die Reg. am 11. 11. 1965 einseitig die Unabhängigkeit Süd-R., das sich nunmehr nur als R. bezeichnet. Moderne afrikan. Nationalbewegungen bildeten sich seit 1967.

Rh'odium, chem. Zeichen **Rh,** chem. Element, Ordnungszahl 45, Atomgewicht 102,9, eines der Platinmetalle, silberfarbig, sehr dehnbar, in allen Säuren, auch Königswasser, unlöslich; Verwendung für korrosionsfeste Überzüge, Spiegelbeläge, für die Porzellanvergoldung.

Rhodod'endron [grch.] das, **Alpenrose,** Gattung der Heidekrautgewächse, Sträucher und Bäumchen mit meist ledrigen Blättern. Großblütige Arten von R. sind Ziersträucher (nordamerikan. R. maximum; Azaleen). Als Almrose, Steinröschen, Rausch, Almrausch, Roßheide werden die volkstümlich die beiden unter Naturschutz stehenden Arten **Rostblättrige** und **Behaarte Alpenrose** bezeichnet.

Rh'odope-Gebirge, Rhod'open Mz., Gebirge in S-Bulgarien und Nordost-Griechenland, in einzelne Kämme gegliedert, z. B. Rila-Gebirge (Musala 2925 m).

Rh'odos, 1) griech. Insel vor der Südwestküste Kleinasiens, 1400 km², 64 000 Ew., gebirgig, im Atabyrion 1215 m hoch; Ruinen antiker Stätten (Lindos, Kameiros). Ausfuhr: Wein, Olivenöl. - Um 1000 v. Chr. wurde R. von Dorern besiedelt, 407/408 v. Chr. die Hauptstadt R. angelegt. Im 2./1. Jahrh. v. Chr. war R. eine bedeutende See- und Handelsmacht und Bundesgenosse Roms; 1308/10-1522 im Besitz des Johanniterordens, 1523 türkisch, 1912-47 italienisch. **2)** Hauptstadt von 1), 31 800 Ew.; Befestigungen u. a. Bauten aus der Zeit des Johanniterordens; Museen; Fremdenverkehr.

Rhombo'id [grch.] das, Parallelogramm mit ungleichen Seitenpaaren.

Rh'ombus [grch.] der, **Raute,** Parallelogramm mit gleichen Seiten.

Rhӧn die, vulkan. Mittelgebirge mit Basaltkuppen und -decken im Buntsandstein- und Muschelkalkgebiet zwischen Werra, Fulda und Fränk. Saale. Höchster Teil ist die **Hohe R.,** eine wellige Hochfläche mit Wiesen und Hochmooren, in der Wasserkuppe 950 m hoch, Segelfluggelände. Nach

Rhododendron

Rhon

N und W schließt sich die **Kuppen-R.** an, in der Milseburg 835 m hoch, im S die stark bewaldete **Süd-R.**, im Hag Kopf 514 m hoch. Landwirtschaft, bes. Viehzucht, Heimarbeit (Bild Moor).

Rhondda [r'ɔndə], 1) **R.**, dt. **Rhone** die, der wasserreichste Fluß Frankreichs, 812 km lang, entspringt in der Schweiz dem Rhônegletscher, durchströmt den Genfer See, wendet sich bei Lyon nach S, mündet in zwei Hauptarmen in den Golfe du Lion. Die R. ist durch Kanäle mit Rhein, Seine, Loire und mit Marseille verbunden, doch tritt bei dem Ausbau der R. (seit 1934) die Verkehrsbedeutung hinter Energieerzeugung und Bewässerung zurück. 2) Dép. im südöstl. Frankreich, 2859 km², 1,32 Mill. Ew., Hauptstadt: Lyon.

Rhônegletscher, Gletscher der Dammagruppe, in den Berner Alpen, etwa 9,3 km lang, 20 km² groß.

Rhönrad, Turngerät (1925 erfunden) aus zwei miteinander quer verbundenen gleichgroßen Reifen (Durchmesser 1,40 bis 2,20 m) aus Stahlrohr, mit Griffen versehen sowie Brettern zum Anschnallen der Füße.

Rhotaz'ismus [grch.-lat.], in der Sprachgeschichte der Übergang von s in r.

Rhume, Ruhme die, rechter Nebenfluß der Leine, aus dem südl. Harzvorland, mündet unterhalb Northeim, 43 km lang.

Rh'ythmik [grch.] die, 1) die Lehre vom Rhythmus. 2) der rhythm. Charakter eines Tonstücks, Tanzes, Gedichtes, **rhythmisch**, regelmäßig wiederkehrend. 3) **Periodik, Periodizität**, die regelmäßige Wiederkehr einer bestimmten Abfolge.

Rh'ythmus [grch.] der, -/...men, die period. Gliederung, von grundlegender Bedeutung für die meisten Lebensvorgänge und Arbeitsleistungen. Der R. ist in der Kunst wesentlich für Dichtung, Musik, Tanz. In der griech. und latein. Dichtung entsteht er durch Aufeinanderfolge von Silben verschiedener Zeitdauer (quantitierendes Prinzip), im dt. Vers durch den Wechsel von Hebungen und Senkungen (akzentuierendes Prinzip). In der Musik umfaßt der R. das Verhältnis der Dauer der einzelnen Töne zueinander, das Verhältnis der Töne nach Gewicht und Betonung (schwer-leicht) und das Zeitmaß, das die Geschwindigkeit des Ablaufs der einzelnen Töne regelt.

R'iad, die Stadt →Er-Riad.

Ri'al der, Währungseinheit u. a. in Iran, 1 R. = 100 Dinar, in Saudi-Arabien (Riyal) = 20 Qirshes.

Ri'altobrücke, Brücke über den Canal Grande in Venedig.

RIAS, **R**undfunk **i**m **a**merikan. **S**ektor Berlins, 1946 gegr.

Riau|archipel, Inselgruppe östl. Sumatras in Fortsetzung der Malaiischen Halbinsel, umfaßt mit den Lingga-Inseln 10 842 km², 280 000 Ew. Hauptinseln: Bintan (Bauxit) und Singkep (Zinnerz).

Rib'alta, Francisco de, span. Maler, * 1565, † 1628, schuf ausdrucksstarke religiöse Bilder in realist. Helldunkelmalerei.

R'ibbentrop, Joachim von, nat.-soz. Politiker, * 1893, † (hingerichtet) 1946, schloß 1935 das dt.-brit. Flottenabkommen und als Reichsaußenmin. (1938-45) u. a. die Verträge mit der Sowjetunion (1939). Er wurde vom Militärtribunal in Nürnberg zum Tode verurteilt.

R'ibe, Stadt in Jütland, Dänemark, 17 200 Ew.; Bischofssitz seit 948, im MA. wichtige Handelsstadt.

Ribeirão Prêto [ribɛj'ɐum pr'etu], Stadt im Staat São Paulo, Brasilien, 169 800 Ew.; Kaffeehandel, Stahl- u. a. Industrie.

Ribeiro [riß'ejru], 1) Aquilino, portugies. Erzähler, * 1885, † 1963; Romane und Erzählungen aus der bäuerl. Welt.

2) Bernadim, portugiesischer Dichter, * 1482, † 1552, Liebesroman ,Sehnsucht' (1554).

Rib'era [rriß'era], Jusepe de, span. Maler, * 1591, † 1652. In seiner von der Helldunkelmalerei Caravaggios ausgehenden Kunst verbindet sich Realismus und Leidenschaft mit Religiosität.

Ribnitz-Damgarten, Stadt im Bez. Rostock, am Saaler Bodden, 15 100 Ew.; Fischerei, Holz-, Faserplatten-Industrie, Schmuckwarenerzeugung; got. Stadtkirche (13.-15. Jahrh.), Kirche eines 1323 gegr. Klarissinnenklosters, späteren Damenstifts.

Riboflav'in das, gelber Naturfarbstoff, auch synthetisch herstellbar, identisch mit Vitamin B₂.

R'ibo|nucleinsäuren, →Nucleinsäuren.

Ribos'omen Mz., sehr kleine, nur elektronenoptisch sichtbare Körperchen im Cytoplasma der Zellen.

Ribuarisches Gesetz, lat. **Lex Ribvaria**, das Volksrecht der ripuarischen Franken, unter Benutzung des Salischen Gesetzes und des burgund. Volksrechts verfaßt.

Ric'ardo, David, engl. Volkswirtschaftler, * 1772, † 1823, der bedeutendste Theoretiker der klass. Schule der engl. Volkswirtschaftslehre.

Riccio [r'itʃo], Andrea, italien. Bildhauer, * 1470, † 1532, bekannt bes. durch Kleinbronzen von Tieren und Bronzegerät.

Riccione [ritʃ'onɛ], Seebad an der italien. Adriaküste, Prov. Forlì, 27 300 Ew.

Rice [rais], Elmer, amerikan. Schriftsteller, * 1892, † 1967. Schauspiele: Die Rechenmaschine (1922), Straßenszene (1929, musikal. Fassung mit K. Weill und L. Hughes, 1947) u. a.

Ricercare [ritʃerk'a:rɛ, ital. ,suchen'], Tonstück des 16. Jahrh.; Vorform der Fuge.

Richard, Fürsten:
Deutscher König. 1) **R. von Cornwall** (1257 bis 1272), * 1209, † 1272; Sohn König Johanns ohne Land, von den rhein. Kurfürsten gegen Alfons von Kastilien gewählt, überließ Deutschland den Wirren des ,Interregnums'.

England, Könige. 2) **R. I. Löwenherz** (1189 bis 1199), Sohn Heinrichs II., * 1157, † 1199, nahm 1190-92 am 3. Kreuzzug teil; auf dem Rückweg geriet er in Gefangenschaft Kaiser Heinrichs VI., aus der er erst 1194 durch hohes Lösegeld und den Lehnseid befreien konnte. Sein größter Gegner war der französ. König Philipp II. August.

3) **R. II.** (1377-99), * 1367, † 1400. Seine Regierung war von inneren Unruhen erfüllt: Bauernaufstand Wat Tylers (1381), religiöse Bewegung der Lollharden, heftige Kämpfe mit dem hohen Adel; 1399 von Heinrich IV. aus der Linie Lancaster gestürzt.

4) **R. III.** (1483-85), jüngerer Bruder Eduards IV. aus der Linie York, * 1452, † 1485, 1461 Herzog von Gloucester, gelangte durch die Ermordung seiner Neffen Eduard V. und Richard auf den Thron, fiel in der Schlacht bei Bosworth gegen Heinrich VII. Tudor.

Richards [r'itʃədz], Dickinson, amerikan. Physiologe, * 1895, erhielt 1956 den Nobelpreis, zusammen mit W. Forßmann und dem amerikan. Arzt A. Cournand, mit dem er die Herzkatheterisierung weiterentwickelte.

2) Theodore William, amerikan. Chemiker, * 1868, † 1928, Prof. in Cambridge, erhielt 1914 für seine genauen Atomgewichtsbestimmungen den Nobelpreis.

Richardson [r'itʃədsn], 1) Dorothy M., engl. Schriftstellerin, * 1873, † 1957; elfbändiges Romanwerk ,Pilgrimage' (1915 bis 1938).

2) Sir (1939) Owen, engl. Physiker, * 1879, † 1959, erforschte die Elektronenemission glühender Drähte (Grundlage für die Theorie der Glühkathodenröhren). Nobelpreis 1928.

3) Samuel, engl. Erzähler, * 1689, † 1761, schuf den sentimental psycholog. Briefroman puritan. Prägung mit ,Pamela' (1740/41), ,Clarissa' (1747/48), ,Die Geschichte von Sir Charles Grandison' (1753 bis 1754). R. hat die Romanliteratur stark beeinflußt (Rousseaus ,Neue Heloise'; Goethes ,Werther').

Richelieu [riʃəlj'ø], Armand Jean **du Plessis**, Herzog von, französ. Staatsmann, * 1585, † 1642, 1608 Bischof von Luçon, 1616 Staatssekr., 1622 Kardinal, 1624 leitender Min. unter Ludwig XIII., setzte den Absolutismus im Kampf mit dem Hochadel durch;

Richelieu (Ausschnitt aus einem Gemälde von Ph. de Champaigne, 1622; Paris, Louvre)

den Hugenotten nahm er 1628 ihre polit. Sonderstellung. 1635 griff er auf schwed. Seite in den Dreißigjährigen Krieg ein. R. begründete die Vormachtstellung Frankreichs und wies die französ. Rheinpolitik der Bahn. Gründer der Académie Française (1635).

Richepin [riʃp'ɛ̃], Jean, französ. Schriftsteller, * Algerien 1849, † 1926; Gedichte, Dramen; Mitgl. der Académie Française.

Richet [riʃ'ɛ], Charles, französ. Arzt, * 1850, † 1935. R. entdeckte die Anaphylaxie; 1913 Nobelpreis.

Richmond [r'itʃmənd], 1) westl. Vorort Londons, an der Themse, 174 600 Ew.; Observatorium und Park.

2) Stadtbez. von New York (Staten Island).

3) Hauptstadt von Virginia, USA, Hafen am James-River, 249 600 Ew. (²/₅ Neger), Univ. u. a. höhere Bildungseinrichtungen; Tabak-, Bekleidungs-, Papier-, Metallind.

Richtbaken, zwei zueinander gehörende, ortsfeste Seezeichen, die in Linie (Deckung) stehen.

richten, 1) Maschinenbau: Beulen in Blechen und Verbiegungen an Rohren, Profilen und Stangen beseitigen mit einer Richtmaschine, Richtplatte oder Richtpresse. 2) →Richtverfahren.

Richter, ein mit der Vollmacht zur Entscheidung von Rechtsstreitigkeiten ausgestatteter Staatsbeamter. Die Fähigkeit zum Richteramt wird durch zwei staatl. Prüfungen erlangt: die erste erfolgt nach dem Rechtsstudium, die zweite nach einer dreieinhalbjährigen Vorbereitungszeit. Die R. sind in ihren Entscheidungen unabhängig und nur dem Gesetz unterworfen, d. h. sie sind an keine Weisungen eines ,Vorgesetzten' gebunden und dürfen wegen ihrer richterl. Tätigkeit nicht benachteiligt werden (Art. 97 GG.). – Neben den Berufsrichtern gibt es →Laienrichter.

Richter, der Stammesheiden der Israeliten nach der Besetzung Kanaans bis Saul; ihre Gesch. enthält das Buch R. im A. T.

Richter, 1) Eugen, Politiker, * 1838, † 1906, einflußreicher Gegner Bismarcks im fortschrittlich-freisinnigen Lager.

2) Franz Xaver, Komponist, * 1709, † 1789, ein Hauptvertreter der →Mannheimer Schule; Sinfonien, Streichquartette, Triosonaten, Klavierkonzerte, Kirchenmusik.

3) Hans, Dirigent, * 1843, † 1916, einer der Hauptdirigenten der Bayreuther Festspiele seit ihrem Beginn 1876.

4) Hans Werner, Schriftsteller, * 1908, Gründer der literar. ‚Gruppe 47'; Romane (‚Die Geschlagenen', 1949, ‚Linus Fleck', 1959, ‚Rose weiß', Rose rot', 1971), Satiren (1965).
5) Jean Paul Friedrich, →Jean Paul.
6) Ludwig, Maler, * 1803, † 1884, seit 1823 in Rom, wo er sich im Umgang mit dt. Malern bildete, seit 1828 Zeichenlehrer in Meißen, seit 1836 Akademieprof. in

L. Richter: Holzschnitt zu Hänsel und Gretel

Dresden, schuf romant. Bilder italienischer und dt. Landschaften (Überfahrt am Schreckenstein, 1837, Dresden), dann meist Illustrationen zu Volksbüchern, Märchen, Liedern.
7) Swjatoslaw Theophilowitsch, sowjet. Pianist, * 1914.
8) Willi, Gewerkschaftsführer, * 1894; 1956-62 Vors. des DGB.
richterliches Prüfungsrecht, ⚖ das Recht und die Pflicht der Gerichte, die Gültigkeit einer von ihnen anzuwendenden Rechtsnorm zu prüfen. Den ordnungsgemäßen Erlaß einer Bestimmung (formelles r. P.) kann jedes Gericht, die Verfassungsmäßigkeit einer Gesetzen (materielle r. P.) können nur die Verfassungsgerichte prüfen.
Richterrecht, die Rechtssetzung durch richterl. Urteile. Im anglo-amerikan. Rechtskreis ist das R. von großer Bedeutung (Case Law), in der Bundesrep. Dtl. haben nur manche Urteile der Verfassungsgerichte Gesetzeskraft.
Richterwahlausschuß, ⚖ in der Bundesrep. Dtl. Ausschuß zur Wahl der Richter. Die Wahl geht der Anstellung voraus.
Richtfest, bei einem Neubau nach Errichtung des Dachstuhls die Feier des Bauherrn für die Handwerker.
Richtfunkverbindung, ein Nachrichtenübertragungsweg: mit scharf bündelnden Antennen (**Richtstrahler**) werden die mit der Nachricht modulierten hochfrequenten elektromagnet. Schwingungen drahtlos übertragen. Zur Überbrückung großer Entfernungen werden →Relaisstationen (auch Satelliten) zwischengeschaltet.
Richtgröße, Direktionskraft, das Verhältnis von rücktreibender Kraft und Entfernung aus der Ruhelage, soweit es konstant ist, z. B. bei Federkräften bei kleiner Beanspruchung. Das entsprechende Verhältnis bei Drehungen heißt **Richtmoment.**
Richthofen, 1) Ferdinand Freiherr von, Geograph, * 1833, † 1905, machte 1868-72 große Forschungsreisen durch China. Hauptwerke: ‚China' (1877-1912), ‚Führer für Forschungsreisende' (1886).
2) Manfred Freiherr von, Offizier, * 1892, † (gefallen) 1918, dt. Jagdflieger im 1. Weltkrieg.
Richthofen-Gebirge [nach F. →von Richthofen], Gebirge in Mittelasien, Teil des Nanschan, über 5000 m hoch.
Richtkreis, Winkelmeßgerät der Artillerie (Visierfernrohr, Nordnadel und Libelle), durch das die Grundrichtung auf die Geschütze übertragen wird.
Richtmoment, →Richtgröße.
Richtpreis, angemessener Preis, von Be-

hörden oder Verbänden zur Einhaltung empfohlen; in der Betriebswirtschaft vorläufiger Preis.
Richtscheit, ein gerades Lineal mit genau parallelen Flächen, von Maurern, Tischlern u. a. benutzt zum Herstellen ebener Flächen.
Richtstrahler, eine Antenne mit bes. starker Richtwirkung, →Richtfunkverbindung.
Richtungsbetrieb, die Betriebsweise der Eisenbahn, bei der die in gleicher Richtung befahrenen Gleise verschiedener Strecken nebeneinander durch einen Bahnhof geführt werden.
Richtungsisolator, Richtungsleiter, ein Bauelement der Mikrowellentechnik (Hohl-, Koaxialleiter, gedruckte Schaltung), das infolge quergerichteter Vormagnetisierung die elektromagnetischen Wellen nur in einer Richtung durchläßt. Der R. verhindert z. B. die Rückwirkung einer fehlangepaßten Antenne auf die Frequenz eines Generators.
Richtverfahren, ⚔ das Einrichten der Geschütze unmittelbar auf ein sichtbares Ziel (direktes R.) oder bei verdeckter Feuerstellung (indirektes R.): mit Hilfe von einem oder zwei Richtkreisen (Gleichlaufverfahren), einer Magnetnadel (Nordnadelverfahren) oder von auffallenden Geländepunkten (Richtpunktverfahren).
Richtverstärker, der →Anodengleichrichter.
Richtzahl, aus Einzelbetrieben errechnete typische Zahlenwerte, die dem Betriebsvergleich dienen, z. B. das Verhältnis von Umsatz zu Lohn- und Gehaltssumme.
Ric'in, ein in den Samen von Rizinus vorkommender eiweißartiger Giftstoff (Toxalbumin).
Ricke die, Rehgeiß (Muttertier).
Rickert, Heinrich, Philosoph, * 1863, † 1936, begründete die südwestdt. (badische) Schule des Neukantianismus.
Rick'ettsien Mz., nach dem amerikan. Pathologen H. T. Ricketts (* 1871, † 1910) benannte, den Bakterien nahestehende, jedoch noch kleinere Lebewesen. Bei Mensch und Tier können sie Krankheiten (**Rickettsiosen**) hervorrufen, so beim Menschen Fleck-, Fünftage-, Q-Fieber.
ridik'ül [frz.], leichtfertig.
Ridik'ül [frz.] das, der, Strickbeutel.
Ridinger, 1) Georg, * 1568, ⸸ nach 1616, baute 1614-24 das Aschaffenburger Schloß, ein Hauptwerk der dt. Renaissance.
2) Johann Elias, Maler, Kupferstecher, * 1698, † 1769, Tier-, Jagddarstellungen.
Riechbein, ⚕ das →Siebbein.
Riechgras, ⚘ das Ruchgras.
Riechstoffe, chem. Verbindungen von kennzeichnendem Geruch, verwendet in Parfümerie und Kosmetik, auch in der Genußmittelindustrie.
Ried das, 1) grasähnl. Pflanzen sumpfigen Standorts, so Binsen, R.-Gräser. 2) süd- und mitteldeutsch für Moor.
Riedantilopen, Riedböcke, Gruppe der Pferdeböcke, mittelgroße bis große antilopenartige Tiere in Südafrika, mit meist gebogenem Gehörn; z. B. **Wasserböcke.**
Riedel der, schmaler, langgestreckter Landrücken, zwischen benachbarten Tälern.
Riedenburg, Stadt an der Oberpfalz, Bayern, 2500 Ew.; über den Altmühltal die Ruinen Drachenstein, Rabenstein und Schloß Rosenburg.
Riedgräser, einkeimblättrige Pflanzenfamilie, grasähnlich, mit ährigen, kopfigen, rispigen Blütenständen. R. sind z. B. Segge, Simse, Wollgras, Zypergras.
Riefe die, ⚙ Furche, langgestreckte Vertiefung.
Riege [zu ‚Reihe'], Turnerabteilung.
Riegelhaube, im 18./19. Jahrh. in Bayern getragene bestickte leinene Frauenhaube.
Riegelsberg, Gem. im Saarland, 12 600 Ew.; Wohngem. Saarbrückens; Textil-, Genußmittelindustrie.
Riegelstellung, ⚔ flankierend angelegtes Grabensystem, von dem aus ein Einbruch aufgehalten werden kann.

Riegl, Alois, österreich. Kunsthistoriker, * 1858, † 1905, überwand die auf Werturteilen beruhende Betrachtungsweise, erforschte bes. die Kunst der Spätantike.
Riehl, 1) Alois, Philosoph, * 1844, † 1924; erstrebte die Erneuerung des Kantischen Kritizismus im Sinne eines Realismus.
2) Wilhelm Heinrich von (geadelt 1883), Kulturhistoriker und Novellist, * 1823, † 1897, Prof. in München, seit 1885 auch Dir. des Bayer. Nationalmuseums; einer der Begründer einer selbständigen Gesellschaftslehre und wissenschaftl. Volkskunde in Dtl. (‚Naturgeschichte des Volkes', 1851 ff.). Novellen aus vielen Jahrh., bes. über große geschichtl. Wendepunkte.
Riel, Währungseinheit in Kambodscha, 1 R. = 100 Sen.
R'iemann, 1) Bernhard, Mathematiker, * 1826, † 1866, Prof. in Göttingen, einer der bedeutendsten Mathematiker des 19. Jahrh., entwickelte den modernen Integralbegriff, gestaltete bahnbrechend die Funktionentheorie und arbeitete über

Bernhard Riemann   Ferd. v. Richthofen

partielle Differentialgleichungen der theoret. Physik. Für die Relativitätstheorie bedeutend wurden R.s Arbeiten über die Grundlagen der Geometrie (→Riemannsche Geometrie).
2) Hugo, Musikforscher, * 1849, † 1919, schrieb ein grundlegendes Handbuch der Musikgeschichte und ein Musiklexikon.
Riemannsche Geometrie, ein System geometr. Sätze, in dem der Raum eine von Ort zu Ort veränderliche Krümmung haben kann und demzufolge der Begriff der Geraden durch den Begriff der kürzesten Linie (**geodätische Linie**) ersetzt ist.
Riemen, 1) ein elast. Band aus Leder, Gummi, Spinnstoffen, meist zur Kraftübertragung als **Treib-R. Glieder-R.** bestehen aus gelenkig verbundenen Teilen, **Keil-R.** haben trapezförm. Profil, **Flach-R.**

Riedgräser: **1** *Blütenstand der steifen Segge mit männl. und weibl. Ähren; a männl. Blüte, b weibl. Blüte, c Querschnitt durch den Stengel (etwa ¹⁄₆ nat. Gr.).* **2** *Borsten-Simse; a Spitze des fruchtbaren Halmes, b Einzelblüte (¹⁄₃ nat. Gr.).* **3** *Wollgras (¹⁄₃ nat. Gr.).*

Riem

liegen flach auf, **Rund-R.** werden nur für kleine Kräfte benutzt. 2) fälschlich **Ruder,** hölzerne Stange mit schaufelartiger Verbreiterung (,Blatt') an dem einen und Griff am anderen Ende, zur Fortbewegung eines Bootes.

Riemenblume, ein Mistelgewächs, europ. Schmarotzerstrauch auf Eichen und Edelkastanien.

Riemenschneider, Tilman, Bildhauer und Schnitzer, * um 1460, † 1531, 1520-21 Bürgermeister von Würzburg, wegen Parteinahme für die aufständ. Bauern 1525 gefoltert und gefangengesetzt. In seinen Bildwerken verbindet sich ausgewogene, die Unruhe der Spätgotik überwindende Gestaltung mit zartem seelischen Ausdruck.

T. Riemenschneider: Erzengel Michael vom Grab Heinrichs II. im Dom zu Bamberg (1499-1513)

Bei seinen Holzbildwerken verzichtete er auf Bemalung: Altäre in Rothenburg, St. Jakob (1501-1504), Creglingen (1505-10), Dettwang u. a. Steinbildwerke: Adam und Eva (1491-93; Würzburg, Museum), Grabmäler u. a.

Riementuch, schweres, festes Zwirngewebe in Leinwandbindung zur Herstellung von Förderbändern, Riemen u. ä.

Riemer, Friedrich Wilhelm, * 1774, † 1845, Erzieher der Kinder W. v. Humboldts und seit 1803 von Goethes Sohn; Kenner der alten Sprachen, Berater Goethes, in dessen Haus er 9 Jahre lebte; seit 1812 Gymnasialprof. und Bibliothekar in Weimar. ,Mitteilungen über Goethe', 2 Bde. (1841).

Riemerschmid, Richard, * 1868, † 1957, gehörte zu den vom Jugendstil ausgehenden Erneuerern von Kunsthandwerk und Architektur (Schauspielhaus, München, 1901).

Ri′enzo, Rienzi, Cola di, röm. Volksführer, * 1313, † (ermordet) 1354, Humanist, richtete 1347 einen Freistaat nach altröm. Muster ein, regierte kurze Zeit als Tribun.

Ries das, ein Papiermaß, früher 20 Buch =480 oder 500 Bogen, als **Neuries**=10 Buch=100 Heft=1000 Bogen. 10 R. =1 Ballen.

Ries das, **Nördlinger Ries,** fruchtbares, fast kreisrundes Becken zwischen Schwäbischer und Fränkischer Alb, 420-430 m ü. M., Meteoritenkrater (20-24 km Durchmesser).

Riesa, Stadt im Bez. Dresden, an der Elbe (Hafen), 49 700 Ew.; Industrie: Stahl-, Walz-, Reifenwerke, Baumwollspinnereien, Mühlen, Lehrmittelwerke.

Riese, 1) ♂ ♃ ⊕ Lebewesen von übernormaler Körpergröße. - Beim Menschen kann **Hochwuchs** (über 200 cm beim Mann, über 188 cm bei der Frau) als Erbmerkmal

von Rassen oder Familien auftreten. Krankhafter **R.-Wuchs** dagegen beruht meist auf Fehlleistungen innersekretor. Drüsen. Bei Tieren wird R.-Wuchs oft züchterisch angestrebt. Bei Pflanzen treten R.-Formen durch Kreuzung von Inzuchtlinien auf.

2) Sage und Märchen: Giganten, Titanen, Kyklopen u. a., Verkörperungen der Naturkräfte, Feinde der Götter, Menschenfresser u. ä.

R′iese, Adam, eigentl. **A. Ries,** Rechenmeister, * 1492, † 1559, verfaßte mehrere Lehrbücher des prakt. Rechnens sowie eine Einführung in die Algebra.

Rieselanlagen, Bewässerungsanlagen für Felder und Wiesen mit Reinwasser oder mechanisch gereinigten städt. Abwässern.

Riesen der, ⅲ in der Gotik der obere Teil der Fiale.

Riesenblume, die Rafflesia.

Riesenbock, ein Bockkäfer in Brasilien und Guayana, die größte bekannte Käferart, bis 16 cm lang.

Riesener, Jean-Henry, dt. Kunstschreiner, * 1734, † 1806, in Paris tätig für den Hof, schuf Möbel von erlesenem Geschmack im Übergang vom Rokoko zum Klassizismus.

Riesenfelge, Turnen: ganzer Umschwung des gestreckten Körpers am Reck aus dem Handstand; vorwärts und rückwärts.

Riesengebirge, der höchste Teil der Sudeten, zwischen Isergebirge und Waldenburger Bergland, rd. 37 km lang, 22-25 km breit; auf dem Kamm verläuft die schlesisch-böhm. Grenze. Das R. hat Reste einer Vergletscherung (Große und Kleine Schneegrube, Großer und Kleiner Teich). Höchste Erhebungen sind: die Schneekoppe (1603 m); Hohes Rad (1509 m), Sturmhaube (1440 m), Reifträger (1362 m), Kesselkoppe (1434 m). Mit vielen Kurorten (Krummhübel, Schreiberhau, Warmbrunn u. a.) und Wintersportplätzen war es Zentrum des Fremdenverkehrs. Seit 1945 ist der schles. Teil unter poln. Verwaltung, die dt. Bevölkerung wurde vertrieben.

Riesenhülse, Pflanze, die Meerbohne.

Riesenkrebse, ausgestorbene spinnenartige Gliederfüßer (Seeskorpione).

Riesenmuschel, westlich der Molukken heimische, festsitzende Muschel (Tridacna); Schalen bis 1½ m lang.

Riesensalamander, lidlose Schwanzlurche mit bezahnten Kiefern. Der Japan. R. in ostasiat. Gebirgsflüssen wird 1,6 m lang.

Riesenschlangen, ungiftige, bis zu 11 m lange Schlangen der Tropen und Subtropen, die ihre Beute durch Umschlingen töten; z. B. **Python** und **Boaschlangen.**

Riesling der, edelste Keltertraubensorte für die Weißweinbereitung.

Riesman [r′i:smən], David, amerikan. Soziologe, * 1909, schrieb ,Die einsame Masse' (1950).

R′ietberg, Stadt in Nordrh.-Westf., 21 300 Ew., an der oberen Ems; Möbel-, Blechwarenfabrikation.

Ri′eti, 1) Prov. Italiens, im mittleren Apennin, 2749 km², 148 600 Ew. 2) Hauptstadt von 1), am Velino, 39 300 Ew.; roman. Dom (mit Krypta vom 5. Jahrh.).

Rietschel, Ernst, Bildhauer, * 1804, † 1861, Schüler von Ch. Rauch, schuf bes. Bronzedenkmäler (Goethe-Schiller, Weimar, 1857).

Rif das, **Er-R.,** Gebirge in NW-Marokko, von Berberstämmen (Kabylen) bewohnt.

Riff das, schmale Bank oder Klippen im Meer (Sand-, Fels-, Korallen-R.), dicht unter dem Meeresspiegel, als Untiefen gefürchtet.

Riffkorallen, sechsstrahlige, meist in Kolonien dem Meeresboden aufsitzende, riffbildende Korallentiere (Steinkorallen).

Riga, die Hauptstadt der Lett. SSR, Sowjetunion, 15 km oberhalb der Mündung der Düna an der R.er Bucht, 732 000 Ew.; Universität, Hoch- und Fachschulen, Theater, Museen, Hafen, Werft-,

Maschinen-, elektrotechn., chem., Textil-, Nahrungsmittel-, Baustoff-, Glasindustrie. Der älteste Stadtteil war bis 1857 Festung. Wichtigste Bauten: Dom- oder Marienkirche (13. bis 15. Jahrh.), St.-Petri-Kirche (1409-91, 1677 erneuert; Rathaus(1750-65), Schloß; das Schwarzhäupterhaus (14. Jahrh., 1620 im Renaissancestil überarbeitet) ist zerstört. - 1201 als dt. Stadt von Bischof Albert gegr. 1255 Erzbistum, 1282 Hansestadt, kam 1581 unter poln., 1621 schwed., 1710 russ. Herrschaft. 1889 wurde die alte dt. Verfassung aufgehoben. 1918-40 war R. die Hauptstadt Lettlands. (Bild S. 1033)

Rigaer Bucht, flacher Meerbusen der Ostsee, zwischen Estland und Kurland.

Rigaud [-go], Hyazinthe, franzöz. Maler, * 1659, † 1743, schuf pomphaft repräsentative Bildnisse.

Rigaudon [rigod′ɔ, frz.] der, ein alter Tanz der Provence und Dauphiné; im 18. Jahrh. auch Satz der Suite.

R′igel, ✶ Stern 1. Größe, α im Orion.

Rigi der, im Volksmund die, Bergstock der Sihlgruppe, in der Schweiz, zwischen Vierwaldstätter und Zuger See, besteht aus einem westl. Teil (Kulm 1797 m, 2 Zahnradbahnen; Scheidegg 1662 m) und einem östl. (Hochfluh 1699 m).

rig′id [lat.], starr, streng, steif.

Riesengebirge: Blick auf den Kleinen Teich und die Schneekoppe

rigor′os [lat.], überstreng, unerbittlich, peinlich genau. **Rigor′ismus, Rigorosität,** übertriebene Strenge.

Rigor′osum [lat.] das, die mündliche Doktorprüfung.

Rigw′eda der, das älteste Denkmal des indischen Schrifttums, →Weda.

Rij′eka, italien. **Fi′ume,** Hafenstadt in Kroatien, Jugoslawien, am Golf von R., 116 000 Ew.; Schiffswerft, Maschinenbau, Ölraffinerie, Tabak-, chem. u. a. Ind. - Bis zum 1. Weltkrieg war R. der Hafen Ungarns, 1920 wurde es Freistaat, 1924 italienisch, 1947 jugoslawisch.

Rijn [rejn], niederländ. für Rhein.

Rijswijk [r′ejsvejk], Stadt in der niederländ. Prov. Südholland, 49 000 Ew. - Der Friede von R. am 20. 9./30. 10. 1697 beendete den Pfälzischen Erbfolgekrieg.

Rikli, Arnold, Naturheilkundiger, * 1823, † 1906; führte die neuzeitliche Sonnenlichtbehandlung ein.

R′ikscha [jap.] die, leichter, zweirädriger Wagen für 1-2 Personen, mit einem laufenden oder radfahrenden Mann gezogen; in Ostasien verbreitet.

Riksmål [-mɔ:l], **Bokmål,** →norwegische Sprache.

Riga von der Düna aus gesehen

Rinderbestand 1969 (in 1000)

Europa	
Bundesrep. Dtl.[1])	14 685
Dt. Dem. Rep.	5 171
Frankreich[2])	22 093
Großbritannien	12 373
Afrika	
Äthiopien[3])	25 900
Rep. Südafrika	11 700
Amerika	
Argentinien	51 600
Brasilien[2])	92 276
Kolumbien[2])	16 600
Mexiko[2])	34 900
Verein. Staaten	109 661
Sowjetunion	95 700
Asien	
VR China[2])	62 300
Indien[3])	176 200
Pakistan[3])	36 200
Welt[3])	1 107 200

[1]) 1970. [2]) 1968. [3]) 1968/69.

R´ila-Gebirge, bulgar. **Rila Planin´a**, Gebirgsstock im südwestl. Bulgarien, im Musala 2925 m hoch. Im S das **Rila-Kloster** (im 10. Jahrh. gegr.).

Rilke, Rainer Maria, Dichter, ´ * 1875, † 1926. Erster Höhepunkt seines lyr. Schaffens war ‚Das Stundenbuch‘ (1903), ekstatische Aufschwünge zu einem ‚dunklen‘ Gott. Grundzüge seines herben Spätwerks (‚Duineser Elegien‘, 1922, ‚Sonette an Orpheus‘) sind der Wille zum ‚Überstehen dieser Welt‘, das Bejahen des Todes als der uns abgekehrten Seite des Lebens. R.s virtuose Sprach-, Reim- und Stimmungskunst ist viel nachgeahmt worden. Weitere Werke: lyrisch-balladenhafte ‚Weise von Liebe und Tod des Cornets Christoph Rilke‘ (1899), ‚Neue Gedichte‘ (1907/08); Roman ‚Die Aufzeichnungen des Malte Laurids Brigge‘ (1910), ‚Geschichten vom lieben Gott‘ (1904); Übersetzungen, Briefe.

Rainer Maria Rilke   Arthur Rimbaud

Rimbaud [rễ´o], Arthur, französ. Dichter, * 1854, † 1891, schrieb als Jüngling 1869/73 seine umstürzenden Dichtungen ‚Les illuminations‘ (dt. Die Erleuchtungen, 1947) und, nach dem Zerwürfnis mit Verlaine, ‚Une saison en enfer‘ (Ein Aufenthalt in der Hölle), gab 1874 jede dichterische Tätigkeit auf und führte ein Wanderleben, zuletzt in Äthiopien. R.s Dichtungen haben mit ihrer unwirklichen Farbgebung und ihrer Verbindung des logisch und sachlich Unvereinbaren aufs stärkste die moderne Dichtung beeinflußt.

Rimbert, Erzbischof von Bremen-Hamburg, † 888, förderte die Mission in Westfriesland, Dänemark, Schweden. Heiliger; Tag: 11. 6.

Rim´esse [ital.] *die,* die Übersendung eines Wechsels zur Begleichung einer Schuld; auch der übersandte Wechsel.

Rimet [rim´ɛ], Jules, Sportfunktionär, * 1873, † 1956, 1921-54 Präs. des Weltfußballverbandes; trat für die Einführung von Fußballweltmeisterschaften ein:

R´imini, Stadt in der italien. Prov. Forlì, Seebad an der Adria, 119 900 Ew.; röm. Baureste (Brücke, Triumphbogen), Bauten aus dem MA. und der Renaissance.

R´imskij-K´orssakow, Nikolaj Andrejewitsch, russ. Komponist, * 1844, † 1908, verbindet die Harmonik und Rhythmik des russ. Volksliedes mit der farbenprächtigen Instrumentationskunst der neudeutschen Schule; Opern (‚Sadko‘, 1897), sinfonische Dichtungen (‚Scheherazade‘, 1888), Kammermusik, Klavierstücke, Lieder.

Rin der, früheres japan. Längenmaß = 0,303 mm und Gewicht = 0,0375 g.

Rinascimento [rinaʃim´ento] *das,* italienisch: Renaissance.

Rinckart, Martin, Dichter, * 1586, † 1649; geistl. Lieder (‚Nun danket alle Gott‘), Dramen (über die Reformation).

Rinde, 1) ⊕ die von Kambium nach außen liegenden Gewebe der Pflanzenachse. Bei zunehmender Dicke des Stammes reißt die Oberhaut. Die dann entstehende Korkschicht läßt die außerhalb liegenden Zellen absterben und als Borke abblättern. **2)** ⚕ ⚘ die das Mark umgebende äußere Schicht vieler Organe, z. B. des Gehirns, der Niere.

Rindenblindheit, ⚕ eine Blindheit durch Schädigung des Rindenbezirks im Hinterhauptslappen des Großhirns, in dem die Sehnervenbahn endet; ähnliche Ursachen hat die **Rindentaubheit.**

Rinder, zu den Horntieren gehörige Paarhufer (Boviden), große plumpe Tiere mit ungefurchter Oberlippe. Beide Geschlechter tragen Hörner. Die Kühe haben ein Euter mit vier Zitzen. Die Wild-R. leben gesellig. Zur Gattung Bos gehören: **Auerochse (Ur)** und **Grunzochse (Jak);** vom Ur stammen die Haus-R. ab, von einer indischen Form des Ur der **Buckelochse** (Zebu). Verwandt sind die asiat.- und afrikan. **Büffel,** die europ. **Wisente** und der amerikan. **Bison** sowie die Gattung Bibos (rinderartige Tiere SO-Asiens) mit der Wildform **Gaur** und den Haustieren **Gayal** und **Banteng** (Balirind).

Das **Hausrind** ist eines der wichtigsten Nutztiere als Milch-, Fleisch- und Arbeits-

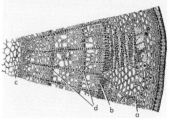

Rinde: Querschnitt durch einen 3jährigen Lindenzweig (nach Strasburger, Lehrb. d. Botanik). Außen (rechts) mehrschichtiger Kork, noch von der Oberhaut bedeckt, a Bast, b Kambium, c Mark, zwischen b und c das Holz mit drei Jahresringen, d Jahresringgrenzen (etwa 16fach vergr.)

tier. Es ist mit 5 Jahren ausgewachsen und wird 20 und mehr Jahre alt. Die Tragzeit dauert 9 Monate. Im ersten Jahr heißt es **Kalb,** dann im weibl. Geschlecht vor dem ersten Kalben **Färse,** danach **Kuh,** das männliche R. heißt zuerst **Jungstier,** das geschlechtsreife **Bulle, Stier, Farren** oder **Fäsel,** kastriert **Ochse.** Rinderrassen. 1) Niederungs- und Tieflandrassen: schwarzbunte oder rotbunte R. 2) Höhenvieh: Schweizer, Dt. Fleckvieh, graubraunes Allgäuer Rind. 3) Engl. Vieh (Shorthorn). Sie unterscheiden sich nach Milch-, Mast-, Zugleistung. - Das Rind spielt in der Glaubensvorstellung vieler Völker eine Rolle.

rindern, Eintritt der Brunst bei Kühen.

Rinderpest, eine tödliche seuchenhafte Viruskrankheit, der Rinder, mit Fieber, Belägen auf den Kopfschleimhäuten und Ausfluß aus Augen, Nase, Mundspalte. Die R. ist in Afrika und Asien heimisch; anzeigepflichtig.

rinforz´ando [ital.], Abk. **rf., rfz.,** ♪ stärker werdend.

Ring, 1) ein Reif von runder oder wendelartiger Form aus verschiedenem Werkstoff, zu allen Zeiten und bei allen Völkern

Rinder: links und Mitte Wildrinder, links Kaffernbüffel, Mitte Gaur; rechts Hausrind, Pinzgauer Rind

als Schmuck, Amulett oder Sinnbild an Arm, Hals, Ohr, Nase, bes. aber als Fingerring getragen. **2)** Kampfstätte für das Boxen. **3)** Bund, Konzern. **4)** breite Straße an Stelle ehem. Befestigungsanlagen; in vielen Städten der ostdt. Kolonisation auch der Marktplatz.

Ringe, Turngerät, Durchmesser 18 cm, mit Leder überzogen, an verstellbaren Seilen hängend, zum Schwingen, im Kunstturnen heute in Ruhestellung gebraucht.

Ringelblume, ein Korbblüter (Calendula) bes. des Mittelmeergebietes. Die gelbe Garten-R. ist Zierpflanze.

Ringelblume

Ringel|echsen, im wärmeren S-Europa, W-Asien, Afrika und Amerika heimische, unterirdisch wühlende Echsen **(Doppelschleichen);** Gliedmaßen meist rückgebildet.

Ringelflechte, ♃ eine Hautpilzkrankheit (Trichophytie); **oberflächl. R.:** scheibenförmige, rotumrandete Herde; **tiefe R.:** eiternde, knotige Wucherungen (bei Männern auch als **Bartflechte).**

Ringelgans, eine Meergans.

Ringelnatter, harmlose, an ihren gelben Hinterhauptsflecken kenntliche, in Mitteleuropa heimische Natter **(Hausunke);** lebt im oder am Wasser und frißt Frösche und Fische.

Ringelnatz, Joachim, eigentl. Hans **Bötticher,** * 1883, † 1934, Schriftsteller, Maler, Kabarettist; aus Unsinn und Tiefsinn gemischte Gedichte im Moritaten- und Bänkelsängerton (‚Turngedichte‘, 1920; ‚Kuttel Daddeldu‘, 1923; ‚Kinder Verwirr Buch‘, 1931). ‚Als Mariner im Krieg‘ (1928).

Ringelrobbe, in Binnengewässern lebender Seehund mit hellen Ringflecken.

Ringelröteln, eine harmlose, wahrscheinlich virusbedingte Infektionskrankheit des Kindesalters mit geringem Fieber und girlandenförmigem Hautausschlag.

Ringelspinner, braungelber gluckenartiger Schmetterling, dessen Weibchen die Eier zu einer Gürtel um Obstbaumzweige klebt; die Raupe schadet bis zum Kahlfraß.

Ringelwühlen, ♌ die Blindwühlen.

Ringelwürmer, Annel´iden, Gliedertiere mit mehreren Abschnitten (Segmenten) von gleichem äußerem und innerem Bau, meist mit paarigen Anhängen als Bewegungsorganen, z. B. die Borstenwürmer.

Ringen, ♝→Ringkampf.

Ringer-Lösung, eine von dem engl. Pharmakologen S. Ringer 1885 angegebene wäßrige Lösung der wichtigsten im Blut enthaltenen Salze, die als Blutersatz zugeführt werden kann.

Ringfläche, Wulst, T´orus, eine ringförmige Fläche, die dadurch entsteht, daß sich ein Kreis um eine Gerade dreht, die in der Ebene des Kreises liegt, aber den Kreis nicht trifft.

Ringgau, waldreiche Landschaft in NO-Hessen, zwischen Werra und Sontra, in der Graburg 522 m hoch.

Ringkampf, eine waffenlose, auf Körper-

griffe beschränkte Form des Kampfes Mann gegen Mann. Beim **griechisch-röm. R.** sind Griffe vom Kopf bis zum Gürtel, beim **Freistilringen** alle nicht schmerzhaften Griffe erlaubt; eine Abart des Freistilringens ist →Catch as catch can. Der Ringkampf wird auf einer gepolsterten Matte (5 x 5 m) ausgetragen. Als besiegt gilt, wer den Boden mit beiden Schultern zugleich berührt. Ferner →Gewichtsklassen. In der Bundesrep. Dtl. sind die Ringsportvereine im Dt. Ringer-Bund (Sitz München), in der Dt. Dem. Rep. im Dt. Ringer-Verband (Sitz Leipzig) zusammengefaßt; Dachverband: Fédération Internationale de Lutte Amateur (Sitz Lausanne).

Ringlinse, Fresnel-Linse [frɛn´ɛl-], von A. J. Fresnel angegebene optische Linse zur Erreichung einer großen Öffnung bei kleiner Mittendicke.

Ringnebel, ✧ ringförmiger planetarischer Nebel.

Ring politischer Jugend, in der Bundesrep. Dtl. die Dachorganisation der Jungen Union, Jungdemokraten und Jungsozialisten, gegr. 1950, Sitz Bonn.

Ringreiten, ländl. Volksfest, bes. in Norddeutschland. Die Burschen suchen im Galopp reitend einen von einem Gerüst herabhängenden Ring, Kranz oder Faßreifen mit einer Stange herabzustechen.

Ringrichter, Kampfrichter beim Boxen und Ringen.

Ringrohr, ein elektr. Hilfsgerät der Meß-, Regelungs- und Signaltechnik zum Übersetzen des Winkels, um den eine Welle gedreht wird, in das Verhältnis der beiden Teile eines elektr. Widerstandes.

Ringsendung, eine Rundfunksendung, bei der mehrere Sender zu einer Direktübertragung zusammengeschlossen sind.

Ringstrom, Strom geladener Teilchen, der die Erde in der Ebene des magnet. Äquators in der Entfernung von einigen Erdradien umfließt.

Ringtennis, Bewegungsspiel: die Partner werfen sich einen Gummiring über eine Leine zu. Auffangen zählt als Punkt.

Ringverein, Verbrechervereinigungen in Großstädten, die ihren Gesellschigkeits-‘, ‚Sport-‘, ‚Sparvereine‘ u. a. getarnt sind.

Ringwaage, ein Gerät zum Messen niedriger Gasdrücke.

Ringwaldt, Bartholomäus, Dichter, * 1532, † 1599 als evang. Pfarrer; geistl. Lieder, Dramen, satir. Lehrgedichte.

Ringwall, vor- oder frühgeschichtl. Befestigung in Kreisform.

Rinnenseen, lange, schmale, oft tiefe Seen in Glaziallandschaften, vom Schmelzwasser unter Gletschern ausgewaschen.

Rinser, Luise, Schriftstellerin, * 1911; ‚Gefängnistagebuch‘ (1946), Erzählungen (‚Ein Bündel weißer Narzissen‘, 1956), Romane (‚Mitte des Lebens‘, 1950, ‚Abenteuer der Tugend‘, 1957, ‚Ich bin Tobias‘, 1966); Grenzübergänge (1972).

Ringkampf: Schleudergriff des linken Ringers

Rinteln, Stadt in Ndsachs., an der Weser, 10 800 Ew., viele alte Bauten; Glas-, Papierindustrie.

Rio [ital.; portugies.: r´iu] der, span. **Río,** Fluß; auch kurz für Rio de Janeiro.

Río Ap´ure, linker Nebenfluß des Orinoco in Venezuela, 1600 km lang.

Río Apur´imac, Quellfluß des Ucayali in Peru, entspringt in der südl. Westkordillere, rd. 900 km lang.

Río B´eni, Fluß in Bolivien, Quellfluß des Río Madeira, rd. 1700 km lang.

Río Bermejo [bɛrm´ɛxo], rechter Nebenfluß des Paraguay, entspringt in den Kordilleren Boliviens, rd. 1500 km lang.

Río Br´anco, Hauptstadt des brasilian. Bundesstaates Acre, im Amazonastiefland, 80 000 Ew.

Río de Janeiro [-di ʒan´eiru, portug. ‚Januarfluß‘], **1)** Küstenstaat Mittelbrasiliens, 42 912 km², 4,8 Mill. Ew. Hauptstadt: Niterói.

2) auch **Rio,** Hauptstadt des brasilian. Bundesstaates Guanabara, an einer Bucht am Atlant. Ozean, 4,39 Mill. Ew., kath. Erzbischofssitz, Universitäten u. a. Hochschulen, Akademien, Institute und Museen. Rio ist Banken- und Handelszentrum Brasiliens, die Ind. hat erst in neuerer Zeit Bedeutung erlangt (Lebensmittel-, Metall-, chem. u. a. Ind.). Wahrzeichen der Stadt ist der Zuckerhut (395 m).

Río de la Pl´ata [span. ‚Silberstrom‘], der gemeinsame Mündungstrichter der Flüsse Paraná und Uruguay, etwa 300 km lang und 50-200 km breit; bedeutendste Häfen: Buenos Aires, La Plata, Montevideo.

Río de ´Oro, der Südteil von Spanisch-Sahara.

Río Gr´ande, 1) linker Quellfluß des Paraná, Brasilien, 1230 km lang. **2)** Hafen-

Rio de Janeiro: Botafogo-Bucht und Zuckerhut

stadt an der Einfahrt zur Lagoa dos Patos im brasilian. Bundesstaat Rio Grande do Sul, 84 000 Ew.; Fleisch- und Textilind., Erdölraffinerie.

Rio Grande del Norte, Strom in Nordamerika, 2870 km lang, kommt aus dem Felsengebirge, bildet teilweise tiefe Cañons, ist von El Paso abwärts die Grenze zwischen der Verein. Staaten und Mexiko, mündet in den Golf von Mexiko; Staudämme.

Rio Grande do Norte, Bundesstaat Brasiliens an der NO-Ecke Südamerikas, 53 015 km² mit 1,333 Mill. Ew.; Hauptstadt ist Natal.

Rio Grande do Sul, südlichster Bundesstaat Brasiliens, 282 184 km², 6,9 Mill. Ew.; Hauptstadt Pôrto Alegre.

Rioja [ri'ɔxa], span. Landschaft, →La Rioja.

Rio Madeira, größter rechter Nebenfluß des Amazonas in Brasilien, etwa 3240 km.

Rio Magdalena, Magdalenenstrom, der Hauptfluß Kolumbiens, 1550 km lang, von den Anden zum Karibischen Meer.

Rio Mamoré, Fluß in Bolivien, 1800 km lang, vereinigt sich mit dem Rio Beni zum Rio Madeira.

Riometer, ein radioastronomisches Registriergerät.

Rio M'uni, Prov. der Rep. Äquatorial-Guinea, 26 017 km², 191 000 Ew.

Rio N'egro, der größte linke Nebenfluß des Amazonas, etwa 2000 km lang (davon 1370 km in Brasilien), kommt aus Kolumbien, nimmt in Venezuela den →Casiquiare auf, ist im Mittel- und Unterlauf bis 30 km breit (Überschwemmungsgebiete), mündet unterhalb Manáus.

Riopelle [rjɔpˈɛl], Jean, kanad. Maler, * 1923, Mitgründer des Tachismus in Paris.

Rio Pur'us, rechter Nebenfluß des Amazonas, 3210 km lang, entspringt am O-Abhang der Peruan. Vorkordilleren.

Rio São Francisco [sɔ frɐ̃s'i:ʃku], Strom im östl. Brasilien, 2897 km lang.

Río T'into, Fluß im südl. Spanien, 90 km lang, von der Sierra de Aracena zum Golf von Cádiz; am Oberlauf Kupfererzgebiet.

R. I. P., Abk. für requiescat in pace, lat. ‚er (sie) ruhe in Frieden‘.

ripi'eno [ital.], ♪ im Concerto grosso das Einsetzen des vollen Orchesters (Tutti) nach Solopartien.

Rip'oste [frz.] die, Fechten: sofort ausgeführter Gegenstoß nach einer Parade.

Rippe, 1) bei Mensch und Wirbeltieren: reifenartiger Knochen, Teil des Brustkorbes. **2)** ⚙ Queraussteifung zur Oberflächenvergrößerung (Kühl-R., Heizkörper-R.). **3)** 🌿 Ader im Blatt.

Rippelmarken, parallele, kleine Wellen, auf Sand- oder Schneeflächen durch Windwirkung, am Meeresstrand oder Boden von Seen durch Wasserwirkung entstanden.

Rippenbogen, 🩺 🦴 die von den Knorpelenden der 8.-10. Rippe gebildete untere Begrenzung des Brustkorbes.

Rippenbruch entsteht durch Sturz oder Quetschung, schmerzt bes. beim Atmen. Behandlung: Ruhigstellen (Verband).

Rippenfarn, Farnkraut der gemäßigten Zone, mit bandförmigen Wedelfiedern.

Rippenfell, 🩺 🦴 das äußere Blatt des Brustfells, nach den Rippen zu gelegen.

Rippenfellentzündung, die Entzündung des Brustfells (**Brustfellentzündung,** Pleuritis), mit Fieber, Hustenreiz, Schmerz beim Atmen. Bei der **trockenen R.** werden die Brustfellblätter rauh. Bei der **feuchten R.** bildet sich im Brustfellraum ein Flüssigkeitserguß. Behandlung durch den Arzt.

Rippenquallen, Ctenoph'ora, im Meer frei schwebende, durchsichtige Hohltiere von zweistrahlig symmetrischem Bau; bewegen sich mit in Reihen angeordneten Wimperplättchen fort.

Rippenresektion, das chirurg. Entfernen von Rippenteilen, z. B. bei Brustfelleiterung.

Rippespeer, Rippenspeer, Kasseler R., gepökeltes Schweinsrippenstück.

Rips der, Gewebe mit durch besondere Bindung erzeugten Rippen, für Kleider, Wäsche, Möbel.

Ripu'arier, ein Teilstamm der Franken, Anwohner des Rheins, dessen linkes Ufer um 400 um die 455 ganz besetzten.

Ripu'arisch, eine Mundart des Mittelfränkischen.

Ripu'arisches Gesetz, das →Ribuarische Gesetz.

Risal'it der, Teil eines Gebäudes, der über dessen Fluchtlinie in ganzer Höhe um ein geringes hervortritt (Mittel-R., Eck-R.).

Rise die, weibliche Kopftracht des 13./14. Jahrh., ein vom Scheitel um Wangen und Kinn herabfallendes Schleiertuch.

R'isiko [ital.] das, -s/-s oder . . .ken, Wagnis, Gefahr; z. B. die mit jeder wirtschaftl. Unternehmung verbundene Verlustgefahr, verursacht z. B. durch betriebliche Störungen, Fehlinvestitionen, Absatzschwierigkeiten. Die Ungewißheiten der Zukunft sind z. T. erfaßbar, nicht jedoch ist es das eigentl. Geschäfts-R., das in der Marktwirtschaft der Unternehmer trägt. Daher ist für das nicht vermeidbare oder abwälzbare R. in der Kalkulation nach Möglichkeit eine **Risikoprämie** in Form eines Zuschlags in Rechnung zu stellen. Bei Kapitalgesellschaften oder durch Zusammenschlüsse wird eine **R.-Verteilung** erreicht.

R'isikoversicherung, Versicherung gegen besondere Risiken (z. B. eine kurzfristige Lebensversicherung).

riskieren [frz.], wagen, aufs Spiel setzen.

risk'ant, gewagt, heikel.

R'isø, Halbinsel im Roskilde-Fjord, Dänemark; Kernenergie-Versuchsstation.

Risorgim'ento [-dʒi-, ital. ‚Wiedererhebung‘] das, die italien. Einheits- und Freiheitsbewegung 1815-70, auch bis 1918.

Ris'otto [ital.] der, italien. Gericht aus in Fett gedünstetem und in Fleischbrühe weichgekochtem Reis.

Rispe, zusammengesetzte Blütentraube.

Rispelstrauch, heideähnl. Tamariskengewächs auf Flußschotter im Gebirge.

Rispenfarn, Königsfarn, Farn mooriger Wälder mit doppelt gefiederten Wedeln und rispenähnl. fruchttragender Spitze.

Rispengras, eine Grasgattung mit lockeren Rispen, ohne Grannen. **Wiesen-R.,** wertvolles Futter.

Riß die, rechter Nebenfluß der Donau in Oberschwaben. Nach ihr ist die **Riß-Eiszeit** benannt.

Rist der, 🦴 ♂ der Widerrist; auch Fuß-, Handwurzel und Fuß-, Handrücken.

Rist, Johann, Dichter, * 1607, † 1667 als Pfarrer; wichtigster Vertreter des Frühbarocks in Norddtl.; weltliche und geistliche Lieder, Schauspiele.

Ristgriff, an Reck und Barren: die Handrücken sind dem Körper zugewandt.

Rist'orno [ital.] das, **1)** Buchführung: die Rückbuchung. **2)** Seeversicherung: die Rückgabe der Prämie.

ritard'ando [ital.], Abk. ritard., rit., ♪ langsamer werdend.

r'ite [lat.], **1)** ordnungsmäßig. **2)** genügend (bei Doktorprüfungen).

Ritenkongregation, eine 1588 errichtete Kardinalskongregation; überwachte bis 1969 den Kult in der latein. Kirche und war für Selig- und Heiligsprechungsprozesse zuständig; ihre Aufgaben gingen auf die Kultus- und Kanonisations-Kongregation über.

riten'uto [ital.], Abk. riten., ♪ zögernd.

Ritorn'ell [ital.] das, **Stornello, 1)** ♪ Strophenform italien. Volkslieder, dreizeilig (1. und 3. Zeilen gereimt). **2)** ♪ ein mehrfach gleichlautend wiederholter Teil: a) im Madrigal des 14./15. Jahrh.; b) seit etwa 1600 das instrumentale Vor-, Zwischen- oder Nachspiel der Arie.

Ritschl, Albrecht, evang. Theologe, * 1822, † 1889, betonte die Selbständigkeit der Religion gegenüber allem wissenschaftl. Welterkennen.

Rittelmeyer, Friedrich, evang. Geistli-

cher, * 1872, † 1938, 1922 Mitbegründer der →Christengemeinschaft.

R'itten der, italien. **Ren'on,** Porphyrhochfläche bei Bozen; Fremdenverkehr.

Ritter [‚Reiter‘], **1)** Angehöriger des adligen Kriegerstandes im MA. **2) R. von,** in Bayern und Österreich bis 1918 die 2. Stufe des niederen Adels. **3)** Besitzer bestimmter Orden, z. B. R. der Ehrenlegion. **4)** Sippe der Tagschmetterlinge, die Edelfalter.

Ritter, 1) Carl, Geograph, * 1779, † 1859, Prof. in Berlin, einer der Begründer der wissenschaftl. Erdkunde.
2) Gerhard, Historiker, * 1888, † 1967; ‚Luther‘ (1925), ‚Stein‘ (1931), ‚Friedrich d. Gr.‘ (1936), ‚Staatskunst und Kriegshandwerk‘, 4 Bde. (1954-68), ‚Goerdeler‘ (1954).
3) Johann Wilhelm, Physiker, * 1776, † 1810, entdeckte den thermoelektr. Effekt, die ultravioletten Strahlen, erfand Vorformen des Akkumulators.

Ritterakademie, Bildungsanstalt für junge Adlige im 16.-18. Jahrh.

Ritteraufstand 1522/23, der gewaltsame Versuch der Reichsritterschaft unter Führung Sickingens, ihre polit. Stellung zu festigen und zu erhöhen; niedergeschlagen von den Fürsten von Trier, Pfalz, Hessen.

Ritterbürde, genossenschaftl. Vereinigungen des Adels, bes. in SW-Dtl.; aus ihnen ging 1577 die →Reichsritterschaft hervor.

Ritterdichtung, →deutsche Literatur.

Ritterdramen, in der Nachfolge von Goethes ‚Götz‘ (1773) und Klingers ‚Otto‘ entstandene Dramen aus der Ritterzeit.

Rittergut, größeres Landgut; im alten Dt. Reich ein Gut, dessen Besitzer Ritterdienste leistete und Vorrechte genoß.

Ritterkreuz, →Eisernes Kreuz.

Ritterling, Blätterpilze, deren Lamellen eingebuchtet am Stiel ansitzen. Speisepilze: Mai-R. und **Grün-** oder **Gelbreizker.**

Ritterorden, geistliche R., →Orden.

Ritterschaft, 1) →Reichsritterschaft. **2)** der Stand der Rittergutsbesitzer in den Landständen.

Ritterschaftliche Kreditinstitute, öffentlich-rechtl. Bodenkreditanstalten auf genossenschaftl. Grundlage, →Landschaften.

Ritterschlag, im MA. feierl. Aufnahme des Knappen in die Ritterschaft.

Rittersporn, Hahnenfußgewächse mit fingerförmig gelappten Blättern und traubig oder rispig stehenden, gespornten Blüten.

Rittersporn

Ritterstern, Amaryllisgewächs aus dem trop. Amerika mit großen roten, weißstreifigen Blüten; Zimmerblume.

Rittertum, im MA. der adlige Kriegerstand der Ritter, zugleich eine tragende Kulturschicht. →Adel, →Lehen, →Minnesang.

Rittmeister, bis 1945 Hauptmann bei berittenen Truppen.

Ritu'al [zu Ritus] *das,* feierliche Formeln und Gebräuche beim Gottesdienst.

Ritu'ale [zu Ritus] *das,* Kath. Kirche: das liturg. Buch, das die vom Priester zu vollziehenden Riten enthält.

Ritu'alien [zu Ritus] Mz., Geräte des jüdischen Kultes.

Ritual'ismus [zu Ritus], Erneuerungsbewegung in der Anglikan. Kirche (**Anglokatholizismus**), seit 1833 in Oxford (**Oxfordbewegung**) entstanden; ging um 1900 in der hochkirchl. Bewegung auf.

Ritu'almord, die rituelle Tötung eines Menschen, bes. als Menschenopfer.

ritu'ell, den Ritus betreffend.

R'itus [lat.] *der,* -/...ten, der kultische Brauch; Kath. und Ostkirche: 1) liturg. Einzelhandlung (z. B. Taufe). 2) Gestaltung der gesamten Liturgie für eine größere Gemeinschaft. 3) Kultusverband mit einheitlichem R.

Ritz, Cäsar, schweizer. Hotelier, * 1850, † 1918; baute 1898 als erstes seiner Luxushotels das **Hotel Ritz** in Paris.

Ritzel, kleines Zahnrad mit geringer Zähnezahl.

Riukiu-Inseln, Inselgruppe zwischen Kiuschu und Formosa, 2388 km² groß (ohne Satsunan Schoto), 945 000 Ew.; Hauptstadt Naha (auf Okinawa). Die R. wurden z. T. 1609, z. T. 1874 ins Japan. Reich eingegliedert. 1945 wurden sie von den Amerikanern erobert; z. T. 1953 an Japan zurückgegeben, die Okinawa-Inselgruppe 1972.

Riv'ale [frz.], Nebenbuhler. **rivalisieren,** wetteifern. **Rivalität,** Nebenbuhlerschaft.

Rivar'ol, Antoine, eigentl. **Rivaroli,** französ. Schriftsteller, * 1753, † 1801, Moralist, geißelte die Schöngeisterei der vorrevolutionären Gesellschaft.

R'iver [engl.] *der,* Fluß, Strom.

Riv'era, Diego, mexikan. Maler, * 1886, † 1957, schuf volkstümlich-realist. an altmexikan. Kunst anknüpfende Wandmalereien geschichtlich-politischer Art.

Rivi'era [ital. ‚Küstenland‘] *die,* der schmale Küstensaum des Mittelmeers von Marseille bis La Spezia. Der W gehört zu Frankreich (**Côte d'Azur**), der übrige Teil zu Italien. Dieser Teil gliedert sich in die **R. di Ponente** westlich von Genua und die **R. di Levante** östlich davon. Die R. hat mildes Klima, üppige subtrop. Pflanzenwelt und starken Fremdenverkehr (z. B. St. Tropez, Nizza, Cannes, Monte Carlo, Bordighera, San Remo, Santa Margherita, Rapallo).

Rivière [rivj'ɛːr], Jacques, französ. Schriftsteller, * 1886, † 1925, Mitgründer und Leiter der literar. Zeitschrift ‚Nouvelle Revue Française‘; kritische Aufsätze.

Rixhöft, poln. **Rozewie,** Ostseekap in Polen, nördlichster Punkt von Pommerellen.

R'izinus [lat.] *der,* ein im trop. Afrika heimisches Wolfsmilchgewächs, durch Anbau verbreitet; mit fettem Stengel, Blütenrispen unten mit männl., oben mit weibl. Blüten. Die Samen (**Purgierkörner**) enthalten →Rizinusöl sowie das giftige, eiweißartige **Ricin.** R. ist auch Zierpflanze.

Rizinusöl, dünnflüssiges Öl aus Rizinussamen, Abführ-, techn. Schmiermittel.

Rjas'an, Gebietshauptstadt in der Russ. SFSR, 351 000 Ew.; Kreml und Kirchen des 14./15. Jahrh.; Maschinen- u. a. Industrie.

RKO General Incorporated [dʒ'enərəl ink'ɔːpəreitid, engl.], amerikan. Rundfunkges., Sitz: New York, gegr. 1928.

RKW, Abk. für **R**ationalisierungs**k**uratorium der Deutschen **W**irtschaft.

rm, Abk. für **R**au**m**eter.

RM, Abk. für **R**eichs**m**ark.

Rn, chem. Zeichen für Radon.

Roadster [r'oudstə, engl.] *der,* offener zweisitziger Sportwagen.

Roanne [rɔ'an], Stadt im französ. Dép. Loire, an der Loire, 54 700 Ew.; Baumwoll-, Papier-, Maschinen- und Keramikfabriken.

Roastbeef [r'oustbiːf, engl.] *das,* Rippenstück vom Rind, so gebraten, daß es innen noch rötlich ist.

Robak'idse, Grigol, georg. Schriftsteller, * 1894, † 1962, ‚Megi. Ein georg. Mädchen‘ (1932), ‚Die gemordete Seele‘ (1933).

Robbe-Grillet [rɔb-grij'ɛ], Alain, französ. Schriftsteller, * 1922; Romane ‚Der Augenzeuge‘ (1955), ‚Die Niederlage von Reichenfels‘ (1959); Drehbuch zu ‚Letztes Jahr in Marienbad‘ (1960) u. a.

Robben *die,* Meeresraubtiere mit spindelförm. Körper und flossenart. Gliedmaßen (Flossenfüßer); gehen zur Fortpflanzung an Land. R. sind →**Seehunde,** →**Wal-**

Ohrenrobbe

rosse und **Ohrenrobben** mit der dunkelbraunen Bären-R. (2,5 m lang) und dem Kaliforn. Seelöwen u. a. Die Robbenjagd (R.-Schlag) liefert Felle (Seal), Fette, Fleisch, Speck und Tran.

Robber, engl. **Rubber** [-ʌ-] *der,* beim Whist und Bridge ein durch zwei Gewinnpartien abgeschlossenes Spiel.

R'obbia, Luca della, Bildhauer in Florenz, * 1400, † 1482, schuf Marmorbildwerke (Sängerkanzel für den Dom, 1431 bis

Alain Robbe-Grillet   Robespierre

1437; Dommuseum), Bronzearbeiten (Tür zur Domsakristei; 1464-69) und vor allem farbig glasierte Terrakottareliefs (meist Madonnen). Sein Neffe Andrea, * 1435, † 1525, setzte die Kunst des Onkels fort (Rundreliefs). Auch Andreas Söhne Giovanni und Girolamo waren als Terrakottabildner tätig. (Bild S. 1037)

Robbins [r'ɔbinz], Frederic, amerikan. Kinderarzt, * 1916, verdient um Impfung gegen Kinderlähmung; Nobelpreis 1954.

R'obe [frz.] *die,* 1) Amtstracht für Rechtsgelehrte, Geistliche u. a. 2) festl. Frauenkleid, bes. großes Abendkleid.

Robert, Fürsten:

Apulien: **1) R. Guiscard** [-gisk'aːr, frz. ‚Schlaukopf‘], Herzog (1059-85), * um 1015, † 1085, Normanne, unterwarf seit 1057 als päpstl. Lehnsmann die byzantin. und langobard. Teile Unteritaliens, befreite 1084 den von Kaiser Heinrich IV. in Rom eingeschlossenen Papst Gregor VII. und plünderte die Stadt.

Neapel. **2) R. I., der Weise,** König (1309 bis 1343), * 1278, † 1343, aus dem Haus Anjou, Haupt der Guelfen, Gegner Kaiser Heinrichs VII. Er förderte Wissenschaft und Kunst des beginnenden Humanismus.

Normandie. **3) Rollo, Rolf, Hrolf,** Herzog (911-25), norweg. Wikinger, suchte die französ. Küste heim. Karl III. belehnte ihn mit dem Gebiet an der Seinemündung.

4) R. I., Herzog (1027-35), † 1035, Sohn Richard II. Im 15. Jahrh. wurde er irrtümlich mit dem Sagenhelden ‚R. der Teufel‘ identifiziert, lebt in Dichtungen fort.

Robert [rɔb'ɛːr], Hubert, französ. Maler, * 1733, † 1808; italien. Landschaften, Ruinenbilder, Pariser Ansichten.

Robert de Boron [rɔb'ɛːrdə bɔr'ɔ̃], altfranzös. Dichter, Verfasser einer ‚Geschichte des Hl. Graal‘ (um 1200).

Roberts [r'ɔbəts], Kenneth (Lewis), amerikan. Schriftsteller, * 1885, † 1957; geschichtl. Romane (‚Nordwestpassage‘, 1937).

Robert von Molesme [mɔl'ɛːm], Stifter des Zisterzienserordens, * 1027, † 1111; Heiliger; Tag: 26. 1.

Robespierre [-pj'ɛːr], Maximilien de, * 1758, † 1794, Rechtsanwalt, Führer der Jakobiner in der Französ. Revolution, be-

Riviera: links französische Riviera bei St. Tropez; rechts italienische Riviera, Hafen von Santa Margherita Ligure

trieb die Hinrichtung Ludwigs XVI., aber auch die Dantons und errichtete 1794 eine blutige Schreckensherrschaft, wurde dann selbst gestürzt und enthauptet. (Bild S. 1036).

Robin Hood [r'ɔbin hud], ein edler Räuber, Held vieler engl. Volksballaden des 14. und 15. Jahrh.

Rob'inie die, amerikan. Gattung der Schmetterlingsblüter; oft mit Akazie verwechselt; dornige Bäume oder Sträucher mit Blütentrauben. Die weißblütige **Gemeine R.** ist in Europa Straßen- und Forstbaum; ihre Rinde ist giftig. Rot- und rosablühende Arten sind Zierbäume.

Robinson [r'ɔbinsn], **1)** Edwin Arlington, amerikan. Lyriker, * 1869, † 1935; Gedichte, Versepen.
2) Henry Morton, amerikan. Schriftsteller, * 1898, † 1961; Romane (‚Der Kardinal‘, 1950).
3) Sir Robert, engl. Chemiker, * 1886, Prof., Präs. der Royal Society 1940-45, erhielt für Arbeiten über Alkaloide und Blütenfarbstoffe 1947 den Nobelpreis.

Luca della Robbia: Madonna im Rosengarten (Florenz, Bargello)

Robinson'ade, 1) →Robinson Crusoe. **2)** ⚔ Fußball: Torwartparade (Hechtsprung, Flugabwehr).

Robinson Crusoe [r'ɔbinsn kr'u:sou], Held eines Abenteuerromans von Daniel Defoe (1719), der oft nachgeahmt wurde (**Robinsonaden**). R. wird auf eine unbewohnte Insel verschlagen, wo er erst allein, dann mit einem Eingeborenen 28 Jahre zubringt. Angeregt wurde Defoe durch einen Bericht über den schott. Matrosen Selkirk, der 1704-09 auf der menschenleeren **Robinsoninsel** (→Juan Fernández) lebte.

R'obot [slaw.] die und der, svw. Frondienst. **roboten**, schwer arbeiten.

R'oboter, von K. Čapek geschaffene Bez. für Maschinenmensch; auch elektronisch gesteuertes Gerät.

rob'ust, kräftig, widerstandsfähig.

Roca, →Cabo da Roca.

Rocaille [rɔk'aj, frz.] das, aus Muschelformen entwickelte Grundmotiv der Ornamentik des Rokokostils.

Roch'ade [aus dem Pers.] die, Schach: Doppelzug mit dem König und einem der beiden Türme.

Rochdale [r'ɔtʃdeil], Stadt im nordwestl. England, 86600 Ew.; Textilindustrie, Maschinenbau.

R'ochea die, südafrikan. Dickblattgewächs mit weißen oder roten Trichterblüten; Zimmerpflanze.

Rochefort [rɔʃf'ɔːr], Christiane, franzö̈s. Schriftstellerin, * 1917, schrieb sozialkrit. Romane (‚Das Ruhekissen‘, 1958; ‚Kinder unserer Zeit‘, 1961).

Rochefoucauld, La R., französ. Adelsgeschlecht, →La Rochefoucauld.

Rochelle, La, →La Rochelle.

Rochellesalz [rɔʃ'εl-], Kaliumnatriumtartrat, →Weinsäure.

Rochen Mz., Ez. Roche, Rochen der, den Haifischen verwandte Knorpelfische. Ihr Körper ist meist vom Rücken zum Bauch abgeplattet. Die dunkle Oberseite trägt Augen- und Nasenlöcher, die helle Unterseite Kiemenöffnungen und Maul.

rocher de bronze [rɔʃ'e də brõs, frz. ‚eherner Fels‘] der, geflügeltes Wort, nach einer Randbemerkung Friedrich Wilhelms I. von Preußen: ‚Ich ... setze die Krone fest wie einen rocher de bronze.‘

Rochester [r'ɔtʃistə], **1)** Stadt im südl. England, 56200 Ew., normannisch-got. Kathedrale; Industriehafen.
2) Stadt im Staat New York, USA, 296200 Ew.; Universität; Industrie: Fotoapparate, opt. Instrumente, Maschinen u. a.

Röchling-Gruppe, Unternehmensgruppe der Eisen- und Stahlindustrie, hervorgegangen aus der seit 1875 firmierenden ‚Gebr. Röchling KG.‘, Mannheim, mit Kohlen- und Eisenhandel sowie Bankgeschäft; 1881 wurde das Eisenwerk Völklingen erworben und als ‚Röchlingsche Eisen- und Stahlwerke GmbH.‘ zur größten Eisen- und Stahlhütte des Saarlandes entwickelt; geleitet bis 1910 von L. Röchling, dann von seinen Söhnen Louis († 1926) und Hermann († 1955); 1945-56 unter französ. Zwangsverwaltung. Wiederaufbau seit 1956 unter E. Röchling (†1964); 1971 Fusion mit dem Burbacher Zweigwerk der Arbed. Kap.: 330 Mill. DM, Beschäftigte: 23500 (1970).

Rochow [-o:], Friedrich Eberhard von, Pädagoge, * 1734, † 1805, richtete auf seinen Gütern Volksschulen ein; verdient um Lehrmethoden und Lehrerausbildung.

R'ochus, formell nie anerkannter, legendärer Schutzheiliger gegen Pest und Seuchen, * um 1295, † 1327, Tag: 16. 8.

Rock, 1) Frauenbekleidungsstück. **2)** die Jacke des Herrenanzugs. **3)** →Heiliger Rock.

Rock, der Vogel →Ruck.

Rockefeller [r'ɔkəfɛlər], **1)** John Davison, amerikan. Unternehmer, * 1839, † 1937, führend in der amerikan. Erdöl- und Schwerindustrie, errichtete große Stiftungen (**R.-Stiftungen**) zur Förderung humanitärer und wissenschaftlicher Arbeit (Bild S. 1039).
2) Nelson Aldrich, Enkel von 1), * 1908, Wirtschaftsführer und Politiker (Republikaner), war Ratgeber Trumans und Eisenhowers, ist seit 1959 Gouverneur des Staates New York.

Rocken der, ein senkrechter Stab, um den die Spinnfasern so herumgeschlungen werden, daß sie sich leicht zu einem Faden ausziehen und ordnen lassen.

Rockford [r'ɔkfəd], Stadt in Illinois, USA, 147400 Ew., Handelsmittelpunkt einer Ackerbaugegend; Werkzeug- u. a. Ind.

Rock 'n' Roll [engl.], Tanz im ⁴/₄-Takt, seit etwa 1955 verbreitet.

Rocky Mountains [m'auntinz], abgek. **Rockies**, →Felsengebirge.

rod, früheres engl. und amerikan. Längenmaß, =5,03 m.

Roda Roda, Alexander, Schriftsteller, * 1872, † 1945, emigrierte 1938 nach Amerika; Humoresken, satir. Romane, Komödien.

Rodbertus, Johann Karl, Nationalökonom und Politiker, * 1805, † 1875, Begründer des wissenschaftl. Sozialismus in Dtl.

Rodel, →Schlitten.

roden, Wurzelstöcke entfernen, Waldland urbar machen (→Rodung).

Rodenbach, 1) Albrecht, fläm. Schriftsteller, * 1856, † 1880; Gedankenlyrik, Drama ‚Gudrun‘ (1882).
2) Georges, französ.-belg. Schriftsteller, Vetter von 1), * 1855, † 1898; symbolistische Gedichte und Romane (‚Das tote Brügge‘, 1892).

Rodenberg, Julius, eigentlich **Levy**, Schriftsteller, * 1831, † 1914, gab seit 1874 die von ihm gegr. Zeitschr. ‚Deutsche Rundschau‘ heraus; Lyriker und Erzähler.

Rodenkirchen, Gem. in Nordrh.-Westf., bei Köln, 42600 Ew.; Maschinen-, chem. u. a. Industrie; Erdölraffinerie.

Rodenstock, Joseph, * 1846, † 1932, gründete 1877 in Würzburg eine optisch-feinmechan. Werkstätte; jetzt **R., Optische Werke G. R. KG.**, München, größtes europ. Unternehmen zur Herstellung von Brillenfassungen.

Rod'eo [span.] das, Reiterspiel der Cowboys in den USA.

Roeder, Emy, Bildhauerin, * 1890, † 1971, arbeitete streng vereinfachte, doch lebensnahe Figuren, Gruppen, Bildnisköpfe.

Röder, Franz Joseph, Politiker (CDU), * 1909, seit 1959 MinPräs. des Saarlandes.

Roderich, span. **Rodr'igo**, letzter König (710/11) der Westgoten in Spanien, fiel bei Jérez de la Frontera gegen die Araber.

Röderwaldbetrieb, heute seltene Wirtschaftsform, bei der Wald- und Ackerbau auf derselben Fläche wechseln.

Rodewisch, Stadt im Bez. Karl-Marx-Stadt, 10200 Ew.; Textilindustrie.

Rodin [rɔd'ɛ̃], Auguste, französ. Bildhauer, * 1840, † 1917, schuf Bildwerke von stark bewegter Gestaltung und meist ungeglätteter Oberfläche, die ein malerisches

A. Rodin: Der Kuß, 1886 (Paris, Musée Rodin)

Spiel von Licht und Schatten entstehen läßt. Oft suchte er den Reiz des Skizzenhaften und Unvollendeten. Seine Kunst ist der impressionistischen Malerei verwandt. Bronzewerke: ‚Ehernes Zeitalter‘ (1876), ‚Der Denker‘ (1880), ‚Bürger von Calais‘ (1884 ff.) u. a.

Rodomont'ade [nach Ariost] die, Prahlerei.

Rod'osto, Stadt in der Türkei, →Tekirdağ.

Rodriguez [rɔ'ðriɣɛθ], Insel der Maskarenen, im Ind. Ozean, bildet seit 1968 mit Mauritius eine selbständige polit. Einheit im Brit. Commonwealth, 104 km² groß, 21600 Ew.

Rodschenko, Aleksandr, russ. Maler, Bildhauer, Gebrauchsgraphiker, * 1891, † 1956, einer der Bahnbrecher der abstrakten Kunst der Sowjetunion.

Rog'ate [lat. ‚bittet‘], Kath. Kirche: der 5. Sonntag nach Ostern.

Rogen der, die Eier der Fische; aus Störrogen wird Kaviar hergestellt.

R'oger, normann. Fürsten auf Sizilien:
1) R. I., * 1031, † 1101, Bruder Robert Guiscards, entriß 1060-91 den Arabern Sizilien.

2) R. II. (1101-54), seit 1130 König, Sohn von 1), * 1095, † 1154, vereinigte die normann. Eroberungen in Süditalien zu einem straffen Gesamtstaat.

Roger Bacon, →Bacon.

Rog´erus von Helmarshausen, um 1100 Mönch und Goldschmied im Kloster Helmarshausen bei Paderborn; vielleicht identisch mit **Theophilus Presbyter,** der das wichtigste kunsttechn. Lehrbuch des Mittelalters schrieb.

Roggen, Getreideart mit begrannten Ähren von 10-18 cm Länge, eine Hauptbrotfrucht Europas; heute zu 50-60 % verfüttert. Der ergiebigere **Winter-R.** wird im Herbst gesät, **Sommer-R.** im Frühjahr. Am besten gedeiht R. auf lehmigem Sand. Im dt. Mittelgebirge liegt die Anbaugrenze bei 900 m. R.-Mehl ist dunkler, derber, proteinreicher als Weizenmehl. Aus R. werden auch Grütze und Kornbranntwein hergestellt. (Bild Getreide)

Roggenernte (in 1000 t)

Land	1959	1970
Sowjetunion	16 092	13 000
Polen	8 114	5 433
Bundesrep. Dtl.	3 884	2 633
Dt. Dem. Rep.	2 133	1 483
Verein. Staaten	546	986
Türkei	665	630
Welt	37 900	27 748

Roggenälchen, in Roggen schmarotzende, etwa 1-2 mm lange Fadenwürmer.

Rogier van der Weyden, →Weyden.

Rohan [rɔˈã], **1)** Henri II., Herzog von, * 1579, † 1638, Führer der Hugenotten gegen Richelieu, kämpfte später für Frankreich in Graubünden.

2) Louis, Prinz von, * 1734, † 1803, 1778 Kardinal, 1779 Fürstbischof von Straßburg, 1785 in die →Halsbandgeschichte verwickelt, verließ Frankreich 1790.

Rohbau, der aus Mauerwerk, Decken und Dach bestehende Teil eines Gebäudes, ohne weiteren Innenausbau.

Rohbilanz, die Zusammenstellung der Summen aller Konten, →Bilanz.

Rohde, Erwin, klass. Philologe, * 1845, † 1898, Freund Nietzsches; ‚Psyche, Seelenkult und Unsterblichkeitsglaube der Griechen‘, 2 Bde. (1890-94).

Rohertrag, das Ergebnis eines Geschäftsjahres vor Abzug der Aufwendungen.

Rohgewinn, →brutto.

Rohkost, ♀ →Ernährungsbehandlung.

Rohlfs, 1) Christian, * 1849, † 1938, malte realistische Stimmungslandschaften und wandte sich 1905 expressionistischer Gestaltung zu: Bilder aus Soest, figürl. Bilder, Gemälde; später lichte Aquarelle von Landschaften und Blumen.

2) Gerhard, Afrikareisender, * 1831, † 1896, durchquerte 1865-67 Afrika von Tripolis über Bornu nach Lagos und durchstreifte 1873-74 die Libysche Wüste.

Röhm, Ernst, nat.-soz. Politiker, * 1887, † (ohne Gerichtsverfahren erschossen) 1934, seit 1931 ‚Stabschef‘ der SA, seit 1933 Reichsmin. Daß R. sich 1934 mit Plänen einer ‚zweiten Revolution‘ trug, an denen ein Teil der hohen SA-Führer teilgenom-

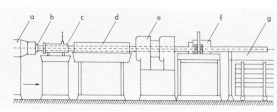

Rohr: Herstellung von Kunststoffrohren (schematisch); a Extruder, b Rohrspritzkopf, c Kalibriervorrichtung, d Kühlbad, e Rohrabzug, f Trennsäge, g Stapelvorrichtung

men hätte (‚Röhm-Putsch‘, 30. 6. 1934), ist nicht erwiesen.

Rohöl, unbearbeitetes Erdöl, auch nicht raffinierte Öle aus Braunkohlen- und Steinkohlenteer.

Rohölmotor, mit schwer siedendem Öl betriebener Diesel- oder Verbrennungsmotor.

Rohproduktenhandel, der Handel mit gewerbl. Rohstoffen und Zwischenprodukten, auch mit Abfall- und Altstoffen.

Rohr, 1) ⚘ Pflanzen mit hohlem, biegungsfestem Stengel, bes. **Schilf-R. 2)** ⚙ Hohlkörper mit vorwiegend rundem Querschnitt aus Metall, Glas, Holz, keramischem Material, Zement, Kautschuk, Kunststoff u. a. Herstellung: Stahl-R. durch Zusammennieten oder -schweißen gebogener Blechtafeln (mit Naht), durch Gießen, Ziehen, Lochpressen, Schmieden, Walzen (nahtlos). R. aus anderen Metallen werden ähnlich, Blei- und Zinn-R. durch

Ch. Rohlfs: Kahle Konifere; Aquarell, 1921 (Darmstadt, Sammlung Ströher)

Pressen hergestellt. R. aus keram. Material werden gepreßt, getrocknet und gebrannt, R. aus Glas werden aus Düsen gezogen und durch Druckluft geformt. R. aus Beton und Stahlbeton nach dem Guß-, Stampf-, Rüttel- oder Schleuderverfahren hergestellt.

Rohrblatt, ein aus biegsamem Rohr gefertigtes Blättchen im Mundstück verschiedener Blasinstrumente.

Röhrchenzähner, Familie der Erdferkel (so genannt wegen ihrer von Markröhrchen durchzogenen Zähne).

Rohrdommel, Reihervogel Mitteleuropas, durch Gefieder und Haltung (Hals aufgerichtet, Schnabel nach oben zeigend) im Rohrwald gut getarnt.

Rohrdraht, mehradrige Niederspannungsleitung, von Stahl-, Zink- oder Aluminiumband ummantelt, für feste Verlegung.

Röhre, 1) →Rohr. 2) →Elektronenröhre. 3) ♀ Teil des Baues.

röhren, ♀ schreien (Hirsch).

Röhrenblüter, Tubiflˈoren, zweikeimblättrige Pflanzen, mit röhren- oder trichterförmiger Blumenkrone, z. B. Lippenblüter, Rachenblüter.

Röhrenmäuler, Fischfamilie im Ind. Ozean. Das Weibchen trägt die Eier in aus den Brustflossen gebildeter Tasche.

Röhrenpilze, die →Röhrlinge.

Röhrenvoltmeter, elektr. Spannungsmesser mit einer Diode oder Triode, neuerdings auch Feldeffekttransistor, die das Meßwerk eines Strommessers steuern, ohne dem Meßobjekt Leistung zu entnehmen.

Rohrkolben, einkeimblättrige, schilfartige Sumpf- und Uferpflanzen mit kolbenartigem Blütenstand.

Rohrleitung, hohle Leitung für den Transport von Flüssigkeiten, Gasen, Dämpfen, festen Körpern (Staub, Getreide, Mehl, Rohrpostkapseln, Beton u. a.) und zur Verlegung elektr. Leitungen. Zur Kenntlichmachung und Unterscheidung erhalten R. nach DIN folgende Anstriche: grün für Wasser, violett für Lauge, weiß für Dampf, rosa für Säure, blau für Luft, schwarz für Teer, gelb für Gas, braun für Öl, grau für Vakuum.

Röhrlinge, eine Ordnung der Hautpilze, bes. Gattung Boletus. Speise-R.: Steinpilz, Butterpilz (Gold-R.), Maronen-R., Birken-R., Rothäubchen u. a. Giftig sind Satanspilz und Dickfuß, bitter der Gallenpilz.

Rohrmühle, eine sich drehende Stahltrommel, in der Erz, Kohle, Düngemittel, Zementklinker u. a. durch Stahlkugeln und Flintsteine zerkleinert werden.

Rohrpalme, die Fiederpalmengattung **Calamus,** altweltlich-tropische Kletterpflanzen; z. B. der **Rotang,** Stämme bis 200 m. Die Stämme vieler Arten sind als **Span. Rohr (Peddig-, Stuhl-Rohr)** Flechtmaterial.

Rohrpost, im Bank-, Büro-, Laboratoriums-, Post-, Zeitungsbetrieb ein Rohrsystem, in dem durch Saugluft, selten Druckluft, Büchsen (4 cm Innendurchmesser, bis 22 cm Nutzlänge) mit Schriftstük-

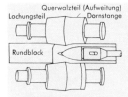

Phase 1:
Lochen eines Rundblocks im Zweiwalzenschrägwalzwerk

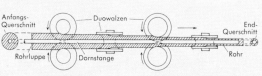

Phase 2: Kontinuierliches Rohrwalzwerk

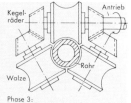

Phase 3:
Streckreduzierwalzwerk (mit bis zu 24 Walzensätzen)

Rohr: Herstellung nahtloser Rohre im kontinuierlichen Verfahren

ken und anderen kleinen Gegenständen mit 10-13 m/s befördert werden. Bei großen Anlagen stellt der Absender durch Kontakt- und Zahlenringe an der Büchse den Empfänger ein; die Weichen in der Rohrleitung werden dann von der Büchse gesteuert. Bei einfachen Anlagen kann der Absender durch Druckknöpfe die Weichen einstellen.

Rohrratte, afrikan. Nagetier, vermutl. aus der Unterordnung Stachelschweinverwandte, 4-6 kg schwer.

Rohrrücklaufbremse, eine Flüssigkeitsbremse beim Geschütz zum Auffangen der Rückstoßenergie.

Rohrsänger, den Grasmücken verwandte Gattung rötlichbrauner Singvögel, geschickte Kletterer im Schilf, Insektenfresser mit kunstreichen Nestern; z. B. der 19 cm lange **Drosselrohrsänger.**

Rohrzucker, →Saccharose.

Rohseide, gehaspelte, noch nicht entbastete Naturseide.

Rohstoff, ein unbearbeitetes Erzeugnis mineralischer, pflanzlicher oder tierischer Herkunft, das zur gewerbl. Be- oder Verarbeitung dient. Auch Halbwaren aus dem ersten Verarbeitungsprozeß, die Ausgangsstoffe für die Weiterverarbeitung sind (Roheisen, Rohglas, Rohkupfer, Rohseide), werden oft als R. bezeichnet, ebenso Bearbeitungsabfälle (z. B. von Gespinsten, Metallen), Altmaterial (Lumpen, Schrott) sowie Endprodukte einer Synthese (Kunststoffe), soweit sie als Ausgangsstoffe für eine weitere Verarbeitung dienen. Hilfsstoffe, die bei der Produktion untergehen (Kohle, Erdöl, Klebestoffe), aber auch elektr. Energie, Gas und Wasser haben eine ähnliche Funktion wie R. Führende R.-Länder sind außer den Verein. Staaten, der Sowjetunion und den Ölländern eine große Anzahl von Entwicklungsländern.

Rohstoffsteuer, die Materialsteuer.

Roht'ang-Paß, im westl. Himalaya, 3978 m hoch.

Roi Soleil [rwa sɔl'ɛj, frz.], Sonnenkönig, Beiname Ludwigs XIV.

Rojas Zorrilla [rr'ɔxas θɔr'iʎa], Francisco de, span. Dramatiker, * 1607, † 1648; Tragödien der Ehre und Lustspiele.

Rok'itno-Sümpfe, der ödeste Teil des Sumpfgebietes Polesien, Sowjetunion.

R'okoko *das,* in der Kunst der dem Barock folgende, von etwa 1720-70/80 bes. in Frankreich und Dtl. ausgebildete Stil. In Frankreich wird der Übergang vom Barock →Régence-Stil, der reife Stil →Louis-Quinze, sein Übergang zum Klassizismus →Louis-Seize genannt. In Dtl., wo man die Baukunst des 18. Jahrh. großenteils noch dem Spätbarock zurechnet, wird bes. der unter Friedrich d. Gr. und in Bayern ausgebildete Stil als R. bezeichnet: Friderizianisches R., Bayerisches R.

Das R. wandelte die schweren Formen des Barocks ins Leichte, Aufgelöste und Zarte. In der **Baukunst** entfaltete es sich vor allem in Innenräumen mit schwingenden Wänden und leicht gewölbten Decken, zarten Stuckdekorationen, Schnitzereien, Malereien und Spiegeln. In der Ornamentik verband sich Muschelwerk mit Grotesken, Arabesken und Chinoiserien; aufs höchste entwickelt war die Möbelkunst. Zu den Hauptwerken gehören: Hôtel de Soubise in Paris, um 1735 von Boffrand, Goldene Galerie im Charlottenburger Schloß, 1740-43 von Knobelsdorff und Nahl, Sanssouci, 1745-48 von Knobelsdorff, Amalienburg im Nymphenburger Park, 1734-39 von Cuvilliés, Kirchen in Bayern und Schwaben von D. Zimmermann und J. M. Fischer. (Bild Potsdam)

Die **Plastik** entwickelte sich zu reichster Blüte in S-Dtl.: religiöse Bildwerke, oft für abgelegene Dorfkirchen (J. B. Straub, I. Günther, J. A. Feuchtmayer), Gartenskulpturen (F. Dietz für Veitshöchheim), Porzellan (F. A. Bustelli für die Nymphenburger Manufaktur). (Bild Porzellan)

In der französ. **Malerei** überwogen weltliche Themen: galante Feste, Schäfer- und Hirtenszenen (Watteau, Boucher, Fragonard). Alle Bereiche umfaßte die italienische, sich zur Spätblüte in Venedig entwickelnde Malerei (Piazzetta, Tiepolo). Die hervorragendsten Leistungen in Dtl. und Österreich waren Deckenmalereien, bes. in Kirchen (J. B. Zimmermann, M. Günther, F. A. Maulbertsch). Typisch ist auch die Vorliebe der Bildnismaler für das Pastell, dessen duftige Farben dem Zeitgeschmack entsprachen (Rosalba Carriera, Q. de La Tour, J.-E. Liotard).

Rokoko-Literatur, die zierlich-graziöse, spielerisch-frivole Gesellschaftsdichtung, die bes. in der Spätzeit des höfischen französ. Klassizismus ausgebildet wurde. In Dtl. nahmen die →Anakreontiker, die Dichtung der Empfindsamkeit (Geßner, Gleim), die Schäferdichtung entscheidende Elemente des Rokokos in sich auf. Höhepunkt der dt. R.-L. sind Wielands Dichtungen. Ein Mittelpunkt dt. R.-L. war Leipzig (,Klein-Paris'; Goethes Leipziger Dichtungen).

Rokoko-Tracht, die von der französ. Hofmode beeinflußte Kleidung im zweiten und dritten Viertel des 18. Jahrh. (Tafel Mode)

Rokoss'owskij, Konstantin, sowjet. und poln. Marschall, * 1896, † 1968, im 2. Weltkrieg sowjet. Armeeführer, 1949-56 poln. Verteidigungsmin. und Oberbefehlshaber; 1956 in Polen zum Rücktritt von allen seinen Ämtern gezwungen, kehrte er in die Sowjetunion zurück.

Roland, 1) Gestalt aus dem Sagenkreis um Karl d. Gr., der bekannteste seiner 12 Paladine, historisch ein Graf Hruotlant, der 778 in einem Nachhutgefecht gegen die Basken bei Roncesvalles fiel. Die Sage machte ihn zum Neffen Karls d. Gr. und zum Haupthelden des Rolandsliedes. **2)** mittelalterl. Bildwerke, meist eines Ritters mit Schwert, auf dem Markt- oder Hauptplätzen vieler Städte, bes. Norddeutschlands; wahrscheinlich Rechtswahrzeichen.

Rolandslied, Heldengedicht von →Roland, zuerst überliefert im altfranzös. Nationalepos, dem ,Chanson de Roland' (gegen 1100); in dt. Reimpaare übertragen

etwa 1135 oder um 1170 vom Regensburger Pfaffen Konrad. Stoff und Personen des R. tauchen wieder auf in span. und engl. Romanzen, in französ. Abenteuer- und Heldenromanen und im romant. Epos der italien. Renaissance (Bojardo, Ariost).

Rolf Krake, →Hrolf Krake.

R'olladen, in Führungsschienen laufender Verschluß an Fenstern und Türen, aus waagerechten Holzleisten, Kunststoff- oder Blechstreifen.

Rolland [rɔl'ã], Romain, französ. Schriftsteller, * 1866, † 1944, 1903-12 Prof. der Musikgeschichte an der Sorbonne in Paris, behandelte die geistige Auseinandersetzung zwischen Dtl. und Frankreich in dem Roman ,Jean Christophe' (10 Bde., 1904 ff.); ferner zahlreiche Biographien. Nobelpreis 1915.

Romain Rolland   *John D. Rockefeller sr.*

Rollbahnen, auf Flughäfen die befestigten Bahnen, auf denen die Flugzeuge zwischen den Start- und Landebahnen und den Abfertigungsgebäuden rollen.

Rollbock, Vorrichtung zum Befördern von Eisenbahnwagen auf Gleisen anderer Spurweite: kurze Plattformwagen, auf die die Wagenachsen gelagert werden.

Rolle, 1) ⚙ Maschinenteil in Form einer drehbaren Scheibe oder Walze für Seil oder Kette. **2)** Theater: der dem Schauspieler zugeteilte Text sowie das Heft, das den Text und die vorhergehenden Anschlußworte (Stichworte) des Mitspielers enthält. **3) Schiffs-R.** Plan, nach dem die

Rokoko: J. B. Zimmermann, Deckenmalerei in der Wies, 1754

Roll

Besatzung eines Handels- oder Kriegsschiffes eingeteilt ist, z. B. für den Bootsdienst (Boots-R.), bei Feuer (Feuer-R.) u. a. **4)** Boden- und Geräteturnen: ein Überschlag, vorwärts (,Purzelbaum') oder rückwärts. **5)** Kunstflug: im Horizontalflug eine volle Drehung um die Längsachse.

rollen, 1) das Schlingern und Stampfen eines Schiffes. **2)** ⊛ Verfahren der spanlosen Metallformung, z. B. Polieren in rotierenden Trommeln, Formen von Blechen zu Rohren, Hülsen, Gewindewalzen. **3)** Bewegung des Flugzeugs am Boden durch eigene Kraft.

rollendes Material, Eisenbahnfahrzeuge aller Art, bes. Lokomotiven, Wagen.

Rollenförderer, Rollenbahn, eine Fördereinrichtung mit sich drehenden Rollen auf waagerechter oder schwach geneigter Bahn, für Stückgüter.

Rollenhagen, Georg, Dichter, * 1542, † 1609, Rektor und Prediger; Stücke für Schulaufführungen; lehrhaftes Gedicht ,Der Froschmeuseler' (1595).

Roller, Kinder-Laufrad; auch der→Motorroller.

Rollfeld, auf Flughäfen die gesamte, von Flugzeugen nutzbare Fläche.

Rollfilm, der auf einer Spule aufgerollte Filmstreifen.

Rollfuhrdienst, die bahnamtliche An- und Abfuhr von Gütern zwischen Abfertigung und Wohnung oder Geschäft des Kunden.

Rollgang, die Rollenbahn einer Walzstraße, auf der das Walzgut fortbewegt wird.

Rollgerste, die Graupen von Gerste.

Rollkurve, wird von Punkten einer Kurve beschrieben, die auf einer anderen Kurve, ohne zu gleiten, rollt.

Rollmops, eine saure marinierte Heringshälfte, um ein Stück Gurke, Zwiebel und Gewürz gerollt.

R'ollo, Robert 3), →Normandie.

Rollschuhe, ⚔ vierrädrige Spezialschuhe mit Rollen (Rädern) aus Holz, Metall, Hartgummi. Wettbewerbe werden im **Rollkunstlauf, Rollschnellauf** und **Rollhockey** ausgetragen. Oberster Fachverband: Dt. Rollsport-Bund, gegr. 1949, Sitz: Schweinfurt.

Rollsiegel, im alten Orient ein Siegelzylinder mit eingeschnittener Figurendarstellung, der beim Siegeln abgerollt wurde.

Rollsitz, bei Sportbooten der auf Schienen vor- und rückwärts gleitende Sitz des Ruderers.

Rolls-Royce Ltd. [r'oulzrɔis l'imitid], Derby, brit. Unternehmen der Kraftfahrzeug- und Flugzeugmotorenind., gegr. 1906; nach der Konkursanmeldung 1971 wurde die Triebwerkproduktion durch die von der brit. Regierung gegr. ,Rolls-Royce (1971) Ltd.', die Automobilproduktion durch die ,Rolls-Royce Motors Ltd.' weitergeführt.

Rollstuhl, ein Krankenfahrstuhl.

Rollteppich, endloses Förderband für Personen, das ohne Stufen auf fester Unterlage mit geringer Steigung (bis 15°) läuft.

Rolltreppe, Fahrtreppe, ein Personenbeförderungsmittel aus Stufen, die an einem endlosen umlaufenden Zugmittel hängen und auf beiden Seiten mit Rollen in Schlitzen laufen. Die Stufen entstehen und verschwinden im Zu- und Abgang der Treppe infolge kurvenförmigen Verlaufs der Führungsschlitze.

Rollwagenbüchlein, Schwanksammlung J. Wickrams (1555) zur Unterhaltung bei der Fahrt im Rollwagen.

Rollwerk, ein Ornament aus sich einrollenden Formen am Rand von Kartuschen u. a.; seit der Spätrenaissance in der flämischen und deutschen Kunst verbreitet.

Rom, italien. Roma, **1)** Prov. Italiens, in Latium, 5352 km², 3,48 Mill. Ew.

2) Hauptstadt Italiens und der Prov. Rom, als Bischofsstadt des Papstes Mittelpunkt der kath. Christenheit und eines der älte-

Rom: Panorama mit dem Petersplatz im Vordergrund

sten europ. Kulturzentren, am Tiber, 2,9 Mill. Ew. - R. entstand auf den sieben Hügeln Palatin, Kapitol, Quirinal, Viminal, Esquilin, Caelius, Aventin; später wurden weitere Hügel einbezogen. Innerhalb des Stadtgebiets liegt der →Vatikan. Die Servianische Mauer, die älteste größere, ist in Resten erhalten. Die Aurelianische Mauer steht heute noch. In sie sind die Hügel Pincio und Janiculus mit einbezogen. Durch die 13 Tore dieser Mauer führen die alten Straßen nach allen Richtungen, z. B. nach S die Via Appia Antica, nach W die Via Aurelia. Innerhalb dieser Ummauerung liegt der älteste Teil Roms. Mittelpunkt sind das Forum Romanum und die Kaiserforen. Nordwestlich vom Forum Romanum erhebt sich das Kapitol; davor liegen die Piazza Venezia mit dem Palazzo Venezia (15. Jahrh.) und das Nationaldenkmal Viktor Emanuels II. mit dem Grab des Unbekannten Soldaten. Reste des alten R. sind weiter das Kolosseum, die Kaiserpaläste auf dem Palatin, die Triumphbögen des Titus, des Septimius Severus, des Konstantin, die Thermen des Diokletian, des Caracalla, der Trümmer vieler Tempel, das Theater des Marcellus, das →Pantheon, frühchristl. Basiliken, das Grabmal Hadrians (→Engelsburg). Die berühmtesten Kirchen neben der Peterskirche sind San Giovanni in Laterano (gegr. 314, vielfach umgebaut) mit Barockfassade und Scala Santa, Santa Maria Maggiore (4. Jahrh., vielfach umgebaut), San Lorenzo fuori le Mura (4.-6. Jahrh., oft umgebaut, im 2. Weltkrieg beschädigt, wiederaufgebaut), San Paolo fuori le Mura (4. Jahrh., 1823-54 neu errichtet), San Pietro in Vincoli (in ihren Anfängen 5. Jahrh., Fassade 1475; mit ,Moses' von Michelangelo), die got. Santa Maria sopra Minerva, viele Kirchen aus der Renaissance- und Barockzeit. Bedeutende weltl. Bauten: →Lateran, Quirinalspalast, Abgeordnetenhaus (Palazzo Montecitorio, 1650 von Bernini beg.), Cancellaria (15.-16. Jahrh.), die Paläste Barberini (seit 1625), →Farnese, die Villen Medici und Farnesina und der nach beiden 2. Weltkrieg entstandene neue Hauptbahnhof. R. ist reich an Grünanlagen. Jenseits der Aurelianischen Mauer liegen die neueren Viertel R.s, darunter die Filmstadt Cinecittà an der Via Appia Nuova. R. hat weltl. und päpstl. Universität, Akademien und Hochschulen, wissenschaftl. Institute (u. a. Kernforschungsinstitute), bedeutende Bibliotheken und Kunstsammlungen, darunter die Museen des Vatikans

und Laterans und die Villa Borghese. Die Bedeutung der Industrie (u. a. Metallwaren, Papier, Druckerei, Verlage) ist relativ gering; R. ist eine Beamten-, Kunst- und Fremdenverkehrsstadt, Zentrum von Handel und Verkehr, Mode und Film.

Geschichte. Die Frühzeit der an einer alten Salzstraße gelegenen, für die Verbindungswege zwischen Etrurien und Kampanien wichtigen Siedlung an den Vorbergen des Apennin ist nur in Sagen überliefert. Die älteste Ansiedlung wurde um 1000 v. Chr. auf dem Palatin angelegt; als Gründungsdatum setzte Varro 753 v. Chr. fest. Vor 500 v. Chr. breitete sich R. schon auf 7 Hügeln aus. Von der Zerstörung der Stadt mit Ausnahme des befestigten Kapitols durch die Kelten (386 v. Chr.?), die u. a. auch die ältesten Aufzeichnungen über ihre Geschichte vernichteten, erholte sich R. nur langsam. Als Mittelpunkt eines Weltreichs blieb es jahrhundertelang von äußeren Feinden verschont. In den Bürgerkriegen war R. wiederholt Schauplatz von Straßenkämpfen, polit. Morden und Verfolgungen, so bes. unter Marius und Sulla 88-79 v. Chr. und in der Zeit des Catilina und des Clodius Pulcher 63-52 v. Chr.; vereinzelt erlebte R. auch Schlachten mit regulären Truppen, so bes. 312 n. Chr. den Sieg Konstantins d. Gr. an der Milvischen Brücke. In der Kaiserzeit galt R. als schönste und größte Stadt des bekannten Erdkreises. Es verlor jedoch an Bedeutung, seit es nicht mehr Kaiserresidenz war. Die Zerstörung der Kanalisation (537/38) gab schließlich den Anstoß zur Verödung.

Die Päpste, Stadtherren seit der Pipinischen Schenkung (→Kirchenstaat), setzten sich allmählich gegen den Stadtadel durch. Bes. Innozenz III. (1198-1216) festigte die päpstl. Macht und begann mit der Umwandlung stadtröm. Behörden in Organe des Kirchenregiments. Um die Mitte des 15. Jahrh. setzte der entscheidende Aufschwung des Papsttums ein. Als Hauptstadt des Kirchenstaates teilte R. dessen Schicksal; als Residenz des Papstes wurde die Stadt Zentrum der europ. Diplomatie, der Renaissance- und der Barock-Kultur.

Im Zuge der Französ. Revolutionskriege wurde auch R. 1798 von französ. Truppen besetzt und die Republik ausgerufen. 1809 wurde R. zweite Stadt des napoleon. Reiches, und Napoleons Sohn erhielt den Titel eines Königs von Rom. 1814 begann die Restauration, jedoch erhielt sich die weltl. Macht des Papsttums seit der republikan. Episode unter Mazzini (1849) nur noch mit französ. Militärhilfe. Am 20. 9. 1870 drang das italien. Heer bei der Porta Pia in R. ein. Pius IX. zog sich als ‚Gefangener' in den Vatikan zurück. Am 1. 7. 1871 wurde R. zur Hauptstadt des Königreichs Italien proklamiert.

In den Jahren bis zum Ausbruch des ersten Weltkrieges war ein bedeutsamer Anstieg des wirtschaftl., kulturellen und polit. Lebens R.s zu verzeichnen, der sich nach dem ersten und zweiten Weltkrieg verstärkt fortsetzte. Durch die →Lateranverträge (1929) wurde in R. die →Vatikanstadt geschaffen, über die der Papst die weltl. Souveränität besitzt. Dieser erkannte R. als Hauptstadt Italiens an.

Röm., dän. **Rømø,** die nördlichste der Nordfries. Inseln, 145 km², 750 Ew., bis 1920 dt., seitdem dänisch; 1948 durch einen Damm mit dem Festland verbunden.

Romad'ur der, fetter Weichkäse aus Schaf- oder Kuhmilch.

Romagna [rom'aɲa], histor. Landschaft in Oberitalien, zwischen Apenninkamm und Adria.

Romains [rom'ɛ̃], Jules, eigentl. Louis **Farigoule,** französ. Schriftsteller, * 1885, † 1972; Hauptvertreter des →Unanimismus. Zyklenroman ‚Die guten Willens sind' (27 Bde., 1932-47); Gedichte, Theaterstücke (‚Dr. Knock oder Der Triumph der Medizin', 1923).

Rom'an [frz.] der, Gattung der erzählenden Dichtung, die seit Beginn der Neuzeit im wesentlichen die Aufgabe des Epos übernommen hat. Im R. werden, im Unterschied zur Novelle, ein breiter Lebensausschnitt oder das ganze Leben einer oder mehrerer Personen und ihre Umwelt dargestellt. Der neuzeitl. Prosaroman entstand aus der Auflösung der mittelalterlichen ritterlichen Vers-Romane. Man unterscheidet Ritter-, Schäfer-, Schelmen-, Räuber- und Schauer-R., Brief-R., Erziehungs- und Bildungs-R., Reise-, Kriminal-R. u. a. (Übersicht S. 1042)

Romancier [romãsj'e:, frz.], Romanschriftsteller, Erzähler.

Roman de la Rose [rɔmãdəlar'o:z], **Rosenroman,** altfranzös. allegor. Versroman, 1. Teil um 1236, 2. Teil um 1275.

Rom'anen Mz., die Völker, deren Sprachen dem Lateinischen entstammen: Portugiesen, Spanier, Katalanen, Provenzalen, Franzosen mit Wallonen, Sarden, Italiener, Rätoromanen mit Ladinern und Friaulern, Rumänen.

Rom'anik die, der gegen Ende des 10. Jahrh. auf die karoling. Kunst folgende Stil, der in Frankreich in der 2. Hälfte des 12., in Dtl. im 13. Jahrh. von der Gotik abgelöst wurde. Seine Frühzeit in Dtl. wird ottonische Kunst genannt. Die Bezeichnung **romanischer Stil** ist insofern irreführend, als an Entstehung und Blüte des Stils romanische und german. Länder gleichermaßen beteiligt waren.

Die **Baukunst** der R. unterscheidet sich von der vorangegangenen durch die einheitliche, monumentale Durchgestaltung des ganzen Baus. Die Kirchenräume der Frühzeit waren noch flachgedeckt. Im späten 11. Jahrh. begann sich etwa gleichzeitig in Dtl., Frankreich und der Lombardei die Wölbung durchzusetzen. Dem Kreuzgratgewölbe folgte das Kreuzrippengewölbe; in Frankreich wurden außer diesen Tonnengewölbe, im Südwesten auch Kuppeln verwendet. Doppelchörige Kirchen wurden in Dtl. bis ins 13. Jahrh. gebaut. Die klare Grundform der Mauermassen wurde gegliedert durch Sockel, Lisenen, Pilaster und Halbsäulen, Gesimse und Zwerggalerien, im Inneren der Kirchen durch den →Stützenwechsel der Arkaden, durch Emporen und Triforiengalerien. Von reichster Vielfalt ist die plast. Ausgestaltung der Kapitelle und der Ornamentfriese an Portalen, Fenstern, Wänden. Von der weltlichen Baukunst zeugen bes. die staufischen Kaiserpfalzen.

Die **Plastik** blieb zunächst auf Bildwerke kleinen Formats beschränkt (Elfenbeinschnitzereien). Größere Werke 'waren anfänglich meist Reliefs. Freiplastische Skulpturen lösten sich nur allmählich aus flächenhafter Gebundenheit. Die wichtigsten Aufgaben boten die Kirchenportale (Tympanonreliefs, Gewändefiguren). In Holz geschnitzt wurden vor allem Kruzifixe, Kreuzigungsgruppen, Marienbilder. Hochentwickelt war die Goldschmiede- und Bronzekunst (Kirchentüren, Taufbecken, Reliquiare, Kirchengerät). (Bild Taufbecken)

Von der **Malerei** der R. sind vor allem Buchmalereien erhalten, Wände, Decken, Gewölbe der Kirchenräume wurden mit Fresken bemalt (nur zu einem geringen Teil erhalten), in Italien auch mit Mosaiken bedeckt. Aus roman. Zeit stammen auch die frühesten Glasmalereien. Die erhaltenen Tafelbilder reichen nicht vor das 12. Jahrh. zurück.

Vgl. auch die Übersichten über die Kunst der europ. Völker (deutsche Kunst, französische Kunst u. a.).

rom'anisch, 1) den Romanen angehörend. **2)** im Stil der Romanik.

romanische Sprachen, die im Gebiet des Römerreichs aus dem Lateinischen als dessen lebendige Fortsetzungen hervorgegangenen Sprachen. Es gibt heute neun r. S.: Portugiesisch, Spanisch, Katalanisch, Provenzalisch, (Nord-)Französisch, Sardisch, Italienisch, Rätoromanisch, Rumänisch.

Romanismus, bes. in der niederländ. Malerei die im 16. Jahrh. vorherrschende, von italien. Kunst abhängige Richtung (B. van Orley, J. Gossaert, J. van Scorel, J. van Heemskerck u. a.).

Roman'istik die, 1) die Wissenschaft von den romanischen Sprachen und Literaturen. 2) die Wissenschaft vom Römischen Recht.

Rom'ano, 1) Ezzelino da,→Ezzelino da Romano. 2) Giulio, →Giulio Romano.

Rom'anow, russ. Herrscherhaus 1613 bis 1730, in weibl. Linie bis 1762; ihm folgte das Haus **R.-Holstein-Gottorp** bis 1917.

R'omanshorn, Gemeinde im Kt. Thurgau, Schweiz, am Südufer des Bodensees, 8300 Ew.; Schiffswerft u. a. Ind.; Fähre nach Friedrichshafen; Fremdenverkehr.

Rom'antik die, eine bes. in Dtl. ausgeprägte geistes- und stilgeschichtl. Epoche, die um die Wende zum 19. Jahrh. Aufklärung und Klassizismus ablöste. Vorbereitende ‚präromantische' Erscheinungen waren die Gefühlskultur des Pietismus und der →Empfindsamkeit, die Wendung zur Volkspoesie und zur Geschichte bei Herder, der Subjektivismus des Sturm und Drang. In der R. wird alles als Werdendes, das Einzelne als Ausdruck eines Unendlichen aufgefaßt. Sie betont das Gefühlvolle, Ahnungsreiche, die ‚Nachtseiten der Natur' (Mesmerismus, Magnetismus u. a.). Als Ziel aller Kunst gilt der Verwandlung der Welt in Seele und Geist durch die von der Sehnsucht nach dem Unendlichen bewegte Phantasie (F. Schlegel).

In Deutschland traten in der **Literatur** zwei Perioden der R. hervor. In der **Früh-R.** (etwa 1798-1802, Mittelpunkt Jena, dann Berlin) führte die romantische Haltung zu einem überspitzten Ich-Bewußtsein (Subjektivismus); Ausdruck dieser selbstherrlichen Geistigkeit ist die romantische Ironie.

Die **Hoch-R.** (Mittelpunkt Heidelberg) entfernte sich von der philosoph. Spekulation und ästhet. Kritik und betonte demgegenüber den Volksgeist und seine unmittelbaren Äußerungen: Dichtung, Sprache (Begründung der germanist. Sprachwiss. durch J. Grimm), Mythos, Recht u. a. Hiermit verband sich eine neue Hochschätzung des Mittelalters und seiner religiös gebundenen Einheit. Die histor.

Romanik: links Maria Laach, Benediktinerabtei, um 1220-30 vollendet; rechts Teil des Portals von St. Jakob (‚Schottenkirche') in Regensburg (1150-80)

Abderiten, Die; Wieland 1774
Abu Telfan; Raabe 1868
Adolphe; Constant 1816
Ahnen, Die; Freytag 1873-81
Ambrosius; Déry 1968
Amerikanische Tragödie,
   Eine; Dreiser 1925
Anna Karenina; Tolstoj 1873-77
Anton Reiser; K. Ph. Moritz . . . 1785-90
Astrée; d'Urfé 1610-27
Atomstation; Laxness 1948
Auf der Suche nach der ver-
   lorenen Zeit; Proust 1913-27
Auferstehung; Tolstoj 1899
Aufzeichnungen des Malte
   Laurids Brigge, Die; Rilke 1910
Babbit; Sinclair Lewis 1922
Barabbas; Lagerkvist 1946
Bauern, Die; Reymont 1904-09
Bekenntnisse des Hochstaplers
   Felix Krull; Th. Mann 1954
Ben Hur; Wallace 1880
Berlin Alexanderplatz; Döblin . . . 1929
Bildnis des Dorian Gray, Das;
   Wilde 1891
Billard um halb zehn; Böll 1959
Blechtrommel, Die; Grass 1959
Brave Soldat Schwejk, Der;
   Hašek 1921
Brücke über die Drina, Die;
   Andrić 1945
Brücke von San Luis Rey, Die;
   Wilder 1927
Brüder Karamasow, Die;
   Dostojewskij 1879-80
Buddenbrooks, Die; Th. Mann . . . 1901
Candide; Voltaire 1759
Chronik der Sperlingsgasse;
   Raabe 1857
Clarissa; Richardson 1747-48
Conditio humana; Malraux 1933
Dämonen, Die; H. v. Doderer . . . 1956
David Copperfield; Dickens . . . 1849-50
Deutschstunde; Lenz 1968
Doktor Faustus; Th. Mann 1947
Doktor Schiwago; B. Pasternak . . . 1957
Don Quijote; Cervantes 1605-15
Drei Musketiere, Die;
   Dumas (Vater) 1844
Effi Briest; Fontane 1895
Egoist, Der; Meredith 1879
Ekkehard; Scheffel 1855
Elenden, Die; Hugo 1862
Elixiere des Teufels, Die;
   E. T. A. Hoffmann 1815-16
Eugénie Grandet; Balzac 1833
Falschmünzer, Die; Gide 1926
Feuer, Das; Barbusse 1916
Forsyte Saga, Die; Gals-
   worthy 1906-21
Fräulein, Das; Andrić 1945
Früchte des Zorns, Die;
   Steinbeck 1939
Gargantua und Pantagruel;
   Rabelais 1533-62
Geheimnisse des reifen Lebens;
   Carossa 1936
Gemeindekind, Das;
   Ebner-Eschenbach 1887
Germinal; Zola 1885
Glasperlenspiel, Das; Hesse . . . 1943
Glöckner von Notre Dame, Der;
   V. Hugo 1831
Gösta Berling; Lagerlöf 1891
Graf von Monte Christo, Der;
   Dumas (Vater) 1844-45
Griff in den Staub; Faulkner 1948
Großtyrann und das Gericht,
   Der; Bergengruen 1935
Grüne Heinrich, Der;
   G. Keller 1854-55

Gullivers Reisen; Swift 1726
Gute Erde, Die; Buck 1931
Halbzeit; Walser 1960
Hans im Glück;
   Pontoppidan 1898-1905
Heinrich IV.; H. Mann 1935-38
Heinrich von Ofterdingen;
   Novalis 1802
Held unserer Zeit, Ein;
   Lermontow 1840
Hinkende Teufel, Der; Lesage . . . 1707
Hunger; Hamsun 1890
Hungerpastor, Der; Raabe 1864
Hyperion; Hölderlin 1797-99
Idiot, Der; Dostojewskij 1868
Im Westen nichts Neues;
   Remarque 1929
Irrungen, Wirrungen; Fontane . . . 1888
Ivanhoe; W. Scott 1820
Jahrmarkt der Eitelkeit;
   Thackeray 1847-48
Jean Christophe; Rolland 1904-12
Joseph und seine Brüder;
   Th. Mann 1933-43
Jürg Jenatsch; C. F. Meyer 1876
Kameliendame, Die;
   Dumas (Sohn) 1848
Kampf um Rom, Ein; Dahn 1876-78
Kapitel, Das letzte; Hamsun 1923
Kartause von Parma, Die;
   Stendhal 1839
Kim; Kipling 1901
Kleiner Mann, was nun?
   Fallada 1932
Königliche Hoheit; Th. Mann 1909
Kraft und die Herrlichkeit, Die;
   Graham Greene 1940
Krebsstation; Solschenizyn 1968
Krieg und Frieden; Tolstoj . . . 1864-69
Kristin Lavranstochter;
   Undset 1920-22
Lady Chatterley; D. H.
   Lawrence 1928
Landpfarrer von Wakefield,
   Der; Goldsmith 1766
Landstreicher; Hamsun 1927
Leiden des jungen Werthers,
   Die; Goethe 1774
Leopard, Der; G. Tomasi di
   Lampedusa 1958
Letzten Tage von Pompeji, Die;
   Bulwer-Lytton 1834
Licht im August; Faulkner 1932
Lied von Bernadette, Das;
   Werfel 1941
Lockruf des Goldes; London 1910
Löwe von Flandern, Der;
   Conscience 1838
Lord Jim; Conrad 1900
Madame Bovary; Flaubert 1857
Mann ohne Eigenschaften, Der;
   Musil 1930-43
Manon Lescaut; Prévost
   d'Exiles 1731
Mein Name sei Gantenbein;
   M. Frisch 1964
Mein Onkel Benjamin;
   Claude Tillier 1843
Moby Dick; Melville 1851
Mutmaßungen über Jakob;
   Johnson 1959
Mutter, Die; Gorkij 1907
Nachsommer; Stifter 1857
Nana; Zola 1880
Narrenschiff, Das; Brant 1492
Narziß und Goldmund;
   Hesse 1930
Nattergezücht; Mauriac 1932
Neue Heloise, Die; Rousseau 1761
1984; Orwell 1949
Niels Lyhne; J. P. Jacobsen 1880

Oliver Twist; Dickens 1838
Onkel Toms Hütte;
   Beecher-Stowe 1852
Pallieter; Timmermans 1916
Pelle der Eroberer;
   Andersen-Nexö 1906-10
Pest, Die; Camus 1947
Peter Camenzind; Hesse 1903
Pickwickier, Die; Dickens 1837
Professor Unrat; H. Mann 1905
Prozeß, Der; Kafka 1925
Quo vadis?; Sienkiewicz 1896
Robinson Crusoe; Defoe 1719
Rot und Schwarz; Stendhal 1830
Ruf der Wildnis; London 1903
Salammbô; Flaubert 1862
Scharlachrote Buchstabe, Der;
   Hawthorne 1850
Schatzinsel, Die; Stevenson 1883
Schau heimwärts, Engel; Wolfe . . . 1929
Schloß, Das; Kafka 1926
Schöne neue Welt; Huxley 1932
Schöpfungstag, Der achte;
   Wilder 1968
Schuld und Sühne;
   Dostojewskij 1866
Segen der Erde, Der; Hamsun . . . 1917
Sieben Brüder, Die; Kivi 1870
Siebte Kreuz, Das; A. Seghers . . . 1941
Simplicius Simplicissimus;
   Grimmelshausen 1669
Söhne und Liebhaber;
   D. H. Lawrence 1913
Soll und Haben; Freytag 1854
Stadt hinter dem Strom, Die;
   Kasack 1947
Stalingrad; Plievier 1945
Stechlin, Der; Fontane 1898
Steppenwolf, Der; Hesse 1927
Stille Don, Der;
   Scholochow 1928-40
Stiller; Frisch 1954
Streit um den Sergeanten
   Grischa; A. Zweig 1927
Tagebuch eines Landpfarrers;
   Bernanos 1936
Thibault, Die; Martin du
   Gard 1922-40
Titan; Jean Paul 1800-03
Tod des Vergil, Der; Broch 1946
Tom Jones; Fielding 1749
Tom Sawyer; Mark Twain 1876
Totenschiff, Das; Traven 1926
Toten Seelen, Die; Gogol 1842
Tristram Shandy; Sterne 1760-67
Tynset; Hildesheimer 1965
Ulenspiegel; de Coster 1868
Uli der Knecht; Gotthelf 1841
Ulysses; Joyce 1922
Unauslöschliche Siegel, Das;
   Langgässer 1946
Ungeduld des Herzens;
   St. Zweig 1938
Untertan, Der; H. Mann 1914
Ut mine Stromtid; Reuter 1864
Vater Goriot; Balzac 1835
Väter und Söhne; Turgenjew 1862
Verliese des Vatikans, Die; Gide . . . 1914
Verlobten, Die; Manzoni 1825-27
Verlorene Illusionen;
   Balzac 1837-43
Vom Winde verweht; Mitchell . . . 1936
Wahlverwandtschaften, Die;
   Goethe 1809
Wem die Stunde schlägt;
   Hemingway 1940
Wilhelm Meister; Goethe 1795-1821
Wind, Sand und Sterne;
   St. Exupéry 1939
Wunschkind, Das; I. Seidel 1930
Zauberberg, Der; Th. Mann 1924

Wissenschaften wurden ungemein gefördert. In der **ausgehenden R.** (Berlin, Wien, Dresden, Schwaben) schlug der Sinn für geschichtl. Überlieferung in eine betont konservative, oft reaktionäre Haltung um. Die dt. R. wirkte auf romantische Bewegungen in vielen anderen Ländern, sie löste bes. in Osteuropa das Erwachen der dichterischen Kräfte und des Nationalgefühls der slawischen Völker aus. Über die dt. Vertreter der R. vgl. deutsche Literatur.

In der **Staatswissenschaft** und **Wirtschaftslehre** vertrat die romant. Richtung den strenggeordneten Gemeinschaftsstaat mit dem Ziel der ständischen Wirtschaftsverfassung des MA. Vertreter sind Adam Müller, J. Görres, F. v. Baader, F. Gentz, v. Haller; später Nachfolger ist O. Spann.

In der **Kunst** wirkte sich die R. am stärksten in der Malerei aus. Den unmittelbarsten Ausdruck romantischen Welterlebnisses fand C. D. Friedrich in seinen Landschaften, Ph. O. Runge in sinnbildhaft figürl. Gestaltungen (Folge der Tageszeiten). Landschaften vor allem malten und zeichneten auch die Brüder Olivier, C. Ph. Fohr, F. Horny und andere in Italien le-

Romantik: links C. F. Schinkel: Der Dom, 1815; rechts C. D. Friedrich: Mondaufgang am Meer, 1823 (beide Berlin, Staatl. Museen)

bende deutsche Künstler. Eine religiöse Erneuerung der Kunst erstrebten durch Rückgriff auf die Vergangenheit die →Nazarener. Vielseitiger war die sich zum Realismus fortentwickelnde Kunst K. Blechens. In der späteren R. wandte sich bes. M. v. Schwind Märchen und Sagen zu.

In der **Musik** knüpften Weber, Spohr an vorklass. Traditionen an, während Schubert, trotz romant. Einstellung, die Klassik eigenständig fortsetzte. Nach Weber verblaßte die romant. Oper (Marschner) und verbürgerlichte (Lortzing). Schubert wurde zum Schöpfer des neueren dt. Liedes. Chopin, Schumann, Mendelssohn pflegten bes. die Instrumentalmusik. In Frankreich begründete Berlioz die romant. Programmusik, Liszt führte sie in Dtl. fort. Über Brahms und Bruckner reichen spätromant. Ausläufer bis zu Pfitzner, Strauss, Reger und Mahler. Wagner brachte die Synthese der Weberschen und Lisztschen Richtung.

rom'antisch, 1) die Romantik betreffend. **2)** romanhaft, gefühlvoll.

Rom'anze die, **1)** kürzere episch-lyr. Dichtung in der Art der span. Volksromanzen. Bes. in der Romantik gepflegt (Brentanos ‚R. vom Rosenkranz', Heines ‚Atta Troll'). **2)** ♪ die Vertonung einer R. für Singstimme und Instrumentalbegleitung oder Chor; auch stimmungsvolles Instrumentaltstück.

Rombach, Otto, Schriftsteller, * 1904; Lyrik, Dramen, Romane (‚Der junge Herr Alexius', 1940).

Romeo und Julia, Trauerspiel von Shakespeare, behandelt das Schicksal des Liebespaares aus miteinander verfeindeten Familien. Opern von Bellini (1830), Gounod (1867), Sutermeister (1939); Novelle von G. Keller ‚Romeo und Julia auf dem Dorfe' (1856). Sinfonie von Berlioz (1839), sinfon. Dichtung von Tschaikowskij (1870), Ballett von Prokofieff (1938).

Römer, 1) Bewohner des alten Römischen Reiches. **2)** Bewohner der Stadt Rom. **3)** ein meist grünliches Weinglas mit kugligem Kelch über einem mit Nuppen besetzten Schaft. **4)** alter Teil des Rathauses in Frankfurt a. M., seit 1405 durch Ausbau älterer Gebäude entstanden; im Obergeschoß der Kaisersaal, in dem die Krönungsbankette stattfanden; im 2. Weltkrieg zerstört; wiederhergestellt.

Römer, Ole (Olaf, Olaus), dän. Astronom, * 1644, † 1710, bestimmte die Lichtgeschwindigkeit aus den Verfinsterungen der Jupitermonde, baute den ersten Meridiankreis.

Römerbrief, N. T.: der theolog. wichtigste Brief des Apostels Paulus (55/57 n. Chr.) mit starker Wirkung auf Augustinus und Luther; er enthält die Botschaft von der Gerechtigkeit aus Gnade im Glauben und behandelt die Fragen der Prädestination und Freiheit, Stellung zur Obrigkeit u. a.

Römerstraßen, die Reste der alten röm. Heerstraßen.

Rom'inte die, Nebenfluß der Pissa, in Ostpreußen, durchfließt die **Rominter Heide,** mündet bei Gumbinnen, 80 km lang.

Römische Frage, der im 19. Jahrh. entstandene Konflikt zwischen dem italien. Staat und der Kath. Kirche um den Kirchenstaat, erst 1929 durch die →Lateranverträge gelöst (→Vatikanstadt).

römische Geschichte. Die Anfänge Roms liegen im Dunkeln. Die röm. Sage erzählt von sieben Königen. Historisch ist, daß die letzten zwei oder drei Könige Etrusker waren, deren Vertreibung um 500 v. Chr. später als nationale Befreiung galt.

Die Republik. Rom wurde zu einer Adelsrepublik. Die Senatsfamilien der Königszeit **(Patrizier)** suchten ihr Machtmonopol zu behaupten. Die Nichtpatrizier, die **Plebejer,** beendeten den Kampf gegen die Vorrechte des Geblütsadels u. a. mit der Errichtung des Volkstribunats (494?) und dem Zutritt zu den Ämtern (367/366 zum Konsulat). Allerdings entstand so ein neuer (Amts-)Adel **(Nobilität).** Der Machtbereich Roms dehnte sich seit dem 4. Jahrh. v. Chr. nach schweren Kriegen gegen die Etrusker, Samniten, Tarentiner bis zur Straße von Messina aus. Das führte zum Zusammenstoß mit Karthago in den drei→Punischen Kriegen (264-241, 218-202, 149-146), die mit der Zerstörung Karthagos endeten. Der hellenist. O unterwarf Rom in den Makedonischen Kriegen (215-205, 200-197, 171-168), im Syrischen Krieg (192 bis 189); Aufstände in Spanien wurden im Numant. Krieg (154-133) niedergeschlagen. Die Folgen des raschen Aufstiegs zur Weltmacht trieben die Republik in eine Krise.

Ein hundertjähriger **Bürgerkrieg** begann mit den gracchischen Unruhen (133-121), führte zu den Kämpfen zwischen Marius und Sulla (88-79), Pompejus und Caesar, dem der Senat 46 die Diktatur übertrug. Seine Ermordung (44) verursachte einen neuen Bürgerkrieg, dem Octavian (→Augustus) 31 v. Chr. als Alleinherrscher hervorging.

Die Kaiserzeit. Er gab dem Reich eine neue, dauerhafte Ordnung. Die Grenzen waren Rhein (die Elbelinie ging durch die Schlacht im Teutoburger Wald 9 n. Chr. verloren), Donau und Euphrat, im W der Ozean, in Afrika die Wüste. Auf das **julisch-claudische Haus** (Tiberius, Caligula, Claudius, Nero) folgte nach dem Zwischenspiel des Vierkaiserjahres 69 die Dynastie der **Flavier** (Vespasian, Titus und Domitian). Das **Adoptivkaisertum** (mit Nerva 96 beginnend) war durch die Idee der Auswahl der Besten bestimmt: Trajan,

Hadrian, Antonius Pius, Mark Aurel, Commodus.

Der erste **Soldatenkaiser** war Septimius Severus. Sein Sohn Caracalla gab 212 allen Bürgern der Reichsgemeinden das röm. Bürgerrecht. Die äußere Bedrohung wuchs. 247 beging Philippus Arabs mit Glanz die 1000-Jahr-Feier Roms, doch vom Schwarzen Meer her drangen die Goten in das Reich, über den Rhein Alemannen und Franken, im O die Perser. Im Inneren kämpften allenthalben von den Soldaten ausgerufene Kaiser gegeneinander. Erst Aurelian konnte die Einheit des Reiches wiederherstellen, die Diokletian durch eine straffe Ordnung sicherte. 306-324 erkämpfte sich Konstantin d. Gr. die Alleinherrschaft und beendete die Christenverfolgung. Seine Hauptstadt Konstantinopel (330) blieb bis 1453 die Kaiserstadt des →Byzantinischen Reiches. 378 mußten erstmals Goten als Föderaten (‚Verbündete') in das Reichsgebiet aufgenommen werden. Nach dem Tode Theodosius' I. (395), der das Christentum zur Staatsreligion erhob, wurde das Reich in ein O- und ein W-Reich geteilt (vgl. Karte Völkerwanderung). Staatsrechtlich bestand das Gesamtreich weiter, aber die Regierungen gingen politisch eigene Wege. Das Westreich hörte auf zu bestehen, als 476 Odoaker Kaiser Romulus Augustulus absetzte.

Römische Hochschulen, die kath. kirchl. Hochschulen in Rom.

römische Kultur. Die r. K. ist aus der Verschmelzung italischer und griechischer Elemente erwachsen. Schon 500 v. Chr. übten die Griechen auf Religion, Baukunst, Schrifttum großen Einfluß aus. Mit der Ausbreitung der röm. Herrschaft über das östliche Mittelmeer wuchs der griech. Einfluß, doch behauptete sich in vielem der röm. Volkscharakter: Redlichkeit, Götterfurcht, nüchtern-praktischer Geist, natürliche Staatsgesinnung und zähes Festhalten an den überlieferten Lebensformen. In der Familie hatte der Hausvater Gewalt über Leben und Eigentum der Mitglieder; die Frau war keine Rechtsperson, aber hochgeachtet. In der Kaiserzeit weitete sich die röm. Kultur zur latein. Kultur der westl. Länder des Röm. Reiches und der angrenzenden Gebiete aus.

römische Kunst. Die Kunst auf italischem Boden stimmte bis ins 3. Jahrh. v. Chr. im wesentlichen mit der etruskischen überein. Seit der Eroberung Großgriechenlands entstand ein röm. Hellenismus. Im ausgehenden 2. Jahrh. v. Chr. trat die römisch-republikan. Sonderart stärker hervor, doch bedingt durch etruskische und griech. Überlieferung, die bis in die späte Kaiserzeit fortwirkte.

Die **Baukunst** hielt lange an der italischetrusk. Tempelform fest, bis in die Spätzeit

Römische Kunst: Wanddekoration aus Stabiae (Neapel, Nationalmuseum)

am →Podiumtempel. Von der griech. Kunst wurden die Säulenordnungen übernommen und dekorativ verwendet in Verbindung mit Bogenpfeilern (Kolosseum). Als Baustoff diente nicht nur wie bei den Griechen Naturstein, sondern auch Ziegel- und Gußmauerwerk, das Gewölbe von größten Spannweiten ermöglichte (Pantheon, Thermen). Eine umfassende Kenntnis der frühröm. Architektur, bes. des Wohnhauses, vermitteln Pompeji und Herculaneum. Mit dem Forum Caesars, dem ersten der Kaiserforen, begann die gewaltige städtebauliche Entwicklung Roms in der Kaiserzeit. Nach dem Brand unter Nero wurden von den Flaviern das Kolosseum und der Kaiserpalast auf dem Palatin erbaut, von Hadrian das Pantheon und die Engelsburg. Die letzten großen Bauten waren die Maxentiusbasilika und der Konstantinsbogen. Bedeutende Bauwerke entstanden auch in den Provinzen (Nîmes, Pont du Gard; Split; in Afrika: Leptis Magna; in Asien: Baalbek, Petra u. a.).

Unter den Werken der **Plastik** überwiegen Kopien nach griech. Originalen. Selbständige Arbeiten aus spätrepublikan. Zeit lassen bereits den nüchternen Realismus erkennen, der die

Römer bes. zum Bildnis und zum histor. Relief befähigte. Unter griech. Einfluß fand die Plastik dann ihre reife röm. Form im klassizist. Stil der augusteischen Zeit: Reliefs der →Ara Pacis Augustae, Marmorstandbild des Augustus von Primaporta. Reliefs aus der röm. Geschichte: am Titusbogen und, eine fortlaufende Chronik bildend, an den Säulen Trajans und Mark Aurels in Rom; Reliefs auch an den Sarkophagen. In der Bildniskunst lösten sich idealisierende und naturnahe Stile ab. In der Spätzeit zunehmende Erstarrung, zu neuen Ausdrucksmöglichkeiten entwickelt von der frühchristl. Kunst.

In der **Malerei** herrschte zunächst griech. Einfluß vor: Wandbilder in Pompeji (Mysterienvilla) und Rom (Odyssee-Landschaften, Vatikan; im Haus der Livia auf dem Palatin; →Aldobrandinische Hochzeit, Vatikan). Der Stil entwickelte sich zu impressionist. Lockerung, seit dem 3. Jahrh. zu formaler Erstarrung (Katakombenmalereien). In großer Zahl erhalten sind Mosaiken, bes. Fußböden, meist aus der Spätzeit (Piazza Armerina, Sizilien).

Römische Kurie, →Kurie.

römische Literatur. Archaische Zeit (bis Sulla, 78 v. Chr.). Entstehung der röm. Literatur aus bewußter Anknüpfung an die griechische. Erste Nationalepen von Naevius (†um 201), Ennius (†169). Dreigestirn der Tragödie: Ennius, Pacuvius, Accius, der Komödie: Plautus (†um 184), Caecilius, Terenz. Blüte einer Komödienform mit röm. Milieu (fabula togata) um 140 v. Chr. Aufnahme der italischen →Atellanen in die röm. Literatur nach 100 v. Chr. Satiren des Lucilius (†103 oder 102 v. Chr.). Begründung der latein. Prosa durch Cato (†149 v. Chr.). Beginn lateinischer Rhetorik.

Die Modernen (Neoteriker) und die klass. Prosa (bis etwa 31 v. Chr.). Hauptgruppe der Neoteriker (Hauptdichter Catull): kleine ausgefeilte Formen nach hellenist. Muster. Lehr-Epos des Lukrez. Dramat. Gattung des Mimus. Vollendung der Kunstprosa durch Cicero. Geschichtswerke (Caesar, Nepos, Sallust). Varros Enzyklopädie der freien Künste.

Augusteische Blütezeit (bis etwa 14 n. Chr.). Zurückgreifen auf die griech. Klassiker. Hirtengedichte, Lehrepos (‚Gedichte vom Landbau‘) und Heldenepos (‚Äneis‘) von Vergil. Epoden und Satiren von Horaz. Elegien von Tibull, Properz, Ovid. Klassische Prosa des Historikers Livius.

Bis Hadrian (etwa 117 n. Chr.). Fabeln von Phädrus (†um 50). Histor. Epen von Lukan, Silius, mytholog. Epen von Valerius Flaccus, Statius. Romandichter Petronius (†66). Größter Prosaiker seit Cicero: Seneca (†65), auch Dichter von Tragödien. Quintilians Einführung in die

Rhetorik, Blüte der Fachliteratur (Naturgesch. Plinius d. Ä.). Historiker Tacitus (†nach 116).

Bis zum Beginn des Dominats (etwa 324 n. Chr.). Rom nicht mehr geistiger Mittelpunkt. Zurücktreten der Dichtung. Romane, Reden und philosoph. Schriften des Afrikaners Apuleius (†nach 180), Kaiserbiographien von Sueton (†nach 140). Blüte der Rechtsliteratur (Gaius, Papinianus u. a.). Grundlegung der christl. Literatur durch Tertullian (†um 225).

Bis zum Ende des Altertums. Neuer Aufschwung des geistigen Lebens seit etwa 350. Kommentare zu Vergil und Terenz von Donatus und Servius. Enzyklopädie der freien Künste (um 420) von Martianus Capella. Dichter Claudian (†nach 404). Historiker Ammianus Marcellinus. Überlegenheit der christlich bestimmten latein. Literatur (Ambrosius, Prudentius, →frühchristliche Literatur). Letzte bedeutende Werke der röm. Literatur unter Theoderich und Justinian: die philosoph. Schriften des Boethius (†um 524), die Grammatik des Priscin, die Kodifikation des röm. Rechts im →Corpus iuris civilis.

römische Religion. Ursprünglich nahmen in der römischen Götterwelt die drei Götter Jupiter (Himmelsgott), Mars (Kriegsgott), Quirinus (Kriegsgott) den ersten Platz ein. An ihre Stelle trat im 6. Jahrh. die Dreiheit Jupiter, Juno (Ehe und Geburt), Minerva (Handwerk). Neben diesen wurden verehrt Tellus und Ceres als Göttinnen der Erde und der Saat, Neptun (Wasser), Vulcanus (Feuer), Vesta (Herdfeuer), Janus (Eingang). Götter des Hauses waren Laren und Penaten, Schützer der Zeugungskraft die Genius; als Geister der Toten wurden die Manen verehrt. Daneben erscheinen Wesenheiten wie Fides (Treue), Concordia (Eintracht) als Gottheiten. Träger des Kultes waren die Priester. Seit dem 6. Jahrh. wurden die röm. Götter mit den griech. gleichgesetzt (z. B. Jupiter mit Zeus); dies führte zur Auflösung des alten Glaubens.

Römischer König, seit 1125 ständiger Titel des noch nicht zum Kaiser gekrönten deutschen Königs, seit 1508 der bei Lebzeiten eines Kaisers gewählte Nachfolger (bis 1806).

Römisches Recht, es war in seinen Anfängen Gewohnheitsrecht. Die erste große Rechtsaufzeichnung waren die 12 Tafeln (um 450 v. Chr.). Später erlangten neben dem Gesetzesrecht die von den Prätoren erlassenen Edikte zunehmende Bedeutung. - Entscheidend für die Fortbildung wurden die Kommentare und Gutachten der Rechtskundigen. - Die Zeit der klass. Jurisprudenz (2. Jahrh. bis Mitte des 3. Jahrh.) führte zu einer Blüte des röm. Rechts (Gaius, Julianus, Ulpianus u. a.). Die bedeutendste Leistung der spätröm.

Römische Kunst: links Tempel am Forum Boarium in Rom, frühe Kaiserzeit; rechts Mercati Trajani in Rom, um 110 n. Chr.

Zeit war eine Zusammenfassung im →Corpus iuris civilis unter Kaiser Justinian (527-565). Das R. R. hat bis heute die kontinental-europ. Rechtsordnungen geprägt.

Römische Verträge, die Gründungsverträge der Europ. Wirtschaftsgemeinschaft (Rom 25. 3. 1957).

römische Ziffern, die Buchstabenzahlzeichen der alten Römer: I (1), V (5), X (10), L (50), C (100), D (500), M (1000), jetzt noch in Inschriften usw. Nebeneinandergestellte Zeichen werden zusammengezählt, z. B. XX = X + X = 20. CX = C + X = 110. Steht aber eine kleinere Ziffer links von einer größeren, wird sie von dieser abgezogen, z. B. XL = L − X = 40; MDIX = 1509.

Römisch-Germanische Kommission, gegr. 1901, Sitz Frankfurt a. M., eine Abteilung des Deutschen Archäolog. Instituts.

Römisch-Germanisches Zentralmuseum in Mainz, gegr. 1852, gibt einen Überblick über die Kulturen der europ. Vor- und Frühgeschichte.

Römisch-katholische Kirche, →Katholische Kirche.

Rommé, Kartenspiel mit 53 Karten (Bridgekarten mit Joker) und beliebiger Personenzahl.

Rommel, Erwin, Gen.-Feldmarschall (1942), * 1891, † 1944, führte 1941-43 das dt. Afrikakorps, dann eine Heeresgruppe in Italien, bis Juli 1944 eine Heeresgruppe in Frankreich. R., volkstümlich und vom Gegner geachtet, gehörte zuletzt der Widerstandsbewegung an; er wurde von Hitler zum Selbstmord gezwungen.

Erwin Rommel   *Wilhelm Röntgen*

Romney [r'ɔmni], George, * 1734, † 1802, engl. Bildnismaler.

Rømø, die dän. Insel →Röm.

R´omsdal, von der Rauma durchflossenes Gebirgstal in W-Norwegen, mündet mit dem **Romsdalsfjord** in das Nordmeer.

R´omulus, der sagenhafte Gründer Roms, wurde nach seiner Geburt mit seinem Bruder Remus ausgesetzt und von einer Wölfin gesäugt. Bei der Gründung Roms erschlug er im Streit den Remus.

Romulus Aug´ustulus [‚Kaiserchen'], letzter Kaiser des Weström. Reiches (476), durch Odoaker gestürzt.

Romzüge, die Heereszüge der dt. Könige des MA. nach Rom zur Kaiserkrönung oder zur Festigung ihrer Macht.

Ronc´alli, Angelo Giuseppe, von 1958 bis 1963 Papst Johannes XXIII. (→Johannes 3)

Roncesvalles [rɔnθezv'aλes], französ.

Roncevaux [rɔ̃sv'o], span. Dorf in den W-Pyrenäen. 778 Vernichtung der Nachhut Karls d. Gr. durch die Basken, wobei Roland gefallen sein soll (Rolandsplote).

Ronchamp [rɔ̃ʃ'ã], Gem. im französ. Dép. Haute-Saône; unweit Wallfahrtskirche von Le Corbusier (1950-55). (Bild Le Corbusier)

Rondeau [rɔ̃d'o, frz.] *das,* **Ringelgedicht,** altfranzös. Tanz- und Gesellschaftslied mit meist 12-14 Zeilen, in dem der Anfangsworte im Inneren und am Schluß als Kehrreim wiederaufgenommen werden.

Rond´ell [lat.-frz.] *das,* **1)** Rundbeet. **2)** Rundturm.

R´ondo [ital.] *das,* rundläufige Form der Instrumentalmusik: ein liedartiger Teil, der, von Zwischensätzen unterbrochen, mehrfach wiederkehrt; Einzelstück und bes. Schlußsatz von Sonaten, Konzerten u. a.

Rond´ônia, Territorium in Brasilien, 243 044 km², 95 300 Ew.; Hauptstadt: Pôrto Velho.

Rongal´it *der,* Formaldehyd-Natriumsulfoxylat, verwendet in Küpenfärberei und Textildruck.

Ronk´alische Felder, Ebene am Ufer des Po, im MA. Sammelplatz der dt. Heere auf dem Weg nach Rom. Hier ließ Friedrich I. 1158 auf einem Reichstag die Hoheitsrechte des Reiches neu verzeichnen **(Ronkalische Beschlüsse).**

Ronneburg, Stadt und Badeort im Bez. Gera, 11 000 Ew.; Stadtkirche (15. Jahrh., erneuert im 17. Jahrh.), Rathaus (1529). Radioaktive Eisenquellen, Textil-, Holz-, Papier-, Maschinen- u. a. Ind., Zentrum des Uranbergbaus der Dt. Dem. Rep.

Ronnenberg, Industriegem. in Ndsachs., 16 700 Ew.; Michaeliskirche (12. Jahrh.).

Ronsard [rɔ̃s'a:r], Pierre de, französ. Dichter, * 1525, † 1585, Haupt der →Pléiade, begründete die klassizist. französ. Dichtung; unvollendetes Nationalepos ‚La Franciade', Sonett-Sammlungen u. a.

Röntgen, Wilhelm Conrad, Physiker, * 1845, † 1923, Prof. in Straßburg, Gießen, Würzburg, München, Entdecker der Röntgenstrahlen (1895); 1901 erhielt er als erster den Nobelpreis für Physik.

Röntgen, Abk. **r,** internat. Dosiseinheit der Röntgen- und Gammastrahlung. 1 r ist diejenige Strahlungsmenge, die in 1 g Luft Ionen beiderlei Vorzeichens mit einer gesamten elektr. Ladung von 2,58 As erzeugt. Wird 1 r vom Körpergewebe absorbiert, so wird je Gramm Gewebe eine Energie von 93 erg = $9,3 \cdot 10^{-6}$ Ws absorbiert.

Röntgenassistentin, medizinisch-techn. Assistentin, bes. in Röntgen- und Strahlenkunde ausgebildet.

Röntgen-Astronomie, die Erforschung von kosmischen Röntgenstrahlquellen.

Röntgenbehandlung, die Anwendung von Röntgenstrahlen zur Krankheitsbehandlung. Gegen Hauterkrankungen dienen Grenzstrahlen. Zur Bestrahlung tiefsitzender Geschwülste wird die sehr harte Strahlung der Elektronenschleuder verwendet (Tiefenbehandlung).

Röntgenbildwandler, Gerät, mit dem ein Röntgenbild durch einen →Bildwandler in ein verkleinertes Elektronenbild umgewandelt wird, das dann auf einem elektronenempfindl. Leuchtschirm beobachtet, photographiert oder gefilmt wird.

Röntgendiagnostik, die Verwendung von Röntgendurchleuchtung und Röntgenphotographie zum Erkennen krankhafter Veränderungen im Körper.

Röntgenfluoreszenz|analyse, zerstörungsfreies Verfahren zur Ermittlung der chem. Zusammensetzung von Stoffen. Bei der R. wird die durch Röntgenstrahlen ausgelöste Röntgenfluoreszenzstrahlung ihrer Energie (Wellenlänge) und ihrer Intensität nach gemessen.

Röntgenkrebs, krebsig entartetes Röntgengeschwür, eine Röntgenschädigung.

Röntgenphotographie, Herstellung von dauerhaften Abbildungen mittels Röntgenstrahlen, die den abzubildenden Gegenstand durchdringen und nach Durchgang auf eine photograph. Schicht (Röntgenfilm) fallen. (Bilder S. 1046)

Röntgenröhre, geschlossene Glasröhre, in der Elektronenstrahlen durch Aufprallen auf ein Metallblech Röntgenstrahlen auslösen. Die Elektronenstrahlen werden von einer glühenden Wolframkathode ausgesandt, die Antikathode (das Metallblech) wird gekühlt oder dreht sich ständig, um zu hohe Erhitzung zu vermeiden **(Drehanodenröhre).** Die Durchdringungsfähigkeit der Röntgenstrahlen ist um so größer, je höher die Spannungsdifferenz zwischen Anode und Kathode ist.

Röntgenschädigungen entstehen örtlich bei zu großer Strahlenmenge und zu langer

Bestrahlungsdauer als **Röntgenverbrennung, -geschwür, -krebs.** Eine allgemeine R. ist der **Röntgenkater** (Übelkeit, Kopfschmerzen).

Röntgenspektroskopie, die Anregung und Auswertung der charakterist. Eigenstrahlung der Atome, um Einblicke in den inneren Bau der Atome zu gewinnen.

Röntgenstrahlen, X-Strahlen, eine elektromagnet. Strahlung mit kürzeren Wellenlängen als das Licht, die als **Bremsstrahlung** beim Aufprall von Elektronen auf Materie oder als **charakterist.** Eigenstrahlung von den kernnächsten Elektronen der Atome bei Anregung ausgestrahlt wird. Die Bremsstrahlung besteht aus drei Komponenten, der sekundären Röntgen-

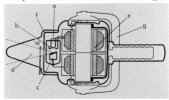

Röntgenstrahlen: Schnittbild eines Dental-Röntgenapparates für Zahnaufnahmen; Eintankapparat mit Hochspannungstransformator und Röntgenröhre in einem Gehäuse; a Klein-Röntgenröhre, b Elektronenquelle (Wolfram-Glühdraht), c Antikathode, d austretendes Röntgenstrahlbündel, e Hochspannungstransformator, f Strahlenschutzmantel, g Schwenklager

strahlung, der Eigenstrahlung der getroffenen Materie und durch Photoeffekt ausgelösten Elektronen. R. sind unsichtbar, schwärzen Photoplatten, zeigen wie Licht Reflexion, Brechung, Beugung, Interferenz, Polarisation, haben aber ein hohes Ionisationsvermögen und durchdringen viele undurchsichtige, bes. organ. Stoffe in hohem Maße. Die biolog. Wirkung der R. beruht auf ihrer Absorption im Gewebe. Bei unausgereiften Zellen ist die Empfindlichkeit gegenüber R. größer als bei ausgereiften, sie steigert sich während der Kernteilung. Am empfindlichsten sind Lymphgewebe, Knochenmark und Thymus, ferner Geschwülste. Technisch werden R. mit Röntgenröhren erzeugt, sehr energiereiche auch mit der Elektronenschleuder. R. werden in der Medizin angewandt zur Durchleuchtung und Photographie sowie zur Bestrahlung, in der Technik zur Werkstoffprüfung, Feinstrukturuntersuchung. (Bild Strahlenschutz)

Roodepoort-Maraisburg [r'o:dəpɔ:rtmər'ɛ:bœrx, afrikaans], Stadt in S-Transvaal, Rep. Südafrika, 115 000 Ew.; Goldbergbau.

Roon, Albrecht Graf von, preuß. Generalfeldmarschall (1873), * 1803, † 1879, veranlaßte 1862 die Berufung Bismarcks zum MinPräs. und führte als Kriegsmin. (1859-73) mit diesem die Heeresreform durch.

Roosevelt [r'ouzvelt], **1)** Franklin Delano, 32. Präsident der Verein. Staaten (1933-45), * 1882, † 1945, Demokrat, 1929-32 Gouv. des Staates New York. Als Präs. der Verein. Staaten eröffnete er die Wirtschafts- und Sozialpolitik des →New Deal. Im 2. Weltkrieg unterstützte er zunächst die Krieg-

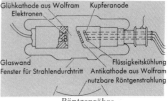

Röntgenröhre

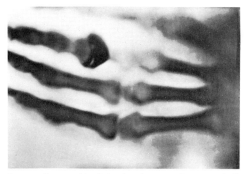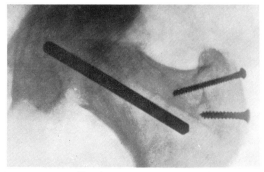

Röntgenphotographie: links eine der ersten Röntgenaufnahmen (22. 12. 1895), Handknochen von W. C. Röntgen; rechts Aufnahme eines durch Kunststoffteil ersetzten Schenkelhalskopfes (Hüftgelenk); nur Bolzen und Nägel werden dabei sichtbar, der Kunststoffteil läßt die Röntgenstrahlen durch

führung der Alliierten durch das →Leih-Pacht-System. 1941 beschlossen R. und Churchill die→Atlantik-Charta. Der japan. Überfall auf Pearl Harbor eröffnete die Feindseligkeiten. Den Krieg führte R. mit großer Energie. Im polit. Leben stand auch seine Frau Eleanor (* 1884, † 1962).
2) Theodore, 26. Präs. der Verein. Staaten (1901-09), Republikaner, * 1858, † 1919, setzte den Plan des Panamakanals durch, erhielt für die Vermittlung des russisch-japan. Friedens den Friedensnobelpreis (1906).

Franklin D. Roosevelt   Theodore Roosevelt

Röpke, Wilhelm, Volkswirtschaftler, * 1899, † 1966, Prof. u. a. in Jena, Marburg, Istanbul, 1937-66 in Genf, Vertreter des →Neoliberalismus sowie der sozialen Marktwirtschaft.
Rops, Felicien, belg. Graphiker, * 1833, † 1898, schuf bes. Radierungen über erot. Themen.
Roquefort [rɔkfɔːr], französ. Edelpilzkäse aus Schafmilch, hergestellt in Roquefort-sur-Soulzon (Dép. Aveyron).
R'orschach, Stadt und Kurort im Kt. St. Gallen, Schweiz, 12000 Ew.; Textil-, Maschinen- u. a. Industrie.
Rorschach-Test, ein von H. Rorschach

(1884-1922) entwickelter Persönlichkeitstest (Deutung klecksartiger Figuren).
Rosa, Salvator, Maler und Satirendichter in Neapel, * 1615, † 1673; Schlachten- und Landschaftsbilder mit wildbewegten Massen von Menschen und Pferden, zerklüftetem Gebirge, Meeresbuchten, Häfen.
Ros'ario, Stadt in Argentinien, am Steilufer des Paraná, 798000 Ew., Umschlagplatz für Getreide, Gefrierfleisch; Zweig der Univ. Santa Fé, landwirtschaftl. Industrie.
R'osas, Juan Manuel de, argentin. Staatsmann und Diktator, * 1793, † 1877, schuf die Grundlagen des modernen zentralisierten Argentiniens.
Rosa von Lima, Patronin Amerikas, * 1586, † 1617, mystisch begabte Dominikanerin; Tag: 23. 8.
Roscel'in von Compiegne [-kɔ̃pi'ɛɲ], französ. Philosoph und Theologe, * um 1050, † nach 1120, Hauptvertreter des frühscholast. Nominalismus.
Roscher, Wilhelm, Nationalökonom, * 1817, † 1894, Prof. in Göttingen und Leipzig, Vertreter der älteren histor. Schule der dt. Nationalökonomie.
Roscommon [rɔsk'ɔmən], irisch **Ros Comáin,** [-k'ɔmɔin], Gfsch. in Mittelirland, 2462 km², 56100 Ew. Verwaltungssitz: R.
Rose, 1) ⊕ die artenreiche Gatt. **Rosa** (Familie Rosengewächse, Rosaceae), in der nördl. gemäßigten und subtrop. Zone; meist laubabwerfende Sträucher, oft mit Stacheln, wechselständige gefiederte Blätter mit Nebenblättchen, fünfteilige Blüten, von angenehmem Duft; bei Gartensorten in allen Farbtönen, als besondere Zuchtform die blaue Rose ,Blue Boy'. Die ,Frucht' **(Hagebutte)** ist ein ganzer Fruchtstand (Scheinfrucht) und jeder einzelne Samen, die eigentl. Frucht, ein borstig behaartes Nüßchen. Die R. lassen sich hinsichtlich ihrer Abstammung grob zwischen Morgen- und Abendländ. R. unterscheiden; die gelbblühenden Teerosen

(Rosa odorata) sind die Stammform der Morgenländ. R. Von diesen gelten die schon als Kulturformen nach Europa gekommenen kleinasiat. Rosa damascena, Rosa centifolia und Rosa hemisphaerica als Stammform der Abendländ. R. neben den heim. Rosa foetida (Kapuziner-, Fuchs-R.), Rosa gallica (Essig-, französ. oder Provence-R.), Hunds-R. (Rosa canina) u. a. heim. Wildarten. Durch Einkreuzung, auch oft spontan, entstanden die verschiedenen Gruppen von Garten-R. **2)** ♉ Geweihansatz. **3)** →Windrose. **4)** Schallloch, z. B. von Lauten. **5)** →Fensterrose. **6)** ♃ Erysipel. →Wundrose.
R'osegger, Peter, österreich. Volksschriftsteller, * 1843, † 1918; Gedichte in steir. Mundart, ,Zither und Hackbrett' (1870), ,Die Schriften des Waldschulmeisters' (1875), ,Der Gottsucher' (1883), ,Heidepeters Gabriel' (1886), ,Jakob der Letzte' (1888). Erinnerungen ,Waldheimat' (1877), ,Als ich noch der Waldbauernbub war' (1902).
Rosegletscher [rɔz'ɛdz-], Gletscher der Bernina-Gruppe, 11 km², mit 5 km langer Zunge.
Ros'elius, Ludwig, Großkaufmann, * 1874, †1943, gründete 1906 die→HAG-AG., Bremen, schuf dort mit B. Hoetger die ,Böttcherstraße'.
Rosemeyer, Bernd, Autorennfahrer, * 1909, † (verunglückt) 1938.
Rosenapfel, 1) eine Apfelsorte. **2)** durch die Rosengallwespe an Rosen verursachte →Gallen.
Rosenberg, 1) Alfred, nat.-soz. Politiker, * 1893, † (hingerichtet) 1946, Hauptschriftleiter des ,Völkischen Beobachters' (seit 1921), Beauftragter für die Überwachung der weltanschaul. Erziehung der Partei (seit 1934), Reichsmin. für die besetzten Ostgebiete (seit 1941); wurde in Nürnberg zum Tode verurteilt. **2)** Ludwig, Gewerkschaftler, * 1903; 1959 stellvertr. Vors., 1962-69 Vors. des DGB.

1   2   3   4

Rose: **1** *Teerose.* **2** *Hagebutten.* **3** *Heckenrose.* **4** *Polyantharose*

Rosengarten, italien. **Catinaccio** [katin'atʃo], wildzackige Felskette der Dolomiten, im Kesselkogel 3004 m hoch.

Rosengarten, mhd. Epos (2. Hälfte des 13. Jahrh.), in dem der Rangstreit zwischen dem gotisch-hunnischen und fränkisch-burgund. Sagenkreis im Kampf zwischen Siegfried und Dietrich symbolisch ausgetragen wird (Preis: ein Kuß Kriemhilds und Rosen aus ihrem Garten zu Worms).

Rosengewächse, latein. **Rosac′eae,** eine zweikeimblättrige Pflanzenfamilie, mit regelmäßigen meist zwittrigen, fünfzähligen Blüten, oft mit beträchtl. Vermehrung der Zahl der Staubgefäße. Zu den R. zählen u. a. die Rose und die wichtigsten europ. Obstarten.

Rosenheim, Stadt in Oberbayern, Bayern, am Inn, 37 100 Ew.; Betriebe für Sportausstattung, Maschinenbau, Elektrotechnik, Milchverwertung.

Rosenholz, Hölzer von rosenroter Farbe, wie **Echtes (Brasilian.) R.,** **Ostind. R. (Botanybayholz),** Afrikan. R., oder mit rosenart. Geruch, wie **Rhodiserholz,** Jamaika-R.

Rosenkäfer, oft metallglänzende Blatthornkäfer; z. B. **Gemeiner R.** und →Goliathkäfer. (Tafel Käfer)

Rosenkohl, Brüsseler Kohl, Sprossenkohl, hochstengliger Kohl mit rosenförmigen Kohlsprossen; Wintergemüse.

Rosenkranz, Kath. Kirche: **1)** Gebetsform aus 150 Ave Maria und 15 Vaterunsern. **2)** Gebetsschnur mit größeren und kleineren Perlen zum Abzählen der Vaterunser und Ave Maria des R. Ähnliche Gebetsschnüre gibt es im Brahmanismus, Hinduismus, Buddhismus und Islam. Das **R.-Fest** am 7. 10. wurde 1716 allgem. Fest der Kath. Kirche.

Rosenkreuzer, eine Geistesströmung des 17./18. Jahrh. mit mystisch-reformator. Zielen. Um 1760 wurden diese von einzelnen Freimaurerlogen, im 19. und 20. Jahrh. von pansophischen oder okkulten Vereinigungen wiederaufgenommen.

Rosenkriege, die engl. Thronkämpfe 1455-85 zwischen den Häusern Lancaster und York (Wappen: rote und weiße Rose).

Rosenlaubkäfer, 1) der Gartenlaubkäfer. **2)** fälschlich für Julikäfer.

Rosenl′auigletscher, Gletscher in der Finsteraarhorngruppe der Berner Alpen, Schweiz, 4,7 km lang, 6 km² groß.

Rosenmontag, Fastnachtsmontag.

Rosenöl, ätherisches Öl aus Rosen, Duftstoff für Parfüme, Seifen, Essenzen.

R′osenow [-no], Emil, Schriftsteller, * 1871, † 1904; Arbeiterschauspiel „Die im Schatten leben‘ (hg. 1912); Romane.

Rosenplüt, Hans, Dichter aus der Mitte des 15. Jahrh. in Nürnberg; Gedichte, Schwänke, Fastnachtsspiele.

Rosenquist, James, amerikan. Maler und Graphiker, * 1933; seine Bilder stellen oft Gegenstände der Konsumgüterproduktion dar; Vertreter der pop art.

Rosenroman, →Roman de la Rose.

Rosenstock, ♈ Teil am Geweih.

Rosenthal AG., Selb (Bayern), stellt Gebrauchs-, Zier-, Kunst-, Hotel-, chem.-techn. Porzellan her, gegr. 1879. Kap.: 18,1 Mill. DM, Beschäftigte: 1290 (1971).

Rosenwurz, eine Art von Fetthenne, mit rotgelbem Blütenstand; in Gebirgen.

Rosenzweig, Franz, jüd. Philosoph und Theologe, * 1886, †1929, übersetzte mit M. Buber die Hl. Schrift.

Rose′ole, Ros′eola [lat.] die, ein Hautausschlag aus linsengroßen roten u. a. Flecken, die unter Fingerdruck erblassen.

Rosesches Metall, eine Wismut-Zinn-Blei-Legierung; Schnellot.

Ros′ette [frz.] die, **1)** aus einem stilisierten Blütenstern entwickeltes Ornament. **2)** Schliffform für Edelsteine.

Ros′ette, arab. **Rasch′id,** Stadt in Ägypten, oberhalb der Mündung des westl. Nilhauptarmes, 36 700 Ew. In R. wurde 1799 der ‚Stein von R.‘ gefunden (→Champollion).

Rosettenpflanze, Pflanze mit rosettenförmig angeordneten Grundblättern und blattlosen (oder schwach beblätterten) Blütenstengeln, z. B. das Gänseblümchen.

Rosin′ante [von span. rocin ‚Klepper‘] der, jetzt meist die, Name von Don Quijotes elendem Hengst; dann Schindmähre.

Ros′inen, getrocknete Beeren einiger Weinrebenrassen. Große R. heißen **Zibeben,** kernlose: **Sultaninen,** kleine R. sind **Korinthen.**

Roskilde [r'oskilə], Stadt auf Seeland, Dänemark, 49 500 Ew.; bis 1443 dän. Königssitz. Dom (12.-13. Jahrh.) mit Grabmälern dän. Könige. Im Roskilder Frieden (26. 2. 1658) überließ Dänemark-Norwegen den Schweden Schonen, Halland, Blekinge, Bohnslän, Bornholm, Trondhjems Län.

R′osmarin, der, bis 2 m hoher, immergrüner Lippenblüter mit nach unten zusammengerollten, schmalen graufilzigen Blättern und blauen bis violetten Blüten; wächst in den Mittelmeerländern wild, in Mitteleuropa als Topfpflanze. Blätter und Blüten enthalten ein äther. R.-Öl (für Seifen, Parfüms, Gewürz).

R′osmarinheide, Pflanze, die Gränke.

Rosm′ini-Serbati, Antonio Graf von, italien. Philosoph und Theologe, * 1797, † 1855, versuchte eine idealist. Neubegründung der christl. Philosophie; gründete 1828 eine Priesterkongregation für Seelsorge und Unterricht: die **Rosminianer;** seit 1831/32 auch weibl. Zweig.

Rösrath, Gem. in Nordrh.-Westf., bei Köln, 19 400 Ew.; Holz-, Elektro-, Lederindustrie.

Ross, 1) Sir James Clarke, engl. Polarforscher, Neffe von 2), * 1800, † 1862, entdeckte 1841 im Südpolargebiet Süd-Victoria-Land und den Vulkan Mt. Erebus. **2)** Sir John, engl. Polarforscher, * 1777, † 1856, entdeckte die nördl. Teile der Westküste Grönlands und 1831 auf Boothia Felix den nördl. Magnetpol. **3)** Sir (seit 1911) Ronald, engl. Tropenarzt, * 1857, † 1932; wies nach, daß Stechmücken die Malaria verbreiten; 1902 Nobelpreis.

Ross-and-Cromarty [-kr'ɔməti], Gfsch. im nordwestl. Hochland Schottlands, 8002 km², 56 900 Ew.; Hauptstadt: Dingwall.

Roßbach, Gem. im Bez. Halle. 1757 Sieg Friedrichs d. Gr. über die Franzosen und die Reichsarmee.

Ross-Barriere, Eiswand im →Ross-Meer.

Roßbreiten, zwei Kalmengürtel, →Kalme.

Rössel das, Springer im Schachspiel. **R.-Sprung, 1)** Zug des R. gerade-schräg auf das übernächste Feld. **2)** danach Rätselart, bei der Silben, Buchstaben, Wörter in R.-Sprüngen über die Felder einer Figur verteilt sind.

Rossell′ini, Roberto, italien. Filmregisseur, * 1906, Mitbegründer des italien. neorealist. Stils. Filme: ‚Rom, offene Stadt‘ (1944), ‚Paisà‘ (1946), ‚Stromboli‘ (1950) u. a.

Rossell′ino, Bernardo, italien. Baumeister und Bildhauer, * 1409, †1464, schuf die klass. Form des florentin. Wandnischengrabs (L. Bruni, 1444-51, Florenz, S. Croce), führte mit dem Domplatz in Pienza (1460 bis 1462) die erste Stadtplanung der Renaissance aus. Sein Bruder Antonio R. (* 1427, † 1479) schuf Bildnisbüsten, Grabmäler, Madonnenreliefs.

Rössener Kultur, jungsteinzeitl. Kulturgruppe, die von den jüngeren Bandkeram. Kultur wichtige Elemente übernahm, benannt nach dem Fundort **Rössen,** Ortsteil von Leuna.

Ross′etti, 1) Christiana Georgina, engl. Lyrikerin, * 1830, † 1894, Tochter von 3); schrieb religiöse Lyrik, Märchen. **2)** Gabriel Charles, genannt Dante Gabriel, engl. Maler und Dichter, Sohn von 3), * 1828, †1882, gehörte der von ihm mitgegründeten Gemeinschaft der →Präraffaeliten an; Weg-

bereiter des Symbolismus; Sinnlichkeit und religiöse Mystik kennzeichnen seine Dichtungen. **3)** Gabriele, italien. Dichter, * 1783, † 1854, Prof. in London; leidenschaftl. patriot. und myst. Gedichte.

Roßhaar, 1) die Schweif- und Mähnenhaare des Pferdes, verwendet zu Haarsieben, Futterstoffen, Polsterung u. a. **2)** Chemie-R.: nach verschiedenen (z. B. Viskose-) Verfahren hergestelltes grobes monofiles Erzeugnis.

Ross′ini, Gioacchino, italien. Komponist, * 1792, † 1868, war in Italien seit 1810 als Opernkomponist erfolgreich und lebte seit 1823 in Paris. Er ist einer der letzten großen Meister der alten Buffooper. Der Reichtum an frischen Melodien, die sichere Gestaltung kom. Szenen und der geschickte Aufbau der Ensemble-Szenen haben die Opern R.s Welterfolg verschafft. Opern: ‚Die Italienerin in Algier‘ (1813), ‚Der Barbier von Sevilla‘ (1816), ‚Das Aschenbrödel‘ (1817), ‚Die Diebische Elster‘ (1817), ‚Der Kalif von Bagdad‘ (1818), ‚Wilhelm Tell‘ (1829) u. a. Kantaten, Kirchenwerke u. a.

Ross-Insel, 1) im Ross-Meer, mit den tätigen Vulkanen Mt. Erebus (3794 m) und Mt. Terror (3280 m). **2)** James-R.-I., in der Weddell-See, im Mt. Haddington bis 1620 m hoch.

Rossitten, russ. **Rybatschij,** Fischerdorf auf der Kurischen Nehrung, Ostpreußen, hatte Segelfliegerschule und Vogelwarte. Seit 1945 unter sowjet. Verwaltung.

Roßkäfer, die →Mistkäfer.

Roßkastanie, Holzpflanze, meist der nördl. gemäßigten Zone, mit meist fünffingrigen Blättern und weißroten Blütenständen. Der in einer stachligen Fruchthülle sitzende braune Samen dient als Futter. Der **R.-Extrakt** enthält u. a. Saponine, die einen tonisierenden Einfluß auf die Gefäßwände ausüben; er wird bei Krampfadern, Kreislaufstörungen und Hämorrhoiden gebraucht.

Roßlau/Elbe, Stadt im Bez. Halle, an der Elbe, 17 200 Ew.; u. a. Schiffbau, Steingut-, Maschinen-, Porzellan-, chem. Industrie.

Rößler, Carl, österreich. Schriftsteller, * 1864, †1948; Lustspiele: ‚Die fünf Frankfurter‘ (1912).

Ross-Meer, Ross-See [von J. C. Ross 1841 entdeckt], große Bucht in der Antarktis, Walfanggebiet. Den Süden des R.-M. bedeckt das 540 000 km² große **Ross-Schelfeis** mit der 900 km langen, 15-45 m aufragenden **Ross-Barriere.**

Roßtrappe, 200 m hoch aufragender Fels in der Bodeschlucht (Harz) oberhalb Thale.

Roßwein, Stadt im Bez. Leipzig, an der Freiberger Mulde, 10 300 Ew.; Metall-, Textil-u. a. Ind.- Stadtkirche mit spätgot. Chor, Rathaus (16.-19. Jahrh.), Tuchmacherhaus (16. Jahrh.).

Rost [zu rot], **1)** braunrote Schicht auf Eisen, das der Feuchtigkeit ausgesetzt ist, im wesentlichen Eisen(III)-Hydroxid. **2)** die Rostkrankheiten der Pflanzen.

Rost, Gitter aus dünnen Stäben, z. B. als Bodenbelag, Untersatz, Unterlage für Brennstoffe (Ofen-R.) und zum Rösten und Backen.

Rostand [rɔst'ã], Edmond, französ. Dramatiker, * 1868, †1918; Dramen in gewandten Versen; ‚Cyrano de Bergerac‘ (1897).

rösten, 1) Erze oder Metallverbindungen erhitzen, um sie in andere Verbindungen, meist Oxide, überzuführen. **2)** die Flachs- oder Hanfstengel mit Wasser, Dampf oder Schwefelsäure behandeln, um die Fasern bloßzulegen.

Rostkrankheiten, von →Rostpilzen an vielen Kultur- und Wildpflanzen verursachte Krankheiten. R. an Getreide sind u. a. Gelbrost, Schwarzrost.

Rostock, 1) Bez. der Dt. Dem. Rep. 1952 aus dem nördl. Mecklenburg und Vorpommern gebildet, 7074 km², 858 000 Ew.; umfaßt die Stadtkreise R., Stralsund, Wismar und die Landkreise Bad Doberan, Greifswald, Grevesmühlen, Grimmen, Ribnitz-Damgarten, R., Rügen, Stralsund, Wismar, Wolgast. **2)** Hauptstadt von 1), an der Warnow, 198 400 Ew.; Haupthafen der Dt. Dem. Rep., mit Werften; Vorhafen ist **Warnemünde** (1934 eingemeindet). R. hat Fischkombinat, Eisen-, Maschinen-, Motoren-, chem., Lebensmittel- u. a. Ind. Univers. (seit 1419). Die Innenstadt, 1942 schwer beschädigt, hat noch altertüml. Züge: Marienkirche (13.-15. Jahrh.), Nikolaikirche (13.-15. Jahrh.) u. a., got. Rathaus, vier Stadttore. - R. heißt nach einer um 1160 zerstörten wend. Burg und Siedlung. Es war Mitglied der Hanse.

Rost'ow, Gebietshauptstadt in der Russ. SFSR, am Don, 46 km oberhalb seiner Mündung ins Asowsche Meer, Ausfuhrhafen, 789 000 Ew.; Univ., Hochschulen; Maschinen- und Schiffbau, Leder-, Schuh-, Textil-, Nahrungsmittel- und Baustoffindustrie.

Rostpilze, Erreger der pflanzl. Rostkrankheiten, ein Basidienpilz.

R'ostrum [lat.] *das,* **1)** ↘ der →Rammsporn. **2)** ↘ Schnabel, nach vorn gerichteter Fortsatz des Kopfes.

Rostschutz, das Verhindern der Rostbildung auf Eisen und Stahl durch →Metallschutz.

Rosw'itha, Hroswitha, Hrotsvith von Gandersheim, mittellatein. Dichterin aus niedersächs. Adel, * um 935, † nach 975; sechs Dramen, die als Versuch christl. Schauspiels im Mittelalter einzig dastehen; histor. Gedichte, Heiligenlegenden.

rot, 1) Farben mit Wellenlängen um 700 nm; langwelligste sichtbare Farbe. **2)** Farbe im Kartenspiel, Roulett.

R'ota, amtlich **Sacra Romana R.,** päpst. Gerichtshof (seit dem 13. Jahrh.).

R'ot|algen, Rot|tange, rot, purpurn oder braunrot gefärbte Algen; die grünen Farbstoffe sind durch rote, wasserlösl., blaue und gelbe verdeckt.

R'otang, Art von →Rohrpalme.

R'otary-Club, weltumspannende, unpolit. Vereinigung unter der Devise des Dienens. Der erste R.-C. wurde 1905 von P. P. Harris in Chicago gegr.: Abzeichen: Zahnrad.

Rotati'on [lat.], Drehung.

Rotationsflächen, Rotationskörper sind z. B. gerader Kreiszylinder, gerader Kreiskegel, Kugel, Rotationsellipsoid, Rotationshyperboloid, Rotationsparaboloid.

Rotationskolbenmotor, der →Kreiskolbenmotor.

Rotationsmaschine, eine schnellaufende Druckmaschine für alle Druckverfahren, bei der die Druckformen auf umlaufenden Zylindern befestigt sind; bes. für hohe Auflagen. (Bild Druckverfahren)

Rot|auge, der Fisch →Plötze.

Rotbarsch, Goldbarsch, B'ergilt, Panzerbarsch, ein lebendgebärender, 50 bis 60 cm langer Fisch, meist in großen Meerestiefen; Speisefisch.

Rotbleierz, hyazinthrotes Mineral, chemisch Bleichromat.

Rotbuche, →Buche.

Rotdorn, rotblühende Form des Weißdorns.

Rote Armee, eigentlich **Rote Arbeiter- und Bauern-Armee,** bis 1946 Bez. für das Heer der Sowjetunion.

Rote Erde [,gerodete Fläche'], seit 1490 nachweisbarer Name für Westfalen.

Rot|eisenstein, faserige, dichte Arten von Eisenglanz, blutrot, oft ins Eisengraue übergehend.

Rote Kapelle, ein im Rahmen der sowjet. Spionageorganisation für W-Europa seit 1936 aufgebauter Agentenapparat, dem sich entschiedene Gegner des Hitler-Regimes zur Verfügung stellten. Ihr Ziel war: Sturz des nationalsozialist. Regierungssystems in Dtl. und Errichtung einer sozialist. Republik in Anlehnung an die Sowjetunion. Die R. K. wurde 1943 von der Gestapo zerschlagen.

Rötel *der,* erdiges, bräunlich- bis blutrotes Gemenge von rotem Eisenocker und Ton; Mal- und Anstrichfarbe seit dem Altertum, in Stiftform seit Ende des 15. Jahrh. zum Zeichnen verwendet (Rötelzeichnung).

Röteln *Mz.,* eine Viruskrankheit vorwiegend des Kindesalters, mit masernähnl. Hautausschlag. Die an sich harmlose Krankheit kann, bes. wenn sie in den ersten 3 Schwangerschaftsmonaten einer Frau auftritt, Keimschädigungen hervorrufen.

Rotenburg (Wümme), Stadt in Ndsachs., 16 300 Ew.; Marktort.

Roter-Adler-Orden, preuß. Orden 1792 bis 1918 in vielen Stufen für zivile und militär. Verdienste.

Rot|erde, rote Böden, verschiedener Entstehung (→Laterit, →Terra rossa).

roter Faden, 1) urspr.: in das Tauwerk der engl. Marine eingedrehter Faden. **2)** gemeinsames Merkmal.

Roter Fluß, 1) der →Red River 1). **2)** der →Song-ka.

Roter Halbmond, in islam. Ländern das dem Roten Kreuz entsprechende Zeichen.

Roter Sand, Untiefe mit Leuchtturm im Meeresgebiet vor der Wesermündung.

Rote Rübe, Rote Beete, Gemüseart, u. a. als Salat verwendet. Die rote Färbung beruht auf einem Anthocyan-Farbstoff.

Rotes Kreuz, 1) das internat. Schutzzeichen (r. K. auf weißem Feld) des Sanitätsdienstes. **2)** internat. Hilfswerk auf der Grundlage nationaler Gesellschaften. 1864 wurde das aus 25 Schweizern bestehende Internat. Komitee vom R. K. (IKRK) in Genf geschaffen. **3) Deutsches R. K.** →Deutsches Rotes Kreuz.

Rotes Meer, arab. **Bahr el-'Ahmar,** langgestrecktes Nebenmeer des Ind. Ozeans zwischen NO-Afrika und Arabien, rd. 460 000 km², mittlere Tiefe 490 m (größte 2604 m), Salzgehalt 36,5-42%, Wassertemperatur bis 35° C. Das R. M. ist durch die Meerenge Bab el-Mandeb mit dem Ind. Ozean, durch den Suezkanal mit dem Mittelmeer verbunden. An den Küsten Korallenbänke und -riffe. Das Klima ist trockenheiß. Wasserfarbe tiefblau. Für die Schiffahrt war das R. M. seit der Eröffnung des →Suezkanals bis zu seiner Schließung 1967 von großer Bedeutung für den Verkehr zwischen Europa und Indien, Ostasien und Australien. Häfen von Bedeutung sind Massaua, Port Sudan, Suez, Dschidda, Mokka und Perim.

Rote Zellen, revolutionäre, straff zentralistisch organisierte Studentengruppen marxistisch-leninist. Richtung, auf Fachbereichsebene organisiert.

Rotfäule, durch Rotfärbung des Gewebes gekennzeichnete Pflanzenkrankheiten, meist hervorgerufen durch Pilzbefall.

Rotfeder, ein bis 30 cm langer mitteleuropäischer Weißfisch.

rotfiguriger Stil, →Vasenmalerei.

Rotgültig|erz, zwei Silbererze: **1)** karmesinrotes bis bleigraues **dunkles R. (Pyrargyrit),** chemisch Ag₃SbS₃. **2)** rotes **lichtes R. (Proustit),** chemisch Ag₃AsS₃.

Rotguß, Kupferlegierungen mit 86-93% Kupfer, Rest Zink und Zinn.

Roth, 1) Eugen, Schriftsteller, * 1895; hintergründig-humorvolle Gedichte; Erzählungen.

2) Joseph, Schriftsteller, * 1894, † 1939 als Emigrant in Paris; vertrat urspr. revolutionäre Ideen, wurde später Monarchist und Katholik. Romane ‚Hiob' (1930), ‚Radetzkymarsch' (1932), ‚Kapuzinergruft' (1938) u. a.

3) Stephan Ludwig, Pfarrer, * 1796, † (erschossen) 1849, Führer der Siebenbürger Sachsen gegen die Ungarn; von einem ungar. Aufständischengericht zum Tode verurteilt.

Rothaargebirge, Gebirgszug im östl. Sauerland, Quellgebiet von Sieg, Lahn, Eder, Lenne, Ruhr und Diemel, im Kahlen Asten 841 m hoch.

Rothaarigkeit, die Färbung des menschlichen Haares von rötlichem Blond bis zu Rot; beruht auf Erbfaktoren.

Rothacker, Erich, Philosoph, * 1888, † 1965, Prof. in Bonn, förderte die philos. Anthropologie, die Kulturphilosophie und die Theorie der Geisteswissenschaften.

R'othari, König der Langobarden (636 bis 652), Arianer, ließ 643 erstmals das langobard. Recht aufzeichnen.

Rothäute, die →Indianer.

Roth bei Nürnberg, Stadt in Mittelfranken, Bayern, 11 700 Ew.; zahlreiche, meist metallverarbeitende Industriebetriebe. Schloß Ratibor (16. Jahrh.).

Rothe, Hans, Schriftsteller, * 1894; Dramen, Hörspiele, Romane; neue Shakespeare-Übersetzung (seit 1920).

Roethe, Gustav, Germanist, * 1859, † 1926, Prof. in Göttingen und Berlin.

Röthenbach a. d. Pegnitz, Stadt in Mittelfranken, Bayern, 10 800 Ew.; Metall-, Guß- und Preßwerk, Elektrodenfabrikation.

Rothenburg ob der Tauber, Stadt in Mittelfranken, Bayern, 11 700 Ew.; Fremdenverkehr, Elektro-, Metall-, Textil- u. a. Ind. R., eine der besterhaltenen mittelalterl. Städte, hat Stadtmauer mit Türmen, Toren, Wehrgang, got. und Renaissance-Giebelhäuser, Rathaus mit got. und

Rothenburg ob der Tauber: Röderbogen

Renaissanceteil mit Barock-Arkaden. Bekannte Kirchen: got. Stadtkirche St. Jakob (begonnen 1372; mit Schnitzaltar von Riemenschneider), Franziskanerkirche (begonnen nach 1280), got. Spitalkirche u. a. R. wurde 1274 Reichsstadt, 1631 Belagerung durch Tilly (jährl. Festspiel ‚Der Meistertrunk'), kam 1802 an Bayern.

Rothenfelde, Bad R., Gem. und Heilbad in Ndsachs., am Teutoburger Wald, 5000 Ew.; Solquellen.

Rother, König R., dt. Spielmannsepos, um 1150-60 von einem (wohl rheinfränk.) Geistlichen in Bayern verfaßt.

Rotherham [r'ɔðərəm], Stadt in der engl. Gfsch. York, 86 360 Ew., Berg-, Maschinenbau, Eisen-, Stahl-, Messing-, Glasverarbeitung.

Rothermere [r'ɔðəmiə], Harald **Harmsworth** Viscount (1918), engl. Zeitungsverleger, * 1868, † 1940, wurde 1922 Erbe seines Bruders Lord Northcliffe als Besitzer und Leiter der ‚Daily Mail'.

Rottmann, Rottmann, Carl, Maler, * 1797, † 1850, malte italien. und griech. Landschaften in klassisch-heroischem Stil, mit maler. Lichtwirkungen.

Rotholz, 1) verschiedene harte tropische Hölzer, zur Farbstoffgewinnung, für Drechsler- und Kunsttischlerarbeiten.

2) das rotbraune Holz, das bei Nadelhölzern als Reaktionsholz in der Druckzone von auf Biegung beanspruchten Stämmen und Ästen dient.

Rothschild, Meyer Amschel, * 1743, † 1812, gründete 1764 ein bedeutendes Bankhaus in Frankfurt a. M., das 1901 erlosch. Seine Söhne errichteten Banken in London, Paris, Wien, Neapel. Im 19. Jahrh. besaß das Haus R. starken polit. Einfluß. Es bestehen noch: in Paris **Banque R. S. A.,** in London **N. M. Rothschild & Sons.**

rot'ieren [lat.], sich drehen; umlaufen.

Rotkäppchen, Märchen vom kleinen Mädchen mit roter Kappe, das von dem als R.s Großmutter verkleideten Wolf gefressen, aber dann vom Jäger gerettet wird.

Rotkehlchen, olivbrauner Singvogel mit rostroter Kehle und heller Unterseite.

Rotkehlchen

Rotkupfer|erz, dunkelrotes Kupfererz mit metallart. Glanz, chemisch Cu_2O.

Rotlauf, eine durch das Bakterium **Erysipelothrix muriseptica** hervorgerufene, anzeigepflichtige Infektionskrankheit der Schweine (mit Hautrötung); kann auf den Menschen übertragen werden (**Erysipeloid**). - Beim **R.-Nesselfieber** (Backsteinblattern) zeigen sich dunkelrote bis violette, backsteinähnl. erhabene Flecke.

Rotliegendes, die untere Stufe der dt. Perm-Formation (→Erdgeschichte).

Rotnickelkies, lichtkupferrotes Nickelerz, chemisch Nickelarsenid.

R'otor [lat.] *der,* der umlaufende Teil elektr. Maschinen, die Schwungscheibe von Automatik-Uhren, der Drehflügel des Hubschraubers, der Flettner-R.

R'otorverfahren, Sauerstoffaufblasverfahren der Stahlherstellung; das flüssige Roheisen wird in einem sich drehenden **Rotorofen** mit Sauerstoffpflanzen gefrischt.

Rotpustelkrankheit, eine durch rote Fruchtlager des Pilzes Nectria cinnabarina auf abgestorbenen Zweigen gekennzeichnete Krankheit der Laubhölzer.

Rotreußen, alte Bez. für O-Galizien und Podolien, die heutige W-Ukraine.

Rotschwanz, 1) eine Singvogelgattung mit rostrotem Schwanz: **Garten-R.,** Männchen oben grau, Stirn weiß, Kehle schwarz, Brust rot; **Haus-R.,** Männchen oben grau, unten schwärzl. **2)** →Buchenrotschwanz.

R'otse, Bantuvolk am unteren Sambesi. Das um 1450 geschaffene Reich der R. (**Monomotapa**) bestand bis ins 19. Jahrh. (→Simbabwe).

Rot|sehen, eine Fehlsichtigkeit, bei der die vom Auge fixierten Gegenstände rötlich erscheinen (z. B. bei Schneeblindheit).

Rotspießglanz, kirschrotes Mineral, chemisch Antimonoxysulfid, Sb_2S_2O.

Rottanne, die Gemeine Fichte.

Rotte, 1) Abteilung. **2)** ⚔ früher die in einer mehrgliedrigen Abteilung hintereinanderstehenden Soldaten. **3)** Flugformation zweier in Durchführung eines gemeinsamen Auftrags zusammenfliegender Flugzeuge, auch zwei taktisch zusammengehörige kleinere Kriegsfahrzeuge. **4)** ⚓ mehrere Sauen oder Wölfe.

R'otteck, Karl von, Historiker und Politiker, * 1775, † 1840, suchte die Ideen der franzöś. Revolution und den bad. Konstitutionalismus auf Dtl. zu übertragen.

Rottenburg am Neckar, Stadt in Bad.-Württ., 13 500 Ew.; Textilbetriebe, Holz-

verarbeitung, Maschinen- und Fertighausbau.

Rottenhammer, Johann, Maler, * 1564, †1625, schuf kleine religiöse und mytholog. Bilder auf Kupfer, auch Altartafeln und Fresken.

Rotterd'am, zweitgrößte Stadt und wichtigster Handelsplatz der Niederlande, größter Hafen der Welt, an der Nieuwen Maas, 686 600 Ew. R. hat Handelshochschule, Seefahrtschule, Museen, Flughafen; kath. Bischofssitz; nach schweren Zerstörungen im 2. Weltkrieg modern aufgebaut; Schiff-, Stahl- und Maschinenbau, Erdölraffinerien, vielfältige Ind. Einfuhr von Mineralölen, Erzen, Getreide, Kohle u. a. Ausfuhr von industriellen Fertigprodukten, Walzstahl, Obst-, Molkereierzeugnissen u. a.

Röttger, Karl, Schriftsteller, * 1877, † 1942; Gedichte, Erzählungen (,Das Herz in der Kelter', 1927), Dramen.

Rottmann, →Rothmann.

Rottmayr, Johann Michael Freiherr von **Rosenbrunn,** Maler, * 1654, † 1730, schuf Fresken in österreich. Barockbauten.

R'ottweil, Stadt in Bad.-Württ., im oberen Neckartal, 20 000 Ew., ehem. Freie Reichsstadt mit Heiligkreuzkirche (urspr. spätromanisch, im 15.-16. Jahrh. umgebaut); Textil-, elektrotechn., feinmechan., Metallwarenind. Bekannt ist die Fasnacht von Rottweil.

Rottweiler, kurzhaariger bis 65 cm hoher Schutz- und Polizeihund.

Rot'unde [lat.] *die,* ein Rundbau.

Rotverschiebung, die Verschiebung der Spektrallinien nach dem roten Ende des Spektrums hin bei Sternen, die sich von uns entfernen (Doppler-Effekt) und bei entfernten Spiralnebeln (→Hubble-Effekt). Auch das entgegen starker Massenanziehung ausgestrahlte Licht zeigt nach der Relativitätstheorie eine Rotverschiebung.

R'otwelsch [mhd. rot ,Bettler'], seit dem 13. Jahrh. die Geheimsprache der Vagabunden. Ihr im Kern dt. Sprachgut ist von Jiddisch und zigeuner. Wörtern durchsetzt.

Rotwild, Edelhirschwild.

Rotwolf, 1) Art wilder Hunde. **2)** rötl. Unterart des Wolfs.

Rotz *der,* **1)** 🐎 eine durch **Rotzbakterien** erregte, meldepflichtige Infektionskrankheit der Einhufer; Nachweis durch →Mallein. R. ist auf den Menschen übertragbar. **2)** ⚘ Krankheiten von Blumenzwiebeln.

Rot|zunge, Art der Plattfische.

Rouault [ru'o:], Georges, franzöś. Maler und Graphiker, * 1871, † 1958, stellte in leuchtenden Farbflächen mit schwarzen Konturen religiöse Themen, Arbeiter, Dirnen, Clowns dar; graph. Folge ,Miserere' (1948); Glasmalereien.

G. Rouault: Clown; 1935 (Lausanne, Privatbesitz)

Roubaix [rub'ɛ], Stadt im franzöś. Dép. Nord, 114 800 Ew., Mittelpunkt der nordfranzöś. Textilindustrie.

Rouen [ru'ã], Hauptstadt des franzöś. Dép. Seine-Maritime, 124 600 Ew., 125 km vor der Seine-Mündung, kath. Erzbischofssitz, Univ., kultureller Mittelpunkt der Normandie; got. Kathedrale; Maschinen-, Schiff-, Fahrzeugbau, Textil-, Leder-, chem. Ind.; Hafen. - R., das Rotomagus des Altertums, war die Hauptstadt des Herzogtums Normandie; 1431 Verbrennung der Jeanne d'Arc. (Bild S. 1050)

Rouge [ru:ʒ, frz.] *das,* künstliches Lippen- und Wangenrot.

Rouge et noir [ruʒenw'a:r, frz. ,Rot und Schwarz'] *das,* Glücksspiel mit 6 Whistkartenspielen.

Rouget de Lisle [ruʒ'ɛdəl'i:l], Claude Joseph, * 1760, † 1836; schrieb und vertonte die →Marseillaise.

Roul'ade [rul-, frz.] *die,* Scheiben von Fleisch, Geflügel oder Wild, auch Fisch, mit Speck u. a. gefüllt, zusammengerollt und geschmort oder gedünstet.

Rouleauxdruck [rul'o-], der Zeugdruck.

Roulett [rul'ɛt, frz.] *das,* Glücksspiel mit einer Kugel auf drehbarer Scheibe, deren abwechselnd rote und schwarze Fächer numeriert sind (0 = Zero und 1-36).

Roulette [rul'ɛt, frz.] *die,* ein Werkzeug des Kupferstechers mit gezahntem Rädchen.

Roumanille [ruman'ij], Joseph, neuprovenzal. Dichter, * 1818, † 1891; Mitgründer der Felibres (→Félibre).

Round Table [raund t'eibl, engl. ,runder

Rotterdam: Hafen mit Container-Terminal

Rouen: St. Ouen und Napoleon-Denkmal

Tisch'], **R.-T.-Konferenzen** sind Beratungen am ‚runden Tisch', um Rangstreitigkeiten wegen der Sitzordnung zu vermeiden.
Rourkela, Stadt im Staate Orissa, Indien, über 100 000 Ew., mit einem u. a. von dt. Firmen erbauten Stahlwerk; eine Kokerei und eine Düngemittelfabrik sind im Bau.
Rousseau [rus′o], 1) Henri, französ. Maler, * 1844, † 1910, Beamter beim Pariser Stadtzoll, begann in seiner Freizeit zu malen, stellte 1885 zum ersten Mal aus: Landschaften, figürl. Darstellungen u. a. in naiver, jede Einzelheit erfassender Wiedergabe.

J.-J. Rousseau   *Friedrich Rückert*

2) Jean-Jacques, französisch-schweizer. Schriftsteller, * 1712, † 1778; in seinen Werken formuliert sich der Protest gegen die Aufklärung mit ihrem Glauben an Vernunft und Fortschritt. Daneben wurde R. zum geistigen Wegbereiter der Französ. Revolution und der Romantik. Seine preisgekrönte Schrift ‚Abhandlung über die Künste und Wissenschaften' (1750) verneint die Frage, ob der Fortschritt der Kultur die Menschheit verbessert habe, und konstruiert einen glücklichen naturhaften Urzustand der Menschheit. Die ‚Abhandlung über den Ursprung und die Grundlagen der Ungleichheit unter den Menschen' (1754) begründet die revolutionäre Forderung nach Wiederherstellung der ‚natürlichen Rechtsgleichheit' aller, sein Werk ‚Gesellschaftsvertrag' (Contrat social, 1762) die → Vertragslehre, sein Erziehungsroman ‚Emile' (1762) eine freie, individuelle, naturgemäße Erziehung. In seinem Briefroman ‚Julie oder Die Neue Heloïse' (1761) verkündet er das Recht auf Leidenschaft. Singspiel ‚Der Dorfteufel' (1752). ‚Bekenntnisse' (Confessions, 1781).
3) Théodore, französ. Maler der Schule von Barbizon, * 1812, † 1867; eindringl. Beobachtung der Landschaft, feierl. Ernst des Naturempfindens.
Roussel [rus′εl], Albert, französ. Komponist, * 1869, † 1937, verband kühne kontrapunktische Stimmführung mit herber Melodik; 4 Sinfonien, Konzerte, Kammermusik, Bühnen- und Chorwerke, Lieder.

Rousset [rus′ε], David, französ. Schriftsteller, * 1912, veröffentlichte 1947 eine erschütternde Beschreibung des Lebens im dt. KZ.
Roussillon [rusij′ɔ̃], Landschaft in Südfrankreich, zwischen den Pyrenäen und den Monts Corbières; Hauptstadt: Perpignan. - Die Grafschaft R. kam erst im Pyrenäenfrieden 1659 endgültig von Spanien an Frankreich.
Route [rut, frz.] *die,* Weg, Reiseweg.
Rout′ine [ru-, frz.] *die,* durch Übung erlangte Fertigkeit. **routin′iert,** gewandt.
Rover′eto, Stadt an der Etsch, in der Prov. Trient, Italien, 28 500 Ew., Seidenindustrie.
Rov′igo, 1) Prov. in Oberitalien, 1803 km², 253 600 Ew. 2) Hauptstadt von 1), 49 100 Ew.; Dom; Getreidemarkt, Industrie.
Rov′uma, südl. Grenzfluß Tansanias, 920 km lang, mündet in den Ind. Ozean.
Rowdy [r′audi, engl.] *der,* Raufbold, Rohling.
Rowland [r′oulənd], Henry Augustus, amerikan. Physiker, * 1848, † 1901, Prof., förderte die Spektroskopie durch Entwicklung der **R.schen Beugungsgitter.**

H. Rousseau: Der Stadtzoll; um 1900

Rowlandson [r′oulədnsn], Thomas, engl. Zeichner und Radierer, * 1756, † 1827, bekannt vor allem durch Karikaturen.
Rowley Regis [r′ouli r′i:dʒis], ehem. Stadt in Mittelengland, gehört heute zu Warley.
R′owno, Gebietshauptstadt in der Ukrain. SSR, 116 000 Ew.; elektrotechn., Baustoff-, Bekleidungs-, Holz-, Nahrungsmittelindustrie.
Rowohlt, Ernst, Verleger, * 1887, † 1960, förderte in seinem Verlag moderne Schriftsteller, eröffnete nach dem 2. Weltkrieg die Reihen billiger Buchausgaben.

Rox′ane, baktrische Fürstentochter, 327 v. Chr. Gemahlin Alexanders d. Gr.; mit ihrem Sohn Alexander (* 323) um 310/09 ermordet.
Roxburgh [r′ɔksbərə], Grafschaft in Schottland, 1724 km², 42 600 Ew.; Hauptstadt ist Jedburgh.
royal [rwaj′al, frz.; r′ɔiəl, engl.], königlich.
Royal Air Force [r′ɔiəl′εəfɔːs], Abk. **RAF.,** die Königlich (britische) Luftwaffe.
Royal Dutch/Shell-Gruppe [engl. r′ɔiəl dʌtʃ ʃel -], niederländ.-brit. Konzern der Erdölind., entstanden 1907 durch Fusion. Eigenkap.: 3,7 Mrd. £; Beschäftigte: 184 000 (1970). Westdt. Tochtergesellschaft ist die → Deutsche Shell-AG.
Royalisten Mz. [frz.], Befürworter des Königtums, so die Anhänger der Bourbonen seit der Revolution von 1789.
Rp., auf Rezepten: Abk. für latein. recipe, nimm!
RR Lyrae-Sterne, → veränderliche Sterne.
Rschew [rʒεf], Stadt in der Sowjetunion, an der Wolga, 61 000 Ew.; Maschinenbau, Leinenindustrie u. a.
RSFSR, Abk. für → Russische Sozialistische Föderative Sowjetrepublik.
R T, Abk. für → Registertonne.
Ru, chem. Zeichen für Ruthenium.
Ru′anda, Republik in Afrika, → Rwanda.
Ru′anda-Ur′undi, gemeinsame Bez. für die heutigen Staaten → Rwanda und → Burundi zur Zeit der belg. Mandats- (1919-46) und Treuhandverwaltung.
Ruap′ehu, größter neuseeländ. Vulkan, 2797 m hoch (Tongariru-Nationalpark).
R′uark, Robert Chester, amerikan. Schriftsteller, * 1915, † 1965; Romane ‚Die schwarze Haut' (1955), ‚Nie mehr arm' (1959), ‚Der Honigsauger' (1965) u. a.
Rub al-Ch′ali [arab. ‚das leere Viertel'], die Große Arabische Sandwüste im SO der arab. Halbinsel.
Rub′ato [ital.] *das,* ♪ tempo rubato, freies Zeitmaß.
R′ubel *der,* russ. **R′ublj,** Währungseinheit der Sowjetunion, 1 R. = 100 Kopeken; seit dem 13. Jahrh. zunächst eine Rechnungsmünze, seit 1704 dauernd als Silbermünze geprägt.
R′uben, 1) israelit. Stamm im südl. Ostjordanland. 2) der älteste Sohn Jakobs.
Rüben Mz., Pflanzen, bei denen der unterste Teil der Sproßachse und die Primärwurzel zu Speicherorganen umgebildet sind. Beta-Rüben sind z. B. Zucker-R., Runkel-R.; Brassica-Rüben sind Kohl-, Steckrübe, Weiße R. u. a.; Gemüse, Zuckerrohstoff, Viehfutter.
Rübenfliege, Runkelfliege, 6-8 mm lange Blumenfliege, deren Maden in Rübenblättern Gänge fressen. (Tafel Schädlinge)
Rübenmüdigkeit, gefährl. Fruchtfolgekrankheit, die durch das **Rübenälchen** hervorgerufen wird.
Rubens [r′y:-], Peter Paul, fläm. Maler,

Th. Rowlandson: ‚Die Brücke von Blackfriars'

Rubens: Selbstbildnis mit Isabella Brant in der Geißblattlaube; um 1609 (Ausschnitt; München, Pinakothek)

* 1577, † 1640, ging nach erstem Unterricht in Köln nach Antwerpen, war seit 1600 Hofmaler in Mantua, auch tätig in Rom, Venedig, Florenz und Genua, seit 1608 wieder in Antwerpen, auf Reisen, auch als Diplomat, in Frankreich, England, Spanien, verheiratet mit Isabella Brant, nach deren Tod seit 1630 mit Helene Fourment. Aus seiner Werkstatt, in der er viele Mitarbeiter beschäftigte (A. van Dyck, F. Snyders, J. Bruegel d. Ä. u. a.), gingen 2000 bis 3000 Werke hervor, etwa 600 von ihm selbst gemalt oder überarbeitet; religiöse, geschichtl., mytholog., allegor. Gemälde, Landschaften und Bildnisse. Unerschöpflich war seine Erfindungskraft, die aus fläm. Sinnlichkeit und klassisch-humanist. Geist eine neue Bildwelt entstehen ließ. Entscheidend für seine Kunst waren die italien. Eindrücke (Caravaggio, Raffael, Tizian, Michelangelo, Tintoretto, antike Bildwerke), aus denen der neue Stil der nach seiner Heimat erschaffenen Werke erwuchs: Kreuzaufrichtung, Kreuzabnahme (Antwerpen, Kathedrale); Jüngstes Gericht, Höllensturz, Löwenjagd, Amazonenschlacht, Raub der Leukippos-Töchter (alle in München). In der mittleren Zeit seines Schaffens entstanden die 21 Gemälde aus dem Leben der Maria von Medici, in denen sich Historisches mit Mythologischem verbindet (Paris, Louvre), Altarbilder bes. für Antwerpener Kirchen u. a. In sein letztes Lebensjahrzehnt fallen der Ildefonso-Altar (Wien), das Venusfest (Wien), der Bauerntanz (Madrid), Bildnisse, bes. seiner jungen Frau, und heroisch-pathet. Landschaften. Der Einfluß seiner Kunst wirkte sich in ganz Europa aus.

Rübenwanze, eine bis 3,5 mm lange, graue, dunkel gefleckte Wanze, überträgt durch Saugen an Rübenpflanzen ein Virus, das die **Rübenkräuselkrankheit** erregt.

Rübenzucker, Zucker aus Zuckerrüben, chemisch dasselbe wie Rohrzucker.

Rübezahl, Sage: Berggeist des Riesengebirges, erscheint als Bergmännlein, Geist, Mönch, Riese, in Tiergestalt, neckt die Wanderer, beschenkt Arme, hütet die Bergschätze. (Bild Schwind)

Rub'idium, Zeichen **Rb,** chem. Element, Alkalimetall, Ordnungszahl 37, Massenzahlen 85, 87, Atomgewicht 85, 47, spezif. Gewicht 1,53, Schmelzpunkt 39° C, Siedepunkt 680° C, weich, weißglänzend, findet sich spurenweise in Salzsolen, Mineralwässern, Abraumsalzen.

R'ubikon, latein. **Rubico,** im Altertum Grenzfluß zwischen der Prov. Gallia Cisalpina und Italien; 49 v. Chr. von Caesar überschritten, der damit den Bürgerkrieg begann.

Rub'in der, durchsichtiger roter Korund; Edelstein. (Tafel Edelsteine)

R'ubinstein, 1) Anton, russ. Pianist und Komponist, * 1830, † 1894, gründete 1862 das Konservatorium in St. Petersburg. Er komponierte bes. unter dem Einfluß Mendelssohns, Opern, Oratorien, Orchestermusik u. a.

2) Artur, poln. Pianist (seit 1946 amerikan. Staatsbürger), * 1886.

3) Nikolaus, russ. Pianist und Komponist, Bruder von 1), * 1835, † 1881.

Rubljew [rublj'ov], Andrej, russ. Maler, * um 1360/70, † um 1427/30, bildete, ausgehend von byzantin. Kunst, einen neuen, für die Folgezeit maßgebenden Stil aus; Ikonen, Wandmalereien. (Bild Russ. Kunst)

Rüb|öl, fettes Öl aus Raps- und Rübsensamen; Verwendung für techn. Zwecke, gereinigt auch als Speiseöl, gehärtet zur Margarineherstellung.

Rubr'ik [aus lat.] *die,* **1)** Anweisung für die latein. Liturgie. **2)** ⚘ Abteilung, Spalte.

R'ubruk, Ruysbroeck [r'œjsbru:k], Wilhelm von, fläm. Asienreisender, * um 1210, † um 1270, unternahm 1253-55 eine Gesandtschaftsreise an den Hof des Mongolenfürsten im Karakorum; sein lateinisch geschriebener Bericht ist eine wertvolle Quelle über W- und Zentralasien.

R'ubrum [lat.] *das,* -s/...bra, **1)** kurze Inhaltsangabe als Aufschrift. **2)** ⚖ im Prozeßrecht die Bezeichnung der Parteien und des Gerichts am Anfang jeder Klagschrift und jedes Urteils.

Rübsamen, 1) Rübsen, rapsartiger Kreuzblüter, liefert →Rüböl. **2)** Frucht der Runkel- und Zuckerrübe.

R'ubus, Pflanzengattung, →Brombeere, →Himbeere.

Rubz'owsk, Stadt im Gau Altai, Russ. SFSR, 145000 Ew.; Maschinenbau-, elektrotechn., Baustoff-, Nahrungsmittelind.

Rucellai [rutʃel'ai], Giovanni, italien. Dichter, * 1475, † 1525; Trauerspiele (frühe italien. Nachahmungen der griech. Tragödie); Gedicht über Bienenzucht.

Ruchgras, Wiesen- und Weidegras, mit kurzen Ährchen und Waldmeistergeruch.

Ruck, Rock, sagenhafter Riesenvogel in arabischen Märchen.

Rückbildung, ⚙ 🐾 ♀ Verminderung von Organen, oft infolge Nichtbenutzens. Über **rückgebildete Organe** →Rudiment.

Rücken, Anatomie: bei bilateralsymmetr. Tieren die Oberseite des Körpers, beim Menschen der von der Wirbelsäule, den hinteren Abschnitten der Rippen, den Schulterblättern und den darübergelegenen Weichteilen gebildete Teil des Rumpfes.

Rückenmark, latein. **Medulla spinalis,** Anatomie: die innerhalb des Wirbelkanals liegende Fortsetzung des verlängerten Marks und damit des Gehirns, ein Teil des zentralen Nervensystems. Das R. ist ein nahezu zylindr. Strang aus weißer und grauer Substanz, von dem die Spinalner-

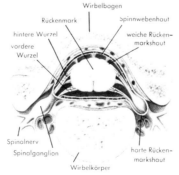

Rückenmark; Querschnitt durch Wirbelsäule und R. (nach Rauber-Kopsch): Wirbelkanal und R. mit umgebenden Häuten; jederseits ein Zwischenwirbelloch, durch das die R.-Nerven ein- und austreten

ven ausgehen. Auf dem Querschnitt erscheint die graue Substanz schmetterlingsförmig; sie gliedert sich jederseits in zwei durchlaufende Vorsprünge: **Vorder-** und **Hintersäule (Vorder-** und **Hinterhorn).** Die weiße Substanz gibt die graue wie ein Mantel. Jeder Spinalnerv entsteht durch die Vereinigung der aus etwa fünf bis zehn einzelnen Nervenfaserbündeln bestehenden vorderen (motorischen) und hinteren (sensiblen) Wurzeln. Vor der Vereinigung zum Stamm des Spinalnerven besitzt die hintere Wurzel im Zwischenwirbelkanal eine eiförmige Anschwellung, das Spinalganglion. Jeder so gebildete R.-Nerv erhält sensible, motorische und vegetative Fasern. Im R. laufen auch Erregungsvorgänge ab, die unbewußt bleiben können (→Reflex). Die von den Innenrezeptoren der Eingeweide über das vegetative Nervensystem zum R. geleiteten Erregungen werden dort auf zentrifugale Bahnen umgeschaltet (die beim Menschen vom Gehirn durch absteigende Bahnen kontrolliert und an die Peripherie zurückgesendet werden). Das R. ist wie das Gehirn in drei Häute gehüllt: die **weiche Rückenmarkhaut,** der R. eng anliegt, die **Spinnwebenhaut,** die von der weichen R.-Haut durch einen mit Gehirn-Rückenmarks-Flüssigkeit gefüllten Spalt getrennt ist, und die **harte Rückenmarkhaut.**

Rückenmarkentzündung, griech. **Myel'itis,** entsteht, wenn Entzündungserreger in das Rückenmark gelangen. Bei bakteriellen Infektionen tritt die R. vorwiegend als herdförmige, dort auf größerer Ausdehnung als Querschnitts-Myelitis mit Lähmungen auf. Eine chron. R. ist die multiple Sklerose.

Rückenmarkschwindsucht, volkstüml. Ausdruck für →Tabes dorsalis.

Rückerstattung, ⚖ jede Rückgewähr einer ohne Rechtsgrund erbrachten Leistung, bes. die Rückgabe der dem Eigentümer zwischen 1933 und 1945 aus rassischen, religiösen, nationalen, weltanschaul. oder polit. Gründen entzogenen Vermögensgegenstände, geregelt im Bundesrückerstattungs-Ges.v.19.7.1957/24.3. 1958/13. 1. 1959.

Rückert, Friedrich, Dichter, * 1788, † 1866, Prof. für oriental. Philologie in Erlangen, Berlin; Sprach- und Formtalent ,Deutsche Gedichte' (1814, darin ,Geharnischte Sonette), Zyklus ,Liebesfrühling' (1823), ,Kindertotenlieder' (hg. 1872, vertont von G. Mahler 1902); ,Östliche Rosen' (1822, Nachdichtungen des Hafis), Dichtergung der Makamen des Hariri u. a. oriental. Dichtungen; ,Die Weisheit des Brahmanen' (1836 bis 1839) in Alexandrinern, Zusammenfassung östl. Welt- und Gottesweisheit. (Bild S. 1053)

Rückfahrscheinwerfer, ein oder zwei blendungsfreie Zusatzscheinwerfer an Kraftfahrzeugen.

Rückfall 1) ♀ erneuter Ausbruch einer Krankheit **(Rezidiv). 2)** ⚖ die Begehung einer mit Freiheitsstrafe bedrohten vorsätzl. Straftat, nachdem der Täter schon mindestens zweimal wegen eines vorsätzl. Vergehens zu Strafe verurteilt worden ist und wegen einer oder mehrerer dieser Taten mindestens 3 Monate Freiheitsstrafe verbüßt hat. Die Mindeststrafe ist eine Freiheitsstrafe von 6 Monaten (§ 17 StGB.). Das StGB. der Dt. Dem. Rep. sieht unter strl. Voraussetzungen für den R. eine Strafverschärfung vor. - Nach dem österreich. StGB. (§§ 44, 263) wirkt der R. bei Straftaten strafverschärfend, nach dem schweizer. (Art. 67) nur, wenn der Täter zu Zuchthaus oder Gefängnis verurteilt war. Österreich kennt keine R.-Verjährung, in der Schweiz beträgt die Frist 5 Jahre.

Rückfallfieber, eine durch Spirochäten erregte, bes. durch Läuse, Zecken übertragene Infektionskrankheit mit durchschnittlich 3-6 Tagen anhaltenden Fieberanfällen in meist 6-10tägigen Abständen. Behandlung: Antibiotica.

Rückfrage-Apparat, Fernsprechapparat für 2 Anschlußleitungen: Zusätzlich zu einer bestehenden Verbindung kann man eine zweite wählen.

Rückgrat das, die →Wirbelsäule.

Rückgriff, ⚖ der →Regreß.

Rückhandschlag, bes. im Tennis: ein Schlag, bei dem Rechtshänder den links vom Spieler aufspringenden Ball mit dem rechten Arm schlagen.

Rückkauf, 1) ⚖ der →Wiederkauf. **2)** Lebensversicherung: die Abfindung des Versicherungsnehmers bei vorzeitiger Auflösung des Versicherungsvertrags für seine Ansprüche auf Erstattung der anteiligen Prämienreserve.

Rückkopplung, die Rückführung eines Teils der Ausgangsenergie einer Schaltung, eines Regelkreises, einer chem. Reaktionskette o. dgl. an den Eingang zur Verstärkung von Schwingungen (bei Phasengleichheit: **positive R.**), Unterdrückung von Schwankungen (bei Phasenungleichheit: **negative R.**), Einregelung einer Größe u. a. Die R., Unterdrückung ist in elektron. Schaltungen (z. B. bei Rundfunkgeräten) verwendet, ist ein allgemeines Prinzip biochem. und biolog. Vorgänge.

Rücklage, Reserve, das zusätzlich zum nominellen (Grund-, Stamm-)Kapital in einem Unternehmen vorhandene Eigenkapital. Aktiengesellschaften sind zur Bildung **gesetzl. R.** verpflichtet, **freie R.** können freiwillig gebildet und beliebig aufgelöst werden. **Offene R.** werden aus dem ausgewiesenen Jahresgewinn gebildet. **Stille R.** sind in unterbewerteten Vermögensteilen oder in überbewerteten Schulden u. a. enthalten.

Rücklicht, Schlußleuchte an Fahrzeugen.

Rückprojektionsverfahren, bei Filmaufnahmen der Ersatz des natürl. Hintergrundes durch eine halbdurchlässige Projektionswand, auf die von hinten ein künstl. (gefilmter) Hintergrund projiziert wird.

Rückschlag, ⚕ 🧬 →Atavismus.

Rückstau, 1) Abflußstörung in Flüssen. **2)** Stockung im Straßenverkehr.

Rückstellungen, in der Bilanz ein Passivum zur periodengerechten Abgrenzung von Verbindlichkeiten, die ihrer Entstehung nach bekannt, der Höhe oder dem Zeitpunkt ihrer Fälligkeit nach ungewiß sind, z. B. für Pensionsverpflichtungen. Die R. sind Fremdkapital, sie dienen bis zu ihrer Inanspruchnahme der Finanzierung.

Rückstoß, Rückwirkung einer von einem Körper durch innere Kräfte fortgeschleuderten Masse auf diesen Körper selbst. Die physikal. Grundlage ist der Impulssatz (→Impuls). Der R. wirkt im luftleeren Raum ebenso wie in Luft oder Wasser (Prinzip der Rakete).

Rückstrahler, rote Reflexkörper an Fahrzeugen zur zusätzl. Sicherung nach hinten, bes. bei ausgeschalteter oder ausgefallener Beleuchtung. R. sind auch an Baken u. a. Verkehrszeichen vorgeschrieben.

Rücktritt, 1) Verzicht auf ein Amt. **2)** im Schuldrecht die auf Gesetz oder Vertrag beruhende einseitige Erklärung eines Vertragsteils an den Vertragsgegner, daß der wirksam abgeschlossene Vertrag als nicht geschlossen behandelt werden soll (§§ 346 ff. BGB.). **3) R. vom Versuch,** →Versuch.

Rücktrittbremse, eine Reibungsbremse in den Freilaufnaben von Fahrrädern, Motorfahrrädern und Mopeds; durch Rückwärtstreten der Tretkurbel wird ein Bremsmantel gegen die sich drehende Nabenhülse gepreßt.

Rückversicherung, Re|assekur|anz, ein Vertrag, durch den ein Partner (der **Rückversicherer**) gegen Entgelt dem anderen (dem **Zedenten, Erstversicherer**) ganz oder teilweise das Risiko aus einem oder mehreren Versicherungsverträgen abnimmt.

Rückversicherungsvertrag, der deutschruss. geheime Neutralitätsvertrag auf drei Jahre vom 18. 6. 1887; nach Bismarcks Sturz von Caprivi unter Holsteins Einfluß 1890 nicht verlängert.

Rückwälzung, →Steuerentlastung.

Rückwechsel, ein Wechsel, den ein Rückgriffsberechtigter eines zu Protest gegangenen Wechsels auf einen seiner Vormänner zieht (Art. 52 WG.).

Rückwirkung, ⚖ die Wirkung einer Willenserklärung auf die Zeit vor ihrer Abgabe (z. B. bei der Genehmigung, § 184 BGB.), bes. aber die Wirkung, die eine Rechtsvorschrift auf die vor ihrem Inkrafttreten begründeten Rechtsverhältnisse beansprucht. Die R. eines Strafgesetzes ist in der Bundesrep. Dtl. verboten (Art. 103, Abs. 2 GG.).

Rüdak'ī, Abu 'Abdollah Dscha'far, pers. Dichter, * um 858, † 941; Bearbeitung der Fabelsammlung ‚Kalila und Dimna‘ und des Sindbadromans.

R'uda Śląska [-sjl'ɔ̄ska], Stadt in der Woiwodschaft Kattowitz, Polen, mit 140 900 Ew., Eisen- und Zinkhütten, Steinkohlengruben.

Rudb'eckie, Sonnenhut, nordamerikan. Korbblütlergatt.; viele Arten sind Gartenzierpflanzen, so die ausdauernde, bis über 2 m hohe **Schlitzblättrige R.**

Rudbeckie

Rude [ryd], François, franzöś. Bildhauer, * 1784, † 1855, überwand den Klassizismus zugunsten lebhaft bewegter Formen (Marseillaise am Arc de Triomphe, Paris, 1833 bis 1836).

Rüde der, das Männchen der Fam. Hunde und Marder; der Hetzhund (Männchen und Weibchen).

Rudel das, 🧬 mehrere zusammenlebende Stücke bes. wiederkäuenden Schalenwild (außer beim Rehwild) oder beim Wolf.

Rudelsburg, Burgruine an der Saale, bei Bad Kösen, aus dem 12. Jahrh., seit 1641 Ruine.

Ruder, 1) ein um eine senkrechte Achse drehbarer Profilkörper zum Steuern des Schiffes, meist am Heck, selten am Bug (bei Fähren). Die **Tiefenruder** der U-Boote und Torpedos (immer paarweise) sind um die waagerechte Achse drehbar. **2)** am Flugzeug die bewegl. Steuerflächen des →Leitwerks. **3)** fälschl. Bez. für Riemen und Skulls (→rudern). **4)** 🧬 Füße der Schwimmvögel.

Ruderfüßer, 1) Ordn. meist fischfressender Vögel mit Schwimmhäuten an den Füßen; so Komoran, Fregattvogel. **2)** niedere Krebstiere. Die freilebenden R. haben einen keulenförmigen Körper, dessen letztes Glied zweigespalten ist; z. B. der **Hüpferling** im Süßwasser (Fischnahrung). Die parasitischen R. klammern sich mit den ersten Fühlern am Wirt an; z. B. die **Barschlaus;** die Männchen sind oft winzig klein.

Rudergänger, Rudergast, Matrose, das Ruder (Steuer) eines Schiffes bedient.

Rudermaschine, eine Maschine zum Drehen des Ruders auf großen Schiffen, vom Steuerstand über ein Getriebe bedient.

rudern, ein Wasserfahrzeug mittels **Riemen** und/oder **Skulls** (beides fälschlich als ‚Ruder‘ bezeichnet) fortbewegen. Im **Rudersport** gibt es Gigs (Übungs- und Wanderboote) aus Mahagoni-, Eichen- oder Zedernholz, außerdem Rennboote für Wett-

Rudern: Vierer ohne Steuermann

bewerbe über bestimmte Strecken (für Herren über 2000 m), mit glatter, sehr dünner Außenhaut, nicht mit Kiel, nur mit Kielflosse versehen. Bei **Riemenbooten** bedient jeder Mann einen Riemen mit beiden Händen, bei **Skullbooten** jeder Mann zwei Riemen (Skulls); nach der Zahl der Ruderer unterscheidet man Einer, Zweier, Vierer und Achter. Zur Unterscheidung von den Riemenbooten heißen Skullboote Doppelzweier, Doppelvierer und Doppelachter. Alle Gigs oder Rennboote haben seitlich auskragende Ausleger, an deren Ende sich die drehbaren Dollen befinden. Die Ruderer sitzen auf →Rollsitzen. Der Dt. Ruderverband ist der Fédération Internationale des Sociétés d'Aviron, FISA (Sitz: Montreux), angeschlossen.

Ruderschnecken, Flügelschnecken, meeresbewohnende Hinterkiemer, deren Fuß zu zwei Flossenblättern entwickelt ist.

Rüdersdorf bei Berlin, Gem. im Bez. Frankfurt a. d. O., 11 100 Ew.; Baumaterialgewinnung aus den **Rüdersdorfer Kalkbergen.**

Rüdesheim am Rhein, Stadt in Hessen, 7400 Ew.; Weinbau, Wein- und Sektkellereien, Weinbrennerei, Fremdenverkehr.

Rüdiger von Bechel'aren (= Pöchlarn an der Donau), Gestalt des Nibelungenliedes, Lehnsmann Etzels.

Rudim'ent [lat.] das, **1)** Anfangsgrund. **2)** Biologie: **rudimentäre** (rückgebildete) **Organe,** Teile eines Lebewesens, die im Laufe großer Zeiträume rückgebildet sind, ermöglichen oft Rückschlüsse auf die Stammesgeschichte. **3)** Rest alter Lebensformen.

Rudnicki [-n'itski], Adolf, poln. Schriftsteller, * 1912, ‚Das lebende und das tote Meer‘ (1952).

Rudolf, Fürsten:
Deutsche Könige und römische Kaiser
1) R. von Rheinfelden, 1057 Herzog von Schwaben, 1077 Gegenkönig Heinrich IV., 1080 bei Hohenmölsen tödlich verwundet.
2) R. von Habsburg, R. I. (1273-91), * 1218, † 1291; beendete das Interregnum, bekämpfte die Raubritter, besiegte 1278 Ottokar II. von Böhmen, schuf die habsburg. Hausmacht in Österreich und der Steiermark.
3) R. II. (1576-1612), Sohn Kaiser Maximilians II., * 1552, † 1612; begünstigte die Gegenreformation, sicherte aber Böhmen im ‚Majestätsbrief‘ 1609 Religionsfreiheit zu. Infolge zunehmender Geisteskrankheit mußte er seinem Bruder Matthias seit 1608 die Regierung abtreten.
Österreich. **4) R. IV. der Stifter,** Herzog (1358 bis 1365), * 1339, † 1365; suchte durch eine Fälschung die Habsburgern kurfürstl. Stellung zu sichern, erwarb 1363 Tirol, gründete 1365 die Univ. Wien.
Österreich-Ungarn. **5)** Erzherzog, Kronprinz, einziger Sohn Franz Josephs I., * 1858, † (Selbstmord) 1889.

Rudolfsee, abflußloser See im N von Kenia, 8000 bis 8600 km² groß, bis 73 m tief.

Rudolf von Ems, mittelhochdt. Dichter ritterl. Geschlechts aus dem Rheintal oder vom Bodensee, † zwischen 1250 und 1254; (‚Der gute Gerhard‘, ‚Alexander‘ u. a., ‚Weltchronik‘).

Rudolf von Fenis, schweizer. Minnesänger, wahrscheinlich Graf Rudolf II. von Neuenburg, † vor 1196.

Rudolstadt, Stadt im Bez. Gera, an der Saale, 31 500 Ew.; Kunstfaser-, Glas-, Porzellan- u. a. Ind. - R. war Mitte 16. Jahrh. bis 1918 Hauptstadt von Schwarzburg-R.; untere und obere Burg (Heidecksburg); letztere als Rokokoschloß wiederaufgebaut.

Ruederer [ruǝ-], Joseph, Schriftsteller, * 1861, † 1915; bayr. satir. Dramen (‚Die Fahnenweihe‘, 1895).

Ruf, 1) Berufung eines Hochschullehrers. **2)** Leumund. **3)** Biologie: meist artgemäß angeborene, stimmungsübertragende kurze Lautäußerungen, zugleich oft auch Elemente des Vogelgesanges. **4)** ᛟ ein Instrument zum Anlocken von Wild.

Ruf|anlage, elektr. Signalanlage zum Rufen bestimmter Personen in einem Gebäude, Werksgelände u. a., über Draht mit Lautsprecher oder **Licht-R.,** auch drahtlos über von den Personen getragene Empfänger in Taschenformat.

Rufidschi, engl. **Rufiji,** Fluß in Tansania, Ostafrika, rd. 800 km lang, mündet gegenüber der Insel Mafia in den Ind. Ozean.

Rufmord, die Zerstörung des Ansehens (Rufs) einer Person durch öffentl. Verleumdung.

Rufnummer, die Ziffernfolge (Ordnungsnummer) eines Fernsprechanschlusses.

Rufzeichen, das Erkennungsmerkmal einer dem internat. öffentl. Nachrichtenaustausch dienenden Funkstelle oder einer Amateurfunkstation.

Rugby [r'ʌgbi], Stadt in der Gfsch. Warwickshire, England, 57 800 Ew.; Public School; Eisenbahnwerkstätten, Elektroind.; Großfunkstation.

Rugby [r'ʌgbi] das, Kampfspiel zwischen zwei Mannschaften mit je 15 Spielern. Ein ovaler Ball ist mit Füßen und Händen in das Mal (Tor) des Gegners zu bringen; bes. beliebt an den brit. und amerikan. Universitäten. Der Deutsche R.-Verband (1900 gegr., 1950 neu gegr.) umfaßt rd. 60 Vereine. - Das R. entstand 1823 in der Stadt Rugby.

Ruge, Arnold, Schriftsteller, * 1803, †1880, radikaler Demokrat, lebte meist im Ausland; gründete 1838 die ‚Hallischen Jahrbücher‘ (später ‚Dt. Jahrbücher‘), das führende Organ der Junghegelianer.

Rüge, 1) Tadel, Verweis. **2)** die Behauptung vor Gericht, daß Verfahrensvorschriften verletzt seien. **3)** im bürgerl. und Handelsrecht die Beanstandung von Mängeln einer gekauften Sache (→Mängelhaftung). **4)** im MA. die Anzeige unverfolgt gebliebener Verbrechen durch vereidigte Männer (**R.-Geschworene, R.-Zeugen**).

Rügen, die größte deutsche Insel, in der

Ostsee, 926,4 km², als Kreis des Bez. Rostock (mit Hiddensee, Ummanz u. a. Inseln) 973 km², 86 200 Ew. Der Strelasund im SW trennt R. vom Festland, mit dem es durch den **Rügendamm** (2,5 km) seit 1936 verbunden ist. Die Insel besteht aus einem von Moränen überlagerten Kreidekern, hat viele Bodden, Nehrungen, Wieke, Halbinseln (u. a. Wittow mit Kap Arkona, Jasmund mit dem 161 m hohen Piekberg und 122 m hohen Königsstuhl der Steilküste von Stubbenkammer) und Nebeninseln. Erwerbsquellen: Landwirtschaft, Fischfang, Kreideabbau, Fremdenverkehr (Seebäder Lohme, Binz, Sellin, Saßnitz u. a.). - R. ursprüngl. von den german. Rugiern bewohnt, kam von Slawen 1168 an Dänemark, 1325 an Pommern, 1648 an Schweden, 1815 an Preußen.

Rügenwalde, poln. **Darłowo,** Stadt in Pommern, 11 200 (1939: 8400) Ew.; hatte Fleisch-, Wurstwarenind. - R. wurde 1365 Hansestadt; seit 1945 unter poln. Verwaltung.

Rügepflicht, ᛟᛚ die Pflicht, einen Mangel der Ware dem Verkäufer sofort anzuzeigen (§ 377 HGB.).

R'ugier, ostgerman. Stamm an der Ostsee, wanderte im 4. Jahrh. nach Niederösterreich, schloß sich später den Ostgoten an.

Ruhegehalt, Pension, der Betrag, den Beamten und gleichgestellten Personen bei Dienstunfähigkeit oder Erreichung der Altersgrenze bis zu ihrem Tod zu zahlen ist. Witwen von Beamten erhalten **Witwengeld,** Halb- und Vollwaisen **Waisengeld.**

Ruhegeld, 1) Alters-R., Leistung der Rentenversicherung (**Rente**). **2)** betriebl. R., dem Arbeitnehmer vom Unternehmer gewährt (**Rente, Pension**). Voraussetzung ist die Anwartschaft des Arbeitnehmers (durch längere Dienstzeit erworben), das Ausscheiden wegen Erreichen der Altersgrenze oder Erwerbsunfähigkeit. Der Anspruch auf R. bedarf eines Rechtsgrundes (Einzelvertrag, Betriebsvereinbarung u. a.).

Ruhen des Verfahrens, ᛟᛚ ein Stillstand des Zivilprozesses; er tritt ein auf Anordnung des Gerichts, z. B. wegen Schwebens von Vergleichsverhandlungen, wenn beide Parteien es beantragen oder nach freiem Ermessen des Gerichts (§§ 251, 251 a ZPO.). In Österreich (§§ 168 ff. ZPO.) und der Schweiz (Art. 586, Abs. 3 ZGB.) ähnl. Vorschriften.

Ruhestand, die Stellung eines auf Lebenszeit berufenen Beamten nach Beendigung des aktiven Dienstes. Bei einstweiliger Beendigung des Dienstverhältnisses spricht man von **Wartestand.**

Ruhestörung, ᛟᛚ ohne berechtigten Anlaß erregter Lärm, der sich gegen die Ruhe der Allgemeinheit richtet; wird bei Vorsatz mit Freiheits- oder Geldstrafe belegt.

Ruhestrom, 1) Biologie: der von ruhenden, d. h. nicht gereizten Zellen ableitbare elektr. Strom (Spannungsausgleich zwischen Zellinnerem und -äußerem). **2)** →Ruhestrombetrieb.

Ruhestrombetrieb, die Betriebsweise von Fernmelde- und Gefahrenmeldeanlagen, bei der in der ruhenden Anlage ständig Strom fließt.

Ruhla, Stadt im Bez. Erfurt, im nordwestl. Thüringer Wald, 8000 Ew.; Metallwaren-, Uhren- u. a. Industrie.

Ruhleben, ehem. Trabrennbahn im 8. VerwBez. Spandau und Siedlung im 7. VerwBez. Charlottenburg, West-Berlin.

Rühmann, Heinz, * 1902, Film- und Bühnenschauspieler, Regisseur.

Ruhmasse, die Masse, die ein Körper für einen relativ zu ihm ruhenden Beobachter besitzt.

Rühmkorf, Peter, Schriftsteller, * 1929; Gedichte, Dramen.

Ruhpolding, Gem., Sommerfrische und Wintersportplatz in Oberbayern, Bayern, 659-1100 m ü. M., 6700 Ew.

Ruhr die, jedes Krankheitsbild mit schleimigblutigen bis eitrigen Durchfällen. Die **Bakterien-R.** ist eine Infektionskrankheit, erregt durch Ruhrbakterien. Behandlung: Sulfonamide, später Antibiotica, Wärme, Diät (Tee, Haferschleim). Die **Amöben-R.** tropischer und subtrop. Gebiete wird erregt durch die Ruhramöbe. Behandlung: Brechwurzel, Malariamittel, Antibiotica.

Ruhr die, rechter Nebenfluß des Rheins, entspringt im Sauerland, mündet bei Duisburg-Ruhrort, 235 km lang.

R'uhrgebiet, R'uhrkohlenbezirk, Rh'einisch-Westfälisches Industriegebiet, der bedeutendste dt. Industriebezirk und das dichtest besiedelte Gebiet Europas, erstreckt sich im N bis zur Lippe, im O bis Hamm, im S bis über die mittlere Ruhr, im W bis Moers. Seine wirtschaftl. Bedeutung beruht auf den Steinkohlenvorräten. Die kohlenführenden Schichten treten im S unmittelbar zutage, nach N sind sie von Kreideschichten, im westl. Teil auch von Tertiär bedeckt, so daß die Flöz-Obergrenze in immer größere Tiefe abfällt (bei Münster 1400 m). Die Kohlenförderung begann im S bereits im MA., zunächst im Tage-, später im Stollenbau. Erst um die Mitte des 19. Jahrh. setzte Schachtbau ein. An den Bergbau schließt sich eine große Anzahl von Industrien an; bes. Eisen- und Stahl- sowie chemische Industrie. Durch veränderte Standortbedingungen und Wettbewerbspositionen, offenere Weltmärkte und neue Rohstoffe (Erdöl, Erdgas, Kernenergie) setzte 1957 eine Absatzkrise im Steinkohlenbergbau ein. Die Förderung ging von (1956) 125 Mill. t auf (1970) 91 Mill. t zurück; 64 Zechen wurden von 1957 bis 1971 stillgelegt. Die einseitige Ausrichtung auf die Grundstoffindustrie wird seitdem durch Ansiedlung neuer Industrien (z. B. Fahrzeugbau in Bochum) gemildert.

Das R. verfügt über ein dichtes Bahn- und Straßennetz; seine Wasserstraßen (Rhein, Wesel-Datteln-, Datteln-Hamm-, Rhein-Herne- und Dortmund-Ems-Kanal) verbinden das R. mit den Rheinmündungshäfen, Emden und allen bedeutenden dt. Wirtschaftsräumen.

Der **Siedlungsverband Ruhrkohlenbezirk** (SVR, am 5. 5. 1920 als erste dt. Raumplanungsbehörde gegr.) versucht die regionalen Probleme sowohl des Kerngebietes wie auch der Randgebiete (der sog. Verbandsgebiete) zu lösen. Neben dem ‚Gebietsentwicklungsplan‘ des SVR (von 1966) besteht das ‚Entwicklungsprogramm Ruhr 1968-1973‘ der Landesregierung Nordrh.-Westf.

Geschichte. 1919 und 1920 waren im R. schwere kommunist. Unruhen. 1921 besetzten franzöz. und belg. Truppen Düsseldorf, Duisburg und Ruhrort, um die Reichsregierung zur Annahme der Reparationsbedingungen zu zwingen. Wegen geringer Rückstände in den Reparations-

Rügen: Kreideküste

Ruhrgebiet: links Hüttenwerk Rheinhausen; rechts in der Nähe von Gelsenkirchen

leistungen besetzte Frankreich Jan. 1923 das gesamte R. Der daraufhin von der Reichsregierung proklamierte ‚passive Widerstand' mußte aus wirtschaftl. Gründen (Inflation) im Sept. aufgegeben werden. Nach Einigung über den →Dawesplan (1924) wurde das R. 1925 geräumt. Weiteres →Ruhrstatut.

R͞uhrkohle AG., Essen, 1968 gegr. Einheitsgesellschaft für den Ruhrkohlenbergbau, umfaßt rd. 92% der Kohlenförderung an der Ruhr. Kap.: 534,5 Mill. DM, Beschäftigte: 180 000 (1970).

Ruhrkohle GmbH., Gemeinschaftsorganisation R., Essen, gegr. 1953 als Nachfolgeorganisation des ‚Deutschen Kohlen-Verkaufs'.

Ruhrkraut, gegen Durchfall (bes. Ruhr) gebrauchte Pflanzen, so Großes →Flohkraut, Tormentill (→Fingerkraut).

Rührmichnichtan *das,* Pflanzen mit überraschenden Bewegungserscheinungen (z. B. die Schamhafte Mimose).

Ruhr͐ort, Stadtteil von →Duisburg.

Ruhrrecht, Grundruhrrecht, →Strandrecht.

Ruhrsiedlungsverband, der Siedlungsverband Ruhrkohlenbezirk, →Ruhrgebiet.

Ruhrstatut, das Abkommen von 1948 zwischen Großbritannien, den Benelux-Staaten, Frankreich und den Verein. Staaten über die internat. Kontrolle der Hilfsquellen des Ruhrgebietes. Das R. wurde 1952 mit Inkrafttreten der Montanunion aufgehoben.

Ruhrverband, RV, Essen, Wasserwirtschaftsverband zur Reinhaltung der Ruhr und Nebenflüssen, gegr. 1913 als öffentlich-rechtl. Körperschaft; 1938 Zusammenlegung mit dem **Ruhrtalsperrenverein, RTV,** Essen, gegr. 1913.

Ru͐in [lat.] *der,* Zusammenbruch, Vernichtung. **ruin͐ös,** verderblich.

Ru͐ine [lat.] *die,* Überreste eines verfallenen, zerstörten Bauwerks.

Ruisdael [r͐œjsdaːl], 1) Jacob van, holländ. Maler und Radierer, Neffe von 2), * 1628/29, † 1682, malte einsame, dunkle Waldlandschaften mit Hügeln und Wasserfällen, mächtigen Eichengruppen und Wolkenmassen, gelegentlich auch Dünen, Küsten, Stadtansichten.

2) **R., Ruysdael,** Salomon van, * um 1600, † 1670, malte in graugrünlichen Tönen Flußufer und Kanalansichten, später Bilder von Landstraßen, oft an einem Wirtshaus mit Reisewagen und Gästen.

Ruiz [rwiθ], 1) José **Martínez,** span. Schriftsteller, meist unter dem Namen **Azorín,** * 1874, † 1967; Erzählungen, Dramen, Essays. ‚Bekenntnisse eines kleinen Philosophen' (1904).

2) Juan, gewöhnlich **Erzpriester von Hita** gen., span. Dichter, * 1283 (?), † 1350/51 (?); satir. Gedicht von fast 7000 Versen ‚Libro de buen amor' (1343 beendet).

3) **R. y Picasso,** Pablo, →Picasso.

Rule Britannia [ruːl brit͐ænjə], ‚Herrsche, Britannien', engl. Lied von J. Thomson, vertont von Th. A. Arne.

Rum, Branntwein aus Melasse und z. T. auch Zuckerschaum des Rohrzuckers.

Rumänen Mz., Volk in SO-Europa, etwa 18 Mill. in Rumänien, 2 Mill. in Nachbarländern und Übersee; Nachkommen der Daker und röm. Siedler, vermischt mit Slawen und Türken.

Rumänien, amtl. **Republica Socialistă România,** Sozialist. Republik in SO-Europa, 237 500 km², 20,3 Mill. Ew. Hauptstadt: Bukarest. Amtssprache: Rumänisch und (regional begrenzt) die Sprachen der Minderheiten. Nach der Verf. von 1965 ist höchstes Staatsorgan die Große Nationalversammlung; sie wählt den Staatsrat, dessen Vorsitzender als Staatsoberhaupt gilt. ⊕ VIII/IX, Bd. 1, n. S. 320. Währung ist der Leu = 100 Bani. ◻S. 1179. ◻Bd. 1, S. 392. Recht: nach sowjet. Vorbild. Religion: die Rumänisch-Orthodoxe Kirche hat rd. 14 Mill. Anhänger; der unierte Zweig der Kath. Kirche wurde ihr 1948 zwangsweise angeschlossen. 1,2 Mill. Protestanten.

Landesnatur. R. wird in weitem Bogen von den Karpaten durchzogen, die mit dem Westsiebenbürg. Gebirge (Bihorgebirge) das Hochland von Siebenbürgen einschließen. Am Außenrand der Karpaten liegt das Tiefland der Walachei und das Hügelland der Moldau und südl. des Donaudeltas das Tafelland der Dobrudscha. Hauptflüsse: Donau mit den Nebenflüssen Alt, Sereth und Pruth und die zur Theiß entwässernden Flüsse Szamos und Maros. Das Klima ist überwiegend kontinental, an der Schwarzmeerküste gemildert.

Die **Bevölkerung** besteht zu 88% aus Rumänen; ferner 8% Magyaren, 2% Deutsche. Allgem. Schulpflicht (8 Jahre); Universitäten in Bukarest, Jassy, Klausenburg, Temesvar, Craiova, Kronstadt.

Wirtschaft. R. hat Planwirtschaft. Haupterwerbszweig ist die Landwirtschaft; davon werden 60% von landwirtschaftl. Produktionsgenossenschaften, 30% von Staatsgütern bewirtschaftet. Angebaut werden Mais, Getreide, Zuckerrüben, Obst, Wein, Sonnenblumen. Bedeutende Viehzucht; im Gebirge Waldnutzung. - R. ist reich an Bodenschätzen, die Erdölförderung am Außenrand der Karpaten, bes. Ploiești und Buzău, steht nach der Sowjetunion an 2. Stelle in Europa; ferner Stein- und Braunkohle, Erze, Bauxit, Steinsalz, Erdgas. Die Industrialisierung nimmt schnell zu, bes. die chem., Schwerindustrie und Maschinenbau, Papier-, Cellulose- und Glasind.; Energieerzeugung vorwiegend mit Hilfe von Kohle, Erdöl, Erdgas; das am Eisernen Tor gemeinsam mit Jugoslawien gebaute Wasserkraftwerk liefert seit 1972 2000 MW. Trotz starker Förderung des Fremdenverkehrs war 1968 die Handelsbilanz negativ. In der Ausfuhr stehen Erdöl und Holz voran. Haupthandelspartner sind die Ostblockstaaten. Das Bahnnetz umfaßt 11 000 km, das Straßennetz 76 000 km. Regelmäßige Schiffahrt auf der Donau. Wichtigste Flußhäfen sind Galatz, Brăila; Seehafen am Schwarzen Meer ist Constanța. Internat. Flughafen ist Bukarest.

Geschichte. Das antike Dakien wurde 101 bis 107 von Trajan erobert und rasch romanisiert. Im MA. wanderten Slawen ein. Im 14. Jahrh. entstanden die Fürstentümer Moldau und Walachei, die im 15. unter türk. Oberhoheit kamen. Im 19. Jahrh. suchte Rußland sie von sich abhängig zu machen, mußte aber nach dem Krimkrieg ihre Vereinigung zu R. (1858) anerkennen. 1866 wurde Prinz Karl (Carol) von Hohenzollern-Sigmaringen zum Fürsten gewählt, 1881 König. R. schloß sich 1883 dem Dreibund an, erklärte trotzdem 1916 dem Mittel-

Rumänien: Eisernes Tor

mächten den Krieg, wurde aber erobert. Seit 1916 kämpfte R. gegen die Mittelmächte und erhielt 1919/20 Siebenbürgen, das östl. Banat und die Bukowina, ferner Bessarabien. König Karl (Carol) II. machte sich 1938 zum Träger einer autoritären Staatsgewalt. 1940 mußte R. die nördl. Bukowina und Bessarabien an die Sowjetunion, das nördl. und östl. Siebenbürgen an Ungarn, die südl. Dobrudscha an Bulgarien abtreten. 1941 trat R. auf dt. Seite in den Krieg gegen die Sowjetunion, schloß 1944 Waffenstillstand. Im Frieden von Paris 1947 mußte R. auf die wieder besetzten Gebiete verzichten, erhielt aber das an Ungarn abgetretene Siebenbürgen und das Banat zurück. 1947 mußte König Michael abdanken; R. wurde eine kommunist. Volksrepublik. Seit 1955 gehört R. dem Warschauer Pakt an. Seit 1963 nimmt eine selbständigere Haltung gegenüber Moskau ein. Vors. des Staatsrats und 1. Vors. des ZK: N. Ceausescu (seit 1967), MinPräs.: G. Maurer (seit 1961).

rum'änische Kunst. Die Baukunst läßt ein eigenes Gepräge seit dem 14. Jahrh. erkennen, bes. in der Walachei, die den byzantin. Typus der Kreuzkuppelkirche und den vom Athos stammenden Dreikonchenchor mit hohem Kuppeltambour aufnahm und weiterbildete, am eigenartigsten in der Bischofskirche in Curtea de Argeș (um 1525). In der Moldau verbanden sich byzantin. mit gotischen Formen. Die Außenmauern wurden oft mit Wandmalereien bedeckt. Westeurop. Vorbildern schloß sich die städt. Baukunst seit dem Barock und bes. dem 19. Jahrh. an. Hauptmeister der um die Mitte des 19. Jahrh. entstehenden modernen Malerei (1860 Gründung der Kunstakademie in Bukarest) ist N. Grigorescu (* 1838, † 1907). Die alten Überlieferungen leben in der hochentwickelten Volkskunst bis heute fort.

rumänische Literatur. Die ersten Urkunden sind in Kirchenslawisch abgefaßt. Ein literar. Gepräge gaben der rumän. Sprache die moldauischen Chronisten: G. Ureche († 1647), M. Costân († 1691), D. Kantemir († 1728). Ende des 18. Jahrh. erwachte das rumän. Nationalbewußtsein; es entwickelte sich eine gefeilte volkstüml. Sprache, die Sprache der Lyriker G. Alexandrescu (1812-85), V. Alecsandri (1821-90), des Prosaschriftstellers C. Negruzzi (1808-68). 1863 wurde in Jassy der literar. Kreis ‚Junimea‘ gebildet, der das Nationalrumänische, Bodenständige betonte. Mitarbeiter war u. a. der größte rumän. Dichter Mihail Eminescu (1850-89). Um die Jahrhundertwende scharten sich die Dichter um die Zeitschriften ‚Semănătorul‘ (Der Sämann, 1901-10) mit der Tendenz, das Bauerntum zu idealisieren (an der Spitze N. Jorga), und ‚Viața Românească‘ (1906 ff.) mit agrarsozialer Tendenz (C. Stere u. a.). Bedeutender Erzähler war M. Sadoveanu (1880 bis 1961). Nach dem 1. Weltkrieg kam es zu einer neuen Blüte der Lyrik (N. Crainic, L. Blaga u. a.). Seit 1944 muß sich die Literatur nach den Grundsätzen des sozialist. Realismus richten. - In französischer Sprache schreiben V. Gheorghiu, P. Dumitriu, E. Ionesco, V. Horia.

rumänische Musik. Die Volksmusik verwendet eine vielgestaltigen, dem westeurop. Taktbegriff fremden Rhythmus und ist meist auf Kirchentonarten aufgebaut. Ihrer Erforschung widmeten sich B. Bartók und C. Brailoiu; der Sammlung von Volksmusik dient das 1927 gegr. Staatl. Schallplattenarchiv. Die Kunstmusik entwickelte sich im 19. Jahrh. unter italien. und dt. Einfluß. Seit dem 20. Jahrh. verbanden sich folklorist. Elemente mit romant. und impressionist. Anregungen, bei D. G. Kiriac (1866-1928), dann vor allem bei G. Enescu (1881-1955), A. Vieru (* 1926). Vertreter der Avantgarde sind A. Hrisanide (* 1936), G. Miereanu (* 1943) u. a.

rumänische Sprache, eine →romanische Sprache, deren Wortschatz, außer weni-

gen vorromanischen, auch bulgar., griech., türk. und magyarische Bestandteile enthält. Latinisierungsbestrebungen im 19. Jahrh. führten zur Neuaufnahme von französ. und italien. Neuwörtern. Seit Mitte des 19. Jahrh. schreibt man mit latein. Buchstaben (früher mit kyrillischen).

Rumantsch, Rumauntsch, einheim. Bez. für die rätoroman. Sprache.

R'umba *die, der,* urspr. Sammelname für afro-kuban. Werbetänze, seit 1930 Gesellschaftstanz in Europa.

R'umburg, tschech. **R'umburk,** Stadt in Nordböhmen, Tschechoslowakei, 9500 Ew.; Textil-, Nahrungsmittel-, Maschinenindustrie.

Rum'elien, in der türk. Verw. bis 1864 die europ. Türkei außer Bosnien, Ungarn, Morea.

Rümelin, Max von, Jurist, * 1861, † 1931, Prof. in Halle und Tübingen; einer der Begründer der Tübinger Schule der Interessenjurisprudenz.

Rumeln-Kaldenhausen, Gem. in Nordrh.-Westf., 14 600 Ew.; Steinkohlenbergbau, Industrie.

Rumford [r'ʌmfəd], Sir (1784) Benjamin Thompson, Graf von R. (1791), amerikan. Physiker, * 1753, † 1814, trat in bayr. Dienste, führte die Kartoffel in Bayern ein, gründete Arbeitshäuser. R. deutete die Wärme als Bewegung.

Rummelsburg, 1) Teil des 17. VerwBez. Lichtenberg der Stadt Berlin (Ost-Berlin). **2) R. in Pommern,** poln. **Miastko,** Stadt, (1939) 8500 Ew.; hatte Tuch-, Kalksteinind. Seit 1945 unter poln. Verwaltung.

Rum'or [lat.] *der,* Lärm, Getriebe. **rumoren,** lärmen, polternd kramen.

Rumpf, ⚕ ⬤ Körper ohne Kopf und Gliedmaßen; Leib.

Rumpffläche, Fastebene, ⊕ einförmige, schwach wellige Verebnung, die auch über einen gestörten (z. B. gefalteten) Untergrund hinweggreift. **Rumpfgebirge** sind von einer oder mehreren R. überzogen.

Rumpfparlament, der Rest eines Parlaments nach Ausschluß bestimmter Teile, so in England 1648, auch der Rest der Frankfurter Nationalversammlung 1849 in Stuttgart.

R'umpler, Edmund, Flugzeugbauer, * 1872, † 1940, gründete 1908 in Berlin die erste dt. Flugzeugfabrik und baute dort 1910 nach den Plänen des österreich. Ingenieurs Ignaz Etrich die ‚Taube‘, erfand im Kraftwagenbau Stromlinienform, Schwingachse und Vorderradantrieb.

Rumpsteak [-steik, engl.] *das,* kurz gebratene Fleischscheibe aus dem Rindsrücken.

Run [rʌn, engl.] *der,* in Krisenzeiten panikartiger Ansturm der Konteninhaber auf Banken und Sparkassen sowie der Verbraucher auf knappe Waren.

Runciman-Bericht [r'ʌnsimən-], Bericht Lord W. Runcimans (* 1870, † 1949) für Chamberlain über die Lage der Sudetendeutschen 1938; er bereitete das Münchener Abkommen vor.

Rundbau, ein →Zentralbau über kreisrundem Grundriß.

Runde, 1) 🏇 die Strecke einer kreisrunden oder ovalen Bahn, der Start und Ziel zusammenliegen. Auch ein einzelner Kampfabschnitt, z. B. beim Boxen. **2) Ronde,** Nachprüfung der Wachen und Posten.

Rundfunk, Radio, schweizer. **Rundspruch,** engl. Broadcasting, französ. **Radiodiffusion,** Verbreitung von Darbietungen über Draht (→Drahtfunk) oder in Ton (Hör-, Ton-R.) oder Bild (Fernseh-R., →Fernsehen) durch elektromagnetische Wellen. Der R. dient der Information, Meinungsbildung, Fortbildung und Unterhaltung.

Rundfunktechnik. Der techn. Vorgang umfaßt das Senden und Empfangen. Im Ton-R. werden die Schallschwingungen mit einem oder mehreren Mikrophonen in elektr. Schwingungen umgewandelt, verstärkt, zum **Sender** geleitet und dort auf

elektr. Trägerschwingungen wesentlich höherer Schwingungszahl (Trägerfrequenz) übertragen (aufmoduliert, →Modulation). Diese Hochfrequenz-(HF-)Schwingungen des Senders werden in einem Oszillator erzeugt, der aus einer Röhre, einem Schwingungskreis und einer Rückkopplung besteht. Von den anschließenden Verstärkerstufen dient eine zugleich als Modulationsstufe. Zur Erzielung einer Frequenzkonstanz verwendet man einen Schwingquarz. Die modulierten Schwingungen werden von der Sendeantenne ausgestrahlt. Sie breiten sich als →elektromagnetische Schwingungen mit Lichtgeschwindigkeit aus und erzeugen (induzieren) in der Empfangsantenne genau entsprechende hochfrequente Wechselspannungen. Aus ihnen werden im **Empfänger** durch →Demodulation die der Darbietung entsprechenden Schwingungen herausgeholt, verstärkt und im Lautsprecher in Schallwellen zurückverwandelt. Der zu Anfang der R.-Technik gebräuchliche gewesene Detektorempfänger (ohne Röhren) ist der einfachste R.-Empfänger. Er ermöglichte nur Kopfhörerempfang des Ortssenders. Für die Lautsprecherwiedergabe ist eine Verstärkung mit →Elektronenröhren oder →Transistoren notwendig. Die heutigen Empfänger sind meist Überlagerungsempfänger (Super).

Rundfunktechnik: Blockschaltbild eines Überlagerungsempfängers

Bei Überlagerungsempfängern wird der empfangenen, modulierten Hochfrequenz eine im Empfänger erzeugte Frequenz (in der Mischstufe) zugemischt; sie haben große Empfindlichkeit und Trennschärfe (bedingt durch mehrere Abstimmkreise), außerdem automat. Scharfabstimmung, verschiedene Lautsprecher für die Wiedergabe der hohen und der tiefen Töne u. a. Zur Wiedergabe von Stereosendungen werden Sender und Empfänger mit einem zweiten Übertragungs- und Empfangskanal, zugehörigen Mikrophonen und Lautsprechern ausgerüstet. Heimempfänger (mit Röhren und/oder Transistoren) sind meist Netzanschlußgeräte. Kofferempfänger werden wegen des geringeren Stromverbrauchs nur noch mit Transistoren gebaut und sind entweder für Batteriebetrieb oder den wahlweisen Batterie- oder Netzbetrieb eingerichtet. Autoempfänger werden ebenfalls nur mit Transistoren ausgerüstet und zur Autobatterie eingerichtet. Die R.-Empfänger haben im Kurz-(KW-), Mittel-(MW-) und Langwellen-(LW-)Be-

Bestand an Hörfunkempfängern 1968

Land	in 1000	je 1000 Ew.
Verein. Staaten	285 000[1]	1 404
Bundesrep. Dtl.	28 000	459
Sowjetunion	85 500	359
Dt. Dem. Rep.	5 942	348
Belgien	3 200	332
Dänemark	1 566	319
Großbritannien	17 493[1]	318
Frankreich	15 558	306
Österreich	2 071	283
Schweiz	1 752	282
Tschechoslowakei	3 827	266
Japan	25 742	252
Niederlande	3 174	250
Italien	11 912	217
Polen	5 598	172
Indien	9 275	17

[1] 1967.

Frequenzbereiche für Rundfunk und Amateurfunk

in Region 1 (Europa, Sowjetunion mit asiatischem Teil, Türkei, Afrika) gemäß den ‚Radio Regulations‘ der Internationalen Fernmelde-Union, Genf 1968, und ‚Internationale und deutsche Aufteilung der Frequenzbereiche von 10 kHz bis 40 GHz‘ (Bundesministerium für das Post- und Fernmeldewesen 1965).

	kHz				
				47–68	Fernseh-Rundfunk/ Band I
Langwellen	150–285	Tonrundfunk		68–73	Tonrundfunk[3]
Mittelwellen	525–1 605	Tonrundfunk		76–87,5	Rundfunk[4]
Kurzwellen	2 300–2 498	Tonrundfunk[1]		87,5–100	Tonrundfunk
	3 200–3 400	Tonrundfunk[1]		100–104	Tonrundfunk[5]
	3 500–3 800	Amateurfunk			MHz
	3 950–4 000	Tonrundfunk[2]			
	4 750–4 995	Tonrundfunk[1]		144–146	Amateurfunk
	5 005–5 060	Tonrundfunk[1]	Dezimeterwellen	174–223	Fernseh-Rundfunk/ Band III
	5 950–6 200	Tonrundfunk	UHF		
	7 000–7 100	Amateurfunk		223–230	Rundfunk[6]
	7 100–7 300	Tonrundfunk		470–790	Fernseh-Rundfunk/ Band IV/V
	11 700–11 975	Tonrundfunk			
	14 000–14 350	Amateurfunk		790–960	Rundfunk[1][7]
	15 100–15 450	Tonrundfunk		1 215–1 300	Amateurfunk[8]
	17 700–17 900	Tonrundfunk		2 300–2 450	Amateurfunk[9]
	21 000–21 450	Amateurfunk		5 650–5 850	Amateurfunk[10]
	21 450–21 750	Tonrundfunk		10 000–10 500	Amateurfunk[11]
	25 600–26 100	Tonrundfunk			GHz
	MHz				
Ultrakurzwellen	28–29,7	Amateurfunk		11,7–12,7	Rundfunk
UKW, VHF	41–47	Tonrundfunk[1]		21–22	Amateurfunk

[1] nicht in der Bundesrep. Dtl. [2] neben anderen Diensten. [3] nur in Albanien, Bulgarien, Polen, Rumänien, Tschechoslowakei, Sowjetunion, Ungarn. [4] in der Sowjetunion und Fernseh-Rundfunk in Albanien, Bulgarien, Polen, Rumänien, Tschechoslowakei, Ungarn. [5] in Belgien, Israel, Italien, Jugoslawien, Österreich und Schweiz sowie bei Bedarf in den Niederlanden und der Bundesrep. Dtl. [6] in Albanien, Bulgarien, Österreich, Polen, Rumänien, Schweiz, Tschechoslowakei, Sowjetunion, Ungarn; in der Bundesrep. Dtl. 223–235 MHz für Fernseh-Rundfunk neben anderen Diensten. [7] in Belgien, Frankreich und Monaco 790–860 MHz. [8] in der Bundesrep. Dtl. 1250–1300 MHz. [9] in der Bundesrep. Dtl. 2300–2350 MHz. [10] in der Bundesrep. Dtl. 5650–5775 MHz. [11] in der Bundesrep. Dtl. 10 250–10 500 MHz.

reich Amplitudenmodulation (AM), im Ultrakurzwellen-(UKW-)Bereich Frequenzmodulation (FM). Die Ultrakurzwellen ermöglichen gute Störbefreiung und Klangqualität, →Wellenbereich.

Programm. Die Darbietungen (meist 2 oder 3 Programme einer R.-Anstalt) sind etwa je zur Hälfte Wort- und Musiksendungen und werden vom Ort des Geschehens oder aus Senderäumen (Studios) als Live-Sendungen (direkt) oder von Tonbändern als ‚Aufnahmen‘ gesendet, außerdem von Schallplatten. Für seine Aufgaben hat der R. eigene Formen entwickelt, z. B. R.-Reportage (Zeitfunk), Hörbericht, Feature, Hörspiel. Für die umfangreichen Musikprogramme bestehen eigene R.-Orchester. Nachrichtensendungen und Kommentare werden ähnlich wie in den Zeitungsredaktionen vorbereitet. Neben dem allgemeinen gibt es gezielte Programme für bestimmte Hörergruppen (Kinder-, Frauenfunk; Kirchen-, Parteienfunk). Außer Hamburg und Köln treiben alle R.-Anstalten Funkwerbung im Hörfunkprogramm.

Nach dem Zweiten Weltkrieg trat neben den Hörfunk das zweite Rundfunkmedium, der Fernseh-R. Heute gibt es in den meisten Ländern der Welt Fernseheinrichtungen. In der Bundesrep. Dtl. werden zwei überregionale Fernsehprogramme verbreitet, das ‚Deutsche Fernsehen‘ als Gemeinschaftsprogramm der Arbeitsgemeinschaft der öffentlich-rechtlichen Rundfunkanstalten der Bundesrep. Dtl. (ARD) und das ‚Zweite Deutsche Fernsehen‘ (ZDF). Die ARD-Anstalten strahlen außerdem eigene Regionalprogramme, meist kultureller Art (Bildungsfernsehen), aus. In beiden Programmen wird in begrenztem Umfang Fernsehwerbung (Werbefernsehen) getrieben. Seit 1967 werden in beiden Programmen Sendungen in Farbe (Farbfernsehen) angeboten.

Recht. Der R. untersteht in den einzelnen Staaten entweder staatl. Regie oder ist Anstalt des öffentl. Rechts oder in Privat-hand. - In der Bundesrep. Dtl. ist das R.-Recht in Bundes- und Landesgesetzen und Verträgen enthalten. Die R.-Anstalten sind öffentlich-rechtl. Natur.

Grundlage der internat. Zusammenarbeit in der Technik des R. ist der Internat. Fernmeldevertrag (Fassung Genf 1959) sowie die ihn ergänzende Vollzugsordnung für den Funkdienst. Dem Vertrag sind fast alle Staaten beigetreten; sie bilden den Internat. Fernmeldeverein (IFV), der auf besonderen Konferenzen auch die Frequenzverteilung auf die R.-Sender (Wellenpläne) vornimmt. Die Lang- und Mittelwellen im europ. Bereich wurden durch den Kopenhagener Wellenplan (1948) verteilt; 1952 wurde für den UKW-Bereich ein Europ. R.-Abkommen in Stockholm abgeschlossen, das auch das Deutsche Bundesrep. Dtl. unterzeichnete. Für ein weltweites, kommerzielles Satelliten-Fernmeldesystem wurde 1964 in Washington ein vorläufiges Abkommen getroffen.

Geschichte. Aufbauend auf den Arbeiten von Faraday, Maxwell, Hertz, Tesla, Popow, Branly u. a. verwendete Marconi 1896 als erster elektromagnet. Wellen zur Nachrichtenübermittlung. Die Löschfunken-, Lichtbogen- und Maschinensender von Braun, Slaby, Arco, Poulsen, Wien, Alexanderson u. a. wurden durch den Röhrensender (1913) von A. Meißner verdrängt. Armstrong führte die Rückkopplung ein und entwarf mit Schottky 1918 den Überlagerungsempfänger. 1921 wurde in den Verein. Staaten, 1923 in Deutschland der erste Mittelwellensender in Betrieb genommen. 1948 wurde der Transistor erfunden. 1949 begann der UKW-R. in Dtl. Bredow schuf 1923 die erste dt. **R.-Organisation.** Seit 1924 errichtete die Reichspost öffentl.-rechtl. R.-Gesellschaften; wirtschaftl. Aufsicht und Vertretung hatte die 1925 gegr. **Reichs-R.-Gesellschaft (RRG).** Nach 1945 übergaben die Besatzungsmächte in West-Dtl. die Sender den neuerrichteten **R.-Anstalten.** Neben dem Hör-R. wurde der Fernseh-R. entwickelt (→Fernsehen). (Bilder S. 1057)

Rundhöcker, von Gletschern gerundete und geglättete Felsen (→Schären).

Rundlauf, Turngerät zum Laufen und Schwingen; vier Strickleitern an einer Drehscheibe, die auf einem Mast befestigt ist.

Rundling, geschlossene Dorfform. Die Gehöfte ordnen sich in Giebelstellung um den inneren Anger, die Saale und mittleren Elbe anzutreffen. (Bild Dorfformen)

Rundmäuler, Cyclost'omata, niedere Wirbeltiere, Vorläufer der Fische, mit Rückensaite (Chorda) und napfartigem Saugmaul mit Hornzähnen (z. B. die Neunaugen).

Rundspruch, schweizer. für Rundfunk.

Rundstedt, Gerd von, Gen.-Feldmarschall (1940), * 1875, † 1953, führte im 2. Weltkrieg Heeresgruppen gegen Polen, Frankreich, Sowjetrußland; wurde 1941 von Hitler abgesetzt, 1942 zum Oberbefehlshaber West ernannt.

Rundwürmer, ♂ für die Schlauchwürmer und speziell für die Fadenwürmer.

Runeberg [r‘ynəberj], Johan Ludvig, finnland-schwed. Dichter, * 1804, † 1877; Lieder- und Balladenzyklus ‚Fähnrich Stahls Erzählungen‘ (1848-60); das einleitende Lied ‚Yårt land‘ wurde finn. Nationalhymne; epische Dichtungen.

Runen Mz., die einheim. Schriftzeichen der Germanen. Die älteste gemeingerman. Runenreihe bestand aus 24 Zeichen in bisher ungeklärter Reihenfolge, nach ihren ersten 6 Zeichen **Futhark** genannt. Jede Rune hatte einen Namen, dessen erster Buchstabe den Lautwert angab, z. B. h: hagel. Der Ursprung der R. ist noch umstritten. Die R. entstanden etwa im 1. Jahrh. n. Chr. Sie wurden auf Holz, Bein und Metall (bes. auf Waffen, Schmuckstücke) geritzt, seit dem 4. Jahrh. bes. in Schweden und Norwegen auch in Stein gehauen. Deutsche Runeninschriften finden sich vom 5.-7. Jahrh. nur auf losen Gegen-

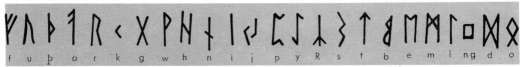

f u þ a r k g w h n i j ᵽ y R s t b e m l ng d o

Runen: ältere nordische Runenreihe nach dem Stein von Kylver, 5. Jahrh.

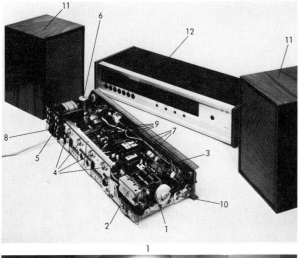

1

2

3

4

1 Stereoempfänger mit vom Steuergerät getrennten Lautsprechern; 1 Drehkondensator, 2 UKW-Tuner (Empfangsteil), 3 Ferritantenne, 4 Endstufentransistoren, 5 Netztransformator, 6 Elektrolytkondensator, 7 Zwischenfrequenzbandfilter, 8 Netzspannungsumschaltplatte mit Sicherungen, 9 Potentiometer (Einsteller für Lautstärke, Balance, Höhen und Tiefen), 10 Skalenantrieb, 11 HiFi-Stereo-Lautsprecherboxen, 12 Gehäuse mit Skala. 2 200-kW-Endstufe eines Rundfunk-Großsenders. 3 Regieraum; vorn der Toningenieur am Regiepult, vor ihm der Regisseur und Durchblick auf drei Studios. 4 Tontechnikerin (Cutterin) beim Schneiden einer Bandaufnahme

ständen. Um 800 hatte sich die vereinfachte jüngere Runenreihe mit 16 Zeichen ausgeprägt. Zwischen 900 und 1025 erreichte die Runenkunst in Dänemark, dann in Schweden einen Höhepunkt (etwa 2000 Denkmäler mit in kunstvolle Schlangenornamente eingehauenen R.). Handschriftlich wurden R. erst spät und selten verwendet, so im Codex Runicus (um 1300; enthält das Landrecht von Schonen).

R′unge, 1) Carl David, Mathematiker, * 1856, † 1927, Prof., Beiträge zur Funktionentheorie und zur Spektroskopie.

2) Friedlieb Ferdinand, Chemiker, * 1795, † 1867, entdeckte Coffein, Atropin, Anilin, Phenol, Chinolin, Pyrrol.

3) Philipp Otto, Maler, * 1777, † 1810, schuf Bildnisse und Gruppenbilder von herbem, kraftvollem Realismus (Wir Drei, Selbstbildnis mit Braut und Bruder, 1805, verbrannt 1931; Die Hülsenbeckschen Kinder, 1805/06, Hamburg, Kunsthalle; Bildnis der Eltern, 1806, ebd.). Seit 1802 beschäftigte ihn die aus romant. Geist erwachsene, natursymbolische Folge der ‚Vier Tageszeiten‘ (Studien, 1. und 2. Fassung des ‚Morgens‘, Hamburg; 4 Umrißstiche 1807).

Runkelrübe, Futterrübe, Dickwurz, Zuchtform der Rübe (Beta). Die Wurzel entwickelt sich im 1. Jahr dickfleischig, im 2. Jahr treibt die Rübe bis über meterhohe

Stengel mit Blüte und Samen. Die Wurzeln sind wertvolles Viehfutter.

Runkelstein, Burg bei Bozen, seit 1237 erbaut, im 19. Jahrh. wiederhergestellt; enthält um 1400 entstandene Wandmalereien (Tristan und Isolde u. a.).

Runzel die, ⚕ Hautfalte.

Runzelkorn, Drucktechnik: eine unregelmäßige Körnung der Oberfläche von Lichtdruckplatten.

R′uodlieb, der älteste eigenständige dt.

Ph. O. Runge: Selbstbildnis mit Braut und Bruder, 1805 (1931 verbrannt)

Abenteuer- und Ritterroman, in latein. Hexametern, um 1050 wohl in Tegernsee geschrieben; in Bruchstücken erhalten.

Rup′ertus, Ruprecht, Schutzheiliger von Bayern, * um 650, † 718 (?), wirkte in Salzburg. Tag: 27. 3.

Rupfen, grobflächiges Jutegewebe in Leinwandbindung.

R′upia [grch.] die, ⚕ Schmutzflechte.

R′upiah die, Währungseinheit in Indonesien, 1 R. = 100 Sen.

R′upie die, Währungseinheit in Indien (= 100 Paise), Pakistan (= 100 Paisa), Ceylon (= 100 Cents).

Ruprecht, Fürsten:
Deutscher König. **1) R. von der Pfalz** (1400 bis 1410), * 1352, † 1410; seit 1398 Kurfürst, nach der Absetzung König Wenzels gewählt, aber nur teilweise anerkannt.
Bayern. **2) Rupprecht,** Kronprinz, Sohn Ludwigs III., * 1869, † 1955, Generalfeldmarschall im 1. Weltkrieg.
Pfalz. **3) R. I.,** Kurfürst (1353-90), * 1309, † 1390, gründete 1386 die Univ. Heidelberg.
4) R., Prinz, Sohn Kurfürst Friedrichs V., * 1619, † 1682, Heer- und Flottenführer der königstreuen Engländer.

Ruprechtskraut, ⊕ ein →Storchschnabel.

Rupt′ur [lat.] die, ⚕ die Zerreißung, z. B. von Muskeln, Hohlorganen, Blutgefäßen.

Rur, niederländ. **Roer** [ru:r] die, rechter

Nebenfluß der Maas, 207 km lang, entspringt im Hohen Venn, mündet bei Roermond. **Rurtalsperre** bei Schwammenauel, 7,8 km².

R'urik, russ. **Rj'urik**, waräg. (normann.) Heerführer, herrschte im 9. Jahrh. in Nowgorod. Die Herrscherfamilie der **Rurikiden** (bis 1598) betrachtet R. als ihren Ahnherrn.

Rus, Bez. für das Kiewer Reich, wohl zunächst für die Waräger, später auf die Ostslawen übertragen.

Rusahirsche, Pferdehirsche, Gruppe der Echten Hirsche, mit Sechsendergeweih. Der braune **Aristoteleshirsch**, von Indien bis Formosa verbreitet, ist 1,25 m hoch und bis 2,4 m lang.

Rüsche, Besatz an Kleidern und Wäsche aus wabenähnlichen Falten.

Rusk [rʌsk], Dean, amerikan. Politiker (Demokrat), * 1909, 1947-49 Dir. der Abt. ‚Vereinten Nationen' im Außenamt, später Unterstaatssekr. und Leiter der Fernostabteilung, 1961-69 Außenminister.

Ruska, Ernst August Friedrich, Physiker, * 1906, Prof., erfand das magnet. Elektronenmikroskop.

Ruskin [r'ʌskin], John, engl. Schriftsteller und Sozialreformer, * 1819, † 1900, Prof. für Kunstgeschichte in Oxford, trat für die junge Generation der →Präraffaeliten ein, verehrte die mittelalterl. Kunst, kämpfte auch für eine neue Wirtschaftsethik (Wert der handwerkl. Arbeit).

Ruß der, zweigeteilter Hauptmündungsarm der Memel.

Ruß, 1) tiefschwarzes Pulver, vorwiegend reiner Kohlenstoff, entsteht bei unvollständiger Verbrennung organ. Stoffe; für Farben, Tusche, als Kautschukfüllstoff. 2) **Ferkelruß,** braungrauer Hautausschlag verschiedener Ursache, bei Ferkeln.

Rüssel, röhrenförmiges Organ; z. B. bei Insekten **Stech-** und **Saug-R.,** bei Wirbeltieren Verlängerung der Nase.

Rüsselbären, Gattung der Kleinbären im wärmeren Amerika.

Rüsselkäfer, die viele Schädlinge umfassende Käferfamilie der **Echten Rüßler,** mit rüsselförmig verlängertem Kopf; z. B. Blütenstecher, Kornkäfer.

Russell [rʌsl], 1) Bertrand, 3. Earl R., Enkel von 4), engl. Philosoph, Mathematiker und Sozialkritiker, * 1872, † 1970; förderte den philosoph. Empirismus, entwickelte mit A. N. Whitehead das erste System der mathemat. Logik. Seit dem 1. Weltkrieg einflußreich durch seine sozialkrit. und kulturpolit. Aktivität. 1950 Nobelpreis für Literatur. (Bild S. 1061)
2) George William, irischer Schriftsteller und Maler, Deckname Æ., * 1867, † 1935; visionäre Dichtungen und Bilder.
3) Henry Norris, amerikan. Astronom, * 1877, † 1957; wirkte bahnbrechend für die moderne Astrophysik, brachte das Hertzsprung-R.-Diagramm in die jetzige Form.
4) John, Earl R. (seit 1861), brit. Staatsmann, * 1792, † 1878, 1835-66 wiederholt brit. Min., unterstützte u. a. vergeblich Dänemarks Anspruch auf Schleswig-Holstein.

Rüsselrobbe, die Gattung **Elefantenrobbe** der Seehunde; bis 5 m lang.

Rüsselsheim, Stadt in Hessen, am Main, 60 800 Ew.; Rathaus (1604); Kraftfahrzeugwerk Adam Opel AG. u. a. Industrie.

Rüsselspringer, kleine afrikan. Insektenfresser, auf den Hinterbeinen aufgerichtet, mit verlängerten Unterschenkeln.

Rüsseltiere, im Tertiär weit verbreitete Säugerordnung; die weitere Entwicklung führte zu den Elefanten.

Russen [von →Rus], ostslaw. Volk in Osteuropa und Nordasien, stellt die Mehrheit der Bevölkerung in der Sowjetunion.

Russenbluse, kittelartige Bluse mit langen Ärmeln, niederem Stehkragen, oft bestickt; mit Gürtel.

russische Geschichte. Vom 6. Jahrh. an besiedelten slaw. Stämme die Flußgebiete des Dnjepr und der Düna sowie das Gebiet des Ilmensees. Ihre polit. Zusammenfassung erfolgte im Zusammenhang mit den Bestrebungen der Waräger, den Handelsweg von der Ostsee zum Schwarzen Meer abzusichern und Konstantinopel zu erobern. Der südlichste Vorposten, Kiew, entwickelte sich zur Hauptstadt. Die Fürstin Olga (945-962), die Fürsten Wladimir der Heilige (977-1015), der 988 das Christentum annahm, und Jaroslaw der Weise (1036-54), der 1039 eine dem Patriarchen von Konstantinopel unterstellte Metropole schuf, gaben dem Kiewer Reich seine innere Ordnung. In der Folgezeit wurde das Kiewer Reich jedoch durch viele Teilungen geschwächt (Teilfürstenzeit 1169 bis 1240), was 1236-40 seine Eroberung durch die Mongolen erleichterte. Die NW-Grenze sicherte →Alexander Newskij 1240 gegen die Schweden und 1242 gegen den Dt. Orden. Aus den Kämpfen um die Vorherrschaft im O ging das Fürstentum Moskau als Sieger hervor. Der Metropolit übersiedelte 1328 nach Moskau. Iwan III. (1462 bis 1505) machte 1480 der Mongolenherrschaft ein Ende. Er und seine Nachfolger suchten alle Teile des Kiewer Reiches unter der Moskauer Herrschaft zu vereinigen. Iwan IV. (1533-84) nahm 1547 den Zarentitel an und begann mit der Eroberung der mongol. Chanate Kasan und Astrachan (1554) und der Unterwerfung Sibiriens (1582). Als jedoch 1598 die Rurikiden ausstarben, kam es zu langen Wirren (→Demetrius), bis 1613 das Haus →Romanow den Thron bestieg. Die polit. Macht des Zaren war unbeschränkt, ihm stand eine beratende Körperschaft zur Seite (Duma), Hauptstützen waren Dienstadel und Beamtenschaft. Die Kirche, die seit 1441/48 von Konstantinopel unabhängig war und deren Haupt seit 1589 den Patriarchentitel trug, schirmte die russ. Lebensformen gegen eine Modernisierung ab, der erst Peter d. Gr. zum Durchbruch verhalf. Die ‚Petersburger Periode' (1700-1917) begann mit der Verlagerung des Reichszentrums in den äußersten NW durch die Gründung St. Petersburgs (1703) durch Peter d. Gr. und mit dem Erwerb eines bedeutenden Teils der Ostseeküste 1721. Eine starke Verdichtung des europ. Interessengeflechts brachte dann der von Peter entfesselte →Nordische Krieg. 1721 nahm Peter den Kaisertitel an. Neuerungen und Reformen bewirkten in der staatl. Verwaltung und im gesellschaftl. Gefüge tiefgreifende Veränderungen. Katharina II. begründete die europ. Hegemoniestellung der russ. Kaisermacht. Sie erlangte u. a. den Zugang zum Schwarzen Meer (1774), die Einverleibung der Krim (1783) und der poln. Ostgebiete Litauen und Kurland (1795). Alexander I., der im Einvernehmen mit Napoleon 1809 Finnland, dann auch (1812) Bessarabien gewann, wurde im Kampf gegen Napoleon seit 1812 zum ‚Befreier Europas'. 1815 wurde das neue Königreich Polen mit Rußland vereinigt. Alexander stiftete 1815 die Heilige Allianz und unterstützte seit 1820 die antiliberale Interventionspolitik. Unter Nikolaus I. wurde Rußland die Vormacht des konservativen Europa. Den Zusammenbruch seiner Hegemonie bewirkte der →Krimkrieg. In der ‚Neuen Ära' unter Alexander II. begann eine tiefgehende Umwandlung Rußlands, bes. die Bauernbefreiung (1861). Nach seiner Ermordung kehrte Alexander III. zur staatl. Repressionspolitik zurück. Außenpolitisch führten panslawist. Stimmungen, die gegen Rußland gerichtete Politik Bismarcks und die Nichterneuerung des →Rückversicherungsvertrages 1890 zu der russisch-franzöz. Allianz (1893). Mit dem Bau der 8000 km langen Transsibirischen Eisenbahn (1891-1904) begann die russ. Wirtschaftsexpansion in der Mandschurei und in Korea, die 1904 zum →Russisch-Japanischen Krieg führte. Seit etwa 1890 stand Rußland in einem Prozeß beschleunigter Industrialisierung, ohne daß die agrar. Grundlage des Reiches dadurch in Frage gestellt wurde. Unzufriedenheit der Arbeiterklasse, die revolutionäre Aktivität der russ. Marxisten und terroristischer Narodniki-Gruppen 1902 hervorgegangenen geheimen Sozialrevolutionären Partei, der verhaßte Krieg mit Japan, das Versagen der Regierung gegenüber der Massendemonstration in St. Petersburg (,Blutiger Sonntag' 1905) u. a. führten zur Revolution von 1905, die die Gewährung einer Verfassung erzwang. Der 1. Weltkrieg, dem das technisch rückständige Rußland auf die Dauer nicht gewachsen war, brachte im Zuge der Niederlagen und erzwungenen Räumungen (Polen, Kurland) den Matzerfall der Monarchie. Zur Februarrevolution (2.-15. 3. 1917) führte das Versagen der Rohstoff- und Lebensmittelversorgung, die in den großen Städten Hunger zur Folge hatte. Nikolaus II. dankte am 15. 3. ab. Die Provisorische Regierung unter dem Fürsten Lwow, seit Juli 1917 unter Kerenskij konnte weder eine starke Staatsgewalt aufrichten noch den wirtschaftl. Ruin aufhalten. Durch den bewaffneten Aufstand vom 7. 11. 1917 in Petrograd und anschließend in Moskau gelangten die Bolschewisten unter Führung Lenins und der organisator. Leitung Trotzkijs an die Macht. Weiteres →Sowjetunion, Geschichte.

russische Kirche. Großfürst Wladimir der Heilige von Kiew führte um 988 das Christentum in der damals byzantin. Prägung in Rußland ein. Seit dem 13. Jahrh. war der Metropolit (Residenz in Kiew, seit 1326 in Moskau) immer häufiger kein Grieche, sondern ein Russe. 1448 erklärte sich die r. K. für unabhängig. Dem aufstrebenden Moskauer Staat bot sie die ideolog. Grundlagen für die Errichtung eines theokrat. Staatswesens. Sie blieb jedoch selbständig, bes. seit ihr Oberhaupt 1589 Patriarch wurde. Millionen von Raskolniki (→Raskol) trennten sich von der Staatskirche, als Nikon bei seinen liturg. Reformen auf nichtrussische (griech.) Quellen zurückgriff.

Die Unterordnung der r. K. durch den Staat begann unter Peter dem Großen, der 1721 die Patriarchatsverfassung abschaffte. Oberste Kirchenbehörde war seitdem der **Heilige Synod** unter dem weltl. **Oberprokuror.** 1917 stellte die r. K. die Patriarchatsverfassung wieder her; Auseinandersetzungen mit dem bolschewist. Staat bewirkten im Ausland die Bildung einer russisch-orthodoxen Emigrationskirche. Seit 1925 durfte kein neuer Patriarch gewählt werden. Seit 1941 kam der Staat der Kirche mehr entgegen, errichtete 1943 einen **Rat für die Angelegenheiten der Orthodoxen Kirche** und gestattete die Wahl eines neuen Patriarchen. Neue Einschränkungen des kirchl. Lebens seit 1961. Seit 1961 ist die r. K. Mitglied des Ökumenischen Rates der Kirchen.

russische Kunst. Seit der Einführung des Christentums (988) entwickelte sich die **altruss. Kunst** im Dienst der Kirche und unter Einfluß von Byzanz. Erste große Werke der **Baukunst:** Sophienkirchen in Kiew (1017-37) und Nowgorod (1045-52), Vorbild: byzantin. Kreuzkuppelkirchen, dann vielfach vereinfacht und abgewandelt, auch durch Verbindung mit romanischen und armen. Formen (Kirchen in Wladimir). Seit Ende des 15. Jahrh.: Neugestaltung des Moskauer Kremls, bes. durch italien. Baumeister (A. Fioravante, von ihm die Uspenskij-Kathedrale im Kreml, 1475-79). Fortbildung byzantin. Kirchenbautypen zu eigenen Formen. Sonderformen: Anbau oft turmartig mit hohem Zeltdach: Himmelfahrts-Kirche in Kolomenskoje (1532), auch fast ganz in Türme aufgelöst: Basilius-Kathedrale in Moskau (1555-60). Seit dem 16. Jahrh. Verschmelzung der mannigfachen Einflüsse, auch von islam. Kunst und Barock, zu einem nationalen Stil: malerische Einheit überreicher Formen, gipfelnd in oft grellbunten Zwiebeltürmen. - **Plastik:** wie in Byzanz meist auf

Links A. Rubljew: Dreifaltigkeitsikone (Ausschnitt; Moskau, Tretjakow-Galerie); Mitte Kreuzabnahme, Schmelzemail, 16. Jahrh.; rechts G. U. Gorelow: Der angesehene Stahlgießer Gussarow (Ausschnitt; Leningrad, Russ. Museum)

Reliefs beschränkt. Hauptwerk des Metallgusses: Hostienbehälter der Sophienkirche in Nowgorod (1435). - **Malerei:** in der Frühzeit rein byzantinisch (Mosaiken der Sophienkirche in Kiew, 1017-37). Seit dem 12. Jahrh.: Blüte der Fresken- und Ikonenmalerei in Nowgorod (Hauptmeister Theophanes der Grieche, Ende des 14. Jahrh.), seit dem 14. Jahrh. in Moskau (Hauptmeister A. Rublew, um 1400).

Die neuruss. Kunst begann unter Peter d. Gr. **Baukunst:** Berufung von Ausländern, um die 1703 gegr. Hauptstadt St. Petersburg auf europ. Art zu erbauen, anfängl. holländ. Einfluß vorherrschend. Um die Mitte des 18. Jahrh.: russisches Rokoko, Hauptmeister: Rastrelli. Seit Ende des Jahrhunderts: Klassizismus, großzügige Bauten und Platzgestaltungen in St. Petersburg, neben ausländ. Baumeistern bes. russische maßgebend: A. Sacharow (Admiralität in St. Petersburg, 1806-20), A. Woronichin u. a. Langes Nachwirken des Klassizismus im 19. Jahrh. Nach 1918: anfangs Begünstigung der modernen Architektur, dann repräsentative Bauten. - **Plastik:** zunächst von Ausländern ausgeübt (Falconet: Reiterdenkmal Peters d. Gr. in St. Petersburg), von Russen erst seit dem Klassizismus. Außerhalb Rußlands bekannt wurde P. Trubetzkoj durch impressionist. Tier- und Bildnisstatuetten (um 1900). - **Malerei:** 18. Jahrh.: zunächst Bildnisse (Lewizkij), 19. Jahrh.: Genre- und Historienmalerei (Repin), naturalist. Schlachtenbilder von Wereschtschagin, russ. Landschaften von Lewitan. 20. Jahrh.: Kandinsky, Jawlensky, Chagall u. a. im Ausland tätig; moderne Strömungen seit Stalin als Formalismus bekämpft, maßgebend das Programm des ‚sozialistischen Realismus‘, das der Partei erwünschte Darstellungen mit den realist. Mitteln des 19. Jahrh. fordert. Um 1960 zunehmende Aufgeschlossenheit gegenüber westl. Kunst, bes. in der Architektur Aufnahme mod. westeurop. Eisen-, Stahl-, Glaskonstruktionen (Kongreßpalast im Kreml). (Bilder Chagall, Ikone, Jawlensky, Kandinsky, Leningrad, Moskau).

russische Literatur. Das literar. Leben in Rußland, in den ersten Jahrh. auf das ‚Kiewer Reich‘ konzentriert, begann im Zusammenhang mit der Christianisierung

(988); das Altkirchenslawische wurde zur schriftsprachl. Norm. Der Zugehörigkeit zur griechisch-byzantin. Kirche entsprach die Anlehnung an die literar. Tradition von Byzanz: Predigten und andere Schriften der Kirchenväter, Heiligenriten und Legenden, Pilgerberichte, Apokryphen - aber auch weltl. Gattungen wie die Weltchroniken oder ‚romanhafte‘ Erzählungen. Schwerpunkt weltl. Schrifttums wurde die Chronistik. Bedeutendstes Zeugnis für die sonst weitgehend verschollene epische Dichtung ist das →Igorlied.

Mit den Tatareneinfällen und dem Zerfall des Kiewer Reichs (13. Jahrh.) fand die erste Blüte der r. L. ihren Abschluß. Hauptthema wurde im geistl. (bes. relig. Publizistik) wie im weltl. Schrifttum die Klage um die Gefährdung des christl. Rußland.

Mitte des 15. bis Ende des 17. Jahrh. Auch während der Entstehung und Festigung des ‚Moskauer Reichs‘ setzte sich die relig. Publizistik fort. Ein weiteres Kennzeichen dieser Phase war eine rege literar. Sammeltätigkeit: Die alten Chroniken wurden kompiliert, die Heiligenlegenden in einer großen Sammlung zusammengefaßt (Tschetji-Mineji). Der Protopope Awwakum (✝ 1682) schuf in seiner Lebensbeschreibung ein Werk, das einen Höhepunkt der älteren r. L. darstellt. Im weltl. Sektor entfalteten sich neben der Geschichtsschreibung eine historisch-publizist. Prosa und bes. die Satire.

18. und 19. Jahrh. Die publizist. und satir. Prosa war schon im 17. Jahrh. zum Vermittler und Diskussionsforum westl. Stoffe, Formen und Ideen geworden. Erst durch das westl. Schrifttum setzte sich das ‚weltliche‘ Schrifttum endgültig gegenüber dem geistl. durch. Bald jedoch vermochte sich eine Dichtung mit eigenem, ästhet. Anspruch herauszubilden; es entstand die erste klar umrissene literar. Epoche der r. L.: der Klassizismus. In Anlehnung an das französ. Vorbild wurde von W. K. Tredjakowskij, M. W. Lomonossow, A. P. Sumarokow u. a. ein der russ. Bedingungen angepaßtes Vers-, Stil- und Gattungssystem entwickelt. Charakteristischstes Genre der Schule ist die Ode (G. R. Derschawin). Durch Sumarokow wurde die Tragödie eingeführt. Ein weit höheres

Niveau erreichte die Komödie durch D. I. Fonwisins ‚Landjunker‘ (1781). Die sittenbeschreibende satir. Fabel (bis hin zu den Fabeln J. A. Krylows, ✝ 1844) und die Satire wurden bedeutend. Schon der Beginn des Klassizismus war durch die Verssatiren des Fürsten A. D. Kantemir gekennzeichnet, im Klassizismus selbst spielte das Satirische eine wichtige Rolle, und die Jahre um 1770 wurden die ‚Zeit der satir. Journale‘ genannt, in der N. Nowikow zum führenden Herausgeber und Verfasser wurde. Der führende Aufklärer, A. N. Radischtschew, geißelte in seiner satirisch-anklagenden ‚Reise von Petersburg nach Moskau‘ schonungslos die Zustände.

Der Sentimentalismus löste als führende literar. Richtung den Klassizismus ab: N. M. Karamsin mit seinen gefühlvollen Erzählungen (‚Arme Lisa‘) wurde zum führenden Autor. Die Präromantik wurde durch die Übertragungen W. A. Schukowskijs und dessen eigener Lyrik eingeführt. Zugleich schufen Dichter wie A. S. Gribojedow mit seiner Komödie ‚Verstand schafft Leiden‘ (1822-24, gedruckt 1831) und I. A. Krylow mit seinen Fabeln einen Stil, der sich von der klassizist. Form wie vom Inhalt her grundlegend durch Empfindsamkeit distanzierte.

Der eigentl. Schöpfer der neueren russ. Literatursprache wurde A. S. Puschkin. In allen drei Grundgattungen, Lyrik, Epik, Dramatik, leistete er Überragendes und wirkte bes. als Versdichter; er personifiziert das ‚goldene Zeitalter‘ der russ. Poesie. Romantisch sind die melanchol. Poesie J. A. Baratynskijs und die Gedichte F. J. Tjutschews. Hauptrepräsentant der zwei Generationen romant. Dichter ist M. J. Lermontow. Die zunehmende themat. und formale ‚Prosaisierung‘ setzte sich bei N. Gogol fort.

Der Realismus fand seinen ersten radikalen Ausdruck in der sich auf Gogol berufenden ‚natürl. Schule‘ der vierziger Jahre. Ihr charakterist. Genre war die Prosaskizze (Lewizkij), 19. Jahrh. Die satirisch-sittenbeschreibende Drama erhielt in den Komödien und Schauspielen A. N. Ostrowskijs seine auch künstlerisch überzeugende Gestalt. Höhepunkt der radikal gesellschaftskrit. Satire ist das ganz auf Wirkung bedachte Werk M. J. Saltykow-Schtschedrins, während die Romane und Schauspiele A. F.

Pissemskijs einem mehr analyt. Naturalismus verpflichtet sind. I. S. Turgenjews Weg führte von der typischen Prosaskizze über ‚Leute aus dem Volk‘ (‚Aufzeichnungen eines Jägers‘) über die den Naturalismus sprengenden Gesellschaftsromane bis zu den späten Novellen über allgemeine Themen wie Liebe, Tod, Kunst. F. M. Dostojewskij gelangte zur Großform des polyphonen Romans, in dem Sozialkritik und Tiefenpsychologie einerseits in ein dramat., kriminelles Geschehen eingebettet, andererseits moralisch-relig. Zentralproblemen zugeordnet werden. Als gesellschaftskrit. Moralist begann auch L. N. Tolstoj. Das Suchen nach dem Sinn individuellen Lebens führte ihn einerseits zur Frage nach dem Verhältnis von Individuum und Geschichte, andererseits zur Konzentration auf moral. und soziale Probleme.

Ende des 19. und Anfang des 20. Jahrh. Erst kurz vor der Jahrhundertwende erfolgte die Wendung zur Poesie der Moderne mit betont ästhet. Zielsetzung und Bevorzugung lyr. Formen. Diese Richtung wurde bald im Zeichen des Symbolismus tonangebend (W. J. Brjussow, D. S. Mereschkowskij, Sinaida Hippius). Den bedeutendsten Dichtern der nächsten symbolist. Generation, A. Blok und A. Belyi, gelang die Wendung ins spezifisch Russische.

Schulen wie der Akmeismus, der Futurismus und der Imaginismus lösten den Symbolismus ab. Die Tradition des sozialkrit. Realismus erhielt in den frühen Erzählungen und Bühnenstücken M. Gorkijs betont sozialrevolutionäre Züge, verband sich in der Prosa I. A. Bunins mit Stilmerkmalen der Moderne und gelangte in den Kurzgeschichten und Dramen A. P. Tschechows zu einer Synthese aus subtiler Milieu- und Charakterstudie mit indirekt symbolisierender, stimmungsvoller Poesie. K. Stanislawskij erarbeitete mit seinem Moskauer Künstlertheater (gegr. 1898) einen dem kunstbewußten Realismus entsprechenden Inszenierungs- und Schauspielstil.

Neue Zeit (Sowjet. Literatur). Das literar. Leben der Frühphase nach Entstehung der Sowjetunion wurde bes. von drei miteinander rivalisierenden Richtungen geprägt. Die Futuristen (Zeitschrift: LEF u. a., Majakowskij als Hauptrepräsentant) versuchten die sozialrevolutionäre Tendenz und die Lust am sprachl. Experiment in den Dienst einer Agitationskultur für die neue sozialist. Gesellschaft zu stellen. Der ‚Proletkult‘ (Zeitschrift: ‚Na postu‘ u. a., Sprecher: A. A. Bogdanow u. a.) forderte eine völlig neue und spezifisch proletar. Kultur. Das experimentierfreudige Revolutionstheater (W. Meyerhold, A. Tairow u. a.) blühte, die satir. Literatur und Publizistik nutzte die Möglichkeit der Kritik und Selbstkritik (M. M. Soschtschenko, W. P. Katajew, I. Ilf und J. Petrow), in der Literaturtheorie und Kritik spielten die betont künstlerisch orientierten Formalisten eine wichtige Rolle. Vor allem aber wurde eine Reaktivierung der älteren Traditionen, bes. im Bereich der erzählenden Prosa, eingeleitet. Dazu gehörte die Entfaltung einer an Gogol, Lesskow, Remisow u. a. geschulten ‚ornamentalen Prosa‘ (bei I. E. Babel, B. A. Pilnjak u. a.) wie der für die weitere Entwicklung entscheidende Rückgriff auf den gesellschaftskritisch-realist. Roman (bes. L. Tolstojs). Zu dieser Neubelebung des Romans trugen ältere und jüngere ‚Mitläufer‘ (A. N. Tolstoj, S. M. Leonow, K. A. Fedin u. a.) wie auch die Stammväter des proletar. Realismus (M. Gorkij, A. Serafimowitsch), aber auch bald junge proletar. und kommunist. Verfasser bei (F. W. Gladkow ‚Zement‘, 1925; A. A. Fadejew ‚Die 19‘, 1928; M. A. Scholochow ‚Der stille Don‘, 1928 ff.).

Einzelne politisch unbequeme Autoren (B. A. Pilnjak, J. K. Olescha, J. I. Samjatin) und ganze Richtungen (Formalismus, Kosmopolitismus) wurden öffentlich verurteilt. 1932 bildete die Partei einen einheitl. Schriftstellerverband und verpflichtete auf dessen erstem Kongreß (1934) die gesamte Sowjetliteratur auf den Generalnenner des →Sozialistischen Realismus. Dies führte zu einem Absinken des künstler. Niveaus. Werke von literar. Rang oder zumindest einem echten Konfliktstoff konnten noch am ehesten entstehen, soweit sie Themen behandelten, die nicht im Zentrum der aktuellen Parteipolitik standen, z. B. der vor dem ersten Fünfjahresplan erschienene Industrieroman F. W. Gladkows (1925), der Bürgerkriegsroman M. A. Scholochows (‚Der stille Don‘, 1928-40) oder der histor. Roman ‚Peter I.‘ von A. N. Tolstoj (1929-45). Überhaupt erlebte der histor. Roman eine neue Blüte (S. J. Marschak, J. E. Schwarz u. a.).

Im Zweiten Weltkrieg entstanden aber auch Werke, die den Beitrag individueller Spontaneität im patriot. Widerstand betonten (A. A. Fadejews ‚Junge Garde‘, 1946) oder den Kriegsalltag ohne beschönigendes Pathos schilderten (K. M. Simonows Stalingradroman ‚Tage und Nächte‘, 1944; Wera F. Panowas Sanitätszugroman ‚Weggenossen‘, 1946). - A. T. Twardowskij, N. S. Tichonow, Anna A. Achmatowa, Olga F. Berggolz u. a.). Aber bald nach Kriegsende wurde die alte Reglementierung wieder verschärft und sogar verschärft. Ein Wandel trat erst durch Stalins Tod, 1953, und Chrustschtschows Abkehr vom Stalinismus (20. Parteitag 1956) im ‚Tauwetter‘ ein (Romane von Wera F. Panowas ‚Jahreszeiten‘, 1953; I. G. Ehrenburgs ‚Tauwetter‘, 1954, u. a.). Erzähler der mittleren Generation (Wera Panowa, V. P. Nekrassow) und der nachfolgenden (W. P. Aksjonow, W. F. Tendrjakow, J. P. Kasakow u. a.) wandten sich zunehmend eth. Konflikten, dem Generationsproblem und ähnl. Themen zu. Die jungen Lyriker polemisierten gegen Mißstände des Stalinismus und der eigenen Gegenwart (J. A. Jewtuschenko), verbanden Zeitkritik mit liedhaften Formen (B. S. Okudschawa) oder wandten sich neuen lyr. Themen und Formen zu (A. A. Wosnessenskij, Bella Achmadulina u. a.).

Diese Tendenzen wirken bis in die Gegenwart nach. Doch ist zugleich eine Gegentendenz unverkennbar, zu der schon Chrustschschows Angriff auf W. D. Dudinzew (‚Der Mensch lebt nicht von Brot allein‘, 1956) oder die Hetze gegen B. L. Pasternaks ‚Dr. Schiwago‘ (1958) und gegen die Verleihung des Nobelpreises an ihn gehören und die in der Kampagne gegen A. I. Solschenizyn (Nobelpreis 1970) gipfelt.

russische Musik. Ein großer Teil der russ. Volkslieder geht auf die Zeit der Kosakenaufstände im 17. Jahrh. zurück. Volksinstrumente sind die harfenähnlichen Gusli und die lautenähnliche Balalaika.

Glinka schuf 1836 mit der Oper ‚Das Leben für den Zaren‘ das erste durchschlagende nationalruss. Werk. Westeuropäisch eingestellte Musik wurde auf dem 1862 gegr. St. Petersburger Konservatorium gepflegt: Serow (1820-71), A. Rubinstein (1829-94). P. Tschaikowskij (1840-93), der bedeutendste russ. Sinfoniker, verwendete russ. Motive, gibt aber seinem Stil nach als Westeuropäer. Um Balakirew (1837-1910) bildete sich eine betont nationale Schule: Cui, Borodin, Rimskij-Korssakow (1844-1908) und Mussorgskij (1839-81). Von Rimskij-Korssakow beeinflußt sind: Glasunow, Sinfoniker und Kammermusikkomponist klass. Richtung (1865 bis 1936), Ippolitow-Iwanow, Tscherepnin, Strawinsky (1882-1971) und Prokofieff (1891-1953). Der westeurop. spätklassizist. und romant. Musik gehören an: Tanejew, Rachmaninow, Wassilenko. Skrjabin (1872-1915) übersteigerte Klang und Harmonik ins Rauschhafte. Von den zeitgenössischen Komponisten der Sowjetunion wurden D. Schostakowitsch und A. Chatschaturjan bekannt.

russische Schrift (hierzu Übersicht), eine jüngere, der Antiqua angeglichene Form der Kyrilliza.

Russische Sozialistische Föderative Sowjetrepublik, Abk. **RSFSR,** die größte und wichtigste der sowjet. Unionsrepubliken, 17,075 Mill. km², 130,09 Mill. Ew., Hauptstadt: Moskau. Sie bildet mit rd. 76% der Fläche und 54% der Bevölkerung den Kern der Sowjetunion, umfaßt den größten Teil des osteurop. Flachlandes, das Uralgebirge und ganz Nordasien bis zum Stillen Ozean (→Sibirien). Im S erreicht sie den Kaukasus und das Kasp. Meer. Sie wurde am 7. 11. 1917 gegr. Ihre erste Verfassung von 1918 (geändert 1925 und 1937) diente als Vorbild für alle späteren Sowjetverfassungen. Höchstes Staatsorgan ist der Oberste Sowjet, bestehend aus einer Kammer. Ferner →Sowjetunion.

russische Sprache, eine ostslaw. Sprache in Nord- und Mittelrußland und Sibirien (→slawische Sprachen). Die Schriftsprache beruht auf dem Mundart von Moskau. Russisch wird in der Kyrilliza geschrieben; es ist die Muttersprache von über 100 Millionen Russen und die Staatssprache der Sowjetunion. - Bis zu den Re-

russische Schrift							
Druck-schrift	Name	Umschrift wissenschaftl.	Umschrift volkstüml.	Druck-schrift	Name	Umschrift wissenschaftl.	Umschrift volkstüml.
А а	a	a	a	С с	es	s	s, ß
Б б	be	b	b	Т т	te	t	t
В в	we	v	w	У у	u	u	u
Г г	ge	g	g	Ф ф	ef	f	f
Д д	de	d	d	Х х	cha	ch	ch
Е е	je	e	e, je[1])	Ц ц	ze	c	z
Ж ж	sche	ž	sch[2])	Ч ч	tsche(a)	č	tsch
З з	se	z	s	Ш ш	scha	š	sch
И и	i	i	i	Щ щ	schtscha	šč	schtsch
Й й	i s kratkoi	j	j, i[3])	Ы ы	jery	y	y[4])
К к	ka	k	k	Ъ ъ	{ jer, twer-dyj snak	—	—[5])
Л л	el	l	l				
М м	em	m	m	Ь ь	{ jerj, mjag-kij snak	' (Apostroph!)	—[6])
Н н	en	n	n				
О о	o	o	o	Э э	eoborotnoje	é	e[7])
П п	pe	p	p	Ю ю	ju	ju, 'u	ju
Р р	er	r	r	Я я	ja	ja, 'a	ja

[1]) nach Konsonant e (meist mit dessen Palatalisierung), sonst je. [2]) ʒ. [3]) als zweiter Bestandteil in i-Diphthongen gebraucht. [4]) dumpfes ü. [5]) nur in der Druckschrift als Trennungszeichen im Wortinnern gebraucht; handschriftl.: ' (Apostroph). [6]) bezeichnet die Palatalisierung des vorausgehenden Konsonanten. [7]) ohne Palatalisierung des vorausgehenden Konsonanten.

formen Peters d. Gr. war das Kirchenslawische die Literatursprache, die dann zunehmend mit volkstüml. Ausdrücken durchsetzt wurde. Erst Karamsin und endgültig Puschkin gelang die Verbindung der volkstümlich russ. und kirchenslaw. Elemente zur heute geltenden Schriftsprache.

Russische Staatsbank, Zentral- und Notenbank der Sowjetunion, Moskau, seit 1921 Nachfolgerin der 1860 gegr. Russ. Reichsbank; seit 1923 im Besitz des alleinigen Notenausgaberechts.

Russisch-Japanischer Krieg, 1904/05 um Korea und die Mandschurei. Nach seinen Siegen von Port Arthur, Mukden, Tsuschima gewann Japan im Frieden von Portsmouth (Verein. Staaten) Korea, Port Arthur, Südsachalin; die Mandschurei kam an China zurück.

Russisch-türkischer Krieg 1877/78, →Berliner Kongreß, →Türkenkriege.

Rußland, 1) Russisches Reich, das ehemal. Zarenreich in Osteuropa, Nord- und Innerasien, 22,56 Mill. km², mit (1914) 180,7 Mill. Ew.; Hauptstadt war St. Petersburg; →russische Geschichte.
2) über das heutige Rußland →Sowjetunion, →Russische Sozialistische Föderative Sowjetrepublik.

Rust'awi, Stadt in der Grusin. SSR, an der Kura, 98 000 Ew.; Walzwerk, Eisen-, Stickstoffind. R. wurde 1948 gegr. und planmäßig angelegt.

Rüster die, die →Ulme.

R'ustika [lat.] die, ∭ das →Bossenwerk.

rustik'al [lat.], ländlich, bäuerisch.

Rüstkammer, Zeughaus, Aufbewahrungsraum für Kriegsgeräte.

Rüstmeister, in Landsknechtsheeren der Verwalter der Ausrüstung.

Rüstow [-to:], Alexander, Volkswirt, Soziologe, * 1885, † 1963; Prof. u. a. in Heidelberg, Vertreter des Neoliberalismus.

Rüstung, 1) der mittelalterl. Harnisch. **2)** die militär. und wirtschaftl. Einrichtungen eines Staates für den Kriegsfall.

Rüstungsbeschränkung, →Abrüstung.

Rüstungs|industrie, die für die Rüstung eines Staates arbeitenden Industrien.

Rüstzeiten, evang. Kirchen: die Wochen der Einübung in das geistl. Leben.

Rute, 1) früheres dt. Längenmaß, zwischen 3 und 5 m. **2)** ⚥ Schwanz vom Hund, Raubwild, Eichhorn. **3)** 🐾 der Penis.

Rutebeuf [rytb'œf], franzöz. Lyriker, † um 1285; Totenklagen, moralisierende Gedichte; ‚Mirakelspiel von Theophil'.

Rutenbündel, →Fasces.

Rutengänger, →Wünschelrute.

Rutenpalme, ostasiat. Fächerpalmengattung; liefert Geh- und Schirmstöcke.

Ruth, im A. T. die Heldin des gleichnamigen bibl. Buches. R. wurde die Stammmutter des judäischen Königshauses.

Ruth'enen, die Ukrainer im ehem. Österreich-Ungarn.

Ruth'enische Kirche, ein Zweig der Unierten Oriental. Kirche (byzantin. Ritus) in Osteuropa und den Verein. Staaten.

Ruth'enium das, Ru, chem. Element, ein

Platinmetall, Ordnungszahl 44, Massenzahlen 102, 101, 104, 100, 99, 96, 98, Atomgewicht 101,1, spezif. Gewicht 12,2, Schmelzpunkt über 2500° C, Siedepunkt 4900° C; grau, hart, spröde, nur in Königswasser löslich. Verwendung für Legierungen und zur Herstellung feuerfester keram. Farbstoffe.

Rutherford [r'ʌðəfəd], Ernest, Lord **R. of Nelson** (seit 1931), engl. Physiker, * 1871, † 1937, begründete die Zerfallstheorie der radioaktiven Elemente und schuf die Grundlage der heutigen Atomphysik. 1919 gelang ihm der erste Nachweis einer Kernreaktion beim Stickstoff. Nobelpreis für Chemie (1908).

Ernest Rutherford   *Bertrand Russell*

Rutherf'ordium, Rf, amerikan. Namensvorschlag für →Kurtschatowium.

Ruthsspeicher, ein →Wärmespeicher.

Rut'il der, rotes bis schwarzes Mineral mit säulenförm. Kristallen, chem. Titandioxid.

Rutil'ismus [lat.], die Rothaarigkeit.

Rut'in das, ein Wirkstoff aus Raute, Buchweizen, Citrusarten u. a., der als ‚Vitamin P' gefäßabdichtend wirkt.

Rutland [r'ʌtlənd], Grafschaft in Mittelengland, 394 km², 30 100 Ew.; Hauptstadt: Oakham.

Rütli das, **Grütli,** eine Bergwiese am W-Ufer des Urner-Sees, im Kt. Uri, Schweiz, gilt als Gründungsstätte der schweizer. Eidgenossenschaft (**Rütlischwur**).

Rüttelgeräte, ⚙ Geräte zum Verteilen, Sieben und Verdichten körnigen Gutes.

Ruusbroec [r'y:sbru:], **Ruysbroeck,** Johannes van, Mystiker, * 1293, † 1381, Prior eines Augustiner-Chorherrenstiftes, flämisch geschriebene myst. Abhandlungen.

Ruwenz'ori, Runss'oro der, Gebirgsstock an der Grenze Zaïre/Uganda, Ostafrika, bis 5119 m hoch.

R'uwer die, rechter Zufluß der Mosel, entspringt im Osburger Hochwald, mündet unterhalb Trier, 40 km lang; Weinbau.

Ruysdael, Maler, →Ruisdael 2).

Ruyter, Ruiter [r'œjtər], Michiel Adrianszoon de, niederländ. Admiral, * 1607, † 1676, bewahrte im dritten englisch-holländ. Krieg die Niederlande vor dem Untergang.

Ruzička [r'u:ʒ'itʃka], Leopold, Chemiker, * 1887, Prof. in Utrecht und Zürich, erforschte die Geschlechtshormone, erhielt 1939 mit A. Butenandt den Nobelpreis.

RVO., Abk. für **R**eichs**v**ersicherungs**o**rdnung.

Rw'anda, Ru'anda, Republik in O-Afrika, 26 338 km² mit 3,5 Mill. Ew. Hauptstadt: Kigali; Amtssprachen: Kinyarwanda und Französisch. Religion: Rd. 40% kath., 5% evang. Christen, Anhänger von Naturreligionen. ⊕ II/III, Bd. 1, nach S. 320. Nach der Verf. von 1962 ist Staatsoberhaupt und Regierungschef der Präs. ⟲ S. 1179. ⟆ Bd. 1, S. 392. Währung: 1 Rwanda-Franc = 100 Centimes.

Der O des Landes ist Hochland (1500 bis 1700 m), das nach W bis über 2000 m ansteigt und dann steil zum Zentralafrikan. Graben (Kiwusee) abfällt. Höchste Erhebung: Karisimbi (im NW; 4530 m hoch). Das trop. Klima ist durch die Höhenlage gemäßigt. R. hat die größte Bevölkerungsdichte der afrikan. Staaten (133 Ew. je km²). 90% der Ew. sind Bantu (meist→Hutu). Allgem. Schulpflicht (4 Jahre); eine Universität. Die Landwirtschaft erzeugt Mehlbananen, Yams, Maniok, Hirse, für die Ausfuhr Kaffee, Tee. Der Bergbau fördert Zinn- und Wolframerz. Haupthandelspartner: Belgien, Uganda. Verkehr: keine Eisenbahnen, 5400 km Straßen; internat. Flughafen: Kigali. - R. war bis zu seiner Unabhängigkeit (1. 7. 1962) Teil des belg. Treuhandgebietes **Ruanda-Urundi** (bis 1919 Teil von Dt.-Ostafrika). Staats- und MinPräs.: G. Kayibanda.

R'ybinsk, 1946-57 **Schtscherbak'ow,** Stadt und Binnenhafen in der Russ. SFSR, am Austritt der Wolga aus dem Rybinsker Stausee, 218 000 Ew.; Wasserkraftwerk, Maschinenbau, Werften, elektrotechn. Industrie.

R'ybinsker Stausee, künstl. See am Wolgalauf nördlich Moskau, 4580 km², Teil des Wolga-Ostsee-Kanals; Kraftwerk.

R'ychner, Max, Literarhistoriker, * 1897, † 1965; Essaysammlungen.

Rydberg [r'y:dbærj], **1)** Abraham Viktor, schwed. Dichter, * 1828, † 1895; Gedankenlyrik, Prosaepik u. a.
2) Janne Robert, schwed. Physiker, * 1854, † 1919; bekannt durch die nach ihm benannten Rydbergkonstanten für die Atomtheorie.

Rydz-Śmigły [rits sjm'igli], Edward, poln. Marschall (1936), * 1886, † (unter falschem Namen) 1941, nach dem poln.-sowjet. Krieg (1919/20) Mitarbeiter Piłsudskis, 1936 poln. Oberbefehlshaber.

R'ykow, Aleksej, sowjet. Politiker, * 1881, † (erschossen) 1938, nach Lenins Tod 1924 bis 1930 Vors. des Rates der Volkskommissare.

R'yti, Risto, finn. Politiker, * 1889, † 1956, Jurist, 1940-44 Staatspräs., wurde 1946 wegen Zusammenarbeit mit Deutschland im Zweiten Weltkrieg verurteilt, aber freigelassen.

Ryukyu-Inseln, die →Riukiu-Inseln.

Rzeszów [ʒ'eʃuf], Woiwodschaftshauptstadt in Galizien, Polen, 82 200 Ew.; in der Umgebung Erdölvorkommen; Metall-, Maschinen-, Lebensmittelindustrie.

S

s, S [ɛs] das, der 19. Buchstabe des Abc; ein stimmloser Reibelaut [s], im Deutschen, Englischen und Französischen auch als stimmhafter Reibelaut [z].

s, Abk. für **S**ekunde.

s., Abk. für **s**iehe.

S., 1) Seite. **2) S**an, **S**anto, **S**anta (heilig).

S, 1) Süden. **2) S**chilling. **3)** chem. Zeichen für **S**chwefel. **4)** ⊗ **S**iemens.

$, Zeichen für **D**ollar.

Sa., auch **S**ᵃ, Abk. für latein. **S**umma, Summe, Endbetrag.

SA, Abk. für franzöz. **S**ociété **A**nonyme, italien. **S**ocieta **A**nonima, Aktiengesellschaft.

SA, Abk. für **S**turm**a**bteilung, Hitlers polit. Kampftruppe, propagierte vor 1933 in Saal- und Straßenkämpfen den Nationalsozialismus, war 1933/34 unter Röhm das stärkste Machtinstrument, verlor mit der

---

Niederschlagung des Röhmputsches (30. 6. 1934) an Bedeutung und diente dann im wesentl. der vormilitär. Ausbildung.

Saad'i, pers. Dichter, * 1193 (?) oder 1213(?), † 1292; ‚Diwan'; lehrhafte Dichtungen: ‚Rosengarten' und ‚Duftgarten'.

Saalach die, linker Nebenfluß der Salzach, entspringt im obersten Glemmtal (Pinzgau), bildet vor ihrer Mündung in die Salzach bei Salzburg die Staatsgrenze.

Saalburg, röm. Kastell am Limes, nordwestl. von Homburg v. d. H. (Taunus), 1898 bis 1907 wiederaufgebaut.

Saale die, 1) **Fränkische S.**, rechter Nebenfluß des Mains, mündet bei Gemünden, 135 km lang. 2) **Sächsische S.**, **Thüringer S.**, linker Nebenfluß der Elbe, aus dem Fichtelgebirge, mündet oberhalb Barby, 427 km lang; mehrere Talsperren (Hohenwartetalsperre, Bleilochtalsperre). Wichtige Nebenflüsse sind Ilm, Unstrut, Bode, Weiße Elster.

Saaletalsperre, →Bleilochtalsperre.

Saalfeld/Saale, Stadt im Bez. Gera, 33 400 Ew.; Maschinen-, Farben- u. a. Ind. Stadtpfarrkirche St. Johannes (angeblich 12. Jahrh., im 19. Jahrh. stark verändert), Nikolauskirche (12. Jahrh.). - 10. 10. 1806 Sieg der Franzosen über die Preußen.

Saalfelden, Markt in Österreich, am S-Fuß des Steinernen Meeres, 744 m ü. M., 10 700 Ew.; Textil- u. a. Industrie.

Saalkirche, eine einschiffige Kirche.

Saalradsport, radsportl. Vorführungen im geschlossenen Raum: →Radball, →Radpolo und Kunstfahren.

Saaltochter, schweizer.: Kellnerin.

Saane die, linker Nebenfluß der Aare, 129 km lang, entspringt in den Berner Alpen, im Mittellauf großes Staubecken.

Saanen, Bezirkshauptort im Kanton Bern, im Saanetal, 5800 Ew.; Viehzucht (Saanenziege); Käseerzeugung, Holzind.

Saar die, franz. **Sarre**, rechter Nebenfluß der Mosel, 246 km lang, entsteht bei Lörchingen aus der Weißen und der Roten S., mündet oberhalb Trier; von Saargemünd bis Dillingen schiffbar. Der **Saarkohlenkanal** verbindet die Saar mit dem Rhein-Marne-Kanal.

Saar, Ferdinand von, Schriftsteller, * Wien 1833, † (Selbstmord) 1906; schwermütige Lyrik und Novellen.

Saarbergwerke AG., Saarbrücken, gegr. 1957, Bergbauunternehmen. Kap.: 350 Mill. DM, Beschäftigte: 26 883 (1970).

Saarbrücken, Hauptstadt des Saarlandes, 127 500 Ew.; Flughafen. Schloßkirche (15. Jahrh.), Schloß (1740-48), Ludwigskirche (1762-75). Sitz zahlreicher Behörden; Universität, Theater; Zoolog. Garten; Eisenerzeugung und -verarbeitung, Maschinen-, Metall-, Fahrzeug-, elektrotechn., opt. Industrie.

Saarbrücken: Stadttheater

Saarbrücker Rahmenabkommen, Abkommen der Kultusministerkonferenz vom 29. 9. 1960, das eine Neugestaltung der Gymnasialoberstufe vorsieht.

Saargebiet, 1920-35 das →Saarland.

S'aarinen, 1) Eero, Sohn von 2), * 1910, † 1961, gehörte zu den führenden Architekten der Gegenwart. 2) Eliel, finn. Architekt, * 1873, † 1950, baute den Bahnhof in Helsinki (1910-14), leitete damit das Neue Bauen in Finnland ein.

S'aarland, Land der Bundesrep. Dtl., 2568 km² mit 1,12 Mill. Ew. (73,8% kath., 24,1% evang.). Hauptstadt: Saarbrücken. ⊕ X/XI, Bd. 1, nach S. 320. Das S. umfaßt das wellige Hügelland südlich vom Hunsrück; höchste Erhebung ist die Weißkircher Höhe (695 m) im S. Hauptfluß ist die

Saarland, Verwaltung 1970

Landkreis	km²	Ew.[1] (in 1000)
Homburg	239	80,0
Merzig-Wadern	551	101,1
Ottweiler	259	167,3
Saarbrücken[2]	53	128,0
Saarbrücken	334	264,5
Saarlouis	441	203,7
St. Ingbert	207	82,0
St. Wendel	484	93,2
Saarland	*2568*	*1119,7*

[1] Volkszählung 27. 5. 1970. [2] Kreisfreie Stadt.

Saar mit fruchtbarem Tal, dazu ihre Nebenflüsse Blies, Prims, Nied.

Die **Bevölkerung** spricht im S überwiegend rheinfränkisch-pfälz., im N moselfränk. Mundart. Die Bevölkerungsdichte ist mit 436 Ew. je km² sehr hoch. - **Bildung:** Der Hochschulverband (seit 1971/72) ‚Hochschule des Saarlandes‘ in Saarbrücken umfaßt die: Univ. (gegr. 1947/48), die Pädagog. Hochschule, die Musik- und die Fachhochschule.

Wirtschaft. Das S. gehört zu den bedeutendsten mitteleurop. Industriegebieten: Steinkohlenbergbau zwischen Neunkirchen und der Saar, eisenschaffende Ind.; Maschinenbau, Glas-, Steingutindustrie u. a. Auf das S. entfallen (1970) 9,5% der Steinkohlenförderung und rd. 12% der Stahlerzeugung der Bundesrep. Dtl. Da der eigene Markt nur einen kleinen Teil der Industrieerzeugnisse aufnehmen kann, ist das S. auf wirtschaftl. Verflechtung mit allen Nachbargebieten angewiesen. Erze u. a. Grundstoffe werden von auswärts bezogen, 35% des Industrieumsatzes entfallen auf Ausfuhren. Nach 1945 war der Außenhandel hauptsächlich nach Frankreich ausgerichtet wegen der Einbeziehung in das franz. Zoll- und Währungsgebiet. Der dt.-franz. Saarvertrag (von 1956) gestattet durch steuerfreie Aus(Ein)fuhr von 1 (1,5) Mrd. DM enge Wirtschaftsbeziehungen zu Frankreich.

Geschichte. Durch den Versailler Vertrag wurde das ‚Saargebiet‘ aus Teilen der preuß. Rheinprovinz und der bayer. Pfalz gebildet und auf 15 Jahre einer Völkerbundsregierung unterstellt. 1935 kam es nach Abstimmung (90,8% für die Rückkehr) wieder zum Dt. Reich. 1940 wurde es verwaltungsmäßig mit der Pfalz vereinigt (‚Saarpfalz‘). Nachdem es 1946 aus der franz. Besatzungszone ausgegliedert, dann um 142 Gemeinden vergrößert worden war, wurde durch die Verf. von 1947 die Loslösung von Dtl. und die wirtschaftl. Anschluß an Frankreich festgelegt; es bildete mit Frankreich eine Währungs-, Zoll- und Wirtschaftsunion. Nach dem deutschfranz. Abkommen von 1954 sollte das S. ein europ. Statut im Rahmen der Westeurop. Union erhalten. In einer Volksabstimmung lehnte 1955 die Saarbevölkerung ein solches Statut mit 67,7% der Stimmen ab; MinPräs. Hoffmann trat zurück. Dem Willen des im Dez. 1955 neugewählten Landtags, daß S. solle deutsch bleiben, trug der deutsch-franz. Vertrag vom 27. 10. 1956 Rechnung: Das S. wurde am 1. 1. 1957 ein Land der Bundesrepublik Dtl.; die wirtschaftl. Eingliederung erfolgte am 6. 7. 1959. MinPräs. seit 1959: F. J. Röder (CDU).

Saarländische Volkspartei, Abk. **SVP**, Zusammenschluß von Anhängern der ehem. Christl. Volkspartei; bei den Landtagswahlen von 1965 und 1970 erhielt sie kein Mandat (1960: 6 Mandate).

Saarlouis [-l'ui], Stadt im Saarland, 1936 bis 1945 **Saarlautern**, 39 400 Ew., Oberverwaltungsgericht; eisenverarbeitende, Tabak- u. a. Ind. - S. wurde 1680-86 von Ludwig XIV. als Festung angelegt.

Saar-Nahe-Berg- und Hügelland, Land-

schaft zwischen Hunsrück und Haardt.

Saastal, Alpental im Kt. Wallis, Schweiz, mit dem Kurort **Saas-Fee** (1798 m ü. M.).

Saatgut, zur Aussaat bestimmte Samen, Früchte, Knollen (**Pflanzgut**). Das Handels-S. prüfen Samenkontrollstationen. **S.-Vermehrungen** von im Sortenregister eingetragenen Sorten müssen noch eine **Feldanerkennung** erhalten.

Saatzucht, die Züchtung von Saatgut landwirtschaftl. oder gärtner. Kulturpflanzen. - **S.-Anstalt, Pflanzenzuchtanstalt**, staatl. oder öffentl. Anstalt zur Förderung der Pflanzenzüchtung.

Saav'edra L'amas, Carlos, argentin. Politiker, * 1880, † 1959; 1932-38 Außenmin., hatte maßgeblichen Anteil an der Beilegung des Chaco-Konflikts; Friedensnobelpreis 1936.

Saaz, tschech. **Žatec**, Stadt in N-Böhmen, Tschechoslowakei, 15 800 (1938: 18 000) Ew.; Hopfenhandel.

Saaz, Johannes von, böhm. Frühhumanist, →Johannes von Tepl.

S'aba, im Altertum Landschaft in Südarabien, deren **Königin von S.** prüfte Salomos Weisheit durch Rätsel.

Sabadell [saβaδ'el], Stadt in Katalonien, Spanien, 146 000 Ew.; Textil-, Maschinenindustrie.

Sabad'ill der, Liliengewächs Mittelamerikas und Venezuelas, mit gelblichen Blüten.

S'abah, früher **Nordborneo**, Gliedstaat der Föderation Malaysia in NO-Borneo; bildet seit 1963 mit Sarawak den Landesteil O-Malaysia. S. ist 76 083 km² groß, 633 000 Ew. Hauptstadt: Kota Kinabalu (33 400 Ew.). 80% der Bevölkerung leben von der Landwirtschaft; Hauptausfuhrartikel sind Edelhölzer und Kautschuk. - S., das ehem. Britisch-Nordborneo, gehört seit 16. 9. 1963 zur Föderation Malaysia.

S'abas, Heiliger, * 439, † 532, gründete das Sabaskloster bei Jerusalem; Tag: 5. 12.

Sabatier [sabatj'e], Paul, franz. Chemiker, * 1854, † 1941, entdeckte die katalyt. Wirkung rein verteilter Metallpulver. Nobelpreis 1912 (mit V. Grignard).

S'abbat der, jiddisch **Schabbes**, der siebente Tag der jüd. Woche, vom Freitag- bis Sonnabendabend; strenger Ruhetag.

Sabbat'ai Zev'i, * 1626, † 1676, gab sich als Messias aus; gründete die jüd. Sekte der Sabbatianer (Sabbatäer).

Sabbat'arier, Sabbat'isten Mz., christl. Glaubensgemeinschaften, die das Sabbatgebot auch für Christen wollen.

S'äbel, Hiebwaffe mit einschneidiger, gekrümmter, zugespitzter Klinge. Der Griff des Säbels durch Bügel mit Parierstange oder Korb geschützt; auch Fechtwaffe.

Säbelantilopen, Gruppe der Pferde- oder Laufantilopen, über Afrika und Arabien verbreitet.

Sab'eller, von den Sabinern abstammende mittelital. Kleinstämme der osk. Sprachgruppe; im 4. Jahrh. v. Chr. von Rom unterworfen.

Säbelschnäbler, Avos'ette, 40 cm langer, hochbeiniger, schwarzweißer Regenpfeifervogel in Europa und Teilen Afrikas.

Säbelzahntiger, Machairodus, ein ausgestorbenes, tertiärzeitl. Raubtier mit starken oberen Eckzähnen.

SABENA, Abk. für Société Anonyme Belge d'Exploitation de la Navigation Aérienne, belg.-Luftverkehrsges., Brüssel.

Sab'ina, legendäre Märtyrerin und Heilige; Tag: 29. 8.

Sab'iner, italisches Volk in den Hochtälern des mittleren Apennins. Nach der Sage vom **Raub der Sabinerinnen** scheinen die S. an der Gründung Roms beteiligt gewesen zu sein.

Sabinergebirge, Gebirgszug des Apennin, nordöstl. von Rom, zwischen Tiber und Turano, bis 1368 m hoch.

Sabin-Impfung [s'æbin-], eine seit 1954 vom amerikan. Mikrobiologen A. B. Sabin erprobte Schluckimpfung mit abgeschwächten, vermehrungsfähigen Viren gegen Kinderlähmung.

Sabotage [sabɔtˈaːʒə, frz.] *die,* allgemein: die Vereitelung eines Zieles durch geheime Gegenwirkung oder passiven Widerstand; im engeren Sinn: das vorsätzliche Zerstören oder Beschädigen von Maschinen, Betriebsanlagen u. a. aus Anlaß eines Arbeitskampfes, zu polit. Zwecken u. a. **Saboteur** [-tˈœːr], jemand, der S. betreibt **(sabotiert).**

Sacchar'asen *Mz.,* Rohrzucker spaltende Enzyme.

Sacchar'ate, Verbindungen von Rohrzucker mit Basen.

Saccharimetr'ie, Konzentrationsbestimmung von wäßrigen Rohrzuckerlösungen durch Messen der Dichte, der Lichtbrechung oder der Drehung der Polarisationsebene.

Sacchar'in *das,* Benzoesäuresulfimid, ein künstl. Süßstoff.

Sacchar'ose, die Grundsubstanz des Haushaltszuckers, kommt im Saft vieler Pflanzen (Zuckerrohr, Runkel-, Zuckerrüben) vor. Unter Einwirkung verdünnter Säuren und bestimmter Enzyme wird S. in Traubenzucker und Fruchtzucker zerlegt.

Sacco di Roma [ital.], die Plünderung Roms durch die dt. und span. Landsknechte Karls V. (6. 5. 1527 bis 17. 2. 1528).

Sac'erdos [lat.], Priester. **Sacerd'otium** *das,* Priestertum.

SACEUR, Abk. für engl. **S**upreme **A**llied **C**ommander in **Eur**ope, die Oberbefehlshaber für Europa innerhalb der NATO.

Sachal'in, japan. **Karafuto,** Insel an der NO-Küste Asiens, vom Festland durch den Tatarensund, im S. von der japan. Insel Hokkaido durch die La-Pérouse-Straße getrennt, 76 400 km², 635 000 Ew.; Hauptstadt: Juschno-Sachalinsk. S. wird von 2 Gebirgsketten durchzogen (bis 1609 m hoch). Das Klima ist naßkalt, neblig. S. ist zu zwei Dritteln waldbestanden. Die Bevölkerung besteht aus Russen, Ukrainern u. a. sowie aus einer verschwindenden Ureinwohner-Minderheit von Niwchen (Giljaken) und Orotschen. - Kohlen- und Erdöllager. - S. kam 1875 an Rußland, der Süden 1905 an Japan, 1945 an die Sowjetunion.

Sach|anlagen, das Betriebsvermögen aus Grundstücken, Gebäuden, Maschinen u. ä.

Sach'arja, Zachar'ias im A. T. einer der sog. kleinen Propheten, trat 520 v. Chr. für den Aufbau eines neuen Tempels ein, von dessen Vollendung er den Eintritt des Messian. Reichs unter Zerubabel erwartete.

Sachbeschädigung, ⚖ die vorsätzl. und rechtswidrige Beschädigung oder Zerstörung fremder Sachen; sie wird mit Geld- oder Freiheitsstrafe bestraft. Im Unterschied von der Beschädigung öffentl. Sachen und der Zerstörung von Bauwerken (§§ 304, 305 StGB.) wird die einfache S. nur auf Antrag verfolgt (§ 303 StGB.).

Sachbezüge, Teil der Entlohnung, der in Sachgütern besteht (z. B. Verpflegung).

Sachbuch, im engeren Sinne ein populärwissenschaftl. Werk, das Themen aus den Wissensbereichen der Geschichte, Gesellschaft, Kunst, Natur, Technik u. a. für den interessierten Laien verständlich und unterhaltsam behandelt; im weiteren Sinne jedes Buch, das nicht zur Belletristik gehört.

Sache, 1) Ding, lebloser Gegenstand. 2) ⚖ jeder körperl. Gegenstand (feste, flüssige, gasförmige Körper; nicht Elektrizität). Man unterscheidet z. B. bewegl. und unbewegl., teilbare und unteilbare, vertretbare und unvertretbare S. (§§ 90 ff. BGB.). - **Öffentl. S.** dienen unmittelbar staatl. Zwecken oder dem allgemeinen öffentl. Gebrauch (Straßen, Gewässer u. a.).

Sach|einlage, ⚖ die bei Gründung eines Unternehmens (z. B. AG.) eingebrachten Sachwerte.

Sachenrecht, die Gesamtheit der Vorschriften über die Rechtsbeziehungen von Personen zu Sachen, die →dinglichen Rechte. Das S. ist im 3. Buch des BGB. enthalten. Rechtlich bedeutsam ist der Unterschied zwischen beweglich. (Fahrnis) und unbewegl. Sachen (Grundstücke).

Sacher-M'asoch, Leopold Ritter von, * 1836; schrieb galizische Bauern- und Judengeschichten, zum Sexualpathologischen (→Masochismus) neigende Romane und Novellen.

Sachertorte, Torte aus Eigelb, Zucker, wenig Mehl, Eischnee und Schokolade.

Sachfirma, ⚖ eine Firma, die keinen Personennamen enthält, sondern aus Worten, die auf den Gegenstand des Unternehmens hinweisen, gebildet ist.

Sachgründung, ⚖ Gründung einer Kapitalgesellschaft, bei der als Eigenkapital Sachwerte statt Bargeld eingebracht werden.

Sachkapital, Realkapital, die Produktionsanlagen eines Unternehmens.

Sachkonto, Buchführung: ein Konto, das Sachwerte verrechnet, z. B. Warenkonto.

Sachleistungsversicherung, Versicherung eines Sachguts gegen Schäden einschließlich Abnutzung.

Sachlegitimation, ⚖ die Befugnis zur Führung eines Rechtsstreits als Kläger **(Aktiv-L.)** oder Beklagter **(Passiv-L.)**

Sachleistung, 1) die →Naturalleistung. **2)** Sozialversicherung: die neben Geldbeiträgen gewährten Leistungen, z. B. Krankenhausbehandlung, Bäder.

Sachleistungsrecht. In der Bundesrep. Dtl. regelt das Bundesleistungsges. i. d. F. v. 27. 9. 1961 die Überlassung von bewegl. Sachen, Grundstücken u. a. an die öffentl. Hand zur Verhütung oder Beseitigung einer Gefahr für den Bestand des Bundes oder eines Landes (→Notstand).

Sachmängel, ⚖ →Kauf.

S'achmet, ägypt. Göttin in Löwengestalt.

Sachs, 1) Hans, Dichter, * 1494, † 1576, besuchte die Lateinschule, wurde Schuhmachermeister, trat für die Reformation ein (Gedicht ‚Die Wittenbergisch Nachtigall‘, 1523); schrieb über 4000 Meisterlieder in der Überlieferung des Meistersangs, ferner lehrhaft-satir. Spruchgedichte, Dramen,

Hans Sachs (Gemälde von A. Herneisen, 1575; Nürnberg, German. National-Museum)

Fastnachtspiele. Noch heute wirksam sind seine Komödien mit ihrer drastischen Komik und biederen Knittelversprache (‚Der fahrend Schüler im Paradeiß‘, ‚Das Kälberbrüten‘).

2) Nelly, Schriftstellerin, * 1891, † 1970, emigrierte nach Schweden; reimlose, von christl. und jüd. Mystik beeinflußte Lyrik. Nobelpreis für Literatur 1966.

Sachsa, seit 1905 **Bad S.,** Stadt und Kurort im südl. Harz, Ndsachs., 5800 Ew.

Sachsen, niederdt. Volksstamm, zum 1. 2. Jahrh. genannt. Ein Teil ging im 5. Jahrh. nach England (→Angelsachsen), der in Westfalen, Engern, Ostfalen und Nordleute gegliederte S. wurden 772 bis 804

von Karl d. Gr. unterworfen. 919 bis 1024 und 1125-37 waren die sächs. Stammesherzöge zugleich dt. Könige und röm. Kaiser. Mit dem Sturz Heinrichs des Löwen 1180 wurde das Stammesherzogtum zerschlagen (→Braunschweig, →Hannover). Der Name S. verlagerte sich nach Obersachsen (→Sachsen, Geschichte); die niederdt. S. heißen seit dem 16. Jahrh. **Niedersachsen.**

Sachsen, 1) ehem. dt. Land, 14 995 km², (1939) 5,2 Mill. Ew., Hauptstadt war Dresden. - Vom Grenzwall des Elster-, Erz-, Elbsandstein- und Lausitzer Gebirges im Süden fällt S. nach Norden zum Tiefland ab. Sehr ertragreiche Landwirtschaft in der Lommatzscher und Oschatzer Pflege sowie zwischen Bautzen und Löbau (Weizen, Zuckerrüben). Auf Sandböden im N Roggen, im Gebirge bes. Hafer, Gerste, Kartoffeln. Reiche Bodenschätze (Steinkohle, Braunkohle, Erze) und vielseitige Industrie (Schwerindustrie, Maschinen-, Fahrzeugbau, Feinmechanik, Optik, Textilien, Papier, Spielwaren, Musikinstrumente).

Geschichte. Das Kernland S.s war die Mark Meißen, seit 1089 in der Hand der Wettiner. Diese erwarben 1247 Thüringen, 1423 das namengebende Kurfürstentum S.-Wittenberg (Kursachsen). 1485 Teilung in die Ernestin. Linie (seit 1547 im Hauptteil Thüringens, →Sächsische Herzogtümer) und die Albertin. Linie (seit 1547 in Kursachsen, Meißen, N-Thüringen). Diese erwarb 1635 die Lausitz, 1697(-1763) die poln. Königskrone (→August der Starke). Durch engen Anschluß an Napoleon wurde S. 1806 Königreich; 1815 verlor es die nördl. Landeshälfte an Preußen. Am 10. 11. 1918 wurde in Dresden die Republik ausgerufen, am 13. 11. verzichtete König Friedrich August III. auf den Thron. 1945 kam S., um die Restgebiete Schlesiens erweitert, zur sowjet. Besatzungszone (1946: 16 992 km² mit 5,51 Mill. Ew.). 1952 wurden die Bezirke Leipzig, Karl-Marx-Stadt (Chemnitz), Dresden, Cottbus, Gera gebildet, Landtag und Landesregierung aufgelöst.

2) ehem. preuß. Provinz, 25 528 km², (1939) 3,6 Mill. Ew., Hauptstadt war Magdeburg. S. reichte vom Tiefland bis auf die Mittelgebirgsschwelle. In den Niederungen (Magdeburger Börde usw.) und im Harzvorland reiche Landwirtschaft (Weizen, Zuckerrüben, Gerste, Viehzucht; auf ärmeren Böden Roggen, Kartoffeln, Hafer). Bodenschätze: Kupfer, Eisen, Kali- und Steinsalze, Braunkohle. Bedeutende Metall- und chem. Industrie.

Geschichte. Die Provinz S. wurde bes. aus den vom Königreich S. abgetretenen Teilen und altpreuß. Gebieten (Altmark, Magdeburg, Halberstadt, Quedlinburg u. a.) gebildet. 1944 wurde sie in die Prov. Magdeburg und Halle-Merseburg geteilt; der Reg.-Bez. Erfurt kam an Thüringen. 1945 wurden unter der sowjet. Besatzung beide Provinzen mit Anhalt zur Prov. (seit 1947 Land) **Sachsen-Anhalt** vereinigt; Hauptstadt war Halle. 1952 wurde die Bezirke Halle und Magdeburg gebildet.

Sachsen, Moritz Graf von, franzö. Marschall (1744), Sohn Augusts des Starken, * 1696, † 1750, einer der bedeutendsten Feldherren des 18. Jahrh.

Sachsen-Altenburg, Sachsen-Coburg und Gotha u. a., →Sächsische Herzogtümer.

Sachsenhausen, 1936-45 nationalsozialist. Konzentrationslager, 1945-50 sowjet. Lager bei Oranienburg, Bez. Potsdam (jetzt Nationale Mahn- und Gedenkstätte).

Sachsenklemme, Engtal des Eisack zwischen Sterzing und Brixen. - 4./5. 8. 1809 Sieg der Tiroler über das Rheinbund-Regiment ‚Herzoge von Sachsen‘.

Sachsenring, Motorrad-Rennstrecke bei Hohenstein-Ernstthal, Dt. Dem. Rep.

Sachsenspiegel, das älteste und in seiner Zeit bedeutendste dt. Rechtsbuch, aufgezeichnet zwischen 1220 und 1235 durch Eike von Repgau.

Sachsenwald, Wald östlich von Hamburg, 68 km² groß; zahlreiche Grabdenkmäler der Stein- und Bronzezeit.

Sächsische Herzogtümer, neben den 1825/26 erloschenen oder aufgelösten Herzogtümern die vier Kleinstaaten der Ernestin. Linie der Wettiner in Thüringen: das Großherzogtum **Sachsen-Weimar-Eisenach** und die Herzogtümer **Sachsen-Altenburg, Sachsen-Coburg und Gotha, Sachsen-Meiningen.** Sie wurden 1918 Freistaaten und gingen 1920 im Land Thüringen auf. Coburg schloß sich Bayern an.

Sächsische Kaiser, →Ottonen.

Sächsische Schweiz, das →Elbsandsteingebirge.

Sächsisches Volksrecht, latein. **Lex Saxonum,** das auf dem Aachener Reichstag 802 zusammengefaßte Recht der Sachsen.

Sachversicherung, die Versicherung von Sachen und Vermögenswerten.

S´achverständige der, jeder Fachmann; bes. jemand, der kraft seiner Sachkunde zur Abgabe von Gutachten vor Gericht oder Behörden berufen ist. Im Prozeß ist der S. Beweismittel und Gehilfe des Richters. In Österreich und der Schweiz hat der S. ähnliche Aufgaben.

Sachwalter, Fürsprecher, Verteidiger.

Sachwert, der von Geldschwankungen unabhängige Substanzwert eines Gutes. Bei sinkendem Geldwert besteht eine Flucht in Sachgüter, d. h. das Bestreben, Geld in wertbeständigen Gütern anzulegen.

Sachwörterbuch, →Enzyklopädie.

Sack, Erna, eigentl. **Weber,** Koloratursopranistin, * 1903, † 1972.

Säckingen, Stadt in Bad.-Württ., 12 600 Ew.; Münster (gotisch-barock), gedeckte Holzbrücke über den Rhein (1571); Textil-, Metallwaren-, Maschinenfabriken.

Sackkrebs, Krebstier (Rankenfüßer), sackförmiger Schmarotzer an Krabben.

Sackniere, Hydronephrose, ⚕ Erweiterung von Nierenbecken und -kelchen, angeboren als Folge behinderten Harnabflusses.

Sackpfeife, der →Dudelsack.

Sackträger, Fam. der Schmetterlinge; die Raupen spinnen sich eine Röhre und besetzen sie mit Fremdkörpern.

Sackville-West [s´ækvil-], Victoria Mary, engl. Schriftstellerin, * 1892, † 1962, Romane: ,Die Ostergesellschaft' (1953) u. a.

Sacram´ento [sækrəm´entou], Hauptstadt von Kalifornien, USA, 254 400 Ew., Konserven-, Holzind., Maschinenbau u. a. - Die Goldsuchersiedlung S. entstand 1848.

Sacram´ento River [sækrəm´entou-], Fluß in Kalifornien, USA, 615 km lang, mündet in die Bucht von San Francisco.

Sacré-Cœur [sakre k´œːr, frz.], ,Heiliges Herz (Jesu)', Name kath. Kirchen (z. B. in Paris).

Sacrif´icium [lat.] das, kult. Opfer.

Sad´at, Anwar es-S., ägypt. Politiker, * 1918, 1952 am Armeeputsch gegen König Faruk beteiligt, 1960 erstmals Präsident der Nationalversammlung, seit 1970 Staatspräs. als Nachfolger Nassers; S. trug maßgeblich zur Bildung der Föderation Arab. Staaten (1971) bei.

Sadduz´äer, jüd. relig. Richtung zur Zeit Jesu; Gegner der Pharisäer; sie anerkann-

Anwar es-Sadat   *A. de Saint-Exupéry*

ten nur das Mosaische Gesetz, verwarfen u. a. den Auferstehungs- und Engelsglauben.

Sade [sad], Donatien-Alphonse-François, Marquis de, französ. Schriftsteller, * 1740, † 1814, verbrachte wegen sexueller Vergehen, dann wegen seiner Schriften 27 Jahre in Gefängnissen, vertrat einen Übermenschentum im Bösen (→Sadismus).

S´adebaum, dem Wacholder verwandtes, immergrünes Nadelholz mit Schuppennadeln, bläul. Beerenzapfen, giftig; wild auf steinig-heißem Gelände süd- und mitteleurop. sowie mittel- und nordasiat. Gebirge. Volksarznei, Gartenpflanze.

S´adhu der, in Indien Ehrentitel für einen Hindu-Asketen.

Sad´ismus [nach Sade], Lustbefriedigung durch Quälen des Partners. **Sad´ist** der. Eigw. **sadistisch.**

S´adowa, Ortsteil von Sovetice, bei Königgrätz. Bei S. fand am 3. 7. 1866 die Entscheidungsschlacht zwischen Preußen und Österreich statt.

SAE, Abk. für **S**ociety of **A**utomative **E**ngineers, amerikan. Ingenieurvereinigung für Normung. **SAE-Grade** sind Viskositätsbezeichnungen für Schmieröle. In **SAE-PS** drückt man die Leistung eines Verbrennungsmotors aus, der auf dem Prüfstand ohne Zubehör (Lüfterrad, Wasserpumpe, Kraftstoffpumpe, Auspuff u. a.) läuft. Nach dem SAE-Verfahren liegt die Leistung desselben Motors 15-20% höher als beim DIN-Verfahren.

säen, das Saatgut in den vorgerichteten Boden ausstreuen, teils im Herbst (Wintersaat), teils im Frühjahr (Sommersaat), mit der Hand oder mit **Sämaschinen:** breit (Breit-Sämaschine), in Reihen (Drillmaschine) oder in Häufchen (Dibbelmaschine).

Saf´ari [Kisuaheli aus arab.] die, urspr. eine Reise mit Trägerkarawane in O-Afrika; heute im Tourismus allgemein mehrtägige Gesellschaftsfahrt in Afrika.

Safe [seif, engl.] der, das, Stahlbehälter zum Aufbewahren von Wertgegenständen, z. B. in Stahlkammern der Banken, auch in Privathäusern in die Wand eingelassen.

S´affianleder, pflanzlich gegerbtes, farbiges Ziegenleder.

Saf´i, Hafenstadt in Marokko, am Atlantik, 105 000 Ew.; Phosphatausfuhr; ummauerte Altstadt und Zitadelle aus portugies. Zeit (1507-41).

Safl´or [arab.] der, stacheliger einjähriger Korbblüter; seine gelben, später roten Blüten wurden früher zum Färben benutzt.

S´afran der, getrocknete Narbe von →Krokus.

Saft, ⚕ verschiedene Flüssigkeiten des Pflanzenkörpers: bes. Nektar, Milchsaft, Wasser mit Nährsalzen; Fruchtsaft.

Saftmal, auffallend gefärbter Fleck oder Strich auf Blütenblättern, weist das bestäubende Insekt zum Nektar.

SAG, Abk. für **S**owjetische **A**ktien-**G**esellschaften.

Saga, Provinzhauptstadt auf Kiuschu, Japan, 151 000 Ew., Mittelpunkt des Reisebene Tsukushu. Schloßstadt.

S´aga [altnord.] die, Mz. Sögur, Bez. für längere, schriftl. Prosaerzählungen, entstanden im norwegisch-island. Bereich. Die S. ist hauptsächlich isländ. Familiengeschichte und handelt von Landnehmern und ihren Nachfahren bis 1030, dem Ende der Sagazeit (eine Generation nach Einführung des Christentums). Der herb sachl. Erzählstil der S. bleibt unberührt von der Dramatik der erzählten Vorgänge. Unter der Bezeichnung S. erscheinen auch große histor. Romane (Königssaga); sie behandeln die Geschichte der norweg. Könige bis etwa 1280. In Form der S. wurden im 13. Jahrh. in Norwegen ritterl. Epen übersetzt. Eine Sondererscheinung ist die Thidrekssaga.

S´agan, poln. **Żagań,** Stadt in Niederschlesien, am Bober, 22 300 (1939: 22 800) Ew.; spätgot. Pfarrkirche, Gymnasialbauten, 1629 unter Wallenstein begonnenes Schloß (1945 ausgebrannt). Seit 1945 unter poln. Verw.

Sagan [sag´ã], Françoise, eigentl. **Quoirez,** französ. Schriftstellerin, * 1935; skeptisch-melanchol. und erot. Romane: ,Bonjour tristesse' (1954), ,Lieben Sie Brahms...?' (1959), ,Chamade' (1965); Dramen.

Sagas´ik, ägypt. Stadt, →Zagazig.

Sage die, 1) u. a. Überlieferung der Vorzeit, dichterisch ausgestaltet, →Mythos, →Heldenlied. 2) Erzählung ohne geschichtl. Beglaubigung, die sich bes. an bekannte Personen oder Orte anschließt.

Säge, ein Schneidwerkzeug, bei dem ein Sägeblatt eine große Anzahl von Schneiden (Zähnen) trägt. Hand-S. sind **Fuchsschwanz, Loch-** oder **Stich-S., Schrot-** oder **Wald-S., Bügel-, Spann-** oder **Laub-S.** u. a. Sägemaschinen mit hin- und hergehender Bewegung des Sägeblatts sind die **Bügelsägemaschine** (für Metalle) und das **Gatter** (für Holz), mit kontinuierl. Bewegung des Sägeblatts die **Ketten-S., Band-S.** und die **Kreis-S.**

Sägefisch, ein →Rochen.

Sägenträger, 1-2 m lange Haifische im Stillen Ozean; ihr doppelsägeförmiger Kopffortsatz dient zum Gründeln.

Säger, Unterfam. der Entenvögel; der Schnabel trägt oben und unten eine Reihe von Hornzähnen.

Sägeracke, der Vogel →Momot.

Sägewerk, Betrieb zur Herstellung von Brettern, Bohlen, Balken aus Rundholz.

Sägezahnschwingung, eine →Kippschwingung in Sägezahnform.

Saghl´ul Pascha, Sa'd, ägypt. Politiker, * um 1860, † 1927, Gründer der nationalist. Partei Wafd, 1924 MinPräs.

Saginaw [s´æginou], Stadt in Michigan, USA, 91 800 Ew., Maschinen-, Papier-, chem. Ind.; Erdölraffinerie.

sagitt´al [lat.], pfeilrecht, längsgerichtet; ⚕ parallel zur der Naht zwischen den beiden Scheitelbeinen am Schädel (Pfeilnaht).

S´ago, ein gekörntes Stärkemehl. Bei uns bedeutet S. meist Tapioka (Maniok) oder ein Kartoffelstärkeerzeugnis (Kartoffel-S.).

Sag´unt, span. **Sagunto,** Stadt an der Ostküste Spaniens, 47 000 Ew. Über der Stadt die uralten Befestigungsanlagen. Das antike S., 219 n. Chr. von Hannibal zerstört und von den Römern in der Ebene neu aufgebaut, hieß bis 1877 **Murviedro.**

S´ahara [arab. ,Wüste'] die, Wüste in N-Afrika, die größte der Erde, rd. 8 Mill. km². Erstreckt sich vom Atlantik zum Roten Meer (rd. 5000 km); vom Südrand des Atlas und vom Mittelmeer nach S bis zum Sudan (rd. 1200 km). Das Tafelland der S. (200 bis 500 m ü. M.) mit weiten flachen Becken und Senken wird im Innern überragt von Gebirgsmassiven und Bergländern: Ahaggar, Tibesti (bis 3145 m), Adrar des Iforas, Aïr, Ennedi-Bergland; große Senken bes. im W und N (Kattara-Senke bis 137 m u. M.). Der Formenschatz umfaßt Sandwüsten (Dünen: Erg), Fels- und Steinwüsten (Hammada), Geröll- (Reg) und Kieswüsten (Serir). Das Klima der S. ist sehr trocken und heiß mit großen tägl. Temperaturschwankungen. Trockenflußbetten (Wadis) führen nur nach heftigen Regengüssen streckenweise Wasser. Der Pflanzenwuchs ist spärlich. In der Sahara leben rd. 2 Mill. Menschen (Berber, bes. Tuareg, Araber und negride Gruppen). Sie sind Oasenbauern oder Nomaden. - Große wirtschaftl. Bedeutung haben Erdöl und Erdgas in Algerien (z. B. Hassi Messaoud, Hassi Rmel) und in Libyen (Große Syrte); ferner Eisenerze (Mauretanien) und Phosphate (Spanisch-S.).

Sahne die, der Rahm.

Saibling, der, Lachsfisch in tiefen Gebirgsseen Europas; **Wildfang-S.** bis 10 kg.

Sa´ida, poln. antike Sidon, Hafenstadt im Libanon, rd. 35 000 Ew., nahebei Verladehafen der Trans-Arabian-Pipeline.

Sa´id Pascha, Mohammed, Vizekönig von Ägypten (1854-63), * 1822, † 1863, Sohn des Mehmed Ali; unter ihm begann 1859 der Bau des Suezkanals.

S´aiga die, Gruppe der Böcke, rüsselnasig, in den Steppen von Zentralasien bis Osteuropa.

saiger, ⚒ senkrecht.

Saig'on, Hauptstadt von Süd-Vietnam, im N des Mekong-Deltas, 1,7 Mill. Ew., Univ.; geometrisch angelegte moderne Stadt mit breiten Straßen; Textilfabriken, landwirtschaftl. Verarbeitungsindustrien.

Sailer, 1) Johann Michael, kath. Theologe und Pädagoge, * 1751, † 1832, war 1800-21 Prof. in Landshut, seit 1829 Bischof von Regensburg, wirkte für die Verinnerlichung des religiösen Lebens.
2) Sebastian, oberschwäb. Mundartdichter, * 1714, † 1777, Prediger; burleske bibl. Stücke mit Gesangseinlagen, dramatisierte Volksschwänke.

Saimaa, See in SO-Finnland, 1460 km², fließt durch den Vuoksi zum Ladogasee ab; **S.-Kanal** (59 km) zum Finn. Meerbusen.

Saim'iri das, der, ein Kapuzineraffe.

saint [sɛ̃, frz.; seint, sint, snt, sənt, engl.], weibl. **sainte** [sɛ̃t, frz.], heilig.

Saint Albans [sənt 'ɔ:lbənz], Stadt in der engl. Gfsch. Hertfordshire, 52 700 Ew., Kathedrale (12. Jahrh.), Verbrauchsgüter- u. a. Industrie.

Saint-Brieuc [sɛ̃bri'ø], Hauptstadt des Dép. Côtes-du-Nord, Frankreich, 54 800 Ew., Eisen-, Textil- u. a. Industrie.

Saint Catharines [sənt k'æθərinz], Stadt in der Prov. Ontario, Kanada, 103 100 Ew.; Univ.; Textil-, Eisen-, Elektro- u. a. Ind.

Saint Christopher, Saint Kitts [snt-], Insel der Kleinen Antillen, seit 1967 Teil der assoziierten Westind. Staaten, 176 km², 59 500 Ew.; Anbau von Zuckerrohr. Hauptstadt: Basseterre.

Saint-Cloud [sɛ̃kl'u], Gem. im franzöz. Dép. Hauts-de-Seine, westl. von Paris, 28 600 Ew.; Park mit Wasserspielen, Pferderennen; chem. u. a. Industrie.

Saint Croix [sənt krɔi], eine der westind. →Jungferninseln.

Saint-Denis [sɛ̃d'i], **1)** Stadt im N von Paris, Dép. Seine-S.-D., 100 100 Ew., hat Maschinen-, Kraftfahrzeug- u. a. Industrie. - Die Abtei wurde der Aufbewahrungsort der franzöz. Kroninsignien und seit Ludwig IX. Grabstätte der französ. Könige; in der Revolution teilweise zerstört. **2)** die Hauptstadt der französ. Insel Réunion, 85 400 Ew., an der N-Küste.

Sainte-Beuve [sɛ̃t'œv], Charles-Augustin, einflußreich französ. Literaturkritiker, * 1804, † 1869, entwickelte ein verstehendes und beschreibendes Verfahren der Literaturkritik.

Saint-Étienne [sɛ̃tetj'ɛn], Hauptstadt des Dép. Loire, Frankreich, 216 000 Ew., Univ., Steinkohlenbergbau, Stahl-, Waffen-, Maschinen- u. a. Industrie.

Saint-Exupéry [sɛ̃tɛksypɛr'i], Antoine de, französ. Flieger und Schriftsteller, * 1900, † (von Aufklärungsflug nicht zurückgekehrt) 1944; ‚Südkurier' (1929), ‚Wind, Sand und Sterne' (1939), ‚Flug nach Arras' (1942), ‚Der kleine Prinz' (1943), ‚Die Stadt in der Wüste' (1948). (Bild S. 1064)

Saint-Germain-en-Laye [sɛ̃ʒɛm'ɛ̃ ɑ̃l'ɛ], Stadt im Dép. Seine, westl. Paris, 41 200 Ew.; Renaissanceschloß.
Friedensschlüsse: 1) 29. 6. 1679 Friede zwischen Brandenburg (Großer Kurfürst) und Frankreich (Ludwig XIV.); Rückgabe Vorpommerns an Schweden. 2) der Vertrag vom 10. 9. 1919 zwischen der Entente und Österreich; er behandelte Österreich als Rechtsnachfolger der Österreichisch-Ungar. Monarchie, erzwang Gebietsabtretungen.

Saint Helens [snt h'elənz], Stadt in der engl. Gfsch. Lancashire, 102 900 Ew., Tafelglas- und Spiegelfabrikation, Metall-, chem. und keramische Industrie.

Saint Héliar [sɛ̃telj'e], Hauptstadt der brit. Insel Jersey, Seebad, 28 000 Ew.

Saint-Hélier [sɛ̃telj'e], Monique, eigentlich Betty Briod, geb. Eymann, französ. Schweizerin, Schriftstellerin, * 1895, † 1955; Romane ‚Morsches Holz' (1934), ‚Der Eisvogel' (1953).

Saint-Hilaire, →Geoffroy Saint-Hilaire.

Saint-John Perse [sɛ̃dʒɔ̃p'ɛrs], eigentlich Alexis **Léger,** französ. Schriftsteller, * 1887, Diplomat; Prosadichtungen in weitgeschwungenen, liturgisch feierl. Rhythmen über die Urkräfte der Natur. ‚Anabase' (1924), ‚Chronik' (1960). Nobelpreis 1960. (Bild S. 1066)

Saint John's [snt dʒ'ɔnz], die Hauptstadt der Prov. Neufundland, Kanada, 86 000 Ew., Univ.; Schiff- und Maschinenbau, Fischerei.

Saint-Just [sɛ̃ʒ'yst], Antoine de, französ. Revolutionär, * 1767, † 1794, führte im Elsaß ein Blutregiment, Anhänger Robespierres, mit diesem gestürzt und hingerichtet.

Saint Kitts, →Saint Christopher.

Saint Lawrence River [sənt l'ɔ:rəns-], →Sankt-Lorenz-Strom.

Saint Leger [snt l'edʒə] das, bedeutendste Zuchtprüfung für 3jährige Pferde, seit 1776 in Doncaster (England) gelaufen.

Saint Louis [snt l'u:is], Stadt in Missouri, USA, am Mississippi, 622 200 Ew., Univ.; Nahrungsmittel-, Schuh-, Fahrzeug-, Maschinen-, Heizungsanlagen-, Textil- und chem. Industrie; Erdölraffination.

Saint-Louis [sɛ̃lw'i], Stadt in der Rep. Senegal, Handelsplatz an der Mündung des Senegal, 57 900 Ew.; 1659 gegründet.

Saint Lucia [snt l'u:ʃə], Insel der Kleinen Antillen, 616 km², 110 000 Ew. Hauptstadt: Castries. 1967 erhielt S. L. im Rahmen der Westind. Assoziierten Staaten Autonomie.

Saint-Malo [sɛ̃mal'o], Stadt im Dép. Ille-et-Vilaine, Frankreich, an der Kanalküste, 43 700 Ew., Seebad, Fischereihafen, seit 1966 Gezeitenkraftwerk.

Saint-Martin [sɛ̃mart'ɛ̃], Insel der nördl. Kleinen Antillen, 86 km², 10 600 Ew., aufgeteilt unter Frankreich und den Niederlanden (Sint Maarten).

Saint-Maur-des-Fossés [sɛ̃mɔːrdefɔs'e], Stadt im französ. Dép. Val-de-Marne, südöstl. von Paris, 77 600 Ew.; Fahrzeug-, Elektrogeräte- u. a. Industrie.

Saint-Maurice [sɛ̃mɔr'is], Bezirkshauptstadt im Kt. Wallis, Schweiz, im Rhônetal, 3800 Ew. Die Abtei (gegr. 515) ist im bedeutender Wallfahrtsort.

Saint-Nazaire [sɛ̃naz'ɛːr], Stadt im Dép. Loire-Atlantique, Frankreich, Vorhafen von Nantes, an der Mündung der Loire, 64 000 Ew., Univ.; Werftanlagen.

Saint Paul [snt pɔːl], die Hauptstadt von Minnesota, USA, 310 000 Ew., Endpunkt der Großschiffahrt auf dem Mississippi; Univ., landwirtschaftl. Abteilung der Staatsuniv.; Erdölraffinieren, Kraftwagen-, Maschinenbau, Bekleidungs-, Papierindustrie.

Saint Petersburg [snt p'i:təzbəːg], Stadt in Florida, USA, 216 200 Ew.

Saint Phalle [sɛ̃ f'al], Niki de, * 1930, vertritt eine fetischistische Richtung innerhalb der →pop art (Puppenfiguren).

Saint-Pierre [sɛ̃pj'ɛːr], Jacques Henri **Bernardin de,** * 1737, † 1814, geistesverwandt mit Rousseau; Erzählung ‚Paul und Virginie' (1787).

Saint-Pierre-et-Miquelon [sɛ̃pjɛ:remikl'ɔ̃], französ. Überseegebiet in N-Amerika, 241 km², 4000 Ew., mehrere Inseln an der südküste von Neufundland. Hauptstadt: Saint-Pierre. Kabeljaufischerei.

Saint-Quentin [sɛ̃kɑ̃t'ɛ̃], Stadt im Dép. Aisne, Frankreich, 66 200 Ew.; Textil-, Zucker-, Maschinen- u. a. Ind. - 10. 8. 1557 Sieg der Spanier, 19. 1. 1871 der Deutschen über die Franzosen.

Saint-Saëns [sɛ̃s'ɑ̃s], Camille, französ. Komponist, * 1835, † 1921, schuf im klassizist., heroisch-pathet. Stil Opern (Samson und Dalila, 1877), Orchestermusik, Chorwerke, Kammermusik, Lieder.

Saint-Simon [sɛ̃sim'ɔ̃], **1)** Claude Henri de **Rouvroy,** Graf von, Enkel von 2), Sozialist, * 1760, † 1825, trat für Beseitigung des Privaterbrechts und Entlohnung nach Leistung ein (Saint-Simonismus).
2) Louis de **Rouvroy,** Herzog von, französ.

Schriftsteller, * 1675, † 1755; Memoiren über die letzten Regierungsjahre Ludwigs XIV.

Saint Thomas [snt t'ɔməs], Insel der Kleinen Antillen, in der Gruppe der →Jungferninseln, 83 km², 20 000 Ew. Hauptstadt: Charlotte Amalie.

Saint-Tropez [sɛ̃trɔp'e], Hafen und Ferienort an der Côte d'Azur, im südfranzöz. Dép. Var, 6200 Ew.

Saint Vincent [snt v'insənt], Insel der Kleinen Antillen, mit den nördl. Grenadinen 388 km², 95 000 Ew., Hauptstadt und Hafen: Kingstown.

Sais, antike Stadt in Unterägypten, am Rosette-Arm des Nils. ‚Das verschleierte Bild zu S.' (Gedicht von Schiller) geht auf Plutarch zurück.

Saison [sɛz'ɔ̃, frz.] die, **1)** jahreszeitlich bedingte Hauptgeschäftszeit, in Kurorten Zeit des Hauptverkehrs. **2)** Theaterspielzeit. **3)** ⚔ Spielzeit, Wettkampfperiode.

Saisongewerbe, Saisonindustrie, Wirtschaftszweige, in denen in bestimmten Jahreszeiten die Beschäftigung bes. stark ist, aus Gründen der Witterung (Landwirtschaft, Kurbetriebe), des Absatzes (Spielwarenindustrie) oder des Rohstoffanfalles (Zuckerindustrie).

Saisonkrankheiten, Krankheiten, die in bestimmten Jahreszeiten gehäuft auftreten, z. B. Kinderlähmung im August und September.

Saisonschlußverkauf, →Ausverkauf.

Saite, die Tonquelle der **Saiteninstrumente** (Gruppe der Streich- und Zupfinstrumente) gewöhnlich aus Darm oder Seide, für Klaviere, Zithern u. a. aus Metall.

Saitenwürmer, griech.-latein. **Nematomorpha,** fadenförmige Schlauchwürmer, die im Larvenzustand in der Leibeshöhle von Insekten schmarotzen.

Saj'anisches Gebirge, Gebirge zwischen Altai und Baikalsee, Sowjetunion, bis 3491 m hoch (Munku-Sardyk).

Sakai, Hafenstadt von Osaka, auf Honschu, Japan, 544 000 Ew., Erdölraffinerie, Elektro-, Maschinen- u. a. Industrie.

S'ake oder, **Reiswein,** japan. Getränk aus hefevergorenem Reis.

Sakk'ara, ägypt. Ruinenstätte in der Nähe von Memphis, mit der Stufenpyramide für König Djoser.

S'akko [ital.] der, Jacke der Herrenkleidung.

sakr'al, 1) gottesdienstlich; Gegensatz: profan. **2)** ⚕ das Kreuzbein (Ossacrum) betreffend.

sakrale Kunst, eine Unterschied von der profanen Kunst der Kirche dienende Kunst, i. e. S. die Ausstattung des Kirchenraumes und der Liturgie dienende Werkkunst. Nach dem Niedergang der s. K. bes. im 19. Jahrh. setzte im 20. Jahrh. eine Erneuerungsbewegung ein.

Sakram'ent [lat., ,Eid'] das, Gnadenmittel. Die kath. Kirche und die Ostkirche kennen 7 S.: Taufe, Firmung, Altarsakrament, Buße, letzte Ölung, Priesterweihe, Ehe, der Protestantismus 2: Taufe und Abendmahl.

Sakrament'alien Mz., Kath. Kirche: Weihungen und Segnungen zu kult. Zwecken; auch die geweihten und gesegneten Dinge.

Sakramentshaus, im mittelalterl. Kirche turmartiges Gehäuse an der Nordseite des Chors für das urspr. über dem Altar, dann in einer Wandnische aufbewahrte Gefäß mit der Hostie; reich ausgebildet in der Gotik (Ulmer Münster, 1467 bis 1471; St. Lorenz, Nürnberg, um 1500 A. Krafft).

Sakril'eg [lat.] das, Religionsfrevel, Heiligtumsschändung.

Sakrist'an [kirchenlat.], der Küster.

Sakrist'ei, Nebenraum der Kirche für die Geistlichen und zur Aufbewahrung gottesdienst. Geräte, Gewänder und Bücher.

sakros'ankt [lat.], unverletzlich.

säkul'ar [lat.], **1)** nur einmal in hundert Jahren sich ereignend, außergewöhnlich. **2)** weltlich.

Säkularfeier, Jahrhundertfeier.

Säkularisati'on [lat.], Verweltlichung; die Überführung geistl. Besitzes in weltl.; in großem Maß vorgenommen in der Reformationszeit, in der Französ. Revolution, in Dtl. 1803, in Italien 1860/70.

Säkul'arklerus, die Weltgeistlichen.

S'äkulum [lat.] *das,* 1) Jahrhundert. 2) die zeitliche Welt.

S'ala *die,* **Sale,** im älteren dt. Recht die Übertragung von Grundeigentum durch förmlichen Akt, bes. durch Übergabe von Symbolen (z. B. eines Handschuhs).

Salacrou [salakr'u], Armand, französischer Dramatiker, * 1899; Lustspiele und Dramen.

S'aladin, Sultan von Ägypten (1171) und Syrien (1174), * 1138, † 1193, eroberte 1187 Jerusalem (→Kreuzzüge).

Salam, →Salem aleikum.

Salam'anca, 1) Provinz in Spanien, 12 336 km², 365 600 Ew.

Salamanca: Kathedrale im Hintergrund

2) Hauptstadt von 1), am Tormes, 100 600 Ew., zwei Univ., reich an alten Bauten.

Salamander AG., Kornwestheim, Schuhfabrik, gegr. 1891; Kap.: 60 Mill. DM, Beschäftigte: 14 700 (1968).

Salam'ander und Molche, latein. **Salamandridae,** Fam. der Schwanzlurche. Die Molche unterscheiden sich durch ihren seitlich zusammengedrückten Schwanz von den Salamandern, die einen runden Schwanz haben. In Mitteleuropa leben der schwarz und leuchtend gelb gemusterte **Feuersalamander** in einer gefleckten und einer gestreiften Rasse sowie der einfarbig schwarze **Alpensalamander.** Das Männchen des bis zu 18 cm langen **Kammolchs** hat während der Fortpflanzungszeit einen hohen Rückenkamm, ebenso - schwächer ausgeprägt - der **Teichmolch;** der rotbäuchige **Alpen-** oder **Bergmolch** und der **Fadenmolch** (im männl. Geschlecht mit einem Schwanzfaden) tragen an Stelle des Kamms eine erhöhte Rückenleiste.

Sal'ami *die,* hart geräucherte Dauerwurst aus Schweine-, früher Eselfleisch.

S'alamis, griech. Insel im Saronischen Golf, 93 km², 12 000 Ew.; Hauptort ist S. - 480 v. Chr. Seesieg der Griechen über die Perser.

Salan [sal'ã], Raoul, französ. General, * 1899, 1945-54 in Indochina (zuletzt Oberbefehlshaber), 1956 Oberkommandierender im Aufstand in Algerien, 1961 wegen Beteiligung am Aufstand in Algerien in Abwesenheit zum Tode verurteilt, 1962 verhaftet (lebenslang), 1968 begnadigt.

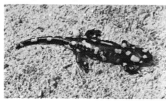

Salandra, Antonio, italien. Politiker, * 1853, † 1931, vertrat als MinPräs. (1914 bis 1916) eine nationalist. Politik und führte 1915 den Anschluß an die Alliierten herbei.

Salang'ane *die,* Seglervogel; liefert die ,eßbaren Schwalbennester'.

Sal'är *das,* das Gehalt, der Lohn.

Sal'at, kaltes Gericht aus Pflanzenteilen (meist Salatpflanzen wie Kopf-S., Feld-S., Endivie u. a.) oder Fleisch, Fisch, Gemüse, Obst, mit würzenden Zutaten zubereitet.

Salaw'at, Stadt in der Baschkir. ASSR, Sowjetunion, an der Belaja, 114 000 Ew.; Erdölraffinerie, chem., Maschinenbau-, Baustoff- u. a. Industrie.

Salaz'ar, Antonio **Oliveira** S., MinPräs. von Portugal (seit 1932), * 1889, † 1970, war neben seiner Tätigkeit als Regierungschef auch Finanzmin. (1928 bis 1940), Kriegsmin. (1936-44) und Außenmin. (1936-47). Er verkündete 1933 eine neue Verfassung und gestaltete den Staat zur autoritärer und kath.-ständ. Grundlage neu; durch die Kolonialakte verband er eine Kolonien als integrierende Bestandteile enger mit dem Mutterland.

Salb'ader, Schwätzer, Wichtigtuer.

S'alband, →Salleiste.

Salbe, Arznei, bes. zur Behandlung von Hautwunden, zubereitet auf einer Grundlage wie Fette, Paraffin, Glycerin u. a.

S'albei *der, die,* Lippenblütergattung; z.T. Zierpflanzen. Der **Echte** S. enthält äther. Öl und ist Gewürz- und Arzneipflanze. **S.-Tee** ist harn-, schweißtreibendes u. a. Mittel.

Salbung, bei Natur- und oriental. Völkern das Einreiben mit Fett, Salben zur Körperpflege oder als Kulthandlung; in der christl. Kirche bei Sakramenten.

sald'ieren [ital.], ein Konto ausgleichen.

S'aldo [ital.] *der,* -s/...den, Betrag, um den eine Seite des Kontos größer ist als die andere; der S. wird beim Abschluß des Kontos auf der Gegenseite eingesetzt und darauf neu vorgetragen **(Saldovortrag).**

Salé, arab. **Salā,** Hafenstadt in Marokko, Vorstadt von Rabat, an der Mündung des Bou Regreg, 75 000 Ew.

S'alem [hebr.], Bibel: Name für Jerusalem.

S'alem, Gem. in Bad.-Württ., nördlich vom Bodensee, 1000 Ew. Zisterzienserkloster (1134 gegr.), Schule Schloß S. (1920 gegründet).

Salem [s'eiləm], 1) Hauptstadt von Oregon, USA, 68 300 Ew., Univ.; Konservenindustrie. 2) Stadt in Madras, Indien, 297 200 Ew.; Textilindustrie.

S'alem al'eikum [arab. ,Heil über Euch'], eine Grußformel der Araber und überhaupt der Muslime.

S'alep, getrocknete schleim- und stärkehaltige Orchideenknollen; dienen u. a. zum Herstellen von Emulsionen, Appreturen und als Klebemittel.

Sal'erno, 1) Provinz Italiens, Kampanien, 4923 km², 978 600 Ew. 2) Hauptstadt von 1), am Golf von Salerno, 152 800 Ew., Dom (11. Jahrh.); Textil-, Lebensmittel- u. a. Ind.

Salesi'aner, 1) die Oblaten des hl. Franz von Sales. 2) **S. Don Boscos,** Priesterkongregation für Erziehung, Unterricht, äußere Mission, aufgebaut seit 1841.

Salesi'anerinnen, 1) **Frauen von der Heimsuchung Mariens,** 1610 von Franz von Sales und Johanna Franziska von Chantal gegr. Genossenschaft, ein beschaulicher

Antonio Salazar   Saint-John Perse

Orden. 2) weibl. Zweig der →Salesianer 2).

sales promotion [seils prəm'ou∫ən, engl.], im weitesten Sinne alle Tätigkeiten, die der Absatzsteigerung dienen, meist jedoch nur die Maßnahmen, die dem kombinierten und koordinierten Einsatz von Werbemitteln (advertising) und Verkaufspersonal (personal selling) dienen.

Salford [s'ɔ:fəd], Industriestadt in der engl. Gfsch. Lancaster, mit Manchester zusammengewachsen, 137 800 Ew.; Textil-, chem. und Maschinenindustrie.

Salgótarján [∫'ɔlgo:torja:n], Bezirkshauptstadt in Ungarn, 37 200 Ew.; Stahlwerke, Eisen- u. a. Ind.; Kraftwerke, ein Zentrum des Braunkohlenbergbaus.

Salic'ylsäure, Orthohydroxibenzoesäure, eine organ. Säure, dient zur Herstellung von Azofarben, für feuchte Verbände, zum Pinseln der Schleimhaut u. a. Ihr Methylester, das **künstl. Wintergrünöl,** sowie andere Ester werden in der Parfümerie verwendet.

S'alier, 1) zwei altröm. Priesterkollegien. 2) Teilstamm der →Franken. 3) fränk. Hochadelsgeschlecht, dem die römisch-dt. Kaiser Konrad II., Heinrich III., IV., V. entstammten.

Sali'eri, Antonio, italien. Komponist, * 1750, † 1825, war Lehrer von Beethoven, Schubert, Liszt, schrieb Opern. Seine Intrigen gegen Mozart gaben Anlaß zu dem Gerücht, er habe Mozart vergiftet.

Sal'in, Edgar, Volkswirtschaftler, Soziologe, * 1892, Prof. in Heidelberg, Basel; Mitbegründer der Friedrich-List-Ges.

Sal'ine *die,* Anlage zur Gewinnung von Salz, Salzsiederei.

Salinger [s'alindʒə], Jerome David, amerikan. Schriftsteller, * 1919. Romane ,Der Mann im Roggen' (1951), ,Franny und Zooey' (1962).

Salisbury [s'ɔ:lzbəri], 1) Hauptstadt der engl. Gfsch. Wiltshire, 36 300 Ew., Kathedrale (1220-1358); Vieh- und Geflügelmarkt, Fremdenverkehr, Maschinenbau u. a. Ind.; nahebei →Stonehenge. 2) die Hauptstadt Rhodesiens, 423 000 Ew.; Univ.; internat. Flughafen; Verbrauchsgüterind., Handel.

Salisbury [s'ɔ:lzbəri], 1) Robert **Cecil** Earl of S., * 1563, † 1612, Sohn von Lord→Burghley, leitete seit 1598 unter Elisabeth I. und Jakob I. die engl. Politik im Geiste seines Vaters.

2) Robert Arthur Talbot **Gascoyne-Cecil** 3. Marquess of S., * 1830, † 1903, seit 1868 mehrfach brit. Außenmin. und MinPräs. (Kons.), Gegenspieler Gladstones, Vertreter des Imperialismus (Ostafrika, Sudan, Burenkrieg).

3) Robert Arthur James **Gascoyne-Cecil** 5. Marquess of S., brit. Politiker (Kons.), * 1893, † 1972, wiederholt Mitgl. der Regierung, 1952-57 Lordpräs. des Geheimen Rats.

salisch, Mineralogie: reich an Kieselsäure und Tonerde; z. B. Feldspat.

Salisches Gesetz, latein. **Lex Salica,** 1) das Volksrecht der sal. Franken (Anfang des 6. Jahrh.). 2) seit dem 14. Jahrh. der Ausschluß der Frauen von der Thronfolge und die Thronberechtigung der durch Männer verwandten Männer (→Agnaten).

Salish, →Selisch.

Salk-Impfung, eine 1954 von dem ameri-

Salamander und Molche:
links Feuersalamander (bis 25 cm lang); rechts Alpenmolch (bis 12 cm lang)

kan. Bakteriologen J. E. Salk angegebene Impfung gegen Kinderlähmung, mit inaktivierten (abgetöteten) Erregern.

Salleiste, Salband, Selfkante, die seitl. Abschlußkante eines Gewebes.

Sall'ust, Gaius **Sallustius** Crispus, röm. Historiker, * 86, † 35 v. Chr., Parteigänger Caesars; beeinflußte Tacitus. ‚Die Verschwörung des Catilina‘, ‚Der Jugurthin. Krieg‘, ‚Historiae‘ (Bruchstücke).

Salm der, der Fisch →Lachs.

Salm, rhein. Grafengeschlecht, dem der Gegenkönig Heinrichs IV., Hermann v. S., und Niklas von S.-Reifferscheidt (* 1459, † 1530), der Verteidiger Wiens gegen die Türken 1529, entstammen.

Salman'assar, mehrere Könige von Assyrien. S. I. (etwa 1265-35 v. Chr.) eroberte Mesopotamien, siegte über die Aramäer und Babylonier. S. III. (858-824 v. Chr.) brachte 851 Babylonien unter assyr. Oberhoheit.

Salmi'ak der, Ammoniumchlorid, hergestellt aus Ammoniak und Salzsäure, wird für Trockenelemente, beim Löten und für **S.-Pastillen** (mit Süßholzsaft) verwendet. **S.-Geist,** wäßrige Ammoniaklösung.

S'alminen, Sally, finn.-schwed. Erzählerin, * 1906; Roman ‚Katrina‘ (1936).

Salmler, karpfenartige Fische wie **Säge-S., Neon-S.**

Salmon'ellen Mz., krankheitserregende Darmbakterien; **Salmonellosen,** die von S. verursachten Krankheiten, z. B. Paratyphus.

Sal'ome, S'alome, 1) Schwester Herodes' I., † um 10 n. Chr.
2) Tochter der Herodias, forderte für ihren Tanz vor Herodes Antipas von Galiläa das Haupt Johannes des Täufers.
3) Mutter der Apostel Jakobus und Johannes.

S'alomo, König von Israel und Juda (etwa 965-926 v. Chr.), Sohn Davids. Die Nachwelt sah in ihm das Ideal eines mächtigen und weisen Herrschers, in seiner Regierung das Goldene Zeitalter Israels. Mehrere Bücher des A. T. werden ihm zugeschrieben.

S'alomon, Ernst von, Schriftsteller, * 1902, † 1972, Freikorpskämpfer, wegen Beteiligung am Anschlag auf Rathenau 1922 zu 5 Jahren Zuchthaus verurteilt; Roman ‚Die Geächteten‘ (1930); Lebensbericht ‚Der Fragebogen‘ (1951).

S'alomon-Inseln, Salom'onen, Inselgruppe im Stillen Ozean, südöstl. Fortsetzung des Bismarckarchipels, 29 785 km², rd. 150 000 Ew. (ohne Bougainville und Buka). Sie sind gebirgig, mit tätigen Vulkanen, meist im Urwald bedeckt; feuchtheißes Klima. Hauptexportgut ist Kopra. - 1886 und 1899 zwischen Dtl. und Großbritannien geteilt. Der dt. Teil wurde 1920 austral. Mandat und 1945 Treuhandgebiet.

Salom'onisches Urteil, A. T.: die Entscheidung Salomos im Streit zweier Mütter um ein Kind, dieses zu teilen; die falsche Mutter verriet sich durch ihr Einverständnis; danach: weises Urteil.

S'alomonssiegel, ⊕ →Weißwurz.

Salon [-ō, frz.] der, **1)** Empfangs- und Gesellschaftszimmer. **2)** Geschäftsraum, z. B. Mode-, Frisier-, Eis-S. **3)** eine Art der Kunstausstellungen. **4)** im 17. bis 19. Jahrh. Mittelpunkt geistreicher Geselligkeit, oft von Frauen inspiriert und beherrscht (Mme. Récamier, Mme. de Staël, Karoline Schlegel, Rahel Varnhagen u. a.); oft von Einfluß auf den literar. und künstler. Geschmack, auch von polit. Bedeutung. **salonfähig,** gesellschaftsfähig. **Salonlöwe,** unterhaltsamer Gesellschafter. **Salondame,** Theater: ein Rollenfach.

Salon'iki, amtlich **Thessalonike,** Bezirks- und Hafenstadt in Griechenland, am Golf von S., 339 500 Ew., griech.-orthodoxer Erzbischofssitz, Universität; Textil-, Maschinen-, Leder-, Tabakindustrie. - Um 315 v. Chr. gegr., war S. in röm. Zeit Hauptstadt Makedoniens, Blütezeit im Byzantin. Reich, 1430 türkisch, erst 1912 griechisch.

Saloniki: Panaghia Chalkeón-Kirche

sal'opp [frz.], lässig, nachlässig; schlampig.

S'alpausselkä, Höhenrücken in S-Finnland, ein Endmoränenzug.

S'alpen [grch.] Mz., **Tonnentiere,** Gruppe der Manteltiere.

Salp'eter der, Kalium-, Calcium-, Natrium- und Ammoniumsalze der Salpetersäure. **Natron-S.,** Natriumnitrat, kommt als **Chile-S.,** verunreinigt mit anderen Salzen, in großen Lagern in N-Chile vor. Früher bildete er fast den einzigen Rohstoff zur Darstellung von Salpetersäure, Anilinfarbstoffen, Explosivstoffen; bes. diente er als Düngemittel. **Kali-S.,** Kaliumnitrat, kommt in kleinen Lagerstätten vor; heute wird er großtechnisch hergestellt und in der Feuerwerkerei, für Pökelsalze u. a. verwendet. **Kalk-S.,** Calciumnitrat, dient sich als **Mauer-S.** an feuchten Wänden u. a. **Ammon-S.,** Ammoniumnitrat, dient als Düngemittel und, mit kohlenstoffreichen Stoffen gemischt, als Sicherheitssprengstoffen.

Salpetersäure, HNO_3, wasserhelle, stechend riechende Flüssigkeit; spezif. Gewicht 1,52, Siedepunkt 86° C, kristallisiert bei −42° C. S. ist ein sehr starkes Oxydationsmittel. Wegen ihrer Fähigkeit, Silber aus seiner Legierung mit Gold herauszulösen, nannte man sie früher **Scheidewasser.** Herstellung heute durch katalyt. Verbrennung von Ammoniak zu Stickoxid und dessen Überführung in S. Verwendung zum Lösen und Beizen von Metallen, ihrer Metallsalze (Nitrate) zur Herstellung von Schieß- und Sprengstoffen.

Salpetersäurevergiftung, eine →Säurevergiftung.

Salpeterstrauch, dorniger Strauch an salzigen Stellen der Wüsten, aus dessen Früchten Soda gewonnen wird.

Salp'etrige Säure, HNO_2, nur in verdünnter wäßriger Lösung bekannte Säure. Ihre Salze sind die Nitrite.

SALT [sɔlt, engl.], Abk. für **S**trategic **A**rms **L**imitation **T**alks, russisch-amerikan. Gespräche über eine Begrenzung der strateg. Waffenarsenals. 1972 schlossen die Verein. Staaten und die Sowjetunion einen unbefristeten Vertrag über die beiderseitige Begrenzung der Anti-Raketen sowie ein auf fünf Jahre begrenztes Abkommen über die Beschränkung des Baus von Interkontinentalraketen und ihrer Abschußvorrichtungen.

S'alta [lat.] das, Brettspiel zwischen zwei Personen mit je 15 Steinen auf einem hundertfeldigen Damebrett.

S'alta, Provinzhauptstadt in Argentinien, in den östl. Kordilleren, 183 000 Ew.; Andenbahn nach Antofagasta.

Salten, Felix, eigentl. Siegmund **Salzmann,** * 1869, † 1945, emigrierte 1938; Dramen, Romane, Tiergeschichten (‚Bambi‘, 1923, verfilmt von Disney, 1941/42).

Saltillo [salt'iʎo], Hauptstadt des Staates Coahuila, Mexiko, 1520 m ü. M., 135 400 Ew., 2 Univ.; in der Nähe Kohlenbergbau.

Salt Lake City [sɔ:lt leik s'iti, engl. ‚Salzseestadt‘], die Hauptstadt von Utah, USA, südöstlich vom Großen Salzsee, 1400 m ü. M., 175 900 Ew. (fast 50% Mormonen), in einer künstl. Oase schachbrettartig angelegt, Sitz der Mormonenpräs., Univ.; Buntmetallhütten, Ölraffinerien, Maschinenbau-, Konserven- u. a. Ind. S. L. C. wurde 1847 von den Mormonen gegründet.

S'alto [ital.] der, Sprung mit mindestens einer Umdrehung des Körpers um seine Querachse, vor- oder rückwärts, im Turnen als Abgang vom Gerät; auch im Wasser-Springen. **S. mortale** [,Todessprung‘], schwieriger S., z. B. am hohen Trapez.

Saltyk'ow, Michail Jewgrafowitsch, russ. Schriftsteller, Deckname N. **Schtschedrin,** * 1826, † 1889; realist. Roman ‚Die Familie Golowlew‘ (1880); Satiren.

Sal'urn, italien. **Salorno,** Gem. in der italien. Prov. Bozen, Südtirol, an der Etsch, die hier den Engpaß der **Salurner Klause** bildet, 2800 Ew.

Sal'ut [frz. aus lat.] der, ehrende Begrüßung durch Abgabe von Salutschüssen aus Geschützen. **salutieren,** militärisch grüßen.

Salvad'or, São Salvador da Bahia, die Hauptstadt des Staates Bahia, Brasilien, an der mittleren Ostküste, 975 000 Ew., 2 Univ.; Textil-, Tabak- u. a. Industrie.

Salvars'an [lat.] das, von P. Ehrlich und S. Hata hergestellte Arsenobenzolverbindung gegen Syphilis u. a.; heute kaum mehr verwendet.

Salvation Army [sælv'eiʃən a:mi, engl.], die Heilsarmee.

Salv'ator [lat.], Heiland, Erlöser.

Salvatori'aner, Gesellschaft vom göttlichen Heiland, 1881 gegr. kath. Genossenschaft für Seelsorge und Mission; seit 1888 auch weibl. Zweig: **Salvatorianerinnen.**

s'alve! [lat.], sei gegrüßt!

S'alve die, ein Ehrengruß durch gleichzeitiges Feuer von Geschützen oder Gewehren.

S'alve Reg'ina [lat. ‚Gegrüßt seist du, Königin‘], Anfang eines kath. Lobgesangs auf Maria.

Salv'inie die, ein Wasserfarn im gemäßigten Europa und Asien, auf sich stark erwärmenden Gewässern.

Salween [s'alwi:n, salw'i:n], **S'alwin, S'aluen,** Strom in Südasien, 3200 km lang, kommt aus Tibet, mündet in den Golf von Martaban.

Salweide, Baum, eine Weide.

Salz, 1) ⊙ Verbindung eines Metalls mit einer Säure, im weiteren Sinne alle aus Ionen aufgebauten chem. Verbindungen, die mit Säuren, Basen oder Oxide sind. **2) Kochsalz,** chemisch Natriumchlorid, NaCl. Es kommt als **Steinsalz** in großen Lagern vor (z. B. Staßfurt, Reichenhall,

Salt Lake City: Tabernakel der Mormonen

Salz

Salz: links Saline bei Manila (Philippinen); rechts Saline bei Sète (Frankreich)

Halle, im Salzkammergut, in Galizien, Siebenbürgen), die aus Salzseen oder Meeresteilen entstanden sind; Gewinnung durch bergmänn. Abbau oder Auflösung in Wasser. **Seesalz** gewinnt man durch Verdunstung von Meerwasser, **Solesalz** durch Eindampfen oder Gradieren natürlicher oder künstlich hergestellter Solen. Außer zum Würzen der Nahrung dient Kochsalz zur Herstellung von Natrium, Chlor, Salzsäure u. a. Die Körperflüssigkeit der wirbellosen Meerestiere enthält dieselben S. in ungefähr gleichem Mengenverhältnis wie das Meerwasser, z. B. 3,5% Kochsalz. Bei Süßwasser- und Lufttieren ist der Kochsalzgehalt geringer (z. B. bei Warmblütern 0,9%).

Salzgewinnung (in 1000 t)

Land	1969¹)
Verein. Staaten	40 138
VR China	15 000
Sowjetunion	12 127
Bundesrep. Dtl.	8 961
Großbritannien	8 605
Indien	5 173
Frankreich	4 916
Italien	3 942
Kanada	3 853
Mexiko	3 307
Polen	2 817
Rumänien	2 725
Niederlande	2 668
Dt. Dem. Rep.	1 972
Spanien	1 862
Brasilien	1 630

¹) vorläufige Zahlen.

Salzach die, Nebenfluß des Inns, der Hauptfluß des Landes Salzburg, Österreich, kommt aus den Kitzbüheler Alpen, 220 km lang.

Salzbrunn, Bad S., bis 1935 **Obersalzbrunn,** poln. **Szczawno Zdrój,** Gem. und Kurort in Niederschlesien, bei Waldenburg, 9800 (1939: 9800) Ew.; seit 1945 unter poln. Verwaltung.

Salzburg, 1) Bundesland Österreichs, 7154 km², 401 800 Ew., reicht vom nördl. Alpenrand nach S über die Kalkalpen und die Tallandschaften der Salzach (Pinzgau, Pongau) bis auf den Kamm der Hohen Tauern (Venediger-, Glocknergruppe u. a.) und über den W der Niederen Tauern in das obere Murtal. Im O hat S. Anteil am Salzkammergut. Landwirtschaft, Holzwirtschaft, Abbau von Salz (Hallein), Kupfer, Marmor sowie Magnesit; Metall-, Textil-, Bekleidungsind.; ferner reger Fremdenverkehr (Salzburg, Badgastein, Zell am See u. a.).

Geschichte. Um 696 Klostergründung durch Rupert auf dem Boden des röm.

Iuvavum, durch Bonifatius 739 Bistum. 798 Erzbistum. Dessen Herrschaftsgebiet kam 1803 als Kurfürstentum an den Großherzog von Toskana, 1805 an Österreich, 1810 an Bayern, 1816 wieder an Österreich; 1849 eigenes Kronland, seit 1920 Bundesland.

2) die Hauptstadt des österreich. Bundeslandes S., an der Salzach, 127 500 Ew., kath. Erzbischofssitz, Musikhochschule (Mozarteum), Univ., Landestheater. Die Altstadt links der Salzach lehnt sich an Mönchs- (506 m) und Festungsberg (542 m, mit der Hohensalzburg) an, der rechtsseitige Teil an den Kapuzinerberg (638 m). S. hat z. T. italien. Gepräge. Ein Mittelpunkt ist der Residenzplatz mit Residenz (begonnen 1595) und Dom (1614 ff.). Nach S folgt der Kapitelplatz mit dem erzbischöfl. Palais, am Fuß des Mönchsbergs der Petersfriedhof und die Erzabtei St. Peter im roman., barockisierter Kirche, der ehem. Marstall (1607) mit Winter- und Sommerreitschule, 1924-39, 1956 bis 1960, 1962-63 zum Großen und Kleinen Festspielhaus umgebaut (Salzburger Festspiele). Zahlreiche Kirchen: Kloster Nonnberg, Franziskanerkirche; von Fischer von Erlach: Dreifaltigkeits- (1694 bis 1702) und Kollegienkirche (1694-1707) u. a. Mozarts Geburtshaus, Schloß Mirabell, in der Umgebung die Schlösser Kleßheim, Leopoldskron und Hellbrunn.

Salzburger Alpen, Teil der Nördl. Kalkalpen, zwischen Inn im W, Enns im O.

Salzburger Emigranten, die im 18. Jahrh. aus dem Erzbistum Salzburg vertriebenen evang. Christen.

Salzburger Festspiele, veranstaltet von der 1917 gegr. Salzburger Festspielhausgemeinde; Opern (bes. Mozart), Schauspiele (,Jedermann' von Hofmannsthal), Konzerte.

Salzd'etfurth, Bad S., Stadt in Ndsachs., 6200 Ew., Moor- und Solbad.

Salzdetfurth AG., Abk. **SAG,** Hannover, 1889 gegr.; Holdingges. (seit 1937) des Kali- und Steinsalzbergbaus; Kap.: 125 Mill. DM, Beschäftigte: 2170 (1970).

Salzg'itter, Stadt in Ndsachs., 118 000 Ew., mit dem größten dt. Eisenerzlager (über 2 Mrd. t); Kali-, Steinsalz- und Erdölvorkommen, hat Eisen-, Textil- u. a. Industrie.

Salzgitter AG., Berlin und Salzgitter, westdt. Holdinggesellschaft der stahlerzeugenden und -verarbeitenden Industrie; gegr. 1950 als Nachfolgegesellschaft der →Reichswerke, seit 1961 jetziger Name. Der Kohlenbereich wurde 1969 auf die Ruhrkohle AG. (Beteiligung: 8,9%) übertragen und der Hüttenbereich der Salzgitter Hüttenwerke AG. Kap.: 285 Mill. DM; Beschäftigte: 12 028 (1969/70). Der Hüttenbereich der Salzgitter Hüttenwerk AG. wurde 1970 mit der Ilseder Hütte zur Stahlwerke Peine Salzgitter AG. zusammengeschlossen.

Salzkammergut das, Landschaft im Gebiet der oberen Traun, zu Oberösterreich, Salzburg und Steiermark gehörend. Das S. ist seenreich (Hallstätter, Altausseer, St.-Wolfgang-, Mond-, Atter-, Traunsee u. a.). Gebirgsgruppen: Dachstein, Höllen-, Totes Gebirge. Salzwerk in Hallstatt. Wasserkraftgewinnung; Almwirtschaft; Fremdenverkehr.

Salzkraut, Gänsefußgewächs an Küsten sowie sandigen Stellen des Binnenlandes mit pfriemenförmigen Blättern (z. B. **Kalikraut**).

Salzmann, Christian Gotthilf, Pädagoge, * 1744, † 1811, evang. Geistlicher, Prof. am Philanthropinum in Dessau, gründete 1784 das Erziehungsheim Schnepfenthal.

Salzmelde, krautige, meldeähnl. Gänsefußgewächse des Meeresstrandes und salzreicher Binnenstellen.

Salzpflanzen, Halophyten [grch.], Pflanzen salzhaltiger Standorte, z. B. des Meeresstrandes, der Salzsteppen u. a.

Salzregal, früher das ausschließl. Recht der Fürsten auf Salzgewinnung auf Grund der Goldenen Bulle (1356).

Salzsäure, wäßrige Lösung von Chlorwasserstoff, HCl, wird großtechnisch gewonnen, indem man Wasser einem Chlorwasserstoffstrom in einem vielstufigen Prozeß entgegenrinnen läßt und die so gewonnene ,rohe S.' reinigt. Die bei Raumtemperatur gesättigte S. (42prozentig) geht in 25prozentige S. über, wenn man bei gewöhnl. Temperatur Luft hindurchleitet (konzentrierte S.). S. gehört zu den stärksten Säuren; sie ist Bestandteil des Magensafts aller Wirbeltiere. Vielfältige Verwendung in Technik und Haushalt.

Salzsäurevergiftung, →Säurevergiftung.

Salzschlirf, Bad S., Gem. und Heilbad in Hessen, zwischen Rhön und Vogelsberg, 2700 Ew.

Salzburg: Blick über den Dom zur Hohensalzburg

Salzsee, →Großer Salzsee.

Salzseen, durch salzige Quellen gespeiste oder abflußlose Seen in Trockengebieten, deren Salzgehalt durch Verdunstung steigt (z. B. Totes Meer).

Salzsteuer, Verbrauchsteuer auf Salz, als Produktionssteuer erhoben (12 DM je 100 kg; Aufkommen 1970: 42 Mill. DM); ähnlich in Österreich. In der Schweiz besteht ein Handelsmonopol.

Salzstraßen, alte Verkehrsstraßen (schon im 5. Jahrh. v. Chr.), auf denen das lebensnotwendige Salz befördert wurde.

Salz|uflen, Bad S., Stadt in Nordrh.-Westf., 48400 Ew., Sol- und Thermalquellen; Stärke-, Zucker- und Möbelindustrie.

Salzungen, Bad S., Stadt im Bez. Suhl an der Werra, 15500 Ew.; Solbad; Maschinen- u. a. Industrie.

Salzwedel, Stadt im Bez. Magdeburg, im NW der Altmark, 20000 Ew.; Maschinenbau u. a. Industrie; Kirchen aus dem 13. Jahrh., ehem. Rathaus von 1509, Stadttore.

Sam [sæm], engl. Kurzform für Samuel. **Onkel S.,** scherzhaft: Nordamerikaner.

Sam'aden, rätoroman. **Sam'edan,** Kurort im Kt. Graubünden, Schweiz, 2500 Ew.

Sama'el, jüdische Legende; der Satan; in der dt. Sage **Samiel.**

Saman'iden Mz., pers. Dynastie in Transoxanien (873–999), brachte während der Herrschaft Nasrs II. (914 bis 943) den größten Teil Persiens unter ihre Herrschaft.

Sam'ar, Insel der Philippinen, 13074 km², 1,1 Mill. Ew., Kopragewinnung.

Sam'ara, bis 1935 Name der Stadt→Kuibyschew.

Sam'aria, ehemalige Stadt in Mittelpalästina, um 880 v. Chr. als neue Hauptstadt Nordisraels erbaut; später Name der umliegenden Landschaft; Ausgrabungen.

Samarit'aner oder **Samar'iter,** Bewohner der Landschaft Samaria in Mittelpalästina. Die S. bildeten nach der Trennung von der jüd. Gemeinde in Jerusalem durch Nehemia im 5. Jahrh. eine eigene Religionsgemeinschaft nach jüd. Vorbild.

Samar'itervereine [nach dem barmherzigen Samariter, Lukas 10,33], Vereine zur Leistung der Ersten Hilfe. Seit 1945 **Arbeiter-Samariter-Bund.**

Sam'arium das, chem. Zeichen **Sm,** chem. Element, Lanthanid; Ordnungszahl 62, Atomgewicht 150,35, Schmelzpunkt 1052° C, Siedepunkt 1900° C; kommt im Samarskit, im Cerit u. a. seltenen Mineralien vor.

Samark'and, Gebietshauptstadt in der Usbek. SSR, Sowjetunion, im Tal des Serawschan, 267000 Ew., Univ.; Maschinenbau-, opt., chem., Textil- u. a. Ind. Bauten islam. Kunst (darunter Mausoleum Gur-Emir, 15. Jahrh.). - Seit dem Altertum bedeutend; seit 712 unter arab. Herrschaft, 1220 von Tschingis Chan erobert, 1369-1405 Herrschersitz Timurs. 1868 russisch.

Sam'arra, Stadt in Irak, am Tigris, 15000 Ew.; im 9. Jahrh. Hauptstadt der Abbasiden; 1911 bis 1913 dt. Ausgrabungen.

S'amba die, urspr. brasilian. Volkstanz, dann Gesellschaftstanz im ⁴/₄-Takt.

Sambaquis [sambak'is, portug.], Abfallhaufen (Muscheln u. a.) vorgeschichtl. Herkunft an Küsten S-Amerikas.

Samb'esi der, der größte Fluß Südafrikas, 2660 km lang, aus dem östl. Angola zum Ind. Ozean (bei Chinde), bildet bei Maramba die Victoriafälle. Der Kariba-Damm (an der Grenze Rhodesien-Sambia) staut den S. zu einem 4500 km² großen See (Elizabethsee); Kraftwerk (installierte Leistung: 650000 kW). In Moçambique bei Cabora Bassa seit 1969 Staudamm im Bau.

S'ambia, engl. **Zambia,** Republik im Inneren des südl. Afrika, 746235 km² mit 4,2 Mill. Ew., Hauptstadt: Lusaka. Amtssprache: Englisch. Religion: 24% Christen, Anhänger von Naturreligionen. ⊕ II/III, Bd. 1, nach S. 320. Währung ist der Kwacha=100 Ngwee. Recht nach brit. Vorbild. ◊ S. 1179. ▢ Bd. 1, S. 392.

S. umfaßt die teils bewaldete Hochfläche der zentralen und östl. Lundaschwelle, vom Sambesi und seinen Nebenflüssen Kafue und Luangwa durchbrochen. Das trop. Hochlandklima ist mäßig warm und feucht. Die stark wachsende Bevölkerung besteht zu 99% aus Afrikanern (hauptsächl. Bantu-Stämmen). Trotz allgem. Schulpflicht noch rd. 50% Analphabeten. Univ. in Lusaka. Im Kupferminengebiet des Copperbelt erreicht die sonst geringe Bevölkerungsdichte 80 Ew./km². Mit seiner Kupferförderung, die 95% der Devisen liefert, steht S. in der Welt an 3., in der Kobaltförderung an 4. Stelle (ohne Ostblock); außerdem werden Zink, Blei, Kobalt, Tabak exportiert. S. ist am Kariba-Damm (→Sambesi) beteiligt; ein eigenes Großkraftwerk entsteht 1968 am Kafue.

Geschichte. 1898 erwarb die Britisch-Südafrikanische Gesellschaft das Gebiet nördlich des Sambesi. 1911 verwaltungsmäßig unter dem Namen Nordrhodesien vereinigt, wurde diese Kolonie 1953 Mitgl. der Zentralafrikanischen Föderation. Nach deren Auflösung wurde Nordrhodesien 1964 unter dem Namen S. unabhängig, Südrhodesien erklärte 1965 einseitig seine Unabhängigkeit, →Rhodesien.

S'ambo das, ✕ eine dem Judo ähnl., bes. in der Sowjetunion verbreitete Zweikampfsportart.

Sambre [s'ãbr], linker Nebenfluß der Maas, 190 km lang, kommt aus Nordfrankreich, hat Kanalverbindung zur Oise.

Sam'edan, rätoroman. für →Samaden.

S'amen, 1) ✚ lat. Semen, bei den S.-Pflanzen der nach der Befruchtung aus der S.-Anlage hervorgegangene, von Hüllen umgebene und mit Nahrungsvorrat versehene Keim; er fällt von der Pflanze ab und keimt zu einem jungen Pflänzchen. Die Nährstoffe sind dem S. entweder im Nährgewebe (Endosperm) mitgegeben oder sie sind im Keimling (Embryo) selbst, z. B. den Keimblättern der Hülsenfrüchte gespeichert. Bei den **Nacktsamigen** sitzt der S. frei an den Fruchtblättern, bei den **Bedecktsamigen** in einer Frucht. **2)** ✚, ♂ griech. **Sperma,** die Absonderung (S.-Flüssigkeit) der männl. Geschlechtsdrüsen (Hoden); sie besteht bei Mensch und Wirbeltieren vorwiegend aus den Sekreten der Vorsteherdrüse (Prostata) und der **Samenbläschen** und enthält die männl. Geschlechtszellen **(Samenzellen, Samenfäden, Spermien),** die sich in den S.-Kanälchen der Hoden bilden. Beim Menschen sind die S.-Zellen etwa 0,06 mm lang, bestehen aus Kopf (Zellkern), Mittelstück und Schwanz und bewegen sich schlängelnd vorwärts. Der S. wird durch die Harnröhre entleert.

Samenanlage, Samenknospe, Ei(chen), der Jugendzustand des pflanzl. Samens vor der Befruchtung, mit einer oder zwei Hüllen. Die Hüllen lassen einen Kanal frei (Mikropyle) als Eingangspforte für den befruchtenden Pollenschlauch.

Samenbruch, Weinstockkrankheit infolge von Befall mit Echtem Mehltau.

Samenkäfer, ♫ Käfer, deren Larven in

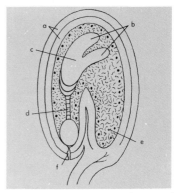

Samenanlage: a Hüllen, b Keimblätter und c Wurzel des Embryos auf dem Embryoträger d, e Nährgewebe, f Mikropyle

Samen leben; so der 4-5 mm lange, sehr schädliche **Erbsenkäfer.**

Samenlappen, ⊕ das →Keimblatt.

Samenleiter der, Ausführgang des Hodens, leitet den Samen zur Harnröhre.

Samenpaket, Spermatophore, ♫ bei Würmern, Gliedertieren, Weichtieren und Schwanzlurchen: Ballen von Samenzellen.

Samenpflanzen, griechisch-latein. **Spermatophyta,** Pflanzen, die sich durch Samen vermehren; sie sind als ,Blütenpflanzen' nicht eindeutig gekennzeichnet, da auch manche Sporenpflanzen blütenähnl. Gebilde tragen.

Samiel, →Samael.

sämisch, mit Fett gegerbt, weich (Leder).

Samj'atin, Jewgenij Iwanowitsch, russ. Schriftsteller, * 1884, † 1937; Utopie ,Wir' (1927).

Samkraut, das →Laichkraut.

Samland, Halbinsel in Ostpreußen, zwischen Frischem und Kur. Haff, im W und N mit einer Steilküste (Bernsteinküste) zur Ostsee abfallend. An der Küste viele Badeorte; Bernsteingewinnung. Das S., einer der altpreuß. Gaue, wurde 1255 vom Dt. Orden erobert. 1255-1525 bestand ein Bistum S. Seit 1945 unter sowjet. Verwaltung.

Sammart'ini, Giovanni Battista, italien. Komponist, * 1700 oder 1701, † 1775, schrieb Sinfonien, Triosonaten in vorklass. Stil.

Sammelantrieb, der Antrieb mehrerer Arbeitsmaschinen von einer Kraftmaschine.

Sammeldepot, bei Banken die Sammelverwahrung von Wertpapieren (→Depot).

Sammelgut, Stückgüter, die von einem Spediteur als Sammelladungen zu einem ermäßigten Tarif versandt werden.

Sammelheizung, →Heizung.

Sammelnummer, eine Rufnummer für mehrere Hauptanschlüsse eines Fernsprechteilnehmers.

Sammelschiene, 1) eine Metallschiene in

Samarkand

Schaltanlagen, Verteilungskästen und an Schalttafeln, an der die Leitungen zusammengeführt werden. **2)** eine Hochspannungsfernleitung, die mit mehreren Kraft- und Umspannwerken in Verbindung steht.

Sammels'urium *das*, Mischmasch, Durcheinander.

Sammelwerk, im Sinne des Urheberrechts ein Werk, das aus getrennten Beiträgen mehrerer Verfasser besteht (z. B. wissenschaftliche Handbücher).

Sammler, 1) *der* →Akkumulator. **2)** Entwässerungskanal für ein größeres Gebiet (Bild Bodenentwässerung).

Samn'iten, Samn'iter Mz., altital. Gebirgsvolk im mittleren und südl. Apennin. Hauptorte waren Bovianum und Malventum (Benevent) in **Samnium**.

Samn'itenkriege, drei Kriege zwischen den Römern und Samniten (343-341, 328 oder 326 bis 304, 298-290 v. Chr.), in denen die Samniten schließlich gegen die Römer unterlagen, aber unabhängig blieben, wenn auch auf Samnium beschränkt (→Kaudinische Pässe). Erst im Bundesgenossenkrieg besiegte Sulla 82 v. Chr. die Samniten.

S'amo, fränk. Kaufmann, um 623 von den Slawen zum König erhoben, herrschte über Böhmen, Mähren bis nach Karantanien und das Sorbenland, hielt den Angriffen Dagoberts I. (631/632) stand. Nach seinem Tod um 660 zerfiel sein Reich.

Sam'oa-Inseln, vulkan. Inselgruppe im Stillen Ozean, 3039 km², rd. 170 000 Ew., darunter Sawaii (1813 km²), Upolu (1114 km²) u. a. Die dichtbewaldeten, bis 1646 m hohen Inseln sind von Korallenriffen umgeben. Das tropische Klima wird durch Passate gemildert. Anbau von Kokospalmen und Bananen; Rinderzucht. Politisch ist die Inselgruppe geteilt in das seit 1962 souveräne **Westsamoa** (Hauptstadt Apia), das 1899-1919 dt. Schutzgebiet war, und in **Amerikanisch-Samoa (Ostsamoa)**, Hauptstadt Pago-Pago), ein nichtinkorporiertes Territorium der Verein. Staaten.

Samog'itien, Landschaft in Litauen, →Schamaiten.

Samoj'eden, eigener Name **Nenez**, ein Zweig der uralischen Völkergruppe, Mischbevölkerung aus Europiden und Mongoliden. Sie leben von Rentierzucht, Fischfang, Jagd. Ihr Wohngebiet bildet innerhalb der Russ. SFSR drei Nationalbezirke (→Nenzen).

Samoj'eden-Halbinsel, →Jamal.

Samojedensprachen, Teil der ural. Sprachfamilie mit: Jurak-, Jenissej-, Tawgi-, Ostjak-Samojedisch.

S'amos, griech. Insel an der Westküste Kleinasiens, 486 km², 41 700 Ew.; gebirgig; Weinbau; Hauptstadt: Wathy. - Seit dem 1. Jahrtsd. v. Chr. von Ioniern besiedelt; Blüte im 6. Jahrh. (→Polykrates).

Samothr'ake, griech. Insel in der nördl. Ägäis, 150 km², rd. 4000 Ew. - Freigelegt wurden Bauten aus hellenist. Zeit; der bedeutendste Fund war die Nike von S. (um 200 v. Chr.; Paris, Louvre).

Samow'ar [russ.] *der*, kupferner oder messingner Kessel zum Heißhalten von Wasser.

S'ampan [chines.] *der*, ostasiat. Ruder- und Segelboot.

Sample [sa:mpl, engl.] *das*, in der Markt- und Meinungsforschung eine Stichprobenerhebung.

Samsara, →Hinduismus.

S'amson, israelit. Richter, →Simson.

Sams'un, Stadt in der kleinasiat. Türkei, Hafen am Schwarzen Meer, 134 300 Ew.

Samt *der*, ein Gewebe mit aufrechtstehendem kurzem Faserflor.

Samtmilbe, rote, etwa 3 mm lange, samthaarige Laufmilbe, deren Larve ‚Grasmilbe' genannt wird.

Samtnelke, →Lichtnelke.

S'amuel, israel. Prophet. Die zwei **Bücher Samuelis** in A. T. enthalten die Zeit von der Jugend S.s bis zu den letzten Jahren Davids.

Samuelson [s'æmjuəlsn], Paul Anthony, amerikan. Volkswirtschaftler, * 1915, Hauptvertreter der mathemat. Nationalökonomie. 1970 Nobelpreis.

Sam'um [arab. ,Giftwind'] *der*, trockenheißer Wüstensturm in Vorderasien und N-Afrika (→Schirokko).

S'amund der Weise, isländ. Gelehrter, * 1056, † 1133, Priester, errichtete eine Schule, die von größter Bedeutung für die Isländ. Kultur wurde; schrieb eine latein. Chronik der norweg. Könige.

Samur'ai *der*, im alten Japan Angehöriger des Ritter- und Kriegerstandes, mit strengem Ehrenkodex (→Bushido).

San, S'ana, S'anto, São [ital., span., portug.], heilig.

San *der*, Nebenfluß der oberen Weichsel, in Polen, 444 km lang, kommt aus den östl. Beskiden.

San'a, Sana'a, die Hauptstadt der Rep. Jemen, SW-Arabien, rd. 100 000 Ew.

San Antonio [sæn ən'touniou], Stadt in Texas, USA, 654 200 Ew., 2 Univ.; Erdölraffinerien, Nahrungsmittel-, Textil-, Maschinenindustrie. Luftwaffenstützpunkte.

Sanat'orium [lat.] *das*, eine Heilstätte.

San Bernard'ino, 1) Paß in der Schweiz, 2065 m hoch, 32 km lang, verbindet das Hinterrheintal mit dem Val Mesocco. **2)** [sæn bənəd'i:nou], Stadt im S Kaliforniens, USA, 104 300 Ew., Konserven-, Flugzeug-, elektron. Industrie.

Sancho Pansa [s'antʃo-], der Knappe Don Quijotes, Vertreter des realist. bäuerlichen Sinnes und Mutterwitzes.

San Cristóbal, Hauptstadt des Staates Táchira, Venezuela, 156 600 Ew.

S'ancta S'edes [lat.] *die*, der Apostol. Stuhl.

S'ancta simpl'icitas [lat.], heilige Einfalt.

S'anctus [lat.], Lobgesang nach der Präfation in der Messe.

Sand, Anhäufung loser Mineralkörnchen, meist Quarz; Verwendung für Baustoffe, zur Glas- und Porzellanherstellung u. a. Die Anhäufung von S. wird in der Natur durch Wasser (Fluß-, Seesand) oder Wind (Flug-, Wüstensand, Dünen) verursacht.

Sand, 1) [sã:d], George, Deckname der französ. Schriftstellerin Baronne de **Dudevant**, geb. Dupin, * 1804, † 1876, hatte leidenschaftl. Liebesverhältnisse mit A. de Musset und F. Chopin; Romane gegen bürgerl. Moral, (auch über soziale Fragen; Dorfromane (‚Der Teufelssumpf', 1846). **2)** Karl Ludwig, * 1795, † (hingerichtet) 1820, Jenaer Burschenschafter, erdolchte 1819 den Schriftsteller Kotzebue, den er für einen Hauptvertreter der Reaktion hielt; Anlaß zu den →Karlsbader Beschlüssen.

Sand'aale, langgestreckte schwarmbildende Meeresfische der Ufergegend, vergraben sich bei Ebbe im Sand.

Sand'ale *die*, mit Riemen am Fuß befestigte Laufsohle mit flachem Absatz als Fußbekleidung, mit höherem Absatz als **Sandalette** für Damen.

S'andarak *der*, wohlriechendes Harz eines afrikan. Nadelbaums; Rohstoff für Firnisse, Lacke, Kitte.

Sandbad, ş Bad in etwa 50° C heißem Quarzsand, wirkt schweißtreibend; z. B. gegen Gicht, Rheumatismus.

Sandbiene, →Erdbiene.

Sandblätter, die unteren, größeren, hochwertigen Blätter der Tabakstaude, als Zigarrendeckblatt verwendet.

Sandburg [s'ændbəg], Carl, amerikan. Dichter schwed. Abkunft, * 1878, † 1967, rhapsodische Gedichte u. a.

Sanddorn, Strauch der Ölweidengewächse, an Meeresküsten und Gebirgsflüssen; hat schmale Blättern und gelbroter Scheinbeere **(Fasanbeere,** reich an Vitamin C), die Saft und Marmelade gibt.

Sandelholz, das Holz verschiedener Bäume, wird bes. zu Schnitzarbeiten verwendet, ferner zur Gewinnung von **S.-Öl** für die Parfümerie und Pharmazie.

Sander, Sandr [isländ.] *der*, flache, aus-

gedehnte Sand- und Schotterflächen vor (bes. eiszeitl.) Gletschern.

Sandfang, in Kläranlagen eine Rinne zwischen Rechen und Absetzbecken, in der körnige Sinkstoffe abgeschieden werden.

Sandfloh, etwa 1 mm großer Floh, Schmarotzer auf Säugetieren, Menschen; urspr. im trop. Amerika, heute auch in Afrika und Südasien.

Sandglöckchen, Glockenblumengewächs mit hüllkelchumschlossenen Köpfchen aus blauen, geschlitzten Blütchen.

Sandgräber, Maulwurfsratten, Nagetiere Afrikas; so Strandgräber, Graumulle und Nacktmulle.

Sandhalm, das am weitesten verbreitete Dünengras; durch kriechende Wurzelstock dünenbefestigend, bis meterhoch.

San Diego [sæn dj'eɪɡo]. Hafenstadt und Seebad in Kalifornien, USA, an der Bucht von S. D., 696 800 Ew., Flottenstützpunkt; Werften, Flugzeug- und Raketenbau u. a. Industrie.

Sandkraut, Gattung der Nelkengewächse, niedrige Kräuter und Halbsträucher. Das **Quendelblättrige S.,** bekannteste mitteleurop. Art, 20 cm hoch, zart, mit weißen Blüten.

Sandlaufkäfer, Unterfam. der Laufkäfer, jagen Insekten und lauern in Erdröhren auf Beute.

Sandmann, Märchengestalt, streut den Kindern Sand in die Augen, damit sie einschlafen.

Sandoz AG., Basel, chemisch-pharmazeutisches Unternehmen, gegr. 1886; Kap.: 2,36 Mrd. sfr, Beschäftigte: 8970 (1971).

Sandpapier, festes, zähes Papier, mit Leim bestrichen und mit Sand oder Schleifmittel bestreut, zum Schleifen von Holz, Leder, Horn u. a.

Sandpier *der*, ∫ ein →Vielborster.

Sandrart, Joachim von, Maler und Kunstschriftsteller, * 1606, † 1688, schrieb die ‚Teutsche Academie der edlen Bau-, Bild- und Mahlerey-Künste' (1675-79), die wichtigste Quelle dt. Barockkunst ist.

Sandrock, Adele, Schauspielerin, * 1864, † 1937; klass. Rollen am Wiener Burgtheater und Berliner Dt. Theater, später komische Rollen, bes. im Film.

Sandsack, Übungsgerät für Boxer: sandgefüllter Ledersack, frei aufgehängt.

Sandsch'ak [türk. ‚Fahne'] *der*, in der Türkei bis 1921 ein Verwaltungsbezirk (Gau); in Europa üblicher Name für einige Gebiete wie den S. von Alexandrette.

Sandsch'ak-i-Scher'if [türk. ‚edles Banner'] *der*, das seit der Eroberung Ägyptens 1517 in Konstantinopel aufbewahrte angebl. Banner des Propheten Mohammed.

Sandschlange, →Boaschlangen.

Sandstein, Sedimentgestein, entstanden durch Verfestigung von Quarzsand. S. enthält ferner mikroskopisch kleine Zirkone, Turmaline, oft auch Glimmer, Glaukonit u. a.

Sandstrahlverfahren, →Strahlverfahren.

Sanddorn, a Fruchtlängsschnitt

Sanduhr

Sanduhr, altes Zeitmeßgerät, bei dem eine bestimmte Menge Sand in einer bestimmten Zeit aus einem oberen Gefäß in ein unteres fließt, heute noch als Eieruhr.

Sandwespe, eine →Grabwespe.

Sandwich [s'ænwitʃ, engl.] *das,* zwei dünne belegte zusammengeklappte Weißbrotscheiben.

Sandwichbauweise [s'ænwitʃ-], zur Gewichtsersparnis, Verbesserung der Formsteifigkeit, Wärme- und Schalldämmung bes. im Leicht- und Flugzeugbau angewandte Bauweise: eine leichte, wabenartige oder aus Schaumkunststoff bestehende Kernschicht wird zwischen Deckplatten geklebt.

Sandwich-Inseln [s'ænwitʃ-], die →Hawaii-Inseln.

Sandwürmer, Gruppe der Borstenwürmer mit dem Sandpier.

San Francisco [sæn frэn'iskou], volkstüml. Abk. **Frisco,** Hafen- und Handelsstadt in Kalifornien, USA, auf einer Landzunge zwischen dem Stillen Ozean und der S.-F.-Bai, 715 700 Ew.; kath. Erzbischofssitz, Universität, Museen; Schiffbau, Zukker- u. a. Ind., Großschlächtereien. Brükken über die S.-F.-Bai und das Goldene Tor (Golden Gate). - Am 18. 4. 1906 wurde S. F. durch Erdbeben und Großfeuer zerstört. 1945 wurde hier die Charta (Satzung) der Verein. Nationen geschaffen, 1951 der Friedensvertrag zwischen Japan und 49 nichtkommunist. Staaten unterzeichnet.

Sänfte *die,* ein Tragsessel, bei Babyloniern, Ägyptern, Römern in Gebrauch, im Abendland von 17. bis 19. Jahrh.; bes. in Ostasien noch in Verwendung.

S'anga *der,* ostafrikanisches Zebu.

Sang'allo, da S., Baumeister- und Bildhauerfamilie aus Florenz; **Giuliano,** * 1445, † 1516, baute die Kirche Madonna delle Carceri in Prato (1485-91), den ersten Renaissance-Kuppelbau über griech. Kreuz, zur Vollendung entwickelt von seinem Bruder **Antonio d. Ä.,** * 1455, † 1534, in S. Biagio in Montepulciano (1518-29). **Antonio d. J.,** Schüler von Giuliano und Antonio d. Ä., war Architekt der Peterskirche, baute den Palazzo Farnese in Rom.

Sanger [s'eindʒэ], Frederick, engl. Biochemiker, * 1918, klärte in 15jähriger Arbeit die Struktur des Insulins vollständig auf; Nobelpreis 1958.

S'änger, Eugen, Raketenforscher, * 1905, † 1964, wegweisende Arbeiten zur Raumfahrt.

Sangerhausen, Stadt im Bez. Halle, im O der Goldenen Aue, 32 300 Ew.; Kupferbergbau, Maschinen- u. a. Industrie; roman. Ulrichskirche.

Sängerknötchen, Knötchen, die sich infolge Überanstrengung der Stimme an den Stimmbändern bilden.

Sängerkrieg auf der Wartburg, mittelhochdt. Gedicht. →Wartburgkrieg.

San Gimignano [san dʒimin'a:no], Stadt in der Toskana, Mittelitalien, 332 m ü. M., 8000 Ew.; 15 Türme, Stadtmauer, Dom aus dem 12. Jahrh.

San Giuliano T'erme [san dʒuli'ano-], **Bagni San Giuliano,** Gem. in der Prov. Pisa,

Italien, 23 000 Ew., schwefel- und kalkhaltige Thermen.

Sangr'ia, span. Getränk aus Rotwein, Fruchtstücken (Citrusfrüchte), Zucker, Mineralwasser, mit Eis serviert.

Sangu'iniker, Mensch von leichtblütigem Temperament.

S'anherib, König von Assyrien (704-681 v. Chr.), eroberte Babylon, Sidon und Jaffa, baute Ninive zur Weltstadt aus.

san'ieren [lat. ‚heilen'], **1)** gesunde Lebensverhältnisse schaffen (Großstadtsanierung). **2)** die Rentabilität notleidender Unternehmen wiederherstellen durch Reorganisierungs- und Rationalisierungsmaßnahmen, vor allem durch die Neugestaltung der Kapitalverhältnisse; z. B. durch Kapitalherabsetzung.

San'ikel *der,* staudiger Doldenblüter in Gebirgswäldern, mit einer Dolde aus kopfförmig geschlossenen, weißen bis rötlichen Döldchen; Volksarznei.

sanit'är [lat.], der Gesundheit und Körperpflege dienend (sanitäre Anlagen).

Sanit'äter, zur ersten Hilfeleistung bei Unfällen und plötzlichen Erkrankungen sowie zum Krankentransport ärztlich ausgebildete Mannschaften, die teils freiwillig Dienst tun, teils bei Feuerwehren oder Rettungsgesellschaften angestellt sind; auch Sanitätssoldaten.

Sanitätsoffizier, Militärarzt in Offiziersstellung (Übersicht Bd. 1). In der Bundeswehr müssen S.-Anwärter die militär. Ausbildung und die dt. Bestallung als Arzt nachweisen.

Sanitätspersonal, die gemäß den Genfer Konventionen (→Genfer Vereinbarungen 1) in der Betreuung der Verwundeten und Kranken tätigen Personen.

Sanitätsrat, deutscher ärztl. Ehrentitel, bis 1918 verliehen und jetzt neuerdings wieder unter bestimmten Voraussetzungen.

Sanitätstruppe, die militär. Sanitätsverbände und -einheiten.

Sanitätswesen, 1) das öffentliche Gesundheitswesen, die Einrichtungen der Krankenpflege. **2)** in der Bundeswehr alle dem Inspekteur des Sanitäts- und Gesundheitswesens unterstellten Maßnahmen und Einrichtungen für Frieden und Verteidigungsfall.

San Joaquin [sæn wэk'i:n], Fluß im Großen Kaliforn. Längstal, Verein. Staaten, 563 km lang, kommt aus der Sierra Nevada, mündet in die Bucht von San Francisco.

San Jose [sæn (h)ouz'ei], Stadt und Winterkurort in Kalifornien, USA, im Santa Clara Valley, 445 800 Ew.; Fernlenkraketentechnik, Maschinenbau, Obstverarbeitung u. a. Industrie.

San José [saɳ xos'e], **1)** die Hauptstadt von Costa Rica, 200 000 Ew.; kath. Erzbischofssitz, Universität. **2) S. J. de Cúcuta** [-ðe k'ukuta], gewöhnlich nur **Cúcuta,** Stadt in Kolumbien, 228 000 Ew.; Stapelplatz für den Handel mit Venezuela.

San-José-Schildlaus [-xos'e-], eine obstbaumschädigende Schildlaus aus Nordchina, 1873 in San José (Kalifornien) festge-

stellt, heute weit über die Erde verbreitet.

San Juan [-xu'an], **1) S. J. de Puerto Rico,** Hauptstadt von Puerto Rico, (mit Vororten) 804 700 Ew., mit Hafen; kath. Erzbischofssitz; Universität. **2)** Prov. Argentiniens, 86 137 km², 384 300 Ew. **3)** Hauptstadt von 2), 106 600 Ew.

Sankey-Diagramm [s'ænki-], die graph. Darstellung eines Energieflusses oder -umsatzes in Form bandförmiger, sich verzweigender Flächen.

S'ankhja *das,* eines der sechs Systeme der indischen Philosophie.

sankt [lat.], heilig.

Sankt Andr'easberg, Stadt in Ndsachs., Kurort im Mittelharz, 3700 Ew.

Sankt Anton am Arlberg, Sommerfrische und Wintersportplatz in Tirol, Österreich, im Stanzer Tal, 1287 m ü. M., 2100 Ew.

Sankt Augustin, Gem. in Nordrh.-Westf., 38 800 Ew.; Computer-Industrie.

Sankt Bartholom'ä, Wallfahrtskirche am Königssee.

Sankt Bernhard, zwei Alpenpässe. **1)** Der **Große S. B.,** 2472 m, führt von Martigny (Schweiz) nach Aosta (Italien); seit 1964 Straßentunnel; auf der Höhe das St.-B.-Kloster mit Hospiz. **2)** Der **Kleine S. B.,** 2188 m, verbindet Isèretal (Frankreich) und Aostatal (Italien).

Sankt Bernhard'in, →San Bernardino.

Sankt Blasien, Stadt und Kurort in Bad.-Württ., im südl. Schwarzwald, 762 m ü. M., 3000 Ew.

Sankt Florian, Markt in Oberösterreich, 3800 Ew.; altes Chorherrenstift (gegr. 1071), Bibliothek, Stiftskirche mit Grabmal A. Bruckners.

Sankt Gallen, 1) Kanton der Schweiz, 2016 km² groß, 384 500 Ew. Der Kanton besteht im N aus Hügelland, im S hat er Anteil an den Thuralpen. Verbreitet Gemüse-, Weinbau; Textil-, Metallwaren-, Maschinen-, Apparate- u. a. Ind. **2)** Hauptstadt von 1), 88 000 Ew., an der Steinach, Klosterkirche im Barockstil, Hochschule für Wirtschafts- und Sozialwissenschaften, Stickerei u. a. Industrie.

Geschichte. Die ehemalige Benediktinerabtei entstand im 8. Jahrh. um die Klause des irischen Mönches Gallus, war im 9. bis 11. Jahrh. eine der bedeutendsten Pflegestätten mittelalterlicher Kunst und Wissenschaft (→Ekkehard, →Notker), der Abt seit 1206 Reichsfürst. Stadt und Stift waren seit der Mitte des 15. Jahrh. ,Zugewandte Orte' der schweizer. Eidgenossenschaft. 1524 führte die Stadt die Reformation ein. Die Stiftsherrschaft endete mit dem Einmarsch der Franzosen 1798; 1803 entstand der heutige Kanton. (Bild S. 1072)

Sankt Georg, der Ritter →Georg.

Sankt Georgen im Schwarzwald, Stadt in Bad.-Württ., 862 m ü. M., 12 600 Ew.; Uhren-, feinmechan. und elektron. Betriebe. Fremdenverkehr.

Sankt-Georgs-Kanal, engl. **Saint George's Channel,** Meeresstraße zwischen Wales und Irland, 80-150 km breit.

San Francisco

Sankt Gallen: Stiftsbibliothek

Sankt Go'ar, Stadt in Rheinl.-Pf., links-rheinisch, 3600 Ew.; Kleinind. und Schiffbau. Über S. G. die Ruine Rheinfels.

Sankt Goarshausen, Stadt in Rheinl.-Pf., rechtsrheinisch, 2200 Ew.; Weinbau und -handel. Über S. G. die Burg Katz, stromab Burg Maus, stromauf die Loreley.

Sankt Gotthard, Gebirgsstock in der Zentralschweiz, bis 3210 m hoch; der über ihn führende **S.-G.-Paß** (2108 m), mit Hospiz, verbindet das Reuß- mit dem Tessintal.

Sankt Helena, engl. **Saint Helena,** brit. Insel im Atlant. Ozean, 122 km², 4800 Ew., meist Neger und Mischlinge, Hauptstadt: Jamestown. Vulkanisch, bis 824 m hoch. - 1502 von den Portugiesen entdeckt, 1600 holländisch, 1650 britisch. Verbannungsort Napoleons 1815 bis zu seinem Tod (1821).

Sankt Ingbert, Stadt im Saarland, 29400 Ew.; Walzwerk, Eisen-, Metall-, Maschinen-, Glas-, Textilindustrie.

Sankti'on [lat.], **1)** im Staatsrecht die Ausstattung eines Gesetzentwurfes mit Gesetzeskraft. **2)** früher wichtiges Staatsgesetz (→Pragmatische Sanktion). **3)** Strafe. **Sanktionen,** Zwangsmaßnahmen zur Sicherung völkerrechtl. Verpflichtungen.

sanktion'ieren [lat.], bestätigen, Gesetzeskraft verleihen, Zustimmung erteilen.

Sankt'issimum [lat.] *das,* das Allerheiligste, die geweihte Hostie.

Sankt Joachimsthal, tschechisch **Jáchymov,** Stadt im der Tschechoslowakei, im Erzgebirge, 4600 (1938: 7400 dt.) Ew.; 1520 Bergstadt; ehem. Uran- und Silberbergbau.

Sankt Johann, 1) S. J. im Pongau, Sommerfrische und Wintersportplatz im Bundesland Salzburg, Österreich, an der Salzach, 615 m ü. M., 7000 Ew.

2) S. J. in Tirol, Sommerfrische, Wintersportplatz in Tirol, Österreich, 660 m ü. M., 5800 Ew.

Sankt-Lorenz-Golf, engl. **Gulf of Saint Lawrence,** die Mündungsbucht des Sankt-Lorenz-Stroms.

Sankt-Lorenz-Strom, englisch **Saint Lawrence River,** Strom im östl. Nordamerika, vom Ausfluß aus dem Ontariosee bis Pointe des Monts 1200 km lang. Nach dem Ausfluß aus dem Ontariosee wendet sich der S.-L.-S. in einer schnellenreichen Strecke (durch Kanäle umgangen) nach NO und mündet in den Sankt-Lorenz-Golf. 1959 wurde der Ausbau des S.-L.-S. zum **Sankt-Lorenz-Seeweg** für Seeschiffe nach Chicago und Duluth vollendet.

Sankt Märgen, Kurort in Bad.-Württ., im südl. Schwarzwald, 889 m ü. M., 1700 Ew.

Sankt Martin, Antilleninsel, →Saint-Martin.

Sankt Mor'itz, rätoromanisch **San Murezzan,** Kurort im Kanton Graubünden, Schweiz, im Oberengadin, 5400 Ew., 1838 m ü. M., besteht aus **S.-M.-Dorf,** Endpunkt der Albula- und Berninabahn, und **S.-M.-Bad** mit Heilquelle.

Sankt Peter-Ording, Nordseebad in Schlesw.-Holstein, 5000 Ew.

Sankt Petersburg, bis 1914 Name von →Leningrad.

Sankt Pölten, Stadt in Niederösterreich, 43200 Ew.; Maschinen-, Textil-, Papierind. Roman. Dom (im 18. Jahrh. barockisiert).

Sankt Thomas, 1) die Jungferninsel →Saint Thomas. **2)** Insel im Golf von Guinea, →São Tomé.

Sanktu'arium [lat.] *das,* Kath. Kirche: **1)** der Raum um den Altar. **2)** der Aufbewahrungsort für Heiligtümer.

Sankt Veit an der Glan, Bezirksstadt in Kärnten, Österreich, 11100 Ew.; Holzverarbeitungsind. S. V. war bis 1518 Hauptstadt Kärntens.

Sankt Vincent, Antilleninsel, →Saint Vincent.

Sankt Wendel, Stadt im Saarland, 10100 Ew.; Textilind., Apparatebau. Pfarr- und Wallfahrtskirche des hl. Wendelin.

Sankt Wolfgang im Salzkammergut, Markt in Oberösterr., 2200 Ew., am **Sankt-Wolfgang-See.** Fremdenverkehr; spätgot. Kirche mit Schnitzaltar von M. Pacher.

San L'uis Potos'i, 1) Staat von Mexiko, 62848 km², 1,282 Mill. Ew. **2)** die Hauptstadt von 1), 1885 m ü. M., 189700 Ew.; Textil-, Schuhind. Silberhütten, Arsengewinnung.

San Mar'ino, amtl. **Rep'ubblica di S. M.,** Rep. auf der Apenninhalbinsel, südwestl. von Rimini, 61 km² mit 19000 Ew.; Hauptstadt ist San Marino (4000 Ew.), Amtssprache: Italienisch.

S. M. wird vom burgengekrönten Monte Titano (bis 756 m) durchzogen, an dessen Spitze die mittelalterl., von Mauern umgebene Altstadt liegt. Am Hang und Fuß des Berges neuere Viertel, in der Umgebung acht Dörfer. Verfassung und Recht beruhen auf dem zuletzt 1939 abgeänderten Statut von 1600; die Gesetzgebung liegt beim Großen Rat (60 auf 5 Jahre gewählte Mitgl.), von denen je 2 jeweils 6 Monate als Capitani reggenti mit der Staatsrat die Exekutive bilden). Höchstes Berufungsgericht ist der Rat der Zwölf.

Geschichte. S. M. entstand in Anlehnung an das zuerst 885 genannte gleichnamige Kloster. Es wußte seine Selbständigkeit stets zu wahren. 1862 Zollunion, 1897/1953 Freundschaftsvertrag mit Italien. Im 2. Weltkrieg blieb S. M. bis Sept. 1943 neutral, war dann vorübergehend von dt. Truppen besetzt.

San Martin, José de, südamerikan. General, * 1778, † 1850, span. Offizier, 1814 Oberbefehlshaber der argentin. Truppen im Kampf gegen Spanien, befreite 1817 Chile, 1820 Peru von der span. Herrschaft. 1822 mit Bolívar entzweit, ging 1824 nach Europa ins Exil.

Sanmen [‚Drei Tore'], Stadt in der Prov. Schansi, China, am mittleren Huangho, 200000 Ew. Das **S.-Stauwerk** bewässert 2,5 Mill. ha Land. Der Stausee ist 250 km lang.

Sannaz'aro, Jacopo, italien. Dichter, * 1456, † 1530; italien. Hirtenroman ‚Arcadia' (1502), neulatein. Dichtungen.

San R'emo, Kurort an der Riviera di Ponente, Italien, 65000 Ew.

San Salvad'or, 1) eine der Bahama-Inseln, →Watlingsinsel.

2) die Hauptstadt von El Salvador, am Fuße des Vulkans S. S., 317500 Ew., kath. Erzbischofssitz, Universität, Nationalbibliothek; Textil-, Tabakindustrie. Häufig schwere Erdbeben.

Sans'anding, Staudamm (seit 1947) am mittleren Niger, nordöstl. von Ségou, 2600 m lang, zur Bewässerung von rd. 50000 ha Reis-, Baumwoll- u. a. Feldern.

Sansculotten [säkyl'otən], frz. ‚ohne Kniehosen'], Spottname für die Revolutionäre, die lange Hosen trugen.

San Sebasti'án, Provinzhauptstadt im nördlichen Spanien, an der Biscaya, 161000 Ew., Hafen und Seebad; Nahrungsmittel-, Textil- u. a. Industrie.

San Sev'ero, Stadt in N-Apulien, Italien, 52130 Ew.

Sansevi'eria *die,* Liliengewächse im trop. Asien und Afrika.

S'ansibar, 1) Insel vor der Küste Ostafrikas, 1658 km², 190100 Ew., gehört mit der Insel Pemba zur Verein. Rep. →Tansania. Wirtschaft: Gewürznelken, Kopra, ferner Elfenbein-, Ebenholzschnitzerei, Juwelierarbeit. - Seit dem 10. Jahrh. stand S. unter arab., 1500-1650 stand S. unter portugies. Herrschaft; dann wurde es wieder von Arabern erobert (Sultane von Oman). 1885 wurde S. deutsches Schutzgebiet. Durch den Helgoland-S.-Vertrag vom 1. 7. 1890 kam die Insel im Austausch gegen Helgoland an England; seitdem bildete S. mit Pemba das **Sultanat S.** unter brit. Protektorat. Am 10. 12. 1963 wurde S. unabhängig, Jan. 1964 wurde der Sultan gestürzt. Im April schlossen sich Tanganjika und S. zusammen (→Tansania).

2) die Hauptstadt von 1), an der W-Küste, 68400 Ew., zweitgrößte Stadt von Tansania.

S'anskrit *das,* die im 5. oder 4. Jahrh. v. Chr. durch den indischen Grammatiker Panini in Regeln gefaßte Kunstsprache, bis heute in Indien die Sprache der Dichtung und Wissenschaft. Die Erforschung des S. führte im 19. Jahrh. zur Entstehung der indogermanischen Sprachwissenschaft.

An der Spitze der altind. Lit. steht der →Weda mit dem sich anschließenden Schrifttum der Brahmanas, →Upanischaden, →Sutras. Den Übergang zum klass. S. bilden die volkstüml. Epen, das →Mahabharata mit dem →Bhagawadgita und das Ramajana. Die Blütezeit der Kunstdichtung liegt zwischen 400 und 700 n. Chr. Als größter ind. Dichter gilt der Epiker, Lyriker, Dramatiker Kalidasa im 4. Jahrh. n. Chr., als größter Dramatiker nach Kalidasa

San Marino

Bhawabhuti (8. Jahrh. n. Chr.). Epiker waren Bharawi, Magha (7. Jahrh.). Die Lyrik erlebte eine zweite Hochblüte um 1100 (Dschajadewa). Wichtige Werke der reichhaltigen Fabel- und Märchendichtung das →Pantschatantra und die Hitopadescha.

Sansov'ino, 1) Andrea, italien. Bildhauer und Baumeister, * um 1460, † 1529; in seiner Kunst vollzog sich der Wandel vom Naturalismus des 15. Jahrh. zum Klassizismus der Renaissance (Taufe Christi, Florenz, Baptisterium; Grabmäler).
2) Jacopo, italien. Baumeister und Bildhauer, * 1486, † 1570, seit 1527 in Venedig, wo er die klass. Epoche der venezian. Baukunst begründete: Markusbibliothek (seit 1536), Münze (seit 1537), Palazzo Corner (seit 1537). Zahlreich sind seine Bildwerke (Neptun und Mars, Dogenpalast).

Sanssouci [sãsu'i, frz. ,sorgenfrei'], Schloß Friedrichs d. Gr. in Potsdam, einstöckig auf einer Anhöhe über geschwungenen Terrassen, 1745-47 von Knobelsdorff erbaut (Bild Potsdam).

S'anta [ital., span., portug.], weibl. Form zu Santo (San) und Sāo, heilig.

Santa Catarina, Küstenstaat im S Brasiliens, 95 985 km², 2,9 Mill. Ew., darunter rd. 19% Deutschstämmige. Hauptstadt: Florianópolis.

Santa Clara, Provinzhauptstadt auf Kuba, 137 700 Ew.; Zucker- und Tabakhandel.

Santa Cruz, 1) die Jungferninsel Saint Croix. 2) **S. C. de Tener'ife,** die Hauptstadt der Insel Teneriffa, Kanarische Inseln, 175 000 Ew.; Schiffsbunker-, Kabelstation; Ind.: Tabak, Fischkonserven.

Santa-Cruz-Inseln, früher **Königin-Charlotte-Inseln,** brit. Inselgruppe im Stillen Ozean, 938 km², rd. 2900 Ew. Hauptinseln: Santa Cruz und Vanikoro.

Santa Fé, Provinzhauptstadt Argentiniens, am Paraná, 260 000 Ew. kath. Erzbischofssitz, Universität; Flußhafen.

Santal, Volk in West-Bengalen und im O von Bihar, Indien, et 3,4 Mill., mit Mundasprache **(Santali);** Reisbauern.

Santa Lucia [s æntɑˈsiːɑ], **Saint Lucia,** eine der Kleinen Antillen, 616 km², 103 000 Ew. Hauptort: Castries. Anbau von Bananen, Zuckerrohr, Kakao, Kaffee u. a.

Santa Margherita L'igure, Seebad an der Riviera di Levante, Italien, 12 800 Ew.

Santa Maria, 1) portugies. Insel, die südöstlichste der Azoren, 100 km² groß, rd. 5600 Ew.
2) Stadt im Staat Rio Grande do Sul, Brasilien, mit 141 600 Ew., darunter viele Deutschstämmige; Univ.

Santa Marta, Provinzhauptstadt und Hafen in Kolumbien, am Karib. Meer, 137 000 Einwohner.

Santand'er, 1) Provinz in Altkastilien, Spanien, 5289 km², 452 400 Einwohner.
2) die Hauptstadt von 1), an der Nordküste Spaniens, Seebad und Hafen, 140 400 Ew.; Ausfuhr von Erzen. Metall-, Werft-, chem. u. a. Industrie.

Santay'ana, George, amerikan. Philosoph und Schriftsteller, * 1863, † 1952; Roman ,Der letzte Puritaner' (1935).

S'anti, der Familienname von →Raffael.

Santi'ago, 1) **S. de Chile,** Hauptstadt von Chile, 2,55 Mill. Ew. (mit Vororten), kath. Erzbischofssitz, staatl. und kath. Universität; wichtigstes Industriezentrum Chiles.
2) **S. de Compost'ela,** Stadt in Spanien, Galicien, 67 700 Ew., kath. Erzbischofssitz, Wallfahrtsort; Universität.
3) **S. de Cuba,** Provinzhauptstadt und Hafen auf Kuba, 259 000 Ew.; kath. Erzbischofssitz; rege Industrie; Ausfuhr von Kaffee, Viehzuchterzeugnissen, Zucker.
4) **S. de Guatem'ala,** →Guatemala.
5) **S. de'los Caball'eros,** Hauptstadt der Prov. S., Dominikan. Republik, 155 200 Ew.

Santillana [santi⋏'ana], Iñigo **López de Mendoza,** Marqués de, span. Dichter, * 1398, † 1458;gelehrt-humanist. Dichter.

S'äntis, höchster Gipfel der **S.-Gruppe,** Appenzeller Alpen, nordöstl. Schweiz,

2501 m hoch; Wetterwarte, Schwebebahn.

S'anto [ital., span.], heilig.

Santo Dom'ingo, 1936-61 **Ciudad Trujillo,** Hauptstadt der Dominikan. Republik, 671 400 Ew., kath. Erzbischofssitz, Univ.; Ausfuhrhafen für Zucker. 1496 vom Bruder des Kolumbus gegründet.

Santon'in das, früher Mittel gegen Würmer, gewonnen aus den Blütenknospen einer Artemisie (Zitwerblüten, Wurmsamen).

Santor'in, die griech. Insel →Thera.

S'antos, Hafenstadt im Staat São Paulo, Brasilien, auf der Küsteninsel São Vicente, 313 800 Ew.; Kaffeeausfuhr.

Santo Tomé de Guayana, amtl. Name der neuen Industriestadt **Ciudad Guayana,** in O-Venezuela, 127 700 Ew., entstand 1961 durch Zusammenschluß mehrerer Orte an der Mündung des Río Caroni in den Orinoco, Stahl-, Aluminiumwerk u. a. Ind.

São [säu, portug.], heilig.

São Gonçalo, Industriestadt in Brasilien, östl. der Guanabarabucht, 329 800 Ew.

Sao João de Mer'iti, Stadt in Brasilien, bei Rio de Janeiro, 255 200 Ew.

São Luiz [säu l'uːis], **S. L. do Maranhão,** Hauptstadt und wichtigster Hafen des Staates Maranhão, Brasilien, 242 000 Ew., kath. Erzbischofssitz.

São Miguel [säu miy'ɛːl], Insel der portugies. Azoren, 747 km² groß, rd. 180 000 Ew. Hauptort: Ponta Delgada.

Saône [soːn], die, größter Nebenfluß der Rhône, 482 km lang, kommt aus den Monts Faucilles, mündet in Lyon; Kanäle zur Mosel, Marne, Loire und zum Rhein.
2) **S.-et-Loire** [sonɛlw'aːr], Dép. im östl. Mittelfrankreich, Burgund, 8627 km², 560 700 Ew. Hauptstadt: Mâcon.

São Paulo [säu p'aulu], 1) Bundesstaat in SO-Brasilien, 247 898 km², 17,7 Mill. Ew.
2) Hauptstadt von 1), größte Stadt Brasiliens, 6,39 Mill. Ew., kath. Erzbischofssitz; Kaffeehandel, Baumwolle; führende Industriestadt Brasiliens mit Kraftfahrzeug-, chem., Elektro- u. a. Ind.; ein Mittelpunkt des kulturellen Lebens Brasiliens mit mehreren Univ., Museen u. a.

São Tiago [säu tj'agu], die größte der Kapverd. Inseln, 991 km², bis 1393 m hoch, 58 000 Ew. Hauptstadt: Praia.

São Tomé [säu-], Vulkaninsel im Golf von Guinea, Afrika, 836 km², rd. 54 000 Ew., bildet zusammen mit Príncipe eine portugies. Überseeprovinz. S. T. ist bis 2024 m hoch. Kakao-, Palmkern-, Kokos-, Ölpalmkulturen.

São Vicente [säu vis'enti], 1) **Cabo S. V.,** Felsenkap in Algarve, Portugal. 2) eine der Kapverdischen Inseln, 227 km², 28 000 Ew.

Saph'ir der, blauer Korund, beliebter Edelstein. **Saphirnadel,** →Plattenspieler.

Sapon'ine Mz., in Pflanzen verbreitete Glucoside, deren wäßrige Lösungen stark schäumen.

Sap'or, Schahpur, pers. Könige aus dem Haus der Sassaniden, erbitterte Feinde der Römer. **S. I.** (242-271) nahm 260 den röm. Kaiser Valerian gefangen. **S. II.** (310-379) entriß nach Kaiser Julians Tod (363) den Römern das Land östlich des Tigris.

Sapor'oschje, Gebietshauptstadt in der Ukrain. SSR, am Dnjepr (Stausee, Kraftwerk), 658 000 Ew.; Hütten-, Stahl-, Walz-, Aluminium-, Automobilwerke u. a. Ind.

Sap'ote das, 1) **Sapotillbaum,** in den Tropen verbreiteter Baum mit Kaugummi lieferndem Milchsaft. 2) **Weiße S.,** mittelamerikan. Obstbaum mit zitronenförmigen, grünen Früchten.

S'apper, Agnes, Schriftstellerin, * 1852, † 1929; Jugendschriften: ,Die Familie Pfäffling' (1906).

Sappho [s'apfo], griech. Dichterin, größte Lyrikerin des Altertums, um 600 v. Chr. auf Lesbos, wo sie im Kult der Aphrodite und der Musen Freundinnen und Schülerinnen um sich sammelte. Nach späterer Sage soll sie sich aus unerwiderter Liebe zu Phaon vom Leukadischen Felsen gestürzt haben. Götterhymnen, Hochzeits-,

Liebeslieder. Trauerspiel von Grillparzer (1818).

Sapporo, Hauptstadt der japan. Insel Hokkaido, 1 Mill. Ew., 2 Universitäten; Genußmittel-, Holzind.; Olymp. Winterspiele 1972.

Sapr'obien [grch.], Ez. Saprobium das, Lebewesen, die in verwesenden Stoffen leben.

saprog'en [grch.], fäulniserregend.
Saprop'el der, der Faulschlamm.
saproph'il [grch.], von verwesenden, faulenden Stoffen lebend.

Saproph'yten [grch.] Mz., **Moderpflanzen,** Pflanzen (bes. Bakterien, Pilze), die sich von pflanzl. oder tierischen toten, verwesenden, faulenden Stoffen nähren.

Saproz'oen [grch.] Mz., Tiere, die in verwesenden Stoffen leben und sich von diesen ernähren (Saprophagen).

S'ara, im A. T.: die Halbschwester und Frau Abrahams.

Sarab'ande die, altspan. Volkstanz im langsamen ³/₄-Takt, im 18. Jahrh. Gesellschaftstanz am französ. Hof; Satz der Suite.

Saraf'an der, Frauenkleid der russ. Volkstracht, im 18./19. Jahrh.

S'aragat, Giuseppe, italien. Politiker (Sozialist), * 1898; unter seiner Führung spaltete sich 1947 von der Sozialist. Partei der kommunistenfeindl. Flügel ab. Aus ihm ging 1950 die Sozialdemokrat. Partei Italiens hervor, deren Gen.-Sekr. er 1951-54 und 1957-64 war; war 1947-50 und 1954-57 stellvertr. MinPräs., 1963-64 Außenmin., Dez. 1964 bis Dez. 1971 Staatspräsident.

Sarag'ossa, span. **Zaragoza,** 1) Provinz Spaniens, in Aragonien, 17 194 km², 721 400 Ew. 2) die Hauptstadt von 1), am Ebro, 430 000 Ew., kath. Erzbischofssitz, got. Kathedrale (1119-1520), Universität; Metall-, Textil-, Nahrungsmittel-, chemischpharmazeut., Elektroind., Waggonbauwerk. Seit 1118 Hauptstadt des alten Kgr. Aragonien.

S'arajewo, Hauptstadt von Bosnien und Herzegowina, Jugoslawien, 244 000 Ew. (überwiegend Muslime), Sitz eines (vorwiegend Muslime), Sitz eines orthodoxen Metropoliten, eines kath. Erzbischofs und des Oberhaupts der Muslime in Jugoslawien. Universität; über 100 Moscheen; Tabakindustrie, Teppichweberei u. a. - 28. 6. 1914 Ermordung des österreich. Thronfolgers Franz Ferdinand und seiner Frau durch großserb. Nationalisten; Anlaß zum 1. Weltkrieg.

Sar'ansk, Hauptstadt der Mordwin. ASSR, Sowjetunion, 190 000 Ew.; elektrotechn., Maschinenbau-, chem. u. a. Ind.

Sar'apis, Serapis, ägypt. Gott der Fruchtbarkeit.

Saras'ate, Pablo de, span. Geiger, * 1844, † 1908; schrieb Virtuosenstücke.

Sar'aswati 1) ein nordwestind. Fluß. 2) ind. Göttin der Gelehrsamkeit, Gattin Brahmas.

Sar'atow, Gebietshauptstadt in der Russ. SFSR, an der unteren Wolga, 758 000 Ew.; Univ., Hochschulen; Maschinenbau, chem., Glas-, Schiffbau-, Baustoff-, Nahrungsmittel- u. a. Ind.; Erdöl- und Erdgasvorkommen.

S'arawak, Gliedstaat von Malaysia, an der NW-Küste der Insel Borneo, 121 900 km², 933 600 Ew. (stark mit Chinesen vermischte Malaien). Hauptstadt: Kutsching. S. liefert Erdöl, Kautschuk, Sago, Reis, Pfeffer, Gold. - S. wurde 1888 brit. Protektorat, 1946 brit. Kolonie, erhielt 1963 Selbstregierung und gehört seit 1963 zur gegr. Föderation von Malaysia an.

Saraz'enen, im Altertum die einen Teil der Steppe des nordwestl. Arabiens und der Sinai-Halbinsel bewohnenden Araber, im Mittelalter zunächst alle Araber, später alle Muslime der Mittelmeerwelt, bes. die Gegner der Kreuzfahrer.

Sarc'ina [grch.-lat.] die, Gattung der Bakterien; Kokken, die durch Teilung paketförmige Körperchen bilden.

Sardanap'al, grch. für →Assurbanipal.

1073

Sard'elle [ital.] die, →Anchovis.

Sarden, Bewohner der Insel Sardinien, 1,5 Mill., mit altem Brauchtum (Trachten, Totenklage, Blutrache).

Sard'ine [ital.] die, bis 20 cm langer Heringsfisch an den europ. Küsten des Atlantik; kommt eingesalzen oder in Olivenöl eingelegt in den Handel (**Öl-S.**).

Sard'inien, italienisch **Sardegna,** nach Sizilien die zweitgrößte Insel Italiens, 24 090 km², 1,5 Mill. Ew. (Sarden). Hauptstadt: Cagliari. S. ist buchtenreich, gebirgig (Gennargentu 1834 m); Anbau: Getreide, Wein, Ölbäume, Südfrüchte, Tabak; Bergbau auf Zink, Blei, Mangan, Baryt und Kohle.

Geschichte. Im Altertum von Iberern und Ligurern, dann auch von Griechen besiedelt, im 5. Jahrh. v. Chr. karthagisch, 238 röm. Prov., 458 n. Chr. wandalisch, 533 byzantinisch, um 750 arabisch, 1052-1284 pisanisch, dazwischen 1164-1250 staufisch, 1296 aragonisch (spanisch); 1718-20 kam S. an Piemont, dessen Herzöge sich seitdem ‚Könige von S.' nannten. Seit 1948 ist S. eine autonome Region.

S'ardisch, die roman. Sprache der Sarden, steht dem Latein noch bes. nahe.

Sard'onagruppe, Gruppe der Glarner Alpen, O-Schweiz, bis 3056 m hoch.

sard'onisches Lachen [nach dem Kraut Sardonia, das Gesichtszuckungen verursachen soll] krampfhaftes Lachen.

Sard'onyx der, weiß und rot bis braun gestreifter Chalcedon, ein Achat.

Sardou [sar'du], Victorien, französ. Dramatiker, * 1831, † 1908; histor. Dramen (‚Madame Sans-Gêne', 1893, mit E. Moreau); Lustspiele.

Sarg'assosee [von portug. sargaço ‚Tang', ‚Seegras'], Teil des Atlant. Ozeans, zwischen den Azoren, Bermudas- und Westind. Inseln; Aal-Laichgebiet.

Sargent [s'a:dʒənt], John Singer, engl. Maler, * 1856, † 1925, Porträtist der angelsächs. Gesellschaft.

S'argon, mehrere altoriental. Könige. **S. von Akkad(e)** gründete um 2350 v. Chr. das erste semit. Großreich in Babylonien. **S. II.,** König von Assyrien (721-705 v. Chr.), befestigte und erweiterte gegenüber Syrien, Babylonien, Armenien die assyr. Herrschaft.

S'ari, Wickelgewand der indischen Frau.

Sark'asmus [grch.] der, -/ . . .men, bitterer Hohn, beißender Spott. Eigw. **sarkastisch.**

Sarko'id [grch.] das, sarkomähnliche, jedoch gutartige Gewebswucherung.

Sark'om [grch.] das, **Fleischgeschwulst,** ♣ bösartige Geschwulst des Binde- und Stützgewebes. Behandlung wie bei Krebs.

Sarkoph'ag [grch.] der, ein meist steinerner Sarg; im alten Ägypten mit Malerei und Reliefs aus dem Alltagsleben; in Griechenland wegen der Totenverbrennung selten; von Griechen gearbeitet sind die in der phönik. Stadt Sidon gefunden S. (→Alexandersarkophag); auf etrusk. S. vollplast. Figuren der Toten, beim Mahl liegend dargestellt; röm. S. mit Reliefs aus der Mythologie und dem tägl. Leben; frühchristl. S. mit heilsgeschichtl. Darstellungen.

Sarm'aten, im Altertum iran. Nomadenvolk in **Sarmatien** (Südrußland), berühmte Reiter und Bogenschützen.

S'arnen, der Hauptort des Halbkantons Obwalden, Schweiz, am Sarner See, 6900 Ew.; Kunststoff-, Kristallglas- u. a. Ind.

Sarntal, italien. **Valle Sarent'ina,** linkes Nebental der Etsch, in Südtirol, von den Talfer durchflossen, mündet bei Bozen. Hauptort: Sarnthein.

S'arong, Sarung der, rockähnliches Kleidungsstück der Malaien.

Sar'onischer Golf, Golf von Äg'ina, Teil des Ägäischen Meeres zwischen den Halbinseln Attika und Argolis.

S'aros-Periode, Chald'äische Periode, Zeitraum von 18 Jahren 11 Tagen, nach dessen Ablauf sich Sonnen- und Mondfinsternisse wiederholen.

Saroyan [sar'ɔujan], William, amerikan. Schriftsteller, * 1908; Romane: ‚Menschliche Komödie' (1943) u. a.; Dramen: ‚Mein Herz ist im Hochland' (1939) u. a.

Sar plan'ina [ʃar-], Gebirge zwischen Makedonien und Serbien, Jugoslawien, im Titov vrh (früher Turčin vrh) 2756 m hoch.

S'arraß [poln.] der, großer Säbel.

Sarraute [sar'ɔ:t], Nathalie, französ. Schriftstellerin, * 1902; Vertreterin des →nouveau roman; schrieb ‚Tropismen' (1938), ‚Martereau' (1953); ‚Die goldenen Früchte' (1961) u. a.

Sarraz'enie die, Moorpflanze Nordamerikas, mit steinförm. Blüten und Schlauchblättern mit farbiger Mündung zum Insektenfang.

Sarrusophon [saryzof'o:n] das, ein dem Saxophon ähnliches Blechblasinstrument mit doppeltem Rohrblatt, in 7 Größen gebaut; 1856 von dem Franzosen Sarrus erfunden.

Sarsapar'illwurzel, eine Stechwinde.

Sarstedt, Stadt in Ndsachs., 13 400 Ew.; Herstellung von Wäscherei-, Fleischmaschinen-, Großkochanlagen u. a.

Sarten, frühere Bez. für die sprachlich türkisierte iran. Stadtbevölkerung in Mittelasien und Fergana, bes. Buchara; der Name ist in der Sowjetunion verboten.

Sarthe [sart], 1) Fluß im westl. Frankreich, 285 km, kommt aus dem Hügelland der Perche, vereinigt sich mit der Mayenne zur Maine, mündet in die Loire.

2) Dép. im nordwestl. Frankreich, 6245 km², 461 800 Ew. Hauptstadt: Le Mans.

S'arto, Andrea del, italien. Maler, * 1486, † 1530, schuf Fresken und Tafelbilder, deren lebhafte Farben aus mildem Helldunkel hervorleuchten.

Sartre [sartr], Jean-Paul, französ. Philosoph und Schriftsteller, * 1905, vertritt eine eigene Form der →Existenzphilosophie: der Mensch ‚ist Freiheit', ohne Bindung an einen Gott; er ist, wozu er sich durch sein Tun macht. Philosoph. Hauptwerk ,Das Sein und das Nichts' (1943). Romane ‚Der Ekel' (1938), ‚Die Wege der Freiheit' (1945 bis 1947). Dramen ‚Die Fliegen' (1943), ‚Geschlossene Gesellschaft' (1944), ‚Die ehrbare Dirne' (1946), ‚Die schmutzigen Hände' (1948), ‚Der Teufel und der liebe Gott' (1951), ‚Die Eingeschlossenen' (1960); ‚Die Wörter' (1964). S. erhielt 1964 den Nobelpreis, den er aber ablehnte.

Jean-Paul Sartre — *F. Sauerbruch*

SAS, Abk. für **S**candinavian **A**irlines **S**ystem, von Schweden, Norwegen, Dänemark betriebene Luftverkehrsgesellschaft, Stockholm, gegr. 1946.

Sasebo, Stadt im NW Kiuschus, Japan, 268 000 Ew.; Marinehafen, Werftindustrie; Mittelpunkt eines Kohlenbezirks.

Saskatchewan [səsk'ætʃiwən], 1) Fluß in Kanada, entsteht aus 2 Quellflüssen in den Felsengebirge, fließt in den Winnipegsee, den er als Nelson River verläßt; Gesamtlänge: 2560 km.

2) Provinz Kanadas, 652 900 km², 959 000 Ew. Hauptstadt: Regina. Im S meist Prärie (Weizen, Hafer, Gerste, Flachs; Viehzucht), im N Wälder. Bodenschätze: S. hat die größten Kalilager der Welt, Braunkohle, Erdöl, Erdgas, Gold, Kupfer, Zink, am Athabascasee bei Uranium City Uranlager.

Sas'onow, Sergej Dmitrijewitsch, * 1860, † 1927, 1910-16 russ. Außenmin., veranlaßte 1914 den Zaren zur Mobilmachung.

S'assa die, zu den Klippspringern gehöriges Horntier Ostafrikas.

S'assafras der, **Sassafraslorbeer,** Lorbeergewächs im atlant. Nordamerika. Holz und Rinde enthalten das süßlich-würzige S.-Öl, Würze für Seife, Tabak, Getränke.

Sassan'iden, pers. Herrscherhaus; Ardaschir begründete 224 durch seinen Sieg über die Parther das zweite große Perserreich; 642 durch die Araber gestürzt.

sassanidische Kunst, die pers. Kunst der Sassaniden. Bauformen der Parther (bes. Liwan) wurden weiterentwickelt. Reste von Palastanlagen in Ktesiphon, Firusabad und Sarwestan. Felsreliefs in der Nähe von Persepolis. Hochentwickeltes Kunsthandwerk: getriebene Silberschalen, Gewebe.

S'assari, 1) Prov. Italiens, im N Sardiniens, 7520 km², 404 600 Ew. 2) Hauptstadt von 1), 109 200 Ew.; kath. Erzbischofssitz; Dom, Universität; Hafen: Porto Torres.

Sasse die, ⚘ das Lager der Hasen.

Saßnitz, Ostseebad auf Rügen, 13 500 Ew.; Kreideindustrie, Fischkombinat; Hafen (Fähre nach Trelleborg, Schweden).

Sassol'in der, mineralisch vorkommende Borsäure.

Sassoon [səs'u:n], Siegfried, engl. Schriftsteller, * 1886, † 1967; Antikriegslyrik aus dem 1. Weltkrieg.

S'atan [hebr.], im Buch Hiob der Unglücks- und Strafengel; später der Teufel.

Satan'ismus, der weltschmerzl. Byronismus (in England), dann allgemein die literar. Verklärung des Bösen (Baudelaire), Grausamen (Marquis de Sade).

Satans'affen, zwei schwärzliche Affenarten: Schlaffschwanz- und Stummelaffe.

Satanspilz, ein giftiger →Röhrling.

Satell'it [lat.] der, 1) Gefolgsmann, Trabant. 2) Raumfahrt: unbemannter →Raumflugkörper, der mit Trägerraketen (S.-Träger) in Höhen von mehreren hundert bis mehrere tausend km gebracht wird und dort im Gleichgewicht zwischen Fliehkraft und Schwerkraft ellipsen- oder kreisförmige Bahnen um die Erde (**Erd-S.**), um Mond (**Mond-S.**), Planeten (**Planeten-S.,** künstlicher Mond) oder um die Sonne (**künstlicher Planet**) zieht. Die Geschwindigkeit von Erd-S. liegt zwischen 7,9 und 11,2 km/s; mit zunehmender Bahnhöhe wird sie geringer, während die Umlaufzeit zunimmt. Diese beträgt in rd. 36 000 km Höhe 24 Stunden (geostationäre Umlaufbahn von **Synchron-S.**) Manche S. benötigen eine ständige Orientierung zur Erde, die, wie auch Bahnänderungen, durch Steuerraketen bewirkt werden. Niedrige Bahnhöhen von Erd-S. führen in immer stärker hemmende Atmosphärenschichten, bis der S. durch Reibung so stark erhitzt wird, daß er verglüht. Erd-S. sind, bei genügender Größe und günstigen Bedingungen, im reflektierten Sonnenlicht sichtbar.

S. sind mit Meß- und Photogeräten ausgerüstet, speichern Daten und senden diese auf Abruf zur Erde. Die Bordenergie wird durch Sonnenzellen-Batterien, Brennstoffzellen, Kernenergie gewonnen.

Wissenschaftl. S. dienen bes. der Geound Astrophysik bei der Erforschung von Atmosphäre, Ionosphäre, Magnet- und elektr. Feldern, Strahlungen, Mond, Planeten, Sonne. Die wichtigsten sind: USA: Explorer, OGO, OSO, OAO, Pioneer, Bios, Ranger, Surveyor, Mariner; UdSSR: Sputnik, Kosmos, Elektron, Proton, Lunik, Luna, Zond, Venus, Mars; Europa: ESRO 1 2, Heos; Frankreich: A1, FR1, D1, Peole, D2; England: Ariel; Bundesrep. Dtl.: Azur, Dial; Italien: San Marco; Kanada: Alouette; Australien: Wresat; Japan: Osumi; China: Chincom.

Wirtschaftliche oder **Anwendungs-S.** sind Nachrichten-S., Navigations-S., Wetter-S., Erderforschungs- und Erkundungs-S. Wichtige **Nachrichten-S.** sind: USA:

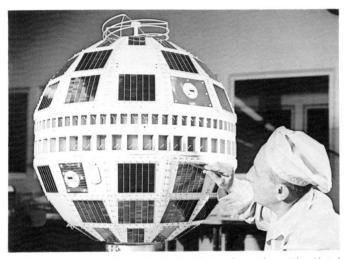

Satellit: amerikan. Nachrichtensatellit ‚Telstar' für Empfang und verstärkte Abstrahlung von Funksignalen. Sonnenbatterien und Antennen bilden die Oberfläche des Satelliten

Score, Echo, Courier, Telstar, Relais, Syncom, Intelsat; UdSSR: Molnija. **Navigations-S.**: Transit (USA). **Wetter-S.**: USA: Tiros; Nimbus, ESSA; UdSSR: Kosmos. **Erderforschungs- und Erkundungs-S.** (zunächst weiterentwickelte Nimbus-S.) erfüllen Aufgaben für Kartographie, Geologie, Geodäsie, Ozeanologie, Hydrologie, für die Feststellung von Luft- und Wasserverschmutzung, von Gas-, Öl-, Wasser-, Erzlagerstätten, für Land- und Forstwirtschaft, Bewässerung, Fischortung, Feuermeldung. **Militärische** oder **Geheim-S.** dienen bes. der Beobachtung: USA: Discoverer, OV, Vela Hotel, Midas, Samos; UdSSR: Kosmos, Fobs.

Seit dem ersten Erd-S. (Sputnik 1 am 4. 10. 1957, Explorer 1 am 1. 2. 1958) sind (bis 1972) weit über 1000 S. gestartet worden. Bemannte Raumfahrzeuge verhalten sich auf Umlaufbahnen wie S.; insofern bezeichnet man sie mitunter als **bemannte S.**; →Raumfahrt.

Satellitenstaat, von einer Großmacht abhängiger Staat; bes. für die unter sowjet. Einfluß stehenden Staaten O-Europas.

S´atemsprachen (von altiran. satem ‚hundert'), eine Gruppe der →indogerman. Sprachen.

Saterland, Moor- und Geestlandschaft in Niedersachsen.

S´athmar, rumän. **S´atu M´are,** ungar. **Szatmár N´emeti,** Kreishauptstadt in NW-Rumänien, 78 800 Ew.; Werk für Schwerausrüstung, Flugzeugind., Küchenherdfabrik, Konfektions-, Möbelindustrie. Bis 1919 und 1940-45 gehörte S. zu Ungarn.

S´athmarer Schwaben, deutsche Volksgruppe in NW-Rumänien, 1939 rd. 34 000, 1956 etwa 6000, Nachkommen der 1712 bis 1815 angesiedelten oberschwäb. Bauern.

Satie [sat´i:], Erik, französ. Komponist, * 1866, † 1925; Vertreter der neueren Musik in Frankreich.

Satin [sat´ε̃, frz.] der, das Gewebe Atlas.

satin´ieren, Papier im Kalander glätten.

Sat´ire [von lat. satura lanx ‚bunte Schüssel'] die, Literaturgattung, die durch Spott, Ironie, Übertreibung bestimmte Personen, Anschauungen, Ereignisse kritisieren oder verächtlich machen will. **satirisch,** spöttisch, beißend.

Satisfakti´on [lat.] die, Genugtuung, bes. mit der Waffe, bei Verletzung der Ehre.

S´atledsch, Fluß in Vorderindien, einer der fünf Ströme des Pandschab. Die Angaben über seine Länge schwanken zwischen 1368 km und 1850 km; entspringt in Tibet, an vielen Stellen gestaut und zur Bewässerung genutzt.

Sato, Eisaku, japan. Politiker (Liberaldemokrat), * 1901, 1958-60 Finanzmin., 1964-72 japan. MinPräs.

Satr´ap, im alten pers. Reich Statthalter einer Provinz (Satrapie).

Satte die, Schüssel (für saure Milch).

Sattel, 1) Sitzvorrichtung für Reiter oder Haltevorrichtung für Lasten auf dem Rücken von Reit- und Lasttieren. Bei Reitsätteln unterscheidet man den leichteren **Englischen** (oder **Pritschen-)Sattel** und den schwereren **Bocksattel.** Der **Damensattel** hat zwei ‚Hörner' zum Halteppan. 2) Sitzvorrichtung beim Fahrrad und Motorrad. 3) Senke im Verlauf eines Bergzuges.

Sattelholz, ein Kantholz, zur Verbreiterung des Auflagers einer Holzstütze zwischen Holzunterzug und -stütze eingefügt.

Sattelpferd, das linke Pferd im Zweigespann.

Sattelschlepper, ein Zugfahrzeug mit kurzem Fahrgestell, auf das das Vorderende eines Anhängers aufgesattelt wird.

Sättigung, 1) ⊕ der Zustand einer gesättigten Lösung. 2) ⊠ obere Grenze, die von einer physikal. Größe erreicht, aber nicht überschritten werden kann.

Sattler, Riemer, handwerklicher und industrieller Lehrberuf mit 3jähr. Lehrzeit.

S´atu M´are, rumän. für →Sathmar.

Saturati´on [lat.], 1) Sättigung. 2) Abscheidung des Kalkes aus dem Zuckersaft.

Satur´ei die, Lippenblütergattung: **Bergminze,** staudig, mit Melissenduft, meist violettblütig, Volksarznei; **Wirbeldost,** zottig, mit roten Blütchen, Volksmittel. Würzpflanze ist das →Bohnenkraut.

satur´iert, gesättigt, befriedigt.

Sat´urn, 1) altröm. Gott, schon früh dem griech. Kronos gleichgesetzt. 2) der zweitgrößte Planet des Sonnensystems, Zeichen ♄, gleicht physikalisch dem Jupiter; Äquatordurchmesser 120 570 km, Dichte 0,68 g/cm³; sein Abstand von der Erde schwankt zwischen 1200 und 1650 Mill. km, seine Oberfläche gleicht des Jupiter. Weiteres: Übersicht Planeten. Der Ring des S. besteht aus Meteoriten und Staub, die den Planeten in dessen Äquatorebene umlaufen. Der S. hat 10 Monde mit Durchmessern zwischen etwa 300 und 4600 km (Titan).

Saturn´alien Mz., altröm. Fest zu Ehren des Gottes Saturn, am 17. 12. **sat´urnisch, 1)** den Gott Saturn betreffend. 2) uralt, groß und schrecklich.

S´atyr [grch.], griech. Mythologie: Fruchtbarkeitsdämon im Gefolge von Dionysos; Gestalt mit Menschenkörper, Pferde- oder Bocksbeinen, Schwanz. Viele künstler. Darstellung, bes. seit Renaissance auch als Begleiter der Venus und Gefährte der Nymphen (Rubens u. a.).

S´atyrhuhn, Hühnervögel in Bergwäldern Indiens und Chinas, mit schwellbaren bunten Kehllappen und einem schwellbaren Fleischzapfenpaar am Hinterkopf.

Satyr´iasis [grch.] die, krankhaft gesteigerter Geschlechtstrieb bei Männern.

S´atyrspiel, ausgelassenes Nachspiel, aufgeführt zu trag. griech. →Trilogien; Satyrn bildeten den Chor.

Satz, 1) ⑤ der sprachl. Ausdruck eines Gedankens; gegliedert in zwei Satzteile: **Satzgegenstand** (Subjekt) und **Satzaussage** (Prädikat). Zum Zeitwort der Satzaussage kann die **Ergänzung** (Objekt) hinzutreten. Ferner können Satzgegenstand und Satzaussage durch nähere Bestimmung erweitert werden. Es gibt **Haupt-** und **Nebensätze.** Die Lehre vom Satzbau heißt **Satzlehre** (Syntax). 2) Lehrsatz, Grundsatz, Gesetz. 3) Gruppe zusammengehöriger Gegenstände, Serie. 4) ♪ a) Formglied eines Musikstücks, häufig geteilt in Vorder- und Nachsatz. b) abgeschlossener Teil eines größeren Ganzen (Sinfonie, Suite u. a.). c) die kompositor. Setzweise eines Stückes: zwei-, drei-, vierstimmiger S., homophoner, polyphoner S. 5) **Schriftsatz,** →Setzerei. 6) Spielwertung im Tennis. 7) ψ die von der Häsin auf einmal geborenen (gesetzten) Jungen.

Satzung die, **Statut,** gesetztes Recht. 1) bei öffentlich-rechtl. Verbänden das Verfassungs- und Organisationsrecht, das bei Körperschaften aus der Selbstverwaltung folgt, bei Anstalten aus der staatl. Verleihung. 2) bei privatrechtl. Vereinen und Gesellschaften die Verfassung. 3) im österreich. Arbeitsrecht allgemeinverbindlich erklärte Kollektivverträge (Tarifverträge).

Satzzeichen, Hilfsmittel für die Gliederung eines Satzes: Punkt, Beistrich (Komma), Strichpunkt (Semikolon), Doppelpunkt (Kolon), Fragezeichen, Ausrufungszeichen, Gedankenstrich, Anführungszeichen, Klammern.

Sau die, 1) Mz. Säue, das weibl. Schwein. 2) Mz. Sauen, ψ Wildschwein.

Sau die, Nebenfluß der Donau, →Save.

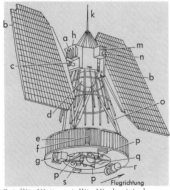

Satellit: Wettersatellit ‚Nimbus' (schematisch); a automatisch betätigte Öffnung zur Temperatur-Stabilisierung, b Sonnen-‚Paddel', c Sonnensensor zur Steuerung der Sonnen-‚Paddel', d Gasbehälter für Steuerdüsen, e Öffnungen zur Temperatur-Stabilisierung, f Antenne für Ortungs- und Telemetriesignale, g Infrarot-System für hohe Auflösung, h Einrichtung für Fluglage-Stabilisierung, k Kommando-Antenne, m Sonnen-Sensoren, n Horizontabtaster, o Verbindungsstäbe, p Antenne, q Fernseh-Aufzeichnungsgerät, r Infrarot-System für mittlere Auflösung, s Fernsehkameras

Saudi-Arabien: Wüste bei Hofuf

Sau|alpe, bis 2081 m hohe Gebirgsgruppe der Norischen Alpen, Kärnten.

Säuberung, Politik: die Entfernung politisch mißliebiger Personen in großer Zahl aus leitenden und auch nachgeordneten Stellungen in Staat und Gesellschaft, bes. in totalitären Systemen.

Sauce [s′oːs, frz.] *die,* franzӧs. Schreibung für Soße, Tunke. **Saucière** [sosjˈɛːrə] *die,* Soßenschüssel.

Sa′ud, S. ibn ′Abd al-′Asis, König (1953 bis 1964) von Saudi-Arabien, * 1903, † 1969.

Saudi-Ar′abien, Königreich in Vorderasien; die Größe wird trotz z. T. umstrittener Grenzen mit 2,15 Mill. km² bei 7,2 Mill. Ew. angegeben; Hauptstadt: Er-Riad; Amtssprache: Arabisch. S.-A. ist eine Art Doppelmonarchie der Länder Nedschd (Stammesverfassung) und Hidschas (Ratskollegien). ◊ S. 1179. ▢ Bd. 1, S. 392. Die Rechtsprechung erfolgt nach islam. Recht. Es gibt 3 Universitäten; keine Schul- und Wehrpflicht. Die verschiedenen militär. Formationen werden auf 60 000 Mann geschätzt.

S.-A. nimmt den größten Teil von →Arabien ein (◍ IV/V, Bd. 1, n. S. 320). Wirtschaftlich wichtig für die westl. Landesteile ist der Pilgerverkehr (Mekka, Medina). Die Landwirtschaft dient der Eigenversorgung. Außenhandel und Staatshaushalt beruhen auf dem Erdӧl (S.-A. verfügt am Pers. Golf über rd. 25% der Welt-Erdӧlreserven; Fӧrderung 1970: 175,5 Mill. t). Abgesehen von Erdӧlraffinerien gibt es nur wenig Industrie. Verkehr: S.-A. hat rd. 7000 km Asphaltstraßen und 577 km Eisenbahn (Damman–Er-Riad). Wichtige Häfen: Dschidda, Damman, Ras Tanura (Erdӧl).

Geschichte. 1926 vereinigte der Wahhabitenherrscher Ibn Sa'ud die Königreiche Hidschas und Nedschd, seit 1932 nannte er sein Reich S.-A. Sein Sohn Sa'ud (seit 1953) wurde 1964 abgesetzt und dessen Bruder Feisal neuer König.

Saudistel, ⊕ Gänsedistel, eine Eberwurz, Acker- und Kohldistel.

Sauer *die,* linker Nebenfluß der Mosel, entspringt in den Ardennen, mündet bei Wasserbillig, 173 km lang.

Sauer, 1) August, Literarhistoriker, * 1855, † 1926, begründete die stammes- und landschaftskundl. Methode der Literaturwissenschaft.

2) Emil, Ritter von **Aichried** (geadelt 1917), Pianist und Komponist, * 1862, † 1942.

Sauerampfer, ⊕ saure Arten von Ampfer; Gemüse und Salat.

Sauerbruch, Ferdinand, Chirurg, * 1875, † 1951; Prof. in Berlin. Neue Methoden der Brustkorbchirurgie, künstl. Glieder (Sauerbruch-Hand). Selbstbiographie: ‚Das war mein Leben‘ (1959). Bild S. 1074

Sauerbrunnen, Säuerlinge, →Heilquellen.

Sauerdorn, ⊕ die →Berberitze.

Sauergräser, grasähnliche Sumpfwiesenpflanzen.

Sauerklee *der,* griech. **Oxalis,** kleinstaudige Waldpflanze; reich an Kleesäure (Oxalsäure, schwach giftig); Volksarznei.

Sauerkraut, feingehobeltes Weißkraut, durch Gärung milchsäurehaltig.

Sauerland, S′üderland [‚Südland‘], der NO-Teil des Rhein. Schiefergebirges zwischen Sieg, Möhne und Ruhr. Die Wälder des S. sind bevorzugte Erholungsgebiete. Bodenschätze, Wasserkräfte und Holz begünstigen das Aufkommen von Kleinind.

Säuerling, kohlensäurehaltiges Heilbad.

Sauerstoff, chem. Zeichen **O,** das am weitesten verbreitete chem. Element, Ordnungszahl 8, Atomgewicht 16,0000, spezif. Gewicht 1,42895 · 10⁻³, Schmelzpunkt −218,7° C, Siedepunkt −182,97° C. Die feste Erdrinde enthält gewichtsmäßig etwa 50% S., die Luft 23%, das Wasser 89%. Mit den meisten Elementen vereinigt S. sich unmittelbar zu Oxiden (Oxydation). Das Rosten des Eisens, das Faulen von Holz und der Atmungsvorgang sind langsame Oxydationen. Technisch wird S. durch fraktionierte Destillation aus flüssiger Luft gewonnen; er wird verwendet zum Schweißen, Brennen, Schmelzen, zu Sprengzwecken, Raketenantrieben, in Atmungsgeräten.

Sauerstoffbehandlung, ⚕ die Sauerstoffzufuhr durch →Sauerstoffgeräte oder durch Einführen von Sauerstoff in Blutgefäße (z. B. bei Arterienverkalkung).

Sauerstoffgebläse, ein Brenner zum Erzeugen hoher Temperatur (Schmelzen von Quarzglas, Platinmetallen, zum Schweißen u. a.), durch Verbrennen eines Heizgases, z. B. Acetylen mit Sauerstoff.

Sauerstoffgeräte, 1) ⚕ Vorrichtungen zum Einatmen von Sauerstoff; angewendet als Maßnahme der Ersten Hilfe oder auf längere Zeit zum Unterstützen der geschädigten Atmung (z. B. bei Gasvergiftung). **2)** Atemschutzgeräte, die den Träger unabhängig von Luftzufuhr von außen machen. Bei Kreislaufgeräten, z. B. **Sauerstoffschutzgerät** der Feuerwehr und **Bergbaugerät,** wird das ausgeatmete Kohlendioxid von einer Alkalipatrone gebunden und der verbrauchte Sauerstoff dosiert ersetzt. Kein Kreislaufgerät ist der **Höhenatmer,** der der von außen angesaugten Umgebungsluft einen lungenautomatisch geregelten Anteil von Sauerstoff zusetzt.

Gemeiner Sauerklee

Sauerstoffmetallurgie, die Anwendung technisch reinen Sauerstoffs beim Erschmelzen von Metallen, bes. bei der Stahlherstellung, durch Auf- oder Einblasen von Sauerstoff auf Sauerstofflanzen in die Schmelze **(Linz-Donawitzer Verfahren, LD-Verfahren, LDAC-, OLP-Verfahren).**

Sauerteig, gärender Mehlteig, ein Treibmittel zum Brotbacken.

Sauerwurm, Raupe vom →Traubenwickler.

Säugetiere, Säuger, Mammalia, Klasse der höchstentwickelten Wirbeltiere, zu der im zoolog. System auch der Mensch gehӧrt. Die S. sind Warmblüter mit Haarkleid (Wärmeschutz), atmen durch Lungen und nähren ihre Jungen mit Milch aus Milchdrüsen (Mammalier). Sie sind vorwiegend Landbewohner und gebären lebendig. Zur Ernährung des Keimlings entwickelt sich bei den Plazentaliern der Mutterkuchen; nur die Kloakentiere legen das Ei ab. Die vier Gliedmaßen sind meist gleichartig als Füße ausgebildet, aber an die bestimmte Lebensweise angepaßt, z. B. als Greifhand bei Affen, als Flosse bei Walen, Seehunden oder als Flugwerkzeuge bei Fledermäusen. Das Gebiß ist sehr verschieden und der Ernährungsweise angepaßt. Die S. leben oft gesellig; sie verständigen sich durch Ausdrucksbewegungen und Lautäußerungen. Sie stammen von kriechtierähnlichen Formen ab. Die ersten S. waren kleine Insektenfresser des Erdmittelalters. Die reichste Entfaltung der S. fällt in die Tertiärzeit.

Saugglockenentbindung, →Vakuum-Extraktion.

Saugheber, →Heber.

Saugkopf, ein meist drehbarer Schornstein- oder Lüftungsschachtaufsatz mit Windleitblechen zum Abführen der Rauchgase oder verbrauchten Luft durch den Wind.

Saugkreis, (⌇) ein Schwingungskreis, der auf einen stӧrenden Sender abgestimmt ist und dessen Empfang verhindert.

Säugling *der,* das Kind im ersten Lebensjahr. In den ersten Tagen heißt der S. **Neugeborenes.** Unmittelbar nach der Geburt beginnt die Lungenatmung, gleichzeitig stellt sich der Blutkreislauf entsprechend um. Das Geburtsgewicht beträgt durchschnittlich 3000-3500 g; der Puls schlägt 130mal, die Atemzüge erfolgen 40- bis 50mal je Minute. Beim gesunden S. folgt eine gleichmäßige Gewichtszunahme: im ersten Halbjahr 150-180 g wӧchentlich, später weniger. Im Laufe des ersten Lebensjahres lernt der S. allmählich seine Gliedmaßen zu gebrauchen und sinnliche Eindrücke aufzunehmen, am Schluß das Sprechen und das Gehen; beim gesunden S. laufen kӧrperl. und geistige Entwicklung gleich. Oberstes Gebot der **Säuglingspflege** ist Reinlichkeit. Nach Abtrocknen der Nabelwunde soll der S. täglich ein Bad von 35° C erhalten. **S.-Gymnastik** unterstützt den Bewegungsdrang des S., stärkt und übt die Muskeln und bewirkt eine gute Durchblutung der Haut. - Die beste **Säuglingsnahrung** ist die Muttermilch. Das Stillen beginnt 8-24 Stunden nach der Geburt. Bei artfremder Ernährung werden Kuhmilch mit Schleimabkochung auf die Hälfte verdünnt oder Milchpräparate in Wasser aufgelӧst verabreicht. Ab 6 Wochen wird Obst- oder Gemüsesaft zugefüttert. Später bekommt der S. seinem Kӧrper angepaßte, leicht verdauliche Kindernährmittel.

Säuglingsfürsorge, Einrichtungen und Maßnahmen der Gesundheitsfürsorge, um die Lebensbedingungen von Kindern im Säuglingsalter zu verbessern. Es gibt offene S. (Mütterberatungsstellen), geschlossene Fürsorge (Säuglingsheime) und halboffene Fürsorge (Tagesheime).

Säuglingsskorbut, Kleinkinderkrankheit, wird Skorbut durch Mangel an Vitamin C in der Nahrung bedingt. Behandlung: rohe Frucht- und Gemüsesäfte; Vitamin C.

Säugetiere (wichtige Gruppen)

Kloakentiere	Makis	Bilche	Robben:
Ameisenigel	Fingertiere	Springmäuse	Ohrenrobben
Schnabeltiere	Loris	Stachelschweine	Walrosse
Beuteltiere	Affen:	Meerschweinchen	Seehunde
Beutelratten	Greifschwanz-	Agutis	**Röhrchenzähner**
Beuteldachse	affen	Chinchillas	Erdferkel
Opossums	Krallenäffchen	Trugratten	**Rüsseltiere**
Kletterbeutler	Meerkatzen	**Wale**	Elefanten
Wombats	Menschenaffen	Zahnwale:	**Schliefer**
Känguruhs	**Zahnarme**	Pottwale	Klippschliefer
Insektenfresser	Ameisenbären	Delphine	**Seekühe**
Schlitzrüßler	Faultiere	Bartenwale:	**Unpaarhufer**
Goldmulle	Gürteltiere	Finnwale	Pferde
Igel	**Schuppentiere**	Glattwale	Tapire
Rüsselspringer	**Hasentiere**	**Fleischfresser**	Nashörner
Spitzmäuse	Pfeifhasen	Landraubtiere:	**Paarhufer**
Maulwürfe	Hasen	Hunde	Schweine
Flattertiere	**Nagetiere**	Bären	Flußpferde
Flughunde	Hörnchen	Kleinbären	Kamele
Fledermäuse	Taschenratten	Marder	Hirsche
Herrentiere	Taschenmäuse	Schleichkatzen	Giraffen
Halbaffen:	Biber	Hyänen	Gabelhorntiere
Spitzhörnchen	Mäuse	Katzen	Rinder

Säuglingssterblichkeit, die Anzahl der im ersten Lebensjahr gestorbenen Säuglinge, bezogen auf 1000 Lebendgeborene.

Säuglingssterblichkeit (Auswahl)

Land	1938	1969
Bundesrep. Dtl.	59,2[1])	23,2[2])
Dt. Dem. Rep. und		
Berlin (Ost)		20,1
Frankreich	70,6	16,4
Großbritannien und		
Nordirland	55,5	18,6
Italien	106,0	30,3
Jugoslawien	140,0	56,3
Niederlande	36,5	13,1
Österreich	80,1	25,4
Schweden	42,5	13,0
Schweiz	42,8	15,4
Chile[3])	213,0	91,6
Mexiko	128,0	65,7
Verein. Staaten	51,0	20,8
Japan	115,0	15,3
Australien	38,3	17,7[3])

[1]) Gebiet der Bundesrep. [2]) 1970. [3]) 1968.

Säuglings- und Kinderschwester, nach 3jähr. Ausbildung in staatl. anerkannten Säuglingsheimen, Kinderkrankenhäusern; Abschluß durch staatl. Prüfung.

Saugwürmer, schmarotzerisch lebende Plattwürmer, mit Halte- und Klammerorganen; z. B. Leberegel, Bilharzia.

Sauhatz, Hetzjagd auf Wildschweine mit besonderen Hunden.

Saul, erster König von Israel (etwa 1020 bis 1000 v. Chr.).

Säule, eine senkrechte, in Basis, Schaft und Kapitell gegliederte Stütze von kreisrundem Querschnitt (im Gegensatz zum rechteckigen Pfeiler), aus einem einzigen Block (Monolith) oder aus mehreren Trommeln, frei stehend, auch mit der Mauer ver-

Säulenordnung (von links nach rechts) dorisch, ionisch, korinthisch, romanisch

bunden (Halbsäule). Der Schaft, meist nach oben verjüngt, kann glatt, kanneliert, gemustert, auch spiralförmig gewunden sein. Die Basis besteht meist aus einer quadrat. Platte (Plinthe) und einem wulstartigen oberen Teil. Von größter Vielfalt sind die Formen der →Kapitelle. Einzelstehende S. dienen als Träger von Standbildern, auch als Brunnenschaft. - Die ägypt. S. wurden nach pflanzl. Vorbildern gestaltet (Lotos, Papyrus). Die Griechen bildeten die →Säulenordnung aus, die von den Römern übernommen wurde. Im Mittelalter kamen mannigfache neue Formen auf (→Kämpfer, →Dienste, →Bündelpfeiler), in der Renaissance wieder die antike S.

Säulen des Herkules, im Altertum das Vorgebirge an der Meerenge von Gibraltar.

Säulenheilige, Styl'iten, Altertum und MA.: christl. Einsiedler, die den größten Teil ihres Lebens auf einer Säule zubrachten.

Säulenkakteen, Kakteen-Unterfamilie mit säulen- oder stengelförmigem Körper, z. B. **Riesen-S.** und **Königin der Nacht.**

Säulenordnung, das Form- und Proportionssystem von Säulen und Gebälk bes. in der antiken Baukunst. Seit →Vitruv unterscheidet man drei Hauptordnungen, die **dorische,** die **ionische** und die **korinthische** S. (→griechische Kunst).

S'aulgau, Stadt in Bad.-Württ., Oberschwaben, mit 10 200 Ew.; Landmaschinen-, Möbel-, Textilindustrie.

Saulus, Saul, der Apostel →Paulus.

Saum, 1) ein einfacher oder doppelter Umschlag der Stoffkante. **2)** Traglast eines Tragtieres.

Saumtier, im Gebirge gebrauchtes Packtier: Esel, Pferd, Maultier, Maulesel.

Saumzecken, ⚭ für →Lederzecken.

Sauna [finn.], Heißluftraumbad mit einer Temperatur von 80 bis 90° C und sehr geringer relativer Feuchtigkeit (etwa 10%).

Saunders [s'o:ndəz], James, engl. Dramatiker, * 1925; Dramen, Hörspiele, Fernsehspiele (Ein Duft von Blumen, 1964 u. a.).

Säure, chem. Verbindung, die in Wasser gelöst freie Wasserstoffionen abgibt. Die Lösungen schmecken sauer, sind Elektrolyte, werden durch Basen neutralisiert und bilden mit Metallen Salze.

Säurevergiftung, Vergiftung durch Einnehmen von Salpeter-, Salz-, Essig-, Schwefelsäure u. a.; führt zu Schleimhautverätzung; Erbrechen kaffeesatzählicher, sauer reagierender Massen. - Erste Hilfe: Neutralisieren am besten durch gebrannte Magnesia, im Notfall durch Seife. Verdünnen der Säure durch Flüssigkeitszufuhr (bei Schwefelsäurevergiftung Öl, später schleimige Getränke). Sofort Arzt rufen!

Säurezahl, die Anzahl mg Kaliumhydroxid, die zur Neutralisation der in 1 g Fett vorhandenen freien Fettsäuren erforderlich sind.

S'aurier [grch.] Mz., ausgestorbene Kriechtiere, z. B. Ichthyosaurus.

Saurüde, Saupacker, Hund zum Hetzen, Packen und Festhalten von Wildsauen.

Saussure [sos'y:r], Ferdinand de, schweizer. Sprachforscher, * 1857, † 1913; ‚Grundfragen der allgemeinen Sprachwissenschaft' (hg. 1916).

Sauter, Ferdinand, österreich. Schriftsteller, * 1804, † 1854; Lieder, polit. Gedichte, Gedankenlyrik.

Savannah [səv'ænə], Stadt in Georgia, USA, 118 300 Ew.; bedeutender Seehafen; Schiffbau, Holz-, Papier- und chem. Ind.

Sav'anne [indian.] die, mit einzelnen Bäumen bestandene Grasflur trop. und subtrop. Gebiete mit reicher Tierwelt, bes. in Afrika.

Save die, **Sau,** slaw. **S'ava,** Nebenfluß der Donau in Jugoslawien, 945 km lang, kommt aus 2 Quellflüssen vom Triglav und vom Weißenfelser Sattel. Bei Radmannsdorf vereinigen sich beide.

Savigny [savin'i], Friedrich Carl von, Rechtslehrer und preuß. Staatsmann, * 1779, † 1861, war 1810-42 Prof. in Berlin, 1842-48 preuß. Minister für Gesetzgebung; Gründer der Histor. Rechtsschule und Förderer der →Rezeption. ‚Geschichte des römischen Rechts im MA.', 6 Bde. (1815 bis 1831).

F. C. von Savigny   G. von Scharnhorst

Savings Banks [s'eiviŋs bæŋks], Sparkassen und -banken in Großbritannien und den Verein. Staaten.

Savoie [savw'a], **1)** Dép. in SO-Frankreich, in den Alpen, 6188 km², 288 900 Ew. Hauptstadt: Chambéry. **2)** →Haute-Savoie.

Savoir-vivre [savwarv'i:vr, frz.] das, (feine) Lebensart.

Sav'ona, 1) italien. Prov., in Ligurien, 1544 km², 293 100 Ew. **2)** Hauptstadt von 1), Hafenstadt an der Riviera di Ponente, 79 200 Ew.; Eisenkokerei, chem., elektrotechn., Glas-, Majolikaindustrie.

Savonar'ola, Girolamo, italien. Dominikanermönch und Bußprediger, * 1452, † 1498, Urheber eines kirchlich-polit. Reformversuchs, predigte in Florenz streng sittlich-kirchl. Grundsätze; er wandte sich gegen den Sittenverfall am päpstl. Hof, wurde vom Papst gebannt, später zum Tode verurteilt und verbrannt.

S'avonllnna, schwed. **Nyslott,** Stadt und Kurort im SO der Finn. Seenplatte, 17 600 Ew.; Mittelpunkt der Schiffahrt auf dem Saimaa-System; auf einer Felseninsel die Burg **Olavinlinna** (1475).

Sav'oyen, französ. **La Savoie,** italien. **Savoia,** geschichtl. Landschaft in den französ. Alpen. - Im Altertum von kelt. Allobrogern bewohnt, 121 v. Chr. römisch (Sapaudia), 443 n. Chr. burgundisch, 534 zum Fränk., 1033/34 zum Deutschen Reich (bis 1796). Die Grafen, seit 1416 Herzöge von S., machten →Piemont zu ihrem Kernland (seit 1720 Könige von Sardinien) und traten 1860 S. als Preis für die Waffenhilfe Napoleons III. bei der Einigung Italiens an Frankreich ab.

Savoyer Alpen, Teil der Westalpen mit Montblanc (4810 m), Dent du Midi (3257 m).

Sawa'ii, mit 1813 km² die größte der Samoa-Inseln.

Sawallisch, Wolfgang, Dirigent, * 1923; seit 1960 Chefdirigent der Wiener Symphoniker, seit 1961 Dirigent der Hamburger Philharmonie und Prof. in Köln, zugleich Gastdirigent.

Saw′ara die, eine japanische Zypresse.

Sawatch Range [sɔw′ɔtʃ reindʒ], Teil des Felsengebirges der USA, bis 4395 m hoch.

Sax der, germanische Waffe: Dolch oder Kurzschwert.

Sax, Adolphe, franzöś. Instrumentenbauer, * 1814, † 1894, Erfinder des Saxophons.

S′axo Gramm′aticus, altdän. Geschichtsschreiber, * um 1150, † Anfang des 13. Jahrh.; seine ‚Gesta Danorum‘ (bis 1185) enthalten viele Sagen (u. a. Hamlet) und sind zugleich wichtige Geschichtsquellen.

Saxoph′on das, von Sax 1841 erfundenes Blasinstrument aus Metall mit Klarinettenmundstück. Es hat einen horn- bis klarinettenartigen Klang.

Saxophon

Say [sɛ], Jean Baptiste, franzöś. Volkswirtschaftler, * 1767, † 1832, Begründer der franzöś. Freihandelsschule, teilte die Volkswirtschaftslehre ein in die Lehre von Erzeugung, Verteilung, Verbrauch. Nach dem **Sayschen Theorem** bringt jede Produktion ihre eigene Nachfrage hervor.

Sayers [s′eiəz], Dorothy Leigh, engl. Schriftstellerin, * 1893, † 1957; Romane (‚Aufruhr in Oxford‘, 1935); Kurzgeschichten, religiöse Dramen.

Sayn und Wittgenstein, →Wittgenstein.

sb, Abk. für Stilb.

Sb, chem. Zeichen für Antimon.

S-Bahnen, die Schnellbahnen.

SBB, Abk. für Schweizerische Bundesbahnen.

Sbirren [ital.] Mz., früher in Italien, bes. im Kirchenstaat, die militärisch organisierten Justiz- oder Polizeidiener.

s. Br., s. B., Abk. für südliche Breite.

SBZ, Sowjetische Besatzungszone.

sc., Abkürzung für →sculpsit.

Sc, chem. Zeichen für Scandium.

Sc′abies [lat.] die, ♀ die →Krätze.

Sc′ala, Te′atro alla S., Opernhaus in Mailand, 1776-78 von Piermarini erbaut auf der Stelle der Kirche S. Maria della S.

Sc′aliger [neulat.], **Scala,** ghibellin. Adelsgeschlecht Norditaliens, 1259-1387 Stadtherren von Verona. Am bedeutendsten war **Cangrande I.** (* 1291, † 1329), unter Kaiser Heinrich VII. Reichsvikar, Förderer Dantes.

Sc′aliger, 1) Joseph Justus, klass. Philologe, Sohn von 2), * 1540, † 1609, Calvinist.
2) Julius Cäsar, Philologe, Dichter, * 1484, † 1558; latein. Dichtung; Poetik.

Scandinavian Airlines System [skændin′eivjən ′ɛərlainz s′istim], →SAS.

Sc′andium das, Sc, chem. Element, Ord-

nungszahl 21, Massenzahl 45, Atomgewicht 44,956, spezif. Gewicht 3,1, Schmelzpunkt etwa 1540° C, Siedepunkt etwa 2730° C; ein zu den Lanthaniden gehöriges unedles Leichtmetall, das in Spuren in Cer-, Wolfram-, Zirkon- und Zinnmineralien vorkommt.

Scapa Flow [sk′æpə fl′ou], Bucht der Orkney-Inseln, in beiden Weltkriegen wichtiger brit. Flottenstützpunkt. 1918/19 Internierungsplatz eines großen Teils der dt. Hochseeflotte unter Konteradmiral Reuter, der sie dort am 21. 6. 1919 versenken ließ.

Scarl′atti, 1) Alessandro, italien. Komponist, * 1660 (?), † 1725, Hauptvertreter der älteren neapolitanischen Schule, bildete die Dacapo-Arie aus; schrieb zahlreiche Opern, Oratorien, Kantaten, Kammermusik.

2) Domenico, italien. Komponist, Sohn von 1), * 1685, † 1757, hat der Klaviermusik durch melodische Freiheit und Beweglichkeit des Satzes neue Bahnen erschlossen, schrieb etwa 560 Klavierkompositionen.

Scarpe [skarp], linker Nebenfluß der Schelde, in N-Frankreich, 100 km lang; hat Verbindungen zum nordfranzöś. Kanalnetz.

Scarron [skar′ɔ̃], Paul, franzöś. Schriftsteller, * 1610, † 1660; Hauptvertreter der antiklassischen, burlesken Literatur des 17. Jahrh.; Lustspiele, Vergiltravestie, ‚Komischer Roman‘ (1651-57).

Scatter [sk′ætə, engl. ‚streuen‘], **scattering,** amerikan. Begriff für die Streuung von UKW- und Mikrowellen in der Iono- und Troposphäre.

Sc′aevola, röm. Sagengestalt, →Mucius.

Scelba [ʃ′ɛlba], Mario, italien. Politiker, * 1901, Mitglied der Democrazia Cristiana, 1945-46 Post-, 1946-53 Innenmin., 1954/55 MinPräs., 1960-62 Innenmin., 1969-71 Präs. des Europ. Parlaments.

sch, seit dem 13. Jahrh. die übliche Schreibung des [ʃ]; der dt. Laut ist in der ahd. Zeit aus sk (geschrieben: sc) entstanden, das zuerst sx gesprochen wurde.

Sch′abbes [hebr.] der, m →Sabbat.

Schaben, zu den Geradflüglern gehörige Insekten, flach, mit langen fadenförmigen Fühlern und häufig rückgebildeten Flügeln; Vorratsschädlinge, Überträger von Krankheitserregern; z. B. **Küchen-S.**

Schabkunst, →Kupferstich.

Schabl′one [frz.] die, Muster oder Form aus Pappe, Blech, Holz für oft auszuführende gleiche Arbeiten. Sinnbild geistloser Gleichförmigkeit.

Schabotte [frz.] die, die Werkstückauflage des Maschinenhammers.

Schabr′acke [türk.] die, ♘ verzierte Decke unter dem Pferdesattel.

Schach [pers. ‚König‘] das, das →Schachspiel.

Schachbrettblume, das Liliengewächs **Fritillaria meleagris,** mit schachbrettartig gefleckten Blütenglocken; unter Naturschutz; auch Gartenzierpflanze.

Schachbücher, Dichtungen des Mittelalters, die das Schachspiel auf mittelalterl. Stände und Verhältnisse ausdeuten.

Schachen, 1) Aussichtspunkt im Wettersteingebirge südlich von Partenkirchen, 1866 m hoch.
2) Stadtteil von Lindau (Bodensee).

Schächer der, Räuber, bes. die beiden mit Christus gekreuzigten Übeltäter.

schachern [hebr.], handeln, feilschen.

schachmatt, Schachspiel: matt.

Schachspiel, eins der ältesten Brettspiele, wird von 2 Personen auf dem Schach- oder Damebrett (8 x 8 Felder) gespielt. Jeder Spieler hat 8 Offiziere, 8 Bauern; Offiziere sind: König, Dame (Königin), 2 Läufer, 2 Springer, 2 Türme. Die Figuren des S. haben jede eine besondere Gangart. Wer den gegnerischen König schachmatt, ist Sieger. Unentschiedene Spiele enden mit **patt** (Zugunfähigkeit) oder **remis** (das Matt kann von keinem der Spieler herbeigeführt werden).

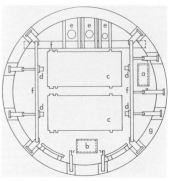

Schacht: Schachtscheibe einer 30-t-Gefäßförderung; a Notfahrkorb, b Rieselgutgefäß, c Fördergefäß, d Spurlatten, e Versorgungsleitungen, f Einstiche (Schachteinbauten, die die Spurlatten tragen), g Schachtausbau (z. B. Mauerwerk, Beton), darin eingelassen Konsolen, die die Einstiche tragen (nach ‚Glückauf‘)

Schacht, ⚒ senkrecht (seiger), seltener schräg (tonnlägig) nach unten geführter Grubenbau zur Förderung der abgebauten Mineralien **(Förder-S.),** der Personen **(Seilfahrts-S.),** des Grubenwassers **(Wasserhaltungs-S.),** zur Wetterführung **(Wetter-S.). Blind-S.** reichen nicht bis zur Erdoberfläche; über den **Tages-S.** befinden sich die Fördertürme oder S.-Gerüste mit den Fördermaschinen. Die S.-Querschnitte sind meist kreisrund, Durchmesser über Tages-S. in Dtl. 5-7 m. **S.-Abteufen** heißt das Bauen (Niederbringen) von S. Größte S.-Tiefen (Teufe) in Europa bis rd. 1250 m, in Südafrika, Indien, USA z. T. über 2000 m.

Schacht, Horace Greely Hjalmar, Bankmann, * 1877, † 1970; 1924-30 und 1933-39 Reichsbankpräs., 1934-37 Reichswirtschaftsmin., bis 1943 Reichsmin. ohne Geschäftsbereich; 1944/45 in Konzentrationslagern; im Nürnberger Prozeß freigesprochen; gründete 1953 in Düsseldorf ein Bankhaus.

Schachtel, dünnwandiger Verpackungsbehälter aus Pappe, Holz, Blech.

Schachtelgesellschaften, Kapitalgesellschaften, die an anderen oder an denen andere Kapitalgesellschaften zu mindestens 25% unmittelbar beteiligt sind. Für S. bestehen steuerliche Vergünstigungen. Schachtelbesitz führt zu Abhängigkeitsverhältnissen zwischen Unternehmen, Konzern, Organgesellschaft.

Schachtelhalm, die Farnpflanzengattung **Equisetum,** mit quirligem Wuchs, scharfkantig durch Kieselsäuregehalt (Scheuerkraut), mit Ähren von Sporenbehältern. Aus den Sporen entstehen ungeschlechtlich die weibl. und der männl. Vorkeim,

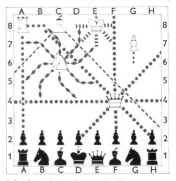

Schachspiel: Anfangsaufstellungen (unten) und Gangarten (oben) der Figuren

deren in Archegonien oder Antheridien gebildete Geschlechtszellen nach Vereinigung den Keim der S.-Pflanze bilden.

Schachtelprivileg, bei der Körperschaftsteuer, Vermögensteuer und Gewerbesteuer eine Regelung zur Vermeidung der Doppelbesteuerung bei →Schachtelgesellschaften.

Schachtelsatz, Sprachlehre: ein verwikkeltes Satzgefüge.

schächten [hebr.], jüd. Religionsgesetz: die rituelle Schlachtung reiner Tiere.

Schachtofen, schachtartiger Industrieofen zur Metallverhüttung (z. B. Hochofen, Kupolofen).

Sch'achty, Stadt im Gebiet Rostow, Russ. SFSR, 205000 Ew.; Mittelpunkt eines Steinkohlengebietes; Großkraftwerk, Leder-, Bekleidungs-, Möbelindustrie.

Schack, Adolf Friedrich, Graf von (seit 1876), Dichter, Übersetzer, * 1815, † 1894, Mitglied des Münchner Dichterkreises; Gedichte, Dramen. Seine Gemäldesammlung, die **Schackgalerie** in München (mit Gemälden von Feuerbach, Böcklin, Schwind u. a.), vermachte er Wilhelm II. (seit 1938 in bayer. Staatsbesitz).

Schachtelhalm: Ackerschachtelhalm; **1** Spore mit vier durch Wasseraufnahme beweglichen Bändern. **2** Vorkeim mit Antheridien. **3** Vorkeim mit Archegonien. **4** Frühjahrssproß mit Ähre aus Sporenbehältern, a Sporenbehälter. **5** Grüner Sommersproß mit quirlig stehenden Seitentrieben; am Grunde des kriechenden Wurzelstocks knollige Seitentriebe. **6** Stengelquerschnitt; um die Markhöhle (a) sind die Gefäßbündel (b) angeordnet

Sch'adchen [jidd. aus aram.] der, Heiratsvermittler, Kuppler.

Schädel der, bei Wirbeltieren und Mensch das Knochengerüst des Kopfes **(Kranium,** Cranium). Der **Gehirn-S.** umschließt die S.-Höhle mit dem Gehirn; er besteht aus 8 Knochen: Stirnbein, zwei Scheitel-, zwei Schläfenbein, Hinterhaupt-, Sieb-, Keilbein. Der **Gesichts-S.** hat 14 Knochen: je zwei Oberkiefer-, Nasen-, Gaumen-, Tränen-, Jochbeine, untere Muschelbeine, Pflugscharbein, Unterkiefer; zum Schädel zählen auch die Gehörknöchelchen und das Zungenbein.

Schädelbruch, ♃ Bruch des Schädeldachs oder der Schädelbasis. Erste Hilfe: Seitenlagerung, flach und bequem. Wunden nicht rühren. Arzt rufen!

Schädelkult, die religiöse Verehrung von Schädeln bei Naturvölkern.

Schädellose, Acrania, ☌ →Lanzettfischchen.

Schädelstätte, →Kalvarienberg.

Schaden, ♒ jeder Nachteil für die materiellen (Vermögen) und ideellen (Empfinden, Ehre u. a.) Rechtsgüter einer Person. Einen Ausgleich der Nachteile gibt der **Schadensersatz,** der das volle Interesse des

Geschädigten umfaßt. Die Verpflichtung zum Schadensersatz kann vor allem durch schuldhafte Vertragsverletzung und unerlaubte Handlung, aber auch durch schuldlose Handlung (Gefährdungs- und Zufallshaftung) entstehen. Sie setzt einen ursächlichen Zusammenhang zwischen Ereignis und S. voraus. - Schadensersatz ist grundsätzlich durch Wiederherstellung des früheren Zustandes (Naturalrestitution), erst in zweiter Linie durch Geld zu leisten. Für ideellen S. ist nur in wenigen, im Gesetz bestimmten Fällen in Ersatz vorgesehen.

Schadenreserve, Schadenrückstellung, Sonderreserve einer Versicherungsgesellschaft für angemeldete, noch unbeglichene Schäden.

Schadensversicherung, Güterversicherung (Sachversicherung).

Schadenverhütung, Versicherung: der Versicherer ist zur S. verpflichtet, soweit dies in seiner Macht liegt; für besondere Vorbeugungsmaßnahmen gibt es Prämien. Außerdem werden von Versicherer und Versichertem gemeinsam Maßnahmen zur S. getroffen.

Schaeder, Hans Heinrich, Orientalist, * 1896, † 1957, Prof. in Königsberg, Berlin, Göttingen, arbeitete bes. über religionsund kulturgeschichtl. Fragen.

Schadewaldt, Wolfgang, klass. Philologe, * 1900; ‚Von Homers Welt und Werk' (1945), ‚Sappho' (1950); Prosaübersetzung der Odyssee (1958).

Schädlinge, tier. und pflanzl. Lebewesen sowie Viren, die auf fast allen Gebieten menschl. Lebens beeinträchtigend wirken und auch den Menschen selbst schädigen. Nach dem Bereich, in dem sie auftreten, unterscheidet man Feld-S., Forst-S., Garten-S., Vorrats- und Haus-S. (Tafel S. 1080) - Zur **Schädlingsbekämpfung** dienen bes. chem. Mittel, z. B. Insektengifte, die sich aber auch für Mensch und Haustier nachteilig auswirken können und zudem bei den S. eine zunehmende Widerstandskraft (Resistenz) verursachen. Die biologische S.-Bekämpfung benutzt zur Eindämmung der S. deren natürl. Feinde und Schmarotzer.

Schadow [o], 1) Johann Gottfried, * 1764, †1850, der bedeutendste dt. Bildhauer des Klassizismus, dessen harmon. Form er mit lebensnahem Realismus verband. - Grabmal Graf von der Mark (1770/91, Berlin, Nat.-Gal.); Quadriga auf dem →Brandenburger Tor (Entwurf 1789); Marmorstandbilder: Friedrich d. Gr. (1793, Stettin), Zieten (1794, Berlin); Kronprinzessin Luise mit ihrer Schwester (1795-97, Staatl. Mus., Berlin).

2) Wilhelm von, Maler, Sohn von 1), * 1788, † 1862, gehörte in Rom zu den →Nazarenern, leitete seit 1826-59 die Düsseldorfer Akademie.

J. G. Schadow: Kopf einer Muse (farbige Kreide; Berlin, Akademie der Künste)

Schafblattern, ♃ die Windpocken.
Schäfchenwolken, →Wolken.

Schafe, Horntiere mit wolligem Haar. Die Hörner (bes. bei männl. Tieren) sind nach hinten außen gedreht. Der **Mufflon** (1,20 m lang, 0,70 m hoch) lebt auf Sardinien und Korsika; in dt. Mittelgebirgen als Jagdtiere ausgesetzt. Der **Argali** in den zentralasiat. Hochgebirgen wird 1,20 m hoch, über 2 m lang. Zu den Dickhorn-S. Nordasiens und -amerikas gehört z. B. das **Schneeschaf** (oberseits grau, unten weiß).

Das **Haus-S.,** über alle Erdteile verbreitet, ist urspr. Steppentier, empfindlich gegen Nässe und wasserreiche Nahrung. Männl. Tiere heißen **Bock (Stär, Widder),** verschnittene **Hammel (Schöps),** weibl. **Mutterschaf (Zibbe),** junge Tiere bis zum 1. Jahre **Lamm,** im 2. Jahr **Zeit-S., Zeitbock.** Alter ist an den Zähnen erkennbar. Rassengruppen: **Haar-S., Mischwollige S., Schlichtwollige S., Rein-** oder **merinowollige (krauswollige) S.** In Württemberg entstand durch Kreuzung von Merinos und Landschafen das **Merino-Landschaf,** das heute 40% des Gesamtbestandes ausmacht. Von den dt. Fleisch-S. sind die **Schwarzköpfe** aus engl. **Oxfordshires, Hampshires, Shropshires** gezüchtet, die **Weißköpfe** aus engl. **Cotswolds** und langwolligen dt. **Marsch-S.** Von den Land-S. werden die **ostfries. Milch-** und die **Wilstermarsch-S.** auf Milch gezüchtet. Weitere Land-S.: **Leine-S., Heidschnucken** u. a. Das **Karakul** ist das einzige Fellschaf

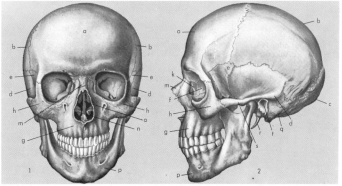

Schädel: **1** von vorn. **2** von der Seite. a Stirn-, b Scheitel-, c Hinterhaupts-, d Schläfen-, e Keil-, f Sieb-, g Oberkiefer-, h Joch-, k Tränen-, m Nasenbein, n unteres Nasenmuschelbein, o Nasenscheidewand, p Unterkiefer, q Warzenfortsatz des Schläfenbeins, r Griffelfortsatz des Schläfenbeins, s Jochfortsatz des Schläfenbeins, t Eingang in den knöchernen äußeren Gehörgang

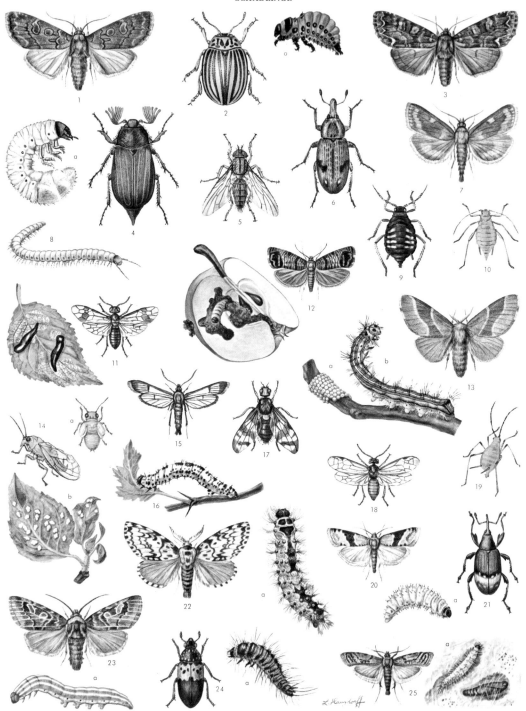

Feldschädlinge: 1 *Wintersaateule.* **2** *Kartoffelkäfer, a Larve.* **3** *Erbseneule.* **4** *Maikäfer, a Larve.* **5** *Rübenfliege.* **6** *Rüben-Derbrüßler.* **7** *Maiszünsler.* **8** *Tüpfeltausendfuß.* **9** *Schwarze Bohnenblattlaus.* **10** *Erbsenblattlaus.* - **Gartenschädlinge: 11** *Kirschblattwespe mit Larve und Larvenfraß.* **12** *Apfelwickler mit Larve in geschädigter Frucht.* **13** *Ringelspinner, a Eiablage, b Raupe.* **14** *Apfelblattsauger, a Larve, b Schadbild.* **15** *Apfelbaumglasflügler.* **16** *Raupe des Stachelbeerspanners.* **17** *Kirschfruchtfliege.* **18** *Stachelbeerblattwespe.* **19** *Grüne Apfelblattlaus.* **20** *Einbindiger Traubenwickler.* **21** *Apfelblütenstecher, a Larve.* - **Forstschädlinge: 22** *Nonne.* **23** *Forleule, a Raupe.* **Vorrats- und Hausschädlinge: 24** *Speckkäfer, a Larve.* **25** *Mehlmotte, a Schadbild mit Raupe.* - *Abb. 1, 3, 4, 7, 13, 16, 22, 23, 25: nat. Gr., Abb. 15, 17: $^1/_2$fach vergr., Abb. 2, 6, 8, 11, 18, 20, 24: 1fach vergr., Abb. 12: $1^1/_2$fach vergr., Abb. 5: 3fach vergr., Abb. 14, 21: 4fach vergr., Abb. 10, 19: 5fach vergr., Abb. 9: 8fach vergr.*

Schafe: links Hausschafe; rechts Mufflon

(Persianer). Deck- (Bock-) Lammzeit 4-5 Wochen. Bei der **Schafschur** werden die S. entweder ungewaschen geschoren (Schwarzschur) oder vor dem Scheren gewaschen; ein Schaf liefert bis zu 6 kg Wolle jährlich.

In der Welt gab es (1968/69) rd. 1079 Mill. S., davon in Australien 174,6, in der Sowjetunion 140,5, in der Volksrep. China 70,3, in Argentinien 47,6; in der Bundesrep. Dtl. (1970) 1,1, in Österreich 0,13 und in der Schweiz 0,3 Mill.

Schäfer der, Wärter, Pfleger von Schafherden; seine Aufgaben sind auch Schur und Zucht.

Schaefer, Oda, Schriftstellerin, * 1900; Lyrik und Erzählungen.

Schäfer, 1) Dietrich, Historiker, * 1845, † 1929. ‚Die deutsche Hanse‘ (1903), ‚Weltgeschichte der Neuzeit‘ (2 Bde., 1907), ‚Deutsche Gesch.‘ (2 Bde., 1910). **2)** Walter Erich, Dramatiker, * 1901, Generalintendant am Württ. Staatstheater, Stuttgart; Dramen (‚Schwarzmann und die Magd‘, 1933; ‚Die Verschwörung‘, 1949). **3)** Wilhelm, Schriftsteller, * 1868, † 1952; an Hebel, Keller anknüpfende Erzählkunst, bes. Novellen (Gesamtausg. 1943), Anekdoten (Gesamtausg. 1943). Hauptwerk ‚Die dreizehn Bücher der dt. Seele‘ (1922). Romane ‚Lebenstag eines Menschenfreundes‘ (1915), ‚Huldreich Zwingli‘ (1926).

Schäferdichtung, Hirtendichtung, bukolische Dichtung, arkadische Poesie, schildert und preist die schlichte Lebensart der Hirten; bildete sich in Zeiten aus, deren gesellschaftl. Verfeinerung sich nach einfachen Sitten und Zuständen zurücksehnte. Sie entstand in Anknüpfung an die Antike (Vergil) in der Renaissance und wurde im 17. Jahrh., getragen von der galanten Gesellschaft, in Dtl. heimisch als **Schäferspiel (Hirtendrama)** und als **Schäferroman,** der von Spanien über England und Frankreich nach Dtl. kam. Schäfermotive begegnen noch in der Rokokolyrik des jungen Goethe.

Schäferhund, wolfsähnl. Hund: **Deutscher S.,** glatt- bis langhaarig, grau, schwarz, gelb bis braun; Dienst-, Wach- und Blindenhund. **Schottischer S., Collie** [engl.], langhaarig, braun-weiß gefärbt.

Schaff, Adam, poln. Philosoph, * 1913, führender Theoretiker der poln. kommunist. Partei.

Schaffer, 1) Österreich: Gutsaufseher, Verwalter. **2)** Proviantmeister auf Schiffen. **Schaffermahlzeit,** feierliches Abschiedsessen der Reeder und Schiffer in Bremen am 2. Freitag im Februar, ehe nach der Winterruhe die Seereisen beginnen.

Schaeffer, Albrecht, Schriftsteller, * 1885, † 1950, Gedichte, Erzählungen, Romane (‚Helianth‘, 1920-24), übersetzte Homer.

Schäffer, Fritz, Politiker, * 1888, † 1967, Jurist, 1920-33 Mitgl. des Bayer. Landtags, 1929-33 Vors. der Bayer. Volkspartei, 1945 Mitgründer der CSU und bayer. MinPräs., 1949-57 Bundesfinanz-, 1957-61 Bundesjustizminister.

Schaffhausen, 1) Kanton der Schweiz, 298 km², 72 900 Ew. – rechtsrhein. Erzeugung von Getreide, Obst und Wein (Hallauer). Ausnutzung der Wasserkräfte des Rheins. Herstellung von Waggons, Eisen-, Stahlwaren, Textilien, Uhren, elektron. Apparaten. **2)** Hauptstadt von 1), am rechten Rheinufer, 37 100 Ew.; altertüml. Stadt mit roman. und got. Kirchen; Eisen-, Stahl-, Textil-, Instrumenten-, Uhren- u. a. Ind.; Fremdenverkehr. Südwestl. der Rheinfall (24 m tief, rd. 150 m breit). - S. wurde um 1200 Stadt, befreite sich 1415 von der habsburg. Herrschaft, wurde Reichsstadt und 1501 in die schweizer. Eidgenossenschaft aufgenommen.

Schäffle, Albert, Volkswirt und Soziologe, * 1831, † 1903, Prof. in Tübingen und Wien, setzte sich als einer der ersten Volkswirte mit dem Sozialismus auseinander.

Schäfflertanz, ein Reifentanz der Böttcherzunft; noch in München alle 7 Jahre zur Faschingszeit aufgeführt. Ihm entsprach der **Küfertanz** in Schweizer Städten.

Schaffner, 1) Jakob, schweizer. Schriftsteller, * 1875, † 1944, verfaßte realist. und

M. Schaffner: Bildnis des Eitel Besserer (Ulm, Städt. Museum)

autobiograph. Romane und Erzählungen, trat zuletzt der nat.soz. Bewegung bei. **2)** Martin, Maler und Bildschnitzer in Ulm, * um 1480, † nach 1546, schuf im Übergang von der Spätgotik zur Renaissance Altarwerke (aus Kloster Wettenhausen 1523/24, München, Pinakothek) und Bildnisse.

Schafgarbe, ✿ Pflanze, →Garbe.

Schafhaut, →Amnion.

Schafkälte, ein →Kälterückfall im Juni.

Schafkopf, altes dt. Kartenspiel, wird mit der Skatkarte unter 4 Personen gespielt, heute meist durch **Doppelkopf** ersetzt.

Schaf'ott [frz.] das, Richtstätte für Hinrichtungen.

Schafstelze, Wiesenstelze, Singvogel, eine Art der Bachstelzen.

Schaft, 1) stangenähnlicher Griff (an Werkzeugen, Waffen u. ä.). **2)** Hauptteil der Säule. **3)** aus weichem Material hergestelltes Oberteil des Schuhs. **4)** der hölzerne Teil des Gewehres. **5)** ✿ laubloser Blütenstengel. **6)** ⚷ Teil der Vogelfeder.

schäften, Holzteile vor dem Verleimen keilförmig schräg anschneiden, um die Berührungsflächen und damit die Festigkeit der Holzverbindung zu vergrößern.

Schaftstiefel, Stiefel mit über die Wade reichendem Schaft.

Schah [pers.], Herrscher, König. **Schähinschah** ‚König der Könige‘, Titel des S. von Persien.

Schahdschahanpur, engl. **Shahjahan-**

Schabracken-Schakal

pur, Stadt in Uttar Pradesch, Indien, 117 200 Ew., Zucker- und Seidenindustrie.

Schāh-Nām'e [pers. ‚Königsbuch‘] das, episches Gedicht des →Firdausi.

Schak'al [frz.] der, Wildhund der Gattung Canis, streift nachts meist heulend in Rudeln umher. Der **Goldschakal (Wolfsschakal)** ist von Indien bis Afrika verbreitet. Die **Streifen-S.** (grau mit schwarzen Seitenstreifen) und die **Schabracken-S.** (rostrot mit schwarzem Rücken) leben in Afrika.

Schake die, ⚓ Ankerkettenglied. der **Schäkel,** durch Bolzen verschließbarer Bügel zum Verbinden **(schäkeln)** von Kettenstücken.

Sch'akjamuni, Beiname des Buddha.

S(c)haku, japan. Längenmaß = 0,303 m.

Sch'akuhühner, Art der Hokkohühner.

Schal [engl. aus pers.] der, **1)** Halstuch. **2)** Übergardine.

Schale, 1) ein Tragwerk aus einfach oder doppelt gekrümmten Flächen. Die **S.-Bauweise** wird bes. im Stahlbetonbau und Stahlbau angewendet, im Leichtbau als →Sandwichbauweise. **2)** ✿ ⚷ Hülle; z. B. S. der Frucht, S. der **Schaltiere** (→Weichtiere). **3)** ⚷ Huf von Elch-, Rot-, Dam-, Reh-, Schwarz-, Gems-, Sika-, Muffel-, Steinwild **(Schalenwild).**

Schalenobst, Handelsbez. für hart- oder trockenhäutige Früchte bestimmter Laubbäume, bes. Walnuß, Haselnuß, türk. oder Baumhasel, Edelkastanie und Mandel, deren Samen eßbar sind.

Schalensteine, Felsen, auch Decksteine vorgeschichtl. Megalithgräber mit künstl. Vertiefungen (‚Näpfchen‘); sie hatten kult. Bedeutung.

Sch'alet [jiddisch] der, das jüd. Sabbatessen.

Schälhengst, Deck-, Zuchthengst.

Schalj'apin, Fedor Iwanowitsch, russ. Sänger (Baß), * 1873, † 1938, 1899-1918 in Moskau, 1921-25 in New York, hervorragend bes. als Boris Godunow.

Schälknötchen, Hautausschlag bei kleinen Kindern mit juckenden, blaßroten Knötchen, wahrscheinlich infolge Überempfindlichkeit gegen bestimmte Eiweißstoffe der Nahrung (→Nesselsucht).

Schalksmühle, Gem. im Sauerland, Nordrh.-Westf., 10800 Ew., Elektro- und eisenverarbeitende Industrie.

Schall, mechan. Schwingungen elastischer Körper (feste Körper, Flüssigkeiten, Gase). Elast. Schwingungen, die sich in solchen Körpern ausbreiten, heißen **S.-Wellen.** Das Ohr ist nur für S.-Wellen mit Schwingungszahlen zwischen 16 und 20000 Hz empfindlich; Schwingungen unterhalb des Hörbereichs (jenseits der tiefsten Töne) heißen **Infraschall,** solche oberhalb (jenseits der höchsten Töne) **Ultraschall.** Reine (harmonische) Schwingungen werden als Ton oder Klang, unregelmäßig überlagerte als Geräusch empfunden. Die Höhe eines Tons wächst mit der Schwingungszahl. S.-Wellen können reflektiert oder gebrochen, unter geeigneten Bedingungen auch gebeugt werden oder interferieren. Die **S.-Geschwindigkeit** hängt vom Material und der Temperatur ab. In der Luft beträgt sie (bei 0° C) 331 m/sec, im Wasser 1407 m/sec, in Eisen 5100 m/sec. Der auf einem Körper auftreffende Schall überträgt Druck und Energie. Das menschl. Ohr kann S. mit Energien um 10^{-11} erg noch wahrnehmen.

Schallanalyse, von dem Sprachforscher E. Sievers ausgebildetes Verfahren zur Untersuchung der menschl. Rede mit Hilfe der jedem geistigen Sprachvorgang zugeordneten körperl. Bewegung. Die S. dient auch als Hilfsmittel der Textkritik.

Schallaufzeichnung, die Schallspeicherung zum Zweck der späteren Wiedergabe, →magnetische Aufzeichnung, →Lichttonverfahren, →Nadeltonverfahren.

Schalldämpfer, Gerät zum Vermindern der Ansaug- und Auspuffgeräusche bei Verbrennungsmotoren. In mehreren Kammern werden die Schwingungen der Gasströme durch Reflexion und Absorption gedämpft; ein Schalldämpfer ist z. B. der Auspufftopf.

Schallern der, ein mittelalterl. Helm.

Schallmauer, die bes. starke Zunahme des Luftwiderstandes für Flugzeuge und Flugkörper beim Erreichen der Schallgeschwindigkeit. Beim Überschreiten der Schallgeschwindigkeit (Durchbrechen der S.) treten plötzliche Luftdruckerhöhungen (Verdichtungsstöße) auf, die als starker Knall hörbar sind.

Schalloch, Öffnung in der Decke des Resonanzkörpers von Saiteninstrumenten zum Luftausgleich.

Schallortung, ⚓ Standortbestimmung durch Peilen der Schiffsgeräusche.

Schallplatte, eine kreisrunde Platte als Träger von Schallaufzeichnungen. Zur Herstellung wird die Darbietung zunächst auf ein Magnetonband aufgenommen und dann, oft mit Änderungen, mit einem →Plattenschneider auf eine Lackfolie überspielt; dabei werden die Schallrillen eingraviert. Die Folie erhält einen Metallüberzug, der galvanisch verstärkt und von der Folie abgenommen wird. Diese Form (Patrize) dient zur Herstellung der Preßmatrizen. S. mit normalen Rillen für 78 Umdr./min (30 und 25 cm ⌀) bestehen aus Schellack mit Füllstoffen. S. mit Mikrorillen für 45 (17,5 cm ⌀) und $33^{1}/_{3}$ Umdr./min (30 und 25 cm ⌀, **Langspielplatten**) bestehen aus Kunststoff auf Vinylgrundlage. Normalrillen haben konstanten, Mikrorillen variablen Abstand, der der jeweiligen Lautstärke angepaßt ist (z. B. Füllschrift). Bei **stereophonischen** S. werden in einer Rille in zwei um 90° gegeneinander geneigten Richtungen die von zwei Mikrophonen

Schallplatte: links ein elektromagnetischer Schreiber schneidet die Schallrillen mit einem Saphirschneidstichel in die Lackfolie; rechts eine geöffnete 30-cm-Schallplattenpresse mit dem erwärmten Granulat und dem oberen Etikett

aufgenommenen Darbietungen eingeschnitten (Zweikomponentenschrift). Bei der Abtastung werten die doppelt angelegten Elemente im Tonabnehmer beide Teile getrennt aus. - **Bildplatte** ist eine entsprechend zur S. gewählte Bezeichnung für einen 1970 geschaffenen Träger von Bildaufzeichnungen.

Schallsichtgerät, ein Gerät zur Materialprüfung mit Hilfe von Ultraschall.

Schalm'ei die, 1) allgemein jedes Holzblasinstrument mit doppeltem oder einfachem Rohrblatt. 2) die Vorläuferin der Oboe. 3) ein Zungenregister der Orgel. 4) die Melodiepfeife des →Dudelsacks.

Schalotte [frz.] die, →Eschlauch.

Schalstein, vorwiegend verschieferter, teilweise umkristallisierter Tuff.

Schaltalgebra, eine Sonderform der Booleschen Algebra zum Beschreiben von Schaltvorgängen, bes. in digitalen Einrichtungen der Informationsverarbeitung.

Schaltanlage, eine Anlage zur Verteilung elektr. Energie über Schalter, Transformatoren, Sammelschienen zu den Abnehmerleitungen.

Schalter, 1) Gerät zum Verbinden oder Trennen elektr. Stromwege dadurch, daß je Stromweg zwei Kontakte zur Berührung

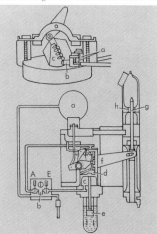

Schalter: oben Kippschalter (eingeschaltet); a Anschlußklemmen für Leitung mit federnden Kontakten, b Kontaktstück, c Feder; unten Druckgasschalter; a Luftbehälter, b Betätigungsventil, leitet zum Ausschalten über A, zum Einschalten über E Druckluft in den Arbeitszylinder c, d Kolben, e Regulierung der Schaltgeschwindigkeit, f Hebelübertragung, g Kontaktstange, h Düsenkontakt

gebracht oder getrennt werden. Einfache **Installations-S.** sind Dreh-, Druckknopf-, Kipp-, Zug-S. Der **Wechsel-S.** dient zum unabhängigen Schalten eines Stromkreises von zwei Stellen aus, der **Kreuz-S.** zum Schalten von beliebig vielen Stellen aus, der **Gruppen-S.** zum abwechselnden Schalten zweier Stromkreise, der **Serien-S.** zum stufenweisen Schalten zweier Stromkreise. S. für hohe Ströme und Spannungen sind **Motor-, Hebel-, Paket-, Öl-, Druckgas-, Druckluft-, Hartgas-S.** u. a. 2) Stelle der Kundenbedienung bei Behörden und Banken.

Schaltgetriebe, ein Sperrgetriebe, mit dem ein Getriebeglied schrittweise bewegt werden kann.

Schaltjahr, jedes 4. Jahr im Kalender, an dem ein Tag, der 29. Februar, eingeschaltet wird.

Schaltkreistechnik, 1) der technologische Aufbau von Schaltungen (Relais-, Halbleiter-S. u. a.). 2) der funktionelle Aufbau digitaler Schaltkreise, z. B. bei Anlagen der Datenverarbeitung.

Schaltplan, Schaltbild, ⚡ die zeichner. Darstellung der Schaltung einer Anlage oder eines Gerätes, wobei alle wichtigen Apparate, Maschinen, Leitungen u. a. durch bestimmte **Schaltzeichen** und **Schaltkurzzeichen** dargestellt werden.

Schalttafel, ⚡ eine Tafel aus isolierendem Material, auf der die Schalt-, Meß-, Reguliergeräte, Sicherungen, Sammelschienen u. a. montiert sind.

Schaltuhr, ein Uhrwerk mit Kontakteinrichtungen zum Schalten von Stromkreisen.

Schaltung die, 1) Art der Verbindung von Maschinen, Geräten untereinander. 2) Anordnung der elektr. Verbindungen zwischen Stromquellen, Maschinen, Geräten und Geräteteilen (z. B. →Dreieck-, Stern-, Reihen-, Parallel-S.). 3) bei Kraftfahrzeugen Anordnung und Bedienung der Gänge im Wechselgetriebe.

Schaltwarte, die zentrale Stelle in Kraft- und großen Umspannwerken, von der aus das Werk überwacht und gesteuert wird.

Schalung, ⌂ die Bekleidung von Balken oder Sparrenfeldern als Träger für das Draht- oder Rohrgewebe des Deckenputzes oder als Unterlage für den Dachabschluß aus Pappe oder Schiefer; im Beton- und Stahlbetonbau die Form, die den Beton bis zum Abbinden aufnehmen und stützen muß.

Schal'uppe [frz.] die, einmastiger Küstensegler.

Schälwald, Eichenniederwald zum Gewinnen von Gerbrinde (Lohe).

Scham, 1) Schamgefühl, Gefühl des Bloßgestelltseins; eine instinkthafte, spezifisch menschl. Reaktionsform. **2)** die äußeren Geschlechtsteile, bes. die weibl. (große und kleine **Schamlippen** und Kitzler).

Schamaiten, älterer dt. Name **Samogi-**

tien, litauisch **Zematija**, westl. Landschaft Litauens, 1398 an den Dt. Orden abgetreten, 1411 befristet, 1422 endgültig an Litauen zurückgegeben.

Scham'ane [tungusisch], ein Geisterbeschwörer, bes. in Sibirien und Zentralasien, der mit Dämonen oder Seelen Verstorbener in Verbindung treten soll. Nach dem Glauben seiner Anhänger (**Schamanismus**) sendet der S. seine Seele zu den Geistern aus, oder er wird von ihnen besessen. Er will Kranke heilen, Unheil abwenden, Regen zaubern.

Schambein, Teil des →Beckens.

Scham'otte [frz.] die, gebrannter, feuerfester Ton.

Schan, Volksgruppe der Tai überwiegend in N-Birma und Yünnan. Ihr Reich (seit dem 7. Jahrh.) erlag im 16. Jahrh. den Chinesen und Birmanen.

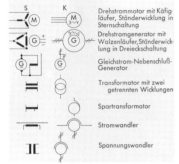

*Schaltplan: Schaltzeichen (S)
und Schaltkurzzeichen (K)*

Schandau, Bad S., Stadt im Bez. Dresden, an der Elbe, 4500 Ew.; Holz- und Sandsteinindustrie, Werft. Mittelpunkt des Fremdenverkehrs im Elbsandsteingebirge.

Schandpfahl, der →Pranger.

Sch'ändung, ♊ Entehrung durch körperl. An- oder Eingriff, z. B. Grab-, Kirchenschändung, bes. aber der Mißbrauch einer willenlosen, bewußtlosen oder geisteskranken Frau zum außerehelichen Beischlaf; bestraft mit Freiheitsstrafe bis zu 10 Jahren (§ 176 Ziff. 2 StGB.).

Schanf'igg das, Tal im Kt. Graubünden, Schweiz, von der Plessur durchflossen, 20 km lang, Hauptorte: Langwies, Arosa.

Schang, chines. Dynastie, um 1450-1050 v. Chr., mit 28 oder 30 Königen.

Schanghai, engl. **Shanghai,** größte Stadt Chinas, Hafen und Handelsstadt am Huangpu, 27 km oberhalb seiner Mündung

Schanghai: Kreuzung Nanking-Straße/Tibetstraße im Zentrum

in den Jangtsekiang, 11 Mill. Ew., eigene Verwaltungsregion. S. gliedert sich in die alte Chinesenstadt und in das im europäisch-amerikan. Stil aufgebaute S. am Ufer des Huangpu; Verlagszentrum, mehrere Univ. und Hochschulen; Textil-, Maschinenind., Stahlwerke, Feinmechanik, Getreide- und Ölmühlen, Zucker-, Glas-, Papierind. und Schiffswerften. - Seit 1842 dem europ. Handel geöffnet, wurde S. unter meist engl. Einfluß zum Welthafen. 1932 und 1937 Schauplatz schwererchines.-japan. Kämpfe, 1937-45 japanisch besetzt, gehört seit 1949 zur Volksrep. China.

Sch'ankara, ind. Philosoph, * 788, † 820, der bedeutendste Vertreter der Wedanta-Philosophie; nach ihm hat allein der Allgeist, das Brahman, wahres Sein; alle Vielheit ist Schein.

Sch'anker [frz.] der, ein Geschwür, infolge Ansteckung beim Geschlechtsverkehr, meist an den äußeren Geschlechtsteilen. Der **harte S.** ist das erste Zeichen der Syphilis. Beim **weichen S.** (Erreger: Streptobakterien) entzünden sich auch die Leistenlymphknoten. Behandlung: Sulfonamide und Antibiotica.

Schankgewerbe, der gewerbsmäßige Ausschank von Getränken zum Genuß an Ort und Stelle (**Schankwirtschaft**), bedarf nach dem Gaststättenges. v. 5. 4. 1970 einer Erlaubnis (**Schankerlaubnis, Schankkonzession**).

Schansi, engl. **Shansi,** Prov. in N-China, 157 100 km², 18 Mill. Ew. Hauptstadt: Taiyüan, Anbau von Weizen, Hirse,

Mais, Reis, Baumwolle, Tabak; im N auch Viehzucht. Kohlen-, Eisenlager.

Sch'anstaat, Staat Birmas, 150 000 km², 2 Mill. Ew. Hauptstadt: Taunggyi.

Schan-t'ou, Sw'atow, Stadt in der Prov. Kuangtung, rd. 300 000 Ew.

Schantung, engl. **Shantung,** Prov. an der O-Küste Chinas, 153 300 km², 56 Mill. Ew. Hauptstadt: Tsinan. S. umfaßt die Halbinsel S., das Bergland von S. und Teile der nordchines. Ebene. Anbau: Getreide, Sojabohnen, Baumwolle; Bodenschätze: Kohle, Bauxit.

Schantungseide, Rohseidengewebe in Leinwandbindung mit verdickten Stellen und Noppen.

Schanz, Georg von, Volkswirtschaftler, * 1853, † 1931, Prof. in Würzburg, befaßte sich bes. mit der Finanzwissenschaft.

Schanze die, 1) ehemals in (Feld-)Befestigungen: ein starker Stützpunkt. 2) auf Kriegsschiffen: das Achterdeck. 3) Skisport: →Sprungschanze.

Schanzkleid das, feste Wand, die das freie Oberdeck nach außen abschließt.

Sch'apel [mhd. aus frz.] der, kranzartiger Kopfschmuck des 13. Jahrh., heute noch bei Volkstrachten. (Tafel Mode)

Sch'äpelitag, Schweiz: Konfirmationstag.

Schaper, Edzard, Schriftsteller, * 1908, wurde 1951 katholisch; Romane ,Die sterbende Kirche' (1936), ,Der Gouverneur' (1954), ,Am Abend der Zeit' (1970).

Schar, 1) eine Menge von geometr. Gebilden, die durch dieselbe Gleichung mit

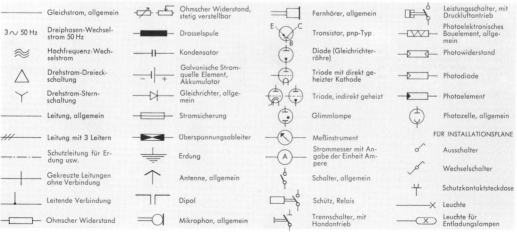

	Gleichstrom, allgemein		Ohmscher Widerstand, stetig verstellbar		Fernhörer, allgemein	Leistungsschalter mit Druckluftantrieb
3 ∿ 50 Hz	Dreiphasen-Wechselstrom 50 Hz		Drosselspule		Transistor, pnp-Typ	Photoelektronisches Bauelement, allgemein
	Hochfrequenz-Wechselstrom		Kondensator		Diode (Gleichrichterröhre)	Photowiderstand
	Drehstrom-Dreieckschaltung		Galvanische Stromquelle Element, Akkumulator		Triode mit direkt geheizter Kathode	Photodiode
	Drehstrom-Sternschaltung		Gleichrichter, allgemein		Triode, indirekt geheizt	Photoelement
	Leitung, allgemein		Stromsicherung		Glimmlampe	Photozelle, allgemein
	Leitung mit 3 Leitern		Überspannungsableiter		Meßinstrument	FÜR INSTALLATIONSPLÄNE
	Schutzleitung für Erdung usw.		Erdung		Strommesser mit Angabe der Einheit Ampere	Ausschalter
	Gekreuzte Leitungen ohne Verbindung		Antenne, allgemein		Schalter, allgemein	Wechselschalter
	Leitende Verbindung		Dipol		Schütz, Relais	Schutzkontaktsteckdose
	Ohmscher Widerstand		Mikrophon, allgemein		Trennschalter, mit Handantrieb	Leuchte
						Leuchte für Entladungslampen

Schaltplan: Schaltzeichen

verschiedenen Parametern beschrieben werden, z. B. ein Büschel, ein Bündel oder ein Netz. **2)** ∀ über hundert Vögel.

Schar'ade [frz.] *die*, Rätsel: das zu erratende Wort ist in sinnvolle Teile zerlegt; ihr Sinn wird umschreibend angedeutet.

Scharbe *die*, ⌕ 1) der Kormoran. 2) eine Art der Schollen.

Sch'arbockskraut, früher gegen Skorbut **(Scharbock)** gebrauchte Pflanzen, so Löffelkraut und Feigwurz (Hahnenfußgewächs mit gelben Blüten und Ausläufern).

Schärding, Stadt in Oberösterreich, am Inn, 5900 Ew.; Granitindustrie. Alte Mauern, Tore, Pfarrkirche (14., 18. Jahrh.).

Schardschah, Scheichtum der →Vereinigten Arabischen Emirate.

schären, Weberei: eine bestimmte Anzahl von Kettfäden von Spulen abziehen und in mehreren Fadenscharen gleicher Länge auf die waagerecht liegende Trommel einer **Schärmaschine** aufwickeln.

Schären [von schwed. skär], →Rundhökker im Küstenmeer Schwedens, Norwegens und Finnlands.

Sch'arett, früher **Schertok**, Mosche, israel. Politiker (Gemäßigte Sozialisten), * 1894, † 1965, kam 1906 nach Palästina, 1948-56 Außenmin., 1953-55 MinPräs.

Scharf, Kurt, evang. Theologe, * 1902, seit 1945 Präses und Probst, 1961-67 Ratsvorsitzender der Evang. Kirche in Dtl.

Schärf, Adolf, österreich. Politiker (SPÖ), * 1890, † 1965, war 1933/34 Mitgl. des Bundesrats, 1934, 1938 und 1944 in Haft, 1945-57 Vors. der SPÖ und Vizekanzler, 1957-65 Bundespräsident.

Schärfentiefe, Tiefenschärfe, die Tiefe des Raumes vor und hinter der Gegenstandsebene, die durch ein opt. Gerät noch scharf abgebildet wird. Sie ist um so größer, je kleiner die Brennweite und relative Öffnung des Objektivs sind.

Scharff, Edwin, Bildhauer, * 1887, † 1955, schuf in ausdrucksvoll vereinfachten Formen Bildnisse, Akte, Reliefs (Bronzetür, Klosterkirche Marienthal bei Wesel, 1949).

Scharfrichter, die zur Vollstreckung von Todesstrafe bestellte Person (Henker).

Scharfschütze, bes. guter Schütze.

Scharhörn, kleine Insel im Wattenmeer zwischen Elbe und Weser, Vogelschutzgebiet.

Sch'ari, Hauptzufluß des Tschadsees, 1400 km lang, bildet von Fort-Lamy bis zur Mündung die Grenze zwischen Kamerun und Tschad.

Scharlach [grch.-lat.] *der*, **1)** brennendrote Farbe. 2) ansteckende Krankheit, bes. des Kindesalters, mit scharlachrotem Hautausschlag (S.-Exanthem). Beginn mit plötzl. hohem Fieber, Kopfschmerzen, Erbrechen, Mandelentzündung, Lymphknotenschwellungen am Hals. Im Laufe der 2. Woche Einsetzen einer Hautschuppung. Nachkrankheiten mitunter Nierenentzündung, Mittelohrentzündung, Gelenkrheuma. Behandlung: Penicillin; ärztl. Überwachung bis zur 5. Woche. (→Infektionskrankheiten, Übersicht Bd. 1, S. 571)

Sch'arlatan [ital.] *der*, Marktschreier; Schwindler, Quacksalber.

Scharm'ützel *das*, ⚔ unbedeutendes Gefecht, Geplänkel.

Scharmützelsee, märkischer See, südlich von Fürstenwalde, 13,8 km² groß.

Scharnhorst, Gerhard von (1804), preuß. General, * 1755, † 1813, seit 1807 Direktor des Kriegsdepartements (seit 1808 Kriegsministerium) und Chef des Generalstabs, in Zusammenhang mit den Reformen Steins und in Zusammenarbeit mit Gneisenau der Schöpfer des preuß. Volksheeres auf der Grundlage der allgemeinen Wehrpflicht; führte das Krümpersystem (→Krümper) ein; 1813 Generalstabschef Blüchers. (Bild S. 1077)

Scharnier [frz.] *das*, Gelenk aus zwei Platten mit Ösen, durch ein Verbindungsstift gesteckt ist.

Scharnitz, Sommerfrische, Wintersportplatz in Tirol, an der Isar, 1000 Ew.

Scharoun ['un], Hans Bernhard, Architekt, * 1893, Präs. der Akademie der Künste in Berlin, bevorzugt geschwungene, asymmetr. Gestaltungen des Baukörpers (Siedlungen); Philharmonie (1963); Schule in Lünen (1956-62).

Schärpe *die*, quer über die Schulter oder um den Leib getragenes Band, als militär. Abzeichen aus der Feldbinde entwickelt.

Scharpie [niederl. aus frz.] *die*, veraltetes Verbandmittel aus zerrupfter Leinwand.

Sch'arrelmann, **1)** Heinrich, Pädagoge, * 1871, † 1940, Schulleiter, förderte bes. den Arbeits- und Gemeinschaftsschulgedanken.

2) Wilhelm, Schriftsteller, Bruder von 1), * 1875, † 1950; Romane, Erzählungen, Fabeln.

Scharte, **1)** Kerbe, Einschnitt. 2) in Befestigungen und Panzerungen eine schmale Öffnung, durch die geschossen werden kann **(Schießscharte)**. 3) ♠ **Schärtling**, verschiedene Pflanzen, z. T. mit schartig gekerbten Blättern. 4) ⚕ Hasenscharte.

Schart'eke *die*, wertloses, altes Buch. **alte S.**, ältliches Frauenzimmer.

Scharw'enzel [tschech.], **1)** Bube im Kartenspiel. 2) Allerweltsdiener.

Schas'ar, Salman, israel. Politiker (Mapai), * Mir (Weißrußland) 1889, studierte Philosophie und Geschichte, ging 1924 nach Palästina, war führend in der Arbeiterund zionist. Bewegung tätig; 1963 wurde S. zum Staatspräs. gewählt.

Schaschi, engl. **Shashi**, Stadt in der Prov. Hupei, China, am Jangtsekiang; Baumwoll-, Seidenindustrie.

Sch'aschlik [türk.], über Holzkohlenfeuer am Spieß geröstete Fleischstückchen mit Speck und Zwiebeln.

Schäßburg, rumän. **Sighişoara**, Stadt in Siebenbürgen, Rumänien, an der Großen Kokel, 29 100 (z. T. deutschstämmige) Ew.

schassen [frz.], fortjagen, verweisen.

Sch'astri, Lal Bahadur, ind. Politiker (Kongreßpartei), * 1904, † 1966, war ein Anhänger Gandhis, 1952-56 Min. für Eisenbahnen und Transport, 1959-61 Handels- und Industriemin., 1961-63 Innenmin. Als Nachfolger von Nehru wurde er im Juni 1964 Ministerpräsident.

Schatt el-'Arab, der vereinigte Unterlauf von Euphrat und Tigris, mündet in den Pers. Golf.

Schatten, der dunkle Raum hinter einem beleuchteten undurchsichtigen Körper. Ist die Lichtquelle ausgedehnt, so entstehen **Kern-S.** und **Halb-S.**

Schattenbild, eine schwarz ausgefüllte Umrißzeichnung **(Schattenriß)**, meist ausgeschnitten **(Scherenschnitt)**; zuerst in Asien verbreitet, wo das S. aus dem Schattenspiel entstand, seit dem 17. Jahrh. auch in Dtl. (Jagdszenen u. a.). Um die Mitte des 18. Jahrh. kam in Europa das **Schattenrißbildnis** auf **(Silhouette)**, beliebt bes. im Goethe-Kreis. Man zog den Umriß des auf ein Papier geworfenen Profilschattens nach und schnitt ihn dann, meist verkleinert, in schwarzem Papier aus. Von geübten Silhouettenschneidern werden Bildnisse auch ohne Vorzeichnung ausgeschnitten. Ph. O. Runge, M. v. Schwind, F. v. Pocci, P. Konewka schnitten auch S. von Pflanzen, Tieren, Genreszenen.

Schattenblume, kleinstaudiges Liliengewächs mit weißen, duftreichen Blütchen und roten Beeren; in Wäldern.

Schattenboxen, Boxübung, bes. zur Förderung der Atem- und Beintechnik, gegen einen nur vorgestellten Kampfpartner. Weiteres →Sandsack.

Schattenindustrie, im Frieden als Reserve gebaute, kriegswichtige Industriewerke.

Schattenkabinett, Gremium der Opposition, das die mutmaßl. Minister einer künftigen Regierung umfaßt.

Schattenmaskenröhre, **Lochmaskenröhre**, →Fernsehen (Farbfernsehen).

Schattenmorelle, eine edle Sauerkirsche.

Schattenpflanzen, **Schwachlichtpflan-**

zen, Pflanzen, die im Schatten höherer Gewächse oder Bäume als **Unterpflanzen** oder als **Epiphyten** unterhalb des Laubdaches des Urwaldes gedeihen.

Schattenreich, Totenreich, Unterwelt.

Schattenriß, →Schattenbild.

Schattenspiel, Spiel der Schatten flacher beweglicher oder unbeweglicher, undurchsichtiger oder durchsichtiger Figuren; entstand vermutlich in China. In Java wurde das S. mit Figuren vom Vogelgesichtstypus zu hoher Kunst entwickelt (Wajang). In Dtl. wurde das S. besonders in der Zeit der Romantik gepflegt.

Chinesische Schattenspielfigur (Prov. Szetschuan, 18. Jahrh.)

Schattierung, in der Malerei und Graphik die Wiedergabe der Schatten.

Schat'ulle [ital.] *die*, **1)** Kästchen, Schmuckbehälter. 2) fürstl. Privatkasse.

Schatz, ⚒ eine Sache, die so lange verborgen gelegen hat, daß ihr Entdecker nicht mehr zu ermitteln ist. Der S. gehört zur Hälfte dem Entdecker und zur anderen Hälfte dem Eigentümer der Sache, in der er verborgen war (§ 984 BGB).

Schatzanweisung, Anweisung der Finanzverwaltung auf die Staatskasse oder auf ein Sondervermögen des Bundes. Die **unverzinsl. S.** (Schatzscheine, Schatzwechsel) sind zum Nennwert in 6-24 Monaten rückzahlbare Staatsschulden, die vom Erwerber diskontiert werden. Die mehrjährig laufenden, mit Zinsscheinen ausgestatteten **verzinsl. S.** werden börsenmäßig gehandelt. Die Laufzeit der S. ist meist kürzer als die der Staatsanleihen.

Schatzung *die*, mit Androhung von Plünderung und Brand auferlegte Abgabe **(Brandschatzung)**.

Schätzung, Verfahren der Statistik zur annähernden Bestimmung einer Größe, z. B. der Bevölkerungsentwicklung, auf Grund vorhandener Angaben.

Schätzungswert, **Taxwert**, der durch Schätzung, z. T. durch Sachverständige ermittelte Wert, wichtig im Grundstücksverkehr, Versicherungs-, Steuerwesen.

Schatzwechsel, →Schatzanweisung.

Schaube [ital.] *die*, mantelartiger Überrock, in der männl. Tracht des 16. Jahrh.

Schaubild, das →Diagramm.

Schaubrote, bei den Juden die 12 Opferbrote auf dem **Schaubrottisch** im Tempel, wurden am Sabbat erneuert (3. Mos. 24).

Schauenburger, die Grafen von →Schaumburg und seit 1110/11 von Holstein; hier 1459 erloschen.

Schauer, **1)** kurzer, heftiger Niederschlag. 2) Vermehrung der Teilchen der kosm. Strahlung infolge verschiedenartiger Umwandlungsprozesse.

Schauerleute [aus niederl.], Ez. der **Schauermann**, **Schauer**, Hafenarbeiter zum Laden und Löschen der Schiffsladung.

Schäufelein, Hans (Leonhard), Maler und Holzschnittzeichner, * um 1480/85, † 1538/40, schuf unter dem Einfluß Dürers Altarbilder und volkstüml. Einzel- und Buchholzschnitte (Weißkunig, Theuerdank).

Schaufellader, die →Ladeschaufel.

Schaufler, ♀ Elch-, Damhirsch mit Schaufeln (→Geweih).

Schauhing, engl. **Shaohing,** Stadt in der Prov. Tschekiang, China, etwa 200 000 Ew.; Seiden-, Baumwollindustrie.

Schauinsland, Berg im bad. Schwarzwald, bei Freiburg, 1284 m hoch; Seilschwebebahn; Rennstrecke.

Schaukal, Richard von (1918), österreich. Schriftsteller, * 1874, † 1942, konservativreligiös; Lyrik, Erzählungen, Essays.

Sch'aulen, lit. **Siauliai,** Stadt in der Litauischen SSR, 93 000 Ew.; Leder-, Schuh-, Maschinenbau-, elektrotechn., Textil- u. a. Industrie.

Schaum, lockere Masse aus Gasbläschen, in einer Flüssigkeit, die zum Schäumen bringende Stoffe, z. B. waschaktive Substanzen, enthält; im Sinne der Kolloidchemie ein disperses Gebilde.

Schaumann, Ruth, Schriftstellerin, Bildhauerin und Graphikerin, * 1899; Lyrik und Erzählungen von kath. Frömmigkeit und romant. Formempfinden.

Schaumburg, ehem. Gfsch. von der Burg S. bis zum Steinhuder Meer. - Die ehemalige Gfsch. an der Weser wurde nach Aussterben der Schauenburger 1640 zwischen Hannover, Hessen-Kassel und S.-Lippe geteilt.

Schaumburg-Lippe, histor. dt. Land zwischen Weser, Weserkette, Bückeberg und Rehburger Berg sowie dem Steinhuder Meer. Haupt- und Residenzstadt war Bückeburg. - Ein Zweig der Grafen von Lippe erbte 1647/48 die halbe Grafschaft Schaumburg; 1807-1918 Fürstentum, dann Freistaat, 1946 an Ndsachs.

Schaumkraut, Kreuzblütergattung mit Blütentrauben und zweiklappig aufspringenden Schoten. Das **Wiesen-S.** hat lilafarbene, das **Bittere S.** weiße Blüten.

Schaumstoffe, schaumartig aufgetriebene, durch ihre zellige Struktur spezifisch sehr leichte Stoffe. Sie werden durch verschiedenartige Schäumungsverfahren meist aus organ. hochpolymeren Stoffen erhalten, die überwiegend synthetisch aufgebaut werden (Schaumkunststoffe). Man kann aber auch anorgan. Materialien zu S. verarbeiten, z. B. Schaumbeton, Schaumaluminium, Schaumglas.

Schaumwein, Sekt, Wein mit hohem Kohlendioxidgehalt, hergestellt durch Zusatz von Kandiszucker zu verschnittenen Jungweinen und nachfolgende Gärung in starkwandigen Flaschen oder emaillierten Tanks. Nach Entfernen der Hefe wird nochmals in Wein gelöster Kandiszucker (Likör) zugesetzt. Im Imprägnierverfahren wird in ausgebaute Weine, die schon Likörzusatz haben, Kohlendioxid eingepreßt. Die Bezeichnung **Champagner** dürfen nur S. aus bestimmten Traubensorten und bestimmten Gegenden der Champagne tragen. Der S.-Verbrauch betrug in der Bundesrep. Dtl. 1957 insges. 310 000 hl, je Vollperson (15 Jahre und darüber) 0,74 l; 1971 insges. 1 340 000 hl, je Vollperson 2,88 l. - Bekannteste franz. S.-Erzeugung in der Champagne (bes. Reims, Epernay). Dt. Firmen u. a. in Eltville (Matheus Müller), Koblenz (Deinhard), Mainz (Kupferberg), Wiesbaden (Henkell; Söhnlein Rheingold). - Erfinder der S.-Herstellung war Ende des 17. Jahrh. Dom Pérignon, Kellermeister in der Champagne. Bekanntes italien. Schaumwein: **Asti spumante.**

Schaumweinsteuer, auf Schaumwein und schaumweinähnliche Getränke erhobene Verbrauchsteuer, die dem Bund zufließt (1971: 272 Mill. DM).

Schauprozeß, ein Gerichtsverfahren, das zu propagandistischer Wirkung in der breiten Öffentlichkeit bestimmt ist. S. sind oft Säuberungsprozesse gegen polit. Gegner der Regierung.

Schauspiel, Drama das, Dichtungsgattung, die alle Begebenheiten als gegenwärtige, vor den Augen des Zuschauers sich abspielende Handlungen darstellt. Wesensbegründend ist der die dramat. Spannung erzeugende Gegensatz zwischen dem Helden und seinem inneren oder äußeren Gegenspiel (Schicksal, religiöses oder sittliches Gebot, widerstreitende Umwelt, minderwertige oder gleichberechtigte Gegenfigur). Haupttypen: **Tragödie (Trauerspiel),** endet mit dem Untergang des Helden; **Schauspiel** (im engeren Sinn), führt bei ernster Grundstimmung zu einer positiven Auflösung des Konflikts; **Komödie (Lustspiel),** löst die innere **(Charakterkomödie)** oder äußere **(Situationskomödie)** Verwicklung humorvoll oder ironischsatirisch. Ihre derberen Kurzformen sind **Posse, Farce, Schwank.** Die **Tragikomödie** verbindet tragische und komische Elemente. Das **Singspiel** leitet hinüber zur Oper. Das Drama baut sich herkömmlich aus **Szenen** oder **Auftritte** unterteilt ist. In neuester Zeit führte die Auflösung der strengen Dramenform oft zu reinen Szenen- und Bilderfolge. Das von G. Freytag für die ‚Technik des Dramas‘ aufgestellte pyramidenförmige Schema der ‚steigenden‘ und ‚fallenden‘ Handlung mit Exposition, erregendem Moment, Höhepunkt (Peripetie), Katastrophe ist stets nur bedingt anwendbar gewesen und bes. für das moderne ‚epische Drama‘ nicht mehr brauchbar. Die klassische franz. Dramen-Theorie mit ihrer Forderung nach strengster Innehaltung der ‚drei Einheiten‘ der Zeit, des Ortes, der Handlung, konnte sich nur teilweise mit Recht auf Aristoteles berufen; dieser forderte nur die Einheit der Handlung, die Einheit der Zeit und des Ortes stellte er empirisch im griech. Drama fest. - Die dramat. Kunst ist magisch-kultischen und rituellen Ursprungs. Sprache, Gesang und Tanz sind an der Entstehung beteiligt. Die Ursprünge des europ. S. liegen in der griech. Antike (→Tragödie.) Das geistl. S. des Mittelalters entstand aus der Erweiterung der Liturgie durch Wechselgesänge und Responsorien (Osterspiele, Passionsspiele, Weihnachtsspiele). Um die Wende vom 15.-16. Jahrh. führte die neue Beschäftigung mit der Antike zur Entwicklung des neuzeitl. Dramas.

Schauspieler, Künstler, der Gestalten der dramat. Dichtung auf der Bühne verkörpert. In Altgriechenland wurden seit Sophokles die drei Hauptdarsteller vom Staat verpflichtet und waren hoch angesehen. Im MA. gab es keine S., nur Possenreißer, die als unehrlich galten. Im 19. Jahrh. trat eine Verbürgerlichung des Schauspielerstandes ein.

Schauspielkunst, die Kunst des Schauspielers. Ihre Mittel sind Sprache, Mimik, Gestik des Schauspielers. Sie hat ihren Ursprung im natürlichen Nachahmungstrieb des Menschen und in den Kulthandlungen. Beim griech. Schauspieler war ein Mienenspiel durch die Gesichtsmaske ausgeschlossen. Im modernen Theater erst Ende des 19. Jahrh. der pathetisch-rhetorische Stil immer stärker einem realistischen, individualisierenden Darstellungsstil gewichen; doch sind neuerdings auch spielerisch-artistische, marionettenhafte oder ‚verfremdete‘ Darstellungsweisen aufgekommen.

Schaute [hebr.] der, Narr, Tölpel.

Schd'anow, bis 1948 **Mariupol,** Industriestadt am Asowschen Meer, Ukrain. SSR, 417 000 Ew.; Hütten-, Walzwerke, Dock; Ausfuhr: Kohle, Erze, Getreide.

Schd'anow, Andrej Alexandrowitsch, sowjet. Politiker, * 1892, † (Todesursache umstritten) 1948, war hoher Parteifunktionär, verteidigte Leningrad, nach 1945 der führende Theoretiker, seit 1947 Leiter des Kominform.

Scheck [engl.-frz.] der, ♫ eine an bestimmte Formvorschriften gebundene, bei Vorlegung zahlbare Anweisung auf ein Bankguthaben des Ausstellers. Das Scheckrecht ist im Scheckges. v. 14. 8. 1933 (i. d. F. v. 10. 8. 1965) enthalten. Danach sind wesentliche Erfordernisse des S.: 1) die Bezeichnung als ‚Scheck‘ im Text, 2) die unbedingte Anweisung auf Zahlung eines bestimmten Betrages, 3) Name des Bezogenen (Bank), 4) Zahlungsort, 5) Tag und Ort der Ausstellung, 6) Unterschrift des Ausstellers. Der S. kann Inhaberscheck, Orderscheck (→Orderpapier) oder →Namensscheck sein. Ein im Inland ausgestellter und zahlbarer S. muß binnen 8 Tagen vorgelegt werden. Nach der Art der Zahlung unterscheidet man Bar- und Verrechnungsscheck.

Schecke die, **Hänslein,** Obergewand der bürgerl. Männertracht des 14. Jahrh.

Schecke die, Säugetier mit großen weißen Fellstellen (z. B. bei Pferden und Rindern).

Scheck|karte, Ausweiskarte, die garantiert, daß der zusammen mit der S. vorgelegte Scheck unter bestimmten Voraussetzungen vom bezogenen Kreditinstitut eingelöst wird.

Schede, Paul, auch Paulus **Melissus,** * 1539, † 1602; neulatein. Lyrik.

Schedel, Hartmann, Humanist und Geschichtsschreiber, * 1440, † 1514, verfaßte 1493 die erste dt. Weltchronik mit über 1000 Holzschnitten von M. Wolgemut und W. Pleydenwurff.

Scheeben, Matthias Joseph, kath. Theologe, * 1835, † 1888, bedeutender neuscholast. Dogmatiker.

Scheel, Walter, Politiker (FDP), * 1919, 1961-66 Bundesmin. für wirtschaftl. Zu-

Schaumstoffe: links Herstellung des Schaumpolystrols Styropur; durch Behandlung mit Wasserdampf sind die mit einem Treibmittel versetzten Kügelchen bis auf das 50fache ihres ursprünglichen Volumens aufschäumbar; rechts Heraussägen von Formteilen aus einem Styropur-Block

Agamemnon; Aischylos 458 v. Chr.
Agnes Bernauer; Hebbel 1852
Ahnfrau, Die; Grillparzer 1817
Alpenkönig und der Menschenfeind, Der; Raimund 1828
Amphitryon; Molière 1668; Kleist 1807
Amphitryon 38; Giraudoux 1929
Amphitryon; Hacks 1967
Andorra; Frisch 1961
Andromaque; Racine 1667
Antigone; Sophokles 442 v. Chr.
Antigone; Anouilh 1942
Antonius u. Cleopatra; Shakespeare 1607
Architekt und der Kaiser von Assyrien, Der; Arrabal; dt. 1968
Arme Vetter, Der; Barlach 1918
Bauer als Millionär, Der; Raimund 1826
Becket oder die Ehre Gottes; Anouilh 1959
Besuch der alten Dame, Der; Dürrenmatt 1956
Biberpelz, Der; G. Hauptmann 1893
Biografie; Frisch 1967
Blick zurück im Zorn; Osborne 1956
Bluthochzeit; García Lorca 1933
Braut von Messina, Die; Schiller 1803
Bruderzwist in Habsburg, Ein; Grillparzer 1848
Bürger von Calais, Die; G. Kaiser 1914
Bürger als Edelmann, Der; Molière 1670
Candida; B. Shaw 1895
Caesar und Kleopatra; B. Shaw 1899
Charleys Tante; B. Thomas 1892
Christinas Heimreise; Hofmannsthal
Cid, Der; Corneille 1636   [1910
Clavigo; Goethe 1774
Cocktail Party, The; Eliot 1949
Cyrano de Bergerac; Rostand 1897
Dame ist nichts fürs Feuer, Die; Chr. Fry
Dame Kobold; Calderón 1629   [1947
Dantons Tod; Büchner 1835
Deutschen Kleinstädter, Die; Kotzebue 1803
Diener zweier Herren; Goldoni 1745
Don Carlos; Schiller 1787
Don Gil von den grünen Hosen; Tirso de Molina um 1600
Don Juan; M. Frisch 1953
Dreigroschenoper; Brecht-Weill 1928
Egmont; Goethe 1788
Eiche und Angora; Walser 1962
Eingebildete Kranke, Der; Molière 1673
Eingeschlossenen, Die; Sartre 1960
Elisabeth von England; F. Bruckner 1930
Emilia Galotti; Lessing 1772
Ende gut, Alles gut; Shakespeare 1603
Endstation Sehnsucht; Williams 1947
Endspiel; Beckett 1957
Erdgeist; Wedekind 1895
Eurydike; Anouilh 1942
Fast ein Poet; O'Neill, hg. 1957
Faust; Goethe 1808-32
Fiesko; Schiller 1784
Fliegen, Die; Sartre 1942
Florian Geyer; G. Hauptmann 1895
Fräulein Julie; Strindberg 1888
Fröhliche Weinberg, Der; Zuckmayer 1925
Frösche, Die; Aristophanes 405 v. Chr.
Frühlingserwachen; Wedekind 1891
Fuhrmann Henschel; G. Hauptmann
Galileo Galilei; Brecht 1942   [1898
Gas; G. Kaiser 1918-20
Geizige, Der; Molière 1668
Gerettet; Bond; dt. 1967
Geschichten aus dem Wienerwald; Horváth 1931
Geschlossene Gesellschaft; Sartre 1944
Gespenster; Ibsen 1881
Gewitter, Das; Ostrowskij 1860
Gier den Ulmen; O'Neill 1924
Glasmenagerie; Williams 1944
Glas Wasser, Das; Scribe 1840
Götz von Berlichingen; Goethe 1773
Gräfin von Rathenow, Die; Lange 1968
Gyges und sein Ring; Hebbel 1856
Hamlet; Shakespeare 1601
Hannibal; Grabbe 1835

Hauptmann von Köpenick, Der; Zuckmayer 1931
Haus in Montevideo, Das; C. Götz 1953
Hausmeister, Der; Pinter 1959   [1946
Heilige Experiment, Das; Hochwälder
Heilige Johanna, Die; Shaw 1923   [1941
Heilige Johanna der Schlachthöfe; Brecht 1932
Herodes und Mariamne; Hebbel 1849
Hiob Prätorius, Dr. med.; C. Götz 1933
Hofmeister, Der; Lenz 1774
Hose, Die; Sternheim 1911
Inspektor kommt, Ein; Priestley 1947
Iphigenie; Racine 1674
Iphigenie auf Tauris; Goethe 1787
Iphigenie bei den Tauriern; Euripides um 410 v. Chr.   [410 v. Chr.
Iphigenie in Aulis; Euripides um
Irre von Chaillot, Die; Giraudoux 1945
Jedermann; Hofmannsthal 1911
Journalisten, Die; Freytag 1854
Jüdin von Toledo, Die; Grillparzer 1855
Judith; Hebbel 1840
Jugend; Halbe 1893
Julius Caesar; Shakespeare 1600
Jungfrau von Orleans, Die; Schiller 1801
Jux will er sich machen, Einen; Nestroy 1842
Kabale und Liebe; Schiller 1784
Käthchen von Heilbronn, Das; H. v. Kleist 1810
Katze auf dem heißen Blechdach, Die; T. Williams 1955
Kaufmann von Venedig, Der; Shakespeare 1595
Kirschgarten, Der; Tschechow 1904
Kleine Stadt, Unsere; Wilder 1938
Komödie der Irrungen; Shakespeare 1593
König Heinrich der Vierte (T. 1/2); der Fünfte; der Sechste (T. 1-3); der Achte; Shakespeare 1598 ff.
König Lear; Shakespeare 1606
König Ödipus; Sophokles 409 v. Chr.
König Ottokars Glück und Ende; Grillparzer 1823
König Richard der Zweite, Dritte; Shakespeare 1592-95
König Ubu; A. Jarry 1897
Konzert, Das; Bahr 1909
Kreidekreis, Der; Klabund 1925
Lady Windermere's Fächer; Wilde 1892
Landshuter Erzählungen; Sperr 1967
Läterschule, Die; Sheridan 1777
Leben, ein Traum, Das; Calderón 1636
Lebende Leichnam, Der; Tolstoj 1900
Leonce und Lena; Büchner 1836
Licht leuchtet in der Finsternis, Das; Liebelei; Schnitzler 1896   [Tolstoj 1900
Lumpazivagabundus; Nestroy 1833
Lustigen Weiber von Windsor, Die; Shakespeare 1600
Lysistrata; Aristophanes 411 v. Chr.
Macbeth; Shakespeare 1605
Macht der Finsternis, Die; Tolstoj 1886
Magic Afternoon; Bauer 1968
Maria Magdalene; Hebbel 1844
Maria Stuart; Schiller 1800
Maschinenstürmer, Die; Toller 1922
Maß für Maß; Shakespeare 1603
Medea; Grillparzer 1821
Meeres und der Liebe Wellen, Des; Grillparzer 1831
Menschenfeind, Der; Molière 1666
Mensch und Übermensch; Shaw 1903
Michael Kramer; G. Hauptmann 1900
Minna von Barnhelm; Lessing 1767
Monat auf dem Lande, Ein; Turgenjew Moral; Ludwig Thoma 1909   [1850
Mord im Dom, Der; T. S. Eliot 1935
Möwe, Die; Tschechow 1896
Mutter Courage; Brecht 1941
Nach Damaskus; Strindberg 1898
Nachtasyl; Gorkij 1902
Napoleon; Grabbe 1831
Nashörner, Die; Ionesco 1959
Nathan der Weise; Lessing 1779
Nibelungen, Die; Hebbel 1861
Nora; Ibsen 1879

Ödipus; Sophokles vor 425 v. Chr.
Onkel Wanja; Tschechow 1901
Othello; Shakespeare 1604
Peer Gynt; Ibsen 1867
Penthesilea; H. v. Kleist 1808
Perser, Die; Aischylos 472 v. Chr.
Phädra; Racine 1677
Physiker, Die; Dürrenmatt 1962
Plebejer proben den Aufstand, Die; Grass 1966
Prinz Friedrich von Homburg; H. v. Kleist 1810 (gedr. 1821)
Privatsekretär, Der; T. S. Eliot 1954
Publikumsbeschimpfung; Handke 1966
Pygmalion; Shaw 1913
Ratten, Die; G. Hauptmann 1911
Räuber, Die; Schiller 1781
Revisor, Der; Gogol 1836
Richter von Zalamea, Der; Calderón 1631
Romeo und Julia; Shakespeare 1594
Rose Bernd; G. Hauptmann 1903
Salzburger Große Welttheater, Das; Hofmannsthal 1922
Sappho; Grillparzer 1818
Scherz, Satire, Ironie und tiefere Bedeutung; Grabbe 1827
Schmutzigen Hände, Die; Sartre 1948
Schwierige, Der; Hofmannsthal 1921
Sechs Personen suchen einen Autor; Pirandello 1921
Seidene Schuh, Der; Claudel 1930
Soldaten; Hochhuth 1967
Soldaten, Die; Lenz 1776
Sommernachtstraum, Ein; Shakespeare 1595
Spiel im Schloß; Molnár 1925
Stella; Goethe 1775
Stellvertreter, Der; Hochhuth 1963
Stühle, Die; Ionesco 1951
Sturm, Der; Shakespeare 1611
Stützen der Gesellschaft; Ibsen 1877
Tango; Mrozek 1964
Tartüff; Molière 1664
Tätowierte Rose, Die; T. Williams 1950
Teufels General, Des; Zuckmayer 1946
Tod des Empedokles, Der; Hölderlin 1798/99   [ler 1949
Tod des Handlungsreisenden, Der; A. Miller
Torquato Tasso; Goethe 1790
Trauer muß Elektra tragen; O'Neill 1931
Traum ein Leben, Der; Grillparzer 1834
Traumspiel, Ein; Strindberg 1902
Treuer Diener seines Herrn, Ein; Grillparzer 1828
Troilus und Cressida; Shakespeare 1602
Trojanische Krieg findet nicht statt, Der; Giraudoux 1935
Turm, Der; Hofmannsthal 1925
Undine; Giraudoux 1939
Verfolgung und Ermordung des Jean Paul Marat; Weiß 1964
Verlorene Liebesmüh'; Shakespeare 1594
Viel Lärm um nichts; Shakespeare 1599
Vietnam Diskurs; Weiss 1968
Vor Sonnenuntergang; G. Hauptmann Wald; Ostrowskij 1870   [1932
Wallenstein; Schiller 1799
Warten auf Godot; S. Beckett 1952
Was ihr wollt; Shakespeare 1600
Weber, Die; G. Hauptmann 1892
Weh dem, der lügt; Grillparzer 1838
Wer hat Angst vor Virginia Woolf?; Albee 1962
Widerspenstigen Zähmung, Der; Shakespeare 1594
Wie es euch gefällt; Shakespeare 1599
Wildente, Die; Ibsen 1884
Wilhelm Tell; Schiller 1804
Wintermärchen, Das; Shakespeare 1610
Wir sind noch einmal davongekommen; Wilder 1942
Wölfe und Schafe; Ostrowskij 1875
Woyzeck; Büchner (hg. 1879)
Yvonne, Prinzessin von Burgund; Gombrowicz 1935
Zerbrochne Krug, Der; H. v. Kleist 1803 (gedr. 1811)
Zofen, Die; Genet 1948

Walter Scheel   *Max Scheler*

sammenarbeit, seit 1968 Vors. der FDP, seit Okt. 1969 Vizekanzler und Außenmin.

Scheele, Karl Wilhelm, schwed. Chemiker, * 1742, † 1786, entdeckte den Sauerstoff sowie Chlor, Blausäure, Wein-, Zitronen-, Apfel-, Milch-, Harnsäure, Glycerin.

Scheer, Reinhard, Admiral, * 1863, † 1928, 1916 Chef der deutschen Hochseeflotte in der Schlacht vor dem Skagerrak, 1918 Chef des Admiralstabs.

Scheerbart, Paul, Schriftsteller, * 1863, † 1915; grotesk-phantast. Erzählungen, Zukunftsphantasien.

Scheffel *der,* früheres dt. Hohlmaß mit Inhalten zwischen 30 und 300 l.

Scheffel, Josef Victor von, Schriftsteller, * 1826, † 1886; launig-ausgelassene, feuchtfröhliche Lyrik (Liedersammlung ‚Gaudeamus‘, 1868, mit ‚Alt-Heidelberg, du feine‘, ‚Im schwarzen Walfisch zu Askalon‘); lyr.-epische Gedichte ‚Der Trompeter von Säckingen‘ (1854); Roman aus dem Mittelalter ‚Ekkehard‘ (1857).

Scheffer, Thassilo von, Schriftsteller, * 1873, † 1951; Lyriker und Übersetzer. Der Schwerpunkt seines Wirkens lag in der Deutung und Vermittlung antiker Gedankenwelt und in der Eindeutschung antiker, bes. griech. Mythologie und epischer Dichtung.

Schefferville, früher **Knob Lake,** Bergwerksort im N der Prov. Quebec, Kanada, Mittelpunkt großer Eisenerzlager, Endpunkt der Bahn von →Sept Iles.

Scheffler, Johannes, →Angelus Silesius.

Schéhadé, Georges, Schriftsteller, * 1910, französisch schreibender Libanese: lyr., phantastisch-absurde Dramen.

Scheherezade [-ʦˈaːdə], Märchenerzählerin in Tausendundeiner Nacht.

Scheibe, 1) ein Maschinenteil zur Kraftübertragung mit Riemen **(Riemen-S.), Seil-S.** mit Rillen am Umfang, **Kupplungs-S.** und **Brems-S. 2)** Schießscheibe: das Ziel bei allen schießsportl. Wettbewerben mit Ausnahme des Wurftaubenschießens. Sie enthält meist auf weißem Grund einen schwarzen Kreis (‚Spiegel‘), in gleichen Abständen von bezifferten Ringen umgeben ist. Bei Gefechtsschießübungen werden Kopf-, Brust-, Knie- und Figurscheiben verwendet.

Scheibe, Richard, Bildhauer, * 1879, † 1964, schuf vor allem Bildnisköpfe und Aktfiguren.

Scheibenbäuche, Unterfam. der Seehasen.

Scheibenberg, Tafelberg im mittleren Erzgebirge, 800 m hoch.

Scheibenfinger, eine zu den Haftzehern gehörige Echse in Südeuropa.

Scheibenhantel, die →Hantel für die Schwerathletik.

Scheibenpilze, Ordnung der Schlauchpilze mit meist teller-, becher-, keulenförmigen Fruchtkörpern und scheibenförmigem Fruchtgewebe (Becherlinge, Morcheln und Lorcheln).

Scheibenquallen, Schirmquallen, meerbewohnende Hohltiere; sie treten meist als festsitzender Polyp und als frei schwimmende Meduse auf.

Scheibenröhre, eine Elektronenröhre der Höchstfrequenztechnik mit ebenen,

scheibenförmigen Elektroden und ringförmigen Elektrodenanschlüssen.

Scheibenzüngler, Fam. der Froschlurche mit bezahntem Oberkiefer; z. B. Geburtshelferkröte.

Scheich [arab.], Ehrentitel im Orient: bei den Beduinen für den Stammeshäuptling, in Dörfern für den Ortsvorsteher, in der islam. Geistlichkeit für Professoren, Prediger, im Ordenswesen für die Oberen, Prior.

Scheide, 1) schmaler Behälter (Leder, Metall) für eine Stich- oder Hiebwaffe. **2)** ⚘ **S., Blattscheide,** der stengelumfassende Blattgrund. **3)** bei Mensch und Tieren Teil der weibl. Geschlechtsorgane. (Bild Bd. 1, S. 455)

Scheidegg *die,* Alpenpässe im Kt. Bern, Schweiz: **1) Große S.,** 1961 m hoch, vom Hasli- zum Grindelwaldtal. **2) Kleine S.,** 2061 m hoch, von Grindelwald nach Lauterbrunnen.

Scheidemann, Philipp, Politiker (SPD), * 1865, † 1939, Buchdrucker, wurde im Okt. 1918 Staatssekr. im Kabinett des Prinzen Max von Baden, rief am 9. 11. 1918 die Dt. Rep. aus, wurde Febr. 1919 MinPräs., lehnte die Unterzeichnung des Versailler Friedens ab und trat im Juni 1919 zurück, 1920 bis 1925 Oberbürgermeister von Kassel, 1920-33 MdR, emigrierte 1933.

Scheidemünze, auf niedrige Werte lautende, unterwertig ausgeprägte Münze.

Scheidenentzündung, Scheidenkatarrh, ♀ Entzündung der Scheidenschleimhaut mit Ausfluß, Brennen, Jucken; verursacht durch Entzündungserreger.

Scheidenring, ♀ Mutterring (→Pessar).

Scheidenschnabel, weißer hühnerähnl. Watvogel der Antarktis; Räuber, Aasfresser, auch in Pinguin- und Seelöwenkolonien.

Scheidewasser, die Salpetersäure.

Scheidt, Gem. im Saarland, 4200 Ew.; Kleinind. Der ‚Große Stiefel‘ bei S. trug von der Mittelsteinzeit bis ins MA. Befestigungen.

Scheidt, 1) Kaspar, Dichter, * um 1520, † 1565, übertrug Dedekinds latein. Gedicht ‚Grobianus‘ in dt. Reimpaare. **2)** Samuel, Organist und Komponist, getauft 1587, † 1654, einer der bedeutendsten protestant. Kirchenmusiker des 17. Jahrh.; Orgelwerke, Orchestersuiten.

Scheidung, die →Ehescheidung.

Schein, Johann Hermann, Komponist, * 1586, † 1630, Thomaskantor in Leipzig, verband die mehrstimmige protestant. Kirchenmusik mit dem monod. Stil Italiens; Motetten, Madrigale, Variationensuiten.

scheinbare Größe, Astronomie und Geodäsie: der Winkel, unter dem ein Gegenstand einem Beobachter erscheint. Aus ihr und dem Abstand vom Beobachter kann die **wahre** oder **lineare Größe** berechnet werden.

scheinbare Helligkeit, ☆ die Helligkeit, in der uns die Sterne erscheinen, gemessen in Größenklassen: zwei Sterne, deren s. H. im Verhältnis 1 : 2,5 steht, unterscheiden sich um eine Größenklasse (abgek. 1ᵐ). Der Polarstern hat die Größenklasse 2,12ᵐ, Sirius hat die s. H. 1,5ᵐ. Sterne von 6ᵐ sind gerade noch mit Hilfsmittel zu sehen, mit stärksten Fernrohren sind Sterne von 23ᵐ gerade noch photographisch nachweisbar.

Scheindolde, Trugdolde, Blütenstand, dessen Blüten in einer Fläche stehen, aber nicht von derselben Stelle entspringen.

Scheinehe, ♐ Ehe, die in gesetzl. Form eingegangen, aber zur Erreichung von Zwecken geschlossen wird, die außerhalb einer wirklichen Lebensgemeinschaft liegen (z. B. die Namensehen).

Scheiner, Christoph, Mathematiker, Astronom, * 1579, † 1650, erfand den Storchschnabel, entdeckte die Sonnenflecke, projizierte sie auf eine weiße Fläche und leitete aus ihrer Bewegung die Umdrehungszeit der Sonne ab.

2) Julius, Astrophysiker, * 1858, † 1913, förderte durch seine spektroskop. Arbeiten wesentlich die Astrophysik, fand ein Verfahren zur Bestimmung der Empfindlichkeit photograph. Platten (S.-Grade).

Scheiner-Grade, früher gebräuchl. Maß für die Empfindlichkeit photograph. Aufnahmematerials.

Scheinfeld, Stadt in Mittelfranken, Bayern, 2800 Ew.; nördl. von S. das Stammschloß der Fürsten Schwarzenberg.

Scheinfüßchen, ⚫ →Pseudopodium.

Schein-Geißbart, ⚘ →Astilbe.

Scheingeschäft, ♐ ein von den Beteiligten nur zum Schein abgeschlossenes Geschäft; es ist nichtig (§ 117 BGB.).

Scheingewinn, in der Betriebswirtschaft ein Buchgewinn, der sich bei Preissteigerungen als Differenz zwischen Einkaufspreis und Wiederbeschaffungswert der Wirtschaftsgüter ergibt.

Scheinmohn, staudiges Mohngewächs mit gelbem Milchsaft und gelben oder orangeroten (auch gefüllten) Blüten, Zierpflanze.

Scheintod, in der Medizin nicht mehr verwendeter Begriff für den Zustand eines Lebewesens, bei dem die Lebensäußerungen nicht unmittelbar wahrnehmbar sind; tritt auf bei Neugeborenen mit zu langsam beginnender Atmung, nach großen Blutverlusten, bei Blitzschlag, Vergiftungen u. a. Schutz gegen Beerdigung Scheintoter bietet die Leichenschau.

Scheinwarntracht, Scheinwarnfärbung, auffallende Färbung eines Tieres, die im Gegensatz zur Warntracht nicht mit Wehrhaftigkeit (Stachel u. a.) oder Ungenießbarkeit verbunden ist (z. B. profitiert der Hornissenschwärmer von seiner Ähnlichkeit mit der Hornisse).

Scheinwerfer, Gerät zur Bündelung eines Lichtstromes mit Hilfe eines halbkugeloder parabelförmigen Reflektors, in dessen Brennpunkt die Lichtquelle angeordnet ist. Bei Kraftwagen-S. ist zum Abblenden den außer der Hauptlampe noch eine zweite Glühlampe vorgesehen, die sich oberhalb des Brennpunktes befindet oder als Zweidrahtlampe mit der Hauptlampe vereinigt ist. Für Sonderzwecke (Bühne, zur Signalgabe u. a.) können Verdunkelungseinrichtung und Farbfilter angebracht sein.

Scheitel, 1) Anatomie: der mittlere obere Teil des Kopfes. **2)** ⚆ Schnittpunkt der Schenkel eines Winkels; Spitze eines Kegels; Achsenendpunkt eines Kegelschnitts.

Scheitelauge, unpaare Ausstülpung des Zwischenhirndachs vieler Wirbeltiere; bei manchen Kriechtieren Lichtsinnesorgan.

Scheitelbein, Anatomie: paarige, große flachgewölbte Knochen des →Schädels.

Scheitelhaltung, die höchstgelegene Strecke eines Kanals, mit der er zwischen zwei Staustufen die Wasserscheide überschreitet.

Scheitelpunkt, der höchste Punkt einer Flugbahn.

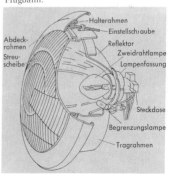

Scheinwerfer: Einbauscheinwerfer mit asymmetrischem Abblendlicht

Schelde *die*, franzöz. **Escaut** [ɛsk'o], Hauptfluß des mittleren Belgien, 430 km lang, entspringt in Frankreich, mündet mit 2 Armen (Ooster- und Westerschelde) in die Nordsee; Westerschelde ist bis Antwerpen internationale Seeschiffahrtsstraße. Die S. soll bis 1978 im Rahmen des →Deltawerkes gegen die Nordsee abgeschlossen und ein Teil des Zeeuwsemeers werden.

Scheler, Max, Philosoph, * 1874, † 1928, Prof. in Köln und Frankfurt a. M.·Von der Phänomenologie Husserls ausgehend, wurde er zum Wiederbegründer einer philosoph. Anthropologie. (Bild S. 1087)

Schelf [engl.] *das* und *der*, der →Kontinentalschelf. **Schelfmeere** (bis rd. 200 m tief) sind z. B. die Nordsee und die Ostsee.

Schelj'epin, Aleksandr Nikolajewitsch, sowjet. Politiker, * 1918, wurde 1952 Mitgl. des ZK, 1961-67 dessen Sekretär, seit 1964 Mitgl. des Politbüros, seit 1967 Vorsitzender der sowjet. Gewerkschaftsbundes.

Schell, Hermann, kath. Theologe, * 1850, † 1906, Führer des dt. Reformkatholizismus, versuchte eine Synthese zwischen kath. Glauben und moderner Wissenschaft herzustellen.

Schellack, Harz ostind. Bäume, erzeugt durch den Saugstich einer Schildlaus, durch deren Farbstoff rot gefärbt. Verwendung für Lacke, Siegellack, Möbelpolituren.

Schellen *das*, Farbe der dt. Spielkarte, entspricht dem französ. Karo.

Schellenbaum, Halbmond, Instrument der Militärkapellen, Stange mit Glöckchen und Schellen an halbmondförmigem Querteil. Der S., einst in der türk. Janitscharenmusik verwendet, gelangte im 16. Jahrh. in die europ. Militärmusik.

Schell|ente, eine Tauchente.

Schellfische, →Dorsche.

Schellhammer, der →Döpper.

Schelling, 1) Friedrich Wilhelm Joseph von (seit 1806), Philosoph, * 1775, † 1854, Prof. in Jena, Würzburg, Berlin, stand in Jena den Romantikern nahe; entwarf ein System des absoluten Idealismus, das Geist und Natur, Subjekt und Objekt als im

F. W. J. Schelling

Karl Schiller

Absoluten ununterschieden (**indifferent**) darstellt (**Identitätsphilosophie**). In seiner 'Philosophie der Mythologie' erstrebt er die Erkenntnis Gottes aus der Erfahrung seines Wirkens.

2) Karoline, Gattin von 1), * 1763, † 1809, Tochter des Orientalisten J. D. Michaelis, vor ihrer Ehe mit S. mit dem Bergarzt Böhmer, dann mit A. W. Schlegel verheiratet (1796-1803); ihr Haus war der Mittelpunkt der Jenaer Frühromantik.

Schelmenroman, pikarischer (pikaresker) Roman, Romangattung, die realistisch das Leben spitzbübischer Schelme (Picaros), Landstreicher und Glücksritter schildert. Der S. ging von dem anonymen span. Roman 'Lazarillo de Tormes' (1554) aus. Weitere S.: 'Gil Blas' von Lesage, 'Simplicius Simplicissimus' von Grimmelshausen u. a.

Schelsky, Helmut, Soziologe, * 1912, Prof.

in Hamburg, Münster, seit 1970 in Bielefeld; schrieb 'Soziologie der Sexualität' (1955), 'Die skeptische Generation' (1957) u. a.

Scheltop'usik [russ.] *der*, eine bis 1 m lange Art der Schleichen im Mittelmeerraum, mit stummelförmigen Resten der Hinterbeine; die Vorderbeine fehlen.

Sch'ema [grch. 'Gestalt'] *das*, Mz. Schemata, eine anschauliche Darstellung unter Fortlassung alles Unwesentlichen; Umriß, vereinfachtes Abbild.

Schemabrief, im Geschäftsleben Brief mit festgelegtem Wortlaut.

schem'atisch, grundsätzlich regelnd; umrißhaft, in Übersichtsform; gleichmacherisch; ohne eigene Gedanken.

schematisieren, in Übersichtsform darstellen; vereinfachen.

Schemat'ismus, 1) Gleichmacherei. **2)** Verzeichnis von Amtspersonen.

Sch'embartlaufen, →Schönbartlaufen.

Schemen *der*, Schatten, Hirngespinst.

Schendel [sx'e-], Arthur van, niederländ. Schriftsteller, * 1874, † 1946; Roman 'Das Vollschiff Johanna Maria' (1930).

Schenectady [skɪn'ektədɪ], Stadt im Staat New York, USA, am Mohawk River, 77 900 Ew.; Elektroindustrie und Lokomotivbau.

Schenefeld, Gem. in Schlesw.-Holst., nördl. Randgem. von Hamburg, 15 200 Ew.

Schenk, Johann, Komponist, * 1753, † 1836, vertonte volkstümliche Singspiele (Der Dorfbarbier, 1796).

Schenkel, 1) bei Mensch und vierfüßigen Wirbeltieren der Oberschenkel, bei Insekten und Spinnen das dritte Glied des Beines. **2)** △ →Winkel.

Schenkelhals, der winklig abgebogene Knochenteil zwischen Gelenkkopf und Schaft des Oberschenkelbeins; bricht leicht bei alten Menschen (**S.-Bruch**).

Schenkendorf, Max von, Lyriker, * 1783, † 1817; nahm am Freiheitskampf gegen Napoleon teil; schrieb patriot. Gedichte und Lieder.

Schenkung, 𝄞 die unentgeltliche Zuwendung von Vermögensvorteilen an einen andern (§§ 516 ff. BGB.). Die sofort vollzogene S. (Hand-S.) ist formlos gültig. Ein Schenkungsversprechen muß dagegen gerichtl. oder notariell beurkundet werden. Bei Verarmung des Schenkers oder grobem Undank des Beschenkten ist Widerruf der S. zulässig. - Das österreich. (§§ 938 ff. ABGB.) und das schweizer. Recht (Art. 239 ff. Oblig.-Recht) sind ähnlich.

Schenk von Stauffenberg, Claus Graf, * 1907, † (erschossen) Berlin 20. 7. 1944, war seit dem 1. 7. 1944 Stabschef des Befehlshabers des Ersatzheeres. S. legte am 20. 7. 1944 im Hauptquartier Hitlers in Rastenburg eine Bombe und veranlaßte, ohne den Erfolg abzuwarten, den Beginn des Putsches in Berlin; er wurde von einem 'Standgericht' zum Tode verurteilt.

Schensi, engl. **Shensi**, Prov. in NW-China, 195 800 km², 21 Mill. Ew. Haupt-

stadt: Sian. Anbau: Weizen, Hirse, Sojabohnen, Baumwolle; Erdölvorkommen.

Schenyang, mandschur. **Mukden**, Hauptstadt der chines. Prov. Liauning, mit 3 Mill. Ew., wirtschaftl. und geistiger Mittelpunkt der Mandschurei. Im 'Alten Palast', der ehem. zweiten Residenz der Mandschu-Kaiser, Museum und Hochschule; vielseitige Industrie. - S. wurde 1621 von den Mandschu erobert und war 1625-44 Hauptstadt Chinas.

Schep'ilow, Dmitrij, sowjet. Politiker, * 1905, wurde 1948 Propagandaleiter des ZK, 1952-56 Chefredakteur der 'Prawda', 1955 ZK-Sekretär, war 1956/57 Außenmin., wurde Juni 1957 aller Ämter enthoben.

Scherbengericht, der →Ostrakismos.

Scherbenkobalt, feinkörnig-dichte krummschalige Formen des Minerals Arsen.

Scherchen, Hermann, Dirigent, * 1891, † 1966, förderte die moderne Musik, Gastdirigent. Lehrbuch des Dirigierens (1956).

Schere, 1) ein Werkzeug zum Trennen oder Schneiden von Stoffen aller Art, handbetätigt oder Maschinen-S. (z. B. **Tafel-S.**). **2)** die auseinandergehende Bewegung zweier Preisreihen (→Preisschere). **3)** 𝄞 Greiffuß der Krebse, Hummern und Asseln.

scheren, ⚓ **ausscheren**, aus der Richtung abweichen; **einscheren**, wieder auf Kurs gehen.

Scherenbahn, Kegelsport: eine Bahn, deren Aufsatzbohle durch die zunächst 35 cm breite 'Scherenbohle' fortgesetzt wird, die sich bis zum Abschlußbalken auf 125 cm verbreitert.

Scherenfernrohr, ein Doppelfernrohr (→Fernrohr) zum beidäugigen Sehen, bei dem der Strahlengang unmittelbar hinter dem Okular um 90° zur Blickrichtung durch ein Pentaprisma abgeknickt wird.

Scherenschnabel, seeschwalbenart. Vogel, der seinen den Oberschnabel überragenden Unterschnabel beim Abflug ins Wasser taucht; in Amerika, Afrika, Indien.

Scherenschnitt, →Schattenbild.

Scherer, Wilhelm, Germanist, * 1841, † 1886, Prof. in Wien, Straßburg, Berlin, übertrug naturwissenschaftl. Methodik auf die Literaturgeschichte. 'Geschichte der dt. Lit.' (1880-83).

Scherf *der*, **Scherflein**, Scheidemünze, im Mittelalter der halbe Pfennig; übertragen: bescheidene Gabe.

Scherge *der*, im MA. Gerichtsdiener, Henker; heute: käuflicher Verräter.

Scher'i'a [arab.] *die*, das religiöse Gesetz des Islam, das von der Vorstellung einer ursprüngl. Identität von Staat und Religionsgemeinschaft bestimmt wird.

Scher'if [arab. 'edel'], Titel der Nachkommen Mohammeds.

Sch'ering AG., Berlin, Unternehmen der chem. Industrie; gegr. 1871 von Ernst S. Grundkapital: 177 Mill. DM; Beschäftigte: rd. 8700 (1970).

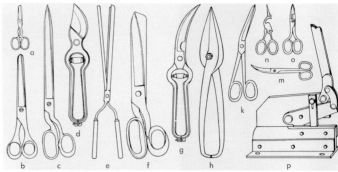

Scheren: **a** *Taschenschere,* **b** *Haarschere,* **c** *Papierschere,* **d** *Gartenschere,* **e** *Brennschere,* **f** *Schneiderschere (Stoffschere),* **g** *Geflügelschere,* **h** *Blechschere,* **k** *Schere für Wundärzte,* **m** *Hautschere,* **n** *Stickschere,* **o** *Knopflochschere,* **p** *Hebelblechschere*

Scherl, August, Verleger, * 1849, †1921; in seinem Berliner S.-Verlag erschienen große Zeitungen und die illustrierte Zeitschrift ‚Die Woche'. 1916 wurde der Verlag von A. →Hugenberg übernommen.

Schermaus, maulwurfähnl. Wühlmaus; früher unzutreffend auch Wasserratte genannt.

Scherr, Johannes, Kultur- und Literarhistoriker, * 1817, † 1886, mußte wegen seiner großdt. Einstellung 1849 in die Schweiz flüchten, 1860 Prof. in Zürich. ‚Allgemeine Gesch. der Lit.', 2 Bde. (1851); ‚Dt. Kultur- und Sittengesch.', 3 Bde. (1852/ 1953); Novellen.

Scherrer, Paul, schweizer. Physiker, * 1890, †1969, Prof. in Zürich, entwickelte mit Debye das→Debye-Scherrer-Verfahren.

Scherung, Gleitung, Schub, ⊛ Verformung eines elast. Körpers durch in Richtung der Seitenflächen wirkende Kräfte.

scherz′ando, scherz′oso [ital.], ♪ scherzend, spielerisch.

Scherzerklärung, ♐ eine nicht ernstlich gemeinte Willenserklärung, die in der Erwartung abgegeben wird, der Mangel der Ernstlichkeit werde erkannt; sie ist nichtig, kann aber zum Schadensersatz verpflichten (§§ 118, 122 BGB.).

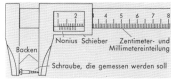

Schieblehre

Scherzo [skˈɛrtsɔ, ital. ‚Scherz'] *das,* lebhaft bewegtes, heiteres, auch dämonisch-phantast. Musikstück in der Form Hauptsatz-Trio-Hauptsatz. In der Sinfonie als 2. oder 3. Satz, auch selbständiges Stück (Chopin).

Schesaplana, Scesaplana [ʃesaplˈa:na] *die,* höchster Berg des Rätikons, 2965 m hoch.

Schesch′uppe *die,* litauisch **Sešupe,** linker Nebenfluß der Memel, 278 km lang, z. T. Grenzfluß Ostpreußens gegen Litauen.

Scheuerknie, ♐ →Schleimbeutel.

Scheuerkraut, ein Schachtelhalm.

Scheveningen [sxˈeːvəˑ], Seebad in den Niederlanden, mit Den Haag zusammengewachsen.

Schiapar′elli [ski-], Giovanni, italien. Astronom, * 1835, † 1910, Begründer der Marstopographie (Entdecker der ‚Marskanäle'), wies die Identität von Sternschnuppenschwärmen mit den Auflösungsprodukten von Kometen nach.

Schibb′oleth [hebr.], nach Richter 12,5 f. das Wort, an dem die Gileaditer die feindl. Ephraimiter erkannten; danach: Losungswort, Erkennungszeichen.

Sch′ibicke *die,* schwarzer Holunder.

Schicht, 1) Geologie: durch Ablagerung entstandener Gesteinskörper von größer seitlicher, aber relativ geringer senkrechter Ausdehnung. **2)** die tägliche Arbeitszeit des Industrie-, bes. des Bergarbeiters. **3)** Soziologie: Teilgruppe der Gesellschaft, die durch ähnliche wirtschaftl. Lage und soziale Einschätzung zusammengehört.

Schichtarbeit, Arbeitsturnus mit regelmäßigem Wechsel zwischen Vormittagsarbeit (Frühschicht), Nachmittagsarbeit (Spätschicht) und Nachtarbeit (Nachtschicht), meist mit einwöchigem Wechsel.

Schichtgesteine, geschichtete Gesteine, gebildet durch Ablagerung von Zerstörungserzeugnissen anderer Gesteine.

Schichtlinien, →Höhenlinien.

Schichtlohn, ein Zeitlohn, der Tageslohn im Bergbau.

Schichtmeister, ⚒ Angestellter mit techn. Vorbildung und Aufgaben der Arbeitsaufsicht.

Schichtprämie, die Bergmannsprämie.

Schichtstufen, Geomorphologie: meist steile Geländestufen, entstehen in Gebieten mit flachgeneigten Schichten durch Herauswittern einer widerstandsfähigen Schicht (Kalk-, Sandstein) über einer leichter abtragbaren Schicht (Ton, Mergel).

Schichtung, Geologie: Aufbau aus mehreren Schichten.

Schichtwechsel, Ablösung nach Beendigung einer Schicht.

Schichtwolken, eine Form der →Wolken.

Schick *der,* **1)** Eleganz, feines Auftreten. **2)** Geschicklichkeit, Eignung.

Schick, Gottlieb, * 1776, † 1812, malte in klassizist. Stil biblische und mytholog. Bilder und meisterhafte Bildnisse.

Schickele, René, elsäss. Schriftsteller, * 1883, † 1940, als Emigrant; Sohn eines Deutschen und einer Französin. Romantrilogie ‚Das Erbe am Rhein' (1925-31); Drama ‚Hans im Schnakenloch' (1916).

Schicksal, 1) Geschick. **2)** die Macht, die den Lebensweg des Menschen lenkt.

Schicksalsgöttinnen, die →Moiren, die →Nornen.

Schickse [hebr.] *die,* dumme, aufdringliche, unangenehme weibl. Person.

Schidsuoka, Schizuoka, Shizuoka, Stadt am Tokaido in Mittel-Honshu, Japan, 383 000 Ew.; Mittelpunkt für die Erzeugung von Tee, Lack- und Korbwaren, Papier und Textilien.

Schiebebühne, eine Plattform mit Gleis zum Umsetzen von Schienenfahrzeugen auf Parallelgleise, läuft versenkt oder über den Gleisen.

schiebefest machen, die Fadenlage bei lose eingestellten Geweben durch klebende Appreturmittel fixieren.

Schieber, ein Absperrorgan in Rohrleitungen.

Schieber, Anna, Schriftstellerin, * 1867, † 1945; Erzählungen, Romane.

Schieblehre, ein Meßwerkzeug mit →Nonius zur Ermittlung von Außen- und Innendurchmessern und Abstandsmaßen.

Schiebung, die Translation.

Schiedam [sxˈi:dam], Stadt in der Prov. Südholland, Niederlande, 82 000 Ew., hat Anteil an den Hafenanlagen Rotterdams. Schiff- und Stahlbau, Destillerien u. a.

Schieder, Theodor, Historiker, * 1908, 1942-45 Prof. in Königsberg, seit 1948 in Köln, Hg. der ‚Dokumentation der Vertreibung der Deutschen aus Ostmitteleuropa' (4 Bde., 1953-61), seit 1957 der ‚Histor. Zeitschrift' und des ‚Handbuchs der Europ. Geschichte' (7 Bde., 1968 ff.).

Schiedsgerichtsbarkeit, ♐ **1)** im Privatrecht ein Verfahren, in dem eine Streitigkeit durch **Schiedsrichter,** die von den Beteiligten durch **Schiedsvertrag** bestimmt wurden, nicht durch die staatl. Gerichte entschieden wird. Ein Schiedsvertrag ist nur zulässig für Streitfälle, über die die Beteiligten einen Vergleich schließen können. Ein von den Schiedsrichtern gefällter **Schiedsspruch** hat die Wirkung eines rechtskräftigen Urteils und kann, nachdem das zuständige Gericht ihn für vollstreckbar erklärt hat, vollstreckt werden (§§ 1025 ff. ZPO.). **2)** im Völkerrecht ein Verfahren zur Entscheidung von zwischenstaatl. Rechtsstreitigkeiten auf Grund von Schiedsgerichtsklauseln oder Schiedsabkommen (→Ständiger Schiedshof).

Schiedsgutachten, ♐ eine Entscheidung über streitige Tatfragen durch vertraglich von den Parteien bestellte **Schiedsgutachter.**

Schiedsmann, ♐ eine ehrenamtlich bestellte Person der Rechtspflege zur gütlichen Beilegung von Privatklagesachen.

Schiedsrichter, 1) ♐ Richter eines Schiedsgerichts. **2)** ⚔ Unparteiischer, der für die Einhaltung der Wettkampfregeln verantwortlich ist. **3)** ⚙ bei Truppenübungen Offizier, der über die Wirksamkeit des Waffeneinsatzes entscheiden.

Schiedsurteil, ♐ →Bagatellsachen.

Schiefblatt, die Begonie.

schiefe Aufsteigung eines Sternes, der Bogen des Äquators vom Frühlingspunkt bis zu dem Punkt, der zugleich mit dem Stern aufgeht.

schiefe Ebene, eine um den Winkel α (Neigungswinkel) gegen die Waagerechte geneigte Ebene; gehört zu den ‚einfachen Maschinen'; z. B. Schrägaufzug.

Schiefer, ein in dünnen ebenen Platten brechendes Gestein, benannt nach der Verwendung (z. B. **Dach-S.**) u. a. **S.-Tone** sind zusammengepreßte, in ebene Schichten spaltbare Tone (nicht metamorph). **Kristalline S.** sind metamorphe Gesteine.

Schiefer

Schielen, ♐ fehlerhafte Stellung der Augen, bei der die gleichzeitige Einstellung beider Augen auf einen Punkt nicht möglich ist. Behandlung: Ausgleichen des Brechungsfehlers beim schielenden Auge **(Schielbrille).** Durch **Schieloperation** wird der Ansatz eines äußeren Augenmuskels am Augapfel verlagert; Schulung von beidäugigen Sehen (Orthoptik) und Maßnahmen zur Vermeidung oder Behandlung der Sehschwäche sind angezeigt.

Schienbein, ein Unterschenkelknochen.

Schiene, 1) aus Stahl geformter Tragbalken zur Spurführung von Schienenfahrzeugen. **2)** ♐ aus Metall (z. B. Draht), Holz, Gips,

Schichtstufe aus Sandstein in New Mexico, USA

1

2

3

4

1 Stapellauf eines Großtankers. 2 Beladen eines Voll-Containerschiffes mit Hilfe von Portalhubwagen und einer Spezial-Ladebrücke. 3 Lash-System: Binnenschiffsleichter werden zum Überseetransport auf ein Spezialschiff verladen. 4 Kommandobrücke eines Passagierdampfers

Leder hergestellte Stützvorrichtung zum Ruhigstellen von Gliedmaßen.

Schienenbahnen, Eisen-, Straßen-, Hoch-, Untergrund-, Schienenschwebe-, Standseil-, Feld-, Gruben- u. a. schienengebundene Bahnen.

Schienenbremse, zusätzliche Magnetbremse an Schienenfahrzeugen, die sich auf die Schienen preßt.

Schienenechsen, eidechsenähnl. amerikan. Echsen; so der **Große Teju,** 1 m lang.

Schienenkontakt, elektr. Kontakte unter der Schiene, die durch das Gewicht des Zuges geschlossen werden, z. B. zum Stellen eines Signals oder einer Weiche, zum Schalten einer Blinklichtanlage u. a.

Schienenomnibus, durch Verbrennungsmotor angetriebener, leichter, zweiachsiger Triebwagen mit Sitzanordnung wie in Straßenomnibussen.

Schierke, Gem. im Bez. Magdeburg, am Brocken, 1200 Ew.; Kurort, Wintersportplatz.

Schierling der, Doldenblüter. 1) **Echter S. (Gefleckter S.),** sehr giftig durch Coniin. 2) **Wasser-S.,** giftig durch Cicutoxin. 3) **Garten-S. (Hundspetersilie),** ebenfalls giftig. Die **S.-Vergiftung** bewirkt u. a. Lähmungen, Schwindel, Krampfanfälle. Erste Hilfe: Erbrechen herbeiführen, künstl. Atmung. Arzt rufen!

Schierlingstanne, →Hemlocktanne. Die **Kanad. S.** ist in Europa Parkbaum.

Schiermonnikoog [sxˈiːrmɔnikoːx], westfries. Insel der Niederlande, 31 km², 800 Ew.; Seebad.

Schießbaumwolle, →Nitrocellulose.

Schießbecher, ⚔ Aufsatz auf dem Gewehr zum Verschießen von Gewehrgranaten.

Schießen. ⚔ Beim S. mit Gewehr, Pistole und leichtem MG. zielt der Schütze nach einem sichtbaren Ziel (direktes Schießen); Geschütze, schwere MG. u. a. schießen meist mit indirektem Richtverfahren aus verdeckter Stellung (indirektes Schießen). Die Entfernung wird geschätzt oder mit dem Entfernungsmesser gemessen oder nach der Karte festgestellt. Planschießen ist zulässig, wenn jede Beobachtung unmöglich ist.

Schießprügel, 1) im 15. Jahrh. ein Morgenstern mit einem Feuerrohr im Stiel. 2) verächtlich für: Gewehr.

Schießpulver, Schieß- und Sprengmittel, gehört zu den Explosivstoffen. **Schwarzpulver** besteht aus etwa 75 % Kaliumnitrat, 10 % Schwefel, 15 % Holzkohle. **Rauchschwache S.** sind Cellulose- und Stärkenitrate, die z. B. durch Lösung von Schießbaumwolle in Aceton, durch Mischen mit Nitroglycerin u. a. hergestellt werden.

Schießscharte, →Scharte 2).

Schießscheibe, →Scheibe 2).

Schießsport, eine Sportart mit Schußwaffen. Arten (Wettbewerbe): **Gewehr-**schießen (Luftgewehr 10 m, Zimmerstutzen 15 m, Kleinkalibergewehr 50 m, Scheibengewehr 100 m, Freigewehr 300 m), **Pistolenschießen** (Luftpistole 10 m, Schnellfeuer-, Sport-, Gebrauchs-, Standardpistole 25 m, Freie Pistole 50 m), **Wurftauben-, Bogen-** und **Armbrustschießen.** Der **Deutsche Schützenbund (DSB)** ist der Weltorganisation **Union Internationale de Tir (UIT),** beide Sitz in Wiesbaden, angeschlossen.

Schießstand, Scheibenstand, Anlage zum schul- oder sportmäßigen Schießen mit Handfeuerwaffen.

Schießstoffe, Explosivstoffe mit treibender Wirkung.

Schiff, 1) ein größeres Wasserfahrzeug zur Personen- und Güterbeförderung. Das Schwimmen eines S. beruht auf dem Archimedischen Prinzip (statischer →Auftrieb). Der Baustoff ist überwiegend Stahl. Die Grundlage des **S.-Körpers** bildet der in der Mittellinie verlaufende Kiel, der im Vorder- und Achtersteven endet. Quer zum Kiel verlaufen wie Rippenansätze die Bodenwrangen, die den aus Stahlplatten bestehenden Schiffsboden tragen. Er wird meist als Doppelboden ausgebildet, der in wasserdichte Abteilungen unterteilt ist, die als Behälter für Frischwasser, Wasserballast und flüssigen Brennstoff dienen. An die Bodenwrangen schließen seitlich die gebogenen Spanten aus Profilstahl

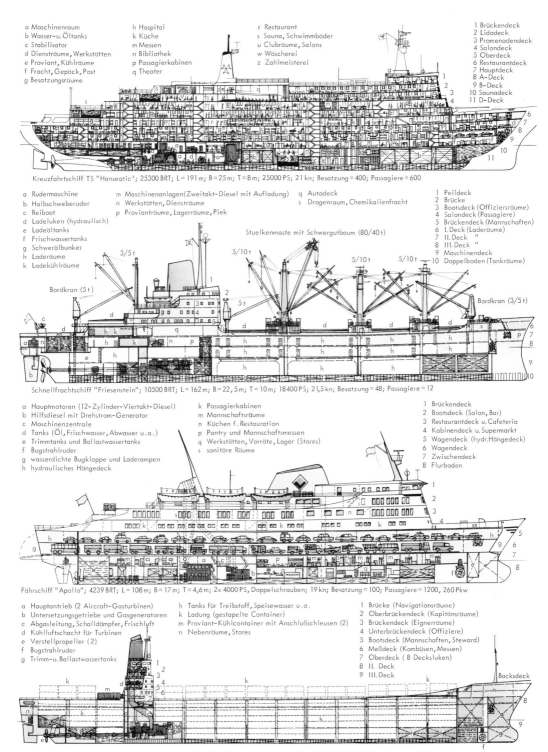

a Maschinenraum
b Wasser- u. Öltanks
c Stabilisator
d Diensträume, Werkstätten
e Proviant, Kühlräume
f Fracht, Gepäck, Post
g Besatzungsräume

h Hospital
k Küche
m Messen
n Bibliothek
p Passagierkabinen
q Theater

r Restaurant
s Sauna, Schwimmbäder
u Clubräume, Salons
w Wäscherei
z Zahlmeisterei

1 Brückendeck
2 Lidodeck
3 Promenadendeck
4 Salondeck
5 Oberdeck
6 Restaurantdeck
7 Hauptdeck
8 A-Deck
9 B-Deck
10 Saunadeck
11 D-Deck

Kreuzfahrtschiff TS "Hanseatic"; 25300 BRT; L = 191 m; B = 25 m; T = 8 m; 25000 PS; 21 kn; Besatzung = 400; Passagiere = 600

a Rudermaschine
b Halbschweberuder
c Beiboot
d Ladeluken (hydraulisch)
e Ladeöltanks
f Frischwassertanks
g Schwerölbunker
h Laderäume
k Ladekühlräume

m Maschinenanlagen (Zweitakt-Diesel mit Aufladung)
n Werkstätten, Diensträume
p Provianträume, Lagerräume, Piek

q Autodeck
s Drogenraum, Chemikalienfracht

1 Peildeck
2 Brücke
3 Bootsdeck (Offiziersräume)
4 Salondeck (Passagiere)
5 Brückendeck (Mannschaften)
6 I. Deck (Laderäume)
7 II. Deck   "
8 III. Deck "
9 Maschinendeck
10 Doppelboden (Tankräume)

Stuelkenmaste mit Schwergutbaum (80/40 t)

Bordkran (5 t)

Bordkran (3/5 t)

Schnellfrachtschiff "Friesenstein"; 10500 BRT; L = 162 m; B = 22,5 m; T = 10 m; 18400 PS; 21,5 kn; Besatzung = 48; Passagiere = 12

a Hauptmotoren (12-Zylinder-Viertakt-Diesel)
b Hilfsdiesel mit Drehstrom-Generator
c Maschinenzentrale
d Tanks (Öl, Frischwasser, Abwasser u.a.)
e Trimmtanks und Ballastwassertanks
f Bugstrahlruder
g wasserdichte Bugklappe und Laderampen
h hydraulisches Hängedeck

k Passagierkabinen
m Mannschaftsräume
n Küchen f. Restauration
p Pantry und Mannschaftsmessen
q Werkstätten, Vorräte, Lager (Stores)
s sanitäre Räume

1 Brückendeck
2 Bootsdeck (Salon, Bar)
3 Restaurantdeck u. Cafeteria
4 Kabinendeck u. Supermarkt
5 Wagendeck (hydr. Hängedeck)
6 Wagendeck
7 Zwischendeck
8 Flurboden

Fährschiff "Apollo"; 4239 BRT; L = 108 m; B = 17 m; T = 4,6 m; 2 × 4000 PS, Doppelschrauben, 19 kn; Besatzung = 100; Passagiere = 1200, 260 Pkw

a Hauptantrieb (2 Aircraft-Gasturbinen)
b Untersetzungsgetriebe und Gasgeneratoren
c Abgasleitung, Schalldämpfer, Frischluft
d Kühlluftschacht für Turbinen
e Verstellpropeller (2)
f Bugstrahlruder
g Trimm- u. Ballastwassertanks

h Tanks für Treibstoff, Speisewasser u.a.
k Ladung (gestapelte Container)
m Proviant-Kühlcontainer mit Anschlußschleusen (2)
n Nebenräume, Stores

1 Brücke (Navigationsräume)
2 Oberbrückendeck (Kapitänsräume)
3 Brückendeck (Eignerräume)
4 Unterbrückendeck (Offiziere)
5 Bootsdeck (Mannschaften, Steward)
6 Meßdeck (Kombüsen, Messen)
7 Oberdeck (8 Decksluken)
8 II. Deck
9 III. Deck

Backsdeck

Containerschiff "Euroliner"; L = 243 m; B = 30 m; T = 10 m; 2 vollautomatische Gasturbinen, 2 × 29700 PS; 26,4 kn; Besatzung = 24
Tragfähigkeit = 28 432 t = 816 Container, davon 544 unter Deck

an. Sie geben der mit ihnen verschweißten Außenhaut Form und Festigkeit. Den oberen Anschluß bildet das Hauptdeck (→Deck). Querwände aus Stahl unterteilen das S. in wasserdichte Abteilungen. Die Schottüren können bei Gefahr von der Komandobrücke aus geschlossen werden. Auf den oberen Decks stehen die Aufbauten und Deckshäuser. Die kaum mehr üblichen Komposit-S. haben metallene Spanten und Längsverbände, Außenhaut und Decks sind aus Holz. Das Stahl-S. hat eine verhältnismäßig dünne Blechhaut (Schiffsblech). Zum Antrieb dienen nur ausnahmsweise noch Kolbendampfmaschinen, sonst meist Dampfturbinen, Öl- (meist Diesel-)Motoren oder Gasturbinen. Bei S. mit Kernenergieantrieb wird der Dampf für die Antriebsmaschinen in einem Reaktor erzeugt. Die Antriebsmaschinen (Hauptmaschinen) treiben eine oder mehrere (bis zu vier) Schiffsschrauben. Die Geschwindigkeiten liegen für große S. (Fahrgast-S., Flugzeugträger) bei 33 bis 36 Knoten, Zerstörer erreichen 42, Gleitboote 50, Tragflächenboote 60 Knoten. Hilfsmaschinen treiben Speisewasser-, Kühlwasser-, Brennstoff-, Schmieröl-, Lenz-, Feuerlösch- und Trinkwasserpumpen, Lüfter, Stromerzeuger, Ladewinden, Anker- und Verholspille, Rudermaschinen u. a. Das S. wird von der Kommandobrücke aus geführt, gesteuert wird es durch das Ruder am Heck. Zum Festlegen des S. im freien Wasser dient der Anker, am Ufer wird es an Pollern vertäut. Zum Übernehmen und Löschen der Ladung dient das Ladegeschirr. Jedes Fahrgast-S. muß mit Schwimmwesten, Rettungsbooten und -flößen für jede an Bord befindl. Person ausgerüstet sein. Die Schiffsgröße wird technisch nach der Wasserverdrängung gemessen in t (1000 kg) oder engl. ts (1016 kg), betriebstechnisch nach dem Raumgehalt in Registertonnen (RT = 2,83 m³). Zu den Handels-S. zählen die Fracht-S., Fahrgast-S. (Passagier-S.), Tanker, Fischereifahrzeuge, Walfang-S. und Spezial-S., wie Fähr-S., Eisbrecher, Schlepper, Feuer-S., Bergungs-S., Kabelleger, Bagger, Leichter, Feuerlöschfahrzeuge u. a., nicht Sport-, Luxus-S. Der Schiffbau vollzieht sich in der Regel auf einer Werft. Nach dem →Stapellauf folgt der Innenausbau am Ausrüstungskai.

Bestand der Handelsflotten 1971
(1000 BRT)

Japan	30 509
Großbritannien	27 335
Norwegen	21 720
Verein. Staaten	16 266
Sowjetunion	16 194
Bundesrep. Dtl.	8 679
Italien	8 138
Frankreich	7 011
Niederlande	5 269
Schweden	4 978
Welt	247 203

Jungfernfahrt ist die erste, von der Reederei durchgeführte Fahrt des S. Der Schiffbau beschäftigte 1971 in der Bundesrep. Dtl. in 140 Betrieben 78 000 Arbeitskräfte; der Umsatz betrug 4340,8 Mill. DM.
Geschichte. Der Urtyp des S. ist der Einbaum. Aus ihm entstanden das Doppel- und Auslegerboot (Katamaran in Ozeanien) und schließlich das Kiel-S. mit Planken. Ruder-S. gab es auf den Flüssen Chinas bereits im 3. Jahrtsd. v. Chr., auf dem Nil unter den Pharaonen, ferner bei Phönikern und Griechen (Trieren). Das feste Steuerruder und der Kompaß boten die Voraussetzung für die Hochseetüchtigkeit der S. Im Mittelmeer wurden die geruderten Galeeren zu hoher Vollkommenheit durchgebildet, in Nord- und Westeuropa entstanden die Segelboote (Wikinger-S.), die sich über Hulken und Koggen zu den großen Segelschiffen (nach 1800) entwickelten. Die Entwicklung der Dampfschiffe begann Ende des 18. Jahrh. in Nordamerika und England mit Raddampfern (erste Atlantiküberquerung 1819). Die Schiffsschraube erfand 1826 der Österreicher Ressel. Mitte des 19. Jahrh. wurde Eisen und seit etwa 1880 Stahl als Schiffbaumaterial allgemein eingeführt, und mit der Vervollkommnung der Kolbendampfmaschinen trat ein rascher Aufstieg ein. Seit etwa 1900 dienen als Antriebsmaschinen zunehmend Dampfturbinen und Dieselmotoren. 2) langgestreckter Raumteil eines →Kirchenbaus. 3) ☆ großes Sternbild des Südhimmels, meist unterteilt in die Sternbilder Heck, Segel und Kiel.
Schiffahrt umfaßt die Handels-S. zur gewerbsmäßigen Beförderung von Personen und Gütern sowie die Kriegs-S. In der See-S. gibt es Große, Mittlere, Kleine Fahrt, Küsten-S. Große Fahrt umfaßt alle Weltmeere, Mittlere Fahrt alle europ. und nichteurop. Häfen des Mittel- und des Schwarzen Meers, Häfen der westafrikan. Küste nördl. von 12° n. Br. sowie Häfen auf den Kapverdischen, Kanarischen Inseln und Madeira. Kleine Fahrt umfaßt die Ostsee, die Nordsee bis 61° n. Br., den Englischen, Bristol- und St.-Georgs-Kanal, die Irische See einschl. der Clydehäfen. Die Küstenschiffahrt reicht von Kap Gris Nez bis zum Aggerkanal. Ferner→Binnenschiffahrt.
Träger der S. sind Reeder, Reedereien, der Staat. International schließen sich die Reeder, Reedereien zu Schiffahrtskonferenzen zusammen, um die Beförderungsbedingungen und Frachtraten zu regulieren.
Geschichte. Die S. reicht in die ältesten Zeiten der Kultur zurück (Felsbilder). Binnenschiffahrt ist für das 3. Jahrtausend v. Chr. in China und Ägypten bezeugt. Um 1000 v. Chr. beherrschten die Phönizier die Mittelmeerküsten und drangen bis in die Ostsee, nach Westafrika und Indien vor. Um 470 v. Chr. hatten die Griechen die Vorherrschaft im östl. Mittelmeer. In Nordeuropa unternahmen am Anfang des MA. die Normannen Fahrten nach Island, Grönland, Nordamerika (1001) und drangen auch in das Mittelmeer ein. Im späteren MA. blühte die S. der Venezianer und Genuesen, die mit ihren Galeeren die kostbaren Waren Indiens heranbrachten. In Nordeuropa lag die S. im 14.-16. Jahrh. in den Händen der Hanse. Zu Anfang des 15. Jahrh. begannen die Entdeckungsfahrten der Portugiesen (Afrika, Ostindien) und der Spanier (Kolumbus). Im 16. Jahrh. traten die Holländer auf den Plan. Ihre Seeherrschaft wurde von der Englands abgelöst (Navigationsakte, 1651). Englische Gesellschaften versahen als erste um 1840 einen regelmäßigen Dienst zwischen Europa und Amerika. Die Dampfschiffahrt brachte einen großen Aufschwung des See-Weltverkehrs. Seit 1962 gibt es atomkraftgetriebene Handelsschiffe.
Schiffahrtslinie, 1) eine regelmäßig befahrene Wasserstrecke. 2) eine Schiffahrtsgesellschaft.
Schiffahrtsrecht, die innerstaatl. Rechts-

SCHIFFAHRTSGESELLSCHAFTEN (Auswahl)

Staat, Schiffahrtsgesellschaft	Tonnage (1000 BRT) 1954/55	1969/70	Staat, Schiffahrtsgesellschaft	Tonnage (1000 BRT) 1954/55	1969/70
Bundesrep. Dtl.			**Italien**		
Egon Oldendorf, Lübeck, Hamburg	—	435	,Italia', Società per Azioni di Navigazione, Genua	296	309
Hapag-Lloyd AG., Hamburg, Bremen	228	860	Lloyd Triestino Società Anonima di Navigazione, Triest	191	210
Dt. Dem. Rep.			Società Finanziaria Marittima, Genua	—	693
VEB Deutsche Seereederei, Rostock	10[1]	726	**Norwegen**		
Großbritannien			Wilh. Wilhelmsen, Oslo/Tönsberg	394	728
Cunard-Brocklebank Ltd., London, Liverpool	477	432	**Sowjetunion**		
Ellerman Lines Ltd., London, Liverpool	611	311	Sovtorgflot, Moskau	2 517	14 200
Furness, Withy & Co. Ltd., London, Liverpool	678	352	**Kanada**		
The Ocean Steamship Co. Ltd., Liverpool	565	725	Canadian Pacific Steamship Ltd., Montreal	260	69
Peninsular & Oriental Steam Navigation Comp., London	456	481	**Vereinigte Staaten**		
Cayzer, Irvine & Co. Ltd., London (ehem. Union Castle)	426	596	Lykes Bros. Steamship Co. Inc., New York	559	410
Frankreich			Overseas Tankship Corp., New York	464	760
Compagnie des Messageries Maritimes, Paris	443	347	United States Lines Co., New York	457	384
Compagnie Générale Transatlantique, Paris	535	340	U. S. Maritime Commission, Washington	14 114	12 000
Niederlande			**Argentinien**		
Nederlandsch-Amerikaansche Stoomvaart Maatschappij N. V. (ehem. Holland-Amerika-Lijn), Rotterdam	327	262	Argentin. Regierung, Buenos Aires	510	348
Koninklijke Java-China Paketvaart Lijnen N. V., Amsterdam (Teil der NSU)			**Brasilien**		
Nederlandse Sheepvaart Unie	—	421	Lloyd Brasilieiro Patrimonio Nacional, Rio de Janeiro	372	29
			China		
			China Merchant Steam Navigation Co., Taipeh (Formosa, Taiwan)	211	134
			Volksrep. China, Peking, Schanghai	—	815
			Japan		
			Nippon Yusen Kaisha (NYK), Tokio	190	2 085
			Nippon Suisan Kaisha (OSK), Tokio	—	184

[1]) 1955.

vorschriften zur Regelung der Schiffahrt sowie das auf den allgemeinen Grundsätzen des Völkerrechts und auf Schifffahrtsverträgen beruhende internationale öffentl. →Seerecht (**Seeakte**).

Schiffbruch, der Verlust eines Schiffes durch schwere Beschädigung.

Schiffchen, 1) bei der Nähmaschine der Teil, der den Unterfaden durch die Schlinge des Oberfadens führt. **2)** bei Webmaschinen der Schützen, der den Schußfaden in das von den Kettfäden gebildete Fach einträgt. **3)** ⚘ Blütenteil der Schmetterlingsblüter.

Schiffer, der Führer eines Schiffes (Schiffskapitän); in der Binnenschiffahrt auch der Schiffseigner.

Schifferstadt, Stadt in Rheinl.-Pfalz, in der Rheinebene, 18 000 Ew.; Textil-, Tabak-, Metallindustrie.

Schiffsartillerie, die Artillerie auf Kriegsschiffen: schwere S. (Kaliber 20 bis über 40 cm), mittlere S. (12-20 cm, Hauptwaffe der Kreuzer und Zerstörer) und leichte S. (schwere und leichte Flak u. a.).

Schiffsbohrwurm, →Bohrmuscheln.

Schiffsboot, →Nautilus.

Schiffsbrief, ⚓ Urkunde über die Eintragung eines Binnenschiffs in das Schiffsregister.

Schiffsbrücke, eine von Pontons getragene schwimmende Brücke.

Schiffs eichung, amtl. Feststellung des Verhältnisses an Schiffen Ladungsmenge und Eintauchtiefe eines Binnenschiffes.

Schiffseigner, ⚓ der Eigentümer eines Binnenschiffs.

Schiffsgrab, Form der Totenbestattung: in Schiffen (Wikinger), schiffsförmigen Steinsetzungen (N-Europa, Bornholm) oder bootförmigen Grabbauten (Balearen).

Schiffshalter, einzige Familie der Kopfsauger mit schildförm. Saugscheibe auf dem Kopf; saugen sich an Felsen, Schiffen, Haifischen fest (bis 1 m lang).

Schiffshebewerk, Bauwerk zur Überwindung größerer Höhenunterschiede in einem Schiffahrtskanal: Das Schiff gleitet in einen mit Wasser gefüllten Stahltrog,

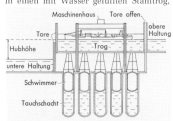

Schiffshebewerk (Schema)

der in einem stählernen Gerüst oder auf einer schiefen Ebene auf und ab gleiten kann. Der Trog wird durch Drahtseile mit Gegengewichten oder durch Schwimmer bewegt.

Schiffshypothek, ⚓ das Pfandrecht an einem in das Schiffsregister eingetragenen Schiff (Schiffspfandrecht), geregelt im Schiffsges. v. 15. 11. 1940.

Schiffsingenieur, im Maschinendienst tätiger Schiffsoffizier (gehobener Seemaschinist).

Schiffsjunge, ein junger Seemann im 1. Ausbildungsjahr.

Schiffsklassifikation, Einteilung der Handelsschiffe nach ihrer Seetüchtigkeit in Klassen.

Schiffsmakler, Schiffsklarierer, ein Makler, der Schiffsraum, Ladungen, Liegeplätze usw. vermittelt.

Schiffspapiere, an Bord eines Schiffes mitzuführende Papiere, die über Schiff, Besatzung, Fahrgäste, Ladung, Fahrt Auskunft geben.

Schiffspfandrecht, die →Schiffshypothek.

Schiffsregister, ein öffentl., bei den AGer. geführtes Register, das über Rechts-

verhältnisse an Schiffen Auskunft gibt (z. B. über Eigentümer, Schiffshypotheken).

Schiffsschraube, Schiffspropeller, das meist verwendete Antriebsmittel für Schiffe, besteht aus zwei bis fünf, beim **Verstellpropeller** verstellbaren Flügeln auf einer Nabe. Die Flügel bilden Ausschnitte aus Schraubenflächen.

Schiffssicherheitsvertrag, das 1948 in London von etwa 40 Staaten geschlossene Abkommen über Bau und Ausrüstung der Seeschiffe, Rettungsmittel, Sicherheit der Seefahrt u. a. Die Bundesrep. Dtl. trat dem S. am 22. 12. 1953 bei.

Schiffssicherheitszeugnis, Fahrterlaubnisschein, der den Schiffen von der See-Berufsgenossenschaft ausgehändigt wird, wenn sie in Seetüchtigkeit, Bemannung, Ausrüstung usw. den Vorschriften der Genossenschaft entsprechen.

Schiffstagebuch, Journal, →Logbuch.

Schiffszertifikat, die Urkunde über die Eintragung eines Seeschiffs in das Schiffsregister.

Schiḡ atse, Stadt in Tibet, 3600 m ü. M., rd. 20 000 Ew., lamaist. Kloster.

Schigemitsu, Mamoru, japan. Politiker, * 1887, † 1957, war seit 1943 Außenmin., unterzeichnete 1945 die Kapitulation Japans, wurde als Kriegsverbrecher verurteilt, 1950 entlassen, 1954-56 wieder Außenminister.

Schi iten [von arab. schi'at 'Ali ‚Partei Alis'], eine der beiden Hauptkonfessionen des Islams, die im Unterschied von den →Sunniten Ali und seine Nachkommen aus der Ehe mit der Prophetentochter Fatima als die allein berechtigten Leiter der Gesamtgemeinde anerkennt. Die S. sind gespalten in Saiditen, Ismailiten, Imamiten u. a.

Schik ane [frz.] *die,* kleinliche Bosheit; ⚓ der Rechtsgebrauch, der nur zu dem Zweck vorgenommen wird, einen anderen zu schädigen. Er ist nach § 226 BGB. verboten und macht schadenersatzpflichtig, wenn das Verhalten gegen die guten Sitten verstößt (§ 826 BGB.).

Schikan eder, Emanuel, Bühnenleiter und Theaterdichter, * 1751, † 1812, gründete in Wien das Theater an der Wien, schrieb den Text zu Mozarts ‚Zauberflöte'.

schikan ieren [frz.], jemanden plagen, Schwierigkeiten bereiten, quälen, ärgern.

Schikiach-Wang, Hauptstadt der Prov. Hopei, China, rd. 600 000 Ew., Textil- u. a. Industrie.

Schi-king [‚Buch der Lieder'], älteste chines. lyr. Sammlung; die Lieder entstammen durchweg dem 9.-6. Jahrh. v. Chr.

Schikoku, Shikoku, Sikoku [‚Vierlande'], die kleinste der 4 Hauptinseln Japans, 18 766 km², rd. 4 Mill. Ew.

Schi ikoree, der →Chicorée.

Schild *der,* **1)** am linken Arm getragene Schutzwaffe (Holz, Flechtwerk, Leder, Metall). **2)** ⚔ Schutzplatte, bes. an Geschützen. **3)** Sternbild der Äquatorzone. *das* **S. 1)** 🐢 schildförmige Platte am Krebsen, Insekten, Schildkröten. **2)** Schulterfell des männlichen Wildschweins; auffälliges Brustgefieder der männl. Auerund Feldhühner.

Schildblatt, ein kaliforn. Steinbrechgewächs mit rhabarberähnl. Blättern und roten Blüten auf hohem Schaft; Zierstaude.

Schildblume, latein. **Aspidistra,** japan. Liliengewächs mit braungelben, halb in der Erde steckenden Tulpenblüten und dem Boden aufliegendem Wurzelstock.

Schildbürger, in der Ausgabe des →Lalebuchs von 1598 die Bewohner von Schilda (Schildau im Kr. Torgau?); danach **Schildbürgerstreiche,** Narrenstreiche.

Schilddrüse, ⚕ 🐢 Drüse mit innerer Sekretion, am Hals, vor dem Kehlkopf. Ihr wichtigstes Hormon, das Thyroxin, hebt den Stoffwechsel. Übermäßige Tätigkeit

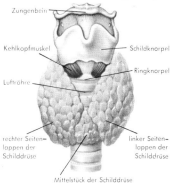

Schilddrüse und Nachbarorgane

der S., meist mit Kropfbildung verbunden, bewirkt Basedowsche Krankheit, verminderte oder fehlende Tätigkeit Fettsucht, Myxödem, Kretinismus.

Schilderhaus, Schutzhäuschen für den Wachtposten.

Schildfarn, Gattung der Tüpfelfarne, mit schildförmigen Schleiern über den Sporenhäufchen; z. B. Wurmfarn.

Schildknorpel, schildförmige Knorpelplatte am Kehlkopf.

Schildkröten, Ordnung der Kriechtiere mit urtüml. Schädel und zahnlosen, mit Hornschneiden bedeckten Kiefern (Schnabel). Der knöcherne, aus einem gewölbten Rücken- und einem flachen Bauchteil bestehende Panzer ist Teil des Skeletts und meist mit Hornplatten bedeckt. Die landbewohnenden S. leben hauptsächlich von pflanzl., die wasserbewohnenden von tier. Nahrung. Die Eier werden in Sandgruben eingescharrt, aus denen die Jungen ohne Brutpflege schlüpfen. Die Unterordnung der **Halsberger,** die unter Einkrümmen der Halswirbelsäule den Kopf in den schlauchartigen Hals einstülpen können, umfaßt: die Landschildkröten mit der Griech. und der Maurischen Land-S., plumpen Pflanzenfressern, denen die süßwasserbewohnenden Schmuckschildkröten der Neuen Welt, mit schön gezeichneten Panzer, und die ebenfalls im Süßwasser lebenden, bis 25 cm langen, Pflanzen und Kleintiere fressenden Sumpf- oder Teichschildkröten der Alten Welt nahestehen; die Seeschildkröten mit der 1,4 m großen und 500 kg schweren Suppenschildkröte, deren Fleisch zu Suppe dient, der Karette und der 2 m langen und über 600 kg schweren Lederschildkröte, deren Knochenpanzer eine lederartige Haut trägt; die ebenfalls

Schildkröten: links Sumpfschildkröte; rechts Rotwangen-Schmuckschildkröte

eine Lederhaut über dem Knochenpanzer tragenden Weichschildkröten, deren Schnauze in einen fleischigen Rüssel ausläuft, mit den Lippenschildkröten, deren Kiefer Lippen tragen, und den ind. Klappenschildkröten, deren Hinterbeine von häutigen Klappen des Bauchpanzers geschützt sind. Die S. der Unterordnung **Halswender** können Kopf und Hals nur seitlich unter den Panzer legen; zu ihnen gehören z. B. die austral. Schlangenhalsschildkröten mit über körperlangem Hals und die südamerikan., bis 40 cm lange Matamata mit Hautfransen an Kopf und Hals.

Schildläuse, Pflanzenläuse; die schildförmigen Weibchen sind flügellos. Sie saugen sich auf Pflanzen fest, von deren Saft sie leben. Viele Arten sind schädlich, so Kommalaus, San-José-S.; andere nützen, z. B. Lack-S., Koschenille.

Schildottern, die Hutschlangen.

Schildpatt *das*, getrocknete Hornplatten vom Panzer der Karettschildkröte; für Kämme, Brillen, Knöpfe u. dgl.

Schildwache, ⚔ Wachtposten.

Schilf, grasförmige Arten der auch ‚Rohr‘ genannten Pflanzen. **S.-Rohr,** auf feuchtem Boden, bis 4 m hoch, mit bräunl. Rispe.

Schilf|**lilie,** die Gelbe Schwertlilie.

Schill, Ferdinand von, preuß. Offizier, * 1776, † 1809, trat 1806/07 bei der Verteidigung Kolbergs hervor, schlug 1809 bei der Erhebung Österreichs gegen Napoleon auf eigene Faust mit seinen Husaren los. S. fiel in Stralsund im Straßenkampf.

Schillebold *der,* Insekt, die Libelle.

Schiller, 1) Friedrich von (geadelt 1802), Dichter, * Marbach (Württ.) 10. 11. 1759, † Weimar 9. 5. 1805, besuchte als Sohn des Militärwundarztes Joh. Caspar S. (1723 bis 1796) auf Befehl des Herzogs Karl Eugen die Militärakademie (→Karlsschule), studierte die Rechte, seit 1775 Medizin, wurde 1780 Regimentsmedikus in Stuttgart. 1782 errang sein Schauspiel ‚Die Räuber‘ in Mannheim überwältigenden Erfolg. 1782 floh S. mit dem Musikus Andreas Streicher aus Stuttgart, hielt sich in Oggersheim auf, wo er das Trauerspiel ‚Die Verschwörung des Fiesko zu Genua‘ vollendete, und auf dem Wolzogenschen Gut in Bauerbach bei Meiningen; hier arbeitete er an dem bürgerlichen Trauerspiel ‚Kabale und Liebe‘ (1784); 1783/84 war er Theaterdichter am Mannheimer Theater. Vergeblich suchte er durch Gründung einer Zeitschrift (‚Rheinische Thalia‘) seine wirtschaftl. Lage zu bessern. Im April 1785 kam er auf Einladung von Christian G. Körner und anderen sächs. Freunden nach Leipzig; er folgte Körner noch im gleichen Jahr nach Dresden. Im Drama ‚Don Carlos‘ (1787) spiegelt sich der Übergang von S.s Sturm-und-Drangzeit zur klassischen Schaffensperiode, die auf die Bestimmung und ‚großen Gegenstände‘ der Menschheit gerichtet ist. 1787 übersiedelte er nach Weimar. Mit der ‚Geschichte des Abfalls der vereinigten Niederlande‘ (1788) und der ‚Geschichte des Dreißigjähr. Krieges‘ (1791-93) trat er als Geschichtsschreiber hervor. 1789 war er zum unbesoldeten Prof. der Geschichte und Philosophie in Jena ernannt worden, 1790 heiratete er Charlotte von Lengefeld (1766-1826). 1791 ermöglichte ein dän. Stipendium philosoph. Arbeiten. Im Juli 1794 führte eine Unterredung über die ‚Urpflanze‘ zur Annäherung zwischen Goethe und S. Ein intensiver geistiger Austausch war die Folge (Briefwechsel zwischen S. und Goethe). 1795-97 gab S. die ‚Horen‘ heraus, die bedeutendste Zeitschrift der Klassikerzeit. Nachdem S. in ästhet. Schriften (‚Briefe über die ästhet. Erziehung des Menschen‘, 1795) Wesen und Wirkung des Schönen und seinen Zusammenhang mit dem Guten ergründet hatte, wandte er sich wieder philosoph. Gedichte (‚Das Ideal und das Leben‘, ‚Der Spaziergang‘) wieder der Dichtung zu. Gemeinsam mit Goethe unternahm er den epigrammat. Feldzug der →Xenien. Die Ge-

Schiller (Gemälde von A. Graff, 1786)

meinsamkeit des Schaffens setzte sich im ‚Balladenjahr‘ 1797 fort (‚Der Taucher‘, ‚Die Kraniche des Ibykus‘; 1798: ‚Der Kampf mit dem Drachen‘, ‚Die Bürgschaft‘; 1799: ‚Das Lied von der Glocke‘). Nachdem S. bereits seit der schweren Erkrankung 1791 sein Lehramt aufgegeben hatte, siedelte er 1799 nach Weimar über. Nach dem Abschluß seiner vieljährigen Arbeit am Wallensteinstoff (1799) vollendete er nahezu Jahr für Jahr ein neues Drama: ‚Maria Stuart‘ (1800), ‚Die Jungfrau von Orléans‘ (1801), ‚Die Braut von Messina‘ (1803), ‚Wilhelm Tell‘ (1804). Daneben übersetzte er Shakespeares ‚Macbeth‘ (1800), Racines ‚Phädra‘ (1805) u. a. 1805 überwältigte ihn der Tod während der Arbeit am ‚Demetrius‘.

S.s Ideendramen verherrlichen die sittliche Freiheit, die den Menschen, der an ihr festhält, noch im Untergang siegen läßt. In seinen lyr. und dramat. Werk zeigt sich die sittl. Unbedingtheit, der Geist- und Menschheitsglauben des Dt. Idealismus. Im 19. Jahrh. ist S. der eigentliche dt. Nationaldichter geworden. Es folgte eine Zeit, in der S.s rhetorisch-pathet. Kunst z. T. scharf kritisiert wurde. Erst in neuester Zeit wird die Bedeutung des Dichters und Denkers S. wieder gerechter gewürdigt. - Viele Ausgaben seiner Werke.

2) Karl, Politiker, * 1911, Prof., 1946-72 Mitgl. der SPD, 1948 bis 1953 Senator für Wirtschaft und Verkehr in Hamburg, 1961 bis 1965 Senator für Wirtschaft in Berlin; seit 1966 Bundeswirtschaftsmin., 1971 zugleich Finanzminister. 1972 trat er von beiden Ämtern zurück. (Bild S. 1088)

Schillerfalter, Tagschmetterlinge, Männchen blauschillernd.

Schillergesellschaft, Deutsche S., aus dem 1895 gegr. **Schwäb. Schillerverein** hervorgegangen; Sitz Marbach a. N., Stuttgart; verwaltet das →Schiller-Nationalmuseum.

Schillerkragen, ein offener Hemdkragen.

Schiller-Nationalmuseum, Deutsches Literatur-Archiv, Marbach a. N., 1903 vom Schwäb. Schillerverein errichtet, enthält als größtes dt. Literaturarchiv der Bundesrep. Dtl. neben Dokumenten und Manuskripten von Schiller Handschriftensammlungen vieler Dichter und Philosophen.

Schillerpreis, Schiller-Gedächtnispreis des Landes Baden-Württemberg, 1955 gestiftet; Ehrenpreise (alle 3 Jahre) von 15 000 DM und Fördergaben von zweimal 7500 DM. **Schillerpreis der Stadt Mannheim,** seit 1954, 10 000 DM (alle 2 Jahre).

Schillerstiftung, Deutsche S., gegr. 1859, zur Unterstützung dt. Schriftsteller und ihrer Hinterbliebenen, verlor 1945 ihr Vermögen. **Dt. Friedrich S. e. V.,** neu gegr. 1953 in Berlin (West).

Schilling, 1) nach der Münzordnung Karls d. Gr. = ¹⁄₂₀ Pfund Silber = 12 Pfennig, nach dem Reichsmünzfuß von 1559 = ¹⁄₃₂ Taler, später stark entwertet. **2)** in Großbritannien →Shilling. **3)** 1924-38 und seit 1945 österreich. Währungseinheit, 1 S. = 100 Groschen.

Schilling, 1) Diebold, schweizer. Geschichtsschreiber, † 1485; Berner Stadtchronik mit Bildern (1478-84).

2) Diebold, Neffe von 1), * um 1460, † um 1520; Luzerner Chronik (Schweizer Chronik) mit Bildern.

3) Johannes, Bildhauer, * 1828, † 1910, schuf 1877-83 das Niederwalddenkmal.

Schillings, Max von, Komponist, * 1868, † 1933, Opern (Mona Lisa, 1915), Orchester-, Kammermusik.

Schillong, Shillong, Hauptstadt von Assam und Meghalaya, Indien, 1500 m ü. M., Höhenkurort, 102 400 Ew.

Schiltigheim, Stadt im Dép. Bas-Rhin, Frankreich (Unterelsaß), 29 300 Ew.; Maschinen-, Nahrungsmittelindustrie.

Schim'äre, → Chimäre.

Schimisu, Shimizu, japan. Hafenstadt in der Prov. Schidsuoka, 226 000 Ew.; Werft, Erdölraffinerie.

Schimmel *der,* 1) von →Schimmelpilzen gebildeter Überzug. 2) weißes oder teilweise weißhaariges Pferd, z. B. Apfel-, Grauschimmel.

Schimmelpfeng, Auskunftei W. S. Deutsche Auskunftei GmbH., Hamburg und Frankfurt a. M., für Handelsauskünfte, Marktuntersuchungen, Inkasso im In- und Ausland, gegr. 1872 von Wilhelm S.

Schimmelpilze, verschiedene Pilze, die watteähnliche Überzüge auf pflanzl. und tierischen Stoffen erzeugen, z. T. auch als Schmarotzer in Mensch und Tier Pilzkrankheiten (Mykosen) erregen. Manche S. liefern Antibiotica (z. B. Penicillium).

Schimmelreiter, in der dt. Volkssage geisterhaftes Wesen auf einem Pferd mit drei Beinen.

Schimonoseki, amtl. **Shimonoseki,** Hafenstadt in Japan am W-Ende der Insel Honschu, an der Straße von S., 277 000 Ew.; Tunnelverbindung nach Kitakiuschu, Schiff-, Maschinenbau.

Schimp'anse *der,* afrikan. Menschenaffe; das Männchen bis 1,70 m, die Weibchen bis 1,30 m groß, mit schwarzem bis schwarzbraunem Fell. S. stehen im Verhalten dem Menschen am nächsten, leben gesellig und sind, wie bes. die Versuche W. Köhlers zeigten, zu einsichtigem Verhalten und zum Herstellen einfachster Werkzeuge befähigt.

Schimpanse

Sch'indel, schmales, dünnes Brettchen zum Decken von Dächern und Verkleiden von Wänden.

Schinder der, →Abdecker.

Schinderhannes, eigentlich Johann Bückler, * 1783, Räuberhauptmann in den Rheinlanden, 1803 in Mainz enthauptet.

Schinkel, Karl Friedrich, Baumeister und Maler, * 1781, † 1841, Schüler F. Gillys, dann in Italien, anfänglich vor allem Maler (romant. Landschaften, oft mit got. Kirchen, Bühnenbilder), baute in einem harmonisch klaren, aus der Antike entwickelten Stil, in dem die dt. Klassik in der Baukunst ihren reinsten Ausdruck fand: Neue Wache (1817/18), Schauspielhaus (1818-24), Altes Museum (1822-30) in Berlin, Nikolaikirche (1830-37) in Potsdam. Gleichzeitig baute er auch gotisch: Werdersche Kirche, Berlin (1821-31).

Schinto'ismus, die japan. Nationalreligion. Gottheiten sind Naturkräfte, Berge, Flüsse, Seen, Tiere, Bäume, Sonne, Mond, dann auch Ahnen und Helden; damit hängt der Kult des Kaisers zusammen, dessen Erbfolgelinie bis auf die Sonnengöttin Amaterasu zurückgeführt wird.

Schinznach-Bad, Bad im Kt. Aargau, Schweiz, 1200 Ew., Schwefelthermen.

Schiphol [sxiph'ɔl], der Flughafen von Amsterdam.

Sch'ipkapaß, wichtigster Paß über den Balkan in Bulgarien, von Gabrowo nach Kasanlik, 1333 m hoch. - Im Russisch-Türk. Krieg 1877/78 schwer umkämpft.

Schippe, 1) Schaufel. **2)** im Kartenspiel: Pik.

Sch'irach, Baldur von, nat.-soz. Politiker, * 1907, wurde 1931 Reichsjugendführer der NSDAP, 1933-40 Jugendführer des Dt. Reiches, 1940-45 Gauleiter von Wien; 1946 bis 1966 in Spandau inhaftiert.

Schir'as, Provinzhauptstadt in Iran, 270 000 Ew., Moscheen, Gräber der Dichter Hafis und Saadi, Herstellung von Rosenwasser, Teppichen, Silberarbeiten, Keramik; auch moderne Industrie.

Sch'ire, Shire, Nebenfluß des Sambesi, der Abfluß des Njassasees, 600 km lang.

Schirm, 1) tragbarer oder ortsfester Schutz gegen Sonne oder Regen (Sonnen-S., Regen-S.). **2)** →Leuchtschirm.

Schirmer, 1) Johann Wilhelm, * 1807, † 1863, malte italien. und deutsche Ideallandschaften, oft mit biblischer Staffage.
2) Walter, Anglist, * 1888, ,Gesch. der engl. und amerikan. Lit.' (1937).

Schirmlinge, weißsporige Blätterpilze mit Stielring; z. B. Parasolpilz.

Schirmpalmen, 1) Fächerpalmen, z. B. Livistone, **2)** die indones. Talipotpalme.

Schirmquallen, ⚕ die Scheibenquallen.

Schir'okko der, italien. **Scirocco,** warmer Wind im Mittelmeergebiet aus S-Richtung, bringt aus der Sahara oft Sand und Staub mit; arabisch **Samum,** in Libyen **Gibli,** in Ägypten und Palästina **Chamsin.**

Sch'irrmann, Richard, * 1874, † 1961, gründete 1909 in Altena die 1. Jugendherberge.

Schirting, Shirting [ʃ'ɔːtiŋ, engl.] der, kräftiger, leinwandbindiger Baumwoll- und Zellwollstoff für Hemden, appretiert als Futterstoff und für Buchbinderzwecke.

Sch'isma [grch. ,Spaltung'] das, -s/... men, Kirchenspaltung; beim **großen abendländ. S.** (1378 bis 1417) standen 2, später 3 Päpste gegeneinander. **Schism'atiker,** Anhänger einer von der Kirche abgespaltenen Richtung; nach kath. Auffassung ein Getaufter, der dem Papst nicht gehorchen oder sich nicht der kath. Gemeinschaft einordnen will.

Schit'omir, Stadt in Wolhynien, Ukrain. SSR, 161 000 Ew., vielseitige Industrie.

Sch'ivelbein, poln. **Swidwin,** Stadt in Pommern, an der Rega, 11 800 (1939: 9700) Ew.; Marienkirche (14. Jahrh.), Ordensschloß (1382-1455). Seit 1945 unter poln. Verwaltung.

Sch'iwa, ein Hauptgott des Hinduismus, Gott der Zerstörung, auch Heilsbringer.

Schiwkow [ʒ'ifkof], Todor, bulgar. Poli-

tiker, * 1911, seit 1962 Ministerpräsident.

schizog'en, durch Spaltung entstanden.

schizo'id [grch.], ein der Schizophrenie ähnlicher Seelenzustand.

Schizophren'ie [grch.] die, Gruppe verschiedenartiger Krankheitszustände: **1) Hebephrenie (Jugendirresein),** in der Jugend beginnend, rasch zur Verblödung führend. **2) Katatonie (Spannungsirresein),** mit Bewegungsstörungen. **3) paranoide S.,** mit Wahn und Bewußtseinstäuschung. Behandlung der S.: Schock, künstl. Winterschlaf.

schizoth'ym [grch.], dem schizoiden Zustand ähnliche Verfassung im Bereich des Normalen.

Schizuoka, →Schidsuoka.

Schjelderup [ʃ'el-], Gerhard, norweg. Komponist, * 1859, † 1933, Opern, Orchester-, Kammermusik, Lieder.

Schkeuditz, Stadt im Bez. Leipzig, 16 400 Ew.; Rauchwaren- u. a. Ind., Flughafen Leipzig-S.

Schkipet'aren, Shqipt'ar, eigener Name der Albaner.

Schk'opau, Gem. im Bez. Halle, 5800 Ew.; Bunawerk.

Schlacht, große Kampfhandlung, die durch ihren Ausgang die Kriegslage entscheidend beeinflußt.

Schlachta [von ahd. slachta ,Geschlecht'] die, poln. **Szlachta,** der ehemalige poln. Adel. Die **Schlachtschitzen** waren im 14. bis 18. Jahrh. die herrschende Schicht.

Schlachtenbummler, Zivilist als Zuschauer bei Manövern u. a., ⚔ Zuschauer, der mit einer Mannschaft oder einzelnen Kämpfern zu anderen Wettkampforten reist.

Schlachtgewicht, Gewicht geschlachteten Viehs ohne Haut, Eingeweide, Füße.

Schlachthof, Schlachthaus, öffentl. Einrichtung zum Schlachten von Vieh und zur Bearbeitung des Fleisches unter behördl. und tierärztl. Aufsicht, mit Viehhof, Schlachthallen, Kühlhäusern, Seuchenhof u. a.

Schlachtordnung, ⚔ früher die taktische Gliederung zum Kampf.

Schlachtschiff, stark gepanzertes Kriegsschiff, Nachfolger des Linienschiffs.

Schlachtsteuer, im 19. Jahrh. und 1934 bis 1942 erhobene Verbrauchsteuer auf Schlachttiere und Fleischwaren.

Schlachttierbeschau, die Fleischbeschau.

Schlachtviehversicherung deckt den durch amtliche Beanstandung bei der Fleischbeschau entstandenen Schaden.

Schlacke, 1) aus dem Schmelzfluß erhärtete Metalloxide, -silicate, -phosphate u. a. Metallverbindungen, die bei den Metallverhüttung, Koksverbrennung usw. entstehen. Verwendung für Baustoffe (**S.-Steine, S.-Wolle**), Düngemittel (Thomasmehl) u. a. **2)** ♃ unverdaul. Nahrungsteile.

Schlackenkost, eine an un- oder schwerverdaulichen Stoffen reiche Nahrung.

Schladming, Kurort in Steiermark, Österreich, an der Enns, 3400 Ew.

Schlaf, ein natürlicher Zustand herabgesetzten Bewußtseins, der die im Wachzustand eingetretene Ermüdung beseitigt; er wird vom **Schlafzentrum** im Zwischenhirn ausgelöst. S.-Bedürfnis, S.-Zeiten, S.-Dauer wechseln je nach Lebensalter, Beruf, Klima u. a. - Zur **Schlafbehandlung (Heil-S.)** dient der künstl. Winterschlaf. - Manche Tiere halten außer dem nächtl. S. einen jahreszeitlich bedingten **Winter-S.** oder, während trop. Trockenzeiten, einen **Sommer-S.** Als **Pflanzen-S.** wird licht- oder temperaturbedingtes Zusammenlegen (**S.-Bewegung**) von Laub- und Blütenblättern bezeichnet.

Schlaf, Johannes, Schriftsteller, * 1862, † 1941, schrieb mit Arno Holz Dichtungen im Sinne eines ,konsequenten Naturalismus' (Drama ,Die Familie Selicke', 1890).

Schlafapfel, ⚕→Gallen.

Schläfe, die Gegend über dem Schläfenbein; dieses enthält in der Schläfenbein-

pyramide das innere Ohr und das Mittelohr.

Schlafkrankheit, 1) Trypanosomiasis, Infektionskrankheit im trop. Afrika, erregt von Geißeltierchen (Trypanosomen). **2) europäische S.,** ,Schlafgrippe', epidemische Gehirnentzündung.

Schlaflosigkeit, zu kurze Dauer oder zu geringe Tiefe des Schlafes. **Schlafstörungen** sind oft seelisch bedingt, auch durch Genußmittelmißbrauch, Schmerzen u. a. Behandlung je nach Ursache.

Schlafmäuse, baumbewohnende Nagetiere mit Winterschlaf (**Schläfer,** Bilche); z. B. **Baumschläfer** im östl. Europa; **Gartenschläfer** (bis 12 cm lang); **Siebenschläfer**

Schlafmäuse: Haselmaus

(mit Schwanz 29 cm), hellgrau, oft in Vogelnistkästchen; **Haselmaus,** gelbrötlich mit mäßig behaartem Schwanz.

Schlafmittel. S. mit rasch einsetzender und etwa 3-4stündiger Wirkungsdauer heißen **Einschlafmittel,** solche mit 7-8stündiger **Durchschlafmittel** mit noch längerer Wirkung **Dauer-S.** Als S. dienen z. B. Abkömmlinge der Barbitursäure. Mißbrauch kann zu **S.-Sucht** führen.

Schlafsucht, Folge einer Störung des Schlafzentrums (→Schlaf), bes. bei Gehirnschädigungen.

Schlaftrunkenheit, kurzdauernde Verwirrtheit nach plötzl. Erwachen.

Schlafwagen, Eisenbahnwagen mit Schlafabteilen für 1-3 Personen. **Liegewagen** haben Abteile mit 6 Liegeplätzen.

Schlafwandeln, Nachtwandeln (,Mondsucht'), kann bei übererregbaren Jugendlichen auftreten, ist harmlos; →Somnambulismus.

Schlag, 1) flächenweise erfolgender Kahlabtrieb eines Baumbestandes, auch die Fläche selbst. **2)** Fruchtfolge-S., jedes Glied einer Fruchtfolge, z. B. der Hackfrucht-S. **3)** ♘ Stich, Knoten, Tauschlinge; Strecke zwischen zwei Wendungen beim Kreuzen. **4)** ⚔ beim Tennis, Golf u. a. das Treiben des Balls mit dem Schläger; beim Boxen der Hieb (Stoß) mit der Faust; beim Schwimmen die Arm- und Beinarbeit; beim Rudern eine einzelne Phase (Takt) des Rudervorgangs. **5)** alle Individuen einer Haustierrasse, die örtlich bedingte Eigentümlichkeiten aufweist. **6)** die doppelte Abweichung eines umlaufenden Maschinenteils vom Drehpunkt (**Radial-S.**) oder von der Drehebene (**Axial-S.**).

Schlagadern, die Arterien (→Adern).

Schlaganfall, griech. **Apoplex'ie,** plötzlich auftretende, meist mit Bewußtseinsverlust und Lähmungen verbundene Ausschaltung von Hirnteilen (**Gehirnschlag**).

Schlagball, Ballspiel zwischen zwei Parteien zu je 12 Spielern. Die Schlag- (oder Läufer-)Partei schlägt einen kleinen Ledervollball mit dem Schlagholz aus dem Schlagmal heraus, die Fangpartei sucht ihn aufzufangen und ins Mal zurückzuwerfen. Die Spieler der Schlagpartei können sich einen weiteren Schlag durch einen Lauf ans Mal verschaffen, was die Fänger durch Abwerfen mit dem Ball zu verhindern suchen.

Schlagmaschine, ein in hartem Gestein benutztes Bohrgerät zur Herstellung von Kleinkaliberbohrlöchern.

Schlagbolzen, Teil des Verschlusses bei Feuerwaffen, bringt die Patrone (Kartusche) zur Zündung.

Schlägel, Fäustel, der Hammer des Bergmanns.

Schlager, ein leicht eingängiges, oft gefühlsseliges Gesangsstück ohne künstlerischen Anspruch; übertragen auf leicht verkäufl. Waren u. dgl.

Schläger, 1) die bei der →Mensur gebräuchl. Hiebwaffe, mit gerader Klinge und Korb. **2)** das Schlaggerät bes. beim Hockey, Eishockey, Radpolo, Golf, Tennis, Tischtennis, Badminton.

Schlagflügelflugzeug, ein Flugzeug, bei dem in Nachahmung des Vogelflugs durch schlagende Flügel Auftrieb erzeugt wird; bis jetzt ohne Erfolg.

Schlaginstrumente, Musikinstrumente, die durch Anschlagen oder Gegeneinanderschlagen zum Erklingen gebracht werden.

Schlagintweit, Adolf, Asienforscher, * 1829, † 1857, bereiste mit seinen Brüdern Hermann (* 1826, † 1882) und Robert (* 1833, † 1885) große Teile Vorderindiens und bes. das Himalayagebiet.

Schlagmann, der dem Heck am nächsten sitzende Ruderer, der den Rudertakt (Schlag) angibt.

Schlagring, eine Schlagwaffe: eiserner Bügel mit 4 Ringen zum Überstreifen über 4 Finger.

Schlagsahne, steifgeschlagene Sahne.

Schlagschatz, Münzgewinn, der Unterschied zwischen Nenn- und Metallwert einer Münze abzüglich der Prägekosten.

Schlagseite, das Überliegen eines Schiffes nach einer Seite.

Schlagwetter, schlagende Wetter, explosibles Gemisch von Luft mit 5-14% Methan in Kohlengruben. Das Gemisch entzündet sich bei etwa 650° C, Explosionstemperatur etwa 2650° C. Bei der Explosion wird der Luftsauerstoff fast restlos verbraucht, so daß die meisten Opfer ersticken.

Schlagwirtschaft, ♃ Betriebsart zur Verjüngung des Forstes.

Schlagwort, vielgebrauchtes, schlagkräftiges Wort zur Kennzeichnung einer Zeiterscheinung, -forderung usw., z. B. ‚Gleichschaltung', ‚Wirtschaftswunder'.

Schlagzeile, engl. **headline** [h'edlain], Zeitungsüberschrift, die in bes. großer Schrift wichtige Ereignisse hervorhebt.

Schlagzeug, Geräusch- und Rhythmusinstrumente, auch abgestimmte Instrumente, wenn sie rhythmische Aufgaben haben; bes. im Jazzorchester.

Schlam'assel *der,* auch *das,* Mißgeschick, Durcheinander.

Schlamm, Abscheidungen in ruhendem oder träge fließendem Wasser durch Absetzen **(Boden-S.)** oder Aufschwimmen **(Schwimm-S.).**

Schlammbad, Bad mit Schlammzusatz (z. B. Fango), wirkt bes. durch Wärme und Mineralgehalt; auch als Packung.

Schlammbeißer, Schlammpeitzger, Süßwasserfisch, eine der Schmerle.

Schlammfisch, urtüml. Schmelzschupper im Mississippi; seine Schwimmblase dient als zusätzl. Atmungsorgan.

Schlammfliege, 1) Stallfliege, Schwebfliege, deren Maden in Jauche leben. **2) Wasserflorfliege,** mitteleurop. Netzflügler.

Schlämmkreide, feingemahlene, durch Schlämmen gereinigte Kreide; für Zahnpasten, Wasser- oder Leimfarbe, Poliermittel u. a.

Schlammschnecken, in Süßwasser lebende Lungenschnecken mit eiförmiger, rechtsgewundener Schale.

Schlammspringer, luftatmender, zu den Grundeln gehöriger Fisch der trop. Küstensümpfe, springt mit den Brustflossen.

Schlammteufel, ein nordamerikan. Riesensalamander, 50 cm lang.

Schlange, 1) Kriechtier, →Schlangen. **2)** altes Geschütz, →Feldschlange. **3)** Sternbild des Südhimmels.

Schlangen, Schuppenkriechtiere mit sehr gelenkigem Schädel, dessen Dehnbarkeit das Verschlingen großer Beutetiere ermöglicht. Die Zähne sind meist nach hinten eingekrümmt und weisen (zum Einführen des Giftes in die Bißwunde) bei den Trug- und Giftnattern eine vordere Längsfurche, bei den Vipern einen zentral gelegenen Kanal auf. Bei vielen S. sind Speicheldrüsen des Oberkiefers zu Giftdrüsen geworden (→Schlangengift). Die Oberhaut - auch über der Lider, die zu einer durchsichtigen Kapsel über dem Auge verwachsen sind - wird bei den Häutungen der S. in einem Stück (Natternhemd) abgeworfen. - S. kommen in allen Erdteilen vor; sie nähren sich bes. von kleinen Wirbeltieren, auch Würmern und Insekten. Zu den S. gehören u. a. Blindschlangen, Riesenschlangen, Nattern, Seeschlangen, Vipern.

Schlangenbad, Kurort im Taunus, Hessen, 2500 Ew.; warme Heilquellen.

Schlangengift, Absonderung der Giftdrüsen bestimmter Schlangen; nerven- und blutschädigend. Die Folgen des **Schlangenbisses** sind Schwindelgefühl, Bewußtseinsstörungen, Lähmung des Atemzentrums und des Herzens. Erste Hilfe: Wunde gut ausbluten lassen, Aussaugen ist lebensgefährlich, kurzfristig abbinden, Arzt rufen! Sicheres Gegenmittel ist nur spezif. Schlangenserum.

Schlangenhalsvögel, den Kormoranen nahestehende fischfressende Tauchvögel (Gattung **Anhinga**), mit langem Hals; an trop. und subtrop. Binnengewässern.

Schlangenkraut, →Calla.

Schlangenlauch, Schlangenknoblauch, Rockenbolle, Gemüsepflanzen: **1) Echter S.,** Abart des Knoblauchs; **2) Falscher S.,** mitteleurop. Zwiebelart.

Schlangensterne, Ophiuroidea, 🐍 Stachelhäuter mit meist 5 langen Armen, die scharf von der Scheibe abgesetzt sind. (Bild Stachelhäuter).

Schlange-Schöningen, Hans, Politiker, * 1886, † 1960, war 1924-32 MdR. (Deutschnationaler, dann Landvolk), 1931/32 Reichsmin., wurde 1949 MdB. (CDU); 1950 bis 1955 erster Vertreter (seit 1953 Botschafter) der Bundesrep. Dtl. in London.

Schlankaffen, Fam. der Hundsaffen, u. a. mit den Stummelaffen.

Schlar'affenland, Märchenland, in dem Milch und Honig fließen, Faulheit Tugend und Fleiß Laster ist; die Vorstellung geht auf das verlorene Paradies zurück.

Schlaraffia, Vereinigung zur Pflege von Geselligkeit, Kunst und Humor unter vorgeschriebenem Zeremoniell; gegr. 1859 von dt. Künstlern und Kunstfreunden in Prag, als **Allschlaraffia** in Mitteleuropa, Amerika und Asien verbreitet.

Schlatter, Adolf, evang. Theologe, * 1852, † 1938, lehrte an in der schweizer. Erweckungslehre wurzelndes und die idealist. Philosophie scharf ablehnendes Bibelchristentum.

Schlauch, ein biegsames Rohr aus Gewebe, Gummi, Kunststoff, Metall.

Schlauchboot, ein Boot aus Gummistoff oder Plastik mit schlauchartiger, aufblasbarer Wandung.

Schlauchpilze, Ascomyc'etes, Pilze, bei denen sich die Sporen in schlauchförm. oder rundl. Zellen bilden. S. mit besonderen Fruchtkörpern sind z. B. Mehltaupilze, S. ohne Fruchtkörper z. B. Hefepilze.

Schlaun, Johann Conrad, Baumeister, * 1695, † 1773, seit 1729 in Münster, verband die bewegte Gestaltung des fränkischen Barocks mit dem bodenständigen Back- und Hausteinbau: Clemenskirche (1745-53), Erbdrostenhof (1753-57), Residenzschloß (1767-73).

Schlaw'iner (österr., wohl aus Slowene) *der,* ein durchtriebener, pfiffiger Mensch.

Schl'egel, Schlagholz, Klöppel. **2)** die Hinterkeule, z. B. vom Schwein.

Schlegel, 1) August Wilhelm (von), Kritiker, Literarhistoriker, Übersetzer, Bruder von 3), * 1767, † 1845, seit 1798 a. o. Prof. in

A. W. *Schlegel*   Friedrich *Schlegel*

Jena, legte mit seinem Bruder Friedrich die Grundlagen der romant. Kunstlehre, die er in öffentl. Vorlesungen vertrat (Berlin, Wien). Seit 1804 begleitete er Frau v. Staël auf ihren Reisen. An der Univ. Bonn (seit 1819) begründete er das Studium der altind. Philologie. S. schrieb Gedichte, Trauerspiel ‚Ion', Übersetzungen, vor allem von 17 Shakespeare-Schauspielen.

2) Dorothea, Gattin von 3), älteste Tochter Moses Mendelssohns, * 1763, † 1839; Roman ‚Florentin' (1801).

3) Friedrich (von), Kulturphilosoph, Literarhistoriker, * 1772, † 1829, schrieb über griech. und röm. Poesie, begründete in Jena und Berlin die frühromantische Kunstanschauung, bes. in der Form des Aphorismus (programmat. Organ die von F. und A. W. Schlegel 1798-1800 hg. Zeitschrift ‚Athenäum'). Aus Sanskritstudien in Paris erwuchs das grundlegende Werk ‚Über die Sprache und Weisheit der Inder' (1808). 1808 wurde er katholisch und trat in den österr. Staatsdienst. S. zählt zu den Begründern der modernen Geisteswiss. und der Kunst moderner Interpretation. Gedichte; Romanversuch ‚Lucinde'; ‚Charakteristiken und Kritiken' (2 Bde. 1801, mit August Wilhelm S.).

4) Johann Adolf, Vater von 1) und 3), * 1721, † 1793 als Generalsuperintendent; Mitgründer der ‚Bremer Beiträge'; gereimte Fabeln, geistl. Gesänge.

5) Johann Elias, Schriftsteller, Bruder von 4), * 1719, † 1749, gehörte zum Kreis der ‚Bremer Beiträge'; Schauspiele.

6) Karoline, →Schelling, Karoline.

Schlehe, Schwarzdorn, pflaumenartiger Strauch, dornig, mit weißen Blütchen und schwarzblauen Steinfrüchten (nach Frosteinwirkung eßbar); Volksarznei, Rohstoff für **S.-Wasser** (Branntwein), **S.-Likör.**

Schlei die, lange flußartige Ostseeförde in Schleswig-Holstein.

Schleich, Carl Ludwig, Arzt und Schriftsteller, * 1859, † 1922, erfand die Infiltrationsanästhesie. ‚Von der Seele' (1910, Essays), ‚Besonnte Vergangenheit' (Lebenserinnerungen, 1920).

Schleichen, Fam. z. T. fußloser Echsen, so die Blindschleiche.

Schleicher, Kurt von, General, * 1882, † 1934, Mitarbeiter v. Seeckts und Groeners, 1932 Reichswehrmin., Dez. 1932 bis Jan. 1933 Reichskanzler; im Zusammenhang mit dem Röhmputsch von der SS erschossen.

Schleichhandel, der Schwarzhandel.

Schleichkatzen, kleine Raubtiere mit buschigem Schwanz und Afterdrüsen, deren Absonderung stark riecht; meist in Felshöhlen. Der **Mungo** Indiens und Ceylons (40-50 cm Körperlänge) dient als Haustier gegen Ratten und Schlangen. S. sind auch Zibetkatzen, Ichneumons, Fossa, Pardelroller u. a. (Bild S. 1098)

Schleichwerbung, scheinbar absichtslose Erwähnung von Namen oder Produkten einer Firma in Wort oder Bild.

Schleiden, Matthias Jakob, Naturforscher, * 1804, † 1881, erkannte die Bedeutung des Zellkerns.

Schleie die, zu den Karpfen gehöriger Speisefisch, oben blaugrün, unten gelblich; bis 50 cm lang, 5 kg schwer.

1 *Abgottschlange (Boa constrictor), bis etwa 4 m lang.* **2** *Korallenrollschlange, bis etwa 1 m lang.* **3** *Peitschenschlange, bis etwa 1,30 m lang.* **4** *Ringelnatter, bis etwa 1,50 m lang.* **5** *Schmuckbaumschlange, bis etwa 1,30 m lang.* **6** *Brillenschlange, bis etwa 1,70 m lang.* **7** *Korallennatter, bis etwa 70 cm lang.* **8** *Kreuzotter, bis etwa 70 cm lang*

Schleichkatzen: links Grauer Mungo, 50 cm Kopf-Rumpf-Länge, 40 cm Schwanzlänge; rechts afrikanischer Pardelroller, 40 cm Kopf-Rumpf-Länge, 40 cm Schwanzlänge

Schleier, 1) leichtes Tuch, um Hut und Kopf getragen **(Braut-, Trauer-S.).** Nach der Sittenlehre des Islam verschleiern die Frauen in muslim. Ländern ihre Gesichter. **2)** ⊕ **Ind′usium,** Organ der Farne.

Schleiermacher, Friedrich Daniel Ernst, evang. Theologe und Philosoph, * 1768, † 1834, Prof. in Berlin und Prediger an der Dreifaltigkeitskirche, gehörte dem Kreise der Romantiker (Schlegel) an. S. versuchte Theologie und idealist. Philosophie zu vereinen, er verband Frömmigkeit, scharfes

F. D. E. Schleier-   Heinrich
macher   Schliemann

Denken, Wirklichkeitssinn, Erlebniskraft und universale Bildung. S. wirkte mit Erfolg für die Union der evang. Kirchen; Übersetzer von Platons Dialogen.

Schleierschwanz, Abart des Goldfischs. (Bild Aquarium).

schleifen, ein Verfahren der spanenden Formung: die scharfen Kanten der Körner des Schleifkörpers nehmen feine Späne vom Werkstoff ab. Von Hand wird mit **Schleifpapier** oder **Schleifleinen** geschliffen, **Schleifmaschinen** haben feste Schleifkörper **(Schleifscheiben).**

Schleifenblume, Kreuzblütergattung mit weißen oder lilafarbigen Doldentrauben, in deren Blüten je ein Paar Blätter größer sind.

Schleifer, ♪ Verzierung aus einem schnellen Vorschlag mit mehreren stufenweise aufeinanderfolgenden Tönen.

Schleifring, bei elektr. Maschinen der isoliert auf der Läuferachse angebrachte Metallring, auf dem die Bürsten schleifen.

Schleim, 1) bei den Tieren und den Menschen die Absonderung der **Schleimdrüsen** und der →Schleimhaut, eine zähe, schlüpfrige Flüssigkeit. **2) Pflanzenschleim,** ein Speicherstoff, z. B. in Zwiebeln, Knollen von Knabenkraut-Arten.

Schleimbeutel, in sich abgeschlossene Verschiebespalten, die mit Gelenkflüssigkeit gefüllt sind; mildern die Reibung zwischen Haut, Sehnen, Gelenkkapseln und Knochen. Durch dauernde Reizung, z. B. am Knie (‚Scheuerknie') kann sich ein S. entzünden **(S.-Entzündung).**

Schleimgewebe, ein Bindegewebe mit schleimhaltiger Grundmasse (auch **Gallertgewebe** genannt).

Schleimhaut, die meist Schleim absondernde innere Auskleidung der Hohlorgane, z. B. des Verdauungskanals, der Atmungsorgane, der Harnwege.

Schleimpilze, Myxomyz′eten, eine Gruppe niederer Lebewesen an der Grenze zwischen Tierreich und Pflanzenreich; nackte Protoplasmamassen mit sporenbildenden Fruchtkörpern; z. B. Lohblüte.

Schleinzer, Karl, österreich. Politiker (ÖVP), * 1924, war 1961-64 Verteidigungsund 1964-70 Landwirtschaftsmin., 1971 wurde er zum Bundesobmann der ÖVP gewählt.

Schleißheim, zwei Schlösser nordwestl. von München: Altes Schloß, um 1600 (seit 1944 Ruine), Neues Schloß, begonnen 1701 (mit Gemäldegalerie); in der Nähe das Schlößchen Lustheim (1684-89).

Schleiz, Stadt im Bez. Gera, an der Wiesent, 8000 Ew.; Metall-, Holz-, Textil- u. a. Industrie; Bergkirche (1359), Stadtkirche (14. Jahrh.), Schloß (um 1500).

Schlem′ihl [hebr.], Pechvogel, Unglücksmensch; Märchen von Chamisso (1814).

Schl′emmer, Oskar, Maler, * 1888, † 1943, Meister am →Bauhaus, malte menschl. Figuren, auf typ. Grundformen zurückgeführt und in streng geordnetem Bezug zum Raum.

Schlempe, der Rückstand der Branntweinherstellung; Futtermittel.

Schlempemauke, eine bei Schlempefütterung auftretende Hautentzündung an den Füßen **(Fußgrind)** der Rinder.

Schl′endrian der, lässig gehandhabter überalterter Brauch, Trott im alten Geleise.

Schlenther, Paul, Schriftsteller, * 1854, † 1916, trat als Berliner Theaterkritiker für Ibsen ein, leitete 1898-1910 das Wiener Burgtheater.

schlenzen, Hockey: den Ball treiben, ohne den Stock zum Schlage hochzuheben.

Schleppe, 1) auf dem Boden nachschleifender Saum des Kleides. **2)** Gerät zum Zeichnen der Schleppkurve und zum schrittweisen Lösen einfacher Differentialgleichungen.

Schlepper, 1) Traktor, ein Kraftfahrzeug, das als Zugmaschine oder Geräteträger dient; meist mit Dieselmotor und Zapfwelle zum Antrieb von Maschinen. **2)** kleines Dampf- oder Motorschiff mit starker Maschine zum Schleppen oder Schieben anderer Schiffe.

Schleppjagd, die Verfolgung einer durch künstlich gelegte Losung markierten Wildspur mit Meute und Reitern.

Schleppnetz, Gerät der Fischerei.

Schleppschiffahrt, 1) Überführung von Schwimmkörpern aller Art über See. **2)** Schleppen von Kähnen, Schiffen ohne Eigenantrieb gegen Entgelt (Schlepplohn).

Schleppversuchsanstalt, eine Versuchsanlage, in der an maßstäblichen Modellen die Strömungsvorgänge an Schiffen in Abhängigkeit von Schiffsgeschwindigkeit, Strömung, Seegang ermittelt werden.

Schlern, italien. *Scili′ar* [ʃ-], Kalk- und Dolomitstock in Südtirol, 2564 m.

Schlesien, Landschaft beiderseits der oberen und mittleren Oder, zum größten Teil ehem. preuß. Prov. S. (36 307 km², 1939: 4,7 Mill. Ew., Hauptstadt Breslau) S. umfaßt die NO-Abdachung der Sudeten, die Schlesische Bucht und die flachwelligen Hügelrücken

des Schlesisch-poln. Landrückens und der Oberschlesisch-poln. Platte. Die fast waldfreien Flußebenen und Hügellandschaften dienten intensivem Ackerbau und der Viehzucht (81% der landwirtschaftl. Nutzfläche waren Ackerland; Anbau bes. von Roggen, Hafer, Weizen, Gerste, Kartoffeln, Futter-, Zuckerrüben); Forstwirtschaft (27% der Bodenfläche). Das Schwergewicht der Wirtschaft lag in Oberschlesien auf Steinkohlenberg-

O. Schlemmer: Schule; Aquarell, 1924 (Wiesbaden, Privatbesitz)

bau und Metallindustrie, für Niederschlesien war u. a. Braunkohlenbergbau bedeutend.

Geschichte. Der Name S. geht auf die Silingen zurück, einen Teilstamm der Wandalen. Seit Ende des 10. Jahrh. herrschten in S. die poln. Piasten, seit 1163 durch Kaiser Friedrich I. an der Spitze von zwei selbständigen Herzogtümern. Sie hoben durch Ansiedlung vieler dt. Kolonisten sowie Stadt- und Klostergründungen das Land wirtschaftl. 1327/29 kam S. unter böhm. Lehnshoheit, mit Böhmen 1526 an die Habsburger, die zuletzt noch 1675 die Teilherzogtümer Liegnitz, Brieg und Wohlau einzogen. Durch die →Schlesischen Kriege kam fast ganz S. mit der Grafschaft Glatz an Preußen, dazu 1815 der Hauptteil der bisher sächs. Oberlausitz. 1919 wurden die preuß. Provinzen **Nieder-S.** (Hauptstadt Breslau) und **Ober-S.** (Hauptstadt Oppeln) gebildet. Ein Teil von Ober-S. fiel nach der 1921 der abgehaltenen Volksabstimmung an Polen, obwohl rd. 60% für Dtl. gestimmt hatten. Der bis 1918 bei Österreich verbliebene Teil S.s wurde 1920 zwischen Polen und der Tschechoslowakei geteilt. Ober- und Nieder-S. wurden 1934 zusammengefaßt, 1941 erneut aufgeteilt. 1945 wurde S. östlich der Oder-Neiße-Linie unter poln. Verwaltung gestellt, der Landstrich westlich der Neiße dem Land Sachsen angegliedert (seit 1952 Teil der Bezirke Dresden und Cottbus).

Schlesier, ostdt. Stamm beiderseits der mittleren Oder und an den Osthängen der Sudeten, zusammengewachsen aus dt. Einwanderern, bes. aus der Mark Meißen, Thüringen, Sachsen, Hessen, Franken, z. T. auch aus ober- und niederdt. Gebieten, die die piast. Herzöge, die Bischöfe von Breslau und die Zisterzienser seit dem 13. Jahrh. ins Land riefen. In Oberschlesien blieb ein slaw. Bevölkerungsanteil.

Schlesinger, Arthur Meier jr., amerikan. Historiker und Publizist, * 1917, Berater Stevensons und Kennedys.

Schlesische Bucht, die Ebenen beiderseits der oberen Oder, nordöstl. der Sudeten.

Schlesische Dichterschulen. Erste S. D., Dichter, die an den Schlesier Opitz anknüpften. **Zweite S. D.,** die barocken schles. Dichter Hofmannswaldau und Lohenstein.

Schlesische Kriege, die drei Kriege Friedrichs d. Gr. gegen Maria Theresia, in denen Österreich Schlesien an Preußen verlor: **1. S. K.** (1740-42), **2. S. K.** (1744/45, →Österreichische Erbfolgekrieg), **3. S. K.** (1756-63, →Siebenjähriger Krieg).

Schleswig, 1) ehem. Herzogtum, zwischen Karl d. Gr. (Dän.Mark) und dem Dänenkönig Godfred (Göttrik) umkämpft (→Danewerk); unter Kaiser Otto II. um 974 als deutsche Mark S. zwischen Schlei und Eider errichtet, von Konrad II. 1027 dem Dänenkönig Knut d. Gr. überlassen, wurde S. selbständiges Herzogtum einer dän. Nebenlinie, die 1375 ausstarb. Weiteres →Schleswig-Holstein.

2) Hafenstadt in Schleswig-Holstein, am Westende der Schlei, 32 300 Ew., Petri-Dom (11.-16. Jahrh.). Schloß Gottorf (seit 1948 Landesmuseum), Sitz vieler Behörden; Zucker-, Spiritus-, Butter-, Fleischwarenindustrie.

Schleswig-Holstein, Land der Bundesrep. Dtl., 15 676 km², 2,494 Mill. Ew. (86,5% evang., 6% kath.). Hauptstadt: Kiel. ⊕ X/XI, Bd. 1, nach S. 320. **Verwaltung.** S.-H. ist gegliedert in die kreisfreien Städte Flensburg, Kiel, Lübeck, Neumünster und die Landkreise Dithmarschen, Flensburg-Land, Hzgt. Lauenburg, Nordfriesland, Ostholstein, Pinneberg, Plön, Rendsburg-Eckernförde, Schleswig, Segeberg, Steinburg, Stormarn.

S.-H. umfaßt den südl. Teil der Halbinsel Jütland mit den vorgelagerten Inseln: Fehmarn in der Ostsee, Nordfriess. Inseln und Helgoland in der Nordsee. Es gehört zum Norddt. Tiefland mit fruchtbarer, seenreicher Grundmoränenlandschaft im O, Marschland im W und sandiger Geest in der Mitte. Die Ostseeküste ist gegenförden reich gegliedert, die Nordsee hat Wattenküste.

Die **Bevölkerung** gehört überwiegend zum Stamm der Niedersachsen, im W leben Nordfriesen, im N wohnt eine dän. Minderheit; 25% der Ew. sind Vertriebene. Die Bevölkerungsdichte (159 Ew. je km²) liegt unter dem Durchschnitt der Bundesrep. Dtl. (244). Ballungsgebiete sind die kreisfreien Städte. - **Hochschulen:** Universität in Kiel, 2 Pädagog. Hochschulen.

Wirtschaft. Die landwirtschaftl. Nutzfläche beträgt (1970) noch 73% der Landesfläche (Wald an 8%), jedoch tragen Land- und Forstwirtschaft (einschl. Fischerei) nur 8,5% zum Bruttoinlandsprodukt bei; Grünland und Fettweidewirtschaft im N, in der Marsch, im SO Getreide-, Ölfrüchte-, Kartoffelbau. In Dithmarschen und auf Fehmarn ist Gemüsebau verbreitet, in den Elbmarschen daneben auch Obstkultur; bei Halstenbek das größte Baumschulengebiet der Erde. Industrie: Maschinen- und Schiffbau, Elektrotechnik, Feinmechanik und Optik, Bekleidung, Druckerei, Baustoffe, chem. Industrie.

Nahrungs- und Genußmittel. An den Küsten Fischerei und fischverarbeitende Industrie; zentraler Fischereihafen ist Kiel. Fremdenverkehr in den Seebädern und an den Seen.

Geschichte. Die Schauenburger Grafen von Holstein erwarben 1386 auch das Herzogtum Schleswig als dän. Lehen. Nach ihrem Aussterben wurde 1460 der Dänenkönig Christian I. aus dem Oldenburger Haus zum Landesherren gewählt unter der Bedingung, daß Schleswig und Holstein ‚auf ewig ungeteilt' blieben. Seit 1815 war Holstein im Glied des Deutschen Bundes, aber nicht Schleswig. Als Dänemark Schleswig von Holstein trennen und einverleiben wollte, erhob sich 1848 das Volk im Schleswig-Holsteinischen Krieg, unterlag aber den Dänen. Erst als Bismarck ein gemeinsames Vorgehen Preußens und Österreichs erreichte, wurden die Dänen im Deutsch-Dänischen Krieg von 1864 besiegt und mußten S.-H. abtreten, das zunächst von den beiden Siegermächten gemeinsam verwaltet, aber nach dem Deutschen Krieg von 1866 preuß. wurde. Die →Augustenburger wurden von Bismarck überspielt. 1920 fiel Nord-Schleswig (mit den Kreisen Hadersleben, Apenrade, Sonderburg und Teilen von Tondern und Flensburg) durch eine im Versailler Vertrag festgesetzte Volksabstimmung an Dänemark. - 1946 wurde aus der preuß. Provinz das Land S.-H. gebildet (prov. MinPräs.: T. Steltzer, CDU). MinPräs. waren: H. Lüdemann (SPD), B. Dickmann (SPD), W. Bartram (CDU), F. W. Lübke (CDU), K.-U. von Hassel (CDU), H. Lemke (CDU), seit 1971 G. Stoltenberg (CDU).

Schleswig-Holsteinische Kriege, die Kriege des Dt. Bundes gegen Dänemark um die Zugehörigkeit Schleswig-Holsteins: 1848-50 und 1864 (Dt.-Dän. Krieg).

Schlettstadt, franzöz. **Sélestat** [-st'a], Stadt im Dép. Bas-Rhin (Unterelsaß), Frankreich, an der Ill, 14 900 Ew.; Kirche St. Fides (Ende 12. Jahrh.), got. Münster St. Georg; Textil-, Leder-, Metall-, Elektro- u. a. Industrie.

Schleuder, 1) eine Wurfwaffe zum Schleudern von Steinen oder Kugeln; im Altertum und MA. eine Kriegsmaschine (Katapult). **2)** Trennschleuder, →Zentrifuge.

Schleuderball, ein Treibballspiel zwischen 2 Mannschaften von 5-8 Spielern.

Schleuderguß, →Gießerei.

Schleudermühle, Schlagmühle, eine Zerkleinerungsmaschine: ein schnell umlaufender Rotor trägt Stifte, Schlagkreuz oder bewegl. Hämmer, die das Gut zerkleinern.

Schleuderpreis, unter den Selbstkosten liegender Preis.

Schleuderschwanz, Hard'un, eine ‚stachelschwänzige →Agame in SO-Europa, W-Asien, NO-Afrika.

Schleudersitz, ein mit einer Treibladung aus Militärflugzeugen herausschleuderbarer Sitz als Rettungsgerät für die Besatzung.

Schleuse, 1) eine Stauvorrichtung in Bewässerungsgräben. **2)** Bauwerk in Kanälen und kanalisierten Flüssen zur Überführung der Schiffe zwischen Wasserspiegeln verschiedener Höhe. Meist werden **Kammer-S.** gebaut: das Schiff fährt in eine Kammer, die nach Ober- und Unterwasser Einfahrtstore besitzt. Durch Füllen und Leeren der Kammer wird der Wasserspiegel dem Ober- oder Unterwasser angeglichen, so daß nach Öffnen des entsprechenden Tores die Fahrt fortgesetzt werden kann. **3) Luft-S.** Kammer mit 2 Türen für Überwindung von Druckunterschieden zwischen 2 Räumen.

schlichten, 1) Werkstücke durch Abnehmen dünner Späne fein bearbeiten. 2) die Kettfäden von Geweben mit Stärkelösung (**Schlichte**) glätten und verfestigen.

Schlichtungswesen, ⚖ 1) im Arbeitsrecht Maßnahmen zur Verhütung und Bei-

Die größten Schleusen	Länge m	Breite m
Schleuse Ijmuiden bei Amsterdam (größte See-S. der Welt)	400	50
Nordschleuse Bremerhaven (größte See-S. Dtl.s)	372	46
Endschleusen des Nord-Ostsee-Kanals bei Kiel und Brunsbüttelkoog	330	45
Gladstone-Schleuse bei Liverpool	329	40
Gatun-Schleuse im Panama-Kanal	305	33,5
Schleusen des Moskau-Wolga-Kanals	je 290	je 30
Doppelschleuse Magdeburg (größte dt. Fluß-S.)	325	25
Große Rhein-Seiten-kanal-S. Kembs	185	25
Große Untermain-S. Kostheim, Gelders-heim, Grießheim	je 350	je 15
Doppelschacht-S. am Mittellandkanal (größte dt. Kanal-S.)	je 225	je 12

legung von Arbeitskämpfen; zunächst auf Grund von Vereinbarungen der Tarifparteien, in zweiter Linie durch ein staatl. Vermittlungsverfahren mit Zustimmung beider Parteien. 2) Einigungsstellen der Industrie- und Handelskammern zur Beilegung von Wettbewerbsstreitigkeiten.

Schlick, schlammartige Ablagerungen im Meer (Watt) und im Überschwemmungsbereich der Flüsse.

Schlieffen, Alfred Graf von, preuß. Generalfeldmarschall (1911), * 1833, † 1913, 1891-1905 Chef des Generalstabs, entwarf den Operationsplan für einen Zweifrontenkrieg; bei hinhaltendem Widerstand im Osten rasche Entscheidung im Westen durch Stärkung des rechten Flügels (**S.-Plan,** 1905).

Schliemann, Heinrich, Kaufmann und Archäologe, * 1822, † 1890, unternahm seit 1870 Ausgrabungen in Troja, dann in Mykene, Orchomenos, Tiryns, seit 1882 wissenschaftl. unterstützt von W. Dörpfeld. S. ist die Hebung der Goldschätze von Troja zu verdanken. Auch hat er der Forschung ein neues Aufgabenfeld im Mittelmeerraum erschlossen. (Bild S. 1098)

Schlieren, ungleichförmig dichte Stellen durchsichtiger und durchscheinender Körper; in der Glastechnik Stellen in einer Glasmasse, die wegen abweichender chem. Zusammensetzung auch abweichende opt. und Spannungsverhältnisse aufweisen.

Schlieren, schweizer. Gemeinde bei Zürich, 11 100 Ew.; Waggon-, Apparate-, Aluminium- u. a. Industrie.

Schliersee, Markt in Oberbayern, 6000 Ew. Kurort und Wintersportplatz am Schliersee (2,2 km² groß).

Schließfach, 1) Post-, Bank-S., zu mietendes, verschließbares Fach bei der Post (zum Abholen von Postsendungen) in Banken →Depot. 2) auf Bahnhöfen verschließbare Fächer für kurzfristige Aufbewahrung von Kleingepäck.

Schließfrucht, ⚘ Frucht, deren Reife geschlossen bleibt und als Ganzes abfällt. Trockene S. sind Nuß (z. B. Haselnuß, Eichel), Spaltfrucht (z. B. Ahorn) und Bruchfrucht (Rettich), fleischige S. sind Beere (z. B. Stachelbeere, Tomate) und Steinfrucht (z. B. Walnuß).

Schließmundschnecken, europ. Land-Lungenschnecken mit spindelförmigem Haus.

Schließmuskel, ringförmig um eine Öffnung liegender Muskel.

schlingern, 1) ⚓ die durch Seegang o. a. Impulse bewirkte Pendelbewegung des Schiffes um seine Längsachse; Gegensatz: →stampfen. Gegenmaßnahmen: **Schlingertanks,** paarweise an beiden Seiten des Schiffes eingebaut, enthalten Wasser oder flüssigen Brennstoff und sind durch Wasser- oder Luftkanäle miteinander verbunden. Ihr Inhalt schwingt im Gegentakt zum Schiff und dämpft das S.; kreiselgesteuerte **Dämpfungsflossen** werden gegen den Fahrtstrom angestellt; sie wirken wie Tiefenruder eines U-Bootes. **Schlingerkreisel** (heute überholt) wirken durch ihre Präzession.

2) ⚙ Drehbewegung von Schienenfahrzeugen um ihre senkrechte Schwerpunktachse, durch Seitenkräfte zwischen Schiene und Spurkranz des Rades.

Schlingnatter, Glatt-, Haselnatter, ungiftige Natter Mitteleuropas, die ihre Nahrung (bes. Eidechsen) vor dem Fressen umschlingt.

Schlingpflanze, die Kletterpflanzen.

schlippen, ⚓ Leine oder Kette loswerfen.

Schlipphaken, Haken mit Vorrichtung zum Lösen ohne Aushaken. **Schlippstek,** schnell lösbarer Knoten.

Schlitten, 1) Fahrzeug mit Kufen, für Schnee und Eis; Pferde-S., →Motorschlitten; Sportschlitten sind u. a. der Rodel, der Bobsleigh, der Skeleton; Segel-S. (→Eissegeln). **2)** auf Führungen verschiebbare Maschinenteile. **3)** beim Stapellauf eines Schiffes der Teil, den das Schiff trägt und auf der Ablaufbahn gleitet.

Schlittschuhe, Gleitkufen zum Eislauf, mit verstellbaren Backen zum Befestigen an den Schuhen oder fest den Schuhen verbunden.

Schlitzaugen, Augen mit sehr enger Lidspalte, bes. bei den Mongoliden.

Schlitzblume, Spaltblume, südamerikan. Nachtschattengewächs mit Rispen verschiedenfarbiger zweiseitig gebauter Blüten; Zierpflanze.

Schlitzflügel, ein Flugzeugtragflügel mit Schlitzen zwischen Ober- und Unterseite der Flügelnase zur Erhöhung der Auftriebskräfte.

Schlitzrüßler, mittelamerikan. Insektenfresser, mit rüsselartiger Schnauze.

Schlitzspülung, bei Zweitaktmotoren ein Verfahren zum Austreiben der Abgase.

Schloß, 1) Verschlußvorrichtung; meist mit Schlüssel, als **Einsteck-S.,** als sichtbaren Einlassen in Türen oder Wände, als von einer Türseite sichtbares **Einlaß-S.,** als **Kasten-S.** zum Aufmontieren, als **Vorhänge-S.** zum Verbinden z. B. von Kettengliedern. Alle S. haben einen Riegel, der

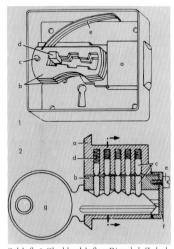

Schloß. 1 Chubbschloß: a Riegel, b Zuhaltungen, c Dorn, d Stift, der mit dem Riegel fest verbunden ist, e Feder. 2 Zylinderschloß (Schließstellung): a Gehäuse, b Zylinder, der im Ruhestand durch die Stifte c gesperrt wird, d Federn, e Schraube, die den Zylinder mit Klappe f verbindet, g Schlüssel

durch unter Federdruck stehende Bügel (Zuhaltungen) in seinen verschiedenen Stellungen festgehalten wird oder, als einseitig abgeschrägte Falle, beim Schließen der Tür in die Aussparung des Schließblechs eingreift. Der Schlüssel hebt mit seinem Bart beim Drehen die Zuhaltungen an und verschiebt gleichzeitig den Riegel. Bauarten: **Chubb-, Zylinder-, Kombinations-S.** u. a. **2)** bei Handfeuerwaffen der Hauptteil des →Verschlusses. **3)** Wohnsitz eines Fürsten, Bischofs, großen Herrn, hervorgegangen aus der mittelalterl. Burg; anfänglich wehrhafter Art (Heidelberger S.), dann nur noch der Repräsentation und dem Wohnen dienend (S. zu Versailles); meist mit einem Park.

Schloßen, Hagelkörner, →Hagel.

Schlosser, Lehrberuf der Eisen- und Metallbearbeitung in Ind. und Handwerk mit 3-3½jähriger Lehrzeit. Spezial-S.: Bau-, Kunst-, Auto-S. u. a.

Schlosser, 1) Friedrich Christoph, Historiker, * 1776, † 1861; seine ‚Weltgeschichte für das deutsche Volk‘ (19 Bde., 1843-57), im Geiste der Aufklärung, bestimmte das Geschichtsbild des liberalen Bürgertums. **2)** Johann Georg, * 1739, † 1799, heiratete 1773 Goethes Schwester Cornelia (†1777). **3)** Julius von, österreich. Kunsthistoriker, * 1866, † 1938; grundlegende Werke für Quellenkunde und Geschichte der Kunstliteratur.

Schloß Holte-Stukenbrock, Gem. (seit 1970) bei Sennestadt, Nordrh.-Westf., 16 500 Ew.; Metall-, Textil- u. a. Industrie.

Schloß Neuhaus, Stadt an der Lippe, Nordrh.-Westf., 14 500 Ew.; Röhrenwerk, Getreidemühlen, Möbelfabriken.

Schlot der, 1) Schornstein, Esse. 2) ⊕ →Vulkan.

Schlotte der, 1) das Blatt der schlauchblättr. Laucharten, bes. der Zwiebel. 2) die Blasenkirsche.

Schlotter, Eberhard, Maler und Graphiker, * 1921. Seine Figurenkompositionen, Bildnisse, Stilleben, Architekturbilder und Landschaften sind zunehmend gegenständl. Verschlüsselungen persönl. Erfahrungen mit allgemeinen Deutungsaspekten geworden.

Schlözer, 1) August Ludwig von (1802), * 1735, † 1809, Historiker und einflußreicher polit. Publizist der dt. Aufklärung. ‚Weltgeschichte‘ (viele Aufl. 1792-1801). **2)** Kurd von, Enkel von 1), * 1822, †1894, Diplomat, Vertrauter Bismarcks.

Schluchsee, See im südl. Schwarzwald, 7 km², 900 m ü. M., Talsperre, Kraftwerk.

Schlucht, 1) tiefes, enges Tal. 2) Loch.

Schlüchtern, Stadt in Hessen, an der Kinzig, 13 100 Ew.; Kirchenmusikschule; Schuh-, Textil-, Seifen-, Metallfabrikation.

Schluckauf, 𝆑 unwillkürliches, krampfhaftes Einatmen infolge stoßweiser Zwerchfellzusammenziehungen. Beseitigung: Atemanhalten, kräftiges Ausatmen, Riechmittel.

schlucken, feste und flüssige Körper (bes. Bissen) aus der Mundhöhle in die Speiseröhre befördern; durch Senken des Kehldeckels und Verschluß der Stimmritze werden die Luftwege dabei abgeschlossen.

Schluckimpfung, die Einnahme von abgeschwächten lebenden Viren durch den Mund, bes. gegen Kinderlähmung (Sabin-Impfung; nach dem amerikan. Forscher A. B. Sabin).

Schlumberger, Jean, französ. Schriftsteller, * 1877, † 1968, Gedichte, Romane (‚Kardinal Retz‘, 1924).

Schlund, der Eingang in die Speiseröhre. Die gemeinsame Fortsetzung von Nasen- und Mundhöhle nach hinten heißt **Schlundkopf;** er gliedert sich in Nasenrachenraum, Rachen und Kehlkopfrachenraum.

Schlupf, 1) 𝆑 der Drehzahlabfall bes. des Asynchronmotors bei Belastung. 2) die Differenz zwischen idealer und tatsächl. Abtriebsbewegung infolge Gleitreibung bei Reibradgetrieben, Reibungskupplun-

gen, Riemengetrieben, ferner bei Flüssigkeitskupplungen und Strömungsgetrieben.

Schlupfwespen, Untergruppe der Hautflügler; die Weibchen legen mit dem Legebohrer ihre Eier in Eier oder Larven anderer Insekten.

Schluß, 1) kleinste Menge oder kleinster Betrag, in der eine Ware oder ein Wertpapier an der Börse gehandelt wird. **2)** Logik: die Ableitung eines Urteils aus einem anderen Urteil (**unmittelbarer S.**) oder aus mehreren anderen (**mittelbarer S.**).

Schlußbilanz, die am Ende des Geschäftsjahrs aufzustellende Bilanz.

Schlüssel, 1) →Schloß. 2) →Schraubenschlüssel. 3) 𝆑 Notenschlüssel (Tafel Noten).

Schlüsselbein, S-förmig gekrümmter Knochen, der das Brustbein mit dem Schulterblatt verbindet.

Schlüsselblume, →Primel.

Schlüsselgewalt, 1) ⚖ die Befugnis der Ehefrau zur Geschäftsführung und Vertretung des Mannes innerhalb ihres häuslichen Wirkungskreises. Die Haftung trifft grundsätzlich nur den Mann (§ 1357 BGB.). **2)** nach kath. Lehre die von Christus verliehene höchste gesitl. Gewalt, die dem Papst als Nachfolger des Petrus zusteht.

Schlüsselindustrie, Industriezweige, die andere Wirtschaftszweige mit Rohstoffen und Halbfabrikaten versorgen, z. B. Bergbau, Hüttenindustrie.

Schlüsselkind, auf sich gestelltes Kind berufstätiger Eltern, das den Wohnungsschlüssel erhält.

Schlüsselroman, Roman, in dem wirkliche Personen und Vorkommnisse mehr oder weniger erkennbar dargestellt sind.

Schlüsselzahl gibt an, welcher Anteil bei Aufteilung eines Betrages auf die einzelne Person entfällt.

Schlüssigkeit, ⚖ im Prozeß die logische Geschlossenheit des Vorbringens und des Antrages einer Partei; eine Klage ist dann **schlüssig,** wenn die vorgetragenen Tatsachen - ihre Richtigkeit unterstellt - den Klageantrag auf Grund der geltenden Gesetze rechtfertigen.

Schlußlicht, bei Kraftwagen zwei, bei Motor- und Fahrrädern ein rotes Licht; das S. muß bei Dunkelheit und starkem Nebel eingeschaltet sein.

Schlußnote, ⚖ die Aufzeichnung eines Vertragsinhalts; sie muß Parteien, Gegenstand und Bedingungen des Geschäfts enthalten (**Schlußschein**). Zu Ausstellung einer S. ist der Handelsmäkler verpflichtet.

Schlußstein, ⊞ der Stein im Scheitel eines Kreuzrippengewölbes, oft mit figürl. Darstellung, einem Ornament oder Wappen; auch der Stein im Scheitel eines Fenster-, Tür-, Arkadenbogens.

Schlüter, Andreas, Baumeister und Bildhauer, * um 1660, † 1714, seit 1694 in Berlin, wo er die Bildhauerwerkstatt des Zeughauses schuf (Köpfe sterbender Krieger u. a., 1696), das Reiterdenkmal des Großen Kurfürsten (1696/70; jetzt vor dem Charlottenburger Schloß), die bleigegossenen Sarkophage der Königin Sophie Charlotte (1705) und König Friedrichs I. (1713). Seit 1699 leitete er den Bau des Berliner Schlosses, bei dem er den römischen Barock ins Deutsche umprägte (im 2. Weltkrieg beschädigt, 1950 abgebrochen). [Bild 3. 1101]

Schmad, Schmadde die, Taufe der Juden.

Schmalenbach, Eugen, Betriebswirtschaftler, * 1873, † 1955, Prof. in Köln, schrieb bes. über Kostenrechnung, Finanzierung, Bilanz (dynam. Bilanz).

Schmalkalden, Stadt im Bez. Suhl, am Thüringer Wald, 14 100 Ew.; Kleineisenind., Ingenieurschule, Solbad; Stadtbefestigung, alte Bürgerhäuser (13.-17. Jahrh.), Rathaus, Hessenhof (13. Jahrh.), Schloß Wilhelmsburg (1584-89).

Schmalkaldische Artikel, von Luther verfaßte Bekenntnisschrift für das auf 1537 nach Mantua ausgeschriebene Konzil (nicht für den Konvent in Schmalkalden von 1537).

Schmalkaldischer Bund, der am 27. 2. 1531 in Schmalkalden gegen die Politik Karls V. geschlossene Bund protestant. Fürsten und Städte unter Führung Kursachsens und Hessens; nach der Niederlage im →Schmalkaldischen Krieg 1547 aufgelöst.

Schmalkaldischer Krieg Karls V. gegen den Schmalkald. Bund 1546/47, endete am 24. 4. 1547 mit dem Sieg des Kaisers bei Mühlberg (→Alba); Johann Friedrich von Sachsen und Philipp von Hessen gerieten in Gefangenschaft (bis 1552). →Wittenberger Kapitulation.

Schmalnasen, die altweltlichen Affen.

Schmalspur, eine →Spurweite für Schienenbahnen.

Schmalstich, Clemens, Komponist, * 1880, † 1960; Opern, Filmmusiken, Musik zu ‚Peterchens Mondfahrt‘.

Schmaltier, weibl. Rot- und Damwild im 2. Jahr bis zur ersten Brunft.

Schmar'otzer, Pflanzen oder Tiere, die auf Kosten eines andern Lebewesens (Wirt) leben, sich von ihm ernähren **(Parasiten).** Die **Außen-S.** sitzen auf dem Wirt, z. B. Läuse, Milben. Die **Innen-S.** leben im Körper des Wirtes, z. B. Bandwürmer, krankheitserregende Bakterien. Die S. zeigen Rückbildungen der Bewegungs-, Sinnes- und Verdauungsorgane und zahlreiche Anpassungen: z. B. Haft- (Blutegel) und Saugorgane (Floh).

Schmätzer, zu den eigentlichen Drosseln gehörige, kleine, am Boden brütende Singvögel, z. B. Steinschmätzer, Braunkehlchen und Schwarzkehlchen.

schmauchen, Keramik: das in geformten Tonwaren noch enthaltene Wasser durch Erwärmung auf über 100° C austreiben.

Schmeil, Otto, Biologe und Pädagoge, * 1860, † 1943, hatte maßgebl. Anteil an der Reform des biologischen Unterrichts.

Schmeißfliege, große blauschimmernde Fliege, die ihre Eier bes. an faulendem Fleisch ablegt, von dem ihre Larven leben; die Larven erzeugen dasselbeulenartige Geschwülste bei Mensch und Tier.

Schmelew [ʃmɛljˈɔf], Iwan Sergejewitsch, russ. Schriftsteller, * 1873, † 1950; Romane ‚Die Sonne der Toten‘ (1923).

Schmeling, Max, Boxer (1923-48), * 1905, wurde Weltmeister 1930 (gegen Sharkey) und 1931 (gegen Young Stribbling).

Schmeller, Johann Andreas, Sprachforscher, * 1785, † 1852; ‚Bayer. Wörterbuch‘.

Schmelz, 1) glänzender, oft gefärbter Überzug auf Metallgegenständen (Email). **2)** die Glasur auf Tonwaren. **3)** die glänzende oberste Schicht des Zahnes.

A. Schlüter: Schlußstein mit Medusenhaupt (Berlin, Zeughaus)

Schmelzarbeit, Emailmalerei, die Kunst, Ornamente und bildl. Darstellungen mit Farbpasten aus pulverisiertem Glas auf Metall aufzutragen und einzubrennen. In der Latènezeit verbreitet war der **Furchenschmelz,** bei dem Vertiefungen in Bronze mit rotem Schmelz gefüllt wurden (Blutemail). Beim **Zellenschmelz** (Cloisonné) werden Goldstege auf Goldgrund gelötet

Schmelzarbeit: Kette und Ring; Gold mit Email, Zellenschmelz von R. Seibertz

und den so entstandenen Zellen durchscheinende Farbflüsse eingeschmolzen (bes. in Byzanz, 10./11. Jahrh.; →Staurothek). Beim **Grubenschmelz** werden aus Kupfer ausgehobene Vertiefungen mit undurchsichtigen Farbschmelzen gefüllt und stehengebliebene Metallteile vergoldet (bes. im Rhein-Maas-Gebiet, 12./13. Jahrh.; →Nikolaus von Verdun). Beim **Silberemail** wird ein in Silber geschnittenes Flachrelief durchscheinend überschmolzen (seit 1290 zuerst in Italien), beim **Maleremail** Kupfer mit dunklem Schmelz grundiert und auf diesen mit Emailfarben gemalt (bes. in Limoges, 16. Jahrh.). Seit dem 17. Jahrh. war Emailmalerei auf weißem Grund sehr beliebt (Miniaturen, Dosen u. a.). Im 20. Jahrh. nahm man die alten Techniken wieder auf.

schmelzen, Übergang eines Stoffes aus dem festen in den flüssigen Aggregatzustand bei bestimmter Temperatur, dem **Schmelzpunkt.** Die dabei aufgenommene **Schmelzwärme** bewirkt keine Temperaturerhöhung. Außer Wasser, Wismut und Gallium vergrößern die Stoffe ihr Volumen beim S.

Schmelzfarben, mit Metalloxiden gefärbte Glasflüsse, zum Einbrennen auf Glas, Porzellan, Email.

Schmelzofen, ein metallurg. Ofen zum Schmelzen von Metallen, gebaut als Herd-, Flamm-, Kessel-, Schacht-, Tiegelofen.

Schmelzschupper, ältere Bez. für urtümliche Fische (Ganoiden), z. T. mit Schuppen, die wie mit Zahnschmelz überzogen sind.

Schmer der, das, Fett, in Norddtl. rohes Schweinefett.

Schmerlen, Grundeln, zu den Karpfenartigen gehörende europäische Fischfamilie; z. B. Schlammpeitzger.

Schmerling, Anton Ritter von, * 1805, † 1893, 1848/49 Führer der Österreicher und der Großdeutschen in der Frankfurter Nationalversammlung, 1849-51 österreich. Justiz-, 1860-65 Innenmin. im deutschliberalen und zentralist. Sinn.

Schmerwurz(el), ein windendes Yamswurzelgewächs, mit schleimiger Knolle, Ähren, grünl. Blütchen und roten Beeren.

Schmerz, eine quälende körperliche Empfindung. In der Haut kann der **Oberflächen-S.** von den **Schmerzpunkten** her ausgelöst werden. Der **Tiefen-S.** wird von feinvernetzten in den Muskeln u. a. aufgenommen. Der **Eingeweide-S.** wird von den Nerven des vegetativen Nervensystems vermittelt.

Schmerzbekämpfung, griech. **Anästh'etik,** Verfahren, um Schmerzen zu lindern oder zu beseitigen, um Unempfindlichkeit **(Anästhesie)** zu erreichen. Während **allgemeine Betäubung** (→Narkose) einen Schlafzustand herbeiführt, bleibt bei der **örtlichen Betäubung (Lokalanästhesie)** das Bewußtsein erhalten. Je nach Verfahren und Anwendungsgebiet unterscheidet man: **Kälteanästhesie,** Vereisung der Haut durch Aufsprühen von Chloräthyl. **Oberflächenanästhesie,** Aufträufeln eines Betäubungsmittels (z. B. Abkömmlinge von Kokain in Lösung) auf Schleimhäute (auch Hornhaut und Bindehaut des Auges). **Infiltrationsanästhesie,** Einspritzen des Betäubungsmittels in das Operationsfeld. **Leitungsanästhesie,** Einspritzen des Betäubungsmittels in den Nerv selbst oder in seine unmittelbare Umgebung; z. B. Lumbalanästhesie, bei der das Mittel in den Rückenmarkskanal eingespritzt wird (macht den Körper etwa vom Nabel abwärts unempfindlich).

Schmerzensgeld, 🜨 die Geldentschädigung, die bei Verletzung des Körpers oder der Gesundheit sowie in einigen anderen Fällen neben dem Ersatz des Vermögensschadens verlangt werden kann (z. B. für Schmerzen, Verunstaltung). Die Höhe bestimmt sich nach Billigkeit.

Schmerzensbild, Erbärmdebild, Darstellung des leidenden Christus.

Schmerzensmutter, lat. **Mater dolorosa,** ein Marienbild, das die leidende Mutter Christi darstellt.

schmerzstillende Mittel, griech. **Analg'etica** und **Antineur'algica,** Stoffe, die die Erregbarkeit der Schmerzzentren in der Großhirnrinde herabsetzen. Manche s. M. sind Betäubungsmittel; s. M., die auch beisenkend wirken, sind u. a. Pyrazolonabkömmlinge, Phenacetin, Salicylsäure.

Schmetterlinge, Schuppenflügler, große Ordnung der Insekten **(Falter, Lepid'optera),** mit etwa 150 000 Arten. Die Verwandlung ist vollständig: auf das Ei folgen die Larve (Raupe), der ausgebildete Falter. Die Mundwerkzeuge sind saugend und dienen zur Aufnahme von Blütensäften; bei S., die als kurzlebiges Vollkerf keine Nahrung aufnehmen, sind sie rückgebildet. Körper und Flügel der S. sind mit Schuppen bekleidet; sie können sehr verschieden gefärbt sein. Zwei Flügelpaare sind in der Regel vorhanden, bei den Weibchen mancher Arten verkümmert; die Hinterflügel sind meist kleiner als die Vorderflügel. Vielgliedrige Fühler, meist große Facettenaugen. An der Grenze zwischen Brust und Hinterleib liegen bei vielen S. Gehörorgane. Duftdrüsen kommen bei beiden Geschlechtern häufig vor. Man unterscheidet heute zwei Unterordn. von S.: die urtümlicheren **Jugatae** mit Urmotten, Wurzelbohrer und Trugmotten und die **Frenatae** mit Flügelverbindung durch eine Haftborste; hierzu gehören die Mottenartigen (mit den Echten Motten, Sackträgern, Wicklern, Glasflüglern u. a.), die Zünslerartigen und die große Gruppe der Papilioniformes mit Spannern, Seidenspinnern, Weißlingen, Bläulingen u. a.; außerdem die Gruppen der Sphingiformes (mit den Schwärmern) und die Noctuiformes (mit den Prozessionsspinnern, Bärenspinnern, Eulenfaltern). (Bild S. 1102)

Schmetterlingsblüter, zu den Hülsenfrüchten gehörige Pflanzenfamilie mit schmetterlingsähnlicher Blüte (Tafel Blüte), deren Blätter ‚Fahne‘, ‚Flügel‘ und ‚Schiffchen‘ oder ‚Kiel‘ heißen. S. sind u. a. Bohne, Erbse, Linse, Klee, Wicke, Lupine, Luzerne.

Schmetterlingsflechte, noch ungeklärte Hautkrankheit, bei der, meist vom Nasenrücken ausgehend, schmetterlingsförmige, blaurote Herde entstehen **(Lupus erythematodes).** Behandlung: Vereisen mit Koh-

1101

1 *Segelfalter (Ritterfalter).* **2** *Zitronenfalter (Weißlinge).* **3** *Tagpfauenauge (Fleckenfalter).* **4** *Skabiosenschwärmer (Schwärmer).* **5** *Himmelblauer Steinklee-Bläuling (Bläulinge).* **6** *Rotes Ordensband (Eulen).* **7-9** *exotische Schmetterlinge:* **7** *Morpho aega (trop. Südamerika).* **8** *Attacus atlas (Sunda-Archipel).* **9** *Calicore spec. (trop. Südamerika)*

lensäureschnee, Beseitigung einer etwaigen Herdinfektion u. a.

Schmetterlingshafte, buntflügelige Netzflüglerinsekten in wärmeren Erdgebieten.

Schmetterlingsstil, engl. **Butterfly** [bʹʌtəflai], um 1935 aus dem Brustschwimmen, 1960 zum Delphinschwimmen entwickelte Schwimmart: die Arme werden über Wasser gleichzeitig nach vorn geworfen und unter Wasser nach hinten gezogen.

Schmid, Carlo, Völkerrechtslehrer, Politiker (SPD), * 1896, Prof. in Tübingen und

Carlo Schmid   Helmut Schmidt

Frankfurt, 1948/49 Mitglied des Parlamentarischen Rats, 1949-66 und seit 1969 Vizepräs. des Bundestags; 1966-69 Bundesratsminister.

Schmidt, 1) Arno, Schriftsteller, * 1914, schrieb phantastisch-bizarre Romane, in denen er mit Sprache und Erzählformen experimentiert.

2) Auguste, * 1833, †1902, Mitbegründerin des Allgem. Dt. Frauenvereins und des Bundes Dt. Frauenvereine.

3) Eberhard, Strafrechtler, * 1891, u. a. Prof. in Breslau, Göttingen, Heidelberg; ‚Lehrkommentar zur StPO.‘ (1952-54).

4) Erich, Literarhistoriker, * 1853, †1913, Schüler Wilhelm Scherers; entdeckte 1887 Goethes ‚Urfaust‘.

5) Franz, österreich. Komponist, * 1874, † 1939; Opern (‚Notre Dame‘, 1914), Orchester-, Kammermusik, Orgelwerke, Oratorium ‚Das Buch mit sieben Siegeln‘ (1938).

6) Fritz, Betriebswirtschaftler, * 1882, † 1950, Prof. in Frankfurt, Gründer der ‚Ztschr. für Betriebswirtschaft‘.

7) Helmut, Politiker (SPD), * 1918, Diplomvolkswirt, 1961-65 Innensenator in Hamburg, seit 1967 Führer der SPD-Bundes-

tagsfraktion, 1969-72 Bundesverteidigungs-, 1972 Wirtschafts- und Finanzmin.

8) Julian, Publizist und Literarhistoriker, * 1818, † 1886, 1848-60 Hrsg. der liberalen Zeitschr. ‚Die Grenzboten‘.

9) Martin Johannes, genannt **Kremser-Schmidt,** österreich. Barockmaler, * 1718, † 1801, schuf Deckenfresken, Altarwerke, kleinere Gemälde.

10) Maximilian, bayer. Volksschriftsteller, genannt **Waldschmidt,** * 1832, † 1919.

11) Wilhelm, Ethnologe, * 1868, † 1954, seit 1927 Direktor des Päpstl. Ethnolog. Museums im Lateran; wurde bes. durch seine Lehre vom Urmonotheismus bekannt.

Schmidtbonn, Wilhelm, eigentl. **Schmidt,** Schriftsteller, * 1876, † 1952, Drama ‚Mutter Landstraße‘ (1901); Romane (‚Der dreieckige Marktplatz‘, 1935).

Schmidt-Optik, lichtstarkes anastigmatisches, verzerrungsfreies Abbildungssystem für Spiegelfernrohre; bei dem die sphärische Aberration des Spiegels durch eine Korrektionsplatte **(Schmidtsche Platte)** beseitigt wird.

Schmidt-Rottluff, Karl, expressionist. Maler, * 1884, gehörte 1905 zu den Grün-

K. Schmidt-Rottluff: Nächtliche Häuser, 1912

dern der →Brücke; malt mit ausdrucksstarken Farben und mit derben Umrissen, deren kantige Formen auch den Stil seiner Holzschnitte bestimmen.

Schmied, Handwerker der Eisenverarbeitung mit 3jähriger Lehrzeit.

Schmiedeberg im Riesengebirge, poln. **Kowary,** Stadt und Luftkurort in Niederschlesien, 12 100 (1939: 6650) Ew. Seit 1945 unter poln. Verwaltung; Uranbergbau.

Schmiedeeisen, schmiedbares Eisen, heute →Stahl.

Schmiedekunst, eines der ältesten Handwerke. Aus dem MA. erhalten sind seit dem 11. Jahrh. Gitter, Türbeschläge (Notre-Dame, Paris), Stand- und Radleuchter, Türklopfer u. a. In der späteren Gotik kam naturalist. Laub- und Rankenwerk auf. Im 16. Jahrh. war Deutschland führend, bes. in der Waffen-S., deren Verfahren der Gravierung, Ätzung, Bläuung, Vergoldung u. a. auch auf andere Werke der S. angewandt wurden. Im Barock und Rokoko entstanden reiche Gittertüren, Chorgitter, Balkon- und Treppengeländer u. a. Im 19. Jahrh. wurde die S. vielfach vom Eisenguß verdrängt. Hochwertige Leistungen der S. bringt wieder die Gegenwart hervor.

schmieden, auf Verformungstemperatur erhitzte dehnbare Metalle oder Legierungen zwischen Schlag- und Preßflächen formen durch Freiformschmieden oder im Gesenk, von Hand mit dem Schmiedehammer auf dem Amboß oder in Maschinenhämmern und Schmiedepressen.

Schmiege, Stellwinkel, ein Winkelmeßgerät mit verstellbarem Schenkel.

Schmiele, Süßgrasgattung, vorwiegend der kalten und gemäßigten Zonen. Futtergras ist die **Rasen-** oder **Gold-S.**

Schmiermittel, flüssige bis salbenart. Stoffe zur Reibungsverminderung an Maschinenteilen, meist Schmieröle und Schmierfette, auch Graphit, Molybdänsulfid, Glycerin u. a.

Schmierung, Versorgung von Lagern mit Schmiermitteln. Fette werden durch **Staufferbüchsen, Fettpressen, Schmierpumpen** zugeführt, Öle tropfenweise, bei der **Tauch-S.** durch Eintauchen in einen Ölvorrat, bei der **Umlauf-S.** und **Druck-S.** in geschlossenem Kreislauf. Bei Verbrennungsmotoren kann Öl auch dem Kraftstoff beigemischt werden.

Schmierverbot, ⚖ das Verbot der Bestechung von Angestellten im Geschäftsverkehr zu Zwecken des Wettbewerbs (§ 12 des Ges. gegen unlauteren Wettbewerb).

Schminke, Mittel zum Färben der Haut, Lippen, Wimpern, Augenbrauen.

Schmirgel der, feinkörniges, sehr hartes Mineral, Abart des Korunds; wird als Schleifmittel verwendet.

Schmitt, Carl, Staatsrechtler, * 1888, bis 1945 Prof. in Berlin. ,Verfassungslehre‘ (1928).

Schmitthenner, Paul, Architekt, * 1884, vertrat eine bodenständige, schlichte und materialgerechte Bauweise.

Schmitz, 1) Bruno, Architekt, * 1858, † 1916, schuf große Denkmalsbauten.
2) Richard, österreich. Politiker (christl.-soziale Partei), * 1885, † 1954, 1934-38 Wiener Bürgermeister, um Aussöhnung der Arbeiterschaft mit dem Ständestaat bemüht. 1938-45 im KZ inhaftiert.

Schmock, gesinnungsloser Journalist, nach einer Gestalt in G. Freytags Lustspiel ,Die Journalisten‘.

Schmölders, Günter, Volkswirtschaftler, * 1903, Prof. in Köln, begründete die sozialökonom. Verhaltensforschung und die Finanzpsychologie.

Schmoller, Gustav von, Volkswirtschaftler, * 1838, † 1917, seit 1822 Prof. in Berlin; Hauptvertreter der jüngeren histor. Schule der dt. Volkswirtschaftslehre; Mitbegründer des Vereins für Sozialpolitik, Verfechter der staatl. sozialpolit. Aktivität.

Schmollis das, Trinkgruß bei student. Verbindungen, wird beantwortet mit ,fiduzit!‘ S. trinken, Brüderschaft trinken.

Schmölln, Stadt im Bez. Leipzig, 13 900 Ew.; Metall- u. a. Industrie.

Schmuck, Zierde, Verschönerung, auch die schmückenden Gegenstände. Das Schmuckbedürfnis ist beim Menschen uralt. Außer der sozial auszeichnenden und der erot. Bedeutung hat der S. oft auch magisch-zauberische, z. B. Abwehrbedeutung

(Amulette). Metalle, bes. Edelmetalle, Edelsteine, Perlen, geschnittene Steine, Glasfluß werden bevorzugt. In den Hochkulturen folgt der S. der Stilentwicklung der Kunst. Bei den Naturvölkern dienen auch künstliche Veränderungen des Körpers als S. - Hauptstandorte der **Schmuckwarenindustrie** in der Bundesrep. Dtl.: Pforzheim, Hanau, Schwäb. Gmünd, Idar-Oberstein, Kaufbeuren-Neugablonz.

Schmucklilie, Liebesblume, latein. **Agapanthus,** südafrikan. Liliengewächs mit schaftständiger, blauer oder weißer Dolde von Trichterblüten.

Schmuckmalve, ⊕ →Abutilon.

Schmuggel, das Verbringen von Sachen über die Grenze unter Verletzung der Zollvorschriften und die verbotswidrige Ein-, Aus- oder Durchfuhr von Gegenständen ohne Gestellung bei den Zollbehörden **(Bannbruch).**

Schmutzflechte, Borkenflechte, eine herdartige Borkenbildung bei verschiedenen Hautkrankheiten.

Schnabel, 🐦 Hornscheidenpaar an den Kiefern der Vögel, des Schnabeltiers, des Ameisenigels und der Schildkröten; dient zum Erfassen und Zerteilen der Nahrung.

Schnabel, 1) Ernst, Schriftsteller, * 1913; Romane ,Interview mit einem Stern‘ (1951), ,Der sechste Gesang‘ (1956), ,Ich und die Könige‘ (1958).
2) Franz, Historiker, * 1887, † 1966, seit 1945 Prof. in München. ,Dt. Geschichte im 19. Jahrh.‘ (4 Bde., 1929-37).
3) Johann Gottfried, Schriftsteller, * 1692, † nach 1750; Robinsonade ,Die Insel Felsenburg‘ (1731-43).

Schnabelhafte, Schnabelfliegen, den Netzflüglern ähnliche Insekten, mit raupenförmigen, in der Erde lebenden Larven und meist mit schnabelartig nach unten gerichtetem Kopffortsatz; so **Skorpionsfliege.** (Tafel Insekten)

Schnabeligel, ein Ameisenigel.

Schnabelkerfe, Insektenordnung mit stechenden Mundwerkzeugen. Viele sind Schädlinge an Kulturpflanzen, Blutsauger und Krankheitsüberträger. Zu den S. gehören z. B. die Wanzen.

Schnabelschuhe, Schuhe mit emporgebogener überlanger Spitze (14./15. Jahrh.).

Schnabeltier, etwa 60 cm langes, braunbehaartes Kloakentier Australiens und Tasmaniens, mit Hornschnabel und Schwimmfüßen; baut Gänge an Flußufern.

Schnack, 1) Anton, Schriftsteller, * 1892, Meister kleiner Prosa; Lyrik.
2) Friedrich, Schriftsteller, Bruder von 1), * 1888; Lyrik; Romane (,Sebastian im Walde‘, 1926), Pflanzen-, Tierdichtungen, Kinder-, Reisebücher.

Schn'aderhüpfl, Schnadahüpfl [bayer. ,Schnittertanz‘], volkstümlicher Vierzeiler mit schlichter Melodie im bayer.-österr. Alpengebiet.

Schnaken, 1) **Erdschnaken, Pferdemücken,** schlanke, nicht stechende Mücken mit langen Beinen. Die Larven fressen Pflanzenteile und werden so zu Schädlingen (z. B. Kohlschnake). 2) oberdt. Stechmücke.

Schnalzlaut, durch heftiges Losreißen der Zunge vom Gaumen erzeugter Laut, z. B. in einigen afrikan. Sprachen.

Schnäpel der, eine Art der Renken, bewohnt die Küsten der südl. Nordsee und wandert in Rhein und Elbe.

Schnäpper, 1) S., **Schnepper,** Gerät zur örtl. Blutentnahme, aus dem mit einer Stahlfeder eine scharfe Klinge hervorschnellt wird. 2) **Blaufisch (Chirurg),** bis 1 m lange Stachelmakrele, bes. im Atlantik. 3) **Fliegenschnäpper** (Vogel).

schnarchen, laut atmen während des Schlafes: beim Atmen mit offenem Munde gerät das Gaumensegel in Schwingung.

Schnauzer, Haushundrassen mit starkem ,Bart‘ und buschigen Augenbrauen.

Schnebbe, Schneppe, aus der Stuarthaube entstandene Frauenhaube im 16./17. Jahrh. (auch Witwentracht).

Schmiedekunst: links Tabernakelgitter aus Bredelaer, 13. Jahrh. (Marburg, Universitätsmuseum); rechts Gittertür im Ost-Trakt des Stiftsgebäudes zu St. Florian, 18. Jahrh.

Schnecken: **1** *Tigerschnecke.* **2** *Rosenmundschnecke.* **3** *Schraubenschnecke.* **4** *Garten-schnecke.* **5** *Schnirkelschnecke.* **6** *Sumpfdeckelschnecke.* **7** *Rote Wegschnecke (Lungen-schnecke)*

Schnecke, 1) Weichtier, →Schnecken. **2)** ⊛ eine auf einem zylindr. Schaft eingeschnittene endlose Schraube, z. B. in S.-Getrieben, als Förder-S. **3)** Teil des inneren Ohres.

Schnecken, Bauchfüßer, Gastrop′oden, eine Klasse der Weichtiere. Der Körper gliedert sich in 3 Abschnitte: Kopf mit Fühlern, an denen meist einfache Augen sitzen; Fuß mit muskulöser Kriechsohle; Eingeweidesack mit einer Hautfalte (Mantel), die bei den meisten S. ein Kalkgehäuse abscheidet. Nach den Atmungsorganen unterscheidet man **Lungen-S.** und **Kiemen-S.;** bei letzteren kann die Kieme vor dem Herzen **(Vorderkiemer)** oder hinter ihm **(Hinterkiemer)** liegen. Die S. haben eine Reibeplatte (Radula) zum Benagen von Pflanzen. Sie sind getrenntgeschlechtlich oder zwittrig und bewohnen Land, Meer- und Süßwasser.

Schneckenklee, kleeähnl. Schmetterlingsblüter mit spiraligen oder sichelförm. Hülsen **(Sichelklee);** z. B. Luzerne.

Schneckenrad, ein Zahnrad.

Schnee, 1) Art des Niederschlags in fester Form; kleine, meist sternförmige Kristalle, die durch Gefrieren des Wasserdampfes in der Luft entstehen. Mehrere zusammengehakte Kristalle bilden **Schneeflocken.** Formen des S.: **Pulverschnee** (trocken, feinkörnig), **Pappschnee** (feucht, aus großen Flocken). Durch Wind entstandene S.-Anhäufungen heißen **Schneewehen.** Älterer S. wird zu →Firn. **2)** steifgeschlagener Eiweißschaum.

Schneeballsystem, ⊠ ein Verkaufssystem, bei dem der Händler dem Käufer Preisnachlaß verspricht, wenn er ihm weitere Kunden zuführt; als unlauterer Wettbewerb unzulässig und strafbar.

Schneebeere, Geißblattgewächs des

westl. N-Amerika; rötl. Blütchen, weiße, schwammige Beeren; Zierstrauch.

Schneeberg, Stadt im Bez. Karl-Marx-Stadt im westl. Erzgebirge, 21 200 Ew.; im 15. Jahrh. gegr. Bergstadt; der Uranbergbau ist stark zurückgegangen.

Schneeberg, 1) der höchste Berg des Fichtelgebirges, 1053 m. **2)** Bergstock der Niederösterreich. Kalkalpen, im Klosterwappen 2075 m, im Kaiserstein 2061 m hoch. **3) Glatzer S.,** höchster Berg des Glatzer Berglandes, 1424 m hoch.

Schneeblindheit, ein Blendungszustand, z. B. bei Wanderungen über besonnte Schneefelder.

Schneebrett, durch Winddruck zusammengepreßter Schnee an Gebirgswänden.

Schnee-Eifel, →Schneifel.

Schneeflockenbaum, Ölbaumgewächs Nordamerikas und Chinas mit glänzenden Blättern und Rispen weißer Blüten.

Schneefloh, ein Springschwanz, der unter Rinde, im Winter auf Schnee lebt.

Schneeglöckchen, Amaryllisgewächse, Frühlingsblüher, unter Naturschutz; auch Zierpflanzen. **1) Echtes S. (Galanthus),** mit

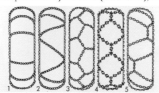

Schneeketten: **1** *Leiterkette.* **2** *Zickzack-Kette.* **3** *Umlauf-Zickzack-Kette.* **4** *Spurkreuzkette.* **5** *asymmetrische Spurkreuzkette*

weißer Blüte, deren drei innere Hüllblätter an den Spitzen grün gefleckt sind. **2)** Frühlingsknotenblume (Leucojum), mit sechs an der knotigen Spitze gelbgrünen Blütenhüllblättern.

Schneeglöckchenbaum, Zierstrauch N-Amerikas und O-Asiens, mit weißen, glokkigen Blüten und vierflügeligen Steinfrüchten.

Schneegrenze, 1) die temporär (jahreszeitlich) bedingte Grenze des Schneefalls. **2)** klimat. S.: die untere Grenze des Auftretens dauernder Schneebedeckung (bes. in Gebirgen), ihre Höhenlage wird vor allem bestimmt von der mittleren Temperatur, bes. des Sommers, und der Menge der festen Niederschläge. Beispiele: Spitzbergen 300 bis 600 m, Alpen-Nordseite 2500 bis 2800 m, Zentralalpen 2900-3200 m, Alpen-Südseite 2700-2800 m, Kilimandscharo 5300 m, Neuseeland 1900-2400 m.

Schneegrube, Große und **Kleine S.,** zwei Kare im Riesengebirge.

Schneeholder der, die →Schneebeere.

Schneehuhn, im Winter weiße nord. Waldhühner, z. B. **Moor-S.** (Bild Anpassung)

Schneeketten, Ketten um die Reifen der Kraftfahrzeuge als Gleitschutz.

Schneekopf, Gipfel im Thüringer Wald, 978 m hoch.

Schneekoppe, der höchste Berg des Riesengebirges, 1603 m hoch.

Schneeleopard, Irbis, innerasiat. Katze mit kleinem Kopf, dichtem Fell und langem Schwanz.

Schneemensch, in Nepal **Yeti,** umstrittenes Himalaya-Wesen. Bisher wurden nur Spuren, Exkremente und Haare gefunden, die seine Existenz beweisen sollen.

Schneeräumung, die Beseitigung des Schnees auf Straßen und Schienenwegen, bei geringer Schneehöhe mit dem **Schneepflug,** zwei keilförmig miteinander verbundenen Brettern, bei großen Schneemassen mit **Schneefräsen, Schneeschleudern** oder **Frässchleudern,** die den Schnee bis zu 30 m nach der Seite werfen.

Schneewittchen, Märchen von einem Mädchen, das wegen seiner Schönheit von seiner Stiefmutter verfolgt und von den sieben Zwergen gerettet wird.

Schneewürmer, schwarze Larven von Weichkäfern, die am Boden überwintern und bisweilen auf dem Schnee erscheinen.

Schneezement, Salzmischung zur Härtung schmelzenden Schnees auf Skipisten und Sprungschanzen.

Schneeziege, ein gemsenähnliches Horntier der Felsengebirge Nordamerikas.

Schneidbrenner, der Brenner, mit dem die Stichflamme zum →autogenen Schneiden erzeugt wird.

Schneidemühl, polnisch **Piła,** 1922-38 einziger RegBez. der Prov. Grenzmark Posen-Westpreußen, 45 000 (1939: 45 800) Ew.; Flugzeugwerke, Holz- u. a. Ind. Seit 1945 unter poln. Verwaltung.

schneiden, 1) Werkstoffe trennen mit schneidentragenden Werkzeugen, durch →autogenes Schneiden oder elektrisches S. mit einem Lichtbogen, der zwischen einer Kohleelektrode und dem Werkstoff übergeht. **2)** Ballsport: dem Ball einen Drall geben; beim Tennis und Fußball mit der Absicht, daß er anders, als es der Gegner erwartet, auftrifft und wieder abspringt. **3)** Kraftfahren: den Verkehrsteilnehmer behindern, indem man dessen Bahn kreuzt.

Schneider, Schneiderin, 1) Handwerksberuf zur Herstellung von Oberbekleidung, vielfach spezialisiert; dreijähr. Lehrzeit. **2)** geringe Hirsche, die in der Regel von Winterbeginn an beim Mutterwild bleiben. **3)** ⊕ eine Art der Karpfenfische, auch volkstüml. Bez. für die Echten Weberknechte sowie für die Teichläufer.

Schneider, 1) Erich, Volkswirtschaftler, * 1900, † 1970, Prof., 1961-68 Direktor des Inst. für Weltwirtschaft in Kiel; Vertreter der mathematisch orientierten Volkswirtschaftslehre.

2) Heinrich, Politiker (DPS/FDP), * 1907, Rechtsanwalt, nach 1945 scharfer Gegner des saarländ. Separatismus, 1955-62 Vors. der Demokrat. Partei Saar, 1960-61 stellvertretender Bundesvors. der FDP.
3) Reinhold, Schriftsteller, * 1903, † 1958, verband christl. Traditionsbewußtsein mit scharfem Blick für Zeitproblematik. Friedenspreis des Dt. Buchhandels 1956. Gedichte, bes. Sonette, Erzählungen, Dramen ('Innozenz und Franziskus', 1952),

Reinhold Schneider   Arthur Schnitzler

Essays ('Macht und Gnade', 1940, 'Der Dichter vor der Geschichte', 1944, 'Erbe und Freiheit' 1955).
Schneiderfranken, Joseph Anton, 'geistlicher Name' **Bô Yin Râ,** Schriftsteller und Maler, * 1876, † 1943, vertrat eine spiritualistische Weltanschauung.
Schneiderhan, Wolfgang, Violinvirtuose, * 1916.
Schneiderkreide, gemahlener, zu flachen Stücken geformter Speckstein zum Aufzeichnen der Schnittkonturen auf Kleiderstoffen u. a.

Schneeräumung: mittelgroße Schneeschleuder an Kleinschlepper mit Allradantrieb und Kriechgang

Schneider S. A., französ. Konzern der Stahl- und Maschinenbauind., gegr. 1836 in Le Creuzot. Kap.: 209 Mill. FF, Beschäftigte: 55000 (1970).
Schneidgebläse, ein Fördergebläse mit Schneidvorrichtung, das Stroh, Heu, Grünfutter u. a. fördert und zugleich schneidet.
Schneidkluppe, ein Werkzeug zum Schneiden von Gewinden.
Schneidmetalle, Metalle, aus denen schneidende Werkzeuge oder Werkzeugschneiden hergestellt werden, z. B. Hartmetalle, Stahl.
Schneidwaren, Messer, Scheren aller Art, Rasiergeräte, Tafelbestecke u. a.; die Industrie konzentriert sich in der Bundesrep. Dtl. bes. im Raum Solingen.
Schneifel, Schnee-Eifel, der rauheste Teil des →Eifel.
Schneise, baumleerer Streifen in Forsten.
Schnellbahn, S-Bahn, elektrisch betriebene Eisenbahn zur Bewältigung des Massenverkehrs zwischen Großstädten und ihren Vororten.
Schnellboot, kleines Kriegsschiff mit 40 bis 300 Tonnen Wasserverdrängung und 40 bis 45 Knoten Geschwindigkeit.
Schnellgaststätte, Speiserestaurant, das nur fertige Gerichte führt, zur Schnellbedienung.

Schnellkäfer, Schmiede, verbreitete Familie von Käfern, z. B. Saat-S., die sich wieder hochschnellen können, wenn sie auf den Rücken zu liegen kommen; Schädlinge. Ihre Larven werden als 'Drahtwürmer' bezeichnet. (Tafel Käfer)
Schnellpresse, Druckmaschinen verschiedener Art, i. e. S. die 1812 von F. Koenig erfundene →Hochdruckmaschine.
Schnellrichter, →Schnellverfahren.
Schnellverfahren, ♓ ein abgekürztes Strafverfahren vor dem Amtsrichter oder Schöffengericht, zulässig nach §§ 212 ff. StPO. bei leichteren Fällen mit einfachem Sachverhalt **(beschleunigtes Verfahren);** durchgeführt durch den **Schnellrichter.**
Schnellzüge, →Eisenbahnzüge.
Schnepfe, Sumpfvogel mit langem, geradem Schnabel. In Europa leben die **Bekassine** (→Sumpfschnepfe) und die **Wald-S.** Beim Balzflug ('Schnepfenstrich') durchstreift das Männchen ein weites Gebiet.
Schnepfenfisch, Fam. der Pfeifenfische; die **Meerschnepfe** lebt im Mittelmeer.
Schnepfenstraße, früher Name der →Kiwis.
Schnepfenthal, polytechn. Oberschule im Thüringer Wald; hier gründete →Salzmann 1784 eine Erziehungsanstalt.
Schneuß, die →Fischblase des gotischen Maßwerks.
Schnirkelschnecken, Landlungenschnecken, bes. die eßbare **Weinbergschnecke** und die kleinere **Gartenschnecke.** Die S. sind Zwitter und begatten sich wechselseitig. (Bild Schnecken)
Schnittholz, im Sägewerk zu Brettern, Bohlen u. dgl. geschnittenes Holz.
Schnittlauch, eine rotblühende Art von →Lauch; Würzkraut.
Schnittmeister, der →Cutter 2).
Schnittwaren, Stoffe, die in gewünschter Länge als Meterware verkauft werden.
Schnitzbank, eine Holzbank der Küfer, Böttcher, Stellmacher mit durch Fußdruck betätigter Klemmvorrichtung.
Schnitzel, gebratene Fleischscheibe vom Schwein oder Kalb, oft paniert.
Schnitzeljagd, Fuchsjagd, eine Reitjagd, wobei der vorausreitende Reiter als 'Fuchs' seine Fährte durch Papierschnitzel kennzeichnet.
Schnitzer, Eduard, →Emin Pascha.
Schnitzler, Arthur, österreich. Schriftsteller, * 1862, † 1931, urspr. Arzt; scharfer Diagnostiker des Seelen- und Trieblebens. Schauspiele: 'Anatol' (1893), 'Liebelei' (1895), 'Reigen' (1900), 'Der einsame Weg' (1903), 'Professor Bernhardi' (1912), Komödie der Verführung' (1924). Romane und Novellen: 'Frau Beate und ihr Sohn' (1913), 'Fräulein Else' (1924) u. a.
Schnorchel, der, **1)** Hohlmast am U-Boot zur Versorgung mit Frischluft und zur Abführung der Abgase bei Unterwasserfahrt; ein Schwimmerventil verhindert das Eindringen von Wasser. **2)** Hilfsgerät beim Sporttauchen.
Schnorr von Carolsfeld, Julius, Maler, * 1794, † 1872, schloß sich 1818 den Nazarenern in Rom an, zu deren besten Leistungen seine Frühwerke gehören (Ariost-Zimmer im Casino Massimo u. a.). Später malte er Fresken in der Münchener Neuen Residenz (Nibelungenfresken).
Schnulze, schmalziges Schlagerlied, rührseliges Kinostück.
Schnupfen, ♥ die Entzündung (Katarrh) der Nasenschleimhaut. Der **akute S.** (Erkältungs-S.) beruht auf einer Virusinfektion nach Kälte- und Nässeeinwirkung. Der **chronische S.** (Stock-S.) entsteht durch Verstopfung der Nasengänge oder Schleimhautwucherungen. Behandlung je nach Ursache. - Über Heu-S. →Heufieber.
Schnupftabak, aus Tabakblättern gewonnenes Pulver, das die Nasenschleimhaut reizt.
Schnur|assel, ein Tausendfüßer.
Schnurbaum, Obstbaum, dessen Krone zu Girlanden geformt ist.
Schnürboden, 1) Schiffbau, Ingenieur-

bau: große, waagerechte Arbeitsfläche, auf der die herzustellenden Werkstücke und Bauteile (z. B. Dachgesparre, Schiffsspanten) naturgroß aufgezeichnet und (als Modell) angefertigt werden. **2) Rollenboden,** Theater: der Raum über der Bühne mit Vorrichtungen zum Aufzug der Kulissen, Prospekte.
Schnür-Effekt, der →Pinch-Effekt.
Schnurkeramik, Kulturgruppe der ausgehenden Jungsteinzeit; Tongefäße mit durch Eindrücken von Schnüren entstandenen Verzierungen. Verbreitungsgebiet: Mitteldtl., nahe verwandte Kulturen in Norddtl., Dänemark, S-Schweden und S-Finnland, S-Norwegen, Rußland.
Schnurre, Wolfdietrich, Schriftsteller, * 1920; Essays, Gedichte; Erzählungen ('Sternstaub und Sänfte', 1953).
Schnurrhaare, lange borstige Tasthaare, z. B. an den Lippen der Katze.
Schnurwürmer, Nemert'inen, Plattwürmer von 5 mm bis 30 m mit ausstülpbarem Rüssel; meist in der Küstenzone der Meere lebend.
Scho, Sho, früheres japan. Hohlmaß, = 1,8 l.
Schober, geschichteter Rauhfutter- oder Getreidehalmhaufen.
Schober, Johannes, österreich. Politiker, * 1874, † 1932, war 1921/22 und 1929/30 Bundeskanzler und Außenmin.
Schobert, Johann, Cembalist und Komponist, * um 1740, † 1767, schrieb Klavierwerke und Kammermusik in vorklass. Stil.
Schoch, Johannes, Baumeister, * um 1550, † 1631; Friedrichsbau des Heidelberger Schlosses (1601-07), Neuer Bau Straßburg (1582-85).
Schock das, Zählmaß: 60 Stück.
Schock der, ♥ plötzliche Erschütterung. **Körperlicher S.,** ein Zustand verminderter Lebenskraft mit Herabsetzung bes. von Blutdruck und Atmung, z. B. infolge Blutverlust, Fall. **Seelischer S.** ('Nervenschock'), infolge erregender Erlebnisse, mit Ohnmacht, Herzstörungen u. a. - Arzt rufen!
Schockbehandlung, Schocktherapie, Heilverfahren zur Behandlung von endogenen Psychosen (→seelische Krankheiten). Die S. löst mit Insulin, Cardiazol oder elektrischem Strom einen Krampfanfall oder Schockzustand mit Bewußtlosigkeit aus. Nach 1950 trat die S. zugunsten der Behandlung mit Psychopharmaca zurück; der Elektro-S. ist jedoch heute mit Beseitigung der gefürchteten Zwischenfälle wieder in die Therapie eingeführt worden.
Schoeck, Othmar, schweizer. Komponist und Dirigent, * 1886, † 1957, ein Hauptvertreter der neueren schweiz. Musik; Opern (Vom Fischer und syner Fru, 1930; Das Schloß Dürande, 1943), Chor- und Instrumentalmusik, etwa 400 Lieder.
schocken, ⚔ den Ball mit Schwungholen von unten nach oben werfen.
schock'ieren, in sittliche Entrüstung versetzen, erschrecken.
Schof'ar [hebr.] der, althebräisches, heute noch im Kult verwendetes Blasinstrument aus einem Widderhorn.
sch'ofel [hebr.], unfein; schäbig, kleinlich in Geldangelegenheiten.
Schöffe, ♓ seit Gesetz von 1972 Bez. für sämtl. ehrenamtl. Richter an Strafgerichten, Schöffengericht, Strafkammer und Schwurgericht. Die S. werden alle 2 Jahre neu gewählt. Sie üben während der Hauptverhandlung das Richteramt in vollem Umfang und mit gleichem Stimmrecht wie der Berufsrichter aus.
Schöffengericht, ein aus Berufsrichtern und Schöffen zusammengesetztes Strafgericht der dt. Gerichtsverfassung.
Schöffer, Peter, →Fust.
Schokkerfischerei, Fischerei auf abwandernde Aale in großen Flüssen.
Schokol'ade, Nahrungsmittel aus Kakaomasse und Zucker mit verschiedenen nährenden und würzenden Zusätzen, zum Essen, für Getränke, zum Überziehen von

Zucker- und Konditorwaren; Nährwert 530 bis 600 kcal/100 g. Herstellung durch Mischen, Zerkleinern, Feinwalzen, Erwärmen und Vergießen in Formen. Man unterscheidet u. a.: Block-, Schmelz-, Überzugs-S., süße, halbbittere, bittere. Wirtschaftliches →Süßwaren.

Scholapur, Sholapur, Stadt in Maharaschthra, Indien, 391 600 Ew.; Textilzentrum.

Schol'ar [lat.] der, Student, Schüler.

Schol'arch [grch.], allgemein: der Gebildete, Gelehrte; im eigentl. Sinn der Leiter einer Pfarr-, Dom- oder Klosterschule.

Schol'astik [von lat.] die, **1)** der säkulare Lern- und Übertragungsvorgang, durch den die christl. Glaubensinhalte den europ. Völkern zugänglich wurden. **2)** die christl. Theologie und Philosophie des MA., abwertend auch: erfahrungsfremdes und systemgebundenes Denken (**Scholastizismus**). - Philosophie: Die **Früh-S.** (9. bis 12. Jahrh.) hat sich aus dem Bemühen entwickelt, die theolog. Lehren der Bibel und der Kirchenväter auch philosophisch zu durchdringen und so zwischen Theologie und Philosophie einen Einklang herzustellen (Abaelard und Anselm von Canterbury). Die **Hoch-S.** entwickelte sich etc. im 13. Jahrh. durch die neuen Universitäten und die Bettelorden. Aristoteles und seine griech. und arab. Erklärer wurden in die christl. Philosophie und Theologie aufgenommen. Am bedeutendsten waren Bonaventura, Albertus Magnus, Thomas von Aquino, Duns Scotus. Richtungen: Thomismus und Scotismus. Mit der **Spät-S.** (14. und 15. Jahrh.) beginnt die Auflösung der Einheit mittelalterl. Denkens (W. v. Ockham). Zugleich bereiteten naturphilosoph. Auffassungen die Physik der Neuzeit vor. Eine Neublüte der S. entstand im 16.-18. Jahrh. in Spanien (Barock-S., Suárez). Ferner →Neuscholastik.

Scholastiker, 1) Anhänger der Scholastik. **2)** noch studierender Priesterkandidat, bes. bei den Jesuiten.

Scholastische Methode, klares Herausarbeiten der Frage (Quaestio), scharfe Abgrenzung und Unterscheidung der Begriffe (Distinctio), logisch geformte Beweise sowie Erörterung der Gründe und Gegengründe in formgerechter Disputation.

Sch'olem Al'ejchem [,Friede sei mit euch'], Deckname des jiddischen Schriftstellers **Schalom Rabinowitsch,** * 1859, † 1916; Romane, Erzählungen (,Tewje, der Milchmann').

Sch'olien [grch.], Ez. die Scholie oder das Scholion, erläuternde Anmerkungen zu antiken Schriftstellern, auch zur Bibel.

Scholl, die Geschwister **Hans** (* 1918) und **Sophie S.** (* 1921); sie waren mit anderen Studenten, Gelehrten, Künstlern in der Widerstandsgruppe ,Weiße Rose' vereinigt, wurden in der Univ. München bei einer Flugblattverteilung 1943 verhaftet, vom Volksgerichtshof zum Tode verurteilt und hingerichtet.

Schollen, Familie der Ordnung Plattfische, aus mehreren Gattungen besteht: Heilbutt (2,5 m lang, bis 300 kg); Goldbutt oder Scholle (bis 95 cm lang, wird 50 Jahre alt); Flunder (bis 50 cm lang); Kliesche (bis 40 cm lang); Rotzunge (bis 40 cm lang); Hundszunge, auch Aalbutt (50 cm lang).

Sch'öllenen, Schlucht der Reuß im Kt. Uri, Schweiz, von der St.-Gotthard-Paßstraße und der **Schöllenenbahn** durchzogen.

Schöllkraut, behaartes staudiges Mohngewächs mit gelbem Milchsaft, gelben Blüten und stabförmigen zweiklappigen Früchten. In der Volksmedizin Heilpflanze gegen Leber- und Gallenleiden.

Sch'olochow, Michail Aleksandrowitsch, russ. Schriftsteller, * 1905; Romane ,Der stille Don' (1928-40, umgearb. 1953), ,Neuland unterm Pflug' (1932/60).

Scholte [niederdt.], **Scholz,** schles.

Schulze, der Bürgermeister. **Scholtisei,** Bürgermeisteramt.

Scholtis, August, Schriftsteller, * 1901, † 1969; Dramen, Romane (,Baba und ihre Kinder', 1934, 1952). Autobiographie ,Ein Herr aus Bolatitz' (1959).

Scholz, 1) Heinrich, Philosoph, * 1884, † 1956, verteidigte die Selbständigkeit der Offenbarungsreligion; wandte sich später der mathemat. Logik zu.

2) Wilhelm von, Schriftsteller, * 1874, † 1969; 1926-28 Präs. der Preuß. Akad. der Dichtung. Gesammelte Gedichte (1944). Romane ,Perpetua' (1926), ,Der Weg nach Ilok' (1930), ,Unrecht der Liebe' (1931). Dramen ,Vertauschte Seelen' (1910) u. a.

Schomburgk, Hans, Afrikaforscher, * 1880, † 1967, unternahm Expeditionen nach Afrika und bereicherte dabei die Kenntnis über die Tierwelt.

Schön, 1) Helmut, Sportlehrer, * 1915; seit 1964 Fußballbundestrainer des Dt. Fußballbundes.

2) Theodor von, Politiker, * 1773, † 1856, Mitarbeiter Steins am Reformwerk, Oberpräs. von West- und Ostpreußen, 1842 entlassen, da er Verfassung und Pressefreiheit forderte.

Schona, Bantustamm, →Shona.

Schönaich-Carolath, Emil Prinz von **S.-C.-Schilden,** Schriftsteller, * 1852, † 1908; neuromant. Gedichte, Novellen.

Schönbartlaufen, Schembart-, Schelmenlaufen, bis 1539 Nürnberger Fastnachtsbrauch, Umzug der Metzger und junger Patrizier.

Schönberg, Mährisch-Schönberg, tschech. **Sumperk,** Stadt in N-Mähren, Tschechoslowakei, 21700 (1930: 15700 meist dt.) Ew.; Textilind., Sägewerke, Mineralölraffinerie.

Schönberg, Arnold, österreich. Komponist, * 1874, † 1951, seit 1933 in den Verein. Staaten, ging von der Spätromantik aus und gelangte zur Auflösung der überkommenen harmonischen Grundlagen. Er verwendete dabei eine Neuordnung der Tonbeziehungen, indem er die zwölf gleichberechtigte Töne gliederte (→Zwölftonmusik). Chorwerk ,Gurrelieder'; Streichsextett ,Verklärte Nacht'; Opern (,Moses und Aaron'); Orchesterwerke, Kammermusik u. a.

Schönblindheit, schwarzer Star der Tiere.

Schönborn, rheinisches Adelsgeschlecht, seit 1701 Grafen, als Erz- und Fürstbischöfe von Mainz, Würzburg, Bamberg, Speyer bedeutende Bauherren des Barocks.

Schönbrunn, ehemals kaiserl. Schloß im SW von Wien, wohl schon 1688 von Fischer v. Erlach begonnen, unter Maria Theresia 1744-49 umgestaltet. Der Park, 2 km² groß, steigt zur 1775 erbauten Gloriette an. - 14. 10. 1809 Friede von S. (Wien): Österreich trat Salzburg, das Innviertel, Westund einen Teil von Ostgalizien, Krain, Triest und Teile von Kärnten und Kroatien ab (→Napoleonische Kriege).

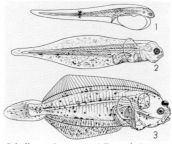

Schollen: **1** Larve, zwei Tage alt (3,1 mm lang). **2** Larve kurz vor Beginn der Flossenstrahlenbildung (7,2 mm lang). **3** Larve in Umwandlung mit dem Auge auf der Körperkante (10,2 mm lang). Nach Scheuring, München

Schönbuch der, laubwaldreiches Bergland (583 m) zwischen Böblingen und Tübingen.

Schöndruck, ⊕ die zuerst bedruckte Seite eines doppelseitig bedruckten Bogens, im Unterschied zur **Widerdruckseite.**

Schönebeck (Elbe), Stadt im Bez. Magdeburg, 46 100 Ew.; Maschinen- u. a. Industrie, Hafen. 1932 wurde das Sol- und Moorbad Bad Salzelmen eingemeindet.

Schöne Literatur, Belletr'istik, die Gesamtheit des dichterischen und unterhaltenden Schrifttums.

Schöne Madonnen, ein im 15. Jahrh. verbreiteter Typus von deutschen Bildwerken der stehenden Maria mit dem Kind, in denen sich Anmut und Innigkeit mit erlesener Form verbinden.

Schönemann, 1) Johann Friedrich, Schauspieler, * 1704, † 1782, gehörte der Neuberschen Truppe an, spielte dann mit eigener Truppe.

2) Lili, eigentl. Anna Elisabeth, * 1758, † 1817 als Gattin (1778) des Straßburger Bankiers B. F. von Türckheim. Goethe hatte Lili im Jan. 1775 verlobt und im Okt. das Verlöbnis gelöst.

Schonen, schwed. **Skåne,** die südlichste, fruchtbarste Landschaft Schwedens, war bis 1658 (Friede von Roskilde) dänisch.

schönen, Trübungen aus Wein entfernen.

Schoner, Schuner [engl.] der, mehrmastiges Segelschiff mit Gaffeltakelung, bes. der 2mastige **Gaffel-S.**

Schönerer, Georg Ritter von, österreich. Politiker, * 1842, † 1921, seit 1873 Mitglied des Abgeordnetenhauses, vertrat ein all-

Arnold Schönberg   *Arthur Schopenhauer*

deutsches, antisemit., antihabsburg., antiklerikales Programm (Los-von-Rom-Bewegung); von starkem Einfluß auf Hitler.

Schöne Seele, tugendhaftes Gemüt, Mensch von ,innerer Schönheit'; bekannt durch Goethes ,Bekenntnisse einer S. S.' in ,Wilhelm Meisters Lehrjahre' (1795).

Schongau, Stadt in Oberbayern, am Lech, 11 200 Ew.; verschiedene Industrie. Stadtmauer, Ballenhaus (1515), Pfarrche (1750-53 erneuert).

Schongauer, Martin, Kupferstecher und Maler in Colmar, † 1491, maßgebend beeinflußt von Rogier van der Weyden, entwickelte die noch junge Kunst des Kupferstichs zu ausdrucksvoller Klarheit der Form (116 Blatt; Hl. Antonius, Kreuztragung, Tod Mariä, Verkündigung). Von seinen Malereien ist wenig erhalten: Madonna im Rosenhag, 1473, Colmar, St. Martin; kleine Andachtstafeln (München, Wien, Berlin); Fresko des Jüngsten Gerichts im Breisacher Münster.

Schöngeist, Freund der schönen Literatur, auch tadelnd: ästhetischer Genießer (Kunst, Literatur).

Schönheitspflege, die →Kosmetik.

Schönhengstgau, ehem. dt. Sprachinsel in der Tschechoslowakei, an der böhmisch-mähr. Grenze mit den Städten Mährisch-Trübau, Zwittau, Landskron.

Schönherr, Karl, österreich. Schriftsteller, * 1867, † 1943, Arzt; Lyrik in Tiroler Mundart; Erzählungen, Dramen: ,Erde' (1907), ,Glaube und Heimat' (1910) und ,Weibsteufel' (1915).

Schoenichen, Walther, Biologe, * 1876, † 1956, verdient um den deutschen Naturschutz.

Schöningen, Stadt im VerwBez. Braunschweig, Niedersachsen, 14 600 Ew.; Braunkohlenbergbau, Textilindustrie.

Schönkopf, Anna Katharina (Käthchen), Jugendfreundin Goethes, * 1746, † 1810, Tochter eines Leipziger Gastwirts, in die sich Goethe als Student in Leipzig verliebte; sie heiratete 1770 Dr. Ch. K. Kanne, nachmal. Ratsherrn und Vizebürgermeister von Leipzig.

Schonkost, Diät, Ernährungsweise, bes. bei Krankheiten der Verdauungsorgane.

Schönlanke, poln. **Trzcianka** [tʃtʃjˈaŋka], Stadt in der Grenzmark Posen-Westpreußen, 15 900 (1939: 9600) Ew.; seit 1945 unter poln. Verwaltung.

Schönmalve, ⊕ das Abutilon.

Schönthan, Franz, Edler von Pernwald, Schriftsteller, * 1849, † 1913; schrieb Lustspiele und Schwänke (‚Der Raub der Sabinerinnen'), oft zusammen mit seinem Bruder Paul (* 1853, † 1905), mit G. v. Moser, G. Kadelburg u. a.

Schonung, junger schutzbedürftiger, gesperrter Waldbestand.

Schonzeit, Hegezeit, die für die jagdbaren Tiere durch Jagdgesetze festgelegte jagdfreie Zeit (Übersicht).

Das ganze Jahr darf die Jagd ausgeübt werden auf Schwarzwild, Wildkaninchen, Fuchs, Iltis, Nerz, Wiesel, Bleßrallen, Haubentaucher, jedoch dürfen die Elterntiere während der Setz- und Brutzeiten nicht gejagt werden. Die Gelege und Nester des Federwildes sind das ganze Jahr über geschützt. Das Sammeln von Eiern der Wildhühner, der Ringel- und Türkentauben, der Entenvögel, der Bleßrallen

Schonzeiten in der Bundesrep. Dtl.

Wildarten	Schonzeit
männl. Rotwild	1. 2.–31. 7.
männl. Dam-, Sikawild	1. 2.–31. 8.
weibl. Rot-, Dam-, Sikawild, Kälber	1. 2.–31. 7.
männl. Rehwild	16. 10.–15. 5.
weibl. Rehwild und Rehkitze	1. 2.–31. 8.
Gamswild	16. 12.–31. 7.
Muffelwild	1. 2.–31. 7.
Hase	16. 1.–15. 10.
Dachs	16. 1.–30. 6.
Stein-, Baummarder	1. 2.–30. 11.
Auer-, Rakel- u. Birkhahn	1. 6.–19. 4.
Rebhuhn	1. 12.–31. 8.
Fasan	16. 1.–30. 9.
Ringeltaube	1. 5.–15. 8.
Waldschnepfe	16. 4.–15. 10.
Bekassine	1. 1.–31. 7.
Wildgänse	16. 1.–30. 9.
Wildenten (außer Brand-, Eider-, Kolbenente)	16. 1.–31. 7.
Mäuse-, Rauhfußbussard	28. 2.–31. 10.
Möwen	1. 3.–31. 7.

M. Schongauer: Auszug zum Markt
(Kupferstich)

der Silber- und Lachmöwen sowie der Haubentaucher unterliegt keiner zeitlichen Beschränkung.

Schopenhauer, 1) Arthur, Philosoph, * 1788, † 1860, 1820-31 Dozent in Berlin, seitdem Privatgelehrter in Frankfurt, knüpfte an Kant an, deutete aber die gesamte Erscheinungswelt als unsere ‚Vorstellung', eingefangen in die Denkform der Kausalität. Den Zugang zum ‚An sich' haben wir nach S. in uns selbst: das Wesen der Welt enthüllt sich als ‚Wille'. Dieser ist ein grundloser und zielloser (‚blinder') Drang. Er objektiviert sich in der Erscheinungswelt als Wille zum Leben und zur Fortpflanzung. Auf höheren Stufen durchschaut er sich selbst als unvernünftig und böse und wird dadurch fähig, sich aus seinem eigenen Drang zu erlösen, d. h. sich als Wille selbst zu verneinen. - ‚Die Welt als Wille und Vorstellung', 2 Bde. (1, 1819; 2, 1844). (Bild S. 1106)
2) Johanna, Schriftstellerin, geb. Trosiener, Mutter von 1), * 1766, † 1838, schrieb, ebenso wie ihre Tochter Adele (* 1797, † 1849), Romane und Novellen.

Schöpfung, allgemein die Hervorbringung einer Sache oder die Sache selbst; im religiösen Sinn die Erschaffung der Welt durch den Willen Gottes.

Schöpfwerk, Pumpwerk, Anlage zur Entwässerung eingedeichter Gebiete oder zum Heben von Bewässerungswasser.

Schoppen der, Flüssigkeitsmaß, früher rd. $1/2$ l, jetzt $1/4$ l.

Schöps [tschech.], Hammel, verschnittener Widder.

Schoeps, Hans-Joachim, Religions-, Geistesgeschichtler, * 1909, Prof. in Erlangen.

Schorf, 1) ⚕ Kruste (Grind) aus abgestorbenem Gewebe, z. B. nach Verbrennung. **2)** Pflanzenkrankheiten, bei denen die kranken Teile meist rauhe (schorfige) Stellen bekommen; z. B. →Kartoffelschorf.

Schorfheide, Forst im S der Uckermark, wildreiches Naturschutzgebiet.

Schorlemorle, Wein mit Sprudel, Zucker, Zitrone.

Schorndorf, Stadt in Bad.-Württ., im Remstal, 21 000 Ew.; schöne alte Fachwerkhäuser. Textil-, Stahlmöbel-, Maschinen-, Holz- u. a. Industrie.

Schornstein, Esse, Schlot, ein senkrechter Schacht, durch den Verbrennungsgase einer Feuerungsanlage ins Freie entweichen und dabei den zur Verbrennung nötigen Zug erzeugen; als **Rauch-S. (Rauchfang)** aus Mauerwerk, Stahlbeton oder Stahl; **Abgas-S.** oft mit innerem Schutzanstrich gegen Kondenswasser.

Schornsteinfeger, Handwerksberuf mit 3jähriger Lehrzeit; nach mehrjähriger Gesellenzeit Besuch von Fach-, Meisterschulen; Meisterprüfung.

Schornsteinmarke, Kennzeichen der Reederei am Schiffsschornstein.

Schortens, Gem. in Ndsachs., 13 500 Ew.; Büromaschinen- und Fahrzeugindustrie.

Schoschonen, nordamerikan. Indianerstamm, →Shoshoni.

Schoßfallrecht, ⚖ das Recht der Eltern oder Großeltern eines kinderlos Verstorbenen, diesen zu beerben.

Schoßrübe, Schosser, Rübe, die unerwünscht schon im 1. Jahr Samen trägt (‚schoßt').

Schostakówitsch, Dimitrij, russ. Komponist, * 1906; 15 Sinfonien, Konzerte, Klavier- und Kammermusik, Oper ‚Lady Macbeth von Mzensk' (1934).

Schot der, die, ⚓ eine Leine, mit der dem Segel die zweckmäßige Stellung zum Wind gegeben wird; meist als Flaschenzug ausgeführt.

Schota Rusth(a)wéli, georg. Dichter, unter dessen Namen das georg. Nationalepos ‚Der Mann im Pantherfell' zugeschrieben wird; vermutlich hat er um die Wende des 12. Jahrh. gelebt.

Schote, 1) die noch grüne Erbsenhülle und ähnliche Früchte. **2)** die Fruchtform der Kreuzblüter.

Schotendotter, Schöterich, Kreuzblüter, rauhhaarig, meist mit aufrechten gelben Blütentrauben und zweiklappigen Schoten.

Schott das, Quer- und Längswände in Schiffen, als **wasserdichte S.** und **Brand-S.** zur Begrenzung von Wassereinbruch und Feuer.

Schott [arab.] der, in Algerien und Tunesien Bezeichnung für Salzsümpfe.

Schott, 1) Anselm, Benediktiner, * 1843, † 1896, wurde durch sein lateinisch-dt. **Meßbuch der hl. Kirche** (1884) zum praktischen Begründer der dt. liturg. Bewegung.
2) Bernhard, Verleger, * 1748, † 1809, gründete 1770 den Musikverlag Schott.
3) Friedrich Otto, Chemiker, Glastechniker, * 1851, † 1935, schuf die Grundlage für die moderne Glaserzeugung, gründete mit Ernst Abbe und Carl Zeiss 1886 das Jenaer Glaswerk S. und Genossen, seit 1952 in Mainz.

Schottel, Justus Georg, * 1612, † 1676, der größte dt. Sprachgelehrte des 17. Jahrh. ‚Ausführl. Arbeit von der dt. Hauptsprache' (1663).

Schotten Mz., großkarierte farbenfrohe Gewebe, in Schottland Nationaltracht.

Schotten, Stadt, Luftkurort in Hessen, im westl. Vogelsberg, 3700 Ew. Bei S. der **Schottenring** (Motorsport-Rennstrecke), 1957 geschlossen.

Schotten, die Bewohner Schottlands (5,2 Mill.), im engeren Sinne die 81 000 noch keltisch (→gälisch) sprechenden S. der Hochlande (Berg-S.) und der Hebriden, mit reichem Volkstum (Tracht, Musik, →Clan).

Schotter, 1) ⊕ grobes, vom fließenden Wasser abgelagertes Geröll. **2)** Steinschlag von 2 bis 7 cm Größe, für Straßen- und Bahnbau.

Schottische Kirche, engl. **Church of Scotland** [tʃɔːtʃ ɔv skɔ́tlənd] die reformierte Staatskirche in Schottland. Von der Anglikan. Kirche unterscheidet sie sich durch strenges Festhalten an der calvinist. Lehre, schlichten Gottesdienst und Presbyterialverfassung.

schottische Literatur, das in schottischer Sprache aufgezeichnete Schrifttum, ohne das gälische Schrifttum (→Gälisch) der Hochlande. Am Anfang steht die Nationaldichtung ‚Bruce' von J. Barbour (1375). Im 15. und 16. Jahrh. entwickelte sich eine s. höfische Prägung (Jakobs I. Königsbuch, W. Dunbars allegorische Dichtung). Damals errang die s. L. europ. Bedeutung. Später verebbte sie. Im 18. Jahrh. blühte sie als engl. Mundartdichtung neu auf.

Schottische Schule, eine von Th. Reid begründete philosoph. Richtung; sie vertrat einen dogmat. Psychologismus und die Meinung, daß alle extremen Gegensätze in der Philosophie Irrtümer seien.

schottische Sprache, nordenglische Mundart in Schottland, die seit dem 11. Jahrh. das alte →Gälisch verdrängte und bes. im 15. und 16. Jahrh. eine eigene Schriftsprache entwickelte. Seit der Vereinigung Schottlands mit England (1603) lebte sie nur als Mundart fort.

Schottischer, Tanz, →Écossaise.

Schottland, englisch **Scotland,** der nördl. Teil der brit. Hauptinsel, 78 764 km², 5,199 Mill. Ew. (Schotten). Hauptstadt: Edinburgh. S. ist im wesentlichen Gebirgsland (im Ben Nevis 1343 m). Die Highlands (Hochlande) im N (meist mit Heide, Grasland oder Mooren) werden durch das Senkungsfeld der Lowlands (mittelschott. Tiefland) von den Southern Uplands (südschott. Bergland) im S getrennt. Die stark gegliederten Steilküste im W mit Fjorden (Firths) sind zahlreiche Inseln (Hebriden) vorgelagert. Im O ist die vielfach auch steile Küste gleichförmiger und ohne Inseln. (Bild Großbritannien)

Geschichte. Der Name S. rührt von den kelt. Skoten her, die von Nordirland kamen; der S wurde von den german. Angeln besiedelt. Die vor den Skoten in Nord-

S. ansässigen Pikten und die Skoten vereinigten sich 844 zu einem Königreich, das seine Unabhängigkeit erfolgreich gegen England verteidigte. Seit 1371 regierte das Haus Stuart. Im 16. Jahrh. siegte der Calvinismus (John Knox), die kath. Königin Maria Stuart wurde 1567/68 gestürzt, ihr Sohn wurde 1603 als Jakob I. auch König von England; 1707 wurde S. mit England zum Königreich·Großbritannien vereinigt (→Großbritannien, Geschichte).

Schout [sxaut; niederl. ‚Schulze‘], **Waterschout**, früher der Vorsteher eines Seemannsamtes.

Schouwen [sxauə], nördlichste Insel der Provinz Seeland, Niederlande, 222 km².

schraff'ieren [ital.], eine Fläche mit gleichlaufenden Linien bedecken. **Schraffur**, auf Landkarten die Darstellung der Bodenformen durch kurze, in der Fallrichtung stehende Striche **(Schraffen).**

Schragen, Gestell aus gekreuzten Hölzern.

schralen, ⟆ die fortwährende Änderung der Windrichtung.

Schramberg, Stadt und Kurort in Bad.-Württ., im Schwarzwald, 19100 Ew.; Uhren- u. a. Industrie.

Schramm, Percy Ernst, Historiker, * 1894, † 1970, erforschte bes. das Kaiser- und Königtum, Herrschaftszeichen, Staatssymbolik.

Schräm|maschine, ⚒ Maschine zum Einschneiden in abzubauendes Mineral **(Ketten-S., Walzen-S.).** Der **Schrämlader** lädt das losgeschrämte Mineral unmittelbar auf ein Fördermittel.

Schrammelmusik, Wiener Volksmusik für 2 Geigen, Gitarre und Ziehharmonika (anfangs Klarinette), benannt nach den Wiener Musikern Johann (1850-93) und Josef **Schrammel** (1852-95), die 1877 ein Quartett (‚D’ Schrammeln‘) gründeten.

Schrammsteine, eine Felsgruppe im Elbsandsteingebirge.

Schranke, eine Sicherheitsvorrichtung an schienengleichen Bahnübergängen; **Schlagbaum-S., Dreh-S., Schiebe-S.;** die stets mit einer Blinklichtanlage verbundene **Halb-S.** sperrt nur die rechte Fahrbahnhälfte.

schränken, die Zähne einer Säge abwechselnd ausbiegen.

Schranze [von Schranz ‚Schlitz‘; übertragen: Stutzer mit geschlitzten Kleidern], meist: **Hof-S.,** liebedienernder Höfling.

Schrapn'ell das, von dem Engländer Shrapnel um 1800 erfundenes dünnwandiges Artilleriegeschoß, mit Sprengladung und kleinen Stahlkugeln gefüllt ist.

Schrapper, robustes Gerät zum Abbau und Fördern von Kohle, Erdreich u. a. ein Kübel, der sich beim Ziehen über das Fördergut füllt.

Schrat der, ein Waldgeist.

Schratsegel, ⟆ Gaffel- und Stagsegel, auch Dreiecksegel ohne Unterbaum.

Schratten, Geologie: →Karren.

Schraube, 1) ⊕ Verbindungselement, aus Befestigungs-S. aus Stahl, Kupfer, Messing, Leichtmetall zur Herstellung lösbarer Verbindungen; besteht aus dem Kopf, dem zylindr., mit Gewinde versehenen Schaft und der Mutter mit Innengewinde, die mittels **S.-Schlüssels** festgedreht (oder gelockert) wird. **Kopf-S.** werden ohne

Mutter verwendet. **Holz-S.,** in der Regel Kopf-S., besitzen schwach kegeligen Schaft. **Bewegungs-S.** dienen der Vermittlung einer geradlinigen Bewegung, z. B. die Spannspindel des Schraubstockes oder die Leitspindel der Drehbank, die den Support vorwärts bewegt.

2) Turnen, Kunstspringen: ein Wassersprung mit Drehung(en) um die Längsachse des Körpers.

Schraubenalge, haarstarke Süßwasser-Grünalge, deren Zellen von schraubigen Blattgrünbändern durchzogen sind.

Schraubenbäume, Pandanac'eae, Pflanzenfamilie mit 3 Gattungen; die Blätter der **Schraubenpalme** (Afrika) dienen zu Flechtwerken, ihre Fasern zur Herstellung von Tauen und Netzen.

Schraubenfläche, eine Fläche, die durch Schraubung einer Raumkurve entsteht, z. B. die **Wendelfläche** durch Schraubung einer Geraden.

Schraubenlinie, eine Raumkurve mit konstanter Krümmung; die **gewöhnliche S.** entsteht z. B. durch Abrollen der Hypotenuse eines rechtwinkl. Dreiecks auf einen geraden Kreiszylinder.

Schraubenlüfter, Ventilator, ein propeller- oder schraubenförmiges Flügelrad, das die Luft axial ansaugt und weiterfördert, z. B. Tisch- und Deckenfächer.

Schraubenschlüssel, Werkzeug mit entsprechend geformter Öffnung (Maul) zum

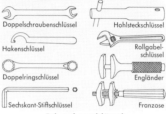

Doppelschraubenschlüssel — Hohlsteckschlüssel — Hakenschlüssel — Rollgabelschlüssel — Doppelringschlüssel — Engländer — Sechskant-Stiftschlüssel — Franzose

Schraubenschlüssel

Festziehen und Lösen von Schrauben und Muttern.

Schraubenschnecke, trop. Kiemenschnecke. (Bild Schnecken)

Schraubenzieher, meißelförmiges Werkzeug zum Festziehen, Lösen und Verstellen von Schrauben mit geschlitztem Kopf.

Schraubstock, Vorrichtung zum Einspannen von Werkstücken zwischen zwei Backen, deren eine durch eine Schraubenspindel gegen die andere bewegt werden kann.

Schraubzwinge, Gerät zum Aufeinanderpressen von Teilen zwischen zwei durch eine Schraubenspindel gegeneinander bewegliche Backen.

Schreber, Daniel, Arzt und Orthopäde, * 1808, † 1861, förderte gymnast. Erziehung und Errichtung öffentl. Spielplätze. Nach S. wurden die **S.-Gärten** benannt.

Schrebergarten, →Kleingarten.

Schreckensherrschaft, blutige Gewaltherrschaft, insbes. die der radikalen Jakobiner (Robespierre) 1793/94 während der Französ. Revolution.

Schreckhorn, Großes S. und **Kleines S.,** zwei Gipfel der Finsteraarhorngruppe in

den Berner Alpen, 4078 und 3494 m hoch.

Schreckstoffe, chem. Stoffe, die bei Tieren Schreck- und Fluchtreaktionen auslösen (bei der Schädlingsbekämpfung).

Schreibautomat, eine elektrisch mit einem Lochstreifenleser gekoppelte Schreibmaschine zum automatischen Schreiben häufig wiederkehrender oder programmierter Texte.

schreiben, Schriftzeichen erzeugen (→Schrift). Heute wird meist auf Papier geschrieben. Als Schreibwerkzeuge dienen Schreibfedern, Füllfederhalter, Graphit-, Farb-, Kreidestifte, Kugelschreiber, Schreibmaschine u. a.

Bis zur Erfindung des Buchdrucks war **Schreibschrift** mit Schrift gleichbedeutend. Als die Buchschrift zur Druckschrift wurde (→Schriften), bildeten sich die beiden Hauptarten, die **lateinische** und die **deutsche Schreibschrift,** aus den spätgot. Kursiven. Der Schreibunterricht der Grundschule geht jetzt von der latein. Schrift aus.

Geschichte. In ältester Zeit wurden Schriftzeichen in Steinflächen eingeschabt oder mit Farben aufgetragen, dann in Tontäfelchen oder, bes. in griechischer und römischer Zeit, in mit einer Wachsschicht bedeckte Holztäfelchen eingedrückt, später wurde auf Papyrus geschrieben. Seit der Ptolemäerzeit gebrauchte man neben Papyrus Pergament. Um 800 übernahmen die Araber von den Chinesen das Papier, im 14. Jahrh. hatte es sich bis nach Deutschland verbreitet. Als Schreibwerkzeug benutzten die Ägypter und Griechen feine Binsen, Inder und Araber Stifte aus Rohr, die Chinesen feine Haarpinsel. Die Rohrfeder kam mit dem Anbau des Zuckerrohrs in Vorder- und Mittelasien, Ägypten und Spanien auf, später wurde sie meist aus Schilfrohr (Calamus) hergestellt. Allmählich ersetzte man die Rohrfeder durch Vogelfedern, bis im 18. Jahrh. die Stahlfedern erfunden wurden.

Schreibfeder, Schreibwerkzeug aus Stahl, Gold oder Palladiumlegierungen mit gehärteter Spitze und durch Druck veränderl. Spalt für den Tintenfluß.

Schreibkrampf, Muskelkrampf bei Menschen, die viel schreiben.

Schreibmaschine, Maschine für Schreibarbeiten: durch Niederdrücken von Tasten werden Buchstaben-, Ziffern- und Zei-

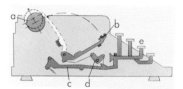

Schreibmaschine: a Schreibwalze, b Typenhebel mit Type, c Tastenhebel, d Zwischenhebel, e Taste

chenstempel mittels eines Farbbandes auf Papier abgedruckt, bei dem **Typenhebel-S.** rückt bei jedem Tastenanschlag der Wagen mit Walze und Papier um eine Typenbreite nach links; gleichzeitig läuft das Farbband um eine Typenbreite weiter. Der Typenkorb oder der Wagen können durch eine Umschalttaste angehoben werden, z. B. wenn statt eines Kleinbuchstabens der zugehörige Großbuchstabe erscheinen soll. Nach Beendigung einer Zeile wird durch den Zeilenschalter der Wagen wieder nach rechts geschoben; gleichzeitig dreht sich die Walze um einen einstellbaren Zeilenabstand. Bei der elektr. **Schreibkopf-S.** sind die Typenhebel durch einen Kugel- oder walzenförmigen Typenkopf ersetzt, der die Typen trägt. Die Schreibwalze bewegt sich nicht seitlich, sondern wandert der Schreibkopf über die gesamte Schreibbreite. Auch Typenhebel-S. können elektrisch angetrieben werden;

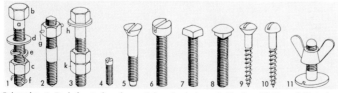

*Schraube: **1** Sechskantschraube; a Schraubenbolzen, b Kopf, c Mutter, d Unterlegscheibe, e Federring, f Splint. 2 Stiftschraube mit Kegelstift g. 3 Bundschraube; h Bund, k Gegenmutter. 4 Gewindestift. 5 Senkkopfschraube. 6 Zylinderkopfschraube. 7 Vierkantschraube. 8 Flachrundkopfschraube. 9 Linsenkopfschraube. 10 Holzschraube (mit Halbrundkopf). 11 Schraube mit Flügelmutter*

Auswahl gebräuchlicher Druckschriften

Die großen Meister der Schriftkunst	Mediäval	Garamond	(Garamond)
Die großen Meister der Schriftkunst	Klassizist. Antiqua	Bodoni-A.	(Bodoni)
Die großen Meister der Schriftkunst	Neuzeitl. Antiqua	Post-A.	(H. Post)
Die großen Meister der Schriftkunst	Antiqua-Kursiv	Euphorion	(W. Tiemann)
Die großen Meister der Schriftkunst	Egyptienne	Memphis	(H. Jost)
Die großen Meister der Schriftkunst	Grotesk	Futura	(P. Renner)
Die großen Meister der Schriftkunst	Gotisch	Weiß-Gotisch	(E. R. Weiß)
Die großen Meister der Schriftkunst	Fraktur	Breitkopf-F.	(Breitkopf)
Die großen Meister der Schrift	Schreibschrift	Legende	(F. H. E. Schneidler)

ein Elektromotor betätigt nach leichtem Tastendruck den Anschlag, außerdem Wagenaufzug und Umschaltung. Sonder-S. sind solche mit Lochstreifensteuerung, Blinden-, Musiknoten-S., Stenographiermaschinen.

Schreibmeister, auch **Modisten** [weil sie den ‚modus scribendi‘, die Kunst des Schreibens, lehren], seit dem späteren MA. Lese- und Schreiblehrer; oft zugleich Rechenmeister.

Schreinsbuch, das Grundbuch des MA.

Schreitvögel, nesthockende Stelzvögel, zu denen Ibisse, Löffler, Störche, Reiher und Schuhschnabel gehören.

Schreivögel, Sippe der Sperlingsvögel.

Schreker, Franz, Komponist, * 1878, † 1934, schrieb in einem spätromantisch-impressionistischen Stil von hohem Klangraffinement Opern (‚Die Gezeichneten‘, 1918; ‚Der Schatzgräber‘, 1920).

Schrempf, Christoph, evang. Theologe, * 1860, † 1944, Pfarrer, sammelte nach seinem Kirchenaustritt einen freireligiösen Kreis um sich.

Schrey, Ferdinand, Stenograph, * 1850, † 1938, förderte die Stenographie durch ein eigenes System (1887), abgelöst 1897 durch das Ergänzungssystem Stolze-Schrey.

Schreyer, Lothar, Schriftsteller, Maler, * 1886, † 1966, Schriftleiter der expressionist. Zeitschrift ‚Sturm‘, seit 1921 Prof. am Bauhaus in Weimar; Lyrik, Dramen.

Schreyvogel, Joseph, österreich. Schriftsteller, * 1768, † 1832, begründete als Hoftheatersekretär und Dramaturg den idealrealist. Bühnenstil des Burgtheaters.

Schreyvogl, Friedrich, österreich. Schriftsteller, * 1899, Prof. für Lit.; Gedichte, Schauspiele (‚Tod in Genf‘, 1933), Komödien (‚Die kluge Wienerin‘, 1941), Romane (‚Die Dame in Gold‘, 1957; ‚Das Schicksal Josephs II.‘, 1964).

Schrift, die Zeichenfolge, in der die Sprache festgehalten wird. Anfänglich wurden Bilder als Schriftzeichen verwendet (**Bilder-S.).** Meinte ein Zeichen statt der Sache nur den Lautgehalt eines Wortes, konnte es für gleich oder ähnlich lautende Wörter gesetzt werden (**Laut-S.).** Von einsilbigen Wörtern gelangte man zur **Silben-S.,** in der ein Schriftzeichen eine ganze Silbe bedeutet. Letzte Stufe war die Entstehung der ägypt. Einkonsonantenzeichen, die wahrscheinlich die Quelle der semit. **Buchstaben-S.** waren. Früheste Inschriften mit nordsemit. Alphabet entstammen dem 13. und 12. Jahrh. v. Chr. Dieses Alphabet spaltete sich bald in den phönikischen, den althebräischen und den aramäischen Typ. Aus der altphönik. ist die griechische Schrift entstanden, von der sich die Schriften West- und Mitteleuropas ableiten. (Tafel S. 1110)

Schriften, im weiteren Sinn alle Schriftarten (→Schrift), im engeren die Druckschriften. Der einzelne Buchstabe, die Letter für den Handsatz, ist ein vierkantiger, rechtwinkliger Metallkörper, am Kopf mit dem erhaben ausgeführten Buchstaben im Spiegelbild. Der Abstand vom Kopf zum Fuß heißt **Schrifthöhe,** der zwischen Vorder- und Rückseite **Kegelstärke.** 1898 wurde in Dtl. die Schrifthöhe auf 23,566 mm, die Schrifthöhe festgelegt (Pariser-, Normalhöhe). Dieses typograph. Punktsystem hatte der französ. Schriftgießer F. A. Didot um 1785 geschaffen. Ein typograph. Punkt mißt 0,376 mm. Die verschiedenen **Schriftgrade** werden nach altüberlieferten Namen oder nach Punkten bezeichnet. Die gebräuchlichsten Druck-S. werden in Antiqua-S. (→Antiqua) und Fraktur-S. (→Fraktur) eingeteilt. Nach rechts geneigte Antiqua-S. heißen Kursiv-S. Nach dem Verwendungszweck unterteilt man in **Brot-** oder **Werk-S.** (für Bücher-, Zeitungsdruck) und **Akzidenz-S.** (Titel-, Zier-S. für Anzeigen u. a.).

Schriftform, ⚖ die durch Gesetz oder Vereinbarung vorgeschriebene schriftliche Abschluß von Rechtsgeschäften; entscheidend ist die handschriftliche Unterzeichnung (§ 126 BGB). Gesetzlich ist S. z. B. vorgeschrieben für die Kündigung eines Mietverhältnisses.

Schriftgelehrte, Ausleger des jüd. Gesetzes, der kult. und sittl. Gebote.

Schriftgießerei, das Gießen von Lettern für Druckschriften: in der Gießmaschine werden die negativen Formen mit Letternmetall ausgegossen.

4	■	Punkte ・・・・・	Diamant
5	■	・・・・・ Perl	
6	■	・・・・ Nonpareille	
7	■	・・・・ Kolonel	
8	■	・・・ Petit	
9	■	・・・ Borgis	
10	■	・・・・ Korpus	
12	■	・・ Cicero	
16	■	・・・ Tertia	

Schriftgrade nach Namen und Punkten; der Schriftgrad Kolonel wird auch Mignon, Korpus auch Garmond genannt

Schriftleiter, Redakteur, Redaktor.

schriftliches Verfahren, ⚖ Form des Prozeßverfahrens, bei der die Grundlage des Urteils allein der Akteninhalt bildet.

Schriftsachverständiger, ein Sachverständiger zur Untersuchung der Schrifturheberschaft, bes. für die Gerichte.

Schriftsatz, ⚖ schriftliche Erklärungen in einem gerichtlichen Verfahren.

Schriftschneider, industrieller Lehrberuf im Vervielfältigungsgewerbe; Lehrzeit 3 Jahre.

Schriftsetzer, Lehrberuf im graph. Gewerbe **(Hand-, Maschinensetzer);** Lehrzeit 3 Jahre. Zugleich als Buchdrucker ausgebildete S. heißen **Schweizerdegen.**

Schriftsprache, die vorzugsweise dem schriftl. Ausdruck dienende Form der →Hochsprache.

Schriftsteller, im engeren Sinn die Verfasser von schöngeistigen Werken (Dichter), im weiteren auch die Verfasser von Abhandlungen (Essayist), Kritiken (Kritiker), Fachwerken (Fach-S.) und die Journalisten.

Schrimpf, Georg, Maler, * 1889, † 1938, schuf Landschaften und schlichte Mädchengestalten. S. gehört zu den Hauptvertretern der →Neuen Sachlichkeit.

Schritt, 1) als Maß etwa 75-85 cm. 2) die langsamste →Gangart des Pferdes.

Schrittmacher, Radrennen: Motorradfahrer, der vor dem Langstreckenfahrer (Steher) fährt, um den Luftwiderstand zu brechen und für das Einhalten einer hohen Geschwindigkeit zu sorgen.

Schrittzähler, Gerät in Taschenuhrform zum Zählen der Schritte; die Erschütterungen beim Gehen werden durch ein pendelndes oder federndes Glied auf Zeiger- oder Rollenzählwerk übertragen.

Schrobenhausen, Stadt in Oberbayern, südlich vom Donaumoos, 9000 Ew.; alte Handelsstadt; Hallenkirche (15. Jahrh.), Rathaus (14. Jahrh.), ehem. herzogl. Schloß (15. Jahrh.); Spezialtiefbau, Flugzeugbau, Papier-, Cellulose-, Textilindustrie.

Schröder, 1) Edward, Germanist, * 1858, † 1942; ‚Deutsche Namenkunde‘ (1938). **2)** Friedrich Ludwig, Schauspieler, * 1744, † 1816, leitete mehrmals die Hamburger Bühne, strebte Natürlichkeit des Spiels an, bearbeitete Shakespeare, schrieb Unterhaltungsstücke mit großen Einfluß auf die Entwicklung der dt. Freimaurerei. **3)** Gerhard, Politiker (CDU), * 1910, Rechtsanwalt, seit 1949 MdB., 1953-61 Bundesinnenmin., 1961-66 Bundesaußenmin., 1966-69 Bundesmin. für Verteidigung; seit 1967 stellvertr. Bundes-Vors. der CDU. **4)** Rudolf Alexander, Dichter, * 1878, † 1962, Mitgründer der Zeitschr. ‚Die Insel‘ und des Insel-Verlags. S. ist der abendländ. Tradition und dem europ. Humanis-

Proben von Schreib- und Druckschriften, die nicht auf der lateinischen Schrift beruhen

1 Griechisch (Druckschrift). 2 Griechisch (Neugriechische Schönschrift). 3 Gemeingermanische Runen. 4 Gotisch. 5 Irisch. 6 Glagolitisch. 7 Kyrillisch. 8 Russisch (Druckschrift). 9 Russisch (Schreibschrift). 10 Armenisch (Druckschrift). 11 Armenisch (Schreibschrift). 12 Georgisch (Mchedruli-Druckschrift). 13 Georgisch (Schreibschrift). 14 Altägyptisch (Hieroglyphen). 15 Altägyptisch (Hieratisch). 16 Altägyptisch (Demotisch). 17 Koptisch. 18 Altkretisch (Linear B). 19 Hethitische Hieroglyphen. 20 Keilschrift. 21 Phönikisch. 22 Hebräisch (Quadratschrift). 23 Hebräisch (Rabbinisch). 24 Hebräisch (Moderne Schreibschrift). 25 Arabisch (Druckschrift). 26 Arabisch (Tunesische Schreibschrift). 27 Arabisch (Persische Schreibschrift). 28 Äthiopisch. 29 Syrisch (Estrangelo). 30 Syrisch (Serto). 31 Pehlewi. 32 Awestisch. 33 Alttürkisch (Orchon-Runen). 34 Brahmischrift. 35 Dewanagari. 36 Bengali. 37 Gudscharati. 38 Tibetisch. 39 Tamil. 40 Telugu. 41 Kanaresisch. 42 Malajalam. 43 Singhalesisch. 44 Siamesisch. 45 Birmanisch. 46 Javanisch. 47 Batak. 48 Makassarisch. 49 Balinesisch. 50 Chinesisch (Schreibschrift). 51 Chinesisch (Druckschrift). 52 Koreanisch. 53 Mongolisch (in uigurischer Schrift). 54 Kalmückisch. 55 Japanisch (Katakana). 56 Japanisch (Hiragana). 57 Japanisch (Gras-Schrift)

mus verpflichtet; in der Zeit des National-sozialismus wurde er zum Bekenner prote-stant. Christentums (Erneuerung des protestant. Kirchenlieds). Gedichte von plastisch-strenger, oft antiken Mustern nachgebildeter Form; Übersetzungen (Homer, Vergil, Shakespeare, Racine u. a.).

R. A. Schröder   H. Schulze-Delitzsch

Schröder-Devrient, Wilhelmine, dramat. Sopranistin, * 1804, † 1860, Mitglied der Dresdener Oper.

Schrödinger, Erwin, österreich. Physiker, * 1887, † 1961, Prof., zuletzt in Wien, entwickelte in der Wellenmechanik einen sehr zweckmäßigen mathem. Formalismus zur Behandlung quantentheoret. Fragen. Nobelpreis 1933.

Schröer, Gustav, Erzähler, * 1876, † 1949; Bauern- und Kleinstadtromane.

schröpfen, ♪ das örtl. Entziehen von Blut durch Blutegel, Schröpfkopf, Saugglocke; zum Entlasten des Kreislaufs.

Schrot, 1) grob gemahlenes Getreide, dient als Viehfutter und zum Backen von **S.-Brot.** 2) ⚔ Bleikugeln von 1,2-6 mm Durchmesser; die feinste Sorte heißt **Dunst,** die stärkste **Posten.** 3) Gesamt- oder Rauhgewicht von Gold- und Silbermünzen.

Schröter, Carl, Botaniker, * 1855, † 1939, begründete die Lehre von den Pflanzengesellschaften.

Schrothsche Trockenkur, Ernährungsbehandlung, um krankhafte Flüssigkeitsansammlungen auszuscheiden.

Schrott, Metallabfälle und unbrauchbare Metallgegenstände.

Schrumpfniere, eine Schädigung des Nierengewebes (Narbenbildung), die eine Störung der Ausscheidungsfunktion zur Folge hat; Endstadium vieler Nierenerkrankungen.

Schruns, Wintersportplatz im Montafon, Vorarlberg, Österreich, 3400 Ew.

schruppen, das Abnehmen grober Späne bei der Metallbearbeitung.

Schtscherbak'ow, zeitweilig Name für die Stadt →Rybinsk.

Schub, 1) die→Scherung. 2) die Vortriebskraft, die von einem Strahltriebwerk erzeugt wird; sie ergibt sich aus dem Produkt der je Sekunde aus der Düse ausgestoßenen Gasmasse und der Übergeschwindigkeit des austretenden Strahls gegenüber der Eintrittsgeschwindigkeit ins Triebwerk.

Schubart, Christian Friedrich Daniel, Dichter, * 1739, † 1791, wegen seiner freimütigen Artikel 1777/78 auf der Festung Hohenasperg gefangengehalten; Gedichte im Volkston und polit. Anklage-Lyrik.

Schubert, Franz Peter, österreich. Komponist, * 1797, † 1828, Sohn eines Lehrers, 1813-17 Gehilfe seines Vaters, lebte seit 1824 ganz der Musik. Mittelpunkt seines Schaffens war das Lied, aus dessen Grundstimmung eine neuartige Gestaltungsweise der Klavierbegleitung erwuchs. Blühende, breit ausschwingende Melodik gibt auch den Instrumentalwerken das Gepräge. Dazu kommt ein lebendiger Einschlag der österreich. und ungarischen Volksmusik. Die Klaviermusik bereicherte S. um neue Formen des einsätzigen Charakterstücks (Impromptu, Moment musical). Die beiden Sinfonien der Reifezeit (die ‚Unvollendete' in h-moll, die ‚Große' in C-

Dur) stehen den sinfon. Schöpfungen der Klassik ebenbürtig zur Seite. S. übernahm, wie in allen anderen Gattungen, so auch in der Kammermusik die klass. Formenwelt, die er jedoch mit den Ausdruckswerten der Romantik erfüllte. Werke: 9 Sinfonien (eine davon verschollen), 17 Ouvertüren; 15 Streichquartette, 1 Streichquintett, Klavierquintett, 2 Klaviertrios; 22 Sonaten, Impromptus, Moments musicaux; 6 Orchestermessen, Stabat mater; Opern, Singspiele, Chöre, etwa 600 Lieder.

Schublehre, ⊙ die →Schieblehre.

Schubschiff, Schub|boot, ein Fahrzeug auf Binnengewässern zum Schieben von Lastschiffen, die keinen Eigenantrieb haben. S. enthalten nur Antriebs- und Steuereinrichtung sowie Wohnräume für die Besatzung und werden starr mit den zu schiebenden Fahrzeugen verbunden.

Schuch, Carl, Maler, * 1846, † 1903, gehörte dem Leibl-Kreis an, malte in dunkeltonigen Farben vor allem Stilleben.

Schuckert, Johann, Industrieller, * 1846, † 1895, gründete 1873 in Nürnberg die spätere Elektrizitäts-AG. vorm. Schuckert & Co. (→Siemens AG.).

Schücking, 1) Levin, Schriftsteller, * 1814, † 1883, befreundet mit Annette v. Droste-Hülshoff; Erzählungen. 2) Levin Ludwig, Anglist, Enkel von 1), * 1878, † 1964.

Schudra, Sudra, die unterste der vier Hauptkasten der Inder.

Schuh, 1) eine Fußbekleidung mit fester Sohle und geschlossenem Oberteil aus Leder, Gummi, Filz, Textilien, Stroh, Holz, Kunststoffen. **Halb-S., Pumps** und **Spangen-S.** reichen nur bis unter den Knöchel, **Stiefeletten** bis an den Knöchel, **Schnür-S.** hüllen den Knöchel ganz ein, **Langschäfter** gehen über die Wade. Zur Herstellung wird die Brandsohle am Leisten befestigt. Der Schaft wird darübergestülpt und mit Stahlstiften (Täcksen) auf der Brandsohle längs der Kante festgeheftet (gezwickt). Dann legt man die Sohle auf und verbindet sie mit der Brandsohle. Bei den **MacKayschuhen (durchgenähte S.)** wird die Sohle mit Schaft und Brandsohle fest vernäht. Bei den **Rahmenschuhen** wird zunächst an dem fertig gezwickten Schaft längs der Kante ein schmaler Lederstreifen, der **Rahmen,** angenäht, dann wird die Sohle an diesen Rahmen durch Doppelnaht angenäht. Beim **geklebten S.** wird das Oberleder auf die Brandsohle und die Sohle an den Oberledereinschlag geklebt. Bei **gewendeten S.** wird die Sohle verkehrt auf den Leisten gehefet und der Schaft ebenfalls umgekehrt direkt auf die Sohle aufgezwickt, dann flach an die Sohle angenäht. **Flexibel-** oder **Stitchdown-S.** werden hergestellt, indem die Sohle auf dem Leisten befestigt und der Schaft zunächst darauf gehefet wird, wobei das Oberleder nach außen gearbeitet wird. Es wird unter Mitführung eines Lederrahmens auf die Sohle gedoppelt (angenäht). 2) stählerne Ummantelung von Gründungspfählen aus Holz oder Beton. 3) Längenmaß, →Fuß.

Schuh, Oskar Fritz, Regisseur, * 1904, war Generalintendant in Köln und Hamburg.

Schuhkrem, Mittel für Lederreinigung und -konservierung: in Terpentinöl oder

Franz Schubert   Robert Schumann

Benzin gelöste oder in Wasser emulgierte Wachsgemische. Lederfette enthalten Wachse, tier. Fette und Vaselinöl.

Schuhmacher, ein handwerklicher Lehrberuf mit 3jähr. Lehrzeit.

Schuhplattler, ein oberbayrisch-österreich. Volkstanz, bei dem der Tänzer Schenkel, Knie und Fußsohlen schlägt (plattelt).

Schuhschnabel, Abū Markūb, ein blaugrauer Stelzvogel der Sümpfe am Weißen Nil, etwa 1,40 m lang, mit schuhförmigem Schnabel.

Sch'ukow, Georgij, sowjet. Marschall (1944), * 1896, verteidigte 1942 Moskau, war 1943 bei Stalingrad beteiligt, nahm 1945 Berlin ein, 1945/46 Befehlshaber der sowjet. Besatzung in Dtl., seit 1955 Verteidigungsmin., seit Juni 1957 im ZK-Präsidium, Okt. 1957 aller Ämter enthoben.

Schulaufsicht, die staatl. Ordnungsgewalt über die Schule; in der Bundesrep. Dtl. haben die oberste S. die Kultusminister in der Dt. Dem. Rep. das Volksbildungsministerium, in Österreich der Bundesminister für Unterricht, in der Schweiz die Kantone.

Schulbrüder, Schulschwestern, kath. Laien-Klostergenossenschaften für Erziehung, bes. die ‚Brüder der christl. Schulen'.

Schuld, 1) im bürgerl. Recht die auf Grund eines Schuldverhältnisses der Forderung des Gläubigers gegenüberstehende Verpflichtung des Schuldners zu einer Leistung (Tun oder Unterlassen). 2) im Strafrecht die persönliche Verantwortlichkeit des Täters für seine rechtswidrige Tat **(Vorwerfbarkeit);** von ihr hängt ab die Bestrafung. Man unterscheidet zwei Schuldformen: Vorsatz und Fahrlässigkeit. Die S. ist ausgeschlossen, wenn ein →Schuldausschließungsgrund vorliegt.

Schuldanerkenntnis, ♫ →Anerkenntnis.

Schuldausschließungsgrund, im Strafrecht ein Grund, der einen Umstand, der die Strafbarkeit ausschließt, z. B. Unzurechnungsfähigkeit, mangelndes Bewußtsein der Rechtswidrigkeit, Notstand u. a.

Schuldbetreibung, schweizerisch für Zwangsvollstreckung.

Schuldbrief, ♫ die bei der Erteilung einer Briefgrundschuld ausgestellte Urkunde.

Schuldbuch, →Staatsschulden.

Schuldenabkommen, →Londoner Schuldenabkommen.

Schuldenmasse, Passivmasse, Konkursrecht: die Gesamtheit der aus der Konkursmasse zu befriedigenden Forderungen.

Schuldhaft, früher die Haft eines säumigen Schuldners auf Betreiben des Gläubigers bis zur Tilgung der Schuld; an Stelle der S. trat der Offenbarungseid.

Schuldknechtschaft, früher eine Form der Zwangsvollstreckung gegen zahlungsunfähige Schuldner; urspr. war der Schuldner der Gläubigerwillkür ausgesetzt, später entstand ein Dienstverhältnis. Im MA. wurde aus der S. die Schuldhaft.

Schuldner, die aus einem Schuldverhältnis verpflichtete Person im Unterschied zum Gläubiger.

Schuldnerbegünstigung, das Verheimlichen oder Beiseiteschaffen von Vermögensstücken oder die Geltendmachung erdichteter Forderungen im Interesse eines Schuldners, der seine Zahlungen eingestellt hat oder über dessen Vermögen das Konkursverfahren eröffnet ist; wird mit Freiheitsstrafe von einem Jahr bestraft (§ 242 KO.).

Schuldnerverzeichnis, ein von den AGer. geführtes Verzeichnis über Personen, die den Offenbarungseid geleistet haben oder gegen die Haft angeordnet ist.

Schuldnerverzug, die vom Schuldner zu vertretende Verzögerung einer geschuldeten Leistung.

Schuldramen, Dramen, meist in latein.

Links neuzeitliche Schule in offener Bauweise; rechts Gruppensitzordnung im Unterricht

Sprache, oft mit bibl. Stoffen, für Lateinschulen im 16. und 17. Jahrh. Die Jesuiten förderten die S. (→Jesuitentheater).

Schuldrecht, die Rechtsvorschriften, die die Rechtsbeziehungen zwischen Personen regeln, kraft deren eine Person von der andern eine Leistung fordern darf **(Forderungs-, Obligationenrecht).** Das S. ist vor allem im 2. Buch des BGB. geregelt (§§ 241 bis 853). - Das österreich. Recht regelt das S. als ,persönl. Sachenrecht' in den §§ 859 bis 1341 ABGB., das schweizer. Recht behandelt es im Obligationenrecht.

Schuldschein, eine vom Schuldner ausgestellte Urkunde, die eine Schuldverpflichtung begründet oder bestätigt und der Beweissicherung dienen soll. Das Eigentum am S. steht dem Gläubiger zu (§ 952 BGB.). Bei Erfüllung der Verbindlichkeit kann der Schuldner die Rückgabe des S. verlangen (§ 371 BGB.).

Schuldtitel, im weiteren Sinn jede Urkunde, in der sich jemand zu einer Leistung verpflichtet; im engeren Sinn eine Urkunde, aus der die Zwangsvollstreckung möglich ist **(Vollstreckungstitel).**

Schuldübernahme, die Übernahme einer Schuld durch einen Dritten entweder an Stelle des bisherigen Schuldners **(befreiende S.)** oder neben dem bisherigen Schuldner als Gesamtschuldner **(kumulative S.** oder **Schuldbeitritt).**

Schuldumwandlung, 🕮 die →Novation.

Schuldverhältnis, das auf Vertrag oder Gesetz beruhende Rechtsverhältnis, das eine Partei (Gläubiger) berechtigt, von der andern (Schuldner) eine Leistung zu fordern (§ 241 BGB.).

Schuldverschreibung, Inhaberschuldverschreibung, Obligation, eine Urkunde, in der sich der Aussteller zu einer Leistung, meist Geldzahlung, an den Inhaber verpflichtet. Durch Ausgabe von S., die staatlich genehmigt werden müssen, be‑ schaffen sich öffentl.-rechtl. Körperschaften oder privatwirtschaftliche Unternehmen langfristiges Kapital. Die S. sind festverzinsl. Wertpapiere. Ihre Tilgung ist vertraglich oder gesetzlich geregelt.

Schuldversprechen, 🕮 ein Vertrag, in dem eine Leistung unabhängig vom Bestehen oder Nichtbestehen eines Schuldgrundes versprochen wird (§ 780 BGB.).

Schule, 1) eine öffentliche oder private Lehranstalt. Die öffentl. S. werden von den Gemeinden und Kreisen unter Staatsaufsicht oder vom Staat unmittelbar unterhalten, die Privatschulen von nichtöffentl. Unterhaltsträgern. Meist wird unterschieden zwischen **allgemeinbildenden S.** (Grund-, Haupt-, Real-S., Gymnasien, Sonder-S.) und **berufsbildenden S.** (Berufs-, Gewerbe-, Berufsfach-, Fach-S.). Die **Schulreform** bemüht sich in fast allen Ländern der Welt um Anpassung der S. an die Gegenwartsforderungen. Eine Hebung der Bildung aller Menschen und die Gründung

entsprechender S. ist das Ziel der UNESCO. In der Bundesrep. Dtl. schufen das ,Düsseldorfer Abkommen' (1955), das ,Saarbrücker Rahmenabkommen' (1960), das ,Hamburger Abkommen' (1964) die Grundlagen für Reformen. Der Strukturplan für das Bildungswesen (1970) des Dt. Bildungsrates sieht vor, daß an Stelle der horizontalen Gliederung nach Schulzweigen eine vertikale Gliederung nach Schulstufen (Elementar-, Primar-, Sekundarstufe I und II) geschaffen wird. Das Schulrecht in der Bundesrep. Dtl., enthalten im GG. (Art. 7), in Ländergesetzen und Erlassen der Schulaufsichtsbehörden, regelt schulorganisator. Fragen, Schulpflicht, Lehrerbildung u. a. In der Dt. Dem. Rep. ist das Schulrecht in zentralen Gesetzen und Verordnungen enthalten, ebenso in Österreich. In der Schweiz ist es Angelegenheit der Kantone. Erprobt werden Ganztags- und Gesamt-S., ebenso die Vorschulerziehung; erstrebt werden Chancengleichheit für alle Schüler und die Demokratisierung des Schullebens; techn. Hilfsmittel, z. B. der audiovisuellen Lehrmethoden, werden angewendet. **2)** eine von einem Meister ausgehende künstlerische oder wissenschaftl. Richtung.

Schulenburg, 1) Friedrich Werner Graf von der, Diplomat, * 1875, † (hingerichtet) 1944; 1934-41 Botschafter in Moskau, als Angehöriger der Widerstandsbewegung verurteilt.
2) Fritz-Dietlof Graf von der, * 1902, † (hingerichtet) 1944, gehörte der Widerstandsbewegung an.
3) Werner von der, Schriftsteller, * 1881, † 1958; Romane, Komödien.

Schüleraustausch, Austausch von Schülern, bes. der Gymnasien, mit solchen des Auslands. In der Bundesrep. Dtl. besteht ein Pädagog. Austauschdienst, Zentralstelle Bonn.

Schülerheim, Wohnstätte für auswärtige Schüler, privat oder einer öffentlichen Schule angegliedert.

Schülerlotse, als Verkehrshelfer ausgebildeter Schüler, leitet die Mitschüler über verkehrsreiche Straßen.

Schülermitverwaltung, Abk. **SMV,** die Beteiligung der Schüler an Verwaltung und Gestaltung des Schullebens.

Schule von Paris, Ecole de Paris, seit 1921 Bez. für die aus totalitären Staaten emigrierten und französ. Künstler, die Paris zu einem Kulturzentrum machten, bes. Picasso, Miró, Dali, Chagall, M. Ernst, H. Hartung.

Schulferien, in der Bundesrep. Dtl. 75 Werktage in einem Schuljahr.

Schulfernsehen, Studienfernsehen, seit 1953 im Verein. Staaten, jetzt auch in der Bundesrep. Dtl. regelmäßige Bildungsprogramme für Schule und Hochschule mit Prüfungsmöglichkeiten.

Schulfunk, 🔊 Sendungen für Schüler.

Schulgeld, Entgelt für die Leistungen der Schule. In der Bundesrep. Dtl. herrscht S.-Freiheit (Ausnahme: Privatschulen, Landschulheime). In der Dt. Dem. Rep. sind Grund- und Berufsschule schulgeldfrei; in Österreich ist nur an den Mittel- und Fachschulen, in der Schweiz meist nur an den oberen Mittelschulen ein mäßiges S. zu zahlen.

Schulgemeinde, die Gemeinschaft von Eltern, Lehrern und Schülern.

Schulgesundheitspflege untersteht in der Bundesrep. Dtl. den Gesundheitsämtern, ausgeführt vom Schularzt. Zu vorbeugenden Maßnahmen gehören Impfungen. Die Zahnpflege wird regelmäßig von Schulzahnärzten oder in einer Schulzahnklinik vorgenommen. In Österreich ist die S. Aufgabe der Gemeinden und der Bundesverwaltung; in der Schweiz ist sie im wesentlichen den Kantonen überlassen.

Schulkindergarten, einjähr. Kindergarten für schulatrige, nicht schulreife Kinder.

Schullandheim, Erholungsheim städtischer Schulen auf dem Lande.

Schulp der, Schale der Kopffüßer.

Schulpforta, →Pforta.

Schulrat, Schulaufsichtsbeamter für die Grund-, Haupt- und Sonder-, z. T. auch Realschulen; Ober-S. für höhere Schulen.

Schulreform, →Schule.

Schuls, Scuol, Kurort im Kt. Graubünden, Schweiz, mit Tarasp, 1700 Ew., alkal. Quellen und Eisensäuerlinge.

Schulschiff, Schiff zur Ausbildung des Nachwuchs für die Kriegs- und Handelsmarine.

Schulsport, die sportl. Betätigung von Jugendlichen im Schulunterricht. Ziel ist die Vermittlung von Bewegungserfahrungen, die Ausbildung motorischer Techniken, das Entdecken geeigneter Sportarten zur Leistungsförderung.

Schulter, $ 🕮 die obere Grenze des Rumpfs zu beiden Seiten des Halses.

Schultergürtel, der knöcherne Träger der Vordergliedmaßen: Schlüsselbeine und **Schulterblätter.**

Schulter-Hals-Syndrom, das →Zervikalsyndrom.

Schulterpatte, ⚔ Tuchlappe auf den Schulterteilen der Uniform **(Achselklappe).**

Schulterschnur, ⚔ geflochtene Schnur, unter die rechte Schulterklappe eingeknöpft, bei Heer u. Luftwaffe von Offizier und Unteroffizier vom Dienst getragen.

Schultheiß, Schulze, Gemeindevorsteher.

Schultheiss-Brauerei AG., Berlin, eine der größten dt. Brauereien, gegr. 1842. Grundkap.: 73,4 Mill. DM (1971).

Schultheß, Barbara geb. Wolf, Freundin Goethes, * 1745, † 1818. In ihrem Nachlaß fand sich als Abschrift die Urfassung des ,Wilhelm Meister'.

Schulträger, der Träger der Unterhaltungskosten einer Schule.

Schultz, Johannes Heinrich, Nervenarzt, * 1884, † 1970, entwickelte das ‚autogene Training'.

Schul|unterhaltung, das Aufbringen der Personal- und Sachkosten für die Schule.

Schulz, 1) Bruno, poln. Schriftsteller, * 1892, † (von der Gestapo ermordet) 1942. Roman ‚Die Zimtläden' (1934); Übersetzungen (F. Kafka).

2) Johann Abraham Peter, Komponist, * 1747, † 1800; Volkslieder (‚Der Mond ist aufgegangen', ‚Alle Jahre wieder').

3) Peter, Politiker (SPD), * 1930, seit 1971 1. Bürgermeister von Hamburg.

Schulze-Delitzsch, Hermann, Genossenschaftsführer, * 1808, † 1883, gründete das gewerbl. Genossenschaftswesen (1849 in Delitzsch die erste Rohstoffgenossenschaft). (Bild S. 1111)

Schumacher, 1) Emil, Maler, * 1912, Repräsentant des Tachismus in Dtl.

2) Fritz, Architekt, * 1869, † 1947, Oberbaudirektor in Hamburg, erneuerte die bodenständige Überlieferung, bes. des norddeutschen Backsteinbaus.

3) Kurt, Politiker (SPD), * 1895, † 1952, war 1930-33 MdR., 1933-45 im KZ, seit 1946 Vors. der SPD, deren antikommunist. Frontstellung er bestimmte; seit 1949 MdB.

Kurt Schumacher   Robert Schuman

Schuman, Robert, französ. Politiker (Volksrepublikaner), * 1886, † 1963, war 1947/48 MinPräs., 1948-52 Außenmin., 1955/56 Justizmin. S. ist Initiator der Montanunion (**Schuman-Plan**) und Verfechter des europ. Zusammenschlusses; 1958-60 Präs. des Europäischen Parlaments.

Schumann, 1) Clara geb. Wieck, Pianistin, Gattin von 3), * 1819, † 1896.

2) Maurice, französ. Politiker, * 1911, seit 1962 Min., seit 1969 Außenmin.

3) Robert, Komponist, * Zwickau 8. 6. 1810, † Endenich 29. 7. 1856, studierte zunächst Jura, nahm dann Klavierunterricht bei Friedr. Wieck und widmete sich seit 1830 ganz der Musik. 1834 gründete er die ‚Neue Zeitschrift für Musik', seit 1850 wirkte er als Musikdirektor in Düsseldorf. Er starb in geistiger Umnachtung. Im Mittelpunkt von S.s Schaffen stehen die Klavierwerke und die Lieder. Seine vier Sinfonien sind Kernstücke der romantischen Sinfonik. Werke: Klavier: Papillons, Carnaval, 3 Sonaten, Kreisleriana, Kinderszenen, Jugendalbum u. a. Orchester: 4 Sinfonien, Ouvertüren, Konzerte. Kammermusik: 3 Streichquartette, Klavierquartett, Klavierquintett, 3 Klaviertrios. Chorwerke. Oper ‚Genoveva'. Lieder, darunter der Zyklus ‚Frauenliebe und -leben'. (Bild S. 1111)

Schumpeter, Joseph Alois, österreich. Volkswirtschaftler, * 1883, † 1950, seit 1932 Prof. in Cambridge (Mass.), untersuchte die Entwicklung kapitalist. Wirtschaft.

Schundliteratur, künstlerisch wertlose Schriften (meist Erzählungen; Greuelgeschichten, Verbrecherromantik). Von der Schmutzliteratur unterscheidet sich die S. dadurch, daß sie nicht eigentlich unzüchtig oder schamlos im Sinne des Strafgesetzes ist. Grundlage zur Bekämpfung der S. ist das Ges. über die Verbreitung jugendgefährdender Schriften von 1961.

Schupo, Kurzwort für **1)** *die,* Schutzpolizei. **2)** *der,* Schutzpolizist.

Schupp, Johann Balthasar, * 1610, † 1661 als Hauptpastor in Hamburg; Predigten, kräftig-derbe satir. Schriften.

Schuppen Mz., **1)** ♓ eine Hautbildung; z. B. bei Haifischen aus Schmelz, Zahnbein und Zement; bei Knochenfischen als äußerer Haut und Knochen; bei Kriechtieren aus vorhornter äußerer Haut. **2)** ⊕ tierschuppenähnl. Haar- oder Blattgebilde. **3)** ⚕ bei Hautkrankheiten abkratzbare Hautauflagerungen. Über **Kopf-S.** →Seborrhöe.

Schuppenbaum, ausgestorbene bärlappartige Pflanzengattung, gabelig verzweigte Bäume (bis 25 m hoch) mit rautenförm. Blattnarben am Stamm; bes. im Karbon.

Schuppenflechte, griech. **Psor'iasis,** nicht übertragbare Hautkrankheit, verläuft in Schüben; flache, rötl. Hautflecke mit weißen Schuppen. Behandlung: Salben mit Schwefel, Quecksilber, Teer u. a.; Röntgenstrahlen; Arsenpräparate; fettarme Kost.

Schuppentiere, ameisenfressende, schuppentragende Säugetierordnung **Pholidota** in Afrika (z. B. Steppen-S.) und Asien (z. B. Pangolin), bis 1,50 m lang; Unterseite und Beine behaart.

Schuppenwurz, ein rötliches bis weißes Sommerwurzgewächs, Schmarotzer (ohne Blattgrün) auf Haselstrauchwurzeln, in feuchten Wäldern.

schürfen, ⚒ nutzbare Mineralien in ihren natürlichen Lagerstätte aufsuchen.

Schürfkübelwagen, Erdtransportfahrzeug auf Reifen mit Transportkübel, der sich beim Fahren füllt.

Schürfraupe, Schürfkübelraupe, Erdtransportfahrzeug auf Raupen.

Schuricht, Carl, Dirigent, * 1880, † 1967, 1922-44 Generalmusikdirektor in Wiesbaden.

Schurman [ʃˈɔːmæn], Jakob Gould, amerikan. Wissenschaftler und Diplomat, * 1854, † 1942; 1925-30 Botschafter in Berlin; verdient um die Univ. Heidelberg.

Schurz, Carl, * 1829, † 1906, flüchtete 1852 nach Beteiligung am bad. Aufstand (1849) in die USA, war im Sezessionskrieg General gegen die Südstaaten, 1869-75 Senator, 1877-81 Staatssekr. des Innern. ‚Lebenserinnerungen', 3 Bde. (1907-08).

Schürze, 1) hinten offene Schutzüberkleidung. **2)** ⚥ Haarbüschel am Geschlechtsteil bei Rehen.

Schuschnigg, Kurt von, österreich. Politiker (christlich-sozial), * 1897, Rechtsanwalt, 1932 Justiz-, 1933 auch Unterrichtsmin., 1934-38 Bundeskanzler, 1938-45 in Haft (zuletzt im KZ); war seit 1948 Prof. in St. Louis (Verein. Staaten), kehrte 1967 nach Österreich zurück.

Schuß, die Querfäden eines Gewebes.

Schußfahrt, Skisport: schnelle, meist gerade Abfahrt.

Schüßler, Wilhelm Heinrich, * 1821, † 1898; begründete die biochemische Heilmethode.

Schusterkugel, ◎ wassergefüllte Glaskugel, die das Licht dahinterstehender Lichtquellen sammelt.

Schute, 1) breiter Schleppkahn für den Hafenbetrieb. **2)** der Kiepenhut.

J. A. Schumpeter   Albert Schweitzer

Schütt *die,* zwei fruchtbare Donauinseln: **Große S.** (Tschechoslowakei), 1885 km² groß; **Kleine S.** (größtenteils zu Ungarn gehörend), 275 km².

Schütte, Johann, Luftschiffbauer, * 1873, † 1940, baute mit Lanz das starre **S.-Lanz-Luftschiff** mit Gerippe aus Holz.

Schüttelfrost, ⚕ →Frost.

Schüttelreim, Reimspiel, →Reim.

Schuttpflanzen, 1) Geröll, Schotter liebende Pflanzen. **2) Ruderalpflanzen,** bevorzugen stickstoffreichen Boden menschl. Siedlungen.

Afrikanisches Steppen-Schuppentier

Schütz, 1) elektromagnetisch betätigter Schalter für große Schaltleistung und Schalthäufigkeit, gebaut als **Luft-S.** oder **Öl-S. 2)** Absperr- und Stauverschluß in Wasserläufen zur Regelung des Durchflusses.

Schütz, 1) Heinrich, Komponist, * 1585, † 1672, Hoforganist in Kassel und seit 1617 Hofkapellmeister in Dresden. S. bedeutet in der abendländ. Musik nach Palestrina den zweiten Höhepunkt. Er wies als protestant. Kirchenmusik mit seinen ‚Geistlichen Konzerten' (1636-39) und den ‚Symphoniae sacrae' (1629) durch die Verschmelzung italien. und deutscher Ele-

Carl Schurz   Heinrich Schütz

mente neue Wege und komponierte die erste deutsche Oper (‚Daphne', 1627; Musik nicht erhalten). Weitere Werke: Psalmen Davids (1628), Geistliche Chormusik (1648), Passionen nach Matthäus, Lukas, Johannes, Weihnachtsoratorium (1664).

2) Klaus, Politiker (SPD), * 1926, 1957 bis 1961 MdB., 1966 Staatssekretär im Auswärtigen Amt, seit 10. 10. 1967 Regierender Bürgermeister von Berlin.

Schutzaufsicht, seit 1961 **Erziehungsbeistandschaft,** ⚖ Überwachung gefährdeter oder verwahrloster Minderjähriger; kann angeordnet werden als erzieher. Maßnahme der öffentl. Jugendhilfe durch das Vormundschaftsgericht oder als Erziehungsmaßregel durch das Jugendgericht.

Schutzbrief, im früheren Recht die vom Staatsoberhaupt urkundlich erteilte Zusicherung des besonderen Schutzes für bestimmte Personen, z. B. freies Geleit für einen Angeklagten (**Geleitbrief**).

Schutzbrille, eine Brille mit Filterglas zum Schutz gegen Blendung oder Strahlenschäden (**Sonnen-, Schneebrille**) oder mit splittersicherem Glas, Glimmer oder engem Drahtgeflecht zum Schutz gegen Staub, Splitter, ätzende Stoffe u. a.

Schutzgebiete	Fläche in km²	Ew. 1913 in 1000	Verwaltungs-sitz	Jahr der Erwerbung	Erzeugnisse	seit 1919 unter Mandats-, seit 1946 unter Treuhand-verwaltung von	selbständig
Deutsch-Süd-westafrika	836 000	81	Windhuk	1884	Rinder, Schafe, Ziegen; Kupfer, Diamanten	Südafrikan. Union	—
Deutsch-Ost-afrika	993 500	7 646	Dar-essalam	1885/90	Kaffee, Sisal, Zucker-rohr; Bergbau	Großbrit. (Tanganjika) Belgien (Ruanda-Urundi)	1961 1962
Kamerun	797 400¹⁾	2 650	Buea	1884/1911	Palmkerne, Palmöl, Holz, Kakao, Bananen	Frankreich Großbritannien	1960 1961
Togo	89 900	1 032	Lome	1884	Kakao, Palmöl, Mais, Baumwolle, Eisenerz	Frankreich Großbritannien	1960 1957 zu Ghana
Deutsch-Neu-guinea²⁾	242 600	418	Rabaul	1884/88/99	Kokospalmen, Phosphate, Gold	Austral. Bund (K.-Wilh.-Ld.) Japan, USA⁴⁾ (übr. Gebiete)	—
Samoa	2 927	35	Apia	1899	Kakao, Kopra, Ananas	Neuseeland	1962
Kiautschou	515	192	Tsingtau	1898		1914 von Japan erobert	China⁵⁾
Insgesamt	2 962 842	12 054³⁾					

¹) bis zum Marokko-Kongo-Abkommen (1911): 519 000 km². ²) bestehend aus Kaiser-Wilhelm-Land, Bismarck-Archipel, Karolinen, Marianen, Palau- und Marshall-Inseln, Nauru. ³) Zahl der Weißen 1896: 5 000, 1913: 28 860. ⁴) seit 1946. ⁵) seit 1922.

Schutzbürger, →Schutzverwandte.

Schütze, 1) 1920-43 im dt. Heer der einfache Infanterist; heute Panzergrenadier. **2)** Sternbild der südl. Milchstraße, 9. Zeichen des Tierkreises.

Schützen der, in der Webmaschine das Schiffchen, das den Schuß einträgt.

Schützenfisch, 20 cm langer barschart. Fisch Indiens und Nordaustraliens; spritzt sich zur Nahrung Insekten von Pflanzen ab.

Schutzengel, der nach kath. Lehre jedem Menschen zur Leitung und Hilfe beigegebene Engel.

Schützengesellschaften, Vereinigungen zur Pflege des Schießsports, in Dtl. seit dem 14. Jahrh. Auf den Schützenfesten wird der Schützenkönig ermittelt.

Schützengraben, Graben zur Deckung der Infanterie gegen feindl. Feuer und zur sicheren Schußabgabe, oft mit Unterständen (Stollen); erstmals im Russ.-Japan. Krieg 1904/05.

Schützenkette, Feuerkette, ⚯ Form der geöffneten Ordnung im Infanteriegefecht.

Schützenpanzer, →Panzer 2).

Schützenstück, →Gruppenbild.

Schutzfarbe, 🐾 ⊕ Färbung eines Lebewesens, die gegen Sicht durch Verfolger oder Beutetiere tarnt (**Tarn-** oder **Schutztracht,** →Mimikry).

Schutzfrist, 🔯 Zeitraum, in dem das geistige Eigentum gegen ungenehmigte Auswertung durch andere geschützt ist.

Schutzgas, chemisch inaktives Gas (Edelgas, Wasserstoff u. a.), soll bei bestimmten Metallverarbeitungsverfahren den Zutritt von Luftsauerstoff verhindern.

Schutzgebiete, die ehem. deutschen überseeischen Besitzungen, hierzu Übersicht.

Schutzgemeinschaft, Schutzvereinigung, eine Vereinigung zur Wahrung wirtschaftl. und kultureller Interessen.

Schutzgenossen, im internat. Recht die dem Schutz von diplomat. oder konsular. Organe eines befreundeten oder, im Kriege, eines neutralen Staates anvertrauten Personen. Im weiteren Sinn Angehörige abhängiger oder kolonialer Gebiete.

Schutzgesetz, eine Rechtsnorm, die den Schutz des Einzelnen bezweckt und bei schuldhafter Verletzung zum Schadenersatz verpflichtet (§ 823, Abs. 2 BGB.).

Schutzhaft, 🔯 1) die polizeil. Verwahrung einer Person in ihrem eigenen oder zum Schutz der Allgemeinheit (bei Störung der öffentl. Sicherheit und Ordnung). 2) **polit. S.,** die Verwahrung polit. Gegner, z. B. in Konzentrationslagern.

Schutzheiliger, Kath. Kirche: Heiliger, der als Beschützer einer Person oder Situation verehrt wird.

Schutzherrschaft, das →Protektorat.

Schutzimpfung, die vorbeugende →Impfung gegen Infektionskrankheiten.

Schutzkontaktstecker und **Schutzkontaktdose,** Stecker und Steckdose mit geer-detem Schutzkontakt, über den das Gehäuse geerdet wird. Geräte geerdet wird.

Schutzmacht, 1) ein Staat, der die Schutzherrschaft über einen anderen ausübt (→Protektorat). **2)** im Krieg ein neutraler Staat, der die Interessen einer kriegführenden Macht im Feindstaat wahrnimmt.

Schutzmantelmadonna, spätmittelalterliche Darstellung Marias, die mit ausgebreitetem Mantel die Gläubigen umfängt.

Schutzmarke, früher für →Warenzeichen.

Schutzpflanzung, die planmäßige Anlage von Laub- oder Nadelgehölzen, um Gelände gegen Sicht, Wettereinflüsse, Abtragung, Austrocknung u. a. schützen.

Schutzpolizei, Abk. **Schupo,** im Dt. Reich bis 1945 die Vollzugspolizei der größeren Ortspolizeiverwaltungen, heute die uniformierte Polizei als Zweig der Vollzugspolizei.

Schutzraumbauten, Bauwerke des zivilen Luftschutzes zur Sicherung der Bevölkerung gegen Fliegerbomben und atomare Waffen, auch zur Sicherung der Versorgung mit Lebensmitteln, Wasser und Energie.

Schutzschaltung, eine Schaltung, die Berührungsspannungen bei Isolationsfehlern in elektr. Anlagen (Elektroherden, Waschmaschinen usw.) verhindern soll, im einfachsten Fall als Erdung oder Nulung.

Schutztruppe, die 1891-1918 in den ehemal. dt. Schutzgebieten zur Aufrechterhaltung der öffentl. Ordnung und Sicherheit bestehenden Truppen.

Schutzvertrag, Vertrag, durch den die Schutzherrschaft eines Staates über einen andern vereinbart wird (→Protektorat).

Schutzverwandte, Schutzbürger, Personen, die einem Staatsangehörige zustehen, den Schutz des Aufenthaltsstaates in einem das Fremdenrecht übersteigenden Maß genießen.

Schutzzoll, Zoll auf Einfuhrwaren, der die heimische Erzeugnisse, bes. der Landwirtschaft, vor der ausländ. Konkurrenz schützen soll; Gegensatz: Finanzzoll. Den S. trägt (mittelbar) in der Regel der inländ. Verbraucher. - Nach 1870 und bes. nach der Weltwirtschaftskrise entwickelten fast alle europ. Staaten S.-Systeme. Der Abbau der S., der bes. nach dem 2. Weltkrieg angestrebt wurde, ist in der EWG größtenteils verwirklicht.

Schwab, Gustav, Dichter, * 1792, † 1850, gehörte der →Schwäbische Schule an; Romanzen und Lieder (,Der Reiter und der Bodensee', ,Das Gewitter'); Nacherzählungen der Sagen des klass. Altertums und der Volksbücher.

Schwabach, Stadt in Mittelfranken, Bayern, 25 800 Ew.; Metallind.; spätgot. Hallenkirche, Rathaus (16. Jahrh.).

Schwabacher Artikel, 1529 von Luther verfaßtes Glaubensbekenntnis; wurde der erste Teil der Augsburgischen Konfession.

Schwabacher Schrift, →Fraktur.

schwabbeln, ⊙ mit einer kreisenden Tuchscheibe und Öl Oberflächen feinst bearbeiten.

Schwaben, 1) Regierungsbezirk in Bayern, Hauptstadt: Augsburg; 10 197 km², 1,5 Mill. Ew. S. (bisher 10 kreisfreie Städte, 20 Landkreise) wird nach dem Ges. vom 27. 12. 1971 neugegliedert in die kreisfreien Städte Augsburg, Kaufbeuren, Kempten (Allgäu), Memmingen und die Landkreise Augsburg-Ost, Augsburg-West, Dillingen a. d. Donau, Günzkreis, Illerkreis, Lindau (Bodensee), Marktoberdorf, Mindelheim, Nördlingen, Donauwörth und Oberallgäu. **2)** das alte deutsche Stammesherzogtum der →Alemannen; es umfaßte das Elsaß, Südbaden, Württemberg (ohne den N), das bayer. S., die deutsche Schweiz bis zur Reuß. Die Herzogswürde war 1079-1268 im Besitz der Staufer und erlosch dann. Die Schweiz ging seit dem späten MA. eigenen Wege. Das übrige S. zerfiel in viele größere und kleinere Landesherrschaften, unter denen Württemberg und Baden die mächtigsten wurden (→Schwäbischer Städtebund, →Schwäbischer Bund). Bis 1803 hatte S. die meisten Reichsstädte.

Schwaben, Stamm, →Alemannen.

Schwabenalter, scherzhaft für 40 Jahre, weil die echten Schwaben erst dann zu Verstand kommen.

Schwabenkrieg, Krieg der schweizer. Eidgenossenschaft, die sich der Reichsreform nicht unterwerfen wollte, gegen Maximilian I. und den Schwäb. Bund, endete im Frieden von Basel (22. 9. 1499) mit der Lösung der Schweiz vom Reich.

Schwabenspiegel, Rechtsbuch, um 1275 in Augsburg von einem Geistlichen verfaßt.

Schwabing, Münchner Künstlerviertel.

Schwäbische Alb, früher **Schwäbischer Jura,** Mittelgebirge in SW-Dtl., zwischen Hochrhein und Nördlinger Ries; im Lemberg 1015 m hoch; viele Tropfsteinhöhlen.

Schwäbische Kaiser, →Staufer.

Schwäbischer Bund, 1488 gegr. Vereinigung der schwäb., später auch anderer Reichsstände zur Wahrung des Landfriedens, u. a. im Bauernkrieg; aufgelöst 1533.

Schwäbischer Jura, →Schwäbische Alb.

Schwäbischer Städtebund, 1376 gegr. Schutzbund 14 schwäb. Reichsstädte unter Führung Ulms, dann 89 Städte vom Elsaß bis Bayern; von Graf Eberhard II. von Württemberg 1388 bei Döffingen besiegt.

Schwäbische Schule, ein Kreis württemberg. Dichter um Uhland und Kerner 1805 bis 1808 an der Univ. Tübingen (K. Mayer, G. Schwab, später W. Hauff, E. Mörike); pflegte Lied und Ballade.

Schwäbisches Meer, der →Bodensee.

Schwäbisch-Fränkisches Stufenland, die Großlandschaft zwischen Schwarzwald, Odenwald und Böhmer Wald, gekennzeichnet durch den Wechsel von steilen Stufenabfällen und weiten Stufenflächen.

Schwäbisch Gmünd, Stadt in Bad.-Württ., an der Rems, 48 100 Ew., Hl.-Kreuz-Münster (1351 ff.), einer der schönsten schwäb. Hallenbauten; Edelmetall-, Glas-, Schmuck-Industrie.

Schwäbisch Hall, Stadt in Bad.-Württ., im Kochertal, 23 800 Ew.; Solquelle, schöne alte Bauten; Viehmärkte; Elektro-, Kunststoff-, Textil- und Holzverarbeitungsindustrie.

Schwabmünchen, Stadt in Schwaben, Bayern, südlich von Augsburg, 7800 Ew.; Textil-, Bauind.; Pfarrkirche, Frauenkapelle (15./16. Jahrh.).

Schwachsinn, ♯ angeborene schwere Störung der Auffassung, der Aufmerksamkeit, des Kombinations- und Urteilsvermögens (zum Unterschied von Demenz, →Altersblödsinn). S. leichten **(Debilität)** und mittelschweren Grades **(Imbezillität)** ist meist erbbedingt (erblicher S.). Die schweren Formen **(Idiotie)** beruhen vorwiegend auf Gehirnschädigung.

Schwachstromtechnik, die elektr. Nachrichtentechnik, Regel- und Steuerungstechnik, Elektronik, Elektroakustik u. a.

Schwaden, ein ausdauerndes Süßgras an Ufern, dessen Körner früher zu Grütze dienten.

Schwadron [ital.] *die,* **Eskadron,** früher Truppeneinheit bei der Kavallerie, meist von einem Rittmeister geführt.

schwadronieren, aufschneiderisch schwatzen. **Schwadroneur** [-'œ:r], Maulheld.

Schwägerschaft, das Rechtsverhältnis zwischen dem einen Ehegatten und den Blutsverwandten des andern; es dauert auch nach Auflösung der Ehe fort, durch die sie begründet wurde (§ 1590 BGB.).

Schwaige *die,* Sennerei, Viehgeschäft. **Schwaiger,** Senner.

Schwalbach, 1) am Taunus, Gem. im Main-Taunus-Vorland, Hessen, 14 100 Ew. **2)** Gemeinde östlich von Saarlouis, Saarland, 9400 Ew.; Steinkohlenbergbau. **3) Bad S.,** Stadt und Heilbad (seit etwa 1580) im Taunus, Hessen, 8200 Ew.

Schwalben, Singvögel mit sehr langen Flügeln, tiefer Mundspalte und kurzen Füßen; sie schnappen Insekten im Gleitflug. In Mitteleuropa: **Rauch-S.** (19 cm lang), oben blauschwarz, unten gelblichweiß, braune Kehle, Schwanz tief gegabelt, Nest aus durchspeicheltet Erde, an rauhe Flächen (meist an Gebäuden) angeklebt; **Mehl-S.** (15 cm lang), unten weiß, oben schwarz, mit weißem Bürzel, nistet an

Rauch-Schwalbe

der Außenseite von Gebäuden oder an Felswänden; **Ufer-S.** (12 cm lang), oben braun, unten weiß, mit braunem Kropfband, nistet gesellig in Röhren, die das Pärchen in senkrechte Sand- oder Lehmwände gräbt. Rauch-, Mehl- und Ufer-S. überwintern gesellig südl. der Sahara.

Schwalbennester, eßbare S., die Nester des Ind. Seglervogels →Salangane.

Schwalbenschwanz, 1) 🦋 Ritterfalter in

Europa und Nordasien mit grün, schwarz und rot gezeichneter Raupe. (Tafel Insekten) **2)** ⚙ trapezförmige Verbindung zweier Teile, auch als Führung des einen Teils im anderen.

Schwalbenwurz, 1) Gattung **Cynanchum; Hundswürger,** mit grünlichen oder gelblich-weißen Blüten, seidenhaarigem Samen, giftiger Wurzelstock, früher Heilpflanze gegen Vergiftungen. **2)** →Seidenpflanze.

Schwalm *die,* rechter Nebenfluß der Eder, vom Vogelsberg; durchfließt die Landschaft S., deren Bewohner **(Schwälmer)** noch alte Trachten tragen.

Schwalmstadt, Stadt in Hessen, an der Schwalm, 18 000 Ew. S. entstand 1970 durch den Zusammenschluß der Städte Treysa und Ziegenhain sowie der Angliederung weiterer 10 Gemeinden in den Jahren 1970, 1971, 1972. Maschinen-, Kunststoff-, Bekleidungsindustrie.

Schwalmtal, Großgem. in Nordrh.-Westf., 14 100 Ew.; Textil-, drahtverarbeitende Industrie.

Schwämmchen, ♯ die →Soor.

Schwämme, Spongia, Porifera, Stamm vielzelliger Wassertiere, vorwiegend im Meer lebend, festsitzend und meist stockbildend. Das Einzeltier ist becherförmig; besteht aus einer inneren Gewebeschicht

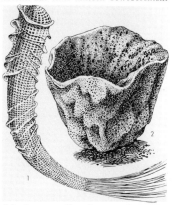

Schwämme: 1 *Glasschwamm (Venusblumenkorb),* 2 *Strahlschwamm (Neptunsbecher)*

mit Geißelzellen, deren Geißelschlag Wasser mit Nahrung durch die Poren der äußeren Schicht einsaugt und durch eine große Öffnung wieder ausstößt. Die S. haben ein inneres Skelett aus Kalk- oder Kieselnadeln oder aus Horn-(Spongin-)Fasern. Zu letzteren gehören u. a. die **Bade-S.,** die aus dem Mittelmeer und in Westindien aus 2-200 m Tiefe heraufgeholt werden. Verwendet wird ihr entfleischtes, getrocknetes Skelett. S. pflanzen sich geschlechtlich durch Eier und ungeschlechtlich durch Knospen fort. Die S. werden in 5 Ordnungen eingeteilt: **Kalkschwämme** (mit Kalknadelskelett); **Glasschwämme** (mit Skelett aus dreiachsigen Kieselnadeln); **Strahlschwämme** (mit Skelett aus vierachsigen Kieselnadeln; hierzu gehören u. a. die Bohrschwämme); **Hornkieselschwämme** (mit Skelett aus Sponginfasern, in die einachsige Kieselnadeln eingelagert sein können; zu ihnen gehören u. a. Süßwasserschwämme und Badeschwämme); **Baumfaserschwämme** (mit baumförmig verzweigtem Sponginskelett).

Schwammspinner, Trägspinnerschmetterling, dessen Raupen Obst- und Waldschädlinge sind.

Schwan, 1) großer, langhalsiger Gänsevogel, Nest meist an Süßwasserseen; die Nahrung besteht aus Pflanzen und Kleingetier. **Höcker-S.** (1,5 m lang), in der gemäßigten Zone Europas und Asiens, weiß

mit schwarzem Höcker auf dem roten Schnabel; **Sing-S.,** in N-Europa und Asien, Schnabel gelb, an der Spitze schwarz; **Zwergschwan,** mit gelb-schwarzem Schnabel; **Schwarzer S.,** in Australien, schwarz bis auf die weißen Schwingen. **2)** Sternbild des Nordhimmels.

Schwandorf i. Bay., Stadt in der Oberpfalz, Bayern, an der Naab, 16 200 Ew.; Braunkohlen-, Aluminium-, Tonwarenindustrie.

Schwanenblume, Blumenbinse, meterhohe, einkeimblättrige, laichkrautartige Sumpfwasserstaude mit schaftständiger, fleischroter Dolde.

Schwanenfluß, Swan River, Fluß in Westaustralien, 390 km lang, mündet bei Fremantle in den Ind. Ozean.

Schwanengesang, das wichtige Werk, bes. eines Dichters oder Komponisten, nach dem Glauben der Antike, daß der sterbende Schwan wundervoll singe.

Schwangerschaft, Gravidität, der Zeitabschnitt im Leben der Frau von der Befruchtung bis zur Geburt des Kindes (263-270 Tage). Da der Befruchtungstermin meist nicht genau bekannt ist, geht man bei der Berechnung der **S.-Dauer** und somit des Geburtstermins von dem ersten Tag der letzten normalen Menstruation aus und rechnet 280 Tage hinzu (die Zahl der Tage kann schwanken). Bei der Schwangeren werden die später auch bei der Geburt bes. beanspruchten Körperteile (Gebärmutterhals, Scheide, Damm, Bauchmuskulatur und Bauchhaut) aufgelockert; dadurch können Dehnungsstreifen **(S.-Narben)** entstehen, bes. an Unterbauch und Hüften. Da auch die Wände der Blutgefäße erschlaffen, können sich Erweiterungen der Venen bilden (Krampfadern, Hämorrhoiden). Das früheste Anzeichen einer S. ist das Ausbleiben der Menstruation; jedoch erst das Fühlen von Kindsteilen und Kindsbewegungen, das Hören von kindlichen Herztönen durch den Arzt, der Nachweis des kindl. Skelettsystems durch Röntgenstrahlen oder Ultraschall sind sichere S.-Zeichen. Eindeutig läßt sich eine S. in den ersten zwei Monaten nur nachweisen durch →Schwangerschaftsreaktionen. Es ist dringend zu raten, daß jede Frau während der S. den Arzt aufsucht. **S.-Beschwerden** sind individuell verschieden und treten bes. in den ersten drei Monaten auf, z. B. Brechreiz, Appetitlosigkeit, Abscheu vor oder Heißhunger nach bestimmten Speisen. Die Ursachen von Blutungen sind stets durch den Arzt zu klären.

Schwangerschaftsfürsorge, der →Mutterschutz.

Schwangerschaftsreaktionen dienen dem frühzeitigen Nachweis einer Schwangerschaft; z. B. werden durch die **Abderhaldensche Reaktion** Abwehrfermente im Blut Schwangerer festgestellt, durch den **Frosch-** und **Krötentest** und die an Mäusen durchgeführte **Aschheim-Zondeksche Reaktion** ein Mutterkuchenhormon nachgewiesen. In neuerer Zeit werden auch immunolog. S. herangezogen, die bereits acht Tage nach ausgebliebener Regel positiv ausfallen können.

Höcker-Schwan

Schwangerschaftsunterbrechung, Schwangerschaftsabbruch, die gesetzlich zugelassene künstl. Herbeiführung einer Fehlgeburt, im Gegensatz zur →Abtreibung. Die S. ist dann berechtigt, wenn das Leben oder die Gesundheit der Mutter durch Austragen der Schwangerschaft ernsthaft bedroht wird. Nur eine **medizinische Indikation** gibt nach geltendem Recht eine Erlaubnis zur S. Doch wird eine Reform vorbereitet, die eine S. in weitergehendem Maße zulassen wird. In der öffentlichen Diskussion wird teilweise gefordert, das Abtreibungsverbot ganz oder doch mindestens bis zum vollendeten dritten Schwangerschaftsmonat (**Fristenlösung**) aufzuheben. Doch scheint sich nach dem augenblickl. Stand der gesetzgeberischen Arbeit eine sog. Indikationenlösung durchzusetzen; danach soll die S. grundsätzlich verboten bleiben, aber außer aus medizin. Gründen auch zur Verhütung geistig oder körperlich schwer geschädigten Nachwuchses (**eugenische Indikation**), bei einer durch eine rechtswidrige Handlung aufgezwungenen Schwangerschaft (**ethische Indikation**) und zur Abwendung schwerer sozialer Not (**soziale Indikation**) zulässig sein.

Schwangerschaftsverhütung, →Empfängnis.

Schwank, derbe, lustige Erzählung, im 16./17. Jahrh. oft in S.-Büchern gesammelt (Pauli, Wickram, Kirchhoff); auch derbkomisches Bühnenstück (Posse).

Schwann, Theodor, Naturforscher, * 1810, † 1882; entdeckte das Pepsin, wies nach, daß Tiere wie Pflanzen aus Zellen bestehen.

Schwansen, Landschaft an der Ostküste Schleswigs zwischen Schlei und Eckernförder Bucht.

Schwantes, Gustav, Vorgeschichtsforscher, * 1881, † 1960; wurde 1929 Museumsdir., 1931 Prof. in Kiel.

Schwanthaler, österreich.-bayer. Bildhauerfamilie (17.-19. Jahrh.); Ludwig von S., * 1802, † 1848, schuf die Bavaria in München (1837 ff.).

Schwanzbein, das Steißbein.

Schwanzblume, tropisch-amerikan. Gattung der Aronstabgewächse (**Anthurium**), z. T. Gewächshauspflanzen.

Schwänze, die Vereinigung von Großhändlern an der Börse, →Corner.

Schwanzlurche, Candata, echsenähnl., meist auf dem Land lebende Lurche; z. B. Echte Salamander und Molche.

Schwär der, $ eiterndes Geschwür.

Schwärmer, 1) die schnellsten Schmetterlinge mit langen, schmalen Flügeln und spindelförm. Fühlern. (Bild Schmetterlinge) **2)** ⊕ **Schwärmspore,** begeißelte Spore.

Schwärmer, Schwarmgeister, reformator. Bewegungen mit spiritualist. Frömmigkeit (z. B. Th. Münzer, Schwenckfeld u. a.).

Schwartau, Bad S., Stadt in Schlesw.-Holst., 17 000 Ew.; Nahrungsmittelind.; Jod-Sole-Moorbad.

schwarz, die Farbe, die die gesamte auffallende Lichtstrahlung absorbiert.

Schwarz, 1) Berthold, Mönch, lebte um 1380 in SW-Deutschland, erfand vermutlich eine verbesserte Schießpulvermischung.
2) Hans, * um 1492, schuf kleinplast. Holzbildwerke und vor allem Bildnismedaillen (etwa 175 bekannt).
3) Rudolf, Architekt, * 1897, † 1961, baute vor allem kath. Kirchen (in Aachen, Köln, Frankfurt u. a.), entwarf die Pläne für den Wiederaufbau von Köln.

Schwarza die, Nebenfluß der Saale, vom Thüringer Wald, rd. 50 km lang.

Schwarzarbeit, ♫ heimliche Arbeit unter Verstoß gegen gesetzl. Bestimmungen, z. B. die Tätigkeit Arbeitsloser, die Arbeitslosenunterstützung beziehen. Die S. ist strafbar (Ges. vom 30. 3. 1957).

Schwarzburg, thüring. Grafengeschlecht seit dem 12. Jahrh., 1571 in die Linien S.-

Sondershausen und S.-Rudolstadt geteilt, seit 1697 Fürsten. Beide Fürstentümer gingen 1920 im Land Thüringen auf.

Schwarzdorn, ⊕ die →Schlehe.

Schwarzdrossel, die →Amsel.

Schwärze, schwarzer Farbstoff aus Knochen, Leder, Kork u. a.

Schwa͞rze Hand, serb. **Crna Ruka** [ts͞'rna-], ein 1911 gegr. serb. Geheimbund, dessen Ziel die Vereinigung aller Südslawen war.

Schwarze Harnwinde, Kreuzrehe, Pferdekrankheit mit Lähmung der Hinterhand, Rotfärbung des Harns; nach überreichl. Futter und Erkältung.

Schwarze Listen, Verzeichnisse von Personen oder Sachen, über die Ungünstiges vermerkt ist.

Schwarzenbachtalsperre, →Murg.

Schwarzenberg (Erzgebirge), Stadt im Bez. Karl-Marx-Stadt, 14 700 Ew.; Stadtkirche (1690-99), Schloß; Spitzenklöppelei.

Schwarzenberg, fränkisches Uradelsgeschlecht, später in Österreich und Böhmen:
1) Adam Graf zu, * 1584, † 1641, jülich-klevischer, seit 1609 brandenburg. Rat.
2) Felix Fürst zu, * 1800, † 1852, seit 1848 österreich. MinPräs., bezwang die Revolution von 1848/49, führte die Thronbesteigung Franz Josephs herbei, nötigte Preußen 1850 zur →Olmützer Punktation.
3) Johann Freiherr von, * 1463, † 1528, verfaßte 1507 die →Bambergische Halsgerichtsordnung.
4) Karl Philipp Fürst zu, * 1771, † 1820, österreich. Feldmarschall, 1813/14 Oberbefehlshaber der Böhm. oder Hauptarmee.

Schwarze Pumpe, Braunkohle-Kombinat bei Hoyerswerda, Bez. Cottbus.

Schwarzer-Adler-Orden, von König Friedrich I. gestiftet, 1701-1918 der höchste preuß. Orden, verlieh zugleich den Erbadel; Wahlspruch: »Suum cuique«.

Schwarzerde, russ. **Tschernos͞ em,** ein schwarzer fruchtbarer Steppenboden mit hohem Humusgehalt.

schwarzer Körper, Planckscher Strahler, ein noch erhitzbarer, innen geschwärzter Hohlraum, dessen Strahlung aus einer kleinen Öffnung austritt. Strahldichte und spektrale Strahlungsverteilung dieser Hohlraumstrahlung sind nach dem Planckschen Strahlungsgesetz berechenbar, da sie nur von der Temperatur dieses Körpers abhängen.

Schwarzer Markt, der →Schwarzhandel.

Schwarzer Peter, Kartenspiel mit ungerader Kartenzahl zwischen beliebig vielen Teilnehmern. Jeder Spieler legt je 2 gleichartige Karten weg, die letzte Karte bleibt dem Verlierer (S. P.).

Schwarzer Prinz, →Eduard 4).

Schwarzer Tod, mittelalterl. Bez. für die →Pest.

Schwarzes Kreuz, Verein für Gefangenen- und Sträflingsfürsorge.

Schwarzes Meer, Nebenmeer des Mittelmeers, durch Dardanellen, Marmarameer, Bosporus mit ihm verbunden, rd. 420 000 km² groß, bis fast 2250 m tief. Ein Nebenbecken ist das Asowsche Meer. Das S. M. ist nebel- und sturmreich. Ihm fließen Donau, Dnjestr, Dnjepr, Don zu. Große Häfen: Warna, Constanța, Odessa, Sewastopol, Rostow, Batumi, Samsun.

Schwarzfahrer, jemand, der ein öffentl. Verkehrsmittel ohne Entrichtung des Fahrpreises benutzt; strafbar; ferner der Benutzer eines Fahrzeugs ohne Wissen und Willen des Fahrzeughalters.

Schwarzfußindianer, Blackfeet [bl'ækfi:t, engl.], Prärieindianerstämme der Algonkingruppe, rd. 8500 Menschen, leben in Reservationen in Montana (USA) und Alberta (Kanada).

Schwarzhandel, Warenverkauf außerhalb der normalen Absatzwege unter Umgehung von Zöllen und Steuern.

Schwa͞rzhaupt, Elisabeth, Politikerin (CDU), * 1901, Oberkirchenrätin, 1961-66 Bundesmin. für Gesundheitswesen.

Schwarzhörer, Schwarzfernseher, Rundfunk- oder Fernsehteilnehmer, der sein Empfangsgerät ohne die erforderliche Genehmigung benutzt (strafbar).

Schwarzkehlchen, ein →Schmätzer.

Schwarzkopf, Elisabeth, Opern- und Konzertsängerin (Sopran), * 1915.

Schwarzkümmel, blau oder weiß blühendes Hahnenfußgewächs der Mittelmeerländer. Als **Braut in Haaren** oder **Jungfer im Grün** eine beliebte Zierpflanze.

Schwarzkümmel, a Fruchtquerschnitt

Schwarzlot, →Glasmalerei.

Schwarzpulver, ein →Schießpulver.

Schwarzschild, Karl, Astronom, * 1873, † 1916, Professor, arbeitete grundlegend über Photometrie, Aufbau der Sternatmosphären und geometr. Optik.

Schwarzsender, eine Funk-Sendeanlage, ohne die erforderliche Lizenz errichtet.

Schwarzwald, südd. Mittelgebirge zwischen Hochrhein im S und Kraichgau im N, etwa 160 km lang, im S 60, im N 22 km breit. Der S. fällt nach S und W steil ab und geht er allmählich in das Schwäb. Stufenland über. Höchste Erhebungen: im S Feldberg (1493 m), Herzogenhorn (1415 m), Belchen (1414 m), im N Hornisgrinde (1163 m). Die höchsten Teile zeigen Spuren der Eiszeit. Fremdenverkehr (Baden-Baden, Wildbad, Badenweiler, Freudenstadt, Königsfeld, Titisee), holzverarbeitende,

Schwarzwald: Feldsee

feinmechan. (z. B. Uhren), Metall-, Kraftwagen-, Leder-, Glas-, Emailwaren-, Schmuckwaren-, Textilind. Landwirtschaft, Wein- und Obstbau in den Tälern; Waldwirtschaft.

Schwarzwasser, 1) Nebenfluß der Zwickauer Mulde, 30 km lang.

2) poln. **Czarna Woda,** Nebenfluß der Weichsel, 168 km lang.

Schwarzwasserfieber, lebensgefährl. fieberhafter Blutzerfall, trat mitunter bei Chininbehandlung der Malaria auf.

Schwarzwild, das Wildschwein.

Schwarzwurzel, ein gelb blühender Korbblüter; Wurzelgemüse.

Schwaz, Stadt in Tirol, Österreich, am Inn, 10 000 Ew.; Industrie: Majolika, Tabak, Herde. S. hat Franziskanerkloster (1507-15), Kirche (15. Jahrh.), spätgot. Fuggerhaus, Enzenbergpalais (1700). Über S. Burg Fruntsberg (11.-15. Jahrh.).

Schwaz: Blick zur Pfarrkirche

Schwebebahn, →Seilbahn.

Schwebebalken, Schwebebaum, Turngerät z. Balance-Übungen: ein rd. 5 m langer Balken auf einem Traggestell, um 1930 entwickelt.

schwebende Betonung, im dt. Vers das Ausgleichen eines Widerstreits zwischen Vers- und Wortakzent durch ein ‚Schweben‘ der Stimme.

schwebende Schulden, kurzfristige öffentl. Schulden, z. B. die Schatzanweisungen.

Schwebezug, Aerotrain, Hovertrain, nach dem Prinzip der →Luftkissenfahrzeuge mit einer balkenförmigen Spur geführtes Fahrzeug, im Unterschied zur →Einschienenbahn nicht von Rädern getragen oder abgestützt. Die magnet. Aufhängung wird bewirkt durch stromdurchflossene supraleitende Wicklungen am Untergestell, deren Feld im Gleis ein abstoßendes Gegenfeld erzeugt. Der Vortrieb ist durch Luftschrauben, Strahltriebwerke oder Linearmotor möglich. Die Höchstgeschwindigkeit soll 500-1000 km/h betragen.

Schwebfliegen, Schwirrfliegen, meist bunte, blütenbefruchtende, wespenähnl. Fliegen, die im Schwirrflug stillstehen.

Schwebung, Schwankung der Amplitude einer Schwingung, entstanden durch Überlagerung zweier period. Schwingungen mit nur wenig verschiedenen Frequenzen.

Schwebungsempfang, ein Empfangsverfahren, mit dem tonlose Telegraphiezeichen hörbar gemacht werden: eine von der Empfangsfrequenz um eine Tonfrequenz abweichende Hochfrequenz wird im Empfänger der Empfangsfrequenz überlagert; bei der Gleichrichtung wird die hörbare Schwebungsfrequenz (Differenzfrequenz) gewonnen.

Schwechat, Stadt in Niederösterreich, südöstl. von Wien, 15 100 Ew.; Flugha-

fen für Wien, vielseitige Ind. S. gehörte 1938-54 zu Wien.

Schweden, schwed. **Sverige** [sv'ærjə], Königreich in N-Europa, im O der Halbinsel Skandinavien, umfaßt 449 750 km² mit 8,1 Mill. Ew. Hauptstadt ist Stockholm, Amtssprache Schwedisch. ⊕ VIII/IX, Bd. 1, n. S. 320. Nach der Verf. von 1809 (mehrfach geändert) übt der König mit dem Reichstag (1 Kammer) die Gesetzgebung aus und ernennt die Minister. Währung ist die schwed. Krone zu 100 Öre. Allgem. Wehrpflicht. ☐ S. 1179. ☐ Bd. 1, S. 392.

Landesnatur. →Skandinavien.

Die **Bevölkerung** besteht überwiegend aus →Schweden; nur im sehr dünn besiedelten N (1,2 Ew. je km²) leben etwa 8000 Lappen; ferner zugewanderte Finnen. Am dichtesten ist der äußerste S besiedelt (über 140 Ew. je km²). Rd. 92% der Ew. gehören der Evang.-Luther. Kirche an. S. (Staatskirche) an. Schulpflicht ab dem 7. Lebensjahr; an die 9klassige Grundschule schließen sich Gymnasien, Berufs- und Fachschulen

Größe und Bevölkerung (1970)

Provinz (Län)	Fläche in km²	Ew. in 1000
Stockholm (Stadt)[1]	6 503,0	1 477,2
Stockholm (Land)[1]		
Uppsala	6 977,3	218,6
Södermanland	6 060,2	248,7
Östergötland	10 565,7	383,3
Jönköping	10 523,0	306,6
Kronoberg	8 459,7	167,0
Kalmar	11 171,4	241,1
Gotland	3 140,1	53,8
Blekinge	2 908,6	153,8
Kristianstad	6 048,4	264,7
Malmöhus	4 909,1	721,8
Halland	4 867,0	193,5
Göteborg u. Bohus	5 110,4	717,2
Älvsborg	11 487,6	403,9
Skaraborg	7 844,1	257,7
Värmland	17 584,1	285,0
Örebro	8 649,7	277,0
Västmanland	6 165,8	260,5
Kopparberg	28 349,5	278,2
Gävleborg	18 191,3	293,9
Västernorrland	24 119,6	274,1
Jämtland	47 508,0	125,3
Västerbotten	55 429,0	233,1
Norrbotten	98 906,3	255,8
Schweden[2]	411 479,0[3]	8 091,8

[1]) Stockholm Stadt wurde am 11. 1. 1968 mit Stockholm Land (Län) zusammengelegt.
[2]) Differenzen durch Abrundungen.
[3]) Ohne Wasserflächen.

an. Hochschulen in Stockholm, Uppsala, Lund, Göteborg, Umeå.

Wirtschaft. Die weitgehend rationalisierte Landwirtschaft hat ihren Schwerpunkt im S des Landes (Kartoffeln, Zuckerrüben, Weizen, Hafer, Gerste, Roggen u. a.; Rinder- und Schweinezucht). Im N herrscht Waldnutzung (56% des Landes sind Wald) vor, daneben Rentierzucht; Fischerei hauptsächlich an der Süd- und Westküste. Die Eisenerzförderung (vor allem in Nord-S.) hat sich bei gleichzeitiger Rationalisierung von 1954-69 von jährlich 15,3 auf 33,2 Mill. t verdoppelt; sie hat eine hochentwickelte Eisen-, Stahl- und Maschinenindustrie zur Folge. Die Förderung der Buntmetallerze unterliegt starken Schwankungen. Bedeutend sind ferner die Holz-, Papier-, Textilindustrie und Schiffbau. Die Nutzung der reichen Wasserkraftreserven im N des Landes kann weitgehend den Bedarf an elektr. Energie decken; daneben Kernkraftanlagen. In der Ausfuhr stehen Erze (S. ist der größte Eisenexporteur der Welt), Holz und Zellstoff voran, in der Einfuhr Maschinen, Fahrzeuge, Erdölprodukte, Steinkohle und Nahrungsmittel. Haupthandelspartner sind die Bundesrep. Dtl. und Großbritannien. - S. entwickelte sich nach dem 2. Weltkrieg zu einem Wohlfahrtsstaat sozialist. Prägung, der auch einen starken direkten Einfluß auf die Wirtschaft ausübt (er besitzt rd. 20% des Waldbestandes, 75% der Elektrizitätserzeugung sowie die meisten Bergbaubetriebe). **Verkehr:** Trotz großer Entfernungen, dünner Besiedlung und schwierigen Geländes ist das Verkehrswesen S.s eins der bestentwickelten der Welt. Das Bahnnetz umfaßt 12 280 km, das Straßennetz 97 954 km (seit der 3. 9. 1967 Rechtsverkehr). Die Handelsflotte ist 5,1 Mill. BRT. Sehr rege ist die Küstenschiffahrt. Haupthäfen sind Göteborg, Malmö und Stockholm. Internat. Flughäfen: Stockholm.

Geschichte. Im frühen MA. war das heutige S. von Gauten und Svear besiedelt. Letztere gründeten um Uppsala ein Reich. Im 9./11. Jahrh. traten die Waräger als Eroberer und Kaufleute auf und unterwarfen slaw. Stämme (→Rus, →Rurik). Die Annahme des Christentums vollzog sich unter Kämpfen bis ins 11. Jahrh. (→Ansgar); 1164 wurde der alte Königssitz Uppsala Erzbistum. Birger Jarl, der Stockholm gründete und die schwed. Herrschaft über Finnland befestigte, war der Stammvater des Königshauses der Folkunger (1250-1363). Die Kalmarer Union von 1389 sollte S. dauernd mit Dänemark und Norwegen unter einem Herrscher vereinigen. Aber die Schweden

Schweden: Ostseebucht in Småland

suchten sich immer wieder von den dän. Unionskönigen loszureißen (1434-36 Engelbrecht Engelbrechtsson, seit 1470 Sten Sture d. Ä.). Der Dänenkönig Christian II. wollte durch das Stockholmer Blutbad von 1520 diesen Widerstand brechen; doch Gustav Wasa, der 1523 als Gustav I. zum König gewählt wurde, stellte die Unabhängigkeit S.s wieder her. Seit 1527 führte er die luther. Reformation ein. 1561 wurde Estland schwedisch. Gustav II. Adolf erhob S. zur führenden Macht im Ostseegebiet. Im Krieg mit Rußland (1614 bis 1617) gewann er Karelien und Ingermanland, im Krieg mit Polen (1621-29) Livland; in den Dreißigjährigen Krieg griff er siegreich ein. Unter seiner Tochter Christine leitete Oxenstierna die Politik S.s, das im Westfäl. Frieden (1648) Vorpommern, Wismar und die Herzogtümer Bremen und Verden erhielt. 1645 hatte es Dänemark zur Abtretung der Inseln Gotland und Ösel sowie der norweg. Prov. Jämtland, Herjedalen und Halland gezwungen. Christine dankte 1654 zugunsten ihres Vetters Karl X. Gustav, aus dem Hause Pfalz-Zweibrücken, ab. Er führte Krieg gegen Polen und Dänemark, das 1658 Schonen, Blekinge und Bohuslän abtreten mußte. Sein Sohn Karl XI. kämpfte als Verbündeter Frankreichs unglücklich gegen den Großen Kurfürsten (Fehrbellin 1675). Der junge Karl XII. wurde in den Nordischen Krieg (1700 bis 1721) verwickelt. Dieser führte zum Verlust der Großmachtstellung S.s, das Livland, Estland, Ingermanland, Karelien an Rußland, Bremen und Verden an Hannover, das östl. Vorpommern mit Stettin an Preußen abtreten mußte. 1810 ernannte der kinderlose Karl XIII. den französ. Marschall Bernadotte zum Kronprinzen. Finnland ging 1809 an Rußland verloren. Dagegen erhielt S. 1814 Norwegen, während der schwed. Rest Vorpommerns 1815 preußisch wurde. Bernadotte bestieg 1818 als Karl XIV. Johann den Thron. Sein Sohn Oskar I. berief 1848 das erste liberale Ministerium, und unter Karl XV. wurde 1865/66 der alte Ständereichstag durch ein neuzeitl. Zweikammersystem ersetzt. 1905 löste Norwegen die Union mit S. auf. 1907 bis 1950 regierte König Gustav V. Auf Grund der Wahlrechtsreformen von 1909 und 1921 stiegen die Sozialdemokraten zur stärksten Partei des Landes auf. Seit 1932 stellen sie ununterbrochen den MinPräs. (1932-46 P. A. Hansson, 1946-69 T. Erlander, seither O. Palme). Seit dem 1. Weltkrieg wurden in S. zahlreiche Reformen auf sozialem, rechtlichem und kulturellem Gebiet durchgeführt.

In beiden Weltkriegen blieb S. neutral. In seiner Außenpolitik bemühte sich Schweden nach dem 1. Weltkrieg um Mitarbeit im Völkerbund, nach dem 2. Weltkrieg in den Vereinten Nationen. Seit 1951 Mitgl. des Nordischen Rates, seit 1960 der EFTA. 1972 ging S. unter Wahrung seiner Neutralität mit der EWG stärkere vertragl. Bindungen ein.

Schweden Mz., nordgerman. Volk in Schweden und SW-Finnland (einschl. Ålands-Inseln), ferner Auswanderer bes. in Nordamerika, zus. rd. 9,5 Mill.

Schwedenplatte, Zusammenstellung von verschiedenen kalten Vorspeisen.

Schwedenstaffel, ✗ Staffel über die Teilstrecken 100, 200, 300, 400 m.

schwedische Kunst. Aus romanischer Zeit stammen Granitkirchen, auch Rundbauten und auf Gotland Hallenkirchen. Im 13. Jahrh. kam der Backsteinbau auf. Schlicht und gedrungen waren die got. Kirchen (Dome von Uppsala und Linköping). In der Spätgotik arbeiteten Lübecker Bildhauer, auch Maler für Schweden (B. Notke u. a.). Nach der Reformation überwogen die Schloßbauten →Gripsholm, →Drottningholm von N. v. Tessin d. Ä., das Stockholmer Schloß von N. v. Tessin d. J. Mit dem Bildhauer J. T. Sergel begann die Klassizismus. Unter den Malern ragen im 18. Jahrh. G. Lundberg und A. Roslin, im 19. Jahrh. C. J. Fahlcrantz hervor, in der ersten Hälfte des 20. Jahrh. C. Larsson, B. Liljefors, A. Zorn; führender Bildhauer dieser Zeit war C. Milles. Mit G. Asplund setzte sich die moderne Architektur durch. Nach 1945 wurde die schwed. Malerei vorwiegend ungegenständlich, die Bildhauer beschäftigen sich bes. mit formalen Problemen.

schwedische Literatur. Die älteste Handschrift ist ein Bruchstück des Västgötagesetzes (vor 1250); erster Dichter war Bischof Thomas von Strängnäs († 1443). Vorkämpfer der Reformation waren die Brüder Olaus (Kirchengesangbuch) und Laurentius Petri (Bibelübersetzung, 1541). Die Großmachtzeit (1611-1718) brachte Renaissance und Barock: Lars Wivallius (volkstümliche Lieder), Georg Stiernhielm (Epos: Hercules), G. Dahlstierna (nationale Heldendichtung), Lyriker: Lars Johansson, J. Runius. In der Freiheitszeit (1719-1772) setzte eine geistige Erneuerung ein: Werke von Swedenborg; Neuschöpfer des Prosastils O. v. Dalin. Aufklärischer ‚Orden der Gedankenbauer‘ (H. Ch. Nordenflycht, Graf Creutz, G. Fr. Gyllenborg); erster Dichter war J. Wallenberg. Dichter der Gustavianischen Zeit (1772-92) waren: Gustav III., J. G. Oxenstierna, J. H. Kellgren, C. G. af Leopold. Anakreontische Lieder von C. M. Bellman. Dichtern A. M. Lenngren. Vorromantiker: Th. Thorild, B. Lidner, F. M. Franzén, geistl. Liederdichter J. O. Wallin. Die Romantik im ‚Aurorabund‘ (gegr. 1807 in Uppsala; P. D. A. Atterbom u. a.) und im historisch-vaterländ. ‚Götischen Bund‘ (gegr. 1811 in Stockholm; E. G. Geijer, A. A. Afzelius, P. H. Ling). Romantisch-klassizist. Dichter E. Tegnér (1782-1846). Lyriker E. J. Stagnelius. Den Realismus leitete C. J. L. Almquist ein; humorist. Wirklichkeitsroman war F. Cederborgh. Es folgten: K. W. A. Strandberg, O. P. Sturzenbecker, G. Wennerberg, Frederika Bremer, Emilie Flygare-Carlén, die Finnländer Z. Topelius, J. L. Runeberg. Naturalistische Welle: A. Strindberg, G. af Geijerstam. Entwicklung Strindbergs zum Mystiker. Neuromantik von V. v. Heidenstam, G. Fröding, Selma Lagerlöf, E. A. Karlfeldt, V. Ekelund, P. Hallström, A. Lundegard, B. Bergman. Skept. Realismus von H. Söderberg. Nach dem Ende des 1. Weltkriegs starke Entwicklung der Erzählprosa: V. Moberg, I. Lo-Johansson, H. Bergman, B. Sjöberg, A. v. Krusenstjerna, P. Lagerkvist (einziger Expressionist), F. Nilsson Piraten, H. Martinson, Eyvind Johnson, Elin Wägner. Lyriker: A. Österling, B. Malmberg, Karin Boye, J. Edfeldt, H. Gullberg, G. Ekelöf, G. Lagercrantz, A. Lundkvist.

Die vierziger Jahre waren geprägt von Kriegsdepression und humanist. Pathos (S. Arnér, S. Dagerman), in der Lyrik kühne Formexperimente (E. Lindegren, K. Venberg, W. Aspenström). Die fünfziger Jahre erfüllte Skepsis gegen jede Art von Ideologie (O. Hedberg, S. Rosendahl, S. Fagerberg; Lyrik: T. Transtömer, Ö. Sjöstrand), die sechziger dann Engagement, oft mit Linkstendenz (Sara Lidman, P. O. Sundman, S. Key-Åberg, L. Gustafsson, Lyrik: K. Hennark, G. Sonnevi).

Eigenständige Entwicklung der **s. L. in Finnland** seit Runeberg und Topelius. Realismus von K. A. Tavastjerna (1860-98). Lyriker und Erzähler R. Schildt, J. Hemmer, Lyriker: M. Lybeck, A. Mörne, B. Gripenberg; expressionist. Verse von Edith Södergran, Modernismus von E. Diktonius, G. Björling. Romane: Sally Salminnen, G. Stenius, Lyrik: B. Carpelan.

schwedische Musik. Das ältere schwed. Volkslied, das sich an Kirchentonarten und Tanzrhythmik anlehnte, ist ziemlich überliefert. Seit dem 13. Jahrh. entwickelte sich das gregorian. Kirchenmusik. Die Volksballade erlebte im 15./16. Jahrh. ihre Blüte. Die höfische Musikpflege war von niederländ., dt. (Musikerfamilie Düben) und später italien. Meistern bestimmt. Zu großer Volkstümlichkeit gelangten die Gesänge des Dichterkomponisten C. M. Bellman (1740-95). Die ersten schwed. Instrumentalkomponisten standen unter deutschem Einfluß: F. Berwald (1796-1868), L. Norman (1831-85). Aus der Wiedererweckung des alten schwed. Volkslieds und der Geschichts- und Sagenstoffe erstand eine nationale Musikrichtung: I. Hallström (1826-1901; Opern), A. Söderman (1832-76; Balladen und Chorlieder), E. Sjögren (1853-1918). A. Hallén (1846-1925) verband in sinfon. Dichtungen und Chorwerken den Orchesterstil R. Wagners mit der liedhaften Volksmelodik; W. Peterson-Berger (1867-1942) und W. Stenhammar (1871-1927) pflegten die nationale Oper. Russ. und französ. Einflüsse werden von neueren Sinfonikern mit der heimischen Überlieferung verschmolzen: N. Berg (1879-1957), E. Kallstenius, Ture Rangström (1884-1947), K. Atterberg. Den Anschluß an die europäische Moderne suchen u. a. H. Rosenberg und K. B. Blomdahl.

Schwedische Reichsbank, gegr. 1668 als Bank der Reichsstände, die älteste Zentralbank der Welt. Ihre Noten sind gesetzl. Zahlungsmittel; seit 1948 ist die Notenausgabe vom Gold unabhängig.

schwedische Sprache, gehört zum ostnord. Zweig der nordgerman. Sprachen. Sie ist durch musikalischen Wort- und Satzakzent, reichen Vokalwechsel und tönende Endungen eine der klangvollsten Sprachen. Die schwed. Schriftsprache (Reichssprache, ‚rikssprâk‘) entwickelte sich im 15. Jahrh.; im 16. Jahrh. wurde sie vom Hochdeutschen als Sprache der Reformation beeinflußt; im 18. Jahrh. begann bewußte Sprachpflege. Ihr steht die mundartlich gefärbte Umgangssprache (talsprâk) gegenüber. Die s. S. ist die zweite Sprache Finnlands (Finnlandschwedisch; z. Z. im Rückgang). Geschrieben wird in Lateinschrift, am Ende des Alphabets stehen å, ä, ö als eigene Buchstaben.

Schwedt an der Oder, Stadt im Bez. Frankfurt, 34 100 Ew.; Schloß (1719-23); Erdölverarbeitung, Tabak-, Beton-, chem. Industrie.

Schwefel, chem. Zeichen **S,** nichtmetall. Element, Ordnungszahl 16, Massenzahlen 32, 34, 33, 36, Atomgewicht 32,064, Schmelzpunkt 112,8° C (rhomb. S.), Siedepunkt 444,6° C, spezif. Gewicht 2,07 (rhomb. S.). S. ist ein hellgelber, spröder Stoff, Nichtleiter der Elektrizität. Freier S. kommt in großen Lagern in Sizilien, N-Amerika und Japan vor, gebunden als S. in Sulfaten, Sulfiden u. a. Verwendung zur Vulkanisation von Kautschuk, zur Schädlingsbekämpfung, für Hautsalben, Abführmittel, in Schwarzpulver, Zündhölzern, Feuerwerkskörpern. Verbindungen: **S.-Dioxid,** SO_2, ein stechend riechendes Gas, entsteht bei der Verbrennung von S.

Schwefelsäure-Erzeugung in 1000 t[1])

	1938	1970
Bundesrep. Dtl.	1 655[2])	4 435
Dt. Dem. Rep.	369[3])	1 088
Frankreich	1 272	3 682
Großbritannien	1 011	3 348
Italien	1 076	3 309
Niederlande	475	1 560
Spanien	87	2 030
Sowjetunion	1 544	12 060
Kanada	243	2 338
Verein. Staaten	3 800	26 263
Japan	2 139	6 928
Australien	503	1 748
Welt		81 880[4])

[1]) berechnet auf H_2SO_4. [2]) Gebiet der Bundesrep. Dtl. [3]) Gebiet der Dt. Dem. Rep. [4]) 1969, Schätzung.

und beim Rösten der S.-Erze; beim Einleiten in Wasser bildet sich schweflige Säure, H_2SO_3. Aus S.-Dioxid und Luft gewinnt man bei etwa 400° C **S.-Trioxid**, SO_3, das mit Wasser in →Schwefelsäure übergeht. **S.-Kohlenstoff**, CS_2, ist ein gutes Lösungsmittel für Phosphor, Fette u. a. **S.-Wasserstoff**, H_2S, ein übelriechendes giftiges Gas, bildet sich aus Sulfiden bei Einwirkung von Säuren. - Welt-Schwefelgewinnung 1969: 11,4 Mill. t (Verein. Staaten 7,2, Mexiko 1,7, Sowjetunion 1,1, Japan 0,3).

Schwefelkies, →Eisenkies.

Schwefelkohlenstoffvergiftung, melde- und entschädigungspflichtige Berufskrankheit; mit Lähmungen, Sehstörungen. Erste Hilfe: frische Luft, Arzt rufen!

schwefeln, Lebensmittel Schwefeldioxid zusetzen, damit sie haltbar werden.

Schwefelsäure, H_2SO_4, wichtige anorgan. Säure. **Konzentrierte S.** wirkt stark wasserentziehend; sie bildet als Salze die **Bisulfate** und die **Sulfate**. Herstellung früher nach dem **Bleikammerverfahren,** heute fast nur noch nach dem **Kontaktverfahren:** Röstgase von Sulfid-Mineralien werden gereinigt, gekühlt, gewaschen, das in ihnen enthaltene Schwefeldioxid katalytisch zu Schwefeltrioxid oxydiert und dieses in konzentrierter S. aufgefangen, wodurch **rauchende S.** entsteht.

Schwefelwasserstoffvergiftung, Kanalgasvergiftung, melde- und entschädigungspflichtige Berufskrankheit, →Kanalgase.

schweflige Säure, H_2SO_3, wirkt reduzierend und keimtötend; ihre Salze, **Sulfite,** sind Bleichmittel.

Schweidnitz, poln. **Swidnica,** Stadt in Niederschlesien, an der Weistritz, 47000 (1939: 39100) Ew.; kath. Pfarrkirche (14.-16. Jahrh.), evang. Friedenskirche (1657-1659), Rathaus, fürstl. Burg. Seit 1945 unter poln. Verwaltung.

Schweifblume, die →Schwanzblume.

schweifen, ⊙ 1) das →Schären. 2) gekrümmte Schnitte in Holz mit der Schweifoder Dekupiersäge schneiden. 3) Metall durch einseitiges Recken oder Stauchen krümmen, z. B. Blechflanschen mit dem Schweifhammer.

Schweigegeld, eine Vergütung, die jemand erhält, um über einen Vorgang Stillschweigen zu bewahren. Abnötigung eines S. kann als Erpressung strafbar sein.

Schweigepflicht, →Berufsgeheimnis.

Schweigezone, ein Gebiet zwischen 50 und 150 km Entfernung von einer Schallquelle, hinter dem eine Detonation wegen der Krümmung der Schallstrahlen in der Stratosphäre wieder hörbar wird.

Schweikart, Hans, * 1895, Regisseur, auch im Film, war Intendant der Münchner Kammerspiele.

Schweine, Familie altweltl. Paarhufer mit bewegl. Rüssel. Das Haarkleid ist borstig **(Borstentiere);** von den klauentragenden Zehen sind die zweite und fünfte kürzer als die dritte und vierte. Die Eckzähne bilden oft mächtige Hauer. Wilde S. sind u. a.: **Wildschweine,** wiegen zwischen 50 und 350 kg. **Pinsel-S.,** in Westafrika, braunrot mit weißem Rückenstreifen, schwarzen Ohren und Beinen. **Warzen-S.,** im östl. Mittelafrika, mit warzenreichem Kopf. **Wald-S.,** im Urwald des

Kongo, schwarz. **Hirscheber,** auf Celebes, graubraun. - Die neuweltl. **Nabel-S. (Pekaris)** bilden eine eigene Familie.

Das **Haus-S.** ist neben dem Rind für die Ernährung am wichtigsten. Die früheren **Land-S.** sind umgezüchtet worden zu weißen **Edel-S.** und veredelten **Land-S.** (Fleisch-Fett-S.-Typ). Zwei schwarzweiße alte Landrassen, darunter das **Angler-Sattel-S.,** werden noch gezüchtet. Das männl. Haus-S. heißt u. a. Baier, Eber, Keiler; das weibl. Sau, Kosel; das Junge in der Säugezeit Milch-, Spanferkel, später Läufer, Fasel; kastrierte männl. Barch, Barg, Bark, Borg, Bork. 1968/69 gab es in der Welt 611,5 Mill. Stück S.; China 215,0, Verein. Staaten 57,2, Sowjetunion 49,0, Brasilien 63,4, Bundesrep. Dtl. 20,9 (1970), Schweiz 1,9 Mill. Stück S.

Schweinelähmung, Teschener Krankheit, anzeigepflichtige, durch einen Virus verursachte, seuchenhafte Gehirn-Rückenmarkentzündung der Schweine, mit Lähmungen.

Schweinepest, anzeigepflichtige Viruskrankheit der Schweine, mit inneren Blutungen infolge Gefäßschädigung.

Schweineseuche, Schweinepasteurellose, eine durch Pasteurellen erregte Lungen-Brustfellentzündung der Schweine.

Schweinezyklus, Angebots- und Preisschwankungen in der Schweinewirtschaft: hohe Preise bewirken eine Ausdehnung der Schweinezucht, die folgende große Angebot läßt die Preise sinken, worauf die Schweinehaltung eingeschränkt wird; bei niedrigerem Angebot ziehen die Preise wieder an.

Schweinfurt, bayer. Stadt in Unterfranken, am Main, 58400 Ew.; metallverarbeitende, Farben-, Lederwarenind., Mühlen, Brauereien. Mainhafen, Spätroman. Johanniskirche, Rathaus (1570-72), Gymnasium (1582). - 1258 von den Henneberger Grafen gegr., 1282-1803 freie Reichsstadt.

Schweinfurth, Georg, * 1836, † 1925, erforschte seit 1864 das nordöstl. Afrika und Teile der arab. Halbinsel.

Schweinichen, Hans von, * 1552, † 1616, Hofmarschall der Herzöge von Liegnitz auf vielen Reisen, schrieb kulturgeschichtl. wertvolle ,Denkwürdigkeiten'.

Schweinsaffe, ein →Makak.

Schweinswale, zu den Zahnwalen gehörige Säugetiere mit dem **Kleinen Tümmler** (2 m lang); auch an mitteleurop. Küsten.

Schweiß, 1) die Absonderung der

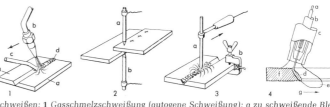

Schweißen: 1 Gasschmelzschweißung (autogene Schweißung); a zu schweißende Bleche, b Brenner, c Schweißdraht, d Schweißnaht. 2 Elektrische Widerstandsschweißung (Punktschweißung); a und b Elektroden, Kreuze= zu schweißende Stellen. 3 Lichtbogenschweißung; a abschmelzende Metallelektrode, b Werkstück. 4 Schutzgas-Lichtbogenschweißung; a Schweißdraht, b Schutzgaszuführung, c Kühlwasser, d Schmelzbad, e Schutzgas, f Schweißgut, g Schweißrichtung

Schweißdrüsen der Haut zum Steuern des Salz-Wasserhaushalts und zur Regelung der Körperwärme **(Schwitzen** bei Hitze, Erregung, Krankheit). S. enthält außer Wasser viel Kochsalz, ferner Harnstoff, Fettsäuren, Duftstoffe u. a. 2) ⚥ Blut der Jagdtiere und Hunde. **S.-Fährte, S.-Spur,** Blutspur.

Schweißbrenner, der →Daniellsche Hahn.

schweißen, 1) Werkstücke durch Ineinanderkneten (Preßschweißen) oder Ineinanderfließen (Schmelzschweißen) des örtl. erwärmten Werkstoffes verbinden. Bei der ältesten **Preßschweißung,** der **Hammerschweißung,** werden die Teile auf Rotglut erhitzt, übereinandergelegt und durch Hammerschläge ineinandergeknetet. Bei der **elektrischen Widerstandsschweißung** werden die Werkstücke an den Verbindungsstellen durch den elektr. Strom bis zur Schweißhitze erwärmt und in der Maschine zusammengepreßt, bei der **Punktschweißung** zwischen Stift-Elektroden, bei der **Nahtschweißung** mit rollenförmigen Elektroden.

Schweinfurt: Rathaus

Bei der **Schmelzschweißung** werden die Teile an den Schweißkanten aufgeschmolzen, meist unter gleichzeitigem Abschmelzen eines Schweißstabes oder einer Elektrode aus gleichem oder ähnl. Werkstoff. Die erforderl. Wärme wird erzeugt durch Verbrennen eines Heizgases (meist Acetylen) mit Sauerstoff **(autogenes S.),** durch einen Lichtbogen zwischen dem Werkstück und einer Elektrode oder zwischen 2 Elektroden **(Lichtbogenschweißung).** Der Zutritt von Luftsauerstoff und Stickstoff wird durch Schutzgase oder durch einen Schlackenmantel verhindert. Die **Elektronenstrahl-Schweißung** (im Vakuum) läßt das S. von Metallen mit sehr unterschiedl. Schmelzpunkt zu. - Kunststoffe werden geschweißt, indem sie durch Erwärmen plastisch gemacht und dann zusammengepreßt werden. Mit Ultraschall schweißt man dünne Bleche und Drähte. 2) ⚥ bluten.

Schweine: links deutsches weißes Edelschwein; rechts Angler-Sattelschwein

Links Vierwaldstätter See; rechts Wildhaus am Säntisgebirge, Appenzeller Alpen

Schweißer, Handwerker des Schlosser- und Maschinenbauerhandwerks, Lehrzeit 3 Jahre.

Schweißfuß, übermäßige Schweißabsonderung an den Füßen **(Fußschweiß).** Behandlung: formalinhaltige Puder, Bepinseln mit Formalinlösung.

schweißtreibende Mittel, griech. **Diapho-r'etica,** Stoffe, die die Schweißdrüsen anregen, z. B. Fliedertee.

Schweitzer, Albert, evang. Theologe, Arzt und Musiker, * 1875, † 1965; ging 1913 als Missionsarzt nach Lambarene. Die Mittel für sein dort gegründetes Spital erwarb er z. T. durch Veröffentlichungen, Vorträge und Orgelkonzerte in Europa. Als Theologe wurde er bes. durch seine Arbeiten zur Leben-Jesu-Forschung bekannt. - Werke über J. S. Bach und über den Orgelbau. 1952 Friedensnobelpreis. (Bild S. 1113)

Schweiz, franzöz. **Suisse,** italien. **Svizzera,** latein. **Helvetia,** amtlich dt. **Schweizerische Eidgenossenschaft,** Bundesstaat in Mitteleuropa, 41 288 km² mit 6,27 Mill. Ew. Hauptstadt ist Bern. Landessprachen sind Deutsch, Französisch, Italienisch und Rätoromanisch - die ersten drei sind Amtssprachen. ⊕ X/XI, Bd. 1, n. S. 320.

Staat und Recht. ⟳ S. 1179. ▢ Bd. 1, S. 392. Die S. ist nach der Verf. v. 1874 (mit Abänderungen) ein Bundesstaat mit 22 Kantonen (davon 3 in je 2 Halbkantone aufgeteilt). Die Bundesgesetzgebung wird von der Bundesversammlung, bestehend aus zwei Kammern (Nationalrat und Ständerat) ausgeübt. Der Bundesrat, der aus 7 von der Bundesversammlung auf 4 Jahre gewählten Mitgl. besteht, übt die vollziehende Gewalt aus. Der aus der Zahl seiner Mitgl. von der Verein. Bundesversammlung gewählte Bundespräsident vertritt die Eidgenossenschaft nach innen und außen. Währung: Schweizer Franken zu 100 Rappen.

Das bürgerl. und Handelsrecht wird durch das Schweizerische Zivilgesetzbuch v. 1907 und das Schweizer. Obligationenrecht (Bundesges. v. 14. 6. 1881; revidiert 1911 und 1936) geregelt. Das Strafrecht wird durch das Schweizerische Strafgesetzbuch (in Kraft seit 1942, 1950 revidiert) geregelt, das für die ganze S. einheitliches Recht schuf. Die Rechtspflege gehört verfassungsmäßig zur Zuständigkeit der Kantone, nur als oberste Instanz besteht das Schweizerische Bundesgericht in Lausanne.

Das Schweizer Bundesheer ist ein Milizheer mit allgemeiner Wehrpflicht vom 20. bis 50. Lebensjahr.

Landesnatur. Die S. liegt im Gebiet der mittleren Alpen und deren nördl. Vorland.

Landschaftlich gliedert sie sich in: Jura, Mittelland und Alpen. Der schweizer. Anteil am →Jura bildet die Nordwestflanke. Das Schweizer Mittelland gehört zum Alpenvorland und erstreckt sich zwischen Jura und Alpen, Bodensee und Genfer See als ein von Flußtälern stark zerschnittenes, 400 bis 1000 m hohes Moränenhügelland. Die Schweizer Alpen nehmen über ²/₃ der Landesfläche ein. Sie sind durch die große Längstalzone Rhône-Rhein und zahlreiche Quertäler stark gegliedert und dem Verkehr geöffnet. Der nördliche Alpenzug, den eine niedrigere Voralpenzone begleitet, erreicht in den stark vergletscherten Berner Alpen seine größte Höhe (Finsteraarhorn 4274 m); der südliche Teil trägt in den gletscherreichen Walliser Alpen den höchsten Punkt der S. (Monte Rosa 4634 m), während im O die schon zu den Ostalpen zählenden Rätischen Alpen im Piz Bernina (4049 m) gipfeln. Mit dem Tessin hat die S. Anteil an der Südabdachung der Alpen bis an deren Rand. Das St.-Gotthard-Massiv ist Quellgebiet zahlreicher Flüsse, die strahlenförmig nach allen Richtungen ausgehen: Rhein, Reuß, Aare, Rhône, Tessin. Das Hochtal des Engadin im O wird durch den Inn zur Donau entwässert. Sehr reich ist die S. an Seen; sie hat Anteil an den beiden größten nördl. Vorlandseen Bodensee und Genfer See und an den oberitalien. Seen Lago Maggiore und Luganer See und besitzt viele Alpenrandseen wie Vierwald-stätter See, Zürichsee, Thuner See, am Jurarand Neuenburger und Bieler See. Die Hügelregion des Mittellandes bis etwa 800 m hat Laub- und Mischwälder, darüber folgt bis etwa 1500 m ein Laubholzgürtel, abgelöst von einem Nadelholzgürtel, der auf der Nordseite in etwa 1800 m, in den Zentralalpen in etwa 2000 m mit einer Strauch- und Krummholzzone (Legföhre, Alpenerle, Alpenrose) in die Zone der alpinen Matten übergeht, die bis zur Schneegrenze reicht.

Bevölkerung. Durch die Zuwanderung ausländ. Arbeitskräfte (17% der Ew. sind Ausländer) haben sich die Anteile der Sprach- und Konfessionsgruppen stark gewandelt. 65% der Wohnbevölkerung (75% der einheim. Ew.) sprechen deutsch, 18% (20%) französisch, 12% (4%) italienisch und 0,8% (1%) rätoromanisch. Die vier Sprach- und Kulturgemeinschaften bilden eine nat. Einheit. Eine Minderheitenfrage besteht kaum; nur die französischsprachigen Jurassier erstreben die Trennung vom Kanton Bern. Deutschsprachig ist der größte Teil des Mittellandes und der Alpen bis ins Monte-Rosa-Gebiet (Oberwallis); im größten Teil des Juras, im südwestl. Mittelland (Waadt) und in Unterwallis wird französ., im Tessin und den Randtälern Graubündens italien. gesprochen. Am dichtesten besiedelt ist das Mittelland; im Gebirge ist die Bevölkerungsdichte gering. Bedingt durch die Zuwanderung sind die Katholiken erstmalig in der Mehrheit (62%).

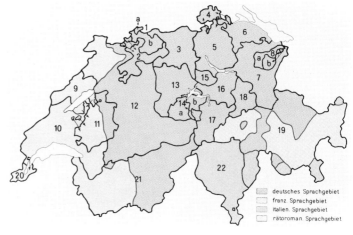

deutsches Sprachgebiet
franz. Sprachgebiet
italien. Sprachgebiet
rätoroman. Sprachgebiet

Wirtschaft. Die S. ist heute in erster Linie Industrieland. Land- und Forstwirtschaft umfassen etwa 11% aller Erwerbstätigen. In den fruchtbareren Lagen herrscht Ackerbau mit Getreide-, Hackfrucht-, Gemüse- und Obst-, in den wärmsten Gebieten auch Weinbau. Hoch entwickelt ist die Viehzucht, bes. die Milchviehzucht, im Gebirge vorwiegend als Alpwirtschaft, mit bedeutender Käserei und Milchverarbeitung. Die Industrie beschäftigt fast die Hälfte der Erwerbstätigen. Sie hat ihren Hauptsitz im nördl. Mittelland und Jura. An erster Stelle stehen Metall- und Maschinen-, chemische, pharmazeutische, Elektro-, Textil-, Nahrungs- und Genußmittel- (Schokolade, Milchdauerwaren), Uhren- und Schmuckindustrie (Jura) sowie die Bauwirtschaft. Wirtschaftlich sehr wichtig ist der Fremdenverkehr, bes. in den Höhenluftkurorten und Wintersportplätzen (St. Moritz, Davos, Arosa, Berner Oberland, Seen). Die Elektrizitätsgewinnung beruht auf den reichen Wasserkräften; die 410 Wasserkraftwerke können 9628 MW erzeugen. Ferner bestehen drei kommerzielle Kernkraftwerke. Hauptausfuhrgüter: Maschinen, Instrumente und Apparate, Uhren, Chemikalien und Pharmazeutika. Haupthandelspartner: Bundesrep. Dtl., USA, Frankreich, Italien.
Verkehr. Das Eisenbahnnetz umfaßt rd. 5018 km (davon gehören 2913 km den →Schweizerischen Bundesbahnen) und wird fast ganz elektrisch betrieben. Die Hauptstraßen haben eine Länge von rd. 17 700 km. Zahlreiche Bahnen und Straßen führen über die Alpenpässe oder unterqueren sie (Großer St. Bernhard, San Bernardino) durch Tunnels (Übersicht Alpenstraßen und Alpenbahnen). Als Flußhafen hat Basel, Endpunkt der Rheinschiffahrt, große Bedeutung. Hauptflughäfen sind Zürich (Kloten), Genf, Basel und Bern.
Geschichte. Den beiden ‚Waldstätten‘ Uri und Schwyz verlieh Friedrich II. 1231 und 1240 die Reichsunmittelbarkeit, die jedoch von den Habsburgern bestritten wurde. 1291 schlossen die drei ‚Urkantone‘ Uri, Schwyz und Unterwalden einen ‚ewigen Bund‘ (Tellsage). 1309 wurde auch Unterwalden reichsunmittelbar. Die Urkantone siegten am Morgarten 1315 über ein öster-

reich. Ritterheer. Mit ihnen verbanden sich 1332 Luzern, 1351 Zürich, 1352 Glarus und Zug, 1353 Bern; so entwickelte sich die Eidgenossenschaft der ‚acht alten Orte‘, auf die dann der Name von Schwyz als Gesamtbezeichnung überging. Durch den Sieg bei Sempach (1386) sicherten sich die Urkantone und Luzern, bei Näfels (1388) die Glarner ihre Unabhängigkeit. 1415 eroberten die Eidgenossen den habsburg. Aargau, 1460 den Thurgau. In den Burgunderkriegen (1474-77) besiegten sie Karl den Kühnen bei Murten entscheidend. Durch die Aufnahme von Freiburg i. Ü. und Solothurn (1481), Basel und Schaffhausen (1501), Appenzell (1513) erweiterte sich die Eidgenossenschaft zum Bund der ‚dreizehn Orte‘. ‚Zugewandte Orte‘ waren Wallis, St. Gallen, Graubünden, Mühlhausen (bis 1798). Die Ablehnung der Reichsreformpläne unter Kaiser Maximilian I. führte 1499 zur tatsächl. Loslösung vom Deutschen Reich, die völkerrechtlich erst 1648 im Westfäl. Frieden bestätigt wurde. Seit den Burgunderkriegen war die S. jahrzehntelang eine starke und vielumworbene Macht in Europa; viele Schweizer gingen als Söldner in fremde Kriegsdienste. Die Eidgenossen griffen 1512-16 als Gegner Frankreichs in den Kampf um das Herzogtum Mailand ein; dabei gewannen sie das Tessin und das Veltlin. Im Kampf gegen Savoyen wurde Genf 1526 ein ‚zugewandter Ort‘. Die Berner eroberten 1536 die Waadt. Die Reformation (Zwingli in Zürich, Calvin in Genf) bewirkte eine dauernde konfessionelle Spaltung der S., da die 3 Urkantone, Luzern, Zug, Freiburg und Solothurn katholisch blieben. Vom Dreißigjährigen Krieg blieb die S. mit Ausnahme Graubündens verschont. Die revolutionäre Frankreich griff 1798 mit Waffengewalt in der S. ein. Die ‚Helvetische Republik‘ wurde als demokrat. Einheitsstaat geschaffen, jedoch 1803 durch die ‚Mediationsakte‘ Napoleons wieder in einen Staatenbund umgewandelt, in den 6 neue Kantone aufgenommen wurden: Graubünden, St. Gallen, Aargau, Thurgau, Tessin, Waadt. Der 1. Pariser Friede vermehrte 1814 durch Genf, Wallis und Neuenburg die Zahl der Kantone auf 22. Im 2. Pariser Frieden von 1815 wurde die dauernde Neu-

tralität der S. allgemein anerkannt. Der Liberalismus erreichte seit 1830 den Sturz der Aristokratie. Die kathol. Urkantone, Luzern, Zug, Freiburg und Wallis schlossen dagegen 1845 einen ‚Sonderbund‘, dessen Auflösung aber im ‚Sonderbundskrieg‘ 1847 durch General Dufour erzwungen wurde. Daraufhin machte die Verfassung von 1848 die S. zu einem Bundesstaat und Bern zur Bundeshauptstadt. Die heutige Bundesverfassung, vom 29. 5. 1874, verstärkte die Bundesgewalt und baute die demokrat. Einrichtungen aus; auch in den einzelnen Kantonen wurde die volle Demokratie durchgeführt (Volksbegehren, Volksentscheid, z. T. Trennung von Kirche und Staat). 1918 wurde das Verhältniswahlrecht für die Wahl zum Nationalrat eingeführt. 1971 wurde auf Bundesebene das Frauenwahlrecht eingeführt. Im 1. Weltkrieg bemühte sich die S. um völlige Neutralität. 1920 trat sie dem Völkerbund bei. Nach dem 2. Weltkrieg, in dem sie ihre Neutralität erneut wahrte, beteiligte sie sich an den internat. Hilfswerken. Den Vereinten Nationen trat sie nicht bei, da deren Satzung mit uneingeschränkter Neutralität unvereinbar ist. Seit 1960 ist die S. Mitgl. der EFTA, seit 1963 des Europarates. 1972 ging die S. unter Wahrung ihrer Neutralität mit der EWG stärkere Bindungen ein.
Schweizer, 1) Nation in Mitteleuropa, zusammengewachsen aus german., kelt. und roman. Stämmen (→Schweiz, Bevölkerung und Geschichte). **2)** Kirchenaufseher. **3)** Söldner, bes. die Schweizergarde.
Schweizerdegen, Buchdrucker, der Schriftsetzer und Drucker ist.
Schweizerdeutsch, →Schwyzerdütsch.
Schweizer Franken, →Franken.
Schweizergarde, der aus gebürtigen Schweizern gebildete Teil der päpstl. Ehren- und Ordnungstruppen.
Schweizerische Bundesbahnen, Abk. **SBB,** französ. **CFF,** italien. **FFS,** die den schweizer. Bundesstaat gehörenden Eisenbahnen; Netzlänge 1970: 2913 km fast voll elektrifiziert.
Schweizerische Depeschenagentur, S. D. A., genossenschaftl. Nachrichtenagentur, Bern.
Schweizerische Gewerkschaften umfassen als wichtigste Organisationen: den Schweizer. Gewerkschaftsbund, den Föderativverband des Personals Öffentl. Verwaltungen und Betriebe, die Vereinigung Schweizer. Angestelltenverbände, den Christl. Nationalen Gewerkschaftsbund. Die kantonalen Gewerkschaftskartelle besitzen weitreichende Autonomie. Dem Schweizer. Gewerkschaftsbund sind die Berufsverbände angeschlossen.
schweizerische Kunst. Viel ist aus dem Frühmittelalter erhalten: Taufkirche in Riva S. Vitale (6. Jahrh.), karoling. Fresken in Münster (Graubünden) u. a. In neuer Zeit entstanden Allerheiligen in Schaffhausen, das Baseler Münster, die Deckenmalereien der Kirche in Zillis (Graubünden), im Übergang zur Gotik die Kathedrale von Lausanne, in der Hochgotik die Kirchen in Königsfelden und Kappel mit ihren Glasmalereien und die →Manessische Handschrift, in der Spätgotik das Berner Münster. In Basel ließ sich im 15. Jahrh. der Maler K. Witz aus Rottweil, 1515 Hans Holbein d. J. aus Augsburg nieder. Typisch schweizer. Art sind im 16. Jahrh. die Gemälde und Zeichnungen von N. Manuel, U. Graf und H. Leu, Bürgerbauten der Renaissance, Fassadenmalereien (von T. Stimmer in Schaffhausen) und Glasmalereien (Schweizer Wappenscheiben). Großartige Barockkirchen (St. Gallen, Maria Einsiedeln) wurden von Meistern der →Vorarlberger Bauschule geschaffen. Aus der Südschweiz gebürtige Baumeister waren vor allem im Ausland tätig (D. Fontana, C. Maderna, F. Borromini in Rom u. a.). Im Ausland arbeiteten auch die bekanntesten Maler des 18. Jahrh.: J. E. Liotard, A. Graff, J.

Größe und Bevölkerung (1970)

Nr. der Karte	Kanton	Fläche in km²	Ew. (in 1000)	Sprachen in % dt.	frz.	ital.	räto- roman.	Konfession in % prot.	kath.
1	Basel								
a	Basel-Stadt	37	234,9	82,7	3,7	8,3	0,3	52,7	40,7
b	Basel-Landschaft	428	204,9	82,9	2,5	10,3	0,2	57,7	39,1
2	Solothurn	791	224,1	85,5	1,5	10,0	0,1	37,3	59,1
3	Aargau	1 404	433,3	84,0	0,9	11,3	0,2	47,3	49,8
4	Schaffhausen	298	72,9	84,4	0,8	9,2	0,2	64,2	32,0
5	Zürich	1 729	1 107,8	82,9	1,7	10,2	0,4	59,6	36,7
6	Thurgau	1 006	182,8	85,5	0,5	10,5	0,2	58,0	43,6
7	Sankt Gallen	2 016	384,5	88,4	0,4	7,4	0,4	34,7	63,6
8	Appenzell								
a	Außerrhoden	243	49,0	88,2	0,4	6,8	0,2	69,8	27,6
b	Innerrhoden	172	13,1	92,8	0,1	4,6	0,1	4,7	94,9
9	Neuenburg	797	169,2	9,2	73,0	12,8	0,1	57,9	38,4
10	Waadt	3 211	511,9	8,9	73,6	9,8	0,1	60,7	36,1
11	Freiburg	1 670	180,3	32,4	60,3	4,0	0,0	13,4	85,8
12	Bern	6 887	983,3	77,5	13,7	6,1	0,1	75,2	23,2
13	Luzern	1 494	289,6	90,9	0,7	5,4	0,2	13,4	85,2
14	Unterwalden								
a	Obwalden	492	24,5	94,8	0,5	3,2	0,1	4,2	95,4
b	Nidwalden	274	25,6	91,9	0,5	4,8	0,2	8,9	90,2
15	Zug	239	68,0	86,7	1,0	8,2	0,4	17,4	80,7
16	Schwyz	908	92,1	90,1	0,3	7,2	0,3	7,9	91,3
17	Uri	1 075	34,1	92,5	0,3	5,6	0,4	6,6	93,1
18	Glarus	684	38,2	84,4	0,3	12,2	0,3	55,5	43,8
19	Graubünden	7 109	162,1	57,6	0,5	15,8	23,4	45,9	52,9
20	Genf	282	331,6	10,9	65,4	10,9	0,1	38,1	53,4
21	Wallis	5 231	206,6	32,4	59,3	6,2	0,0	4,4	94,9
22	Tessin	2 811	245,5	10,5	1,7	85,7	0,1	7,8	89,8
	Schweiz	41 288	6 269,8[1]	64,9	18,1	11,9	0,8	47,7	49,4

[1] Differenz durch Abrundung.

H. Füßli und der bedeutendste des 19. Jahrh.: A. Böcklin. Im 20. Jahrh. ragen hervor die Architekten K. Moser und Le Corbusier (in Paris), die Bildhauer C. Burckhardt, H. Haller, A. Zschokke, die Maler F. Hodler, P. Klee (lange in Dtl.), C. Amiet, R. Auberjonois, A. H. Pellegrini, A. Giacometti, H. Altherr, H. Erni, M. Bill.

schweizerische Literatur. Mit Rousseau und Haller ging die Entwicklung eines neuen Naturgefühls wesentlich von der Schweiz aus. J. J. Bodmer und J. J. Breitinger bereiteten in der Auseinandersetzung mit Gottsched den Sturm und Drang vor. Zum Bild der s. L. gehört wesentlich der Dichter als Lehrer und Mahner des Volkes (Pestalozzi, Haller, Keller, Gotthelf). Eine Hauptaufgabe der vielsprachigen Schweiz ist die kulturelle Mittlertätigkeit (C. F. Meyer; Kulturhistoriker J. und C. J. Burckhardt, Literaturkritiker M. Rychner und viele andere). Reich ist die Heimatdichtung (H. Federer, A. Huggenberger, M. Inglin; Waadtländer C. F. Ramuz). Der Impressionismus zeigt sich in den Werken von R. Walser, Monique de Saint-Hélier u. a. Mit Max Frisch und F. Dürrenmatt stellt die Schweiz zwei der hervorstehendsten Vertreter der modernen dt. Erzählkunst und Dramatik.

schweizerische Musik. Im MA. wurde der Choralgesang in den Klöstern gepflegt (St. Gallen), im späteren MA. auch das latein. Kunst- und die mehrstimmige dt. Lied, Orgelspiel, Minne- und Meistersang sowie das liturg. Drama. Die Reformation begünstigte schlichte Formen, z. B. den Psalmengesang. Seit etwa 1800 wird die Volksmusik stark gefördert. Im 19. Jahrh. entstand eine schweizer. Musik (bes. durch O. Schoeck vertreten). Die Neue Musik ist repräsentiert durch A. Honegger und F. Martin, die Avantgarde durch J. Wildberger, H. Hollinger, K. Huber u. a.

Schweizerische Nationalbank, die Zentralnotenbank der Schweiz, gegr. 1905, Sitz Bern, alleiniges Notenausgaberecht, die Noten sind gesetzl. Zahlungsmittel.

Schweizer Jura, →Jura.

Schweizer Nationalpark, Naturschutzgebiet im Unterengadin (rd. 169 km²).

Schwelle, 1) der untere Abschluß einer Türöffnung. **2)** 🚂 der Querträger (Holz, Stahl, Stahlbeton), der zur Spurhaltung der Gleise dient und den Raddruck der Fahrzeuge auf die Unterlage überträgt.

Schwellkörper, bei Mensch und Säugetieren: zur Erektion fähige, schwammige Gewebe, so am Penis und am Kitzler.

Schwellverse, Alliterationsverse mit bes. großer Hebungs- und Silbenzahl, so im Beowulf und Heliand.

Schwelm, Stadt in Nordrh.-Westf., 34 000 Ew.; Metall-, Textil- u. a. Industrie.

Schwelung, trockene Destillation unter Luftabschluß bei Temperaturen bis 600° C zur Entfernung der flüchtigen Bestandteile, z. B. aus Braunkohle.

Schwemmsteine, hochporöse Mauervollsteine, entweder aus geschlämmter Hochofenschlacke (Hütten-S.) oder Bimskies mit besonderen Zusätzen (Zement-S.).

Schwenckfelder, eine mystische Sekte der Reformationszeit, gegr. von K. Schwen(c)kfeld von Ossig (* 1489, † 1561); Reste noch heute in Pennsylvania.

Schwenkflügel, Flugzeugtragflügel, die im Fluge seitensymmetrisch um die Hochachse und um einen bestimmten Winkel geschwenkt werden können; für doppelschallschnelle Militärflugzeuge.

Schwenningen am Neckar, Stadt in Bad.-Württ., auf der Baar, 34 900 Ew.; feinmechan., Maschinen- u. a. Industrie.

Schweppermann, Seifried, nürnberg. Feldhauptmann, * um 1260, † 1337, kämpfte 1313 bei Gammelsdorf auf seiten Ludwigs des Bayern.

Schwerathletik, 🏋 Sammelbez. für die athlet. Sportarten wie Gewichtheben, Kunstkraftsport, Rasenkraftsport, Ringen und das früher ausgeübte Tauziehen.

Schwerbeschädigte, Personen, die durch eine gesundheitl. Schädigung in ihrer Erwerbsfähigkeit nicht nur vorübergehend um mindestens 50% gemindert sind. Sie erhalten einen S.-Ausweis, der ihnen bestimmte Vergünstigungen sichert. Nach dem **S.-Ges. i. d. F.** der Bekanntmachung v. 14. 8. 1961 müssen private Arbeitgeber mit mindestens 15 Arbeitsplätzen 6% der Arbeitsplätze mit S. besetzen, Ersatzleistungen oder Ausgleichsabgaben erbringen. Außerdem haben die S. Anspruch auf Fürsorge. - In der Dt. Dem. Rep. und in Österreich (Invalideneinstellungs-Ges. v. 1953 i. d. F. v. 1958) bestehen ähnl. Regelungen.

Schwerchemikalien, großtechn. hergestellte anorgan. Stoffe, wie Salz-, Schwefel-, Salpetersäure, Ätzalkalien, Ammoniak, Natriumsulfat.

Schwere, ⊠ die →Gravitation.

Schweres Wasser, →Wasser.

Schwergewicht, 🏋 eine Gewichtsklasse, Übersicht Bd. 1, S. 461.

Schwerhörigkeit, Abschwächung des Hörvermögens, Folge verschied. Krankheiten des Gehörorgans.

Schwerin, 1) Bezirk der Dt. Dem. Rep., 1952 aus Teilen Mecklenburgs und Brandenburgs gebildet, 8672 km², 597 000 Ew.; umfaßt den Stadtkreis S. und die Landkreise Bützow, Gadebusch, Güstrow, Hagenow, Ludwigslust, Lübz, Parchim, Perleberg, S., Sternberg. **2)** Bezirksstadt von 1), am **Schweriner See** (63 km²), 96 900 Ew.; Industrie: Stahlbau, Holz, Chemikalien, Zigaretten. Dom (1248 bis 1416), St. Nikolaikirche (1708-13), Schloß mit Schloßkirche auf einer Insel u. a. - Die 1160 gegr. Stadt kam 1358, das 1171 von Heinrich dem Löwen gegr. Bistum 1648 als Fürstentum an Mecklenburg. **3)** S. (Warthe), poln. **Skwierzyna,** Stadt in Brandenburg, 9200 (1939: 8900) Ew.; Holzindustrie. Seit 1945 unter poln. Verwaltung.

Schwerin, Kurt Christoph Graf (1740) von, * 1684, † (gef.) 1757, preuß. Generalfeldmarschall, siegte 1741 bei Mollwitz, eroberte 1744 Prag.

Schwerindustrie, Bez. für Bergbau, Großeisen- und Stahlindustrie.

Schwerkraft, die →Gravitation.

Schwerlastwagen, 1) ein Güterwagen mit über 200 t Tragfähigkeit. **2)**→Straßenroller.

Schwermetalle, Metalle mit spezifischen Gewichten über 5.

Schwermut, 1) Niedergeschlagenheit (Depression), z. B. nach einem schmerzl. Erlebnis. **2)**→Melancholie.

Schw'ernik, Nikolaj, sowjet. Politiker, * 1888, † 1970; 1946-53 Vors. des Obersten Sowjets (Staatsoberhaupt), 1957-66 im ZK-Präsidium.

Schweröl, hochsiedende Kohlenwasserstoffgemische, die bei der Destillation des Steinkohlenteers oder der Erdölverarbeitung entstehen; Heizöl und Dieseltreibstoff.

Schwerpunkt, ⊠ der →Massenmittelpunkt.

Schwerpunktssatz, einer der →Erhaltungssätze.

Schwerspat, Baryt, weißes bis farbiges, glänzendes Mineral, in rhomb. Kristallen oder derben Massen, chemisch Bariumsulfat.

Schwert, 1) Hieb- und Stoßwaffe mit gerader, breiter, ein- oder zweischneidiger Klinge. **2)** bes. bei Segelbooten eine Stahl- oder Holzplatte, die ins Wasser hinabgelassen werden kann, um ein Abtreiben oder Kentern zu verhindern.

Schwertbrüderorden, dt. Ritterorden, 1202 zum Kampf gegen die Heiden in Livland gegr. (→Albert 4), 1237 mit dem Dt. Orden vereinigt.

Schwerte, Stadt in Nordrh.-Westf., an der Ruhr, 24 400 Ew.; Metallind., Spinnerei, Bundesbahnausbesserungswerk.

Schwertel der, Gladiole, Schwertlilie.

Schwertfeger, Waffenschmied.

Schwertfisch, bis 5 m langer thunfischähnl. Fisch aller Weltmeere mit schwertartig verlängertem Oberkiefer.

Schwertfortsatz, der untere Fortsatz des Brustbeins.

Schwertleite, früher die feierl. Umgürtung des Knappen mit dem Schwert.

Schwertlilie, Iris, einkeimblättrige Stauden, mit schwertförm. Blättern und flei-

Schwertlilie

schigem Wurzelstock. Die häufigste einheimische S. ist die gelbblütige **Wasser-S.** Die blauviolett und gelb blühende **Deutsche S.** ist Zierpflanze.

Schwertmage, Speermage, im älteren dt. Recht ein männl. Verwandter des Mannesstamms.

Schwertschwänze, Xiphosura, Ordnung der Scherenfüßer mit den Königskrabben und Pfeilschwanzkrebsen.

Schwertseite, im älteren dt. Recht die Verwandten der väterl. Seite.

Schwertwal, größter →Delphin.

Schwestern vom Allerheiligsten Heiland, →Niederbronner Schwestern.

Schwestern Unserer Lieben Frau, 1850 in Coesfeld gegr. Kongregation, die sich bes. der Mädchenerziehung widmet.

Schwestern vom Guten Hirten, 1829 in

Schwert: **1** German. Schwert, Griff mit Einlage, Bronzezeit (Mainz, Röm.-German. Zentralmuseum). **2** Römischer Gladius (London, Brit. Museum). **3** Lehensschwert Kaiser Maximilians, datiert 1496 (Wien, Hofburg, Weltl. Schatzkammer). **4** Japanisches Langschwert (Berlin, Museum f. Völkerkunde)

Angers von Maria Euphrasia Pelletier (Heilige, Tag: 24. 4.) gegr. Kongregation bes. für weibl. Fürsorgeerziehung.

Schwetzingen, Stadt in Bad.-Württ., 16 500 Ew.; Spargelanbau; metallverarbeitende, Tabak-, Konserven-, Elektromotoren-, Textil- u. a. Ind.; kurpfälz. Schloß mit Theater und Park (18. Jahrh.).

Schwibbogen, 𝔪 größerer Bogen zwischen zwei Baukörpern.

Schwiebus, poln. **Swiebodzin,** Stadt in Brandenburg, in der östl. Neumark, 14 300 (1939: 10 300) Ew.; Möbel-, thermotechn. Ind. Seit 1945 steht S. unter poln. Verwaltung.

Schwieger..., durch Anheirat gewonnene Verwandte: **Schwiegermutter** und **Schwiegervater (Schwiegereltern),** ebenso **Schwiegersohn** und **Schwiegertochter.**

Schwiele, 1) ⚕ durch mechan. oder entzündliche Reizung entstandene Wucherung an Häuten oder am Bindegewebe. **2)** 🐒 Hautwulst, so die Gesäß-S. der Affen.

Schwielensohler, die Kamele.

Schwielowsee, Havelsee zwischen Potsdam und Werder, 8,5 km².

Schwient'ochlowitz, poln. **Świętochłowice,** Stadt in der Woiwodschaft Kattowitz, Polen, 57 600 Ew.; Steinkohlengruben, Eisenhütten, chem. Industrie.

Schwimmaufbereitung, →Flotation.

Schw'immbad, Anlage zum Schwimmen im Freien, an natürl. Gewässern oder in Gebäuden (Hallenbad).

Schwimmblase, eine mit einem Kohlensäure-Sauerstoff-Gemisch gefüllte Blase über dem Darm der Fische **(Fischblase);** durch Wechsel des Gasdrucks regelt sie die Anpassung des spezif. Gewichts des Fisches an das des umgebenden Wassers.

Schwimmen, 1) ein Körper schwimmt, wenn sein spezif. Gewicht leichter ist als das der Flüssigkeit, wenn das Gewicht der verdrängten Wassermenge gleich dem Eigengewicht (stat. Auftrieb) ist oder bei bestimmter Formgebung und Bewegung (dynamischer Auftrieb). **2)** Schwimmsport.

Schwimmer, 1) auf einer Flüssigkeit schwimmender Körper, z. B. als Träger einer Last (bei Wasserflugzeugen) oder als Regelorgan (im Vergaser). **2)** Teil der Angel.

Schwimmkäfer, im Wasser lebende, ruderbeinige Käfer **(Wasserkäfer).** Zu den Faden-S. gehört der →Gelbrand. Die 3 bis 20 mm langen **Taumelkäfer (Drehkäfer)** kriechen winters auf dem Wasser. Der bis 4,4 cm lange, grünschwarze **Kolbenwasserkäfer** hat unten einen rückwärts ragenden Bruststachel, womit er empfindlich sticht **(Karpfenstecher);** er ist jedoch meist Algenfresser.

Schwimmsport, Einzel- oder Staffelwettbewerbe im Schwimmen: Brust- u. Rückenschwimmen, Kraulen, Delphinstil, ferner Tauchen, Kunst- und Turmspringen. Der Dt. Schwimm-Verband (DSV) gehört der Fédération Internationale de Natation Amateur (FINA) an.

Schwimmwanze, eine 12-15 mm lange Wasserwanze, die mit fangarmartigen Vorderbeinen Kleintiere fängt.

Schwimmweste, ein mit Luft, Kork oder Kapok gefüllter Gürtel, der den Kopf des Schwimmers über Wasser hält.

Schwind, Moritz von, Maler, * Wien 1804, † München 1871, schuf Wandmalereien in München (Residenz), auf der Wartburg, in Wien (Oper). S. schuf Gemälde kleinen Formats (,Morgenstunde', ,Hochzeitsreise') und romantisch empfundene Bilder aus dt. Märchen und Sagen (,Elfenreigen', ,Rübezahl' u. a.).

Schwindel, ⚕ Gefühl des Schwankens und der Unsicherheit; kommt vor bei plötzlichen Blutdruckschwankungen, ferner bei Beeinträchtigung des Gleichgewichtsorgans im inneren Ohr (→Bewegungskrankheit) u. a.

Schwindlinge, kleine zähe, als Würze wertvolle Blätterpilze; z. B. **Nelkenpilz,** ledergelb, auf Grasboden.

M. von Schwind: Rübezahl, 1851 (München, Schackgalerie)

Schwindsucht, volkstüml. meist für Lungen-S. (Tuberkulose), Rückenmark-S. (Tabes).

Schwingboden, in modernen Turnhallen eine auf dem Betongrund angebrachte Konstruktion aus Holz u. a. Bauteilen, die ein leichtes Federn des daraufliegenden Fußbodens bewirkt.

Schwinge die, linker Nebenfluß der Elbe in Niedersachsen, 30 km lang, mündet unterhalb Stade; durch den Oste-S.-Kanal mit der Oste verbunden.

Schwingel, Grasgattung; z. B.: **Schaf-S.,** mit begrannten, oft violetten Einzelährchen, auf trockenem Boden; Zierrasen, wertvolles Futtergras.

Schwingen, Form des Ringkampfs in der Schweiz. Zwei Kämpfer fassen sich gegenseitig an ihren ,Schwinghosen', um den Gegner in die Höhe zu heben und durch einen Schwung auf den Rücken zu legen.

Schwinger, ein Boxschlag.

Schw'inger, Julian Seymour, amerikan. Physiker, * 1918, erhielt 1965 zus. mit Feynman und Tomonaga für die Entwicklung der Quantenelektrodynamik den Nobelpreis.

Schwingkraftmühle, ein zylindr. Gefäß, das in starke Schwingungen versetzt wird. Das Mahlgut wird durch Stahl- oder Porzellankugeln zerkleinert.

Schwingmetall, ein Maschinenbauteil aus Metallplatten mit zwischengelegtem, einvulkanisiertem Gummiklotz, zur schwingungsmindernden Lagerung z. B. von Maschinen sowie im Fahrzeugbau.

Schwingquarz, ein Quarzkristall, der auf Grund des piezoelektr. Effekts durch eine Wechselspannung in mechan. Schwingungen versetzt wird; die im Quarz auftretenden Wechselspannungen können rückwirkend zur Steuerung des erregenden Schwingkreises dienen. Anwendung zur Frequenzstabilisierung von Sendern, in Quarzuhren.

Schwingung, regelmäßige, zwischen bestimmten Grenzen periodisch hin- und herführende Bewegung, z. B. eines Pendels, der Luftteilchen beim Schall, der elektr. und magnet. Feldgrößen in einem **S.-Kreis** usw. Die Entfernung aus der Ruhelage heißt **Elongation,** die größte Elongation **Amplitude,** der augenblickl. S.-Zustand **Phase,** die Anzahl der S. in der

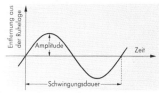

harmonische (sinusförmige) Schwingung

Zeiteinheit **S.-Zahl** oder **Frequenz.** Aufeinanderfolgende S. benachbarter Punkte führen zu fortschreitenden →Wellen.

Schwingungskreis, ((·)) meist eine Parallelschaltung von Spule und Kondensator, die zu elektromagnet. Schwingungen angeregt wird, z. B. zur Abstimmung von Empfängern.

Schwingungsüberlagerer, ein mathemat. Gerät zum Zusammensetzen von Schwingungsvorgängen aus Teilschwingungen.

Schwippert, 1) Hans, Architekt, * 1899,

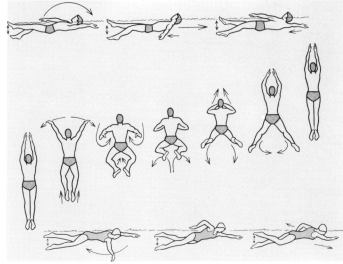

Schwimmsport: oben Rückenschwimmen; Mitte Brustschwimmen; unten Kraulschwimmen

1123

Dir. der Düsseldorfer Akademie, baute u. a. das Bundeshaus in Bonn (1949).
2) Kurt, Bildhauer, Bruder von 1), * 1903; figürliche Bildwerke herb vereinfachter Art.

Schwirl der, den Rohrsängern nahestehender kleiner bräunl. Singvogel.

Schwirrholz, Kultgerät verschiedener Naturvölker: ein an einer Schnur geschwungenes Brettchen macht Summgeräusche (Geisterstimmen).

Schwitters, Kurt, Maler und Dichter des Dadaismus, * 1887, † 1948, stellte Klebebilder und plast. Gebilde aus zufällig aufgelesenen Materialien zusammen. (Bild Collage)

schwitzen, →Schweiß.

Schwitzkur, Erzeugen eines Schweißausbruchs durch **Schwitzbad** (z. B. Heißluftbad, Sauna), **Schwitzpackung** (→Packung), schweißtreibende Mittel, künstl. Fieber (Heilfieber).

Schwob, Marcel, franzöz. Schriftsteller, * 1867, † 1905; ,Roman der 22 Lebensläufe'.

schwojen, das Sich-Drehen des vor Anker oder an der Boje liegenden Schiffes.

Schwund, Gewichtsverluste, z. B. bei Waren durch Lagerung.

Schwunderscheinung, ⟨ᵧ⟩ der →Fadingeffekt.

Schwundgeld, Papiergeld, dessen Nennwert sich ständig verringert (Silvio →Gesell).

Schwungrad, ein Rad, dessen Hauptmasse im Radkranz liegt (z. B. auf der Kurbelwelle der Kolbenmaschinen, bei mechan. Pressen). Das S. kann infolge seines Beharrungsvermögens überschüssige Arbeit aufnehmen und bei Bedarf wieder abgeben.

Schwungstemme, Reck- oder Barrenturnen: ein kräftiger Körperschwung aus dem Hang in den Stütz.

Schwur, ♫ der →Eid.

Schwurgericht, ein Gericht zur Aburteilung schwerer Straftaten (z. B. Mord, Totschlag); es setzt sich aus 3 Berufs- und 6 Laienrichtern (**Schöffen**) zusammen, die gemeinsam über die Schuld des Angeklagten und seine Bestrafung entscheiden. - Das alte S. (bis 1924) bestand aus 3 Berufsrichtern und 12 Geschworenen (Geschworenenbank). Die Geschworenen entschieden über die Schuldfrage mit ,Ja' oder ,Nein', die Berufsrichter über die Strafe. - In Österreich und der Schweiz sind Zusammensetzung und Aufgaben der S. ähnlich.

Schwyz, 1) Kanton der Schweiz, 908 km², 92 100 meist kath. und deutschsprach. Ew., im N von Voralpenland, im S von den Schwyzer Alpen durchzogen. Viehzucht, Alpwirtschaft; Textil-, Holz- und Möbelindustrie. - S. erhielt 1240 von Kaiser Friedrich II. Reichsfreiheit, schloß 1291 mit Uri und Unterwalden (Urkantone) den ,Ewigen Bund' gegen die Habsburger. Sein Name wurde später auf die gesamte Eidgenossenschaft übertragen.
2) Hauptort von 1), 12 000 Ew.; hat Bundesbriefarchiv mit den ältesten schweizer. Bundesurkunden.

Schwyzer Alpen, Gruppe der schweizer. Voralpen zwischen dem Vierwaldstätter See und dem Linthtal.

Schwyzerdütsch, Schweizerdeutsch, Gesamtheit der verschiedenen dt.- schweizer. Mundarten, die Umgangssprache.

Science Fiction [saiəns fʹikʃən, engl.], romanhafte Schilderungen von Abenteuern in einer auf naturwissenschaftlich-techn. Grundlage phantasievoll ausgemalten Zukunftswelt (z. B. mit Raumfahrt, Robotern u. a.). Nach J. Verne, H. G. Wells schrieben besonders Amerikaner S. F.

Scientific Management [saiənʹtʹifik mʹænidʒmənt, engl.], ,wissenschaftl. Betriebsführung', von F. W. Taylor begründete Methode zur rationellen Gestaltung des Betriebsablaufs.

sc´ilicet, Abk. **scil.** [lat.], das heißt, nämlich.

Sc´illa die, die Liliengewächsgattung **Blaustern,** meist mit traubig stehenden blauen Blüten, in Laubwäldern, unter Naturschutz; auch Zierpflanzen. Die verwandte **Meerzwiebel** wächst an Mittelmeerküsten.

Scilly-Inseln [sʹili-], Inselgruppe vor der SW-Spitze Englands, 16 km², 1600 Ew.

Sc´ipio, eine zum Stamm der Cornelier gehörende röm. Patrizierfamilie; darunter:
1) Publius Cornelius S. Africanus d. Ä. (maior), * um 235, † 183 v. Chr., eroberte im 2. Pun. Krieg Spanien, besiegte 202 Hannibal bei Zama. Von Cato bekämpft.
2) Publius Cornelius S. Aemilianus Africanus d. J. (minor), * um 185, † 129 v. Chr., durch Adoption Enkel von 1), eroberte und zerstörte 146 Karthago, 133 Numantia. S. förderte den Hellenismus in Rom.

Scir´occo [ʃir-, ital.], der →Schirokko.

Scl´era [grch.] die, Lederhaut (→Auge).

Scopolam´in, Hyoscin, ein in vielen Nachtschattengewächsen enthaltenes Alkaloid.

Scordat´ura [ital.] die, bei Saiteninstrumenten eine von der Normalstimmung abweichende Stimmung.

Score [skɔ:] **1)** engl. Maß, für Kohle als Hohlmaß: 274,725 hl, als Gewicht: 25,604 t, für Wolle 9,072 kg. **2)** Fußballsport: Torverhältnis. **3)** Psychologie: Testergebnis.

Sc´orel, Jan van, holländ. Maler, * 1495, † 1562, verarbeitete in Italien empfangene Eindrücke in holländisch malerische Art (Altarwerke, Bildnisse, Gruppenbilder).

Scoresbysund [skʹɔ:zbi-], nach dem engl. Seefahrer William Scoresby (* 1789, † 1857) benanntes, 300 km tief in die Ostküste Grönlands eingreifendes Fjordsystem.

Scotch|terrier [engl. skʹɔtʃ-], ein Haushund.

Scotland Yard [skʹɔtləndʒa:d], ehem. Hauptgebäude der Londoner Polizei; übertragen: die Londoner Kriminalpolizei.

Scott, 1) Cyril, engl. Komponist, * 1879, † 1971, Opern, Orchester-, Klaviermusik in expressionist. Stil.
2) Gabriel, norweg. Schriftsteller, eigentl. Holst **Jensen,** * 1874, † 1958, schilderte norweg. Volksleben.
3) Robert Falcon, brit. Polarforscher, * 1868, † 1912, erreichte am 18. 1. 1912 (nach →Amundsen) den Südpol; auf dem Rückweg kam er ums Leben.
4) Sir (seit 1819) Walter, schott. Dichter, * 1771, † 1832, urspr. Rechtsanwalt und Richter, schrieb zuerst romantische Versepen (,Das Fräulein vom See', 1810). Mit seinen mehr als 40 geschicht. Heimatromanen, den ,Waverley-Romanen' (nach dem ersten der Reihe ,Waverley', 1814), begründete er dann den europ. Geschichtsroman: Die Braut von Lammermoor (1819), Ivanhoe (1820), Kenilworth (1821), Quentin Durward (1823) u. a.

Scottschaltung, eine Transformatorschaltung zur Umformung eines Dreiphasen-(Drehstrom-)Systems in ein Zweiphasen-(Wechselstrom-)System und umgekehrt.

Sc´otus, 1) Johannes, →Duns Scotus.
2) Johannes Scottus Eriugena.

Scranton [skrʹæntn], Stadt in Pennsylvania, USA, 103 600 Ew.; kath. Univ.; Stahlverarbeitung, Maschinenbau, Glashütten, Textilindustrie.

Scribe [skri:b], Augustin-Eugène, franzöz. Dramatiker, * 1791, † 1861; Lustspiele (,Das Glas Wasser', 1840), Operntexte (,Die Stumme von Portici', ,Die Hugenotten' u. a.

Scrip der, **1)** im angloamerikan. Bankwesen Zwischenschein vor Fertigstellung der Aktien. **2)** Gutschein über nicht gezahlte Zinsen. **3)** Dollar-S., nach 1945 geschaffenes Spezialgeld für die amerikan. Besatzungstruppen.

Scripps-Howard-Konzern, ein amerikan. Zeitungskonzern, gegr. 1878 von H. W. Scripps (* 1854, † 1926), seit 1922 ausgebaut von R. W. Howard.

Scriptgirl [engl.], beim Film: die Sekretärin der Regie während der Aufnahmen.

Script, Skript das, Drehbuch, Manuskript für Rundfunksendungen.

Scr´iptor [lat.] der, Schreiber. **Scriptum** das, das Geschriebene.

Scrub [skrʌb, engl. ,Gestrüpp'] der, bes. in Australien Name für Buschdickicht.

Scudéry [skydeʹri], Madeleine de, franzöz. Schriftstellerin, * 1607, † 1701; in ihrem Salon begann die Ära der ,Preziosität'; schrieb vielbändige pseudohistor. Romane.

Scudo [ital. ,Schild'] der, der frühere italien. Silbertaler.

sc´ulpsit [lat. ,hat gestochen', ,hat gemeißelt'], Abk. **sculps.** oder **sc.,** bezeichnet auf graph. Blättern den Stecher, bei Skulpturen den Bildhauer.

Scunthorpe [skʹʌnθɔ:p], Stadt in der Grafschaft Lincoln, England, 69 700 Ew.; hat Eisenhüttenwerke.

Scuol, →Schuls.

s. d., Abk. für siehe dort.

SD, Abk. für Sicherheitsdienst.

SDB, Abk. für Salesianer Don Boscos.

S. D. N., Abk. für Société des Nations, franzöz. für Völkerbund.

SDS, 1) Abk. für Sozialistischer Deutscher Studentenbund (→studentische Vereinigungen). **2)** Abk. für Salvatorianer.

Se, chem. Zeichen für Selen.

Seaborg [sʹi:bɔ:g], Glenn, amerikan. Chemiker, * 1912, Prof. in Berkeley, Entdecker der Transurane Americium, Curium, Berkelium, Californium, Mitentdecker des Plutoniums; Nobelpreis 1951.

Seal [si:l, engl.] der, das Fell der Bärenrobbe, ein Pelz.

Sealsfield [sʹilzfi:ld], Charles, Erzähler, eigentl. Karl **Postl,** * bei Znaim 1793, † 1864, floh aus einem Prager Ordenshaus 1823 nach Amerika, von wo er 1831 zurückkehrte; schilderte Prärie und Urwälder Amerikas und Menschen aller Nationen. Romane: ,Der Legitime u. die Republikaner' (1833), ,Lebensbilder aus beiden Hemisphären' (1837), ,Das Kajütenbuch' (1841).

Séance [seʹãs, frz.] die, Sitzung, bes. der Spiritisten.

Sears, Roebuck & Co. [engl. sʹiəz, rʹoubʌk-], Chicago, amerikan. Kaufhauskonzern.

SEATO, South East Asia Treaty Organization, die 1954 von den Verein. Staaten, Großbritannien, Australien, Neuseeland, Pakistan (trat 1972 aus), Frankreich, den Philippinen und Thailand abgeschlossene Verteidigungsgemeinschaft. Sitz dieser losen Gemeinschaft ist Bangkok.

Seattle [siʹætl], Stadt im Staat Washington, USA, 530 800 Ew.; Sitz eines kath. Erzbischofs, der Staatsuniversität, der Unternehmungen der Alaska-Schiffahrt und -Fischerei; Maschinenbau, Flugzeug-, Schiffbau, Papier-, Zellstoff-, Lachskonservenfabriken, Textilindustrie.

Sebaldus, Schutzheiliger von Nürnberg seit 1072, Einsiedler, Prediger; Tag: 19. 8.

Sebastian, röm. Märtyrer, Schutzheiliger der Schützen, nach der Legende von Bogenschützen hingerichtet. - S. wurde seit dem 15. Jahrh. als Jüngling dargestellt, nur mit einem Lendentuch bekleidet und von Pfeilen durchbohrt. Tag: 20. 1.

Sebasti´ano del Pi´ombo, italien. Maler, * um 1485, † 1547, malte in Venedig unter dem Einfluß Giorgiones. In Rom (seit 1511) schloß er sich dem Raffael-Kreis, dann Michelangelo an, mit dessen großer Form er die warme Farbigkeit der Malerei Venedigs verband.

Sebast´opol, russ. Stadt, →Sewastopol.

Sebest´ane die, **Brustbeere,** die schleimigen, als Hustenmittel gebrauchten Früchte von zwei Borretschgewächsen.

Sebnitz, Stadt im Bez. Dresden, im Lausitzer Bergland, 14 400 Ew.; Herstellung von künstl. Blumen, Knöpfen, Webwaren und Kunstblumen. Maschinen.

Seborrh´ö(e) [lat.-grch.] die, übermäßige Absonderung der Hauttalgdrüsen. **Trok-**

kene S., meist am behaarten Kopf, führt zur Bildung von **Kopfschuppen. Fettige S. (Schmerfluß)** zeigt fettigglänzende Gesichtshaut und öliges Haar.

Seb'ou, Fluß in N-Marokko, vom mittleren Atlas zum Atlantik.

sec [frz.], bei alkohol. Getränken: trokken, herb.

sec, Abk. für 1) Sekunde. 2) △ Secans.

SECAM, →Fernsehen (Farbfernsehen).

S'ecans [lat.] der, Abk. **sec,** eine →Winkelfunktion.

Secchi [s'εki], Angelo, italien. Astronom, * 1818, † 1878, Jesuit, einer der Pioniere der Astrophysik, bes. der Spektralanalyse.

s'ecco [ital. ‚trocken'], ♪ **Seccorezitativ,** das nur vom Cembalo begleitete Rezitativ.

S'eccomalerei, →al secco.

Secento [setʃ'ento] das, →Seicento.

Sechser, 1) früher der halbe Groschen (= 6 Pfennig), übertragen auf das 5-Pfennig-Stück. 2) Rehbock mit Sechsergehörn; **Sechs|ender,** Hirsch mit sechsendigem Geweih.

Sechstagefahrt, internat. Zuverlässigkeitsprüfung für Motorräder, 2000 km in 6 Tagen, für Nationalmannschaften von 3 Fahrern (einer davon auf Beiwagenmaschine).

Sechstagekrieg, der israelisch-arab. Krieg vom 5.-10. 6. 1967.

Sechstagerennen, ein Zweier- oder (seit 1956) vereinzelt auch Dreier-Mannschaftsrennen der Berufsradfahrer über 145 Stunden in der Halle (in Dtl. seit 1909).

sechster Sinn, volkstüml. für ein besonderes Ahnungsvermögen.

Sechsundsechzig, Kartenspiel, meist für 2 Spieler, wird an der Pikettkarte oder der dt. Spielkarte um Augen (Punkte, Points) gespielt; wer zuerst 66 Punkte erreicht, hat gewonnen.

Seckau, Markt in der Obersteiermark, Österreich, 1200 Ew., Abtei, 1140 gegr., 1782 aufgehoben, seit 1883 Kloster der Beuroner Benediktiner.

Secret Service [s'ikrət s'ə:vis], der Geheimdienst in Großbritannien.

Sec'undus, Johannes, eigentl. Jan Nicolai **Everaerts,** neulatein. Dichter, * 1511, † 1536.

SED, Abk. für →Sozialistische Einheitspartei Deutschlands.

Sedan [sə d'ã], Stadt an der Maas im Dép. Ardennes, Frankreich, 24 500 Ew.; Woll- und Metallind. - 2. 9. 1870 Kapitulation Napoleon III.

sed'at [lat.], ruhig, gesetzt.

Sedat'iva [lat.] Mz., Ez. **Sedativum** das, ♀ →Beruhigungsmittel.

Sedd'in, Gemeinde im Kr. Perleberg, Bez. Schwerin, bekannt durch ein Hügelgrab der jüngeren nord. Bronzezeit.

S'eder [hebr.] der, bei den Juden die häusliche relig. Feier mit Festmahl an den beiden ersten Passahabenden.

Sedim'ent [lat.] das, Ablagerung von →Schichtgesteinen; Bodensatz.

Sedisvak'anz [lat.] die, Zeitraum, in welchem der päpstl. oder ein bischöfl. Stuhl unbesetzt ist.

Sedlmayr, Hans, Kunsthistoriker, * 1896; Prof. in Wien, München; krit. Deutung der modernen Kunst in ‚Verlust der Mitte' (1948).

Sedow, Leonid Iwanowitsch, sowjet.

Raumfahrtforscher, * 1907, arbeitete über Strömungstheorie, Gasdynamik; 1959-61 Präs. der Internat. Astronaut. Ges.

S'edum, ⊕ Gattung →Fetthenne.

See, 1) der **S.,** stehendes Binnengewässer, auch künstlich geschaffen (**Speichersee, Stausee,** →Talsperre). Die Gesamtfläche aller S. der Erde wird auf 2,5 Mill. km² (1,8% der Landmasse) geschätzt. 2) die **S.,** ⊱ das Meer.

See|adler, Adler (im weiteren Sinne), mit unbefiedertem Lauf; der **Weißschwänzige S.** lebt an den nördl. Küsten Europas und Asiens.

See|alpen, Meer|alpen, französ. **Alpes Maritimes,** Teil der Westalpen zwischen dem Golf von Genua und der oberen Durance, in der Punta Argentera 3297 m hoch.

See|ampfer, verschiedene Rotalgen des Meeres; mit blattförm. Gliedern.

See|amt, eine Landesbehörde zur Untersuchung von See-Unfällen. Über Beschwerden entscheidet das **Bundesoberseeamt** in Hamburg. Disziplinarvergehen von Offizieren der Handelsmarine werden von **Seedisziplinarkammern** bei den Seeämtern oder vom **Seedisziplinarhof** beim Bundesoberseeamt abgeurteilt.

See|anemone, Seerose, Aktinie, festsitzendes sechsstrahliges Korallentier.

Seeanemone: Purpurrose

Seebad, 1) Kurort am Meer. 2) ♀ Bad in Meerwasser: **kalte S.** wirken durch das Seeklima und als Kältereiz; **warme S.** wirken wie Solen.

Seebär, die Bärenrobbe (→Robben).

Seebeben, ein Erdbeben, dessen Herd unter dem Meeresboden liegt.

Seebeck-Effekt, die Direktumwandlung von Wärme in elektr. Energie an der Kontaktstelle zweier elektr. Leiter mit unterschiedl. Leitfähigkeit.

Seeberufsgenossenschaft, der Träger der See-Sozialversicherung, eine öffentlich-rechtl. Körperschaft zur Vertretung gemeinsamer Interessen und Aufstellung von Vorschriften für die Schiffahrt.

Seebohm, Hans-Christoph, Politiker (seit 1960 CDU, früher DP), * 1903, † 1967; 1946 bis 1948 Arbeitsmin. in Niedersachsen, seit 1949 MdB, 1949-66 Bundesmin. für Verkehr.

Seebuck, SO-Gipfel des Feldbergs im Schwarzwald, 1450 m.

Junger Seeadler

Seeckt, Hans von, Gen.-Oberst, * 1866, † 1936, im 1. Weltkrieg Gen.-Stabschef; 1920-26 baute er die Reichswehr auf, 1930 bis 1932 war er MdR (Dt. Volkspartei), 1934/35 militär. Berater Tschiang Kaischeks in China.

Seedarlehen, die →Bodmerei.

Seedistel, Froschbißgewächs, in ruhigen Gewässern, mit stachelzackigen Blättern und weißen Blüten **(Krebsschere).**

Seedisziplinarhof, →Seeamt.

Seedorf-Stufe, der letzte Abschnitt der westgerman. frühen Eisenzeit, etwa 50 v. Chr. bis 50 n. Chr.

Seedorn, der Strauch →Sanddorn.

Seedrachen, Untergruppe der Haifische, meist eigenartig gestaltet; z. B. die **Seekatzen** (Chimären und Harriotta).

See-Elefant, Gattung der Seehunde.

Seefahrtbuch, Seepaß, Ausweis, in den jede An-, Abmusterung und Seereise durch ein Seemannsamt eingetragen wird.

Seefahrtschulen, Schiffahrts-, Navigationsschulen, staatl. Fachschulen zur Ausbildung von Schiffsoffizieren und Kapitänen der Handelsmarine. Ausbildung: 1-4 Semester; Voraussetzung Volksschule, 3 Monate Seemannszeit, 4 Jahre Seefahrt.

Seefedern, achtstrahlige Korallentiere **(Federkorallen),** federförmige, locker im Meeresgrund sitzende Stöcke.

Seefeld, Sommerfrische und Wintersportplatz in Tirol, Österreich, am 1184 m hohen **S.er Sattel,** 2100 Ew.

Seefelder, trockengelegtes Hochmoor an der Hohen Mense, in Schlesien.

Seefrachtbuch, →Konnossement.

Seefrachtvertrag, ♐ ein seerechtl. Frachtgeschäft, →Chartervertrag oder Stückgütervertrag.

Seegras, auf dem Meeresgrund unter Wasser wachsende, grasförmige Laichkrautgewächse mit unscheinbaren Blütchen.

Seegrenze, die Grenze für die Fischerei, Seeschiffahrt und Binnenschiffahrt (→Seestraßenordnung).

Seegrenzpolizei, in der Dt. Dem. Rep. die

Bekannte Seen (Fläche in km²)

Deutschland		Übriges Europa		Neusiedler S.	320	Issyk-kul	6 200	Huronsee	59 586
Bodensee	538,5	Ladogasee	18 400	Lago Maggiore	216	Wansee	3 400	Michigansee	58 016
Spirdingsee	122,5	Onegasee	9 900	Comer S.	146	Totes Meer max.	1 020	Gr. Bärensee	31 068
Müritz	117	Vänersee	5 546	Vierwaldstätter		**Afrika**		Gr. Sklavensee	28 919
Mauersee	104,5	Peipussee	3 600	S.	114	Victoriasee	68 000	Eriesee	25 719
Chiemsee	80	Ilmensee	610	Zürichsee	88,5	Tanganjikasee	34 000	Winnipegsee	24 300
Lebasee	75		bis 2 100	**Asien**		Njassasee	30 800	Ontariosee	19 477
Schweriner S.	63	Vättersee	1 899	Kasp. Meer	371 000	Tschadsee	12 000	Nicaraguasee	8 400
Starnberger S.	57	Saimaa	1 460	Aralsee	66 458		bis 26 000	Titicacasee	8 300
Ammersee	47,6	Mälarsee	1 140	Baikalsee	31 500	Rudolfsee	8 000	Gr. Salzsee	3 900
Plauer S.	39	Inarisee	1 085	Balchaschsee	17 000		bis 8 600		bis 5 700
Steinhuder Meer	30	Plattensee	591		bis 15 000	Merusee	4 920	**Australien**	
Gr. Plöner S.	24	Genfer S.	581	Urmiasee	3 885	**Amerika**		Eyresee	bis 15 000
Walchensee	16,4	Gardasee	370		bis 5 955	Oberer See	82 414	Torrenssee	5 773

Polizei zur Überwachung der Küsten, Küstengewässer und Häfen.

Seegrenzschlachthöfe, veterinärpolizeil. Einrichtungen zur Überwachung der Einfuhr von Schlachtvieh in Seehäfen.

Seegurken, ♐ die →Seewalzen.

Seehandbücher, Küstenhandbücher, nautische Hdb. mit Beschreibungen der See- und Küstengebiete.

Seehandlung, die →Preußische Staatsbank.

Seehase, ein Stachelflosserfisch der Nord- und Ostsee **(Lumpfisch),** der sich mit einer Haftscheibe an Steine anheftet.

Seehausen in der Altmark, Stadt im Bez. Magdeburg, 5300 Ew.; Peter-Paul-Kirche (13.-15. Jahrh.), Beuster Tor (15. Jahrh.); Industrie.

Seehöhe, die Höhenlage eines Ortes über Normal-Null.

Seehunde, an das Wasserleben angepaßte fischfressende Robben der nördl. Meere und Binnenseen. Die Vorderfüße sind flossenartig, die Zehen meist bekrallt. Nase und Ohren sind verschließbar. Wegen ihrer Häute und ihres Trans werden die S. gejagt. Arten: **Gemeiner S., Mönchs-, Ringelrobbe, See-Elefant** (Elefantenrobbe), **Klappmütze.** Die S. stehen unter Naturschutz.

Seeigel, Echinoidea, Ordnung der Stachelhäuter, mit apfel- bis scheibenförmigem Körper. Sie haben einen mit beweglichen Stacheln besetzten Kalkpanzer; Mund auf der Unterseite. Die S. leben im Küstenmeer von Tieren und Algen. (Bild Stachelhäuter)

Seejungfer, 1) ein Fabelwesen, halb Mensch, halb Fisch. 2) ♐ Libellengattung. (Tafel Insekten) 3) Säugetiergattung der Sirenen.

Seekanne, ⚘ 1) Enziangewächs, in ruhigem Wasser. 2) Seerose.

Seekarten, Karten der Meere und Küsten mit Angaben über Seezeichen, Tiefen, Untiefen, Lotsenstellen u. a.

Seekasse, →See-Sozialversicherung.

Seekatzen, Familie der Seedrachen.

seeklar, ⚓ abfahrtbereit.

Seekrankheit, eine Kinetose, →Bewegungskrankheit.

Seekrieg, die Kampfhandlungen zur See. Besondere Formen: Kreuzerkrieg, Blokkade, Unterseeboot-, Geleitzugskrieg. Träger der Seeschlachten waren bis zum 2. Weltkrieg die Großkampfschiffe; Aufklärung und Sicherung übernahmen Kreuzer, Zerstörer, Minensuch- und U-Boote, (als Hilfswaffe) Seeflugzeuge. Im 2. Weltkrieg wurde die Luftwaffe der Flugzeugträger entscheidend, auch die neue Funkmeßtechnik (Radargeräte, Unterwasserortung).

Seekriegsrecht, →Kriegsrecht.

Seekühe, die Säugetiersippe Sirenen.

Seelachs, Schellfischart der nordeurop. Meere, mit schwarzem Brustflossenfleck.

Seeland, 1) dän. **Sjælland,** die größte Insel Dänemarks, zwischen Öresund und Großem Belt, 6835 km², 2,118 Mill. Ew.; Landwirtschaft, im N wald- und seenreich. Auf S. liegt Kopenhagen.

2) niederländ. **Zeeland,** südwestlichste Prov. der Niederlande, 1685 km², 305 800 Ew., Hauptstadt: Middelburg.

Seele, Inbegriff der bewußten und unbewußten seelischen Vorgänge.

Philosophisch gilt die S. als Einheit stiftendes Prinzip der seelischen Vorgänge, eine dem Körper beigeordnete Substanz oder das den Körper belebende Wirkende. Eine besondere Aufgabe bildete die Untersuchung des **Leib-Seele-Problems.** Meist werden S. und Geist unterschieden. Die neuere Psychologie untersuchte zunächst seelische Einzelvorgänge und ihren Zusammenhang mit leiblichen Erscheinungsweisen; die Ganzheits- und Strukturpsychologie rückten das Gesamtseelenleben wieder in den Blick. - Das Christentum sieht in der S. ein persönliches, von Gott geschenktes unstoffliches Wesen, das den Körper formt. - Im Seelenglauben der Naturvölker wird die S. vielfach als ein im Körper befindliches zweites Wesen angesehen, auch als ein dem menschlichen Atem ähnlicher Hauch (Hauchseele) vorgestellt (Animismus).

Seelen|achse, bei Feuerwaffen die gedachte Linie durch die Mitte des Laufs (Rohrs).

Seelenblindheit, die Unfähigkeit, Gegenstände als solche zu erkennen, obwohl die reizaufnehmenden Sehorgane unbeschädigt sind, beruht auf Hirnschädigung.

Seelenheilkunde, die →Psychiatrie.

Seelenkunde, die →Psychologie.

Seelenmesse, das →Requiem.

Seelentaubheit, die Unfähigkeit, trotz unbeschädigten Hörorgans (Ohr) Geräusche zu erkennen.

Seelenwanderung, der Glaube, daß die Seele nach dem Tod in einen anderen Geschöpf (Mensch, Tier oder Pflanze) übergehen könne; bes. bei den Indern lebendig (Buddhismus, Hinduismus).

Seeler, Uwe, dt. Fußballspieler, * 1936; seit 1972 nicht mehr aktiv.

See|lilien, festsitzende Stachelhäuter mit meist kelchförmigem Körper und gegliedertem Stiel; gehört zur Klasse der Haarsterne. (Bild Stachelhäuter)

seelische Krankheiten, psychische Krankheiten, gewöhnl. **Geisteskrankheiten** genannt, i. e. S. **Psychosen** (Schizophrenie, manisch-melancholische Krankheit, Epilepsie, seltener auch Schwachsinn). Manchmal rechnet man zu den s. K. auch seel. Störungen, Psychopathien, Neurosen u. a. Auslöser von s. K. können sein: einmalige seel. Erlebnisse (z. B. Schreck), Erlebnisketten, Lebenskonflikte (z. B. Ehekrisen) u. a. Ursachen: krankhafte Erbanlagen, Gehirnkrankheiten und -schädigungen, Alterungsvorgänge u. a. **Rechtliches.** Das BGB unterscheidet die Geisteskrankheit von der leichteren Geistesschwäche. Wer infolge von Geisteskrankheit oder Geistesschwäche seine Angelegenheiten nicht zu besorgen vermag, kann entmündigt werden (§ 6 BGB.). Der wegen Geisteskrankheit Entmündigte sowie derjenige, der sich in einem die freie Willensbestimmung ausschließenden Zustand krankhafter Störung der Geistestätigkeit befindet, ist geschäftsunfähig; der wegen Geistesschwäche Entmündigte ist beschränkt geschäftsfähig. - Strafrecht: →Zurechnungsfähigkeit.

Seelöwe, eine Ohrenrobbe.

Seelsorge, in den christl. Kirchen die geistl. Betreuung und Lebenshilfe für den einzelnen und die Gemeinde.

Seelze, Gem. in Ndsachs., 10 300 Ew., hat chem. Ind. Papierverarbeitung.

Seemacht, 1) ein Staat, der eine starke Kriegsflotte unterhält. 2) der Kriegsflotte eines Staates.

Seemann, Mz. **Seeleute,** Angehöriger der Schiffsbesatzung, ausgebildet durch mehrjährige Fahrt als Schiffsjunge und Leichtmatrose auf Handels- oder Schulschiffen. Vielfach geht eine mehrmonatige Vorbildung an einer Seemannsschule (Schiffsjungenschule) voraus. Der ausgebildete S. mustert als Matrose an. Nach Erlangen der Fachschulreife und Besuch einer Seefahrtsschule ist Aufstieg zum Steuermann und Kapitän möglich.

Seemanns|amt, eine staatl. Behörde zur Beaufsichtigung der Schiffsmannschaft. Aufgaben: An- und Abmusterung, Schlichtung von Streitigkeiten zwischen Schiffer und Mannschaft, Aburteilung von Übertretungen und leichteren Vergehen der Schiffsbesatzung.

Seemannschaft, die für einen Seemann erforderl. Kenntnisse und Fertigkeiten.

Seemannsgarn, ⚓ Aufschneiderei.

Seemannsmission, die seelsorger. Betreuung der Seeleute; evang.: Innere Mission, kath.: Apostolat des Meeres.

Seemaus, volkstümlicher Name für die Eier der Rochen und Haifische.

Seemeile, sm, der 60. Teil eines Meridiangrades = 1852 m.

Seemine, ein bewegungsloser Sprengkörper zur Vernichtung von Schiffen. **Ankertauminen** sind in bestimmter Tiefe verankert, **Grundminen** lagern auf dem Meeresboden und sind durch Fernzündung auslösbar.

Seenadeln, zu den Büschelkiemern gehörende Gatt., bilden mit den Seepferdchen eine Knochenfischfamilie.

Seen-Distrikt, engl. **Lake District,** ein Teil der →Cumbrian Mountains.

Seenkunde, der Zweig der Gewässerkunde, der die Seen behandelt.

Seenot, Gefahr für ein Schiff, die fremde Hilfe notwendig macht.

Seenotflugzeuge, Flugboote, Schwimmerflugzeuge und Hubschrauber zur Rettung von Personen aus Seenot.

See|offizier, Offizierslaufbahn der früheren dt. Kriegsmarine, die die Zweige für Seemannschaft, Navigation und Taktik umfaßte.

See|ohr, Seeschnecke mit ohrmuschelförmiger Perlmutterschale.

Seepaß, das →Seefahrtsbuch.

Seepatent, staatliches Zeugnis der Befähigung zum Kapitän oder Steuermann.

Seepferdchen, mit den Seenadeln verwandte Fische mit pferdeähnl. Kopf, leben bes. in trop. Meeren, schwimmen in senkrechter Haltung zwischen den Pflanzen.

Seepocke, Krebstier, ein Rankenfüßer.

Seepolizeirecht, die Regelungen, die der Ordnung des Schiffsverkehrs und der Ordnung auf Schiffen zur See dienen.

Seeprotest, Verklarung, ⚓ eine vorläufige Beweissicherung bei Seeunfällen durch Einreichung eines Berichts des Kapitäns an das Amtsgericht.

Seeräuberei, Piraterie, Gewalthandlungen gegen Schiffe oder Personen auf hoher See außerhalb eines staatl. bewaffneten Vorgehens, um Schiff, Ladung oder Passagiere zu erbeuten. Die an der S. Beteiligten dürfen von jedem Staat auf hoher See verfolgt und bestraft werden.

Seeräuberküste, Piratenküste, →Vereinigte Arabische Emirate.

Seerecht, die für den Seewesen und die Seeschiffahrt geltenden Rechtsnormen. Das dt. **private S.** ist enthalten im 4. Buch des HGB. und im Seemanns-Ges. v. 26. 7. 1957. Das **öffentl. S.** ist in zahlreichen Bundesgesetzen geregelt, z. B. in der Seeschiffahrtsstraßenordnung v. 3. 5. 1971. Das **internat. öffentl. S.** beruht auf zahlreichen internat. Vereinbarungen, deren Grundlage die Freiheit der Meere für Schiffahrt und Fischerei ist.

Seerosen, 1) ⚘ Wasserrosen, gehören zu den Seerosengewächsen, haben kriechenden Wurzelstock, große Schwimmblätter

Weiße Seerose

und rosenähnl. Blüten: **Ägypt. Lotosblume** (auch im östl. Mitteleuropa), **Blaue Lotosblume** (im Nilgebiet beheimatet), **Riesenseerose** (aus Australien und Neuguinea) gelegentl. Bez. für die gelbe Teichrose und die Echte oder Ind. Lotosblume. 3) ein Korallentier, →Seeanemone.

Seescheiden, latein. **Ascidia,** am Mee-

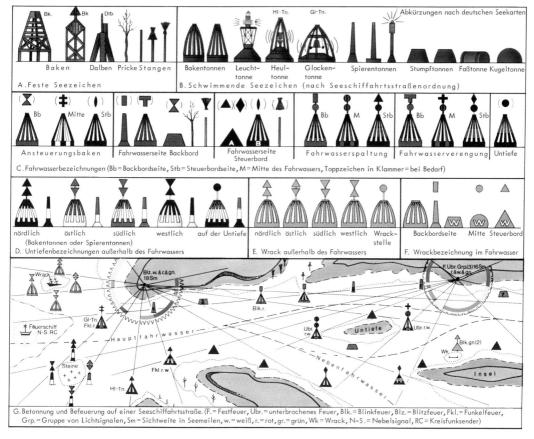

A. Feste Seezeichen

Baken — Dalben — Pricke Stangen

Bk. — Bk — Dtb.

B. Schwimmende Seezeichen (nach Seeschiffahrtsstraßenordnung)

Bakentonnen — Leucht-tonne — Heul-tonne — Glocken-tonne — Spierentonnen — Stumpftonnen — Faßtonne Kugeltonne

HI-Tn. — GI-Tn.

Abkürzungen nach deutschen Seekarten

C. Fahrwasserbezeichnungen (Bb = Backbordseite, Stb = Steuerbordseite, M = Mitte des Fahrwassers, Toppzeichen in Klammer (•) bei Bedarf)

Ansteuerungsbaken — Fahrwasserseite Backbord — Fahrwasserseite Steuerbord — Fahrwasserspaltung — Fahrwasserverengung — Untiefe

Bb — Mitte — Stb — Bb — M — Stb — Bb — M — Stb

D. Untiefenbezeichnungen außerhalb des Fahrwassers

nördlich — östlich — südlich — westlich — auf der Untiefe
(Bakentonnen oder Spierentonnen)

E. Wrack außerhalb des Fahrwassers

nördlich östlich südlich westlich Wrack-stelle

F. Wrackbezeichnung im Fahrwasser

Backbordseite — Mitte — Steuerbord

G. Betonnung und Befeuerung auf einer Seeschiffahrtsstraße. (F. = Festfeuer, Ubr. = unterbrochenes Feuer, Blk. = Blinkfeuer, Blz. = Blitzfeuer, Fkl. = Funkelfeuer, Grp. = Gruppe von Lichtsignalen, Sm = Sichtweite in Seemeilen, w. = weiß, r. = rot, gr. = grün, Wk = Wrack, N-S = Nebelsignal, RC = Kreisfunksender)

resgrund festsitzende, schlauch-, knollen- oder fladenförmige Manteltiere mit dickem gelatinösem oder ledrigem Mantel.

Seeschiffahrt, die Schiffahrt über die Meere im Unterschied zur Küsten- und Binnenschiffahrt.

Seeschlangen, z. T. lebendgebärende, bis 2 m lange Giftschlangen des Ind. und Pazif. Ozeans, mit abgeplattetem Schwanz.

Seeschmetterling, im Meer lebender, bis 15 cm langer Schleimfisch, mit Augenfleck in der segelförmigen Rückenflosse.

Seeschwalben, Möwen mit schlankem, spitzem Schnabel, z. B. die **Fluß-S.** (an Binnengewässern und an der Küste) und die fast ganz schwarze, amselgroße **Trauer-S.** (an Binnengewässern).

S'eesen, Stadt in Ndsachs., 13 200 Ew.; Blechwaren-, Konserven- u. a. Industrie.

See|skorpion, Fisch mit Stachelbewaffnung, bewohnt weite Teile des Nordatlantik vom Eismeer bis zur Ostküste der USA.

See-Sozialversicherung, Unfall-, Rentenversicherung und der anerkannten Seeleute, Träger ist die **Seeberufsgenossenschaft;** Sonderanstalt für Rentenversicherung die **Seekasse,** für die Krankenversicherung deren Abteilung **Seekrankenkasse.**

Seespinne, europ. Krabbe; bringt zur Tarnung Fremdkörper auf ihren Rücken.

Seesterne, latein. **Asteroidea,** Stachelhäuter, deren Körper meist aus einer Scheibe und fünf- oder mehrstrahlig von dieser ausgehenden, stachel- und greifzangentragenden Armen aus wirbelartig verbundenen Kalkstücken besteht; alle S. leben räuberisch. (Bild Stachelhäuter)

Seestraßenordnung, die auf der Konferenz von Washington (1889) anerkannten Regeln zur Verhütung von Schiffszusammenstößen, ergänzt auf der Schiffssicher-

heitskonferenz von London (1948); in der Bundesrep. Dtl. zusammengefaßt in der S. v. 23. 12. 1953; für die Wasserstraßen gilt die **Seeschiffahrtsstraßenordnung.**

Seestück, ein Bild, das die See, meist mit Schiffen, eine Meeresküste, einen Hafen, auch eine Seeschlacht darstellt (Marinestück), zu einer eigenen Bildgattung entwickelt von holländ. Malern des 17. Jahrh. (J. Porcellis, S. de Vlieger, J. van de Capelle, W. van de Velde). Im 19. Jahrh. malten S.: C. D. Friedrich, C. Monet, W. Turner u. a.

Seetaler Alpen, seenreiche Gebirgsgruppe in der Obersteiermark, Steiermark; im Zirbitzkogel 2396 m hoch.

Seetaucher, Tauchvögel von erhebl. Größe, mit vollständigen Schwimmhäuten, in Mitteleuropa als regelmäßigsten: Prachttaucher, seltener Stern- und Eistaucher.

Seetestament, 𝄢 ein →Nottestament, das durch mündliche Erklärung vor 3 Zeugen von demjenigen errichtet werden kann, der sich auf einer Seereise an Bord eines dt. Schiffes außerhalb eines inländischen Hafens befindet.

Seetüchtigkeit, Seefähigkeit, die Tauglichkeit eines Seeschiffes, überprüft durch Aufsichtsbehörden.

Seeversicherung, Versicherung bes. von Schiff, Ladung, Fracht gegen bestimmte Seegefahren wie Untergang, Zusammenstoß, Leckage, Strandung, Seeraub, Brand, Explosion.

Seevogelfreistätten, in Küstennähe gelegene Schutzgebiete.

Seewald, Richard, Maler, * 1889; Wandmalereien in Kirchen, Illustrationen (auch zu eigenen Büchern) u. a.

Seewalzen, Seegurken, latein. **Holo-**

thurioidea, Stachelhäuter mit wurmförmig gestrecktem Körper. S. der australischchines. Gewässer dienen als Nahrung **(Trepang, Tripang).**

Seewarte, Deutsche S., 1875-1945 Reichsanstalt zur Erforschung der Meere und Bedingungen für die Seeschiffahrt. Ihre Aufgaben übernahmen das →Deutsche Hydrographische Institut und das Meteorolog. Amt in Hamburg.

Seewetterdienst, der Teil des Wetterdienstes, der bes. für die Schiffahrt und den Luftverkehr über See tätig ist.

Seewinkel, sumpfige Flachlandschaft im Burgenland, östl. vom Neusiedler See, westlichste Salzsteppe Europas; seltene Fauna und Flora, Naturschutzgebiet; Viehzucht, Obst-, Weinbau.

Seewolf, Schleimfisch des Atlantik und Pazifik, mit starkem Gebiß zum Zermalmen von Muscheln.

Seewurf, die Leichterung eines Schiffs durch Überbordwerfen von Ladung; ein Fall von Havarie.

Seezeichen, für die Schiffahrt in Küstengewässern und Fahrwassern ausgebrachte Markierungen, teils landfest: Leuchttürme, Baken, Dalben, Stangen, Pricken, teils schwimmend: Feuerschiffe, Leucht-, Heul-, Glocken-, Spieren-, Kugel-, Faß- und stumpfe Tonnen.

Seezollgrenze, gesetzlich bestimmte Linie an der Meeresküste gegen die freie See, in der Bundesrep. Dtl. die Strandlinie. **Seezollhäfen** liegen hinter der S.

Seezunge, eine Fam. der Plattfische.

S'efer [hebr.], →Thora.

Sef'eris, Giorgos, eigentl. **Seferiades,** neugriech. Lyriker, * 1900, † 1971, Diplomat, war Botschafter in London; Nobelpreis 1963.

Sega

Segal [s'i:gəl], George, amerikan. Bildhauer und Zeichner, * 1924, Skulpturen und Environments; bezieht Objekte der Wirklichkeit in den Werkzusammenhang ein.

Segant'ini, Giovanni, italien. Maler, * 1858, † 1899, Bilder von Hochgebirgstälern u. a.

Segeberg, Bad S., Stadt in Schlesw.-Holst., 12700 Ew., Solbad, hat Lehr- und Versuchsanstalt für Bienenzucht, Textilindustrie.

Segel das, 1) mehr oder minder starkes Tuch, früher Baumwolle, heute meist Kunstfaser, das den Wind zur Fortbewegung von Wasserfahrzeugen, bes. von Segelschiffen, ausnutzt. **Schrat-S.** stehen in Längsrichtung, zu ihnen gehören die Gaffel- und **Rah-S.** stehen quer zum Schiff. Die S. eines vollgetakelten Mastes sind von unten nach oben: **Unter-S.** **(Fock-, Groß-S.), Unter-, Obermars-S., Unter-, Oberbram-S., Reuel (Royal), Sky-S.** 2) Sternbild des Südhimmels, Teil des Schiffes.

Segelanweisung, ♒ für die Kapitäne bestimmte schriftliche Ratschläge über den günstigsten Seeweg.

Segelboot, →Segelsport.

Segelfalter, schwalbenschwanzähnlicher Edelfalter; Raupe an Schlehen. (Bild Schmetterlinge)

Segelflug, das Fliegen mit einem Segelflugzeug. Es beruht auf der Ausnutzung aufsteigender Luftströmungen: des Aufwindes an Berghängen, die vom Wind angeblasen sind **(Hangsegeln)**, der vertikalen Luftströmungen über verschieden stark erwärmtem Boden **(Thermiksegeln)** und vor Gewitterwolken **(Gewitter- und Frontensegeln)**, der Aufwinde in größerer Höhe an der Leeseite von Gebirgszügen, wenn diese von der Luft quer überströmt werden **(Wellensegeln)**. - Da der S. nur in bestimmter Höhe einsetzen kann, wird das Flugzeug von einer Motorwinde an einem 1000-2000 m langen Kunststoffseil drachenähnlich emporgezogen oder von einem Motorflugzeug hochgeschleppt; in der Anfangszeit benutzte man den Gummiseilstart vom Berghang aus. - Die örtl. Vereine sind im Dt. Aero-Club zusammengeschlossen. Dachorganisation ist die Fédération Aéronautique Internationale. Wettbewerbs- und Rekordkonkurrenzen: Streckenflug, Zielstreckenflug, Zielflug mit Rückkehr zum Startort, Höhenflüge, Dreieckflüge über 100, 300 und 500 km. Bisher wurden Entfernungen von über 1150 km zurückgelegt, Höhen von über 14100 m erreicht und Dauerflüge von über 60 Stunden ausgeführt. Die geringsten Sinkgeschwindigkeiten guter Segelflugzeuge liegen zwischen 0,45 und 0,75 m/s, die größten Gleitzahlen zwischen 40 und 48.

Segelflugzeug, motorloses ein- oder zweisitziges Flugzeug, auch mit Hilfsmotor ausgerüstet **(Motorsegler)**, mit dem man in aufsteigenden Luftströmungen (→Segelflug) fliegen kann. Nach der Bauweise unterscheidet man stoffbespannten Stahlrohrrumpf und sperrholzbeplankte Holzgerippeflügel, Ganzmetall- und Kunststoffbauweise, nach der Leistungsfähigkeit Schul-, Übungs-, Leistungs- und Hochleistungs-S., früher auch Gleitflugzeuge (Schulgleiter). Das S. hat einfache Knüppelsteuerung und ist ausgerüstet mit Fahrt-(Geschwindigkeits-)Messer, Höhen-

Segelflugzeug der Standardklasse

messer, Variometer, künstl. Horizont und Wendezeiger.

segeln, die Fortbewegung durch Windkraft mit Hilfe verschiedener →Segel. Für die Segelstellung sind die Windrichtung und der gesteuerte Kurs maßgebend. (→Segelschiff, →Segelsport, →Eissegeln.)

Segelschiff, ein Schiff, das mit Hilfe von Segeln durch den Wind fortbewegt wird. - Den Typ eines S. bestimmen die Bauart des Schiffskörpers, die Anzahl der Masten und die Form und Anordnung der →Segel; ein S. mit vollgetakelten Masten heißt **Vollschiff.** Zu den S. mit Rahsegeln zählen (Fünf-, Vier-, Dreimast-) **Vollschiffe, Briggen** (Zweimastvollschiffe); **Barken** sind Dreimaster, deren hinterer Mast keine Rahen hat; **Schoner** haben nur Schratsegel. Ferner gibt es viele S.-Typen mit gemischter Takelung aus Rah- und Schratsegeln. - S. sind heute nur einige Schulschiffe; in der Küstenschiffahrt und Fischerei ist die Besegelung vielfach noch Hilfsantrieb.

Segelsport, auf einem Fluß, See oder Meer, umfaßt die Fahrten-(Touren-)Segeln und das Wett-(Regatta-)Segeln. Die Einteilung der Segelboote nach Klassen erfolgt nach der Größe der Segelfläche sowie nach Länge und Breite des Bootes. Kleine offene Sportfahrzeuge heißen **Jollen,** größere gedeckte **Jachten** (Kajütkreuzer). Olympiaklassen sind die internat. Klassen, in denen bei Olymp. Spielen gesegelt wird; 1972: Soling, Drachen, Star, Tempest, Flying Dutchman, Finndingi. Maßgebend für den S. sind die Bestimmungen der International Yacht Racing Union (1907 gegr., Sitz: London), in der Bundesrep. Dtl. mit Zusätzen des Dt. Segler-Verbands (1888 gegr., Sitz: W-Berlin). Dt. Dem. Rep.: Bund Dt. Segler (gegr. 1959; Sitz: O-Berlin).

Segeltuch, kräftiges wasserabweisendes Gewebe aus Baumwolle, Flachs, Hanf in Leinwandbindung.

Segen, 1) Gottes Gunst; Glück, Gedeihen. **2)** feierl. Handlung, in der die göttl. Hilfe erbeten oder angewünscht wird. - Kath. Kirche: ein bes. häufiges Sakramentale, der Kreuzgebärde gespendet; der **Päpstl.** oder **Apostol. S.** ist mit vollkommenem Ablaß verbunden. Evang. Kult: als Herabflehung der göttl. Heilswirklichkeit in fast allen gottesdienstl. Handlungen üblich, in bes. feierl. Form bei der Einsegnung (Konfirmation). Der S. geschieht meist mit bibl. Worten, z. B. durch den **Aaronitischen** (4. Mos. 6, 24-26) oder **Apostolischen** (2. Kor. 13, 13; Phil. 4,7) **S.**

Segerkegel, pyramidenförmige, keram. Schmelzkörper. Die verschiedenen, von der Zusammensetzung abhängigen Schmelzpunkte (von 600-2000°C) dienen

zur Bestimmung der Garbrandtemperatur beim Brennen keram. Erzeugnisse.

Seg'esta, griech. **Egesta,** antike Stadt im NW Siziliens; bedeutende Reste antiker Bauten, bes. ein dorischer Tempel (5. Jahrh. v. Chr.).

Seg'estes, römerfreundl. Cheruskerfürst, Vater der Thusnelda, Gegner des Arminius.

Segge, die Riedgrasgattung **Carex;** die **Sand-S.** mit queckenartigen Ausläufern wird als Flugsandbefestiger angepflanzt. (Bild Riedgräser)

Seghers, 1) Anna, Deckname der Schriftstellerin Netty **Radvanyi,** geb. Reiling, * 1900, emigrierte als Kommunistin 1933; lebt in Ost-Berlin. Sie behandelt in Erzählungen und Romanen Themen aus dem polit. und sozialen Geschehen der Gegenwart: ,Der Aufstand der Fischer von St. Barbara' (1928); ,Das siebte Kreuz' (1941), ,Transit' (1947), ,Die Toten bleiben jung' (1949), ,Die Kraft der Schwachen' (1965). **2)** Herkules, holländ. Maler und Radierer, * 1589, † um 1645, stellte wilde Gebirgslandschaften und die Weite des holländ. Flachlandes dar.

Segelsport: Segeljolle; 1 Verklicker, 2 Großsegelkopf; 3 Großsegel, 4 Lattentasche, 5 Schothorn, 6 Großsegelhals, 7 Segelfenster, 8 Fock, 9 Wanthänger, 10 Vorstag, 11 Wantenspanner, 12 Traveller, 13 Großschot, 14 Knarrpoller, 15 Ausreitgurte, 16 Pinne, 17 Pinnenausleger, 18 Ruderkopf, 19 Ruderblatt, 20 Schwert, 21 Vordeck, 22 Spiegel, 23 Mastfuß

Segler, 1) ☌ Ordnung schwalbenähnl. Vögel; z. B. **Mauer-S. (Mauerschwalbe),** schwärzl. mit heller Kehle; errichtet ein Nest mit speichelverklebten Halmen. **2)** ☌ →Segelfalter. 3) Segelschiff. 4) Segelflugzeug.

Segm ent [lat.] das, 1) ein von einem Kurvenbogen und einer Geraden begrenztes Flächenstück (z. B. Kreis-S.); ein von einer

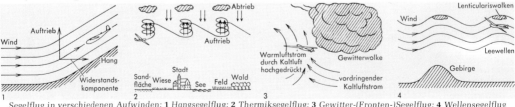

Segelflug in verschiedenen Aufwinden: **1** *Hangsegelflug;* **2** *Thermiksegelflug;* **3** *Gewitter-(Fronten-)Segelflug;* **4** *Wellensegelflug*

gekrümmten Fläche und einer Ebene begrenzter Körper (z. B. Kugel-S.). 2) Abschnitt eines Tierkörpers od. Organs (z. B. der Wirbelsäule) mit →Metamerie.
segment'al, zum S. gehörig.
Segment|resektion, das chirurg. Entfernen z. B. erkrankter Lungenanteile.
Segment|therapie, ein Heilverfahren: das erkrankte Organ wird von dem zugehörigen Hautsegment aus beeinflußt (→Headsche Zonen).
Segni, [s'εɲi], Antonio, italien. Politiker (Christl. Demokrat), * 1891, Schöpfer des Autonomiegesetzes für Sardinien (1944), war mehrmals Minister, 1955-57 und 1959 bis 1960 MinPräs. und Innenmin., dann Außenmin., 1962-64 Staatspräsident.
Seg'ovia, 1) Prov. in Altkastilien, Spanien, 6949 km², 169 400 Ew. 2) Hauptstadt von 1), 37 100 Ew., röm. Stadtmauer, Reste einer röm. Wasserleitung (119 Bögen), Burg, Kathedrale; keram. Gewerbe.
Seg'ovia, Andres, span. Gitarrenvirtuose, * 1896.
S'egre der, Fluß in Spanien, 257 km lang, entspringt in den Pyrenäen, mündet in den Ebro.
Segrè, Emilio, italienisch-amerikan. Physiker, * 1905, Prof. in Rom, Palermo, Berkeley (USA), arbeitete über Transurane, erzeugte zusammen mit O. Chamberlain die ersten Antiprotonen. Nobelpreis 1959.
Segregation [lat.], die räuml. Entwicklung sozialer Strukturen einer Bevölkerung, bes. die gesellschaftl., eigentumsrechtl. und räuml. Absonderung einer Gruppe, die innerhalb einer Gemeinschaft als fremdartig empfunden wird, z. B. die Absonderung der Neger von den Weißen in den Südstaaten der Verein. Staaten. In Südafrika war die S. die liberale Vorstufe der →Apartheid.
Seguidilla [seɣid'iʎa] die, andalusischer Platztausch-Reigen im ³/₈-Takt, mit Kastagnetten- und Gitarrebegleitung.
Seg'ura, Fluß in Spanien, 341 km lang, entspringt im Andalus. Bergland, mündet in den Golf von Alicante.
Seh, japan. Flächenmaß: 0,9917 a.
Sehen, ⚕ 𝄞 das Aufnehmen von Lichtreizen durch die →Augen und das Verarbeiten dieser Reize im Gehirn zu Gesichtswahrnehmungen. Bei Mensch und Wirbeltieren werden die Lichtstrahlen durch Hornhaut, Linse und Glaskörper so gebrochen, daß auf der Netzhaut ein umgekehrtes reelles Bild entsteht. Die Iris blendet den Strahlengang durch Zusammenziehen der Pupille ab. Bei Einstellung des Auges für verschiedene Entfernungen ändert sich die Linsenkrümmung.
Sehne, 1) ⚕ 𝄞 die aus zugfesten Bindegewebsfasern bestehende Verbindung zwischen Muskel und Knochen. 2) Geometrie: die Verbindungsstrecke zweier Punkte einer Kurve oder Fläche. 3) Strang zum Spannen des Bogens.
Sehnenscheide, ⚕ 𝄞 bindegewebige Hülle, in der die Sehne gleitet. Durch Überanstrengung oder durch Eitererreger (z. B. →Fingerentzündung) kann eine **S.-Entzündung** entstehen. Behandlung durch den Arzt.
Sehnerv, der erste der paarigen Gehirnnerven (→Auge). Die S. kreuzen sich im Gehirn **(S.-Kreuzung);** ihre Fasern enden in der **Sehrinde** des Hinterhauptslappens.
Sehrohr, Periskop das, ein- und ausfahrbares opt. Gerät zur Überwasserbeobachtung vom getauchten U-Boot aus.
Sehschärfe, der Grad der Fähigkeit des Auges, feine Einzelheiten zu erkennen; hängt bes. vom Auflösungsvermögen der Netzhaut ab.
Sehtest, eine in der Bundesrep. Dtl. für das Ablegen der Fahrprüfung vorgeschriebene Prüfung der Sehschärfe (Richtlinien des Bundesverkehrsmin. v. 20. 6. 1963).
Seicento [seit∫'εnto, ital. 'sechshundert', Abk. für 1600] das, **Secento,** italien. für das 17. Jahrh. und seinen Stil (Barock).

Seiches [sε:∫, frz.] Mz., **Schaukelwellen,** period. Schwankungen eines Seespiegels infolge unterschiedl. Luftdrucks.
Seide, 1) der von den Raupen verschiedener Seidenspinner erzeugte feine Faden. Die edle (reale) S. stammt von künstlich aufgezogenen Maulbeerspinner, die wilde von den wildlebenden Eichenspinnern Asiens. Zur Gewinnung der S. werden die von den Raupen bei der Verpuppung gebildeten Kokons in Wasser von 70-100°C eingeweicht und durch Bürsten von der lockeren Außenschicht, der Flock-S., befreit. Hierauf werden 3-8 Kokons gleichzeitig abgehaspelt und die Fäden zu einem Strang aufgewickelt. Der nur durch den Seidenleim zusammengehaltene Rohseidenfaden heißt Grège. Bei der Seidenzwirnerei als Schluß-S. (Trame) werden mehrere Grègefäden lose zusammengedreht, als Kett-S. (Organzin) mehrere Grègefäden in Z-Draht vorgedreht (filiert) und in S-Draht zusammengezwirnt (mouliniert). Kreppgarne erhalten 2000-3500 Drehungen/m. - Die Abfälle werden zu Schappe- oder Florettgarnen versponnen und u. a. zu Nähgarnen weiterverarbeitet. Die kurzen Kämmlinge der Schappespinnerei (Stumba, S.-Werg) ergeben die Bourettegarne. S. besteht zu 75 bis 80% aus dem Faserprotein Fibroin und zu 20-25% Seidenleim, Sericin. Ihr schöner Glanz tritt erst nach dem Entbasten (Degummieren) durch Abkochen mit heißer Seifenlösung hervor. Vollständig entbastete S. heißt Cuite-S., teilentbastete Souple-S. S. hat die höchste Festigkeit unter den Naturfasern, ist sehr feinfädig, hochelastisch und ein schlechter Elektrizitäts- und Wärmeleiter. Haupterzeugungsländer: Japan, China; auch Italien (Po-ebene). 2) **Teufelszwirn,** schmarotzerisches Windengewächs der Gattung **Cus-cuta,** ohne Blattgrün und Wurzeln, mit bü-scheligen Blütchen. 3) **Pflanzenseide,** Samenhaare einiger Hundsgift- und Seidenpflanzengewächse; für Watte, Polsterstoff.
Seidel das, Bierglas; altes Maß, ¹/₃-¹/₂ l.
Seidel, 1) Georg, Sohn von 4) und 5), Schriftsteller, Decknamen Simon **Glas,** Christian **Ferber,** * 1919; Romane und Novellen.
2) Hanns, Politiker (CSU), * 1901, † 1961, 1947-54 bayer. Wirtschaftsmin., 1957-60 bayer. MinPräs., 1955-61 Vors. der CSU.
3) Heinrich, Schriftsteller, * 1842, † 1906; ‚Leberecht Hühnchen' (1882 ff.) u. a.
4) Heinrich Wolfgang, Schriftsteller, Sohn von 3), Gatte von 5), * 1876, † 1945, Pfarrer; besinnlich humorvolle Romane (‚Krüsemann'. 1935).
5) Ina, Schriftstellerin, Nichte von 3), Gattin von 4), * 1885; Gedichte, Romane ‚Das Labyrinth' (1922), ‚Das Wunschkind' (1930), ‚Lennacker' (1938), ‚Das unverwesliche Erbe' (1954), ‚Michaela' (1959) u. a.
6) Willy, Schriftsteller, Bruder von 5), * 1887, † 1934; Romane ‚Der Sang der Sakije' (1914) u. a.
Seidelbast, Sträucher der Gatt. **Daphne,** in Mitteleuropa z. B. **Zeiland (Brennwurz),**

Ina Seidel   Léopold S. Senghor

mit durch Daphnin giftiger Frucht. (Tafel Giftpflanzen)
Seidenaffe, Gattung der →Stummelaffen.
Seidengras, bis 1,5 m hohes Gras der Mittelmeerländer; Zierpflanze.
Seidenpflanze, Schwalbenwurz, Gatt. **Asclepias,** meist amerikanisch; liefert z. T. vegetabilische Seide; →Seide 3).
Seidenraupe, die Raupe der →Seidenspinner.
Seidenschwanz, drosselgroßer Vogel N-Europas und N-Asiens, mit langer Federhaube und gelber Schwanzbinde.
Seidenspinne, Gatt. der Radnetzspinnen; das Weibchen der madagass. **Halabe** spinnt zu Seide taugliche Fäden.
Seidenspinner, Schmetterlinge, deren Gespinst (Kokon) zu →Seide 1) verarbeitet wird. Der verbreitetste S. ist der weißliche, ostasiat. **Maulbeerseidenspinner.** Aus seinen am Laub des weißen Maulbeerbaums abgelegten 1 bis 1,5 mm dicken Eiern schlüpft die Raupe **(Seidenraupe, Seidenwurm).** Die Raupe beginnt 5 Wochen nach dem Schlüpfen den Verpuppungskokon herzustellen. Im Gespinst wird die Raupe zur Puppe. Aus der Puppe schlüpft der Schmetterling, der mit Hilfe eines scharfen Saftes den Kokon durchdringt. Das Weibchen legt 200-400 Eier. Nach der Gespinstfarbe unterscheidet man Gelb-, Weiß-, Grünspinner.
Seidenstraße, der alte Karawanenweg von China durch Zentralasien nach W-Asien. Auf ihr gelangte u. a. chines. Seide nach dem Westen. Der Handel begünstigte die Entwicklung der Stadtstaaten Turfan, Chotan, Jarkend.
Seidl, 1) Gabriel von (1900), Architekt, * 1848, † 1913, baute in München: Villa Lenbach, Bayer. Nationalmuseum, Deutsches Museum (fortgeführt von seinem Bruder Emanuel von S.).
2) Johann Gabriel, österr. Schriftsteller, * 1804, † 1875; Lyrik, Dramen, Erzählungen; Text der alten österreich. Nationalhymne ‚Gott erhalte...'.
Seife, 1) Waschmittel aus Alkalisalzen höherer Fettsäuren. Herstellung durch Umsetzen tierischer und pflanzl. Fette und Öle zu Fettsäure und Glycerin, mit Natron- oder Kalilauge zu **S.-Leim** und Absondern eines festen S.-Kerns durch Zusatz von

Seidenspinner: links Raupen des Maulbeerseidenspinners nach der dritten Häutung; Mitte männlicher Schmetterling; rechts Puppe im Kokon

Seif

Kochsalz. **Kern-S.** sind Natron-S., **Schmier-S.** Kali-S.; **Toilette-S.** enthalten Zusätze von Farb- und Riechstoffen. 2) **Seifen** Mz., lockere Ablagerungen mit Gehalt an nutzbaren Mineralien, z. B. Flußsande.

Seifenbaum, südamerikan. Baum der Rosengewächse, mit Rispen weißer Blüten. Die Rinde (Quillajarinde) liefert Waschmittel.

Seifen-Kampfer-Liniment, ⚕ das Einreibmittel **Opodeldok;** ein Hautreizmittel.

Seifenkistenrennen, aus den USA. Staaten stammender Wettbewerb für Jugendliche in selbstgefertigten Kleinstwagen, die auf abschüssiger Strecke ohne Antrieb gefahren werden.

Seifenkraut, staudiges Nelkengewächs mit rosaweißen, duftenden Blüten, enthält ein in Wasser schäumendes, giftiges Saponin. Zierpflanzen sind: **Rotes, Gelbes, Niedriges S.** u. a.

Seifennußbaum, Gatt. **Sapindus;** die saponinhaltigen Früchte südasiat. und amerikan. Arten **(Seifenbeeren)** sind Waschmittel.

seigern, mehrstoffige Metallegierungen auf Grund der begrenzten Löslichkeit der Stoffe entmischen.

Seignettesalz [sɛɲ'ɛt-], Kaliumnatriumtartrat, mildes Abführmittel; dient zur Herstellung der Fehlingschen Lösung.

Seigneur [sɛɲ'œːr, aus lat. senior], Abk. **Sieur** [si'œːr], in Frankreich bis 1789 der adelige Lehns- oder Grundherr.

Seil, Faser- oder Drahterzeugnis (→Drahtseil), hergestellt durch Verflechten oder Zusammendrehen und Verseilen von Fasern oder Drähten. Faser-S. bestehen aus Hanf, Baumwolle oder Chemiefasern. Dünne S. heißen Schnüre oder Leinen, dicke S. heißen Taue.

Seilbahn, Verkehrs- und Fördermittel für Personen und Güter, bei dem die Wagen durch Seilzug fortbewegt werden. Bei der Drahtseilbahn **(Seilschwebebahn)** mit zwei Seilen hängen die Wagen an einem Laufwerk, werden durch das Tragseil ge-

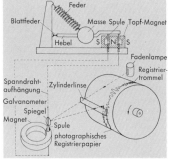

Seismograph mit Galvanometer und Registriertrommel für photographische Registrierung. Bei Bodenbewegungen werden in der Spule des Seismometers elektrische Spannungen induziert, dem Spiegelgalvanometer zugeführt und photographisch registriert

tragen und durch das Zugseil fortbewegt. Als Sicherung dient unter der Vorrichtung, die die Wagen am Tragseil festklemmt, wenn das Zugseil reißt. Bei der **Einseilbahn,** für Personenverkehr bes. der **Sessel-** und **Skilift,** sind die Wagen an das Seil angeklemmt und laufen ständig mit um, können aber auch an der Endstelle abgeklemmt werden. Bei der **Standseilbahn** laufen die Wagen auf Schienen, das Zugseil wird auf einer Trommel auf- und abgewickelt.

Seilerei, Betrieb zur Herstellung von Seilen aus Fasern auf der **Seiler-** oder **Reeperbahn.** Der **Seiler** ist ein Lehrberuf des Handwerks mit 3jähriger Lehrzeit.

Seiltänzer, Artist, der auf dem Seil läuft und Kunststücke vorführt.

Seiltrieb, Kraftübertragung mit Seil.

Sein das, die allgemeinste Eigenschaft alles Wirklichen (Gegensatz: Nichtsein, Nichts), bes. das Bleibende, Dauernde (Gegensatz: Werden); Gegenstand der →Ontologie; es umfaßt sowohl die Tatsache, daß etwas ist (Dasein, Existenz), wie, was es ist (Wesen, Essenz).

Seine [sɛːn], **1)** die, Fluß in Frankreich, 776 km lang, entspringt am Plateau von Langres, mündet bei Le Havre in den Ärmelkanal. Bei Tancarville beginnt der 15 km lange Mündungstrichter. Die Schiffahrt bes. von Paris bis zur Mündung ist bedeutend. Mit den anderen französ. Stromsystemen durch Kanäle verbunden. Ihr wichtigster Nebenfluß ist die Marne. **2)** ehem. französ. Dép. mit der Hauptstadt Paris, wurde 1964 aufgegliedert in die Dép. Hauts-de-Seine, Paris, Seine-Saint-Denis, Val-de-Marne.

Seine-Becken [sɛn-], das→Pariser Becken.

Seine-et-Marne [sɛːnem'arn], französ. Dép., 5917 km², 604 300 Ew.; Hauptstadt: Melun.

Seine-et-Oise [sɛːnew'aːz], ehem. französ. Dép., im Pariser Becken, Hauptstadt: Versailles; 1964 aufgegliedert in die Dép. Essonne, Val-d'Oise und Yvelines.

Seine-Maritime [sɛːnmarit'im], Dép. in Nordfrankreich, 6342 km², 1,114 Mill. Ew.; Hauptstadt: Rouen.

Seine-Saint-Denis [sɛːnsɛd̃n'i], seit 1964 französ. Dép., 236 km², 1,252 Mill. Ew.; Hauptstadt: Bobigny.

Seipel, Ignaz, österreich. Politiker (christlich-sozial), * 1876, † 1932, war Priester, Prof., seit 1919 Abg. im Nationalrat, 1922 bis 1924 und 1926-29 Bundeskanzler, 1930 Außenmin. Urspr. großösterreichisch eingestellt, bekannte er sich später zum Gedanken des Anschlusses Österreichs an Dtl.

Seiser Alm, italien. **Alpe di Siusi,** Hochfläche in den Südtiroler Dolomiten, Wintersportgebiet (über 2000 m).

Seismograph [grch.] der, Gerät, das Erdbebenwellen selbsttätig aufzeichnet, im wesentlichen eine beweglich aufgehängte Masse, deren Schwingungen, durch ein Hebelsystem vergrößert, aufgezeichnet werden.

Seismologie die, Lehre von den →Erdbeben.

Seismoph'on das, Schallwellenempfänger für die Ermittlung des Aufbaus der obersten Erdrinde, z. B. bei Erdölsuche.

Seitengang, Pferdesport: die Seitwärts-Vorwärts-Bewegung des Pferdes.

Seitengewehr, ⚔ kurze Hieb- und Stichwaffe, auch als Bajonett benutzt.

Seitenriß, zeichnerische Darstellung der Seitenansicht eines Gegenstandes.

Seitenstechen, stechende Schmerzen in der Rippengegend, bes. bei Jugendlichen, oft nach Anstrengungen; S. links bei Milzschwellung **(Milzstechen).**

Seitz, Karl, österreich. Politiker (SPÖ) * 1869, † 1950, war 1919/20 als erster Präs. der Nationalversammlung provisor. Staatsoberhaupt, 1923-34 Bürgermeister von Wien. 1944/45 im KZ.

S'eiwal, Säugetier, ein →Finnwal.

Seiyukai, polit. Partei in Japan, 1900 gegr., vertrat bes. die Interessen des Großgrundbesitzes und der Großkonzerne. Nach Einführung des totalitären Systems in Japan löste sie sich 1940 auf.

Sejm der, im Königreich Polen und in der heutigen Volksrepublik der Reichstag, in der Rep. (1918-39) die 2. Kammer; in der Rep. Litauen (1922-40), litauisch **Saimas,** der Landtag.

Sek'ante [lat.] die, eine Gerade, die eine Kurve oder Fläche in mindestens zwei Punkten schneidet.

S'ekel, Sch'ekel der, altbabylon. Gewicht, später in ganz Vorderasien verbreitet: etwa 14-16 g; auch Gold- oder Silberbez. eines bestimmten Gewichts.

Sek'ondi-Takor'adi, Doppelstadt an der Küste von Ghana, W-Afrika, 104 100 Ew.; Ausfuhrhafen.

Sek'ondlage, Fechten: Hieb oder Stich von unten.

Sékou Touré, afrikan. Politiker, →Touré.

Sekr'et [lat.] das, ⚕ ☾ ⊕ durch **Sekretion** (Absonderung) abgegebene Flüssigkeiten, die, im Gegensatz zum →Exkret, bestimmten Aufgaben im Körper dienen.

Sekret'är der, großer, hochbeiniger Greifvogel der afrikan. Steppen, schneller Läufer, frißt Kleintiere und Schlangen.

Sekretär

Sekret'är [lat.], **1)** ✍ (Geheim-)Schreiber. **2)** Dienstbez. für Beamte der mittleren Laufbahn. **3)** S., **Sekretärin,** qualifizierte Angestellte in Privatwirtschaft, Verwaltung u. a. **4)** →Generalsekretär. **5)** Schreibschrank. **Sekretari'at** das, Geschäftsstelle, Kanzlei.

Sekret'in [lat.] das, ein basisches Polypeptid, durch die Schleimhaut des Zwölffingerdarms erzeugt, regt die Sekretabsonderung aus der Bauchspeicheldrüse an.

Sekreti'on [lat.], Absonderung. **sekret'o-risch,** absondernd.

Sekt [ital. secco ‚trocken'] der, →Schaumwein.

Sekte die, kleinere - bes. religiöse - Gesinnungsgemeinschaft.

Sekti'on [lat.], **1)** Gruppe, Abteilung, Unterabteilung. **2) Leichenöffnung** (Obduktion), zu medizin. Forschungszwecken, nur mit Einwilligung der Angehörigen gestattet; ein gerichtl. S. findet im Strafprozeß bei Verdacht eines nicht natürl. Todes statt, wenn die Todesursache nicht durch bloße Leichenschau festgestellt werden kann (§ 87 StPO.).

Sektionsbauweise, im Schiffbauverfahren: einzelne Bauteile werden in Werkhallen oder auf Zusammenbauplätzen zu Schiffsteilen (Sektionen) zusammengebaut und auf der Helling oder im Baudock zum Schiff zusammengefügt.

S'ektor [lat.] der, -s/...t'oren, **1)** △ von einem Winkel und einem Kurvenbogen begrenzte Fläche oder ein von einem Kegelmantel und einer krummen Fläche begrenzter Raumteil. **2)** Gebietsteil, z. B. die Sektoren Berlins.

Sek'unda [lat.], früher Bez. für die 6. und 7. Klasse eines Gymnasiums, jetzt allg. 10. und 11. Klasse genannt.

Sekund'ant [lat.], Helfer, Beistand im Zweikampf (→Mensur).

sekund'är [lat.], zweitrangig, untergeordnet.

sekundäre Bevölkerung, Bevölkerungsschicht, die in Handwerk, Baugewerbe, Einzel- und Großhandel, Bank- und Verkehrswesen, Gaststätten und kulturellen Einrichtungen tätig ist; ihre Einkommenshöhe hängt von der Wirtschaftskraft der in Industrie und Landwirtschaft tätigen (primären) Bevölkerung ab.

Sekund'ärliteratur, die Literatur über literarische Werke u. a. Quellen.

Sekund'arschule, eine auf der Primarschule aufbauende Schule; Schweiz: die weiterführende Volksschule.

Sekund'ärwicklung, ⚡ die Wicklung eines

Transformators, an die der Verbraucher angeschlossen ist.

Sek′undawechsel, ♊ die zweite Ausfertigung eines Wechsels.

Sekunde, 1) Einheit der Zeit, $^1/_{60}$ Minute, Zeichen **s** oder **ˢ**. In der Astronomie definiert man die S. als den 86 400. Teil des mittleren Sonnentages **(Weltzeit-S.).** Die **Atom-S.** ist definiert als das 9 192 631 770fache der Periodendauer der Strahlung eines Cäsiumatoms des Isotops ^{133}Cs. **2)** Geometrie: der 60. Teil einer Minute, genauer Altminute **(Alt-S.,** Zeichen ″), oder der 100. Teil einer Neuminute **(Neu-S.,** Zeichen ᶜᶜ). **3)** ♪ die 2. Stufe der diaton. Tonleiter,داdanach benachbarte Tonstufe.

Sekundogenit′ur [lat.] die, Zweitgeburt, im Unterschied zur Erstgeburt (→Primogenitur) die nachgeborene (2.) Linie in Fürstenhäusern.

Sekurit′ät [lat.] die, Sicherheit.

sel., Abk. für **selig** (verstorben).

S′eladon, eigentl. **Céladon,** schmachtender Liebhaber, nach dem Schäferroman ‚Astrée‘ von d'Urfé.

Selagin′ella die, ⊕ →Moosfarne.

Sel′am aleikum [‚Friede über Euch‘], Gruß der Muslime.

Sel′angor, Staat von Malaysia, 8183 km², 1,477 Mill. Ew. Hauptstadt: Kuala Lumpur.

Selb, Stadt in Oberfranken, Bayern, am östl. Fichtelgebirge, 18 300 Ew.; ein Mittelpunkt der dt. Porzellanindustrie (mit Fachschule), u. a. Rosenthal, Hutschenreuther.

Selbmann, Fritz, Politiker (KPD, SED), * 1899, war 1932 MdR., 1933-45 im KZ, dann wiederholt Min. in der Dt. Dem. Rep., wurde 1955 stellvertretender MinPräs., 1958 seiner Ämter enthoben, 1961 rehabilitiert.

Selbständige, Erwerbspersonen, die eine Tätigkeit für eigene Rechnung in eigner Verantwortung ausüben; sie unterliegen der →Einkommensteuer.

selbständige Berufslose, Bevölkerungsgruppe, deren Einkommen auf eigenem Vermögen, Ansprüchen aus früherer Erwerbstätigkeit, Leistungen der öffentlichen Fürsorge u. a. beruht.

Selbstanzeige, ♊ eine Anzeige durch den Täter selbst, bes. im Steuerstrafrecht von Bedeutung; sie kann Straffreiheit erwirken, wenn sie erfolgt, bevor der Täter von anderer Seite angezeigt oder eine Untersuchung gegen ihn eingeleitet ist.

Selbstbedienungsladen, Einzelhandelsgeschäft, in dem der Kunde die Ware selbst aussucht und zur Kasse bringt.

Selbstbefreiung, →Gefangenenbefreiung.

Selbstbefriedigung, →Masturbation.

Selbstbehalt, Versicherung: der Teil des Schadens, den der Versicherte selbst tragen muß.

Selbstbestäubung, Übertragung von Pollen auf die gleiche Blüte.

Selbstbestimmungsrecht, das Recht der Völker oder gebietlich zusammenhängender Volksgruppen, über ihren staatl. Organisation, bes. ihre Zugehörigkeit zu einem bestimmten Staat, selbst zu entscheiden. Der Grundsatz des S. lag bereits in der Unabhängigkeitserklärung der Verein. Staaten von 1776 zugrunde. 1952 wurde das S. in die Satzung der Vereinten Nationen aufgenommen.

Selbstbeteiligung, der Anteil des Versicherten am Schaden.

Selbstbewußtsein, 1) das Wissen um die eigene Person als gleichbleibenden Träger ihrer Erlebnisse. **2)** das Bewußtsein des eigenen Wertes.

Selbstbildnis, die Selbstdarstellung eines Künstlers durch ein gemaltes, gezeichnetes, graphisches, plast. Bildnis, zuerst als Begleitfigur in religiösen Bildern, seit dem 13. Jahrh. auch in einem selbständigen Bildnis (Parler, Krafft, Pilgram, Holbein d. Ä., Dürer, Leonardo). Aus der Fülle der seitdem entstandenen S. ragen die Rembrandts hervor; es sind mehr als 100. Auch wenn in der modernen Kunst immer wieder Selbstdarstellungen vorkommen,

nehmen sie in keinem Werk mehr eine überragende Stellung ein.

Selbstbinder, eine landwirtschaftliche Maschine, die mäht und Garben bindet.

Selbstbucher, Versender mit starkem Postverkehr, die Sendungen für den Postversand selbst vorbereiten (z. B. abstempeln).

Selbst|eintritt, ♊ die Lieferung der zu kaufenden oder die Übernahme der zu verkaufenden Ware durch den Kommissionär selbst; auch der Spediteur hat ein Recht zum S.

Selbst|erhaltungstrieb, zusammenfassend für Lebensdrang, Daseinswille, Nahrungs- und Verteidigungstrieb.

Selbstfahrer, 1) motorisierte (selbstfahrende) Güterschiffe der Binnenschiffahrt. **2)** Mieter eines Kraftfahrzeugs ohne Fahrer.

Selbstfahrlafette, motorisiertes Geschütz der Panzertruppe.

Selbstfinanzierung, im weiteren Sinn die Finanzierung aus eigener Kraft; die Basis hierzu sind Einzahlungen, bes. aus Umsätzen, soweit sie nicht unmittelbar mit Ausgaben verbunden sind. Im engeren Sinn ist die Finanzierung aus dem Gewinn (Überschüsse werden im Unternehmen investiert), seit jeher wichtigste Finanzierungsart kleinerer und mittlerer Unternehmen, seit dem Ende des 2. Weltkriegs auch bei größeren Unternehmen.

Selbsthilfe, 1) ♊ im bürgerl. Recht (§§ 229 ff. BGB.) der eigenmächtige Eingriff in einen fremden Rechtsbereich, z. B. Wegnahme einer Sache, Festnahme eines fluchtverdächtigen Schuldners. Die S. ist nicht widerrechtlich, wenn obrigkeitliche Hilfe nicht rechtzeitig zu erlangen ist und ohne sofortiges Eingreifen die Gefahr besteht, daß die Verwirklichung des Anspruchs vereitelt oder wesentlich erschwert wird. Die S. darf nicht weiter gehen, als zur Abwendung der Gefahr erforderlich ist. S.-Recht ist auch das Recht des Besitzers, eine weggenommene bewegl. Sache dem verfolgten Täter wieder abzunehmen (§ 859 BGB.). Über S. im Strafrecht →Notstand und →Notwehr. **2)** Sozialpolitik: die Behebung eines Notstandes oder die Verbesserung eines wirtschaftl. oder sozialen Lage aus eigener Initiative durch einzelne Völker oder soziale Gruppen.

Selbsthilfeverkauf, ♊ der Verkauf geschuldeter bewegl. Sachen für Rechnung des Gläubigers durch öffentl. Versteigerung; zulässig für den Schuldner bes. bei Gläubigerverzug, wenn die geschuldete Sache zur Hinterlegung nicht geeignet ist **(freihändiger Verkauf),** §§ 383 ff. BGB., § 373 HGB.

Selbst|induktion, →Induktion.

Selbstkosten, alle Aufwendungen für Herstellung und Vertrieb der Erzeugnisse eines Unternehmens, ermittelt durch die **S.-Rechnung** (Kostenträgerrechnung). Nach den S. wird der **S.-Preis** berechnet.

Selbstlader, halbautomatische Waffen (Gewehr, Pistole), bei denen der Schütze nur zielt und abfeuert; alle andern Vorgänge erfolgen selbsttätig.

Selbstlaute, latein. **Vokale,** Klanglaute, im Dt.: a, e, i, o, u, ä, ö, ü und au, ei, eu.

Selbstmord, die gewaltsame und überlegte Vernichtung des eigenen Lebens. Rechtlich kennt das dt. StGB. keine Bestrafung für S., S.-Versuch sowie für die Anstiftung und Beihilfe zum S. In Österreich wird die Mitwirkung am S. als Verbrechen bestraft (§ 139b StGB.). Das schweizer. StGB. (Art. 115) bestraft die Anstiftung und Beihilfe aus selbstsüchtigen Gründen.

Selbstschuldner, ♊ Bürge, der bei Fälligkeit der Schuld vom Gläubiger ohne vorherige Klage gegen den Hauptschuldner in Anspruch genommen werden kann (§ 773 BGB.).

Selbststeuerung, Einrichtungen zum selbsttätigen Einhalten des Kurses, bei Flugzeugen und Flugkörpern durch Lageregler und autonome Fernlenkung, bei

Schiffen durch eine vom Kreiselkompaß gesteuerte Einrichtung.

Selbstverbrauch, vom herstellenden Betrieb verbrauchte Güter und Leistungen.

Selbstvergiftung, ⚕ →Autointoxikation.

Selbstverlag, Vertrieb eines Werkes der Literatur, Musik oder bildenden Kunst durch den Urheber selbst.

Selbstversicherung, freiwillige Mitgliedschaft in der gesetzl. Krankenversicherung; in der sozialen Rentenversicherung ist nach dem Neuregelungsgesetz v. 23. 2. 1957 nur das Weiterführen bestehender S. gestattet.

Selbstversorgung, Deckung des Bedarfs aus eigener Herstellung.

Selbstverstümmelung, 1) die Beschädigung des eigenen Körpers, meist zum Versicherungsbetrug oder zur Befreiung vom Militärdienst; sie ist nach § 109 StGB., § 17 Wehrstrafges. strafbar. **2) Autotomie** ⚕, das Abwerfen von Körperteilen als Schutz; z. B. des Schwanzendes bei Eidechsen, Blindschleichen.

Selbstverteidigung, ♊ die rechtlich erlaubte unmittelbare Abwehr eines rechtswidrigen Angriffs oder einer drohenden Gefahr.

Selbstverwaltung, die Regelung öffentl. Angelegenheiten durch juristische Personen des öffentl. Rechts (Gemeinden, Verbände, Körperschaften) unter eigener Verantwortung. Sie erfüllen ihre Aufgaben auf Grund staatl. Ermächtigung und unter staatl. Aufsicht. Die klass. Form der S. ist die **kommunale S.** (Gemeinde); sie geht auf die selbstverantwortliche Teilnahme der Bürger an der polit., wirtschaftl. und kulturellen Entwicklung ihrer Städte im MA. zurück. Die S. wurde in Preußen durch Frh. vom Stein, bes. durch seine Städteordnung (1808) neu belebt. - Ferner gibt es die **kulturelle S.** (z. B. Universitäten), die **wirtschaftl. S.** (z. B. Industrie- und Handelskammern), die **soziale S.** (z. B. Sozialversicherungsträger) und die **berufsständische S.** (z. B. Ärzte-, Anwaltskammern).

selchen [süddeutsch], räuchern.

Seldsch′uken, türk. Herrschergeschlecht und Volk aus Turkestan, das im 11./12. Jahrh. in Kleinasien und Syrien herrschte; Gegner der Kreuzfahrer.

Seldte, Franz, Politiker, * 1882, † (in Haft) 1947, gründete 1918 den ‚Stahlhelm‘, dessen Bundesführer er bis 1933 war; 1933 bis 1945 Reichsarbeitsminister.

Selektion [lat.], ⚕ ᴣ ⊕ →Auslese. **Selektionstheorie,** →Darwinismus. **selekt′iv,** auswählend.

Selektivfilter, eine Filterscheibe vor dem Fernseh-Bildschirm mit unterschiedl. Durchlässigkeit für verschiedene Spektralbereiche. Infolge geringer Durchlässigkeit für das gelbe Raumlicht werden dessen Spiegelungen auf dem Bildschirm geschwächt, das vom Bildschirm ausgehende

Selbstmorde je 100 000 Ew.

Bundesrep. Dtl.	(1970)	21,5
West-Berlin	(1970)	43,2[1])
Belgien	(1968)	15,5
Dänemark	(1968)	20,5
Finnland	(1968)	21,6
Frankreich	(1968)	15,3
Irland	(1968)	2,4
Italien	(1967)	5,4
Niederlande	(1968)	6,3
Norwegen	(1968)	8,1
Österreich	(1968)	21,9
Polen	(1968)	10,6
Schweden	(1968)	21,5
Schweiz	(1968)	17,2
Spanien	(1967)	4,5
Tschechoslowakei	(1967)	23,9
Ungarn	(1968)	33,7
Kanada	(1968)	9,7
Mexiko	(1968)	1,6
Verein. Staaten	(1968)	10,7
China (Taiwan)	(1968)	13,2
Japan	(1968)	14,4
Australien	(1968)	12,7

¹) Vorläufiges Ergebnis.

blaugrüne Licht wird jedoch kaum beeinträchtigt.

Selektivität, die →Trennschärfe.

Sel'en *das,* **Se,** chem. Element, Nichtmetall mit einer metallähnl. Modifikation; Ordnungszahl 34, Massenzahlen 80, 78, 76, 82, 77, 74, Atomgewicht 78,96, Schmelzpunkt 220° C, Siedepunkt 688° C, spezif. Gewicht 4,8 (graues S.). S. kommt in Schwefelkiesen vor und wird zur Herstellung von Photozellen, Gleichrichtern und zum Rotfärben von Glas verwendet.

Sel'ene, griech. Mythos: die'Mondgöttin.

Sel'enga *die,* Fluß in Asien, kommt vom Changaigebirge, mündet in den Baikalsee, 871 km lang.

Selenograph'ie, Mondbeschreibung.

Sel'enzelle, die Sperrschicht-Photozelle (→Photozelle).

Sélestat [-st'a], franzäs. für →Schlettstadt.

Seleuk'ia, mehrere von den Seleukiden gegr. antike Städte, darunter **S. am Tigris,** mächtige Handelsstadt (Ausgrabungen).

Seleuk'iden, makedon. Dynastie in Syrien (312-64 v. Chr.), begründet von **Seleukos I. Nikator** (* um 358, † 280); ihr Reich umfaßte zeitweise ganz Vorderasien bis zum Indus (→Diadochen, →Antiochos III.).

Selfaktor [engl.] *der,* auch **Wagenspinner,** eine Feinspinnmaschine.

Self-government [-g'ʌvənmənt, engl.] *das,* →Selbstverwaltung.

Selfmademan [s'εlfmeɪdmæn, engl.] *der,* jemand, der sich durch eigene Kraft emporgearbeitet hat.

Selige, nach kath. Lehre: verstorbene Gläubige, die sich nach dem Urteil des Papstes (→Seligsprechung) der ewigen Seligkeit erfreuen.

Seligenstadt, Stadt in Hessen, am Main, 12 400 Ew.; Schuh-, Leder-, Kleider- u. a. Industrie. Die nach 828 gegr. Abtei bestand bis 1803. Basilika, Reste einer stauf. Kaiserpfalz, Stadtmauer mit Wehrtürmen, Torturm (1605), Fachwerkhäuser.

Seligkeit, kath.: der Zustand der Gerechten im Jenseits. **Ewige S., Ewiges Leben,** die unmittelbare Schau und Erfahrung der Liebe Gottes; evang.: die vollkommene, friedvolle Freude in der Einheit mit Gott, in der der Mensch die Erfüllung seiner schöpfungsmäßigen Bestimmung findet; oft gleichbedeutend mit Heil (Erlösung).

Seligpreisungen, die acht S. Jesu, am Anfang der Bergpredigt (Matth. 5,3-10).

Seligsprechung, Beatifikation, Kath. Kirche: die feierliche Erklärung des Papstes, daß ein verstorbenes Glied der Kirche von Gott in die Zahl der Seligen aufgenommen worden ist. Die S. gilt noch als unfehlbar.

Sel'im, türk. Sultane, **S. I.** (1512-20), * 1467 oder 1470, † 1520, unterwarf einen Teil Aserbeidschans, das Zweistromland, Syrien, Palästina, Ägypten.

Sel'inko, Annemarie, Schriftstellerin, * 1914; Romane ,Heut heiratet mein Mann' (1940), ,Désirée' (1951) u. a.

Selin'us, Selin'unt, die westlichste altgriech. Stadt Siziliens, 628 v. Chr. gegr., 409/08 v. Chr. von den Karthagern, 250 v. Chr. von den Römern zerstört; gewaltige Trümmer von 8 Tempeln (Metopen im Museum in Palermo).

Selisch, Salish, indian. Sprachfamilie in Nordamerika, meist Fischervölker an der pazif. Küste, rd. 27 000 Menschen.

Selke die, Nebenfluß der Bode, aus dem Unterharz, mündet unterhalb von Quedlinburg, 70 km lang.

Selkirk [s'εlkə:k], Gfsch. in Schottland, 691 km², 20 300 Ew., Hauptstadt: Selkirk.

Selkirk [s'εlkə:k], Alexander, Seefahrer (1676-1721), dessen abenteuerl. Erlebnisse Daniel Defoe zu der Anregung zu dem Roman ,Robinson Crusoe' (1719) gaben.

Sellagruppe, Bergstock der Südtiroler Dolomiten, zwischen Gröднer- und Pordoijoch, am Boëspitze 3152 m.

S'ellerie *der* oder *die,* Doldenblütler; als Gemüse, Salat und Gewürz verwendet. Es gibt **Knollen-S., Bleich-S.** und **Schnitt-S.**

Sellner, Gustav Rudolf, Regisseur und Theaterleiter, * 1905; 1951-61 Intendant in Darmstadt, später Intendant der Dt. Oper in W-Berlin.

Selm, Gem. in Nordrh.-Westf., 15 600 Ew.; Wasserburg; Elektro- u. a. Industrie.

Seltene Erden, die schwer schmelzbaren, schwer reduzierbaren und wasserunlösl. Oxide der Lanthaniden, des Skandiums, Yttriums und Thoriums.

Selterswasser, alkalische Heilquelle aus Niederselters (Hessen).

S'elvas Mz., das trop. Regenwaldgebiet im Amazonasbecken.

S'elye, Hans, Mediziner, * 1907, Prof. in Montreal (Kanada), leitete die Lehre vom ,Stress und vom ,Anpassungs- oder Adaptationssyndrom' als hormonaler Leistung des Vorderlappens der Hirnanhangdrüse und der Nebennierenrinde.

Sem, der älteste Sohn Noahs, Ahnherr der Semiten.

Sem'antik, Semasiolog'ie [grch.] *die,* →Bedeutungslehre.

Semar'ang, Hafenstadt an der N-Küste Javas, Indonesien, 596 000 Ew., hat Schiffbau, Textil- u. a. Ind.; Ausfuhr von Tabak, Zucker, Kopra, Gummi, Teakholz, Kaffee, Kakao.

S'emele, griech. Mythos: die Tochter des Kadmos, Geliebte des Zeus, Mutter des Dionysos.

Sem'endria, serbisch **Smederevo,** Stadt in Jugoslawien, am rechten Donauufer, rd. 23 000 Ew., Stahlwerk.

Sem'eru, Vulkan und höchster Berg auf Java, 3676 m hoch.

Sem'ester [lat.] *das,* Halbjahr, bes. ein akadem. Studienhalbjahr.

Semg'allen, histor. Landschaft in der Lettischen SSR, ehemals die südl. Provinz Lettlands mit der Hauptstadt Mitau.

semi... [grch.], halb...

Semiduktorantrieb, ein aus dem Drehstromnetz über gesteuerte Siliciumgleichrichter gespeister, in der Drehzahl geregelter Gleichstromantrieb.

Semifinale *das,* 𝔛 Vorschlußrunde bei Sportwettkämpfen.

Semik'olon [grch.] *das,* Strichpunkt (;).

Semin'ar [lat.] *das,* 1) Ausbildungsstätte für Geistliche; in der evang. Kirchen die Prediger-S., in der Kath. Kirche Priester-S. für Weltgeistliche. 2) Forschungs- und Lehreinrichtungen an den Hochschulen. 3) **Studienseminar,** Ausbildungslehrgang für Studienreferendare.

Semin'olen, nordamerikan. Indianerstamm aus der Sprachfamilie der Maskoki, z. T. in Florida und z. T. in Oklahoma lebend; führte im 19. Jahrh. Kriege gegen die Spanier und Truppen der USA.

Semi'otik [grch.] *die,* Lehre von den Zeichen.

Semipalat'insk, Gebietshauptstadt im Kasach. SSR, am Irtysch und an der Turkestan.-Sibir. Bahn, 236 000 Ew.; Umschlagplatz; Nahrungsmittelind., Fleischkombinat.

Sem'iramis, sagenhafte Königin Assyriens, im 9. Jahrh. v. Chr., soll die →hängenden Gärten geschaffen haben.

Sem'iten [nach Sem], sprachverwandte Völkergruppe in Vorderasien und Nordafrika; von geschichtl. Bedeutung der Akkader, Babylonier, Assyrer, Phöniker, Karthager, Aramäer, Chaldäer; heute im wesentl. die Araber, Juden, ein Teil der Äthiopier. - Die Religion der S. zeigt alle Stufen religiöser Erscheinungsformen, vom niedersten Polydämonismus über die Verehrung von Göttern des Himmels und der Vegetation nebst Gestirnkult bis zum hochentwickelten israelit.-jüdischen Monotheismus, der zum Ausgangspunkt des christl. und des islam. Gottesbegriffes wurde.

semitische Sprachen, eine Sprachgruppe in Vorderasien und Afrika. Zum Südsemitischen gehört das Arabische mit dem Äthiopischen. Zum Nordsemitischen rechnet man: Akkadisch (Assyrisch-Baby-

lonisch) und Aramäisch (mit Syrisch) und Kanaanäisch (Phönikisch, Punisch, Ugaritisch, Hebräisch, Moabitisch). Vorgeschichtl. Beziehungen bestehen zum Altägyptischen und zu den Berbersprachen.

Semj'onow, 1) Nikolaj Nikolajewitsch, sowjet. Chemiker, * 1899, Prof. in Leningrad, Mitgl. der Akademie der Wissenschaften in Moskau, erhielt für Arbeiten über Verbrennungs-Kettenreaktionen 1956 den Nobelpreis (mit C. N. Hinshelwood). 2) Wladimir, sowjet. Diplomat, * 1902, war 1949-53 als Botschafter in Berlin Berater Sokolowkis und Tschuikows, 1953/54 Botschafter in der Dt. Dem. Rep.

Semj'onow-Tiansch'anskij, Pjotr Petrowitsch, russ. Forschungsreisender, * 1827, † 1914, bereiste als erster den Tienschan.

Semler, Johann Salomo, evang. Theologe, * 1725, † 1791; krit. Erforschung der Bibel und der Dogmengeschichte.

Seml'iki, Abfluß des Edwardsees, Ostafrika, mündet in den Albertsee.

S'emlin, serbokroat. **Zemun,** Stadtteil von Belgrad; Donauhafen, Eisenverarbeitung, Maschinenbau, chem. Industrie.

Semmel, Kleingebäck aus Weizenmehl mit Wasser oder Milch und Hefe.

Semmelpilz, verschiedene Speisepilze.

Semmelweis, Ignaz Philipp, Geburtshelfer, * 1818, † 1865, erkannte, daß das Kindbettfieber (Wochenbettfieber) durch Infektion übertragen wird.

Semmering, am 985 m hoher Gebirgspaß, verbindet Gloggnitz (Niederösterreich) mit Mürzzuschlag (Steiermark). Der Höhenkurort und Wintersportplatz S. (1400 Ew.) liegt 930 m ü. M. Die **Semmeringbahn** unterfährt den S. in einem Tunnel in 897 m Höhe.

Semn'onen, westgerman. Stamm der swebischen Gruppe, zwischen mittlerer Elbe und Oder; er stieß von dort nach SW vor; so gelangten semnon. Stammesteile nach Alemannien.

Sempach, Stadt im Kanton Luzern, Schweiz, 1600 Ew. Schweizer. Vogelwarte. - 9. 7. 1386 Sieg eines schweizer. Bauernheers (→Winkelried) über das Ritterheer Leopolds III. von Österreich.

s'emper [lat.], immer. **semper 'idem,** unwandelbar derselbe.

Semper, Gottfried, Baumeister, * 1803, † 1879, schuf ausgewogene und klar gestaltete Bauten, verarbeitete Stilformen der italien. Renaissance: Oper und Gemäldegalerie, Dresden; Techn. Hochschule, Zürich; Hofmuseen, Neue Hofburg, Burgtheater, Wien.

Semstwo [sj'εmstvɔ], in Rußland 1864 bis 1917 die Selbstverwaltung der Gouvernements und Kreise.

sen., Abk. für senior.

Sen *der,* 1) kleine Münzeinheit in Indonesien (= $^1/_{100}$ Rupiah), Japan (= $^1/_{100}$ Yen), Kambodscha (= $^1/_{100}$ Riel). 2) siames. Längenmaß = 40 m.

Senancour [sənāk'u:r], Etienne Pivert de, franzäs. frühromant. Schriftsteller, * 1770, † 1846; Briefroman ,Obermann' (1804).

Sen'at [lat. ,Rat der Alten'] *der,* **1)** im alten Rom ein Beirat der Magistrate, dessen Beschluß eine bindende Weisung an die ausführenden Beamten war. **2)** in Berlin (West), Hamburg und Bremen das höchste Regierungsorgan der Stadt. **3)** oberstes Koordinations- und Entscheidungsorgan einer Hochschule. **4)** der Richterkollegien bei den oberen Gerichten (z. B. Bundesverfassungsgericht). **5)** in einigen Staaten (z. B. Verein. Staaten) die erste Kammer der Volksvertretung. **6)** →Rat der Republik.

Sen'ator, -s/... t'oren, Mitglied des S.

Sen'atus Popul'usque Rom'anus, Abk. **S.P.Q.R.,** ,der röm. Senat und das röm. Volk', Hoheitsformel der röm. Republik.

Senckenbergische Naturforschende Gesellschaft, von Bürgern Frankfurts a. M. 1817 gegr., um das Natur-Museum und Forschungsinstitut Senckenberg zu errichten und zu betreiben; benannt nach dem Arzt J. C. Senckenberg (1707-72).

Sendai, Hauptstadt im N der Insel Honschu, Japan, 515 000 Ew.: Univ.; Seiden-, chem. u. a. Industrie.

Sender, eine Anlage zur Ausstrahlung von elektromagnet. Wellen, Schallwellen, Lichtwellen zur Nachrichtenübermittlung.

Sender Freies Europa (Radio Free Europe, Abk. **RFE**), Sitz: München, gegr. 1949, täglich Sendungen nach Bulgarien, Polen, Rumänien, CSSR, Ungarn in den Sprachen dieser Länder.

Sendgericht, Send der, latein. **Synodus,** ein kirchl. Gericht des MA. für die Aburteilung kirchl. Vergehen von Laien.

Sendgrafen, die →Königsboten.

S′eneca, Lucius Annaeus, philosoph. Schriftsteller und Dichter, * Spanien um Christi Geburt, † 65 n. Chr., Erzieher und erster Berater Neros, fiel dann in Ungnade und mußte sich selbst den Tod geben; verkündete die sittlichen Gedanken der stoischen Philosophie, schrieb Tragödien über die furchtbare Wirkung menschl. Leidenschaft, die das abendländ. Schauspiel stark beeinflußt haben.

Senefelder, Aloys, * 1771, † 1834, erfand die Lithographie.

S′enegal, französ. **Sénégal,** Fluß in NW-Afrika, 1430 km lang, mündet mit einem Delta bei St. Louis in den Atlantischen Ozean.

S′enegal, Republik in Westafrika, 196 722 km² mit 3,78 Mill. Ew. Hauptstadt: Dakar. Amtssprache: Französisch. Religion: rd. 80% Muslime, 5% Christen. ⊕ II/III, Bd. 1, n. S. 320. Nach der Verf. von 1963 (1970 geändert) ist Staatsoberhaupt der Präs. □ S. 1179. □ Bd. 1, S. 392. Währung: CFA-Franc.

Weite Flachländer (meist unter 100 m ü. M.) umschließen das Staatsgebiet von Gambia und steigen nur im SO leicht an (bis 400 m). Das Klima ist tropisch mit Sommerregen, die von S nach N abnehmen. Von der Bevölkerung (Wolof, Fulbe, Serer u. a.) sind trotz allgem. Schulpflicht (6 Jahre) noch rd. 90% Analphabeten; Univ. in Dakar. Mehr als 75% der Ew. leben von der Landwirtschaft mit Anbau von Erdnüssen, Hirse, Mais, Reis, Maniok, Baumwolle. Fischfang und -verarbeitung haben große, zunehmende Bedeutung. Der Bergbau fördert Phosphate, die Industrie verarbeitet landwirtschaftl. Erzeugnisse. Ausfuhr: Erdnüsse, Erdnußöl, Phosphate, Fischkonserven. Haupthandelspartner: Frankreich. Verkehr: ca. 14 100 km Straßen, 1186 km Eisenbahnen. Dakar ist der bedeutendste Hafen und Flughafen Westafrikas.

S. gehörte zu Französisch-Westafrika, wurde 1958 eine Autonome Republik, 1960 unabhängig. Die Vereinigung mit der Rep. Sudan (,Mali-Föderation') war vorübergehend (1959/60). S. ist Mitgl. der Frz. Gemeinschaft, der OAU, der OCAMM und arbeitet eng mit Frankreich zusammen. Seit 1958 ist S. mit der EWG assoziiert.

S′eneschall [lat.-ahd. ,Altknecht'] der, im Fränk. Reich, später in Frankreich ein hoher Hofbeamter, dem deutschen Truchseß entsprechend.

Senf, 1) Weißer S., Kreuzblüter mit hellgelben, violettduftenden Blüten. **2) Schwarzer S.,** Kreuzblüter mit bläulichem Stengel, fiederspaltigen Blättern, gelben Blüten. - Die Samen beider Arten **(Senfkörner)** dienen als Gewürz, zur Herstellung von Speise- und techn. Öl, von Mostrich, Senfpflaster und Senfspiritus. S. werden auch synthetisch hergestellt.

Senfl, Ludwig, Komponist, * zwischen 1488 und 1490, † 1543, Meister der mehrstimmigen Vokalmusik vor O. di Lasso; kunstvolle Volksliedbearbeitungen, Motetten, Messen.

Senföle, Isothiocyanate, Verbindungen, die sich in manchen Pflanzen, z. B. dem Schwarzen Senf, finden und für hautreizende Umschläge oder Senfbäder dienen. S. werden auch synthetisch hergestellt.

Senftenberg (Niederlausitz), Stadt im

Bez. Cottbus, an der Schwarzen Elster, 24 300 Ew.; Braunkohlenbergbau; Brikett-, Glasindustrie.

Senghor [sɛ̃ɡɔːr], Léopold Sédar, afrikan. Politiker, Schriftsteller in französ. Sprache, * 1906, 1946-58 Abgeordneter der französ. Nationalversammlung, seit 1960 Präsident von Senegal; Gedichte voll mystischer Weltschau; Literatur im Geist der Négritude. Friedenspreis des Dt. Buchhandels 1968. (Bild S. 1129)

Sengsen-Gebirge, ein Gebirgszug der Österreichischen Alpen.

S′eni, Giovanni Baptista, Sterndeuter im Dienste Wallensteins, * 1600, † 1656.

sen′il [lat.], greisenhaft, altersschwach.

Senilit′ät die, Greisenhaftigkeit.

senile Dem′enz [lat.] die, →Altersblödsinn.

s′enior [lat.], Abk. **sen.,** der Ältere. **Senior** der, Ältester, Vorsitzender, Gegensatz: Junior. ✠ Angehörige einer Altersklasse, auch Bez. für eine Leistungsklasse.

Senior, William, engl. Volkswirtschaftler, * 1790, † 1864; Prof. in Oxford und London, befaßte sich bes. mit der Zinstheorie.

Seni′oren-Convent, Abk. **S. C.,** Studentensprache: Verbandsname der Corps.

Senkblei, Lot zur Bestimmung der Senkrechten.

Senker, bohrerähnl. Werkzeug.

Senkfuß, eine Form von Plattfuß.

Senkgrube, eine abflußlose Grube, in die durch Fallrohre die menschl. Fäkalien aus Aborten fallen; bei fehlender Kanalisation für Spülaborte unzulässig.

Senkkasten, der →Caisson.

senkrecht, lotrecht; △ zwei Geraden stehen senkrecht aufeinander s., wenn sie sich unter einem Winkel von 90° schneiden.

S′enkrechtstarter, zu den Vertikalstartern gehörige Gattung der Starrflügelflugzeuge, die ohne An- und Ausrollen senkrecht starten, auf der Stelle schweben, in den Waagerechtflug übergehen (Transition) und entsprechend wieder senkrecht landen. Die dafür nötige Auftriebskraft wird erzeugt durch Kippen des Tragflügels einschließl. der Triebwerke **(Kippflügelflugzeug),** durch Kippen nur der Luftschrauben **(Kipprotorflugzeug** oder **Verwandlungshubschrauber),** durch Kippen der Triebwerke allein **(Kipptriebwerksflugzeug),** durch schwenkbare Schubdüsen am Gasstrahl im Geradeausflug nach hinten und bei Start und Landung nach unten ausblasen **(Schwenkdüsenflugzeug).** Im Unterschied zu den vorgenannten Bauarten hat das **Hubstrahltriebwerksflugzeug** getrennte Triebwerke für den Geradeausflug (Marschtriebwerke) für den Start und Landung (Hubtriebwerke). Beim **Hubgebläse-(Auftriebsbläser-)Flugzeug** treibt der Gasstrahl im Flügel eingebaute Hubgebläse an.

Senkung, die unbetonte Silbe des Verses.

Senkungsgeschwindigkeit, →Blutkörperchen-Senkungsgeschwindigkeit.

Senkwaage, das →Aräometer.

Senn′ar, Stadt in Sudan, am Blauen Nil, rd. 12 000 Ew.; der Nilstaudamm bei S. (mit Kraftwerk) dient der Bewässerung (Baumwollanbau).

Senne, Senner Heide, Landschaft am S-Rand des Teutoburger Waldes, mit dem ehem. Truppenübungsplatz Sennelager.

Senne I, Gem. in Nordrh.-Westf., südl. von Bielefeld, 18 100 Ew., hat Textil-, Metall- und Lederindustrie.

Senner′ei, die sommerl. Milchwirtschaft in den Alpen.

S′ennesblätter, die getrockneten Blätter verschiedener Arten von Kassie; mildes Abführmittel.

Sennestadt, neugr. Stadt (1958) in Nordrh.-Westf., südöstl. von Bielefeld, 21 500 Ew.

Sen′onen, kelt. Volksstamm an der oberen Seine, 54-52 v. Chr. von Caesar unterworfen; früher auch in Italien.

Señor [sɛɲɔr, span. aus lat. senior], Herr; **Señ′ora,** Frau; **Señor′ita,** Fräulein.

Sensati′on [frz.], Aufsehen, aufsehenerregendes Ereignis, Tagesgespräch. **sensation′ell,** aufsehenerregend.

Sense, armlanges Stahlmesser an fast mannshohem Stiel, zum Mähen.

sens′ibel [frz.], feinfühlig, empfindlich.

Sensibilität, Zartgefühl, Empfindsamkeit.

sensible Nerven, die Empfindungsnerven (→Nerven).

sensibilisieren, 1) photograph. Schichten mit bestimmten Chemikalien **(Sensibilisatoren)** empfindlich machen. **2)** ṧ **Sensibilisierung,** die Auslösung einer Überempfindlichkeit (Allergie) gegen einzelne Stoffe, z. B. bestimmte Nahrungsmittel, eingespritztes artfremdes Eiweiß.

sensit′iv [lat.], überempfindlich.

Sensitivitätstraining, eine Form der Psychotherapie, die durch Begegnung und Aussprache in ,Trainings'- oder T-Gruppen' die Erweckung und Vertiefung der menschl. Kontaktfähigkeit anstrebt.

Sens′orium [lat.] das, Empfindungsvermögen. **sens′orisch,** auf die Sinne oder Sinneswahrnehmung bezüglich.

Sensual′ismus [lat.], Philosophie: die Lehre, daß alle Vorstellungsinhalte aus der Sinneswahrnehmung stammen (Locke, Condillac). **sensu′ell,** sinnlich wahrnehmbar.

Senta, Zenta [magyar.], Stadt in Jugoslawien, am rechten Ufer der Theiß, 25 000 Ew. - 11. 9. 1697 Sieg Prinz Eugens von Savoyen über die Türken.

Sent′enz [lat.] die, Sinnspruch, formelhafter Ausspruch. **sentenzi′ös,** in der Art eines Sinnspruchs.

Sentiment [sɑ̃timɑ̃, frz.] das, Empfindung.

sentiment′al, empfindsam, gefühlsselig; heute oft mit dem Nebensinn des Unechten. **Sentimentalität,** gesteigerte Gefühlsansprechbarkeit.

Sentimentale, Theater: Rollenfach (nach der früher übl. Einteilung; Vertreterin weiblicher Empfindsamkeit).

Sen′ussi, muslim. Orden gegen den christlich-europ. Einfluß, gegr. 1833 in Mekka, später nach Kufra verlegt, 1923 von den damals in Libyen herrschenden Italienern besiegt. Der ehem. König Idris von Libyen ist im Enkel des Gründers.

Seo de Urgel [sɛo ðe urˈɣel], span. Stadt in den O-Pyrenäen. Der Bischof von S. d. U. übt seit 1278 mit dem französ. Staatspräs. die Schutzherrschaft über Andorra aus.

Seoul, Hauptstadt von Süd-Korea, →Söul.

separ′at [lat.], abgesondert, für sich getrennt, besonders.

Separatfriede, der Sonderfriede.

Separation [lat.], Absonderung, Abtrennung.

Separat′ismus, Loslösungsbestrebungen; bes. die von Frankreich und Belgien 1919-24 geförderten Abtrennungsversuche im Rheinland. Zunächst war eine ,Rheinische Republik' im Rahmen des Dt. Reiches geplant. Am Ende des Ruhrkampfs im Herbst 1923 kam es in Aachen, dann in den meisten anderen linksrhein. Städten zu Putschversuchen. A. Dorten und J. Matthes bildeten in Koblenz eine ,Vorläufige Regierung der Rhein. Republik', anerkannt vom französ. Oberkommandierenden. Die Bevölkerung erhob sich gegen die ,Autonome Regierung der Pfälz. Republik' unter J. Heinz-Orbis nieder.

Separ′ator der, eine →Zentrifuge.

Sephard′im Mz., die spanisch-portugies. Juden und ihre Nachkommen.

S′epia [grch.] die, **1)** ♙ Gatt. der zehnarmigen Kopffüßer, darunter die **Gemeine Tintenfisch** (in großer Menge im Mittelmeer, bis 40 cm lang). Bei Gefahr wird dem Atemwasser das Sekret (Sepia) einer Drüse (Tintendrüse) beigemischt. (Bild S. 1134) **2)** eine aus dem Tintenbeutel von 1) gewonnene Wasserfarbe, von den Klassizisten und Romantikern gern gebraucht.

S′epik der, Fluß in Neuguinea, rd. 700 km lang.

Sepia: Gemeiner Tintenfisch

Sepoy [sˈiːpɔi] *der*, eingeborener Soldat im früheren anglo-indischen Heer.

Sˈeppänen, Unto, finn. Schriftsteller, * 1904, † 1955; Romane.

Sˈepsis [grch.] *die*, ⚕ eine allgemeine →Blutvergiftung, mit Fieber, Schüttelfrost. **septisch**, die S. betreffend.

Sˈept|akkord, **Septˈimen|akkord**, Vierklang aus Grundton, Terz, Quinte und Septime. Wichtige S. sind der Dominant-S. auf der 5. Stufe (in C-Dur: g-h-d-f) und der verminderte S. auf der 7. Stufe in Moll (in c-Moll: h-d-f-as).

Septˈember [lat.] *der*, der neunte Monat des Jahres, mit 30 Tagen, altdt. **Herbstmond, Scheiding.**

Septembermorde, während der Französ. Revolution die bes. von Danton veranlaßten Massenmorde an polit. Gefangenen in Paris (2.-6. 9. 1792).

Septennˈat [lat.] *das*, ein Zeitraum von 7 Jahren.

septentrionˈal [lat.], nördlich.

Septˈett [ital.] *das*, Musikstück für 7 Instrumente oder 7 Stimmen; auch die 7 Ausführenden.

Septˈîles [sɛtˈiːl, frz. ,Sieben Inseln'], Hafenort am St.-Lorenz-Strom, Kanada, 19 000 Ew.; Ausgangspunkt der Erzbahn nach Schefferville; Fischerei.

Septimˈanien, seit spätröm. Zeit das Land zwischen den Ostpyrenäen und der unteren Rhône, im 5. Jh. westgotisch, dann arabisch, seit 759 fränkisch beherrscht.

Septˈime [lat.] *die*, die 7. Stufe der diaton. Tonleiter vom einem Grundton aus. **Septimenakkord**, →Septakkord.

Sˈeptimer *der*, Paß in Graubünden, 2311 m, verbindet Oberhalbstein mit dem Bergell.

Septuagˈesima [lat. ,der siebzigste' (Tag vor Ostern)], neunter Sonntag vor Ostern.

Septuagˈinta [lat. ,die Siebzig'], die älteste griech. Übersetzung des A. T., die im 3. Jahrh. v. Chr. in der Einsamkeit der Insel Pharus bei Alexandria angeblich von über 70 Schriftgelehrten hergestellt wurde.

Sˈequaner, kelt. Volksstamm des Altertums, westl. des Schweizer Jura mit dem Hauptort Vesontio (heute Besançon).

sˈequens [lat.], Mz. sequˈentes, Abk. **seq.**, der oder das Folgende.

Sequˈenz [lat. ,Folge'] *die*, **1)** im Mittelalter eine in die Meßliturgie eingefügte Dichtung, entstanden durch Unterlegung eines Textes unter die Tonfolgen auf dem Schluß-a des Halleluja; aus der reimlosen entstand die Reimsequenz (,Dies irae', ,Stabat Mater'). **2)** ♩ die Wiederholung einer Tonfolge auf einer höheren oder tieferen Tonstufe, ein häufig angewandtes Mittel der melodischen Weiterführung. **3)** Kartenspiel: mehrere aufeinanderfolgende Karten der gleichen Farbe.

Sequˈester [spätlat.] *der*, **1)** ⚕ abgestorbenes Gewebestück, bes. am Knochen. **2)** 🝔 Zwangsverwalter. **Sequestratiˈon** *die*, →Zwangsverwaltung. **sequestrˈieren**, in Zwangsverwaltung nehmen.

Sequˈoia und **Sequoiadˈendron**, die Nadelholzgatt. Mammutbaum.

Sequˈoia National Park, 1558 km² großer Naturschutzpark in der Sierra Nevada in Mittelkalifornien, USA.

Ser, 1) indisches Gewicht: 0,9331 kg. **2) S., Sär**, iranisches Längenmaß: 1,04 m.

Ser(r)adˈella [portug.] *die*, Vogelfußklee, meist rosablütig; Futter- und Gründüngungspflanze.

Serˈal [pers.-türk. ,Palast'] *das*, Palastanlage in Istanbul, bis 1922 Residenz der türk. Sultane.

Serao [serˈao], Matilda, italien. Schriftstellerin, * 1856, † 1927; Romane und Novellen aus dem neapolitan. Volksleben.

Serapˈeum *das*, ein Tempel des ägypt. Gottes Sarapis.

Sˈeraph, A. T.: sechsflügelige Wesen, die Jahwe umschweben; später unter die Engel eingeordnet. **seraphisch**, engelgleich, erhaben.

Serˈaphische Brüder, die Franziskaner.

Serˈapionsbrüder, 1816 in Berlin gegr. Bund der Freunde E. T. A. Hoffmann, Fouqué, Hitzig u. a.

Serˈapis, der ägypt. Gott →Sarapis.

Serben, südslaw. Volk, meist in der jugoslaw. Volksrep. Serbien, vorwiegend orthodoxen Glaubens, mit kyrill. Schrift und lebendigem Brauchtum.

Sˈerbien, serb. **Srbija**, Sozialist. Rep. im O Jugoslawiens, hat mit den autonomen Gebieten Kosovo und Wojwodina 88 361 km², 8,117 Mill. Ew. Hauptstadt: Belgrad. Die Landschaft am Zusammenfluß von Donau, Theiß, Save und Morava bildet das fruchtbaren, dichtbesiedelten Kernraum. Den Süden nimmt ein durch zahlreiche Becken gegliedertes Gebirgsland ein. **Geschichte.** Im 7. Jahrh. wanderten die südslaw. Serben ein, die sich im 12. Jahrh. aus der Abhängigkeit von Byzanz lösten. Das altserb. Reich (Stephan Duschan) geriet seit der Schlacht auf dem Amselfeld 1389 unter türk. Oberherrschaft (seit 1459 türk. Prov.). Erst 1804-16 erkämpfte sich S. die Selbständigkeit unter eigenen Fürsten aus den Häusern Obrenowitsch und Karageorgewitsch. 1878 volle Unabhängigkeit, 1882 Königreich. Durch die →Balkankriege gewann S. 1913 einen großen Teil Makedoniens. Die gegen Österreich-Ungarn gerichteten großserb. Bestrebungen führten nach der Ermordung des österreich. Thronfolgers Franz Ferdinand in Sarajewo zum 1. Weltkrieg. 1918 wurde S. Teilgebiet des neugegründeten →Jugoslawien.

serbische Kunst. Den s. K. gab die Christianisierung Serbiens durch östl. Missionare ihr Gepräge. Die Baukunst bildete, von frühchristlichen und byzantin. Kirchenbauten ausgehend, diese in mannigfachen Typen fort. Sehr groß ist die Zahl der in serb. Kirchen erhalten gebliebenen mittelalterl. Wandmalereien. Die byzantin. Künstlern in Makedonien gemalten Fresken gehören zu den bedeutendsten des MA. (Ochrid, um 1098; Nerezi, um 1164). Von serb. Malern stammen die monumentale und ausdrucksstark gestalteten Wandmalereien in Studenica (um 1205), Mileševa (um 1235), Sopoćani (um 1260), Gračanica (um 1320) u. a.

Serbokroaten, gemeinsamer Name für →Serben und →Kroaten.

serbokroatische Literatur. Das eigentliche literar. Schaffen begann im Zeichen der Romantik, nachdem die bahnbrechende Tätigkeit von Vuk Karadžić (1787 bis 1864) die Volksdichtung zu einer Quelle literar. Anregungen gemacht hatte. Die Kroaten Ivan Mažuranić (1814-90) und Petar Preradović (1818-72), der Montenegriner Petar Petrović Njegoš (1823-51) und der Serbe Branko Radičević (1824-53) können als die eigentl. Begründer der neuen s. L. angesehen werden. Der beste serb. Dramatiker des 19. Jahrh. war St. Popović (1806 bis 1856). Die histor. Romantik fand ihren Hauptvertreter in dem Kroaten August Šenoa. Im Mittelpunkt der s. L. des 20. Jahrh. steht nach wie vor die Erzählung aus dem Volksleben; der Themenbestand wird jedoch durch vertiefte soziale und kulturelle Problemstellung erweitert (Vladimir Nazor, Miroslav Krleža, Ivo Andrić u. a.). In jüngster Zeit traten O. Davičo, M. Božič, M. Bulatović, M. Lalić hervor.

serbokroatische Sprache, zum südslaw. Zweig der slaw. Sprachen gehörende Sprache. Nur durch die Schrift wird die s. S. in **Serbisch** und **Kroatisch** geschieden: die Serben benutzen Kyrilliza, die Kroaten die Lateinschrift. Die Dialektgliederung läßt sich mit dieser Zweiteilung nicht in Einklang bringen.

Serenˈade *die*, Abendmusik, Ständchen für Gesang; in der Gesellschaftsmusik des 18. Jahrh. ein Instrumentalstück aus locker gefügten Sätzen (z. B. von Haydn).

Serengˈeti, Landschaft in N-Tansania; der S.-Nationalpark (rd. 15 000 km²) ist eines der wildreichsten Gebiete Afrikas.

Serenˈissimus [lat.], Durchlaucht; früher Titel und Anrede regierender Fürsten.

Sˈereth, rumän. **Siret**, 624 km langer Nebenfluß der Donau, entspringt in den Waldkarpaten, mündet bei Galatz.

Serge [sɛrʒ] *die*, ein glattes Köpergewebe, als Futter- und Kleiderstoff.

Sergeant [zɛrʒˈant, frz.; sˈaːdʒənt, engl.] *der*, ⚔ Unteroffiziersgrad, Unterfeldwebel.

Sergˈipe [sɛrʒˈipɛ], Küstenstaat in NO-Brasilien, 21 994 km², 900 100 Ew., Hauptstadt: Aracajú.

Serˈie [lat.] *die*, Reihe, Folge.

serˈielle Musik, eine Richtung der modernen Musik, Weiterentwicklung der Zwölftonmusik, auf dem Prinzip der Reihung aufgebaut; sie entstand um 1950. Komponisten sind: L. Berio, P. Boulez, M. Kagel, G. Ligeti, B. Maderna, B. Nilsson, L. Nono, H. Pousser, K. Stockhausen, Y. Xenakis.

Serˈiema *die*, südamerikan. Vogel, den Kranichen nahestehend. Steppenbewohner, Kriechtier- und Insektenfresser.

Serienfertigung, serienweise Fertigung von Maschinen-, Bauteilen, Häusern u. a., oft am Fließband; ermöglicht beschleunigte und verbilligte Herstellung und Austauschbarkeit der Teile.

Serienschaltung, ⚡ die →Hintereinanderschaltung.

Serigraphie, der →Siebdruck.

Sering, Max, Volkswirtschaftler, Agrarpolitiker, * 1857, † 1939, Prof. in Berlin, gründete 1922 das Dt. Forschungsinstitut für Agrar- und Siedlungswesen.

serˈiös [frz.], ernst zu nehmen, vertrauenswürdig.

Sˈerkin, Rudolf, amerikan. Pianist, * Eger 1903, seit 1933 in den USA.

Sˈerlio, Sebastiano, italien. Baumeister, * 1475, † 1554, durch theoret. Schriften bedeutsam für die Renaissancebaukunst.

Sermˈon [lat.] *der*, Predigt, Strafrede.

Serodiagnˈostik, Gesamtheit der Verfahren zur Untersuchung des Blutserums zur Krankheitserkennung, auch zur Verwandtschaftsbestimmung.

Serologˈie, die Lehre vom Serum, bes. von seinen Antikörpern.

serˈös, Serum enthaltend oder absondernd. **s. Häute** sondern **s. Flüssigkeiten** ab; sie überziehen mit einem Blatt **s. Höhlen** (z. B. Herzbeutel) und mit einem zweiten die in diesen liegenden Organe (z. B. Herz).

Serotonˈin *das*, ein Gewebshormon.

Sˈerow, bis 1939 **Nadeschdinsk**, davor **Kabakowsk**, Stadt in der Russ. SFSR, 100 000 Ew.; Metallindustrie.

Serpent [sɛrpˈã, frz. ,Schlange'] *der*, schlangenförmiges Blasinstrument in Baßlage (16.-19. Jahrh.).

Serpentˈin *der*, **1)** gelb- bis dunkelgrünes, rhombisches Mineral, in Fasern oder Blättchen, wasserhaltiges Magnesiumsilicat mit geringem Eisengehalt. **2)** kristalliner Schiefer vorwiegend aus S.

Serpentˈine *die*, Kehre, Straßenwindung.

Serpuchow, Stadt in der Russ. SFSR, südlich von Moskau, 124 000 Ew.; Kathedrale (14. Jahrh.), Festungsanlagen; Metall-, Baumwoll- u. a. Industrie.

Sˈerra, portugies. für →Sierra.

Serradˈella, →Seradella.

Sˈerrai, Bezirkshauptstadt in Makedonien, Griechenland, 41 100 Ew.

Sert, José Luis, span.-amerikan. Architekt, * 1902, in Paris Mitarbeiter von Le Corbusier, seit 1939 in den USA.

Sertürner, Friedrich, Apotheker, * 1783, † 1841, Entdecker des Morphiums.

S'erum [lat.] das, -s/...ren, ...ra, der von Formbestandteilen freie, nicht mehr gerinnende Teil von Blut, Lymphe, Milch; S. kann zur **S.-Behandlung** (Serotherapie) verwendet werden, z. B. von Infektionskrankheiten (→Heilserum).

Serumkrankheit, eine nach Anwendung eines Heilserums zuweilen auftretende Allergie. Behandlung durch den Arzt.

S'erval der, fahlgelbe, schwarzgefleckte Raubkatze der Steppen Afrikas, mit großen Ohren; 90 cm lang.

Servan-Schreib'er [sɛrvã-], Jean-Jacques, * 1924, franzöz. Journalist (,Die amerikan. Herausforderung', 1967) und Generalsekretär der Radikalsozialist. Partei.

Serv'atius, legendärer Bischof von Tongern (Belgien), einer der Eisheiligen; Tag: 13. 5.

S'ervet, Michael, span. Arzt, Theologe, * 1511 (?), wurde auf Betreiben Calvins in Genf als Gotteslästerer verbrannt (1553); entdeckte den kleinen Blutkreislauf.

Service, 1) [frz. sɛrvis] das, zusammengehörendes Tafelgeschirr. 2) [engl. sˑɔˈvis] der, Kundendienst. 3) [sˈɛrvis], in Österreich und der Schweiz: Bedienung; Trinkgeld. 4) [engl. sˈɔːvis] Tennis: Aufschlag.

serv'ieren [frz.], anrichten; auftragen; bei Tisch bedienen.

Servi'ette [frz.] die, Mundtuch.

serv'il [lat.], unterwürfig, kriecherisch.

Servilit'ät die, Unterwürfigkeit.

Serv'iten Mz., Orden der Diener Mariens, Bettelorden für Seelsorge und Mission, gegr. 1233; weibl. Zweig **Servitinnen** oder **Schwarze Schwestern,** seit 1280.

Servit'ut [lat.] die, das, →Dienstbarkeit.

S'ervius T'ullius, der Sage nach der 6. röm. König (Etrusker, 578-534 v. Chr.), soll die **Servian. Verfassung** (→Census, →Centuria) und die **Servian. Mauer** Roms geschaffen haben (beides aus späterer Zeit).

Servomechan'ismen, mechan., elektr., pneumat. oder hydraul. wirkende Kraftverstärker als Hilfsgeräte, bes. bei der Betätigung von Bremsen (**Servobremse**) und Steuerungen (**Servomotor**).

S'ervus [lat.], Diener, Knecht; in Bayern und Österreich ein Gruß.

S'esam der, Pflanzengattung, Kräuter mit weißen oder rötlichen, fingerhutähnl. Blüten und länglicher Frucht, in Indien,

Orientalischer Sesam: a Blütenlängsschnitt, b Fruchtquerschnitt, c Samen

China, Afrika angebaut. Der gemahlene Samen wird für Süßwaren (Türk. Honig), das feine Samenöl (**S.-Öl**) als Speiseöl, für Margarine, Seifen u. a. verwendet.

S'esambein, ein Knochen, der entweder aus einer Gelenkkanäle oder in einer Sehne entsteht, so die Kniescheibe.

Sesch'ellen, die →Seychellen.

Sesenheim, franzöz. **Sessenheim,** Ort im Unterelsaß, Dép. Bas-Rhin, Frankreich, 1300 Ew., bekannt durch Goethes Beziehungen zu Friederike Brion.

Sesklo, Dorf bei Volos, N-Griechenland, Fundort einer vorgeschichtl. Wohnsiedlung.

Ses'ostris, 3 ägypt. Könige der 12. und 13. Dynastie; am bedeutendsten **S. III.** (um 1860 v. Chr.), der die Eroberung Nubiens abschloß.

Sessellift, eine →Seilbahn.

Sesshu [sɛʃuˑ], japan. Maler und Zen-Priester, * 1420, † 1506, schuf mit sparsamsten Ausdrucksmitteln Tuschmalereien von Landschaften, Tieren und Gestalten des Zen-Buddhismus.

sess'il [lat.], festsitzend. **sessile Lebensweise** haben z. B. Korallentiere.

Sessi'on [lat.] die, →Sitzungsperiode.

Sest'erz der, **Nummus,** altröm. Silbermünze zu 2½, in der Kaiserzeit zu 4 As.

Sest'ine [ital.] die, eine kunstvolle lyrische Lied- und Strophenform.

S'estri Lev'ante, Winterkurort und Seebad an der italien. Riviera di Levante, 20 900 Ew.

Set [engl.] der, **1)** Serie, Satz (Geschirr, Decken u. a.). **2)** Film-, Fernsehdekoration. **3)** Gedeckunterlagen an Stelle einer Tischdecke.

Sète [sɛt], früher **Cette,** Hafenstadt und Seebad im Dép. Hérault, am Mittelmeer, Frankreich, 41 000 Ew.

S'etesdal, Gebirgstal in S-Norwegen; alte Bauernhäuser, Trachten u. a. Brauchtum.

Seth, 1) ägypt. Gott, erst Schutzgott des Königs, dann Verkörperung des Bösen. **2)** A. T.: der dritte Sohn Adams, Stammvater der **Sethiten.**

Sethe, Paul, Publizist, * 1901, † 1967, histor., polit. und zeitgeschichtl. Schriften.

Sét'if, Stadt in Algerien, 98 000 Ew.; Getreideanbau, Pferde-, Maultierzucht.

Seton [siˑtn], Ernest Thompson, amerikan. Tierschriftsteller, * 1860, † 1946, organisierte die amerikan. Pfadfinderbewegung.

Settecento [-tʃɛnto], ital. ,siebenhundert', Abk. für 1700], italien. Bezeichnung für das 18. Jahrh. und seinen Stil.

S'ette Com'uni, italien. Name der →Sieben Gemeinden.

S'etter [engl.], langhaariger Vorstehhund.

Settlement [sˈɛtlmənt] das, Niederlassung.

Set'ubal, Stadt in der Prov. Estremadura, Portugal, 44 400 Ew., Fischereihafen, Fischkonserven-, Zement-, Phosphatind.

Setz|eisen, ein Stahlstift, der auf den Kopf eines eingeschlagenen Nagels gesetzt wird, um diesen ins Holz zu versenken.

setzen, 1) die Lettern zum Satz (Schriftsatz) zusammenfügen (durch Hand- oder Maschinensatz); geschieht in der →Setzerei (Schriftsetzerei). **2)** Junge gebären (beim Haarwild).

Setzer, der →Schriftsetzer.

Setzerei, Schriftsetzerei, das Zusammenfügen von Lettern nach einer Satzvorlage (Manuskript) zu einer Druckform. Beim **Handsatz** reiht der Setzer nach dem Manuskript die Typen (Buchstaben) zu Zeile, die er im Winkelhaken, einer rechtwinkligen Schiene mit Boden und einer verstellbaren Seite (Frosch), aufbaut. Zwischen die Wörter kommen Ausschlußstücke (Blindmaterial, niedriger als Schriftmaterial). Die fertig gesetzte Zeile wird auf das Setzschiff gehoben, eine Zinkplatte, die an drei Seiten von schmalen Eisenschienen gerahmt ist. Heute werden allgemein die schneller arbeitenden →Setzmaschinen verwendet (**Maschinensatz**). Der laufende Satz wird auf einer Presse in **Fahnen** (ohne Rücksicht auf die spätere Seitengröße) für die Korrektur abgezogen (früher Bürstenabzug). **Umbruch** ist das Herrichten von gleich großen Seiten, das Einbauen von Klischees, Blindmaterial, Überschriften, Fußnoten und Margina-

lien durch den Metteur. Die fertigen Seiten werden zur Druckform zusammengestellt und in die Druckmaschine eingehoben.

Das Bedrucken der Vorderseite heißt **Schöndruck,** das der Rückseite **Widerdruck.** Großauflagen, bes. Zeitungen und Zeitschriften, werden auf der Rotationsmaschine gedruckt. Für den Rotationsdruck wird von der Druckform aus angefeuchteter Pappe eine Matritze geprägt und mit Schriftmetall ausgegossen. Diese halbrunden Stereotypplatten bilden den Druckträger für die Rotationsmaschine.

Setzholz, das →Pflanzholz.

Setzling, 1) junge Krautpflanze, die mit dem Pflanzholz ,gesetzt' (gepflanzt) wird. **2)** Fischzucht: aus dem Brutstadium herausgewachsener Jungfisch zum Besetzen von Gewässern.

Setzmaschine, 1) Druckerei: eine Maschine zum Herstellen eines Schriftsatzes. Die **Zeilengießmaschine** (z. B. Linotype) liefert fertig gesetzte und gegossene Zeilen in einem Stück. Bei der **Einzelbuchstaben-**

Setzmaschine: Linotype-Universal-Schnellsetzmaschine für Zeilengußsatz

S. (Monotype) werden in einem Lochstreifen, den Buchstaben entsprechend, Lochkombinationen gestanzt und in der Gießmaschine die den Lochkombinationen entsprechenden Buchstaben einzeln gegossen und zu Zeilen aneinandergereiht. Bei der **Licht-** oder **Photo-S.** wird der Satz photomechanisch oder mit Hilfe von Kathodenstrahlen hergestellt. Der Text wird mit Loch- oder Magnetbändern eingegeben, die auf einer schreibmaschinenähnl. Tastatur geschrieben wurden. **2)** Aufbereitung: eine Maschine zum Trennen verwertbarer Mineralkörner von tauben Gesteinskörnern, meist mit Sieben in einem Wasserstrom.

Setzstück, Versatzstück, Theater: Teile der Bühnendekoration, im Gegensatz zu den Hängestücken auf die Bühne gestellt werden, z. B. Büsche.

Setzwaage, die →Wasserwaage.

Seuche, eine Infektionskrankheit, die infolge ihrer Verbreitung eine Gefahr für die Allgemeinheit darstellt. Der S.-Bekämpfung dient das Bundes-S.-Ges. i. d. F. v. 24. 5. 1968, das bei Zuwiderhandlungen Freiheits- und Geldstrafen vorsieht.

Seulingswald, Teil des Hess. Berglandes, im NO von Hersfeld, bis 483 m hoch.

Seume, Johann Gottfried, Schriftsteller, * 1763, † 1810, machte 1801-02 die durch seine Beschreibung berühmt gewordene Fußreise nach Sizilien (,Spaziergang nach Syrakus', 1803).

Seurat, Georges, franzöz. Maler, * 1859, † 1891, begründete den Neoimpressionismus, indem er Landschaften und große figürl. Kompositionen mit dicht aneinandergesetzten Punkten von Spektralfarben bei streng konstruktivem Bildaufbau malte. (Bild S. 1136)

G. Seurat: Die Seine bei Courbevoie

Seuse, Heinrich, latinisiert **Suso,** Mystiker, * Konstanz 1295 (?), † 1366, Dominikaner, um 1324 Schüler Meister Eckarts in Köln; bilderreiche mystische Schriften; Selbstbiographie (älteste in dt. Sprache).

Severing, Carl, Politiker (SPD), * 1875, † 1952; als Innenmin. 1920/21, 1921 bis 1926 und 1930-32 neben MinPräs. O. Braun führend in der preuß. Regierung, 1928-30 war er Reichsminister des Innern.

Seve'rini, Gino, italien. Maler, * 1883, † Paris 1966, 1910 Mitbegründer des Futurismus, beeinflußt vom Kubismus und vom Neoklassizismus.

Seve'rinus, Mönch, Schutzpatron Bayerns, † 482; Tag: 19. 1.

Severn [s'evən], Fluß in SW-England, 336 km lang, entspringt in Wales, mündet in den Bristolkanal.

Seve'rus, 1) röm. Kaiser, →Alexander 4). **2)** Lucius Septimius, röm. Kaiser (193 bis 211), * 146, † 211, kämpfte erfolgreich in Mesopotamien und Britannien, löste die Prätorianerkohorten auf und schuf eine neue Garde, die zur entscheidenden Macht im röm. Staat wurde.

Sévigné [sevi'ɲe], Marie Marquise de, geb. de Rabutin-Chantal, * 1626, † 1696; Briefe aus dem höfischen Leben der Zeit, die zur klass. französ. Literatur zählen.

Sevilla [se'βi'λa], **1)** Prov. im SW Spaniens, 14010 km², 1,42 Mill. Ew. **2)** Hauptstadt von 1), am Guadalquivir, 511 000 Ew., wichtigste Handels- und Industriestadt Andalusiens; Univ. (gegr. 1502), Bibliotheken, Museen, Indienarchiv; got. Kathedrale mit Glockenturm (Giralda), Alkazar, Renaissancerathaus, Stierkampfarena. S. hat Eisen-, keram. und Tabakindustrie; ist für Seeschiffe bei Flut erreichbar; Ausfuhr von Wein, Obst, Erzen, Öl, Kork und Wolle. - S. ist eine Gründung der Phöniker (Sephala); 1147 Hauptstadt der maur. Almohaden, 1248 an Kastilien; im 16.-18. Jahrh. wichtigster Hafen Spaniens.

Sèvres [sɛ:vr], Vorstadt im SW von Paris, Dép. Hauts-de-Seine, 20 200 Ew.; mit berühmter Porzellanmanufaktur, Sitz des Internat. Büros für Maße und Gewichte. **Vertrag von S.** (10. 8. 1920) zwischen den Alliierten und der Türkei, 1923 durch den Frieden von Lausanne ersetzt.

Sèvres-Porzellan, die Erzeugnisse der seit 1756 in Sèvres arbeitenden, seit 1759 königl. Manufaktur; figürliche Darstellungen schufen Falconet und Pigalle.

Seward [sj'u:əd], Hafen auf der Kenai-Halbinsel, Alaska; Ausgangspunkt der Bahn nach Fairbanks.

Sewast'opol, Sebastopol, Stadt, Kriegs- und Handelshafen auf der Krim, Ukrain. SSR, 229 000 Ew.; Docks, Werften, Speicher. S. ist auch Kurort. - 1784 gegr.; im Krimkrieg 1855 von den Engländern und Franzosen und im 2. Weltkrieg 1942 von den Deutschen erobert.

S'ewernaja Semij'a, Nordland, Nikolaus-II.-Land, unbewohnte sowjet. Inselgruppe im Nordpolarmeer, z. T. vergletschert; 1913 von Wilkitskij entdeckt.

Sewerodw'insk, bis 1957 **Molotowsk,** 1938 gegr. Stadt in N-Rußland, am Weißen

Heinrich Seuse   George Bernard Shaw

Meer westl. Archangelsk, 145 000 Ew.; Großwerft, Metallverarbeitung.

Sex [engl.] *der,* Geschlecht, Geschlechtstrieb, Erotik. **Sex appeal** [sɛks əp'i:l], starke Anziehungskraft auf Personen des anderen Geschlechts. **s'exy,** S. besitzend.

Sexag'esima [lat. ,der 60. (Tag)' vor Ostern], lat. Bez. für den 8. Sonntag vor Ostern.

Sext [lat.] *die,* die auf 12 Uhr angesetzte Tageszeit des Stundengebets.

S'exta [lat.] *die,* früher Bez. für die 1. Klasse eines Gymnasiums, jetzt allg. 5. Klasse genannt.

S'ext|akkord, Akkord aus Grundton, Terz und Sexte, die erste Umkehrung des Dreiklangs mit der Terz als Baßton.

Sext'ant [lat.] *der,* **1)** Navigation: Gerät zum Messen des Winkels zwischen zwei Visierlinien. Mit einem Fernrohr wird durch den unbelegten Teil einer festste-

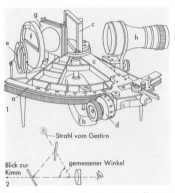

Sextant: 1 Trommelsextant; a Gradbogen, b Handgriff, c Meßarm, d Trommel, e Vorschaltglas, f Spiegel, g Vorschaltglas, h Beobachtungsfernrohr. 2 Strahlengang

henden Glasplatte der eine Festpunkt anvisiert. Mit einem Spiegel **(Spiegel-S.),** dessen Drehung an einer Skala oder Trommel **(Trommel-S.)** abgelesen werden kann, wird über den spiegelnden Teil der Glasplatte der zweite Festpunkt anvisiert. Mit dem S. werden Höhe und Abstand von Sternen für die geograph. Ortsbestimmung gemessen. **2)** ☆ Sternbild des Südhimmels.

S'exte [lat.] *die,* die 6. Stufe der diatonischen Tonleiter von einem Grundton aus.

Sext'ett [ital.] *das,* Musikstück für 6 Instrumente oder 6 Stimmen; auch die 6 Ausführenden.

Sext'ole [ital.] *die,* Tongruppe in sechsteiligem Rhythmus auf dem Raum von 4 oder 8 Noten gleichen Wertes.

sexu'al [lat.], geschlechtlich, auf das Geschlechtsleben bezogen.

Sexualdelikte, ♐ Sittlichkeitsdelikte.

Sexualhormone, Geschlechtshormone.

Sexualität [lat.], Geschlechtlichkeit.

Sexuallockstoffe, organ. Verbindungen, die bes. bei Insekten von den Weibchen aus Duftdrüsen abgesondert werden und die Männchen anlocken.

Sexualpädagogik [grch.-lat.], Lehre von der geschlechtl. Erziehung und Fragen des Geschlechtslebens **(sexuelle Aufklärung).**

Sexualpathologie [lat.-grch.], die Lehre von den krankhaften Vorgängen im Geschlechtsleben.

Sexualpsychologie, befaßt sich mit den seel. Erscheinungsformen der Sexualität und Art und Grenzen ihrer Auswirkungen (→Psychoanalyse).

Sexualwissenschaft, Sexuolog'ie, die Lehre vom Geschlechtsleben. Sie umfaßt Sexualbiologie, Sexualpsychologie, Sexualhygiene, Soziologie der Sexualität und Sexualpathologie.

sexu'ell [lat.], geschlechtlich, auf das Geschlechtsleben bezogen.

Seych'ellen [seʃ-], **Seschellen,** Inselgruppe im Ind. Ozean, mit zugehörigen Gebieten (Amiranten, Aldabra-Inseln u. a.), 376 km², 51 000 Ew., Hauptstadt: Victoria auf Mahé. Ausfuhr: Kopra, Guano, äther. Öle. Die S., im 16. Jahrh. von Portugiesen entdeckt, wurden 1794 britisch.

Seydlitz, Friedrich Wilhelm von, * 1721, † 1773, preuß. Reitergeneral unter Friedrich d. Gr., siegte im 7jährigen Krieg bei Roßbach (1757), Zorndorf (1758).

S'eydlitz-K'urzbach, Walther Kurt von, General, * 1888, 1943 bei Stalingrad gefangengenommen, bis 1955 in russ. Gefangenschaft, 1943-45 Präs. des ,Bundes dt. Offiziere' und Vizepräs. des ,Nationalkomitees Freies Dtl.'.

Seyfer, Hans, Bildhauer, † 1509, schuf für St. Kilian in Heilbronn die Holzbildwerke von Schrein und Staffel des Hochaltars und für Stuttgart die steinerne Kreuzi-

Sevilla mit Guadalquivir

gungsgruppe bei St. Leonhard (1501, Original jetzt in der Hospitalkirche).

Seyß-Inquart, Arthur, österreich. Politiker, * 1892, † (hingerichtet, Nürnberg) 1946, Rechtsanwalt, führte als Bundeskanzler (seit 11. 3. 1938) den Anschluß an das Dt. Reich durch; 1940-45 Reichskommissar für die besetzten Niederlande.

Sezessi'on [lat.] die, 1) Absonderung, Trennung. 2) seit Ende des 19. Jahrh. Name von Künstlervereinigungen, die sich von einer älteren getrennt haben (1892 Münchener S., 1897 Wiener S., 1899 Berliner S.).

Sezessionskrieg, der Bürgerkrieg in den Verein. Staaten 1861-65 zwischen den Nordstaaten, die den Industrie- und Bankkapitalismus und die Gleichberechtigung vertraten, und den Südstaaten, in denen landwirtschaftl. Großbetriebe mit Sklavenarbeit vorherrschend waren. Als Lincoln, der Gegner der Sklaverei, sein Amt antrat, erklärten die 11 Südstaaten (Virginia, Nord- und Südkarolina, Georgia, Florida, Alabama, Tennessee, Mississippi, Louisiana, Arkansas, Texas) ihren Austritt (Sezession) aus der Union und gründeten die **Konföderierten Staaten von Amerika** unter dem Präs. Davis mit der Hauptstadt Richmond. Als die Union den Austritt ablehnte, begannen die Kampfhandlungen. Der blutig geführte Krieg endete nach Anfangserfolgen der Südstaaten (unter Lee) mit dem Sieg der Nordstaaten (unter Grant und Sherman). Die Negersklaverei wurde durch Ges. v. 22. 9. 1862 abgeschafft.

sez'ieren [lat.], zergliedern; eine Leichenöffnung (Sektion) vornehmen.

Sfax, Stadt an der Ostküste Tunesiens, 70 500 Ew.; wichtigster Ausfuhrhafen: Olivenöl, Südfrüchte, Phosphat, Schwämme, Fische.

SFB, Abk. für **S**ender **F**reies **B**erlin.

Sf'orza, italien. Adelsgeschlecht, in der Hauptlinie 1450-1535 Herzöge von Mailand:

1) Francesco I., * 1401, † 1466, Condottiere, durch Heirat mit der Erbtochter Bianca Maria Visconti 1450 Herzog von Mailand, erwarb 1464 Genua (mit Korsika) und Bari. **2)** Ludovico (il Moro), Herzog (1494-99), * 1452, † 1508, rief Karl VIII. von Frankreich über die Alpen, trat aber bald zu dessen Feinden über und starb in französ. Gefangenschaft. Seine Nichte Bianca Maria heiratete 1494 Maximilian I., woher die 1535 verwirklichten Ansprüche der Habsburger auf Mailand stammten.

sforz'ato [ital.], **sf.,** seltener **forzato, fz.,** ♪ stark betont; Zeichen: ∨ oder > .

Sganarelle [sganar'ɛl], Possengestalt, von Molière 1660 geschaffen.

Sgraff'ito [ital.] das, eine Art Wandmalerei, bei der ein farbiger Putz mit einer weiteren Schicht überputzt und aus dieser die Darstellung herauskratzt wird; in Dtl. seit dem 14. Jahrh., dann in Italien ausgebildet, als Volkskunst (Kratzputz) bes. in Thüringen und Hessen.

's Gravenhage [sxravǝh'a:γǝ], niederländ. amtl. Name von →Den Haag.

sh, engl. Abk. für →**Sh**illing.

Shackleton [ʃ'ækltn], Sir (1909) Ernest Henry, brit. Polarforscher, * 1874, † 1922, unternahm 1908/09 von Süd-Victoria Land einen ersten Vorstoß zum Südpol.

Shaftesbury [ʃ'a:ftsbǝri], **1)** Anthony **Ash**ley-Cooper, Earl of S. (1672), engl. Staatsmann, * 1621, † 1683, wirkte 1660 bei der Wiederherstellung des Königtums mit, setzte 1679 die Habeas-Corpus-Akte durch, mußte 1682 nach Holland fliehen. **2)** Anthony **Ashley-Cooper,** Earl of S., Enkel von 1), engl. Philosoph, * 1671, † 1713, sah das Sittliche als die vollkommene harmon. Entfaltung natürlicher menschl. Anlagen an. Sein Begriff des als Naturkraft schaffenden Genies beeinflußte den dt. Sturm und Drang.

Shag [ʃæg] der, kräftiger Tabak für die Stummel-(Shag-)Pfeife.

Shaker [ʃ'eikǝ, engl.] der, Mixbecher.

Shake [ʃeik] der, alkoholfreies Mischgetränk.

Shakers [ʃ'eikǝz], früher amerikan. Sekte, die sich von den Quäkern abzweigte; bei ihrem Gottesdienst wurde getanzt und in die Hände geklatscht.

Shakespeare [ʃ'eikspiǝ], William, engl. Dramatiker, * Stratford-on-Avon wahrscheinlich 23. 4. (getauft 26. 4.) 1564, † ebd. 23. 4. 1616, besuchte wahrscheinlich die Lateinschule, heiratete 1582 Ann Hathaway, ging um 1586 nach London, wird 1592 erstmals als Schauspieler und Dramatiker erwähnt. Als der erfolgreichste Bühnenautor seiner Zeit und Teilhaber am Londoner Globe- sowie später am Blackfriars-Theater kam er zu Wohlstand. Um 1611 übersiedelte er ganz nach Stratford. S.s Drama ,will der Tugend ihre eigenen Züge, der Schmach ihr eigenes Bild und dem Zeit den Abdruck ihrer Gestalt zeigen'. Der tragische Konflikt liegt bei S. in des Menschen eigener Brust, im Zwiespalt zwischen dem, was Hamlet Blut und Verstand nennt.

Shakespeare; Titelblatt der ersten Gesamtausgabe von 1623, Stich von M. Droeshout

S.s Helden sind überlebensgroß im Sinne des Heldenideals seiner Zeit; aber wo sie die Natur vergewaltigen wie Lady Macbeth, stellt der Dichter ihr Menschentum wieder her, indem er die vergewaltigte Natur sich rächen läßt. Auch in den Komödien lauert hinter dem ,Phantast. Spiel und dem funkelnden Witz der tragische Ernst. S. ist unerreicht in der Menschenschilderung; er individualisiert im Gegensatz zum klass. Drama, das typisiert.

S.s Einfluß war am nachhaltigsten auf Dtl. (des Sturm und Drangs, auf Goethes ,Götz von Berlichingen'). Man hat sich hier immer wieder um Deutung und Nachschöpfung von S.s Werk bemüht.

Immer wieder wurde die Verfasserschaft S.s angezweifelt; u. a. wurde behauptet, daß Bacon (Bacon-Theorie) oder ein anderer die Stücke geschrieben habe.

Werke. Verszählungen; tiefsinnig-rätselhafte ,Sonette' (gedr. 1609). Dramen. Ihre Chronologie ist umstritten. Man unterscheidet vier Schaffensperioden: **a)** ,Heinrich VI.' (Trilogie, 1590-91); ,Richard III.' (1592); ,Titus Andronicus' (1593); romant. Tragödie ,Romeo und Julia' (1594). Komödien ,Die beiden Herren aus Verona' (1592), ,Die Komödie der Irrungen' (1593), ,Verlorene Liebesmüh' (1594), ,Der Widerspenstigen Zähmung' (1594), ,Ein Sommernachtstraum' (1595). **b)** Königsdramen ,Richard II.' (1595), ,König Johann' (1596), ,Heinrich IV.' (1597/98), ,Heinrich V.' (1599); Komödien ,Der Kaufmann von Venedig' (1595), ,Die Lustigen Weiber von Windsor' (1600), ,Viel Lärm um nichts' (1599), ,Wie es euch gefällt' (1599), ,Was ihr wollt' (1600). **c)** ,Julius Caesar' (1600); ,Hamlet' (1601); ,Troilus und Cressida' (1602); Komödien ,Ende gut, alles gut' (1603), ,Maß für Maß' (1603); Tragödien ,Othello' (1604), ,Macbeth' (1605), ,König Lear' (1606); Römerdramen ,Antonius und Kleopatra' (1607), ,Coriolanus' (1608); ,Timon von Athen' (1609). **d)** Drei Romanzen ,Cymbeline' (1609), ,Das Wintermärchen' (1610), ,Der Sturm' (1611).

Übersetzungen. Nach Wieland und J. Eschenburg (in Prosa) erste künstlerisch bedeutende Gesamtübersetzung von A. W. Schlegel, zusammen mit Dorothea Tieck und Graf W. Baudissin (hg. von L. Tieck, 9 Bde., 1825-33); neue Ausg. von F. Gundolf (1908-23, teilweise in eigener Übers.), L. L. Schücking (1912-35). Neuere Übersetzungen von H. Rothe (1927-34), R. Flatter (1934 ff.), R. A. Schröder (1945 ff.), R. Schaller (1968 ff.), E. Fried (1962 ff.).

Shakespearebühne, die engl. Bühnenform im ausgehenden 16. und beginnenden 17. Jahrh.: weit in den Zuschauerraum vorspringende Vorder-, kleine Hinterbühne, darüber Ober- oder Balkonbühne.

Shakespeare-Gesellschaft, Deutsche S. G., gegr. 1864 in Weimar; Jahrestagungen; Shakespeare-Jahrbücher.

Shampoo(n) [ʃæmp'u:n, engl.] das, das Haarwaschmittel.

Shanghai, →Schanghai.

Shannon [ʃ'ænǝn], der größte Fluß Irlands, 368 km lang, kommt aus der Grafschaft Leitrim, durchfließt mehrere Seen, mündet in den Atlant. Ozean; Großkraftwerk bei Limerick; am Nordufer der S.-Mündung großer Flughafen.

Shanty [ʃ'ænti, engl.], **Chanty** [tʃ-] das, Matrosenlied, zu gemeinsamen Arbeiten.

SHAPE [ʃeip], Abk. für **S**upreme **H**eadquarter of the **A**llied **P**owers in **E**urope, das Oberkommando der Streitkräfte des Nordatlantikpakts in Europa.

Shapley [ʃ'æpli], Harlow, amerikan. Astronom, * 1885, untersuchte die Veränderlichen Sterne, die Sternhaufen, den Aufbau der Sternsysteme.

Sharaku [ʃa-], japan. Farbholzschnittmeister, schuf gegen Ende des 18. Jahrh. etwa 140 Schauspielerbildnisse.

Share [ʃ'ɛǝ, engl. ,Anteil'] der, im anglo-amerikan. Recht der Anteil an einer AG.

Shastri, Lal Bahadur, ind. Politiker, * 1904, † Taschkent (unmittelbar nach der Kaschmir-Konferenz) 1966, schloß sich 1920 der Bewegung Gandhis an, wurde 1951 Generalsekr. der Kongreßpartei, 1952 bis 1953 verschiedentl. Min., nach Nehrus Tod 1964 Premierminister.

Shaw [ʃɔ:], **1)** George Bernard, anglo-irischer Dramatiker, * Dublin 1856, † 1950, schloß sich 1884 der Fabian Society an und stellte in ,Wegweiser für die intelligente Frau zum Sozialismus und Kapitalismus' (1928) seine sozialist. Anschauungen dar. S. ist der Schöpfer des modernen engl. Dramas. Seine Stücke sind voll Geist, Witz, Ironie und Bosheit, im Grund freilich lehrhaft moralistisch im Dienste von S.s sozialist., kultur- und gesellschaftsreformator. Ideen. Nobelpreis 1925. Werke: ,Frau Warrens Gewerbe' (1893), ,Helden' (1894), ,Candida' (1895), ,Caesar und Cleopatra' (1899), ,Major Barbara' (1905), ,Mensch und Übermensch' (1905), ,Androklus und der Löwe' (1912), ,Pygmalion' (1913), ,Zurück zu Methusalem' (1922), ,Die heilige Johanna' (1923), ,Der Kaiser von Amerika' (1929) u. a. **2)** Irwin, amerikan. Schriftsteller, * 1913; Romane (,Die jungen Löwen', 1948), Dramen.

Shawnee [ʃǝn'i], nordamerikan. Indianerstamm der Algonkin, seit dem 18. Jahrh. im Ohio-Gebiet; bedeutendster Häuptling: Tecumseh (1768-1813).

Shed|dach [engl.], **Sägedach,** 🗠 Dach mit sägeförmigen Absätzen, Fenstern an den Steilseiten; ergibt gute Beleuchtung für Fabriksäle.

Sheffield [ʃ'efi:ld], Industriestadt in Mittelengland, 528 900 Ew., Universität; Messerwaren, Panzerplatten, Maschinen, chem. u. a. Industrie.

Shell [ʃ-], →Royal-Dutch/Shell-Gruppe.

Shelley [ʃ'eli], Percy Bysshe, engl. Dichter, * 1792, † 1822. Sein kämpferischer Idealismus (Drama ‚Der entfesselte Prometheus', 1820) und sein naturnaher Pantheismus, bes. in den großen Oden ‚An den Westwind', ‚Die Wolke', machen ihn zu einem gedankentiefen Vertreter der engl. Romantik.

Sherardie [ʃ-] die, →Ackerröte.

sherardisieren [ʃ-], Eisen- und Stahlgegenstände in rotierenden Trommeln mit Zinkstaub bei 300-400° C verzinken.

Sheraton [ʃ'erətən], Thomas, engl. Schreiner, * 1751, † 1806, veröffentlichte Vorlagebücher für Möbel, deren feingliedrig klassizist. Stil weite Verbreitung fand.

Sheridan [ʃ'eridn], Richard Brinsley, engl. Schriftsteller, * Dublin 1751, † 1816, schrieb Lustspiele (‚Die Nebenbuhler', 1775, ‚Die Lästerschule', 1777), wurde nach 1780 ein bedeutender Parlamentsredner.

Sheriff [ʃ'erif], 1) in Großbritannien der Verwaltungsbeamte einer Grafschaft; heute nur noch ein Ehrenamt. 2) in den USA ein Beamter mit richterlichen und verwaltungsmäßigen Befugnissen.

Sherlock Holmes [ʃ'ɔ:lɔk h'oumz], Meisterdetektiv (nach A. Conan Doyle).

Sh'erpa, die Bewohner der nepales. Landschaft Solo Khumbu auf der Südseite der Everest-Gruppe, mongolotibet. Rasse. Hauptort ist Bazar (3400 m ü. M.).

Sherriff [ʃ'erif], Robert Cedric, engl. Schriftsteller, * 1896; Kriegsschauspiel ‚Die andere Seite' (1929), Romane (‚Grüne Gartentüren', 1936), Autobiographie (‚Das andere Jahr', 1948).

Sherrington [ʃ'eriŋtn], Sir Charles Scott, engl. Physiologe, * 1857, † 1952, erforschte bes. das Nervensystem. Mit E. D. Adrian erhielt er 1932 den Nobelpreis für Medizin.

Sherry [ʃ'eri, engl.] der, span. Wein aus der Umgebung von Jerez de la Frontera.

's Hertogenbosch [tɔ:xǝnb'ɔs], niederländ. Name von →Herzogenbusch.

Shetland [ʃ'etlənd], ein Kamm- oder Streichgarngewebe.

Shetlandinseln [ʃ'etlənd-], schottisch **Zetland**, Inselgruppe im N Schottlands, als Grafschaft 1426 km², 17 100 Ew. Größte Inseln: Mainland, Yell, Unst. Fischerei, Viehzucht (Schafe, Shetlandponies).

Shilling [ʃ'iliŋ, engl.] der, **sh**, Silbermünze, Münzeinheit in Großbritannien und den Ländern der £-Sterling-Währung bis 15. 2. 1971, 1 sh = ¹/₂₀ £ = 12 pence.

Shire [ʃ'aiǝ, engl.], in Zusammensetzungen [ʃiǝ], Grafschaft; wird dem Eigennamen angehängt, z. B. Devonshire.

Shirley [ʃ'ɔ:li], James, der letzte engl. Renaissancedramatiker, * 1596, † 1666.

shocking [ʃ'ɔkiŋ, engl.], anstößig.

Shockley [ʃ'ɔkli], William, amerikan. Physiker, * 1910, untersuchte den praktisch-techn. Verwendbarkeit des Transistoreffekts und erhielt hierfür 1956 zusammen mit J. Bardeen und W. H. Brattain den Nobelpreis für Physik.

Shona, Maschona, sprachlich und kulturell verwandte Bantustämme zwischen Sambesi und Limpopo, mit dem Schwerpunkt im Maschonaland, Rhodesien, rd. 2,5 Millionen Menschen.

Shopping Center [ʃ'ɔpiŋ s'entǝ, amerikan.], →Einkaufszentrum.

Shorts [ʃɔ:ts, engl.] Mz., kurze Hose.

Shortstory [ʃ'ɔ:tst'ɔ:ri], →Kurzgeschichte.

short ton [ʃ'ɔ:t t'ʌn], engl. Gewicht, 1 s. t. = 907,1853 kg.

Shosh'oni, Schlangenindianer, ein nordamerikan. Indianerstamm, urspr. östlich vom Felsengebirge in Wyoming und Idaho. 1950 lebten rd. 5000 S. in Reservationen.

Show [ʃou, engl.] die, Schau, bunte Unterhaltungsdarbietung. **Showbusiness** [ʃ'oubiznis] das, Schaugeschäft, Unterhaltungsindustrie.

Shreveport [ʃr'ivpɔ:t], Stadt in Louisiana, USA, 182 100 Ew.; Ölraffinerien, Holz-, Maschinenindustrie.

Shrewsbury [ʃr'u:zbǝri], Hauptstadt der Gfsch. Shropshire, im westl. Mittelengland, 54 200 Ew., normann.-got. Kirche; Eisenbahnwerkstätten u. a. Industrie.

Shrimps [ʃrimps] Mz., die →Garnelen.

Shropshire [ʃr'ɔpʃiǝ], Grafschaft im westl. England, 3487 km², 332 300 Ew.; Hauptstadt: Shrewsbury.

Shuffleboard [ʃ'aflbɔ:d, engl.], Deckspiel auf Ozeanschiffen: Holzscheiben werden mit 2 m langen Schiebern aus etwa 10 m Entfernung auf ein Nummernfeld (1-10) gestoßen. Wertung nach Punkten.

Shufu [ʃufu], chines. Name von →Kaschgar.

Shunt [ʃʌnt, engl.], ein Nebenschlußwiderstand, bes. in der Meßtechnik; parallel zu Strommessern geschaltet, um deren Meßbereich zu vergrößern.

Shute [ʃu:t], Nevil, eigentlich Nevil **S.** Norway, engl. Schriftsteller, * 1899, † 1960, urspr. Flugzeugingenieur und Direktor einer Luftfahrtgesellschaft; Romane ‚Eine Stadt wie Alice' (1950), ‚Das letzte Ufer' (1957) u. a.

Shylock [ʃ'ailɔk], rachsüchtiger jüd. Geldverleiher in Shakespeares ‚Kaufmann von Venedig'.

SI, →SI-Einheiten.

Si, chem. Zeichen für Silicium.

S'ial das, die durch Silicium- und Aluminiumgehalt gekennzeichnete Zone der Erdkruste (Bild Erde).

Si'alkot, Stadt im W-Pandschab, Pakistan, 172 000 Ew.; Herstellung von Sportgeräten, Gummiwaren, Instrumenten.

S'iam, bis 1939 und 1946-49 Name von →Thailand.

siam'esische Sprache, Zweig der Sino-Tai-Gruppe der →sinotibetischen Sprachen.

siam'esische Zwillinge, zusammengewachsene Zwillinge; benannt nach einem Zwillingspaar aus Siam (1811-74).

Sian, Singan, auch **Tschangan**, Hauptstadt der Prov. Schensi, China, 1,37 Mill. Ew., wirtschaftl. und kulturell wichtiger Mittelpunkt des chines. NW, Flugstützpunkt.

Siangkiang, der größte rechte Nebenfluß des unteren Jangtsekiang.

Siangtan, Stadt in der Prov. Hunan, China, am Siangkiang, 183 000 Ew., Hafen- und Umschlagplatz.

Sib'elius, Jean, finn. Komponist, * 1865, † 1957. S.' Schaffen wurzelt im finn. Volkstum und in der finn. Landschaft; 7 Sinfonien, sinfon. Dichtungen (En Saga,

Jean Sibelius — Percy B. Shelley

Der Schwan von Tuonela, Finlandia), Violinkonzert, Kammermusik, Lieder.

Sibenik [ʃ'i-], italien. **Sebenico**, Hafenstadt in Kroatien, Jugoslawien, rd. 18 900 Ew.; Ausfuhr: Bauxit, Holz u. a.

Sibil'ant [lat.] der, Zischlaut.

Sib'irien, der N Asiens, rd. ¹/₃ des asiat. Festlandes, zwischen Ural, den Wasserscheidengebirgen westlich des Stillen Ozeans und den nördl. Randgebirgen Zentralasiens. Die Gebiete am Stillen Ozean heißen Ferner Osten. S. gehört zur Sowjetunion, innerhalb dieser zur Russ. SFSR. Es hat drei Großlandschaften: **Westsibir. Tiefebene** zwischen Uralgebirge und Jenissej, von Ob und Irtysch entwässert, in großen Teilen der inneren Ebene und im N

versumpft. **Mittelsibir. Bergland**, bis 1701 m hoch (Putoranagebirge), mit einem wasserreichen Flußnetz. **Ostsibir. Gebirgsland**, eine Vereinigung von Gebirgsketten (2500-3500 m hoch), alten Schollen und Horsten. Ebenen finden sich an Flüssen (Amur, Anadyr) und innerhalb der Wercchojanskter Kette. - Das Klima in S. ist kontinental: sehr kalte, trockene Winter, kurze, verhältnismäßig warme Sommer. S. ist reich an Bodenschätzen (Kohle, Gold, Silber, Eisen, Wolfram, Zinn, Blei, Zink, Molybdän, auch Erdöl), deren Ausbeutung verstärkt gefördert wird (Bau von Verkehrswegen, Kraftwerken: u. a. an der Angara bei Bratsk, Siedlungsgründungen u. a.). **Geschichte.** Seit dem 11. Jahrh. trieben die Nowgoroder Handel in S., später die Moskauer Familie Stroganow. In deren und Iwans IV. Auftrag eroberte der Kosakenführer Jermak seit 1579 das Tatarenreich **Sibir**. Die Russen erreichten bereits 1639 Kamtschatka, 1648 das Ostkap (→Kap Deschnjow). 1858 gewannen sie das Amurgebiet, 1875 Sachalin und gründeten 1860 Wladiwostok. Die Besiedlung nahm erst seit dem Baubeginn der Transsibirischen Bahn (1891) einen Aufschwung. 1918-20 kämpfte Admiral Koltschak in S. gegen die Bolschewisten. Seit 1922 gehört ganz S. zur Sowjetunion.

Sibirier, Sibirj'aken die, Bewohner Sibiriens: die Eingeborenenvölker (Samojeden, Wogulen, Jenissejer, Jakuten, Tungusen u. a.) und die zugewanderten Russen, Ukrainer u. a.

Sibirische Eisenbahn, die →Transsibirische Bahn.

Sib'ylle, im Altertum Name weissagender Frauen. Die 83 v. Chr. verbrannten **Sibyllinischen Bücher** in Rom enthielten Kultvorschriften und Weissagungen, die **Sibyllinischen Sprüche** (14 Bücher) Weissagungen in Hexametern; an sie knüpfen die mittelalterl. **Sibyllenbilder** an. Dargestellt wurden die S. von G. Pisano (Kanzel in Pistoia, 1298-1301), J. Syrlin d. Ä. (Ulmer Chorgestühl, 1469-74), Michelangelo (Sixtin. Kapelle, 1508-12).

sic! [lat.], so!, wörtlich so!

Sichel, von Hand geführtes Mähwerkzeug: eine halbkreisförmige Klinge an handlangem Holzgriff.

Sichelzellenanämie, Blutarmut mit erbl. abnormer Gestalt (**Sichelzellen**) der roten Blutkörperchen bes. bei Negern.

S'ichem, im Altertum die bedeutendste Stadt Mittelpalästinas, östlich des heutigen Nablus; Ausgrabungen.

Sicherheits|arrest, ⚖ der zur Sicherung einer Zwangsvollstreckung verhängte persönliche Arrest.

Sicherheitsdirektion, in Österreich eine in jedem Bundesland eingerichtete Behörde der allgemeinen Sicherheitspolizei, die der **Generaldirektion für öffentl. Sicherheit** im Bundesinnenministerium unterstellt ist.

Sicherheitsfahrschaltung, eine Sicherheitseinrichtung auf elektrischen oder Diesel-Schienentriebfahrzeugen. Meist ein Knopf (**Totmannknopf**), der regelmäßig heruntergedrückt werden muß. Bei Unterbrechung des Rhythmus wird die Antriebskraft selbsttätig abgeschaltet und die Bremse betätigt.

Sicherheitsglas, Sondergläser zum Schutz gegen Verletzungen und Beschädigungen beim Bruch von Glasscheiben: **Verbundglas** wird aus zwei oder mehr Glastafeln mit Kunstharz zusammengepreßt. **Einscheiben-S.** wird thermisch vorgespannt und zerfällt bei Bruch in Krümel.

S'icherheitsgurt, elast. Gurt aus Natur- oder Kunstfasern, z. B. in Kraftfahrzeugen und Flugzeugen, der die Insassen auf dem Sitz festhält und vor Aufprall-Verletzungen schützen soll.

Sicherheitslampe, Wetterlampe, Grubenlampe, ⚒ eine als grober Schlagwetteranzeiger benutzte Benzindampflampe, deren Abgase an einem oder zwei eng-

Sibirien: links am Ob; rechts an der Bahnlinie Tschita-Irkutsk

maschigen Drahtnetzen so weit abgekühlt werden, daß explosible Methan-Luft-Gemische außerhalb der Lampe nicht gezündet werden. Die Größe der Aureole der Flamme ist ein Maß für den Methangehalt der Grubenwetter.

Sicherheitsleistung, ⚖ eine gesetzlich bestimmte oder vertraglich vereinbarte Maßnahme zur Verhinderung künftiger Rechtsverletzungen oder zur Sicherung von Ansprüchen; sie erfolgt durch Hinterlegung von Geld oder Wertpapieren, durch Bestellung einer Hypothek u. a. (§§ 232 ff. BGB.). Im Zivilprozeß ist die S. in Arrestverfahren und bei einstweiligen Verfügungen vorgesehen, ebenso zur Ermöglichung, Abwendung oder einstweiligen Einstellung der Zwangsvollstreckung.

Sicherheitspolizei, →Polizei.

Sicherheitsrat, →Vereinte Nationen.

Sicherheitsventil, gewichts- oder federbelastetes Ventil an Kesseln, Rohrleitungen u. a., das sich selbsttätig öffnet, wenn der Druck eine einstellbare Größe überschreitet, und bei Erreichen des Normaldrucks wieder schließt.

sichern, ⚒ umherschauen, wittern.

sichernde Maßnahmen, ⚖ im Strafrecht die neben der Strafe vorgesehenen Maßregeln zur Besserung des Täters und zur Sicherung der Allgemeinheit vor ihm, z. B. die Unterbringung in einer Heil- und Pflegeanstalt, in einer Trinkerheilanstalt, die Sicherungsverwahrung, Entziehung der Fahrerlaubnis oder die Untersagung der Berufsausübung; besondere Erziehungsmaßregeln gibt es im Jugendstrafrecht.

Sicherstellung von Gegenständen, ⚖ eine vorbeugende polizeil. Maßnahme zum Schutze von Gegenständen eines einzelnen vor Verlust oder Beschädigung im Unterschied zur Beschlagnahme.

Sicherung, 1) eine in elektr. Stromkreise eingebaute Schutzvorrichtung: Sie unterbricht einen Stromkreis, wenn die Stromstärke durch Kurzschluß oder Überlastung eine bestimmte Größe überschreitet. Als **Schmelz-S.** ist sie in Glas- oder Porzellanrohr, in dem ein Schmelzdraht eingebettet ist, der durch die Stromwärme geschmolzen wird. Bei den immer wieder verwendbaren **Leitungsschutzautomaten** und **Motorschutzschaltern** wird elektromagnetisch oder durch einen Bimetallstreifen der Kontakt unterbrochen. 2) eine Schutzvorrichtung an Schußwaffen zur Verhinderung von unbeabsichtigtem Abfeuern und selbsttätigen Öffnen des Verschlusses.

Sicherungsübereignung, ⚖ die Übereignung einzelner beweglicher Sachen oder einer Sachgesamtheit (Warenlager) an einen Gläubiger zur Sicherung seiner Forderung mit der Abrede, daß das Eigentum nur für die Dauer des Bestehens der Forderung übergehen soll. Der Veräußerer behält den Besitz an der Sache. Die S. dient

als Ersatz für das ohne Besitzübertragung nicht zulässige Pfandrecht.

Sicherungsverfahren, ⚖ im Strafrecht ein Verfahren zur Unterbringung des Beschuldigten in einer Heil- und Pflegeanstalt, wenn Anhaltspunkte dafür vorliegen, daß dieser eine mit Strafe bedrohte Handlung im Zustand der Unzurechnungsfähigkeit begangen hat.

Sicherungsverwahrung, ⚖ eine Maßnahme gegen gefährliche Gewohnheitsverbrecher, die neben der Strafe zum Schutz der Allgemeinheit angeordnet wird.

Sichling der, der →Messerfisch.

Sicht, Vermerk auf Wechseln, daß der Wechsel bei Vorlage fällig ist.

Sicht|anzeigegerät, Sichtgerät, in der Datenverarbeitung, Funk- und Radartechnik ein Anzeigegerät mit Leuchtfeldern oder einem Bildschirm (Kathodenstrahlröhre), das Schriftzeichen, Kurven, Zeichnungen u. ä. darbietet.

Sichtbeton, Beton, der ohne Verkleidung oder Überzug dem Beschauer sichtbar bleibt und als solcher architekton. Ausdrucksmittel ist.

Sicht|einlagen, täglich fällige Verbindlichkeiten der Banken.

Sichtkurs, Kurs für Devisen, die bei Vorlegung fällig sind.

Sichtmaschine, eine Müllereimaschine zum Trennen der Mahlerzeugnisse, z. B. der →Plansichter.

Sichtverbindlichkeiten, ⚖ jederzeit auf Verlangen zu begleichende Schulden.

Sichtvermerk, der Erlaubnisvermerk **(Visum)** in einem Paß, erforderlich für die Einreise eines Ausländers in einen Staat **(Einreisevisum),** in Ausnahmezeiten auch

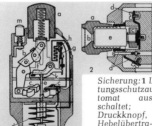

Sicherung: 1 Leitungsschutzautomat ausgeschaltet; a Druckknopf, b Hebelübertragung zu einem der Kontakte, c; d Magnetspule, die bei Überstrom durch den Stift e den Auslösehebel f betätigt, g Bimetallstreifen, h Widerstand, k Hebel des thermischen Auslösers, m Auslöseknopf, n Netzanschlußkontakt. 2 Sicherungselement: a Schraubkappe, b Schaufenster, c Paßschraube, d Netzanschlußkontakte, e Patrone

für die Ausreise **(Ausreisevisum);** von vielen Staaten nicht mehr gefordert.

Sichtwechsel, ⚖ ein nach Vorlegung fällig werdender Wechsel.

Siciliano [sitʃiʎaːno, ital.] der, **Siciliana** die, alter sizilian. Volkstanz; Suiten-, Sonatensatz.

sicken, Rohre oder Bleche zur Versteifung mit rinnenartigen Vertiefungen versehen.

S'ickingen, Franz von, Reichsritter, * 1481, † 1523, seit 1517 Feldhauptmann Maximilians I., dann Karls V. Durch Ulrich von Hutten für Humanismus und Reformation gewonnen, gewährte S. auf der Ebernburg Anhängern der neuen Lehre Zuflucht. Als Hauptmann der schwäb. und rhein. Reichsritterschaft entfesselte er 1522 den Ritteraufstand, wurde von den Fürsten von Hessen, Pfalz und Trier auf seiner Burg Landstuhl eingeschlossen und bei der Beschießung tödlich verwundet. (Bild S. 1142)

sic tr'ansit gl'oria m'undi [lat. ‚so vergeht die Herrlichkeit der Welt'], Zuruf an den neugewählten Papst.

Siddh'attha [Pali], Sanskrit **Siddhartha,** Name des Buddha.

Sideboard [s'aidbɔːd, engl.] das, niedriger Geschirrschrank, Anrichte.

sid'erisch [von lat. sidus ‚Gestirn'], **sider'al,** auf die Sterne bezogen.

sid'erisch [von grch. sideros ‚Eisen'], Eisen betreffend, auf Eisen bezogen.

sid'erisches Pendel, ein Pendel aus einem Faden mit Metallring, das durch Pendelausschläge ähnlich wie eine Wünschelrute reagieren soll.

Sider'it [grch.] der, →Eisenspat.

Sider'osis [grch.] die, die Durchsetzung eines Organs mit Eisenstaub, so Eisenlunge (→Staubinhalationskrankheiten).

S'iders, französ. **Sierre,** Bezirkshauptort im Kt. Wallis, Schweiz, 11 700 Ew., Schloß; Weinbau; Aluminiumwerke.

Sidgwick [s'idʒwik], Nevil Vincent, engl. Chemophysiker, * 1873, † 1952; bahnbrechende Arbeiten auf dem Gebiet des Atombaus.

S'idi [arab.; Nordafrika], Herr.

Sidi-bel-Abbès, Stadt in Algerien, 101 000 Ew.; Mittelpunkt einer fruchtbaren Ebene (Getreide, Wein, Oliven).

Sidi Mohammed VIII. al-Amin, der letzte Bei von Tunis, * 1881, † 1962, 1943 von den Franzosen eingesetzt, 1957 auf Betreiben Burgibas abgesetzt.

Sidney [s'idni], Sir Philip, engl. Staatsmann und Dichter, * 1554, † 1586; Sonette; Schäferroman ‚Arcadia' (gedr. 1590), ‚Verteidigung der Dichtkunst' (gedr. 1595).

S'idon, heute →Saida, alte Hafenstadt Phöniziens, neben Tyros zeitweise die erste Seemacht Vorderasiens. In der Nekropole von S. wurde u. a. der →Alexandersarkophag entdeckt.

Siebbein, unpaariger Knochen des Schädels. Durch die feinen Öffnungen der

Sieb

waagerechten **Siebplatte** laufen die Riechnervfasern; die senkrechte Platte bildet einen Teil der Nasenscheidewand.

Siebdruck, Serigraph'ie, Druckverfahren zum Bedrucken bes. von Plakaten, Textilien und Hartmaterial (Glas, Blech, Holz, Pappe, Kunststoff). Es wird durch eine Form gedruckt, die aus einer Schablone aus farbdurchlässigem Material besteht (z. B. Metallsieb). Die Druckfarbe wird manuell oder maschinell in **S.-Maschinen** durch eine Rakel durch das Sieb auf den Bedruckstoff gebracht.

sieben, körnige Stoffe nach ihrer Größe trennen mit einem **Sieb.** Dies ist eine Scheibe oder ein Gefäß mit Löchern oder ein Draht- oder Fadengeflecht.

Siebenb'ürgen, Transilv'ania, rumän. **Ardeal,** geschichtl. Landschaft in Rumänien, 62 200 km², rd. 3 Mill. Ew.; ein von den Ost- und Südkarpaten und dem Westsiebenbürgischen Gebirge umschlossenes Hochland, 300–800 m ü. M. Hauptflüsse: Szamos, Maros, Alt. 60% der Bewohner sind Rumänen; ferner Magyaren, bes. in der Volksinsel der Szekler im O. Die Siebenbürger Sachsen siedeln im Gebiet zwischen Kokel und Alt. Haupterwerbszweige: Landwirtschaft (Weizen-, Mais-, Weinbau, Viehzucht) und Waldwirtschaft, in Städten auch Industrie. Hauptstadt: Klausenburg.

Geschichte. S., im Altertum zum Reich der Daker gehörend, wurde im 9. Jahrh. von den Ungarn unterworfen. Deren Könige riefen im 12. Jahrh. Deutsche (→Siebenbürger Sachsen) ins Land, die mit den magyar. Adligen und den Szeklern die drei ‚Nationen‘ S.s bildeten. Seit 1541 war S. selbständig unter magyar. Fürsten und türk. Oberherrschaft, kam 1691 mit Ungarn an die Habsburger; 1918 mit Rumänien vereinigt. Durch den Wiener Schiedsspruch 1940 kam der nördl. und östl. Teil S.s an Ungarn, durch den Pariser Frieden (1947) ganz S. wieder an Rumänien.

Siebenbürger Sachsen, dt. Volksstamm in Siebenbürgen, rd. 175 000 (1940 rd. 250 000), Nachkommen der seit dem 12. Jahrh. angesiedelten Moselfranken; Mittelpunkt Hermannstadt. Die S. S. erlangten 1224 territoriale, polit. und kirchl. Selbstverwaltung, seit 1437 mit einem Sachsengrafen an der Spitze. 1550 führte Honterus die luther. Reformation ein. Erst das 19. Jahrh. brachte schwere Auseinandersetzungen mit dem Magyarentum. Nach 1919 verloren die S. S. einen Teil ihres Grundbesitzes. Nach 1945 wurde ein großer Teil der S. S. verschleppt. Die Verfassung Rumäniens sieht für die S. S. rechtliche Gleichstellung und sprachlich-kulturelle Autonomie vor.

Siebengebirge, kleines, tiefes zertaltes Vulkangebirge südöstlich von Bonn am Rand des Westerwaldes mit zahlreichen bewaldeten Kuppen und Kegeln aus Trachyt, Basalt, Latit (Großer Ölberg, Petersberg, Drachenfels u. a.).

Sieben Gemeinden, italien. **Sette**

Comuni, ehem. dt. Sprachinsel am Südrand der Alpen, in der italien. Provinz Vicenza.

Siebengestirn, die →Plejaden.

Sieben Hauptsünden, nach kath. Lehre: Stolz, Geiz, Unkeuschheit, Neid, Unmäßigkeit, Zorn, Trägheit.

Siebenjähriger Krieg (3. Schles. Krieg), 1756-63. Um das von Friedrich d. Gr. im 1. und 2. →Schlesischen Krieg eroberte Schlesien zurückzugewinnen, verbündete sich Österreich mit Rußland, Frankreich und Sachsen-Polen; später noch mit Spanien, Schweden und der Reichsarmee. Preußen, nur im Bunde mit Großbritannien-Hannover, kam der Einkreisung zuvor. Friedrich siegte u. a. bei Prag, Roßbach, Leuthen, Zorndorf, Liegnitz, Torgau, Krefeld, Minden; verlor bei Kolin, Hochkirch, Kunersdorf. Aus arger Bedrängnis rettete ihn 1762 das Ausscheiden Rußlands. Im Frieden von Hubertusburg behauptete Friedrich Schlesien und die Großmachtstellung Preußens. Mit dem S. K. war ein französ.-engl. Kolonialkrieg verflochten. Im Frieden von Fontainebleau trat Frankreich sein Kolonialreich in Nordamerika an Großbritannien ab.

Siebenschläfer, Legende: 7 Brüder, die auf der Flucht vor einer Christenverfolgung (251) in einer Höhle einschliefen und dort eingemauert wurden. Sie erwachten erst, als die Höhle geöffnet wurde, und starben. - Wetterregel: regnet es an S., so regnet es 7 Wochen; verallgemeinert die Erfahrung, daß sich Ende Juni häufig der Wettercharakter des Sommers entscheidet.

Siebenschläfer, 1)  eine Schlafmaus. **2)** ⊕ die →Nachtkerze.

Sieben Schwaben, die Helden eines mittelalterl. derben Schwanks, 1. Fassung aus dem 15. Jahrh.

Siebenstern, Primelgewächs mit unterird. Ausläufern, rosettigen Blättern und weißen, siebenzähligen Blüten; in Wäldern.

Siebenstromland, Landschaft im sowjet. West-Turkestan, südlich vom Balchaschsee, benannt nach den 7 Armen des Ili.

siebenter Himmel, Islam: Ort der letzten Verklärung.

Sieben Weise, griech. Weise und Staatsmänner des 7. und 6. Jahrh.; darunter stets: Solon, Thales, Bias, Pittakos.

Sieben Weltwunder, die im Altertum berühmtesten Bau- und Kunstwerke: Ägypt. Pyramiden, Hängende Gärten der Semiramis in Babylon, Artemistempel zu Ephesos, Zeus des Phidias zu Olympia, Mausoleum zu Halikarnassos, Koloß von Rhodos, Leuchtturm auf Pharos vor Alexandria; bisweilen auch andere Werke.

Siebkette, eine Schaltungsanordnung mehrerer elektr. Filter, die einen vorbestimmten Frequenzbereich durchläßt oder sperrt.

Siebs, Theodor, Germanist, * 1862, † 1941; ‚Dt. Bühnenaussprache‘ (1898).

Sieburg, Friedrich, Schriftsteller, * 1893,

† 1964; schrieb ‚Gott in Frankreich?‘ (1929), ‚Robespierre‘ (1936), ‚Napoleon‘ (1956), ‚Chateaubriand‘ (1959); Buchkritiken, Essays.

Siebzehnter Juni, →Juniaufstand 1953.

siech, hinfällig, krank.

sieden, eine Flüssigkeit unter Blasenbildung bei einer bestimmten Temperatur, dem **Siedepunkt,** verdampfen. Am Siedepunkt wird der Dampfdruck in der Flüssigkeit gleich dem äußeren Druck.

Siedlung, allgemein jede feste menschl. Niederlassung, vom neuen Wohnplatz in bisher unbesiedeltem Gebiet bis zum planmäßig angelegten Ortsteil (Stadtrand-S. u. a.).

Siedlungskunde (mit Siedlungsarchäologie, -geschichte, -geographie) erforscht und untersucht menschl. Siedlungen von der Vor- und Frühgeschichte bis zur Jetztzeit einschließlich wirtschaftssozialer, volkskundlicher u. a. Gegebenheiten.

Siedlungswesen, die privaten und öffentl. Maßnahmen zur Ansiedlung von Bevölkerungsgruppen. Bei der **ländl. Siedlung** unterscheidet man die bäuerl. Siedlung, die auf Schaffung einer wirtschaftl. Existenz (Vollsiedlung) oder auf Aufstockung bis zu dieser Größe durch Landzulagen (Anliegersiedlung) gerichtet ist, und die Ansiedlung von Handwerkern und Arbeitern auf kleineren Stellen mit Landauslaß zur marktwirtschaftl. (Nebenerwerbssiedlung) oder hauswirtschaftl. (Kleinsiedlung) Ergänzung des hauptberufl. Erwerbs. Die ländl. Ansiedlung (innere Kolonisation) war stets ein wichtiges Mittel der Agrar- und Bevölkerungspolitik (Siedlungspolitik der absoluten Fürsten, Siedlungsgesetze unter Bismarck, Reichssiedlungsges. 1919). In der Bundesrep. Dtl. wurde die überlieferte Siedlungsgesetzgebung durch das Flüchtlingssiedlungsges. von 1949 erweitert; bis Ende 1968 wurden rd. 159 000 neue Siedlerstellen mit 298 000 ha Land geschaffen. - Die **städtische Siedlung** ist auf die Schaffung von Wohnraum gerichtet.

Sieg die, rechter Nebenfluß des Rheins, 130 km lang, kommt aus dem Rothaargebirge, mündet unterhalb Bonn.

Siegbahn, Manne, schwed. Physiker, * 1886; entdeckte die M-Serie der Röntgenspektren, wies die prismat. Brechung der Röntgenstrahlen nach; Nobelpreis 1924.

Siegburg, Stadt in Nordrh.-Westf., an der Sieg, 34 600 Ew.; Benediktinerabtei; Metall-, chem., keram., Ton- u. a. Industrie.

Siegel [lat. sigillum] das, Abdruck eines Stempels in einer weichen Masse, früher in Metall oder meist Wachs, später in Siegellack oder Papier; zur Beglaubigung einer Urkunde oder als Briefverschluß, →Bulle. Eine Weiterbildung des S. ist der Stempel aus Gummi oder Stahl.

Siegelbaum, die ausgestorbene Gattung **Sigillaria** (Tafel Erdgeschichte), bis 30 m hohe Bärlappgewächse mit zapfenförmigen Früchten.

Siebenbürgen: Dorf südlich von Hermannstadt

Siebengebirge: rechts Drachenfels, links Petersberg

Siegelbewahrer, Hüter der großen Staatssiegel; im Dt. Reich bis 1806 der Kurfürst von Mainz, in Großbritannien der Lordkanzler.

Siegelbruch, 🔏 das vorsätzliche unbefugte Erbrechen, Ablösen oder Beschädigen eines amtl. Siegels, das angelegt ist, um Sachen zu verschließen, zu bezeichnen oder zu beschlagnahmen; strafbar mit Freiheits- oder Geldstrafe (§ 136 StGB.).

Siegelkunde, griech. **Sphragistik,** geschichtl. Hilfswissenschaft, die die →Siegel früherer Zeiten erforscht; sie unterscheidet sie meist nach der Art der Darstellung (Bildnis-, Wappen-, Reiter- u. a. Siegel).

Siegellack, Gemisch aus Kolophonium, Schellack und Farbstoffen zum Siegeln von Briefen u. dgl.

Siegen, Stadt in Nordrh.-Westf., an der Sieg, 58 000 Ew.; Geburtsstadt Rubens'; Mittelpunkt des Erzbergbaus des Siegerlandes. Eisen- und Hütten-, Blechwaren-, Maschinen- und Lederindustrie.

Siegerland, Landschaft in Nordrh.-Westf., an der Sieg, das wegen seiner früheren Eisenerzgewinnung (bis 1962) bedeutende Eisenindustrie.

Siegfried, nordisch **Sigurd,** german. Sagenheld im Mittelpunkt des →Nibelungenlieds. Ein episches Gedicht vom Hörnen Siegfried (um 1400) behandelt die ersten Taten S.s (Drachenkampf, Unverwundbarkeit durch Bad in Drachenblut, Befreiung Kriemhilds).

Siegfried, Hermann, schweizer. Topograph, * 1819, † 1879, bekannt durch die ‚S.-Karte' (‚Topograph. Atlas der Schweiz', 1:25 000).

Siegwurz, die →Gladiole.

SI-Einheiten [Système International d'Unités], die Basiseinheiten des internat. Einheitensystems für Maß und Gewicht, seit 1970: Meter **(m),** Kilogramm **(kg),** Sekunde **(s),** Ampère **(A),** Kelvin **(K)** und Candela **(cd),** seit 1971 noch Mol **(mol).**

Siel der oder das, meist in Seeoder Flußdeichen zur Entwässerung der eingedeichten Niederungen bei niedrigen Außenwasserständen. Im einfachsten Fall werden die Verschlüsse durch den Wasserstand gesteuert. Bei **Heber-S.** wird das Wasser mit Hilfe eines Hebers über den Deich hinweg gefördert.

Sielen die, das Geschirr der Zugtiere.

Siemens, 1) Georg von, Bankmann, Vetter von 2), * 1839, † 1901, seit 1870 Direktor der von ihm gegr. Dt. Bank.

2) Werner von, Begründer der Elektrotechnik, * 1816, † 1892, erfand den Zeigertelegraphen, die Guttapercha-Umhüllung von Leitungen, den Doppel-T-Anker, die Dynamomaschine, baute die erste große

Werner v. Siemens   Bedřich Smetana

unterirdische Telegraphenleitung (Berlin-Frankfurt a. M.), die erste elektr. Lokomotive und Straßenbahn; gründete 1847 mit J. G. Halske eine Telegraphenbauanstalt, die er mit Hilfe seiner Brüder Wilhelm und Karl weiterentwickelte (→Siemens AG.).

3) Wilhelm (seit 1883 Sir William S.), Industrieller, Bruder von 2), * 1823, † 1883, gründete 1865 in London die Siemens Brothers & Co.; entwickelte mit E. und P. Martin das **S.-Martin-Verfahren** der Stahlerzeugung.

4) Wilhelm von, Industrieller, Sohn von

2), * 1855, † 1919, förderte den Schnelltelegraphen, den elektr. Bahnantrieb, die Glühlampenherstellung u. a.

Siemens AG., Berlin, München, hervorgegangen aus **Siemens & Halske AG.** und **Siemens-Schuckertwerke AG., SSW,** Berlin, Erlangen, das größte Unternehmen der dt. Elektrotechn. Ind.; 1847 von W. v. Siemens und J. G. Halske in Berlin gegr. Zahlreiche Beteiligungen im In- und Ausland. Kap.: 1,157 Mrd. DM, Beschäftigte (im Inund Ausland): 301 000 (1971).

Siemianowice Śląskie [sjemianɔv'itse sjl'ɔskje], Stadt in Polen, am Ostrand des oberschles. Industriegebiets, 66 600 Ew.; Steinkohlengruben, Eisenhütten, Walzwerke, Schwerindustrie.

si'ena [nach der ital. Stadt S.], rotbraun.

Siena, 1) Provinz in Italien, in der Toskana, 3821 km², 260 700 Ew.

2) die Hauptstadt von 1), 66 100 Ew., kath. Erzbischofssitz, reich an got. Bauten (Dom, 12.-14. Jahrh., mit einer Kanzel von N. Pi-

Siena: Dom

sano; Rathaus 1297-1310, mit hohem Glokkenturm). Univ. - Das ghibellin. S. war im MA. die schärfste Rivalin von Florenz. 1557/59 kam es an Toskana.

Sienkiewicz [sjenkj'evitʃ], Henryk, poln. Schriftsteller, * 1846, † 1916; Roman aus der Zeit der Christenverfolgung ‚Quo vadis?' (1896). Nobelpreis 1905.

Sienyang, chines. Stadt in der Prov. Schensi, 2,423 Mill. Ew., Baumwollind. Unter der Tsin-Dynastie (221-206 v. Chr.) Hauptstadt Chinas.

Si'erra [span. ‚Säge'] die, portugies. **Serra,** langgestreckter Gebirgszug.

Sierra de Gr'edos, mittlerer und höchster Teil des Kastil. Scheidegebirges (bis 2592 m), Spanien, mit z. T. hochalpinen Formen als Folgen eiszeitlicher Vergletscherung.

S'ierra Le'one, Republik im Brit. Commonwealth, in Westafrika, 71 740 km² mit 2,51 Mill. Ew. Hauptstadt: Freetown. Amtssprache: Englisch. Religion: 65% Anhänger von Naturreligionen, rd. 25% Muslime. ⊕ II/III, Bd. 1, nach S. 320. Nach der Verfassungsänderung von 1971 ist Staatsoberhaupt der Präs. ☉ S. 1179. □ Bd. 1, S. 347. Währung: 1 Leone = 100 Cents.

Hinter einer Küstenniederung mit Mangrovesümpfen steigt das Land über eine Ebene nach N und O an (im Bintimani 1948 m). Das Klima ist tropisch mit Regenzeit im Sommer. Größte der 17 Bevölkerungsgruppen sind die Mende und Temne. Es gibt keine Schulpflicht, rd. 90% Analphabeten; Univ. in Freetown. Die Landwirtschaft erzeugt für den Eigenbedarf Reis, Hirse, Maniok, Mais, Erdnüsse für die Ausfuhr Palmkerne, Kaffee, Kakao. Ausgeführt werden auch Erzeugnisse des bedeutenden Bergbaus: Diamanten (58% des Ausfuhrwerts), Eisenerz, Bauxit. Haupthandelspartner: Großbritannien. Verkehr: rd. 7200 km Straßen, 594 km Eisenbahnen, Haupthäfen: Freetown, Pepel (für Eisenerz); internat. Flughafen: Lungi

(nördlich Freetown). - Die Küste wurde 1447 von den Portugiesen entdeckt. 1787 gründeten die Engländer die Kolonie S. L. als Siedlung für befreite Negersklaven aus Amerika; 1896 brit. Protektorat; seit April 1961 unabhängiger Staat. S. L. ist Mitgl. der OAU.

Si'erra Mor'ena [span. ‚schwarzes Gebirge'], Steilabfall der innerspan. Hochfläche zum Andalus. Tiefland.

Si'erra Nev'ada [span. ‚beschneites Gebirge'], **1)** höchstes Gebirge Spaniens, in Andalusien, im Mulhacén 3481 m hoch.

2) Hochgebirge in Kalifornien, Verein. Staaten, bildet mit seiner nördl. Fortsetzung, dem Kaskadengebirge, die innere Zone der nordamerikan. Kordilleren; im Mt. Whitney 4418 m hoch.

3) S. N. de Mérida, Teil der Kordilleren in Venezuela, bis 5007 m hoch.

Sierre [sjɛ:r], franzós. für →Siders.

Si'esta [span.] die, Mittagsruhe.

Sieveking, Amalie, Vorkämpferin der weibl. Diakonie, * 1794, † 1859, gründete 1832 den ‚Weibl. Verein für Armen- und Krankenpflege'.

Sievers, Eduard, Germanist, * 1850, † 1932, stellte die →Schallanalyse in den Dienst der Stil- und Textkritik.

Sieyès [sjej'ɛs], Emanuel Joseph Graf (1809), * 1748, † 1836, kath. Geistlicher (daher ,Abbé S.'), zu Beginn der Franzós. Revolution Wortführer des Bürgertums (‚Was ist der Dritte Stand?', 1789), später Anhänger Napoleons, 1815-30 verbannt.

S'igel das, **Sigle** die, Wortkürzung, bes. in der Kurzschrift.

Siger von Brabant, Scholastiker, * um 1235, † um 1284, Haupt des latein. Averroismus (→Averroës) an der Pariser Artistenfakultät.

Sight-seeing [s'aitsi:iŋ, engl.] das, das Besichtigen von Sehenswürdigkeiten.

Sig'illum [lat.], **Sigill,** Siegel. **S. confessionis,** Beichtsiegel (→Beichtgeheimnis).

S'igismund, Sigmund, Fürsten:

Römisch-dt. Kaiser. **1) S.** (1410-37), jüngerer Sohn Kaiser Karls IV., * 1368, † 1437, erbte 1378 Brandenburg, 1387 Ungarn, erlitt 1396 die schwere Niederlage bei Nikopolis gegen die Türken. S. übertrug 1415 bis 1417 das Kurfürstentum Brandenburg den Hohenzollern, 1423 das Kurfürstentum Sachsen den Wettinern. Auf dem Konstanzer Konzil (1414-18) gelang ihm die Beilegung des Schismas. Seit 1419 in die Hussitenkriege verwickelt, wurde er erst 1436 als König von Böhmen anerkannt.

Polen. **2) S. I. August** (1548-72), letzter Jagiellone, * 1520, † 1572, gewann 1561 Livland und die Lehnsoberhoheit über Kurland, verwandelte 1569 die Personalunion zwischen Polen und Litauen in eine Realunion.

3) S. III. (1587-1632), * 1566, † 1632, aus dem Hause Wasa, 1592-1604 auch König von Schweden, das er durch seine gegenreformator. Bestrebungen verlor.

S'igma das, der 18. Buchstabe des griech. Alphabets, Zeichen σ, ς, Σ.

Sigmaringen, Stadt in Bad.-Württ., am Donau-Durchbruch durch die Schwäb. Alb, 11 000 Ew., Fürstlich Hohenzollernsches Schloß (16.-16. Jahrh., 1893 neu ausgebaut). - Die Gfsch. S. kam 1534 an die schwäb. →Hohenzollern.

Signac [sin'ak], Paul, franzós. Maler, * 1863, † 1935, neben Seurat der führende Meister des Neoimpressionismus.

Sign'al [frz.] das, verabredetes oder vorgeschriebenes Zeichen zur Nachrichtenübermittlung: **hörbare** (akustische) S. werden durch Sirene, Hupe, Horn, Trommel, Pfeife usw. übermittelt, **sichtbare** (optische) S. sind z. B. Licht- und internat. Flaggen-S. (26 Buchstabenflaggen, 10 Zahlenwimpel, 4 Hilfszeichen), Verkehrs-S. für die Seeschiffahrt im Internationalen **Signalbuch.** S. für den Zugverkehr →Eisenbahnsignale. **Funk-S.** werden drahtlos mit Hilfe elektromagnet. Wellen übermittelt.

Signalem'ent [auch siɲalm'ã, frz.] *das,* kurze Personenbeschreibung (in Paß, Steckbrief, Straf-, Vermißtenanzeigen).

Signalhorn, ⚔ militär. Blasinstrument zum Signalgeben.

Signat'ar [lat.] *der,* Unterzeichner.

Signatarmacht, ein Staat, der einen zwischenstaatl. Vertrag unterzeichnet hat oder ihm beigetreten ist.

Signat'ur [lat.] *die,* 1) Kennzeichen, Bezeichnung. 2) Unterschrift. 3) ✄ Bezifferung der Bogen jeweils auf der ersten und dritten Seite unten. 4) Standortbezeichnung in Bibliotheken. 5) **Apostolische S.,** die oberste Gerichtsbehörde der päpstl. Kurie.

Sign'et [lat.] *das,* das Drucker- oder Verlegerzeichen **(Verlags-S.).**

sign'ieren [lat.], 1) bezeichnen. 2) unterzeichnen. **signifik'ant,** bezeichnend.

Signore [sin'o:re, ital.], Mz. Signori, Herr; **Signora** [sin'o:ra], Frau; **Signorina** [sinor'i:na], Fräulein.

Signor'elli [sinor'eli], Luca, italien. Maler, * um 1445/50, † 1523, schuf Fresken und Tafelbilder von plastisch kraftvoller Figurengestaltung. Fresken in der Sixtin. Kapelle des Vatikans (1482/83) und im Dom zu Orvieto (Weltgericht, Selige und Verdammte, 1499-1505).

Signoria [sinor'i:a] *die,* im mittelalterl. Italien die Herrschaft über ein Stadtgebiet.

S'ignum [lat.] *das,* 1) Marke, Zeichen, abgekürzte Unterschrift. 2) altröm. Feldzeichen.

S'igurd [altnord.], nordische Namensform von Siegfried.

Sihan'uk, Norod'om S., kambodschan. Politiker, * 1922, seit 1941 König von Kambodscha, trat 1955 zugunsten seines Vaters zurück, nach dessen Tod er (1960) Staatsoberhaupt wurde (ohne den Titel eines Königs); suchte die Unabhängigkeit Kambodschas zu sichern; 1970 gestürzt.

Sihl *der,* linker Zufluß der Limmat, 76 km lang, mündet in Zürich.

Siirt, Sert, Sört, Provinzhauptstadt in der SO der Türkei, 29400 Ew., große Karawansereien.

Sik [ʃik], Ota, tschechoslowak. Wirtschaftspolitiker, * 1919, Hauptvertreter eines wirtschaftl. Reformkurses unter Dubček.

Sika *der,* ostasiat. Hirsch, etwa 85 cm hoch, im Sommer weißfleckig.

Sikang, tibet. **Kham,** ehemal. Prov. Chinas, 529000 km², 3,4 Mill. Ew.

Sikh [von Sanskrit ,Schüler'] *der,* Anhänger einer heute 9 Mill. Mitgl. umfassenden Religionsgemeinschaft in Pandschab; um 1500 gegründet; 1947 mußten die in Pakistan wohnenden S. auswandern, sie leben jetzt im östl. Pandschab und anderen nordind. Gebieten.

Sikiang *der,* chines. Name des →Westflusses in China.

Sikkat'iv *das,* Trockenstoff, in organ. Lösungsmitteln u. in Ölen lösliche organ. Säuren und Metallsalze; sie werden den Bindemitteln in Anstrichstoffen zugesetzt, um die Trocknungszeit abzukürzen.

S'ikkim, Königreich im Himalaya zwischen Nepal und Bhutan, 7107 km², 194000 Ew., Hauptstadt: Gangtok. In den Tälern Anbau von Reis, Getreide, Tee, Baumwolle, Ingwer. - Die Dynastie der S. besteht seit Mitte 17. Jahrh. 1890 kam S. zu Brit.-Indien, 1950 wurde es ind. Protektorat. ⊕ IV/V, Bd. 1, nach S. 320.

Sik'orski, Władysław, poln. General und Politiker, * 1881, † 1943, 1939-43 MinPräs. der poln. Exilregierung in London.

Sik'orskij, Igor Iwanowitsch, Flugzeugbauer, * 1889, baute 1913 in Rußland das erste viermotorige Flugzeug, seit 1919 in den Verein. Staaten, gründete 1923 ein Flugzeugwerk, entwickelte Flugboote, seit 1939 Hubschrauber.

S'ikuler Mz., antikes Volk auf Sizilien, aus der Gruppe der Italiker.

S'ikyon, altgriech. Stadt westl. von Korinth, unter der Tyrannis der Orthagoriden im 7./6. Jahrh. v. Chr. bedeutend.

L. Signorelli: Die Verdammten des Jüngsten Gerichts; Ausschnitt (Dom zu Orvieto)

Silage [sil'a:ʒə, frz.] *die,* durch Einsäuerung im Silo konserviertes (Gär-)Futter.

Silbe, kleinste Spracheinheit, Träger von Tonhöhe, Quantität und Akzent.

Silbenrätsel, Rätsel, in dem einzelne Silben gefunden und zusammengefügt werden müssen. Sonderfall: die →Scharade.

Silbenschrift, →Schrift, Geschichte.

Silber, chem. Zeichen Ag, chem. Element, Edelmetall, Ordnungszahl 47, Atomgewicht 107,870, spezif. Gewicht 10,5, Schmelzpunkt 960,5° C, Siedepunkt 2170° C. S. ist härter als Gold, glänzend weiß, gut polierbar, sehr dehnbar, von allen Metallen der beste Wärme- und Elektrizitätsleiter. Vorkommen in gediegener Form oder im S.-Glanz, Rotgültigerz, S.-Hornerz u. a.; Hauptfundorte in Mexiko, Peru, Bolivien; Gewinnung durch Ausschmelzen zusammen mit Blei (Treibprozeß), durch Herauslösen mit Quecksilber (Amalgamation) oder durch Cyanidlaugerei. Verwendung für Schmuck, Tafelgerät, chem. Apparate, wissenschaftl. Instru-

Silbergewinnung 1970 (in t)

Kanada	1377
Verein. Staaten	1371
Mexiko	1332
Peru	1160
Sowjetunion	1150
Australien	809
Japan	344
Bolivien	186
Welt	*9250*

mente, elektr. Kontakte, Münzen, photograph. Emulsion u. a. Von den S.-Verbindungen werden die Halogenide **(S.-Chlorid, S.-Bromid, S.-Jodid)** wegen ihrer leichten Zersetzung durch Licht in der Photographie verwendet. **S.-Nitrat** wird als Höllenstein zum Desinfizieren und Ätzen benutzt.

Silberblatt, →Mondviole.

Silberdistel, eine →Eberwurz.

Silberfischchen, →Zottenschwänze.

S'ilbergras, P'ampasgras, 3-6 m hohe Grasart Südamerikas, mit silberweißen, oft rötlichen Rispen; Zierpflanze.

Silberkönig, der Fisch →Tarpon.

Silberlöwe, der →Puma.

Silbermann, eine erzgebirgische Orgel- und Klavierbauerfamilie; am bedeutendsten waren: Andreas (* 1678, † 1734) und Gottfried (* 1683, † 1753), der u. a. die Orgel der Frauenkirche in Dresden (1945 zerstört) baute.

Silberstift, ein im 15. und 16. Jahrh. verwendeter Zeichengriffel mit Silberspitze. Das Papier wurde mit Knochenasche grundiert, um den grauen, später bräunlich werdenden Strich anzunehmen.

Silberstrich, Tagschmetterling, mit gelben, schwarzgefleckten Flügeln; Unterseite der Hinterflügel silberiggrün.

Silberwährung, eine Währung, bei der die Währungseinheit an den Wert einer Silbermünze gebunden ist. Die S. wurden durch Goldwährungen ersetzt.

Silberwurz, 1) Dryas, Gatt. Rosengewächse; **Achtblättrige S.** mit unterseits weißfilzigen Blättern, in der Arktis und in Hochgebirgen. 2) eine Eberwurz.

Silcher, Friedrich, Komponist, * 1789, † 1860, 1818 Universitätsmusikdirektor in Tübingen, gründete dort 1829 die ,Liedertafel'; förderte das Chorsingen.

Sild [sil, dän.] *der,* (eingelegter) Hering.

Sil'en *der,* **Silen'os,** griech. Mythos: Begleiter des Bacchus, dicker, trunkener, glatzköpfiger Alter.

Sil'entium! [lat.], Ruhe!

Silhouette [silu'ɛtə, frz. nach dem französ. Finanzminister de Silhouette, † 1767], ein →Schattenbild, Scherenschnitt.

Silic'ate [lat.], Salze der Kieselsäure.

silic'ieren, auf Eisen ein Schutzschicht von Silicium und Eisensiliciumlegierungen erzeugen.

Sil'icium, chem. Zeichen Si, chem. Element, Nichtmetall, Ordnungszahl 14, Atomgewicht 28,09, spezif. Gewicht 2,4, Schmelzpunkt 1410° C, Siedepunkt 2630° C. S. bildet in Form von Quarz und Silicaten den Hauptbestandteil der Erdkruste. Kristallisiertes S. ist ein Halbleiter. Mit den meisten Metallen bildet S. Legierungen oder Verbindungen **(Silicide). S.-Carbid** besitzt nahezu Diamanthärte und dient als Schleifmittel, Ofenbaustoff und Heizleiter.

Silic'one, Kunststoffe aus Silicium-Sauerstoff-Ketten in Verbindung mit organ. Substituenten, je nach Aufbau flüssig **(S.-Öle),** fest **(S.-Harze)** oder kautschukartig **(S.-Kautschuk),** vorwiegend in der Industrie verwendet.

S'ilikag'el *das,* aktive Kieselsäure.

Silik'ose [lat.] *die,* die Kiessellunge, eine →Staubinhalationskrankheit.

S'ilingen Mz., Teilstamm der →Wandalen, ursprünglich in Schlesien, das nach ihnen seinen Namen erhielt.

Silkeborg [s'ilgabɔr], Stadt in Jütland, Dänemark, 42700 Ew.; Kurort. Papier-, Maschinen-, Textil- u. a. Industrie.

Sill [schwed., norweg.] *der,* (eingelegter) Hering.

Sill *die,* rechter Nebenfluß des Inns, kommt vom Brenner, durchfließt das **Wipptal,** mündet bei Innsbruck, 35 km lang.

S'illanpää [-pɛ:], Frans Eemil, finn. Schriftsteller, * 1888, † 1964; ,Silja, die Magd' (1931), ,Schönheit und Elend des Lebens' (1945). Nobelpreis 1939.

Frans E. Sillanpää   Franz v. Sickingen

Sill'ein, slowak. **Žilina,** Stadt in der Slowakei, Tschechoslowakei, 41500 Ew.; Textil- u. a. Industrie.

S'ilo [span.] *der,* hoher Behälter aus Beton, Holz, Stahl zum Speichern von Schüttgütern (Getreide, Grünfutter, Kohle, Sand, Erz, Zement u. a.), zur Bereitung von Gärfutter, zum Konservieren gedämpfter Futtermittel.

Sil'one, Ignazio, eigentlich Secondo **Tranquilli,** italien. Schriftsteller, * 1900, trat 1930 aus der italien. Kommunist. Partei aus; bis 1944 als Emigrant in der Schweiz; Romane ,Fontamara' (1930), ,Brot und Wein' (1936), ,Der Fuchs und die Kamelie' (1960).

S'ilphie die, **Tassenpflanze,** gelbblütiger nordamerikan. Korbblüter mit tassenförmigem Blattgrund; Zierstaude.

Sils im Engadin, rätoroman. **Segl,** Kurort im Kt. Graubünden, Schweiz, 400 Ew., besteht aus **S.-Baselgia** (1802 m) und **S.-Maria** (1817 m ü. M.) zwischen Silvaplaner und Silser See. S.-Maria war 1881-88 Sommeraufenthalt Nietzsches.

Silum'in das, Aluminiumgußlegierungen mit 12-13,5% Silicium u. a. Zusätzen.

Sil'ur das, geologische Formation des Paläozoikums, früher als Zusammenfassung von →Ordovizium und Gotlandium betrachtet, heute auf das Gotlandium beschränkt. (Übersicht Erdgeschichte)

Silv'aner, Sylvaner der, eine Rebsorte (Weißwein).

Silv'anus, altröm. Gott des Waldes.

Silvapl'ana, rätoroman. **Silvaplauna,** Kurort im Oberengadin, Schweiz, am Silvaplaner See, 1813 m ü. M., 700 Ew.

Silv'ester, Päpste:
1) **S. I.** (314-335), soll nach der Konstantinischen Schenkung Konstantin d. Gr. getauft und weitgehende Rechte erhalten haben. Tatsächl. starb S. 335, zwei Jahre vor Konstantins Taufe. Heiliger; Tag: 31. 12.
2) **S. II.** (999-1003), vorher **Gerbert von Aurillac,** organisierte die Kirche in Polen und Ungarn; er war ein großer Gelehrter.

Silvester, Sylvester, letzter Tag des Jahres, nach dem Tagesheiligen des 31. 12., Papst Silvester I. - Volksbräuche: Zukunftsdeutung für das kommende Jahr, Vertreibung böser Geister durch Lärmen, Schießen, Vermummungen.

Silv'etta, vergletscherter Bergstock auf der Grenze von Vorarlberg, Tirol und Graubünden, im Piz Linard 3411 m hoch.

S'ima das, die durch Silicium- und Magnesiumgehalt gekennzeichnete Zone der Erdkruste.

S'ima [grch.] die, Traufrinne des griech. Tempels; oberer Teil eines Gesimses.

Simar'uba [indian.] die, Bitterholzgewächs, von Florida bis zum mittleren Brasilien verbreitet; mit bitterer Rinde (**S.-Rinde),** die zur Behandlung von Durchfall dient.

Simb'abwe, Ruinenfeld in S-Rhodesien; Hauptbauwerke (wahrscheinlich aus dem frühen MA.); ,Elliptischer Tempel', der Gebirgsform angepaßte ,Akropolis'. Zusammenhänge mit dem um 1450 entstandenen Reich Monomotapa und dem mittelalterl. Goldbergbau sind wahrscheinlich.

Simbach am Inn, Stadt in Niederbayern, gegenüber der österreich. Stadt Braunau, 7100 Ew.; Österreichisch-Bayer. Kraftwerk AG., Leichtbauplatten-Industrie.

Simb'irsk, russ. Stadt, →Uljanowsk.

Simca, Abk. von **S**ociété **I**ndustrielle de **M**écanique et **C**arosserie **A**utomobile, französ. Unternehmensgruppe der Kraftfahrzeugind., gegr. 1934, Kap.: 465,65 Mill. FF. Beschäftigte: 25 940 (1969).

Simch'at Thor'a [hebr.], Judentum: der 9. Tag des Laubhüttenfestes.

Simenon [simə'nɔ̃], Georges, eigentl. **Sim,** französ.-belg. Schriftsteller, * 1903; Kriminal- und Zeitromane.

S'imeon, greise prophet. Gestalt, die das Jesuskind im Tempel als Heiland begrüßte; Heiliger; Tag: 8. 10.

S'imeon, Fürst der Bulgaren (890-927), eroberte den größten Teil der Balkanhalbinsel, nahm 917 den Titel ,Kaiser (Zar) der Bulgaren und Griechen' an.

Simfer'opol, Stadt auf der Krim, Ukrain. SSR, 250 000 Ew.; Universität, vielseitige Industrie; viele alte Bauwerke. In der Umgebung Obst- und Weinbau.

S'imili [ital.] das oder der, Nachahmung, bes. von Edelsteinen.

Simmel, 1) Georg, Philosoph und Soziologe, * 1858, † 1918, Anhänger eines lebensphilosoph. Relativismus.

2) Johannes Mario, Schriftsteller, * 1924, Chemiker, * 1924. 1924. ,Es muß nicht immer Kaviar sein' (1960), ,Der Stoff aus dem die Träume sind' (1971) u. a.

S'imon, im N. T.:
1) S., ein Bruder (kath.: Vetter) Jesu, unter Trajan gekreuzigt. Tag: 18. 2., Ostkirche: 27. 4.
2) S. Kanan'äus, einer der 12 Apostel; soll in Persien das Christentum gepredigt haben, Märtyrer; Tag: 28. 10., Ostkirche: 10. 5.
3) S. Magus, samaritanischer Zauberer, von Petrus scharf abgewiesen, weil er apostolische Befugnisse für Geld zu kaufen suchte (Simonie), Apostelgesch. 8,9 ff.
4) S. Petrus, Apostel, →Petrus.
5) S. von Kyr'ene, ein Jude, der gezwungen wurde, das Kreuz Jesu tragen zu helfen.

Simon, 1) [s'aimən], John Allsebrook, Viscount (1940), brit. Politiker, * 1873, † 1954, gründete 1931 die nationalliberale Partei; 1931-35 Außenmin., 1935-37 Innenmin., 1937-40 Schatzkanzler, 1940-45 Lordkanzler.
2) [sim'ɔ̃], Pierre-Henri, französ. Schriftsteller, * 1903, † 1972; Romane, Essays.

Sim'one Mart'ini, italien. Maler, * 1284, † 1344, neben Giotto der bedeutendste italien. Maler des 14. Jahrh.; Fresken im Rathaus zu Siena (Madonna mit Heiligen, 1315; Reiterbild des Guidoriccio, 1328), in S. Francesco zu Assisi (Martinslegende); Tafelbilder.

Sim'onides von Keos, griech. Lyriker, * um 556 v. Chr., † 468 oder 467 v. Chr.; Epigramme auf die Helden der Perserkriege u. a.

Simon'ie die, kath. Kirchenrecht: der Erwerb eines geistl. Gutes (Gnade, Sakrament, Kirchenamt) oder einer weltl. Sache, die mit einer geistl. verbunden ist (Pfründe, geweihter Gegenstand) für Geld oder Geldeswert. S. ist als kirchl. Delikt strafbar.

S'imonow, Konstantin Michailowitsch, sowjet. Schriftsteller, * 1915; Lyrik; Stalingradroman ,Tage und Nächte' (1944), Drama ,Die russ. Frage' (1946).

s'impel [lat.], einfach; einfältig.

Simplic'issimus, 1) Simplicius S., Hauptgestalt eines Romans von Grimmelshausen aus dem Dreißigjähr. Krieg ,Der abenteuerliche S.' (1669). **2)** politisch-satir. Wochenschrift, erschien 1896-1944 und 1954 bis 1967 in München.

S'implonpaß, italien. **Passo del Sempione,** Alpenpaß in der Schweiz, zwischen den Walliser und Tessiner Alpen, 2005 m.

S'impson, William von, Schriftsteller, * 1881, * 1945; Familienroman ,Die Barrings' (1937) u. a.

Simpsonsche Regel, Verfahren zur angenäherten Berechnung von bestimmten Integralen.

Simrock, Karl, Germanist und Dichter, * 1802, † 1876, übertrug viele ahd. und mhd. Dichtungen ins Neuhochdeutsche.

Simse [ostd.] die, verschiedenartige Pflanzen: 1) Riedgräser. 2) Binsen. (Bild Riedgräser)

S'imson, S'amson, israel. Volksheld von großer Körperkraft, Richter, besiegte die Philister; er fiel ihnen in die Hände, weil Delila ihn durch Abschneiden seines langen Haares der Stärke beraubte; geblendet nahm er Rache, fand dabei selbst den Tod.

Simson, Eduard von, liberaler Politiker, * 1810, † 1899, Präs. der Frankfurter Nationalversammlung, führte 1849 die Abordnung, die Friedrich Wilhelm IV. seine Wahl zum Deutschen Kaiser mitteilte.

Simul'ant [lat.], jemand, der eine Krankheit vortäuscht. **Simulati'on** die, bewußte Vortäuschung. **simul'ieren,** vortäuschen.

Simul'ator, ein elektron. Analogierechner, der physikal. oder techn. Aufgaben durch Nachbildung der physikal. Vorgänge löst, z. B. beim **Reaktor-S.** zur Durchrechnung der Vorgänge im Reaktor oder beim **Flug-S.** oder **Raumfahrt-S.** Mit dem Flug-S. werden Flugzeugführer für bestimmte

Flugzeugmuster ausgebildet, ohne Flüge zu unternehmen. In einer Pilotenkabine mit allen Einrichtungen für Steuerung und Triebwerksbedienung sowie allen Bordinstrumenten wird ein wirkl. Flug vorgetäuscht.

simult'an [lat.], gleichzeitig, gemeinsam. **Simultaneit'ät,** Gleichzeitigkeit.

Simultangründung, ♂♀ →Aktiengesellschaft.

Simultankirche, eine von Gläubigen verschiedener Bekenntnisse gemeinsam benutzte Kirche.

Simultanschule, →Gemeinschaftsschule.

Simultanspiel, beim Schach im Reihenspiel mit mehreren Gegnern zugleich.

Simultan-Übersetzungsanlage, Anlage zur gleichzeitigen Übertragung einer Rede durch **Simultandolmetscher** in verschiedene Sprachen.

sin, Abk. für **Sin**us.

S'inai, wüstenhafte Halbinsel zwischen den Golfen von Suez und Akaba im N des Roten Meeres, im N ein Tafelland (bis 1600 m), im S das **Sinai-Gebirge,** im Dsche-

Sinai: Katharinenkloster

bel Katherin 2637 m. Am Fuß des Dschebel Musa (2285 m) das Katharinenkloster, die Fundstätte des Codex Sinaiticus (→Bibel). S. gehört zu Ägypten, seit 1967 von Israel besetzt.

Sin'aia, Kurort in den Südkarpaten, Rumänien, ehem. königl. Schloß.

Sinai-Inschriften, Inschriften (in kanaanäischem Dialekt; Mitte des 2. Jahrtsd. v. Chr.) in ehem. Malachitminen und in einem altägypt. Hathortempel auf der Sinai-Halbinsel, entdeckt 1905 und seit 1927.

Sinal'oa, Staat Mexikos, an der Küste des Stillen Ozeans, 58 092 km², 1 266 500 Ew. Hauptstadt: Culiacán.

Sin'an, der größte Baumeister der Osmanen, † 1578. Moschee Süleimans II., Istanbul; Moschee Selims II., Adrianopel.

Sin'anthropus [lat.-grch.] der, **Peking-Mensch,** im Tal von Chou-Kou-Tien bei Peking seit 1927 gefundene Menschenreste, dem Pithecanthropus nahestehend; der S. besaß bereits Feuer und Steinwerkzeuge.

Sin'atra, Frank, amerikan. Sänger, Filmschauspieler, * 1915.

Sinclair [s'iŋklɛə], 1) Isaak von, Diplomat und Schriftsteller, * 1775, † 1815, Freund Hölderlins in dessen Homburger und Stuttgarter Zeit.
2) Upton, amerikan. Schriftsteller, * 1878, † 1968, scharfer Kritiker der kapitalist. Gesellschaftsordnung, wandte sich später vom Kommunismus ab. Romane ,Der Sumpf' (1906), ,König Kohle' (1917), ,Drachenzähne' (1942), ,Keine neue Pamela' (1950).

Sind, Prov. in Pakistan, 147 925 km², 6,425 Mill. Ew. Hauptstadt: Karatschi.

Sindbad, Held eines Seefahrerromans, Teil der Märchensammlung ,Tausendundeine Nacht'.

Sindelfingen, Stadt in Bad.-Württ., nördl.

vom Schönbuch, 41 000 Ew.; Kraftwagen-, Büromaschinen- u. a. Industrie.

S'indhi, neuind. Sprache, am unteren Indus von rd. 5 Mill. Menschen gesprochen.

S'inding, Christian, norweg. Komponist, * 1856, † 1941, Spätromantiker; Oper, Sinfonien, Konzerte, Kammermusik, Lieder.

s'ine [lat.], ohne.

s'ine 'ira et st'udio [lat. ‚ohne Zorn und Vorliebe'], unvoreingenommen.

Sinek'ure [lat.] *die,* **1)** Pfründe ohne Amtsverpflichtung. **2)** einträgliche, mühelose Stellung.

s'ine t'empore [lat.], Abk. **s. t.,** ohne akademisches Viertel.

Sinfon'ie, Symphonie *die,* ein größeres Instrumentalwerk für Orchester in mehreren abgeschlossenen, zusammengehörigen Sätzen, von denen der erste meist Sonatenform (→Sonate) hat. Die Folge der im allgemeinen 4, zuweilen auch 3 Sätze (ohne Menuett) ist meist: schnell, langsam, schnell (Menuett oder Scherzo), schnell (Finale). S. bezeichnete im 17. Jahrh. ein Vor- oder Zwischenspiel in Oper, Oratorium, Kantate und seit dem Ende des 17. Jahrh. das dreiteilig gebaute italien. Opernvorspiel, aus dem die vorklass. S. hervorging (Sammartini, Wagenseil, Dittersdorf u. a.). Von dieser, durch das Menuett zur Viersätzigkeit erweiterten S. ausgehend, schuf Haydn als den Typus der klass. S., indem er ihr durch verstärkte Verarbeitung der Themen in den Durchführungen neue Möglichkeiten gewann. An Haydn schlossen Mozart und Beethoven an, der das Menuett durch das Scherzo ersetzte. Über die Romantiker führt die Entwicklung zu der in sich geschlossenen Monumentalform der S. Bruckners. Danach widmeten sich u. a. Mahler, Pfitzner, Sibelius, schließlich Strawinsky, Honegger, Prokofieff, Schostakowitsch, Hartmann und Fortner der Komposition von S.

sinf'onisch, symphonisch, nach Art der Sinfonie.

sinfonische Dichtung, meist einsätziges Orchesterwerk, wichtigste Gattung innerhalb der Programm-Musik. Beispiel: R. Strauss' ‚Till Eulenspiegel'.

Singakademie, eine Chorvereinigung. Die erste S. wurde 1791/92 in Berlin von K. Fasch gegründet.

Singapur [Sanskrit ‚Löwenstadt'], engl. **Singapore, 1)** Rep. in SO-Asien, 581 km² mit 2,05 Mill. Ew. (zu ⁴/₅ Chinesen), besteht aus der Insel S. (545 km²) und kleineren Inseln. Hauptstadt: Singapur 2). Amtssprache: Englisch. ⊕ V, Bd. 1, nach S. 320. Währung: S.-Dollar. ⛉ S. 1179. ▢ Bd. 1, nach S. 320. - S. wurde 1819 britisch und gehörte bis 1946 zur Kronkolonie Straits Settlements, 1946-1959 war S. eine eigene brit. Kronkolonie. 1959 wurde es ein autonomer Staat im Brit. Commonwealth, 1963 erhielt es Selbststregierung, gehörte der Föderation Malaysia an. 1965 trat S. unter MinPräs. Lee Kuan Yew aus der Föderation aus und erklärte seine Unabhängigkeit.

2) Hauptstadt von 1), auf der Insel S., 1,988 Mill. Ew., bedeutender Verkehrs- und Handelshafen SO-Asiens, brit. Luft- und Flottenstützpunkt, kath. Erzbischofssitz, Universität (zusammen mit dem Malaiischen Bund); Zinn-, Kautschuk-, Textil-, Leder-, Konservenindustrie und größtes Zinnschmelzwerk der Welt. (Bild Stadt)

Singaradja [-r'adʒa], Hauptort der Insel Bali, Indonesien, rd. 33 300 Ew.

Singen (Hohentwiel), Stadt in Bad.-Württ., im Hegau, 39 700 Ew.; Nahrungsmittel-, Eisen-, Stahl- u. a. Industrie.

Singer Co., New York, amerikan. Konzern der Maschinen- und Elektroind.; gegr. 1873, seit 1963 heutiger Name. Kap.: 744,5 Mill. US-$; Beschäftigte: 133 000 (1970).

Singhal'esen *Mz.,* die größte Bevölkerungsgruppe auf Ceylon, etwa 7,5 Mill., im 5. Jahrh. v. Chr. aus NW- und NO-Indien eingewandert; Buddhisten.

Single [siŋgl, engl.] *das,* **1)** Kartenspiel:

die einzige Karte einer Farbe (‚blank'). **2)** Tennis: Wettkampf mit einem Spieler auf jeder Seite.

Sing Sing, Staatsgefängnis des Staates New York, in der Nähe von Ossining.

Singspiel, ein Bühnenstück, bei dem im Gegensatz zur Oper Gesang und gesprochener Dialog wechseln. Frühe S. sind in England die ‚Bettleroper' von J. Gay und Pepusch (1728), in Dtl. ‚Der Teufel ist los' von Chr. F. Weiße und Hiller (1752); die Entwicklung führt zu Mozarts Meisteropern ‚Die Entführung aus dem Serail' (1782) und ‚Die Zauberflöte' (1791). Im 19. Jahrh. vermischt sich das S. mit der Spieloper.

S'ingular [lat.] *der,* Ⓢ Einzahl. **singul'är,** vereinzelt, einmalig, seltsam.

Singul'arsukzession, ⚖ die →Einzelrechtsnachfolge.

S'ingvögel, Unterordnung der Sperlingsvögel mit etwa 5000 Arten. An der Syrinx der S. ist die Stimm-Muskulatur in mindestens 7 Muskelpaare gegliedert. Europ. S.: Raben, Stare, Pirole, Finken, Lerchen, Stelzen, Baumläufer, Kleiber, Meisen, Würger, Seidenschwänze, Fliegenschnäpper, Grasmücken, Drosseln, Braunellen, Zaunkönige, Wasseramseln, Schwalben.

Sin'ide, den Mongoliden zugehörige →Menschenrasse. (Tafel Menschenrassen)

Sining, Hauptstadt der Prov. Tsinghai, China, 2400 m ü. M., wichtiger Handelsplatz an den Karawanenstraßen nach Tibet.

Sinkiang-Uighur, Autonome Region Chinas in Innerasien, 1,65 Mill. km², 8 Mill. Ew. (Uighuren, Kasachen, Mongolen u. a., überwiegend Muslime). Hauptstadt: Urumtschi; umfaßt die Dsungarei und das Tarimbecken. Wüste, Hochgebirge. Viehzucht, in den Oasen Ackerbau (Getreide, Baumwolle, Tabak, Obst). Bergbau auf Kohle, Eisenerz, NE-Metalle, Uran, Erdöl. Kernwaffen-Versuchsgelände am Lop-nor.

Sinkkasten, Gully, Einlaufschacht für die Kanalisation, der an Tiefpunkten der zu entwässernden Fläche angebracht ist.

Sinkstück, am Ufer hergestellte und schwimmend durch Beschweren mit Steinen versenkte Faschinenmatte (Sinkmatte) als Sohlensicherung und Grundbau für Strombauwerke.

Sinnbild, im 17. Jahrh. gebildetes Wort für Emblem (Bild, das einen Sinnzusammenhang allegorisch darstellt) und für Symbol.

Sinne *Mz.,* die Gesamtheit aller Fähigkeiten, Vorgänge der Außenwelt und Zustände des eigenen Körpers wahrzunehmen. Hierzu dienen die →Sinnesorgane. Die **Sinnesreize** werden durch **Sinnesnerven** dem Gehirn zugeleitet, wo sie durch Erregung bestimmter **Sinneszentren** zum Bewußtsein gelangen.

Sinnesorgane, 1) bei Mensch und Tier Organe, die der Reizaufnahme dienen. Ein S. liefert immer eine bestimmte Art der Empfindung mit zugehörigen **Sinnesqualitäten** (z. B. rot, blau, rund, laut). ⚘ auf bestimmte Reize eingestellte Empfangsorgane, die in der Regel Bewegung auslösen, z. B. **Fühlborsten** auf dem Blatt der Venusfliegenfalle.

Sinnestäuschungen, Halluzinationen, Illusionen und optische Täuschungen.

Sinn Féin [ʃin fe:n, irisch], nationalist. irische Partei, gegr. 1905, spaltete sich 1922 nach Errichtung des Irischen Freistaats (Eire) in die radikale ‚Fianna Fáil' unter De Valera und eine gemäßigte Partei unter Griffith und Cosgrave.

Sinngedicht, Sinnspruch, bei den dt. Dichtern des 17. und 18. Jahrh. Bezeichnung für Epigramm.

Sinnlichkeit, 1) die Fähigkeit, sinnl. Reize zu empfinden und wahrzunehmen. **2)** die Neigung zur Sinnenfreude, bes. zum sexuellen Genuß.

Sinnpflanze, Bez. für die →Mimose.

Sinolog'ie [grch.], die wissenschaftl. Chinakunde, bes. die Erforschung von Sprache, Literatur und Geschichte.

Sin'op, Provinzhauptstadt in der Türkei, Hafenstadt am Schwarzen Meer, 15 100 Ew. - S., das antike **Sinope,** war 183-70 v. Chr. die Hauptstadt des Pontischen Reiches. 1458 kam es an die Osmanen.

sinotib'etische Sprachen, Sprachgruppe in O- und SO-Asien; zugehörig die **Sino-Tai-Sprachen** mit Chinesisch, Tai-Sprachen (Lao, Thai u. a.) und die **tibeto-birmanischen Sprachen** mit Tibetisch, Birmanisch, Assam- und Lolo-Sprachen.

Sin'owjew, Grigorij, eigentlich **Hirsch Apfelbaum,** sowjet. Politiker, * 1883, † (hingerichtet) 1936, in den höchsten Parteistellen tätig, als Trotzkist zum Tode verurteilt.

Sin'owjewsk, →Kirowograd.

S'intenis, Renée, Bildhauerin, * 1888, † 1965, Kleinbildwerke junger Tiere, auch Bildnisköpfe, Akte, Illustrationen.

R. Sintenis: Fohlen (Bronze)

Sinter *der,* **1)** feinkristalliner oder amorpher Mineralabsatz aus Quellen oder wandernden Lösungen, z. B. Kalk- oder Kiesel-S. **2)** gesintertes Eisenerz oder Gichtstaub, →sintern.

Sintermetalle, →Hartmetalle.

sintern, pulverförmige oder feinkörnige

Sinne und Sinnesorgane	
bei Mensch und höheren Tieren	
Sinn	Sinnesorgan
Druck- oder **Tastsinn**	Tastpunkte der Haut.
Schmerzsinn	Schmerzpunkte der Haut (Oberflächenschmerz), Nervennetze in Muskeln, Knochen u. a. (Tiefenschmerz), vegetative Nerven (Eingeweideschmerz).
Temperatursinn (Kälte- und Wärmesinn)	Kälte- und Wärmepunkte der Haut und mancher Schleimhäute (z. B. in Mund und Speiseröhre).
Geruchssinn	Riechzellen der Nasenschleimhaut.
Geschmackssinn	Schmeckzellen der Zungen-, Mundschleimhaut.
Gesichtssinn	Stäbchen und Zapfen in der Netzhaut des Auges.
Gehörssinn	Cortisches Organ in der Schnecke des Innenohrs.
Muskelsinn (kinästhetischer S.)	Nerven der Muskulatur.
Gleichgewichtssinn	Bogengänge im Innenohr.
Sinnesgruppen	
Nahsinne:	z. B. Tast-, Geschmackssinn.
Fernsinne:	z. B. Gesichtssinn, Gehörssinn.
Chem. Sinne:	Geschmacks-, Geruchssinn.

Stoffe durch oberflächl. Schmelzen unter Hitzeeinwirkung zusammenbacken.

Sintflut, Sündflut, in den Sagen vieler Völker des Altertums eine durch göttl. Zorn verursachte Flutkatastrophe zur Vernichtung allen Lebens auf der Erde; in der Bibel wird Noah mit seiner Familie und einigen Tieren in der von ihm gezimmerten Arche gerettet.

Sint Niklaas, französ. **Saint-Nicolas,** Stadt in Ostflandern, Belgien, 49 000 Ew.; Textil- u. a. Industrie.

Sinuidschu, Sinuiju, Stadt in N-Korea, am Jalu, 118 400 Ew., chem. u. a. Industrie.

Sinus [lat.], **sin,** eine →Winkelfunktion.

Sinussatz, ein Satz der ebenen Trigonometrie: die Längen der Seiten eines Dreiecks verhalten sich zueinander wie die Sinuswerte der jeweils gegenüberliegenden Winkel.

Sinzig, Stadt in Rheinl.-Pf., an der Ahrmündung, 12 400 Ew.; Heilquellen.

Sion [sjɔ̃], französ. Name von →Sitten.

Sioux [si'u:], Indianer-Sprachfamilie N-Amerikas, früher als Büffeljäger die bedeutendste Gruppe der Prärie-Indianer, heute noch rd. 40 000 in Reservationen in North und South Dakota.

Sioux City [si'u:'iti], Stadt in Iowa, USA, am Missouri, 85 900 Ew.; Nahrungsmittel- u. a. Industrie.

Sioux Falls [si'u:fɔ:lz], Stadt in South Dakota, USA, 72 500 Ew.; Getreidehandel, Industrie.

Siphon [grch. ‚Heber'] *der,* 1) der →Geruchverschluß. 2) tragbares Schankgefäß mit Kohlensäure-Patrone, die das Getränk durch ein Steigrohr austreibt.

Sipo, Abk. für **Si**cherheits**po**lizei.

Sippe, 1) Blutsverwandtschaft, Großfamilie; auf frühen Kulturstufen Religions-, Wirtschafts- und Siedlungsgemeinschaft. 2) ⊕ ⚲ Verwandtschaftsgruppe (z. B. Gattung, Familie, Ordnung).

Sippenbild, Darstellung der um Maria und Anna vereinigten Sippe Jesu; im Spätmittelalter bes. in Deutschland.

Sippenforschung, die Erforschung der Verwandtschaftsverhältnisse innerhalb der Sippe (→Genealogie), dargestellt meist auf einer **Sippentafel.**

Sippenhaftung, Bestrafung oder sonstige Benachteiligung von Familienangehörigen politischer Gegner. Die S. widerspricht der rechtsstaatlichen Ordnung.

Sipplingen, Gem. in Bad.-Württ., am Bodensee, 1900 Ew. Funde von Resten spätjungsteinzeitl. Siedlungen.

Sir [sə:; engl. aus frz. Sire], 1) ohne Zusetzung eines Namens: mein Herr; höfl. Anrede. 2) Titel des niederen Adels, vor dem Vornamen.

Sirach, das Buch →Jesus S.

Sire [si:r, frz. aus Seigneur], französ. Anrede an Kaiser und Könige.

Sirene *die,* lautstarkes Schallsignalgerät. Der Ton wird durch period. Unterbrechung von Druckluft erzeugt, die durch eine feststehende und eine rasch umlaufende Scheibe mit jeweils gleich vielen Löchern strömt. **Ultraschall-S.** dienen zur Entnebelung und Entstaubung.

Sirenen, 1) griech. Mythos: in der Odyssee Göttinnen auf einer Insel, die Vorüberfahrende durch betörenden Gesang anlockten und dann töteten. 2) im Wasser le-

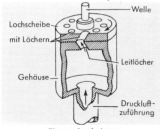

Sirene: Lochsirene

bende walähnl., algenfressende Säugetiere **(Seekühe)** mit flossenart. Vorder- und rückgebildeten Hintergliedmaßen; z. B. **Dugong (Seejungfer)** und **Lamantin** (bis 5 m).

Siri, Giuseppe, Kardinal (seit 1953), * 1906, seit 1946 Erzbischof von Genua.

Sirius *der,* **Hundsstern,** ☆ Stern 1. Größe im Sternbild Großer Hund.

Sirmien, Syrmien, serbokroat. **Srem,** Landschaft in Kroatien, zwischen Donau und Save; Landwirtschaft. - S. ist nach der Römerstadt Sirmium benannt.

Sirmium, Syrmium, im Altertum Hauptstadt der röm. Prov. Unter-Pannonien, an der Save, heute Mitrovica in Kroatien.

Sirup [lat. aus arab.] *der,* dickflüssige, an Zucker gesättigte Lösung, enthält als **Speise-S.** Wasser sowie Rüben- oder Rohrbestandteile.

Sirventes *das,* altprovenzal. Rügelied, in der Form der →Kanzone gleich.

Sisalhanf, Faser aus Agaveblättern, für Seilerwaren, Säcke, Teppiche u. a.

Sisley [sisl'ɛ], Alfred, französ. Maler, * 1839, † 1899, ein Hauptmeister des Impressionismus, malte schlichte Landschaftsbilder in lichten, zarten Farben.

Sismondi [sismõ'di], Jean Charles Léonard Simonde de, schweizer. Volkswirtschaftler, * 1773, † 1842, übte Kritik am wirtschaftl. Liberalismus.

sistieren [lat.], 1) zum Stillstand bringen. 2) Polizei: →Sistierung.

Sistierung, ♋ die polizeil. Festnahme von Personen zur Feststellung der Personalien.

Sisyphos, griech. Mythos: König von Korinth, mußte in der Unterwelt zur Strafe ein Felsstück auf einen steilen Berg wälzen, von dem es immer wieder herabrollte.

Sit-in [engl.] *das,* eine aus den USA-Staaten stammende Form der (meist polit.) Demonstration. Das Wort kam auf, als Neger im Kampf für die Durchsetzung ihrer Bürgerrechte ohne Gewaltanwendung lokale besetzten, in denen Rassentrennung bestand.

Sitte, Sozialwissenschaft: eine auf Überlieferung beruhende soziale Regelung, deren Beachtung, obwohl nicht erzwingbar, doch nahegelegt ist.

Sitten, französ. **Sion,** Hauptstadt des Kantons Wallis, Schweiz, im mittleren Rhônetal, 22 500 Ew.; Obst-, Weinbau; Tabak-, Möbelindustrie; in der Nähe bedeutende Wasserkraftwerke (Grande Dixence u. a.). - S., das röm. Sedunum, wurde im 6. Jahrh. Bischofssitz. Die Altstadt lehnt sich an die Burghügel Valère (mit got. Kathedrale) und Tourbillon (ehem. Bischofsburg) an.

Sittenbild, eine Darstellung aus dem Alltagsleben, →Genremalerei.

Sittengesetz, allgemeingültiger Grundsatz des sittlichen Handelns.

Sittenlehre, die Ethik als Lehre vom sittlich Guten.

Sittenpolizei, die polizeiliche Tätigkeit zum Schutze der öffentl. Sittlichkeit, z. B. Bekämpfung der Unzucht; ein Zweig der Sicherheitspolizei.

sittenwidrige Schadenszufügung, ♋ die nach § 826 BGB zum Schadensersatz verpflichtende Handlung, gegen die guten Sitten verstoßende Schädigung eines andern.

Sitter, Willem de, niederländ. Astronom, * 1872, † 1934, Prof., arbeitete über Himmelsmechanik, entwarf ein relativist. Modell eines sich ausdehnenden Weltalls.

sit tibi terra levis [lat.], ‚die Erde sei dir leicht', Inschrift auf Grabsteinen.

Sittiche, mittelgroße und kleine Papageien mit langem Schwanz. (→Keilschwanzsittiche)

Sittlichkeit, die Moral.

Sittlichkeitsdelikte, ♋ die strafbaren unsittlichen Handlungen, bes. Blutschande, Unzucht mit Abhängigen und Pflegebefohlenen, Unzucht zwischen Männern (→Homosexualität), Notzucht, Kuppelei, Zuhälterei, Exhibitionismus und die Verbreitung unzüchtiger Schriften und Abbildungen (§§ 173 ff. StGB). In schweren Fällen Freiheitsstrafe von einem bis zu zehn Jahren, in leichteren Fällen Freiheitsstrafe von sechs Monaten bis zu fünf Jahren oder Geldstrafe.

Situation [frz.], Lage, Zustand.

Situationsstück, dramat. Spiel, das sich auf die Wirkung aufregender oder komischer Situationen gründet (Kriminalstücke, leichte Lustspiele). **Situationskomik** gelegentlich auch im anspruchsvolleren Lustspiel (z. B. im ‚Zerbrochnen Krug' von Kleist).

situieren [frz.], unterbringen. **gut situiert,** gut gestellt, in gesicherter Position.

sit venia verbo [lat.], mit Verlaub zu sagen; wenn Sie mir die Wendung gestatten wollen.

Sitwell, 1) Edith, engl. Schriftstellerin, * 1887, † 1964; Lyrik; biograph. Werke. 2) Osbert, engl. Schriftsteller, Bruder von 1), * 1892, † 1969; gesellschafts- und zeitsatir. Gedichte, Romane; Autobiographie. 3) Sacheverell, Bruder von 1), * 1897, engl. Schriftsteller und Kunsthistoriker.

Sitz, ♋ die Hauptniederlassung einer Handelsgesellschaft. Der S. ist Erfüllungsort und Gerichtsstand.

Sitzbein, Teil des Hüftbeins (→Becken).

Sitzungsperiode, Session, der Zeitraum, in dem eine polit. Körperschaft, z. B. das Parlament, tagt.

Sitzungspolizei, die in der Gerichtssitzung dem Vorsitzenden des Gerichts zur Aufrechterhaltung der Ordnung zuste-

A. Sisley: Brücke bei Argenteuil (Paris, Jeu de Paume)

hende Gewalt: Entfernung aus dem Sitzungssaal, Haft oder Geldstrafe (§§ 176 ff. GVG.).

Sivas, Siwas, Provinzhauptstadt in der Türkei, am oberen Kizil Irmak, 132 500 Ew.; Baumwollwarenindustrie.

S'iwa, ägypt. Oasengruppe in der Libyschen Wüste, 50 km lang, 4-6 km breit; Anbau von Datteln, Oliven, Orangen, Wein, Weizen.

Siw'alik, S. Hills, südliche Vorberge des Himalaya, bis 2591 m hoch.

Siw'asch, Faule See, Teilbecken des Asowschen Meeres, an der O-Seite der Krim, 2450 km² groß.

Siwertz, Sigfrid, schwed. Schriftsteller, * 1882; Lyrik; Romane (,Jonas und der Drache', 1928; ,Der Rokokospiegel', 1947).

Sixt'inische Kapelle, 1) die päpstl. Hauskapelle im Vatikan, unter Sixtus IV. 1473 bis 1481 erbaut; an den Längswänden bibl. Fresken von Perugino, Pinturicchio, Botticelli,

Sixtinische Kapelle

Ghirlandajo, Signorelli (1481-83), an der gewölbten Decke die Fresken Michelangelos mit Darstellungen aus dem A. T., Propheten, Sibyllen u. a. (1508-12), an der Altarwand das riesige Fresko des Jüngsten Gerichts von Michelangelo (1536-41). **2)** der bei Papstmessen mitwirkende Chor, Ende des 14. Jahrh. gegründet.

Sixtinische Madonna, Altarbild von Raffael, genannt nach dem auf ihm dargestellten hl. Sixtus (Dresden, Galerie).

S'ixtus, Päpste:
1) S. IV. (1471-84), vorher **Francesco della Rovere,** gefeierter Prediger. Unter ihm begann das eigentl. Renaissance-Papsttum mit der übertriebenen Förderung der Verwandten und der Verwicklung in viele polit. Händel. Erbauer der Sixtinischen Kapelle, Gründer des Vatikan. Bibliothek.
2) S. V. (1585-90), vorher Felice **Peretti,** Hauptvertreter der kath. Reform; war bemüht um die Ordnung im Kirchenstaat, die Sanierung der Finanzen und die Neutralität in der europ. Politik. Er reformierte grundlegend die Römische Kurie. Als Bauherr ist er durch Anlage von Brücken, Straßen, Palästen, bes. durch die Aufrichtung des Obelisken vor St. Peter und Vollendung der Kuppel von St. Peter bekannt.

Sixtus, Prinz von Bourbon-Parma, Bruder der österreichisch-ungar. Kaiserin Zita, * 1886, † 1934, im 1. Weltkrieg belg. Offizier, versuchte im Frühjahr 1917 im Einverständnis mit Kaiser Karl und dessen Außenmin. Czernin eine geheime Friedensvermittlung zwischen Österreich-Ungarn und der Entente; im April 1918 von Clemenceau veröffentlicht (**S.-Affäre**).

Sizili'ane die, aus Sizilien stammende lyr. achtzeilige Strophe.

Sizilianische Vesper, blutiger Volksaufstand in Sizilien gegen die Herrschaft Karls von Anjou zur Vesperstunde des 30. 3. 1282, der zugleich die Herrschaft der Könige von Aragonien begründete.

Siz'ilien, italien. **Sicilia,** größte Insel des Mittelmeers, zu Italien gehörig, 25 708 km², 4,88 Mill. Ew. Hauptstadt: Palermo. S. ist durch die Straße von Messina vom Festland getrennt, meist gebirgig, mit schmalen Küstenebenen. Höchster Berg der noch tätige Vulkan Ätna (3340 m). Trockene und heiße Sommer, milde und feuchte Winter. Anbau: Weizen, Oliven, Südfrüchte. Küstenfischerei. Gewinnung von Seesalz. Bergbau und Schwefel, Asphalt, Erdgas, Marmor.

Geschichte. Im Altertum teils griechisch, teils karthagisch, seit 241 v. Chr. römisch, im 9. Jahrh. von den Arabern, 1061-91 von den Normannen erobert (Königreich **Neapel-S.**), 1194 staufisch, 1266 wurde Karl von Anjou König von S., 1282 wurde S. nach der →Sizilianischen Vesper aragonesisch. 1442 wieder mit dem Kgr. Neapel vereinigt, kam S. 1703 an Piemont und 1720 an die österreich. Habsburger. 1735 wurde Neapel-S. span. Sekundogenitur und erhielt 1816 den Namen Königreich **beider S.;** durch Garibaldi zum Königreich Italien (→Neapel). Separatist. Bestrebungen wurden 1946 durch eine polit., wirtschaftl. und kulturelle Autonomie aufgefangen. Präs. der ,Autonomen Region' ist der Chef einer zehngliederigen Regierung (Giunta); beide unterstehen dem Parlament von S.

Sizilische Straße, die Verengung des Mittelmeeres zwischen Sizilien und N-Afrika, an der schmalsten Stelle rd. 150 km.

S. J., lat. Societas Jesu, →Jesuiten.

Skabi'ose [lat.] die, Kardengewächse mit korbblüterähnl. Blütenköpfchen; **Tauben-S.** mit lilafarbenen Blüten, auf Wiesen. Zierpflanzen sind die südeurop. verschiedenfarbige **Witwenblume** und die großblumige, blau oder weiß blühende **Kaukasische S.**

Skagen [sg'a:ɣen], **Kap S.,** die Nordspitze von Jütland, Dänemark.

Sk'agerrak, Teil der Nordsee, zwischen Jütland, Norwegen und Schweden, in seinem nördl. Teil bis 809 m tief **(Norwegische Rinne).** - Seeschlacht vor dem S. am 31. 5./ 1. 6. 1916 zwischen der deutschen und der brit. Hochseeflotte.

skål [sko:l], entspricht unserem ,Prosit' in den skandinavischen Sprachen.

Sk'ala [ital.] die, **1)** Gradeinteilung an Meßgeräten. **2)** Tonleiter.

Skal'ar der, eine koordinatenunabhängige geometr. Größe, die durch eine einzige, vom Ort abhängige Zahl beschrieben wird.

Skål-Clubs, Vereinigungen leitender Personen des Fremdenverkehrs vieler Länder. Zusammenschluß in der **Association Internationale des Skål-Clubs (AISC).**

Sk'alde der, altnordisch für Dichter. Die S. trugen an den Fürstenhöfen der Wikinger ihre Preislieder vor. Sie bedienten sich einer bes. künstlichen Form des Versmaßes und der →Kenning. Der älteste norweg. S. war Bragi (kurz nach 800), der berühmteste isländ. Egill Skallagrimsson. Ein Lehrbuch der Skaldenkunst ist Snorris →Edda.

Skalp [engl. scalp ,Hirnschale'] der, ein Stück behaarter Kopfhaut, das Indianer ihrem besiegten lebenden oder toten Feind als Trophäe abnahmen.

Skalp'ell [lat.] das, chirurgisches Messer; dient auch zum Sezieren.

Skand'al [frz.] der, Anstoß erregender Vorgang. **skandal'ös,** anstößig, unerhört.

Sk'anderbeg, Iskander-Bei, eigentlich Gjergj **Kastri'ota,** * um 1405, † 1468, alban. Volksheld und Freiheitskämpfer gegen die Türken im 15. Jahrh.

skandieren [lat.], einen Vers nach seiner metrischen Gliederung vortragen.

Skandin'avien, Halbinsel Nordeuropas mit Norwegen und Schweden (im weiteren Sinn werden auch Dänemark, Finnland, Island hinzugerechnet). S. erstreckt sich rd. 1900 km weit von 55° 20' bis 71° 11' 18'' n. Br. bei einer Breite von 400 bis 700 km und umfaßt 773 500 km². S. wird vom Skandinavischen Gebirge durchzogen (im Glittertind bis 2481 m hoch), das nach W steil (norweg. Fjordküste), nach O flacher abfällt (Schweden: flache vorgelagerte Küstenebene, seenreich). Den Küsten S.s sind viele, meist kleine Inseln (Schären) vorgelagert. Die W-Küste weist durch den Golfstrom relativ mildes, ausgeglichenes Klima auf, im O und im Inneren dagegen scharfe Gegensätze der Jahreszeiten und kalte Winter. Der N steht unter dem Einfluß von Polarnacht und Mitternachtssonne. Wald herrscht vor. Über der Nadelwaldzone folgt eine Birkenzone, darüber im Gebirge das waldlose Fjell. Das Kulturland ist, bes. im W, nur klein.

skandinavische Kunst, →dänische Kunst, →norwegische Kunst, →schwedische Kunst, →isländische Kunst, →finnische Kunst.

skandinavische Sprachen, die nordischen Sprachen, die →dänische Sprache, die →norwegische Sprache, die →isländische Sprache, die →schwedische Sprache.

Skandinav'ismus, polit. Einigungsbewegung in Dänemark, Schweden, Norwegen, im 19. Jahrh. entstanden auf der Grundlage der Sprach- und Kulturgemeinschaft.

Skapul'ier [lat.] das, Mönchskleidung: zwei über Brust und Rücken getragene Tuchstreifen.

Skarab'äus [grch.], ein Kotkäfer, der Heilige →Pillendreher der Mittelmeerländer. Im alten Ägypten galten in Stein geschnittene Abbilder des S. als glückbringend; sie

Sizilien, im Hintergrund der Ätna

wurden für Siegel verwendet, als Amulett getragen und in Fingerringe gefaßt.

Skaraborg [skʼaːrabɔrj], südschwed. VerwBez. zwischen Väner- und Vättersee, 7844,1 km² mit 257700 Ew.; Hauptstadt: Mariestad. Milchwirtschaft, Ackerbau, Metall- u. a. Industrie.

Skarn *der*, hartes, mit Erz verwachsenes, vorwiegend silicatisches Gestein.

Skat *der*, verbreitetes dt. Kartenspiel, zwischen 3 Spielern mit 32 dt. oder franzöz. Spielkarten; jeder erhält 10 Karten, 2 werden verdeckt als S.

Skʼeleton, kurzer Sportschlitten aus Stahl; wird nur auf vollständig vereisten Bahnen gefahren. (→Cresta Run)

Skelʼett [grch.] *das*, auch **Skelet, 1)** das **Körpergerüst,** bes. das **Gerippe** der Wirbeltiere und des Menschen; es kann ein äußeres oder ein inneres S. sein, es kann ungegliedert oder gegliedert sein, beweglich oder unbeweglich. S. gibt es unter den niederen Tieren, z. B. bei den Radiolarien und Wurzelfüßern, den Schwämmen, den Hohltieren (so den Korallen), den Stachelhäutern, Krebstieren und Insekten. Ein **äußeres S.** ist z. B. der Hautpanzer der Insekten, ein **inneres S.** das ursprünglich knorpelige S. der Wirbeltiere und des Menschen, das durch Einlagerung von Kalksalzen erhärtet. (Tafel Mensch I) **2)** ⊕ **Skelettsystem (mechanisches Gewebe),** ein Hartgewebe, das den Pflanzenkörper festigt.

Skelettbauweise, eine Bauweise, bei der ein Holz-, Stahl- oder Stahlbetongerippe das Traggerüst des Bauwerkes bildet.

Skellefteå [ʃelʼæfteɔ], Stadt in N-Schweden, 61900 Ew., unweit →Boliden.

Skelton [skeltn], John, engl. Schriftsteller, * um 1460, † 1529, Geistlicher; Grotesken und Satiren.

Skʼepsis [grch.] *die*, Zweifel, kritische, vorbehaltsreiche Betrachtungsweise.

Skeptiker, Zweifler, Anhänger des Skeptizismus. **skeptisch,** mißtrauisch.

Skeptizʼismus, Philosophie: Standpunkt grundsätzlichen Zweifels.

Sketch [sketʃ], engl. „Skizze'] *der*, dramat. Kurzszene, meist ironisch-witzigen Inhalts (für Kabarett, Bühne u. ä.).

Skʼete, Ostkirche: eine Mönchssiedlung.

Ski [ʃiː, norweg. „Scheit'] *der*, -s/-er, **Schi,** Schneeschuh aus Holz, Metall oder Kunststoff, mit Stahlkanten versehen und vorn etwas aufgebogen. Die Länge beträgt je nach Verwendungsart 1,50-2,40 m; ebenso schwanken Breite und Gewicht. Die S. werden mit der **Bindung** an die Schuhe geschnallt. **Skistöcke** aus Tonkin-Rohr, Metall, Plastik und Fiberglas dienen u. a. zur Erhöhung des Gleichgewichts und zur Richtungsänderung. Der **Skilauf** ist in seiner Urform bis in die Steinzeit nachweisbar. Er setzte sich seit Ende des 19. Jahrh. zuerst in mitteleurop. Gebirgen durch. Heute ist der →Skisport über die ganze Welt verbreitet.

Skien [ʃʼiːən], Hauptstadt der Prov. Telemark, Norwegen, 45400 Ew.; Holz- und Papierindustrie.

Skiff *das*, ein schmales, leichtes Ruderboot.

Skʼikda, bis 1963 **Philippeville,** Hafenstadt in NO-Algerien, 60500 Ew.; Fischereihafen; Erdgasleitung von Hassi Rmel, Verflüssigungsanlage.

Skikjöring [ʃʼiːjœriŋ, norweg.], Skifahren im Schlepp von Pferd oder Motorrad.

Skilift, eine Seilbahn (**Sessellift**) oder ein Aufzug, der Skiläufer auf die Höhe befördert, heute in allen Wintersportplätzen.

Skin-Effekt [engl.], die →Hautwirkung.

Skink *der*, die 20 cm lange Wühlechse **Apotheker-S.** in Nordafrika; dient (gepulvert) den Eingeborenen als Aphrodisiacum.

Skip, ⚒ ein Schachtfördergefäß, in das die Förderwagen entleert werden.

Skipetʼaren, eigentlich **Shqiptar,** eigener Name der Albaner.

Skisport, eine Wintersportart, die auf Skiern ausgeübt wird. Es wird unterschie-

den zwischen Alpinem und Nordischem S. sowie →Biathlon. Der Alpine S. gliedert sich in die Disziplinen →Abfahrtslauf, →Slalom (Riesenslalom), der Nordische S. in Langlauf und Skispringen (von der Sprungschanze). (Bilder S. 1148)

Skiwachs, Mischungen aus Wachs, Teer, Harz, Talg u. dgl., auf die Laufflächen der Skier aufzutragen, verschieden als Gleit- oder Steigwachs.

Skizze [ital.] *die*, **1)** Entwurf, Umrißzeichnung. **2)** Kurzgeschichte, kleine Schilderung. **skizzieren,** entwerfen.

Sklave *der*, Höriger, entrechteter Mensch im Besitz eines anderen; heute oft: stark abhängiger Mensch.

Sklavenfluß, Großer S., engl. **Great Slave River** [nach den Slave-Indianern], Fluß in Kanada, entsteht aus der Vereinigung von Athabasca, Stone und Peace River, mündet in den Großen Sklavensee.

Sklavenkriege, drei Kriege der Römer gegen aufständ. Sklaven, der 1. (136-132 v.Chr.) und 2. (104-100) auf Sizilien, der 3. (73-71) unter →Spartakus in ganz Italien.

Sklavenküste, Teil der Guineaküste, Westafrika, zwischen Volta und Nigerdelta; nach dem früher hier betriebenen Sklavenhandel.

Sklavensee, →Großer S., →Kleiner S.

Sklaverei *die*, vollständige Entrechtung, Abhängigkeit und Dienstuntertänigkeit von Menschen. Die S. war früher über die

ganze Erde verbreitet, vielfach begründet durch Kriegsgefangenschaft und Kolonisation. Die antike Wirtschaft beruhte fast ganz auf der S. Im christl. Europa hörte sie seit dem 13. Jahrh. auf (in Spanien, Portugal im 16. Jahrh.). Nach der Entdeckung Amerikas nahm der Sklavenhandel neuen Aufschwung. Millionen afrikan. Neger wurden nach Amerika in die S. verkauft. Erst im 19. Jahrh. wurde der Sklavenhandel nach und nach von allen Kolonialmächten verboten. In den Verein. Staaten führte die Sklavenfrage u. a. zum Sezessionskrieg.

Sklerenchʼym [grch.] *das*, ⊕ Hartgewebe aus abgestorbenen Zellen mit verdickten Wänden, so die Fasern von Bast, Holz.

Sklerodermʼie [grch.] *die*, ⚕ eine Verhärtung der Haut, so daß z. B. der Gesichtsausdruck maskenartig wird.

Sklerʼose [grch.] *die*, die krankhafte Verhärtung eines Organs. Über **Arteriosklerose** →Arterienverkalkung. Ferner →multiple Sklerose.

Sklerʼotium [grch.] *das*, knolliges dauerhaftes Pilzgebilde aus verflochtenen Pilzfäden, z. B. bei einigen Pflanzenkrankheiten, Stengelfäule bei Zierpflanzen, Hülsenfrüchten u. a.

Skʼodawerke [ʃk-], seit 1952 **W. I. Lenin-Werke,** Sitz Pilsen, Verwaltung in Prag, größtes Industrie- und Rüstungsunternehmen der Tschechoslowakei; 1859 gegr. als

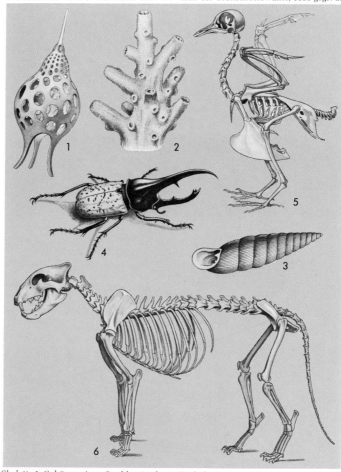

Skelett: **1** *Gehäuse eines Strahlentierchens (Radiolar); etwa 150fach vergr.* **2** *Skelett eines Korallenstockes; etwa 3fach vergr.* **3** *Gehäuse einer Schließmundschnecke; etwa* 1¹/₂*fach vergr.* **4** *Außenskelett des Herkuleskäfers; etwa* ¹/₅ *nat. Gr.* **5** *Taube; etwa* ¹/₃ *nat. Gr.* **6** *Löwe; etwa* ¹/₁₅ *nat. Gr.*

Skisport: links Abfahrtslauf; Mitte Skispringen (Springer auf der Anlaufspur); rechts Slalom

Maschinenfabrik, die E. v. Skoda (* 1839, † 1900) 1866 übernahm; 1946 verstaatlicht. Beschäftigte in Pilsen rd. 50 000, weitere 20 000 in 16 anderen Städten der Tschechoslowakei.

Sk'olion *das, -/...ien,* bei den alten Griechen kurzes Trinklied.

Skoli'ose [grch.] *die,* seitliche Verkrümmung der Wirbelsäule, →Buckel.

Skolop'ender [grch.] *der,* Sippe der Tausendfüßer, die →Bandasseln.

Sk'onto [ital. ‚Abzug'] *der, das,* ein prozentualer Abzug vom Rechnungsbetrag bei Zahlung vor Fälligkeit.

Skontration, gegenseitige Aufrechnung von Forderungen.

Skontro [ital.] *das,* Hilfsbuch in der Betriebsbuchführung, in dem der Ein- und Ausgang von Waren, Wechseln u. a. verbucht wird. Waren-, Lager-, Wechsel-S.

Sk'opas, griech. Bildhauer des 4. Jahrh. v. Chr., wirkte am Mausoleum in Halikarnassos mit (um 350; Teile vom Relieffries im Brit. Mus.), leitete den Neubau des Athene-Tempels in Tegea (um 340; Köpfe vom Giebel im Nat.-Mus. in Athen).

Skopje, serb. **Skoplje,** türk. **Üsküb,** Hauptstadt von Makedonien/Jugoslawien, am Wardar, 228 000 Ew.; oriental. Altstadt, Sitz eines orthodoxen Metropoliten, Universität; Lebensmittel-, Holz-, Leder-, Tonindustrie. Am 26. 7. 1963 durch ein Erdbeben großenteils zerstört, seither wieder aufgebaut.

Skopolam'in *das,* Gift (Alkaloid) in Nachtschattengewächsen wie Skopolie, Tollkirsche, Stechapfel; u. a. Beruhigungsmittel (zusammen mit Morphin).

Skorb'ut [lat.] *der,* $ früher häufig auftretende Vitaminmangelkrankheit bei ungenügender Zufuhr von Vitamin C infolge Mangels an frischer Pflanzenkost (bes. Zitronen): Blutungen, bes. in Zahnfleisch, Haut, Magen und Darm; Zahnausfall. Behandlung: Vitamin C, Zitronen u. a. (→Säuglingsskorbut).

Skorop'adskij, Pawel, russ. Offizier, * 1873, † 1945, war 1918 nach der dt. Besetzung Hetman der Ukraine, dann ein Führer der monarchist. Exil-Ukrainer.

Skorpion, südl. Sternbild mit Antares; das 8. Zeichen des Tierkreises.

Skorpione Mz., Ordnung der Spinnentiere mit Giftstachel am Ende des Hinterleibs und mächtigen Scheren. Der Stich trop. Arten, die bis 15 cm lang werden, kann für Menschen tödlich sein. Im Mittelmeerraum leben harmlosere Arten.

Skorpi'onsfliege, →Schnabelhafte.

Skoten, alter irischer Volksstamm, kam um 500 nach →Schottland, vereinigte sich 844 mit den Pikten.

Skotismus, die Lehre des →Duns Scotus.

Skrälinge Mz., die im altisländ. Schrifttum erwähnte Urbevölkerung der Westküste Grönlands (Eskimos) und der Ostküste Nordamerikas (Indianer). S. vernichteten im 13./14. Jahrh. die normann. Siedlungen auf Grönland.

Skram, Amalie, geb. Alver, norweg. naturalistische Schriftstellerin, * 1847, † 1905.

Skrib'ent [lat.] *der,* Vielschreiber.

Skr'iptum [lat.] *das,* Geschriebenes, Aufsatz. **Skript'ur** *die,* Schriftstück.

Skript'urhaftung, ♒ bei einem Wertpapier die Haftung nach seinem Text.

Skrj'abin, Aleksandr Nikolajewitsch, russ. Komponist, * 1872, † 1915, gelangte zu einem ekstatisch gesteigerten Klangstil: Tondichtung ‚Le poème de l'extase', Sinfonien, Klavierwerke.

Skr'ofel [lat.] *die,* $ angeschwollener Halslymphknoten.

Skroful'ose *die,* $ Haut- und Lymphknotenerkrankung, die Kinder mit exsudativer Diathese nach Infektion mit Tuberkelbakterien befällt: Schnupfen, Gesichtsausschlag, Lymphknotenschwellung. - Behandlung: Höhensonnen- und Klimakuren, Lebertran. - **skrofulös,** an S. leidend.

Skr'upel [lat.] *der,* Bedenken, Gewissenszweifel. **skrupellos,** gewissenlos. **skrupulös,** übertrieben gewissenhaft.

Skullboot, Skuller [engl.], ein Sportboot mit Ruder-(Skull-)Paaren.

Skulpt'ur [lat.] *die,* **1)** →Bildhauerkunst. **2)** ein Werk der Bildhauerkunst.

Skunk *der,* zu den Mardern gehöriges Raubtier mit übelriechende Flüssigkeit absondernden Afterdrüsen. Der **Echte S. (Stinktier)** lebt im nördl. Nordamerika. Der Pelz des S. wird zu Kragen, Besatz und Garnitur verarbeitet.

Sk'upschtina *die,* bis 1941 die zweite Kammer des jugoslaw. Parlaments.

skurr'il [lat.], possenhaft.

Sk'utari, 1) alban. **Shkodra,** Stadt im

nördl. Albanien, am Skutarisee, 49 800 Ew., Handelsplatz.
2) türkisch **Üsküdar,** Stadtteil von Istanbul auf dem kleinasiat. Ufer des Bosporus.

Skye [skai], größte Insel der Inneren Hebriden, 1735 km², 11 000 Ew., Hauptstadt: Portree. Schafzucht, Fischerei.

Skylight [sk'ailait, engl.], Oberlicht auf Schiffen.

Skyline [sk'ailain, engl.] *die,* Silhouette (einer Stadt); Horizont.

Sk'ylla *die,* Odyssee: in einer Felsenhöhle hausendes Ungeheuer, das die Vorüberfahrenden verschlang.

Skunk

Sk'yphos *der,* altgriech. Tongefäß in Form einer Tasse mit meist waagerechten Henkeln am oberen Rand.

Sk'yros, die größte Insel der Nördl. Sporaden, 208 km² groß.

Skysegel [sk'ai-, engl.], das Scheisegel.

Sk'ythen, Scythen Mz., antiker Name für Reitervölker Südrußlands, dann der Nordvölker überhaupt.

Slaby, Adolf, Funktechniker, * 1849, † 1913, führte Versuche mit →Marconi und →Arco durch, arbeitete bes. über abgestimmte Schwingungskreise.

Sl'agelse, Stadt im W der dän. Insel Seeland, 31 800 Ew.; im MA. Handelsplatz.

Sl'alom [norweg.] *der,* ein Skiwettbewerb über eine durch Tore bezeichnete abschüssige Bahn. Ein Tor besteht aus 2 Stangen mit 3 m, u. 4 m (beim Riesen-S.) 6 m Zwischenraum. Entscheidend ist die kürzeste Zeit und fehlerloses Einhalten der schwierigen Bahn.

Slang [slæŋ] *der,* die niedere engl. und amerikan. Umgangssprache.

Sl'ansky, Rudolf, tschechoslowak. Politiker, * 1901, † (hingerichtet) 1952. Bis 1951

Europäische Skorpione

Generalsekretär der Kommunist. Partei, als Führer einer ‚bürgerlich-jüdischen Sekte' verhaftet.

Sl'atin Pascha, Rudolf von, österreich. Afrikaforscher, * 1857, † 1932. Nahm an der Wiedereroberung des Sudans durch Kitchener teil, war 1900-14 Generalinspekteur des anglo-ägypt. Sudans.

Slato'ust, Stadt im südl. Ural, Russ. SFSR, 181 000 Ew.; Hüttenwerk (Edelstahl, Klingen), Maschinen- u. a. Industrie.

Slave Lake [sleiv leik], kanad. Seen (→Großer Sklavensee), →Kleiner Sklavensee).

Slave River [sleiv r'ivə], →Sklavenfluß.

Slaw'ejkow, 1) Pentscho, bulgar. Dichter und Kritiker, * 1866, † 1912, Sohn von 2); symbolistische Dichtungen.
2) Petko Rajtschow, bulgar. Schriftsteller und Politiker, * 1827, † 1895; Lieder; Volkslieder-, Sprichwortsammlungen.

Sl'awen Mz., indogerman. Völkergruppe in O- und SO-Europa, durch Kolonisation auch in Sibirien, insgesamt mehr als 250 Mill., gegliedert in **Ost-S.** (Russen, Ukrainer, Weißrussen), **West-S.** (Polen, Slowaken, Tschechen, Kaschuben, Sorben), **Süd-S.** (Slowenen, Kroaten, Serben, Bulgaren, Makedonen).

slawische Musik, die Musik der osteuropäischen Slawen. Merkmale: Fünftonmelodik, Quartstruktur, Kirchentonalität, Wiederholung kurzer Melodieglieder, improvisatur. Ausziehung; bevorzugtes Instrument ist der Dudelsack. Komponisten: A. Dvořák, L. Janáček, J. Gotovac u. a.

slawische Mythologie. Über Glauben und Kultur der heidn. Slawen ist wenig bekannt. Sie verehrten den Feuergott Swarog, den Sonnengott Dashbog, den Gewittergott Perun, Dämonen, Tote und Ahnen; Zauberer, Opfer, auch Menschenopfer.

slawische Sprachen, eine Sprachfamilie der indogerman. Sprachen. Man unterscheidet: **1) Ostslawisch** mit Russisch, Ukrainisch, Weißrussisch. **2) Westslawisch** mit Tschechisch, Slowakisch, Sorbisch, Polnisch, Kaschubisch und den ausgestorbenen Sprachen Slowinzisch und Polabisch). **3) Südslawisch** mit Slowenisch, Serbokroatisch, Bulgarisch und Makedonisch.

Slaw'istik, die Wissenschaft von den Sprachen und dem geistigen Leben der slawischen Völker.

Slawj'ansk, Stadt in der Ukrain. SSR, 124 000 Ew.; Sol- und Moorbad; Glas-, Porzellanherstellung, Salzgewinnung.

Slaw'onien, Landschaft in Jugoslawien, zwischen Save und Drau.

Slawoph'ile, Slawenfreund; in Rußland im 19. Jahrh.: Anhänger der streng orthodoxen, antirationalist., kulturpolitisch konservativen, die russ. Eigenart betonenden Richtung.

Sl'eipnir [‚der schnelle Läufer'], das achtbeinige Roß Odins.

Sl'evogt, Max, Maler und Graphiker, * 1868, † 1932, neben Liebermann und Corinth der Hauptvertreter des dt. Impressionismus; malte in leuchtkräftigen Farben Landschaften, Stilleben, Bildnisse und figürl. Bilder (viele aus dem Theater); Illustrationen (Ali Baba, Lederstrumpf, Zauberflöte u. a.).

Sl'ezak, Leo, Tenor, * 1875, † 1946, 1901 bis 1926 Mitglied der Wiener Oper, Gastsänger, Filmschauspieler.

Sl'ibowitz [serbokroat.] der, Zwetschgenschnaps.

Sligo [sl'aigou], irisch **Sligeach** [ʃl'i:gəx], Grafschaft an der NW-Küste der Rep. Irland, 1797 km², 51 300 Ew. Hauptstadt: S.

Slink der, das feinkräuselige, weichledrige, weiße Pelzfell vom Lamm des nordchines. Fettsteißschafs.

Slip [engl.] der, **1)** kurze Unterhose. **2)** bei Börsenaufträgen Abrechnungszettel. **3)** ein Schiebeflug vor der Flugzeuglandung, der einen steileren Gleitwinkel ohne Geschwindigkeitserhöhung bewirkt.

Slipper [engl.] der, ein Schlupfschuh mit flachem Absatz.

Sl'iwen, Stadt in Bulgarien, am Südfuß des Kasanpasses, 68 300 Ew.; Textilind.

Slogan [sl'ougən, engl. aus gälisch ‚Heer-Schrei'] der, Werbeschlagwort.

Slov'enija, slowen. Name für Slowenien.

Sl'ovensko, tschech. Name der Slowakei.

Słowacki [swɔv'atski], Juliusz, poln. Dichter, * 1809, † 1849, gehört neben Mickiewicz und Krasiński zu den großen poln. Romantikern. Schauspiele ‚Maria Stuart' (1830), ‚Lilla Weneda' (1839), ‚Beatrice Cenci' (1839); philosoph. Dichtung ‚Anhelli Geist' (1845 ff.).

Slowakei, slowak. **Slovensko,** Landesteil der Tschechoslowakei, umfaßt heute annähernd das Gebiet der →Slowakischen Sozialistischen Republik innerhalb der Tschechoslowakei.
Geschichte. Vom 10. Jahrh. bis 1918 gehörte die S. zu Ungarn, bis 1938 zur Tschechoslowakei. Nach dem Münchner Abkommen 1938 erhielt die S. Autonomie. 1939 wurde sie zu einem unabhängigen Staat erklärt, jedoch in außenpolit. und militär. Abhängigkeit vom Dt. Reich; Staatspräs. wurde Tiso, MinPräs. Tuka. 1944/45 besetzten sowjet. Truppen die S., worauf sie wieder zur Tschechoslowakei kam. Die dt. Minderheit (etwa 100 000) wurde vertrieben. Innerhalb der Tschechoslowakei erhielt die S. 1969 den Status einer autonomen Republik mit eigener Regierung und Volksvertretung.

Slow'aken, eigener Name **Sl'ováci,** westslaw. Volk in der Slowakei SO-Mährens, mit starken Gruppen in den Verein. Staaten, insges. 3,5-4 Mill.

slowakische Literatur. Als Bahnbrecher der s. L. gilt der kath. Priester A. Bernolák (1762-1813). L. Štúr (1815-56) brach endgültig mit dem Tschechischen und führte den mittelslowak. Dialekt als Schriftsprache ein Lyriker und Erzähler im 19. Jahrh.: A. Sládkovič († 1872), S. Hurban Vajanský († 1916), P. Országh-Hviezdoslav († 1921), M. Kukučín (†1928) u. a. Vertreter der neueren s. L.: I. Krasko, M. Razus (Lyriker), Timrava († 1951), M. Urban (Erzähler). Reiche slowak. Volksdichtung.

Slowakisches Erzgebirge, Gebirgszug der Westkarpaten, südlich der Tatra, 1459 m hoch, erzreich.

Slowakische Sozialistische Republik, slowak. **Slovenská Socialistická Republika,** seit 1969 Rep. der Tschechoslowakei, 49 008 km² mit 4,538 Mill. meist slowak. Ew. Hauptstadt: Preßburg. Die S.S.R. umfaßt große Teile des westkarpat. Berglandes (Tatra, Slowak. Erzgebirge, Zipser Bergland) und das fruchtbare Vorland am Unterlauf der Donaunebenflüsse Waag, Gran, Eipel im S, im O zum Teil der Theiß-Bodrog-Ebene. Hauptflüsse: Donau,

Waag. Bergbau auf Braunkohle, Bauxit, Magnesit, Erdöl- und Erdgasgewinnung. Geschichte, →Slowakei.

slowakische Sprache, eine westslawische Sprache. Geschrieben wird in Lateinschrift mit den im Tschechischen üblichen diakritischen Zeichen.

Slow'enen, eigener Name **Slov'eni,** südslaw. Volk (etwa 1,8 Mill.) in →Slowenien, NO-Italien, SO-Kärnten, SW-Ungarn und (über 200 000) in den Verein. Staaten.

Slow'enien, slowen. **Slovenija,** Sozialist. Republik Jugoslawiens, in den südöstlichen Alpen- und Karstlandschaften, 20 251 km² mit 1,712 Mill. Ew. Hauptstadt: Laibach. - Die Slowenen wanderten in der 2. Hälfte des 6. Jahrh. in ihr Siedlungsgebiet ein. Kernraum wurde das Hzgt. Krain. Seit dem 13./14. Jahrh. gehörte S. zu Habsburg. Ende 1918 schlossen sich die Slowenen mit dem stammverwandten Serben und Kroaten zum ‚Königreich der Serben, Kroaten und Slowenen' (seit 1929: Jugoslawien) zusammen.

slowenische Literatur. Im 16. Jahrh. legte P. Trubar mit seinem Katechismus und Abecedarium (um 1551) die Grundlage für eine s. L. Die ersten großen künstler. Leistungen gelangen den slowen. Romantik (F. Prešeren, J. Stritar). D. Kette († 1899), O. Župančič († 1949) und der Prosaist I. Cankar († 1918) verbanden psychologische Verfeinerung mit Anregungen der Volksdichtung. Neuere Schriftsteller: P. Voranc, M. Kranjec, M. Bor, C. Vipovnik u. a. Reich ist die Volksdichtung.

slowenische Sprache, eine südslaw. Sprache, geschrieben in Lateinschrift. Ihr ältestes Schriftdenkmal (‚Freisinger Denkmäler', um 1000) ist zugleich das älteste Zeugnis einer slaw. Sprache in Lateinschrift. Grundlage der heutigen Schriftsprache ist der Dialekt um Laibach.

Slowfox [sl'oufɔks, engl.], ein langsamer →Foxtrott.

slowinzische Sprache, ein Dialekt des Kaschubischen, wurde bis etwa 1900 von der slaw. Bevölkerung einiger Ortschaften NO-Pommerns gesprochen.

Slum [slʌm, engl.] der, schmutzige Gasse, Elendsviertel.

Slump [slʌmp, engl.], wirtschaftl. Niedergang, Gegensatz: Boom.

Sluter [sl'y-], Claus, niederländ. Bildhauer, † 1406, schuf für die Kartause bei Dijon die Portalplastiken (Muttergottes, Philipp der Kühne u. a.; 1391-97) und den ‚Mosesbrunnen' des Klosterhofs (davon erhalten 6 Propheten; 1395-1406). Der neue Wirklichkeitssinn seiner Kunst und die Kraft ihrer plast. Gestaltung waren von weitreichendem Einfluß.

sm, Abk. für **S**eemeile.

Sm, chem. Zeichen für Samarium.

S. M., Abk. für **S**eine(r) **M**ajestät.

SMAD, Abk. für **S**owjetische **M**ilitär**a**dministration in Deutschland.

Smáland [sm'o:-], Hügellandschaft in S-Schweden, wald-, fluß-, seenreich.

Smalte die, durch Kobaltoxidul tiefblau gefärbtes Kaliglas.

Smar'agd, grüne, durchsichtige Abart des Berylls, wertvoller Edelstein. (Tafel Edelsteine)

smart [engl.], flott, gewandt.

Smend, Rudolf, Staatsrechtler, * 1882, Prof. u. a. in Berlin und Göttingen, schrieb ‚Verfassung und Verfassungsrecht' (1928), ‚Staatsrechtliche Abhandlungen' (1955).

Sm'etana, Bedřich (Friedrich), tschechischer Komponist, * 1824, † 1884, Schöpfer der nationaltschech. Kunstmusik. S. stand zunächst unter dem Einfluß Liszts und Wagners, schuf dann die erste nationaltschech. Oper ‚Die verkaufte Braut' (1866); Opern, sinfon. Dichtungen (‚Die Moldau'), Kammermusik, Klaviermusik, Lieder. (Bild S. 1141)

Smethwick [sm'eðik], ehem. Stadt in Mittelengland, wurde 1966 mit Oldbury und Rowley Regis zu **Warley** vereinigt.

Smet'ona, Antanas, litauischer Politiker,

M. Slevogt: Selbstbildnis (München, Städt. Galerie)

* 1874, † 1944, war 1920-22 und 1926-40 Staatspräs. von Litauen, floh 1940 in die Verein. Staaten.

Smidt, Johann, * 1773, † 1857, Vertreter der drei Hansestädte auf dem Wiener Kongreß, seit 1821 Bürgermeister von Bremen, Gründer Bremerhavens (1827).

Smiles [smailz], Samuel, engl. Schriftsteller, * 1812, † 1904, Arzt und Wirtschaftsführer; Morallehrbücher; ‚Der Charakter‘ (1871).

Smirn'ow, Andrej, sowjet. Diplomat, * 1905, 1956-66 Botschafter in Bonn, dann in Ankara; 1969 einer der stellvertretenden Außenmin. der Sowjetunion.

Smith [smiθ], 1) Adam, engl. Moralphilosoph und Begründer der klass. Volkswirtschaftslehre, * 1723, † 1790, sah nicht in Geld und Bodenertrag allein, sondern in der Arbeit aller die Ursache des Volkswohlstandes. Die Ertragskraft der menschl. Arbeit werde durch die Arbeitsteilung gesteigert; Hauptwerk: ‚Natur und Ursachen des Volkswohlstandes‘, 1776. **2)** Ian Douglas, rhodes. Politiker, * 1919, seit 1964 MinPräs. Unter seiner Regierung erklärte Rhodesien einseitig die Unabhängigkeit von Großbritannien. **3)** Walter Bedell, amerikan. General, * 1895, † 1961, war 1942-45 Chef des Stabes Eisenhowers, 1946-49 Botschafter in Moskau.

Smithsonian Institution [smiθs'ouniən institj'u:ʃən], Institut für wissenschaftl. Forschung und Verbreitung wissenschaftl. Erkenntnisse, in Washington, gegr. 1846 mit Hilfe einer Stiftung des engl. Chemikers J. Smithson (* 1764, † 1829), unterstützt Expeditionen, wissenschaftl. Veröffentlichungen, Forschungen; vom S. I. werden u. a. unterhalten: eine Bibliothek, ein astrophysisches Observatorium, ein Tiergarten, eine Abteilung für amerikan. Ethnologie, das Nationalmuseum, die Nationalgalerie.

Smith'sund [sm'iθ-], Meeresstraße zwischen NW-Grönland und Ellesmereland, ein Eingang ins Nordpolarmeer.

Smog [engl. aus **smoke** ‚Rauch‘ und **fog** ‚Nebel‘] der, gefährliche Anreicherung von Verbrennungsprodukten (Kohlenwasserstoffe, Kohlen- und Schwefeldioxid, Ruß, Flugasche) in der Luft, bes. bei Nebel. In Großstädten und Industriezentren können dadurch Nebelkatastrophen mit toxischer Wirkung für die Menschen auftreten.

Smoking [sm'oukiŋ, engl.] der, Abendanzug für Herren mit ein- oder zweireihigem Jackett mit seidenen Aufschlägen; dazu schwarze Schleife.

Smol'ensk, Gebietshauptstadt in der Russ. SFSR, am Dnjepr, 211 000 Ew.; Stadtmauer (16. Jahrh.), Tore und Türme (um 1600), Zitadelle und Kathedrale (12. Jahrh., neu erbaut 1676-1772); Universität; Flugzeug-, Maschinenbau u. a. Industrie. - Eine der ältesten russ. Siedlungen, 882 von dem Wäräger Oleg erobert, Sitz eines Fürstentums, erhielt im 13. Jahrh. Lübisches Stadtrecht, dann litauisch, polnisch, 1654 russisch.16./17.8.1812 Sieg Napoleons über die Russen, 16./17.11. 1812 Sieg Kutusows über die Franzosen. →Weltkrieg II.

Smollett [sm'ɔlit], Tobias, engl. Erzähler, getauft 1721, † 1771, Arzt; Abenteuerromane mit zahlreichen Käuzen und Gaunern (‚Die Abenteuer Roderick Randoms‘, 1748, ‚Die Abenteuer Peregrine Pickles‘, 1751).

Smørrebrød [sm'ø:rebrø:d, dänisch und norweg. ‚Butterbrot‘], schwed. **Smorgas** [sm'œ:rgo:s], in mehreren Schichten belegtes Brot; auch Imbißplatte.

smorz'ando [ital.], **smorz'ato**, abgek. **smorz.,** ♪ verklingend.

Smutje der, Spitzname des Schiffskochs.

Smuts, Jan, südafrikan. Offizier und Staatsmann, * 1870, † 1950, focht im Burenkrieg gegen die Engländer, wirkte dann für die Versöhnung, wurde 1910 Innenmin. der Südafrikan. Union, befehligte 1916/17 die südafrikan. Truppen gegen Deutsch-Südwest- und Deutsch-Ostafrika. 1919 vertrat er Südafrika auf der Versailler Konferenz; er hatte Anteil an der Gründung des Völkerbundes und schuf das System der Kolonialmandate. 1919-24 und 1939-48 MinPräs. Von den burischen Nationalisten wurde er heftig bekämpft.

Sm'yrna, →Izmir.

Sn, chem. Zeichen für Zinn.

Snackbar [sn'æk-, engl.] die, Imbißstube.

Snake Island [‚sneik 'ailand], →Anguilla.

Snake River [‚sneik r'ivə] der, **Schlangenfluß,** auch **Shoshone River,** linker Nebenfluß des Columbia in den Verein. Staaten, 1500 km lang, kommt vom Felsengebirge, mündet bei Pasco.

Snellius, Snell van Rojen, Willebrord, niederländ. Mathematiker und Physiker, * 1580 (oder 1591), † 1626, entdeckte das Gesetz der Lichtbrechung, führte eine Gradmessung durch.

Snia, Abk. für **S**ocietà **N**azionale **I**ndustria **A**pplicazioni, **Viscosa S. p. A.,** Mailand, größter italien. Chemiefaserkonzern, gegr. 1917. Kap.: 64,1 Mrd. Lire; Beschäftigte: rd. 33 800 (1969).

Snob [snɔb, engl.] der, jemand, der seinen Umgang bei sozial, geistig oder künstlerisch Hochgestellten sucht und so tut, als ob er dazugehöre; daher **snobistisch,** dünkelhaft, **Snobismus,** Vornehmtuerei.

Snøhetta, Berg im Dovrefjell, Süd-Norwegen, 2285 m hoch.

Sn'orri St'urluson, isländ. Dichter, Geschichtsschreiber, Staatsmann, * 1179, † (ermordet) 1241, war als einer der reichsten Männer Islands Parteiführer in den oligarch. Fehden und wiederholt Gesetzsprecher; Meister der histor. Prosa, Dichter (Gedicht Hattátál); regte in der von ihm gegr. Schule von Reykjaholt zu wissenschaftl. Tätigkeit an, ließ Zeugnisse heidn. Glaubens und alte Sagen sammeln. So entstanden die Snorra-Edda (→Edda) und die →Heimskringla.

Snow [snou], Sir (1957) Charles Percy, engl. Gelehrter und Erzähler, * 1905; Romane (‚Zeit der Hoffnung‘, 1949, ‚Das Gewissen der Reichen‘, 1958).

Snowdon [sn'oudn], walisisch **Eryri,** mehrgipflige Berggruppe im Bergland von Wales, mit 1085 m die höchste Erhebung Englands.

Snyders [snɛj-], Frans, * 1579, † 1657, Maler großer Stilleben, Tier- und Jagdstücke; malte in Bildern von Rubens oft die Blumen und Tiere.

s. o., Abk. für siehe oben.

S'obat, rechter Nebenfluß des Nils, kommt vom Hochland Äthiopiens, 740 km lang.

Sobi'eski, König von Polen, →Johann 8).

S'obolew, Arkadij, sowjet. Diplomat, * 1903, † 1964, war 1945/46 polit. Berater des Chefs der SMAD, 1946-49 stellv. GenSekr. der Vereinten Nationen, 1955-60 dort ständiger Vertreter der Sowjetunion.

Sobor [sab'ɔr, russ.] der, Konzil, Synode, Kathedrale, Domkirche.

Sobr'anje das, bulgar. Parlament.

Soccer [s'ɔkə], amerikan. Name für das Fußballspiel der europ. Art, das gegenüber dem →Football in den Verein. Staaten immer mehr Verbreitung findet.

Social gospel [s'ouʃəl g'ɔspl, engl.] der, relig. Sozialismus in Nordamerika, begründet von W. Rautenbusch (1861-1918).

Società [sɔtʃet'a, ital.] die, Gesellschaft. **S. per Azioni,** abgek. **S. p. A.,** Aktiengesellschaft. **Soc'ietas** [lat.] die, Gesellschaft. **S. Jesu,** abgek. **S. J.,** der Orden der →Jesuiten.

Société anonyme [sɔsjet'e anɔn'im, frz.], Abk. **S. A.,** →Anonyme Gesellschaft.

Society [sɔs'aiəti, engl.] die, Gesellschaft, Verein. **S. of Friends** [ɔv frendz] die, →Quäker. **High S.** [hai], vornehme Gesellschaft.

Sockel, der Unterbau eines Gebäudes, der Block, auf dem ein Bildwerk steht, der untere Teil eines Pfeilers u. a.

Soda die, Natriumcarbonat, Na_2CO_3, kommt wasserfrei **(kalzinierte S.)** und als Hydrat **(Kristall-S.)** vor. Einige Seen in Ägypten, Venezuela, China u. a. enthalten gelöste S. Herstellung früher nach dem **Leblanc-,** heute nach dem **Solvay-Verfahren:** In Kochsalzlösung wird Ammoniak und Kohlendioxid eingeleitet; das entstehende Natriumhydrocarbonat ergibt beim Erhitzen S., Kohlendioxid und Wasser. Verwendung für Waschmittel, Glas, zum Färben, Gerben u. a. m. - Die wichtigsten Hersteller (in Mill. t) sind (1970) die Verein. Staaten (4,00), die Sowjetunion (1970: 3,49), die Bundesrep. Dtl. (1971: 1,35).

Sod'ale [lat.] der, Genosse. **Sodalität,** Genossenschaft.

S'odawässer, alkalische Säuerlinge (Übersicht Heilquellen).

Soddy, Frederick, engl. Chemiker, * 1877, † 1956, arbeitete bes. über Radioaktivität, führte den Begriff ‚Isotopie‘ ein, erhielt 1921 den Nobelpreis für Chemie.

Sodbrennen, Brennen in der Speiseröhre durch Aufstoßen des sauren Mageninhalts; Gegenmittel: schluckweise verdünnte Milch, Zwieback oder Weißbrot.

Soden, 1) Bad S. bei Salmünster, Stadt in Hessen, an der Kinzig, 3100 Ew.; Heilbad (Herz-, Kreislauf-, Rheumakrankheiten). **2) Bad S. am Taunus,** Stadt in Hessen, am S-Fuß des Taunus, 10 500 Ew.; Heilbad (Katarrh, Asthma, Herzleiden) mit warmen Kochsalzquellen; Sodener Pastillen.

S'öderblom, Nathan, schwed. evang. Theologe, * 1866, † 1931, 1914 Erzbischof von Uppsala, einer der bedeutendsten Religionshistoriker; als Haupt der schwed. Kirche führend in der Ökumenischen Bewegung; 1930 Friedens-Nobelpreis.

S'ödermanland, Landschaft und Verw.-Bez. in Schweden, südl. vom Mälarsee, seen-, waldreiches, gut angebautes Land, Hauptstadt: Nyköping.

S'oedermann, Harry, schwed. Kriminalist, * 1902, † 1956, war 1939-52 Leiter des schwed. staatl. Kriminaltechnischen Instituts, hatte 1951 maßgebl. Anteil am Aufbau der Kriminalpolizei der Bundesrep. Dtl.

S'ödertälje, Stadt im schwed. VerwBez. Stockholm, 76 000 Ew.; Maschinen-, Auto-, pharmazeut. Industrie.

Sodoku [japan.], das →Rattenbißfieber.

S'odoma, eigentlich Giovanni **Bazzi,** italien. Maler, * 1477, † 1549; Fresken (Farnesina in Rom; Siena u. a.), Tafelbilder in weicher Helldunkelmalerei und von empfindsamem Ausdruck.

Sodom'ie die, die Unzucht von Menschen mit Tieren. Die Strafbarkeit der S. wurde 1969 aufgehoben.

S'odom und Gom'orrha, nach 1. Mos. 19 zwei Städte, die Jahwe wegen der Lasterhaftigkeit ihrer Bewohner vernichtete.

Soerabaja [su:rab'aja], niederländische Schreibung der Stadt →Surabaja.

Soest [-o:-], Stadt in Nordrh.-Westf., in der Soester Börde, 38 000 Ew., eine der ältesten westfäl. Städte mit roman. (Patroklimünster, Nikolaikapelle mit Nikolausaltar von Konrad von Soest) und got. Kirchen (z. B. Wiesenkirche); Kleineisen-, Landmaschinen- u. a. Industrie.

Soest, Konrad von, →Konrad von Soest.

Soester Stadtrecht, das älteste aufgezeichnete deutsche Stadtrecht (um 1120), mit dem viele Tochterstädte begabt wurden; Grundlage des →Lübischen Rechts.

Soff'itten [ital.] Mz., **1)** oberer Abschluß des Bühnenbildes (Stoffbahn mit aufgemalten Wolken u. a.). **2)** Unteransicht eines Bogens oder einer Balkendecke.

Soffittenlampe, röhrenförmige Glühlampe, meist mit Sockeln an beiden Enden.

S'ofia, Hauptstadt von Bulgarien, in einem vom Isker durchflossenen Becken, 801 000 Ew., Sitz eines orthodoxen Metropoliten, Universität u. a. Hochschulen; Maschinen-, Textil-, Leder-, Tabak- u. a. Ind. - Das röm. Serdica, seit Kaiser Aurelian die Hauptstadt Dakiens, wurde

Sofia: Moschee

810 von den Bulgaren, 1382 von den Türken erobert; seit 1878 ist S. die Hauptstadt Bulgariens.

Soforthilfe, im Lastenausgleich vorläufige Leistungen an Geschädigte.

Softball, Sport: eine Form des Baseballs, vorwiegend von Jugendlichen und Frauen gespielt, daher auch ‚Ladies Baseball‘.

S᾽oft-Eis, S᾽ofteis [engl.], weiches Milchspeiseeis.

Software [s᾽ɔftwɛ:ɔ, engl.] die, elektron. Datenverarbeitung: Sammelbegriff für die Programme, die zur Betriebsabwicklung dienen und von der zu bearbeitenden Einzelaufgabe unabhängig sind, z. B. das Betriebssystem zum Steuern und Überwachen der Arbeitsprogrammabwicklung.

sog., Abk. für sogenannt.

Sog der, 1) der von Wirbeln durchsetzte, saugende Teil der Strömung hinter einem bewegten Fahrzeug (Schiff, Flugzeug usw.). 2) das yirom Grund abströmende Wasser der Brandungswellen.

Sognefjord [s᾽ɔŋnfjʊ:r], bedeutendster Fjord W-Norwegens, greift 180 km weit ins Hochgebirge ein.

S᾽ohar [hebr.], Hauptwerk der Kabbala in aramäischer Sprache, wahrscheinlich von Moses de Leon († 1305) verfaßt.

Sohle, 1) die Lauffläche des Schuhs. 2) ⚒ die untere Begrenzung eines Grubenbaues, auch das auf einem bestimmten Niveau angelegte Streckennetz eines Bergwerks. 3) Boden von Tälern, Gräben, Flüssen, Docks.

Sohlengänger, Säugetiere, die mit der ganzen Fußsohle auftreten (Bären, Affen).

Sohm, Rudolph, Rechtshistoriker, * 1841, † 1917, Prof. in Freiburg, Straßburg, Leipzig. ‚Institutionen des röm. Rechts‘ (1883), ‚Kirchenrecht‘ (2 Bde., 1892-1923).

S᾽ohnrey, Heinrich, Schriftsteller, * 1859, † 1948, Herausgeber von ‚S.s Dorfkalender‘ (1902-32) und der ‚Dt. Dorfzeitung‘ (1896 bis 1926); Erzählungen.

Soho, Vergnügungsviertel in London.

Soiernspitze, Gipfel im Karwendelgebirge, Bayerische Alpen, 2258 m hoch.

soigniert [swaŋ᾽i:rt, frz.], gepflegt.

Soil erosion [sɔil ir᾽oʊʒən, engl.], **Bodenverheerung** durch Wind und Ausspülung.

Soirée [swar᾽e:, frz.] die, Abendgesellschaft, Abendvorstellung.

Soissons [swas᾽ɔ̃], Stadt im Dép. Aisne, Frankreich, 27 600 Ew.; Nahrungsmittel-, landwirtschaftl. und Maschinenind.- 486 Sieg Chlodwigs, König der Franken, über Syagrius, röm. Statthalter in Gallien. 751 Absetzung des letzten Merowingers und Wahl Pippins zum König der Franken.

Sojabohne, Fett-, Ölbohne, einjähriger Schmetterlingsblütler, mit violettweißen Blüten, 1-4 schwarzen bis weißen, bitter schmeckenden Samen in der Hülse. Die Samen enthalten rund 35% Eiweiß, 18% Fett und halbtrockenes Öl, Lecithin

u. a. Die S. ist in China, der Mandschurei und Japan seit Jahrtausenden eine wichtige Kulturpflanze; sie liefert vor allem **S.-Öl.** Der Anbau ist in warmen Ländern (auch Südeuropa) verbreitet. Klimafest gezüchtete Rassen werden auch in Deutschland angebaut. Die Rückstände aus der Ölbereitung **(Sojaschrot, Sojakuchen, Sojamehl)** sind wertvolle Nahrungsmittel und Kraftfutter. Die Welternte betrug (1969) 44,6 Mill. t.

Sojus [saj᾽u:s], sowjet. Raumflugkörper für 3 Mann Besatzung (Übersicht Raumfahrt).

Soka Gakkai, Sekte in Japan (politischreligiös, nationalistisch).

S᾽okol [slaw. ‚Falke‘] der, seit etwa 1862 Name der tschech., poln. und südslaw. stark nationalistischen Turnvereine.

Sokol᾽ow, Nahum, jüd. Schriftsteller und Politiker, * Polen 1861, † London 1937, bereitete mit Ch. Weizmann die Gründung eines jüd. Staates in Palästina vor, seit 1931 Präs. der zionist. Weltorganisation.

Sokol᾽owskij, Wassilij, sowjet. Marschall (1946), * 1897, † 1968, befehligte 1946-49 die sowjet. Besatzung in Dtl., von 1953 bis Mai 1960 Chef des Generalstabs.

Sok᾽otra, Inselgruppe im Ind. Ozean, östl. von Kap Guardafui (Afrika), zur Demokrat. Volksrep. Südjemen gehörend, 3580 km², rd. 12 000 Ew.; Landbau, Viehzucht.

S᾽okrates, griech. Philosoph, * 470, † 399 v. Chr. in Athen. Durch eindringl. Fragen **(sokratische Methode, Maieutik)**

Sokrates   *Sophokles*

suchte er vermeintl. Wissen zu zerstören und zum ‚Wissen des Nichtwissens‘ hinzuführen; von Einzelfällen ausgehend, suchte er zum Allgemeinen, Gesetzmäßigen aufzusteigen (Induktion). S. widmete sein Denken vor allem dem sittlichen Handeln: aus einsichtigem Denken folgt notwendig richtiges Handeln, Tugend ist Wissen, die innere Stimme (Dämonion) warnt den Menschen vor Irrwegen. S. wurde auf Grund von Verleumdungen zum Tod durch

Sojabohne, a Hülse mit Samen

den Giftbecher verurteilt. Seine Nachwirkung beruht auf den Berichten seiner Schüler, vor allem Platos.

Sokr᾽atiker, die Schüler des Sokrates.

Sol, der Sonnengott der Römer.

Sol [lat.], das, eine kolloidale Lösung.

Sol [sɔl, span. ‚Sonne‘] der, Währungseinheit in Peru, 1 S. = 100 Centavos.

Sol [ital.], ♪ die fünfte Tonsilbe (→Solmisation), in den roman. Sprachen Name des Tones G.

s᾽ola f᾽ide [lat. ‚allein aus dem Glauben‘], der Grundgedanke der reformator. Lehre von der Rechtfertigung.

Solan᾽in das, giftiges Alkaloid aus Nachtschattengewächsen.

Sol᾽anum [lat.], →Nachtschatten.

sol᾽ar [lat.], wissenschaftliches Eigenschaftswort zu Sonne.

Solarisation [lat.] die, bei photograph. Negativen die Erscheinung, daß bei sehr langer Belichtungsdauer Umkehrung eintritt, d. h. weiße Gegenstände im Positiv schwarz erscheinen.

Sol᾽arkonstante, die in die obere Erdatmosphäre einfallende Sonnenstrahlung, $= 2 \text{ cal/cm}^2 \cdot \text{min}$.

S᾽olawechsel, eigener Wechsel, ein Wechsel, in dem sich der Aussteller verpflichtet, die Summe selbst zu zahlen.

Solbad, Bad in Kochsalzquellen oder in künstlich hergestellter Salzlösung.

Sold, die Löhnung des Soldaten. **Söldner,** wer Kriegsdienste gegen Sold annimmt.

Soldan᾽elle, →Alpenglöckchen.

Sold᾽at, 1) jeder im Waffendienst stehende Angehörige der Streitkräfte eines Staates. 2) Ameisen- oder Termitenkrieger.

Soldatengesetz, →Wehrrecht.

Soldatenverbände, Vereinigungen ehem. Soldaten zur Pflege militär. Tradition. Der Dt. Kriegerbund (1873 gegr.) und der Kyffhäuserbund (1900 gegr.) schlossen sich 1921 zusammen. Nach Auflösung (1945) aller Kriegervereine bildeten sich in der Folgezeit neue S., u. a. der Verband der Heimkehrer, der Verband Dt. Soldaten, der Verband der Reservisten der Dt. Bundeswehr, der Kyffhäuserbund.

Soldatenversorgungsgesetz, →Wehrrecht.

Sold᾽in in der Neumark, poln. **Myślibórz,** Stadt in Brandenburg, 6800 (1939: 6100) Ew.; Stadtmauer, Pfarrkirche (15. Jahrh.), ehem. Dominikanerkloster, 2 Kapellen (15. Jahrh.). Seit 1945 unter poln. Verwaltung.

Sole die, 1) salzhaltiges Wasser mit mindestens 14 g gelöster Stoffe in 1 kg Wasser. 2) die in der Kältetechnik verwendete Salzlösung.

S᾽olei, hartgekochtes, mit Salzwasser getränktes Ei.

sol᾽enn [lat.], feierlich.

Soleno᾽id, ⚡ eine zylindrische Spule, die sich bei Stromdurchfluß wie ein Stabmagnet verhält.

Solfat᾽ara [ital. von solfo ‚Schwefel‘] die, Krater in den Phlegräischen Feldern, der nur Wasserdampf und Schwefelwasserstoff aushaucht, danach verallgemeinert **Solfataren** die, die nur noch Schwefelwasserstoff ausströmen.

Solfeggio [sɔlf᾽edʒo, ital.] das, Gesangsübung auf die Tonsilben do, re, mi, fa, sol, la, si zur Entwicklung des Tonbewußtseins und der Treffsicherheit.

Solfer᾽ino, italien. Dorf, 30 km nordwestlich von Mantua. - 24. 6. 1859 Sieg der Franzosen und Piemontesen unter Napoleon III. über die Österreicher unter Franz Joseph. Die Schlacht gab den Anlaß für Dunant zur Gründung des Roten Kreuzes.

Solicitor [sɔl᾽isitə], in Großbritannien ein Rechtsanwalt, der im Unterschied zum Barrister nur vor den niederen Gerichten auftreten kann.

Sold᾽arhaftung, ⚖ die gesamtschuldnerische Haftung.

solid᾽arisch [lat.], 1) für einander einstehend, von gleicher Gesinnung. 2) ⚖ gesamtschuldnerisch. die **Solidarit᾽ät.**

Solidar'ismus [lat.], sozialphilosophische Lehre, die die Verbindung individueller Freiheit und sozialer Einordnung als Grundlagen echter Gemeinschaft erstrebt. Dieses **Solidaritätsprinzip** ist bei Ferguson, Durkheim, Ch. Gide, insbes. aber von H. Pesch systematisch entwickelt, innerhalb der kath. Sozialtheorie grundlegend. Pesch, R. Fleck u. a. suchten durch den S. eine neue Wirtschaftsordnung zu begründen.

sol'ide [frz.], fest, tüchtig, zuverlässig, anständig, häuslich.

S'olidus [lat.] der, -/...di, von Konstantin d. Gr. eingeführte Goldmünze (4,55 g), Handelsmünze bis zum Ende des Byzantin. Reiches.

Solihull [soulih'ʌl], Stadt in der engl. Gfsch. Warwick, südöstl. Birmingham, 110 400 Ew., Kraftfahrzeug-, Leichtind.

S'oliman, türk. Sultane, →Suleiman.

Solingen, Stadt in Nordrh.-Westf., im Bergischen Land, 177 000 Ew., vielseitige Ind., z. B. Schneidwaren, Metallwaren, chirurg. Instrumente, Maschinen u. a.

Solips'ismus [aus lat. solus ipse „allein selbst'] der, Philosophie: die Lehre, daß nichts als die eigenen Bewußtseinsinhalte wirklich sei.

S'olis, Virgil, Graphiker in Nürnberg, * 1514, † 1562, schuf etwa 2800 Holzschnitte (zur Bibel, zu Ovid, Äsop u. a.) und Kupferstiche (Wappenbüchlein).

Sol'ist [ital.] der, **Sol'istin** die, Sänger(in) einer Einzelstimme, Spieler(in) eines Einzelinstruments.

solit'är [frz.], einzig, einsam. **Solitär** der, einzeln gefaßter Diamant.

Solit'üde [frz. „Einsamkeit'], Lustschloß westlich von Stuttgart, für Herzog Karl Eugen 1763-67 im Rokokostil erbaut.

Soll das, **1)** Buchführung: linke Seite des Kontos, Belastung. **2)** kameralist. Rechnungswesen: Summe der im Rechnungsjahr erwarteten Einnahmen und Ausgaben. **3)** Planwirtschaft: die einem Arbeiter vorgeschriebene Leistung, auch die termingerecht hergestellte Menge von Produktionsgütern.

Soll das, Mz. Sölle, kleine rundliche, wassererfüllte Wanne in ehemaligen Vereisungsgebieten.

Söller, →Altan.

Sollertragsteuer, Normativbesteuerung für Gewerbe und Landwirtschaft; wird nach der Ertragsfähigkeit ohne Rücksicht auf den tatsächl. Ertrag erhoben.

S'olling der, Teil des Weserberglandes zwischen Weser und Leine, bis 509 m hoch.

Sollizit'ant [lat.] der, Bittsteller. **Sollizitation,** Gesuch, Bitte.

Sollkaufmann, ein →Kaufmann.

Sollkosten, →Plankostenrechnung.

Solmisati'on [ital.], die Methode, durch Silben die Tonstufen zu bezeichnen (→Solfeggio), angeblich von G. von Arezzo um 1026 eingeführt. Um 1800 war der Gebrauch der Solmisationssilben in Dtl. erloschen, durch die Tonika-Do-Lehre von A. Hundoegger (1929) wurde er neu belebt.

S'olna, schwed. Stadt im NW von Stockholm, 56 800 Ew., Metallindustrie.

Solnhofen, Gem. in Mittelfranken, Bayern, 1700 Ew.; Gewinnung von **Solnhofener Schiefer** (Boden-, Wandbekleidung usw.; Lithographiestein).

s'olo [ital.], allein.

S'olo [ital.] das, **1)** Einzelstimme im Unterschied zum mehrfach besetzten Chor oder Orchester; Musikstück für ein Einzelinstrument ohne Begleitung. **2)** Spielart beim Skat; auch ein einfaches Kartenspiel unter 4 Personen.

Solog'ub, Fjodor, Deckname des russ. Schriftstellers Fjodor Kusmitsch **Teternikow,** * 1863, † 1927; Novellen, Romane (,Der kleine Dämon', 1905), Übersetzungen.

Solom'os, Dionysios, neugriech. Schriftsteller, * 1798, † 1857, schloß sich dem griech. Freiheitskampf an; ,Lied auf die Freiheit' (griech. Nationalhymne).

S'olon, athen. Gesetzgeber (etwa 640-560 v. Chr.), eigentl. Gründer des Stadtstaates Athen. Er gliederte die Bürgerschaft in vier Klassen und suchte sie mitverantwortlich für das Gemeinwesen zu machen.

Solothurn, französ. **Soleure, 1)** Kanton der Schweiz, 791 km², 224 100 deutschsprachige Ew.; S. hat Anteil am Mittelland und am Jura. Haupterwerbszweige: Uhren-, Präzisions-, Drehteile-, Papier-, Textilind., Eisenwerke und Landwirtschaft; Bergbau auf Kalkstein und Gips. Geschichte →S. 2). **2)** Hauptstadt des Kt. S., an der Aare, 17 700 Ew.; Stadtmauer (16. Jahrh.), barocke Kathedrale, mittelalterl. Zeitglockenturm, Rathaus (15.-17. Jahrh.), Museum und Zentralbibliothek. - S., an der Stelle des keltisch-röm. Salodurum, wurde nach dem Aussterben der Zähringer 1218 Reichsstadt; 1481 in die schweizer. Eidgenossenschaft aufgenommen.

Solotn'ik [russ.] der, russ. Gewicht = 4,266 g.

Solowjew [-j'ɔf], Wladimir Sergejewitsch, russ. Philosoph und Dichter, * 1853, † 1900; erstrebte eine Verbindung der orthodoxen Glaubenslehren mit westl. (bes. dt.) Philosophie und eine Wiedervereinigung der christl. Kirchen.

Solschen'izyn, Aleksandr, sowjet. Schriftsteller, * 1918. Romane: ,Krebsstation' (1968), ,August 1914' (1. Teil, dt. 1972). 1970 Nobelpreis für Literatur.

Solst'itium [lat.] das, die Sonnenwende.

S'oltau, Stadt in Ndsachs., in der Lüneburger Heide, 15 000 Ew.; Herstellung von Filz, Bettfedern, Zinngeräten.

Solutréen [sɔlytre'ɛ̃] das, Kulturstufe der Altsteinzeit.

Solv'ate, Anlagerungsverbindungen der in einer Lösung frei bewegl. Ionen an die Moleküle des Lösungsmittels.

Solvay [sɔlv'e], Ernest, belg. Chemiker und Industrieller, * 1838, † 1922, entwickelte das S.-Verfahren zur Gewinnung von Soda, gründete 1863 **Solvay & Compagnie.** Dt. Tochtergesellschaft ist die **Deutsche Solvaywerke GmbH.,** Solingen-Ohligs.

solv'ent [lat.], zahlungsfähig. **Solvenz** die, Zahlungsfähigkeit.

Solway Firth [s'ɔlwei fə:θ], Bucht im NO der Irischen See; Salme, Heringe.

S'oma [grch.] das, der Körper.

Som'al, Ez. Somali, kuschit. Stammesgruppe, bes. in Somalia und Äthiopien. Die meisten der rd. 3,8 Mill. S. sind Hirtennomaden.

Som'alia, Somalische Demokrat. Republik, Republik in Ostafrika, 637 657 km² mit 2,73 Mill. Ew. Hauptstadt: Mogadiscio, Amtssprache: Somali. Religion: Überwiegend Muslime. ⊕ II/III, Bd. 1, nach S. 320. Die Verf. von 1960 wurde 1969 durch einen Staatsstreich aufgehoben, das Staatsoberhaupt durch einen ,Obersten Revolutionsrat' ersetzt. ☐ S. 1179. ☐ Bd. 1, S. 392. Währung: 1 Somalischer Schilling (Sh. So) = 100 Centesimi.

S. umfaßt den größten Teil der Somalihalbinsel und erstreckt sich als 160-500 km breiter Streifen entlang der Küsten des Indischen Ozeans und des Golfs von Aden; im S meist flach, im N bis über 2000 m hoch. Das Klima ist heiß mit geringen Niederschlägen. Etwa 70% der Bevölkerung (meist Somal) sind Nomaden oder Halbnomaden. Im S., bes. in Flußgebieten, Anbau (z. T. mit Bewässerung) von Bananen, Zuckerrohr, Baumwolle; für Eigenversorgung Hirse, Mais, Sesam. Ausfuhr: Vieh, Bananen, Häute und Felle. Haupthandelspartner: Italien, Demokrat. VR. Jemen. Der Verkehr ist wenig entwickelt; 7500 km Straßen (meist Pisten). Internat. Flughafen und Haupthafen: Mogadiscio. - Außer dem Überseegebiet Französisch-Somaliland bestanden seit 1884 ein brit., seit 1889 ein italien. Protektorat. Italienisch-Somaliland, 1936 mit Äthiopien zu Italienisch-Ostafrika vereinigt, wurde 1941 von brit. u. a. Truppen besetzt, blieb bis 1949 unter

brit. Militärverwaltung und wurde 1950 auf 10 Jahre Treuhandgebiet Italiens. 1960 vereinigte es sich mit Britisch-Somaliland zum unabhängigen S. 1964 kam es zu Grenzkämpfen zwischen Senegal, S. und Äthiopien um das Gebiet von Ogaden, 1967 verzichtete S. auf Gebietsansprüche an seine Nachbarn. S. ist Mitgl. der OAU und der EWG assoziiert.

Somalihalbinsel, Halbinsel in O-Afrika zwischen Ind. Ozean und Golf von Aden mit dem Kap Hafun, dem östlichsten Punkt des Kontinents. Der größte Teil der S. gehört zu Somalia, das Innere zu Äthiopien.

Som'alischer Schilling, Währungseinheit in Somalia, 1 S. S. = 100 Centesimi.

som'atisch, auf den Körper bezüglich.

Somatolog'ie [grch.], Teilgebiet der biolog. Anthropologie, erforscht Merkmale am Körper des lebenden Menschen.

Somatotrop'in, ein Wachstumshormon des Vorderlappens der Hirnhangdrüse, hemmt die Traubenzuckeroxydation und aktiviert die Glykogenbildung.

S'ombart, Werner, Volkswirtschaftler, Soziologe, * 1863, † 1941; baute auf histor.-soziolog. Grundlagen eine ,verstehende Nationalökonomie' auf, kritisierte Liberalismus und Kapitalismus.

Sombr'ero [span.] der, breitkrempiger, spitzer Strohhut Mittel- und S-Amerikas.

Somerset [s'ʌməsit], Grafschaft in SW-England, 4178 km², 664 700 Ew. Hauptstadt ist Taunton.

Somerville [s'ʌmərvil], Stadt im Staate Massachusetts, USA, mit Boston verwachsen, 88 800 Ew.

Somme [sɔm], **1)** Fluß in N-Frankreich, 245 km lang, entspringt bei St. Quentin, mündet in den Kanal, durch Kanäle mit Oise und Schelde verbunden. - In beiden Weltkriegen war das S.-Gebiet Schauplatz militär. Entscheidungen. **2)** Dép. in N-Frankreich, 6176 km², 512 100 Ew. Hauptstadt ist Amiens.

Sommer, die warme Jahreszeit, auf der Nordhalbkugel 22. 6.-23. 9., auf der Südhalbkugel 22. 12.-21. 3.

Sommerblumen, 1) Einjahrsblumen, Annuellen, einjähr. Zierpflanzen, z. B. Sommeraster, Balsamine, Levkoje. **2)** zweijährige S. (Bi'ennen), z. B. Goldlack, Stiefmütterchen.

Sömmerda, Stadt im Bez. Erfurt, an der Unstrut, 18 500 Ew.; feinmechan. Industrie, Ziegeleiwerke.

Sommerfeld (Niederlausitz), poln. **Lubsko,** Stadt in Brandenburg, 17 100 (1939: 10 800) Ew.; Tuch-, Maschinen- u. a. Ind. Seit 1945 unter poln. Verwaltung.

Sommerfeld, Arnold, Physiker, * 1868, † 1951, Prof. in Clausthal, Aachen, München, arbeitete über Relativitäts- und Quantentheorie, die Zusammenhänge zwischen der Atomstruktur und den Spektrallinien (**Bohr-S.-Atomtheorie**), entwickelte eine Theorie der metallischen Leitung.

Sommergetreide, Getreidegräser, die erst im Frühjahr ausgesät werden dürfen; für Mitteleuropa: Sommerweizen, -roggen, -gerste; Hafer, Mais, Hirse.

Sommerklee, →Wundklee.

Sommerschlaf, dem Winterschlaf entsprechender Zustand bei Tieren in trop. und subtrop. Gegenden während der heißen, trockenen Jahreszeit.

Sommersprossen, im Sommer hervortretende braune Flecke, auf zu starker Farbstoff-(Pigment-)Bildung beruhend. Vorbeugung: Lichtschutzsalben.

Sommerweg, unbefestigter Weg am Rand einer Landstraße.

Sommerwurz die, **Würger,** Gattung krautiger Pflanzen ohne Blattgrün; sie leben auf Wurzeln anderer Pflanzen als Schmarotzer, z. B. auf Klee (**Kleeteufel**), auf Hanf (**Hanfwürger**).

Sommerzeit, Stundenzählung während der Sommermonate, die um eine Stunde vorverlegt ist, zur besseren Ausnutzung des Tageslichtes.

Somnamb'ule [frz.] der und die, Schlafwandler(in). **Somnambul'ismus,** Schlafwandeln (→Schlaftrunkenheit).

Son'ant, zur Silbenbildung fähiger Laut (z. B. Vokale, Nasale, l, r).

Son'ate [ital.] *die,* Musikstück für 1-2 Soloinstrumente als gewöhnlich 3 oder 4 Sätzen, von denen wenigstens einer (gewöhnl. der erste) in der **S.-Form** gehalten ist. Diese ist durch die Aufstellung zweier Themen und eines Durchführungsteils bestimmt, der die Themen frei verarbeitet.

Vom 16. Jahrh. ab wird S. als Bezeichnung von selbständigen Instrumentalstücken (Canzon sonata, Triosonate, Kirchensonate) angewandt. Das Grundprinzip des eigentlichen Sonatensatzes, die thematische Arbeit, ist eine Schöpfung Haydns, von dem Mozart und Beethoven es übernommen haben. Seitdem ist der Sonatensatz eine der wesentlichen musikalischen Bauformen geblieben, an dessen Grundprinzip Abwandlungen nichts geändert haben.

Sonat'ine [ital.] *die,* kleine Sonate.

S'onde [frz.] *die,* 1) dünnes, stab- oder röhrenförmiges Gerät zum Untersuchen und Behandeln von Körperhöhlen und Wunden. 2) ⚒ Probebohrung, bes. nach Erdöl. 3) →Raumsonde.

Sondenröhre, elektron. Bildzerleger zur Aufnahme von Fernsehbildern.

Sonderabschreibungen, außerordentl. Abschreibungen infolge nicht vorhersehbarer Wertminderungen der Wirtschaftsgüter.

Sonderausgaben, im Einkommensteuerges. aufgezählte Ausgaben des Steuerpflichtigen (z. B. Beiträge zur Lebensversicherung), die auf Antrag vom Gesamtbetrag der Einkünfte abgezogen werden.

Sonderb'org, K. R. H., eigentl. Kurt Rudolf **Hoffmann,** deutsch-dän. Maler, * 1923, Übersetzung stürmischer Bewegung in zeichenhafte Rhythmen.

Sonderbundskrieg, schweizer. Bürgerkrieg 1845-47 zwischen den liberalen Kantonen und der kath. Sonderbund (3 Urkantone, Luzern, Zug, Freiburg, Wallis), der geschlagen wurde.

Sonderburg, dän. **Sønderborg,** Stadt am Alsensund, Dänemark, zum gr. T. auf der Insel Alsen, 29 400 Ew.; Industrie (Textilien, Lebensmittel). - Das Schloß (ältester Teil aus dem 13. Jahrh.) war seit 1564 Sitz der Sonderburger Linie des Oldenburger Hauses; →Christian 6). Sonderburg war bis 1919 preußisch.

Sonderfriede, Separatfriede, bei mehr als zwei kriegführenden Staaten der Abschluß eines Friedensvertrages zwischen einzelnen Staaten.

Sondergerichte, Gerichte, die einen abgesonderten Teil der Gerichtsbarkeit ausüben (z. B. Arbeits-, Finanzgerichte). - Vom Nat.-Soz. wurden 1933 S. für bestimmte Strafsachen (bes. polit. Vergehen) eingerichtet. Sie entschieden in einem beschleunigten Verfahren; Rechtsmittel waren unzulässig.

Sondergotik, Richtung der Spätgotik in europ. Ländern, die vom französ. Einfluß abwich; bes. in Dtl. (Hallenkirchen, Würzburger ‚Juliusstil‘) und England (perpendicular style).

Sondergut, im ehel. Güterrecht die Gegenstände, die nicht durch Rechtsgeschäft übertragen werden können (§ 1417 BGB.), z. B. Nießbrauch, unpfändbares Gehalt. Jeder Ehegatte verwaltet sein S. selbständig, aber für Rechnung des Gesamtgutes.

Sondernutzung, ⚖ der Gebrauch öffentlicher Sachen, der über den →Gemeingebrauch hinausgeht, erlaubnispflichtig.

Sonderschulen, allgemein- und berufsbildende Schulen für körperlich und geistig nicht voll entwicklungsfähige Kinder und Jugendliche; den größten Anteil bilden die S. für Lernbehinderte (früher meist Hilfsschulen genannt), ferner Blinden-, Schwachsichtigen-, Gehörlosen-, Schwerhörigen-, Sprachheilschulen, Schulen für Kör-

perbehinderte und langfristig Erkrankte und Anstaltsschulen für Schwererziehbare. **Sonderklassen** vermitteln eine zusätzliche, meist an Universitäten oder Pädagog. Hochschulen erworbene Ausbildung.

Sondershausen, Stadt im Bez. Erfurt, an der Wipper, 22 900 Ew.; elektrotechn. u. a. Industrie, Kalibergbau; 1571-1918 Residenzstadt von Schwarzburg-S.

Sonderzuwendung, eine Gratifikation.

sond'ieren, anbohren, mit der Sonde untersuchen; vorsichtig auskundschaften.

S'øndre Strömfjord, Fjord und Ort in W-Grönland, am Polarkreis. Flughafen im Polarkreis.

S'ondrio, 1) Provinz in Oberitalien, 3212 km², 171 300 Ew. 2) S., deutsch **Sonders,** Hauptstadt von 1), an der Adda, im Veltlin, 23 200 Ew.

Son'ett [ital.] *das,* eine Hauptform der lyr. Dichtung aus zwei vier- und zwei dreizeiligen Strophen; Reimstellung der vierzeiligen (Quartette): abba, abba, der dreizeiligen (Terzette): cdc, dcd oder cde, cde.

Song [sɔŋ, engl.] *der,* im engl. und amerikan. Sprachgebrauch Lied, Gesang; in Dtl. seit Brecht-Weills ‚Dreigroschenoper‘ (1928) bes. das balladeske, ironische oder parodist. Lied, meist im Sprechgesang.

Songhai, Volk in W-Afrika, am mittleren Niger, rd. 650 000. Sie waren Träger des großen Reiches S. (7./8.-16. Jahrh.) mit der Hauptstadt Gao.

Song-ka, Songkoi [annamitisch ‚Roter Fluß‘], etwa 800 km langer Fluß, entspringt in Jünnan, mündet in den Golf von Tongking.

Soninke, westafrikan. Volk, rd. 600 000, bes. in der Rep. Mali.

Sonnblick, Hoher S., Gipfel in den Hohen Tauern, 3105 m hoch; Wetterwarte.

Sonne, der Zentralkörper des Sonnensystems, astronomisch ein Stern der Größenklasse -26,9, mit einer Umdrehungsdauer von 26 Tagen, von dem die Erde im Mittel 149,5 Millionen km entfernt ist. Das Volumen der S. ist 1,414 10³³ cm³ = 1 297 000 Erdvolumina, die Dichte beträgt 1,41 g/cm³. Die S. ist eine Gaskugel mit einem Durchmesser von 1 392 700 km (3,6mal der Entfernung Erde-Mond) und einer 735mal größeren Masse als die aller übrigen Körper des S.-Systems zusammen. Die durch die große Masse erzeugten Gravitationskräfte sind die Ursache für die Kugelgestalt der S.; sie erzeugen im S.-Innern einen so hohen Druck, daß verschiedene Kernreaktionen spontan ablaufen, unter die katalyt. Umwandlung von Wasserstoff in Helium die für den Energiehaushalt der Sonne entscheidende Rolle spielt. Die dabei freiwerdende Energie wird als elektromagnet. und Teilchenstrahlung abgestrahlt. Die Temperatur im S.-Kern beträgt wahrscheinlich 14 Millionen Grad; sie fällt nach der Oberfläche hin bis auf 5700° C ab. Der Vorgang der Energieerzeugung und -abstrahlung läuft fast unverändert seit mehreren Milliarden Jahren und wird sich nicht merklich ändern, solange der Wasserstoffvorrat der S. nicht aufgezehrt ist (noch etwa 10 Milliarden Jahre). 1 m² S.-Oberfläche leistet dabei rd. 60 000 kW. Auf der S.-Oberfläche zeigen sich in unregelmäßiger Folge einzeln oder gruppenweise dunkle Stellen von 1000-100 000 km Durchmesser. Diese **S.-Flecken** besitzen starke Magnetfelder und sind Quellen intensiver Teilchenstrahlungen, die bei ihrem Auftreffen auf die Erde magnet. Stürme und Polarlichter verursachen. Ein Zusammenhang zwischen der Häufigkeit der S.-Flecken und dem Großwettergeschehen ist statistisch erwiesen. Die Fleckenhäufigkeit schwankt periodisch in einem Rhythmus von 11,2 Jahren. Die Schicht der S., in der die S.-Flecken sichtbar sind, heißt **Photosphäre.** Über ihr erstreckt sich bis 10 000 km hoch die dauernd leuchtende **Chromosphäre.** Aus ihr werden ständig leuchtende Gasmassen hoch emporgeschleudert, die bei S.-Finster-

sen als →Protuberanzen sichtbar sind. Über der Chromosphäre reicht eine leuchtende äußere Atmosphäre, die →Korona, weit in den Raum hinaus. - Die S. ist etwa 800 Parsek vom Mittelpunkt des Milchstraßensystems entfernt und nimmt mit einer Geschwindigkeit von 270 km/sec an dessen Rotation teil.

Sonneberg, Stadt im Bez. Suhl, am S-Hang des Thüringer Waldes, 28 000 Ew.; Mittelpunkt der thüring. Spielzeugindustrie. Sternwarte auf Erbisbühl.

Sonnemann, Leopold, demokrat. Politiker, * 1831, † 1909, gründete 1856 die ‚Frankfurter Zeitung‘.

Sonnenbad, Sonnenlichtbestrahlung zu Heilzwecken **(Heliotherapie);** die ultraroten Strahlen wirken wärmend, die ultravioletten chemisch-biologisch.

Sonnenbarsche, barschartige Süßwasserfische in Nordamerika, z. T. Zierfische; so **Diamantbarsch,** mit roten Flossen, schwarzen Fleckbinden, bis 10 cm lang.

Sonnenbatterie, Stromquelle aus vielen hintereinandergeschalteten **Solarzellen,** meist starken Silicium-Photoelementen, zur Energielieferung für Raumflugkörper.

Sonnenblume, Sonnenrose, 1-3 m hohe amerik. Korbblütlergattung; meist Kräuter mit großem Blütenstand mit leuchtendgelben ansehnl. Blütenköpfen, seit dem 16.

Sonnenblumen

Jahrh. als Öl-, Futter-, Bienen-, Zierpflanze gezogen (bes. Rußland). Aus den Früchten (‚Kerne‘) Öl gewonnen; die einzelnen auch als Vogelfutter. Die **Erdbirne** oder **Topinambur** dient als Futterpflanze, die eßbare Knolle als Gemüse **(Erdartischocke).**

Sonnenbrand, entzündliche Rötung der Haut, ein Lichtschaden, durch die ultravioletten Strahlen der Sonne hervorgerufen. S. tritt bes. heftig auf Gletschern **(Gletscherbrand),** Schneeflächen, am Wasser auf; er kann zu Blasenbildung und Hautschälung führen. Vorbeugung: Lichtschutzsalben.

Sonnendeck, oberstes Deck auf großen Schiffen.

Sonnenenergie, →Sonnenkraftanlagen, →Sonnenbatterie.

Sonnenferne, das Aphel, →Apsiden.

Sonnenfinsternis, unvollständige **(partielle)** oder vollständige **(totale)** Bedeckung der Sonne durch den Mond. Totale S. haben die Orte im Kernschatten, partielle S. die Orte im Halbschatten des Mondes.

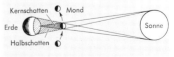

Sonnenfinsternis

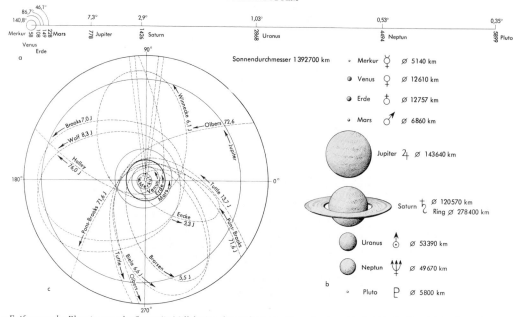

a Entfernung der Planeten von der Sonne (in Mill. km) und zurückgelegter Bogen in einem Merkurjahr (88 Tage); *b* Größenverhältnisse der Planeten (rot) im Vergleich zum Sonnendurchmesser (gelb); *c* das Sonnensystem mit den Bahnen der Planeten und der wichtigsten Kometen (mit Umlaufzeit)

Bei einer **ringförmigen S.** erreicht der Kernschatten des Mondes die Erdoberfläche gerade nicht mehr.

Sonnenfisch, Mondfisch, ein Knochenfisch, plump, scheibenförmig, bis 900 kg schwer, kommt in allen Meeren vor.

Sonnenflecken, →Sonne.

Sonnengeflecht, Plexus solaris, großes Geflecht von Nervenknoten des vegetativen Nervensystems dicht unterhalb des Zwerchfells auf der Vorderseite der Hauptschlagader, steht mit den Nerven aller Bauchorgane in Verbindung.

Sonnenhut, ⊕ die Rudbeckie.

Sonnenkompaß, kleines Fernrohr, das mittels Uhrwerk über einem geteilten Horizontalkreis dem tägl. Sonnenlauf folgt; ersetzt den Kompaß im Polargebiet.

Sonnenkönig, französ. **Roi Soleil,** Beiname Ludwigs XIV. von Frankreich.

Sonnenkraftanlagen nutzen die Energie der Sonnenstrahlung aus (bei vollem Sonnenschein und senkrechtem Einfall 1 kW/m² je Minute). Parabolspiegel sammeln die Sonnenstrahlung im Brennpunkt, wo 3000° C erreicht werden können. Die Energie wird zum Schmelzen von Metallen, zur Salzwasserdestillation, Kunstdüngerherstellung u. a. ausgenutzt.

Sonnenkult, die religiöse Verehrung der Sonne; schon in vorgeschichtlicher Zeit, bei Natur- und Kulturvölkern.

Sonnennähe, das Perihel, →Apsiden.

Sonnenröschen, Gatt. der Zistrosengewächse, meist in den Mittelmeerländern, mit weißen, gelben oder roten Blüten.

Sonnenstich, Erkrankung durch längere Sonnenstrahlung auf den ungeschützten Kopf: Kopfschmerzen, Schwindel, Erbrechen, Bewußtseinsstörungen. Maßnahmen wie bei Hitzschlag (Übersicht Erste Hilfe).

Sonnensystem, die Gesamtheit der Körper, die dauernd der Anziehung der Sonne und der Planeten unterworfen sind: 9 Planeten, 32 Monde, etwa 50 000 Planetoiden, ferner Kometen, Meteore, Sternschnuppen und die Materie des Zodiakallichts. Die Körper bewegen sich nach den Keplerschen Gesetzen um die Sonne oder den zugehörigen Planeten. Die Planetenbahnen sind, außer bei Merkur und Pluto, fast kreisförmig. Der Schwerpunkt des S. liegt in der Sonne, der Drehimpuls fast ganz bei den Planeten, bes. bei Jupiter. Die Gesamtmasse der umlaufenden Körper des S. beträgt etwa 1,36 Tausendstel der Sonnenmasse.

Sonnentau, Drosera, Gattung der Fam. Sonnentaugewächse, tierfangende Pflanzen mit weißen Blütchen in Wickeln; die grundständigen Blätter tragen rote, gestielte, reizbare, bewegliche Verdauungsdrüsen (Tentakel), deren Saft das auf dem Blatt gefangene Insekt verdaut.

Sonnentierchen, Helioz'o|en, zu den Wurzelfüßern gehörende Ordnung der Protozoen, mit strahlenartigen Fortsätzen

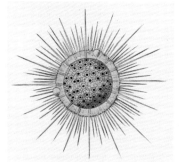

Sonnentierchen: Actinosphaerium eichhorni (240fach vergr.)

(Pseudopodien) und kugeligem Körper, der aus Rinde und Markschicht besteht; meist als Plankton in stehenden Gewässern.

Sonnenuhr, Zeitmesser, bei dem sich die Ortszeit aus dem Schatten eines sonnenbeschienenen Stabes ablesen läßt.

Sonnenvogel, asiatischer Singvogel, oben grüngrau, unten blaßgelb mit rötlichgelber Kehle; Stubenvogel.

Sonnenweite, Erdweite, Astronomische Einheit, der mittl. Abstand Erde - Sonne: 149 598 000 km.

Sonnenwende, die Umkehr in der Deklinationsbewegung der Sonne, die am 22. 6. bei der größten nördl. Deklination (Sommeranfang) und am 22. 12. bei der größten südl. Deklination (Winteranfang) der Sonne eintritt.

Sonnenwendfeier, Fest zur Zeit der Sommersonnenwende bei vielen Völkern, bes. in der christl. Kirche festliche Zeit mit dem Fest Johannis des Täufers (24. Juni) zusammengelegt. Volksbräuche: Sonnwend-, Johannisfeuer u. a.

Sonnenwind, von der Sonne radial ausgehender Strom geladener Teilchen (Elektronen, Ionen).

Sonnenzeit, die durch die Stellung der Sonne bestimmte Zeit, beginnend mit der unteren Kulmination (0 Uhr).

Sonn'ino, Sidney Baron, * 1847, † 1922, 1906, 1909/10 italien. MinPräs., 1914-19 Außenmin., im Kabinett Salandra; veranlaßte den Abfall Italiens vom Dreibund, 1915 den Eintritt in den 1. Weltkrieg auf seiten der Entente.

Sonntag, der schon im vorchristl. Altertum nach der Sonne benannte erste Tag der Woche; in der christl. Kirche Ruhetag. Rechtliches. An Sonn- und Feiertagen darf in der Bundesrep. Dtl. nur in gesetzlich festgelegten Ausnahmefällen gearbeitet werden (z. B. Gast- und Schankwirtschaften, Verkehrsbetriebe, in der Eisen- und Stahlindustrie, →gleitende Arbeitswoche). Störung der S.-Ruhe ist strafbar.

Sonntagsmalerei, →naive Malerei.

Sonntagsschule, der Kindergottesdienst.

Sonnwendgebirge, R'ofan, Teil der Nordtiroler Kalkalpen, östlich vom Achensee, in der Rofanspitze 2260 m hoch.

son'or [lat.], klangvoll.

Son'ora, Staat in Mexiko, 182 553 km², 1,249 Mill. Ew. Hauptstadt: Hermosillo; reich an Kupfer-, Silber-, Gold-, Bleierzen.

Sonthofen, Kurort in den Allgäuer Alpen, Bayern, 16 500 Ew.; Textil-, Käse-, Holzind., Hüttenwerk.

Sontra, Stadt in Hessen, 5800 Ew.; Schwerspat-, Stahlfensterindustrie.

Sooden-Allendorf, Bad S.-A., Stadt in Hessen, an der Werra, 6800 Ew. Fachwerkbauten; holzverarbeitende Ind.; Salzquellen 776 erstmals erwähnt.

Soonwald, der südöstl. Teil des Hunsrück, bis 658 m hoch.

Soor der, **Schwämmchen,** Hautpilzkrankheit der Mundschleimhaut der Säuglinge bei Ernährungsstörungen, auch der Erwachsenen nach Behandlung mit Antibiotica. Erreger ist der **Soorpilz.** Behandlung: Borsäurepulver, Boraxglycerin.

Soph'ie, Fürstinnen:
Hannover. **1) S.,** Tochter Friedrichs V. von der Pfalz, * 1630, † 1714, 1658 ⚭ Kurfürst Ernst August, stand in freundschaftl. Beziehungen zu Leibniz.
Preußen. **2) S. Charlotte,** Tochter von 1), * 1668, † 1705, 1684 ⚭ Friedrich I., bewog zusammen mit Leibniz ihren Gemahl zur Gründung der Berliner Akad. der Wissenschaften (1700).
3) S. Dorothea, Nichte von 2), * 1687, † 1757, 1706 ⚭ Friedrich Wilhelm I., Mutter Friedrichs d. Gr.
Sachsen-Weimar. **4) S.,** Großherzogin, * 1824, † 1897, geb. Prinzessin der Niederlande, förderte das Goethe- und Schiller-Archiv und die ‚Sophien-Ausgabe‘ von Goethes sämtl. Werken.

Soph'isma [grch.] das, **Sophismus** der, Trugschluß, Scheinbeweis.

Soph'isten [grch. ‚Weisheitslehrer‘], Ez. der Sophist, in Griechenland (5./4. Jahrh. v. Chr.) bezahlte Lehrer für die Fächer der höheren Bildung. Die S. waren die Träger der antiken Aufklärung und Bildungsbewegung vor der Gründung dauernder Lehrinstitute. Im Mittelpunkt stand der Unterricht in der politisch einflußreichen Redekunst (Rhetorik). **Sophistik,** die Lehre der S., abwertend: die Kunst der Scheinbeweise.

S'ophokles, griech. Tragiker aus Athen, * um 496 v. Chr., † 406, der vollkommenste Vertreter der klass. Griechentums in der dramat. Dichtung. Durch Einführung des dritten Schauspielers betonte er stärker die Handlung gegenüber dem Chorpartien. In seinen Dramen behauptet sich der Mensch sich selbst und seine Würde, indem er an die noch unbezweifelten Macht der Götter oder am Konflikt zwischen sittl. Forderungen zugrunde geht. Von seinen 130 dem Titel nach bekannten Dramen sind nur 7 erhalten: Aias, Antigone (442), König Ödipus, Die Trachinierinnen, Elektra, Philoktet (409), Ödipus auf Kolonos (401, postum); von den Satyrspielen: Ichneutai (‚Spürhunde‘). (Bild S. 1151)

Soph'ore die, Pflanzengatt. mit Blütenrispen. Die **Japanische S.** mit gelbl., duftreichen Blütchen ist Zierbaum.

Sophros'yne [grch.] die, Besonnenheit.

Sopr'an [ital. ‚der obere‘] der, **Diskant,** die höchste Frauen-/Knabenstimme; man unterscheidet **hohen S.** und **Mezzo-S.** Normalumfang c¹–a². — c^1–a^2.

Soprap'orte [ital.] die, in Räumen bes. des Rokoko ein Wandfeld über einer Tür; auch ein in dieses eingelassenes Gemälde oder Relief.

Sopron [ʃo-], ungar. für →Ödenburg.

Sor'ata, Bergstock der Kordilleren in Bolivien, im Illampu 6550 m hoch.

S'orau in der Niederlausitz, poln. Żary, Stadt in Brandenburg, 34 800 (1939: 25 900) Ew., hatte bes. Leinen-, Tuch-, Porzellan-Industrie. Seit 1945 unter poln. Verw.

S'orben, Wenden, eigener Name Serbja, Serbjo, Serbowje, ein sorbisch sprechende westslaw. Gruppe in der Lausitz, an der oberen und mittleren Spree, etwa 60 000. Die S. erhielten 1948 Kulturautonomie.

Sorb'et [türk.-pers.] der, **Scherbet** [arab.] der, kühlrank oder Eis aus Fruchtsaft.

Sorb'insäure, organ. Verbindung aus Früchten, wirksam gegen Kleinlebewesen; Konservierungsmittel.

sorbische Literatur, wendische Literatur. Im 19. Jahrh. wurden sorb. Volkslieder und Märchen gesammelt; auch die lyrische und erzählende Dichtung begann sich zu entwickeln (A. Seiler u. a.). Neue Autoren: J. Brězan, J. Bart-Cišinski u. a.

sorbische Sprache, Wendisch, Lausitzisch, zu den westslaw. Sprachen gehörende Sprache der Sorben mit zwei Schriftsprachen: **Ober-** und **Niedersorbisch.**

Sorb'it der, ein sechswertiger Alkohol, entsteht bei der Reduktion von Traubenzucker und Fruchtzucker.

Sorbonne [sɔrb'ɔn] die, die Univ. in Paris, der Mittelpunkt des Quartier latin, gegr. 1253 von R. v. Sorbon als Internat für arme Theologiestudenten, 1968 geteilt und durch weitere Univ. in Paris ergänzt.

Sord'ino [ital.], bei Streichinstrumenten der →Dämpfer.

Sorel [sɔr'ɛl], **1)** Agnes, * um 1422, † 1450, seit 1444 Geliebte Karls VII. von Frankreich; von großem Einfluß.
2) Charles, Sieur de Souvigny, franz. Schriftsteller, * 1602, † 1674; Sittenroman ‚Komische Geschichte von Francion‘ (1623).
3) Georges, französ. Sozialkritiker, * 1874, † 1922, Theoretiker des Syndikalismus.

Soret [sɔr'ɛ], Frédéric, Naturwissenschaftler und Numismatiker, * 1795, † 1865, Prinzenerzieher in Weimar 1822-36; Unterhaltungen mit Goethe (‚F. S. Zehn Jahre bei Goethe‘, hg. v. H. H. Houben, 1929).

Sorge, 1) Reinhard Johannes, Schriftsteller, * 1892, † (gefallen) 1916; erstes expressionist. Drama ‚Der Bettler‘ (1912).
2) Richard, Journalist und Spion, * 1895, † 1944, wirkte als Agent Moskaus in China und Japan.

Soergel, Albert, Literarhistoriker, * 1880, † 1958; ‚Dichtung und Dichter der Zeit‘ (1911, neu bearb. v. C. Hohoff, 1961 f.).

Sorgerecht, das den Eltern auf Grund der →elterlichen Gewalt zustehende Recht und die Pflicht, für Person und Vermögen ihrer minderjährigen Kinder zu sorgen.

Sorghum [ind.] das, →Hirse.

S'oria, 1) Prov. Spaniens, in Altkastilien, 10 301 km², 98 400 Ew. **2)** Hauptstadt von 1), am Duero, 23 700 Ew.; Museum mit den Funden von Numantia.

S'orin, Valerian, sowjet. Politiker, * 1902, 1945-47 Botschafter in Prag, 1955/56 in Bonn, 1960-65 Vertreter bei den Vereinten Nationen, 1965-71 Botschafter in Paris.

Sorocaba [soruk'ava], Industriestadt im Staat São Paulo, Brasilien, 142 800 Ew.

Sor'okin, Pitirim, russ. Soziologe, * 1889, † 1968, 1917/18 Mitglied der Kerenski-Regierung, Prof., seit 1924 in den Verein. Staaten; suchte die Soziologie als selbständige Lehre von den sozial-kulturellen Erscheinungen zu begründen.

Sorr'ent, ital. Sorrento, Stadt und Seebad am Golf von Neapel, Italien, 14 700 Ew.; Erzbischofssitz, Dom (15. Jahrh.); Intarsien-, Seidengewerbe; Wein-, Obstbau.

Sorte, Pflanzen-S., durch Züchtung entstandener Formenkreis. **S.-Schutz,** dem Patentschutz ähnliches Urheberrecht, das für neue Zucht-S. vom Bundessortenamt verliehen wird.

Sorten Mz., Bankwesen: ausländische Münzen, Banknoten, Zinsscheine.

Sortenfertigung, Verfahren zur laufenden Herstellung von mehreren Arten des gleichen Grunderzeugnisses.

Sortengeschäft, Geldwechselgeschäft.

Sortenkurs, Börsenkurs ausländischer Banknoten.

Sortiment, 1) Auswahl von Waren. **2)** der Sortimentsbuchhandel.

Sortimentsbuchhandel, Zweig des Buchhandels. Der **Sortimenter** liefert von den Verlagern bezogene Bücher und Zeitschriften an die Käuferschaft, meist im Laden (Buchhandlung).

SOS, internationales Notsignal [gedeutet als ‚save our souls‘, engl. ‚rettet unsere Seelen‘]; in Morsezeichen: …---…

SOS-Kinderdorf, →Kinderdörfer.

S'osnowitz, poln. **Sosn'owiec,** Stadt in SW-Polen, im O des oberschles. Industriegebiets, 144 400 Ew.; Steinkohlenbergbau, Schwerindustrie.

Soße [von frz. ‚Sauce‘] die, Tunke.

sosten'uto, Abk. **sost., sosten.,** ♩ gehalten, getragen.

Sot'er [grch. ‚Erlöser‘], **1)** bei den Griechen Beiname von Gottheiten, später auch Fürsten. **2)** N. T.: Jesus.

Soteriolog'ie [grch.], die, die Lehre von der Erlösung durch Jesus Christus.

S'otho, Bas'uto, Bantuvolk in der Rep. Südafrika und Lesotho, rd. 1,9 Mill.

S'otschi, Stadt in der Russ. SFSR, am Schwarzen Meer, 224 000 Ew., Hafen, Seebad.

Sotschö, chines. für →Jarkend.

Sottens [sɔt'ã], Dorf im Kanton Waadt, Schweiz, 150 Ew.; Rundfunksender für die französ. Schweiz.

Sottie [sɔt'i, frz.] die, Narrenspiel mit sozialer oder polit. Satire, etwa seit 1450 in Frankreich nachweisbar.

Sott'ise [frz.] die, Albernheit, freche Bemerkung.

Sottoceneri [-tʃ'ɛːnəri], die, die südlich des Monte Ceneri gelegenen Teile des schweizer. Kantons Tessin.

s'otto voce [-v'otʃɛ, ital.], Abk. **s. v.,** ♩ mit gedämpfter Stimme, halblaut.

Sou [su, frz.] der, das französ. 5-Centimes-Stück.

Soubrette [subr'ɛtə, frz.] die, die muntere Sopranistin in Spieloper und Operette.

Souffleur [sufl'œːr, frz.], **Souffleuse** [sufl'øːzə], im Theater die Person, die aus dem verdeckten S.-Kasten den Darstellern durch leises Mitsprechen hilft.

Soufflot [sufl'o], Jacques-Germain, franzö̈s. Baumeister, * 1713, † 1780; Hauptwerk: →Pantheon in Paris, eines der frühesten Bauwerke des Klassizismus.

Soul [soul, engl. ‚Seele‘], ein aus dem Jazz und bes. der Beatmusik entwickelter Klang und Rhythmus in der Musik der amerikan. Neger (**soul sound**); darüber hinaus eine Haltung, die jeden europäisch-amerikan. Kultureinfluß ablehnt und zu radikaler Selbstaussage der Neger drängt.

Söul, Seoul [suːl, so'ul], korean. sœ'ul], Hauptstadt S-Koreas, 3,805 Mill. Ew.; Universität, Handelshochschule; Metallwaren- und Nahrungsmittelindustrie.

Soulages [sul'aːʒ], Pierre, * 1919, französ. Maler gegenstandsloser Kompositionen.

Soult [sult], Nicolas Jean Herzog von Dalmatien (1807), * 1769, † 1851, Marschall (1804) Napoleons; unter Ludwig Philipp 1830-47 mehrfach Minister.

Soupault [sup'o], Philippe, franzö̈s. Schriftsteller, * 1897; surrealistische Gedichte, Romane, Kritiken.

Souper [sup'e], das, Abendessen.

soup'ieren, zu Abend essen.

Sousa [s'uːzə], John Philip, amerikan. Komponist, * 1854, † 1932; komische Opern, Märsche, (‚Stars and Stripes‘). **Sousaph'on,** nach S. benanntes Blechblasinstrument.

Sousse, Sus, früher **Suta,** Hafenstadt am Golf von Hammamet, Tunesien, 56 100 Ew., Oliven- und Fischverarbeitung. S. ist das antike →Hadrumetum.

Soustelle [sust'ɛl], Jacques, französ. Politiker und Ethnologe, * 1912, war mehrfach Informations- und Kolonialminister.

Soutache [sut'aʃ, frz.] die, schmale Litze.

Soutane [sut'anə, frz.] die, **Sutane,** der enge Talar der kath. Geistlichen.

Souterrain [sutɛr'ɛ, frz.] das, bewohnbares Kellergeschoß.

South [sauθ, engl.], Süden, Süd-…

Southampton [sauθ'æmtən], Hauptstadt der Gfsch. Hampshire (**Southamptonshire**), 210 000 Ew., am **S. Water,** einer 15 km ins Land schneidenden Bucht; Sitz der brit. Landesaufnahme; Universität; wichtiger Hafen (große Dockanlagen, Werften); Maschinen-, Kabel-, Textil-, Zucker- u. a. Industrie.

Southampton-Insel [sauθ'æmtən-], 43 300

km², kanad. Insel in der nördl. Hudsonbai.

South Bend [sau-], Stadt in Indiana, USA, 125 600 Ew.; kath. Universität; Auto-, Landmaschinen- u. a. Industrie.

South Carolina [sauθ kærəl'ainə], Abk. **S. C.,** dt. **Süd-Karolina,** einer der südl. atlantischen Staaten der Verein. Staaten, reicht vom Atlant. Ozean an die Appalachen, 78 487 km² mit 2,590 Mill. Ew.; Baumwollanbau und -verarbeitung; Hauptstadt: Columbia mit Staatsuniversität, größte Stadt: Charleston. - S. C. entstand 1730 durch Teilung von Carolina, war einer der 13 Gründerstaaten, gehörte im Sezessionskrieg zu den Südstaaten.

South Dakota [sauθ dək'outə], Abk. **S. D.,** dt. **Süd-Dakota,** einer der nordwestl. Mittelstaaten der Verein. Staaten, beiderseits des Missouri, 199 552 km² mit 680 000 Ew.; Hauptwirtschaftszweig ist die Landwirtschaft (Getreideanbau, Viehzucht); Hauptstadt: Pierre, größte Stadt: Sioux Falls, Staatsuniversität in Vermillion. - Nach der Teilung Dakotas 1889 wurde S. D. 40. Staat der Union.

Southend-on-Sea [s'auθendɔnsi:], Stadt und Seebad an der Themsemündung; 164 700 Ew.; Fahrradindustrie.

Southey [s'auði, s'ʌði], Robert, engl. Schriftsteller, * 1774, † 1843; Gedichte, Balladen, Verserzählungen u. a.

Southport [s'auθpɔ:t], Stadt und Seebad in NW-England, 79 400 Ew.; Industrie.

South Shields [s'auθ ʃi:ldz], Hafenstadt in NO-England, an der Mündung des Tyne, 106 200 Ew.; Schiffbau, Eisen-, chem. Industrie; Schiffahrtsschule.

Southwark [s'ʌðək], Stadtteil Londons, südlich der Themse.

Souvenir [suvən'i:r, frz.] *das,* Andenken.

Souver'än [frz.] *der,* der Fürst als Inhaber der unbeschränkten Staatsgewalt in der absoluten Monarchie. **s., 1)** herrschaftsberechtigt, unbeschränkt. **2)** überlegen.

Souveränit'ät [frz.] *die,* die nicht abgeleitete, allumfassende, nach innen und außen unbeschränkte Hoheitsgewalt. Träger der S. ist in absoluten Monarchien das Staatsoberhaupt, in parlamentar. Monarchien und Demokratien das Volk. Im Staatenbund sind die Einzelstaaten, im Bundesstaat der Gesamtstaat souverän. Die modernen Staatengemeinschaften (z. B. die Vereinten Nationen) führen zur Einschränkung der staatl. S.

S'ova, Antonin, tschech. Dichter, * 1864, † 1928, Vertreter neuer tschech. Lyrik.

Sovereign [s'ɔvrin] *der,* engl. Goldmünze, ursprünglich gleich dem Pfund Sterling.

S'owchos, dt. **Sowch'ose** (die, staatlicher landwirtschaftl. Betrieb in der Sowjetunion; 1969 gab es 14 310 S. mit 9,6 Mill. Beschäftigten und 101,51 Mill. ha Land.

Sowj'et [russ. 'Rat'] *der,* urspr. Arbeiterrat, jetzt Name der Behörden und Organe der Selbstverw. in der Sowjetunion.

Sowjetische Aktiengesellschaften, Abk. **SAG,** die in den sowjet. Besatzungszone Dtl.s 1946 gegr. Staatskonzerne der Sowjetunion, denen beschlagnahmte dt. Industriebetriebe angegliedert wurden; etwa 50% 1953 entschädigungslos an die Dt. Dem. Rep. zurückgegeben.

Sowjetische Besatzungszone Deutschlands, der nach den alliierten Vereinbarungen von Jalta von der Sowjetunion besetzte Teil Dtl.s, aus dem sich die →Deutsche Demokratische Republik entwickelte.

Sowjetische Gewerkschaften, die Gewerkschaften in der Sowjetunion. Sie sind ein wesentl. Bestandteil des polit. Regimes und stehen unter der Führung der KPdSU; Mitgliedszahl über 98 Mill. Der Streik als Kampfmittel wird abgelehnt. Die S. G. überwachen seit 1933 die Einhaltung der Arbeitsgesetze, entwerfen und bringen neue Gesetze ein und sind Träger der staatl. Sozialversicherung. Die Mitgliedschaft in den S. G. ist freiwillig. Die Gewerkschaftsmitglieder erhalten aber u. a. höhere materielle Unterstützungen. Die S. G. sind auf der

Grundlage des demokrat. Zentralismus organisiert, d. h. die Beschlüsse der übergeordneten Organe sind stets bindend. Die untersten Organe der S. G. sind die Grundorganisationen an den Arbeitsstätten. Den Kern dieser Organisationen bilden die Gewerkschaftsaktivs. Höhere Organe sind entsprechend dem staatl. Aufbau regionale Organisationen. Höchstes Organ ist neben den Kongressen der Einzelgewerkschaften der Kongreß der Gewerkschaften der Sowjetunion. Zwischen den Kongressen leitet der Zentralrat der Gewerkschaften die gesamte Tätigkeit und wählt das Präsidium. Die S. G. beherrschen den 1945 gegr. 'Weltgewerkschaftsbund' (WGB).

Sowjetische Militär-Administration in Deutschland, Abk. **SMAD,** 1945-49 oberste sowjet. Verwaltung in der sowjet. Besatzungszone Dtl.s, Sitz: Berlin-Karlshorst.

Sowj'etsk, amtl. russ. Name für Tilsit.

Sowj'etunion, amtl. **Sojus Sowjetskich Sozialistitscheskich Republik (SSSR),** dt. **Union der Sozialistischen Sowjetrepubliken (UdSSR),** der räumlich größte Staat der Erde, in O-Europa und Asien, einschl. Wasserflächen 22,402 Mill. km² mit 241,748 Mill. Ew., Hauptstadt: Moskau. Staatssprache ist Russisch, daneben in den einzelnen SSR, ASSR, Autonomen Gebieten und Nationalbezirken die jeweiligen Volkssprachen als Amtssprachen. ⊕ IV/V, Bd. 1, nach S. 320. Währung: 1 Rubel = 100 Kopeken.

Staat und Recht. ⌂ S. 1179. ▢ Bd. 1, S. 392. Nach der Verf. von 1936 (mehrfach geändert) ist die S. ein 'sozialistischer Staat der Arbeiter und Bauern', in dem alle Gewalt vom werktätigen Volke ausgeht durch 'Sowjets (Räte) seiner Abgeordneten vertreten wird. Sie ist ein Bundesstaat mit 15 sozialist. Sowjetrep., die ebenfalls gegliedert sind (Übersicht). Höchstes Staatsorgan und einziger Gesetzgeber ist der **Oberste Sowjet;** er besteht aus zwei gleichberechtigten Kammern, dem **Unionsrat** und dem von den Unionsrep., den Autonomen Rep. und Gebieten und den Nationalbez. gewählten **Nationalitätenrat.** Das vom Obersten Sowjet gewählte Präsidium übt die oberste Gewalt zwischen den Sitzungsperioden aus. Sein Vors. hat die Funktion des Staatsoberhaupts. Der **Ministerrat** ist das oberste Organ der Exekutive; es besteht aus dem MinPräs. (Vors. des Ministerrats), seinen Stellvertretern, den Ministern und den Vors. wichtiger Komitees (z. B. des Planungskomitees). Die **Kommunist. Partei** ist die Trägerin der staatl. Macht. Das Zentralkomitee der KPdSU wählt als engsten Führerkreis das Politbüro. Der Erste Sekr. des Sekretariats des ZK hat die führende Stelle im Staat inne.

Das **Rechtssystem** ist einheitlich. Die Auslegung der Gesetze obliegt dem Präsidium des Obersten Sowjet. Ein oberster Gerichtshof hat seinen Sitz in Moskau, daneben gibt es Oberste Gerichtshöfe der Unionsrepubliken. Die Todesstrafe gibt es seit 1950 wieder für Hochverrat, Spionage, Schädigungstätigkeit, Mord.

Streitkräfte. Es besteht allgem. Wehrpflicht mit einer aktiven Dienstzeit von 24 bis 36 Monaten. Die Gesamtstreitkräfte betragen rd. 3,5 Mill. Mann und besitzen modernste Ausrüstung. Gegliedert sind sie in Strateg. Raketentruppen (rd. 350 000 Mann), Landstreitkräfte (rd. 2 Mill. Mann), Luftstreitkräfte (rd. 315 000 Mann), Landesluftverteidigung (rd. 410 000 Mann) und Marinestreitkräfte (rd. 475 000 Mann); letztere werden ständig ausgebaut und gliedern sich in die Nordmeer-, Balt.-, Schwarzmeer- und Pazif. Flotte.

Landesnatur. Die S. reicht vom der Ostsee bis zum Stillen Ozean, von den Inselgruppen des Nordpolarmeers bis zu den Hochgebirgen Innerasiens. Mehr als 80% der Gesamtfläche liegen unter 500 m Meeres-

höhe und bilden weite Ebenen, kaum 5% gehören mit über 2000 m Höhe zum Hochgebirge. Die höchsten Erhebungen liegen im N des Pamir (Pik Kommunismus 7482 m, Pik Lenin 7134 m), die tiefsten Gebiete um das Kasp. Meer (28 m u. M.); das Trockental Batyr auf der Halbinsel Mangyschlak reicht bis 132 m unter den Meeresspiegel. Die S. gliedert sich in das Osteuropäische Tiefland (das eigentliche Rußland) mit Höhen, die 400 m nicht übersteigen, und ausgedehnten Niederungen. Im S erhebt sich zwischen dem Schwarzen und dem Kaspischen Meer die Kaukasus. Der von N nach S ziehende Ural wird als Grenze zwischen Europa und Asien angesehen. Südlich von Ural breitet sich das Becken von Turan aus, in abflußloses Trockengebiet, das sich zum Aralsee absenkt und im S und O von den Gebirgen Zentralasiens begrenzt wird. Jenseits des Urals folgen die Großlandschaften →Sibiriens: Westsibir. Tiefebene, Mittelsibir. Bergland und Ostsibir. Gebirgsland.

Die S. hat einige der bedeutendsten Ströme Europas und Asiens: die Wolga (zum Kaspischen Meer), Ob, Jenissej, Lena (zum Nordpolarmeer), Amur (zum Ochotskischen Meer). Das **Klima** ist, nach Sibirien hin zunehmend, ausgeprägt kontinental mit kurzen, warmen Sommern und langen, kalten Wintern. Die Übergangsjahreszeiten sind kurz. Die Niederschläge sind räumlich und jahreszeitlich ungleich verteilt, ihre Jahresmenge nimmt von W nach O ab. Trotz des ewig gefrorenen Bodens, der weite Teile des N und O einnimmt, dringt der Ackerbau verhältnismäßig weit nach N vor. An Vegetationszonen folgen auf die Tundra im N (baumlos, z. T. versumpft) zum S hin die Taiga (Nadelwaldgebiet), die Mischwaldzone, die Waldsteppenzone, der Steppengürtel (Schwarzerde) und das Wüstengebiet.

Bevölkerung. In der S. gibt es über 100 Völker und Volksgruppen. Die Russen (53%), Ukrainer (17%), Usbeken und Weißrussen (je 4%) stellen den Hauptteil der Bevölkerung. Ihnen folgen die Tataren, Kasachen, Aserbaidschaner, Armenier, Grusinier, Litauer, Juden, Rumänen; alle anderen haben einen Anteil von weniger als 1%. Die wichtigsten Völker haben eigene Unionsrepubliken und Verwaltungsgebiete. 10 Städte haben mehr als 1 Mill. Ew. (Moskau, Leningrad, Kiew, Baku, Gorkij, Taschkent, Charkow, Nowosibirsk, Kuibyschew, Swerdlowsk) und 24 500 000 bis 1 Mill. Ew. Der Verstädterungsprozeß wird planmäßig gefördert.

Bildung. Es besteht Schulpflicht vom 7.-15. Lebensjahr (unvollständige Mittelschule), die ausgebaute Mittelschule ist zehnjährig. Es gibt 785 Hochschulen aller Art mit 4,3 Mill. Studenten. Unterricht und Studium sind unentgeltlich. Die Presse ist streng gelenkt, der Rundfunk wird vom Staat betrieben.

Religion. Trennung von Staat und Kirche seit 1918. Die Kirche besteht trotz der Religionsfeindschaft des Kommunismus weiter. An der Spitze der Orthodoxen Kirche steht der Patriarch von Moskau, daneben gibt es die Georgische und die Armenische Ostkirche, Altgläubige, Protestanten, Katholiken, Muslime, Juden und Buddhisten.

Wirtschaft. Seit dem Beginn der Fünfjahrespläne (1928) befindet sich die S. in rasch zunehmender Industrialisierung in Großbetriebsform. Grundlage ist das sozialist. Eigentum an Boden und Bodenschätzen und an den Produktionsmitteln, die der staatl. Planwirtschaft unterliegen. Die Landwirtschaft wurde 1928-32 zwangsweise kollektiviert und wird seitdem in Kolchosen und Sowchosen betrieben. Sie wird nach dem 2. Weltkrieg weiter planmäßig intensiviert und mechanisiert. Erweiterung der Anbauflächen, verbesserte regionale Verteilung, Bewässerung, Anpflanzung von Waldschutzstreifen gegen die Versteppung der Schwarzerdzone.

*1 Im Russischen Altai. **2** Am Wachsch, Tadschikische SSR. **3** Kolchose im Schwarzerdegebiet, Sibirien. **4** Erdölförderung im Kaspischen Meer*

Von 608 Mill. ha landwirtschaftl. Nutzfläche entfallen 37,5% auf Ackerland. Haupterzeugnisse sind Weizen (1969: 79,9 Mill. t), Zuckerrüben (94,3 Mill. t), Sonnenblumen, Mais (12,0 Mill. t) im Schwarzerdegürtel, Roggen, Hafer (13,1 Mill. t), Hirse, Kartoffeln (91,8 Mill. t) im N, Flachs im NW, Baumwolle in Zentralasien; wichtig sind ferner Tabak und Sojabohnen. Die S. hat große Viehbestände (1970): 95,2 Mill. Rinder; 56,1 Mill. Schweine, 135,8 Mill. Schafe und Ziegen. Wichtig sind der Fischfang in den Binnenmeeren, den Flüssen und den Meeren sowie die Pelztierzucht. Der Waldreichtum ($^1/_4$ des Waldbestandes der Erde) ist die Grundlage der Holzwirtschaft (Holzeinschlag 1968: 380,4 Mill. m³).

Die S. ist reich an Bodenschätzen, bes. im sibirischen Teil; sie werden in ständig stärkerem Maße ausgebeutet. Kohle wird bes. im Donezbecken, im Kusnezker Becken, im Moskauer Gebiet, im Ural gefördert (1970: 624,0, 1913: 29,1 Mill. t); Eisenerz bes. auf Kertsch, bei Magnitogorsk, Kriwoj Rog (1970: 101,6, 1913: 4,2 Mill. t). An Edelmetallen werden Platin, Gold, Silber, an NE-Metallen Kupfer (1970: 900 000 t in Kirgisistan, Kasachstan, Usbekistan, Transkaukasien), im Ural Zink (530 000 t), Zinn (26 000 t), Mangan (2,4 Mill. t; Ukraine, Grusinien), Chrom, Blei, Wolfram, Nickel, Uran u. a. gewonnen, an Mineralien Bauxit (5,2 Mill. t), Schwefel, Kochsalz u. a. Die wichtigsten Erdölfelder bei Baku, Grosnyj, Maikop, in Turkmenistan, auf Sachalin, im Ural-Wolga-Gebiet (Förderung 353 Mill. t, 1913: 9,2 Mill. t), Erdgas (200 Mrd. m³). Die Elektrizitätserzeugung betrug 1970 rd. 373 Mrd. kWh. Die S. hat eine Reihe von bedeutenden Stauseen, so bei Bratsk an der Angara, den bei Kuibyschew an der Wolga mit dem derzeit größten Kraftwerk der Welt, den Zimljansker Stausee (Don), den Kachowkaer Stausee (Dnjepr), den Rybinsker und den Gorkijer Stausee (Wolga) u. a.

Die Industrie hat durch den Krieg eine erhebliche Ausweitung und Verlagerung nach O erfahren. Zu den alten Industriezentren zwischen Dnjepr und Donez und um Moskau sind neue Schwerpunkte im Ural um Swerdlowsk, in West- und Mittelsibirien (Tscheljabinsk, Magnitogorsk, Omsk, Nowosibirsk, Nowokusnezk, Irkutsk), in Zentralasien (Taschkent) und im Fernen Osten (Amurtal) gekommen. Einen stürmischen Aufschwung nahm bes. die Schwerindustrie, der wie im Maschinen- und Fahrzeugbau auf Grund der Rüstung einsetzte. Die Stahlerzeugung betrug 1970: 115 Mill. t (1913: 4,2). Auch die chemische Industrie entwickelte sich kräftig, ebenso die Erzeugung von Verbrauchsgütern (Textil-, Holz-, Papier- u. a. Industrien), wenn auch nicht in gleichem Maße wie die Schwerindustrie. Weltbedeutung erlangte die Raketen- und Raumfahrttechnik. Das Zentrum der Atomindustrie ist bei Ust-Kamenogorsk im Altai-Gebirge. Der Außenhandel ist Staatsmonopol und wird über Vertretungen im Ausland abgewickelt. Er erreichte 1969 einen Umsatz von 45,96 Mrd. DM in der Ausfuhr und von 40,72 Mrd. DM in der Einfuhr. Währung ist der Rubel zu 100 Kopeken (Übersicht Währungen).

Verkehr. Das Eisenbahnnetz (Breitspur: 1,524 m) umfaßt rd. 134 600 km, davon sind 32 400 km elektrifiziert. Straßen: rd. 1,5 Mill. km. Bedeutende Binnenschiffahrt (rd. 144 800 km Wasserwege), weitverzweigte Kanalverbindungen (Wolga-Ostsee-Kanal, Moskau-Wolga-Kanal, Wolga-Don-Kanal u. a.). Handelsflotte rd. 13,7 Mill. BRT. Wichtige Seehäfen: Leningrad, Reval, Riga, Libau, Murmansk, Archangelsk, Odessa, Rostow, Wladiwostok. Umfangreiches Luftverkehrsnetz; bedeutendstes Unternehmen ist die Aeroflot.

Geschichte. Nach dem Ausbruch der ‚Februarrevolution' (im März) 1917, die den Zaren zur Abdankung zwang (→russische Geschichte), riß die bolschewistische Partei (→Bolschewismus) unter →Lenin am 7. Nov. 1917 die Regierungsgewalt an sich. Nach dem Frieden von Brest-Litowsk, der unter Verzicht auf die westl. Grenzländer den Krieg beendete, wurde im März 1918 in Moskau durch den All-Unionskongreß der Sowjets (Arbeiterräte) die ‚Russ. Sozialist. Föderative Sowjetrepublik' (RSFSR) gegründet. Im Bürgerkrieg (1918 bis 1921) behauptete sich die Sowjetmacht mit Hilfe der ‚Roten Armee' unter L. Trotzkij gegen die ‚Weiße Armee' (Koltschak, Denikin, Judenitsch, Wrangel) und gegen die Intervention der Ententemächte (England, Frankreich, USA, Japan). Nach Intervention der Bolschewiki hatten sich auch in Randgebieten des ehem. Zarenreiches Sowjetrepubliken (Ukraine, Weißrußland, Transkaukasien) gebildet, die sich Dez. 1922 durch Vertrag mit der RSFSR in der ‚Union der Sozialistischen Sowjetrepubliken' (UdSSR) zu einem föderativen Bundesstaat vereinigten. In-

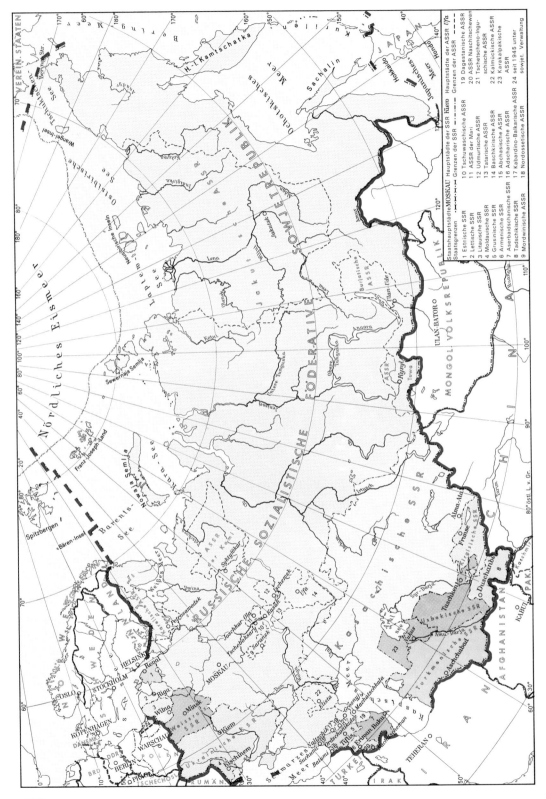

Verwaltungsgliederung 1970

Russische Sozialistische Föderative Sowjetrepublik (22,402 Mill. km², 241,748 Mill. Ew., Hauptstadt Moskau). Sie umfaßt:
a) 16 Autonome Sozialistische Sowjetrepubliken: Baschkirische, Burjatische, Dagestanische, Kabardino-Balkarische, Kalmückische, Karelische ASSR, ASSR der Komi, ASSR der Mari, Mordwinische, Nordossetische, Tatarische ASSR, ASSR Tuwa, Udmurtische, Tschetscheno-Inguschische, Tschuwaschische und Jakutische ASSR.
b) 5 Autonome Gebiete: Gorno-Altaiische, Adygeisches, Chakassisches, Karatschaiisch-Tscherkessisches, Jüdisches A. G.
c) 10 Nationalbezirke: N. B. der Nenzen, Burjaten von Ust-Ordinsk, Korjaken, Dolgano-Nenzen, Ewenken, Tschuktschen, Komi-Permjaken, Chanten und Mansen, Jamalo-Nenzen, Aginsker Burjaten.
d) 6 Gaue: Altai, Krasnodar, Krasnojarsk, Primorsk, Stawropol, Chabarowsk.
e) 49 Gebiete.
Ukrainische Sozialistische Sowjetrepublik (603 700 km², 47,136 Mill. Ew., Hauptstadt Kiew). Sie umfaßt 25 Gebiete.
Weißrussische Sozialistische Sowjetrepublik (207 600 km², 9,003 Mill. Ew., Hauptstadt Minsk). Sie umfaßt 6 Gebiete.
Usbekische Sozialistische Sowjetrepublik (449 600 km², 11,963 Mill. Ew., Hauptstadt Taschkent). Sie umfaßt:
a) die Karakalpakische Autonome Sozialist. Sowjetrepublik.
b) 10 Gebiete.
Kasachische Sozialistische Sowjetrepublik (2 715 100 km², 12,850 Mill. Ew., Hauptstadt Alma-Ata). Sie umfaßt 16 Gebiete.

Grusinische Sozialistische Sowjetrepublik (69 700 km², 4,688 Mill. Ew., Hauptstadt Tiflis). Sie umfaßt:
a) 2 Autonome Sozialistische Sowjetrepubliken: Abchasische, Adscharische ASSR.
b) das Südossetische Autonome Gebiet.
Aserbaidschanische Sozialistische Sowjetrepublik (86 600 km², 5,111 Mill. Ew., Hauptstadt Baku). Sie umfaßt:
a) die Autonome Sozialistische Sowjetrepublik Nachitschewan.
b) das Autonome Gebiet Berg-Karabach.
Litauische Sozialistische Sowjetrepublik (65 200 km², 3,129 Mill. Ew., Hauptstadt Wilna).
Moldauische Sozialistische Sowjetrepublik (33 700 km², 3,572 Mill. Ew., Hauptstadt Kischinew).
Lettische Sozialistische Sowjetrepublik (63 700 km², 2,365 Mill. Ew., Hauptstadt Riga).
Kirgisische Sozialistische Sowjetrepublik (198 500 km², 2,933 Mill. Ew., Hauptstadt Frunse). Sie umfaßt 1 Gebiet.
Tadschikische Sozialistische Sowjetrepublik (143 100 km², 2,900 Mill. Ew., Hauptstadt Duschanbe). Sie umfaßt das Autonome Gebiet Berg-Badachschan.
Armenische Sozialistische Sowjetrepublik (29 800 km², 2,493 Mill. Ew., Hauptstadt Eriwan).
Turkmenische Sozialistische Sowjetrepublik (488 100 km², 2,158 Mill. Ew., Hauptstadt Aschchabad).
Estnische Sozialistische Sowjetrepublik (45 100 km², 1,357 Mill. Ew., Hauptstadt Reval).

folge die wirtschaftl. Zusammenbruchs in den Jahren des ‚Kriegskommunismus' leitete Lenin 1921 die ‚neue ökonomische Politik' (NEP) ein. Schon vor Lenins Tod (1924) wurde →Stalin der einflußreichste Politiker; er schaltete Trotzkij, Sinowjew und Kamenew, später die Gruppe um Bucharin aus. 1928 begann unter ihm die Periode der totalen Planwirtschaft: Industrialisierung mit weitgehender Technisierung und (1928-32) die ‚Kollektivierung' der Landwirtschaft. Die innere soziale Revolution, die mit der Verfassung von 1936 abschloß, und die ‚Große Säuberung' (1936 bis 1938) veränderten das innere Gefüge von Partei, Staat und Gesellschaft wesentlich. 1939 entzog sich Stalin der brit. Koalitionspolitik und nutzte nach dem deutsch-sowjet. Pakt vom 23. 8. 1939 den europ. Krieg zu Gebietserweiterungen in W aus: Ostpolen, Baltikum, Bessarabien, nördl. Bukowina, karelische Landenge und Ostkarelien. 1941 ließ Hitler dt. Truppen in die S. einmarschieren (→Weltkrieg II). Die S. verbündete sich nun mit den angelsächs. Mächten. In Ostasien schaltete sie sich 1945 in die Endphase des Krieges gegen Japan ein. Durch die Vereinbarungen von Teheran, Jalta und Potsdam hatte sich die S. fast ganz Europa östl. der Linie Lübeck-Triest als Einflußsphäre gesichert. Trotz Mitgliedschaft bei den UN kühlten sich die Beziehungen zwischen der S. und den Westalliierten ab. Aus dem erstarkenden Widerstand des Westens gegen die sowjet. Expansion entwickelte sich ein ‚kalter Krieg'. Im Ostblock schuf sich die S. ein polit. und wirtschaftl., im Warschauer Pakt ein militär. Bündnissystem (→Ostblockstaaten). Nach Stalins Tod schien sich eine Entspannung zwischen Ost und West ab, die bes. auf der ersten der Genfer Konferenzen (1955) sichtbar zu werden schien; jedoch wurde das Verhältnis der S. zu den Demokratien Westeuropas und Nordamerikas durch das Entstehen bestimmter Spannungszonen immer wieder belastet (Berlin-Krise, Laos, Kuba, Vietnam, Nahost). Auf internat. Konferenzen oder in bilateralen Gesprächen z. B. mit den Verein. Staaten beteiligte sich die S. führend an den Versuchen, die Rüstung zu begrenzen (→SALT, →Kernwaffensperrvertrag). Über die Beschlüsse des 20. Parteikongresses →Kommunismus. Seit 1961 haben sich die Meinungsverschiedenheiten zwischen der S. und China über die Auslegung des Marxismus-Leninismus vergrößert, zu machtpolit. Auseinandersetzungen und bereits zu Kampfhandlungen (März 1969 am Ussuri) geführt. Die Bemühungen einzelner Ostblockstaaten um

Selbständigkeit, bes. Polens, Rumäniens und der Tschechoslowakei, verstärkten sich 1968. Der Liberalisierungsprozeß in der Tschechoslowakei wurde durch die gewaltsame sowjet. Besetzung des Landes im August 1968 beendet. Der Zwiespalt zwischen kommunist. Ideologie und sowjet. Machtpolitik belastet seither das Verhältnis der S. zu den Volksdemokratien und den kommunist. Parteien in aller Welt.
Sowjetzonenflüchtlinge, →Flüchtlinge.
S'oxhlet-Apparat, ⌀ Laboratoriumsgerät zur analyt. Bestimmung einer Substanz durch Extraktion.
sozi'al [lat.], 1) gesellschaftlich, die Ordnung der Gesellschaft betreffend. 2) gesellschaftsverbunden, menschenfreundlich.
Sozialabgaben, die gesetzlichen Sozialleistungen der Unternehmen.
Sozialakademie, 1) Fortbildungseinrichtung mit sozial-, wirtschafts- und rechtswissenschaftlichen Kursen, deren Abschlußzeugnis in besonderen Fällen zum Hochschulstudium berechtigen kann. S. bestehen in Dortmund, Frankfurt a. M., Hamburg. 2) **Evang. S.,** die Evang. Akademie in Friedewald (bei Betzdorf a. d. Sieg).
Sozialanthropologie, die Lehre von den Zusammenhängen zwischen Anthropologie und sozialer Gruppe; von Galton begründet.
Sozialarbeit, alle fürsorgerischen und sozialpädagog. Bestrebungen. Ausbildung: in Höheren Fachschulen für S., für Jugendhilfe, Sozialpädagogik sowie in besonderen Schulen für Heimerziehung, Kinderpflegerinnen, -gärtnerinnen usw.
Sozialarbeiter(in), fachlich ausgebildete Person, tätig in der Sozialhilfe im Auftrag einer Behörde, eines freien Sozialverbandes, eines Betriebs.
Sozialaufwand, die gesetzl. und zusätzl. →Sozialleistungen der Unternehmen.
Sozialbeirat, Organ der zur Rentenversicherung; ihr drei Vertreter der Versicherten, der Arbeitgeber, der Wirtschafts- und Sozialwissenschaften und ein Vertreter der Dt. Bundesbank; arbeitet jährlich ein Gutachten zur Rentenanpassung aus.
Sozialbeitrag, die Arbeitgeber- und Arbeitnehmerbeiträge zur Sozialversicherung.
Sozialbericht, 1) Bericht großer Unternehmen über ihre Sozialleistungen. 2) Bericht der Bundesregierung über die soziale Rentenversicherung (jährl. bis zum 30. 9.).
Sozialberufe, →Sozialarbeit.
Sozialdemokratie, die polit. Parteirichtung vom Marxismus herkommenden Arbeiterbewegung. Der Name S. beschränkt sich seit der 1. Weltkrieg auf den

gemäßigten Flügel, der radikale Flügel wurde zur kommunist. Partei. Die zwischenstaatl. Vereinigung der S. war die ‚Zweite Internationale' (1951 als ‚Sozialist. Internationale' neu gegründet). →Sozialdemokratische Parteien.
Sozialdemokratische Parteien. 1) Die Sozialdemokratische Partei Deutschlands (SPD) entstand als Partei des entschiedenen Marxismus (A. →Bebel, W. →Liebknecht), vergrößerte sich 1875 durch den Allgemeinen Deutschen Arbeiterverein →Lassalles, wurde durch das →Sozialistengesetz in Wirklichkeit gestärkt, durch das Erfurter Programm 1891 innerlich gefestigt, 1912 stärkste Partei des Reichstags. 1917 spaltete sich der radikale Unabhängige Sozialdemokrat. Partei ab, ging jedoch 1922 wieder in die SPD auf; noch weiter ging der Spartakusbund (K. →Liebknecht, Rosa →Luxemburg). In der Weimarer Republik war die SPD mehrfach an Koalitionsregierungen beteiligt und stellte mit Fr. Ebert den ersten Reichspräsidenten. Zu den Führern gehörten Bebel, W. Liebknecht, v. Vollmar, Ebert, Scheidemann, Herm. Müller, Wels, Hilferding, Breitscheid, Noske, Löbe, in Preußen Braun, Severing. 1933 wurde die SPD aufgelöst. Nach 1945 unter K. Schumacher wiedergegründet, schloß sich 1946 in der Sowjetzone unter Zwang mit den Kommunisten zur →Sozialistischen Einheitspartei Deutschlands (SED) zusammen. In der Bundesrep. Dtl. die zweitstärkste Partei. Auf dem Parteitag in Bad Godesberg (1959) gab sie sich ein neues Grundsatzprogramm. Seit Gründung der Bundesrep. Dtl. bis Dez. 1966 stand die SPD in der parlamentar. Opposition. Im Dez. 1966 trat sie in eine Regierung der ‚Großen Koalition' ein. 1969 bildete W. Brandt (seit 1964 Partei-Vors.) die Regierung.
2) In Österreich bildete sich 1888/89 unter Victor Adler die **Sozialdemokratische Partei Österreichs, SPÖ,** die 1907 die zweitstärkste Partei des Reichsrats wurde. Nach 1918 wurde sie zeitweilig die stärkste, 1920 wieder die zweitstärkste Partei. Maßgebend war die radikale Richtung des Austromarxismus. Unter der Regierung Dollfuß wurde sie 1934 aufgelöst. Seit der Neugründung 1945 als **Sozialistische Partei Österreichs** stellte sie den Bundespräsidenten (Renner, Körner, Schärf; seit 1971 F. Jonas), seit 1970 auch den Bundeskanzler (B. Kreisky).
3) In der **Schweiz** wurde die Sozialdemokrat. Partei endgültig 1888 gegründet. Von ihrer anfangs radikalen Haltung wandte sie sich nach dem 1. Weltkrieg, besonders seit 1933, ab.

4) in anderen Ländern: In den skandinav. Staaten und in Finnland haben die unterschiedlich benannten entsprechenden Parteien die größte Wählerzahl. In den skandinav. Ländern stieg die S. P. nach dem 1. Weltkrieg durchweg zur stärksten Partei auf; bes. in Schweden setzte die S. P., seit 1932 ständig Regierungspartei, Reformen auf allen Gebieten des gesellschaftl. und kulturellen Lebens durch (→Schweden, Geschichte). In den Niederlanden ist die Partei der Arbeit die zweitstärkste Partei, ebenfalls in Belgien; in Frankreich hatte die Sozialist. Partei (1905 gegr., Führer Jean Jaurès) ein wechselvolles Schicksal; 1936-38 stellte sie in den Volksfront-Reg. den MinPräs. (L. Blum), 1945-58 spielte sie teils als Regierungs-, teils als Oppositionspartei eine wichtige Rolle. Nach 1958 geriet sie in scharfen Gegensatz zum Gaullismus. An der Linksföderation (1965) mit Radikalsozialisten u. a. maßgeblich beteiligt, beschloß sie 1972 mit der KPF eine gemeinsame polit. Plattform. Über Großbritannien →Labour Party. 1892 gegr., 1926 von Mussolini aufgelöst, nach dem 2. Weltkrieg neu gegr., spaltete sich die sozialist. Partei Italiens in die kommunistenfreundl. Nenni-Sozialisten und die antikommunistisch eingestellten Saragat-Sozialisten. Der Wiederzusammenschluß beider 1967 scheiterte 1969 wieder an der Frage der Zusammenarbeit mit den Kommunisten. In den Verein. Staaten sind die ‚Amerikan. Arbeiterpartei' ohne Bedeutung und im Kongreß nicht vertreten. Sozialist. Parteien von größerer Bedeutung bestehen auch z. B. in Japan, Chile, Indien. - In den Ostblockstaaten, wo die S. P. bes. in Polen dem 1. Weltkrieg eine maßgebende Rolle spielte, sind die S. P. mit den kommunistischen zu ‚Einheitsparteien' verschmolzen worden.

soziale Frage, die Gesamtheit der sozialpolit. Probleme, die sich im Industriezeitalter (19./20. Jahrh.) aus dem Vorhandensein der besitzlosen Klasse (Proletarier) und den daraus folgenden Spannungen ergaben.

soziale Marktwirtschaft, die auf der Grundlage der freien →Marktwirtschaft beruhende Wirtschaftsordnung der Bundesrep. Dtl.

soziale Morphologie, die Lehre von den sozialen Erscheinungen als Einzeltatsachen.

soziale Rentenversicherung, →Rentenversicherung.

sozialer Rechtsstaat, →Rechtsstaat.

sozialer Wohnungsbau, der Bau von Wohnungen für einkommensschwache Bevölkerungsschichten; Grundlagen: 1. und 2. Wohnungsbau-Ges. (24. 4. 1950/25. 8. 1953, zuletzt i. d. F. v. 1. 8. 1968). Der Staat gewährt den Trägern des s. W. zinsverbilligte Darlehen, Steuervergünstigungen u. a., bestimmt jedoch Größe, Ausstattung, Miete, Vermietung.

soziale Sicherheit, Forderung nach dem Schutz des einzelnen, bes. der Sicherung seines Einkommens bei Krankheit, Unfall, Arbeitsunfähigkeit, Arbeitslosigkeit, Alter (Atlantik-Charta der Verein. Nationen).

Sozialethik, 1) die Lehre von den sittlichen Normen in Völkern, Ständen, Berufen. **2)** philosophisch die Lehre von den Pflichten gegenüber den Mitmenschen oder der Gemeinschaft.

Sozialforschung, sozialwissenschaftl. Einzelforschung, z. B. Meinungsforschung.

Sozialgerichte, die unabhängigen Verwaltungsgerichte im Bereich der Sozialverwaltung; sie entscheiden bes. über Streitigkeiten in Angelegenheiten der Sozial- und Arbeitslosenversicherung und der Kriegsopferversorgung.

Sozialgesetzgebung, →Sozialversicherung.

Sozialhilfe, früher **Fürsorge,** die organisierte (materielle, seelische, erzieherische) Hilfstätigkeit durch Staat, Kirche, private Wohlfahrtsorganisationen zur Behebung individueller Notlagen und Gefährdungen. Einzelgebiete: Gesundheits-, Jugend-, Wirtschafts-S. Das Bundessozialhilfeges. v. 30. 6. 1961 regelt die staatl. Pflicht zur Gewährung von S. Träger sind auf örtl. Ebene die kreisfreien Städte und Landkreise, auf überörtl. Ebene die Länder, Träger der privaten freien Wohlfahrtspflege sind konfessionelle, humanitäre, weltanschaulich-polit. Organisationen, Vereine, Anstalten, Stiftungen. - Öffentl. und freie Wohlfahrtspflege sind zusammengeschlossen in der Dt. Verein für öffentl. und private Fürsorge, Sitz Frankfurt a. M.

Sozialis'ierung, die Vergesellschaftung der Produktionsmittel, die nach Marx am Ende des kapitalist. Entwicklung steht; heute bes. die Überführung von Unternehmen aus Privat- in Gemeineigentum.

Sozial'ismus [lat.], der im 19. Jahrh. als Folge der Industrialisierung und damit anfänglich verbundenen Proletarisierung der Arbeitermassen entstandenen Bewegungen und Lehren, die die individualist., liberal-kapitalist. Gesellschafts- und Wirtschaftsordnung durch eine klassenlose, auf Gemeineigentum und Gemeinwirtschaft gegründete Ordnung ersetzen wollen. In dieser allgemeinen Zielsetzung stimmen die beiden auf die Lehre von Marx und Engels zurückgehenden, etwa seit der russ. Revolution von 1917 getrennten Bewegungen des **Kommunismus** (→Marxismus, →Bolschewismus) und des S. überein. Unter S. im engeren Sinne wird in der westl. Welt heute meist die **evolutionäre S.** (Revisionismus, Reformismus) verstanden (→Sozialdemokratie). Er will den S. schrittweise durch soziale Reformen, nicht durch die Weltrevolution erreichen. Die von der marxist. Lehre der zunehmenden Verelendung des Proletariats abweichende Entwicklung mit ihrer weitgehenden Umschichtung von Besitz und Einkommen läßt den Gedanken des Klassenkampfes zurücktreten; die Forderung nach einer Sozialisierung der Produktionsmittel wird auf den Großgrundbesitz und die Grundindustrien (Kohle, Eisen, Energie) oder auf diese und andere Wirtschaftszweige (Banken, Versicherungen, Verkehr) beschränkt; der Schwerpunkt liegt in dem Streben, die soziale Lage des Arbeitnehmers und seine Stellung im Betrieb (→Mitbestimmung) zu verbessern. Die wirtschaftl. und gesellschaftl. Schäden der Industrialisierung bewirken, daß das Bestehen der ‚sozialen Frage' auch in den nichtsozialist. Parteien, oft unter Einfluß christl. Gedanken, erkannt wurde, so daß sich vielfach der Abstand zwischen den **sozialistischen** und den **bürgerlich-sozialen** Parteien verringert hat; der Eintritt der Sozialisten in Koalitionsregierungen in vielen Ländern drängte ebenso zu einer Annäherung. - Nach der marxist.-leninist. Lehre ist dagegen der S. ein Übergangsstadium zum Kommunismus; der S. ist erreicht, wenn die Produktionsmittel und die Produktion vergesellschaftet sind und die klassenlose Gesellschaft hergestellt ist, der Kommunismus, wenn darüber hinaus jeder den gleichen Zugang zu den Verbrauchsgütern hat und die staatl. Zwangsgewalt fortgefallen ist.

Sozialistengesetz, Ausnahmegesetz Bismarcks vom 21. 10. 1878 gegen die Sozialdemokratie, beschränkte deren Versammlungs- und Pressefreiheit; lief 1890 ab.

Sozialistische Einheitspartei Deutschlands, SED, die am 21. 4. 1946 in der Sowjetzone unter dem Druck der SMAD durch Zusammenschluß der KPD und SPD gebildete kommunist. Staatspartei. Oberstes Parteiorgan: das Zentralkomitee (ZK), erster Sekretär seit 1971 E. Honecker. Jugendorganisation ist die →Freie Deutsche Jugend.

sozialistischer Realismus, →Realismus.

Sozialkapital, betriebl. Rückstellungen für zusätzl. Sozialleistungen.

Sozialkritik, Gesellschaftskritik, Hinweis auf Mängel und Schäden der Rechts- und Sozialordnung, des Bildungswesens sowie der polit. Verfassung. Die S. kann in Form wissenschaftl., meist soziolog. Analyse auftreten, bedient sich aber oft auch künstlerischer Mittel (Karikatur, polit. Dichtung, Satire).

Soziallkunde, Gemeinschaftskunde, die polit. Erziehung als Schulfach.

Soziallasten, die →Sozialleistungen.

Soziallehren der christlichen Kirchen, die als Lehre der Kirche oder zeitbezogene Hilfe verstandene amtl. Äußerung der christl. Kirchen zu Fragen der sozialen Gerechtigkeit: in der **Kath. Kirche** zunächst das in den Sozialenzykliken (Rerum novarum, Quadragesimo anno) entwickelte Programm einer im Kern naturrechtl. Ordnung des wirtschaftl., gesellschaftl. und staatl. Lebens nach dem Gemeinwohl und der gegen die Staatsallmacht gerichteten Forderung der gegenseitigen Unterstützung der Berufsstände (Berufsständische Ordnung). Diese Lehre wurde - teilweise unter Aufgabe des antisozialist. Akzents - weiterentwickelt in den Enzykliken ‚Pacem in terris', ‚Populorum progressio' und der Pastoral-Konstitution ‚Gaudium et spes'. - Nach der **evang. Soziallehre** sind die gottgewollten Schöpfungsordnungen (Familie, Volk, Staat) weltlich und können daher nicht christl. Normen unterworfen werden. Als Teil einer ‚verantwortlichen Gesellschaft' soll jedoch der Christ dazu beitragen, daß diese Ordnungen ein menschenwürdiges Dasein ermöglichen. Die ‚Kammern für öffentl. Verantwortung und soziale Ordnung' der EKD haben hierzu in verschiedenen Denkschriften Leitlinien gegeben.

Sozialleistungen, 1) gesetzliche S., die von den Arbeitgebern erbrachten Beiträge zur sozialen Renten- und Krankenversicherung, zur Unfall-, Arbeitslosenversicherung, zu Familienausgleichskassen u. a. **2) zusätzliche S.,** soziale Aufwendungen, die von Unternehmen zusätzlich erbracht werden, z. B. für Unfallverhütung, Gesundheitsdienst, zusätzl. Altersversorgung. **3) öffentliche S.,** Leistungen der Sozialversicherung, Kriegsopferversorgung, Fürsorge u. a. Das Sozialbudget insgesamt der Bundesrep. Dtl. betrug 1972: 208 677 Mill. DM.

Sozialohn, der Familienlohn.

Sozialökologie, die Lehre von den räuml. Verteilungen sozialer Erscheinungen, soweit sie für die Ausbildung sozialer Strukturen wesentlich sind.

Sozialökonomie, die Volkswirtschaftslehre.

Sozialpädagogik, 1) die Pädagogik, sofern sie den Menschen als Glied der Gemeinschaft betrachtet. **2)** die erzieherischen Aufgaben im Rahmen der Sozialarbeit: Kleinkinderfürsorge, Jugendwohlfahrt, Volks- und Erwachsenenbildung.

Sozialpartner, Arbeitgeber und Arbeitnehmer und ihre Verbände (Arbeitgeberverbände, Gewerkschaften), auch als **Tarifvertragsparteien** bezeichnet.

Sozialphilosophie untersucht das Verhältnis des Einzelnen zum sozialen Ganzen.

Sozialplanung, Entwürfe und Vorschläge für eine künftige gesellschaftl. Ordnung.

Sozialpolitik, die Maßnahmen zur Verbesserung der Arbeits- und Lebensbedingungen der arbeitenden Menschen, bes. der Schutz vor Not durch Krankheit, Alter, Erwerbslosigkeit, die Erhaltung und Steigerung der Arbeitskraft und Verbesserung der Lebensbedingungen der nicht arbeitsfähigen Menschen. Die S. umfaßt Arbeitsschutz und -verfassung, Entlohnung, Sozialversicherung u. a. Man unterscheidet staatliche und betriebliche Sozialpolitik. - Der Anteil der S. am Staatshaushalt ist in den Industrienationen so groß geworden, daß die Wechselwirkungen mit der Gesamtwirtschaft berücksichtigt werden müssen. - Die deutsche S., England folgend, setzte 1818 in Preußen ein (1839 Kinderschutz). 1848 begann der Kampf um den Achtstundentag. 1878 führte das Reich die Fabrikinspektion ein. Bismarcks Bemühen galt der →Sozialversicherung. 1891 Arbeiterschutzges., 1903 Kinderschutzges., 1920 das Betriebsräteges., 1927 das Ges. über Arbeitsvermittlung und Arbeitslosenversicherung. Nach 1945 wurden die Gewerkschaften und Betriebsräte wiedererrichtet. Für den Montanbereich gilt seit 1951 die Mitbestimmung. Das Arbeitsförderungsges. von 1969 intensiviert bes. die Arbeitsberatung und fördert Ausbildung, Fortbildung und Umschulung.

Sozialprodukt, die wirtschaftl. Leistung eines Landes, meist auf ein Jahr bezogen. Das S. ist von der Entstehung her das gesamte Aufkommen an Waren und Dienstleistungen, von der Verteilung her die Summe der gezahlten Einkommen, von der Verwendung her Verbrauch, Investition und Außenbeitrag (Export minus Import). Man geht begrifflich meist vom Brutto-Inlandprodukt aus (dem gesammelten inländ. Aufkommen an Waren und Dienstleistungen), erhöht dieses um den Saldo der Erwerbs- und Vermögenseinkommen zwischen Inländern und der übrigen Welt und erhält so das **Brutto-S.** Nach Abzug der Abschreibungen entsteht das **Netto-S. zu Marktpreisen;** werden von diesem die indirekten Steuern abgezogen und die Subventionen hinzugefügt, so erhält man das **Netto-S. zu Faktorkosten** (→Volkseinkommen).

In der Bundesrep. Dtl. betrug das Brutto-Inlandprodukt (1960) 302,6, (1971) 756,9 Mrd. DM. Davon entfielen (1971) in % auf privaten Verbrauch 54,4, Staatsverbrauch 17,0, Investitionen der Unternehmen und des Staates 27,3.

Sozialpsychologie untersucht die im sozialen Leben zutage tretenden seelischgeistigen Erscheinungen sowie die psycholog. Rückwirkungen der Kulturbedingungen (z. B. der Industrialisierung) und die seelische Anpassung an diese.

Sozialreform, die (angestrebte) grundlegende Änderung der sozialen Verhältnisse oder der Lage einzelner Schichten (Industriearbeiter, Mittelstand u. a.).

Sozialrente, die von der sozialen Rentenversicherung, der Unfallversicherung, der Kriegsopferversorgung gezahlte Rente.

Sozialrevolutionäre, eine 1901/02 entstandene revolutionäre Partei in Rußland. Sie spaltete sich im 1. Weltkrieg in eine Rechte, die 1917 unter Kerenskij für Fortsetzung des Krieges eintrat, und eine Linke unter Tschernow, die mit den Bolschewiki ging, von diesen aber seit 1918 verfolgt und zerschlagen wurde.

Sozialschulen, ältere Bez. der **Höheren Fachschulen für Sozialarbeit,** früher **Wohlfahrtsschulen,** Ausbildungsstätten für Sozialarbeiter in der →Sozialhilfe und der →Jugendhilfe. Träger sind Länder, Städte und Verbände der freien Wohlfahrtspflege. Bis 1975 sollen die z. Z. stark im Wandel befindlichen Ausbildungsstätten zu Abteilungen für Sozialwesen in zentralisierten Fachhochschulen zusammengefaßt werden. (→Sozialarbeit)

Sozialstaat, ein Staat, der sich die Überwindung sozialer Schäden und die Befriedung sozialer Gegensätze zur Aufgabe gestellt hat. Das GG. sieht für die Bundesrep. Dtl. den sozialen →Rechtsstaat vor.

Sozialstatistik, die statist. Erfassung der Sozialleistungen, Löhne, Arbeitsbedingungen, der gesellschaftl. Schichtung.

Sozialstruktur, Sozialordnung, Gliederung einer Bevölkerung in soziale Schichten nach ihrer Stellung im Beruf, Einkommenshöhe, Konsumgewohnheiten u. a.

Sozialversicherung, staatl. Pflichtversicherung zum Schutz der Arbeitnehmer vor den Folgen von Krankheit, Unfall, Arbeitslosigkeit und Alter. Sie umfaßt die soziale Rentenversicherung, Krankenversicherung, Unfallversicherung, Arbeitslosenversicherung. Versicherungspflichtig sind fast alle Arbeitnehmer (Einkommensgrenzen) und einzelne Gruppen von Selbständigen. Da auch die Angehörigen der Versicherten einbezogen sind, erfaßt sie 85% der Bevölkerung. Die Mittel werden durch Beiträge der Arbeitgeber und -nehmer und staatliche Zuschüsse aufgebracht. Zwischenstaatl. Vereinbarungen regeln die Leistungen der S. an berechtigte Ausländer (u. a. Wanderarbeiter).

Die dt. S. wurde von Bismarck geschaffen **(Sozialgesetzgebung):** 1883 Krankenversicherung, 1884 Unfallversicherung, 1889 Invaliden- und Altersversicherung; 1911 folgten Angestelltenversicherung, 1927 Arbeitslosenversicherung. Aus dem Zusammenbruch 1945 und der Währungsreform ergaben sich für die S. große Erschütterungen und finanzielle Einbußen. Seit Entstehung der Bundesrep. Dtl. wurde die gesetzl. Grundlage aller Zweige der S. ergänzt.

In der Dt. Dem. Rep. wurde die S. grundlegend umgestaltet. 1956 wurde die zentral gelenkte Einheitsversicherung aufgegliedert in die S. für Arbeiter und Angestellten (Träger: Freier Deutscher Gewerkschaftsbund) und die S. für Bauern, Handwerker, selbständig Erwerbstätige, Unternehmer, freiberuflich Tätige (Träger seit 1969: Staatl. Versicherung der Dt. Dem. Rep.).

In Österreich gilt seit dem 1. 1. 1956 das allgemeine Sozialversicherungsges. (ASVG.) v. 9. 9. 1955; es umfaßt Kranken- und Unfallversicherung, Pensionsversicherung für Arbeiter und Angestellte sowie knappschaftl. Pensionsversicherung. In der Schweiz ist der Aufbau des S.-Wesens mit Ausnahme der Unfallversicherung dezentralisiert. Die Alters- und Hinterlassenenversicherung (seit 1948, seit 1960 ergänzt durch die Invalidenversicherung) umfaßt die gesamte Bevölkerung; die Kranken- und die Arbeitslosenversicherung wurden durch Ges. von 1911 und 1951 geregelt, beide Gesetze sind mehrfach geändert.

Sozialwirt, wurde ausgebildet an den Universitäten Erlangen-Nürnberg und Göttingen (Diplom-S., ggf. Dr. disc. pol.); die Bez. S. ist nicht mehr üblich.

Sozialwissenschaften, Gesellschaftswissenschaften, engl. Social sciences, befassen sich mit den Erscheinungen des gesellschaftl. Lebens. Das Studium umfaßt: Soziologie, Psychologie, Volks- und Betriebswirtschaftslehre, polit. Wissenschaften, öffentl. Recht, Arbeits- und Sozialrecht.

Soziet'ät [frz.] die, die Gesellschaft, Genossenschaft, der Verband.

Sozini'aner, eine religiöse Gemeinschaft, die auf die Italiener L. und F. Sozzini (16. Jahrh.) zurückgeht; sie betont die Einheit Gottes (Unitarier, Antitrinitarier) und ein rational bestimmtes Christentum.

Soziogeographie, Sozialgeographie, als Zweig der Anthropogeographie die Lehre von dem Einfluß bestimmter sozialer Strukturen oder Veränderungen auf die Erdoberfläche.

Soziolog'ie die, Gesellschaftslehre, die Wissenschaft von der Gesellschaft, ihren Formen, Gesetzlichkeiten und ihrer Entwicklung. Die **allgemeine S.** sucht soziolog. Grundbegriffe zu gewinnen und zum System zu ordnen, die **spezielle S.** wendet die soziolog. Fragestellung auf einzelne Kulturbereiche (Religions-, Rechts-, Wissens-S.) oder auf bestimmte Teilerscheinungen an (S. des Dorfes, der Großstadt, des Berufs, des Betriebs usw.). Die **empirische Sozialforschung** versucht, Forschungshypothesen durch Ansammeln von Tatsachenmaterial (Erhebungen, Gruppenexperimente) zu untermauern. Der Name und das erste System der S. stammen von A. →Comte.

Soziologismus, eine Erklärungsweise, die alle geistige Wirklichkeit (K. Mannheim), u. U. sogar die Formen der Naturerkenntnis (E. Durkheim) auf gesellschaftl. Bedingungen zurückführt.

Soziometr'ie, allgemein: die Verwendung quantitativer (messender) Verfahren in Soziologie und Sozialwissenschaften; bes. das von dem amerikan. Psychiater Moreno (* 1892) entwickelte Verfahren, die Struktur von Gruppen (z. B. Schulklassen) graphisch **(Soziogramm)** oder tabellarisch **(Matrix-Analyse)** darzustellen.

S'ozius [lat.] der, **S'ozia** die, **1)** Teilhaber(in). **2)** Mitfahrer(in) auf dem Kraftrad, dazu: **Soziussitz.**

sp, wird im Anlaut deutscher Wörter wie [ʃp] gesprochen, im Niederdeutschen [sp], so meist auch in Fremdwörtern.

S. p. A., Abk. für italien. **S**ocietà **p**er **A**zioni, Aktiengesellschaft.

Spa, Badeort im Hohen Venn, Prov. Lüttich, Belgien, 9500 Ew.; Behandlung von Kreislaufstörungen, Rheumatismus und Anämie.

Spaak, Paul-Henri, belg. Politiker (Sozialist), * 1899, † 1972, seit 1938 mehrmals Außenmin. und MinPräs. (1940-44 in der

Paul-Henri Spaak   Oswald Spengler

Exilregierung in London), Vertreter Belgiens in mehreren internationalen Einrichtungen, 1957-61 Generalsekr. der NATO, 1961-66 wieder belg. Außenminister.

Spachtel, Werkzeug zum Auftragen oder Abkratzen von **Spachtelmasse** (pigmentiertes, zieh-, streich- oder spritzbares Anstrichmittel zum Ausgleichen von Unebenheiten), Farben, Gips, Mörtel.

Spag'at [ital., 1) eigentl.: Bindfaden. 2) Turnen: Beinspreizen nach vorn und hinten, bis beide Oberschenkel in Waagrechtstellung den Boden berühren.

Spagh'etti Mz., lange, dünne Nudeln.

Sp'ahis, Ez. Spahi der, franzöś. Reitertruppen aus nordafrikan. Eingeborenen.

Spähtrupp, früher **Patrouille,** eine militär. Erkundungsabteilung.

Sp'alatin, Georg, eigentl. **Burckhardt,** Theologe, * 1484, † 1545, Freund Luthers, wirkte für die Reformation, Hofkaplan Friedrichs des Weisen.

Sp'alato, italien. Name von →Split.

Spal'ier [ital.] das, **1)** Gerüstwand für Obstbäume (Spalierbäume) und Reben. **2)** Ehrenaufstellung, z. B. einer Truppe, zu beiden Seiten des Weges.

Spalt|algen, Blaualgen, griech.-latein. **Schizophyceae, Cyanophyceae,** einfache Algen, die in Mischung mit Blattgrün blauen Farbstoff haben.

Spaltflügel, ✈ der Schlitzflügel.

Spaltfrucht, trockene →Schließfrucht, die in einsamige Teilfrüchte geteilt ist, so bei Bergahorn, Malve und Kümmel (Tafel Frucht und Samen).

Spaltfüßer, meist durchsichtige Krebstiere des Meeres mit brustständigen, zweiästigen Spaltfüßen, Fisch- und Walnahrung; so **Mysis vulgaris** in Ost- und Nordsee.

Spaltklappe, ✈ eine Landeklappe an Flugzeugtragflügeln, die beim Ausschlagen einen Spalt zwischen festem Flügel und Klappe freigibt.

Spaltöffnung, pflanzl. Atmungsorgan; hautporengroße Öffnung mit Schließzellen, die durch die Haut der blattgrünhaltigen Teile das Binnengewebe mit der Luft verbindet.

Spaltpflanzen, griech.-latein. **Schizoph'yta,** Bakterien (,Spaltpilze') und Blaualgen (,Spaltalgen').

Spaltpilze, ⚶ Bakterien.

Spaltstoff, der für Kernspaltungen in techn. verwendete Stoff. **S.-Element,** →Brennstoffe 2).

Span [spæn], Tuchmaß: 0,25 Yard = 22,86 cm.

spanabhebende Formung, Bearbeitungsverfahren, wie Drehen, Fräsen, Hobeln, Räumen, Schleifen, bei denen ein Werkstück durch Abnehmen von Spänen geformt wird.

Spandau, der 8. VerwBez. von Berlin (West-Berlin). Von der Askanierburg (um 1160), um die im 16. Jahrh. die Zitadelle herumgebaut wurde, sind Reste (u. a. im Juliusturm) erkennbar. Die Zitadelle wurde 1946 Haftort für die in Nürnberg zu Freiheitsstrafen verurteilten nat.-soz. Führer.

Spanferkel [von span ,Zitze'], noch am Span saugendes Ferkel von 2-4 Wochen.

Spange, Metallband, z. B. als Kleiderschließe, Schmuck.

Spangenberg, August Gottlieb, Bischof und führender Theologe der Herrnhuter Brüdergemeine, * 1704, † 1792, gründete 1733-39 die nordamerikan. Prov. der Brüdergemeine, 1739-44 die englische.

Sp'aniel [sp'æn∂l, engl.] der, Jagdhundrasse, langhaariger Stöberhund.

Sp'anien, span. **España** [ɛsp'aɲa], Staat auf der Pyrenäenhalbinsel, den Balearen und Kanarischen Inseln, umfaßt 504 750 km² mit 33,3 Mill. Ew. Hauptstadt ist Madrid, Amtssprache Spanisch. ⊕ VIII/IX, Bd. 1, nach S. 320. Der Katholizismus ist Staatsreligion. Währung ist die Peseta zu 100 Centimos. Allgem. Wehrpflicht.

Staat. ⬭ S. 1179. ⬚ Bd. 1, S. 392. Nach dem Nachfolgegesetz vom 6. 7. 1947 ist S. ein Königreich. Derzeitiger Staatschef ist General Franco, gleichzeitig MinPräs., Oberbefehlshaber und oberster Führer der →Falange, deren Generalrat (Junta política) die Regierung berät. Die Gesetzgebung liegt bei den Cortes, deren 454 Mitgl. teils ernannt, teils aus den ständischen Organen, teils in freier Wahl gewählt werden.

Landesnatur. Das Innere S.s ist weitgehend verkarstet; es besteht aus einer Hochfläche (Hochland von Kastilien), die von Gebirgen durchzogen wird: das Kantabrische Gebirge an der Biskaya, das Kastilische Scheidegebirge, das Andalusische Gebirge mit der Sierra Nevada. Im N trennt die Hochgebirgsmauer der Pyrenäen (3404 m) S. von Frankreich. Hauptflüsse sind Duero, Tajo, Guadiana und Guadalquivir zum Atlant. Ozean, Ebro und

Größe und Bevölkerung 1971

Regionen (Provinzen)	Fläche in km²	Ew. in 1 000
Andalusien (Almería, Cádiz, Córdoba, Granada, Huelva, Jaén, Málaga, Sevilla)	87 268	6 002
Aragonien (Huesca, Teruel, Saragossa)	47 669	1 122
Asturien (Oviedo)	10 565	1 036
Neukastilien (Ciudad Real, Cuenca, Guadalajara, Madrid, Toledo)	72 363	5 175
Altkastilien (Avila, Burgos, Logroño, Palencia, Santander, Segovia, Soria, Valladolid)	66 107	2 095
Katalonien (Barcelona, Gerona, Lérida, Tarragona)	31 930	5 069
Estremadura (Badajoz, Cacéres)	41 602	1 160
Galicien (La Coruña, Lugo, Orense, Pontevedra)	29 434	2 604
Léon (Léon, Salamanca, Zamora)	38 363	1 165
Murcia (Albacete, Murcia)	26 175	1 139
Valencia (Alicante, Castellón de la Plana, Valencia)	23 305	2 944
Bask. Provinzen und Navarra (Alava, Guipúzcoa, Navarra, Vizcaya)	17 682	2 393
Balearen	5 014	523
Kanarische Inseln (Las Palmas, Santa Cruz de Tenerife)	7 273	1 203
Spanien	504 750	33 630

Júcar zum Mittelmeer. Das Klima ist vorwiegend trocken, weist jedoch starke Gegensätze auf: an der NW-Küste eines der regenreichsten Gebiete Europas (mehr als 2400 mm Niederschlag); an der SO-Küste das trockenste Gebiet W-Europas (Alicante: 300 mm).

Bevölkerung. Von den Einwohnern sind 73% →Spanier (einschl. rd. 2,3 Mill. Gallegos, →Galicien), 24% →Katalanen und 2,5% →Basken. Am dichtesten sind die industriellen Küstenprovinzen Barcelona und Vizcaya (um Bilbao) besiedelt. Mehr als 60% der Ew. wohnen in Städten.

Wirtschaft. Die Landwirtschaft beschäftigt 42% der Erwerbstätigen. Die Hochflächen (Meseta) sind das Hauptgebiet des Getreide- und Weinbaus, im S auch der

Olivenkulturen (S. steht an der Spitze der Olivenwelterzeugung). Im NW werden auch Kartoffeln, Mais u. a. angebaut; Orangenbau hauptsächlich um Valencia und Castellón, ferner Mandeln, Zitronen und Haselnüsse. Mit 10% Forstfläche gehört S. zu den waldärmsten Ländern Europas; durch Raubbau im MA. ist das Land weithin der Erosion preisgegeben; mit Wiederaufforstung hat man 1940 begonnen. Auf dem Hochland ist noch Schafzucht bedeutend, an den Küsten Fischerei (Sardinen, Thunfisch). Sehr wichtig ist der Bergbau auf Steinkohle, Eisen, Kalisalz, Zink, Blei, Schwefel und (an 2. Stelle der Welterzeugung) Quecksilber, bes. in den andalus. und kantabrischen Gebirgen. Die Industrialisierung wird vom Staat stark gefördert. Hütten- und Metallindustrie gibt es um Bilbao und Oviedo, Textil- und Papierindustrie hauptsächlich in Katalonien. Ferner Schiffs- und Fahrzeugbau, Elektroindustrie, Wohnungsbau, Zementindustrie und Petrochemie. Das Bahnnetz umfaßt 18 942 km (meist Breitspur, 1,674 m), das Straßennetz 133 319 km. Wichtig ist der Küstenverkehr. Haupthäfen sind Barcelona, Valencia, Bilbao, Málaga, Cádiz. Ausgeführt werden vor allem Citrusfrüchte, Olivenöl, Wein, Eisenerz, Wolfram und Quecksilber, eingeführt Maschinen, Fertigwaren, Lebensmittel. Haupthandelspartner sind die USA und die Bundesrep. Dtl. Das Handelsbilanzdefizit kann durch die wachsenden Einnahmen aus dem Fremdenverkehr z. T. ausgeglichen werden. 12 der 24 Flughäfen sind für den internat. Flugverkehr geöffnet; die wichtigsten sind Madrid, Barcelona, Palma de Mallorca und Las Palmas (Gran Canaria).

Spanier, romanisches Volk in →Spanien, hervorgegangen aus der iberischen Urbevölkerung durch vielfältige Überschichtung mit Kelten, Karthagern, Griechen, Römern, Germanen, Berbern und Arabern. Der span. Sprach- und Kulturbereich, zu dem auch Mittel- und Südamerika (außer Brasilien) gehören, zählt etwa 100 Mill. Menschen.

Spani'olen, Nachkommen der 1492 aus Spanien und Portugal vertriebenen Juden.

Spanische Erde, tonartiges Aluminiumsilicat, dient zum Schönen des Weins.

Spanische Fliege, Blasenkäfer (→Kanthariden; Tafel Käfer).

spanische Geschichte. Ligurer, Iberer, Basken und im 6. Jahrh. v. Chr. eingewanderte Kelten kamen zunächst unter karthagische, nach dem ersten Punischen Krieg unter römische Herrschaft und wurden ganz romanisiert. Den Alanen, Sweben und Wandalen folgten die Westgoten, deren **Tolosanisches Reich** (Hauptsitz zunächst Toulouse, nach 509 Toledo)

Spanien: links Costa Brava zwischen Port Bou und Palafrugell; rechts Olivenplantagen in der Mancha

Links Hirte aus der Verkündigung an die Hirten, Fresko im Pantheon der Könige von San Isidoro zu León, 12. Jahrh.; Mitte Velazquez: Las Meninas, 1656 (Ausschnitt; Madrid, Prado); rechts J. Miró: Rhythmische Figuren, 1934 (Düsseldorf, Kunstsammlung Nordrhein-Westfalen)

711 den Arabern erlag. Die Halbinsel wurde Prov. des Kalifats von Damaskus, dann selbständiges Omajjadisches Emirat (756) und Kalifat (929) von Córdoba, das 1031 in viele Teilfürstentümer (Taifas) zerfiel. Von den christl. Kleinreichen, die sich in den asturischen Bergen erhalten hatten, ausgehend, entstanden allmählich als Hauptmächte die Königreiche Kastilien und Aragonien. Im W nahm Portugal seit dem 12. Jahrh. eine selbständige Entwicklung. Den Kreuzzugsgeist im Kampf gegen die Mauren verkörperte der Nationalheld el →Cid. Im 13. Jahrh. kam die Reconquista (,Wiedereroberung') zum Stillstand. Das letzte maurische Königreich Granada wurde 1492 erobert.

Durch die Heirat →Isabellas von Kastilien und →Ferdinands von Aragonien 1469 wurden beide Reiche zum span. Gesamtstaat vereinigt. Das Königspaar legte durch eine straffe innere Ordnung und durch Gebietsgewinne (Neapel 1504, Navarra 1512) den Grund zur span. Vorherrschaft in Europa und leitete die Gründung des span. Kolonialreiches ein. Die Vertreibung der Juden (seit 1492) und Mauren (1501) geschah im Sinne der Kirche, schädigte jedoch die Wirtschaft schwer.

Ferdinands und Isabellas Enkel Karl, als span. König Karl I. (1516-56), als dt. König und Kaiser Karl V., herrschte über Spanien und sein sich weiter ausdehnendes Kolonialreich, über das burgund. Erbe, bes. die Niederlande, und über das Dt. Reich. Spanien geriet so in Gegensatz zu Frankreich, das sich in den Kriegen, die 1559 zum Frieden von Cateau-Cambrésis und 1598 zum Frieden von Vervins führten, aus der Umklammerung zu lösen suchte. Unter Philipp II. (1556-98), der Spanien zum Hort der Gegenreformation machte, erkämpften sich die nördl. Provinzen der Niederlande (bis 1581) ihre Unabhängigkeit (→Niederlande, Geschichte), während der S in span. Hand blieb. Die engl. Unterstützung der Aufständischen führte 1585 zum Krieg, in dem durch die Katastrophe der →Armada 1588 England den Oberhand zur See gewann. Der Erfolg bei Lepanto 1571 gegen die Türken brachte jedoch keine Wende zugunsten Spaniens, das seine Vormachtstellung im Pyrenäenfrieden 1659 endgültig verlor.

Den 1700 ausgestorbenen span. Habsburgern folgte mit Philipp V. (1701-46) eine Seitenlinie der Bourbonen, die erst nach dem →Spanischen Erbfolgekrieg allgemein anerkannt wurde; Gibraltar, die span. Niederlande und die span. Nebenlande in Italien wurden abgetrennt. Die Teilnahme am Polnischen Thronfolgekrieg und am Österreichischen Erbfolgekrieg brachten das Kgr. Neapel-Sizilien und das Hzgt. Parma-Piacenza als span. Sekundogenituren ein. Karl III. (1754-88) regierte im Sinn des aufgeklärten Absolutismus und vertrieb 1767 die Jesuiten. Handelsverträge mit Marokko, der Türkei und Algier sowie Reformen dienten der Wiederbelebung der Wirtschaft.

1807 wurde das seit 1796 mit Frankreich verbündete Spanien durch französ. Truppen besetzt. Napoleon I. setzte 1808 seinen Bruder Joseph auf den Thron (bis 1813). Gegen die Fremdherrschaft erhob sich die span. Nation mit brit. Hilfe (→Napoleonische Kriege). 1810-24 fielen die span. Kolonien in Amerika ab (→Lateinamerika).

Das Streben nach einer liberalen Verfassung führte in der Folgezeit zu häufigen inneren Wirren; Bürgerkriege von 1834 bis 1840 und 1873-76. Für kurze Zeit (1875/76) war S. Republik. 1898 verlor es Kuba, Puerto Rico und die Philippinen, seine letzten wertvollen Kolonien, an die USA; seit 1904 nahm es unter schwerem Kampf gegen die Rifkabylen das nördl. Marokko in Besitz. Im 1. Weltkrieg blieb es neutral. 1923-30 Militärdiktatur des Generals Primo de Rivera. 1931 dankte König Alfons XIII. nach einem Wahlsieg der Linksparteien ab; S. wurde demokrat. Republik. Der →Spanische Bürgerkrieg (1936-39) führte zur Bildung der autoritärzentralist. Regierung unter General Franco. Trotz enger Verbindung zu den Achsenmächten blieb S. dem 2. Weltkrieg fern. Im Innern kam Franco den Monarchisten entgegen (1947 Nachfolge-Ges.). Seit 1953 erhält S. wirtschaftl. Hilfe von den USA; es überließ diesen militär. Stützpunkte. Nach der Räumung Spanisch-Guineas und der Rückgabe Ifnis an Marokko bleibt (neben einigen span. Plätzen in N-Marokko) Spanisch-Sahara die einzige Überseeprovinz.

spanische Kresse, Kapuzinerkresse.

spanische Kunst. Die Eigenart der s. K. erwuchs aus der Vielfalt ihrer Überlieferungen: altiberischen Ursprüngen (,Dame von Elche', Madrid, Prado), röm. Einflüssen, germanischen Impulsen nach Einbruch der Westgoten (414; Königshalle in Naranco), islamischen Formen nach der Eroberung Spaniens durch die Araber (711-13). Der Süden war bis zum Ende der Maurenherrschaft (1492) eine Provinz der →islamischen Kunst (Bild Granada). Aus ihrer Verschmelzung mit abendländischer, sich von Norden her durchsetzender Kunst gingen mannigfache Sonderformen hervor.

Romanik. Hauptwerk der Baukunst: Kathedrale von Santiago de Compostela (begonnen wohl 1075), roman. Kirchenbauten bes. in Katalonien: S. Maria di Ripoll (11. Jahrh.). - Frühentwickelt die Plastik, gegen Ende des 11. Jahrh.: Reliefs im Kreuzgang von S. Domingo de Silos, Portal von S. Maria de Ripoll; im 12. Jahrh.: Portalskulpturen von S. Vincente in Avila und des Portico de la Gloria in Compostela (seit 1168 von Meister Mateo). - Viele Werke roman. Malerei gut erhalten: Miniaturen, bes. zur Apokalypse, Fresken im Pantheon der Könige von S. Isidoro in León (12. Jahrh.); führend die katalan. Malerei: Fresken und Tafelbilder.

Gotik. Seit Mitte des 12. Jahrh.: erste Denkmäler got. Baukunst. Formen der Zisterzienser, dann die nordfranzös. Gotik: Kathedralen von León (seit 1199), Burgos (seit 1220), Toledo (seit 1227; Bild Gotik II). An der Stelle von Moscheen erbaut und durch ihre Hallenräume bestimmt: Kathedralen von Saragossa und von Sevilla (seit 1402; die im Grundriß größte got. Kirche). Seit dem 14. Jahrh.: Verschmelzung mit maurischer Kunst im **Mudéjar-Stil** (Hauptwerke in Toledo und Sevilla), dann mit spätgotischen und antiken Formen verquickt im **Platereskenstil** (Fassadendekorationen seit Ende des 15. Jahrh.). - Plastik an Portalen, Altären und Chorschranken (in Spanien bis ins Mittelalter hineinreichend: Trascoro). - Die Malerei unter französ., dann italien. und niederländ. Einfluß.

Renaissance. In der Baukunst italien. Formen anfänglich dekorativ verwendet neben gotischen, auch maurischen. Erster reiner Renaissancebau: Sommerpalast Karls V. auf dem Alhambrahügel bei Granada (seit 1526). Hauptwerk span. Renaissance: der →Escorial, seit 1563 in schmucklos strengem Stil (Desornamentado-Stil) erbaut, 1584 von J. de Herrera vollendet. - In der Plastik und Malerei langes Fortleben älterer Kunstübung. Viele italien. Künstler in Spanien tätig, spanische in Italien geschult. Der bedeutendste Bildhauer: Berruguete. Der **Manierismus** Ausdruck span. Glaubensinbrunst in den Bildern →Grecos (aus Kreta stammend, seit 1577 in Toledo).

Barock. Für die Baukunst maßgebend der bewegte Stil →Borrominis. Wuchernde Formen im **Churriguerismus** (zurückgehend auf J. Churriguera († 1723). - In der Plastik leidenschaftl. religiöser Ausdruck und oft äußerster Naturalismus; Hauptmeister: M. Montañez, A. Cano (auch Ma-

Links: Burg zu Coca, 15. Jahrh.; rechts: Kathedrale zu León, 13.-15. Jahrh.

ler), P. de Mena; im 18. Jahrh.: Zarcillo. - Blüte der span. Malerei im 17. Jahrh.: Ribalta, Ribera (in Neapel tätig), Zurbarán, →Velazquez, →Murillo.

Neuere Zeit. Seit Ausgang des Barocks meist durchschnittliche Leistungen, zu Anfang des 19. Jahrh. weit überragt von →Goya. Zur Zeit des Jugendstils phantast. Architekturen von A. Gaudi (Kirche der Hl. Familie, Barcelona, seit 1884), der auch die Überwindung der konventionellen Bildhauerkunst anregte (Bild Barcelona). Bahnbrechend für die Erneuerung der Eisenskulptur war J. Gonzales.

Die span. Maler, die wegen des Bürgerkriegs und polit. Spannungen vorwiegend im Ausland lebten, schufen die entscheidenden Stilprägungen der →modernen Kunst: P. Picasso und J. Gris den →Kubismus, S. Dali und J. Miró den →Surrealismus (Bilder Picasso, Dali). A. Tapies gehört zur →Informellen Kunst; die op art vertritt die Gruppe ‚Equipo‘.

spanische Literatur. Die s. L. entwickelte sich im Zusammenhang mit der Herausbildung des Königreichs Kastilien. Wichtigstes Denkmal der Spielmannsdichtung ist der ‚Cantar de Mio Cid‘ (1140: →Cid). Neben anderen Epen in Prosaauflösungen waren histor. Romanzen im Umlauf. Hauptvertreter der geistl. Dichtung war um 1230 Gonzalo de Berceo. Um die Mitte des 13. Jahrh. trat die Prosa hervor: Geschichtswerke, jurist., naturwissenschaftl. Schriften, ein Schach- und Spielbuch. Im 14. Jahrh. war der bedeutendste Prosaschriftsteller D. Juan Manuel, der streng moral. Geschichten verfaßte. Juan Ruiz dichtete das ‚Libro de Buen Amor‘, Pero López de Ayala verfaßte Satiren. Der Marqués de Santillana führte um 1500 das Sonett in Spanien ein, Juan de Mena schuf eine allegorisch-mytholog. Vision. F. Pérez de Guzmán schrieb glänzende Porträts bekannter Persönlichkeiten. P. Rodriguez de Lena näherte sich dem Ritterroman. Ein Meister der Satire ist Alfonso Martinez de Toledo, ein Meisterwerk span. Dichtung das Prosadrama ‚Celestina‘.

Die Hochblüte der s. L. fällt in das 16. und 17. Jahrh. (‚Goldenes Zeitalter‘). Die Lyrik folgte italien. Mustern: J. Boscán, Garcilaso de la Vega, F. de Herrera, Luis de Léon. Um die Wende des 16./17. Jahrh. kamen stilistisch überladene Ausdrucksformen des spanischen Denkens auf (‚Konzeptismus‘ und ‚Kultismus‘): L. de Gongora und Quevedo. Unter den Epikern ragt A. de Ercilla hervor. Der Prosaroman erschien als abenteuerl. Ritterroman (‚Amadis‘,

gedr. 1508), als Schäferroman (J. de Montemayor: ‚Diana‘, 1559(?); Cervantes: ‚Galatea‘, 1585; Lope de Vega: ‚Arcadia‘, 1598) und als abenteuerl. Liebesroman (Cervantes: ‚Persiles y Sigismunda‘, 1617). Ihnen gegenüber steht der realist. →Schelmenroman. Der Höhepunkt der Romankunst ist Cervantes' ‚Don Quijote‘ (1605, 1615). In den ‚Moral. Novellen‘ schuf Cervantes eine neue Form dieser Gattung. Meister der Gesellschaftssatire sind A. de Valdés, Quevedo, L. Vélez de Guevara. Bedeutende Mystiker waren: Teresa de Jesús, Juan de la Cruz, Luis de León. Die Eigenart span. Bühnenschaffens entwickelte sich auf der volkstüml. Bühne. Lope de Rueda belebte mit Zwischenaktern (‚pasos‘) volkstüml. Überlieferungen, Timoneda verfaßte u. a. Fronleichnamsspiele (‚autos sacramentales‘), Cervantes gab dem Zwischenspiel (‚entremés‘) seine endgültige Gestalt. Lope de Vega gab der ‚comedia‘, dem profanen Bühnenstück, ihr eigenartiges Gepräge als Volkstheater. Calderón de la Barca verlieh der ‚comedia‘ moral. Aufgaben und steigerte die sprachl. Ausdrucksformen.

Das 18. Jahrh. und das erste Drittel des 19. Jahrh. waren die Zeit der Auseinandersetzung mit der französ. Kultur. Die Aufklärung drang in Spanien ein und rief ein Streben nach enzyklopäd. Wissen hervor. I. Luzán übernahm die Grundsätze des französ. Klassizismus (‚Poética‘, 1737). Quintana begeisterte das Volk im Unabhängigkeitskrieg gegen Napoleon. Die Prosa war nur als Satire von Bedeutung, die span. ‚comedia‘ beherrschte weiterhin die Bühne. Der Dramatiker Ramón de la Cruz schilderte die Sitten der mittleren und unteren Volksschichten Madrids.

Um 1833 setzte die Romantik ein. Durán schrieb den ‚Romancero general‘. Span. Geschichte und Legende bestimmten die Lyrik und die Dramen von Martínez de la Rosa, des Duque de Rivas, von J. de Espronceda und J. Zorilla. G. H. Béquer schrieb seine träumerisch-melanchol. ‚Rimas‘. Der romant. Roman entwickelte sich nach dem Vorbild von W. Scott. Wichtigste Dramatiker waren: M. Bretón de los Herreros, A. López de Ayala, J. Echegaray, Pérez Galdós. Menéndez y Pelayo schuf die moderne span. Kultur- und Literaturgeschichte.

Im 20. Jahrh. waren Wortführer in Kritik, Essay und romanhaften philosoph. Schriften J. Martinez Ruiz und M. de Unamuno. Später kritisierte Ortega y Gasset die span.

Kultur. R. Menéndez Pidal u. a. förderten die Literaturforschung. Eine Blütezeit erlebte die span. Lyrik unter dem Einfluß des Südamerikaners Rubén Dario, der französ. Symbolisten, der Surrealisten: J. R. Jiménez, Brüder Muchado, J. Pérez de Ayala, Garcia Lorca, M. Hernández, P. Salinas, R. Alberti, L. Cernuda u. a. In jüngster Zeit traten hervor: L. Rosales, L. F. Vivanco, J. M. Valverde, E. de Nora u. a. Romane schrieben Concha Espina, Baroja, Valle Inclán, B. Banés, C. J. Cela, Carmen Laforet. Erzähler sind ferner u. a.: J. M. Gironella, R. J. Sender, Juan Garcia Hortelano. Meister des Aphorismus: P. Gomez de la Serna, J. Bergamín. Kritiker und Historiker des span. Theaters war Salvador de Madariaga. Bedeutendster Dramatiker war J. Benavente, in jüngster Zeit A. Buero Vallejo. Um eine Erneuerung des Theaters bemühte sich auch der Lyriker und Dramatiker García Lorca.

Spanisch-amerikan. Literatur, →lateinamerikanische Literatur.

Spanische Mark, seit 778 von Karl d. Gr. zum Schutz des Fränk. Reiches gegen die Araber gegr., reichte von Barcelona (Hauptstadt) bis Pamplona. Aus ihr entstanden Katalonien und Navarra.

spanische Musik, der instrumental begleitete span. Volksgesang trägt neben dem auf arabische Einflüsse zurückgehenden Reichtum an Melismen auch kirchentonale Züge. Die span. Volkstänze Bolero, Seguidilla, Fandango stammen meist aus Andalusien.

Im Mittelalter bildete sich in Spanien ein eigener Dialekt des gregorian. Gesanges aus. Aus dem 13. Jahrh. stammen die den italien. Laudi verwandten Cantigas; etwa zur gleichen Zeit werden, wie der Codex de las Huelgas zeigt, Einflüsse der französ. Ars nova wirksam. Das begleitete Kunstlied gelangte im 15./16. Jahrh. zu reicher Blüte. Erste Orgel- und Klaviermeister sind A. de Cabezón und sein Sohn H. de Cabezón (†1602). Die Vokalpolyphonie des 16. und frühen 17. Jahrh. gipfelte mit Morales u. a. in T. L. de Victoria (um 1548 bis 1611). Vom Generalbaßzeitalter ab weit ins 19. Jahrh. hinein geriet Spanien unter den Einfluß der italien. Musik. Eine eigene Entwicklung nahm nur die singspielartige Tonadilla, aus der bes. von F. A. Barbieri (1823-94) gepflegte Zarzuela (Operette) entstand. Wortführer und Bahnbrecher einer neuen span. Nationalmusik war der bes. als Musikforscher verdiente F. Pedrell (1841-1922). Hauptvertreter der neuen Schule sind I. Albéniz, J.

Links Thronender Christus in San Salvador zu Santillana del Mar, 12. Jahrh.; Mitte links Nuestra Señora la Blanca in der Kathedrale zu Toledo, 14. Jahrh.; Mitte rechts G. Hernandez: Pietà, Anfang 17. Jahrh. (Valladolid, Museum San Gregorio); rechts A. Gaudi: Ornament der Kirche Sagrada Familia zu Barcelona, Anfang 20. Jahrh.

Turina und bes. M. de Falla (1876-1946), die dem französ. Impressionismus nahestanden. Im 1. Weltkrieg bildete sich unter A. Salazar (* 1890) eine ‚Gruppe der Neuen‘, aus der die Brüder R. Halffter (* 1900) und E. Halffter (* 1905) hervorragen.

Sp′anischer Bürgerkrieg, der von Juli 1936 bis April 1939 geführte Kampf der revoltierenden Truppen General Francos, der von der Falange und den klerikal-traditionalist. Karlisten unterstützt wurde, gegen die republikan. Madrider Regierung, die sich bes. auf sozialist. Gruppen stützte. Franco gewann Andalusien und stieß durch Estremadura nach Kastilien vor, wo er in Burgos und Salamanca eine nat. Regierung einsetzte. Auf seiten Francos griffen Truppen des faschist. Italien und des nationalsozialist. Dtl. (Legion Condor) ein, auf seiten der Republikaner, die militärtechn. Hilfen der Sowjetunion erhielten, zahlreiche Freiwillige aus vielen Nationen (Internat. Brigaden). Versuche zu unterbinden, scheiterten. 1937/38 gewannen die Truppen Francos allmählich das Übergewicht.

Spanische Reitschule Wien, zum ersten Mal 1572 als ‚Spanischer Reithsall‘ erwähnt, seit 1735 in der von J. E. Fischer von Erlach 1729-1735 erbauten ‚Winterreitschule‘ in der Hofburg, Pflegestätte der Hohen Schule (→Lippizaner).

Spanische Reitschule Wien: Levade

Spanischer Erbfolgekrieg 1701-14, veranlaßt durch das Erbe des letzten span. Habsburgers Karl II. Als der Bourbone Philipp V., ein Enkel Ludwigs XIV., den Thron bestieg, verbanden sich England, Holland und Österreich und stellten jenem den österreich. Habsburger Karl (später Kaiser Karl VI.) entgegen. Eugen von Savoyen und Marlborough erfochten 1704-09 die Siege von Höchstädt, Turin, Ramillies, Oudenaarde, Malplaquet. Aber dann erfolgte ein Umschwung: Marlborough wurde 1711 entlassen, England schloß den Utrechter Frieden 1713, dem Österreich im Rastatter Frieden 1714 beitreten mußte. Philipp V. blieb König von Spanien, während die span. Nebenlande (Neapel, Mailand, südl. Niederlande) an Österreich fielen; England gewann Gibraltar und Neufundland.

Spanischer Klee, →Luzerne.

Spanischer Reiter, ⚒ mit Stacheldraht überspanntes transportables Gestell, als Hindernis, Sperre usw.

Spanischer Schritt, Reitübung der Hohen Schule: höchstes Versammeln des Pferdes im Schritt.

spanische Sprache, eine roman. Sprache, gesprochen auf dem größten Teil der Pyrenäenhalbinsel, den Kanar. Inseln, in Südamerika (außer Brasilien), Mittelamerika, Mexiko, daran angrenzenden Teilen der USA und auf den Philippinen, insgesamt von über 160 Mill. Menschen. Die span. Schriftsprache ist aus der kastilischen Mundart hervorgegangen. An fremden Elementen sind in den Wortschatz der s. S. auch arab. Wörter eingedrungen, in Amerika auch indianische. Kennzeichnende Laute der s. S. sind der Interdental (θ), geschrieben z oder c vor e und i und der stimmlose velare Reibelaut (x), geschrieben j.

spanische Tracht, im 16. Jahrh. von Spanien ausgehende Mode, bei der bes. Schwarz die männl. Tracht bestimmte.

spanische Wand, zusammenlegbare, tragbare leichte Wand.

Spanisch-Guinea, →Äquatorial-Guinea.

Spanisch-Marokko, bis 1956 spanisches Protektorat in →Marokko.

Spanisch-Sahara, span. **Sáhara Español,** span. **Sáhara Occidental,** span. Überseeprovinz an der NW-Küste Afrikas zwischen 27°40′ n. Br. und Kap Blanco, 266 000 km², 76 100 Ew. (meist nomadisierende Berber, 21% Europäer), Verwaltungssitz El-Aiun. S.-S., ein sehr regen-

armes Randgebiet der Sahara, ist im Innern in 300-350 m hohes Plateau, z. T. von Wadis stark zerschnitten. Im N Anbau von Datteln, Gerste und Weizen in den Oasen; bedeutender Phosphatabbau, Salzgewinnung, Fischfang. Bis 1958 war S.-S. Kolonie; ein nördl. Streifen bis Wadi Draa wurde 1958 an Marokko abgetreten.

spanlose Formung, die Bearbeitungsverfahren, bei denen das Werkstück ohne Abnahme von Spänen geformt wird: Gießen **(Urformen),** Biegen, Prägen, Pressen, Schmieden, Schneiden, Walzen **(Umformen).**

Spann, Othmar, Philosoph, Volkswirtschaftler und Soziologe, * 1878, † 1950, Prof. in Wien (1919-38), trat in seiner Gesellschaftslehre für den christl. Ständestaat auf universalist. Grundlage ein.

Spannbeton, ein Betonkörper, der im unbelasteten Zustand künstlich vorgespannt wird, meist durch angespannte Zugglieder (Drähte, Stäbe, Seile, Kabel) im Beton oder dadurch, daß unbewehrter Beton zwischen festen Widerlagern durch hydraul. Pressen gespannt wird.

Spanndienst, ein Frondienst (Ackerbestellung, Baufuhren).

Spanne, die gespreizte Hand, bes. als Abstandsmaß zwischen Mittelfinger und Daumen, rd. 20 cm.

Spanner, Schmetterlinge, deren meist grüne oder braune, Zweigstücken ähnelnde Raupen sich spannmessend fortbewegen **(Spannraupen),** da ihnen die vorderen und mittleren Bauchfüße fehlen; z. B. **Kiefernspanner** (Tafel Schädlinge), **Birkenspanner.**

Spannung, 1) Mechanik: die auf die Flächeneinheit bezogenen Reaktionskräfte in elast. Körpern bei Verformung durch äußere Kräfte. **2)** ⚡ in elektrostat. und langsam veränderlichen elektr. Feldern die zwischen zwei Feldpunkten herrschende Potentialdifferenz, gemessen in Volt.

Spannungsmesser, 1) Geräte zum Messen der elektr. Spannung in Volt **(Voltmeter). 2)** der Dehnungsmesser.

Spannungsoptik, Sichtbarmachen von mechan. Spannungen bei Belastung in durchsichtigen Werkstücken oder Bauteilen nachgebildeten Modellen mit polarisiertem Licht. Das Verfahren wird angewendet, wenn die Berechnung der Spannungen nicht möglich oder zu umständlich ist.

Spannungsreihe, 1) thermoelektrische S., Reihenfolge der Metalle nach abneh-

1165

mender Thermospannung gegen ein Bezugsmetall, z. B. Kupfer: Sb, Fe, Sn, Au, Cu, Ag, Pb, Al, Pt, Hg, Ni, Bi. **2) Voltasche S.**, Reihenfolge der Elemente nach steigendem Potential gegenüber der Normalwasserstoffelektrode: K, Ca, Na, Mg, Al, Mn, Zn, Fe, Cd, Ni, Sn, Pb, H, Sb, As, Cu, Hg, Ag, Au, Pt.

Spannungssucher, ein elektr. Gerät mit metallischer Tastspitze und Griff mit hohem Widerstand. Bei Anlegen der Spitze an eine Spannung von 100 bis 500 Volt fließt durch den Körper ein sehr geringer Strom, der eine Glimmlampe aufleuchten läßt.

Spannungsteiler, das Potentiometer.

Spannungswandler, ein Transformator, der meßgenau hohe Spannungen in niedrige Spannungen übersetzt; für Meßgeräte.

Spannvorrichtungen dienen dazu, Werkstücke oder Werkzeuge in Werkzeugmaschinen einzuspannen. Am gebräuchlichsten sind das **Backenfutter** (als Zwei-, Drei- und Vierbackenfutter), die **Planscheibe,** die **Spannzange,** die **Magnetspannplatte.**

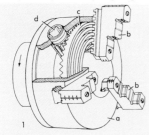
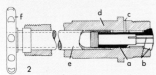

Spannvorrichtungen:
1 *Dreibackenfutter: a Gehäuse, b Backen, c Kronenrad mit Plangewinde, d Ritzel mit Vierkantloch für Schlüssel.* **2** *Spannzange: a Spannzange, b Konus mit Schlitzen, c Führungsstift, d Hauptspindel, e Spannrohr, f Handrad*

Spannweite, 1) bei Brücken, Trägern, Balken der Abstand zwischen benachbarten Auflagern (**Stützweite**). **2)** bei Flugzeugen der Abstand zwischen den äußersten Tragflügelenden.

Spanplatte, →Holzspanplatte.

Spant, Flugzeug- und Schiffbau: gebogener Träger aus Holz oder Metallprofilen zur Versteifung und Formhaltung.

SPAR, Handelshof Spar GmbH., Frankfurt a. M., 1952 gegr. Handelskette zwischen Lebensmittel-Groß- und -Einzelhändlern.

Sparen, Anlegen von Geld, das man nicht unmittelbar verbraucht (Verzicht auf Konsum); bei einer Bank oder Sparkasse. Diese kann dann die Gelder als **Kredit** gegen Zinsen an Unternehmen verleihen, die Geld für Investitionen brauchen. So dient das gesparte Geld einem wichtigen volks-

Spareinlagen 1950 bis 1970

	insges. Mill. DM	darunter Sparkassen Mill. DM	%
1950	4 110,7	2 731,4	66
1953	11 546,5	7 460,8	65
1956	24 275,6	15 506,1	64
1960	53 113,5	33 723,6	63
1963	81 522,0	51 816,0	64
1966	127 112,0	78 812,0	62
1970	205 440,0	122 112,0	60

wirtschaftlichen Zweck. Der Staat fördert das S. durch Gewährung von **Sparprämien.** Der Anteil der Ersparnisse am Volkseinkommen heißt **Sparquote.** - Das S. kann auch staatlich angeordnet werden (**Zwangs-S.**), z. B. das Eiserne Sparen im 2. Weltkrieg. - Formen des S.: **Konten-S.**: Geldanlage bei Banken oder Sparkassen; **Wertpapier-S.**: Erwerb von Aktien, Pfandbriefen u. a. Wertpapieren; **Versicherungs-S.; Bau-S.**

Spargel, Gatt. der Liliengewächse, bis 1,5 m hohe Kräuter oder Halbsträucher mit fleischigem Wurzelstock, nadelförmigen Scheinblättern, grünl. Blüten, roten Beeren; die Schößlinge (S.-Stangen) geben geschätztes Gemüse.

Spargelfliege, etwa 6 mm große, dunkelgraue Bohrfliege, deren Maden in den Spargeltrieben Gänge fressen. Bekämpfung durch Insektengifte.

Spargelkäfer, Spargelhähnchen, ein gelbroter Blattkäfer.

Spark [spa:k], Muriel, engl. Schriftstellerin, * 1918. Romane ‚Memento mori‘ (1959), ‚Die Lehrerin‘ (1961), ‚Das Mandelbaumtor‘ (1965).

Sparkasse, Kreditanstalt, die Spareinlagen annimmt, verwaltet und verzinst. Jeder Inhaber eines **Sparkontos** erhält ein **Sparbuch,** in dem alle Kontoänderungen eingetragen und quittiert werden. Die S. führen auch Depositen- und Kontokorrentkonten; sie geben Kommunal-, Hypotheken- und kurzfristige Kredite, letztere bes. an den Mittelstand. **Öffentl. S.** sind die kommunalen S. (Gemeinde-, Stadt-, Kreis-, Bezirks-S.) und die Post-S.; als **private S.** arbeiten einige Stiftungs-, Vereins-S. Eine Sonderstellung haben →Bausparkassen.

Sparm'annie, afrikan. Lindengewächs, hat hellgrüne, filzige Blätter, weiße Blüten; Zimmerpflanze (**Zimmerlinde**).

Sparprämie, eine Prämie für Kontensparen und den Ersterwerb von Wertpapieren; wird bei Festlegen der Sparbeiträge auf 6 oder 7 Jahre vom Staat in Höhe von 20-30% der Beiträge gezahlt (S.-Gesetz i. d. F. v. 5. 8. 1970).

Sparren, beim Dachstuhl Balken, die die Dachlatten und die Dachdeckung tragen.

Sparringskampf, Boxen: Trainingskampf mit einem Partner.

Sp'arta, neugriech. **Sparti,** griech. Stadt auf der Peloponnes, im Eurotastal am Fuße des Taygetos, 10 500 Ew.; Seidenindustrie. Im Altertum war S., **Lakedämon** genannt, eine offene, dorfartige Siedlung. Hier lebte der Herrenstand die dor. Stammes der Lakedämonier, die **Spartiaten,** deren Land in Hörigkeit gebrachte vordorische Bevölkerung (**Heloten**) bebaute, während die übrigen Lakedämonier (**Perioken**) in den Randgebieten wohnten. Das Leben der Spartiaten war von Kindheit an durch strenge staatl. Ordnungen bestimmt. In seiner Blütezeit (6.-5. Jahrh. v. Chr.) galt S. als unbesiegbar und als der erste Staat der Griechen. Der innere Niedergang setzte Ende des 5. Jahrh. ein und führte im 4. Jahrh. (Schlacht von Leuktra 371 v. Chr.) zum Zusammenbruch der spartan. Macht.

Sp'artakus, röm. Sklave, Thraker, Führer im 3. Sklavenkrieg, schlug mehrere röm. Heere, fiel 71 v. Chr.

Spartakusbund [nach Spartakus], linksradikale Vereinigung, gegr. 1917 unter K. Liebknecht und R. Luxemburg. Aus dem S. ging 1918/19 die Kommunist. Partei Dtl.s hervor. **Spartak'ist,** Anhänger des Spartakusbundes.

spart'anisch, 1) aus Sparta. **2)** einfach, hart, genügsam.

Sp'arte [ital.] *die,* Abteilung, Anteil, Geschäftsart, Fach (bes. im Zeitungswesen).

spart'ieren, 1) einteilen. **2)** ♪ aus Stimmbüchern in Partitur übertragen.

Sparteriewaren, Geflechte oder Gewebe aus Bast, Binsen, Stroh, Weidenruten, dünnen Holz- oder Rohrstäben.

Gartenspargel

Wurzelstock mit Trieben (Pfeifen)

Spartiv'ento, Kaps an der S-Spitze Kalabriens und an der S-Küste Sardiniens.

Spar- und Darlehenskasse, Darlehenskassen-Verein, ländl. Kreditgenossenschaft.

sp'asmisch, spasm'odisch [grch.], krampfhaft. **spasmog'en,** krampferzeugend.

Spasmol'ytica [grch.] Mz., die →krampflösenden Mittel.

Spasmophil'ie [grch.], **kindliche Tetanie,** erhöhte Nervenerregbarkeit, bes. bei rachit. Kindern vom 4.-20. Monat, bewirkt durch Kalkarmut des Blutes; mit Krämpfen.

Sp'asmus [grch.] *der,* Mz. Spasmen, Krampf, bes. Starrezustand der Muskeln, bei Gehirn- und Rückenmarkskrankheiten infolge Beschädigung der Pyramidenbahn. **spastisch,** krampfhaft.

Sp'asskij, Boris, sowjet. Schachspieler, * 1937, wurde 1969 Weltmeister, besiegte 1970 auf der Schacholympiade den Amerikaner R. Fischer, an den er 1972 seinen Weltmeistertitel verlor.

Spat der, Entzündung der Knochenhaut am Sprunggelenk des Pferdes, führt stets zu Lahmgehen.

Spateisenstein, →Eisenspat.

Spaten, Gerät mit stählernem Blatt zum Abstechen, Umschichten von Erde.

Spatenkultur, Pflanzenbau ausschließlich mit Handgeräten.

Spätgeburt, Übertragung, ⚕ eine um mindestens 14 Tage nach dem errechneten Termin verzögerte Geburt.

Späth, Franz Ludwig, Gärtner, * 1839, † 1913, Züchter vieler neuer Sorten.

Spätheimkehrer, →Heimkehrer.

spati'ieren, spationieren, ⚙ gesperrt drucken. **spati'ös,** geräumig, weit.

Spatiograph'ie [lat.-grch.], die topograph. Beschreibung des Raumes außerhalb der Erde (interplanetarischer Raum, Oberfläche anderer Planeten).

Spatium [lat.] *das,* **1)** Raum, Zwischenraum. **2)** ⚙ entspr. Ausschlußstück (z. B. zum Sperren von Wörtern).

Spätlese, Gütebezeichnung für naturreine Weine aus vollreifen, nach der normalen Lese geernteten Trauben.

SPD, Abk. für **S**ozialdemokrat. **P**artei **D**eutschlands.

Speaker [sp'i:kə, engl.], im brit. Unterhaus und im Repräsentantenhaus der USA der Leiter der Sitzungen.

Spechte, Klettervögel mit starkem, meißelartigem Schnabel, Kletterfuß und steifen, aufstemmbaren Schwanzfedern. Sie hacken Insekten und deren Larven aus Rinde und Holz frei und nehmen sie mit ihrer langen, klebrigen Zunge auf. Ihre Nestlöcher meißeln sie meist in morsche oder kernfaule Bäume. Einheimische Arten: **Schwarz-S.** (50 cm), mit rotem Kopf; **Bunt-S.** (25 cm), schwarz, weiß und rot; **Grün-S.** (31 cm), grünlich, an Kopf und Nakken rot; **Grau-S.** (30 cm), grün und grau; **Mittel-S.** (21 cm), Kopf und Unterbauch rot; **Wendehals** (19 cm), grau mit braunen Nakkenstreifen und braunen Flügeln.

Spechtmeise, der Kleiber.

Sp'ecies, Spezies [lat.] *die,* **1)** in der Biologie nur *Ez.,* die →Art. **2)** bei Arzneiverordnungen nur Mz., Teegemische.

Speckbacher, Joseph, Tiroler Freiheitskämpfer, * 1767, † 1820, einer der Führer um Andreas Hofer; entkam nach Wien.

Speckkäfer, meist braun-schwarze, bis 10 mm lange Käfer, von tier. Stoffen ernährend; oft Schädlinge (Pelzkäfer).

Speckstein, Steat'it, Mineral, feinschuppige bis dichte Massen von Talk, dient zur Herstellung säurefester Gefäße und in der Elektroind. (z. B. Schalter).

Spectator [spekt'eitə, engl. ,Zuschauer'], von Addison seit 1711/12 und 1714 in London herausgegebene Zeitung, Vorbild der →Moralischen Wochenschriften.

sped'ieren [ital.], befördern, abfertigen. **Spediti'on,** Güterbeförderung; Versandabteilung.

Spediteur [-tœːr, frz.] *der,* **1)** allgemein gewerbsmäßiger Beförderer von Gütern (z. B. Möbel-S.). **2)** ♌♌ wer gewerbsmäßig →Speditionsgeschäfte betreibt.

Spediteurversicherung [-tœːr-], **Güterhaftpflichtversicherung,** Pauschalversicherung, deckt die Haftung eines Spediteurs für direkte Schäden.

Speditionsgeschäft, ♌♌ die Vermittlung eines Beförderungsgeschäftes, bei dem der Vermittler (Spediteur) im eigenen Namen für Rechnung seines Auftraggebers (Versenders) Transportverträge mit Verkehrsunternehmen u. a. abschließt (§§ 407 ff. HGB.).

Spee, 1) Friedrich **S. von Langenfeld,** Barockdichter, * 1591, † 1635, Jesuit (1610); 52 religiöse Lieder der ,Trutznachtigall' (1649).

2) Maximilian Reichsgraf von, Vizeadmiral, * 1861, † 1914, führte zu Beginn des 1. Weltkriegs das deutsche Ostasiengeschwader, siegte bei Coronel, fiel in der Schlacht bei den →Falklandinseln.

Speech [spiːtʃ, engl.] *der,* Rede, Ansprache.

Speed [spiːd, engl.] *der,* **1)** Geschwindigkeit. **2)** Spurt (Rennpferd).

Speedwayrennen [spiːdwei-, engl. Rennbahn], früher auch **Dirt Track,** Aschenbahnrennen auf einem 400-m-Rundkurs für Motorräder, die keine Bremsanlage und kein Getriebe haben.

Speer, 1) eine Wurf-, später auch Stoßwaffe (Lanze). **2)** ✂ →Speerwerfen.

Speer, Albert, Politiker (Nationalsozialist), * 1905, Architekt, 1937 Generalbauinspektor für Berlin, 1942-45 Reichsmin. für Bewaffnung und Munition, wurde 1946 vom Internat. Militärtribunal zu 20 Jahren Gefängnis verurteilt, 1966 entlassen.

Speerwerfen, sportl. Übung im Weitwerfen eines Metall- oder Holzspeeres (mit Metallspitze), der mit der Spitze den Boden zuerst berühren muß. Gesamtlänge: 2,60 m, Gewicht 800 g (für Frauen 2,20 m und 600 g).

Speiche, 1) Radteil: Stahldraht oder Stab, der Nabe und Felge miteinander verbindet. **2)** ein Unterarmknochen (Tafel Mensch I).

Speichel, die dünn- oder zähflüssige Absonderung der **Speicheldrüsen** (Ohrspeichel-, Unterkiefer-, Unterzungendrüse u. a.); besteht aus Wasser, Salzen, Eiweiß, Schleimstoffen und stärkespaltenden Enzymen u. a.; er dient der Verdauung; tägliche Menge beim Menschen: 1 bis 1,5 l.

Speicherkraftwerk, ein Wasserkraftwerk, bei dem das Wasser in einem Staubecken (Talsperre) gesammelt und nur bei Spitzenbedarf genutzt wird.

Speicherringsystem, ⊠ ein Gerät zur Speicherung der in einer Beschleunigungsanlage erzeugten hochenerget. Teilchen in zwei Strahlen mit entgegengesetztem Um-

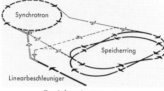

Speicherringsystem

laufsinn, entweder im gleichen Speicherring oder in zwei sich überschneidenden, voneinander unabhängigen Ringen. Die Wechselwirkung zwischen den Strahlen tritt im S. an den Kreuzungspunkten der gegeneinanderlaufenden Teilchenstrahlen ein. Die beim Stoß der Teilchen umgesetzte Energie entspricht der doppelten Umlaufenergie der Teilchen. Bei anderen Beschleunigungsanlagen (ein ruhendes, ein bewegtes Teilchen) ist die umgesetzte Energie weniger als die Hälfte.

Speicherstoffe, Reservestoffe, im Körper der Lebewesen aufgespeicherte Nährstoffe, bes. Fett, Öl, Stärke.

Speidel, Hans, General, * 1897, war seit 1930 im Generalstab, 1940-44 in hohen Stabsstellungen (1944 Generalstabschef in Frankreich), 1944/45 als Angehöriger der Widerstandsbewegung in Haft. 1955-57 war S. Leiter der Abt. Streitkräfte im Bundesverteidigungsministerium, 1957-63 Befehlshaber der NATO-Landstreitkräfte in Mitteleuropa.

Speierling, 1) der Sperberbaum, eine Art von →Eberesche. **2)** ein Apfelwein aus Äpfeln und S.-Früchten.

Speigatt *das,* ⚓ Abflußöffnung über der Wasserlinie in der Schiffsaußenhaut.

Speik *der,* duftreiche Pflanzen wie Lavendel, Primel, Nelkenwurz.

Speise, 1) feste Nahrung. **2)** Glockenspeise, →Glocke.

Speisebrei, Chymus, der im Magen aus den Nahrungsbestandteilen und Verdauungsenzymen gebildete Brei.

Speiseeissteuer, Verbrauchsteuer, in einigen Bundesländern von den Gemeinden auf Speiseeis erhoben.

Speisehaus, Speisewirtschaft, offenes Lokal zur gewerbsmäßigen Bewirtung mit Speisen; in der Bundesrep. Dtl. nicht konzessionspflichtig (im Unterschied zur Schankwirtschaft).

Speise|öle, die bei Zimmertemperatur flüssigen Speisefette.

Speiseröhre, Ös'ophagus, Teil des Nahrungskanals zwischen Schlundkopf und Magen, ein muskulöses Rohr, innen von Schleimhaut überzogen.

Speiseröhrenverengung, entsteht durch Geschwürbildung (Krebs) oder Narbenbildung infolge Verätzungen usw. Behandlung: Dehnen mit Sonden, Operation.

Speiserübe, als Wurzelgemüse und Futter dienende Rübenart, Umzüchtungen von Brassica rapa: **Weiße, Mai-, Teller-, Teltower, Jettinger, Bayer., Sellrainer-Rübe** (Tirol).

Speiskobalt, ein Kobalterz, zinnweiß bis grau, $CoAs_2$ bis $CoAs_3$.

Spektabilit'ät [lat.], Anrede der Dekane an Hochschulen.

Spekt'akel [lat.], **1)** *der,* Lärm, Unruhe, Aufruhr. **2)** *das,* Schauspiel. **spektakeln,** lärmen. **spektakul'är,** aufsehenerregend.

Spektr'alanalyse, Verfahren zum Nachweis **(qualitative S.)** und zur Mengenbestimmung **(quantitative S.)** chem. Elemente und Verbindungen aus ihrem Spektrum. Mit Gasflamme, Lichtbogen oder Funkenentladung wird der Stoff zur Lichtaussendung angeregt und das Licht im Spektrograph zerlegt und beobachtet oder photographiert **(Emissions-S.).** Bei der **Absorptions-S.** werden die durch eine Flüssigkeit absorbierten Strahlen gemessen.

Spektralapparate, opt. Geräte zum Erzeugen von Spektren (Prisma, Gitter, Interferenzfilter) und Bestimmen der Wellenlänge. Das **Spektroskop** besitzt einen Eingangsspalt, ein Objektiv und ein geradsichtiges Prisma. In das Gesichtsfeld kann eine Wellenlängenskala eingespiegelt werden. Das **Spektrometer** besteht aus Kollimator, Meßfernrohr und dreh- und justierbarem Prismentisch. Beim **Spektrographen** wird das Fernrohr durch eine Kamera ersetzt. Gitterspektrographen benutzen Beugungsgitter statt Prismen, oft mit Spiegeloptik. Der **Monochromator** trägt in der Brennebene des Fernrohrobjektivs einen verstellbaren Austrittsspalt, der die Aussonderung einer Linie oder eines sehr schmalen Spektralbereichs gestattet. Zur Untersuchung sehr kleiner Spektralbereiche dienen **Interferenz-Spektrometer.**

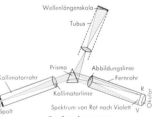

Spektralapparat:
Spektrometer mit Wellenlängenskala

Spektralklassen, Spektraltypen, Klassen von Sternen, die auf Grund ihrer Spektren gebildet werden.

Spektrallampe, eine Gasentladungslampe zum Erzeugen des Linienspektrums eines Gases oder Metalles.

Sp'ektrum [lat.] *das,* Mz. Spektren, urspr. das Lichtband, das entsteht, wenn man das durch einen Spalt hindurchtretende Licht entsprechend seinen verschiedenen Wellenlängen durch Dispersion verschieden stark seitlich ablenkt und auf einem Schirm auffängt. Stammt das Licht von einem glühenden Gas, so entsteht eine Folge von Spaltbildern **(Linien-S.);** jedes Bild **(Spektrallinie)** hat eine der Wellenlänge entsprechende Farbe. Sehr viele, gruppenweise dicht benachbarte Linien bilden ein **Banden-S.** Beim Sonnenlicht entsteht ein zusammenhängendes farbiges Band von Blauviolett über Blau, Grün, Gelb, Orange bis Gelblichrot **(kontinuierliches S.).** Das S. ist nicht auf das Sichtbare beschränkt; allgemein ist ein S. die Folge der Wellenlängen einer Strahlung. An das sichtbare S. schließen das Ultrarot-S. und das Ultraviolett-S. an. Im gleichen Sinne spricht man auch von **Röntgen-S., Gammastrahl-S.** Entsprechend besitzen auch andere Wellenmische ihre S., z. B. **Schall-S.** (Bild S. 1168)

Spekul'ant [lat.] *der,* jemand, der unsichere Geschäfte wagt.

Spechte: links Buntspecht, rechts
Grünspecht

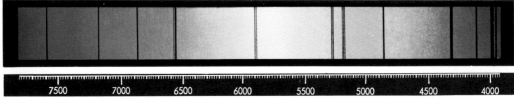

Spektrum: Sonnenspektrum mit Fraunhoferschen Linien. *(Die Zahlen der Skala bedeuten Wellenlängen in Ångström-Einheiten)*

Spekulati'on [lat.], **1)** Betrachtung; Denken, das den Bereich der Erfahrung zu überschreiten sucht. **2)** Käufe und Verkäufe unter Ausnutzung von erwarteten Preisveränderungen (**S.-Gewinn**), bes. auf Wertpapier-, Waren- und Grundstücksmärkten. - Zeitw. **spekulieren.** Eigw. **spekulativ.**
Spekulationspapier, Wertpapier, das starken Kursschwankungen unterliegt.
Spekul'atius, Gebildbackwerk aus meist gewürztem Mürbeteig.
Spelãolog'ie [grch.] *die,* die Höhlenkunde, Erforschung von Höhlen.
Spellman [sp'ɛlmən], Francis Joseph, Kardinal, * 1889, † 1967, Erzbischof von New York (1939) und Kardinal (1946), Leiter der Militärseelsorge in den USA.
Spel'unke [lat.] *die,* verrufene Kneipe.
Spelz, das Getreidegras Dinkel.
Spelze *die,* Hochblatt (**Deck-, Hüll-, Vorspelze)** in Blütenständen, bes. der Gräser.
Spemann, 1) Adolf, Verleger, Schriftsteller, * 1886, † 1964, Sohn des Gründers des Verlags W. Spemann, Johann Wilhelm S. (1844-1910), war Inhaber (bis 1950), dann Gesellschafter (bis 1957) des Engelhornverlags Adolf S.
2) Hans, Zoologe, * 1869, † 1941; gewann durch Versuche an Lurch-Keimen wesentliche Erkenntnisse über die Entwicklung tierischer Organanlagen, 1935 Nobelpreis.
3) Rudo, Schriftkünstler, Sohn von 2), * 1905, † (russ. Kriegsgefangenschaft) 1947; Schriftblätter, Druckschrift ‚Gavotte‘.
Spencer [sp'ensə], Herbert, engl. Philosoph, * 1820, † 1903, machte den Gedanken an die Entwicklung alles Wirklichen zur Grundlage seiner Erfahrungsphilosophie.
Spender [sp'endə], Stephen, engl. Schriftsteller, * 1909; Gedichte; Essays; ‚Welt zwischen Welten‘ (Autobiographie, 1951).
spend'ieren [lat.], schenken, für jemand zahlen.
Spener, Philipp Jacob, evang. Geistlicher, Begründer des →Pietismus, * 1635, † 1705, Oberhofprediger in Dresden, Propst in Berlin; forderte tätiges Christentum, schuf Armen- und Waisenhäuser.
Spengler, Klemmer, Blechschmied.
Spengler, Oswald, Geschichtsphilosoph, * 1880, † 1936, schuf mit seinem Werk ‚Der Untergang des Abendlandes‘ (2 Bde., 1918 bis 1922) eine von Goethe und Nietzsche beeinflußte Kultur- und Geschichtsphilosophie. Er unterschied acht unabhängige, in ihrem Entwicklungsgang lebensgesetzlich bestimmte und ‚seelisch‘ verschieden geartete Kulturen, deren ‚Stil‘ jeweils alle Äußerungen wie Wirtschaft, Recht, Kunst, Religion bestimme. Entstehung, Blüte und Verfall der Kulturen hätten eine vergleichbare Gesetzlichkeit; die gegenwärtige westliche (‚faustische‘) Kultur habe ihren Höhepunkt überschritten. Weitere Werke: ‚Preußentum und Sozialismus‘ (1920), ‚Der Mensch und die Technik‘ (1931), ‚Jahre der Entscheidung‘ (1933). (Bild S. 1161)
Spenser, Edmund, engl. Dichter, * 1552, † 1599, bedeutendster Vertreter der engl. Renaissance in 9zeiligen Strophen (S.-Stanze) ‚Die Feenkönigin‘ (1590 bis 1596); Hirtengedichte, Liebessonette.
Spenzer [nach Lord Spencer], **Spenser** *der,* kurze Überjacke mit kleinem Schoß.
Sperber, Greifvogel Europas, oberseits grau, unten weiß und rötlichbraun gewellt.
Sperling, Finkenvogel mit bräunlichem

Gefieder. Der die Saaten schädigende **Haus-S.** (15 cm groß) ist Kulturfolger; Männchen an der Kehle schwarz. Der **Feld-S.** mit braunem Oberkopf und schwarzem Fleck in weißer ‚Wange‘ ist 14 cm groß.
Sperlingskauz, kleine Eule in Alpen und Schwarzwald.
Sperlingsvögel, Ordnung der Vögel in allen Erdteilen: **Singvögel, Leierschwänze, Schreivögel** (z. B. Manakins) u. a.
Sperma [grch.] *das,* →Samen 2).
Spermatoph'ore [grch.] *die,* geballte Samenzellen, das Samenpaket.
Spermatoz'oen [grch.] Mz., die Samenzellen (→Samen 2).
Spermien [grch.], Ez. *das* Spermium, Samenzellen (→Samen 2).
Sperre, 1) militär. Schutzanlage, z. B. Panzergräben, Draht-, Minen-, Ballon-S. **2)** Kartelle: die Ausschließung einzelner Unternehmen von Bezug oder Lieferung. **3)** Börse: die zeitlich begrenzte Ausschließung einzelner Wertpapiere vom Handel (**Sperrstücke). 4)** Strafmaßnahme, die einem Sportler oder einer Mannschaft die Teilnahme an Wettbewerben für bestimmte Zeit verbietet.
Sperrfeuer, vorbereitetes, bei endl. Angriff schlagartig einsetzendes Feuer der Artillerie und schwerer Infanteriewaffen.
Sperrfrist, 1) eine Frist, in der bestimmte Rechtshandlungen nicht vorgenommen werden dürfen oder nicht wirksam werden. **2)** Presse: Frist für Veröffentlichung gewisser Nachrichten.
Sperrgebiet, 1) als Kriegsgebiet erklärtes Seegebiet, in dem Schiffe ohne Warnung angegriffen werden können. **2)** Orte, die nur mit Sonderausweis zugänglich sind.
Sperrgetriebe, Getriebe, bei denen ein Sperrglied die Beweglichkeit einzelner Glieder gesperrt werden kann.
Sperrguthaben, 1) Konten für Devisenausländer bei dt. Banken, über die sie beschränkt verfügt werden konnte. Die Beschränkung entfiel mit der Konvertierbarkeit der DM (seit 29. 12. 1958). **2)** aus dem Stillhalteabkommen entstandene, auf fremde Währung lautende Sperrkonten. **3)** in der Dt. Dem. Rep. von westdt. Personen unterhaltene Konten.
Sperrholz, ein →Lagenholz aus in gekreuzter Faserrichtung miteinander verleimten Furnieren (**Furnierplatten);** auch je ein Furnier auf eine Zwischenlage aus verleimten Leisten (**Tischlerplatten).** Schrumpfen oder Quellen einer Furnierplatte wird durch die Nachbarplatten ‚gesperrt‘.

Sperber

Sperrkreis, ein Schwingungskreis, der auf eine unerwünschte Frequenz abgestimmt ist, um diese zu unterdrücken.
Sperrschwinger, Fernsehen: elektrische Schaltung zum Erzeugen von Kippschwingungen.
Sperrstoffe sollen Bauwerksteile gegen chem. und Witterungseinflüsse schützen (Anstriche, Spachtelmassen, Betonzuschläge, Teerpappe, Metallfolien).
Sperrstücke, →Sperre.
Sperrstunde, →Polizeistunde.
Sperrwerk, ein dammartiges Bauwerk zur Flußregelung (Absperren eines Seitenoder Altarms u. a.).
Sperry Rand Corporation [sp'eri rænd kɔːpər'eiʃn], New York, zweitgrößter Hersteller von elektron. Rechenanlagen und bedeutender Büromaschinenproduzent, gegr. 1955 (Fusion **Remington Rand Inc.**, **Sperry Corporation),** Eigenkap.: 717,6 Mill. US-$. Beschäftigte: 97 570 (1970).
Sp'ervogel, mhd. fahrender Spruchdichter in der 2. Hälfte des 12. Jahrh.
Spesen [ital.] Mz., Aufwendungen und Auslagen, die bei einer Geschäftsbesorgung entstehen; sie sind in der Regel durch den Auftraggeber zu ersetzen.
Spessart [german. ‚Spechtswald‘] *der,* waldreiches Mittelgebirge, rechts vom Main, im Geiersberg 586 m hoch. Der S. ist dünn besiedelt (größere Siedlungen nur an den Rändern), wirtschaftlich arm.
Speyer, Stadt in Rheinl.-Pf., in der Oberrheinebene, 42 500 Ew.; Dom (→Speyerer Dom), spätroman. Altpörtel (13. Jahrh.), Gedächtniskirche (1904, eine Gemeinschaftsleistung des Weltprotestantismus); Metall-, Tabak-, Druckereiind., Erdölraffinerien, Flug- und Fahrzeugbau, elektrotechn. Großbetrieb (Siemens). - S., auf dem Boden der keltisch-röm. Noviomagus, später im german.-röm. Civitas Nemetum wurde im 7. (4.?) Jahrh. Bischofssitz; 1294 Reichsstadt, 1526-1689 Sitz des Reichskammergerichts. Die Speyerer Reichstage von 1526 und 1529 sind von großer Bedeutung für den Protestantismus. 1689 wurde S. bei der Verwüstung der Pfalz durch Frankreich fast völlig niedergebrannt.
Speyer, Wilhelm, Schriftsteller, * 1887, † 1952; Jungenbücher ‚Der Kampf der Tertia‘ (1927), ‚Die goldene Horde‘ (1930).
Speyerer Dom, erbaut von den salischen Kaisern, die in ihm beigesetzt wurden, eine kreuzförmige Basilika mit je zwei Türmen im O und W, 1030 unter Konrad II. begonnen, 1061 geweiht. Ende des 11. Jahrh. wurden unter Heinrich IV. die Ostteile erneuert, Fenster und Zwerggalerie der Langhauses reich ausgestaltet und der ganze Bau als einer der ersten des Mittelalters eingewölbt. 1689 wurde der Dom bei der Eroberung Speyers z. T. zerstört. Nach Wiederaufbau und abermaligen Zerstörungen (1794) wurde er im 19. Jahrh. wiederhergestellt, der heutige Westbau wurde neu errichtet (1854). Durchgreifende Restaurierungen fanden vor der 900-Jahrfeier 1961 statt. (Bild S. 1169)
Spezer'ei [ital.] *die,* meist Mz. Spezereien, Gewürz, Gewürzwaren.
spezi'al [lat.], sonder…, einzel…, z. B. Spezialfall, Sonderfall.
Spezialarzt, der Facharzt.
Spezialbanken, Banken, die sich einem bestimmten Kundenkreis (Beamte, Landwirtschaft) oder einem besonderen Zweig

des Bankgeschäfts widmen, z. B. Real-kreditbanken.

Spezialhandel, →Außenhandel.

spezialis'ieren, 1) genau bestimmen. **2)** sich auf ein Sondergebiet beschränken.

Spezial'ist, Fachmann.

Spezialit'ät [lat.], Sondergebiet; Besonderheit; besondere Fähigkeit.

Spezialprävention [lat.], ⚖ Strafrechtstheorie, die den Zweck der Strafe in der Abschreckung des einzelnen Verbrechers vor weiteren Straftaten sieht.

spezi'ell, besonders, einzelfachlich.

Sp'ezies [lat.] *die,* ⚕ ⊕ →Art.

Spezieskauf, ⚖ der Kauf einer genau bezeichneten, nicht nur der Gattung nach bestimmten Sache.

Speziesschuld, ⚖ die Verpflichtung zur Leistung einer genau bestimmten Sache; im Unterschied dazu die Gattungsschuld.

Spez'ifika [lat.], *Ez. das* Spezifikum, **1)** Besonderheiten. **2)** ⚕ die →spezifischen Mittel.

Spezifikati'on [lat.], **1)** Aufzählung im Einzelnen. **2)** Einteilung in Untergruppen. **3)** nähere Bezeichnung von etwas zunächst sehr allgemein Gelassenem. **4)** ⚖ →Verarbeitung.

Spezifikationskauf, ⚖ der Kauf einer bewegl. Sache, bei dem der Käufer die nähere Bestimmung über Form, Maß usw. trifft. Kommt er in Verzug, so kann an seiner Stelle der Verkäufer die Bestimmung treffen oder Schadensersatz fordern oder vom Vertrag zurücktreten (§ 375 HGB.).

spez'ifisch [frz.], wesentlich, kennzeichnend, wesenseigen.

spezifische Ladung, ⚛ das Verhältnis e/m der Ladung e zur Masse m atomarer Teilchen.

spezifische Mittel, Spezifika, ⚕ Arzneimittel mit Heilwirkung für eine bestimmte Krankheit.

spezifischer Widerstand, ⚡ Materialkonstante, die sich aus Widerstand, Länge und Querschnitt berechnen läßt.

spezifisches Gewicht, das Gewicht der Raumeinheit (cm³) eines Stoffes, gemessen in p/cm³, kp/l, Mp/m³, im Gegensatz zur Dichte.

spezifische Wärme, die Wärmemenge, die nötig ist, um 1 g eines Stoffes um 1 °C zu erwärmen.

spezifiz'ieren [lat.], einzeln aufzählen.

Sp'ezimen [lat.] *das, Mz.* Spez'imina, Probe, Muster.

Sphäre [grch.] *die,* **1)** Bereich, Wirkungskreis, Umwelt, Schicht. **2)** Kugel, bes. das kugelige Himmelsgewölbe. **sphärisch, 1)** kugelig, **2)** himmlisch.

sphärische Aberration, ein opt. Abbildungsfehler bei Linsen.

Sphäro'id [grch.] *das,* die mathematisch darstellbare Gestalt des Erdkörpers, eine

durch die Rotation an den Polen abgeplattete Kugel.

Sph'inkter [grch.] *der,* ein Schließmuskel.

Sphinx [grch.], **1)** *der, die,* Fabelwesen mit dem Körper eines Löwen und dem Kopf eines Königs (Königin), Sinnbild des Herrschers in Ägypten (S. von Giseh, aus dem Fels gehauen, 20 m hoch, übernommen von Phönikern, Hethitern, Assyrern und Griechen. **2)** *die,* griech. Mythos: Ungeheuer vor Theben, das jeden tötete, der sein Rätsel nicht raten konnte. Ödipus löste es, und die S. stürzte sich zu Tode.

Sphinx von Memphis

Sphrag'istik [grch.], die Siegelkunde.

spicc'ato [ital.], ♪ getrennt; bei Streichinstrumenten: leicht gestoßener Strich mit springendem Bogen.

Sp'icherer Höhen, Höhenzug in Lothringen, südlich von Saarbrücken.

Spiegel, 1) glatte, möglichst vollständig reflektierende Fläche, z. B. **ebener S. (Plan-S.), sphärischer S., Parabol-S., Hohl-S., elliptischer S.,** verwendet für opt. Instrumente, Projektoren, Scheinwerfer u. a. Herstellung durch Aufbringen einer Silberschicht auf eine Glastafel **(Glas-S.)** oder durch Polieren von Metallflächen **(Metall-S.). 2)** die abgeflachte Heckstück einer Jacht. **3) Satzspiegel,** der bedruckte Teil einer Buchseite. **4)** ♛ der weiße Fleck am Hinterteil der Hirscharten und Gemsen; farbiger Flügelfleck bei Enten. **5)** in Zusammensetzungen Titel von Büchern, die Regeln enthalten, z. B. **Fürstenspiegel. 6)** Tuchbesatz auf den vorderen Kragenenden der Uniform.

Spiegel, Der S., wöchentlich in Hamburg erscheinendes Nachrichtenmagazin (Politik, Wirtschaft, Kultur), gegr. 1947, Herausgeber: R. Augstein.

Spiegelfernrohr, ein Fernrohr, dessen Hauptteil ein Parabolspiegel ist. Die Abbildungsfehler des S. werden beim **Schmidt-Spiegel** (→Schmidt-Optik) vermieden.

Spiegelglas, besonders sorgfältig hergestelltes Glas, das zu Tafeln gewalzt, dann beidseitig geschliffen und poliert wird.

Spiegelholz, Bretter mit senkrecht zur Brettbreite stehenden Jahresringen.

Spiegellineal, ein →Differenziergerät.

Spiegelreflexkamera, →photographischer Apparat.

Spiegelteleskop, →Spiegelfernrohr.

Spiegelung, die Reflexion des Lichts.

Spiekeroog, eine der Ostfries. Inseln, 17,4 km² groß, mit der Gemeinde S.; Gymnasium mit Internat; Fremdenverkehr (Seebad).

Spiel. 1) Das S. des Kindes beginnt mit der Beschäftigung mit sich selbst (Funktions-S.) und führt im eigentlichen **S.-Alter** (2. bis 6. Jahr) zum S. mit Gegenständen **(Spielzeug)** und mit anderen Menschen, bes. in den kindlichen **Gruppen-S. 2)** Kurzwort für Glücksspiel. Rechtlich ist das S.

ein Vertrag, bei dem die Parteien Gewinn erstreben, der nicht durch Austausch von Leistungen oder durch gemeinsame Zwecktätigkeit erlangt wird, sondern vom Zufall oder dem Geschick abhängig sein soll. Durch S. und Wette wird keine verbindlichkeit begründet; das Geleistete kann jedoch nicht zurückgefordert werden (§ 762 BGB.). **3)** der Maßunterschied zwischen zwei zueinander gehörenden Maschinenteilen (z. B. Welle und Bohrung). **4)** Schwanz von Auer-, Birkhahn, Fasan.

Spielart, →Abart.

Spielbank, Unternehmen, das gewerbsmäßig Gelegenheit zum Glücksspiel bietet. In Dtl. gibt es S. u. a. in Baden-Baden, Bad Homburg, Wiesbaden, Travemünde. Bes. bekannte ausländische S.: Monte Carlo, Reno, Las Vegas.

Spielbein, Kunst: bei dem im →Kontrapost dargestellten menschl. Körper das unbelastete Bein, im Unterschied zu dem die Körperlast tragenden Standbein.

Spielführer, Anführer einer Mannschaft.

Spielhagen, Friedrich, Erzähler, * 1829, †1911; Romane ,Problematische Naturen' (4 Bde., 1861), ,Sturmflut' (3 Bde., 1877); ,Beiträge zur Theorie und Technik des Romans' (1883).

Spielhahn, Birkhahn, →Birkhuhn.

Spielkarten, Blätter für Unterhaltungs- und Glücksspiele. Eine bestimmte Anzahl S. ergeben ,ein Spiel Karten'. Die **deutschen S.** haben 32 Blätter, die **französischen** 52, die **Tarock-S.** 78. Die europ. S. sind in vier Reihen mit besonderen Farben oder Serienzeichen eingeteilt: Eichel (Kreuz, Treff), Grün (Schippen, Pique), Rot (Herz, Cœur), Schellen (Karo, Carreau). Rangordnung in der dt. und französ. Karte: Daus oder As, König, Ober oder Dame, Unter oder Bube, Zehn, Neun, Acht, Sieben, Sechs; in der französ. bis Zwei hinab. **Kartenspiele** sind u. a. Skat, Whist, Tarock, Bridge, Rommé, Schafkopf, Sechsundsechzig, Poker. Die frühesten S. stammen aus Korea, China (12. Jahrh.) und kamen im 13. Jahrh. nach Europa.

Spielkartenmeister, Kupferstecher um 1430-50, benannt nach den Stichen eines Kartenspiels, die zu den besten aus der Frühzeit des Kupferstichs gehören.

Spielkartensteuer, Verbrauchsteuer auf Herstellung und Vertrieb von Spielkarten (Aufkommen 1971: 5 Mill. DM).

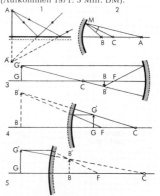

Spiegel: 1 *Spiegelbild A' eines leuchtenden Punktes A durch Reflexion an einem ebenen Spiegel.* 2 *Bild B eines leuchtenden Punktes A durch Reflexion am Hohlspiegel; MC Flächenlot.* 3 *Konstruktion des Bildes BB' eines außerhalb der Brennweite gelegenen Gegenstandes GG' am sphärischen Hohlspiegel.* 4 *Konstruktion des Bildes BB' eines innerhalb der Brennweite gelegenen Gegenstandes GG' am sphärischen Hohlspiegel.* 5 *Konstruktion des Bildes BB' eines Gegenstandes GG' am sphärischen Konvexspiegel; C Krümmungsmittelpunkt*

Speyerer Dom:
südliche Langhauswand nach Osten

Spielkarten: links französische Karte (Lyon), 16. Jahrhundert; Mitte bayerische Tarock-Karte mit französischen Farben, ,Hochzeitszug'; rechts Schellen-Daus, deutsche Karte von A. B. Göbl in München, Kupferstich, 1806

Spielleiter, der Regisseur (→Regie).

Spielmann, Mz. Spielleute, **1)** im MA. der fahrende Musikant. Von den Fahrenden trennte die S. scharf ihre ,Unehrlichkeit' (in rechtlich-ständischem Sinn). Die S. in Dtl. und Frankreich (Jongleure, Menestrels) haben epische Stoffe weitergegeben und umgebildet. **2)** früher die Trommler, Pfeifer, Hornisten der Infanterie.

Spieloper, die aus dem dt. Singspiel, der italien. opera buffa und der französ. opéra comique im 19. Jahrh. entstandene leichtere Oper (Lortzing, Flotow, Nicolai).

Spielstraßen, für den Durchgangsverkehr gesperrte Straßen, auf denen Kinder spielen dürfen.

Spielunterbrechung, ✂ wird durch Unfälle, Regelverstöße u. a. hervorgerufen. Die verlorene Zeit wird am Ende des Spielabschnitts nachgespielt.

Spielverlängerung, Fußball: bei gewissen Wettbewerben der Verlängerung der Spielzeit um 2 x 15 min. ohne Pause, wenn das Spiel nach der regulären Spielzeit unentschieden steht.

Spielwart, ✂ Vereinsangestellter in den Ballsportarten.

Spielzeug, Gegenstände, die dem Spieltrieb der Kinder, z. B. ihrem Nachahmungs- (Puppen), Gestaltungs- (Bauen, Malen), körperl. Betätigungstrieb (Ball, Kreisel) Nahrung geben und zur unterhaltenden Beschäftigung dienen. - 1971 bestanden in der Bundesrep. Dtl. (vorwiegend in Bayern und Baden-Württemberg) 408 Betriebe der **Spielwarenindustrie;** Beschäftigte: 23 984, Umsatz: 901,0 Mill. DM (201,5 Mill. DM Auslandsumsatz).

Spiere, ✑ Stange, Rundholz, aber nicht der Mast (→Backspier).

Spierstaude, Geißbart und Mädesüß.

Spierstrauch, die →Spiräe.

Spieß, 1) eine kurze Lanze. 2) der Kompanie-Feldwebel. 3) ✍ schwarze Stelle, entstanden durch ein unbeabsichtigt mitdruckendes Ausschlußstück. 4) noch endenlose Geweihstange junger Elch-, Dam-, Rothirsche, Rehböcke.

Spieß, 1) Adolf, Begründer des dt. Schulturnens, * 1810, † 1858.

2) Christian Heinrich, Schriftsteller, * 1755, † 1799; Ritterromane.

Spießbock, 1) ein Bockkäfer. 2) der Rehbock als Spießer. 3) Art der →Pferdeböcke.

Spießbürger, 1) im MA.: die ärmeren, nur mit Spießen bewaffneten Bürger. 2) jetzt: engherziger, pedant. Mensch.

Spießer, 1) Spießbürger. 2) Hirsch-, Rehbock im zweiten Jahr.

Spießgeselle, 1) ✍ Waffengefährte. 2) Genosse einer schlechten Handlung.

Spießhirsche, Mazamahirsche, kleine Hirsche trop. Wälder Süd- und Mittelamerikas, mit unverzweigtem Geweih.

Spießrutenlaufen, frühere Militärstrafe für Desertion u. a.: der Täter mußte, bis zum Gürtel entkleidet, eine Gasse von 100-300 Mann durchlaufen und erhielt von jedem mit einer Weidenrute einen Hieb auf den Rücken.

Spiez, Kurort im Kt. Bern, Schweiz, am Thuner See, 600 m ü. M., 9900 Ew.

Spikes [spaiks, engl.] Mz., **1)** ✂ →Rennschuh. 2) S.-Reifen: Autoreifen mit einvulkanisierten Stahlstiften als Gleitschutz im Winter.

Spill, eine Winde auf Schiffen zum Bedienen des Ankers oder der Leinen.

Spillage [spil'a:ʒə, engl.] die, Warenverluste durch falsche Verpackung.

Spin [engl.] der, ⚛ Eigenschaft der Elementarteilchen, vorstellbar als Drehimpuls, der gemäß den Gesetzen der Quantenmechanik nur halbganz- und ganzzahli-

ge Werte der Einheit h/2π (h= Wirkungsquantum) annehmen kann.

Spina [lat.] die, Dorn. **S. dorsalis,** die Wirbelsäule. - **spin'al,** die Wirbelsäule (oder das Rückenmark) betreffend. **spinale Kinderlähmung,** →Kinderlähmung.

Spina, antike Hafenstadt im südl. Mündungsgebiet des Po; die etrusk. Gräber sind die heute reichste Fundstätte griech. Vasen des 5. Jahrh. v. Chr.

Spinat [lat. aus pers.-arab.] der, **1)** der **Echte S., Binetsch,** Meldengewächs, 1- bis 2jährige **(Winter-S.),** meist 30-40 cm hohe Gemüsepflanze, die wohl von dem in Turkestan, Afghanistan heimischen **Schamum** abstammt; verhältnismäßig eisenreich. **2)** andere Blattgemüse, so Gartenmelde, Ampfer, Mangold, Arten von Gänsefuß, Weiße Baselle.

Spindel, 1) Spinnerei: doppelkegeliger Körper zum Aufwickeln des Fadens. **2)** Maschinenbau: bei Werkzeugmaschinen die Hauptarbeitswelle, die das Werkstück oder Werkzeug dreht. **3)** ⚘ die Hauptachse von gefiederten Blättern und von Blütenständen.

Spindelbaum, Gattung der S.-Gewächse, Sträucher oder Bäumchen, meist mit unscheinbaren Zwitterblüten und Kapselfrucht; **Europ. S. (Pfaffenhütchen)** mit vierfächeriges rosenroten Früchten und orangerotem Samenmantel. Zierstrauch ist u. a. der immergrüne **Japan. S.** aus Ostasien, mit vielen buntlaubigen Spielarten.

Spindelmage der, ⚘ ein Verwandter von der Mutterseite.

Spindler, Karl, Erzähler, * 1796, † 1855, neben W. Alexis u. a. ein Mitbegründer des dt. geschichtl. Romans.

Spin'ell der, verbreitete Mineraliengruppe, benannt nach dem meist roten **Edlen S.,** MgAl₂O₄, einem Edelstein.

Spin'ett [ital.] das, besondere Form des Kielklaviers: rechteckige Grundform mit Tastatur an der Breitseite.

Spinnaker [engl.] der, auf Segelbooten ein großes dreieckiges Bei-(Ballon-)Segel, das vor dem Wind gesetzt wird.

Spinndüse, Chemiefaserherstellung: der Teil der Spinnmaschine, durch dessen Bohrungen (0,05-0,2 mm Durchmesser) die Spinnlösung fadenförmig ausgepreßt wird.

Spinnen Mz., Spinnentiere, deren Kopfbruststück vom Hinterleib durch einen tiefen Einschnitt getrennt ist; es trägt oben 1 bis 4 Paar Einzelaugen, vorn die Kieferfühler, unten die Kiefertaster und die 4 Beinpaare. Das Grundglied der Kieferfühler hat eine durchbohrte Klaue, an deren Spitze die Giftdrüse mündet. Auf der Unterseite des Hinterleibs liegen 1-4 Paare von Spinnwarzen. Die Webspinnen fangen ihre Nahrungstiere in ihren **S.-Netzen.** Etwa 20 000 Arten, z. B. **Kreuz-S., Vogel-S., Wasser-S., Wespen-S., Taranteln.**

Spinnenaffen, seltene Gattung der Neuweltaffen SO-Brasiliens; Körperlänge bis 63 cm, Schwanzlänge bis 80 cm.

Spinnengift, die Absonderung der Giftdrüsen bei Spinnen; bes. schädigend für

Spinnen: links Wespenspinne; Mitte Kopfbruststück mit Augenpaaren; rechts Spinne mit Eierpaket

Spinnerei: links Synthese-Ringspinnmaschine; rechts Spinnereiabteilung in einer Textilfabrik

den Menschen bei Malmignatte und Tarantel. Behandlung nach Biß einer Giftspinne wie bei Schlangengift.

Spinnentiere, die Klasse **Arachn'ida** der Gliederfüßer: Walzenspinnen, Afterskorpione, Skorpione, Skorpionspinnen, Weberknechte, Spinnen und Milben. Der Körper der S. gliedert sich in Kopfbruststück und Hinterleib; nur bei den Milben sind beide Körperabschnitte verschmolzen. Zum Kopf gehören die paarigen Kieferfühler und Kiefertaster, zum Brustteil 4 Beinpaare. Als Atmungsorgane dienen röhrige →Tracheen oder Tracheenlungen.

Spinner, 1) Schmetterlinge, bes. →Seidenspinner, auch **Zahn-, Träg-, Augenspinner** (Tafel Schädlinge). **2)** Angelköder aus Metall und Holz.

Spinner'ei, die Technik der Herstellung von endlosen Fäden, mechanisch durch Ordnen, Verziehen und Zusammendrehen von mehr oder weniger kurzen Fasern oder Faserbündeln, chemisch-technisch durch Ausziehen einer Spinnlösung der Spinnschmelze.

Zum Handspinnen dient das →Spinnrad. Beim mechan. Spinnprozeß werden in der Vorbereitung die zusammengepreßten, wirren Fasermassen aufgelockert (Ballenbrecher, Öffner, Schlagmaschine) und von Verunreinigung befreit. Durch Mischen (Manipulieren) werden Unterschiede ausgeglichen. Es folgt das Auflösen der Faserflocken auf der Krempel. Das erhaltene Faservlies (Flor) oder Faserband wird durch Doppeln (Doublieren) und Verziehen (Verstrecken) egalisiert. In der **Vorspinnerei** wird das Vorgarn (Lunte) gebildet, das entweder kontinuierlich auf die Ringspinnmaschine oder absetzend auf dem Wagenspinner (Selfaktor) weiter versponnen wird **(Feinspinnen).** Feine, glatte und gleichmäßige Garne erhält man, wenn vor dem Verstrecken aus dem Krempelband ein Teil der Kurzfasern (Kämmlinge) auf der Kämmaschine (Kammstuhl) ausgeschieden wird. - Bereits in der Steinzeit verstand man Schafwolle und Flachs zu verspinnen. Das Spinnrad findet sich zum erstenmal 1480 abgebildet. 1767 erfand der engl. Weber Hargreaves den Wagenspinner, 1830 der Amerikaner Jenks die Ringspinnmaschine.

Spinnfüßer, tropisch-subtrop., nur im männl. Geschlecht geflügelte Insekten; fertigen Gespinströhren an. (Tafel Insekten)

Spinngewebshaut, eine zarte Haut um →Gehirn und Rückenmark.

Spinnmilben, rundliche spinnfähige Milben, schaden durch Saugen an Blättern und anderen Pflanzenteilen.

Spinnorgane, bei Gliederfüßern Organe, die aus der Spinndrüse ein an der Luft erhärtendes Sekret absondern.

Spinnrad, ein Tretrad für das Handspinnen: Die Fasern werden vom Rocken mit der Hand abgezogen und von der Spindel

zu einem Faden zusammengedreht; dieser wird auf die Spule gewickelt.

Spinnstoffe, die →Faserstoffe.

Spinnwebtheorem, in der Volkswirtschaftslehre eine Theorie, die sich mit der verzögerten Anpassung der Nachfragenden auf Angebots- oder der Anbieter auf Nachfrageveränderungen befaßt. Die graph. Darstellung dieser Anpassungsvorgänge erinnert an ein Spinngewebe.

Spin'oza, Baruch (Benedictus) de, Philosoph, * 1632, † 1677; entwickelte in seiner ‚Ethik' einen Pantheismus: Gott ist die alles umfassende Natur, alle endl. Wesen

B. de Spinoza   *Carl Spitteler*

sind Ausprägungen (Modi) dieser ewigen Substanz; S. wurde aus der jüdischen Religionsgemeinde ausgeschlossen. Er hat die dt. Philosophie stark beeinflußt.

spintis'ieren [wohl ital.], grübeln.

SPIO, Spitzenorganisation der Filmwirtschaft e. V., 1949 gegr. Dachorganisation, Sitz: Wiesbaden.

Spionage [spion'a:ʒə, frz.] die, Ausspähen und Verrat von Staatsgeheimnissen zugunsten eines fremden Staates, auch vorbereitende Handlungen hierzu. Die S. ist als Landesverrat strafbar (§§ 99, 100 StGB). Unter besonderen Voraussetzungen ist schon das Sammeln von Nachrichten nicht geheimer Art strafbar (§ 92 StGB). Die abweichenden Bestimmungen für die Dt. Dem. Rep. sind die §§ 97, 98 des neuen StGB. Nach der →Haager Landkriegsordnung (Art. 29) ist **Spion** nur, wer heimlich oder unter einem Vorwand im militär. Operationsgebiet Nachrichten einzieht oder einzuziehen versucht, um sie der Gegenseite mitzuteilen.

Spir'äe die, **1)** Spierstrauch, Rosengewächs; z. B. **Weidenblättrige S.** mit längl. Rispen rötlichweißer Blüten; Zierstrauch ist z. B. die **Schneeballblättrige S.** mit weißen, halbkugeligen Blütenständen. **2)** Spierstaude.

Spirale, ebene gekrümmte Linie, die in unendlich vielen Umläufen sich immer weiter vom Ursprungspunkt entfernt.

Spiralnebel, ☆ ein →Nebel von spiraliger Form.

Spir'ant [lat.] der, auch **Sp'irans** die, ⑤ Reibelaut (z. B. f, s).

Spirdingsee, mit 106,6 km² der größte der Masurischen Seen in Ostpreußen, bis 25 m tief.

Spir'illen [lat.] Mz., korkzieherförmige Bakterien mit den Gattungen **Spirillum** und **Vibrio** (z. B. Erreger der Cholera). **Spirill'osen** sind durch S. hervorgerufene Krankheiten.

Spirit'ismus [lat.], die Lehre, daß die Geister Verstorbener in unsere Wirklichkeit einzugreifen vermögen (→Okkultismus).

spiritu'al [lat.], **1)** geistlich. **2)** geistig, übersinnlich. **spiritu'ell, 1)** rein geistig. **2)** geistreich.

Spiritu'alien, die geistlichen Sachen und Einrichtungen der Kath. Kirche, z. B. Sakramente, Ämter.

Spiritual'ismus [lat.], **1)** Philosophie: Lehre, daß das Wirkliche seiner wahren Beschaffenheit nach Geist sei, z. B. im dt. Idealismus (Gegensatz: →Materialismus). **2)** Religion: christl. Bewegungen, denen es ausschließlich auf ein unmittelbares Ergriffensein des einzelnen durch den Geist Gottes ankommt, und die daher eine kirchl. Organisation ablehnen.

Spirituals [sp'irituəlz, engl.], Ez. Spiritual, die geistl. Gesänge der Neger in den Süden der Verein. Staaten; sie wurden um 1900 eine Hauptquelle des Jazz.

Spiritu'osen, alkoholreiche Getränke (Branntwein, Likör).

Sp'iritus [lat.] der, offizineller Alkohol von 91,29-90,09 Volumprozent; auch der gewerblich hergestellte →Branntwein. 1970/71 wurden in der Bundesrep. Dtl. 3,41 Mill. hl Weingeist hergestellt, davon 2,11 in Eigenbrennereien, 1,30 in Monopolbrennereien.

Sp'iritus [lat.] der, Hauch, Geist, Seele. **S. famili'aris,** Hausgeist, treuer Freund oder Diener des Hauses. **S. r'ector,** treibende Kraft. **S. s'anctus,** der Heilige Geist. - **S. 'asper,** in der griech. Sprache die Bezeichnung des h-Lauts ('), bei Selbstlauten ohne Hauchlaut setzt man den **S. l'enis** (').

Spirke die, Form der Bergkiefer.

Spiroch'äten [grch.] Mz., den Spirillen nahestehende, korkzieherförmige Bakterien; z. B. Gatt. **Treponema** mit dem Erreger der Syphilis, Gatt. **Leptospira** mit dem Erreger der Weilschen Krankheit. **Spirochät'osen** sind von S. erregte Krankheiten.

Spiš [spiʃ], slowak. Name der →Zips.

Spit'al [aus Hospital] das, Altersheim; Krankenhaus.

Spithead [sp'ithed], Meeresarm zwischen der NO-Küste der engl. Insel Wight und dem Festland.

Spitta, Karl Johann Philipp, evang. Theologe, * 1801, † 1859; geistl. Lieder (‚Psalter und Harfe', 1833-43).

Sp'ittal an der Drau, Stadt in Kärnten, Österreich, 12 600 Ew.; Schloß Porcia (1527-97), Renaissance-Rathaus.

Spitteler, Carl, schweizer. Schriftsteller, * 1845, † 1924, verherrlichte in myth. Epen den adeligen Menschen, der sich gegen das

Spitzbergen: Billefjord

Zweckdenken auflehnt und am Leiden der Unschuldigen in der Welt mitleidet: „Prometheus und Epimetheus' (1881). Nobelpreis 1919.

Spitz, spitzohriger langhaariger Haushund mit aufwärts gebogenem Schwanz.

Spitzbergen, Inselgruppe im Nordpolarmeer, 61 872 km², rd. 2800 Ew.; bildet mit der Bäreninsel als **Svalbard** (62 050 km²) einen VerwBez. Norwegens, Hauptort Longyearbyen. S. besteht aus West-S., Nordostland, Edge-, Barents-Insel u. a. kleinen Inseln. Es ist gebirgig, hat arktisches, durch den Golfstrom etwas gemildertes Klima, ⁴/₅ des Landes sind eisbedeckt. - Der Abbau der großen Steinkohlenlager geschieht in Barentsburg und in Pyramiden durch die Sowjetunion, in Longyearbyen durch Norwegen. - S. wurde 1596 von Barents entdeckt, 1920 Norwegen zugesprochen. Alle Nationen erhielten das Recht des Kohleabbaus, der Jagd und Fischerei.

Spitzbogen, ⌒ ein im Scheitelpunkt gebrochener Bogen, bes. in der Gotik verwendet.

Spitze, 1) Textilkunde: →Spitzen. **2)** Handel: der Betrag, der bei einer Schlußabrechnung zwischen den Parteien übrigbleibt und auszugleichen ist.

Spitz|eber, männl. Schwein, bei dem ein oder beide Hoden im Leistenkanal oder in der Bauchhöhle liegen.

Spitzen Mz., flächige Textilien mit durchbrochenem Muster, entstehen dadurch, daß Fäden von Hand oder maschinell gehäkelt, geklöppelt, genäht, gestickt, gestrickt, gewebt, gewirkt oder verschlungen werden.

Spitzenentladung, eine durch spitze Elektroden begünstigte Form der →Gasentladung.

Spitzentanz, Kunsttanz auf den Zehenspitzen.

Spitzenverband, organisator. Zusammenfassung selbständiger (meist wirtschaftl.) Verbände.

Spitzenzähler, →Zählrohr.

Spitzer, Leo, österreich. Romanist, * 1887, † 1960, Prof. in Marburg, Köln, Istanbul, Baltimore; bedeutende Arbeiten zur roman. Sprach- und Literaturwissenschaft (‚Stilstudien', 2 Bde., 1928).

Spitzfuß, krankhafte Fußstellung, bei der der Fußrücken die gleiche Richtung hat wie der Unterschenkel.

Spitzhengst, ein →Klopfhengst.

Spitzhörnchen, Säugetiere Asiens, dunkelbraun, etwa 20 cm groß, meist mit buschigem Schwanz.

Spitzkasten, Anlage zum Sortieren feinkörniger Erze. Die Erze werden in einem Flüssigkeitsstrom über eine Reihe hohlpyramidenförmiger Kästen geführt, in denen sie sich nach Korngröße abscheiden.

Spitzkehre, die scharfe Wendung eines Verkehrsweges in die entgegengesetzte Richtung, meist zur Überwindung großer Gefälle.

Spitzmäuse, mausähnl. Fam. der Insektenfresser mit oft rüsselartiger Schnauze: **Wald-S., Haus-S., Feld-S., Wasser-S.** (Fi-

schereischädling); **Zwerg-S.,** kleinstes mitteleurop. Säugetier (55 mm Kopf-Rumpf-Länge), 3-6 g Körpergewicht.

Spitzpocken, ⚕ die →Windpocken.

Spitzweg, Carl, Maler, * 1808, † 1885, anfänglich Apotheker, schilderte in humorvollen kleinen Bildern von feinem Stimmungsgehalt das Leben von Kleinbürgern und Sonderlingen der Biedermeierzeit.

C. Spitzweg: Der Kaktusfreund, um 1858 (Ausschnitt; Privatbesitz)

Spitzwegerich, →Wegerich.

Spleen [spli:n, engl.] der, Verschrobenheit, sonderbares Benehmen.

spleißen, die Enden zweier Taue zur dauernden Verbindung zusammenflechten.

splend'id |lat.], prächtig; freigebig.

spl'endid isolation [-aisəl'eiʃən, engl. ‚glänzendes Alleinsein'], polit. Schlagwort für die Bündnislosigkeit Großbritanniens vor 1900.

Splenomegal'ie [grch.], ⚕ Milzvergrößerung, Milzschwellung.

Splint, 1) die weiche Holzschicht direkt unter der Rinde. **2)** ein zweischenkeliger Drahtstift.

Split, italien. **Sp'alato,** Stadt in der Volksrep. Kroatien, Jugoslawien, 120 000 Ew., wichtigster Hafen Dalmatiens; Carbid-, Zement- und Kunststoffabriken. - Kern der Stadt ist der riesige Kaiserpalast des Diokletian, erbaut um 300 n. Chr., in bedeutenden Resten erhalten.

Splitt, Gestein in Korngröße von 7-30 mm für den Straßenbau und als Betonzuschlagstoff.

Splitterberufe, Berufe mit wenigen Berufsangehörigen.

Spl'itting [engl.] das, Verfahren der Einkommensbesteuerung bei Ehegatten: beide Einkommen werden zusammengerechnet, zur Hälfte der Einkommensteuer unterworfen; die so errechnete Steuerschuld wird verdoppelt. Das S. wurde in der Bundesrep. Dtl. durch Ges. v. 18. 7. 1958 einge-

führt. Man kann zwischen S. und getrennter Veranlagung wählen.

Splügen der, Alpenpaß, 2117 m hoch, verbindet Chur (Graubünden) mit Chiavenna nördlich vom Comer See.

SPÖ, Abk. für **S**ozialistische **P**artei **Ö**sterreichs (→Sozialdemokratische Parteien).

Spohr, Louis, Komponist, Dirigent, Geigenvirtuose, * 1784, † 1859, steht mit seinen Werken zwischen Klassik und Romantik; Sinfonien, Violinkonzerte, Kammermusik, Lieder, Opern.

Spoiler [engl.] der, **1)** ✈ Störklappe, beim Flugzeug Bremsklappe. **2)** bei Rennwagen Flächen, die aus der Karosserie waagrecht herausragen und durch Aufstau der Strömung vor dem S. Widerstand und vertikale Kräfte (Abtrieb) erzeugen. S. verhindern ein Abheben des Rennwagens von der Fahrbahn.

Spokane [spɔk'æn], Stadt im Staat Washington, USA, 170 500 Ew. Univ.; Holz-, Papier-, Maschinenindustrie und Erdölraffinerie.

Spol'eto, Stadt in Mittelitalien, 36 800 Ew.; kath. Erzbischofssitz; Reste der umbrisch-etrusk. Stadtmauer, Dom [12. Jahrh.); Braunkohlenbergbau. - S., das antike Spoletium, war im frühen Mittelalter die Hauptstadt eines langobard. Herzogtums und gehörte dann bis 1860 zum Kirchenstaat.

Sp'olien [lat.] Mz., **1)** bei den Römern die Waffenbeute. **2)** im MA. der Nachlaß der Geistlichen; **S.-Recht,** im MA. der Anspruch weltl. oder geistl. Machthaber auf den geistl. Nachlaß.

Spond'e|us [grch.], Versfuß aus zwei langen Silben (- -).

Sp'ondias [grch.] die, **Balsampflaume,** trop. Nierenbaumgewächse, Bäume mit gefiederten Blättern, gelblichen Blütchen und pflaumenähnlichen Früchten.

Sp'ondylus [grch.] der, ⚕ 🐚 Wirbel. **Spondyl'itis,** Wirbelentzündung. **Spondyl'osis,** nichtzündliche Altersveränderung der Wirbel.

Spons'alien [lat.] Mz., Verlöbnis, Verlobungsgeschenk.

spont'an [lat.], aus eigenem Antrieb, von selbst; einer plötzlichen Eingebung folgend (dazu: die **Spontaneit'ät**).

Spont'ini, Gaspare Graf **Sant'Andrea,** italien. Komponist, * 1774, † 1851, wirkte vor allem in Paris und Berlin; er schrieb Opern, darunter: ‚Die Vestalin' (1807), ‚Ferdinand Cortez' (1809), ‚Olympia' (1819).

Spor'aden, griech. Inselgruppe im Ägäischen Meer, besteht aus den Nördlichen S. und den Südlichen S.

spor'adisch [frz.], vereinzelt, selten.

Spore [grch.] die, **1)** 🍄 die einzelligen, bei Pilzen auch mehrzelligen ungeschlechtl. Fortpflanzungskörper von Pflanzen; sie entstehen meist in einem **Sporenbehälter** (Sporangium). **Schwärmsporen** (Zoosporen) sind im Wasser frei beweglich. **2)** 🐚 →Sporentierchen.

Sporenpflanzen, griech. **Kryptog'amen,** Pflanzen, die sich durch Sporen vermehren; so Spaltpflanzen, Thalluspflanzen, Farnpflanzen, Moospflanzen.

Sporentierchen, griech. **Sporoz'oa,** parasit. Protozoen, die in einer Kapsel **(Spore)** von Wirt zu Wirt übertragen werden.

Sp'örgel der, Nelkengewächs mit schmalen Blättern und weißen Blütchen; der Same gibt Vogelfutter.

Spoerl, Heinrich, Erzähler, * 1887, † 1955; ‚Die Feuerzangenbowle' (1933), ‚Wenn wir alle Engel wären' (1936), ‚Der Maulkorb' (1936, als Komödie 1938) u. a.

Sporn, 1) Metallbügel mit Stachel oder Rädchen am Reiterstiefel zum Antreiben des Pferdes. **2)** ⚔ meist spatenförmiger Ansatz an Lafettenschwanz der Geschütze, rammt sich beim Schießen in die Erde. **3)** ⚔ am Kriegsschiff der Ramm-S. **4)** Gleitkufe oder Rad **(S.-Rad)** unter dem Flugzeugheck.

Spoerri, Theophil, schweizer. Romanist, * 1890, Stilkritiker.

Sport [engl.], eine körperl. Tätigkeit, die meist um ihrer selbst willen als Freizeit- oder Hochleistungssport ausgeübt wird, unter Anerkennung bestimmter Regeln. Zum S. gehören z. B. Leichtathletik, Schwerathletik, Kampfsport, Wasser-, Winter-, Schieß-, Rad-, Motor-, Flug-, Pferdesport, Bergsteigen und S.-Spiele (Bewegungsspiele).

Sportabzeichen, Auszeichnung für sportl. Leistungs- und Vielseitigkeitsprüfungen in der Bundesrep. Dtl. das **Dt. S.,** verliehen in 3 Stufen: innerhalb eines Kalenderjahres sind 5 Gruppen je eine Bedingung zu erfüllen. Abzeichen in Bronze: Herren von 18-32, Damen von 18-28 Jahren, Silber: Herren 33-40, Damen 29-36 Jahre, Gold: Herren über 40, Damen über 36 Jahre sowie für Besitzer des Silberabzeichens, die in 7 Jahren die geforderten Leistungen erfüllen. In der Dt. Dem. Rep. gibt es seit 1950 S. In Österreich bestehen das Österreich. Sport- und Turnabzeichen und das Österreich. Jugend-Sport- und Turnabzeichen.

Sportarzt, ein Arzt, der bes. sportmedizin. Kenntnisse und Ausbildung besitzt, nimmt u. a. die Untersuchung und Überwachung der Sporttreibenden vor.

Sp'orteln [lat.], Ez. *die* Sportel, früher eine Verwaltungsgebühr, die unmittelbar den beteiligten Beamten zufloß; Überreste sind die Notariatsgebühren.

Sportfischen, Angelsport, Angeln, Wettbewerbe mit Angeln. S. gliedert sich in zwei Disziplinen: Wettfischen und (Wurf-)Turniersport (das Werfen mit Spinn- oder Flugangeln).

Sporthalle, Anlage zur vielseitigen sportl. Verwendung, oft mit auswechselbarem Boden.

Sportherz, →Herz (Übersicht).

Sporthochschule, Hochschule für Lehre, Forschung und Praxis der Sportwissenschaft, die qualifizierte Sportlehrer, Trainer und Sportphilologen ausbildet; in der Bundesrep. Dtl. die Dt. Sporthochschule Köln (gegr. 1947); in der Dt. Dem. Rep. die Dt. Hochschule für Körperkultur in Leipzig. In Österreich gibt es 3 Bundesanstalten für Leibeserziehung (Wien, Graz, Innsbruck), in der Schweiz die Eidgenöss. Turn- und Sportschule Magglingen.

Sportmedizin, ein Bereich der Sportwissenschaft, der sich bes. mit dem Einfluß des Sports auf den menschl. Körper befaßt.

Sportpädagoge, Leibeserzieher, ein Lehrer der **Sportpädagogik** (Leibeserziehung). S. sind entsprechend ihrer Ausbildung adäquate. Turnlehrer, Sportphilologen, (Diplom-)Sportlehrer, Schulsport- oder Freizeitlehrer. Auch ausgebildete Trainer gehören zu den S.

Sportplatz, Platz für sportl. Veranstaltungen (von ausgebauten Stadion).

Sporttauchen, der →Tauchsport.

Sportwagen, Kraftwagen mit leichter, strömungsgünstiger Karosserie und starkem Motor.

Spot [spɔt, engl.] *der,* kurze Szene in Werbesendungen des Rundfunks oder Fernsehens (Werbespot).

Spot-Geschäft [von spot, engl. ‚Platz'], an internationalen Warenbörsen Geschäft gegen sofortige Kasse und Lieferung.

Spotlight [sp'ɔtlait, engl.] *das,* ein Scheinwerfer mit engem Lichtbündel zur Effektbeleuchtung.

S.P.Q.R.→Senatus Populusque Romanus.

Sprachakademie, eine Einrichtung, die der Pflege, Bewahrung und Fortbildung einer Sprache dient (Herausgabe von Wörterbüchern, Grammatiken u. a.), z. B. in Italien die Accademia della Crusca, in Frankreich die Académie Française.

Sprachatlas, eine Kartensammlung, die die geographische Verbreitung von Einzelerscheinungen einer Sprache darstellt, →Deutscher Sprachatlas.

Sprache, Ausdruck und Darstellung von Gedanken, Gefühlen, Willensregungen durch Zeichen (Zeichensprache), Gebärden (Gebärden-Sprache) und bes. durch Laute und gefügte Worte. Alle bekannten S. sind in erster Linie **Laut-S.** Die Gesamtheit der einer Menschengruppe gemeinsamen sprachlichen Möglichkeiten heißt Sprachbesitz **(Mutter-S.).** Eine Menschengruppe mit wesentlich gleichem Sprachbesitz heißt **Sprachgemeinschaft.** Sie ist vielfach gegliedert nach Mundarten und Dialekten, nach dem Bildungsgrad, nach Berufs- oder Lebensgemeinschaft **(Standes-S., Sonder-S.).** Diesem Besonderheiten steht die **Gemein-S.** als gemeinsamer Besitz gegenüber. Nach dem Zweck des Sprechens unterscheidet man die situationsgebundene **Umgangs-S.** des tägl. Lebens von der selbständigen **Hoch-S.** der Literatur, der Wissenschaft, der Verwaltung, der Rede. Ferner gibt es **Fach-S.** der verschiedenen Sachgebiete.

Nach dem Typus ihres Baus unterscheidet man: 1) **isolierende S.:** die Gestalt der Wörter wird durch ihre Rolle im Satz nicht berührt. Viele haben nur einsilbige Wörter, z. B. das klass. Chinesisch. 2) **polysynthetische** (viel zusammengesetzte) oder **inkorporierende S.:** alle bedeutungtragenden Lautungen werden in einer Wortform vereinigt, der Satz besteht formal nur aus einem zusammengesetzten Wort, z. B. Grönländisch und die meisten Indianersprachen. 3) **agglutinierende S.** (anreihende) **S.:** die Rolle des Wortes im Satz wird durch Anfügen besonderer Lautungen (Affixe) an die unveränderten Stämme bezeichnet, z. B. die Türk-S. 4) **flektierende S.:** auch der Stamm des Wortes wird je nach der Rolle im Satz verschieden gestaltet, z. B. am reinsten die semitischen S.; auch die indogerman. S.

Bei engen geschichtlichen Beziehungen zwischen S. spricht man von **Sprachverwandtschaft:** 1) Sie kann durch Auflösung einer ehemaligen Sprachgemeinschaft entstanden sein (genealogische Sprachverwandtschaft). Die ursprüngliche S. nennt man Grund-S., die neuen S. Tochter-S. Diese sind untereinander Schwester-S. Sie alle bilden eine **Sprachfamilie,** z. B. sind die roman. Sprachen Fortbildungen des Lateinischen. Dieser Vorgang kann sich wiederholen, was zu einer genealogischen Sprachverwandtschaft zwischen ganzen Sprachfamilien führt. Diese bilden dann einen **Sprachstamm,** z. B. die indogerman., semitischen oder uralischen S. Die Glieder heißen **Sprachzweige** (Übersicht Sprachen der Erde.) 2) Ursprünglich unähnliche S. entwickeln sich unter barbarischer Berührung so, daß sie einander immer ähnlicher werden (kulturelle Sprachverwandtschaft), z. B. die Balkansprachen und die modernen S. Westeuropas. 3) Wenn der normale Austausch zwischen benachbarten S. durch Entlehnung von Wörtern, Bildungsmitteln, Satzbauplänen und Lautgewohnheiten ein bestimmtes Maß übersteigt, entsteht eine **Mischsprache,** die mit den an ihrer Entstehung beteiligten S. verwandt ist, ohne daß diese unter sich verwandt zu sein brauchen, z. B. die Sprachverwandtschaft des Englischen mit der german. S. und mit dem Französischen.

Sprache, künstliche S., 1) →Welthilfssprachen. **2)** →Programmiersprache. **3)** elektroakust. Nachbildung der natürl. Sprache, aus der mit Mikrophon, elektr. Filtern und Gleichrichtern Amplitudenkurven gewonnen werden, mit denen die Filterkanäle des Wiedergabegeräts moduliert werden. Man erreicht eine Verminderung der Bandbreite von 2400 Hz auf 400 Hz bei der Sprachübertragung.

Sprachenrecht, das gesetzl. oder von mehreren Staaten vertraglich geregelte Recht des Gebrauchs der Sprache für nationale Minderheiten oder verschiedene Volksgruppen (Schweiz, Belgien).

Sprachen der Erde (Auswahl)

Indogermanisch (alle Erdteile): 1) *Germanisch:* Englisch, Friesisch, Niederländisch und Flämisch, Deutsch; Dänisch, Norwegisch, Isländisch, Schwedisch; Jiddisch; Afrikaans. 2) *Romanisch:* Italienisch, Spanisch, Katalanisch, Portugiesisch; Französisch, Provenzalisch; Rätoromanisch; Rumänisch. 3) *Slawisch:* Großrussisch, Ukrainisch, Weißrussisch; Polnisch, Tschechisch, Slowakisch; Bulgarisch, Makedonisch, Serbokroatisch, Slowenisch, Sorbisch. 4) *Keltisch:* Irisch, Gälisch, Kymrisch, Bretonisch. 5) *Baltisch:* Litauisch, Lettisch. 6) *Griechisch.* 7) *Albanisch.* 8) *Indoarisch:* Bengali, Hindi, Hindustani, Urdu; Bihari; Marathi; Pandschabi, Gudscharati, Radschasthani, Orija, Lahnda (West-Pandschabi), Singhalesisch, Nepali, Assamesisch, Sindhi, Kashmiri. 9) *Iranisch:* Persisch, Paschto (Afghanisch), Belutschi, Kurdisch, Ossetisch, Tadschikisch. 10) *Armenisch.*

Isolierte europ. Sprache: Baskisch.

Uralisch (Europa-Asien): 1) *Finnischugrisch:* Lappisch, Finnisch, Karelisch, Wepsisch, Estnisch, Livisch, Mordwinisch, Tscheremissisch; Syrjänisch, Wotjakisch, Obugrisch, Ungarisch. 2) *Samojedisch.*

Altaisch (Asien-Europa): 1) *Türksprachen:* Türkisch, Usbekisch, Aserbaidschanisch, Kasachisch, Uigurisch, Kirgisisch u. a. 2) *Mongolisch.* 3) *Tungusisch.*

Kaukasisch (Asien, Europa): 1) *Südkaukasisch:* Georgisch und verwandte Sprachen. 2) *Westkaukasisch:* Abchasisch, Tscherkessisch u. a. 3) *Ostkaukasisch.*

Semitisch (Asien, Afrika): 1) *Arabisch:* Maltesisch; Amharisch, Tigre, Tigrinja; *Hebräisch (Iwrith).* 2) *Koptisch* (christl. Kirchensprache in Ägypten).

Drawidisch (Asien): Telugu, Tamil, Malajalam, Kanaresisch, Gond, Brahui.

Austrisch: 1) *Austroasiatisch* (Asien): Malakka-Sprachen, Munda-Sprachen (Santali, Mundari u. a.); Mon-Khmer-Sprachen (Kambodschanisch u. a.). 2) *Austronesisch* (Asien, Ozeanien, Madagaskar): 1) Indonesisch: Javanisch, Sundanesisch, Malaiisch, Maduresisch, Tagalog u. a.; Malagasy. 2) Polynesisch. 3) Melanesisch.

Sinotibetisch (Ost- und Südost-Asien): Chinesisch; Tibetisch; Birmanisch; Vietnamesisch, Laotisch u. a.

Japanisch (Ost-Asien).

Koreanisch (Ost-Asien).

Mandschurisch (Ost-Asien).

Paläoasiat. Sprachen (NO-Asien).

Papuasprachen (Ozeanien). **Australische Sprachen** (Australien).

Afrikanische Sprachen (Afrika): *Khoisansprachen:* Hottentottisch; Buschmann-Sprachen. *Sudanische Sprachen:* Yoruba, Igbo (Ibo), Twi, Ewe; Bambara, Djerma-Songhai; Nubisch; Kunama, Barea u. a. *Bantusprachen und sudanische Klassensprachen:* 1) Suaheli, Luganda, Kikuyu, Kikongo, Duala, Zulu u. a. 2) Ful, Tiv, Efik; Wolof, Temne u. a. *Nilotensprachen:* Dinka, Schilluk, Masai u. a. *Hamito-semitische Sprachen:* 1) vgl. Semitisch 1); Sudan-Arabisch; 2) Kuschitische Sprachen: Galla, Somali, u. a.; 3) Tschadohamitische (tschadische) Sprachen: Hausa u. a.

Eskimoisch (Nordamerika, Grönland).

Indianersprachen (Nordamerika): Algonkin, Athapaskisch, Irokesisch-Huronisch, Sioux. (Mittelamerika): Aztekisch, Maya. (Südamerika): Chibcha, Aimara, Ketschua, Tupí-Guaraní, Aruak u. a.

Spracherziehung vollzieht sich beim Kind zunächst als Hineinwachsen in die Sprachgemeinschaft (Muttersprache) durch das gesprochene und gehörte Wort, weiter durch Schriftwerke u. a., im Rahmen der Schule als bewußte Pflege und besonderer Sprachunterricht.

Sprachgeographie erforscht die geograph. Verbreitung sprachl. Tatbestände.

Sprachgesellschaften, Vereinigungen im 17. und 18. Jahrh. zur Pflege der Sprachrichtigkeit und -schönheit als Ausdruck dt. Wesensart und zur Bekämpfung der Fremdwörter, nach dem Vorbild der Accademia della Crusca, Florenz (gegr. 1582); →Fruchtbringende Gesellschaft, →Pegnitzorden.

Sprachheilpflege, die Behandlung von →Sprachstörungen.

Sprachinsel, ein kleiner Sprachbezirk inmitten eines anderssprachigen Gebiets.

Sprachlabor, Hilfsmittel des Sprachunterrichts: an programmierten opt. und akust. Darbietungen kann der Schüler seinen Fortschritt selbst bestimmen und nachprüfen.

Sprachlehre, die →Grammatik.

Sprachregelung, das ‚Ausrichten' von Pressenachrichten und -kommentaren auf die polit. Linie der Regierung. Die Mißachtung der S. wird in totalitären Staaten streng bestraft; in demokrat. Staaten kann es in polit. Krisenzeiten zu freiwilliger S. der Presse kommen.

Sprachstörungen, Störungen der lautsprachl. Ausdrucksfähigkeit, d. h. der Lautbildung (Artikulation) und der Rede (sprachl. Koordination), im Kleinkindalter z. Z. des Spracherwerbs meist entwicklungsbedingt, später jedoch behandlungsbedürftig. Häufige S. sind Stammeln und Stottern. Ursache: organ. oder funktionelle Störungen des Sprechapparates, verminderte Hörfähigkeit, zentrale Störungen.

Sprachwissenschaft, Lingu'istik, die Wissenschaft von der menschl. Sprache. Die **allgemeine S.** untersucht die Grundlagen der Sprache und die Voraussetzungen des Sprechens, als **Sprachtypologie** die bestehenden Unterschiede im Sprachbau. Die **vergleichende S.** beschäftigt sich mit den Übereinstimmungen und Unterschieden im Bau aller Sprachen und in den Gruppen verwandter Sprachen, die **spezielle S.** mit dem Bau und der Entwicklung jeder einzelnen Sprache oder Sprachgruppe. Nach den einzelnen Seiten der Sprache unterscheidet man 1) Sprachpsychologie (Voraussetzungen des Gesprächs: Sprechen und Verstehen). 2) Sprachsoziologie mit der Sprachgeographie (Sprachgemeinschaft). 3) Phonetik, Grammatik (das sprachl. Gebilde selbst). 4) Lehre von den Bedeutungen der Wörter und Bezeichnungen der Sachen: Semasiologie, Semantik und Semiotik, und ihre Hilfswissenschaft, die →Etymologie.

Spranger, 1) Bartholomäus, fläm. Hofmaler in Wien und Prag, * 1546, † 1611, allegorisch-mytholog. Bilder manierist. Stils.

2) Eduard, Psychologe und Pädagoge, * 1882, † 1963, Prov. in Leipzig, Berlin, Tübingen, begründete eine geisteswissenschaftl. Psychologie, trat mit geistesgeschichtl. und bes. jugendpsycholog. Arbeiten hervor (‚Lebensformen', 1914, ‚Psychologie des Jugendalters', 1924).

Spray [sprei, engl.] der, Zerstäuber, auch Sprühstrahl.

Sprechchor, 1) das rhythmisch und melodisch geordnete Sprechen, häufig mit Bewegungschor verbunden, im religiösen Kult und den daraus sich entwickelnden Dramenformen (z. B. Antike, mittelalterl. Mysterienspiel). **2)** das Reden und Schreien ‚im Chor' bei öffentl. Veranstaltungen.

Sprecher, 1) der Wortführer einer Gruppe. **2)** →Speaker. **3)** Redner, Ansager.

Sprechfunk, →Funksprechgerät.

Sprechkunde umfaßt neben der Psycho-

logie des Sprechaktes und seiner Physiologie (Atem-, Stimm-, Lautbildung) die Gesprächs- und Redeformen sowie die Nachgestaltung (z. B. Vorlesen).

Spree die, der bedeutendste Nebenfluß der Havel, 398 km lang, entspringt im Oberlausitz, durchfließt den →Spreewald, dann Schwieloch-, Müggelsee, Berlin, mündet bei Spandau. Der Unterlauf ist fast durchweg ein Teil der Oder-Spree-Wasserstraße.

Spreewald, Landschaft in der Niederlausitz, von der Spree in einem Netz von wasserarmen Armen durchzogen, heute großenteils

Lehde im Spreewald

entwässert (Wiesen, Laubwald, bes. Erlen, Eichen); Viehzucht, Landwirtschaft (Gemüseanbau).

Spreizfuß, ♀ eine Form von →Plattfuß.

Spreizklappe, eine Landeklappe bei Flugzeugen, bei der nur die Unterseite des hinteren Tragflügelteils nach unten geklappt werden kann.

Spremberg, Stadt im Bez. Cottbus, an der Spree, 22 600 Ew.; Tuch- u. a. Ind.; Großkraftwerk. In der Umgebung Braunkohlenbergbau.

Sprendlingen, Stadt in Hessen, 23 000 Ew.; Textil-, Maschinen-, Werkzeug- u. a. Ind., Großdruckereien.

Sprengel, 1) der Amtsbezirk eines Geistlichen oder einer weltlichen Behörde. **2)** der Weihwasserwedel.

Sprenggelatine [-ʒela'tinə], →Dynamit.

Sprenggranate, ein Sprenggeschoß der Artillerie.

Sprenglaut, Lösungslaut, Phonetik: durch Lösen eines Verschlusses entstehender Laut, z. B. b, p.

Sprengring, ⊙ ein federnder Metallring zur Verbindungssicherung zweier Teile.

Sprengseismik, die Erzeugung elast. Bodenwellen durch Sprengungen, ihre Aufzeichnung und ihre geophysikal. Auswertung; die S. wendet man bei der Erforschung der Struktur der Erdkruste und in der Lagerstättenforschung an.

Sprengstoffe, →Explosivstoffe, →Plastik-Sprengstoffe.

Sprengwerk, eine Tragkonstruktion, bei der die Öffnung überspannende Balken durch Streben gestützt wird.

Sprenkel der, Vogelfang mit krummgespannter Rute als Schließfeder; verboten.

Spreutlage, dünne Schicht von Weidenreisern oder Strauchwerk; Uferschutz.

Sprichwörter, latein. Prov'erbia, in allen Volkskreisen und -schichten umlaufende Sprüche oder Lebensregeln.

Spriet das, **Sprett,** ⚓ eine Stange, die ein Segel diagonal spreizt, z. B. **Bug-S.**

Spring, Howard, engl. Erzähler, * 1889, † 1965; ‚Geliebte Söhne' (1938), ‚Tumult des Herzens' (1953).

Springbock, gazellenartige Antilope im südl. Afrika, mit leierförmigem Gehörn.

Springbogen, beim Streichinstrumentenspiel den Strichart (→spiccato).

Springe, Stadt in Ndsachs., südwestl. von Hannover, 15 900 Ew.; Möbel-, Metall- u. a. Industrie.

Springer, Rössel, eine Schachfigur.

Springer, 1) Anton, Kunsthistoriker, * 1825, † 1891; ersetzte die ästhetisch-philosoph. Betrachtungsweise durch strenge Tatsachenforschung.

2) Axel, Zeitungs- und Zeitschriftenverleger, * 1912, baute seit 1946 in Hamburg und Berlin den größten Zeitungs- und Zeitschriftenverlag des europ. Kontinents auf, seit 1971 in der Holdinggesellschaft Axel Springer GmbH. Gesellschaft für Publizistik KG. mit der Axel Springer Verlag AG. und der Ullstein AV Produktions- und Vertriebs GmbH. Im Verlag erscheinen u. a. ‚Bild-Zeitung', ‚Die Welt', ‚Hör zu'.

3) Julius, Verleger, * 1817, † 1877, Gründer des heute wissenschaftl. Springer-Verlags.

Spr'ingfield [-fi:ld] **1)** die Hauptstadt von Illinois, USA, 91 800 Ew.; Landmaschinenbau, Stahlverarbeitung. **2)** Stadt im Staat Massachusetts, USA, 163 900 Ew., Maschinenbau, Textil- u. a. Industrie.

Springflut, →Gezeiten.

Springkraut, Arten von →Balsamine.

Springmäuse, Fam. der Springnager.

Springnager, dem Känguruh ähnliche Nagetiere: **Birkenmäuse** in Europa und Asien; **Hüpfmäuse** in Nordamerika und China; asiat. und afrikan. **Wüstenspringmäuse; Pferdespringer** in Asien, Europa.

Springprozession, kath. Dankfest in →Echternach.

Springreiten, Wettbewerb im Reit- und Springturnier. Die Bahn (der Parcours) führt über Hindernisse (Hecke, Barriere, Zaun, Doppelzaun, Gatter, Mauer, Oxer, Graben u. a.), die nach Zahl, Höhe und Abstand für die einzelnen Klassen der Springen (A, L, M, Sa, Sb, Sc) verschieden sind. Gewertet wird nach Fehlern und nach Zeitverbrauch.

Springs, Stadt in Transvaal, Republik Südafrika, am Witwatersrand, 143 200 Ew.; Goldbergbau, Maschinen-, Glas- u. a. Ind.

Springschrecken, →Heuschrecken.

Springschwänze, bis wenige mm lange, durch einen gegabelten, beweglichen Fortsatz des Hinterleibs sprungfähige Urinsekten; z. B. der **Schneefloh.**

Springspinnen, Hüpfspinnen, Spinnen, die ihre Beute im Sprung, ohne Fangnetze, jagen; spinnen z. T. Wohngehäuse.

Sprinkler, →Feuerlöschanlagen.

Sprint [engl.] der, kurzer, scharfer Wettlauf. **Sprinter** der, bes. Kurzstreckenläufer.

Sprit der, Alkohol; Essig; Treibstoff.

Spritzfisch, der →Schützenfisch.

Spritzflasche, ein Laboratoriumsgerät zum Erzeugen eines Flüssigkeitsstrahls.

Spritzgurke, mittelmeer. Kürbisgewächs mit taubeneigroßer Frucht, die bei der Reife abspringt und das Innengewebe mit Samen ausspritzt.

Spritzguß, Gießverfahren, bei dem flüssiger oder thermoplast. Kunststoff in **Spritzgußmaschinen** in wassergekühlte Stahlformen gespritzt wird.

Spritzpistole, ein meist mit Druckluft betriebenes pistolenförmiges Gerät zum Aufspritzen von flüssigen oder staubförmigen Stoffen (Farben, Lacke, Metalle, Paraffin, Fasern), zum Erzeugen von Farb- oder Metallüberzügen, beflockten Geweben u. a.

Spritzwürmer, walzenförmige, in Sand und Schlamm lebende Meereswürmer.

Sprockh'övel, Gem. in Nordrh.-Westf., 22 100 Ew.; Kohlenbergbau u. a. Ind.

Sproß, Pflanzenteil, bes. die Achse mit den Blättern bei den Sproßpflanzen; entwickelt die der Assimilation dienende

Blattfläche. In trockenem Klima kann das Laub rückgebildet sein und die Achse die Assimilation übernehmen; manche S. bilden Dornen. S., die Reservestoffe speichern, sind Wurzelstock, Knolle, Zwiebel.

Sprossenhirsche, Gatt. südamerikan. Hirsche mit dem 120 cm langen, 70 cm hohen **Pampashirsch.**

Sprossenkohl, der →Rosenkohl.

Sprossentanne, →Schierlingstanne.

Sprossenwand, aus dem schwed. Turnen übernommenes Hilfsgerät der Zweckgymnastik, ermöglicht u. a. Übungen der Geschmeidigkeit und zur Verbesserung der Körperhaltung.

Sprosser, Singvogel, eine Nachtigall.

Sproßpflanzen, die →Kormuspflanzen.

Springnager: afrikanische Wüstenspring-maus (etwa 17 cm lang)

Sprottau, poln. Szprotawa [∫prɔt'ava], Stadt in Niederschlesien, 11 100 (1939: 12 600) Ew., an der Mündung der Sprotte in den Bober. Seit 1945 unter poln. Verwaltung; Militäranlagen, landwirtschaftl. Technikum.

Sprotte *die*, **Brisling, Breitling,** Heringsfisch der nördl. und gemäßigten Küstengewässer, gesalzen und geräuchert, bes. als **Kieler S.**

Spruch, 1) eine Gattung mittelhochdt. Lyrik, gesungen, vom Lied nicht klar abzugrenzen. Ritterliche S.-Dichter: Spervogel, Walther v. d. Vogelweide, Reinmar von Zweter u. a.; bürgerliche: Marner, Frauenlob, Regenbogen u. a. Den politischen S. schuf Walther v. d. Vogelweide. **2) Sprechspruch,** eine kurze Dichtung, meist in Reimpaaren, mit sprichwörtl. Weisheit (z. B. bei Goethe, Logau, Rückert).

Spruchband, 1) auf bildl. Darstellungen, bes. des MA., ein flatterndes Band mit Namen, Sprüchen, Erklärungen. 2) beschriftete Stoffbahn als Mittel der Werbung in Handel, Politik.

Spruchbehörde, die zur Entscheidung eines Streites berufene Behörde, bes. das erkennende Gericht.

Sprüche Salomos, Prov'erbia, A. T.: Sammlung von Sprüchen; Salomo zugeschrieben.

Spruchkammer, →Entnazifizierung.

Sprue [spru:, engl.] *die*, Darmkrankheit, bes. bei Europäern in wärmeren Ländern: Durchfall, Aphthen an der Zunge. Behandlung: Diät (Milch, frisches Obst, bes. Erdbeeren), Nicotinsäure, Riboflavin, Leber- und Eisenpräparate.

Sprung, 1) eine Hauptgruppe der Wettkampfübungen: Weit-, Hoch-, Drei- und Stabhoch-S. Ferner S.-Übungen am Gerät wie Bock, Pferd, Kasten; das Skispringen (→Sprunglauf), das Wasserkunstspringen u. a. **2)** ⚕ Lebensgemeinschaft der Rehe. **3)** Begattung der Tiere. **Sprunggeld,** Gebühr für die Benutzung des männl. Zuchttiers.

Sprungbein, ein Fußwurzelknochen.

Sprungbrett, ✕ Hilfsgerät beim Springen.

Sprunggelenke, zwei Gelenke am Fuß (→Bein).

Sprunggerät, Turngeräte für Stützsprünge, z. B. Pferd, Bock, Kasten.

Sprunglauf, Skispringen, eine Disziplin des Nord. Skisports. Der Springer fährt in Hockstellung die Anlaufbahn hinunter, wird vom Schanzentisch schräg nach vorn in die Luft geschnellt und versucht wäh-

rend des Fluges (2-4 Sekunden) möglichst ruhig und weit zu segeln.

Sprungregreß, ⚖ →Wechselrückgriff.

Sprungrevision, im Prozeßrecht in bestimmten Fällen zulässige Revision unter Umgehung der Berufung.

Sprungschanze, die Anlage beim Skispringen: eine stark geneigte Anlaufbahn, fast waagerechter Schanzentisch und Aufsprungbahn mit dem Auslauf.

Sprungtemperatur eines Supraleiters, die Temperatur, bei der der elektr. Widerstand im Übergangsgebiet von der normalen Stromleitung zur Supraleitung auf die Hälfte seines Wertes abgesunken ist.

Sprungtuch, Rettungsgerät der Feuerwehr zum Auffangen von aus den oberen Stockwerken Abspringenden: ein großes, gespanntes Segeltuch, heute meist ein aufblasbarer Sack.

Sprungwelle, die in Trichtermündungen großer Flüsse eindringende Flutwelle.

Spühler, Willy, schweizer. Politiker (Sozialdem.), * 1902, 1963 und 1968 Bundespräs., 1966-70 Leiter des polit. Departements (Außenpolitik).

Spule, 1) zylindr. oder kegeliger Körper, auf dem Garn aufgewickelt wird. 2) Wicklung aus mehreren Windungen isolierten Drahtes zur Verstärkung des Magnetfeldes, Vergrößerung der Induktivität.

Spülmaschine, der →Geschirrspüler.

Spülung, bei Zweitaktmotoren das Austreiben des verbrauchten und Zuführen des frischen Kraftstoffgemisches: das durch Schlitze **(Schlitz-S.)** oder Ventile einströmende frische Gemisch drückt das verbrauchte Gemisch durch Auslaßschlitze hinaus. Beim Viertaktmotor werden die verbrannten Gase vom Kolben durch das Auslaßventil geschoben.

Spulwürmer, Fadenwürmer, Darmschmarotzer bei Mensch und Tier; Arten der Gattung **Ascaris** verursachen Gesundheitsstörungen **(Ascariasis).** Behandlung mit Wurmmitteln, neuerdings mit pflanzl. Fermenten, die die S. im Darm vernichten.

Spund *der*, Holzzapfen im Spundloch am Faß.

Spundwand, wasserdichte Wand, die aus ineinandergreifenden Spundbohlen aus Holz, Stahl, Stahlbeton zusammengesetzt ist, zum Trockenhalten von Baugruben, als Einfassung von Ufern, Brückenpfeilern und Wehren u. a.

Spur, ⚕ Fußabdrücke des Niederwildes.

Spurenelemente, bestimmte chem. Elemente, die nur in äußerst geringen Mengen im Organismus vorkommen, aber für diesen unentbehrlich sind. Beispiele: Jod (zum Aufbau des Hormons Thyroxin der Schilddrüse), Fluor (zur Verhinderung der Zahnkaries), Zink, Mangan, Kupfer (in Enzymen und Eiweißkörpern gebunden; Zink ist außerdem Bestandteil des Hormons Insulin, Kupfer ist an der Bildung der roten Blutkörperchen beteiligt), Kobalt (Baustein des Vitamins B_{12}). - Auch Pflanzen benötigen bestimmte S.: Mangan verhindert die Dörrfleckenkrankheit, Bor die Trockenfäule der Zuckerrüben.

Spürhaare, ⚕ die →Schnurrhaare.

Spurkranz, bei Schienenfahrzeugen ein Wulst an der Innenseite der Radreifens, zur Führung des Rades auf der Schiene.

Spurplanstellwerk, eine Weiterentwicklung des Gleisbildstellwerkes, bei dem die Weichen sofort nach der Räumung umgelegt werden können.

Spurstein, in praktisch eisenfreier Kupferstein mit 72-78% Cu.

Spurt [engl.] *der*, →Endspurt, →Zwischenspurt.

Spurweite, der Abstand zwischen den oberen Innenkanten der Schienenstränge eines Gleises, bei Schmalspur 600-1000 mm, bei Kapspur 1067 mm, bei Normalspur 1435 mm, bei Breitspur bis 1676 mm.

Sp'utnik [russ. ,Weggenosse', ,Trabant'] *der*, Name der ersten sowjet. →Satelliten.

Sp'utum [lat.] *das*, 🜕 der →Auswurf.

Spych'alski, Marian, poln. General und

Politiker, * 1906, 1944/45 Generalstabschef der sowjet. geleiteten Volksarmee Polens, 1956 Verteidigungs-Min., 1968-1970 Vorsitzender des poln. Staatsrates (Staatsoberhaupt).

Sp'yri, Johanna, geb. Heußer, schweizer. Jugendschriftstellerin, * 1827, † 1901; schrieb ,Heidi' (1881) u. a.

Square [skw'ɛə, engl.] *der*, viereckiger, von Häusern umgebener Platz.

Squash [skwɔ∫, engl.], ✕ ein Rückschlagspiel gegen eine Wand mit schwarzem Weichgummiball und einer Art von Tennisschlägern.

Squatter [skw'ɔtə, engl.], in den Verein. Staaten Ansiedler, die sich ohne Rechtstitel auf unbebautem Land niederlassen.

Squaw [skwɔ:, Algonkinsprache], in N-Amerika von den Weißen gebrauchte Bezeichnung für die Indianerin.

Squaw Valley [skwɔ v'æli], Ort im S der Sierra Nevada, Kalifornien, für die Olymp. Winterspiele 1960 ausgebaut.

Squire [skw'aiə, Abk. von Esquire], engl. der Gutsherr, in den Verein. Staaten auch der Friedensrichter.

Sr, chem. Zeichen für Strontium.

S'rbik, Heinrich Ritter von, österreich. Historiker, * 1878, † 1951; ,Metternich', 3 Bde. (1925/54), ,Deutsche Einheit', 4 Bde. (1935-42) u. a.

Sri Lanka, amtl. Name der Rep. →Ceylon.

Sr'inagar, die Hauptstadt von Kaschmir, Indien, am Dschilham, 317 000 Ew.; Teppichweberei, Kunstgewerbe.

SS, Abk. für **S**chutz**s**taffel, eine nat.-soz. Gliederung, 1925 aus der SA abgesondert, seit 1929 unter →Himmler zu einem innenpolit. und militär. Kampfverband entwickelt. Stark ausgebaut wurden die SS-Totenkopfverbände, die für die Konzentrationslager verantwortlich waren, und die SS-Verfügungstruppe, die als Waffen-SS selbständig neben die Wehrmacht trat. Der Sicherheitsdienst (SD) durchsetzte als polit. Überwachungsorganisation den Partei- und Staatsapparat wie alle anderen Lebensbereiche mit Agenten. Die SS verkörperte den totalitären Machtwillen des Nat.-Soz. Durch ihre Verbindung mit der Gestapo wurde die SS der Hauptträger des polit. Terrors in Dtl. und den besetzten Gebieten.

SSD, Abk. für **S**taats**s**icherheits**d**ienst (Dt. Dem. Rep.).

SSO, Abk. für **S**üd**s**üd**o**st.

SSR, Abk. für **S**ozialistische **S**owjet**r**epublik.

SSSR, Abk. für **S**ojus **S**owjetskich **S**ozialistitscheskich **R**espublik, die →Sowjetunion.

SSW, Abk. für **S**üd**s**üd**w**est.

st, Abk. für **St**unde.

s. t., Abk. für latein. s'ine t'empore, ohne akademischen Viertel, pünktlich.

St., Abk. für **S**ankt und **S**aint.

Staat [lat. status ,Stand', ,Zustand'] *der*, die Vereinigung einer Vielheit von Menschen innerhalb eines abgegrenzten geograph. Raumes unter einer souveränen Gewalt. Der Begriff - der Antike und dem MA. fremd - erscheint im 15. Jahrh. in Italien (Machiavelli). In Dtl. wird er Ende des 18. Jahrh. aufgenommen. - **Das Staatsvolk** bildet die Gesamtheit der durch dieselbe →Staatsangehörigkeit verbundenen Mitglieder eines S.s, heute oft eine →Nation, manchmal auch mehrere Nationen (National-S., Nationalitäten-S., →Selbstbestimmungsrecht). - Das **Staatsgebiet** ist der geograph. Raum, einschließlich des Luftraumes darüber und den Eigen- und Küstengewässern, in dem S. seine Herrschaftsrechte ausübt. Ausnahmen bilden der →Bundesstaat, in dem sich Gesamtstaat und Gliedstaaten die Gebietsgewalt teilen, und das →Protektorat, das eine abgeleitete Gebietshoheit besitzt. Die **Staatsgewalt** ist die hoheitl. Befehls- und Zwangsgewalt. Ihr Träger kann eine Einzelperson oder eine Vielheit von Menschen sein. -

Staatsorgane sind alle Personen,

schaften und Behörden, die im Namen und in Vollmacht des S. kraft eigener Zuständigkeit an der Ausübung der Staatsgewalt teilnehmen. - **Staatsformen** sind die verschiedenen Systeme, in denen die staatl. Herrschaft organisiert (Herrschaftsform) und die Staatsgewalt ausgeübt wird (Regierungsform). - Als Herrschaftsform unterschied Aristoteles die →Monarchie, →Aristokratie und →Demokratie mit ihren Entartungen. Machiavelli setzte die Monarchie in Gegensatz zur →Republik. Regierungsformen sind die durch Herkommen, Staatspraxis oder Verfassung festgelegten Methoden, in denen die Staatsgewalt ausgeübt wird. Demokrat. Regierungsformen der Gegenwart sind u. a. der →Parlamentarismus und das präsidentielle Regierungssystem (→Präsidialsystem).

Staaten Mz., **1)** die Stände der Vereinigten Niederlande. **2)** kurz für die Verein. Staaten von Amerika.

Staatenbund, Zusammenschluß selbständiger Staaten zu gemeinsamen polit. Zwecken, im Unterschied zum →Bundesstaat.

Staatenlose, Personen, die keine Staatsangehörigkeit besitzen; sie haben keinen staatl. Schutz und kein gesichertes Aufenthaltsrecht in einem Staat.

Staatensukzession, die Rechtsnachfolge eines Staates in die Rechte und Pflichten eines andern.

Staatliche Bildstellen, Landes- und Kreisbildstellen zur Beschaffung von Bild-, Film-, Platten- und Bandmaterial, bes. für den Unterricht.

Staatsakt, 1) eine hoheitliche, rechtsgestaltende Entscheidung oberster Staatsorgane (Gesetzgebungs-, Regierungsakt) oder nachgeordneter Behörden (Verwaltungs-, Justizakt). **2)** eine polit. Veranstaltung oder Kundgebung in festl. Rahmen.

Staatsangehörigkeit, die Zugehörigkeit zu einem Staat. Völkerrechtlich ist sie das Unterscheidungsmerkmal gegenüber dem Ausländer und Staatenlosen, staatsrechtlich die Eingliederung in den Schutzverband des Staates, aus der Rechte und Pflichten erwachsen. Die dt. S., die im Reichs- und Staatsangehörigkeitsges. v. 22. 7. 1913 i. d. F. v. 23. 6. 1970 geregelt ist, wird für die Bundesrep. Dtl. erworben durch Geburt, Legitimation seitens eines dt. Vaters, durch Erklärung einer Ausländerin bei der Eheschließung mit einem dt. Mann und durch →Einbürgerung; der Verlust der S. tritt ein bei Legitimation eines dt. nichtehel. Kindes durch einen Ausländer, bei Erwerb einer ausländ. S. auf Antrag, ohne daß eine schriftl. Genehmigung zur Beibehaltung der dt. S. erwirkt worden ist, durch behördl. Entscheidung in bestimmten Fällen und bei Entlassung aus der dt. S. auf Antrag. Gegen seinen Willen kann ein dt. Staatsangehöriger die S. nicht verlieren, wenn er dadurch staatenlos würde (Art. 16 GG.). In der Dt. Dem. Rep. wurde am 20. 2. 1967 das bis dahin geltende Reichs- und Staatsangehörigkeitsges. von 1913 durch ein Staatsbürgerschaftsges. der Dt. Dem. Rep. ersetzt. - Bis 1934 bestand neben der Reichsangehörigkeit eine **Landesangehörigkeit.** Letztere ist durch VO. v. 5. 2. 1934 weggefallen.

Staatsanwaltschaft, die staatl. Untersuchungs- und Anklagebehörde bei den Gerichten, mit der Aufgabe, strafbare Handlungen zu ermitteln, die öffentliche Anklage zu erheben und in der Hauptverhandlung zu vertreten sowie die Strafe zu vollstrecken. Sie kann ferner in Entmündigungs-, bestimmten Ehesachen u. a. mitwirken. Beim Bundesgerichtshof sind ein Generalbundesanwalt und Bundesanwälte tätig, bei den Oberlandes- und Landgerichten Staats- und Amtsanwälte. Leiter der S. beim Oberlandesgericht ist der Generalstaatsanwalt, bei den Landgerichten der Oberstaatsanwalt.

Staatsaufsicht, die Aufsicht des Staates über rechtsfähige Verwaltungseinheiten, bes. über Körperschaften, Anstalten und Stiftungen des öffentl. Rechts. Hauptbeispiel: Kommunalaufsicht, die sich grundsätzlich auf die Gesetzmäßigkeitskontrolle (Rechtsaufsicht) beschränkt.

Staatsausgaben, →Finanzwirtschaft.

Staatsbahn, Eisenbahn in Staatseigentum und Staatsverwaltung.

Staatsbanken, aus Staatsmitteln gegründete, unter Staatsaufsicht und für Rechnung des Staates arbeitende Kreditinstitute; auch Aktienbanken mit überwiegender Staatsbeteiligung.

Staatsbankrott, die Einstellung der Zahlungen aus Staatsverbindlichkeiten, bes. die einseitige Kraftloserklärung der Staatsschulden **(totaler S.)** oder die Herabsetzung ihres Nennbetrages **(partieller S.).**

Staatsbetrieb, das →Staatsunternehmen.

Staatsbibliothek, →Bayerische Staatsbibliothek, →Preußische Staatsbibliothek.

Staatsbürger, i. w. S. der Staatsangehörige, i. e. S. nur der Staatsangehörige mit vollen polit. Rechten (z. B. Wahlrecht).

Staatsbürgerschaft, die Rechtsstellung des Staatsbürgers.

Staatsdienst, der berufs- oder pflichtmäßig dem Staat geleistete Dienst; man unterscheidet Zivildienst (als Beamter usw.) und Militärdienst.

Staatsdienstbarkeit, Staatsservitut, die vertragl. Verpflichtung eines Staates gegenüber einem oder mehreren anderen, die eigene Staatsgewalt in bestimmter Richtung nicht auszuüben oder fremde staatl. Betätigung zu dulden.

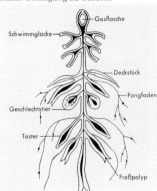

Bau einer Staatsqualle; schematisch (nach Boas)

Staatseinnahmen, →Finanzwirtschaft.

Staatsexamen, die →Staatsprüfung.

Staatsfeiertag, →Feiertag.

Staatsgebiet, →Staat.

Staatsgefährdung, in der Bundesrep. Dtl. die polit. Delikte: Verfassungsverrat, staatsgefährdende Sabotage, Gründung und Förderung verfassungsfeindl. Vereinigungen u. a. (§§ 84 ff. StGB.); Freiheitsstrafe bis zu 5 Jahren.

Staatsgeheimnisse, Tatsachen, Gegenstände oder Erkenntnisse, deren Geheimhaltung vor einer fremden Regierung für das Staatswohl erforderlich ist.

Staatsgerichtshof, →Verfassungsgerichtsbarkeit.

Staatsgewalt, →Staatshoheit.

Staatsgewässer, die der Hoheit eines Staates unterstehenden Gewässer.

Staatsgut, die →Domäne.

Staatshaftung, die →Amtshaftung.

Staatshaushalt, →Haushaltsplan.

Staatshoheit, Staatsgewalt, die →Souveränität und die in ihr enthaltenen Herrschaftsrechte des Staates.

Staatskanzlei, das dem Regierungschef (MinPräs.) unmittelbar dienende Amt.

Staatskapitalismus, eine Wirtschaftsform, bei der der Staat Eigentümer der Produktionsmittel ist.

Staatskirche, eine vom Staat mit besonderen Vorrechten ausgestattete und ihm praktisch untergeordnete Kirchengemeinschaft, in ausgeprägter Form nicht mehr vorhanden, am ehesten noch die Anglikanische Kirche und die Luther. Kirche in den skandinavischen Ländern.

Staatskommissar, vom Staat mit einer besonderen, meist vorübergehenden Aufgabe betrauter Beamter (→Reichskommissar).

Staatslehre, der Wissenschaftszweig, der das Wesen des Staates erforscht; beschäftigt sich u. a. mit Staatsphilosophie, -soziologie und Verfassungslehre.

Staatsleistungen, Staatsdotationen, Staatszuwendungen an öffentl. Körperschaften, Kirchen, Staatsmänner usw.

Staatsministerium, früher die oberste Regierungsbehörde in deutschen Ländern (z. B. in Preußen), seit 1945 meist Landesregierung genannt; in Baden-Württemberg svw. Staatskanzlei.

Staatsmonopol, das →Finanzmonopol.

Staatsnotrecht, →Notstandsverfassung.

Staatspapiere, vom Staat ausgegebene Anleihen, Schatzanweisungen.

Staatspartei, Deutsche S., →Deutsche Demokratische Partei.

Staatsphilosophie, die Lehre von der Idee des Staates und den mögl. Formen ihrer Verwirklichung. Sie ist ein Zweig der prakt. Philosophie und der Staatslehre; bedeutende Vertreter sind u. a. Platon, Aristoteles, Thomas von Aquino, Hobbes, Locke, Kant, Hegel.

Staatspolizei, →Geheime Staatspolizei.

Staatspräsident, 1) das Oberhaupt einer Republik. **2)** in Württemberg, Baden und Hessen (1919-33) und in (Süd-)Baden und Württemberg-Hohenzollern (1945-52) das Amt des Ministerpräsidenten.

Staatsprüfung, Staatsexamen, von staatl. Prüfungsausschüssen abgenommene Prüfung für den Eintritt in einen staatl. oder staatlich überwachten Beruf, z. B. Apotheker, Arzt, Bibliothekar, Jurist, Lehrer.

Staatsquallen, frei schwimmende, zu den Nesseltieren (→Hydrozoen) gehörige Tierstöcke bes. in warmen Meeren, mit infolge Arbeitsteilung sehr verschieden gestalteten Einzelwesen: Freßpolypen, Taster, Gasflaschen, Schwimmglocken, Deckstücke, Geschlechtstiere, Fangfäden mit Nesselkapseln.

Staatsräson, der Grundsatz, daß oberste Richtschnur für das staatl. Handeln die Verwirklichung des Staatswohls sei. Der Gedanke des S. geht zurück auf die Lehre Machiavellis, daß der Staat die zu seiner Selbsterhaltung nötige Macht ohne Rücksicht auf Recht und Moral wahren müsse.

Staatsrat, 1) in einzelnen Ländern ein Kollegium zur Begutachtung von Gesetzentwürfen und Verwaltungsmaßnahmen; auch Bezeichnung seiner Mitglieder; auch ein bloßer Titel. **2)** in Preußen 1920-33 die Vertretung der Provinzen bei der Gesetzgebung und Verwaltung; 1933 bis 1945 nur als beratendes Organ. **3)** in der Westschweiz und im Tessin die Regierung der Kantone. **4)** in der Dt. Dem. Rep. ein Staatsorgan, das die Aufgaben des Staatsoberhauptes wahrnimmt und weitreichende Machtbefugnisse hat.

Staatsrecht, das vom Staat gesetzte Recht im Unterschied zum Völker- und Kirchenrecht; das für die hoheitl. Rechtsbeziehungen geltende Recht; im eigentl. Sinn das Verfassungsrecht und die damit zusammenhängenden Rechtsgebiete.

Staatsromane, romanhafte Darstellungen, die im Unterschied zum historisch-polit. Romanen staatl. Leben in staatsphilosoph. Sicht darstellen; der ,Fürstenspiegel` steht das Idealbild eines Herrschers im Mittelpunkt (Fénelons ,Télémaque`, Wielands ,Goldener Spiegel`). Die S. des 18. Jahrh. stellten gern die verschiedenen Staatsformen gegeneinander (A. v. Haller).

Staatsschatz, von Staaten für außerge-

Stabkirche: oben Stabkirche in Borgund, um 1150; unten Flucht nach Ägypten, Malerei auf dem Deckengewölbe der Stabkirche in Ål, Hallingdal, Ende 13. Jahrh.

wöhnl. Fälle gehortete Geld- und Edelmetallvorräte (→Juliusturm); heute werden Staatsmittel meist in Form von Guthaben im Bankensystem gehortet.

Staatsschulden, die Schuldverpflichtungen eines Staates; sie werden meist zur Deckung eines Haushaltsfehlbetrages eingegangen, wenn die ordentl. Einnahmen nicht die ordentl. Ausgaben decken oder außerordentl. Ausgaben anfallen. Zur Deckung der S. werden kurzfristige Schatzanweisungen oder langfristige Staatsanleihen ausgegeben. Man unterscheidet: Inlands- und Auslandsschulden, verzinsliche und unverzinsl. Schulden; auf den Inhaber oder Namen lautende Briefschulden und im Staatsschuldbuch verzeichnete Buchschulden u. a. Die Verzinsung und Tilgung des S. und die Führung des **Staatsschuldbuches** liegt bei der **S.-Verwaltung,** in der Bundesrep. Dtl. bei der **Bundesschuldenverwaltung,** Bad Homburg.

Staatssekretär, 1) der Vertreter des Ministers. **2)** im Dt. Reich 1871-1918 die dem Reichskanzler unterstellten Chefs der Reichsämter. **3)** in den Verein. Staaten die Chefs der Departments (Ministerien, Secretary of State ist der Außenminister). **4)** in Großbritannien die Amtsbezeichnung für einige Minister. **5) Kardinal-S.,** an der

röm. Kurie der Leiter der polit. Angelegenheiten.

Staatssicherheitsdienst, Abk. **SSD,** in der Dt. Dem. Rep. die nach sowjet. Vorbild eingerichtete politische Polizei.

Staatssozialismus, die Beseitigung sozialer Schäden und Gefahren durch Ordnungsmaßnahmen des Staates, d. h. der in ihm führenden Schichten.

Staatsstreich, ein gegen die Verfassung gerichteter Umsturz durch den Inhaber der Regierungsgewalt oder einen anderen Träger oberster Staatsfunktionen (z. B. Militärbefehlshaber).

Staatsunternehmen, vom Staat betriebene öffentl. Unternehmen, die in Wettbewerb mit Privatunternehmen stehen oder als Staatsmonopol errichtet sind.

Staatsverbrauch, der laufende Aufwand des Staates für den Erwerb von Gütern und Dienstleistungen; er betrug 1970 in der Bundesrep. Dtl. 15,7% des Bruttosozialprodukts.

Staatsverbrechen, →politische Verbrechen und Vergehen.

Staatsverleumdung, ♐ eine Verleumdung, um staatl. Einrichtungen oder Anordnungen verächtlich zu machen; wird mit Freiheitsstrafe bis zu 2 Jahren oder Geldstrafe bedroht.

Staatsvermögen, die Gesamtheit der im Staatseigentum stehenden wirtschaftlichen Güter; im einzelnen das Finanz-, Verwaltungs- und das öffentl. Vermögen.

Staatsvertrag, Internationaler Vertrag, die völkerrechtl. Vereinbarung eines Staates mit einem anderen oder einer Staatenverbindung.

Staatsverwaltung, die durch staatl. Behörden wahrgenommene Verwaltung im Unterschied zur Kommunalverwaltung; zur S. gehört die auswärtige und innere Verwaltung, die Justiz-, Finanz-, Kultus-, Wirtschafts-, Militär-Verwaltung u. a.

Staatswappen, das Wappen eines Landes; es genießt in fast allen Ländern einen erhöhten Rechtsschutz. (Tafeln S. 1178 f.)

Staatswissenschaften, der Zweig der Wissenschaften, der sich mit der Erscheinung, Entwicklung und Tätigkeit des Staates im weitesten Sinn befaßt. Dazu gehören u. a.: die Verfassungs-, Verwaltungs- und Völkerrechtswissenschaft, die polit. Soziologie, die Staatslehre, die Staatsphilosophie, die Wirtschafts- und Sozialwissenschaften, die polit. Geographie.

Stab, 1) Stock, Stange. **2)** ♐ Offiziere, Unteroffiziere, Mannschaften, die einem Truppenführer (vom Bataillon aufwärts) beigegeben sind: Generalstabsoffiziere, Adjutanten usw.

St'abat m'ater [lat.] das, Marienhymnus aus dem 13. Jahrh., vielleicht von Jacopone da Todi, 1727 endgültig ins römische Brevier und Missale aufgenommen; vertont von Josquin des Prez, Palestrina, Lasso, Pergolesi, Haydn, Verdi u. a.

Staberl, eine von A. Bäuerle 1813 eingeführte Gestalt der Wiener Posse, ein Pechvogel mit Mutterwitz.

Stabfußboden, ein →Parkett.

Stabheuschrecke, eine astähnlich geformte Gespenstheuschrecke.

Stabhochsprung, Sprungübung mit einer Sprungstange aus Holz, Bambus oder Leichtmetall. (Bild Leichtathletik)

St'abiae, antike Küstenstadt in Kampanien, 79 n. Chr. vom Vesuv verschüttet.

stab'il [lat.], dauerhaft, standhaft, unveränderl. **stabilis'ieren,** befestigen, fest begründen.

Stabilis'ator, 1) ♪ eine Glimmentladungsröhre mit nicht geheizter Kathode, deren Brennspannung weitgehend unabhängig vom Entladungsstrom ist, so daß parallel zur Röhre eine konstante Spannung abgenommen werden kann **(Spannungsregelröhre). 2)** ⚙ Torsionsstäbe zum Verringern der Neigung der Karosserie beim Kurvenfahren. **3)** ⚗ Zusatzstoff zur Verzögerung unerwünschter chem. Umsetzungen. **4)** →Emulsion.

Stabilisierungsflossen, feste Flächen an Luftfahrzeugen zur Vermeidung von Drehbewegungen.

Stabilit'ät [lat.], Dauerhaftigkeit. **1)** ein Maß für die Arbeit, die erforderlich ist, um einen festen Körper aus einer stabilen Lage in den labilen Gleichgewichtszustand zu bringen. **2) S. der Währung,** gleichbleibender Durchschnitt der Warenpreise **(innere S.)** und feste Wechselkurse **(äußere S.).**

Stabkirche, norweg. Holzkirche, deren Formen sich unabhängig vom Steinbau entwickelten: Wände aus senkrechten Pfosten, steile, übereinandergeschichtete Dächer, halboffene Umgänge, Giebel mit Drachenköpfen, überreiche, in Holz geschnitzte Tierornamentik. Bes. bekannt: die S. in Urnes (11. Jahrh.), Borgund (12. Jahrh.) u. Hitterdal (13. Jahrh.).

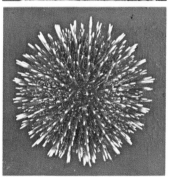

Stachelhäuter (von oben nach unten): Seestern, Schlangenstern (der linke von unten, der rechte von oben), Seelilie (Haarstern), Seeigel

Afghanistan · Verein. Arab. Rep. · Albanien · Algerien · Andorra · Äquatorial-Guinea · Argentinien · Äthiopien

Australien · Bahrain · Barbados · Belgien · Bhutan · Birma · Bolivien · Botswana

Brasilien · Brunei · Bulgarien · Burundi · Ceylon · Chile · VR China · Costa Rica

Dahome · Dänemark · Bundesrep. Dtl. · Dt. Dem. Rep. · Dominikan. Republik · Dubai · Ecuador · Elfenbeinküste

El Salvador · Fidschi · Finnland · Frankreich · Gabun · Gambia · Ghana · Griechenland

Großbritannien · Guatemala · Guayana · Guinea · Haiti · Honduras · Indien · Indonesien

Irak · Iran · Irland · Island · Israel · Italien · Jamaika · Japan

Rep. Jemen · V R Jemen · Jordanien · Jugoslawien · Kamerun · Kanada · Katar · Kenia

Kolumbien · Kongo (Brazzaville) · Korea (Nord) · Korea (Süd) · Kuba · Kuwait · Laos · Lesotho

Libanon · Liberia · Libyen · Liechtenstein · Luxemburg · Madagaskar · Malawi · Malaysia

Malediven · Mali · Malta · Marokko · Mauretanien · Mauritius · Mexiko · Monaco

Mongol. VR · Nepal · Neuseeland · Nicaragua · Niederlande · Niger · Nigeria · Norwegen

Obervolta · Österreich · Pakistan · Panama · Paraguay · Peru · Philippinen · Polen

Portugal · Puerto Rico · Rhodesien · Rumänien · Rwanda · Sambia · San Marino · Saudi-Arabien

Schweden · Schweiz · Senegal · Sierra Leone · Singapur · Somalia · Sowjetunion · Spanien

Südafrika · Sudan · Syrien · Taiwan · Tansania · Thailand · Togo · Trinidad u. Tobago

Tschad · Tschechoslowakei · Tunesien · Türkei · Uganda · Ungarn · Uruguay · Vatikanstadt

Venezuela · Vereinigte Staaten · Vietnam (Nord) · Vietnam (Süd) · Westsamoa · Zaïre · Zentralafrikan. Rep. · Zypern

1 *Alter Stadtmarkt, Brügge.* 2 *Straßenbild einer arabischen Stadt, Kairuan.* 3 *Straßenbild eines chinesischen Viertels, Singapur.* 4 *Schematisch angelegte Vorstadt, Levittown (USA)*

Stabpuppen, aus dem javan. Wajang-golek entwickelte Puppenart für ein bes. in O-Europa verbreitetes Puppentheater. Kopf und Oberkörper der S. sind auf einem kurzen Stab befestigt, den der Spieler im Innern des Puppenkleides faßt. Auch die Hände werden durch Stäbe geführt.

Stabreim, latein. **Alliteratiˈon,** verlangt Gleichheit des Anlauts mehrerer betonter Silben: **s**ei ohne **S**orge, zu **s**ühnen den Freund ist lohnender jedem als langer Jammer; älteste Form der Bindung deutscher Verse (im alten dt. S. sind alle Selbstlaute untereinander reimfähig). In neuerer Zeit bes. von R. Wagner gepflegt.

Stabsarzt, ein Sanitätsoffizier im Hauptmannsrang.

Stabwechsel, ☨ beim Staffellauf das Übergeben des Stabes.

staccˈato [ital.], Abk. **stacc.,** ♪ gestoßen, nicht gebunden zu spielen (singen); Zeichen: Punkt über oder unter der Note.

Stachˈanow-System, in der Sowjetunion eine Methode zur Steigerung der Arbeitsleistung über die →Norm 3) hinaus; genannt nach dem Bergarbeiter A. Stachanow.

Stachel, 1) ⚘ ein (im Gegensatz zum →Dorn) nur der Oberhaut und darüberliegenden Rindenschichten entstammendes spitzes Gebilde, z. B. bei der Rose. **2)** ⚕ starre Haare (Igel, Stachelschwein), Anhänge des Hautskeletts (Stachelhäuter) u. ä.

Stachelbeere, Strauch der Gatt. Ribes, Beerenobststrauch im Garten; mit grünen, gelben oder roten Beerenfrüchten.

Stacheldraht, Draht, um den Blechstreifen (oder Draht) mit Spitzen gedreht sind, oft mit einem zweiten Draht verdrillt.

Stachelflosser, Unterordnung der Knochenfische, mit stachelähnlichen Strahlen der Rücken- und Afterflossen.

Stachelhäuter, griech. **Echinodermata,** meeresbewohnende, meist fünfstrahlig gebaute Tiere mit kalkigem Hautskelett, das stachelförmig herausragen können. Das Wassergefäß- oder Ambulakralgefäßsystem ist ein mit Flüssigkeit gefülltes Röhrenwerk: von einem Ringkanal gehen strahlenförmig Ambulakralgefäße ab; ihre Saugscheiben tragenden Füßchen dienen der Fortbewegung. S. sind: Haarsterne, Seesterne, Seeigel, Seewalzen, Schlangensterne. (Bilder S. 1177)

Stachelmohn, mittelamerikan. Mohngewächs mit fiederspaltigen, meist dornigen Blättern und gelben oder weißen Blüten.

Stachelpilze, Hutpilzgattung, deren Fruchtkörper auf der Unterseite an Stacheln die Sporenschicht tragen. Speisepilze sind **Habichtsschwamm** und **Stoppelschwamm.**

Stachelschweine, zwei Nagetierfamilien; die altweltl. **Erd-S.,** mit Grabkrallen, leben in lichten Wäldern und Steppen in selbstgegrabenen Höhlen, z. B. das **Mediterrane S.;** die neuweltl. **Baum-S.** sind Klettertiere (z. B. der **Greifstachler).**

Stackelberg, Heinrich von, Volkswirtschaftler, * 1905, † 1946.

Stade, 1) RegBez. in Ndsachs., 6720 km², 624 300 Ew., der kreisfreien Stadt Cuxhaven, den Landkreisen Bremervörde, Land Hadeln, Osterholz, Rotenburg (Wümme), Stade, Verden, Wesermünde. **2)** Hauptstadt von 1), an der Schwinge, 32 800 Ew., mit Hafen, Schiffswerft, Mineralölwerk u. a. Industrie.

Städelsches Kunstinstitut, Gemäldegalerie und Kunstschule in Frankfurt a. M., gestiftet von Bankier J. F. Städel († 1816).

Staden, Johann, Komponist, * 1581, † 1634; Motetten, Arien u. a.; von seinem Sohn Sigmund (1607-55) Singspiel ‚Seelewig' (1644), die älteste erhaltene dt. Oper.

Stˈadion, 1) die altgriech. Wettkampfbahn; heute eine große Sportanlage, die eine dem altgriech. S. ähnliche Kampfbahn enthält. **2)** altgriech. Wegmaß, 160 m, später 192 m (olymp. S.).

Mediterranes Stachelschwein

Millionenstädte der Erde (Ew. in Mill. [1])

Stadt	Stadtgebiet[2]	Städt. Agglomeration[3]
Europa		
Amsterdam 1970	0,8	1,0
Athen 1971		2,5
Baku 1970	0,9	1,3
Barcelona 1970		1,7
Berlin (West) 1970	2,1	...
Berlin (Ost) 1971	1,1	...
Birmingham 1971		2,4
Brüssel 1970	0,2	1,1
Budapest 1970	1,9	...
Bukarest 1970	1,5	1,6
Charkow 1971	1,2	...
Glasgow 1971	0,9	1,7
Gorkij 1971	1,2	...
Hamburg 1970	1,8	...
Istanbul 1970		2,8
Kiew 1971	1,7	...
Kopenhagen 1970	0,8	1,7
Kuibyschew 1971	1,1	...
Leeds 1971		1,7
Leningrad 1971	3,6	4,0
Lissabon 1970	0,8	1,6
Liverpool 1971	0,6	1,3
London 1971		7,4
Lyon 1968	0,5	1,1
Madrid 1970		3,1
Mailand 1971		1,7
Manchester 1971		2,4
Moskau 1971	7,1	7,2
München 1970	1,3	...
Neapel 1971		1,3
Paris 1970	2,5	9,6
Prag 1970	1,1	...
Rom 1971		2,9
Rotterdam 1970	0,7	1,1
Stockholm 1970	0,7	1,3
Swerdlowsk 1970	1,0	...
Turin 1971		1,2
Warschau 1969	1,3	...
Wien 1971	1,6	...
Afrika		
Alexandria 1970	2,0	...
Casablanca 1970	1,4	...
Johannesburg 1970		1,4
Kairo 1970	4,9	...
Kapstadt 1970	1,1	...
Kinshasa 1970	1,5	...
Amerika		
Anaheim 1970	0,2	1,4
Atlanta 1970	0,5	1,4
Baltimore 1970	0,9	2,1
Belo Horizonte 1970		1,3
Bogotá 1969	2,3	...
Boston 1970	0,6	2,6
Buenos Aires 1970	3,0	8,8
Buffalo 1970	0,5	1,4
Caracas 1970	...	2,2
Chicago 1970	3,4	7,0
Cincinnati 1970	0,5	1,4
Cleveland 1970	0,8	2,1
Dallas 1970	0,8	1,6
Denver 1970	0,5	1,2
Detroit 1970	1,5	4,2
Guadalajara 1970	1,2	1,5
Houston 1970	1,2	2,0
Indianapolis 1970	0,7	1,1
Kansas City 1970	0,5	1,3
La Habana 1966		1,7
Lima 1969		2,4
Los Angeles 1970	2,8	7,0
Mexiko 1970	3,0	8,5
Miami 1970	0,3	1,3
Milwaukee 1970	0,7	1,4
Minneapolis 1970	0,4	1,8
Monterrey 1970	0,8	1,2
Montevideo 1967	1,3	...
Montreal 1969		2,6
Newark 1970	0,4	1,9
New Orleans 1970	0,6	1,0
New York 1970	7,9	11,5
Paterson 1970	0,1	1,4
Philadelphia 1970	1,9	4,8
Pittsburgh 1970	0,5	2,4
Portland 1970	0,4	1,0
Pôrto Alegre 1970		1,0
Recife 1970		1,2
Rio de Janeiro 1970		4,4
San Bernardino 1970	0,1	1,1
San Diego 1970	0,7	1,4
San Francisco 1970	0,7	3,1
San José 1970	0,4	1,1
Santiago de Chile 1970	0,5	2,6
São Paulo 1970		6,3
Seattle 1970	0,5	1,4
St. Louis 1970	0,6	2,4
Tampa 1970	0,3	1,0
Toronto 1969		2,3
Washington 1970	0,8	2,9
Asien		
Ahmedabad 1971		1,7
Bagdad 1968		1,9
Bandung 1968	1,1	...
Bangalur 1971		1,6
Bangkok 1970		3,1
Bombay 1971		5,9
Delhi[4] 1971	...	3,6
Djakarta 1968	4,8	...
Haiderabad 1971		1,8
Harbin 1958	1,6	...
Hongkong 1971		4,1
Jokohama 1971		2,3
Kalkutta 1971		7,0
Kanpur 1971	1,3	...
Kanton 1958	2,2	...
Karatschi 1969		3,1
Kitakiuschu 1971		1,0
Kioto 1971		1,4
Kobe 1971		1,3
Lahore 1969		1,8
Lüta[5] 1968	3,5	...
Madras 1971	2,5	...
Manila 1970	1,6	...
Nagoja 1971		2,1
Nanking 1965	1,5	...
Nowosibirsk 1971	1,2	...
Osaka 1971		3,0
Peking 1968	7,0	...
Pjöngjang 1970	...	1,5
Puna 1971	...	1,1
Pusan 1970	...	1,9
Rangun 1969	1,8	...
Saigon 1968	1,7	2,5
Schanghai 1968	10,7	...
Schenyang 1970	3,0	...
Seoul 1970	...	5,5
Sian 1958	1,4	...
Singapur 1970	2,1	...
Taipeh 1971	1,8	...
Taiyüan 1958	1,1	...
Taschkent 1971	1,4	...
Teheran 1970	3,0	...
Tientsin 1968	4,0	...
Tokio 1971	8,9	12,0
Tschengtu 1958	1,1	...
Tschungking 1957	2,1	...
Tsingtau 1957	1,1	...
Wuhan 1958	2,2	...
Australien u. Ozeanien		
Melbourne 1970	...	2,4
Sydney 1970	...	2,8

[1]) Volkszählung, Fortschreibung oder Schätzung. [2]) Innerhalb der Gemeindegrenzen. [3]) Stadtgebiet einschl. Umlandgemeinden. [4]) Städtische Bevölkerung des Unionsgebiets Delhi. [5]) Doppelstadt Lüschun (Port Arthur), Talien (Dairen).

Stadion, schwäb. Uradelsgeschlecht. Johann Philipp Graf von S., * 1763, † 1824, 1805 österreich. Außenmin., plante eine Volkserhebung ganz Deutschlands gegen Napoleon; nach der Niederlage von 1809 von Metternich abgelöst.

Stadium [grch.-lat.] das, Zustand, Stufe.

Stadler, Ernst, Dichter, Literarhistoriker, * 1883, † (gefallen) 1914, als Lyriker Wegbereiter des Expressionismus.

Stadt. Eine für alle Zeitabschnitte, Erdräume, Wirtschafts-, Sozial- und Kulturräume gültige Begriffsbestimmung der S. gibt es bisher nicht, ebensowenig eine klare Abgrenzung gegen das →Dorf. Unter den im Einzelfall unterschiedl. verknüpften Merkmalen ragen hervor: 1) eine gewisse Einwohnerzahl, in Dtl. ab 2000 Ew.; 2) eine geschlossene, in einzelnen Vierteln unterschiedlich dichte Bebauung (City); 3) eine das Umland übergreifende wirtschaftl., kulturelle und verwaltungsmäßige Bedeutung. Beispiele für häufige Mischformen aus diesen Merkmalen zeigen, wie unklar der Begriff S. ist: 1) große, geschäftlich und kulturell rege Ind.-Orte mit geringer zentraler Bedeutung, 2) Siedlungen mit überwiegend ‚städt.' Merkmalen, aber einseitiger Wirtschaftsstruktur, wie manche Bergbau- oder Fremdenverkehrsorte (z. B. in N-Amerika). 3) große Siedlungen mit weitreichender Zentralität, aber überwiegend landwirtschaftl. Tätigen. 4) Ackerbürger- und Zwerg-S. mit alten Stadtrechten, städt. Bauformen aber bis zu 50% landwirtschaftl. Tätigen. 5) Siedlungen von Stadtgröße, die wirtschaftlich nahezu autark, aber nur Agrargemeinden und Marktorte sind (z. B. in Indien). Die dt. Statistik unterscheidet Land-S. von 2000-5000, Klein-S. von 5000 bis 20 000, Mittel-S. von 20 000 bis 100 000, Groß-S. von 100 000 bis 1 Mill. Ew. und darüber hinaus Welt-S.

Geschichtliches. Bereits die Kulturvölker des frühen Altertums, Babylonier, Ägypter und Phöniker, ebenso das älteste China besaßen S. Für das alte Griechenland kennzeichnend sind die Stadtrepubliken (→Polis), städt. Im Röm. Reich sein besonderes Gepräge. Die röm. Kaiser, bes. Augustus, legten in den unterworfenen Gebieten S. an, im heutigen Deutschland z. B. Köln, Mainz, Trier, Regensburg. Den Germanen war städt. Leben zunächst fremd. Erst im 10. Jahrh. traten in Deutschland stadtähnl., mit Marktrecht u. a. Rechten ausgestattete befestigte Siedlungen auf (um 1000: etwa 90). Viele deutsche Städtegründungen folgten im Zuge der →ostdeutschen Siedlung im Ostsee-, Weichsel- und Donauraum, und deutsches →Stadtrecht wurde bis weit nach Rußland hinein Vorbild. Um 1350 gab es in Deutschland etwa 3000 S. Es entstand ein selbstbewußtes Bürgertum auf der Grundlage von Gewerbe und Handel in festgefügter ständischer Ordnung (Patriziat, Zünfte). Seit dem 16. Jahrh. wurde die polit. Selbständigkeit der S., in die Städtebünden, wie die Hanse, zeitweilig großen polit. Einfluß erlangt hatten, zugunsten der Landesherren immer stärker beschränkt. Das 19. Jahrh. brachte die neuzeitl. Städteordnung und nach dem Zerfall des alten Zunftwesens mit dem Aufkommen neuzeitlicher Verkehrs- und Industriewirtschaft eine bedeutende Vergrößerung der S. Das alte, stammesmäßig und landschaftlich bestimmte Stadtbild und soziale Gefüge wurde vielerorts erheblich verändert; die Ansiedlung der Industrien und der hier zuströmenden Arbeitermassen ließ große Vorstädte entstehen. Zur Bewältigung der vielfältigen städtebaul. Fragen entstand allmählich eine zielbewußte →Stadt- und →Landesplanung (→Raumordnung).

Stadt Allendorf, Stadt in Hessen, 16 000 Ew., aufstrebender Industrieort.

Stadtbahn, Eisenbahnzug für den Vorortverkehr einer Großstadt, meist Ring-(Schnell-)Bahnen.

Stadtbücher, die seit dem MA. in den Städten geführten Bücher über rechtlich erhebliche Vorgänge, z. B. Satzungen, Gerichtsakten (Grund-, Pfandbücher u. a.), Verwaltungsakten.

Stadtdirektor, in Nordrhein-Westfalen und Niedersachsen der ausführende Leiter der Verwaltung in den Städten. (→Oberstadtdirektor).

Städtebaurecht, die zur städtebaulichen Entwicklung erlassenen Bestimmungen und Maßnahmen, einheitlich geregelt im Bundesbauges. v. 23. 6. 1960; dazu gehören in erster Linie die Aufstellung der Bauleitpläne, die Maßnahmen zu ihrer Sicherung, die Bodenordnung, die Erschließung und Enteignung von Grundstücken.

Stadtentwässerung, →Kanalisation.

Städteordnung, eine ausschließlich für die Städte geltende Gemeindeordnung, heute ersetzt durch eine einheitliche Gemeindeordnung mit einzelnen Abweichungen für Gemeinden und Städte.

Städtepartnerschaft, Abkommen zwischen Städten unterschiedlicher Nationalität mit dem Ziel, durch gegenseitiges Kennenlernen das Verständnis füreinander zu fördern (Kontakte zwischen Jugendgruppen, kulturelle und sportl. Veranstaltungen u. a.).

Städtetag, →Deutscher Städtetag.

Stadtgas, das aus Kohle gewonnene Gas für Heizung und Beleuchtung **(Leuchtgas).** Es wird in Gaswerken durch Entgasung von Steinkohlen bei 1000-1300° C gewonnen. Bei der Kühlung und Reinigung scheiden sich Teer, Gaswasser, höhere Kohlenwasserstoffe, Ammoniak, Benzol ab. Das Gas wird oft unter Beimischung von Generatorgas oder Wassergas (Mischgas) im Gasbehälter gespeichert und auf den nötigen Druck gebracht (100-300 mm WS). Durch Druckregler wird dieser auf den Netzdruck herabgesetzt (80 mm WS). S. enthält etwa 50% Wasserstoff, 32,5%

Stadtgas

Erzeugung (in Gaswerken und Kokereien)

1969	in Mill. m³
Verein. Staaten	27 420[1]
Großbritannien	26 070
Bundesrep. Dtl.	20 127
Japan	9 008[2]
Frankreich	7 059
Polen	6 686
Belgien	3 645
Niederlande	933
Österreich	830

[1] Nur in Kokereien. [2] Nur in Gaswerken.

Methan, 7% Kohlenoxid, 3,5% schwere Kohlenwasserstoffe, ferner Stickstoff und Kohlendioxid; Heizwert 3800-4600 kcal/Nm³. Der zurückbleibende glühende Koks wird abgelöscht, zerkleinert und als ‚Gaskoks‘ verwendet. Die **S.-Vergiftung** ist im wesentlichen eine Vergiftung mit Kohlenoxid. Entgiftungsverfahren für S. sind z. B. die katalyt. Oxydation des Kohlenoxids oder seine Überführung in Methan mittels Bakterien oder seine Umwandlung in Kohlenwasserstoffe nach dem Fischer-Tropsch-Verfahren. S. wird zunehmend vom ungiftigen →Erdgas verdrängt, dessen höherer Druck andere Brenner erfordert.

Stadtgeographie, Teilgebiet der Siedlungsgeographie, widmet sich der ganzheitl. Erforschung der Stadtlandschaft.

Stadtgericht, in den Städten des MA. die Gerichte, die für die Aburteilung leichterer Straffälle, für die Wahrung des Marktrechts u. a. zuständig waren.

Stadthagen, Stadt in Ndsachs., am N-Fuß des Bückeberge, 16 600 Ew.; Draht- und Kabelwerk, Holz-, Möbel- u. a. Ind.

Stadthaus, Rathaus oder anderes städt. Verwaltungsgebäude.

Stadtkämmerer, der Leiter einer städt. Finanzverwaltung.

Stadtkreis, frühere Bez. für kreisfreie Städte: ein nur aus einer Stadt bestehender Kreis, in Bad.-Württ. noch gebräuchlich.

Stadtlohn, Stadt in Nordrh.-Westf., 15 600 Ew.; Eisen-, Landmaschinen- u. a. Ind. - 6. 8. 1623 Sieg Tillys über Christian von Halberstadt.

Stadtmission, in Großstädten ein Zusammenschluß von Einrichtungen des Diakonischen Werks.

Stadt'oldendorf, Stadt in Ndsachs., am NO-Hang des Weserberglandes, 6800 Ew.; Gipswerke, Weberei, Ziegelei, Steinbrüche.

Stadtpfeifer, seit dem 15. Jahrh. in einer Zunft zusammengeschlossene Musiker.

Stadtplanung, die Vorbereitung der Gestaltung vorhandener Städte (z. B. Hannover, Kassel) oder die Anlage →neuer Städte. Zielbewußte Bodenpolitik durch Bauleitplanung (Flächennutzungsplan). Die Planungshoheit im örtl. Planungsbereich liegt bei der Gemeinde. Aus der Aufnahme und kritischen Analyse der Bevölkerungsgliederung, der landschaftl., geolog., baul., gewerbl., verkehrsmäßigen, versorgungstechn. u. a. Verhältnisse ergeben sich die Grundlagen und Bedingungen der Zukunftsplanung.

Stadtpräsident, 1) in den kreisfreien Städten Schleswig-Holsteins der Vorsitzende der Gemeindevertretung. **2)** in der Schweiz in Städten der Vorsitzende des Stadtrats.

Stadtrat, in einigen Ländern der Bundesrep. Dtl. (z. B. Nordrh.-Westf.) ein Stadtverordneter, in anderen (z. B. Hessen) ein Mitglied des Magistrats.

Stadtrecht, das in den Städten des MA. entstandene Recht, worin das Landrecht den wirtschaftl. und polit. Verhältnissen der Städte angepaßt war. Urspr. beruhte das S. auf Privilegien des Königs oder Stadtherrn, später mehr auf städt. Ratssatzungen, auch auf privaten Rechtsbüchern, Sammlungen von Schöffensprüchen, Stadtbüchern. Durch Bewidmung jüngerer Städte mit dem Recht einer älteren bildeten sich **Stadtrechtsfamilien.**

Stadtr'oda, Stadt im Bez. Gera, Luftkurort, rd. 6300 Ew.; Kirchenruine eines Zisterzienserklosters (13. Jahrh.), Schloß, Stadtkirche (beide 16./17. Jahrh.); Holzind.

Stadtschaften, öffentliche Kreditanstalten (Genossenschaft) durch Vereinigung von Eigentümern bebauter städt. Grundstücke gebildet. Die S. gewähren ihren Mitgliedern durch Hypotheken oder Grundschulden gesicherte Tilgungs- und Abzahlungsdarlehen.

Stadtschreiber, früher der Leiter der städtischen Kanzlei. - In einigen Städten der Schweiz der Sekretär des Stadtrats und Vorsteher der Gemeindekanzlei.

Stadtsenat, das leitende Gemeindeorgan von Wien, gleichzeitig Landesregierung von Wien.

Stadtstaat, eine Stadt, ein selbständiges Staatswesen mit einem auf die nähere Umgebung beschränkten Herrschaftsbereich bildet; so die ›Polis der griech.-röm. Welt. In der Bundesrep. Dtl. sind Hamburg und Bremen St.

Stadtverordneter, ein gewählter Vertreter der Bürgerschaft einer Stadt; er hat in der **Stadtverordnetenversammlung** Sitz und Stimme.

Stadtwirtschaft, Wirtschaftsform der mittelalterl. Stadt, bei der die Stadt mit ihrer ländl. Umgebung eine wirtschaftl. Einheit bildete.

Staël [sta:l], **1)** Anne Louise Germaine, Baronne de **S.-Holstein,** franzö. Schriftstellerin, * 1766, † 1817, Tochter des Finanzministers J. Necker, 1802 von Napoleon verbannt; Freundschaft mit B. Constant, A. W. Schlegel u. a.; durchreiste Deutschland, Italien, Rußland, trat in autobiograph. Romanen für die Rechte der genialen Frau ein (,Delphine‘, 1802, ,Corinne‘, 1807). In ihrem Hauptwerk ,Über

Germaine de Staël   Jossif W. Stalin

Deutschland‘ (1. Ausg. 1810 auf Befehl Napoleons vernichtet, Neudr. London 1813) formte sie das in Frankreich jahrzehntelang gültig bleibende Idealbild eines von weltfremden Denkern und träumenden Dichtern bewohnten Deutschlands. **2)** Nicolas de, russisch-franzö. Maler, * 1914, † 1955; Bilder abstrakter, später wieder mehr gegenständlicher Art.

Staf'ette [ital.] die, früher: reitender Bote oder schnelle Post, die in bestimmten Etappen die Pferde wechselten; im Sport: →Staffellauf.

Staffa [st'æfə], Insel der Inneren Hebriden, berühmt durch ihre Höhlen, darunter die Fingalshöhle.

Staffage [staf'a:ʒə, frz.] die, malerisches Beiwerk, Füllwerk.

Staffel, 1) Stufe, Grad. **2)** die Einheit eines fliegenden Verbands der Luftwaffe, der Kompanie vergleichbar. **3) Zins-S.,** Zinsabrechnung bei Abschluß eines Kontos.

Staffel'ei, Holzgestell zur Befestigung eines in Arbeit befindlichen Gemäldes.

Staffelgebet, →Stufengebet.

Staffellauf, Stafettenlauf, Leichtathletik: ein Mannschaftslauf mit Weitergeben eines Staffelstabes an den nächsten Läufer am Ende einer Teilstrecke.

Staffelrückgriff, Staffelregreß, →Wechselrückgriff.

Staffelsee, See im bayer. Alpenvorland, 7,7 km² groß, mit 7 Inseln; am SO-Ufer liegt Murnau.

Stafford [st'æfəd], Hauptstadt von Staffordshire, Mittelengland, 54 200 Ew.; Schuh-, Maschinen-, Zementindustrie.

Staffordshire [st'æfədʃiə], Grafschaft in Mittelengland, 2989 km², 1,847 Mill. Ew. Hauptstadt: Stafford.

Stag das, ›Draht- oder Hanfleine zum Abstützen von Masten, Schornsteinen u. a. nach vorn und achtern. **S.-Segel,** an einem S. angebrachtes Segel. **über S. gehen,** beim Segeln wenden.

Stagflati'on [aus Stagnation und Inflation], Stagnation bei steigenden Preisen.

Stag'ira, griech. Stageira, antike Stadt an der Ostküste der Chalkidike, Heimat des Aristoteles (der ,Stagirit‘).

Stagnati'on [lat.], Stockung, Stillstand. **stagn'ieren,** stehenbleiben auf gleicher Leistungshöhe, stocken.

Stahl, Eisen mit Kohlenstoffgehalt bis zu etwa 1,7%, das sich schmieden und walzen läßt. **Unlegierter S.** enthält außer Kohlenstoff geringe Mengen von Phosphor, Schwefel, Silicium, Mangan; **legiertem S.** sind Silicium, Mangan, Chrom, Nickel, Vanadin, Molybdän, Wolfram, Kobalt einzeln oder in Kombinationen zugesetzt. Nach dem Verwendungszweck teilt man ein in: **Einsatz-S.** mit rd. 0,1 bis 0,2% C, **Vergütungs-S.** mit rd. 0,2 bis 0,6% C, **Werkzeug-S.** mit rd. 0,4 bis 1,7% C; alle diese S. können unlegiert oder legiert sein. **Sonder-S.** für bes. Zwecke sind z. B. Magnet-, Dynamo-, Transformator-, nichtrostende, säurebeständige, hitzebeständige, hochwarmfeste, Schnellarbeits-, warmfeste, Automaten-, Ventil-, Wälzlager- u. a. Stähle. Nach der Herstellung unterscheidet man u. a. Schweiß- und Fluß-S. Die Herstellung von **Schweiß-S.** (z. B. Puddel-S.) spielt heute nur noch eine untergе-

Stahlerzeugung (in Mill. t)

	1960	1970[1]
Bundesrep. Dtl.	43,1	45,0
Dt. Dem. Rep.	3,3	5,4
Verein. Staaten	90,1	122,0
Sowjetunion	65,3	115,0
Japan	22,1	93,3
Großbritannien	24,7	27,9
Frankreich	17,3	23,8
Italien	8,2	17,3
VR China	18,4	17,0
Polen	6,7	11,6
Kanada	5,3	11,4
Belgien	7,2	12,6
Tschechoslowakei	6,8	11,5
Luxemburg	4,1	5,5
Übrige Länder	31,4	73,1
Welt	354,0	592,2

[1]) Differenzen durch Abrundung.

ordnete Rolle. **Fluß-S.** wird erzeugt, indem das Roheisen, meist zugleich mit Schrott eingeschmolzen, gefrischt und so hoch erhitzt wird (1600-1650° C), daß der flüssige S. abgegossen werden kann. Die Verfahren sind 1) Windfrischverfahren nach →Bessemer in einem birnenförmigen kippbaren Gefäß mit saurer Ausmauerung **(Bessemer-S.)** oder nach Thomas in einem ähnlichen Gefäß mit basischer Ausmauerung **(Thomas-S.)**. 2) Herdfrischverfahren im Siemens-Martin-Ofen **(Siemens-Martin-S.)**. 3) Tiegel- oder Gußstahlverfahren **(Guß-S.)**. 4) Elektrostahlverfahren in Lichtbogen- oder Induktionsöfen **(Elektro-S.)**. 5) Sauerstoffverfahren, bei denen Sauerstoff in der auf Roheisen in Tiegeln oder Rotoröfen geblasen wird **(Blas-S.)**. Diese Verfahren finden zunehmende Verbreitung.
Wirtschaftliches. →Eisen, Abschn. Eisen- und Stahlindustrie, ferner Übersicht Industrie.
Stahl, 1) Friedrich Julius, Rechtsphilosoph und Politiker, * 1802, † 1861; er entwickelte eine christlich-konservative Staatslehre, die lange Zeit maßgebend für die preuß. Konservativen war.
2) Hermann, Schriftsteller, * 1908; Gedichte, Romane.
Stahlbeton, bewehrter Beton, ein Beton mit Stahleinlagen. Vom Beton werden die Druckspannungen, von den Stählen Zugspannungen aufgenommen.
Stahlhelm, 1) ein Helm aus Stahlblech, der gegen kleinere Sprengstücke und Gewehrgeschosse aus größerer Entfernung schützt. **2) St., Bund der Frontsoldaten,** im Nov. 1918 durch Franz Seldte gegr. Vereinigung von Teilnehmern des 1. Weltkriegs; 1935 aufgelöst, 1951 neu gegründet.
Stahlhof, fälschlich für →Stalhof.
Stählin, 1) Karl, Historiker, * 1865, † 1939; ,Gesch. Rußlands', 5 Bde. (1923-39).
2) Wilhelm, evangel. Theologe, * 1883, führend im →Berneuchener Kreis.
Stahlkammer, unterird. Anlage in Banken zur feuer- und diebessicheren Aufbewahrung von Wertpapieren u. a.
Stahlquellen, frühere Bezeichnung für Eisenquellen (Übersicht Heilquellen).
Stahlstich, ein um 1820 aufgekommenes graph. Verfahren; es entspricht dem Kupferstich, doch wird statt einer Kupfer- eine Stahlplatte verwendet.
Staiger, Emil, Literarhistoriker, * 1908; ,Grundbegriffe der Poetik' (1946), ,Goethe', 3 Bde. (1952-59).
Stainer, Jakob, Geigenbauer aus Tirol, * 1621, † 1683.
staken, ⌐ ein Boot oder einen Kahn mit einer langen Stange vorwärtsstoßen.
Staket [ital.] *das,* der Lattenzaun.
Stalagmit *der,* stehende Tropfsteinsäule.
Stalaktit *der,* hängender Tropfsteinzapfen.
Stalaktitengewölbe, Gewölbeform der islam. Baukunst, bestehend aus vielen

übereinander aufsteigenden kleinen Zellenwölbungen mit zackenförmig herabhängendem Steinwerk.
Stalhof [von niederdt. staal ,Muster'], fälschlich Stahlhof, das Kontor der Hanse in London, seit dem Verlust der Privilegien 1598 ohne Bedeutung, erst 1853 verkauft.
St'alin, Jossif Wissarionowitsch, eigentl. **Dschugaschwilj,** Diktator der Sowjetunion, * 21. 12. 1879, † 5. 3. 1953; Georgier, schloß sich 1903 den Bolschewiki an, wurde mehrmals verhaftet und nach Sibirien verbannt. Seit 1917 in hohen Staats- und Parteiämtern, wurde S. 1922 Generalsekretär des ZK der KP. Nach Lenins Tod (1924) paßte er dessen Lehre den Zeitumständen an. In zähem Kampf schuf er sich eine Stellung als unumschränkte Autorität in Partei und Staat und baute sie zur persönl. Diktatur aus. Mit Hilfe eines von ihm kontrollierten Parteiapparates isolierte er Trotzkij und entmachtete 1927 den linken, 1929 den rechten Flügel der Partei. Mit terrorist. Methoden beschleunigte er die Industrialisierung (1. Fünfjahresplan) und führte die Zwangskollektivierung der Landwirtschaft durch. Durch diese ,Revolution von oben' wurde die Struktur Rußlands tiefer verändert als durch die Oktoberrevolution. Seine möglichen Gegner ließ S. 1936-38 nach großen Schauprozessen hinrichten. Im 2. Weltkrieg übernahm S. auch formal die Staatsführung, außerdem den militärischen Oberbefehl. Es gelang S., die sowjet. Einflußsphäre in Europa weit nach Westen auszudehnen (→Ostblock). - 1956 verurteilte N. →Chruschtschow den →Stalinismus und leitete die →Entstalinisierung ein. (Bild S. 1182)
Stalinab'ad, von 1929-61 Name der Stadt →Duschanbe.
St'alingrad, bis 1925 **Zarizyn,** seit Nov. 1961 →Wolgograd. Mit dem Namen S. ist der Wendepunkt des 2. Weltkrieges an der Ostfront verknüpft (1942/43). S. war schwer umkämpft. Die 6. und Teile der 4. dt. Panzerarmee (330 000 Mann unter Gen.-Feldmarschall Paulus) wurden eingeschlossen. Ein aussichtsreicher Ausbruch wurde von Hitler untersagt. Der größte Teil der Truppen wurde aufgerieben, der Rest (90 000 Mann) kapitulierte am 31. 1./2. 2. 1943.
Stalin'ismus, die Periode des Bolschewismus in der Sowjetunion unter →Stalin; sie war gekennzeichnet durch die persönl. Diktatur Stalins und durch die Unterwerfung aller gesellschaftl. Kräfte unter den Willen Stalins.
Stalin-Kanal, 1933-61 für →Ostsee-Weißmeer-Kanal.
St'alino, 1924-61 für →Donezk.
Stalinog'orsk, 1934-61 Name der Stadt →Nowomoskowsk.
Stalin|orgel, →Raketenwaffen.
St'alinsk, 1932-61 für →Nowokusnezk.

Stalagmiten und Stalaktiten

Stalinstadt, seit 1961 Teil von →Eisenhüttenstadt, Bez. Frankfurt/Oder.
Stallfliege, 1) Schlammfliege. **2)** Stechfliege. **3)** Wohnungs- und Stallungeziefer, groß, plump, grau.
Stallhase, das Hauskaninchen (→Kaninchen).
Stallup'önen, russ. **Nester'ow,** 1938-45 **Ebenr'ode,** ehem. Kreisstadt in Ostpreußen, nahe der litauischen Grenze, (1939) 6600 Ew.; Landhandel, Bau landwirtschaftl. Maschinen. Seit 1945 unter sowjet. Verwaltung.
St'ambul, Kurzform von Istanbul; im engeren Sinn der türk. Stadtteil südlich des Goldenen Horns.
Stamitz, Johann, Komponist, * 1717, † 1757, Gründer der →Mannheimer Schule; er schuf mit F. X. Richter einen neuen Instrumentalstil (z. B. Einführung des Crescendo), wirkte auf Haydn, Mozart.
Stamm, Völkerkunde: eine Gruppierung von Familien, Sippen oder Clans auf Grund kultureller (bes. sprachl.) Gemeinsamkeit.
Stammaktie, eine Aktie ohne Vorrechte, im Gegensatz zur Vorzugsaktie.
Stammarbeiter, langjähr. Facharbeiter in Industriebetrieben.
Stammbaum, 1) Darstellung einer Stammtafel in Baumform. **2)** Schema, womit man auf Grund der Stammesgeschichte die Verwandtschaftsverhältnisse der Pflanzen- und Tierarten veranschaulicht.
Stammblüter, Stammfrüchter (Kaulifloren), Holzgewächse, deren Blüten (Früchte) aus Knospen am Stamm oder an verholzten Ästen entstehen.
Stammbuch, 1) urspr. ein Verzeichnis von Familienangehörigen, seit dem 16. Jahrh. ein Freundschafts- oder Erinnerungsbuch. **2)** →Familienbuch.
Stammeinlage, Stammanteil, bei einer GmbH. die Einlage jedes Gesellschafters auf das Stammkapital.
Stammesgeschichte, Stammesentwicklung, Phylogenie, Evolution, die Entwicklungsgeschichte der Stämme der Lebewesen; sie untersucht die Reste ausgestorbener Lebewesen und die natürl. Verwandtschaft der verschiedenen Gruppen und der Systematik. Für kleinere Gruppen läßt sich die stammesgeschichtl. Entwicklung fast lückenlos belegen, z. B. für die Pferde. Über die S. des Menschen →Anthropogenie.
Stammesrechte, die Rechte der germanischen Stämme.
Stammgut, im älteren dt. Recht ein Gut, das kraft Gewohnheitsrechts oder Gesetzes nicht ohne Zustimmung der Erben veräußert werden konnte. Es vererbte sich im Mannesstamm in Einzelerbfolge.
Stammkapital, das auf einen bestimmten Nennbetrag festgesetzte Eigenkapital einer GmbH.
Stammler, 1) Rudolf, Rechtsphilosoph, * 1856, † 1938, war u. a. Prof. in Halle, Berlin; Vertreter des Neukantianismus.
2) Wolfgang, Germanist, Sohn von 1), * 1886, † 1965; ,Dt. Lit. vom Naturalismus bis zur Gegenwart' (1924); Herausgeber germanist. Fachwerke.
Stammrolle, Truppenstammrolle, bei Heer und Luftwaffe Liste der Soldaten eines Truppenteils oder einer Dienststelle mit Personalangaben; im Felde: Kriegs-S.
Stammtafel, Übersicht über die Nachkommen einer Person, im Unterschied zur Ahnentafel.
Stammwürze, der Extraktgehalt der Würze beim Bier.
St'ampa, Gaspara, italien. Dichterin, * 1523, † 1554; Liebesgedichte.
stampfen, die Pendelbewegung eines Schiffes um seine Querachse.
Stand, polit., soziale und wirtschaftl. Verbindung von Mitgliedern einer Gesellschaft, so im mittelalterl. bis neuzeitl. Europa Adel, Geistlichkeit und städt. Bürgertum, verschiedentlich auch Bauern (Schweden, Friesland, Tirol).

St'andard [engl.] *der,* **1)** Richtmaß, Richtschnur. **Standardwerk,** das führende Werk eines Fachgebiets. **2)** der Stand der Lebenshaltung, →Lebensstandard. **3)** der durch Vereinheitlichung geschaffene feste Maßstab für Münzen gleicher Qualität. Die **Standardisierung** soll eine Norm schaffen (**S.-Typen**), bes. für Welthandelsgüter im Börsenverkehr. **4)** bei Münzen der gesetzl. Feingehalt. **5) Gold-S.,** die Wertberechnung auf Grund des Goldwertes. **Standardgold,** eine Goldlegierung mit für Münzen vorgeschriebenem Feingehalt. **6)** Standardkosten, die für eine betriebl. Leistung vorgegebenen Plankosten. **7)** engl. Holzmaß, für gesägte Ware: 4,247 m³, für Rundholz: 3,398 m³.

Standard Elektrik-Lorenz AG., SEL, Stuttgart, elektrotechn. Unternehmen, 1958 durch Fusion der Standard Elektrik AG. mit der C. Lorenz AG. entstanden.

Standard Oil Company, Flemington (New Jersey)/New York, internat. bekannt unter dem Namen **Esso;** größter Erdölkonzern der Welt, hervorgegangen aus einer von J. D. Rockefeller 1863 in Cleveland gegr. Erdölraffinerie. Daraus entstand 1870 durch Fusion die **Standard Oil Company (Ohio),** 1882 von der neugegründeten **Standard Oil Company of New Jersey** übernommen. Kap.: 10,95 Mrd. US-$, Beschäftigte: 143 000 (1970). - Westdt. Tochtergesellschaft ist die ESSO AG.

Stand'arte [frz.] *die,* **1)** Fahne der berittenen und mechanisierten Truppen. **2)** Flagge, bes. von Staatsoberhäuptern. **3)** ⚐ Schwanz des Fuchses.

Standbein, das vom Körper belastete Bein im Unterschied zum Spielbein.

Standbild, eine →Statue.

Stander [aus Standarte] *der,* **1)** dreieckige Flagge (u. a. Signalflagge), auch rechteckiges starres Kommandozeichen sowie Verbandszeichen. **2)** ⚐ feststehendes Tau.

Ständer, 1) der feststehende Teil elektrischer Maschinen. **2)** ⚐ das Bein des Landfederwildes.

Ständerat, eine der beiden Kammern der Bundesversammlung in der Schweiz.

Standesamt, Behörde (in der Regel bei den Gemeinden) zur Beurkundung von Geburten, Eheschließungen und Todesfällen; diese werden durch die **Standesbeamten** in die **Personenstandsbücher** eingetragen.

Standesgerichte, →Ehrengericht.

Standesherren, Angehörige der Fürsten- und Grafenhäuser, die 1803 und 1806 der →Mediatisierung unterlagen; gehören zum hohen Adel.

Standesregister, die von 1876-1937 zur Beurkundung des Personenstandes bestimmten Register.

Standessprachen, Sprachen ständischer Gemeinschaften (z. B. Bergmanns-, Seemanns-, Studenten-, Jägersprache).

Ständestaat, ein Staat, in dem von den →Ständen beschickte Versammlungen gegenüber dem Landesherrn die besonderen Interessen ihrer Stände vertraten. **1)** Der ältere Ständestaat. In Mittel-, West- und Nordeuropa traten schon früh neben die regionalen Ständeversammlungen (z. B. Landstände) die Ständeversammlungen eines ganzen Landes (so der Dt. Reichstag, das engl. Parlament, die französ. Generalstände und die Reichstage Ungarns, Polens, Schwedens, Dänemarks). Ihre Ziele waren meist, sich gegen polit. und finanzielle Unterstützung des Landesherrn polit., soziale und wirtschaftl. Privilegien verfassungsmäßig garantieren zu lassen (z. B. in der →Magna Charta). **2)** Der berufsständische Staat. Im 19. und 20. Jahrh. wurden Versuche zur Errichtung eines S. auf berufsständischer Grundlage von den verschiedensten weltanschaulich-polit. Richtungen unternommen. Im faschist. Italien wurde die polit. und soziale Ordnung auf der Grundlage berufsständ. Prinzipien aufgebaut. Im Sinne der kath. Soziallehre spielte die Idee des S. eine gewisse Rolle 1934-38 in Österreich,

1938-45 in der Slowakei, seit 1933 in Portugal.

Standestracht, Sonderkleidung einzelner Stände, z. B. der Geistlichen, Richter.

Standgeld, 1) Markt-S., die Platzmiete, die Inhaber von Verkaufsständen auf Märkten entrichten müssen. **2)** 🚂 die Vergütung für Güterwagenbenutzung während der Be- oder Entladung oder für unbenutzt zurückgegebenen Laderaum. **3)** Schweiz: Lohneinbehaltung zur Sicherung von Schadenersatzansprüchen.

Standgericht, →Standrecht.

Ständige Gruppe, engl. **Standing Group,** Ständiges Organ des Militärausschusses des Nordatlantik-Pakts mit Weisungsbefugnis gegenüber den obersten NATO-Befehlshabern. Sitz: Washington.

Ständige Konferenz der Kultusminister der Länder, →Kultusministerium.

Ständiger Internationaler Gerichtshof, ein auf Grund der Satzung des Völkerbundes in Den Haag errichteter Gerichtshof; seine Tätigkeit endete 1945.

Ständiger Militärausschuß, engl. **Military Commitee in Permanent Session,** Ständiges Organ des Militärausschusses des Nordatlantik-Pakts.

Ständiger Schiedshof, Haager Schiedshof, ein Schiedsgericht zur friedl. Beilegung zwischenstaatl. Streitfälle, 1899 auf der Haager Friedenskonferenz gegründet, Sitz: Den Haag.

Standing [st'ændiŋ, engl. ,stehend'], das Stehen; der Posten, der Stand, Rang; das Ansehen, der Ruf, die Würde.

Standlicht, in die Scheinwerfer von Kraftfahrzeugen eingebaute Begrenzungslampe. Mit S. allein darf in der Bundesrep. Dtl. nicht gefahren werden, auch nicht auf Straßen mit durchgehender ausreichender Beleuchtung (§ 17 StVO.).

Standöl, unter Luftabschluß eingedicktes, trocknendes Öl, meist Leinöl- oder Holzöl-S., Zusatzmittel bei Ölfarbenanstrichen.

Standort, 1) Volkswirtschaft: die örtliche Lage von Wirtschaftsbetrieben. Die **S.-Lehre** befaßt sich mit der räuml. Verteilung der Unternehmen. J. H. von Thünen wies auf die Abhängigkeit der Bodennutzung bes. von den Transportkosten hin. Alfred Weber untersuchte die **S.-Orientierung** der Betriebe und unterscheidet material- (Kohlenbergbau), konsum- (Brauerei) und arbeitsorientierte (Textilindustrie) Industrien nach dem jeweils den S. bestimmenden Kostenfaktor (Rohstoff-, Transport-, Arbeitskosten: **S.-Faktoren**). Bei kapitalintensiven Industrien überwiegen die Kapitalkosten. **2)** der ständige Unterkunftsort einer Truppe (Garnison). **3)** Die Umwelt, der eine Pflanze oder Pflanzengesellschaft in der Natur ausgesetzt ist und in ihrer Entwicklung z. T. entspricht.

Standrecht, das im Ausnahme-, Belagerungs- oder Kriegszustand bestehende Recht, über bestimmte Straftaten in einem abgekürzten gerichtlichen Verfahren durch Standgerichte zu entscheiden.

Standschützen, die Mitglieder der ehem. ,Schützengesellschaften' oder ,Schützenstände' in Tirol und Vorarlberg.

Standvögel, Vögel, die an ihrem Nistort verbleiben. Gegensatz: Zugvögel und Strichvögel.

Standwaage, Turnen: der Turner steht auf einem gestreckten Bein; Oberkörper, Arme und das andere Bein liegen waagerecht.

Standzeit, die Zeitdauer, während ein Werkzeug, bes. Maschinenwerkzeug, ohne Überschreiten der zulässigen Verschleißes verwendet werden kann.

Stanislaus, Schutzpatron von Polen, * um 1030, bannte als Bischof von Krakau König Boleslaw II., der ihn 1079 ermordete. Tag: 11. 4.

Stanislaus, poln. **Stanisław,** Könige von Polen: **1) S. I. Leszczyński** [lɛʃtʃ'inski], * 1677, † 1766, mit schwed. Unterstützung 1704-09

anstelle Augusts des Starken König. Seine Tochter Maria wurde 1725 die Gemahlin Ludwigs XV. von Frankreich. Ein neuer Versuch, die Krone zu gewinnen, scheiterte im →Polnischen Thronfolgekrieg (1733 bis 1738). 1738 Herzog von Lothringen. **2) S. II. August Poniatowski,** letzter König von Polen (1764-95), * 1732, † 1798, durch den Einfluß der russ. Kaiserin Katharina II. zum König gewählt. Unter seiner Regierung vollzogen sich die drei Teilungen Polens.

Stanisl'awskij, Konstantin, Bühnenautor für K. S. **Aleksejew,** russ. Schauspieler, Theaterleiter, * 1863, † 1938, vertrat einen künstler. vertieften Naturalismus, der in der UdSSR noch heute vorbildlich ist.

Stankovič [-vitʃ], Borisav, serb. Erzähler, * 1876, † 1927; ,Hadschi Gajka verheiratet sein Mädchen' (1910).

Stanley [st'ænli], **1)** Sir Henry Morton, brit. Afrikaforscher, * 1841, † 1904; traf 1871 in O-Afrika den verschollenen Livingstone, entdeckte den Edward-See, befuhr den Lualaba und den Kongo bis zur Mündung, erforschte 1879-84 das Kongogebiet; 1887-89 Expedition zur Rettung Emin Paschas. ,Wie ich Livingstone fand' (1872). **2)** Wendell M., amerikan. Biochemiker, * 1904, † 1971, Nobelpreis 1946 (Virusforschungen).

Stanley-Fälle, Wasserfälle des →Kongo.

Stanley Pool [st'ænli pu:l], seeartige Erweiterung des Kongo.

Stanleyville, →Kisangani.

Stanni'ol [lat.] *das,* ursprüngl. Zinnfolien, heute vielfach durch das Aluminiumfolie ersetzt.

Stanow'oigebirge, Gebirgszug in Ostsibirien, Wasserscheide zwischen Amur und Lena, im Osten bis 2520 m hoch.

Stans, Hauptort des Kantons Nidwalden, Schweiz, 5200 Ew.; Flugzeugfabrik.

st'ante p'ede [lat.], stehenden Fußes.

Stanze [ital.] *die,* **1)** Stanzen des Vatikans, die von Raffael und seinen Schülern seit 1508 mit Fresken ausgemalten päpstlichen Gemächer. **2) Oktave,** eine ursprünglich italien. Strophenform aus 8 Versen mit durchgehend weiblichen Endreimen. Reimschema: ab ab ab cc. Seit der Renaissance besonders in epischer Dichtung verwendet (Ariost, Camoes, Tasso), in Deutschland von Wieland, Goethe, Schiller, A. W. Schlegel.

stanzen, 1) Metallbleche und -stangen durch Biegen, Drücken, Prägen, Rollen, Tiefziehen formen. **2)** mit Formmessern aus Blech, Gewebe, Leder, Pappe u. a. Stücke ausschneiden (**austanzen**).

Stanzer Tal, 30 km langes Seitental des Inns in Tirol, von St. Anton bis Landeck.

Stapel, 1) geschichteter Haufen. **2)** Warenlager. **3)** übereinandergeschichtete Holz- oder Eisenklötze, auf denen ein Schiff gebaut wird (auf S. liegt); auch der Platz, auf dem das Schiff gebaut wird. **4)** Länge einer Baumwollfaser.

Stapelfaser, Chemiefaser mit abgepaßter Schnittlänge, z. B. die Zellwolle.

Stap'elie *die,* afrikan.-arab. Gattung der Seidenpflanzengewächse, blattlose oder stummelblättrige, stachelige Fettpflanzen trockener Gebiete; mit meist sternförmigen Blüten (Ordensstern).

Stapellauf, das Hinabgleiten eines Schiffsrumpfes von der Helling ins Wasser. Das Schiff wird dazu vom Stapel (Holz- oder Eisenklötze), auf dem es während der Bauzeit lag, auf Ablaufschlitten gesetzt, mit denen es auf geschmierte Schienen ins Wasser gleitet. (Bild Schiff)

Stapellift, ein Bedienungsgerät für hohe Lager(regale), in deren Gängen ein Hubschlitten an Schienen geführt wird.

Stapelplatz, Warenniederlage, Haupthandelsplatz einer Ware.

Stapelrecht, Umschlagsrecht, im MA. das Recht einzelner Städte, durchziehende Kaufleute zu zwingen, ihre Waren für eine bestimmte Zeit zum Verkauf anzubieten.

Stapelwaren, an großen Einfuhrplätzen gelagerte Welthandelsgüter.

Staphylok'okken[grch.], **Traubenkokken,** meist traubenförmig zusammenliegende **Eiterbakterien** (→Eiter); sie verursachen z. B. Furunkel und Hospitalkrankheiten (→Hospitalismus). (Bild Bakterien)

Star [engl. ,Stern'], gefeierte Persönlichkeit, Theater-, Film-, Sportgröße. **Starlet** [st'a:let] *das,* angehender Star.

Star, Singvogel, →Stare.

Star *der,* Augenkrankheiten mit Veränderung der Farbe des Sehlochs: a) **grauer S. (Katarakt),** Trübung der Augenlinse, wobei das Sehloch grau erscheint, tritt auf als **Wund-S.** bei Verletzungen, als Folge von Augen- und Stoffwechselkrankheiten sowie als **Alters-S.** Behandlung: operatives Entfernen der Linse, später S.-Brille als Ersatz für die Linse. b) **grüner S. (Glaukom),** Schädigung des Netzhaut und des Sehnerven durch krankhafte Drucksteigerung im Auge; kann zur Erblindung führen. Behandlung: Senken des Augeninnendrucks durch Einträufeln von Pilokarpin, Physostigmin u. a. oder durch Operation. c) **schwarzer S.,** früher Ausdruck für Blindheit infolge Erkrankung der tieferen Teile des Auges oder der Sehbahn; die Pupille bleibt dabei schwarz.

St'ara Zag'ora, Stadt in Bulgarien, 88 500 Ew.; Textil-, Rosenöl-, Tabakindustrie.

Stare, drosselgroße Singvögel; der **Europ. S.,** im Frühjahr schwarz mit Grün- und Purpurschimmer, nach der Mauser (im Herbst) mit weißen Federspitzen (,Perlstar'), wandert im Herbst meist nach W und SW. Der größte S., schwarz mit gelben Kopflappen, ist der südasiatische **Beo.**

Stare: Rosenstar

Stargard in Pommern, poln. **Stargard Szczeciński,** Stadt im ehem. RegBez. Stettin, 39 000 (1939: 39 800) Ew.; hatte Maschinen-, Likör-, Tabak- u. a. Industrie; got. Marienkirche, Johanniskirche (um 1250 beg.). Kam 1945, zu 70% zerstört (u. a. Rathaus von 1550, viele spätgot. Bürgerhäuser), unter poln. Verwaltung.

St'arhemberg, oberösterreich. Uradelsgeschlecht, 1643 Reichsgrafen, 1765 Reichsfürsten:
1) Ernst Rüdiger Graf von, österreich. Feldmarschall, * 1638, † 1701, verteidigte Wien gegen die Türken (15. 7.-12. 9. 1683).
2) Ernst Rüdiger Fürst von, österreich. Politiker, * 1899, † 1956, Bundesführer der österreich. Heimwehren, 1934-36 Vizekanzler, Leiter der ,Vaterländ. Front'.

Stark, Johannes, Physiker, * 1874, † 1957, fand den Doppler-Effekt bei Kanalstrahlen und die Aufspaltung der Spektrallinien im elektr. Feld (**S.-Effekt**). Nobelpreis 1919.

Stärke, ein pflanzlicher Vorratsstoff, der chemisch zu den Polysacchariden gehört und durch Kohlenstoffassimilation im Zellinnern in Form von Körnchen aufgebaut wird. S. ist in kaltem Wasser unlöslich, beim Erwärmen mit Wasser entsteht Kleister. Technisch gewinnt man sie aus Kartoffeln, Weizen-, Reis- und Maiskörnern durch Zerreiben und Herausschläm-

men mit Wasser. Verwendung als Nahrungsmittel (Kartoffel, Getreide, Hülsenfrüchte, Pudding), Rohstoff für die Spiritusbrennerei, zum Appretieren, Steifen, Eindicken, Kleben u. a. - Die **S.-Industrie** ist ein Zweig der Nahrungs- und Genußmittelindustrie.

Stark'effekt, die Aufspaltung der Spektrallinien im elektr. Feld.

Starkenburg, eine Provinz Hessens (1816 bis 1937), heute Teil des RegBez. Darmstadt.

Stärkewert, das Verhältnis der körperfettbildenden Wirkung eines Futtermittels zur gleichen Menge Stärkemehl.

Starkstromtechnik, ein Zweig der Elektrotechnik, die Erzeugung, Fortleitung und Verteilung elektr. Energie, ihre Umsetzung in mechanische, Wärme- u. a. Energie.

Stärlinge, amerikanische Familie starähnlicher Singvögel, deren beutelförmige Nester am Nistbaum herabhängen. Die **Kuh-S.** sind Brutschmarotzer nach Art des Kuckucks (→Bobolink).

Starnberg, Stadt in Oberbayern, Luftkurort am Starnberger See, 11 600 Ew.; chem., Metallindustrie.

Starnberger See, früher auch **Würmsee,** See in bayer. Alpenvorland, 584 m ü. M., bis 127 m tief, 57 km² groß; Abfluß: Würm.

Star'ost *der,* allgemein slawisch für Gemeinde- oder Kreisvorsteher; im alten Kgr. Polen bestimmte Edelleute.

Starre, ein Zustand der Untätigkeit bei Lebewesen, der eintritt, wenn auch nur eine Lebensbedingung einen zu hohen oder zu niedrigen Grad annimmt.

St'arrkrampf, T'etanus, eine Wundinfektion, die oft zum Tode führt. Der Erreger, der **Tetanusbazillus,** findet sich in Erde, Heu usw.; er bildet das Gift **Tetanotoxin.** Verunreinigung auch kleinster Wunden führt zum **Wund-S.** (Anspannung der Muskulatur mit Rückwärtsbeugung des Kopfes, Krämpfen; Atembehinderung). Vorbeugung: Schutzimpfung; bei frisch Verletzten: Einspritzen von **Tetanusschutzserum.**

Stars and stripes [sta:s ænd straips, engl.], Sternenbanner, die Flagge der Verein. Staaten von Amerika (Tafel Flaggen).

Star-spangled banner [sta: sp'æŋgld b'æn, engl. ,sternenbesätes Banner'], die Nationalhymne der Verein. Staaten, amtlich seit 1931.

Start [engl.] *der,* Beginn und Abgangsort z. B. einer Fahrt oder eines Fluges, bes. im sportl. Wettbewerb der Beginn eines Wettlaufs, Rennens usw.: **stehender S.** aus dem Stillstand heraus, **fliegender S.** aus der Bewegung (erst bei Überqueren der S.-Linie). **Startanzeige:** optische oder akustische Signale zum S. **Starter** *der,* **1)** Kampfrichter, der das Zeichen zum Rennbeginn gibt. **2)** ⏚ der →Anlasser.

Startblock, 1) Leichtathletik: nicht federnde Ablaufstütze. **2)** Schwimmsport: nach vorn abgeschrägte Erhöhung über der Kampfbahn zum Startsprung.

Startfenster, der günstigste oder einzig mögliche Zeitpunkt oder Zeitraum für den Start eines Raumflugkörpers (bei einem Start zum Mond **Mondfenster**).

Startmaschine, eine Startvorrichtung beim Pferderennen: 4 bis 6 elastische Bänder, die die Rennbahn versperren und beim Start emporschnellt werden.

Startschleuder, *das* →Katapult 2).

Start- und Landebahnen, SL-Bahnen, →Flughafen.

Staßfurt, Stadt im Bez. Magdeburg, an der Bode, 26 000 Ew.; chemische, Maschinen-, Rundfunk- u. a. Ind.; Kalibergbau (seit 1862).

Stat *das,* Abk. **St,** Einheit der Stärke einer radioaktiven Strahlung, bes. von Radiumemanation. 1 St = 3,64 · 10⁻⁷ Ci (→Curie).

State Banks [steit bæŋks], in den Verein. Staaten die auf Grund gesetzl. Genehmigung der Einzelstaaten errichteten Banken (Kredit- und Depositenbanken).

State Department [steit dip'a:tmənt], das Außenministerium der Verein. Staaten.

Staten Island [st'ætn 'ailənd], Insel der Stadt New York, an der Mündung des Hudson.

Stat'er *der,* zunächst ein Gewicht, dann das Großstück vieler altgriech. Gold- und Silberwährungen.

St'atik, ⏚ die Lehre vom Gleichgewicht der Kräfte oder die Lehre vom Spannungs- und Verschiebungszustand von Tragwerken. Gegensatz: Dynamik. Die S. ist eine Grundlagenwissenschaft der modernen Bautechnik.

Stati'on [lat.], **1)** Bahnhof; Haltepunkt. **2)** Abteilung (Krankenhaus). **3)** Standort, Aufenthalt. **4)** Ort für wissenschaftl. Beobachtungen. **station'är,** bleibend, ortsfest; **stationäre Bevölkerung:** Bevölkerung ohne Geburtenüberschuß; **stationäre Wirtschaft:** Volkswirtschaft ohne wirtschaftl. Wachstum.

Stationers' Company [st'eiʃnəz k'ʌmpəni], in London seit 1403 bestehende Gesellschaft der stationarii (Bücherhersteller oder -verkäufer). Die Stationers' Registers sind wichtig für das engl. Urheberrecht.

Stationierungskosten, die Kosten der Stationierung von Streitkräften eines der NATO angehörenden Landes im Gebiet eines anderen Mitgliedstaats; sie werden im Rahmen des Verteidigungsbeitrags von den Mitgliedern gemeinsam getragen.

st'atisch [grch.], im Gleichgewicht, fest stehend.

Stat'ist [lat.] *der,* Theater, Film: Darsteller stummer Rollen, bes. in Massenszenen.

Stat'istik [frz.] **1)** das Verfahren, Massenerscheinungen zu erfassen, nach Merkmalen auszuzählen, zu gruppieren und die Ergebnisse auszuwerten. Die S. beruht auf dem →Gesetz der großen Zahlen. Sie wird bes. auf dem Gebiet des sozialen Lebens (Bevölkerungs-, Wirtschafts-, Kultur-S.) und der Forschung angewandt. - Statistische Verfahren sind: die **Erhebung** (Zählungen mittels Fragebogen), die **Aufbereitung** (Prüfung der Eintragungen, Gliederung nach bes. Merkmalen, Auszählung) und die **Darstellung** des Ergebnisse in Tabellen, Schaubildern. - Die sozialwissenschaftl. S. umfaßt: die **allgemeine S.,** die die Begriffe und Verfahren behandelt und als bes. Zweig der **mathemat. S.** entwickelte; die **besondere S.,** die in die **Bevölkerungs-,** die **Wirtschafts-** (Berufs-, Produktions-, landwirtschaftl., Preis-, Verkehrs- u. a. und die privatwirtschaftl. S.) und die **Kultur-S.** gegliedert ist. - Die **amtliche S.** (Statist. Bundesamt, statist. Landesämter, städt. statist. Ämter) führt regelmäßig Erhebungen und Zählungen durch (Primär-S.) oder verwertet das in anderen amtl. Bereichen (Finanzämter, Gerichte) anfallende Material (Sekundär-S.). Die **private S.** der Betriebe und Verbände hat für das Wirtschaftsleben große Bedeutung. **2)** Naturwissenschaften: die Regeln über das Verhalten einer großen Anzahl gleichartiger Dinge, z. B. Atome, Moleküle, deren Verhalten im Einzelfall regellos verläuft.

statistische Mechanik, die kinetische Theorie der Wärme, sie umfaßt die →kinetische Gastheorie und die →statistische Thermodynamik.

Statistisches Bundesamt, die statist. Zentralbehörde der Bundesrep. Dtl.; selbständige Bundesoberbehörde unter einem Präs. im Bereich des Innenministeriums; 1953 errichtet, Sitz: Wiesbaden. Daneben bestehen Statist. Landesämter.

statistische Thermodynamik, die Beschreibung der allgemeinen Zustände von Material und Strahlung durch gemeinsame Anwendung mechanischer und statischer Gesetze.

St'atius, Publius Papinius, latein. Dichter zur Zeit Domitians; Epen ,Thebais', ,Achilleis' (unvollendet); Gedichte ,Silvae'.

Stat'iv [lat.] *das,* ein dreibeiniges, meist zusammenleg- oder -schiebbares Gestänge zum Aufbau von Apparaturen, Aufstellen von Kameras, Theodoliten u. ä.

Statosk'op, ✈ ein hochempfindlicher Höhenmesser, ermöglicht die genaue Einhaltung der Flughöhe.

Statthalter, 1) ein Vertreter der Staatsobrigkeit in einer Provinz oder einem sonstigen Gebietsteil. **2)** →Reichsstatthalter.

statu'arisch [lat.], statuenhaft.

St'atue [lat.] *die,* **Standbild,** Bildhauerkunst: eine stehende, vollplastisch gebildete Einzelfigur. **Statu'ette,** eine kleine S., in der Antike meist eine Weihegabe.

statu'ieren [lat.], festsetzen, bestimmen.

Stat'ur [lat.] *die,* Wuchs, Gestalt.

St'atus [lat.] *der,* Zustand; Vermögensstand. **S. quo,** gegenwärtiger Zustand. **S. quo ante,** Zustand, in dem sich etwas bis zu einem bestimmten Ereignis befand. **in st'atu nasc'endi,** im Entstehungszustand.

Statussymbol, ein zum Sinnbild erhobener Gegenstand, der die Stellung seines Besitzers innerhalb einer bestimmten Gesellschaftsschicht zeigen soll.

Statusklage, ⚖ die Klage auf Feststellung der Rechtsverhältnisse zwischen Eltern und Kindern, die Anfechtung der Ehelichkeit und die Klage auf Feststellung der blutsmäßigen unehel. Abstammung.

Stat'ut [lat.] *das,* die →Satzung. **statut'arisch,** durch Satzung festgelegt.

Statut'arrecht, das auf den Statuten einer Körperschaft beruhende Recht.

Statute Law [st'ætju:t lɔ:, engl.], das vom englischen Parlament geschaffene Gesetzesrecht.

Statute mile [st'ætju:t mail, engl.], die Meile (1609,34 m).

Stat'utum in fav'orem pr'incipum [lat. ,Satzung zugunsten der Fürsten'], Reichsges. Kaiser Friedrichs II. v. 1231/32, das die Landeshoheit (,Dominus terrae') der deutschen Fürsten begründete.

Stau, die Hebung des Wasserspiegels durch künstl. Einbauten (Wehre, Staudämme) oder durch natürl. Ablagerungen.

Staub, feinste Teilchen mit Durchmessern um 0,01 mm. Sie werden am Erde aufgewirbelt, entstammen Verbrennungsvorgängen (Brände, Vulkanausbrüche, Industrieabgase), entstehen bei der Bearbeitung (bohren, fräsen, sägen, polieren, schleifen, mahlen, hobeln u. ä.) der Werkstoffe oder gelangen als kosmischer S. in die Luft.

Staubabscheidung wird meist vorgenommen mit →Luftfiltern, →Luftwäschern, →Zyklon.

Staubblatt, Staubgefäß, das männl. Geschlechtsblatt der Blüte; trägt das **Staubbeutel** mit Pollen auf dem **Staubfaden.**

Staub|inhalationskrankheiten, Erkrankungen der Atmungsorgane durch Staub, z. B. **Kohlenlunge** (Anthrakose), **Eisenlunge** (Siderosis). Melde- und entschädigungspflichtige Berufskrankheiten: **Asbestose** der Asbestarbeiter; **Staublunge** (Kiesellunge, Silikose) bei Gesteinshauern. Vorbeugung: Absaugen des Staubes, Atemschutzgeräte.

Stäubling, der Pilz →Bovist.

Staub|lunge, eine meldepflichtige →Staubinhalationskrankheit.

Staubsauger, trag- oder fahrbares Entstaubungsgerät, oft mit Zusatzgeräten zum Bürsten, Bohnern, Klopfen u. a. Ein durch Elektromotor getriebener Ventilator saugt durch eine Düse die staubhaltige Luft an und treibt sie durch einen Luftfilter.

stauchen, den Querschnitt eines Werkstücks durch Stoffanhäufen auf Kosten seiner Länge vergrößern, z. B. beim Gesenkschmieden.

Staudamm, ein Erd- oder Steindamm mit eingearbeiteter Dichtungsschicht, als Stauanlage einer Talsperre.

Staude, hohes Kraut, auch: Gesträuch, im engeren Sinn: **Perennen,** krautige mehrjähr. Garten- oder Wildpflanzen, die mit unterird. Speicherorganen (z. B. Wurzelstock, Knolle) den Winter überdauern und im Frühjahr neu austreiben.

Staudinger, Hermann, Chemiker, * 1881, †1965, Prof. in Freiburg (Br.), bahnbrechend auf dem Gebiet der hochmolekularen Stoffe; 1953 Nobelpreis für Chemie.

Staudruck, bei einem umströmten Körper der Unterschied zwischen dem Gesamtdruck und dem statischen Druck der ungestörten Strömung.

Staudruckmesser, →Staurohr.

Stauer, Unternehmer, der das sachgemäße Laden und Löschen der Handelsschiffe durch Schauerleute beaufsichtigt.

Staufer, Hohenstaufen, deutsches Herrschergeschlecht, genannt nach der Stammburg →Hohenstaufen, das mit Friedrich, Schwiegersohn Kaiser Heinrichs IV., 1079 das Herzogtum Schwaben erhielt. 1138 gelangte mit Konrad III. auf den deutschen Königs- und Kaiserthron; bis 1254 folgten Friedrich I., Heinrich VI., Philipp, Friedrich II., Konrad IV. Zu ihrem reichen Hausbesitz im Elsaß, in Schwaben und Franken, den sie zur territorialen Vormacht im Reich zu erweitern gedachten, erwarben sie 1194 das norman. Königreich Neapel-Sizilien. Mit der Hinrichtung Konradins erlosch das Geschlecht 1268 im Mannesstamm.

Stauffenberg, Claus Schenk Graf von, →Schenk von Stauffenberg.

Stauffer-Bern, Karl, * 1857, † 1891, schweizer. Maler und Radierer, schuf bes. Porträts.

Staumauer, eine Stahlbetonmauer als →Talsperre.

Stauning, Thorvald, dän. Politiker (Sozialdemokrat), * 1873, † 1942, war 1924-26 und 1929-42 MinPräs., daneben Seefahrts- und Verteidigungsminister.

Staupe *die,* **Hundeseuche, -pest,** durch ein Virus verursachte, sehr ansteckende Infektionskrankheit des Hundes.

Staupitz, Johann von, † 1524, Generalvikar der Dt. Augustinerkongregation und Prof., Beichtvater des jungen Luther, rückte später von den Lutheranern ab.

Stäupung, im MA. die öffentl. Auspeitschung mit Ruten, wobei der Verurteilte an einen Pfahl (**Staupsäule**) gebunden wurde.

Staupunkt, Punkt an der Oberfläche eines umströmten Körpers, an dem die Strömung relativ zum Körper in Ruhe ist.

Staurohr, Staudruckmesser, Prandtlsches S., Gerät zum Ermitteln der Strömungsgeschwindigkeit aus der Differenz von Gesamtdruck und statischem Druck.

Stauroth'ek [grch.] *die,* eine Behälter für eine Kreuzreliquie; bes. bekannt die mit Goldschmiedearbeiten und Zellenschmelz bedeckte Kreuzlade im Domschatz zu Limburg a. d. Lahn; im 10. Jahrh. in Konstantinopel entstanden, dort von einem Kreuzfahrer entführt.

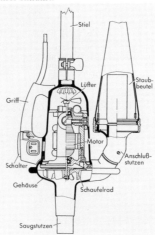

Staubsauger

Staustrahltriebwerk, ein →Strahltriebwerk.

Staustufe, Sammelbegriff für Kraftwerk, Schleusen und Wehranlagen an einer Gefällestufe eines kanalisierten Flusses.

Stauung, ✚ die Blutstauung; z. B. B. in der Leber (**Stauungsleber**) und in der Lunge (**Stauungslunge**) und in der Niere (**Stauungsniere**) bei Herz- und Lungenkrankheiten. Die **Stauungspapille,** eine mit dem Augenspiegel erkennbare Anschwellung des Sehnervenkopfes im Auge infolge Blut- und Lymphstauung, kann Zeichen für eine Gehirngeschwulst sein.

Stav'anger, die Hauptstadt der Prov. Rogaland, Norwegen, am Boknfjord, 81 700 Ew., eine der ältesten norweg. Städte mit Dom (Anfang 12. Jahrh. beg.); lebhafter Schiffsverkehr, Flugplatz, Fischverarbeitungsindustrie, Schiff-, Maschinenbau.

Stavenh'agen, Fritz, niederdt. Dichter, * 1876, † 1906; Dramen (,Mudder Mews', 1903).

Stawr'opol, 1936-46 **Woroschilowsk,** Gebietshauptstadt in der Russ. SFSR, im N-Kaukasus, 198 000 Ew.; Maschinen-, chem. u. a. Industrie, Fleischkombinat.

Steak [steik, engl.] *das,* schnell gebratenes Fleischstück.

Steamer [st'i:mər, engl.] *der,* Dampfer.

Stear'in *das,* 1) das Triglycerid der Stearinsäure, einer Fettsäure mit 18 Kohlenstoffatomen, Hauptbestandteil der Fette. 2) Gemisch von Stearinsäure und Palmitinsäure, Rohstoff der Kerzenherstellung, der Seifen-, Lederindustrie u. a.

Steat'it [grch.] *der,* →Speckstein.

Steatopyg'ie [grch.] *die,* →Fettsteiß.

Steben, Bad S., Markt in Oberfranken, Bayern, 2100 Ew.- Stahl-, Moor-, Radiumheilbad.

Stechapfel, Gatt. der Nachtschattengewächse, einjähriges, meterhohes Kraut mit weißen Trichterblüten, das zur Gewinnung von →Hyoscyamin, →Atropin und Scopolamin für Arzneien angebaut wird; baumförmige südamerikan. Arten mit langen weißen oder orangefarbenen Blüten sind Zierpflanzen (Tafel Giftpflanzen).

Stechen, Stichkampf, ⚔ zusätzlicher Wettbewerb im Anschluß an die eigentl. Konkurrenz, der über einen bis dahin unentschiedenen Wettkampf entscheiden soll, bes. im Fechten, im Schießen, beim Pferdesport: Trabrennen (**Stichfahren**), Dressur und Springreiten.

Stechfliege, Stallfliege, stubenfliegenähnliche Fliege mit schlankem Stechrüssel.

Stech|immen, zu den Hautflüglern gehörige Insekten mit Giftstachel.

Stechmücken, Sippe der →Mücken.

Stechpalme, Strauch mit immergrünen, dornig gezähnten Blättern, in Wäldern; mit weißen Blüten und scharlachroten, kugeligen Steinfrüchten; unter Naturschutz; auch Zierstrauch. Die Blätter von südamerikan. Arten dienen zu Tee (Mate).

Stechuhr, 1) eine Wächterkontrolluhr. 2) eine Stempeluhr: Zur Arbeitszeitkontrolle steckt jeder Arbeitnehmer bei Beginn und Ende seiner Tätigkeit eine Karte in die S., die die Zeit aufdruckt.

Stechwinde, kletternde Liliengewächse mit länglich-herzförmigen Blättern und unscheinbaren Blütendolden. **Chinesische** und **amerikanische S.** sind Heilpflanzen (harn- und schweißtreibend).

Steckbrief, ⚖ das auf Grund eines Haftbefehls von einem Richter oder Staatsanwalt schriftlich erlassene Ersuchen an alle Behörden, bes. an die Polizei, eine flüchtige oder sich verborgen haltende Person festzunehmen und sie der ersuchenden Behörde zu übergeben. Der S. beschreibt die verfolgte Person und die begangene Tat. - Ursprünglich war der S. die Ladung vor ein Femegericht, die dem Beklagten in den Torriegel gesteckt wurde.

Steckdose, eine fest in oder auf der Wand installierte Anschlußvorrichtung für die elektr. Leitung: In die Kontakthülsen der S. werden die Kontaktstifte des **Steckers** eingeführt, →Schutzkontaktstecker.

Steckling, 1) Schnittling, Pflanzenteil, der nach Abtrennen und Einstecken in die Erde selbständige Pflanze werden kann. **2) Steckrübe,** Zuckerrübenpfahlwurzel, die im 2. Jahr zur Samenzucht gesteckt wird.

Steckschlüssel, Schraubenschlüssel, der den Schraubenkopf glockenartig umfaßt.

Stedinger, freie friesisch-niedersächs. Bauern an der Unterweser, 1229-34 als Ketzer durch den Bremer Erzbischof Gerhard II. in Kreuzzügen unterworfen.

Steele [sti:l], Sir (seit 1715) Richard, engl. Schriftsteller, * Dublin 1672, † 1729, gab, z. T. mit Addison, Moralische Wochenschriften heraus.

Steen, Jan, holländ. Maler, * um 1626, † 1679, malte Bilder aus dem Volks- und Bürgerleben, lebhaft erzählt und reich an humorvollen Einfällen, auf ähnl. Art auch biblische und mytholog. Bilder.

Steeplechase [sti:'plt∫eis, engl. ‚Kirchturmrennen'] *die,* ein →Hindernisrennen.

Steer [stiə], Philip Wilson, engl. Landschafts-, Figuren- und Porträtmaler, * 1860, † 1942; vom französ. Impressionismus beeinflußt.

Stefan, Josef, österreich. Physiker, * 1835, † 1893, fand das **S.-Boltzmannsche Gesetz,** ein Strahlungsgesetz des schwarzen Körpers.

St'efánsson, 1) David, island. Dichter, * 1895; Lyrik; Romane.
2) Vilhjalmur, kanad. Polarforscher, * 1879, † 1962.

Steff'ani, Agostino, italien. Komponist, * 1654, † 1728, Freund und Wegbereiter Händels.

Steffen, Albert, schweizer. Schriftsteller, * 1884, † 1963, Präs. der Anthroposoph. Gesellschaft; Romane, Dramen, Lyrik.

Steffens, Henrik, Philosoph, Naturforscher, Dichter, * Stavanger 1773, † 1845, als romant. Naturphilosoph Anhänger Schellings. ‚Was ich erlebte' (1840-44).

Stechpalme

Steg, 1) bei Streichinstrumenten das Hartholzplättchen, das die Saiten stützt und ihre Schwingungen auf den Resonanzkörper überträgt. **2)** 🕮 eine Metall- oder Kunststoffschiene zum Ausfüllen nichtdruckender Zwischenräume der Druckform oder als Unterlage für Druckplatten. **3)** schmale Brücke.

Stegemann, Hermann, Historiker und Schriftsteller, * 1870, † 1945; ‚Gesch. des Krieges 1914-18', 4 Bde. (1918-21) u. a.

Stegerwald, Adam, Gewerkschaftsführer, * 1874, † 1945, seit 1919 Vors. des Gesamtverbands der christl. Gewerkschaften und des Dt. Gewerkschaftsbundes, wiederholt preuß. und Reichsminister, 1919 zugleich MinPräs. Preußens.

Steglitz, VerwBez. von →Berlin.

Stegreifkomödie, Commedia dell'arte (→Commedia).

stehender Start, →Start.

stehendes Gewerbe, in ständiger und fester Betriebsstätte ausgeübtes Gewerbe im Unterschied zum Reisegewerbe.

Steher, 🚴 **1)** ein Rennpferd, das über lange Distanzen (2000 m und mehr) seine besten Leistungen vollbringt. **2)** im Radsport der Fahrer hinter dem Schrittmacher.

Stehr, Hermann, Schriftsteller, * 1864, † 1940, urspr. Lehrer; verband Naturalistik und schles. Mystik in seinen Romanen. ‚Der Heiligenhof' (2 Bde. 1918) u. a.

Stehsatz, 1) Druckformen, die zur weiteren Verwendung (Neudruck) aufgehoben werden. **2)** gesetzte Artikel, die z. B. bei Zeitungen bereitgehalten werden.

Steiermark, Bundesland Österreichs, 16 386 km², 1,192 Mill. Ew. Hauptstadt: Graz. S. reicht vom Dachstein über das obere Ennstal, die Niederen Tauern und Eisenerzer Alpen, das obere Mur- und Mürztal hinweg bis ins südöstl. Alpenvorland (Oststeir. Hügelland). Im Alpenvorland herrscht Landwirtschaft vor, im Gebirge Viehzucht; im Gebiet des Erzberges werden 90% der österreich. Eisenerze gewonnen. Hütten- und Eisenindustrie bes. um Leoben und Bruck a. d. Mur; der Abbau von Magnesit (Veitsch, Kraubath, Trieben) gehört zu den bedeutendsten Europas; Holz- und Papierindustrie (rd. die Hälfte der österreich. Produktion); Fremdenverkehr. **Geschichte.** Im Altertum war die S. keltisch besiedelt, dann Teil des Römischen Reiches (Noricum-Pannonien). 1180 wurde sie Herzogtum, fiel 1192 an die Babenberger, 1282 an die Habsburger. Der südliche Landesteil kam 1919 an Jugoslawien und wurde Teil →Sloweniens.

Steifleinen, Schneiderleinen, durch Appretur steifgemachte Leinwand, dient als Einlagefutterstoff.

Steigbügel, 1) 🏇 Metallbügel am Sattel mit Tritt für die Füße beim Reiten. **2)** ein Gehörknöchelchen im Ohr.

Steigeisen, 1) an die Schuhe anschnallbare Stahlhaken zum Erklettern von Holzmasten. **2)** eingemauerte Bügel oder Sprossenstufen an Wänden, Schornsteinen zum Hinaufsteigen. **3)** 🏔 Ausrüstungsgegenstand für Bergsteiger zum Gehen auf Eis. (Bild Bergsteigen)

Steiger, ⚒ Aufsichtsbeamter, muß gelernter Bergmann sein, Bergvorschule und Bergschule besucht haben. Es gibt **Gruben-(Revier-), Maschinen-** oder **Elektro-S.,** in gehobener Stellung **Fahr-S., Ober-S.**

Steigerung des Eigenschaftswortes, Ⓢ die Komparation, Bildung der Mehr- und Meiststufe (Komparativ und Superlativ).

Steigerwald, waldiges, bis 498 m hohes Mittelgebirge in Franken, zwischen Main und Aisch.

Steig|leitung, vom Hausanschluß senkrecht nach oben führende Leitung für Elektrizität, Gas, Wasser.

Steig- und Sinkgeschwindigkeitsmesser, *das* →Variometer.

Steigung, das Gegenteil von →Gefälle, wie dieses gemessen und ausgedrückt.

Steilfeuer, ⚓ Geschützfeuer bes. von Mörsern, Haubitzen und Flak bei großem Erhöhungswinkel.

Stein, 1) S. am Rhein, Bezirkshauptstadt im Kt. Schaffhausen, Schweiz, 2700 Ew.; ehem. Benediktinerabtei, Rathaus (1539); Weinbau und vielseitige Industrie.
2) S. an der Donau, Stadtteil von Krems.
3) S. bei Nürnberg, Gem. in Mittelfranken, 9400 Ew.; Schloß; Bleistift-, Möbelherstellung.

Stein, 1) Charlotte von, * 1742, † Weimar 1827, Tochter des Hofmarschalls von Schardt, Gattin des herzogl. Stallmeisters Friedr. Freiherr v. S. († 1793). Goethe stand in Weimar 12 Jahre lang zu ihr in einem Verhältnis innigster Freundschaft (bis zu seiner italien. Reise).
2) Edith, Philosophin, * 1891, † im KZ 1942, Schülerin Husserls, suchte die Lehren Thomas von Aquins mit der Methode der Phänomenologie neu zu begründen.

3) [stain], Gertrude, amerikan. Schriftstellerin. * 1874. † 1946. war in Paris Mittelpunkt eines Kreises von Malern und amerikan. Schriftstellern (Dos Passos, Hemingway), deren Stil sie nachhaltig beeinflußte. Autobiographie 1933.

4) Karl Reichsfreiherr vom und zum S., * 1757, † 1831, seit 1780 im preuß. Staatsdienst, 1804 Wirtschaftsmin., nach vorübergehender Entlassung (1806) 1807 leitender Minister in Preußen, das er durch innere Reformen zu erneuern begann: Auf-

Freiherr vom Stein (Zeichn. v. Fr. Olivier)

hebung der bäuerl. Leibeigenschaft, Selbstverwaltung der Städte (Städteordnung), Fachministerien. Als Vorkämpfer gegen Napoleon I. mußte er Ende 1808 zurücktreten und wurde von Napoleon geächtet. 1812/13 wirkte er als Berater des russ. Kaisers Alexander I. 1819 regte er die Gründung der ‚Gesellschaft für Dt.s ältere Geschichtskunde' an (→Monumenta). S. war ein Gegner sowohl der ‚Ideen von 1789' wie Metternichs.

5) Lorenz von, Volkswirtschaftler, Staatsrechtler, * 1815, † 1890, Prof. in Wien, befaßte sich bes. mit der sozialen Frage, deren Lösung er als die Aufgabe des Staates ansah.

Steinach, 1) Luftkurort, Wintersportplatz im Bez. Suhl, am Thüringer Wald, 7700 Ew.; Schiefer- und Glasind. **2) S. am Brenner,** Markt, Luftkurort, Wintersportplatz in Tirol, Österreich, 1051 m ü. M., 2700 Ew.

Steinach, Eugen, Physiologe, * 1861, † 1944; erforschte die Geschlechtsorgane und -hormone und machte Verjüngungsversuche durch Neubelebung der alternden ‚Pubertätsdrüse'.

Steinam'anger, ungar. **Szombathely,** die Hauptstadt des Komitats Vas in Westungarn, 64 700 Ew.; barocke Kathedrale, Bischofspalais; Maschinen- und Textilind.

Steinbach-Hallenberg, Stadt im Bez. Suhl, 6300 Ew.; Kleineisen- u. a. Industrie.

Steinbeck, John Ernst, amerikan. Schriftsteller, * 1902, † 1968; sozialkritische Ro-

John Steinbeck   *Rudolf Steiner*

mane: ‚Von Mäusen und Menschen' (1937), ‚Die Straße der Ölsardinen' (1946), ‚Jenseits von Eden' (1952) u. a.; Nobelpreis 1962.

Steinbeißer, Fisch, →Schmerlen.

Zeichnung von S. Steinberg

Steinberg, Saul, Karikaturist, * bei Bukarest 1914, seit 1941 in den Verein. Staaten.

Steinbock, 1) ♑ Horntier, den Ziegen zugehörig. Der **Alpen-S.** wird bis 1,60 m lang und etwa 80-100 kg schwer, die Hörner erreichen 1 m Länge und werden bis zu 15 kg schwer. **2)** ☆ Sternbild des Südhimmels, 10. Zeichen des Tierkreises.

Steinbrech, latein. **Saxifraga,** Gatt. der Fam. S.-Gewächse, z. B. **Körniger S.,** weißblühende Wiesenpflanze mit Brutknöllchen. Gebirgspflanze ist der weißblütige **Traubige S.,** Zierpflanze der weiß-rotpunktig blühende **Porzellan-S. (Jehovablümchen).**

Steinbruch, eine Anlage zur Gewinnung nutzbarer Gesteine durch Bohren und Sprengen im Tagebaubetrieb.

Steinbuch, Karl, Informationstheoretiker, * 1917, schrieb ,Falsch programmiert' (1968) u. a.

Steinbutt, Fisch, →Schollen.

Stein der Weisen, Alchemie: Wunderstein, der unedles Metall in Gold verwandelt.

Steindruck, die →Lithographie.

Steiner, 1) Jakob, schweizer. Mathematiker, * 1796, † 1863, einer der Begründer der synthet. Geometrie.

2) Rudolf, Schöpfer der Anthroposophie, * 1861, † 1925, gründete 1913 die **Allgemeine Anthroposophische Gesellschaft,** 1919 die **Waldorfschule** Stuttgart, danach das **Goetheanum** in Dornach als ,Hochschule für Geisteswissenschaften'. (Bild S. 1187)

Steiner Alpen, Gruppe der südl. Kalkalpen, in Slowenien, im Grintavec 2558 m hoch.

Steinerne Renne die, Schlucht der →Holtemme.

Steinernes Meer, verkarstete Hochfläche der Salzburger Alpen, südlich vom Königssee, im Selbhorn 2655 m, in der Schönfeldspitze 2651 m hoch.

Steine und Erden, in der Wirtschaft zusammenfassender Begriff für feste Natursteine, Lockergesteine, im Tagebau gewonnene Industrieminerale, Torf, Naturasphalt und für Halbfertig- und Fertigerzeugnisse wie Betonstein, Asbestzement, Ziegel, Steinzeug, Feuerfest-Erzeugnisse u. a. Die Industrien der S. u. E. liefern Roh- und Hilfsstoffe bes. an die Bau-, Glas-, chem., keram. u. a. die Schwerindustrie sowie Kalkdünger an die Landwirtschaft. In der Bundesrep. Dtl. bestanden (1970) 4656 Betriebe mit 231 900 Beschäftigten.

Steingarten, Gartenanlage mit Steinen, Felsen zum Bepflanzen mit Gebirgspflanzen u. a.

Steingut, hartgebrannte weiße Irdenware mit einer aufgeschmolzenen blei- od. borsäurehaltigen Frittenglasur (→Keramik).

Steinhagen, Gem. in Nordrh.-Westf., 8400 Ew., Herstellung von **Steinhäger**

(Trinkbranntwein aus Wacholderbeeren); Webereien, Möbelfabriken.

Steinhausen, Gem. bei Schussenried, Baden-Württ., 280 Ew. Die Wallfahrtskirche wurde 1727-33 von D. Zimmermann über ellipt. Grundriß erbaut; Deckenfresko von J. B. Zimmermann.

Steinhausen, Wilhelm, * 1846, † 1924, malte, H. Thoma eng verbunden, religiöse Bilder, Landschaften und Bildnisse.

Steinheil, Carl August von, Astronom und Optiker, * 1801, † 1870, förderte den Gauß-Weberschen Telegraphen.

Steinheim am Main, Stadt in Hessen, 9900 Ew.; Schloß (15. Jahrh.), Stadtbefestigung, Fachwerkhäuser; graphisches Gewerbe, Diamantschleifereien.

Steinhoff, Fritz, Politiker (SPD), * 1897, † 1969, Bergarbeiter, war 1933-45 in Haft, wurde 1945 Oberbürgermeister in Hagen, 1956-58 MinPräs. von Nordrhein-Westfalen, war seit 1961 MdB.

Steinholz, färbbarer Fußbodenbelag aus kaustisch gebrannter, gemahlener Magnesia, mit Holzmehl, Korkschrot, Sägespänen u. ä. als Füllstoff, Magnesiumchlorid als Bindemittel. Die Masse wird einige Zentimeter dick aufgetragen und ergibt einen fugenlosen, schalldämpfenden Fußboden.

Steinhöwel, Heinrich, * 1412, † 1483, Mittelpunkt eines frühhumanist. Kreises; Übersetzungen.

Steinhuder Meer, See in Ndsachs., nördl. von Wunstorf, 30 km², bis 3 m tief, Abfluß durch den Meerbach zur Weser.

Traubiger Steinbrech

Steinhuhn, etwa 35 cm großes Feldhuhn in Trockengebieten Südosteuropas und Asiens, rotfüßig und rotschnäblig.

Steinigung, im Altertum Tötung durch Steinwürfe; Todesstrafe bei Griechen, Römern, Juden und Germanen.

Steinkauz, Vogel, eine Eule.

Steinkisten, Art der Megalithgräber.

Steinklee, Arten von Klee, ein Hornklee und die Gattung →Honigklee 1).

Steinkohle, eine harte Kohle mit 76 bis 96% Kohlenstoffgehalt.

Steinkohle|einheit, SKE, ein techn. Energiemaß, der mittlere Energiegehalt von 1 kg Steinkohle: 7000 kcal.

Steinkohlenbergbauverein, Essen, Verein zur Förderung von Steinkohlenbergbau und -veredlung, 1952 gegr.; Mitglieder sind alle Unternehmen des westdt. Steinkohlenbergbaus.

Steinkohlenbergwerke Mathias Stinnes AG., Essen, früher **Gewerkschaft Mathias Stinnes,** gegr. 1864; seit 1969 Hibernia AG.

Steinkohlenformation, das →Karbon.

Steinkorallen, ♒ die Riffkorallen.

Steinkreuze, Hauptwerke der brit. Kunst des Früh-MA., zuerst in Nord- und Mittelengland um 600 errichtet, etwa 5 m hoch, mit Ranken, Flechtwerk und Reliefs aus dem Leben Christi und der Legende (Bewcastle-, Ruthwell-Kreuz, beide bei Carlisle, u. a.), im 10. Jahrh. bes. auch in Irland. - In Dtl. vorkommende kleine S. sind meist Mahn- und Sühnezeichen.

Alpen-Steinböcke

Steinkult, die Verehrung von Steinen (Grenzsteine, Amulette u. a.).

Steinlen, Théophile-Alexandre, schweizer. Graphiker in Paris, * 1859, † 1923; Zeichnungen für satir. Blätter, Plakate.

Steinmar, mittelhochdt. Lyriker aus der 2. Hälfte des 13. Jahrh.

Steinmetz, Handwerker, der Natursteine für Bauten, Grabmäler u. a. bearbeitet und Schriften anbringt. Arbeitstechnik ähnlich der des **Steinbildhauers.** 3jährige Lehre.

Steinmetzzeichen, monogrammartige und geometr. Zeichen, seit Mitte des 12. Jahrh. von den Steinmetzen in die von ihnen bearbeiteten Steine gehauen.

Steinmispel, Cotoneaster, Rosengewächse, kleine Sträucher, auch Bäumchen, mit weißen oder roten Blütchen und roten oder schwarzen, weißdornähnl. Früchtchen **(Steinquitte).** Zierstrauch ist z. B. die liegende verästelte, rotfrüchtige, **Kleinblättrige S.** aus dem Himalaya.

Steinnuß, Samen der Elfenbeinpalme, deren elfenbeinartiges Nährgewebe zum Schnitzen sowie als Rohstoff für Knöpfe, Würfel, künstl. Korallen, Türkise dient.

Steinobst, Obstarten, die in saftig-fleischiger, genießbarer Hülle nur einen einzigen, harten, den Samen einschließenden Kern enthalten: Kirsche, Pflaume, Aprikose, Pfirsich, Mirabelle u. a.

St'einoperation, ärztl. Eingriff, um bei einer Steinkrankheit die Steine zu entfernen, bes. der **Steinschnitt,** bei dem man von außen her die Harnblase eröffnet, und die **Steinzertrümmerung,** bei der der Stein mit einem durch die Harnröhre in die Blase eingeführten Hohlstab mit Zange **(Steinbrecher)** zermalmt wird.

Steinpilz, Herrenpilz, Speisepilz, Röhrling mit braunem Hut, weißl. bis olivgrüner Röhrenschicht und weißem Fleisch. (Bild Pilze)

Steinplastik, Werke der Bildhauerkunst aus Stein. Bereits in den altoriental. Hochkulturen finden sich S. von sehr großen Ausmaßen. In Europa sind S. seit der Altsteinzeit bekannt (Idolplastik). Eine Hochblüte erlebte die S. in der →griechischen Kunst und in der →römischen Kunst. Das Material der mittelalterl. Kathedralplastik ist in der Regel der Buntsandstein der Gegend. Die großen Bildhauer der Renaissance schufen in Anlehnung an die Antike sowohl Stein- wie Bronzeplastiken.

Steinsalz, mineralisch vorkommendes Natriumchlorid.

Steinsame, Borretschgewächse mit zu Wickeln geordneten Blüten. **Acker-S.** mit weißen Blütchen, hat roten Wurzelfarbstoff; **Berg-S.,** mit rotblauen Blüten, wächst auf Kalkboden.

Steinschneidekunst, die Kunst, bildl. Darstellungen in Edel- und Halbedelsteine einzuschleifen (Glyptik). Ein Stein mit vertieftem Bild wird **Gemme,** ein Stein mit erhabenem Bild **Kamee** genannt; als Gemme werden auch beide Arten bezeichnet. - Die

S. hat ihren Ursprung im Alten Orient, wo zum Abdruck in Ton bestimmte Siegelzylinder mit vertieften Darstellungen zuerst von den Sumerern verwendet wurden (→Rollsiegel). Zu hoher Vollendung entwickelt wurde sie dann von der kretisch-mykenischen und griech. Kunst (Gemmen mit Tieren, Göttern, Helden). In hellenistisch-röm. Zeit wurden außer Gemmen auch Kameen gearbeitet, bes. aus Steinen mit mehreren Farbschichten und größeren Formats. Als Ersatz verwendete man Glaspasten. Im MA. wurden antike Gemmen oft in Kronen, Kreuze, Bucheinbände eingefügt. Wiederaufgenommen wurde die S. in der Renaissance.

Steinstoßen, schwerathlet. Übung mit einem eisernen Stoßstein von 15 kg; wird aus dem Stand oder mit Anlauf gestoßen.

Steinwälzer, ein Regenpfeifervogel, an Kopf und Brust schwarzweiß gescheckt.

Steinway & Sons [st′ainwei ænd sᴧnz], Klavierfabrik in New York, gegr. 1853 von Heinrich E. Steinweg.

Steinwein, Wein von den Lagen ‚Leisten‘ und ‚Stein‘ bei Würzburg; allgemein: guter Frankenwein.

Steinzeit, Zeitstufe der menschl. →Vorgeschichte, in der Metalle noch unbekannt waren und Waffen und Werkzeuge meist aus Stein, Knochen oder Holz gefertigt wurden (→Altsteinzeit, →Mittelsteinzeit, →Jungsteinzeit).

Steinzeug, Tonwaren mit dichtem, verglastem Scherben; **Grob-S.** unglasiert oder mit Salzglasur für Kanalisationsröhren, Gurkentöpfe u. ä.; **Fein-S.** mit bleifreier Feldspatglasur und mit Metalloxiden bemalt für Haus- und Ziergerät, Isolatoren, säurefeste Behälter u. a. - S. war früh in Ostasien verbreitet. Im ausgehenden MA. wurde S. im Rheinland (Köln, Siegburg,

Steinobst: oben Hauszwetsche; Mitte Mirabelle von Nancy; unten Dürkheimer Goldaprikose

Frechen, Raeren), im Westerwald (Kannenbäckerland) und in Franken (Kreußener S.) hergestellt, meist Krüge mit erhabenem oder eingedrücktem Dekor, bemalt mit Kobaltblau, Manganviolett. Sonderart war das braunrote S., das Böttger zu Anfang des 18. Jahrh. in Meißen herstellte.

Steiß der, ⚕ das untere Rumpfende.

Steißbein, Knochen, der durch Verwachsung der auf das Kreuzbein folgenden 5 letzten Wirbel entsteht.

Steißfüße, Tauchvögel, die an jeder Zehe breite Schwimmlappen haben **(Lappentaucher);** z. B. **Haubentaucher,** 50 cm lang.

Steißgeburt, eine Geburt, bei der zuerst der Steiß des Kindes hervortritt **(Beckenendlage).**

Steißhühner, süd- und mittelamerikan. hühnerähnliche Bodenvögel mit kurzen breiten Flügeln; ähneln Straußvögeln.

Stek, ⚓ die Schleife beim Knoten.

St′ele [grch.] *die,* im alten Griechenland ein als frei stehender Pfeiler errichteter Grenz- oder Inschriftstein oder ein Grabmal, an der Vorderseite mit einem Relief des Toten, auch seiner Angehörigen, oben mit einem Giebel, auch einer Palmette.

Stellage [stal′a:ʒə, niederl.-frz.] *die,* Gestell, Bord.

Stellagegeschäft, an der Börse ein Termingeschäft, bei dem der Käufer das Recht und die Pflicht hat, dem Verkäufer zu bestimmtem Zeitpunkt eine bestimmte Menge Wertpapiere nach seiner Wahl zu höherem als dem Kurs des Tages der Geschäftsabschlusses abzunehmen oder zu niedrigerem zu liefern.

stell′ar [lat.], auf die Sterne bezüglich.

St′ellenbosch, Stadt im SW der Kapprovinz, Rep. Südafrika, 25 000 Ew.; 1679 gegr.; Univ. (1916). Geistiger Mittelpunkt des Burentums; Weinbau.

Stellenvermittlung, →Arbeitsvermittlung.

St′elling *die,* Verbindungssteg oder -brücke zwischen Schiff und Land oder von Schiff zu Schiff.

Stellmacher, Handwerker, der Wagen **(Wagner),** Holzgeräte u. ä. herstellt; 3 Jahre Lehrzeit.

Stellmotor, Hilfsgerät bei Regelungsanlagen, das das Eingangselement (Stellglied) des zu regelnden Systems betätigt.

Stellring, auf einer Welle oder Achse befestigter Stahlring, der andere Teile (Rad) in ihrer Lage festhält.

Stellung, 1) Lage, Haltung. 2) Rang, Amt. 3) ⚔ ein befestigter Geländeteil zur Verteidigung.

Stellungskrieg, ⚔ der Kampf zweier Heere, die sich in →Stellungen gegenüberstehen; sie bekämpfen sich durch Artillerie, Minen und Stoßtruppunternehmen.

Stellvertreter, ⚖ jemand, der im Namen eines andern (des Vertretenen) Rechtshandlungen vornimmt, bes. Erklärungen abgibt.

Stellwerk, 🚉 eine Anlage, von der aus Signale und Weichen bedient werden, auf großen Bahnhöfen als Gleisbildstellwerk oder Relaisplanstellwerk.

St′eltzer, Theodor, Politiker, * 1885, † 1967, wurde 1944 wegen Widerstands gegen den Nationalsozialismus zum Tode verurteilt, 1945 befreit; war Mitbegr. der CDU in Schleswig-Holstein und erster MinPräs. (1946-47).

St′elvio, Passo dello S., italien. Name des Stilfser Jochs.

Stelzen, 1) hohe Stangen mit Trittklötzen, zum Verlängern der Schritte. 2) Singvogelsippe mit Bachstelzen und Piepern.

Stelzhamer, Franz, bayer.-österreich. Mundartdichter, * 1802, † 1874.

Stelzvögel, die langbeinigen Sumpfvögel, z. B. Störche, Reiher.

Stemmbogen, Skisport: ein Bogen zur Änderung der Abfahrtsrichtung durch Drehen des Oberkörpers, Gewichtsverlagerung und Stemmlage der Skier.

Stemmeisen, der →Beitel.

stemmen, ⚔ →Gewichtheben.

Stempel, 1) Handdruckgerät mit Gummi-, Kunststoff- oder Stahltypen, auch durch eine Uhr automatisch verstellbar **(S.-Uhr);** der Abdruck selbst, z. B. als Beglaubigungszeichen, Merkmal für Herkunft, Güte. 2) ⚘ Fruchtknoten mit Griffel und Narbe.

Stempelsteuer, durch Abstempelung einer Steuermarke auf einer Urkunde entrichtete Steuer.

Stendal, Stadt im Bez. Magdeburg, an der Uchte, 36 500 Ew.; Nahrungsmittel- u. a. Industrie. Backsteinbauten (14./15. Jahrh.): Dom, Marien-, Jakobi-, Petrikirche, Rathaus, Stadttore.

Stendhal [stãd′al], eigentl. Henri **Beyle,** franz. Schriftsteller, * 1783, † 1842, nahm als Beamter an napoleon. Feldzügen teil, seit 1831 franzöns. Konsul in Italien; litt als Vertreter der Kultur des 18. Jahrh. an der unheroischen Enge der Restaurationszeit und der Bürgerlichkeit des Julikönigtums, war in seinen Romanen trotz betonter Nüchternheit des Stils ein packender Gestalter der Leidenschaft und der verborgenen Beweggründe menschl. Handelns. ‚Rot und Schwarz‘ (1830), ‚Die Kartause von Parma‘ (1839); Novellen; Traktat ‚Über die Liebe‘ (1822). (Bild S. 1191)

Stenge, bewegl. Verlängerung von Schiffsmasten (Mars-, Bram-, Royal-S.).

Stengel, die oberirdische Hauptachse der Pflanzen, soweit sie nicht verholzt (Stamm) oder blattfrei (Schaft) ist.

Stengel, Friedrich Joachim, Baumeister, * 1694, † 1787, seit 1733 in Saarbrücken, dessen Stadtbild durch ihn geprägt war (Evang. Ludwigskirche, 1761-75).

Stenod′aktylo, schweizer.: Stenotypistin.

Stenogr′amm [grch.] *das,* die Niederschrift in Kurzschrift.

Stenograph′ie [grch.], die →Kurzschrift.

Stenokard′ie [grch.] *die,* ⚕ Angina pectoris (→Angina).

Sten′ose [grch.] *die,* ⚕ Verengerung von Gefäßen, Kanälen durch Narbe oder Geschwulst.

Stenotyp′ist(in), Berufsbez. für jemand, der Diktate in Kurzschrift aufnimmt und in Maschinenschrift überträgt; Ausbildung in kaufmänn. Lehre und in Handelsschulen.

St′entor, nach Homer ein Grieche vor Troja, der so laut rufen konnte wie 50 Männer zusammen; danach: **Stentorstimme.**

St′ephan, Fürsten:
England. 1) **S. von Blois** (1135-54), * um 1095, Enkel Wilhelms des Eroberers, mußte 1153 den späteren König Heinrich II. zu seinem Nachfolger ernennen.
Polen. 2) **S. Báthory,** König (1576-86), * 1533, 1571-76 Fürst von Siebenbürgen, verteidigte Livland gegen die Russen.
Serbien. 3) **S. D′ušan,** * um 1308, † 1355, seit 1331 Alleinherrscher, eroberte das südl. Makedonien, Albanien, Epirus und Thessalien; 1346 ließ er sich in seiner Hauptstadt Skoplje zum ‚Zaren der Serben und Griechen‘ krönen. Höhepunkt der altserb. Geschichte.
Ungarn. 4) **S. I. der Heilige,** König (997 bis 1038), Sohn des Herzogs Géza, * um 975, hieß als Heide Wojk, erst seit der Taufe S.; ⚭ mit Gisela, der Schwester Kaiser Heinrichs II. S. nahm 1001 den Königstitel an. Er vollzog den Anschluß Ungarns an die abendländ. Kultur, gründete um 1000 das Erzbistum Gran. 1083 heiliggesprochen; Schutzheiliger Ungarns. Tag: 16. 8., in Ungarn 20. 8.

St′ephan, Heinrich von, Gründer der dt. Reichspost und des Weltpostvereins (1874), * 1831, † 1897, wurde 1870 Generalpostdirektor, später Generalpostmeister und (1880) Staatssekretär des Reichspostamts. (Bild S. 1191)

Stephansdom in Wien, in der 1. Hälfte des 13. Jahrh. als Pfarrkirche errichtet, seit 1469 Bischofskirche. Der erste spätroman.-Bau, von dem Teile der W-Seite bestehenblieben (‚Riesentor‘, ‚Heidentürme‘), wurde 1304-1511 durch einen got. Hallenbau ersetzt. Am Übergang vom Chor

1189

zum Langhaus wurde nur der südliche Turm, der ‚Steffel', vollendet (1533). Viele bedeutende Bildwerke (Orgelfuß und Kanzel von A. Pilgram, Grabmal Friedrichs III. von N. Gerhaert v. Leyden u. a.).

Stephanskrone, die ungar. Königskrone, entstanden nach 1000 aus verschiedenen Teilen; seit 1945 in Verwahrung der Verein. Staaten.

St′ephanus, einer der 7 Armenpfleger in der ersten christl. Gemeinde, wurde gesteinigt. Heiliger; Tag: 26. 12.

Stephenson [st′i:vnsn], George, engl. Ingenieur, * 1781, † 1848, baute 1814 die erste brauchbare Dampflokomotive, 1825 in England die erste öffentl. Eisenbahn.

Heinrich v. Stephan   George Stephenson

Stepinac [step′inats], Aloys, Kardinal (1953), * 1898, † 1960, 1937 Erzbischof von Agram, 1946 zu 16 Jahren Zwangsarbeit verurteilt, 1951 freigelassen, aber an der Amtsausübung gehindert.

Steppe, baumlose und trockene Ebene der gemäßigten Klimazonen, mit Gräsern, Kräutern, Sträuchern und Sukkulenten, der Trockenheit angepaßt.

steppen, 1) Stoffteile verbinden oder verzieren durch lückenlos aneinandergereihte Stiche. **2)** [von engl. step ‚Schritt'], einen **Step-(Stepp-)Tanz** ausführen, bei dem der Rhythmus durch klappernde Bewegungen der Fußspitzen und Hacken hörbar wird.

Steppenhuhn, Art der Flughühner.

Steppenkerze, Eremurus, Liliengewächs mit aufrechten Blütentrauben auf hohem Schaft; Zierpflanze.

Steppenkunst, die Kunst der euras. Steppenvölker, entstanden aus der Berührung handeltreibender Reiternomaden mit den Hochkulturen Vorderasiens und Chinas. Gefunden wurden bis auf die Zeit um 1000 v. Chr. zurückgehende Beschlagstücke der Jagd- und Kriegsausrüstung (oft in Gold getrieben), Textilien u. a. bes. in Südrußland, dem Becken von Minussinsk, dem nordchines. Ordosgebiet. Vorherrschend sind ornamentale Tierdarstellungen. Träger der S. waren vor allem die Skythen, dann Sarmaten, Alanen, Hunnen, Awaren, Ungarn. Von den Goten weitergetragen, wirkte sie in der Völkerwanderungskunst fort.

Step′un, Fjodor, Kulturphilosoph, * Moskau 1884, † München 1965, seit 1946 Prof. in München; Roman ‚Die Wandlung des Nikolai Pereslegin' (1927); kulturphilosoph., literargeschichtl. Werke.

Ster der, Abk. **st.,** → Raummeter.

Sterbefallanzeige, die Anzeige eines Todesfalls, die dem zuständigen Standesbeamten spätestens am folgenden Werktag zu machen ist.

Sterbegeld, beim Todesfall eines Mitgliedes von einer Sterbekasse, der sozialen Kranken- und Unfallversicherung an die Hinterbliebenen gezahlter Geldbetrag zur Deckung der Bestattungskosten.

Sterbehilfe, die → Euthanasie.

Sterbekasse, kleinerer Versicherungsverein a. G., der den Hinterbliebenen ein → Sterbegeld zahlt.

Sterbesakramente, Kath. Kirche: Beichte, Kommunion, Letzte Ölung.

Sterbetafel, Übersicht, aus der hervorgeht, wie viele von 100 000 Lebendgebore-

Sterbetafel (Absterbeordnung)
für die Bundesrep. Dtl. (1967/69)

Alter	männlich	weiblich
0	100 000	100 000
5	96 983	97 671
10	96 678	97 470
15	96 442	97 329
20	95 794	97 067
30	94 313	96 451
40	92 366	95 310
50	88 145	92 601
60	77 808	86 723
70	54 191	72 318
80	22 889	40 685
90	2 987	7 391

nen die einzelnen Lebensalter erreichen **(Absterbeordnung);** dient zur Errechnung der Lebenserwartung und der Prämiensätze der Lebensversicherung.

Sterblichkeit, das Verhältnis der in einem bestimmten Zeitraum Gestorbenen zur durchschnittl. Gesamtzahl des erfaßten Personenkreises (z. B. der Gesamtbevölkerung eines Landes). Das einfachste statistische Maß der S. ist die **Sterbeziffer,** bei der die Gestorbenen (ohne Totgeborene) auf 1000 der mittleren Bevölkerung eines Jahres bezogen werden. Bei der . altersspezif. Sterbeziffer werden die Gestorbenen eines Lebensalters auf 1000 Lebende gleichen Alters bezogen; auf ihrer Grundlage werden Sterbetafeln aufgestellt.

Sterbefälle auf 1000 Ew.

Land	1969	1881–90
Belgien	12,4	20,6
Bundesrep. Dtl.[1]	11,9	25,1[2]
Frankreich	11,3	29,5
Großbritannien[3]	11,9	19,2
Italien	10,1	27,1
Niederlande	8,4	21,0
Österreich	13,4	
Schweden	10,4	16,9
Schweiz	9,3	20,8
Sowjetunion	8,1	33,9[4]
Spanien	9,2	31,5
Verein. Staaten	9,5	.

[1] 1970. [2] Dt. Reich. [3] nur England und Wales. [4] europ. Rußland.

st′ereo... [grch.], Raum..., Körper...

Stereo|akustik, die Wissenschaft vom räumlichen Hören. (→ Stereophonie)

Stereochemie, die Lehre von der räumlichen Anordnung der Atome oder Atomgruppen im Molekül.

Stereofilm, mit einer Stereokamera aufgenommener Film mit Raumwirkung, dessen Teilbilder je für ein Auge bestimmt sind. Die Bilder können neben- oder übereinander, bei → Anaglyphen und → Vektographen auch aufeinander liegen. Eine scheinbare Raumwirkung erreichen die → Breitwandverfahren.

Stereo′ide, Stero′ide, → Sterine.

Stereokamera, ein photograph. Apparat, mit dem gleichzeitig zwei Teilbilder

aufgenommen werden, meist von zwei im Augenabstand nebeneinander liegenden gleichen Objektiven.

Stereokomparator, ein Doppelmikroskop zum Ausmessen zweier zusammengehöriger Meßbilder für Geländemessung und Astronomie.

Stereometr′ie, die Geometrie der räumlichen Gebilde, bes. der Körper.

St′ereo|optik, die Lehre vom räumlichen Sehen.

Stereophon′ie, das räumliche Hören, ermöglicht bes. durch die Zweiohrigkeit; auch die Aufnahme und Wiedergabe von Geräuschen so, daß der räuml. Eindruck erhalten bleibt. Die von mehreren im Raum verteilten Mikrophonen aufgenommenen Geräusche werden über je einen Übertragungskanal je einem Lautsprecher zugeführt.

Stereosk′op das, ein Gerät zum Betrachten von Bildern, die mit einer Stereokamera aufgenommen sind.

Stereoskop′ie, 1) das räumliche Sehen, ermöglicht durch die Zweiäugigkeit, durch die Veränderlichkeit der Augenlinse u. a. **2) Raumbildverfahren,** Verfahren zur Aufnahme und Wiedergabe **(Stereoprojektion)** von Photos und Filmen, bei denen wie beim natürl. Sehen jedem Auge nur das zugeordnete Teilbild vermittelt wird, wo-

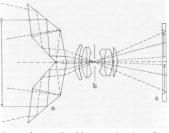

Stereoskopie: Strahlengang in einer Stereokamera; a Prismensatz, b Objektiv der Kamera, c Filmschicht, die von zwei Einzelbildern belichtet wird

durch im Gehirn ein räuml. Eindruck durch Verschmelzen der Halbbilder entsteht. Bei der Aufnahme mit einer **Stereokamera** werden die beiden Teilbilder gleichzeitig hergestellt, beim dem Stereoskop oder durch eine Brille mit verschieden gefärbten (→ Anaglyphen) oder verschieden polarisierenden (→ Vektographen) Gläsern betrachtet werden. Bei der S. mittels einer Brille werden die Bilder streifenweise ineinandergeschachtelt und jeweils durch ein Raster das ‚falsche' Bild abgedeckt.

stereot′yp, feststehend, unveränderlich.

Stereotyp′ie, ein Verfahren zur Vervielfältigung von Hochdruckformen durch Einprägen in feuchte Pappe, die dann mit einer Bleilegierung ausgegossen wird.

ster′il [lat.], **1)** unfruchtbar. **2)** keimfrei.

Sterilit′ät die, sterile Beschaffenheit.

Sterilisati′on [lat.] die, Sterilisierung; **1)**

Steppenkunst: links Goldplatte mit Drachen in Durchbrucharbeit (Pferdeschmuck), 3. Jahrh. v. Chr., gefunden bei Dnjepropetrowsk; rechts Tierkampfszene (Steinbock und Adlergreif), Filzapplikation auf einer Satteldecke, etwa 13 cm lang, 6.-4. Jahrh. v. Chr., gefunden im Altaigebiet

die →Unfruchtbarmachung. **2)** die Abtötung von Mikroorganismen (außer manchen hitzebeständigen Sporenbildnern) durch Erhitzen auf über 100° C. S. von Lebensmitteln bewirkt starke Veränderungen, Zerstörung der Vitamine u. a. - **Sterilis′ator** der, ein ärztl. Gerät zur S.

Ster′ine *Mz.*, eine Klasse organischer Verbindungen, komplizierte hydroaromat. Alkohole, oft mit Fettsäuren verestert, kommen in allen Zellen vor. Bekanntester Vertreter: Cholesterin. S.-Abkömmlinge **(Stereoide, Steroide)** sind die Geschlechts- und Nebennierenrinden-Hormone, das Vitamin D, zahlreiche Herzglykoside, die Gallensäuren u. a.

Sterk′ulie die, tropische Pflanzengattung der Ordnung Malvenartige.

Sterlet [russ.] der, Fisch, ein bis 1 m langer Stör des Schwarzen Meeres.

Sterling [st′ɔːliŋ], altengl. Silbermünze, seit 1180 anderer Name des Penny (Pfennig, →Pfund), hat sich im **Pfund Sterling,** der Währungseinheit in Großbritannien, erhalten **(Sterling-Währung).**

Sterlinggebiet, Sterlingblock [st′ɔːliŋ-], die durch das Pfund Sterling zu gemeinsamer Währungs- und Devisenpolitik verbundenen Länder: Großbritannien, seine abhängigen überseeischen Besitzungen, die Commonwealth-Länder u. a.

Sterlitam′ak, Stadt in der Baschkir. ASSR, Sowjetunion, 185 000 Ew.; Stahl-, Maschinen-, Erdöl-, Lebensmittelind.

Stern, Gestirn, Himmelskörper, →Sterne.

Stern [engl.] der, ↘ Heck.

Stern, 1) Otto, Physiker, * 1889, † 1969, Prof. in Rostock, Hamburg, Pittsburgh, bestimmte 1921 gemeinsam mit W. Gerlach die Richtungsquantelung des Kernspins beim Silberatom und 1933 das magnet. Moment des Protons; Nobelpreis 1943.

2) William, Kinder- und Jugendpsychologe, * 1871, † 1938; philosophisch vertrat er einen Personalismus.

Sternberg, tschech. **Šternberk,** Stadt in der Tschechoslowakei, 12 400 (1938: 12 800) Ew., Burg (13. Jahrh.); Textil-, Tabakind.

Sternberger, Dolf, Essayist und Publizist, * 1907, 1. Vizepräs. der dt. Unesco-Kommission; Prof. für polit. Wissenschaften in Heidelberg.

Sternbilder, zu Figuren zusammengefaßte Fixsterngruppen mit größtenteils antiken, teils auch neueren Namen. In der heutigen Astronomie verwendet man eine nach den S. benannte schemat. Aufgliederung des Himmels. (Bilder S. 1192, 1193)

Sterndeutung, die →Astrologie.

Sterndolde, ⊕→Stränze.

Stern-Dreieck-Schaltung, eine Anlaßschaltung für Drehstrom-Kurzschlußläufer-Motoren: zum Anlassen wird die Ständerwicklung in Sternschaltung und nach Erreichen der Betriebsdrehzahl in Dreieckschaltung an das Netz geschaltet.

Sterne, volkstüml. die Fixsterne und Planeten, astronom. nur die Fixsterne, selbstleuchtende Himmelskörper, die wegen ihrer großen Entfernungen nachts als punktförmige Lichtquellen am Himmel sichtbar sind. Sie bestehen aus Gasmassen, die durch ihre eigene Gravitation zusammengehalten und hoch erhitzt werden, so daß in ihrem Innern energieerzeugende Kernreaktionen in Gang kommen. Weitere Energie wird frei bei der Umwandlung von Gravitationsenergie in Wärme durch die Schrumpfung der S. Durch Abstrahlung von Energie nach außen entsteht ein Gleichgewicht zwischen Energieerzeugung und Energieabstrahlung, das viele Milliarden Jahre aufrechterhalten werden kann. Die meisten S. scheinen mehrere Milliarden Jahre alt zu sein; doch kennt man auch solche mit einem Alter von 1 bis 100 Millionen Jahren und muß annehmen, daß sich auch heute noch S. aus interstellarer Materie bilden. Ein kleiner Teil der S. weist teils unregelmäßige, teils periodische Veränderungen auf (→veränderliche Sterne). Etwa 10-20% aller S. sind

Doppel-S. - Über die Helligkeit der S. →scheinbare Helligkeit. Die **S.-Entfernungen** werden in Lichtjahren oder Parsek angegeben; sie werden errechnet aus der gemessenen scheinbaren und der indirekt ermittelten absoluten Helligkeit. Die nächsten S. sind Proxima Centauri und der Doppel-S. α Centauri mit 1,3 Parsek, die nächsten S.-Systeme die beiden Magellanschen Wolken mit 53 000 Parsek. Die mit den größten Teleskopen noch erreichbaren S.-Systeme dürften rund 2000 Mill. Parsek entfernt sein. - Die **S.-Massen** liegen mit wenigen Ausnahmen zwischen 0,2 und 4 Sonnenmassen. Die kleinsten Massen von 0,01 Sonnen haben die unsichtbaren Begleiter in Doppelsternsystemen, die größten Massen von rd. 400 Sonnen die Überriesen hoher Temperatur. Die absolute Helligkeit eines S. nimmt mit seiner Masse zu **(Masse-Leuchtkraft-Beziehung).** Die S.-Atmosphären umfassen die über der Photosphäre eines S. liegenden Schichten, in denen die Absorptionslinien (Fraunhoferschen Linien) des Sonnenspektrums entstehen. Die Häufigkeit der chem. Elemente ist bei allen S. fast gleich.

Sterne [stɔːn], Laurence, engl. Dichter, * (Irland) 1713, † 1768; Roman ,Tristram

Laurence Sterne   *Henri Stendhal*

Shandy' (1760-69); ,Empfindsame Reise durch Frankreich und Italien' (1768). S.s kühner Subjektivismus und sein Humor haben stark nachgewirkt.

Sternenbanner, amerikan. **Stars and stripes** [stɑːz ænd straips, ,Sterne und Streifen'], die Flagge der Verein. Staaten.

Sternfahrt, Rallye [r′ali], Automobilwettbewerb (→Automobilsport), bei dem die Teilnehmer von verschiedenen Startorten am Zielort zusammentreffen.

Sternhaufen, Anhäufungen von Sternen auf beschränktem Raum. Die etwa 400 **offenen S.** des Milchstraßensystems bestehen aus einigen Dutzend bis einigen 1000 Sternen und haben Durchmesser von 4-6 Parsek. Die etwa 100 **kugelförmigen S. (Kugelhaufen)** sind bedeutend sternreicher; ihre Durchmesser betragen 50-70 Parsek.

Sternheim, Carl, Schriftsteller, * 1878,

† 1942; kalt-ironische, die bürgerl. Konventionen verspottende Komödien und Dramen: ,Die Hose'(1911), ,Die Kassette'(1912), ,Bürger Schippel' (1913), ,Der Snob' (1914).

Sternkataloge, systematisch geordnete Verzeichnisse von Sternen mit ihren Koordinaten **(Positionskataloge),** Bewegungen, Entfernungen, Helligkeiten, Farben und Spektraltypen oder von Himmelsobjekten besonderen Charakters (Doppelsterne, Sternhaufen, veränderliche Sterne, Sternsysteme, Nebel).

Sternkunde, →Astronomie.

Sternmotor, luftgekühlter Flugmotor, bei dem die Zylinder (oft in 2 Sternen hintereinander, **Doppel-S.)** radial um die Kurbelwelle angeordnet sind.

Sternschaltung, eine Schaltungsart für Drehstrom-Generatoren und -Verbraucher: die einen Enden der Wicklungen sind im Sternpunkt zusammengeführt, die anderen Enden an die drei spannungführenden Leitungen angeschlossen.

Sternschnuppe, Teilchen meteorischer Materie, kleiner als 1 mm, bis 100 mg schwer, das aus dem interplanetar. Raum mit Geschwindigkeiten bis 70 km/sec in die Erdatmosphäre eindringt, aufleuchtet und verglüht in einer Höhe von 120-80 km.

Sternsingen, Brauch am Dreikönigstag, bei dem Kinder, als Hl. Drei Könige verkleidet, den Ort durchziehen und die ,Sternlieder' singen.

Sternsysteme, Ansammlungen bis zu mehreren Milliarden Sternen und interstellarer Materie, die voneinander durch weite Strecken intergalaktischen Raumes getrennt sind. In dem unseren Instrumenten zugänglichen Teil des Weltraumes gibt es etwa 500 Millionen S. Man unterscheidet S. von unregelmäßigem, von elliptischem und von spiralförmigem Bau. Unregelmäßige S. bestehen aus Gruppen von Sternwolken; ellipt. S. zeigen völlig regelmäßige Verteilung der Sterne und enthalten keine interstellare Materie. Spiralförmige S. (z. B. unser Milchstraßensystem) bestehen aus einem Kern, der einem ellipt. S. gleicht und um den sich in einer Ebene Spiralarme legen. Die größten S. haben Durchmesser von etwa 100 000 Lichtjahren. Manche S. bilden **Doppelsysteme,** die sich um ihren Schwerpunkt bewegen, andere bilden Gruppen oder **Nebelhaufen** mit mehreren 100 oder 1000 Mitgliedern.

Sternwarte, Gebäude für astronom. Beobachtungen, ausgerüstet mit astronom. Instrumenten. Damit die Fernrohre sich auf jeden Punkt des Himmels einstellen lassen, haben die S. drehbare Kuppeldächer mit einem Spalt, der geöffnet und geschlossen werden kann. Bedeutendste S.: S. auf dem Mount Wilson und dem Mount Palomar; dt. S.: Berlin-Babelsberg, Bonn, Göttingen, Hamburg-Bergedorf, Heidelberg, Potsdam u. a.

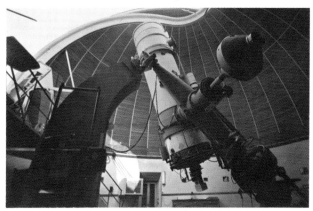

Sternwarte: Teleskop

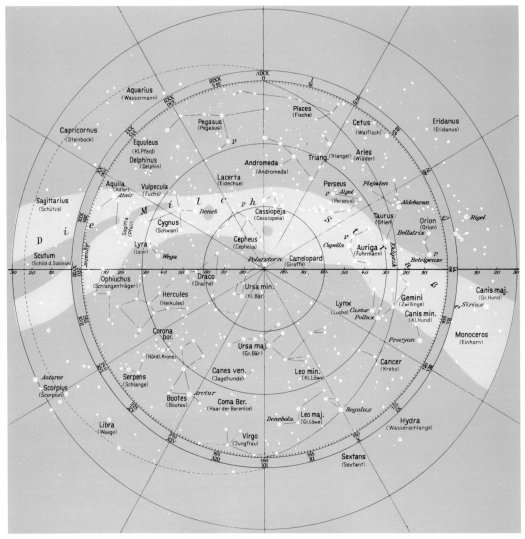

Sternwürmer, im Meer lebende Ringelwürmer. Sie umfassen die borstenlosen **Spritzwürmer** und die borstentragenden S. im engeren Sinn. (Bild Würmer)

Sternzeit, die Zeitrechnung, die im Gegensatz zur Sonnenzeit die einmalige Umdrehung des Fixsternhimmels als Zeiteinheit **(Sterntag)** benutzt.

Stero'ide, Abkömmlinge der →Sterine.

Stert der, niederdt.: Schwanz.

sterzeln, den Hinterleib emporrichten (bei der Biene).

St'erzing, italien. **Vipit'eno,** Stadt in Südtirol, Italien, 4400 Ew., mit got. Rathaus und Zwölferturm. Der Hochaltar der Pfarrkirche, der **Sterzinger Altar,** stammt aus der Werkstatt H. Multschers in Ulm 1456 bis 1458, von ihm selbst geschaffen sind die meisten geschnitzten Figuren, von anderen die gemalten Flügel. - In S. versammelten sich mehrfach die Tiroler Landstände.

Stethaimer, Stettheimer, Hans, Baumeister der bayer. Spätgotik, * um 1350/60, †1432; 7 Hallenkirchen. Hauptwerk: St. Martin in Landshut (beg. 1387). In Salzburg baute er dem roman. Langhaus der Franziskanerkirche einen spätgot. Hallenchor an (seit 1418).

Stethosk'op [grch.] *das,* **Hörrohr,** ärztl.

H. Stethaimer:
St. Martin in Landshut

Gerät zum Abhören, urspr. ein Hohlzylinder mit Hörmuschel, heute als **Schlauch-S.** zum Abhören mit beiden Ohren.

stetig heißt eine mathemat. Funktion, wenn einer beliebig kleinen Änderung des Arguments auch eine beliebig kleine Änderung des Funktionswertes entspricht.

Stetigrechner, →Analogrechner.

Stettenheim, Julius, Humorist, * 1831, † 1916, gründete das satir. Witzblatt ‚Die Wespen‘, erfand die Gestalt des Kriegsberichterstatters Wippchen.

St'etten ob Lontal, Gem. in Bad.-Württ., 400 Ew. - In der Höhle Vogelherd bei S. reiche Funde aus der Altsteinzeit, darunter 2 menschl. Schädel, mehrere vollkörperl. Elfenbeinschnitzereien.

Stett'in, poln. **Szczecin,** ehem. Hauptstadt der preuß. Prov. Pommern, an der unteren Oder, 337 000 (1939: 383 000) Ew. S. war neben Danzig der größte dt. Ostseehafen mit vielseitiger Industrie (Werften, Mühlen, Speicher, Holz-, Stein-, Zement-, chem., Eisen-, Textilind. u. a.). Der Hauptteil der Stadt liegt westlich der Oder (Altstadt), Jakobikirche (13./14. Jahrh.), Schloß, Hakenterrasse (1911). S. hat TH, Polens größten Hafen, Werften, Flughafen, Ma-

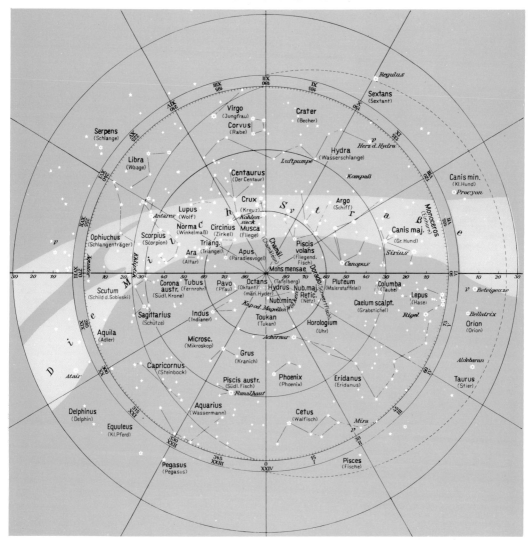

schinen-, Kunstfaser-, Papier- u. a. Ind. - S. erhielt 1243 Magdeburger Stadtrecht, wurde 1278 Hansestadt, 1295 Sitz der Herzöge von Pommern, kam 1648 an Schweden, 1720 an Preußen, 1945, zu 60% zerstört, unter poln. Verwaltung.

Stettiner Haff, Pommersches Haff, Oderhaff, der größte Bodden der Ostsee, durch die Inseln Wollin und Usedom haffähnlich von der Ostsee abgeschnitten, durch die drei Odermündungsarme Peene, Swine, Dievenow mit dieser verbunden; besteht aus dem Kleinen Haff im W und dem Großen Haff (mit Odermündung) im O.

Steuben, Friedrich Wilhelm von, * 1730, † 1794, zunächst preuß. Offizier, 1764 Hofmarschall in Hechingen, 1775 bad. Oberst, ging 1777 nach Amerika und organisierte als Generalinspekteur (1778) das Bundesheer im Unabhängigkeitskrieg. - S.-Gesellschaft (1919), seit 1948 S.-Schurz-Gesellschaft, fördert dt.-amerikan. Beziehungen.

Steuer, 1) *das,* Vorrichtung zum Lenken von Schiffen (Steuerruder, →Ruder) und →Flugzeugen (Steuerwerk). **2)** *die,* öffentliche Abgabe, →Steuern.

Steuerabzug, Form der Steuererhebung: die Steuer wird unmittelbar beim Zuflie-

ßen der steuerl. Einkünfte einbehalten, z. B. bei der Lohnsteuer.

Steueraufkommen, die innerhalb eines Rechnungsjahres vereinnahmten Steuern. (Übersicht S. 1194)

Steueraufsicht, die Finanz- oder Zollkontrolle über umsatzsteuerpflichtige Unternehmen zur Sicherung des Steuereingangs.

Steuerbeamter, →Finanzbeamter.

steuerbegünstigter Wohnungsbau, ausschließlich durch Steuer- und Gebührenvergünstigungen staatlich geförderter Wohnungsbau, bes. Grundsteuerfreiheit für 10 Jahre (2. Wohnungsbauges. v. 27. 6. 1956 §§ 82-85, 92-96). Voraussetzung für Inanspruchnahme der Vergünstigungen ist die Einhaltung von Wohnflächengrenzen.

steuerbegünstigtes Sparen, die bei Abschluß von Sparverträgen oder bei Wertpapiererwerb gebotene Möglichkeit, die Sparbeträge als Sonderausgaben abzusetzen; 1958 durch →Prämiensparen ersetzt.

Steuerberater, Steuerfachmann; Voraussetzung: rechts- oder wirtschaftswissenschaftl. Studium, 3jähr. steuerrechtl. Tätigkeit, Zulassung einer Oberfinanzdirektion.

Steuerbescheid, Mitteilung des Finanzamts an den Steuerpflichtigen über die Höhe der festgesetzten Steuer.

Steuerbevollmächtigter, Bez. für einen freien Berufsstand, der geschäftsmäßig Hilfe in Steuersachen leistet (frühere Bez.: Helfer in Steuersachen).

Steuerbilanz, die von jedem Vollkaufmann zur Ermittlung des steuerpflichtigen Gewinns aufzustellende Bilanz.

Steuerbord, die rechte Schiffseite.

Steuerentlastung, Verringerung der Steuerlasten des einzelnen ohne Kürzung der staatl. Steuereinnahmen; durch **Fortwälzung** auf die Preise, **Rückwälzung** auf Vorlieferanten, **Steuereinholung** (Erwirtschaften der Steuer durch Kosteneinsparungen).

Steuererklärung, die auf Vordrucken abgegebene Erklärung des Steuerpflichtigen als Unterlage für die Steuerfestsetzung.

Steuererlaß, das Erlassen einer Steuerschuld, deren Einziehen unbillig wäre.

Steuererstattung, die Rückerstattung bereits entrichteter Steuern.

Steuerflucht, die Verlegung des Wohnund Geschäftssitzes ins Ausland, um hoher Steuerbelastung zu entgehen.

steuerfreie Beträge entlasten bestimmte Gruppen von Steuerpflichtigen aus wirtschaftl. und sozialen Gründen, z. B. bei der Lohn- und Einkommensteuer.

1193

Steueraufkommen 1971 in Mill. DM
(Bundes-, Länder-, Gemeindesteuern)

Gemeinschaftsteuern	**113 281**
Lohnsteuer	42 803
Veranlagte Einkommensteuer	18 340
Kapitalertragsteuer	2 074
Körperschaftsteuer	7 167
Umsatzsteuer	30 869
Einfuhrumsatzsteuer	12 028
Bundessteuern	**29 555**
Straßengüterverkehrsteuer	468
Kapitalverkehrsteuern	440
Versicherungsteuer	799
Wechselsteuer	245
Zölle	3 080
Tabaksteuer	6 863
Kaffeesteuer	1 136
Zuckersteuer	126
Branntweinmonopol	2 403
Schaumweinsteuer	267
Mineralölsteuer	12 417
Sonstige Verbrauchsteuern	215
Ergänzungsabgabe	1 098
Sonstige	1
Landessteuern	**10 247**
Vermögensteuer	3 123
Erbschaftsteuer	508
Grunderwerbsteuer	518
Kraftfahrzeugsteuer	4 156
Rennwett- und Lotteriesteuer	597
Feuerschutzsteuer	119
Biersteuer	1 226
Gemeindesteuern	**17 887**
Grundsteuer A	408
Grundsteuer B	2 393
Gewerbesteuer (Ertrag u. Kapital)	12 313
Lohnsummensteuer	1 805
Zuschlag zur Grunderwerbsteuer	653
Schankerlaubnissteuer	41
Gemeindegetränkesteuer	92
Vergnügungsteuer	102
Hundesteuer	57
Sonstige	22
Insgesamt	**170 970**

Steuereinnahmen des Bundes	93 074
dar.: Einkommen- und Körperschaftsteuer (43 bzw. 50%)	30 912
Umsatzsteuer (70%)	30 028
Gewerbesteuerumlage (50%)	2 578
Steuereinnahmen der Länder	56 606
dar.: Einkommen- und Körperschaftsteuer (43 bzw. 50%)	30 912
Umsatzsteuer (30%)	12 869
Gewerbesteuerumlage (50%)	2 578
Steuereinnahmen der Gemeinden	21 131
dar.: Gemeindeanteil an der Lohn-/ veranlagten Einkommensteuer	8 426
Gewerbesteuerumlage (Ausgaben)	5 182
Lastenausgleichsabgaben	**1 439**

Steuerfreiheit, früher Vorrecht einzelner Stände; heute möglich den Ausländern zur Vermeidung der Doppelbesteuerung.

Steuergefährdung, → Steuerrecht.

Steuergeheimnis, das von einem Steuerbeamten gegenüber Außenstehenden geheimzuhaltende Wissen über die finanziellen und geschäftl. Verhältnisse eines Steuerpflichtigen. Die Verletzung des S. ist strafbar.

Steuerhinterziehung, die ungerechtfertigte Erschleichung von Steuervorteilen zum eigenen oder zum Vorteil eines anderen.

Steuerhoheit, das Recht, Steuern festzusetzen und einzutreiben; es liegt in der Bundesrep. Dtl. je nach der Steuerart bei Bund, Ländern oder Gemeinden.

Steuerkarte, → Lohnsteuer.

Steuerklasse, bei der → Lohnsteuer die Staffelung des Steuertarifs nach Familienstand und Kinderzahl.

Steuerkurswert, der für die steuerl. Bewertung maßgebende Wert von Wertpapieren, vom Bundesfinanzm. festgesetzt.

Steuerliste, amtl. Verzeichnis in Buchform, das die Steuerpflichtigen der Ein-

kommen-, Körperschaft-, Vermögen-, Umsatzsteuer eines Steuerbezirks enthält.

Steuermann, ⚓ Schiffsoffizier, der den Kapitän in der Schiffsführung zu unterstützen hat.

Steuermannspatent, ⚓ staatl. Befähigungszeugnis, das den Inhaber berechtigt, als Steuermann zu fahren.

Steuermarke, ein → Steuerzeichen.

Steuermeßbetrag, der für Gewerbe- und Grundsteuer maßgebende Grundbetrag.

Steuern, die von öffentlich-rechtl. Gemeinwesen ohne besondere Gegenleistung von den Bürgern erhobenen Zwangsabgaben zur Bestreitung des Finanzbedarfs.

Steuergrundsätze: gleichmäßige Besteuerung nach Leistungsfähigkeit, klar festgelegte S.-Forderung, für den S.-Pflichtigen günstige Erhebungszeit und -art, Billigkeit oder geringe Erhebungskosten. Einteilung. Die **Steuerstatistik** unterscheidet Besitz- und Verkehr-S., Zölle, Verbrauch-S. (Übersicht S.-Aufkommen). In der Praxis ist noch die Einteilung in **direkte** und **indirekte** S. gebräuchlich: direkte S. sind solche, bei denen S.-Zahler und S.-Träger sich decken, während indirekte S. als überwälzbar angesehen werden.

Der S.-Zweck war bis zum 19. Jahrh. allein die Erzielung von Einnahmen. Erst dann erkannte man, daß die S. auch die Volkswirtschaft beeinflussen. Dies führte zur bewußten Einsetzung von S., um bestimmte Auswirkungen auf die Wirtschafts-, Sozial- und Bevölkerungspolitik hervorzurufen. Die Besteuerung nimmt Einfluß auf die Vermögens- und Einkommensverteilung, sowie die Umleitung der Kaufkraft aus den Kanälen des privaten Verbrauchs und der privaten Kapitalbildung in die des kollektiven Verbrauchs und der öffentl. Kapitalbildung zur Folge.

Steuerpflicht, die Verpflichtung zur Steuerzahlung bei Vorliegen gesetzlich festgelegter wirtschaftlicher und rechtl. Tatbestände.

Steuerprogression, → Progression 2).

Steuerrecht, das Teilgebiet des öffentl. Rechts, das sich mit den Steuern und den dazugehörigen Rechtsnormen befaßt, bes. die Reichsabgabenordnung (RAO.) als Steuergrundgesetz; es enthält auch zu einem großen Teil das **Steuerstrafrecht,** das in Erweiterung des allgemeinen Strafrechts die Gesamtheit der gegen **Steuervergehen** erlassenen Strafbestimmungen enthält. Steuervergehen sind u. a. die → Steuerhinterziehung, die Steuerhehlerei und die Steuergefährdung. Steuerhehlerei begeht, wer seines Vorteils wegen Gegenstände, von denen er weiß, daß sie der Steuer hinterzogen sind, kauft oder sonst an sich bringt, verheimlicht u. a.; Steuergefährdung begeht, wer in der Absicht, die Verkürzung der Steuereinnahmen zu ermöglichen, unrichtige Belege ausstellt u. a. - Die → Selbstanzeige führt u. U. zur Straffreiheit (§§ 391 ff. RAO.). - In bestimmten Fällen kann anstelle eines Gerichts das Finanzamt Strafbescheide erlassen; hiergegen ist entweder binnen 1 Woche Beschwerde an die Oberfinanzdirektion oder Antrag auf gerichtl. Entscheidung mit einem Verfahren vor dem ordentl. Gericht möglich (§§ 461 ff. RAO.).

Steuerreform, die grundsätzliche Änderung der Steuergesetze oder des Steuersystems. Die in der Bundesrep. Dtl. in Angriff genommene S. zielt vor allem darauf, die Vielzahl von Sonder- und Ausnahmevorschriften abzubauen, laufende Gesetzesänderungen in Zukunft zu vermeiden, die Steuerbelastung an die Wirtschaftskraft des einzelnen auszurichten, die Wettbewerbsneutralität der Besteuerung zu steigern und eine Mehrfachbelastung des Einkommens auszuschließen.

Steuersatz, der auf die Steuereinheit entfallende Steuerbetrag, z. B. 10 DM oder 100 kg oder im Hundert-(Tausend-)Satz ausgedrückt (früher **Steuerfuß**).

Steuersäumnis, die Nichtzahlung einer fälligen Steuerschuld.

Steuerschuldner, jemand, der rechtlich zur Zahlung einer Steuer verpflichtet ist.

Steuerstrafrecht, → Steuerrecht.

Steuertarif, die Übersicht über die zu zahlenden Steuersätze, in Geldeinheiten (**Betragstarif**) oder %-Sätzen (**Satztarif**).

Steuerträger, jemand, der eine Steuer als Folge der Steuerüberwälzung leistet.

Steuerüberwälzung, die Abschiebung der Steuerbelastung auf eine andere Person; vom Gesetzgeber z. T. gewollt, bes. bei den Verbrauchsteuern.

Steuerung, ⊙ 1) die Beeinflussung eines Vorganges, um die richtige Arbeitsweise einer Anlage sicherzustellen; auch die Anlage selbst, in der die S. stattfindet. Kennzeichnend ist der offene Wirkungsablauf über das einzelne Übertragungsglied. S. ist zu unterscheiden von der → Regelung 1). Steuerorgane sind Schieber, Ventile, Klappen, Relais, Servomotoren, Elektronenröhren u. a. **2)** volkstümlich für → Lenkung.

Steuerveranlagung, das Verfahren zur Festsetzung der Steuerbemessungsgrundlage und der Steuerbeträge; die Grundlage der S. sind Steuererklärungen und -listen. Die Einkommen-, Körperschaft- und Umsatzsteuer wird jährlich, die Vermögensteuer alle drei Jahre veranlagt.

Steuervergehen, → Steuerrecht.

Steuervergütung, die Rückzahlung eines erhobenen Steuerbetrages bei der Ausfuhr von Waren. (→ Ausfuhrförderung)

Steuerverjährung, das Erlöschen der Steueransprüche, bei Verbrauchsteuern nach einem Jahr, bei den übrigen Steuern nach 3 bis 5, bei hinterzogenen Beträgen bis 10 Jahren.

Steuerverwaltung, → Finanzverwaltung.

Steuervorauszahlungen, vor der Steuerveranlagung zu entrichtende Steuerzahlungen, die später verrechnet werden.

Steuerzahler, jemand, der den Steuerbetrag an die Steuerbehörde leistet.

Steuerzeichen, ein steuerliches Wertzeichen, das der Steuerpflichtige an den zu versteuernden Waren anbringen muß, z. B. an Tabakwaren.

Steuerzuschlag, ein Zuschlag, der bei nicht rechtzeitiger Einreichung der Steuererklärung erhoben werden kann; beträgt bis zu 10% der eingeführten Steuer.

Steven der, Schiffbau: die Bauteile, die den Kiel an beiden Enden nach oben verlängern, **Vorder-** und **Achter-S.**

Stevenage [st'i:vənətʃ], Industriestadt in Großbritannien, Gfsch. Hertford, neu gegr. 1946, 61 700 Ew.

Stevens [st'e:vəns], Wallace, amerikan. Lyriker, * 1879, † 1955.

Stevenson [st'i:vəsn], **1)** Adlai Ewing, amerikan. Politiker, * 1900, † 1965, Jurist, 1948-53 Gouv. von Illinois, unterlag 1952 und 1956 als demokrat. Präsidentschaftskandidat gegen Eisenhower. Unter Kennedy wurde S. zum Chefdelegierten der Verein. Staaten bei den Vereinten Nationen ernannt.
2) Robert Louis, engl. Schriftsteller, * Edinburgh 1850, † 1894; Roman „Die Schatzinsel" (1883), Abenteuerromane aus der schott. Geschichte, Südsee-Erzählungen; Geschichte einer Persönlichkeitsspaltung „Der Seltsame Fall von Dr. Jekyll und Mr. Hyde" (1886).

Steward [stj'uəd, engl.] der, **Stewardeß** die, Kellner und sonstiges Bedienungspersonal auf Schiffen, im Flugzeug u. a.

Stewartinsel [stj'uət], 1714 km² große Insel im S Neuseelands, rd. 600 Ew. (meist Maori); Wald, Schafzucht.

Stewarts and Lloyds Limited [stj'u:əts ænd lɔidz l'imitid], Glasgow, 1903 gegr. Eisen- und Stahlkonzern, 1967 verstaatlicht und der British Steel Corp. eingegl.

Steyler Missionare, Gesellschaft des Göttlichen Wortes, SVD, Priesterkongregation für äußere Mission, 1875 von A. Janssen gegr.; Sitz: Rom; weibl. Zweig **Steyler Schwestern.**

Steyr, 1) linker Nebenfluß der Enns, Österreich, 50 km lang, kommt vom Toten Gebirge, mündet in der Stadt S. **2)** Bezirksstadt in Oberösterreich, an der Enns und Steyr, 42 500 Ew.; Werke der S.-Daimler-Puch AG., Elektro- u. a. Ind.; Stadtpfarrkirche (1443-1522), Dominikanerkirche (1642 bis 1647), Schloß (1727, an Stelle der Strapurch des 10. Jahrh.), Rathaus (1765 bis 1778).

Steyr-Daimler-Puch AG., Wien, größtes österreich. Kraftfahrzeugunternehmen, gegr. 1934. Hauptwerke in Steyr und Graz. Kap.: 800 Mill. ö. S., Beschäftigte: 18 500 (1970).

StGB., Abk. für **St**raf**g**esetz**b**uch.

Stichbahn, von einer Hauptbahn abzweigende Bahnlinie oder einzelne Strecke.

Stichblatt, scheiben- oder glockenförmiger Handschutz zwischen Griff und Klinge von Stichwaffen.

Stichel, ein spitzes, scharfes Stahlwerkzeug für Holz-, Kupfer-, Stahlstich.

Stich|entscheid, die dem Vater durch das Gleichberechtigungs-Ges. in § 1628 BGB. eingeräumte Entscheidungsbefugnis in Fällen, in denen die Eltern sich über die Ausübung ihrer elterl. Gewalt nicht einigen können; vom Bundes-Verf.-Ger. für verfassungswidrig erklärt (Verstoß gegen Art. 3 GG.). § 1628 ist nichtig.

Stichflamme, eine lange, spitze Flamme.

Stichkampf, ⚔ →Stechen.

Stichkappe, kleine Gewölbekappe, die in ein Hauptgewölbe einschneidet.

Stichlinge, Knochenfische mit Stachelflossen. Die Männchen bauen aus Nierensaftfäden und Fasern Nester für Eier und Junge, die sie auch betreuen; z. B. **Dreistachliger S.** (Tafel Fische).

Stichmaß, Innenmeßschraube, eine Mikrometerschraube für Innenmaße.

Stichomyth'ie [grch. ‚Zeilenrede‘], Dialogform, bes. im Drama, bei der Rede und Gegenrede auf je einen Vers (oder auch Halbvers oder Doppelvers) verteilt sind.

Stichprobe, Prüfung oder Untersuchung eines Teils, von dem aus man aufs Ganze schließen kann.

Stichtag, festgesetzter Tag, z. B. für statist. Erhebungen, Aufstellung der Bilanz.

Stichwahl, →Wahlrecht.

Stichwort, 1) Theater: das Wort eines Darstellers, an das sich der Text eines anderen Darstellers oder ein neuer szenischer Vorgang anschließt. **2)** Nachschlagewerke: das im Druck hervorgehobene, dem erklärenden Text vorangestellte Wort.

Stickelberger, Emanuel, schweizer. Schriftsteller, * 1884, † 1962, geschichtl. Erzählungen aus protestant. Weltschau (Holbein-Trilogie, 1942-46).

Stickerei, Verzierung von Textilien, auch von Leder und Papier, durch Muster, mit Fäden auf- oder eingenäht, ausgeführt in Handarbeit oder mit Stickmaschinen (Stickautomaten).

Stickstoff, chem. Zeichen **N,** nichtmetall. chem. Element, Ordnungszahl 7, Atomgewicht 14,007, Schmelzpunkt −210,5° C, Siedepunkt −195,8° C; ein farb-, geruch- und geschmackloses Gas; bildet den Hauptbestandteil der atmosphär. Luft (78 Vol.-%). Gebunden findet es sich in allen Eiweißstoffen und deren Zersetzungsprodukten wie natürl. Salpeter, in der Steinkohle und im Harnstoff. Manche Bodenbakterien führen dem freien Luft-S. in organ. Verbindungen über. Technisch wird S. aus flüssiger Luft oder durch Zersetzung von S.-Verbindungen gewonnen. Er wird als Glühlampenfüllung, Schutzgas bei chem. Reaktionen und beim Haber-Bosch-Verfahren zur Darstellung von Ammoniak verwendet. S.-Verbindungen werden als Düngemittel, in der Sprengstoff- und der Industrie verwendet. **Stickoxydul,** N₂O, ein farbloses Gas, bewirkt eingeatmet rauschartige, später narkotische Zustände (**Lachgas**). **S.-Wasserstoffsäure,** HN₃, entsteht aus ihren Salzen, den **Aziden,** durch Einwirken anderer Säuren; ihre Dämpfe

explodieren bei Berührung mit Flammen. Weitere S.-Verbindungen: →Ammoniak, →Hydrazin, →Salpetersäure u. a.

Stickstoffsammler, Pflanzen, die mit Hilfe der Knöllchenbakterien den Luftstickstoff verwerten und dem Boden Stickstoffdüngung zuführen.

stief..., vor Verwandtschaftsnamen: durch Wiederverheiratung verwandt. **Stiefbruder, Stiefschwester, Stiefgeschwister,** Halbgeschwister oder Kinder aus einer anderen Ehe der Ehegatten; **Stiefkind,** Kind aus einer früheren Ehe eines Ehegatten im Verhältnis zum anderen Ehegatten. **Stiefvater, Stiefmutter** sind im Rechtssinn mit dem Stiefkind nicht verwandt, sondern verschwägert.

Stiefel, in hoher, den Knöchel umschließender Schuh.

Stiefmütterchen, Arten von Veilchen (Gattung **Viola**), meist Stauden mit spatelförm. Blättern. Am bekanntesten das **Wilde Acker-S.** (mit kleinen weißgelben Blüten (Volksarznei) und großblütige mehrfarbige Zuchtformen; Gartenpflanzen.

Stiege, Zählmaß von 20 Stück.

Stieglitz der, **Distelfink,** Finkenvogel, ernährt sich bes. von Distelsamen sowie von Insekten; häufig im Kulturland.

Stieglitz, Heinrich, Schriftsteller, * 1801, † 1849. Seine schwärmerische Gattin Charlotte nahm sich 1834 das Leben, um sein dichter. Schaffen neu zu beleben.

Stieler, 1) Adolf, Kartograph, * 1775, † 1836, begründete **S.s Handatlas** (1817-22) in 50, Hundertjahrausg. in 108 Blättern. **2)** Josef, Bildnismaler, * 1781, † 1858: er malte u. a. Goethe (Bild Goethe), Beethoven, Frauenbildnisse für die Schönheitsgalerie König Ludwigs I. **3)** Karl, bayer. Mundartdichter, Sohn von 2), * 1842, † 1885 als Staatsarchivar. **4)** Kaspar von (1705 geadelt), Schriftsteller, * 1632, † 1707; Liebeslieder ‚Die geharnischte Venus‘ (hg. 1925), geistl. Lieder, Schauspiele, ‚Der Teutschen Sprache Stammbaum und Fortwachs‘ (1691; verzeichnet den Wortschatz seiner Zeit).

Stier, 1) Bulle, männliches unverschnittenes Rind. **2)** ♉ Sternbild des Nordhimmels, Tierkreiszeichen.

Stieringen-Wendel, französ. **Stiring-Wendel,** Gem. in Lothringen, Dép. Moselle, Frankreich, 13 800 Ew.; Steinkohlenbergbau, Hochofenwerk, Metallindustrie.

Stierkampf, span. **Corr'ida de t'oros,** Schaukampf in Spanien, Portugal, Südfrankreich und Lateinamerika. Stiere werden von berufsmäßigen Stierkämpfern (Torero, Matador) nach bestimmten Regeln bekämpft und in manchen Gebieten getötet.

Stier-Somlo, Fritz, Staatsrechtler, * 1873, † 1932, Prof. in Bonn, Köln; er schrieb u. a. ‚Preuß. Staatsrecht‘ und ‚Politik‘.

Stift das, **1)** mit Vermögen ausgestattete Anstalten zu karitativen und erzieher. Zwecken. **2) Dom-** und **Kollegiatstifte,** mit Grundbesitz dotierte Kirchen, an

---

Erzeugung von Stickstoffdüngemitteln
(in 1000 t, berechnet auf N)

	1938/39	1969/70
Bundesrep. Dtl.	353[1]	1574
Dt. Dem. Rep.	478[2]	391
Belgien	93	426
Frankreich	196	1313
Großbritannien	121	709
Italien	109	960
Niederlande	99	893
Norwegen	90	371
Österreich	2	248
Sowjetunion	—	4509
Verein. Staaten	240	7436
Japan	256	2152
Welt	2600[3]	29200

[1]) Gebiet der Bundesrep. Dtl. [2]) Gebiet der Dt. Dem. Rep. [3]) ohne Sowjetunion.

---

denen ein Dom- oder Stiftskapitel amtierte. **3)** freie weltadlige **Damenstifte,** die ledige adlige Damen versorgen. **4)** in Donau- und Alpenländern Name für bestimmte Klöster. **5)** bis 1803 der Territorialbesitz der Bistümer und Erzbistümer als **Hochstift** oder **Erzstift.**

Stift der, **1)** kleiner stäbchenförmiger Geräte. **2)** Schreibwerkzeuge: Bleistift, Buntstift u. ä. **3)** Lehrling, Junge.

Stifter, Adalbert, Dichter und Maler, * 1805, † 1868, studierte Rechts-, dann Naturwissenschaften, war Hauslehrer in Wien, 1860-65 Inspektor der Volksschulen Oberösterreichs. S. ist der Dichter des stetigen Wachsens und Reifens, der Ehrfurcht vor dem Unscheinbaren; er war Jean Paul und Goethe verpflichtet, dessen Naturfrömmigkeit und Entsagungslehre er mit seiner kath. Gläubigkeit verband. Ro-

Adalbert Stifter   *Theodor Storm*

mane ‚Nachsommer‘ (3 Bde., 1857), ‚Witiko‘ (3 Bde., 1865-67). Sammlungen von Erzählungen ‚Studien‘ (6 Bde., 1844 bis 1850), ‚Bunte Steine‘ (1853).

Stifterbildnis, ein in ein religiöses Bild aufgenommenes Bildnis eines Stifters, auch mit seiner Familie, im MA. unteren Rand kniend, später im gleichen Maßstab wie die Hl. Gestalten dargestellt.

Stifterverband für die Deutsche Wissenschaft e. V., Sitz: Essen-Bredeney, gegr. 1921, wiedergegr. 1949. Gemeinschaftsaktion der gewerbl. Wirtschaft, fördert Forschung und Lehre.

Stiftshütte, Bundeshütte, A. T.: das hl. Zelt der Israeliten mit der Bundeslade.

Stiftskapitel, →Kollegiatkapitel.

Stiftsschulen, die →Domschulen.

Stiftung, ♌ eine mit Rechtsfähigkeit ausgestattete Vermögensmasse, die einem bestimmten Dauerzweck dienen soll (Zweckvermögen). Die S. des Privatrechts entstehen durch privates Rechtsgeschäft und behördl. Mitwirkung (Verleihung der Rechtsfähigkeit). Keine selbständige S. ist die Zuwendung eines Vermögens an einen Treuhänder, meist jurist. Person, mit der Auflage, es bestimmungsgemäß zu verwenden (**fiduziarische** oder **unselbständige S.).** Die S. des öffentl. Rechts werden durch staatl. Hoheitsakt zu jurist. Personen des öffentl. Rechts mit obrigkeitl. Befugnissen.

St'iftung Preußischer Kulturbesitz, 1961 durch Bundesgesetz geschaffen zur Pflege der ehemals dem preuß. Staat gehörenden Kunstgegenstände und wissenschaftl. Objekte.

Stiftung Volkswagenwerk, 1961 von der Bundesrep. Dtl. und Ndsachs. gebildete Stiftung des bürgerl. Rechts, Sitz: Hannover; Zweck: Förderung von Wissenschaft und Technik aus den Erträgen der Vermögenswerte.

Stiftzahn, ein Zahnersatz.

St'igma [grch.] das, -s/...men, -ta, **1)** Brandmal. **2)** Wundmal Christi. **3)** ♌ Atemöffnung der Tracheen bes. bei Insekten, Spinnentieren und Tausendfüßern.

Stigmatisierte, 1) Personen, die die Wundmale Christi am Leib tragen; der erste beglaubigte Fall ist Franz von Assisi. **2)** ⚕ Mensch mit überempfindlichem vegetativem Nervensystem (**vegetativ S.),** der dazu neigt, auf seelische Erregung, Klimawechsel u. a. mit Störungen (,Stigmen‘)

wie Herzklopfen, Erbrechen zu reagieren.

Stijl [stejl], **De Stijl**, eine 1917 gegr. Gruppe niederländ. Künstler, der Th. van Doesburg, J. J. P. Oud, P. Mondrian u. a. angehörten; auch Name der von ihr herausgegebenen Zeitschrift (1917-31). Die S.-Bewegung erstrebte geometr. Klarheit und aufs äußerste vereinfachte Gestaltung in Farbe und Form.

Stikker, Dirk, niederländ. Politiker, *1897, 1948-52 Außenminister, 1958-61 Botschafter bei der NATO, bis 1964 deren Generalsekretär.

Stil [lat. stilus ‚Griffel‘, ‚Schreibart‘] der, **1)** das eigentümliche und einheitliche Gepräge einer menschlichen, insbesondere künstler. Leistung. Sachlich unterscheidet man Sprach-, Bau-, Möbel-S. usw., zeitlich Epochenstile (Gotik, Renaissance u. a.), nach Völkern Nationalstile. Unter Persönlichkeits-S. faßt man die für alle Werke eines Schaffenden charakteristischen Züge zusammen. **2)** innere und äußere Lebensform. **3)** Fertigkeit im Gebrauch der sprachl. Ausdrucksmittel in einem Text.

Stilb, sb, Einheit der Leuchtdichte; 1 sb = 1 cd/cm². Untereinheit: **1 Apostilb** (asb) $= \dfrac{1}{10\,000\,\pi}$ sb.

Stilb en, symmetrisches Diphenyläthylen, C_6H_5—CH = CH-C_6H_5, der Grundkörper der Stilböstrole.

Stil ett [ital.] das, Dolch mit kurzer Klinge.

Stilfser Joch, italien. **Passo dello Stelvio,** Paß im NW der Ortlergruppe, verbindet die Täler der Etsch (Vintschgau) und der Adda (Veltlin), 2757 m hoch; Nationalpark.

Stil icho, Flavius, Sohn eines Wandalen in röm. Dienst, * um 365, †408, 395 Reichsverweser für den unmündigen weström. Kaiser Honorius; nach dem mißglückten Versuch, die Regierung auch im O zu übernehmen, enthauptet.

stilis ieren, eine künstler. Darstellung nicht gegenstandsgetreu, sondern einer bestimmten Formvorstellung entsprechend gestalten (stilisierte Blumen u. a.).

Stil istik die, Lehre vom stilist. Ausdruck (angewandte S.); ferner die (beschreibende) Wissenschaft stilist. Mittel in Dichtung und Rhetorik.

Stilleben [‚stilles Leben‘], franz. **nature morte** [‚tote Natur‘], ein Bild, das eine Zusammenstellung von Blumen, Früchten, toten Tieren und Dingen des tägl. Lebens zeigt. S. kommen schon in der Antike vor (Wandmalereien aus Pompeji), als Einzelheiten größerer Darstellungen im Spät-MA., als selbständiges Bild erst wieder seit Beginn der Neuzeit (J. de' Barbari, 1504, München). Zu einer eigenen Bildgattung entwickelte sich das S. dann in den Niederlanden (W. C. Heda, P. Claesz, J. D. de Heem, W. Kalf u. a.). Im 18. Jahrh. ragen die S. von Chardin hervor. Das späte 19. und das 20. Jahrh. brachte eine neue Blüte des S., da es eine freie Entfaltung der kolorist. Mittel erlaubt (Manet, Cézanne, van Gogh u. a.).

stille Beteiligung, Beteiligung mit Vermögenseinlage am Handelsgewerbe eines anderen, wobei der Teilhaber nach außen nicht hervortritt.

Stille Gesellschaft, ⚖ eine im Handelsregister nicht als solche eingetragene Gesellschaft, bei der sich ein nach außen nicht hervortretender (stiller) Teilhaber am Handelsgewerbe eines anderen mit einer Vermögenseinlage beteiligt (§§ 335 ff. HGB.).

stillen, den Säugling an der Brust durch Muttermilch ernähren.

Stille Nacht, heilige Nacht, Weihnachtslied (1818) von J. Mohr, vertont von F. Gruber.

stille Reserven, →Rücklage.

Stiller Ozean, Großer oder **Pazifischer Ozean, Pazifik,** das größte Meer der Erde, zwischen Asien und Australien im W und Amerika im O, rd. 180 Mill. km². Die Inselgruppen im W lösen ihn in mehrere Rand- und Nebenmeere auf (Bering-, Ochotsk-, Japan-, Gelbes, Ost- und Südchines. Meer, Australasiat. Mittelmeer, Tasmansee). Seine mittlere Tiefe beträgt 4282, die größte 11 022 m tief (im Marianengraben). Sein SW-Teil, die **Südsee,** ist reich an vulkan. und Koralleninseln (Ozeanien). Hauptströmungen: Nordäquatorialstrom mit dem warmen Kuro Schio, Südäquatorialstrom. Fischreichtum bes. in den kalten Strömungen der chilen. Küste, Alaskas und in den ostasiat. Meeresteilen. - Die erste Überquerung des S. O. gelang Magalhães 1520/21. Wichtige Stützpunkte des heutigen Schiffs- und Luftverkehrs sind u. a. die Hawaii-Inseln, Guam, Samoa, Fidschi-Inseln. Große Häfen: Vancouver, San Francisco, Valparaiso im O, die chines.-, japan. und austral. Häfen im W und die Verkehrssammler Singapur und Panama.

Stillgeld, Teil der Wochenhilfe der Krankenversicherung; seit 1968 Teil der ‚Mutterschaftshilfe‘.

Stillhaltung, 1) zeitweiliger Verzicht von Gläubigern auf Zahlungen ihrer Schuldner. **2)** die organisierte Stundung kurzfristiger Kredite, die von einer Gläubigergruppe **(Stillhaltekonsortium)** einem Schuldnerland gewährt wird; durch das **Stillhalteabkommen** v. 19. 8. 1931 wurden die dt. Banken und Firmen gewährten kurzfristigen Kredite **(Stillhaltekredite)** gestundet, die endgültige Regelung brachte das Londoner Schuldenabkommen.

Stilling, Heinrich, →Jung-Stilling.

Stillstand des Verfahrens, ⚖ im Zivilprozeß die Unterbrechung, Aussetzung oder das Ruhen des Verfahrens (§§ 239 ff. ZPO.); tritt auch ein, wenn keine Partei das Verfahren betreibt.

St ilus [lat.] der, der Griffel, ein antikes Schreibgerät, an einem Ende spitz, um auf die Wachstafel zu schreiben, am anderen rund, um Geschriebenes auszulöschen.

Stimmband, Teil des Kehlkopfs.

Stimmbruch, der →Stimmwechsel.

Stimme, ♩ der Stimmlage (→Gesang), auch die einer Gesangsstimme oder einem Instrument zur Ausführung übertragene Klanglinie; Orgel-, Harmoniumregister.

Stimmenkauf, ⚖ die widerrechtl. Beeinflussung eines Stimmberechtigten durch Geld, im Strafrecht als Wahlbestechung (§ 108 b StGB.), im Gesellschaftsrecht als Bestechung von Aktionären (§ 405 Aktien-Ges.) strafbar.

Stimmer, Tobias, schweizer. Maler und Graphiker, *1539, †1584; Holzschnitte (Bilderbibel, 1576), Bildnisse, Fassadenmalereien (Haus zum Ritter, Schaffhausen).

Stimmführung, ♩ im mehrstimmigen Satz das Fortschreiten der einzelnen Stimmen von Ton zu Ton nach den Gesetzen der Harmonielehre und vor allem des Kontrapunktes.

Stimmgabel, gabelförmig gebogener Stahlstab, der beim Anschlagen den Kammerton angibt.

Stimmrecht, das Recht, an Abstimmungen teilzunehmen, sei es auf Grund des allgemeinen Wahlrechts, einer Mitgliedschaft (bei Vereinen usw.) oder durch Kapitalbeteiligung (bei Kapitalgesellschaften).

Stimmritze, →Kehlkopf. - **S.-Krampf,** krampfhafter Verschluß der S., bei Erwachsenen meist eine nervöse Störung, bei Kindern Zeichen von →Spasmophilie.

Stimmung, 1) die vorwiegende Gefühlslage eines Menschen. **Endogene S.** sind langdauernd, konstitutionsbedingt, von der Situation unabhängig. **Exogene S.** sind durch äußere Umstände (Ernährung, Milieu) bedingt. 2) Gesamteindruck, Wirkung auf das Gefühl: S. einer Landschaft, Gewitter-S., Abend-S. **3)** ♩ a) die Festlegung der absoluten Tonhöhe nach dem Grund-(Kammer-) Tones, nach dem ein Instrument eingestimmt wird. b) die Festlegung der Tonabstände, d. h. der Schwingungszahlenverhältnisse für die Töne untereinander. Man unterscheidet 1) die reine (ungleichschwebende) S.; jedoch ergeben sich bei mathematisch reiner Stimmung des Tonstoffes für eine Tonart Unreinheiten für andere, bes. entferntere Tonarten. 2) die von Werckmeister 1691 eingeführte gleichschwebend temperierte S., wobei alle Tonarten den gleichen relativen Reinheitsgrad aufweisen. Erst sie ermöglicht ein Musizieren in allen Tonarten; die Vorzüge der gleichschwebend temperierten S. wurden von J. S. Bach im ‚Wohltemperierten Klavier‘ benutzt.

Stimmwechsel, das Tieferwerden der Stimme in der Pubertät durch Wachstum des Kehlkopfs.

Stimmzettel, Zettel zur schriftl. Stimmabgabe bei Wahlen und Abstimmungen.

Stimson, Henry Lewis, amerikan. Staatsmann, * 1867, † 1950, 1911-13 und 1940-45 Kriegsmin., 1929-33 Außenminister.

St imulans [lat.] das, -/... 'antien, ⚕ ein ‚Anregungsmittel (Analepticum). **Stimulati on,** Reizung, Erregung. **stimul ieren,** anregen.

Stinde, Julius, Schriftsteller, * 1841, † 1905; humoristische Erzählung ‚Die Familie Buchholz‘ (2 Tle., 1884/85).

Stinkbombe, Wurfgeschoß, das mit übelriechenden Stoffen gefüllt ist.

Stinkkalk, schwach bituminöses Kalkgestein.

Stinkmorchel, ein äußerlich morchelähnlicher, ungiftiger Bauchpilz mit spitzem, grünlichem Hütchen auf weißem, schwammigem Stiel, mit Aasgeruch, in schattigen Gebüschen; die kugeligen Sporenkörper heißen im Volksmund ,Hexeneier'.

Stinktier, →Skunk.

Stinnes, Industriellenfamilie. **Mathias S.** (* 1790, † 1845) begann als Ruhrschiffer, baute eigenen Kohlentransport und -handel auf, später eigener Kohlenbergbau. Nachfolger wurden die Söhne **Mathias** (* 1817, † 1853), **Gustav** (* 1826, † 1878), Hugo (* 1842, † 1887). Der zweite Sohn des letzteren war **Hugo S.** (* 1870, †‾1924). Unter seinem Einfluß standen die **S.-Unternehmen.** Nach dem 2. Weltkrieg begann Hugo S. jr. (* 1897) den Wiederaufbau. 1952 faßte er seine Interessen in der **Hugo S. Industrie und Handel GmbH.** (‚Hugo S. Persönlich. Gruppe') und der **Hugo S. Transocean Schiffahrt GmbH.,** beide in Mülheim (Ruhr), zusammen, von denen die erste 1963 in Schwierigkeiten geriet, die zweite 1971, was zum Konkurs der ‚Hugo S. Persönlich. Gruppe' führte.

Stint der, Lachsfisch in Nord- und Ostsee und in küstennahen Binnenseen von der Biskaya bis zum Petschora-Fluß; wird 26 cm lang, riecht wie faulende Gurke.

Stip endium [lat.] das, -s/... dien, Geldunterstützung, besonders für Studierende.

Stipulati on [lat.], röm. Recht: mündlich geschlossener Vertrag (Verbalkontrakt).

Stirlingmotor, Heißluftmotor, eine von R. Stirling erstmals 1818 gezeigte Wärmekraftmaschine mit konstantem Gasvolumen, das in einem Zylinder von zwei Kolben hin- und hergeschoben wird. Auf der einen Zylinderseite wird das Gas erhitzt, auf der anderen abgekühlt, dazwischen entzieht ein Regenerator ihm die Wärme, speichert sie und gibt sie an das rückströmende Gas wieder ab. Ein Rhombengetriebe bewegt die beiden Kolben, die das Gas bei Wärmezufuhr expandieren und so Leistung abgeben. An der Serienreife des S. wird gearbeitet.

Stirlingshire [st'əlinʃiə], Grafschaft im mittleren Schottland, 1169 km², 205 900 Ew. Hauptstadt: Stirling.

Stirn, ♩ Gesichtsteil von den knochigen Stirnbein und den paarigen **Stirnhöhle,** einer Nebenhöhle der Nase. **Stirnhöhlenkatarrh,** Entzündung der Stirnhöhlenschleimhaut, oft im Anschluß an Schnupfen, mit klopfenden Kopfschmerzen.

Stirner, Max, eigentlich Kaspar **Schmidt,** Philosoph, * 1806, † 1856, betrachtete das

Ich als das einzig Wirkliche in der Welt. ‚Der Einzige und sein Eigentum' (1845).

Stirnrad, ein →Zahnrad.

Stirnziegel, am antiken Dach der aufrecht stehende Abschluß der unteren Deckziegel, verziert mit Palmetten, auch Köpfen.

St'oa die, griech. Philosophenschule in der Nachfolge des Zenon († 264 v. Chr.). Der **Stoizismus** lehrt naturgemäße Lebensführung im Einklang mit der zweckvoll gerichteten Weltvernunft. Nach Auffassung der **Stoiker** führen Selbstüberwindung und sittl. Stolz gegenüber jedem Schicksal zur Tugend und damit zur Glückseligkeit.

Stob'aios, Stob'aeus, Johannes, griech. Schriftsteller des 5. Jahrh. n. Chr.; Sammlung von Auszügen griech. Dichter und Prosaiker.

Stober der, rechter Nebenfluß der Oder, in Schlesien, 98 km lang.

Stoch'astik [grch.] die, die von der Wahrscheinlichkeitstheorie ausgehenden mathematischen Verfahren, bes. angewendet auf statistische Massen.

Stöchiometr'ie [grch.], die Lehre von der mengenmäßigen Zusammensetzung chem. Verbindungen und von den Mengenverhältnissen bei chem. Reaktionen.

Stoch'od der, rechter Nebenfluß des Pripets, in Wolhynien, Sowjetunion.

stock [stɔk, engl.], Bestand, Vorrat, Warenlager; Grundkapital einer Gesellschaft; Wertpapiere.

Stoecker, Adolf, evang. Geistlicher, * 1835, † 1909, Hof- und Domprediger in Berlin, vertrat die sozialdemokrat. Arbeiterschaft in christl. und monarchisch-nationalem Sinne zu beeinflussen; gründete 1878 die ‚Christlich-Soziale Arbeiterpartei'; war Antisemit und Führer der Ultrakonservativen.

Stockerau, Stadt in Niederösterreich, nordwestlich von Wien, an einem Donauarm, 13 800 Ew.; Maschinen-, Metallwaren-, Pumpenindustrie, Glasspinnereien.

stock-exchange [-ikstʃ'eindʒ, engl.], Effektenbörse.

Stockfechten, ein Fechten mit langen Holzstöcken in Japan, z. T. auch im nördl. Frankreich.

Stockfisch, durch Lufttrocknung haltbar gemachter Seefisch.

Stockhausen, Karlheinz, Komponist, * 1928, Theoretiker der seriellen Musik, Mitbegr. der elektron. Musik; ‚Gesang der Jünglinge im Feuerofen' (1956), ‚Hymnen' (1967).

St'ockholm, die Haupt- und Residenzstadt Schwedens, an der Mündung des Mälarsees in die Ostsee, auf mehreren Inseln, mit Vororten 1,29 Mill. Ew.; viele Hoch- und Fachschulen, Akademien, Nobel-Institut für physikal. Chemie, Kernforschungsinstitut u. a. Es ist die wichtigste Industriestadt Schwedens (bes. Metall-, Papier-, graph., Lebensmittel-, Textil-, chem. Ind., Schiffbau). Bedeutende Bauwerke: Ritterschaftshaus (1641-74), Kgl. Schloß (1697-1760, 1898 bis 1901), Oper (1894-98), Reichstagsgebäude (1898-1905),

Stadthaus (1923); viele Kirchen, darunter Nikolai- oder Großkirche (1264 gegr.), Deutsche oder Gertruds-Kirche (1636-42), Riddarholmskirche (13. Jahrh.; seit Gustav Adolf Grabstätte der Könige), Klarakirche (1285 gegr.), Schlösser (Drottningholm, Ulriksdal, Haga). - Als Gründer S.s gilt Birger Jarl (Mitte des 13. Jahrh.). S. blühte im Rahmen der Hansepolitik auf, wurde im 17. Jahrh. zur wirkl. Hauptstadt (1630: 9000, 1676: 43 000 Ew.).

Stockhorn, Berg in den Berner Alpen, Schweiz, 2192 m hoch.

Stockmalve, Stockrose, Art der Gattung Althäa (Zierpflanze), →Eibisch.

stock-piling [st'ɔkpailiŋ, amerikan.], Vorratshaltung wichtiger Rohstoffe durch den Staat.

Stockport [st'ɔkpɔːt], Stadt in der Grafschaft Cheshire, NW-England, 107 600 Ew., Baumwoll-, Maschinen-, Leder- u. a. Ind.

Stockpunkt, die Temperatur, bei der ein Öl so steif wird, daß es nicht mehr fließt.

Stockschwämmchen, in Büscheln wachsender brauner Speisepilz.

Stockstadt am Rhein, Gem. in Hessen, im Hess. Ried, 4200 Ew.; Erdöl- und Erdgasförderung (seit 1950).

Stockton [st'ɔktən], Stadt in Kalifornien, USA, 107 600 Ew., Landmaschinen-, Konserven- u. a. Industrie.

Stockton-on-Tees [st'ɔktən ɔn tiːz], Hafen- und Industriestadt in NO-England, 81 300 Ew., Schiff-, Maschinenbau.

Stockwerkseigentum [♊] das Eigentum an Gebäudeteilen, wobei die einzelnen Stockwerke verschiedenen Personen gehören können. (→Eigentumswohnung)

Stoffdruck, der →Zeugdruck.

Stoffwechsel, [♌ ♁] die Gesamtheit der chem. Umsetzungen im Körper der Lebewesen: die Aufnahme des Sauerstoffs aus Luft durch die Atmung, die Verarbeitung, Verdauung und Aufsaugung der Nahrungsstoffe, die Umsetzungen in den Zellen, die Ausscheidung der Schlackenstoffe; auch das Wachstum und der ständige Umbau aller Zellen.

Stoffwechselkrankheiten, Krankheiten, deren Grundlage ein zu geringer (z. B. Fettsucht) oder zu starker Stoffwechsel ist (z. B. Basedowsche Krankheit, →Schilddrüse) oder eine Störung im Stoffwechsel der einzelnen Nährstoffe (z. B. Zuckerkrankheit).

st'oisch [zu Stoa], mit Fassung, mit Gelassenheit. **Stoiz'ismus,** 1) die Lehre der **Stoiker,** →Stoa. 2) Gleichmut, Unerschütterlichkeit.

Stoke-on-Trent [stouk-], Stadt im westl. Mittelengland, 272 300 Ew., Mittelpunkt des Pottery District.; Porzellan-, Steingut- und Tonwarenind., Kohlenbergbau.

Stokes [stouks], Sir (seit 1889) George Gabriel, engl. Mathematiker und Physiker, * 1819, † 1903, prägte die Bez. Fluoreszenz, stellte das Stokesche Regel, die Stokesche Formel und das Stokesche Reibungsgesetz auf, förderte Strahlungsphysik und Hydrodynamik.

Stok'owski, Leopold, Dirigent, * London

1882, wirkt seit 1942 in New York; gründete 1962 das American Symphony Orchestra.

St'ola [lat.] die, -/..len, **1)** im alten Rom das mit Ärmeln versehene Obergewand der Frau. **2)** schärpenartiges Kleidungsstück der katholischen, morgenländischen und anglikanischen Geistlichen. **3)** schalartiger Umhang für Frauen, auch aus Pelz.

Stolberg, ehemals reichsunmittelbares Grafengeschlecht im Harz, seit 1890/93 Fürsten; drei Linien: S.-Wernigerode, S.-S., S.-Roßla.

1) Christian Graf zu S.-S., Dichter, * 1748, † 1821, besuchte mit seinem Bruder Friedrich Leopold 1775 Goethe in Frankfurt, woran sich eine Reise der Brüder mit Goethe in die Schweiz schloß; Singspiele, Dramen, Gedichte, Übersetzungen.

2) Friedrich Leopold Graf zu S.-S., Dichter, * 1750, † 1819, teilte mit seinem Bruder Christian bis 1776 Studien und poet. Interessen. Seine Freundschaft mit Goethe löste sich in dem Grade, in dem er sich der christlich-religiösen Gruppe um Hamann, Jacobi, Herder anschloß. Übersetzungen (u. a. der ‚Ilias').

Stolberg, 1) S. am Harz, Stadt und Luftkurort im Bez. Halle, rd. 2000 Ew.; Schloß (1201-10, im 16. Jahrh. erneuert), Martinikirche (1484), Rathaus (1482), ehem. Münzstätte (1535). **2) S. (Rhld.),** Stadt östl. von Aachen, Nordrh.-Westf., 39 900 Ew.; Metallwaren-, Glas-, Seifen- u. a. Ind.

Stolb'owa, Dorf südlich des Ladogasees. - 27. 2. 1617 Friede zwischen Schweden (Gustav Adolf) und Rußland: Schweden erhielt Ingermanland und Karelien.

Stolgebühren, Kirchenrecht: Abgaben an den Pfarrer bei bestimmten Amtshandlungen, bes. Tauf-, Trauungs- und Begräbnisgebühren.

STOL-Flugzeug [Abk. für engl. Short Take-Off and Landing], das →Kurzstartflugzeug.

Stollberg, Stadt im Bez. Karl-Marx-Stadt, am Rande des Erzgebirges, 12 800 Ew.; Marienkirche (12., 15. Jahrh.); Strumpfwaren, Metall- u. a. Industrie.

stollen, das gegerbte getrocknete Leder wieder geschmeidig machen.

Stollen der, **1)** Berg- und Tunnelbau: ein waagerecht in das Gebirge getriebener Gang. **2)** [♁] im Stellungskrieg ein waagerechter unterirdischer Gang. **3)** Literatur: Teil einer Strophe, →Aufgesang. **4)** auch **Stolle** die, Weihnachtsgebäck aus Hefeteig, Rosinen, Mandeln, Zitronat.

Stollenschrank, truhenartiges Kastenmöbel mit erhöhten Eckpfosten (Stollen) und mit zwei Türen an der Vorderwand.

Stolp, poln. **Słupsk,** Stadt in Ostpommern, an der Stolpe, 61 100 [1939: 50 400] Ew.; lieferte Möbel, landwirtschftl. Maschinen u. a.; hatte mehrere Kirchen (14., 15. Jahrh.); Schloß (16. Jahrh.) u. a. alte Bauten. Zu 35% zerstört, kam S. 1945 unter poln. Verwaltung.

Stoltenberg, Gerhard, Politiker (CDU), * 1928, 1965-69 Bundesmin. für Wissenschaft und Forschung; seit 1971 MinPräs. von Schleswig-Holstein.

Stoltze, Friedrich, Mundartdichter, * 1816, † 1891; Lyrik und Erzählungen in Frankfurter Mundart.

Stol'ypin, Peter Arkadjewitsch, * 1862, † 1911, seit 1906 russ. Innenmin. und Min.-Präs., leitete eine umfangreiche Agrarreform zur Förderung der Kleinbauern ein; von einem Sozialrevolutionär ermordet.

Stolz, Robert, Operettenkomponist, * 1880, lebt in Wien; ‚Zwei Herzen im Dreivierteltakt', ‚Frühling im Prater' u. a.

Stolze, Wilhelm, * 1798, † 1867, entwickelte eine →Kurzschrift.

Stolzenfels, urspr. kurtrierische Burg links des Rheins, gegenüber der Lahnmündung, 1689 von den Franzosen zerstört, 1836-42 durch Friedrich Wilhelm IV. nach Entwürfen Schinkels wiederaufgebaut.

Stolze-Schrey, eine →Kurzschrift.

Stomat'itis [grch.] die, $ Entzündung der Mundschleimhaut, oft mit Zahnfleisch-

Stockholm: Blick auf die Altstadt

entzündung, entsteht durch verschiedene Erreger (Bakterien, Pilze, Viren), durch Vergiftung oder durch Haut- und Blutkrankheit; →Mundkatarrh, →Mundfäule.

Stonehenge [stˈounhəndʒ, engl. ‚hängender Stein‘], große Anlage aus der späten Jungsteinzeit und älteren Bronzezeit bei Salisbury; fast konzentr. Steinkreise aus

Stonehenge

4 m hohen Steinpfeilern, abgedeckt mit Decksteinen. Die Bestimmung der Anlage scheinen Sonnen- und Mondbeobachtungen gewesen zu sein.

Stooß, Carl, Strafrechtler, * 1849, † 1934, Prof. in Bern, Wien und Graz; sein ‚Vorentwurf zu einem schweizer. StGB.‘ (1893/94) war der Ausgangspunkt für die 1937 vollendete Strafrechtsreform der Schweiz.

stop [engl.], 1) halt! 2) in Telegrammen: Punkt.

Stopfbüchse, Maschinenbauteil zum Abdichten von Wellen, Kolbenstangen u. a.: ein Gehäuse mit verschiebbarem Deckel, in dem eine Packung (Gummi, Leder, Werg u. a.) durch Anziehen des Deckels gepreßt wird und die Abdichtung bewirkt.

stopfen, Gewebe oder Gewirke verzieren oder durch Ersatz fehlender oder schadhafter Fäden, oft muster- und bindungsgerecht (**Kunst-S.**) ausbessern.

stopfende Mittel, Antidiarrhˈoica, Arzneimittel gegen Durchfall, z. B. gerbstoffhaltige Drogen, medizin. Kohle, Opiumtinktur u. a.

Stoph, Willy, Politiker (SED), * 1914, 1952 bis 1955 Innenmin. der Dt. Dem. Rep., 1956 bis 1960 Verteidigungsmin.; seit 1959 Armeegeneral. Ihm wurde 1960 die Kontrolle und Koordinierung der Durchführung der Beschlüsse des ZK und des Ministerrates übertragen. Seit 1964 MinPräs.

Stoppelfrucht, Stoppelsaat, eine Zwischenfrucht, die nach der Hauptfruchternte Juli/Sept. ausgesät und im gleichen Jahr geerntet wird.

Stoppelschwamm, ein Stachelpilz.

Stopper, Fußball: der Mittelläufer, der die Angriffe des Gegners stoppen soll.

Stoppˈuhr, die Uhr, mit der (oft gleichzeitig mehrere) Vorgänge auf Fünftel- oder Zehntelsekunden, in Sonderfällen auf $^1/_{100}$ sek genau gemessen werden können.

Stör der, Schmelzschupper mit Knorpelgerüst und Knochenschilden, Schnauzenfortsatz und Bartfäden. Sie sind wegen ihres Fleisches, ihrer Eier (Kaviar), ihrer Schwimmblase (Hausenblase) sehr nützlich. Der **Gemeine S.** wird bis 2 m lang, wandert vom Meer in den Flüssen aufwärts. Zu den S. gehören auch **Hausen, Sterlet.**

Stör die, Handwerksarbeit im Hause des Kunden (**Störarbeit**); im MA. bes. die Arbeit des nichtzünftigen Handwerkers.

Stora Kopparbergs Bergslags AB., Falun, schwed. Unternehmen (Erzbergbau, Kraft-, Eisen-, Stahlwerke, Holzstoff-, chem. Fabriken u. a.), gegr. im 13. Jahrh., AG. seit 1888.

Stora Sjöfallet [stˈuːra ʃˈøː], Wasserfall zwischen zwei Gebirgsseen des Stora Luleälv, N-Schweden; Naturschutzgebiet.

Storch, Anton, Politiker (CDU), * 1892, Gewerkschaftler, war 1949-57 Bundesarbeitsminister, 1949-65 MdB.

Störche, Stelzvögel in der Alten und Neuen Welt. Der **Weißstorch** (Klapper-

storch), von N-Afrika bis an die Ostsee verbreitet, überwintert in O- und S-Afrika. In großen Wäldern der Norddt. Tiefebene nistet noch vereinzelt der **Schwarzstorch;** er überwintert im trop. und südl. Afrika. S. sind auch →**Marabu** und →**Nimmersatt.**

Storchschnabel, 1) Gattung **Geranium** der S.-Gewächse (Geraniaceae), mit fingerschnittigen Blättern und strahligen, meist blauroten Blüten; die fünf grannenartigen Teilfruchtfortsätze sind so längsverwachsen, daß die Gesamtfrucht dem Schnabel des Kranichs oder Storches ähnelt. **2)** Zeichengerät zum Verändern des Maßstabs einer mit einem Fahrstift nachgefahrenen Figur.

Store [stoː, engl.] der, Vorrat, Lager; Ladengeschäft.

Store [stoːr, frz.] der, Fenstervorhang.

Storfjord, vielverzweigter Fjord in W-Norwegen.

Störklappen, →Spoiler.

Storm, Theodor, Dichter, * 1817, † 1888, seit 1867 Amtsrichter, seit 1879 Amtsgerichtsrat in Husum; stimmungsvolle Lyrik und Novellen, in denen Liebe, Leidenschaft und Schmerz nur wehmutsvolle Erinnerung sind: ‚Immensee‘ (1849), ‚Viola tricolor‘ (1873), ‚Pole Poppenspäler‘ (1874), ‚Aquis submersus‘ (1875/76), ‚Zur Chronik von Grieshuus‘ (1883/84). In der Novelle ‚Der Schimmelreiter‘ (1886-88) gelangt S. zu männlich-harter, ins Mythische ausgreifender Gestaltung. (Bild S. 1195)

Stˈormarn, Landschaft zwischen Elbe, Stör, Trave und Bille, Schlesw.-Holst.

stornˈieren [ital.], rückgängig machen, tilgen, z. B. einen Auftrag, eine Buchung.

Stˈorno [ital.] der, Aufhebung einer falschen Buchung durch Gegenbuchung.

Störschutz, alle Maßnahmen zur Beseitigung oder Verminderung elektr. Störungen, insbes. die metallische Abschirmung stromführender Teile und der Störquellen, bes. Schaltungen und Leitungsführung.

Störtebeker, Klaus, Freibeuter, Führer der →Vitalienbrüder, 1402 in Hamburg hingerichtet; als volkstümlicher Held in örtlichen Sagen verherrlicht.

Storting [stˈuːrtiŋ] das, die Volksvertretung in Norwegen.

Störungen, Abweichungen im Gesundheitszustand (**körperliche, seelische S.**), in der Wirtschaft, im sozialen Leben u. a., eines Himmelskörpers von seiner Bahn infolge Massenanziehung durch andere Himmelskörper. Bekanntestes Störungsproblem ist das Dreikörperproblem. Die mathemat. Behandlung von S. in der **S.-Theorie** hat sich auch für ähnl. Probleme der Atomphysik, der Kybernetik, der Psychologie als fruchtbar erwiesen.

Störungsfeld, ♀ Bezirk des Körpers, dessen nervliche Verbindung mit einem Krankheitsherd zu gesteigerter Reizempfindlichkeit geführt hat.

Störungsfeuer, unregelmäßiges Artilleriefeuer zur Beunruhigung des Feindes.

Story [stˈoːri, engl.] die, -/…ries, Geschichte, Fabel, Handlung, z. B. Film-S.

Schwarzstorch

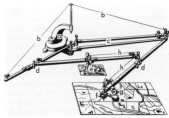

Storchschnabel 2). Präzisionspantograph: a Gestell aus Gußeisen, b Aufhängedrähte, c eigentlicher Pantograph, d verschiebbare Hülsen, e Führungsstift, f Zeichenstift, g Abstützrolle, h Schnur zum Abheben des Führungs- und des Zeichenstifts (Das Gerät ist auf Vergrößerung eingestellt)

Storz, Gerhard, Schriftsteller, Literarhistoriker, * 1898, Oberstudiendirektor, 1958 bis 1964 Kultusmin. in Baden-Württemberg; ‚Sprache und Dichtung‘ (1957).

Stoß, 1) Physik: die Wechselwirkung zwischen zusammentreffenden Körpern unter Energie- und Impulsaustausch. **2)** Verbindungsstelle zweier aneinanderstoßender Konstruktionsteile (z. B. Stahlplatten, Balken). **3)** ♉ Schwanz des Federwilds.

V. Stoß: Englischer Gruß, 1517/18 (Nürnberg, St. Lorenz)

Stoß, Veit, Nürnberger Bildhauer, Kupferstecher, Maler, * um 1440/50, † 1533, seit 1477 in Krakau, wo er 1489 den Hochaltar der Marienkirche vollendete (13 m hoch; im Schrein: Tod Mariä; auf dem doppelten Flügelpaar: 18 Reliefs aus dem Marienleben). Seit 1496 lebte er wieder in Nürnberg (1503 wegen Wechselfälschung gebrandmarkt). Dort geschaffene Werke: Passionsreliefs, St. Sebald (1499), Englischer Gruß, St. Lorenz (1517/18), Altar im Bamberger Dom (1520-23). S. ragt unter den Bildhauern der Spätgotik durch die Leidenschaft seiner Gestaltung hervor.

Stoßdämpfer, bei Straßen- und Schienenfahrzeugen eine Vorrichtung zwischen Rädern (oder Laufwerk) und Aufbau zur Dämpfung der durch Fahrbahnunebenheiten verursachten Federschwingungen, gebaut als **mechan. S., hydraul. S.** und **Teleskop-S.**

Stößel, bei Kolbenmaschinen mit Ventilsteuerung ein Zwischenstück, das den Nockenhub zum Ventil überträgt.

stoßen, 1) Hobelverfahren der Metallbearbeitung, bei dem das Werkzeug (Meißel) an einem hin- und hergehenden Stößel befestigt ist. 2) →Gewichtheben.

Stoßheber, eine Vorrichtung zum Heben von Wasser: durch ein Ventil wird der Wasserfluß in einer Leitung schlagartig angehalten. Die dadurch bewirkte Drucksteigerung in der Leitung treibt eine kleine Menge Wasser in einen durch ein Rückschlagventil verschlossenen Windkessel und weiter in die Steigleitung.

Stoßstange, Stange vorn und hinten an Kraftwagen, als Schutz bei leichten Fahrzeugberührungen.

Stoßtherapie, § Behandlung, bei der in wenigen Tagen sehr große Arzneimengen verabreicht werden, z. B. Sulfonamidstoß.

Stoßtrupp, kleiner Truppenteil für besondere militär. Angriffsunternehmen.

Stoßverkehr, stärkste Verkehrsdichte zu bestimmten Tageszeiten, Berufsverkehr.

Stoßzahl, Anzahl der Stöße zwischen Gasmolekülen untereinander, zwischen Gasmolekülen und Wandflächeneinheit o. ähnl., meist in 1 sek.

Stotʼinka die, kleine Währungseinheit in Bulgarien, 1 S. = ¹/₁₀₀ Lev.

stottern, krampfartige Sprachstörung: teils Laute oder Silben wiederholen, teils beim Sprechen an Lauten hängenbleiben.

Stourbridge [stʼuəbridʒ], Stadt im westl. Mittelengland, 52 200 Ew., Kohlengruben, Eisen- und Glasindustrie.

Strʼabon, Strabo, griech. Geograph, * um 63 v. Chr., † 20 n. Chr., unternahm große Reisen, verfaßte die für die Kenntnis der antiken Geographie wichtigen 17 Bücher ‚Geographika‘.

Strachey [strʼeitʃi], Lytton Giles, engl. Schriftsteller, * 1880, † 1932; geistreichironische Biographien (‚Elisabeth und Essex‘, 1928).

Strachwitz, Moritz Graf von, Schriftsteller, * 1822, † 1847; heroisch-ritterliche Balladen.

Strada del Sole, die →Autostrada del Sole.

Stradʼella, Alessandro, italien. Sänger und Komponist, * 1642, † 1682, Opern, Oratorien, Kantaten u. a. - Oper ‚Alessandro S.‘ von Flotow (1844).

Stradivʼari, Antonio, ital. Geigenbauer, * 1643, † 1737, Schüler von N. Amati, arbeitete später zusammen mit seinen Söhnen Francesco und Omobono. Seine Streichinstrumente haben Weltruf.

Straelen [strʼa:lən], Stadt südwestl. von Geldern, Nordrh.-Westf., 10 700 Ew., Mittelpunkt eines Gemüseanbaugebietes.

Strafanstalt, von den Justizverwaltungen der dt. Länder unterhaltene Anstalt für den Vollzug einer Freiheitsstrafe.

Strafantrag, der Antrag des Verletzten oder sonst Berechtigten auf Verfolgung einer Straftat; Voraussetzung für die strafrechtl. Verfolgung eines Antragsdelikts.

Strafanzeige, die Mitteilung einer Straftat an die zuständige Behörde.

Strafarrest, →Arrest.

Strafaufhebungsgründe, z. B. der Rücktritt von dem →Versuch, eine Straftat zu begehen; die Begnadigung. (→Strafausschließungsgründe)

Strafaufschub, der Aufschub der Vollstreckung rechtskräftiger Strafurteile; er hat zu erfolgen bei schwerer Krankheit des Verurteilten; ferner kann er gewährt werden, wenn dem Verurteilten oder seiner Familie durch die sofortige Vollstreckung erhebliche, außerhalb des Strafzwecks liegende Nachteile erwachsen würden oder wenn Antrag auf Wiederaufnahme des Verfahrens gestellt ist.

Strafausschließungsgründe und **Strafaufhebungsgründe,** Umstände, die bei dem Täter, bei dem sie vorliegen, die Bestrafung trotz strafbarer Handlung ausschließen. S. sind z. B. Verwandtschaftsverhältnisse bei Straftaten.

Strafaussetzung zur Bewährung, im Strafrecht die vom Gericht gewährte Aussetzung der Vollstreckung einer Freiheitsstrafe von nicht mehr als einem Jahr, damit der Verurteilte durch gute Führung während der Bewährungsfrist (mindestens 2, höchstens 5 Jahre) Straferlaß erlangen kann. Bei Vorliegen besonderer Umstände kann das Gericht auch eine Freiheitsstrafe bis zu 2 Jahren zur Bewährung aussetzen.

strafbare Handlung, die →Straftat.

Strafbefehl, die schriftliche Festsetzung einer Strafe für Übertretungen und Vergehen durch den Amtsrichter ohne mündliche Verhandlung auf Antrag der Staatsanwaltschaft; nur zulässig für Freiheitsstrafen bis zu 3 Monaten und Geldstrafen (§§ 407 ff. StPO.). Der Beschuldigte kann durch Einspruch binnen 1 Woche die Verhandlung vor dem zuständigen Gericht erwirken.

Strafbescheid, bei bestimmten Steuervergehen die Bestrafung durch das Finanzamt selbst.

Strafe, ⚖ im engeren Sinn die durch richterliches Urteil verhängte Kriminalstrafe als Folge einer strafbaren Handlung; im weiteren Sinn auch die Disziplinarstrafe, Ordnungsstrafe und Vertragsstrafe.

Straffälligenfürsorge, die Gefangenenfürsorge.

Straffreiheitsgesetz, ein Gesetz, das für eine unbestimmte Vielzahl von Fällen Straffreiheit gewährt.

Strafgefangener, ein zu Freiheitsstrafe rechtskräftig Verurteilter während der Strafverbüßung.

Strafgerichte, die in Strafsachen entscheidenden Gerichte. (Übersicht Gericht)

Strafgesetzbuch, StGB., das Gesetzbuch zur Regelung des Strafrechts; in Dtl. gilt das Reichs-S. vom 15. 5. 1871 mit zahlreichen einschneidenden Änderungen und Ergänzungen. Wesentliche Neuerungen brachten die Strafrechtsreformgesetze vom 25. 6. 1969, 4. 7. 1969 und 20. 5. 1970.

Strafhaft, früher die leichteste Freiheitsstrafe, von 1 Tag bis 6 Wochen; an ihre Stelle ist seit dem 1. Strafrechtsreformgesetz von 1969 die Freiheitsstrafe getreten. In der Schweiz gibt es S. bis 3 Monate, im österreich. Recht entspricht der früheren S. der Arrest.

Strafkammer, die für Strafsachen zuständigen Spruchabteilungen bei den Landgerichten. (Übersicht Gericht)

Strafkolonien, entlegene, oft überseeische Gebiete, in die politisch gefährliche Personen oder schwere Verbrecher verschickt werden; schon das Altertum kannte S.

Strafmandat, 1) die →Strafverfügung. 2) →Mandatsverfahren.

Strafmündigkeit, die volle strafrechtliche Verantwortlichkeit; sie beginnt mit dem vollendeten 18. Lebensjahr.

Strafprozeß, das gerichtliche Verfahren zur Sühne strafbarer Handlungen (**Strafverfahren**). Gesetzliche Grundlage ist in Dtl. die →Strafprozeßordnung. - Der S. ist beherrscht von dem Amtsgrundsatz (Offizialprinzip), d. h. seine Durchführung ist Amtspflicht staatl. Rechtspflegeorgane. Er beruht auf der Trennung von Strafrechensverfolgung (durch Staatsanwaltschaft mit Unterstützung der Kriminalpolizei) und Urteilsfindung (durch Strafgerichte). Das Gericht selbst darf kein Verfahren einleiten, sondern muß Klageerhebung durch den Staatsanwalt abwarten (**Anklagegrundsatz**). Staatsanwalt und Angeklagter stehen sich im Verfahren auf gleicher Ebene als Parteien gegenüber (**Parteienverfahren**). Das Verfahren wird, anders als der Zivilprozeß, nicht vom Verhandlungs-, sondern vom Untersuchungsgrundsatz beherrscht, d. h. das Gericht hat alles zu tun, um von sich aus die Tat aufzuklären und die Wahrheit zu ermitteln. Weitere wichtige Grundsätze des S. sind das →Legalitätsprinzip, die Prinzipien der →Öffentlichkeit, der →Mündlichkeit und der →Unmittelbarkeit der Hauptverhand-

lung. - Das Strafverfahren gliedert sich in das →Vorverfahren (→Ermittlungsverfahren, →Voruntersuchung), das Zwischenverfahren, das mit der Einreichung der Anklageschrift beginnt, und in das →Hauptverfahren. Eine Strafprozeßrechtsreform ist in Vorbereitung. - Die österreich. StPO. v. 23. 5. 1873 beruht im wesentlichen auf den gleichen Grundlagen. In der Schweiz ist der S. kantonal unterschiedl. geregelt.

Strafprozeßordnung, StPO., das Gesetzbuch zur Regelung des Strafverfahrens, in der Bundesrep. Dtl. vom 1. 2. 1877 mit vielen Novellen.

Strafraum, ⚽ Ballspiele: der Spielraum in der Nähe der Tore mit verschärften Strafbestimmungen.

Strafrecht, die Gesamtheit der gesetzl. Vorschriften, die bestimmte menschliche Handlungen und Unterlassungen verbieten und für strafbar erklären (Kriminalrecht). Zum S. werden auch diejenigen Bestimmungen gerechnet, die sichernde und bessernde Maßnahmen als Rechtsfolgen der Straftat vorsehen. Aufgabe des S. ist es, die elementaren Werte des Gemeinschaftslebens zu schützen. Nicht zum S. im engeren Sinn gehört das Recht der nichtkriminellen Strafen (z. B. Ordnungs-, Dienst- oder Disziplinarstrafe). Das S. ist heute in den meisten Staaten in einem **Strafgesetzbuch** und strafrechtlichen Nebengesetzen geregelt. - Das internationale S. grenzt den Anwendungsbereich der Strafgesetze gegen das Ausland ab.

Strafregister, das amtliche Verzeichnis der gerichtlich vorbestraften Personen eines Bezirks; für die Eintragung ist der Geburtsort der Verurteilten maßgebend. Die Landesregierungen bestimmen, welche Behörden die S. führen (meistens die Staatsanwaltschaft).

Strafsachen, die in einem Strafverfahren zu verfolgenden Tatbestände im Unterschied zu den Zivilsachen.

Strafsenat, die für Strafsachen zuständigen Spruchabteilungen bei den Oberlandesgerichten und dem Bundesgerichtshof.

Straftat, die einen strafgesetzl. Tatbestand erfüllende, rechtswidrige, schuldhafte Handlung (**strafbare Handlung**).

Straftilgung, die nach einem bestimmten Zeitraum erfolgende Löschung der Eintragungen im Strafregister.

Strafumwandlung, die Möglichkeit, eine nicht beizutreibende Geldstrafe in eine Freiheitsstrafe umzuwandeln (§ 29 StGB.).

Strafverfahren, der →Strafprozeß.

Strafverfügung, die schriftl. Festsetzung einer Strafe für Übertretungen durch den Amtsrichter ohne mündliche Verhandlung auf Antrag der Polizei. Rechtsmittel: →Strafbefehl.

Strafversetzung, eine Disziplinarstrafe, bei der eine Versetzung in ein Amt der gleichen Laufbahn mit geringerem Endgrundgehalt erfolgt.

Strafvollzug, die nach Rechtskraft eines Strafurteils einsetzende Verbüßung der Strafe (**Strafvollstreckung**). Vollstreckungsbehörde ist die Staatsanwaltschaft, in amtsgerichtlichen Strafsachen der Amtsrichter, in Jugendsachen der Jugendrichter. Freiheitsstrafen werden in den Strafanstalten vollstreckt.

Stragel der, ✿ Schmetterlingsblütergattung Tragant. Die **Süße S. (Bärenschote)**, eine liegende Staude mit grünlichgelben Blütenträubchen, ist als **Wildes Süßholz** Volksarznei.

Strahl, 1) ⊠ scharf gebündelter Materie- oder Teilchenstrom, z. B. Wasser-, Gas-, Licht-, Elektronen-S. 2) △ von einem Punkt in bestimmter Richtung ausgehende Gerade.

Strahlenbehandlung, Heilmaßnahmen durch Bestrahlung mit Lichtstrahlen (→Blaulicht, →Lichtbehandlung, →Sonnenbad), radioaktiven Strahlen (→Radioaktivität, →Radium), Röntgenstrahlen (→Röntgenbehandlung).

Strahlenbelastung, das Maß der Einwir-

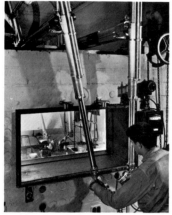

Strahlenschutz: links Manipulator; Fernbedienung stark radioaktiver Präparate hinter einer Betonwand. Das Sichtfenster besteht aus zwei Glasscheiben, deren Zwischenraum mit Wasser gefüllt ist. Ein Hebelgestänge überträgt jede Handbewegung des Laboranten auf eine hinter der Betonwand befindliche künstliche Hand. Rechts Männer in Schutzanzügen beim Betreten eines chemischen Labors für die Untersuchung radioaktiver Stoffe

kung von Röntgen- und radioaktiven Strahlen auf den menschl. Organismus.

Strahlenbiologie, die Untersuchung der biologischen Wirkung von Strahlungen.

Strahlenflosser, Acanthopterygii, Unterklasse der Knochenfische mit den meisten heute lebenden Fischen: Flössler, Knorpelganoiden (Störe), Knochenganoiden (Knochenhechte und Kahlhechte) und Echte Knochenfische (z. B. Aale, Heringe, Lachse, Karpfen, Barsche).

Strahlenpilze, zwischen Bakterien und echten Pilzen stehende Einzeller, die verzweigte Fäden bilden (**Aktinomyzeten**). Manche Arten sind Krankheitserreger und erzeugen Tuberkulose, Lepra und die →Strahlenpilzkrankheit, andere bilden Antibiotica, z. B. Streptomycin und Aureomycin.

Strahlenpilzkrankheit, Aktinomyk´ose, eine mit harter Schwellung verlaufende Gewebsentzündung, hervorgerufen durch verschiedene Strahlenpilze; geht meist von Mundhöhle oder Darmkanal aus.

Str´ahlenschädigungen. Von S. spricht man in der Regel nur bei ungewollter Strahleneinwirkung (etwa durch Atombomben oder bei Reaktorunfällen), nicht bei medizin. Strahlenbehandlung, da zur Erreichung des therapeut. Zwecks mitunter gewisse Nebenerscheinungen in Kauf genommen werden müssen (vorübergehende Hautschädigungen, Übelkeit, Kopfschmerzen). Ganzkörperbestrahlungen mit höherer, einmaliger, kurzzeitig verabfolgter Dosis von Röntgen-, α-, β-, γ-, Neutronenstrahlung führen zur Strahlenkrankheit, die sich unter 100 rd Ganzkörperdosis (rd: ‚Rad', Einheit der Energiedosis, d. h. der vom Körper aufgenommenen Strahlungsenergie) vorwiegend in Blutbildveränderungen und Durchfällen äußert. Bei 700 rd ist der Tod fast sicher. Bei Teilkörperbestrahlung werden wesentlich höhere Dosen vertragen. Bekannteste lokale S. sind die →Röntgenschädigungen (→Radioaktivität). Wirkungen auf die Keimzellen, die zu einer Veränderung des Erbgutes führen (genetische Strahlenwirkungen), können schon bei geringerer Strahlenbelastung auftreten, beeinflussen aber die Folgegenerationen praktisch nur, wenn größere Bevölkerungsgruppen dieser Strahlenbelastung ausgesetzt sind.

Kurzwellige Wärmestrahlung (Ultrarot) verursacht den Feuer-, Schmelzer- oder Glasmacherstar, der meldepflichtige Berufskrankheit ist. - Ultraviolette Strahlen können schwere Reizerscheinungen im inneren und äußeren Auge bewirken (Gefährdung beim Lichtbogenschweißen).

Strahlenschutz, Maßnahmen zum Schutz vor unerwünschten Wirkungen ionisierender Strahlen, bes. Röntgenstrahlen und Strahlungen natürl. oder künstl. radioaktiver Substanzen (α-, β-, γ-, Neutronenstrahlen). Bei Vernachlässigung des S. kann es zu lokalen und allgemeinen →Strahlenschädigungen kommen. Für jede Strahlungsart besteht eine äußerste zulässige Strahlendosis (**Toleranzdosis**), die bei dauernder Bestrahlung nicht überschritten werden darf. Als maximale Dosis für Röntgenstrahlung gilt 0,25 Röntgen je 7std. Arbeitstag (Dt. Röntgen-Gesellschaft). Bei Bestrahlung mit anderen Strahlenarten ist deren relative biologische Wirksamkeit zu berücksichtigen. Das Fehlen echter biolog. Grenzwerte erschwert die Festlegung zulässiger Höchstdosen. Im **berufl. S.,** etwa beim Betrieb eines Reaktors, bestehen zahlreiche Sicherheitsmaßnahmen, bes. durch Blei- und Betonwände, borhaltige Wände gegen Neutronen u. a. Chemischer S. ist möglich durch Medikamente, die giftige Radikale im Körper abfangen, z. B. Cystein. Zur Messung der Strahlenbelastung dienen verfärbbare Gläser, Photofilme in Plakettenform, kleine Ionisationskammern. **Der S. der Gesamtbevölkerung** ist vor allem gegen genetische Schädigungen´durch Mutationen gerichtet. Von diesem Standpunkt her sieht man eine Gesamtdosis von 10 Röntgen in den ersten 30 Lebensjahren für zulässig an. Hierzu trägt die natürl. Strahlenbelastung bereits 3-5 Röntgen bei, ein weiteres Röntgen liefert die heutige künstl. Strahlenbelastung durch diagnost. Röntgen.

Strahlenschutzzelle, mit Beton, Stahl oder Blei stark abgeschirmte Kammer, in der Arbeiten mit hochradioaktiven Strahlern durchgeführt werden. Die S. sind mit Manipulatoren ausgerüstet und haben Druckluft-, Wasser-, Gas- und Stromanschluß; Türen und Zugänge sind verriegelt. In die Wände von S. für kleine Aktivitäten sind statt Manipulatoren Gummihandschuhe gasdicht eingesetzt (Handschuhkästen).

Strahlentierchen, die →Radiolaria.

Strahlrohr, ein Feuerlöschgerät am Ende der Schlauchleitung zum Erzeugen eines langen, geschlossenen Wasserstrahls oder eines Wasserschleiers.

Strahlstrom, engl. **Jetstream** [dʒ´etstri:m], Windströmung hoher Geschwindigkeit bis über 400 km/h in 8-12 km Höhe auf 200-400 km Breite und meistens 1000 km Länge, an den Flanken mit Turbulenz; bes. häufig in 30-60° Breite von W nach O.

Str´ahltriebwerk, D´üsentriebwerk, engl. **Jet** [dʒet], ein Triebwerk für Fahrzeuge und Flugkörper, das den →Rückstoß stark beschleunigter Massenstrahlen ausnutzt. Bei allen S., außer bei Raketen, wird einem vorn eintretenden Luftstrom bei höherem Druck Wärme zugeführt und der Luftstrom dann mit hoher Geschwindigkeit entgegen der Flugrichtung nach rückwärts aus einer Düse ausgestoßen (Strahlantrieb, Düsenantrieb).

Beim am meisten verbreiteten **Turbinen-Luft-S., Turbo-Triebwerk, TL-Triebwerk, Turbo-Jet,** wird die Verbrennungsluft mit einem Verdichter angesaugt und auf Drücke bis zu 12 at verdichtet. In die verdichtete Luft wird in mehreren Brennkammern dauernd Kraftstoff eingespritzt und verbrannt. Die heißen Gase treiben die Antriebsturbine des Verdichters. Hinter der Turbine treten die Gase durch die Düse mit hoher Geschwindigkeit ins Freie und erzeugen dabei den Schub (bis etwa 20 000 kp). Das immer häufiger verwendete **Zweistromtriebwerk** oder **Mantelstromtriebwerk** ist ein TL-Triebwerk, bei dem ein kalter Luftstrom den heißen konzentrisch umgibt. Vorteile sind höherer Schub, geringerer spezif. Verbrauch, bessere Regelbarkeit, geringerer Lärm. Bei der Nachverbrennung wird hinter der Turbine im sauerstoffhaltigen Gasstrom nochmals Kraftstoff eingespritzt und verbrannt, wodurch sich der Schub erhöht.

Beim ebenfalls viel verwendeten **Propeller-Turbinen-Luft-S., PTL-Triebwerk, Turbo-Prop,** treibt die Turbine neben dem Verdichter noch einen Propeller an, der den Hauptteil der Vortriebskraft erzeugt; der austretende Gasstrahl liefert nur etwa 15% des Schubes. Zum Antrieb des Propellers ist ein Untersetzungsgetriebe erforderlich.

Beim **Stau-S., Ram-Jet,** das keine bewegl.

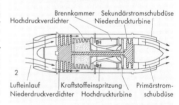

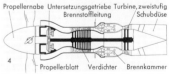

Strahltriebwerke: 1-3 Turbinen-Luft-Strahltriebwerke; 1 Einstrom-Einwellentriebwerk; 2 Einstrom-Zweiwellentriebwerk mit Nieder- und Hochdruckteil; 3 Zweistrom-Zweiwellentriebwerk mit Nieder- und Hochdruckteil. 4 Propeller-Turbinen-Luft-Strahltriebwerk

Teile hat, wird im Fluge die eintretende Luft auf höheren Druck gebracht. In der Brennkammer wird in diese Luft kontinuierlich Brennstoff eingespritzt und verbrannt. Die stark erhitzten, durch die Düse ausströmenden Gase liefern den Schub. Dieser wird um so größer, je höher die Fluggeschwindigkeit und damit der Aufstau ist. Zum Start benötigt ein Flugzeug mit Stau-S. einen Zusatzantrieb (z. B. Raketen). Deshalb und wegen des sehr hohen Kraftstoffverbrauchs wurde das Stau-S. bisher nur zu Versuchszwecken gebaut.

Beim periodisch arbeitenden **Verpuffungs-S., Pulse-Jet, Pulso-Triebwerk** (z. B. **Argus-Schmidt-Rohr**), tritt die Luft vorn durch Ventilklappen in den Brennraum ein, in den Brennstoff eingespritzt wird; das Gemisch wird gezündet. Die Druckwelle schließt die Ventilklappen, so daß der Gasstrahl nur durch das Schubrohr austreten kann. Danach entsteht im Brennraum ein Unterdruck. Er bewirkt, daß durch die Ventilklappen frische Verbrennungsluft eingesaugt wird. Nach der ersten Zündung arbeitet das Verpuffungs-S. selbständig weiter und kann auch im Stand Schub abgeben. - Das Verpuffungs-S. war der Antrieb der V 1, heute ist es beschränkt auf einzelne Motorsegler, Flugmodelle.

Strahlung, räumliche Energieausbreitung, in Form von Wellen oder als Strom von Teilchen.

Strahlungschemie, die →Radiochemie.

Strahlungsdruck, die Kraft, die elektromagnetische oder Schallstrahlung beim Auffallen auf eine Fläche ausübt. Der S. der Sonnenstrahlung auf eine absorbierende Fläche hat die Größe $\frac{1}{2}$ mp/m².

Strahlungsgesetze, Gesetze über die Beziehungen zwischen der Temperatur eines Körpers und der ausgestrahlten Energie. S. sind das Kirchhoffsche Gesetz, das Plancksche S., das Wiensche Verschiebungsgesetz, das Stefan-Boltzmannsche Gesetz.

Strahlungsgürtel, →Van-Allen-Gürtel.

Strahlungsheizung, eine Heizung, die die Räume überwiegend durch die Wärmestrahlung der beheizten Wände und Decken erwärmt.

Strahlverfahren, das Reinigen, Mattieren, Glätten oder Vergüten von Werkstoffoberflächen durch Aufschleudern kleiner Teilchen (Sand, Glas, Metalle) durch Druckluft, Zentrifugalkraft oder Flüssigkeitsströme.

Straits S'ettlements [streits-], „Niederlassungen an den Meerengen', 1826-1946 brit. Kronkolonie, bestand aus Malakka, Penang, Singapur, Labuan, Kokosinseln, Weihnachtsinsel.

Str'alsund, Strals'und, Stadt im Bez. Rostock, Hafen am Strelasund, mit Rügendamm zur Insel Rügen, 71 500 Ew.; spätgot. Rathaus, got. Backsteinkirchen: Nikolai- (seit 1276), Marien- (seit 1298), Jakobikirche (seit 1303); Rathaus (13./14. Jahrh.). Industrie: Maschinen, Zucker, Brauereien, Fischräuchereien; Werft. - 1209 gegr., 1278 Hansestadt, 1628 von Wallenstein vergeblich belagert, 1648 mit Vorpommern an Schweden, 1815 an Preußen. Der Stralsunder Friede (1370) mit Waldemar IV. von Dänemark sicherte der Hanse die Vorherrschaft in der Ostsee.

Stram'in der, gitterartiges Gewebe in Leinwandbindung; Stickereigrundstoff.

Stramm, August, Dichter, * 1874, † (gefallen) 1915; expressionist. Gedichte und Dramen, die sich in ihrem radikal verkürzten Sprachstil dem Dadaismus nähern.

Strand, der Küstenteil, der vom Meer bespült wird, an Anschwemmungsküsten sandig, an Felsküsten geröllbedeckt.

Strandterrassen sind von der Brandung geschaffene Verebnungen an Steilküsten.

Strand'auster, eine →Klaffmuschel.

Strandbehörde, Strandamt, eine Behörde zur Verwaltung von Strandungsangelegenheiten, bes. für Bergung und Hilfeleistung in Seenot.

Strandberg [-bɛrj], Carl Vilhelm August, schwed. Lyriker, * 1818, † 1877; schrieb die schwedische Königshymne.

Stranddistel, eine Art →Mannstreu.

Strandgut, Strandtrift, die von der See an den Strand geworfenen, besitzlos gewordenen Gegenstände.

Strandhafer, steife Gräser auf Strand- und Dünensand; dient der Dünenbefestigung (**Dünenhafer**).

Strandläufer, drosselgroße Schnepfenvögel an den Meeresküsten des Nordens.

Strandrecht, Bergrecht, die Rechtssätze über Hilfeleistung bei Strandung und Bergung von Strandgut; für Flüsse das **Grundruhrrecht.**

Strandschnecke, Gattung **Litorina** der Gekreuztnervigen Schnecken, in der Brandungszone des Meeres, mit rundlicher Schale.

Strandsegeln, Sandsegeln, dem Eissegeln verwandter Wettbewerb (seit 1970 mit Weltmeisterschaft) auf Sandküsten und Sandpisten mit drei- oder vierrädrigen Segelwagen.

Strandung, das Auflaufen eines Schiffes auf Grund. Die S. zur Rettung von Schiff und Ladung ist ein Fall der großen Havarie. Eine vorsätzlich oder fahrlässig herbeigeführte S. ist u. U. strafbar (§§ 315, 316 StGB).

Strangguß, kontinuierliches Gießen flüssiger Metalle, bes. Stahl, in Strängen, wobei das Metall in eine wassergekühlte Kokille gegossen und der erstarrte Strang durch Treibrollen herausgezogen wird.

Strangpressen, Verfahren zum Herstellen von Profilen, Stangen und Rohren aus Nichteisenmetallen und Stahl. Der erwärmte Block wird vom Pressenstempel durch die formgebende Matrize gedrückt.

Strangulati'on [grch.-lat.], Erdrosselung.

Stran'itzky, Josef Anton, Gründer des Wiener Volkstheaters, * 1676, † 1726, spielte im Kärntnertor-Theater die von ihm geschaffene Gestalt des Hanswursts in Salzburger Bauerntracht.

Stränze die, handblättrige Doldenblüter, deren Dolden korbblütenähnlich umschlossen sind. Die Bergwaldpflanze **Sterndolde** hat 2,5 cm breite weiße Körbchen.

Strap'aze [ital.] die, Anstrengung, schwere Beanspruchung. **strapaz'ieren,** beanspruchen, überanstrengen. **strapazi'ös,** anstrengend.

Straß der, hartes blei- und borhaltiges Kaliglas für Edelstein-Imitationen.

Straßburg, französ. **Strasbourg,** die Hauptstadt des Dép. Bas-Rhin, Frankreich, 254 000 Ew., an der Mündung der Ill in den Rhein, Hafen, Bahnknoten, geistiger und wirtschaftl. Mittelpunkt des Elsaß, seit 1949 Sitz des Europarats, Universität, Bibliothek, Museen. Die Altstadt wird überragt vom →Straßburger Münster und hat malerische Fachwerkhäuser und stattliche Renaissancebauten. Elektrotechn., Metall-, Holz-, Leder-, Textil-, Lebens- und Genußmittelindustrie, Brauereien, Tabakmanufaktur, Verlage. Durch die Lage von

Straßburg: Gerberhaus

S. an der Erdölleitung Mittelmeer (Lavéra)-Karlsruhe sind Erdölraffinerien und petrochem. Ind. entstanden.

Geschichte. S. steht auf dem Boden des röm. Argentoratum, wo die Alemannen 357 n. Chr. von Kaiser Julian geschlagen wurden. Seit dem 4. Jahrh. Bischofssitz. Die Stadt machte sich 1262 vom Bischof unabhängig und wurde Reichsstadt. Im Mittelalter wirkten hier u. a. Gottfried von S., Meister Eckart, Tauler. Dann war S. ein Mittelpunkt des deutschen Humanismus (Brant, Murner, Wimpfeling, Fischart, Geiler von Kaysersberg), führte 1522 die Reformation ein und errichtete 1621 eine Universität, an der u. a. Goethe studierte. Ludwig XIV. ließ am 30. 9. 1681 die Reichsstadt besetzen (→Reunionen). 1871 bis 1918 war S. die Hauptstadt des Reichslandes Elsaß-Lothringen.

Straßburger Eide, durch Nithard überlieferter Bündnisschwur Ludwigs des Deutschen und Karls des Kahlen gegen Lothar I. (842). Ludwig leistete den Eid in altfranzös., Karl in althochdt. Sprache.

Straßburger Münster, eines der mächtigsten Bauwerke des Mittelalters, begonnen nach einem Brand von 1176 im spätroman. Chor und Querhaus. 1275 wurde das gotische Langhaus vollendet, 1277 der Grundstein zum Westbau gelegt (begonnen wohl nach einem Plan von Erwin v. Steinbach). Vorgesehen waren zwei Türme; ausgeführt wurde nur der nördliche (Oktogon von U. Ensinger, 1399-1419, Turmhelm von J. Hültz, 1420-39). Die Skulpturen des südl. Querschiffs (»Engelspfeiler«, Ecclesia, Synagoge, um 1220/30) und des Westportals (um 1300) entgingen den Zerstörungen der Französ. Revolution.

Straßburger Relation von 1609, wie die ‚Aviso‘ eine der ältesten bisher bekanntgewordenen gedruckten Zeitungen.

Straße, allgemein: Verkehrsweg jeder Art (Luft-, Wasser-S.), im engeren Sinn ein planmäßig angelegter, befestigter Landverkehrsweg für Fahrzeuge. **Stadt-S.** erfordern getrennte Fahrbahnen, Straßenbahnkörper, Rad-, Fußwege, Parkspuren, Einbahn-S., Über- und Unterführungen usw. **Umgehungs-S.** schützen den Stadtkern vor Überlastung durch Fernverkehr (**Fernverkehrsstraßen**). Entwässerungskanäle, Versorgungsleitungen für Wasser, Gas, elektr. Energie, Telephon u. a. werden gewöhnlich unter der S. angelegt. **Geschichtliches:** Planmäßig angelegte S. hatten bereits Ägypter, Babylonier, bes. die Perser. Meister des Straßenbaus waren die Römer. Ein planmäßiger Wegebau wieder im 17. Jahrh., zuerst in Frankreich. Eine neue Entwicklung wurde im 20. Jahrh. durch den Kraftwagenverkehr nötig. - **Rechtliches:** Straßenrecht im engeren Sinn ist das →Wegerecht, im weiteren Sinn auch das Straßenverkehrsrecht (→Verkehrsvorschriften). In der Bundesrep. Dtl. unterscheidet man nach dem Träger der Straßenbaulast 1) Bundesfernstraßen: Bundesautobahnen und Bundesstraßen (Bund) 2) Landesstraßen (Länder), 3) Kreisstraßen (Stadt- und Landkreise), 4) Gemeindestraßen und -wege (Gemeinden). Sowohl der Bund wie auch die Landkreise und die kreisfreien Städte haben ihre Verwaltungsaufgaben den Ländern übertragen.

Straßenbahn, elektr. betriebene Schienenbahn für den öffentl. Personenverkehr in Städten. Die Gleise sind auf Straßen, zunehmend auf eigenem Gleiskörper, bei der **Unterpflaster-S.** unterirdisch verlegt. Der Betriebsstrom (meist 600-800 V Gleichstrom) wird der Fahrdraht mit einem Stromabnehmer entnommen. Er fließt über den Überstromselbstschalter (Automaten), den Fahrschalter (Kontroller) zur Regelung des Anlaß- und Bremsvorganges, die auf dem Dach der Triebwagen angeordneten Vorwiderstände, die Motoren und die Schienen zurück zum Kraftwerk. Beim Anlassen des Motors und Anfahren des Triebwagens wird durch allmähl.

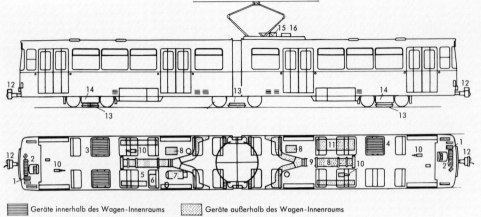

Straßenbahn: Lage der wichtigsten elektrischen Geräte im Straßenbahntriebwagen. 1 Steuerschalter. 2 Fahrerpult. 3 Funk- und Lautsprecheranlage. 4 SIMATIC-Geräte. 5 Ladegeräte. 6 Batterie. 7 Umformer. 8 Unterflur-Anfahr- und Bremswiderstände. 9 Lüfter für Anfahr- und Bremswiderstände. 10 Sandstreusolenoide. 11 Schaltwerk, Richtungswender, Motorabschalter. 12 Vielfachkupplungen. 13 Schienenbremsmagnete. 14 Fahrmotoren. 15 Stromabnehmer mit Antrieb. 16 Überstromselbstschalter

Abschalten aller Vorwiderstände der Triebwagen beschleunigt. Die Geschwindigkeit beträgt 50-70 km/h. Beim Bremsen werden die Motoren abgeschaltet und die Hauptfeldwicklung umgeschaltet, wobei sich die Stromrichtung in den Motoren umkehrt und diese als selbsterregte Generatoren auf die Bremswiderstände und die Bremsspulen etwa mitgeführter Beiwagen wirken (Kurzschlußbremse). Der Triebwagenzug wird durch die Kurzschlußbremse auf kleine Geschwindigkeit heruntergebremst und mit einer von Hand oder Fuß betätigten Bremse stillgesetzt. 1881 wurde die erste elektr. S.-Linie (Berlin-Lichterfelde) eröffnet.

Straßenbau. Der Straßenkörper besteht aus Unterbau und Fahrbahndecke. Der auf der verdichteten Unterbausohle liegende Unterbau ist meist die →Packlage, für den schweren Verkehr ein 17-25 cm hoher Betonkörper mit Längs- und Querfugen, um Risse zu verhüten. Die Packlage wird durch ein ausgehobenes Bett, die Auskofferung, aufgenommen.

Die älteste Fahrbahndecke ist die Pflasterdecke. Holzpflaster (mit Teeröl getränkt) auf Brücken und entlang von versenkten Bahngleisen wird auf eine Betonunterlage gesetzt. Bei Schotter- oder Makadamdecken wird auf die Packlage Schotter aufgewalzt, im einfachsten Fall wird er mit Sand eingeschlämmt (wassergebundene Decke), sonst mit Bitumen umhüllt (Mischdecke), oder das Bitumen wird nach dem Einbau zwischen die Steine gegossen (Tränkdecke), oder es wird mit Bitumen umhülltem Splitt eingestreut und gewalzt (Streudecke). Betondecken werden unmittelbar auf den Untergrund betoniert. Für hohlraumarme bituminöse Decken verwendet man Asphaltbeton, Teerasphaltbeton, Asphaltteerbeton, Teerbeton. - **S.-Maschinen** sind Planierraupen, Bodenverdichter, Rammen, Straßenwalzen beim Bau von Makadam-Straßen. **Straßenfertiger** bestehen aus Vorbereitungsmaschinen, Verteiler, Rüttler, Glätter und fertigen im fortlaufenden Arbeitsgang. (Bilder S. 1203)

Straßendorf, eine Dorfform, bei der die Gehöfte zu beiden Seiten der Dorfstraße aufgereiht sind. Beim **Straßenangerdorf** teilt sich die Straße und bildet mitten im Dorf einen Anger (Platz). Beide Formen treten meist in den Gebieten der späten Kolonisation auf (östl. Elbe-Saale). (Bild Dorf)

Straßengewerbe, das Anbieten von Diensten auf öffentl. Straßen und Plätzen (Fremdenführer, Dienstmänner, Gepäckträger u. a.), mit ortspolizeil. Regelung.

Straßenhandel, das Feilbieten von Waren auf öffentl. Straßen, Wegen, Plätzen; unterliegt den Beschränkungen des →Reisegewerbes.

Straßenraub, ♊ Raub, der auf einem öffentl. Weg oder Platz, einer Straße, einer Eisenbahn, auf offener See oder einer Wasserstraße begangen wird; Freiheitsstrafe nicht unter 5 Jahren (§ 250, Ziff. 3 StGB.).

Straßenreinigung, die regelmäßige Säuberung der Straßen, von Hand mit Besen, Holz- oder Eisenkratzer und Gummischieber durchgeführt. **S.-Maschinen** sind Sprengwagen, Kehrmaschinen mit Walzenbürsten, Gummiwaschwalzen, Staubsauger u. a., Schlammsaugewagen (auch zur Kanalreinigung), Schneepflüge u. a.

Straßenrennsport, Radrennen auf öffentl. Straßen und Wegen (im Unterschied zum Bahnrennsport). Disziplinen: Straßenrennen, Rundstreckenrennen, Bergrennen, Etappenrennen, Kriterium, Querfeldeinrennen, Zeitfahren.

Straßenroller, Culemeyer-Fahrzeug, ein Lastanhänger mit 15-32 lenkbaren Rädern und 40-130 t Tragfähigkeit, zum Befördern von Eisenbahnwagen auf der Straße **(fahrbares Anschlußgleis)** oder von schweren, sperrigen Lasten.

Straßenverkehrsrecht, →Verkehrsvorschriften.

Straßenwalze, eine Straßenbaumaschine, →Straßenbau.

Strasser, 1) Gregor, nat.-soz. Politiker, * 1892, † (ermordet beim Röhm-Putsch) 1934, 1923 am Hitlerputsch beteiligt, baute nach Wiedergründung der NSDAP (1925) die Parteiorganisation in N-Deutschland auf. Er geriet jedoch in Gegensatz zu Hitler und schied 1932 aus der NSDAP aus.
2) Otto, Politiker, Bruder von 1), * 1897, war 1925-30 Mitglied der NSDAP, gründete nach seinem Bruch mit Hitler die Kampfgemeinschaft revolutionärer Nationalsozialisten (,Schwarze Front'); emigrierte 1933, kehrte 1955 zurück.

Straßmann, Fritz, Chemiker, * 1902, 1946 bis 1970 Prof. in Mainz, Mitentdecker der Kernspaltung.

Straß-S'ommerein, ungar. **Hegyeshalom,** Großgem. in W-Ungarn; Zollstation.

Strateg'ie [grch.] die, die Lehre vom Kriegführung im großen, im Unterschied zur operativen Führung und zur Taktik.

Stratford upon Avon [strætfəd əp'on eivn], Stadt in der Gfsch. Warwick, Mittelengland, 19 100 Ew.; Geburtshaus und Grabmal Shakespeares, Bücherei und Theater der Shakespeare-Memorial-Stiftung.

Stratigraph'ie, Geologie: die Lehre von den Schichtfolgen der Gesteine.

Stratok'umulus der, eine Haufenschichtwolke, →Wolken.

Stratosk'op, ein astronomisches Fernrohr, das durch Ballons in die Stratosphäre getragen und von der Erde aus durch Funk gesteuert wird.

Stratosph'äre die, eine Schicht der →Atmosphäre.

Str'atus der, Schichtwolke, →Wolken.

Straub, Johann Baptist, Bildhauer des bayer. Rokokos, * 1704, † 1784, schuf vor allem Altarbildwerke (Dießen, Fürstenzell, Schäftlarn, Ettal u. a.); Lehrer I. Günthers.

Straube, Karl, protestant. Kirchenmusiker, * 1873, † 1950, 1918 Thomaskantor in Leipzig; setzte sich neben der Pflege der Werke Bachs für Regers Schaffen ein.

Straubing, Stadt in Niederbayern, rechts der Donau, 37 500 Ew.; Getreide- und Viehhandel, Mühlen, Spinnereien, Eisen-, Holzverarbeitung, Ziegeleien, Brauereien. Altes Stadtbild: Stadtturm (1316-90), Rathaus (1382), Backstein-Kirchen; Jakobs-, Karmelitenkirche (beide 15. Jahrh.); ferner roman. Peterskirche, Schloß, barocke Ursulinenkirche.

Strauch, Holzgewächs, dessen Stamm sich fast von der Wurzel an teilt, Höhenbegrenzung 3-4 m. Im Gartenbau gibt es **Hekken-, Frucht-, Ziersträucher,** darunter die eigentl. Blütensträucher.

Straus, Oscar, österreich. Komponist, * 1870, † 1954, seit 1927 in den Verein. Staaten; wandte sich später ganz der Operette zu (Ein Walzertraum, 1907).

Strausberg, Stadt im Bez. Frankfurt

Stratford upon Avon: Shakespeares Geburtshaus

(Oder), am Straussee, 19 500 Ew. Schuh-u. a. Industrie; frühgot. Marienkirche.

Strauß, ein Straußvogel Afrikas und Arabiens (Scheitelhöhe bis 3 m, Gewicht bis 150 kg) mit nur 2 Zehen, läuft sehr schnell; Männchen schwarz mit weißen Flügel-

Strauß

und Schwanzfedern, Weibchen bräunlich; Eier etwa 1,5 kg schwer. Der Federn wegen wurde er früher in S.-Farmen gezüchtet.

Strauß, 1) David Friedrich, Philosoph und Theologe, * 1808, † 1874, erklärte die Evangelien für Mythen (,Das Leben Jesu', 2 Bde., 1835/36).

2) Eduard, Komponist, Bruder von 6), * 1835, † 1916, schrieb Tänze.

3) Emil, Schriftsteller, * 1866, † 1960, eröffnete 1902 mit dem Roman ,Freund Hein' die Reihe psycholog. dt. Romane um die Tragik des Kindes. Weitere Werke: Der Engelwirt (1901), Der nackte Mann (1912), Der Schleier (1930, Novellen), Das Riesenspielzeug (1934).

4) Franz-Josef, Politiker (CSU), * 1915, seit 1949 MdB., wurde 1953 Min. für besondere Aufgaben, 1955 für Atomfragen, 1956 bis 1963 Bundesverteidigungsmin., 1966-69 Bundesfinanzmin.; seit 1961 Vors. der CSU.

5) Johann (Vater), österreich. Komponist, * 1804, † 1849, schrieb Walzer und Märsche (Radetzkymarsch); neben Lanner der Begründer der Wiener Tanzmusik.

6) Johann (Sohn), österreich. Komponist, Sohn von 5), * 1825, † 1899, schuf mit den Operetten ,Die Fledermaus' (1874) und ,Der Zigeunerbaron' (1885) klass. Meisterwerke dieser Gattung; Vollender des Wiener Walzers. (Bild S. 1204)

7) Joseph, österreich. Komponist, Bruder von 6), * 1827, † 1870, Walzer ,Dorfschwalben aus Österreich' u. a.

Strauss, Richard, Komponist, * München 11. 6. 1864, † Garmisch 8. 9. 1949, war als Dirigent in Meiningen, München, Weimar, Berlin und Wien tätig, seit 1924 lebte er in Garmisch. Von Wagner und Liszt ausgehend, gelangte er in den Opern ,Salome' (1905) und ,Elektra' (1909) zu einem musikdramatischen Stil von kühner Farbigkeit des Klanges. Eine neue Form der Musizier-

Franz-Josef Strauß   Gustav Stresemann

oper schuf er mit dem ,Rosenkavalier' (1911). Die Texte für seine Opern lieferte meist Hugo von Hofmannsthal. Mit ,Ariadne auf Naxos' (1912) wandte er sich der Kammeroper zu. Weitere Opern: Die Frau ohne Schatten (1919), Arabella (1933), Capriccio (1941); Sinfon. Dichtungen (Don Juan, Tod und Verklärung, Till Eulenspiegel, Don Quixote); Konzerte, Kammermusik, Lieder. (Bild S. 1204)

Straußfarn, ein Tüpfelfarn feuchter Bergwälder, dessen fruchtbare Wedel straußfederähnlich gekräuselt sind.

Straußgras, Grasgattung mit feinästigen, nach dem Blühen ausgebreiteten Rispen; wertvolles Wiesen- und Zierrasengras.

Strauß und Torney, Lulu von, Schriftstellerin, * 1873, † 1956, seit 1916 ⚭ mit Eugen Diederichs; Balladen, Romane u. a.

*Straßenbau: **1** Mit dem Scraper (Schürffahrzeug) wird im Tandemverfahren aufgeladen; **2** Rüttelplatte mit Anbauplatten; **3** Betoneinbauzug; **4** Straßenkreuzung mit mehreren Verkehrsebenen, Los Angeles*

Joh. Strauß (Sohn)   Richard Strauss

Straußvögel, →Laufvögel.
Straußwirtschaft, in Österreich **Buschen-, Heurigenschank,** der Ausschank selbstgebauten Weins oder Apfelweins durch den Erzeuger, angezeigt durch Aushang eines Straußes oder Kranzes.
Straw'insky, Igor, russ. Komponist, * 1882, † 6. 4. 1971, einer der einflußreichsten Schöpfer der Neuen Musik. Über den Impressionismus gelangte er zu einer kühnen Harmonik, die er mit einer neuartigen, Härte und Kontrast bevorzugenden Instrumentation und der elementaren Kraft einer höchst differenzierten Rhythmik verband. Mit seinen späteren Werken stieß er zu einer neuen Klassizität vor. Hauptwerke: Ballette: Der Feuervogel (1910), Petruschka (1911), Pulcinella (1919),

Igor Strawinsky   August Strindberg

Orpheus (1948). Opern: Oedipus rex (1927), The Rake's Progress (1951). Fünf Sinfonien, Chorwerke, Konzerte, Klavier- und Kammermusik.
Str'azze [ital.] *die,* Buchhaltung: die Kladde.
Streb, ✕ langgestreckter, durch den Abbaufortschritt sich täglich verlagernder Abbauhohlraum.
Strebewerk, das an got. Kirchenbauten ausgebildete konstruktive System, das den Seitenschub der Mittelschiffgewölbe außen durch **Strebebögen** auffängt und auf die **Strebepfeiler** an den Außenwänden der Seitenschiffe überträgt.
Strecke, 1) △ durch zwei Punkte begrenzte Gerade. **2)** ✕ ein waagerechter Grubenbau, dient der Förderung (**Förder-S.**), der Bewetterung (**Wetter-S.**) u. a.
Streckgrenze, →Fließkunde.
Streckmetall, festes Maschenwerk, entstanden durch Stanzen und nachträgl. Auseinanderziehen von Stahlblechtafeln; als Putzträger, als Bewehrung bei dünnen Stahlbetonbauteilen.
Streckmuskeln, Muskeln, die ein gebeugtes Gelenk wieder strecken; sie liegen meist an der Rückenfläche des Gliedes.
Streckverband, ✚ der →Zugverband.
Streckvers, Polym'eter, nach Jean Paul eine stark rhythmisierte Prosa ohne eigentlichen Verscharakter.
Streicher, 1) Andreas, Klavierbauer, * 1761, † 1833, floh 1782 mit Schiller von der Karlsschule; später mit Beethoven befreundet.
2) Julius, * 1885, † (hingerichtet) 1946, gründete 1923 das antisemit. Hetzblatt ,Der Stürmer', 1924-40 Gauleiter von Franken, 1946 in Nürnberg zum Tode verurteilt.

Streichgarn, Garn aus kurzen, stark gekräuselten Fasern, mit wirrer Faserlage.
Streichholz, das →Zündholz.
Streichinstrumente, Musikinstrumente, deren Saiten mit einem Bogen gestrichen werden (Geige, Bratsche, Violoncello, Kontrabaß, Gambe).
Streichquartett, Musikstück für 2 Geigen, Bratsche, Violoncello; der eigentliche Schöpfer der Gattung ist J. Haydn.
Streichquintett, Musikstück für 5 Solo-Streichinstrumente, in der Regel 2 Geigen, 2 Bratschen, Violoncello.
Streichwehr, Wasserbau: ein schräg zur Fließrichtung verlaufendes Überfallwehr.
Streichwerk, ein buhnenartiges Flußbauwerk zur Ablenkung der Strömungsrichtung.
Streife, 1) ⚘ Erkundungstrupp. **2)** Polizei: der Außendienst nach einem festgelegten Plan, um die Begehung strafbarer Handlungen zu verhüten, zur Verkehrsüberwachung u. a.
Streik *der,* die gemeinsame, planmäßige Arbeitsniederlegung durch eine größere Zahl von Arbeitnehmern mit dem Ziel, die Arbeitsbedingungen und Löhne zu verbessern (**sozialer S.**) oder politische Forderungen durchzusetzen (**politischer S.**). Der **organisierte S.** wird von einer Gewerkschaft, der **wilde S.** unabhängig von den Gewerkschaften, meist gegen ihren Willen durchgeführt. Beim **Sympathie-S.** wird zugunsten der Arbeitnehmer eines anderen Betriebes gestreikt. Beim **Sitz-S.** bleiben die Arbeitnehmer an ihren Arbeitsplätzen, verweigern aber die Arbeit. Die schärfste Form des S. ist der →Generalstreik. - Das **S.-Recht** ist in vielen Staaten, so in einigen Länderverfassungen der Bundesrep. Dtl., anerkannt. Umstritten ist die Rechtmäßigkeit des politischen S. Über Verhütung und Beilegung von Arbeitskämpfen →Schlichtungswesen. In den kommunist. Ländern wird der S. nicht geduldet.
Streitaxt, beilartige Hieb- und Wurfwaffe.
Streitgedichte, bes. im MA. beliebte Gedichte (Streit zwischen Frühling und Winter, Frau Minne und Frau Welt); einen Sängerwettstreit schildert das epische Gedicht vom Wartburgkrieg. Im Zeitalter von Humanismus und Reformation folgten die polit. und religiösen **Streitgespräche.**
Streitgegenstand, im Zivilprozeß der mit der Klage verfolgte Anspruch, dessen Wert (Gegenstandswert) die sachl. Zuständigkeit des Gerichts und die Höhe der Gerichts- und Anwaltskosten bestimmt.
Streitgenossenschaft, mehrere Kläger oder Beklagte in einem Zivilprozeß, die den Rechtsstreit gemeinsam führen. Man unterscheidet **einfache** und **notwendige S.**
streitige Gerichtsbarkeit, im Unterschied zur freiwilligen Gerichtsbarkeit der Zweig der Zivilrechtspflege, der einen Streit zum Gegenstand und zur Entscheidung hat: die streitige Zivilgerichtsbarkeit und die Strafgerichtsbarkeit.
Streitverkündung, im Zivilprozeß die schriftl. Aufforderung einer Prozeßpartei an einen Dritten, gegen den sie im Falle des Unterliegens im Prozeß einen Anspruch auf Gewährleistung zu haben glaubt oder von dem sie einen derartigen Anspruch befürchtet, dem Rechtsstreit (als Nebenintervenient) beizutreten (§§ 72 ff. ZPO.).
Streitwagen, zweirädriger, pferdebespannter Kriegswagen der Ägypter, Assyrer, Perser, Griechen, z. T. mit Sicheln an den Rädern (**Sichelwagen**).
Streitwert, im Zivilprozeß der Wert des →Streitgegenstandes (**Gegenstandswert**). Der S. wird vom Gericht nach freiem Ermessen festgesetzt, soweit er nicht eine bestimmte Geldsumme eingeklagt ist.
Strelasund, Meeresstraße zwischen Rügen und dem Festland, 2,5 km breit.
Strel'itzen [russ. ,Schützen'] *Mz.,* Leibwache der russ. Zaren, um 1550 von Iwan IV. gegr., 1698 von Peter d. Gr. aufgelöst.
Strel'itzia, →Paradiesvogelblume.
Streptok'okken [grch.], kugelförmige

Streichinstrumente: oben Geige; unten Violoncello

Bakterien. Viele S. sind Krankheitserreger, insbes. Eitererreger. Nützlich sind S. z. B. als Milchsäurebakterien für Butter- und Käsebereitung.
Streptomyc'in [grch.] *das,* ein Antibioticum, das von einem zur Gatt. **Streptomyces** gehörigen Strahlenpilz gebildet wird; auch synthet. herstellbar.
Str'esa, Kurort am SW-Ufer des Lago Maggiore, in Oberitalien, 5100 Ew.
Str'esemann, Gustav, einer der bedeutendsten Politiker der Weimarer Republik, * 1878, † 1929, nach dem 1. Weltkrieg Gründer und Führer der Dt. Volkspartei, 1923 Reichskanzler, von Aug. 1923 bis zu seinem Tode Außenminister, beendete den passiven Widerstand im Ruhrkampf und suchte Verständigung mit Frankreich. In seine Zeit fallen: Dawesplan 1924, Locarnopakt 1925, Eintritt in den Völkerbund 1926, vorzeitige Räumung des Rheinlandes. S. erhielt (mit Briand) 1926 den Friedensnobelpreis. (Bild S. 1203)
Str'esemann, Herrenanzug: gestreifte lange Hose ohne Aufschlag, meist graue Weste, dunkler Sakko.
Stress *der,* ✚ nach Hans Selye bei Überlastung körperlicher oder seelischer Art auftretende ,Alarmreaktion' mit gesteigerter Absonderung von Wirkstoffen der Nebennierenrinde unter dem Einfluß be-

stimmter Hormone des Vorderlappens der Hirnanhangdrüse.

Stretch [stretʃ, engl.], sehr dehnfähige, hochelastische Web- und Wirkwaren.

Stretford [str'etfəd], Stadt in der engl. Grafschaft Lancashire, 58 800 Ew.; Elektro- und Baumwollindustrie.

Str'etta [ital.] *die,* die Schlußsteigerung eines Musikstücks, bes. der bewegte Schlußteil einer Opernarie.

Streumuster, Muster aus unregelmäßig über die Fläche verteilten Blumen in der Porzellanmalerei, Weberei und Stickerei.

Streupflicht, ♫ die Verpflichtung, bei Schneefall und Glatteis Gehweg und Fahrbahn zu streuen. Die S. obliegt dem Bund, den Ländern und Gemeinden für die von ihnen unterhaltenen Straßen, den Straßenanliegern (Hauseigentümer, Mieter) für den Gehweg vor dem Grundstück.

Streusiedlung, die verstreute Gehöftlage.

Streuung, 1) die allseitige Ablenkung einer Strahlung beim Durchgang durch ein Medium. 2) △ mittlere quadratische Abweichung. 3) Schießlehre: die Verteilung der Treffer um einen mittleren Treffpunkt. 4) Statistik: die Verteilung von Reihenwerten um ihren Mittelwert. **S.-Koeffizient:** Verhältniszahl zum Messen der S. **S.-Maße:** einfache Abweichung, Schwankungsbreite u. a. 5) Werbung: Verbreitung von Werbematerial.

Streuvels [str'øvəls], **Stijn S.,** Deckname von Frank *Lateur,* fläm. Schriftsteller, * 1871, † 1969; ,Knecht Jan' (1902), ,Der Flachsacker' (1907), ,Des Lebens Blütezeit' (1937).

Strich, 1) **Artilleristischer S.,** Zeichen-, Winkeleinheit, = 3′22,5′′. 2) **nautischer S.,** ¹/₃₂ des Kompaßkreises. 3) Flug der Vögel beim Zug und in ihren Paarungsflügen.

Strich, Fritz, Literarhistoriker, * 1882, † 1963; ,Dt. Klassik und Romantik' (1922).

Strichätzung, eine nach Strichzeichnung hergestellte →Hochätzung für Hochdruck.

Strichmaße, Längenmaße mit Strichteilung, z. B. Gliedermaßstab, Bandmaß.

Strichpunkt, das Semikolon, ein Satzzeichen (;).

Strichvögel, Vögel, die in weitem Umkreis um ihr Brutgebiet streifen.

Strichzeichnung, Bleistift-, Feder-, Pinselzeichnung ohne Halbtöne.

stricken, Strickwaren herstellen: Fäden mit glatten Nadeln von Hand verschlingen oder mit Zungennadeln an Strickmaschinen die Maschen, Henkeln und Flottungen formen. Diese Bindungseinheiten gleichen denen von Kuliergewirken (→Wirkerei).

Stricker, handwerkl. Lehrberuf, z. B. Strumpf-, Kleider-S.; Lehrzeit 3 Jahre.

Stricker, Der, mittelhochdt. Dichter der 1. Hälfte des 13. Jahrh., aus Franken; Epos ,Karl der Große', Artusroman ,Daniel von blühenden Tal'; Schwanksammlung um die Gestalt des Pfaffen Amîs.

Strickleiter, Leiter aus Tauen mit Holz- oder Metallsprossen.

Strickleiternervensystem, das aus zwei Strängen mit Querverbindungen gebildete Nervensystem der Gliedertiere.

Strigel, Bernhard; Maler in Memmingen, * 1460/61, † 1528; Altartafeln und Bildnisse (u. a. von Kaiser Maximilian I. und seiner Familie).

strikt [lat.], streng, genau.

Strikt'ur [lat.] *die,* $ starke Verengung, z. B. der Harnröhre.

Strindberg, August, schwed. Dichter, * 1849, † 1912; begann als Naturalist und hatte sozialistisch-pazifistische Ansichten, wurde, beeinflußt von Nietzsche, zu einem Vertreter des Individualismus und gelangte dann zu einer mystisch und magisch gefärbten katholisierenden Religiosität, in seinem dichterischen Stil zu einer symbolistischen, oft ins Gespenstische, Marionettenhafte hinüberspielenden Darstellungsweise. Seine Werke handeln bes. von Lebenszerrissenheit, vom Geschlechterkampf, von Fragen neuzeitlicher Sitt-lichkeit. Bühnenwerke: ,Der Vater' (1887), ,Fräulein Julie' (1888), ,Nach Damaskus' (1898), ,Rausch' (1899); Reihe schwed. Königsdramen; ,Ostern' (1901), ,Totentanz' (1901), ,Ein Traumspiel' (1902), ,Gespenstersonate' (1908), ,Die große Landstraße' (1909). Romane: ,Das rote Zimmer' (1879), ,Inselbauern' (1887), ,Die gotischen Zimmer' (1904); ,Der Sohn einer Magd' (selbstbiograph. Entwicklungsgesch., 1887/1888); Novellen; ,Histor. Miniaturen' (1905). (Bild S. 1204)

stringendo [strindʒ'endo, ital.], Abk. **string.,** ♪ drängend, schneller werdend.

string'ent [lat.], streng; bündig.

Str'inger [engl.] *der,* Flugzeug-, Schiffbau: Längsversteifung aus Platten und Winkelprofilen.

Strip-tease [-ti:z, engl.] *das, der,* Kabarett, Revue: Entkleidungsszene.

Strittmatter, Erwin, Schriftsteller, * 1912; lebt in Berlin (Ost); Romane ,Der Wundertäter' (1957), ,Ole Bienkopp' (1963).

Strobel, Käte, Politikerin (SPD), * 1907, Bundesmin. für Gesundheitswesen seit 1966; seit 1969 Bundesmin. für Jugend, Familie und Gesundheit.

Strobl, Karl Hans, österreich. Schriftsteller, * 1877, † 1946; historische und phantastische Romane.

Strobosk'op *das,* opt. Gerät zur Erzeugung von Lichtblitzen bestimmter Frequenz, dient zur Beobachtung periodisch schnell veränderlicher Vorgänge.

Str'oganow, Nowgoroder Kaufherren, später Bojaren und Grafen (1761), veranlaßten Ende des 16. Jahrh. →Jermak zum Vorstoß über den Ural, der zur Unterwerfung Sibiriens führte.

Stroh, trockene, fruchtentleerte Stengel der Kulturpflanzen, bes. von Getreide. Verwendung: Packmaterial, Einstreu, Viehfutter, Flechtstoff u. a.

Strohblume, die Immortelle.

Stroheim, Erich von, eigentlich Erich Oswald S., österreich. Filmschauspieler und -regisseur, * 1885, † 1957; ging 1909 nach Amerika.

Strohgewebe, leinwand- oder köperbindiges Gewebe mit Textilfäden als Kette und Strohstreifen als Schuß, für Matten, Dekorationen, Strohhüte u. a.

Strohmann, 1) ♫ eine Person, die nach außen hin als Träger von Rechten und Pflichten erscheint, während die wirtschaftl. Auswirkungen zugunsten und zu Lasten anderer Personen eintreten. Dritten gegenüber wird der S. aus seinen Handlungen berechtigt und verpflichtet. 2) beim Kartenspiel Ersatz für einen fehlenden Spieler.

Strom, 1) ein großer Fluß. 2) gerichtete Bewegung vieler Teilchen.

Strom'apparate, Erzaufbereitung: trichterförmige Gefäße zur Klassierung.

Str'omboli, eine der →Liparischen Inseln und tätiger Vulkan, 926 m hoch.

Stromförderer, alle Förderanlagen, in denen sich die Bewegungsrichtung des Förderguts nicht ändert.

Stromkreis, eine in sich geschlossene elektr. Leitung, bestehend aus Stromquelle (z. B. Batterie), Stromverbraucher (z. B. Glühlampe, Meßgeräte) und elektr. Leitung (Drähte).

Stromlinien, die Bahnlinien der Teilchen in einer gleichbleibenden (stationären) Strömung. Ein Körper mit S.-Form setzt einer Strömung den geringsten Widerstand entgegen (vgl. Bild Strömungslehre).

Strommesser, **Amperemeter,** Gerät zum Messen und Anzeigen des elektr. Stromes in Ampere; ist stets im Reihe mit dem Verbraucher geschaltet. Dreheisen-, Drehmagnet-, Drehspulinstrumente werden für Gleichstrom, Dreheisen- und Drehspulinstrumente mit Gleichrichtern für Wechselstrom, Drehspulgeräte mit Thermoumformern oder Richtleitern für hochfrequente Wechselströme verwendet.

Str'ömö, dän. **Strømø,** die Hauptinsel der →Färöer.

Stromregelröhre, der →Eisen-Wasserstoff-Widerstand.

Stromrichter, Sammelbezeichnung für Gleichrichter, Umrichter, Wechselrichter, die mit Ventilen ohne mechan. Zwischenenergie arbeiten (Gegensatz: Umformer).

Stromschnelle, Flußstrecke mit starkem Gefälle, großer Strömungsgeschwindigkeit, geringer Tiefe; meist durch anstehendes Felsgestein bedingt.

Stromstärke, die in der Zeiteinheit durch den Leiterquerschnitt fließende Elektrizitätsmenge; Einheit: Ampere.

Strom- und Schiffahrtspolizei, die Behörden zur Wahrnehmung der polizeil. Aufgaben des Staates in bezug auf die Wasserstraßen und die Schiffahrt.

Strömungsgetriebe, Strömungswandler, Drehmomentwandler, stufenlose →Flüssigkeitsgetriebe, meist in Verbindung mit einem Zahnradgetriebe, z. B. als Kraftwagengetriebe.

Strömungslehre, die Wissenschaft von den Bewegungen der Flüssigkeiten und Gase bei der Strömung in Rohren und Kanälen sowie im Körper. Unter bestimmten Bedingungen kann man Flüssigkeiten und Gase als reibungsfrei und inkompressibel (nicht zusammendrückbar) behandeln. Die Berücksichtigung von innerer Reibung (,zähe' Flüssigkeiten) und Kompressibili-

Strömungslehre: rechts Wirbelbildung bei der Umströmung einer scharfen Kante; unten Strömung um einen Körper in Stromlinienform

tät führt auf verwickeltere Gesetze; kompressible Gase untersucht die Gasdynamik. Mathematisch unlösbare Fragen klärt man durch Modellversuche, von denen mit Hilfe von Ähnlichkeitsgesetzen auf die wirklichen Verhältnisse geschlossen werden kann. Technische Hilfsmittel für Modellversuche sind Windkanäle, verkleinerte Flußmodelle u. a.

Stromversetzung, ♫ der Einfluß des Stromes auf den Weg eines Schiffes.

Stromwender, ein Gerät zur Richtungsumkehrung eines elektr. Stromes, in elektr. Maschinen der Kollektor.

Str'ontium *das,* chem. Zeichen **Sr,** chem. Element, Erdalkalimetall, Ordnungszahl 38, Atomgewicht 87,62, spezif. Gewicht 2,60, Schmelzpunkt 770° C, Siedepunkt 1380° C. Vorkommen in den Mineralien Cölestin und Strontianit. S. wird als Salz für bengal. Feuer, Leuchtsäofe u. a. verwendet. Das radioaktive S.-Isotop Sr 90 dient als Isotopenindikator, für Kernbatterien; es ist wesentlich an der radioaktiven Verseuchung beteiligt.

Stroph'anthus, meist tropisch-afrikan. oder asiat. giftige, holzige Hundsgiftgewächse. Die Samen mancher Arten liefern das herzwirksame Glykosid **Strophanth'in.** (Bild S. 1206)

Strophe [grch.], in der lyrischen und epischen Dichtung eine durch Verbindung mehrerer Verse entstandene größere rhythmische Periode, die sich in gleicher Form ein oder mehrere Male wiederholt. Die Art des Strophenbaus wird durch den Reim wesentlich beeinflußt. Beispiele für Strophenformen: →Aufgesang, →Distichon, →Langzeile, →Sonett, →Terzine.

Stroessner, Alfredo, paraguayischer Politiker, * 1912, wurde 1954 Präs. von Paraguay und errichtete ein autoritäres Regime; 1958, 1963 und 1968 wiedergewählt.

Strougal, Lubomir, tschechoslowak. Politiker, * 1924, 1965-68 Sekretär des ZK, seit 1970 MinPräs.

*Strophanthus gratus: a Doppelfrucht,
b Samen mit Haarschopf*

Stroux [ʃtruks], **1)** Johannes, klass. Philologe, * 1886, † 1954.
2) Karlheinz, Regisseur und Theaterintendant, * 1908, 1955-72 in Düsseldorf.

Str'ozzi, florentin. Patriziergeschlecht, meist Gegner der Medici und oft in Verbannung.

Strudel, Wasserwirbel mit trichterförmig abwärts saugender Spiraldrehung.

Strudelwürmer, im Wasser und auf dem Lande an feuchten Stellen lebende Plattwürmer; meist blattförmig, mit Flimmerhaaren bedeckt. (Bild Würmer)

Str'uensee, Johann Friedrich Graf von (1771), * 1737, † 1772; Leibarzt Christians VII. von Dänemark, durch die Gunst der Königin 1770 leitender Min., begann umfassende Reformen im Geist der Aufklärung; 1772 gestürzt und hingerichtet.

Strukt'ur [lat.] *die,* **1)** Gefüge, innerer Aufbau, Anordnung. **2)** zuerst nach W. Dilthey das Ordnungsgefüge und der Aufbau des Seelischen **(S.-Psychologie). 3)** ℗ **S.-Formel,** Formel, die nicht nur die quantitative Zusammensetzung, sondern auch Anzahl und Art der Bindungen zwischen den Atomen eines Moleküls darstellt. **4)** Wirtschaft: das Verhältnis der Teile einer Volkswirtschaft untereinander oder in einer Volkswirtschaft, in sektoraler und regionaler Hinsicht. **S.-Wandel,** tiefgreifende Veränderungen.

Struktural'ismus, vor allem von Frankreich ausgehende wissenschaftl. Richtung, die die Strukturen erfaßt, z. B. die Struktur der Sprache hinsichtlich ihrer Funktion als Informations- und Kommunikationsorgan; auch in der sozialen Anthropologie.

Strukturanalyse, die Untersuchung des inneren Aufbaus, z. B. von Kristallen mittels Röntgenstrahlen.

Str'uma *die,* griech. **Str'ymon** *der,* Fluß in SO-Europa, entspringt bei Sofia, mündet ins Ägäische Meer, 392 km lang.

Struma [lat.] *die,* ⚕ der Kropf.

Struve, Astronomenfamilie: **Friedrich Georg Wilhelm S.,** * 1793, † 1864, erforschte die Doppelsterne, bestimmte die erste Parallaxe eines Fixsterns. Sein Sohn **Otto Wilhelm von S.,** * 1819, † 1905, bestimmte u. a. die Bewegung der Sonne. Dessen Sohn **Hermann S.,** * 1854, † 1920, gründete die Sternwarte Berlin-Babelsberg, durchforschte das Saturn-System. **Otto-S.,** der Enkel Otto Wilhelms von S., * 1897, † 1963, arbeitete vor allem über interstellare Materie.

Struwwelpeter, Kind mit wirren Haaren (Kinderbuch von H. Hoffmann, 1847).

Strychn'in [grch.] *das,* sehr giftiges Alkaloid im Samen zweier Arten von →Strychnos. S. wirkt auf verschiedene Teile des Zentralnervensystems erregend; es wird arzneilich verwendet. **S.-Vergiftung** zeigt sich an durch Steigerung sämtl. Reflexe mit folgenden Starrkrämpfen.

Str'ychnos [grch.], Pflanzengattung, deren Arten **Krähenaugenbaum (Brechnuß,** S. nux vomica) und **Ignatiusstrauch (Ignatiusbohne)** →Strychnin liefern. Südamerikan. Arten geben das →Curare.

Stryj *der,* Nebenfluß des Dnjestr, kommt aus den Karpaten, 230 km lang.

Strzygowski [stʃyg'ɔfski], Josef, Kunsthistoriker, * 1862, † 1941, sah die indogerman. und asiat. Kunst als Grundlage der abendländ. Kultur.

Stuart [stj'u:ət], schott. Geschlecht, angebl. normann. Herkunft, kam 1371 auf den schott., 1603 auf den engl. Thron; 1688 gestürzt, 1807 als Hauptlinie ausgestorben. (→Maria 3) und 7)

Stuartkragen, ein breiter, gesteifter Spitzenkragen der Damenmode um 1700.

St'ubaier Alpen, vergletscherte Gruppe der Nordtiroler Alpen, im Zuckerhütl 3507 m, im Wilden Pfaff 3471 m hoch. Hauptzugänge: Stubai- und Gschnitztal.

Stubaital, Seitental des Wipptals, Tirol, erschließt die Stubaier Alpen. Hauptort Fulpmes.

Stubbenkammer, Kreidesteilküste von Jasmund, der nordöstlichen Halbinsel Rügens, mit altem Buchenbestand **(Stubnitz).**

Stubenfliege, eine über die ganze Erde verbreitete Art der Vollfliegen (→Fliegen); frißt an Nahrungs- und Genußmitteln, schadet durch Übertragen von Krankheits-, auch Fäulniserregern und Schimmelpilzsporen.

Stubenvögel werden im Zimmer, meist im Käfig, gehalten. Sänger sind bes. Kanarienvögel, Grasmücken, Hänfling, Edelfink, fremdländ. Gimpel, abrichtbar Gimpel, Stare, Stein- und Blaudrosseln u. a., sprachbegabt z. B. Papageien (Sittiche), Stare.

Stuck, Gemisch aus S.-Gips, dem Farbe, Haare oder Fasern und Leimwasser beigemischt sind; dient als Decken- und Wandverkleidung. - Weitverbreitet war die künstlerische Verwendung von S.: bemalte Stuckreliefs auf Kreta, Innenraumdekorationen der röm. Kaiserzeit, Reliefs des Mittelalters (Chorschranken in St. Michael zu Hildesheim, um 1200, u. a.); im Barock gehörte **Stuckplastik** zu den wichtigsten Mitteln der Raumgestaltung, in die Übergangszone zu den Deckenmalereien (→Wessobrunner Schule). **Stuckmarmor,** aus schichtenweise aufgetragenem Mörtel wurde ebenfalls vielfach im Barock verwendet, da er eine genaue farbl. Abstimmung ermöglichte.

Stuck, Franz von, Maler und Bildhauer, * 1863, † 1928, schuf, ausgehend von Böcklin, Bilder meist allegor. Art mit Aktdarstellungen und Fabelwesen (,Die Sünde', ,Der Krieg').

Stückelung, 1) die Unterteilung einer Münzeinheit in Teilbeträge. **2)** S. gibt den Nennbetrag der Abschnitte einer Anleihe, der Aktien oder Gesellschaft oder der in einer Urkunde verbrieften Aktien an.

Stückeverzeichnis, eine Aufstellung der Bank über die für den Kunden angeschafften oder veräußerten Wertpapiere.

Stückgüter, Frachtgüter, die in einzelnen Stücken befördert werden. Gegensatz: Wagenladungsgüter.

Stückgüter-Vertrag, ♺ ein Vertrag über die Beförderung von Stückgütern.

Stückkosten, die Kosten einer betriebl. Leistungseinheit.

Stücklen, Richard, Politiker (CSU), * 1916, seit 1949 MdB., 1957-66 Bundespostminister.

Stücklohn, ein →Akkordlohn.

Stückmeister, in der früheren Kriegsmarine Feldwebel bes. zur Instandhaltung der Geschütztürme.

Stückware, nach Stückzahl verkaufte Ware.

Stückzinsen, die Zinsen, die beim Kauf oder Verkauf verzinsl. Wertpapiere vom letzten Zinstermin bis zum Tag des Geschäftsabschlusses aufgelaufen sind. Sie werden in der Abrechnung verrechnet.

stud., Abk. für latein. **studiosus,** Studierender, z. B. stud. phil. (philosophiae, der Philosophie).

Studebaker-Worthington Inc. [st'u:dəbeikə w'ə:ðiŋtən], South-Bend (Indiana), USA, Unternehmen des Maschinenbauind.; 1967 aus der Fusion der Studebaker-Packard Corp. mit der Worthington Corp. entstanden. Die Automobilproduktion wurde 1966 eingestellt. Eigenkapital: 309,1 Mill. US-$; Beschäftigte: 26 510 (1970).

Stud'ent, Studentin, 1) Hochschüler(in). **2)** in Österreich und der Schweiz auch: Schüler(in) einer höheren Schule.

Studentenblume, Name verschiedener Pflanzen, z. B. Samtblume, Herzblatt.

Studentenfutter, Mischung aus Mandeln, Feigen, Nüssen und Rosinen.

Studentenlieder, meist Trinklieder, auch vaterländische Lieder, als Gruppen- und Rundgesang studentischer Bünde und Verbindungen (S. des ,Kommersbuches').

Studentenpfarrer, der Leiter einer Studentengemeinde.

Studentenschaft, die Gesamtheit der immatrikulierten Studierenden einer Hochschule. Die S. ist an der akadem. Selbstverwaltung beteiligt. Sie handelt durch ihre Vertretung, den **Allgemeinen Studenten-Ausschuß** (AStA). Die föderative Vertretung der S. der Bundesrep. Dtl. und West-Berlins ist der 1949 in Marburg gegr. **Verband Deutscher Studentenschaften** (VDS), der 1968 von linksgerichtete →studentische Vereinigungen, bes. den

Stuck: Deckenrelief im Schloß Sanssouci von J. M. Hoppenhaupt d. Ä., 1747

SDS, in eine schwere Krise geriet, welche die Gründung einer **Arbeitsgemeinschaft Deutscher Studentenschaften** (ADS) zur Folge hatte. In der Dt. Dem. Rep. bestehen Studenten- und Fakultätsräte. In Österreich ist die S. in der Österreich. Hochschülerschaft zusammengefaßt, in der Schweiz im Verband der Schweizer. Studentenschaften.

Studentenwerk, auch **Studentenhilfe**, **Studentisches** oder **Akademisches Hilfswerk**, Anstalt, Stiftung oder eingetragener Verein zur sozialen Betreuung der Studierenden (Bau und Unterhaltung von Studentenhäusern, Mensen usw., Förderung durch Stipendien, Beihilfen u. a.). Dachverband: Deutsches S. e. V., Bonn.

studentische Verbindungen, eine alte Form der student. Gemeinschaftslebens an den Hochschulen des dt. Sprachgebiets (**student. Korporationen**). Die Mitglieder sind Aktive (Füchse, Burschen), Inaktive und Alte Herren. Aus den Burschen werden jeweils für ein Semester die drei Chargierten gewählt (Sprecher oder Senior, Fechtwart, Schriftwart). Die Angehörigen vieler s. V. tragen Band und Mütze (,Couleur') und fechten Mensuren. - Die Vorläufer der s. V. sind (seit dem 17. Jahrh.) die Landsmannschaften, aus denen sich die ,Corps' entwickelten. Die Freiheitskriege gaben Anstoß zur Entstehung der Burschenschaften. Seit dem 19. Jahrh. entstanden Turnerschaften und Sängerschaften. Mehrere s. V. lehnen das Fechten mit der Waffe ab, z. B. die kath. Verbände, der Cartellverband (C. V., farbentragend) und der Kartellverband (K.V., nichtfarbentragend). ,Schwarze' Verbindungen sind nichtfarbentragende Verbindungen. Unter dem Nat.-Soz. wurden alle s. V. aufgelöst. Nach dem 2. Weltkrieg schlossen sich viele s. V. zum Convent Dt. Korporationsverbände (CDK), die Altherrenverbände zum Convent Dt. Akademikerverbände (CDA) zusammen.

An den österr. Hochschulen entstanden s. V. seit 1850; sie schlossen sich meist entsprechenden reichsdt. Verbänden an. - Die s. V. an den schweizer. Hochschulen gliedern sich bes. nach polit. Aspekten.

studentische Vereinigungen, 1) die →studentischen Verbindungen. 2) die nach 1945 an den westdt. und Westberliner Hochschulen gebildeten, ursprünglich eng mit den polit. Parteien verbunden polit. Studentengruppen. Die wichtigsten s. V.: 1) der Sozialistische Deutsche Studentenbund, SDS, von dem sich 1960 die SPD distanziert hatte. Er strebte eine Umwandlung der Bundesrep. Dtl. in eine Rätedemokratie an. Nach seiner Auflösung auf Bundesebene 1970 traten die ,Roten Zellen, der Spartakus-Verband und andere kleinere Organisationen an seine Stelle. 2) der Sozialdemokratische Hochschulbund, SHB, 1960 als Gegenorganisation zum SDS gegr., der sich zunächst zum Godesberger Programm der SPD bekannte. Er geriet jedoch ebenfalls zunehmend in Konflikt mit der SPD, die 1972 eine einstweilige Verfügung gegen die Bezeichnung ,sozialdemokratisch' erwirkte. 3) der anfangs linksliberal, dann auch sozialistisch orientierte Liberale Studentenbund Deutschlands, LSB. Diesen linksgerichteten Vereinigungen steht nur der Ring Christlich Demokratischer Studenten, RCDS, als mit der CDU/CSU verbundene Vereinigung der Kath. Mitte gegenüber. - Außerdem gibt es gewerkschaftl. Gruppen, die humanist. Studenten-Union u. a. Vereinigungen.

St′udie [lat.] *die*, 1) wissenschaftl. Untersuchung. 2) künstlerischer Entwurf, Vorarbeit.

Studiendirektor, ein Amtsbez. im Unterrichtswesen (zwischen Oberstudienrat und Oberstudiendirektor), auch Leiter nicht voll ausgebauter Gymnasien und von kleineren berufsbildenden Schulen.

Studienförderung, die öffentl. (staat-

liche) oder private materielle Förderung von Studenten, um ihnen zu ermöglichen, die durch das Studium entstehenden Kosten zu decken. Die **indirekte S.** umfaßt die Bereitstellung von Studentenwohnheimen, Mensen, die Zimmervermittlung, die Deutsche Studenten-Krankenversicherung u. a. Die **direkte S.** bezieht sich auf die Vergabe von Stipendien, Ausbildungsbeihilfen und Gebührenerlasse. Sie beruhte zunächst auf einer Vereinbarung von Bund und Ländern (,Honnefer Modell' und ,Rhöndorfer Modell'). Seit 1. 10. 1971 Ablösung beider Modelle und Einbeziehung in das Bundesgesetz zur individuellen Förderung der Ausbildung (2. Bundesausbildungsförderungsgesetz). Entscheidende Verbesserung gegenüber dem bisherigen System: Verankerung eines individuellen Rechtsanspruchs des einzelnen und Wegfall der Darlehensverpflichtung in der Regelförderung. Die Verwaltung der S. geschieht in der Regel durch die Studentenwerke.

In ihrem Bestand unberührt vom Bundesausbildungsförderungsgesetz bleibt die besondere Studentenförderung in Form der Hochbegabtenförderungswerke (→Studienstiftung des deutschen Volkes; Evang. Studienwerk Villigst; (kath.) Cusanuswerk; Stiftung Mitbestimmung, Dt. Gewerkschaftsbund; Friedrich-Ebert-Stiftung; Konrad-Adenauer-Stiftung). Andere S. sind staatl. Hilfen (Renten, Ausbildungsbeihilfen aus dem Lastenausgleich oder dem Bundesversorgungsgesetz) und Stipendien der Bundespost und Bundeswehr.

Aufwendungen des Bundes für die direkte S.: 207 Mill. DM, der Länder 190 Mill. DM (1971).

In der Dt. Dem. Rep. erhalten alle Studenten eine S. nebst Leistungszuschlägen. In Österreich richtet sich die S. nach dem Studienförderungsgesetz von 1969. In der Schweiz hat der Bund seit 1963 das Recht, den Kantonen Beiträge für ihre Stipendienaufwendungen zu zahlen.

Studienrat, seit 1920 Amtsbezeichnung der festangestellten Lehrer an höheren Schulen. Die Anwärter für das Lehramt an höheren Schulen heißen nach der ersten (wissenschaftl.) Staatsprüfung **Studienreferendar**, nach der zweiten (pädagog.) **Studienassessor**. Der Titel **Ober-S.** wird in der Regel nach 5 Jahren Dienstzeit als S. verliehen. Seit der Neuordnung der Ausbildung für Berufsschullehrer gibt es auch den **Gewerbe-S.** - In Österreich und in der Schweiz heißen die Lehrer an höheren Schulen Professor.

Studienstiftung des deutschen Volkes e. V., gegr. 1925, wiedergegr. 1948, eine Einrichtung zur Förderung wissenschaftlich oder künstlerisch Hochbegabter. Aufnahmevorschlag durch Schule oder Hochschule des Bewerbers. Die Mittel kommen vom Bund, den Ländern und Gemeinden, dem Stifterverband für die Deutsche Wissenschaft, der Stiftung Volkswagenwerk u. a.. Sitz: Bonn-Bad Godesberg.

St′udio [ital.] *das*, 1) Arbeitszimmer (bes. des Künstlers). 2) Aufnahme-, auch Senderaum bei Rundfunk und Fernsehen, Film- und Schallplattenherstellung.

St′udium [lat.] *das*, 1) der Hochschulbesuch. 2) ernste Lernarbeit; Durchforschung.

Studium gener′ale [lat.], 1) Generalstudien, im MA. Hochschule für alle Nationen, die damalige Form der Universitäten. 2) Vorlesungen in allgemeinbildenden Fächern für Studierende aller Fakultäten, ein Programmpunkt der Hochschulreform nach 1945.

Stufe, ⊚ Arbeitseinheit, z. B. in Turbinen, Pumpen, Mehrstufenraketen, Nachrichtengeräten.

Stufenabitur, die stufenweise Ablegung der Reifeprüfung, bei der ein oder mehrere Fächer vor dem eigentlichen Abitur geprüft werden können (Teilreifeprüfung).

Stufengebet, **Staffelgebet**, Kath. Kirche:

Gebet des Priesters zu Beginn der Messe an den Stufen des Altars.

Stufengründung, ♐ →Aktiengesellschaft.

Stufenlandschaft, eine Landschaft, deren Charakter durch →Landstufen geprägt ist.

Stufenpsalmen, **Gradualpsalmen**, die Psalmen 120-134, das ,Lied der Hinaufgänge' der Wallfahrten (nach Jerusalem).

Stuhlgerichte, →Femgerichte.

Stuhlweißenburg, ungar. **Székesfehérvár**, Stadt 30 km nordöstl. des Plattensees, Ungarn, 67 800 Ew.; verschiedene Industrie. In S. wurden die meisten ungar. Könige des Mittelalters gekrönt und bestattet.

Stukkateur [-t′œ:r, frz.], **Gipser**, Handwerker des Ausbaugewerbes mit dreijähr. Lehrzeit.

Stüler, Friedrich August, * 1800, † 1865, der führende Baumeister der Schinkel-Schule in Berlin (Neues Museum, 1843-55).

Stumm, Karl, Freiherr von **Stumm-Halberg**, Unternehmer, * 1836, † 1901, entwickelte die väterl. Firma **Gebrüder S.** in Neunkirchen zu einem Großunternehmen der saarländ. Eisenindustrie. Dachgesellschaft seit 1969 die **Stumm-AG.**, Essen.

Stummelaffen, merkatzenartige, sehr schlanke Affen, Pflanzenfresser, dicht rot oder schwarz behaart, mit eigenartigen Haarbildungen; z. B. die Gattung Guereza.

Stummfilm, Film, der die Handlung ohne Ton, nur durch das Bild wiedergibt (bis etwa 1929).

Stummheit, das Unvermögen, artikulierte Laute zu bilden, meist infolge von Taubheit (Taubstummheit), Hörstummheit oder Schwachsinn, auch durch Hirnverletzungen und seel. Ursachen.

Stumpen, 1) in der Hutherstellung die rohe Filzform. 2) eine Zigarre ohne Spitze.

Stumpf, Carl, Philosoph, Psychologe und Musikforscher, * 1848, † 1936.

Stunde, der 24. Teil des Tages. 1 S. (Zeichen h) = 60 Minuten = 3600 Sekunden; schweizer. Wegemaß (Weg-S.): 4,81 km.

Stundenbuch, Gebetssammlung für Privatandachten, nach den Andachtsstunden des Tages geordnet.

Stundengebet, Kath. Kirche: das im Brevier für bestimmte Stunden vorgeschriebene Gebet (→Horen).

Stundenkilometer, km/h, Geschwindigkeitsmaß für Verkehrsmittel, die Zahl der bei bestimmten Geschwindigkeiten in einer Stunde zurückgelegten Kilometer.

Stundenkreis, **Deklinationskreis**, auf dem Äquator senkrechtstehend gedachter, durch die Himmelspole gehender Kreis.

Stundenwinkel, der Winkel, den der S. mit dem Meridian einschließt.

Stundung, ♐ das vertragliche Hinausschieben der Fälligkeit eines Anspruchs.

Stupa [Sanskrit] *der*, buddhist. Sakralbau in Indien (→indische Kunst); außerhalb Indiens zu eigenen Formen fortgebildet (→Borobudur, →Pagode).

stup′end [lat.], erstaunlich.

stup′ide [lat.], stumpfsinnig, dumm. Hptw. **Stupidit′ät** [lat.].

St′upor [lat.] *der*, Abgestumpftheit.

Stúr [ʃtur], Ljudevit, slowak. Schriftsteller, * 1815, † 1856, begründete die slowak. Schriftsprache.

Sture, 1) Sten Gustavsson, **S. d. Ä.**, schwed. Reichsverweser 1470-97 und 1501-03, * 1440, † 1503, besiegte König Christian I. von Dänemark 1471. 2) Sten Svantesson, **S. d. J.**, schwed. Reichsverweser 1512-20, * 1492, fiel im Kampf gegen König Christian II. von Dänemark (1520).

Stürgkh, Karl Graf von, österreich. Staatsmann, * 1859, † 1916, seit 1908 Unterrichtsmin., seit 1911 MinPräs., von F. Adler erschossen.

St′urlunga|saga, Sammelwerk isländ. Sagas aus dem 12. und 13. Jahrh.

Sturm, Wetterkunde: ein starker →Wind.

Sturm, von H. Walden in Berlin gegr. Zeitschrift (1910-32), der 1912 eine Kunstgalerie angeschlossen wurde; für Expressionismus, Futurismus, Kubismus.

Sturm, Julius, evang. Pfarrer, Schriftsteller, * 1816, † 1896; spätromantisch-religiöse Gedichte; Märchen, Fabeln.

Sturmabteilung, Gliederung der NSDAP, →SA.

Sturmboot, ein kleines Fahrzeug der Pioniere zum Übersetzen von Truppen.

Stürmer, beim Fußball, Handball u. a. die Angriffsspieler.

Sturmflut, durch auflandigen Sturm erzeugter hohe Wasserstau des Meeres, verstärkt in Buchten, Mündungstrichtern der Flüsse an Flachküsten; ruft oft schwere Verheerungen hervor.

Sturmgeschütz, im 2. Weltkrieg ein Sturmpanzer (7,5-cm-Kanone, 10,5-cm-Haubitze) der Artillerie, später auch bei Panzer- und Panzerjägertruppe.

Sturmhaube, im mittelalterl. Helm.

Sturmhut, Eisenhut, Akon'it, latein. **Aconitum,** sehr giftige Gattung der Hahnenfußgewächse in der nördl. gemäßigten Zone; mit zerschlitzten Blättern und endständiger Blütentraube. Im gebirgige Europa heimisch ist der **Blaue S. (Apollonienkraut),** der das Alkaloid **Aconitin** enthält, das arzneilich verwendet wird. Mehrere Arten von S. sind Zierpflanzen. - **Vergiftung mit S.:** Hautkribbeln, Erbrechen, Schwindel, Ohnmacht. **Erste Hilfe:** Brechmittel. Möglichst warmes Kochsalzwasser trinken lassen; Arzt rufen!

Sturmriemen, Riemen, unter dem Kinn getragen, der den festen Sitz der Kopfbedeckung sichert.

Sturm und Drang, Geniezeit, vom Ende der 60er Jahre bis in den Anfang der 80er Jahre des 18. Jahrh. reichende Bewegung der dt. Lit. gegen Aufklärung, Klassizismus, Rokoko. Der S. u. D. verherrlichte die Natur, das leidenschaftliche Gefühl, verneinte zeitlos gültige Regeln zugunsten der Schöpferkraft des freien ,Genies', stellte dem Schönen das Charakteristische und Wahre entgegen, wandte sich gegen Tyrannenwillkür (Schiller ,Kabale und Liebe', ,Don Carlos'), forderte soziale Gerechtigkeit für die Verstoßenen und Geopferten (Gretchentragödie im ,Faust', Wagners ,Kindesmörderin', Lenz' ,Soldaten').

Sturmvögel, flugtüchtige Meeresvögel, mit langen Flügeln und Schwimmfüßen, kommen nur zum Brüten ans Land; z. B. Albatros, Sturmschwalbe.

Sturz, ein Träger über einer Maueröffnung, trägt das darüberliegende Mauerwerk.

Sturz, Helfrich Peter, * 1736, † 1779; Prosaschriftsteller (Briefe, Essays).

Sturzgeburt, sehr schnelle Geburt.

Sturzkampfflugzeuge, Abk. **Stukas,** Flugzeuge, die im Sturzflug Erd- und Seeziele mit Fliegerbomben angriffen; 1939-42 wichtigster Teil der deutschen takt. Fliegerkräfte.

St'urzo, Don S., Luigi, kath. Priester, * 1871, † 1959, gründete den Partito Popolare Italiano (→Christliche Parteien).

Stuß [jidd.] *der,* törichtes Gerede, Unsinn.

Stute, weibl. Pferd, Kamel; Eselin. **Stutbuch,** Register von Stammtafeln über die zur Zucht verwendeten und aufgezogenen Pferde.

Stuttgart, Landeshauptstadt von Bad.-Württ., 634 200 Ew. S. liegt in einem zum Neckar geöffneten Talkessel, von Grünflächen durchzogen. S. hat zwei Universitäten (Techn. und Landwirtschaftl. Hochschule), Hochschulen für bildende Künste und Musik, Pädagog. Hochschule, Fachschulen, Inst. für Auslandsbeziehungen, Bibliotheken, Museen, Theater, Konzerthaus (Liederhalle), Botan. und Zoolog. Garten (Wilhelma), Bauwerke: Stiftskirche (15. Jahrh.), Altes und Neues Schloß (16. und 18. Jahrh.), Hauptbahnhof (1914-27), Fernsehturm (214 m hoch); in der Nähe die Schlösser Solitude und Hohenheim. Flughafen bei Echterdingen, Neckarhafen. Industriezentrum mit elektrotechn. (Bosch), Fahrzeugbau- (Daimler-Benz), Maschi-

nenbau-, feinmechan. und opt., Papierverarbeitungs-, Nahrungsmittel- u. a. Betrieben; Buchverlage und graph. Gewerbe; Obst- und Weinbau. Mineralquellen in den Stadtteilen **Bad Cannstatt** und **Berg;** Mineralschwimmbäder. - Der Name S. weist auf eine Siedlung bei einem herrschaftlichen Gestüt, erstmals erwähnt um 1160. 1219 wurde es Stadt und kam bald darauf an die Grafen von Württemberg. Seit 1482 war S. offiziell Haupt- und Residenzstadt.

Stutz, Ulrich, Rechtshistoriker und evang. Kirchenrechtler, * 1868, † 1938, Prof. u. a. in Basel, Bonn und Berlin.

Stütz *der,* Turnerhaltung auf gestreckten Armen.

Stutzen, 1) kurzes gezogenes Gewehr, Jägerbüchse. **2)** kurze Umhüllung, z. B. Pulswärmer, wollener Wadenstrumpf, Muff.

Stützenwechsel, im Langhaus romanischer Basiliken der Wechsel von Pfeiler und Säule, auch von einem Pfeiler und zwei Säulen.

Stutzer, 1) Geck, Modenarr. **2)** kurzer Herrenmantel.

Stützmauer, eine Mauer, die den seitlichen Druck des dahinterliegenden Erdreichs aufnimmt.

Stuyvesan(d)t [st'ɔivəzant], Peter, holländ. Gouverneur, * um 1610, † 1672, 1647 Generaldirektor der niederländ. Westind. Kompanie für Nieuw Nederland (Sitz: Nieuw Amsterdam). Die Kolonie Nieuw Amsterdam mußte er 1664 den Engländern übergeben.

StVG., **S**traßen**v**erkehrs-**G**esetz.

StVO., **S**traßen**v**erkehrs-**O**rdnung.

StVZO., **S**traßen**v**erkehrs-**Z**ulassungs-**O**rdnung.

st'ygisch [zu Styx], freudlos, schauerlich.

Styl'it [grch.] *der,* der Säulenheilige.

St'ymphalos, alte Stadt in Nordostarkadien, im Mythos berühmt durch die **stymphalischen Vögel,** die mit Federn Menschen erschossen und von Herakles erlegt oder verjagt wurden.

St'yrax *der,* Mittelmeerstrauch, Art des Benzoebäume, die in ihm schon den Griechen bekanntes Räucherharz gibt (S. oder **Storax).**

Styr'ol *das,* Phenyläthylen, ein Ausgangsstoff der Kunststoffherstellung.

Styx *der,* griech. Mythos: Fluß in der Unterwelt.

s. u., siehe unten.

Su'ada, Suade [lat.] *die,* -/ . . . den, Redefluß.

Suah'eli, islamisierte Mischbevölkerung aus Arabern und überwiegend negriden Stämmen in Ostafrika, zwischen Somalia und Moçambique, insges. über 1 Mill. Ihre Sprache, das S. (auch **Kisuaheli),** gehört zur Bantugruppe und ist mit arabischen, indischen, persischen, auch dt. und engl. Wörtern durchsetzt; sie ist Handels- und Verkehrssprache in O-Afrika, Amtssprache in Tansania und (neben Englisch) in Kenia.

Stuttgart: Neues und Altes Schloß,
dahinter Stiftskirche

Suarès [syar'ɛs], André, eigentl. F. A. Y. **Scantrel,** franzöz. Schriftsteller, * 1866, †1948; Essays; Porträts.

Su'arez, 1) Carl Gottlieb →Svarez.

2) [-ɛθ], Francisco, span. Theologe und Philosoph, * 1548, † 1617, Jesuit, Scholastiker, gab erstmals die Gesamtdarstellung der Metaphysik, von großem Einfluß auf die Universitäten.

sub . . . [lat.], unter . . . **sub r'osa,** im Vertrauen. **sub sig'illo,** unter dem Siegel der Verschwiegenheit, bes. des Beichtgeheimnisses. **sub sp'ecie aetern'atis,** im Lichte, unter dem Gesichtspunkt der Ewigkeit. **sub v'oce,** Abk. **s. v.,** unter dem Stichwort.

subalt'ern [lat.], untergeordnet; ohne eigene Verantwortung.

sub'antark'tisch (auf der nördl.) und **sub'antarktisch** (auf der südl. Halbkugel), die Übergangszonen vom polaren zum gemäßigten Klima.

Subdiakonat, Kath. Kirche: die erste der höheren Weihen; mit ihr beginnt die Verpflichtung zum Zölibat, Stundengebet und die eigenmächtig nicht mehr auflösbare Bindung an den Klerikalstand.

Subdominante, Unterdominante, ♪ die 4. Stufe der diatonischen Tonleiter und der Dreiklang auf diesem Ton.

Subhastation [lat.] *die,* ♫ die →Zwangsversteigerung.

s'ubito [ital.], ♪ plötzlich.

Subj'ekt [lat.], **1)** Philosophie: das Ich, sofern es sich erkennend, wahrnehmend, wollend einem Nicht-Ich, einem Gegenstand (Objekt) gegenüberfindet. **2)** Sprachlehre: Satzgegenstand. **3)** ♪ das Thema in der Fuge.

subjekt'iv [lat.], persönlich, voreingenommen, einseitig.

Subjektiv'ismus [lat.], **1)** der Standpunkt vom Subjekt aus. **2)** Erkenntnislehre: die Auffassung, daß alles Erkennen nicht das Wesen der Dinge, sondern nur die Auffassung der Dinge durch das vorstellende Ich wiedergebe. **3)** Ethik: Leugnung der allgemein gültigen sittl. Werte und ihre Herleitung allein aus den Entscheidungen des Einzel-Ichs.

Subjektsteuer, die Personalsteuer.

Subkultur [engl. ,subculture'], die einer bestimmten Gruppe in einer Gesellschaft eigentüml. Kultur. Wie jede Kultur speichert und vermittelt auch die S. Verhaltensmuster und Normen. Innerhalb der Standardkultur einer größeren Bevölkerung kann es zahlreiche S. geben. Die S. kann aus der Sicht der übergreifenden Kultur als minderwertig gelten, jedoch können auch Angehörige angesehener Berufe ihre S. haben. Die S. enthält immer Teile der Gesamtkultur, entwickelt dazu neue oder überbetont entlehnte Elemente. Weitere Verbreitung fand S. als Name für die Jugend-S. S. ist manchmal gleichbedeutend mit ,underground' oder Protesthaltung, deshalb auch neuerdings **contra-culture** (Gegenkultur), z. B. einer farbigen Minderheit.

subkut'an [lat.], ⚕ unter die Haut (liegend) oder unter die Haut (gespritzt).

subl'im [lat.], erhaben; fein; schwer zu erkennen.

Sublim'at [lat.] *das,* **1)** Quecksilber(II)-chlorid, stark giftiges Mittel zur medizin. Desinfektion. **2)** →Sublimation.

Sublimati'on, der Übergang eines festen Stoffes unmittelbar in den gasförm. Zustand. Das Ergebnis der Rückverwandlung des Gases in den festen Zustand heißt **Sublim'at.** Zeitw. **sublim'ieren.**

sublim'ieren [lat.], **1)** →Sublimation. **2)** Psychoanalyse: Triebenergien in geistige und kulturelle Leistungen umwandeln.

submar'in [lat.], unterseeisch.

subm'iß [lat.], unterwürfig.

Submissi'on [lat.], **1)** Unterwürfigkeit. **2)** Vergebung bes. öffentl. Arbeiten durch Ausschreibung **(Verdingung).**

Subordination [lat.] die, Unterordnung.

S'ubotica [-tsa], deutsch **Maria-Theresiopel,** Stadt in Jugoslawien, 78 000 Ew.; Handelsplatz in der Batschka, Waggonbau, Eisen-, Leder-, Textil- u. a. Industrie.

Subpol'arzonen, die subarktische und die subantarktische Übergangszone vom polaren zum gemäßigten Klima.

subsidi'är [lat.-frz.], aushilfsweise.

subsidiäres Recht, ein Recht, das erst angewendet wird, wenn eine bestimmte andere Rechtsquelle keine Vorschrift enthält.

Subsidiarit'ät, Subsidiar'ismus, eine Ordnung, in der die übergeordnete Gemeinschaft die Wirkungsmöglichkeiten der untergeordneten anerkennt und nur die Aufgaben an sich zieht, die von dieser nicht erfüllt werden können; ein Hauptprinzip der kath. Gesellschaftslehre.

Subs'idien [lat.] Mz., **1)** bei den Römern Reserve-, Hilfstruppen. **2)** Hilfsgelder oder Hilfsmittel (Truppen, Kriegsmaterial), die ein Staat einem andern auf Grund eines Vertrags zur Verfügung stellt.

Subsist'enz [lat.] *die,* **1)** Lebensunterhalt. **2)** Philosophie: das Bestehen durch sich selbst.

subskrib'ieren [lat.], unterschreiben, sich in eine Einzeichnungsliste eintragen.

Subskription *die,* Übernahme der Verpflichtung zur Abnahme neuer Wertpapiere oder zum Kauf eines Buches, das erst erscheinen soll.

substanti'ell [lat.], dinglich, stofflich; wesentlich.

Substantiv(um) [lat.] *das,* das Hauptwort, Dingwort.

Subst'anz [lat.] *die,* **1)** Stoff, Masse, Ding. **2)** Kernpunkt, das Wesentliche. **3)** Philosophie: das im Wechsel der Veränderungen Beharrende.

Substanzerhaltung, Betriebswirtschaft: die Erhaltung des Betriebsvermögens. Gegensatz: **Substanzverzehr.**

Substanzsteuern, Steuern, die aus dem Vermögensbestand gedeckt werden, z. B. die Erbschaftsteuer.

Substitu'ent [lat.] *der,* Ersatz, Vertreter, →Substitution 2).

substitu'ieren [lat.], an die Stelle eines andern setzen; zum Nacherben ernennen.

Substit'ut [lat.] *der,* Stellvertreter, Verkaufsleiter.

Substituti'on [lat.], **1)** Volkswirtschaft: die Ersetzbarkeit eines wirtschaftl. Gutes oder eines Produktionsmittels durch andere. Bei Preissteigerungen verlagert sich ein Teil der Nachfrage auf andere, meist billigere Güter (**S.-Güter**). **2)** ♎ Der Austausch von Atomen oder Atomgruppen einer Verbindung durch gleichwertige Substituenten. **3)** △ Das Einsetzen einer Größe oder einer Reihe von Größen für eine andere Größe oder eine Reihe anderer Größen, um die gestellte Aufgabe in eine einfacher zu lösende umzuwandeln. **4)** ⚕ **Substitutionstherapie,** der arzneiliche Ersatz eines vom Körper selbst nicht mehr ausreichend gebildeten Stoffes, z. B. eines Hormons oder eines Enzyms.

Substitutionsrecht, das Recht eines Bevollmächtigten zur Erteilung einer Untervollmacht an einen andern (**Substitut**).

Substr'at [lat.] *das,* Unterschicht, Grundlage, Träger, Keimboden.

subsum'ieren [lat.], einbegreifen, dazurechnen, zusammenfassen. **subsumtiv,** unterstellend, vermutlich.

subt'il [lat.], fein, zart; scharfsinnig, spitzfindig.

Subtrakti'on, △ Abziehen. Beispiel: $10-7=3$; 10 ist der **Minu'end,** 7 der **Subtrah'end,** 3 die **Differenz.**

S'ubtropen, die Übergangsgebiete vom heißen zum gemäßigten Klima; im engeren Sinn das Gebiet der beiden die Erde ringförmig umgebenden Hochdruckgürtel in etwa 25-35° n. und s. Breite.

sub|urbik'arische Bistümer, die bei Rom gelegenen 7 kleinen Bistümer Albano, Frascati, Ostia, Palestrina, Porto und Santa Rufina, Sabina und Poggio Mirteto, Velletri. Seit 1962 sind die Kardinäle nur noch Titularinhaber.

Subvention *die,* aus öffentl. Mitteln gezahlte Beihilfe an Privatunternehmen oder Wirtschaftszweige (z. B. Landwirtschaft).

subvers'iv [frz.], umstürzlerisch.

Subway [s'ʌbwei, engl.], Unterführung; begehbarer Kanal; in den USA die Untergrundbahn.

Suchdienst des Deutschen Roten Kreuzes, Organisation zur Nachforschung nach dem Schicksal vermißter Wehrmachtsangehöriger, Kriegsgefangener, Zivilpersonen. Zentralstellen und Gesamtarchive in Hamburg und München.

Suche-Bator, Prov. im O der Mongol. Volksrep., 82000 km², 35000 Ew.

Suchenwirt, Peter, österreich. Wappendichter, am Hof in Wien zwischen 1356 und 1395 nachweisbar.

Sucht, krankhafte oder leidenschaftl. Gier. Der krankhaft Süchtige schädigt seine Gesundheit und läßt in seiner Leistungsfähigkeit nach; es kommt zum Verfall der Persönlichkeit, so bei **Trunksucht** (→Alkoholvergiftung), **Morphinsucht** (→Morphin), **Schlafmittelsucht** (→Schlafmittel), S. nach →Rauschgiften. Behandlung: Entziehungskuren, Psychotherapie.

Such'umi, Suchum, Hauptstadt der Abchas. ASSR in Transkaukasien, Hafen und Kurort am Schwarzen Meer, 102000 Ew. Hochschule, Theater, Botan. Garten, Nahrungsmittelindustrie.

Suckenie [-n'i:-] *die,* ärmelloser Oberrock der Männer- und Frauentracht des 12.-14. Jahrh.

S'ucre, Provinzhauptstadt und nominelle Hauptstadt Boliviens (Sitz der Regierung ist La Paz); 72200 Ew. Sitz des Obersten Gerichtshofes und eines Erzbischofs; Universität, Ölraffinerie, Zement- und Zigaretten-Industrie.

S'ucre *der,* die Währungseinheit in Ecuador, 1 S. = 100 Centavos.

Sud *der,* Abkochung; beim Kochen, Braten gewonnene Flüssigkeit.

Südafrika, Republik S., afrikaans **Republiek van Suid-Afrika,** englisch **Republic of South Africa,** Staat in S Afrikas, 1221037 km² mit 21,28 Mill. Ew. Hauptstadt ist Pretoria, Sitz des Parlaments: Kapstadt. Amtssprachen: Afrikaans und Englisch. ⊕ II/III, Bd. 1, nach S. 320. Währung ist der Rand zu 100 Cents.

Staat und Recht. ⊡ S. 1179. ▢ Bd. 1, S. 392. Die Republik S. ist in die Provinzen Kapprov., Natal, Transvaal und Oranjefreistaat gegliedert. Auch das einem. dt. Schutzgebiet Südwestafrika wird von S. wie eine seiner Prov. verwaltet, obwohl es unter Treuhandschaft der UNO steht. Als erstes der acht Bantustans erhielt 1963 die →Transkei das innere Selbstverwaltung. Staatsoberhaupt ist der Präsident. Die Legislative liegt beim Parlament (Senat und Abgeordnetenhaus; alle Mitgl. müssen europ. Abstammung sein). Das Recht beruht auf dem holländisch-röm. Recht, das dem brit. angepaßt wurde. Für die Bantu wurde das Bantu Recht beibehalten. Es besteht allgem. Wehrpflicht für alle weißen Staatsbürger vom 17. bis 29. Jahr.

Landesnatur. Im Innern ist das Land eine eintönige Hochfläche (900-1200 m) mit einzelnen Bergkuppen, nach außen zu den rd. 1800 m hohen Drakensbergen ansteigend, die zur Küstenebene steil abfallen; im S die Trockensteppe →Karru. Das Klima ist subtropisch (verhältnismäßig kühle Sommer, milde Winter). Das trockene Innere wird von Grassteppe beherrscht, nördlich vom Witwatersrand folgt Buschsteppe, nach W Wüste.

Die *Bevölkerung* setzt sich aus vier Gruppen zusammen: Bantu, Weißen, Mischlingen und Asiaten (meist Inder). Die Weißen (3 Mill.) sind zu 58% Buren, zu 37% Nachkommen engl. Siedler. Die stärkste Bevölkerungsgruppe sind die Bantu (15 Mill.); die größten Stämme sind Xhosa, Zulu, Sotho und Tswana; sie leben z. T. in Bantustans und haben ihre Stammessitten weitgehend beibehalten. Die Mischlinge

Südafrika: Industriearbeitersiedlung am Witwatersrand

(,Coloured', 2 Mill.) leben vorwiegend in der Kapprovinz, die Inder (0,6 Mill.) in Natal. Es besteht Rassentrennung (→Apartheid).

Die Schulbildung ist nach den vier Bevölkerungsgruppen getrennt. Für Weiße besteht Schulpflicht vom 7. bis 16., im übrigen bis zum 14. Lebensjahr. Hochschulbildung vermitteln 9 Universitäten (seit 1959 für Weiße und Farbige getrennt).

Wirtschaft. Die Wassernot macht eine ausgedehnte Wasserwirtschaft notwendig; (Oranje-Fluß-Projekt mit 12 Staustufen, 20 Wasserkraftwerken im Bau). Im Ackerbau ist die wichtigste Körnerfrucht der Mais, Weizen wird nur im SW der Kapprovinz, Zucker in Natal angebaut; im SW auch Obst- und Weinbau. Bedeutende Schafhaltung; Wolle ist der wichtigste landwirtschaftl. Ausfuhrartikel (5. Stelle der Welterzeugung). Bedeutende Küsten- und Hochseefischerei (u. a. Wale, Hummer); 90% der Fänge werden für den Export verarbeitet (Fischmehl, -öl, -konserven). Der Bergbau liefert (1968) 81% der Golderzeugung (ohne Ostblockländer). Die Diamantengewinnung (Kimberley, Pretoria, Jagersfontein), zeitweise 90% der Weltausbeute, beträgt noch 17%. Ergiebige Kohlevorkommen decken den Eigenbedarf des Landes; daneben gibt es Kupfer, Antimon, Mangan, Chrom, Eisen, Uran. 40% der afrikan. Industrieproduktion entfallen auf S. Neben der weiterverarbeitenden Industrie (Lebensmittel, Metallwaren, Schuhe, Bekleidung, Chemikalien u. a.) wurde eine moderne Stahlindustrie aufgebaut (Pretoria, Vereeniging, Vanderbijl Park, Newcastle, Parys). Ausfuhr von Diamanten, Kupfer, Obst und Gemüse, Eisen und Stahl. Haupthandelspartner sind Großbritannien, USA und Bundesrep. Dtl. - Das Eisenbahnnetz umfaßt 21345, das Straßennetz 184988 km. Haupthäfen: Kapstadt, Port Elizabeth, East London und Durban; internat. Flughäfen: Johannesburg, Kapstadt.

Geschichte. Kernland ist die 1652 als niederländ. Siedlung entstandene Kapprovinz, die 1806 von den Engländern erobert wurde. 1910 wurde mit Natal, dem Oranjefreistaat und Transvaal zur Südafrikan. Union vereinigt (Dominionrang). Der Gegensatz zwischen →Buren und Engländern auf wirtschaftlich-polit. und sprachlich-kulturellem Gebiet, verschärft durch unterschiedl. Auffassungen in der Frage der Behandlung der Schwarz-Afrikaner, geht bis auf den Anfang des 18. Jahrh. zurück. 1920 erhielt die Südafrikanische

Union das ehem. Dt.-Südwestafrika als Mandatsgebiet. Die englandfreundl. Südafrikan. Partei (Botha, Smuts) regierte mit Unterbrechung (1924 bis 1939) bis 1948, seitdem die Nationale Partei unter Malan, Strijdom, Verwoerd und (seit 1966) Vorster, deren konsequent verfolgte Politik der →Apartheid zu innen- und außenpolit. Konflikten führte. Am 31. 5. 1961 wurde S. Republik und schied aus dem Brit. Commonwealth aus.

Seit 1945 hat sich S. geweigert, die UN-Treuhandschaft über→Südwestafrika anzuerkennen. Es bestehen starke Spannungen zu den UN, die bes. im Hinblick auf die Rassenpolitik das Mandat 1966 für verfallen erklärten, und zu den meisten in der OAU zusammengeschlossenen afrikan. Staaten.

südafrikanische Literatur. 1) In **Afrikaans** entstand eine nationale Literatur erst nach dem Burenkrieg; Wegbereiter: Eugène N. Marais (1871-1936). Weitere Dichter: Jan F. E. Celliers (1865-1940), J. D. du Toit (1877 bis 1953), C. L. Leipoldt (1880-1947), C. J. Langenhoven (1873-1932), Brüder W. E. G. Louw (* 1913) und N. P. Louw (* 1906); psychologische Romane von D. F. Malherbe (* 1881), Hettie Smit u. a.

2) In **Englisch.** Gegen Ende des 19. Jahrh. schrieb Olive Schreiner den ersten südafrikan. Roman. Im 20. Jahrh. gingen in der Dichtung eigene Wege F. C. Slater, A. S. Cripps und vor allem in seinen frühen Gedichten Roy Campbell. Im Roman führten Pauline Smith und Mary Byron die Tradition von O. Schreiner fort, ebenso Percy Fitzpatrick. Sarah G. Millin wagte sich als erste an das Rassenproblem; ihr folgten Alan Paton, William Plomer und Nadine Gordimer. Stuart Cloete schrieb das große Epos des Burentrecks von 1838. Von den eingeborenen Autoren hat P. Abrahams Bedeutung erlangt. Die Anfänge eines bodenständigen Dramas sind mit der Gründung der National Theatre Organization (1947) verknüpft.

Südafrikanische Union, bis 1961 Name der Republik →Südafrika.

Südamerika, der südl. Erdteil der Neuen Welt, durch die Landbrücke Zentralamerikas mit Nordamerika verbunden. S. erstreckt sich beiderseits des Äquators und reicht von allen Erdteilen am weitesten nach Süden. Die größte Ausdehnung von (N-S) 7500 km und (O-W) 5000 km umfaßt S. 17,84 Mill. km² mit rd. 192,05 Mill. Ew. ⊕ XIV/XV, Bd. 1, nach S. 320.

Landesnatur. S. wird auf der Westseite vom Hochgebirge der Anden (→Kordilleren) durchzogen (im Aconcagua 6958 m). Der O wird von Mittelgebirgen und Tafelländern eingenommen (Bergland von Guayana, bis 3014 m; Brasilian. Bergland bis 2890 m; Patagonisches Tafelland, 1000 bis 1500 m ü. M.), zwischen denen sich ausgedehnte Tiefländer erstrecken mit den Hauptströmen des Kontinents: Orinoco, Amazonas und Paraguay-Paraná, die alle zum Atlant. Ozean fließen. Der größte Teil S. liegt im Bereich der Tropen, der S hat Anteil am gemäßigten, Feuerland am subpolaren Klima. Das Klima im Bereich der Anden wird entscheidend von der Höhenlage bestimmt. Außerhalb der Anden herrschen im feuchtheißen äquatorialen Gebiet (Amazonasbecken) trop. Regenwälder vor, im übrigen Bereich Savannen. Ein Streifen entlang der mittleren W-Küste wird von extrem trockenen Wüsten eingenommen. Die Tierwelt ist reich an eigenen Arten: Jaguar, Puma, Guanako (Lama, Alpaka), Faultier, Ameisenbär, Gürteltier, Beutelratte; Kolibris, Papageien, Kondor; Riesenschlangen u. a.

Bevölkerung. Mischlinge (Mestizen, Zambos, Mulatten) überwiegen. Die ursprüngl. Bewohner, die →Indianer, sind unvermischt nur noch im Andenhochland und im Amazonasgebiet. Neger (Nachkommen der bes. von Portugiesen eingeführten Sklaven) und Mulatten leben bes. an der N-

Südamerika, Staatliche Gliederung

I Selbständige Staaten	Fläche in 1000 km²	Ew.[1] in Mill.
Argentinien	2777	24,35
Bolivien	1099	4,93
Brasilien	8512	95,31
Chile	757	9,78
Ecuador	284	6,09
Guayana	215	0,76
Kolumbien	1139	21,12
Paraguay	407	2,38
Peru	1285	13,59
Uruguay	187	2,89
Venezuela	912	10,40

II Abhängige Gebiete		
Falklandinseln[2]	16	[3]
Französ.-Guayana	91	0,05
Niederländ.-Guayana	163	0,40

[1] 1969/70. [2] zu Großbritannien.
[3] 2200 Ew.

und O-Küste. Im 19. Jahrh. wanderten viele Europäer (Spanier, Italiener, Deutsche, Polen u. a.) und Asiaten (Japaner, Inder) ein. Die Verstädterung nimmt rasch zu (in Argentinien, Chile, Uruguay, Venezuela über 50% der Ew. in Städten über 20 000 Ew.); es gibt 10 Millionenstädte. Amtssprache ist in Brasilien Portugiesisch, in Guayana Englisch, in den übrigen Staaten Spanisch.

Religion. Der größte Teil der Bevölkerung gehört zur Römisch-kath. Kirche.

Wirtschaft. S. ist vor allem traditioneller Lieferant von landwirtschaftl. und bergbaul. Erzeugnissen. Der größte Teil der Bevölkerung ist noch in der Landwirtschaft tätig, vom primitiven Selbstversorger-Anbau bis zur Großplantagenwirtschaft für die Ausfuhr; Haupterzeugnisse (in Klammern Anteil an der Welterzeugung 1968/69): Kaffee (47%), Kakao (21%), Zukker, Sisal, Baumwolle, Bananen, Citrusfrüchte, Mais; Fleisch, Wolle (12%), wichtigste Erzeugerländer: Brasilien, Argentinien, Kolumbien, Uruguay. Große Bedeutung hat der Fischfang (18%; Peru, Chile). Der Reichtum an Bodenschätzen (bes. in Brasilien, Chile, Bolivien, Peru, Venezuela, Kolumbien) hat S. zum wichtigen Lieferanten hochwertiger Eisen-, Mangan-, Zinn-, Kupfer- (15%), Blei- und Zinkerze sowie von Antimon (26%), Gold, Silber, Bauxit (20%), Erdöl (11%), Erdgas, Edelsteinen, Salpeter u. a. gemacht. Die Industrie ist in starker Entwicklung (bes. in Brasilien, Chile, Venezuela).

Verkehr. Die Eisenbahn verfügt nur über Regionalnetze (in Argentinien, S-Brasilien, Chile). Als einzige durchgehende Straße durchzieht der Pan-American-Highway S. auf der Westseite parallel zu den Anden; nur von wenigen Paßstraßen überquert wird. Das gut ausgebaute Luftverkehrsnetz reicht bis in die entlegensten Gebiete. Im gesamten Amazonasgebiet spielt der Binnenschiffsverkehr eine bedeutende Rolle. **Geschichte,** →Lateinamerika, Geschichte.

südamerikanische Kulturen, die vorkolumb. Kulturen Südamerikas, die auf der W-Seite des Kontinents im Gebiet des heutigen Kolumbien (Chibcha, Muisca) sowie im mittleren Andengebiet und seiner Küste (Mochica, Chimú, Inka) geschaffen wurden und deren Einflüsse sich bei Ankunft der Europäer bis Mittelchile und NW-Argentinien erstreckten. Einige brachten es zur Bildung fester Staatsgefüge (→Chimú, →Inka), sämtliche jedoch die Schrift. Mit dem Anbau von Mais (seit etwa 4000 v. Chr.) und dem Beginn der Töpferei (ohne Töpferscheibe) setzt die Entwicklung ein, die eine erste Höhe mit Chavín, Paracas und den Mochica (600 v. Chr. bis 600 n. Chr.) sowie der klass. Kultur von Tiahuanaco (mit bedeutender Steinmetz-

kunst) erreichte, die sich seit 800 n. Chr. über weite Gebiete ausbreitete. Höhepunkte der Keramik: Tonplastiken und bemalte Gefäße (Mochica, Nazca), der Textilkunst: bestickte Tücher (Paracas), Gobelins und bemalte Gewebe (Tiahuanaco, Pachacamac, Nazca). Bauwerke wurden aus Lehmziegeln (z. B. Pyramide Huaca del Sol, Peru; →Chanchán) oder Stein errichtet (Tempel, Paläste, Befestigungen der Inka). An Metallen wurden Gold, Silber, Kupfer und Bronze (Muisca, Chibcha, Diaguita) verwendet. (Bilder S. 1212)

südamerikanische Literatur, →lateinamerikanische Literatur.

südamerikanische Musik, →lateinamerikanische Musik.

Sud'an *der,* **1)** Großlandschaft im nördl. Afrika, zwischen Atlantik, Äthiop. Hochland, Sahara, Guineaküste und Kongobecken, der Übergangsraum von der trockenen Sahara zum trop. Regenwald, mit äußerst heißer Trockenzeit und einer Regenzeit von Juni bis Oktober.

2) ehemaliges Gebiet von Französisch-Westafrika, →Mali.

Sudan, Republik im oberen Nilgebiet, Afrika, 2 505 800 km² mit 15,695 Mill. Ew. Hauptstadt: Khartum; Amtssprache: Arabisch. Religion: Im N überwiegend Muslime, im S Naturreligionen, wenige Christen. ⊕ II/III, Bd. 1, nach S. 320. Seit 1969 ist S. ‚Demokrat. Rep.' (provisor. Verfassung von 1971); Staatsoberhaupt ist der Präs. ☐ S. 1179. ☐ Bd. 1, S. 392. Währung ist das Sudanes. Pfund zu 100 Piaster.

Den größten Teil des Landes nimmt der O der Landschaft Sudan ein, im N hat S. Anteil an der Libyschen und der Nubischen Wüste. Im N leben bes. Araber (rd. 40% der Bevölkerung) und Nubier, im S bes. nilot. Stämme (Dinka, Nuer u. a.). Keine Schulpflicht; über 80% Analphabeten. Drei Universitäten.

Wirtschaft. Nur rd. 3% des Landes werden als Ackerland genutzt. Wichtigstes Erzeugnis ist Baumwolle (in Bewässerungsgebieten; 4 große Staudämme); daneben Anbau von Hirse, Erdnüssen, Sesam; Viehhaltung (überwiegend nomadisch). Ind. (Textilien, Nahrungsmittel) noch unbedeutend. Ausfuhr: Baumwolle (rd. 57%), Ölsaaten, Gummi arabicum (85% der Welterzeugung). Haupthandelspartner: Großbritannien, Indien, Bundesrep. Dtl., Italien. Für den Verkehr am wichtigsten sind Eisenbahnen (4752 km). Die Straßen bestehen überwiegend aus Pisten. Binnenschiffahrt auf dem Nil und seinen Nebenflüssen (rd. 4000 km). Seehafen: Port Sudan, ein neuer entsteht bei Suakin. Internat. Flughafen: Khartum.

Geschichte. Seit 1820 begann sich Ägypten im O-Sudan auszudehnen. 1874 wurde Darfur erobert. Hiergegen erhob sich 1881 der→Mahdi, der den S. bis 1898 beherrschte. Zwischen 1896 und 1898 gewannen anglo-ägypt. Truppen (→Kitchener) den O-Sudan zurück. 1899 wurde als Kondominium der Anglo-ägypt. S. errichtet. Über französ. Vorstöße gegen das obere Niltal →Faschoda. Mit dem Abkommen von 1953 bereitete Großbritannien die Selbstverwaltung von S. vor. 1956 erhielt S. die Unabhängigkeit. Seit dem Staatsstreich von 1958 lag alle Gewalt beim Oberkommando der Armee. Nach Unruhen übernahm Okt. 1964 eine Zivilregierung die Geschäfte. Nach einem Militärputsch wurde im Mai 1969 die Demokrat. Rep. S. ausgerufen, 1971 eine Militärrevolte niedergeschlagen.

sudanische Sprachen, verschiedenartige, zum Teil nur locker zusammenhängende Sprachen, die in Gebieten des westl., zentralen und östl. Sudan gesprochen werden. Unter ihnen gibt es →Klassensprachen und Nichtklassensprachen. Zu den s. S. werden u. a. die Sprachen der Mandingo, Fulbe, Yoruba, Ibo, Ewe gerechnet.

Sudanvölker, die Bevölkerungsgruppen

1 *Maisanbau im Hochland von Peru.* 2 *Wasserfall des Rio Caroni, Venezuela.* 3 *Tropischer Regenwald, Amazonastiefland.* 4 *Anden zwischen Argentinien und Chile.* 5 *Savanne in NO-Brasilien mit zur Trockenzeit laubabwerfenden Gehölzen*

der Großlandschaft →Sudan, die rassisch (Europide, Negride), sprachlich (Arabisch, sudanische Sprachen) und kulturell (Nomaden, Ackerbauern) große Unterschiede aufweisen.

Südarabische Föderation, seit 1962 Name der 1959 gegr. ‚Föderation der arab. Emirate des Südens‘. Als die S. F. 1967 in der Volksrep. Südjemen aufging, umfaßte sie die Sultanate und Emirate des ehem. brit. Westprotektorats Aden, den Staat Aden und das Sultanat Wahidi (im ehem. Ostprotektorat Aden).

Südaustralien, Staat des Austral. Bundes, reicht von der Südküste Australiens (Große Austral. Bucht) in den Kontinent bis ins Große Artesische Becken und zum Musgrave-Gebirge; 984 300 km² mit 1,16 Mill. Ew.; Hauptstadt ist Adelaide.

Südbaden, RegBez. von Bad.-Württ., 9954 km², 1,868 Mill. Ew. Hauptstadt ist Freiburg im Breisgau. S. (bisher 2 Stadt-, 18 Landkreise) wird nach dem Ges. vom 23. 7. 1971 neugegliedert in den Stadtkreis Freiburg i. Br. und die Landkreise Breisgau-

Hochschwarzwald, Emmendingen, Ortenaukreis, Rottweil, Schwarzwald-Baar-Kreis, Tuttlingen, Konstanz, Lörrach, Waldshut. Der RegBez. wird zum 1. 1. 1977 aufgelöst; das Gebiet umfaßt dann die Regionalverbände Südlicher Oberrhein, Schwarzwald-Baar-Heuberg, Hochrhein.

Süd-B´eveland, niederländ. **Zuid-Beveland,** Insel zwischen Ooster- und Westerschelde, in der Prov. Seeland, Niederlande.

Sudbury [sʼʌdbəri], Stadt in der Prov. Ontario, Kanada, 84 900 Ew. Mittelpunkt eines großen Nickelminengebietes, in dem auch Kupfer, Gold, Silber und Platin gewonnen werden.

Südchinesisches Meer, Randmeer des Stillen Ozeans, zwischen S-China, Hinterindien, Borneo und den Philippinen.

Süd-Dakota, →South Dakota.

Süddeutscher Rundfunk, SDR, Stuttgart, dt. Rundfunkanstalt, gegr. 1951.

Süddeutsche Zeitung, München, Tageszeitung (seit 1945).

Süddeutschland, der südlich der mittel-

deutschen Gebirgsschwelle gelegene Teil Dtl.s, etwa die Länder Bayern, Baden-Württemberg, das südl. Rheinland-Pfalz und Hessen südlich des Mains.

Süden, dem Polarstern gegenüberliegende Himmelsrichtung.

Sudermann, Hermann, Schriftsteller, * 1857, † 1928; naturalistische, sozial- und gesellschaftskrit. Schauspiele: ‚Ehre‘ (1889), ‚Sodoms Ende‘ (1891), ‚Heimat‘ (1893), ‚Johannisfeuer‘ (1900), ‚Stein unter Steinen‘ (1905) u. a. Romane und Novellen.

Sud´eten Mz., Gebirgsland zwischen Schlesien und Böhmen, erstreckt sich von der Zittauer Bucht rd. 310 km weit nach SO bis zur Mährischen Pforte, 30-50 km breit. Teile: Iser-, Riesen-, Bober-Katzbach-Gebirge, Waldenburger Bergland, Eulen-, Heuscheuer-, Adler-, Habelschwerdter, Glatzer Schnee-, Reichensteiner, Altvatergebirge und Mährisches Gesenke.

Sudetendeutsche, 1902 geprägter Name für die Deutschen in Böhmen und Mähren, 1935:3,1 Mill. Die S. waren im 12./13. Jahrh. aus Bayern, Franken, Sachsen, Schlesien

1 *Gewebe mit Vogelmuster, Pachacamac, Peru, nach 1000 n. Chr.* **2** *Tongefäß, Mochica-Kultur, Peru, etwa 600 n. Chr.* **3** *Goldfigur, Kolumbien, etwa 14. Jahrh.* **4** *Bronzeplatte der Diaguita, Argentinien, vorkolumbisch*

eingewandert, gehörten 1526-1918 zu Österreich, dann zur Tschechoslowakei, seit dem Münchener Abkommen 1938 zum Dt. Reich (→Sudetenland). 1945 wurden die S. verfolgt und vertrieben; viele kamen dabei um. Etwa 2,6 Mill. wurden in Dtl. aufgenommen, davon 1,9 in der Bundesrepublik.

Sudetendeutsche Partei, gegr. von K. Henlein 1933 als ,Sudetendeutsche Heimatfront', änderte 1935 ihren Namen in S. P., wurde 1938 in die NSDAP übergeführt.

Sudetenland, ehem. dt. Reichsgau, 1938 gebildet aus den von der Tschechoslowakei abgetretenen sudetendt. Gebieten; 1945 an die Tschechoslowakei zurückgefallen.

Südeuropa, die geograph. und kulturell vorwiegend vom Mittelmeer geprägten Teile Europas, bes. die Länder der Pyrenäen-, Apennin- und der südl. Balkanhalbinsel. (→Mittelmeerraum)

Südfrüchte, Früchte aus südlichen bis trop. Ländern, so Citrusfrüchte, Bananen, Ananas, Datteln, Feigen, Mandeln. In der Bundesrep. Dtl. wurden 1969/70 20,7 kg Citrusfrüchte je Ew. und Jahr verbraucht (1935-38: 5,7 kg); eingeführt wurden (1970) 1,779 Mill. t S.

Südgeorgien, engl. **South Georgia,** subantarkt. Insel, 4144 km², saisonweise wechselnd 200-500 Ew. (meist Walfänger, Robbenjäger). 1904 wurde S. brit. Besitz; es gehört verwaltungsmäßig zu den Falklandinseln.

Südholland, niederländ. **Zuidholland,** niederländ. Küstenprovinz, 2831 km², 2,969 Mill. Ew. Hauptstadt: Den Haag.

Südjemen, bis 1970 die Demokrat. Volksrep. →Jemen.

Süd-Karolina, →South Carolina.

Süd-Korea, →Korea.

Südliches Kreuz, Kreuz des Südens, Sternbild der südl. Halbkugel.

Südliche und Antarktische Gebiete, Französische Südpolar- und Antarktisgebiete, franzöS. **Terres Australes et Antarctiques Françaises,** 1955 geschaffenes Überseegebiet Frankreichs: Kerguelen, Crozet-Inseln, Saint-Paul, Neu-Amsterdam, Adélieland.

Südlicht, das südliche →Polarlicht.

Südorkney-Inseln [-'ɔːkni-], subantarkt. Inselgruppe, 624 km², gehörten bis 1962 verwaltungsmäßig zu den Falklandinseln, seitdem mit den Südshetlandinseln und dem Graham-Land zum British Antarctic Territory.

Südossetisches Autonomes Gebiet, →Osseten.

Südostasiatischer Sicherheitsvertrag, →SEATO.

Südosteuropa, der sich zwischen Mittel- und Südeuropa nach Osten erstreckende Teil Europas: Jugoslawien, Ungarn, Rumänien, Bulgarien, Albanien und Griechenland.

Geschichte. Durch S. vollzog sich ein wechselseitiger Kulturaustausch zwischen dem Mittelmeerraum und Mitteleuropa. Bedeutende Fundplätze der Altsteinzeit sind hier. Krapina und einige Höhlen der Karawanken und im subalpinen Kalkgebiet Slawoniens. Von der Hallstattzeit an lassen sich Thraker, Skythen und Illyrer in S. nachweisen. Im 2. Jahrtsd. v. Chr. wanderten Ionier, Achäer und Dorer ein (→griechische Geschichte). In der Latènezeit führte eine Wanderung der Kelten (Galater) über Thrakien und Makedonien bis nach Kleinasien. Im 2. und 3. Jahrh. n. Chr. gehörte S. zum Röm. Reich (→römische Geschichte) und war in Provinzen aufgeteilt. Von Rom ging die Herrschaft auf Byzanz über (→Byzantinisches Reich). Seit dem 5. Jahrh. n. Chr. drangen osteurop. Völker (Slawen, Magyaren u. a.) ein; Byzantiner, Bulgaren und Serben kämpften im MA. um die Vormacht. Seit Ende des 14. Jahrh. eroberten die Türken S. (→Türkei, Geschichte); im 18. und 19. Jahrh. drangen Österreich von NW, Rußland von NO in S. vor (→österreichische Geschichte; →russische Geschichte). Im 19. und 20. Jahrh. entstanden unabhängige Staaten (→griechische Geschichte, →Rumänien, →Serbien, →Montenegro, →Bulgarien, →Albanien, →Ungarn, →Jugoslawien); seit den →Balkankriegen (1912/13)

ist die Türkei fast ganz vom Balkan verdrängt. 1945 gelangte S. mit Ausnahme Griechenlands in den Machtbereich der Sowjetunion. Das kommunist. Jugoslawien entzog sich 1948, Albanien 1961 dem sowjet. Einfluß.

Südpol, 1) ⊕ der südl. Schnittpunkt der Umdrehungsachse eines Himmelskörpers mit seiner Oberfläche. Gegenpunkt: Nordpol. Der **S. der Erde** liegt inmitten des antarkt. Festlandes in 2765 m Höhe. An ihm geht die Sonne vom 23. 9. bis 21. 3. nicht unter **(Südpolartag)** und vom 21. 3. bis 23. 9. nicht auf **(Südpolarnacht). 2)** Physik: einer der beiden Magnetpole. **3) magnetischer S. der Erde** →Erdmagnetismus.

Südpolargebiet, Antarktis, der südlichste Teil der Erdkugel, mathematisch begrenzt durch den südl. Polarkreis, geographisch der rings um den Südpol liegende eisbedeckte Erdteil (Antarktika; 13,09 Mill. km²) und das ringförmig ihn umgebende Südpolarmeer. Weddell-See und Ross-Meer greifen tief in den Kontinent ein, der von (bis über 3000 m dickem) Eis bedeckt ist, nur von einzelnen Gebirgen durchbrochen. An den Rändern fließt das Eis in Gletschern ab oder schiebt sich als Schelfeis vor (Eisberge, Treibeis). Das Klima ist das kälteste der Erde (→Kältepole). Tierwelt: Seevögel, bes. Pinguine; Robbenarten. Pflanzenwelt: an eisfreien Küsten bis 78° s. Br. Moose, bis 85° s. Br. Flechten. Bodenschätze: Kohle, Kupfer, Eisen, Schwefelkies, Mangan, Molybdän u. a. Die Erforschung des S. ist durch das Internationale Geophysikal. Jahr (1957-59) geför-

Südpolargebiet, am Ross-Schelfeis

dert worden. Ein 1959 von 12 Nationen auf 30 Jahre geschlossener Vertrag soll die friedl. Nutzung des S. sichern; militär. Stützpunkte und Kernwaffenversuche sind untersagt. ⊕ XVI, Bd. 1, nach S. 320. - Über die Entdeckung vgl. Übersicht Bd. 1, S. 342.

Südpolarmeer, Südliches Eismeer, die antarkt. Teile des Atlantischen, Indischen und Stillen Ozeans.

Südpunkt, der südliche der beiden Punkte, in denen der Meridian den Horizont schneidet.

Südrhodesien, →Rhodesien.

Südsandwich-Inseln [-sʼɛndwitʃ-], 16 z. T. vulkan. Inseln am Rand der Antarktis, 337 km², gehören verwaltungsmäßig zu den brit. Falklandinseln.

Südsee, der südwestliche Teil des Stillen Ozeans. S.-Inseln, →Ozeanien.

Südshetland-Inseln [-ʃʼetlənd-], stark vergletscherte, gebirgige Inselkette am Rand des Südpolargebiets, 4662 km², seit 1962 Teil des British Antarctic Territory.

Südsibirische Bahn, die Eisenbahnlinie Magnitogorsk-Nowokusnezk-Taischet.

Südtirol, heute die Prov. Bozen, ein Teil der italien. autonom. Region Trentino-Alto Adige, 7400 km², 415600 Ew. (65,5% deutsch, 30,5% italienisch, 4% ladinisch sprechend).

Südtirol, St. Zyprian im Tierser Tal

Geschichte. S. wurde im frühen MA. vom baier. Stamm besiedelt. Im 19. Jahrh. wurde der Name S. auch auf die heutige Prov. Trient ausgedehnt. 1919, als das Gebiet an Italien kam, gebrauchte man S. nur noch für das urspr. deutsch besiedelte Gebiet, heute die Prov. Bozen. Nach 1945 blieb S. bei Italien und wurde ein Teil der Region Trentino-Alto Adige, die eine gewisse Autonomie zugestanden bekam (Zweisprachigkeit u. a.). Erneute Verhandlungen zwischen Italien und Österreich erreichten 1969 für die Prov. Bozen Gesetzgebungskompetenz auf personal-, wirtschafts- und sozialpolit. Gebiet.

Südvictorialand, die westl., steil abfallenden Küstenländer des Ross-Meeres, Antarktis, mit vergletscherten Gebirgen (u. a. Markham-Geb., bis 4572 m hoch).

Süd-Vietnam, →Vietnam.

Südwestafrika, afrikaans **Suidwes Afrika,** engl. **South-West Africa,** ehem. dt. →Schutzgebiet, seit 1920 als Völkerbundsmandat, nach dem 2. Weltkrieg als UN-Treuhandgebiet von der Rep. Südafrika verwaltet, seit 1966 von den Vereinten Nationen **Namibia** genannt, 823323 km² (ohne →Walfischbai) mit 615000 Ew., darunter 100000 Weißen. Hauptstadt ist Windhuk. ⊕ II/III, Bd. 1, nach S. 320. S. ist ein 1400-1800 m hohes Hochland, das nach O zur Kalahari sanft, nach W zur Na-

mib steil abfällt. Die Flüsse führen mit Ausnahme des Oranje und Kunene nur in der Regenzeit Wasser. Das Innere hat trockenes, heißes Festlandklima mit großen tägl. Temperaturschwankungen. Die geringen Niederschläge fallen im SW im Winter, im übrigen Land im Sommer. Die Pflanzenwelt geht von trop. Baumgrassteppe im N zu lichtem Trockenwald, Dornbusch, offener Grasflur und Halbwüste im S über.

Von der afrikan. Bevölkerung gehören Ovambo und Herero zu den Bantu. Ferner gibt es Nama (Hottentotten) und Buschmänner. Von den Weißen sind rd. 65% Afrikaander („Buren'), 25% Deutschstämmige.

Wirtschaft. In der Landwirtschaft überwiegt die Viehzucht, u. a. Karakulzucht. Im Bergbau herrscht die Gewinnung von Diamanten, Kupfer und Zink, ferner Vanadium, Mangan, Zinn und Wolfram vor. Eine Industrie (bes. Lebensmittelind.) wird aufgebaut.

Geschichte: →Schutzgebiete (Übersicht), →Südafrika. (Bild Afrika)

Südwester, wasserdichter Seemannshut.

Südwestfunk, SWF, Baden-Baden, dt. Rundfunkanstalt, gegr. 1951, seit 1954 am Fernsehprogramm der ARD beteiligt.

Südweststaat, anfänglich, nichtamtlicher Name für →Baden-Württemberg.

Südwürttemberg-Hohenzollern, RegBez. von Bad.-Württ., 10094 km², 1,622 Mill. Ew. Hauptstadt: Tübingen. S.-H. (bisher 17 Landkreise) wird nach dem Ges. vom 23. 7. 1971 neugegliedert in den Stadtkreis Ulm und die Landkreise Reutlingen, Tübingen, Zollernalbkreis, Alb-Donau-Kreis, Biberach, Bodenseekreis, Ravensburg, Sigmaringen. Der RegBez. wird zum 1. 1. 1977 aufgelöst; das Gebiet umfaßt dann die Regionalverbände Neckar-Alb, Donau-Iller, Bodensee-Oberschwaben.

Sue [sy], Eugène, französ. Schriftsteller, * 1804, †1857; Seefahrer-, Sensationsromane („Die Geheimnisse von Paris', 1842/43; „Der ewige Jude', 1844/45).

Sueben, →Vietnam.

Suetʼon, Gaius Suetonius Tranquillus, röm. Schriftsteller, * um 70 n. Chr., † nach 140; Lebensbeschreibungen der Kaiser von Caesar bis Domitian.

Suez, Sues [zʼuːɛs], arab. **Es-Suwes,** Hafenstadt in Ägypten, am südl. Ausgang des Suezkanals am **Golf von S.** (Rotes Meer), 264 000 Einwohner.

Suezkanal, schleusenloser Großschifffahrtsweg zwischen Mittelmeer (Port Said) und Rotem Meer (Suez), 161 km lang, 11 bis 12 m tief, an der Sohle 45-100 m, an der

Suezkanal

Oberfläche 70-125 m breit. Die Durchfahrt dauert 15-18 Stunden. 1966 wurde der S. von 21250 Schiffen mit 274,5 Mill. t befahren. - Der S. wurde 1859-69 von Lesseps nach Plänen Negrellis erbaut. Eigentümerin des S. wurde, befristet bis 1968, die 1859 gegr. **S.-Gesellschaft,** deren Aktienkapital seit 1875 zu 37,5% im Besitz der brit. Regierung war. Tatsächlich stand der S. seit der Besetzung Ägyptens (1882) und dem anglo-ägypt. Vertrag von 1899 unter brit. Einfluß. 1936 wurde der Vertrag von 1899 um 20 Jahre verlängert und die S.-Zone zu einer starken brit. Militärbasis ausgebaut. 1951 forderte Ägypten eine Revision. 1954 erkannte Großbritannien den S. als integralen Bestandteil Ägyptens an. Die Kanalzone wurde geräumt. Am 26. 7. 1956 verstaatlichte Ägypten die S.-Gesellschaft (→Ägypten, Geschichte) und erhält seitdem die Kanalgebühren (1966: 95 Mill. ägypt. £). Dies führte im Okt./Nov. 1956 zu anglofranzös. militär. Operationen im Gebiet des S. und zum israel. Sinaifeldzug. Seit dem israelisch-arab. Krieg im Juni 1967 ist der S. unpassierbar und bildet die militär. Demarkationslinie zwischen den israel. und ägypt. Truppen.

süffisʼant [frz.], selbstgefällig.

Suffʼix [lat.] *das,* Nachsilbe.

suffizʼient [lat.], tüchtig, einer Sache gewachsen.

Suffolk [sʼʌfɔk], Gfsch. an der Ostküste Englands, eingeteilt in **East S.,** 2256 km², 385 500 Ew. (Hauptstadt: Ipswich), und **West-S.,** 1582 km², 166 800 Ew. (Hauptstadt: Bury St. Edmunds).

Suffolk, Pferde- und Schafrasse.

Suffragʼan [lat.] *der,* Kath. Kirche: der einem Metropoliten unterstellte Diözesanbischof.

Suffragʼetten, seit etwa 1900 in Großbritannien und den Verein. Staaten Kämpferinnen für die polit. Gleichberechtigung der Frau. Die bekannteste radikale Führerin war Emmeline Pankhurst.

Suffrʼagium [lat.] *das,* Abstimmung, Stimmrecht.

Sufʼismus, eine myst. Richtung im Islam, deren Anhänger Sufi („mit Wolle Bekleidete') genannt werden. Er hatte im 9. Jahrh. seinen Mittelpunkt in Bagdad. Die vom S. entwickelten Systeme suchen durch stufenweise gesteigerte Ekstase zu myst. Vereinigung mit Gott zu führen. Der S. hat viel zur Verinnerlichung des Islams beigetragen und wirkte auf die arabische, bes. die persische Dichtung.

Sugʼambrer, german. Volk am rechten Ufer des Mittelrheins im 1. Jahrh. v. Chr. Die S. wurden 8 n. Chr. von Tiberius besiegt und lösten sich als Volk auf.

Sugʼanatal, italien. **Val Sugana,** Tal östl. von Trient, von der Brenta durchflossen; Hauptort: Borgo.

suggerʼieren [lat.], beeinflussen.

Suggestiʼon [lat.], die Beeinflussung des Seelenlebens anderer. Massensituationen z. B. wirken oft verstärkend. **Autosuggestion** ist die Selbstbeeinflussung durch affektbetonte Erwartungen, Wunschdenken u. ä. **Suggestibilitʼät** ist die Empfänglichkeit für S.

suggestʼiv [lat.], beeinflussend. **Suggestivfragen,** Fragen, die im Ton oder der Formulierung eine bestimmte Antwort nahelegen. Sie sind im dt. Strafprozeß nicht ausdrücklich verboten, der Vorsitzende des Gerichts kann sie aber als ungeeignet zurückweisen.

Suharto, indones. General, * 1921, übernahm im März 1966 die Regierungsgewalt, Febr. 1967 die Funktion des Präs. in Indonesien, wurde 1968 auf 5 Jahre zum Staatspräs. gewählt.

Suhl, 1) Bez. der Dt. Dem. Rep., 1952 aus dem SW-Teil Thüringens gebildet, 3856 km², 552600 Ew., mit den Landkreisen: Bad Salzungen, Hildburghausen, Ilmenau, Meiningen, Neuhaus a. Rennweg, Schmalkalden, Sonneberg, Suhl und dem Stadtkreis Suhl.

2) Hauptstadt von 1), am S-Abhang des Thüringer Waldes, 31 500 Ew.; Stadtkirche St. Marien (1487-91), Kreuzkirche (1731 bis 1739); Waffen-, Fahrzeug-, Maschinen-, feinmechan. Industrie.

Suhle die, Schlammtümpel, worin sich Rot- und Schwarzwild wälzen.

Sühneversuch, ⚖ der Versuch, einen Rechtsstreit gütlich beizulegen. Im **Zivilprozeß** kann das Gericht den S. in jeder Lage des Rechtsstreits anordnen; für die Durchführung einer Scheidungsklage ist er in der Regel Voraussetzung. - Im **Strafprozeß** ist die Erhebung der Privatklage regelmäßig erst nach erfolglosem S. zulässig.

Suhr, Otto, sozialdemokrat. Politiker, * 1894, † 1957, war 1949-52 MdB., seit 1951 Präs. des Abg.-Hauses in West-Berlin, 1949 bis 1955 Direktor der Dt. Hochschule für Politik in Berlin (1959 in O.-S.-Institut umbenannt), seit 1955 Regierender Bürgermeister von Berlin.

Suhrkamp, Peter, Verleger, * 1891, † 1959, gab 1933-36 die Zeitschrift ‚Neue Rundschau' heraus, leitete dann den S. Fischer Verlag, gründete 1950 den Suhrkamp Verlag, Frankfurt a. M.

Suisse [sy'is], französ. für Schweiz.

Suitbert, Swidbert, Missionsbischof, † 713, gründete das Kloster Kaiserswerth; Heiliger; Tag: 1. 3.

Suite [sy'it, frz.] die, **1)** Folge, Reihe. **2)** Gefolge. **3)** ♪ italien. **Partita,** ein Instrumentalstück aus einer Folge von Tanzstücken. Die S. ist bei den Lautenmeistern des 16. Jahrh. hervorgegangen aus der Folge von Reigen und Nachtanz (Pavane, Gaillarde), denen sich als zweites Paar Allemande und Courante anschlossen. Im 17. Jahrh. tanzte zunächst die Variationen-S., deren Tänze aus dem gleichen Motiv hervorgingen (Schein, Peurl u. a.). Dann wurde die S. in der Grundanordnung Allemande, Courante, Sarabande, Gigue eine Hauptform der Klaviermusik (Klavier-S.); Frankreich (Couperin) erweiterte sie durch Einfügen neuer Tanzformen (Passepied, Rigaudon u. a.).

Suizid [lat.] der, das, Selbstmord.

Sujet [sy'ʒe, frz.] das, Gegenstand, Stoff.

Sulky

Sukarno, Achmed, indones. Politiker, * 1901, † 1970, gründete 1927 die Nationalpartei, die später in der Indones. Partei aufging. Wegen feindlicher Haltung gegen die Niederlande 1934 deportiert und 1942 von den Japanern befreit. Seit 1945 führend am Aufbau eines unabhängigen indones. Staates beteiligt, wurde S. 1949 Staatspräs. Seit 1959 suchte er mit dem System der ‚gelenkten Demokratie' das Gleichgewicht der polit. Kräfte des Landes zu erhalten, räumte jedoch der KP immer größeren Einfluß ein. Nach dem gescheiterten kommunist. Putsch (1965) übertrug er 1967 seine Vollmachten als Präs. General Suharto.

Sukkubus [lat.], im Aberglauben des MA. ein weibl. Buhldämon.

sukkulent [lat.], saftreich, strotzend.

Sukkulenten [von lat. succus ‚Saft'] Mz., **Saft-, Fettpflanzen,** sind ihrem trockenen Standort durch fleischig-saftige, wasserspeichernde Beschaffenheit angepaßt. Die

Stamm-S. (z. B. die →Kakteen) haben keine oder zurückgebildete Laubblätter, aber eine blattgrünhaltige Achse, die zur Kugelform neigt. Die **Blatt-S.** (Dickblattgewächse) benutzen die Blätter als Wasserspeicher, die daher fleischig-plump sind (Fetthenne, Mittagsblume).

Sukkur, Stadt in der Prov. Sind, Pakistan, am unteren Indus, 103 200 Ew.; oberhalb der Stadt ein 1600 m langer Staudamm.

Sukkurs [lat.] der, Hilfe, Unterstützung.

Sukzession [lat.], Aufeinanderfolge; ⚖ die →Rechtsnachfolge. **sukzessiv,** nach und nach, aufeinanderfolgend.

Sukzessivlieferung, ⚖ Erfüllung eines Vertrags in Teillieferungen, meist auf Abruf.

Sulamith [hebr.], im Hohen Lied Name der Braut.

Sulawesi, indones. Bez. für →Celebes.

Suldental, italien. **Val di Solda,** Hochtal in Südtirol, an der N-Seite der Ortleralpen.

Suleiman, Soliman, mehrere türk. Sultane. Unter **S. II., dem Prächtigen** (1520 bis 1566), erreichte das Türk. Reich den Höhepunkt seiner Macht; er eroberte 1526 und 1541 den Hauptteil Ungarns, belagerte 1529 vergeblich Wien, kämpfte siegreich gegen Persien und beherrschte mit seiner Flotte das Mittelmeer.

Sulfate, die Salze der Schwefelsäure.

Sulfide, die Verbindungen des Schwefels mit einem anderen Element; bes. die Salze der Schwefelwasserstoffsäure.

Sulfitablauge, Rückstand der Zellstoffgewinnung, wird teils auf Sulfitspiritus, Bindemittel u. ä. verarbeitet, teils eingedickt und verbrannt, um Gewässerverschmutzung zu vermeiden.

Sulfite, die Salze der schwefligen Säure.

Sulfonamide [lat.] Mz., Gruppe chem. Arzneimittel zur Bekämpfung u. a. von Infektionen (→Chemotherapie). Über den **S.-Stoß** →Stoßtherapie. - Durch Polykondensation mit Formaldehyd ergeben die S. die **S.-Harze,** die zur Herstellung von Lacken dienen.

Sulfosäuren, Verbindungen mit der **Sulfogruppe** —SO₃H.

Sulina, der mittlere Mündungsarm der Donau in das Schwarze Meer, für die Schiffahrt reguliert.

Sulitjelma, Bergwerksort in N-Norwegen, im Hinterland von Bodö, rd. 2000 Ew.; Schwefel- und Kupferkiesgruben.

Sulky [s'ʌlki, engl.] der, zweirädriger Einspänner für Trabrennen.

Sulla, Lucius Cornelius, röm. Feldherr und Staatsmann, * 138, † 78 v. Chr., besiegte Mithridates VI. von Pontos, brach 82 die Herrschaft des Marius und regierte als Diktator bis 79 v. Chr.

Sullivan [s'ʌlivən], **1)** Sir (seit 1883) Arthur Seymour, engl. Komponist, * 1842, † 1900; Operetten (‚Der Mikado', 1885), Opern, Chorwerke, Kammermusik.

2) Louis Henri, amerikan. Architekt, * 1856, † 1924, schuf in der Technik des Stahlskelettbaus den Typus des modernen Geschäftshochhauses.

Sully [syl'i], Maximilien de Béthune Herzog von S., Minister Heinrichs IV. von Frankreich, * 1560 † 1641, führte nach dem Religionskriegen die wirtschaftl. Gesundung Frankreichs herbei.

Sully Prudhomme [syl'i pryd'ɔm], eigentl. **René-François-Armand Prudhomme,** französ. Dichter, * 1839, † 1907, ein →Parnassien. Nobelpreis 1901.

Sulpizianer, eine 1642 gegr. kath. Weltpriesterkongregation, die sich bes. der Ausbildung des Weltklerus widmet.

Sultan [arab.], Herrschertitel im islam. Orient, bis 1922 in der Türkei.

Sultanabad, heute **Arak,** Stadt in Iran, 72 000 Ew.; 1800 m ü. M.; Teppichhandel.

Sultanine, gelbe, kernlose Rosine.

Sulu-Inseln, span. **Joló,** vulkan. Inselgruppe der Philippinen, 2587 km² groß.

Sulza, Bad-S., Stadt und Solbad im Bez. Erfurt, an der Ilm, 4000 Ew.; Leichtmetallgießereien; Filz- u. a. Fabriken.

Sulzbach, 1) S.-Rosenberg, Stadt in Bayern, in der Oberpfalz, 18 900 Ew.; Eisenerzgruben, Hochofen mit Walzwerk, Röhren- und Zementwerk; Reste der Stadtbefestigung, Burg, Kirche (14./15. Jahrh.), Rathaus (um 1400). **2)** S.-Saar, Stadt im Saarland, 23 000 Ew.; Steinkohlenbergbau, Kleinindustrie.

Sumach [arab.] der, Gattung der **Sumachgewächse** (Anakardiaceen); Bäume und Sträucher mit Blütenrispen und trockenen Steinfrüchtchen. Der Rindensaft des japan. S. gibt Firnis, auch für Lackarbeiten. **Firnis-** oder **Lackbaums** gibt Firnis. **Gift-S.,** ein Kletterstrauch Ostasiens und Nordamerikas, hat giftigen Milchsaft. Der nord-

Sumach: Essigbaum; links Zweig mit Blütenstand, rechts Zweig mit Fruchtstand und Herbstfärbung des Laubes

amerik. **Essigbaum** ist Parkpflanze wie der **Perückenbaum,** der die flaumige perückenähnliche Fruchtstände trägt; das Laub dient zum Gerben, das Holz gibt Orangefarbe für Leder, Wolle.

Sumatra, eine der Großen Sunda-Inseln, 473 600 km² (mit Nebeninseln); von NW nach SO von einer vulkanreichen Gebirgskette durchzogen, die nach NO zu einer flachen Küstenebene mit wasserreichen Flüssen abfällt. Klima tropisch heiß und schwül, Urwald, Mangrovesümpfe. S. hat etwa 18,8 Mill. Ew. (Malaien, außerdem Chinesen, Weiße). Erzeugnisse: Tabak, Kautschuk, Kaffee, Tee, Pfeffer, Reis, Kopra, Edelhölzer; Kohle, Erdöl. - Im 13. Jahrh. von den Arabern, seit Ende des 16. Jahrh. von den Niederländern erobert, gehört S. seit 1945 zu Indonesien.

Sumba, eine der Kleinen Sunda-Inseln, zu Indonesien gehörig, 11 080 km², 182 300 Ew.; Ausfuhr von Sandelholz.

Sumbawa, eine der Kleinen Sunda-Inseln, zu Indonesien gehörig, 13 280 km², 314 800 Ew.; Ausfuhr von Baumwolle, Tabak, Sandelholz, Webwaren.

Sumer, Name Südbabyloniens, später ganz Babyloniens, bis ins 1. Jahrtsd. v. Chr.

Sumerer, ein Volk unbekannter Rasse, seit Beginn des 3. Jahrtsd. v. Chr. im südl. Zweistromland. Ihre religiösen Vorstellungen und ihre Kunst (→babylon. Kunst) bestimmten die spätere babylon. Kultur. Die S. sind die Erfinder der →Keilschrift.

sumerische Sprache, die Sprache der Sumerer, erlosch als lebende Sprache 1800 v. Chr., als Kultsprache erst in der seleukidischen Zeit (4./3. Jahrh. v. Chr.).

Sumgait, Stadt in der Aserbaidschan. SSR am N-Ufer der Halbinsel Apscheron, 124 000 Ew. - S. entstand 1949 mit dem Bau moderner Industrieanlagen (Hüttenwerk, Chemie-Kombinat u. a.).

Sumitomo, japan. Unternehmerfamilie, betrieb seit dem 17. Jahrh. Kupferbergbau; zum **S.-Konzern** gehörten rd. 25 Großfirmen. Nach Auflösung nach dem 2. Weltkrieg entstand wieder eine Reihe von Firmen unter dem Namen S.

Summa [lat.] *die*, Summe. **summ'arisch**, abgekürzt, zusammenfassend. **summa summ'arum**, alles in allem; Endbetrag.

s'umma cum l'aude [lat.], ‚mit höchstem Lob‘, das höchste Prädikat in der Doktorprüfung.

Summe, das Ergebnis der Addition (des Zusammenzählens). **Summand**, Zahl, die einer anderen zugezählt werden soll.

Summen|aktie, auf bestimmten Nennwert lautende Aktie, die in der Bundesrep. Dtl. übliche Form der Aktie.

S'umm|episkopat [lat.-grch.], in dt. evang. Landeskirchen seit der Reformation bis 1918 das oberste Kirchenregiment des Landesherrn als **s'ummus ep'iscopus** (latein. ‚oberster Bischof‘).

Summer, eine einfache Wechselspannungsquelle für fernmeldetechn. Meß- und Prüfzwecke: Ein Gleichstrom niedriger Spannung wird durch einen Unterbrecher (Wagnerscher Hammer, Membran) in tonfrequenten Wechselstrom zerhackt. **Magnet-(Schnarr-)S.**, **Ton-S.**, **Mikrophon-S.** arbeiten mit Mikrophon- und Fernhörerkapsel in einem rückgekoppelten Schwingungskreis. Genaueren Messungen dienen **Röhren-S.** und **Transistoren-S.**

Summerhill [s'ʌmərhil], Internatsschule bei Leiston (Gfsch. Suffolk, Großbritannien), 1921 von A. S. Neill gegr., der eine repressionsfreie, antiautoritäre Erziehung zu verwirklichen sucht.

s'ummum b'onum [lat.] *das*, das höchste Gut.

s'ummum ius s'umma ini'uria [lat.], ‚das Recht, auf die Spitze getrieben, kann höchstes Unrecht sein‘.

Sumner [s'ʌmnə], James Batcheller, amerikan. Biochemiker, * 1887, Prof. in Ithaca; Enzymforscher. Nobelpreis 1946.

Sumo, japan. Ringsport, bei dem der Gegner aus einem Kreis mit Erde gefüllter Säcke gedrängt werden muß.

Sumpfbiber, →Nagetier.

Sumpfdotterblume, →Dotterblume.

Sumpffieber, ♃ die →Malaria.

Sumpfgas, aus Sümpfen aufsteigende Zersetzungsgase; hauptsächlich Methan.

Sumpfhuhn, zierliche Ralle mit gestricheltem oder getüpfeltem Gefieder, 21 cm groß; in wasserreichen Gegenden Europas.

Sumpfschnepfe, eine Gattung im Sumpfland lebender Vögel; in Mitteleuropa brütet die **Bekassine**, auch ‚Himmelsziege‘ genannt (wegen des meckernden Flügelgeräusches ihres Balzfluges).

Sumpfzypresse, die nordamerikan. Nadelholzgattung **Taxodium**, entweder mit ausdauernden, rings benadelten Zweigen (Langtriebe) oder mit kurzen, zweizeilig benadelten Ästchen, die im Herbst vergilben und als Ganzes abfallen (Kurztriebe).

S'umy, Stadt in der Ukrain. SSR, nordwestlich von Charkow, 159 000 Ew.; landwirtschaftl. Verarbeitungs-, Leder-, Textilindustrie, Maschinenbau.

Sumerer: Keilschrift am Fuß einer Statue, 3. Jahrtausend v. Chr. (Paris, Louvre)

Sun, japan. Längenmaß: 3,03 cm.

Sund *der*, Meerenge, Meeresstraße; z. B. der →Öresund.

S'unda-Inseln, Inselgruppe in der **Sundasee**, die **Großen S.-I.** (Sumatra, Java, Borneo, Celebes) und die **Kleinen S.-I.** (Bali, Lombok, Flores, Timor u. a.). Die S.-I. gehören zum größten Teil zu Indonesien, Teile Borneos zu Malaysia; daneben brit. (Brunei) und portugies. Gebiete (Timor).

Sundan'esen, jungmalaiischer Stamm im W von Java, ein Kulturvolk Indonesiens, den Javanen nahestehend, von hellerer Haut, sunnit. Muslime.

S'undastraße, Meerenge zwischen Java und Sumatra, mit vulkan. Inseln (z. B. Krakatau).

Sünde, jedes Abweichen vom göttlichen Gebot. Bei den Naturvölkern ist S. der Bruch eines Tabus, im N. T. die falsche innere Einstellung zum Willen Gottes. Der Sündenfall wirkt nach der von beiden Kirchen übernommenen Lehre des Paulus im Menschen als **Erbsünde** fort. In der kath. Theologie steht die abgrenzende Beurteilung der einzelnen S. (Todsünde, läßliche Sünde, sieben Hauptsünden) im Vordergrund; die protestant. Theologie betont als Wesen der S. den Widerspruch des Menschen gegen Gottes Allmacht und Willen. Die S. wider den Heiligen Geist ist nach Matth. 12, 31 die einzige unvergebbare S.; sie besteht in hartnäckiger Zurückweisung der göttl. Wahrheit.

Sündenfall, nach 1. Mos. 2 u. 3, die erste, von Adam und Eva durch Übertretung der göttlichen Gebots begangene Sünde.

Sunderland [s'ʌndələnd], Hafenstadt in NO-England, 217 600 Ew., an der Mündung des Wear in die Nordsee; Schiff- und Maschinenbau, Glashütten, Papierfabriken.

Sündflut, volkstüml. →Sintflut.

Sundgau [‚Südgau‘], Landschaft im Oberelsaß, zwischen Oberrhein, Vogesen, Burgund. Pforte und Jura. - Die Gfsch. S., habsburg. Altbesitz, kam 1648 an Frankreich. Mülhausen wurde im 13. Jahrh. Reichsstadt und gehörte 1515-1798 zur Schweizer. Eidgenossenschaft.

Sundsv'all, Stadt in Västernorrland, am Bottn. Meerbusen, 64 900 Ew.; wichtigste Handelsstadt N-Schwedens; Holzausfuhr.

S'ungari, schiffbarer Nebenfluß des Amur in der Mandschurei, 1280 km lang.

Sung-Dynastie, chines. Kaiser, 961-1278.

S'unna [arab. ‚Brauch‘], Islam: die Überlieferung über Leben, Wirken und die Aussprüche des Propheten Mohammed, gesammelt im Hadith.

Sunn'iten [nach →Sunna], eine der beiden Hauptkonfessionen des Islams, der etwa 92 % der Muslime angehören. (→Schiiten)

Süntel *der*, Teil des niedersächs. Berg- und Hügellandes, in der Hohen Egge 437 m hoch. - 782 Sieg der Sachsen unter Widukind über die Franken.

Sun Yat-sen, eigentl. **Sun Wen**, chines. Staatsmann, * 1866, † 1925, trat seit 1894 für die Erneuerung Chinas auf republikan. Grundlage ein; gründete die →Kuomintang; 1912 nach dem Sturz der Mandschu-Dynastie Präs. der Republik. S. Y. hat der chines. Revolution die Ziele gesetzt und die staatsrechtl. Theorie gegeben.

S'uomi, finn. Name für Finnland.

s'uper... [lat.], über..., ober..., äußerst.

S'uper, S'uperhet, Abk. für Superheterodynempfänger, **Überlagerungsempfänger**, Rundfunkempfänger von größerer Empfindlichkeit und Trennschärfe.

sup'erb, süperb [frz.], prächtig.

Superintend'ent [lat.] *der*, evang. Kirchen: Amtsbezeichnung für den Geistlichen, der einen Kirchenkreis verwaltet.

Sup'erior [lat.] *der*, der Obere, Vorsteher, bes. der Klosterobere.

S'uperlativ [lat.] *der*, die Meiststufe bei der Steigerung des Eigenschaftswortes.

S'upermarkt *der*, engl. supermarket, Selbstbedienungskaufhaus, bes. für Lebensmittel, die hochrationalisierte Form des Einzelhandels.

Supernovae, →Novae.

Supernumer'ar [lat.], Beamtenanwärter.

Superoxide, die →Peroxide.

Superphosphat, Phosphorsäuredünger, in dem die Phosphorsäure in wasserlösl. Form enthalten ist; wird durch Behandeln von Rohphosphaten mit Schwefelsäure gewonnen.

SuperScope, dem CinemaScope ähnliches →Breitwandverfahren.

Superstiti'on [lat.], Aberglaube.

Supervielle [sypɛrvj'ɛl], Jules, französ. Schriftsteller, * 1884, † 1960; Gedichte, Erzählungen (‚Der Kinderdieb‘, 1926, ‚Das Kind vom hohen Meer‘, 1931, u. a.).

Supervoltbestrahlung, eine Röntgentiefentherapie mit Gammastrahlen, bes. zur Behandlung bösartiger Geschwülste.

Sup'inum [lat.] *das*, in der latein. Grammatik eine Verbform, die bes. bei Verben der Bewegung das Ziel angibt.

Suppé, Franz von, Komponist, * 1819, † 1895, schrieb Sinfonien, Ouvertüren (‚Dichter und Bauer‘) und vor allem Operetten, u. a. ‚Die schöne Galatee‘ (1865), ‚Leichte Kavallerie‘ (1866), ‚Fatinitza‘ (1876), ‚Boccaccio‘ (1879).

Supper [s'ʌpə, engl.] *das*, Abendessen.

Supper, Auguste, geb. Schmitz, Schriftstellerin, * 1867, † 1951; schrieb ‚Schwarzwaldgeschichten‘ (1954).

Supplem'ent [lat.] *das*, 1) Ergänzung. 2) △ Winkel, der einen anderen Winkel zu 180° ergänzt.

Suppl'ik [lat.] *die*, Bittschrift.

suppon'ieren [lat.], voraussetzen, unterstellen.

Supp'ort [frz.] *der*, verschiebbarer Werkzeugträger an Werkzeugmaschinen.

Supposit'orium [lat.], ♃ das →Zäpfchen.

suppress'iv [lat.], niederdrückend.

s'upra... [lat.], über..., oberhalb.

supraflüssig, Zustand des flüssigen Heliums mit sehr geringer innerer Reibung und sehr hoher Wärmeleitfähigkeit bei Temperaturen unterhalb 2,19° K.

Supraleitung, der praktisch unendlich große elektr. Leitfähigkeit einiger Metalle, Legierungen und metallähnl. Verbindungen nahe dem absoluten Nullpunkt; setzt bei bestimmter Temperatur (Sprungpunkt) schlagartig ein. Angewendet wird die S. bei bestimmten Steuerungsaufgaben, bei Anlagen der Datenverarbeitung u. a.

Supramagnetismus, der durch eine supraleitende Spule (Niob-Zirkonium-Basis) bei 18° K erzeugte außerordentlich starke Magnetismus (bis 150 000 Gauß).

Supranaturalismus, 1) jede Anschauung, die an über das Sinnlich-Natürliche hinausreichendes höheres Sein annimmt. 2) der Glaube an eine unmittelbare, der natürl. Vernunft unerreichbare Offenbarung Gottes.

Suprem'at [lat.] *der* oder *das*, Obergewalt, bes. die des Papstes über die Bischöfe; **Suprem'at'ie** *die*, Oberherrschaft.

Supreme Court [sju:pr'im kɔ:t], im anglo-amerikan. Bereich der oberste Gerichtshof der Bundesstaaten.

Sur, Es-Sur, Stadt im Libanon, 12 000 Ew. S., das antike **Tyros**, war im Altertum die mächtigste Handelsstadt Phönikiens, 332 v. Chr. durch Alexander d. Gr. erobert, 1124-1291 im Besitz der Kreuzfahrer.

Surab'aja, niederländ. **Soerabaja**, zweitgrößte Stadt Javas, Indonesien, 1,008 Mill. Ew., bedeutender Hafen, Zuckerausfuhr; Metallindustrie, Flughafen.

Surak'arta, niederländisch **Soerakarta**, Stadt in Mitteljava, Indonesien, 368 000 Ew.; Herstellung von Gold-, Kupfer- und Lederwaren, ehem. Sultanspalast.

Sur'at, Stadt in Gudscharat, Indien, an der Tapti, 369 000 Ew., Gewerbe-, Papierindustrie.

S'ure [arab.] *die*, Kapitel des Korans.

Süret'e [syrt'e], Sicherheit. **S. Nationale**, die polit. Polizei Frankreichs.

Surfing [s'ɔːfiŋ, engl.] *das*, →Wellenreiten.

Surik'ate *die*, die südafrikan. Schleich-

Surrealismus. F. Castellon: ‚La figura scura' (New York, Whitney Museum of American Art)

katze **Scharrtier (Erdhündchen)**, mit Rüsselschnauze und starken Krallen.

Surin'am, Suriname, Niederländisch-Guayana, →Guayana 2).

Surreal'ismus [syr-, frz.], eine literarische Richtung, die das ‚Überwirkliche' erstrebt. Die von A. Breton seit 1921 in Paris geführte Bewegung suchte die eigentl. Wirklichkeit des Menschen im Unbewußten, verwertete Traum- und Rauscherlebnisse und hob die Grenzen zwischen Ding- und Traumwelt auf. Zum S. zählten, meist nur in einer Periode ihrer Entwicklung, Aragon, Eluard, Prévert, Char u. a. Mit den Malern G. de Chirico und M. Ernst drang der S. auch in die Malerei ein. 1925 fand in Paris die erste Ausstellung surrealist. Maler statt. Y. Tanguy und S. Dali stellten unvereinbare, sich zu traumhaft absurden Erscheinungen verbindende Dinge und Formen im perspektiv. Raum naturalistisch dar, J. Miró u. a. malten abstrakte, auch in Gegenständliches übergehende Bilder.

Surrey [s'ʌri], Gfsch. in SO-England, 1683 km², 1,005 Mill. Ew. Verwaltungssitz: Guildford.

Surrog'at [lat.] *das,* Ersatz, Ersatzstoff.

Surrogati'on, Ersatz für einen aus einer Vermögensmasse ausgeschiedenen Gegenstand.

Surs'elvisch, Obwaldisch, eine Mundart der rätoromanischen Sprache.

s'ursum c'orda [lat. ‚empor die Herzen'], Einleitungsworte zur →Praefation.

Surtout [syrt'u, frz.] *der,* Mantelrock der männl. Tracht des 18. Jahrh.

Surtsey, neue Insel vor der Südküste Islands, seit 1963 durch untermeerischen Vulkanausbruch entstanden, rd. 2,6 km² groß.

Survey [s'ə:vei, engl.], in der Marktforschung: Ermittlung, Aufbereitung und Analyse von Daten.

Sus, →Sousse.

Susa, im Altertum Hauptstadt von Elam, dann Residenz der Perserkönige. Freigelegt wurden Paläste der Achaimeniden, reiche Funde persischer Kunst.

Sus'anna, nach dem apokryphen Kap. 13 des Buches Daniel: schöne, gottesfürchtige Jüdin, die, von zwei zudringlichen Alten beim Baden überrascht, des Ehebruchs angeklagt und zum Tode verurteilt wird; Daniel entlarvte die falschen Ankläger. Oft von Malern dargestellt (z. B. Altdorfer, Rembrandt, van Dyck).

Süskind, Wilhelm Emanuel, Schriftsteller, * 1901, † 1970; Novellen, Romane, Kritiken; ‚Vom ABC zum Sprachkunstwerk' (1940).

S'uslow, Michajl, sowjet. Politiker, * 1902; nach dem 2. Weltkrieg ZK-Sekretär und Mitglied des ZK-Präsidiums; gilt als ‚Chefideologe' der KPdSU.

Susman, Margarete, Schriftstellername

von M. von **Bendemann,** * 1874, † 1966; Gedichte; ‚Frauen der Romantik' (1929), ‚Deutung biblischer Gestalten' (1955).

Suso, Mystiker, →Seuse.

susp'ekt [lat.], verdächtig.

suspend'ieren [lat.], **1)** in Flüssigkeit fein verteilen. **2)** einen Beamten auf einige Zeit des Amtes entheben. **3)** aufschieben.

Suspensi'on, ⚗ Aufschwemmung kleiner fester Teilchen in einer Flüssigkeit.

Suspens'iveffekt, →Rechtsmittel.

Suspens'orium [lat.] *das,* ⚕ Tragbeutel, z. B. für Hodensack oder Brustdrüse.

Susquehanna [sʌskwih'ænə], Fluß in Pennsylvania, USA, 750 km lang, kommt aus dem Appalachischen Längstal, mündet in die Chesapeakebai.

Süßdolde, An'iskerbel, weißblütige Doldenblüterstaude der Südalpen.

Sussex [s'ʌsiks], südengl. Gfsch., **East S.:** 2133 km², 747 100 Ew., Hauptstadt: Lewes; **West S.:** 1640 km², 481 300 Ew., Hauptstadt: Chichester. - S. war eines der kleinen angelsächs. Königreiche.

Süßholz, eine zur Gattung **Glycyrrhiza** gehörige, südeuropäisch-mittelasiatische Schmetterlingsblüterstaude. - Über den Auszug aus der **S.-Wurzel (S.-Saft)** →Lakritze.

Süßkind von Trimberg (bei Würzburg), Spruchdichter der 2. Hälfte des 13. Jahrh., der einzige Jude, von dem mittelhochdt. Lyrik überliefert ist.

Süßklee, 1) die Esparsette. **2)** esparsetteähnliche Schmetterlingsblüterstaude mit purpurnen Blüten, auf Bergmatten.

Süßmilch, Johann Peter, Pfarrer und Statistiker, * 1707, † 1767, bahnbrechend für die Entwicklung der Bevölkerungsstatistik.

Süßmost, fast alkoholfreier, ohne Konservierungsmittel haltbar gemachter Obstsaft.

Süß-Oppenheimer, Joseph, genannt **Jud Süß,** * 1692, † (hingerichtet) 1738, jüd. Geldvermittler, dann Finanzmin. des Herzogs Karl Alexander von Württemberg, erschloß ihm durch Münzmanipulationen, Verkauf von Ämtern, Titeln usw. neue Geldquellen.

Süßstoffe, nicht zu den Zuckerarten gehörige, synthetische organ. Verbindungen ohne Nährwert, aber von sehr süßem Geschmack, z. B. Saccharin, Dulcin.

Süßwaren, Lebensmittel, die Zucker als geschmacklich hervortretenden Bestandteil enthalten. In der Bundesrep. Dtl. wurden (1970) hergestellt: 293 000 t Schokoladenerzeugnisse (1932 Mill. DM), 255 000 t Zuckerwaren (845 Mill. DM), 249 000 t Dauerbackwaren (986 Mill. DM).

Süßwasserpolypen, in Binnengewässern lebende Hydrozoen, z. B. **Hydra.** Der schlauchförmige, festsitzende Körper besteht aus zwei Zellschichten und einer

Stützlamelle. Den Mund umstehen Tentakel mit Nesselkapseln. Die S. pflanzen sich durch Knospen oder durch Eier fort.

Süßwasserschnecken, im Süß- und Brackwasser lebende Lungenschnecken, z. B. Schlammschnecken, Posthornschnecken.

Süßweine, süße und alkoholreiche Weine, hergestellt aus zuckerreichen Trauben, unter Zusatz von Traubensaft, Alkohol, Weindestillat, eingedicktem Most u. ä.

Sustenpaß, Paß in den östl. Berner Alpen, 2262 m hoch (im Tunnel 2224 m).

Suszeptibilit'ät, Stoffeigenschaft, die die Elektrisierbarkeit oder Magnetisierbarkeit eines Stoffes kennzeichnet.

Sut'ane, die →Soutane.

Sütchou, Stadt im SW der chines. Prov. Schantung, 700 000 Ew., Tabak-, Eisenind.; Anbau von Wein, Bananen, Weizen, Baumwolle u. a.

S'uter, Hermann, schweizer. Komponist, * 1870, † 1926; große Chorwerke (‚Le Laudi di San Francesco d'Assisi'), Orchester-, Kammermusik, Lieder.

Sutermeister, Heinrich, schweizer. Komponist, * 1910; Opern (‚Romeo und Julia', 1939; ‚Raskolnikoff', 1948), Orchesterwerke, Konzerte, Kammermusik.

Sutherland [s'ʌðələnd], 1) Gfsch. in N-Schottland, 5252 km², 13 000 Ew., Hauptstadt: Golspie.

Sutherland [s'ʌðələnd], **1)** Graham, engl. Maler, * 1903; trat hervor mit Christusdarstellungen (St. Matthew, Northampton; Kathedrale von Coventry) und Bildnissen (Lord Beaverbrook, W. Churchill).

2) Wilbur Earl S., amerikan. Physiologe, * 1915, Prof. in Cleveland, Nashville (USA), arbeitet auf dem Gebiet der Hormonforschung, entdeckte das zykl. Adenosinphosphat. Nobelpreis 1971.

Sutlej [s'ʌtledʒ], engl. Name des Flusses →Satledsch.

Sutra [Sanskrit] *das,* Mz. **Sutren,** in der ind. Literatur ein kurzer, sich leicht einprägender Lehrsatz, auch Name bestimmter Abschnitte der kanonischen Schriften.

Sutri, italien. Gem. in der Prov. Viterbo. - Auf der **Synode von S.** im Dez. 1046 setzte Kaiser Heinrich III. von den drei gleichzeitigen Päpsten zwei (Silvester III., Gregor VI.), den dritten (Benedikt IX.) im gleichen Jahr in Rom ab.

Sutschou, engl. **Soochow,** Stadt am Kaiserkanal, in der Prov. Kiangsu, China, 650 000 Ew.; Seidenindustrie.

Sütterlinschrift, die von dem Berliner Graphiker L. Sütterlin (1865-1917) geschaffene Schreibschrift, seit 1915 an Schulen mehrerer dt. Länder eingeführt. Die heute gelehrte latein. und die dt. Schreibschrift lehnen sich an die S. an.

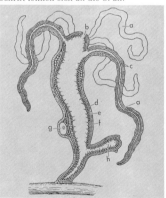

Süßwasserpolypen: Hydra im Längsschnitt; a Tentakel, b Mund, c Nesselkapsel, d Außenschicht (Ektoderm), e Stützlamelle, f Innenschicht (Entoderm), g Ei, h Knospe (nat. Gr. 5-25 mm; nach Kükenthal)

Suttner, Bertha von, geb. Gräfin Kinsky, Schriftstellerin, * 1843, † 1914; Roman ‚Die Waffen nieder‘ (1889). Friedensnobelpreis 1905.

Sutton [sʌtn], **1) S. in Ashfield** [-ˈæʃfiːld], Stadt in der engl. Gfsch. Nottingham, 40 500 Ew.; Baumwoll-, Zwirn- und Strumpfindustrie; in der Umgebung Kohlenbergbau. **2)** ehem. Stadt **(S. and Cheam)** in der engl. Gfsch. Surrey, seit 1963 Stadtbezirk im S Londons, 166 400 Ew. **3) S. Coldfield** [-ˈkɔuldfiːld], Stadt in der engl. Gfsch. Warwick, 82 200 Ew.; Lateinnobel von 1541. **4) S. Hoo** [-huː], Fundort (1939) eines Schiffsgrabes in SO-Suffolk (England), die reichste german. Grabausstattung außerhalb Skandinaviens.

s'uum cu'ique [lat.], ‚jedem das Seine‘, Wahlspruch des preuß. Königs Friedrich I. und des Schwarzen Adler-Ordens.

S'uva, Hauptort der Fidschi-Inseln.

Suw'orow, Aleksandr Wassiljewitsch Graf und Fürst, * 1730, † 1800, russ. Feldherr, vertrieb 1799 die Franzosen aus Oberitalien.

G. Sutherland: Wiesenweg, 1939
(London, Tate Gallery)

Suzeränit'ät [frz.] die, im älteren Völkerrecht die Oberhoheit eines Staates oder seines Herrschers über einen abhängigen Staat (Vasallenstaat).

Sv'albard, Außenbesitzung Norwegens, besteht aus Spitzbergen, Bäreninsel und einigen kleineren Inseln.

Sv'arez, unrichtig **Suarez,** Carl Gottlieb, Jurist, * 1746, † 1798, führte zusammen mit Carmer die preuß. Justizreform durch; seine bedeutendste Leistung ist die Abfassung des Preuß. Allgemeinen Landrechts.

Sv'ealand, der mittlere der drei Landesteile von Schweden.

Svedberg, Theodor, schwed. Chemiker, * 1884, † 1971, Prof. in Uppsala, erhielt 1926 für grundlegende Untersuchungen zur Kolloidchemie den Nobelpreis.

Svendsen [svˈɛnsən], Johann Severin, norweg. Komponist, * 1840, † 1911; Sinfonien, Rhapsodien, Violinwerke, Lieder.

Sv'enska D'agbladet, schwed. konservative Tageszeitung, Stockholm, gegr. 1884.

Sv'ensson, Jón, eigentl. Jón Stefan Sveinsson, gen. **Nonni,** isländ. Erzähler, * 1857, † 1944, Jesuit. Jugendbücher.

Sv'erdrup-Archipel, Inselgruppe im N des kanadisch-arktischen Archipels.

Sverige [svˈærjə], schwed. für Schweden.

Sv'evo, Italo, eigentl. Ettore **Schmitz,** italien. Schriftsteller, * 1861, † 1928; Romane ‚Ein Mann wird älter‘ (1898), ‚Zeno Cosini‘ (1923).

Svinhufvud [svˈiːnhuːvud], Pehr Evind, finn. Staatsmann, * 1861, † 1944, Richter, seit 1907 Abg., 1914-17 nach Sibirien verbannt; 1918 war er Reichsverweser, 1931 bis 1937 Staatspräsident.

Sv'oboda, Ludvik, tschechoslowak. General und Politiker, * 1895, 1945-50 Verteidigungsmin. Am 30. 3. 1968 wurde S. zum Staatspräs. gewählt.

svw., Abk. für soviel wie.

SW, Südwest(en).

Sw'akop, Trockenfluß in SW-Afrika, etwa 500 km lang, mündet bei dem Seebad **Swakopmund** (rd. 4700 Ew.).

Swan River [swɔn-], → Schwanenfluß.

Swansea [swˈɔnzi], walisisch **Abertawe,** Stadt in der Gfsch. Glamorgan in Wales, 171 300 Ew., Universitäts-College; Hütten-, Metall- und Brikettindustrie, Ölraffinerien und Schiffswerften.

Swap-Geschäft [swɔp-, engl.], Devisenhandel: eine Verbindung von Kassa-Kauf und gleichzeitigem Termin-Verkauf oder Kassa-Verkauf und gleichzeitigem Termin-Rückkauf zur Kurssicherung, dem Effekten-Reportgeschäft ähnlich. Die Differenz zwischen Kassa- und Terminkurs heißt **Report (Deport).**

Sw'arog, Gott des Feuers und der Sonne, von den Slawen verehrt.

Sw'asi, Bantuvolk in Swasiland und den nördlich angrenzenden Gebieten der Rep. Südafrika, rd. 505 000 Menschen.

Sw'asiland, Ngwane, engl. **Swaziland,** Kgr. im Brit. Commonwealth auf der O-Seite des südafrikan. Hochlandes, 17 363 km², 408 000 Ew. (zu 90% Swasi); Hauptstadt: Mbabane, Amtssprache Swasi. ⊕ II/III, Bd. 1, nach S. 320. Währung: südafrikan. Rand. ⎕ S. 1179; ⌐ Bd. 1, S. 392. Viehzucht (bes. Schafe), Anbau von Mais, Zuckerrohr, Baumwolle, Südfrüchten u. a.; Forstwirtschaft. ⚒ auf Asbest, Eisen, Kohle. Haupthandelspartner: Rep. Südafrika. - 1906 als brit. Protektorat von Transvaal abgetrennt, 1968 unabhängig.

Sw'astika die, altind. für → Hakenkreuz.

Sweater [swˈɛtə, engl.] der, Pullover.

Sweatingsystem [swˈɛtiŋ-, engl.], **Schwitzsystem,** die Ausnutzung des Heimarbeiters durch den Zwischenmeister (Sweater); dieser erhält die Arbeit zu festem Preis und vergibt sie weiter gegen niedrigen Lohn.

Sw'eben, Gruppe westgerman. Stämme in Mittel- und Norddtl., im 1. Jahrh. v. Chr. in SW-Dtl. (→ Ariovist). Hauptstämme: Semnonen, Hermunduren, Quaden, Markomannen.

Sw'edenborg, Emanuel von, schwed. Naturforscher und Theosoph, * 1688, † 1772, wurde durch seine Visionen eine eigene Berühmtheit. Seine Anhänger, die **Swedenborgi'aner,** bildeten bes. in Amerika eine Sekte.

Sweelinck, Jan Pieters, niederländ. Komponist, * 1562, † 1621, einer der großen Orgelmeister seiner Zeit.

Sw'eertie die, Enziangewächs mit einer Rispe blauer, fünfzipfliger Blüten, auf Moorwiesen; unter Naturschutz.

Swerdl'owsk, bis 1924 **Jekaterinburg,** Gebietshauptstadt in der Russ. SFSR, am O-Abhang des Urals, 1,026 Mill. Ew.; Universität u. a. Hochschulen, Kernforschungszentrum. S. ist Mittelpunkt der Ural-Industrie mit Eisen- und Kupferhütten, chem. u. a. Industrie. - In S. wurde 1918 die Zarenfamilie ermordet.

SWF, Abk. für → Südwestfunk.

Swid'érien [svideriˈɛ̃], altsteinzeitl. Kulturgruppe, für die gestielte Pfeilspitzen aus Feuerstein kennzeichnend sind.

Swift, Jonathan, engl. Schriftsteller, * 1667, † 1745, seit 1694 anglikan. Geistlicher; kämpfte publizistisch für die Sache der preuß. Satiren ‚Märchen von der Tonne‘ (1704), ‚Bücherschlacht‘ (1704). Satir. Roman ‚Gullivers Reisen‘ (1726).

Swinburne [swˈinbəːn], Algernon Charles, engl. Dichter, * 1837, † 1909, begann mit zwei pathet. Versdramen, die seine ästhet. Weltanschauung ankündigten; forderte die bürgerl. Moral seiner Zeit heraus. ‚Gedichte und Balladen‘ (1866-89), histor. Dramen.

Swindon [swˈindn], Stadt in der Gfsch.

Wiltshire, England, 98 100 Ew.; Eisenbahnwerkstätten, Textilindustrie.

Sw'ine die, der Hauptmündungsarm der Oder, zwischen Usedom und Wollin.

Swinem'ünde, poln. **Swinoujście,** Vorhafen Stettins, auf der Insel Usedom, 22 000 (1939: 30 200) Ew.; Seehafen, See- und Solbad an der Swine-Mündung; seit 1945 unter poln. Verwaltung.

Swing [engl.] der, **1)** der um 1930 ausgebildete neue Jazz-Stil, mit stark europ. Einschlag. **2)** die von zwei Ländern in einem gegenseitigen Verrechnungsabkommen eingeräumte höchste Kreditlinie.

Swinton and Pendlebury [swˈintn ænd pˈendlbəri], Stadt in der engl. Gfsch. Lancashire, 40 600 Ew.; Baumwollindustrie und Kohlengruben.

Swissair [svˈisɛːr], **Schweizerische Luftverkehr AG.,** Zürich, gegr. 1931.

Switchgeschäft [switʃ-, engl.], ein internationales Warengeschäft, das unter Ausnutzung der Kursrelationen über ein drittes Land abgewickelt wird.

Sy'agrius, letzter röm. Machthaber in Gallien, 486 von Chlodwig besiegt.

Sybar'it der, Schwelger, nach der altgriech. Stadt Sybaris in Unteritalien.

Sybel, Heinrich von, Historiker und Politiker, * 1817, † 1895, gründete 1859 die ‚Historische Zeitschrift‘; Hauptwerk ‚Die Begründung des Dt. Reiches‘ (1889-94).

Sydney [sˈidni], **1)** die Hauptstadt von Neusüdwales, Australien, am Stillen Ozean, mit Vororten 2,78 Mill. Ew., zu beiden Sei-

Sydney (Australien)

ten der fjordähnlichen Bucht Port Jackson (1150 m lange Brücke); wichtigster Hafen und bedeutendster Handelsort Australiens; anglikan. und kath. Erzbischofssitz; 3 Universitäten, Museen, Sternwarte; Ind.: Schiffbau, Stahl, Maschinen, Textilien, Nahrungsmittel. - 1788 erste europ. Siedlung in Australien. **2)** Hafenstadt auf der Kap-Breton-Insel, Prov. Neuschottland, Kanada, 33 000 Ew.; Kohlenbergbau, Hüttenwerke.

Syen'it der, körniges Tiefengestein, besteht hauptsächlich aus Alkalifeldspat, Glimmer, Hornblende, Augit; Verwen-

Jonathan Swift   A. Ch. Swinburne

1217

dung als Mauer-, Pflaster-, Zierstein, Schotter.

Sykom′ore [grch.] *die*, ein →Feigenbaum.

Sykoph′ant [grch.], verleumder. Ankläger, bes. im Athen der 4. Jahrh. v. Chr.

Syktywk′ar, Hauptstadt der ASSR der Komi, Russ. SFSR, an der Wytschegda, 125 000 Ew.; Holzindustrie, Flußhafen.

S′yllabus [grch.] *der*, Verzeichnis von Irrtümern, vor denen die Kath. Kirche warnt (von Papst Pius IX. 1864, Pius X. 1907, Pius XII. 1950), durch die Entwicklung seit dem 2. Vatikan. Konzil überholt.

Syllog′ismus [grch.], Logik: die einfachste Form des deduktiven Schlusses: Aus zwei Urteilen (Vordersätze, Prämissen) wird ein drittes (Schlußsatz, Konklusion) gefolgert. Den beiden Prämissen ist ein Begriff (Mittelbegriff) gemeinsam, wodurch die Verknüpfung der beiden anderen Begriffe in einem neuen Urteil möglich wird (Alle Menschen sind sterblich, Sokrates ist ein Mensch, also ist Sokrates sterblich).

S′ylphe *der*, **Sylph′ide** *die*, Luftgeist.

Sylt, die größte Nordfries. Insel, Schlesw.-Holst., 99 km², 26 300 Ew., im Roten Kliff 52 m hoch, durch den Hindenburgdamm mit dem Festland verbunden. Seebäder: Westerland, Wenningstedt, List, Kampen u. a.

Sylvenstein-Speicher, Wasserrückhaltebecken im Karwendel (Bayern), speichert die vereinigten Wasser von Rißbach, oberer Isar und Walchen zu gleichmäßiger Wasserhaltung in der Isar. Speicherinhalt: 80 Mill. m³. Das abgegebene Wasser betreibt im zugehörigen Wasserkraftwerk einen Generator von 3400 kW.

Sylv′ester, häufig für →Silvester.

sym..., syn... [grch.], mit..., zusammen...

Symbi′ose [grch.] *die*, das gesetzmäßige dauernde Zusammenleben verschiedener Lebewesen (**Symbionten**) zu gegenseitigem Nutzen. S. zwischen zwei Tieren: Ein-

Symbiose zwischen Glühkohlenfisch und Seeanemone

siedlerkrebse mit Seerosentieren, Ameisengäste mit Ameisen. S. zwischen zwei Pflanzen: Algen und Pilzen (Flechten). S. zwischen Tier und Pflanze: Blüte und Insekt.

Symb′ol [grch.], **1)** Sinnbild, der sinnliche Träger einer Bedeutung oder Meinung, so Wort, Form, Gegenstand oder Vorgang, der etwas, was in einem anderen, verborgenen oder höheren Bereich liegt, ausdrückt oder auch nur ahnen läßt. So ist z. B. das Kreuz das S. des Christentums. **2)** Tiefenpsychologie: das Wiederkehren verdrängter Bewußtseinsinhalte, Affekte, Triebkomplexe in verhüllter oder abgewandelter Form. **3)** **S′ymbolum** *das*, *Mz.* Symbola, Glaubensbekenntnis. **symbolische Bücher**, die Bekenntnisschriften einer christl. Kirche.

Symb′olik, **1)** sinnbildliche Darstellung; sinnbildliche Bedeutung. **2)** die Wissenschaft von den Sinnbildern. **3)** die Konfessionskunde als Lehre von den einzelnen Kirchen nach ihren Bekenntnisschriften.

symb′olisch, sinnbildlich, gleichnis-, zeichenhaft.

Symbol′ismus *der*, **1)** Literatur: Ende des 19. Jahrh. von Frankreich ausgehende

Düne auf Sylt

literar. Richtung, die die Geheimnishaftigkeit von Welt und Seele in der Dichtung durch vieldeutige Symbole und durch Musikalität ausdrücken will. Symbolisten waren, anknüpfend an Baudelaire: Verlaine, Rimbaud, Mallarmé. In Deutschland, den skandinavischen Ländern und in Rußland ist der S. meist mit dem neuromant. und individualistisch-irrationalistischen Bewegungen verschmolzen, die sich gegen Ende des 19. Jahrh. vor allem gegen die Vorherrschaft des Naturalismus und des naturwissenschaftl. Denkens auflehnten. Dem S. nahe stehen in Deutschland die Dichtungen von Stefan George, Rilke, Hofmannsthal, Ricarda Huch, C. Spitteler u. a. **2)** Kunst: eine in Frankreich etwa gleichzeitig mit dem literar. S. entstandene Bewegung. Sie erstrebte, im Gegensatz zu Realismus und Impressionismus, nicht mehr die exakte Wiedergabe der Wirklichkeit, sondern die Darstellung eines gedankl. Gehalts mit Hilfe von Symbolen.

Symmach′ie [grch.] *die*, im alten Griechenland die Bundesgenossenschaft.

Symmetr′ie [grch.] *die*, **1)** Ebenmäßigkeit. **2)** Gleichförmigkeit. **3)** △ die spiegelbildl. Lage zu einem Punkt (**S.-Zentrum, zentrische S.**), einer Geraden (**S.-Achse**) oder einer Ebene (**S.-Ebene**); allgemeiner: eine Eigenschaft, die bei Vertauschung bestimmter Elemente erhalten bleibt.

sympath′etisch [grch.], **1)** auf Sympathie beruhend, mitfühlend. **2)** geheim, heilkräftig.

Symp′athicus [grch.-lat.] *der*, ein Teil des vegetativen Nervensystems; zu ihm gehören: a) die im Zwischenhirn gelegenen Zentren, die den Wasserhaushalt, den Kohlenhydratstoffwechsel, die Körperwärme, die Geschlechtsfunktionen regeln; b) die in der grauen Substanz des Rückenmarks liegende sympathische **Seitenhornkette**; c) der vor der Wirbelsäule befindl. **Grenzstrang**, eine Ansammlung von Nervenknoten; d) periphere Nervenknoten wie das **Sonnengeflecht**, das mit den Nerven aller Bauchorgane zusammenhängt. – Bei **Sympathikoton′ie** ist die Erregbarkeit im Gebiete des S. erhöht.

Sympath′ie [grch.] *die*, Mitgefühl, Neigung, Wohlwollen; Gegensatz: Antipathie. **symp′athisch** [grch.]; Gegensatz: unsympathisch. **2)** $ den →Sympathicus betreffend. **sympathis′ieren**, zugeneigt sein.

Sympet′alen [grch.] *Mz.*, Pflanzengruppe, die →Verwachsenblumenblättrigen.

Symphon′ie [grch.], andere Schreibung für →Sinfonie.

Symp′osion [grch.] *das*, -s/...sien, **1)** das nach Schluß der Mahlzeit bei den Griechen und Römern gehaltene Trinkgelage mit ernsten und heiteren Gesprächen. **2)** Name eines Dialogs von Platon. **3)** wissenschaftl. Tagung mit Vorträgen und Diskussionen.

Sympt′om [grch.] *das*, **1)** Anzeichen. **2)** $ Krankheitszeichen. *Eigw.* **symptom′atisch**. **Symptomatolog′ie**, die Lehre von den S. **Symptomenkomplex (Syndrom)**, eine Gruppe von zusammengehörenden S.

Synag′oge [grch.] *die*, **1)** Versammlungsort und -gebäude der jüdischen Gemeinde. **2)** sinnbildl. Name, auch sinnbildl. Gestalt des A. T. und des Judentums (→Ecclesia).

Syn′apse [grch.] *die*, $ Kontaktverbindung zum Überspringen einer Erregung von einem Neuron (→Nerven) auf ein anderes oder auf ein Organ.

Synär′ese [grch.] *die*, die →Synizese.

Synästhes′ie [grch.], das Hinüberwirken eines Sinneseindrucks in ein anderes Sinnesgebiet (z. B. Farbenhören).

synchr′on [grch.], gleichzeitig, zeitlich gleichgerichtet. **Synchronismus**, Gleichzeitigkeit, Gleichlauf.

Synchrongetriebe, →Kraftwagengetriebe.

Synchronis′ierung, **1)** Tonfilmtechnik: das zeitl. Abstimmen von Bild und Ton aufeinander bei der Übertragung in eine andere Sprache oder dem nachträgl. Vertonen. **2)** Fernsehen: die Erhaltung des Gleichlaufs der Elektronenstrahlen in Bild- und Aufnahmeröhre durch Synchronsignale.

Synchronmotor, ein Wechselstrommotor, dessen Läufer-Drehzahl in einem festen Verhältnis zur Netzfrequenz steht.

synchron|optische Darstellung, zur Überschau der Gleichzeitigkeit geschichtl. oder anderer Vorgänge in Spalten nebeneinandergestellter Einzeldaten.

Synchrono|sk′op *das*, ein elektr. Meßgerät, das anzeigt, ob Generatoren, die zur Einspeisung in das Energieübertragungsnetz synchronisiert werden sollen, phasengleich laufen.

Synchronschwimmen, eine Wassersportart mit künstlerischem Gehalt im Einklang (synchron) mit der Musik. Das **Kunstschwimmen** ist Vorläufer des heutigen, wettkampfmäßig betriebenen S. Im Kunstschwimmen werden international keine Wettbewerbe ausgeführt. In der Bundesrep. Dtl. wird es in Form des Figuren- und Bilderlegens noch gepflegt.

Synchron|uhr, eine von einem Synchronmotor angetriebene Uhr.

S′ynchrotron *das*, ein Gerät zur Beschleunigung von Elektronen oder Protonen auf sehr hohe Energien. Die Teilchen werden durch ein Magnetfeld in einer ringförm. Vakuumröhre geführt und durch eine rasche Folge von Spannungsstößen bis fast auf Lichtgeschwindigkeit beschleunigt. Das Magnetfeld muß mit der Energie der Teilchen wachsen, um sie auf der Kreisbahn zu halten. Im **Elektronen-S.** erreichen die Elektronen nach wenigen Spannungsstößen die Endgeschwindigkeit. Beim **Protonen-S.** erreichen die Protonen wegen ihrer großen Ruhmasse erst bei hohen Energien die Endgeschwindigkeit. Deshalb muß die Frequenz der beschleunigenden Wechselspannung der langsam wachsenden Umlauffrequenz der Protonen fortlaufend angeglichen werden. Vor dem Einschießen in die Vakuumröhre des S. werden die Teilchen in einem Linearbeschleuniger o. dgl. vorbeschleunigt. Beim **AG-Beschleuniger** ist jede Beschleunigungsstrecke in viele gleiche Abschnitte geteilt, in denen das magnet. Führungsfeld abwechselnd nach innen und nach außen abfällt, wodurch starke Kräfte entstehen, die die Teilchen auf ihrer Bahn halten. Hauptaufgabe des S. ist die künstl. Umwandlung von Elementarteilchen durch Stöße höchster Energie. (Bild S. 1219)

Syndikal′ismus [grch.-lat.], die Lehre einer revolutionären, gewerkschaftl. Arbeiterbewegung, nach der die Gewerkschaften die Urzelle der neuen Wirtschaftsgesellschaft sein sollten; der Staat wird abgelehnt, die Produktionsmittel sollen vergesellschaftet werden. Der S. breitete sich von Frankreich (Proudhon, Lagarelle) her bes. in den roman. Ländern Europas und Südamerikas aus.

Syndik′at [grch.] *das*, Verein, Gesellschaft, Gewerkschaft; ein Kartell mit gemeinsamer Absatz- oder Einkaufsorganisation.

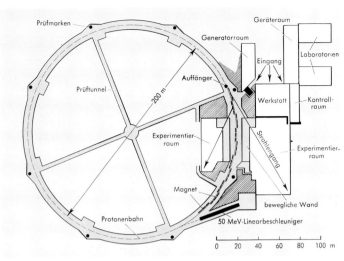

Synchrotron: Grundriß des 28-GeV-Protonensynchrotrons (CERN, Genf)

S'yndikus [grch.] *der*, -/...dizi, der Geschäftsführer einer Körperschaft (Wirtschaftsverband, Berufsvertretung usw.); auch der Bearbeiter der Rechtssachen eines wirtschaftl. Unternehmens (**Justitiar**).

Syndr'om [grch.] *das*, ♀ der Symptomenkomplex (→Symptom).

Syn'edrion [grch.] *das*, **1)** Ratsbehörde in altgriech. Bundesstaaten oder Staatenbünden. **2)** **S.**, latein. **Synedrium**, hebr. **Sanhedrin**, **Hoher Rat**, seit dem 2. Jahrh. v. Chr. die höchste jüdische Gerichtsbehörde; bestand aus 70 Mitgliedern.

Syn'ekdoche [grch. ,Mitaufnahme'] *die*, Redefigur, die Angabe eines Sonderbegriffs statt des allgemeinen oder umgekehrt (,die Katze' statt ,der Löwe') oder eines Teils für das Ganze (,1000 Köpfe' für ,1000 Mann').

Synerg'ismus, das Zusammenwirken; Theologie: die Lehre, daß der Mensch neben und mit Gottes Gnade zu seinem eigenen Heil mitwirke.

Synge [siŋ], **1)** John Millington, irischer Dramatiker, * 1871, † 1909; kraß naturalist. Dramen mit romant. Elementen (,Reiter ans Meer', 1904, ,Der Gaukler von Mayo', 1907). **2)** Richard, engl. Chemiker, * 1914, erhielt für Untersuchungen auf dem Gebiet der Biochemie und bes. der Chromatographie 1952 den Nobelpreis.

Syngman Rhee, korean. Politiker, →Rhee.

Syniz'ese [grch.] *die*, **Synär'ese** ⑤ Zusammenziehung zweier oder mehrerer Vokale zu einer Silbe, wobei der erste Vokal zum Halbvokal wird, z. B. Indien [indjən].

Synk'ope [grch.] *die*, **1)** ♪ Bindung einer unbetonten Note an eine folgende betonte; häufig in Tanzmusik und Jazz. **2)** ⑤ Ausstoßung eines unbetonten Vokals im Wortinneren.

Synkret'ismus [grch.-lat.], die Vermischung verschiedener philos. Lehren, Kulte, Religionen zu einem neuen Ganzen.

Synod'alverfassung, die Selbstverwaltung in den evang. Kirchen durch gewählte Vereinigungen von Geistlichen und Laien. Jetziger Aufbau: Gemeindevorstand und -kirchenrat, Kreissynode (Dekanatssynode), Landessynode; die Synoden der einzelnen Landeskirchen entsenden Vertreter in die Synode der EKD.

Syn'ode [grch.] *die*, latein. **Konzil,** Kirchenversammlung. **1)** kath. Kirchenrecht: im allgem. gleichbedeutend mit →Konzil. Hauptformen: Diözesan-S., Pastoral-S. mehrerer Bistümer, gewöhnlich eines ganzen Landes. Seit 1965 besteht die in Abständen von zwei bis drei Jahren tagende Bischofssynode. **2)** evang. Kirchen: das Organ einer Selbstverwaltung (→Synodalverfassung). **3)** in der orthodoxen Ostkirche das höchste Organ der Kirchenleitung, für die Gesamtkirche das Ökumen. Konzil, für die Einzelkirchen die Landes-S., Provinzial-S. usw. **4)** **Heiliger Synod,** →russische Kirche. **5)** Zusammenschluß von Kirchengruppen.

synodische Umlaufszeit, Zeitraum zwischen zwei aufeinanderfolgenden Konjunktionen oder Oppositionen eines Planeten oder Mondes. Die s. U. unseres Mondes ist der **synodische Monat.**

Synök'ie [grch.] *die*, Zusammenleben zweier verschiedenartiger Tiere, von denen nur das eine aus dem anderen Nutzen zieht, ohne das andere zu schädigen.

synon'ym [grch.], gleichbedeutend. **Synon'yme, Syn'onyma** Mz., Ez. **Synonym** *das*, sinnverwandte Wörter, Wörter, die dieselbe Sache bezeichnen oder die unter einen gemeinsamen weiteren Begriff fallen (z. B. ,Lust', ,Freude').

S'ynopsis [grch.] *die*, Zusammenschau, Übersicht ähnlicher Dinge, so die vergleichende Nebeneinanderstellung der Evangelien des Matthäus, Markus, Lukas (**Syn'optiker**).

S'yntax [grch.] *die*, Grammatik: die Satzlehre.

Synth'ese [grch.] *die*, Verknüpfung zur Einheit. **1)** Logik: **synthet. Urteile** sind Urteile, in denen vom Gegenstand etwas ausgesagt wird, was nicht schon in seinem Begriff enthalten ist. **2)** ⊙ Aufbau chem. Verbindungen aus den Elementen oder aus einfacheren Verbindungen.

Synthesegas, Gemisch aus Kohlenoxid und Wasserstoff, dessen genaue Zusammensetzung dem Verwendungszweck angepaßt wird.

synth'etisch [grch.], **1)** zur Einheit verknüpfend. **2)** auf chemischem Wege dargestellt.

S'yphilis *die*, **Lues, Lustseuche,** die wegen der Spätfolgen gefährlichste Geschlechtskrankheit. Der Erreger, die 1905 entdeckte S.-Spirochäte, dringt durch Risse usw. in den Körper ein, meist beim Geschlechtsverkehr. Etwa 3 Wochen danach entwickelt sich an der Infektionsstelle der **syphilitische Primäraffekt,** eine unbedeutende Abschürfung oder Knötchen, das sich in ein scharfrandiges, dunkelrotes, feuchtes, fast schmerzloses Geschwür umwandelt (**harter Schanker**); die Lymphknoten in der Nähe des Primäraffekts schwellen an (**primäre S.**). Nach 6 bis 8 Wochen entwickeln sich zahlreiche fleck- oder knötchenförmige Krankheitsherde und nässende Papeln (Feigwarzen) an der Haut des ganzen Körpers (**sekundäre S.**; dauert ungefähr 5 Jahre). Die **tertiäre S.** tritt oft erst nach jahrelanger, völlig erscheinungsfreier Pause (Latenzperiode) an Haut, Knochen oder inneren Organen auf, meist in Form von Geschwüren (**Gummigeschwulst, Gumma**). Schließlich können die S.-Erreger im Gehirn progressive Paralyse hervorrufen, im Rückenmark die →Tabes dorsalis. - Die S.-Erreger können von einer kranken Mutter auf die Frucht übertragen werden, so daß das Kind syphilitisch krank zur Welt kommt (**angeborene** oder **kongenitale S.**). - Zur Erkennung der S. dienen Wassermannsche Reaktion und Nelson-Test. Behandlung: selten noch Quecksilber (Schmierkur); Salvarsan- und Wismutpräparate sind durch Penicillin verdrängt.

Syracuse [s'irəkju:s], Stadt im Staat New York, USA, 197 200 Ew., hat methodist. Universität, Akademie der Wissenschaften; Stahl- u. a. Industrie.

Syrak'us, italien. **Siracusa, 1)** Prov. im O Siziliens, Italien, 2109 km², 370 200 Ew. **2)** Hauptstadt von 1), mit 107 500 Ew., bedeutender Hafen, Erzbischofssitz; hat Dom, griech. und röm. Baureste. - 734 v. Chr. von Griechen aus Korinth gegr., seit dem 5. Jahrh. v. Chr. bedeutendste Stadt Siziliens (→Gelon, →Hieron, →Dionysios), 212 v. Chr. von den Römern erobert.

Syr-Darj'a, im Altertum **Jaxartes,** Fluß in der Sowjetunion, mit dem Quellfluß Naryn 3078 km lang, bewässert das Fergana-Bekken, mündet in den Aralsee.

S'yrien, Republik in Vorderasien, 185 180 km² mit 6,098 Mill. Ew., Hauptstadt: Damaskus, Amtssprache: Arabisch. ⊕ IV/V, Bd. 1, Karte B. S. 320. Der 1971 erstmals zusammengetretene Staatsrat arbeitet eine neue Verfassung aus. ◌ S. 1179. ▢ Bd. 1, S. 392. Die Mehrheit der Bevölkerung sind die arabischsprechenden Syrer, vorwiegend muslimisch. Es gibt kurdische, armenische, türkman., jüdische und europ. Bevölkerungsteile. Bildung: Allgem. Schulpflicht, Universitäten in Damaskus und Aleppo. Allgem. Wehrpflicht. Währung: 1 syr. £ = 100 Piastres. S. umfaßt einen 175 km langen Küstenabschnitt am Mittelmeer, dem eine rd. 50 km breite Gebirgszone folgt. Diese fällt zum Syrischen Graben ab, steigt im Antilibanon und Hermon wieder an und dacht sich nach O ab (Wüstensteppen und Wüsten). Im S erhebt sich der vulkanische Dschebel Drus. Die Niederschläge reichen nur in den westlichen Gebirgen zu Baumwuchs aus.

Wirtschaft. Trotz ungünstiger Bodenverhältnisse werden, z. T. mit Bewässerung, angebaut: Oliven, Wein, Feigen, Getreide, Zuckerrüben, Reis, Baumwolle, Hülsenfrüchte. Durch weitere Bewässerungsvorhaben (Euphrat-Damm) sollen die Anbauflächen vergrößert werden. In den Wüstensteppen herrscht Viehzucht. Im Bergbau kommt nun dem Erdöl eine Bedeutung zu (Förderung 1970: 4,2 Mill. t, Erdölleitungen aus Homs und Tartous). Die Industrie erfährt neuerdings eine stärkere Förderung (bes. Textilindustrie, Verarbeitung landwirtschaftl. Erzeugnisse). Ausgeführt werden Wolle, Hülsenfrüchte, Tiere. Verkehr: Es gibt rd. 840 km Eisenbahnen und 10 500 km Straßen. Internat. Flughafen bei Damaskus. Seehäfen sind Latakia, Tartous und Banias (Erdölausfuhr, 2 Erdölleitungen aus Irak).

Geschichte. S. ist ein Gebiet vielfachen Bevölkerungs- und Herrschaftswechsels: Hyksos, Hethiter, Ägypter, Assyrer, Perser, Alexander d. Gr., Ptolemäer, Seleukiden, Römer (64 v. Chr.), Byzantiner (395), Araber (636), Kreuzfahrer (1099-1291), Türken (1516-1918). Nach dem Zusammenbruch der Türkei wurde S. französ. Mandatsgebiet (1920). 1926 wurde Libanon herausgelöst, 1939 fiel Alexandrette an die Türkei. 1944 wurde S. unabhängig, 1945 trat es der Arabischen Liga und den Verein. Nationen bei. 1946 wurde es von den Franzosen geräumt. Am 1. 2. 1958 schloß es sich mit Ägypten zur Verein. Arabischen Republik zusammen. Durch einen Aufstand der syrischen Armee am 28. 9. 1961 wurde die Bindung wieder gelöst. S. trat daraufhin wieder als selbständiges Mitgl. in die Verein. Nationen und die Arab. Liga ein. Durch den Militärputsch vom 8. 3. 1963 kamen die Baathisten an die Macht. Gegensätze innerhalb der Baath-Partei führten 1966 zum Staatsstreich des linken Flügels unter Gen. Jediel gegen Präs. Hafez. Im israelisch-arab. Krieg (1967) besetzten israel. Truppen syr. Gebiet östl. und westl. des Sees Genezareth. 1970 wurde die Regierung unter Gen. Atassi von Gen. H. Assad gestürzt, der 1971 Staatspräs. wurde. 1971 bildeten S., Libyen und Ägypten eine Föderation.

Syr'inge [grch.] *die*, vorwiegend asiat. Ölbaumgewächse; der **Spanische Flieder (Blauer Holunder)**, mit violetten oder weißen, duftreichen Blüten ist Zierstrauch.

S'yrinx [grch.] *die*, -/Syr'ingen, 1) die Panflöte. 2) Stimmorgan der Vögel, Erweiterung der Luftröhre mit Membranen und elast. Polstern, durch Muskeln bewegt.

syrische Kirchen, die Zweige der Ostkirche, die zum ost- oder westsyr. Ritus gehören. Zu den **nichtunierten s. K.** gehören Jakobiten, Nestorianer, Thomaschristen; zu den **unierten s. K.** des westsyr. Ritus die Maroniten, die Syrische Kirche, die Chaldäische Kirche in Irak, in Persien und der Türkei, die Syro-Malankarische Kirche im Gebiet der Malabarküste; zu denen des ostsyr. Ritus gehört die Syro-Malabarische Kirche im Gebiet der Malabarküste.

syrische Literatur. Die s. L. setzt - nach wenigen erhaltenen Resten aus der Zeit davor - mit dem gnost. Schrifttum ein, daneben mit der Bibelübersetzung Tatians. Großkirchl. Literatur. Mit den christolog. Kämpfen beginnt die Trennung der nestorian. Literatur (sassanid. Reichskirche) von der monophysit. Literatur (Byzantin. Reich). Nach der muslim. Eroberung verkümmerte die s. L. allmählich. Nachblüte unter den Seldschuken und Mongolen.

syrische Schrift, vermutlich aus der aramäischen Schrift abgeleitet, zuerst im 1. Jahrh. n. Chr., heißt bis etwa 500 **Estrangelo**. Sie teilte sich in die nestorian. Schrift und in die westsyr. oder jakobit. Schrift, auch **Serto** genannt.

syrische Sprache, eine in Mesopotamien beheimatete semit. Sprache, zum aramäischen Zweig gehörend. Sie war Schriftsprache der aramäischen Christen (außer den Melchiten). Seit der arab. Eroberung erhielt sie sich nur als Kirchen- und Schriftsprache. Stark umgebildete Dialekte **(Neuostaramäisch)** werden noch vereinzelt gesprochen.

Syrj'änen, alter Name **Permjaken**, ein ostfinn., stark russifiziertes Volk, vorwiegend in einem Nationalbezirk und in der ASSR der →Komi ansässig.

S'yrlin, Jörg S. d. Ä., * um 1425, † 1491, schnitzte 1469-74 das Chorgestühl des Ulmer Münsters, zweireihig mit hoher Rückwand, Baldachinen, lebensnahen Bildwerken (18 Wangenbüsten: antike Philosophen, Dichter, Sibyllen; 91 Büstenreliefs an Rückwänden und Wimperngen: Propheten, Apostel, Märtyrer). Steinbildwerke: Brunnenfiguren (Ulm, Museum). Sein Sohn **Jörg S. d. J.** schnitzte Chorgestühle und Altäre.

S'yrmien, Landschaft in Jugoslawien, →Sirmien.

S'yros, Insel der griech. Kykladen, 81 km² groß, Hauptstadt ist Hermupolis.

S'yrte, zwei Buchten des Mittelmeers an der N-Küste Afrikas: die **Große S.** zwischen Bengasi und Misurata (Libyen), die **Kleine S.** (Golf von Gabès) in S Tunesiens.

Sysr'an, Industriestadt an der Wolga, im Gebiet Kuibyschew, Russ. SFSR, 174 000 Ew.; nahebei Erdölfelder.

Syst'em [grch.] *das*, 1) allgemein: Plan, Ordnung, Aufbau. 2) ein auf allgemeine Grundsätze zurückgeführtes und danach geordnetes Ganzes einer Wissenschaft, Lehrgebäude. **systematisieren**, in ein S. bringen.

System|analyse, organisator. Vorarbeit bei der Datenverarbeitung; Erarbeitung optimaler systembezogener Abläufe.

System'atik [grch.] *die*, 1) allgemein: planmäßige Ordnung und Darstellung. 2) ⊕ ⅃ ⚹ **Klassifikation**, Ordnung **(System)** der Lebewesen nach dem Grad ihrer Ähnlichkeit und (möglichst) ihrer natürl. Verwandtschaft, wie: Rasse, Art, Gattung, Familie, Ordnung, Klasse, Stamm.

S'ystole [grch.] *die*, die rhythmisch wiederholte Zusammenziehung des Herzens.

Szabó, [s'aboː], Magda, ungar. Schriftstellerin, * 1917. Kinderbücher; Gesellschaftsromane (,Die andere Esther', 1959).

Szamos [s'omoʃ], **Someş**, linker Nebenfluß der Theiß, 450 km lang, entsteht in Siebenbürgen aus dem Großen und Kleinen S., mündet in NO-Ungarn.

Széchényi [s'eːtʃeːnji], István Graf, ungar. Politiker, * 1792, † (Selbstmord) 1860, begann um 1820 eine nat. Reformbewegung, forderte die Aufhebung der bäuerl. Hörigkeit und der Steuerfreiheit des Adels; seit 1840 wurde sein gemäßigter Liberalismus durch die radikale Richtung Kossuths überflügelt.

Szechwan, die chines. Prov. →Szetschuan.

Szeged [s'ɛ-], Stadt in Ungarn, an der Theiß, 118 500 Ew., Universität, Handelshochschule; Flußhafen, Lebens-, Genußmittelindustrie.

Székesfehérvár [s'eːkɛʃfɛheːrvaːr], ungarisch für die Stadt →Stuhlweißenburg.

Szekler [s'eːk-], ungar. **Szekelyek**, magyar. Volksstamm im östl. Siebenbürgen, etwa 600 000; 1437-1874 mit dem magyar. Adel und den Sachsen eine der regierenden ,Nationen' Siebenbürgens. In Ru-

mänien bewohnen sie heute die Autonom. Magyar. Miresch-Region.

Szene [grch.] *die*, 1) die Bühne, der Schauplatz im Theater. 2) Unterabteilung des Aktes, Auftritt.

Szent-Györgyi [sɛnt djˈœrdji], Albert von, ungar. Biochemiker, * 1893, Prof. in Szeged, Budapest, Woods Hole (Mass./USA), erforschte die biochem. Oxydationsvorgänge, isolierte und gewann das Vitamin C. Nobelpreis 1937.

Szetschuan, engl. **Szechwan**, Prov. in China, am oberen Jangtsekiang, 569 000 km², 70 Mill. Ew. Im W Hochgebirgslandschaften, im O das fruchtbare, dichtbesiedelte Rote Becken. Ausfuhr von Seide, Tee, Holzöl, Salz. Hauptstadt: Tschengtu.

Szient'ismus [lat.], 1) Philosophie: geistige Haltung, die alles auf wissenschaftl. Wege erkennen und begründen möchte. 2) die →Christliche Wissenschaft.

Szintillation [lat.], Flackern, Aufblitzen, z. B. beim Auftreffen von Teilchen auf fluoreszierende Stoffe. Solche S. können durch Photo-Sekundärelektronenverfacher verstärkt und zum Nachweis einzelner Teilchen ausgewertet werden **(S.-Zähler)**. Interplanetare und interstellare S. durch Plasmawolken ist in der Radioastronomie zu beobachten. Ferner→Luftunruhe.

Szintill'ator [lat.], der, szintillierender Kristall, z. B. von Anthracen, Natriumjodid o. a.; auch organische Lösung. Verwendung in Szintillationszählern.

Szolnok [s'olnok], die Hauptstadt eines ungar. VerwBez., an der Theiß, 61 400 Ew.; Bahnknoten, Brückenort.

Szombathely [s'ombɔthɛj], ungar. Name der Stadt →Steinamanger.

Szeged: Votivkirche

Szyman'owski [ʃy-], Karol, poln. Komponist, * 1883, † 1937, einer der Hauptvertreter der neueren poln. Musik.

Szymonowicz [ʃymɔnˈɔvitʃ], Szymon, Simon **Simonides**, poln. und neulatein. Dichter, * 1558 (1557?), † 1629; Dramen, religiöse Gedichte.

T

t, T, der 20. Buchstabe des Abc, ein dentaler, stimmloser Verschlußlaut.

t, Abk. für 1) Tonne. 2) ♪ Tempo.

T, 1) chem. Zeichen für Tritium. 2) ⊿ Tara. 3) Börse: Talon oder Tausend. 4) ♪ Tonika, Tenor.

Ta, chem. Zeichen für Tantal.

Tabak, die Pflanzengatt. **Nicotiana** der Fam. Nachtschattengewächse und das

aus den Blättern hergestellte Genußmittel (Pfeifen-, Zigarren-, Zigaretten-, Kau-, Schnupf-T.). Angebaut werden die Hauptarten Nicotiana tabacum und Nicotiana rustica **(Bauern-T.)**, erstere mit den Abarten **Virginischer, Havanna-** und **Maryland-T.** Der Tabak wird Ende März im Halbwarmbeet ausgesät und nach den Spätfrösten auf das Feld gesetzt. Geerntet wird

stufenweise von unten nach oben: Grumpen, Sandblatt, Mittelgut, Hauptgut, Obergut. Die geernteten Blätter werden an der Sonne oder luftig unter Dach getrocknet und in Stapeln oder Kisten einer Gärung (Fermentation) unterworfen; sie dauert bis 12 Wochen. Das Kammerverfahren ist eine Schnellbehandlung (1-2 Wochen in klimatisierten Räumen). Heißluftgetrocknete T.-

Blätter schickt man, statt sie zu fermentieren, durch die Redrying-Maschine, die sie nochmals stark austrocknet und abkühlt, wodurch sich ihre Lagerfähigkeit erhöht. Es folgt in 1-2jähriger Lagerung die Ausreifung. - **Rauch-T.** wird maschinell gefeuchtet, gelöst, gemischt, gesoßt, geschnitten, geröstet, flavorisiert und automatisch ver-

Tabak: Hauptbild Virginischer T., a Blüte von Maryland-T.

packt und banderoliert. Die Soßen enthalten Zucker, Sirup, Weichmacher, Glycerin, Glykole, Lakritzen u. a. Schnittbreiten sind 0-1,5 mm (Feinschnitt), 1,5 bis 3 mm (Krüllschnitt), mehr als 3 mm (Grobschnitt). **Schnupf-T.** wird gestoßen, geraspelt oder gemahlen, u. U. nachgesoßt, aromatisiert und mit Kräutermischungen versetzt. Im Rauch-T. sind Schwelprodukte der Kohlenhydrate, Pyridin- und Pyrrolabkömmlinge, Phenole, Brenzcatechin, Nicotinsalze, Harze, Paraffine u. a. enthalten. Ursache der anregenden Wirkung ist das **Nicotin.** Zykl. Kohlenwasserstoffe, die im Zigarettenrauch in Spuren vorkommen, können krebserzeugend wirken. Zigarrenrauch enthält überwiegend basische Bestandteile, Zigarettenrauch saure; letztere können zu Raucherkatarrh führen. Nicotin und Teer können durch Filter z. T. abgefangen werden. Filter mit Aktivkohle, Polyäthylen oder Polyurethan halten auch flüchtige Aldehyde, Ketone, Pyrrole, Phenole u. dgl. zurück. In der Bun-

Erzeugung von Tabakwaren 1970

	Zigaretten Mrd. Stück	Zigarren[1] Mill. Stück	Tabak[2] in t
Bundesrep. Dtl.	130	3124	7647
Dt. Dem. Rep.	17	1321	1011
Dänemark	8	874	3306
Frankreich	70	800	13723
Italien	72	200	3253
Niederlande	24	2205	15800
Österreich	13	79	568
Schweiz	24[3]	746[3]	1133
Kanada	50	569	8644
Venezuela	11[3]	101[3]	——
Verein. Staaten	584	6701	74698

[1] Einschl. Zigarillos. [2] Rauch-, Kau- und Schnupftabak. [3] 1969.

desrep. Dtl. gab es (1970) 224 Betriebe der tabakverarbeitenden Ind. mit 30685 Beschäftigten, der Umsatz betrug 10,3 Mrd. DM.

Tabakregie, die in Österreich unter Staatsregie als Monopol betriebene Tabak- und Rauchwarenindustrie.

Tabakspfeife, 1) eine Pfeife zum Rauchen von Tabak. **2)** ein bis 2 m langer Pfeifenfisch an der amerikan. Ostküste.

Tabaksteuer, die Verbrauchsteuer auf Tabakwaren, nach dem Kleinverkaufspreis gestaffelt. Die T. ist vom Hersteller abzuführen; die Tabakerzeugnisse verlassen den Herstellbetrieb in mit Steuerzeichen versehenen Packungen. Das Aufkommen aus der T. betrug (1970) in der Bundesrep. Dtl. 6,54 Mrd. DM.

Tab'asco, Staat der Rep. Mexiko, 24661 km², 768300 Ew., Hauptstadt: Villahermosa. Erzeugnisse: Mais, Bohnen, Zuckerrohr, Kakao, Bananen, Edelhölzer; Erdöl. reich verziert, bes. mit Schmelzmalerei.

Tabatière [-tj'ɛːr, frz.] *die,* Schnupftabakdose, im 18. und zu Anfang des 19. Jahrh.

Tab'elle [lat.] *die,* nach besonderen Merkmalen gegliederte Übersicht von zahlenmäßigen Angaben; Ergebnisse. **tabell'arisch,** in Tabellenform.

Tabell'iermaschine, →Lochkarte.

Tabern'akel [lat.] *das,* **1)** Behältnis für das Hostiengefäß (Ciborium), über dem Hauptaltar und mit diesem fest verbunden, im MA. auch in einer Nische des Chors oder freistehend zum →Sakramentshaus ausgebildet. **2)** ein über dem Hochaltar errichteter Baldachinbau (auch Ciborium genannt).

T'abes dors'alis [lat.] *die,* volkstüml. **Rückenmarkschwindsucht,** späte Erscheinungsform der Syphilis: langsame Zerstörung der Empfindungsbahnen des Rückenmarks; Anzeichen: Sehstörungen, Empfindungsstörungen.

Tableau [tabl'o:, frz.] *das,* Gemälde, großes Gruppenbild.

Table d'hôte [tabl do:t, frz.] *die,* in Gaststätten u. a. die Mahlzeit an gemeinsamer Tafel.

Tabl'ett [frz.] *das,* Platte mit erhöhtem Rand zum Tragen von Speisen, Geschirr u. a.

Tabl'ette [frz.] *die,* Arzneiform: Täfelchen oder runde Scheibchen.

Tabl'inum [lat.] *das,* -s/...na, im röm. Haus das hinter dem Atrium gegenüber dem Eingang gelegene Zimmer.

T'abor *der,* arab. **Dsch'ebel ettor,** Berg in Palästina, 562 m hoch, einst berühmte Kultstätte, gilt als Berg der Verklärung Jesu.

Tabor'iten, die radikale Richtung der →Hussiten.

Täbr'is, Stadt in NW-Iran, 1360 m ü. M., 403400 Ew., Univ.; Herstellung von Teppichen und kunstgewerbl. Arbeiten.

Tab'u [polynes.] *das,* **1)** Gebote und Verbote bei Naturvölkern, deren Verletzung schlimme Folgen hat. T. können Gegenstände, Personen oder Handlungen (Berührung mit Königen, Fremdlingen, Götterbildern) sein. **2)** etwas, was man nicht tut, wovon man nicht spricht.

t'abula [lat.], die Schreibtafel der Römer. **t. r'asa,** Schreibtafel, auf der die eingegrabenen Schriftzüge wieder gelöscht worden sind; Philosophie: die Seele als leeres Blatt, das erst von der Erfahrung beschrieben wird; **t. rasa machen,** mit einer Sache gänzlich aufräumen.

Tabul'ator *der,* Spaltensteller an der Schreibmaschine.

Tabul'ur [lat.] *die,* ♪ die Aufzeichnung eines mehrstimmigen Stückes durch Buchstaben, Ziffern und Notenzeichen. In der deutschen Orgel-(Klavier-)Tabulatur (seit 1430) geben übereinander angeordnete Tonbuchstaben die Zusammenklänge an. Bei den Lauten- und Gitarretabulaturen werden die auszuführenden Griffe angegeben (Griffzeichenschrift).

Tabur'ett [frz.] *das,* Hocker.

TACAN-Verfahren, Abk. von engl. *Tactical Air Navigation,* ein Flugnavigationsverfahren im Dezimeterwellenbereich. bes. für Kurz- und Mittelstrecken der Militärluftfahrt.

Tach'ismus [taʃ-], eine nach dem 2. Weltkrieg aufgekommene Richtung der gegenstandslosen Malerei. Der T. lehnt jede bewußte Formgestaltung ab und sucht mit spontan allen seel. Regungen gehorchendem Pinsel diese in Flecken (frz. taches) auf die Fläche zu übertragen (z. B. J. Pollock, W. Schulze).

Tachistosk'op [grch.], Gerät, mit dem durch Kurzdarbietung optischer Reize Aufmerksamkeit und Bewußtseinsumfang geprüft werden.

Tachom'eter [grch.] *das,* Geschwindigkeitsmesser für Fahrzeuge durch Messen der Drehzahl von Wellen oder anderen Maschinenteilen. Bei Kraftwagen meist als **Fliehkraft-T.** oder als **Wirbelstrom-T.**

T'achtigers [,Achtziger'], literar. Bewegung in der niederländ. Lit. von 1880-1900.

Tachykard'ie [grch.] *die,* ♀ Pulsbeschleunigung infolge beschleunigter Herztätigkeit, z. B. bei Erregungen, Fieber.

Tachym'eter [grch.] *das,* Gerät zur Messung von Horizontal-, Vertikalwinkeln und Entfernungen bei Geländeaufnahmen.

T'acitus, Cornelius, der bedeutendste röm. Geschichtschreiber, * um 55 n. Chr., † nach 116, stellte in der ,Germania' die german. Frühzeit dar, in den ,Historien' und ,Annalen' die Geschichte der Jahre 14-96 n. Chr.

Tacoma [tək'oumə], Stadt im Staat Washington, USA, 154600 Ew.; Holz- u. a. Ind.

Tadelsantrag, ein parlamentarischer Antrag zur Mißbilligung von Regierungsmaßnahmen, ohne daß eine Rücktrittsforderung damit verbunden ist.

Tadsch'iken, iran. Volksstamm, 2,1 Mill., davon mehr als zwei Drittel in der Sowjetunion (Tadschik. SSR, Usbek. SSR); Nachkommen der sonst türkisierten iran. Bevölkerung Mittelasiens (→Sarten).

Tadsch'ikische Sozialistische Sowjetrepublik, Unionsrep. der Sowjetunion, 143100 km², 2,9 Mill. Ew., Hauptstadt: Duschanbe. Die T. SSR ist Gebirgsland mit den höchsten Bergen der Sowjetunion (Pik Kommunismus 7482 m, Pik Lenin 7134 m). Die Bevölkerung (Tadschiken, Usbeken u. a.) treibt Weizen-, Baumwoll-, Obstanbau, Seidenraupenzucht, in den Bergen nomad. Viehzucht; die Ind. verarbeitet landwirtschaftl. Produkte. Bodenschätze: u. a. Kohlen, Blei, Zink, Erdöl, Uran, Radium, Salz. - 1924 als Autonomes Gebiet der Usbek. SSR errichtet, 1929 in eine SSR umgewandelt.

Tadsch-Mah'al *der,* Grabbau in der ind. Stadt Agra, vom Großmogul Schahdschahan 1630-48 für seine Lieblingsfrau errichtet, ein Hauptwerk des Mogulstils, Abschluß einer Wasser- und Gartenanlage, mit weißem Marmor verkleidet, kunsthandwerklich aufs reichste ausgestaltet. (Bild Agra)

Taedschön, Prov.-Hauptstadt in Südkorea, 315100 Ew., ein Zentrum der Leder-, Seiden- u. a. Industrie.

Tael [teːl, malaiisch] *das, der,* **Liang,** frühere asiat. Handels-, Gold- und Silbergewicht, zwischen 32 und 39 g.

Tafelaufsatz, ein Prunkgefäß für den festlich gedeckten Tisch, als Schale, Korb, architekton. und figürl. Aufbau reich ausgestaltet, seit der Gotik aus Edelmetallen, seit dem 18. Jahrh. aus Porzellan.

Tafelbai, Atlantikbucht in Südafrika mit dem Hafen von →Kapstadt.

Tafelberg, 1) eine Bergform mit weiter Gipfelebene. **2)** engl. **Table Mountain,** Berg oberhalb von Kapstadt, Rep. Südafrika. **3)** Sternbild des Südhimmels.

Tafelfichte, Berg im Isergebirge, 1124 m.

Tafelgeschäft, Schaltergeschäft, ein Geschäft, bei dem Leistung und Gegenleistung sofort erfolgen, bes. der Kauf und Verkauf von Wertpapieren oder Devisen.

Tafelland, Flachland aus horizontal geschichtetem Gestein.

Tafelmalerei, die Malerei auf eine meist aus Holz bestehende Tafel (**Tafelbild**), im Unterschied zu der Wand-, Decken-, Glas- und Buchmalerei. Aus der Antike erhalten sind →Mumienbildnisse, aus dem Frühmittelalter Ikonen der Ostkirche. Die T. des Abendlandes, deren erste Zeugnisse aus dem 12. Jahrh. stammen, blieb lange an den Altar gebunden (Tafeln des Antependiums und Retabels). Im 15. Jahrh. begann man auch auf Leinwand zu malen, womit sich die Entwicklung zum freien, nicht mehr ortsgebundenen Bild allmählich durchsetzte.

Täfelung, aus Holztafeln zusammengefügte Verkleidung von Decke und Wänden, durch Rahmen und Füllung, auch architekton. Formen gegliedert, oft reich mit Schnitzwerk verziert.

Tafil'elt, zu Marokko gehörende Oasengruppe südlich des Hohen Atlas, rd. 150 000 berberische Ew.; bes. Dattelanbau. (Bild Oase)

Taft, leinwandbindiges Gewebe aus Seide, Halbseide oder Chemiefäden.

Taft [-æ-], Robert A., amerikan. Politiker (Republikaner), Sohn von 2), * 1889, † 1953, führend in der Opposition gegen Roosevelt und Truman.

2) William Howard, amerikan. Politiker, * 1857, † 1930, erster amerikan. Zivilgouv. der Philippinen, 1904-08 Kriegsmin., 1909 bis 1913 27. Präs. der Verein. Staaten, 1921 oberster Bundesrichter.

Taft-Hartley-Act [teft h'artli ækt], in den Verein. Staaten das Ges. von 1947 zur Regelung der Beziehungen zwischen Arbeitnehmern und -gebern.

Tag, 1) astronomisch die Zeit zwischen zwei unteren Kulminationen eines Gestirns **(Sonnen-T.)** von Mitternacht zu Mitternacht, dauert 24 Stunden, oder zwischen zwei oberen Kulminationen des Frühlingspunktes **(Stern-T.)** oder zwischen zwei aufeinanderfolgenden Kulminationen eines bestimmten Sterns **(siderischer T.).** 2) die helle Tageszeit.

Tag'alen, jungmalaiisches Volk auf den Philippinen, ihre Sprache **Tagalog** ist eine der Amtssprachen des Landes.

Tagan'rog, Stadt am Asowschen Meer, Russ. SFSR, 254 000 Ew.; Stahlwerke u. a. Industrie, Umschlaghafen.

Tagblindheit, griech. **Nyktalopie,** schlechteres Sehen bei hellem Tageslicht als in der Dämmerung, bes. bei Albinismus.

Tagebau, →Bergbau.

Tagebuch, 1) Buch für tägl. Aufzeichnungen über Ereignisse aus dem eigenen Leben. Beim **literar. T.** (z. B. bei H. Carossa, E. Jünger) ist die T.-Form mehr oder minder fiktiv. Bisweilen werden Romane in tagebuchähnl. Form abgefaßt. 2) Buchhaltung: ein Buch zur Aufzeichnung der Geschäftsvorfälle in zeitl. Folge.

Tagegelder, →Diäten.

Tagelied, Wächterlied, Gattung des mittelalterl. Minnesangs, schildert das Scheiden der heimlich Liebenden am Morgen, der durch den warnenden Wächter verkündet wird.

Tagelohn, nach Arbeitstagen berechneter Lohn. **Tagelöhner** der, Arbeiter in täglich kündbarer Arbeit.

Tagesbefehl, ⚔ der tägliche Befehl für den inneren Dienst der Truppe.

Tagesgeld, wird im Kreditgeschäft zwischen Banken zu niedrigst Zinssatz bis zum nächsten Vormittag ausgeliehen.

Tagesgeschäft, Bar- oder Kreditgeschäft, bei dem der Gegenstand des Geschäfts sofort zu liefern ist.

Tagesheim, Tagesstätte, Kinder-, Schüler-, Altenzentrum u. ä., das nur in den Tagesstunden belegt ist.

Tagesheimschule, allgemeinbildende Schule, die die Schüler auch in der unterrichtsfreien Zeit (jedoch nicht über Nacht) betreut.

Tagesordnung, die Aufstellung und Reihenfolge der Beratungsgegenstände für eine Sitzung oder Tagung.

Tagespreis, der →Marktpreis.

Tagesspiegel, Der T., unabhäng. Tageszeitung, Berlin, gegr. 1945.

Tageswert, Wiederbeschaffungswert von Vermögensgegenständen und Wert der Schulden im Zeitpunkt der Bilanzerstellung.

Tagfalter, Schmetterlinge, die bei Tag fliegen, mit großen, oberseits meist bunten Flügeln und vielgliedrigen Fühlern.

Tagger, Theodor, →Bruckner 2).

Tagkreis, der von einem Gestirn in 24 Stunden beschriebene Kreis.

Tagliac'ozzo [taʎa-], italien. Gem. in den Abruzzen, 8600 Ew. - 23. 8. 1268 Sieg Karls von Anjou über Konradin.

Tagliamento [taʎa-], Fluß in Oberitalien, 170 km lang, kommt aus den Karnischen Alpen, mündet ins Adriat. Meer.

tägliches Geld, zwischen Banken auf unbefristete Zeit, doch mit dem Vorbehalt tägl. Kündigung ausgeliehenes Geld.

Taglilie, Gatt. der Liliengewächse, mit schmalen Blättern; bei der Gelbrotblütigen

Taglilie

T. sind die Blüten nur an einem Tag geöffnet.

Tag'ore, Rabindranath, eigentl. **Thakur,** ind. Dichter und Philosoph, * 1861, † 1941; Gedichte, Schauspiele; philosoph. Schriften im Geist der Leidenschaftslosigkeit und Versöhnung (,Der Weg zur Vollendung', 1913). Nobelpreis 1913.

Tagsatzung, 1) in der Schweiz bis 1848 die Versammlung der Gesandten der Orte (Kantone). **2)** in Österreich der Gerichtstermin im Zivilprozeß.

Tagschmetterlinge, die →Tagfalter.

Taegu, Tägu, Provinzhauptstadt in Südkorea, 811 400 Ew.; Textil-, Nahrungsmittelindustrie.

Tagundnachtgleiche, das →Äquinoktium.

Tahar'otgesetze, Reinigungsgesetze des Pentateuchs.

Tah'iti, die größte der →Gesellschaftsinseln, 1042 km², 52 000 Ew.; bis 2237 m hoch, z. T. von Urwäldern bedeckt. Ausfuhr: Kopra, Vanille u. a. Hauptstadt: Papeete. Tourismus. - 1767 entdeckt, 1843 französ. Protektorat, wurde T. 1880 von Frankreich annektiert. Auf T. befindet sich seit 1964 eine französ. Atomversuchsstation.

Tai, Volk vorwiegend palämongolider Rasse, in Hinterindien und S-China, in Birma **Schan,** in Thailand **Thai,** in Indochina **Lao,** in Yünnan **Bai-i** genannt; Talbewohner mit Reisbau, Viehzucht, Handwerk.

Taichu [-tʃu], ·japan. Name von →Taitschung.

Taif'un [chines.] der, orkanartiger Wirbelsturm im Küstengebiet Ostasiens (in Nordamerika **Hurrikan**).

Taiga die, das Wald- und Sumpfland, das ganz N-Sibirien durchzieht.

Taihu [chines. ,Großer See'], flaches Seebecken in der chines. Prov. Kiangsu, ein Teil des Flußgeflechts des Jangtse-Deltas.

Tailfingen, Stadt in Bad.-Württ., 17 300 Ew.; Trikot-, Maschinen-, Möbelindustrie.

Taille [t'aljə, frz.] die, 1) Leibesmitte, Gürtelgegend. 2) [taj], in Frankreich 1439 bis 1789 die regelmäßige Abgabe der Bürger und Bauern an den König.

tailor made [teilə meid, engl.], nach Maß gearbeitet; Schneiderkostüm.

Taim'yr, Halbinsel in N-Sibirien, tundrabedeckt, ein Siedlungsgebiet der Nenzen, Tungusen u. a. **(T.-Nationalbezirk:** 862 100 km², 38 000 Ew., Hauptstadt Dudinka).

Tainan, Stadt auf Taiwan, 449 100 Ew., in der Nähe der Hafenort Anping.

Tainaron, T'änaron, das südlichste Kap des griech. Festlandes, Peloponnes; trug im Altertum ein Poseidon-Heiligtum.

Taine [tɛːn], Hippolyte, französ. Historiker und Geschichtsphilosoph, * 1828, † 1893, wollte mit naturwissenschaftl. Methodik zur geschichtl. Gesetzen gelangen (Milieutheorie). Seine ,Gesch. der engl. Lit.' (4 Bde., 1864) und ,Die Entstehung des modernen Frankreich' (6 Bde., 1875 bis 1893) gehen von der Milieutheorie aus. T.s Kunst der psycholog. und histor. Deutung wurde Vorbild für Zola und Maupassant.

Taipeh, Hauptstadt Taiwans und Nationalchinas, 1,8 Mill. Ew., Univ., landwirtschaftl. Hochschule; kath. Erzbischofssitz; Hütten-, Maschinen- u. a. Ind. Hafen von T.: Kielung.

T'airow [-ɔf], eigentl. **Kornbliet,** Aleksandr, russ. Regisseur, * 1885, † 1950, pflegte einen komödiant., expressiven Darstellungsstil.

Taischan, heiliger Berg Chinas, Prov. Schantung, 1545 m; taoistische Tempel.

Taitschung, engl. **Taichung,** Stadt auf Taiwan, 414 300 Ew.

Taiwan [chines., japan.], portugies. **Formosa,** Insel vor der südchines. Küste. Politisch bildet sie mit den Penghu-Inseln (Pescadores) und den dem chines. Festland vorgelagerten Inseln Quemoy und Matsu die **Nationale Republik China** (amtl. **Ta Chung-Hua Min Kuo),** 35 961 km² mit 14,424 Mill. Ew.; Hauptstadt: Taipeh; Amtssprache: Chinesisch. ⊕ IV/V, Bd. 1, nach S. 320. ⬭ S. 1179. □ Bd. 1, S. 392. Im O trägt T. eine bewaldete Hochgebirgskette (3950 m), die nach W terrassenförmig in eine fruchtbare Ebene übergeht. Im N herrscht subtrop. Klima, im S trop. Monsunklima. Die Bevölkerung setzt sich aus ,Taiwanesen' und rd. 2,5 Mill. ,Festlandchinesen' zusammen. Hauptreligionen: Konfuzianismus, Buddhismus, Taoismus. 6 Universitäten.

Rd. 30% der Fläche werden landwirtschaftl. genutzt (davon ²/₃ mit Bewässerung): Reis, Tee, Bananen, Ananas, Rohrzucker, Süßkartoffeln, Sojabohnen, Erdnüsse. Steinkohle-, Erdöl-, Erdgas-, Salzund Marmorlager werden ausgebeutet.

Taiwan: Reisanbau

Die hochentwickelte Industrie erzeugt bes. Textilien, chem. Produkte, Stahl, Zucker, Motoren, Maschinen. Haupthandelspartner: Japan, USA. Das Eisenbahnnetz ist etwa 4600 km, das Straßennetz 16 800 km lang. Haupthafen: Kielung, Hauptflughafen: Taipeh.

Geschichte (→chinesische Geschichte). Taiwan· war 1624-62 von den Niederländern, seit 1683 von China besetzt. 1895 bis 1942 war es japan. Außenbesitz, danach Bestandteil Japans. 1945 wurde es an China zurückgegeben; im Dez. 1949 zog sich die Kuomintang-Regierung unter Tschiang Kai-schek auf die Insel zurück und rief hier am 1. 3. 1950 die nat. Rep. aus. Der Staat gehört zu den Gründermitgl. der UNO und war dort bis 1971 die einzige Ver-

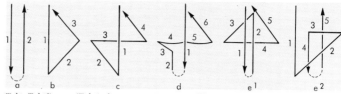

tretung Chinas. 1971 verlor die Nat. Rep. China nicht nur ihren ständigen Sitz im Sicherheitsrat der Vereinten Nationen, sondern ihre Mitgliedschaft in dieser Organisation überhaupt. 1955 wurde ein Sicherheitspakt mit den USA geschlossen, die Luft- und Flottenstützpunkte in T. unterhalten.

Taiyüan, die Hauptstadt der chines. Prov. Schansi, 1,1 Mill. Ew., Universität; Maschinen- u. a. Industrie.

Tajo [t'axɔ] der, portugies. **Tejo** [t'ɛʒu], der längste Strom der Pyrenäenhalbinsel, 1008 km lang, nur in Portugal schiffbar, mündet bei Lissabon in den Atlantik.

Tajum'ulco [taxu-], Vulkan in Guatemala, 4210 m hoch.

Takamatsu, Provinzhauptstadt auf Schikoku, Japan, 271 000 Ew.; Fährverkehr nach Honschu; Kunstseidenindustrie.

Takao, Stadt auf Taiwan, →Kaohsiung.

Takaoka, Stadt auf Honschu, Japan, 158 000 Ew.; chem. u. a. Industrie.

Takasaki, Stadt auf Honschu, Japan, 184 000 Ew.; Seidenspinnerei und -weberei.

Takelage ['-[a:ʒə] die, **Takelwerk, Takelung,** Sammelbez. für das stehende und laufende Gut, bes. auch für die typ. Anordnung von Masten, Rundhölzern und Segeln.

Takelriß, die zeichnerische Darstellung der Takelage beim Segelschiff.

Takla Mak'an, Sandwüste im Tarimbekken.

Takor'adi, →Sekondi-Takoradi.

Takt [lat.], **1)** Empfinden für das Angemessene. **2)** ♩ die Einteilung eines Töneablaufs in eine regelmäßig wechselnde Folge betonter (schwerer) und unbetonter (leichter) gleichlanger Zeiteinheiten und ihre Zusammenfassung in Gruppen von gleichlanger Dauer. Die Gliederung ist zwei- oder vierteilig (**gerader T.**) oder dreiteilig (**ungerader T.**). Begrenzt wird jeder T. durch den **Taktstrich.** Die Taktart wird zu Beginn eines Stücks und bei Taktwechsel durch einen Bruch angegeben (**Taktvorzeichnung**), dessen Nenner angibt, welcher Notenwert die Zählzeit bildet, und dessen Zähler die Anzahl der Zählzeiten bestimmt.

Taktik [grch.] die, **1)** Führung von Truppen im Gefecht. **2)** kluge Berechnung.

Taekwon-Do [korean.] , japan. ‚Tae‘: springen, stoßen und schlagen, ‚Kwon‘: Faust, ‚Do‘: Weg], moderne, in Korea weiterentwickelte Form der althergebrachten asiat. Selbstverteidigungssysteme. T. ist am ähnlichsten dem →Karate; im Vgl. jedoch noch größerer Wert auf Sprünge, Wendungen und blitzschnelles Zustoßen gelegt.

Tal, eine lange, verhältnismäßig schmale Hohlform der Erdoberfläche, entstanden durch die Arbeit des fließenden Wassers (**Erosions-T.**), durch Brüche und Spalten der Erdoberfläche oder durch Einsturz unterirdischer Hohlräume (**tekton. T., Einbruchs-T.**). Nach dem Querschnitt werden unterschieden: **Eng-T.** (Schlucht, Klamm, Cañon), **Kerb-T.** (V-förmig, ohne Talsohle), **Sohlen-T.** (mit Talsohle), **Trog-T.** (U-förmig, von Gletschern überformt), **Mulden-T.** (weite und sanft geneigte Hänge); nach dem Verlauf des T. in bezug auf ein Gebirge: Längs-, Quer-(Durchbruchs-), Diagonal-T.

Talaat Pascha, Mehmed, ein Führer der →Jungtürken, * 1872, seit 1909 Min., 1917/18 Großwesir, verantwortlich für die Ausrottung der Armenier im 1. Weltkrieg, 1919 zum Tode verurteilt, 1921 von einem Armenier ermordet.

Tal'ar [lat.] der, langes Obergewand, bes. Amtskleid von Gerichtspersonen, Geistlichen, Hochschulprofessoren.

Talbot, William Henry Fox, engl. Physiker und Chemiker, * 1800, † 1877, erfand die Negativphotographie, war maßgebl. an der Entzifferung der Keilschrift beteiligt.

Talcahuano [talkaw'ano], Hafenstadt in

Chile, an der Bucht von Concepción, 98 800 Ew.; Schiffbau.

Tal'ent [grch.] das, **1)** altgriech. Gewichts- und Geldeinheit, = 60 Minen, = 6000 Drachmen. **2)** angeborene Begabung.

talent'iert, begabt.

Taler, zuerst in Joachimsthal in Böhmen (seit etwa 1515) geprägte Silbermünze, von 1566 bis um 1750 die amtl. Währungsmünze des Reichs, 1908 durch das Dreimarkstück ersetzt. Den Namen übernahmen früh andere Länder.

Talg, tier. Fett, bes. von Rind, Schaf, Ziege, Hirsch, mit verhältnismäßig hohem Schmelzpunkt (45-50°C). Beim Ausschmelzen bei 60°C gewinnt man Fein-T., aus dem bei 35°C dort Auspressen Oleomargarin abläuft. Der Rückstand ist Preß-T. T. ist Rohstoff für Margarine, Kerzen, Seife u. a.

Talgdrüsen, ⚕ ♀ die das Haar einfettenden Haarbalgdrüsen in der Haut.

Tali'en, Stadt, Hafen, →Lüta.

Tali'on [lat.], die Vergeltung von Gleichem mit Gleichem, in vielen älteren Rechten als Strafrechtsgrundsatz enthalten, z. B. im jüdischen und german. Recht.

T'alisman [frz.] der, zauberkräftiger Schutz, glückbringender Gegenstand.

Talk, weißes bis graues, monoklines Mineral der Zusammensetzung $Mg_3Si_4O_{10}(OH)_2$, verwendet für Puder, Appretur u. a. Ist verunreinigt mit Härteren, wird es als Speckstein (Steatit, Seife u. a.) bezeichnet, ein durch feine Verteilung weißes Pulver.

Tallahassee [tæləh'æsi], die Hauptstadt von Florida, USA, 71 900 Ew.; Staatsuniversität von Florida; Holz- u. a. Industrie.

Talleyrand [talər'ã], Charles Maurice Herzog von (1817), Fürst von Benevent (1806 bis 1815), Herzog von Dino (1815), * 1754, †1838, 1788 Bischof von Autun, schloß sich 1789 der Revolution an, verließ die geistl.

Talleyrand   *Torquato Tasso*

Laufbahn, 1797-1807 französ. Außenmin., 1814 an der Rückkehr der Bourbonen beteiligt, sicherte als Außenmin. auf dem Wiener Kongreß Frankreichs europ. Stellung.

T'allinn, früh. Name der Stadt →Reval.

T'allöl, bei der Sulfit-Zellstoffgewinnung als Nebenprodukt anfallendes Gemisch von Fett- und Harzsäuren, weiterverarbeitet für Anstrichmittel.

Talm'a, François Joseph, französ. Schauspieler, * 1763, † 1826, Heldendarsteller.

T'almi [nach dem Erfinder Tallois] das, Messing mit 90% Kupfer und 10% Zink, für Schmuckgegenstände.

T'almud [hebr.] der, die bedeutendste Zusammenfassung der Lehren, Vorschriften und Überlieferungen des nachbibl. Judentums, bestehend aus der **Mischna**, der Aufzeichnung der Religionsgesetze, und der **Gemara**, der Diskussion über die Mischna.

Man unterscheidet den jerusalemischen (palästinensischen) und den umfangreicheren babylonischen T., der allein als verbindlich anerkannt wurde.

Talmud'ismus, Denkart, die jeden möglichen Fall einer Gesetzesübertretung im voraus regelt, entsprechend dem Talmud.

Talon [tal'õ, frz.] der, **1)** der Erneuerungsschein an Wertpapieren. **2)** Kartenspiel: nach dem Geben verbleibende Karten.

Talsperre, eine Stauanlage, die quer zum Wasserlauf das ganze Talbreite abschließt und einen Stausee bildet, der als Speicher benutzt wird. T. dienen der Trinkwasserversorgung, der Bewässerung, der Schifffahrt, der Niedrigwasseraufbesserung, dem Hochwasserschutz (Ausgleichsbecken), der Erzeugung elektr. Energie. - Das **Stauwerk** kann ein →Staudamm oder eine Staumauer sein. Die Standsicherheit der **Gewichtsstaumauern** mit geradlinigem Verlauf der Krone zwischen den beiderseitigen Talhängen beruht allein auf ihrem Gewicht. Bei **Bogengewichtsmauern** ist die Standsicherheit durch die Bogenwirkung erhöht. Die neuere, wirtschaftlichere und sicherere **Bogenstaumauer** wird bogenförmig zwischen den Talhängen geführt, geeignet für tiefe Täler mit Steilhängen. Bes. geringe Mauerstärken erfordern die **Schalen-** und die **Kuppelstaumauer.** Die aufgelöste Bauweise der ebenfalls geradlinig verlaufenden **Pfeilerstaumauer** eignet sich für breite und flache Täler bei mittleren Stauhöhen. Sie wird meist als **Pfeilerkopfmauer** ausgeführt. (Bild S. 1225)

T'alvio, Maila, eigentlich Maria Mikkola, finn. Schriftstellerin, * 1871, † 1952; Romane ‚Die Kraniche' (1919), ‚Die Tochter der Ostsee' (1929-36) u. a.

Tamar'inde [arab.] die, baumförm. Zäsalpiniengewächse der trop. Afrikas. Das Fruchtmus (**T.-Mus**) ist Abführmittel.

Tamar'iske [lat.] die, Bäume und Sträucher Asiens, Afrikas, Süd- und Westeuropas. Arten mit immergrünen Rutenzweigen und roten Blüten sind Zierpflanzen.

Tamaul'ipas, Staat der Rep. Mexiko, 79 829 km², 1,5 Mill. Ew. Hauptstadt: Ciudad Victoria. Anbau: Zuckerrohr, Baumwolle u. a.; Erdöl.

Tambour [tãb'u:r, frz.] der, **1)** Trommelschläger. **2)** 🏛 der zylindr. oder polygonale, meist von den Lichtöffnungen durchbrochene Unterbau einer Kuppel. **3)** runder Stickrahmen.

Tambourmajor, ✠ Bataillonstambour.

Tamb'ow, Stadt in der Russ. SFSR, an der Bahn Moskau-Saratow, 229 000 Ew.; Maschinenwerke u. a. Industrie.

T'amburin das, eine Felltrommel, auch mit Schellen, dient zur Tanzbegleitung.

T'amerlan, →Timur.

Tam'ilen, die dunkelhäutige (melanide) Bevölkerung SO-Indiens und N-Ceylons. Ihre Sprache, das **Tamili**, eine Drawidasprache mit eigener Schrift, wird von rd. 35 Mill. Menschen gesprochen.

Tam'ina die, linker Zufluß des Rheins bei Bad Ragaz, Schweiz, 26 km lang, kommt aus dem Sardonagletscher.

Tamm, Igor Jewgenjewitsch, sowjet. Physiker, * 1895, Prof. in Moskau, erhielt 1958 für seine Untersuchungen über den Tscherenkow-Effekt zusammen mit Tscherenkow und Frank den Nobelpreis für Physik.

Tammann, Gustav Heinrich, Chemiker,

Talsperren (in Auswahl)

Talsperre (Wasserlauf; Orts- oder Gebietsangabe; Jahr der Fertigstellung)	Stauinhalt Mill. m³	Staubauwerk in m Höhe	Kronenlänge
Bundesrep. Dtl.			
Schwammenauel (Rur; Rurberg; 1959)	205	72	480
Edersee (Eder; Hemfurth; 1914)	202	48	400
Forggensee (Lech; Füssen u. Roßhaupten; 1952)	165	37	280
Möhne (Möhne; Günne; 1913)	135	33	640
Schluchsee (Schwarza; Schluchsee; 1932)	108	63	250
Dt. Dem. Rep.			
Bleiloch (Saale; Saalburg; 1932)	215	65	225
Hohenwarte (Saale; Hohenwarte; 1941)	198	75	412
Rappbode (Bode; Wendefurth; 1957)	110	110	430
Österreich			
Gepatsch (Faggenbach; Tirol; 1964)	140	153	630
Limberg (Kapruner Ache; Hohe Tauern; 1951)	86	120	350
Moserboden (Kapruner Ache; Hohe Tauern; 1955)	87	104	426
Drossen (Kapruner Ache; Hohe Tauern; 1955)		112	357
Schweiz			
Grande Dixence (Dixence; Wallis; 1962)	400	284	700
Mauvoisin (Drance; Wallis; 1958)	180	237	520
Punt de Gall (Spöl; Graubünden; 1969)	165	130	540
Frankreich			
Serre Ponçon (Durance; Alpen; 1961)	1 270	129	600
Italien			
Val de Lei (Reno di Lei; Lombardei; 1960)	200	143	690
Spanien			
Canellas (Rio Flumen; Huesca; 1960)	678	150	210
Portugal			
Castelo do Bode (Tejo; Santarém; 1951)	1 100	115	402
Jugoslawien/Rumänien			
Eisernes Tor (Donau; Orşova; 1972)	2 000	58	441
Schweden			
Seitevare (Luleälv; Norbottenslän; 1968)	1 650	106	1 450
Sowjetunion			
Bratsk (Angara; Irkutsk; 1964)	169 270	125	5 250
Krasnojarsk (Jenissej; Mittelsibirien; 1970 i. B.)	73 300	124	1 065
Nurek (Wachsch; Tadschik. SSR; 1970 i. B.)	10 500	317	730
Indien			
Nagarjunasagar (Krischna; Andhra Pradesch)	11 315	124	4 650
Japan			
Tokokura (Tokokura; 1960)	494	145	462
Ägypten			
Assuan II (Nil; Assuan; 1968)	164 000	111	3 820
Ghana			
Akosombo (Volta; Aschanti; 1965)	148 000	141	640
Uganda			
Owen Falls (Weißer Nil; Jinja; 1954)	204 800	30	825
Rhodesien und Sambia			
Kariba (Sambesi; 1959)	160 368	128	617
Moçambique			
Cabora Bassa (Sambesi; Projekt)	159 600	160	303
Kanada			
Daniel Johnson (Manicouagan; Quebec; 1968)	141 975	214	1 305
Verein. Staaten			
Hoover (bis 1949 Boulder) Dam (Colorado des Westens; Nevada; 1936)	38 547	221	379
Grand Coulee (Columbia River; Washington; 1942)	12 340	168	1 280
Oroville (Feather; Kalifornien; 1968)	4 298	236	2 316

* 1861, † 1938, arbeitete über Festkörperreaktionen, intermetallische Verbindungen und Legierungen.

Tammany Hall [t'æməni hɔ:l], Versammlungshaus 1789 in New York, Philadelphia u. a. Städten gegr. patriot. Bruderschaft, später Mittelpunkt der Demokratischen Partei.

T'ammerfors, schwed. für →Tampere.

Tamm'uz [hebr.], ein babylon. Fruchtbarkeits- und Auferstehungsgott.

T'amp(en) der oder das, ↘ Tauende.

Tampa [t'æmpə], Hafenstadt und Kurort in Florida, USA, an der T.-Bucht, 278 000 Ew.; Univ.; Tabak-, Nahrungsmittelind.

T'ampere, schwed. **Tammerfors,** Industriestadt in S-Finnland, 155 600 Ew.; Textil-, Papier-, Maschinenindustrie.

Tamp'ico, Hafenstadt im Staat Tamaulipas, Mexiko, 151 300 Ew.; Erdölgebiet.

Tampon [tãp'ɔ̃, frz.] der, ♂ Bausch aus Watte, Mull u. a. zum Aufnehmen von Blut, Stillen von Blutungen und Ausstopfen von Wundhöhlen.

Tamtam [frz. aus ind.] das, der →Gong.

tan, tang, tg, △ Abk. für Tangens.

TAN, Technisch begründete Arbeitsnorm, in der Dt. Dem. Rep. der der Lohnberechnung dienende Leistungsmaßstab.

T'ana, 1) Fluß in Kenia, vom Aberdare-Gebirge zum Ind. Ozean. **2)** T., Tanaälv, finn. Tenojoki, Grenzfluß zwischen Norwegen und Finnland, mündet in den Tanafjord.

T'anagra, altgriech. Stadt östl. von Theben, in deren Gräberfeld zahlreiche bemalte Terrakottastatuetten aus dem 4. und 3. Jahrh. v. Chr. gefunden wurden **(T.-Figuren).**

Tanagra|theater [nach den Tanagra-Figuren], Miniaturbühne, auf der nur die mehrfach verkleinerten Spiegelbilder der Schauspieler erscheinen.

Tanaka, Kakuei, japan. Politiker, * 1918, 1971 Min. für Außenhandel und Entwicklung, seit 1972 Vors. der Liberaldemokrat. Partei und MinPräs.

Tananar'ive, die Hauptstadt von Madagaskar, im inneren Hochland, 364 500 Ew.; kath. Erzbischofssitz, Univ.; Flughafen; Nahrungsmittel- u. a. Ind. T. wird überragt vom ehem. Königspalast der Howas.

T'anasee, See in Äthiopien, 3630 km² groß, 1830 m ü. M., Abfluß: Blauer Nil.

T'andem [engl.] das, **1)** Gespann von zwei Pferden hintereinander. **2)** ein Fahrrad für zwei Personen, die hintereinander sitzen. **3)** zwei hintereinandergeschaltete Antriebe bei Maschinen, z. B. ein elektrostat. Teilchenbeschleuniger, bei dem die Beschleunigung in zwei Stufen erfolgt. Negative Ionen werden durch eine positive Hochspannung beschleunigt, passieren in der Hochspannungselektrode einen Gaskanal, wo sie ihre Elektronen verlieren, also zu positiven Ionen werden, und werden erneut durch die Hochspannung - diesmal durch Abstoßung - beschleunigt. T. für Protonenenergien bis 20 MeV werden in der Kernphysik verwendet.

Tandschur, engl. **Tanjore,** Stadt in Madras, Indien, 111 000 Ew., berühmter Schiwatempel; Kunstgewerbe.

Tang [dän.] der, Algenpflanzen, insbes. große Meeres-Braunalgen.

Tanganj'ika, Teil der Republik →Tansania.

Tanganj'ikasee, langgestreckter See im Zentralafrikan. Graben, 773 m ü. M., 34 000 km² groß, bis 1435 m tief; sehr fischreich. Abfluß ist der Lukuga.

Tang'are [Tupisprache] die, Fam. den Ammern verwandter Singvögel Mittel- und Südamerikas.

Tang-Dynastie, chines. Kaiser, 618-907.

Tange, Kenzo, japan. Architekt, * 1913; Hauptwerke: Bebauungsplan für Tokio (1960). Planung der Weltausstellung in Osaka.

T'angens der, eine →Winkelfunktion.

Tang'ente die, △ eine Gerade, die eine Kurve in einem Punkt berührt. Bei krummen Flächen gibt es im allgemeinen in jedem Punkt eine **Tangenti'alebene,** in der alle T. durch diesen Punkt liegen.

Tangentenbussole, einfacher Strommesser aus einer senkrecht und in magnet. N-S-Richtung gestellten Drahtschleife, in der eine Magnetnadel horizontal schwingt.

T'anger, arab. **Tandscha,** Stadt in Marokko, an der Straße von Gibraltar, rd. 180 000 Ew.; bedeutender Hafen- und Handelsplatz, Konserven- u. a. Industrie. - Das antike Tingis war seit röm. Kaiserzeit die Hauptstadt der Prov. Mauretania Tingitana, seit etwa 682 arabisch, seit 1471 portugiesisch, seit 1580 spanisch, 1661-84 britisch, seit 1912 internationalisiert, 1923 entmilitarisiert, 1941-45 spanisch; 1956 kam T. an Marokko.

Tangerm'ünde, Stadt im Bez. Magdeburg, an der Elbe, 13 100 Ew.; alte Backsteinbauten: u. a. Stadttore, Stephanskirche (1185, seit Anfang des 15. Jahrh. Hallenkirche); Rathaus (1430); Süßwaren- u. a. Ind.

tang'ieren [lat.], berühren.

T'ango, argentin. Gesellschaftstanz, seit 1911 in Europa; meist in langsamem Allabreve- oder ⁴/₈-Takt mit Synkopen.

Tangschan, Stadt in der chines. Prov. Hopei, 800 000 Ew.; Steinkohlenbergbau, Eisen-, Stahl-, Zementindustrie.

Tanguy, Yves, franzős. Maler, * 1900, † 1955, schuf, ausgehend von G. de Chirico, traumhaft surrealist. Bilder.

TANJUG, jugoslaw. Nachrichtenagentur.

Tank [engl.] der, geschlossener Behälter für Flüssigkeiten oder Gase. - T. wurde im ersten Weltkrieg von den Engländern als Tarnwort für Panzerwagen benutzt, dann allgemein dafür verwendet.

Tanker, ein Schiff zum Transport flüssiger Ladung (meist Mineralöl); die Brücke ist mittschiffs, die Antriebsanlage achtern. Die Laderäume, mit Entlüftungs- und

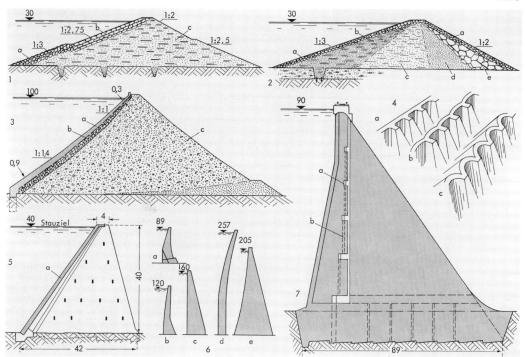

Talsperre; **1** Erddamm; a Steinwurf, b Betonsteine, c Dammasse (mergelig). **2** Filterartiger Damm; a Steinwurf, b dichtes Material (bis 50% Lehm), c 30-20% Lehm, d Kies, e Felsschüttung. **3** Geschütteter Steindamm; a Platten aus Stahlbeton mit Fugendichtung, b Bruchsteinpackung, c Steindamm. **4** Pfeilerstaumauern; a lotrechte Plattenwand, b lotrechte, segmentförmige Stauwand, c schrägliegende, gewölbte Stauwand. **5** Pfeiler-Plattensperre, a wasserdichte Stahlbetonplatte. **6** Verschiedene Bogenstaumauern; a Limberg, b Tignes, c Vajont, d Ross-Sperre, e Marèges. **7** Gewichtsmauer; a Prüfschacht und -gänge, b lotrechte Entwässerung

Feuerschutzeinrichtungen, sind so unterteilt, daß die Stabilität nicht gefährdet ist.

Tanklöschfahrzeug, ein Feuerlöschfahrzeug, →Feuerlöschgeräte.

Tankstelle, eine Anlage zur Versorgung von Kraftfahrzeugen mit Schmier- und Kraftstoffen. Diese werden durch Pumpen aus unterirdischen Behältern zur Zapfstelle (Tanksäule) gefördert und über Durchflußmeßuhren und Preisrechner in den Tankschlauch gedrückt.

Tankwagen, ein Eisenbahn- oder Straßenfahrzeug zum Transport flüssiger oder gasförmiger Ladung.

Tankwart, Lehrberuf in Ind., Handel, Verkehr zur Ausführung kleinerer Wartungsarbeiten an Kraftfahrzeugen; Ausbildungszeit 3 Jahre.

Tann'ate, ♡ gerbsaure Salze.

Tanne, Nadelbaumgatt. mit flachen, vorn stumpfen oder eingekerbten Nadeln und aufrechten Zapfen, die auf dem Baume zerfallen. Die **Weiß-T. (Edel-T.),** bis 65 m hoch, mit weißlicher Rinde, Nadelunterseite mit zwei weißen Streifen, ist in Gebirgen Süddeutschlands häufig, liefert Bau- und Nutzholz. Verschiedene fremdländische T. sind bei uns als Zierbäume eingeführt **(Silber-T.** u. a.). Die **Rot-T.** ist eine →Fichte, die **Zimmer-T.** eine →Araukarie.

Tännel der, krautige, tännchenähnl. Pflanzen wie die Sumpfpflanze **Tannenwedel,** halbliegend, mit stäbchenförmigen Blättchen.

Tannenberg, Gem. in Ostpreußen. - 15. 7. 1410 Sieg der Polen und Litauer über den Dt. Orden. - 26.-30. 8. 1914 Sieg der Deutschen unter Hindenburg und Ludendorff über die Russen unter Samsonow. Das 1927 eingeweihte **T.-Nationaldenkmal** bei Hohenstein wurde 1945 von den Deutschen gesprengt.

Tannenhäher, ein 30 cm langer, dunkelbrauner, weißgetupfter Rabenvogel der Nadelwälder.

Tanner, Väinö, finn. Politiker (Sozialdemokrat), *1881, †1966, 1927 MinPräs., 1937 bis 1944 mehrfach Minister; wegen Beteiligung an der Kriegserklärung 1941 Ende 1944 verurteilt. 1957-63 (wie vorher seit 1930) wieder Vors. der Sozialdemokrat. Partei.

Tannhäuser, mhd. **Tannhuser,** mittelhochdt. Lyriker, etwa 1205-70, wahrscheinlich aus Bayern. In der Sage wird T. von Frau Venus in den Zauberberg gelockt. Er sucht Rettung seiner Seele durch eine Wallfahrt nach Rom. Durch einen harten Spruch des Papstes verzweifelt, kehrt er in den Venusberg zurück, ohne von seiner Rettung erfahren zu haben, die Gott durch das Wunder des grünenden Wanderstabes kundgetan hat. Oper von R. Wagner (1845).

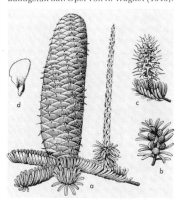

Edeltanne: a Zweig mit Fruchtzapfen und davon verbliebener Spindel, b männl. Blütenstände, c weibl. Blütenzapfen, d Samen am Flügel

Tann'in das, **Gallusgerbsäure,** aus Galläpfeln gewonnener Gerbstoff, wird in der Baumwollfärberei und Medizin (als zusammenziehende Mittel) verwendet.

T'annu-ol'a, Hochgebirgskamm (bis 2930 m hoch) im nördl. Innerasien.

T'annu-Tuw'a, früherer Staat in Asien, →Tuwinische Autonome Sozialistische Sowjetrepublik.

Tans'ania, engl. **Tanzania,** die Vereinigte Republik von Tanganjika (937 058 km²) und Sansibar (mit Pemba 2643 km²), in Ostafrika, 939 701 km² mit 13,27 Mill. Ew. Hauptstadt: Daressalam, Amtssprache: Suaheli. Religion: Rd. 43% der Ew. sind Anhänger von Naturreligionen, 31% Muslime, 17% kath., 8% evang. Christen. ⊕ II/III, Bd. 1, nach S. 320. Nach der Verf. von 1965 ist Staatsoberhaupt und Regierungschef der Präs. ⛀ S. 1179. ▯ Bd. 1, S. 392. Währung: 1 T-Schilling (T. Sh.) = 100 Cents.

T. umfaßt die der Küste vorgelagerten Inseln Sansibar und Pemba sowie das Gebiet Tanganjika, das sich von der mittleren Ostküste Afrikas landeinwärts über ein Küstenhügelland und weite Hochflächen bis zum Zentralafrikan. Graben erstreckt, von Inselbergen, gehobenen Schollen und vulkan. Ergüssen überragt (Kilimandscharo 5895 m); es hat im W Anteil am Tanganjikasee, im N am Victoriasee. Das trop. Klima ist an der Küste und auf den Inseln heiß, im Hochland sind Temperaturen und Niederschläge geringer. In der Bevölkerung überwiegen die Bantu mit über 100 Stämmen; rd. 2% Asiaten, Araber, Europäer. Schulpflicht bisher nur in wenigen Distrikten (seit 1965), über 80% Analphabeten.

Wirtschaft. In der Landwirtschaft werden für den Eigenbedarf Hirse, Mais, Reis, Hülsenfrüchte angebaut, für den Markt Kaffee, Baumwolle, Ölsaaten, Cashewnüsse, in Plantagen Sisal (2. Stelle der Welterzeu-

1 *Tanzende Mänade (Wandmalerei aus Pompeji; Neapel, Nationalmuseum).* **2** *‚Tanz im Garten' (französ. Miniatur, 13. Jahrh.; Paris, Nationalbibliothek).* **3** *Tanzende Todesgöttin Kali, Indien.* **4** *Tanzfigur des Flamenco, Spanien.* **5** *Pfauentanz, China*

gung), Tee, Zuckerrohr und Kokospalmen. Die Inseln liefern bes. Gewürznelken (1. Stelle der Welterzeugung), daneben Kopra. Viehhaltung, Bergbau (Diamanten, Salz) und Industrie sind unbedeutend. Fremdenverkehr (z. B. zum Serengeti-Nationalpark). Ausfuhr: Kaffee, Baumwolle, Sisal, Diamanten. Haupthandelspartner: Großbritannien, USA. Verkehr: 2600 km Eisenbahn (nur Tanganjika), eine Strecke nach Sambia ist mit Hilfe der VR China im Bau. Straßen: rd. 50 000 km (nur 3000 km befestigt). Haupthäfen: Daressalam und Sansibar, internat. Flughafen: Daressalam. Binnenschiffahrt auf Tanganjika- und Victoriasee.

Geschichte. Aus dem Hauptteil des ehem. Schutzgebietes Deutsch-Ostafrika schuf der Völkerbund 1920 das Mandatsgebiet Tanganjika und übertrug es Großbritannien. 1946 wurde Tanganjika Treuhandgebiet der Verein. Nationen. Am 9. 12. 1961 wurde es souverän; ein Generalgouverneur vertrat die brit. Krone. Am 9. 12. 1962 wurde Tanganjika Republik innerhalb des Commonwealth. Präsident wurde J. Nyerere. Im April 1964 schlossen sich Tanganjika und →Sansibar zur Republik von Tanganjika und Sansibar unter dem Namen T. zusammen.

T′anta, Prov.-Hauptstadt in Unterägypten, im Nildelta, 230 000 Ew.; islam. Hochschule; Handel, Messen.

T′antal *das,* **Ta,** chem. Element, Metall, Ordnungszahl 73, Atomgewicht 180,948,

Schmelzpunkt 3000° C, Siedepunkt etwa 4100° C, spezif. Gewicht 16,65, grauweiß, hart, zäh, dehnbar, dient zur Herstellung von chem. Apparaten, chirurg. Instrumenten, Spinndüsen u. a. Wichtigstes T.-Mineral ist der **Tantal′it.**

T′antalos, latein. **Tantalus,** griech. Mythos: mächtiger König, Vertrauter der Götter; er mußte wegen seines Vergehens (→Pelops) in der Unterwelt durstend im Wasser stehen, das zurückwich, wenn er trinken wollte; über ihm hingen Früchte, die fortschnellten, wenn er danach griff **(Tantalusqualen).**

Tantieme [tātj′ε:mᵊ, frz.], Gewinnanteil, meist als Vergütung für geleistete Dienste an leitende Angestellte, Aufsichtsrat-, Vorstandsmitglieder gezahlt. T. wird auch die Vergütung für Autoren und Komponisten genannt.

Tantiemesteuer, die Aufsichtsratsteuer.

T′antra [Sanskrit], religiöse Schriften der ind. Literatur, die sich bes. mit Magie und Mystik beschäftigen. Nach der Lehre des **Tantr′ismus** (um 500) steht alles im Weltall in myst. Verbindung miteinander.

Tanz. Die Entwicklung des T. reicht in die Frühzeit der Kulturen zurück, er war meist kultisch gebunden. Im christl. Abendland bildete sich ein sozial gebundener unkult. Gesellschafts- und →Volkstanz ständ. Charakters aus.

Kunsttanz. Aus den Schautänzen und Aufzügen der Höfe entstand das →Ballett. Um die Wende zum 20. Jahrh. entfaltete sich

der **Ausdruckstanz** als tänzerische Gestaltung seel. Erlebnis (Isadora Duncan, Mary Wigman u. a.).

Der **Gesellschaftstanz** entstammt dem höf. Leben. Eine Blütezeit erlebte er an den italienischen, französ., später auch den dt. Fürstenhöfen des 16.-18. Jahrh. Neue Formen brachte das 19., den Bruch mit der Tradition das 20. Jahrh., als nord-, mittel- und südamerikanische Tanzformen sich international durchsetzten.

16.-18. Jahrhundert

Allemande ($^4/_4$) - Bourrée ($^4/_4$) - Bran(s)le ($^2/_2$, $^3/_4$) - Chaconne ($^3/_4$) - Courante ($^3/_4$, $^6/_4$) - Gagliarde (Gaillarde) ($^3/_4$) - Gavotte ($^2/_2$) - Gigue ($^6/_8$) - Loure ($^3/_8$, $^6/_4$) - Menuett ($^3/_4$) - Moresca ($^3/_2$) - Passacaglia ($^3/_4$) - Passamezzo ($^2/_2$) - Pavane ($^2/_2$) - Rigaudon ($^2/_2$) - Sarabande ($^3/_4$).

19. Jahrhundert

Paartänze: Galopp ($^2/_4$) - Mazurka ($^3/_4$) - Polka ($^2/_4$) - Rheinländer ($^2/_4$) - Walzer ($^3/_4$). Gruppentänze: Anglaise ($^3/_4$, $^3/_8$) - Ecossaise ($^2/_4$) - Française ($^2/_4$) - Polonaise ($^3/_4$) - Quadrille ($^2/_4$).

20. Jahrhundert

um 1900: Cakewalk ($^2/_4$); um 1910: English Waltz ($^3/_4$) - Foxtrott ($^2/_4$, $^4/_4$) - Tango ($^2/_4$, $^4/_8$); um 1920: Black-bottom ($^4/_4$) - Blues ($^4/_4$) - Boogie Woogie ($^4/_4$) - Charleston ($^2/_4$) - Onestep ($^2/_4$) - Paso doble ($^2/_4$, $^6/_8$) - Shimmy ($^2/_4$) - Slow Fox ($^4/_4$) - Twostep ($^2/_4$) - Boston ($^3/_4$); um 1930: Jitterbug ($^4/_4$) - Rumba ($^4/_4$); um 1940: Mambo ($^4/_4$); um 1950: Samba ($^2/_4$, $^4/_4$) - Rock'n 'Roll ($^4/_4$) -

*Tapete: oben Deutsche Wachstuch-
tapete, um 1700; unten Französische Pa-
piertapete, um 1760, ein früher mehrfarbi-
ger Handdruck (Kassel, Deutsches
Tapetenmuseum)*

Calypso (⁴/₄, ⁶/₄) - Raspa (⁶/₈) - Cha-Cha-
Cha (⁴/₄); um 1960 Twist (²/₂), Beat u. a.

Tanzlied, Tanzmusik in wortgebundener
Form; im MA. stroph. T. (Reigen) und un-
stroph. Tanzleich; das T. der Gegenwart ist
bes. der Schlager.

Tanzmaus, eine erbliche Spielart der
Hausmaus, die infolge von Veränderungen
im Ohrinnern und im Gehirn in Kreisen
herumwirbelt.

Tanzschrift, die →Choreographie.

Tao [chines.] *das,* Grundbegriff der
chines. Philosophie: im Taoismus das alle
Erscheinungen bestimmende Weltgesetz,
das nicht mit dem Verstand, sondern nur in
myst. Versenkung erfaßbar ist; im Konfuzianismus auch von ethischer Bedeutung.

Tao'ismus, philosoph. Lehre und Religion in China. Der philosoph. T. ist eine
im 4. und 3. Jahrh. v. Chr. entstandene
Richtung der chines. Philosophie, deren
klass. Bücher (z. B. von Lao-tse) vom
Welturgrund - dem Tao - handeln. Der religiöse T. ist eine weit in die vorchristl. Zeit
zurückreichende Religionsform mit Göttern und Geistern, Exorzismus und Wahr-
sagerei. Der heutige Vulgär-T. ist ein
synkretist. Volksglaube, in dem noch
einige alte Götter und Heilige fortleben.

Taorm'ina, Stadt und Seebad an der Ostküste von Sizilien, auf einer Terrasse des
Monte Tauro, etwa 9000 Ew.; Ruinen eines
griech. Theaters; Dom (15. Jahrh.).

Tao-te-king, ,Buch vom Tao und seiner
Kraft', ein dem Lao-tse zugeschriebenes
Werk der chines. Philosophie.

Tapajós [-ʒ'ɔs], rechter Nebenfluß des
Amazonas in Brasilien, 1992 km lang.

Tap'ete, eine Wandbekleidung, früher aus
Geweben oder Leder, jetzt meist aus Papier, das in Bahnen von genormter Breite

*Tapete: Befestigung der Messingstreifen
auf einer Druckwalze*

auf Rotationsmaschinen bedruckt wird
(bis 20 Farben). Durch Bestäuben der mit
Leinölfirnis bestrichenen Papierbahn entsteht **Velours-T.;** bei **Seidenglanz-T.** wird
das Papier mit Glimmer oder Bronze bestrichen; bei **gepreßten** oder **gaufrierten T.**
wird ein Muster eingeprägt, **abwaschbare
T.** erhalten eine Deckschicht aus oxydier-
tem Leinöl und Harz. (→Rauhfaserpapier)

Tapez'ierer, vollhandwerklicher Beruf,
oft mit dem des Polsterers, Dekorateurs,
Sattlers verknüpft; dreijährige Lehrzeit.

Tapi'oka *die,* Mehl aus der Wurzelknolle
von →Maniok.

T'apir [Tupisprache] *der,* Unpaarhufer
mit kurzem, beweglichem Rüssel und
schwieligen Sohlenballen; in Wäldern
Asiens (**Schabracken-T.**) und Südamerikas (**Einfarbiger T. oder Anta**).

Tapisser'ie [frz.], urspr. die Herstellung
von Wandteppichen, jetzt Weiß- und Bunt-
stickerei.

Tara [ital.] *die,* Abk. **T.,** das Gewicht der
Warenverpackung.

Tar'antel [ital.] *die,* südeurop., hell-
braune, schwarzgestreifte Wolfsspinne, 25

Schabracken-Tapir

bis 37 mm lang, in Erdhöhlen. Der Biß verursacht Entzündung und Schmerzen.

Tarant'ella *die,* neapolitan. Tanz in raschem, sich steigerndem ³/₈- oder ⁶/₈-Takt.

Tar'asken, Indianerstamm in Michoacán
(Mexiko), einst geschickte Keramiker,
Kupferschmiede, Weber. Ihre Sprache
(Tarasco) wird noch von rd. 40 000 Men-
schen gesprochen.

Tar'asp, Kurort in der Schweiz, →Schuls.

Tarbes [tarb], die Hauptstadt des Dép.
Hautes-Pyrénées, im südwestl. Frank-
reich, am Adour, 59 400 Ew.; Maschinen-,
Flugzeug- u. a. Industrie.

T'arbusch *der,* arab. für →Fes.

Tarde [tard], Gabriel, französ. Soziologe,
* 1843, † 1904, untersuchte gesellschaftl.
Neuerungen, Mode, Wiederholung, Nachahmung u. a. als gesellschaftsbildende
Kräfte.

Tardenoisien [tardnwaʒ'ɛ] *das,* eine Kulturstufe der Mittelsteinzeit.

Tardieu [tardj'ø], André, französ. Politiker
(Linksrepublikaner), * 1876, † 1945, war
1929/30 und 1932 MinPräs., wirkte maßgebend auf die Gestaltung des Versailler Vertrags ein.

Tar'ent, italien. **T'aranto, 1)** Prov. in Apu-
lien, Italien, 2436 km², 512 500 Ew. **2)**
Hauptstadt von 1), am Golf von T., 223 400
Ew., kath. Erzbischofssitz mit Dom; Hafen;
Schiffbau u. a. - Um 700 v. Chr. als griech.
Kolonie (Taras) gegr.; 123 röm. Kolonie (Ta-
rentum); seit 540 n. Chr. unter byzantin.,
langobard., arab. Herrschaft, 1063 norman-
nisch; seither teilte es die Geschichte
→Neapels.

T'arget [engl.] *das,* ⊠ Auffangkörper für
energiereiche Strahlen von Teilchenbe-
schleunigern, meist durch Aufdampfen im
Vakuum hergestellte dünnste Schichten.
Im T. werden die für die physikal. Grundlagenforschung wichtigen Kernreaktionen
und Teilchenumwandlungen ausgelöst.

Târgovişte [tərg'oviʃtə], frühere Schreibung für →Tîrgovişte.

Tar'if [frz.] *der,* ein einheitlich festgelegter Preis für bestimmte Lieferungen und
Leistungen, bes. für solche öffentlich-
rechtlicher Art, z. B. Zoll-, Steuer-, Post-,
Bahn-, Energie-T. Über den Lohn-T. →Tarif-
vertrag.

Tarif|lohn, nach Tarifvertrag vereinbarter
Lohn.

Apulische Tarantel mit Eikokon

Tarifregister, ⚖ ein bei dem Bundesarbeitsminister und den Arbeitsministern der Länder geführtes Verzeichnis über Tarifverträge.

Tarifvertrag, ⚖ ein Vertrag zwischen einer Gewerkschaft und einem Arbeitgeber oder Arbeitgeberverband zur Regelung der beiderseitigen Rechte und Pflichten **(schuldrechtl. Teil)** und zur Festsetzung arbeitsrechtl. Normen **(normativer Teil).**

T'arik, arab. Feldherr, setzte 711 von Afrika nach Gibraltar ("Berg der T.') über, schlug die Westgoten und eroberte Córdoba und Toledo.

Tar'im der, der größte Fluß Innerasiens, in Ost-Turkestan, vom Zusammenfluß des Aksu-Darja und Jarkend-Darja ab 1200 km lang, durchfließt das Tarimbecken, mündet in den Lop-nor.

Tar'imbecken, Becken Innerasiens, vom Tarim durchflossen, rd. 975 000 km² groß. Ackerbau ist nur mit Hilfe der Bewässerung möglich.

Tarn, 1) Nebenfluß der Garonne im südl. Frankreich, 375 km lang, kommt aus den Cevennen. 2) Dép. in SW-Frankreich, 5780 km², 332 000 Ew.; Hauptstadt: Albi.

tarnen, verbergen, unsichtbar machen.

Tarn-et-Garonne [tarnɛgar'ɔn], Dép. in SW-Frankreich, 3731 km², 183 600 Ew.; Hauptstadt: Montauban.

Tarnkappe, Volkssage: unsichtbar machender Mantel. Im Nibelungenlied hat sie Siegfried vom König Alberich gewonnen.

Tarn'opol, Ternopol, Gebietshauptstadt im W der Ukrain. SSR, 85 000 Ew.; Bau landwirtschaftl. Maschinen, landwirtschaftl. Verarbeitungsindustrie.

T'arnów [-uf], Stadt im O der Woiwodschaft Krakau, Polen, am Fuß der Beskiden, 86 400 Ew.; Ölraffinerie, Stickstoffwerke, Metall- und Holzindustrie.

T'arnowitz, poln. **Tarnowskie Góry,** Stadt in der Woiwodschaft Kattowitz, Polen, 31 300 Ew.; Metall-, Holz- und Glasindustrie.

Tarntracht, eine Schutztracht, →Mimese.

Tarnung, ⚔ alle Maßnahmen, die eigene Kräfte gegen Sicht, Abhören, Erfassen durch Radar, Wärmepeilung u. ä. decken sollen, z. B. Vernebelung, Tarnanstrich.

T'aro der, Knollenfrucht, →Kolokasie.

Tar'ock das, der, ein Kartenspiel unter drei Spielern mit besonderen Karten: **Groß-T.** mit 78, **Österreich. T.** mit 54, **Bayer. T.** mit 36 Blättern.

Tarp'eja, Römerin, die die Sabiner in die Burg Roms einließ, ursprüngl. wohl Totengöttin, deren Heiligtum am **Tarpejischen Felsen** lag, dem Westabhang des Kapitols. Bestimmte Verbrechen wurden durch Herabstürzen von diesem Felsen gesühnt.

Tarp'on der, **Silberkönig,** Heringsfisch im Antillenmeer, bis zu 2 m lang.

Tarqu'inia, früher **Corneto,** Stadt in der Prov. Viterbo, Italien, 8100 Ew. - In der Nähe das etrusk. **Tarquinii,** im 3. Jahrh. v. Chr. von Rom unterworfen, im 8. Jahrh. n. Chr. von den Sarazenen zerstört. Die in den Felsengrabkammern erhaltenen Fresken gehören zu den Hauptwerken der etrusk. Malerei.

Tarqu'inier, etrusk. Geschlecht, das der Überlieferung nach zwei Könige Roms stellte: **Tarquinius Priscus** ("der Alte"), König (616-579 v. Chr.); **Tarquinius Superbus** ("der Stolze'), letzter König (534-510), Schwiegersohn des Servius Tullius, von →Brutus 1) gestürzt.

Tarrag'ona, 1) Prov. in Spanien, Katalonien, 6283 km², 415 800 Ew. 2) Hauptstadt von 1), an der Küste, 47 600 Ew., kath. Erzbischofssitz, hat antike Stadtmauern, Reste einer röm. Wasserleitung, roman.-got. Kathedrale; Werften, Tabakind., Ausfuhr von Wein.

Tarr'asa, katalan. **Terr'assa,** Industriestadt in Spanien, Katalonien, 133 200 Ew.; Polytechnikum; Textil-, Elektroindustrie.

T'arski, Alfred, poln. Philosoph, * 1902, lebt seit 1942 in Berkeley (Calif.); befaßt sich mit Mathematik, Logik und Semantik.

T'arsos, Stadt in der kleinasiat. Türkei,

57 700 Ew.; Geburtsort des Apostels Paulus.

T'artaros, latein. **Tartarus,** der tiefste Abgrund der Unterwelt, in den Zeus seine Gegner stürzte.

Tart'essos, das **Tharsis** der Bibel, um 1100 bis um 500 v. Chr. Handelsstadt in der Nähe des heutigen Cádiz.

Tart'ini, Giuseppe, italien. Geiger und Komponist, * 1692, † 1770, begründete als Virtuose die neuere Bogentechnik; schrieb rd. 140 Violinkonzerte, 150 Violinsonaten (Teufelstrillersonate), Triosonaten u. a.

Tartr'ate, die Salze der Weinsäure.

Tartsche [frz.] die, mittelalterl. Schild.

T'artu, estn. Name von →Dorpat.

Tartuffe [-t'yf], Titelheld einer Komödie Molières (1664), danach Typ des Heuchlers.

T'arzan, Dschungelheld in den Abenteuerbüchern des amerikan. Schriftstellers E. R. Burroughs (1875-1950).

Täschelkraut, Täschel, Kreuzblütler mit sehr kurzen, taschenförmigen Schötchen, z. B. Hirtentäschel, Hellerkraut.

Taschenbuch, 1) auch **Taschenkalender,** kleines Vormerkbuch. 2) engl. **pocketbook,** Buch, meist in Taschenformat, hervorgegangen aus den Musenalmanachen.

Taschendiebstahl, die Entwendung von Gegenständen aus Taschen oder Kleidungsstücken; wird als "einfacher Diebstahl' bestraft.

Taschenkrankheit, Pilzkrankheit der Pflaume, wobei mißgebildete Früchte entstehen **(Narrentaschen).**

Taschenkrebs, →Krabben.

Taschenlampe, elektr. Handleuchte, meist mit ein bis drei Trockenelementen neben- oder übereinander **(Stablampe).**

Taschenmäuse, mäuseartige, nächtlich lebende Nagetiere Amerikas, mit verlängerten Hinterfüßen, langem Schwanz, spitzer Schnauze und Backentaschen.

Taschenratten, plumpe, etwa 35 cm lange, an Hamster erinnernde Nagetiere mit kräftigen Krallen, in N-Amerika.

Taschenspieler, Zauberkünstler, der mit Fingerfertigkeit Kunststücke vorführt.

Taschi-Lunpo, Klosterstadt in Tibet, westl. von Schigatse, Residenz des Taschi-Lama.

Taschk'ent, Hauptstadt der Usbek. SSR, in einer Oase am Rand des Tienschan, 1,385 Mill. Ew.; wirtschaftl. und kultureller Mittelpunkt Sowjetisch-Zentralasiens mit Universität (gegr. 1918), Akademie der Wissenschaften (gegr. 1943). Industrie: Chemiekombinat, Maschinen, Baumwolle, Leder, Tabak, Konserven; in der Umgebung Seidenraupenzucht.

T'asman, Abel Janszoon, niederländ. Seefahrer, * 1603, † 1659, entdeckte Tasmanien, Neuseeland, die Tonga- und Fidschi-Inseln.

Tasm'anien, Insel im SO Australiens, durch die Bass-Straße vom Festland getrennt, als kleinster Staat des Austral. Bundes mit Nebeninseln 68 000 km² groß mit 390 000 Ew.; Hauptstadt und -hafen: Hobart; Bergbau, Landwirtschaft. Die Bevölkerung ist nach Aussterben der **Tasmanier** (seit 1876) brit. Abkunft. - 1642 von A. Tasman entdeckt, hieß bis 1853 **Vandiemensland.** Seit 1803 engl. Verbrecherkolonie.

T'asmansee, der Meeresteil des Stillen Ozeans zwischen Australien, Tasmanien und Neuseeland, im S bis 5900 m tief.

TASS, die Nachrichtenagentur der Sowjetunion.

Tassaert [-a:rt], Jean-Pierre-Antoine, fläm. Bildhauer, * 1727, † 1788, leitete die königl. Bildhauerwerkstatt in Berlin.

T'assel das, Mantelschließe (13./14. Jahrh.).

T'assilo III., Herzog von Bayern (748 bis 788), † nach 794; bei dem Versuch, sich von der Frank. Herrschaft zu befreien, von Karl d. Gr. abgesetzt; stiftete den **Tassilo-Kelch** dem von ihm gegr. Kloster Kremsmünster.

T'asso, Torquato, einer der größten italien. Dichter, * 1544, † 1595, vollendete am

Hof des Herzogs Alfonso II. von Ferrara seine berühmtesten Werke, führte dann ein unruhiges Wanderleben. T. verschmolz in seiner Dichtung Formschönheit und christl.-romant. Gefühlsreichtum. Gedichte (Madrigale), Schäferspiel "Aminta' (1573), Stanzenepos "Das befreite Jerusalem' (1575); philosophische Dialoge. Schauspiel von Goethe (1790). (Bild S. 1223)

Tass'oni, Alessandro, italien. Dichter, * 1565, † 1635, schuf mit dem "Geraubten Eimer' (1624) für Italien die Gattung des heroisch-komischen Epos.

Tastat'ur [lat.], Tastenwerk, Griffbrett.

Taster der, Meßgerät zum Übertragen von Abmessungen, z. B. vom Maßstab auf das Werkstück oder umgekehrt.

Tastsinn, Druck- und Berührungssinn, die Fähigkeit zu **Tastempfindungen;** diese sind um so feiner, je dichter die **Tastpunkte** auf der Haut liegen. An Fingern **(Tastballen),** Lippen, Zunge stehen die Sinnespunkte am engsten.

Tat, Die T., schweizer. unabhängige Tageszeitung, Zürich, gegr. 1935.

Tatabánya [t'ɔtɔba:njɔ], Stadt in Ungarn, 63 200 Ew.; Braunkohle, Kalkwerke.

Tat'arbeefsteak, rohes gehacktes Rindfleisch mit Eigelb und Gewürzen.

Tat'aren (fälschlich: Tartaren), ursprünglich ein mongol. Stamm, der seit dem 13. Jahrh. viele Türkvölker in sich aufgenommen hat; heute etwa 5 Mill. auf der Krim, im Wolgabecken, in Westsibirien. Ihre Sprache, das **Tatarische,** ist ein Zweig des Türkischen in arab. Schrift.

Tatar'escu, Gheorghe, rumän. Politiker (Liberaler), * 1886, † 1957, war u. a. 1934-37 und 1939/40 MinPräs., 1946/47 Außenmin., danach bis 1955 zeitweilig in Haft.

Tat'arische Autonome Sozialistische Sowjetrepublik, Abk. **Tat. ASSR,** Teilrep. der Russ. SFSR, an der mittleren Wolga und unteren Kama, 68 000 km² mit 3,131 Mill. Ew.; Hauptstadt: Kasan; Getreidebau, Maschinen-, chem. Industrie.

Weiße Pfautauben

tatau'ieren, tätowieren, das Einbringen von Farbstoffen unter die menschl. Haut in Mustern oder Zeichnungen; bei Naturvölkern aus kult., sozialen oder Schmuckgründen; daneben bes. bei Seeleuten.

Tatbestand, 1) Strafrecht: die Gesamtheit der Merkmale, aus denen sich eine strafbare Handlung zusammensetzt. Der **äußere (objektive) T.** umfaßt alle äußerlich wahrnehmbaren Merkmale der Tat; der **innere (subjektive) T.** ist die Vorstellung und der Wille des Täters bei Ausführung der Tat. 2) Prozeßrecht: gedrängte Darstellung des Sach- und Streitstands im Urteil.

Tateinheit, ⚖ die →Idealkonkurrenz.

Täter, im Strafrecht derjenige, dessen Handeln oder Unterlassen den Tatbestand einer Straftat verwirklicht. Von den Teilnehmern unterscheidet sich der Täter dadurch, daß er die Tat als eigene will.

T'ati, Jacques, eigentl. **Tatischeff,** franzö. Filmkomiker, * 1908.

Tati'an, altchristl. Theologe aus Ostsyrien (2. Jahrh.), Haupt einer gnostischen Sekte. Die althochd. Übersetzung seines "Diatessaron', der ältesten Evangelienharmonie, förderte die dt. Schriftsprache.

tätige Reue, ♐ die Abwendung des Erfolges einer Straftat durch den Täter vor deren Entdeckung.

Tätigkeitsform, Akt′ivum, Ⓢ die gewöhnliche Form des Zeitworts. Gegensatz: Leideform (Passivum).

Tatmehrheit, ♐ die →Realkonkurrenz.

Tatort, Begehungsort, der Ort, an dem eine Straftat begangen worden ist.

tätow′ieren, →tätauieren.

T′atra die, zwei Gebirgszüge der West-Karpaten: 1) **Hohe T.,** der höchste Karpatenzug; bis 2662 m hoch (Gerlsdorfer Spitze), wild und zerklüftet, mit Hochseen (Meeraugen). 2) **Niedere T.,** Gebirgszug südlich der Hohen T., im Djumbir 2045 m hoch.

T′attersall der, Reitschule, benannt nach dem engl. Trainer T. (†1795).

Tat twam asi [Sanskrit ‚das bist du‘], Kurzformel für Upanischaden und die Wedanta, nach der alle Einzelseelen mit dem Weltgeist wesenseins sind.

Tatum, Edward Lawrie, amerikan. Biochemiker, * 1909, erhielt 1958 für seine biochem. Untersuchungen der Genwirkungen in der Zelle mit G. W. Beadle und J. Lederberg den Nobelpreis für Physiologie und Medizin.

Tatzelwurm, der →Tazzelwurm.

Tau, 1) der, der sich an der Erdoberfläche über Nacht in kleinen Wassertröpfchen niederschlagende Wasserdampf der Luft (oder der Bodenfeuchtigkeit). 2) das, ein dickes →Seil.

Tau, Max, Schriftsteller, * 1897, emigrierte nach Norwegen; Herausgeber der Internat. Friedensbibliothek; schrieb Romane (‚Glaube an den Menschen‘, 1946, ‚Denn über uns ist der Himmel‘, 1955); Friedenspreis des Dt. Buchhandels 1950.

Taubblinde, gehörlose Blinde.

Taube, 1) 🐦 →Tauben. 2) ✶ Sternbild des Südhimmels.

Tauben, eine Ordnung der Baum- und Bodenvögel, die sich pflanzlich ernähren. Manche trop. **Frucht-T.** sind sehr bunt. Die größten T. sind die **Kron-T.** von Neuguinea; noch größer war die ausgestorbene →Dronte. In Felsgrotten nistet die **Felsen-T.,** mit weißem Bürzel; ihr ähnlich, aber mit grauem Bürzel, ist die **Hohl-T.,** viel größer die **Ringel-T.** mit weißem Fleck an den Halsseiten. Die **Turtel-T.** ist oberseits auf dunklem Grund rostfarbig gewölkt. Die **Lach-T.** mit schwarzem Nackenband lebt in N-Afrika; ähnl. ist die **Türken-T.** Ausgestorben ist die **Wander-T.** Nordamerikas. - Aus den Felsen-T. entstanden durch Züchtung die **Haus-T.** in vielen Rassen, z. B. die →Brieftaube. (Bild S. 1228)

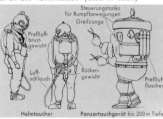

Taubenschwanz, Karpfenschwanz, ein plumper Schwärmerschmetterling; ist schwarzgrau, rötlich und weiß, mit vogelschwanzähnlichem Haarbesatz.

Tauber die, linker Nebenfluß des Mains, entspringt am Westfuß der Frankenhöhe, mündet bei Wertheim, 120 km lang.

Tauber, Richard, Tenor, * 1892, † 1948.

Tauberbischofsheim, Stadt in Bad.-Württ., 8000 Ew., Kurmainzisches Schloß (Ende 15. Jahrh.), Türmerstube (13. Jahrh.); Schulmöbel-, Eisen-, Maschinen-, Textilindustrie.

taubes Gestein, ⚒ das Nebengestein ohne nutzbare Mineralien.

Taubheit, die Unfähigkeit zu hören, infolge Funktionsuntüchtigkeit wichtiger Teile des Innenohrs, des Hörnervs oder der Hirnrinde.

Täublinge, Blätterpilze mit brüchigem Fleisch. Eßbar ist z. B. die mild schmeckende **Speise-T.** Als giftig gilt der scharf schmeckende rote **Spei-T.** (Bild Pilze) ·

Taubnessel, Bienensaug, krautige Lippenblüter mit vierkantigem Stengel und

Acker-Taubnessel

nesselähnlichen Blüten, behaart, aber nicht brennend; z. B. Rote T. (**Acker-T.**), Gelbe T. (**Goldnessel**).

Taubstumme, Menschen, die weder hören noch sprechen können und bei denen die Stummheit nicht nur Folge des Gehörmangels ist (→Gehörlose).

Taucha, Stadt im Bez. Leipzig, 14 850 Ew.; Maschinen-, chem., Lederind., Rauchwarenzurichtereien.

T′auch|enten, Gänsevögel, die ihre Nahrung durch Untertauchen suchen; z. B. die rotbraun-schwarzgraue **Tafelente,** die schwarz-weiße **Schellente** und die **Eiderente.**

Taucherkrankheit, →Druckluftkrankheit.

Tauchgeräte ermöglichen Tauchern Arbeiten und Untersuchungen unter Wasser auch in größeren Tiefen. Schlauchlose **Klein-T.** mit **geschlossenem Kreislauf** (→Sauerstoffgeräte) ermöglichen Tauchzeiten von 1-2 Stunden und Tauchtiefen von 20-40 m. **T.** mit offenem Kreislauf wird Druckluft zugeführt, die nach dem Ausatmen entweicht. Damit können Sporttaucher 40 m. Der geschulte Taucher bis 80-90 m tauchen. **Schlauchgeräten** (Helmtaucher) wird die Luft von oben zugeführt. Zur Verständigung dienen ein Signalleine oder ein Fernsprecher, zur Beschwerung Brust-, Rücken- und Fußplatten aus Blei. Dieses Gerät erlaubt 90 m Tiefe und 3 Stunden Tauchzeit. Ein Tauchgerät für mehrere Personen ist die **Taucherglocke** (→Caisson). Zum Tauchen in größere Tiefen (bis 200 m) dient das **Panzer-Tauchgerät,** das den Wasserdruck aufnimmt, so daß im Innern normaler Druck herrscht. Es hängt an einem Kabel. Von innen bedienbare Greifzangen gestatten einfache Arbeiten. Mit druckfester Stahlkugel (→Bathysphäre) und Tiefsee-Tauchbooten (Bathyscaph) wurden größte Tiefen erreicht (1960:

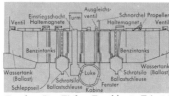

Tauchgeräte: Tiefsee-Tauchboot ‚Trieste‘

10 910 m), mit dem Mesoscaph für Tauchtiefen bis 600 m erforschten J. Piccard u. a. 1969 den Golfstrom.

Tauchnitz, Christian Bernhard Freiherr von, * 1816, † 1895, gab in seinem 1837 gegr. Verlag die ‚T. Edition‘ engl. und amerikan. Autoren heraus.

Tauchschwinger, Ultraschallerzeuger zum Entgasen von Flüssigkeiten oder Metallschmelzen.

Tauchsieder, elektr. Gerät zum Erwärmen von Flüssigkeiten (außer Milch): ein meist wendelförmig gebogenes Rohr enthält isoliert einen Widerstandsheizkörper.

Tauchsport, Schwimmen unter Wasser, oft mit →Tauchgeräten.

Tauchvögel, Taucher, →Seetaucher, →Steißfüße.

Tauern, 1) **Hohe T.,** Gruppe der O-Alpen mit der Glockner-, Venediger- und Ankogelgruppe, im Großglockner 3798 m hoch. 2) **Niedere T.,** die nordöstl. Fortsetzung der Hohen T. in Salzburg und der Steiermark, im Hochgolling 2863 m hoch. **3)** mehrere Pässe in der Tauernkette, z. B. Krimmler T. (2634 m), Mallnitzer T., auch Niederer T. (2434 m), Hoher T. (2460 m), Radstädter T. (1738 m).

Tauernbahn, Eisenbahnstrecke von Schwarzach-St. Veit nach Spittal a. d. Drau, durchquert die Hohen Tauern im **Tauerntunnel** (8,6 km).

Taufbecken, ein Becken aus Stein (**Taufstein**) oder Metall für das Taufwasser, in mannigfachen Formen mit figürl. Darstellungen in roman. Zeit ausgebildet (Bartholomäuskirche, Lüttich, 1112; Hildesheimer Dom, um 1250), in der Gotik meist aus Bronze, auch Zinn. T. wurden in den Kirchen aufgestellt, seitdem nicht nur in →Taufkirchen getauft wurde.

Taufe, ein christl. Sakrament, durch das der **Täufling** in die Kirche eingegliedert wird. Wirkung der T. (in der Kath. und in den morgenländ. Kirchen): Vergebung der Sünden, bes. der Erbsünde in den evang.

Taufbecken: Taufe Christi am Taufbecken im Dom zu Hildesheim, um 1250

Kirchen meist bloße Aufnahme in die Gemeinde. Hauptstück der Taufhandlung: Übergießung (Kath. Kirche), Besprengung mit Wasser (evang. Kirchen) oder Untertauchen (Ostkirche). Seit dem 2. Jahrh. tra die **Kinder-T.** neben die **Erwachsenen-T.**

Täufer, christl. Gemeinschaften, die die Erwachsenentaufe haben: Baptisten, Mennoniten, Wiedertäufer.

Tauferer Tal, italien. **Val di Tures,** nördl. Nebental des Pustertals in Südtirol. Hauptort: Sand in Taufers.

1229

Taufgesinnte, die →Mennoniten.

Taufkirche, Baptist'erium, ein für die Taufe bestimmter Zentralbau, seit frühchristl. Zeit bei einer Bischofskirche errichtet (T. des Laterans in Rom, 4./5. Jahrh.), mit einem großen Wasserbecken in der Mitte des Raums, in das der Täufling untergetaucht wurde. In Italien wurden T. noch gebaut (T. in Pisa), als man die Taufe bereits an einem →Taufbecken in der Hauptkirche vollzog.

Tau|fliegen, kleine echte Fliegen; zur Gattung **Drosophila** gehören Fruchtfliegen, Essigfliegen und die als Versuchstier der Vererbungsforschung bedeutsame **Drosophila melanogaster.**

tauglich, für den Militärdienst geeignet. Die **Tauglichkeit** wird bei der ärztlichen Untersuchung anläßlich der Meldung zu einer Wehrübung festgestellt. Die **Tauglichkeitsgrade** (auch **Tauglichkeitsstufen**) sind: T. I, II, III: t. für alle oder für bestimmte Waffengattungen; t. IV: beschränkt t.; t. V: vorübergehend untauglich; t. VI: dauernd untauglich.

Tauler, Johannes, dt. Mystiker, * um 1300, † 1361, Dominikaner, Volksprediger, Vertreter einer praktisch-ethisch und willensmäßig bestimmten Mystik.

Taumelkäfer, Drehkäfer, Fam. der Schwimmkäfer.

Taumelscheibe, ⊙ schräg zur Drehachse rotierende Scheibe, erteilt einem auf ihr gleitenden Kolben o. ä. eine axial auf- und abgehende Bewegung.

Taunus, der, der südl. Teil des rechtsrhein. Schiefergebirges, im Großen Feldberg 880 m hoch; am Rand viele Heilquel-

Taunus: Blick zum Feldberg

len (Bäder: Wiesbaden, Homburg v. d. H., Schwalbach, Schlangenbad, Nauheim, Soden).

Taunusstein, 1971 neu gebildete Gem. im Untertaunuskreis, Hessen, 18 000 Ew.

Taupunkt, die Temperatur, bei der die Luft gerade mit Wasserdampf gesättigt ist und bei deren Unterschreitung das Wasser kondensiert und Tau, Nebel oder Niederschlag bildet.

Taurien, geschichtl. Landschaft in der S-Ukraine, umfaßt die Krim und Teile der nördlich angrenzenden Steppe.

T'auroggen, litauisch **Tauragé,** Stadt in der Litauischen SSR, 17 000 Ew.; war 1691 bis 1793 preußisch. - Am 30. 12. 1812 schloß der preuß. General York mit dem russ. General Diebitsch die **Konvention von T.,** die der Auftakt zur preuß. Erhebung von 1813 gegen Napoleon I. wurde.

Taurus, der, südlichstes bewaldetes Randgebirge Anatoliens, besteht aus dem West-T. (bis über 3000 m hoch), dem Mittel-T. (bis 3585 m hoch) und dem Ost-T. (bis 4168 m hoch).

Tausch, der, die Hingabe eines wirtschaftl. Gutes gegen Überlassung eines andern. Auf den T. werden die Vorschriften über den Kauf entsprechend angewendet (§ 515 BGB.).

Tausch'ierung, mit Gold- und Silberdrähten, kleinen Blechstücken u. ä. kunstvoll eingelegte Metallarbeit. Sie war in vorchristlicher Zeit bes. in China verbreitet, seit der frühen Bronzezeit auch in Europa, dann nur noch in Asien. Im Spät-MA. gelangte sie von dort nach Spanien, von dort nach Italien und in andere europ. Länder, wo im 16. Jahrh. bes. Prunkrüstungen und Waffen im Mauresk-Stil tauschiert wurden.

Täuschung, →Betrug.

Tauschwert, der im Tauschverkehr erzielte Wert eines Gutes, in Geld ausgedrückt der Preis.

Tauschwirtschaft, Verkehrswirtschaft, eine Wirtschaftsform, in der die Wirtschaftseinheiten durch den Austausch von Gütern und Leistungen miteinander verbunden sind. Aus der nationalen T. entsteht im Verlauf der wirtschaftl. Entwicklung die Geldwirtschaft, bei der regelmäßig Geld gegen andere Güter getauscht wird.

Tausendblatt, Wassergarbe, Wasserpflanze mit fiederspaltigen Blättern und über Wasser ragender Blütenähre; Aquariumpflanze.

Tausendfüßer, Myriap'oda, Gruppe der Gliederfüßer, atmen durch Röhrentracheen und haben 1 Paar Fühler am Kopf. Der Körper ist langgestreckt, die Glieder des Rumpfes tragen bis 200 Beinpaare. Die T. sind lichtscheu und ernähren sich von pflanzl. oder totem Stoffen. Hierzu: Bandfüßer (platte Bandasseln), gerandete Schalenasseln, Steinläufer, Spinnenläufer.

Tausendgüldenkraut, Enziangewächse mit rosafarbenen Blüten. Das Kraut wird wie Enzian arzneilich gebraucht.

Tausendjähriges Reich, das Reich nach Christi Wiederkunft, →Chiliasmus.

Tausendschön das, Pflanzen; bes. das gefülltköpfige Gänseblümchen.

Tausendundeine Nacht, arab. Sammlung von Erzählungen und Märchen verschiedensten Ursprungs (Sindbad der Seefahrer, Aladdins Wunderlampe u. a.), durch eine Rahmenerzählung indischer Herkunft zusammengefaßt; Erzählerin ist Scheherezade; bezeugt seit dem 10. Jahrh. - Operette von J. Strauß (1873).

Taut, 1) Bruno, Architekt, * 1880, † 1938, wegweisend für Siedlungsbauten, trat für die Stahl- und Glasbauweise ein.

2) Max, Bruder von 1), * 1884, † 1967, baute Schulen, Bürohäuser, Siedlungen.

Tautolog'ie [grch.] die, Bezeichnung einer Sache durch zwei oder mehrere gleichbedeutende Ausdrücke, z. B. weißer Schimmel, kleiner Zwerg u. ä.

Tautomer'ie [grch.], ⟟ der Übergang einer Verbindung nach Art eines chem. Gleichgewichts in die zu ihr isomere durch die leichte und umkehrbare Wanderung eines Atoms, insbes. Wasserstoff, von einer Verbindung zur anderen.

Tauziehen, ⚔ je 6 Mann ziehen an den Enden eines Taues (15 m), bis eine Mannschaft zweimal über die Mittellinie tritt.

Tav'erne, Taberne [lat.] die, Schenke, Kneipe.

Taxam'eter der, 1) Fahrpreisanzeiger. 2) **Taxe** die, **Taxi** das, Mietwagen mit T.

Taxati'on [lat.], Schätzung; im Münzwesen die →Valvation. **Tax'ator,** Sachverständiger für die Wertschätzung von Sachen.

T'axe [grch.] die, 1) Schätzung, Wertbestimmung. 2) Preisfestsetzung. 3) Gebühr.

Taxigirl [-gə:l], engl.] das, in Tanzgaststätten angestellte Tanzpartnerin.

Taxis [grch.] die, ⚕ ⊕ die durch Außenreize bewirkte und gerichtete Ortsbewegung frei beweglicher Lebewesen, so die **Chemotaxis,** bewirkt durch chem. Reize, die **Phototaxis,** bewirkt durch Lichtreize.

Taxwert, der Schätzungswert.

Tay [tei], Fluß in Schottland, 193 km lang, entspringt in den Grampians, bildet den See **Loch T.,** mündet in den Firth of T.

Tayacien [tajasj'ɛ̃] das, Kulturstufe der Altsteinzeit.

Ta'ygetos, Hochgebirge in Griechenland, Peloponnes, im Hagios Elias 2407 m hoch.

Taylor [t'eilə], **1)** Bayard, amerikan. Schriftsteller, * 1825, † 1878, engl. Standard-Übers. von Goethes ‚Faust' (1870/71).

2) Frederick Winslow, Ingenieur, * 1856, † 1915, Begründer der wissenschaftl. Betriebsführung, schuf Grundlagen für Arbeits- und Zeitstudien. Seine Methode **(T.-System, Taylorismus)** wurde weiterentwickelt.

Taz'ette [ital.] die, eine Narzisse.

Tausendfüßer: Bandassel

T'azzelwurm, Tatzelwurm, im Volksglauben der Alpenländer ein riesiger Vierfüßer, soll bes. bei Wetterwechsel erscheinen.

Tb, chem. Zeichen für Terbium.

Tb, Tbc, Abk. für Tuberkulose.

Tc, chem. Zeichen für Technetium.

tdw, Abk. für tons deadweight [-d'etweit, engl.], Tragfähigkeit eines Schiffes in t.

Te, chem. Zeichen für Tellur.

Teach in [ti:tʃ'in, engl.] das, Form der polit. Demonstration (bes. durch Studenten), bezweckt Aufklärung durch Vortrag und Diskussion.

Teakholz [t'i:k-, engl.], hochwertiges, sehr hartes, wenig schwindendes, termitenfestes Nutzholz Südasiens.

Team [ti:m, engl.] das, **1)** Arbeitsgemeinschaft. **Teamwork, Teamarbeit,** Gemeinschaftsarbeit. 2) ⚔ eine Mannschaft.

Teb'aldi, Renata, italien. Sopranistin, * 1922; singt bes. Verdi, Puccini.

Tecchi [t'ɛki], Bonaventura, italien. Schriftsteller, * 1896, † 1968, schrieb u. a. den Roman ‚Die Egoisten' (1959).

Techn'etium, chem. Zeichen **Tc,** früher **Eka-Mangan, Masurium,** chem. Element, silberweißes Metall, Ordnungszahl 43, Massenzahlen 94-99, 105, Schmelzpunkt etwa 2300° C, spezif. Gewicht 11,49; sämtl. bekannten Isotope sind radioaktiv. T. ist ein Spaltprodukt von Uran, das in der Natur noch nicht sicher nachgewiesen wurde.

Technicolor, ein Verfahren der Farbphotographie (→Photographie).

Technik [frz.], **1)** die Kenntnis und Beherrschung der Regeln und Mittel einer Tätigkeit. **2)** alle Maßnahmen, Verfahren und Einrichtungen zur Beherrschung und zweckmäßigen Nutzung der Naturgesetze und der von der Natur gebotenen Energien und Rohstoffe. Die herkömmliche Einteilung richtet sich nach praktisch und industriell zusammengehörigen Sachgebieten wie Bergbau, Hütten-T., Metallbearbeitung, Werkzeug-T., Maschinenbau, Förder-T., Elektro-T., Meß-T., Nachrichten-T., Verkehrs-T., Bau-T., Licht- und Heizungs-T., Wasserbau, landwirtschaftl. T., chem. T., Lebensmittel-T., Glas-, keram. T., graph. T., Bühnen- und Film-T. u. a. Für die wissenschaftlich-technische Entwicklung sind heute von grundlegender Bedeutung der Bereich der Materie, der Energie und der Information.

Techniker, jeder in der Technik Tätige, insbes. Personen mit fachlicher technischer Ausbildung und Abschlußprüfung durch Fach- oder Hochschulbesuch.

Technische Hochschule, Abk. **TH, Technische Universität,** die höchste Bildungsanstalt zur Ausbildung in den einzelnen Zweigen der Technik. Die TH gehören zu den wissenschaftl. Hochschulen (Rektoratsverfassung, Promotionsrecht); Zulassungsbedingung ist - neben 6-12monatiger prakt. Tätigkeit - das Reifezeugnis oder ein gleichwertiges Zeugnis. Gegliedert sind die TH in Fakultäten, Abteilungen oder Fachbereiche. Das Studium dauert rd. 8 Semester und schließt mit der Diplomprüfung ab.

technischer Lehrer(in), Lehrkraft an Haupt- oder Realschulen, die in Musik, Sport, Werken, Nadelarbeit und Hauswirtschaft unterrichtet.

technisches Bildungswesen, die Ausbildungsstätten für techn. Berufe: Berufsschulen, Berufsfachschulen für techn. Berufe, Fachschulen, Ingenieurakademien, Technische Hochschulen.

Technisches Hilfswerk, THW, 1953 gegr. freiwillige Organisation zur Beseitigung öffentl. Notstände in lebenswichtigen Betrieben und zur Hilfe bei Katastrophen; Vorläufer war die **Technische Nothilfe.**

technisches Maßsystem, das auf der Länge (m), der Kraft (kp) und der Zeit (sec) beruhende Maßsystem.

technisches Zeichnen, die Anfertigung exakter maßstäblicher Zeichnungen von techn. Objekten, meist in Auf-, Grund-, Seitenriß und Schnitten in Strichzeichnungen nach DIN-Normen. **Technische Zeichner** haben 3 Jahre Lehrzeit; Weiterbildung in Fachschulen.

technische Truppe, Truppengattung des Heeres der Bundeswehr für Nachschub, Transport, Instandsetzung.

technische Überwachung, das Überprüfen von Industrieanlagen u. ä. zum Schutz der Beschäftigten und der Umgebung, Aufgabe der **Techn. Überwachungsvereine (TÜV).** Kraftfahrzeuge werden in regelmäßigen Abständen von den TÜV oder (in Hessen und Hamburg) von **Techn. Überwachungsämtern (TÜA)** geprüft.

Technokrat'ie [grch.], die Herrschaft der Technik, eine von den Verein. Staaten ausgehende Bewegung, die eine Herrschaft der Technik über Politik und Wirtschaft fordert.

Technolog'ie [grch.], die Lehre und Anwendung der technischen Produktionsverfahren, z. B. chem. Technologie.

Techtelmechtel [vielleicht aus ital.] das, Liebelei.

Teck die, Zeugenberg, der Schwäb. Alb im NW vorgelagert, 773 m hoch, mit Ruine der Burg der einstigen Herzöge von Teck.

Teckel der, Dachshund.

Tec'umseh, Häuptling der Shawnee-Indianer, * 1768, † 1813; Held in Jugenderzählungen.

Teddy [engl.] der, ein Kinderspielzeug (Stoffbär).

Ted'eum [lat.] das, altkirchl. Lob- und Bittgesang nach dem Anfang **Te deum laudamus** (‚Gott, Dich loben wir').

Tee, 1) der Teestrauch, Gatt. **Thea,** seine durch Gärung zubereiteten jungen Blätter sowie das als Aufguß aus diesen bereitete anregende Getränk. Der Teestrauch wächst in den Tropen und Subtropen. Die Blüten sind weiß bis rosa, jasminduftend; die Früchte dreiteilige Kapseln. Die frischen Blätter läßt man welken, rollt, fermentiert, trocknet, sortiert und verpackt sie **(Schwarzer T.).** Die feinste Handelssorte des schwarzen T. ist der Flowery Orange Pekoe; es folgen Orange Pekoe, Pekoe und Pekoe Suchon(g). **Grüner T.** wird nicht fermentiert. **Ziegeltee** heißen backsteinähnlich gepreßte Abfälle. T. enthält etwa 2% Coffein (früherer Name: Thein) sowie Gerbstoffe und ätherisches Teeöl; er kann wegen seines Gerbsäurereichtums bei Darmkatarrh oder schwacher Verdauung verwendet

Tee-Ernte (in 1000 t)

Länder	1950	1970
Indien	275,5	404
Ceylon	143,4	211
VR China	—	159
Japan	42,0	90
Sowjetunion	—	61
Indonesien	35,4	80
Kenia	6,9	43
Welt	570,0	1267

werden. - Nach China kam der T. etwa im 4. Jahrh. aus Hinterindien (Assam). Nach Japan soll ihn Anfang des 9. Jahrh. ein buddhist. Mönch gebracht haben. Europa erhielt gegen Ende des 16. Jahrh. den ersten T. In der Bundesrep. Dtl. wurden verbraucht (1950) 2204 t, je Ew. 46 g, (1968) 8000 t, je Ew. 132 g. **2)** getrocknete Teile anderer Pflanzen; der daraus bereitete Aufguß wird z. T. als Arznei benutzt.

Teenager [t'i:neidჳз, engl.] der, junges Mädchen zwischen 13 (**thir**teen) und 19 (nine**teen**) Jahren, Backfisch.

Teer, dunkelbraunes bis schwarzes Gemisch brennbarer flüssiger und fester organischer Substanzen, Rückstand der trockenen Destillation von Kohle, Holz, Torf, Ölschiefer. Aus dem **Braunkohle-T.** wird neben Kraftstoffen und Heizöl Paraffin gewonnen. Der **Steinkohle-T.** ist wichtige Rohstoffbasis für organ. Verbindungen. Durch Destillation zerlegt man ihn in Leicht-, Mittel- und Schweröl u. a. T. wird bes. auch im Straßenbau verwendet.

Teerfarben, organ. Farbstoffe aus den Bestandteilen des Steinkohleteers.

Tee|rose, eine hellgelbe, duftreiche Rose. (Bild Rose)

Teerpappe, →Dachpappe.

Teerpräparate, teerhaltige Arznei bes. gegen Hautkrankheiten, z. B. **Teerseife.**

Teesside [t'i:zsaid], 1968 gebildete Stadtgrafsch. in NO-England, 411 200 Ew., beiderseits des unteren Tees bis zur Nordsee. T. umfaßt u. a. 6 vorher selbständige Städte, wirtschaftl. Hauptzentrum ist die frühere Großstadt Middlesbrough. Kohlenrevier, Erdölraffinerien, Erdgasfeld; Ind.: Großchemie mit dem größten brit. Titanwerk, Eisen-, Stahlwerke, Schiffbau u. a.

Teesteuer, die Verbrauchsteuer auf Tee; sie wird bei der Einfuhr mit dem Zoll erhoben.

TEE-Züge, Trans-Europ-Expreßzüge, schnelle, komfortable Züge auf europ. Hauptstrecken.

Tefill'in [hebr.], die →Gebetsriemen.

Tegel, Ortsteil des 20. VerwBez. Reinikkendorf der Stadt Berlin (West-Berlin), am **Tegeler See;** Flughafen. Das **Schloß T.** wurde 1822 von F. Schinkel für W. v. Humboldt umgebaut.

T'egernsee, Stadt, Luftkurort in Oberbayern, am **Tegernsee** (9 km², 725 m ü. M.),

Tegernsee: Rottach-Egern mit Wallberg

4100 Ew.; Schloß (746-1803 Benediktinerabtei), Bauerntheater.

T'egetthoff, Wilhelm von, österreich. Admiral, * 1827, † 1871, siegte 1866 bei Lissa über die italienische Flotte.

Tegnér [tɛŋn'e:r], Esaias, schwed. Dichter, * 1782, † 1846, seit 1824 Bischof von Växjö; vom dt. Idealismus (Schiller) und vom Nationalgefühl der nord. Romantik bestimmt; patriot. Gedicht ,Svea' (1811), Epos ,Frithiofs saga' (1820-25).

Teguci'galpa [-usi-], Hauptstadt von Honduras, 205 600 Ew.; Erzbischofssitz, Universität, Maschinen-, Schuh- und Tabakindustrie.

Teher'an, die Hauptstadt von Iran, nahe dem Südfuß des Elburs, 2,72 Mill. Ew.; Pahlewi-Palast, viele Moscheen, Universität; Teppich-, Seiden- und Baumwollweberei, Lederverarbeitung. - Auf der **T.-Konferenz** 1943 beschlossen Roosevelt,

Tee: links Teepflückerinnen auf einer Plantage im Hochland von Ceylon; Mitte Aussortieren von feuchten Teeklumpen; rechts Fermentation der grünen Blätter bei kontrollierter Wärme und Luftfeuchtigkeit

Teheran: Blick nach Norden

Churchill und Stalin die militär. Zusammenarbeit, die Besetzung Deutschlands, die Friedensbedingungen u. a.

Tehuantep'ec, Stadt im Staat Oaxaca, Mexiko, 12 300 Ew. **Isthmus von T.,** Landenge zwischen Atlant. und Stillem Ozean, 220 km breit, trennt Nord- von Zentralamerika.

Teichlinse, die →Wasserlinse.

Teichmolch, →Salamander und Molche.

Teichmuschel, eine →Flußmuschel.

Teichralle, Teichhuhn, kleine, im Schilf lebende Rallen; die **Grünfüßige T.,** mit roter Stirnplatte, braun und grau, etwa 30 cm lang.

Teichrose, die →Seerose.

Teichwirtschaft, die Fischzucht im Teich, bes. Forellen-, Karpfen-T.

Teilchen, Korpuskel, Partikel, grundlegender Begriff der Mikrophysik (Quantentheorie); →Elementarteilchen.

Teilchenbeschleuniger, Anlage zur Beschleunigung elektrisch geladener Teilchen auf hohe Geschwindigkeiten für kernphysikal. Zwecke. T. sind →Bandgenerator, →Elektronenschleuder, →Linearbeschleuniger, →Tandem, →Synchrotron, →Zyklotron.

Teiler, eine ganze rationale Zahl, die in einer anderen bei der Teilung ohne Rest aufgeht.

Teilhaber, Kompagnon, der Gesellschafter einer Handelsgesellschaft.

Teilhard de Chardin [tɛj'a:r də ʃard'ɛ̃], Pierre, französ. Jesuit, * 1881, † 1955, Vorgeschichtsforscher und Anthropologe, zugleich um Einfügung der modernen Entwicklungslehre in die kirchl. Philosophie und Theologie bemüht.

Teilkopf, bei Werkzeugmaschinen eine Vorrichtung zum Herstellen genauer Kreisteilungen, im einfachsten Fall eine feste Scheibe (Teilscheibe) mit je einem Lochkreis für die verschiedenen Teilungen.

Teilleistung, die Abtragung einer Schuld in Teilen **(Teilzahlung,** →Abzahlung.

Teilmaschine, eine sehr genau arbeitende Maschine zum Herstellen von Längen- und Kreisteilungen.

Teilnahme, ⚖ die Begehung einer Straftat in Mittäterschaft, Anstiftung oder Beihilfe.

Teilpacht, Halbpacht, Halbscheidwirtschaft, im älteren Recht eine Form der Pacht, bei der der Pachtzins in einem Bruchteil der Früchteertrags bestand.

Teilreifeprüfung, →Stufenabitur.

Teilrente, bei der Unfallversicherung ein dem Grad der Erwerbsminderung entsprechender Teil der Vollrente.

Teilschuldverschreibung, ein Anteil an der →Schuldverschreibung.

Teilung, 1) △ die Division, eine Grundrechnungsart. **2)** Biologie: Form der ungeschlechtl. →Fortpflanzung und der →Kernteilung. **3)** →harmonische Teilung.

Teilungsklage, ⚖ Klage auf Aufhebung einer Sach- oder Rechtsgemeinschaft gegen die Mitberechtigten.

Teilwert, der Wert eines Betriebsteils (z. B. Maschine), den ein Käufer zahlen würde, der den ganzen Betrieb erwirbt, um ihn weiterzuführen; im Steuerrecht nötig für die Ermittlung des Einheitswerts.

Teilzahlung, →Abzahlung. **T.-Banken,** Kreditinstitute, an deren Kapital häufig Einzelhändler beteiligt sind; sie gewähren den Käufern **T.-Kredite.**

Teint [tɛ̃, frz.] der, Gesichtsfarbe, Art der Gesichtshaut.

Teirlinck [t'ɛr-], Herman, fläm. Schriftsteller, * 1879, † 1967; Romane, Schauspiele.

Teixeira de Pascoais [teiʃ'eira də p'aʃkuaiʃ], portugies. Dichter, →Pascoais.

Teja, der letzte König der Ostgoten, fiel 552 in Süditalien gegen Narses.

Tejo [t'eʒu], portug. für den Fluß →Tajo.

Teju der, eine →Schienenechse.

Tekirdağ [-d'aɣ], **Rodosto,** Provinzhauptstadt der Türkei, Hafen an der europ. Seite des Marmarameers, 33 100 Ew.

Tekt'onik [grch.] die, 1) 🏛 eine architekton. Gestaltung, die allen Teilen einer ihrer Funktion gemäße Form gibt, am vollkommensten des griech. Tempel, dessen Verhältnis von Stütze und Last in jedem seiner Glieder zum Ausdruck bringt; auch den klar gefügte Formaufbau einer Skulptur oder eines Bildes. **2)** ⊕ die →Geotektonik.

Tel Av'iv, hebräisch **Tel Abib,** Hafenstadt in Israel, seit 1949 mit dem südlich anschließenden →Jaffa eine Doppelstadt,

Tel Aviv: Stadtübersicht, im Hintergrund die Bucht von Jaffa

383 000 Ew., geistiger und kultureller Mittelpunkt Israels; Textil-, Zucker- und chem. Ind.

tele... [grch.], in Fremdwörtern: fern...

Telecurie-Einheit, Radioisotopen-Fernbestrahlungsanlage. Strahlenquellen sind bes. Kobalt 60 (Telekobalt-Einheit), Cäsium 137 (Telecäsium-Einheit); die wirksamen Strahlen sind Gammastrahlen.

Telef'on, Telephon, →Fernsprecher.

teleg'en [grch.], für das Fernsehen geeignet.

Telegr'amm [grch.] das, eine durch Telegraphen oder Fernschreiber übermittelte Nachricht.

Telegraphenagentur, →Nachrichtenagentur.

Telegraph'ie [grch.], Nachrichtenübermittlung mit Hilfe besonderer T.-Zeichen, die am Empfangsort entweder aufgezeichnet (Zeichenschrift oder gewöhnl. Buchstaben) oder unmittelbar wahrgenommen werden. Von den älteren Telegraphenapparaten wird heute nur noch der →Morse-Apparat in Form der Farbschreibers benutzt. Die modernste Form der Drucktelegraphie ist der →Fernschreiber,

der ähnlich wie eine Schreibmaschine bedient wird und auch im Dialogverkehr ermöglicht. Für Funkverbindungen hat sich der →Hellschreiber bewährt, ein Mittelding zwischen Drucktelegraph und Bildtelegraph (→Bildtelegraphie). Mit Mitteln der →Trägerfrequenztechnik können heute gleichzeitig mehrere Signale in einer oder beiden Richtungen übermittelt werden (Wechselstrom-T.). Die Unterlagerungs-T. ermöglicht gleichzeitiges Fernsprechen und Telegraphieren auf derselben Leitung. - In der Bundesrep. Dtl. und den meisten Ländern betreibt die Post die T. Die dt. **Telegraphenämter** sind selbständige Ämter innerhalb der Post.

Telekin'ese [grch.], Parapsychologie: Fernbewegung; das angebliche, mechanisch unerklärbare Bewegen von Gegenständen durch ein Medium.

T'elekolleg, Bildungsfernsehen der Erwachsenenfortbildung, bes. für den →zweiten Bildungsweg; es verbindet zentrale Sendungen, schriftl. Begleitmaterial und Kollegtage. In der Bundesrep. Dtl. seit 1967 ausgestrahlt; führt vorerst zur Fachschulreife (mittlere Reife).

T'elemach, griechisch **Tel'emachos,** Sohn des Odysseus und der Penelope.

T'elemann, Georg Philipp, Komponist, * 1681, † 1767, seit 1721 Musikdirektor in Hamburg, schrieb Opern, Oratorien, Passionen, Kirchenkantaten, Suiten, Konzerte, Kammermusik, Lieder.

T'elemark, T'elemarken, südnorweg. Gebirgslandschaft, im Gausta 1883 m hoch, mit alter Bauernkultur; neuerdings bedeutende Ind. (Elektrochemie).

Tele|objektiv, ein →photographisches Objektiv mit größerer Brennweite.

Teleolog'ie [grch.], die philosoph. Lehre vom Zweck und der Zweckmäßigkeit in der Natur und im Menschenleben.

Telepath'ie [grch.], die Übertragung gedanklicher Inhalte ohne sinnl. Wahrnehmung von einer Person auf eine andere.

Teleph'on [grch.] das, →Fernsprecher.

Telephonseelsorge, eine gleichzeitig in Großbritannien und den Verein. Staaten entstandene Form der Seelsorge; seit 1956 auch in der Bundesrep. Dtl. Einsame und ratlose Menschen können sich telephonisch anonym Rat und Hilfe holen.

T'elephos, griech. Mythos: ein Sohn des Herakles, König von Mysien; galt als Ahnherr des Pergamenischen Reiches.

Telesk'op [grch.] das, →Fernrohr.

Teleskopfisch, ein →Goldfisch.

Televisi'on [teliv'iʒən, engl.], Fernsehen.

Telex-Netz, das besondere vollautomat. Fernschreibnetz mit Knoten- und Vermittlungsämtern.

Tel'inga, →Telugu.

Tell, Wilhelm T., Haupthheld der schweizer. Befreiungssage: ein Jäger aus dem Urner Dorf Bürglen. Er wird vom habsburg. Landvogt Geßler gezwungen, einen Apfel vom Kopf des eigenen Sohnes zu schießen. Der Schuß gelingt, aber kurze Zeit später tötet T. den Tyrannen in der Hohlen Gasse bei Küßnacht und gibt damit das Zeichen zur Erhebung der drei Waldstätten. Drama von Schiller (1804); Opern von Grétry (1791) und Rossini (1829).

Tell-Atlas, nördl. Teil des →Atlas.

Tell el-Amarna, →Amarna.

Teller, ⚥ Ohr des Wildschweins.

Teller, Edward, amerikan. Physiker, * Budapest 1908, entwickelte in den Verein. Staaten die Wasserstoffbombe.

Teller|eisen, Tritteisen, eiserne Raubtierfalle; in Dtl. verboten.

Téllez [t'eʎeθ], Gabriel, bekannt als **Tirso de Molina,** span. Dramatiker, * 1571, † 1648 als Prior im Kloster der Mercedarier. ,Der Spötter von Sevilla' (1630, Urbild der Don-Juan-Dichtung), ,Don Gil von den grünen Hosen' (1635).

Tell Hal'af, moderner Name des durch Ausgrabungen berühmt gewordenen Schuthügels der Stadt Gosan in Mesopotamien.

Tellmuscheln, meerbewohnende Muscheln, mit zarten, gleichseitigen Schalen; z. B. Plattmuschel. Manche T. sind eßbar.

Tell′ur das, **Te,** chem. Element, silberweißes Metall, Ordnungszahl 52, Atomgewicht 127,60, Schmelzpunkt 452° C, Siedepunkt 1390° C, spezif. Gewicht 6,24. T. ist ein Halbleiter, wird als Legierungsmetall verwendet, auch zum Färben von Gläsern.

tell′urisch [von lat. tellus ,die Erde'], die Erde betreffend, von ihr herstammend.

Tell′urium, Gerät zur anschaul. Darstellung der Bewegung des Mondes um die Erde und derjenigen der Erde um die Sonne.

T′ellus, röm. Göttin der Erde und Schützerin der Saaten.

tel quel [tɛlk′ɛl, frz.], Handelsklausel: ohne Gewährleistung einer bestimmten Güte der Ware.

Teltow [-o], Stadt im Bez. Potsdam, südwestlich von Berlin, 15400 Ew., am 38 km langen **Teltowkanal;** Institut für Faserstoff-Forschung; Seifen- u. a. Industrie.

Telugu, Telinga, Volk im östl. Zentral-Indien, rd. 40 Mill. Menschen. Ihre Sprache **(Telugu)** ist eine Drawidasprache.

T′embe [Bantu] die, im Viereck angelegte Hütten (auch unterirdisch) aus Flechtwerk und Lehm mit flachem Dach im Ostafrika.

Temeswar [t′emɛʃvɑːr], dt. **Temeschburg,** rumän. **Timisoara,** ungar. **Temesvár,** die Hauptstadt der Region T. und des Banats, Rumänien, 192600 Ew., Universität, Hochschulen; Metall-, chem., Textil- u. a. Ind.

Temirt′au, bis 1945 **Samarkandskij,** Stadt in der Kasach. SSR, Sowjetunion, 167000 Ew., Hüttenwerk, chem., Maschinen- u. a. Industrie.

Tempel [lat.], allgemein ein nichtchristl. Kultbau; bei den Römern zuerst ein abgegrenzter heiliger Bezirk, später der Bau selbst. - Die früheste, aus dem kretisch-myken. →Megaron entstandene Form des griech. T. war der anfänglich aus Holz- und Lehmziegeln erbaute Anten-T., bestehend aus einem nur vom Eingang her erhellten Raum, der Cella (griech. Naos), in dem das Götterbild stand, und einer Vorhalle (Pronaos) mit zwei Säulen zwischen den vorgezogenen Längswänden. Aus den Weiterbildungen zum Doppelanten-T., zum Prostylos und zum Amphiprostylos entwickelten sich als klass. Formen des Säulen-T. der Peripteros und der Dipteros. Eine Sonderform war der Tholos (Rundtempel). - Die röm. Baukunst hielt lange am etruskisch-italischen →Podiumtempel fest. Neue Lösungen fand sie in dem kuppelüberwölbten Rund-T. (→Pantheon). - Über den Aufbau der antiken T. →Säulenordnung; vgl. ferner: griech. Kunst, röm. Kunst. Über die T. Asiens →Pagode. Vgl. auch Salomonischer Tempel.

Tempelherren, →Templer-Orden.

Tempelhof, der 13. VerwBez. von W-Berlin. Auf dem **Tempelhofer Feld** der Zentralflughafen Berlins.

T′empera die, eine Farbe mit wäßrigen, öligen oder harzigen Bindemitteln (Wasser, Ei-, Öl-T. u. a.). Temperamalerei trocknet matt auf, kann durch Firnis leuchtend gemacht werden und kann auch als Untermalung für Ölmalerei dienen. Bis zum Aufkommen der Ölmalerei (15. Jahrh.) war T.-Malerei die übliche Malweise.

Temperam′ent [lat.], die Ablaufsform der Gefühls- und Willensvorgänge; Ansprechbarkeit, Erregbarkeit und Grundgestimmtheit der Gefühlssphäre. Das T. steht in Zusammenhang mit dem endokrin-hormonalen Drüsensystem und ebenso mit dem vegetativen Nervensystem. Die Einteilung auf vier T. geht auf Hippokrates zurück: →Sanguiniker, →Choleriker, Phlegmatiker (→Phlegma), Melancholiker (→Melancholie).

Temperat′ur, 1) ⊠ ein Maß für den Wärmezustand eines Körpers, bei Gasen proportional der mittleren Bewegungsenergie eines völlig ungeordnet bewegten

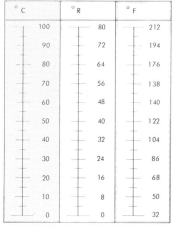

°C	°R	°F
100	80	212
90	72	194
80	64	176
70	56	138
60	48	140
50	40	122
40	32	104
30	24	86
20	16	68
10	8	50
0	0	32

Vergleich der Temperaturskalen von Celsius, Réaumur und Fahrenheit

Gasatoms. T.-Skalen →Celsius, →Réaumur, →Fahrenheit, →Kelvinskala. Umrechnung: $x°R = \frac{3}{4} x°C$, $x°F = \frac{5}{9} (x-32) °C$, $x°K = (x-273,15) °C$. 2) ♪ die temperierte →Stimmung.

Temperatur-Meßfarben, Farben, meist Metallsalze, die bei Temperaturanstieg eine nicht umkehrbare Farbänderung zeigen. Sie dienen an schlecht zugängl. Stellen zum Verfolgen der an Dampfkesseln, Rohrleitungen u. a. auftretenden Temperaturen.

Temperaturregler zum Aufrechterhalten einer bestimmten Temperatur sind meist Streifen aus →Bimetall, bei größerer Beanspruchung Widerstandsthermometer oder thermoelektr. Pyrometer als **Temperaturfühler.**

Temperatursinn, die Fähigkeit, Wärme- und Kältereize aufzunehmen und sinngemäß zu beantworten. Beim Menschen ist der T. auf der Haut und bestimmte Schleimhäute (bes. der Mund- und Nasenhöhle) beschränkt, und zwar auf die **Wärme-** und **Kältepunkte.**

Temper′enz [engl.] die, Mäßigkeit.

Temper′enzler, Anhänger der Mäßigkeitsvereine.

Temperguß, Hartguß, bei dem die Gußstücke mehrere Tage zur Erhöhung der Zähigkeit und Bearbeitbarkeit in Temperofen bei mehr als 900° C geglüht werden.

temper′ieren [lat.], mäßigen, mildern; auf die gewünschte Temperatur bringen.

tempern, bei Eisen →Temperguß; bei Glas die Temperaturen von Wannen, Häfen, fertiger Ware allmählich steigern oder herabsetzen.

Templer-Orden, Templer, Tempelherren, geistl. Ritterorden, gegr. 1119 in Akkon zur Bekämpfung der Ungläubigen und zum Schutz der Pilger und des Hl. Grabes. Die T. nannten sich nach dem Sitz des Großmeisters auf dem Platz des ehem. Salomonischen Tempels in Jerusalem. Ordenskleid: weißer Mantel mit achtspitzigem rotem Kreuz auf der linken Brustseite. Die rechtswidrige Unterdrückung des Ordens durch Philipp IV. (seit 1305) billigte der Papst 1312 durch Auflösung des T.

Templewood [t′emplwud], Samuel **Hoare,** Viscount T. (1944), brit. Politiker (Konservativer), * 1880, † 1959, seit 1922 wiederholt Min.; als Staatssekretär für Indien an der Ausarbeitung der ind. Verfassung entscheidend beteiligt.

Templ′in, Stadt im Bez. Neubrandenburg, in der Uckermark, am **Templiner See** und **Templiner Kanal** (19 km lang), 11300 Ew.; Ringmauer mit Türmen und Toren.

Tempo [ital.] das, -s/...pi. 1) Geschwindigkeit, z. B. eines Autos. 2) ♪ Zeitmaß. Oft vorkommende T.-Bezeichnungen sind z. B. adagio, andante, moderato, allegro, vivace, presto; sie stellen typenhafte, keine absoluten Zeitmaße dar.

Tempohieb, Fechten: in den gegnerischen Angriff hineingestoßener Hieb.

tempor′al, 1) zeitlich. 2) weltlich. 3) auf die Schläfen bezüglich.

Tempor′alien [lat.] Mz., die mit einem kirchl. Amt verbundenen weltlichen Rechte, Einkünfte.

Temporalsatz, Nebensatz, der eine Zeitbestimmung enthält, im Deutschen mit als, nachdem, während usw. eingeleitet.

t′empora m′utant′ur, nos ′et mut′amur in ′illis [lat.], die Zeiten ändern sich, und wir ändern uns in ihnen.

tempor′är [lat.], vorläufig, zeitweise.

Temposchwung, Parallelschwung, Skisport: ein Schwung zur Richtungsänderung, bei dem der Skier eng beieinandergeführt werden.

T′empus [lat.] das, -/...pora, 1) Zeit. 2) Zeitform des Zeitworts.

Tem′uco, Provinzhauptstadt im S Mittel-Chiles, 88200 Ew.

ten., ♪ Abkürzung für →tenuto.

Tend′enz [frz.] die, Streben, Neigung in bestimmter Richtung. **tendenzi′ös,** beabsichtigt, parteiisch, einseitig Stellung nehmend. **tend′ieren,** hinneigen, hinstreben.

Tendenzbetrieb, Arbeitsrecht: Betrieb, der politischen, gewerkschaftl., konfessionellen, karitativen, wissenschaftl. u. a. Bestimmungen dient, z. B. private Schulen, Krankenhäuser, Theater. Das Betriebsverfassungs-Ges. gilt für T. nur teilweise.

Tender [engl.] der, 1) ℘ Dampflokomotiven mitgeführter Vorratswagen für Kohlen und Wasser. 2) ℘ ein Stabs-, Begleit- oder Versorgungsschiff für kleinere Kriegsschiffe.

T′enedos, türkisch **Bosca Ada,** Insel im Ägäischen Meer, zur Türkei gehörend, 42 km², 2000 Ew.

Tener′iffa, spanisch **Tenerife,** die größte und volkreichste der Kanar. Inseln, 2352 km², 470000 Ew., im Pico de Teide 3716 m hoch; Hauptstadt: Santa Cruz. Mildes Klima, reger Fremdenverkehr.

Teneriffa|arbeit, eine Handarbeit: Über einen Holz-, Kunststoff- oder Pappestern werden Fäden gespannt, gebündelt und zu strahligen Mustern mit Stopfstichen gefüllt, abgenäht oder geknotet.

    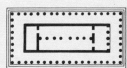 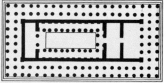

Tempel: von links nach rechts Antentempel, Doppelantentempel, Prostylos, Amphiprostylos, Peripteros (Basilika zu Paestum, um 510 v. Chr., Länge 54,30 m), Dipteros (Didymaion bei Milet, begonnen im 4. Jahrh. v. Chr., Länge 107,75 m)

D. Teniers: Der König trinkt (Madrid, Prado)

Ten'esmus [grch.-lat.] *der,* schmerzhafter Krampf, bes. in Mastdarm- und Blasenschließmuskel.

T'engri Nor, See in Tibet, →Nam-tso.

T'eniers, David d. J., fläm. Maler, * 1610, † 1690, Hofmaler und Galeriedirektor des Erzherzogs Leopold Wilhelm, schuf bes. Bilder aus dem fläm. Volksleben.

T'enkterer, westgerman. Stamm, setzte 56 v. Chr. über den Niederrhein, siedelte dann, von Caesar 55 zurückgeworfen, an Lippe und Sieg, ging in den Franken auf.

Tenn., Abk. für den Staat Tennessee.

Tenne *die,* Teil der Scheune, zum Einfahren der Erntewagen und zum Dreschen.

Tennengebirge, Gruppe der Salzburger Kalkalpen, östlich der Salzach, mit der →Eisriesenwelt.

Tennessee [tenes'i, t'enesi], **1)** der **T.,** größter Nebenfluß des Ohio in den Verein. Staaten, 1600 km lang, kommt aus den Appalachen; schiffbar. Im T.-Tal Talsperren, Kraft- und Stickstoffwerke. **2) T.,** Abk. **Tenn.,** einer der südöstl. Mittelstaaten der USA, 109 412 km², 3,92 Mill. Ew. Hauptstadt: Nashville-Davidson; Erzeugnisse: Mais, Weizen, Kartoffeln, Tabak, Baumwolle; Forstwirtschaft; Zink, Phosphate, chem. u. a. Ind. T. wurde 1796 als 16. Staat in die Union aufgenommen. Im Sezessionskrieg gehörte es zu den Südstaaten.

Tennessee Valley Authority [t'enesi v'æli ɔθ'ɔriti], **TVA,** Knoxville (Tenn.), Unternehmen zur allgem. wirtschaftlichen Entwicklung des Tennessee-Tales zur Energie-Erzeugung u. a.; 1933 von der amerikan. Regierung errichtet.

Tennis, Ballspiel, im Ursprungsland England meist auf Rasenplätzen **(Lawn-T.),** im übrigen auf Hartplätzen gespielt zwischen zwei Gegnern (Einzelspiel) oder zwei Gegnerpaaren (Doppel). Die Parteien spielen sich den T.-Ball (stoffüberzogener Hohlball aus Gummi) mit dem T.-Schläger über das in der Mitte des rechteckigen Spielfelds gespannte Netz so zu, daß ihn die Gegenpartei möglichst schwer zurückschlagen kann. Der Ball darf beim Rückschlagen nur einmal den Boden berühren. Zählweise beim Spiel: 15 beim ersten gewonnenen Ball, 30 beim zweiten, 40 beim dritten, ‚Spiel' beim vierten. Hat eine Partei 6 Spiele und dabei 2 mehr als die Gegenpartei (also mindestens 6:4) gewonnen, so hat sie einen Satz gewonnen; sonst wird das Spiel verlängert, bis dieses Verhältnis erreicht ist (7:5; 8:6 usw.). Die Schläge können mit Vor- oder Rückhand geschlagen werden, wobei man Flug-, Schmetter-, Halbflug- und Stoppball sowie Lob, Passierschlag u. a. unterscheidet. Der Deutsche T.-Bund (gegr. 1902, neu gegr. 1949) gehört der International Lawn Tennis Federation (abgek. I. L. T. F.; gegr. 1913) an.

Tenno [japan. ‚Himmlischer Herrscher'], eigentl. Titel des japan. Kaisers (→Mikado).

Tennyson [t'enisn], Alfred Lord, engl. Dichter, * 1809, † 1892; seine Dichtung ist klangvolle Wortkunst; sonettartige Folge ‚In memoriam' (1850); Idyll ‚Enoch Arden' (1864); ‚Idylls of the King' (1859-85).

Tenochtitlán, Name der um 1370 gegr. Hauptstadt des Aztekenreichs, die heutige Stadt Mexiko.

T'enor [lat.] *der,* **1)** Verlauf, Inhalt, Wortlaut; 𝄢 die Urteilsformel (Prozeßentscheidung). **2)** ♪ in der mehrstimmigen Musik bis zum 16. Jahrh. die tragende Stimme (Volkslied, geistl. Lied usw.), zu der die anderen Stimmen hinzukomponiert wurden.

Ten'or, eine Stimmlage, →Gesang.

Ten'orschlüssel, ein →Notenschlüssel.

Tens'ide *Mz.,* grenzflächenaktive chem. Verbindungen; seifenartige Substanzen, die das Wasser entspannen und Schmutzstoffe lösen; in Wasch- und Reinigungsmitteln.

T'ensor [lat.] *der,* Verallgemeinerung eines →Vektors, z. B. in der Elastizitätstheorie und der Relativitätstheorie.

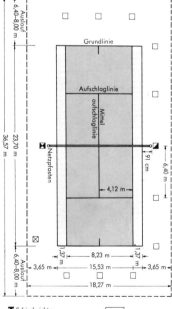

Tennis: Spielfeld

Schiedsrichter · Doppelspielfeld
Netzrichter
Linienrichter
Feldschiedsrichter · Einzelspielfeld

Tent'akel [lat.] *das,* 🐌 ⚘ beweglicher Fortsatz, z. B. bei Süßwasserpolypen, als Verdauungsdrüse beim →Sonnentau.

Tent'amen [lat.] *das,* Vorprüfung, Zwischenprüfung.

T'enuis [lat. ‚dünn'] *die, Mz.* Tenues, stimmloser Verschlußlaut (p, t, k).

ten'uto [ital.], **ten.,** ♪ gehalten; Zeichen: waagerechter Strich über (unter) der Note.

Teotihuacán, Ruinenstätte nördlich der Stadt Mexiko mit zahlreichen Pyramiden und Wohnbauten. Die Kultur von T. hatte ihren Höhepunkt um 500, zur Zeit der Azteken war sie bereits untergegangen.

Tep'ic, Hauptstadt des mexikan. Bundesstaates Nayarit, 102 000 Ew.; Handels-, Agrarzentrum.

Tepl., →Johannes von Tepl.

Teplitz, 1914-45 **T.-Schönau,** tschech. **Teplice Lažné,** Bezirksstadt und Badeort im nordwestl. Böhmen, Tschechoslowakei, am Fuß des Erzgebirges, 53 000 Ew.; Maschinenbau, Textil-, Glas- und keram. Industrie.

Teppich, Fußbodenbelag oder Wandbehang aus Wolle, Baumwolle, Naturseide, Haargarn, Jute, Hanf, Kokosgarn oder Chemiefasern. **Handgefertigte ·glatte T.:** der Kelim- oder Karamani-T. mit farbigen Figurschüssen, durch deren Verkreuzung mit wenigen Kettfadenzügen senkrechte Schlitze entstehen; der Sumak-T. (Wirk-T.) mit spitzartiger Anordnung der Figurschüsse; der Allgäuer T. (Leisten-T.) mit schmalen Stoffstreifen als Schuß sowie der Applikations-T., dessen Musterung aus aufgenähten oder aufgeklebten Stoff- oder Filzstückchen besteht. **Mechanisch** hergestellte **glatte T.:** der Rips-T. und die Germania-T. mit 2farbiger Schußmusterung, der Kidderminster-T. als zweifaches Hohlgewebe mit Warenwechsel und der Schottische T. (Treeply-T.) als 3reilagengewebe mit größerer Farbmusterung. **Geknüpfte Flor-T.** wurden früher nur von Hand angefertigt. Bei den echten oriental. T. werden kurze farbige Fadenstückchen aus Wolle, Ziegenhaar oder Seide derart um 2 Kettfäden geschlungen, daß die Noppen entweder jeden Faden einzeln umschlingen (Smyrna-, Ghiordes- oder türkischer Knoten) oder den einen Kettfaden ganz und den anderen halb umschlingen (Perser-, Senneh- oder persischer Knoten). Die mechanisch geknüpften T. sind in Farbe und Musterung den echten T. täuschend ähnlich. Die **gewebten Flor-T.** werden als Ruten-, Chenille-, Greifer- und Stick-T. hergestellt. Ruten-T. entstehen durch Eintragen einer Stahlrute zwischen dem Grundgewebe und der Florkette. Bei Verwendung von Zugruten entsteht eine Poldecke mit geschlossenen Florschlingen (Bouclé-, Frisé-, Kräusel-T.), bei Schneidruten ein offener Flor (Velours- oder Plüsch-T.). Beim Axminster- oder Chenille-T. wird der reichgemusterte plüschartige Flor durch Schußfäden aus Flachchenille gebildet. Greifer-T. sind: der Royal-Axminster-T. und der Viktoria-T. Durch Einsticken der Florschleifen in ein fertiges Grundgewebe entsteht der Tefzet-Orient-T. Durch →Beflockung des Grundgewebes können reichgemusterte T. hergestellt werden. Moderne T. und Auslegware werden einfarbig und gemustert mit Schnitt- und Schlingenflor gefertigt, Nadelflor-T. (Tufting) auf Raschelmaschinen gewirkt. Klebeverfahren werden angewandt bei Bartuft-, Klebe-, Nadel-, Flock-T. (→Beflockung).

Der älteste erhaltene T. (5./3. Jahrh. v. Chr.; Leningrad) wurde in einem skyth. Grab im Altai gefunden. Im Alten Orient wurden Palasträume mit T. unterteilt. Als Wandbekleidung verwendet waren T. von den Römern und bes. im Mittelalter, in dem sich die →Bildwirkerei zu hoher Vollendung entwickelte. Die Blütezeiten des oriental. T. waren das 16. und 17. Jahrh. Die Orientteppiche stammen aus Anatolien,

oben Ausschnitt aus einem Vasenteppich, Persien, 16. Jahrh. (Berlin, Staatl. Museen); unten Ausschnitt aus einem Ranken-Tier-Teppich, Ostpersien, 16. Jahrh. (Wien, Österr. Museum für angewandte Kunst)

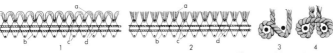

Teppichherstellung: 1 Bouclé-Teppich (mit geschlossener Polkette; Schlingen). 2 Velours-Teppich (mit aufgeschnittener Polkette; Flor); a Polkette, b Bindekette, c Schuß, d Füllkette. 3 Senneh-Knoten. 4 Ghiordes-Knoten

Kaukasien, Persien, Turkestan, Buchara, Afghanistan, Belutschistan, Indien und China. Sie können durch Heimarbeit der seßhaften Bevölkerung, von Nomaden, auch in Manufakturen hergestellt sein. Benannt werden sie nach Herstellungsgebieten (Perser), Handelssammelpunkten (Mosul), Nomadenstämmen (Tekke-Bu-chara) oder nach der Zeichnung: Medaillon-T., Bild-T. (Jagd-, Tier-, Baum-, Garten-T.), Gebets-T. (Gebetsnische) u. a.

Teppichkäfer, 2-5 mm großer dunkler, hell gebänderter Speckkäfer. Die Larve frißt an Wolle, Teppichen.

Tequila [tek'i:la, mex.] *die,* aus Pulque gewonnener mexikan. Branntwein.

tera-, Abk. **T,** vor Maßeinheiten: 10^{12} (→metrisches System).

T'eramo, 1) Prov. in Mittelitalien, 1949 km², 263 600 Ew. **2)** Hauptstadt von 1), 47 700 Ew.; Kathedrale (12. Jahrh.).

Teratolog'ie [grch.] *die,* ♀ die Lehre von den Mißbildungen.

T'erbium *das,* **Tb,** chem. Element aus der Gruppe der Lanthaniden; Ordnungszahl 65, Atomgewicht 158,924; sehr selten.

T'erborch, Gerard, holländ. Maler, * 1617, † 1681, schilderte das Leben der bürgerl. Gesellschaft in vornehmen Innen-

G. Terborch: Junge floht seinen Hund (München, Alte Pinakothek)

räumen; alles Beiwerk ordnete er einer maler. Gesamtstimmung unter; mit bes. Vorliebe gab er kostbare Stoffe wieder.

Terceira [-s'aira], Insel in der Gruppe der Azoren, 396 km², 77 600 Ew. Haupthafen: Angra do Heroismo.

Tereb'inthe [grch.] *die,* ♠→Pistazie.

T'erek, Fluß am Nordhang des Kaukasus, vom Kasbek zum Kasp. Meer, 591 km lang.

Ter'enz, Publius Terentius Afer, latein. Komödiendichter, um 195 bis 159 v. Chr., neben Plautus der wichtigste Vertreter der altlatein. Komödie.

Teres'ina, früher **Therezina,** die Hauptstadt des Staates Piauí, Brasilien, 208 000 Ew.; Erzbischofssitz, Nahrungsmittelind.

Terhalle, Fritz, Finanzwissenschaftler, * 1889, † 1962, Prof. u. a. in München, 1949 bis 1959 Vorsitzender des Wissenschaftl. Beirats beim Bundesfinanzministerium.

T'erlan, italien. **Terl'ano,** Ort in Südtirol, Italien, an der Etsch, 2800 Ew.; Weinbau **(Terlaner).**

Term *der,* **1)** △ begrenzter Teil einer mathemat. Formel. **2)** ⊠ Energiestufe eines Atoms oder Moleküls.

Term'in [lat.] *der,* **1)** Zeitpunkt, Frist. **2)** Zeitpunkt, an den Rechtsfolgen geknüpft sind; im Prozeß der Verhandlungstag.

Termin|einlagen, Einlagen mit fester Laufzeit oder Kündigungsfrist bei Sparkassen oder Banken.

Termingeschäft, Zeitgeschäft, alle Lieferungsgeschäfte mit festem Liefertermin, bes. die Börsen-T.

Terminmarkt, Markt der im Börsentermingeschäft zugelassenen Wertpapiere.

Terminolog'ie [lat.-grch.], die Fachsprache eines Gebiets.

Terminrechnung, Errechnung eines mittleren Zahlungstermins für zu verschiedenen Zeiten fällige Kapitalbeträge, bes. bei Wechseln.

T'erminus [lat.] *der,* -/-mini, **1)** Grenze, Zeitpunkt. **t. a quo,** der Zeitpunkt, von dem an, **t. ad quem,** bis zu dem gerechnet werden kann. **2) t. technicus,** Kunst- oder Fachausdruck.

Terminware, nach der Qualität genau bestimmte Welthandelsware, die zum →Termingeschäft zugelassen ist.

Term′iten [frz.], **Weiße Ameisen,** staatenbildende trop. Insekten, zu den Geradflüglern gehörig, von bleicher Farbe, lichtflüchtig, äußerlich den Ameisen ähnlich, aber nicht mit ihnen verwandt. Die T. leben in Baumstämmen, Höhlen oder selbst errichteten kegelförmigen Bauten aus zerkautem Holz und Kot. Der T.-Staat beherbergt oft viele Mill. Einzeltiere. Die „Königin‘ hat einen durch große Eierstöcke unförmig aufgetriebenen Hinterleib und legt alle 3 Sek. ein Ei. Sie lebt mit dem

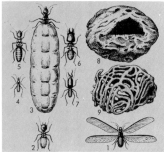

Termiten (verschiedene Arten): **1** *Junges Weibchen (etwa 25 mm).* **2** *Arbeiter (etwa 11 mm).* **3** *Weibchen, Königin (etwa 50 mm).* **4** *Soldat (etwa 3 mm).* **5** *Entflügeltes Männchen, König (etwa 14 mm).* **6** *Soldat (etwa 17 mm).* **7** *Soldat (etwa 9 mm).* **8** *Zentralkern mit Königinnenzelle.* **9** *Pilzarten aus einem T.-Nest.*

„König‘ zusammen in einer Kammer. Die flügellosen, nicht fortpflanzungsfähigen Arbeiter und Soldaten sorgen für Ernährung und Verteidigung. Die Nahrung besteht meist aus Pflanzenstoffen. Wie bei den Ameisen gibt es Pilzzüchtung, Nahrungsspeicherung und Blattlausbeutung (auf Zuckersaft). Die T. richten durch Zerstörung von Holz großen Schaden an. Bekämpfung: Insektengifte; Sprengen und Ausräuchern der Bauten.

terms of trade [tə:mz ov treid, engl.], das Verhältnis von Ausfuhr- zu Einfuhrpreisen.

T′erni, 1) Prov. in Mittelitalien, Umbrien, 2122 km², 225 100 Ew. **2)** Hauptstadt von 1), 107 300 Ew.; Dom (10.-17. Jahrh.); Hochöfen, vielseitige Industrie.

Ternitz, Stadt in Niederösterreich, an der Schwarza, 10 300 Ew.; Stahlwerk, Spinnerei, Weberei.

T′erpen [niederländ.], *Ez. die* Terp, künstliche Wohnhügel, →Wurten.

Terp′ene, Kohlenwasserstoffe, die als Hauptbestandteile in ätherischen Pflanzenölen enthalten sind. T.-Abkömmlinge sind z. B. Menthol und Kampfer.

Terpent′in *das,* Kieferbalsam, aus dem das ätherische **Terpentinöl** gewonnen wird. Terpentinöl wird für Farben, Lacke, Schuhkrem, Bohnerwachs, zum Einreiben und Inhalieren verwendet.

Terps′ichore, die Muse des Tanzes.

T′erra [lat.] *die,* Erde, Land. **T. inc′ognita,** unbekanntes Land.

T′erra di Si′ena [ital.], braune Erdfarbe, →Bolus.

Terrain [tɛr′ɛ̃, frz.] *das,* Gebiet, Gelände, bes. Baugelände.

Terrak′otta [ital. ‚gebrannte Erde‘] *die,* zu Töpferwaren und Bildwerken geformter und gebrannter Ton. - Viel verwendet wurde T. für Bildwerke kleinen Formats, so in Griechenland für Grabbeigaben (→Tanagra) und Weihgeschenke, die Tiere, Menschen, Götter darstellen, in hellenist. Zeit auch für vornehate Kleinplastik zum Schmuck der Wohnung. Meisterhafte Werke der Tonplastik wurden dann

wieder seit Beginn des 15. Jahrh. geschaffen, bes. in Dtl. (Gruppen kleiner Figuren: Lorcher Kreuztragung, Berlin; Beweinung Christi, Limburg, Dommuseum) und in Italien von den Meistern der Frührenaissance. Auch für Bauplastik wurde T. in Italien und Dtl. verwendet.

Terram′aren [ital.], bronzezeitl. Ansiedlungen in der mittleren Po-Ebene.

Terramyc′in, ein Antibiotikum.

Terr′arium [lat.] *das,* verschlossener Glasbehälter zur Pflege kleiner Landtiere (Lurche und Kriechtiere).

Terra rossa [ital. ‚rote Erde‘], eine bes. im Mittelmeergebiet verbreitete, in toniger Bodenhorizont aus Lösungsrückständen des Kalksteins, durch wasserarme Eisenhydrate der T. -oxide gefärbt.

T′erra Sigill′ata [lat.] *die,* röm. Gebrauchsgeschirr aus glänzend rotem Ton, bes. aus Arezzo; seit dem 1. Jahrh. n. Chr. verbreitet.

Terr′asse [frz.] *die,* **1)** Erdstufe an einem Hang, oft mehrere untereinander. **2)** durch Erosion eines Flusses geschaffene Flächen an Talhängen (**Fluß-T.**). **3)** offene Plattform eines Hauses (Dach-T.), einer Gartenanlage.

Terr′azzo [ital.] *der,* ein Kunststein aus farbigen Natursteinsplittern und -mehlen, mit Zement gebunden, als fugenloser Boden- und Wandbelag.

Terre des Hommes [tɛːr dez′ɔm, nach einem Romantitel von Saint-Exupéry], Hilfsorganisation für verwaiste, von Hunger bedrohte oder unter den Auswirkungen von Kriegen und Katastrophen leidende Kinder aus aller Welt, 1960 begr.

terr′estrisch [lat.], das Land, die Erde betreffend, irdisch; auf dem Land entstanden, abgelagert.

Terrier [-iər, engl.] *der ,* eine von engl. Jagd- und Haushunden abstammende Rassengruppe, z. B. der große, kräftige **Airedaleterrier,** der kleinere **Foxterrier** mit langem Kopf (früher bei der Fuchsjagd verwendet); der rauhhaarige Foxterrier gilt heute als Modehund, der **Mexikanische Zwergterrier (Chihuahua)** ist der kleinste Hund der Welt.

terrig′en [lat.-grch.], vom Festland stammend.

Terr′ine [frz.] *die,* Suppenschüssel.

territori′al [lat.], zu einem Territorium gehörig, inländisch.

Territorialgewässer, Meeresteile, die zwar der Herrschaft des Uferstaates unterstehen, in denen aber für andere Staaten freies Durchfahrtsrecht besteht.

Territorialitätsprinzip, 1) im Staatsrecht der Grundsatz, daß der Erwerb eines Staatsgebietes ohne weiteres die Staatsgewalt über die Insassen nach sich zieht (**Gebietsgrundsatz**); die gesamte Staatsgewalt erstreckt sich auf jeden, der sich in dem Staatsgebiet aufhält, mit Ausnahme der Exterritorialen. Früher galt der →Personalitätsprinzip. **2)** im internationalen Strafrecht der Grundsatz, daß Straftaten ohne Rücksicht auf die Staatsangehörigkeit des Täters nach den Gesetzen und von den Gerichten des Staates abgeurteilt werden, in dem sie begangen worden sind.

Territorialsystem, im Zeitalter des Absolutismus die Grundauffassung, daß dem Herrscher die Kirche untertan sei wie alles seinem Territorium.

Territ′orium [lat.] *das,* -s/...rien, Gebiet, Staatsgebiet; im Dt. Reich bis 1806 das Herrschaftsgebiet der reichsunmittelbaren Landesherren.

T′error [lat.] *der,* Schrecken. **Terrorismus,** die Schreckensherrschaft; ein Kampfmittel im polit. Machtkampfes, z. B. als **Gruppen-T.** revolutionärer oder extremist. Gruppen (**Terroristen**) zur Bekämpfung der Gegner, als **Staats-T.** despotischer oder totalitärer Regime zur Unterdrückung der Opposition.

Terschelling [tɛrsx′ɛliŋ], niederländ. Insel im westfries. Wattenmeer, 107 km² groß, 4100 Ew.

Terst′eegen, Gerhard, Mystiker, Dichter, * 1697, † 1769, quietistischer Pietist, wirkte als mystischer Prediger namentlich in den Rheinlanden; Lieder (‚Ich bete an die Macht der Liebe‘), Epigramme.

T′ertia [lat. ‚die Dritte‘] *die,* -/-...ien, als Unter-T. und Ober-T. das 4. und 5. Schuljahr der höheren Schule.

Terti′är *das,* eine Formation der Erdgeschichte (Übersicht), enthält in Dtl. Braunkohle, Kalisalze, Bernstein als Bodenschätze.

Terti′arier, →Dritter Orden.

t′ertium comparati′onis [lat. ‚das Dritte des Vergleichs‘] *das,* das gemeinsame Sicht, unter der zwei Dinge miteinander verglichen werden: die 9 ist eine umgekehrte 6, t. c. ist die Gestalt der Ziffer.

t′ertium non d′atur [lat.], ‚ein Drittes gibt es nicht‘, Formel des **Satzes vom ausgeschlossenen Dritten,** der ein Drittes zwischen Sein und Nichtsein desselben Sachverhaltes ausschließt.

t′ertius g′audens [lat.], der lachende Dritte (wenn zwei sich streiten).

Tertulli′an, Quintus Septimius Florens, lat. Kirchenschriftsteller, * nach 150, † um 225, war theologisch ein Vorläufer der abendländischen Lehre von der Dreieinigkeit und den zwei Naturen Christi.

Teru′el, 1) Prov. Spaniens in Aragonien, 14 804 km², 173 200 Ew. **2)** Hauptstadt von 1), am Guadalaviar, 20 500 Ew.

Terz [lat.] *die,* **1)** Fechten: ein Hieb oder Stoß gegen die innere Blöße (eine von der rechten Schulter zur linken Hüfte gedachte Linie) des Gegners. **2)** ♪ die 3. Stufe der diaton. Tonleiter, ferner der Zusammenklang von Grundton und 3. Stufe; die **große T.** kennzeichnet das Dur-, die **kleine T.** das Mollgeschlecht. **3)** der 9 Uhr angesetzte Gebetsstunde des Breviers.

Terzer′ol [ital.] *das,* kleine Pistole.

Terzer′one [span.], Mischling zwischen Mulatten und Weißen (³/₄ weiß).

Terz′ett [ital.] *das,* Gesangstück für drei Einzelstimmen.

Terz′ine [ital.] *das,* aus dem Italienischen stammende Strophenform aus je drei Versen, bei denen der zweite Vers den Reim für den ersten und dritten Vers der folgenden T. anschlägt (aba bcb cdc usw.).

Terzky, tschech. **Trčka,** Adam Erdmann, * 1599, † 1634, kaiserl. General im Dreißigjährigen Krieg, Schwager und Vertrauter Wallensteins, mit diesem ermordet.

T′erzo|geschäft, Geschäft dreier Vertragspartner.

Teschen, **1)** Polnisch-T., polnisch **Cieszyn,** Stadt in der Woiwodschaft Kattowitz, Polen, rechts der Olsa, gegenüber von T. 2), 24 800 Ew.; Metall-, Uhren-, Papierindustrie. **2)** **Tschechisch-Teschen,** tschechisch **Český Těšín,** Stadt in der Tschechoslowakei, links der Olsa, 15 500 Ew.; Textilindustrie. - Der **Friede von T.** (13. 5. 1779) beendete den Bayer. Erbfolgekrieg. Stadt und Land T. gehörten bis 1918 zu Österreichisch-Schlesien, wurden 1920 zwischen Polen und der Tschechoslowakei geteilt.

T′esching *das,* eine Handfeuerwaffe (meist 4 mm Kaliber).

Tesla, Nicola, Physiker und Elektrotechniker, * 1856, † 1943, gab das Prinzip des Drehstrommotors und der Mehrphasensystem der Stromübertragung an und erzeugte mit dem **T.-Transformator** die physiologisch ungefährlichen hochfrequenten **T.-Ströme.**

T′essenow [-no], Heinrich, Architekt, * 1876, † 1950; Siedlungen (Hellerau u. a.), Schulen, Möbelentwürfe; bemühte sich schon seit 1906 um eine Reform des Mittelstands- und Arbeiterwohnung.

tesser′al [lat.], regelmäßig.

Tess′in, italien. **Ticino** [-tʃ′ino], **1)** *der,* linker Nebenfluß des Po, 248 km lang, entspringt am Nufenenpaß in der Schweiz. **2)**

das, der südlichste Kanton der Schweiz, 2811 km², 245 500 überwiegend Italienisch sprechende Ew. Hauptstadt: Bellinzona. Der größte Teil wird von den Tessiner Alpen eingenommen. Hauptflüsse: Tessin und Maggia. Fremdenverkehr, etwas Industrie, Ackerbau, Obst- und Weinbau, Viehzucht; Marmor-, Granit- und Gneisbrüche. - Die Eidgenossen eroberten 1403-1516 das bis dahin zum Hzgt. Mailand gehörende T., das bis 1798 als Untertanenland verwaltet wurde. 1803 entstand der Kanton.

Tess'in, Nicodemus d. Ä., Baumeister, * 1615, † 1681, seit 1639 in Schweden tätig (→Drottningholm). Sein Sohn Nicodemus d. J., * 1654, † 1728, führte das in den italien. Barock in Schweden ein (Schloß in Stockholm, seit 1697).

Tess'iner Alpen, der Teil der Alpen zwischen Tosa-, Tessintal und dem Lago Maggiore, im Monte Basodino 3273 m hoch.

Test [engl.] **der,** einfaches Prüfverfahren, Stichprobe, Kontrollversuch auf verschiedenen Gebieten (Werkstoff-, Waren-, Allergietest), bes. in der Psychologie, zur Begabtenauslese, in der Berufsberatung zur Feststellung von Kenntnissen, Fähigkeiten **(Intelligenz-T.),** Antrieben, Gefühlen, Charaktereigenschaften **(Persönlichkeits-T.).**

T'esta, Gustavo, italien. Kurienkardinal, * 1886, † 1969, 1934 Titular-Erzbischof, 1965 Propräfekt für die Oriental. Kirche.

T'est'akte, engl. Gesetz von 1673, das die Katholiken praktisch vom Staatsdienst ausschloß; aufgehoben 1829.

Testam'ent [lat.] **das, 1)** eine im Gegensatz zum Erbvertrag einseitige, frei widerrufliche, schriftlich festgelegte Anordnung des Erblassers (Testators) für die Zeit nach seinem Tode **(letztwillige Verfügung von Todes wegen).** Der Erblasser kann durch T. den Erben bestimmen (Erbeinsetzung), einen Verwandten oder Ehegatten von der gesetzl. Erbfolge ausschließen, einen Vermögensvorteil zuwenden (Vermächtnis), Auflagen machen und einen Testamentsvollstrecker ernennen. Das T. wird errichtet entweder durch Erklärung vor einem Richter oder Notar **(öffentl. T.)** oder durch eine eigenhändig geschriebene und unterschriebene Erklärung des Erblassers **(eigenhändiges** oder **privates T.).** Ferner →Nottestament, →gemeinschaftliches T. **2)** das **Alte T.** und das **Neue T.,** die beiden Hauptteile der Bibel.

Testamenterbe, eine auf Grund eines Testamentes zum Erben berufene Person.

Testamentsvollstrecker, die vom Erblasser zur Ausführung seiner letztwilligen Anordnungen durch letztwillige Verfügung berufene Person.

Test'at [lat.] **das,** Zeugnis, Bestätigung; bes. die Bescheinigung über den Besuch einer Hochschul-Vorlesung oder -Übung.

Testierfähigkeit, die Fähigkeit, ein Testament zu errichten; sie gilt regelmäßig erst mit der Vollendung des 16. Lebensjahres. Entmündigte besitzen keine T.

Testierfreiheit, das Recht, über ein Vermögen nach freiem Ermessen durch Testament zu verfügen.

Testim'onium [lat.] **das,** Zeugnis.

T'estis, Test'ikel [lat.] **der,** →Hoden.

Testoster'on [lat.] **das, Testikelhormon,** Hormon der männl. Keimdrüse.

Tetan'ie [grch.] **die,** Krankheit mit Muskelkrämpfen (bes. in Fingern, Armen, Zehen, Beinen), die auf Kalkmangel infolge Versagens der Nebenschilddrüsen beruht. Behandlung mit Hormon- und Kalkpräparaten. Über **kindliche T.** →Spasmophilie.

T'etanus [grch.] **der,** die durch **Tetanusbazillen** (Bildgruppe Bakterien) erregte →Starrkrampf.

Tête [tɛːt, frz. Kopf] **die,** früher im ✠ Spitze; Anfang (einer Heeresabteilung).

Tête-à-tête [tɛːtaˈtɛːt, frz.] **das,** Gespräch unter vier Augen, Schäferstündchen.

T'eterow [-oː-], Stadt im Bez. Neubrandenburg, am Teterower See, 11 200 Ew.; 2 Stadttore, Pfarrkirche (13.-15. Jahrh.).

T'ethys, griech. Mythologie: Gattin des Okeanos.

Tétouan [tetwˈãː, frz.], span. **Tetuán,** Stadt in Marokko, unweit der Mittelmeerküste, 110 000 Ew.; mauerbewehrte Altstadt (viele Moscheen); Handwerk: Leder-, Kupfer-, Töpferarbeiten. 1912-56 war T. die Hauptstadt von Spanisch-Marokko.

t'etra... [grch.], vier...

Tetrachlorkohlenstoff, Abk. **Tetra,** CCl₄, farblose Flüssigkeit; Lösungs-, Extraktions-, Feuerlöschmittel.

Tetrach'ord [grch.] **das,** griech. Musik: Gruppe von vier benachbarten Tönen.

Tetra'eder [grch.] **das,** ein von vier gleichseitigen Dreiecken begrenzter regelmäßiger Körper.

tetragon'ales System, →Kristalle.

Tetragon'opterus [grch.], kurz **Tetra,** bunte Zierfischchen aus S-Amerika.

Tetrahydrofur'an das, ein zyklischer Äther, Lösungsmittel und Zwischenprodukt der Synthese.

Tetral'in das, Tetrahydronaphthalin, farbloses Öl, Lösungsmittel und Zusatz zu Treibstoffen.

Tetralog'ie [grch.], bei den alten Griechen eine zusammenhängend aufgeführte Folge von vier Dramen (drei Tragödien, die eine Trilogie bilden, und ein Satyrspiel).

Tetr'ameter [grch. ,Viermaß'] **der,** in der griech. Metrik Vers aus vier Metren; in Dtl. nachgeahmt von Goethe (Helenaszene im ,Faust'), Platen (,Grab im Busento').

Tetranitrometh'ylanilin, Tetr'yl, Trinitrophenyl-methylnitramin (NO₂)₃C₆H₂ —N(CH₃)NO₂, wirkungsvoller Sprengstoff, für Sekundärladungen in Sprengkapseln verwendet.

Tetrarch'ie [grch.], ,Vierherrschaft', im Altertum ein von vier Fürsten **(Tetrarchen)** beherrschtes Gebiet.

Tetschen, tschechisch **Děč'in,** Stadt in Nordböhmen, Tschechoslowakei, rechts und links (Stadtteil Bodenbach) der Elbe, 44 200 Ew.; Industrie; Elbhafen.

Tettnang, Stadt in Bad.-Württ., 8900 Ew.; großes ehemals Montfortsches Schloß; Hopfen-, Obst- und Spargelanbau.

Tetuán, →Tétouan.

Tetzel, Johann, Dominikanermönch, * um 1465, † 1519, gab durch seine Ablaßpredigten den Anlaß zu Luthers Thesenanschlag am 31. 10. 1517. (→Reformation)

Teubner, Benediktus Gotthelf, Verleger, * 1784, † 1856, gab in seinem Leipziger Verlag seit 1849 die ,Bibliotheca scriptorum Graecorum und Romanorum' heraus.

Teufe die, ⚒ Tiefe.

Teufel [grch. diabolos ,Entzweier'], in vielen Religionen die Verkörperung des Bösen und der Widersacher Gottes; im A. T. und N. T. erscheint er als gefallener Engel **(Luzifer)** und unter verschiedenen Namen **(Beelzebub, Belial);** Christus hat seine Macht gebrochen.

Teufelsaustreibung, der →Exorzismus.

Teufelsblume, ostafrikanische Fangheuschrecke mit blütenähnlich verbreiterten Fangbeinen.

Teufelsdreck, ⚕ der →Asant.

Teufelsinseln, französ. **Iles-du-Diable, Sal'utinseln,** Inselgruppe in Französisch-Guayana.

Teufelskralle, Gattung der Glockenblumengewächse mit ähren- oder köpfchenförmigem Blütenstand und röhriger Blumenkrone mit sehr schmalen, an der Spitze vereinigten Zipfeln.

Teufelsnadel, →Libellen.

Teufelszwirn, verschiedene Pflanzen: Seide, Bocksdorn, Waldrebe u. a.

Teutoburger Wald, der Höhenzug am Nordrand der Münsterschen Bucht, 100 km lang, 11 km breit, im Völmerstod 468 m hoch. Im T. W. liegen die Hermannshöhen und die Externsteine. 9 n. Chr. Sieg der Cherusker u. a. Germanen unter Arminius über die Römer unter Varus; genauer Schlachtort nicht bekannt.

Teut'onen, german. oder kelt. Volk, schloß sich dem Zug der →Kimbern durch Gallien an; 102 v. Chr. von den Römern unter Marius bei Aquae Sextiae (Aix-en-Provence) vernichtet.

Teutsch, Georg Daniel, evang. Geistlicher, * 1817, † 1893, seit 1867 Bischof der Siebenbürger Kirche. Seine ,Geschichte der Siebenbürger Sachsen' wurde von seinem Sohn Friedrich T. (* 1852, † 1933, 1906 Bischof der Siebenbürger Kirche, 1927 der evang. Kirche in Rumänien) fortgesetzt.

Tever'one, der italien. Fluß →Aniene.

tex, bei der metr. Garnnumerierung das Gewicht in Gramm von 1000 m Faden.

T'exas, Abk. **Tex.,** Staat der USA, am Golf von Mexiko, 692 407 km², 11,197 Mill. Ew., darunter fast 1 Mill. Neger und Mulatten, Hauptstadt: Austin; Anbau von Baumwolle, Weizen, Reis, Grapefruit, Gemüse; reiche Erdöl- und Erdgaslagerstätten (Rohrleitungen bis in die fernsten Teile der USA); Raffinerien, chem., Maschinen-, Röhren- u. a. Ind. - T. gehörte seit 1821 zu Mexiko, machte sich 1836 unabhängig und wurde 1845 als 28. Staat in die Union aufgenommen; im Sezessionskrieg gehörte es zu den Südstaaten.

Texasfieber, Rindermalaria, von Sporentierchen verursachte Rinderkrankheit trop. und subtrop. Gegenden; durch Zecken übertragen.

Texas-Türme, künstl. Inseln vor der O-Küste der USA, mit Luftwarneinrichtungen, Hubschrauberlandeplatz.

Texel [ˈtɛɪəl], die westlichste und größte der Westfries. Inseln (Niederlande), 184 km², 11 400 Ew.; Vogelbrutplätze.

tex-System, internat. Feinheitsbez. für Garne und Zwirne, ersetzt den →Titer. 1 tex = 1 g/1000 m.

Text, 1) Wortlaut, z. B. einer Rede, Oper (Libretto), eines Liedes. **2)** die Bibelstelle, auf die die Predigt aufgebaut ist.

Texter, Verfasser von Werbetexten.

Textilarbeiter, Facharbeiter, angelernte oder Hilfsarbeiter der Textilindustrie, z. B. Spinner, Weber, Textilveredler; Lehrberufe mit 3jähriger Ausbildung, Anlernberufe mit 1- bis 2jähriger Ausbildung.

Textildruck, →Zeugdruck.

Textilien, die aus Faserstoffen auf →Textilmaschinen hergestellten Erzeugnisse.

Textilindustrie, Betriebe, die Faserstoffe verarbeiten (ohne die Papierindustrie): Spinnerei, Weberei, Wirkerei, Strickerei, Textilveredelung; nach der Art der Rohstoffe Baumwoll-, Woll-, Seiden-, Chemiefaser-, Bastfaser-Industrie. Spitzenverband ist der 1948 gegr. **Gesamtverband der T. in der Bundesrep. Dtl. - Gesamttextil - e. V.,** Frankfurt a. M. In der Bundesrep. Dtl. gab es (1970) 3615 Betriebe (mit 10 und mehr Beschäftigten) mit 501 000 Beschäftigten.

Textilmaschinen, Maschinen in der Spinnerei, Weberei, Wirkerei, zur Textilveredelung und Färbung, zum Spulen, Zwirnen, Schären, Klöppeln, Häkeln, Stricken, Walken, Merzerisieren, Drucken, Bügeln, Plissieren u. ä.

Textkritik, Prüfung der schriftl. Überlieferung eines Werks zur Wiederherstellung seiner ursprüngl. Fassung, bes. bei Schriftwerken des Altertums, Mittelalters.

Text'ur [lat.] **die,** die Art der Anordnung der Kristallite in Mineralen oder Metallgußstücken o. dgl.

tg, ältere Abk. für Tangens.

TGL, Abk. für Technische Normen Gütevorschriften und Lieferbedingungen, Normung in der Dt. Dem. Rep. statt **DIN.**

Th, chem. Zeichen für Thorium.

TH, Abk. für Technische Hochschule.

Thackeray [θˈækəri], William Makepeace, engl. Erzähler, * 1811, † 1863; schrieb spöttisch-nachdenkliche Romane ,Das Snobsbuch' (1846/47), ,Jahrmarkt der Eitelkeit' (1847/48), histor. Roman ,Henry Esmond' (1852).

Thadd'äus, N. T.: Apostelname; vielleicht gleichzusetzen mit dem Apostel Judas, dem Sohn des Jakobus.

Thadden, Adolf von, Politiker (NPD),

* 1921, war 1967-71 Vors. der →Nationaldemokratischen Partei Deutschlands.

Thadden-Trieglaff, Reinold v., Jurist, * 1891, führend in der Bekennenden Kirche; 1949-65 Präs. des Dt. Evang. Kirchentags.

Thai, die zu den →Tai gehörenden Bewohner von Thailand, auch ihre Sprache.

Thʼailand, früher Sʼiam, siamesisch **Prades-Thai** oder **Muang-Thai** [,Land der Freienʻ], Königreich in Hinterindien, 514 000 km², 35,814 Mill. Ew. (zu 95% buddhistisch). Hauptstadt: Bangkok. ⊕ IV/V, Bd. 1, nach S. 320. Staatssprache: Thai. Recht: Traditionelle und neuere Gesetze sind nebeneinander gültig. Nach der 8. Verfassung von 1968 ist der König Oberbefehlshaber der Streitkräfte (allgem. Wehrpflicht) und buddhist. Schutzherr. ☐ S. 1179. ☐ Bd. 1, S. 392. Währung: 1 Baht = 100 Satang.

Landesnatur. Kerngebiet ist die fruchtbare Schwemmlandebene des Menam. Das Korat-Plateau im O und die Ausläufer des innerasiat. Gebirgswalls (bis 2581 m hoch) im N und W haben schlechtere Anbaubedingungen. T. hat trop. Monsunklima: Mangrovenküsten, trop. Urwald in den westl. und südl. Gebirgen, laubabwerfenden Wald im N und auf dem Korat-Plateau.

Die Bevölkerung besteht zum größten Teil aus Taistämmen (Thai, Lao, Schan), außerdem Khmer, Malaien, Chinesen u. a. Bildung: Allgemeine Schulpflicht; Universitäten u. a. Hochschulen in Bangkok, eine Universität in Tschiang Mai.

Wirtschaft. Haupterzeugnis, z. T. auf künstlich bewässerten Flächen, ist Reis; weiter werden Kautschuk, Baumwolle, Mais, Jute, Hanf u. a. angebaut. Die Viehbestände umfassen Schweine, Rinder, Geflügel, auch Elefanten. Rd. 60 % der Landfläche sind Wald (Teakholz). Der Bergbau (bes. im S) fördert Eisenerze, Braunkohle, Mangan- und Zinnerze, auch Silber, Edelstein u. a. T. hat Nahrungsmittel- und Baustoffindustrie. Nur um Bangkok entwickelten sich Betriebe der Kraftfahrzeugmontage, Stahl-, Zinngewinnung, Zucker-, Glas-, Papier-, Baumwollgewebeherstellung.

Verkehr. Eisenbahnnetz 3765 km, Straßennetz 12 275 km. Schiffsverkehr auf den Grenzflüssen Salween und Mekong (10 000 km Wasserwege). Bangkok ist Hauptsee- und Flughafen.

Geschichte. Die Thai (Siamesen) gingen aus der Verschmelzung der von N im 13. Jahrh. eingewanderten Tai-Stämme mit den ind. Khmer hervor. Im 19. Jahrh. kam ihr Land unter europ. Einfluß, konnte jedoch trotz großer Gebietsverluste an benachbarte, unter französ. und brit. Herrschaft stehende Territorien seine polit. Unabhängigkeit behaupten. 1932 begannen nationale und kulturelle Reformen. Die unter dem Druck Japans erfolgte Teilnahme am 2. Weltkrieg brachte T. zunächst kleinere Gebietsgewinne, auf die es jedoch 1946 wieder verzichten mußte. Seit 1954 ist T. Mitglied des Südostasiatischen Verteidigungspaktes (SEATO). Staatsoberhaupt: König Bhumibol (seit 1950).

Thalassämʼie [grch.] die, eine bes. bei der Bevölkerung des Mittelmeergebiets auftretende erbl. Form von Blutarmut.

Thale, Stadt, Luftkurort, Solbad im Harz. Halle, am Ausgang des Bodetals, 17 700 Ew.; Eisenhütten, Emaillierwerk, Holzverarbeitung, Schamottefabriken.

Thʼales von Milʼet, griech. Philosoph um 600 v. Chr., nahm als Urstoff und göttl. Ursprung aller Dinge das Wasser an. Der **Satz des T.** besagt, daß jeder Umfangswinkel über dem Durchmesser eines Kreises 90° beträgt.

Thalheim, Stadt im Bez. Karl-Marx-Stadt, im Erzgebirge, rd. 10 000 Ew.; Industrie: Strümpfe, Papier, Holz, Maschinen, Meßinstrumente u. a.; Wirkereifachschule.

Thalʼia, die Muse des Lustspiels.

Thalidomʼid, ein Schlaf- und Beruhi

Rollenfächer*)

Schwerer Held (Othello, Tell).
Held (Posa, Egmont).
Jugendl. Held u. Liebhaber (Pylades, Ferd. v. Walther).
Charakterspieler (Mephisto, Shylock).
Heldenvater (Stauffacher, Götz).
Bonvivant (Bolz aus ,Die Journalistenʻ).
Charakterkomiker (Dorfrichter Adam, Falstaff).
Jugendl. Komiker und Naturbursche (Bleichenwang; Lanzelot Gobbo aus ,Kaufmann von Venedigʻ).
Vaterrollen (Walter Fürst, Vater Miller).
Heldin (Penthesilea, Medea).
Charakterspielerin (Elisabeth, Rose Bernd).
Jugendl. Heldin (Jungfrau von Orléans, Maria Stuart).
Sentimentale (Luise Millerin, Gretchen).
Salondame (Minna von Barnhelm, Lady Milford).
Naive und Muntere (Franziska aus ,Minna v. Barnhelmʻ, Hannele aus ,H.s Himmelfahrtʻ).
Heldenmutter (Isabella aus ,Braut v. Messinaʻ, Frau Alving aus ,Gespensterʻ).
Komische Alte (Marthe Schwerdtlein, Mutter Wolffen).

*) früher übliche Einteilung

Stimmlagen

Heldentenor (Lohengrin, Tannhäuser).
Jugendl. Heldentenor (Don José, Parzival).
Lyrischer Tenor (Herzog aus ,Rigolettoʻ, Tamino aus ,Zauberflöteʻ).
Tenorbuffo (David aus ,Die Meistersingerʻ).
Heldenbariton (Hans Sachs, Wotan).
Lyrischer Bariton (Wolfram aus ,Tannhäuserʻ).
Charakterbariton (Rigoletto).
Seriöser Baß (Sarastro aus ,Zauberflöteʻ).
Spielbaß (Falstaff, Ochs von Lerchenau).
Baßbuffo (Leporello, van Bett aus ,Zar und Zimmermannʻ).
Hochdramat. Sängerin (Isolde, Brünhilde).
Jugendl. dramat. Sängerin (Tosca, Agathe aus ,Freischützʻ).
Lyrischer Sopran (Mimi, Micaëla aus ,Carmenʻ).
Koloratursängerin (Königin der Nacht aus ,Zauberflöteʻ).
Koloratursoubrette (Blondchen aus ,Entführung aus dem Serailʻ, Rosine aus ,Barbier von Sevillaʻ).
Opernsoubrette (Papagena, Ännchen aus ,Freischützʻ).
Erste dramat. Altistin (Brangäne, Amneris aus ,Aidaʻ).
Spielaltistin (Gräfin aus ,Wildschützʻ).

---

gungsmittel (in der Bundesrep. Dtl. als Contergan gehandelt), das, in den ersten drei Schwangerschaftsmonaten eingenommen, schwere Schädigungen der Frucht zur Folge hatte. Seither wurde das T. aus dem Handel gezogen.

Thʼallium [grch.] das, chem. Zeichen **Tl**, chem. Element, Metall, Ordnungszahl 81, Atomgewicht 204,37, Schmelzpunkt 300°C, Siedepunkt 1460°C, spezif. Gewicht 11,85. T., dem Blei ähnlich, ist in geringen Mengen weit verbreitet; wird als Legierungselement verwendet. Seine Salze dienen zur Herstellung von stark lichtbrechendem Glas, sind giftig, werden zur Ratten- und Ungeziefervernichtung verwendet.

Thallophʼyten [grch.] _Mz._, **Lagerpflanzen**, Pflanzen, deren Körper sich nicht deutlich in Wurzel und Sproß gliedern, sondern ein fädiges oder blattartiges flaches Lager (**Thallus**) haben: Bakterien, Algen, Pilze, Flechten.

Thälmann, Ernst, kommunist. Politiker, * 1886, † 1944 (erschossen), 1924-33 MdR., seit 1933 im Konzentrationslager.

Thalʼwil, Gemeinde am Zürichsee, Kanton Zürich, Schweiz, 13 600 Ew.; Seiden- und Baumwollindustrie.

Thalʼysia, altgriechisches Erntefest zu Ehren der Göttin Demeter.

Thʼanatos, griech. Mythos: der Tod, Sohn der Nacht, Bruder des Schlafes.

Thann, Stadt im französ. Dép. Haut-Rhin, Frankreich, 8300 Ew.; eine der schönsten got. Kirchen des Elsaß (seit 1332); chem., Metall-, Maschinen- und Textilind.

Thant, U Thant, birman. Diplomat, * 1909; war 1961-71 Generalsekretär der Vereinten Nationen. (Bild S. 1245)

Thar, Wüste in Vorderindien zwischen Arawallgebirge und unterem Indus, Grenzgebiet zwischen Indien und Pakistan.

Thaer, Albrecht, * 1752, † 1828, Begründer der wissenschaftl. Landwirtschaftslehre.

Tharaud [tarʻo], französ. SchriftstellerBrüder, Jérôme (* 1874, † 1953) und Jean (* 1877, † 1952); Biographien und Romane.

Thare _Mz._, Ez. Thar der, **Halbziegen**, ziegenähnl. Tiere im Himalaya.

Thʼasos, griech. Insel im nördl. Ägäischen Meer, 393 km², 16 000 Ew., bis 1029 m hoch.

Thʼaya die, rechter Nebenfluß der March, 398 km lang.

Thʼea [chines.], Pflanzengatt., →Camellia.

Theʼater [grch. ,Schaustätteʻ] _das_, der Raum für dramatische oder dramatischmusikalische Aufführungen; auch diese selbst heißen so (→Schauspiel, →Oper, →Operette, →Ballett).

Das **Theatergebäude** besteht aus dem Bühnenhaus, dem Zuschauerhaus sowie den Verwaltungs-, Magazin- und Werkstättenräumen. Das Bühnenhaus umfaßt außer Garderoben, Handmagazinen und der eigentl. Spielfläche stets geräumige Seiten- und Hinterbühnen; darunter liegt die Unterbühne, darüber der meist turmartig aufragende Rollen- oder Schnürboden. Zuschauerräume mit amphitheatralisch ansteigenden Sitzreihen sind seit dem Bau des Bayreuther Festspielhauses (1872-76) beliebt. Im allgem. hat sich das aus höfischer Zeit stammende Rangtheater behauptet, neuerdings auch in Form balkonartig vorspringender, nicht durchlaufender Logen.

Wirtschaftlich unterscheidet man Privat(Geschäfts-)Theater und subventionierte T., deren Träger ein Staat, eine Stadt oder auch ein Verein ist; beide Formen treten als stehende T. oder als Wanderbühnen auf.

Der **künstlerische Betrieb** eines staatl. oder städt. T. wird von dem Intendanten geleitet, er läßt sich in wesentl. Regieitzungen von den künstlerischen Bühnenvorständen beraten; hier wird der Spielplan (Repertoire) festgesetzt und der Probenplan aufgestellt. Die Proben beginnen häufig mit einer Leseprobe, der die Stellprobe folgt. Die Vorbereitung einer Aufführung wird beendet mit der Haupt- und Generalprobe, ihr folgt die Premiere (Erstaufführung) oder die Uraufführung (eines ungespielten Stückes). Die künstler. und technischen Bühnenvorstände sind: der Dramaturg, der Spielleiter und Regisseur, der Ausstattungsleiter oder Bühnenbildner (Entwurf der Dekorationen und Kostüme), der Kapellmeister (mit den Solo- und Chorrepetitoren und dem Chordirektor), der Ballettmeister und der techn. Direktor (ihm unterstehen Bühnenmeister, Maschinenmeister, Beleuchtungsinspektor, Requisiteur, die Werkstätten- und die Bühnenarbeiter). Weiteres Personal: Magazinverwalter, Maskenbildner, Souffleur, Inspizient (verantwortlich für den geregelten Ablauf der Vorstellung). - Ausbildung der Schauspieler im Einzelunter

1 *Schauspieler auf einem pompejanischen Wandgemälde.*
2 *Schauspieler des 17. Jahrhunderts, Frankreich.* 3 *Schauspieler des Kabuki-Theaters.* 4 *Simultanbühne (Podiumbühne) für Mysterienspiele, Valenciennes, 1547.* 5 *Szene aus ,La Passion des Richesses', Kulisse nach Lodovico Ottavio Burnacini, um 1707.* 6 *Bühnenentwurf von Wieland Wagner für ,Die Meistersinger' von Richard Wagner, Inszenierung 1956.* 7 *Szene aus ,Peer Gynt' von Henrik Ibsen, Regie Peter Stein an der Schaubühne am Halleschen Ufer, Berlin, 1971*

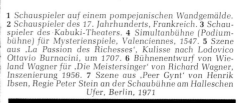

richt oder an staatl. oder privaten Schauspielschulen; Bühnenreifeprüfung vor einer Prüfungskommission, die paritätisch von der Genossenschaft Dt. Bühnenangehöriger und dem Dt. Bühnenverein gebildet wird.

Geschichte. Der Ursprung des europäischen T. liegt in Griechenland. Man darf annehmen, daß dort nach 550 v. Chr. der Athener Thespis dem Chor, der zu Ehren des Dionysos sang und tanzte, einen Gegensprecher hinzufügte. Aischylos führte den zweiten, Sophokles den dritten Schauspieler ein (5. Jahrh. v. Chr.). Von diesen drei Schauspielern übernahm jeder mehrere Rollen. Die Darsteller trugen Gesichtsmasken und Schuhe mit erhöhten Sohlen (Kothurne). Der Chor war vermutlich mit einer Art Sprechgesang, der mit Tanz verbunden war, die Handlung begleitet.

Gespielt wurde ursprünglich auf einem runden Tanzplatz (Orchestra), in dessen Mitte der Altar des Dionysos stand. Später wurde an seinem Rand ein Holzbau (Skene) errichtet. Der Skene vorgelagert wurde eine über die Orchestra erhöhte Spielfläche (Proskenion). Seit dem 4. Jahrh. v. Chr. baute man Bühnen aus Stein. - Stärker als das vom Kultischen ausgehende Festspiel der Griechen hat das vom Mimus, der verspottenden Nachahmung menschl. Gegebenheiten, getragene T. der Römer die europ. Entwicklung beeinflußt. Aus improvisierten Possen entstand eine volkstüml. Komödie.

Die Darsteller im geistl. Spiel des Mittelalters waren Kleriker, dann Bürger (Laienspieler), gespielt wurde auf dem Marktplatz. Alle Spielorte des Handlungsablaufs waren nebeneinander sichtbar (Simultanbühne).

Allmählich trat an Stelle des Nebeneinanders der Szenen ein Nacheinander (Entstehung der Guckkastenbühne); die auf einschiebbaren Kulissen perspektivisch gemalten Bühnenbilder verdrängten die feststehende plastische Ausstattung. Die Erschließung des Hoftheater für ein zahlendes Publikum erforderte eine Vergrößerung des Zuschauerraums und die Trennung nach Rang und Würden (Logenbau mit Rängen). Diese italien. Theaterform fand, vor allem durch den Geist des Barocks entstandene Oper, in ganz Europa Nachahmung. Auch für das Volkstheater brachte Italien um 1550 eine entscheidende Wendung: die Stegreif-Komödie (Commedia dell'arte). - In Frankreich wurden im Geist des Rationalismus Deklamation und Gestik unter strenge Regeln gestellt, dem vom klass. Drama entwickelte Einheit des Ortes forderte ein gleichbleibendes Bühnenbild. In England waren von 1642-60 unter den Puritanern Theater-Aufführungen verboten.

In Deutschland wurde der Berufsschauspielerstand durch Gastspiele englischer Komödianten eingeführt. Im Mittelpunkt standen anfangs Blut- und Mordszenen (→Haupt- und Staatsaktionen). Ekhof († 1778) überwand den im 18. Jahrh. herrschenden klassizist. französ. Darstellungsstil durch realist. Charakterzeichnung. In Hamburg verwirklichte F. L. Schröder († 1816) die Grundgedanken der dt. klassischen Kunstideals auf der Bühne. Bestimmende Anregungen gingen von dem 1779 in Mannheim gegründeten Nationaltheater aus (Intendant Frh. v. Dalberg). Unter J. Schreyvogel (1814-32) erlebte das Wiener →Burgtheater einen Höhepunkt. Der Historismus beherrschte die Inszenierungen der Meininger (→Meiningen). Max Reinhardt gab dem an der Dtl. von der Berliner →Freien Bühne (gegr. 1889) eingeführten Naturalismus dem T. den romant. Zauber zurück. Mittel der expressionistischen Bühnenkunst waren Treppen, Podeste, Farb- und Lichtwirkungen und Musik. Kennzeichnend für das heutige T. ist die stark intellektuelle Ausdeutung, auch die

,Umfunktionierung' klassischer Stücke auf moderne Problematik hin, ferner das Dokumentartheater mit stark politischem Akzent, das Gruppentheater (Living theatre in New York, Grotowski in Polen), das, ausgehend von Ideen A. Artauds, Vereinigung von Spielern und Publikum zu gemeinsamem, verwandeltem Erlebnis als Ziel des T. erklärt. (→Naturtheater, →Freilichtbühne)

Theater|agentur, Bühnennachweis, Bühnenvermittlung, private Einrichtung mit Genehmigung des Landesarbeitsamtes zur Vermittlung von Anstellungen als Schauspieler oder Sänger. In der Dt. Dem. Rep. trat 1953 an die Stelle der ,Staatl. zentrale Bühnenvermittlung'.

Theaterkritik, die Auseinandersetzung mit dem Theater im Feuilleton der Tageszeitungen und in Zeitschriften.

Theaterwissenschaft, die Wissenschaft vom Theater, seinem Wesen und seiner Geschichte, an dt. Universitäten unterricht seit 1901 eingeführt. Theaterwissenschaftl. Institute bestehen in der Bundesrep. Dtl. in Köln, Kiel, W-Berlin, München.

Théatre Français [te'a:tr fräs'ε], die 1680 gegr. staatl. Schauspielbühne Frankreichs, seit 1687 Comédie Française genannt.

Théatre Libre [te'a:tr l'i:brə, frz. ,Freies Theater'], Pariser Theatervereinigung, gegr. 1887 von A. Antoine, zur Aufführung moderner Dramen (Tolstoj, Ibsen u. a.).

The'atrum mundi [lat. ,Schauplatz der Welt'] das, 1) Titel von Weltgeschichten im 17. und 18. Jahrh. 2) panoramaartiges mechan. Theater; Figuren auf Laufschienen.

Theb'aïs die, im alten Ägypten das Gebiet um Theben.

Theb'aische Legion, legendär römischchristl. Truppe; verweigerte 285 mit ihrem Anführer Mauritius die Christenverfolgung, wurde deshalb niedergemetzelt. Gedächtnistag: 22. 9.

Th'eben, 1) Stadt in Böotien, Griechenland, rd. 16 000 Ew. - Der Sage nach von Kadmos gegr., später von Ödipus beherrscht, 371-62 v. Chr. durch Epaminondas führend in Griechenland, 335 von Alexander d. Gr. zerstört.

2) große Stadt im alten Oberägypten, das ,hunderttorige T.' genannt, seit etwa 1500 v. Chr. Hauptstadt des Pharaonen-

Theben: Wandmalerei aus der Nekropolis

reichs, auch später religiöser Mittelpunkt. Bedeutende Reste: →Karnak, →Luxor, Memnonssäulen (→Memnon).

Theiler, Max, amerikan. Mediziner, * 1899, † 1972, erhielt für seine Forschungen über das Gelbfieber-Virus 1951 den Nobelpreis.

The'in das, ⚗ Coffein des Tees.

The'ismus [grch.], religiöse oder philosoph. Überzeugung von dem Dasein eines höchsten, überweltl. persönl. Wesens, das die Welt erschaffen hat und regiert. (→Atheismus, →Pantheismus, →Deismus)

Theiß die, größter Nebenfluß der Donau, 977 km lang (343 km schiffbar), entspringt in den Waldkarpaten, durchfließt das un-

gar. Tiefland, mündet unterhalb Neusatz auf jugoslaw. Gebiet.

Th'eke [grch.] die, Laden-, Schanktisch.

Th'ekla, Heilige, von Paulus bekehrt; ihr Bräutigam zeigte sie als Christin an, doch sie blieb von den Tieren des Zirkus und den Flammen verschont.

Th'ema [grch.] das, -s/ . . .men oder -mata, 1) Hauptgedanke, Gegenstand einer Rede oder Abhandlung. 2) eine in sich geschlossene Tonfolge, die Inhalt und Aufbau eines Musikstücks bestimmt. **Thematische Arbeit** ist die Verarbeitung eines T. oder seiner Teile.

Th'emis, griech. Mythos: Göttin der Sitte und Ordnung, Schützerin des göttl. Rechts.

Them'istokles, athen. Feldherr und Staatsmann, * um 525, † 459 v. Chr., Gründer der attischen Seemacht, baute seit 493 den Hafen Piräus aus, schuf seit 483 eine Flotte, siegte 480 bei Salamis über die Perser, setzte die Ummauerung Athens durch, wurde 470 verbannt und ging in pers. Dienste.

Th'emse, engl. **Thames,** bedeutendster Fluß Englands, 346 km lang (311 km schiffbar, bis London bei Flut für Seeschiffe befahrbar), entspringt in den Cotswold Hills, mündet in die Nordsee.

Theo... [grch.], Gott...

The'obald, Schutzheiliger der Köhler, † 1066, Einsiedler; Tag: 1. 7.

Theobrom'in das, Alkaloid aus den Kakaobohnen, erweitert die Herzkranzgefäße, hat harntreibende Wirkung.

The'oderich, Name mehrerer von Dietrich.

The'oderich, 1) T. d. Gr., König der Ostgoten (471-526), * um 456, † 526, kämpfte im Auftrag des oström. Kaisers Zeno gegen Odoaker und wurde nach dessen Ermordung 493 Herr Italiens. Er behielt die röm. Staatseinrichtungen bei, beharrte aber auf einer strengen Trennung zwischen der got. Kriegerschicht und der röm. Bevölkerung. Sein Bemühen, die german. Reiche des W zusammenzuschließen, blieb ohne Erfolg. T. lebt in der Sage fort als →Dietrich von Bern. Sein Grabmal in Ravenna (Bild S. 1241) ist ein mächtiger Zentralbau, dessen Kuppel aus einem einzigen Steinblock besteht.

2) T. I., König der Westgoten (419-451), gründete das Tolosanische Reich; fiel in der Schlacht auf den Katalaun. Feldern.

Theodiz'ee [grch.] die, der philosophische Versuch, den Glauben an die Weisheit und Gerechtigkeit Gottes mit den Übeln der Welt in Einklang zu bringen.

Theodol'it der, optisches Winkelmeßgerät für große Entfernungen. Hauptteil ist ein Fernrohr mit Fadenkreuz. Es ist um eine horizontale und eine vertikale Achse drehbar. Die Drehwinkel werden an Teilkreisen abgelesen.

Theod'ora, byzantin. Kaiserin, * um 497, † 548, seit etwa 527 Gattin Justinians I., auf dessen Politik sie großen Einfluß hatte.

Theod'osius I., der Große, Flavius, röm. Kaiser (379-395), * 347, † 395, siedelte 382 die Goten auf Reichsboden an, vereinigte 394 letztmalig das Röm. Reich, berief 381 das 2. ökumen. Konzil nach Konstantinopel, erklärte die kath. Lehre zur Staatsreligion und verbot alle heidn. Kulte.

Th'eognis, griech. Dichter um 500 v. Chr., aus Megara; Gedichte in elegischem Maß.

Theogon'ie, altgriech. Lehre von der Abstammung der Götter.

Theokrat'ie [grch. ,Gottesherrschaft'] die, eine Herrschaftsform, in der religiöse und staatl. Ordnung eine Einheit bilden. Die Staatsgewalt wird in erster Linie von Priestern ausgeübt.

Theokrit, grch. Dichter, aus Syrakus, etwa 300 bis 260 v. Chr., begründete die bukolische Dichtung (→Schäferdichtung).

Theolog'ie [grch. ,Lehre von Gott'] die, wissenschaftl. Lehre von den Glaubensinhalten des Christentums. Die kath. T. betrachtet sich als Wissenschaft vom geoffenbarten Glaubensinhalt, dessen Wahrheit feststeht und der aus der Hl. Schrift und der Tradition entnommen und im Sinne des kirchl. Lehramts ausgelegt wird. Auch die **evang. T.** ist Wissenschaft von den Glaubensinhalten, die sich aber ohne Bindung an Tradition und kirchl. Lehramt allein auf die Bibel stützt. Die **T. der Ostkirche** schöpft wie die kath. aus zwei Erkenntnisquellen: Hl. Schrift und Tradition; doch ist die Tradition im wesentl. auf die Lehre der anerkannten Ökumenischen Konzilien, die Schriften der Kirchenväter und den dogmat. Gehalt der liturg. Bücher beschränkt.

The′ophano, byzantin. Kaisertochter, * 950/55, † 991, seit 972 Gemahlin des dt. Kaisers Otto II., führte von 983 bis zu ihrem Tod die Regentschaft für ihren noch unmündigen Sohn Otto III.

The′ophilus, Gestalt der mittelalterl. Legende, in der das Faustproblem anklingt: der Geistliche T. schließt einen Pakt mit dem Teufel, wird aber von Maria gerettet. Dichterische Behandlung von Roswitha von Gandersheim, Rutebeuf.

Theophr′ast, eigentlich **T′yrtamos,** griech. Philosoph, * 372 v. Chr., † 287, bedeutender Schüler des Aristoteles; bekannt durch ,Charaktere'; seine ,Pflanzengeschichte' wirkte bis ins MA.

Theophyll′in das, Alkaloid der Teeblätter, harntreibend, gefäßerweiternd, anregend auf Herz und Zentralnervensystem.

The′orbe [ital.] die, eine Baßlaute.

Theor′em [grch.] das, Lehrsatz.

Grabmal des Theoderich in Ravenna

Theor′ie [grch.], 1) umfassende wissenschaftliche Begründung eines Erkenntnisbereichs. 2) rein wissenschaftliche Betrachtung ohne Hinblick auf Anwendung. **theor′etisch,** auf T. beruhend, gedanklich. Gegensatz: praktisch.

Theosoph′ie [grch.], myst. Richtung, höheres Wissen um Gott und seine Geheimnisse durch unmittelbares inneres Schauen; im bes. die von der Russin H. P. Blavatsky begründete Lehre vom Übersinnlichen, in der sich indische und christl. Vorstellungen verbinden.

Theos′ophische Gesellschaft, gegr. 1875 von H. P. Blavatsky und H. S. Olcott in New York; Hauptsitz: Adyar bei Madras.

Theotokópulos, Domenikos, →Greco 1).

Th′era, italien. **Santorin,** griech. Insel der südl. Kykladen, Reste eines um 1525 v. Chr. gesprengten Vulkankraters, 72 km², rd. 14 000 Ew.

Therap′eut [grch.] der, behandelnder Arzt. **Therapeutik** die, Lehre von der Therapie.

Therap′ie [grch.], $ die Behandlung von Krankheiten. Die **symptomatische T.** erstrebt eine Linderung der Krankheitserscheinungen, unabhängig von ihrer Entstehungsursache. Die **kausale T.** sucht die Krankheitsursache zu beseitigen; sie kann **spezifisch** (d. h. auf den Krankheitserreger

abgestimmt) oder **unspezifisch** sein, d. h. die Heilkräfte des Körpers unterstützen. Zur **physikal. T.** gehören viele Naturheilverfahren. Die **experimentelle T.** erzeugt künstl. Krankheiten an Versuchstieren und prüft an diesen die Wirkung von Arzneimitteln usw. Die →Psychotherapie nimmt seelische Einwirkungen zu Hilfe.

Ther′esia, 1) T. von Avila, T. von Jesus, span. Mystikerin, * 1515, † 1582, reformierte den Karmeliterorden; ihre myst. Schriften sind theoretisch und literarisch sehr bedeutsam; wurde 1970 zur Kirchenlehrerin ernannt. Tag: 15. 10.
2) T. vom Kinde Jesu und vom heiligsten Antlitz, eigentl. **T. Martin,** * 1873, † 1897, Heilige (Kleine Therese); als Wundertäterin verehrt; Tag: 1. 10.

Ther′esienstadt, tschech. **Terezín,** Stadt in der Tschechoslowakei, an der Eger, 2600 Ew., mit ehemaliger Festung; 1941-45 Konzentrationslager.

Th′eriak [grch.] der, ein mittelalterl. Allheilmittel aus vielerlei Bestandteilen, z. B. Erzengelwurz (**T.-Wurzel**).

Therm′albad, Badeort mit Thermen, auch das Bad selbst.

Th′erme [grch.] die, heiße Quelle. Eigw. thermisch, auf Wärme bezüglich.

Th′ermen, Badeanlagen in Rom (Caracalla-T., Diokletians-T. u. a.) und im Röm. Reich (z. B. in Trier), 33 v. Chr. zuerst von Agrippa in Rom erbaut, dann in immer wachsendem Ausmaße in der Kaiserzeit. Die T. umfaßten Schwimmbecken, Kaltwasserbad (Frigidarium), lauwarmes Luftbad (Tepidarium), Schwitzbad (Laconicum), Heißwasserbad (Caldarium), Hallen und Plätze für Sportübungen, auch Unterhaltungsräume, Bibliotheken, Läden u. a. Sie waren gesellschaftliche Mittelpunkte für alle Schichten des Volks und gehörten zu den reichsten Bauten der antiken Städte.

Thermid′or [frz.-grch.] der, der 11. Monat im französ. Revolutionskalender.

Th′ermik [grch.] die, die von der Sonneneinstrahlung und Bodenerwärmung hervorgerufene Aufwärtsbewegung der Luft; →Aufwind, →Segelflug.

therm|ionischer Umwandler, ein Gerät zur direkten Erzeugung von elektr. Energie aus Wärme. In einem dampf- oder gasgefüllten Vakuumgefäß wird eine von zwei metall. Elektroden bis zur Elektronenemission erhitzt. Die Elektronen wandern zur anderen Elektrode und halten einen Strom aufrecht.

Therm′istor der, Halbleiter, dessen Widerstand sich mit der Temperatur so stark ändert, daß er durch Aufheizen um mehrere Zehnerpotenzen verändert werden kann.

Therm′it das, Mischung aus Aluminiumpulver und Eisenoxid, verwendet bei der Aluminothermie (Thermitverfahren).

th′ermo... [grch.], wärme...

Thermochemie, der Teil der Chemie, der die Wärme bei chem. Prozessen auftretender Wärmeeffekte, den Wärmeeinsatz beim Verdampfen, Auflösen, Verdünnen u. a. behandelt.

Thermodiffusion, die Teilentmischung zweier Gase dadurch, daß sich die leichteren Moleküle bevorzugt an Stellen höherer, die schwereren an Stellen tieferer Temperatur sammeln.

Thermodynamik, das Teilgebiet der Physik und physikal. Chemie, das die Zustände und Zustandsänderungen von Stoffen behandelt. Der 1. Hauptsatz der T. bezieht in den Energiesatz auch die Wärme als eine besondere Energieform mit ein. Der 2. Hauptsatz der T. ist der Satz von der Zunahme der →Entropie abgeschlossener Systeme bei allen makrophysikal. Vorgängen. Der 3. Hauptsatz der T. ist das Nernstsche Wärmetheorem, nach dem am absoluten Nullpunkt die Änderung der freien Energie gleich Null ist.

thermo|elektrische Erscheinungen, Vorgänge, bei denen elektr. Energie in Wärme umgesetzt wird oder umgekehrt. Wenn

zwischen den Lötstellen zweier verschiedener metall. Leiter eine Temperaturdifferenz besteht, entsteht eine elektr. Spannung (**Thermokraft**); umgekehrt erwärmt sich die eine Lötstelle und die andere kühlt sich ab, wenn man einen Gleichstrom durch das System schickt (**Peltier-Effekt**). Thermokräfte benutzt man zur Messung tiefer Temperaturen mit **Thermoelementen. Thermosäulen** aus hintereinanderge-

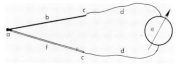

Thermoelektrische Erscheinungen: a heiße Lötstellen, b und f voneinander verschiedene metallische Leiter, c kalte Lötstellen, d Zuleitungen, e Meßinstrument

schalteten Thermoelementen sind zur Strahlungsmessung geeignet. Eine Kombination aus Hitzdraht und Thermoelement ist das **Thermokreuz.**

thermo|elektrischer Umwandler, ein Gerät, das unmittelbar Wärme, z. B. Sonnenenergie oder die beim radioaktiven Zerfall freiwerdende Wärme, in elektrische Energie umwandelt mit Hilfe der →thermoelektrischen Erscheinungen. Anwendung in Raumflugkörpern.

Thermo|element, →thermoelektrische Erscheinungen.

Thermogr′aph der, ein die Temperatur aufzeichnendes Thermometer.

Thermograph′ie, Wärmekopierverfahren, →kopieren.

Thermokraft, Thermokreuz, →thermoelektrische Erscheinungen.

Thermom′eter [grch.] das, Instrument zur Temperaturmessung der gewöhnl. T. sind Ausdehnungs-T., bei denen die Volumenänderung von Flüssigkeiten, Gasen oder Metallen sichtbar gemacht wird (z. B. das **Quecksilber-T.,** −30 bis +350° C, **Alkohol-T.** von −110° C bis +100° C). Die Ausdehnung oder Zusammenziehung wird an einer Skala gemessen, die nach

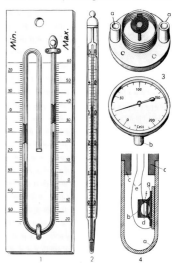

Thermometer: 1 Maximum-Minimum-T. 2 Wissenschaftl. T. 3 Bimetall-Haft-T. a Haftmagnete, b darüberfassende Kappe (um 90° gedreht). 4 Elektr. Fieberthermometer (Philips); Schnitt durch den Fühler: a Wärmeaufnehmer, b Silberzylinder, c Nylonhalter, d Widerstand mit negativen Temperaturkoeffizienten, e elektrische Zuleitungen, f Isolierkörper, g temperaturübertragender Kontaktdraht

Celsius in 100, nach Réaumur in 80, nach Fahrenheit in 180 Teile unterteilt ist, bezogen auf den Gefrierpunkt (0° C, 0° R, 32° F) und Siedepunkt (100° C, 80° R, 212° F) des Wassers bei einem Luftdruck von 760 mm. Beim **Maximum-T.** schiebt die Quecksilbersäule bei ihrem Steigen ein Eisenstäbchen vor sich her, das bei ihrem Zurückgehen liegenbleibt, oder aber der Quecksilberfaden selbst behält seinen höchsten Stand so lange bei, bis er durch Schütteln zurückgeschlagen wird **(Fieber-T.)**. **Minimum-T.** sind **Alkohol-T.** Sie enthalten in der Glasröhre einen Glasstift, der bei sinkender Temperatur mitgezogen wird, während bei steigender Temperatur der Alkohol über ihn hinwegfließt. **Maximum-Minimum-T.** sind Alkohol-T. mit einem Quecksilberfaden und 2 Eisenstäbchen. Zur Messung von Temperaturen an entfernter Stelle dient das **elektr. Widerstands-T.** (−200 bis + 550° C), das durch Wärmeunterschiede hervorgerufene Widerstandsänderungen mit einem Meßgerät anzeigt, und das Thermoelement.

thermonuklear heißen Kernreaktionen, die durch Wärme angeregt werden.

Thermopl'aste Mz., →Kunststoffe.

Thermop'ylen, griech. **Thermopylai,** im Altertum der Engpaß zwischen Gebirge und Ägäischem Meer mit der einzigen Straße zwischen Nord- und Mittelgriechenland, daher von militär. Bedeutung. 480 v. Chr. fiel dort →Leonidas.

Thermoreaktor, Gerät zur Energiegewinnung durch Kernverschmelzung bei höchsten Temperaturen.

Thermosäule, →thermoelektrische Erscheinungen.

Thermosflasche, Handelsname für eine innen verspiegelte, doppelwandige Glasflasche mit evakuiertem Hohlraum zwischen beiden Wandungen; hält wegen schlechter Wärmeleitung den Inhalt lange auf gleicher Temperatur.

Thermost'at der, ein mit einem →Temperaturregler ausgerüstetes Wärmegerät.

Thermo|umformer dienen zum Messen mittel- und bes. hochfrequenter Ströme: der Meßstrom erhitzt eine Drahtwendel eines Thermoelementes, dessen Strom mit einem Drehspulinstrument gemessen wird.

Thers'ites, bei Homer der häßlichste Mann im griech. Heer vor Troja.

Thesaur'ierung, das bes. in Zeiten der →Deflation einsetzende Ansammeln von Geld, das damit dem Umlauf entzogen wird.

Thes'aurus [grch. ,Schatz'] der, Sammelwerk, umfassendes Wörterbuch.

Th'ese [grch.] die, Behauptung, Leitsatz.

Th'eseus, griech. Mythos: Sohn des Aigeus, König von Athen, bestand in seiner Jugend viele Abenteuer, tötete u. a. den Minotaurus, verheiratete sich mit der Amazone Antiope, später mit Phädra; athen. Nationalheld.

Th'esis [grch.] die, in der antiken Metrik der schwere Taktteil (Länge), im dt. Metrik durch ,Hebung der Stimme' ersetzt.

Th'espis, griech. Dichter; soll 534 v. Chr. in Athen die erste Tragödie aufgeführt haben, angeblich von einem Wagen herab; daher **T.-Karren,** Wanderbühne.

Thess'alien, fruchtbare Beckenlandschaft im östl. Mittelgriechenland, die Kornkammer des Landes. Hauptstadt: Larissa. - An der Entwicklung des klass. Griechenland hatte T. wenig Anteil. 363 v. Chr. von Philipp von Makedonien erobert, 146 v. Chr. röm. Provinz.

Thessal'onicherbriefe, N. T.: zwei Briefe des Apostels Paulus an die Christen in Thessalonike.

Thessalon'ike, amtl. Name von→Saloniki.

Th'etis, griech. Mythos: eine Meeresgöttin, Gattin des Peleus, Mutter des Achill.

Theuerdank, allegorisches Gedicht über die Brautfahrt Maximilians I. zu Maria von Burgund; Stoff und Anlage von Maximilian (Erstausgabe 1517).

The|urg'ie [grch.], die Beschwörung von Gottheiten.

Thiam'in, das Vitamin B_1.

Thibaudet [tibod'e], Albert, französ. Kritiker, * 1874, † 1936; ,Gesch. der französ. Lit. von 1789 bis zur Gegenwart' (1936).

Thibaut [tib'o], **Theobald IV.,** Graf von Champagne und König von Navarra, französ. Dichter, * 1201, † 1253; weltliche und geistliche Lieder.

Thibaut [tib'o], Anton Friedrich Justus, Jurist, * 1772, † 1840, Prof. in Kiel, Jena und Heidelberg. Sein Eintreten für ein dt. bürgerl. Gesetzbuch gab den Anstoß zu einer Gegenschrift Savignys, die zum Programm der histor. Rechtsschule wurde.

Th'idrekssaga, norweg. Sagensammlung, gruppiert um Dietrich von Bern, meist Übertragungen deutscher Gedichte, oft einzige Quelle der dt. Heldensage; entstanden in der 2. Hälfte des 13. Jahrh.

Thiebaud [θ'aibɔ:d], Wayne, amerikan. Maler, * 1920, einer der Bahnbrecher des programmat. Realismus, schuf überwiegend Stilleben, auch Figuren.

Thiedemann, Fritz, Reiter, * 1918; 1967-68 Trainer der dt. Springreiter-Equipe.

Thielicke, Helmut, evang. Theologe, * 1908, seit 1954 Prof. in Hamburg; Gesammelte Aufsätze u. d. T. ,Theologie und Zeitgenossenschaft' (1967) u. a.

Thiers [tjɛ:r], Adolphe, französ. Staatsmann und Geschichtsschreiber, * 1797, † 1877, 1832-40 mehrfach Min. und Min.-Präs., Gegner Napoleons III., 1871-73 Präs. der Rep. Hauptwerke: ,Geschichte der Französ. Revolution' 10 Bde. (1823-27),,,Geschichte des Konsulats und des Kaiserreichs', 29 Bde. (1845-69).

Thieß, Frank, Schriftsteller, * 1890; Romane, u. a. ,Tsushima' (1936); ,Die griechischen Kaiser' (1959).

Thietmar, genannt **T. von Merseburg,** * 975, † 1018, seit 1009 Bischof von Merseburg, schrieb eine Chronik des sächs. Kaiserhauses.

Thieu, südvietnames. Politiker, →Nguyen Van Thieu.

Thimig, Schauspielerfamilie, **Hugo** T., * 1854, † 1944. Tochter **Helene** T., * 1889, 1933-46 mit ihrem Gatten Max Reinhardt († 1943) in den USA; von 1949-59 Leiterin des Reinhardtseminars und Prof. an der Akademie für Musik und darstellende Kunst in Wien. - Am Burgtheater wirken seine Söhne **Hermann** T., * 1890, **Hans** T., * 1900.

Thing das, nord. Form von →Ding.

Thomas von Aquino (Ausschnitt aus einem Altarwerk von C. Crivelli, 1476; London, National Gallery)

Thionville [tjɔ̃v'il], französ. Name von →Diedenhofen.

Thiopl'aste Mz., kautschukähnl. →Kunststoffe.

Th'isbe, →Pyramus und Thisbe.

Thixotrop'ie [grch.], die Eigenschaft bestimmter Gallerte oder Gele, ohne Temperaturerhöhung durch Schütteln oder Ultraschall verflüssigt zu werden und nach gewisser Zeit wieder zu gelieren.

Th'olos die, griech. Rundbau mit Säulenumgang, meist flach gedeckt.

Thoma, 1) Hans, Maler und Graphiker, * 1839, † 1924, Landschaften, bes. aus seiner Schwarzwaldheimat, beseelte, oft

H. Thoma: Mädchen mit Strohhut (Berlin, Staatl. Museen)

poetisierende Figurenbilder, Bildnisse, Lebenserinnerungen (hg. 1942).
2) Ludwig, Schriftsteller, * 1867, † 1921, urspr. Rechtsanwalt, einige Jahre Redakteur am ,Simplicissimus'; meisterl. Darsteller oberbayer. Menschen. Satire: ,Filserbriefe' (2 Bde., 1909-12); humorvolle oder satirische Erzählungen (,Lausbubengeschichten', 1905, ,Kleinstadtgeschichten', 1908), Bauernromane.

Thom'anerchor, Knaben- und Männerchor, gebildet aus den Internatsschülern der Thomasschule (Gymnasium) in Leipzig, deren Geschichte bis 1212 zurückreicht. Thomaskantoren waren u. a. J. H. Schein, J. Kuhnau, Joh. Seb. Bach, später K. Straube, G. Ramin, K. Thomas, 1961-72 E. Mauersberger, seit 1972 H.-J. Rotzsch.

Th'omas, 1) Apostel, soll in Parthien und Indien gewirkt haben und um seines Glaubens willen getötet worden sein, Patron der Zimmerleute. Tag: 3. 7., Ostkirche: 6. 10. **T.-Christen,** die ostkirchl. Christen der Malabarküste.
2) **T. von Aquino,** hervorragender Philosoph und Theologe des MA., * 1225 oder 1226, † 1274, Dominikaner, bedeutender Vertreter der Scholastik; Heiliger, Tag: 28. 1. Er suchte die Lehre des Aristoteles mit der christlichen Lehre zu verschmelzen. Danach gibt es natürl. und übernatürl. Gotteserkenntnis; Natur und Gnade sind keine Gegensätze. Seit Leo XIII. ist die kath. Philosophie und Theologie grundsätzlich auf seine Lehre verpflichtet. Seine Anhänger heißen **Thomisten.**
3) **T. von Canterbury,** →Becket.
4) **T. a Kempis, T. von Kempen,** Mönch, * 1379/80, † 1471; latein. geschriebene Erbauungsschrift ,Die Nachfolge Christi'.

Thomas, 1) [tom'a], Ambroise, französ. Komponist, * 1811, † 1896; Opern ,Mignon' (1866), ,Hamlet' (1868) u. a.
2) [t'ɔmәs], Dylan, engl. Schriftsteller, * 1914, † 1953; Lyrik; Hörspiel ,Unter dem Milchwald' (1954).

3) Kurt, Chorleiter und Komponist, * 1904, bekannt als Interpret Bachscher Chorwerke; 1957-61 Thomaskantor.

Th'omasin von Circlaere, mittelhochdt. Dichter, * um 1186, † um 1235; Lehrgedicht ,Der Welsche Gast' (1215/16).

Thom'asius, Christian, Rechtslehrer und Philosoph, * 1655, † 1728, hielt seit 1687 Vorlesungen in dt. Sprache an der Universität Leipzig und kämpfte gegen Hexenprozesse und Folter.

Thomasmehl, gemahlene Thomasschlacke (Rückstand der Eisenverhüttung), wertvoller Phosphorsäuredünger.

Thompson [t'ɔmpsn], **1)** Dorothy, amerikan. Journalistin, * 1894, † 1961; Auslandskorrespondentin, später Radiokommentatorin; ⚭ mit S. Lewis.

2) Francis, engl. Dichter, * 1859, † 1907, kath. Mystiker; symbolist. Gedichte.

Thomson [t'ɔmsn], **1)** Sir George Paget, engl. Physiker, Sohn von 3), * 1892, erhielt 1937 mit C. J. Davisson den Nobelpreis für den Nachweis der Elektronenbeugung.

2) James, engl. Dichter, * 1700, † 1748; naturbeschreibendes Gedicht ,Die Jahreszeiten' (1726-30; Oratorium von Haydn).

3) Sir Joseph John, engl. Physiker, * 1856, † 1940, Prof., erkannte, daß Kathodenstrahlen Ströme freier Elektronen sind, bestimmte die Elementarladung der Elektrons; Nobelpreis 1906.

4) Sir William, seit 1892 Lord **Kelvin of Largs,** engl. Physiker, * 1824, † 1907, Prof., Schöpfer der klass. Thermodynamik, erfand viele physikal. Geräte, entdeckte mit J. P. Joule den Joule-T.-Effekt; definierte die in Kelvingrade angegebene, absolute Temperatur.

Thon Buri, Stadt in Thailand, am Menam, gegenüber von Bangkok, 606 500 Ew.

Thor, 1) german. Gott, →Donar. **2)** eine amerikan. Mittelstreckenrakete.

Thor'a [hebr. ,Lehre'] *die,* die fünf Bücher Mose, der→Pentateuch. **Sefer-Thora,** Buch des Gesetzes, die geschriebene Rolle **(Thorarolle, Gesetzesrolle).**

Thorak, Josef, österr. Bildhauer, * 1889, † 1952; Bildnisse; im Dienst des Nat.-Soz.: monumental übersteigerte Skulpturen.

Th'orakoplastik [grch.], chirurg. Entfernen von Rippen, um tuberkulöse Kavernen durch Lungenschrumpfung auszuheilen.

Thoranc [tor'ã(k)], bei Goethe fälschlich **Thorane,** François de Théas, Comte de, * 1719, † 1794, der→Königsleutnant in Goethes ,Dichtung und Wahrheit'.

Th'orax [grch.] *der,* **1)** der Brustkorb. **2)** das Bruststück der Insekten.

Thoreau [θ'ɔːrou], Henry David, amerikan. Schriftsteller, * 1817, † 1862; naturphilosoph. Tagebuch (,Walden', 1854); glänzender Essayist.

Thorez [tɔr'ɛːz], Maurice, französ. Politiker (Kommunist), * 1900, † 1964, 1930-64 Generalsekr. der KP; 1928-39 und seit 1945 Staatsmin., 1946 und 1947 Vize-MinPräs.

Th'orium *das,* chem. Zeichen **Th,** radioaktives chem. Element, dehnbares, silbergrau glänzendes Metall, Ordnungszahl 90, Atomgewicht 232,038, spezif. Gewicht 11,5, Schmelzpunkt 1800° C, Siedepunkt 3230° C. Die natürl. Isotope des T. haben mit einer Ausnahme (Th 232 = T.) eigene Namen: Th 230 = Ionium, Th 228 = Radio-T., Th 234 = Uran X₁, Th 227 = Radioactinium, Th 231 = Uran Y. T. wird aus Monazit, Thorit und Thorianit gewonnen und als Zusatz zu Heizdrähten und Getterstoffen und als Überzug von Glühdrähten verwendet. T.-Dioxid ist Hauptbestandteil der Gaslicht-Glühstrümpfe.

Thorn, poln. Toruń, Stadt in der Woiwodschaft Bromberg, Polen, rechts der Weichsel, 126 200 Ew. Universität, Museum, Theater; Industrie und Handel mit landwirtschaftl. Produkten und Holz. - 1231 vom Deutschen Orden gegr. und bald Hansestadt. Der 1. (1411) und 2. (1466) **Thorner Frieden** bedeuteten den Niedergang des Ordens. T. seitdem unter poln. Oberhoheit. 1724 **Thorner Blutgericht,** Ent-

hauptung von 10 protestant. Bürgern durch die Polen. 1793-1807, 1815-1919 preußisch (starke Festung).

Thorn-Prikker, Jan, niederländ. Maler, * 1868, † 1932, seit 1904 in Deutschland; Glas- und Wandmalereien, Mosaiken u. a., bes. für Kirchen.

Th'oron *das,* chem Zeichen **Tn,** Thorium-Emanation, ein Isotop der Emanation.

Thorvaldsen, Bertel, dän. Bildhauer, * 1768 (1770?), † 1844, lebte in Rom, arbeitete in kühl klassizist. Stil (Christus, Kopenhagen, Frauenkirche).

Thot, altägyptischer Gott des Mondes, der Schreibkunst und Wissenschaft, mit Ibiskopf dargestellt.

Thr'aker, ehemaliges indogerman. Volk in Thrakien, seit dem 6. Jahrh. n. Chr. nicht mehr genannt; von der **thrakischen Sprache** sind nur Namen und einzelne Wörter bekannt.

Thrakien, nach altgriech. Sprachgebrauch der ganze Rumpf der Balkanhalbinsel, später nur deren Osthälfte. Die röm. Prov. **Thracia** umfaßte nur das Gebiet südl. des Balkangebirges. Seit 1923 ist T. zwischen Griechenland und der Türkei geteilt.

Thras'ybulos, athen. Feldherr und Staatsmann, † (ermordet) 388 v. Chr., bewirkte 411 die Berufung des Alkibiades, besiegte nach dem Fall Athens 403 die 30 Tyrannen.

Thriller [θr'ilə, engl.] *der,* Schauergeschichte, spannungsgeladenes Kriminalstück.

Thromb'ose [grch.] *die,* die Bildung fester Pfröpfe **(Thromben** Mz., Ez.: **Thrombus** der) in einem Blutgefäß, bewirkt Blutgefäßverstopfung (→Embolie) und damit eine Kreislaufstörung. Meist entsteht die T. durch Ablagerung der im Blut schwimmenden Körperchen und durch Gerinnung. Behandlung: Hochlegen der betroffenen Körperteils für 3 Wochen; blutgerinnungshemmende Stoffe; später Bäder, Massage.

Thromboz'yten [grch.] Mz.,→Blut.

Thron [frz. aus grch.] *der,* prunkvoll gearbeiteter Sessel eines regierenden Fürsten; Sinnbild der Herrscherwürde.

Thronfolge, Sukzession, Eintritt des Regierungsnachfolgers (Thronfolgers) in die Herrscherstellung des Monarchen.

Thronrede, Ansprache des Herrschers bei Eröffnung der Parlamentssitzungen.

Th'uja, →Lebensbaum.

Thuk'ydides, griech. Geschichtsschreiber, * um 460, † nach 400 v. Chr.; suchte in seiner ,Geschichte des Peloponnesischen Krieges' das Geschehen tatsachengetreu wiederzugeben.

Thule, 1) im Altertum ein sagenhaftes Land im hohen Norden; später sprichwörtlich für eine ferne glückliche Insel (,ultima T.'). **2)** Eskimosiedlung und Handelsstation in NW von Grönland; Luftstützpunkt der USA.

Th'ulium *das,* chem. Zeichen **Tm,** chem. Element aus der Gruppe der Lanthaniden; Ordnungszahl 69, Atomgewicht 168,93. T. kommt in der Yttererde vor, bisher ohne prakt. Bedeutung.

Thumb, Baumeisterfamilie aus dem Bregenzer Wald (→Vorarlberger Bauschule): **Michael,** † 1690, baute die Wallfahrtskirche auf dem Schönenberg bei Ellwangen und die Klosterkirche Obermarchtal, vollendet von seinem Bruder **Christian,** † 1726, der die Schloßkirche in Friedrichshafen schuf. Michaels Sohn **Peter,** † 1766, baute Kloster und Kirche Ebersmünster im Elsaß, die Wallfahrtskirche Neubirnau, die Stiftsbibliothek in St. Gallen.

Thümmel, Moritz August von, Schriftsteller, * 1738, † 1817; empfindsamer Reisebericht ,Reise in die mittäglichen Provinzen von Frankreich' (10 Bde., 1791-1805).

Thun, Bezirksstadt im Kanton Bern, Schweiz, 36 500 Ew., am Ausfluß der Aare aus dem Thuner See; altertüml. Stadtbild; Industrie, Handel, Fremdenverkehr.

Thunder Bay [θ'ʌndə bei, engl.], Hafenstadt in der kanad. Prov. Ontario, an der

T. B. des Oberen Sees, 106 000 Ew., entstand 1970 durch Vereinigung der Städte Port Arthur und Fort William und der Townships McIntyre und Neebing;

Thünen, Johann Heinrich von, Volkswirtschaftler, * 1783, † 1850, entwickelte die grundlegende Lehre vom Standort der Landwirtschaft, nach der Art und Intensität der Bodennutzung von der Entfernung zum Markt abhängen **(Thünensche Kreise).** Mit seiner Lohn- und Zinstheorie war er Begründer der Produktivitätstheorie.

Thuner See, See im Kanton Bern, Schweiz, 558 m ü. M., 48 km² groß, durchflossen von der Aare.

Thunfisch, bis 4 m lange und bis 600 kg schwere Makrele, bes. im Mittelmeer; Nutzfisch.

Thur *die,* linker Nebenfluß des Rheins, Schweiz, 125 km lang, entspringt am Säntis, durchfließt das Toggenburg und den Thurgau.

Thurber [θ'ɔːbə], James, amerikan. Schriftsteller und Karikaturist, * 1894, † 1961; Humoresken, Satiren, Tiergeschichten (,75 Fabeln für Zeitgenossen' u. a.), von ihm selbst illustriert.

Thurgau, Kanton der Schweiz, 1006 km², 182 800 Ew. Hauptstadt: Frauenfeld. Der T. ist ein Hügelland, das vom Bodensee allmählich zu den Nagelfluhbergen des Töß-tales ansteigt. Haupterwerbszweige: Acker- und Obstbau, Fischerei im Untersee. Baumwoll-, Metall-, Maschinen- und Schuhwarenindustrie. - Die Landgrafschaft T. kam 1264 an die Habsburger, 1460 an die Eidgenossen, bis 1798 als ,Gemeine Herrschaft', seit 1803 Kanton.

Thüringen, geschichtliches dt. Land, mit (1939) 11 760 km² und 1 743 600 Ew. T. liegt inmitten der dt. Mittelgebirgsschwelle, umfaßt Thüringer Becken, Thüringer und Frankenwald. Im Thüringer Becken ertragreiche Landwirtschaft (Weizen, Gerste, Zuckerrüben); in den übrigen Gebieten überwiegen Roggen, Hafer, Kartoffeln; Großgärtnereien um Erfurt. Bodenschätze: Braunkohle, Kali, auch Erdöl und Uran. Industrie: Kleineisen, Maschinen, Fahrzeugbau, ferner Spielwaren, Glas, Porzellan, Textilien, opt. Geräte u. a. Geschichte. Das Königreich T. der Hermunduren wurde 531 von den Franken erobert und im 10. Jahrh. den sächs. Herzögen unterstellt. Nach dem Aussterben der fränk. Ludowinger (seit 1130 Landgrafen) wurde T. 1263 wettinisch. Bei der weiteren Landesteilung 1485 fiel es größtenteils der ernestin. Linie zu (→Sachsen). Daneben gab es noch das albertin. N-T., das mit dem mainz. Erfurt 1815 preußisch wurde, sowie die Fürstentümer Reuß ältere und jüngere Linie, Schwarzburg-Rudolstadt und -Sondershausen. 1918 wurden die thüring. Länder Freistaaten; 1920 vereinigten sie sich, mit Ausnahme Coburgs (an Bayern), zum Freistaat T. 1944 wurde T. um den Reg.-Bez. Erfurt und den Kreis Schmalkalden vergrößert. Zunächst von der amerikan. Armee besetzt, kam T. am 14. 7. 1945 unter sowjet. Militärverwaltung. 1946 erhielt es eine Verfassung; bis 1952 Land der Dt. Dem. Rep. 1952 wurde es aufgeteilt in die Bez. Erfurt, Suhl und Gera der Dt. Dem. Rep.

Th'üringer, deutscher Stamm zwischen Harz, Eichsfeld, Werra und Elster, in der Völkerwanderungszeit aus Hermunduren, Angeln und Warnen entstanden. Ihre der obersächs. nahe verwandte Mundart hat an der Entstehung der deutschen Hochsprache großen Anteil.

Thüringer Becken, hügelige Landschaft zwischen Harz und Thüringer Wald, geologisch eine Mulde aus Buntsandstein, Muschelkalk und Keuper, von der Saale und ihren Nebenflüssen entwässert.

Thüringer Wald, waldreiches Mittelgebirge in Mitteldeutschland, vom Frankenwald im SO bis zur Werra bei Eisenach im NW, rd. 100 km lang, 10-35 km breit, im Gr. Beerberg 984 m, Schneekopf 978 m, im Insels-

Thüringer Wald: Blick zur Wartburg

berg 916 m hoch; auf seinem Kamm verläuft der Rennstieg.

Thüringisches Volksrecht, das Volksrecht der im nördl. Thüringen ansässigen Angeln und Warnen; wahrscheinlich um 802 verfaßt.

Thurn, Heinrich Matthias Graf von, böhm. Protestant, * 1567, † 1640, erzwang 1609 den Majestätsbrief, veranlaßte 1618 den Aufstand der Protestanten in Prag (Beginn des Dreißigjährigen Kriegs).

Thurn und Taxis, fürstl. Geschlecht, aus der lombard. Familie Taxis hervorgegangen, seit 1695 Reichsfürsten, seit 1748 Sitz in Regensburg. Sie besaßen im 16.-19. Jahrh. das Generalpostmeisteramt im Dt. Reich und den südl. Niederlanden; ihre letzten Postgerechtsame kamen 1866 an Preußen.

Thurrock [θʌˈrɔk], Stadt in der engl. Gfsch. Essex, an der Themsemündung, 123 000 Ew.

Th'usis, rätoroman. **Tusaun,** Kreishauptort im Kt. Graubünden, Schweiz, 2400 Ew., am Eingang zur Via Mala; Viehmärkte.

Thusn'elda, Tochter des römerfreundl. Cheruskerfürsten Segestes, Gattin des Arminius, 15 n. Chr. von ihrem Vater an die Römer ausgeliefert.

Thutm'osis, vier ägypt. Könige, darunter:
1) **T. I.** (1530-20 v. Chr.), Gründer der 18. Dynastie, eroberte Obernubien.
2) **T. III.** (1504-1450 v. Chr.), Enkel von 1), eroberte Palästina und Syrien, machte Ägypten zum Weltreich.

Thy'estes, griech. Mythos: Sohn des Pelops, Bruder des Atreus, Vater des Ägisth.

Th'ymian [grch.] der, die Lippenblütergattung **Quendel** (Thymus). Der **Feld-T.,** mit holzigen Stengeln, rundlichen Blättchen und purpurroten Blütchen enthält äther. Quendelöl und ist als Tee usw. Volksarznei. Der schmalblättrige **Garten-T.** wird wegen seines äther. **T.-Öls** als Gewürz und arzneilich verwendet.

Thym'ol das, **Thymiankampfer,** ein Isopropylkresol, Bestandteil des Thymianöls u. a. ätherischer Öle; keimtötender Zusatz zu Mundwässern und Zahnpasten.

Th'ymus [grch.] der, **Th'ymusdrüse, Bries** der, **Briesel** das, innersekretor. Drüse unter dem oberen Brustbein, wird nach der Geschlechtsreife zurückgebildet. Wahrscheinlich fördert sie Körperwachstum und Knochenbildung, hemmt die geschlechtl. Entwicklung (→innere Sekretion) und hängt mit der Entwicklung der Immunität zusammen.

Th'yratron, eine durch ein Gitter steuerbare gleichrichtende Elektronenröhre, für automat. Steuerungen, zur Erzeugung von Kippschwingungen, zur Gleichrichtung.

Thyreoid'ea [grch.-lat.] die, **Glandula t.,** die →Schilddrüse.

Thyreotrop'in das, **thyreotropes Hormon,** ein Hormon der Hirnanhangdrüse, das die Tätigkeit der Schilddrüse steuert.

Thyr'istor, steuerbarer gleichrichtender

Halbleiter (Silicium-Einkristall), hat 4 Zonen mit abwechselnder p- und n-Leitfähigkeit (→Halbleiter), 3 Sperrschichten, 3 Elektroden (Anode, Kathode, Steuerelektrode); hat das→Thyratron weitgehend verdrängt.

Thyrox'in [grch.] das, wichtigstes Hormon der Schilddrüse, eine jodhaltige Aminosäure, verwandt mit dem Tyrosin.

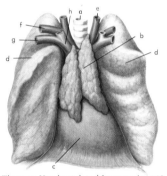

Thymus: Herzbeutel und Lungen eines 12-jährigen Knaben von vorn. Die Lungen sind zur Seite gezogen: a Luftröhre, b Thymusdrüse, c Herzbeutel, d Lungen, e linke Halsschlagader, f rechte Schlüsselbeinschlagader, g rechte Schlüsselbeinvene, h obere Hohlvene

Th'yrsos [grch.] der, Stab des Dionysos und der Mänaden, in einem Pinienzapfen endend, mit Efeu und Weinlaub umwunden.

Thyssen-Konzern, eine Gruppe von Werken der Schwerindustrie, die vor dem

1. Weltkrieg von August T. (* 1842, † 1926) zu einem der damals größten dt. Montankonzerne zusammengefügt wurden. Nach dem 2. Weltkrieg wurde auf der Grundlage der neugegr. A. Thyssen-Hütte AG. der Konzern wiederaufgebaut. 1969 wurde die Thyssen-Röhrenwerke AG. mit den Röhrenwerken der Mannesmann AG. zur ‚Mannesmannröhrenwerke AG.' zusammengeschlossen, die A. Thyssen-Hütte AG. erhielt gleichzeitig den Walzstahlbereich der Mannesmann AG. Die zum T.-K. gehörenden Kohlenbergwerke wurden 1969 in die Ruhrkohle AG. eingebracht. Kapital: 1 Mrd. DM, Beschäftigte: 97 530 (1970).

Ti, chem. Zeichen für Titan.

Tiahuan'aco, indian. Ruinenstätte am Titicacasee in Bolivien. Die T.-Kultur hatte ihre Blütezeit um 300-600 n. Chr.

Tiamat, babylon. Mythos: die Urmutter des Alls, das Meer.

Ti'ara [grch. aus pers.] die, -/ . . . ren, 1) Kopfbedeckung der altpers. Könige. 2) hohe, mit drei Kronen geschmückte päpstl. liturg. Kopfbedeckung des Papstes; seit 1963 außer Gebrauch.

T'iber der, italien. **T'evere,** Fluß in Italien, 393 km lang, entspringt im Etrusk. Apennin, fließt durch Rom und mündet ins Tyrrhenische Meer.

Tib'erias, Stadt in Israel, am Westufer des Sees Genezareth, 20 800 Ew.

Tib'erius, T. Claudius Nero, röm. Kaiser (14-37 n. Chr.), * 42 v. Chr., † 37 n. Chr. Stiefsohn des Augustus, unterwarf 15-13 mit Drusus Rätien, Vindelicien, war erfolgreich gegen die Germanen und in Pannonien. Er setzte die Politik des Augustus fort.

Tib'esti, Gebirge der östl. Sahara, mit erloschenen Vulkanen, im Emi Kussi (3415 m) die höchste Erhebung der Sahara; Oasen mit Dattelpalmen und Weizenanbau.

T'ibet, 1) das größte Hochland der Erde, 2 Mill. km², in Innerasien, zwischen Kunlun im N, Himalaya im S, Karakorum im W und Osttibetisch-Chines. Bergland im O; im Mittel 4500 m hoch, von zahlreichen Gebirgsketten in schutterfüllte Becken mit abflußlosen Seen (Namtso, Sellingtso) gegliedert. Der Transhimalaya scheidet die nördl. Kältesteppe Tschangtang vom klimabegünstigten südtibet. Längstal mit Indus, Satledsch, Brahmaputra (Tsangpo). Zwischen den osttibet. Randketten entspringen die chines. und hinterind. Ströme. T. hat trockenes Höhenklima mit starken jährlichen (−40° bis + 35° C) und täglichen Temperaturschwankungen. Die Schneegrenze liegt zwischen 4600-6100 m. Im Gegensatz zu den baumlosen Wüstensteppen des Hochlandes sind die tieferen Schluchten dicht bewaldet.

2) T., amtl. **Bod Zizhiqu** (chines. **Xizang),** Autonome Region der Volksrep. →China, im Hochland von T., 1,2 Mill. km², 1,23 Mill. Ew. Hauptstadt: Lhasa, Amtssprache: Tibetisch.

Tibet

Die Bevölkerung besteht größtenteils aus →Tibetern; im NO wohnen nomad. Tanguten. Der Anteil der Chinesen (0,5 Mill.) steigt. Religion ist der →Lamaismus. Die meisten Klöster wurden ab 1951 geschlossen, die Erziehung verweltlicht. Die weitverstreuten Hochlandnomaden ernähren sich spärlich durch Schaf-, Yak-, Ziegen-, Kamel- und Pferdehaltung und vom Salzhandel. Allein im S und SO erlaubt der Monsuneinfluß stellenweise Ackerbau: Gerste, Bohnen, Erbsen, Weizen, Reis, Hirse und Aprikosen. Chinesen führten seit 1951 künstl. Bewässerung ein. Sie erbauten etwa 60 Fabriken für Textil-, Zement-, Papier- und chem. Herstellung (Salzchemie), die etwa 2% der Tibeter beschäftigen. Ausgeführt werden Wollwaren, Filz, Pelze, Moschus, Salz. Im dichter besiedelten Tsangpotal bei Lhasa, Schigatse und Gjangtse treffen sich die Handelsstraßen aus Indien, China, Turkestan, der Mongolei. Durch Neubau von Straßen und Flugplätzen wurde die Isolierung T.s vermindert. **Geschichte.** Im 9. Jahrh. entstand das erste Großtibet. Reich. Seit dem 13. Jahrh. stand T. kulturell, seit dem 18. Jahrh. auch politisch unter starkem Einfluß Chinas, dessen Statthalter 1894 vertrieben wurde. Darauf schloß sich T. unter dem Dalai Lama nach außen ab, mußte aber seit etwa 1900 eine englandfreundliche Politik einschlagen. Die 1914 von Großbritannien, Indien und Rußland proklamierte Unabhängigkeit wurde von China nicht anerkannt. 1950 wurde T. von rotchines. Truppen besetzt und 1951 in den chines. Staatsverband eingegliedert. 1955 setzte China einen Ausschuß zur Vorbereitung einer autonomen Verwaltung in T. ein. Vorsitzender dieses Ausschusses wurde der Dalai Lama, Stellvertreter der Pantschen Lama und der chines. Gouverneur in T. Eine gesellschaftliche Umschichtung wie in der Volksrep. China wurde zunächst verschoben. Trotzdem machte sich stärkste Opposition gegen die chines. Oberhoheit geltend; sie führte 1956 und 1959-61 zu Aufständen, 1959 zur Flucht des Dalai Lama und von 4-5 Mill. Tibetern nach Indien; die Aufstände wurden von China niedergeschlagen. Am 9. 9. 1965 wurde T. zur Autonomen Region erklärt.

Tib′eter, Volk in Zentralasien, meist Bauern und Nomaden, etwa 5 Mill. Menschen, sprechen die tibetische Sprache und gehören zu den Mongoliden. Im 2.-5. Jahrh. wanderten sie von NO ins heutige Tibet ein; sie bekennen sich zum Lamaismus.

tibetische Kunst, wie die Literatur setzt auch die t. K. im wesentl. im 7. Jahrh. n. Chr. mit der Einführung des Buddhismus ein und verarbeitet ind. und chines. Einflüsse. Bekannt sind die mächtigen Klosteranlagen, in deren Zentrum sich das Heiligtum mit Götterbildern aus versilberter oder vergoldeter Bronze befindet.

tibetische Literatur. Die t. L. ist sehr umfangreich, aber noch wenig erschlossen. Grundstock des lamaistischen religiösen Schrifttums ist die Sammlung heiliger Texte ,Kandschur', dazu der Kommentar ,Tandschur'. Das weltliche Schrifttum (Gedichte, Epen, Erzählungen) ist meist vom Lamaismus beeinflußt.

tib′etische Sprache, gehört zur tibeto-birman. Untergruppe der →sinotibetischen Sprachen, geschrieben wird mit einem indischen Alphabet.

T′ibia die, bei den Römern die Doppeloboe.

Tib′ull, Albius Tibullus, latein. Dichter der Augusteischen Zeit, † 19 v. Chr., aus ritterlichem Stand, gab zusammen mit Properz der röm. Elegie ihr klass. Gepräge; Dichter des Landlebens, mit Sinn fürs Idyllische.

T′ichau, poln. **Tychy** [t′ixi], poln. Stadt in der Woiwodschaft Kattowitz, 69 000 Ew.; Hütten-, Cellulose-, Papierind., Steinkohlenbergbau; Brauerei.

T′ichon, Tychon, weltl. Wassili **Belawin,**

Patriarch der Russ. Kirche, * 1865, † 1925, anfangs gegen die antikirchliche sowjet. Gesetzgebung, später loyal, um der Kirche eine erträgliche Lage zu verschaffen.

Ticino [tit′i:no], italien. für →Tessin.

Tick [frz.] der, **1)** Gesichtszucken. **2)** Schrulle, lächerliche Gewohnheit.

T′icket [engl.] das, Fahrschein, Einlaßkarte.

Tide die, niederdt.: Zeit, Flut, Gezeiten.

Tieck, Ludwig, Schriftsteller, * 1773, † 1853, Romantiker: grellphantastischer Roman ,William Lovell' (3 Bde., 1795/96), Künstlerroman ,Franz Sternbalds Wanderungen' (1798), satirische Literaturkomödien (,Der gestiefelte Kater', 1797), lyrischrelig. Drama ,Genoveva' (1799); Erneue-

Ludwig Tieck   U Thant

rung altdt. Volksbücher. In seiner realist. Spätzeit pflegte T. neben dem Roman bes. die Novelle (,Des Lebens Überfluß', 1839); T. begleitete beratend die Weiterführung der Schlegelschen Shakespeare-Übers. durch seine Tochter **Dorothea T.** und den Grafen W. Baudissin, →Baudissin 1).

Tiedge, Christoph August, Schriftsteller, * 1752, † 1841; Lehrgedicht ,Urania' (1801).

Tief das, **1)** ‡ Fahrwasser zwischen zwei Sandbänken. **2)** Wetterkunde: das →Tiefdruckgebiet.

Tiefbau, das Bauen zu ebener Erde, in und unter der Erde, z. B. Eisenbahn-, Straßen-, Wasserbau, Kanalisation, auch Bergbau unter Tage.

Tiefbohren, ⚒ maschinelles Herstellen von Bohrlöchern über 100 m Tiefe zum Fördern von Bodenschätzen, bes. Erdöl, Erdgas, Heilquellen, Aufsuchen von Lagerstätten (Schürfbohrung) oder zu Sonderzwecken, z. B. beim Schachtabteufen. **Schlagende Bohrverfahren,** bei denen ein mit dem Bohrgestänge schwingender Meißel unter langsamer Drehung das Gestein durch Schläge zerstört, sind fast überall dem drehenden **Rotary-Bohrverfahren** gewichen. Dabei werden mit Hartmetall oder Diamanten besetzte Bohrer von hohlen Schwerstangen gegen die Bohrlochsohle gedrückt; das **Bohrgestänge** ist im **Bohrturm** aufgehängt. Kernbohrungen (→bohren) werden oft angestellt. Die Bewegung des schweren Bohrgestänges wird vermieden durch 1) **Schmelzbohren:** aus den Düsen des drehbaren Schneidbrenners treten heiße brennende Gase aus: bei 2300° C wird das Gestein zermürbt und gespalten, Erze geschmolzen; 2) **Turbinenbohren:** der Bohrmeißel (bis 600 Umdr./min) wird durch eine Wasserturbine am unteren Ende des Bohrgestänges angetrieben; 3) **Elektrobohren:** der Bohrer wird von einem Elektromotor über der Bohrlochsohle angetrieben.

Tiefdruck, 1) im weiteren Sinne alle Druckverfahren, bei denen eine vertieft in die Platte eingearbeitete Zeichnung eingefärbt und dann gedruckt wird, wie Heliogravüre, Kupferstich, Radierung, Stahlstich. 2) im engeren Sinn ein Druckverfahren, bei dem der von geätzten Kupferzylindern oder Kupferplatten gedruckt wird. Von der eingefärbten Druckform müssen nur die tiefliegenden (geätzten) Stellen die dünnflüssige Farbe wird durch Rakel (**Rakel-T.**) oder Wischvorrichtung (**Stich-T.**) abgenommen. (Bild Druckverfahren)

Tiefdruckgebiet, Tief, Zykl′one, barometrisches Minimum, ein Gebiet niedrigen Luftdrucks, der nach der Mitte zu abnimmt. Der Wind umkreist den Kern auf der N-Halbkugel entgegen dem Uhrzeiger, auf der S-Halbkugel im Uhrzeigersinn. In mittleren und höheren Breiten treten im Strömungsbereich des T. meist wärmere und kältere Luftmassen in Wechselwirkung, deren Grenzen sich in Bodennähe zu →Fronten 3) verschärfen; es kommt zur Hebung der Luft, damit zur Abkühlung, Kondensation, Wolkenbildung und zu Niederschlägen.

Tiefengesteine, in größeren Erdtiefen erstarrte Magmamassen.

Tiefenpsychologie, Sammelname für alle von der Psychoanalyse herkommenden psycholog. Theorien und Lehren, insbes. die Individualpsychologie von A. Adler und die Psychologie von C. G. Jung.

Tiefenschärfe, die →Schärfentiefe.

Tiefenvulkanismus, der →Plutonismus.

Tiefgang, der Abstand Wasseroberfläche-Unterkante Kiel, kann bei großen Tankern 17-18 m betragen.

Tiefkühlung, das schnelle Einfrieren von empfindl. Lebensmitteln im **Gefriertunnel** bei −38 bis −40° C und der anschließende Lagerung bei −18 bis −20° C in **Tiefkühlräumen** (Gewerbe) und **Tiefkühltruhen** (Haushalt).

Tieflandsbucht, →Bucht 2).

Tiefpaß, ein elektr. Filter, das aus einem Frequenzgemisch nur die tiefen Frequenzen durchläßt, die hohen sperrt.

Tiefschlag, Boxen: Schlag unterhalb der Gürtellinie; ist verboten.

Tiefsee die, das Meer mit 4000 m und größerer Tiefe, im Unterschied zur Flachsee (Schelf).

Tiefseeforschung, Teilgebiet der Ozeanographie (Meeresforschung), untersucht den Meeresboden, Temperatur, Strömung, Salz- und Gasgehalt des Wassers sowie die Tierwelt.

Tiefseegräben, langgestreckte Einsenkungen des Meeresbodens, z. B. Marianengraben 11 022 m, Tongagraben 10 882 m tief.

Tiefseetiere, die im Meer tiefer als 400 m lebenden Tiere. Sie sind an die Lichtlosigkeit, die Unbewegtheit der Tiefsee, das Fehlen von Pflanzen angepaßt, leben von organ., aus den oberen Meeresschichten absinkenden Stoffen oder sind Räuber. Viele T. haben Leuchtorgane (Laternenfische), einige sehr große, leistungsfähige

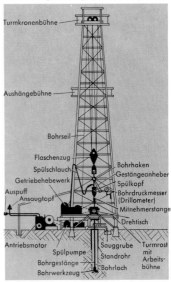
Tiefbohren: Rotary-Bohranlage (schematisch)

Turmkronenbühne
Aushängebühne
Bohrseil
Flaschenzug
Spülschlauch — Bohrhaken
Getriebehebewerk — Gestängeanheber
Auspuff — Spülkopf
Ansaugtopf — Bohrdruckmesser (Drillometer)
Mitnehmerstange
Drehtisch
Antriebsmotor — Sauggrube
Spülpumpe — Standrohr
Bohrgestänge — Turmrost mit Arbeitsbühne
Bohrwerkzeug — Bohrloch

1245

Augen (Teleskopfische), andere dagegen verkümmerte Lichtsinnesorgane oder sind blind (Walköpfe).

Tiefurt, Vorort von Weimar. Im Park das 1760 erbaute Schlößchen, in dem die Herzogin Anna Amalia den Weimarer Dichterkreis um sich versammelte.

tiefziehen, Hohlkörper (Gefäße, Karosserieteile u. a.) aus ebenen Blechen herstellen: die über einem Ziehring gespannten Bleche werden durch einen Stempel in die Öffnung des Ziehringes gezogen.

Tiegeldruckpresse, kleinformatige →Hochdruckmaschine, bei der ein um eine Achse schwingender Tiegel den Druck gegen die senkrecht feststehende Form ausführt.

Tiegelstahl, in feuerfesten Tontiegeln mit Graphitzusatz aus Roh- und Schmiedeeisen erschmolzener Stahl.

Tiemann, Walter, Schrift- und Buchkünstler, * 1876, † 1951, seit 1903 Lehrer, seit 1920 Direktor der Staatl. Akademie für graphische Künste in Leipzig.

Tienen, französ. **Tirlemont,** Stadt in der Prov. Brabant, Belgien, 22 600 Ew. Sitz des größten belg. Zuckerkonzerns.

Tien-schan, Tian-shan, Gebirge in Zentralasien, etwa 3000 km lang, an der Grenze zwischen der Sowjetunion und Sinkiang-Uighur, am Pik Pobedy 7439 m hoch, stark vergletschert.

Tientsin, Hafenstadt in der Prov. Hopei, China, 4 Mill. Ew.; zwei Universitäten, Techn. und Handelshochschule, bedeutender Flughafen, Textil-, Leder-, Seifen-, Zündholz-, Maschinen-, Tabakind., Eisenwerk, Ölmühlen.

Ti'epolo, Giovanni Battista, der letzte der großen venezian. Maler, * 1696, † 1770, von unerschöpflicher Phantasie in religiösen und weltlichen Malereien, die er im festlichen Glanz von lichten Farben erscheinen ließ. In Venedig: Gewölbefresken der Kirche des Gesuati (1739); Deckengemälde, Scuola dei Carmini (1739-44);

G. B. Tiepolo: Selbstbildnis mit seinem Sohn (Fresko im Treppenhaus der Würzburger Residenz)

Kleopatra-Fresken, Palazzo Labia (um 1757); in der Villa Valmarana bei Vicenza: Fresken aus Werken von Homer, Vergil, Ariost, Tasso (1737); in der Würzburger Residenz: Fresken im Kaisersaal und Treppenhaus (1750-53); in Madrid: Fresken im Königsschloß (seit 1762).

Tierarzt, Veterinärmediziner, die Tierheilkunde ausübende Person mit Bestallung (Approbation).

Tierärztliche Hochschulen, Fachhochschulen zur Ausbildung von Tierärzten.

Tierdichtung. Das Tiermärchen ist eine sehr alte, über die ganze Welt verbreitete Gattung. Im meist satir. **Tierepos** haben im Deutschen die einzelnen Tiere seit etwa 1100 feststehende Eigennamen (Isegrim der Wolf, Nobel der Löwe). Wie im Tierepos dienen in der neueren erzählenden Dichtung handelnde und sprechende

NATÜRLICHES SYSTEM DER TIERE
Insgesamt etwa 1 Million Arten

I. Unterreich: Einzellige Tiere - Protozoa
1. Stamm: Geißeltierchen, Flagellata
2. Stamm: Wurzelfüßer, Rhizopoda
3. Stamm: Sporentierchen, Sporozoa
4. Stamm: Wimpertierchen, Infusorien, Ciliata

II. Unterreich: Vielzellige Tiere - Metazoa
II. a Mesozoa
II. b Parazoa: Schwämme, Porifera
II. c Eumetazoa: Gewebetiere, Histozoa
A) Hohltiere, Coelenterata
1. Stamm: Nesseltiere, Cnidaria
2. Stamm: Rippenquallen, Acnidaria (Ctenophora)
B) Bilaterien, Bilateria
1. Stamm: Plattwürmer, Plathelminthes (Strudelwürmer; Saugwürmer; Bandwürmer)
2. Stamm: Schnurwürmer, Nemertini
3. Stamm: Entoprocta, Kamptozoa
4. Stamm: Schlauchwürmer, Nemathelminthes, Aschelminthes (Gastrotricha; Rädertierchen; Fadenwürmer; Saitenwürmer; Kinorhyncha; Kratzer)
5. Stamm: Priapulida
6. Stamm: Weichtiere, Mollusca (Käferschnecken; Schnecken; Kahnfüßer; Muscheln; Kopffüßer oder Tintenschnecken)
7. Stamm: Spritzwürmer, Sipunculida
8. Stamm: Igelwürmer, Echiurida
9. Stamm: Ringelwürmer, Annelida (Borstenwürmer; Wenigborster; Egel)

10. Stamm: Stummelfüßer, Onychophora
11. Stamm: Bärtierchen, Tardigrada
12. Stamm: Zungenwürmer, Pentastomida, Linguatulida
13. Stamm: Gliederfüßer, Arthropoda (Krebse; Pfeilschwanzkrebse; Spinnentiere; Asselspinnen; Insekten; Tausendfüßer)
14. Stamm: Kranzfühler, Tentaculata (Moostierchen; Zungenmuscheln)
15. Stamm: Branchiotremata, Hemichordata
16. Stamm: Stachelhäuter, Echinodermata (Haarsterne; Seewalzen oder Seegurken; Seeigel; Seesterne; Schlangensterne)
17. Stamm: Bartträger, Bartwürmer, Pogonophora
18. Stamm: Borstenkiefer, Chaetognatha
19. Stamm: Chordatiere, Chordata
   a) Manteltiere, Tunicata (Seescheiden; Salpen)
   b) Schädellose, Acrania (Lanzettfischchen)
   c) Wirbeltiere, Vertebrata (Rundmäuler; Knorpelfische; Knochenfische; Lurche; Kriechtiere; Vögel; Säuger)

Die Stämme 1 bis 14 werden zur Gruppe Protostomia, 15 bis 19 zur Gruppe Deuterostomia zusammengefaßt. Die Stämme 9 bis 13 heißen Articulata.

Tiere oft dazu, menschliche Charaktere oder Zustände indirekt darzustellen, anzugreifen oder zu verspotten. Daneben suchen neuere Tiererzählungen Dasein und Umwelt der Tiere möglichst lebensecht vom Tier, nicht vom Menschen her zu schildern.

Tiere, Lebewesen, bei denen im allgemeinen gegenüber den Pflanzen Bewegungsvermögen und Empfindungsleben hervortreten, die pflanzlicher oder tierischer Nahrung bedürfen und die aus Zellen ohne feste Zellwand aufgebaut sind. Bei einzelligen Lebewesen ist die Zuordnung zum Tier- oder Pflanzenreich schwierig. Über die Unterschiede zwischen T. und Mensch →Mensch. - Die Einteilung der T. (System) beruht auf Vergleich nach dem Grad der Ähnlichkeit und geht auf C. v. Linné zurück. Die Zahl der lebenden Tierarten soll etwa eine Million betragen, wovon auf die größte Gruppe der T., die Insekten, mehr als 750 000 kommen.

tierfangende Pflanzen, insektenfressende Pflanzen, fleischfressende Pflanzen, Blütenpflanzen, die neben der üblichen Ernährungsweise auch Kleintiere mit Fangeinrichtungen (Kleb-, Saug- und Klappfallen sowie Fallgruben) festhalten und mit enzymhaltigen Drüsenabsonderungen verdauen. In Mitteleuropa: Sonnentau, Fettkraut, Wasserschlauch; außereuropäisch: Venusfliegenfalle, Kannenpflanze u. a. (Bild Venusfliegenfalle).

Tiergarten, →Zoologischer Garten.

Tiergarten, der 2. VerwBez. der Stadt Berlin (West-Berlin), mit Zoolog. Garten, dem großen Park T., wiederhergestelltem Schloß Bellevue, dem Gelände der Internat. Bauausstellung (Hansaviertel).

Tiergeographie, Zoogeographie, die Wissenschaft von der räuml. Verbreitung der

Tiere; Teilgebiete: Arealkunde (Chorologie), Faunistik, ökologische T. u. a.

Tierhalter, ♌ derjenige, der zu eigenem Nutzen ein Tier für längere Zeit hält. Er haftet für jeden Schaden, den das Tier anrichtet **(Gefährdungshaftung).** Entsteht der Schaden durch ein Haustier, das dem Beruf, Unterhalt oder der Erwerbstätigkeit des T. dient, so entfällt die Haftung, wenn der T. das Tier mit der im Verkehr erforderlichen Sorgfalt beaufsichtigt hat (§ 833 BGB.).

Tierheilkunde, Veterinärmedizin, Zweig der Heilkunde, befaßt sich mit Erforschung, Behandlung und Vorbeugung der Krankheiten der Haustiere, daneben auch der in freier Wildbahn lebenden und der in Tiergärten u. ä. untergebrachten Tiere.

Tierkohle, durch Verkohlung organischer Stoffe erzeugte Kohle, z. B. Knochenkohle. T. wird heilkundlich angewendet als →medizinische Kohle.

Tierkörperverwertung, Verarbeitung von Tierleichen in den Tierkörperbeseitigungsanlagen (Abdeckereien).

Tierkreis, die Ekliptik mit den 12 Sternbildern, den **T.-Zeichen** Widder, Stier, Zwillinge, Krebs, Löwe, Jungfrau, Waage, Skorpion, Schütze, Steinbock, Wassermann, Fische. Um Christi Geburt lag der Anfang des T., der Frühlingspunkt, im Widder; heute fällt er wegen der Präzession in das Sternbild der Fische. Für astrolog. Zwecke wurden die ,Zeichen' in ihrer alten Folge beibehalten, so daß heute das Zeichen des Widders in die Fische, das Zeichen des Stiers in den Widder usw. fällt.

Tierkreislicht, →Zodiakallicht.

Tierkult, religiöse Verehrung bestimmter Tiere bei Naturvölkern (→Totem). Von Kulturvölkern pflegten bes. die Ägypter den T.

T'ierkunde, Zoolog'ie, die Wissenschaft von den Tieren, ein Teilgebiet der →Biolo-

Widder · Stier · Zwillinge · Krebs · Löwe · Jungfrau · Waage · Skorpion · Schütze · Steinbock · Wassermann · Fische

Tierkreiszeichen

gie. Die T. erforscht die äußere Gestalt und den inneren Bau des Tierkörpers (Morphologie, einschl. Anatomie oder Zootomie, Histologie und Zytologie), die Lebenstätigkeiten (Physiologie), die Keimentwicklung (Ontogenie, Embryologie, Entwicklungsphysiologie), das Erbgeschehen (Genetik), die Stammesgeschichte (Phylogenie, einschl. Paläontologie und Systematik), die Umweltbeziehungen der Tiere (Ökologie), ihre Verbreitung (Tiergeographie) und ihr Verhalten (Verhaltensforschung, Ethologie, Tierpsychologie). **Angewandte Zoologie:** Tiergärtnerei, Tierhaltung und Tierzucht.

Tierornamentik, ornamentale Gestaltungen aus Tierdarstellungen ursprünglich symbolhafter Bedeutung, vorherrschend in der Steppenkunst, mit immer abstrakter werdenden Formen in der german. Kunst, lange fortwirkend im Mittelalter.

Tierpsychologie, →Verhaltensforschung (Ethologie).

Tierquälerei, →Tierschutz.

Ti'erra del Fu'ego, span. Name für →Feuerland.

Tierschutz, der Schutz sämtlicher Tiere vor Mißhandlung, Quälerei und Vernachlässigung, geregelt im T.-Ges. v. 24. 11. 1933 (i. d. F. v. 18. 8. 1961), ferner im Naturschutz-Ges., in der Jagd-, Fischerei- und Schlachtgesetzgebung.

Tiers état [tje:rze't'a, frz.], →Dritter Stand.

Tierseuchen, →Viehseuchen.

Tiersoziologie, Lehre von der Vergesellschaftung der Tiere (**Tiergesellschaften**).

Tierstock, Tierkolonie, festes Verbundensein von Tieren derselben Art mit engem körperlichem Zusammenhang; z. B. bei Schwämmen und Hohltieren.

Tierversuche, im weiteren Sinne: Experimente zur Erforschung der Tiere, im engeren Sinne: Eingriffe an lebenden Tieren (**Vivisektionen**). Diese sind nach § 5 des Tierschutzes. grundsätzlich verboten. Ausnahmen können wissenschaftl. Instituten und Laboratorien unter bestimmten Voraussetzungen erteilt werden.

Tierzucht, die Züchtung von Haustieren, bes. landwirtschaftl. Nutztieren (**Viehzucht**). Erst mit der Erblehre konnte die T. wissenschaftlich untermauert werden. Die heute anerkannten Rassen sind aus mancherlei **Kreuzungen** hervorgegangen. Innerhalb der Rassen wird **Reinzucht** getrieben. **Einkreuzung** anderer Rassen wird nur mit Vorsicht geübt. Man spricht von **Anpaarung,** wenn z. B. Muttertiere einer Rasse, eines Schlages o. ä. mit Vatertieren einer anderen Rasse gepaart werden. Manchmal (z. B. in der Schweinezucht) wird **Gebrauchskreuzung** zweier Rassen vorgenommen. Eine Weiterzucht mit den Kreuzungstieren ist nicht ratsam, da die zusammengeführten nützlichen Anlagen der Eltern in der nächsten Generation aufspalten.

Tierzuchtleiter, akademisch vorgebildeter Landwirt oder Tierarzt mit zusätzl. Prüfung.

Tietjen, Heinz, Intendant, * 1881, † 1967, 1930-44 Generalintendant der Preuß. Staatstheater, 1948-54 Intendant der Städt. Oper Berlin, 1956-59 der Hamburger Staatsoper.

T'iflis, seit 1936 amtl. **Tbilissi,** die Hauptstadt der Georg. SSR, an der Kura, 889 000 Ew. T. ist kultureller Mittelpunkt Transkaukasiens (Universität, Forst- und Landwirtschaftl. Hochschule, Akademie der Wissenschaften, Kernforschungszentrum; Sitz des Patriarchen der Georg. Orthodoxen Kirche; bedeutende Industrie (Hütten-, Gießerei-, Maschinen-, Textil-, Teppich- u. a. Ind.); warme Schwefelquellen. T. hat einen kleineren, oriental. Stadtteil mit der Sionkathedrale (7. Jahrh.), überragt von den Ruinen einer Perserburg.

Tiger der, große Wildkatze Asiens, mit schwarzen Querstreifen. **Sibirische T.** erreichen eine Gesamtlänge (einschließlich Schwanz) bis zu 4 m, mehr als 1 m Wider-

risthöhe; eine Gesamtlänge bis zu 3 m haben die **Bengal-** oder **Königstiger, Inseltiger** (Sumatra, Java) bleiben wesentlich kleiner (→Löwe).

Tigerblume, Tigerlilie, amerikanische Schwertliliengewächse; Zierpflanze ist z. B. die mexikanische **Pfauenlilie** mit gelbrot getigerten Blüten.

Tigerkatzen, Bez. für Ozelotkatzen, auch verschiedenartige getüpfelte oder gestreifte Wildkatzen.

Tigerschlange, →Python.

Tiglatpil'eser, mehrere assyr. Könige: **1)** T. I. (1115-1078 v. Chr.), dehnte die Macht Assyriens bis Babylon und Phönikien aus. **2)** T. III. (745-727 v. Chr.), Gründer der neuassyr. Großmacht, eroberte Babylonien, Syrien, Palästina.

Tiglibaum, →Krotonölbaum.

Tigr'e, 1) Hochland in N-Äthiopien, rd. 2000 m ü. M. ; alte Hauptstadt Aksum. **2)** semit. Volk (rd. 2,1 Mill.) und Sprache in N-Äthiopien.

T'igris [altpers.] der, arab. **Didschla,** Strom in Vorderasien, 1950 km lang, entspringt im Taurus, vereinigt sich mit dem Euphrat zum Schatt el-Arab, bis Bagdad schiffbar. Seit 1956 werden im Irak am T. Staudämme errichtet, die Sumpfgebiete am Unterlauf trockengelegt.

Tijiebon, Tjirebon, Hafenstadt an der N-Küste von Java, 178 000 Ew.

Tijuana [-xu'ana], Stadt in NW-Mexiko, nahe der Grenze nach den USA, 323 300 Ew.; bedeutender Fremdenverkehr.

T'ikal, Ruinenstätte der Maya in N-Guatemala, mit mehreren Tempelpyramiden, Palästen, Ballspielplätzen u. a. aus der Zeit von 650-900.

T'ilburg [-byrx], Stadt in der Prov. Nordbrabant, Niederlande, 152 600 Ew.; kultureller Mittelpunkt des niederländ. Katholizismus; kath. Handelshochschule; Bahnknoten; bedeutende Textil- und Metallindustrie.

Tilbury [t'ilbəri, engl.] der, leichter zweirädriger Einspänner.

T'ilde [span.] die, **1)** Lautzeichen über dem span. n (ñ), bedeutet die Aussprache nj, z. B. señor [senj'ɔr]. **2)** in Wörterbüchern Wiederholungszeichen ausgelassener Buchstaben oder Silben, z. B. Kopf,~haut, ~schmuck,~tuch.

Tilgung, 1) die Rückzahlung einer Schuld (entweder in einem Betrage oder in Raten). **2)** →Straftilgung.

Tilgungshypothek, Abtragungs-, Amortisationshypothek, ♫♫ eine Hypothek, bei der die zugrunde liegende Forderung nicht nur verzinst, sondern ratenweise getilgt wird.

Tilgungsschulden, ratenweise getilgte Schulden, häufig durch einen in % der Schuldsumme ausgedrückten Zuschlag zu den Zinsen (**Tilgungsquote**).

Till'andsie, Gattung der Ananasgewächse;

Tigerblume

wurzellose Rankenkletterer auf Bäumen, liefern mit ihren bloßgelegten Stengelachsen Fasern (**Baumhaar**).

Tillich, Paul, evang. Theologe und Philosoph, * 1886, †1965, seit 1919 Prof. an verschiedenen deutschen Universitäten, emigrierte 1933 nach den Verein. Staaten, wo er u. a. 1955-63 als Prof. in Harvard wirkte.

Tillier [tilj'e], Claude, französ. Schriftsteller, * 1801, † 1844; humorist. Roman ‚Mein Onkel Benjamin‘ (1843).

T'illy, Johann **Tserclaes** Graf von, Feldherr des Dreißigjährigen Krieges, * 1559, †1632, reorganisierte seit 1610 das bayer. Heer, mit dem er die Schlacht am Weißen Berg bei Prag (1620) entschied, eroberte die Rheinpfalz, besiegte die protestant. Heerführer bei Wimpfen (1622), Höchst (1622) und Stadtlohn (1623) und Christian IV. von Dänemark bei Lutter am Barenberg (1626). Nach Wallensteins Sturz (1630) erhielt T. den Oberbefehl über das kaiserl. Heer, erstürmte 1631 Magdeburg, wurde aber von Gustav II. Adolf von Schweden bei Breitenfeld (1631) und bei Rain am Lech (1632) besiegt und hierbei tödlich verwundet.

Timbre [t'ɛ̃br(ə), frz.] das, Klangfarbe.

Timb'uktu, Handelsstadt in Mali, Afrika, rd. 6 km nördlich vom Niger, 10 200 Ew. T., Ende des 12. Jahrh. gegr., war vom 14.-16. Jahrh. Zentrum des Transsaharahandels und islam. Kultur (im 16. Jahrh. 45 000 Ew.).

Time is money [taim iz m'ʌni, engl.], ‚Zeit ist Geld‘, zuerst 1748 bei Franklin.

Times, The T. [θə taimz], engl. Tageszeitung, unabhängig national, 1785 von J. Walter gegründet.

tim'id [lat.], furchtsam, zaghaft.

Timing [t'aimiŋ, engl.] das, zeitl. Abstimmung und Einteilung im Ablauf von Tätigkeiten.

Timişoara [timiʃ'ara], rumän. Name der Stadt →Temeswar.

Timmendorfer Strand, Ostseebad an der Lübecker Bucht, Schlesw.-Holst., 9100 Ew.

Timmermans, Felix, fläm. Schriftsteller, * 1886, † 1947, schildert Erzählungen und Legenden voll Lebensfreude und naiver Frömmigkeit, u. a. ‚Pallieter‘ (1916), ‚Das Jesuskind in Flandern‘ (1917). Er illustrierte seine Werke selbst.

T'imok der, rechter Nebenfluß der Donau, 171 km lang, bildet im Unterlauf die jugoslawisch-bulgar. Grenze.

Timokrati'e [grch.] die, eine Staatsverfassung, in der die polit. Rechte nach dem Vermögen abgestuft sind.

Königstiger

Tim'or, die größte der Kleinen Sundainseln, rd. 34 000 km², 702 600 Ew. auf indones., 517 700 Ew. auf portugies. Gebiet, gebirgig; Ausfuhr von Kaffee, Sandelholz, Wachs und Kopra. Der W gehört seit 1947 zu Indonesien, Hauptort: Kupang; der NO ist portugiesisch, Hauptort: Dili.

Timosch'enko, Semjon Konstantinowitsch, sowjet. Marschall, * 1895, † 1970, hatte maßgebl. Anteil am Aufbau der Roten Armee; 1940/41 Min. für Verteidigung, später Oberbefehlshaber an verschiedenen Fronten; Mitglied des ZK.

Tim'otheus, Begleiter des Paulus auf Missionsreisen; Märtyrer unter Domitian; Heiliger; Tag: 26. 1.

Tim'otheusbriefe, N. T.: zwei Briefe des Paulus an Timotheus (→Pastoralbriefe).

T'impano [ital.] der, -s/ . . . pani, ♪ die Pauke. Abk. in Partituren: timp.

Timur [,Eisen'], **Timur-Lenk** [,T. der Lahme'], daraus **Tamerlan,** asiat. Eroberer, * 1336, † 1405, 1388 Sultan von Samarkand, durchzog unter furchtbaren Grausamkeiten Persien, Kaukasien, Rußland, Indien, Kleinasien. Sein Reich zerfiel nach seinem Tode.

Tinbergen [niederländ. t'inbɛrxa], 1) Jan, niederländ. Volkswirtschaftler, * 1903, entwickelte eine Theorie von der Konvergenz von Kapitalismus und Sozialismus, erhielt 1969, zus. mit dem Norweger R. Frisch, den 1969 gestifteten Nobelpreis für Wirtschaftswissenschaften. 2) Nikolaas, * 1907, Tierpsychologe und Verhaltensforscher, Prof. in Leiden und Oxford. ,Instinktlehre' (1952).

Tinkt'ur [lat.] die, dünnflüssiger Auszug aus Planzen- oder Tierstoffen; z. B. **Jod-T.**

T'innef, T'inef [jiddisch] das oder der, Schund, Schwindelware.

Tinte, Schreibflüssigkeit, meist wäßrige Lösung von Gallussäure oder Tannin mit blauen oder violetten Farbstoffen, auch Anilinfarbstofflösung. **Rote T.** enthält Eosin.

Tintenfische, volkstüml. Bez. für →Kopffüßer (Cephalopoda), die einen **Tintenbeutel** haben.

Tintenschnecken, Dibranchiata, →Kopffüßer.

Tintlinge, Blätterpilze mit anfangs hellen, sich bald schwärzenden Lamellen, z. T. schmackhafte Speisepilze.

Tintor'etto, eigentlich Jacopo **Robusti,** Maler in Venedig, * 1518, † 1594, schuf vor allem religiöse Gemälde von ausdrucksstarker, leidenschaftlich bewegter Gestaltung. In den frühen Werken sind die Farben zu höchster Leuchtkraft gesteigert. Seine späteren Werke gehören zu den be-

Tintoretto: Der hl. Markus befreit einen Sarazenen aus Seenot (Ausschnitt, um 1562; Venedig, Akademie)

deutendsten des Manierismus. - Hauptwerk: 56 Gemälde aus dem Alten und Neuen Testament, Venedig, Scuola di S. Rocco (seit 1565); ferner Gemälde für den Dogenpalast (Jüngstes Gericht, 22 m breit) und venezian. Kirchen (Mannalese und Abendmahl, S. Giorgio Maggiore, 1594). Auch Bildnismaler. - Sein Sohn **Domenico** (1560-1637) führte die Werkstatt fort.

Tip [engl.] der, Wink, Andeutung bes. bei Rennwetten und Toto; an der Börse: Hinweis auf günstige Papiere.

Tipi, kegelförmiges Lederzelt der nordamerikan. Prärie-Indianer.

Tip'itaka das, der in Pali abgefaßte Kanon der hl. Schriften der Buddhisten in Ceylon und Hinterindien.

Tippen (zu Tip) das, **Dreiblatt,** dem Mauscheln ähnl. Glücksspiel.

Tipper, ein federnder Stift am Vergaser von Kraftfahrzeugen, mit dem der Schwimmer heruntergedrückt wird, so daß Kraftstoff in das Schwimmergehäuse fließt.

Tipperary [tipər'æ:ri], irisch **Tiobraid Árann** [tj'ibrəd ɔ:rn], Gfsch. im S der Rep. Irland, 4255 km², 122 800 Ew. Hauptstadt: Clonmel.

T'ippett, Michael, engl. Komponist, * 1905, schrieb in gemäßigt moderner Haltung u. a. Opern (u. a. ,The Knot Garden', 1971), Oratorien, Sinfonien, Streichquartette, Klaviermusik, Lieder.

T. I. R., Abk. für Transport International de Marchandises par la Route, von Zollbehörden vergebenes Kennzeichen für Lkw, berechtigt zu beschleunigter Abfertigung an der Grenze.

Tir'ade [frz.] die, Wortschwall.

Tir'ana, alban. **Tiranë,** Hauptstadt von Albanien, 169 300 (meist muslim.) Ew.; Univ., Handelszentrum, Seiden- und Teppichweberei. - T. wurde um 1600 gegr.

Tir'aspol, Stadt in der Moldauischen SSR, am Dnjestr, 106 000 Ew.; landwirtschaftl. Industrie.

Tir'esias, Teiresias, blinder Seher aus Theben; bei Sophokles tritt er Ödipus und Kreon warnend entgegen.

Tirgoviște [tirg'ovişte], Stadt in Rumänien, an der Jalomița, am S-Rand der Südkarpaten, 33 400 Ew.; Erdölindustrie.

Tirgu Mureş [tirgu m'ureʃ], rumän. Name von →Neumarkt 3).

Tirlemont [-m'ɔ̃], franzős. für →Tienen.

Tir'ol, Bundesland Österreichs, 12 647 km², 539 200 Ew. Hauptstadt Innsbruck. T. umfaßt im N die höchsten Teile der Nördl. Kalkalpen: Lechtaler Alpen, Wetterstein-, Karwendel-, Kaisergebirge, südlich vom Inntal die östl. Rätischen Alpen, die Ötztaler, Stubaier, Zillertaler Alpen. Durch die Abtretung Südtirols an Italien nach dem 1. Weltkrieg ist Osttirol (Bez. Lienz) vom übrigen österreich. T. getrennt. Hauptsiedlungsgebiet ist das Inntal. In der Wirtschaft überwiegt die Viehzucht, daneben in den Kalkalpen Waldwirtschaft und bes. im Inntal Ackerbau. Etwas Bergbau auf Salz (Hall) und Braunkohlen (Hötting), bedeutender Magnesitbergbau; Holz-, Textil-, metallurgische, optische, Kleineisen-, Maschinenind.; bedeutende Wasserkraftwerke. Im Fremdenverkehr steht T. an der Spitze der österreich. Bundesländer.

Geschichte. Im 6. Jahrh. von Baiern besiedelt und zu deren Herzogtum gehörend, seit dem 11. Jahrh., außer den Bistümern Brixen und Trient, an die Grafen von T. (nach der Burg T. bei Meran), 1233 an die Grafen von Görz (Meinhardiner), 1363 durch Margarete Maultasch an die Habsburger, die 1803 auch Brixen und Trient erhielten. Nach der Niederlage Österreichs 1805 gegen Napoleon mußte T. an Bayern abgetreten werden; 1809 hiergegen Volkserhebung unter Andreas Hofer. 1814 kam T. wieder zu Österreich. (→Südtirol)

Tir'onische Noten, eine Art Kurzschrift der röm. Antike, Abkürzungen von Wörtern, Endungen, Vorsilben, benannt nach Marcus Tullius Tiro (1. Jahrh. v. Chr.).

Tirpitz, Alfred von (1900), Schöpfer der kaiserl. Marine, * 1849, † 1930, 1897 Staatssekr. des Reichsmarineamts, 1911 Großadmiral, Anhänger des uneingeschränkten U-Boot-Kriegs, mußte 1916 zurücktreten; 1924-28 Reichstagsabgeordneter (deutschnational).

Tirschenreuth, Stadt in der Oberpfalz, Bayern, 8300 Ew.; Pfarrkirche (1669) mit Wallfahrtskapelle; Porzellan-, Keramik-, Glas-, Textil- u. a. Industrie.

T'irso de Mol'ina, →Téllez.

Tirutschirapalli, engl. **Trichinopoly,** Stadt im Staate Madras, Indien, 279 300 Ew., mit Felsentempeln, in der Nähe der Tempel von Sri Rangam mit der ,Halle der 1000 Säulen'; Textil-, Zement-, Zigarren-Ind., Eisenbahnwerkstätten.

T'iryns, Burghügel in der Argolis, Griechenland; Reste mächtiger Bauten aus myken. Zeit (begonnen um 1400 v. Chr.).

Tischbein, Malerfamilie. 1) Johann Heinrich d. Ä. (,Kasseler T.'), * 1722, † 1789; religiöse und mytholog. Bilder, Rokokobildnisse mitteldt. Fürsten. 2) Johann Friedrich August (,Leipziger T.'), * 1750, † 1812, Neffe von 1); Bildnisse im Stil der großen engl. Maler. 3) Johann Heinrich Wilhelm (,Goethe-T.'), * 1751, † 1829, Neffe von 1); in Rom gemaltes Bildnis Goethes in der Campagna (1786/87; Frankfurt, Städelsches Institut).

Tischendorf, Konstantin von, evang. Theologe, * 1815, † 1874, erforschte die Bibelhandschriften, entdeckte 1844 und 1859 die griech. Bibelhandschrift Codex Sinaiticus (4. Jahrh.).

Tischlein-deck-dich, ein Märchenmotiv: Zaubertischchen, das unerschöpflich Essen und Trinken spendet.

Tischler, Schreiner, Handwerker der Holzverarbeitung, 3jährige Lehrzeit, Abschluß Gesellen-, später Meisterprüfung. Sonderberufe: **Modell-, Kunst-T.**

Tischlerplatte, etwa 10 bis 40 mm dickes Lagenholz.

Tischtennis, Ping-Pong, ein dem Tennis ähnl. Spiel. Die Spielfläche besteht aus einer Holzplatte von 274 x 152,5 cm in 76 cm Höhe mit quer über die Mitte gespannten Netz (15,25 cm hoch). Gespielt wird mit einem kleinen Zelluloidball, der mit runden, mit Kork, Gummi oder Schwammgummi bezogenen Holzschlägern geschlagen wird. Die Vereine der Bundesrep. Dtl. sind im **Dt. T.-Bund** (gegr. 1925) zusammengeschlossen. Internat. Spitzenverband ist die **International Table Tennis Federation** (gegr. 1926).

Tischzuchten, lehrhafte, meist gereimte Dichtungen des 12.-16. Jahrh. über anständiges Benehmen bei Tisch.

Tis'elius, Arne, schwed. Chemiker, * 1902, † 1971, Untersuchungen über Eiweißmoleküle; 1948 Nobelpreis für Chemie.

Tiso, Josef, slowak. Politiker, * 1887, † (hingerichtet) 1947, kath. Geistlicher, Aug. 1938 Vors. der Slowak. Volkspartei, am 6. 10. MinPräs., 1939-45 Präs. der an Dtl. angelehnten Slowak. Republik.

Tissandier [tisãdj'e], Gaston, franzős. Luftschiffer, * 1843, † 1899, stieg 1875 in einem Freiballon auf 8600 m Höhe, machte Versuche mit einem elektrisch angetriebenen Luftschiff.

Tissaph'ernes, pers. Satrap in Sardes, griff in den Peloponnes. Krieg ein, hielt zum Aufstand des jüngeren Kyros an Artaxerxes II., entschied die Schlacht bei Kunaxa (401 v. Chr.).

Tisserant [tisr'ã], Eugène, franzős. Kurienkardinal (1936), * 1884, † 1972, Orientalist, seit 1951 Kardinaldekan; trat im März 1971 von allen kirchl. Ämtern zurück.

Tissul'artherapie, ⚕ →Gewebetherapie.

Tisza [t'iso], 1) Koloman (Kálmán) von, * 1830, † 1902, Calvinist, 1875-90 ungar. MinPräs.
2) Stephan (István) Graf (1897), Sohn von 1), * 1861, † (ermordet) 1918, 1903-05, 1913 bis 1917 ungar. MinPräs.

Tit., Abk. für **Titel.**

Tit'an das, chem. Zeichen **Ti,** chem. Element, silberweißes, dehnbares Metall, Ordnungszahl 22, Atomgewicht 47,90, spezif. Gewicht 4,54, Schmelzpunkt 1820° C, Siedepunkt über 3000° C; in vielen Erstarrungsgesteinen angereichert. **T.-Dioxid** ist Hauptbestandteil vieler Farbstoffe (**T.-Weiß**). T.-Legierungen werden wegen ihres geringen Gewichts, guter Korrosionsbeständigkeit und Warmfestigkeit viel verwendet (Flugzeug-, Raumflugkörperbau).

Tit'anen, griech. Göttergeschlecht, von Uranos und Gaia abstammend, von Zeus in den Tartaros gestürzt. Eigw. **titanisch,** übermenschlich, von gewaltiger Kraft.

Tit'ania, die Elfenkönigin, Gemahlin Oberons.

Titanic [tait'ænik] die, engl. Schnelldampfer, sank 1912 nach Zusammenstoß mit einem Eisberg mit über 1500 Menschen.

Titel der, 1) Anredeform, Amts- oder Berufsbezeichnung, akadem. Grade sowie Ehrenbezeichnungen für besondere Verdienste; das unbefugte Führen von T. wird mit Freiheitsstrafe und/oder Geldstrafe bestraft. 2) **Rechts-T.;** vielfach Urkunden, die ein Recht verbriefen und eine zwangsweise Durchsetzung gestatten (Vollstreckungs-T.). 3) die Überschrift eines Schriftwerks, insbes. der Name eines Buches (Buchtitel). Buchtechnisch bedeutet T. das **Titelblatt** (auch Haupttitel im Unterschied zum Schmutztitel, dem Blatt mit dem abgekürzten T. vor dem Haupttitel). **Titeldrucke,** gedruckte Verzeichnisse der Neuerwerbungen großer Bibliotheken. 4) Abschnitt, z. B. eines Vertrages; im Haushaltsplan die Untergliederung der Einzelpläne.

Titer der, 1) ⊙ der Gehalt der zum Titrieren dienenden Lösungen in Grammäquivalenten je Liter (→Maßanalyse). 2) Textilkunde: Feinheitsangabe von Seiden- und Chemiefasergarnen (das Gewicht von 9000 m Faden in Gramm).

Tith'onos, griech. Mythos: Bruder des Priamos, wegen seiner Schönheit geraubt von Eos, die Zeus um seine Unsterblichkeit bat, aber vergaß, auch um ewige Jugend zu bitten.

Titic'acasee, der größte Hochlandsee der Erde, im bolivianisch-peruan. Hochland, 3812 m ü. M., 8300 km² groß.

Titisee, See am Feldberg im Schwarzwald, 848 m ü. M., 1,1 km² groß. Der Luftkurort T. hat 2050 Ew.

Titlis, Jurakalkstock in den Urner Alpen, Schweiz, 3239 m hoch.

T'ito, Josip, eigentlich **Broz,** jugoslaw. Politiker und Marschall, * 1892, organisierte im 2. Weltkrieg in Jugoslawien eine kommunist. Partisanenbewegung. Nach Errichtung der Volksrepublik wurde T. 1945 MinPräs., 1953 Präs. der Republik. Mit seiner Vorstellung vom eigenen ,jugoslaw. Weg zum Sozialismus' geriet er 1948 in Gegensatz zum Kominform und zur sowjet. Politik (**Titoismus**). Darüber hinaus wurde T. zu einem Sprecher der nichtpaktgebundenen Staaten. (Bild S. 1251)

T'itograd, bis 1945 **Podgorica,** Hauptstadt von Montenegro, Jugoslawien, 42 000 Ew.

Titov Veles, bis 1949 **Veles,** Stadt in Makedonien, Jugoslawien, am Wardar, 27 100 Ew.; Textil-, Porzellan-, Leder-, Lebensmittelindustrie.

titr'ieren, →Maßanalyse.

Titul'ar(erz)bischof, ein auf ein erloschenes (Erz-)Bistum geweihter (Erz-)Bischof.

Titul'escu, Nicolae, rumän. Politiker, * 1883, † 1941, war ein Hauptvertreter der Politik der kleinen Entente.

T'iturel, Haupt der Gralsfamilie bei Wolfram von Eschenbach und in R. Wagners ,Parsifal'.

T'itus, Schüler und Begleiter des Apostels Paulus, Heilger; Tag: 26. 1.

Titus Fl'avius Vespasi'anus, röm. Kaiser (79-81 n. Chr.), * 39, † 81, Sohn und Nachfolger Vespasians, zerstörte 70 Jerusalem.

Titusbogen, Triumphbogen auf dem Forum Romanum in Rom, nach dem Tode des Titus zur Erinnerung an seinen Sieg über die Juden (70 n. Chr.) errichtet.

Tituskopf, weibl. kurze Haartracht der Directoire- und Empirezeit; nach einer Büste des Kaisers Titus.

T'ivoli, Gemeinde in Mittelitalien, östl. von Rom, 38 400 Ew., mit berühmten Wasserfällen und herrlichen Villen.

T'izian, eigentlich Tiziano **Vecelli(o),** Maler in Venedig, * Pieve di Cadore (Dolomiten) 1476/77 (oder 1489/90), † Venedig 1576, Schüler Giov. Bellinis, maßgebend beeinflußt von Giorgione, dessen neuer Stil die Werke seiner Frühzeit bestimmte: Zigeuner-Madonna, Kirschen-Madonna (beide in Wien), Himmlische und irdische Liebe (Rom, Galleria Borghese). Zu monumentaler Größe erhob sich seine Kunst in der dramatisch bewegten Himmelfahrt Mariä (Assunta, 1518, Venedig, Frari-Kirche), der eine große Zahl von Altarwerken (Pesaro-Madonna, 1526; ebd.) und mytholog. Bildern folgte (Bacchus und Ariadne, 1523, London). Die Werke der 30er Jahre waren von ruhigerer Art: Tempelgang Mariä (1538, Venedig, Akademie), Venus von Ur-

Tizian: Der Zinsgroschen
(Dresden, Staatliche Gemäldegalerie)

bino (1538, Florenz, Uffizien). 1533 malte er Karl V., der ihn dem Adel verlieh (Bildnis mit der Dogge, Madrid). 1545 arbeitete er als Gast Papst Pauls III. in Rom, wo er mit neugewonnenem Ausdrucksreichtum die Danae (Neapel) und Werke überlegener Menschendarstellung schuf: Paul III. mit zwei Nepoten (Neapel) u. a. 1548 entstanden zwei weitere Bildnisse Karls V. (sitzend, München; zu Pferd, Madrid). In den Werken der letzten beiden Jahrzehnte entwickelte sich seine Kunst zu durchgeistigter Gelöstheit: Nymphe mit Schäfer (um 1570, Wien), Dornenkrönung (um 1570/71, München). (Bild Italien. Kunst I)

tizianrot, goldrot (Haarfarbe).

Tjalk [niederl.] die, ein flachgehendes Segelfrachtfahrzeug (Nordsee).

Tjost der oder die, ritterliches Einzelkampfspiel zu Pferde mit dem Speer.

Tjum'en, Gebietshauptstadt in W-Sibirien, an der Tura, 269 000 Ew., Schiffswerft, Holzkombinat, Mühlen, Fleischkonserven-, chem., Maschinenindustrie.

Tj'utschew, Fjodor Iwanowitsch, * 1803, † 1873, russ. Lyriker; Nachdichtungen (Goethe, Schiller, Heine).

tkm, Abk. für →Tonnenkilometer.

Tl, chem. Zeichen für Thallium.

Tlaxcala [tlask'ala], der kleinste Staat von Mexiko, im O des mexikan. Hochlandes, 3914 km², 420 600 Ew.; Hauptstadt: T.

Tlemc'en, Stadt in NW-Algerien, im Tell-Atlas, 71 200 Ew.; umgeben von Oliven-, Feigen-, Weingärten.

Tl'ingit, Tl'inkit, Kol'oschen, Indianerstamm an der NW-Küste Nordamerikas, rd.

11 000; Fischer; bedeutende Schnitz- und Bildkünstler.

TL-Triebwerk, das Turbinen-Luftstrahl-Triebwerk. (→Strahltriebwerk)

Tm, chem. Zeichen für Thulium.

TME, Abk. für Tausendstel Massen-Einheit, auch **mME,** $^1\!/_{16\,000}$ der Masse des Sauerstoffisotops $^{16}_8 O = 1,659 \cdot 10^{-27}$ g.

Tm'esis [grch.] die, Trennung eines zusammengesetzten Wortes durch ein dazwischengeschobenes; z. B. ,ob er gleich' statt ,obgleich er'.

TNT, Abk. für Trinitrotoluol.

TOA, Tarifordnung A; bis 1961 für Angestellte des öffentl. Dienstes. (→Bundesangestelltentarif)

Toast [to:st, engl.] der, 1) geröstete Weißbrotscheibe. **Toaster** der, Brotröster.

Tob'ago, →Trinidad und Tobago.

Tobel der, oberdt.: waldige Schlucht, Senke.

Tobey [t'ɔbi], Mark, amerikan. Maler, * 1890, malt, gedeutet aus der asiat. Kalligraphie, abstrakte Bilder, in denen zarte Pinselstriche die Fläche dicht überspinnen.

Tob'ias, Vater und Sohn, sind die Hauptgestalten des apokryph. alttestamentl. **Buches T.** oder **T'obit.**

T'oblach, italien. **Dobbi'aco,** Dorf im Pustertal, Prov. Bozen, Südtirol, Italien, 2700 Ew. Das **Toblacher Feld** bildet die Talwasserscheide zwischen Rienz und Drau.

Tobler, 1) Adolf, schweizer. Romanist, Bruder von 2), * 1835, † 1910; ,Altfranzös. Wörterbuch' (1915 ff.).
2) Ludwig, schweizer. Germanist, * 1827, † 1895, gründete mit F. Staub das Schweizerische Idiotikon.

Tob'oggan [indian.-engl.] der, Schlitten der nordamerikan. Indianer, schmales, vorn hochgebogenes Bretterpaar, ohne Kufen.

Tob'ol der, linker Nebenfluß des Irtysch, W-Sibirien, 1670 km lang, kommt vom Ural, mündet bei Tobolsk.

Tob'olsk, Stadt in W-Sibirien, Sowjetunion, 44 000 Ew., an der Mündung des Tobol, Flußhafen, Holzstapelplatz und Holzindustrie. Nahebei die Ruinen der ehemaligen Tatarenhauptstadt Sibir.

T'obruk, Hafenstadt in Libyen, 15 900 Ew.; Erdölexport. - Im 2. Weltkrieg war T. hart umkämpft (dt. Afrikakorps).

Tobsucht, heftiger Erregungszustand bei seel. Krankheiten, auch bei Tollwut.

Tocantins [tɔkänt'ins], Strom in Brasilien, 2640 km lang, entspringt im Staat Goiás, mündet mit trichterförmiger Erweiterung als Rio Pará bei Belém in den Atlantik.

Tocc'ata, Musikstück, die →Tokkata.

Toch, Ernst, österreich. Komponist, * 1887, † 1964; Opern, Orchester-, Kammermusik in einem zwischen Spätromantik und Moderne stehenden Klangstil.

Toch'arer, indoskythisches Volk, das 160 v. Chr. in Sogdiana (Landschaft im NO Irans) eindrang.

Tocharisch, eine indogerman. Sprache der Kentumgruppe, die stark mit nichtindogerman. Bestandteilen gemischt ist; überliefert sind Handschriften des 6. bis 8. Jahrh. n. Chr. im NO des Tarimbeckens in Brahmischrift; das T. stammt nicht von den Tocharern.

Tochtergesellschaft, Kapitalgesellschaft, die von einer anderen abhängig ist.

Tochterkirche, →Filialkirche.

Töchter vom hl. Kreuz, 1833 gegr. Klosterkongregation für Krankenpflege und Unterricht.

Tocqueville [tɔkv'il], Alexis **Clérel** Graf von, * 1805, † 1859, französ. Historiker und Theoretiker der modernen Demokratie. Hauptwerke: ,La démocratie en Amérique' (4 Bde., 1835/40), ,L'Ancien Régime et la Révolution' (1856).

Tod, 1) allgemeiner T.; Erlöschen aller Lebensäußerungen bei einem Lebewesen; je nach der Ausgangsstelle unterscheidet man beim Menschen: Herz-T., Gehirn-T., Lungen-T. Das Sterben kann sich langsam und friedlich, aber auch als **Todeskampf**

Todd

Sterbeziffern nach Todesursachen
(Auswahl) je 100 000 Ew.
(Bundesrep. Dtl., 1969)

Todesursachen	insges.	männl.	weibl.
Tuberkulose	8,0	12,9	3,6
Krebs u. a. bösartige Gewächse	220,4	229,8	211,8
Kreislaufkrankheiten	540,5	544,0	537,0
Lungenentzündung	30,4	31,2	29,8
Krankheiten des Verdauungsapparats	67,5	76,9	58,9
Angeborene Mißbildungen	8,5	9,5	7,6
Altersschwäche	23,3	17,1	28,9
Selbstmord	20,8	27,6	14,6
Unfälle	59,7	75,7	45,2
(davon Kraftfahrzeugunfälle)	27,3	42,2	13,7
Gestorbene	1223,4	1302,4	1151,6

vollziehen. **Todeszeichen** sind: unaufhebbarer Stillstand der Tätigkeit von Herz, Lunge und Zentralnervensystem. **2)** **örtlicher T.,** →Brand 1).
Rechtliches. Mit dem T. endet die Rechtsfähigkeit des Menschen. Das Vermögen (Aktiva und Passiva) geht in der Regel auf die Erben über.
Kunst. Die Griechen verkörperten den T. als Bruder des Schlafs in Gestalt eines nackten Jünglings oder Genius mit gesenkter Fackel, die späte Antike auch als Skelett, das MA. als häßl. Greis, auch als Weib, bis sich im 15. Jahrh. die Darstellung als Skelett durchsetzte (→Totentanz). Seitdem gehört der T. zu den bevorzugten Themen der bildenden Kunst.
Todd, Sir (seit 1954) Alexander Robertus, engl. Chemiker, * 1907, Prof. in Manchester und Cambridge, erhielt 1957 für vielfältige Arbeiten zur Synthese von Vitaminen, Alkaloiden, Antibiotica sowie über Zellkernsubstanzen den Nobelpreis.
Todd-AO-Verfahren, ein Breitwand-Filmverfahren. Das Bild wird mit einem Spezialobjektiv aufgenommen und auf eine stark gekrümmte Bildwand projiziert.
Todeserklärung, ⚖ die gerichtl. Feststellung des Todes eines Verschollenen auf Grund eines →Aufgebotes (Verschollenheitsgesetz vom 15. 1. 1951). Die T. ist im allgemeinen zulässig, wenn seit zehn Jahren keine Nachricht von dem Leben eines Verschollenen eingegangen ist; sie darf nicht vor Ablauf des Jahres erfolgen, in dem der Verschollene das 25. Lebensjahr vollendet hätte. Bei Kriegs-, See- und Luftverschollenen gelten besondere Vorschriften.
Todesfallversicherung, →Lebensversicherung.
Todesstrafe, die schwerste der Kriminalstrafen. Ihre Berechtigung und Zweckmäßigkeit ist seit der Aufklärung sehr umstritten. In der Bundesrep. Dtl. wurde die T. 1949 durch Art. 102 GG. abgeschafft; in der Dt. Dem. Rep. ist sie noch zulässig. In Österreich ist die T. heute ebenfalls beseitigt, in der Schweiz nur noch im Militärstrafrecht für Kriegszeiten vorgesehen.
Todes|tal, engl. **Death Valley,** wüstenhafte Grabensenke in Kalifornien, USA, mit − 86 m tiefste Depression Amerikas.
T'odi, am Tiber, Prov. Perugia, Italien, 18 000 Ew.; etruskisch-römische Baureste und schöne Bauten aus dem Mittelalter und der Renaissance.
T'ödi, Gebirgsstock der Glarner Alpen, Schweiz, im Piz **Russein** 3614 m hoch.
Todsünde, Kath. Kirche: eine Sünde, die den Verlust des Gnadenstandes nach sich zieht.
Todt, Fritz, Ingenieur, * 1891, † (Flugzeugunfall) 1942, wurde u. a. 1933 Generalinspektor für das dt. Straßenwesen, organisierte 1938 den Bau des Westwalls und

gründete die Organisation Todt (O. T.), wurde 1940 Reichsmin. für Bewaffnung und Munition, 1941 Generalinspekteur für Wasser, Energie.
Todtmoos, Kurort im Südschwarzwald, Bad.-Württ., 1900 Ew.
Todtnau, Stadt im Südschwarzwald, Bad.-Württ., 4500 Ew.; Fremdenverkehr.
Toffee [t'ɔfi, engl.] *das,* Sahnekaramelbonbon.
T'oga *die,* -/...gen, *das* altröm. Obergewand: **T. virilis,** gewöhnl. T., **T. praetexta,** T. der Priester und Beamten.
Toggenburg *das,* voralpine Tallandschaft im Kanton St. Gallen, Schweiz, von der Thur durchflossen; Viehzucht, Obstbau; Stickerei und Baumwollweberei.
Töging, Gem. in Oberbayern, am Inn, 8600 Ew.; Aluminiumwerke, Innwerk AG.
Togliatti [tɔlj'ati], Palmiro, italien. Politiker (Kommunist), * 1893, † 1964, wurde 1944 Leiter und Generalsekretär der KP und war bis 1946 mehrfach Minister.
T'ogo, Republik an der Guineaküste, W-Afrika, 56 000 km² mit 2,005 Mill. Ew. Hauptstadt: Lome; Amtssprache: Französisch. Religion: 66% Anhänger von Naturreligionen; 20% kath., 6% evang. Christen; 8% Muslime. ⊕ II/III, Bd. 1, nach S. 320. Die Verf. von 1963 ist seit 1967 außer Kraft. Staatsoberhaupt und Regierungschef ist der Präs. ⎕ S. 1179. ⎕ Bd. 1, S. 392.
Währung: CFA-Franc.
Von der heißen Küste (rd. 50 km) erstreckt sich T. etwa 550 km weit als schmaler Streifen über flachwellige Ebenen (bis 150 m ü. M.), Hochflächen (bis 400 m) und das T.-Gebirge (bis rd. 1000 m). Trop. Klima mit 2 Regenzeiten. Größte Gruppe der Bevölkerung (rd. 30 Stämme) sind die Ewe (rd. 21%). Keine Schulpflicht; viele Analphabeten, jedoch besuchen die Hälfte der Kinder Schulen. Univ. in Lome. – Haupterzeugnisse (für die Ausfuhr): Kakao, Kaffee, Palmöl, Baumwolle, Phosphate. Haupthandelspartner: Frankreich. T. ist verkehrsmäßig wenig erschlossen: 442 km Eisenbahnen, 7200 km Straßen (davon 5500 km Pisten). Hauptfafen und internat. Flughafen: Lome. (Bild Afrika)
Geschichte. Das ehemalige dt. Schutzgebiet T. wurde 1920 Völkerbundsmandat, 1946 Treuhandgebiet der Vereinten Nationen, teils unter franzöz., teils unter brit. Verwaltung. Der brit. Teil kam 1957 zu Ghana, der französ. wurde am 27. 4. 1960 unabhängig.
Togo, Heihachiro, Marquis (1934), * 1847, † 1934, japan. Großadmiral, siegte im Russisch-Japan. Krieg 1904/05 bei Port Arthur und Tsuschima.
Tohuwab'ohu [hebr.], chaotischer Zustand der Erde (nach 1. Mos. 1, 2).
Toilette [twal'ɛtə, frz.] *die,* **1)** Gesellschaftskleid. **2)** Tisch mit Spiegel, zum Ankleiden, Frisieren, Schminken. **3)** Abort.
Tojama, engl. **Toyama,** Hauptstadt der Prov. T. auf Honschu, Japan, 264 000 Ew., Eisenwerk, Textil-, Düngemittelherstellung.
Tojo [todʃo], Hideki, japan. General und Politiker, * 1884, † (hingerichtet) 1948, 1940 Kriegsminister, 1941 MinPräs., am Kriegseintritt Japans führend beteiligt, 1944/45 Generalstabschef; als Kriegsverbrecher zum Tode verurteilt.
Tojohaschi, engl. **Toyohashi,** Stadt auf Honschu, Japan, 253 000 Ew.; Mittelpunkt eines Baumwollgebiets.
Tojonaka, Stadt auf Honschu, Japan, 334 000 Ew., Hütten-, chem. Ind., Maschinenbau.
Tokaj [t'okɔj], Gemeinde in N-Ungarn, 5100 Ew., bekannter Wein **(Tokajer).**
Tok'at, Provinzhauptstadt in der asiat. Türkei, 44 800 Ew., mit Bauten aus der Seldschukenzeit.
Tokel'au-Inseln, Union Islands, Inselgruppe im Stillen Ozean, etwa 10 km², 1900 Ew., von Neuseeland verwaltet.
Tokio, engl. **Tokyo,** Haupt- und Residenz-

stadt von Japan, auf Honschu. Kern-Tokio (8,9 Mill. Ew.) und der Santama-Bezirk (2,6 Mill. Ew.) bilden Tokio-to (11,4 Mill. Ew.). Um den alten, von Mauern und Gräben umgebenen Kaiserpalast inmitten prächtiger Parkanlagen liegt das Regierungsviertel. Sitz eines kath. Erzbischofs; mehrere Univ., Techn., Tierärztl., Musikhochschulen, Bibliotheken, Museen, Theater, Botan.

Tokio: Hauptverkehrsstraße Ginza

und Zoolog. Garten; Kernforschungszentrum. Handels- und Finanzmittelpunkt Japans, bildet mit Jokohama und Tschiba die Hafengemeinschaft Keihin. Flugzeug-, Schiff-, Kraftfahrzeugbau, Fahrrad-, chemische, optische, pharmazeutische, Genußmittelindustrie, Druckereien. - T., bis 1868 Edo (Yedo), war seit dem 17. Jahrh. Sitz der Schogune, ist erst seit 1869 Hauptstadt. 1703 und 1923 durch Erdbeben vollständig zerstört.
Tokk'ata [ital.] *die,* phantasie- und präludienartiges Musikstück für Orgel oder Klavier. Die T. wird seit dem 16. Jahrh. gepflegt; kennzeichnend ist der Wechsel zwischen voltönenden, breit ausgehaltenen Akkordfolgen und rauschenden Läufen und Figurenwerk.
Tokopher'ol *das,* das Vitamin E.
Tokos, kleinste Gattung der Nashornvögel.
Tokuschima, engl. **Tokushima,** Hauptstadt der Prov. T. und Hafenstadt auf der Insel Schikoku, Japan, 225 000 Ew., Baumwoll-, Stapelfaserind., Schiffbau.
Tokyo, engl. Schreibung für →Tokio.
Tolbuhin, Tolbuchin [tolb'uxin], Hauptstadt des bulgar. Verwaltungsgebietes T., 61 400 Ew.; Textil-, Metall- u. a. Ind. Zentrum eines Landwirtschaftsgebietes.
Tol'edo, **1)** Provinz in Neukastilien, Spanien, 15 345 km², 453 000 Ew.
2) die Hauptstadt von 1), am Tajo, 44 500 Ew., reich an maurischem und got. Bauwerken, Brücken, Stadtmauern und -toren. Der Alcázar wurde im Bürgerkrieg schwer beschädigt. T. hat Greco-Museum, Militärakademie; Waffenherstellung und Kunstgewerbe. Der Erzbischof von T. ist Primas von Spanien. - T., das antike Toletum, wurde 192 v. Chr. römisch; 534 bis 711 Hauptstadt des Westgotenreichs; blühte auch unter der Maurenherrschaft; 1085-1559 Hauptstadt Kastiliens. Im Bürgerkrieg 1936 hart umkämpft. (Bild S. 1251)
3) T. [tol'eidou], Stadt am Eriesee, in Ohio, USA, 383 800 Ew.; Univ.; Hochofenwerk, Automobil- u. a. Ind.; Erdölraffinerien.
Toler'anz [lat.] *die,* Duldsamkeit. Eigw. **tolerant. 2)** ⊕ das Maß, um das ein techn. Erzeugnis vom Sollwert abweichen darf.
Toleranzdosis, maximale, gerade noch als zulässig angesehene Dosis ionisierender Strahlung (→Strahlenschutz).
Tol'ima, Vulkan in der Zentralkordillere Kolumbiens, 5620 m hoch.

Tolj'atti [nach P. →Togliatti], bis 1964 **Stawropol**, Stadt in der Russ. SFSR, am linken Ufer des Kuibyschewer Stausees, mit 251 000 Ew.; chem. Industrie, Werft; eine moderne große Kraftfahrzeugfabrik (Fiat-Lizenz) befindet sich im Bau.

Tollan, die ehem. Hauptstadt der Tolteken (9.-12. Jahrh.), beim heutigen **Tula**, nördlich der Stadt Mexiko; seit 1940 wurden Pyramiden, Tempel (mit Reliefplatten, Skulpturen und 4,50 m hohen Monumentalfiguren als Dachträger) und Plätze freigelegt.

Toll'ense die, Nebenfluß der Peene, in Mecklenburg, 75 km lang, kommt aus dem **Tollensee**, mündet bei Demmin.

Toller, Ernst, kommunist. Politiker und Schriftsteller, * 1893, † 1939, wurde 1919 als Mitglied der Münchner Räteregierung zu 5 Jahren Festung verurteilt, emigrierte 1933; expressionist. Dramen ('Die Maschinenstürmer', 1922).

Tollkirsche, Wolfskirsche, Belladonna, ein Nachtschattengewächs der Gatt. **Atropa,** durch Gehalt an Atropin, Hyos-

Tollkirsche: Fruchtzweig

cyamin und Scopolamin giftig. Blätter und Wurzelstock werden arzneilich verwendet.

Toll-Roads [t'oulroudz], in den USA gebührenpflichtige Fernverkehrsstraßen (Super-Highways, Turnpikes).

Tollwut, Hundswut, griech. **Lyssa,** latein. **Rabies,** eine bei Haustieren und wildlebenden Tieren vorkommende, auf den Menschen übertragbare Viruskrankheit. Von t.-verdächtigen Tieren angefallene Menschen müssen nach der Wundversorgung sofort gegen T. geimpft werden.

Tölpel, Ruderfüßervögel an Küsten; so der **Baß-T.** am nördl. Atlantik, weiß mit schwarzen Flügelspitzen, bis 1,20 m lang.

Tolst'oj, russ. Schriftsteller: **1)** Aleksej Konstantinowitsch Graf, * 1817, † 1875; histor. Roman 'Fürst Serebrjany' (1863).

Toledo: Porta di Bisagra

Leo Tolstoj   *Josip Tito*

2) Aleksej Nikolajewitsch Graf, * 1883, † 1945, emigrierte nach der Revolution, kehrte 1923 zurück; 'Der Leidensweg' (1920-41), 'Peter I.' (1929-45, unvollendet).

3) Leo Nikolajewitsch Graf, * 1828, † 1910, studierte oriental. Sprachen, später Jura, nahm 1855 seinen Abschied aus der Kaukasusarmee. Er lebte dann als Gutsbesitzer in Jasnaja Poljana oder in Moskau und St. Petersburg. T. verließ 1910 Gut und Familie, um sein Leben in asket. Einsamkeit zu beschließen.

T.s Lehre vom 'Nichtwiderstehen dem Bösen' ist ein Ergebnis des Versuchs, ein reines Urchristentum zu rekonstruieren. Durch die Idealisierung des naturnahen Lebens und des 'einfachen Volkes', durch die Kritik der verlogenen gesellschaftl. Konvention und des sozialen Unrechts gelangte T. schließlich zu einer Art Kulturnihilismus. Er leugnete den Fortschritt, den Sinn der geschichtl. Entwicklung, den Wert von Kunst und Wissenschaft und überhaupt jeder intellektuellen Tätigkeit und bekämpfte jede politische, soziale und kirchliche Organisation (1901 wurde er aus der orthodoxen Kirche ausgestoßen). Die - von ihm selbst abgelehnte - sektenartige Gruppe von Anhängern (Tolstojaner) verkündete seine Lehren.

T.s ständigem Suchen nach ethisch-religiöser Wahrheit stand eine unerschöpfliche Vitalität und sinnenfrohe Erdgebundenheit gegenüber. Er war ein typischer Vertreter des psycholog. Realismus. Seine Romane 'Krieg und Frieden' (1864-69) und 'Anna Karenina' (1873-77) gelten als Gipfelleistungen des Romans im 19. Jahrh. T.s Einfluß auf die gesamte realist. und naturalist. Kunst des späten 19. und 20. Jahrh., nicht nur in Rußland, war sehr groß.

Weitere Romane und Erzählungen: 'Kindheit' (1851/52) mit Fortsetzungen, 'Sewastopoler Erzählungen' (1855), 'Der Tod des Iwan Iljitsch' (1886), 'Die Kreutzersonate' (1886), 'Auferstehung' (1899); Dramen: 'Die Macht der Finsternis' (1886), 'Das Licht leuchtet in der Finsternis' (1900), 'Der lebende Leichnam' (1900); theoretische Schriften. Werke, dt., 14 Bde. (1928).

Tolt'eken, indian. Kulturvolk im vorkolumb. Mexiko. Die T. gehörten zur Nahua-Sprachgruppe, kamen im 9. Jahrh. aus dem N und gründeten die Hauptstadt →Tollan; ein Teil zog um 1000 nach Yucatán in das Gebiet der Maya, deren Kultur sie stark beeinflußten.

T'olubalsam, wohlriechender Balsam eines südamerikan. Schmetterlingsblüters; wird in der Parfümerie verwendet.

Tol'uca de L'erdo, die Hauptstadt des mexikan. Staates Mexiko, 104 600 Ew., 2680 m ü. M. Südlich der erloschene Vulkan **Nevado de T.** (4577 m).

Tolu'ol das, **Methylbenzol,** organ. Verbindung, wird durch Destillation aus dem Steinkohlenteer gewonnen, wichtiger Ausgangsstoff der chem. Industrie.

Tölz, Bad T., Stadt in Oberbayern, Bayern, an der Isar, 12 300 Ew.; schöne alte Bürgerhäuser; Jodquellen.

Tomahawk [t'ɔməhɔːk] der, Wurfkeule oder Streitaxt der nordamerikanischen Indianer.

Tom'asi di Lampedusa, Giuseppe,

italien. Schriftsteller, * 1896, † 1957; Roman 'Der Leopard' (1958).

Tomaszów [-'aʃuf], Stadt in der Woiwodschaft Lodz, Polen, 55 300 Ew.; Textil-, Maschinenindustrie.

Tom'ate die, **Liebes-, Paradiesapfel, Paradeiser,** einjähriges Nachtschattengewächs mit gelben Blüten. Die roten Beerenfrüchte sind bis zu Apfelgröße gezüchtet worden. Aus Südamerika, Ende des 16. Jahrhunderts als Zierfrucht, seit Ende des 19. Jahrh. Gemüsepflanze.

T'ombak der, Kupfer-Zink-Legierung mit 60-10% Kupfer.

T'ombola [ital.] die, **1)** eine Art Zahlenlotto. **2)** Verlosung bei Festen.

Tommas'eo, Niccolò, italien. Schriftsteller, * 1802, † 1874; Romane, Gedichte, literarhistor. Arbeiten.

Tomate: a Blütenzweig, b Fruchtzweig

T'ommy, Mz. Tommies, der engl. Soldat.

Tomonaga, Sin-itiro, japan. Physiker, * 1906, seit 1963 Präs. des japan. Wissenschaftsrates, erhielt für Arbeiten zur Quantenelektrodynamik 1965, zusammen mit den Amerikanern J. Schwinger und R. Feynman, den Nobelpreis für Physik. 'Quantenmechanik', 2 Bde. (1962/66).

Tömöscher Paß, →Predeal.

Tomsk, Gebietshauptstadt in W-Sibirien, Russ. SFSR, 339 000 Ew.; Flußhafen am Tom (Nebenfluß des Ob), Zweigbahn zur Transsibir. Bahn, erhielt 1888 die erste Universität in Sibirien; Holz- und Maschinenind.; Kernforschungszentrum.

T'omus [lat.] der, Abk. **Tom.,** Buch, Band.

ton [engl. 'Tonne'], Abk. **t.,** Gewicht in

Tolteken: Monumentalfiguren, die das Dach des Tempels auf der Pyramide von Tollan trugen

Großbritannien und den Verein. Staaten = 1016,048 kg, auch zur Angabe der Wasserverdrängung von Kriegsschiffen. Neben dieser long t. gibt es noch die short t. = 907,185 kg.

Ton, 1) Schall von harmonischem (sinusförmigem) Schwingungsverlauf. Der Frequenz eines T. entspricht die empfundene **T.-Höhe. 2)** Verwitterungsrückstände tonerdehaltiger Silicate, bes. der Feldspäte. T. besteht hauptsächlich aus wasserhaltigen Aluminiumsilicaten und Aluminiumhydrogelen und ist mit Wasser plastisch verformbar. Verwendung für die Herstellung von keram. Erzeugnisse.

Ton|abnehmer, →Plattenspieler.

Ton|alepaß, Alpenpaß in Südtirol, 1884 m, zwischen Ortler- und Adamellogruppe, verbindet Sulzberg mit dem Tal des Oglio.

Tonalit ät die, die Bezogenheit aller Töne eines melodischen und harmonischen Ablaufs auf einen Grundton oder den Dreiklang über diesem Grundton. Der Begriff gilt nur für die harmon. Musik (seit etwa 1600). Das Ordnungsgefüge der T. wurde durch die Übersteigerung der Chromatik seit Wagner allmählich aufgelöst.

T'onart, das Beziehungssystem von Tönen, das einem Musikstück zugrunde liegt. In der abendländ. Musik werden die verschiedenen T. durch die →Tonleiter (melodisch) und die →Kadenz (harmonisch) dargestellt. Sämtliche T. gehören einem der beiden Tongeschlechter Dur oder Moll an. Im übrigen unterscheiden sie sich nur durch die Lage innerhalb der zwölfstufigen temperierten Skala, sie sind also Transpositionen der beiden Grundskalen von C-Dur und a-moll. Bei der Übertragung der Intervallverhältnisse (Halbtonschritte von der 3. zur 4. und der 7. zur 8. Stufe in Dur, der 2. zur 3. und 5. zur 6. Stufe in Moll) auf die anderen Stufen unseres Tonsystems sind Erhöhungen oder Erniedrigungen einzelner Stammtöne um einen Halbton nötig; sie werden angezeigt durch die Tonartvorzeichnung am Anfang des Liniensystems (nach dem Schlüssel). Die T. werden nach Grundton und Tongeschlecht bezeichnet: D-Dur, fis-moll usw. Man unterscheidet Kreuz- und B-Tonarten; ihr Ordnungsverhältnis wird durch den Quintenzirkel (→Quinte) bestimmt. - Das heutige T.-System wurde erst nach 1700 endgültig durchgebildet. In der Neuzeit wurde die atonale Musik entwickelt (→atonale Musik).

Tonbandgerät, Bandaufnahmegerät, Schallaufzeichnungs- und Wiedergabegerät, →magnetische Aufzeichnung.

Tonblende, →Klangfarbenregelung.

T'ončić-Sor'inj, Lujo, österreich. Politiker (ÖVP), * 1915, war 1966-68 Außenmin.; seit 1969 Generalsekretär des Europarates.

T'ondern, dän. **T'ønder,** Stadt in S-Jütland, Dänemark, 7400 Ew.; Möbel-, Margarineindustrie, Viehmärkte.

Tondruck, das Bedrucken der ganzen Papierfläche mit heller Farbe, z. B. bei Wertpapieren.

Ton|erde, Aluminiumoxid. **Essigsaure T.,** →Essigsäure.

T'onga-Inseln, Freundschaftsinseln, Inselgruppe in SW-Polynesien, 699 km², 83 000 Ew., etwa 150 meist waldbedeckte, vulkanische Inseln und Koralleninseln westlich des Tongagrabens (10 882 m tief). Ausfuhr von Kopra und Bananen. Die T. schlossen sich 1845 zu einem Königreich zusammen und wurden brit. Protektorat; seit 1970 unabhängiges Mitglied des Commonwealth.

Tongeschlecht, ♪ eine Tonartengattung; im abendländ. Tonsystem: Dur und Moll.

Tongking, der N von Vietnam, vorwiegend das fruchtbare Deltagebiet des Song-ka. **T.-Zwischenfall,** →Vietnam.

T'onicum [grch.-lat.] das, **tonisches Mittel,** ♯ stärkendes Mittel.

T'onika [ital.] die, der Grundton einer Tonart und der über dem Grundton errichtete Dreiklang.

Tonika-Do-Methode, eine Lehrweise des elementaren Musikunterrichts, die durch Verwendung von Tonsilben das relative Ton- und Intervallbewußtsein schulen will. Der Grundton (Tonika) heißt unabhängig von der absoluten Tonhöhe immer Do, die 2. Stufe Re, die 3. Mi, die 4. Fa, die 5. So, die 6. La, die 7. Ti (statt Si). Zur Bezeichnung der Tonstufen verwendet man beim singen Handzeichen.

tonisch, auf den →Tonus bezüglich. **tonis'ierend,** stärkend, Spannkraft erhöhend.

T'önisvorst, Gem. in Nordrh.-Westf., 20 300 Ew., westl. von Krefeld; Textil-, Metallwaren- u. a. Ind.; entstand 1970 durch Zusammenschluß von St. Tönis und Vorst.

Tonkabohne, wickenartiger Schmetterlingsblüter in Amerika, dessen cumarinhaltige Samen früher für Arzneimittel verwendet wurden.

Tonkamera, Tonfilm: Gerät zur Aufzeichnung der Mikrophonströme.

Tonleiter, die stufenweise (in der abendländ. Musik diatonische) Anordnung einer durch Tongeschlecht und Tonart bestimmten Auswahl von Tönen innerhalb einer Oktave. Die Stufen heißen Prime, Sekunde, Terz, Quarte, Quinte, Sexte, Septime, Oktave. Die **diatonische T.** hat 5 Ganz- und 2 Halbtöne, die **chromatische T.** hat 12 Halbtöne. Die außereurop. Musik kennt andere T.-Typen.

Tonmalerei, die Schilderung von außermusikalischen Vorgängen mit den Mitteln der Musik; die T. ist ein wichtiges Gestaltungselement der Programmusik.

Tonnage [tɔn'a:ʒɛ] die, **1)** Raumgehalt eines Schiffes, ausgedrückt in Registertonnen. **2)** Gesamtschiffsraum einer Flotte.

Tonne, 1) t, metr. Gewichtseinheit, = 1000 kg; auch als Schiffsfrachtgewicht (Schiffs-T.) benutzt, bei Handelsschiffen (außer Tankern) die Tragfähigkeit. **2)** früheres dt. Hohlmaß zwischen 100-700 l. **3)** schwimmendes Seezeichen.

Tonnengeld, nach dem Tonnengehalt der Seeschiffe berechnete Hafengebühr.

Tonnengewölbe, Gewölbe mit halbkreisförmigem Querschnitt.

Tonnenkilometer, Abk. **tkm,** das Produkt aus beförderter Last in t und Beförderungsweg in km, Maß für Transportleistung von Verkehrsmitteln.

Tonnenschnecken, Meeresschnecken mit faßförmigem Haus, so im Mittelmeer die bis 25 cm hohe **Faßschnecke.**

Tönnies, Ferdinand, Soziologe, * 1855, † 1936; Hauptwerk: ‚Gemeinschaft und Gesellschaft' (1887).

Tönning, Stadt in Schlesw.-Holst., 4400 Ew., an der Mündung der Eider in die Nordsee, Zement- und Krabbenkonservenindustrie.

Tønsberg [tœnsbɛr], älteste Stadt Norwegens, Hafenstadt am Oslofjord, Hauptort der Prov. Vestfold, 12 000 Ew.

Tonschiefer, dünnschiefrige, verschieden gefärbte Gesteine, verwendet als Dach-, Tafel-, Griffel-, Zeichenschiefer.

Tons'ille [lat.] die, ♯ die Mandel. **Tonsill'itis** die, Mandelentzündung.

Tons'ur [lat.] die, das Ausscheren des Haupthaares und die entstehende kahle Stelle bei kath. Geistlichen und Mönchen.

Tontaubenschießen, das →Wurftaubenschießen.

Tont'ine, seit 1650 bekannte lotterieähnl. Erlebens-Rentenversicherung.

T'onus [grch.-lat.] der, **1)** bei menschl. und tier. Geweben, bes. Muskeln ein auch in der Ruhe unter Nervenfluß beständig unterhaltener Spannungszustand. - Über **Erschlaffung des T.** →Atonie, über **abnormen T.** →Dystonie. **2)** der Pflanzen der Zustand der Reizempfänglichkeit.

Tonwaren, →Keramik.

Toowoomba [təw'umbə], Stadt in Queensland, Australien, 52 100 Ew., in einem Weizengebiet; Nahrungsmittelindustrie.

top ... [engl.], best ..., spitzen ...: **topfit,** in Höchstform (Sportler); **Top-management,** Spitze der Unternehmensleitung.

Top'as der, rhombisches, meist gelb, grün, blau oder rot gefärbtes Mineral, chemisch $Al_2SiO_4F_2$. Blaue und gelbe T. sind geschätzte Edelsteine. (Tafel Edelsteine.)

Topeka [tɔp'i:kə], Hauptstadt von Kansas, USA, 125 000 Ew.; Universität; Nahrungsmittel ind., Eisenbahnwerkstätten.

Top'elius, Zacharias, finnlandschwed. Schriftsteller, * 1818, † 1898; Lyrik, Erzählungen, Kinderbücher.

Topfen der, bair./österr.: Quark.

Töpfer, Lehrberuf des Handwerks, 3jährige Lehrzeit, Gesellen-, Meisterprüfung.

Töpfer'ei, die handwerkl. Herstellung von Tonwaren: runde Gegenstände werden auf der **Töpferscheibe** geformt, andere in Formen gegossen.

Toepfer, Rodolphe, schweizer. Schriftsteller und Zeichner, * 1799, † 1846, humorist. Bildergeschichten, z. B. ‚Fahrten und Abenteuer des Herrn Steckelbein' (1845).

Topfkreis, ein Schwingungskreis für höchstfrequente elektromagnet. Schwingungen, meist abgeschirmte Leitungsstücke einer Koaxialleitung.

T'opik [grch.] die, die Lehre von den Gemeinplätzen, bei den griech. und röm. Rhetoren die systemat. Darstellung allgemein anerkannter Begriffe und Sätze, wie Freiheit, Gerechtigkeit.

Topinamb'ur die, eine Art Sonnenblume; die Knollen sind Viehfutter, Gemüse.

Topograph'ie [grch.], die Beschreibung von Bodenformen, Gewässern, Vegetation, Besiedlung usw. eines Landes, einer Landschaft oder einer Örtlichkeit.

Topographische Karte, →Karte.

Topolog'ie [grch.], Teilgebiet der Mathematik, das diejenigen Eigenschaften geometrischer Gebilde behandelt, die bei ‚stetigen Veränderungen' erhalten bleiben, wie z. B. die Nachbarschaftsbeziehungen zwischen Punkten.

Toponom'astik, die Wissenschaft von der Bildung und Geschichte der Orts- und Flurnamen.

T'opos [grch.] der, Platz, Ort.

Topp der, ◊ Spitze des Mastes. **T.-Flaggen,** bei feierlichen Gelegenheiten in dem T. gehißte Flaggen.

topplastig, oberlastig ist ein Schiff, dessen Schwerpunkt durch die Beladung so hoch liegt, daß Kentergefahr besteht.

Toque [tɔk, frz.] die, steifes Barett mit schmaler Krempe (16. Jahrh.). Nach 1900 ein krempenloser Damenhut.

Tor, ⚽ eine durch zwei T.-Stangen und eine Querlatte abgegrenzter höher Raum, bei Fuß-, Hand-, Wasserball, Hockey u. a. das Hauptziel des Angriffs. Der **Torwart** verteidigt unmittelbar das T. Über T. beim Skisport →Slalom.

Torbay [t'ɔːbei], Stadt und Seebad in Devonshire, England, 100 800 Ew.; wurde 1968 aus den bisherigen Städten Brixham, Paignton und Torquay gebildet; ganzjähriger Kurbetrieb; Leichtindustrie (bes. elektrotechn. Betriebe).

Torberg, Friedrich, österreich. Schriftsteller, * 1908, 1938-51 emigriert; Romane.

Torcello [-tʃ'ɛlo], zur Gemeinde Venedig gehörende Laguneninsel, war im MA. Stadt; Dom (älteste Teile von 639) mit Mosaiken und Kirche S. Fosca (11. Jahrh.).

Tordesillas [-s'iʎas], Stadt in Altkastilien, Spanien, am Duero, 5800 Ew. - 1494 Vertrag von T.: Abgrenzung der span. und portugies. überseeischen Besitzungen gemäß Schiedsspruch Papst Alexanders VI.

Tor'elli, Giuseppe, italien. Geiger und Komponist, * 1658, † 1709; Concerti grossi, Triosonaten, Suiten.

Tor'ero [span.] der, Stierkämpfer.

Tor'es [nach M. →Thorez], bis 1964 **Tschistjakowo,** Industriestadt im Donezbecken, Ukrain. SSR, mit 95 000 Ew.

Torf, unter Luftabschluß zersetzte Reste von Gräsern, Sumpfpflanzen, Moosen u. a., enthält noch freie Cellulose und über 75% Wasser; Heizwert 3400-5400 kcal/kg. Gewinnung durch Abstechen mit Spaten oder Bagger, Verwendung als Streu-, Verpackungs-, Düngematerial (**T.-Mull**), auch zur Vergasung oder Schwelung, wobei **T.-Teer** und **T.-Koks** anfallen. →Moor.

Torfmoos, Sumpfmoos, Sphagnum, Gattung der Laubmoose, weit verbreitet, auf Moorboden; hellgrün, nach Austrocknung weißlich; bildet schwammähnl. Polster, die oben weiterwachsen, während die unteren Teile absterben und zu Torf werden. Das Wasser steigt durch Kapillarkräfte von den unteren Pflanzenteilen nach oben auf. Die T. bauen alle Hochmoore auf.

Torgau, Stadt im Bez. Leipzig, an der Elbe, 21 700 Ew., hat Flußhafen, Glashütte, keram. u. a. Industrie. Schloß Hartenfels (erbaut 15.-17. Jahrh.) war seit 1456 Sitz der sächs. Kurfürsten. - 1760 siegte Friedrich d. Gr. bei T. über die Österreicher unter Daun, 1815 kam T. an Preußen, am 25. 4. 1945 trafen sich an der Elbe bei T. die amerikan. und sowjet. Truppen.

T'orgelow [-o], Stadt im Bez. Neubrandenburg, 13 800 Ew.; Eisengießereien.

T'ories, Ez. Tory, in England seit 1679 die königstreue Hofpartei, im Gegensatz zu den →Whigs; seit etwa 1832 entstand aus den T. die Konservative Partei.

Torii [japan. ,Vogelsitz'], in Japan vor einem schintoistischen Tempelbezirk errichtetes Holztor aus zwei senkrechten Pfosten und zwei waagerechten Balken.

Torkr'etbeton, Spritzbeton, trockenes Betongemisch, das mit Druckluft durch eine Schlauchleitung zur Verwendungsstelle gepumpt und dem erst dort Wasser zugesetzt wird.

Torlauf, Skisport: →Slalom.

Torn'ado [span.] der, →Trombe.

T'orneälv, finn. **T'ornionjoki,** Fluß in N-Schweden, entspringt im Skandinav. Gebirge, durchfließt den See **Tornetr'äsk** (317 km²), bildet im Unterlauf die schwedisch-finnische Grenze, mündet in den Bottn. Meerbusen; 375 km lang.

Tornister der, Ranzen aus Segeltuch, Fell u. a. (für Soldaten); Schulranzen.

Tor'onto, die Hauptstadt der Prov. Ontario, Kanada, 703 000 Ew., mit Vororten 2 365 000 Ew., am Ontariosee, Sitz eines kath. Erzbischofs, hat zwei Universitäten, Kunstakademie, Museen, Verlage, Börse; Elektro-, Metall-, Maschinen-, Bekleidungsindustrie, Ölraffinerien, Hafen mit Werften und Elevatoren. Jährlich kanadische Nationalausstellung, internationale Industrie- und Handelsmesse.

torped'ieren, mit einem Torpedo beschießen, zerstören.

Torp'edo [lat.] der, zigarrenförmiges Unterwassergeschoß mit eigener Antriebsanlage und Steuerung, aus T.-Rohren über oder unter Wasser ausgestoßen. Vorne im Kopf Sprengladung und Zündeinrichtung. T.-Träger: U-Boote, Schnellboote (früher T.-Boote), Flugzeuge.

Torp'edoboot, kleines, schnelles, wendiges Kriegsschiff; Hauptwaffe: Torpedo. Heute ist seine Aufgabe vor allem dem Schnellboot zugefallen.

Torquay [tɔk'i:], →Torbay.

Torquem'ada [tɔrkeˈ-], Thomas de, span. Generalinquisitor, * 1420, † 1498, Dominikaner, Beichtvater Ferdinands und Isabellas von Kastilien, 1483 Leiter der Inquisition.

torqu'ieren [lat.], drehen, quälen.

Torr [nach Torricelli] das, Maßeinheit des Druckes, 1 T. = ¹/₇₆₀ Atmosphäre; früher war 1 T. = 1 mm Quecksilbersäule.

T'orre Annunzi'ata, Stadt in Unteritalien, 62 600 Ew., am Golf von Neapel; eisenhaltige Mineralquellen; Teigwaren-, Waffenfabrikation.

T'orre del Gr'eco, Stadt in Unteritalien, 92 300 Ew., am Golf von Neapel; Korallenmuseum; Korallenverarbeitung.

Torremol'inos, Seebad in Andalusien, an der Costa del Sol, westl. von Málaga.

T'orrenssee, Salzpfanne in Südaustralien, 5773 km² groß.

Torreón, Stadt im Staat Coahuila, Mexiko, 235 300 Ew., Hüttenwerke, Getreide-, Ölmühlen u. a. Industrie.

T'orres, Restrepo Camilo, kolumbian. Priester, * 1929, † (getötet) 1966, verband christl. und kommunist. Ideen, suchte die gesellschaftl. Probleme seines Landes revolutionär zu lösen.

T'orresstraße, 185 km breite Meeresstraße zwischen Neuguinea und Australien, 1606 von L. V. de Torres entdeckt.

Torricelli [-tʃ'eli], Evangelista, italien. Physiker und Mathematiker, * 1608, † 1647, stellte als Nachfolger Galileis das Ausflußgesetz von Flüssigkeiten auf, erfand das Quecksilberbarometer, wies damit den Luftdruck nach und erkannte dessen Schwankungen.

Torsi'on [lat.], 1) Drillung, Verdrehung. 2) die Windung einer Raumkurve.

Torsi'onswaage, die Drehwaage.

Torsk der, 60 cm langer dorschartiger Fisch im der Nordsee und im nördlichen Atlantik, mit Kinnbartel.

T'orso [ital.] der, ein unvollständig erhaltenes Bildwerk, meist ohne Gliedmaßen und Kopf (T. des Belvedere, Vatikan) oder ein unvollendetes (Sklaven von Michelangelo, Florenz); seit Rodin auch ein absichtlich als T. gestaltetes Werk.

T'orstenson, Lennart, Graf von **Ortala** (1647), schwed. Feldherr im Dreißigjährigen Krieg, * 1603, † 1651, befehligte 1641-46 das schwed. Heer in Dtl.

Tort [frz.] der, Kränkung, Schädigung.

Tortilla [-t'iʎa], die, in Spanien und im span. Amerika Fladenbrot aus Maismehl und Wasser.

Tort'osa, Stadt in Katalonien, Spanien, 46 000 Ew., am Ebro; Kathedrale; Öl-, Wein-, Reishandel, Eisenindustrie.

Tortue [tɔrt'y, frz.] die, Schildkröte; **en tortue,** nach Schildkrötenart.

Tort'ur [lat.] die, Folter; Qual.

T'orus [lat.] der, 1) wulstartiger Teil einer Säulenbasis, bes. der attisch-ionischen. 2) △ Ringfläche.

Torvisc'osa, Ort in der Prov. Udine, Italien; größte Cellulosefabrik SO-Europas.

Tosa, 1) Cima T. [tʃi-], der höchste Gipfel der Brentagruppe, in Südtirol, 3176 m hoch. 2) T., italien. Toce, nordwestl. Zufluß des Lago Maggiore, 80 km lang.

Toscan'ini, Arturo, italien. Dirigent, * 1867, † 1957, wirkte u. a. an der Scala in

Arturo Toscanini   *Sékou Touré*

Mailand, an der Metropolitan Opera New York, in Bayreuth, Salzburg; 1938 emigrierte er nach Amerika.

Tos'elli, Enrico, italien. Komponist, * 1883, † 1926, komponierte eine Oper, Orchesterwerke u. a., ,Serenata'.

Tosk'ana, histor. Landschaft in Mittelitalien mit 9 Provinzen, 22 991 km², 3,48 Mill. Ew. - Das antike Etrurien bildete im MA. die Mark-Gfsch. Tuszien, deren Herren 1115 ausstarben (→Mathilde 2); 1139-1266 unter stauf. Reichsverwaltung. Dann errang →Florenz in langen Kämpfen die Vorherrschaft, die →Medici wurden 1532 Herzöge, 1569 Großherzöge von T. Nach deren Aussterben 1737 an Franz Stephan von Lothringen, 1765-1859 an eine habsburg. Sekundogenitur, ein napoleon. Zwischenspiel. 1860 dem Königreich Italien einverleibt. (Bild Italien)

tot'al [lat.], gänzlich, vollständig. **Totalit'ät** die, Ganzheit.

Totalis'ator, Pferderennen: eine maschinelle Einrichtung, bei der die Wetten gebucht und Wetteinsätze verteilt werden; sie ermöglicht schnelle Feststellung der Gewinnquote. Für die Einsätze werden Wettkarten (Tickets) ausgegeben, die von den erfolgreichen Wettern zu sich ergebenden Quote (Totoquote) eingelöst werden können. Auch die Buchungsstelle für T.-Wetten heißt T.

Totalitarismus, eine Form polit. Herrschaftsausübung im 20. Jahrh. →totalitärer Staat.

totalit'ärer Staat, ein Staat, der, gestützt auf eine ideolog. Interpretation der Gesellschaft und ihres Handelns, alle gesellschaftl. und persönl. Lebensbereiche für sich beansprucht und eine Autonomie der Einzelbereiche (z. B. Wirtschaft, Erziehung, Wissenschaft, Religion, Kunst) sowie einen staatsfreien Bereich des einzelnen nicht anerkennt. Die Einrichtungen des Rechtsstaates werden beseitigt oder nur dem Schein nach beibehalten, die Macht wird mit den Methoden des Terrors durch einen den Staat durchdringenden Polizeiapparat aufrechterhalten. (→Nationalsozialismus, →Faschismus)

Tot'alreflexion, →Reflexion.

Tote Hand, 🜨 eine Vermögen besitzende Körperschaft oder Stiftung von unbegrenzter Dauer, bes. Kirchen und Klöster, deren Vermögen der Veräußerung und Erbteilung entzogen ist.

T'otem das, bei Naturvölkern ein Tier, eine Pflanze, Naturerscheinung, auch deren symbol. Darstellung, mit der sich eine Gruppe mystisch verbunden fühlt (**Totemismus**).

Totenbestattung, im europ. Kulturkreis meist Beerdigung oder →Feuerbestattung, seltener sind Versenken ins Meer oder Moor, Einbalsamieren, Beisetzen in besonderen Bauten (Grüften). Zu ihren Bräuchen gehören: Aufbahren, Leichenwache, Leichenrede, Totenklage, Totenmahl. Die T. war zu allen Zeiten mit einem Kult verbunden. Der Gedanke an ein Fortleben nach dem Erlöschen der Lebensfunktionen führt seit vorgeschichtl. Zeit dazu, das Grab als eine Art Behausung zu gestalten. Rechtliches. Seit 1900 ist das Friedhofs- und Bestattungswesen vorwiegend durch landesgesetzl. Vorschriften geregelt.

Totenbuch, altägypt. Sammlung von Texten, die sich auf das Leben nach dem Tod beziehen, seit dem Neuen Reich dem Toten ins Grab mitgegeben. **Tibetisches T.,** ein wohl dem 7. Jahrh. entstammender Text, der den Toten vorgelesen wird, um ihnen zu günstiger Wiedergeburt zu verhelfen.

Totengericht, nach altägypt. Glauben ein Gericht aus 42 Totenrichtern, vor dem sich der Verstorbene rechtfertigen muß.

Totengräber, 🪲 Aaskäfer, die Tierleichen als Larvennahrung in Erde einwühlen. (Tafel Käfer)

Toteninsel, für manche Völker (Babylonier, Griechen, Kelten) der Aufenthaltsort von Verstorbenen.

Totenkopf, 🦋 zu den Schwärmern gehöriger Schmetterling aus den Mittelmeerländern, mit totenkopfähnlicher Zeichnung auf der Oberseite. Die Larve lebt bes. an Kartoffelkraut.

Totenkult, →Totenbestattung.

Totenleuchte, im MA. steinerner Aufbau auf Kirchhöfen für das Armeseelenlicht, das am Abend für die Toten angezündet wurde. T., meist aus dem 11. und 12. Jahrh., kommen bes. in Frankreich vor, seit dem 13. Jahrh. auch in Deutschland.

Totenmaske, vom Gesicht eines Toten genommene Abformung in Gips oder Wachs, oft Grundlage für Bildnisse, schon im alten Ägypten. Auch die T. selbst wurden in älterer Zeit oft überarbeitet. Zuverlässige T. wurden seit dem 19. Jahrh. von vielen bedeutenden Persönlichkeiten

Tote

abgenommen, auch Masken von Lebenden (Goethe, 1807).

Totenmesse, das →Requiem.

Totenreich, Aufenthaltsort der Toten, der in der Unterwelt, auf der Erde, dem Meeresgrund, einer Insel, einer entfernten Gegend, im Himmel angenommen wird.

Totensonntag, in den dt. evang. Kirchen der Gedächtnistag der Toten, meist der letzte Sonntag des Kirchenjahrs; 1816 eingeführt.

Totenstarre, eine etwa 24-48 Stunden dauernde Muskelstarre, die meist 5-6 Stunden nach dem Tode eintritt.

Totentanz, eine Darstellung von Menschen jeden Alters und Standes, die einen Reigen mit Toten tanzen und von diesen hinweggerafft werden, im Spätmittelalter zuerst wohl in Frankreich auf Mauern von Friedhöfen und Beinhäusern gemalt, unter den Bildern durch Verse erläutert, in denen die Partner des Tanzes Zwiesprache miteinander halten (T. der Lübecker Marienkirche, 1463). In späteren, nicht mehr einen Tanz darstellenden Bilderfolgen (ebenfalls T. genannt) erscheint jeweils einem Lebenden ein den Tod selbst verkörperndes Skelett (Holzschnitte von H. Holbein d. J.).

Totentrompete, blauschwarzer Würzpilz im Laubwald.

Totenuhr, 🐛 ein →Bohrkäfer.

Totenvogel, in der Vorstellung mancher Völker ein Vogel, in dessen Gestalt die Seele entflieht und weiterlebt.

Totenwurm, die Larve eines Bohrkäfers.

toter Gang, eine unwirksame Bewegung zwischen Maschinenteilen, z. B. zwischen Spindel und Mutter.

toter Mann, ✂ abgebauter oder zu Bruch gegangener Grubenbau.

toter Punkt, ⊙ beim Kurbeltrieb, z. B. Kolben, die äußerste Lage, bei der er durch Richtungswechsel die Geschwindigkeit Null hat. Der t. P. muß durch die Schwungrad überwunden werden.

toter Winkel, 1) ⊙ Geländeraum hinter einer Deckung, den das gegnerische Feuer nicht erfaßt. **2)** ein durch Rückspiegel nicht einzusehender Sektor hinter einem Kraftfahrzeug.

Totes Gebirge, verkarstete Gebirgsgruppe der Salzburger Kalkalpen, im Großen Priel 2514 m hoch.

totes Gewicht, das Eigengewicht eines Fahrzeugs.

totes Kapital, Kapitalgüter, die keinen Ertrag abwerfen; Spargelder, die nicht angelegt werden.

totes Konto, stilliegendes, auch blockiertes Konto.

Totes Meer, arab. **Bahr Lut,** abflußloser

Totes Meer: Massada

See an der israelisch-jordan. Grenze, vom Jordan gespeist, max. 1020 km² groß, der Seespiegel liegt 394 m u. M., der Seeboden reicht in 792 m Tiefe (größte Depression der Erde). Salzgehalt: 22%, Gewinnung von Kali- und Bromsalzen. Über die Handschriftenfunde →Qumran.

totes Rennen, engl. **dead heat** [dɛd hi:t], Bez. für den Ausgang eines Lauf- oder Rennwettbewerbs, bei dem mehrere Teilnehmer gleichzeitig im Ziel eintreffen.

T'otila, König der Ostgoten (541-552), eroberte 546 Rom zurück, unterlag aber den Byzantinern unter Narses und fiel.

Totmannbremse, die →Sicherheitsfahrschaltung.

Toto, 1) Abk. für →Totalisator. **2)** →Fußballtoto.

Toton'aken, indian. Volksstamm (rd. 120000) in Mexiko, nördlich Veracruz, in vorspan. Zeit mit bed. Kultur (→El Tajin).

Totreife, der Ruhezustand des Getreidekorns oder Obstes nach beendeter Ausbildung.

Totschlag, ⚖ die vorsätzliche Tötung eines Menschen, sofern nicht die besonderen Merkmale des Mordes oder die Sonderfälle (Tötung auf Verlangen und Kindestötung) vorliegen (§ 212 StGB). Freiheitsstrafe nicht unter 5 Jahren, bei mildernden Umständen nicht unter 6 Monaten.

Tottori, japan. Stadt auf Honschu, 116000 Ew.; Univ., Papier-, Holz-, Seidenind.

Tötung auf Verlangen, ⚖ die Tötung auf Grund ausdrücklichen und ernsthaften Verlangens des Getöteten. Strafe: Freiheitsstrafe von sechs Monaten bis zu fünf Jahren (§ 216 StGB).

Tötungsdelikte, ⚖ die Straftaten, durch die vorsätzlich oder fahrlässig der Tod eines Menschen verursacht wird. Das StGB unterscheidet bei den vorsätzl. T. zwischen Mord, Totschlag, Kindestötung und Tötung auf Verlangen. Die fahrlässige Tötung wird mit Freiheitsstrafe bis zu fünf Jahren bestraft (§ 222 StGB).

Touggourt [tug'u:r], **Tuggurt,** Oasenstadt in der alger. Sahara, 50000 Ew.

Toul [tu:l], Stadt und ehem. Festung im Dép. Meurthe-et-Moselle, Frankreich, 15200 Ew., an der Mosel und dem Rhein-Marne-Kanal; Kathedrale (13.-15. Jahrh.); Stickereien, Fayencewaren. - Schon seit dem 13. Jahrh. Reichsstadt; 1648 an Frankreich, das T. schon 1552 besetzt hatte.

Toulon [tul'õ], Stadt im Dép. Var, Frankreich, 178500 Ew., Kriegshafen am Mittelmeer, Marineschule, Werften; Ölverarbeitung und Seifenherstellung.

Toulouse [tul'u:z], die Hauptstadt des Dép. Haute-Garonne, SW-Frankreich, an der Garonne, 380300 Ew., Erzbischofssitz; reich an bemerkenswerten Bauten; Universität; chemische, Flugzeug-, Maschinen-, Holz-, Nahrungsmittelind. - Das gallisch-röm. Tolosa wurde 419 Hauptstadt des Westgotenreichs **(Tolosanisches Reich),** 508 fränkisch. Die mittelalterl. Grafen von T. erwarben das Herzogtum Aquitanien und beherrschten bis ins 13. Jahrh. die ganze Languedoc.

Toulouse-Lautrec [tul'u:z lotr'ɛk], Henri de, franzöš. Maler und Graphiker, * 1864, † 1901, ältestem Adel entstammend, nach zweimaligem Beinbruch verkrüppelt, fand angeregt von Degas, Gauguin und japan. Farbholzschnitten einen eigenen Stil, in dem er das Leben der Pariser Halbwelt schilderte und Bildnisse malte. Neuartig waren bes. seine farbigen Lithographien.

Toupet [tup'e:, frz.] das, nach Maß angefertigtes Haarersatzstück. **toup'ieren,** die Haare aufbauschen.

Tour [tu:r, frz.] die, **1)** Fahrt, Reise, Wanderung. **2)** Umdrehung (bei Maschinen, beim Tanz u. ä.).

Touraine [tur'ɛ:n], geschichtl. Landschaft im westl. Mittelfrankreich, fruchtbares Gebiet beiderseits der unteren Loire, reich an Schlössern. Hauptstadt: Tours.

Tourcoing [turkw'ɛ], Stadt im Dép. Nord, Frankreich, 99400 Ew.; Textilindustrie.

Tour de France [tu:r də fr'ãs], Radsport: internat. Etappenrennen für Berufsfahrer (Einzelfahrer und Mannschaften) durch ganz Frankreich. Strecke: rd. 4500 km.

Touré [tur'e], **1)** Samory, afrikan. Herrscher, * um 1840, † 1900, gründete seit 1870

ein Reich im westl. Sudan. 1891 in Konflikt mit den Franzosen geraten, wurde er 1898 von diesen besiegt und deportiert.

2) Sékou, Präs. von Guinea (seit 1958), * 1922, war einer der entschiedensten Vorkämpfer für die Unabhängigkeit Guineas. (Bild S. 1253)

Tourenwagen, Motorsport: Wettbewerbsfahrzeuge, von denen mindestens 5000 **(Serien-T.)** oder 1000 Stück **(Spezial-T.)** hergestellt sein müssen.

Tourist [tur'ist, frz.], Vergnügungsreisender, Ausflügler, Wanderer. **Touristik** die, **Tourismus** der, Fremdenverkehr.

Touristenklasse, auf Fahrgastschiffen und Verkehrsflugzeugen eingerichtete, verbilligte Klasse.

Tournai [turn'ɛ], fläm. **Doornijk,** Stadt an der Schelde, Prov. Hennegau, Belgien, 33600 Ew.; Kathedrale, Tuchhalle, Belfried; Teppich-, Textil-, Nahrungsmittelu. a. Industrie. - Im 5. bis 7. Jahrh. Sitz der merowing. Könige (Grab Childerichs I.). (Bild Niederländische Kunst)

Tournee [turn'e:, frz.] die, Rundreise; Gastspielreise (z. B. eines Ensembles).

Touropa [tu-], eine Reisebürogemeinschaft zur Organisation von Ferienreisen im In- und Ausland, gegr. 1948, München.

Tours [tu:r], die Hauptstadt des Dép. Indre-et-Loire, Frankreich, 132900 Ew., Erzbischofssitz, Kathedrale (Bild Flamboyant); chem., pharmazeut., Maschinen-, Kraftwagen- u. a. Industrie. - T. kam 1205 an die französ. Krone (Schloß Plessis-les-Tours Ludwigs XI.).

tout va [tu: va, frz.], Glücksspiel: alles (Gesetzte) gilt.

H. Toulouse-Lautrec: Die Tänzerin Cha-U-Kao, 1895 (Cleveland, Sammlung W. P. Jones)

Tower [t'auə, engl. ‚Turm'], Zitadelle im O der Altstadt von London, 1078 von Wilhelm dem Eroberer als Zwingburg erbaut, seitdem mehrfach erweitert; bis 1685 gelegentlich Sitz der engl. Könige, zugleich Staatsgefängnis (bis 1820), heute Arsenal, Kaserne, Schatzkammer.

Townes [taunz], Charles Hard, amerikan. Physiker, * 1915, erhielt für die Erforschung der Laser-Maser-Strahlen 1964 den Nobelpreis.

Toxikolog'ie [grch.], Lehre von den Giften.

Tox'in [grch.] das, bes. von Bakterien, aber auch von einigen höheren Pflanzen und von Tieren (z. B. Schlangen) gebildete Giftstoffe. Bei Zufuhr kleiner Mengen von T. bildet der Körper Antitoxin.

t'oxisch [grch.], giftig.

Toxo'id [grch.] das, ein durch Entgiftung unschädlich gemachtes Toxin.

Toxoplasm'ose [grch.] die, eine meldepflichtige Protozoenkrankheit vieler Tiere,

Trächtigkeitsdauer (Tragezeit) der Haus- und Nutztiere

Pferd	320-355 Tage	Damwild	226 Tage
Esel	348-377 Tage	Hirsch, Reh	230-280 Tage
Maultier	rd. 350 Tage	Gemse	150 Tage
Niederungsrind	279-281 Tage	Wildschwein	124-132 Tage
Höhenrind	284-289 Tage	Hase	42—43 Tage
Ziege	146-157 Tage	Rot-, Silber- und	
Schaf	144-156 Tage	Platinfuchs	47—56 Tage
Schwein	110-118 Tage	Nerz	39—59 Tage
Hund	59—65 Tage	Biber	128 Tage
Katze	56—60 Tage	Hermelin	70—77 Tage
Kaninchen	28—33 Tage	Elefant	600-660 Tage

Die Tragezeit ist um so länger, je weniger Junge geboren werden.

seltener des Menschen; der Erreger (**Toxoplasma gondii**) ist ein Sporentierchen. T. kann bei Schwangerschaft die Frucht schädigen oder zum Absterben bringen.

Toynbee [tˈɔinbi], **1)** Arnold, engl. Sozialreformer, * 1852, † 1883, Vorläufer der Settlement-Bewegung.
2) Arnold Joseph, engl. Historiker, * 1889, Vertreter kulturmorpholog. Entwicklungsgesetze. ‚A study of History', 10 Bde. (1934 bis 1954). (Bild S. 1259)
Toyotomi Hideyoshi, japan. Feldherr und Staatsmann, * 1536, † 1598, Großreichskanzler, versuchte vergeblich, Korea zu erobern.
Trab, ♘ mittelschnelle Gangart des Pferdes. (Bild Gangarten)
Trab'ant [tschech.] *der,* **1)** ♘ Leibwächter, Diener. **2)** ☿ Satellit, Mond.
Trab'antenstadt, Satell'itenstadt, die baulich in sich abgeschlossene und selbständige Nebenstadt (20 000-60 000 Ew.) einer Großstadt.
Traben-Trarbach, Stadt an der Mosel, 6300 Ew., Mittelpunkt des Weinhandels.
Traber, Pferderasse: auf Schnelligkeit im Trab gezüchtete Pferderasse.
Traberkrankheit, Viruskrankheit der Schafe, führt zu trabartigem Gang und nach 2-5 Monaten meist zum Tod.
Trabrennen, Pferderennen über 1100 bis 4200 m, bei denen die Pferde nur im Trab gehen dürfen, meist einspännig vor den gummibereiften →Sulky. (→Pferderennen)
Trabzon, neutürk. für →Trapezunt.
Trach'ea [grch.] *die,* **1)** feinröhriges Atmungsorgan der Insekten, Tausendfüßer, mancher Spinnentiere. **2)** pflanzliches Gefäß (→Gefäßbündel).
Tracheotom'ie [grch.], ⚕ der →Luftröhrenschnitt.
Trach'om [grch.] *das,* →Körnerkrankheit.
Tracht, die Kleidung einer bestimmten Gruppe, Gemeinschaft, auch eines bestimmten Zeitabschnitts (→Volkstracht); ebenso Haar-, Bart-T.
trächtig, ♘ tragend, schwanger. **Trächtigkeit,** Zustand der weibl. Säugetiere von der Befruchtung des Eies bis zur Geburt des Jungen (→die oder Übersicht).
Trach'yt *der,* junge, porphyrische Ergußgesteine, verwendet als Mühlsteine, Pflastersteine, Straßenschotter.
Tracking-Stationen [trˈæk-] dienen der Beobachtung und der Verfolgung der Bahn von künstl. Satelliten; es besteht ein umfangreiches, über die Erde verteiltes Netz.
Trade [treid, engl.] Handel. **T.-mark,** Handelsmarke, Fabrikzeichen, die auch Bezeichnung des Herkunftslandes.
Tradesc'antia *die,* ♠ einkeimblättrige amerikanische Stauden mit dreizähligen weißen oder blauvioletten Blüten.
trade terms [trˈeid tɔːmz], →terms of trade.
Trade Unions [treid jˈuːnjənz, engl.], die brit. Gewerkschaften, seit Anfang des 19. Jahrh.
Traditi'on [lat.], das Weitergeben von Kenntnissen und Fertigkeiten, des Kulturbesitzes und der Moralanschauung auf die folgenden Generationen durch mündl. oder schriftl. Überlieferung. Bei Naturvölkern, oft auch bei alten Völkern in vorschriftl. Zeit ist die T. auf unmittelbare Nachahmen und Gedächtnis angewiesen.

Viele relig. und epische Überlieferungen sind durch Jahrh. mündlich getreu bewahrt und erst später aufgezeichnet worden.
Die T. steht in einem Spannungsverhältnis zur Idee des Fortschritts. Die **traditionalistischen** Kulturen sind geistig auf das Altgewohnte als unverbrüchliche Norm eingestellt; meist ist der **Traditionalismus** mit Autoritätsglauben verbunden und verzichtet daher auf Begründungen. Andere Kulturen drängen auf den Bruch mit der T.; es wird eine rationale Begründung des Handelns verlangt oder das Neue als solches bevorzugt. Gegenbegriff der T. ist die Revolution, die oft mit dem Fortschrittsglauben ideolog. verknüpft ist. **traditi'ell,** herkömmlich.
Traditionspapiere, Warenpapiere, durch deren Übergabe gleichzeitig die Übergabe der Ware vollzogen wird.
Tra'etta, Tommaso, italien. Komponist, * 1727, † 1779, Vertreter der jüngeren neapolitan. Schule; Opern, Motetten, Passionen.
Traf'algar, Kap an der span. Südküste. - 21. 10. 1805 Seesieg der Engländer unter Nelson über die Franzosen; Nelson fiel.
Traffic [trˈæfik, engl.] *der,* Verkehr.
Trag'ant(h) [lat. aus grch.] *der,* **1)** ♠ Stragel. **2)** schleim- und gummiartige Absonderung dieser Pflanzen; Zusatz zu Appreturen und Klebstoffen.
Träger, ein waagerechter, auf Biegung beanspruchter Bauteil aus Holz, Stahl, Stahlbeton, ausgeführt als massiver Körper

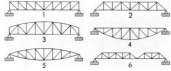

Träger. 1-6 *Formen von Fachwerkträgern:*
1 Paralleltträger, 2 Trapezträger, 3 Halbparabelträger, 4 Fischbauchträger, 5 Linsenträger, 6 Kragträger mit angelenktem Trägerstück

(Vollwand-T.) und als **Fachwerk-T.** in verschiedenen Formen (**Parallel-, Fischbauch-, Trapez-T.**).
Trägerflugzeug, für den Einsatz auf Flugzeugträgern bestimmtes Flugzeug.
Trägerfrequenztechnik, Sondergebiet der elektr. Nachrichtentechnik, ermöglicht die Mehrfachausnutzung eines drahtgebundenen oder drahtlosen Übertragungsweges durch hochfrequente Trägerwellen, die mit den Nachrichten moduliert werden. So können z. B. je Leitung (Adernpaar) gleichzeitig bis 1440 Gespräche geführt werden.
Tragfähigkeit, 1) bei Handelsschiffen (außer Tankern) das Gewicht der Sendung und der Verbrauchsstoffe in t. **2)** Bevölkerungslehre: die wirtschaftl. Aufnahmefähigkeit eines Gebietes für eine bestimmte Anzahl von Bewohnern.
Tragflächenboot, ein Motorbootstyp, bei dem schmale Tragflächen mit Stielen so an den Bootskörper angebaut sind, daß deren dynamischer Auftrieb den Bootskörper aus dem Wasser hebt und dadurch hohe Geschwindigkeiten ermöglicht.

Tragflügel, Tragfläche, der Flugzeugbauteil, an dem der dynamische →Auftrieb erzeugt wird.
Trägheit, Beharrungsvermögen, ⊠ die Eigenschaft jedes Körpers, einer Änderung der Größe oder Richtung seiner Geschwindigkeit zu widerstehen. Die T. eines Körpers ist proportional seiner Masse. Das T.-Gesetz von Galilei (1609) lautet: Jeder Körper verharrt in seinem Zustand der Ruhe oder der gleichförm. Bewegung, solange er nicht durch einwirkende Kräfte gezwungen wird, diesen Zustand zu ändern.
Trägheitsmoment, eine bei der Drehung starrer Körper auftretende Größe, die der Masse bei der fortschreitenden Bewegung von Massenpunkten entspricht. Das T. eines Massenteilchens ist das Produkt aus seiner Masse und dem Quadrat seines Abstandes von der Drehachse.
Trägheitsnavigation, Inerti'al-Navigation, Navigationsverfahren für Flugkörper und Militärflugzeuge, unabhängig von Bodenstellen; vergleicht die bei der Beschleunigung auftretenden Trägheitskräfte mit der zugehörigen Zeit, ermöglicht damit Korrekturen nach der Sollflugbahn.
Traghimmel, →Baldachin 1).
Tr'agik [grch.] *die,* erschütterndes Geschehen, schicksalsschweres Zusammentreffen.
Tragikomödie [grch.], ein meist gut endendes Schauspiel, in dem das Tragische und Komische verschmolzen sind, z. B. G. Hauptmanns ‚Ratten'.
tragisch ist das Geschehen in der Tragödie, dann verallgemeinert jedes Geschehen nach Art einer Tragödie. Die Auffassung des Tragischen hat sich im Lauf der Jahrhunderte gewandelt (→Tragödie). Neuerdings dient der Begriff t. oft zur Kennzeichnung der Grundbeschaffenheit von Welt und Leben im Sinn des Pessimismus oder Nihilismus, eine Auffassung des Tragischen, die nicht mit der in der großen Tragödie übereinstimmt.
Traglufthalle, eine ohne Gerüst, nur durch Luftüberdruck frei getragene (pneumatische) Konstruktion aus gummiertem oder beschichtetem Kunststoffgewebe.
Trag'ödie [grch.], auch **Trauerspiel,** die früheste und zugleich höchste Gattung des Dramas, gestaltet einen unvermeidlichen Gegensatz, der zum Untergang des Helden führt. Die griech. T., die sich als Teil des Dionysoskults aus dem Chorgesang entwickelte, hatte ihre Blütezeit im 5. Jahrh. v. Chr. (Aischylos, Sophokles, Euripides). Die Wirkung der T. bestimmte Aristoteles als Katharsis (‚Reinigung') durch Schauder und Mitleid hindurch gelangt der Zuschauer zu einem freieren, intensivierten Daseinsgefühl, dem das Bewußtsein von der durch die T. bestätigten Beständigkeit der göttlichen Ordnungen zugeordnet ist. In der Neuzeit war Shakespeare in seinen T. der Gestalter des aus eigener Wesensnotwendigkeit lebenden Einzelnen im Konflikt mit sich selbst (Hamlet) oder mit den natürlichen und weltlichen Mächten. In der französ. T. geht es um den inneren Zwiespalt der durch die Renaissance eröffneten neuen Wertbereiche, der natürlichen Person und der überpersönl. Ordnungen des Staates, der Gesellschaft. Lessing nahm das in England und Frankreich entstandene →bürgerliche

Tragflächenboot: a Propellerwelle, b Ruderblatt, c vorderer Tragflügel, d Hecktragflügel, e Stützelemente, f Schlingerbleche, g Scheuerleisten

Trauerspiel auf. Seine dichterische und krit. Leistung begründete das über Goethe, Schiller, Kleist, Büchner, Grabbe, Grillparzer bis zu Hebbel reichende Jahrhundert der deutschen T. Es spiegelt eine geistige Entwicklung wider, die von der Gewißheit der höheren Bestimmung des Menschen (Schiller), die sich gerade im tragischen Untergang bewährt, zur fortschreitenden Auflösung aller metaphys. und ethischen Normen führte.

Ziel der modernen Dramatik ist nicht mehr die trag. ‚Erschütterung‘, sondern die illusionslos skept. Daseinsbeschreibung und -erhellung, die Kritik der bürgerl. Moral und Gesellschaft und die Entlarvung der durch Konventionen verdeckten menschl. ‚Wirklichkeit‘.

Tragschrauber, Autogiro [-ʒiːro], ein Drehflügelflugzeug mit Zugpropeller und einer durch den Fahrtwind angetriebenen Tragschraube, die den Auftrieb erzeugt.

Trägspinner, den Eulenfaltern verwandte Schmetterlinge, z. B. der Schädling **Nonne.**

Tragwerk, 1) Teil einer Baukonstruktion, die die Wirkungen aus ständigen Lasten und Nutzlasten aufnimmt und an die Auflagerpunkte (Pfeiler, Widerlager u. a.) weiterleitet. **2)** alle auftrieberzeugenden Teile eines Flugzeuges.

Train, [trɛ̃, frz. Zug] der, ♣ Versorgungs- und Transporttruppe **(Troß);** in der Schweiz **T.-Truppe.**

Trainer [trˈeːnə, engl.], der meist in der betreffenden Sportdisziplin speziell ausgebildete Ausbilder und Betreuer einer Mannschaft oder eines Einzelsportlers.

Training [trˈeːniŋ, engl.], das, planmäßige Vorbereitung auf einen Wettkampf.

Traisen die, Nebenfluß der Donau, in Niederösterreich, mündet im Tullner Feld, 70 km lang.

Traj'an, Marcus Ulpius **Traianus,** röm. Kaiser (98-117), * 53, unterwarf in zwei Kriegen die Daker (101/102; 105-107), entriß 114-116 den Parthern Assyrien und Mesopotamien und gab so dem Röm. Reich seine größte Ausdehnung.

Trajans-Säule, die dem Kaiser 113 errichtete 30 m hohe Säule auf dem Trajans-Forum in Rom, ursprüngl. mit seinem Standbild, seit 1587 mit dem des Apostels Petrus. Das etwa 200 m lange, spiralförmig um den Schaft laufende Reliefband schildert Szenen aus den Kriegen mit den Dakern (→Dakien). Im Sockel war die Asche des Kaisers beigesetzt.

Trajanswall, die Reste einer röm. Befestigungslinie in der heutigen Dobrudscha.

Traj'ekt [lat.] das, der, Fähre, Fährschiff.

Trak'ehnen, ehem. Hauptgestüt in Ostpreußen, nördlich der Rominter Heide, 1732 gegr.; Warmblutzucht **(Trakehner).** Nur ein geringer Teil der Trakehner wurde 1944/45 gerettet; die Zucht wird in Neuhaus im Solling (Ndsachs.) weitergeführt.

Trakl, Georg, österreich. Dichter, * 1887, † (Selbstmord) 1914; expressionist. Lyrik von düsterer Schönheit und assoziativer Bildhaftigkeit. Schuld- und Schwermutsgefühle überschatten auch seine Prosa.

Trakt [lat.] der, 1) Zug, Ausdehnung, Länge. 2) Gebäudeteil, -flügel.

trakt'abel [lat.], ♣ fügsam, leicht zu behandeln.

Trakt'at [lat.] der oder das, 1) →Abhandlung. 2) religiöse Flugschrift. 3) Vertrag zwischen Staaten.

trakt'ieren [lat.], 1) schlecht behandeln. 2) ♣ bewirten. 3) ♣ verhandeln.

Trakt'ion [lat.], Übertragung, bes. finanzieller Art.

Tr'aktor [lat.] der, Schlepper, Zugmaschine.

Tr'aktus [lat.] der, kath. Messe: Psalmgesang an bestimmten Tagen.

Tralee [trˈeːli], irisch **An Tráigh Lí** [ˈɔntraːli], Hauptstadt der Gfsch. Kerry, Westirland, 12 000 Ew., Hafen an der **T. Bay,** Ausfuhr von landwirtschaftl. Erzeugnissen, Einfuhr von Kohle, Eisen und Holz.

Tr'alje [niederl.] die, Gitterstab.

Trälleborg, die Stadt →Trelleborg.

Tram [von engl. tramway ‚Schienenbahn‘] die, Straßenbahn **(Trambahn).**

Tram'in, italien. **Termeno,** Marktflecken in Südtirol, Prov. Bozen, Italien, 2800 Ew.; bekannter Weinbau **(Traminer).**

Tramp [trɛmp, engl.] der, Landstreicher, wandernder Gelegenheitsarbeiter. **trampen,** per Anhalter reisen. Das **T.-Schiff** befährt keine feste Strecke, sondern richtet sich nach Bedarf und Verdienstmöglichkeit.

Trampeltier, zweihöckeriges Kamel. (Bild Kamele)

Trampol'in das, elast. Sprunggerät, ursprüngl. für Bewegungsschulung, heute auch Trainingsgerät für Kunstturner, Wasserspringer, zum T.-Turnen.

Tran der, öliges Fett aus Meeressäugetieren (Wal-T. und Walöl) und Fischen; Verwendung als Margarinerohstoff, zum Fetten von Leder, in der Textilindustrie, in der Medizin (→Lebertran).

Trance [trãs, frz.] die, ein Bewußtseinszustand, der die freie Willensbestimmung ausschließt.

Tranche [trãʃ, frz.] die, 1) Scheibe, Schnitte. **tranch'ieren,** einen Braten zerteilen. 2) Teil einer Anleihe.

Träne die, die von der **Tränendrüse** am Auge abgesonderte, den Augapfel schützende klare Flüssigkeit, die durch den **Tränennasengang** in die Nase abfließt.

Tränenbein, paariges Knochenplättchen, das einen Teil der inneren Wand der knöchernen Augenhöhle bildet.

Tränendes Herz

Tränendes Herz, nordchines. Mohngewächs mit einreihig hängenden, rotweißen Blüten; Zierpflanze. (Tafel Blüte)

Tränengas, Brom|aceton, augenreizender Gaskampfstoff.

Tränengras, südostasiat., in den Tropen angepflanztes Gras; die glänzenden Fruchthüllen der Körner **(Hiobssamen)** dienen Eingeborenen als Schmuckperlen.

Tränenkrüge, alte Vorstellung bei Germanen, Slawen, Römern, Griechen, Persern, daß der Tote die Tränen der Hinterbliebenen in den Krüglein sammeln muß.

Tr'ani, Seebad und Hafenstadt an der Adria, in Apulien, Italien, 41 600 Ew.; Erzbischofssitz, Kathedrale; Weinausfuhr.

Tranquill'antien [ital.] Mz., Ez. Tranquillans, engl. **Tranquilizer** [trˈæŋkwilaizə], beruhigende Arzneimittel, die Angst-, Spannungs- und Erregungszustände bei Erhaltenbleiben des Bewußtseins, der Denk- und Urteilsfähigkeit beseitigen sollen.

tranqu'illo [ital.], ♪ ruhig.

trans... [lat.], jenseits..., über...

Transaktion [lat.], Übertragung, bes. finanzieller Art.

Transal'ai, stark vergletscherte Hochgebirgskette in Zentralasien, im Pik Lenin 7134 m hoch.

Transbaik'alien, Landschaft im östl. Sibirien, zwischen Baikalsee, Mongolei und Mandschurei. Hauptorte: Ulan Ude, Tschita.

Transd'uktor, eine Drosselspule, deren Eisenkern durch einen in gesonderter Wicklung fließenden Gleichstrom vormagnetisiert ist.

Trans-Europ-Express der, Abk. **TEE,** Fernschnellzug für den internationalen Verkehr.

Transf'er [lat.] der, die Übertragung von Zahlungen zwischen verschiedenen Währungsgebieten. Dem T. können Außenhandelsgeschäfte, Dienstleistungen sowie Übertragungen von Kapital und Kapitalerträgen zugrunde liegen. Mit der Konvertierbarkeit wichtiger europäischer Währungen (am 27. 12. 1958) begann wiederum die Freiheit des internat. Kapitalverkehrs.

Transferstraße, in der →Fließarbeit eine Fertigungsstraße, bei der die Werkstücke selbsttätig ein- und ausgespannt, bearbeitet und weitertransportiert werden.

Transfiguration [lat.], die Verklärung Christi.

Transformation [lat.], Umformung, z. B. eines mathemat. Ausdrucks, durch Einführung von neuen Veränderlichen.

Transform'ator, ein Gerät zur Umwandlung einer elektr. Wechselspannung in eine andere Wechselspannung gleicher Frequenz. Auf einem Eisenkern sind zwei oder mehr Wicklungen aus isoliertem Kupferdraht aufgebracht. Legt man die Primärwicklung an eine Wechselspannung, so wird durch Induktion in der Sekundärwicklung eine Wechselspannung erzeugt, die sich aus dem Verhältnis der Windungszahlen ergibt. Das Produkt aus Stromstärke und Spannung bleibt gleich. Bei Herabtransformation können daher sehr große Ströme bei kleinen Spannungen, bei Herauftransformation sehr hohe Spannungen bei kleinen Strömen entnommen werden.

Beim **Kern-T.** sind auf den beiden Schenkeln des Eisenkerns Wicklungen untergebracht, beim **Mantel-T.** alle Wicklungen auf einem mittleren Schenkel neben- oder übereinander. Sie werden durch zwei Außenschenkel mantelartig umgeben. Der **Drehstrom-Kern-T.** hat drei Schenkel, von denen jeder mit einer Primär- und einer Sekundärwicklung für eine Phase versehen ist. Nach der Kühlungsart unterscheidet man **Trocken-T.** mit Luftkühlung und **Öl-T.** mit Ölkühlung.

T. werden hauptsächlich in der Stromversorgung verwendet; ferner beim elektr. Schweißen **(Schweiß-T.),** bei elektr. Schmelzöfen **(Ofen-T.),** bei Rund-

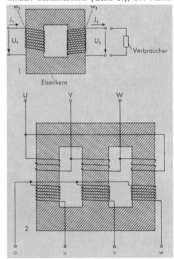

*Transformator: **1** Einphasen-Kerntransformator; w Wicklung, U Wechselspannung, J₁ zusätzlicher Strom, J₂ Laststrom. **2** Drehstrom-Kerntransformator; U, V, W Spannungszuführungen (in Dreieckschaltung), u, v, w Leitungen zu den Verbrauchern (in Sternschaltung), o gemeinsame Rückleitung*

funk- und Fernsehempfängern zum Erzeugen der Heiz- und Anodenspannungen (**Netz-T.**), für Klingelanlagen (**Klingel-T.**), als Spannungs- und Stromwandler für Meßzwecke (**Meß-T.**), zum Prüfen von Isolatoren (**Prüf-T.**) u. a.

Transfusi'on [lat.], ♄ Übertragung; **Blut-T.**, Blutübertragung. Zw. **transfund'ieren.**

Transgression [lat.], Geologie: das Vordringen des Meeres über das Festland; Gegensatz: Regression.

Transhim'alaya, Hedin-Gebirge, Gebirgssystem in S-Tibet, durch den Tsangpo (Brahmaputra) vom Himalaya getrennt, im Shakangsham rd. 7660 m hoch. Der T. besteht hauptsächlich aus mesozoischen Sedimenten und Ergußgesteinen. Die Vergletscherung ist gering, die Schneegrenze liegt zwischen 5500 und 6000 m.

Transhumanz, Transhumance, frz.], eine halbnomadische Wirtschaftsform: Hirten ziehen mit dem Vieh der Bauern im Sommer auf die Gebirgsalmen, im Winter in die Ebenen (W-Alpen, Pyrenäen, Balkan-Halbinsel).

Trans'istor, stromdurchflossenes Halbleiter-Bauelement zur Verstärkung, zur Schwingungserzeugung und für Regel- und Schaltzwecke, besteht aus Silicium- oder Germanium-Einkristallen mit mindestens 2 Schichten verschiedener Erzeugung der Leitungselektronen: Überschuß-, n-Leitung und Mangel-, p-Leitung. Der meist gebräuchliche **bipolare** oder **Flächen-T.** hat 3 Schichten verschiedenartiger Leitfähigkeit, die die Elektroden des T. bilden, in p-n-p- oder n-p-n-Anordnung; die beiden Grenzflächen dazwischen sind Sperrschichten. Die 3 Schichten heißen Emitter (emittiert Ladungsträger), Basis (steuert Emission der Ladungsträger), Kollektor (sammelt Ladungsträger). Emitter-Basis-Strecke wird in Durchlaßrichtung, Basis-Kollektor-Strecke in Sperrichtung betrieben. Unterschieden wird Emitter-, Basis- und Kollektorschaltung, je nachdem, welcher Pol für Ein- und Ausgang gemeinsam ist. Der Flächen-T. hat kleinen Eingangswiderstand. Besondere Ausführungsformen sind der Legierungs-T., Drift-T., Mesa- und Planar-T. Der **unipolare** oder **Feldeffekt-T.** hat 2 nichtsperrende Schichten und eine davon isolierte Steuerelektrode, die den wirksamen Querschnitt des Stromweges (Kanal) beeinflußt. - T. ersetzen weitgehend Elektronenröhren, brauchen keine Heizung und Anheizzeit, sind kleiner, billiger und betriebssicherer.

Trans'it [ital.] der, die →Durchfuhr.

Trans'ithandel, Außenhandel: ein Händler, der seinen Sitz außerhalb des Ursprungslandes der Waren hat, vermittelt diese einem Käufer in einem dritten Land.

tr'ansitiv [lat.], Sprachlehre: t. (zielend) ist ein Zeitwort, das ein Objekt im Akkusativ nach sich haben kann, z. B.: er holt den Wein. Gegensatz: intransitiv.

Trans'itklausel besagt, daß die Lieferung unverzollt bleibt, der Zoll also zu Lasten des Käufers geht.

Trans'itlager, Niederlage im Zollausschlußgebiet für Durchfuhrwaren.

Transit'orien [lat.], Staatshaushalt: Ausgabebewilligungen für Ausnahmefälle.

transit'orisch [lat.], vorübergehend.

transit'orische Posten, →Rechnungsabgrenzung.

Transjordanien, 1920-1946 Name von →Jordanien.

Transkaukasien, das südliche Kaukasus-Vorland.

Transk'ei, Bantustan im O der Kapprovinz, Rep. Südafrika, 41 600 km², rd. 1,7 Mill. Ew., Hauptstadt: Umtata. Seit 1963 Selbstverwaltung und eigene Verfassung.

Transkription [lat.]. 1) die Übertragung in Lautschrift. 2) die Bearbeitung eines Musikstückes für ein anderes als das vorgesehene Instrument.

Translation [lat.]. 1) die Übersetzung aus einer Fremdsprache. 2) ⊗ die fortschreitende, geradlinige Bewegung von Körpern.

Transleith'anien, in Österreich-Ungarn 1867-1918 die Länder jenseits (östlich) der Leitha, die ungar. Reichshälfte.

Transliteration [lat.], die buchstabengetreue Umsetzung fremder Schriftzeichen.

Transmission, eine Anlage zum Antrieb mehrerer Arbeitsmaschinen mit Riemen von einer Kraftmaschine aus; heute selten.

Transmitter, Meßgeber in der Regelungstechnik.

transpar'ent [lat.], durchscheinend. **Transparent** das, durchscheinendes Bild, das von hinten beleuchtet wird; Spruchband.

Transpirati'on [lat.]. 1) das Schwitzen (→Schweiß). 2) ⊕ die Wasserdampfabgabe, bes. durch die Spaltöffnungen der Laubblätter. **transpir'ieren,** schwitzen.

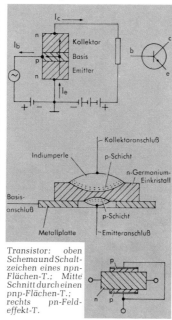

Transistor: oben Schema und Schaltzeichen eines npn-Flächen-T.; Mitte Schnitt durch einen pnp-Flächen-T.; rechts pn-Feldeffekt-T.

Transplantati'on [lat.] die, ♄ 🐾 die Überpflanzung eines menschlichen oder tierischen Körperteils an eine andere Stelle des gleichen oder eines anderen Lebewesens. In der Heilkunde werden verlorene Gewebestücke (z. B. Haut bei Dermatoplastik, Knochen bei Osteoplastik) durch T. entsprechender Teilstücke auf die Wunde ersetzt; in der kosmet. Chirurgie werden entstellende Schönheitsfehler durch T. beseitigt. (→Herztransplantation) - ⊕ In der Gärtnerei wird T. beim Pfropfen und bei anderen Verfahren der Veredelung angewendet. Zw. **transplant'ieren.**

transpon'ieren [lat.], ♪ ein Stück in eine andere Tonart übertragen. **transponierende Instrumente,** Musikinstrumente, die anders klingen, als für sie notiert wird (notiert) wird; so klingt z. B. ein notiertes c auf einem Instrument in D als d usw.

Transp'ort [frz.] der, die Beförderung von Personen und Gütern. **transport'abel,** beweglich, tragbar. Zw. **transport'ieren.**

Transp'ortausweis, amtl. Ausweis über den Ursprung von zu verzollenden Gegenständen (Begleit-, Legitimationsschein).

Transportbeton, ein Beton, dessen Bestandteile in ortsfestem Transportbetonwerk zugemessen werden und der an der Baustelle in einbaufertigem Zustand übergeben wird.

Transp'ortdiebstahl, 🔓 schwerer Diebstahl einer zur Beförderung auf öffentl. Wegen, in öffentl. Verkehrsanstalten u. a. bestimmten Sache (z. B. Reisegepäck).

Transp'orter, ein Schiff zur Versorgung von Kriegsschiffen, auch zur Beförderung von Truppen (**Transportschiff**). Die Luftwaffe kennt **Transportflugzeuge.**

Transporteur [-'œːr], →Winkelmesser 1).

Transp'ortgefährdung, 🔓 die Gefährdung der Sicherheit des Betriebes einer Eisen- oder Schwebebahn, der Schiff- oder Luftfahrt durch Zerstören oder Beseitigen von Anlagen, Bereiten von Hindernissen o. ä. Für vorsätzl. T. Freiheitsstrafe nicht unter 1 Jahr, für fahrlässige T. Freiheitsstrafe bis zu 2 Jahren oder Geldstrafe.

Transp'ortgeschäft, ein Frachtgeschäft; die **Transportklausel** enthält Bestimmungen über Lieferort und Beförderungskosten, z. B. ab Lager, cif London u. a.

Transp'ortkosten, Kosten für Beförderung der Güter zum Verarbeitungsbetrieb und zum Verbraucher; beeinflussen die Wettbewerbsfähigkeit der Güter am Markt und darum die Standortwahl der Betriebe.

Transp'ortpflicht, Beförderungspflicht, die Verpflichtung öffentl. Verkehrsunternehmen zur Beförderung mit den regelmäßigen Beförderungsmitteln.

Transporttruppe, ⚙ Truppe zur Beförderung von Personal und Material, meist Versorgungsgütern; in der Bundeswehr Teil der techn. Truppe.

Transp'ortversicherung bezweckt den Ersatz von Schäden an versicherten Beförderungsmitteln (**Kaskoversicherung**) und beförderten Gütern (T. von Waren, **Kargoversicherung**); T. von Schmuck- und Wertsachen, **Valorenversicherung**) während einer Reise einschließl. der übl. Lagerung.

Transp'ortvertrag, 🔓 →Frachtvertrag.

Transsibirische Bahn, 1891-1905 gebaute Eisenbahnverbindung zwischen Ural und Stillem Ozean, Tscheljabinsk-Wladiwostok, 7021 km, durchgehend zweigleisig, Ural-Baikalsee elektrifiziert.

transs'onisch, über der Schallgeschwindigkeit.

Transsubstantiati'on [lat.], kath. Glaubenslehre: die Verwandlung von Brot und Wein in Leib und Blut des verklärten Christus beim Abendmahl (Eucharistie).

Transsud'at das, ♄ die Flüssigkeit, die bei Blutstauung aus einem Blutgefäß austritt.

Trans'urane, radioaktive chemische Elemente mit einer höheren Ordnungszahl als der des Urans (92), künstlich gewonnen aus Uranisotopen durch mehrfachen Neutroneneinfang und anschließende β-Strahlungsübergänge sowie durch Beschießen mit Protonen, Deuteronen, Helium, Kohlenstoff- und Stickstoffkernen. Bisher wurden 13 T. hergestellt.

Transurane

Element	Ordnungszahl	Zeichen	Massenzahl
Neptunium	93	Np	237
Plutonium	94	Pu	244
Americium	95	Am	243
Curium	96	Cm	247
Berkelium	97	Bk	247
Californium	98	Cf	251
Einsteinium	99	Es	254
Fermium	100	Fm	252
Mendelevium	101	Md	256
Nobelium	102	No	254
Laurentium	103	Lw	257
Kurtschatowium oder Rutherfordium	104	Ku oder Rf	261
Hahnium oder Bohrium	105	Ha	260

Transv'aal, die nördlichste Provinz der Republik Südafrika, nördlich vom Vaal, 286 065 km², 6,223 Mill. Ew. (96% sind Bantu); ¹/₃ der Bevölkerung lebt im bergbaulich-industriellen Ballungsgebiet um Johannesburg. Hauptstadt: Pretoria. - Seit 1830 von Buren besiedelt, 1856 als Freistaat gegr., seit 1884 **Südafrikan. Rep.**, 1877/81/ 1896 Abwehr brit. Annexionsversuche, unterworfen im →Burenkrieg, 1902 brit. Kolonie, 1910-61 Prov. der Südafrikan. Union.

transvers'al [lat.], querlaufend; senkrecht zu einer Vorzugsrichtung, z. B. schwingt bei transversalen Wellen das Medium senkrecht zur Fortpflanzungsrichtung.

Transvestit'ismus [lat.], der Trieb, sich wie das andere Geschlecht zu kleiden.

Trans World Airlines [træns wɔːld 'ɛəlainz], **TWA**, 1934 gegr. nordamerikan. Luftverkehrsgesellschaft.

transzend'ent [lat.], die Grenze der Erfahrung und Vorstellungsmöglichkeit überschreitend, übersinnlich. **transzendente Zahlen**, △ reelle Zahlen, die sich nicht als Wurzeln algebraischer Gleichungen darstellen lassen, z. B. die Zahlen π und e.

transzendent'al, bei Kant diejenige Art von Erkenntnis, die logisch gesehen vor aller Erfahrung liegt und diese erst möglich macht. Das System dieser Erkenntnisse ist die **Transzendentalphilosophie**.

Tr'apani, 1) Prov. Italiens, im NW der Insel Sizilien, 2462 km², 430 300 Ew. **2)** Hauptstadt von 1), mit 76 700 Ew.; Kathedrale und Wallfahrtskirche; Ausfuhr von Salz, Wein (Marsala), Fischen, Oliven.

Trap'ez [grch.] *das*, **1)** △ Viereck mit zwei parallelen, aber ungleich langen Seiten. **2)** Turnen, Artistik: Schaukelreck, kurze Holzstange zwischen zwei Schaukelseilen.

Trapez'unt, türk. **Trabzon**, Stadt im asiat. Türkei, 81 500 Ew.; Universität; wichtiger Hafen am Schwarzen Meer, Ausfuhr von Tabak u. a. - T., das antike Trapezus, war 395-1204 byzantinisch, dann Hauptstadt des griech. Kaiserreichs T., 1462 türkisch.

Trappen Mz., Familie der Kranichvögel; Pflanzen und Kleintiere fressende große

Trappen: Großtrappe (etwa 1 m groß)

Vögel mit hohen, kräftigen Läufen; in den Steppen der Alten Welt; mit Bodenmuldennest; in Europa nur zwei Arten (**Groß**- und **Zwergtrappe**).

Trapper [træpə, engl. ,Fallensteller'], Pelztierjäger in Nordamerika.

Trapp'isten, ein kath. Mönchsorden, Generalabt in Rom. Der T. wurde als asketische Reformrichtung innerhalb der Zisterzienser 1664 von Le Bouthillier de Rancé in der Abtei La Trappe (Dép. Orne) gegründet. Die Lebensweise ist streng (stetes Stillschweigen, vegetarische Nahrung, Feldarbeit). Der weibl. Zweig der T. (**Trappistinnen**) wurde 1689 gestiftet.

Trasim'enischer See, italien. **Lago Trasimeno**, der größte See Mittelitaliens, nordwestl. von Perugia, 129 km² groß. - 217 v. Chr. Sieg Hannibals über die Römer.

Traß der, grauer, gelber bis brauner trachyt. Tuff. T. wird zu T.-Mörtel gemahlen, bei genügender Festigkeit auch direkt als Baustein verwendet.

Trass'ant, ⌖ →Aussteller eines Wechsels.
Trass'at, ⌖ der →Bezogene.
Trasse [frz.], im Gelände kenntlich gemachte Linie (durch Pfähle, Schnüre, Furchen u. a.); auch die günstigste Führung eines Verkehrsweges (Straße, Eisenbahn).
Tr'atte [ital.] *die*, ⌖ der gezogene →Wechsel.

Traube, ein Blüten- und Fruchtstand, bes. der des Weinstocks.

Träubel *das*, **Traubenhyazinthe**, Liliengewächse mit schaftständigen Ährentrau-

Träubel

ben glockenförmiger Blütchen; z. B. **Perlblümchen** mit dunkelblauen, weißzipfligen Blütchen.

Traubenkirsche, Strauch oder Baum der Gattung **Prunus**, in feuchten Gehölzen; mit weißen, stark duftenden Blüten und schwarzen, ungenießbaren Früchten.

Traubenkrankheit, der echte →Mehltau.

Traubenkur, eine Ernährungsbehandlung gegen Fettsucht, Leber-, Herz- und Nierenleiden.

Traubenmole, ⚕ eine →Blasenmole.

Traubenwickler, zwei in ihrer Lebensweise ähnliche, zu den Wicklern gehörige Schmetterlinge. Die Raupen sind Weinstockschädlinge; als **Heuwurm** in den Blüten, als **Sauerwurm** in den Beeren.

Traubenzucker, Dextrose, D-Glucose, in vielen süßen Früchten und im Honig vorkommende Zuckerart, die weniger süß als Rohrzucker schmeckt. Techn. Darstellung durch Hydrolyse von Stärke, Verwendung zum Schönen des Weins, in der Brauerei, Nahrungs- und Genußmittelherstellung, zur künstlichen Ernährung.

Trauermantel, Eckflüglerschmetterling mit dunkelbraunen, gelb gerandeten Flügeln; die bedornte schwarze Raupe ist rot gefleckt.

Trauerspiel, →Tragödie.

Traufenhaus, ein Haus, dessen First und Traufe mit der Straße parallel laufen, im Unterschied zum Giebelhaus.

Traufrecht, das Recht, das von dem Dach abfließende Regenwasser auf das Nachbargrundstück zu leiten; es ist rechtlich eine Grunddienstbarkeit.

Traum, im Schlaf erlebte Phantasiebilder. Der Trauminhalt stammt aus umgedeuteten Wahrnehmungen oder aus Erinnerungen; wesentlichen Anteil haben sinnbildliche Darstellungen von Gefühlszuständen, Wünschen, Ängsten. Die Vorstellungen werden nicht durch log. Kategorien, sondern durch Affekte verknüpft. Schon die ältesten Völker bemühten sich um die **Traumdeutung**. Die Tiefenpsychologie (Psychoanalyse, C. G. Jung) bedient sich des T. als Hilfsmittel der Diagnose.

Tr'auma [grch.] *das*, schädigende Gewalteinwirkung körperlicher (z. B. Verletzung) oder seelischer Art (z. B. Schreck); **traum'atisch**, durch ein T. entstanden.

Traun *die*, Nebenfluß der Donau, in Oberösterreich, durchfließt den Hallstätter und Traunsee, bildet den 14 m hohen **Traunfall** (Kraftwerk), mündet unterhalb Linz; 180 km lang.

Traunsee, Gmundner See, in oberösterreich. Salzkammergut, 25,7 km² groß, von der Traun durchflossen.

Traunstein, Stadt und Luftkurort in Oberbayern, an der Traun (zur Alz), 14 100 Ew.; erzbischöfl. Seminar; Vieh- und Pferdemärkte. Barocke Pfarrkirche.

Trauring, Ehering, Unterpfand der Verlobung und Ehe, ursprüngl. Teil des Handgelds.

Traut'onium *das*, ein von F. Trautwein 1929 erfundenes elektr. Musikinstrument.

Trauung, die kirchliche und bürgerliche (standesamtliche) Eheschließung.

Tr'ave *die*, Fluß in O-Holstein, 118 km lang, entspringt südl. Eutin, mündet bei Travemünde in die Ostsee, bis Lübeck für Seeschiffe befahrbar.

Traveller's Cheque [trævləz tʃek, engl.], **Reisescheck**, von Banken und Reisebüros ausgegebene Reisezahlungsmittel in Form von Scheckheften.

Travemünde, Stadtteil von Lübeck, Seebad in der Lübecker Bucht; Spielkasino; Schiffsverbindungen nach Dänemark, Schweden und Finnland.

Traven, B., Deckname für **B. Traven Torsvan**, amerikan. Schriftsteller, * 1890, † 1969, lebte inkognito in Mexiko, schrieb englisch, deutsch, spanisch hart realist., sozialkrit., exot. Romane: Das Totenschiff (1926), Der Baumwollpflücker (1926), Der Schatz der Sierra Madre (1927) u. a.

Trav'ers *das*, Seitengang des dressierten Pferdes.

Trav'ers, Tal von T., Val de Travers [-dətrav'ɛːr, frz.], Tal im Schweizer Jura, Kanton Neuenburg, Uhrenindustrie, Zement- und Asphaltgewinnung, Spitzenklöppelei.

Trav'erse *die*, **1)** Querträger, z. B. an einem Mast; an ihr wird oder kann etwas angehängt. **2)** buhnenartiger Querbau zwischen Leitwerk und Ufer. **3)** Querstück, das zwei parallele Teile fest verbindet.

Travert'in *der*, gelbliche Kiesel- oder Kalktuffe der Abruzzen, durchzogen von zahlreichen Röhrchen, den Abdrücken ehemaliger Pflanzenstengel.

Travest'ie [zu ital. travestire ,verkleiden'], satirische Dichtungsart, die ein anderes Literaturwerk dadurch verspottet, daß sie (im Gegensatz zur Parodie) dessen Inhalt beibehält, ihm aber eine andere, weniger gemäße Form gibt, z. B. Blumauers ,T. von Vergils Äneis' (1783).

Trawler [trɔːlə, engl.] *der*, mit Grundschleppnetz fischendes Fischerfahrzeug.

Treatment [triːtmənt, engl.] *das*, eine Vorstufe des Drehbuchs, →Film.

Tr'ebbia *die*, rechter Nebenfluß des Po, entspringt im Apennin und mündet bei Piacenza, 93 km lang. - 218 v. Chr. Sieg Hannibals über die Römer.

Treber, Rückstand der Maischebereitung beim Bierbrauen.

Tr'ebitsch, Siegfried, österreich. Schriftsteller, * 1869, † 1956; Lyrik, Erzählungen, Dramen; übersetzte B. Shaw.

Tr'eblinka, Gem. im nordöstl. von Warschau, Polen, 1942-43 nationalsozialist. Vernichtungslager, in dem eine große Zahl Häftlinge, bes. Juden, getötet wurden.

Trebnitz, poln. **Trzebnica**, Stadt, Moorbad in Niederschlesien, am Katzengebirge, 12 700 (1939: 8500) Ew.; Wallfahrtsort mit frühgot. Backsteinkirche des ehem. Zisterzienserinnenklosters (1203 gestiftet), Hedwigskapelle (Ende 13. Jahrh.) mit Freigrab der Heiligen. Seit 1945 poln. verwaltet.

Tr'ebur, Gem. bei Groß-Gerau, Hessen, 4500 Ew. - Die ehemalige Kaiserpfalz (Reste) war 822-1119 Ort bedeutsamer Synoden, Reichs- und Fürstentage.

Trecento [tretʃ'ento, italien. ,dreihundert', Abk. für 1300] *das*, italien. Bez. für das 14. Jahrh. und seinen Stil (Gotik).

Treck der, zuerst Zug der Buren mit Ochsenkarren, bes. der ,Große T.' seit 1835 aus der Kapprovinz. Danach Zug, z. B. von Flüchtlingen mit ihrer Habe.

Trecker, Motorschlepper, Zugmaschine.

Treff *das*, Farbe der franzö. Spielkarte, entspricht Eichel der dt. Spielkarte.

Treibarbeit, getriebende Arbeit, die Herstellung von Gegenständen aus Metallblech auf kaltem Wege durch Heraustreiben der Formen mit Hämmern und Punzen. Gefäße werden über verschiedenförmigen kleinen Ambossen getrieben, Bildwerke über Edelmetall über zähem Treibpech (einer Mischung von Pech, Ziegelmehl u. a.), seit dem Altertum auch über einem Modell aus Erz. - Die Technik der T. war bei allen Völkern des Altertums verbreitet, auch in der vorgeschichtl. Kunst. Zu hoher Vollendung wurde sie dann von den Goldschmieden des Mittelalters entwickelt, die in Gold, Silber und Kupfer getriebene Reliefs und Kleinbildwerke für Kirchengerät schufen (Monstranzen, Antependien u. a.). Seit dem 18. Jahrh. wurden auch Kolossalbildwerke in Kupfer getrieben (Schadows Quadriga auf dem →Brandenburger Tor).

Treibeis, Drifteis, Trifteis, auf dem Meer und auf Flüssen treibendes Eis (Packeis, Eisberge). Die Beachtung der T.-Grenze ist für die Schiffahrt wichtig.

Treibel Mz., Pelzwerk, tatarische Lammfelle.

Treiberameisen, Wanderameisen, fleischfressende Ameisen heißer Länder; geben bei ihren Raubzügen ihre Nester auf; Ungeziefervertilger.

Treibhaus, →Gewächshaus.

Treibjagd, Jagdart, bei der bezirksweise (in **Treiben**) das durch **Treiber** aufgescheuchte Wild den Schützen zugetrieben wird.

Treibnetz, Schwebenetz, wandförmiges, im Wasser hängendes Fischereinetz.

Treibriemen, ein Riemen zur Kraftübertragung.

Treibscheibe, bei Fördermaschinen und Aufzügen eine kreisrunde Scheibe, über die die Förderseile laufen.

Treibstange, die →Pleuelstange.

Treibstoffe, ungenaue Bez. für →Kraftstoffe. Raketen-T., →Rakete.

treideln, ein Schiff auf Flüssen oder Kanälen vom Ufer aus schleppen.

Treitschke, Heinrich von, Historiker, * 1834, † 1896, einer der geistigen Wegbereiter des Bismarckreichs, Vertreter des

Heinrich   *Arnold Joseph*
v. Treitschke   *Toynbee*

Machtstaatsgedankens. Hauptwerk: Deutsche Geschichte im 19. Jahrh. (bis 1848; 5 Bde., 1879-94).

Trelleborg, 1913-37 **Trälleborg,** Hafenstadt an der S-Küste Schwedens, 35 800 Ew.; Eisenbahnfähre nach Saßnitz.

Tr'ema [grch.] *das,* 1) zwei Punkte über einem oder zwei nebeneinanderstehenden Vokalen, die getrennte Aussprache bezeichnen, z. B. Sinaï, zu sprechen a-i, nicht ai. 2) Lücke zwischen den oberen Schneidezähnen.

Tr'emolo [ital. ,Zittern'] *das,* 1) im Gesang das Schwanken der Tonhöhe. 2) die sehr schnelle Wiederholung eines Tones oder Akkordes.

Tr'emor [lat.] *der,* ♀ rasch wechselnde Muskelzusammenziehung und -erschlaffung (Muskelzittern).

Trenchcoat [tr'ɛntʃkout, engl.] *der,* zweireihiger Wettermantel aus Gabardine oder Popeline, oft mit einknöpfbarem Futter.

Trenck, Freiherren von der, **1)** Franz, österreich. Oberst, * 1711, † 1749, wegen

der Greueltaten seiner Panduren 1746 zu lebenslanger Haft verurteilt.
2) Friedrich, Vetter von 1), * 1726, † 1794, Ordonnanzoffizier Friedrichs d. Gr., 1745 angeblich wegen eines Liebesverhältnisses mit des Königs Schwester Amalie in Glatz gefangengesetzt, entfloh 1746, 1754 bis 1763 nochmals gefangen; 1794 als Spion hingerichtet.

Trend [engl. ,Verlauf'] *der,* langfristige Entwicklungsrichtung, Neigung, Tendenz.

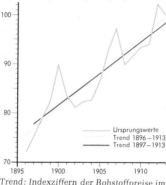

Trend: Indexziffern der Rohstoffpreise im Dt. Reich. Ursprungswerte und Trend 1896 bis 1913 und 1897-1913 (1913 = 100)

Tr'engganu, Staat von Malaysia, 13 021 km², 394 700 Ew.; Hauptstadt: Kuala T.

Trenndüse, Gerät zur Isotopentrennung durch Ausnutzung der Druckdiffusion beim Ausströmen des Isotopengemisches durch eine Düse.

Trennrohr, Gerät zur Trennung von Gasen verschiedenen Atom- oder Molekulargewichts, ein langes, vertikales, gekühltes Rohr, in dessen Achse ein Heizdraht gespannt ist. Das Temperaturgefälle zwischen Draht und Wand bewirkt eine Gasströmung und Anreicherung der schweren Bestandteile am kühleren, der leichteren am wärmeren Rohrende.

Trennschärfe, Selektivität, Eigenschaft eines Empfängers, die Frequenz des gewünschten Senders von den Frequenzen der benachbarten Sender zu trennen, so daß diese nicht gehört werden.

Trennschleuder, →Zentrifuge.

Trennung von Kirche und Staat, Unabhängigkeit der staatl. und kirchl. Einrichtungen voneinander; der Staat überläßt das religiöse Leben den religiösen Gemeinschaften, gewährt ihnen aber auch keine Geldunterstützung; durchgeführt z. B. in Frankreich, den USA, vielen lateinamerikan. sowie den Ostblockstaaten.

Trennung von Tisch und Bett, Aufhebung der ehel. Gemeinschaft bei rechtl. Fortbestand der Ehe; in Dtl. durch Ehe-Ges. v. 1938 weggefallen, auch in Österreich. Im schweizer. Recht, ebenso von der Kath. Kirche in bestimmten Fällen anerkannt.

Trense *die,* die älteste und einfachste Zäumung des Pferdes: zwei durch ein Gelenk verbundene Eisenstangen (Mundstück) mit Ringen für die **T.-Zügel.**

Trent *der,* Fluß in England, 275 km lang, entspringt im Penninischen Gebirge, mündet in den Humber.

Trent'ino *das,* die Umgebung von Trient, auch das italien. Sprachgebiet in Südtirol.

Trent'ino - Alto Adige [- 'a:did͡ʒo], Region Italiens, 13 613 km², 844 780 Ew.; umfaßt die Prov. Bozen und Trient, Hauptstadt: Trient.

Tr'ento, italien. Name von →Trient.

Trenton [tr'ɛntən], die Hauptstadt von New Jersey, USA, am Delaware, 104 600 Ew.; Maschinen-, Elektro- u. a. Industrie.

Tr'entschin-T'eplitz, slowakisch **Tr'enčianské Teplice,** Kurort in der nordwestl. Slowakei, Tschechoslowakei, 2100 Ew., hat erdige Schwefelwasserstoffquellen.

Trepanati'on [grch.-lat.],♀ das chirurg. Er-

öffnen einer Knochenhöhle, bes. der Schädelkapsel (z. B. bei Gehirngeschwülsten).

Tr'epang *der,* Seewalzen als Nahrung.

Treppe, Stiege, gliedert eine schiefe Ebene in senkrechte Steigungen und waagerechte Auftritte der Stufen; günstiges Steigungsverhältnis: 2 Steigungen + 1 Auftritt = 61-66 cm (meist 63 cm).

Treptow [-o], **1)** der 15. VerwBez. der Stadt Berlin (Ost-Berlin).
2) T. an der Rega, poln. **Trzebiatów,** Stadt in Pommern, (1939) 10 900 Ew.; Marienkirche (14. Jahrh.), spätgot. Hl.-Geist-Kapelle. Seit 1945 polnisch verwaltet.

Tresen *der,* Ladentisch, Schanktisch.

Tres'or *der,* einbruchs- und feuersicheres Stahlbeton- oder Stahlklinkergewölbe mit Stahlschränken und Schrank- oder Schließfächern, mit Alarmanlagen und Kontrollen zur Aufbewahrung von Schmuck, Geld, Wertgegenständen u. a. Der **Nacht-T.** mit verschließbarem Einwurf an der Straße ermöglicht, Wertgegenstände außerhalb der Kassenstunden zur Aufbewahrung zu geben.

Tres'orversicherung, eine Sonderform der Diebstahlversicherung für Kreditinstitute und ihre Kunden.

Trespe *die,* Gatt. der Gräser. (Bild Gräser)

Trester Mz., die ausgezogene Maische der Bierbrauerei und die Preßrückstände der Wein- und Obstweinkelterei.

Treubuch, ♫♫ die →Untreue.

Treue, Beständigkeit, Zuverlässigkeit, Anhänglichkeit, Gewissenhaftigkeit.

Treuen, Stadt im nördl. Vogtland, Bez. Karl-Marx-Stadt, 9700 Ew.; Textilindustrie.

Treupflicht, Treupflicht, ♫♫ die Pflicht des Arbeitnehmers, sich für die Interessen des Arbeitgebers und das Gedeihen des Betriebes einzusetzen.

Treueprämie, Zuwendung als Anerkennung langer Betriebszugehörigkeit.

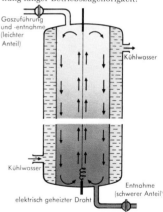

Trennrohr (schematisch)

Tr'euga D'ei [lat.], der →Gottesfriede.

Treuhand, latein. **fiducia,** ♫♫ die Verwaltung fremder Interessen oder Vermögenswerte durch einen einzelnen (**Treuhänder**), eine juristische Person, einen Staat oder eine internat. Organisation (**Treuhandschaft**).

Treuhandbanken, bes. in den Verein. Staaten Institute, die das Vermögen ihrer Auftraggeber verwalten (Trust Companies).

Treuhandgebiet, die in die Treuhandschaft der Vereinten Nationen übernommenen →Mandatsgebiete.

Treuhandgeschäft, ♫♫ ein Rechtsgeschäft, durch das einem Dritten nach außen hin volle Recht an einem Gegenstand übertragen wird, der aber gegenüber dem Treugeber verpflichtet ist, von dem Gegenstand nur gemäß der getroffenen Vereinbarung Gebrauch zu machen.

Treuhandgesellschaften, Kapital- oder Personalgesellschaften, die als Treuhänder und bei Finanzierungen und Sanierungen, Prüfung von Geschäftsbüchern und Bilanzen, betriebswirtschaftl. Organisation von Unternehmen u. a. tätig sind.

Treurabatt, bei langen Geschäftsbeziehungen gewährter Rabatt.

Treu und **Glauben,** 🜋 ein Rechtsgrundsatz, nach dem von jedem ein redliches, das Vertrauen des Partners nicht mißbrauchendes Verhalten gefordert wird (§§ 157, 242 BGB.).

Trevelyan [triˈviljən], George, brit. liberaler Historiker, * 1876, † 1962; ‚Geschichte Englands‘ (1926), ‚Engl. Sozialgeschichte‘ (1944) u. a.

Tr′everer, keltisch-german. Volk an der Mosel, 51 v. Chr. von Caesar unterworfen; Hauptstadt Trier (lat. Augusta Treverorum).

Trev′iso, 1) Provinz Italiens, in Venetien, 2477 km², 666 600 Ew. **2)** Hauptstadt von 1), 90 400 Ew., hat alte Stadtmauer, roman. Dom; Metall-, Maschinen-, chem. und Papierindustrie.

Tr′evrizent, in Wolfram von Eschenbachs ‚Parzival‘ Bruder des Gralskönigs Amfortas und der Herzeloide, gibt als Einsiedler im Walde dem Parzival religiöse Lehren.

Treysa, Teil von →Schwalmstadt.

tri . . . [grch.], drei . . .

Tri′ade [grch.], die, die Zusammenstellung von drei gleichartigen Dingen.

Trial-Fahren [tr′aiəl-, engl.], 🏍 Geschicklichkeitsprüfung auf Motorrädern.

Tri′angel [lat. ‚Dreieck‘] der, seit dem MA. bekanntes Rhythmusinstrument, ein dreieckig gebogener Metallstab, der freihängend durch Anschlagen in Schwingung versetzt wird.

Triangulation, die von Festpunkten (Trigonometrischen Punkten) aus vorgenommene Dreiecksaufnahme, wobei eine Seitenlänge bekannt ist, die beiden anderen durch Winkelmessungen errechnet werden. Die T. liefert die Grundlage für die Kartierung eines Landes durch ein Netz von Dreiecken. Im kleinen dient sie der Vermessung von Grundstücken.

Trianon [trianˈɔ̃], zwei Schlösser im Park von Versailles: **Grand T.,** 1687/88 erbaut von J. Hardouin-Mansart unter Ludwig XIV. **Petit T.,** 1762-68 von J.-A. Gabriel unter Ludwig XV., später Lieblingsaufenthalt Marie-Antoinettes. 1920 Abschluß des Friedensvertrages der Alliierten mit Ungarn.

Triarch′ie [grch.], Dreiherrschaft; Triumvirat.

Tri′arier [lat.] Mz., im röm. Heer die ausgewählte, altgediente Kerntruppe im 3. Glied der Legion.

Tr′ias-Formation, Tr′ias [grch.] die, 1) Formation der →Erdgeschichte (Übersicht) im Mesozoikum. 2) der Plan eines ‚dritten Deutschlands‘ der Mittel- und Kleinstaaten neben Österreich und Preußen (→Dualismus 2), tauchte gelegentlich schon im alten Reich seit 1763 auf, bes. in der Zeit des Dt. Bundes 1815-66.

Triäthanolam′in das, starke organische Base, deren Seifen mit höheren Fettsäuren eine emulgierende Wirkung für Öle besitzen; Verwendung für Reinigungsmittel, Kosmetika u. a.

Tribad′ie [grch.], die →lesbische Liebe.

Triberg, Stadt im Kr. Villingen, Bad.-Württ., Kurort im mittleren Schwarzwald, 6100 Ew.; etwa 680 m ü. M., an der Gutach, unterhalb der Triberger Wasserfälle (162 m hoch); Uhren-, Bürstenind.; Bobbahn.

Tribolog′ie, Lehre von der →Reibung einschließl. der damit zusammenhängenden Fragen von Verschleiß und Schmierung.

Tribulati′on [lat.], Quälerei. **tribul′ieren,** mit Bitten belästigen.

Trib′un [lat.] der, im alten Rom: **1) Volkstribun** (tribunus plebis), zunächst Vertreter der Plebs, konnte gegen Anordnungen

der Beamten und Senatsbeschlüsse Einspruch (Veto) erheben. **2) Militärtribun** (tribunus militum), der höchste Offizier in einer Legion.

Trib′unal das, **1)** im alten Rom erhöhter Amtssitz der Magistrate, bes. bei der Rechtsprechung. **2) Tribun′al,** Gericht, in Frankreich die erstinstanzlichen Zivil- und Strafgerichte.

Trib′üne [frz.] die, Rednerbühne, Schaubühne; Zuschauerraum.

Tr′ibur, im MA. Name für →Trebur.

Tr′ibus [lat.] die, im alten Rom Gau, Bezirk; seit 241 v. Chr. gab es 35 T.

Trib′ut [lat.] der, **1)** im alten Rom Abgabe, Steuer. **2)** Leistungen unterworfener Völker an ihre Sieger.

Trich′ine die, ein Fadenwurm, Schmarotzer, bes. in Schweinen, Hunden, Katzen, Ratten und dem Menschen; als Männchen 1,5 mm, als Weibchen 2,2-6 mm lang. Die zahlreichen Larven dieser **Darm-T.** dringen mit Lymph- und Blutstrom in die Muskeln ein. Diese **Muskel-T.** rollen sich spiralförmig ein, werden eingekapselt und bleiben viele Jahre lebensfähig. Wenn trichinenhaltiges Schweinefleisch genossen wird, so lösen sich die Kapseln auf, und die T. wachsen wieder zu Darm-T. heran. Die

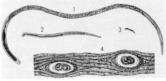

Trichine: **1** Weibchen, **2** Männchen, **3** Junglarve, **4** Muskelbündel mit eingekapselten Muskeltrichinen. mikroskop. vergr. **1** und **2** = 13,5 : 1, **3** = 36 : 1, **4** = 17 : 1)

Trichinenkrankheit (Trichinose) äußert sich zuerst in ruhrähnlichem Darmkatarrh, dann in Fieber, Gesichtsschwellungen, Herzstörungen, Schmerzen und Versteifen der Muskeln; sie kann in 1 bis 7 Wochen zum Tode führen. Behandlung mit Cortison. Schutz: Verwenden nur von durchgekochtem oder durchgebratenem Schweinefleisch; →Trichinenschau.

Trichinenschau, eine gesetzlich vorgeschriebene Untersuchung auf Trichinen bei geschlachteten Schweinen u. a., wenn das Fleisch zum Genuß für Menschen verwendet werden soll.

Trichloräthyl′en, Tri, chloroformartig riechende Flüssigkeit, techn. Lösungsmittel.

Trichophyt′ie [grch.], Gruppe der Hautpilzkrankheiten, erregt von **Trichophytonpilzen;** Hautentzündung mit Haarausfall.

Trichter, kegelförmiges Gerät, dient mit Abflußrohr zum Eingießen in enge Öffnungen. **Nürnberger T.,** scherzhaft für ein Lehrverfahren, durch das auch dem Dümmsten etwas beigebracht werden kann.

Trichterbecher, Becher mit eingezogener Schulter und breiter Öffnung, der nordischen Kreis der Jungsteinzeit eigen.

Trichterlilie, weißblütige Amaryllisgewächse (**Narzissenlilie**), an den Küsten der Alten Welt; z. T. Zierpflanzen.

Trichterling, Blätterpilze mit meist trichterförmigem Hut.

Trichterwickler, 🐛 →Blattroller 2).

Trick [engl.] der, Kniff, Kunstgriff, List.

Trickfilm, filmische Darstellung mit Mitteln der Tricktechnik, z. B. Überblendungen, Einblendungen, Bildfrequenzänderungen, Filmablaufumkehrungen, Mehrfachbelichtungen, Spiegeltricks, Modellvorsatzbau, Perspektivbau, Rückprojektion, Puppen- und Zeichentricks. Angewendet wird der T. bes. als Puppen-, Zeichen- und Werbefilm.

Tricktrack [frz.] das, Brettspiel zwischen 2 Spielern auf dem T.-Brett mit je 15 weißen und schwarzen Steinen, 2 Würfeln.

Trident′inisches Glaubensbekenntnis, die von Papst Pius IV. 1564 in Ausführung

eines Beschlusses des Trienter Konzils vorgeschriebene Formel für den Glaubenseid der Geistlichen, eine erweiterte Fassung des Nicänisch-konstantinopolitanischen Glaubensbekenntnisses.

Trident′inisches Konzil, Trienter Konzil, Tridentinum, die 19. allgemeine Kirchenversammlung zur Wiederherstellung der kirchl. Einheit und Erneuerung der Kath. Kirche 1545-47, 1551/52, 1562/63. Das T. K. legte die Glaubenssätze der Kirche schärfer fest, stellte kirchl. Mißbräuche ab und befestigte die päpstl. Hierarchie.

Tr′iduum [lat.] das, Zeitraum von drei Tagen.

Trieb, 1) angeborenes Streben oder Bedürfnis, bei Tieren ein zielgerichtetes Verhalten, z. B. Suchen nach Nahrung. **Selbsterhaltungstrieb, Geschlechtstrieb (Paarungstrieb).** Beim Menschen besteht die Möglichkeit einer bewußten Lenkung und Hemmung der T., ihrer Ablenkung auf vorgestellte Ziele und ihrer Vergeistigung (Sublimierung). Die Betonung der T.-Bedeutung beim Menschen geht auf Schopenhauer, Nietzsche und Freud (Psychoanalyse) zurück. **2)** 🌱 Schößling, Pflanzenwuchs.

Triebsand, Schwimmsand, feuchter, lokkerer Sand.

Triebwagen, Schienenfahrzeug mit eigener Antriebsmaschine. **Elektrische T.** werden durch Elektromotoren angetrieben; die Stromzuführung geschieht mit Stromabnehmer von einer Oberleitung oder Stromschiene; die Stromart ist Gleichstrom von 600 bis 3000 V oder Einphasenwechselstrom von 16⅔ oder 50 Hz bis zu 25 000 V. Höchstgeschwindigkeit bis zu 200 km/h (**Schnell-T.**). **Speicher-T.** fahren mit eigener Stromquelle (Akkumulatoren bis 400 V). **Diesel-T.** werden mit Dieselmotoren, z. T. mit Gasturbinen kombiniert, angetrieben; zur Kraftübertragung dienen meist Flüssigkeitsgetriebe oder elektr. Antrieb mit Generator und Motor. Die drei- und vierteiligen Triebzüge mit Motoren bis 3000 PS erreichen 200 km/h. **Gliedertriebzüge** bestehen aus mehreren kurzen Wagenkästen, die mit je 2 Enden

Triebwagen der Münchener S-Bahn

ein Drehgestell gemeinsam haben oder mit einem Ende jeweils auf dem Drehgestell des Nachbarwagens aufliegen (**Talgozug**).

Triebwerk, Antriebsmaschine, bes. beim →Flugzeug und bei →Raketen.

Triel der, 🐦 taubengroßer, grauer, seltener Regenpfeifervogel, im norddt. Flachland.

Tri′ennium [lat.] das, Zeitraum von drei Jahren.

Tri′ent, italien. **Trento, 1)** Prov. Italiens, 6213 km² groß, 427 600 Ew. **2)** Hauptstadt von 1), an der Etsch, 89 640 Ew., kath. Erzbischofssitz, Dom (1145 geweiht, 1515 vollendet); Marmor-, Seiden-, Lebensmittelindustrie.

Tri′enter Konzil, das →Tridentinische Konzil.

Triepel, Heinrich, Staats- und Völkerrechtler, * 1868, † 1946, Prof. in Tübingen und Berlin; schrieb: ‚Staatsrecht und Politik‘ (1927), ‚Vom Stil des Rechts‘ (1947).

Trier, 1) RegBez. in Rheinl.-Pf., 4758 km², 504 000 Ew., umfaßt die kreisfreie Stadt T. und die Landkreise Bernkastel-Wittlich, Bitburg-Prüm, Daun, Trier-Saarburg.

Trier: Porta Nigra

2) Hauptstadt von 1), kreisfreie Stadt und Kreisstadt des Kr. Trier-Saarburg, 103 400 Ew., an der Mosel; Weinhandel, Zigaretten-, Metallwaren-, Textilind., feinmechan. Betriebe; kath. Theolog. Fakultät; große Römerbauten: die Porta Nigra (einstiges Nordtor der röm. Stadtmauer), die Barbara- und die Kaiserthermen, das Amphitheater, die Pfeiler der Römerbrücke, die Basilika. Der Dom geht in seinen Anfängen auf eine röm. Anlage zurück (seit dem 11. Jahrh. zu einer roman. Kirche umgebaut). Frühgotisch ist die Liebfrauenkirche, barock die Kirche St. Paulin, alle Stile weist die Abtei St. Matthias auf (12. bis 18. Jahrh.). - T., um 15 v. Chr. von Augustus im Gebiet der →Treverer gegr. (Augusta Treverorum), war 285-400 Sitz der röm. Kaiser für die westl. Reichshälfte. Mit Lothringen 925 an das Dt. Reich. Die Erzbischöfe von T. wurden auch Kurfürsten und beherrschten bis 1797 ein Gebiet am unteren Mosel und unteren Lahn; 1815 an Preußen.

Tri'ere [grch.] *die*, Kriegsschiff des Altertums, das auf jeder Seite drei Reihen Ruder übereinander hatte.

Tri'est, 1) Prov. im nordöstl. Italien, 211 km² groß, 303 300 Ew.

2) Hauptstadt von 1), am Golf von T. des Adriat. Meeres, 278 400 Ew.; Dom (15. Jahrh.), Universität; wichtiger Hafen, Schiffbau, Eisen- und Stahlwerke, Erdölraffinerie; in der Umgebung Schloß Miramar. - Auf dem Boden T.s stand das antike Tergeste. 1382-1918 österreichisch (1809-14 französ.), 1719-1891 Freihafen. 1918/19 kam T. an Italien. Nach dem 2. Weltkrieg wurde die Stadt T. und ihre Umgebung Freistaat unter internat. Kontrolle (1947-54). 1954 wurde dieser Freistaat zwischen Italien und Jugoslawien aufgeteilt; die Stadt T. fiel an Italien.

Trieur [tri'ø:r, frz.] *der*, die →Auslesemaschine.

Tr'ifels, Reichsburg aus der Mitte des 11. Jahrh. bei Annweiler (Pfalz), oft Sitz der dt. Kaiser, 1195-1273 Aufbewahrungsort der Reichskleinodien.

Trif'olium [lat.], ⊕ die Gattung →Klee.

Trif'orium *das*, in roman. und bes. in got. Kirchenräumen ein sich meist in dreifachen Bogenstellungen öffnender schmaler Laufgang unter den Fenstern, oft nur eine Blendbogenreihe **(Blend-T.)**, in der Hochgotik auch mit durchbrochener, in Fenster aufgelöster Außenwand.

Trift *die*, **1)** ⊕ die →Drift 1). **2)** der Weg, auf dem das Vieh zur Weide getrieben wird. **3)** die Weide selbst.

Triftgerechtigkeit, die einem Grundeigentümer zustehende Befugnis, sein Vieh über das Grundstück eines andern auf die Weide zu treiben.

Triftröhre, eine Laufzeitröhre, bes. als →Klystron verwendet.

Trig'eminus [lat.] *der*, **Drillingsnerv,** der V. Gehirnnerv (→Gehirn), mit drei Ästen; versorgt als Empfindungsnerv bes. die Haut eines Teiles von Kopf und Gesicht, die Schleimhäute von Nase, Nebenhöhlen, Mund und Zunge sowie die Zähne, als Bewegungsnerv bes. die Kaumuskulatur. - Über die **T.-Neuralgie** →Gesichtsschmerz.

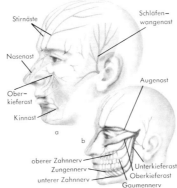

Trigeminus: **a** *durch die drei Äste versorgte Hauptgebiete (verschieden getönt); aus dem Schädel an die Haut herantretende Empfindungsnerven (gelb).* **b** *Verlauf der Äste innerhalb des Schädels (grau); austretende Nerven (gelb)*

Trigger *der*, ⚡ bistabile Kippschaltung, die durch äußere Impulse (T.-Impuls) betätigt wird (triggern). Der **Schmitt-T.** gibt einen Anstoß in der einen oder anderen Richtung beim Über- oder Unterschreiten eines Schwellenwerts.

Tr'iglav *der*, **1)** slaw. Gottheit der Pommern. **2)** italien. **Tric'orno,** höchster Gipfel der Trentagruppe, in den Jul. Alpen, 2863 m.

Trigl'yph [grch.] *der*, **Triglyphe** *die*, am Fries des dorischen Tempels eine Platte

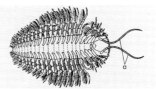

Trilobit; a Fühler

mit drei senkrechten Rillen, im Wechsel mit je einer Metope fortlaufend aneinandergereiht.

Trigon'alschein, astrolog. Aspekt von 120°.

Trigonometr'ie [grch.], die Lehre von der Berechnung der Seiten, des Winkels und Inhalts eines Dreiecks aus drei gegebenen Stücken. **Sphärische T.,** Berechnung von Kugeldreiecken.

Trigonom'etrischer Punkt, ein nach Lage und Höhe festgelegter Ausgangspunkt für Vermessungszwecke, im Gelände oft durch ein Stangengerüst mit schwarz-weißen Signalbrettern gekennzeichnet.

trikl'ines System, →Kristall.

Trikl'inium *das*, bei den Römern das Speisezimmer.

Trikol'ore [frz.] *die*, eine senkrecht gestreifte dreifarbige Flagge, insbes. die 1790 eingeführte französ. Nationalflagge.

Trikot [trik'o, frz.] *der*, **1)** eine in Schlauchform gewirkte, sehr dehnbare, elastische, schmiegsame, poröse Maschenware **(Trikotage)** für Unterwäsche und Sportkleidung. **2)** in T.-Bindung gewebter, elastischer Kammgarn- oder Streichgarnstoff.

Triller *der*, ♪ eine Verzierung, in der Notenschrift bezeichnet durch tr, tr ⌇ oder durch ⌇ über oder unter der Hauptnote, besteht aus dem wiederholten, möglichst schnellen Wechsel des Haupttons mit seiner kleinen oder großen Obersekunde.

Trillion, Million × Million × Million (10¹⁸: mit 18 Nullen); **Trilliarde,** 1000 T.

Trilob'iten [grch.] *Mz.*, ausgestorbene, meeresbewohnende Gliedertiere des Erdaltertums, mit dreiteiligem Rückenpanzer.

Trilog'ie [grch.] *die*, ein aus drei Teilen bestehendes literar. oder musikal. Werk.

Trim'ester [lat.] *das*, drei Monate.

Tr'imeter [grch.] *der*, in der griech. Metrik ein Vers aus 3 Metren, z. B. der iambische T. des griech. Dramas.

Trimm-Aktion, Trimm Dich durch Sport, 1970 in Berlin vom Dt. Sportbund mit modernen Werbemitteln gegen den Bewegungsmangel eingeführte Aktion.

trimmen, 1) Schiffahrt: die Schwimmlage eines Schiffes in der Längsrichtung ändern; auch Kohlen aus den Bunkern zu den Kesseln befördern. **2)** die Ruderkräfte von Luftfahrzeugen fein einstellen durch kleine Veränderungen an den Rudern mit Hilfe von Trimmkanten, -klappen, -rudern, -flossen. **3)** einen Schwingungskreis mit Hilfe eines kleinen Kondensators **(Trimmer)** abstimmen. **4)** kleine Abweichungen eines Reaktors vom kritischen Zustand ausgleichen. **5)** einem Hund das Fell scheren. **6) sich t.,** an der Trimm-Aktion teilnehmen.

trim'orph [grch.], dreigestaltig.

Trim'urti [Sanskrit], im späteren Brahmanismus die Einheit der Götter Brahman, Wischnu und Schiwa.

Trinidad und Tobago, Staat im Brit. Commonwealth, bestehend aus den Inseln Trinidad (4827 km²) und Tobago (301 km²) vor der NW-Küste Südamerikas, insges. 5128 km² und 1,04 Mill. Ew. Hauptstadt: Port of Spain; Amtssprache: Englisch. Religion: 36% kath., 21% anglikan. Christen, 23% Hindus, 6% Muslime. ⊕ XIV, Bd. 1, n. S. 320. Nach der Verf. von 1962 übt die Funktionen des Staatsoberhaupts der von der brit. Krone ernannte General-Gouv. aus. ↻ S. 1179. ▭ Bd. 1, S. 392. Währung: T. u. T.-$.

Triest

Die Inseln sind meist gebirgig (Trinidad bis 941 m, Tobago bis 572 m); das Klima ist tropisch. Bevölkerung: 43% Neger, 37% Inder, 16% Mischlinge, 2% Weiße. Allgem. Schulpflicht, nur 10% Analphabeten. Erzeugnisse der Landwirtschaft: Zuckerrohr, Kokosnüsse, Kakao, Kaffee, Reis; des Bergbaus: Erdöl, Erdgas, Asphalt (bedeutendstes Vorkommen der Erde); der Industrie: Erdöl-, petrochem. und Asphaltprodukte (Erdölraffinerien auf Trinidad), Lebensmittel, Textilien. Ausfuhr: Erdöl- und chem. Produkte (rd. 88%); Haupthandelspartner: USA, Großbritannien. Hauptafen und internat. Flughafen: Port of Spain. - Die Inseln wurden 1498 von Kolumbus entdeckt, Trinidad 1797, Tobago 1814 britisch; am 31. 8. 1962 wurden sie souverän.

Trinit′arier, 1198 gegr. Orden zum Loskauf christl. Sklaven, seit 1609 missionierender Bettelorden; weibl. Zweig seit 1236.

Trinit′ät [lat.], die →Dreieinigkeit.

Trinit′atisfest, das →Dreifaltigkeitsfest.

Trin′itrophenol, die →Pikrinsäure.

Trin′itrotoluol, TNT, militärischer Sprengstoff mit hoher Brisanz, entsteht durch Nitrieren des Toluols; lagerbeständig, wenig empfindlich gegen Hitze, Kälte, Stoß.

Trinkerfürsorge, als **geschlossene T.** freiwillig oder auf gerichtl. Anordnung in Heilstätten durchgeführt, als **offene T.** durch öffentl. Beratungsstellen, konfessionelle oder private Gemeinschaften (Hausbesuche, Arbeitsvermittlung, Lohnverwaltung).

Trinkgeld, eine in Gaststätten (auch in einzelnen Handwerksbetrieben) dem Bedienungspersonal vom Gast gewährte zusätzliche Vergütung. Seit etwa 1921 ist an Stelle des T. ein **Bedienungsgeld** von 10 bis 15% des Rechnungsbetrages getreten, das jeder Bedienstete entweder behält (Serviersystem), oder es fließt in eine gemeinsame Kasse und wird nach einem Schlüssel unter dem Bedienungspersonal aufgeteilt (Troncsystem).

Trinklieder, Zechgesänge; latein. T. in der Sammlung Carmina Burana, deutsche T. von den dt. Anakreontikern, von Goethe, Scheffel, Baumbach u. a.

Trinkomal′i, engl. **Trincomalee,** Hauptstadt der Ostprov. an der NO-Küste Ceylons, 156 000 Ew., Hafen.

Trinkwasser, das im Haushalt und in Lebensmittelbetrieben verwendete Wasser; es muß frei sein von Krankheitserregern und anderen gesundheitschädigenden Stoffen. →Wasseraufbereitung, →Wasserversorgung.

Tr′io [ital.] *das,* Musikstück für drei Instrumentalsolostimmen, bes. das Klaviertrio; Mittelteil von Tänzen, Märschen.

Tri′ode [grch.] *die,* eine →Elektronenröhre.

Tri′ole [ital.] *die,* ♪ eine Gruppe von drei Tönen, die zusammen den gleichen Zeitwert darstellen wie zwei (seltener vier) Töne des gleichen Wertes.

Tri′osonate, Kammermusikstück für zwei Melodieninstrumente, meist Geigen, und →Generalbaß, der von einem Streichinstrument (meist Violoncello) und einem Generalbaßinstrument (Cembalo, Orgel) gemeinsam ausgeführt wird.

Trip [engl.] *der,* **1)** Ausflug, Reise. **2)** euphorischer Zustand nach dem Genuß von Rauschmitteln.

Tr′ipang *der,* Seewalzen als Nahrung.

tr′ipel [lat.], dreifach, drei...

Tr′ipel|entente [-ãt′ã:t], der →Dreiverband.

Tr′ipelpunkt, die Temperatur, bei der ein chemisch einheitl. Stoff gleichzeitig in fester, flüssiger und gasförmiger Phase auftreten kann.

Tr′ipelspiegel, Spiegelkörper, bei dem drei spiegelnde Flächen je einen Winkel von 90° miteinander bilden. Ein- und ausfallende Strahlen sind einander parallel.

Tr′ipolis [grch. ,Dreistadt′], **1)** arab. **Tarabulus el-Gharb,** im Wechsel mit Bengasi

Verwaltungshauptstadt von Libyen, am Mittelmeer, 235 000 Ew. Die enge Altstadt wird vom span. Kastell überragt; im O und SO schließt die Neustadt an. T. hat einheim. Gewerbe (Leder-, Gold-, Silberarbeiten), Ölpressen-, Tabakind., Gerbereien; Hafen, Flughafen. - T. ist eine phönik. Gründung.
2) Hafenstadt in Libanon, 145 000 Ew. Endpunkt der doppelten Ölleitung aus dem Irak.

Tripolit′anien, Landschaft in NW-Libyen; reicht vom Mittelmeer landeinwärts in die Sahara vom zum Fessan. Landnutzung fast nur in Oasen; daneben Viehhaltung (Ziegen, Schafe, Kamele) der Nomaden.

Tripper *der,* grch. **Gonorrh′öe,** eine durch **Gonokokkus-**Bakterien hervorgerufene, fast nur durch den Geschlechtsverkehr übertragene Geschlechtskrankheit, die mit Harnröhrenkatarrh und Ausfluß beginnt, auf die Geschlechtsorgane übergreift und zu Unfruchtbarkeit führen kann. **Mastdarm-T.** und **Augen-T.** können auftreten, ferner **Gelenk-T.** (Trippergicht) und **Gonokokkensepsis.** Behandlung: Antibiotica.

Tr′iptik, Tr′iptyk [frz.] *das,* Durchlaßschein für Kraft- und Wasserfahrzeuge zum zollfreien Grenzübertritt. T. stellen die Automobil- und Touringclubs aus; für viele Länder nicht mehr nötig.

Tr′iptychon [grch.] *das,* dreiteiliges Tafelbild, bes. ein Altarwerk, das aus Mittelstück und zwei Seitenflügeln besteht.

Tr′ipura, Unionsgebiet Indiens, 10 442 km², 1,38 Mill. Ew.; Hauptstadt: Agartala.

Trir′eme [lat.] *die,* die →Triere.

Trischen, Insel in der Nordsee, an der Dithmarscher Bucht, seit 1854 entstanden, 1924 eingedeicht, 1962 überspült.

Trish′agion [grch.], der zur kath. Meßliturgie gehörige Lobgesang: ,Heilig, heilig, heilig...'; auch Sanctus genannt.

Trism′egistos, →Hermes Trismegistos.

trist [frz.], traurig, unerfreulich, freudlos.

Tr′istan, Gestalt einer keltischen Sage, die von den Anglonormannen und Franzosen und von diesen von uns den Deutschen übernommen wurde. Kernmotive sind die Sage von der Feenliebe (T. wird von einer zauberkundigen Fee in ihr Reich gelockt) und die Ehebruchsfabel. Die Sage hat klassische Form zur Zeit des ritterlichen Minnedienstes bekommen (französ. Gedicht von Thomas von Britanje; ,Tristan′ Gottfrieds von Straßburg). Musikdrama ,Tristan und Isolde′ von R. Wagner (1865).

Tr′istan da Cunha [- də k′u:nə], brit. Inselgruppe im südl. Atlantik, 98 km², 300 Ew.; meteorolog. und Funkstation. Vulkanausbruch 1961.

Tr′iticum, Grasgattung, in der man Weizen, Dinkel, Emmer zusammenfaßt.

Tr′itium *das,* **T,** radioaktives Isotop des Wasserstoffs mit der Massenzahl 3; wichtig bei der Gewinnung von Energie aus Wasserstoff durch Kernverschmelzung.

Tr′iton *das,* der instabile Kern des Tritiums, Halbwertszeit 12,5 Jahre, besteht aus einem Proton und zwei Neutronen.

Trit′onen, grch. Mythos: Meergottheiten, halb Mensch, halb Fisch, Begleiter Poseidons oder der Nereiden.

Trit′onie *die,* südafrikan. Schwertlieniengewächs mit ährig-traubigen, gelben oder roten Blütenständen; Zierpflanze.

Tr′itonshorn, Vorderkiemerschnecken in wärmeren Meeren. Das bis 30 cm hohe Haus einer mittelmeerischen Art diente den Römern als Kriegstrompete.

Tr′itonus [lat.] *der,* das Intervall aus drei Ganztönen (übermäßige Quarte), z. B. c-fis, f-h.

Trittsiegel, ⚕ Einzelabdruck einer Fährte.

Tri′umph *der,* im alten Rom der feierliche Einzug eines siegreichen Feldherrn; übertragen: glänzender Erfolg, Siegesfreude, Siegesfeier.

Tri′umphbogen, in der röm. Antike ein Torbogenbau mit Standbildern, Reliefs

und Inschriften, meist einem Kaiser zu Ehren errichtet. Einbogig sind die T. in Rimini, dreibogig →Titusbogen in Rom u. a., dreibogig die T. in Orange, der Severus- und der →Konstantinsbogen in Rom. Nach röm. Vorbildern wurde der Arc de Triomphe in Paris errichtet (1806-36). - Kirchenbau: der das Mittelschiff vom Chor trennende Bogen. Unter ihm wurde im MA. oft das **Triumphkreuz** aufgestellt.

Triumvir′at *das,* ,Dreimännerherrschaft′ im alten Rom. **1. T.** (60 v. Chr.): Caesar, Pompeius, Crassus; **2. T.** (43 v. Chr.): Antonius, Octavianus (→Augustus), Lepidus.

trivi′al [frz.], abgedroschen, alltäglich.

Tr′ivium [lat.] *das,* die drei ersten der sieben freien Künste: Grammatik, Arithmetik, Geometrie.

Triwandrum, Hauptstadt des Staates Kerala, Indien, 289 600 Ew.; Univ.; Industrie.

Tr′izeps [lat.] *der,* ein Muskel mit drei Ursprüngen (Köpfen), bes. der dreiköpfige Oberarmmuskel.

Tr′oas *die,* im Altertum die Landschaft südöstlich der Dardanellen, um Troja.

Troch′äus [grch.] *der,* Versfuß im Deutschen aus betonter und unbetonter Silbe ‿◡.

trocken, ohne Feuchtigkeit; Wein: herb.

Trockenbeerenauslese, →Auslese 3).

Trockenblumen, die →Immortellen.

Trockeneis, Kältemittel aus gepreßtem Kohlensäureschnee, verwendet beim Versand von Gefriergut u. dgl.

Trockenelement, galvanisches Element mit eingedicktem Elektrolyten.

Trockenfäule, morscher Zerfall von Pflanzenteilen, so manche Holzfäulen und Kartoffelknollenfäulen.

Trocken-Löscher, ein →Feuerlöscher.

Trockenmaß, Raummaß zur Abmessung trockener, schüttbarer Gegenstände.

Trockenmilch, Milchpulver, pulverig eingetrocknete Milch, hergestellt auf sich drehenden Blechtrommeln, von innen geheizt, oder durch Versprühen in heißer Luft.

Trockenstoffe, →Sikkativ.

Trockental, der →Wadi.

Trockenübungen, Vorübungen für sportl. Fertigkeiten, z. B. für Schwimmen und Rudern außerhalb des Wassers.

Trockenzeit, die Jahreszeit ohne oder mit nur geringem Regenfall, in den Tropen meist der Winter, im Mittelmeergebiet und den Subtropen der Sommer.

Trockenzelltherapie, ⚕ Behandlung mit Aufschwemmungen von Zellen, die durch ein Gefriertrocknungsverfahren haltbar gemacht wurden (Form der →Zellulartherapie).

Trocknung, der Entzug von Feuchtigkeit, z. B. um Stoffe haltbar zu machen oder in einen für Transport oder Weiterverarbeitung geeigneten Zustand zu bringen. Am einfachsten ist die **Luft-T.** unter Ausnutzung der Sonnenwärme. Bei der **T. unter Wärmezufuhr** wird das Trockengut unmittelbar heißen Feuergasen ausgesetzt oder (für empfindl. Trockengut) mit erhitzter Luft oder dgl. getrocknet. In **Vakuumtrocknern** wird das Wasser in einem Raum mit Unterdruck entzogen. **Mechanische T.** geschieht durch Auswringen, Pressen, Schleudern, chemische T. z. B. durch Kieselgel (SiO₂), zum Trocknen und Reinigen von Industriegasen, Raumlufttrocknung in Klimaanlagen u. a., außerdem durch →Sikkative.

Troddel *die,* Quaste, Fransenbüschel.

Troddelblume, das →Alpenglöckchen.

Trödel *der,* alter Kram, Altwaren; **Trödler,** Altwarenhändler.

Tr′oer *der,* Bewohner von →Troja.

Troger, Paul, * 1698, † 1762, malte Deckenfresken und Altarbilder in österr. Kirchen und Klöstern.

Tr′ogir, Stadt in Kroatien, Jugoslawien, 5000 Ew. auf einer künstl. Insel angelegt; mittelalterl. Stadtbild; Dom (1250).

Troglod′yt [grch.] *der,* Höhlenmensch.

Trogmuschel, Meeresmuschel mit dreieckigen, an den Ecken gerundeten Schalen.

Trombe

Tr'ogon [grch.] *der,* Urwald-Baumvögel; z. B. **Quetzal,** grünschillernd, 35 cm, mit den Schwanzfedern bis 80 cm lang.

Trogtal, von Gletschern geformtes →Tal.

Tr'oika *die,* das russ. Dreigespann. Als **Troika-System** bezeichnete Chruschtschow die von ihm geforderte Führung internat. Organisationen durch Dreier-Kollegien (je ein Vertreter der Westmächte, des kommunist. Blocks und der Neutralen); wurde nicht verwirklicht.

Tr'oïlos, griech. Mythos: der jüngste Sohn des Priamos und der Hekabe, von Achill getötet. ,T. und Cressida', Tragikomödie von W. Shakespeare.

Troisdorf [tr'o:s-], Stadt in Nordrh.-Westf., in der Kölner Tieflandsbucht, 50 300 Ew.; Maschinen-, keram., Metallindustrie.

Trois-Frères [trwa fr'ε:r], altsteinzeitl. Höhle bei Montesquieu-Avantès (Pyrenäen); an den Wänden Ritzzeichnungen von Tieren und Menschen mit Tiermaske.

Tr'oja, der Hauptort von Troas in Kleinasien. In der griech. Sage ist T. Schauplatz des **Trojan. Kriegs,** in dem die Griechen unter Agamemnon zehn Jahre lang um die von Paris geraubte Helena kämpften. Einen Teil der Kämpfe schildert die →Ilias. Die Griechen eroberten die Stadt mit Hilfe des **Trojan.** oder **Hölzernen Pferdes,** in dessen hohlem Bauch sie die tüchtigsten Helden verbargen, die dann von den ahnungslosen Trojanern mit dem Pferd in die Stadt geführt wurden. Als die Stätte T.s ermittelte Schliemann den von ihm seit 1870 ausgegrabenen Ruinenhügel Hissarlik. Fortgesetzt wurde die Grabungen von Dörpfeld, abgeschlossen 1938 von Amerikanern.

Trok'ar [frz.] *der,* ♐ dreikantige Hohlnadel zum Entfernen von Flüssigkeit oder von Gasen aus Körperhöhlen.

Troll *der,* männlicher oder weiblicher Dämon.

Trollblume, bis 60 cm hohes Hahnenfußgewächs mit zitronengelber duftender

Trollblume

Blüte **(Kugelblume),** auf feuchten Wiesen; auch Zierstaude.

Trolley-Bus [tr'oli-, engl.], *der* →Oberleitungs-Omnibus.

Tr'ollhättan, Stadt im VerwBez. Älvsborg, Schweden, 42 100 Ew.; elektrochem., elektrometallurg., Maschineind.; Kraftwerk an den 32 m hohen **Trollhätta-Fällen** des Götaälv, die vom **Trollhätta-Kanal** umgangen werden.

Trollope [tr'olop], Anthony, engl. Schriftsteller, * 1815, † 1882; ,Barchester-Romane' (,Dr. Thorne', 1858).

Troeltsch, Ernst, evangel. Theologe und Philosoph, * 1865, † 1923, suchte einen undogmatisch gefaßten Christenglauben geschichtsphilosophisch zu unterbauen und sah das Wesen der Geschichte in der Einmaligkeit und Unwiederholbarkeit der Kulturgestaltung.

Trombe *die,* in N-Amerika **Tornado** *der,* Luftwirbel um eine fast senkrechte Achse; die kleinsten sind **Sand-** oder **Staubwirbel,** größere **Wind-, Sand-, Wasserhosen.** Ihre Lebensdauer beträgt 1 Min. bis zu Stunden. Schwere T. reißen selbst Menschen, Tiere, Hausdächer in die Luft.

Trommel, 1) Schlaginstrument, ein Hohlkörper, dessen beide offene Seiten mit Kalbfell überspannt sind; von unbestimmter Tonhöhe. Die **kleine T. (Militär-T.)** wird mit zwei hölzernen Schlegeln geschlagen, die **große T.** mit einem Schlegel mit Lederkopf. Die **Wirbel-, Rühr-** oder **Landsknecht-T.** mit hohem hölzernem Körper hat tiefen, dumpfen Ton. Im neuzeitl. Tanzorchester bildet die T. einen wichtigen Bestandteil des Schlagzeugs. - Naturvölker benutzen Schlitztrommeln. **2)** ⌂ Unterbau einer Kuppel (→Tambour).

Trommelfell, Teil vom →Ohr.

Trommelfeuer, ⚔ Massenfeuer schwerer Waffen.

Trommelsucht, Aufblähung, bes. bei Wiederkäuern: Auftreibung des Hinterleibs nach Kleefutter.

Tromp, Maarten, * 1598, † (gefallen) 1653, und sein Sohn Cornelis, * 1629, † 1691, niederländ. Admirale, siegten über Spanier, Engländer, Franzosen.

Trompe *die,* ⌂ eine nischenartig vorgekragte, trichter- oder halbkugelförmige Wölbung zwischen zwei rechtwinklig aneinanderstoßenden Mauern zur Überführung eines quadratischen Raums in einen polygonalen; bei oriental. und roman. Kuppelbauten verwendet.

Tromp'ete, Musikinstrument aus Messingblech mit langgestreckt gebogener Schallröhre und halbkugeligem Kesselmundstück, mit drei Ventilen für die chromat. Töne zwischen den Naturtönen; sie wird in verschiedenen Stimmungen gebaut. Die **Natur-T.** ohne Ventile wird als Signal-T. verwendet. (Bild Blasinstrumente)

Trompetenbaum, die →Katalpe.

Trompetenmoos, die →Becherflechte.

Trompetenschnecke, das →Tritonshorn.

Trompetentierchen, Wimpertierchen, mit trompetenförmigem Zellkörper.

Trompetenzunge, chilen. Nachtschattengewächse, mit Trichterblüten; z. T. Zierpflanzen.

Tr'omsø, Hauptstadt des VerwBez. Troms, N-Norwegen, auf einer Insel im **T.-Sund,** 38 100 Ew.; Hafen, Handelsplatz.

Troncsystem, →Trinkgeld.

Trondheim, norweg. Stadt, →Drontheim.

Tr'ope *die, der* →Tropus.

Tr'open [grch.] Mz., ⊕ ursprüngl. die Wendekreise, dann die zwischen ihnen gelegene Zone **(Tropenzone);** i. w. S. alle Länder mit **Tropenklima** (hohe Lufttemperatur, hohe relative Luftfeuchtigkeit).

Tropenkoller, ♐ Erregungszustände, die in den Tropen durch Einsamkeit, Alkoholmißbrauch, Tropenkrankheiten ausgelöst werden.

Tropenkrankheiten sind teils durch bes. in den Tropen verbreitete Erreger bewirkt (z. B. Malaria, Gelbfieber, Schlafkrank-

heit), teils durch ungünstige tropische Lebensbedingungen (z. B. Vitaminmangelkrankheiten wie Beriberi).

Tropfkörper, locker aufgeschichtete Koks- oder Schlackenbrocken oder Kunststoffeinbauten, über die Abwasser zur biolog. Reinigung geleitet wird.

Tropfstein, zapfenförmige Kalksteinausscheidungen aus herabtropfenden Calciumcarbonatlösungen. (Bild Stalagmit, Stalaktit)

Troph'äe [frz. aus grch.] *die,* Siegeszeichen; (Jagd-)Beutestück als Erinnerung.

Tr'opikvogel, Sippe zu den Ruderfüßern gehöriger seeschwalbenähnlicher Hochseevögel der Tropenmeere.

Trop'ismus [grch.-lat.] *der,* eine Krümmungsbewegung bei Pflanzen oder festsitzenden Tieren, womit sich diese in eine bestimmte Lage zur Richtung eines Reizes einstellen; z. B. **Photo-T.** durch Lichtreize, **Helio-T.** durch Sonnenlichtreize, **Geo-T.** durch die Schwerkraft, **Thermo-T.** durch Wärme.

Troposph'äre [grch.] *die,* die unterste Schicht der →Atmosphäre.

Troppau, tschech. **Opava,** Bezirksstadt im VerwBez. Ostrau, Tschechoslowakei, an der Oppa, 46 300 Ew.; Zucker-, Textil- und Maschineind. - 1820 Fürstenkongreß unter Vorsitz Metternichs; 1849-1918 Hauptstadt des österreich. Kronlandes Schlesien.

tr'oppo [ital.], ♪ zu viel, zu sehr; **allegro ma non t.,** schnell, aber nicht zu sehr.

Tropsch, Hans, Chemiker, * 1889, † 1935, entwickelte das →Fischer-Tropsch-Verfahren.

Tr'opus [grch.] *der,* Rhetorik: die Vertauschung des eigentl. Ausdrucks mit einem verwandten bildlichen (tropischen), z. B. ,fliegen' statt ,eilen'.

Troß *der,* ⚔ Nachschubdienst.

Trosse, starkes Tau (Hanf, Stahldraht).

Trossingen, Stadt in Bad.-Württ., auf der Baar, 10 400 Ew.; Textil-, Metallindustrie, Musikinstrumentenbau.

Troßschiff, ein Fahrzeug, das Hilfsdienste für Seestreitkräfte leistet.

Trottoir [trotw'a:r, frz.] *das,* Gehweg, Bürgersteig.

Trott zu Solz, Adam von, Diplomat, * 1909, † (hingerichtet) 1944, war Angehöriger der Widerstandsbewegung gegen den Nationalsozialismus.

Trotzalter, Übergangsabschnitt in der Entwicklung des Kindes, in dem sich der Selbstbehauptungswille geltend macht, beginnt zwischen 2. und 3. Lebensjahr, tritt als 2. T. auch in der Pubertät auf.

Trotzkij, Leo, eigentl. **Leib Bronstein,** * 1879, † (ermordet) 1940, war 1917 am bolschewist. Umsturz in Rußland beteiligt, 1918-25 Volkskommissar für Krieg und Marine, eigentl. Schöpfer der ,Roten Armee'.

Leo Trotzkij   *Pierre E. Trudeau*

Nach Lenins Tod geriet T. in immer schärferen Gegensatz zu Stalin. 1929 aus der Sowjetunion verbannt, suchte er von Mexiko aus vergeblich, Stalin zu bekämpfen.

Troubadour [trubad'u:r, frz.], provenzal. **Trobador, Trobaire** (,Finder'), der Dichter an den mittelalterl. Höfen Südfrankreichs (seit um 1100), der seine Lieder oft selbst vertonte und vortrug. Die T.-Dichtung stellt die erste große Blüte weltlicher romanischer Lyrik dar und hat inhaltlich und formal auf die Dichtung ganz Europas gewirkt (→Minnesang); nach ihrer Zerstörung durch Glaubensstreit (Albigenserkrieg 1209-29) hat sie durch die auswandernden Dichter an den Höfen Nordfrankreichs, Spaniens und Siziliens eine Nachblüte erlebt.

Trousseau [trus'o:, frz.] der, ⚬ Aussteuer; Brautausstattung.

Trouvère [truv'ε:r] der, in Nordfrankreich im Mittelalter der Hofdichter, der dem Troubadour der Provence entspricht.

Troyat [troj'a], Henri, eigentlich Lev **Tarassov**, franzöz. Schriftsteller russ. Herkunft, * 1911; Romantrilogie: ‚Fremde auf Erden' (1947-50) u. a.

Troyes [trwa], die Hauptstadt des franzöz. Dép. Aube, an der Seine, 77 000 Ew., hat got. Kathedrale; Textil-, Nahrungsmittel- und Maschinenind. - Seit dem 10. Jahrh. Hauptstadt der Gfsch. Champagne, im 12./13. Jahrh. bedeutende Handelsstadt.

Tr'ubar, Primož, dt. **Truber**, Primus, slowen. Reformator, * 1508, † 1586; wurde durch Übersetzung des N. T. der Begründer der slowen. Schriftsprache.

Trübe, Aufschlämmung von Feststoffen in Wasser, zur →Wasseraufbereitung.

Trübglas, lichtstreuendes Glas, das durch Zusatz bestimmter Metallsalze zur Glasschmelze undurchsichtig gemacht ist; als **Milch-** oder **Opalglas** leicht getönt, als **Alabasterglas** porzellanartig dicht, als **Opakglas** vollkommen dicht.

Trübner, Wilhelm, Maler, * 1851, † 1917, malte, ausgehend von Leibl, schlichte, tonig gehaltene Bildnisse, Stilleben, Landschaften, später in impressionistisch gelockerter Technik und in leuchtkräftiger Farben.

Truchseß, im MA.: Hofbeamter, Vorsteher der Hofhaltung und Küchenmeister.

Trucial States [tru:∫əl steits, engl.], →Vereinigte Arabische Emirate.

Truck-System [trΛk-, engl.], Bezahlung der Arbeitnehmer in Waren an Stelle des Barlohns, für gewerbl. Arbeitnehmer verboten (**Truckverbot**).

Trudeau [tryd'o], Pierre Elliott, kanad. Politiker (Liberale Partei), * 1921, 1966 Justizmin. und Generalstaatsanwalt von Kanada, seit 1968 Parteichef der Liberalen und Premierminister. (Bild S. 1263)

trudeln, unkontrolliertes und unbeabsichtigte Flugbewegung: ein spiralförmiger Sinkflug mit steiler Neigung der Flugzeuglängsachse nach unten bei raschem Höhenverlust.

Tr'udpert, Heiliger, Einsiedler des 7. Jahrh., gründete im Breisgau eine Einsiedlerzelle, an deren Stelle später das Kloster St. T. entstand. Tag: 26. 4.

Truffaut [tryf'o:], François, franzöz. Filmregisseur, * 1932, Filme: ‚Sie küßten und sie schlugen ihn' (1958), ‚Die Braut trug schwarz' (1967) u. a.

Trüffel die, Gattung der Schlauchpilze mit unterirdischen, kartoffelähnl. Fruchtkörpern. Als Gewürz dienen **Schwarze T.**, **Périgord-T.** und **Mai-T.**; verbreitet in Frankreich (um Périgord), Italien.

Trugdolde, ⊕ die →Scheindolde.

Truthahn

Trughechte, hechtartige schlanke Meeresfische, so der **Hornhecht**.

Trugnattern, meist landbewohnende Nattern, mit vorn gefurchten Giftzähnen: z. B. die ind. **Peitschenschlange** und die indones. **Schmuckbaumschlange**.

Trugratten, rattenähnliche Nagetiere in Südamerika und Afrika; z. B. die südamerikanische, als Pelztier gezüchtete **Biberratte** (Sumpfbiber, Nutria).

Trugschluß, 1) Logik: ein täuschender oder verwirrender Schluß; er beruht entweder auf täuschenden Fragestellungen oder auf Schlußfehlern oder führt absichtlich zu unauflösbaren Schlüssen (Paradoxien). 2) ♪ die Wendung der Kadenz, die von der 5. Stufe (Dominante) nicht zum erwarteten Tonikadreiklang, sondern zur 6. Stufe führt.

Trujillo [-x'i/ο], Stadt in NW-Peru, 149 000 Ew., kath. Erzbischofssitz, Universität; Zucker-, Textil- u. a. Industrie.

Trujillo Mol'ina [trux'i/ο-], 1) Héctor Bienvenido, * 1909, 1952-60 Präs. der Dominikan. Republik.
2) Rafael Leónidas, * 1891, † (ermordet) 1961, Bruder von 1), war 1930-38 und 1942 bis 1952 Präs. der Dominikan. Republik.

Truman [tr'u:mən], Harry S., 33. Präsident der Verein. Staaten (1945-53), * 1884, 1934 bis 1944 demokrat. Senator, 1944 Vizepräs. und nach dem Tod Roosevelts 1945 Präsident; wiedergewählt 1948. Den Krieg gegen Japan beendete er durch den von ihm gebilligten Abwurf der ersten Atombombe. Seit 1947 trat er für eine neue Linie in der Außenpolitik ein (**T.-Doktrin**), die sich gegen den zunehmenden Druck der Sowjetunion richtete. Im Koreakrieg widersetzte er sich der kommunist. Expansion. Innenpolitisch erweiterte T. die allgemeinen Grundsätze des New Deal zum →Fair Deal.

Trumeau [trym'o, frz.] der, Pfeilerspiegel.

Trumpf der, Farbe im Kartenspiel, die alle anderen sticht.

Tr'umscheit das, ein bes. vom 14.-16. Jahrh. gebräuchl., meist einsaitiges Streichinstrument mit keilförmigem Schallkörper.

Tr'undholm, Moor bei Nyköbing (Dänemark), Fundort eines Sonnenwagens aus der Bronzezeit. (Bild Bronzezeit)

Trunk, Richard, Komponist und Dirigent, * 1879, † 1968; Liedlyrik und Chöre.

Trunkenheit, eine →Alkoholvergiftung. **T. am Steuer**, →Verkehrsgefährdung.

Truppendienstgericht, Dienstgerichte für Disziplinarverfahren gegen Soldaten und für Verfahren über Beschwerden von Soldaten.

Truppengattungen, nach Verwendung, Bewaffnung, Ausrüstung unterschiedene Einheiten der Truppe: Führungs-, Kampf-, Artillerie-, Pioniertruppen, Heeresflugabwehr-, technische, Sanitätstruppe.

Truppenübung, eine kriegsmäßige Übung gemischter Truppenverbände, findet in freiem Gelände und auf **T.-Plätzen** statt.

Truppen-Verbandplatz dient der ärztl. Versorgung der Verwundeten im Gefecht.

Trust [trΛst, engl.] der, Kapitalgesellschaft, die durch Zusammenschluß ehemals rechtlich selbständiger Unternehmen mit dem Ziel ausschließl. Marktbeherrschung entsteht, eine strengere Form des Konzerns. - Vom T. zu unterscheiden ist der **Investment T.**, →Investmentgesellschaft.

Trustee [trΛst'i], Treuhänder. **Trusteeship** [-∫ip], Treuhandschaft.

Truthühner, Puter, amerikan. waldbewohnende, zu den Fasanen gehörige Hühnervögel; in Europa als Geflügel gezüchtet. Der **Truthahn** wird über 15 kg schwer; in Erregung läßt er rote und blaue Fleischwülste an Schnabel und Hals anschwellen.

Trypanos'omen [grch.] Mz., einzellige Wirbeltiere und des Menschen schmarotzende Geißeltierchen, z. T. Krankheitserreger. Als **T.-Krankheit** (Trypanosomiasis) treten beim Menschen →Chagas-Krankheit

und →Schlafkrankheit auf, bei Tieren z. B. →Beschälseuche und →Tsetsekrankheit.

Tryps'in [grch.] das, ein eiweißabbauendes Enzym der Bauchspeicheldrüse.

Tsaidam-Becken, Erdölgebiet in der chines. Prov. Tsinghai.

Tsangpo der, der Oberlauf des Brahmaputra in Tibet.

Ts'antsa die, mumifizierte Kopftrophäe (ohne Schädelknochen) beim südamerikan. Indianerstamm der Jivaro.

Tschad, franzöz. **Tchad**, Republik im nördl. Zentralafrika, 1 284 000 km² mit 3,51 Mill. Ew. Hauptstadt ist Fort-Lamy, Amtssprache: Französisch. Religion: 41% Muslime, 20% kath., 10% evang. Christen. ◻ II/III, Bd. 1, n. S. 320. Nach der Verf. von 1960 (1962 u. 1964 geändert) ist Staatsoberhaupt und Regierungschef der Präs. ▯ S. 1179. ◻ Bd. 1, S. 392. Währung: CFA-Franc.

T. erstreckt sich von der Sahara im N (mit dem Tibesti, bis 3415 m) durch alle Klima- und Vegetationszonen des Sudan bis an den Rand des trop. Regenwaldgebiets. Es umfaßt den T.-Beckens (200 bis 1000 m ü. M.) mit dem größten Teil des Tschadsees. Das Ennedi-Bergland im N erreicht 1450 m ü. M. In der vielfältig vermischten Bevölkerung überwiegen negride Stämme (rd. 50% , bes. im S), daneben Sudanaraber (rd. 30%) u. a. Keine Schulpflicht.

Nur etwa 5% des Landes sind für landwirtschaftl. Anbau nutzbar (im S, bes. im Überschwemmungsgebiet von Logone und Schari): Baumwolle, Hirse, Erdnüsse, Sesam. Viehhaltung (nomadisch und halbnomadisch) im N; bedeutende Fischerei (Tschadsee); nur wenig Industrie (Verarbeitung landwirtschaftl. Erzeugnisse). Ausfuhr: Baumwolle, Fleisch, Vieh, Häute. Haupthandelspartner: Frankreich. Das Land ist für den Verkehr noch kaum erschlossen, die extreme Binnenlage (1000-2000 km Entfernung zu den Küsten) erschwert den Außenhandel. Es gibt keine Eisenbahnen, rd. 10 800 km Straßen im S (nur z. T. ganzjährig befahrbar). Internat. Flughafen: Fort-Lamy. - Das Gebiet von T. wurde 1910 Teil von Französisch-Äquatorialafrika. 1960 erhielt es staatl. Unabhängigkeit und wurde Republik. T. ist Mitgl. der OAU, der OCAMM, der Franzöz. Gemeinschaft und der EWG assoziiert.

tschado-hamitische Sprachen, Untergruppe des nichtsemit. Zweigs der hamitosemit. Sprachen, in Gebieten des zentralen Sudans gesprochen; hierzu gehört die Hausa-Sprache.

Tsch'adsee, franzöz. **Lac Tchad**, arab. **Bahr es-Salam**, flacher, inselreicher, abflußloser Schwemmlandsee in Afrika, im Grenzbereich von Tschad, Nigeria und Kamerun, in der Trockenzeit rd. 12 000, in der Regenzeit bis rd. 26 000 km² groß. Zuflüsse: Komadugu und Schari.

Tsch'agosinseln, zum British Indian Ocean Territory gehörende Inselgruppe im Ind. Ozean, 110 km² groß.

Tschaik'owskij, Pjotr Iljitsch, russ. Komponist, * 1840, † 1893, der bedeutendste Vertreter der westlich orientierten russ. Schule. Musik z. B. in der Melodik. Im Mittelpunkt

P. Tschaikowskij

Anton Tschechow

Tschadsee mit schwimmenden Inseln aus Wasserpflanzen

seines Schaffens steht das sinfonische Werk (7 Sinfonien, darunter Nr. 6 in h-moll ‚Pathétique'); Opern (Eugen Onegin, 1879; Pique-Dame, 1890); Ballette, Klavierkonzerte, Violinkonzert, Kammermusik u. a.

Tschako [ungar.] *der,* militär. Kopfbedeckung mit flachem, rundem Deckel; im dt. Heer bei einzelnen Truppenteilen bis zum 1. Weltkrieg, jetzt verschiedentlich bei Polizei üblich.

Tschandigarh, Chandigarh, Unionsgebiet, zugleich Hauptstadt des Unionsstaates Pandschab, Indien, 99 300 Ew.; ist seit 1951 nach dem Plan von Le Corbusier im Bau, soll 500 000 Ew. aufnehmen.

Tschandigarh: Verwaltungsgebäude

Tschandrag'upta, ind. König (322–298 v. Chr.), Begründer der Maurja-Dynastie.

Tschangkiakou, mongol. **Kalgan,** Stadt in der chines. Prov. Hopei, rd. 230 000 Ew.; Handelsplatz, Flughafen, Eisenbahnknoten.

Tschangkiang, kantones. **Tsamkong,** Großhafen in der südchines. Prov. Kuangtung; 11 m Wassertiefe, Bahn nach Litang (Kuangsi); T. soll zu einem Fischerei- und Industriemittelpunkt ausgebaut werden.

Tsch'ango, ungar. **Csángó,** Name der kath. Ungarn im Serethtal, Rumänien.

Tschangscha, engl. **Changsha,** die Hauptstadt der Prov. Hunan, China, 703 000 Ew. Handels- und Umschlagplatz, Maschinen-, Textil-, Baustoff- u. a. Industrie.

Tschangtschou, engl. **Changchow, 1)** Stadt in der Prov. Fukien, China, 200 000 Ew. **2)** Stadt in der Prov. Kiangsu, China, 300 000 Ew.; Textil- u. a. Industrie.

Tschangtschun, Hauptstadt der chines. Prov. Kirin, früher Hauptstadt Mandschukuos, 975 000 Ew.

Tschapaj'ewsk, bis 1926 **Iwaschtschenkowo,** Stadt in der Russ. SFSR, 86 000 Ew.; chem. u. a. Industrie.

Tsch'apka [poln. ‚Mütze'] *die,* urspr. Kopfbedeckung der poln. Ulanen, mit viereckigem Deckel, dann von anderen Heeren übernommen.

Tschardasch, →Csárdás.

Tschardsch'ou, Gebietshauptstadt in der Turkmen. SSR, am Amu-Darja, 90 000 Ew.; Flugplatz, Textil- u. a. Industrie.

Tscharsch'af *der,* das Straßenkleid muslim. Frauen.

Tscheboks'ary, die Hauptstadt der Tschuwaschischen ASSR, Sowjetunion, Hafen an der Wolga, 216 000 Ew.; Troizkij-Kloster (1566), Kathedrale (1657); großes Kraftwerk.

Tschechen, eigener Name **Češi,** urspr. der Name eines um Prag lebenden westslaw. Stammes, von dem die polit. Vereinigung von Böhmen und Mähren ausging und der daher den dort lebenden Stämmen den Namen gab; insges. etwa 10 Mill.; größere Gruppen in den Verein. Staaten. - Die T. wanderten seit dem 5./6. Jahrh. in ihr Siedlungsgebiet ein.

tschechische Kunst, beginnt mit dem Erwachen des Nationalbewußtseins im 19. Jahrh.: Prager Nationaltheater von J. Zitek, Gemälde von A. Machek, A. und K. Manes. Um die Jahrh.-Wende wurde der Anschluß an die internat. Entwicklung gesucht: in der Architektur J. Kotera; in der Bildhauerkunst J. V. Myslbek, von Frankreich waren J. Stursa, K. Kotrba und O. Gutfreund beeinflußt. Ebenso wante der Maler A. Slaviček vom französ. Impressionismus und E. Filla (1882–1953) vom Kubismus angeregt. F. Kupka (1871–1957) gelangte schon um 1912 zu einer abstrakten, von Musik inspirierten Bildsprache.

tschechische Literatur. Aus der Zeit vor dem 14. Jahrh. haben sich nur einzelne kurze Texte erhalten. Die alttschech. Literatur behandelt geistl. und weltl.-ritterl. Stoffe. Jan Hus (* 1369, † 1415) begründete ein nationales, reformator.-revolutionäres Schrifttum, das die Böhm. Brüdergemeine (Comenius) fortführte. Nach 1620 kam das literar. Schaffen vorübergehend zum Stillstand. Im Zuge der von Kaiser Joseph II. geförderten Aufklärung erlebte es eine Wiedergeburt (J. Jungmann). Die Dichtung von 1848 enthält Ideen der westeurop. Romantik, bes. Herders (F. L. Čelakovský, K. J. Erben, K. H. Mácha). Die Romantik wurde vom Realismus abgelöst, der zunächst soziale (Božena Němcová, J. Neruda), dann immer stärker polit. Themen bevorzugte. J. Vrchlický vertrat um 1870 eine weltbürgerl. Richtung. Die Dichtung

nach Gründung des tschech. Staates (1918) folgte den Strömungen der westeurop. Literaturen (P. Bezruč, O. Březina, A. Sova). Internat. Geltung erlangten hier K. Čapek, J. Hašek mit dem grotesken Epos vom ‚braven Soldaten Schweijk', der Dramatiker F. Langer, der Formkünstler V. Nezval sowie die Lyriker J. Wolker und J. Hora. Nach Wiedererrichtung des Staates (1945) wurde die freie Entwicklung der t. L. bald durch die Einschaltung in die kommunist. Ideologie zunichte gemacht; doch gingen in neuerer Zeit von den tschech. Schriftstellern entscheidende Impulse zum Versuch der Umgestaltung des dogmat. Kommunismus in einen demokrat. und humanen Sozialismus aus (1968). Neuere Schriftsteller sind der Lyriker V. Holan, die Erzähler B. Hrabal, L. Mňačko sowie die Dramatiker V. Havel, P. Kohout.

tschechische Musik. Die rhythmisch und klanglich sehr charakteristische Volksmusik wurde durch Smetana und Dvořák zur Kunstmusik erhoben. Neben ihnen wirkten J. B. Foerster, Novák, Suk. Unter den neueren ragt als Opernkomponist (‚Jenufa') L. Janáček hervor. Daneben sind A. Habá, E. Schulhoff, B. Martinu zu nennen.

Tschechische Sozialistische Republik, tschechisch **Česka Socialistická Republika,** seit 1969 Republik der →Tschechoslowakei, 78 862 km² mit 9,8 Mill. meist tschechischen Ew. Hauptstadt: Prag. Die T. S. R. umfaßt →Böhmen und →Mähren.

tschechische Sprache, gehört zum westslaw. Zweig der slawischen Sprachen, am nächsten dem Slowakischen verwandt. Die Schriftsprache (in latein. Schrift) beruht auf dem Prager Dialekt. Bes. zu beachten ist die Bedeutung der Schreibungen: c [ts], č [tʃ], d' [dj], ě [jɛ], ň [ɲ], ř [rჳ, rʃ], š [ʃ], t' [tj], y [i], z [s], ž [ჳ].

Tschechoslowakei, tschechisch amtlich **Československá, Republika,** abgekürzt **ČSSR,** Binnenstaat im O Mitteleuropas, 127 869 km² mit 14,36 Mill. Ew. Hauptstadt: Prag. Amtssprachen: Tschechisch und Slowakisch. ⊕ VIII/IX, Bd. 1, n. S. 320. Währung ist die Tschechoslowak. Krone = 100 Heller. Allgem. Wehrpflicht.

Staat und Recht. ⟳ S. 1179. ⌧ Bd. 1, S. 392. Nach der Verf. von 1960 ist die T. eine sozialistische Rep., durch Gesetz von 1969 eine Föderative Sozialistische Rep., ein Bund bestehend aus der Tschechischen Sozialistischen Rep. (ČSR) und der Slowak. Sozialistischen Rep. (SSR). Staatsoberhaupt ist der Präs. Höchste Staatsmacht und Gesetzgebung liegt bei der Föderalversammlung. Das Recht ist überwiegend nach sowjet. Vorbild geregelt.

Landesnatur. Die T. ist vorwiegend gebirgig; sie wird umrahmt vom Erzgebirge im

Größe und Bevölkerung 1970

Kreis	Fläche in km²	Ew. in 1 000
Hauptstadt Prag	185	1 078
Mittelböhmen	11 295	1 192
Südböhmen	11 343	653
Westböhmen	10 872	849
Nordböhmen	7 808	1 103
Ostböhmen	11 263	1 202
Südmähren	15 029	1 937
Nordmähren	11 066	1 800
Westslowakei	14 860	1 883
Mittelslowakei	17 970	1 403
Ostslowakei	16 179	1 256
ČSR	78 862	9 818[1]
SSR	49 008	4 543[2]
ČSSR	127 869	14 362

[1] einschl. 4 000 Pers. ohne festen Wohnsitz. [2] einschl. 3 000 Pers. ohne festen Wohnsitz. - Differenzen durch Abrundung.

NW, den Sudeten und Karpaten im NO und dem Böhmerwald im SW. Tiefland und Ebenen finden sich nur an den Hauptströmen Donau, Elbe, Moldau, March und Thaya. Die untere March und die W-Beskiden trennen den tschechischen (→Böhmen, →Mähren) vom slowak. Teil. Das Klima ist meist sommerlich warm und wintermild. Geringe Niederschlagsmengen im slowak. Flachland, im Marchgebiet und in Innerböhmen, hohe im Riesengebirge (bis 1300 mm) und am Karpatenkamm (bis 1500 mm).

Die **Bevölkerung**, die überwiegend in Städten lebt, besteht aus Tschechen (65%), Slowaken (29%) und aus Magyaren (4%). Sie ist überwiegend röm.-katholisch. Die Kirchen unterstehen dem Staat. Allgem. Schulpflicht (9 Jahre). Schulsystem nach sowjet. Vorbild. Universitäten in Prag, Brünn, Preßburg, Olmütz, Kaschau.

Die **Wirtschaft** und der Außenhandel sind weitgehend verstaatlicht. Rd. 19% der Erwerbstätigen arbeiten in der Landwirtschaft; die Betriebe gehören zu 53,5% Genossenschaften, zu 24,5% dem Staat. Angebaut werden Getreide, Futterpflanzen, Hackfrüchte und Zuckerrüben; im O überwiegt Viehzucht. Mit 35% Waldfläche ist die T. eines der waldreichsten Länder Europas. Bergbau auf Braunkohle (Erzgebirge), Steinkohle (um Ostrau), Eisenerz (Slowak. Erzgebirge), Uran (Mittelböhmen und Westmähren), Bunt- und Edelmetalle, Erdgas. Energie wird vorwiegend durch Braunkohle, neuerdings auch durch Uran erzeugt. Die T. ist hochindustrialisiert, bes. um Prag; Hauptzweige sind Schwer- und chem. Industrie, Maschinenbau, Fahrzeuge, Metallindustrie. Ausgeführt werden Fahrzeuge, Walzstahlprodukte, Waffen, Braunkohle, Koks, Schuhe, Bier, Glas. Haupthandelspartner sind die COMECON-Länder, bes. Sowjetunion. Das Eisenbahnnetz umfaßt 13 317, das Straßennetz rd. 73 250 km (davon 16 890 in der SSR). Die Binnenschiffahrt hat Anschluß zum Schwarzen Meer und zur Nordsee. Internat. Flughafen bei Prag.

Geschichte. Über die Geschichte der in der T. vereinigten Länder vor dem 1. Weltkrieg →Böhmen, →Mähren, →Slowakei. Seit 1848 wandte sich die Nationalbewegung der Tschechen gegen die österreich., der Slowaken gegen die ungar. Herrschaft. Am 30. 5. 1918 schloß Masaryk mit den Slowaken den Pittsburgh Vertrag über den staatl. Zusammenschluß der beiden Völker. Nach dem Zerfall der Donaumonarchie wurde am 28. 10. 1918 in Prag die Unabhängigkeit der T. ausgerufen, die sich aus den ‚historischen Ländern‘ Böhmen und Mähren, dem reichsdeutschen Hultschiner Ländchen, aus österreich. Schlesien und aus Teilen von Ungarn (Slowakei, Karpato-Ukraine) zusammensetzte. Masaryk wurde zum Staatspräs. gewählt. Die Tschechen besetzten die su-

detendeutsche Gebiete und vertrieben die dort gebildeten Regierungen. Die Innenpolitik stand im Zeichen des Nationalitätenproblems. Die Außenpolitik war u. a. bestimmt durch eine enge Anlehnung an Frankreich (1919), ein Bündnis mit Rußland (1935) und die Bildung der Kleinen Entente (Jugoslawien, Rumänien). Von 1935-38 war Benesch Staatspräs. Durch das Münchener Abkommen 1938 wurde die T. gezwungen, die sudetendeutschen Gebiete an das Dt. Reich abzutreten. Ferner mußte sie der Slowakei und der Karpato-Ukraine Autonomie gewähren und Gebiete an Polen und Ungarn abtreten; Benesch trat zurück; Nachfolger wurde Hácha. Er wurde 1939 von Hitler gezwungen, der Errichtung eines ‚Protektorats Böhmen und Mähren‘ zuzustimmen. Nach dem dt. Zusammenbruch wurde Benesch 1945 wieder Staatspräs. Unter Regierungen der Nationalen Front (seit 1946 Gottwald) bereitete die KP ihre Machtübernahme vor. Nach dem kommunist. Staatsstreich (1948) wurde Gottwald Staatspräs. Innenpolit. Gegner wurden ausgeschaltet (insbes. R. Slánský). Auch unter dem Staatspräs. Zápotocký und Novotný lehnte sich die T. eng an die Sowjetunion. Kritik von reformbemühten Kräften an Partei und Staatsführung führte im Jan. 1968 zum Rücktritt von A. Novotný; Parteichef wurde A. Dubček, Staatspräs. (März 1968) L. Svoboda, MinPräs. (April 1968) O. Černik. Die Spannungen zur Sowjetunion führten zur Besetzung der T. durch Truppen des Warschauer Pakts (außer Rumänien) am 21. 8. 1968. Mit der Ablösung Dubčeks durch G. Husák als Parteiführer (April 1969) wurde ein auf Konzessionen gegenüber Moskau abzielender Kurs eingeschlagen. Jan. 1970 wurde MinPräs. O. Černik durch L. Strougal ersetzt.

Tsch'echow [-xɔf], Anton Pawlowitsch, russ. Schriftsteller, * 1860, † 1904, schilderte bes. die Welt des russ. Kleinbürgertums, der Intelligenz und des sich auflösenden Spießadels; Meister der impressionist. Novelle (,Eine langweilige Geschichte‘, 1899; ,Das Duell‘, 1891), der Kurzgeschichte und des feinfühlig charakterisierenden und stimmungsmalenden Dramas (,Die Möwe‘, 1896; ,Onkel Wanja‘, 1897; ,Drei Schwestern‘, 1901; ,Der Kirschgarten‘, 1904). (Bild S. 1264)

Tschedschu, auch Cheju, Quelpart, vulkan. Insel Koreas, vor dessen Südküste, 1859 km², 232 000 Ew. Hauptstadt: T.

Tschejenne, →Cheyenne.

Tschek'a die, die 1917 geschaffene bolschewistische polit. Polizei, wurde 1922 in die →GPU umorganisiert.

Tschekiang, engl. **Chekiang**, Prov. an der Ostküste Chinas, 101 800 km², 31 Mill. Ew. Hauptstadt: Hangtschou. Anbau: Reis, Tee, Maulbeerbäume, Zuckerrohr.

Tschelj'abinsk, Gebietshauptstadt in der

Russ. SFSR, im östl. Ural, 874 000 Ew.; Maschinenbau, Eisenverhüttung u. a. Ind.; im NW Braunkohlenlager.

Tschem'ulpo, →Intschön.

Tschengtschou, engl. **Chengchow**, die Hauptstadt der Prov. Honan, China, 766 000 Ew., Bahnknoten (Peking-Hankau mit Haitschou-Sian); Industriezentrum.

Tschengtu, engl. **Chengtu**, die Hauptstadt der Prov. Szetschuan, China, 1,135 Mill. Ew., Univ.; Industriezentrum.

Tschenkiang, engl. **Chinkiang**, Stadt in der Prov. Kiangsu, China, am Jangtsekiang und Kaiserkanal, rd. 207 600 Ew.

Tsch'enstochau, Czenstochau, poln. **Czestochowa**, Stadt im westl. Polen, an der Warthe, 187 600 Ew., bedeutender Wallfahrtsort (Bild der ‚Schwarzen Madonna‘); metallurg. Kombinat, Textilind.

Tscheremch'owo, Stadt in Ostsibirien, Sowjetunion, an der Transsibir. Bahn, 116 000 Ew.; bedeutende Kohlenlager.

Tscherem'issen, eigener Name **Mari**, ostfinn. Volk zwischen der mittleren Wolga und Wjatka; der Hauptteil ist in der ASSR der →Mari seßhaft.

Tscher'enkow, Čer'enkov, Pawel Aleksejewitsch, sowjet. Physiker, * 1904, Prof. in Moskau, entdeckte 1934 den **T.-Effekt**, das Aussenden elektromagnet. Strahlung (**T.-Strahlung**) durch sehr schnelle Elektronen in einem opt. Mittel (z. B. Wasser), wenn die Lichtgeschwindigkeit in diesem Mittel durch die Elektronengeschwindigkeit übertroffen wird; Nobelpreis für Physik 1958. - **T.-Zähler**, Nachweisgerät für schnelle geladene Teilchen, die T.-Strahlung aussenden.

Tscher'epowez, Industriestadt in der Russ. SFSR, im N des Rybinsker Stausees, 189 000 Ew.

Tscherk'assy, Stadt in der Ukrain. SSR, Flußhafen am Dnjepr, 159 000 Ew.; Maschinen-, Nahrungsmittel- u. a. Industrie.

Tscherk'essen, eigener Name **Adyge**, **Adighe**, kaukas. Völkergruppe. Sie leben vorwiegend im Adighischen (→Adyge) und im Karatschaiisch-Tscherkessischen A. G. (→Karatschaier). Das **Tscherkessische** gehört zu den westkaukas. Sprachen.

Tscherk'essk, die Hauptstadt des Karatschaiisch-Tscherkess. Autonomen Gebiets, Russ. SFSR, am Kuban, 67 000 Ew.

Tscherk'eßka, langer gegürteter Überrock der Tscherkessen mit Patronenbändern; u. a. von den Kosaken übernommen.

Tsch'ermak, Erich, Edler von **Seysenegg**, Botaniker, * 1871, † 1962, entdeckte selbständig neben Correns und de Vries die Mendelschen Vererbungsgesetze.

Tschern'igow, Gebietshauptstadt in der Ukrain. SSR, Flußhafen an der Desna, 159 000 Ew.; eine der ältesten russ. Städte (um 907 erwähnt); Textil-, synthet. Kautschuk- u. a. Industrie.

Tschernik'owsk, nordöstl. Vorstadt von Ufa, war bis 1956 selbständige Stadt.

Tschernosem [-sj'ɔm, russ.] der, die →Schwarzerde.

Tschernowz'y, →Czernowitz.

Tschernysch'ewskij, Nikolaj Gawrilowitsch, russ. Schriftsteller, * 1828, † 1889, Verfechter radikal-sozialist. Ideen; Roman ,Was tun?‘ (1867).

Tscheroki, →Cherokee.

Tscherrap'undschi, engl. **Cherrapunji**, regenreichster Ort Asiens, im Khasigebirge (im Mittel jährlich 12 000 mm).

Tscherw'enkow, Wylko, bulgar. Politiker (Kommunist), * 1900, wurde 1949 Gen.-Sekr. der KP, war 1950-56 MinPräs.

Tscherw'onez der, -/...onzen, ehem. russ. Münzeinheit.

Tsch'etniks, →Četnici.

Tschetsch'enen, Volksstamm im N-Kaukasus; zu ihnen gehören die Inguschen u. a.

Tschetsch'eno-Ing'uschische Autonome Sozialistische Sowjetrepublik, Teilrep. der Russ. SFSR, im nördl. Kaukasusvorland, 19 300 km², 1,065 Mill. Ew.; Hauptstadt: Grosnyj. Getreide-, Obst-, Weinbau; Erdölgewinnung; Maschinen- u. a. Ind.

Tschechoslowakei: Dorf in den Beskiden

Tschia-i, Stadt in Taiwan, 217 000 Ew.; Sägewerke; Reis-, Zucker-, Erdnußhandel.

Tschiang Kai-schek, chines. Marschall und Politiker (Kuomintang), * 1887, seit 1911 an der Revolution Sun Yat-sens beteiligt, verhinderte nach dessen Tod die Machtübernahme der Kommunisten (1927). 1928-31 Präs. der Regierung in Nanking; seit 1932 Oberbefehlshaber der chines. Armee, arbeitete nach dem japan. Einfall (1931) 1936-45 mit den Kommunisten zusammen. Seit 1948 Präs. der Rep. China, zog er sich nach dem Sieg der Kommunisten im Bürgerkrieg mit seiner geschlagenen Armee nach →Taiwan zurück. Dort wurde er Präs. der nationalen Rep. China.

Tschiat'ura, Stadt im Südkaukasus, Grusin. SSR, 25 000 Ew.; bedeutende Manganerzlager.

Tschiba, Chiba, Provinzhauptstadt auf Honschu, Japan, 407 000 Ew.

Tschib'uk der, lange Tabakspfeife der Türken.

Tschifu, →Yentai.

Tschikuho, Chikuho, Kohlengebiet im N der Insel Kiuschu, Japan. Das Revier ist Grundlage der Schwerind. von Kitakiuschu.

Tschili, früherer Name von →Hopei.

Tschimk'ent, Gebietshauptstadt in der Kasach. SSR, an der Turkestanisch-Sibir. Bahn, 247 000 Ew.; bedeutende Bleihütte, chem., Maschinen- u. a. Industrie.

Tschin'ab, engl. **Chenab,** einer der fünf Ströme des Pandschab, in Pakistan, kommt vom Himalaya und mündet, mit dem Satledsch vereinigt, in den Indus.

Tschingis Chan, Dschingis Chan, urspr. **Temudschin,** Begründer des Mongol. Weltreichs, * um 1155 oder 1167, † 1227, wurde Herrscher der gesamten Mongolei; seit 1206 unter dem Titel T. C.; Uiguren, Tanguten u. a. unterwarfen sich ihm. Seine Heere eroberten u. a. das Reich der Kin in N-China und der Mongolei, Peking, 1219 Korea und schlugen die Russen 1223 an der Kalka. Das von T. C. hinterlassene Reich erstreckte sich vom chines. Meer bis an die Pforte Europas.

Tschinkiang, chines. Stadt, →Tschenkiang.

Tschippew'äer, →Chippeway.

Tschirnhaus, Ehrenfried Walter Graf von, * 1651, † 1708, stellte als erster Porzellan in Europa her.

Tschirtsch'ik, Stadt im Gebiet Taschkent, Usbek. SSR, 108 000 Ew.

Tschischima, Chishima, japan. Name der →Kurilen.

Tschistjak'owo, bis 1964 Name der Stadt →Tores.

Tschit'a, Gebietshauptstadt im transbaikal. Teil der Sowjetunion, an der Transsibir. Bahn, 242 000 Ew.; nahebei Kohlenbergbau.

Tschitsch'erin, Georgij Wassiljewitsch, sowjet. Politiker, * 1872, † 1936, war als Volkskommissar des Äußeren (1918-30) am Abschluß des Rapallo-Vertrags beteiligt.

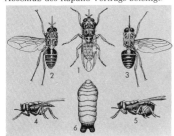

Tsetsefliege: **1** *sitzend mit kennzeichnender Flügelhaltung.* **2** *Glossina palpalis,* **3** *Glossina morsitans; beide Arten mit künstlich ausgebreitetem Flügel.* **4, 5** *Glossina morsitans:* **4** *nüchtern,* **5** *vollgesogen.* **6** *Larve. (Abb.* **1-5** *etwa 1¹/₂fach vergr.; Abb.* **6** *etwa 3fach vergr.)*

Tschittagong, engl. **Chittagong,** Stadt in Bangla Desh, Großhafen, 363 000 Ew.; Juteausfuhr.

Tschk'alow, russ. Stadt, →Orenburg.

T-Schnitt, beim Okulieren ein T-förmiger Einschnitt in die Rinde.

Tschogori, der Berggipfel →K₂.

Tschokwe, Bantuvolk, →Chokwe.

Tschombé, Moïse, kongoles. Politiker, * 1919, † 1969, erklärte 1960 die Kongo-Prov. Katanga für unabhängig und wurde deren Präs. Nach Aufhebung der Sezession (1963) ging er ins Exil, war 1964/65, zurückgerufen, MinPräs., dann erneut im Exil, wurde 1967 in Abwesenheit zum Tode verurteilt. Nach Algerien entführt und inhaftiert, starb er in der Haft.

Tschomol'ungma [,Göttin-Mutter des Landes'], tibet. Name des Mount Everest.

Tschöndschau, Tschendschu, Provinzhauptstadt in S-Korea, 221 000 Ew.

Tschöngdschin, Tschönggjin, Hafenstadt in NO-Korea, 350 000 Ew. Ausfuhrhafen für die Mandschurei; großer Fischlandeplatz.

Tschorten, der tibet. →Stupa, mit meist quadrat. Unterbau, blasenförmigem Mittelteil, vielfach unterteilter Spitze.

Tschou En-lai, chines. Politiker, * 1898, gehört seit 1924 zu den Führern der chines. Kommunisten, seit 1949 MinPräs. und (bis 1958) Außenminister der Volksrep. China.

Tschou En-lai   Tschiang Kai-schek

Tscho Oyu, Berg im Himalaya, 8153 m hoch; Erstersteigung 1954.

Tschuang-tse, chines. Philosoph des frühen Taoismus, 2. Hälfte des 4. Jahrh. v. Chr.

Tsch'udi, Ägidius (Gilg), schweizer. Geschichtsschreiber, * 1505, † 1572, verfaßte u. a. ein ‚Chronicon Helveticum' (1734 bis 1736); die Tellsage in ihrer späteren Gestalt geht auf ihn zurück.

Tsch'uikow, Wassilij Iwanowitsch, sowjet. Marschall, * 1900; 1948-53 Oberbefehlshaber der sowjet. Besatzungsstreitkräfte und Chef der Militärverw. in Dtl.

Tschu-kiang, →Perlfluß.

Tsch'uktschen, altsibir. Volk auf der **Tschuktschen-Halbinsel,** leben von Jagd, Fischfang, Rentierzucht. Ihr Wohngebiet innerhalb der Russ. SFSR ist der **Nationalbezirk der T.** (737 700 km², 101 000 Ew.; Verwaltungssitz: Anadyr).

Tschungking, engl. **Chungking,** Stadt in der Prov. Szetschuan, China, 2,12 Mill. Ew., Endpunkt der regelmäßigen Schiffahrt auf dem Jangtsekiang; Schwerindustrie.

Tschu Teh, chines. General, * 1886, organisierte 1927 die chines. Rote Armee; bekleidete mehrere hohe Ämter in der Volksrep. China und wurde 1959 Präs. des Ständigen Ausschusses des Volkskongresses.

Tschuw'aschen, tatarisch-finn. Volk in der Sowjetunion, rechts und links der mittleren Wolga; ihre Sprache ist ein selbständiger Zweig des Türkischen.

Tschuw'aschische Autonome Sozialistische Sowjetrepublik, Teilrep. der Russ. SFSR, rechts der mittleren Wolga, 18 300 km², 1,224 Mill. Ew.; Hauptstadt: Tscheboksary. Ackerbau; Holzverarbeitung u. a. Industrie.

Tsetsefliege, die Stechfliegengatt. **Glos-**

sina im trop. Afrika (unter 2000 m Höhe). T. können beim Stich Trypanosomen auf Mensch und Vieh übertragen.

Tsetsekrankheit, eine durch Tsetsefliegen übertragene Trypanosomenkrankheit der Haustiere (bes. der Einhufer) in Afrika.

Tsinan, die Hauptstadt der Prov. Schantung, China, 862 000 Ew.; Univ.; landwirtschaftl. Handel; Textil- u. a. Industrie.

Tsinghai, chin. Provinz in Zentralasien, 721 000 km², 2 Mill. Ew.; Hauptstadt: Sining.

Tsingtau, engl. **Tsingtao,** Hafenstadt in der Prov. Schantung, China, 1,121 Mill. Ew.; Textil-, Zement- u. a. Industrie. (→Kiautschou)

Tsinlingschan, Gebirge in China, die östl. Fortsetzung des Kun-lun; bis 4107 m hoch.

Ts'i Po-schi, chines. Maler, * 1863, † 1957, schuf Bilder von Pflanzen, Blumen, Tieren, mit virtuosem Pinsel in schwarzer Tusche und leuchtenden Farben gemalt.

Tsitsikar, Stadt in der Mandschurei, China, 668 000 Ew. Ende des 17. Jahrh. als Festung gegründet.

Tsonga, Bantuvolk in SO-Afrika, bes. Moçambique, rd. 2,3 Mill.

Tsuba, das Stichblatt des japan. Schwerts, eine meist kreisrunde Eisenplatte, oft mannigfach durchbrochen und mit Einlagen verziert.

Tsubo, japan. Flächenmaß: 3,306 m².

Ts'umeb, Bergwerksort in Südwestafrika, im Otavi-Bergland, Kupfer-, Blei-, Zinkförderung und Verhüttung.

Tsun'ami [japan.], →Flutwellen.

Ts'uschima, Tsushima, Inselgruppe Japans in der Koreastraße, 697 km², 69 550 Ew. - 27. 5. 1905 Vernichtung der russ. Flotte durch die Japaner unter Togo.

Tswana, Betschuanen, Bantuvolk bes. in Südafrika und Botswana, rd. 1,1 Mill.

TU, Abk. für Technische Universität.

TÜA, Abk. für →technische Überwachung.

Tuaillon [tyaj'ɔ̃], Louis, Bildhauer, * 1862, † 1919, lange in Rom, schuf Bildwerke in formklarem Stil (Amazone, Bronze, 1895, Berlin).

Tuam'otu-Inseln, Paumotu-Inseln, Inselgruppe im Stillen Ozean, 1064 km², 6600 Ew.; gehört zu Französisch-Polynesien. Kokospalmen, Fischerei.

Tuaps'e, Hafen und Seebad am Schwarzen Meer, Sowjetunion, 49 000 Ew.; Erdölleitung von Maikop.

Tuar'eg, Ez. Targi, nomadischer Berberstamm (Kamelzüchter) in der Sahara und

Tuareg bei Tamanrasset, algerische Sahara

im mittleren Nigergebiet. Die rd. 550 000 T. sind Muslime, sie haben Klassenschichtung, eine eigene Schrift **(Tifinagh).**

Tub [tab], engl. Gewicht, für Butter: 84 lb = 38,102 kg; Tee: 60 lb = 27,216 kg.

Tuba

T′uba [lat.] *die,* tiefes Blechblasinstrument mit mehrfach gewundener Schallröhre, Kesselmundstück und 3-5 Ventilen. Die T. wird in mehreren Größen (**Baßtuba, Kontrabaßtuba**) gebaut. Bei den Römern war die T. eine gerade Trompete. (Bild Blasinstrumente)

Tübbing *der,* ein aus Segmenten zusammengesetzter Gußeisen- oder Stahlring als beständiger Schacht- oder Tunnelausbau.

Tube, ⚥ *der* →Eileiter (**T.-Schwangerschaft,** die Eileiterschwangerschaft) und die Ohrtrompete (→Ohr).

Tube Investments Ltd. [tj′u:b-], Birmingham, bedeutender Hersteller von Präzisionsstahlrohren und Fahrrädern. Das Kapital der stahlproduzierenden Beteiligungsgesellschaft wurde 1967 von der British Steel Corp. erworben. Kap.: 35,5 Mill. £; 66 750 Beschäftigte (1968/69).

Tub′erkel [lat.] *der,* ⚥ →Tuberkulose.

Tuberkul′in *das,* das von Robert Koch aus der Nährflüssigkeit von Tuberkelbakterienkulturen gewonnene **Alt-T.** und das von ihm aus getrockneten Bakterien hergestellte **Neu-T.** Bei **T.-Proben** wird T. meist auf oder unter die Haut gebracht. Rötung besagt, daß der Getestete infiziert ist.

Tuberkul′ose *die,* Abk. **Tb(c),** die in der gemäßigten Zone verbreitetste Infektionskrankheit des Menschen und der Wirbeltiere (volkstümlich ‚Schwindsucht‘). Erreger ist das 1882 von R. Koch entdeckte **Tuberkelbakterium** (Mycobacterium tuberculosis, ‚Kochscher Bazillus‘, Bild Bakterien); Übertragung durch Einatmen der Erreger (Tröpfchen- und Staubinfektion) oder durch verseuchte Nahrungsmittel (z. B. Milch tuberkulöser Rinder). Die T. verläuft meist in Form einer schleichenden Entzündung, wobei sich Gewebsknötchen (**Tuberkel**) bilden. Am häufigsten ist die **Lungen-T.,** bei der man zwischen der offenen (mit Aushusten von Tuberkelbakterien; Ansteckungsgefahr) und der geschlossenen unterscheidet. Allgemeine Anzeichen sind z. B. Abmagerung, leichtes Fieber. Die Veränderungen der Lungen zeigen bestimmte Stadien: **Erst-** oder **Primärherd** an der ersten Eintrittsstelle der Tb-Bakterien in den Körper, kann verkäsen, d. h. in käseartige Masse übergehen, heilt aber meist unter Verkalkung aus; **Frühinfiltrat,** Lungenverdichtung, meist infolge Neuinfektion, oft in den Lungenspitzen als Lungenspitzenkatarrh; **Kaverne,** durch Gewebseinschmelzung entstandener Hohlraum im Lungengewebe. Auswurf setzt meist erst nach Erweichen von Herden ein. - Weitere Formen der T. sind z. B. **Kehlkopf-, Darm-, Nieren-, Knochen-, Gelenk-, Lymphknoten-** und **Haut-T.** Durch Streuung (Aussaat) von Bakterien von einem erkrankten Organ auf dem Blutweg kann **Miliartuberkulose** entstehen, bei der sich gleichzeitig viele kleine Tuberkel im ganzen Körper bilden. - Frühzeitige Erkennung der T. ist für die Heilung sehr wichtig (T.-Beratungsstellen, Röntgen-Reihenuntersuchungen). Neben Maß-

nahmen zur Hebung der Körperabwehrkräfte wie Bettruhe, Freiluftliegekuren (bes. im Rahmen einer Heilstättenkur) und kalorienreicher Ernährung kommen neuzeitl. Heilmittel wie Conteben, PAS, Streptomycin, Neoteben zur Anwendung. Bei Lungen-T. werden auch Lungenoperationen angewendet. Die in Dtl. noch freiwillige Schutzimpfung der Kinder mit dem Bazillus Calmette-Guérin (BCG) zeigt gute Erfolge.
Rechtliches. In der Bundesrep. Dtl. unterliegt die T. der Meldepflicht. Dem T.-Kranken steht eine staatl. T.-Hilfe zu. Auf Grund des Bundes-Seuchenges. v. 18. 7. 1961 können Zwangsmaßnahmen gegen T.-Kranke durchgeführt werden.

Tuber′ose [lat.] *die,* mexikan. Liliengewächs mit hyazinthenähnl. Traube weißer, duftreicher Blüten; Zierpflanze. Anbau in Südfrankreich zu T.-Öl (für Parfümerien).

Tübingen, Stadt in Bad.-Württ. am Neckar, 56 000 Ew., alte Universitätsstadt, hat mehrere Max-Planck-Institute u. a. wissenschaftl. Einrichtungen; industrielle

Tübingen: Häuserfront am Neckar

Mittelbetriebe. Die Altstadt, vom Schloß Hohentübingen (16. Jahrh.) überragt, ist reich an alten Bauten. - T. unterstand eigenen Pfalzgrafen und kam 1342 an Württemberg.

Tubman [t′ʌbmən], William V. S., Staatspräs. von Liberia (seit 1944), * 1895, † 1971.

Tubu′ai-Inseln, Inselgruppe der Tuamotu-Inseln, Stiller Ozean, 174 km², rd. 4400 Ew.; gehört zu Französ.-Polynesien.

T′ubus [lat.] *der,* Rohrstück, z. B. das linsentragende Rohr bei Fernrohren, Mikroskopen u. dgl.

Tuch, 1) Tuchbindung, in der Wollind. Bez. für Leinwandbindung, →Bindung 2). **2)** festes Gewebe, vornehmlich aus wollenen oder wollhaltigen Kamm- oder Streichgarnen, bes. für Herren- und Knaben-Oberbekleidung.

Tuchatsch′ewskij, Michail Nikolajewitsch, sowjet. Marschall (1936), * 1893, † 1937 (hingerichtet im Verlauf der polit. ‚Säuberung‘ durch Stalin); hatte maßgebl. Anteil am Aufbau der Roten Armee.

Tuchmacher, handwerklicher und industrieller Lehrberuf; Lehrzeit 3 Jahre.

Tuch′olsky, Kurt, Schriftsteller, Decknamen Theobald **Tiger,** Ignaz **Wrobel,** Peter **Panter,** Kaspar **Hauser,** * 1890, † (Selbstmord) Schweden 1935, gab mit S. Jacobsohn, dann Carl von Ossietzky die ‚Schaubühne‘ (später ‚Weltbühne‘) heraus; Satiriker und Zeitkritiker von großer Treffsicherheit und beißender Ironie; vertrat einen links gerichteten pazifist. Humanismus. Humorist. Erzähler (‚Rheinsberg‘, 1912, ‚Schloß Gripsholm‘, 1931).

Tucson [t′u:sɔn], Stadt in Arizona, USA, 262 900 Ew., Univ., Carnegiebibliothek.

Tucumán, San Miguel de T., Provinzhauptstadt in Argentinien, am Fuß der Kordilleren, 287 000 Ew., kath. Erzbischofssitz, Universität; Nahrungsmittel- u. a. Industrie.

Tudor [tj′u:də], engl. Königshaus, regierte 1485-1603.

Tudor-Stil, in der engl. Kunst der unter den Tudors bis zum Regierungsantritt der Königin Elisabeth I. (1558) vorherrschende Stil; kennzeichnend ist der Tudorbogen.

Tuff *der,* leicht verkittete, lockere Gesteinsmasse. Vulkan. T. bilden sich aus vulkan. Aschen u. ä., Kalk-T. sind poröse Kalksteinausscheidungen.

Tu Fu, chines. Dichter, * 712, † 770, bedeutender Lyriker.

Tug′an-Baran′owskij, Michail, russ. Volkswirtschaftler, *1865, †1919, Prof. in St. Petersburg und Kiew.

Tugend, Tüchtigkeit, sittl. Haltung (→Kardinaltugenden).

Tuiler′ien *die,* franzöſ. **Palais des Tuileries** [tyilr′i:], ehem. Schloß in Paris, an der Stelle von Ziegeleien (tuileries) durch Katharina von Medici 1564 begonnen, 1792 vom Volk erstürmt, 1871 im Kommuneaufstand niedergebrannt.

Tu′isto [nach Tacitus ‚Germania‘], bei den Germanen der erste Mensch (wohl als Zwitter gedacht). Erst sein Sohn heißt mannus (,der Mensch‘).

Tuk′an *der,* ♙ →Pfefferfresser.

Tuk′an, Sternbild des Südhimmels.

Tuk′ano, indian. Sprachgruppe in Südamerika (Peru, Kolumbien, Ecuador).

T′ula, 1) Stadt in der Sowjetunion, südl. von Moskau, 462 000 Ew.; Industrieschwerpunkt mit Kohlen- und Eisenerzbergbau, Hütten, metallurg. u. a. Werken; alte Bauten (u. a. Kreml von 1521). **2)** Altmexikan. Stadt, →Tollan.

T′ula-Arbeiten, Silberwaren, die mit schwarzen Einlagen verziert sind (→Niello); im 19. Jahrh. bes. in Tula hergestellt.

Tuläräm′ie, Hasenpest, eine Pasteurellenkrankheit der wildlebenden Nagetiere, mit Lymphknotenschwellung; auf Haussäugetiere und den Menschen übertragbar. T. wird in Dtl. veterinärpolizeilich bekämpft.

Tüll *der,* ein netz- oder spitzenartiges Textilzeugnis für Gardinen, Schleier u. a.

Tülle *die,* Ausfluß an Kannen, auch trichterförmiger Isolierkörper zur Führung elektr. Leitungen durch Wände, in Geräte u. a.

Tulln, Stadt in Niederösterreich, an der Donau, im **Tullner Feld** (Ebene), 7800 Ew.; roman. Kirche, barocke Minoritenkirche.

T′ullus Host′ilius, nach der Sage der dritte röm. König (672-640 v. Chr.).

Tulpe, Gattung der Fam. Liliaceae, ein frühblühendes Zwiebelgewächs. Die Garten-T. sind Kreuzungen und Fortzüchtungen oriental. Arten, sie werden in vielerlei Formen und Farben gezüchtet.

Tulpenbaum, Magnoliengewächs mit meist vierlappigen Blättern, gelblichgrünen, tulpenförmigen Blüten und aufrechten Fruchtzapfen.

Tulsa [t′ʌlsə], Stadt im Staat Oklahoma, USA, am Arkansas, 331 600 Ew., Staatsuni-

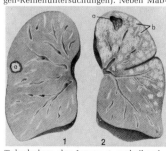

*Tuberkulose der Lunge: **1** verkalkender Erstherd (a); **2** Kaverne a in der Lungenspitze mit Bakterien-Aussaat b innerhalb der Lunge*

Kurt Tucholsky   *Iwan S. Turgenjew*

Tulpen: links Wildtulpe (aus Persien eingeführt); Mitte einfache Gartentulpe; rechts lilienblütige Tulpe

versität; Erdöl- und Naturgasfelder, chem. und Maschinenindustrie.

T'umba [lat.] *die,* ein sarkophagartiges Grabmal, bestehend aus einem rechteckigen Unterbau, der die Grabplatte trägt, im Spätmittelalter auch mit einem Baldachin.

Tumler, Franz, österreich. Schriftsteller, * 1912; Erzählungen ,Der erste Tag' (1940) u. a.; Romane ,Der Schritt hinüber' (1956) u. a.

T'umlirz, Otto, österreich. Pädagoge und Psychologe, * 1890, † 1957.

Tümmler *der,* **1)** eine Taubenrasse. **2)** Art der →Schweinswale.

T'umor [lat.] *der,* ♀ *die* →Geschwulst.

Tumor-Viren, →Viruskrankheiten.

Tum'ultschaden, ♫ *der* durch innere Unruhen verursachte Schaden; den Ersatz der Sachschäden regelt das T.-Schäden-Ges. i. d. F. v. 29. 3. 1924.

T'umulus [lat.] *der,* prähistor. Hügelgrab.

tünchen, Mauerwerk mit verdünntem, meist gefärbten Weißkalk anstreichen.

T'undra [russ. aus finn.] *die,* die bes. aus Mooren und niedrigen Pflanzen (Moose, Flechten, Zwergsträucher) bestehende arkt. Vegetation jenseits der Waldgrenze.

Tuner [tjʊnɔ, engl.] *der,* die Abstimmungseinrichtung von Hörfunk- und Fernsehempfänger, im weiteren Sinne bei Hörfunkempfängern der Empfangsteil bis zum Ausgang des Demodulators.

Tunesien, Republik in N-Afrika, 164 150 km² mit 5,1 Mill. Ew. Hauptstadt: Tunis; Amtssprache: Arabisch. Nach der Verf. von 1959 ist Staatsoberhaupt der Präs. Staatsreligion ist der Islam sunnitischer Prägung, dem 96% der Ew. angehören. ⊕ II/III, Bd. 1, nach S. 320. Währung ist der tunes. Dinar = 1000 Millimes. ⏣ S. 1179. ☐ Bd. 1, S. 392.

Landesnatur. Den N des Landes durchziehen die Ausläufer des Tell- und Sahara-Atlas mit eingeschalteten welligen Steppen. Die Küstenebenen sind frucht-

bar. Im S schließen sich die Zone der Salzsümpfe und Salztonebenen sowie die Ausläufer des wüstenhaften östl. Großen Erg (Sanddünen) an. Der N hat Mittelmeerklima, im S beginnt der Einfluß des saharischen Trockenklimas.

Die **Bevölkerung** besteht aus Arabern und arabisierten Berbern; nur 2% sprechen noch Berberdialekte. Die Zahl der Europäer verringert sich ständig. Größte Bevölkerungsdichte im nördl. und nordöstl. Küstengebiet. Trotz allgem. Schulpflicht 67% Analphabeten. Univ. in Tunis.

Wirtschaft. 40% der Erwerbstätigen arbeiten in der Landwirtschaft, die rd. die Hälfte der Landesfläche nutzt. Getreide und Oliven stehen an erster Stelle; für den Export sind vor allem Olivenöl, Citrusfrüchte und Weintrauben von Bedeutung; ferner werden Halfagras (für die Celluloseindustrie) und Kork gewonnen. In den Steppen herrscht Viehzucht (Schafe, Rinder). Die Waldfläche (7,5%) soll durch Wiederaufforstung vergrößert werden, um die fortschreitende Erosion aufzuhalten. Der Bergbau; dessen Produkte an erster Stelle der Ausfuhr stehen, fördert vor allem Phosphate (4. Stelle der Welterzeugung), Erdöl (bei El-Borma, seit 1966), daneben Eisen- und Bleierze. Die Industrie erzeugt Konserven, Superphosphat, Zement, Glas, Papier, Zucker; in handwerkl. Betrieben wird Getreide, Wolle (Teppiche) und Leder verarbeitet. Wichtigster Devisenbringer ist der Fremdenverkehr. Haupthandelspartner: Frankreich. Haupthäfen: Tunis, Sfax, Sousse und Biserta; Erdölhafen: La Skhirra (bes. für Erdöl aus Algerien). Das Straßennetz umfaßt rd. 17 000, das Eisenbahnnetz 1500 km. Internat. Flughafen: Tunis-El Aouina.

Geschichte. T. war zunächst Kerngebiet Karthagos, seit 146 n. Chr. der röm. Prov. Afrika, seit 439 n. Chr. des Wandalenreichs; 533 byzantinisch, 675 arabisch,

1574 türkisch, 1871 autonom, 1881 französ. Protektorat. 1946 wurde es assoziierter Staat der Französ. Union, 1956 unabhängig. 1956 wurde H. Bourguiba MinPräs., nach der Absetzung des Beis Sidi Mohammed III. (1957) Staatspräsident. 1958 räumten die französ. Truppen das Land; 1963 wurde der Militärstützpunkt Biserta an T. zurückgegeben.

Tungbaum, Baumart (Wolfsmilchgewächs) im mittleren China. Das Samenöl **(Tungöl, Holzöl)** wird für Farben, Linoleum, Ölpapier u. a., als Brennöl verwendet.

Tungtinghu, See in der Prov. Hunan, China, mit wechselndem Umfang (Sommer: 5500 km², Winter: fast trocken).

Tung'usen, eigener Name **Ewenki,** mongolische Völkergruppe in N- und Ost-Asien, Jäger, Fischer, Viehzüchter; leben meist in den Nationalbezirken der Dolgano-Nenzen (→Dolganen) und der Ewenken der Russ. SFSR.

Tung'uska, Name dreier rechter Nebenflüsse des Jenissej, in Sibirien: **1) Obere T.,** der Unterlauf der →Angara. **2) Mittlere** oder **Steinige T.,** 1654 km lang. **3) Untere T.,** 2768 km lang.

Tun-huang, Oasenstadt in der Prov. Kansu, China; in der Nähe Höhlentempel, in denen Kunstwerke und Handschriften des 6.-11. Jahrh. gefunden wurden.

T'unika *die,* -/ . . . ken, altröm. Kleidungsstück, weißwollenes Hemd, das bis unter die Knie reichte.

T'unis, die Hauptstadt von Tunesien, an einer Lagune im Golf von T., Mittelmeer, 469 000 Ew. einschließlich Vororten; Universität (1674), bis 1964 Erzbischofssitz; große Basare; Textil- u. a. Industrie. - Das antike T. wurde wohl gleichzeitig mit dem nahen Karthago gegründet.

Tunnel *der,* **1)** unterirdisch geführte Strecke eines Verkehrsweges. Meist wird von beiden Seiten ein Richtstollen von 5-10 m² Querschnitt vorgetrieben, der gewöhnlich auf der Sohle liegt (Sohlstollen). Von ihm aus wird der Vollausbruch an mehreren Stellen gleichzeitig vorgenommen, der Hohlraum durch Spritzbeton und Felsanker gesichert. **Unterwasser-T.** werden meist mit Schildvortrieb gebaut: In Richtung der Tunnelachse wird mit hydraul. Pressen ein Stahlrohr von der Größe des T. und mit einer vorderen Schneide, dem Brustschild, in das Gebirge gedrückt. Unter dem Schutz des Schildes wird das Gebirge abgetragen. Anschließend wird der entstandene Hohlraum sofort mit Tübbings ausgesteift. Die längsten dt. T.: Zugspitzbahn-T. 4466 m, Kaiser-Wilhelm-T. bei Cochem 4203 m, Distelrasen-T. bei Schlüchtern 3575 m, neuer Elbe-T. bei Hamburg 3300 m (Straßen-T.). Längste Alpen-T.: Simplon-T. 19 823 m (2. Röhre), Gotthard-T. 15 003 m, Lötschberg-T. 14 612 m, Mt.-Cenis-T. 12 200 m, Arlberg-T. 10 250 m, Montblanc-T. 11 600 m (Straßen-T.). **2)**

Tunesien: links Weinfelder südlich von Tunis; rechts Oase Gafsa

Montblanc-Tunnel

kellerartiger, meist wassergefüllter Raum zur Aufbewahrung bestrahlter Spaltstoffelemente.

Tunneldiode, Esaki-Diode (nach dem Erfinder), eine Halbleiterdiode, die in einem Teil des Durchlaßbereiches infolge des Tunneleffektes einen negativen Widerstand hat. Sie wird als sehr schnell arbeitender Schalter, z. B. in elektron. Rechenanlagen, benutzt.

Tunneleffekt, in der Quantenmechanik die Überwindung rücktreibender Kräfte ohne den nach klass. Gesetzen notwendigen Energieaufwand; ist nach statist. Gesetzen dann möglich, wenn dem Bereich des Energieverlusts ein Bereich des Energiegewinns folgt. In anschaulicher Darstellung unterfährt ein Teilchen beide Bereiche wie in einem Tunnel.

Tunnel über der Spree, 1827-97 Berliner Gesellschaft von Künstlern und Dichtern, der u. a. A. Menzel, Geibel, Storm, Heyse, Fontane angehörten; bestand bis 1897.

Tupam'aros Mz., Stadtguerillas in Lateinamerika.

Tüpfel der, ⊕ dünne Stelle in verdickten pflanzlichen Zellwänden; dient dem Stoffaustausch zwischen den Zellen.

Tüpfelfarn, Farnkrautgattung; der **Gemeine T. (Engelsüß)** lieferte mit seinem zuckerreichen Wurzelstock Volksarznei.

Tupí-Guaraní, Gruppe sprachverwandter südamerikan. Indianerstämme. Die **Tupi-Sprachen,** einer der großen südamerikan. Sprachstämme, sind südlich des Amazonas und an der Küste bis zum La Plata verbreitet, **Guaraní** auch in Paraguay und NO-Argentinien. Die T.-G.-Sprachen werden von rd. 1,94 Mill. Menschen gesprochen.

T'ura, Cosimo, italien. Maler, * 1429/30, † 1495; ein Hauptmeister der Schule von Ferrara, schuf scharf umrissene, stark plast. Fresken, religiöse und mytholog. Bilder.

Tur'ako der, Vogel, →Pisangfresser.

Tur'an, Tiefland zwischen den westl. Randgebirgen Mittelasiens und dem Kasp. Meer (→Turkestan).

T'urandot [pers. ‚Turaniertochter'], Heldin einer Erzählung der oriental. Sammlung ‚1001 Tag'. Die Prinzessin gibt ihren Freiern Rätsel auf und läßt sie töten, wenn sie keine Lösung finden; schließlich erhört sie den Bewerber, der die Rätsel lösen kann. Commedia dell'arte von Carlo Gozzi (1762), von Schiller für die dt. Bühne bearbeitet. Opern von F. Busoni (1917), G. Puccini (1926) u. a.

T'urban der, Kopfbedeckung in Vorderasien und Indien; eine mit Streifen aus Musselin oder Seidenstoff umwundene Kappe.

Turb'ine, eine Maschine, in der die Strömungsenergie von Dampf, Gas, Wasser mit Hilfe rotierender Laufräder in mechan. Arbeit umgewandelt wird, →Dampfturbine, →Gasturbine, →Wasserturbine.

Turb'inen-Luftstrahl-Triebwerk, Abk. **TL-Triebwerk,** ein →Strahltriebwerk.

Turboantrieb, Strahlantrieb, der Antrieb durch ein Turbinen-Luftstrahl-Triebwerk.

turbo-elektrischer Antrieb, ein Lokomotiv- und Schiffsantrieb, bei dem von Dampf- oder Gasturbinen angetriebene Generatoren den Strom für die elektr. Fahrmotoren liefern.

Turbogenerator, ein von Dampf- oder Gasturbinen angetriebener Generator.

Turboprop-Triebwerk, Propellerturbine, ein →Strahltriebwerk.

turbul'ent [lat.], stürmisch, wirbelnd.

turbul'ente Bewegung, unregelmäßige Bewegung einer Flüssigkeit oder eines Gases, bei der sich viele kleine Wirbel bilden.

T'urda [rumän.], dt. **Thorenburg,** ungar. **Torda,** Stadt in Siebenbürgen, Rumänien, 50 100 Ew.; Metall-, chem., keram. Ind.

Turenne [tyr'ɛn], Henri de Latour d'Auvergne Vicomte de, * 1611, † (gefallen) 1675, französ. Marschall (1644) im Dreißigjährigen Krieg und in den Feldzügen Ludwigs XIV.

Turf [tɔːf, engl.] der, Rennbahn; Pferderennsport.

T'urfan, Oasenstadt in Sinkiang-Uighur, China, rd. 15 000 Ew., in der Umgebung buddhist. Altertümer (4. und 12. Jahrh.).

Turg'enjew, Iwan Sergejewitsch, russ. realist. Schriftsteller, * 1818, † 1883, griff ideelle, polit. und soziale Probleme des damaligen Rußland auf (Leibeigenschaft, Zerfall des Gutsadels, revolutionäre Bewegung u. a.). Romane: ‚Rudin' (1855), ‚Adelsnest' (1858), ‚Am Vorabend' (1860), ‚Väter und Söhne' (1862), ‚Rauch' (1876), ‚Neuland' (1876); lyrisch gefärbte Erzählungen, Novellen, Gedichte in Prosa (1882), Dramen (‚Ein Monat auf dem Lande', 1850). Bild S. 1268

T'urgor [lat.] der, der Innendruck von Zellen und organ. Geweben, bewirkt durch genügenden osmot. Druck (→Osmose) der Zellflüssigkeit, der die Zellen prall erhält. Der T. bei Pflanzen schwindet im Welken durch Wasserverdunstung.

Turgot [tyrg'o:], Anne Robert Baron de l'Aulne, französ. Staatsmann, Anhänger des Physiokratismus, * 1727, † 1781. Als Finanzmin. Ludwigs XVI. entwarf er den Plan einer inneren Reform (Ablösung der Frondienste u. a.), scheiterte am Widerstand der bevorrechteten Stände.

Tur'in, italien. **Torino, 1)** Prov. Italiens, in Piemont, 6830 km², 2,28 Mill. Ew. **2)** die Hauptstadt von 1) und Piemont, 1,19 Mill. Ew., am oberen Po, Erzbischofssitz, Universität u. a. Hochschulen, Akademie der Wissenschaften; Kathedrale, Kirchen: San Domenico, San Lorenzo u. a., Schloß, Stadthaus; Kraftwagen (Fiat, Lancia)-, Textil-, Leder-, Flugzeugmotoren-, chem., Nahrungs- und Genußmittelindustrie. - Das kelt.-röm. Augusta Taurinorum kam um 1045 als Mittelpunkt Piemonts an das Haus Savoyen und war seit 1482 dessen Residenz. 1861-65 Hauptstadt des Kgr. Italien.

Türk'ei, Republik in Kleinasien und Südosteuropa, 780 576 km², 34,375 Mill. Ew. (davon in Europa 23 623 km², 2,976 Mill. Ew.), Hauptstadt: Ankara. ⊕ VIII/IX, Bd. 1, n. S. 320. Amtssprache: Türkisch. Die Rechtsprechung wurde 1926 nach dt., schweizer. und italien. Vorbild erneuert. Staatsoberhaupt ist der auf 7 Jahre gewählte Präsident (Verfassung von 1961). Wehrpflicht vom 20. bis 47. Lebensjahr. ▯ S. 1179. ▭ Bd. 1, S. 392.

Landesnatur. Außer einem kleinen Anteil an Europa (Ostthrakien) umfaßt die Türkei die Halbinsel Kleinasien. Das Innere, ein meist 900-1200 m hohes steppenhaftes Hochland, wird von Bergzügen durchsetzt und von Gebirgen nach außen abgeschlossen (Pontisches Gebirge, Taurus). Im O erhebt sich die T. im Ararat-Hochland bis über 3000 m. Hauptflüsse: Kizilirmak in W, Euphrat und Tigris in O; zahlreiche Seen, darunter der Vansee. Das Klima ist im Innern trocken mit starken Temperaturschwankungen, an der Küste feuchter und mittelmeerisch.

Bevölkerung. Sie besteht überwiegend aus Türken. In den Gebirgen des O leben Kurden (1,7 Mill.) und Armenier, an der syr. Grenze Araber (340 000), in Istanbul 82 000 Griechen; außerdem Tscherkessen, Juden u. a. Religion: 98% sind Muslime. Bildung: Schulpflicht vom 7. bis 12. Lebensjahr. Universitäten in Istanbul (2), Ankara (2), Smyrna und Erzurum.

Wirtschaft. Haupterwerbszweig ist die Landwirtschaft: Weizen, Gerste, Hülsenfrüchte, Baumwolle, Ölsaaten, Obst, Gemüse, Oliven, Tabak, Zuckerrüben u. a. Im Innern herrscht Viehzucht (Schafe, Ziegen, Rinder) vor. Der Bergbau fördert Stein- und Braunkohle, Chrom, Eisen, Kupfer u. a., neuerdings auch Erdöl (¹/₃ des Bedarfs, Erdölleitung Batman-Iskenderun). Die Industrie wird noch ausgebaut. Sie umfaßt Eisen- und Stahl-, chem., Papier-, Textil-, Zement-, Zuckerindustrie. Ausfuhr bes. Tabak, Früchte, Baumwolle, Getreide, Erze. Währung ist das türkische Pfund zu 100 Kurus. Verkehr: 7900 km Bahnlinien und 61 500 km Straßen. Haupthäfen sind Istanbul und Smyrna; Hauptflughäfen Istanbul und Ankara.

Geschichte. Unter Osman I. (1288-1326)

Turin: Schloß

Türkei: Urgüp-Tal in Kappadokien

breiteten sich die aus Turkestan eingewanderten Türken auf Kosten der Rum-Seldschuken in Kleinasien aus und gründeten das alte Türkische oder **Osmanische Reich**, das sich im 14./15. Jahrh. über den Balkan ausdehnte. Sultan Mohammed II. (1451-81) eroberte 1453 Konstantinopel, das er zur Hauptstadt erhob. Seither nannten sich die Sultane häufig Kalif. Selim I. (1512 bis 1520) eroberte 1516/17 Syrien und Ägypten mit der Arab. Halbinsel und sicherte die Stellung des Reiches gegenüber Persien, dem 1534 Bagdad entrissen wurde.

Den Höhepunkt erreichte die osman. Macht unter Suleiman II. (1520-66), der die Eroberungspolitik in Europa wiederaufnahm: Siebenbürgen und der größte Teil Ungarns wurden dem Osman. Reich einverleibt (1526 und 1541) und Wien 1529 erstmals belagert. Der Sultan schuf eine Staatsverwaltung, die auf Jahrhunderte hinaus in Kraft blieb. Nach der Einigung mit Frankreich (1535) trat Suleiman in diplomat. Beziehungen mit den europ. Mächten; seine Flotte wurde zur Vormacht im Mittelmeer, die durch den Seesieg bei Lepanto (1571) erschüttert wurde.

Den Machtumschwung leitete der Fehlschlag der zweiten Belagerung Wiens 1683 ein: in den →Türkenkriegen drängten Österreich und Rußland die Osman. Reich in Europa zurück. Gleichzeitig verfiel es im Innern. Während Österreich Ende des 18. Jahrh. als Gegner zurücktrat, wurde Rußland zum gefährlichsten Gegner des Sultans. Großbritannien bot ihm Rückhalt, bes. gegen Rußland im →Krimkrieg. Doch konnten sich die Völker der Balkan-Halbinsel (Griechen, Serben, Rumänen, Bulgaren) und ebenso die Wahhabiten in Arabien zwischen 1812 und 1913 verselbständigen. 1878 nahm Österreich-Ungarn Bosnien in Besitz; in Ägypten ging der türk. Einfluß im 19. Jahrh. zurück. Italien eroberte 1911/12 Tripolitanien, und die →Balkankriege 1912/13 beschränkten das Osman. Reich in Europa auf O-Thrakien.

Die von den Jungtürken geplanten Reformen verhinderten das Eintreten der Türkei in den Ersten Weltkrieg auf der Seite der Mittelmächte. Im Vertrag von Sèvres (1920; von der Türkei nicht ratifiziert) wurde die Türkei auf Anatolien beschränkt. Aber Mustafa Kemal Pascha (später →Atatürk) vertrieb 1921/22 an der Spitze der Nationaltürken die Griechen und Alliierten aus Kleinasien und erreichte im Frieden von Lausanne (1923), daß die T. im wesentlichen ihre heutigen Grenzen erhielt. 1922 wurde Sultan Mohammed VI. entthront, 1924 das Kalifat abgeschafft. Atatürk wurde 1923 Präsident; er führte viele Reformen nach europ. Vorbild durch. Sein Nachfolger Ismet Inönü (1938-50) schloß 1939 mit England und Frankreich einen Beistandspakt für das Mittelmeer- und

Balkangebiet ab. Im Febr. 1945 erklärte die T. Dtl. den Krieg. 1952 trat die T. dem Nordatlantikpakt bei, 1955 schloß sie den →Bagdadpakt mit Großbritannien, Irak, Iran und Pakistan, im März 1959 ein zweiseitiges Sicherheitsabkommen mit den USA. Das Verhältnis zu Griechenland war zeitweilig durch die Nationalitätenfrage auf →Zypern sehr belastet.

Nach Ausscheiden des Iraks trat 1959 an die Stelle des Bagdadpaktes die →CENTO. 1960 führte ein Staatsstreich unter General Gürsel zum Sturz der Regierung Menderes (seit 1950 im Amt); Menderes wurde hingerichtet. Unter Staatspräs. Gürsel (1961 bis 1966) leitete I. Inönü die Regierung, bis 1965 die Republik. Volkspartei durch die Gerechtigkeitspartei in der Regierung abgelöst wurde. Unter dem Eindruck rechts- und linksradikaler Aktionen zwang die militär. Führung MinPräs. Demirel 1971 zum Rücktritt. Sie setzte der neuen polit. Führung (1971-72 MinPräs. Erim, seit Mai 1972: Melen) die Aufgabe, unter scharfer Sicherung der Staatsautorität soziale Reformen einzuleiten.

Türken, Osm'anen, Volksstamm der türk. Völkergruppe, etwa 30 Mill. Menschen, im größten Teil Kleinasiens, in Konstantinopel und Adrianopel.

Türkenbund, eine zur Gattung →Lilie gehörige Pflanze. (Bild Alpenpflanzen)

Türkenkriege, 1) **Die T. Österreichs.** Suleiman II. eroberte nach dem Sieg bei Mohács 1526 den Großteil Ungarns und griff Wien an, das von den Grafen Niklas Salm erfolgreich verteidigt wurde (1529). Zur Abwehr richtete Österreich die →Militärgrenze ein. 1664 siegte Montecuccoli bei St. Gotthard an der Raab. Die große Wende brachte der T. von 1683-99: Die Türken stießen 1683 abermals gegen Wien vor, das von Graf Rüdiger von Starhemberg verteidigt wurde, bis das Entsatzheer unter dem Herzog Karl von Lothringen und dem Polenkönig Johann Sobieski die Schlacht am Kahlenberge gewann und Wien befreite. Karl von Lothringen erstürmte 1686 Ofen und erfocht 1687 den Sieg bei Mohács. Dann siegte Markgraf Ludwig Wilhelm von Baden bei Nisch 1689 und Slankamen 1691. Schließlich errang Prinz Eugen von Savoyen 1697 bei Zenta den Sieg über Mustafa II. Im Frieden von Karlowitz 1699 mußte die Türkei an Österreich Ungarn (mit Ausnahme des Banats von Temeschburg) und Siebenbürgen abtreten. In einem neuen T. siegte Prinz Eugen bei Peterwardein 1716 und Belgrad 1717. Der Friede wurde 1718 bei →Passarowitz geschlossen. Nach dem nächsten T. (Friede von Belgrad 1739) mußte Österreich alle Erwerbungen von 1718 mit Ausnahme des Banats preisgeben. Zum letzten Mal kämpfte Österreich 1787-1791 mit Rußland gegen die Türken.

2) **Die T. Rußlands.** Der T. von 1710-11 führte zur Einschließung Peters d. Gr. am Pruth; er konnte sich durch die Rückgabe Asows freikaufen. Der T. von 1735-39 trug den Russen nach erfolgreichen Kämpfen auf der Krim endgültig den Besitz Asows ein. Durch die siegreichen T. der Kaiserin Katharina II. von 1768-74 (Friede von Kütschük Kainardschi) und 1787-92 (Friede von Jassy) wurde das ganze Nordufer des Schwarzen Meers russisch. Der T. von 1806-12 endete mit der Abtretung Bessarabiens an Rußland. Unter Nikolaus I. wurde der T. von 1828-29 geführt; danach überließ die Türkei den Russen die Ostküste des Schwarzen Meers; ferner erhielt Rußland die Inseln an der Donaumündung, die Schutzherrschaft über die Donaufürstentümer und freie Durchfahrt durch Bosporus und Dardanellen. Griechenland wurde unabhängig. Der →Krimkrieg von 1853-56 verlief für Rußland negativ. Der russischtürk. Krieg 1877-78 endete mit dem →Berliner Kongreß, auf dem die russ. Vorteile des Vorfriedens von San Stefano stark eingeschränkt wurden. Rußland mußte die 1856 abgetretene südl. Bessarabien zurück, dazu ein kaukas. Grenzgebiet. Rumänien und Serbien erlangten die völlige Unabhängigkeit, und ein neues Fürstentum Bulgarien wurde geschaffen.

Türkentaube, →Lachtaube.

Turkest'an, Turkistan, das westl. Innerasien, zwischen dem Kasp. Meer und Lopnor, durch die Gebirge Pamir und Tienschan geschieden in das sowjet. **West-T.** und in **Ost-T. (Chinesisch T.).** - West-T. stand einst unter dem Einfluß Altpersiens, später der islam. Reiche; seit etwa 1500 bestanden die Staaten Chiwa und Buchara, die mit den übrigen Gebieten T.s 1867/98 an Rußland kamen. Ost-T., ehem. unter mongol. Herrschaft, kam 1759 an China.

Turkestan-Sibirische Bahn, Turksib, 1927-31 erbaute Bahnlinie von Lugowoj über Tschu, Alma-Ata bei Semipalatinsk (1445 km), die mit den schon früher fertiggestellten Abschnitten Frunse-Dschambul-Tschimkent-Arys Anschluß an die Orenburg-Taschkent-Bahn und die Transkasp. Bahn fand.

Türk'is der, himmelblaues bis grünes triklines Mineral, $CuAl_6(PO_4)_4(OH)_2 \cdot 4 H_2O$; Edelstein. (Tafel Edelsteine)

türkische Kunst, →islamische Kunst.

türkische Literatur. Denkmäler gibt es seit dem 8. Jahrh. Seit dem 14. Jahrh. begannen sich Literaturen in einzelnen modernen Türksprachen zu entwickeln. Eine Blütezeit der Dichtkunst war das 16. Jahrh. (Baki, Fusuli). Das 17.-19. Jahrh. brachten einzelne bedeutende Dichter wie den Satiriker Nef'i (†1634/35) hervor. Im 19. Jahrh. setzte sich europäischer, vor allem franz. Einfluß immer mehr durch (Abdülhakk Hamid Tarhan, 1852-1937). Mehmed Emin Bej (1869-1944) leitete zu einem national-türk. Schrifttum über (philosoph. Vorkämpfer Ziya Gök Alp, 1876-1924). Erzähler: Halide Edib Adivar, Yakup Kadri Karaosmanoğlu, Peyami Safa, Sabahattin Ali, Sait Faik, Orhan Kemal, Yasar Kemal. - In der Volkskunst sind bes. die Schattenspiele bemerkenswert.

türkische Musik. Die türk. Kunstmusik entspricht im wesentlichen der in allen islam. Ländern auffallend einheitl. Kunstmusik; die Volksmusik dagegen läßt noch die sehr verschiedenartigen Wurzeln des heutigen türk. Volkes erkennen. Am ehesten als türkisch dürfte die Musik der türkmen. Bevölkerung bezeichnet werden. Die Strophen ihrer Lieder bestehen meist aus vier Zeilen zu je 11 Silben. Charakteristisch sind rufartige Haltetöne und ein abwärts gerichteter Melodieverlauf.

Türkischer Honig, Süßware aus Zucker, Honig, Eiweißschaum, Gelatine u. a.

Türkischer Weizen, der Mais.

Türkisches Bad, das irisch-röm. Bad.

türkische Sprachen gehören zu den altaischen Sprachen. Wichtigste Türksprache

Turk

ist **Türkisch** (Osmanisch, in der Türkei), das seit 1928 mit latein. Schrift geschrieben wird. Besonderen Lautwert haben: c [dʒ], ç [tʃ], ğ [je nach der Stellung: j oder gh], ı [dumpfes y], j [ʒ], ş [s], s [ʃ], v [w], y [j], z [z].

türkisch-italienischer Krieg 1911/12, endete im Frieden von Ouchy (Lausanne) am 18. 12. 1912: Abtretung Tripolitaniens, des Dodekanes und Rhodos' an Italien.

Türkischrot, leuchtende rote Farbe zum Färben von Baumwolle.

Türkm enen, eines der Türkvölker, leben in der Sowjetunion und im Chorassan.

Turkm enische Sozialistische Sowjetrepublik, eine Republik der Sowjetunion (seit 1924), in Mittelasien, 488 100 km², 2,16 Mill. Ew. (davon 60,9% Turkmenen, 17,3% Russen, 8,3% Usbeken), Hauptstadt Aschchabad. Die T. SSR, zwischen Amu-Darja, Kasp. Meer und den Ausläufern des Hindukusch, besteht meist aus Wüsten und Halbwüsten mit nur wenigen Oasengebieten (z. B. Mary). Außerordentlich wichtig für die Bewässerungswirtschaft ist der Kara-Kum-Kanal (von Bosaga am Amu-Darja bis 130 km nordwestl. von Aschchabad).

Turks- und Caicos-Inseln, Gruppe der brit. Bahama-Inseln; 400 km², etwa 6000 Ew.

T urku, schwed. **Abo,** Hauptstadt der VerwBez. T.-Pori, Finnland, am Bottn. Meerbusen, 154 700 Ew.; finn. (1922) und schwed. (1919) Universität, Observatorium; Schiffbau, Maschinen- u. a. Ind. Der Dom (1290) ist Finnlands älteste Kirche, das Schloß Finnlands älteste Festung (13. Jahrh.).

Türkvölker, eine große Gruppe sprachlich eng verwandter Völker in Osteuropa und Asien. Hauptgruppen: Tataren, Türken, Türkmenen, Baschkiren.

Turm, 1) hohes Bauwerk mit kleiner Grundfläche. 2) Figur im Schachspiel.

T urmair, latinisiert **Aventinus,** Johannes, Geschichtsschreiber, * 1477, † 1534, verfaßte eine ,Bayrische Chronik' (bis 1519), gab die erste Karte Bayerns (1523) heraus.

Turmal in [frz.] der, säulenförmig kristallisierendes Mineral, meist schwarz, auch farbig, selten farblos, ein Magnesium-Aluminium-Borsilicat; Schmuckstein. (Tafel Edelsteine)

Türme des Schweigens, Dakhma, bei den Parsen die Türme, auf denen die Toten den Geiern zum Fraß ausgesetzt werden.

Turmschädel, ♯ eine Schädelmißbildung.

Turmschwalbe, Mauerschwalbe, der Mauersegler (→Segler 1).

Turmspringen, →Wasserspringen.

Turnen, Sammelbezeichnung für eine Vielzahl verschiedener Leibesübungen mit und ohne Geräte. Kernstück des T. sind das →Bodenturnen und das →Geräteturnen. An **Turngeräten** unterscheidet man Geräte, mit denen geturnt wird (z. B. Hantel,

Stäbe, Seil, Ball) und Geräte, an denen geturnt wird (z. B. Seitpferd, Ringe, Barren, Reck, Schwebebalken). Sonderformen des T. sind T. am Rhönrad, das Trampolin-T. sowie das orthopäd. T. Das T. mit Handgeräten leitet zur Gymnastik über. Zum T. zählen auch Turnspiele.

Die heutige Form des T. geht bes. auf Fr. L. Jahn, E. Eiselen, K. Fr. Friesen zurück. Die liberalen Ideen der Turner führten zum Verbot des T. (1819-1842). In Skandinavien entwickelte sich die von H. P. Ling geschaffene schwedische Gymnastik. Älteste Turngemeinschaften in Deutschland sind die Hamburger Turnerschaft (1816) und die Mainzer Turnerschaft (1817). 1868 wurde die **Dt. Turnerschaft (DT)** gegründet, 1950 der **Dt. Turnerbund (DTB;** Sitz: Frankfurt/Main). In der Dt. Dem. Rep. besteht der **Dt. Turn-Verband (DTV),** gegr. 1952. - Die Turngeschichte Österreichs verlief im 19. Jahrh. ähnlich wie die deutsche; die österreich. Turner gehörten bis 1904 der Dt. Turnerschaft an. Oberster Verband in Österreich ist der 1946 gegr. **Österreichische Fachverband für T. (ÖFfT).** - In der Schweiz wurde der erste Turnverein 1819 gegr. Heute organisiert das T. der 1832 gegr. **Eidgenössische Turnverein (ETV).**

Turner [t'ɔːnə], William, engl. Maler, * 1775, † 1851, schuf Landschafts- und Meeresbilder, oft mit mytholog. Figuren. Um die Wirkungen von Licht, Luft und Farbe zu erfassen, löste er sich zunehmend von der Gegenstandswiedergabe. (Bild Englische Kunst)

Turnerschaft, 1) Deutsche T., →Turnen. 2) eine Gattung student. Verbindungen.

Turnhalle, geschlossener Raum zum Turnen, mit Geräten und Nebenräumen (Umkleide-, Waschraum).

T ürnich, Gem. in Nordrh.-Westf., 12 800 Ew., Braunkohlenbergbau.

Tur nier [frz.] 1) Kampfspiel der Ritter vom 11. bis zur Mitte des 16. Jahrh. (→Buhurt, →Tjost). 2) Wettspiel, Wettkampf; z. B. Reit-T.

Turnlehrer, früher häufig verwendete Bez. für →Sportpädagoge.

Turnpike [t'ɔnpaik, engl.], gebührenpflichtige Schnellverkehrsstraße in Nordamerika.

T urnu Severin, Stadt in Rumänien, 54 600 Ew., Hafen an der Donau, am Eisernen Tor, Handels- und Industriezentrum.

Turn üre [frz.] die, gewandtes Benehmen; →Cul de Paris.

T urnus [lat.] der, festgelegte, sich wiederholende Reihenfolge.

Turnwart, Leiter der Turnbetriebes.

Türöffner dienen zur Fernbetätigung der Tür. Der Schloßriegel und der sperrenden Teils des Schließbleches. Sie werden elektromagnetisch oder durch Druckluft betätigt.

Türschließer zum selbsttätigen Schließen einer Tür sind im einfachsten Fall Schraubenfedern oder Gewichtszüge; beim **Druckluft-T.** wird beim Öffnen der Tür

durch einen Kolben Luft in einen Zylinder gesaugt, die langsam wieder entweicht; entsprechend beim **Öldruck-T.**

Tusch [frz.] der, 1) Billardstoß. 2) ♪ kurze Akkordfanfare.

Tusche, Farblösung für Zeichnungen mit radierfestem Strich, aus Farbstoff, angerieben mit Bindemitteln und destilliertem Wasser. **Chinesische T.** enthält Kiefernruß und Knochenleim.

Tuschmalerei wurde in Ostasien bes. von Priestern der buddhist. Meditationsschule (→Zen) ausgebildet. Sie setzt überlegene Beherrschung des Pinsels voraus, da die zum Malen verwendeten Seiden und Papiere kein Radieren oder Übermalen gestatten, und die künstler. Vorstellung beim ersten Ansatz festgehalten werden muß (→chinesische Kunst, →japanische Kunst).

T usculum, altröm. Stadt in den Albaner Bergen, beim heutigen Frascati, einst Lieblingsaufenthalt vornehmer Römer.

Tuszien, →Toskana.

Tut-ench-Am un, ägypt. König um 1350 v. Chr., Schwiegersohn Amenophis' IV. 1922 wurde im Tal der Könige bei Theben sein wohlerhaltenes Grab mit überreichen Schätzen entdeckt (Kairo, Museum).

Tuticor in, Hafenstadt an der SO-Küste Indiens, 135 200 Ew., Baumwollindustrie und Salzgärten.

T utilo, T uotilo, Mönch in St. Gallen, † um 900, Baumeister, Bildhauer, Elfenbeinschnitzer, Goldschmied, Musiker und Dichter. Seliger (Tag: 27. 4.).

T utor [lat.] der, 1) Vormund, Beschützer. 2) [tjuːtɔ, engl.], der Studienleiter in einem College.

T utsi, T ussi, Wat ussi, afrikan. Hirtenvolk, →Hima.

t utti [ital.] ♪ alle Stimmen des Chors oder Orchesters; Orgel: volles Werk.

Tuttifrutti [ital.] das, Gericht aus verschiedenem Obst, auch mit Gefrorenem.

Tuttlingen, Stadt in Bad.-Württ., an der oberen Donau, 26 600 Ew.; chirurg. Instrumente, Uhren, Textilien, Kartonagen u. a.

Tutu ila, eine der Samoa-Inseln, Flottenund Funkstelle der Verein. Staaten.

Tutu ola, Amos, afrikan. Schriftsteller, * 1920; ,Der Palmweintrinker' (1952).

TÜV, →technische Überwachung.

T uwim, Juljan, poln. Schriftsteller, * 1894, † 1953, Lyriker; Mitgründer der Gruppe des ,Skamander'.

Tuw iner Mz., die Bewohner der Tuwinischen ASSR, wohl Nachkommen türkisierter Samojeden.

Tuw inische Autonome Sozialistische Sowjetrepublik, Autonome Sozialist. Sowjetrep. in der Russ. SFSR, 170 500 km², 231 000 Ew., zwischen Sibirien und der Mongolei; u. a. Gewinnung von Kohle und Steinsalz. Hauptstadt: Kysyl. T. gehörte früher zu China, wurde 1921 formell selbständig **(Urjanchai,** später **Tannu-Tuwa),** geriet in Abhängigkeit von der Sowjetunion, wurde 1944 als Autonomes Gebiet aufgenommen, 1961 zur ASSR erhoben.

1 2 3 4

Turnen: **1** *Überschlag rückwärts in den Stand am Barren.* **2** *Anschweben am Pferd.* **3** *Riesenfelge rücklings vorwärts am Reck.* **4** *Spannhang an den Ringen*

TV, Abk. für Television, Fernsehen.

TVA, die →Tennessee Valley Authority.

TWA, Abk. für →Trans World Airlines.

Twain [twein], Mark, →Mark Twain.

Tward'owskij, Aleksandr, russ. Schriftsteller, * 1910, † 1971, nach 1953 ein Hauptvertreter des ‚Tauwetters'.

Tweed [twi:d] der, Fluß in Schottland, 156 km lang, bildet im Unterlauf die Grenze zwischen Schottland und England, mündet in die Nordsee.

Tweed [twi:d, engl.] der, Gewebe aus kräftigen, melierten, auch genoppten Garnen in lockerer Bindung.

Twen [von engl. twenty ‚zwanzig'] der, junger Mensch von 20-29.

Tw'ente, Landschaft in der Prov. Overijssel, Niederlande, durchzogen vom **T.-Kanal** (Binnenschiffahrtsweg zur Ijssel).

Twentieth Century Fox-Film Corporation [tw'entiːθ s'entʃəri-kɔːpər'eiʃən], New York, amerikan. Filmgesellschaft.

Twer, bis 1931 Name von →Kalinin.

Twickenham [tw'iknəm], ehem. Stadt in der Gfsch. Middlesex, England, seit 1963 Teil des Londoner Stadtbez. Richmond upon Thames; Rugby-Stadion, Filmateliers.

Tw'inset [engl.] das, Strick- oder Wirkwarenkombination (Pullover, Jäckchen).

Twist [engl.] der, **1)** Stick- oder Stopfgarn aus Baumwolle. **2)** Gesellschaftstanz im ⁴/₄-Takt.

Twostep [t'u:stεp, engl.], Gesellschaftstanz im ²/₄-Takt, kam 1906 aus Amerika.

Tyche, griech. Mythos: Göttin des Glücks und des Zufalls. Die Römer setzten T. Fortuna gleich.

T'ympanon, das, **1)** →Bogenfeld. **2)** Trommel der griech. Antike.

Tyndale, Tindale [tindl], William, engl. Bibelübersetzer, * um 1490, † 1536, wurde auf Veranlassung Heinrichs VIII. 1535 als Ketzer gefangengenommen, schließlich erdrosselt und verbrannt. Sein Übersetzungswerk, von anderen vollendet und überprüft, wurde 1611 unter Jakob I. als ‚Authorized version' herausgegeben.

Tyndall [tindl], John, irischer Physiker, * 1820, † 1893, Prof. in London, untersuchte Diamagnetismus, Wärmestrahlung. Thermoelektrizität u. a. **T.-Effekt,** Erscheinungen, die bei der Streuung des Lichts an kleinsten Teilchen auftreten, z. B. Färbung, Helligkeit, Polarisation des Lichts, in Abhängigkeit von Größe, Form und Material der Teilchen.

Tyndallometer, Gerät zum Messen des Staubgehaltes der Luft: An den Staubteilchen gestreutes, polarisiertes Licht wird photometrisch gemessen.

Tyne [tain] der, Fluß in Nordengland, 129 km lang, mündet in die Nordsee.

Tynemouth [t'ainmauθ, -məθ], Hafenstadt in N-England, an der Mündung des Tyne, 71 700 Ew., Seebad; Schiffbau; Fischerei.

Typ [grch.] der, **1)** kurz für→Typus. **2)** Vorbild, Muster.

Type [grch.] die, **1)** 📖 die→Letter 2). **2)** absonderlich wirkender Mensch.

T'yphon, 1) griech. Mythos: feuerspeiender, schlangenleibiger Riese. **2)** griech. Name des Gottes Seth.

Typhus [grch.] der, eine Infektionskrankheit, bes. im Spätjahr und bei jüngeren Menschen auftretend. Erreger ist das 1880 von Eberth und Gaffky zuerst beschriebene **T.-Bakterium,** das meist durch Nahrung oder Trinkwasser, auch durch Berührung und Bazillenträger übertragen wird. Beginn der Krankheit etwa 3 Wochen nach der Ansteckung mit Kopfschmerzen, Fieber, Darmkatarrh, Benommenheit. Ein kleinfleckig-blaßroter Hautausschlag am Unterleib tritt meist in Schüben auf; im Dünn- oder Dickdarm bilden sich Geschwüre, die Darmblutungen und, bei Durchbruch der Darmwand, Bauchfellentzündung hervorrufen können. Vorbeugung: T.-Schutzimpfung, Absonderung der Kranken, ständige Desinfektion von Wäsche, Ausscheidungen. Erfolgreiche Behandlung mit Antibiotica.

typisch [grch.], dem Typus entsprechend, besonders kennzeichnend.

Typisierung, Typung, die Beschränkung von Produktionsmitteln und Konsumgütern auf wenige Typen, ein besonderer Zweig der →Normung.

Typograph'ie die, ursprünglich die Buchdruckerkunst, heute die künstlerische Gestaltung eines Druckwerks (Wahl von Type, Schriftgrad und Satzspiegel, Satz des Textes, der Titelei usw.).

typogr'aphischer Punkt, kleinste Einheit im typograph. Maßsystem, 1 typograph. Punkt (p)=0,376 mm. In t. P. werden die Schriftgrade (→Schriften) angegeben.

Typotron, eine Elektronenstrahlröhre, deren Strahl durch eine Schriftzeichenauswahlplatte in der Art einer Schablone geformt wird und auf dem Leuchtschirm das entsprechende Zeichen abbildet.

T'ypus [grch.] der, -/...pen, die einer Gruppe von Dingen oder Individuen gemeinsame Grundgestalt, auch das vorbildliche Muster solcher Grundformen (so schon bei Plato, Aristoteles, Thomas v. Aquin, Leibniz, Goethe). **Typenlehre, T'ypologie,** eine nach T. einteilende beschreibende Wissenschaft. Die Bez. T. hat mehrere Bedeutungen: vom bloßen Ordnungsbegriff bis zum Idealbegriff oder prägnanten Schema; die neue Wissenschaftslehre unterscheidet meist **Durchschnittstypen** und **Idealtypen** (M. Weber).

Tyr, altgerman. Kriegsgott, ahd. **Ziu;** nach ihm ist der Dienstag benannt.

Tyr'ann [grch.] der, Gewaltherrscher. **Tyrann'ei** die, Gewaltherrschaft, Herrschsucht. **Tyr'annis** die, im Altertum eine ungesetzl. Form der Monarchie im Gegensatz zur Königsherrschaft (basileia).

Tyrannen, amerikan. Schreivogelfam., meist baumbewohnend; so der **Königsvogel,** 16 bis 18 cm lang, in Nordamerika.

tyrannisieren [grch.], unterdrücken, knechten.

Tyrone [tir'oːn], irisch **Tir Eoghain** [tjiːr 'oːin], Grafschaft in Nordirland, 3155 km², 136 000 Ew.; Hauptstadt Omagh.

T'yros, →Sur.

Tyros'in das, eine Aminosäure, kommt in den meisten Eiweißen vor.

Tyrrhenisches Meer, ital. **Mare Tirreno,** der Teil des Mittelmeers zwischen Italien, Korsika, Sardinien, Sizilien; bis 3758 m tief.

Tyrt'äus, griech. **Tyrtaios,** griech. elegischer Dichter im 7. Jahrh. v. Chr.; Kriegslieder für die Spartaner.

Tzara, Tristan, Schriftsteller, * Rumänien 1896, † 1963, gründete mit H. Arp u. a. die Züricher Gruppe des literar. Dadaismus, 1919 mit A. Breton, L. Aragon u. a. die Pariser Gruppe.

U

u, das **U,** der 21. Buchstabe im Abc, ein Selbstlaut.

U, 1) chem. Zeichen für Uran. **2)** birmanisch: Herr.

ü, Ü, Umlaut des U.

u. a., 1) und andere. **2)** unter anderem.

u. A., △ unter Anzeige. **u. A. w. g.,** auf Einladungen: um Antwort wird gebeten.

u. ä., und ähnliche.

Übach-Palenberg, Stadt in Nordrh.-Westf., 23 600 Ew.; Steinkohlenbergbau, Kiesgewinnung, Kalksandsteinwerk.

U-Bahn, Abk. für Untergrundbahn.

Ub'angi, der, längste Nebenfluß des Kongo, entsteht aus Uéle und Mbomu, mit Uéle 2350 km lang, mündet bei Irebu.

Ub'angi-Sch'ari, bis 1958 Name von →Zentralafrikanischen Republik.

Ube, Hafenstadt auf Honshu, Japan, 156 000 Ew.; Zentrum eines Kohlenreviers.

'Ubeda [uwaθa], Stadt in der Prov. Jaén, Spanien, 29 000 Ew., reich an Kirchen und Palästen der Renaissance.

Übelkeit, ein meist mit Brechreiz verbundenes Unwohlsein, z. B. bei Magenstörungen, bei →Bewegungskrankheit.

Überalterung, das Überwiegen der älteren Jahrgänge im Bevölkerungsaufbau.

Überbau, 1) bei Brücken die sich auf die Pfeiler und Fundamente stützenden Teile (Tragwerk, Fahrbahn). **2)** bei Gebäuden ein über die Mauerflucht hinausragender Teil eines Obergeschosses. **3)** 🏛 der Teil eines Gebäudes, der bei der Errichtung über die Grundstücksgrenze gebaut worden ist. Erfolgte der Ü. weder vorsätzlich noch grob fahrlässig und wird von dem Nachbarn nicht sofort Widerspruch erhoben, so ist er gegen die Geldrente zu dulden (§§ 912 ff. BGB.). **4)** Begriff des Marxismus: da nach K. Marx die gesellschaftl. Verhältnisse das menschl. Bewußtsein bestimmen, ist für ihn alle geistige Kultur nur **ideologischer** Ü. über der jeweiligen Produktionsverhältnissen (Basis).

Überbein, Ganglion, harte Geschwulst mit gallertigem Inhalt, meist eine entartete Gelenkkapsel nahe dem Handgelenk. Beseitigung durch Operation.

Überbeschäftigung besteht, wenn die Zahl der offenen Stellen die der Arbeitslosen übersteigt.

Überbewertung, →Bewertung von Vermögensgegenständen über den tatsächlichen oder gesetzlich zulässigen Wert hinaus.

Überblasen, ♪ das Hervorbringen höherer Teiltöne bei Blasinstrumenten durch verstärktes Anblasen, vor allem bei Trompeteninstrumenten.

Überbrettl, eine von E. von Wolzogen 1901 in Berlin gegr. Kleinkunstbühne.

Überbringerscheck, ein Scheck, der neben dem Zahlungsempfänger den Zusatz ‚oder Überbringer' enthält.

Überbrückungskredit, kurzfristiger Kredit zur Überwindung vorübergehenden Geldbedarfs; auch langfristiger Kredit für Sanierungen.

Überdruckkabine, →Druckkabine.

Übereignung, 🏛 rechtsgeschäftl. Übertragung des Eigentums; sie erfolgt bei Grundstücken durch →Auflassung und Eintragung in das Grundbuch (§§ 873, 925 BGB.), bei beweg. Sachen meist durch Einigung zwischen Veräußerer und Erwerber und Übergabe der Sache (§ 929 BGB.).

Überempfindlichkeit, →Allergie.

Überernährung, eine an Nährstoffen zu reiche Ernährung. Ü.-Kur, Form der Ernährungsbehandlung.

Überfall, 1) allgemein: überraschender Angriff. **2)** 🏛 **Überfallsrecht,** das Recht des Nutzungsberechtigten eines Grundstücks, die von einem Baum oder Strauch des

Nachbargrundstücks auf sein Grundstück fallenden Früchte an sich zu nehmen (§ 911 BGB.).

Überfallkommando, eine alarmbereite Polizeistreife.

überfangen, eine meist farblose Glasoberfläche mit einer dünnen Farbglasschicht überschmelzen.

Überfremdung, Wirtschaft: Eindringen ausländ. Kapitals in inländ. Unternehmen; soziologisch: übermäßiger Zustrom von Ausländern (z. B. Gastarbeitern) in ein Land.

Überfrucht, bei gleichzeitigem Anbau mehrerer Kulturen auf einer Fläche die räumlich über der Unterkultur stehende.

Übergabe, 1) das Waffenstrecken einer Truppe. 2) 🔲 die Übertragung des unmittelbaren Besitzes an einer Sache.

Übergangsvorschriften, 🔲 die Bestimmungen, die die Einwirkung eines neuen Gesetzes auf bestehende Rechtsverhältnisse regeln.

Übergossene Alm, Plateaugletscher des →Hochkönig, Salzburger Kalkalpen.

Überhälter, Oberständer, Waldrechter, gesunder, gut geformter Baum, den man beim Fällen (Abtrieb) eines Waldbestandes stehen läßt.

Überhang, auf ein Nachbargrundstück gewachsene Wurzeln oder herüberragende Zweige. **Überhangsrecht,** das Recht, vom Nachbargrundstück überhängende Zweige abzuschneiden, sofern die Beseitigung vergeblich angemahnt wurde und die Benutzung des Grundstücks beeinträchtigt wird (§ 910 BGB.).

Überhangmandate, in der Bundesrep. Dtl. die Direktmandate, die eine Partei über die ihr nach dem Verhältniswahlrecht zustehenden Sitze hinaus erlangt.

Überhitzer, im Dampfkessel ein System von Rohrschlangen, in denen gesättigter Dampf zu Heißdampf erhitzt wird.

Überhöhung, in Kurven einer Straße oder eines Gleises die nach innen gerichtete Querschnittneigung. Sie nimmt beim Durchfahren die Fliehkraft auf und ermöglicht so u. U. unverminderte Geschwindigkeit.

überholen, 1) ein vorausfahrendes Fahrzeug einholen und daran vorbeifahren. Bei Ländern mit Rechtsverkehr geschieht das Ü. links, nur bei Schienenfahrzeugen rechts. 2) instandsetzen, prüfen.

Über-Ich, nach S. Freud die Normen, denen sich das Ich unterwirft.

Überkingen, Bad Ü., Gem. in Bad.-Württ., 1400 Ew., am Rand der Schwäbischen Alb; alkal. Säuerling (Tafelwasser).

Überkompensation, ein übersteigerter Ausgleich (Kompensation) eines Fehlers oder Mangels, z. B. Angabe als Ü. von Schüchternheit.

Überlagerungsempfang, die Überlagerung einer im Rundfunkempfänger (Super) erzeugten Frequenz mit der Empfangsfrequenz, →Rundfunk.

Überlandzentrale, ein Unternehmen der Elektrizitätswirtschaft, versorgt einen kleineren Bezirk mit elektr. Energie.

Überläufer, 1) Soldat, der zum Feind übergeht. 2) 🦌 Wildschwein im 2. Jahr.

Überlebensrente, →Witwenrente.

Überlichtgeschwindigkeit, Geschwindigkeit, die größer als die Lichtgeschwindigkeit ist; mit Ü. pflanzen sich Materiewellen fort.

Überlingen, Stadt in Bad.-Württ., 12 800 Ew., am Nordufer des Überlinger Sees; got. Münster, spätgot. Rathaus; Maschinen-, Möbel- u. a. Ind.

Überlinger See, der nordwestl. Teil des Bodensees.

Übermalung, bei Gemälden eine nachträglich hinzugefügte Bemalung, entweder eine Korrektur des Künstlers selbst oder von fremder Hand ausgeführt.

übermäßig, ♪ um einen chromat. Halbton erhöht, z. B. übermäßige Quarte c-fis.

Übermensch, 1) mystisch-theolog.: der Gott(es)mensch (z. B. bei Tasso, Herder,

Jean Paul). 2) der Mensch, der über sein bisheriges Wesen hinauswächst, bes. das Zukunftsideal von Nietzsche (,Also sprach Zarathustra').

Übernahmekurs, der Kurs, zu dem eine Aktie oder Anleihe von der Emissionsbank übernommen wird.

Überpfändung, 🔲 eine Pfändung, die über das zur Befriedigung der Gläubiger notwendige Maß hinausgeht; sie ist verboten.

Überpflanze, der →Epiphyt.

Überproduktion, eine die Nachfrage übersteigende Herstellung von Gütern.

Überriese, Stern mit besonders großer Leuchtkraft und sehr großem Radius.

Überrundung, ✗ das Überholen des Gegners nach Gewinn einer oder mehrerer Bahnrunden.

übersättigt heißt eine Lösung, die mehr gelösten Stoff enthält, als sie im therm. Gleichgewicht enthalten kann.

Überschallflug, die Bewegung von Flugzeugen oder Flugkörpern mit Überschallgeschwindigkeit (→Schall). Der Wirkungsgrad von Luftschrauben sinkt in diesem Geschwindigkeitsbereich stark ab; daher sind nur Raketen- oder Strahltriebwerke brauchbar. Der Übergang vom Unterschallflug zum Ü. wird als Durchbrechen der Schallmauer bezeichnet. Etwa von der dreifachen Schallgeschwindigkeit ab machen sich die Erscheinungen der →Wärmemauer bemerkbar.

Überschallgeschwindigkeit, eine Geschwindigkeit von Körpern, die größer als die Schallgeschwindigkeit (→Schall) des umgebenden Mediums ist (in der Luft rund 1200 km/h, veränderlich mit der Höhe über dem Erdboden).

Überschallknall, →Schallmauer.

Überschlag, 1) Rechnung mit abgerundeten Größen. 2) Turnen: eine ganze Umdrehung des Körpers um die Querachse vor- oder rückwärts.

Überschuldung, eine Vermögenslage, bei der die Schulden größer sind als das Vermögen. Bei Ü. müssen u. a. Kapitalgesellschaften ein Vergleichs- oder Konkursverfahren beantragen.

Überschußreserve, die Guthaben der Kreditanstalten bei der Zentralnotenbank, die über die Mindestreserve hinausgehen.

Überschwemmung, ein Hochwasser, bei dem das Wasser über die Ufer tritt. Die vorsätzl. Herbeiführung einer Ü. wird, wenn sie mit Gefahr für Menschenleben verbunden ist, mit Freiheitsstrafe nicht unter 10 Jahren, fahrlässige Ü. mit Freiheitsstrafe bis zu 5 Jahren bestraft (§§ 312-14 StGB.).

Übersee, Länder jenseits der Weltmeere.

Überseedépartements, französ. **Départements d'Outre-Mer,** die 1946 zu Départements erhobenen früheren französ. Kolonien Guadeloupe, Martinique, Réunion und Französisch-Guayana.

Übersetzung, 1) die Übertragung eines Textes aus einer Sprache in eine andere. 2) ⚙ bei Hebelübertragung das Verhältnis der Hebelarme der wirkenden Kräfte, bei Riemen- oder Zahnradgetrieben das Verhältnis der Drehzahlen.

Übersetzungsmaschine, die Anwendungsform einer digitalen Rechenanlage für die Sprachübersetzung man.-wissenschaftl. Texte. Die Wortübersetzung geschieht durch Tabellenzuordnung im Speicher.

Übersichtigkeit, der Brechungsfehler des Auges. Der Übersichtige (,Weitsichtige') kann auf kurze Entfernung nicht scharf sehen. In die Ferne sieht er gut durch →Akkommodation.

übersinnlich, 1) mit menschl. Sinnen nicht wahrnehmbar. 2) übernatürlich.

überstaatlich, supranational, über den Staaten stehend; ü. Gemeinschaften sind im Gegensatz zu zwischenstaatl. Gemeinschaften mit eigenen Hoheitsrechten ausgestattet (z. B. die EWG).

Überstunden, die über die normale Arbeitszeit

hinaus geleistete Arbeit. Soweit die Ü. zugleich die normale gesetzl. Arbeitszeit überschreiten, liegt **Mehrarbeit** vor.

Übertrag, Buchhaltung: das Überschreiben eines Postens auf das nächste Blatt oder auf ein anderes Konto.

Übertragbarkeit, 🔲 die Möglichkeit, ein Recht oder eine Pflicht von einer Person auf eine andere zu übertragen (z. B. Abtretung, Schuldübernahme). Nicht übertragbar ist z. B. die unpfändbare Forderung.

Übertrager, ein Transformator mit besonders guten Übersetzungseigenschaften in einem bestimmten Frequenzbereich.

Übertragung, ⚕ 1) die Spätgeburt. 2) (positive) Gefühlsbindung des Patienten an den Psychoanalytiker als Ersatzperson.

Übertragungstechnik, Bindeglied zwischen Sende- und Empfangstechnik, hat die Aufgabe, die im Sender in elektr. Schwingungen verwandelte Nachricht möglichst unverzerrt über Draht oder drahtlos vom Sender zum Empfänger zu transportieren.

Übertragungswagen, Wagen mit Aufnahme- und Sendeanlagen für Ton und Bild zur Rundfunk- und Fernsehübertragung von Vorgängen außerhalb des Senderaumes.

Übertreten, ✗ das Treten auf den Rand des Absprungbalkens oder Stoßkreises, macht Sprung oder Stoß ungültig.

Übertretung, 🔲 die leichteste strafbare Handlung, wird mit Freiheitsstrafe bis 6 Wochen oder mit Geldstrafe bis zu 500 DM bedroht. Ü. sind im 29. Abschnitt des StGB. und in strafrechtl. Nebengesetzen (z. B. Straßenverkehrsges.) enthalten. Versuch und Beihilfe sind bei Ü. straflos. Die Strafverfolgung verjährt in 3 Monaten. - Im österreich. Recht wird die Ü. mit Arrest oder Geldstrafe, im schweizer. Recht mit Haft oder Buße bedroht.

Überversicherung liegt vor, wenn die Versicherungssumme den Versicherungswert übersteigt. Im Schadensfalle wird nur der Versicherungswert ersetzt.

Übervölkerung, das Mißverhältnis zwischen der wirtschaftl. Existenzmöglichkeiten in einem Raum und der Größe seiner Bevölkerung, gemessen am Lebensstandard in einem vergleichbaren Raum.

Übervorteilung, Bereicherung auf fremde Kosten; sie ist u. U. ein Fall des →Wuchers.

Überwachungsausschuß, ein ständiger Ausschuß des Bundestags, der dessen Rechte gegenüber der Bundesregierung zwischen zwei Wahlperioden wahrt (Art. 45 GG.); auch als Untersuchungsausschuß tätig.

Ueberweg, Friedrich, Philosoph, * 1826, † 1871, ,Grundriß der Geschichte der Philosophie' (1863-66).

Überweisung, 1) die bargeldlose Zahlung durch Umschreiben des Betrages vom Konto des Zahlenden auf das des Zahlungsempfängers auf Grund eines Auftrages (Ü.-Scheck). 2) in der Zwangsvollstrekkung die Übertragung einer gepfändeten Forderung zur Verwertung an den Gläubiger.

Überwurf, ✗ ein Ringergriff.

Überzeichnung, die Überschreitung des aufgelegten Betrages einer Wertpapieremission durch die Zeichnungen.

Überzeugungstäter, derjenige, der eine Straftat aus sittlicher, religiöser oder polit. Überzeugung begeht. Im dt. Strafrecht dafür keine besonderen Bestimmungen.

überziehen, 1) beim fliegenden Flugzeug den Anstellwinkel so stark vergrößern, daß die Strömung am Tragflügel abreißt und dadurch der Auftrieb plötzlich abfällt. 2) ein Bankkonto über das Guthaben hinaus beanspruchen.

Überzwerch, Wendelin, eigentl. Karl **Fuß,** * 1893, † 1962, Schüttelreime, humorvolle Verse.

'ubi b'ene 'ibi p'atria [lat.], ,wo (es mir) gut (geht), da (ist mein) Vaterland'.

'Ubier, westgerman. Volk, urspr. zwischen Main und Sieg, seit 38 v. Chr. von den Römern um Köln angesiedelt.

Ubiquität [lat.], Allgegenwart.

üble Nachrede, →Beleidigung.

U-Boot, das →Unterseeboot.

Übung, ⚔ Dienstleistung der nicht aktiven Soldaten (Wehr-Ü.).

Übungsfirma, gebildet von Schülergruppen, bes. in Lehrgängen von Angestelltenverbänden und fachl. Schulen, Hilfsmittel der Berufserziehung.

Übungsmunition, ⚔ enthält keine oder nur dem Übungszweck entsprechende Explosivstoffe.

Ucay'ali, Nebenfluß des Amazonas in Peru, 1960 km lang.

Uccello [utʃ'ɛlo], Paolo, italien. Maler, * 1397, † 1475, Meister der Florentiner Frührenaissance, um körperlich-räum-

P. Uccello: Ausschnitt aus einem Jagdbild (Oxford, Ashmolean Museum)

liche Gestaltung nach den Gesetzen der Perspektive bemüht (J. Hawkwood zu Pferd, Fresko, 1436, Florenz, Dom).

Uccle [ykl], fläm. **Ukkel, Oekel,** Wohnvorstadt von Brüssel, 78 100 Ew.

'Üchtland, voralpine Landschaft zwischen Aare und Saane um Freiburg, Schweiz; durch Ü. verläuft die deutschfranzös. Sprachgrenze.

Uicky [uts'itski], Gustav, Filmregisseur, * 1899, † 1961; Filme ,Flüchtlinge' (1933), ,Der zerbrochene Krug' (1937), ,Der Postmeister' (1940).

'Uckelei [poln.] *der,* **Ukelei,** bis 20 cm langer Weißfisch in ruhigen Gewässern.

Ücker, Günther, Maler und Bildhauer, * 1930, schuf benagelte Flächen und Objekte.

Uckermark, Ukermark, der nördlichste Teil der Mark Brandenburg, seenreiches Hügelland, Laubwälder, gutes Ackerland.

Ueckermünde, Stadt im Bez. Neubrandenburg, vor der Mündung der Uecker ins Stettiner Haff, 11 900 Ew.; Binnenschiffahrt; Eisengießereien u. a. Ind.

Udaipur, Stadt in Radschasthan, Indien, 120 500 Ew.; zahlreiche Marmorpaläste.

'Uddevalla [-vala], Hafenstadt in W-Schweden, am Byfjord, 47 700 Ew.; Schiffbau, Textil- u. a. Ind.

UDEAC, Abk. für Union Douanière et Économique de l'Afrique Centrale, 1965 gegr. Verband von Kamerun, Tschad, Zentralafrikan. Rep., Kongo-Brazzaville, Gabun.

'Udet, Ernst, * 1896, † 1941, 1914-18 Jagdflieger, 1938 Generalluftzeugmeister, 1940 Generaloberst.

u. dgl., Abk. für und dergleichen.

Udine, 1) Prov. Italiens, in Venetien, 4894 km², 526 100 Ew.

2) die Hauptstadt von 1), 98 000 Ew.;

Erzbischofssitz, Kastell, Palazzo del Comune, erzbischöfl. Palast und Dom; Fahrzeug-, Maschinen-, Textil-, chem. Ind., Aluminiumverarbeitung.

Udit'ore [ital.], Richter der Rota; Geistlicher im diplomat. Dienst.

Udmurten, eigener Name der →Wotjaken. Sie nehmen innerhalb der Russ. SFSR die **Udmurtische ASSR,** im O und S von der Kama umgeben, 42 100 km², 1,417 Mill. Ew. (rd. 55% U.), Hauptstadt Ischewsk.

'Udschain, Ujjain, Stadt im Staat Madhja Pradesch, Indien, 150 400 Ew., eine der 7 heiligen Städte Indiens (Tempel, Paläste).

UdSSR, Abk. für Union der Sozialistischen Sowjet-Republiken (→Sowjetunion).

u. E., Abk. für unseres Erachtens.

UEAC, Abk. für Union des Etats de l'Afrique Centrale, 1968 gegr. Verband von Zaïre, Zentralafrikan. Rep., Tschad.

UEFA, Abk. für Union Européenne de Football Association, auch für Union des Associations Européennes de Football.

UEFA-Pokal, Messepokal, europ. Fußball-Pokalwettbewerb unter Beteiligung von Vereinen aus europ. Messe- oder Ausstellungsstädten.

Uf'a, die Hauptstadt der Baschkir. ASSR, an der Mündung der Ufa in die Belaja, 773 000 Ew.; Univ., Textilkombinat, Erdölraffinerien, Flußfahrzeugbau, Eisenbahnreparaturwerk, Motoren-, Holz-, Leder- u. a. Industrie.

Ufa, Abk. für Universum-Film AG.

Uferbau, die Befestigung der natürl. Ufer und Küsten gegen die Wasserkräfte, auch die Schaffung künstl. Ufer bei Flußregulierungen und Kanalbauten durch Pflaster, Steinschüttung, Faschinen, Lebendverbauung.

Uferbolde, Insekten, deren Larven im Wasser leben, z. B. den **Riesen-U.** (Tafel Insekten)

Uferläufer, lerchengroßer Watvogel, häufig an Kiesbänken der Flüsse; bräunlich, unten weiß, mit dünnem Schnabel.

Uferschnepfe, Limose, langschnäbliger Watvogel auf niederdt. Flußwiesen.

Uff'izien, für die Staatsbehörden in Florenz errichteter Bau (seit 1560 von Vasari), dessen Obergeschoß dann für die Kunstsammlungen der Medici eingerichtet wurde. Heute: **Galerie der U.** mit Meisterwerken bes. der italien. Malerei und älteren Skulpturen.

Ufo, Abk. für engl. Unidentified flying object, →fliegende Untertassen.

Ug'anda, Republik im Brit. Commonwealth, in Ostafrika, 236 037 km² mit 9,764 Mill. Ew. Hauptstadt: Kampala, Amtssprache: Englisch. Religion: 35 % kath., 28% evang. Christen, 15% Muslime. ⊕ II/III, Bd. 1, nach S. 320. 🗐 S. 1179. 🗌 Bd. 1, S. 392. Währung: 1 U.-Schilling (U.-Sh.) = 100 Cents.

U. umfaßt überwiegend hügeliges Hochland (1000-1500 m ü. M.), das nach W zu den Randschwellen des Zentralafrikan. Grabens ansteigt (Ruwenzori 5119 m), im W vom Vulkan Elgon (4321 m) überragt wird. Rd. 18% der Fläche sind Gewässer (Anteile am Victoria-, Edward-, Albertsee, Kiogasee). Das trop. Klima ist durch die Höhenlage gemildert. In der Bevölkerung überwiegen Bantustämme (rd. 62%). Schulpflicht besteht noch nicht, doch besuchen schon über die Hälfte der Kinder Schulen. Univ. in Kampala.

Wirtschaft. Für den Eigenbedarf werden bes. Bananen und Hirse erzeugt, für den Markt (auf 25% der Anbaufläche) Kaffee, Baumwolle, Zuckerrohr, Tabak, Tee, Kakao. Bedeutende Binnenfischerei. Der Bergbau fördert Kupfererz, Phosphate. Ein Großkraftwerk an den Owenfällen bei Jinja liefert elektr. Energie, auch nach Kenia. Metall-, chem., Zement-, Textil-, Nahrungsmittelindustrie. Der Fremdenverkehr gewinnt Bedeutung (3 große Nationalparks). Ausfuhr: Kaffee (58%),

Baumwolle, Kupfer. Haupthandelspartner: Großbritannien, USA, Japan. U. hat ein gut ausgebautes Verkehrsnetz: 1280 km Eisenbahnen (Anschluß zum Hafen Mombasa, Kenia); 24 220 km Straßen; bedeutende Binnenschiffahrt auf dem Nil und den Seen (Eisenbahnfähren auf dem Victoriasee nach Kenia und Tansania). Internat. Flughafen: Kampala. (Bild Afrika)

Geschichte. Einwandernde Hamiten gründeten das Reich Buganda, Kernland von U., nordwestlich des Victoriasees. Seit 1896 war U. brit. Protektorat. Seit 1962 unabhängiger Staat und Mitgl. des Commonwealth, wurde U. 1963 eine Föderation von 4 Monarchien, deren Staatspräs. König Mutesa von Buganda wurde. Nach dem Staatsstreich des MinPräs. Obote (1966) wurde U. 1967 Republik. Obote selbst Staatspräs. (bis 1971). Sein Nachfolger Amin wies 1972 Bürger ind. Abstammung mit ind., brit. und pakistan. Pässen unter Enteignung ihres Besitzes aus U. aus.

Ugar'it, antike Stadt an der Ostküste des Mittelmeers, nördl. von Latakia, Syrien, Handelsstadt bereits im 2. Jahrtsd. v. Chr.

Ugine Kuhlmann [yʒ'in-], ehem. führender französ. Konzern der chem. und metallurg. Ind., fusionierte 1971 mit Pechiney, →Pechiney Ugine Kuhlmann S. A.

'Ugrier, ugrische Völker, Untergruppe der Völker mit →finnisch-ugrischen Sprachen (Ostjaken, Wogulen, Magyaren).

Uhde, Fritz von, Maler, * 1848, † 1911, malte mit impressionist. Mitteln religiöse Bilder, die Christus unter Bauern und Handwerkern der Gegenwart darstellen.

Uhde-Bernays, Hermann, Literar- und Kunsthistoriker, * 1875, † 1965; ,Gesch. der Münchner Malerei 1850-1900' (1924), ,Mittler und Meister' (1948).

UHF, Ultrahochfrequenz, →Wellenbereich.

Uhland, Ludwig, Dichter und Germanist, * 26. 4. 1787, † 13. 11. 1862, verweigerte dem württemberg. König, der 1805 widerrechtlich den Landtag aufgelöst hatte, den Eid, was ihm die Laufbahn als Staatsbeamter versperrte, trat 1833 im Verfassungsstreit für das ,gute alte Recht' ein, erhielt 1829 eine Professur für dt. Sprache in Tübingen, die er 1833 im württemberg. Ständekonflikt niederlegte. U. gehörte zum spätromant. schwäb. Dichterkreis. Von seinen schlichten Gedichten wurden einige zu Volksliedern (,Ich hatt' einen Kameraden', ,Der Wirtin Töchterlein'), Volkstüml. Balladen und Romanzen (,Des Sängers Fluch') Geschichtsdramen. U. widmete sich später germanist. Studien. (Bild S. 1277)

Uhlenhuth, Paul, Bakteriologe, * 1870, † 1957; wendete als erster die Präzipitation zur Erkennung und Unterscheidung von Menschen- und Tierblut an, begründete die Arsenbehandlung der Syphilis.

Uhlmann, Hans, Metallbildner, * 1900, gelangte von Naturformen zu abstrakten Gebilden.

Uhr, Zeitmeßgerät verschiedenster Bauart: Stand-, Taschen-, Armband-U., auch →Sonnenuhr, →Wasseruhr o. ä. **Mechanische Räderuhren** enthalten Antrieb, Räderwerk, Hemmung, Zeigerwerk, Gangregler; auch Schlagwerk. Die Antriebsenergie liefert ein Gewicht oder eine Feder. Der Gangregler ist bei ortsfesten U. ein →Pendel, für tragbare U. die Unruh. Die Schwingungsdauer der Unruh wird durch Längenänderung der Spiralfeder mittels des Rückerzeigers beeinflußt, dessen äußerste Stellungen mit A (avance) = schnell und R (retard) = langsam oder nach der engl. Bezeichnung mit F (fast) und S (slow) gekennzeichnet sind. Bei Feder-U. mit automatischem Aufzug (Automatik), meist Armband-U., führt ein drehbar gelagerter Aufzugskörper pendelnde oder kreisförmige Bewegungen aus, die aufziehend wirken.

Elektr. Einzeluhren sind mechan. U. mit eingebautem Aufzugsmotor oder -magneten nebst Schaltvorrichtung. Nach

Uhrm

Ablauf des Zuggewichtes oder der Zugfeder um einen kleinen Betrag wird die U. selbsttätig wieder aufgezogen. **Zentraluhrenanlagen** halten mehrere U. in dauernder Übereinstimmung. Sie bestehen aus Haupt- oder Mutteruhr und den von ihr gesteuerten Nebenuhren. **Synchronuhren** werden durch Netz-Wechselstrom angetrieben; ihre Ganggenauigkeit hängt allein von der Netzfrequenz ab. **Signaluhren** enthalten Kontakt- und Steuereinrichtungen zur Auslösung optischer oder akustischer Signale. Die **Normaluhr** ist eine Präzisions-U., deren Zeitangabe als Vergleichsgrundlage für andere U. dient, z. B. astronomische Pendeluhr, Hauptuhr einer elektr. Zentraluhranlage. Bei **elektr.** und **elektron. Uhren** wird das Schwingsystem elektromagnet. angetrieben. Dieses wird bei elektr. Armband-U. geschaltet durch von der Unruh betätigte mechan. Kontakte, bei elektron. Armband-U. über einen Transistor, der durch eine von der Unruh induzierte Spannung entsperrt wird. Als **Schwingsystem** verwendet man außer Unruh und Pendel die Blattfeder, Stimmgabel, piezoelektr. Schwinger (Quarzschwinger, →Quarzuhr), elektr. Schwingkreise, Atom- und Molekülschwingungen (→Atomuhr).

Uhrmacher, Lehrberuf in Industrie und Handwerk (3-3^1/$_2$ Jahre Lehrzeit).

Uhu der, bis 77 cm langer Eulenvogel (Ohreulenart), gelb-schwarz-weiß gezeichnet, in der nördlichen Zone der Alten Welt, in Dtl. fast ausgerottet, steht unter Naturschutz; jagt nachts Hasen, Feldhühner, Kleingetier.

Uig'uren, türk. Volksstamm Innerasiens, dessen mächtiges Reich 840 durch die Kirgisen zerstört wurde.

uk, ♣ unabkömmlich; im 2. Weltkrieg vom Wehrdienst freigestellte Personen.

'Ukas [russ.] der, Erlaß, Verordnung (des Zaren).

Uker'ewe-Insel, Insel im Victoriasee, Ostafrika, rd. 560 km² groß.

Ukkel ['ykel], fläm. Name von →Uccle.

Ukraine [,Grenzland'], der südliche Teil des europ. Rußlands. - Als Kerngebiet ost-

slaw. Stämme bildete die U. seit dem 10. Jahr. die Mitte des Kiewer Reichs (→russische Geschichte). Der Mongolensturm 1240-42 führte zu einer Anlehnung an den Westen. 1569 fiel die U. der poln. Krone zu. In Abwehr der Krimtataren entstand im 16. Jahrh. das Gemeinwesen der Kosaken. Dieser Kosakenstaat erkämpfte sich 1648 die Unabhängigkeit und stellte sich 1654 unter den Schutz Rußlands. Nach vergeblichen Kämpfen um die ukrain. Nationalbewegung 1917-21 kam die U. größtenteils zur Sowjetunion (→Ukrainische Sozialistische Sowjetrepublik); der westl. Teil geriet 1921 unter polnische Herrschaft, wurde jedoch 1939 mit der Sowjetunion vereinigt, ebenso 1945 die Karpaten-U. (bisher bei der Tschechoslowakei). Zur Ukrain. SSR kam 1945 auch die Nord-Bukowina (bisher Rumänien).

Uhu

Ukrainer, früher in Rußland auch **Kleinrussen,** im alten Österreich **Ruthenen,** in Ungarn **Karpatorussen** genannt, ostslaw. Volk, rd. 41 Mill. (1959), davon rd. 37 Mill. in der Sowjetunion (35,4 Mill. in der Ukrain. SSR, in Bessarabien, kleinere Gruppen an der mittleren Wolga, in N-Kaukasien und

Sibirien). Die U. sind meist Ackerbauern. Reiche Volkskultur (Trachten, Brauchtum, Märchen, Sagen, Lieder).

ukrainische Literatur, ruthenische Literatur. Das Schrifttum der Kiewer Zeit (→russische Literatur) kann als die älteste u. L. gelten. Die neuere begann gegen Ende des 18. Jahrh. Der größte ukrain. Dichter Taras Schewtschenko (1814-61) und seine Schule gründeten die romantisch-volkskund. Richtung. Im Realismus der 60er und 70er Jahre traten soziale Fragestellungen hervor (Iwan Franko, 1856-1916).

Das 1863 erlassene Druckverbot für ukrain. Bücher wurde 1905 aufgehoben. In den 20er Jahren wurden die literar. Gruppen des Symbolismus und Futurismus aufgelöst; Pawlo Tytschyna, M. Rylskyj u. a. schlossen sich der offiziellen bolschewist. literar. Auffassung an. - Die ukrain. Volkslieder gehören zu den bemerkenswertesten Leistungen der slaw. Volkspoesie.

Ukrainische Sozialistische Sowjetrepublik, USSR, die zweitgrößte Unionsrep. (seit 1922) der Sowjetunion, 603 700 km², 47,136 Mill. Ew. (rd. 77% Ukrainer, 17% Russen), Hauptstadt: Kiew. Sie umfaßt das fruchtbare Schwarzerde- und Steppengebiet am unteren Dnjepr bis zum Schwarzen und Asowschen Meer. Die U. SSR ist eines der reichsten Anbaugebiete der Sowjetunion: Getreide, Zuckerrüben, Sonnenblumen, Obst, Gemüse, Tabak; Viehzucht. Reiche Bodenschätze: Kohle im Donezbecken, Eisen bei Kriwoj Rog, Mangan bei Nikopol, Phosphorit in Wolhynien, Erdöl in Galizien sowie Salze u. a.; Eisen- und Stahl-, Maschinen-, elektrotechnische, chem., Textil-, Leder-, Nahrungsmittel-, Zuckerindustrie; große Kraftwerke. - Geschichte →Ukraine.

ukrainische Sprache, früher **kleinrussische** oder (in Galizien) **ruthenische Sprache,** eine zum ostslaw. Zweig gehörende →slawische Sprache, gesprochen von den Ukrainern. Es gibt eine nordukrainische und eine südukrainische Mundartgruppe. Die Schriftsprache entwickelte sich aus der südlichen Gruppe; kyrillische Schrift.

Ukul'ele die, ein mandolinenart. Zupf-

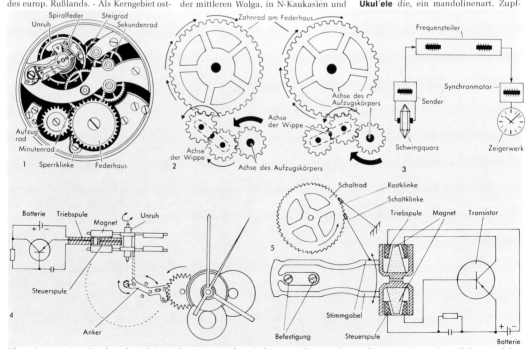

Uhr: **1** Inneres einer Taschenuhr. **2** Prinzip des automatischen Aufzugs. **3** Schematischer Aufbau einer Quarzuhr. **4** Elektronisch betriebenes Armbanduhrwerk mit Unruhschwinger (Junghans). **5** Elektronisch gesteuerte Stimmgabel-Armbanduhr (Bulova)

instrument mit birnenförmigem Resonanzkörper und 4 Stahlsaiten.

UKW, Abk. für Ultrakurzwellen.

Ul'an [poln.], mit der Lanze bewaffneter
Reiter; zuerst im 16. Jahrh. In Polen aufgestellt, später auch in anderen Heeren.

'Ulan-B'ator (-Ch'oto), früher **Urga,** die
Hauptstadt der Mongol. Volksrepublik,
1300 m ü. M., 254 000 Ew. Kreuzungspunkt
wichtiger Karawanenstraßen an der
Transmongol. Eisenbahn (Sowjetunion-
China); Nahrungsmittel-, Textil-, Leder-
u. a. Ind.; Universität.

Ul'anka [poln.] die, der Uniformrock der
Ulanen.

'Ulan-'Ude, bis 1936 **Werchne-Udinsk,**
die Hauptstadt der Burjat. ASSR, Trans-
baikalien, an der Transsibir. Bahn, 254 000
Ew.; Industrie- und Versorgungsmittel-
punkt des sowjet. Fernen Ostens.

'Ulbricht, Walter, kommunist. Politiker,
* 1893, Tischler, Mitbegründer der KPD,
seit 1928 MdR, seit 1938 in der Sowjetunion. 1945 kehrte er als sowjet. Staatsbürger nach Dtl. zurück. Er war einer der
Hauptbeteiligten bei der zwangsweisen
Verschmelzung der SPD und KPD zur SED.
1949-60 war er stellvertr. MinPräs. der Dt.

Walter Ulbricht   Ludwig Uhland

Dem. Rep., 1950 wurde er Generalsekr.
(1953 Erster Sekr.) des ZK und Mitgl. des
Politbüros. Seit Sept. 1960 Vors. des
Staatsrates der Dt. Dem. Rep. und damit
faktisch Staatsoberhaupt. U. nahm seit
1945 mit sowjet. Unterstützung entscheidenden Einfluß auf die Umwandlung der
Sowjet. Besatzungszone Dtl.s in ein kom-
munistisches Gesellschafts- und Regierungssystem. Am 3. 5. 1971 gab U. sein Amt
als Generalsekr. des ZK an Erich Honecker ab.

'Ulcus [lat.] das, das →Geschwür.

'Uleåborg, schwedisch für →Oulu.

Ulem'a [arab.], Islam: Vertreter der theolog. Gelehrsamkeit und Rechtsprechung.

'Ulfilas, griech. für →Wulfila.

Ulhasnagar, Stadt im Staat Maharaschthra, Indien, 107 800 Ew.

Ulitz, Arnold, Schriftsteller, * 1888, † 1971;
Romane ,Ararat' (1920), ,Der große Janja'
(1953) u. a.

Ul'ixes, latein. für →Odysseus.

Ulj'anowsk, bis 1924 **Simbirsk,** Gebietshauptstadt in der Russ. SFSR, an der mittleren Wolga, 351 000 Ew.; Kulturzentrum;
Flußhafen, Tuch-, Nahrungsmittel-, Auto-
Ind., Kernforschung.

Ullrich, Luise, Schauspielerin, auch im
Film, * 1911.

Ulm, Industrie- und Handelsstadt in Bad.-
Württ., an der Donau, 92 500 Ew. Münster
(→Ulmer Münster), Universität; Fahrzeug-,
Rundfunk-, Fernseh-, Maschinen-, Textil-,
Geräte- und Zementindustrie; Kraftwerke.
- Königspfalz seit dem 9., Stadt seit dem
12. Jahrh., dann führende schwäb. Reichs-
stadt neben Augsburg, 1803 an Bayern, 1810
an Württemberg, 1842 Bundes-, 1871-1919
Reichsfestung. - 17. 10. 1805 Kapitulation
der Österreicher vor Napoleon.

Ulme [lat.], **Rüster,** Bäume des gemäßig-
ten und warmen Klimas, mit lilabraunen
Blüten in Büscheln, die vor den Blättern
erscheinen, und geflügelten Früchtchen.
Einheimische Arten: **Feld-U., Berg-U.** und
Flatter-(Weiß-)U. Die U. liefern wertvolles

*Ulme: 1 Feldulme; a Blütenzweig, b
Fruchtzweig. 2 Flatterulme; a Blüte,
b Fruchtzweig*

Nutzholz. **U.-Sterben,** Erkrankung der U.
durch einen Schlauchpilz, dessen Sporen
durch den Wind verbreitet werden.

Ulmer Münster, als Pfarrkirche seit 1377
von der Bürgerschaft erbaut, eine fünf-
schiffige got. Basilika mit hohem W-Turm
und zwei kleinen Türmen im O. Das
Langhaus wurde seit 1392 von M. Ensinger,
das Turmviereck bis 1494 von B. Böblinger
errichtet, nach dessen Zeichnung der 8eck-
ige Turmaufbau mit dem durchbroche-
nen Helm (161 m) 1844-90 erbaut wurde. Im
Innern erhalten: Chorgestühl von →Syrlin
d. Ä. (1469-74), Sakramentshaus (vollendet
1471, 26 m hoch).

Ulpi'anus, Domitius, röm. Jurist, * um
170, † (ermordet) 228, hatte maßgebenden
Einfluß auf die Leitung des röm. Staates.
Ein Teil seiner Schriften ist in Justinians
,Pandekten' erhalten.

Ulrich, Herzog (1498-1519, 1534-50) von
Württemberg, * 1487, † 1550, warf 1514 den
Bauernaufstand des ,Armen Konrad' nieder; durch den Schwäb. Bund vertrieben,
kehrte mit Hilfe Philipps von Hessen zurück; führte die Reformation ein.

Ulrich von Liechtenstein, mittelhochdt.
Dichter, * um 1200, † um 1275, aus steier-
märkischem Geschlecht, Truchseß der
Steiermark (1241) und Landesrichter;
Minne- und Tanzlieder, eingeflochten in
den selbstbiograph. Versroman ,Frauen-
dienst' (1255).

Ulrich von Türheim, mittelhochdt. Epiker, aus schwäb. Adelsgeschlecht, setzte
den ,Tristan' Gottfrieds von Straßburg fort
und vollendete nach 1243 Wolframs von
Eschenbach ,Willehalm'.

Ulster [engl.] der, ein zweireihiger Her-

renwintermantel aus flauschartigem,
dichtgewalktem Ulsterstoff.

Ulster [ʌlstə], irisch **Uladh** [ulə], früher
die nördlichste Prov. Irlands, im 17. Jahrh.
mit protestant. Engländern und Schotten
besiedelt, seit 1921 geteilt in das bei Großbritannien verbliebene →Nordirland (8
Grafschaften) und die Prov. U. (3 Grafschaften: Cavan, Donegal, Monaghan) der
Rep. Irland, 8007 km², 208 300 Ew.

'ultima r'atio [lat.], letztes Mittel.

Ultim'atum [lat.], das, -/...ten oder -s,
Forderung, der durch die Ankündigung
definitiver Schritte nach Ablauf der gesetzten Frist (z. B. Abbruch der Beziehungen) Nachdruck verliehen wird.

'Ultimo [lat.] der, -s/-s, Geschäftsverkehr:
der letzte Tag eines Zeitabschnitts, z. B.
eines Monats.

Ultimogeld, Leihgeld, das am Geldmarkt
der Börse zur festen Rückzahlung am Ultimo ausgeliehen wird.

Ultimogeschäft, am Monatsschluß fälli-
ges Börsentermingeschäft.

Ultimo-Regulierung, Abrechnung der
laufenden Ultimogeschäfte am Monatsende.

'ultra [lat.], über..., jenseits.

Ultrafilter, Filter mit bes. kleinen Poren
aus pflanzl. oder tier. Membranen, Kollo-
dium oder Zellglas, die kleinste Teilchen
zurückzuhalten vermögen.

Ultrakurzwellen, UKW, elektromagnet.
Wellen von 10-1 m Wellenlänge (30-300
MHz). U. breiten sich, ebenso wie Licht, geradlinig aus, lassen sich bündeln und reflektieren, werden von atmosphär. Störungen nicht beeinflußt; dienen in der Funktechnik als Trägerwellen für Übermittlung
von Bild und Ton. →Wellenbereich.

Ultramar'in, blauer Mineralfarbstoff,
schwefelhaltiges Natrium-Aluminium-Silicat.

Ultramontanismus [lat.], ein bes. im Kulturkampf gebrauchtes Schlagwort, das die
Bindung des dt. politischen Katholizismus
an die ,jenseits der Berge' (ultra montes)
sitzende päpstl. Kurie kennzeichnen soll.

Ultrarot, →Infrarot.

Ultras Mz., politisch: die Radikalen.

Ultraschall, Schall mit Frequenzen oberhalb der Hörgrenze, d. h. oberhalb 20 kHz.
Zur Erzeugung von U. werden magneto-
striktive und piezoelektr. Schwinger, Gas-
oder Flüssigkeitssäulen entsprechender
Dimensionierung benutzt. Ein magneto-
striktiver Schwinger (bis 300 kHz) wird ein Nickel-
stab in ein starkes magnet. Wechselfeld gebracht, wo er in mechan. Resonanzschwin-
gungen gerät. Piezoelektr. Schwinger sind
im wesentlichen plattenförmige Schwing-
quarze, deren Grunddickenschwingung,
z. B. bei 1 mm Plattendicke, 3 MHz beträgt.
U. läßt sich durch Grenzflächenwirkungen
(Ölsprudel) oder durch Wärmeerzeugung
infolge Absorption nachweisen. Anwen-

Ulm: Blick zum Münster

dungen sind die Messung von Schallgeschwindigkeiten, die Bestimmung der elast. Eigenschaften fester Körper, Nachrichtenübermittlung unter Wasser bis zu 15 km, Echolotung, Werkstoffprüfung und -bearbeitung, Herstellung sehr feiner Emulsionen, Nebel-, Staub- und Rauchbeseitigung, Entgasung von Flüssigkeiten u. a. Mit besonderen Mitteln hat man U. mit Frequenzen bis zu 10 000 MHz hergestellt. - Bei der medizin. **U.-Behandlung** werden die U.-Wellen auf den zu behandelnden Körperteil übertragen und erzeugen dort Wärme; Anwendung z. B. bei Nervenentzündungen, neuerdings auch in der Herz- und Tumordiagnostik.

Ultraschallortung, →Unterwasserschallanlagen.

Ultrastrahlung, die →kosmische Ultrastrahlung.

Ultraviolett, UV, der auf Violett folgende unsichtbare, kurzwellige Teil des Spektrums mit Wellenlängen von 3800 Å bis zu etwa 100 Å. Die U.-Spektroskopie arbeitet mit Linsen und Prismen aus Quarz, Steinsalz oder Flußspat, unter 1800 Å im Vakuum. Das U. vermag Fluoreszenz anzuregen, chem. Reaktionen hervorzurufen, auf photograph. Platten einzuwirken; bestimmte Wellenlängen sind wichtig für die Bildung von Vitamin D aus Ergosterin und für die Pigmentbildung in der Haut. Technisch wird U. mit Quecksilberdampflampen mit Quarzglas (Quarzlampen) erzeugt. Die **U.-Behandlung** ist eine Lichtbehandlung, →Höhensonne 2), →Sonnenbad.

Ultrazentrifuge, Gerät zur Erzeugung von Zentrifugalkräften, die 1000- bis 1 000 000-mal größer sind als die Erdschwere. Anwendung zur Trennung chem. Stoffgemische, auch Isotopengemische, zur Ermittlung von Molekulargewichten u. a.

Uelzen, Stadt in Ndsachs., 23 800 Ew.; Maschinen-, Elektro-, Zucker-, Textilind., Asbest- und Kieselgurwerke.

u. M., Abk. für unter dem Meeresspiegel.

ü. M., Abk. für über dem Meeresspiegel.

Umbell'iferae [lat.], →Doldenblüter.

Umberfische, barschartige Fische, deren Schwimmblase gekammerte Anhänge hat und durch Schwingungen brummende oder trommelnde Töne erzeugt.

Umb'erto, ital. Könige, →Humbert.

'Umbra [lat. ‚Schatten'] *die,* **1)** Kern eines Sonnenflecks. **2)** braune Farbe aus verwitterten manganhaltigen Eisenerzen.

umbr'echen, Drucktechnik: fertige Seiten herrichten durch Ein- und Zusammenbau von Satz, Klischees u. ä. **(Umbruch).**

'Umbrer, altital. Volksstamm, am oberen Tiber, später von Etruskern, Kelten in den Apennin östlich des Tibers abgedrängt, seit dem 3. Jahrh. v. Chr. romanisiert.

'Umbrien, italien. Umbria, Landschaft und Region in Mittelitalien, umfaßt die Prov. Perugia und Terni, 8456 km², 782 600 Ew. - U. kam im MA. an den Kirchenstaat, 1860 an das Kgr. Italien.

Umbuchung, Buchführung: die Übertragung eines Postens auf ein anderes Konto, bes. zur Berichtigung.

Umdrehungsflächen, Flächen, die durch Drehung einer ebenen Kurve um eine Achse entstehen, z. B. Kugel, Rotationsellipsoid.

Umdruck, Stein- oder Offsetdruck: das Übertragen der Druckvorlage auf die Druckform mit Hilfe eines Zwischenabdrucks mit besonderem **U.-Papier.**

Umeå ['ymeo:], Hauptstadt des Verw.-Bez. Västerbotten, Schweden, am Umeälv, 53 100 Ew.; Holzindustrie.

umformen, die Gestalt eines Werkstücks durch Verschiebung der Stoffteilchen unter Wahrung ihres Zusammenhangs ändern **(warm-** und **kaltumformen),** z. B. walzen, schmieden, pressen, ziehen, stauchen, prägen.

Umformer, umlaufende Maschinen zur Umwandlung von Wechselstrom in Gleichstrom und umgekehrt (→Motorgenerator, Einanker-U., Kaskaden-U.).

umfunktionieren, Absicht, Zweck und Ziel einer Institution, Organisation, Diskussion usw. in eine andere, oft konträre Richtung lenken.

Umgangssprache, die Sprechweise des Alltags im Unterschied zur Hochsprache.

'Umgehen *das,* Volksglaube: das Wiedererscheinen von Toten auf Kirchhöfen oder an Kreuzwegen als Strafe für Sünden oder Folge unverschuldeten Unglücks oder unnatürlichen Todes.

Umgehungsgeschäft, ein Rechtsgeschäft, durch das die Parteien einen verbotenen Zweck zu erreichen suchen, ohne formell gegen ein gesetzl. Verbot zu verstoßen; es kann nach § 134 BGB. nichtig sein.

Umgründung, 🎵 die →Umwandlung.

'Umiak [grönländ.] *das, der,* das Frauenboot der Eskimos; mit Seehundshaut überzogenes Holz- oder Knochengerüst.

Umkehrfilm, im photograph. Film, der durch besondere Entwicklung unmittelbar das Positiv ergibt.

Umkehrung, 🎵 bei Intervallen und Akkorden die Versetzung des Diskanttons in den Baß oder umgekehrt. **U. eines Themas:** alle Intervallschritte werden im gleichen Rhythmus in umgekehrter Richtung gemacht.

Umlage, die Verteilung einer aufzubringenden Summe auf einen Personenkreis.

Umlauf, →Fingerentzündung.

Umlaufberg, Berg in einer abgeschnürten Flußschlinge.

Umlaufgeschwindigkeit, die Häufigkeit, mit der Geldzeichen in bestimmtem Zeitraum zum Kauf von Gütern verwendet werden. Erhöhte U. wirkt wie eine Zunahme, verminderte U. wie eine Abnahme der Geldmenge.

Umlaufrädergetriebe, Planetengetriebe, ein Zahnradgetriebe, bei dem auf einem Zentralrad (Sonnenrad) die auf einem Steg gelagerten Planetenräder abrollen und gleichzeitig mit einem Hohlrad kämmen.

Umlaufvermögen, Betriebskapital, die Vermögenswerte eines Unternehmens, die zu Weiterveräußerung oder Verbrauch bestimmt sind oder der finanziellen Abwicklung dienen, z. B. Warenvorräte, Forderungen an Kunden und Banken.

Umlaut, die Umfärbung eines Vokals unter dem Einfluß eines Vokals der Folgesilbe, im Deutschen a, o, u zu ä, ö, ü.

Umlegung, die Zusammenfassung und Neuverteilung landwirtschaftl. Grundbesitzes oder städt. Baulandes.

Umm al-Kaiwain, Scheichtum der →Vereinigten Arabischen Emirate.

Ummanz, flache Insel vor der Westküste von Rügen, 19,7 km² groß.

Umrechnungskurs, der Kurs, zu dem an dt. Börsen notierte Auslandspapiere in DM umgerechnet werden.

Umrichter, Wandler, Frequenz- oder Gleichspannungswandler, arbeiten ohne umlaufende Teile. **Wechsel-U.** sind Frequenzwandler, **Gleich-U.** sind Gleichspannungswandler.

Umsatz, der Wert der abgesetzten Waren in einer Zeiteinheit (Tages-U., Monats-U., Jahres-U.). Errechnung der U.: Anfangsbestand + Zugang - Endbestand = U. **U.-Beteiligung, U.-Provision,** die dem U. berechnete Provision. **U.-Bonifikation,** ein dem Großabnehmer auf seinen U. nachträglich gewährter Preisnachlaß.

Umsatzsteuer, eine allgemeine Verbrauchssteuer auf den Umsatz. Den Umsatz der Unternehmen aus Lieferungen und sonstigen Leistungen, dem Eigenverbrauch des Unternehmers und die Einfuhr. Die bis 1967 erhobene U. wurde auf jeder Stufe des Produktions- und Absatzweges von neuem erhoben, ohne daß die Steuerbeträge der Vorstufen vom steuerpflichtigen Umsatz abgezogen wurden; die U. förderte dadurch die wirtschaftl. Konzentration. Ab 1. 1. 1968 wurde die bis dahin gültige U. durch die **Mehrwertsteuer** ersetzt, die die Nachteile der U.

vermeidet. Seit 1. 1. 1972 berechnen alle EWG-Staaten ihre U. nach dem gleichen System. - In Österreich gilt das U. U.-Gesetz von 1934 mit Abänderungen; für 1973 Einführung der Mehrwertsteuer vorgesehen. - Die schweizer. Waren-U. wird nur auf der Großhandelsstufe vom inländ. Warenumsatz und der Einfuhr erhoben.

Umschau, Die U. in Wissenschaft und Technik, Halbmonatsschrift, Frankfurt a. M., gegr. 1897.

Umschichtung, soziale U., die Veränderung der Gesellschaftsaufbaus durch Wandel der volkswirtschaftl. Bedingungen, durch Wanderungsbewegungen u. ä.

Umschlag, 1) das Umladen der Waren von einem Transportmittel auf andere, bes. vom Schiff auf Schienen- oder Straßenfahrzeuge. **U.-Platz,** Ort mit großem Umschlagverkehr. **2)** § eine Packung.

Umschlagsrecht, das →Stapelrecht.

Umschuldung, die →Konversion 2).

Umschulung, 1) der Übergang in eine andere Schule. **2)** die Ausbildung von Arbeitskräften für einen neuen Beruf, oft durch **Umschulungskurse.**

Umsetzer, 1) →Frequenzumsetzer. **2)** Gerät zur Umsetzung von Meßwerten (elektr. Größe, Zeigerausschlag) nach dem Dualsystem in Ziffern **(Analog-Digital-U.)** oder von als Ziffern vorliegenden Meßwerten in ein analoges Signal, z. B. Zeigerausschlag **(Digital-Analog-U.).**

Umsiedler, amtl. Bez. der Heimatvertriebenen in der Dt. Dem. Rep. Ihre Zahl betrug nach amtl. Angaben (1950) 4,442 Mill.

Umsiedlung, Versetzung ganzer Bevölkerungsgruppen (häufig zwangsweise): aus außenpolit. Gründen, um sie mit dem Mutterland zu vereinigen und Grenzen im Wege der Minderheitenaustausches zu bereinigen (Griechenland/Türkei, Indien/Pakistan u. a.); aus innenpolit. Gründen zum Ausgleich zwischen übervölkerten und dünn besiedelten Landesteilen, im Zuge wirtschaftl. Landesplanung (z. B. Industrieverlagerung: Sibirien, Asien). →Vertriebene.

Umspanner, der →Transformator.

Umstandswort, Adverb, eine unbeugbare Wortart, die einen Umstand näher bestimmt nach Art und Weise, Zeit oder Ort, z. B. er singt laut; er ging früh nach Hause.

Umstellungsgesetz, regelte nach der Währungsreform von 1948 die Behandlung der RM-Guthaben bei Geldinstituten und der RM lautenden Schulden regelte.

Umsteuerung, die Umkehrung der Bewegungsrichtung von Maschinen und Triebwerken.

Umstimmung, die Veränderung der Reaktionsweise eines Lebewesens, in der Heilkunde z. B. durch →Reizbehandlung.

Umsturz, gewaltsame Umwälzung, bes. im Staatsleben (Revolution).

Umt'ali, Prov.-Hauptstadt in Rhodesien, an der Grenze gegen Moçambique, 47 000 Ew.; Lebensmittel-, Textil-, Holzindustrie.

Umt'ata, Hauptstadt der Transkei, Rep. Südafrika, 12 500 Ew.

Umtausch, Rückgabe gekaufter Waren gegen gleichwertige andere.

Umtrieb, Forstwesen: die Zeit zwischen Anpflanzung (Bestandsgründung) und Schlagen (Ernte) eines Waldes.

Umwandlung, 🎵 die Änderung der Rechtsform eines Unternehmens.

Umwelt, Milieu, die Gesamtheit aller auf einen Organismus einwirkenden ökologischen einschl. sozialen Faktoren (z. B. Temperatur, Feuchtigkeit, Licht, andere Lebewesen) im Gegensatz zu der Erbfaktoren; nach J. v. Uexküll die ‚Eigenwelt' eines Lebewesens.

Umweltschäden, die nachteilige Beeinflussung der belebten und unbelebten Welt innerhalb der Großraum: Luft (Abgase und Rauch von Industrie, Verkehrsmitteln), Wasser (häusl. und industrielle Abwässer) und Boden (Verseuchung durch chem. Stoffe), bedingt vor allem durch den chemisch-physikalisch-technischen Zivilisationsfortschritt. Durch die U. können beim Menschen zusammen mit anderen Faktoren (z. B. Lärmbelastung, psychische Streßwirkungen) Zivilisationsschäden und -krankheiten verursacht werden.

Umweltschutz, Teilgebiet des Lebensschutzes, das sich mit Schutzmaßnahmen gegen →Umweltschäden befaßt. 1972 veranstaltete die UNO in Stockholm erstmals eine U.-Konferenz; in 23 Punkten wurden Grundsätze des U. aufgestellt.

Umwelt-Toxikologie, die Lehre von der Vergiftung der belebten und unbelebten Umwelt; untersucht die von Natur aus vorhandenen und neu hinzukommenden zivilisationsbedingten Giftstoffe.

UN, United Nations, die →Vereinten Nationen.

Unabdingbarkeit, die Verbindlichkeit von Bestimmungen oder Abmachungen, bes. für Rechtsnormen von Tarifverträgen, die unmittelbar und zwingend gelten.

Unabhängige, Name polit. Parteien, z. B. im Dt. Reich die →Unabhängige Sozialdemokratische Partei Deutschlands, in Österreich der Verband der Unabhängigen (→Freiheitliche Partei Österreichs), in der Schweiz der Landesring der U., eine von G. Duttweiler gegründete polit. Bewegung, bekämpft Wirtschaftsmonopole.

Unabhängige Sozialdemokratische Partei Deutschlands, USPD, gegr. April 1917 in Gotha nach Abspaltung von der SPD. Sie verfocht die polit. und soziale Revolution und trat gegen die Fortführung des Krieges ein. 1920 ging die Mehrheit zur KPD über, der Rest zurück zur SPD.

Unabhängigkeitserklärung, engl. **Declaration of Independence,** das von Jefferson entworfene, am 4. 7. 1776 von den 13 aufständischen angloamerikan. Kolonien (von da an ‚Staaten') angenommene Dokument, das deren Loslösung von England verkündete.

'Unam s'anctam [lat.], Anfangsworte der von Bonifatius VIII. 1302 erlassenen Bulle, die den Vorrang der geistlichen vor der weltl. Macht forderte.

Unam'uno, Miguel de, span. Schriftsteller, * 1864, † 1936, Prof. in Salamanca; Lyrik, Dramen, Romane (‚Tante Tula', 1921), philosoph. Werke (‚Das Leben Don Quijotes und Sancho Pansas', 1905; ‚Die Agonie des Christentums', 1925).

Miguel de Unamuno   Sigrid Undset

Unanim'ismus, eine Form literar. Lebenserfassung (bedeutendster Vertreter Jules Romains), nach der eine Gruppe von Menschen eine gemeinsame Seele bildet.

Una Sancta Eccl'esia [lat. ‚Eine Heilige Kirche'], im Apostol. Glaubensbekenntnis zwei Kennzeichen der Kirche Christi; danach bes. in hochkirchl. und kath. Kreisen Ausdruck für das Endziel der kirchl. Unionsbestrebungen **(Una-Sancta-Bewegung).**

Unbefleckte Empfängnis Mariä, kath. Glaubenssatz, besagt, daß die Mutter Jesu ohne Erbsünde sei.

Unbekannter Soldat, ein namenloser Gefallener, der symbolhaft für alle in den beiden Weltkriegen Gefallenen einer Nation geehrt wird.

Unbescholtenheit, die Unversehrtheit der persönl. Ehre; rechtlich nicht gleichbedeutend mit Unberührtheit.

unbestellte Zusendung, die ohne Auftrag erfolgte Zusendung von Waren. Der Empfänger hat keine Pflicht zur Erklärung oder Rücksendung.

Unbestimmte, △ die zahlenmäßig nicht festgelegte U. x in einem Polynom.

unbestimmte Verurteilung, Verhängung einer Strafe von unbestimmter Dauer, zulässig im Jugendstrafrecht; Mindeststrafe 6 Monate, Höchststrafe 4 Jahre.

unbewegliche Sachen, Immobilien, Grundstücke und Grundstücksbestandteile.

Unbewußtes, seelische Vorgänge, die nicht unmittelbar der Selbstbeobachtung zugänglich sind, aber an ihren Wirkungen erkannt werden und oft das bewußte Erleben und Verhalten beeinflussen oder steuern. S. Freud sah das U. in der gesamten Triebdynamik und Erlebnisverarbeitung wirksam; verdrängte Triebtendenzen sind unbewußt, können aber das Verhalten beeinflussen. Häufig äußern sie sich in neurot. Symptomen. C. G. Jung sieht im U. den Mutterboden der gesamten seelisch-geistigen Entwicklung.

Unbrauchbarmachung, die im Strafurteil anzuordnende Vernichtung von strafbaren Schriften, Abbildungen oder Darstellungen sowie der zu ihrer Herstellung bestimmten Platten und Formen (§ 41 StGB.).

Uncle Sam ['ʌnkl s'æm, engl.], Scherzname für die Verein. Staaten und den Nordamerikaner, entstanden aus U. S. Am. (United States of America).

UNCTAD, die →Welthandelskonferenz.

Underground ['ʌndəgraund, engl.] der, zeitgenössische polit.-, literar.- und künstler. Bewegung, die sich außerhalb des ‚etablierten Kulturbetriebes' stellt und die herrschenden Auffassungen kritisiert.

Understatement [ʌndəst'eitmənt, engl.] das, Untertreibung, Form der Ironie.

Und'ine, im Wasser hausender weibl. Elementargeist, hat menschl. Gestalt, aber keine Seele; diese wird ihr erst durch Vermählung mit einem Irdischen zuteil.

Undset ['unset], Sigrid, norweg. Schriftstellerin, * 1882, † 1949, konvertierte 1925 zum kath. Glauben; Romane über Lebensfragen der Frau, Trilogie ‚Kristin Lavranstochter' (1920-22). Nobelpreis 1928.

UNEF, United Nations Emergency Force, die Polizeitruppe der Vereinten Nationen.

uneheliche Kinder, →nichteheliche Kinder.

unehrliches Gewerbe, im MA. bestimmte Berufe (z. B. Henker, Abdecker, seit dem 15. Jahrh. auch Schäfer, Müller, Zöllner), die von Zunft, Gericht und Rat und dem ehrlichen Begräbnis ausgeschlossen waren.

Unempfindlichkeit, die Unerregbarkeit von Empfindungs- und Sinnesnerven; →Anästhesie.

unendlich, 1) nicht endlich, grenzenlos. **2)** △ Zeichen ∞, nicht endlich, größer als alle endlichen Zahlen.

unentgeltliche Zuwendung, ᘑ →Schenkung.

unerlaubte Handlung, der widerrechtl. und schuldhafte Eingriff in einen fremden Rechtskreis **(Delikt).** Er verpflichtet in bestimmten Fällen zum Schadenersatz (§§ 823 ff. BGB.), z. B. bei Verletzung des Lebens, des Körpers, der Gesundheit, der Freiheit, des Eigentums oder eines sonstigen Rechts (Namens-, Urheberrechte u. a.), bei Kreditgefährdung, bei sittenwidriger Schadenszufügung, bei Amtspflichtverletzung. Über den Inhalt der Ersatzpflicht →Schaden. - Ähnliche Grundsätze gelten im österreich. und schweizer. Recht.

UNESCO die, United Nations Educational, Scientific and Cultural Organization, eine Sonderorganisation der Vereinten Nationen, die die Zusammenarbeit ihrer Mitglieder auf den Gebieten der Erziehung, Wissenschaft und Kultur fördern soll; gegr. 1946, Sitz Paris. Der U. gehören die meisten Mitgliedstaaten der Vereinten Nationen an, darunter auch die Sowjetunion und Österreich, ferner u. a. die Bundesrep. Dtl. und die Schweiz. Das Arbeitsprogramm

in den Mitgliedstaaten wird von nationalen Kommissionen durchgeführt; ‚Deutsche U.-Kommission', Köln.

unfair [-fɛ:r, engl.], unbillig, unehrlich.

Unfall, durch plötzliche, schnell vorübergehende Einwirkung von außen **(U.-Ereignis)** verursachte Schädigung eines Menschen. Über U.-Hilfe, erste Maßnahmen, →Erste Hilfe; ferner →Rettungswesen. - Über die **U.-Schutzkarte** →Blutformelkarte.

Unfallflucht, die →Fahrerflucht.

Unfallverhütung umfaßt in Betrieben Schutzvorrichtungen an Maschinen, Schutzkleidung u. a.; Vorschriften erlassen und überwachen die Berufsgenossenschaften.

Unfallversicherung, die Versicherung von Personen gegen die wirtschaftl. Folgen von Unfällen und Berufskrankheiten. Die **gesetzl. U.** ist ein Zweig der Sozialversicherung. In der Bundesrep. Dtl. ist gesetzl. Grundlage das Gesetz zur Neuregelung der gesetzl. U. v. 30. 4. 1963. Träger der U. sind die gewerbl. und landwirtschaftl. Berufsgenossenschaften, die Gemeinde-U.-Verbände und Ausführungsbehörden für U. Die Beiträge werden von den Arbeitgebern geleistet. Pflichtversichert sind alle auf Grund eines Dienst-, Arbeits- oder Lehrverhältnisses Beschäftigten. Durch die Neuregelung wurde der Kreis der geschützten Personen und der zu berücksichtigenden Tätigkeiten ausgedehnt. Seit 1971 sind alle Studenten und Schüler sowie Kinder in Kindergärten in die U. einbezogen. Die Leistungen bestehen in Krankenhausbehandlung, Berufsfürsorge und Rente oder Verletztengeld für die Dauer der Erwerbsunfähigkeit; bei Tötung in Sterbegeld, Hinterbliebenenrente. - In der Dt. Dem. Rep. wurde die U. 1951 in die einheitl. Sozialversicherung aufgenommen; in Österreich durch das Allgem. Sozialversicherungsges. v. 9. 9. 1955 geregelt; in der Schweiz seit 1918 durch die Schweizer Unfallversicherungsanstalt (SUVA) in Luzern zentral geregelt.

Hauptarten der **privaten U.** sind Einzel-, Gruppen-, Schüler-, Verkehrs-, Reise-U.

Unfehlbarkeit, kath. Dogma: die Irrtumslosigkeit, die der kirchl. Lehrverkündigung zukommt, wenn sie die ganze Kirche verpflichtet. Träger der U. sind: der Papst persönlich, wenn er ex cathedra', d. h. als oberster Lehrer spricht; Papst und Bischöfe in ihrer Gesamtheit, das ökumen. Konzil.

Unfruchtbarkeit, lat. **Sterilität,** das Unvermögen des Mannes, Kinder zu zeugen (→Impotenz), und das der Frau, schwanger zu werden. Die U. der Frau kann durch Mißbildungen oder Krankheiten der Geschlechtsorgane verursacht sein, aber auch seelisch bedingt sein.

Unfruchtbarmachung, lat. **Sterilisation,** das Herbeiführen von Unfruchtbarkeit durch Unterbinden der Ausführungsgänge der Geschlechtsdrüsen (im Unterschied zur →Kastration). Die U. dient entweder zu Heilzwecken oder soll die Entstehen von Nachkommen verhindern. Eine Einwilligung des Betroffenen in die U. schließt den Tatbestand der schweren Körperverletzung aus, wenn der Eingriff nicht sittenwidrig ist.

Unfug, jedes ungeziemende Verhalten. Strafbar ist der **beschimpfende U.** an Hoheitszeichen, in Kirchen, an Gräbern usw. und der **grobe U.,** eine erhebliche Störung der öffentl. Ordnung durch Belästigung und Gefährdung der Allgemeinheit (Geldstrafe bis 500 DM oder Freiheitsstrafe).

unfundierte Schulden, kurzfristige öffentliche Schulden.

Ungar'etti, Giuseppe, italien. Schriftsteller, * 1888, † 1970, Prof. für italien. Literatur in Rom, gilt als der bedeutendste moderne Lyriker Italiens.

ungarische Kunst. Früheste Zeugnisse aus der Landnahmezeit (10. Jahrh.) sind Gräberfunde von Waffen und Schmuck im Stil der Steppenkunst. Roman. Bauten:

Kathedrale von Fünfkirchen, Schloß der Árpáden in Gran, Kirche in Ják. In der Frührenaissance berief M. Corvinus italien. Künstler an seinen Hof, nach der Türkenzeit wirkten österreich. Barockmeister in U. Im 19. Jahrh. wurde bes. klassizistisch gebaut; Historienmalerei, realist. Bilder von Munkácsy u. a. Starke Farben sind kennzeichnend für die neuere Malerei wie auch für die Volkskunst.

ungarische Literatur. Die ältesten Denkmäler sind eine Leichenrede (um 1200) und eine Marienklage (um 1300). Im ausgehenden MA. entstand reiche Übersetzungsliteratur. Die Reformation förderte die Entwicklung. Kunstlyrik von Bálint Balassa († 1594); ungar. Prosa von Fürstprimas P. Pázmány († 1637); Heldenepos in Alexandrinern (‚Zrinyiade‘) von N. Zrinyi († 1664); Rokokodichter St. Gyöngyösi († 1704). Im 18. Jahrh. wurde die u. L. von der franzöś. Aufklärung und der dt. Klassik beeinflußt (F. Kacinczy, † 1831), Wendung zur Volkspoesie (M. Csokonai, † 1805); Oden von D. Berzsenyi († 1836). Ungar. Nationalhymne von F. Kölcsey; Schicksalstragödie ‚Bánk bán‘ (1820) von J. Katona. Literar. Blüte in der Romantik: Epen, Dramen, Gedichte von M. Vörösmarty († 1855), Gesänge der Freiheit und Liebe von Petőfi († 1849), Epen und Balladen von J. Arany († 1882), Dramen von K. Kisfaludy († 1704). Im Roman sind (J. Eötvös, † 1871; Z. Kemény, † 1875; M. Jókai, † 1904; K. Mikszáth, † 1910; F. Herczeg, † 1954 u. a.); philosoph. Dichtung ‚Die Tragödie des Menschen‘ (1861) von I. Madách; Vorläufer der modernen Lyrik J. Vajda († 1897).

Im 20. Jahrh. herrschte der Einfluß des franzöś. Symbolismus: Lyrik von E. Ady († 1919), M. Babits († 1941), D. Kosztolányi († 1936), Romane von Z. Móricz († 1942); Lustspiele von F. Molnár († 1952). Nach dem 1. Weltkrieg gab es zwei Richtungen, eine urbane, bürgerliche (L. Zilahy, S. Márai) und eine volkhafte, die für das besitzlose Bauerntum eintrat (P. Veres, G. Illyés, J. Erdélyi). Großstadtlyrik von L. Szabó; mystischer Lyriker A. József; psycholog. Roman. von L. Németh. Paris schildert der dort lebende G. v. Vaszary. Vom Petőfi-Kreis (G. Lukács, T. Déry, G. Hay) ging der Oktoberaufstand 1956 gegen den Stalinismus aus.

ungarische Musik. Der ungar. Volksmusik, die nicht mit der ‚Zigeunermusik‘ verwechselt werden darf, lag ursprünglich eine fünfstufige, später eine siebenstufige Tonskala zugrunde. Die höfische und kirchl. Musikpflege ist seit dem 13. Jahrh. bezeugt. Während im 17. Jahrh. der westeurop. Einfluß überwog, trat im 18. Jahrh. ein neuer nationaler Stil in Erscheinung, in dem auch die ungar. Zigeunermusik wurzelt. F. Liszt verwendete sie in seinen

‚Ungar. Rhapsodien‘. An Liszt schließen E. v. Michálowich, J. v. Hubay, Agghązy, Szabados und Szendy an; in der westeurop. Tradition stehen Lendvai, Dohnányi. Vertreter der modernen u. M. sind B. Bartók und Z. Kodály. Einer jüngeren Generation gehören M. Seiber, A. Jemnitz und G. Ligeti an.

ungarische Sprache, magyarische Sprache, gehört zur ugrischen Gruppe der →finnisch-ugrischen Sprachen. Im Laufe ihrer Entwicklung nahm sie Lehnwörter aus den Türkischen, Slawischen, Lateinischen, Deutschen auf. Geschrieben wird mit latein. Schrift mit folgenden Lautwerten: a [ɔ], á [a:], e [e, ɛ], é [e:], i [i], í [i:], o [o], ó [o:], ö [ø], ő [ø:], ü [y], ű [y:]; Konsonanten: c [ts], cs [tʃ], gy [dj], ly [jj], ny [nj], s [ʃ], sz [s], ty [tj], v [w], z [z], zs [ʒ]. Doppelt geschriebene Konsonanten (Geminaten) werden lang gesprochen.

Ungarisches Tiefland, die z. T. lößbedeckte Tiefebene innerhalb des Karpatenbogens, durch das Ungar. Mittelgebirge in das Ober- und Niederungarische Tiefland geteilt; vorwiegend waldarmes Ackerbaugebiet.

ʼUngarn, amtl. **Magyar Népköztársaság,** Volksrepublik im östl. Mitteleuropa, 93 030 km², 10,331 Mill. Ew., Hauptstadt: Budapest; ⊕ VIII/IX, Bd. 1, nach S. 320. Amtssprache: Magyarisch (Ungarisch). Das Rechtssystem ist dem der Sowjetunion nachgebildet. Staatsoberhaupt ist der Präsidialrat (17 Mitgl.). Allgem. Wehrpflicht. Währung ist der Forint = 100 Fillér. ◎ S. 1179. ▢ Bd. 1, S. 392.

Landesnatur. U. ist zum größten Teil Tiefland, von O-Alpen, Karpaten und Dinar. Gebirge eingeschlossen. Einzige Gebirge sind im N das Ungar. Mittelgebirge (Mátra), im S das Fünfkirchener Bergland. Hauptflüsse: Donau, Theiß; größter See ist der Plattensee. Das Klima ist kontinental bestimmt (hohe Sommer-, niedrige Wintertemperaturen, geringe Niederschläge). Die **Bevölkerung** besteht zu 95% aus Magyaren, ferner aus Deutschen (200 000), Slowaken, Rumänen, Kroaten, Zigeunern. Bildung: Schulpflicht vom 6.–14. Lebensjahr, es gibt 33 Universitäten u. a. in Budapest, Debrecen, Szeged, Fünfkirchen.

Wirtschaft. Seit 1945 fand eine sozialist. Umgestaltung der Landwirtschaft statt, verbunden mit einer Bodenreform. 1962 war die Kollektivierung abgeschlossen, Ungarn ein ‚Industrieland mit Landwirtschaft‘. 97% der landwirtschaftl. Nutzfläche sind in staatl. und genossenschaftl. Besitz. Angebaut werden bes. Mais und Weizen, ferner Gerste, Roggen, Kartoffeln, Zuckerrüben, Tabak, Gemüse, Obst, Wein. Ausgedehnte Viehzucht (Schweine, Schafe, Rinder). Bodenschätze werden im Mittelgebirge gefördert (Bauxit, Eisen,

Kupfer, Mangan, Braunkohle, Steinkohle). Erdöl und Erdgas werden zu 50% aus Rumänien und der Sowjetunion bezogen. Schwerindustriezentrum ist Csepel bei Budapest. Aluminiumhütte bei Inota, Maschinenbau, Elektro-, Fahrzeug-, Textil-, Nahrungsmittelindustrie. Haupthandelspartner sind die Staaten des Comecon. Dem Verkehr dienen 8780 km Bahnen, 1600 km Binnenwasserstraßen und 28 000 km Straßen. Hauptflughafen: Ferihegy bei Budapest.

Geschichte. Um 895 drangen die Magyaren unter dem Großfürsten Árpád von Südrußland her in U. ein. Ihre verheerenden Einfälle in die westl. Nachbarländer endeten 955 mit dem Sieg Kaiser Ottos d. Gr. auf dem Lechfeld. 975 begann die Christianisierung, die Stephan der Heilige, der 1001 den Titel eines ‚apostolischen‘ Königs erhielt, abschloß (Stephanskrone). Im 12. Jahrh. Ansiedlung von Deutschen (Siebenbürger und Zipser Sachsen). 1241 Einfall der Mongolen. Als das Haus der Árpáden 1301 ausstarb, folgten Könige aus verschiedenen Geschlechtern, von denen Matthias I. Corvinus (1458–90) der erfolgreichste war. Der Jagellone Ludwig II. fiel 1526 bei Mohács im Kampf gegen die Türken. Darauf geriet der Hauptteil U. mit Budapest unter türk. Herrschaft, während der W an des Habsburger kam und Siebenbürgen ein eigenes Fürstentum bildete. Erst durch den großen →Türkenkrieg von 1683–99 wurde ganz U. von den Türken befreit und mit den übrigen Ländern der Habsburger vereinigt; doch behauptete der magyar. Adel seine alten ständischen Sonderrechte und die calvinist. Minderheit der Magyaren ihren Glauben. Im 18. Jahrh. wurden die Donauschwaben (u. a. im Banat) angesiedelt. Eine Reformpolitik im Geiste des aufgeklärten Absolutismus versuchte Josef II. (1781 Aufhebung der Leibeigenschaft, 1784 Aufhebung der Autonomie der Komitate u. a.). Infolge des Widerstandes des ungar. Adels mußte Josef II. diese Maßnahmen größtenteils widerrufen. Eine starke liberale und nationale Bewegung entwickelte sich in der Revolution von 1848/49 unter Führung Kossuths zum offenen Abfall von den Habsburgern; doch warfen die Österreicher mit russ. Hilfe diese Erhebung nieder. Der österreichisch-ungar. Ausgleich vom 21. 12. 1867 schuf eine Doppelmonarchie (Cisleithanien und Transleithanien), stellte die Sonderverfassung U. wieder her und sicherte dem magyar. Adel die Vorherrschaft in der transleithan. Reichshälfte der Österreichisch-Ungar. Monarchie. Nach dem 1. Weltkrieg wurde U. Republik. 1919 bildeten die Kommunisten unter Béla Kun vorübergehend eine Räterepublik. 1920 wurde U. formell wiederhergestellt; Admiral Horthy wurde Reichsverweser. Im Vertrag von

Ungarn: links Donau bei Visegrád; rechts Gestüt in der Pußta-Hortobágy

Trianon (1920) verlor U. $^2/_3$ seines Gebiets und mehr als die Hälfte seiner Ew. an die Tschechoslowakei, Rumänien, Jugoslawien. Durch die Wiener Schiedssprüche von 1938 und 1940 erhielt U. einen Teil der abgetrennten Gebiete zurück. 1940 trat es dem Dreimächtepakt bei und nahm seit 1941 auf dt. Seite am 2. Weltkrieg teil. 1944/45 wurde U. durch sowjet. Truppen besetzt. 1946 wurde es Republik. Im Pariser Friedensvertrag 1946 mußte U. alle zurückgewonnenen Gebiete wieder abtreten. 1949 gelang es den Kommunisten, mit sowjet. Hilfe eine Volksdemokratie zu errichten. Ein am 23. 10. 1956 in Budapest und anderen Orten ausgebrochener Volksaufstand mit dem Ziel größerer außen- und innenpolit. Freiheit wurde Anfang Nov. 1956 von sowjet. Truppen blutig niedergeschlagen. Etwa 190 000 Ungarn flohen ins Ausland. Die während des Aufstandes gebildete Reg. Imre Nagy wurde abgesetzt, Regierungsmitgl. wurden verschleppt und hingerichtet (u. a. Imre Nagy). Anfang Nov. 1956 zum Gen.-Sekr. der Partei ernannt, bemühte sich J. Kádár (Nov. 1956 bis Febr. 1958, 1961-65 auch MinPräs.), die Herrschaft der KP wieder zu festigen. U. ist u. a. Mitgl. des Warschauer Paktes, des Comecon.

Ungarweine, die an Donau und Theiß angebauten ungar. Weine, bes. der **Tokajer.**
ungedeckter Kredit, Kredit ohne besondere Sicherheiten.
ungedeckter Scheck, ein Scheck, für den keine Deckung vorhanden ist; unter Umständen wegen Betrugs strafbar.
Ungehorsam, die Nichtbefolgung von Befehlen und Anordnungen. Bei öffentl. Aufforderung zum U. gegen Gesetze oder rechtsgültige staatl. Anordnungen Geld- oder Freiheitsstrafe bis zu 2 Jahren.
Ungelernte, Arbeitnehmer ohne Vorbildung in einem Lehr- oder Anlernberuf.
Unger, 1) Hellmuth, Schriftsteller, * 1891, † 1953, Augenarzt; Dramen, Romane, Biographien.
2) Johann Friedrich, Buchdrucker und Verleger in Berlin, * 1753, † 1804, schuf als Formschneider die bis zu Beginn des 20. Jahrh.s vielverwendete ‚Unger-Fraktur' (1794).
ungerechtfertigte Bereicherung, →Bereicherung.
Ungern-Sternberg, Alexander Freiherr von, Schriftsteller, meist unter dem Namen **A. v. Sternberg,** * 1806, † 1868.
Ungeziefer das, tierische Schädlinge und Schmarotzer.
ungleiche Verträge, Verträge, die China im 19. Jahrh. zu seinen Ungunsten mit den europ. Großmächten abschließen mußte (→chinesische Geschichte).
Ungu'entum [lat.] das, Salbe.
uni [yn'i, frz.], einfarbig.
Uni die, kurz für Universität.
UNICEF, →Internationaler Kinderhilfsfonds.
Unierte Kirchen, 1) →Orientalische Kirche 2). **2)** →Union 2), →Evangelische Kirche in Deutschland.
unifizieren [lat.], vereinheitlichen, mehrere Anleihen vereinigen (konsolidieren).
unif'orm [lat.], gleichförmig.
Unif'orm [lat.] die, die einheitliche Bekleidung der Soldaten, ferner verschiedener Beamtengruppen (Polizei, Eisenbahn, Post), Verbände und Vereine. In der Bundeswehr ist die Dienst- und Ausgeh-U. des Heeres grau, der Kampfanzug braun-grün (gefleckt), die der Luftwaffe graublau, der Kriegsmarine dunkelblau. Die einzelnen Waffengattungen des Heeres unterscheiden sich durch die **Waffenfarben.** Die Grundfarbe bei der Polizei ist graugrün, bei der Bundesbahn dunkelblau, bei der Bundespost blaugrau (früher dunkelblau). - Die U. der Nat. Volksarmee der Dt. Dem. Rep. ist ähnlich der der früheren dt. Wehrmacht.
'Unikum [lat.] das, etwas in seiner Art Einziges; Seltenheit; Sonderling.

unilater'al [la.], einseitig.
Unilever-Konzern, Weltkonzern der Seifen- und Margarine-Industrie, entstanden 1930 durch Fusion der engl. Unternehmen Lever Brothers Ltd. und Margarine Union Ltd. und der niederländ. N. V. Margarine Unie. Beschäftigte (1969) 326 600, Kap. 135 Mill. DM. Dt. Tochtergesellschaften: Sunlicht-Ges. mbH., Margarine Union GmbH., Elida GmbH., Langnese-Iglo GmbH. u. a.
Union [lat.] die, Verbindung, Vereinigung. **1)** Staatenverbindung, bes. die Verbindung mehrerer Staaten durch denselben Monarchen (→Personalunion, →Realunion); auch der Akt, durch den mehrere Staaten sich zu einem verschmelzen; ferner der auf Staatsverträgen beruhende Zusammenschluß von Staaten zur Verfolgung gemeinsamer wirtschaftl., polit. oder ideeller Interessen (z. B. Montan-U., Zoll-U.). Preußen erstrebte 1849/50 vergeblich die **Preußische U.,** einen kleindeutschen Bundesstaat (→Olmütz, →Radowitz). **2)** die Vereinigung getrennter Kirchen zu einer Gemeinschaft der Sakramente und des Kultus, auch der Lehre oder nur der Organisation. 1817 schuf Friedrich Wilhelm III. eine Unierte Evang. Kirche in Preußen. Parallel zu ihr entstanden verschiedene andere U. in den evang. Kirchen. Im 20. Jahrh. sind die Unionsbestrebungen weitgehend vom Geist der →Ökumenischen Bewegung bestimmt. **3)** Protestantische U., die 1608 geschlossene Vereinigung protestant. dt. Fürsten und Reichsstädte, 1621 nach der Niederlage am Weißen Berg aufgelöst.
Union der Leitenden Angestellten, ULA, Essen, Organisation zur gemeinsamen Wahrung wirtschaftl. und sozialer Interessen der leitenden Angestellten.
Union der Sozialistischen Sowjetrepubliken, die →Sowjetunion.
Union des Démocrates pour la V ème République [ynj'ɔ de demɔkr'at pur la sëki'ɛm repybl'ik], **UDR,** franzöś. politische Partei; 1967 gebildet, vereinigt sie seit 1958 bestehende gaullist. Gruppen.
Union Jack [j'u:njən dʒæk], volkstümlich für die britische Flagge.
Union Minière S. A. [ynj'ɔ minj'ɛ:r-], Brüssel, Holdinges. der NE-Metall- und chem. Industrie, gegr. 1906, seit 1968 jetziger Name.
Union Postale Universelle [ynj'ɔ pɔst'al ynivɛrs'ɛl], **UPU,** der →Weltpostverein.
Union Sidérurgique du Nord et de l'Est de la France [ynj'ɔ sideryrʒ'ik dy nɔːr e də lɛst dъ la fr'ãːs], **USINOR,** Paris, franzöś. Stahlproduzent, gegr. 1948, seit 1968 jetziger Name.
Union Zentralafrikanischer Staaten, seit 1968 Zusammenschluß der afrikan. Staaten Zaïre, Zentralafrikan. Republik und Tschad zur Schaffung eines gemeinsamen Marktes; Vors. J. D. Mobutu.
unis'ono [ital.], einstimmig. **Unisono** das, ♪ zwei und mehr Stimmen im Einklang.
Unit'arier [lat.], christl. Gruppen, die die Einheit Gottes betonen und die Trinitätslehre (Dreifaltigkeitslehre) ablehnen.
Unitar'ismus [lat.], der Form eines Bundesstaats oder Staatenbundes, die die Selbständigkeit der Gliedstaaten zurückdrängt. Gegensatz: Föderalismus.
Unit'ät [lat.], Einheit, Einzigkeit.
united [ju:n'aitid, engl.], vereinigt.
United Fruit Company [-fru:t k'ʌmpəni], Boston (Mass.), Weltunternehmen des Fruchtanbaus und -handels, gegr. 1899. Kap. (1970) 200 Mill. US-$.
United Kingdom of Great Britain and Northern Ireland [-k'iŋdəm ɔv great britn ənd n'ɔːθən'aiəland], →Großbritannien.
United Nations [-n'eiʃənz], **UN,** die →Vereinten Nationen.
United Press International [-pres intən'æʃnl], **UPI,** nordamerikan. Nachrichtenagentur, gegr. 1958.
United States Lines Co. [-steits lainz], nordamerikan. Passagier- und Frachtreederei, New York.

United States of America [-steits ɔv əm'erikə], **USA,** die →Vereinigten Staaten von Amerika.
United States Steel Corporation [-steits stiːl kɔːpər'eiʃən], **USS,** New York, größter Montankonzern der Erde, gegr. 1901; Kap.: 3,45 Mrd. US-$, Beschäftigte: 200 730 (1970).

univers'al [lat.], **univers'ell** [frz.], allgemein, allumfassend. **Universalität,** umfassendes Wissen. **Universalerbe,** Alleinerbe; **Universalgenie,** Alleskönner; **Universalgeschichte,** die Weltgeschichte; **Universalmittel,** Allheilmittel.
Universal|episkop'at [lat.], die bischöfl. Obergewalt des Papstes.
Univers'alien [lat.], allgemeine Ideen oder Wesenheiten; Gattungsbegriffe. Der **Universalienstreit** des MA. ging darum, ob die U. selbständig oder nur in den Dingen existieren oder ob sie bloße Namen seien. In der modernen Philosophie erlangte die U.-Frage erneut Bedeutung.
Universal|instrument, Theodolit mit Azimutal- und Höhenkreis, zur Beobachtung von Azimut und Höhe eines Gestirns.
Universal'ismus [lat.], **1)** allumfassendes Wissen (Können). **2)** Philosophie: die Lehre, die das Ganze oder Allgemeine dem Einzelnen überordnet und dieses von der Ganzheit her zu erklären sucht.
Universalmotor, Allstrommotor, kleiner Reihenschlußmotor für Gleich- und Wechselstrom.
Universalprinzip, das System der Weltrechtspflege, nach dem jeder Staat jeden von ihm ergriffenen Verbrecher verfolgen soll ohne Rücksicht auf die Staatsangehörigkeit des Täters und auf den Tatort.
Universi'ade, die sportl. Weltmeisterschaften der Studenten. Sommer-U.: 1959 Turin, 1961 Sofia, 1963 Pôrto Alegre, 1965 Budapest, 1967 Tokio, 1970 Turin; **Winter-U.:** 1962 Villars, 1964 Spindlermühle, 1966 Sestrière, 1968 Innsbruck, 1970 Rovaniemi.
Univers'itas, Monatsztschr. für Wissenschaft, Kunst, Lit.; Stuttgart, gegr. 1946.
Universit'ät [lat.] die, Körperschaft des öffentl. Rechts für Forschung, Lehre und Studium in allen Wissenschaften. Die moderne U. ist in Fakultäten oder Fachbereiche gegliedert und wird von ihren aus gewählten Vertretern der Hochschullehrer, der wissenschaftl. Mitarbeiter, der Studenten und der nichtwissenschaftl. Mitarbeiter gebildeten Organen geleitet: dem Konzil (Konvent), dem Senat und dem Rektor bzw. Präsidenten. Ihre Lehr- und Studienformen sind Vorlesungen, Seminare, Übungen, Kolloquien. Zu den U.-Lehrern gehören Professoren, Wissenschaftl. Räte, Assistenzprofessoren, Dozenten und Lektoren und Akademische Räte. Die U. verleihen akadem. Grade (Diplom, Lizentiat, Magister, Doktor, Ehrendoktor) und bereiten auf berufsbezogene Abschlußprüfungen vor. In der Bundesrep. Dtl. hat seit 1969 der Bund eine Rahmenkompetenz für das Hochschulwesen, ein Hochschulrahmengesetz ist in Vorbereitung. 1971 wurde in Kassel die erste Gesamthochschule errichtet, 1972 folgten weitere in Duisburg, Essen, Paderborn, Siegen und Wuppertal.

Die U. ist abendländ. Ursprungs (Bologna 1075, Paris 12. Jahrh.). Sie entstand aus Schulen der Theologie, Jurisprudenz und Medizin und breitete sich im 13. Jahrh. in Italien, Frankreich, Spanien und England, im 14./15. Jahrh. im Deutschen Reich (Prag 1348, Wien 1365, Heidelberg 1368) und Skandinavien (Uppsala 1477) aus, in den folgenden Jahrhunderten auch außerhalb Europas (1551 wurde in Peru die erste U. auf dem amerikan. Festland gegründet). Die Zahl der Neugründungen stieg im 19. und 20. Jahrh. stark an. Weiteres →Hochschule.
Univ'ersum [lat.] das, Weltall.
Univ'ersum-Film AG., **'Ufa,** Berlin, bis 1945 größtes Unternehmen der dt. Filmindustrie; gegr. 1917. Nach 1945 aufgelöst;

im Zuge der Entflechtung entstanden Filmtheater-, Produktions- (bis 1962) und Verleihgesellschaften.

Unjamw'esi, Landschaft in Tansania, Teil des zentralen ostafrikan. Hochlandes, mit lichtem Trockenwald bestanden.

Unke die, Froschlurchgattung der Scheibenzüngler; in Mitteleuropa: **Gelbbauch-U.** (Bild Anpassung) und **Rotbauch-U.**

Rotbauch-Unke

Unkosten, Kosten, die dem Erzeugnis nicht direkt zugerechnet werden können, →Gemeinkosten.

Unkräuter, Seget'alpflanzen, wild zwischen Nutzpflanzen wachsende und deren Fortkommen hindernde Pflanzen. U. werden u. a. durch chem. Mittel (Herbicide) bekämpft.

unlauterer Wettbewerb, ⚖ das Streben nach geschäftl. Vorteilen mit Mitteln, die gegen die guten Sitten verstoßen (z. B. Firmen-, Namensmißbrauch); führt zur Schadensersatzpflicht, in bestimmten Fällen strafbar (Gesetz gegen den u. W. v. 7. 6. 1909, i. d. F. v. 26. 6. 1969).

unmittelbarer Zwang, ⚖ ein Zwangsmittel im Verwaltungsverfahren, mit dem die Behörde gegenüber dem Verpflichteten unmittelbare Gewalt (z. B. Zwangsräumung) anwendet.

Unmittelbarkeit, ein Grundsatz im Strafprozeß, wonach Angeklagter und Zeugen in der Hauptverhandlung im allgemeinen persönlich zu vernehmen sind.

Unmöglichkeit der Leistung, im bürgerl. Recht eine Leistung, die entweder von niemand bewirkt (**objektive U.**) oder nur von einem bestimmten Schuldner nicht bewirkt werden kann (**subjektive U. oder Unvermögen**). Die U. ist eine Leistungsstörung, die u. a. zum Schadensersatz führt, wenn sie vom Schuldner vorsätzlich oder fahrlässig herbeigeführt wurde.

Unmündigkeit, →Volljährigkeit.

Unna, Stadt in Nordrh.-Westf., am Hellweg, 51 800 Ew.; Maschinen-, Draht-, Messingind., Steinkohlenbergbau.

unnotierte Werte, Börsenpapiere, die nur im Freiverkehr gehandelt werden.

UNO, Abk. für United Nations Organization, die →Vereinten Nationen.

'Unold, Max, Maler, Graphiker, * 1885, † 1964, malte unter dem Einfluß Cézannes, näherte sich in den 20er Jahren der Neuen Sachlichkeit.

Unpaarhufer, Unpaarzeher, Ordnung huftragender Säugetiere, an deren Füßen die Mittelzahe am stärksten ausgebildet ist: Pferde, Tapire, Nashörner.

unpfändbare Sachen, ⚖ bestimmte, in der ZPO. (§ 811) im einzelnen aufgeführte Sachen, die dem persönl. Gebrauch oder der Erwerbstätigkeit des Schuldners dienen und vom Gläubiger nicht gepfändet werden können (z. B. Kleidungsstücke, Betten, Wäsche).

UNRRA, Abk. für United Nations Relief and Rehabilitation Administration [ju:n'ai-

tid n'eiʃnz rɪl'i:f ænd riːəbilit'eiʃən ədministr'eiʃən], 1943-47 eine Hilfsorganisation der Vereinten Nationen für Flüchtlinge und Verschleppte.

Unruh die, Gangregler der Uhr.

Unruh, Fritz von, Schriftsteller, * 1885, † 1970, Offizier, wurde durch das Erlebnis des 1. Weltkriegs Pazifist, emigrierte 1933. Drama ‚Ein Geschlecht' (1916, gedr. 1918; 2. Teil ‚Platz', 1920), ein Hauptwerk des Expressionismus. Weitere Dramen: ‚Offiziere' (1912), ‚Louis Ferdinand, Prinz von Preußen' (1913), ‚Bonaparte' (1926); Romane (‚Der Sohn des Generals', 1957).

Unschärferelationen, Unbestimmtheitsrelationen, Unschärfebeziehungen, Physik: von W. Heisenberg aus der Quanten- und Wellenmechanik abgeleitete quantenmechan. Regeln, nach denen Ort und Impuls oder Dauer und Energie eines Teilchens oder Zustandes nicht zugleich beliebig genau bestimmt werden können. Das Ungenauigkeitsprodukt beider Größen bleibt stets größer als das Plancksche Wirkungsquantum.

Unschlitt, Rinder- oder Hammeltalg.

Unselbständige, die abhängigen Erwerbspersonen (Beamte, Angestellte, Arbeiter) und die Arbeitslosen.

Unsere Liebe Frau, Maria, Mutter Jesu.

unsittliches Rechtsgeschäft, ein gegen die →guten Sitten verstoßendes Rechtsgeschäft.

Unsöld, Albrecht, Astrophysiker, * 1905, Prof. in Kiel, Forscher auf dem Gebiet der Sternatmosphären.

Unsterbliche, französ. **Les quarante immortels,** die 40 Mitglieder der Académie Française.

Unsterblichkeit der Seele. Der Glaube an ein Fortleben des Menschen nach dem Tode findet sich in fast allen Kulturen (z. B. als Eingang in ein Jenseits; Wiedergeburt; Seelenwanderung). Das Christentum hat von Anfang an die U. d. S. vertreten (vgl. 1. Kor. 15).

Unstrut die, linker Nebenfluß der Sächs. Saale, entspringt im Eichsfeld, mündet unterhalb Naumburg, 188 km lang.

Untätigkeitsklage, ⚖ die →Verpflichtungsklage.

Unteilbares Deutschland, →Kuratorium Unteilbares Deutschland.

Unterbeschäftigung besteht, wenn die vorhandenen Arbeitskräfte oder Produktionsmittel nicht voll ausgenutzt werden.

Unterbewertung, zu geringe Bewertung von Gegenständen des Anlage- oder Umlaufvermögens, um stille Reserven zu bilden.

Unterbewußtsein, die seelischen Vorgänge unterhalb der Bewußtseinsschwelle; sie treten z. B. als Traum oder auch als sinnvolle Äußerungen hervor, die nicht vom Oberbewußtsein gesteuert werden. Z. T. gleichbedeutend mit →Unbewußtes.

Unterbilanz, Bilanz, die einen Verlust ausweist.

Unterbrecher, Gerät, das einen elektr. Stromkreis in schneller Folge öffnet und schließt und dadurch periodische Spannungsimpulse erzeugt: **Selbst-U.:** →Wagnerscher Hammer, →Wehnelt-Unterbrecher, Stimmgabel-U., Relais-U.; **fremderregte U.:** Turbinen-U. mit einem gegen feste Kontakte geschleuderten rotierenden Quecksilberstrahl, Zünd-U. an Verbrennungsmotoren.

Unterdruckkammer, eine druckdichte Kammer zu luft- und raumfahrtmedizin. Untersuchungen, auch zur Therapie bei bestimmten Krankheiten. Die verschiedenen Höhen entsprechenden Zustände (Druck, Temperatur u. a.) werden darin künstlich erzeugt.

Unterernährung, mangelhafte Ernährung, die zu Hungerkrankheiten und anderen Mangelkrankheiten führen kann. **U.-Kur,** Form der →Ernährungsbehandlung.

unterfangen, einen Bauteil oder ein Bauwerk von unten her abstützen.

Unterflurmotor, ein im Fahrzeugrahmen (z. B. bei Omnibussen) unter dem Fußboden- oder Ladefläche eingebauter Motor mit liegenden Zylindern.

Unterfranken, Regierungsbezirk in Bayern, 8487 km², 1,181 Mill. Ew., Hauptstadt Würzburg. U. (bisher 5 kreisfreie Städte, 22 Landkreise) wird nach dem Ges. vom 27. 12. 1971 neu gegliedert in die kreisfreien Städte Aschaffenburg, Schweinfurt, Würzburg und die Landkreise Aschaffenburg, Bad Kissingen, Bad Neustadt a. d. Saale, Haßberg-Kreis, Kitzingen, Miltenberg, Mittelmain, Schweinfurt und Würzburg.

Unterglasurmalerei, eine Bemalung keram. Erzeugnisse vor der Glasur.

Untergriff, Turnen: der →Kammgriff.

Untergrundbahn, U-Bahn, eine meist unterirdisch geführte, kreuzungsfreie Stadtschnellbahn; sie wird wie die Straßenbahn meist mit Gleichstrom von 600 bis 800 V betrieben. Der Strom wird den Triebfahrzeugen über Stromschiene (neben den Fahrschienen) und Stromabnehmer zugeführt. Als Stromrückleitung dienen im allgemeinen die Fahrschienen. Trieb-, Steuer- und Beiwagen eines Zuges werden vom führenden Trieb- oder Steuerwagen aus gemeinsam gesteuert. Die meist angewandte selbsttätige Streckenblockung ermöglicht dichte Zugfolge. Die Untergrund-**Straßenbahnen (U-Strab), Unterpflasterbahnen** sind Straßenbahnen, die auf Streckenabschnitten im Stadtzentrum in Tunnelröhren verkehren. - Die erste elektr. U. wurde 1890 in London in Betrieb genommen.

Untergrundbewegung, politische Geheimorganisation im Kampf gegen die staatliche Herrschaft, auch gegen eine Besatzungsmacht (→Fünfte Kolonne).

Unterhaltshilfe, Ausgleichsleistung des Lastenausgleichs an dauernd Erwerbsunfähige, deren Einkommen oder Vermögen den Lebensunterhalt nicht deckt.

Unterhaltsklage, Alimentenklage, die Klage beim Amtsgericht auf Erfüllung der Unterhaltspflicht.

Unterhaltspflicht, die auf Gesetz oder Vertrag beruhende Pflicht zur Gewährung von Unterhalt; sie besteht gegenüber dem nichtehelichen Kind, gegenüber dem Ehegatten (u. U. auch nach der Scheidung) und gegenüber Verwandten in gerader Linie. Zum Unterhalt zählen die Kosten des Lebensbedarfs, einschl. Erziehung und Ausbildung. Wer sich seiner gesetzl. U. vorsätzlich entzieht, kann mit Freiheitsstrafe bestraft werden (§ 170 b StGB.).

Unterhaltungsliteratur, Literatur, die unterhält, ohne Probleme oder gedankliche Vertiefung zu bieten.

Unterhaltungsmusik, eine Musikgattung, die melodisch, harmonisch und rhythmisch ist. leicht eingeht. Sie spaltete sich im 19. Jahrh. von der ernsten Musik ab und fand ihre ersten Vertreter in Lanner, J. Strauss Vater und Sohn. Die heutige U. entstand u. a. aus Elementen der Tanzmusik und der sinfon. Musik.

Unterhändler, ⚓ der Parlamentär.

Unterhaus, das Abgeordnetenhaus des brit. Parlaments (House of Commons).

Unterholz, Niedergehölz im Wald.

Unterkiefer, ein Knochen des Gesichtsschädels bei den Wirbeltieren und beim Menschen; er trägt im Alveolarfortsatz die Zahnfächer (Alveolen) und wird in jeder Hälfte von einem Kanal für U.-Nerv und Blutgefäße durchzogen.

Unterkühlung, 1) ⚕ **Auskühlung,** Senkung der Körpertemperatur durch Wärmeverlust (→Erfrieren) oder Störung der Wärmeregulation (→Warmblüter). U. wird künstl. erzeugt beim künstl. →Winterschlaf. **2)** u. a. die Abkühlung von Flüssigkeiten oder Gasen unter die dem jeweiligen Druck zugeordnete Erstarrungstemperatur oder unter den Taupunkt.

Unterlage, Pflanze, auf die man bei der Veredelung das Edelreis setzt.

Unterlassung, die Nichterfüllung einer

Rechtspflicht; sie kann u. a. zu einer Schadensersatzpflicht gegenüber dem Berechtigten führen. Anspruch auf U. besteht bei rechtswidrigen Eingriffen in das Eigentum und andere Rechte; in diesen Fällen kann der Berechtigte auf U. klagen (**Unterlassungsklage**), sofern weitere Störungen zu befürchten sind.

Unterlassungsdelikt, Omissivdelikt, die Erfüllung eines Straftatbestandes durch Unterlassung einer Handlung, zu der man rechtlich verpflichtet ist.

Unterlassungsklage, →Unterlassung.

Unterleib, der Bauch, bes. dessen unterer Bereich. **U.-Krankheiten,** Krankheiten der U.-Organe, z. B. des Darms, der Harnblase, bei Frauen bes. der inneren Geschlechtsorgane.

Untermiete, ♐♐ das Weitervermieten einer gemieteten Sache, bes. eines Teils einer Mietwohnung durch den Hauptmieter an einen Dritten (**Untermieter**). Auf die U. werden die Vorschriften über die →Miete entsprechend angewendet.

Unternehmen, Unternehmung, die wirtschaftl. Einheit als Zusammenfassung von Arbeit und Kapital zum Zwecke der Gewinnerzielung im Unterschied zum →Betrieb als räumlich-technische Einheit. Ein U. kann mehrere Betriebe, auch wirtschaftlich nicht zusammengehörige, umfassen. Man unterscheidet Privatunternehmen, →öffentliche Unternehmen und →Gemeinschaftwirtschaftliche Unternehmen. Ist ein einzelner Unternehmer alleiniger Kapitaleigentümer, so liegt ein **Einzelunternehmen** vor, sind mehrere Personen am Kapital beteiligt, ein **Gesellschaftsunternehmen** (Personal- oder Kapitalgesellschaft). Das durch die techn. Fortschritte bedingte Anwachsen des U.-Kapitals führte dazu, daß Einzel-U. immer mehr durch Gesellschaftsunternehmen verdrängt wurden. - In der Bundesrep. Dtl. bestanden (1971) 2295 AG. mit 60,6 Mrd. DM Grund- und 88483 GmbH. mit 48,1 Mrd. DM Stammkapital.

Unternehmensberater, Betriebsberater, freiberufl. tätiger Fachmann, berät bes. kleinere und mittlere Unternehmen in Fragen der Organisation, des Absatzes u. ä.

Unternehmensforschung, engl. **Operations Research,** die Anwendung formaler Methoden bei der Ermittlung bestmöglicher Unternehmentscheidungen, die Beschreibung der möglichen Entscheidungen und die Erfassung von Präferenzvorstellungen in der Form mathemat. Modelle.

Unternehmensspiele, engl. **management games** [mˈænidʒmənt geimz], **business games** [bˈiznis geimz], Ausbildungsmethode in der Betriebswirtschaftslehre, ähnl. den Planspielen an Militärakademien. Anhand eines der Wirklichkeit angenäherten Modells werden betriebswirtschaftl. Entscheidungen getroffen, deren Auswirkungen, aus dem Modell berechnet, als Grundlage für weitere Entscheidungen dienen.

Unternehmer, jemand, der ein wirtschaftl. Unternehmen auf eigene Rechnung und Gefahr leitet und für Arbeitnehmer beschäftigt. Der freie U. ist Eigentümer des von ihm geleiteten Unternehmens, in Kapitalgesellschaften üben Geschäftsführer (Manager) die U.-Funktionen aus. Der U. trägt das Risiko des Kapitalverlusts (U.-Risiko). Seine besondere Leistung liegt im Festlegen der Unternehmensziele, in der Planung und in der Koordinierung der Unternehmensbereiche, wobei alle Entscheidungen im Hinblick auf künftige Marktverhältnisse und in wendiger Anpassung an marktliche Veränderungen getroffen werden müssen. - Interessengemeinschaften der freien U. sind die **U.-Vereinigungen.**

Unternehmergewinn, das Einkommen des Unternehmers, bes. der Teil, der nach Abzug des Entgelts für seine Arbeit (**Unternehmerlohn**) und nach Verzinsung des Eigenkapitals als Gewinn übrigbleibt.

Unteroffizier, militärische Rangklasse zwischen Offizier und Mannschaft.

Unter-Pari-Emission, Ausgabe von Wertpapieren unter dem Nennwert.

Unterpflasterbahn, →Untergrundbahn.

Unterricht, planmäßiges, regelmäßiges Lehren. Je nach Schulart und Schulalter herrschen bes. pädagogische Aufgaben vor: die Hinleitung des Kindes vom Spiel zu geregelter Arbeit (Vorschule, Grundschule), die Zurüstung auf die Anforderungen der Arbeits- und Wirtschaftswelt (Hauptschule, Realschule, Berufsfachschulen), die Vorbereitung auf ein wissenschaftl. Studium (Gymnasium). Berufs- und Sonderschulen berücksichtigen im U. besondere Zwecke und Bedingungen. Die Didaktik als Theorie des U. erörtert diesen nach Zielen, Form und Bedingungen.

Unterrichtsverfahren (Lehrverfahren). Die wenigen überlieferten alten Lehrformen wie Vor- und Nachsprechen, Lehrervortrag, Frage und Antwort (sokratisches Lehrverfahren), Vorzeigen haben sich heute reich aufgegliedert und fortentwickelt: selbständige Erarbeitung durch den Schüler (Arbeitsschule), das freie U.-Gespräch mit Schüler- und Lehrerfrage u. a. Zur Differenzierung des U. verwendet man immer häufiger techn. Hilfen (Film, Tonband, Lehrmaschine, Sprachlabor) und sucht den U. zu programmieren (→programmierter Unterricht). Wichtige U.-Prinzipien sind Anschauung, Lebensnähe, Kindgemäßheit, Selbsttätigkeit, Sachgerechtigkeit. Nach der Organisationsform unterscheidet man Klassen-, Gruppen- und Einzel-U.

Untersberg, höhlenreicher Gebirgsstock in den Berchtesgadener Alpen, im Berchtesgadener Hochthron 1973 m, im Salzburger Hochthron 1853 m hoch.

Unterschenkel, →Bein. **U.-Geschwür,** →Krampfader.

Unterschlagung, Unterschleif, Defraudation, ♐♐ die vorsätzliche, rechtswidrige Zueignung einer fremden beweglichen Sache, die der Täter (z. B. als Verwalter oder Finder) in Gewahrsam hat. Die einfache U. wird mit Freiheitsstrafe bis zu 3 Jahren oder mit Geldstrafe bestraft; war die Sache dem Täter anvertraut (**Veruntreuung**), mit Freiheitsstrafe bis zu 5 Jahren (§ 246 StGB.). Die U. gegen nahe Verwandte, Erzieher usw. wird nur auf Antrag verfolgt (§ 247 StGB.). Die U. amtlich empfangener oder verwahrter Sachen durch Beamte (**Amtsunterschlagung**) wird bes. streng bestraft (§§ 350, 351 StGB.).

Unterschrift, Unterzeichnung, der unter eine Urkunde eigenhändig geschriebene Name zum Zeichen der Vollziehung. Mechan. Herstellung genügt nur in bestimmten, gesetzlich zugelassenen Fällen (z. B. bei Aktien). Die Namens-U. kann durch gerichtlich oder notariell beglaubigtes Handzeichen ersetzt werden.

Untersee, Teil des →Bodensees.

Unterseeboot, U-Boot, U-Schiff, ein zum Tauchen und zur Unterwasserfahrt geeignetes Kriegsschiff für Torpedo- und Raketenbeschuß, Legen von Minen. Das U. besteht aus einem durch Schotte unterteilten Druckkörper, der alle Einrichtungen zur Über- und Unterwasserfahrt und Unterbringung der Besatzung enthält, und

den darin- oder darumliegenden Tauchtanks. Angetrieben wird das U. bei Überwasserfahrt durch Diesel-, bei Unterwasserfahrt durch Elektromotoren. Diese werden aus Akkumulatoren gespeist, die bei Überwasserfahrt durch die als Generator geschalteten Elektromotoren aufgeladen werden. Mit Kernenergie angetriebene **Atom-U.** haben Einheitsantrieb für Über- und Unterwasserfahrt. Getaucht wird durch Fluten des Tauchtanks und gleichzeitiges Legen der Tiefenruder. Zum Auftauchen werden die Tiefenruder betätigt und das Wasser durch Druckluft aus den Tauchtanks herausgedrückt. Bei Unterwasserfahrt in geringer Tiefe geschieht die Beobachtung des Luftraums und der Wasseroberfläche durch Sehrohre, die Belüftung durch →Schnorchel. - Der Bau von U. wurde 1801 von Fulton und 1851 von W. Bauer versucht, das erste brauchbare U. 1898 von J. P. Holland entwickelt.

Untersetzer, ein elektron. Gerät, das bei der Zählung sehr rascher Impulsfolgen die Anzahl der Impulse um einen bestimmten Faktor verringert.

Unterstand, ⚔ splitter-, schuß- oder bombensicher eingedeckter Raum.

unterständig, ⚘ beim pflanzl. Fruchtknoten: von der Blütenachse umwachsen, unterhalb der oberständigen Blütenhülle stehend.

Unterstimme, ♪ im mehrstimmigen Satz die Baßstimme im Unterschied zur Oberstimme, der höchsten Stimme.

Unterstützungskasse, in Betrieben eine Kasse zur Altersversorgung der Betriebsangehörigen und zur Hilfe in Notfällen; ohne Rechtsanspruch.

Untersuchung, 1) Strafprozeß: die auf Entdeckung und Überführung des Täters gerichteten Maßnahmen. 2) Handelsrecht: beim Handelskauf zwischen Kaufleuten die Pflicht des Käufers zur unverzüglichen Prüfung der gelieferten Ware. 3) $ die zur Diagnose dienende ärztl. Aufnahme der Vorgeschichte einer Krankheit und die Prüfung des Zustandes des Kranken.

Untersuchungsausschuß, ein Ausschuß des Bundestages (Art. 44 GG.), der bes. zur Aufklärung bestimmter polit. Zusammenhänge, Vorfälle oder Mißstände eingesetzt wird.

Untersuchungsausschuß freiheitlicher Juristen, früher eine Vereinigung von Juristen zur Aufdeckung von Unrechtshandlungen der Dt. Dem. Rep. (Sitz: West-Berlin), heute eine Abteilung des Gesamtdeutschen Instituts.

Untersuchungsgefangener, Beschuldigter in →Untersuchungshaft.

Untersuchungsgericht, in Österreich eine beim Gericht erster Instanz besonders bestellte Untersuchungsbehörde.

Untersuchungshaft, die Verwahrung eines Beschuldigten in einem Untersuchungsgefängnis; sie darf nur auf Grund richterlichen Haftbefehls und nur dann vorgenommen werden, wenn dringender Tatverdacht vorliegt und Flucht- oder Verdunkelungsgefahr besteht.

Untersuchungsrichter, →Voruntersuchung.

Untersuchungsverfahren, das →Ermittlungsverfahren.

Untertagevergasung, die Vergasung

Unterseeboot: Amerikanisches Atom-U-Schiff ‚Lafayette' (für strategischen Einsatz). Standard-Wasserverdrängung: aufgetaucht 7320 ts, getaucht 8250 ts; Länge 129,5 m, größte Breite 10,1 m, Tiefgang 9,6 m; Antriebsleistung 15 000 PS; Geschwindigkeit: aufgetaucht 20 kn, getaucht 30 kn; Bewaffnung: 16 strategische Flugkörper ‚Polaris A-2', 4 Bug-Torpedorohre; Besatzung: 14 Offiziere, 126 Unteroffiziere und Mannschaften

nicht abbauwürdiger Vorkommen von Steinkohle und Ölschiefer. Durch ein Bohrloch wird erhitzte, mit Sauerstoff angereicherte Luft, auch Wasserdampf eingepreßt. Nach dem Zünden bildet sich bei der unvollkommenen Verbrennung Kohlenoxid, das durch ein anderes Bohrloch abgesaugt wird.

Untertan, 1) Höriger, Leibeigener. **2)** früher der Staatsangehörige als Objekt der Staatsgewalt.

Untertritt, mit Knöpfen besetzter Randstreifen eines Kleidungsstücks.

Unterversicherung besteht, wenn die Versicherungssumme niedriger ist als der Versicherungswert. Im Schadensfall wird im Verhältnis beider zueinander gedeckt.

Untervölkerung, Mißverhältnis zwischen der Bevölkerung und dem Raum, in dem sie lebt: zu geringe Bevölkerungsdichte.

Unterwalden, Kanton der Schweiz, besteht aus den selbständigen Halbkantonen Obwalden und Nidwalden; **Obwalden** (U. ob dem Wald), 492 km², 24 500 Ew., Hauptort: Sarnen, umfaßt das Gebiet der Sarner Aa mit den Hochtälern von Lungern und Engelberg. **Nidwalden** (U. nid dem Wald), 274 km², 25 600 Ew., Hauptort: Stans, umfaßt das untere Engelberger Tal und das Ufergelände des Vierwaldstätter Sees. Haupterwerbszweige in U.: Alpwirtschaft, Viehzucht, Obstbau; Industrie und Handel. - U. ist einer der Urkantone; 1291 trat Nidwalden, etwas später Obwalden dem Bund mit Uri und Schwyz bei.

Unterw'anderung, 1) ein langsames, wenig auffälliges Einschieben einer fremden Bevölkerungsgruppe in eine bodenständige. **2)** im übertragenen Sinn die (oft gelenkte und getarnte) Einflußnahme einer Minderheit mit dem Ziel, politische und gesellschaftl. Ordnungen zu zersetzen.

Unterwasserball, Tauchsport: Mannschaftssportart unter Wasser; jede Mannschaft umfaßt 10 Spieler, die Taucher sind mit ABC-Geräten ausgerüstet, die Spielzeit beträgt zweimal 10 min; gespielt wird um Tore.

Unterwasserlabor, Aufenthaltsraum, der als Arbeitsbasis für einige Wochen und in Wassertiefen von mehr als 100 m betrieben wird; dient der Erforschung und Nutzung des →Schelfes.

Unterwassermassage, Heilverfahren, bei dem der im Bad liegende Kranke durch einen Wasserstrahl massiert wird. Anwendung z. B. bei Gelenkleiden.

Unterwasserphotographie, ein Spezialgebiet der Photographie, ermöglicht durch wasserdichte, für größere Tiefen druckfeste Unterwasserkameras. Besonderheiten der Aufnahmetechnik sind durch die begrenzte Unterwassersicht, die nach unten stark abnehmende Tageslichtintensität (bes. des Rotanteils), das höhere Brechungsverhältnis des Wassers u. a. gegeben. Günstig sind lichtstarke Weitwinkelobjektive, in über 3 m Tiefe u. U. künstl. Lichtquellen.

Unterwasserschallanlagen dienen der Nachrichtenübermittlung zu und zwischen getauchten U-Booten und, wie das Echolot, der Feststellung der Standorte von Schiffen und Hindernissen sowie der Ermittlung von Meerestiefen (Ultraschallortung). Die Schallwellen werden von Wasserschallsendern im Ultraschallbereich mit Frequenzen zwischen 20 und 50 kHz erzeugt. Die Ultraschall-Frequenz kann als Trägerfrequenz durch verstärkte Sprachschwingungen moduliert werden, die in einem Ultraschallempfänger wieder hörbar gemacht werden können. Die Reichweite beträgt 10-15 km.

Unterwelt, 1) griech. Mythos: der Hades, Aufenthaltsort der Toten. **2)** Verbrecherkreise.

Unterw'erfungsverfahren, Steuerstrafrecht: früher ein vereinfachtes Verfahren der Bestrafung von Steuervergehen durch das Finanzamt ohne Erlaß eines Strafbescheids. Das U. stand einer rechtskräftigen

Verurteilung gleich (§ 445 RAO.). Das Bundesverfassungsgericht hat am 6. 6. 1967 das U. für verfassungswidrig erklärt, weil nur Richter Kriminalstrafen verhängen können (Art. 92 GG).

Unterzug, ein Träger, der die Last einer Balkenlage, Wand oder Decke aufnimmt und auf Wände, Pfeiler, Stützen überträgt.

Untiefe, 1) eine für die Schiffahrt gefährliche seichte Stelle. **2)** eine bes. tiefe Stelle im Wasser.

Untreue, ♐♑ die Schädigung fremden Vermögens durch Mißbrauch der Befugnis, über fremdes Vermögen zu verfügen (**Mißbrauchstatbestand**) oder Verletzung der Pflicht, fremde Vermögensinteressen wahrzunehmen (**Treuebruchstatbestand**); mit Freiheitsstrafe und Geldstrafe, in bes. schweren Fällen mit Freiheitsstrafe von 1 bis zu 10 Jahren bestraft (§ 266 StGB.).

U Nu, birman. Politiker. →Nu.

Unwin [′ʌnwin], Sir Stanley, engl. Verleger, * 1884, † 1968, verdient um die Organisation des engl. und des Weltbuchhandels; 1936 bis 1938 und 1946-54 Präsident, seit 1956 Ehrenpräs. des Internat. Verlegerkongresses (seit 1954 Internat. Verleger-Union).

Unwirksamkeit, ♐♑ die Ungültigkeit oder Vernichtbarkeit eines Rechtsakts. Die U. tritt bei Rechtsgeschäften und Hoheitsakten als Folge bestimmter Mängel auf. Schwere Mängel bewirken die U. ohne weiteres (→Nichtigkeit), leichtere setzen eine →Anfechtung voraus. **Relative U.** liegt vor, wenn ein Rechtsgeschäft bestimmten Personen gegenüber nichtig, im übrigen aber voll wirksam ist.

Unze [lat.] *die,* früher weitverbreitetes Maß, Gewicht und Geldgröße; heute noch Handelsgewicht in England und den Vereinigten Staaten (→ounce).

Unzertrennliche, kleine kurzschwänzige Papageien, die gern aneinandergeschmiegt sitzen; z. B. Rußköpfchen in Afrika.

Unzi'alschrift, Unzi'ale [lat.] *die,* durch Abrundung der Buchstaben der röm. Kapitalschrift entstandene Schriftart, als Buchschrift wohl schon im 2. Jahrh. im Gebrauch; Hauptschrift bis zum 8. Jahrh.

Unzucht, Handlungen, die das allgemeine Scham- und Sittlichkeitsgefühl verletzen und auf die Erregung eigener oder fremder Geschlechtslust gerichtet sind, →Sittlichkeitsverbrechen.

Unzurechnungsfähigkeit, →Zurechnungsfähigkeit.

Unzuständigkeit, →Zuständigkeit.

Up'anischaden [Sanskrit ,Sitzungen', ,vertrauliche Belehrungen'], altindische theolog.-philosoph. Texte; die ältesten (800-600 v. Chr.) sind Teile der Brahmanas, die jüngeren reichen bis in die Zeit um 1500 n. Chr.

'Upasbaum, Antjar, Maulbeergewächs des Malaiischen Archipels; sein Milchsaft liefert das Pfeilgift **Upas.**

Updike [′ʌpdaik], John, amerikan. Schriftsteller, * 1932. Romane ,Das Fest am Abend' (1959), ,Hasenherz' (1960), ,Ehepaare' (1968); Kurzgeschichten, Gedichte.

UPI, Abk. für →United Press International.

Up'olu, eine der Samoa-Inseln, mit der Hauptstadt Apia.

Uppercut [′ʌpəkʌt, engl.] *der,* Boxsport: Aufwärtshaken.

upper ten [′ʌpə′ten, engl.], die oberen Zehntausend, Oberschicht.

Upps'ala, 'Upsala, Hauptstadt des VerwBez. U., Schweden, nördlich Stockholm, 99 600 Ew.; Sitz eines evang. Erzbischofs, einer Universität (1477 gegr.) mit wertvoller Bibliothek (Codex argenteus); Domkirche (1260-1435) mit Grabchor Gustav Wasas, Gemäldesammlung, Botan. Garten, Schloß (16. Jahrh.); Industrie: Metallwaren, Textilien, Möbel, Mühlen, Schuhe u. a.

up to date [ʌp tu deit, engl.], modisch, zeitgemäß; auf dem laufenden.

UPU, Abk. für Universal Postal Union

[engl.] oder Union Postale Universelle [frz.], der Weltpostverein.

Ur, heute **Mugajjar,** antike Stadt im S Babyloniens, im 3. Jahrtsd. v. Chr. die Hauptstadt Babyloniens; nach bibl. Überlieferung die Heimat Abrahams; bedeutende Ausgrabungen.

Ur *der, der* →Auerochse. (Bild Aussterben)

Urach, Stadt und Kurort in Bad.-Württ., 9 300 Ew., am Fuß der Schwäb. Alb; Fachwerkhäuser, spätgot. Kirche; Textil-, Metall- und Holzindustrie.

'Ur|adel, der alte Adel, der nicht auf landesherrlicher Verleihung (Briefadel) beruht, bis etwa 1350.

Ur'al *der,* **1)** Gebirge in der Sowjetunion, gilt als Teil der Grenze zwischen Europa und Asien, erstreckt sich vom Karischen Meer über 2500 km weit nach S, wird gegliedert in **Nördl. U.,** im Narodnaja 1885 m hoch, **Mittleren U.,** im Konschakowskij Kamen 1569 m hoch, und **Südl. U.,** im Jamantau 1638 m hoch. Bes. der Mittlere U. ist dicht bewaldet, der Südl. U. geht allmählich in Steppe über. Der U. hat reiche Bodenschätze: Eisen, Kupfer, Mangan, Schwefel, Asbest, Gold, Kohle, Platin, Zink, Bauxit, Nickel, Kobalt, Kali, Magnesium, Bromsalze, Erdöl, Chrom u. a. **2)** Fluß in der Sowjetunion, vom Südl. Uralgebirge zum Kaspischen Meer, 2534 km lang; gilt von Orsk ab als Grenze zwischen Europa und Asien.

uralische Sprachen, zusammenfassend für die finnisch-ugrischen und die samojed. Sprachen, die eng verwandt sind.

Ur'alsk, Stadt in der Kasachischen SSR, am Uralfluß, 134 000 Ew.; Textil-, Leder-, landwirtschaftl. Verarbeitungsindustrie.

Ur|alt-Guthaben, die am 9. 5. 1945 blockierten Bankguthaben in der Dt. Dem. Rep. und in Berlin.

Uräm'ie [grch.] *die,* →Harnvergiftung.

Ur'an *das,* **U,** chem. Element, silberweißes, hartes Schwermetall, Ordnungszahl 92, Massenzahlen 238 (U II), 235 (Actinium U, AcU) 234 (U II), Atomgewicht 238,03, spezif. Gewicht 18,7, Schmelzpunkt 1130° C. U. ist radioaktiv und Anfangsglied zweier natürl. Zerfallsreihen. Vorkommen im U.-Pecherz, Carnotit und in einigen Salzen; Hauptfundorte in Kanada, Rep. Südafrika, USA, Katanga; kleinere Vorräte auch in Dtl. Verwendung vor allem als Kernspaltstoff und Neutronenquelle in Reaktoren sowie in nuklearer Sprengstoff in Atombomben; gelegentlich auch als Legierungsbestandteil. Die Verbindungen sind zum Teil giftig.

Ur'ania, die Muse der Sternkunde.

Uran'iden, die drei chemisch verwandten Elemente Uran, Neptunium, Plutonium.

Ur'anier, Homosexueller.

'Uranos, griech. Mythologie: der personi-

Uppsala: Domkirche

Uranglimmer auf rötlichem Quarz

fizierte Himmel, Sohn und Gemahl der Erde (Gaia).

Uranpecherz, Pechblende, das wichtigste Uranerz, derb, grünlich bis pechschwarz, enthält etwa 80% Urandioxid. Bedeutende Vorkommen in Böhmen (Joachimsthal) und Afrika (Katanga).

'**Uranus,** der siebente Planet von der Sonne aus, astronom. Zeichen ♅, erscheint als grünl. Stern 6. Größe. Abstand von der Erde 2600-3150 Mill. km, Umlaufzeit 84,01 Jahre, Durchmesser 53 390 km, Oberflächentemperatur −183° C, Eigenumdrehung $10^3/_4$ Stunden. U. besteht wahrscheinlich aus einem verhältnismäßig kleinen Kern aus Stein und Metallen mit einem Eispanzer, umgeben von einer sehr ausgedehnten, undurchsichtigen Atmosphäre, vorwiegend aus Wasserstoffverbindungen. U. hat 5 Monde.

Uraufführung, die erste Aufführung eines Theaterstückes, Films.

Ur′äusschlange, eine →Hutschlange.

Urawa, Provinzhauptstadt auf Honschu, Japan, 250 000 Ew.; Lokomotiv- und Waggonbau, Textilindustrie.

urb′an [lat.], 1) weltmännisch, gebildet. 2) städtisch.

'**Urban,** Päpste: **1)** U. **II.** (1088-99), rief zum Kampf für die Befreiung des Hl. Landes auf und leitete damit die Kreuzzugsbewegung ein. Seliger; Tag: 29. 7.
2) U. **IV.** (1261-64), verbündete sich mit Karl von Anjou gegen die staufische Herrschaft in Sizilien.
3) U. **VI.** (1378-89), suchte das französ. Übergewicht an der Kurie zu beseitigen; darauf erklärten die Kardinäle seine Wahl für ungültig und wählten Klemens (VII.) zum Gegenpapst.
4) U. **VIII.** (1623-44), war Anhänger Frankreichs und nahm während des Dreißigjährigen Krieges wiederholt gegen den Kaiser und Spanien Stellung; ließ Galilei der Kopernikus. Lehre abschwören.

'**urbi et** '**orbi** [lat.], der Stadt (Rom) und der Welt (den päpstl. Segen erteilen).

Urb′ino, Stadt in Mittelitalien, im Apennin, 16 600 Ew.; Erzbischofssitz, Palazzo Ducale, Dom, Geburtshaus Raffaels, Universität (gegr. 1564), Kunstinstitut.

Urca-Prozeß, ein hypothet. Vorgang in sehr heißen Sternen, bei dem u. a. große Mengen von Neutrinos entstehen und dem Stern von Abströmen nach außen Energie entziehen, wodurch eine starke Kontraktionsbewegung des Sterns ausgelöst wird.

Urchristentum, →Urkirche.

Urd, eine der →Nornen.

'**Urdu,** eine neuindische Sprache, →Hindustani; Amtssprache in Pakistan.

Ur′eter [grch.] der, der Harnleiter (→Harnblase).

Ur′ethra [grch.] die, die →Harnröhre.
Urethr′itis die, der Harnröhrenkatarrh.

Urey [j′u:ri], Harold Clayton, amerikan. Chemiker, * 1893, entdeckte 1932 den schweren Wasserstoff; Nobelpreis 1934.

'**Urfa,** Provinzhauptstadt in der kleinasiat. Türkei, 72 900 Ew.; französ. und amerikan. Missionsanstalt.

Urfarne, Nacktfarne, Psilophytatae, die ältesten und einfachst gebauten Farnpflanzen des Erdaltertums.

Urfé [yrf′e], Honoré d′, französ. Schriftsteller, * 1586, † 1625; Schäferroman ,Astrée′ (5 Bde., 1607-27).

Urfehde, im MA. das eidliche Versprechen des Angeklagten, sich jeder Rache gegenüber Kläger und Richter zu enthalten.

Urft die, rechter Nebenfluß der Rur in der Eifel, mit Talsperre (45,5 Mill. m³ Fassungsvermögen).

'**Urga,** früherer Name von →Ulan-Bator.

'**Urgel,** span. Stadt, →Seo de Urgel.

urg′ent [lat.], dringlich. **Urg′enz** die, Mahnung. **urgieren,** mahnen.

Urg′entsch, Gebietshauptstadt in der Usbek. SSR, Sowjetunion, 76 000 Ew.; Baumwollanbau, Nahrungsmittel-, Leichtindustrie.

Urgeschichte, die →Vorgeschichte.

Urheberrecht, das persönl. Verfügungsrecht **(Autorrecht)** des Schöpfers eines Werkes für Literatur, Musik, Kunst oder Photographie (geistiges Eigentum). Das U. der Bundesrep. Dtl. ist geregelt im Ges. vom 9. 9. 1965. Träger des U. an einem Werk ist der **Urheber** (Autor, Verfasser, Bearbeiter, Übersetzer). Bei Sammelwerken besteht neben dem U. an den Einzelbeiträgen ein U. des Herausgebers am Gesamtwerk. Inhalt des U. ist das Persönlichkeitsrecht und das Werknutzungsrecht. Die Schutzfrist beträgt für Werke der Literatur und der bildenden Kunst 70 Jahre nach dem Tod des Urhebers (in den meisten anderen Staaten 50 Jahre), bei Photographien 25 Jahre seit Erscheinen. Nach Gesetzesnovelle vom 1972 geändert: § 26 (Folgerecht), § 27 (Bibliotheksabgabe), § 46 (Vergütungspflicht bei Entnahme für Unterrichtsgebrauch). - Internat. Regelungen enthält u. a. die Berner Übereinkunft und das Welturheberrechts-Abkommen vom 6. 9. 1952. (→Copyright)

Urheberrechtsgesellschaften, Autorengesellschaften, Organisationen zum Schutz der Urheber bei Verwirklichung bestimmter Werknutzungsrechte. U. verteilen die Einnahmen nach einem bestimmten Schlüssel an die Urheber (→Gema).

Urheberrolle, ein Register, in das sich anonyme und pseudonyme Urheber von Werken eintragen lassen können. Die U. wird vom Dt. Patentamt geführt.

Uri, Kanton der Schweiz, 1075 km², 34 100 Ew. (meist deutschsprachig und katholisch); Hauptort Altdorf. U. umfaßt die obere Reußtal zwischen der Gotthard- und der Dammagruppe und das Quertal der Reuß zwischen Dammagruppe und Glarner Alpen. Erwerbszweige: Alpwirtschaft, Draht- und Gummiwerke, Fremdenverkehr; viele Kraftwerke. - U. wurde 1231 reichsunmittelbar. U. ist einer der Urkantone, der 1291 den Ewigen Bund mit Schwyz und Unterwalden schloß.

Ur′ia, A. T.: ein Heerführer König Davids, Gatte der von David verführten Bathseba; kam durch einen von ihm selbst überbrachten Brief ums Leben; danach **Uriasbrief,** ein für den Überbringer unheilvolles Schreiben.

'**Urian,** Teufel; unwillkommener Gast.

'**Uriel,** einer der Erzengel.

Ur′in [lat.] der, der →Harn.

Ur′insekten, urspr. ungeflügelte kleine Insekten mit Gliedmaßenresten am Hinterleib; z. B. Spring-, Zottenschwänze.

Uris, Leon, amerikan. Schriftsteller, * 1924, ,Exodus′ (1958).

Urkantone, die drei Kantone Schwyz, Uri, Unterwalden, die durch den Ewigen Bund von 1291 den Grund der Schweizer. Eidgenossenschaft legten.

Urkirche, die christl. Kirche bis ins erste Drittel des 2. Jahrh. An ihrem Anfang stand die judenchristl. Urgemeinde in Jerusalem, durch Paulus in die heidenchristl. U. umwandelte.

Urkunde, jeder Gegenstand, der einen Gedanken verkörpert (z. B. Grenzstein), im engeren Sinn die schriftl. Festlegung eines Gedankens (Dokument). **Öffentl. U.,** von einer öffentl. Behörde oder einer Person im öffentl. Glauben ausgestellte U.

Urkundenfälschung, die Herstellung einer unechten, die Verfälschung einer echten oder der Gebrauch einer unechten oder verfälschten Urkunde zum Zwecke der Täuschung im Rechtsverkehr; ferner das unbefugte Ausfüllen eines mit der Unterschrift eines anderen versehenen Papiers, z. B. eines Wechselformulars **(Blankettfälschung).** Strafe: Freiheitsstrafe bis zu 5 Jahren, in schweren Fällen nicht unter 1 Jahr. (§ 267 StGB.).

Urkundenlehre, Diplomatik, geschichtl. Hilfswissenschaft, behandelt Arten, Überlieferung, Entstehung, Datierung, Siegel, Echtheit geschichtl. Urkunden.

Urkundenprozeß, eine beschleunigte Form des Zivilprozesses, bei der die den Klageanspruch begründenden Behauptungen durch Urkunden bewiesen werden müssen.

Urkundenvernichtung, die Vernichtung, Beschädigung oder Unterdrückung fremder Urkunden in der Absicht, einem anderen Nachteile zuzufügen. Strafe: Freiheitsstrafe bis zu 5 Jahren.

Urkundenvorlegung, →Vorlegung.

Urkundsbeamter, Beamter der Justizverwaltung.

Urkundsperson, eine zur Beurkundung bestimmter Tatsachen und zur öffentl. Beglaubigung von Unterschriften amtlich bestellte Person (z. B. Notar).

Urlaub, bezahlte arbeitsfreie Tage. In der Bundesrep. Dtl. ist der U. durch das Bundesurlaubsges. v. 8. 1. 1963 i. d. F. v. 27. 7. 1969 geregelt. Danach beträgt der Mindest-U. jährl. 15, nach Vollendung des 35. Lebensjahres 18 Werktage; Sonderbestimmungen für Jugendliche, Schwerbeschädigte, Seeleute.

Urliste, Vorschlagsliste der Gemeindevertretung für die Wahl der Schöffen.

Urmensch, der älteste aus Skelettfunden bekannte echte Mensch (Homo).

Urmi′a, Stadt in Iran, →Resaieh.

Urne, 1) Gefäß zur Aufnahme der Asche nach der Feuerbestattung. **2)** Kasten zum Einwerfen von Stimmzetteln oder Losen.

Urnenfelder, Friedhöfe aus vorgeschichtl. Zeit für Brandbestattungen, im Gebiet von Polen bis zur Atlantikküste.

Urner See, der südöstl. Teil des Vierwaldstätter Sees.

Urning, Homosexueller.

Urogenit′alsystem, die Gesamtheit der Harn- und Fortpflanzungsorgane.

Urolog′ie [grch.], die, die Lehre von den Krankheiten der Harnorgane. **Urologe,** Facharzt für U.

Urproduktion, die Gewinnung von Rohstoffen.

ursächlicher Zusammenhang, →Kausalzusammenhang.

Urschleim, mineralischer Gallertschleim am Meeresboden, von Th. Huxley irrtümlich als niederstes Lebewesen aufgefaßt.

'**Urserental,** das obere Tal der Reuß zwischen Furkapaß und dem Hauptort Andermatt im Kanton Uri, Schweiz.

URSI, Union Radio Scientifique Internationale, internat. Union für Funktechnik, gegr. 1919. **Ursigram:** Mitteilung aktueller wissenschaftl. Beobachtungsdaten auf den Gebieten Astrophysik, Geophysik, kosm. Höhenstrahlung, Funktechnik.

'**Urson** [frz.] der, ein nordamerikan. Baumstachelschwein, 80 cm lang; Waldschädling, entrindet die Bäume.

Ursprungsland, Herstellerland, das Land, in dem eine Ware geerntet, gefördert, erzeugt oder zuletzt bearbeitet wird; bei der Einfuhr muß ein **Ursprungsnachweis** vorliegen, das amtlich beglaubigte **Ursprungszeugnis.**

Urstromtäler, breite, flache Talungen, in Norddeutschland, in denen sich das Schmelzwasser der Gletscher während der Eiszeit sammelte und abfloß.

Ursula, nach der Legende eine brit. Königstochter, die während einer Wallfahrt nach Rom von den Hunnen ermordet wurde. Sie ist die Schutzheilige der nach ihr benannten Klostergenossenschaften der **Ursulinen** (1969 rd. 15 000 Mitgl.), die sich der Erziehung und dem Unterricht der weibl. Jugend widmen.

Urteil, 1) die förmliche richterl. Entscheidung, der Richterspruch. - Im **Zivilprozeß** unterscheidet man Sach- und Staaturteile, je nachdem ob über den Anspruch selbst oder nur über verfahrensrechtl. Dinge entschieden wird; ferner End-, Zwischen-, Teil- und Vorbehaltsurteile. Bei Ausbleiben einer Partei kann gegen sie Versäumnisurteil ergehen. →Anerkenntnisurteil. - Ein U. besteht aus dem Urteilseingang (Rubrum), der Urteilsformel (Tenor), dem Tatbestand und den Entscheidungsgründen. - Im **Strafprozeß** wird das Hauptverfahren durch das U. abgeschlossen. Es besteht aus der Urteilsformel und den Urteilsgründen. **2)** Logik: Aussage über einen Sachverhalt in Form eines Satzes.

Urtiere, die einzelligen Tiere, →Protozoen.

Urugu'ay der, Strom in Südamerika, 1600 km lang, entspringt im Küstengebirge von Südbrasilien und vereinigt sich mit dem Paraná zum Río de la Plata.

Urugu'ay, Republik in Südamerika, 186 926 km² mit 2 886 Mill. Ew. Hauptstadt ist Montevideo, Amtssprache: Spanisch. Religion: überwiegend kath. Christen. ⊕ XIV/XV, Bd. 1, n. S. 320. Nach der Verf. von 1952 (1966 revidiert) ist Staatsoberhaupt und Regierungschef der Präs. ☊ S. 1179. ☐ Bd. 1, S. 392. Währung: 1 Uruguayischer Peso = 100 Centésimos.

U., der kleinste Staat Südamerikas, erstreckt sich nördlich des Río de la Plata als Flach- und Hügelland (bis 500 m ü. M.), im W vom Uruguay begrenzt, in den Hauptstrom des Landes, den Río Negro, mündet. Die Atlantikküste ist flach, z. T. sumpfig, mit Strandseen. Das Klima ist gemäßigt und ozeanisch beeinflußt. Die Be**völkerung** ist überwiegend europ. Abstammung (90%). Allgem. Schulpflicht, weniger als 10% Analphabeten; Univ. in Montevideo.

Wirtschaft. Rd. 70% der Fläche dienen als Weiden (21,5 Mill. Schafe, 8,4 Mill. Rinder). Angebaut werden Weizen, Reis, Mais, Hafer, Zuckerrüben und Zuckerrohr, Lein- und Sonnenblumensamen, Wein, Früchte. Die Industrie verarbeitet bes. landwirtschaftl. Erzeugnisse (Fleisch-, Obst-, Gemüsekonserven, Zucker-, Textilfabriken). Ausfuhr: Fleisch (rd. 35%), Wolle, Häute und Felle. Haupthandelspartner: USA, Großbritannien. Verkehr: rd. 3000 km Eisenbahnen, rd. 50 000 km Straßen (davon 8000 km asphaltiert), Haupthafen und -flughafen: Montevideo. **Geschichte.** U., 1515 entdeckt, im 17. Jahrh. von Spaniern und Portugiesen besiedelt, war bis 1811 span. Kolonie, wurde 1816 Teil der Verein. Provinzen am Río de la Plata, dann Provinz Brasiliens und 1828 als

unabhängige Republik anerkannt. Seit 1919 wechselte die Verfassung wiederholt zwischen Präsidial- und Kollegialsystem. 1963 setzte die Tätigkeit der Tupamaros ein. Streiks und Unruhen führten 1968 und 1969 zur Verhängung des Ausnahmezustands.

'Uruk, heute **Warka,** ehemals Stadt in Südbabylonien, im 3. Jahrtsd. v. Chr. Königssitz; Fundstätte von Kunst- und Schriftdenkmälern.

Urumtsch'i, chines. **Wu lu mu qui,** Hauptstadt von Sinkiang-Uighur, Volksrep. China, 400 000 Ew.; Universität; Eisen-, Stahlindustrie, Atomenergieanlage.

Ur'undi, bis 1962 Teil von →Ruanda-Urundi.

Urvogel, der älteste durch Funde bekannte Vogel (→Archaeopteryx).

Urwahl, die Wahl der Wahlmänner bei mittelbarer Wahl.

Urwald, jeder von Forstkultur und geregelter Nutzung unberührte Wald, besteht in gemäßigten Klimagebieten meist aus wenigen Baumarten, in den Tropen aus vielen Arten von Laubgewächsen in stockwerkartigem Aufbau. U. gibt es noch in Sibirien, Kanada, im Amazonas- und Kongogebiet sowie auf Sumatra, Borneo und Neuguinea.

Urzeugung, die elternlose Entstehung von Lebewesen aus leblosem Stoff. Die Annahme einer U. war im Altertum und MA. allgemein verbreitet. Erst L. Pasteur bewies, daß selbst Bakterien nicht aus leblosem Stoff, sondern durch Sporen entstehen; auch Viren (→Virus) gehen nur in lebenden Zellen aus ihresgleichen hervor.

'Urzidil, Johannes, Schriftsteller, * 1896, † 1970, emigrierte in die USA; Lyrik, Erzählungen, Romane ('Das große Halleluja', 1959), Essays.

USA, United States of America, die Vereinigten Staaten von Amerika.

Usak ['uʃak], Provinzhauptstadt in der Türkei, 35 800 Ew.; Herstellung von Smyrnateppichen.

Usamb'ara, Bergland im NO von Tansania, Ostafrika, eine im W bis 2230 m ansteigende Gebirgsscholle. Der niederschlagsreiche O trägt dichten Wald, in Rodungen bes. Kaffeeplantagen, der W Hochweiden.

Usambaraveilchen, Zierpflanze aus Usambara, mit eiförmigen, fleischigen Blättern und veilchenähnlichen, doch spornlosen Blüten.

Usance [yz'ãs, frz.] die, Brauch, bes. Handelsbrauch. **Usancenhandel,** der Handel mit Devisen gegeneinander, z. B. $ gegen £.

Usb'eken, türkisch-iranisch-mongolisches Mischvolk, rd. 8 Mill., bes. in der Usbek. SSR, Sprache westtürkisch; die U. gründeten um 1500 einen Staat in Turkestan; seit dem 19. Jahrh. unter russ. Herrschaft.

Usb'ekische Sozialistische Sowjetrepublik, Usb. SSR, Unionsrep. der Sowjetunion, in Mittelasien, 449 600 km², 11,963 Mill. Ew. (zu 62% Usbeken); Hauptstadt: Taschkent. Die Usb. SSR umfaßt das Becken von Fergana und das weite Tiefland

von Samarkand bis zum Aralsee. Sie hat Anteil am Tienschan und Pamir-Alai-Gebirgssystem. Die Ebenen sind meist Steppen und Wüsten mit vielen Oasen. Haupterzeuger von Baumwolle in der Sowjetunion; ferner Seidenraupen-, Karakulschafzucht; Anbau von Reis, Mais, Weizen, Melonen, Aprikosen, Mandeln, Wein u. a. Industrie: bes. Baumwolle, Seide, Lebensmittel; Erdöl- und chem. Industrie im Ausbau. - Die Usb. SSR entstand 1924.

Uschas, altind. Göttin der Morgenröte.

'Uschgorod, Hauptstadt der Karpato-Ukraine, 65 000 Ew.; ukrain. Kulturzentrum mit Universität; Maschinenbau, Holz-, chem. Industrie.

'Uschoker Paß, in den ukrain. Waldkarpaten, 889 m ü. M., verbindet Lemberg-Uschgorod (Bahn, Straße).

Usedom, pommersche Insel zwischen Stettiner Haff und Ostsee, 445 km²; Seebäder: Zinnowitz, Bansin, Heringsdorf, Ahlbeck u. a. Der östlichste Teil mit Swinemünde ist seit 1945 unter poln. Verwaltung.

Ushuaia [usw'a:ja], Hauptort des Territoriums Feuerland, Argentinien, 3500 Ew.

Ushuaia

'Usingen, Stadt in Hessen, im östl. Taunus, 4500 Ew.; 1659-1774 Residenz der Fürsten von Nassau-U.

Usinger, Fritz, Schriftsteller, * 1895; Lyrik, Essays, Gedichte.

Úsküd'ar, Vorstadt von Istanbul, →Skutari.

USPD, →Unabhängige Sozialdemokratische Partei Deutschlands.

Usp'enskij, Gleb Iwanowitsch, russ. Schriftsteller, * 1840, † 1902; Erzählungen.

USSR, 1) auch **UdSSR,** Union der Sozialist. Sowjet-Republiken (→Sowjetunion). **2)** Ukrainische Sozialist. Sowjetrepublik.

Uss'uri der, rechter Nebenfluß des Amur in Ostasien, 854 km lang; Grenze zwischen der Sowjetunion und der Mandschurei.

Ussur'ijsk, seit 1957 Name von Woroschilow, Stadt im Fernen Osten (Russ. SFSR), nördl. von Wladiwostok, 128 000 Ew.; Maschinen- u. a. Industrie.

'Ustascha [kroat. ,Aufstand'] die, kroat. **Ustaši,** 1929 gegr. radikale Organisation kroatischer Nationalisten; sie herrschte 1941-45 unter A. Pavelić in Kroatien.

Uster, Bezirksort im Kanton Zürich, Schweiz, 22 000 Ew.; Baumwoll- und Maschinenfabriken.

'Usteri, Johann Martin, schweizer. Zeichner, Schriftsteller, * 1763, † 1827; Lied ,Freut euch des Lebens' (1793).

'Ustinov, Peter Alexander, engl. Schauspieler und Dramatiker, * 1921; satirische Stücke (,Die Liebe der vier Obersten', 1951), Dramen, Kurzgeschichten.

Ust-Kamenog'orsk, Gebietshauptstadt in der Kasach. SSR, am Irtysch, 230 000 Ew.; Industrie (Blei-Zink-Kombinat), Technikum u. a. wissenschaftl. Institute.

Uruguay: Montevideo

U-Strab, →Untergrundbahn.

Ust-'Urt, Tafellandschaft (200 bis 370 m ü. M.) zwischen Kasp. Meer und Aralsee, eine rd. 200 000 km² große öde Wüste.

Usumb'ura, bis 1964 Name von →Bujumbura.

Usurp'ator [lat.] der, unrechtmäßiger Besitznehmer; Thronräuber. **usurp'ieren,** widerrechtlich in Besitz nehmen.

'Usus [lat.] der, Gebrauch, Gewohnheit.

Usus fructus, der →Nießbrauch.

usw., und so weiter.

ut, der Ton c (später do).

Utah [ju:ta], Abk. **Ut.,** Staat der USA, 219 024 km², 1,059 Mill. Ew. (69% Mormonen), Hauptstadt: Salt Lake City. - Der W gehört zum Großen Becken, der O zum Felsengebirge. Seen sind der Große Salzsee und der **Utahsee** (Süßwassersee, 360 km²). Ackerbau nur mit Bewässerung oder Trockenfarmsystem möglich. Bergbau auf Silber, Gold, Kupfer, Uran, Blei, Zink, Eisenerz, Kohle, Phosphate. - 1848 von Mexiko abgetreten; 1896 als 45. Staat in die Union aufgenommen.

Utamaro, Familienname **Kitagawa,** japan. Meister des Farbholzschnitts, * 1753, † 1806; Bilder anmutiger Kurtisanen u. a.

Ute, in der dt. Heldensage Mutter der Kriemhild und ihrer Brüder.

Utens'ilien [lat.] Mz., Geräte, Werkzeuge.

'Uterus [lat.] der, die →Gebärmutter.

U Thant, →Thant.

Utica [ju:tikə], Stadt im Staat New York, USA, 91 600 Ew.; Textil- und Metallwarenindustrie, Käsehandel.

'Utika, Utica, die älteste von den Phönikern an der Nordküste Afrikas gegr. Stadt, im NW von Karthago, nach dessen Fall Hauptstadt der röm. Prov. Africa.

utilis'ieren [lat.], brauchen, Nutzen ziehen. **Utilit'ät** die, Nützlichkeit.

Utilitar'ismus [lat. utilis ‚nützlich‘] der, von J. Bentham und J. St. Mill vertretene Richtung der Sozialethik, die dem Dienst an der materiellen Wohlfahrt aller Menschen höchsten Wert zuspricht, beeinflußt vom altpuritanischen Rationalismus und von Hutcheson, bei dem sich der Satz vom ‚größten Glück der größten Zahl‘ zuerst findet.

Ütliberg, Aussichtsberg bei Zürich, mit Bergbahn, 871 m hoch, Fernsehsender.

'Uto-Azteken Mz., indian. Völker- und Sprachfamilie im südwestl. N-Amerika und in Mexiko.

Utop'ie [grch. ‚Nirgendheim‘] die, die romanhafte Schilderung eines bloß erdachten Staats- und Gesellschaftszustandes, meist eines Idealzustandes, so in dem namengebenden Roman von Th. More ‚Utopia‘ (1516). Danach ist U. allgemein svw. Hirngespinst, Schwärmerei.

ut'opisch, so verwirklichen, nur in der Vorstellung möglich.

Utraqu'ist, Anhänger der gemäßigten Hussiten.

Utrecht [ytrɛxt], **1)** Prov. der Niederlande, 1323 km², 784 400 Ew. **2)** Hauptstadt von 1), 276 300 Ew.; Sitz eines röm.-kath. und eines altkath. Erzbischofs, einer Universität, der Reichsmünze und des Reichsarchivs; spätgot. Dom mit Glockenspiel; Eisen-, Metall-, Elektro-, papierverarbeitende, chem., Lebensmittel-, Kleider-, Tabakindustrie.

M. Utrillo: Noyon, 1916 (Paris, Privatsammlung)

Utrechter Friede, die den →Spanischen Erbfolgekrieg beendenden, 1713-15 in Utrecht abgeschlossenen Friedensverträge zwischen Frankreich und Spanien einerseits, England, Holland, Preußen, Portugal, Savoyen andererseits (→Rastatter Friede).

Utrechter Kirche, eine Abspaltung der Kath. Kirche in den Niederlanden, 1723 im Zusammenhang mit den jansenistischen Streitigkeiten entstanden (→Jansenismus); die Altkatholiken schlossen sich mit ihr 1889 zur **Utrechter Union** zusammen.

Utrechter Union, 1) →Utrechter Kirche. **2)** Bündnis der von Spanien abgefallenen 7 nördl. niederländ. Provinzen (23. 1. 1579).

Utrecht-Psalter, Handschrift des 9. Jahrh. aus der Schule von Reims.

Utr'era, Bezirksstadt in der Prov. Sevilla, Spanien, 43 000 Ew.; maurische Burgruine.

Utrillo [utriˈλɔ], Maurice, franzöz. Maler, * 1883, † 1955, malte Bilder Pariser Straßen,

Utrecht 2), im Hintergrund der Dom

bes. des Montmartre und dörflicher Vorstädte, mit naiver Sachlichkeit erfaßt und von starkem Stimmungsreiz.

utri'usque i'uris [lat.], beider Rechte (des weltl. und des geistl.), z. B. u. i. doctor.

Utsunomija, amtl. **Utsunomiya,** Provinzhauptstadt auf Honschu, Japan, 266 000 Ew., Lokomotiv- und Waggonbau.

ut s'upra [lat.], wie oben.

'Uttar Prad'esch, Staat im N Indiens, 294 362 km², 84,926 Mill. Ew., Hauptstadt: Lakhnau. Bedeutende Landwirtschaft mit künstlicher Bewässerung; Textil- und Zuckerindustrie. Der Staat wurde 1947 aus den ‚Verein. Provinzen‘ (bis 1937 Verein. Provinzen von Agra und Oudh) und den Fürstenstaaten Benares, Rampur und Tehri geschaffen. Seit 1950 heißt er U. P. 1968 übernahm die ind. Zentralregierung die Regierungsgewalt.

u. U., Abk. für unter Umständen.

Uusimaa [ˈuːsimaː], schwed. **Nyland,** Landschaft und VerwBez. in S-Finnland, um Helsinki.

u. ü. V., unter üblichem Vorbehalt, Vorbehalt bei Gutschriftanzeigen über Schecks und Wechsel.

UV, Abk. für Ultraviolett.

U. v. D., Abk. für Unteroffizier vom Dienst.

uvul'ar, Sprachlehre: mit dem Zäpfchen hervorgebracht, z. B. das Zäpfchen-r.

u. W., Abk. für unseres Wissens.

'Uexküll, Jakob Johann Baron von, Biologe, * 1864, † 1944; untersuchte bes. die Umwelt (‚Eigenwelt‘) der Tiere.

Uxmal [uzmˈal], Ruinenstadt der Maya in Yucatán, Mexiko, Ende des 10. Jahrh. gegr., später Hauptstadt eingewanderter Tolteken.

Uz, Johann Peter, Dichter, * 1720, † 1796, dt. Anakreontiker (→Anakreon).

Uznach, Bezirksort im Kanton St. Gallen, Schweiz, 4000 Ew.; Textilindustrie.

Uzwil, früher **Henau,** Gem. im Kanton St. Gallen, Schweiz, 9100 Ew.; Maschinen-, Möbel- und Textilindustrie.

V

v, *das* **V** [fau], der 22. Buchstabe des Abc, geht über latein. V auf griech. Y zurück. In latein. Inschriften und Handschriften wurde das V ohne Unterschied für die Laute w und u gebraucht, erst im Mittelalter hat sich das U abgetrennt. Im Deutschen und Niederländischen wird v wie f gesprochen, in Fremdwörtern meist wie w.
v., Abk. für 1) von. **2)** vide, siehe. **3)** verte, wende. **4)** [lat. velocitas] in physikal. Formeln für Geschwindigkeit.
V, 1) röm. Zahl 5. **2)** chem. Zeichen für Vanadium, **3)** Abk. für Volt. **4)** Volumen.
V 1, V 2. →V-Waffen.
VA, Zeichen für Voltampere.
Vaal *der,* der größte Nebenfluß des Oranje, Südafrika, 680 km lang, Grenzfluß zwischen Oranje-Freistaat und Transvaal.
V'aasa, schwed. **Vasa,** Hauptstadt der VerwBez. V., Finnland, Hafen am Bottn. Meerbusen, 49100 Ew.; Textil-, Cellulose-Ind., Holzexport.
Vabanquespiel [vab'äk-, frz. ,es gilt die Bank'], **1)** Glücksspiel: Spiel um den ganzen Bankeinsatz. **2)** übertragen: das Eingehen gefährlicher Wagnisse.
v'acat [lat.], es fehlt, ist nicht da.
Vacheleder [vaʃ-, frz.], Rindleder für Schuhsohlen.
Vach'ettenleder [vaʃ-, frz.], pflanzlich gegerbtes Rindleder, 1-1,5 mm stark, für Sessel, Koffer u. ä.
Vadem'ecum [lat. ,geh' mit mir'] *das,* Taschenbuch, Leitfaden, Ratgeber.
vad'os [lat.], seicht.
Vad'uz, Hauptort des Fürstentums Liechtenstein, auf der rechten Seite des Rheintals, 4200 Ew., vom Schloß V. überragt; Wein- und Obstbau.
Vagab'und *der,* Landstreicher. **vagabund'ieren, vag'ieren,** umherschweifen.
Vag'anten [lat. ,die Umherschweifenden'] Mz., in Frankreich auch **Goliarden,** die Vertreter der weltlichen latein. Lyrik im 12. und 13. Jahrh., meist fahrende Kleriker und Scholaren. Zu den hervorragendsten V. gehörten der rheinische →Archipoeta und Walther von Châtillon. Viele V.-Lieder sind ohne Verfassernamen in Sammlungen überliefert (→Carmina Burana).
v'age [lat.], unbestimmt, verschwommen.
Vag'ina [lat.] *die,* die Scheide, Teil der weiblichen Geschlechtsorgane.
V'agus [lat.] *der,* der X. Gehirnnerv (→Gehirn); gehört durch seine Koppelung mit dem Parasympathicus zum vegetativen →Nervensystem. Über **Vagoton'ie** →Parasympathicus.
Váh [va:x], slowak. Name der →Waag.
Vaihingen an der Enz, Stadt in Bad.-Württ., 7900 Ew., Schloß Kaltenstein (vor 1113 begonnen); Strickwaren-, Leder- u. a. Industrie.
V'aihinger, Hans, Philosoph, * 1852, † 1933, Kantforscher, entwickelte die Philosophie des ,Als-ob'.
Vajda [v'ɔjdɔ], Johann, ungar. Lyriker, * 1827, † 1897.
vak'ant [lat.], unbesetzt, leer, offen. **Vak'anz** [lat., die **1)** freie, unbesetzte Stelle. **2)** Ferien, Urlaub.
Vaku'ole [lat.] *die,* mit Flüssigkeit gefüllter Hohlraum im Protoplasma der Zelle. Die meisten Einzeller des Süßwassers haben **pulsierende V.,** die überschüssiges Wasser sowie Stoffwechselabfälle rhythmisch nach außen entleeren.
V'akuum [lat.] *das,* -s/...kua, ein annähernd luftleerer Raum. (→Hochvakuumtechnik)

Vakuum-Extraktion, Saugglockenentbindung, geburtshilfl. Verfahren: eine Saugglocke wird an den Kopf des Kindes angesetzt.
Vakz'ine [frz.] *die,* Impfstoff gegen Infektionskrankheiten; ursprünglich die Kuhpockenlymphe gegen Pocken.
Val, ⚗ Kurzbez. für Grammäquivalent, →äquivalent.
Val Cam'onica, Talgebiet des Oglio zwischen Bergamasker und Adamello-Alpen in Oberitalien.
Val de Joux [val dǝ ʒ'u:], Hochtal im Schweizer Jura, Kanton Waadt.
Val-de-Marne, seit 1964 französ. Dép. südöstl. von Paris, 244 km², 1,121 Mill. Ew., Hauptstadt: Créteil.
Valdés, 1) Alfonso span. Humanist, * um 1500, † 1532, seit 1520 im Dienst Karls V., erstrebte im Sinne des Erasmus einen Ausgleich mit der Reformation. ,Diálogo de Mercurio y Carón' (1529).
2) Armando Palacio, span. Schriftsteller, →Palacio Valdés.
Val d'Hérens [-der'ã], dt. **Eringertal,** linkes Seitental der Rhône, im Kanton Wallis, Schweiz, von der Borgne durchflossen, 30 km lang.
Val d'Illiez [val diʎ'e], linkes Seitental der Rhône, im Kanton Wallis, Schweiz.
Val-d'Isère [valdi:z'er], Wintersportort in den französ. Alpen, Dép. Savoie, 1400 Einwohner.
Vald'ivia, Provinzhauptstadt in Mittel-Chile, am V.-Fluß, 77100 Ew. (viele deutscher Abstammung); Handel, Industrie.
Val-d'Oise [val dw'az], seit 1964 französ. Dép. nordwestl. von Paris, 1249 km², 693300 Ew., Hauptstadt: Pontoise.
v'ale! [lat.], lebe wohl!
Valence-sur-Rhône [val'ãs syr ro:n], die Hauptstadt des Dép. Drôme, im südöstl. Frankreich, an der Rhône, 64100 Ew., Kathedrale; Textilindustrie.
Valencia, 1) Provinz in Spanien, 10763 km², 1,657 Mill. Ew. - V. war im 12. Jahrh. eine maurische Königreich; es wurde 1238 von Aragonien zurückerobert und 1319 mit diesem in Personalunion, 1707 in Realunion vereinigt. **2)** die Hauptstadt von V., am Guadalaviar kurz vor dessen Mündung in das Mittelmeer, 498200 Ew., Erzbischofssitz, Kathedrale (begonnen 1262), alte Stadttore, Universität; Ausfuhrhafen; Handel mit Südfrüchten, Öl, Wein, Reis, Gemüse. Im span. Bürgerkrieg war V. 1936/37 der Sitz der republikanischen Regierung. **3)** Hauptstadt des Bundesstaates Carabobo in Venezuela, 224800 Ew.; Baumwollspinnereien, Gerbereien, Sägewerke.
Valenciennes [-lãsj'ɛn], Stadt im Dép. Nord, Frankreich, an der Schelde, 47500 Ew.; Univ.; Eisen-, Stahl- und Textilindustrie (früher weltberühmte Spitzenherstellung), in der Nähe Steinkohlenbergbau.
V'alens, Flavius V., röm. Kaiser (364-378), * 328, erhielt von seinem Bruder →Valentinian I. den O des Reiches, fiel 378 bei Adrianopel gegen die Westgoten.
Valentia [vǝl'ɛnʃiǝ], irisch **Oileán Dairbhre** [ɔlǝn d'arǝbrǝ], Insel an der Südküste Irlands, Ausgangspunkt wichtiger Amerikakabel (1866 erstes transatlant. Kabel nach Neufundland).
Valentin, Heiliger, Märtyrer des 3. Jahrh., Patron gegen die Fallsucht; Tag: 14. 2. **(Valentinstag).**
Valentin, Karl, eigentl. Valentin **Fey,** Münchner Komiker, * 1882, † 1948; selbst-

verfaßte Kurzszenen, die er mit Lisl Karlstadt aufführte. ,Lachkabinett' (hg. 1952).
Valentini'an, 1) V. I., Flavius Valentinianus, röm. Kaiser (364-375), * 321, † 375, sicherte die Reichsgrenzen in Germanien und Britannien, überließ seinem Bruder →Valens den Osten.
2) V. III., Flavius Placidus Valentinianus, weström. Kaiser (425-455), * 419; für ihn regierten bis 450 seine Mutter Galla Placidia und →Aetius, den V. 454 ermorden ließ, worauf er selbst umgebracht wurde.
Val'enz [lat.] *die,* **1)** Tüchtigkeit. **2)** ⚗ die →Wertigkeit.
Val'era, 1) De V., Eamon, irischer Politiker, →De Valera.
V. y Alcalá Galiano, Juan, span. Politiker, Schriftsteller, * 1824, † 1905, führte den psycholog. Roman in Spanien ein (,Pepita Jiménez', 1874).
Valeri'an, Publius Licinius V., röm. Kaiser (253-260), suchte im O die Goten und Perser abzuwehren, fiel 260 in die Hände des Perserkönigs Schapur I.
Valeri'ana, ⚘ Gattung →Baldrian.
Valeri'ansäuren, isomere Fettsäuren. Die gewöhnl. V. **(Baldriansäure)** ist Bestandteil von Beruhigungsmitteln.
Valér'y, Paul, französ. Dichter, * 1871, † 1945, Vertreter der von Mallarmé geschaffenen symbolistischen Lyrik (,Die junge Parze', 1917; ,Charmes', 1921). Prosachrift ,Herr Teste' (1895), Aphorismen, 1926-34, ironisch-skeptisches Lesedrama ,Mein Faust' (postum 1946); Essays.
Val'et [lat.] *das,* Lebewohl, Abschiedsgruß.
Valeur [-'œːr, frz.] *die,* Wert, Wertpapier.
Valeurs [val'œːrs, frz.] Mz., Malerei: Tonabstufungen der Farben.
Val Gard'ena, italien. für →Grödnertal.
Valla, Lorenzo, Humanist, * 1406/07, * 1457, wies die Unechtheit der Konstantinischen Schenkung nach.
Valladolid [βɑʎɑðol'iθ], **1)** span. Prov., in Altkastilien, 8345 km², 378900 Ew. **2)** Hauptstadt von 1), am Pisuerga, 177800 Ew., Erzbischofssitz, Kathedrale (beg. 1580), Universität (gegr. 1343); Textil-, Eisen-, Maschinen-Ind., Eisenbahnwerkstätten.
Valle-Inclán [v'aʎeiŋkl'an], Ramón del, span. Schriftsteller, * 1869, † 1936; Romantrilogie über den Karlistenkrieg.
Valle Levent'ina, dt. **L'ivinental,** das Tal des Tessins im Kanton Tessin, Schweiz, von Airolo bis Biasca, 34 km lang, von der Gotthardbahn durchzogen.
Vallendar [f'a-], Stadt in Rheinland-Pfalz, am Rhein, Kurort mit Kneippeinrichtungen, 7400 Ew., Klosterhochschule; verschiedene Industrie.
Vall'etta, italien. **La Valetta,** Hauptstadt

Karl Valentin   *Paul Valéry*

von Malta, an der N-Küste der Insel, 15 300 Ew., brit. Marine- und Luftflottenstützpunkt; Universität; Erzbischofssitz.

Vallisn'erie *die*, ⊕ Froschbißgewächs auf Süßwassergrund, unter Wasser wachsend, mit grasähnlichen Blättern.

Vallotton [valɔt'õ], 1) Benjamin, französ.-schweizer. Schriftsteller, * 1877, † 1962. 2) Félix, schweizer. Maler und Graphiker in Paris, * 1865, † 1925, entwickelte zu flächenhaft dekorativer Art, die starken Anteil an der Erneuerung der Graphik zur Zeit des Jugendstils hatte.

Val Medel, M'edelser Tal, Tal im Kt. Graubünden, Schweiz, erstreckt sich vom Lukmanier bis Disentis.

Val Mes'occo, Mis'ox, Mesolcina [-tʃ'i-], das Tal der Moesa, Kt. Graubünden, Schweiz.

Valm'y, Gemeinde in der Champagne, Frankreich. - Nach der ,Kanonade von V.' am 20. 9. 1792 begann der Rückzug der Preußen im 1. Französ. Revolutionskrieg; von Goethe beschrieben in seiner ,Campagne in Frankreich' (1822).

Valois [valw'a], mit den Kapetingern verwandtes Grafengeschlecht. Nach deren Aussterben stellte es 1328-1498 mit den Nebenlinien Orléans und Angoulême bis 1589 die Könige von Frankreich.

Val'ona, italienisch für →Vlona.

Val'oren [lat.] *Mz.*, Schmuck, Wertpapiere. **Valorenversicherung**, Versicherung von Wertgegenständen.

Valorisati'on [lat.] *die*, handelspolit. Maßnahme, durch planmäßige Verknappung des Angebots den Preis einer Ware zu heben, z. B. durch staatl. Aufkäufe, Einlagerung, Vernichtung von Vorräten.

Valpara'iso, Hauptstadt der Provinz V., Chile, am Stillen Ozean, 276 300 Ew.; Techn. Hochschule, kath. Universität; bedeutender Handel und Industrie.

Val Part'ens, roman. für →Prätigau.

Valtell'ina, italienisch für →Veltlin.

Value added [v'ælju 'ædid, engl.], *die*, →Wertschöpfung.

Val'uta [ital.] *die*, 1) Wert, Gegenwert. 2) Kontokorrentverkehr: die Wertstellung (Datum der Wirksamkeit) von Gutschriften und Belastungen. 3) Geldwesen: die Währung eines fremden Landes. **Valuta-Mark**, Berechnungseinheit des Außenhandels der Dt. Dem. Rep.

Val'uten *Mz.*, Zinsscheine ausländischer Wertpapiere (Valutapapiere).

Valvati'on, Schätzung, Wertbestimmung, bes. von fremden Münzen.

Val Ven'osta, italienisch für den →Vinschgau.

Vamp [væmp], amerikan.-engl., zu Vampir der, berechnender Frauentyp mit sexueller Ausstrahlung.

V'ampir der, 1) slawischer Volksglaube: Verstorbener, der nachts aus dem Grab steigt und Lebenden das Blut aussaugt. 2) 🦇 südamerikanische Fledermaus, frißt Insekten und Früchte, hat 70 cm Flügelspannung und lange häutige Ohren.

van [fan], niederdt., niederländ.: von (keine Adelsbezeichnung).

Van, Wan, Hauptstadt der Provinz V. in der östl. Türkei, 31 400 Ew. (Türken, Kurden), →Wansee.

Van'adium, Vanadin das, **V**, chem. Element, dehnbares Metall, Ordnungszahl 23, Atomgewicht 50,942, spezif. Gewicht 6,0 g/cm³, Schmelzpunkt 1735° C, Siedepunkt 3400° C. Vorkommen in Eisenerzen, in feinster Verteilung in Pflanzen, Kohlen, Erdöl, Gewinnung durch Aluminothermie. Das Metall dient als Zusatz zu Stahl. **V.-Pentoxid** ist Katalysator bei der Schwefelsäureherstellung. Andere V.-Verbindungen werden bei der Herstellung von Farbstoffen und Schutzgläsern gegen UV-Licht verwendet.

Van-Allen-Gürtel [væn 'ælən, engl.], Strahlungsgürtel der Erde zur Magnetachse der Erde, rotationssymmetr. Raum, in dem energiereiche Teilchen vom Erdmagnetfeld eingefangen sind. Er umgibt die Erde in der Ebene ihres Äquators in

einem Abstand zwischen 700 und 50 000 km.

Van-Arkel-de-Boer-Verfahren, Verfahren zur Herstellung hochreiner Metalle, bes. von Zirkonium, Thorium und Titan durch Nachraffination.

Vanbrugh [v'ænbro], Sir (seit 1714), John, engl. Architekt und Lustspieldichter, * 1664, † 1726; witzig-frivole Komödien.

Vancouver [vænk'u:və], George, engl. Seefahrer, * um 1758, † 1798.

Vancouver [vænk'u:və], 1) **V. Island**, kanad. Insel an der Westküste Nordamerikas, 32 100 km², 390 000 Ew. Hauptstadt: Victoria.
2) die größte Stadt und Hafen der Prov. Brit.-Kolumbien, Kanada, gegenüber 1), 1,04 Mill. Ew., Universität, Erzbischofssitz; Industrie (Metall, Holz, Zucker, Erdöl, Fischkonserven, Maschinen, Schiffe); Ausfuhr (Weizen, Holz, Fischkonserven).

Vand'alen, german. Volk, →Wandalen.

Van-de-Graaff-Generator, der →Bandgenerator.

Vanderbilt [v'ændə-], Cornelius, nordamerikan. Unternehmer, * 1794, † 1877, gewann bes. durch Eisenbahngeschäft ein großes Vermögen, stiftete die V.-Universität in Nashville (Tenn.).

van der Meersch [-mɛ:rs], Maxence, französ. Schriftsteller, * 1907, † 1951; Romane (,Das Haus in den Dünen', 1932).

van der Post, Laurens Jan, südafrikan. Schriftsteller, * 1906; ,Trennender Schatten' (1952), ,Das dunkle Auge Afrikas' (1955).

Vanderv'elde, Emile, belg. Sozialistenführer, * 1866, † 1938, Rechtsanwalt, war 1916 bis 1937 mehrfach Minister und förderte bes. die belgische Sozialgesetzgebung.

Van-Diemen-Straße, Meeresarm zwischen der japan. Insel Kiuschu und den südlich davon gelegenen Inseln.

V'anen [v-], german. Mythologie: ein Göttergeschlecht; der Name wird gedeutet als die ,Gewohnten', die heimischen Götter von Feld und Flur.

V'änersee, schwed. **Vänern**, der größte See Schwedens, ohne Inseln 5546 km², größter Zufluß: Klarälv, Abfluß: Götaälv; lebhafter Schiffsverkehr, Lachsfang.

Van'ille [-ʎ-] die, tropische Orchideengattung. Die mexikan. grünlichweiß blühende **Flachblättrige V.** wird in trop. Gebieten gezogen. Die gelblichgrüne Frucht wird durch Gärung unter Einfetten zum schwarzen, glänzenden Gewürz (**V.-Stangen**).

Vanill'in das, häufig vorkommender pflanzl. Riechstoff, einen Methyläther des Protokatechualdehyds; wird synthetisch hergestellt und als Vanilleersatz verwendet.

Van'ini, Lucilio, italien. Philosoph, Deckname **Julius Caesar**, * 1584, † 1619, wegen seiner Naturphilosophie als Ketzer verbrannt.

Vannes [van], Hauptstadt des Dép. Morbihan, Frankreich, Bretagne, 40 700 Ew., Kathedrale (13.-18. Jahrh.).

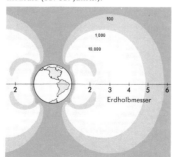

Van-Allen-Gürtel: Orte gleicher Strahlungsintensität sind durch Flächen verbunden; die Zahlen innerhalb der Bereiche bedeuten Treffer je Sekunde

Vansittart [væns'itət], Robert Gilbert Lord (seit 1941), brit. Diplomat, * 1881, † 1957, hatte wichtige Funktionen im Foreign Office (1929-41), war ein scharfer Gegner Deutschlands.

Vanvit'elli, Luigi, * 1700, † 1773, italien. Baumeister im Übergang vom Barock zum Frühklassizismus. Hauptwerk: Königsschloß in Caserta (Rohbau: 1752-59).

Var, volt-ampère-réactif, Einheit der elektr. →Blindleistung, das Produkt von Spannung und reaktiver (= Blind-)Komponente des Stroms.

Var, 1) der, Fluß in SO-Frankreich, 135 km lang, von den Seealpen in das Mittelmeer.
2) Département an der franzöz. Mittelmeerküste, 6023 km², 555 900 Ew. Hauptstadt: Draguignan.

Var'anger|fjord, nördlichster Fjord Norwegens. Die N-Küste der V. ist die **Varanger-Halbinsel**.

V'ardar, Fluß in Jugoslawien, →Wardar.

Varè [var'ɛ], Daniele, italien. Diplomat, Schriftsteller, * 1880, † 1956; Erzählungen aus China (,Der Schneider der himmlischen Hosen', dt. 1936); ,Der lachende Diplomat' (dt. 1938).

Varel [f'a:rəl], 1) Stadt in Niedersachsen, 12 800 Ew., Maschinenindustrie, Garnelendarren u. a.
2) V.-Land, Gemeinde in Niedersachsen, 12 700 Ew.; Porzellan-, Papierfabrik u. a.

Var'ese, 1) Provinz Italiens, in der Lombardei, 1199 km², 700 400 Ew. 2) die Hauptstadt von 1), östlich des Lago Maggiore, 81 600 Ew.; Textil-, Schuh-, Maschinen-, Fahrzeugindustrie.

Varèse [var'ɛ:z], Edgar, französ. Komponist, * 1885, † 1965, schuf extrem moderne Musikwerke (Ionisation, 1931).

Vanille, a Frucht

V'argas, Getulio, brasilian. Politiker, * 1883, † (Selbstmord) 1954, 1930-45 und 1950-54 Staatspräsident.

V'aria [lat.] *Mz.*, Verschiedenes, Allerlei.

vari'abel, veränderlich, schwankend.

Variabilit'ät [lat.] *die*, Veränderlichkeit.

Vari'able [lat.] *die*, Veränderliche.

vari'able Kosten, Betriebswirtschaft: Kosten, deren Höhe vom Beschäftigungsgrad abhängt (**veränderliche Kosten**).

Vari'ante [lat.] *die*, 1) Textabweichung, Lesart. 2) ⊕ 🦇 $ ein Lebewesen mit Variation.

vari'atio del'ectat [lat.], Abwechslung ergötzt.

Variati'on [lat.], Abwandlung, Veränderung. 1) ☆ Störung des Mondumlaufs um die Erde durch die Sonnenanziehung. 2) △ Begriff der Kombinatorik und der Variationsrechnung. 3) ⊕ 🦇 $ ein erscheinungsbildl. Abweichung der Nachkommen von ihren Eltern und der Geschwister voneinander; auf Umwelteinflüssen beruhend und somit nicht erblich (Modifikation) oder als Erbänderung (Mutation). 4) ♪ die Veränderung eines Themas, Liedes usw. in Melodie, Harmonie und Rhythmus. Meist werden eine Reihe von strengen oder freien V. (Charaktervariationen) aneinandergereiht. Berühmte V.-Werke schufen z. B. Bach (Goldberg-V.), Beethoven, Brahms (Händel-, Paganini-V.), Reger (Hiller-, Mozart-V.).

Variationsrechnung, Zweig der Analysis, der sich mit der Ermittlung von Extremalwerten (Maxima, Minima) befaßt.

Varieté [variet'e:, frz.] *das,* Theater, in dem in buntem Wechsel akrobatische, musikalische, tänzerische Vorführungen stattfinden.

vari'ieren [lat.], verändern, abwechseln.

Var'iola [lat.] *die,* die Pocken; **Variol'is,** leichte V. bei Schutzgeimpften.

Variom'eter *das,* Gerät zur Beobachtung der Änderung eines Meßwerts, z. B. V. als Steig- und Sinkgeschwindigkeitsmesser von Flugzeugen, zur Bestimmung von Änderungen des erdmagnet. Feldes von Ort zu Ort, in der Funktechnik eine Spule mit einstellbarer Induktivität.

Var'iszisches (Var'iskisches) Gebirge, im Karbon gefaltete Gebirge Mitteleuropas, von denen nur noch einzelne abgetragene Rümpfe (z. B. Sudeten) bestehen.

Variz'ellen [lat.] Mz., ♀ →Windpocken.

Var'izen [lat.] Mz., ♀ die →Krampfadern.

Värmland, Landschaft und VerwBez. in Mittelschweden, das wald- und seenreiche Gebiet nördlich vom Vänersee.

Varna, Stadt in Bulgarien, →Warna.

Varnhagen von Ense, 1) Karl August, Diplomat und Schriftsteller, * 1785, † 1858, Begleiter Hardenbergs zum Wiener Kongreß und nach Paris, dann preuß. Vertreter in Karlsruhe. 1819 wegen ,demokrat. Neigungen' abberufen, lebte dann in Berlin. Denkwürdigkeiten, Tagebücher, Erinnerungen.

2) Rahel, geb. Levin, * 1771, † 1833, seit 1814 ⚭ mit 1), eine der bedeutendsten Frauen der ausgehenden Goethezeit. Ihr Salon war Treffpunkt der Romantiker und des ,Jungen Deutschlands'.

V'arro, Marcus Terentius, * 116, † 27 v. Chr., röm. Universalgelehrter, Anhänger des Pompeius, auch von Caesar hoch geschätzt.

V'arus, Publius Quinctilius, röm. Statthalter und Oberbefehlshaber in Germanien, wurde 9 n. Chr. durch Arminius im Teutoburger Wald vernichtend geschlagen und stürzte sich in sein Schwert.

Vas'all [lat.], der Lehnsmann (→Lehen).

Vas'allenstaat, ein trotz formeller Selbständigkeit von einem Oberstaat, meist einer Großmacht, abhängiger Staat, heute meist **Satellitenstaat.**

Vasarely, Victor de, ungar. Maler, * 1908, Vertreter der auf reine Geometrisierung des Bildraumes gerichteten Gruppe Espace. (→op art)

Vas'ari, Giorgio, italien. Maler, Baumeister, Kunstschriftsteller, * 1511, † 1574; baute die →Uffizien in Florenz, malte manierist. Fresken, Altarbilder. Seine Lebensbeschreibungen italien. Künstler (,Vite', 5 Bde., 1550-68) sind eine der wichtigsten Quellen der Kunstgeschichte.

V'asco da G'ama, Seefahrer, →Gama.

Vasconcelos [vaʃkõʃ'eluʃ], **1)** José **Leite de,** portugies. Gelehrter, * 1858, † 1941; förderte die portugies. Sprachwissenschaft, Ethnologie, Archäologie.

2) Karoline Wilhelma **Michaelis de,** * 1851, † 1925; Arbeiten über Camões, Romanzen- und Troubadourdichtung.

Vase, ein oft kunstvoll gearbeitetes Gefäß, vor allem aus Ton, von der griech. Kunst zu mannigfachen Grundformen ausgebildet: →Amphora, →Hydria, →Kantharos, →Krater, →Lekythos, →Skyphos.

Vasel'ine *die,* salbenartiges Kohlenwasserstoffgemisch, gewonnen bei der Destillation des Erdöls, Ozokerits, Teers; verwendet als Salbengrundlage, Schmiermittel.

Vasenmalerei, die Bemalung von Tongefäßen, schon in vorgeschichtl. Zeit verbreitet, bes. in der kretisch-myken. Kultur

Vasenmalerei: Muse von einem attischen Ölgefäß (Lekythos) aus Gela, Sizilien, Ende des 5. Jahrh. v. Chr. (Boston, Museum of Fine Arts)

und zu höchster Vollendung entwickelt von der griech. Kunst. Die V. der Frühzeit gehört der →geometrischen Kunst an. Im 6. Jahrh. v. Chr. setzte sich bes. in Attika der **schwarzfigurige Stil** durch, dessen Malereien als Silhouetten mit eingeritzter Binnenzeichnung auf dem rötlichen Tongrund erscheinen. Dargestellt wurden Szenen aus dem Mythos und dem Alltagsleben. Die Künstler sind z. T. durch Signaturen bekannt (→Exekias). Um 530 v. Chr. kam der **rotfigurige Stil** auf, der die Darstellung aus schwarz bemalter Oberfläche ausspart. Auf weißem Grund gemalt wurden die zartfarbigen Zeichnungen der Lekythen. Griech. Vasen wurden in alle Länder der antiken Welt ausgeführt und bes. in etruskischen Gräbern gefunden.

Vasmer [f'a-], Max, Slawist, * 1886, † 1962; Untersuchungen zur slaw. Sprach- und Siedlungsgeschichte.

Vasograph'ie [grch.] *die,* →Angiographie.

vaso|mot'orische Nerven, Gefäßnerven, regeln bei Mensch und Wirbeltieren die Blutverteilung in den einzelnen Teilen des Körpers.

Vasoneur'osen, Angioneurosen, Gefäßneurosen, Krankheitserscheinungen, die auf Übererregbarkeit der die Weite der Blutgefäße regulierenden sympath. Nerven beruhen.

Vasopress'in *das,* das →Adiuretin.

Västerås [vɛstər'os], die Hauptstadt des VerwBez. Västmanland, Schweden, 110 500 Ew.; Domkirche (13. Jahrh.), Schloß (14. Jahrh.); Elektro-, Metall-, Textilind.- In V. fanden 11 Reichstage statt, u. a. 1527 (Einführung der Reformation), 1544 (Erklärung der Erbmonarchie).

V'ästerbotten, Landschaft und VerwBez. in N-Schweden, 59 140 km², 234 700 Ew. Hauptstadt: Umeå.

Västergötland [v'ɛstərjøt-], Landschaft in Schweden, zwischen Väner- und Vättersee, eben und sehr fruchtbar.

Väster|n'orrland, Landschaft und Verw.-Bez. in N-Schweden, 25 704 km², 276 500 Ew. Hauptstadt: Härnösand. Waldwirtschaft.

V'ästervik, alte Ostsee-Hafenstadt in S-Schweden, 23 500 Ew.; Schiffbau, Granitbrüche, Zündholzfabriken.

V'ästmanland, Landschaft und Verw.-Bez. in Mittelschweden, nordwestlich vom Mälarsee, 6772 km², 257 100 Ew. Hauptstadt: Västerås.

Vaszary [v'ɔsɔri], Gábor von, ungar. Schriftsteller, * 1908, lebt im Exil; Unter-

haltungsromane: ,Monpti' (1934), ,Sie' (1935) u. a.

Vaterländische Front, in Österreich 1933 bis 1938 eine polit. Organisation, die nach der autoritären Verf. v. 1934 als Körperschaft des öffentl. Rechts die alleinige Trägerin der polit. Willensbildung war; Vorsitzende waren die Bundeskanzler Dollfuß, Schuschnigg u. a.

väterliche Gewalt, nach röm. Recht die sehr weitgehende Gewalt des Vaters über die Kinder (patria potestas). In der Bundesrep. Dtl. →elterliche Gewalt.

Vatermörder, Herrenhemdkragen mit steif emporstehenden Spitzen (etwa 1820 bis 1840). (Tafel Mode)

Vaterrecht, die Rechtsordnung, in der die väterl. Abstammung maßgebend ist. Das V. wirkt sich trotz Gleichberechtigung der Frau noch in zahlreichen Bestimmungen aus (z. B. beim Namen).

Vaterschaft, das Rechtsverhältnis zwischen Vater und Kind. Zur Feststellung der V. dient einer **Vaterschaftsklage** das anthropolog. **Vaterschaftsgutachten** ein wichtiges Hilfsmittel.

V'ater|unser, latein. **Paternoster,** im N. T. das mit diesen Worten beginnende ,Gebet des Herrn' (Oratio Dominica). Das V. enthält in der Form des Gebets alle Grundgedanken der Verkündung Jesu.

Väter vom Heiligen Geist, 1703 gegründete französ. kath. Missionsgenossenschaft, bes. für Afrika.

Vatik'an *der,* die Residenz der Päpste seit ihrer Rückkehr aus Avignon (1377), erstreckt sich bei der Peterskirche in Rom über den vatikan. Hügel. Hügel, ausgebaut bes. im 15. und 16. Jahrh. Sixtus IV. ließ die →Sixtinische Kapelle erbauen, Julius II. das auf der nördl. Anhöhe gelegene Belvedere, das durch lange Seitenflügel mit dem Palast am Petersplatz verbunden wurde. Die Sixtin. Kapelle wurde von Michelangelo ausgemalt, die Stanzen (→Stanze 1) und Loggien von Raffael und seiner Schule. Den größten Teil der Gebäude nehmen die vatikan. Museen (bes. Antikensammlungen), die Bibliothek und das Archiv ein. Für die Gemälde wurde 1932 die Vatikan. Pinakothek eröffnet.

Vatik'anische Bibliothek, Biblioth'eca Vatic'ana, Vatikana, eine der bedeutendsten Bibliotheken der Welt, reicht in ihren Ursprüngen bis ins 6. Jahrh. zurück.

Vatikanische Konzilien. Das 20. Ökumenische Konzil der Kath. Kirche (1869/70) heißt jetzt kirchenamtlich Erstes V. K. Das 21. Ökumenische Konzil (1962-1965) wird als Zweites V. K. gezählt. Es ordnete die Liturgie, die Lehre von der Offenbarung, die Kirchenverfassung, die ökumen. Verpflichtung der Kath. Kirche und ihre Stellung zu den nichtchristl. Religionen sowie ihr Verhältnis zur modernen Welt.

Vatikanischer Kodex, lat. **Codex Vaticanus,** Majuskelhandschrift des N. T.

Vatikanisches Archiv, Hauptarchiv des Hl. Stuhles mit überaus reichen, bis ins 11. Jahrh. zurückreichenden Beständen an Briefregistern und Kurialakten.

Vatik'anstadt, italien. **Stato della Città del Vaticano,** selbständiger Stadtstaat im W Roms, am rechten Ufer des Tibers, 0,4 km², 1000 Ew. Staatsoberhaupt ist der Papst, der die oberste gesetzgebende, vollziehende und richterliche Gewalt ausübt. Amtssprache: Italienisch. Bildungseinrichtungen: Päpstl. Universität, Päpstl. Akademie der Wissenschaften, Vatikan. Bibliothek u. a. Die V. umfaßt den Vatikan, die Peterskirche, die päpstl. Gärten und den Petersplatz. Außerdem besitzt der Heilige Stuhl als freies Eigentum mit dem Recht der Exterritorialität mehrere Kirchen und Gebäude in Rom und den päpstl. Sommerpalast in Castel Gandolfo. Die V. hat eigenen Bahnhof, Rundfunksender, Münz- und Posthoheit. In dem →Lateranverträgen von 1929 hat Italien die volle Souveränität der V. anerkannt. □ S. 1179; □

Bd. 1, S. 392. Nach der Lösung der →Römischen Frage durch die Lateranverträge vom 11. 2. 1929 erhielt der Papst die V. als souveränes neutrales Staatsgebiet.

V'atna ökull, der größte Gletscher Islands, im SO der Insel, rd. 8000 km².

V'ättersee, schwed. **Vättern,** der zweitgrößte See Schwedens, ohne Inseln 1899 km² groß, aus unterseeischen Quellen gespeist; über den Götakanal mit Vänersee und Ostsee verbunden.

Vauban [vob'ã], Sébastien le Prestre de, * 1633, † 1707, seit 1669 Generalinspekteur der französ. Festungen. Sein System des Festungsbaus war bis ins 19. Jahrh. maßgebend. Als Volkswirtschaftler war V. ein Mitbegründer der Statistik.

Vaucluse [vokl'y:z] Département im südl. Frankreich, 3578 km², 354 000 Ew. Hauptstadt: Avignon.

Vaud, Pays de V. [pɛ'i də v'o:], französ. Name des schweizer. Kantons →Waadt.

Vaudeville [vodv'il] frz., im 15. Jahrh. Spottlied aus der normann. Landschaft Vaux de Vire, seit dem 18. Jahrh. das in Possen eingelegte Couplet, auch die halbmusikalische Posse selbst, die zu den Vorläufern der französ. Komischen Oper gehört.

Vaughan [vɔ:n], Henry, engl. Dichter, * 1620, † 1695; mystische Dichtung.

Vaughan Williams [vɔ:nw'iljəmz], Ralph, engl. Komponist, * 1872, † 1958, vom französ. Impressionismus angeregt, 8 Sinfonien, Opern, Chormusik, Lieder und Filmmusiken.

Vauvenargues [vovn'arg], Luc de **Clapiers,** Marquis de, französ. Moralist, * 1715, † 1747; Aphorismen.

vae v'ictis! [lat.], ‚wehe den Besiegten!'

Växjö [v'ɛkʃø:], Hauptstadt des schwed.-Bez. Kronoberg, S-Schweden, am **V.-See,** 34 300 Ew.; Domkirche (12. Jahrh.); Eisen-, Holz-, Textilindustrie.

v. Chr., v. Chr. Geb., Abk. für vor **Christi** Geburt.

v. D., Abk. für vom **Dienst,** z. B. Chef v. D.

VDE, Verband Deutscher Elektrotechniker.

VDEh, Verein Deutscher Eisenhüttenleute.

VDI, Verein Deutscher Ingenieure.

VDS, Verband Deutscher Studentenschaften. (→Studentenschaft)

VEB, Volkseigener Betrieb (Dt. Dem. Rep.).

VEBA AG., Bonn-Berlin, Verwaltungssitz Herne (Westf.), bedeutende westdt. Holdinggesellschaft der Elektrizitätswirtschaft und der chem. Ind.; gegr. 1929 in Berlin, firmierte bis 1970 als Verein. Elektrizitäts- und Bergwerks-AG. Kap.: 825 Mill. DM; Beschäftigte: 50 800 (1969).

V'eblen, Thorstein Bunde, amerikan. Soziologe, * 1857, † 1929, begründete den Institutionalismus.

Vecht die, 1) **Utrechtsche V.,** Mündungsarm des Rheins. 2) **Overijsselsche V.,** auch **Vechte,** fließt vom Münsterland in die Niederlande.

Vechta, Stadt in Niedersachsen, 16 300 Ew., kath. Pädagog. Hochschule; verschiedene Industrie.

Veda, der →Weda.

Ved'ova, Emilio, * 1919, italien. Maler abstrakter Bilder.

Ved'ute [ital.] die, ein möglichst sachgetreues Bild einer Stadt oder Landschaft.

Veen [fe:n], →Fehn.

Vega [v'εγa], **1)** Félix **Lope de V. Carpio,** span. Dichter, * 1562, † 1635, nahm 1588 an der Expedition der Armada teil, war zeitlebens in Liebeshändel verstrickt, wurde 1613 Priester, 1616 apostol. Protonotar, 1627 Johanniterritter; Lyrik in italien. Formen wie in der heimischen Romanzenform; Epen in der Art Ariosts und Tassos; religiöse Epen, Novellen, Romane (Meisterwerk Dialogroman ‚La Dorotea', 1632); etwa 1500 Schauspiele, von denen ein Drittel erhalten ist (‚Richter von Zalamea', ‚Jüdin von Toledo', ‚König Ottokar'). Dem span.

Kunstdrama gab er mit der Mischung ernster und komischer Szenen, der Einteilung in 3 (statt in 5 oder 4) Akte, den Figuren der ihre Herrschaft parodierenden Diener oder Dienerinnen das endgültige Gepräge. Seine Stücke sind ein bunter Spiegel span. Wesens. **2)** Garcilaso de la, span. Dichter, * 1503, † 1536; machte in seinen Gedichten den italien. Stil in Spanien heimisch.

Vegesack, Stadtteil von Bremen; Schiffbau, Maschinenfabriken, Heringsfischerei.

Vegesack, Siegfried von, * 1888; Gedichte, Romane (‚Die Baltische Tragödie', 1933-35), Übersetzungen.

Vegetab'ilien [lat.] Mz., Pflanzen, auch Pflanzenstoffe. **vegetab'ilisch,** V. betreffend.

Veget'arier, Anhänger des Vegetarismus. **veget'arisch,** aus Pflanzenkost bestehend.

Vegetar'ismus [lat.] der, Bestrebung, sich ausschließlich von pflanzl. Kost (**strenger V.**) oder, neben dieser, nur von Eiern, Milch und Milcherzeugnissen zu ernähren (**Lakto-V.**). Über **Rohkost,** eine zu Heilzwecken dienende Sonderform des V., →Ernährungsbehandlung.

Vegetati'on [lat.], **1)** das Leben, bes. das Wachstum der Pflanzen. **2)** die Pflanzenwelt; der Pflanzenbestand in seiner Gesamterscheinung.

Vegetationspunkt, kegelförmiges, zartes Ende der Pflanzenachsen (Sproß) und Wurzeln; zarte, ausgestaltungsfähige Zellen, den Bildungsgewebe zugehörig.

Vegetationsversuch, pflanzenphysiolog. Versuch zur Prüfung pflanzl. Wachstumsfaktoren (Nährstoffe, Wasser u. a.), bes. zur Untersuchung der Wachstums- und Ertragsgesetze und des Düngerbedürfnisses der Böden.

vegetat'iv [lat.], die Vegetation (im Sinne von ‚Leben', ‚Wachstum') betreffend; **v. Fortpflanzung,** die ungeschlechtliche →Fortpflanzung. - Über **v. Dystonie** →Dystonie. - Über das **v. Nervensystem** →Nervensystem, →Parasympathicus, →Sympathicus. - Über **v. Stigmatisierte** →Stigmatisierte.

veget'ieren [lat.], kümmerlich dahinleben.

Veglia [v'εʎa], italienischer Name von →Krk.

Vehem'enz [lat.] die, Ungestüm.

Veh'ikel [lat.] das, Fahrzeug.

Veilchen das, die Arten der Gattung **Viola** (ausgenommen die Stiefmütterchen); Kleinstauden, meist blaublütig. Das **Wohlriechende V.,** mit Ausläufern und dunkelvioletten, duftenden Blüten, wohl aus den Mittelmeerländern stammend, ist in ganz Europa verbreitet. Das **Hundsveilchen** hat blauviolette, duftlose, bis 2,5 cm lange Blüten, wächst in Europa, Asien und der Arktis. Das **Zweiblütige V.,** mit zu zweit stehenden, gelben, geruchlosen Blüten, findet sich an schattigen Stellen im Gebirge. Zierpflanze ist außer dem Wohlriechenden V. das ähnliche **Parma-V.** Die Blätter, Blüten und Wurzelstöcke des Wohlriechenden V. enthalten Saponine. - Nicht zur Gattung Viola gehören z. B. Alpenveilchen und Usambaraveilchen.

Veilchenwurzel, der Wurzelstock der Deutschen Schwertlilie.

Lope de Vega *Giuseppe Verdi*

Veiling, Versteigerungszentralen des niederländischen Gartenbaues.

Veit, Vitus, der Vierzehn Nothelfer, Schutzheiliger gegen den Veitstanz, Märtyrer um 300, in Sizilien; Tag: 15. 6.

Veitsh'öchheim, Gemeinde in Unterfranken, Bayern, am Main, 6500 Ew.; Barockschloß der Fürstbischöfe von Würzburg (1680-82; Treppenhaus und Seitenflügel von J. B. Neumann, 1749-53), Rokokopark mit Figuren von F. Dietz; Lehranstalt für Wein-, Obst- und Gartenbau.

Veitstanz, ♀ griech. **Chorea,** bei Kindern eine meist günstig verlaufende Krankheit mit unwillkürl. ruckartigen Muskelzuckungen; bei Erwachsenen eine unter Muskelunruhe, Sprachstörung und Verblödung langsam fortschreitende Erbkrankheit.

V'eji, etrusk. Stadt unweit Roms, nach langen Kämpfen 396 v. Chr. von den Römern erobert und zerstört; Ausgrabungen.

Vejle [v'aib], Handels- und Industriestadt (Metall-, Textil- u. a. Ind.) am V.-Fjord in Ostjütland, Dänemark, 32 100 Ew.; got. Nikolaikirche.

Vektogr'aphen, zusammengehörige Teilbilder eines stereoskop. Verfahrens, von denen jedes im polarisierten Licht bei einer bestimmten Schwingungsrichtung unsichtbar wird. Man betrachtet die V. durch eine Polarisationsbrille.

V'ektor [lat.] der, eine gerichtete Strecke; im strengen Sinn eine Größe, die durch 3, allgemeiner durch n(n = 1, 2, 3, . . .) Zahlen in bestimmter Folge festgelegt ist. Der gewöhnl. Dreier-V. kann durch eine gerichtete Strecke veranschaulicht werden. Ein V. ist ein **Tensor 1. Stufe.**

Vel'ar [lat.] der, Hintergaumenlaut: g, k vor a, o, u, der ‚Ach-Laut', ng in ‚lange'.

Wohlriechendes Veilchen

Velazquez [vel'aθkeθ], **Velasquez,** Diego de **Silva,** span. Maler, getauft 1599, † 1660, wurde 1623 Hofmaler in Madrid, später Schloßmarschall. Seine ersten höf. Bildnisse waren in sich gemessener, sich auf Schwarz-Weiß-Töne beschränkender Art, lebhafter in den Farben die ‚Borrachos' (‚Trinker'), ein Bild des Bacchus bei Bauern (Prado). 1629-31 war er in Italien, wo er starke Eindrücke von der venezian. Malerei empfing. Nach seiner Rückkehr malte er mit neuer Leuchtkraft der Farben Bildnisse der Königsfamilie (Philipp IV., Prinz Balthasar Carlos u. a., bes. zu Pferd oder als Jäger; Prado) und ‚Die Übergabe von Breda', das bedeutendste Geschichtsbild der europ. Malerei (1634/35; Prado). Mit bes. Vorliebe malte er am Hofe lebende Narren und Zwerge. Als er 1649-51 zum zweitenmal in Italien war, schuf er das in roten Tönen und Weiß gehaltene Bildnis Papst Innozenz' X. (1650; Rom, Galleria Doria). Hauptwerke der Spätzeit, die Licht und Farbe mit impressionist. Mitteln erfassen, sind die ‚Meninas' (‚Ehrenfräulein', die Infantin Margarita mit ihrem Gefolge in der Werkstatt von V.; 1656, Prado), die ‚Hilanderas' (‚Spinnerinnen' in einer Teppichmanufaktur, um 1657; Prado) und immer skizzenhafter werdende Bildnisse, bes. der Infantinnen (Wien, u. a.). (Bild spanische Kunst)

Velbert [f'ɛl-], Stadt in Nordrh.-Westf., 57 000 Ew.; Eisen-Industrie.

Velde, van de, **1)** niederländ. Malerfamilie, **Willem d. J.,** getauft 1633, † 1707, seit etwa 1673 in London, malte Seestücke, meist mit Kriegsschiffen, auch Seeschlachten; sein Bruder **Adriaen,** * 1636, † 1672, malte niederländ. Landschaften, daneben schuf er Radierungen.

2) Henry, belg. Architekt, * 1863, † 1957, entwarf seit Beginn der 90er Jahre Innenräume, Möbel und Hausgerät von völlig neuer, durch ornamentale Linienzüge bestimmter Gestaltung, die entscheidend für den Jugendstil wurde. Später schuf er Bauten von formklarer Sachlichkeit (Universitäts-Bibliothek Gent, 1935-40; Museum Kröller-Müller, Otterloo, seit 1936).

3) Theodor Hendrik, niederländ. Frauenarzt und Sexualforscher, * 1873, † 1937; ‚Die vollkommene Ehe‘ (1926).

Veldeke, Heinrich von, →Heinrich 12).

Velden am Wörthersee, Kurort und Sommerfrische am W-Ufer des Sees, Kärnten, Österreich, 3200 Ew.; Spielkasino.

Veldes, dt. Name von →Bled.

V'elebitgebirge [v-], verkarstetes Gebirge in Kroatien, Jugoslawien, 1758 m hoch.

VELKD, Abk. für **V**ereinigte **E**vangelisch-**L**utherische **K**irche **D**eutschlands.

Vellore, ind. Stadt, →Wellur.

V'elo [**Velo**ziped] *das,* schweizer.: Fahrrad.

veloce [vel'o:tʃe, ital.], ♪ schnell.

Velodr'om *das,* ♣ Radrennbahn.

Velours [vel'u:r, frz.] *der,* der Samt.

Veloziped [lat.-frz.] *das,* ♣ Fahrrad; Kurzform →Velo.

V'elsen [f-], Stadt in den Niederlanden, am Nordseekanal, 67 600 Ew.; Hütten-, Papier-, Stickstoff-, Zementindustrie.

V'elten [f-], Stadt im Bez. Potsdam, im Havelland, 9800 Ew.; keram. Industrie.

Veltl'in *das,* italien. **Valtell'ina,** das obere Addatal, Italien, hat Weinbau, Rinderzucht und Fremdenverkehr. Hauptort: Sondrio. - 1512-1797 schweizerisch als Graubündener Untertanenland.

V'elum [lat.] *das,* **1)** Kath. Kirche: Tuch zur Verhüllung von Ziborium und Kelch; Schultertuch des Priesters bei Erteilung des Segens. **2)** Anatomie: bewegliche Platte, z. B. am Gaumen.

Veluwe [f'ely:wə], breites Hügelplateau (bis 110 m hoch) in der Prov. Gelderland, Niederlande.

Velvet [v'ɛlvit, engl.] *der,* Baumwollsamt.

Vendée [vãd'e], **1)** Dép. in Frankreich, an der Atlantikküste, 6721 km², 421 200 Ew. Hauptstadt: La Roche-sur-Yon.

2) Landschaft in W-Frankreich, südl. der Loiremündung. 1793-96 blutige royalist. Erhebung gegen die Revolution.

V'endel [v-], Ort in Uppland, Schweden, Fundort reich ausgestatteter Bootgräber der Wikingerzeit (600-1050).

Vend'etta [ital.] *die,* die →Blutrache.

V'ene [lat.] *die,* Blutader, →Adern.

Ven'edig, italien. **Venezia, 1)** Prov. Italiens, in Venetien, 2460 km², 809 600 Ew.

2) Hauptstadt von 1), wichtiger Hafen, 367 500 Ew., liegt in der Lagune von V. auf 118 Inseln und mit Marghera und Mestre auf dem Festland (Eisenbahn- und Straßenbrücke zur Lagune). Der Flughafen liegt am →Lido. Die Lagunenstadt hat etwa 150 Kanäle, die zum Teil die Straßen ersetzen, und rd. 400 Brücken (z. B. Rialtobrücke, Seufzerbrücke). Alle Häuser sind auf Pfahlrosten erbaut. Mittelpunkt V.s ist der Markusplatz mit der fünfkuppeligen Markuskirche (im 11. Jahrh. neu errichtet), dem Dogenpalast (1309-1442), dem 99 m hohen Campanile. Vom Markusplatz führt die Hauptverkehrsader, der ‚Canal Grande‘ (zu beiden Seiten Paläste) zum Bahnhof. Weitere bedeutende Kirchen: Santa Maria della Salute (barock), San Giovanni e Paolo (gotisch), Santa Maria Gloriosa dei Frari (gotisch) mit Grabmal und

Venedig: ‚Canal Grande‘

Werken Tizians. V. ist Sitz eines Patriarchen, hat mehrere Hochschulen, Bibliotheken, Museen und Galerien, Musik- und Filmfestspiele. Die Fundamente der Gebäude sind gefährdet; Konservierungspläne bestehen. Haupteinnahmequellen: Handels- und Fremdenverkehr, Erdölraffinerien in Marghera, Glas-, Spitzen-, Seidenindustrie und Kunstgewerbe. In der Umgebung →Murano, Burano (Spitzenherstellung) und →Torcello.

Geschichte. Als Attila 452 n. Chr. die Städte Aquileja und Padua zerstörte, flüchtete die Festlandsbevölkerung der Veneter auf die Laguneninseln, deren eine nach ihnen ihren Namen erhielt. Ein auf Lebenszeit gewählter Doge stand seit 697 an ihrer Spitze. Seit dem 10. Jahrh. breitete V. seine Macht in Dalmatien und Istrien aus. Neben Genua errang es die wirtschaftl. Vormachtstellung in der Levante und die Seeherrschaft im östl. Mittelmeer. Durch den 4. →Kreuzzug gewann V. 1204 den Peloponnes und Kreta. Den ‚Hundertjähr. Krieg‘ gegen Genua schloß es 1381 durch den Seesieg bei Chioggia ab. Im Innern bildete sich eine oligarch. Verfassung heraus; um die Macht des Dogen einzuschränken, wurde 1172 der ‚Große Rat‘, dessen Mitgliedschaft nur den Adelsfamilien zustand, und als der eigentlich regierende Ausschuß 1310 der ‚Rat der Zehn‘ eingesetzt. Seit 1389 unterwarf sich V. das nordostital. Festland (Terra ferma) es im 15. und 16. Jahrh. seine Blütezeit. Die Verlagerung des Welthandels in den Atlant. Ozean verursachte den Niedergang der venezian. Macht. Dazu verlor V. an die Türken und nach seinem Besitz in der Levante, zuletzt 1571 Zypern und 1669 Kreta. 1797 machte Napoleon der Adelsherrschaft ein Ende; den Hauptteil Venetiens mit Istrien und Dalmatien gab er an Österreich. Im März 1848 erhob sich V. vergeblich gegen Österreich. 1866 kam Venetien an das neue Kgr. Italien; Istrien und Dalmatien blieben noch bis 1918 österreichisch.

Ven'edigergruppe, Teil der Hohen Tauern, zwischen Birnlücke und Felber Tauern, im **Großvenediger** 3660 m hoch.

Venenentzündung, ♀ entsteht entweder von außen, z. B. von einer bakterienhaltigen Wunde her, oder durch im Blut kreisende Erreger; sie kann zu Thrombose (mit Emboliegefahr) führen. Entzündete Venen bilden harte und schmerzhafte Stränge; die Umgebung ist geschwollen. Behandlung: Hochlagern des erkrankten Gliedes; Verbände.

Vener'abile [lat.] *das,* Kath. Kirche: das Allerheiligste, das Altarsakrament.

ven'erisch, eine Geschlechtskrankheit betreffend; **venerische Krankheiten.**

Venesis, Elias, neugriech. Schriftsteller, * 1904; ‚Äolische Erde‘ (1941).

V'eneter, 1) antikes Volk an der Nordküste der Adria, zwischen Po und Aquileja. **2)** kelt. Volksstamm an der Küste Galliens, nördlich der Loiremündung, 56 v. Chr. von Caesar unterworfen.

Veneti'aner Alpen, Gruppe der Ostalpen in Italien, zwischen oberem Piavetal und Friaul, bis 2677 m hoch.

Ven'etien, italien. **Venezia,** geschichtl. Landschaft in NO Italiens, das ehemal. Gebiet der Rep. Venedig. Als die Drei V. bezeichnete man 1919-45 die 3 Regionen **Venezia Tridentina** (heute die Region Trentino-Alto Adige), **Venezia Giulia** (heute meist jugoslaw. Staatsgebiet; Triest, nach dem 2. Weltkrieg Freistaat, fiel 1954 an Italien zurück) und **Venezia Euganea,** das eigentl. V., heute die Region Veneto.

Ven'ezia, italien. Name für →Venedig (Prov. und Stadt) und für →Venetien.

Venezi'anische Schule, ♪ von Kapellmeistern an der Markuskirche in Venedig ausgehende Gruppe von Komponisten um G. Gabrieli und Monteverdi, die in der geistlichen Vokalmusik eine mehrchörige Satzart von reicher Klangentfaltung entwickelten und auf die Instrumentalmusik übertrugen.

Venezi'ano, Domenico, italien. Maler, † 1461, tätig in Florenz, dessen plastisch-

D. Veneziano: Bildnis einer Dame (Berlin, Staatl. Museen)

zeichnerischen Stil er mit dem venezian. Sinn für Licht und Farbe verband; ‚Madonna mit Heiligen' (Florenz, Uffizien) u. a.

venezol'anische Literatur, erlangte zunächst Bedeutung mit der klassizist. Dichtung von A. Bello (1781-1865) und R. M. Baralt (1810-60). Romantiker waren J. A. Maitín (1804-74), J. R. Yepes (1822-81). Romanschriftsteller ist u. a. Rómulo Gallegos (1884-1969).

Venezu'ela, Bundesstaat im nördl. Südamerika, 912 050 km² mit 10,399 Mill. Ew. Hauptstadt ist Caracas, Amtssprache: Spanisch. Religion: 90% kath. Christen. ⊕ XIV/XV, Bd. 1, n. S. 320. Nach der Verf. von 1961 ist Staatsoberhaupt und Regierungschef der Präs. ☋ S. 1179. ☐ Bd. 1, S. 392. Allgem. Wehrpflicht (2 Jahre). Währung: 1 Bolívar = 100 Céntimos.

Landesnatur. V. erstreckt sich vom Tiefland des Maracaibobeckens (mit dem Maracaibosee) im NW über die Kordillere von Mérida (bis 5002 m), die sich in der Küstenkordillere (bis 2766 m) fortsetzt, über das ausgedehnte Tiefland (Llanos) des Orinoco bis zum Bergland von Guayana im SO (im Roraima 2810 m). Das trop. Klima bringt hohe Temperaturen (in den Höhenlagen gemildert) und, bes. an den Hängen der Kordilleren (mit Ausnahme der N-Küste) und im Hochland von Guayana, hohe Niederschläge (im Sommer). - Die **Bevölkerung** (zu zwei Drittel Mestizen und Mulatten, 20% Weiße) lebt überwiegend im N, über 50% in Städten. Die Durchsetzung der allgem. Schulpflicht (7 Jahre) ist noch unzureichend, die Zahl der Analphabeten (rd. 20%) nimmt jedoch rasch ab (1950 noch rd. 50%). Zehn Universitäten.

Wirtschaft. Grundlage ist der Reichtum an Erdöl (3. Stelle der Welterzeugung; bes. im Maracaibobecken, auch im Orinoco-Tiefland), das 60% der Staatseinnahmen und rd. 90% des Exportwerts erbringt. Große Bedeutung haben auch die Förderung von Erdgas und von hochwertigen Eisenerzen (Cerro Bolívar). Ferner werden u. a. Gold, Diamanten, Bauxit, Mangan, Steinkohle gewonnen. Die Industrie (Erdölverarbeitung, Nahrungsmittel-, Textil-, chem., Metall-, Papier-, Zementindustrie, Kraftfahrzeugmontage) nahm in den letzten 20 Jahren einen bedeutenden Aufschwung. In Land- und Forstwirtschaft sowie Fischerei sind nur noch rd. 30% der Erwerbstätigen beschäftigt (1950 noch 41%). Haupterzeugnisse sind Mais (25% der Anbaufläche) und Kaffee (18%); ferner Weizen, Hülsenfrüchte, Kartoffeln, Baumwolle, Tabak, Zuckerrohr, Bananen, Citrusfrüchte, zunehmend Reis. Intensive Viehwirtschaft (bes. Rinder) gibt es vor allem in den Llanos. Die Wälder (rd. 50% der Fläche) werden nur in den Randgebieten extensiv genutzt. Die Seefischerei hat ihre Fänge in den letzten 10 Jahren fast verdoppelt. Haupthandelspartner: USA, Kanada. Nur der N des Landes ist für den Verkehr gut erschlossen (41 800 km Straßen, größ-

tenteils befestigt, jedoch nur 175 km Eisenbahn). Binnenschiffahrt auf dem Unterlauf des Orinoco. Handelsflotte: 392 576 BRT. Wichtigste Seehäfen: Maracaibo, La Guaira (Caracas) und Puerto Cabello. Internat. Flughäfen: Maracaibo, Maiquetia (Caracas), Barcelona, Maturín.

Geschichte. 1498 entdeckt und 1499 nach einem indian. Pfahlbaudorf ‚Klein-Venedig' genannt, wurde das Land 1528 von Karl V. den Augsburger Welsern verpfändet, 1546 fiel es an die span. Krone zurück, von der es 1810-21 durch Bolívar befreit und mit Kolumbien vereinigt wurde. 1830 selbständig, beendete erst die Diktatur (1908-35) des Präs. Gómez die dauernden Revolutionen. 1948 übernahm das Militär die Regierung. 1952-58 war M. Pérez Jiménez Präs. Eine Militärjunta unter Admiral W. Larrazabál übernahm die Regierung. 1959 wurde R. Bétancourt Präs., 1964 R. Leoni, 1969 R. Cáldera. V. ist Gründermitglied der UNO, gehört zur OAS und zur lateinamerikan. Freihandelszone.

V'enia [lat.] *die,* Erlaubnis, Verzeihung. **V. leg'endi,** die Erlaubnis, akadem. Vorlesungen zu halten. (→Habilitation)

v'eni, v'idi, v'ici [lat.], ‚ich kam, sah, siegte', schrieb Caesar nach dem Sieg bei Zela 47 v. Chr. nach Rom.

Venizelos [veniz'elɔs], **1)** Eleutherios, griech. Politiker, * 1864, † 1936, erreichte die Vereinigung seiner Heimat Kreta mit Griechenland (endgültig 1913), war 1910 bis 1915, 1917-20, 1928-33 MinPräs.; setzte während des 1. Weltkriegs den Anschluß Griechenlands an die Entente durch. **2)** Sophokles, * 1894, † 1964, Sohn von 1), war zwischen 1944 und 1951 sechsmal MinPräs.

Venlo [f-], Stadt in der Prov. Limburg, Niederlande, 62 700 Ew.; große Eier- und Gemüseversteigerungen; Stahl-, Textil-, elektrotechn. u. a. Industrie.

Venn [f-] *das,* **1)** →Fehn. **2)** →Hohes Venn.

ven'ös [lat.], eine Vene betreffend; **venöses Blut,** kohlensäurereiches Blut.

Ven'til *das,* **1)** ein Absperrorgan, angebaut als Platten-, Kegel-, Kugel-, Ring-V. **2) elektrisches V.,** Schaltelement, das den elektr. Strom nur in einer Richtung fließen läßt, →Gleichrichter, →Umrichter. **3)** ♪ Vorrichtung an Trompeteninstrumenten zur Verlängerung oder Verkürzung der Schallröhre, um die chromat. Zwischentöne zwischen den Naturtönen hervorbringen zu können.

Ventil'ator [lat.], **Lüfter,** Gerät zur Erzeugung eines Luftstromes zur Kühlung oder Lüftung. Schraubenlüfter (Axiallüfter) fördern die Luft in Achsrichtung, Fliehkraftlüfter (Radiallüfter) in Richtung des Radius.

ventil'ieren [lat.], **1)** durchlüften. **2)** erwägen, prüfen.

Ventimiglia [ventim'iːʎia], Kurort an der Riviera di Ponente, Italien, 25 800 Ew.; großer Blumenmarkt.

ventr'al [lat.], bauchseitig, den Bauch betreffend; Gegensatz: dorsal.

Ventr'iculus [lat.] *der,* Magen. **Ventr'ikel** *der,* **1)** Herzkammer (→Herz). **2)** Hirnkammer (Spaltraum im Gehirn).

Vent'urirohr, Gerät zum Messen von Durchflußgeschwindigkeiten oder Durchflußmengen, im wesentlichen ein Rohr mit Verengung und Druckmeßeinrichtungen an der Austrittsöffnung und der Engstelle.

V'enus, 1) die röm. Göttin der Liebe, ursprüngl. eine altitalische Gartengöttin. **2)** der zweite Planet von der Sonne aus; astronom. Zeichen ♀, Umlaufszeit um die Sonne 224,7 Tage, mittl. Abstand von der Sonne 108,1 Mill. km, Durchmesser 12 610 km, Rotationsdauer 243 Tage entgegengesetzt den anderen Rotationen im Sonnensystem. Die V. dürfte ähnlich wie die Erde aufgebaut sein. Ihre undurchsichtige, stark reflektierende Atmosphäre enthält bis 85% Kohlendioxid und wahrscheinlich noch Stickstoff, die Oberflä-

chentemperatur beträgt bis 500° C, der Druck 90 Atmosphären. Von der Erde aus gesehen zeigt die V. Phasen ähnlich denen des Mondes und einen gemäß ihrer Entfernung von der Erde stark wechselnden scheinbaren Durchmesser. Der Abstand von der Erde schwankt zwischen 42 Mill. km (untere Konjunktion) und 258 Mill. km (obere Konjunktion). Bei unterer Konjunktion kann sie vor der Sonne vorbeigehen **(V.-Durchgang).**

V'enusberg, 1) Name mehrerer Berge, bes. in Schwaben und Thüringen. Die ursprüngl. anders lautenden Namen sind nachträglich mit Frau Venus in Verbindung gebracht worden, die dort in einem Reich der Sinnenlust regiere. →Tannhäuser. **2)** der Schamberg (→Geschlechtsorgane).

Venusfliegenfalle, Sonnentaugewächs auf Mooren im wärmeren Nordamerika, tierfangende Pflanze. Die empfindlichen Blätter klappen zusammen, wenn ein Kerbtier an ihre Fühlborsten rührt.

·Venushaar, Farnkraut, →Adiantum.

Venusstatu'etten, Funde aus der Altsteinzeit: weibliche Figuren aus Stein, Elfenbein oder Ton; wohl dem Ahnen- und Fruchtbarkeitskult zuzuordnen.

Veracini [veratʃ'iːni], Francesco Maria, italien. Geiger und Komponist, * 1690, † 1750; Sonaten, Konzerte, Sinfonien.

Veracruz [verakr'uːs], **1)** Staat von Mexiko, 72 815 km², 3,63 Mill. Ew. Hauptstadt: Jalapa Enriquez. **2)** Hafenstadt am Ostküsten Mexikos, 199 000 Ew., Erzbischofssitz.

Ver'anda [engl. aus ind.] *die,* überdachter Freisitzplatz an einem Haus, meist durch Glaswände geschützt.

Veränderliche, △ eine Größe, die beliebige Werte annehmen kann, z. B. x in lg x.

veränderliche Sterne, Sterne mit wechselnder Helligkeit, Temperatur, Dichte, auch mit schwankendem Durchmesser. Die Ursachen der Veränderlichkeit liegen im Inneren der Sterne. Bei den **pulsierenden Sternen** ändern sich, periodisch oder fast periodisch, Radius, Temperatur, Dichte. Es gibt v. S. mit Perioden von 100 bis 1000 Tagen **(Mirasterne),** von 1 bis 50 **(Cepheiden),** von weniger als 1 Tag **(RR Lyrae-Sterne)** und mannigfache andere Typen, ferner **explodierende Sterne** (→Novae). - Scheinbar veränderlich sind die **Bedeckungsveränderlichen** (→Algolsterne).

veränderte Umstände, ♂♀ clausula rebus sic stantibus (→Clausula).

Veranlagung, 1) Anlage, Begabung. **2)** →Steuerveranlagung.

Verantwortlichkeit, Strafrecht: →Zurechnungsfähigkeit, →Schuld.

verarbeitende Industrie, umfaßt die Grundstoff- und Produktionsgüter-, die

Venezuela: Bohrtürme im Maracaibosee

Venusfliegenfalle

Investitionsgüter-, Verbrauchsgüter-, Nahrungs- und Genußmittelindustrien.

Verarbeitung, ♦ die Herstellung einer neuen beweglichen Sache durch Verarbeiten oder Umbilden eines oder mehrerer Stoffe **(Spezifikation).**

Verätzung, verbrennungsähnliche Verletzung von Haut und Schleimhäuten durch Ätzgifte (Säuren, Alkalien, Metallsalze), wobei sich ein Ätzschorf bildet. - Behandlung **innerer V.** je nach Art des Giftes (vgl. die Sachartikel). - Erste Hilfe bei **Haut-V.:** Aufbringen von Wasser zum Verdünnen des Ätzgiftes; Arzt rufen!

Veräußerung, ♦ die Übertragung eines Rechts, bes. des Eigentums an einem Gegenstand auf einen andern. Die V. einer Sache kann durch Gesetz, Gericht oder andere Behörden untersagt werden **(Veräußerungsverbot).**

Verb, -s/...ben, kurz für Verbum, das →Zeitwort.

verb′al [lat.], **1)** mündlich, durch Worte. **2)** zeitwörtlich.

Verb′alinjurie, →Beleidigung.

verb′aliter, ⚬ wörtlich.

verbal(l)hornen [nach dem Drucker Bal(l)horn, 1528-1603], verschlimmern, indem man zu verbessern meint.

Verb′alnomen, vom Zeitwort gebildetes Hauptwort oder Eigenschaftswort.

Verb′alnote, diplomatischer Schriftsatz, schriftl. Zusammenfassung einer Besprechung ohne Unterschrift.

Verband der, **1)** ⚕ die Bedeckung kranker oder verletzter Körperteile mit **Verbandsstoffen** (Mull, Watte, Zellstoff, Papier, Heftpflaster, elastische Binden, erhärtende Binden). Als **Schutz-V.** dienen **Verbandpäckchen** (keimfreier V.-Stoff mit Binde) und Dreieckstücher. Zur Blutstillung wird ein **Druckverband** angewendet, bei dem ein keimfreies V.-Polster fest auf die Wunde gepreßt wird. **Stütz-V.** stellen das verletzte Glied ruhig (→Gipsverband; →Schiene). **2)** ♦ eine Personenvereinigung zu einem bestimmten Zweck, die eine Satzung hat, einen gemeinschaftl. Willen bilden kann und zumeist rechtsfähig ist. Es gibt privatrechtl. und öffentlich-rechtl. Verbände. Über einzelne Verbände vgl. auch die Sachstichwörter.

Verband der Ärzte Deutschlands (Hartmannbund) e. V., 1900 in Leipzig von dem Arzt H. Hartmann gegr. Hauptziel war die Einführung freier Arztwahl in der sozialen Krankenversicherung. Auflösung 1936, Wiedergründung 1949. Sitz: Bonn-Bad Godesberg.

Verband der Heimkehrer, Abk. **V. d. H.,** →Soldatenverbände.

Verband der Kriegsbeschädigten, Kriegshinterbliebenen und Sozialrentner Deutschlands, VdK, eine Interessenvertretung der Kriegsgeschädigten. Sitz: Bonn.

Verband der weiblichen Angestellten

e. V., VWA, Hannover, einzige Frauengewerkschaft in der Bundesrep. Dtl.

Verband Deutscher Elektrotechniker e. V., VDE, Frankfurt a. M., techn.-wissenschaftl. Verein zur Fortbildung der Mitglieder, stellt Sicherheitsvorschriften auf, prüft elektrotechnische Erzeugnisse u. a.

Verband deutscher Schriftsteller e. V., VS, München, Berufsorganisation zur Förderung der kulturellen, rechtl., berufl. und sozialen Interessen und Pflege der internat. Beziehungen dt. Schriftsteller; gegr. 1969.

Verband deutscher Soldaten, →Soldatenverbände.

Verband Deutscher Studentenschaften, VDS, →Studentenschaften.

Verband für Arbeitsstudien, →REFA.

Verbandsflug, Formationsflug, Zusammenfassung mehrerer Flugzeuge zu einer bestimmten Flugform (Ketten-, Staffelkeil u. a.).

Verbandszeichen, ein Warenzeichen für die Mitglieder gewerblicher Verbände.

Verb′ania, Stadt in der Prov. Novara, Italien, am Westufer des Lago Maggiore, 34 400 Ew., besteht aus den Orten Intra und Pallanza; Fremdenverkehr.

Verbannung, Verbot des Aufenthalts in einem bestimmten Gebiet, auf Zeit oder Lebenszeit, aus politischen Gründen oder als Strafmaßnahme; für das geltende Recht →Ausweisung.

Verb′ano, Lago di V., der →Lago Maggiore.

Verb′ene [lat.] die, Gattung der **Verbenengewächse** (Eisenkrautgewächse), mit endständigen Blütenständen und röhriger Blumenkrone (mit fünfzipfligem Saum). Das **Eisenkraut** hat blaßlilafarbene Blütchen. Viele Arten sind Zierstauden.

Verbindlichkeit, 1) ♦ die Verpflichtung des Schuldners zu einer Leistung; sie entspricht der Forderung auf der Gläubigerseite. **2)** Betriebswirtschaft: die Schulden eines Unternehmens, auf der Passivseite der Bilanz ausgewiesen.

Verbindung, in bürgerl. Recht die Vereinigung mehrerer Sachen zu einer Einheitssache; im Prozeßrecht die zu gleichzeitiger Verhandlung und Entscheidung vorgenommene Vereinigung mehrerer Prozesse. **2)** →studentische Verbindungen. **3)** →chemische Verbindung.

verbleien, Gegenstände mit Blei überziehen, zum Schutz gegen Säuren: elektrolytisch, durch Eintauchen in Schmelzbäder, Aufspritzen, Auskleiden mit Blech u. a.

verblenden, 1) einen Bauteil mit anderem, meist besserem Material verkleiden. **2)** 🜨 den Lauerplatz des Jägers tarnen.

Verblutung, Tod durch Blutverlust infolge äußerer oder innerer →Blutung.

Verbodmung, die →Bodmerei.

verbotene Eigenmacht, ♦ →Besitz.

verbrannte Erde, takt. Prinzip der Kriegführung beim Rückzug, durch eine größtmögliche Zerstörung des geräumten Gebietes dem Gegner Durchzug, Besetzung und Versorgung zu erschweren.

Verbraucher, der Käufer von Waren zur eigenen Bedürfnisbefriedigung, auch zur gewerbl. Herstellung und für den Handel. **V.-Forschung** stellt Bedarf und Wünsche der V. fest; **V.-Schutz** (z. B. Lebensmittelgesetzgebung) und **V.-Selbsthilfe** (V.-Organisationen) schützen den V. vor schädlichen und irreführenden Angeboten; über günstigen Einkauf klären **V.-Verbände** auf.

Verbrauchergenossenschaften, →Konsumgenossenschaften.

Verbrauchsgüter, Güter, die sich bei der Nutzung verbrauchen, im Unterschied zu den Gebrauchsgütern, die länger nutzbar sind.

Verbrauchsteuer, eine Aufwandsteuer auf den Verbrauch von Gütern, z. B. Tabak, Salz, Zucker, Bier, Zündwaren.

Verbrechen, ♦ im engeren Sinn gemäß der Dreiteilung der Straftaten im StGB (§ 1) eine im Mindestmaß mit Freiheitsstrafe von einem Jahr bedrohte Straftat; im weiteren Sinn jede strafbare Handlung im Unterschied zu den Ordnungswidrigkeiten.

Verbrechen gegen die Menschlichkeit, →Humanitätsverbrechen.

Verbrecher, im engeren Sinn der wegen eines Verbrechens Bestrafte, im weiteren Sinn jeder Rechtsbrecher, der sich schwere Verfehlungen hat zuschulden kommen lassen.

Verbrechervereine, →Ringverein.

Verbrennung, 1) 🜓 die Oxydation unter Flammenbildung. Die V.-Erzeugnisse organischer Stoffe sind Kohlendioxid und Wasserdampf; bei unvollkommener V. tritt Kohlenoxid auf. **2)** ⚕ V. im engeren Sinn ist eine durch örtliche Hitzewirkung entstandene **Brandwunde.** - V. im weiteren Sinn sind z. B. bestimmte →Lichtschäden (→Röntgenschädigungen, →Strahlenschädigungen). Nach der Gewebsschädigung werden unterschieden: **V. 1. Grades,** Rötung mit Schwellung und vermehrtem Schmerz. - **V. 2. Grades** mit Blasenbildung; Behandlung: Brandbinde; dabei Brandblasen in Gel-Form. **V. 3. Grades,** Verschorfung mit tiefgreifendem Gewebstod; Behandlung durch den Arzt, keimfreier Schutzverband ohne Salben. - V. größerer Ausdehnung sind immer lebensgefährlich. Der hochgradige Eiweiß- und Flüssigkeitsverlust bei Störung der Wärmeregulation der Haut sowie die Giftwirkung der durch V. veränderten Gewebseiweißstoffe führen zu Bluteindickung und Kreislaufschädigung. Behandlung: Flüssigkeitszufuhr, Bekämpfung des Schocks, Herz-, Kreislaufmittel: Hypophysenvorderlappen- und Nebennierenpräparate.

Verbrennungskraftmaschinen, Wärmekraftmaschinen, bei denen durch rasche period. oder kontinuierl. Verbrennung eines Kraftstoff-Luft-Gemisches mechan. Energie erzeugt wird. Die gebräuchlichsten V. sind →Verbrennungsmotoren und →Gasturbinen.

Verbrennungsmotor, oft einfach **Motor** genannt, eine Verbrennungskraftmaschine, bei der durch periodische Verbrennung eines Kraftstoff-Luft-Gemisches Energie erzeugt wird. Nach Art der Kolbenbewegung unterscheidet man Hubkolben- und →Kreiskolbenmotor, nach Art der Zündung →Ottomotor und →Dieselmotor, nach Art des Gaswechselvorgangs →Viertaktmotor und →Zweitaktmotor. (Tafel S. 1295)

Verbrennungswärme, der →Heizwert.

V′erbum [lat.] das, -s/Verba, kurz **Verb,** →Zeitwort.

verbundene Produktion, Produktionsvorgang, bei dem mehrere Produkte nur in

Verband: **1** *Einfacher Kreisgang.* **2** *Spiralgang.* **3** *Umschlaggang.* **4** *Kornährenverband an der Hand.* **5, 6** *Schleuderverband:* **5** *am Kinn,* **6** *an der Nase.* **7-9** *Mützenverband:* **7** *Beginn der Bindengänge von vorn,* **8** *von hinten,* **9** *fertiger Mützenverband*

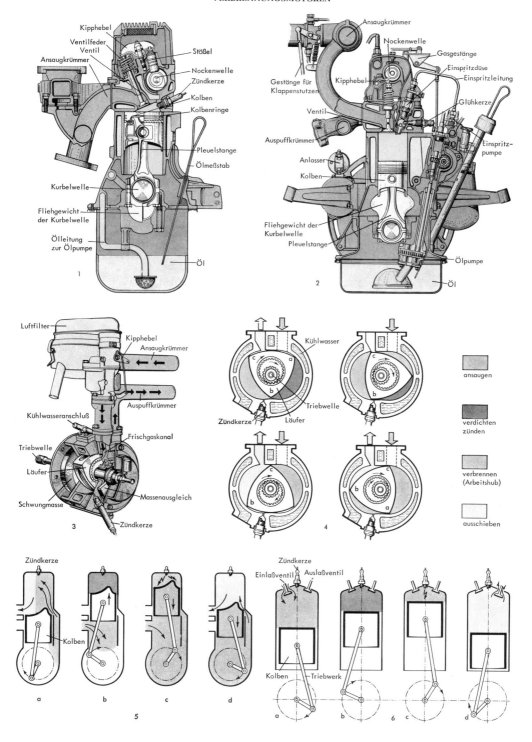

1 6-Zylinder-Ottomotor. **2** 4-Zylinder-Dieselmotor. **3** NSU-Kreiskolbenmotor (F. Wankel). **4** *Arbeitsfolge des Kreiskolbenmotors.* **5** *Zweitaktverfahren (Ottomotor): a Überströmen des Kraftstoffgemisches, b Verdichten über und Ansaugen unter dem Kolben, c Verbrennen des Gemisches (Arbeitstakt), d Ausschieben und Beginn des Überströmens.* **6** *Viertaktverfahren: a Ansaugen, b Verdichten, c Zünden und Arbeiten, d Ausschieben*

einem techn. Zusammenhang hergestellt werden können, z. B. Koks-Kokereigas.

Verbundglas, →Sicherheitsglas.

Verbundmaschine, →Dampfmaschine.

Verbundwirtschaft, die technisch-organisatorische Zusammenfassung mehrerer Betriebe zu gemeinsamer Arbeit zwecks Erhöhung der Wirtschaftlichkeit, bes. in der Elektrizitätswirtschaft.

Vercelli [vɛrtʃˈeli], **1)** Prov. Italiens, in Piemont, 3001 km², 408 700 Ew. **2)** Hauptstadt von 1), 56 700 Ew., an der Sesia, Erzbischofssitz, Kastell (13. Jahrh.). - Auf den Raudischen Feldern bei V. (lat. Vercellae) vernichtete Marius 101 v. Chr. die Kimbern.

verchromen, metallische Gegenstände mit Chrom überziehen, meist galvanisch.

Vercingetorix, Keltenfürst, Führer des gall. Aufstandes gegen Caesar, 52 v. Chr. in Alesia überwältigt, 46 v. Chr. in Rom hingerichtet.

Vercors [vɛrkˈɔːr], verkarstete Landschaft in den französ. Voralpen, bis 2346 m.

Vercors [vɛrkˈɔːr], eigentl. Jean Bruller, französ. Schriftsteller, * 1902; Mitgründer des französ. Widerstands-Verlages ,Les Editions de Minuit'; Novellen (,Das Schweigen des Meeres', 1942).

Verdächtigung. 1) ⚖ Eine ungerechtfertigte V. kann als falsche Anschuldigung strafbar sein (§ 164 StGB.). **2)** politische V. begeht, wer einen anderen durch eine Anzeige usw. der Gefahr aussetzt, aus polit. Gründen in Widerspruch zu rechtsstaatlichen Grundsätzen an Leib oder Leben, in seiner Freiheit oder seinem Vermögen beeinträchtigt zu werden (§ 241 a StGB.).

Verdampfung, Übergang eines Körpers vom flüssigen zum gasförmigen Zustand durch Sieden oder Verdunsten unter Aufnahme der V.-**Wärme.**

Verdandi, Werdandi, eine der drei →Nornen.

Verdauung die, Sammelbegriff für die Vorgänge im V.-Kanal (Mundhöhle, Magen, Darm), durch die Nahrung zur Aufnahme (Resorption) in die Körpersäfte geeignet gemacht wird. Nach einleitender Zerkleinerung durch Kauen werden die Nahrungsstoffe mit Hilfe der V.-Säfte (Speichel, Magensaft, Galle, Bauchspeichel, Darmsaft) und der in ihnen enthaltenen Enzyme in Grundbestandteile abgebaut: die Kohlenhydrate durch Ptyalin (Speichel) und Diastase (Bauchspeicheldrüse) in Traubenzucker; die Eiweißkörper durch Pepsin (Magensaft), Trypsin und Erepsin (Darmsaft) in Aminosäuren; die Fette durch Lipase (Bauchspeichel) in Glycerin und Fettsäuren, nach vorheriger Emulgierung in feinste Teilchen durch die Galle. Traubenzucker und Aminosäuren können von der Darmzotten direkt ins Blut aufgesaugt werden, Glycerin und Fettsäuren gelangen erst in die Lymphgefäße der Darmschleimhaut, wo sie sich wieder zu Fetttröpfchen vereinen, die über die Milchbrustgang der Blutbahn zugeführt werden. Anfang (Schlucken) und Ende (Stuhlentleerung) der V. sind dem Willen unterworfen. Alle anderen Vorgänge, wie Absonderung der V.-Säfte (insgesamt etwa 9 l in 24 Std.), Magen-Darm-Bewegungen (Peristaltik) zur Durchmischung und Vorwärtsbewegung des Speisebreies, werden von den Eingeweidenerven (Sympathicus und Parasympathicus) gesteuert. - Bei einigen niederen Tieren verläuft die V. in der Nahrungsvakuole (→Vakuole) innerhalb der Zelle. - Unter den Pflanzen findet sich echte V. bei den →tierfangenden Pflanzen. - **Verdauungsorgane** sind Mund, Speiseröhre, Magen, Darm, Bauchspeicheldrüse, Leber, Gallenblase.

Verdauungsstörung, Indigestion, infolge Überfüllung des Magens mit schwer aufnahmbaren oder nicht bekömmlichen Speisen; Kennzeichen: Sodbrennen, Aufstoßen, Erbrechen, Durchfall. Behandlung: 1-2 Tage Fasten mit Tee; Ruhe, Warmhaltung.

Verden an der Aller, Stadt in Ndsachs., 17 000 Ew.; Dom, got. Hallenkirche (13. bis 15. Jahrh.), mehrere Backsteinkirchen; Pferdemuseum, Pferderennbahn; Reitpferdeauktionen, verschiedene Ind. - 782 ließ Karl d. Gr. in V. 4500 Geiseln der aufständ. Sachsen hinrichten. Das von ihm gegr. Bistum V. kam 1648 als weltl. Fürstentum an Schweden, 1715/19 an Hannover.

Verdi, Giuseppe, italien. Komponist, * 1813, † 1901, wurde, von Rossini, Bellini und Donizetti ausgehend, zu einem der bedeutendsten europäischen Opernkomponisten. Nach den Vorstufen des ,Macbeth' (1847) und der ,Luisa Miller' (1849) gelangen ihm in ,Rigoletto' (1851), ,Troubadour' (1853) und ,La Traviata' (oder ,La Violetta', 1853) prägnante Personencharakterisierung und überlegene Ensemblegestaltung. In ,Don Carlos' (1867) und ,Aida' (1871) tritt die Zusammenfassung von Arie, Rezitativ, Ensemblegesang und Orchester zur musikdramat. Einheit hervor, die V. unabhängig von Wagner erreichte und die in den Spätwerken ,Othello' (1887) und ,Falstaff' (1893) ihren Höhepunkt fand. Die Orchestergestaltung ordnet sich dem dramat. Gesang unter. Weitere Opern: ,Nabucco' (1842), ,Macht des Schicksals' (1862). Requiem. (Bild S. 1291)

Verdichter, Kompressor, eine Arbeitsmaschine zum Verdichten von Luft, Gasen, Dämpfen in dem Verhältnis von Enddruck zu Ansaugdruck über 3,0 (im Unterschied zu →Ventilatoren und →Gebläsen). Man unterscheidet **Hubkolben-V., Drehkolben-** oder **Rotations-V., Kreisel-** oder **Turbo-V.**

Verdienstorden der Bundesrepublik Deutschland, →Bundesverdienstkreuz.

Verdikt [von lat. vere dictum ,Wahrspruch'] das, Urteil, Entscheidung.

Verdingung, 1) die Vergabe von Arbeiten oder Lieferungen durch Ausschreibung **(Submission);** bes. bei öffentl. Arbeiten, z. B. Straßenbauarbeiten üblich. **2)** Abschluß eines Dienstvertrages.

verdrängte Angehörige des öffentl. Dienstes, die Beamten, Angestellten und Arbeiter, die nach dem 8. 5. 1945 aus anderen als beamten- oder tarifrechtl. Gründen ihre Stellung im öffentl. Dienst verloren haben.

Verdrängung die, von S. Freud geprägter Ausdruck für das Vergessen unangenehmer Erlebnisse, die im Unterbewußten verschwinden, dort nicht verarbeitet werden, sondern in Krankheitssymptome umgesetzt werden (→Psychoanalyse).

Verdun [vɛrdˈœ], Stadt und Festung im frz. Dép. Meuse, an der Maas, 25 200 Ew.; Kathedrale (11.-12. Jahrh.). - V. ist eine röm. Gründung und ein alter Bischofssitz. Im **Vertrag von V.** wurde 843 das Fränkische Reich der Karolinger geteilt. V. war seit dem 13. Jahrh. Reichsstadt, fiel 1552, endgültig 1648 an Frankreich. - Die **Festung V.,** von Vauban angelegt, nach 1871 ausgebaut, hielt in der ,Schlacht von V.' (21.-2.-9.9. 1916) dem dt. Angriff stand; Gedenkmuseum der Schlacht um V., erhaltene Forts und Schützengräben, Nationalfriedhof mit Beinhaus.

Verdunkelungsgefahr, ⚖ →Kollusion.

Verdunstung die, der langsame Übergang einer Flüssigkeit in den gasförmigen Zustand, unterhalb des Siedepunktes. Die dazu nötige Wärme wird der Flüssigkeit und ihrer Umgebung entzogen **(V.-Kälte).**

Verdüre [frz.] die, auf Grün gestimmter Wandteppich mit Laubwerk, auch Tieren, vom späten MA. bis ins 18. Jahrh. beliebt.

vereckt, ⚶ voll ausgebildet (Geweih).

veredeln, 1) Rohstoffe und Halbfabrikate zu ge- und verbrauchsfähigen Erzeugnissen weiterverarbeiten. **2)** ⚘ das Verpflanzen einer Knospe (Auge) oder eines Zweiges (Edelreis) einer wertvollen Pflanze auf eine verwandte Pflanze (Unierlage, Wildling), die als Ernährungsgrundlage geeignet ist. Beim **Okulieren** wird ein schildförmiges Edelauge in einen T-förmigen

Rindenschnitt an der Unterlage eingeschoben. Beim **Kopulieren** sollen Unterlage und Edelreis gleiche Stärke haben, damit die Schnittflächen gut aufeinanderpassen; ferner →pfropfen.

Veredelungsverkehr, zollbegünstigte Einfuhr ausländ. Waren, um sie bearbeitet (veredelt) wieder zurückzuführen **(aktiver V.),** auch die Ausfuhr inländ. Waren, die im Ausland für die Wiedereinfuhr bearbeitet werden **(passiver V.).**

Vereeniging, Industriestadt in der Prov. Oranjefreistaat, Rep. Südafrika, 78 800 Ew.; Eisen- und Stahlwerk.

Vereidigung, ⚖ das Leisten eines Eides vor einer hierfür zuständigen Behörde.

Verein, eine vom Wechsel ihrer Mitglieder unabhängige, dauernde Verbindung von Personen mit einer Satzung, die Zweck, Organisation und Namen regelt. In der Bundesrep. Dtl. hat jeder das Recht, V. zu gründen. Man unterscheidet rechtsfähige und nichtrechtsfähige V., je nachdem, ob sie juristische Personen sind oder nicht. Wirtschaftl. V. erlangen die Rechtsfähigkeit gewöhnlich durch staatl. Verleihung, soweit nicht besondere Gesetze bestehen (z. B. für Aktiengesellschaften, GmbH. und andere), nichtwirtschaftl. V. durch Eintragung in das **Vereinsregister** beim Amtsgericht (,eingetragener V.', abgek.: e. V.). Organe des V.: Vorstand und Mitgliederversammlung.

Verein Deutscher Eisenhüttenleute, VDEh, Düsseldorf, gegr. 1860, zur Förderung der techn. und wissenschaftl. Arbeit über Eisen, Stahl u. a. Zeitschriften: Stahl und Eisen, Archiv für das Eisenhüttenwesen.

Verein Deutscher Ingenieure e. V., VDI, Düsseldorf, gegr. 1856/1946, technischwissenschaftl. Verein zur fachl. Betreuung und Weiterbildung, gibt die VDI-Zeitschrift (seit 1956) und die VDI-Nachrichten (seit 1921) heraus.

Vereinigte Aluminium-Werke AG., VAW, Berlin-Bonn, früher Lautawerk (Lausitz), größter Aluminiumproduzent der Bundesrep. Dtl., gegr. 1917. Die VAW verfügt über 5 Aluminiumhütten. Kap.: 180 Mill. DM; Beschäftigte: 14 807.

Vereinigte Arabische Emirate, Arabische Scheichtümer, Vertragsscheichtümer, bis 1971 **Vertragsstaaten,** engl. **Trucial States,** früher **Piratenküste, Seeräuberküste,** Vereinigung von sieben Emiraten am Pers. Golf, insges. rd. 80 000 km², 189 000 Ew. (Araber, dem sunnitischen Islam angehörend, Vorläufige Hauptstadt ist Abu Dhabi. Heiß-trockenes Wüstenklima; einige Oasen. Erdöl. - 1820-1971 unter brit. Schutz, seither unabhängig.

	Fläche in km²	Ew. in 1 000
Abu Dhabi	70 500	45
Adschman	25	4
Dubai	3 200	70
Schardschah	2 600	32
Um al-Kaiwain	800	4
Fujairah	1 200	9
Ras-al-Khaimah	1 700	25

Vereinigte Arabische Republik, Abk. **VAR,** amtlich arab. **al-Dschumhurija al-Arabija al-Muttahida,** 1958-61 der durch die Vereinigung →Ägyptens und →Syriens geschaffene Staat, Hauptstadt Kairo. Seit der Loslösung Syriens von Ägypten im Sept. 1961 galt bis 1971 der Name VAR für Ägypten allein.

Vereinigte Elektrizitäts- und Bergwerks-AG., →VEBA AG.

Vereinigte Evangelisch-Lutherische Kirche Deutschlands, VELKD, Zusammenschluß (seit 1948) von 11 evangel.-lutherischen Landeskirchen (Bayern, Braunschweig, Hamburg, Hannover, Mecklenburg, Sachsen, Schleswig-Holstein, Thüringen, später auch Lübeck und Schaumburg-Lippe und Eutin). Unter dem

Druck der Dt. Dem. Rep. lösten sich 1968 die Gliedkirchen Sachsen, Thüringen und Mecklenburg und gründeten eine selbständige VELK in der Dt. Dem. Rep. Organe: Kirchenleitung, Bischofskonferenz, Generalsynode, Luther. Kirchenamt.

Vereinigte Industrie-Unternehmungen AG., VIAG, Berlin-Bonn, gegr. 1923, bedeutende Holdinggesellschaft der Elektrizitätswirtschaft und der elektrochem. Ind. Kapital: 304 Mill. DM, Beschäftigte: 22 700 (1970).

Vereinigte Nationen, die →Vereinten Nationen.

Vereinigte Österreichische Eisen- und Stahlwerke AG., VOEST, Linz, staatl. Industriewerk. Kap.: rd. 1,4 Mrd. öS.

Vereinigte Königreich von Großbritannien und Nordirland, →Großbritannien.

Vereinigte Staaten von Amerika, englisch **United States of America,** abgekürzt **USA,** Bundesstaat in Nordamerika, 9 363 353 km², 205,205 Mill. Ew. Hauptstadt: Washington. Staatssprache: Englisch. ⊕ XII/XIII, Bd. 1, n. S. 320. Währung: 1 Dollar ($) = 100 Cents.

Staat und Recht. ⛫ S. 1179. ▢ Bd. 1, S. 392. Die Verfassung ist vom 17. 9. 1787 (seither zahlreiche Änderungen). Der Präsident (gleichzeitig Staatsoberhaupt und Regierungschef) wird durch Wahlmänner auf 4 Jahre gewählt und ist dem Parlament (Kongreß) verantwortlich. Der Kongreß, bei dem die Gesetzgebung liegt, besteht aus 2 Häusern: dem Senat und dem Repräsentantenhaus. Der Kongreß entscheidet auch über Krieg und Frieden und bewilligt den Haushalt. Der Präs. kann gegen Gesetzesbeschlüsse Einspruch einlegen, den der Kongreß mit ²/₃-Mehrheit überstimmen kann. Das Bundesgebiet besteht aus 50 Staaten mit eigenen Verfassungen und Volksvertretungen und einem Gouverneur an der Spitze. Die Bundeshauptstadt Washington bildet den Bundesdistrikt.

Das **Recht** ist das von England übernommene und durch Fallrecht fortentwickelte →Common Law, durch Gesetze der Staaten (→Statute Law) ergänzt. Nur wenige Staaten haben Zivilgesetzbücher. Zivil-, Straf-, Verfahren- und Kollisionsrecht sind den Staaten überlassen, bes. das Familienrecht ist, vor allem hinsichtlich der Ehescheidung, sehr unterschiedlich. Der Gerichtsaufbau ist nach Bund und Einzelstaaten getrennt (Staaten- und Bundesgerichte nebeneinander). Dreistufige Bundesgerichte entscheiden über Fragen des Bundesrechts. Das Oberste Bundesgericht ist in Washington; es überprüft u. a. die Verfassungsmäßigkeit der Gesetze.

Landesnatur. Sie ist geprägt durch die meridionale Anordnung der Großräume. Der W wird von den Kordilleren durchzogen, die sich von W nach O in die Küstenkette, die Kaskaden-Kette und die südlich anschließende Sierra Nevada und weiter nach O in das Felsengebirge gliedern. Zwischen Küsten-Kette und Sierra Nevada liegt das Kaliforn. Längstal, zwischen Sierra Nevada und Felsengebirge das Große Becken. Östlich des Felsengebirges senkt sich das Tafelland der Prärien hinab

zum Tiefland des Mississippi, das vom Gebiet der Großen Seen, an denen die V. S. im NO Anteil haben, bis zum Golf von Mexiko reicht. Den Ostrand der großen Ebenen bilden die Appalachen. Hauptflüsse: Mississippi mit Nebenflüssen, Río Grande del Norte (Grenzfluß gegen Mexiko), Columbia, Colorado, Hudson. **Klima.** Die V. S. gehören zum größten Teil zur gemäßigten Zone. Kalifornien hat subtrop. Winterregen, und die Südspitze Floridas reicht in die Tropen. Die höchsten Niederschläge fallen im äußersten NW, die niedrigsten in den wüstenhaften Becken des Felsengebirges. Abseits dieses Raumes liegen die Bundesstaaten →Alaska und →Hawaii-Inseln.

Die **Bevölkerung** besteht zu rd. 80% aus Weißen europ. Abstammung. Der Anteil der Farbigen, bes. der Neger und Mischlinge afrikan. Herkunft (rd. 20%), hat in den Großstädten stark zugenommen; im S beträgt er z. T. über 50% . Die Indianer zählen (1970) rd. 500 000. Die Bevölkerungsdichte nimmt von O nach W ab. Sie erreicht im O Höhen über 200 Ew. je km², in einigen trockenen westl. Binnenstaaten beträgt sie unter 3 Ew. je km². An der W-Küste steigt sie wieder an (Kalifornien fast 50 Ew. je km²). Hervorstechendes Merkmal der Besiedlung ist die Verstädterung.

Religion: Kirche und Staat sind getrennt. 1969 gehörten 70,4 Mill. Ew. protestant. Religionsgemeinschaften an (darunter 25,9 Mill. Baptisten, 13,7 Mill. Methodisten,9,0 Mill. Lutheraner, 4,4 Mill. Presbyterianer), 47,9 Mill. zur Kath. Kirche, 5,8 Mill. waren Juden, 3,5 Mill. Ostkirchl. Christen.

Bildung. Schulpflicht besteht meist bis zum Alter von 16 Jahren (in einigen Staaten bis 17 und 18). Auf die sechs- oder achtjährige Elementarschule folgt die sechs- oder vierjährige höhere Schule. Zwischen Schule und Hochschule steht das College. Es gibt rd. 2500 Colleges und Universitäten (darunter private Stiftungen, von kirchl. Trägern unterhalten). Älteste Universität ist die Harvard-Universität.

Wirtschaft. Die V. S. haben sich von einem fast rein agrarischen zu einem hochindustrialisierten Land entwickelt. Sie erzeugen 40% aller Industriegüter der Erde. Am Gesamtwert der Jahresproduktion ist die Industrie mit 75% beteiligt, obwohl sie infolge der Automation nicht mehr den größten Anteil von Beschäftigten hat. Auf dem Reichtum an Bodenschätzen (Kohle, Öl, Erdgas u. a. Schwer- und Buntmetallerze) und Wasserkräften beruht vielseitige Grundstoff- und Verarbeitungsindustrie. Bedeutendste Lagerstätten der Kohle sind die Alleghenies, Illinois, Iowa-Kansas-Missouri und das Felsengebirge; die des Erdöls das südwestl. Pennsylvania, der mittlere Westen, die Golfküste und Kalifornien: die des Eisenerzes Pennsylvania, W-Virginia, Birmingham-Alabama, das Gebiet am Oberen See; reichhaltige Buntmetallerze und Minerale liegen weit verstreut, bes. in den westl.Gebirgen. Zusätzlich werden Rohöl und Metallerze eingeführt. Industrieballungen sind: 1. die Neuengland- und mit-

telatlant. Küstenstaaten (hochspezialisierte mechan. Ind.); 2. die Calumet-Region und Detroit (Eisen-, Stahl- und Fahrzeugind.); 3. die Appalachen (Textil- und Kammgarnind.); 4. die Golfküste (Petrochemie); 5. Kalifornien (Flugzeug-, Film-, Konservenind.); 6. die Pazifikküste und der Mittelwesten (Holzind.); 7. der kohlenreiche NO, der wasserenergiereiche NW und die gasreiche Golfküste (Aluminiumind.). Führend sind die V. S. in Stahl- und Automobilerzeugung (1970: 121,9 Mill. t Rohstahl). Überdurchschnittl. Produktionssteigerungen erreichten in den 60er Jahren Flugzeug- und Raumfahrt-, Maschinenbau- und chem. Industrie.

Den unterschiedl. Klimaten verdanken die V. S. eine Vielfalt landwirtschaftl. Nutzungsmöglichkeiten. Hauptanbauräume sind von N nach S: der marktorientierte Milchwirtschaftsgürtel (dairy belt) südl. der Großen Seen, der Gemüseanbau an der O-Küste, der Winterweizen- und Maisgürtel (corn belt), der 10% der Gesamtfläche einnimmt, und der ehemals geschlossene, heute von Reis- u. a. Kulturen durchbrochene Baumwollgürtel (cotton belt) der S-Staaten; die Golfküste, Florida und Kalifornien bauen Zuckerrohr, Erdnüsse, Citrusfrüchte und Wintergemüse an. Westl. des Mississippi erstreckt sich ein Weizenanbauraum von N-Dakota bis Texas. An ihn schließen sich westwärts mit abnehmenden Niederschlägen die großen Weidegebiete (30% der Gesamtfläche der USA) der Prärien zwischen Felsengebirge und Sierra Nevada. Die Beschäftigtenzahl in der Landwirtschaft ging im letzten Jahrh. von 55 auf (1969) 5% der Erwerbstätigen zurück. Die Mechanisierung ermöglichte dennoch, z. B. bei der Baumwollgewinnung, gleiche Erträge zu erzielen wie 1927 auf dreifacher Fläche. Unter den Anbaufrüchten steht Mais an 1. Stelle (1969: 116,4 Mill. t), in großem Abstand gefolgt von Weizen (39,7 Mill. t), Sojabohnen und Hafer. - Einträglich ist die Viehzucht (1969: 109,7 Mill. Rinder, ferner bes. Schweine, Schafe). Haupterzeugnisse sind Fleisch, Mehl, Margarine, Bier. - Kennzeichnende Betriebsform ist die hoch mechanisierte Großfarm (1969: 2,976 Mill. Betriebe). - 31,6% des Landes sind (1970) waldbedeckt. Die bedeutendsten Forstgebiete liegen in Washington und Oregon. ¹/₃ der staatl. Wälder steht unter Naturschutz. - An beiden Meeresküsten liegen ergiebige Fanggründe für Kabeljau, Hummer, Makrelen, Austern, Thunfische, Sardinen und Lachse.

Im Außenhandel sind die V. S. eins der wichtigsten Welthandelsländer. Haupteinfuhrländer: Kanada, Japan, Westeuropa, Lateinamerika. Hauptausfuhrländer (1968): Kanada, Japan, Westeuropa, Mexiko.

Verkehr. Das Verkehrsnetz entwickelte sich entsprechend der Besiedlung von O, wo es noch heute am dichtesten ist, nach W. Ausgehend von See- und Binnenschiffsverkehr wurde das Land seit 1851 durch Eisenbahnen erschlossen, deren Netz 1916 mit 425 000 km die größte Ausdehnung erreichte (1968: 358 797 km). Sie

---

Die Staaten des Bundes (mit Abkürzungen und Hauptstädten)

Alabama, Ala. (Montgomery)
Alaska (Juneau)
Arizona, Ariz. (Phoenix)
Arkansas, Ark. (Little Rock)
California, Calif. (Sacramento)
Colorado, Colo. (Denver)
Connecticut, Conn. (Hartford)
Delaware, Del. (Dover)
District of Columbia, D. C. (Washington)
Florida, Fla. (Tallahassee)
Georgia, Ga. (Atlanta)
Hawaii (Honolulu)
Idaho (Boise)
Illinois, Ill. (Springfield)

Indiana, Ind. (Indianapolis)
Iowa (Des Moines)
Kansas, Kans. (Topeka)
Kentucky, Ky. (Frankfort)
Louisiana, La. (Baton Rouge)
Maine (Augusta)
Maryland, Md. (Annapolis)
Massachusetts, Mass. (Boston)
Michigan, Mich. (Lansing)
Minnesota, Minn. (St. Paul)
Mississippi, Miss. (Jackson)
Missouri, Mo. (Jefferson City)
Montana, Mont. (Helena)
Nebraska, Nebr. (Lincoln)

Nevada, Nev. (Carson City)
New Hampshire, N. H. (Concord)
New Jersey, N. J. (Trenton)
New Mexico, N. Mex. (Santa Fé)
New York, N. Y. (Albany)
North Carolina, N. C. (Raleigh)
North Dakota, N. D. (Bismarck)
Ohio (Columbus)
Oklahoma, Okla. (Oklahoma City)
Oregon, Oreg. (Salem)
Pennsylvania, Pa. (Harrisburg)

Rhode Island, R. I. (Providence)
South Carolina, S. C. (Columbia)
South Dakota, S. D. (Pierre)
Tennessee, Tenn. (Nashville)
Texas, Tex. (Austin)
Utah (Salt Lake City)
Vermont, Vt. (Montpelier)
Virginia, Va. (Richmond)
Washington, Wash. (Olympia)
West Virginia, W. Va. (Charleston)
Wisconsin, Wis. (Madison)
Wyoming, Wyo. (Cheyenne)

1 Citrus-Region bei Clermont, Florida. **2** Weizenland in den Great Plains, Kansas. **3** Grand Canyon, Arizona. **4** Heiße Quellen im Yellowstone-Nationalpark, Wyoming

wurde abgelöst von Kraftfahrzeug (1969: rd. 106 Mill. Stück), Flugzeug und Rohrleitung. Der Binnenschiffsverkehr blühte erneut auf, bes. durch den 1959 beendeten Ausbau des St.-Lorenz-Seeweges für Ozeanschiffe. Das Straßennetz umfaßt fast 6 Mill. km, davon 75% asphaltiert. Die Straßen des Interstate-Systems (seit 1956) sind zumeist 4- und mehrspurig. - Die Handelsflotte verfügte (1970) über 18,5 Mill. BRT; davon 4,7 Mill. BRT Tankschiffe. Hauptseehäfen sind: New York, Baltimore, Philadelphia, Boston, San Francisco, Los Angeles, New Orleans, Galveston. Das Rohrleitungsnetz umfaßt (1970) über 350 000 km. - Dem Luftverkehr stehen über 9300 Flugplätze zur Verfügung. Hauptflughäfen sind Chicago, New York, Los Angeles.

Streitkräfte. Es besteht allgem. Wehrpflicht (18.-26. Lebensjahr), jedoch leistet nur ein Teil der Wehrpflichtigen aktiven Dienst. Bis 1973 soll dieses Verfahren auf ein Berufsheer umgestellt werden. Die Gesamtstärke der Streitkräfte beträgt 2,7 Mill. Mann. Oberster Befehlshaber ist der Präs. der V. S. Die Ausrüstung ist sehr modern und umfaßt neben den herkömmlichen Waffen Raketen, atomgetriebene U-Boote, Radar-Frühwarn-System u. a.

Geschichte. Der Kern der V. S. sind die 13 brit. Kolonien an der atlant. Küste. Als älteste Kolonie wurde 1607 Virginia gegründet; durch Puritaner entstanden seit 1620 die Kolonien →Neuenglands; 1664

wurde das bisher niederländ. New York britisch; südl. von Virginia entstanden die Kolonien Carolina und Georgia, nördl. Pennsylvania. Zwischen dem N und dem S bildeten sich deutliche Unterschiede heraus: während das städt. Neuengland an Handel und Gewerbe orientiert war, überwogen in den sich von Maryland nach S erstreckenden Kolonien Plantagenbesitz mit Monokulturen; auch gab hier die Negersklaverei der Bevölkerung ein starkes nichtengl. Element. Im Siebenjährigen Krieg fiel außer Kanada auch ein Teil Louisianas an Großbritannien (1763). Aus dem Widerstand gegen die Besteuerung entwickelte sich der **Unabhängigkeitskrieg** 1775-83. Die 13 Kolonien erklärten am 4. 7. 1776 ihre Unabhängigkeit. 1783 erkannte England diese Unabhängigkeit an und überließ ihnen auch das Hinterland bis zum Mississippi. Auf Grund der Bundesverfassung vom 17. 9. 1787 wurde G. Washington 1789 der erste Präsident der V. S. Durch Kauf wurde 1803 das ganze Gebiet zwischen dem Mississippi und dem Felsengebirge, 1819 das bisher span. Florida, durch einen siegreichen Krieg gegen Mexiko, 1848 Texas, Arizona, New Mexico und Kalifornien erworben, 1867 noch den Russen Alaska abgekauft. Die Besiedlung des ,wilden Westens' bis zum Stillen Ozean hin vollzog sich infolge der Masseneinwanderung aus Europa, die auch viele Deutsche ins Land brachte, sehr rasch. Die

gegensätzl. Gesellschaftssysteme in den Nord- und Südstaaten führten zum Austritt der Südstaaten aus der Union und zu ihrem Zusammenschluß als konföderierte Staaten von Amerika (1860-61). Diese unterlagen aber in dem blutigen **Sezessionskrieg** 1861-65; die Sklaverei wurde abgeschafft, während die Negerfrage sich eher noch verschärfte. In der Folgezeit nahm die Industrie, durch hohe Schutzzölle begünstigt, einen großen Aufschwung. Ende des 19. Jahrh. gewann die schon 1823 aufgestellte →Monroe-Doktrin an Bedeutung. 1897 wurden die Hawaii-Inseln besetzt, 1898 den Spaniern die Philippinen und Puerto Rico entrissen; damit erlangten die V. S. auch die allgemeine Anerkennung als Großmacht. Sie gewannen die Vorherrschaft in Mittelamerika, wo sie 1903-14 den Panamakanal bauten. Nach anfängl. Neutralität führte die dt. Erklärung des uneingeschränkten U-Boot-Krieges 1917 zur amerikan. Kriegserklärung an das Dt. Reich. Der →Versailler Vertrag, vor allem der von Wilson selbst geschaffene Völkerbund, wurde 1920 von den V. S. abgelehnt. Die Konferenz von Washington 1921/22 bestimmte die Gleichstellung der amerikan. mit der brit. Seemacht. Präsident Franklin D. Roosevelt (1933-45) leitete eine neue Wirtschafts- und Sozialpolitik ein, in der der Wirtschaftsliberalismus einer staatl. Wirtschaftsplanung weichen mußte (New Deal). Außenpolitisch versuchten die V. S.

Präsidenten der Vereinigten Staaten

(Die Amtszeit dauert 4 Jahre. Sie beginnt und endet am 20. 1. Stirbt ein Präsident während seiner Amtszeit, so folgt ihm der bisherige Vizepräsident. Die Liste zählt, der amerikan. Übung folgend, jeden Präsidenten nur einmal)

1. George Washington, 1789-93 (Föderalist)
   George Washington, 1793-97
2. John Adams, 1797-1801 (Föderalist)
3. Thomas Jefferson, 1801-05 (Demokrat)
   Thomas Jefferson, 1805-09
4. James Madison, 1809-13 (Demokrat)
   James Madison, 1813-17
5. James Monroe, 1817-21 (Demokrat)
   James Monroe, 1821-25
6. John Quincy Adams, 1825-29 (Demokrat)
7. Andrew Jackson, 1829-33 (Demokrat)
   Andrew Jackson, 1833-37
8. Martin van Buren, 1837-41 (Demokrat)
9. William Henry Harrison, 4. 3.-4. 4. 1841 (Whig)
10. John Tyler, 4. 4. 1841-45 (Demokrat)
11. James Polk, 1845-49 (Demokrat)
12. Zachary Taylor, 1849 bis 9. 7. 1850 (Whig)
13. Millard Fillmore, 9. 7. 1850-53 (Whig)
14. Franklin Pierce, 1853-57 (Demokrat)
15. James Buchanan, 1857-61 (Demokrat)
16. Abraham Lincoln, 1861 bis 20. 1. 1865 (Republikaner)
    Abraham Lincoln, 20. 1.-15. 4. 1865
17. Andrew Johnson, 15. 4. 1865-69 (Republikaner)
18. Ulysses S. Grant, 1869-73 (Republikaner)
    Ulysses S. Grant, 1873-77
19. Rutherford Hayes, 1877-81 (Republikaner)
20. James Garfield, 4. 3.-19. 9. 1881 (Republikaner)
21. Chester A. Arthur, 19. 9. 1881-85 (Republikaner)
22. Grover Cleveland, 1885-89 (Demokrat)
23. Benjamin Harrison, 1889-93 (Republikaner)
24. Grover Cleveland, 1893-97 (Demokrat)
25. William MacKinley, 1897-1901 (Republikaner)
    William MacKinley, 20. 1. 1901-14. 9. 1901
26. Theodore Roosevelt, 14. 9. 1901-05 (Republikaner)
    Theodore Roosevelt, 1905-09
27. William H. Taft, 1909-13 (Republikaner)
28. Woodrow Wilson, 1913-17 (Demokrat)
    Woodrow Wilson, 1917-21
29. Warren G. Harding, 1921 bis 2. 8. 1923 (Republikaner)
30. Calvin Coolidge, 2. 8. 1923-25 (Republikaner)
    Calvin Coolidge, 1925-29
31. Herbert Hoover, 1929-33 (Republikaner)
32. Franklin D. Roosevelt, 1933-37 (Demokrat)
    Franklin D. Roosevelt, 1937-41
    Franklin D. Roosevelt, 1941-45
    Franklin D. Roosevelt, 20. 1.-12. 4. 1945
33. Harry S. Truman, 12. 4. 1945-49 (Demokrat)
    Harry S. Truman, 1949-53
34. Dwight D. Eisenhower, 1953-57 (Republikaner)
    Dwight D. Eisenhower, 1957-61
35. John F. Kennedy, 1961 bis 22. 11. 1963 (Demokrat)
36. Lyndon B. Johnson, 22. 11. 1963-65 (Demokrat)
    Lyndon B. Johnson, 1965-69
37. Richard M. Nixon, seit 1969 (Republikaner)

ihre panamerikan. Politik zu beleben (Politik der ‚Guten Nachbarschaft' in Lateinamerika). Mit Rücksicht auf die Isolationisten (Isolationismus) traten die V. S. nicht sofort in den 2. Weltkrieg ein, unterstützten jedoch die gegen die Achsenmächte Krieg führenden Länder durch Hilfeleistungen, ganz bes. nach dem 1941 eingeführten →Leih-Pacht-System. Der japan. Überfall auf Pearl Harbor (7.12.1941) löste den amerikan. Kriegserklärung aus (→Weltkrieg). Mit dem Abwurf der ersten Atombombe über Hiroshima wurden die V. S. zur ersten Atommacht. Im wesentlichen durch amerikan. Initiative wurden die →Vereinten Nationen (26. 6. 1945) ins Leben gerufen. Als größte wirtschaftl. und militär. Weltmacht förderten die V. S. unter Präs. Truman (1945-53) mit dem →Marshall-Plan die europ. Erholung, wehrten mit der ‚Truman-Doktrin' das kommunist. Vordringen bes. in Europa ab, sicherten den Bestand freiheitlicher, selbständiger Staaten vor der sowjet. Machtpolitik durch den →Nordatlantik-Pakt (1949) und den →Pazifik-Pakt (1951), der 1954 unter Präs. Eisenhower (1953-61) zum →Südostasiatischen Verteidigungspakt erweitert wurde. Die kommunist. Aggression in →Korea wurde 1950-53 unter Führung der V. S. erfolgreich abgewehrt. Präs. Kennedy (1961-63) gelang es während der internat. Krise um Kuba (Okt./Nov. 1962), die Sowjetunion zum Verzicht auf militär. Unterstützung Kubas zu zwingen und damit die Krise beizulegen. In der Innenpolitik trat Kennedy für polit. und wirtschaftl. Reformen und für die volle Gleichberechtigung der Neger ein. Im Nov. 1963 wurde er in Dallas (Texas) ermordet. Unter Präs. Johnson (1963-69) weitete sich die Abwehr kommunist. Rebellen in Vietnam zum großen Krieg aus (2. Weltkrieg aus. Durch das Bürgerrechtsgesetz (1964) suchte Johnson die volle Gleichberechtigung der Neger zu erreichen. Der Führer der Bürgerrechtsbewegung, Martin Luther King, wurde April 1968 ermordet. Nach seiner Wahl zum Präs. (1969; wiedergewählt 1972) leitete der Republikaner R. Nixon den Abzug der amerikan. Truppen aus Vietnam ein und bahnte neue Beziehungen zur VR. China an. Mit der UdSSR führte die Reg. Abrüstungsgespräche (→SALT). 1972 kam es zu Waffenstillstandsverhandlungen mit N.-Vietnam.

Kunst, Literatur →nordamerikanische Kunst, →nordamerikanische Literatur.

Vereinigte Stahlwerke AG., Düsseldorf, bis 1945 größtes dt. Montanunternehmen, gegr. 1926 (Unternehmenzusammenschluß); 1950 in selbständige Nachfolgegesellschaften aufgeteilt.

Vereinigtes Wirtschaftsgebiet, VWG, 1946-49 die Vereinigung der amerikan. und brit. Besatzungszonen in Dtl. **(Bizone).**

Vereinigungsrecht, →Koalitionsfreiheit.

Vereinödung, besondere, landschaftlich begrenzte, frühe Art der Flurbereinigung.

Vereinsregister, ein beim Amtsgericht geführtes öffentliches Register, in das Vereine mit anderen als wirtschaftlichen Zielen eingetragen werden und damit Rechtsfähigkeit erhalten.

Vereinte Nationen, engl. **United Nations (Organization),** Abk. **UN(O),** eine Vereinigung von Staaten zur Sicherung des Weltfriedens und zur Förderung der internat. Zusammenarbeit (1972: 132 Mitglieder). Nichtmitglieder sind bisher u. a. die Schweiz, die Bundesrep. Dtl. und die Dt. Dem. Rep.; die Bundesrep. Dtl. ist jedoch durch einen Beobachter vertreten. 1971 erkannte die Generalversammlung Nationalchina die Mitgliedschaft in den V. N. zugunsten der Volksrep. China ab. - Die V. N. wurden anstelle des Völkerbundes geschaffen durch die Charta (Satzung) von San Francisco vom 26. 6. 1945; Sitz: New York. - Die V. N. sind auf den Grundsatz der souveränen Gleichheit aller ihrer Mitglieder aufgebaut. Ihr Ziel suchen die V. N. zu erreichen durch Maßnahmen gegen Friedensbedrohungen, Angriffshandlungen und andere Friedensbrüche; Entwicklung freundschaftl. Beziehungen zwischen den Nationen auf der Grundlage der Gleichberechtigung und des Selbstbestimmungsrechts; internat. Zusammenarbeit bei der Lösung wirtschaftl., sozialer, kultureller und humanitärer Probleme; Förderung der Achtung vor den Menschenrechten und Grundfreiheiten für alle ohne Ansehen von Rasse, Geschlecht, Sprache und Religion. **Hauptorgane** der V. N. sind: die Generalversammlung, der Sicherheitsrat, der Wirtschafts- und Sozialrat, der Treuhandschaftsrat, der Internat. Gerichtshof in Den Haag und das Sekretariat unter Leitung des Generalsekretärs (1946-52 der Norweger Trygve Lie, 1953-61 der Schwede Dag Hammarskjöld, 1961-71 der Birmane U Thant, seit 1972 der Österreicher Kurt Waldheim).

Die **Generalversammlung** ist zuständig für die Erörterung aller Fragen, die nach der Satzung zum Aufgabenbereich der V. N. gehören, bes. Fragen des inter-nationalen Friedens und der Sicherheit. Sie hat ein Vorschlagsrecht.

Der **Sicherheitsrat** besteht aus 15 Mitgliedern. Die Verein. Staaten, Großbritannien, die Sowjetunion, Frankreich und die VR China sind ständige Mitglieder und besitzen außerdem ein Vetorecht bei allen Beschlüssen des Sicherheitsrates, die nicht Verfahrensfragen betreffen. Die 10 nichtständigen Mitglieder werden für jeweils 2 Jahre von der Generalversammlung mit $2/_3$-Mehrheit gewählt. Der Sicherheitsrat ist das wichtigste Organ der V. N.; er trägt die Hauptverantwortung für die Aufrechterhaltung des Weltfriedens und der internat. Sicherheit. Er entscheidet über Maßnahmen zur friedl. Regelung von Streitfällen und bei Bedrohungen des Friedens.

Der **Wirtschafts- und Sozialrat** besteht aus 27 Mitgliedern, die von der Generalversammlung gewählt werden (je 9 auf 3 Jahre). Zu seinen Aufgaben gehört die Erarbeitung oder Veranlassung von Studien und Berichten über internat. wirtschaftl., soziale, kulturelle, erzieherische, gesundheitl. und ähnl. Angelegenheiten. Der **Treuhandschaftsrat** beaufsichtigt die Verwaltung und Entwicklung der →Treuhandgebiete durch die verwaltenden Staaten.

Mit den V. N. arbeitet eine Anzahl von **Sonderorganisationen** zusammen, darunter: Organisation für Erziehung, Wissenschaft und Kultur (UNESCO); Internationale Arbeitsorganisation (ILO); Organisation für Ernährung, Landwirtschaft und Forstwesen (Food and Agriculture Organization); Weltpostverein; Internationale Fernmelde-Union; Internationale Bank für Wiederaufbau und Entwicklung; Internationaler Währungsfonds (IMF); Internat. Atomenergie-Organisation (IAEO).

Vererbung, die Weitergabe der Merkmale von Lebewesen an ihre Nachkommen. - Die **Vererbungslehre (Erbbiologie, Erblehre, Genetik)** erforscht die Grundlagen und Gesetze der V. Mit Hilfe der Statistik wird die Schwankungsbreite für die verschiedenen Merkmalsausprägungen ermittelt, d. h. die Grenzen, innerhalb deren die nichterblichen Abänderungen (Modifikationen) auftreten können (Variationsbreite); ihnen stehen andere, oft ohne Übergänge auftretende Abänderungen gegenüber, die vererbt werden **(Erbänderungen, Mutationen).** Die **Erblichkeit** der Merkmale beruht auf stofflichen Zellbestandteilen, den **Erbanlagen (Erbfaktoren, Genen);** diese werden auf dem

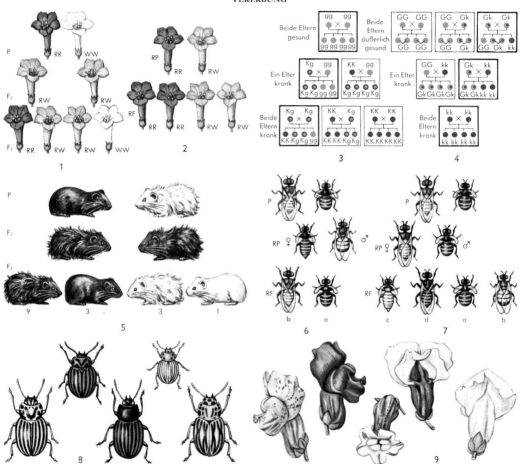

1, 2 Intermediärer Erbgang. **1** Kreuzung von rot- und weißblühender Wunderblume; P Parentalgeneration, F₁ erste, F₂ zweite Filialgeneration, R Erbfaktor für rote, W für weiße Blütenfarbe, RW ergibt Rosa (intermediäre Bastarde). **2** Rückkreuzung (RP = F₁ x P) des rosablühenden Bastards (RW) gegen die rote Elternform (RR) mit dem Rückkreuzungsergebnis (RF) Rot und Rosa wie 1 : 1. **3, 4** Vererbung krankhafter Erbanlagen beim Menschen. K (eine dominante krankhafte Erbanlage) und kk (zwei rezessive krankhafte Erbanlagen) = krank; G (eine gesunde dominante Erbanlage) und gg (zwei rezessive gesunde Erbanlagen) = gesund; rot = KK-Individuen (krank), roter Ring um grünen Punkt = Kg-Individuen (krank); grün = GG-Individuen (gesund); grüner Ring um roten Punkt = Gk-Individuen (äußerlich gesund, aber mit der rezessiven Krankheitsanlage behaftet; Anlagenträger.) **3** Dominanter Erbgang einer Anlage: bei allen KK und Kg-Individuen tritt die sich dominant vererbende Krankheit auf. **4** Rezessiver Erbgang einer Anlage: auch gesunde Eltern (Gk) können kranke Kinder (kk) haben. **5** Dihybrider Erbgang (die P-Individuen unterscheiden sich in zwei Erbanlagenpaaren): Kreuzung schwarz-glatthaariger Meerschweinchen mit weiß-strupphaarigen; die Erbanlagen für schwarz und strupp sind dominant gegenüber weiß und glatt, alle F₁-Nachkommen sind daher schwarz-strupp; die Spaltung in F₂ ergibt schwarz-strupp, schwarz-glatt, weiß-strupp, weiß-glatt im Verhältnis 9 : 3 : 1. **6, 7** Faktorenaustausch. Schwarze Körperfarbe und Stummelflügeligkeit vererben sich bei der Tauffliege gekoppelt, d. h. die Anlagen für diese beiden Merkmale bleiben bevorzugt zusammen. **6** Bei der Rückkreuzung (RP) eines Bastardmännchens (aus P) mit einem schwarz-stummelflügeligen Weibchen entstehen in RF nur normale (b) und schwarz-stummelflügelige (a) Tiere im Verhältnis 1 : 1, nicht dagegen, wie bei Nichtkopplung zu erwarten wäre, auch schwarz-vollflügelige und normalfarbig-stummelflügelige Tiere. **7** Kreuzt man in RP umgekehrt ein Bastardweibchen (aus P) der gleichen erblichen Beschaffenheit mit einem schwarz-stummelflügeligen Männchen, so erhält man in RF in bestimmtem Hundertsatz auch ,Austauschklassen': schwarze Vollflügel (d) und normalfarbige Stummelflügel (c), da unter gewissen Umständen (hier bei den Weibchen) die Chromosomen Teile gegeneinander austauschen (Crossing over). **8, 9** Mutation (Erbänderung): **8** Mutanten beim Kartoffelkäfer, **9** beim Löwenmäulchen

Wege der Fortpflanzung weitergegeben. Durch Kreuzungsversuche an Pflanzen, die sich nur in einem Erbmerkmal voneinander unterschieden, gelang es Gregor Mendel (* 1822, † 1884) nachzuweisen, daß die in den Chromosomen liegenden Erbanlagen der **reinerbigen** (homozygoten) Ausgangsformen (P-, Parentalgeneration, Elterngeneration) für den **gemischterbigen** (heterozygoten) Bastard (F₁-, 1. Filialgeneration, 1. Tochtergeneration) gleichwertig, d. h. vertauschbar sind. Das **1. Mendelsche Gesetz** (Uniformitätsgesetz) lautet: Bastarde, die von reinerbigen Eltern (P x P) stammen (F₁-Individuen), sind einander gleich. - Werden die F₁-Individuen unter sich gekreuzt (F₁ x F₁), so entsteht die F₂-Generation; die Kreuzung von F₂-Individuen untereinander (F₂ x F₂) ergibt die F₃-Generation usw. Die Kreuzung der F₁-Individuen mit der einen oder der anderen Ausgangsrasse heißt Rückkreuzung R (z. B. F₁ x P = R₁). Stehen die F₁-Individuen in ihren Merkmalen zwischen den beiden Eltern (**intermediäre** Bastarde), so spaltet die F₂-Generation auf in 1 (Typus der einen Elternrasse): 2 (F₁-Bastardtypus): 1 (Typus der anderen Elternrasse); d. h. je ¹/₄ der Nachkommen gleicht der einen der beiden Elternrassen, ²/₄ zeigen den Typ der F₁-Generation. Daraus schloß Mendel, daß der Bastard für ein bestimmtes Merkmal vom Vater und von der Mutter je eine Erbanlage erhält und daß bei der Keimzellbildung dieses Genpaar, das in zusammengehörigen Chromosomen liegt, wieder verteilt wird; auf dieser Erkenntnis beruht das **2. Mendelsche Gesetz** (Spaltungsgesetz): Die F₁-Individuen spalten bei Kreuzung miteinander auf, so daß die F₂-Individuen einander nicht gleich sind. - Bei der Kreuzung zweier Individuen, bei denen das Gen des einen Elters **dominant** (d. h. von vorherrschender Wirkung) und das des anderen **rezessiv** (zurücktretend) ist, zeigen die F₁-Bastarde das dominante Merkmal; in der F₂-Generation treten das dominante und das rezessive P-Merkmal im Verhältnis 3:1 auf (dabei sind ²/₃ der das dominante Merkmal zeigenden F₂-Individuen mischberig).

In den Chromosomen hat jedes Gen seinen bestimmten Platz (Gen-Ort). Bei den Riesenchromosomen der Speicheldrüsenkerne der Tauffliege lassen sich einzelne Gene bestimmten Querscheibenmustern dieser Chromosomen (Bild Bd. 1, S. 226) zuordnen.

Die Geschlechtschromosomen treten bei vielen Lebewesen nicht als gleichartiges Paar auf: bei ihnen ist entweder das Geschlechtschromosom in einem Geschlecht unpaarig vorhanden (X-Chromosom) oder sein Paarling ist anders gestaltet (Y-Chromosom). Bei der Tauffliege z. B. wird wie beim Menschen das weibliche Geschlecht durch 2 X-Chromosomen (XX) bestimmt, während das männliche 1 X-Chromosom und 1 Y-Chromosom besitzt. Erbanlagen, die in den Geschlechtschromosomen liegen, sind daher im Erbgang **geschlechtsgebunden**, so vererbt sich z. B. die Bluterkrankheit X-chromosomgebunden rezessiv. Die männlichen Träger der Krankheitsanlage im X-Chromosom erkranken, da sie nur 1 X-Chromosom besitzen, das kranke Gen sich also auswirken kann, ohne durch ein entsprechendes gesundes überdeckt zu werden. Bei weiblichen Trägern (mit 2 X-Chromosomen) wird jedoch die rezessive Krankheitsanlage in dem einen X-Chromosom durch das dominante gesunde Gen in dem anderen überdeckt; sie erkranken nicht selbst, übertragen aber die Krankheitsanlage auf die nächste Generation, wo sie wieder nur bei Männern in Erscheinung tritt. Erbanlagen, die im gleichen Chromosom liegen, sind aneinandergekoppelt und werden als **Kopplungsgruppen** zusammen vererbt. Diese Verbindung kann jedoch durch **Faktorenaustausch** (engl. crossing over) getrennt werden.

Eine wesentliche Hilfe für die Erbforschung am Menschen stellt die **Zwillingsforschung** dar (→Zwillinge). Durch Vergleich eineiiger (erbgleicher) Zwillinge (EZ) mit zweieiigen (erbverschiedenen) Zwillingen (ZZ) gelingt es, den Anteil von Erbanlagen und Umwelteinwirkung an der Ausbildung von Merkmalsunterschieden zahlenmäßig zu erfassen.

Verfahren, ⚖ eine Folge von ineinandergreifenden Rechtshandlungen vor Gerichten oder Verwaltungsbehörden zur Erledigung einer Einzelsache.

Verfahrenstechnik, die großtechn. Anwendung physikalischer und chemischer Verfahren, gegliedert in Stoff- und Energietransport, Stofftrennung und Stoffvereinigung, chem. Grundprozesse (Oxydieren, Nitrieren, Chlorieren u. a.), techn. Reaktionsführung mit therm., mechan., katalyt., photochem., biochem. u. a. Fabrikationsprozessen, Planung und Bau der dazugehörigen Anlagen.

Verfall, das Fälligwerden von Forderungen (→Fälligkeit).

Verfallklausel, →kassatorische Klausel.

verfangen, ☙ das Verbeißen des Hundes in das Wild.

verfärben, ☙ das Haarwechseln des Wildes.

Verfassung, 1) die geschriebenen oder ungeschriebenen Grundsätze über Aufbau und Tätigkeit, insbes. über die Form und Willensbildung des Staates, die Rechtsstellung der Regierung und der Staatsbürger; auch die diese Grundsätze enthaltende Urkunde (V.-Urkunde, Staatsgrundgesetz). Der Inhalt der V. ist nach der Staatsform verschieden. Geschaffen wird die V. vom Träger der V.-Gewalt, in der Demokratie durch ein vom Volk durch seine gewählten Vertreter beschlossenes Gesetz, neuerdings oft unter Bestätigung durch eine Volksabstimmung. **2)** die grundlegende Satzung einer Vereinigung oder Körperschaft.

Verfassungsänderung, die Änderung des geltenden Verfassungsrechts; sie ist im allgemeinen von einer qualifizierten Mehrheit (z. B. ²/₃-Mehrheit) der an der Gesetzgebung beteiligten Körperschaften abhängig.

Verfassungsbeschwerde, in der Bundesrep. Dtl. ein Rechtsschutzmittel des einzelnen zur prozessualen Durchsetzung der Grundrechte und gegen verfassungswidrige Eingriffe der Staatsgewalt.

Verfassungsgerichtsbarkeit, das einem höchsten Gericht übertragene Verfahren zur Entscheidung bestimmter verfassungsrechtl. Streitigkeiten; in der Bundesrep. Dtl. das Bundesverfassungsgericht und für die einzelnen Länder Staats- oder Verfassungsgerichtshöfe.

Verfassungshochverrat, die Beeinträchtigung des Bestandes der Bundesrep. Dtl. oder die Änderung der auf dem GG. der Bundesrep. Dtl. beruhenden verfassungsmäßigen Ordnung. Strafe: lebenslange Freiheitsstrafe, nicht unter 10 Jahren (§ 81 StGB.).

Verfassungskonflikt, ein Streit zwischen Staatsorganen (z. B. Parlament und Regierung) um ihre verfassungsmäßigen Rechte.

Verfassungsschutz, alle Maßnahmen zum Schutz der Verfassung; in der Bundesrep. Dtl. von **Verfassungsschutzämtern** der Länder und des Bundes wahrgenommen; polizeiliche Exekutiv- und Aufsichtsbefugnisse stehen ihnen nicht zu.

Verfassungsstaat, ein Staat mit einer Verfassung, in der die Zuständigkeit der Staatsorgane bestimmt, die Staatsgewalt beschränkt und den Staatsbürgern ein bestimmtes Maß an Rechten gesichert ist.

Verflechtung, die rechtliche oder wirtschaftliche Vereinigung von Unternehmen, →Konzentration.

Verflüssigung, die Überführung von Gasen oder Dämpfen in den flüssigen Zustand durch Abkühlung unter die kritische Temperatur.

Verfolgungsrennen, Radsport: ein Rennen, bei dem ein oder mehrere Fahrer eine Vorgabe (meist eine Bahnlänge) erhalten, andere Fahrer ist einzuholen versuchen.

Verfolgungswahn, Krankheitserscheinung bei verschiedenen →seelischen Krankheiten.

Verfolgungszwang, →Legalitätsprinzip.

Verfremdung, Literatur: das Verändern gewohnter Erscheinungen ins Ungewöhnliche, ein Kennzeichen jeder stark stilisierenden Kunst. Für das Drama wurde der V.-Effekt bes. von Bert Brecht gefordert, um dem Dargestellten den Charakter des „Gezeigten" zu wahren.

Verfügung, Prozeßrecht: im Unterschied zu Urteilen und Beschlüssen eine prozeßleitende Anordnung des Richters. - Bürgerl. Recht: eine Rechtshandlung, durch die unmittelbar ein Recht aufgehoben, übertragen, belastet oder inhaltlich verändert wird. - Verwaltungsrecht: ein Verwaltungsakt, der ein Ge- oder Verbot enthält (z. B. Polizei-V.).

Verführung, ⚖ die Verleitung eines unbescholtenen Mädchens unter 16 Jahren zum Beischlaf; wird mit Freiheitsstrafe bis zu 1 Jahr bestraft. Die Strafverfolgung tritt auf Antrag der Eltern der Verführten ein.

V'erga, Giovanni, italien. Schriftsteller, * 1840, † 1922, schilderte in naturalist. (veristischem) Stil sizilian. Bauern und Fischer („Die Familie Malavoglia", 1881).

vergällen, ungenießbar machen; übertragen: den Genuß etwas verderben.

Vergangenheit, Ⓢ Abwandlung des Zeitworts im →Imperfekt (Präteritum, einfache V.), →Perfekt (vollendete V.) und →Plusquamperfekt (Vorvergangenheit).

Vergaser, stellt beim V.-Ottomotor das für die Verbrennung notwendige Kraftstoff-Luft-Gemisch her (im Unterschied zum Einspritzmotor, Einspritzpumpe). Der Kraftstoff fließt vom Tank zum Schwimmergehäuse, in dem ein Schwimmer die Zufuhr regelt, und dann durch die Kraftstoffdüse zur Zerstäuberdüse, wo er von der vom Zylinder angesaugten Luft erfaßt und fein zerstäubt wird, so daß er anschließend teilweise verdampfen kann.

Bei **schwimmerlosen V.** regelt ein System von Membranen die Kraftstoffzufuhr.

Vergasung, 1) Umwandlung festen oder flüssigen Brennstoffs in Gas, z. B. durch Erhitzen unter unzureichender Luftzufuhr. **2)** Tötung durch Giftgas.

Vergatterung, 🎺 Hornsignal oder Kommando beim Aufziehen der Wachen.

Vergehen, ⚖ mit Freiheitsstrafe oder mit Geldstrafe von mehr als 500 DM bedrohte Straftat, die nicht Übertretung oder Verbrechen ist (§ 1 StGB.).

Vergeilen, 🌱 durch Lichtmangel bedingte Mißbildung bei Pflanzen.

Vergeltungstheorie, ⚖ Grundsatz im Strafrecht, nach dem Sinn und Zweck der Strafe darin gesehen werden, Gleiches mit Gleichem zu vergelten.

Vergeltungszoll, erhöhter Einfuhrzoll auf Waren eines Landes als Vergeltungsmaßnahme.

Vergesellschaftung, 1) ökologisch: das Zusammenleben verschiedener Organismen (Pflanzen, Tiere, Mensch) unter standortspezifischen Gesichtspunkten. **2)** ⚗ Überführung privater wirtschaftl. Unternehmen in Gemeineigentum.

Vergewaltigung, →Notzucht.

Vergiftung, Intoxikation, 1) ⚕ Gesundheitsschädigung durch Aufnahme eines Giftes durch den Magendarmkanal, seltener durch Haut oder Schleimhäute und sehr häufig durch die Atemwege. Über **Selbst-V.** →Autointoxikation. - Behandlung: Entfernen des Giftes, Anwenden von Gegengiften, Bekämpfen der einzelnen V.-Anzeichen. - Über erste Maßnahmen gegen V. →Erste Hilfe. Über die einzelnen V. vgl. die Sachartikel. **2)** das absichtliche Beibringen von Gift, um die Gesundheit eines anderen zu schädigen, wird mit Freiheitsstrafe von 1-10 Jahren, bei Todesfolge nicht unter 10 Jahren bestraft (§ 229 StGB.).

Verg'il, Virg'il, Publius Vergilius Maro, röm. Dichter, * 70, † 19 v. Chr., schrieb zehn Hirtengedichte (‚Eclogae' oder ‚Bucolica'), pries in den ‚Georgica' den Landbau und unternahm in dem großen Epos von Äneas, der ‚Aeneis', eine Deutung der weltgeschichtl. und sittlichen Sendung Roms von der augusteischen Ordnung her, in der V. die Vollendung der Geschichte Roms sah. Für die roman. Welt ist V. bis heute der ‚Vater des Abendlandes' geblieben. In Dtl. trat V. hinter Homer zurück.

Vergißmeinnicht das, krautige Borretschgewächse mit meist blauen Blüten.

Vergleich, 1) Sprachlehre: veranschaulichende Redeform: tief wie das Meer, schwarz wie die Nacht. **2)** ⚖ Vertrag, der den Streit oder die Ungewißheit der Parteien über ein Rechtsverhältnis durch gegenseitiges Nachgeben beseitigt (§ 779 BGB.). Der vor Gericht zur Beilegung eines Rechtsstreits geschlossene V. (**Prozeßvergleich**) ist ein Vollstreckungstitel. - Im Verwaltungsrecht gibt es den V. als öffentlich-rechtl. Vertrag.

Vergleichsverfahren, ein gerichtl. Verfahren, das auf Antrag eines zahlungsunfähigen Schuldners (Vergleichsschuldner) vom AGer. zur Abwendung des Konkurses durchgeführt werden kann; geregelt durch die Vergleichsordnung vom 26. 2. 1935. Voraussetzung ist ein Vergleichsvorschlag, der den Gläubigern mindestens 35% ihrer Forderungen gewährt. Man unterscheidet **Stundungs-** und **Erlaßvergleich,** je nachdem der Schuldner Stundung oder Teilerlaß seiner Schulden erstrebt. Beim **Liquidationsvergleich** überläßt der Schuldner sein Vermögen ganz oder teilweise den Gläubigern zur Verwertung, während den Gläubigern den bei der Verwertung nicht gedeckten Rest erlassen wird. Im österreich. Recht heißt das V. Ausgleichsverfahren, im schweizer. Recht Nachlaßvertragsverfahren.

Vergnügungssteuer, von den Gemeinden erhobene Aufwandsteuer (Karten-, Pau-

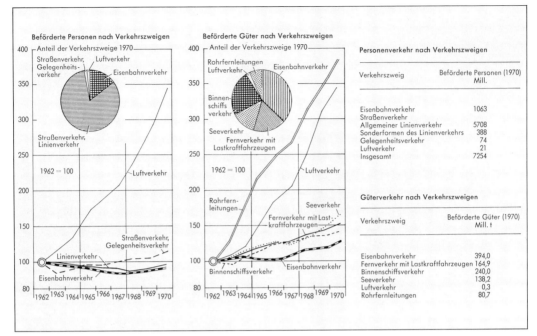

Personenverkehr nach Verkehrszweigen

Verkehrszweig	Beförderte Personen (1970) Mill.
Eisenbahnverkehr	1063
Straßenverkehr	
Allgemeiner Linienverkehr	5708
Sonderformen des Linienverkehrs	388
Gelegenheitsverkehr	74
Luftverkehr	21
Insgesamt	7254

Güterverkehr nach Verkehrszweigen

Verkehrszweig	Beförderte Güter (1970) Mill. t
Eisenbahnverkehr	394,0
Fernverkehr mit Lastkraftfahrzeugen	164,9
Binnenschiffsverkehr	240,0
Seeverkehr	138,2
Luftverkehr	0,3
Rohrfernleitungen	80,7

schal-, Sondersteuer) an Vergnügungen (Tanz, Theater, Kino, Konzerte, Sportveranstaltungen); 1970: 88 Mill. DM.

vergolden, Gold auf andere Gegenstände bringen, galvanisch im Sudverfahren, durch Feuervergoldung, Plattieren und Aufdampfen.

vergrämen, ⚥ Wild beunruhigen, stören.

Vergreisung, Bevölkerungswissenschaft: die →Überalterung.

Vergrößerung, 1) bei Mikroskopen, Bildwerfern, Lupen das Verhältnis der linearen Abmessungen (z. B. Strecken) von Bild und Gegenstand, bei Fernrohren das Verhältnis der Bildwinkel mit und ohne Fernrohr. **2)** vergrößerter Abzug einer Film- oder Fotoaufnahme.

Vergrößerungsapparat, Gerät zum Herstellen vergrößerter Kopien von photograph. Aufnahmen. Das vollkommen ebengehaltene Negativ wird von einer Lichtquelle mit Kondensor gleichmäßig durchleuchtet und durch ein Objektiv abgebildet. Durch Ändern des Abstandes zwischen Negativ und abbildender Fläche (Vergrößerungskassette) wird der Vergrößerungsmaßstab geändert.

Vergrößerungsglas, die →Lupe.

vergüten, 1) ersetzen. **2)** Stähle und Legierungen durch →Wärmebehandlung verbessern. **3)** die Oberfläche opt. Linsen oder Prismen mit einer dünnen Schicht von Magnesium- oder Lithiumfluorid überziehen zur Verminderung der Reflexionsverluste.

Verhaeren [vɛrhʹaːrən], Emile, französisch-belg. Dichter, * 1855, † 1916, fortschrittsgläubige Lyrik.

Verhaftung, ⚔ die Festnahme, 1) bei Verfolgung einer Straftat; über Zulässigkeit und Fortdauer der V. hat der Richter zu entscheiden (→Untersuchungshaft); 2) aus polizeil. Gründen (→Schutzhaft); 3) zur Erzwingung des Offenbarungseides.

Verhaltensforschung, Verhaltenslehre, 1) die Wissenschaft vom menschl. Verhalten, z. B. als Verhaltenspsychologie (K. Bühler), auch als Teil der Wirtschafts-, Sozial- und polit. Wissenschaften. **2)** die Wissenschaft vom Verhalten der Tiere (**Ethologie**), untersucht bes. das Instinktverhalten, aber auch u. a. Lernvorgänge, Abstraktionen, einsichtige Handlungen.

Verhältnis, meßbare, vergleichbare Beziehung.

Verhältnis-Gleichrichter, →Diskriminator.

Verhältniswahl, →Wahlrecht.

Verhältniswort, Präposition, eine Wortart, die Hauptwörter oder Fürwörter in besondere Beziehung zueinander setzt; z. B. auf, bei, entsprechend, in, mittels, ohne.

Verhältniszahlen, Statistik: Zahlen, die durch Inbeziehungsetzen von statistischen Massen entstehen.

Verhandlungsmaxime, ⚔ Grundsatz im Zivilprozeß: nur das von den Parteien Vorgetragene wird bei der Entscheidung des Rechtsstreits berücksichtigt; Einschränkungen hiervon z. B. in Eheprozessen. Gegensatz: Offizialmaxime.

verholen, ⚓ den Liegeplatz wechseln.

Verhör, ⚔ Vernehmung, Befragung durch den Richter oder die Polizei.

verhütten, Erze zu nutzbaren Metallen in einem **Hüttenwerk** verarbeiten.

Verifikatiʹon [lat.] die, Beglaubigung, Wahrheitsbeweis. Zw. **verifizʹieren.**

Verʹismus der, in Italien eine vom französ. Naturalismus angeregte literar. Strömung, die sich um Zeitprobleme bemühte. Hauptvertreter G. Verga. Auch die italien. Oper (Puccini, Mascagni, Leoncavallo) schloß sich dem V. an.

Veríssimo, Erico Lopes, brasilian. Romanschriftsteller, * 1905.

veritʹabel [frz.], wahrhaft.

Verjährung, ⚔ **1)** im bürgerl. Recht der Verlust eines Anspruchs durch Zeitablauf. Der Schuldner kann Leistung verweigern, das trotz V. Geleistete aber nicht zurückfordern. Die V.-Frist beträgt 30 Jahre, jedoch zahlreiche Ausnahmen. Die V. wird u. a. durch Klageerhebung unterbrochen. **2)** im Strafrecht unterscheidet man V. der Strafverfolgung (abgestuft nach den angedrohten Strafe) und V. der Strafvollstreckung (abgestuft nach der Höhe der verhängten Strafe). **3)** →Steuerverjährung.

Verjüngung, 1) bei Mensch und Tieren: die erstrebte Verzögerung des Alterns; hierzu dienen zunächst gesundheitsfördernde Lebensweise und Vermeiden schädlicher Umwelteinflüsse. Versuche zur V. durch vermehrte Keimdrüsentätig-

keit (Samenleiterunterbindung und Überpflanzung von Affenhoden) führten nur zu vorübergehenden Erfolgen. **2)** Forstwirtschaft: die Gründung eines jungen Bestandes als Nachfolger eines Vorbestandes. **3)** Gartenbau: bei Holzgewächsen das Entfernen alten Holzes oder starker Rückschnitt.

Verkalben, das →Verwerfen beim Rind.

Verkalkung, Sklerose, ⚕ krankhafte Verhärtung von Geweben und Organen durch Ablagerung von Kalksalzen. (→Arterienverkalkung).

verkatten, ⚓ einen kleinen Anker am größeren befestigen.

Verkäufermarkt, eine Marktlage mit großer Nachfrage und geringem Angebot. Der Verkäufer bestimmt die Bedingungen.

Verkaufsrennen, ein Pferderennen, nach dessen Ende die Pferde auf einer Auktion verkauft werden.

verkehr, die Beförderung von Personen, Gütern und Nachrichten unter Benutzung der V.-Mittel (Kraftfahrzeug, Flugzeug, Schiff), die V.-Anlagen (Post, Draht, Funk) und der V.-Wege (Straßen, Schienen, Kanäle). Man unterscheidet: **Personenver-**

Verkehrsunfälle nach Verkehrszweigen in der Bundesrep. Dtl.[1]

	1966	1968	1970
Unfälle[2])			
Eisenbahn	1 722	1 382	1 638
Straße	332 622	339 704	377 198
Luftverkehr[3])	96	87	129
Verkehrstote			
Eisenbahn	420	408	550
Straße	16 868	16 636	19 177
Luftverkehr[3])	99	96	63
Verletzte Personen			
Eisenbahn	2 231	1 768	2 033
Straße	456 832	468 718	531 189
Luftverkehr[3])	94	106	125

[1]) Eisenbahn- und Luftverkehr: Bundesgebiet ohne W-Berlin. [2]) Mit Personenschaden. [3]) Einschl. Luftsport.

kehr (Berufs-, Reise-, Fremden-V.); **Güterverkehr**, wirtschaftl. bes. bedeutungsvoll; **Nachrichtenverkehr** (durch Post, Fernsprecher, Telegraph, Rund- und Fernsehfunk). Zahlreiche Verkehrsträger sind verstaatlicht. Ferner →Zahlungsverkehr.

Verkehrs|amt, 1) die unterste, den Stadt- und Landkreisen angegliederte Verkehrsbehörde. **2) Verkehrsverein, Verkehrsbüro**, eine örtl. private Organisation zur Förderung des Fremdenverkehrs.

Verkehrs|erziehung der Verkehrsteilnehmer wird zur Vermeidung von Unfällen von der Polizei, Organisationen, Verbänden und Schulen durchgeführt.

Verkehrsgefährdung, die Beeinträchtigung der Sicherheit des Straßenverkehrs, insbes. dadurch, daß jemand Anlagen oder Beförderungsmittel beschädigt, trotz Trunkenheit, geistiger oder körperl. Mängel ein Fahrzeug führt, in grob verkehrswidriger und rücksichtsloser Weise die Vorfahrt nicht beachtet, falsch überholt usw. und dadurch eine Gemeingefahr herbeiführt. Strafe: Freiheitsstrafe bis zu 5 Jahren. (§§ 315 b, 315 c, 316 StGB.).

Verkehrs|insel, eine inmitten der Fahrbahn angelegte erhöhte Stelle, die Fußgängern das Überqueren erleichtern soll.

Verkehrsmedizin befaßt sich mit der Verminderung der Verkehrsunfälle durch Grundlagenforschung über die Vorgänge bei Unfällen, Entwicklung von Sicherheitsvorkehrungen (Schutzhelme, Sicherheitsgurte u. a.), Maßnahmen zum Verhüten von Unfällen und zur Heilung von Krankheiten, die durch die Benutzung von Verkehrsmitteln und -wegen verursacht werden.

Verkehrspolitik, die Gestaltung von Struktur und Ablauf des Verkehrswesens durch öffentlich-rechtliche Körperschaften, den Staat und übernat. Organisationen, sowie durch Verbände.

Verkehrspolizei, ein Zweig der uniformierten Polizei zur Regelung und Überwachung des Straßenverkehrs.

Verkehrspsychologie untersucht das seel. Grundlagen des Verkehrsverhaltens, z. B. Reaktionsbereitschaft, Belastbarkeit, bis zu Charakteranomalien o. ä. Der Großteil aller Verkehrsunfälle wird auf menschl. Fehlverhalten zurückgeführt.

Verkehrsregelung (hierzu Tafel Verkehrszeichen), die Maßnahmen zur sicheren und flüssigen Gestaltung des Verkehrs, bes. des Straßenverkehrs. Der V. dienen bes. die Zeichen und Weisungen der Polizeibeamten sowie die Verkehrseinrichtungen und Verkehrszeichen (§§ 36 ff. StVO). Allgemeine Verkehrsregeln sind in den §§ 1-35 enthalten i. d. F. v. 1. 3. 1971). Eine neuere gesetzl. Regelung stellt das Gesetz über Ordnungswidrigkeiten v. 24. 5. 1968 dar, das am 1. 10. 1968 in Kraft trat.

Verkehrssprachen, Sprachen, die zwischen Angehörigen verschiedener Sprachgemeinschaften auf bestimmten Gebieten (Handel, Wissenschaft, Diplomatie, Verwaltung) verwendet werden. Sehr einfache V. entstehen im täglichen Leben, z. B. Pidgin English. Die →Welthilfssprachen wollen eine V. für alle Sprachgemeinschaften schaffen.

Verkehrssünderkartei, eine vom Kraftfahrt-Bundesamt ab 1. 1. 1958 geführte Kartei (Verkehrszentralkartei in Flensburg) zur Erfassung der Verkehrsdelikte.

Verkehrsteuer, 1) Vermögen-V., an Vorgänge des Rechts- und Wirtschaftsverkehrs anknüpft, z. B. Grunderwerbsteuer, Kapital-V. **2)** Beförderungsteuer.

Verkehrsunfälle, Übersicht S. 1302.

Verkehrsvorschriften, die Gesamtheit der Vorschriften, die den Luft-, Binnenschiffahrts-, See-, Eisenbahn- und bes. den Straßenverkehr ordnen.
Das Verhalten im Straßenverkehr regelt die Straßenverkehrsordnung (StVO.) v. 16. 11. 1970. Danach hat sich grundsätzlich jeder Teilnehmer am öffentl. Straßenverkehr so zu verhalten, daß kein anderer ge-

fährdet, geschädigt oder mehr als nach den Umständen unvermeidbar behindert oder belästigt wird. - Der Kraftfahrzeugverkehr ist im Straßenverkehrsges. (StVG.) vom 19. 12. 1952, geändert durch Ges. v. 22. 12. 1971, allgemein geregelt; es enthält ferner Vorschriften über Haftpflicht und gewisse Straftatbestände im Kraftfahrzeugverkehr. - Die Straßenverkehrszulassungsordnung (StVZO.) in d. F. vom 13. 7. 1971 regelt die Zulassung von Personen(→Führerschein) und Fahrzeugen zum Verkehr auf öffentl. Straßen, den Bau und Betrieb der Fahrzeuge u. a. Verstöße gegen diese V. werden seit dem 1. 1. 1969 als Ordnungswidrigkeiten durch Verwaltungsbehörden geahndet; nur einige Ausnahmen bleiben weiterhin Vergehenstatbestände (§ 24 StVG. neue Fassung). Durch diese Umstellung soll das Verkehrsrecht entkriminalisiert werden. Grundsätzlich wird jedes Verhalten im Straßenverkehr, durch das ein anderer gefährdet, geschädigt oder mehr als unvermeidbar behindert oder belästigt wird (§ 1 StVO.), als Ordnungswidrigkeit mit Verwarngeld oder Geldbuße geahndet. Für schwererwiegende Verkehrsverstöße bestehen daneben einige Straftatbestände im **Strafgesetzbuch**, die weiterhin durch die Strafgerichte als Vergehen geahndet werden, z. B. Verkehrsunfallflucht, Trunkenheit am Steuer. Das **Zweite Ges. zur Sicherung des Straßenverkehrs** v. 26. 11. 1964 hat eine Verschärfung der Strafbestimmungen gebracht.

Verkehrswacht, in der Bundesrep. Dtl. eine gemeinnützige Vereinigung (seit 1948) des Bundes, der Länder und Gemeinden zur Förderung der Verkehrssicherheit (bes. Straßenaufsicht).

Verkehrswert, der →gemeine Wert.

Verkehrswirtschaft, 1) die Tauschwirtschaft. **2)** alle Wirtschaftszweige, die der Beförderung von Personen, Gütern, Nachrichten dienen.

Verkehrszeichen, Zeichen zur Verkehrsregelung: Warn-, Gebots-, Verbots- und Hinweiszeichen. Verkehrseinrichtungen heißen die durch Hand gesteuerten Farbzeichen, die selbsttätigen Lichtzeichen, ferner die Schranken, Seil- und Kettenabsperrungen. (Tafel S. 1304).

Verklarung, ∿→Seeprotest.

Verklärung Jesu, Transfiguration. Nach dem N. T. sahen Petrus, Jakobus und Johannes auf einem Berg Jesus in himml. Glanze, von Moses und Elia umgeben. Tag der V. J.: 6. 8.

Verkleidungstrieb, das krankhafte Bedürfnis, sich zu verkleiden, meist gemäß halb- oder unbewußten Wunschbildern (→Transvestitismus).

Verkleinerungsform, lat. **Deminut'ivum** das, ⑤ Ableitung vom Hauptwort, z. B. ,Kindchen', ,Kindlein' kleines Kind.

Verkohlung, die Spaltung und Reduktion organ. Stoffe zu kohlenstoffreichen und leichtflüchtigen Produkten durch trockene Destillation oder Erhitzen unter Luftabschluß.

Verkröpfung, ⯃ das Vorspringen eines Gesimses über einem an der Mauer hervortretenden Bauglied, z. B. über einer Säule, einem Pfeiler, einem Risalit u. a.

Verkündigung Mariä, Ankündigung der Empfängnis Jesu durch den Engel Gabriel; Fest: 25. 3. Die V. M. wird in der christl. Kunst sehr häufig dargestellt.

Verkündigung, δ'δ die mündl. Bekanntmachung gerichtet. Entscheidungen sowie die Veröffentlichung gesetzlicher Vorschriften.

verkupfern, auf andere Metalle einen Kupferbelag aufbringen, galvanisch, in sauren Kupferbädern, durch Plattieren oder Aufspritzen.

Verladepapiere, die über den Versand von Waren ausgestellten Papiere (z. B. Frachtbrief, Ladeschein).

Verlader, Personen, die den Verkehr zwischen Kaufleuten und Fuhrunternehmern vermitteln; oft sind sie selbst Spediteure.

Verlag, 1) →Verlagsbuchhandel. **2)** Vertrieb, z. B. Bierverlag.

Verlagsbuchhandel, der Zweig des Buchhandels, der sich gewerbsmäßig mit der Vervielfältigung und Verbreitung von Werken der Literatur, Kunst und Musik beschäftigt.

Verlagsrecht, im weiteren Sinn alle Bestimmungen über das Verlagsvertragsrecht; im engeren Sinn das vom Urheber abgeleitete Recht des Verlegers zur Vervielfältigung und Verbreitung eines Werkes. Das V. ist geregelt im Ges. über das V. v. 19. 6. 1901, geändert durch Urheberrechts-Ges. v. 9. 9. 1965.

Verlagssystem, Form der Gütererzeugung, bei der der **Verleger** die Rohstoffe liefert und deren Absatz organisiert. Die Arbeit wird in →Heimarbeit durchgeführt.

Verlaine [vɛrlˈɛːn], Paul, französ. Lyriker, * 1844, † 1896, führte mit Rimbaud ein unstetes Vagabundenleben, schoß 1873 in Brüssel und wurde zu 2 Jahren Gefängnis verurteilt; er starb an den Folgen des Alkoholmißbrauchs. V. beherrschte alle Stil- und Ausdrucksmöglichkeiten. Seine schönsten Gedichte sind musikalisch getönte Wortwerdungen verschwebender Impressionen. ,Sagesse' (1871), ,Romances sans paroles' (1873), ,Jadis et Naguère' (1885). (Bild S. 1305)

Verlassenschaft, Österreich: Erbschaft.

Verlaubung, physiol. Mißbildung, bei der an Stelle von Blütenteilen Laub entsteht.

Verleger, Unternehmer im Verlagsbuchhandel und im →Verlagssystem.

Verlegerkongreß, Internationaler V., regelmäßige Zusammenkunft von Verlagsbuchhändlern, gegr. 1896 in Paris; seit 1954 von der Internationalen Verleger-Union getragen (Generalsekretariat Genf).

Verleitung, Strafrecht: besonders die →Anstiftung.

Verleumdung, δ'δ →Beleidigung.

Verl'ies das, Kerker, oft unterirdisch angelegt (**Burgverlies**).

Verlöbnis, δ'δ das gegenseitige Versprechen, die Ehe miteinander einzugehen (**Verlobung**). Auf V. kann nicht auf Eingehung der Ehe geklagt werden.

verlorene Eier, pochierte Eier.

Verlust, ◿ Differenz zwischen höherem Aufwand und niedrigerem Ertrag in einem Geschäftsjahr.

Verlustausgleich, Einkommensteuer: Anrechnung der Verluste auf die Gewinne bei verschiedenen Einkunftsarten einer Person.

Verlustvortrag, Bilanz: der in die neue Rechnung vorgetragene Teil des Reinverlustes.

Vermächtnis, Leg'at, die Zuwendung eines Vermögensvorteils durch Verfügung von Todes wegen an eine Person, die nicht Erbe ist (§ 1939 BGB.). Der V.-Nehmer erwirbt mit dem Erbfall einen schuldrechtl. Anspruch gegen den Erben auf Gewährung des Vermachten. - Bei einem **Nach-V.** soll der vermachte Gegenstand nach dem Anfall des V. einem Dritten zugewendet werden.

Vermeer [f-], Johannes, **V. van Delft**, holländ. Maler, * 1632, † 1675, tätig in Delft, malte anfänglich großfigurige Gruppenbilder (Bei der Kupplerin, 1556, Dresden), dann Zimmer des wohlhabenden Bürgertums, entweder mit einer stillbeschäftigten weiblichen Gestalt (Briefleserin, Dresden und Amsterdam; Dame mit Perlenhalsband, Berlin) oder mit zwei, auch drei Personen in ruhigem Beisammensein (Herr und Dame beim Wein, Berlin; Liebesbrief, Amsterdam). Die meist kleinen Bilder sind von schlichter Klarheit; von erlesenem Reiz ist der lichtgesättigte Schmelz der kühlen Farben. V. hat auch eine Ansicht von Delft gemalt (Den Haag), eine Delfter Straße (Amsterdam) und kleine Einzelbilder von jungen Frauen. (Bild Niederländische Kunst)

Vermessungs|ingenieur, Geometer, Fachmann zum selbständigen Bearbeiten

1-24 Gefahrzeichen. 1 Gefahrstelle. 2 Kreuzung oder Einmündung mit Vorfahrt von rechts. 3 Kurve. 4 Doppelkurve. 5 Gefälle. 6 Unebene Fahrbahn. 7 Schleudergefahr. 8 Steinschlag. 9 Seitenwind. 10 Verengte Fahrbahn. 11 Baustelle. 12 Gegenverkehr. 13 Bewegliche Brücke. 14 Ufer. 15 Lichtsignalanlage. 16 Fußgängerüberweg. 17 Kinder. 18 Radfahrer kreuzen. 19 Wildwechsel. 20 Bahnübergang mit Schranken oder Halbschranken. 21 Unbeschrankter Bahnübergang. 22 Dreistreifige Bake (rechts, 240 m); 23 zweistreifige Bake (links, 160 m); 24 einstreifige Bake (rechts, 80 m vor dem Bahnübergang). 25-47 Vorschriftzeichen. 25 Andreaskreuz, Haltgebot an Bahnübergängen. 26 Vorfahrt gewähren! 27 Halt! Vorfahrt gewähren! 28 Zusatzschild, das den Verlauf der Vorfahrtstraße bekanntgibt. 29 Dem Gegenverkehr Vorrang gewähren! 30 Vorgeschriebene Fahrtrichtung. 31 Vorgeschriebene Vorbeifahrt. 32 Sonderweg für Radfahrer. 33 Sonderweg für Fußgänger. 34 Verkehrsverbot für Fahrzeuge aller Art. 35 Verbot für Kraftwagen. 36 Verbot für Lkw über ein zulässiges Gesamtgewicht. 37 Verbot der Einfahrt. 38 Schneeketten sind vorgeschrieben. 39 Einbahnstraße. 40 Zulässige Höchstgeschwindigkeit. 41 Vorgeschriebene Mindestgeschwindigkeit. 42 Überholverbot. 43 Ende der Mindestgeschwindigkeit. 44 Ende sämtlicher Streckenverbote. 45 Haltverbot. 46 Eingeschränktes Haltverbot. 47 Taxenstand. 48-72 Richtzeichen. 48 Vorfahrt. 49 Vorfahrtstraße. 50 Ende der Vorfahrtstraße. 51 Vorrang vor dem Gegenverkehr. 52 Fußgängerüberweg. 53 Einbahnstraße. 54 Zollstelle. 55 Bedarfsumleitung für den Autobahnverkehr. 56 Kraftfahrstraße. 57 Parkplatz. 58 Parken auf Gehwegen. 59 Autobahn. 60 Ende der Autobahn. 61 Sackgasse. 62 Pannenhilfe. 63 Richtgeschwindigkeit. 64 Ortstafel, Vorderseite. 65 Ortstafel, Rückseite. 66 Nummernschild für Bundesstraßen. 67 Nummernschild für Europastraßen. 68 Tafel für Orts- und Flußnamen. 69 Vorwegweiser an Bundesstraßen. 70 Wegweiser für den Lkw-Verkehr. 71 Wegweiser für Straßen außer Bundesstraßen. 72 Wegweisertafel

aller vermessungs- und kulturtechn. Aufgaben.

Vermessungskunde, Erd- und Landes-(ver)messung (höhere Geodäsie), **Feld-(ver)messung** (niedere Geodäsie), die Bestimmung von Form und Größe des Erdkörpers, der geograph. und polit. Einheiten, der Besitzverhältnisse auf und unter der Erdoberfläche sowie ihre topographische Aufnahme.

Vermessungsschiff, Spezialschiff für Seevermessungen und meereskundliche Forschungen.

Verm'eylen, August, flämischer Schriftsteller, * 1872, † 1945, Mitgründer der Zeitschrift ,Van Nu en Straks' (1893-1901); kritische Essays, Romane.

Vermieterpfandrecht, das Pfandrecht des Vermieters für seine Forderungen aus dem Mietverhältnis an den eingebrachten, dem Mieter gehörigen Sachen.

verminderte Intervalle, ♩ die um einen chromat. Halbton erniedrigten reinen (Quarte, Quinte) und kleinen (Terz, Sexte, Septime) Intervalle.

Vermischung, ⚖ die Vereinigung mehrerer beweglicher Sachen derart, daß die Trennung nicht oder nur mit unverhältnismäßigen Kosten möglich ist (§ 948 BGB.).

Vermißte, Personen, deren Aufenthalt infolge besonderer Ereignisse (Krieg, Katastrophen u. a.) längere Zeit unbekannt ist. Man unterscheidet: **Kriegs-V.,** Angehörige der ehemaligen dt. Wehrmacht, **Zivil-V.,** Personen, deren Schicksal infolge Flucht, Vertreibung oder Verschleppung unbekannt ist.

Vermittlungsausschuß, in der Bundesrep. Dtl. ein Ausschuß aus Mitgliedern des Bundestags und Bundesrats, der auf Verlangen des Bundesrats bei Meinungsverschiedenheiten zwischen beiden Körperschaften über Gesetzesvorlagen tätig wird.

Vermittlungstechnik, der Zweig der Nachrichtentechnik, der die Verbindung der Fernsprech- und Fernschreibteilnehmer untereinander herstellt.

Vermögen, ⚖ die Gesamtheit der Güter und Rechte einer Person.

Vermögensabgabe, 1) einmalige Abgabe aus dem Vermögensbestand, bes. in Notzeiten. **2)** die Ausgleichsabgabe des Lastenausgleichs, der die Vermögen von natürl. und jurist. Personen und Personenvereinigungen mit Wohn- oder Vermögenssitz in der Bundesrep. Dtl. oder West-Berlin am 21. 6. 1948 unterliegen. Befreit sind die Vermögen von Körperschaften des öffentl. Rechts. Bis zu 5000 DM sind natürl. Personen abgabefrei; der Freibetrag verringert sich, entfällt ab 35 000 DM ganz. Die V. beträgt 50% des abgabepflichtigen Vermögens, wird jedoch bei Kriegssach-, Ost- u. a. Schäden ermäßigt.

Vermögensbildung, die Eigentumsbildung (→Eigentum); gefördert in der Bundesrep. Dtl. durch das ,Ges. zur Förderung der V. der Arbeitnehmer' i. d. F. v. 27. 6. 1970. Auf die vermögenswirksame Leistung (bis 624 DM je Kalenderjahr und Arbeitnehmer) wird eine Sparzulage von 30%, bei Kinderfreibeträgen für 3 oder mehr Kinder von 40% gezahlt. Begünstigt sind bestimmte Leistungen, z. B. Anlage nach dem Spar-Prämiengesetz oder dem Wohnungsbau-Prämiengesetz.

Vermögensteuer, eine Steuer, deren Bemessungsgrundlage das Vermögen ist. Während eine reale effektive) V. den Vermögensbestand vermindert, kann die nominelle V. aus dem Vermögensertrag gezahlt werden.

Besteuert wird bei natürl. Personen das den Freibetrag nach dem Steueränderungsges. v. 13. 7. 1961: 20 000 DM, für Ehepaare 40 000 DM, für jedes Kind unter 18 Jahren weitere 20 000 DM übersteigende Gesamtvermögen; bei Kapitalgesellschaften wird der Besteuerung ein Mindestvermögen zugrunde gelegt. Der Steuersatz beträgt im allg. jährlich 1% des auf volle

1000 DM nach unten abgerundeten steuerpflichtigen Vermögens. Im Rahmen einer Steuerreform sollen die V.-Sätze gesenkt und die Freibeträge erhöht werden. Das Aufkommen aus der V., das den Ländern zukommt, betrug (1970) 2,87 Mrd. DM.

Vermont [vɔːm'ɔnt], Abk. **Vt.,** einer der Neuenglandstaaten der USA, in den nördl. Appalachen, 24 887 km², 444 300 Ew. Hauptstadt: Montpelier. Rinderzucht und Molkereiwirtschaft; Gewinnung von Granit, Marmor und Asbest. Vielseitige Industrie unter Ausnutzung der Wasserkräfte. - V., seit 1724 von engl. Kolonisten besiedelt, wurde 1791 als 14. Staat in die Union aufgenommen.

Vern'agtferner, Gletscher in den Ötztaler Alpen, westlich der Wildspitze.

Verne [vern], Jules, französ. Schriftsteller, * 1828, † 1905, schrieb phantastisch-abenteuerliche Zukunftsromane. ,Von der Erde

Jules Verne   *Paul Verlaine*

zum Mond' (1865), ,20 000 Meilen unterm Meer' (1869/70), ,Die Reise um die Erde in 80 Tagen' (1873).

Vernebelung, die Erzeugung künstlichen Nebels durch Versprühen von rauchender Schwefelsäure, Chlorsulfonsäure u. a. vom Flugzeug oder Schiff aus, durch Nebelbomben, -kerzen oder -granaten zur Tarnung militär. wichtiger Objekte u. a.

Vernehmung, das →Verhör.

Verner, Karl, eigentl. **Werner,** dän. Sprachforscher, * 1846, † 1896. **Vernersches Gesetz,** das von V. gefundene Ausnahmegesetz der ersten Lautverschiebung, auf dem der →Grammatische Wechsel beruht (d-t, g-h, s-r, z. B. schneiden - geschnitten, gedeihen - gediegen, gewesen - war).

Verneuil [vɛrn'œj], Louis, eigentl. **Colin du Bocage,** französ. Schauspieler, Regisseur, Dramatiker, * 1893, † 1952; Gesellschaftskomödien, Drehbücher.

vernickeln, auf Gegenstände einen Nickelbelag aufbringen, meist galvanisch oder in sauren Nickelbädern.

Vernissage [-'a:ʒ, frz.] *die,* Eröffnung einer Kunstausstellung vor geladenen Gästen.

Vernunft, Denkvermögen, Einsicht. Logik: die geistige Fähigkeit des Menschen, Dinge und Geschehnisse in ihrem Zusam-

menhang zu begreifen; nach Kant ist die V. das höchste Erkenntnisvermögen.

Vernunftrecht, →Naturrecht.

Verona, 1) Prov. Italiens, in Venetien, 3096 km², 730 100 Ew.

2) die Hauptstadt von 1), an der Etsch, am Ausgang der Brennerlinie in die Poebene, 262 000 Ew. V. hat alte Stadtmauer, röm. Amphitheater (Arena) und Theater, roman. Dom, Kirche San Zeno, Palazzo del Comune, Loggia del Consiglio, Castelvecchio und Scaligergräber. Der Handel mit landwirtsch. Erzeugnissen ist bedeutender als die Industrie. - V. ist eine kelt. Siedlung, 89 v. Chr. wurde es röm. Kolonie. 489 siegte hier Theoderich über Odoaker. V. ist das Welsch-Bern der german. Heldensage (→Dietrich von Bern). Die Mark V. kam 952 an Bayern, 976 an Kärnten. Über V. in der Stauferzeit →Berner Klause, →Ezzelino da Romano. 1260-1387 waren die →Scaliger Stadtherren. Dann kam V. an Mailand, 1405 an Venedig, mit diesem 1797 an Österreich (starke Festung), 1866 an Italien.

Veron'ese, Paolo, eigentlich **Caliari,** * 1528, † 1588, seit 1553 in Venedig, schuf Malereien für Kirchen und Paläste, leuchtend in den Farben und von reicher dekorativer Wirkung. Seine Kunst entfaltete sich bes. in großen Gemälden bibl. Gastmähler, die er in das Venedig seiner Zeit versetzte (Paris, Mailand, Venedig, Vicenza, Dresden). Weitere Werke: Deken-, Wand- und Altarbilder in S. Sebastiano in Venedig (1555-65), Fresken in der Villa Barbaro in Maser (1566-68), Deckenmalereien im Dogenpalast (1575-85). (Bild S. 1306)

Veron'eser Klause, italien. **Chiusa di Verona** [ki'usa-], →Berner Klause.

Ver'onika, Heilige, reichte nach der Legende dem kreuztragenden Christus ihren Schleier, auf dem sich sein Gesicht abdrückte **(Schweißtuch der V.);** Tag: 4. 2.

Ver'ordnung, eine von einer Behörde erlassene allgemeine Anordnung. Unterschieden werden **Rechts-V.,** die Recht setzen und nur auf Grund gesetzl. Ermächtigung erlassen werden können, und **Verwaltungs-V.,** durch die eine Behörde an nachgeordnete Stellen Anweisungen erteilt.

Verpackung, Umhüllung von Waren mit Papier, Pappe, Kunststoffen, Glas, Holz, Textilien, Blech u. a., zunehmend mit gasfesten, feuchtigkeiterhaltenden Folienbeuteln (Lebensmittel). Empfindl. Geräte werden korrosionsfest mit Kunststoff überzogen.

Verpfändung, ⚖ die Bestellung eines Pfandrechts durch Rechtsgeschäft.

Verpflichtungsklage, ⚖ im Verwaltungsstreitverfahren eine Klage auf Verurteilung einer Verwaltungsbehörde zum Erlaß eines abgelehnten oder unterlassenen Verwaltungsaktes. Die V. ist mit der Verwaltungsgerichtsordnung v. 21. 1. 1960 an die Stelle der Untätigkeitsklage getreten.

Verona: Brücke über die Etsch

P. Veronese: Selbstporträt in Jagdkleidung (Fresco in der Villa Volpi, Treviso)

Verpuffungsstrahltriebwerk, ein →Strahltriebwerk.

Verrat, die pflichtwidrige Preisgabe von Geheimnissen.

Verrechnung, der Ausgleich von Forderungen und Verbindlichkeiten zwischen zwei oder mehreren Personen, im Außenhandel zwischen Staaten. **V.-Einheit,** die Währungseinheit, zu der an einem Zahlungsabkommen beteiligte Länder abrechnen.

Verrechnungspreise, Preis- oder Rechnungsziffern für die innerbetriebliche Abrechnung zwischen einzelnen Abteilungen.

Verrechnungsscheck, ein Scheck, der nicht bar ausgezahlt, sondern dem Konto des Vorlegers gutgeschrieben wird.

Verrenkung, Luxation, ⚕ krankhafter Zustand, bei dem das Gelenkende des einen Knochens das Gelenklager des anderen teilweise oder völlig verlassen hat.

Verrichtungsgehilfe, ⚖ eine Person, die von einer anderen, dem Geschäftsherrn, zu einer Verrichtung bestellt ist. Der V. verpflichtet den Geschäftsherrn nach § 831 BGB. zu Schadensersatz, wenn er in Ausführung dieser Verrichtung einem Dritten widerrechtlich Schaden zufügt.

Verrocchio [vɛrˈɔkio], Andrea del, Bildhauer und Maler in Florenz, * 1436, † 1488, schuf Bronze-, Marmor- und Tonbildwerke von spannungsreicher, lebenswahrer Gestaltung. Bronzewerke: David (um 1475, Florenz, Bargello), Gruppe des ungläubigen Thomas (1483, ebd., Or San Michele), Brunnenputto (ebd., Rathaushof), Reiterdenkmal des →Colleoni (Venedig, enthüllt 1496). Bekanntestes Gemälde: Taufe Christi (Uffizien; linker Engel und Hintergrundlandschaft von V.s Schüler Leonardo da Vinci).

Vers, rhythmisches Glied einer Dichtung in gebundener Rede (Gedicht, Versnovelle, -erzählung, -roman); wird durch Zeilenende, bei Dichtungen mit Endreim auch durch den Reim abgeschlossen. Die Lehre vom Versmaß (Metrum), der einem V. eigentümlichen Form, heißt **Verslehre** oder **Metrik.** Es gibt im V. drei Möglichkeiten der Sprachbehandlung: 1) die quantitierende (messende), 2) die akzentuie-

rende, 3) die alternierende. Beim quantitierenden Versbau der altgriech. und altröm. Verskunst entsteht der Versrhythmus durch die Quantitäten (Dauerzeiten der Silben: lang, kurz). Beim akzentuierenden Versbau der germanischen (deutschen, engl. usw.) Verskunst fallen Hebungen und Senkungen des Versrhythmus mit den Hebungen und Senkungen des natürlichen Sprachrhythmus zusammen. Vers- und Sprachbetonung stimmen überein. Beim alternierenden V. herrscht regelmäßiger Wechsel von Hebung und Senkung (steigend: Iambus, fallend: Trochäus). Die kleinste rhythmische Einheit des V. ist der **Versfuß** (→Anapäst, →Iambus, →Trochäus, →Daktylus). Als Versschmuck kommen vor: der →Stabreim, der →Reim, die →Assonanz. Die einzelnen V. werden zur Strophe gebunden. In neuerer Zeit verwendet man vielfach →freie Rhythmen.

Ver s'acrum [lat.] *das,* ein altitalischer Brauch, nach dem man in Notzeiten die im Frühling geborenen Tiere und Menschen, auch die Feldertrag eines Jahres den Göttern weihte.

Versailler Schloß, unter Ludwig XIV. erbaut, anfangs unter Leitung von Le Vau, seit 1678 von Hardouin-Mansart. Der in klass. gemäßigtem Barock errichtete Bau umfaßt außer den königl. Wohnräumen die Spiegelgalerie, die Schloßkapelle und ein Theater. Der riesige Park mit Wasserbecken, Wasserspielen, Bildwerken wurde seit 1661 von Le Nôtre angelegt. In seinem südl. Teil zwei kleinere Schlösser (→Trianon). Das V. S. ist heute Nationalmuseum.

Versailler Vertrag, der am 28. 6. 1919 im Spiegelsaal des Schlosses zu Versailles unterzeichnete, am 10. 1. 1920 in Kraft getretene Friedensvertrag der Alliierten und Assoziierten Mächte mit dem Dt. Reich, der den 1. Weltkrieg beendete; er wurde von den Verein. Staaten nicht ratifiziert (Sonderfriede 1921). Der 1. Teil des Vertrages behandelte die Errichtung des Völkerbundes. Im 2. Teil wurden dem Dt. Reich harte Bedingungen auferlegt, die auch bei den Siegermächten z. T. heftige Kritik auslösten und für die Weimarer Republik eine schwere Belastung darstellten. Durch die Verständigungspolitik Stresemanns wurde ein Teil der wirtschaftl. Sanktionen aufgehoben, dennoch diente der V. V. der nat.-soz. Propaganda als Vorwand im Kampf gegen die demokrat. Regierungen Dtl.s.

Die dem Dt. Reich auferlegten Bedingungen enthielten u. a.:

A. del Verrocchio: Colleoni, 1479-96 (Venedig)

Gebietsverluste. Belgien erhielt Eupen-Malmédy, Frankreich die Saarkohlengruben und Elsaß-Lothringen. Das Saargebiet wurde für 15 Jahre dem Völkerbund unterstellt (Abstimmung 1935). An Polen fiel der Hauptteil der Provinzen Posen und Westpreußen. Volksabstimmungen wurden vorgesehen für die west- und ostpreuß. Bezirke Allenstein und Marienwerder sowie für Oberschlesien. Danzig wurde als freie Stadt unter den Völkerbund gestellt. An die Tschechoslowakei fiel das →Hultschiner Ländchen, an Dänemark nach Volksabstimmung Nordschleswig. Das zunächst an die Alliierten abgetretene Memelland wurde 1923 Litauen zugesprochen. Der vom österreich. Parlament beschlossene Anschluß der neugebildeten Republik Deutsch-Österreich an Dtl. wurde verboten. Auch mußte Dtl. auf alle Kolonien verzichten. Die dt. Ströme wurden internationalisiert, das linke Rheinufer mit den Brückenköpfen Kehl, Mainz, Koblenz und Köln wurde 15 Jahre besetzt; das Rheinland entmilitarisiert.

Versailles: Schloßpark

Die Entwaffnungsbestimmungen sollten einer ‚allgemeinen Rüstungsbeschränkung aller Nationen' den Weg öffnen: Erhebl. Beschränkung der Rüstung, an Stelle der allgemeinen Wehrpflicht Schaffung eines Berufsheeres von höchstens 100 000 Mann.

Wirtschaftl. Bestimmungen. Zur Rechtfertigung der Reparationen diente Art. 231, der Deutschland die Schuld am Ausbruch des Krieges zuwies. Der größte Teil der dt. Handelsflotte wurde ausgeliefert, das Privateigentum in den Ländern, mit denen Dtl. Krieg geführt hatte, beschlagnahmt.

Strafbestimmungen. Gefordert, aber nicht durchgesetzt, wurde die Auslieferung des Kaisers sowie die von 895 deutschen ‚Kriegsverbrechern'.

Versailles [vɛrˈaj], die Hauptstadt des franzôs. Dép. Yvelines, 90 800 Ew., Schloß (→Versailler Schloß) und Parkanlagen. - V. war 1682-1789 die Residenz der franzôs. Könige. 3. 9. 1783 Friede von V.: Ende des nordamerikan. Unabhängigkeitskrieges. 1789 Beginn der Franzôs. Revolution in V. Nov. 1870 Beitritte der süddeutschen Staaten zum Norddeutschen Bund; 18. 1. 1871 Kaiserproklamation. 26. 2. 1871 Vorfriede zwischen dem Deutschen Reich und Frankreich. 28. 6. 1919 Unterzeichnung des →Versailler Vertrags.

Vers'alien [lat.] *Mz.,* ⊕ die →Kapitalbuchstaben.

Versammlung (des Pferdes), →reiten.

Versammlungsfreiheit, das Recht der Bürger, sich friedlich und unbewaffnet zu versammeln; ein wesentliches, nur für Versammlungen unter freiem Himmel eingeschränktes Grundrecht jedes freiheitlichen Staates, in der Bundesrep. Dtl. in Art. 8 GG. garantiert.

Versandhandel, eine Betriebsform des Einzelhandels; die Waren werden im Unterschied zum Ladengeschäft nicht direkt, sondern über Kataloge, Prospekte,

Preislisten oder Vertreter an den Verbraucher abgesetzt, meist mit Rückgaberecht.

Versatz, ⚒ Füllmaterial, meist taubes Gestein, für die in Bergwerken durch den Abbau entstandenen Hohlräume, um sie gegen Einsturz zu sichern.

Versatzamt, das Leihhaus.

Versatzstück, Theater: →Setzstück.

Versäumnisverfahren, Zivilprozeß: das Verfahren bei Nichterscheinen einer Partei zur mündl. Verhandlung. Auf Antrag der erschienenen Partei ergeht **Versäumnisurteil** gegen die nicht erschienene Partei. Gegen dieses Urteil kann innerhalb 2 Wochen (im Amtsgerichtsprozeß innerhalb einer Woche) Einspruch eingelegt werden.

Verschaeve [vərsx′a:və], Cyriel, * 1874, † 1949, flämischer Lyriker und Dramatiker, der in barocker Art historische und biblische Stoffe gestaltete.

Verschiebung, beim Klavier und Flügel eine Vorrichtung zum Leisespielen; sie wird durch das linke Pedal betätigt. Die ganze Klaviatur wird dabei ein wenig verschoben, so daß von den chörigen Saiten je eine weniger angeschlagen wird.

Verschiebungstheorie, die →Kontinentalverschiebungstheorie von A. Wegener.

Verschleierung, 🜔🜍 die vorsätzliche unwahre oder die Wahrheit verhüllende Darstellung von Tatsachen. Strafbar ist z. B. die V. bei der Aufstellung der Bilanz einer AG.

Verschleiß, ⊙ die Abtragung von Werkstoffteilchen von aufeinander rollenden oder gleitenden Teilen durch Reibung (**mechanischer V., Abnutzung**) oder durch →Korrosion.

Verschleppung begeht u. a., wer einen anderen durch List, Drohung oder Gewalt in ein Gebiet außerhalb der Bundesrep. Dtl. verbringt und ihn dadurch der Gefahr aussetzt, aus polit. Gründen verfolgt zu werden und im Widerspruch zu rechtsstaatl. Grundsätzen behandelt zu werden. Strafe: Freiheitsstrafe bis zu 5 Jahren (§ 234 a StGB.).

Verschluß, 1) in photograph. Kameras die Vorrichtung zur zeitl. Steuerung der Belichtung. Der **Zentral-V.** ist meist dicht hinter dem Objektiv eingebaut. Beim Auslösen schleudert ein Federwerk vom Zentrum aus Lamellen aus dem Strahlengang und läßt sie wieder zurückspringen. Beim in das Kameragehäuse eingebauten **Schlitz-V.** wird ein Vorhang aus Stoff oder Metall mit einem in der Breite verstellbaren Schlitz dicht vor dem Aufnahmematerial vorbeigezogen. Beim **Synchron-V.** wird beim Auslösen ein elektr. Kontakt zur Zündung eines Blitzlichtes betätigt. **2)** bei Feuerwaffen der Teil, der den Lauf oder das Rohr hinten abschließt.

Verschlüsselung, das Umwandeln einer Nachricht durch eine →Geheimhaltungsanlage oder durch →Geheimschrift in für Unbefugte nicht entzifferbare Zeichen (ferner →Code).

Verschlußlaute, latein. **Mutae,** Laute, die durch Lösung oder Sprengung des Verschlusses der Mundhöhle entstehen (p, t, k, b, d, g).

verschneiden, 1) →Kastration. **2)** das zweckmäßige Mischen verschiedener Wein-, Rum- oder Essigsorten untereinander; das Ergebnis heißt **Verschnitt,** z. B. Rum-V.

Verschollenheit, 🜔🜍 das Fehlen von Nachrichten über das Weiterleben oder den Tod einer Person seit längerer Zeit (§ 1 des V.-Ges.). Die V. ist Voraussetzung für die →Todeserklärung.

Verschulden, 🜔🜍 zusammenfassende Bezeichnung für Vorsatz und Fahrlässigkeit. Hat bei Entstehung eines Schadens ein V. des Geschädigten mitgewirkt, so spricht man von **Mitverschulden** (konkurrierendes V.).

Verschuldung, jede Kreditaufnahme, deren Verzinsung und Tilgung den Schuldner übermäßig belastet.

verschulen, ♣ forstl. Sämlinge auf größeren Zwischenraum umpflanzen.

Verschweigung, 🜔🜍 das Nichterwähnen wesentlicher Umstände; es kann z. B. bei Vertragsverhandlungen eine arglistige Täuschung bedeuten.

Verschwendung, 🜔🜍 der Hang zu übermäßigen und unnützen Ausgaben; sofern er auf charakterlichem oder geistigem Mangel beruht, kann er zur Entmündigung führen, wenn der Verschwender oder seine Familie dadurch in eine Notlage kommt.

Verschwiegenheitspflicht, Arbeitsrecht: Pflicht des Arbeitnehmers, →Betriebsgeheimnisse und →Geschäftsgeheimnisse zu wahren (→Berufsgeheimnis). Die V. ergibt sich aus der Treuepflicht des Arbeitnehmers. Gesteigerte V. besteht für die Mitglieder des Betriebsrats, des Wirtschaftsausschusses, Gewerkschaftsvertreter, Arbeitnehmervertreter im Aufsichtsrat u. a. (§ 79 BVG.).

Verschwörung, die geheime Verbindung mehrerer Personen, bes. gegen den Staat (→Geheimbündelei, →Hochverrat).

Versehen, 1) Irrtum. **2)** Kath. Kirche: die Spendung der Sakramente an Sterbende. **3) V. der Schwangeren,** Aberglaube: die Einwirkung von Gesichtseindrücken auf die Bildung der Leibesfrucht.

Versehrte, nach dem Wehrmachtfürsorge- und Versorgungsges. v. 26. 8. 1936 Personen, die durch Folgen der Wehrdienstbeschädigung und nicht absehbare Zeit körperlich erheblich beeinträchtigt sind; nach 1945 die →Körperbehinderten.

Versehrtensport, Invalidensport, den jeweiligen Beschädigungen angepaßte sportl. Betätigung von Körperbehinderten als Heilmaßnahme (Therapie), zur Erhaltung der Gesundheit sowie als Wettkampf und Spiel. V. gilt als wichtige Lebenshilfe bei der Rehabilitation.

Verseifung, 🜔 die Spaltung der Fette in Glycerin und Seifen durch Kochen mit Alkalien, allgemein die Aufspaltung organ. Verbindungen unter Wasseraufnahme.

Versetzung, 1) die Zuweisung eines Arbeitsplatzes an einen anderen Ort (bes. bei Beamten); als Strafe kann die V. nur in einem förml. Dienststrafverfahren ausgesprochen werden. **2)** der Übergang in eine höhere Schulklasse.

Versetzungszeichen, ♪ die Zeichen für die Erhöhung (♯: Kreuz) und Erniedrigung (♭: Be) eines Tones der Grundtonleiter um einen Halbton (doppelt geschrieben: 𝄪 oder ♭♭ um 2 Halbtöne) und für die Wiederherstellung der ursprüngl. Tonhöhe (Auflösungszeichen ♮).

Versuchung, radioaktive V., militärisch **Verstrahlung,** Verunreinigung von Luft, Boden, Wasser, Nahrung sowie menschl. und tier. Körper mit radioaktiven Isotopen.

Vershofen, Wilhelm, Volkswirtschaftler und Schriftsteller, * 1878, † 1960; Gedichtband ,Wir Drei' (1904, mit J. Kneip und J. Winckler); Erzählungen; Fachbücher.

Versicherung, latein. **Assekur′anz.** Durch einmalige (Mise) oder wiederkehrende (Prämie, Beitrag) Zahlung an den Versicherer fällt der Versicherte gegen Wechselfälle des Lebens. Über den Versicherungsvertrag wird ein Versicherungsschein (Police) ausgestellt. - Die V. gliedert sich in →Sozialversicherung und Individual-V. (Vertrags-V.: private und öffentl. rechtl. V.). Die Individual-V. betreiben Aktiengesellschaften, Versicherungsvereine auf Gegenseitigkeit, öffentl.-rechtl. Versicherungsanstalten; Spitzenverband ist der Gesamtverband der Versicherungswirtschaft e. V., Köln. - Man unterscheidet:
1) Schaden-V. (Güter-V., gegen konkrete Vermögensschäden) mit Sach-V. (z. B. Feuer-, Hagel-, Transport-V.) und Vermögenswert-V. (z. B. Haftpflicht-, Kredit-V.).
2) Summen-V. (Personen-V.; z. B. Lebens-, Unfall-V.). - In der Dt. Dem. Rep. wird die gesamte V. seit 1952 durch die Dt. Versicherungsanstalt · (Ost-Berlin) durchgeführt.

Versicherung an Eides Statt, →eidesstattliche Versicherung.

Versicherungsamt, bei den unteren Verwaltungsbehörden zur Bearbeitung der Sozialversicherung errichtete Abteilung.

Versicherungsanstalt, Träger der Arbeiter-Rentenversicherung (Landes-V.) und der Angestellten-Rentenversicherung (Bundes-V. für Angestellte) sowie von Gemeinschaftsaufgaben der Krankenversicherung.

Versicherungsbetrug, das Herbeiführen eines Schadens mit dem Zweck, Versicherungsleistungen zu erhalten, z. B. Selbstverstümmelung, betrügerisches Inbrandsetzen einer gegen Feuergefahr versicherten Sache, auch das Sinken- oder Strandenlassen eines versicherten Schiffes. Strafe: Freiheitsstrafe von 1 Jahr bis zu 10 Jahren und Geldstrafe (§ 265 StGB.).

Versicherungsgesellschaften (Auswahl). Aachener und Münchener Feuer-Vers.-Ges., Aachen, gegr. 1825; Agrippina Vers.-Gruppe, Köln, mit 5 Gesellschaften (Ursprung 1844); ,Albingia'-Vers. AG., Hamburg, gegr. 1901; Allianz-Konzern mit Allianz Lebensvers.-AG., Stuttgart, gegr. 1889, und Allianz Vers.-AG., Berlin-München, gegr. 1890; Alte Leipziger Lebensvers.Ges. a. G., gegr. 1830; Bayerische Vers.kammer, München, gegr. 1875; Bayerische Rückvers.-AG., München, gegr. 1911; Berlinische Feuer-Vers.-Anstalt, München, gegr. 1812; Colonia, Köln. Vers. AG., Köln, gegr. 1838; Gerling-Konzern, Vers.-Gruppe, Köln mit 9 Ges. (Urspr. 1918); Gladbacher Vers.-Gruppe, Mönchengladbach, mit 3 Ges.; Gothaer Feuervers.bank a. G., Köln, gegr. 1820; Gothaer Lebensvers. a. G., Göttingen, gegr. 1827. Hamburger Feuerkasse, Hamburg, gegr. 1827; Hamburger Feuerkasse, Hamburg, gegr. 1676; Karlsruher Lebensvers. AG., Karlsruhe, Urspr. 1835; Kölnische Rückvers.-Ges., Köln, gegr. 1846; Landschaftl. Brandkasse, Hannover, gegr. 1750; Leipziger Feuer Vers.-Anstalt, Frankfurt a. M., gegr. 1819; Leipziger Verein Barmenia Krankenvers. a. G., Wuppertal-Elberfeld, gegr. 1904; Magdeburger Vers.gruppe, Hannover, mit 4 Ges. (Urspr. 1844); Mannheimer Versicherungsgruppe (Urspr. 1879), Mannheim; Münchener Rückvers. Ges., München, gegr. 1880; Nordstern Vers.gruppe, Köln (Urspr. 1866); Provinzial-Vers.-Anstalten der Rheinprovinz, Düsseldorf, gegr. 1836/1915; Raiffeisen- und Volksbanken Vers.gruppe (Urspr. 1922), Wiesbaden; Thuringia Vers.-AG., München, gegr. 1853; Victoria Vers.gruppe, Düsseldorf/Berlin (Urspr. 1853); Westfälische Provinzial-Vers.anstalten, Münster (1722/1915); Württembergische Feuervers. AG., Stuttgart, gegr. 1828; Zentraleuropäische Vers.-AG., Stuttgart, gegr. 1924.
Erste Allgemeine Unfall- und Schadens V.-Ges., Wien, gegr. 1882; ,Interunfall' Internationale Unfall- und Schadens-V.-Ges. AG., Wien, gegr. 1890; Wiener Allianz V.-AG., Wien, gegr. 1860; Baseler Lebens-V.Ges. in Basel, gegr. 1864; Schweiz. Rück-V.-Ges., Zürich, gegr. 1863; Schweiz. Unfall-V.-Ges. in Winterthur, gegr. 1875; ,Winterthur' Lebens-V.-Ges. in Winterthur, gegr. 1923; ,Zürich' V.-Ges., Zürich, gegr. 1872.

Versicherungskarte, 1) →Versicherungsmarke. **2) grüne V.,** ein internationaler Versicherungspaß für Kraftfahrzeuge, der von der Bundesrep. Dtl. und anderen europäischen Ländern bei der Einreise in die Beneluxländer, nach Frankreich, in die skandinavischen und Ostblockstaaten verlangt wird.

Versicherungsmakler, Handelsmakler, der für Versicherungsnehmer Versicherungsverträge vermittelt.

Versicherungsmarke, Beitragsmarke für die Rentenversicherung der Arbeiter und Angestellten; werden in **Versicherungskarten** eingeklebt und entwertet.

Versicherungspflicht, Pflicht der Arbeitnehmer und bestimmter Gruppen von Selbstständigen zur Mitgliedschaft in Zweigen der Sozialversicherung.

Versicherungsschein, Pol'ice, Urkunde über den Versicherungsvertrag. Der Versicherer ist ausstellungspflichtig.

Versicherungssparen, im Verfahren des Kontensparens mit Lebensversicherungsschutz.

Versicherungsteuer, eine Steuer auf Versicherungen, die inländ. Gegenstände betreffen und mit inländ. Versicherungsnehmern abgeschlossen sind. Frei von V. sind Lebens-, im wesentl. Krankenversicherungen. Aufkommen 1971: 799 Mill. DM.

Versicherungsverein auf Gegenseitigkeit, VVaG., ein privater, rechtsfähiger Verein, dessen Versicherte zugleich auch der Versicherer sind. Das Organisationsschema ähnelt dem der AG.

vers'iert [lat.], in einer Sache bewandert.

versilbern, eine Silberschicht auf Gegenstände aufbringen: meist galvanisch in alkalischen cyanidhaltigen Bädern oder durch Plattieren oder Aufdampfen.

Versi'on [lat.], Fassung, Lesart.

Verslehre, →Vers.

Vers libres [vɛr l'ibr], in der französ. Dichtung ursprünglich Verse verschiedener Länge, seit den Symbolisten metrisch völlig freie Verse, z. T. ohne Reim.

Versnovelle, eine Novelle in Versform, bes. im MA., im 18. und 19. Jahrh.

Versöhnungstag, hebr. **Jom Kippur,** hoher jüd. Feiertag am 10. des 7. Monats (Sept./Oktober), an dem der Hohepriester im alten Israel das Heiligtum, das Volk und sich selbst entsühnte.

Versorgung, die Sicherung des Lebensunterhaltes für Arbeitsunfähige, Hinterständer und Hinterbliebene. 1) Die **Beamten-V.** ist in der Bundesrep. Dtl. durch Bundes- und Landesges. geregelt. Sie umfaßt Ruhegehalt, Unterhaltsbeitrag, Hinterbliebenen-V., Unfallfürsorge, Abfindung und Übergangsgeld. - In der Dt. Dem. Rep. wurden mit der Beseitigung des Berufsbeamtentums die Ansprüche auf V. stark eingeschränkt. 2) Die **V. der Angestellten und Arbeiter des öffentl. Dienstes** regeln in der Bundesrep. Dtl. die soziale →Rentenversicherung und eine Versorgungsanstalt. In Österreich ist die V. der Vertragsbediensteten ähnlich wie im dt. Recht geregelt. In der Schweiz sind die Bediensteten der allgem. Bundesverwaltung zur V. bei der Eidgenöss. Versicherungskasse pflichtversichert. 3) Die **V. der Opfer des Krieges** regelt in der Bundesrep. Dtl. das Bundesversorgungsges. i. d. F. v. 20. 1. 1967. 4) Die **V. der früheren Angehörigen des öffentl. Dienstes** ist durch Art. 131 GG. und das hierzu ergangene Bundesges. v. 1.9.1953 geregelt. Grundsätzlich kommt das BBG. zur Anwendung. 5) Die **V. der Soldaten** der Bundeswehr und ihrer Hinterbliebenen wird durch das Soldatenversorgungsges. v. 1. 9. 1971 geregelt. Danach erhalten Soldaten auf Zeit Berufsförderung und Dienstzeit-V., Berufssoldaten eine weitgehend den Vorschriften des BBG. angeglichene Dienstzeit-V. Sie umfaßt u. a. Ruhe-, Unfallruhegehalt, Unterhaltsbeitrag, Übergangsgeld. 6) **V.** von Angehörigen **freier Berufe,** der **Arbeiter und Angestellten der Wirtschaft** →Handwerkerversicherung, →Rentenversicherung.

Versorgungsanstalt, eine Einrichtung für zusätzl. Alters- und Hinterbliebenenversorgung ihrer Mitglieder. Für Angestellte und Arbeiter des öffentl. Dienstes bestehen: die **V. des Bundes und der Länder, VBL.,** Sitz Karlsruhe, eine dem Bundesmin. der Finanzen unterstellte rechtsfähige Anstalt des öffentl. Rechts; die **V. der Deutschen Bundespost,** Sitz Stuttgart, dem Sozialamt der Dt. Bundespost angegliedert; die **Bundesbahn-Versicherungsanstalt, Abt. B,** im Bereich der Kommunalverwaltung die **Zusatzversorgungskassen** der Gemeinden und Gemeindeverbände.

Versorgungsbetriebe, →Versorgungswirtschaft.

Versorgungsstaat, Staat, in dem die Versorgung der Staatsangehörigen bei Not, Krankheit, Alter zu einer Hauptaufgabe geworden ist.

Versorgungstruppe, militär. Einheiten, denen die materielle Versorgung oder die Erhaltung der Einsatzbereitschaft der Truppe obliegen; in der Bundeswehr die Instandsetzungs- und Transporteinheiten und die Sanitätstruppe.

Versorgungswirtschaft, die Versorgung der Wohnbevölkerung und der Betriebe mit Wasser, Gas, Elektrizität durch private oder öffentliche **Versorgungsbetriebe.**

Verstaatlichung, die Herausnahme eines Unternehmens oder Wirtschaftszweiges aus der Privatwirtschaft und die Überführung in Staatseigentum auf Grund seiner lebenswichtigen Bedeutung für die Allgemeinheit, z. B. die V. von Eisenbahnen, Banken, Bergwerken in zahlreichen Staaten. (→Enteignung, →Sozialisierung)

Verstädterung, 1) das Anwachsen der städtischen, bes. der großstädtischen Bevölkerung innerhalb der Gesamtbevölkerung eines Landes. 2) das Vorherrschen städtischer oder industrieller Lebensformen in ursprünglich ländlichen Gebieten.

Verstand, die Fähigkeit des Auffassens und Erkennens. Logik: die geistige Fähigkeit des begriffl. Erfassens von Gegenständen.

Verständigungsfriede, ein polit. Schlagwort für einen Frieden ohne Annexionen und Entschädigungen.

Verstärker, 1) Nachrichtentechnik: Geräte, in denen schwache, veränderl. Spannungen oder Ströme die Erzeugung starker Spannungen oder Ströme ebenso zeitabhängig steuern; meist Geräte mit Elektronenröhren oder Transistoren in mehreren aufeinander folgenden Stufen (**Kaskaden-V.**). Bes. rauscharm sind der **Reaktanz-V.** 2) Photographie: photograph. Mittel, durch das fertige, aber ungenügend gedeckte Bild durch Anlagerung von Metallen oder Farbstoffen eine stärkere Deckung erhält.

Verstärkerröhre, eine Elektronenröhre mit mindestens einem Gitter zur Verstärkung elektr. Spannungs- und Stromschwankungen.

Verstauchung, ⚕ die meist mit Bluterguß einhergehende Überdehnung oder Zerreißung von Kapsel und Bändern eines Gelenks.

versteckter öffentlicher Bedarf, Leistungen, die Staatsbürger für Zwecke der öffentl. Hand neben Abgaben in Geld unentgeltlich zu erbringen haben, z. B. Ehrenämter, Aufstellung von Steuererklärungen.

Versteigerung, ♿ der öffentl. Verkauf von Sachen an den Meistbietenden. Jedes Gebot erlischt durch ein höheres; der Abschluß erfolgt durch den Zuschlag. **Freiwillige V.** werden durch staatlich zugelassene Versteigerer; **Zwangsversteigerungen** durch Gerichtsvollzieher durchgeführt.

Versteinerung, 1) ein →Fossil. 2) Abdruck oder durch Ausfüllen von Hohlräumen entstandener Steinkern eines vorweltl. Lebewesens.

Versteppung, das durch Eingriffe in den Wasserhaushalt der Natur (unsachgemäße Flußregulierung, übermäßige Rodung, Raubbau) bewirkte Absinken des Grundwasserspiegels. Es führt zur Austrocknung des Oberbodens, Abspülung und Ausblasung der Ackerkrume.

Verstopfung, Obstipation, ⚕ eine Störung der Darmtätigkeit mit ungenügender Stuhlentleerung. **Chronische V.** wird häufig verursacht durch Mangel an natürlicher Kost und durch sitzende Lebensweise. Günstig wirken Obst, Gemüse, Schwarzbrot; sonst Massage, Einlauf, notfalls Abführmittel.

Verstrickungsbruch, der →Arrestbruch.

Verstümmelung, ♿ die →Selbstverstümmelung.

Versuch, 1) ♿ im Strafrecht der Beginn der Ausführung einer Straftat (im Unterschied zur Vorbereitungshandlung) mit dem Willen, diese zu begehen. Der V. eines Verbrechens wird stets, der V. eines Vergehens nur dann bestraft, wenn das Gesetz es ausdrücklich bestimmt; der V. einer Übertretung ist nicht strafbar. Der V. kann milder bestraft werden als die vollendete Tat (§§ 43 ff. StGB.). 2) →Experiment.

Versuchs-Erfolgsverhalten, engl. **trial-and-error-learning** [tr'aiəl ənd 'erə lɔ:niŋ], Lernpsychologie: von E. L. Thorndike und A. Bain vertretene, im Tierversuch (Futterkasten) gewonnene Auffassung, daß sich (nach erfolglosen Versuchen) eine zufällige Erfolgssituation einprägt und auf diese Weise gelernt wird (Lerne am Erfolg).

Versuchsschulen, Lehranstalten, an denen neue Organisations- und Unterrichtsformen sowie neue Inhalte und Methoden erprobt werden.

Versuchung, christl. Glaubenslehre: die von Gott ausgehende sittliche Erprobung des Menschen durch Not oder Verlockung.

vertäuen, ⚓ Festlegen eines Schiffes mit Leinen.

Vertebr'aten [lat.], die Wirbeltiere.

Verteidigung, 1) Strafrecht: die Wahrnehmung der Interessen des Beschuldigten durch ihn selbst oder durch einen **Verteidiger.** Zum Verteidiger kann vom Beschuldigten jeder bei einem dt. Gericht zugelassene Rechtsanwalt und jeder Rechtslehrer einer dt. Hochschule gewählt werden (**Wahlverteidiger**), andere Personen nur mit Genehmigung des Gerichts. In bestimmten schweren Fällen ist die Mitwirkung eines Verteidigers (gegebenenfalls eines vom Gericht zu bestellenden **Pflicht-** oder **Offizialverteidigers**) notwendig. 2) ⚔ die Kriegs- oder Kampfführung zur Abwehr eines Angreifers.

Verteidigungsrat, in der Bundesrep. Dtl. ein Aufsichts- und Koordinierungsorgan der Bundesregierung für Fragen der Verteidigung, bestehend aus dem Bundeskanzler, dem Vizekanzler und den Min. für Verteidigung, Auswärtiges, Inneres, Wirtschaft und Finanzen.

Verteiler, bei Mehrzylinder-Ottomotoren im Hilfsaggregat, das den Zündstrom auf die nacheinander zündenden Kerzen der einzelnen Zylinder verteilt.

Verteilung, Volkswirtschaft: 1) die Zuleitung der Güter an die Verbraucher durch Handel und Verkehr. 2) die Aufteilung des Volkseinkommens auf die privaten Haushalte (Einkommen aus unselbständiger Arbeit, Einkommen aus Unternehmertätigkeit und Vermögen) und den Staat.

vertik'al [lat.], senkrecht; Gegensatz: horizontal.

vertikale Konzentration, Wirtschaft: →Konzentration.

vertikale Preisbindung, die →Preisbindung der zweiten Hand.

Vertikalkreis, kurz **Vertikal,** ✴ ein durch Zenit und Nadir gehender Kreis; auch Gerät zur Bestimmung der Höhe von Gestirnen.

Vertik'alstarter, Vertik'alstartflugzeug, Oberbegriff für →Senkrechtstarter und →Hubschrauber.

V'ertiko [lat.] das oder der, früher ein Zierschrank mit kleinem Überbau.

Vertrag, im Rechtsgeschäft, das durch Angebot und Annahme zustande kommt. Man unterscheidet öffentlich-rechtliche (z. B. Staats-V., Konkordate) und privatrechtliche; unter letzteren u. a. schuldrechtliche (obligatorische, z. B. Kauf, Miete), dingliche (Auflassung), familienrechtliche (Ehe) und erbrechtliche (Erb-V.), ferner entgeltliche und unentgeltliche V., je nachdem für die Leistung des einen Teils eine Gegenleistung des andern vereinbart ist oder nicht.

Vertrags'erbe, ein Erbe auf Grund des Willens des Erblassers.

Vertragsfreiheit, Grundsatz im bürgerl. Recht, nach dem Verträge frei gestaltet werden können, sofern sie nicht gegen gesetzl. Verbote oder gegen die guten Sitten verstoßen. Gesetzl. Beschränkungen bestehen u. a. für Ehe- und Kindschaftssachen.

Vertragshilfe, 🔨 die Stundung oder Herabsetzung von vertragl. Verbindlichkeiten mit Rücksicht auf die Kriegsverhältnisse (Ges. v. 26. 3. 1952), hat inzwischen ihre Bedeutung verloren.

Vertragslehre, Vertragstheorie, die staatsphilosoph. Lehre, nach der das Entstehen und Bestehen des Staates auf eine freie Vereinbarung der einzelnen zurückgeht und dadurch gerechtfertigt wird. Ihre letzte Ausprägung fand die V. durch Rousseaus Schrift über den Gesellschaftsvertrag (Contrat social, 1762).

Vertragsspieler, Fußball: ein Spieler, der bei einem Verein mit Vertragsspielerabteilung (in der Bundesliga) angestellt ist; er erhält als Ausgleich für seine sportl. Tätigkeit eine Entschädigung, muß daneben jedoch einen Beruf ausüben.

Vertragsstaaten, →Vereinigte Arabische Emirate.

Vertragsstrafe, Konventionalstrafe, eine vom Schuldner versprochene Leistung für den Fall, daß er seine Verbindlichkeit nicht oder nicht richtig erfüllt.

Vertragssystem, in der Dt. Dem. Rep. das System, durch das Privatbetriebe zur Erfüllung der Volkswirtschaftspläne herangezogen werden. Sie müssen mit Lieferanten und Abnehmern besondere Verträge abschließen.

Vertrauensarzt, 1) bei einer Krankenkasse tätiger Arzt, der die Arbeitsfähigkeit des Versicherten und die Verordnung von Versicherungsleistungen nachprüft. **2)** Arzt bei Behörden und Betrieben, berät u. a. bei der Personaleinstellung.

Vertrauensfrage, bei Meinungsverschiedenheiten zwischen Regierung und Parlament die Entscheidung des Parlaments über das Verbleiben oder den Rücktritt der Regierung (→Mißtrauensvotum).

Vertrauensschaden, 🔨 der Schaden, den jemand dadurch erleidet, daß er auf die Gültigkeit der Erklärung des Vertragspartners vertraut (Vertrauensinteresse). Der V. muß regelmäßig ersetzt werden.

Vertreibung, eine einseitige staatliche Zwangsmaßnahme zur dauernden Aussiedlung von Volksteilen oder Volksgruppen (→Vertriebene). In neuester Zeit wurden u. a. vertrieben die Armenier aus der Türkei im 1. Weltkrieg, die Finnen aus den westkarelischen Gebieten (1940-44), die Araber aus Palästina. Über die V. der Deutschen aus der Gebieten östl. der Oder und Neiße, aus der Tschechoslowakei und Ungarn nach 1945 →Vertriebene.

vertretbare Sache, eine bewegliche Sache, die im Verkehr nach Maß, Zahl oder Gewicht bestimmt zu werden pflegt (§ 91 BGB.), z. B. Kohlen.

Vertreter, 🔨 jemand, der ermächtigt ist, Rechtsgeschäfte für einen andern abzuschließen, bes. im kaufmänn. Verkehr (z. B. Handlungsbevollmächtigter, Kommissionär), oder ihn im Zivilprozeß zu vertreten; er ist **bevollmächtigter V.,** wenn er durch rechtsgeschäftl. Vollmacht, **gesetzl. V.,** wenn er durch Gesetz ermächtigt ist.

Vertrieb, der Verkauf, Warenhandel.

Vertriebene, allgemein: alle aus ihren Wohn- und Heimatgebieten zwangsweise ausgetriebenen Personen, im engeren Sinn: die deutschen Staats- oder Volksangehörigen, die ihren außerhalb der Bundesrep. Dtl., der Dt. Dem. Rep. und Berlins gelegenen Wohnsitz infolge der Ereignisse des 2. Weltkrieges verloren haben. Das Bundesvertriebenen-Ges. (i. d. F. v. 3.9. 1971) unterscheidet zwischen Heimatvertriebenen (Personen, die am 31. 12. 1937 oder vorher einmal ihren Wohnsitz in dem Staate hatten, aus dem sie vertrieben wur-

den) und Vertriebenen (Vertriebene, die nicht Heimatvertriebene sind), zu denen nach dem Lastenausgleichs-Ges. auch solche Personen gehören, die nach Abschluß der allgem. Vertreibungsmaßnahmen ihre Heimat verloren haben (Aussiedler). Über V. in der Dt. Dem. Rep. →Umsiedler.

Vertriebsgesellschaft, von Industrieunternehmen, Konzern, Kartell gegründete rechtlich selbständige Verkaufsgesellschaft.

Vertriebskosten, alle beim Absatz des Produktes entstehenden Kosten.

Vertugadin [vɛrtyɡadˈɛ̃, frz.] der, mit Wulst versehener, vorn gespaltener, nach unten sich verbreiternder Frauenrock, etwa 1550-1700.

Ver|unglimpfung, Verächtlichmachen; eine Form der Beleidigung.

Ver|untreuung, 🔨 →Unterschlagung.

Ver|ursachung, 🔨 →Kausalzusammenhang.

Verve [vɛrv, frz.] die, Schwung.

Vervielfältigungsverfahren, alle Verfahren zur Herstellung vieler Abzüge eines Originals, z. B. das Durchschreiben mit Kohlepapier, durch →Kopieren, durch die verschiedenen →Druckverfahren. **Vervielfältiger** nennt man Büromaschinen zur rationellen Herstellung auch größerer Auflagen: Umdrucker, Schablonendrucker, Bürooffsetdrucker.

Verviers [vɛrvjˈe], Stadt in der Prov. Lüttich, Belgien, 34400 Ew. Hauptsitz der belg. Wollindustrie.

Verwachsenblumenblättrige, Sympet'alen, Unterklasse der zweikeimblättrigen Samenpflanzen mit zu einer Röhre verwachsenen Blütenblättern, z. B. Primeln, Nelken und Enzian.

Verwahrlosung, ein charakterlich-sozialer Verfallszustand, der sich als Betteln, Umhertreiben, Prostitution, Kriminalität zeigt; bei Jugendlichen durch Schutzaufsicht oder Fürsorgeerziehung bekämpft, bei Erwachsenen u. U. strafbar. (→Gefährdetenhilfe)

Verwahrung, 🔨 ein Vertrag, durch den sich der Verwahrer verpflichtet, eine ihm von einem anderen (dem Hinterleger) übergebene bewegliche Sache aufzubewahren (§§ 688 ff. BGB.). V. von Wertpapieren geschieht in einem →Depot.

Verwahrungsbruch, 🔨 das Beschädigen, Vernichten oder Beiseiteschaffen amtlich aufbewahrter oder einem Beamten oder Dritten amtlich übergebener Gegenstände; wird mit Freiheitsstrafe bestraft (§ 133 StGB.).

Verwaltung, latein. **Administration,** die planmäßige Tätigkeit zur Erreichung bestimmter Zwecke (der V.-Zwecke) innerhalb öffentlicher oder privater Organisationen. Die Staats-V. umfaßt die gesamte Staatstätigkeit mit Ausnahme der polit. Staatsleitung ('Regierung'), der Gesetzgebung, der Rechtsprechung und der Ausübung der militär. Kommandogewalt; Zweige sind Auswärtige V., Innere V., Finanz-, Wirtschafts-, Verkehrs-, Arbeits- und Sozial-, Kultur-, Justiz-V. - Die V. im Privatrecht ist in der Regel eine Tätigkeit in Ansehung fremder Objekte (Vermögen).

Verwaltungs|akt, 🔨 ein Akt der Verwaltung zur Regelung eines Einzelfalls des öffentl. Rechts mit unmittelbarer rechtlicher Wirkung. Der V. darf nur auf gesetzl. Grundlage ergehen. Ist der V. rechtswidrig, dann ist er fehlerhaft; bei schweren Fehlern ist er nichtig, bei leichteren ist er mit der Maßgabe wirksam, daß er durch Rechtsmittel (→Verwaltungsgerichtsbarkeit) angefochten werden kann.

Verwaltungsdienst, der Dienst von Beamten, Angestellten und Arbeitern bei öffentl. Verwaltungen und Betrieben.

Verwaltungsgebühr, öffentlich-rechtl. Entgelt für bestimmte Amtshandlungen (z. B. für Ausstellung eines Reisepasses).

Verwaltungsgerichtsbarkeit, die Gerichtsbarkeit für öffentlich-rechtl. Streitigkeiten nicht verfassungsrechtl. Art. Die allgem. V. ist geregelt in der Verwal-

tungsgerichtsordnung v. 21.1.1960; sie umfaßt 3 Instanzen: die Verwaltungsgerichte, die Oberverwaltungsgerichte und das Bundesverwaltungsgericht. Das Verfahren vor den Verwaltungsgerichten umfaßt vor allem die Klage des einzelnen auf Aufhebung eines fehlerhaften Verwaltungsaktes (Anfechtungsklage), die →Verpflichtungsklage sowie die Feststellungsklage. Der Klageerhebung hat in der Regel ein Vorverfahren vorauszugehen, in dem gegen den Verwaltungsakt oder gegen die Ablehnung der Vornahme eines Verwaltungsaktes Widerspruch zu erheben ist.

Verwaltungsgerichtsordnung, VwGO., das Gesetz v. 21. 1. 1960 zur einheitlichen Regelung der Verwaltungsgerichtsbarkeit in der Bundesrep. Dtl.

Verwaltungsrat, bei öffentl.-rechtl. Körperschaften, Anstalten und Stiftungen ein häufig neben dem Vorstand an der Aufsicht und Leitung beteiligtes Organ.

Verwaltungsrecht, die zur Regelung der Verwaltung herausgebildeten Vorschriften, ein Teil des öffentl. Rechts. Eine Kodifikation des V. fehlt in Deutschland.

Verwaltungsschulen, Ausbildungsstätten für mittlere und gehobene nichttechn. Beamte (Beamtenanwärter) des Bundes, der Länder und kommunalen Körperschaften.

Verwaltungs- und Wirtschaftsakademie, Beamtenhochschule, eine Fachschule zur Fortbildung der Angehörigen des öffentlichen Dienstes und der Wirtschaft.

Verwaltungsvermögen, das Vermögen, das der Durchführung der Verwaltungsbetriebes unmittelbar dient (z. B. Dienstgebäude, Dienstwagen).

Verwaltungsverordnung, →Verordnung.

Verwandlungshubschrauber, das Kipprotorflugzeug, →Senkrechtstarter.

Verwandten|ehe, die Ehe zwischen nahen Blutsverwandten. Sie ist verboten zwischen Verwandten in gerader Linie und voll- oder halbbürtigen Geschwistern.

Verwandtschaft, 1) 🔨 das Verhältnis zwischen mehreren Personen, die unmittelbar voneinander (**V. in gerader Linie**) oder von derselben dritten Person (**V. in der Seitenlinie**) abstammen. In diesen Fällen besteht auch **Blutsverwandtschaft.** Der V.-Grad richtet sich nach der Zahl der dazwischenliegenden Geburten (§ 1589 BGB.). Die Bestimmung des § 1589 II BGB., wonach das nichteheliche Kind mit seinem Vater nicht als verwandt galt, ist mit Wirkung von 1. 7. 1970 weggefallen. **2)** 🌱 ⊕ das auf bestimmten Ähnlichkeiten beruhende Verhältnis zweier Lebewesen zueinander (→Systematik, →Stammesgeschichte). - V. läßt sich mit Hilfe der Präzipitinreaktion nachweisen.

Verwarnung, 🔨 **1)** Zuchtmittel in der Jugendstrafgerichtsbarkeit. **2) gebührenpflichtige V.,** die Ahndung von leichteren Übertretungen der Straßenverkehrsvorschriften oder von geringfügigen Ordnungswidrigkeiten.

Verweis, 🔨 **1)** Tadel, Rüge. **2)** Beamtenrecht: eine Maßnahme im →Dienststrafrecht.

Verweisung, 1) 🔨 die Abgabe eines Prozesses an ein anderes Gericht wegen Unzuständigkeit. **2)** durch Pfeil gekennzeichneter Hinweis auf ein anderes Stichwort im Lexikon.

. Verwendungskarte, eine Karteikarte bei den Wehrersatzbehörden; sie wird dem Wehrstammbuch beigefügt und soll die Erfassung der Reserve erleichtern.

Verwendungsnachweis, in Österreich der →Befähigungsnachweis.

Verwerfen, 1) 🌱 die Geburt nicht voll entwickelter Früchte (Abort). **2)** bei Brettern, Holztüren, Platten, Leisten u. a. das Krummziehen oder Schiefwerden.

Verwerfung, auch **Bruch** oder **Sprung,** die Verwerfung von Schollen der Erdrinde längs einer Spalte. Mehrere V. können Staffelbrüche, Horste und Gräben bilden.

Verwertungsgesellschaft Wort, Abk. **VG Wort** München, ein der →Gema entsprechender rechtsfähiger Verein zur Verwertung literar. Urheberrechte; gegr. 1958.

Verwesung, die oxydative Zersetzung bes. von Eiweiß und Eiweißabkömmlingen durch Bakterien und reichl. Zufuhr von Luft. Endprodukte sind Ammoniak, Kohlendioxid, Wasser, Nitrate, Sulfate, Asche.

Verwey [fɛrˈvɛj], Albert, niederländ. Schriftsteller, * 1865, † 1937, Gedichte; stand Stefan George nahe.

Verwirkung, ⚖ 1) der Verlust von Grundrechten bei denjenigen, die sie zum Kampf gegen die demokratische Grundordnung mißbrauchen. 2) der Verlust eines Rechts wegen verspäteter Geltendmachung.

Verwirkungsklausel, die →kassatorische Klausel.

Verwitterung, die an oder nahe der Erdoberfläche durch exogene (mechan. oder chem.) Kräfte bewirkte Zersetzung von Mineralien und Gesteinen.

Verwoerd [fɛrˈvuːrd], Hendrik, südafrikan. Politiker (Nationalpartei), * 1901, † (Attentat) 1966, Prof. für Psychologie; einer der schärfsten Verfechter der →Apartheid, wurde 1950 Min. für Eingeborenenfragen, war seit 1958 MinPräs. der Südafrikan. Union.

Verzicht, ⚖ die Aufgabe eines Rechts; sie ist nur insoweit wirksam, als das Recht übertragbar ist.

Verzierung, ♪ die durch Zeichen oder kleine Noten angedeutete Umspielung (Ausschmückung) einer Melodienote (Hauptnote), z. B. Vorschlag, Triller, Arpeggio.

verzinken, Metalle, besonders Eisen, zum Korrosionsschutz mit Zink überziehen durch Tauchen in geschmolzenes Zink, durch →sherardisieren, galvanisch oder durch Aufspritzen. Ähnlich das **Verzinnen,** besonders bei Eisen (z. B. Weißblech) und Kupfer.

Verzollung, die zollamtl. Abfertigung; zollrechtlich die Erhebung eines Zolls bei Abfertigung eines zollbaren Guts.

Verzug, 1) Berg- und Tunnelbau: die Verschalung mit Holz oder Stahlblechen zum Schutz gegen loses Gestein. 2) ⚖ →Annahmeverzug, →Schuldnerverzug.

Verzugszinsen, dem Gläubiger vom Eintritt des Schuldnerverzugs an zustehende Zinsen aus einer Geldschuld.

Vesaas [ˈvɛsoːs], Tarjei, norweg. Schriftsteller, * 1897, † 1970; Gedichte, Romane (,Der Wind weht, wie er will', 1952).

Ves'al(ius), Andreas, * 1514, † 1564, Leibarzt Karls V. und Philipps II.; forderte die Durchforschung der menschl. Leiche und schuf so die neuzeitl. Anatomie.

Vespasi'an(us), Titus Flavius, röm. Kaiser (69–79), * 9, † 79, zeichnete sich in Britannien aus, wurde 69 von seinen Legionen zum Kaiser ausgerufen. Er stellte die in den Bürgerkriegen zerrüttete Ordnung wieder her. V. ließ das →Kolosseum errichten.

Vesper, 1) im Mittelalter: vorletzte kirchl. Stunden des Tages. 2) abendl. Gebetsstunde im kath. Stundengebet. 3) evang. liturg. Abendgottesdienst. 4) Nachmittagsmahlzeit; nachmittägl. Arbeitspause.

Vesperbild, italien. **Pietà,** die Darstellung Mariä mit dem Leichnam Christi auf dem Schoß, eine von der deutschen Plastik des 14. Jahrh. ausgebildete Gattung des →Andachtsbildes; auch in der Malerei und außerhalb Deutschlands verbreitet (Pietà von Michelangelo, Rom, Peterskirche).

Vespucci [vɛspˈutʃi], Amerigo, italien. Seefahrer, * 1451, † 1512, unternahm 1497 bis 1504 vier Entdeckungsreisen nach Mittel- und Südamerika. M. Waldseemüller prägte aus seinem Vornamen den Namen Amerika.

V'esta, altitalische Göttin des Herdes und Herdfeuers, hatte im alten Rom einen Tempel mit einem ewigen Feuer, das Priesterinnen, die **Vestalinnen,** unterhielten.

Vestdijk [ˈvɛstdɛjk], Simon, niederländ. Schriftsteller, * 1889, † 1971; Gedichte, Romane, Novellen, Essays.

V'esterål-Inseln [-əl], →Lofot-Inseln.

Vestib'ül [frz.-lat.] das, Vorhalle.

Ves'uv der, Vulkan bei Neapel, z. Z. rd. 1280 m hoch. Der heutige Kegel baut sich in einem älteren Krater, dem Monte Somma, mit einem Durchmesser von 4 km auf. An seiner W-Seite befindet sich in 608 m Höhe ein Observatorium. Der Boden an den unteren Hängen (verwitterte Laven und Tuffe) ist sehr fruchtbar (Obst und Wein). - Der V. galt im Altertum als erloschen, aber 79 n. Chr. vernichtete ein großer Ausbruch die Städte Pompeji, Herculaneum und Stabiae. Letzter größerer Ausbruch 1906.

Veter'an [lat.] der, alter Soldat, bes. ehem. Kriegsteilnehmer.

veterin'är [lat.-frz.], die **Veterinärmedizin** (Tierkunde) betreffend.

Veterinäroffizier, in der früheren dt. Wehrmacht Tierarzt im Offiziersrang; in der Bundeswehr gibt es Sanitätsoffiziere mit tierärztl. Aufgaben und bei der Lebensmittelüberwachung.

V'eto [lat.] das, (verwirkte Laven und durch Einlegung eines Einspruchs einen Beschluß unwirksam zu machen (absolutes V.) oder aufzuschieben (suspensives V.). So hat z. B. der Präsident der Verein. Staaten ein suspensives V. gegen Gesetzesbeschlüsse des Kongresses. Weiteres über das V. →Vereinte Nationen.

Vetter, franzöz. **Cousin,** [kuzˈɛ̃], Sohn der Geschwister der Eltern.

Vetter, Heinz-Oskar, Gewerkschaftspolitiker (SPD), * 1917, seit 1969 Vors. des Dt. Gewerkschaftsbundes.

Vevey [vəvˈɛ], dt. **Vivis,** Stadt im Kanton Waadt, Schweiz, 18 000 Ew., am Genfer See; Maschinen-, Schokolade-, Tabaku. a. Ind.; Weinhandel, Fremdenverkehr.

vexieren [lat.], necken, foppen, plagen. **Vexierbild,** Scherzbild: es sollen die Umrisse eines gezeichneten Gegenstandes gefunden werden, die in den Umrissen anderer Gegenstände versteckt sind.

Vézère [vezˈɛːr] die, Nebenfluß der Dordogne in SW-Frankreich, 192 km lang, in ihrem Tal die vorgeschichtlichen Fundstätten Les Eyzies, Cro-Magnon, La Madeleine, Le Moustier, Lascaux.

v. Gr., Abk. für **v**on **Gr**eenwich; bei Angabe der geograph. Länge eines Ortes.

v. g. u., Abk. für **v**orgelesen, **g**enehmigt und **u**nterschrieben, z. B. bei polizeil. Protokollen.

v. H., Abk. für **v**om **H**undert (→Prozent).

VHF, Abk. für **v**ery **h**igh **f**requency [engl.], Meterwellen; →Wellenbereich.

v'ia [lat.], über. **V'ia** die, Straße.

Via Aem'ilia, Ämilische Straße, vom Konsul Marcus Aemilius Lepidus 187 v. Chr. angelegte Römerstraße von Rimini über Bologna nach Piacenza, später über Mailand bis Como. Der südl. Teil der Poebene hieß nach ihr Aemilia, →Emilia.

Via 'Appia, Appische Straße, von Appius Claudius Caecus 312 v. Chr. angelegte Heerstraße von Rom nach Capua, später bis Brundisium (Brindisi) fortgeführt; von Gräbern gesäumt.

Via Aur'elia, Aurelische Straße, von Aurelius Cotta um 241 v. Chr. angelegte Straße von Rom nordwärts an der W-Küste Italiens nach Cosa, später bis Cartagena (Spanien) weitergeführt.

Viad'ana, Lodovico, italien. Komponist, * 1564, † 1627, komponierte als erster geistl. Konzerte für 1 bis 4 Singstimmen und Generalbaß.

Viad'ukt [lat.] der, Talbrücke, Straßenüberführung.

VIAG, Abk. für →**V**ereinigte **I**ndustrie-**U**nternehmungen **AG**.

V'ia M'ala [ital. ,böser Weg'], die 2,5 km lange, bis 600 m tiefe Schlucht des Hinterrheins im Kanton Graubünden, Schweiz. Eine 1822 erbaute Straße verbindet die Landschaften Schams und Domleschg.

Vianney [vjanˈɛ], Jean Baptiste Marie, * 1786, † 1859, Heiliger, Patron der kath. Pfarrer; Tag: 4. 8.

Viareggio [-rˈɛdʒo], Seebad am Ligurischen Meer, Toskana, Italien, 55 300 Ew.

Vi'atikum [lat. ,Wegzehrung'] das, Kath. Kirche: das dem Sterbenden gereichte Heilige Abendmahl.

Viborg [vˈibor], 1) Stadt in N-Jütland, Dänemark, 26 300 Ew.; seit 1065 Bischofssitz (Dom 12. Jahrh.), im MA. wichtige Handelsstadt, bis 1340 Wahlstadt der dän. Könige. 2) schwed. Name für →Wiborg.

Vibrati'on [lat.] die, Schwingung, Zittern. **vibr'ieren,** schwingen, beben.

Vibrationsgalvanometer, ein Gerät zur Anzeige der Stromlosigkeit in Meßbrücken für →Wechselstrom. Ein Magnetplättchen mit Spiegel ist schwingfähig im Feld eines Dauermagneten gelagert. In einer Spule ruft der Wechselstrom ein senkrecht dazu verlaufendes Magnetfeld hervor. Das Plättchen sucht sich in das resultierende Magnetfeld einzustellen. Seine Schwingungen werden durch einen vom Spiegel reflektierten Lichtstrahl sichtbar gemacht.

vibr'ato [ital.], ♪ bebend.

Vibrator [lat.] der, ein Schwingungserzeuger.

V'ibrio [lat.], Bakteriengattung, zu den Spirillen gehörig; so **V. cholerae,** der Erreger der Cholera.

Vibrogr'aph der, ein Gerät zum Messen und Aufzeichnen von Erschütterungen und Schwingungen an Maschinen, Schiffen, Brücken, Gebäuden u. a.

Vicel'inus, Apostel der Wagrier, * um 1090, † 1154, Bischof von Oldenburg. Heiliger; Tag: 12. 12.

Vicente, Gil V. [ʒil visˈɛ̃te], portugies. Dichter, * um 1465, † 1536 (?), Schöpfer des portugies. Dramas; geistliche Stücke, Hofstücke (Tragicomedias), Volksstücke (Comedias und Farças).

Vicenza [vitʃˈɛnza], 1) Prov. Italiens, in Venetien, 2722 km², 674 500 Ew. 2) die Hauptstadt von 1) mit 114 300 Ew.; alte Bauten, u. a. von Palladio; Stahl-, Maschinen-, Fahrzeugindustrie.

v'ice v'ersa [lat.], umgekehrt; wechselseitig.

Vichy [viʃˈi], Stadt im Dép. Allier, Frankreich, 33 900 Ew., berühmtes Kurbad; 1940 bis 1944 Sitz der Regierung Pétain.

Vickers Ltd. [vˈikəz], Holdinggesellschaft der brit. Investitionsgüterind.; gegr. 1867. Produktionsprogramm: Maschinen-, Motoren-, Schiffbau, Waffen, Kunststoffe. Bed. Beteiligungen: British Aircraft Corp. (Holdings) Ltd., London (40 %); International Computer Holding Ltd., London (11,6 %); Industrial Insurance Versicherungsmakler GmbH, Frankfurt a. M. (100 %); Vickers-Zimmer AG, Frankfurt a. M. (100 %). Kap.: 52,1 Mill. £ (1966); Beschäftigte: 43 350 (1969).

V'ico, Giovanni Battista, italien. Philosoph, * 1668, † 1744, versuchte einen typischen Kreislauf der Geschichte nachzuweisen: barbarisches Zeitalter - verfeinertes humanes Zeitalter - Zeitalter der Korruption mit Verfall.

Vicomte [vikõt, frz.], **Viscount** [vˈaikaunt, engl.], **Visconte** [ital.], Adelstitel zwischen Graf und Baron.

Vict'oria, röm. Siegesgöttin, galt als jungfräuliche Hüterin des Rechts.

Victoria, brit. Königin, →Viktoria 2).

Victoria, Tomás Luis de, span. Komponist, * um 1548, † 1611, schrieb Messen, Motetten, Psalmen, Requiem.

Vict'oria, 1) Staat des Austral. Bundes, im SO des Kontinents, an der Bass-Straße, 227 618 km², 3,44 Mill. Ew., Hauptstadt: Melbourne. - V. wurde 1851 als besondere Kolonie von Neusüdwales abgetrennt. 2) die Hauptstadt der Prov. Brit.-Kolumbien, Kanada, 56 500 Ew., auf der SO-Seite der Insel Vancouver; Zweigstelle der Staatsuniv., Observatorien; Schiffbau, Holzverarbeitung, Fischkonservenind. 3) die Hauptstadt von →Hongkong.

Victoriafälle, Wasserfälle des Sambesi oberhalb Livingstone, wo der Strom in eine 122 m tiefe Schlucht stürzt (Eisenbahnbrücke in 130 m Höhe, Kraftwerk). (Bild S. 1311)

Victoriafälle

Victoria-Insel, Victorialand, Insel im kanadisch-arktischen Archipel, 208 100 km², von Tundra bedeckt, wenig vergletschert. Im S und W wohnen Eskimos.

Vict′oria r′egia, Seerosengewächs des Amazonenstromgebiets, in Europa in Warmhäusern gezogen. Die runden, am Rand aufgebogenen Blätter erreichen 2 m, die rosaweißen Blüten 30-40 cm Durchmesser.

Victoriasee, Victoria Nyanza, See in Ostafrika, 1134 m ü. M., mit 68 000 km² der größte See Afrikas, reich an Inseln; wichtigster Zufluß: Kagera, Abfluß: Victoria-Nil (→Nil).

Victoria-Versicherungsgruppe, Berlin-Düsseldorf, umfaßt die V. Feuerversicherungs-AG. mit zusammen 356,8 Mill. DM Prämie, die V. Lebensversicherungs-AG. mit zusammen 280,2 Mill. DM Prämie sowie die V. Rückversicherungs-AG. (Prämie: 63,2 Mill. DM) und die Vorsorge Lebensversicherungs-AG. (Prämie: 192,9 Mill. DM).

vid. [lat.], Abk. für **videatur,** man sehe nach.

Vid′al, Gore, amerikan. Schriftsteller, * 1925, zeitkrit.-polit. Stücke.

V′ideo... [lat. ,ich sehe'] kennzeichnet in Wortzusammensetzungen der Fernsehtechnik (**V.-Verstärker, V.-Gleichrichter, V.-Frequenzen u. a.**) das Bildsignal, bevor es der Trägerwelle aufmoduliert oder nachdem es im Empfänger wieder demoduliert ist. **V.-Signal,** das Gemisch aus eigentl. Bildsignalen und den Gleichlaufzeichen (Synchronsignale). - Ein **Video-Recorder** dient zur Speicherung der Bildpunkte von Fernsehbildern, magnetisch auf Band oder mechanisch auf einer Platte (,Bildplatte').

V′idi [lat.], ,ich habe gesehen', handschriftliche Bescheinigung über erfolgte Einsichtnahme in ein Aktenstück.

V′idikon, ein elektron. Bildzerleger, ähnlich dem →Orthikon, bes. für industrielles Fernsehen, Verkehrsüberwachung u. ä., in Form des →Plumbicon auch für den Fernseh-Rundfunk.

Vidor, King, eigentl. **Wallis,** amerikan. Filmregisseur, * 1894; ,Duell in der Sonne' (1947), ,Krieg und Frieden' (1956).

Viebig, Clara, Schriftstellerin, * 1860, † 1952; naturalist. Romane (,Kinder der Eifel', 1897; ,Das Kreuz im Venn', 1908).

Viechtach, Stadt in Niederbayern, Sommerfrische im Bayerischen Wald, 3800 Ew.; Leder-, Stein-, Metall-, Plastik-Ind.

Viehfliegen, die →Bremsen 1).

Viehkauf, ⚖ ein Kaufvertrag über bestimmte Tiere (z. B. über Pferde, Rinder, Schweine) mit der Besonderheit, daß der Verkäufer nur die innerhalb bestimmter Gewährfristen auftretenden Viehmängel zu vertreten hat und der Käufer nur Wandlung, nicht Minderung verlangen kann (§§ 481 ff. BGB.).

Viehsalz, wenig gereinigtes, durch Eisenoxid rot gefärbtes Salz, zur Viehfütterung und als Auftaumittel bei Schnee und Glatteis.

Viehseuchen, Tierseuchen, gehäuft auftretende Infektionskrankheiten der Haustiere, auch der wildlebenden Tiere; z. B. Milzbrand, Tollwut, Rotz. Zur Bekämpfung dienen zahlreiche Gesetze, u. a. das V.-Ges. vom 26. 6. 1909 i. d. F. vom 27. 2. 1969.

Viehverstellung, Viehleihe, Viehpacht, vertragl. Überlassung von Vieh zur Nutzung gegen Fütterung und Wartung.

Viehzählung, die amtl. statist. Ermittlung über den Viehbestand, in der Bundesrep. Dtl. jährl. als Vollzählungen am 3. 12., als Zwischenzählungen am 3. 3., 3. 6., 3. 9.

Victoria regia

Viehzucht, →Tierzucht.

Vieira [vi′eira] **da Silva,** Maria Elena, portugies.-französ. Malerin in Paris, * 1908, abstrakt gestaltete Bilder, die Raum- und Bewegungseindrücke bes. von großen Städten festhalten.

Vielborster, Polych′aeta, Klasse der Gliederwürmer, teils freilebend (z. B. Schuppenwurm und Palolo-Wurm), teils festsitzend (z. B. Pergamentwurm und Sandpier).

Viel′eck, das →Polygon.

Viel′ehe, →Ehe.

Vielflach, das →Polyeder.

Vielfraß, Järv, bärenhaftes Landraubtier der Marderfamilie, lebt in Wäldern des hohen Nordens und ernährt sich u. a. von Tierleichen und Eiern, doch reißt es auch Elch- und Renkälber.

Vielstoffmotor, Dieselmotor, der ohne bauliche Änderungen verschiedene flüssige Kraftstoffe verbrennen kann, z. B. Benzin, Kerosin, Dieselöl, Schmieröl.

Vienne [vjεn], **1)** die, linker Nebenfluß der Loire in W-Frankreich, 372 km lang, entspringt am Plateau von Millevaches, mündet bei Saumur.
2) Stadt im Dép. Isère, SO-Frankreich, an der Rhône, 30 300 Ew.; röm. Baureste, Kirchen aus dem 5. und 12.-16. Jahrh.
3) Dép. in W-Frankreich, 7023 km², 340 300 Ew., Hauptstadt: Poitiers.

4) französ. Dép., →Haute-Vienne.

Vientiane [vjεntj′an], auch **Wiengtschan,** die Hauptstadt von Laos, 132 300 Ew., am Mekong.

Vierer, von 4 Ruderern mit oder ohne Steuermann gefahrenes Boot (→rudern).

Vierfarbendruck, der Zusammendruck der Grundfarben des →Dreifarbendrucks mit einer Schwarzplatte zur Vertiefung der Konturen und Schattenpartien.

Vier Freiheiten, die Hauptziele des amerikan. Präs. F. D. Roosevelt in seiner Jahresbotschaft an den Kongreß (1941): Freiheit der Meinungsäußerung und der Religion, Freiheit von Furcht und von Not.

Vierkampf, ⚑ beim Eisschnellauf ein aus mehreren Einzelkampfarten und -strecken bestehender Wettkampf, Männer: Großer V., Kleiner V., Sprinter-V., Frauen: 500, 1000, 1500, 3000 m.

Vierkandt, Alfred, Soziologe, * 1867, † 1953, schuf eine Soziologie mit stark formalem Begriffsgefüge.

Vierlande, zu Hamburg gehörende fruchtbare Marschlandschaft zwischen Bille und Elbe; Gemüse- und Obstbaugebiet.

Vierling, Schußwaffe, bei der 4 Rohre gemeinsam gerichtet und abgefeuert werden.

Viermächte-Pakt, ein 1933 vom Dt. Reich, Frankreich, Großbritannien und Italien geschlossener Vertrag, der die Zusammenarbeit der vier Mächte in Fortführung des Locarno- und Kellogg-Paktes vorsah, aber nicht wirksam wurde.

Viermaster, Segelschiff mit vier Masten.

Viernheim, Stadt in Hessen, in der Rheinebene, 28 200 Ew.; Textil- und Zigarrenindustrie.

Vierpaß, eine aus vier Kreisbögen gebildete gotische Maßwerkfigur; auch oft Umrahmung von Reliefs und Bildtafeln.

Viersen, Stadt in der linken Niederrheinebene, Nordrh.-Westf.; 86 000 Ew. (mit den 1970 eingegliederten Städten Dülken und Süchteln); Textil-, Maschinen-, Leder-, holzverarbeitende, Nahrungsmittelind.

Viertaktmotor, ein Verbrennungsmotor, dessen Arbeitsspiel sich in 4 Takten vollzieht: Beim ersten Takt (Ansaugtakt) wird das Kraftstoff-Luft-Gemisch (beim Dieselmotor nur Luft) angesaugt, beim zweiten (Verdichtungstakt) verdichtet und ver-

Vielfraß

brannt, beim dritten (Arbeitstakt) dehnen sich die Verbrennungsgase aus, beim vierten (Auspufftakt) werden die verbrannten Gase ausgestoßen. Beim Hubkolbenmotor gehört zu jedem Takt eine Aufwärts- oder Abwärtsbewegung des Kolbens, also macht je Arbeitsspiel die Kurbelwelle zwei Umdrehungen. Beim Kreiskolbenmotor kommt auf jede Exzenterwellenumdrehung ein Arbeitstakt, auf jedes Arbeitsspiel eine Kolbenumdrehung.

Vierfarbendruck, von links: Blauplatte, Gelbplatte, Rotplatte, korrigierter Zusammendruck der drei Farbplatten mit der Schwarzplatte

vierte Dimension. Neben die drei Dimensionen des Raumes hat Einstein 1905 die Zeit als v. D. gestellt und so eine einfachere mathematische Gestalt vieler Naturgesetze erhalten.

vierte Geschlechtskrankheit, →Lymphogranuloma inguinale.

Vierteilen, im MA. eine Bestrafung für Verräter durch Zerreißen des Körpers mit Hilfe von vorgespannten Pferden.

Vierteltonmusik, Musik auf der Grundlage einer Tonordnung, in der die 12 Halbtöne durch Vierteltöne halbiert sind; bes. von A. Hába verfochten.

Vierte Republik, die französ. Republik 1946-58.

Vierter Stand, die Arbeiterschaft, die im 19. Jahrh. neben die drei alten Stände (Adel, Geistlichkeit, Bürgertum) trat.

Vierung, in Kirchenbauten der Raumteil, in dem sich Lang- und Querschiff durchdringen. Die bei gleicher Breite der Schiffe quadrat. V. wurde in roman. Kirchen oft durch Verstärkung der vier Eckpfeiler (Vierungspfeiler) und durch verbindende Bogen (Vierungsbogen) herausgehoben. Über der V. ist meist ein Vierungsturm.

Vierwaldstätter See, Gebirgssee in der Schweiz zwischen den vier Waldstätten Uri, Schwyz, Unterwalden, Luzern, 434 m ü. M., 114 km²; Fremdenverkehrsgebiet: Aussichtsberge (Rigi, Pilatus, Bürgenstock), histor. Stätten (Tellsplatte, Tellskapelle, Rütli). (Bild Schweiz)

Vierzehn Heilige, die 14 →Nothelfer.

Vierzehnheiligen, den 14 Nothelfern geweihte Wallfahrtskirche in Oberfranken, am Rande des Maintals gegenüber Banz, an Stelle einer 1448 errichteten Kapelle 1743-72 nach Plänen von J. B. Neumann.

Vierzehn Punkte, die vom amerikan. Präsidenten Wilson am 8. 1. 1918 aufgestellten Grundsätze für einen allg. Weltfrieden: 1) Ende der Geheimdiplomatie; 2) Freiheit der Meere; 3) Freiheit des Handels; 4) Abrüstung; 5) unparteiischer Ausgleich aller kolonialen Ansprüche; 6-8) und 11) Räumung der von den Mittelmächten besetzten Gebiete im Osten, Westen und auf dem Balkan, Abtretung Elsaß-Lothringens an Frankreich; 9) Berichtigung der italien. Grenzen nach den Volksgrenzen; 10) und 12) autonome Entwicklung der Völker Österreich-Ungarns und des Türkischen Reichs; 13) Errichtung eines unabhängigen Polens mit Zugang zur See; 14) Gründung eines Völkerbundes. - Außerdem stellte Wilson als Grundlage für die Friedensverhandlungen der Alliierten mit Dtl. weitere, im Versailler Vertrag nicht berücksichtigte Grundsätze auf: keine Annexionen, keine Kriegsentschädigungen.

Vierzellenbad, ⚡ hydroelektr. Teilbad in Porzellanwannen für Arme und Beine, u. a. gegen Nerven-, Kreislaufstörungen.

Vierzigstundenwoche, die Arbeitswoche zu 40 Stunden Normalarbeitszeit, meist als **Fünftagewoche** mit arbeitsfreiem Samstag, seit etwa 1930 eine Forderung der Gewerkschaften in vielen Industrieländern, in der Bundesrep. Dtl. seit etwa 1952. Seit etwa 1955 schlossen die Sozialpartner zunehmend Tarifverträge mit verkürzter Arbeitszeit und vollem Lohnausgleich als stufenweisen Übergang zur V. ab. Die V. ist in den meisten Industriestaaten eingeführt.

Vietcong, Abk. für **Viet-Nam Cong San,** ‚Kommunisten von Vietnam', die kommunist. Aufstandsbewegung in S-Vietnam.

Vieth, Gerhard Ulrich Anton, Pädagoge, * 1763, † 1830, gilt als der bedeutendste Pionier der Leibesübungen nach J. Chr. Fr. Guts Muths und vor Fr. L. Jahn.

Vietmin, auch **Viet Min, Viet Minh,** die ‚Liga der Führer für die Unabhängigkeit Vietnams', 1941 gegr., die von Ho Schi Min geführte kommunist. Bewegung in Vietnam. Ihre militär. Verbände gingen 1954 in die Armee Nord-Vietnams, ihre polit. Organisation in die Nationalen Front auf.

Vietnam [viet-, annamitisch ‚Land des Südens'], an der O- und SO-Küste Hinterindiens, (1954) in 17° n. Br. durch militär. Demarkationslinie in Nord-Vietnam und Süd-Vietnam geteilt. Amtssprache: Annamitisch. ⊕ IV/V, Bd. 1, n. S. 320.

Landesnatur. Im N von V. liegt das teils gebirgige, teils ebene Tongking um das Delta des Roten Flusses mit Hanoi und dem Hafen Haiphong. Die Mitte nimmt die steil nach O abfallende Hochgebirgskette (3280 m) von Annam ein, mit schmalem Küstentiefland im O. Kotschinchina im S ist sumpfreiches Tiefland beiderseits des Mekongdeltas mit Saigon und dem Hafen Cholon. - Das feuchtheiße Klima wird vom Monsun geprägt; warm-gemäßigt und malariafrei sind die Hochflächen (ab 1500 m). Trop. Regenwälder bedecken die Gebirge; oberhalb 1500 m gibt es Laubwälder. Die Bevölkerung besteht zu 90% aus Vietnamesen im Tiefland; thaichines. Gruppen leben im Gebirge.

1) Nord-Vietnam, Volksrep. in Tongking und N-Annam, 158 750 km² mit (1969) 21,34 Mill. Ew. Hauptstadt: Hanoi. Nach der Verf. v. 1967 ist der Präs. Staatsoberhaupt. ⬚ S. 1179. ⬚ Bd. 1, S. 392. Währung ist der Dong. Bildung: Die Schulpflicht vom 7. bis 11. Lebensjahr ist wegen Lehrermangels nicht durchgesetzt. Außer 8 Universitäten gibt es Fachhochschulen.

Wirtschaft. Trotz intensiven Anbaus des Hauptnahrungsmittels Reis in den fruchtbaren, eingedämmten Becken des dichtbevölkerten Rote-Fluß-Deltas (bis 1500 Ew./km²) müssen Nahrungsmittel eingeführt werden. - Industrie ist auf Grund von Holz, Kautschuk, Eisenerz und Kohle (Vorräte 20 Mrd. t), Zinn, Zink, Bauxit u. a. im Aufbau, erleidet jedoch durch den Krieg ständig schwere Schäden, so daß seit 1965 Werke aus den Städten aufs Land oder unter die Erde verlegt werden. Nur ¹/₈ der Gesamtfläche ist Dauerkulturland; es war zu 95% mit Reis bestellt, der Rest mit Zuckerrohr, Süßkartoffeln, Maniok, Mais u. a., in Höhenlage wurden auch Jute, Tee, Baumwolle und Kaffee erzeugt. V. ist nur (1959) 11 000 km Straße und (1964) 900 km Eisenbahn erschlossen. Die Kanäle und schiffbaren Flüsse (830 km) sind Haupttransportwege; das Fahrrad löste Träger und Tragtiere ab. Der Luftverkehr geht von Hanoi aus.

2) Süd-Vietnam, Rep. in Kotschinchina und S-Annam, 170 906 km² mit (1970) 18,33 Mill. Ew. Hauptstadt: Saigon. Staatsoberhaupt ist der Staatspräsident. Die Volksvertretung besteht aus Abgeordnetenhaus und Senat. ⬚ S. 1179. ⬚ Bd. 1, S. 392. Währung ist der V.-Piaster. Bildung: Allgem. Schulpflicht ist nicht überall durchgesetzt. Es gibt 3 Univ. Auch die **Wirtschaft** erleidet durch die Kriegshandlungen ständig schwere Schäden. In Land- und Forstwirtschaft arbeiten 80% der Bevölkerung; sie erzeugten früher

Überschüsse, bes. Reis und Kautschuk; sonstiger Anbau wie in Nord-V. Seit 1968 sind Reiseinfuhren notwendig. Die Industrie beschäftigt weniger als 1% der Bevölkerung in Textil-, Papier- und Zementfabriken. Die Bodenschätze, Phosphate, Salz, Gold, Molybdän u. a., sind noch nicht erschlossen. Der Hauptverkehr wird zur See abgewickelt über Saigon und Da Nang. Das um 80 m/Jahr seewärts wachsende Mekongdelta ist von einem dichten Kanalnetz (4500 km) durchzogen. Straße (20 000 km) und Eisenbahn nach N-V. (rund 1000 km) sind seit 1954 unterbrochen.

Geschichte. Nach dem Sturz des Reiches Jüä in Ost-China (333 v. Chr.) gründeten Flüchtlinge in S-China und Tongking das Reich Süd-Jüä (annamit. Nam Viet), das am Ende des 3. Jahrh. v. Chr. an China fiel. Die Annamiten vertrieben die Chinesen 968 n. Chr. und wandten sich gegen Tschampa im S, das sie 1471 überwältigten. Ihr Sieg brachte inneren Zwist: sie spalteten sich in die Herrschaft der Trinh (N) und die der Nguyen (S). Erst Kaiser Gia-Long einigte 1802 Annam und Tongking unter dem alten Namen V. Nach 1850 besetzten Franzosen das Land (→Indochina). Den neuen Staat V. gründeten während der japan. Besetzung (1940 bis 1945) die→Vietmin. Nach 1945 wurde V. zunächst im S von Franzosen besetzt und seine Selbständigkeit im Rahmen der Französ. Union anerkannt (1949 Kaiser Bao Dai). Der für die Franzosen verlustreiche Indochinakrieg wurde auf der Genfer Ostasienkonferenz 1954 beendet. In Süd-V. wurde 1954 Ngo Dinh-Diem Min.-Präs., 1955 Staatspräs. und Regierungschef. In Nord-V. übernahm Ho Chi Minh die Führung des Staates. MinPräs. war dort seit 1955 Pham Van Dong.

Seit der Teilung V.s entwickelte sich in Süd-V. die Aufstandsbewegung des →Vietcong. Die Vietcong und die von ihnen beherrschte Nationale Befreiungsfront (seit 1960) werden von Nord-V. unterstützt und über den Ho-Chi-Minh-Pfad (Nord-V., Laos, Süd-V.) versorgt. Seit Abzug der Franzosen unterstützten die Verein. Staaten Süd-V. in steigendem Maße durch Waffenlieferungen und (zunächst) Militärberater. Schwere Spannungen zwischen den Buddhisten und dem kath. Präsidenten führten zu dessen Sturz und Ermordung am 1. 11. 1963. Innere Auseinandersetzungen minderten die Autorität der südvietnames. Regierung.

Im Zusammenhang mit dem Tongking-Zwischenfall bombardierten Flugzeuge der USA am 4. 8. 1964 Ziele in Nord-V. Seitdem weitete sich der Kampf gegen die Vietcong und die in Süd-V. erschienenen nordvietnames. Truppen schnell zu einem schweren militär. Konflikt aus. Die Landstreitkräfte der USA

Vietnam: Küstenlandschaft am Südchinesischen Meer

wuchsen von 16 500 (1964) auf über 500 000 Mann (1968). Nord-V. unterstützte den Vietcong zunehmend durch eigene Truppen. Die kommunist. Staaten, bes. die Sowjetunion, gewähren wirtschaftl. und militär. Hilfe. März/April 1968 besetzten die Vietcong in einer Großoffensive zeitweilig Hué, Teile von Saigon und andere Städte in Süd-V.

Am 10. 5. 1968 begannen zwischen amerikan. und südvietnames. Vertretern einerseits sowie Abgesandten Nord-V.s und des Vietcong andererseits in Paris Vorgespräche zu Friedensverhandlungen. Um die militär. Operationen des Vietcong und der Nordvietnamesen von Laos und Kambodscha aus zu unterbinden, marschierten für einen begrenzten Zeitraum südvietnames. Truppen, unterstützt bes. von der amerikan. Luftwaffe, nach Kambodscha (1970) und Laos (1971) ein. Der amerikan. Präs. Nixon begann jedoch gleichzeitig mit der Verminderung der amerikan. Truppenpräsenz (‚Vietnamisierung' des Krieges).

1965 wurde Gen. Van Thieu Staatspräs. Nach Unruhen folgten am 11. 9. 1966 Wahlen zu einer Verfassunggebenden Nationalversammlung. Nach der Verf. v. 1967 wurde Van Thieu Präs., wiedergewählt 1971 nach schweren innenpolit. Auseinandersetzungen und dem vorzeitigen Rücktritt aller Gegenkandidaten.

Nach dem Tode Ho Chi Minhs (†3. 9. 1969) wurde in Nord-V. Ton Duc Thang Präs.; MinPräs. blieb Pham Van Dong.

Vietnam'esen, das zahlenmäßig stärkste Volk der ehem. Indochina (über 20 Mill.), an der hinterind. O-Küste von China bis Kambodscha verbreitet; Staatsvolk Vietnams.

Vietor [v'ie:tɔr], Karl, Literarhistoriker, * 1892, †1951; ‚Dt. Dichten und Denken von der Aufklärung bis zum Realismus' (1936), ‚Goethe' (1949), ‚Georg Büchner' (1949).

Vi'etta, Egon, eigentl. des Kritikers und Essayisten Egon **Fritz,** * 1903, † 1959.

Vieweg, Hans Friedrich, Verleger, * 1761, † 1835, verlegte Goethes ‚Hermann und Dorothea', Werke von Herder, W. von Humboldt, der Brüder Schlegel.

vif [frz.], lebhaft, geweckt.

Vigée-Lebrun [viʒ'e ləbr'œ̃], Elisabeth-Louise, * 1755, † 1842, französ. Malerin eleganter Frauenbildnisse.

V'igeland, Gustav, norweg. Bildhauer, * 1869, † 1943; symbolist. Figurengruppen und Reliefs im Frogner-Park in Oslo.

Vigevano [vidʒ'ε-], Stadt in der Lombardei, Italien, 67 100 Ew., am Tessin; Dom, got. Kastell; Seidenhandel.

vigil'ant [lat.], wachsam, schlau, geweckt.

Vig'il(ie) [lat. ‚Nachtwache'] die, Kath. Kirche: der Vorfeier eines Festes am Vortage, anfänglich nachts, seit dem 6. Jahrh. abends, seit dem 14. Jahrh. morgens; neuerdings stark eingeschränkt.

Vig'ilius, Papst (537-55), Anhänger der gegen die Beschlüsse von Chalcedon gerichteten Religionspolitik Justinians I.

Vigneaud [viɲ'o:], Vincent **du V.,** amerikan. Biochemiker, * 1901, Prof. an der Cornell-Universität, arbeitete bes. über Insulin, Hormone, Aminosäuren, Biotin, Penicillin. Nobelpreis 1955.

Vign'ette [vinj-, frz.] die, ein graphischer Buchschmuck, meist auf der Titelseite, am Beginn und Ende eines Kapitels.

Vignettierung, unerwünschte Abschattung, bes. schiefer Strahlenbüschel z. B. durch die Linsenfassung oder bei photograph. Aufnahmen durch Kamerateile.

Vignola [vinj'ola], Giacomo da, eigentl. **Barozzi,** italien. Baumeister, * 1507, † 1573, nach dem Tod Michelangelos dessen Nachfolger in der Bauleitung von St. Peter und führender Architekt in Rom, baute seit 1568 die Jesuitenkirche Il Gesù in Rom, einen Langhausbau mit Kuppel, der eine neuen Typus des Kirchenbaus begründete.

Vigny [viɲ'i], Alfred Comte de, französ. Dichter, * 1797, † 1863, verband romant.

Pessimismus mit der stolzen Haltung des Edelmanns; Gedichte, Verserzählungen, Romane (histor. Roman ‚Cinq-Mars', 1826; ‚Glanz und Elend des Militärs', 1835); Drama ‚Chatterton' (1835).

V'igo, Hafenstadt in Galicien, NW-Spanien, 197 200 Ew., Schiffbau; Sardinenfang.

vigor'oso [ital.], ♩ kräftig, stark.

Viipuri, finn. Name von →Wiborg.

Vik'ar, Stellvertreter eines weltl. oder geistl. Amtsträgers, bes. jüngerer Geistlicher als Amtsgehilfe eines Pfarrers.

Viktor, Könige:
Italien. 1) **V. Emanuel II.** (1861-78), vorher König von Sardinien (1849-61), * 1820, † 1878, zusammen mit dem großen Staatsmann Cavour der Einiger Italiens.
2) **V. Emanuel III.** (1900-46), Enkel von 1), * 1869, † 1947, berief 1922 Mussolini an die Spitze der Regierung, wurde durch ihn 1936 auch Kaiser von Äthiopien, 1939 auch König von Albanien; dankte nach dem Zusammenbruch Italiens ab.
Sardinien-Piemont. 3) **V. Amadeus I.,** Herzog von Savoyen (1675-1730), König von Sizilien (1713-18), dann von Sardinien (1718/20 bis 1730), * 1666, † 1732, kämpfte gegen Ludwig XIV., erhielt im Utrechter Frieden Sizilien, das er aber gegen Sardinien eintauschen mußte; dankte 1730 ab.

Viktoria, Fürstinnen:
Deutsche Kaiserin. 1) **V.,** Tochter von 2), * 1840, † 1901, 1858 Gattin des späteren Kaisers Friedrich III., den sie stark beeinflußte; Gegnerin Bismarcks.

Königin Viktoria   Rudolf Virchow

Großbritannien. 2) **V.** Königin (1837 bis 1901), Kaiserin von Indien (seit 1876), * 1819, † 1901, 1840 vermählt mit ihrem Vetter Albert von Sachsen-Coburg. Unter ihr wird die Blütezeit des brit. Imperialismus und des engl. Bürgertums das **Viktorianische Zeitalter** genannt.
Braunschweig. 3) **V. Luise** Herzogin, einzige Tochter Wilhelms II., * 1892, war seit 1913 mit Herzog Ernst August von Braunschweig (* 1887, † 1953) vermählt. Ihre Tochter ist Königin Friederike von Griechenland.

Viktu'alien [lat.] Mz., Lebensmittel.

Vik'unja [indian.] die, das, 🦙 ein →Lama.

V'ila Cabr'al, Hauptstadt des Distrikts Njassa, NW-Moçambique, 81 800 Ew.

Vil'ar, Jean, französ. Regisseur, * 1912, † 1971, gründete 1947 die Festspiele von Avignon, leitete 1951-63 das Théâtre National Populaire (TNP) im Palais de Chaillot in Paris.

V'ilbel [-f-], **Bad V.,** in Hessen, nördl. von Frankfurt, Stadt an der Nidda, 18 300 Ew.; Mineralwasserindustrie, Heilbad (Herzleiden, Kreislaufstörungen, Rheuma).

Vildr'ac, Charles, eigentl. **Messager,** französ. Schriftsteller, * 1882, †1971; Gedichte, Dramen aus dem Milieu des Arbeiter- und Kleinbürgertums.

V'illach [-f-], Stadt in Kärnten, Österreich, an der Drau, 34 200 Ew.; Pfarrkirche St. Jakob (got. Hallenkirche); Holz-, Cellulose-, Maschinen-, chemische Industrie. **Warmbad V.** hat radonhaltige Thermalquellen.

Villafr'anca di Ver'ona, Stadt 15 km südwestl. von Verona, 22 200 Ew. - 11. 7. 1859 Vorfriede zwischen Frankreich und Österreich, das die Lombardei abtrat.

Villahermosa [viʎaɛrm'osa], früher **San**

Juan Bautista, die Hauptstadt des Staates Tabasco, Mexiko, 54 000 Ew.

Villa Hügel, früher Wohnsitz der Familie Krupp bei Essen, seit 1955 Stiftung für kulturelle Zwecke.

Villa-Lobos [-l'obuʃ], Heitor, brasilian. Komponist, * 1887, † 1959; Opern, Ballette, Sinfonien, Kammermusik, Lieder u. a.

Villan'ella die, italien. ‚Bauernliedchen' des 16. Jahrh. in schlichtem dreistimmigem Satz auf volkstümlichen Text.

Villan'ova-Kultur, früheisenzeitl. Kultur (9.-5. Jahrh. v. Chr.) in Oberitalien.

Villard de Honnecourt [vil'a:r də ɔnk'u:r], französ. Baumeister, um 1230-35 nachweisbar, hinterließ ein Bauhüttenbuch mit Zeichnungen von Bauten, Bildwerken, Werkzeugen u. a., die einen einzigartigen Einblick in das mittelalterl. Kunstschaffen gewähren. (Bild Zeichnung)

Ville die, Höhenzug im Rheinland, Vorgebirge.

Villehardouin [vilɔardw'ɛ̃], französ. Adelsgeschlecht, das von 1204 bis ins 14. Jahrh. in Achaia herrschte.
Geoffroi de V., * um 1150, † 1213, Teilnehmer am 4. Kreuzzug, verfaßte das erste bedeutende Geschichtswerk in französ. Sprache: Histoire de la conquête de Constantinople (1198-1207).

Villeroy & Boch, eines der größten keram. Unternehmen der Welt, Mettlach (Saar), gegr. 1748.

Vill'ers, 1) Alexander von, sächs. Diplomat und Schriftsteller, Neffe von 2), * 1812, † 1880, Legationsrat in Wien; klass. ‚Briefe eines Unbekannten'.
2) Charles François Dominique de, französ. Schriftsteller, * 1765, † 1815, floh als Artillerieoffizier 1793 nach Deutschland, wo er einer der Vermittler zwischen französ. und dt. Geist wurde.

Villiers de l'Isle-Adam [vilj'e də lilad'ã], Auguste Comte de, französ. Schriftsteller, * 1838, † 1889; mit Mallarmé befreundet, Vorläufer des Symbolismus; Gedichte, Dramen, Roman ‚Eva der Zukunft' (1886).

Villingen-Schwenningen, 1972 aus Villingen im Schwarzwald und Schwenningen gebildete Stadt in Südbaden, 39 500 Ew. Reste der Stadtmauer, mittelalterl. Kirchen, Rathaus mit Saal (1534); feinmechan., Elektro-, Uhren-, Metallhalbzeug- u. a. Ind.

Villon [vij'ɔ̃], 1) François, eigentl. **Montcorbier,** der bedeutendste französ. Lyriker aus vorklass. Zeit, * 1431, † nach 1463, führte ein Vaganten- und Gaunerleben, das ihn mehrmals ins Gefängnis und 1463 fast an den Galgen brachte. V.s Dichtung, zwischen Daseinsfreude und Todesangst schwankend, ist höchst persönl. Bekenntnis.
2) Jacques, französ. Maler, * 1875, † 1963, malte, vom Kubismus herkommend, in lebhaften, lichten Farben.

J. Villon: Der Schreiber, 1949 (Paris, Musée National d'Art Moderne)

Vilm, kleine bewaldete Insel vor der Südküste Rügens, Naturschutzgebiet.

V'ilmar, August Friedrich Christian, evang. Theologe, * 1800, † 1868, Prof. in Marburg; ‚Gesch. der dt. Nationalliteratur' (1845).

Vilmorin [-r'ɛ̃], Louise Leveque de, franzӧs. Schriftstellerin, * 1902, † 1969; Romane (‚Madame de . . .', 1951; ‚Weh dem, der liebt', 1955).

Vilnius, litauischer Name für →Wilna.

Vils die, **1)** Nebenfluß der Naab aus der Fränk. Alb, mündet bei Kallmünz, 80 km lang. **2)** Nebenfluß der Donau, 110 km lang, mündet bei Vilshofen.

Vilshofen [f'-]. Stadt in Niederbayern, an der Mündung der Vils in die Donau, mit 5800 Ew.; Textil-, Holz-, Eisenind. Reste der Stadtmauer, Kirchen aus dem 15. bis 18. Jahrh.; Stadtrecht 1206.

Viña del Mar [v'iɲa-], Seebad und Villenvorstadt von Valparaiso, Chile, 134 900 Ew.

Vincennes [vɛ̃s'ɛn], ӧstl. Vorort von Paris, 49 300 Ew.; Schloß (14. Jahrh.), bis 1740 kӧnigl. Wohnsitz; Universität, Weltkriegs-, Kolonial- und Nationales Sportmuseum.

Vinci [v'intʃi], →Leonardo da Vinci.

Vindel'iker, kelt. Volksstamm zwischen Bodensee, Donau, Inn **(Vindelicia);** Hauptort: Augusta Vindelicorum (Augsburg); 15 v. Chr. von den Rӧmern unterworfen.

Vindikationsklage, 🜍 die Klage des nichtbesitzenden Eigentümers einer Sache gegen den Besitzer (§ 985 BGB.).

Vinet [vin'ɛ], Alexandre, schweizer. evang. Theologe, Philosoph, Literarhistoriker, * 1797, † 1847, war Prof. der Theologie in Lausanne, trat für Religions- und Gewissensfreiheit ein und proklamierte die absolute Unabhängigkeit der Kirche von der bürgerl. Gesellschaft. V. war an der Gründung der freien Kirche im Waadtland beteiligt.

Vin'eta, sagenhafter Ort auf Wollin.

Vingt-et-un [vɛ̃t'œ̃, frz.] das, ein Kartenglücksspiel.

Vinkulationsgeschäft, Kreditgeschäft gegen Sicherung durch rollende (Eisenbahn) Ware.

vinkulieren [lat.], verpflichten, binden, festlegen; bes. die Bindung von Wertpapieren, so daß sie ohne Zustimmung des Emittenten nicht übertragen werden kӧnnen. **vinkulierte Aktien,** Namensaktien, deren Übertragung und Verkauf von der Zustimmung der Gesellschaft abhängig ist.

Vinland [,Weinland'], normann. Name für einen Teil der Ostküste Amerikas, wohl Massachusetts, um 1000 von Leif Eriksson entdeckt; Siedlungen bis ins 14. Jahrh.

Vinschgau [v'inʃ-], **Vintschgau,** italien. **Val Ven'osta,** das obere Etschtal, in Südtirol, vom Reschen bis Meran.

Vin'yl das, die einwertige ungesättigte Atomgruppe $CH_2=CH-$.

Vinzent'iner, die →Lazaristen.

Vinzentinerinnen, 1633 von Vinzenz von Paul gegründete kath. Frauengenossenschaft zur Krankenpflege.

Vinzenz von Beauvais [-bov'ɛ], * um 1190, † 1264, Dominikaner; verfaßte die umfangreichste Enzyklopädie des Mittelalters.

Vinzenz von Paul, Vincent de Paul [vɛ̃sɑ̃ dəp'ɔl], Begr. der neuzeitl. kath. Caritas, * 1581, † 1660, Stifter der Lazaristen und Vinzentinerinnen. Heiliger; Tag: 27. 9.

V'iola, Pflanzengattung der Veilchengewächse (Violaceae); umfaßt die Veilchen und Stiefmütterchen.

Vi'ola [ital.] die, **1)** die Bratsche. **2)** eine Familie von Streichinstrumenten, die ihre Blüte im 16. und 17. Jahrh. hatte. Stamminstrument ist die **V. da Gamba** (Kniegeige), nach der eine ganze Familie von Gamben genannt wurden. Die **V. da braccio** (Armviole) wurde als Diskantgambe Vorläuferin der Geige. Die **V. d'amore** (Liebesgeige) ist eine im 17. Jahrh. in England entstandene V. mit weichem, zartem Klang.

Vi'ole [lat.] die, Pflanzen, z. B. Nachtviole.

viol'ett [frz.], veilchenfarbig.

Violine [ital.] die, die →Geige.
Violinschlüssel, ein →Notenschlüssel.
Violoncello [violɔntʃ'ɛlo, ital.] das, kurz **Cello,** Streichinstrument mit 4 Saiten (C–G–d–a), das der Tonlage nach zwischen Bratsche und Kontrabaß steht und im Baßschlüssel, auch Tenorschlüssel notiert wird. Das V. wird seit der Mitte des 18. Jahrh. auch als Soloinstrument verwendet.

Vionville [viɔ̃v'il], lothring. Dorf, 20 km westlich von Metz. 16. 8. 1870 Sieg der Deutschen über die Franzosen bei V. und Mars-la-Tour; letzter schlachtentscheidender Reiterangriff der Kriegsgeschichte.

Vi'otti, Giovanni Battista, italien. Violinvirtuose und Komponist, * 1753, † 1824.

VIP, im internat. Sprachgebrauch Abk. für very important person [v'ɛri 'impɔːtənt p'ɔːsn, engl.], sehr bedeutende Persӧnlichkeit.

Vipern [lat.], **Ottern,** Giftschlangen mit zentralem Giftkanal in ihren Giftzähnen. Die V. haben im Unterschied zu den →Grubenottern keine Grube vor den Augen; z. B. die Kreuzotter.

Vipit'eno, die Stadt →Sterzing.

V'irchow [-o], Rudolf, Pathologe, * 1821, † 1902, schuf die ‚Zellularpathologie und die Grundlagen der neuzeitl. Anthropologie. V. war einer der Gründer und Führer der Fortschrittspartei (1861); Gegner Bismarcks, aber auch der Kath. Kirche (Kulturkampf). (Bild S. 1313)

Virelai [virl'ɛ] der, altfranzӧs. dreistrophisches Tanz- und Liebeslied mit Kehrreim.

Virement [virm'ã, frz.] das, die Übertragung von Haushaltsmitteln von einem Etatposten auf einen andern.

V'iren [lat.], Mz. von →Virus.

Virg'il, oft fälschlich für →Vergil.

Virgin'al, 1) die, dt. Heldenepos des 13. Jahrh., früher auch ‚Dietrichs erste Ausfahrt', ‚Dietrichs Drachenkämpfe' genannt. **2)** das, engl. für Spinett (Kielklavier), das Hauptinstrument der engl. Musik des 16./17. Jahrh. **(Virginalmusik.)**

Virg'inia [lat. ‚die Jungfräuliche'], weibl. Vorname; im rӧm. Mythos Tochter des rӧm. Plebejers Virginius, der sie tӧtete, als der Dezemvir Appius Claudius ihr nachstellte.

Virginia [vədʒ'injə], Abk. **Va.,** einer der südl. atlant. Staaten der Verein. Staaten, 105 716 km², 4,6 Mill. Ew. (27% Neger). Hauptstadt: Richmond. Führendes Tabakanbaugebiet der USA, daneben Baumwolle u. a.; Küstenfischerei. Bergbau auf Kohle und verschiedene Erze; Eisen-, Tabak-, Seiden-, Kunstseidenindustrie. Schiffbau. - V. war die erste engl. Kolonie in Nordamerika, genannt nach der jungfräul. Kӧnigin Elisabeth I., 1584/85 von Raleigh gegr., seit 1607 besiedelt; im Sezessionskrieg auf seiten der Südstaaten.

Virginiahirsche, Gattung schlank gebauter rehähnl. Hirsche mit gabelig geteiltem Geweih; z. B. **Maultierhirsch** im westl. Nordamerika.

Virginische Inseln, engl. **Virgin Islands** [v'ɔːdʒin'ailəndz], →Jungfern-inseln.

Virginität [lat.] die, Jungfräulichkeit.

vir'il [lat.], männlich.

Virtanen, Artturi Ilmari, finn. Biochemiker, * 1895, Prof. in Helsinki, fӧrderte die Bodenkunde, entwickelte neue Verfahren zur Grünfutterkonservierung. Nobelpreis für Chemie 1945.

virtu'ell [lat.], der Kraft, Mӧglichkeit nach vorhanden, fähig zu wirken.

virtueller Zustand, quantenmechan. Zustand, der auf Grund der Unschärferelationen mӧglich ist, dessen Existenz aber dem Energiesatz widerspricht. V. Z. sind nicht beobachtbar, spielen aber in der Quantenmechanik eine wichtige Rolle.

virtuelles Bild, Optik, ein durch Linse oder Spiegel entworfenes scheinbares Bild, das man nicht auf einem Schirm auffangen kann. Gegensatz: reelles (wirkliches) Bild.

virtu'os [ital.], meisterhaft, kunstfertig. Hptw. **Virtuosität. Virtu'ose,** techn. glänzender Künstler, bes. Musiker.

V'irtus [lat.] die, Tüchtigkeit, Vollkommenheit, Tapferkeit, auch: Tugend.

virul'ent [lat.], ansteckungsfähig. **Virul'enz** die, der Grad der krankmachenden Eigenschaften eines Krankheitserregers.

V'irus [lat. ‚Gift'] das, Mz. Viren, kleinste Krankheitserreger, die keinen eigenen Stoffwechsel besitzen und sich nur in lebenden Zellen vermehren kӧnnen. V. sind

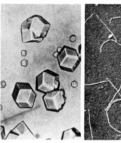

Virus: links Kristalle des ‚Bushy stunt'-Virus der Tomate (etwa 120fach vergr.); rechts Kartoffel-γ-Virus, Fäden von 750 mμ Länge

Träger von Erbmerkmalen; sie kӧnnen auch Erbänderungen erleiden. Manche V. sind auf bestimmte Wirte oder auch auf bestimmte Gewebe spezialisiert. So finden sich V. bei Bakterien **(Bakteriophagen),** Pflanzen, Tieren und Menschen. - Die **Virusforschung** (Virologie) bedient sich zu Nachweis und Darstellung der V. bes. des Elektronenmikroskops, des Ultrafilters und der Ultrazentrifuge, ferner serolog. Verfahren.

Viruskrankheiten, Vir'osen, durch Viren hervorgerufene Infektionskrankheiten. Sie werden wie andere Infektionskrankheiten übertragen. Da viele V. lebenslange Immunität hinterlassen, sind vorbeugende Schutzimpfungen (z. B. gegen Pocken, Tollwut, Gelbfieber) und Serumschutzgaben (z. B. gegen Masern) erfolgreich. In der Behandlung wirken dagegen die neuzeitl. Mittel (bes. die Antibiotica) nur bei die wenigen großen Virusarten (z. B. Erreger der Papageienkrankheit) und helfen sonst nur gegen zusätzliche Infektionen mit Bakterien. - Wichtige V. des Menschen sind ferner: Kinderlähmung, Mumps, epidemische Gelbsucht (Hepatitis epidemica), Grippe, Schnupfen; wichtige Tierkrankheiten: Maul- und Klauenseuche, Schweinelähmung, Schweinepest, Geflügelpest, Staupe; Pflanzenkrankheiten: Kräuselkrankheit, Kartoffelabbau; manche krebsartigen Wucherungen. Seit der Entdeckung des Virus des Hühnersarkoms durch P. Rous (1910) sind zahlreiche gutartige und bӧsartige Geschwülste bei Virusarten geworden, die durch Virusarten **(Tumor-Viren)** verursacht werden und wie Infektionskrankheiten von Tier zu Tier übertragen werden kӧnnen. Die Frage, ob auch Geschwülste des Menschen durch Tumor-Viren verursacht werden, ist noch nicht entschieden.

Vis, italien. **Lissa,** jugoslaw. Insel in Dalmatien, 95 km², 585 m ü. M., rd. 10 000 Ew. Hauptort ist V.

Visage [viz'aːʒə, frz.] die, vulgär für Gesicht.

Vis-à-vis [vizav'i, frz.], gegenüber.

Vis'ayan-Inseln, Inselgruppe der Philippinen.

Visbek, Gem. in Ndsachs., Alhorner Heide, 7100 Ew.; in der Umgebung jungsteinzeitl. Grabmäler.

V'isby [-bi], **Wisby,** die Hauptstadt der Insel Gotland, Schweden, 18 900 Ew.; Getreide- und Holzhandel; Stadtmauer (38 Türme), Dom u. a. Kirchen des 11. bis 13. Jahrh. - V. war im Hochmittelalter eine mächtige Hansestadt, Mittelpunkt des Ostseehandels; im 13. Jahrh. verlor es seine Stellung an Lübeck; 1361 wurde es dänisch, 1645 schwedisch.

Vischer, 1) Erzgießerfamilie in Nürnberg. Die 1453 von **Hermann d. Ä.** († 1488) gegr. Gießhütte entwickelte sich zur führenden in Deutschland unter seinem Sohn **Peter d. Ä.** (* um 1460, † 1529): Grabmal des Erzbischofs Ernst v. Sachsen im Magdeburger Dom (1494/95), Sebaldusgrab in St. Sebald zu Nürnberg (erster got.) nach einem bereits Renaissanceformen aufnehmenden Plan, 1513 seine reifsten Werke, die Standbilder des Artus und

P. Vischer d. Ä.: Selbstbildnis am Sebaldusgrab in St. Sebald zu Nürnberg

Theoderich für das →Maximiliansgrabmal in Innsbruck. Seitdem ging der künstlerische Anteil der Werkstatt an seine Söhne über, die unter dem Einfluß der italien. Renaissance herangewachsen waren: **Hermann d. J.,** * um 1486, † 1517 (Grabplatten für Krakau, Römhild u. a.), **Peter d. J.,** * 1487, † 1528 (figürl. Kleinplastik des Sebaldusgrabs, Statuetten, Plaketten) und **Hans,** * 1489, † 1550.
2) Friedrich Theodor, Schriftsteller, Prof. für Ästhetik, * 1807, † 1887. Seine ,Ästhetik oder Wissenschaft des Schönen' (1846 bis 1857) baut auf der Hegelschen Philosophie auf. ,Auch einer' (Roman vom Kampf gegen die Tücke des Objekts, 1879).
V'ischnu, Vishnu, ind. Gott, →Wischnu.
Visconte [ital.], →Vicomte.
Visc'onti, lombard. Adelsgeschlecht, 1277-1447 die Stadtherren von Mailand. **Giangaleazzo V.,** * 1351, † 1402, erwarb dazu einen großen Teil Oberitaliens, 1395 Herzog. Die Erbtochter heiratete Francesco Sforza.
Visc'onti, Luchino Graf von, Herzog von Modrone, italien. Regisseur, * 1906, Filme ,Die Erde bebt' (1948), ,Tod in Venedig' (1971) u. a.
Viscount [v'aikaunt, engl.], →Vicomte.
Visegráder Bergland [v'iʃɛ-], **Waitzner Bergland,** Teil des Ungar. Mittelgebirges beiderseits der Donau; Weinbau.
vis'ibel [lat.], sichtbar.
Vis'ier das, 1) der hintere Teil der Zieleinrichtung bei Gewehren und alten Geschützen. 2) Gesichtsschutz beim mittelalterl. Helm.
Visier|einrichtung, eine optische Einrichtung an Schußwaffen, zur Einstellung der Waffe auf das Ziel oder den Richtpunkt; bei Handfeuerwaffen enthält die V. Visier, Kimme, Korn, häufig auch ein Zielfernrohr, bei neuzeitl. Geschützen einen Aufsatz mit Visier- oder Rundblickfernrohr.

visieren, zielen, auf etwas richten.
Visi'on [lat.], Gesichts-, Sinnestäuschung oder als Wirklichkeit empfundene anschauliche Vorstellung, z. B. in ekstatisch-religiösen Zuständen. **vision'är,** seherisch, traumhaft.
Visitation [lat.], Besichtigung; Durchsuchung, z. B. von Körpern und Kleidung einer verdächtigen Person **(Leibes-V.).**
Vis'ite [frz.] die, kurzer Besuch, auch ärztlicher Besuch. **Visitenkarte,** Besuchskarte.
visitieren, untersuchen, besichtigen.
visk'os [lat.], zähflüssig, klebrig.
Visk'ose [lat.] die, kolloidale Lösung von Natrium-Cellulose-Xanthogenat, eine Zwischenstufe der Celluloseherstellung.
Viskosimeter [lat.] das, Gerät zur Messung der Viskosität von Flüssigkeiten mit Hilfe der Durchflußzeit durch eine Kapillare, der Fallzeit einer Kugel o. a.
Viskosität [lat.], Zähflüssigkeit, Zähigkeit, innere Reibung von Flüssigkeiten; nimmt mit zunehmender Temperatur ab.
Vis m'aior [lat.] die, →höhere Gewalt.
Visp, franzöz. **Viège** [vj'ɛːʒ], **1)** die **V.,** linker Zufluß der Rhône im Kanton Wallis, Schweiz, entsteht aus der Matter V. und der Saaser V.
2) Bezirkshauptort im Kanton Wallis, 5300 Ew., an der Mündung der V., chem. Industrie.
Visser't H'ooft [v-], Willem Adolf, niederländ. evangel. Theologe, * 1900, 1938 bis 1966 Generalsekr. des Ökumen. Rats der Kirchen. 1966 Friedenspreis des Dt. Buchhandels (zus. mit Kardinal Bea).
Vista [ital.] die, Ansicht; Sicht, Vorlegung eines Wechsels. **Vistakurs,** der→Sichtkurs.
V'ista-Vision, ein Breitwandverfahren in der Filmprojektion, bei dem die Filmbilder mit einem Seitenverhältnis von 1:1,66 bis 1:2,55 wiedergegeben werden. Dieses entspricht dem Gesichtsfeld bei beidäugigem Sehen und ermöglicht so den Stereoeffekt (Raumwirkung).
visu'ell [lat.], das Sehen betreffend.
V'isum [lat.] das, Mz. Visa,→Sichtvermerk.
viszer'al [lat.], die Eingeweide **(Viscera)** betreffend.
V'ita [lat.] die, Leben, Lebensbeschreibung. **vit'al,** lebendig, lebenskräftig. **Vitalität,** Lebenskraft, Lebendigkeit.
Vit'alienbrüder, Liekedeeler [niederd. ,Gleichteiler'], mittelalterl. Seeräuber, versorgten zunächst als Helfer des schwed. Königs das 1389-92 von Dänemark belagerte Stockholm mit Lebensmitteln (Vitalien), führten dann als eigtl. Kaperkrieg mit Gewinnteilung; 1398 vom Deutschen Orden aus der Ostsee vertrieben, 1401 von der Hanse in der Nordsee vernichtet (→Störtebeker).
Vital'ismus [lat.] die, die Lehre, daß die Lebensvorgänge eine andere Gesetzlichkeit haben als die leblosen Naturvorgänge, insbes. die Annahme einer besonderen Lebenskraft (vis vitalis).
Vitalstoffe, ⚕ nach H. A. Schweigart: eine Gruppe von Stoffen, die für das Leben unentbehrlich sind. Träger von V. sind bes. pflanzl. Nahrung und Mikroben.
Vitam'ine [lat.], Nahrungsbestandteile, die keine Energie liefern, aber für den richtigen Ablauf des Stoffwechsels unentbehrlich sind. Sie werden entweder in den Zellen als Bestandteile von Enzymen **(Coenzyme)** wirksam oder greifen an bestimmter Stelle unmittelbar in den Stoffwechsel ein **(induktiv-wirksame V.).** V. können im tier. und menschl. Organismus nicht aufgebaut werden, sondern nur in Pflanzen und niederen Organismen. Einige V. kommen in der Natur als Vorstufen **(Pro-V.)** vor und erhalten ihre wirksame Form erst im Körper. Fehlen von V. erzeugt V.-Mangelkrankheiten **(Avitaminosen),** z. B. Skorbut, Rachitis, viele Zivilisationskrankheiten; Behandlung mit vitaminreicher Ernährung und V.-**Präparaten.** Bei übermäßiger Zufuhr von V. können ebenfalls Krankheitserscheinungen auftreten.

Man unterscheidet: **1)** wasserlösliche V.: **V. B₁, antineurit. V., Aneurin, Thiamin,** unentbehrlich für die Funktion des Nervensystems, kommt bes. in Hefe, Getreidekeimen, Ei, Leber vor. Tägl. Bedarf des Menschen: 1,2-2 mg. **V. B₂, Laktoflavin, Riboflavin,** wichtig für Oxydationsstoffwechsel, Wachstum, Haut, Lippen, Fingernägel, Zunge, Magen und Darm, kommt in Hefe, Getreide, Keimen, Leber, Niere, grünen Pflanzen vor. Tägl. Bedarf: 1,6-2,6 mg. **Nicotinsäureamid, Niacinamid, PP-Faktor,** Enzymbaustein im Abbaustoffwechsel, kommt in Hefe, Körnern, Früchten, Gemüsen, Leber, Niere, Milch vor. Tägl. Bedarf: 11 bis 20 mg. **V. B₆, Adermin, Pyridoxin,** Coenzym beim Abbau der Aminosäuren. Tägl. Bedarf: 2-4 mg. **V. H, Biotine,** früher auch als **Hautfaktor,** wichtig für Haut und Schleimhäute, Blut, kommt in Hefe, Keimen, Melasse, Leber, Niere, Hirn, Molke, Gelbei, Maische vor. Tägl. Bedarf: etwa 10 mg. **V. B₅, Panthotensäure,** bedeutsam für den normalen Zellenaufbau, kommt in Hefe, Getreidekeimen, Samen, Leber, Gelbei, Knollen, Wurzeln, Milch vor. Tägl. Bedarf: 10-50 mg. **V. Bc, Folsäuren, V. M,** Wachstumswirkstoffe, beeinflussen bestimmte Formen des Blutbildens günstigem Sinn. **V. B₁₂, Cyanocobalamin, Erythrotin,** regt bei Anämien die Blutbildung an, wirkt zusammen mit Antibiotica stark wachstumsbeschleunigend, kommt in Leber, Muskeln, Gelbei, Käse vor. **V. C, Ascorbinsäure,** verhindert Skorbut, Blutungsneigung, Infektanfälligkeit, Frühjahrsmüdigkeit, kommt in frischen Pflanzen, Obst, Hagebutten, Paprika, Sanddornbeeren, Gladiolen vor. Tägl. Bedarf: 75-150 mg. **V. P, Permeabilitäts-V.,** Vorkommen und Anwendung wie V. C. Tägl. Bedarf: 30-250 mg.
2) Fettlösliche V.: **V. A, Axerophthol,** kommt in Lebertran, Leber, Butter, Eigelb vor, vorgebildet in Karotten, Gemüse, Beeren. Bei Mangel tritt Schleimhautverhornung und Nachtblindheit ein. Tägl. Bedarf: 0,1-0,3 mg. **V. D, Calciferol,** mit den drei Bestandteilen D₂, D₃, D₄, bildet sich aus Vorstufen bei UV-Bestrahlung, notwendig für Skelettentwicklung, Phosphat- und Kalkstoffwechsel. Mangel führt zu rachitischen Veränderungen. **V. E, Tocopherol,** wirkt auf Blutbildung und Tätigkeit der männl. Keimdrüsen bei der Ratte, kommt im Weizenkeimöl, Baumwollsamenöl, Salat, Erbsen, Brunnenkresse, Erdnuß vor. Tägl. Bedarf: 2-5 mg. **V. K, Phyllochinon,** kommt als K₁ in der Luzerne, in Spinat, Kohl, Brennnesseln, Tomaten, Hagebutten, Leber vor, als K₂ in faulendem Fischmehl und in Darmbakterien. Mangel führt zu Blutungsneigungen. Tägl. Bedarf: 10-40 mg.
Vit'ellius, Aulus, röm. Kaiser (69 n. Chr.), * 15 n. Chr., von Vespasian beseitigt.
Vit'erbo, 1) Prov. Italiens in Latium, 3610 km², 259900 Ew.
2) Hauptstadt von 1), 53400 Ew., Stadtmauer, Pilgerviertel u. a. Bauten des MA.
V'iti-Inseln, die →Fidschi.
viti'ös [frz.-lat.], lasterhaft, fehlerhaft.
V'itium das, -s/...ti/en, ⚕ Fehler, bes. **V. cordis,** der Herzfehler.
Vit'oria, Hauptstadt der nordspan. Prov. Alava, 101400 Ew.; Leder-, Tonwaren-, Möbelind. - 21. 6. 1813 Sieg Wellingtons über die Franzosen.
Vitória, früher **Victoria,** Hauptstadt des Staates Espírito Santo, Brasilien, 140000 Ew., kath. Erzbischofssitz; Erzverschiffungshafen.
Vit'oria, Francisco de, span. Theologe, † 1546, einer der Begründer des modernen Völkerrechts.
Vitrage [vitr'aːʒə, frz.] die, dichter Fenstervorhang.
Vitr'ine [frz.] die, ein verglaster Schrank; Schaukasten.
Vitri'ol das, veraltet für in Wasser lösl. schwefelsaure Salze der zweiwertigen Schwermetalle.
Vitriolquellen, Art der Eisenquellen (Übersicht Heilquellen).

M. de Vlaminck: Chatou (Paris, Privatbesitz)

Vitr'uv, röm. Baumeister, schrieb um 25 v. Chr. ein auf griech. Quellen zurückgehendes Werk über Baukunst, das maßgebend wurde für die Baumeister der Renaissance.

Vitry-sur-Seine [-syr sɛ:n], Gemeinde im Stadtbereich von Paris, 79 200 Ew.

Vittor'ini, Elio, italien. Schriftsteller, * 1908, † 1966; Romane ('Gespräch in Sizilien', 1941; 'Die Garibaldina', 1956); 'Offenes Tagebuch 1929 bis 1959'.

Vitt'orio V'eneto, Gem. in Venetien, Oberitalien, 30 000 Ew., Mineralbad. - Okt. 1918 Zusammenbruch der österreich. Front.

V'itus, Heiliger, →Veit.

Vitzliputzli, verunstaltet aus Uitzilopochtli, Kriegsgott der Azteken.

Vitznau, Kurort im Kanton Luzern, 900 Ew., am Vierwaldstätter See, Ausgangspunkt der Rigibahn.

vivace [viv'atʃe, ital.], ♪ lebhaft.

Viv'aldi, Antonio, italien. Geiger und Komponist, * um 1680, † 1743, einer der Hauptmeister des barocken Konzerts für Geige und Orchester; Concerti grossi, darunter 'Die 4 Jahreszeiten'.

Viv'arium [lat.] *das,* -s/...ien, Schaubehältnis für Kleintiere.

v'ivat [lat.], 'er lebe', *Mz.* vivant, hoch! **Vivat** *das,* Heilruf. **vivat, crescat, floreat,** er (sie, es) lebe, wachse und gedeihe.

V'ives, Juan Luis, span. Humanist, Philosoph, Psychologe, Pädagoge, * 1492, † 1540, bekämpfte die Scholastik, trat für eine auf Erfahrung gegründete Psychologie ein.

Vivian'it *der,* **Blaueisenerz,** Mineral, indigoblau bis blaugrün, auch farblos.

vivip'ar [lat.], →lebendgebärend.

Vivisektion [lat.], →Tierversuche.

Vizc'aya, span. Name der Biscaya.

vize... [lat.], stellvertretend..., bes. vor Amtstiteln.

Vizekönig, der Vertreter eines Herrschers, früher bes. der des Königs von England in Indien (engl. viceroy).

vizin'al [lat.], 1) nachbarlich. 2) gemeindlich. **Vizinalbahn,** Nebenbahn.

Viztum [aus lat.] *der,* ⚹ Verwalter von geistl. Besitz, Statthalter, Regierungsbeamter.

v. J., Abk. für: vorigen Jahres.

Vlaanderen [fl'a:-, fläm(isch)], Flandern.

Vlaardingen [fl'a:r-], Stadt an der Nieuwe Maas, Prov. Südholland, Niederlande. 79 100 Ew., Haupthafen der niederländ. Heringsfischerei; Umschlagplatz für Erze, Öle, Fette.

Vlaminck [flam'ɛ̃:k], Maurice de, französ. Maler, * 1876, † 1958, schloß sich 1905 den →Fauves an, malte meist pastos und in starken Farben Landschaften und Stilleben.

VLF, Abk. für very low frequency [engl.], Myriameterwellen, →Wellenbereich.

Vlieland [fl'i-], westfries. Insel zwischen Texel und Terschelling, gehört zur Prov. Nordholland, Niederlande.

Vlies *das,* 1) das abgeschorene Wollkleid der Schafe. 2) →Goldenes Vlies. 3) der ausgebreitete Faserflor, der auf der Krempel gebildet und aus dem der Faden gesponnen wird.

Vlissingen [fl'i], französ. **Flessingue,** engl. **Flushing,** Stadt an der Mündung der Westerschelde, Niederlande, 39 300 Ew.; Ausgangspunkt für die Überfahrt nach England; Schiffswerft, Fischerei, Erdölindustrie.

Vl'ona, Avl'ona, Vl'ore, ital. **Val'ona,** Hafenstadt in Albanien, 50 400 Ew.; V. war 1914-20 von Italien besetzt.

Vl'otho, Stadt in Nordrh.-Westf., an der Weser, 16 500 Ew.; Zigarren-, Bekleidungs-, Möbel-, Maschinenfabriken.

Vltava, tschech. Name der →Moldau.

v. M., Abk. für: vorigen Monats.

V-Mann, Verbindungsmann zwischen Unterwelt und Kriminalpolizei.

V-Motor, ein Motor, dessen Zylinder in V-Form zueinander angeordnet sind.

VO., Abk. für Verordnung.

VOB, Abk. für Verdingungsordnung für Bauleistungen.

voce [v'o:tʃe, ital.], Stimme; ♪ **mezza v.,** mit halber Stimme; **sotto v.,** mit unterdrückter Stimme, leise.

Vöcklabruck, Stadt in Oberösterreich, 10 600 Ew.; Eternit-Werke, Textil- und Metallindustrie.

Vocoder *der,* ein elektroakust. Gerät zur Verminderung der Bandbreite (von 2400 Hz auf 400 Hz) bei der Übertragung von Sprache über Funk oder Leitungen.

Vögel, Klasse der Wirbeltiere; Warmblüter mit Federn, Hornschnabel und Flügeln als Vordergliedmaßen. Die Knochen sind leicht und werden z. T. von Luftsäcken durchzogen, die der Atmung dienen und Auftrieb für den Flug geben. Die Speiseröhre hat bei vielen V. einen Kropf zum Speichern und Vorverdauen der Nahrung. Auge und Gehör sind gut entwickelt, der Geruchssinn ist verkümmert. Die Männchen stechen oft durch Färbung, Schmuckfedern und eine schöne Stimme hervor.

Die Eier werden in einem →Nest ausgebrütet (→Brüten 2), Übersicht Brutpflege). - Stammesgeschichtlich sind die V. den Kriechtieren nahe verwandt.

Vogel, Hans-Jochen, Politiker (SPD), * 1926, war 1960-72 Oberbürgermeister in München, seit 1972 Landesvorsitzender der SPD in Bayern.

Vogelbeere, →Eberesche.

Vogelfang, das Einfangen von Vögeln, in Dtl. und anderen Ländern gesetzlich verboten (→Vogelschutz).

Vogelfluglinie, die kürzeste, dem Zugvogelflug folgende Verkehrsverbindung Kopenhagen-Hamburg über die Inseln Fehmarn, Lolland, Falster; 1963 fertiggestellt (Eisenbahn und Autobahn).

vogelfrei, geächtet, friedlos.

Vogelfußklee, Klauenschote, Gattung der Schmetterlingsblüter (Tafel Frucht und Samen) auf Sandboden Europas. Futterpflanze ist die →Seradella.

Vogelkirsche, wilde Süßkirsche, auch Geißblatt, Eberesche, Schneeball.

Vogelmilbe, rote, bis mohnkorngroße Milbe, die an Hühnern, Tauben, Stubenvögeln Blut saugt; befällt auch Pferde und Menschen.

Vogelsberg, Gebirge in Hessen, ein erloschener, abgetragener Basaltvulkan westlich der Fulda, erhebt sich schildähnlich bis 774 m Höhe (Taufstein). Auf den Höhen Viehzucht und Anbau von Sommergetreide. Ein Teil des V. ist Naturpark.

Vogelschießen, Volksfest, hervorgegangen aus der Übung der alten Schützengilden, bei dem ein hölzerner Vogel auf einer Stange dem Schützen als Ziel dient.

Vogelschutz, die Gesamtheit der Maßnahmen zum Schutz der Vögel. 1) Kultureller oder ideeller V. als Maßnahme des Naturschutzes, 2) wirtschaftl. oder ökonomischer V. als Maßnahme der biolog. Schädlingsbekämpfung (bes. gegen Schadinsekten) und 3) therapeut. V., der den heilenden Einfluß der Vogelbeobachtung auf kranke Menschen berücksichtigt.

Der praktische V. umfaßt die Schaffung von Nistgelegenheiten für frei- und höhlenbrütende Vögel, Vogeltränken, Schutz gegen Unfälle, Erhaltung des artgemäßen Lebensraumes, insbes. für Sumpf- und Wasservögel (z. B. Seevogelfreistätten), Bestandsregelungen zwischen zu- und abnehmenden Vogelarten (z. B. Greifvögel) u. a. Dem V. widmen sich viele Vereine, vor allem der Dt. Bund für Vogelschutz, die Internat. Rat für Vogelschutz, die Internationale Union für Angewandte Ornithologie. Der Schutz der wildlebenden Vögel in der Bundesrep. Dtl. ist in der Naturschutz-VO. vom 18. 3. 1936 und den entsprechenden Ländergesetzen so-

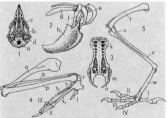

Vögel: Teile des Skelettes (Steinadler). 1 *Schädel von unten: a Hinterhauptsloch, b Jochbein, c Gaumenbein, d Quadratbein.* 2 *Brustbein und Schultergürtel: e Gabelbein (Schlüsselbein), f Rabenbein, g Schulterblatt, h Brustbeinplatte mit Kamm.* 3 *Becken von unten: k Darmbein, m Sitzbein, n Schambein.* 4 *Flügel: o Oberarmbein, p Elle, q Speiche, r, s Handwurzelknochen, s₂, s₃ Mittelhandknochen; I, II, III der 1., 2., 3. Strahl (Finger).* 5 *Bein: t Oberschenkelbein, u Wadenbein, v Schienbein, w Laufknochen; I, II, III, IV die vier Zehen*

VÖGEL

Wichtigste Ordnungen; Reihenfolge nach der stammesgeschichtlichen Entwicklung, mit den urtümlichen Formen beginnend.

Steißhühner
Straußvögel (Flachbrustvögel)
Hühnervögel
Kranichvögel (mit Rallen, Trappen, Kranichen u. a.)
Wat- und Möwenvögel
Gänsevögel (Entenvögel)
Flamingos
Schreitvögel (mit Störchen, Reihern u. a.)
Greifvögel („Raubvögel")
Ruderfüßer (mit Pelikanen, Kormoranen u. a.)
Röhrennasen (mit Albatrossen, Sturmvögeln u. a.)
Pinguine
Steißfüße (Taucher)
Kuckucksvögel
Taubenvögel
Papageien
Eulen
Nachtschwalben
Trogons
Rackenvögel (mit Bienenfressern, Eisvögeln u. a.)
Mausvögel
Segler
Spechtvögel
Sperlingsvögel (mit Singvögeln)

Vogesen: Blick zum Großen Belchen

wie im Bundesjagdges. v. 29. 11. 1952 i. d. F. v. 30. 3. 1961 geregelt.

Vogelschutzwarte, Institut für angewandte Vogelkunde; in der Bundesrep. Dtl. befinden sich V. in Ludwigsburg, Garmisch-Partenkirchen, Frankfurt a. M., Steinkrug/Deister, Essen-Bredeney, Kiel, Hamburg, in der Dt. Dem. Rep. in Seebach/Thüringen.

Vogelspinnen, große, behaarte, meist tropische, zu den Erdwebern gehörige Raubspinnen, die außer Insekten auch kleine Wirbeltiere fressen.

Vogelsteller, Vogler, Finkler, fing Krammetsvögel, Stare, Finken, Lerchen auf dem **Vogelherd (Finkenherd),** einem Platz mit Futter und Lockvögeln.

Vogelwarte, Institut zur Erforschung des Vogellebens, früher bes. des Vogelzuges, heute vor allem des Verhaltens und der Ökologie der Vögel. Die **V. Radolfzell (vormals V. Rossitten)** und die **V. Helgoland** sind amtl. Zentralen für die wissenschaftl. Vogelberingung. In der Dt. Dem. Rep. die **V. Hiddensee,** in Österreich die **V. Neusiedler See,** in der Schweiz die **V. Sempach.**

Vogelweide, Walther von der V., →Walther von der Vogelweide.

Vogelzug, der in große Entfernungen führende Ortswechsel von Vögeln, veranlaßt durch die wechselnden Außenbedingungen des jeweiligen Lebensraumes (Sommer und Winter, Regen- und Trockenzeit). Die **Zugvögel** folgen einem durch Hormone gesteuerten ,Zugtrieb'. Die Kenntnis der einzuhaltenden Richtung ist ihnen angeboren; tagsüber orientieren sie sich nach der Sonne, die nächtliche Orientierungsweise ist noch strittig. Die meisten Zugvögel Europas überwintern in Afrika.

Vogesen *die,* **Wasgenwald, Wasgau,** französ. **Vosges** [vo:ʒ], ein durch den Einbruch der Oberrhein. Tiefebene entstandener, nach O steil abfallender, nach W in das lothringische Hügelland übergehender Gebirgshorst in NO-Frankreich. Der N besteht aus tafelartigen Buntsandsteinbergen (Gr. Winterberg 581 m), südl. der Zaberner Senke herrschen Granite vor (Großer oder Sulzer Belchen, französ. Grand Ballon, 1423 m). Die V. sind stark bewaldet. Kar-Seen zeugen von ehemaliger Vergletscherung. In den Tälern ist Glas- und Textilindustrie verbreitet. Der Schwarze

See und der Lauchensee wurden zur Energiegewinnung gestaut. Weinbau an den Hängen der Vorberge.

Vogler, Georg Joseph, **Abt** (Abbé) **V.** genannt, Musiker, * 1749, † 1814, Lehrer u. a. von C. M. v. Weber.

Vogt [lat.], früher: Verwaltungsbeamter (z. B. Deich-, Land-V.); Aufseher (Fron-V.); Schirmherr.

Vogt, 1) Alfred, schweizer. Augenarzt, * 1879, † 1943. V. förderte die mikroskop. Augenuntersuchung und erforschte die Vererbung von Augenleiden.
2) Friedrich, Germanist, * 1851, † 1923; ‚Geschichte der deutschen Literatur' (mit M. Koch, 3 Bde., 1897).
3) [fukt], Nils Collett, norweg. Schriftsteller, * 1864, † 1937; Lyrik, Romane.
4) Oskar, Neurologe, * 1870, † 1959, entwickelte neuartige Ideen über die Gliederung der Großhirnrinde.

Vogtland, die Landschaft zwischen Frankenwald, Fichtelgebirge und westl. Erzgebirge, besteht aus weiten, von N nach S ansteigenden bewaldeten, von tiefen windungsreichen Tälern (Saale, Elster u. a.) zerschnittenen Hochflächen. Textil-, Maschinen-, Musikinstrumentenind. - Im Mittelalter reichsunmittelbares, seit dem 12. Jahrh. von stauf. Vögten verwaltetes Gebiet, das auch die obere Saale (Hof) umfaßte; seit 1466 größtenteils an Kursachsen.

Vogue [vɔ:g, frz.], Moden-, Gesellschaftszeitschrift, Paris, London, New York.

Vohwinkel, Stadtteil von Wuppertal.

Voigt-Diederichs, Helene, Schriftstellerin, * 1875, † 1961, schilderte das schleswigholstein. Volksleben.

● = Brutplätze
★ = Winterung
▬ = Ringfund
▲ = Durchzug

Vogelzug: Zugbahnen der Küstenseeschwalbe von der Arktis bis zur Antarktis, 18 000 km (nach G. Knabe und E. Schütz)

voilà [vwal'a, frz.], sieh da!, da haben wir's!

Voile [vwal, frz.] *der,* **Schleierstoff,** halbdurchsichtiges Gewebe in Leinwandbindung aus V.-Zwirnen und V.-Garnen.

Voith-Schneider-Propeller [fɔet-], ein Schiffsantrieb, der auch zum Steuern benutzt werden kann: Ein um eine senkrechte Achse umlaufendes Rad trägt meist vier tragflügelähnl. Propellerblätter, die bei jeder Umdrehung des Rades durch ein Gestänge so geschwenkt werden, daß sie Schub erzeugen. Durch Verstellen des Steuergestänges kann die Schubrichtung geändert werden. Ein Schiff mit V.-S.-P. kann auf der Stelle drehen, eines mit 2 V.-S.-P. kann sich auch seitwärts bewegen.

Vok'abel [lat.] *die,* das (einzelne) Wort, bes. einer fremden Sprache. **Vokabul'ar** *das,* Wörterverzeichnis, Wortschatz.

Vok'al [lat.] *der,* Selbstlaut.

Vokalmusik, die Gesangsmusik; wichtige Gattungen: Lied, Arie, Choral, Motette, Messe, Passion, Kantate, Oper.

Vokation [lat.] *die,* Berufung.

V'okativ [lat.] *der,* ⑤ der Anredefall, der Kasus, der dem Anruf und der Anrede dient, z. B. im Lateinischen, in den neueren indogerman. Sprachen der Nominativ.

vol., Abk. für **Volumen.**

Volant [vol'ã, frz.] *das, der,* 1) Falbel, Faltenbesatz. 2) ⚙ Lenkrad des Kraftwagens.

Volap'ük *das,* eine →Welthilfssprache, erfunden von J. M. Schleyer († 1912), 1880 veröffentlicht.

Voldem'aras, Augustinas, litauischer Politiker, * 1883, † 1944 in der Sowjetunion, 1918-22 und 1926-29 MinPräs. 1934 mißglückte sein Versuch, sich durch einen Militärputsch zum Staatsoberhaupt zu machen. 1937 wurde er des Landes verwiesen, kehrte 1940 zurück, wurde verhaftet und in die Sowjetunion deportiert.

Volière [volj'ɛ:rə, frz.] *die,* Flugkäfig für Vögel.

Volk, politisch und geschichtlich gleichbedeutend mit →Nation; im besonderen 1) die Gemeinschaft der Angehörigen eines Staates, das **Staatsvolk.** 2) die Gemeinschaft der durch Abstammung, Sprache, Recht, Geschichte, Kultur verbundenen; seit der deutschen Klassik und Romantik auch die tragende Kraft geschichtlichen und gegenwärtigen Lebens (Volkstum, Volksgeist). 3) zusammengehörige Gruppe von Tieren, z. B. ein V. Bienen (Bienen-Staat), ein V. Rebhühner (Schwarm, Kette).

Völkerball, Ballspiel, bei dem die beiden Parteien versuchen, die Spieler der Gegenpartei mit dem Ball abzuwerfen.

Völkerbund, die 1919 gegründete Staatenvereinigung zur Sicherung des Weltfriedens und zur Förderung der Zusammenarbeit unter den Nationen, Sitz Genf. Dem V. gehörten zeitweilig 59 Staaten an. Die Verein. Staaten traten nicht bei. Deutschland war 1926-33 Mitgl. Nach Gründung der Vereinten Nationen löste sich der V. 1946 auf.

Völkerkunde, als beschreibende V. **(Ethnographie)** und vergleichende V. **(Ethnologie)** die Wissenschaft von den Kulturerscheinungen der Völker, unter besonderer Berücksichtigung der Kulturen bis vor kurzem schriftloser Völker oder Menschen geringer Naturbeherrschung in Vergangenheit und Gegenwart.

Völkermord, Genoc'id, begeht, wer in der Absicht, eine nationale, rassische, religiöse oder durch ihr Volkstum bestimmte Gruppe ganz oder teilweise zu zerstören, vorsätzlich Angehörige der Gruppe tötet, ihnen schwere körperliche oder seelische Schäden zufügt u. a. Strafe: lebenslange Freiheitsstrafe (§ 220 a StGB).

Völkerrecht, die Rechtsnormen, die die Beziehungen der Staaten, internationaler Organisationen und anderer Rechtsträger untereinander regeln. Das V. beruht auf Vereinbarung, Gewohnheit und allgemeinen, von den Kulturstaaten anerkannten Rechtsgrundsätzen. Entscheidungen der

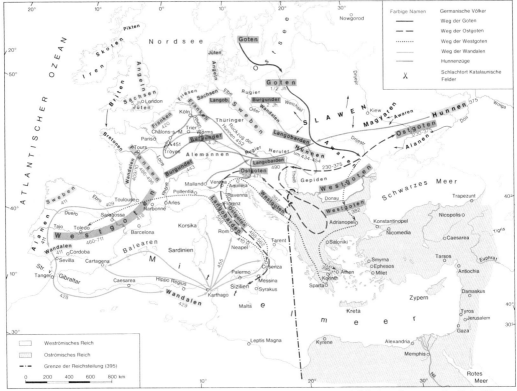

Map legend (top right):

Farbige Namen — Germanische Völker
———— Weg der Goten
– – – Weg der Ostgoten
········ Weg der Westgoten
– · – Weg der Wandalen
———— Hunnenzüge
✗ Schlachtort Katalaunische Felder

Map legend (bottom left):

Weströmisches Reich
Oströmisches Reich
Grenze der Reichsteilung (395)
0   200   400   600   800 km

internat. Gerichte und die Lehren der V.-Wissenschaft dienen als Hilfsmittel. Das V. wird eingeteilt in Friedensrecht, Kriegsrecht und Neutralitätsrecht. Wichtige Einzelgebiete sind das Vertragsrecht, das Recht der internat. Zusammenarbeit und Organisation, das Gesandtschafts- und Konsularrecht, der Minderheitenschutz, das Seerecht und das Recht der internat. Gerichtsbarkeit.

Völkerschlacht (1813), →Leipzig.

Volker von Alzei, Gestalt des Nibelungenlieds, ebenso ausgezeichnet als Ritter und Held wie als Spielmann; fällt auf Etzels Burg von Hildebrands Hand.

Völkerwanderung, 1) i. w. S.: die seit Ende des 3. Jahrtsd. v. Chr. auftretenden Wanderungen ganzer Völker oder Stämme, durch Landnot, Klimawechsel oder Druck anderer Völker hervorgerufen (die Dorische Wanderung im 12. Jahrh. v. Chr., die Keltischen Wanderungen im 7. und 4./3. Jahrh. v. Chr.). **2)** i. e. S.: die Wanderzüge der german. Völker im 2.-8. Jahrh. n. Chr. nach dem S und W Europas. Als Anfang der V. wird gewöhnlich der Einbruch der Hunnen in Europa 375 bezeichnet. Aber schon seit Mitte des 2. Jahrh. drängten die Germanen fortgesetzt gegen die römische Rhein- und Donaulinie. Die V. besiegelte den Untergang des Röm. Reiches und schuf in ihren Reichsbildungen die Grundlagen der abendländ. Staatenwelt; sie bedeutet den Übergang vom Altertum zum MA. Während die westgerman. Stämme (wie Franken, Sachsen, Alemannen) trotz ihrer Ausdehnung nach W und S die heimischen Sitze nicht aufgaben und als Völker erhalten blieben, gingen die Ostgermanen (West- und Ostgoten, Wandalen, Burgunder, Langobarden) weitab von der Heimat im Mittelmeergebiet nach einer kurzen, glänzenden Blütezeit zugrunde. Die Angelsachsen eroberten in der V. den Hauptteil Britanniens. Die Markomannen besetzten Bayern. (Vgl. die einzelnen Stammesartikel.) In den von den Ostgermanen verlassenen Raum zwischen Elbe und Weichsel drangen seit dem 6. Jahrh. die Slawen ein.

Völkerwanderungskunst, die Kunst der german. Stämme der Völkerwanderungszeit, bekannt durch Grabfunde und vergrabene Schätze: Schwerter, Helme, Schnallen, Fibeln und Schmuck, oft mit reichen Flächenornamenten in Guß- und Treibarbeit, auch mit Zellenverglasung. Die V. entstand unter der Herrschaft der Goten im südruss. Raum aus Verschmelzung der Steppenkunst mit spätantikem Kunsthandwerk und wirkte in der Kunst der german. Stämme fort.

Völkischer Beobachter, das Zentralorgan der NSDAP, 1920-45. Hauptschriftleiter war seit 1922 A. Rosenberg.

Völklingen, Stadt im Saarland, 39600 Ew., an der Saar; Steinkohlenbergbau, Eisen-, Stahlwerke (Röchling) u. a. Ind.

Volkmann, Richard von, Chirurg, Schriftsteller, * 1830, † 1889; veröffentlichte unter dem Decknamen R. **Leander** vielgelesene Märchen (,Träumereien an französischen Kaminen', 1871).

Volksabstimmung, →Plebiszit 2).

Volksaktien, die bei der Privatisierung von Unternehmen der öffentl. Hand ausgegebenen Aktien zu niedrig angesetztem Kurswert, in der Bundesrep. Dtl. erstmals 1959, in Österreich 1957.

Volksarmee, Nationale V., die Streitkräfte der Dt. Dem. Rep.

Volksbanken, gewerbl. Kreditgenossenschaften, vorwiegend im städtischen Bereich tätig; sie dienen bes. der organisierten Kreditversorgung des gewerbl. Mittelstandes.

Volksbeauftragte, Rat der V., die vorläufige Reichsregierung während der Novemberrevolution vom 10.11.1918 bis 10.2.1919.

Volksbegehren, das auf verfassungsrechtl. Grundlage beruhende Verlangen einer Mindestzahl von Staatsbürgern nach Erlaß eines Gesetzes oder Herbeiführung eines →Volksentscheids. In der Bundesrep. Dtl. ist V. im Rahmen der Neugliederung des Bundesgebiets zugelassen.

Volksbibliothekar, staatlich geprüfte Fachkraft für Volksbüchereien.

Volksbildungswerk, eine Form der ländlichen Volkshochschule mit Vorträgen, Lehrgängen und Arbeitsgemeinschaften.

Volksbildungswesen, Einrichtungen der →Erwachsenenbildung, bes. →Volkshochschulen sowie Volksbüchereien, Laientheater u. a.

Volksbücher, unterhaltende und belehrende Prosaschriften des ausgehenden Mittelalters; sie gehen meist auf ältere Werke für höhere Gesellschaftsschichten zurück, die mit der Verbreitung der Lesekunst (insbes. seit Erfindung des Buchdrucks) durch Auflösung der Versform in Prosa dem Geschmack breiter Volkskreise angepaßt wurden. Die Stoffe entstammen der deutschen Heldensage, den französ. Ritterromanen (Melusine, Haimonskinder), der Antike (Apollonios von Tyros) oder dem Orient. Auch Tiergeschichten, wie der Reinecke Fuchs, und Schwanksammlungen, wie das Lalebuch und die Schildbürger, wurden zu V. Im V. vom Eulenspiegel und vom Dr. Faust sind diese später beliebten literarischen Stoffe zum erstenmal schriftlich festgehalten. Wiederbelebt hat das V. die Romantik.

Volksbücherei, Volksbibliothek, Bücherhalle, Öffentliche Bücherei, eine Bibliotheksart, die sich seit Mitte des 19. Jahrh. neben der wissenschaftl. Bibliothek entwickelt hat; die V. sucht wertvolle Literatur für alle Bildungs-, Sozial- und Altersschichten bereitzustellen. Sondereinrichtungen sind Musik-, Blindenbüchereien, Kinder- und Jugendbüchereien. Träger der V. sind meist die Gemeinden, auch konfessionelle und andere Verbände.

Volksbühnen, Vereine, die ihren Mitgliedern verbilligte Theaterbesuche ermögli-

Links: bemalte Mützenschachtel aus Niederdeutschland, 18. Jahrh. (Celle, Bomann-Museum); Mitte: Perlstickerei auf Stoff, Lapp-land, 19. Jahrh. (Helsinki, Finn. Nat.-Museum); rechts: besticktes Bettuch aus Ungarn, 19. Jahrh. (Budapest, Kunstgewerbemuseum)

chen. Die erste Freie V. erwuchs 1890 aus der Arbeiterbewegung in Berlin. Die V. in der Bundesrep. Dtl. und in West-Berlin sind im ‚Verband der dt. V.-Vereine' zusammengeschlossen, mit christl. Grundlage im ‚Bund der Theatergemeinden'.

Volksbund deutsche Kriegsgräberfürsorge, gegr. 1919, unterstützt die Pflege der Gräber deutscher oder fremder gefallener oder verstorbener Kriegsteilnehmer.

V'olksdemokratie, nach marxistisch-leninist. Lehre im Unterschied zur parlamentar. Demokratie die Regierungsform eines bereits unter der ‚revolutionär-demokratischen Diktatur der Arbeiter und Bauern' stehenden, klassenmäßig aber noch uneinheitl. Staates. Sie ist eine Variante der ‚Diktatur des Proletariats'. Von ihr her soll bei zeitweil. nominellem Festhalten an einigen Institutionen und Spielregeln der parlamentar. Demokratie (u. a. Existenz anderer polit. Parteien) und auf der nicht zuletzt durch den gemeinsamen antifaschist. Kampf hergestellten breiteren sozialen Basis der Nationalen Front, jedoch bei stetem Herrschafts- und Führungsmonopol der kommunist. Partei der Aufbau des Sozialismus etappenweise verwirklicht werden. Die Bez. V. wurde u. a. zur Kennzeichnung der kommunist. Regierungssysteme, die nach 1945 in den in die sowjet. Machtsphäre geratenen Ländern Mittel-, Ost- und Südosteuropas entstanden sind, geschaffen.

Volksdeutsche, die in Ländern außerhalb der Grenzen des Dt. Reiches von 1937 und Österreichs ansässigen Bewohner deutscher Herkunft.

Volksdichte, die Bevölkerungsdichte.

Volkseigene Betriebe, Abk. **VEB,** in der Dt. Dem. Rep. die entschädigungslos enteigneten und in →Volkseigentum übergeführten sowie die als VEB gegründeten Betriebe. Die Gewinne der VEB fließen grundsätzlich in die Staatskasse. Neben der volkseigenen Industrie (VEI) gibt es →Volkseigene Güter (VEG), Verkehrsbetriebe, Maschinen- und Traktorenstationen (MTS) für die Landwirtschaft, Erfassungs- und Ankaufsbetriebe (VEAB), die Staatl. Handelsorganisation (HO) und die Deutschen Handelszentralen (DHZ).

Volkseigene Güter, Abk. **VEG,** in der Dt. Dem. Rep. bei der Bodenreform enteignete landwirtschaftl. Betriebe, die als Spezialbetriebe für Saat-, Tierzucht u. a. in Volkseigentum übergeführt wurden.

Volkseigentum, in der Dt. Dem. Rep. das durch entschädigungslose Enteignung privaten Besitzes entstandene Staatseigentum, bes. an Grund und Boden sowie Wirtschaftsunternehmen. Die entzogenen Objekte wurden zunächst in Landeseigentum übergeführt, 1948 zum V. erklärt.

Volkseinkommen, die Gesamtheit der Einkommen in einem Staatsgebiet; errechnet aus dem →Sozialprodukt, von dem man Abschreibungen und indirekte Steuern abzieht und Subventionen zuzählt (Nettosozialprodukt zu Faktorkosten), →Verteilung 2). - Das V. betrug in der Bundesrep. Dtl. 1960: 218,6 Mrd. DM; 1970: 522,9 Mrd. DM. Das V. je Kopf ist Maßstab für den Lebensstandard eines Volkes.

Volksentscheid, Refer'endum, eine unmittelbare Mitwirkung des Volkes an der staatl. Gesetzgebung oder sonstigen staatl. Entscheidungen; häufig durch ein →Volksbegehren eingeleitet.

Volksfeste, festl. Veranstaltungen für die gesamte Bevölkerung: Jahrmarkt, Schützenfest, Karneval, nationale Feiern u. a.

V'olksfront, eine Wahl- oder Regierungskoalition der bürgerl. Linken und der Sozialisten mit den Kommunisten, 1935 als takt. Maßnahme von G. Dimitrov empfohlen. 1936 wurde in Frankreich unter L. Blum (→Blum 1) erstmals eine V.-Regierung gebildet. V.-Regierungen entstanden 1936 auch in Spanien, 1938, 1942, 1946 und 1970 in Chile und 1966 in Finnland.

Volksfürsorge, gewerkschaftl.-genossenschaftl. Lebensversicherungs-AG., gegr. 1912, neu gegr. als **Alte Volksfürsorge** (1947-68) und **Volksfürsorge Lebensversicherung AG.**

Volksgerichtshof, seit 1934 das höchste nat.-soz. Gericht zur Aburteilung von Hoch- und Landesverrat, ein Sondergericht. Der V. war ein Mittel zur Unterdrükkung und Verfolgung der Gegner des Nationalsozialismus.

Volksherrschaft, die →Demokratie.

Volkshochschule, Einrichtung für Erwachsenenbildung, mit Lehrgängen, Arbeitsgemeinschaften, Vorträgen, Studienfahrten, als **Abend-V.** oder mit geschlossenen Lehrgängen als **Heim-V.,** ferner →Volksbildungswerk. Die V. bietet berufsfördernde und allgemeine wissenschaftl. oder künstler. Lehrstoffe in gemeinverständl. Form, daneben prakt. Hobby- und Sportkurse an. Träger in der Bundesrep. Dtl. sind die Gemeinden, Kreise oder örtliche freie Vereinigungen, zusammengeschlossen in V.-Verbänden (Landesverbänden für Erwachsenenbildung) und im **Deutschen Volkshochschulverband** (gegr. 1953). In der Dt. Dem. Rep. untersteht die V. dem Ministerium für Volksbildung. Sie veranstaltet Lehrgänge zur berufl. Weiterbildung und führt u. a. auch zur Hochschul-

reife. Die V. entwickelte sich in Deutschland seit der 2. Hälfte des 19. Jahrh. bes. unter dem Einfluß skandinavischer Vorbilder (→Grundtvig). In Österreich sind die V. zusammengeschlossen im **Verband österreichischer V.;** in der Schweiz bestehen V. seit dem 1. Weltkrieg, zusammengeschlossen im **Verband der Schweizer. V.**

Volkskammer, in der Dt. Dem. Rep. die Volksvertretung; sie wird über die Einheitsliste der Nationalen Front gewählt.

Volkskommissare, in der Sowjetunion 1917 bis 1946 die Leiter der einzelnen Verwaltungszweige, etwa den Ministern entsprechend.

Volkskommune, im kommunist. China seit 1958 eine Form der Produktions- und Lebensgemeinschaft. Die V. faßt alle Mitglieder einer Gemeinde zu einem Kollektiv zusammen und übernimmt die gesamte Planung und Organisation der Bodenbewirtschaftung sowie des Zusammenlebens.

Volkskongreß, der Vorgänger der Volkskammer in der damaligen sowjet. Besatzungszone Deutschlands.

Volkskunde, früher **Folklore,** die Wissenschaft von den Lebensformen des Volkes: Siedlung, Hausrat, Tracht, Volkskunst, Brauchtum, Volksglauben, Volksrecht, Volksdichtung. Die V. setzte mit Herder ein, erste planmäßige Forschungen in der Romantik. Bis 1920 war die V. eine Nebenwissenschaft der Germanistik, seit etwa 1930 ist sie an dt. Universitäten und Pädagog. Hochschulen selbständig vertreten.

Volkskunst, ein Bereich der bildenden Kunst, der außerhalb der hohen Stilentwicklung eigenen landschaftlich-stammhaft, lokal und sozial enger gebundenen Überlieferungsgesetzen folgt (Einzelausgestaltung von Haus, Hof, Stall, Acker-, Fischerei- und Jagdgerät, Hausgerät, Tracht). In der V. entfalten sich die Freude an eigenartiger Form- und bunter Farbgebung sowie der Ausdruck religiöser und magischer Symbolik.

Volkslied, von Herder geprägter Ausdruck für ein im Volke gesungenes, in Wort und Weise den Fühlen und Denken breiter Kreise entsprechendes Lied von meist unbekanntem Verfasser. Es wird mündlich weitergegeben und dabei umgestaltet (‚zersungen'). Die Blüte des V. fällt in das 14.-16. Jahrh. Humanismus und Aufklärung verachteten das V. Herder, der Sturm und Drang (Goethe in Straßburg) und die Romantik (‚Des Knaben Wunderhorn') sammelten V., das auch auf die Kunstlyrik wirkten. Das Dt. Volksliedarchiv in Freiburg i. Br., gegr. 1914, besitzt rd. 300 000 V.-Aufzeichnungen.

Volksmusik, die nach dem Gedächtnis überlieferte Gebrauchs- und Unterhaltungsmusik des Volkes, deren Schöpfer meist unbekannt sind. Wie das Volkslied steht die instrumentale V. in enger Beziehung zum Tanz. Ihre Kennzeichen sind die bündige Form, der schlichte Bau und die in der Kunstmusik wenig gebrauchten Instrumente (Zither, Gitarre, Dudelsack, Mandoline, Balalaika, Schalmei).

Volkspolizei, Vopo, in der Dt. Dem. Rep. die Ordnungs- und Transportpolizei. Bis 1956 bestanden die gesonderten militär. Verbände der kasernierten V. (Heer), der Luftpolizei (Luftwaffe) und der Seepolizei (Marine); seit 1956 in der Volksarmee zusammengefaßt.

Volksrepublik, häufig amtl. Name kommunist. Staaten, z. B. von Albanien, Bulgarien, China, Polen, Ungarn, N-Korea, N-Vietnam, Mongolei.

Volksrepublikaner, Mitglied des →Mouvement Républicain Populaire.

Volksrichter, 1) in der Dt. Dem. Rep. Richter, die in Kurzlehrgängen auf ihre Tätigkeit vorbereitet wurden. **2)** der Laienrichter. **3)** in manchen Staaten der für Bagatellsachen zuständige Friedensrichter.

Volksschule, in Dtl. seit dem 19. Jahrh. die Bezeichnung für die allgemeinbildende öffentl. Pflichtschule für Kinder vom 6. bis zum 14. (15.) Lebensjahr. Ihr Besuch ist unentgeltlich und genügt zur Erfüllung der gesetzl. Schulpflicht. Seit dem →Hamburger Abkommen (1964) werden die ersten vier Schuljahre als →Grundschule im Sinne einer allen weiterführenden Schulformen (Hauptschule, Realschule, Gymnasium) zugeordneten Primarschule verselbständigt; die frühere Volksschuloberstufe wird als Hauptschule zur Sekundarschule ausgebaut. Das 5. und 6. Schuljahr wird z. T. als Förder- und Erprobungsstufe geführt und soll statt der punktuellen Auslese nach der Grundschule eine gesichertere, an Anforderung und Leistung orientierte Zuweisung zu den verschiedenen Formen der Sekundarschule ermöglichen.
In der Dt. Dem. Rep. wurde die V. nach 1945 zunächst zur achtjährigen Grundschule für alle umgewandelt, 1960/65 zur zehnklassigen allgemeinbildenden polytechn. Oberschule ausgebaut, die auf dem Lande stets als Zentralschule geführt wird. In Österreich wird die Oberstufe der V. meist als Hauptschule geführt. In der Schweiz umfaßt die V. (Primarschule) 7 bis 9 Schuljahre. Die Oberstufe ist oft zur Sekundarschule ausgebaut. - Die Anfänge der V. gehen auf die Schreib-, Lese- und Rechenschulen der mittelalterl. Städte zurück. Seit dem 17. Jahrh. nahm sich der Staat der V. an. Mit dem Wirken Pestalozzis entstand die moderne V.

Volkssouveränität, der Grundsatz, daß die Staatsgewalt vom Volk ausgeht (→Souveränität).

Volksstück, ein im Unterschied vom volkstüml. Spiel bäuerlicher Herkunft für ein städtisches Volkstheater berechnetes Theaterstück meist gefühlvoller oder derb-heiterer Art. Das V. wurde bes. gepflegt in München und Wien.

Volkssturm, gegen Ende des 2. Weltkriegs in Dtl. aufgebotene, unausgebildete militär. Einheiten, meist unter Befehl von Parteifunktionären.

Volkstänze, Tanzformen, die sich aus den urtümlichen Tänzen eines Volkes erhalten haben und vom Volk bes. bei Fest und Feier getanzt werden. Sie wurden von Generation zu Generation mit Lied, Sitte, Brauch und Sprache weitergegeben. V., die den Volkscharakter stark ausgeprägt zeigen, heißen **Nationaltänze,** z. B. die ungar. Csárdás, der span. und spanische Fandango. Bei vielstämmigen Völkern tritt an die Stelle der V. der landschaftseigene **Heimattanz,** wie der oberbayrisch-österreich. Schuhplattler oder die venezian. Forlana.

Um die Erhaltung der V. war u. a. auch die Jugendbewegung bemüht; die von ihr angeregte Tanzpflege erstreckt sich teils auf die alten, überlieferten V., teils auf Neuschöpfungen volkstümlicher Tänze.

Volkstracht, landschaftsgebundene, traditionelle Kleidung der bäuerl. Bevölkerung. Sie geht auf frühere Moden höherer Gesellschaftsschichten zurück (Barock, Rokoko, Biedermeier), in der Arbeits-V. auch auf die zeitlos primitive ,Urtracht'; für bestimmte Anlässe (Heirat, Trauerfall, Sonn- und Feiertage). V. werden in manchen Gegenden heute noch getragen. (Tafel S. 1321)

Volkstrauertag, in der Bundesrep. Dtl. seit 1952 ein nationaler Trauertag zum Gedenken der Opfer beider Weltkriege und des Nationalsozialismus: der 2. Sonntag vor dem 1. Advent.

Volkstum, die Gesamtheit der Lebensäußerungen eines Volkes, mitbestimmt durch die Gemeinsamkeit von Abstammung, Lebensraum u. a. Das Wort V. wurde zuerst 1810 von Jahn angewandt.

Volksvermögen, Gesamtheit aller Vermögenswerte einer Nation. Die statist. Erfassung ist nur schätzungsweise möglich.

Volksversammlung, eine verfassungsrechtlich vorgesehene Versammlung aller wahl- und abstimmungsberechtigten Bürger; auch eine privat einberufene Versammlung, zu der jeder Zutritt hat (Massenversammlung).

Volksvertretung, das →Parlament.

Volkswagenwerk AG., Wolfsburg, dt. Kraftfahrzeugunternehmen, gegr. 1938. Jahresproduktion (1970) rd. 1,9 Mill. Wagen (Inland); (1968) Kap. 750 Mill. DM, rd. 124 800 Beschäftigte. Ursprünglich im Besitz der nat.-soz. Dt. Arbeitsfront; seit 1950 unter Treuhänderschaft des Bundes; 1961 wurde es privatisiert (60% des Grundkap. im Besitz von Volksaktionären).

Volkswirt, wissenschaftlich ausgebildeter Fachmann für Volkswirtschaft. 8semestriges Studium, Diplomprüfung **(Diplom-V.),** auch Doktorprüfung **(Dr. rer. pol.).** Der V. arbeitet in Verbänden, Unternehmen, der Verwaltung. V. mit techn. Fachausbildung nennt man **techn. Diplom-V.**

Volkswirtschaft, die Gesamtheit der wirtschaftlich miteinander verbundenen und gegenseitig abhängigen Einzelwirtschaften (Haushalte und Betriebe) in einem Wirtschaftsraum (Staat) mit einheitl. Währung. Die V. eines Landes wird bestimmt von natürlichen, kulturellen und techn. Verhältnissen und Bedingungen des Landes, wie Ausstattung und Größe des Raumes, Bevölkerungszahl, soziale und rechtl. Verfassung, Produktionstechnik, Verkehrswesen u. a. Faktoren. Die Erforschung und Darstellung der V. ist Aufgabe der Volkswirtschaftslehre.

volkswirtschaftliche Gesamtrechnungen, die zusammenfassende Darstellung der Einkommens- und Güterströme in einer Volkswirtschaft, insbes. der Entstehung und Verwendung des Sozialprodukts, der Verteilung des Volkseinkommens, der Zahlungsbilanz. Die v. G. geben ein zahlenmäßiges Bild aller wirtschaftl. Vorgänge in einem Zeitabschnitt und liefern statist. Unterlagen für gesamtwirtschaftl. Vorausschätzungen. In Planwirtschaften für staatl. Wirtschaftspläne.

Volkswirtschaftslehre, der Teil der Wirtschaftswissenschaft, der die gesamtwirtschaftl. Zusammenhänge erforscht und darstellt **(National-, Sozial-, politische Ökonomie).** Im Mittelpunkt der V. steht die Wirtschaftstheorie (auch allgemeine V., theoret. Nationalökonomie). Sie behandelt den wirtschaftl. Kreislauf, bes. Produktion, Marktformen, Preis- und Verteilungs-, Geld-, Kredit-, Konjunktur- und Beschäftigungs-, Außenwirtschafts-, Wachstumstheorie, die Lehre vom Standort, Fragen der Wirtschaftsordnung. Besondere Bedeutung haben die volkswirtschaftl. Ge-

samtrechnungen. Neben der allg. V. stehen die **Volkswirtschaftspolitik** (besondere V.) und die **Finanzwissenschaft.** Die Volkswirtschaftspolitik, unterteilt in Agrar-, Gewerbe- (Handwerks- und Industrie-), Handels- (Binnen-, Außenhandels-), Verkehrs- und Sozialpolitik, untersucht die Mittel zur Erreichung überwirtschaftlich (politisch) gesetzter Ziele sowie die Wirkung wirtschaftspolit. Maßnahmen. Die Entwicklung der V. setzte ein mit den Lehren der Physiokraten und der engl. Klassiker der V. (bes. A. Smith, D. Ricardo).

Volkswirtschaftsplan, Dt. Dem. Rep.: der gesetzliche Wirtschaftsplan.

Volkswohlstand, die materielle Wohlfahrt eines Volkes, ausgedrückt im Stand der Lebenshaltung, der sozialen, kulturellen u. a. Einrichtungen, der Höhe von Volks- und Einzeleinkommen.

Volkszählung, statist. Erhebung zur Ermittlung der Größe und Zusammensetzung der Bevölkerung eines Staatsgebietes. Die Angaben werden auf Fragebogen (Haushaltslisten) gesammelt. In der Bundesrep. Dtl.: 1950, 1961, 1970.

Vollbeschäftigung, 1) volkswirtschaftlich: Zustand, bei dem die Zahl der offenen Arbeitsplätze der Zahl der Arbeitsfähigen und -willigen entspricht oder sie übertrifft. V.-Politik gehört zu den wichtigsten Aufgaben der staatl. Wirtschaftspolitik. **2)** betriebswirtschaftlich: die volle Ausnutzung der Kapazität eines Unternehmens.

Vollblut, jede ohne Beimischung andersrassigen Blutes gezüchtete Tierrasse, bes. bei Pferden (engl. V.).

Volleyball [v'ɔle-, engl.], Ballspiel: der Ball soll, ohne vorher den Boden zu berühren, mit der Hand über ein Netz in das Spielfeld der Gegenpartei geschlagen werden.

Volljährigkeit, Großjährigkeit, Mündigkeit, ʒ͡ʒ die Stufe des menschl. Alters, mit der die Unmündigkeit endet und die volle Geschäftsfähigkeit eintritt, in der Bundesrep. Dtl. und Österreich mit Vollendung des 21., in der Schweiz des 20., in der Dt. Dem. Rep. des 18. Lebensjahres. Damit endet die elterliche Gewalt und die Altersvormundschaft. Nach § 3 BGB. kann ein Minderjähriger unter bestimmten Voraussetzungen bereits mit Vollendung des 18. Lebensjahres durch das Vormundschaftsgericht für volljährig erklärt werden, wenn es in seinem wohlverstandenen Interesse liegt **(V.-Erklärung).**

Vollkaufmann, →Kaufmann.

Vollkerf, das ausgebildete Insekt.

Vollmacht, ʒ͡ʒ die durch Rechtsgeschäft erteilte Ermächtigung, den Vollmachtgeber zu vertreten (§§ 166 ff. BGB.). **General-V.** ermächtigt zur Vornahme aller Rechtsgeschäfte für eine Person, **Spezial-V.** zur Vornahme einzelner Rechtsgeschäfte.

Vollrente, Unfallversicherung: die Rente bei vollständiger Erwerbsunfähigkeit.

Vollschiff, ein drei- bis fünfmastiges Segelschiff, das an allen Masten mit Rah- und Stagsegeln getakelt ist.

vollstreckbare Urkunde, ʒ͡ʒ die von einem Gericht oder Notar aufgenommene, die Verpflichtung zur Leistung einer Geldsumme oder anderer vertretbarer Sachen oder Wertpapiere enthaltende Urkunde, in der sich der Schuldner der sofortigen Zwangsvollstreckung unterwirft.

Vollstreckung, ʒ͡ʒ →Strafvollzug, →Zwangsvollstreckung.

Vollstreckungsbefehl, eine auf den Zahlungsbefehl gesetzte Verfügung, durch die der Zahlungsbefehl für vollstreckbar erklärt wird (→Mahnverfahren).

Vollstreckungsgegenklage, die Klage des Schuldners im Zwangsvollstreckungsverfahren gegen den Gläubiger, mit der sachliche, den vollstreckbaren Anspruch betreffende Einwendungen geltend gemacht werden.

Vollstreckungsgericht, das Gericht, dem die gerichtl. Zwangsvollstreckungsmaßnahmen obliegen.

VOLKSTRACHTEN

1 Mädchen von der Insel Föhr, Friesland. 2 Bauernpaar aus den Vierlanden bei Hamburg. 3 Fischer aus Mönchgut, Insel Rügen. 4 Junge Frau aus Lindhorst, Schaumburg-Lippe. 5 Mädchen aus dem Spreewald, Niederlausitz. 6 Junge im Hessenkittel, Mädchen und Bursche von der Schwalm, Hessen. 7 Bauernpaar aus dem Gutachtal, Schwarzwald. 8 Bauer aus dem Ries bei Nördlingen, Schwaben. 9 Bäuerin aus Dachau bei München, Bayern. 10 Bauernpaar vom Schliersee, Oberbayern. 11 Mädchen und Bursche aus dem Zillertal, Tirol, Österreich. 12 Junge Frau aus Bezau, Bregenzer Wald, Vorarlberg, Österreich. 13 Senn aus Appenzell, Schweiz. 14 Mädchen aus dem Kanton Uri, Schweiz. 15 Bauer aus Meran, Südtirol. 16 Frau aus dem Grödner Tal, Südtirol. 17 Frau aus der Campagna bei Rom, Italien. 18 Junge aus Quimper, Mädchen aus Guéménéven, Bretagne, Frankreich. 19 Fischerpaar aus Volendam, Holland. 20 Bauer aus Telemarken, Norwegen. 21 Mädchen aus Dalarna, Schweden. 22 Junge Frau von der Insel Röm, Dänemark. 23 Junger Gorale aus der Hohen Tatra, Polen. 24 Junge aus dem Komitat Borsod-Abaúj-Zemplén, Mädchen aus dem Komitat Nógrád, Ungarn. 25 Mädchen aus Siebenbürgen, Rumänien. 26 Bauernmädchen aus der Ukraine, Sowjetunion. 27 Junger Mann aus Nordgriechenland

Vollstreckungsklausel, 𝔰𝔷 eine amtl. Bescheinigung auf der Ausfertigung eines Vollstreckungstitels, die besagt, daß der Titel besteht und vollstreckbar ist.

Vollstreckungsschutz, der gesetzl. Schutz des Schuldners gegen Maßnahmen und außergewöhnl. Härten der Zwangsvollstreckung (→unpfändbare Sachen, Bezüge, Forderungen u. a.).

Vollstreckungstitel, bestimmte Urkunden, auf Grund deren die Zwangsstreckung gegen den Schuldner betrieben werden kann, z. B. Urteile, gerichtl. Vergleiche, Vollstreckungsbefehle.

Vollstreckungsurteil, ein Urteil, das die Zulässigkeit der Zwangsvollstreckung aus dem Urteil eines ausländ. Gerichts im Inland ausspricht.

Volltrunkenheit, →Rauschtat.

Vollversammlung, die Versammlung aller Mitglieder einer Organisation, im Unterschied zu Ausschüssen, Arbeitskreisen u. a. kleineren Gremien.

Vollzeitschulen, alle Grund-, Mittel- und Oberschulen, im allg. auch Fach- und Berufsfachschulen; sie haben vollen Tagesunterricht, durchschnittl. 30 Std. je Woche; im Unterschied zu Teilzeitschulen (z. B. Berufsschulen).

vollziehende Gewalt, →Exekutive.

Vollzugspolizei, Teil der →Polizei.

Völmerstod die, der höchste Berg des Teutoburger Waldes, 468 m hoch.

Volont'är [frz.], jemand, der, ohne Lehrling zu sein, unentgeltlich oder gegen geringes Taschengeld zu seiner Aus- oder Weiterbildung in einem Betrieb arbeitet; auch **Praktikanten** sind meistens V.

Volos, Stadt in Griechenland, Thessalien, 49 000 Ew.; Hafen.

Volsker Mz., altitalischer Volksstamm, 338 v. Chr. von den Römern unterworfen.

Volt [nach A. Volta] das, V, Maßeinheit der elektr. Spannung: 1 V. ist die Spannung, die in einem Widerstand von 1 Ohm entsteht, in dem ein Strom von 1 Ampere die Leistung 1 Watt erzeugt.

V'olta der, Fluß in W-Afrika, 1600 km lang, mündet in den Golf von Guinea; durch den →Akosombo-Damm aufgestaut.

V'olta, Alessandro Graf (seit 1810), italien. Physiker, * 1745, † 1827, erfand den Elektrophor, ein Elektroskop, den Plattenkondensator und die erste Form galvan. Elemente (**V.sche Säule**). Nach ihm ist die Einheit der elektromotor. Kraft benannt.

Voltaire [vɔlt'ɛːr], eigentlich François-Marie **Arouet,** franz. Dichter, Historiker, Philosoph, * Paris 1694, † 1778, übte scharfe, teils verhüllte Kritik an franz. Staats- und Kulturleben, was ihn zweimal in die Bastille und ins Exil (England 1726-29) brachte. 1750-53 lebte er am Hof Friedrichs d. Gr. in Potsdam, von 1758 an auf seinem Schloß Ferney bei Genf. Durch viele Schriften, in denen sich Verstandesschärfe, Witz, Ironie, Sarkasmus in elegantem Stil ausdrücken, wurde er zum bedeutendsten Vertreter der Aufklärung. Als kritischer Geschichtsschreiber vertrat er den Glauben an den Fortschritt der Menschheit. Als Schriftsteller war er ein Meister geistreicher Erzählung, formvollendeter, wenn auch epigonaler Bühnenkunst und witzsprühender Essays. Durch seine Kritik an der alten Ordnung bereitete

er die Französ. Revolution vor. Epen: Die Henriade (1728). Dramen: Zaire (1732), Mahomet (1742). Romane: Zadig (1747), Candide (1759), Die Prinzessin von Babylon (1769). Geschichtswerke: Geschichte Karls XII. (1731), Das Jahrhundert Ludwigs XIV. (1751, 1766). Essay über Sitten und Geist der Völker (1769).

V'oltameter, das →Coulombmeter.

Volt|ampere [-'ãpɛr], das →Watt.

V'olta Red'onda, Stadt in Brasilien, nördl. von Rio de Janeiro, 118 100 Ew.; Stahlwerk.

Volte [frz.] die, 1) Reitfigur: Kreis von 6 Schritt Durchmesser. 2) Kartenspiel: die Karten im Mischen so wenden, daß eine bestimmte Karte stets an den gleichen Platz zu liegen kommt.

Volt'erra, Stadt in der Toskana, Mittelitalien, 16 500 Ew.; etrusk. Stadtmauer, Burg, roman. Dom; Alabasterverarbeitung.

Voltigeur [vɔltiʒ'œːr], der franz. Infanterist eines Bataillons mit aufgelockerter Kampfweise (1803-68).

voltigieren [vɔltiʒ'iːrən, frz.], Reiten: wettkampfmäßig durchgeführtes Turnen am galoppierenden Pferd.

Voltmeter, ⚡ der Spannungsmesser.

Volt'urno, Fluß in Süditalien, 175 km lang, entspringt in den Abruzzen, mündet in den Golf von Gaeta.

Volubilit'ät [frz.], ⚗ Geläufigkeit.

Vol'umen [lat.] das, -s/- oder ...mina, 1) Rauminhalt. 2) Buchhandel: Band.

Volumenom'eter [lat.] das, Gerät zur Bestimmung des Rauminhalts und spezif. Gewichts von Körpern, die nicht mit einer Flüssigkeit in Berührung kommen sollen, aus der Differenz der Luftinhalte eines Gefäßes mit und ohne den Körper.

volumin'ös, umfangreich.

Voluntar'ismus [lat.], eine philosoph. Denkweise, die im Willen den letzten Grund des Seins sucht. Der Begriff stammt von F. Tönnies (1883). Der klass. Vertreter des V. ist Schopenhauer.

V'öluspa, Vǫluspá, ,Der Seherin Weissagung', Eröffnungsgedicht der Edda (Saemundar-Edda); enthält eine Welt- und Göttergeschichte in spätgerman. Sicht.

Vol'ute [lat.] die, ein spiralförmig eingerolltes Bauglied, am ionischen Kapitell; oft im Barock verwendet, um zwischen waage- und senkrechten Bauteilen zu vermitteln.

Vondel, Joost van den, der größte niederländ. Renaissancedichter, * Köln 1587, † 1679, wurde 1641 kath.; Gedichte, Übersetzungen (Psalmen, Ovid, Vergil), historische, nationale und biblische Dramen: Gijsbreght van Aemstel (1637), Maria Stuart (1646), Lucifer (1654).

Vo-nguyen-Giap, vietnames. General und Politiker, * 1912; 1945/46 Innenmin.; besiegte 1954 mit seiner Guerilla-Streitmacht die Franzosen, was zur Defacto-Anerkennung der Demokrat. Rep. (Nord-)Vietnam führte. Ist Verteidigungsmin. und stellv. MinPräs. von Nord-Vietnam.

Voodoo [v'udu], →Wodu.

Voranschlag, 1) die Berechnung der mit einer Arbeit verbundenen Kosten vor ihrer Ausführung. 2) die Zusammenstellung der voraussichtl. Einnahmen und Ausgaben einer Wirtschaftsperiode (**Finanzplan**). 3) Finanzwirtschaft: der →Haushaltsplan.

Vorarlberg, Bundesland Österreichs, 2602 km², 271 500 Ew.; Hauptstadt: Bregenz. V. reicht vom Alpenrhein und Bodensee über Bregenzer Wald und Montafon bis zum Arlberg zur Silvretta. 52% der Bevölkerung sind in der Ind. beschäftigt: Textilindustrie, Energiegewinnung (Ill-Kraftwerke). Fremdenverkehr. - Von den Grafen von Montfort erwarben die Habsburger durch Kauf 1376 Feldkirch, 1394 Bludenz mit Montafon, 1451 und 1523 Bregenz. 1782-1918 wurde V. zusammen mit Tirol verwaltet, mit dem es auch 1805 bis 1814 zu Bayern gehörte.

Vorarlberger Bauschule, eine Gruppe von Baumeistern der Familien →Beer,

→Thumb und →Moosbrugger, die seit etwa 1680 in Schwaben und der Schweiz meist Klöster bauten. Ihre Kirchen sind tonnengewölbte Wandpfeilerbauten mit Emporen über den Seitenkapellen, außen streng gegliedert, innen mit reichem Laubwerk weiß stuckiert.

V'orauer Handschrift, Sammelhandschrift aus dem Kloster Vorau (Steiermark), 12. Jahrh., mit wichtigen Denkmälern der frühmhd. Literatur.

Voraus, 𝔰𝔷 →Erbfolge.

Vorausklage, 𝔰𝔷 die vor Inanspruchnahme des Bürgen gegen den Hauptschuldner durchzuführende Klage.

Vorbehalt, 1) allgemein: Bedingung, Einschränkung, Voraussetzung. 2) 𝔰𝔷 →Gedankenvorbehalt, →Eigentumsvorbehalt.

Vorbehaltsgut, 𝔰𝔷 das einem Ehegatten allein zustehende Vermögen, z. B. durch Bestimmung im Ehevertrag.

Vorbehaltsurteil, im Zivilprozeß ein Urteil, in dem dem Beklagten die Geltendmachung seiner Rechte in einem Nachverfahren vorbehalten wird, z. B. die Geltendmachung einer Aufrechnung.

Vorbenutzung, Patentrecht: die Herstellung, der Gebrauch oder das Feilhalten des Gegenstandes einer Erfindung vor der Anmeldung des Patents.

vorbereitendes Verfahren, 𝔰𝔷 das →Ermittlungsverfahren.

Vorbereitungsdienst, die praktische Ausbildung des Referendars zwischen der 1. und 2. Staatsprüfung, ferner der Beamten des mittleren und gehobenen Dienstes vor der Anstellungsprüfung.

Vorbereitungshandlungen, 𝔰𝔷 Handlungen, die noch keinen →Versuch 1) bilden und strafos sind, soweit sie nicht ausdrücklich mit Strafe bedroht sind (z. B. bei Hochverrat und Münzverbrechen).

Vorbeugung, ⚕ die →Prophylaxe.

Voerde, Gem. in Nordrh.-Westf., 27 800 Ew.; an der Mündung des Lippe-Seitenkanals in den Rhein, Eisen- u. a. Industrie.

vorderasiatische Rasse, den →Europiden verwandte Menschenrasse.

V'orderasien, der den mittelmeerischen Kulturkreis zugekehrte südwestl. Teil Asiens, umfaßt Kleinasien, Armenien, die Arab. Halbinsel mit den Ländern des östl. Mittelmeers und Irak, Iran, Afghanistan, Turkestan.

Vorderhand, Reitsport: die vor dem Sattel, vor der Hand des Reiters liegenden Teile des Pferdes vom Kopf bis zu den Füßen.

Vorderindien, der mittlere Teil Südasiens, der zwischen dem Arabischen Meer und dem Golf von Bengalen in den Indischen Ozean vorspringt; im W, N und O wird er vor Gebirgsketten (Himalaya u. a.) umrahmt. V. gliedert sich in die Vorberge und Abhänge dieser Randgebirge, das Indus- und das Ganges-Brahmaputra-Tiefland, das gebirgige Mittelindien, das Hochland von Dekkan und die Insel Ceylon. Die Küsten sind wenig gegliedert. Das subtropische bis trop. **Klima** wird bestimmt durch den Jahreszeit. Wechsel der Monsune. Im Winter wehen trockene, kühle Winde aus NO, auf einem heiteren, trockenen Frühling bringt der SW-Monsun Regen und Abkühlung. Die reichsten Niederschläge fallen an den Westghats, im südlichen Himalaya, in Bengalen und Assam. Der NW und das Innere des Dekkan sind niederschlagsarm. Die Pflanzenwelt ist sehr mannigfaltig. Vom Himalaya bis zur Südspitze V.s erstreckt sich Laubabwerfender Wald mit wertvollen Beständen an Teak- u. a. Hölzern. Immergrüner Tropenwald bedeckt die Hänge der Westghats, Mangrovesümpfe herrschen an der Küste und in den Deltagebieten. V. ist politisch gegliedert in →Indien, →Pakistan, →Bangla Desh.

Geschichte. Im 2. Jahrtausend v. Chr. wanderten indogerm. Stämme von NW her ein und unterwarfen z. T. die Ureinwohner. Seit dem Zuge Alexanders d. Gr. nach Indien (327-325) traten sie mit den Grie-

Alessandro Volta   *Voltaire*

chen in Verbindung. Im 3. Jahrh. v. Chr. bestand das ind. Großreich des Buddhistenfreundes Aschoka. Der Buddhismus wurde später fast ganz aus seinem ind. Mutterland verdrängt. Seit dem 11. Jahrh. setzten sich islam. Eroberer in Indien fest, denen nach 1398 die Mongolen folgten. 1526 gründete Babur das Reich der Großmogule in Delhi, das unter Akbar (1556 bis 1605) seinen Höhepunkt erreichte und im 18. Jahrh. verfiel. Die Portugiesen beherrschten im 16. Jahrh. den europ. Handel mit Indien, wurden dann aber durch die Niederländer und Engländer verdrängt. Auch die Franzosen erwarben Besitzungen in V., unterlagen jedoch im 18. Jahrh. den Engländern, die die unbestrittene Vorherrschaft über Indien gewannen (→Clive, →Hastings, W.). Nach der Niederwerfung eines großen Aufstandes 1857/58 wurde die Brit.-Ostind. Kompanie, die seit 1600 die engl. Macht in Indien vertreten hatte, aufgelöst und die Herrschaft an die brit. Krone übertragen. 1877 nahm Königin Viktoria den ind. Kaisertitel an. Eine starke ind. Nationalbewegung trat seit 1880 für die Selbstregierung ein. Während des 2. Weltkriegs verschärfte sich ihr Kampf. Führer waren Gandhi und Nehru. 1947 gewährte Großbritannien V. die Selbständigkeit, und es entstanden die Staaten →Indien, →Pakistan.

Vorderlader, Feuerwaffe, die von der Mündung aus geladen wird.

vorderlastig, mit überlastetem Vorderteil (Schiff, Flugzeug).

Vorderösterreich, Vorlande, die ehem. südwestdt. Lande der Habsburger (Elsaß, Breisgau, Ortenau, Hohenberg, Nellenburg, die Landvogtei Oberschwaben, die Waldstädte, Tettnang, Burgau). Bei den habsburg. Länderteilungen im 15.-17. Jahrh. war V. mit Tirol zu einem Teilfürstentum vereinigt. 1648 mußten die Habsburger ihre elsäss. Besitzungen an Frankreich, 1805 das übrige V. an Baden, Württemberg und Bayern abtreten.

Vorderrhein, Hauptquellfluß des Rheins.

Vorerbe, ♐ ein Erbe auf Zeit. Zu einem bestimmten Zeitpunkt tritt der →Nacherbe als endgültiger Erbe an seine Stelle.

Vorfach, Schnurstück der Angel.

Vorfahrt, ⟲ wer von rechts kommt oder eine als V.-Straße gekennzeichnete Straße benutzt, hat V. An den Anschlußstellen der Autobahnen ist der durchgehende Verkehr bevorrechtigt.

Vorfall, Prolaps, ⚕ das Heraustreten von im Körperinnern gelegenen Organen oder Organteilen **(Eingeweide-V.),** z. B. der Gebärmutter oder der Scheide.

Vorfeld, ⚔ vorgelagertes Gelände.

Vorfinanzierung, die vorübergehende Deckung von Kapitalbedarf durch kurzfristige Mittel, die endgültig durch langfristige ersetzt werden.

Vorflügel, eine Leitschaufel entlang der Tragflügelvorderkante eines Flugzeugs. Durch den Spalt liegt die Strömung auch bei größeren Anstellwinkeln besser an.

Vorfluter, Wasserbau: ein Gewässer, in das überschüssiges Wasser, auch Abwasser, eingeleitet wird.

Vorfriede, ein Vertrag, der die Grundlagen für den späteren endgültigen Friedensvertrag festlegt **(Präliminarfrieden).**

Vorführung, die zwangsweise Zuführung einer Person vor die Behörde, meist durch einen richterl. **Vorführungsbefehl.**

Vorgabe, ⚔ Vergünstigung für schwächere Gegner; →Handikap.

Vorgabezeit, Betrieb: für eine Arbeit benötigte Normalarbeitszeit, wird dem Akkord- und Leistungslohn zugrunde gelegt.

Vorgebirge, 1) im Kap. 2) einem Gebirge vorgelagerte niedrige Randzone.

Vorgelege, O-Hang und Fuß der →Ville.

Vorgelege, an Maschinen eine angetriebene Welle mit Riemenscheiben oder Zahnrädern zum Erzielen einer bestimmten Drehzahl oder zum Schalten von Leerlauf auf Vollauf.

Vorgeschichte, Urgeschichte, Pr´ähistorie (hierzu Übersicht Mitteleuropa), die älteste Menschheitsgeschichte und der Teil der Wissenschaft, die diese aus dem archäolog. Quellenmaterial erschließt. Die V. umfaßt die Zeit von den ersten Anfängen der Kultur zu Beginn des Eiszeitalters bis zu dem in den einzelnen Ländern unterschiedl. Beginn der Geschichtsschreibung. Die systemat. Erschließung von Bodendenkmälern und Funden erfolgt durch Ausgrabungen, die neben der Fundbergung die theoret. Rekonstruktion der ursprüngl. Situation zum Ziel haben. Häufigste Grabungsobjekte sind Grabanlagen, Siedlungen, Höhlen. Die Auffindung vorgeschichtl. Anlagen wird durch die Luftbildforschung erleichtert.

Die Stratigraphie (Schichtenkunde) ermöglicht mit Hilfe der Typologie (Formenkunde) eine relative Zeit- oder Kulturstufen. Grundgerüst die Zeit- oder Kulturstufen bilden (Steinzeit, Bronzezeit, Eisenzeit). Wo die Verankerung einzelner Perioden in der geschichtl. Zeitrechnung möglich ist, ergibt sich eine absolute Chronologie, die sich z. B. in Mitteleuropa von der Bronzezeit an auf Importstücke aus den Mittelmeerländern stützen kann. Mit den naturwissenschaftl. Hilfsmitteln der Geochronologie (Warvenforschung) und der Radiocarbonmethode ist die geschichtl. Zeitrechnung jetzt über einen Zeitraum von 50 000 Jahren ausgedehnt worden. Die chronolog. Ordnung der Bodenfunde wird verknüpft mit einer regionalen Gliederung des Fundstoffes (Chorologie), deren kartograph. Niederschlag Formen- und Kulturgruppen sowie Siedlungs- und Kulturprovinzen ergibt.

Vorgeschirr, bei einem Segelschiff Takelung und Segel des Bugspriets und seiner Verlängerung.

vorgespannter Beton, der →Spannbeton.

vorgespanntes Glas, ein Sicherheitsglas, entsteht dadurch, daß das fertig geformte Glas nochmals bis etwa 600° C erhitzt und dann plötzlich mit kalter Luft abgeschreckt wird. Dabei entstehen an der Oberfläche starke Druckspannungen. Bei Verletzung der Glasoberfläche zerfällt v. G. in kleine, rundliche, ungefährliche Stücke.

V´orhalt, ♪ ein harmoniefremder Ton, der auf einem schweren Taktteil an Stelle eines dem Akkord zugehörigen Tones steht, in den die V. weitergeführt wird.

Vorhand, 1) →Vorderhand. **2)** Kartenspiel: das Recht, das erste Blatt auszuspielen. **3)** einer der Grundschläge beim Tennis.

Vorhaut, Hautfalte über der Eichel, dem vordersten Teil des männl. Gliedes (Penis). **V.-Verengung** (Phimose) erschwert die Harn- und Samenentleerung und verursacht **V.-Entzündung** (→Eichelentzündung). Behandlung: Dehnen der V.; auch operativ.

Vorhof, ⚕ →Herz.

Vorhut, ⚔ Sicherungsverband, den eine auf dem Vormarsch befindliche Truppe vorausschickt.

Vorkammermotor, ein →Dieselmotor.

Vorkaufsrecht, das Recht, durch einseitige Erklärung in einen zwischen dem Eigentümer und einem Dritten geschlossenen Kaufvertrag über einen bestimmten Gegenstand an Stelle des Käufers einzutreten. Das schuldrechtl. V. (§§ 504 ff. BGB.) wirkt nur dem Verpflichteten gegenüber, das dingl. V. (§§ 1094 ff. BGB.), das im Grundbuch eingetragen werden muß, wirkt gegen jeden Dritten.

Vorkeim, die geschlechtige Generation bei Moosen und Farnpflanzen.

Vorlage, 1) ⚔ nach vorn zugespielter Ball, der ins Tor befördert werden soll. **2)** vorgebeugte Haltung beim Skilaufen, um die Schnelligkeit zu halten. **3)** Gesetzentwurf.

vorläufige Vollstreckbarkeit, →Zwangsvollstreckung.

Vorlegung, ♐ die Möglichkeit des Beweispflichtigen im Zivilprozeß (§§ 420 ff.

ZPO.), zu Beweiszwecken die V. einer im Besitz des Gegners befindlichen Urkunde zu verlangen (Edition).

Vorlesung, laufende Vortragsreihe eines Hochschullehrers.

V´orliek, die vordere Taueinfassung eines Segels.

Vormars, ⚓ →Mars am vorderen Mast.

Vormärz, die Zeit vom Wiener Kongreß bis zur Märzrevolution 1848, das Zeitalter des Systems Metternich; Biedermeier.

Vormerkung, ♐ eine vorläufige Grundbucheintragung zur Sicherung eines Anspruchs auf Eintragung einer Rechtsänderung (Eigentumsübertragung).

Vormundschaft, ♐ die rechtl. geordnete Fürsorge für Minderjährige, die nicht unter elterl. Gewalt stehen, und für entmündigte Volljährige **(Mündel).** Die V. wird von einem **Vormund** geführt, der vom V.-Gericht (AGer.) bestellt und beaufsichtigt wird. Bei erheblichem Mündelvermögen kann ein **Gegenvormund** bestellt werden. Der Vormund hat das Recht und die Pflicht, für die Person und das Vermögen des Mündels zu sorgen. Für uneheliche Kinder tritt **Amts-V.** seit 1969 nur noch dann ein, wenn eines Vormunds bedürfen, für in Anstalten Untergebrachte unter Umständen **Anstalts-V.**

Vornahmeklage, →Verpflichtungsklage.

Vornamen, individuelle Personennamen im Unterschied zu Familiennamen.

VOR-Navigation, engl. **V**ery **H**igh **F**requency **O**mni **R**ange-Navigation, in der Luftfahrt ein Navigationsverfahren mit Drehfunkfeuern bis 250 km Reichweite.

Vorort, 1) Ort in der näheren Umgebung größerer Städte, auch Stadtteil am Außenrand. **2)** in der Hanse der leitende Ort (Lübeck). **3)** in der Schweiz bis 1874 der leitende Kanton, der an der Tagsatzung den Vorsitz führte.

Vörösmarty [v´ørøʃmɔrti], Mihály, ungar. Dichter, * 1800, † 1855; Epen, Dramen in romant. Stil, patriot. Gedichte. Sein ,Aufruf' (1837) wurde zur Nationalhymne.

Vorpommern, der westlich der Oder gelegene Teil von →Pommern.

Vorposten, ⚔ die von ruhenden Truppen ausgestellten Sicherungen.

Vorrats- und Hausschädlinge, alle Schädlinge, die den Menschen und seine Bauwerke, Haustiere und Vorräte angreifen, z. B. holzzerstörende Pilze, Schimmelpilze, Käfer, Schmetterlinge, Milben.

Vorratszeichen, ♐ Warenzeichen, die sich der Inhaber eintragen läßt, ohne sie zunächst zu benutzen, um für neue Erzeugnisse sofort ein geeignetes und geschütztes Zeichen zu haben.

Vorrecht, Sonderrecht, →Privileg.

Vorrunde, ⚔ die ersten Ausscheidungskämpfe für Meisterschaften.

Vorsatz, 1) bürgerl. Recht: das Wollen eines rechtswidrigen Erfolges. **2)** Strafrecht: der mit Wissen und Wollen verwirklichte Straftatbestand **(direkter V.).** V. liegt auch vor, wenn der Täter den Erfolg zwar nicht erstrebte, aber doch als mögliche Folge der Tat voraussah und ihn für den Fall des Eintritts in Kauf nahm **(bedingter V.).**

Vorsatzpapier, ⚲ das starke Papier auf der Innenseite des Buchdeckel.

Vorschiff, der vordere Teil eines Schiffes.

Vorschlag, ♪ kurzer, dem Melodieton vorangehender Ton zur Verzierung, der rhythmisch zur Hauptnote, vor der er steht, gehört; auch als Doppelvorschlag.

Vorschlagswesen, betriebl. Einrichtung: jeder Beschäftigte kann Verbesserungsvorschläge einreichen, die nach Brauchbarkeit prämiiert werden.

Vorschub, der während eines Bearbeitungsvorganges von Werkstück oder Werkzeug zurückgelegte Weg.

Vorschulerziehung, Gesamtheit der erzieherischen Hilfen im Vorschulalter, vor allem die familienergänzenden Einrichtungen (Kindergarten, Vorschulklassen) und besondere Bildungsangebote in den Massenmedien (u. a. Fernsehen, Zeitschriften) mit dem Ziel, das frühkindliche Lernen allseitig anzuregen und umweltbedingte Lernbehinderungen auszugleichen. Die institutionalisierte V. wird gegenwärtig stark ausgebaut.

Vorschußsteuern, Steuern, die überwälzt werden: Steuerträger ist der Käufer, Steuerzahler der Verkäufer.

Vorsehung, christl. Glaubenslehre: die göttl. Leitung der Entwicklung der Welt und der menschl. Schicksale; auch die Gottheit selbst als Lenker der Welt.

Vorsfelde, Stadt in Ndsachs., 11 500 Ew., an der Aller und am Mittellandkanal; Ziegelei, Ton-, Hohlsteinwerk u. a. Ind.

Vorsilbe, Präfix, vorangestellte Ableitungssilbe, z. B. ge..., ver...

Vorsitzender, Vorsitzer, 1) Leiter der Geschäfte einer Gesellschaft, Behörde, Vorstand, Aufsichtsrat u. a. **2)** Prozeßrecht: der leitende Richter eines Kollegialgerichts; ihm obliegt die Prozeßleitung u. a.

Vorsokratiker, die griech. Philosophen vor Sokrates (Thales, Anaximander, Heraklit, Pythagoras, Demokrit u. a.).

Vorsorge|untersuchungen, Früherkennungsmaßnahmen von Krankheiten. Auf bestimmte V. haben (seit 1. 7. 1971) Versicherte der Krankenkassen einen gesetzl. Anspruch.

Vorspann, Film: der Teil des Films vor dem Handlungsbeginn mit Titel, Hersteller-, Darsteller- u. a. Angaben.

Vorspannung, an einer Elektronenröhre oder an einem Transistor eine Gleichspannung, der eine Wechselspannung überlagert wird, meist **Gitter-V.** oder **Basis-V.**

Vorspiel, 1) musikal. Einleitung (Präludium, Ouvertüre). **2)** dramat. Dichtung, die einem größeren Bühnenstück vorausgeht, z. B. Schillers ‚Wallensteins Lager'.

Vorspruch, rechtlich die →Präambel.

Vorstadt, ein äußerer Stadtteil.

Vorstand, das gesetzlich vorgeschriebene geschäftsführende Organ einer jurist. Person des bürgerl. und Handelsrechts.

Vorsteherdrüse, Prostata, bei Mensch und Säugetieren: Anhangsdrüse der männl. Geschlechtsorgane. Die Absonderung der V. bildet den größten Teil der Samenflüssigkeit. Eine Vergrößerung der V. **(Prostatahypertrophie)** tritt häufig im Alter auf (Beschwerden durch Zusammendrücken der Harnröhre). Behandlung: Blasenentleerung durch Katheter, Hormongaben, chirurg. Entfernen der V.

Vorstehhund, Jagdhund auf Niederwild, urspr. Hühnerhund, mit 60-70 cm Schulterhöhe größte dt. Jagdhundrasse.

Vorstellung, Psychologie: ein im Bewußtsein gegebener, anschaulich-bildhaft erlebter Inhalt (Erinnerung, Phantasiegebilde, Plan u. a.).

Vorster, Baltazar Johannes, südafrikan. Politiker, * 1915, Jurist, Verfechter der Apartheid-Politik; seit 1961 Justizmin., seit Sept. 1966 MinPräs. der Rep. Südafrika.

Vorstrafe, eine im Strafregister noch nicht gelöschte gerichtl. Strafe.

Vorteilsausgleichung. Hat ein schädigendes Ereignis Nachteile und Vorteile gebracht, so ist bei einer Ersatzleistung der Vorteil auszugleichen.

Vortopp, auf Segelschiffen oberes Ende des Fockmastes.

Vortrag, Buchführung: der Restbetrag eines Kontos, der nach Abschluß eines alten in den neuen Rechnungsabschnitt vorgetragen wird.

Vortrieb, die Kraft an der Luftschraube eines Flugzeuges, die seine Vorwärtsbewegung hervorruft, bei Raketen und Strahltriebwerken der Schub.

Voruntersuchung, in bestimmten Strafsachen ein gerichtl. Verfahren zur Aufklärung des Sachverhaltes, bes. in Schwurgerichtssachen. Leiter der V. ist der **Untersuchungsrichter.**

Vorverfahren, vor dem Hauptverfahren liegende Teil des Strafprozesses (→Ermittlungsverfahren, →Voruntersuchung).

Vorvertrag, ein Vertrag, der die Verpflichtung beider Vertragsparteien zum Abschluß des beabsichtigten Hauptvertrages enthält; er bedarf in der Regel der Form des Hauptvertrages.

Vorwärts, sozialdemokrat. Wochenzeitung, Bonn-Bad Godesberg; Nachfolger des Leipziger V. (1876-78) und des V. von 1891; Zentralorgan der SPD.

Vorwerk, abgetrennter Teil eines Gutshofes mit eigenen Wirtschaftsgebäuden.

Vorzeichen, 1) Anzeichen künftigen Geschehens. **2)** Volksglauben: Kometen, Spinnen, vierblättrige Kleeblätter u. a.

Vorzeichnung, ♪ die am Anfang des Liniensystems hinter dem Schlüssel angegebenen Versetzungszeichen, die die Tonart des Stückes bestimmen.

Vorzeit, die →Vorgeschichte.

Vorzugsaktien, mit besonderen Vorrechten ausgestattete Aktien, bes. bei der Gewinnverteilung **(Vorzugsdividende).**

Vorzugszoll, ein ermäßigter Zollsatz, →Präferenz.

Vos, Cornelis de, * um 1585, † 1651, fläm. Bildnismaler (Töchter des Künstlers, Berlin).

Vosges [vo:ʒ], **1)** franzõs. Name der →Vogesen.
2) Dép. in NO-Frankreich, 5903 km², 388 200 Ew.; Hauptstadt: Épinal.

Vöslau, Bad V., Stadt im Bez. Baden, Niederösterreich, 7000 Ew.; Thermalquelle; Schloß (1740-53); Weinbau; Kammgarnspinnerei u. a. Industrie.

Voß, 1) Johann Heinrich, Dichter, * in Mecklenburg 1751, † 1826, als Student in Göttingen Mitglied des Hainbundes, wurde 1778 Rektor in Otterndorf, 1782 in Eutin, lebte seit 1802 in Jena und Heidelberg als Privatgelehrter; schrieb Idyllen (‚Der siebzigste Geburtstag, 1780; ‚Luise', 1795). V. übersetzte Homer (‚Odyssee', 1781; ‚Ilias', 1793), Ovid, Horaz und mit seinen Söhnen Shakespeare.
2) Richard, Schriftsteller, * 1851, † 1918; Romane (‚Zwei Menschen', 1911).

Vossische Zeitung, Berliner liberale Tageszeitung, ursprüngl. ein 1704 gegr. Wochenblatt, erschienen bis 1934. Das Blatt ging 1751 an den Buchhändler C. F. Voss über, 1913 an den Verlag Ullstein.

Voßler, Karl, Romanist, * 1872, † 1949; ‚Die Göttl. Komödie' (2 Bde., 1907-10), ‚Frankreichs Kultur und Sprache' (1913), ‚Die roman. Welt' (hg. 1965).

Vostrokonto [ital.], das →Lorokonto.

votieren [lat.], stimmen, beschließen.

Votivbild, aus Dank für Gebetserhörung gestiftetes Bild, oft von Laien gemalt, bes. in Wallfahrtskirchen.

Votivgabe, das →Weihgeschenk.

Votum [lat.] *das,* -s/...ten oder ...ta, **1)** Gelübde. **2)** bei Abstimmungen die Stimme des Mitentscheidenden **(Votierenden).**

Voute [vu:t, frz.] *die,* Bautechnik: ein hohlkehlenförmiges Profil, bes. im Übergang von der Wand zur Decke.

VÖV, Abk. für Verband Öffentlicher Verkehrsbetriebe.

vox [lat.], Stimme. **v. populi, v. dei,** Volkes Stimme, Gottes Stimme.

Voyeur [vwaj'œ:r, frz.] *der,* ein Mensch, der sexuell befriedigt wird, wenn er geschlechtl. Handlungen anderer zuschaut.

VR, Abk. für Volksrepublik.

Vrbas, Nebenfluß der Save, in Bosnien, 170 km lang.

Vrchlický [v'rxlitski:], Jaroslav, Deckname des tschech. Dichters Emil **Frída,** * 1853, † 1912; epische und lyr. Dichtungen, Dramen, Novellen, Übersetzungen (Dante, Goethes ‚Faust').

Vreden, Stadt in Nordrh.-Westf., 17 300 Ew.; Textil-, Leder- u. a. Ind.

Vreneli, in der Schweiz das 20-Franken-Goldstück.

Vrh Botev, höchster Berg des Balkans, 2375 m.

Vries, 1) Adrian de, holländ. Bronzebildner, * um 1560, † 1626, Schüler von G. da

Vulkan: *Asamajama (Japan), 2542 m hoch*

Bologna, seit 1601 in Prag, arbeitete in den straff geschlossenen Formen des Manierismus. Merkur- und Herkulesbrunnen, Augsburg (1599, 1602), Bronzewerke aus Frederiksborg und dem Wallenstein-Palais in Prag (Schloß Drottningholm).
2) Hugo de, niederländ. Botaniker, * 1848, † 1935, entdeckte (gleichzeitig mit Correns und Tschermak) die Mendelschen Verer-

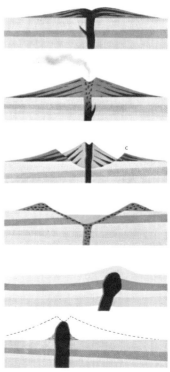

Vulkanismus, von oben nach unten: Schildvulkan; Stratovulkan; Stratovulkan mit Explosionstrichter (c Caldera); Explosionstrichter mit Maar; Stau-, Quellkuppe; herausgewitterte Schlotfüllung

bungsgesetze wieder; begründete die Mutationstheorie.

3) Theun de, niederländ. Schriftsteller, * 1907; Gedichte, Kultur-, Heimatromane.

Vring, Georg von der, Schriftsteller, * 1889, † 1968; volksliedhafte Gedichte, Romane.

V.S.O.P., Abk. für engl. **V**ery **s**uperior **o**ld, **p**ale (sehr überlegen, alt, hell). Ein so bezeichneter Cognac soll mindestens 4 Jahre alt sein.

V/STOL-Flugzeug, Kombination von VTOL- und STOL-Flugzeug, kann sowohl senkrecht wie auch als Kurzstartflugzeug starten.

VTOL-Flugzeug, Vertical **T**ake **o**ff and **L**anding, ein Vertikalstarter.

Vuillard [vyija:r], Édouard, franzôs. Maler, * 1868, † 1940; farbig dekorative Bilder von Innenräumen, auch Wandmalereien.

Vulc'ano, eine der →Liparischen Inseln.

Vulc'anus, altital. Gott des Feuers.

vulg'är [lat.-frz.], gemein, gewöhnlich.

Vulg'ärlatein, →lateinische Sprache.

Vulg'ata [lat.] die, die in der Kath. Kirche gebrauchte latein. Bibelübersetzung des Hieronymus. Die (proto)kanonischen Bücher des A. T., außer den Psalmen, sind von ihm aus dem Hebräischen, Tobias und Judith aus dem Aramäischen übersetzt, die Evangelien nach der Itala revidiert worden. Die übrigen Teile gehen auf die Itala zurück. Die Psalmen sind eine Revision des Hieronymus nach Itala und der

Hexapla des Origenes. Die V. wurde vom Trienter Konzil 1546 für authentisch erklärt.

v'ulgo [lat.], 1) gewöhnlich. 2) vor Namen: genannt.

Vulkan [nach Vulcanus] der, jede Stelle der Erdoberfläche, an der →Magma austritt, im engeren Sinne ein durch Auswurfmassen gebildeter Berg. Der Austritt des Magmas, die Eruption, wird durch Gasspannungen im Erdinnern verursacht und erfolgt durch einen Schlot, an dessen oberem Ende ein Krater entsteht. Die Lockerprodukte (vulkan. Bomben, Schlacken, Lapilli, Sande, Aschen) bilden um den Krater einen Wall, der zu einem Aufschüttungskegel emporwächst. Gemischte Ausbrüche (Förderung von Lockerprodukten und Lava) sind bes. häufig. Vulkane sind vor allem in den jungen Faltengebirgszügen an den Rändern der Kontinente anzutreffen. Die Zahl der in geschichtl. Zeit tätigen Vulkane der Erde wird mit rd. 475 angegeben. (Bild S. 1324)

Vulkanfiber die, harter, hornartiger Kunststoff aus Cellulose, die durch Zinkchloridlösung pergamentiert, gewässert und zu Platten gepreßt wird.

Vulkan-Inseln, Inselgruppe südl. der Bonin-Inseln, seit 1891 zu Japan, seit 1945 unter Verwaltung der Verein. Staaten; Schwefelgewinnung.

Vulkanisation, das Einarbeiten von Schwefel in Rohkautschuk, →Kautschuk.

Vulkan'ismus, alle Kräfte und Erscheinungen, die mit dem Magma in ursächl. Zusammenhang stehen (→Vulkan, →Plutonismus). (Bild S. 1324)

Vulpius, 1) Christian August, Schriftsteller, * Weimar 1762, † 1827, Schwager Goethes; Bühnenstücke, Räuberromane (,Rinaldo Rinaldini', 1797-1800).

2) Christiane, Schwester von 1), * 1765, † 1816, lebte seit 1788 in freier Gemeinschaft mit Goethe, bis dieser sich 1806 mit ihr trauen ließ. Sie gebar ihm 5 Kinder, von denen nur das älteste (August) am Leben blieb. Goethes Ehe in Briefen (1957).

V'ulva [lat.] die, die äußeren weibl. Geschlechtsorgane.

V'uoksi, der Abfluß des finnischen Seengebietes Saimaa zum Ladogasee.

v. v., Abk. für vice versa.

V-Waffen, Abk. für ,Vergeltungswaffen', von der dt. Wehrmacht gegen Ende des 2. Weltkriegs entwickelte, bes. gegen London eingesetzte Waffen. Das Gerät **V 1** war ein unbemannter Flugkörper mit Strahlantrieb, 250 km Reichweite und einer Geschwindigkeit von 650 km/h. Die **V 2** war eine Rakete mit 250 km Reichweite und einer Geschwindigkeit von 5000 km/h, eine Abwehr war nicht möglich.

VWD - Vereinigte Wirtschaftsdienste GmbH., Frankfurt a. M., Dienst für Wirtschaftsnachrichten und Wirtschaftsberichterstattung, gegr. 1949.

VwGO., Verwaltungs**g**erichts**o**rdnung.

W

w, das **W** [ve], der 23. Buchstabe des Abc, im MA. durch Verdopplung des V entstanden, bezeichnet im Deutschen den stimmhaften labiodentalen Reibelaut [v].

W, 1) für Westen. **2)** chem. Zeichen für Wolfram. **3)** Zeichen für Watt.

Waadt die, franzôs. **Vaud** [vo], **Waadtland,** franzôs. **Pays de Vaud,** Kanton der Schweiz, 3211 km² (mit Anteilen am Genfer und Neuenburger See), 511 900 meist evang., französischsprachige Ew.; Hauptstadt: Lausanne. Im W hat der Kanton Anteil am Mittelland und Jura, im O an den Ausläufern der Freiburger und Berner Alpen. Haupterwerbszweig ist die

Industrie (Uhren, Musikdosen, Kino- und Radioapparate, Schreibmaschinen, Nahrungs- und Genußmittel, Turbinen, Traktoren, Maschinen); außerdem Landwirtschaft, Viehzucht und Weinbau; Bergbau (Kochsalz, Marmor, Bausteine). - Im 5. Jahrh. von Burgundern besiedelt, 1032 an das Deutsche Reich, im 13./14. Jahrh. an Savoyen, 1536 von Bern erobert und als Untertanenland verwaltet, 1798 durch Frankreich von Bern gelöst, seit 1803 eigener Kanton.

Waag die, slowak. **Váh,** Nebenfluß der Donau in der Slowakei, 459 km lang, entspringt in der Tatra.

Waage, 1) Gerät zur Gewichtsbestimmung. **Hebel-W.** sind die gleicharmigen **Balken-W.** mit Schalengehänge und Gewichtssatz, die ungleicharmigen W. mit verschiebbaren Gewichten **(Laufgewichts-W.)** oder mit mehreren Einzelgewichten, die durch eine mechan. Vorrichtung aufgelegt oder abgenommen werden können **(Schaltgewichts-W.),** und die **Neigungs-W.,** bei denen der Waagebalken die Form eines Winkelhebels hat (z. B. **Brief-W.).** Zusammengesetzte Hebel-W. sind →Dezimal-W. und →Brücken-W. **Zähl-W.** sind zusammengesetzte Hebel-W. mit konstanten Hebelverhältnissen zur Ermittlung großer

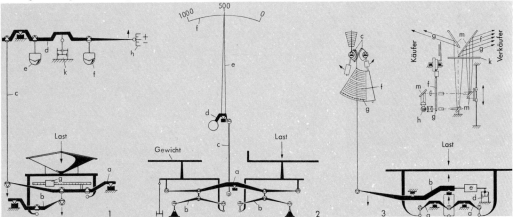

Waage: **1** Schema einer Zählwaage; a Hauptbalken, b Unterbalken, c Zugstange, d Zählbalken, e große, f kleine Zählschale, g Laufgewicht, h Skala, k Öldämpfer. **2** Schema einer Tafelneigungswaage; a Hauptbalken, b Unterbalken, c Zugstange, d Neigungseinrichtung, e Zeiger, f Skala. **3** Schema einer Doppelpendelneigungswaage mit projizierter Gewichts- und Preisskala; a Seitenhebel, b Mittelhebel, c Neigungshebel, d Öldämpfer, e Ausgleichsgewicht, f Preisskala, g Gewichtsskala, h Lampe, k Mattscheibe, m Spiegel

Stückzahlen gleicher, meist kleiner Teile (Schrauben, Scheiben). Vergleichsgewichte sind dieselben Teile in kleiner Anzahl. **Feder-W.** nutzen die Elastizität einer Spiral- oder einer Wendelfeder, deren elast. Formänderung dem Gewicht der Last proportional ist. **Hydraulische W.** wiegen sehr große Lasten. Die Last drückt hierbei auf den Kolben eines mit Flüssigkeit gefüllten Zylinders; den Flüssigkeitsdruck zeigt ein Manometer an. - Die Anzeige kann entweder kontinuierlich an Zeigern auf einer Skala oder digital stufenweise an Ziffern abgelesen werden. Bei **Fein-W.** kann durch opt. (auch Projektions-)Einrichtungen die Ablesegenauigkeit wesentlich erhöht werden (z. B. **Leuchtbild-W.**). 2) ☆ südl. Sternbild, 7. Tierkreiszeichen. 3) Turnen: Gerätekraftübung, bei der sich der Körper im Hang oder Stütz in waagerechter Lage befindet; →Standwaage.

Waal die, Hauptmündungsarm des Rheins, in den Niederlanden.

Waal, indisches Gold- und Silbergewicht; 289,975 mg.

Waals, Johannes Diderik van der, niederländ. Physiker, * 1837, † 1923, arbeitete über die Zustandsgleichung von Gasen, Dämpfen, Flüssigkeiten. Nobelpreis 1910.

Waasland, Waesland, franzöś. **Pays de Waes,** Landschaft in Ostflandern, Belgien, Baumwoll-, Leinen-, Holzschuh-Industrie.

Wabe, Zellenbau der →Biene.

Wabenkröte, Froschlurch, →Pipakröten.

Waberlohe, das Feuer, das in der altnord. Dichtung die Schlafstätte der Brynhild umgibt.

Wace [was], anglonormann. Dichter, * um 1100, † etwa 1174; seine Reimchronik ‚Geste de Bretons' (‚Roman de Brut') führt die Tafelrunde des Königs Artus in die franzöś. Literatur ein.

Wach'au die, durch ihre landschaftl. Schönheit bekannte Donautalstrecke zwischen Melk und Krems, Österreich.

Wachbataillon, militär. Verband für Ordnungsdienst, Sicherungs-, Fernmelde- und repräsentative Aufgaben.

Wachmann, Österreich: Polizeibeamter.

Wacholder der, Gattung **Juniperus** der Nadelhölzer mit beerenähnl. kleinen Zapfen. Der **Gemeine W. (Machandelbaum)** ist meist ein 1-2 m hoher Strauch, zweihäusig; wächst im Heideland. Die Beeren **(Krammetsbeeren)** sind blauschwarz. Durch das flüchtige **W.-Öl**

Wacholder

schmecken sie streng; sie geben Gewürz, W.-Branntwein, harntreibenden Tee, Räucherwerk. Der nordamerikan. **Virginische W. (Rote Zeder)** liefert Holz für Bleistifte, Zigarrenkisten.

Wachs, fettähnl. Verbindungen aus höheren Fettsäuren und einwert. höheren Paraffinen und deren Abkömmlingen, im weiteren Sinne feste, bis 20° C knetbare, über 40° C schmelzende Stoffe. W. werden von Tieren und Pflanzen gebildet **(Natur-**

Wachtelweizen: links Hain-W., rechts Acker-W.

W.) oder synthetisch hergestellt **(Kunst-W.)** und als Imprägnier-, Lackpflege-, Putzmittel, Salbengrundlage, Suppositorienmasse, für Pomaden, Lippenstifte, Schuhkrem, Bohnermassen, Farbbänder u. a. verwendet.

Wachsbildnerei. Wachs wird von Bildhauern für Modelle, auch selbständige Bildwerke verwendet. Die Modelle für den Bronzeguß gehen beim Wachsausschmelzverfahren verloren. Von den Römern wurden Wachsmasken der Verstorbenen im Trauerzug mitgeführt und im Atrium des Hauses aufgestellt. In Frankreich kam im 14. Jahrh. der Brauch auf, bei Leichenfeiern den Toten durch eine Wachsnachbildung darzustellen, wie dann bes. in Venedig und England. Aus Wachs wurden seit dem MA. vor allem Weihegaben gebildet, seit der Renaissance auch Bildnisbüsten und Reliefs. Seit Ende des 17. Jahrh. wurden auch lebensgroße naturalist. Nachbildungen hoher Persönlichkeiten aus Wachs gefertigt, wie später für die **Wachsfigurenkabinette** (Kabinett der Mme. Tussaud, London; Musée Grévin, Paris).

Wachsblume, südostasiatisch-austral. strauchige Kletterpflanze mit Luftwurzeln, lederigen Blättern und Dolden wachsähnlicher Blüten **(Fleischige W.).**

Wachsmalerei, die →Enkaustik.

Wachsmotte, die →Bienenmotte.

Wachspalme, 1) Fächerpalme (Carnauba-Palme) in Brasilien. **2)** Fiederpalme in den nördl. Anden; beide Arten liefern verwertbares Wachs.

Wachstuch, veraltet für mit Linolfirnis beschichtete Gewebe. Die Beschichtung ist heute durch PVC ersetzt (PVC-Tuch, PVC-Folien).

Wachstum, 1) das Zunehmen der Lebewesen an Größe und Gewicht. Das W. vollzieht sich durch Zellvergrößerung und durch Teilung von Gewebezellen, geregelt durch Erbfaktoren, Hormone, Wuchsstoffe u. a. Abnormes W. führt zu Riesenwuchs, Zwergwuchs oder Mißbildungen. **2) W.,** Kreszenz, frz. **Crû,** Weinhandel: Weinbezeichnung nach Ursprungsgemeinde, Weingut und Namen des Grundstücksbesitzers; ist den naturreinen Weinen vorbehalten.

W'achstumshormon, somatotr'opes **Hormon,** STH, Somatotrop'in, Hormon des Vorderlappens der Hirnanhangdrüse.

Wachtberg, Gem. südl. Bonn, 12 500 Ew.; astrophysikal. Institut, Töpfererzg; 1969 durch Zusammenschluß von 13 Gem. gebildet.

Wächte die, die im Gebirge angewehten, an Graten und Gipfeln überhängenden Schnee- und Eismassen.

Wachtel die, kleines, gedrungen gebautes Feldhuhn, lebt in waldfreiem Gelände am Boden, frißt Körner, Samen. Zugvogel.

Wachtelhund, eine zu den Stöberhunden gehörige Jagdhundrasse.

Wachtelkönig, bräunlicher Rallenvogel, kleiner als das Rebhuhn, in Wiesengelände **(Wiesenknarrer);** Zugvogel.

Wachtelweizen, auf Wurzeln schmarotzende krautige Rachenblütergatt.: **Hain-W.,** mit grünen, blauen oder violetten Blütentragblättern und gelben Blüten, in Wäldern; **Acker-W.,** mit roten Blütentragblättern.

Wächterlied, →Tagelied.

Wachtmeister, 1) Dienstgrad in der Beamtenschaft, z. B. bei der Polizei. **2)** früher militär. Dienstgrad, entsprach einem Feldwebel bei urspr. berittenen Truppen.

Wachtraum, Tagtraum, ein bei Bewußtsein ausgesponnenes Phantasieerlebnis.

Wach- und Schließgesellschaften, Privatunternehmen, die gewerbsmäßig der öffentl. Sicherheit dienen, bes. durch Bewachung von Häusern, Fabriken, Geschäftsräumen, Parkplätzen.

Wackenroder, Wilhelm Heinrich, Schriftsteller, * Berlin 1773, † 1798, gehörte mit dem ihm befreundeten L. Tieck zu den führenden Vertretern romantischen Natur- und Lebensgefühls, vertiefte das künstlerische Erlebnis zum religiösen (‚Herzensergießungen eines kunstliebenden Klosterbruders', 1797).

Wackerle, Joseph, Bildhauer, * 1880, † 1959; Figuren und Gruppen, bes. in Porzellan und Majolika, Büsten.

Wackernagel, 1) Jacob, schweizer. Sprachforscher, Sohn von 2), * 1853, † 1938; (‚Altind. Grammatik' (1896-1905). **2)** Wilhelm, Germanist, * 1806, † 1869, machte sich bes. als Herausgeber verdient.

Wackes der, elsäss.: Lümmel; früher Spottname für die Elsässer.

Waco [w'eikou], Stadt in Texas, USA, 95 300 Ew.; Baylor-Universität, Baumwollmarkt, Bekleidungsind., Verlage.

Wadai, franzöś. **Ouadai,** Steppenlandschaft und ehem. Sultanat im O der Rep. Tschad.

Wade, ⚕ die gewölbte Hinterfläche des Unterschenkels, gebildet vom **Zwillingswadenmuskel.**

Wadenbein, ⚕ →Bein.

Wadenkrampf, schmerzhafte Zusammenziehung der Wadenmuskeln, nach Überanstrengung, bei Kälte, auch bei Tetanie.

Wädenswil, Ort im Kt. Zürich, Schweiz, am Zürichsee, 15 700 Ew.; Sitz der Eidgenöss. Versuchsanstalt für Obst-, Wein- und Gartenbau und der Schweizer. Obst- und Weinfachschule.

W'adi der, **Oued,** ein Trockental in der Wüste, meist mit schroffen Ufern, nur den seltenen Platzregen von reißendem Wasser erfüllt. (Bild S. 1327)

W'adi H'alfa, Stadt in der Nordprov. des Sudan, am 2. Katarakt des Nils, Umschlagplatz von der Nilschiffahrt zur Bahn nach Khartum.

Wadi Qumr'an, →Qumran.

Wad M'edani, Provinzhauptstadt im östl. Sudan, 69 200 Ew., Zentrum des Baumwollanbaugebiets von Gesira, landwirtschaftl. Forschungsstationen, chem. und Metallindustrie.

Wafd der, ägypt. nationalist. Partei, nach 1921 von Saghlul Pascha gegr., vertrat die Unabhängigkeit Ägyptens, wurde 1952 aufgelöst.

Wachteln

Waffe, Kampfgerät; Angriffs- oder Trutz-W. sind Geräte zur unmittelbaren Einwirkung (Hieb-, Stich-, Wurf-W.) oder Vorrichtungen zum Abschießen von Munition (Feuer-W.). Schutz-W. dienen der Verteidigung (z. B. Schild, Helm).

Waffel die, Gebäck aus flüssigem Teig, zwischen heißen, zusammenklappbaren Flacheisen (W.-Eisen) gebacken.

Waffenbesitz, →Waffenrecht.

Waffenfarbe, die die Waffengattung kennzeichnende Farbe an den Uniformen des Heeres (Kragenspiegel).

Waffengattung, Teil einer Truppengattung, z. B. Infanterie.

Waffengebrauch des Militärs und der Polizei ist durch Gesetz geregelt. Die Polizei darf erst dann von der Waffe Gebrauch machen, wenn alle anderen Mittel versagen. Der Schußwaffengebrauch ist an bes. strenge Voraussetzungen geknüpft. - Bei manchen Straftaten ist die Benutzung (§ 223 a StGB.) oder das Mitführen (§ 250 StGB.) von Waffen Strafverschärfungsgrund.

Waffenmeister, ✠ Unteroffizier, der für die sachgemäße Instandhaltung und für kleinere Reparaturen an Waffen und Gerät verantwortlich war.

Waffenrecht, Rechtsvorschriften, die Herstellung, Vertrieb, Besitz, Tragen und Gebrauch von Waffen regeln. - In der Bundesrep. Dtl. dürfen zur Kriegführung bestimmte Waffen nur mit Genehmigung der Bundesregierung hergestellt und in Verkehr gebracht werden. Für die Herstellung und den Handel anderer Waffen bedarf der Unternehmer einer Herstellungs-, Einfuhr- oder Handelserlaubnis. - Das Überlassen und der Erwerb von Waffen ist nur mit **Waffenschein** zulässig, der bei Nachweis eines Bedürfnisses von der Polizei auf 3 Jahre ausgestellt wird; er ist ferner zum Führen der Waffe außerhalb der Wohnung, der Geschäftsräume und des umfriedeten Besitztums erforderlich. Durch das 2., am 1. 1. 1973 in Kraft tretende Bundeswaffengesetz wird eine wesentliche Verschärfung des W. und eine bundeseinheitliche Regelung erreicht.

Waffenrock, in der früheren dt. Wehrmacht das Hauptbekleidungsstück der meisten Truppengattungen, mit besonderen Aufschlägen, Schulterklappen u. a.

Waffenschmied, ein Handwerker, der Klingen, Helme, Harnische, Panzerhemden, Schilde, Feuerwaffen anfertigte.

Waffenschulen, →Heeresschulen, →Luftwaffenschulen, →Marineschulen.

Waffen-SS, im 2. Weltkrieg ein selbständiger militär. Verband neben den drei dt. Wehrmachtsteilen, 1939/40 gebildet aus der SS-Verfügungstruppe, dem größten

Wadi nach Regengüssen, libysche Sahara

Wagen: 1 Berline, **2** ,Shelbourne' Landauer, **3** Diligence de Lyon, **4** Kalesche, **5** Viktoria-Phaeton, **6** viersitziges Coupé, **7** einspänniger Dog-Cart, **8** Trabrenn-Wagen (Sulky), **9** Break, **10** Pony-Chaise, **11** Mail-Coach

Teil der SS-Totenkopfverbände und Freiwilligen (bes. ausländischen), seit Sommer 1943 zunehmend aus einberufenen Wehrpflichtigen.

Waffenstillstand, vertragsmäßige zeitweilige Einstellung der Feindseligkeiten zwischen Kriegführenden; oft Einleitung zu Friedensverhandlungen.

Waffenstudent, Angehöriger einer ,schlagenden' Studentenverbindung (mit Verabredungs- oder Bestimmungsmensur).

Wagadugu, →Ouagadougou.

Wagemann, Ernst, Volkswirtschaftler und Statistiker, * 1884, † 1956, war 1923 bis 1933 Präs. des Statist. Reichsamts, 1925 bis 1945 Dir. des von ihm in Berlin gegr. Instituts für Konjunkturforschung.

Wagen, 1) zweispuriges Räderfahrzeug zum Befördern von Menschen und Lasten. **2)** Maschinenteil zur Führung eines Gegenstandes, z. B. an der Schreibmaschine zur Führung des Papiers. **3) Großer** und **Kleiner W.,** die Sternbilder Großer und Kleiner Bär.

Wagen|achsenkilometer, Produkt aus Wagenachsenzahl eines Verkehrsmittels und gefahrenen Kilometern.

Wagenbühne, Bühnenform, bei der die Verwandlung durch Einfahren von Bühnenwagen geschieht.

Wagenburg, eine aus zusammengeschobenen Wagen gebildete Verschanzung, bes. im Altertum, Mittelalter.

Wageningen [vˈaxəniŋə], Stadt in der Prov. Gelderland, Niederlande, 26 400 Ew.; Landbauhochschule.

Wagenkilometer, ✠ der je Wagen zurückgelegte Weg in Kilometern.

Wagenrennen, im Altertum beliebter Wettkampf; W. fanden bes. mit Zwei- und Viergespannen im Zirkus statt.

Wagenseil, 1) Georg Christoph, österreich. Komponist, * 1715, † 1777, ein Hauptvertreter der vorklass. Musik; Sinfonien, Konzerte, Kammermusik u. a.

2) Johann Christoph, Gelehrter, * 1633, † 1705, Quellenwerk für den späten Meistersang ,Von der Meistersinger holdseligen Kunst' (1697).

Waggerl, Karl Heinrich, Schriftsteller, * Badgastein 1897; Romane aus seiner bäuerl. Heimat. ,Brot' (1930) u. a.

Waggon [vagˈõ, engl.-frz.] der, Eisenbahnwagen, bes. Güterwagen.

Wäg(g)ital, Tal der Sihlgruppe, Kt. Schwyz, Schweiz; Stausee u. Kraftwerke.

Wagner, 1) Adolph, Volkswirtschaftler, * 1835, † 1917, Prof. seit 1870 in Berlin, Vertreter des dt. →Kathedersozialismus.

2) Cosima, * 1837, † 1930, Tochter von F.

Liszt und der Gräfin d'Agoult. Ihre Ehe mit H. v. Bülow wurde 1869 geschieden; seit 1870 Frau Richard W.s. Nach seinem Tode übernahm sie bis 1908 die künstler. Oberleitung der Bayreuther Festspiele.

3) Heinrich Leopold, Dramatiker, * Straßburg 1747, † 1779, lernte als Straßburger Student Goethe kennen und trat nach 1774 in Frankfurt, wo er Advokat wurde, in nähere Beziehungen zu ihm; naturalistische soziale Dramen (,Die Kindermörderin', 1776, von Goethe als Plagiat der Gretchentragödie betrachtet).

4) Hermann, Geograph, * 1840, † 1929, Prof. in Königsberg und Göttingen, verdient um die geograph. Schulunterricht.

5) Johann Peter A., Bildhauer, * 1730, † 1809, arbeitete für unterfränk. Kirchen und Schlösser (Würzburg, Veitshöchheim).

6) Otto, österr. Architekt, * 1841, † 1918, Vorkämpfer eines neuen, zweckbestimmten Bauens (Postsparkasse Wien, 1904-06).

7) Richard, Komponist, * Leipzig 22. 5. 1813, † Venedig 13. 2. 1883, wurde 1833 Chordirektor in Würzburg, 1834 Musikdirektor in Magdeburg, 1837 in Riga. 1839 bis 1842 lebte W. in Paris, 1843 wurde er Hofkapellmeister in Dresden. Von hier mußte er 1849 wegen Teilnahme am Maiaufstand fliehen und war bis 1858 in Zürich. 1861 trennte er sich von seiner Frau, der Schauspielerin Minna Planer (⚭ 1836). Die nächsten Jahre verbrachte er in Venedig, Luzern, Brüssel, Paris, Wien. 1864 berief ihn König Ludwig II. von Bayern, der ihn bis zu seinem Tode großzügig unterstützte, nach München, das er jedoch bald wieder verlassen mußte. In dem Landhaus Triebschen bei Luzern fand er Aufnahme. 1870 heiratete er Cosima →Wagner 2).

1872 siedelte W. nach Bayreuth über, wo er sein Festspielhaus (Einweihung 1876) errichtete. 1883 erlag W. in Venedig einem

Richard Wagner   *J. Wagner v. Jauregg*

Herzschlag; er wurde im Garten seiner Villa Wahnfried in Bayreuth beigesetzt.

W., einer der wirkungsreichsten Musiker seiner Zeit, ist der Schöpfer des ‚Musikdramas‘, bei dem die Dichtung das Ursprüngliche ist, die geschlossenen Formen der ‚Nummernoper‘ in der ‚unendlichen Melodie‘ aufgehen und das Orchester den Hauptteil am musikal. Geschehen erhält (Leitmotiv). Die Scheidung von Rezitativ und Arie wird aufgegeben, die Gesetze der Sprachmelodie bestimmen die Führung des Sprechgesangs; er wiederum schließt sich mit Orchester und Bühnenbild zum Gesamtkunstwerk zusammen.

Werke. Bühnenwerke (in Klammern Jahr der Uraufführung): Die Feen, abgeschlossen 1833 (1888); Das Liebesverbot (1836); Rienzi (1842); Der fliegende Holländer (1843); Tannhäuser (1845); Lohengrin (1850); Tristan und Isolde, abgeschl. 1859 (1865); Die Meistersinger von Nürnberg (1868); Der Ring der Nibelungen: Das Rheingold, abgeschl. 1854 (1869), Die Walküre, abgeschl. 1856 (1870), Siegfried (1876), Die Götterdämmerung (1876); Parsival (1882). Orchesterwerke (Faustouvertüre, Siegfriedidyll), Lieder, Schriften.

8) Siegfried, Komponist, Sohn von 7), * 1869, † 1930, seit 1909 künstler. Oberleiter der Bayreuther Festspiele.

9) Wieland, Sohn von 8), * 1917, † 1966, mit seinem Bruder Wolfgang W. (* 1919) seit 1951 Leiter der Bayreuther Festspiele.

Wagner-Régeny, Rudolf, Komponist, * 1903, † 1969; wurde bekannt durch Opern im neoklassizist. Stil (Der Günstling, 1935; Das Bergwerk von Falun, 1961).

Wagnerscher Hammer, ein Stromunterbrecher, z. B. in elektr. Klingeln. Ein Elektromagnet zieht einen federnd gelagerten Anker an, durch dessen Bewegung der Stromkreis unterbrochen wird; das Magnetfeld verschwindet, der Anker federt zurück und schließt den Stromkreis wieder.

Wagner von Jauregg, Julius, Psychiater, * 1857, † 1940, führte die Impfmalaria (→Malariabehandlung) als Mittel gegen progressive →Paralyse ein. 1927 Nobelpreis. (Bild S. 1327)

W'agram, Deutsch-W., Dorf auf dem Marchfeld, Österreich, 28 km nordöstl. von Wien. 5./6. 7. 1809 Sieg Napoleons über Österreich unter Erzherzog Karl.

W'agrien, geschichtl. Landschaft in Schleswig-Holstein, zwischen Lübecker Bucht und Kieler Förde. - 804 von Karl d. Gr. den slaw. Obotriten überlassen, 1140 von Graf Adolf II. von Holstein unterworfen und eingedeutscht.

Wahhab'iten Mz., die Anhänger der von Mohammed ibn Abd al-Wahhab im 18. Jahrh. in Innerarabien gegr. Reformbewegung, die den sunnit. Islam in seiner urspr. Reinheit wiederherzustellen suchte, Heiligen- und Reliquienkult verpönte, das Verbot des Weingenusses streng befolgte und auf Kaffee und Tabak ausdehnte. 1926 vereinigte der W.-Herrscher Ibn Sa'ud, nachdem er sich im Nedschd durchgesetzt hatte, Nord- und Mittelarabien zu einem Staat (→Saudi-Arabien).

Wahl, Berufung einer Person in eine Stellung durch Abstimmung der Stimmberechtigten.

Wahl, Hans, * 1885, † 1949, seit 1918 Dir. des Weimarer Goethe-Nationalmuseums, seit 1928 auch des Goethe- und Schiller-Archivs.

Wahlbehörden, amtl. Stellen für Vorbereitung, Durchführung und Feststellung des Ergebnisses einer Wahl: Bundes-, Landes- und Kreiswahlleiter, für jeden Stimmbezirk ein Wahlvorsteher.

Wahlbestechung, →Stimmenkauf.

Wahleltern, österreich.: Adoptiveltern.

Wahlen, Friedrich Traugott, * 1899, leitete 1929-43 die Eidgenöss. Landwirtschaftl. Versuchsanstalt Zürich-Oerlikon, 1943-49 Prof. an der TH Zürich, 1958 bis 1965 Bundesrat (Justiz), 1961 schweizer. Bundespräsident.

Wähler, 1) die Person, die das aktive Wahlrecht hat. **2)** ein durch elektr. Impulse ferngesteuerter Schalter, der die Verbindung zwischen den Fernsprech- oder Fernschreibteilnehmern herstellt.

W'ahlfach, ein Unterrichtsfach, das von einem Schüler neben den verbindl. Fächern frei gewählt werden kann.

Wahlfeststellung, Alternativfeststellung, ♃ in einem Strafurteil die Feststellung, daß der Angeklagte durch seine Tat entweder die eine oder die andere Straftat begangen hat, ohne daß bewiesen werden kann, welche von beiden; nur in bestimmten Fällen zulässig (z. B. bei Diebstahl und Hehlerei).

wahlfreier Unterricht, Unterrichtsfächer, deren Besuch freiwillig (fakultativ) ist.

Wahlgeheimnis, der Grundsatz der ‚geheimen Wahl‘, garantiert in Art. 38 GG. Die Verletzung des Wahlgeheimnisses wird bis zu 2 Jahren bestraft (§ 107 c StGB.).

Wahlkapitulation, in Kapitel gegliederte Bedingungen, die im MA. ein König, Bischof oder Abt vor seiner Wahl zu beschwören hatte; bedeutsam sind die W. der dt. Könige seit Karl V. (1519), die als Bestandteil der Reichsverfassung galten.

Wahlkreis, Unterteilung des Staatsgebietes zur Vornahme der Wahl für die Volksvertretung. Die Bundesrep. Dtl. ist in 248 W. (ohne W-Berlin) eingeteilt.

Wahlmänner, →Wahlrecht.

Wahlmonarchie, eine Monarchie, in der der neue Herrscher durch Wahl berufen wird. Gegensatz: Erbmonarchie.

Wahlperiode, →Legislaturperiode.

W'ahlpflichtfach, ein in den Klassen 12 und 13 der Gymnasien zu den verbindl. Fächern zwingend hinzuzuwählendes Fach (Fremdsprache, Naturwissenschaft).

Wahlprotest, Einspruch gegen die Rechtmäßigkeit von Entscheidungen und Maßnahmen im Wahlverfahren.

Wahlrecht, 1) das Recht zu wählen (**aktives W.**) und die Befähigung, gewählt zu werden (**passives W.**). **2)** die Gesamtheit der Vorschriften über die Wahl. Die allgem. Grundlagen für das W. sind in den Verfassungen enthalten, die Einzelheiten (Wahlverfahren u. a.) in Wahlgesetzen und Wahlordnungen.

Arten: 1) **allgemeines W.:** alle Staatsbürger, die bestimmte unerläßliche Voraussetzungen erfüllen (Mindestalter, bürgerl. Ehrenrechte u. a.), besitzen Stimmrecht; Gegensatz: **beschränktes W.:** die Stimmberechtigung hängt u. a. von Vermögen, Bildung ab. 2) **gleiches W.:** alle abgegebenen Stimmen werden gleich bewertet; Gegensatz: **ungleiches W.:** die Stimmen werden abgestuft nach Besitz, Alter u. a., z. B. →Dreiklassenwahlrecht, Mehrstimmen- oder Pluralwahlrecht. 3) **unmittelbares W.:** der Wähler wählt den Kandidaten unmittelbar, nicht über dazwischenstehende **Wahlmänner (mittelbares W.).** 4) **geheime Stimmabgabe:** die Abstimmung erfolgt durch Abgabe verdeckter Wahlzettel; Gegensatz: **öffentliche** (mündliche) **Stimmabgabe.** 5) **Männer-** und **Frauen-W.:** im 19. Jahrh. hatten im allgem. nur die Männer ein W., heute bis auf wenige Ausnahmen auch die Frauen.

Wahlsysteme: **Mehrheitswahl:** gewählt ist, wer mehr als die Hälfte der abgegebenen Stimmen erhält (absolute Mehrheit), oder wer die meisten Stimmen auf sich vereinigt (relative Mehrheit). Wird die absolute Mehrheit nicht erreicht, so kommt es zu einer engeren Wahl (**Stichwahl**) zwischen den Kandidaten, die die meisten Stimmen erhalten haben. Eine **Nachwahl** findet statt, wenn die Wahl infolge höherer Gewalt u. a. nicht durchgeführt werden kann; eine **Ersatzwahl,** wenn ein Abgeordneter ausscheidet; eine **Wiederholungswahl** ist durchzuführen, wenn eine Wahl ganz oder teilweise für ungültig erklärt wird. Gegensatz: **Verhältniswahl:** die Sitze werden auf die Listen der Parteien nach dem Verhältnis der abgegebenen

Stimmen verteilt. - In der Bundesrep. Dtl. gilt für die Wahl zum Bundestag das Bundeswahlgesetz. v. 7. 5. 1956 (zuletzt geändert durch Ges. v. 4. 6. 1969) und die Bundeswahlordnung i. d. F. v. 8. 4. 1965.

Wahlschein, 1) nach der Bundeswahlordnung ein unter bestimmten Voraussetzungen (z. B. Krankheit, hohes Alter, Reise) erteilter Berechtigungsschein, der Stimmabgabe durch Übersendung des Stimmzettels mit der Post vorzunehmen. **2)** Schweiz: **Stimmkarte,** amtliche Bescheinigung, auf Grund deren unter gewissen Umständen ein Stimmberechtigter sein Stimmrecht außerhalb seines Wahlbezirkes ausüben kann.

Wahlschuld, Alternativobligation, ♃ ein Schuldverhältnis, bei dem mehrere Leistungen in der Weise geschuldet werden, daß nur die eine oder andere als Erfüllung zu bewirken ist. Das Wahlrecht steht im Zweifel dem Schuldner zu.

Wahlstatt, Dorf 9 km südöstlich von Liegnitz, Schlesien. - 9. 4. 1241 Abwehrschlacht des schles. Heerbannes unter Herzog Heinrich II. gegen die Mongolen. - Fürstentitel Blüchers nach der nahebei stattgefundenen Schlacht an der Katzbach.

Wahl'urne, Kasten zum Einwerfen der Stimmzettel.

Wahlvergehen, die Verletzung der Vorschriften zum Schutze des Wahlrechts, z. B. Wahlfälschung, Wahlbestechung, Wahlbehinderung; nach §§ 107-108 d StGB. zumeist mit Freiheitsstrafe oder Geldstrafe strafbar.

Wahlverteidiger, →Verteidigung 1).

Wahlvorschlag, der Vorschlag von Einzelkandidaten oder Kandidatenlisten bei der Wahl. In der Bundesrep. Dtl. steht das Wahlvorschlagsrecht den Parteien oder Wählergruppen zu.

Wahn, Ortsteil von →Porz am Rhein; Flughafen Köln-Bonn.

Wahn, ♀ krankhafte Erlebnisweise, bei der normal Wahrgenommenes abnorm gedeutet wird. Wahnkrankheit (→Paranoia).

Wahndelikt, Putativdelikt, Begehung einer erlaubten Handlung in der irrigen Annahme, sie sei strafbar; im Gegensatz zum untauglichen Versuch nicht strafbar.

Wahnfried, ehemaliger Wohnsitz Richard Wagners in Bayreuth; mit Wagner-Archiv; Grabmal R. und Cosima Wagners.

Wahrheitsbeweis, ♃ bei übler Nachrede der Beweis der Wahrheit der ehrenrührigen Behauptung. Der W. schließt die Bestrafung wegen übler Nachrede aus, läßt jedoch die wegen einfacher Beleidigung zu, wenn die Behauptung nach Form oder Umständen unangemessen war.

Wahrheitspflicht, ♃ die Pflicht der Parteien im Zivilprozeß, ihre Erklärungen der Wahrheit gemäß abzugeben (§ 138 ZPO.).

Wahrnehmung, das Aufnehmen von Eindrücken mit Hilfe der Sinnesorgane; Inhalte mit räuml. und zeitl. Beziehungen nimmt schon das Tier auf; W. als beschreibbare Erlebnisse können nur beim Menschen nachgewiesen werden.

Wahrnehmung berechtigter Interessen, ♃ macht eine Beleidigung straflos, wenn nicht Form oder Begleitumstände eine Beleidigungsabsicht ergeben (§ 193 StGB.).

Wahrsagen, das angebliche Voraussehen von etwas, das durch die gewöhnliche Sinneserfahrung nicht vorherzubestimmen ist; vielfach mit Sterndeutung, Mantik, Visionen, Hellsehen verbunden; unter Umständen als Betrug strafbar.

Wahrscheinlichkeit, 1) Logik: eine Eigenschaft von Aussagen, für deren Geltung einleuchtende, doch nicht hinreichende Gründe bestehen. **2)** △ die Zahl der für den Eintritt eines Ereignisses günstigen Fälle im Verhältnis zur Anzahl der gleichmöglichen Fälle; Beispiel: die W., aus Würfeln einen Pasch (2 gleiche Zahlen) zu würfeln, ist $1/6$, denn es gibt 6 verschiedene Pasche (‚günstige Fälle‘) und 36 verschiedene Wurfergebnisse (‚gleichmögliche Fälle‘). In der höheren Mathematik genügt

Währungen (Auswahl, Stand Ende März 1972)

Land	Währungseinheit (WE)			1 DM = WE
Belgien	Belg. Franc = 100 Centimes	Leitkurs		13,9072
Dänemark	Dän. Krone = 100 Øre	Leitkurs		2,1660
Dt. Dem. Rep.	Mark der DDR = 100 Pfennig	US-$-Ankauf kommerziell	1 US-$ = M 2,22	
		nichtkommerziell	1 US-$ = M 4,19	
Finnland	Finnmark = 100 Penniä	Leitkurs		1,2723
Frankreich	Französ. Franc = 100 Centimes	Wertverhältnis zu US-$		1,5875
Griechenland	Drachme = 100 Lepta	Leitkurs		9,3095
Großbritannien und Nordirland	Pfund Sterling (£) = 100 New Pence	Wertverhältnis zu US-$		0,1191
Irland[1])	Ir. £ = 100 New Pence	Wertverhältnis zu US-$		0,1191
		Leitkurs		27,308
Israel	Israel. £ = 100 Agorot	Leitkurs		1,3033
Italien	Italien. Lira = 100 Centesimi	Leitkurs		180,45
Japan	Yen = 100 Sen = 1000 Rin	Leitkurs		95,5780
Kanada	Kanad. $ = 100 Cents	Freimarktkurs		0,3146
Luxemburg[2])	Lux. Franc = 100 Centimes	Leitkurs		13,9072
Norwegen	Norweg. Krone = 100 Øre	Leitkurs		2,0622
Österreich	Schilling = 100 Groschen	Leitkurs		7,2304
Schweden	Schwed. Krone = 100 Øre	Leitkurs		1,4935
Schweiz	Schweizer Franken = 100 Rappen	Leitkurs		1,1916
Sowjetunion	Rubel = 100 Kopeken	Offiz. Kurs f. DM-Ankauf		0,2572
Spanien	Peseta = 100 Céntimos	Leitkurs		20,0074
Türkei	Türk. £ = 100 Kurus = 4000 Para	Leitkurs		4,3445
Verein. Staaten	US-Dollar ($) = 100 Cents	Offiz. Kurs f. DM-Ankauf		0,3165

[1]) Auch die Geldzeichen von Großbritannien sind gesetzl. Zahlungsmittel. [2]) Auch die belg. Geldzeichen sind gesetzl. Zahlungsmittel.

diese einfache Erklärung der W. nicht; zu ihrer genauen Erfassung bedarf es komplizierter mengentheoretischer Untersuchungen. **Apriorisch** heißt eine im voraus berechenbare W. (obiges Beispiel), **empirisch** oder **aposteriorisch** eine W., die auf Grund von Beobachtungen bestimmt worden ist. Kommt unter m Beobachtungen ein Ereignis a-mal vor, so ist a/m seine **relative Häufigkeit**; nach dem Gesetz der großen Zahlen nähert sie sich mit wachsendem m einem Grenzwert, der als W. für das Eintreten des Ereignisses bezeichnet wird. Die **W.-Rechnung** wird in der Statistik, der Physik u. a. angewendet.

Wahrtraum, Traum mit überraschendem Wahrheitsgehalt, der außerhalb der normalen Erfahrung zu liegen scheint.

Währung, allgemein die gesetzl. Ordnung der Geldverfassung eines Landes: Bestimmung der gesetzl. Zahlungsmittel und Festlegung ihres Austauschverhältnisses gegenüber den ausländ. W. (**W.-Parität**) und dem Gold (Goldparität); insbes. das gesetzl. Zahlungsmittel (**W.-Geld**). Im internat. Verkehr unterscheidet man die einzelnen nationalen W. (Valuten) nach der Geldeinheit, z. B. Mark-, Pfund-W., und nach ihrem Geltungsbereich. Nach dem Geldstoff unterscheidet man die Metall-W. und der Papier-W. Metall-W. können sich auf ein W.-Metall (Gold oder Silber) beschränken (Monometallismus) oder zwei Metalle gleichberechtigt nebeneinander anerkennen (Bimetallismus). Die automatische W. gleicht ihre Stabilität durch Bindung an ein wertbeständiges Gut (→Goldwährung), bei der manipulierten W. regelt die Zentralbank Geldmenge und Zahlungsverkehr.

Die Geschichte der W.-Systeme zeigt die Ablösung der älteren Silber-W. und der bimetallist. W. durch die Gold-W. (in England 1816, im Dt. Reich 1873). Im 1. Weltkrieg gingen zahlreiche Länder zur Papier-W. über; sie stabilisierten ihre W. nach der Inflation meist auf der Grundlage der Goldkern- und Golddevisen-W. Die Weltwirtschaftskrise seit 1929 brachte neue W.-Krisen, der freie W.-Austausch wurde durch Devisenbewirtschaftung ersetzt. Nach 1945 beruhte das Währungssystem der westl. Welt auf den Vereinbarungen des Internat. Währungsfonds. Seit 1950 wurde die Devisenzwangswirtschaft schrittweise gelockert, Dez. 1958 gingen die meisten europ. Staaten zur Konvertierbarkeit der W. über. Die Zeit Ende der 60er Jahre ist gekennzeichnet durch erhebl. Währungsspannungen; es traten Auf- und Abwertun-

gen auf, es kam zu einer Intensivierung der internat. Zusammenarbeit (Zehnerklub), im Mai 1968 zur Spaltung des Goldpreises. Die am 15. 8. 1971 von Präs. Nixon verkündete Aufhebung der amerikan. Goldumtauschverpflichtung hatte eine weltweite Währungskrise zur Folge. Sie wurde durch die Festlegung eines neuen Goldpreises (38 US-$ je Feinunze) und von neuen Währungsparitäten (Abwertung des Dollars um 9,1%) Dez. 1971 beendet. Die W. der Bundesrep. Dtl. ist die Deutsche Mark. Die Geldmenge regiert die Dt. Bundesbank.

Währungsabkommen, das →Europäische Währungsabkommen.

Währungsbank, die →Zentralbank.

Währungsdumping, Erzielung niedrigerer Verkaufspreise im Ausland durch Abwertung einer Währung gegenüber den ausländischen Währungen.

Währungspolitik, Maßnahmen des Staates oder der Zentralbank zur Erhaltung der Kaufkraft des Geldes im Inland und der äußeren Stabilität des Wechselkurses.

Währungsreform, die Wiederherstellung der durch Inflation zerrütteten Währungsstabilität. Die W. von 1923 beendete eine offene Inflation, die W. vom 20. 6. 1948 zurückgestaute. Die am 21. 6. 1948 bestehenden privaten Spartguthaben und RM-Verbindlichkeiten aus Schuldverhältnissen wurden in der Bundesrep. Dtl. im allgemeinen 10 : 1 umgestellt (→Altspartguthaben). - In der Dt. Dem. Rep. wurde die Währung durch VO. v. 21. 6. 1948 grundsätzlich 1 : 1 umgestellt, Bargeld und Bankguthaben jedoch gleichzeitig im Verhältnis 10 : 1 abgewertet.

Währungsreserve, Gold- und Devisenbestände der Zentralbanken zum Ausgleich passiver Salden im internationalen Zahlungsverkehr.

Wahrzeichen, Erkennungszeichen, Sinnbild.

Waiblingen, Stadt in Bad.-Württ., 24 100 Ew., an der Rems, alte Kirchen und Stadttürme; Maschinen-, Metall-, Möbel-, Textil-, chem. u. a. Ind. Orchideenzucht. - W. war einst stauf. Besitz, namengebend für die →Ghibellinen.

Waiblinger, Wilhelm Friedrich, Schriftsteller, * 1804, † 1830, Freund Mörikes, von Hölderlin beeinflußt; lebte seit 1826 in Italien. ‚Lieder der Griechen' (1823), ‚Phaeton' (1823).

Waid der, **Färberwaid,** bis 1 m hohe, gelbblütige Kreuzblütterstaude aus dem Mittelmeerbereich; enthält einen an der Luft blau werdenden, indigoartigen Stoff, wurde deshalb seit dem Altertum angebaut.

Waidmann, Jäger, der die Jagd (**Waidwerk**) kunstgerecht (**waidgerecht**) ausübt.

Waidmannsheil, der Gruß der Jäger; Antwort: **Waidmannsdank.**

Waig′atsch, Insel der Sowjetunion, im Nordpolarmeer, 3380 km², von Samojeden bewohnt; Rentierzucht, Jagd, Fischerei, Seehundfang.

Wain [wein], John, engl. Erzähler, * 1925; zynisch-witzige Gesellschaftsromane.

Waise die, Kind ohne Eltern (**Voll-W.**) oder mit nur einem Elternteil (**Halb-W.**). Die **Waisenfürsorge** ist Bestandteil der Jugendfürsorge. Jede W. hat einen Vormund.

Waisengeld, die Monatsbezüge der Waisen von Beamten.

Waisenhaus, Erziehungsheim für Voll- oder Halbwaisen. W. entwickelten sich aus mittelalterlichen Findelhäusern und den Gründungen der Pietisten seit dem 17. Jahrh.

Waisenrente wird von der sozialen Renten- und Unfallversicherung an Waisen der Versicherten und Rentenempfänger gezahlt.

Wajang, das javan. →Schattenspiel.

Wajda, Andrzej, poln. Filmregisseur, * 1926. Film ‚Asche und Diamant' (1958) u. a.

Wakajama, amtl. **Wakayama,** Hafenstadt auf Honschu, Japan, 353 000 Ew.; Schwerind., Erdölraffinerie, Baumwollweberei.

Wake [weik], Koralleninsel im Stillen Ozean, zwischen Hawaii und den Marianen, 7,8 km², Flugstützpunkt der Verein. Staaten.

Wakefield [w′eikfi:ld], die Hauptstadt des West Riding der engl. Gfsch. York, 59 400 Ew., Woll-, chem. Industrie, Maschinenbau und Kohlenbergbau.

Waksman, Selman A., Bakteriologe, * 1888, Prof. in New Brunswick (New Jersey), klärte Entwicklung und Natur der Antibiotica und entdeckte das Streptomycin; 1952 Nobelpreis.

Wal der, ein Säugetier, →Wale.

Walach′ei, geschichtl. Landschaft Rumäniens, zwischen Südkarpaten und Donau. Durch den Alt geteilt in die **Große W.** (Muntenien) im O und die **Kleine W.** (Oltenien) im W. Im 14. Jahrh. selbständiges Fürstentum, 1460 unter türk. Oberhoheit, 1829-56 unter russ. Schutz, 1859 mit der Moldau zu Rumänien vereinigt.

Wal′achen, i. w. S. früher die Rumänen, i. e. S. die Bewohner der Walachei.

Walahfrid Strabo [lat. ‚der Schieler'], Theologe und Dichter, * um 809, † 849, Schüler des Hrabanus Maurus in Fulda, 838 Abt von Kloster Reichenau; latein. Dichtungen, theologische Schriften.

Walb, Ernst, Betriebswirtschaftler, * 1880, † 1946, Prof. u. a. in Köln, arbeitete bes. über die Bankbetriebslehre und das betriebl. Rechnungswesen.

Walcha, Helmut, Organist, * 1907.

Walchensee, See in den Bayerischen Alpen, 800 m ü. M., 16 km² groß, bis 192 m tief. Das W.-Kraftwerk nutzt den rd. 200 m großen Höhenunterschied zum Kochelsee.

W'alcheren, die westlichste Insel der Prov. Seeland, Niederlande.

Wald umfaßt den Baumbestand, der sich ohne menschl. Eingreifen entwickelt (**Urwald**), und den planmäßig genutzten, gepflegten W. **(Wirtschafts-W., Forst),** besteht auch als **Schutz-W.** gegen Bodenerosion, Wildbach- und Lawinenbildung u. a. **Waldformen** sind: Nadel-W., Laub-W., Misch-W. Wichtige Waldbäume in Dtl. sind: Fichte, Tanne, Douglasie, Kiefer (einschl. Weymouthskiefer und Lärche), Rotbuche, Eiche, Weichlaubhölzer (einschl. Pappel). Das Nadelholz ist wirtschaftlicher. Der W. ist nicht nur wegen seines Holzes wichtig, sondern auch wegen seines Einflusses auf Klima, Wasserführung der Bäche und Flüsse u. a.

Wald [wɔːld], George, amerikan. Biochemiker, * 1906, erhielt mit H. K. Hartline und R. Granit 1967 den Nobelpreis für Physiologie und Medizin für Entdeckungen der chem. und physiolog. Grundlagen des Sehens im Auge.

Wald'aihöhen, kuppige, seen- und waldreiche Landschaft in Westrußland; Quellgebiet von Wolga, Düna, Dnjepr.

Waldbau, die An- und Nachzucht des Holzes und Forstes.

Waldböcke, antilopenähnliche waldbewohnende Horntiere der Tropen; z. B. in Afrika die **Schirrantilope,** der **Nyala-Buschbock,** der **Große Kudu,** die **Elenantilope** (→Elen) und in Indien die **Nilgauantilope.** (Bild Antilopen)

Waldbr'öl, Stadt in Nordrh.-Westf., 14 000 Ew., hat Bundesluftschutzschule, Lederwaren-, Holzindustrie, Radiatorenwerk.

Waldburg, schwäb. Uradelsgeschlecht, führte 1419-1808 den Namen Truchseß von W., seit 1803 Reichsfürsten. Georg Truchseß von W., genannt ,Bauernjörg', * 1488, † 1531, warf als Feldhauptmann des Schwäb. Bundes die südd. Bauern 1525 nieder.

Waldeck, ehem. Land des Deutschen Reiches; Hauptstadt war Arolsen. - Die Grafen von W. (seit 1189) erwarben 1631 die Grafschaft Pyrmont; 1712 wurden sie Reichsfürsten. Seit 1867 stand W. unter preuß. Verwaltung, 1918 Freistaat; 1922 kam Pyrmont, 1929 W. selbst an Preußen.

Waldeck-Rousseau [-rus'o], Pierre, französ. Staatsmann, * 1846, † 1904, 1899-1902 französ. MinPräs. einer Linksregierung, die den Kampf der Dritten Rep. gegen die Kath. Kirche aufnahm.

Waldemar, Fürsten:
Brandenburg: **1) W.,** Markgraf (1308-19),

* um 1281; mit ihm und seinem Vetter († 1320) starben die brandenburg. Askanier aus. Mitte des 14. Jahrh. trat ein **Falscher W.** gegen die Wittelsbacher in Brandenburg auf, angeblich der von langer Pilgerfahrt heimgekehrte Markgraf, 1348 von Kaiser Karl IV. mit der Mark belehnt, 1350 entlarvt († 1356).

Dänemark. **2) W. I. d. Gr.** (1157-82), * 1131, eroberte 1168 Rügen im Kampf gegen die heidnischen Wenden, huldigte 1162 dem Kaiser Friedrich Barbarossa; auf ihn geht die Errichtung des →Danewerk zurück.

3) W. II. der Sieger (1202-41), * 1170, Sohn von 2), erstrebte die Herrschaft über alle Ostseeländer, wurde 1227 bei Bornhöved von den norddt. Fürsten besiegt.

4) W. IV. Atterdag (1340-75), * um 1320, verkaufte 1346 Estland dem Dt. Orden, eroberte 1361 Visby, geriet dadurch in Krieg mit der Hanse, der er 1370 im Frieden von Stralsund alle Vorrechte bestätigen mußte.

Walden, Herwarth, eigentl. Georg **Lewin,** Kunstkritiker, Schriftsteller, * 1878, als Emigrant in der Sowjetunion verschollen, ⚭ (in erster Ehe) mit Else Lasker-Schüler; um seine Zeitschrift ,Sturm' (gegr. 1910) sammelten sich Wortführer des Expressionismus.

Waldenburger Bergland, poln. **Góry Wałbrzyskie,** ein Teil der Sudeten, zwischen Riesengebirge, Heuscheuer, Eulen- und Katzbachgebirge, reich an Steinkohle (Grundlage der Industrie).

Waldenburg in Schlesien, poln. **Wałbrzych,** Stadt in Niederschlesien, 127 000 (1939: 64 100) Ew., hatte Bergschule. W. kam 1945 unter poln. Verwaltung. Die Industrie (Steinkohlenbergbau, Kohlechemie, Stickstoff-, Eisen-, Porzellanwerke) wurde stark ausgebaut. In der Nähe Uranerzbergbau.

Wald'enser, religiöse Laienbewegung des 12. und 13. Jahrh., zuerst in Südfrankreich und der Lombardei, später auch in Deutschland, Böhmen, Ungarn und Polen; Stifter Petrus **Waldus** (Lyon, † um 1206), der sein Vermögen an die Armen verteilte und seit etwa 1176 als asket. Laienprediger in Armut Christus und den Aposteln nacheiferte. Er und seine Anhänger wurden 1184 aus der Kirche ausgeschlossen und später durch die Inquisition unterdrückt; in Italien und Amerika haben sich W.-Gemeinden gehalten.

Waldersee, Alfred Graf von, preuß. Generalfeldmarschall (1900), * 1832, † 1904, 1888-91 Generalstabschef als Nachfolger Moltkes, Gegner Bismarcks; führte 1900/01 beim Boxeraufstand in China die Truppen der europ. Mächte.

Waldfeldbau, regelmäßige Folge von Waldbau und Ackerbau auf derselben Fläche.

Waldgrenze, die Grenze des geschlossenen Waldes gegen baumlose Gebiete. Für ihre Ausbildung ist in polaren Gebieten und Gebirgen die zu geringe Sommer-

temperatur verantwortlich, in den warmen Zonen der mangelnde Wasservorrat des Bodens.

Waldheim, Stadt im Bez. Leipzig, an der Zschopau, 11 600 Ew.; Holzverarbeitungs-, Zigarren-, Seifen- u. a. Ind. Serpentinsteinbrüche. Schloß (1588, seit 1919 Gefangenenanstalt), Schloßkirche (16. Jahrh.).

Waldheim, Kurt, österreich. Politiker (ÖVP), * 1918, 1968-70 Außenmin., seit 1972 Generalsekr. der Vereinten Nationen.

Waldhorn, ein Blechblasinstrument mit gewundenem Schallbecher (→Horn).

Waldhufendorf. Der überwiegend geschlossene Flurbesitz (Hufe) liegt meist hinter den längs Straßen oder Bächen oder in Gruppen angeordneten Höfen.

Waldhühner, Rauhfußhühner, Hühnervögel mit befiederten sporenlosen Läufen; z. B. Auerhuhn, Birkhuhn.

Waldis, Burkard, Schriftsteller, * um 1490, † 1556, urspr. Franziskaner, später protestant. Pfarrer; geistl. Fastnachtsspiel ,Die Parabel vom verlorenen Sohn' (1527), ,Esopus' (1548, 400 gereimte Fabeln und Schwänke); Streitgedichte.

Waldkante, bei Kanthölzern ein noch mit Rinde bedeckter Rest der Baumstammoberfläche.

Waldkauz, ein Greifvogel, →Eulen.

Waldkirch im Breisgau, Stadt in Bad.-Württ., 11 100 Ew., mit Kneippkuranlagen; graph. Gewerbe, Textil-, Metallwaren-, Uhrenind. und Edelsteinschleiferei.

Waldkraiburg, Stadt in Oberbayern, 16 700 Ew.; Erdgasvorkommen.

Waldlauf, eine spezifisch dt. Form des international übl. Geländelaufs.

Waldmeister, Gatt. der Fam. Rubiaceae, mit quirlig stehenden schmalen Blättchen und endständigen weißen Blütchen; enthält Cumarin, das als krebserregend erkannt wurde (seit 1970 auf der Liste der als Zusatz zu Lebensmitteln verbotenen Stoffe).

Waldmüller, Ferdinand Georg, österreich. Maler, * 1793, † 1865, Vorkämpfer des Realismus, schuf lebenswahre Bildnisse, Landschaftsbilder, später auch bäuerl. Genregruppen. (Bild Beethoven)

Waldorfschulen, Privatschulen, die auf der Erziehungslehre R. Steiners fußen. Sie haben den Typus von einheitl. Grund- und höheren Schulen. Die W. gehen zurück auf die 1919 in Stuttgart gegründete W. (benannt nach der Waldorf-Astoria-Zigarettenfabrik). 1938 wurden die bestehenden 8 dt. Schulen verboten; seit 1945 wurden über 30 Schulen in der Bundesrep. Dtl. und W-Berlin wiedergegründet. Sie sind zusammengefaßt im Bund der Freien W. (Stuttgart). Im europ. Ausland bestehen 40, im übrigen Ausland rd. 20 W.

Waldrebe, Gattung **Clematis** der Hahnenfußgewächse; giftige Stauden oder Klettersträucher; **Gemeine W.** mit grünlich-weißen, duftreichen Blüten, die **Alpen-W.** hat außer vier äußeren hängenden Blumen-

Wald: links Nadelwald, Mitte Mischwald, rechts Laubwald

Waldrebe, Zierform

blättern viele weißfilzige, halb so lange, zusammengeschlossene Honigblätter; mehrere Arten sind Zierpflanzen.

Waldsassen, Stadt in Bayern (Oberpfalz), 7800 Ew.; Porzellan-, Glas-, Schamotteindustrie. Kirche und Bibliothek des Zisterzienserklosters (1133-1803) sind bedeutende Zeugnisse des Barocks; Zisterzienserinnenabtei (seit 1863).

Waldsee, Bad W., Stadt in Bad.-Württ., 8000 Ew.; Moorheilbad und Kneippkuranstalt; Wasserschloß; Textil-, Landmaschinen-, Metall- und Sperrholzindustrie.

Waldseemüller, Waltzemüller, Martin, Kartograph, * um 1470, † um 1520, schuf 1507 eine Weltkarte in 12 Blättern, auf der zum erstenmal der Name ‚America‘ verwendet wurde.

Waldshut, Stadt in Bad.-Württ., am Hochrhein, 10 600 Ew.; elektrotechn., Maschinen- und Textilind., großes Hochdruckspeicherkraftwerk.

Waldstädte, die vier bis 1805 zu (Vorder-) Österreich gehörenden Städte Rheinfelden, Säckingen, Laufenburg, Waldshut.

Waldstätte, die vier um den Vierwaldstätter See gelegenen schweizer. Kantone Schwyz, Uri, Unterwalden und Luzern.

Waldstein, Berg im Fichtelgebirge, 877 m.

Waldteufel, Emil, Komponist, * 1837, † 1915, schrieb bes. Walzer.

Waldviertel, waldreiche Landschaft in NW Niederösterreichs, rd. 500-800 m ü. M.

Waldvögelein, die Orchideengattung **Zimbelkraut** (Cephalanthera); **Rotes W.** in trockenen Wäldern und auf Waldwiesen.

Wale, Walfische, völlig dem Wasserleben angepaßte, aber lungenatmende Säugetiere. Die Schwanzflosse (‚Fluke‘) der W. liegt waagerecht, die Vordergliedmaßen sind als Brustflossen ausgebildet; Hintergliedmaßen und Becken sind fast völlig rückgebildet. Die **Bartenwale,** zu denen Glattwale, Grauwale und Finnwale gehören, tragen bis zu 4 m lange Hornplatten **(Barten),** die in zwei Reihen zu je mehreren Hunderten vom Oberkiefer herabhängen und beim Schließen des Rachens wie ein Sieb die als Nahrung dienenden kleinen Meerestiere (vor allem Krillkrebse) zurückhalten. Die **Zahnwale** mit den Gründelwalen, Schweinswalen, Pottwalen sowie den Delphinen und Flußdelphinen Indiens und Südamerikas haben oft über 200 Zähne. (→Walfang)

Walen, Sage: fremde Goldsucher im Riesen-, Erz- und Fichtelgebirge, im Harz und in den Alpen; gelten als Verfasser des **Walenbüchleins,** das die Schatzorte anzeigt.

Walensee, See zwischen den Kantonen St. Gallen und Glarus, Schweiz, 423 m ü. M., 23,3 km² groß.

Wales [weilz], walisisch **Cymru** [k'œmru], mit England vereinigtes Fürstentum, 20 763 km², 2,73 Mill. Ew., eine in die Irische See vorspringende Halbinsel zwischen der Bucht von Liverpool und dem Bristolkanal, vom Kambrischen Gebirge durchzogen (Snowdon, 1085 m). Es überwiegt Viehzucht; Bergbau auf Steinkohle, Eisen und Buntmetalle. - Nach der normann. Eroberung Englands (1066) wurden die kelt. Stämme durch die normann.

Adel, das Restfürstentum 1282 durch Eduard I. unterworfen; erst 1536 England einverleibt. Seit 1301 erhält der engl. Thronfolger den Titel Fürst von W. (Prince of W.).

Wal'ewski, Alexandre Graf (seit 1866 Herzog), franzöz. Politiker, Sohn Napoleons I. und der poln. Gräfin Maria **Walewska,** * 1810, † 1868, unter Napoleon III. 1855-60 Außenmin., dann Staatsmin., 1865 bis 1867 Präs. des Gesetzgebenden Körpers.

Walfang. Die Wale wurden früher wegen ihres Fettes (Walöl, Tran) und der Barten (‚Fischbein‘) gejagt; heute wird der ganze Wal verwertet. Als Fanggerät dient die Harpune, die vom Walfangboot aus geschossen wird. Die Beute wird sofort auf dem Walfangmutterschiff verarbeitet. 1969/ 1970 wurden 42 266 Wale gefangen, davon 11 949 in der Antarktis, 4118 an den Küsten vor Japan und Korea; Hauptfänger: Sowjetunion (18 335 Stück), Japan (17 060 Stück).

Walfisch, 1) Tier der Sippe →Wale. 2) Sternbild der Äquatorzone.

Walfischbai, engl. **Walvis Bay,** Hafenstadt in Südwestafrika, an der gleichnamigen Bucht, rd. 2500 Ew.; Walfängerstation, Gefrierfleisch-, Fischindustrie.

Walhall, richtiger **Valhöll,** die Totenhalle der altnord. Mythologie, in die Odin die gefallenen Krieger und Könige beruft.

Walhalla die, Ruhmeshalle bei Regensburg, 1830-42 von Leo v. Klenze erbaut, mit Büsten berühmter Deutscher.

W'ali, der oberste Verwaltungsbeamte einer türk. Provinz.

Wal'iser [zu welsch], engl. **Welsh,** die kelt., mit Engländern vermischten Bewohner von Wales, sie sprechen z. T. noch einen kelt. Dialekt, das **Walisische.** →Kymren, →kymrische Literatur, →kymrische Sprache.

walken, 1) Bleche wechselnden starken Durchbiegungen unterwerfen zur Beeinflussung des Gefüges. **2)** tier. Haare in feuchtwarmem Zustand verfilzen durch Stoßen, Stauchen, Pressen.

Walker, den Maikäfern verwandter Käfer; die Larve schadet jungen Kiefern durch Wurzelfraß. (Tafel Käfer)

W'alküren, eigentl. **Valkyrien,** german. Mythologie: die ‚Schlacht-Wählerinnen‘; sie ‚küren‘ die für Odins Reich Geeigneten unter den in der Schlacht Gefallenen.

Wall, 1) Erdaufschüttung zur Einfriedung und Befestigung. **2)** Pferdesport: Hindernis beim Springreiten, Naturhindernis mit einem oder mehreren Aufsprüngen und einem Absprung.

Wallace [w'ɔləs], **1)** Alfred Russel, engl. Zoologe, * 1823, † 1913; Ergebnisse seiner Forschungen: Lehre der natürl. Zuchtwahl (unabhängig von Darwin), Mimikry-Theorie (mit H. W. Bates), tiergeograph. Arbeiten über das Amazonasgebiet und den Malaiischen Archipel.

2) Edgar, engl. Erzähler, * 1875, † 1932; Südafrikaromane (‚Sanders vom Strom‘, 1911), Detektivromane (‚Der Hexer‘, 1926; Bühnenstück 1928).

3) Lewis, amerikan. Schriftsteller, * 1827, † 1905, General im Bürgerkrieg; histor. Roman ‚Ben Hur‘ (1880).

W'allach der, kastriertes männl. Pferd.

Wallach, Otto, Chemiker, * 1847, † 1931, Prof. in Göttingen, arbeitete über ätherische Öle und Riechstoffe. Nobelpreis für Medizin 1910.

Wallasey [w'ɔləsi], Stadt im nordwestl. England, an der Merseymündung, 100 500 Ew.; Docks; Textil-, Metallindustrie.

Walldorf, 1) Stadt in Bad.-Württ., in der Rheinebene, 12 800 Ew.; Metallwaren-, Zigarettenindustrie.

2) Stadt in Hessen, 13 800 Ew.; Kunststein-, Saitenindustrie. 1699 von Waldensern gegründet.

Walldürn, Garnisonstadt in Bad.-Württ., 7900 Ew., mit Wallfahrtskirche (1697 ff.), Fachwerk-Rathaus (1448), Holz-, Stein-, Bekleidungs- u. a. Industrie.

Wallenstein, eigentl. **Wald(en)stein,** Albrecht v., Herzog von **Friedland,** * 1583, † 1634, warb im Dreißigjährigen Krieg 1625 auf seine Kosten ein Heer für Kaiser Ferdinand II. 1626 schlug er Ernst von Mansfeld bei Dessau, 1627 vertrieb er König Christian IV. von Dänemark vom Festland. Der

Wallenstein   James Watt

Kaiser verlieh ihm 1629 die mecklenburg. Herzogtümer. 1630 erreichten seine Gegner, die kath. Liga (Bayern) und Spanien, seine Entlassung; 1631 wurde er zurückgeholt, um das Vordringen Gustav Adolfs aufzuhalten. Nach dessen Tod in der Schlacht bei Lützen führte W. eigenmächtig Friedensverhandlungen mit den Schweden und deutschen Protestanten (→Arnim 3); darauf setzte ihn der Kaiser als Hochverräter ab; das Heer verließ ihn; mit seinen letzten Getreuen wurde er in Eger ermordet.

Wallfahrt, in vielen Religionen übliche Wanderung oder Reise nach heiligen Stätten.

Wallgang, bei älteren Befestigungen ein

Walfang: links erlegte Wale werden an Bord zerlegt; rechts Gaumen eines Bartenwals

Weg auf dem Wall, hinter den Geschütz-bänken.

Wallis, franzöz. **Valais,** Kanton der Schweiz, 5231 km², 206600 Ew. (Walliser, meist katholisch und zu 60% französisch-sprachig). Hauptstadt: Sitten. Der Kanton liegt nördlich und östlich des Genfer Sees und hat Anteil an den Berner und den Wal-liser Alpen. Angebaut werden Getreide, Obst und Wein; Viehzucht und Alpwirt-schaft. Bergbau auf Anthrazit, Marmor und Bausteine. Seit Anlage vieler Wasserkraft-werke wachsende Industrie. Fremdenver-kehr bes. in Zermatt und Saas-Fee.

Geschichte. Das Ober-W., seit 1416/17 mit den Urkantonen verbündet, eroberte 1475 das bisher savoyische Unter-W. Bis 1630 schüttelte das W. die Landesherrschaft der Bischöfe von Sitten ab. 1798 von den Fran-zosen besetzt, 1810-14 ganz zu Frankreich; seit 1814 ist W. ein schweizer. Kanton.

Walliser Alpen, Penninische Alpen, Gruppe der südl. Schweizer Alpen, zwi-schen oberer Rhône und Dora Baltea, mit Monte Rosa und Matterhorn.

Wallis-Inseln, Inselgruppe des französ. Überseedép. Neukaledonien im Pazifik; 225 km², 10000 meist polynes. Ew.; Perlen-fischerei, Bananenanbau.

Wallnister, die →Großfußhühner.

Wall'onen, romanisierte Kelten und Ger-manen in S Belgiens und NO Frankreichs, etwa 4 Mill.; sprechen eine französ. Mund-art mit german. Bestandteilen **(Wallo-nisch).**

Wallonisch-reformierte Gemeinden, 1) in den Niederlanden in der Reformationszeit entstandene Gemeinden von Wallonen, gehören jetzt zur Niederländ. Ref. Kirche. **2)** in England und Dtl. gegr. Gemeinden von Wallonen, die vor der Verfolgung durch Herzog Alba ausgewandert waren.

Wallraf-Richartz-Museum in Köln, für die vom Kanonikus F. F. Wallraf gestiftete Sammlung altrhein. Kunst mit den Mitteln des Kaufmanns J. H. Richartz errichtet, er-öffnet 1861, nach Zerstörung des Baus wie-dereröffnet 1957; Werke alter Meister (Köl-nische Malerschule u. a.), des 19. Jahrh. (bes. Leibl), des 20. Jahrh. (Sammlung Hau-brich u. a.).

Wallsend [wͻːlzend], Stadt im nordöstl. England, 46900 Ew.; Kohlenbergbau, Schiff- und Maschinenbau.

Wall Street [wͻːl striːt], Banken- und Bör-senstraße in New York; übertragen: der nordamerikan. Geld- und Kapitalmarkt.

Wallung, ♂ der →Blutandrang.

Walmdach, Satteldach mit abgeschrägten Giebelspitzen.

Walnußbaum, bis 25 m hoher Baum mit hellgrauer Rinde und großen Fiederblät-tern. Die Früchte sind reich an fettem Öl. Das harte Holz gibt Möbel, Furniere. Der W. wächst in Europa und Asien, Schwe-sterarten in N-Amerika.

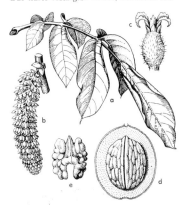

Walnußbaum: a Zweig mit Blättern, b männl. Blütenkätzchen, c weibl. Blüte, d Frucht mit halbabgetragener grüner Schale, e halber Samen

Walpole [wͻːlpoul], **1)** Horace, Earl of Or-ford, engl. Kunstsammler und Schriftstel-ler, Sohn von 3), * 1717, † 1797; sein Roman ‚Das Schloß von Otranto‘ (1764) und seine Greueltragödie ‚Die geheimnisvolle Mut-ter‘ (1768) sind erste Beispiele der neu auf-gekommenen ‚Schauer-Literatur‘.
2) Hugh Seymour, engl. Erzähler, * 1884, †1941; Kriegsromane, zeitkritische Ro-mane, z. T. mit phantastisch-groteskem Einschlag, Kindergeschichten.
3) Sir Robert, seit 1742 Earl of Orford, * 1676, †1745, brit. Staatsmann, als Führer der Whigs 1715 bis 1717 und 1721-42 an der Spitze der Regierung, der erste eigentl. Premierminister. Durch seine Friedenspolitik sicherte W. den Aufschwung des brit. Überseehandels.

Walp'urga, Benediktinerin, * 710, † 779, Äbtissin, Schutzheilige gegen Pest, Hu-sten, Tollwut, Hungersnot. Tage: 25. 2. und 1. 5. In der Nacht vor dem 1. Mai, der **Wal-purgisnacht,** sollen die Hexen auf dem Blocksberg zusammenkommen.

Walras [-r'a], Léon, schweizer. Volkswirt-schaftler, * 1834, † 1910, einer der Begrün-der der →Grenznutzenschule.

W'alrat der oder das, fettartige Masse aus den Stirnbeinhöhlen und einem vom Kopf bis Schwanz laufenden Kanal des Pott-wals; Rohstoff für Kerzen und Salben.

Walrosse, Robben mit hauerartig ausge-bildeten Eckzähnen; Nahrung sind Krebs-tiere, Muscheln. Das **Atlantische W.** wird bis 4,5 m lang und 1000 kg schwer. Zur Ge-winnung von Tran, Haut, Fleisch und Zähnen werden die W. gejagt.

Atlantische Walrosse

Walsall [wͻːlsͻːl], Stadt in Mittelengland, 184300 Ew.; Metall- und Lederindustrie.

Walschap [v'alsxap], Gerard, fläm. Er-zähler, * 1898; Romane (‚Aufruhr im Kongo‘, 1953).

Walser, aus dem oberen Wallis stam-mende, im 13.-15. Jahrh. angesiedelte Berg-bauern in dem nach ihnen genannten Gro-ßen und Kleinen Walsertal und anderen Hochtälern der Alpen (Graubünden).

Walser, 1) Karl, * 1877, † 1943, schweizer. Maler, Graphiker, Bühnenbildner, Buch-gestalter, Illustrator.
2) Martin, Schriftsteller, * 1927; Romane ‚Ehen in Philippsburg‘ (1957), ‚Halbzeit‘ (1960), ‚Das Einhorn‘ (1966), ‚Die Gallistl'-sche Krankheit‘ (1972); Dramen (‚Zimmer-schlacht‘, 1967), Hörspiele.
3) Robert, Schriftsteller, * 1878, † 1956, Bruder von 1); zwischen Ironie und Melan-cholie schwebende Kleinprosa, Romane ‚Geschwister Tanner‘ (1907), ‚Der Ge-hülfe‘ (1908).

Walsertal, zwei Täler in Vorarlberg, Österreich: **1) Großes W.,** rechtes Seitental der Ill. **2) Kleines W.,** von der Breitach zur Iller entwässert, mit der Gemeinde Mittel-berg; seit 1891 dt. Zollgebiet.

Walsrode, Stadt in Ndsachs., in der Lüne-burger Heide, 13900 Ew., Heidemuseum; chem., Leder-, Holz- u. a. Ind.

Walstatt die, ♣ Schlachtfeld.

Walsum (Niederrhein), Industriestadt in Nordrh.-Westf., 48600 Ew.; Großschacht-anlage mit Elektrizitätswerk, Zellstoff-werk, Rheinwerft, Erzsinteranlage.

Wälsungen Mz., die →Welsungen.

W'altari, Mika, finn. Schriftsteller, * 1908; Romane ‚Sinuhe der Ägypter‘ (1945), ‚Turms der Unsterbliche‘ (1955), ‚In diesem Zeichen‘ (1959).

Walter, 1) Bruno, eigentl. **Schlesinger,** Diri-gent, * 1876, † 1962, wirkte in München, Berlin, 1929-33 als Leiter der Leipziger Ge-wandhauskonzerte, 1934-36 der Staats-oper Wien; lebte seit 1939 in den USA.
2) Fritz, Fußballspieler, * 1920, Ehren-spielführer der dt. Nationalmannschaft.

Walter-Antrieb, ein von H. Walter 1940 er-fundenes Triebwerk, bei dem hochprozen-tiges Wasserstoffperoxid in Wasser und Sauerstoff zersetzt wird. Der entstehende Gasstrahl kann zum Antrieb von Raketen oder Turbinen (U-Boot-Antrieb) dienen.

Waltershausen, Stadt im Bez. Erfurt, am Fuß des Thüringer Waldes, 13900 Ew.; Puppen-, Glas-, Gummiwaren-, Tabakpfei-fenherstellung. Über W. Schloß Tenne-berg.

Waltershausen, Hermann Wolfgang Sar-torius Freiherr von, Musiker und Musik-forscher, * 1882, † 1954, war seit 1948 Leiter eines eigenen Musiklehrerseminars.

Waltham Forest [wͻːlθəm f'ͻrist], Stadt-bez. im NO Londons, 235600 Ew.

Walth'arius, Waltharilied, latein. Epos vom Ende des 9. Jahrh., wahrscheinlich nach einem ahd. Heldenlied; Verfasser wohl ein Kanonikus Gerald.

Walther, 1) Johann, protestant. Kirchen-musiker, * 1496, † 1570, Mitarbeiter Lu-thers; geistl. Lieder, Instrumentalstücke.
2) Johann Gottfried, Musiker, * 1684, † 1748, war verwandt und befreundet mit J. S. Bach; Klavier-, Orgelwerke.

Walther von Châtillon [-ʃatij'ͻ], mittella-tein. Dichter, * um 1135, † um 1200; Epos ‚Alexandreis‘.

Walther von der Vogelweide, der bedeu-tendste dt. Lyriker des Mittelalters, * um 1170, † (wahrscheinlich Würzburg) um 1230, Heimat nicht sicher nachweisbar. Am Hofe der Babenberger war vor allem Reinmar von Hagenau sein Lehrmeister. In drei ‚Reichssprüchen‘ forderte er Philipp von Schwaben zu zielbewußter Politik auf; nach dessen Ermordung huldigte er dem Welfen Otto IV. mit den drei großen ‚Kai-sersprüchen‘; in drei ‚Papstsprüchen‘ wies er die päpstl. Politik schroff zurück. Um 1220 erhielt er von Kaiser Friedrich II. das ersehnte Lehen (wohl in Würzburg). Ne-ben den polit. Spruch pflegte er das Minnelied, sowohl im Sinne des höfi-schen Frauendienstes als auch als Aus-druck eines wirklichen Liebesverhältnis-ses (‚Lieder der niederen Minne‘).

Walton [wͻːltən], **1)** Izaak, engl. Schrift-

Walther von der Vogelweide (aus der Manessischen Handschrift)

steller, * 1593, † 1683; ‚The compleat angler' (1653).
2) Sir **William,** engl. Komponist, * 1902, Oper ‚Troilus und Cressida' (1954), Ballette, Orchesterwerke, Konzerte.

Waltrop, Stadt in Nordrh.-Westf., 25 100 Ew.; Steinkohlenbergbau, Ziegeleien, Schiffshebewerke; Wasserburg.

Walze, zylinderförmiger Körper, →Ackerwalze, →Straßenbau, →Walzwerk.

Walzenmühle, Walzenstuhl, eine Müllereimaschine: zwischen geriffelten und glatten Walzen aus Hartguß, seltener aus Porzellan, wird das Getreide gemahlen.

Walzer, Rundtanz im ³/₄-Takt, aus dem Ländler hervorgegangen; seine Blütezeit als Wiener W. durch die Komponisten Lanner, Johann Strauß Vater und Johann Strauß Sohn. In die Kunstmusik übernahmen den W. u. a. C. M. v. Weber, Brahms, Chopin, Liszt, R. Strauss.

Walzwerk, Walzstraße, eine Anlage zur Umformung von Metallen durch Walzen, d. h. durch zwei oder mehr zylinderförmige, sich gegenläufig drehende Körper, von denen das Werkstück erfaßt und durch den **Walzspalt** gezogen wird. Dabei wird der Materialquerschnitt verkleinert, die Länge vergrößert. Die Walzen sind in einem Ständer, dem Walzgerüst, gelagert. Ihr Abstand und Druck gegeneinander (ihre Anstellung) ist regelbar. Die Walzgerüste können in Vorstraße, Zwischenstraße, Fertigstraße gruppiert werden. Nach dem Erzeugnis unterscheidet man **Blockbrammen-, Knüppel-, Halbzeug-, Bandstahl-, Formstahl-, Stabstahl-, Draht-W.** u. a. Das Material kann kalt (→kaltwalzen) oder warm (bei 800-1200° C) gewalzt werden. Nach Anzahl der Walzen und Art des Walzvorganges unterscheidet man: **Zweiwalzen- (Duo-), Doppelduo-, Dreiwalzen- (Trio-), Lauthsches Trio-, Vierwalzen- (Quarto-), Vielwalzen-W., Schräg-, Pilgerschritt-W.** u. a. Beim **Umkehr-(Reversier-)W.** wird das Walzgut in demselben Walzgerüst hin- und hergewalzt. Beim **kontinuierlichen W.** durchläuft das Walzgut mehrere Walzgerüste.

Wamme, ♉ die Dünnung, Flanke des Tiers.

W'ampum das, aufgereihte Muschelscheibchen, dienten den Indianern des östl. Nordamerika als Geld. In Mosaikarbeit zusammengesetzt, galten sie als Urkunde bei Verträgen; die Muster waren Zeichen einer Bilderschrift.

Wams das, im 13. und 14. Jahrh. unter dem Panzerhemd getragener Männerrock; vom 15.-17. Jahrh. unter dem Überrock getragenes Hauptgewand. Seit Ausgang des 17. Jahrh. tritt an Stelle des W. die Weste.

Wan, türk. Stadt, →Van.

W'andalen, Wand'alen, ostgerman. Volk, urspr. in Schlesien (Teilstamm der Silingen) und W-Polen, Ende des 2. Jahrh. an den Karpaten und der Theiß, wanderte um 400 nach W, 409 nach Spanien (‚Andalusien'). Von den Westgoten geschlagen und verdrängt, führte König Geiserich 428 die W. nach N-Afrika und gründete ein Reich mit der Hauptstadt Karthago, das bald auch die Balearen, Korsika, Sardinien und Sizilien umfaßte. 455 plünderten sie Rom. 533/534 vernichtete der byzantin. Feldherr Belisar ihr Reich.

Wandalismus, Vandalismus, ein Schlagwort für sinnlose Zerstörung bes. von Kunstwerken, wie sie die Wandalen in Rom angeblich verübt haben sollen.

Wandelgeschäft, Börse: Termingeschäft,

das in ein Kassengeschäft umgewandelt werden kann.

Wandelndes Blatt, Insekt, →Gespenstheuschrecken.

Wandelröschen, Pflanzen, →Lantanen.

Wandelschuldverschreibung, eine Schuldverschreibung einer AG., die später mit oder ohne Zuzahlung in eine Aktie umgetauscht werden kann **(Wandelanleihe).**

Wandelsterne, die →Planeten.

Wander|arbeiter, Arbeiter im Saisongewerbe.

Wanderbischof, Regionarbischof, sprengelloser Bischof in der Keltischen Kirche. W. zogen bis ins 8. Jahrh. missionierend durch das merowingisch-fränk. Reich.

Wanderbühne, wandernde Schauspieltruppe.

Wanderdüne, von Wind in Bewegung versetzte, unbewachsene Düne.

Wanderfeldröhre, die →Lauffeldröhre.

Wandergewerbe, →Reisegewerbe.

Wanderheuschrecken, Feldheuschrecken der Steppengebiete, treten in großen Wanderflügen auf und vernichten den Pflanzenwuchs. Bekämpfung durch Insektizide, Feuer, Rauch, Giftgase.

Wandermuschel, Zebramuschel, dreikantige, bis 4 cm lange Süßwassermuschel, mit meist streifig gezeichneten Schalen.

Wandern, Formen der aktiven Erholung und des Urlaubssports, zu Fuß, mit dem Rad, mit Booten, Ski-W. und W. zu Pferd.

Wanderniere, die Nierensenkung.

Wanderpreis, Sportpreis, der mehrmals hintereinander gewonnen werden muß, bis er in endgültigen Besitz übergeht.

Wandertage, eine für alle Haupt-, Realschulen und Gymnasien der Bundesrep. Dtl. verbindl. Einrichtung, in den allen Monaten eine längere Ferien halb- oder ganztägige Klassenwanderungen vorsieht.

Wandertrieb, 1) ein manchen Tieren eigener Drang, sich unter bestimmten Umständen zusammen mit Artgenossen in bestimmter Richtung weit fortzubewegen und auszubreiten, z. B. Heringe, Lachse, Aale, Wanderheuschrecken, Zugvögel.

2) W., Fugue [-fyg, frz.], triebartig auftretender Zwang, fortzureisen, meist im epileptischen Dämmerzustand.

W'anderu der, der →Bartaffe.

Wanderung, Statistik: die Verlegung des Wohnsitzes, um bessere Erwerbs- und Lebensmöglichkeiten zu finden; es gibt Auswanderung und Binnenwanderung.

Wanderversicherung, Wechsel von Versicherten **(Wanderversicherten)** zwischen den verschiedenen Zweigen der sozialen Rentenversicherung (z. B. zwischen Arbeiter- und Angestellten-Rentenversicherung); die Versicherungszeiten werden angerechnet.

Wandervogel, die erste Gruppenbildung der dt. Jugendbewegung; besteht seit 1901 ‚W.' nannte. 1908-14 verbreitete sich die W. in mehreren Bünden (Alt-W., Wandervogel e. V., Jung-Wandervogel), nahm auch Mädchen auf und bildete einen jugendl. Lebensstil mit Volkstanz, Volksmusik. Die W.-Bünde wurden 1933 aufgelöst; seit 1946 wurden vereinzelt neue W.-Jugendgruppen gegründet (W., Neu-W., Dt. Jungenbund).

Wanderwellen, plötzliche Spannungs- oder Stromstärkeänderung auf elektr. Leitungen, werden verursacht durch Schaltvorgänge, Blitzschlag u. a.

Wandflechte, ⊕ eine der häufigsten mitteleurop. Flechten, gelb bis orangefarbig, auf Rinde und Mauern.

Wandheizung, eine →Flächenheizung, nach dem Prinzip der →Strahlungsheizung.

Wandler, →Direktumwandler, →Energiewandler, →Meßwandler, →Umwandler, →Umrichter.

Wandlung, 1) kath. Glaubenslehre: →Transsubstantiation. **2)** ♊ das Rückgängigmachen eines Kauf- oder Werkvertrags wegen eines vom Verkäufer oder Unternehmer zu vertretenden Sachmangels (§§ 462 ff., 477 ff., 634 ff. BGB.).

Wandmalerei, die Bemalung von Wänden, auch Decken und Gewölben (→Deckenmalerei) im Unterschied zur →Tafelmalerei. Gemalt wird auf den noch feuchten Putz (al fresco, →Fresko) oder auf die trockene Wand (al secco). Die W. kann das Flächige der Wand zu wahren suchen (strenge W.) oder die Illusion von räumlicher Tiefe erstreben (illusionist. W.). Da sie auf Fernwirkung ausgehen muß, ist ihr meist ein monumentaler Zug zu eigen. - Früheste Zeugnisse: vorgeschichtl. Höhlenmalereien. Aus dem Altertum erhalten: ägypt., kretisch-mykeni., röm. W., aus frühchristl. Zeit die W. der Katakomben, in Indien Fresken von Adschanta u. a. Die Blüte der W. war in roman. Zeit und von der Gotik bis ins Rokoko bes. in Italien. Neue Möglichkeiten der W. suchten Delacroix, Marées, Puvis de Chavannes, im 20. Jahrh. Hodler, Schlemmer, Matisse u. a.

Wandsbek, Stadtteil von Hamburg, Zigaretten- u. a. Ind. →**Wandsbecker Bothe,** von M. Claudius 1771-75 geleitete Zeitung.

Wandsworth [wʼɔndzwəθ], industriereicher Stadtbezirk von London, südlich der Themse, 319 200 Ew.

Wandteppich, →Bildwirkerei.

Wandzeitung, an die Wand geschlagene, meist gedruckte, vielfach bebilderte Mitteilungen einer Organisation; eine besondere Art der Presse, z. B. in der Sowjetunion, in asiat. Ländern.

Wanen, german. Göttergeschlecht, die →Vanen.

Wange, ♊ die Backe.

Wangen, 1) W. im Allgäu, Stadt und Kurort in Bad.-Württ., 570 m ü. M., 14 200 Ew.; Milchwirtschaftl. Lehr- und Forschungsanstalt, Käsereien, Baumwoll-, Maschinen- u. a. Industrie. Reichsstadt seit 1348.
2) W. an der Aare, Bezirksstadt im Kanton Bern, Schweiz, 2000 Ew.; Textilindustrie, Edelsteinschleiferei.

Wangenbein, ♊ das Jochbein.

Wangenbrand, Geschwürbildung, meist der Wangen, bei durch andere Krankheiten geschwächten Menschen; die Erreger sind Bakterien. Behandlung: Chemotherapie.

Wangeroog(e), die östlichste der Ostfries. Inseln, 9 km lang, 1,5 km breit, 4,4 km², 2500 Ew.; Seebad.

Wankelmotor, von F. Wankel entwickelter →Kreiskolbenmotor.

Wanne-Eickel, Stadt in Nordrh.-Westf., 99 900 Ew., Häfen am Rhein-Herne-Kanal, Steinkohlenbergbau; chem., eisenverarbeitende, Elektro- u. a. Industrie.

Wannsee, 1) Bucht der Havel im SW Berlins, lebhafter Wassersportbetrieb. **2)** Ortsteil im 10. VerwBez. Zehlendorf von W-Berlin.

Wansee, türkisch **Van Gölü,** abflußloser Salzsee im türk. Ararat-Hochland, 1720 m ü. M., 3400 km² groß.

Wanst, der, 1) Dickbauch. **2)** der Pansenmagen der Wiederkäuer.

Wanstead and Woodford [wʼɔnstid ænd wʼudfəd], Doppelstadt nordöstlich von

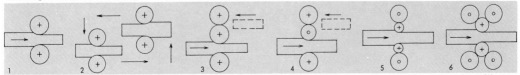

Walzwerk: (Walzwerksysteme): **1** *Duo-W.;* **2** *Doppelduo-W.;* **3** *Trio-W.;* **4** *Lauthsches Trio-W.;* **5** *Quarto-W.;* **6** *Sexto-W.*

London; seit 1963 zum Londoner Stadtbezirk Redbridge gehörig.

Want die, ✈ seitl. Haltetau am Mast.

Wanzen, Heteroptera, Ordnung der Schnabelkerfe, käferähnlich, mit zur Hälfte der Länge lederartig festem, zur Hälfte häutigem Flügelpaar **(Halbflügler),** mit Stinkdrüsen und ohne Verwandlung; meist Pflanzensaft- oder Blutsauger. Zu den **Land-W.** gehören z. B. Baum-W., Feuer-W. und Bett-W., zu den **Wasser-W.** z. B. der Wasserskorpion. (Tafel Insekten)

Wanzenblume, →Mädchenauge.

Wanzleben, Stadt im Bez. Magdeburg, in der Börde, 5800 Ew.; Rathaus (16. Jahrh.), Jakobikirche (spätgot. Hallenkirche aus roman. Basilika.)

Wap'iti [indian.] der, mehrere Arten des Edelhirschs in N-Amerika und O-Asien. (Bild Hirsche)

W'appen [niederländ. Form für Waffe] das, bleibendes (erblich), nach bestimmten Regeln gebildetes farbiges Abzeichen. An W.-Arten gibt es: bürgerl. W., adelige W., Staatswappen (Landes-W.), Amtswappen, Städte- und Gemeinde-W., W. von Körperschaften (Gesellschafts-W.) und bäuerliche W. Diese sind meist nicht mit heraldischen Maßstäben zu messen, sondern häufiger Hausmarken. Wappenrecht: Die Annahme eines Familienwappens steht jedem frei (durch § 12 BGB. geschützt). Der Nachweis wird seit 1922 durch Eintragung in die Deutsche Wappenrolle (Berlin-Halensee) erbracht. Geschichte. Die ältesten Wappen sind seit etwa 1130 bekannt. Sie entsprangen in den Kreuzzügen der Notwendigkeit, den vollgerüsteten Krieger für Freund und Feind erkennbar zu machen. Mit dem Niedergang des Rittertums verfiel das lebende W.-Wesen und ging in die W.-Kunst über.

Wappendichtung, →Heroldsdichtung.

Wappenkunde, Heraldik, Lehre von der Wappengestaltung. Hauptbestandteile eines Wappens sind Schild und Helm mit Helmzier und Helmdecken. In Siegeln leben die Wappen fort, sie sind eine Hauptquelle für die Kenntnis der Wappenbilder. Wappen bestehen nur im Bereich der christlich-abendländ. Kultur.

War'äger, die →Normannen in Osteuropa.

War'ane [arab.], Ez. der Waran, altweltl., räuberisch lebende Echsen mit mehr als körperlangem Schwanz und langer, tiefge-

spaltener Zunge. Der bis 1,7 m lange **Nil-W.** stellt den Gelegen der Krokodile nach. (Bild Echsen)

Warburg, Stadt in Nordrh.-Westf., 9500 Ew.; malerisches Stadtbild mit mittelalterl. Befestigungsanlage, Hallenkirchen (13. Jahrh.), Renaissance-Rathaus; Nahrungsmittel-, Papier- u. a. Industrie.

Warburg, 1) Aby, Kunst- und Kulturhistoriker, * 1866, † 1929; Gründer der Bibliothek W.

2) Otto Heinrich, Physiologe und Chemiker, * 1883, † 1970, wurde 1930 Dir. des Kaiser-Wilhelm-Inst. für Zellforschung in Berlin-Dahlem, bahnbrechender Enzymforscher, untersuchte den Stoffwechsel von Krebszellen, die Atmung u. a. Nobelpreis 1931.

W'ardar der, **Vardar,** der Hauptstrom Makedoniens, 368 km lang, mündet in den Golf von Saloniki.

Ward'ein, im MA. der Münzprüfer, oft zugleich Bergbeamter **(Hütten-W.).**

Wardenburg, Gemeinde in Niedersachsen, 11 100 Ew.

Waren, Stadt im Bez. Neubrandenburg, 21 300 Ew.; Spinnerei, Weberei, Sägewerke; Marien-, Georgskirche (13. Jahrh.).

Warenbegleitschein, der im Interzonenhandel erforderliche Warenschein.

Warendorf, Stadt in Nordrh.-Westf., an der Ems, 19 000 Ew. Dt. Reiterschule, Westfäl. Landgestüt, Dt. Olympiade-Komitee für Reiterei; Textil-, Landmaschinenind.

Waren|eingangsbuch, Geschäftsbuch über Wareneingänge, das selbständige Handels- und Gewerbetreibende führen müssen, soweit sie nicht Vollkaufleute sind.

Warengenossenschaften, Genossenschaften für gemeinsamen Ein- und Verkauf, oft zugleich Kreditgenossenschaften; ferner Einkaufsgenossenschaften der Einzelhändler.

Warenhaus, ein Großbetrieb des Einzelhandels, der im Unterschied zum Spezialgeschäft Waren verschiedener Warengruppen, bes. für den Massenbedarf, absetzt.

Warenkonto, Buchführung: das Wareneingangs- und das Warenverkaufskonto.

Warenkorb, →Lebenshaltungskosten.

Warenkredit, ein Kredit, bei dem Waren, meist durch Lagerscheine oder Konnossemente vertreten, als Kreditunterlage dienen **(Warenbeleihung).**

Warenpapiere, Urkunden, die ihren Inhaber berechtigen, über die in ihnen bezeichnete Waren zu verfügen, z. B. Lagerschein.

Warenprobe, 1) ✉ Teil einer Ware oder Warengattung zur Kenntlichmachung der Beschaffenheit größerer Lieferungen. **2)** →Warensendung.

Warensendung, früher **Warenprobe,** gegen ermäßigte Gebühr zur Postbeförderung zugelassene kleine Gegenstände aller Art, z. B. Muster u. a.

Warentest, die Untersuchung einzelner oder aller Handelsprodukte einer bestimmten Gütergruppe und die Gegenüberstellung von Qualität und Preis mit dem Ziel, dem Konsumenten eine Übersicht über das Angebot zu geben. W. werden in der Bundesrep. Dtl. durchgeführt von der Stiftung W., der Zeitschrift ,DM' und von der Arbeitsgemeinschaft der Verbraucherverbände.

Warenzeichen, Fabrikmarke, Handelsmarke, Handelszeichen, Marke, Schutzmarke, ein Zeichen, durch das ein Gewerbetreibender eine Ware als von ihm hergestellt oder vertrieben kennzeichnet, um deren Echtheit zu gewährleisten. Es erlangt in der Bundesrep. Dtl. durch Eintragung in die beim Dt. Patentamt in München geführte Warenzeichenrolle Zeichenschutz.

Warf(t), →Wurten.

W'argla, Oase in der alger. Sahara, Knotenpunkt von Karawanenwegen.

Waarland, Are, schwed. Ernährungsreformer, * 1876, † 1955, legte den Hauptwert auf biologisch gezogene pflanzl. Rohkost.

Warhol [w'ɔːoul], Andy, amerikan. Maler, Graphiker, Bildhauer und Filmkünstler, * 1930, Vertreter der pop art; in der Malerei wandte er die Technik der Klischeereproduktion an, als Bildhauer trat er mit pneumat. Skulpturen und durch die Nutzung vorgeformter Gebrauchsgüter hervor. (Bild pop art)

Warley [wˈɔli], engl. Stadt im W Birminghams, 1966 aus Oldburg, Rowley Regis und Smethwick gebildet, 167 800 Ew.; Glas-, Metall-, Hütten-, chem. u. a. Industrie.

Warmbeet, das Frühbeet oder Gewächshausbeet.

Warmblut, Rassengruppe der Pferde.

Warmblüter, Gleichwarme Tiere, Vögel und Säugetiere, auch der Mensch, die, im Gegensatz zu den →Kaltblütern, eine von

Wappenkunde: Heroldstücke (mit ‚Plätzen' Nr. 1, 3-10, 12-14, 16, 17) und Schildteilungen (mit ‚Feldern' Nr. 2, 11, 15, 18-22) **1** gespalten: Metz; der silberne Platz ist der heraldisch rechte, der schwarze der linke; **2** gespalten: Schleswig-Holstein; **3** Pfahl; **4** mit Andreaskreuzen belegter Pfahl: Amsterdam; **5** geteilt: Ulm; **6** Schildhaupt: Lausanne; **7** zweimal geteilt: Münster i. W.; **8** Balken: Alt-Österreich; **9** geteilt Balken: Rheine i. W.; **10** neunmal geteilt (= zehnmal quergestreift), überdeckt von Rautenkranz: Sachsen; **11** neunmal geteilt (= zehnmal quergestreift, jedoch in umgekehrter Reihenfolge wie 10), überdeckt von Rautenkranz, sowie Adler im Schildhaupt: Provinz Sachsen; **12** schräggeteilt: Utrecht; **13** Schrägbalken: Baden; **14** Geviert: Hohenzollern, Hechingen; **15** Geviert: Saarland; **16** Kreuz (belegtes W. mit Schwert: London; **17** belegtes Kreuz: Koblenz; schwebende Kreuze: Königsberg (Nr. 78) und Danzig (Nr. 77); **18** Geviert mit Mittel- oder Herzschild: Bayern; gerautet: Mittelschild wie 18; **19** mit (eingebogener) Spitze geteilt: Rheinland-Pfalz; **20** gespalten mit eingepfropfter Spitze: Nordrhein-Westfalen; halbgespalten und geteilt: Peru (+ Staatswappen); **21** innerhalb gestückten Schildrandes mit gesp. Schildhaupt das eigentliche Wappenfeld: Saarbrücken; **22** gespalten, rechts Schrägbalken, links dreimal geteilt: Pforzheim - Gemeine Figuren **23** Mensch (Mönch): München; **24** Königskopf: Stockholm; **25** Seejungfrau: Warschau; **26** Bär: Füssen; **27** Löwe: Braunschweig; **28** gestreifter Löwe: Hessen; **29** Löwe in mit Schindeln besätem Schilde: Nassau; **30** schreitende (sog. leopardierte) Löwen: Baden-Württemberg; **31** geflügelter Löwe: Venedig; **32** Greif: Pommern; **33** Wolf: Passau; **34** Bär: Berlin; **35** mit schreitenden Bären gestreifter Schrägbalken: Bern; **36** gekrönter Stierkopf: Mecklenburg; **37** Pferd (steigend): Stuttgart; **38** Pferd (springend): Niedersachsen; **39** Panther: Ingolstadt; derselbe silbern in Grün: Steiermark; **40** Elchkopf: Kreis Niederung (Ostpreußen); **41** Adler: Bundesrepublik Deutschland; Aachen; Goslar; Dortmund; **42** Adler mit Beizeichen (Halbmond) auf der Brust: Schlesien; **43** Adler mit Kleestengeln an den Flügeln und Brustschild: Ostpreußen, **44** Adler mit Kurhut, Kleestengeln auf den Flügeln, Schwert und Zepter in den Fängen und mit Amtswappen auf der Brust: Provinz Mark Brandenburg; **45** gekrönter Adler: Frankfurt (Main); **46** Doppeladler mit Brustschild: Lübeck; **47** Eiche: Hagen i. W.; **48** Linde: Lindau; **49** Rose: Lippe (vergl. Nr. 20, 21); **50** Lilie: Lille (vergl. Nr. 75); **51** Halbmond und Sterne: Halle (Saale); **52** Sterne: Thüringen (1921-33); **53** Burg: Hamburg; Schiff: Paris (Nr. 76); Kronen: Köln (Nr. 73); Danzig (Nr. 77), Königsberg (Nr. 78); **54** Radgestell: Mainz; **55** Rad: Osnabrück; **56** Windmühlenflügel (begleitet von zwei Bibern und zwei Sternen): New York; **57** oberer halber Adler, Sense und Bergwerkszeichen (Eisen und Schlegel): Oberschlesien; **58** Werkzeug (Doppelhaken): Halberstadt; **59** Inschrift: Rom. - Bildung von Wappen, Zeichen der Landesherrschaft: unverändert: **60** Tübingen; **61** Weimar. - Verändert durch Beizeichen: **62** Düsseldorf (Bergischer Löwe mit Anker); **63** Heidelberg (Pfälzer Löwe und Dreiberg); **64** Kiel (holstein. ‚Nesselblatt', belegt mit Boot). Zur Stadtmauer hinzugefügt: **65** Bielefeld (in einem Feld des Stadtwappens (im anderen: Stadtzeichen); **66** Bonn (oben Kurköln), Paris, Nr. 76 (oben Frankreich, mit Lilien ‚besät'); **67** Bild des Landesherren: Schwerin; **68** Burg mit Eigenzeichen der Krebstadt: Hannover; redendes Wappen: Bochum; **70** historisch redendes Wappen: Breslau (Adler von Schlesien, Löwe von Böhmen, Stadtpatrone); **71** Grenzmark Posen-Westpreußen (Wappen von Westpreußen mit den Farben von Posen und Westpreußen im Brustschild), Ostpreußen (Nr. 43): Wappen von Preußen mit Deutschordensschild auf der Brust und Tannenbergdenkmal als Bekrönung; **72** Emblem des Stadtpatrons: Bremen (Peterschlüssel); Georgskreuz, von Paulusschwert begleitet: London (Nr. 16). - Prunkstücke: **73** Stadtwappen mit Bügelhelm und Helmzier: Köln; **74** Helmzier (offener Flug): Dresden; **75** Rangkrone: Darmstadt; **76** Mauerkrone, Orden und Spruchband: Paris; **77** Schildhalter (Löwen): Berlin; **78** Adler als Schildträger: Königsberg. - Farben: Metalle: a Gold = Gelb, b Silber = Weiß; Farben im eigentlichen Sinn: c Rot, d Blau, e Grün, f Schwarz, g Purpur. Pelzwerk: h Feh (Eisenhutfeh), i Wolkenfeh, j (rot-golden) gefeht, k Kürsch, l Hermelin, m Gegenhermelin, n natürlicher Hermelin

der Außentemperatur unabhängige, gleichbleibende Körperwärme haben.

Warmbrunn, Bad W., poln. **Cieplice Śląskie Zdrój,** Stadt in Niederschlesien, 15 600 (1939: 10 500) Ew.; schwefelhaltige radioaktive Thermalquellen und Moorbäder; ehem. Zisterzienserabtei, Schloß. W. hat Maschinenbau, Glas- und Spitzenind. Seit 1945 unter poln. Verw.

Wärme, die physikal. Erscheinung, die der **Wärmeempfindung** zugrunde liegt: die Bewegungsenergie der atomaren Bausteine, in Gasen die kinet. Energie der Atome und Moleküle, in Flüssigkeiten und Festkörpern die Schwingungsenergie der um feste Mittellagen schwingenden Atome und Moleküle. Maßeinheit der W.-Menge ist die Kalorie (cal). Einer Kilokalorie sind 426,8 mkp oder 4186,8 Joule an mechan. Arbeit gleichwertig (**mechan. W.-Äquivalent**) oder $1,16310^{-3}$ kWh (**elektr. W.-Äquivalent**). **W.-Leitung** liegt vor, wenn sich die W. von Teilchen zu Teilchen fortpflanzt. Die **W.-Leitzahl (W.-Leitfähigkeit)** gibt an, welche W.-Menge in der Zeiteinheit durch die Flächeneinheit einer Stoffschicht von 1 cm Dicke hindurchgeht, wenn die Temperaturdifferenz zwischen beiden Oberflächen 1 Grad beträgt. Gute W.-Leiter sind alle Metalle, schlechte z. B. Luft, Glaswolle. Erhitzte Körper können W. auch durch **W.-Strahlung** übertragen, das sind elektromagnet. Wellen, die unterhalb 2800° C vorwiegend im Bereich des Ultrarot liegen. Wahrgenommen wird W. mittels besonderer **Wärmepunkte** in der Haut.

Wärme|austauscher, Vorrichtung zur Übertragung von Wärme von einem heißen Körper an einen kälteren. W. sind gebaut wie →Rekuperatoren oder wie →Cowper-Apparat.

Wärmebehandlung, die geregelte Erwärmung und Abkühlung von Metallen und Legierungen, um bestimmte Eigenschaften oder Zustände zu beseitigen (Sprödigkeit, Spannungen, Kristallverformung u. a.) oder zu erhalten (Festigkeit, Zähigkeit, Härte, Kristallgefüge u. a.).

Wärmedämmung, →Wärmeschutz.

Wärmekraftmaschinen wandeln die bei der Verbrennung von Brennstoffen freigesetzte Wärme in mechan. Energie um: →Dampfmaschine, →Dampfturbine, →Verbrennungsmotor, →Gasturbine, →Strahltriebwerk.

Wärmekraftwerke sind vor allem Dampfkraftwerke: der Dampf zum Antrieb der Turbinen wird durch Verbrennen von Kohle, Gas, Öl oder durch Kernspaltstoffe (**Kernkraftwerke**) erzeugt. In besonderen vereinzelten W. werden die Erdwärme (Vulkan-Kraftwerk Larderello in der Toskana) und die Sonnenwärme ausgenutzt. In **Heizkraftwerken** wird der aus der Turbine austretende Dampf noch für Heizzwecke verwendet.

Wärmemauer, Hitzemauer, bildhafte Bez. für die Schwierigkeiten, die beim Überschallflug oder in der Atmosphäre durch die große Reibungshitze entstehen.

Wärmepumpe, eine Anlage, um einem Körper niedriger Temperatur (Erdreich, Flußwasser, Luft) mit Hilfe eines Arbeitsmittels (Gas oder Flüssigkeit) Wärme entzieht und einem wärmeren Körper zu Heizzwecken zuführt.

Wärmeschutz, Wärmedämmung, Verhinderung der Wärmeleitung durch →Dämmstoffe, durch Reflexion der Wärmestrahlung an spiegelnden Flächen oder durch Verminderung der →Konvektion der Wärme.

Wärmesinn, der →Temperatursinn.

Wärmespeicher gleichen Unregelmäßigkeiten im Dampfverbrauch durch abwechselnde Wärmeaufnahme und -abgabe aus. Meist wird Überschußdampf in einen isolierten Behälter mit heißem Wasser geleitet (Ruthsspeicher); bei Drucksenkung wird der Dampf wieder frei.

Wärmestauung, Überhitzung des Körpers, entweder durch gesteigerte Wär-

mebildung (bei Fieber) oder durch verringerte Wärmeabgabe (z. B. bei Hitzschlag).

Wärmetod, der hypothetische Endzustand der Welt, in dem sich alle Energien in Wärme umgesetzt haben und alle Temperaturunterschiede verschwunden sind. Der W. folgt aus der Gültigkeit des Entropiesatzes, sofern man die Welt als abgeschlossenes System betrachten darf.

Wärmetönung, die Wärmemenge, die bei einer chem. Reaktion verbraucht oder freigesetzt wird.

Wärmewirtschaft, die wirtschaftl. Ausnutzung der in den Brennstoffen enthaltenen Wärmeenergie durch deren möglichst vollkommene Freisetzung, durch Vermeidung von Verlusten bei der Übertragung an andere Wärmeträger sowie bei der Verteilung, Fortleitung und Umsetzung der Wärme in andere Energieformen.

Wärmezähler, Wärmemesser, Gerät zum Messen der von einem Heizkörper abgegebenen Wärmemenge. Meist verdunstet verhältnisgleich der abgegebenen Wärme aus einem Röhrchen eine Meßflüssigkeit (Öl), der Verbrauch wird an einer Skala abgelesen (Heizkostenverteiler), oder es werden Temperatur und Menge des durch den Heizkörper geflossenen Wassers oder die Dampfmenge gemessen.

Warmfront, Meteorologie: →Front 3).

Warmhaus, eine Art Gewächshaus.

Warmhauspflanzen, meist tropische Gewächse (Palmen, Orchideen u. a.), die im Sommer im Warmhaus bei über 25° C gehalten werden.

Warmia, polnisch für →Ermland.

Warm|ofen, Hüttentechnik: Ofen zur Erwärmung von Preß-, Schmiede-, Walzgut.

Warmversuch, die Prüfung der Festigkeit von Werkstoffen bei höheren Temperaturen.

W'arna, Varna, 1949-56 **Stalin,** Hafenstadt in Bulgarien (Kriegs- und Handelshafen), am Schwarzen Meer, 180 100 Ew., Sitz eines bulgar. Metropoliten. Seebad.

Warndt der, Waldgebiet westlich von Saarbrücken, im Untergrund die wertvollsten Kohlenlagerstätten des Saarlands.

Warnemünde, Stadtteil und Vorhafen von Rostock, Ostseebad an der Warnow-Mündung; Eisenbahnfähre nach Gedser. Die Warnow-Werft ist eine bedeutende Werft für Hochseeschiffbau.

Warner [wˈɔːnə], Rex, engl. Schriftsteller, * 1905, klass. Philologe; Romane ‚Der Flugplatz‘ (1941), ‚Die tugendhafte Republik‘ (1958), ‚Der Imperator‘ (1960).

Warner Brothers Pictures Inc. [wˈɔːnə brˈʌðəz pˈiktʃəz-], New York, amerikan. Filmgesellschaft; gegr. 1923, drehte 1927 den ersten Tonfilm.

Warnfunk, ein Funkdienst für die Schiffahrt, gibt Änderungen im Betrieb oder Standort der Leucht- und Funkfeuer und Bojen, Meldungen über Eisberge, Wracks, Wirbelstürme, Unwetter u. a.

Warnlichtanlage, die →Blinklichtanlage.

W'arnow [-oː] die, Fluß in Mecklenburg, 128 km lang, entspringt nördlich von Parchim, mündet bei Warnemünde in die Ostsee.

Warnsdorf, tschech. **Varnsdorf,** Stadt im nördl. Böhmen, Tschechoslowakei, 13 700 Ew.; Textil- und Werkzeugmaschinenindustrie.

Warntracht, auffällige Tracht (z. B. schwarz-gelber Kontrast bei Wespen, Hornissen, Feuersalamandern u. a.), die die Wehrhaftigkeit oder Ungenießbarkeit anzeigt.

Warnung, eine Disziplinarstrafe; →Dienststrafrecht.

Warnzeichen, →Verkehrszeichen.

Warp das, der, **W.-Leine,** leichte Trosse zum Verholen eines Schiffes. **W.-Anker,** Schleppanker.

Warrant [wˈɔrənt, engl.], Lagerschein.

Warren [wˈɔrən], Robert Penn, amerikan. Schriftsteller, * 1905, ein Hauptvertreter der Heimatkunst der Südstaaten; Romane, Literaturkritik, Essays.

Warrington [wˈɔrɪŋtən], Stadt in NW-England, 70 900 Ew.; Eisen- und Stahlwaren-, Chemikalien-, Glasindustrie.

W'arschau, polnisch **Warszʾawa,** die Hauptstadt von Polen, beiderseits der Weichsel, 1,3 Mill. Ew. Auf dem Westufer der Weichsel liegt das eigentl. W., rechts des Flusses die Hauptsitze der Industrie (Praga, Zerań und Wola). W. wurde im 2. Weltkrieg erheblich zerstört (etwa 70%). Die zerstörten Bauwerke der Vergangenheit wurden größtenteils historisch getreu wiederaufgebaut (meist barocke und klassizist. Gebäude). Die Neuplanung wurde nach modernen städtebaulichen Gesichtspunkten vorgenommen, so die Sachsenachse und die Ost-West-Achse in N der Stadt. Das Stadtbild wird beherrscht durch das Hochhaus des ‚Palastes der Kultur und der Wissenschaften‘ (1952-55). W. ist Sitz eines röm.-kath. Erzbischofs, hat Universität, Techn. und andere Hochschu-

Warschau: Marktplatz in der Altstadt

len, Akademien, Kernforschung. Die Industrie ist sehr vielseitig (Metallverarbeitung, Elektrogeräte, Maschinen, Traktoren, Automobile, Instrumente, chem. Werke, Textilien, Nahrungsmittel, graph. Gewerbe). - Im 14. Jahrh. erhielt W. dt. Stadtrecht, seit 1596 war es Residenz der poln. Könige. 28.-30. 7. 1656 siegten die Schweden und Brandenburger (Gr. Kurfürst) über die Polen. 13./14. 8. 1920 besiegten die Polen die Rote Armee. Am 27. 9. 1939 besetzten dt. Truppen W. Auf Befehl Himmlers wurde das Juden-Ghetto 1943 völlig vernichtet. Am 14. 9. 1944 besetzte die Rote Armee zunächst nur die Stadtteile rechts der Weichsel; nach dem Aufstand der Polen am 1. 8. wurde am 2. 10. niedergeworfen. Erst am 17. 1. 1945 fiel die Stadt selbst in sowjel. Hand.

Warschauer Pakt, der am 14. 5. 1955 unter den Staaten des Ostblocks abgeschlossene Freundschafts- und Beistandsvertrag; er bildet die Rechtsgrundlage für die Stationierung von Sowjettruppen in diesen Staaten. Mitgl. des W. P. sind: Bulgarien, Polen, Rumänien, Tschechoslowakei, Sowjetunion, Ungarn, Dt. Dem. Rep. (seit 1956). Albanien trat 1968 wegen der Besetzung der Tschechoslowakei aus dem W. P. aus.

Warschauer Vertrag, Vertrag zwischen der Bundesrep. Dtl. und der Volksrepublik Polen, am 7. 12. 1970 in Warschau unterzeichnet, am 3. 6. 1972 in Kraft getreten, machte die Anerkennung der ‚Oder-Neiße-Linie als poln. Westgrenze (unter Friedensvertragsvorbehalt) seitens der Bundesrep. Dtl. zur Grundlage einer Normalisierung der dt.-poln. Verhältnisses.

Warstein, Stadt in Nordrh.-Westf., 10 000 Ew.; Gießereien, Emaillewerke u. a. Industrie. In der Nähe die Warsteiner Tropfsteinhöhle.

Warszʾawa [-ʃ-], poln. für →Warschau.

Wartburg, Burg der Landgrafen von Thüringen auf einem Burgfelsen südwestlich von Eisenach. Der älteste Teil ist das um 1180 erbaute spätroman. Landgrafen-

Wartburg (Ostseite)

haus (Palas), dessen drei Geschosse sich zum Hof in Arkaden öffnen (mehrfach restauriert; in ursprüngl. Form erhalten die Kapitelle). Der quadrat. Bergfried stammt aus got. Zeit, von den anderen Bauten stammen die meisten aus dem 19. Jahrh. Auf der W. lebte 1221-27 die hl. Elisabeth, in der zur Vorburg gehörenden Vogtei übersetzte Luther das Neue Testament. Wandgemälde aus der Geschichte der W. in mehreren Räumen des Palas von M. v. Schwind. 18. 10. 1817 W.-Fest der Burschenschaft.

Wartburgkrieg, Sängerkrieg auf der Wartburg, mhd. Gedicht zweier unbekannter Verfasser aus der 2. Hälfte des 13. Jahrh., in dem die Erinnerung an den kunstfreudigen Hof des Landgrafen Hermann von Thüringen fortlebt. Der erste Teil ist ein Streitgedicht, das den sagenhaften Heinrich von Ofterdingen zum Verteidiger Herzog Leopolds von Österreich macht, während der tugendhafte Schreiber, unterstützt von Walther, Wolfram und Reinmar, Hermann v. Thüringen als den besten Fürsten preist. Der 2. Teil ist ein Rätselspiel (→Klinschor).

Wartegeld, die Dienstbezüge eines Beamten im Wartestand.

Wartestand, →Ruhestand.

Wartezeit, die →Karenzzeit.

Warthe die, polnisch **Warta,** der größte Nebenfluß der Oder, 808 km lang, ab Konin für 405 km schiffbar, kommt von der Oberschles. Platte, mündet unterhalb Küstrin. Die W. ist durch Netze, Bromberger Kanal und Brahe mit der Weichsel verbunden. Zwischen Landsberg und Küstrin liegt das durch Friedrich d. Gr. urbar gemachte **Warthebruch.**

W'aruna, ind. Gott, im Weda Hüter der sittl. Weltordnung, im späteren Hinduismus Gott des Wassers.

Warven, die Bänderung der →Bändertone. Die Warvenforschung ermöglicht die zeitl. Bestimmung der Halte- und Rückzugsphasen von Gletschern.

Warwickshire [w'orik∫iə], Grafschaft im mittleren England, 2545 km², 2,14 Mill. Ew. Hauptstadt: Warwick.

Warze, ⚕ meist gutartige, glatte oder höckerige Wucherung von Hautpapillen unter einer stark verdickten Hornschicht; Beseitigung: Abbinden, Ätzen, Strahlenbehandlung, Kaustik.

Warzenfortsatz, ⚕ Teil des Schläfenbeins hinter der Ohrmuschel.

Warzenkaktus, vorwiegend nordamerikan. Kakteen der Gatt. **Mamillaria,** mit schraubig angeordneten Erhöhungen, die an der Spitze Stacheln tragen. (Bild Kakteen)

Wasa, schwed. **Vasa,** schwed. Adelsgeschlecht, kam 1523 mit Gustav I. auf den schwed. Thron. Gustavs II. Adolf einzige Tochter Christine dankte 1654 ab. Eine kath. Linie regierte 1587-1668 in Polen.

Wasa-Lauf, Skisport: ein jährlich durchgeführter Langlauf von Sälen nach Mora in Schweden (90 km); erstmals 1921 durchgeführt zur Erinnerung an die Flucht auf Skiern Gustav Wasas (Gustav I. v. Schweden) vor den Dänen (1521).

Wasatch Mountains [w'osæt∫ mauntinz], eine der östl. Randketten des Großen Beckens der USA, bis 3711 m hoch.

waschaktive Substanzen, Sammelbegriff für Seife und andere Stoffe mit seifenartigem Verhalten (→Detergentien, →Tenside, →Waschmittel). Ihre wäßrigen Lösungen sind grenzflächenaktiv, sie netzen, schäumen, emulgieren, suspendieren und eignen sich deshalb zum →Waschen.

Waschbär, →Kleinbären.

Wäschemangel, die →Mangel.

waschen, mit wäßrigen Lösungen →waschaktiver Substanzen den Schmutz entfernen. Netzmittel erleichtern das Eindringen der Waschlösung in die Gewebe. Beim Ablösen des Schmutzes von der Unterlage sind echte Lösungsvorgänge fast ohne Bedeutung; wesentlich ist die gleichsinnige elektr. Aufladung von Faser und Schmutz und die dadurch bedingte Abstoßung.

Wäscheschleuder, eine Zentrifuge zum Entwässern nasser Wäsche: Ein die Wäsche enthaltender siebartig gelochter Zylinder wird in rasche Umdrehung versetzt und das Wasser durch die Fliehkraft herausgeschleudert.

Waschflasche, Glasflasche zum Trocknen oder Absorbieren von Gasen mit Flüssigkeiten.

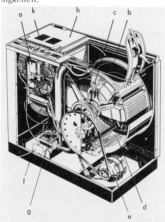

Waschmaschine: a Schaltelemente, b Waschtrommel, geöffnet, c Wassereinlauf, d Heizschnecke und Thermostat, e Antrieb, f Netzanschlußkabel, g Pumpe und Wasserablauf, h Wäscheschleuder, k Entlüftung des Schleuderteils

Waschmaschine, Gerät zur Reinigung von Textilien in einer wäßrigen Lösung →waschaktiver Substanzen. In der erwärmten Waschlauge wird die Wäsche meist in einer gelochten Trommel bewegt. **Waschautomaten** steuern mit elektr. Ventilen Wasserzu- und -ablauf und mit Niveaureglern den Wasserstand, sie spülen und schleudern die Wäsche durchgehend; manche trocknen die Wäsche in der Trommel durch Warmluftzuführung.

Waschmittel, meist pulverförmige Erzeugnisse zum Waschen von Wäsche. Je nach Art der Fasern verwendet man **Fein-** oder **Koch-W.** Koch- und Weißwäsche wird mit **Voll-W.** gewaschen.

Waschseide, ein leinwandbindiges Gewebe aus Naturseidengarnen oder Chemiefasern, auch mit Kreppgarnkette.

Waschzettel, kurze Darstellung von Inhalt und Zweck eines Buches, als Zettel den Besprechungsstücken beigelegt, oft auch auf dem Schutzumschlag abgedruckt.

Waser, Maria, schweizer. Schriftstellerin, * 1878, † 1939, Romane, Novellen, Lyrik.

Wasgau, Wasgenwald, älterer Name der →Vogesen.

Wash [wɔʃ], **The W.,** flacher Meerbusen an der Nordseeküste Englands.

George Washington (Gemälde von G. Stuart, 1796; Boston, Athenaeum)

Washington [w'oʃiŋtən], George, nordamerikan. Feldherr und Staatsmann, * 1732, † 1799, im Unabhängigkeitskrieg 1775-83 zum Oberbefehlshaber gewählt, leitete 1787 den Verfassungskonvent, 1789 zum 1. Präs. der Verein. Staaten gewählt, 1792 wiedergewählt. Seine Helfer waren Steuben, Jefferson, Hamilton. Auf eine 3. Wahl verzichtete er (1796).

Washington [w'oʃiŋtən], **1) Wash.,** der nordwestlichste Bundesstaat der Verein. Staaten, 176 613 km², 3,409 Mill. Ew.; Hauptstadt: Olympia. Anbau von Getreide, Kartoffeln, Hopfen, Futterpflanzen, Äpfeln; Holz-, Papier- und Aluminiumindustrie; Bergbau auf Kohle, Zink, Kupfer, Blei, Gold und Silber. - W. wurde 1889 als 42. Staat in die Union aufgenommen.

2) W., D. C. (District of Columbia), die Bundeshauptstadt der Verein. Staaten, 800 000 Ew. (davon über 50% Neger), am Potomac, bildet den Bundesdistrikt; Mittelstadt ist das Kapitol (1793-1827, Flügelbauten 19. Jahrh.), 2 km nordwestl. davon das Weiße Haus, die Amtswohnung des Präs. der Verein. Staaten. W. ist kath. Erz-

Washington, D. C.: Kapitol

bischofssitz, hat mehrere Universitäten u. a. Hochschulen. - W. wurde 1790 gegr., nach George →Washington benannt, seit 1800 Sitz der Unionsregierung.

W'asow, Iwan Mintschow, bulgar. Dichter, * 1850, † 1921; Gedichte; Roman ‚Unter dem Joch' (1889/90).

Wasser, H_2O, chem. Verbindung von Sauerstoff und Wasserstoff, die verbreitetste Flüssigkeit der Erde. W. siedet bei Normaldruck bei 100° C, erstarrt bei 0° C und hat bei 4° C seine größte Dichte. 1 cm^3 reines W. wiegt 1 g. Natürliches W. ist mit Staub, Salzen, Kleinlebewesen, Luft u. a. verunreinigt. Für chem. und medizin. Zwecke stellt man sehr reine **destillierte W.** her, für höchste Reinheitsansprüche das **Leitfähigkeits-W.** - Das W. der Meere verdunstet durch die Sonnenwärme, kondensiert in der Höhe und fällt als Regen, Schnee u. dgl. z. T. ins Meer zurück (kleiner Kreislauf), z. T. auf das Land. Dort verdunstet ein Teil wieder, der Rest versickert im Erdboden und tritt an anderer Stelle wieder zutage (Quelle, Grundwasser), teils fließt er in offenen Gewässern zum Meer oder zu Binnenseen zurück (großer Kreislauf). - Die Pflanzen bestehen zu 95%, die höheren Tiere zu 60 bis 70% aus W. Das W. dient als Nährstoff sowie als Quellungs-, Lösungs- und Transportmittel. - **Schweres W.,** Deuteriumoxid, D_2O, ist im gewöhnl. W. zu etwa 0,02% enthalten und kann daraus z. B. durch Elektrolyse gewonnen werden. Schmelzpunkt 3,8° C, Siedepunkt 101,4° C, spezif. Gewicht 1,105. Es wirkt in reinem Zustand giftig. Verwendung als nahezu ideale Bremssubstanz in Kernreaktoren.

Wasser'alfingen, Stadt in Bad.-Württ., am Kocher, 12 500 Ew.; Eisen-, Maschinenindustrie.

Wasser|amsel, Wasserschwätzer, europ., zaunkönigartiger Singvogel, an Brust und Kehle weiß, im übrigen schwärzlich.

Wasser|aufbereitung, die Beseitigung von Verunreinigungen und Fremdstoffen aus dem Rohwasser zur Gewinnung von Trink- und Brauchwasser. Die höchsten Anforderungen werden an die Reinheit des **Trinkwassers** gestellt. Oberflächenwasser aus fließenden und stehenden Gewässern wird zunächst in großen Becken von gröberen Sink- und Schwebstoffen befreit, oft unter Zusatz von Fällungsmitteln (Kalk, Soda, Eisen- und Aluminiumsalze) und durch Schnellfiltration **(chem. W.).** Durch Langsam- oder Uferfiltration wird ein biolog. Abbau der organ. Stoffe erreicht **(biolog. W.).** Durch Belüftung wird das Wasser mit Sauerstoff angereichert und werden flüchtige Stoffe (CO_2, H_2S u. a.) entfernt.

Wasser, das mehr freies Kohlendioxid enthält als der Carbonathärte (→Härte) entspricht, zerstört Beton, Mörtel, Metalle und muß entsäuert werden. Eine **mechan. Entsäuerung,** bei der das Wasser über Koks, Holzhorden rieselt oder zerstäubt wird, ist nur bei Wässern mit hoher Carbonathärte möglich. Weichere Wässer werden über Marmor oder Magnesit oder über halbgebrannten Dolomit gefiltert, was gleichzeitig eine Enteisenung und Entmanganung bewirkt **(chem. Entsäuerung).** Möglichst weitgehend entkeimt wird durch Zusatz von Chlorgas, Chlorkalk, Hypochloritlauge, Chloramin u. dgl., durch Überchlorung (in krit. Situationen), durch Einblasen ozonhaltiger Luft, durch Silberung oder Ultraviolettbestrahlung. Durch Filterung über Aktivkohle kann das aufbereitete Wasser völlig von Geruchs- und Geschmacksstoffen befreit werden. Trinkwasser soll klar, farb- und geruchlos sein (8-12° C) und von gutem Geschmack sein.

Die Ansprüche an **Brauchwasser** für Gewerbe und Industrie sind oft weniger hoch als an Trinkwasser, z. T. sind andere Verfahren notwendig. Kesselspeisewasser muß z. B. eine Enthärtung oder auch Vollentsalzung durchmachen. Weiches Wasser

benötigen Leimfabriken, galvan. Betriebe u. a., mangan- und eisenfreies Wasser Papierfabriken, Molkereien, Färbereien, Wäschereien, magnesiumarmes Wasser Zukkerfabriken, Wasser bestimmter Härte Brauereien.

Wasserball, Ballspiel im Wasser mit Torwertung zwischen 2 Mannschaften zu je 11 Spielern (7 befinden sich jeweils im Wasser) mit einem Gummi- oder Lederball, der nur mit einer Hand berührt und nicht unter Wasser gehalten werden darf.

Wasserball

Wasserbau, alle baulichen Maßnahmen, die die Nutzung des Wassers ermöglichen und gegen Wasserschäden schützen: Bohlwerk, Buhne, Deckwerk, Deich, Faschine, Flußbau, Gründung, Kanal, Matratze, Mole, Schleuse, Sinkstück, Talsperre, Wehr, Wildbachverbauung, Bewässerung, Bodenentwässerung, Landgewinnung.

Wasserbett, Vorrichtung zum Weichlagern des Kranken in einer mit warmem Wasser gefüllten Wanne oder meist auf einem wassergefüllten Gummikissen **(Wasserkissen).**

Wasserblüte, grünl. oder rötl. Verfärbung der Wasseroberfläche durch verschiedene Algen.

Wasserböcke, Sippe der →Riedböcke.

Wasserbombe, Unterwassersprengkörper zur Bekämpfung getauchter U-Boote.

Wasserbruch, Hodenwassersucht, Abscheidung von Flüssigkeit zwischen die Hodenhüllen.

Wasserburg am Inn, Stadt in Oberbayern, 6800 Ew.; aus dem 14.-16. Jahrh. mehrere Kirchen; Rathaus; Schloß; Brauereien; im MA. bedeutende Handelsstadt.

Wasserdost, das →Kunigundenkraut.

Wasserfall, der Absturz fließenden Wassers, oft in mehreren Stufen **(Kaskaden).**

Wasserfarben, Farben, die mit leimartigen Bindemitteln versetzt und in Wasser löslich sind.

Wasserfarbenmalerei, →Aquarellmalerei.

Wasserfarne, auf dem und im Wasser lebende Farne mit sehr verschiedenartigen Blättern und verschiedengeschlechtigen Sporen, z. B. →Kleefarn, →Salvinia.

Wasserflöhe, flohförmige niedere Krebstiere (Blattfüßer) des Süßwassers.

Wasserflugzeug, ein Flugzeug mit langen Hohlkörpern (Schwimmern) statt des Fahrwerks oder ein →Flugboot.

Wassergas, giftiges brennbares Gas aus Wasserstoff, Kohlenmonoxid und Kohlendioxid, bildet sich, wenn Wasserdampf über glühenden Koks geblasen wird.

Wassergeister, Volksglauben: Naturgeister in Gewässern, Nixen und Wasserzwerge (Gnomen).

Wassergenossenschaft, eine Vereinigung, z. B. von Kommunalverbänden, zur Nutzung von Wasserläufen 2. Ordnung.

Wasserglas, Kalium-(Kali-W.) oder Natriumsilicat (Natron-W.), glasige, in Wasser lösl. Massen, die durch Schmelzen von Sand mit Pottasche gewonnen werden;

Verwendung zur Herstellung von Kunststeinen und Kitt, als Seifenzusatz, zum Eierkonservieren u. a.

Wasserhaltung, ⚒ das Abführen des der Grube zufließenden Wassers mit Pumpen und Leitungen.

Wasserharnruhr, Diabetes insipudus, Krankheit, bei der große Mengen dünnen, wasserhellen, zuckerfreien Harns ausgeschieden werden.

Wasserhaushalt, der Wasserwechsel in Lebewesen, bei dem ein Fließgleichgewicht zwischen Wassereinfuhr und -ausfuhr aufrechterhalten wird.

Wasserheilverfahren, griech. **Hydrotherapie,** das Anwenden kalten wie warmen Wassers zur Abhärtung, besseren Durchblutung, Stoffwechselanregung, in Form von Bädern, Duschen, Güssen, Abreibungen, Packungen **(Prießnitz-Umschlag), Wassertreten** (Waten in kaltem, möglichst strömendem Wasser) u. a. Ein besonderes W. ist die **Kneipp-Kur** (→Kneipp).

Wasserhose, →Trombe.

Wasserhuhn, →Bleßralle.

Wasserjungfer, 1) Insekt, →Libellen. **2)** in Sage und Märchen: Nixe.

Wasserkäfer, die →Schwimmkäfer.

Wasserkalb, ein Saitenwurm.

Wasserkelche, süd- bis ostasiat. Wasserpflanzen; Aronstabgewächse mit farbiger Blütenscheide und eiförmigen Unterwasserblättern.

Wasserkissen, ⚕ →Wasserbett.

Wasserkopf, Hydrocephalus, krankhafte Stauung der Gehirn-Rückenmark-Flüssigkeit; kann zu schweren Gehirnschäden führen.

Wasserkraftmaschinen leiten die mechan. Energie gestauten und fließenden Wassers durch eine rotierende Welle fort: →Wasserrad, →Wasserturbine.

Wasserkraftwerk, ein Kraftwerk, in dem die Energie aufgestauten Wassers mit Hilfe von →Wasserturbinen in andere Energieformen umgewandelt wird. Bis 20 m Fallhöhe werden Niederdruck-, bis 50 m Fallhöhe Mitteldruck-, bei größerer Fallhöhe Hochdruckkraftwerke gebaut. Laufkraftwerke sind bevorzugt. Grundlastkraftwerke, Speicherkraftwerke eignen sich als Spitzenkraftwerk. Ferner →Pumpspeicherwerk.

Wasserkultur, griech. **Hydroponik,** Anbau von Kulturpflanzen in Nährlösungen.

Wasserkuppe, der höchste Berg der Hohen Rhön (950 m), Segelfluggelände.

Wasserläufer, 1) den Schnepfen verwandte Watvögel in nördl. Ländern, mit langen Beinen und langem dünnem Schna-

Wasserfälle (mit Fallhöhe in m)

Angel Fall, Venezuela (2 Stufen)	978
Yosemite Fall, USA (3 Stufen)	740
Utigardsfoss, Norwegen (in Stufen)	610
Kukenaan-Fall, Venezuela	610
Sutherland-Fälle, Neuseeland (3 Stufen)	580
Kilefoss, Norwegen	561
King-George-VI.-Fall, Brit.-Guayana	488
Cleve-Garth-Fall, Neuseeland	450
Gavarnie-Fälle, Frankreich	420
Lofoi-Fälle, Kongo	384
Krimmler Fälle, Österreich (3 Stufen)	380
Wollomombi-Fälle, Australien	335
Serio-Fall, Italien	315
Staubbachfall, Schweiz	305
Gießbach-Fälle, Schweiz	300
Rjukanfoss, Norwegen	271
Vettisfoss, Norwegen	260
Jog-oder Gersoppa-Fälle, Indien	255
Kaieteur-Fälle, Brit.-Guayana	247
Triberger Fälle, Bundesrep. Dtl. (7 Stufen)	162
Tosa-Fall, Italien	160
Yellowstone-Fälle, USA (2 Stufen)	127
Victoriafälle, Sambia	122
Iguassú-Fälle, Argentinien (2 Stufen)	69
Niagarafälle, Amerikan. Fall	60
Stanley-Fälle, Kongo (4 Stufen)	50
Rheinfall, Schweiz	24

Elektrizitätserzeugung durch Wasserkraft

Staat (1968)	Mill. kWh	%[1]
Verein. Staaten	225 870	15
Kanada	134 600	76
Sowjetunion	104 040	16
Japan	74 570	27
Norwegen	60 030	99
Frankreich	50 342	42
Schweden	48 771	86
Italien	43 477	41
Brasilien	30 550	80
Schweiz	29 402	96
Österreich	18 185	70
Bundesrep. Dtl.	16 760	8

[1] Anteil an der Gesamtstromerzeugung des Landes.

Wasserspringen: links gehechteter Salto; rechts Kopfsprung gegen das Brett

bel; z. B. **Rotschenkel** mit roten, **Grünschenkel** mit grünlichen Füßen. 2) **Wasserschneider,** auf der Oberfläche von Gewässern lebende Wanzen.

Wasserliesch, die Schwanenblume.

Wasserlilie, die weiße Seerose und die gelbe Schwertlilie.

Wasserlinie, die Linie, bis zu der ein seeklares, vorschriftsmäßig beladenes Schiff eintaucht.

Wasserlinse, winzige schwimmende ausdauernde Wassergewächse, mit grünen, z. T. linsenförmigen, blattähnl. Sproßgliedern; z. B. **Entenflott** (Geflügelfutter).

Wassermann, Sternbild des Südhimmels, 11. Tierkreiszeichen.

Wassermann, Jakob, Schriftsteller, * 1873, † 1934; Romane ‚Caspar Hauser‘ (1908), ‚Christian Wahnschaffe‘ (1919), ‚Der Fall Maurizius‘ (1928) u. a., Novellen, Essays.

Wassermannsche Reaktion, WaR, Serumreaktion zum Nachweis von Antikörpern, Blutuntersuchung auf Syphilis; 1906 von A. von Wassermann angegeben.

Wassermesser, der →Wasserzähler.

Wassernabel, kleiner Doldenblüter europ. Moore; mit langgestielten Schirmblättern und weißen bis rötlichen Blüten.

Wassernuß, Schwimmpflanzen mit linealischen Unterwasserblättern, ungeteilten Schwimmblättern an blasigen, lufterfüllten Stielen, Zwitterblütchen und Nußfrüchten.

Wasserpaß, an Schiffen die Abgrenzung zwischen Über- und Unterwasseranstrich, liegt meist etwas über der Wasserlinie.

Wasserpest, südamerikan. Süßwasserpflanze mit flutendem, bis 3 m langem, kurzgliedrigem Stengel; Aquarienpflanze.

Wasserpfeife, Tabakspfeife mit zwischengeschaltetem Wassergefäß, in dem der Rauch gekühlt wird, z. B. Nargile, Huka.

Wasserpflanzen, Hydrophyten, im Wasser heimische, stammesgeschichtl. alte Pflanzen; urspr. Algen. Im Wasser lebende Farne, Moose usw. haben sich aus Landpflanzen zu W. entwickelt. Zu den W. zählen auch die Sumpfpflanzen **(Helophyten).**

Wasserpocken, die →Windpocken.

Wasserpolizei, Wasserschutzpolizei, in der Bundesrep. Dtl. die zur Wahrnehmung polizeil. Aufgaben auf schiffbaren Wasserstraßen und Wasserflächen berufenen Organe.

Wasserrad, die älteste Wasserkraftmaschine, ein rings mit Schaufeln besetztes Rad. Beim **oberschlächtigen W. (Gewichts-W.)** wird das Gewicht des auf das Rad geleiteten Wassers ausgenutzt. Beim **unterschlächtigen W.** wird das eintauchende Unterteil von der Strömung mitgenommen. **Stoß-** oder **Strom-W.** nutzen die Bewegungsenergie ungestauten Wassers.

Wasserratte, Mollmaus, etwa 16 cm lange Wühlmausart an und in Binnengewässern sowie in selbstgegrabenen Bauen; schadet durch Pflanzenfraß und Wühlen.

Wasserrecht, die gesetzl. Bestimmungen über Wasserschutz und Wasserbenutzung, Be- und Entwässerung. - Die Rechtsver-

hältnisse der Binnengewässer sind in der Bundesrep. Dtl. durch Landesrecht geregelt. Dem Bund steht eine Rahmenkompetenz zu, von der er durch das Wasserhaushaltsges. i. d. F. v. 23. 6. 1970 Gebrauch gemacht hat. Die öffentl. Gewässer werden nach ihrer wasserwirtschaftl. Bedeutung in Gewässer 1. und 2. Ordnung eingeteilt.

Wasserreinigung, →Abwasserreinigung, →Wasseraufbereitung.

Wasserreis, dem Reis verwandtes, haferähnl. Sumpf- und Wassergras N-Amerikas und NO-Asiens **(Wasserhafer),** diente den Indianern als Getreide; Fischfutter.

Wasserrose, die Weiße Seerose.

Wasserrübe, Form der Speiserübe.

Wasserscheide, die Trennungslinie der Einzugsgebiete von Flußsystemen, meist Höhenzüge oder Gebirgskämme.

Wasserschlauch, insektenfressende Schwimmpflanzen in Teichen; gelblütig, unter Wasser mit fädigen Blättern und reusenähnlich wirkenden Schlauchanhängen, die Kleingetier festhalten und verdauen.

Wasserschloß, 1) bei Hochdruckwasserkraftanlagen ein turmartiges Bauwerk am oberen Ende der Falleitung zum Kraftwerk. Hier werden die Stoß- und Sogwirkungen der Wassersäule beim Ingang- und Stillsetzen der Turbinen unschädlich gemacht. 2) **W.,** Wasserburg, von Wasser umgebene Schloß- oder Burganlage.

Wasserschwätzer, die →Wasseramsel.

Wasserschwein, meerschweinartiges, aber 1 m langes Nagetier an und in südamerikan. Urwaldgewässern.

Wasserski [-ʃi:], kurze, breite Ski, mit denen man, von Motorbooten gezogen, auf dem Wasser gleiten kann.

Wasserskorpion, etwa 2,5 cm lange, bräunliche Wasserwanze mit taschenmesserartigen Vorderbeinen und Atemrohr am Hinterende.

Wasserspeier, vorspringende Mündung der Abflußrinne für das Regenwasser, ausgebildet am griech. Tempel als Löwenkopf, an got. Kirchen phantastische Tiere, Menschen, Fabelwesen.

Wasserspinne, in stehendem Wasser lebende Spinne, die am haarigen Hinterleib eine Schicht Atemluft trägt.

Wassersport, alle Sportarten im oder auf

Wasserratte

dem Wasser, wie Schwimmen, Segeln, Rudern, Motorboot-, Kanusport, Wasserski, Wasserspringen, Wellenreiten, Wasserball, Kunstspringen, Tauchen.

Wasserspringen, Wassersportart, bei der von Brettern oder Plattformen ins Wasser gesprungen wird, wobei festgelegte Sprungfiguren gezeigt werden. Man unterscheidet das Kunst- und Turmspringen (als Springwettkampf betrieben) vom volkstüml. W. und Schauspringen.

Wasserstand, die Höhe des Wasserspiegels über einem angenommenen Punkt, gemessen an einem Pegel. Man unterscheidet **Niedrigwasser, Mittelwasser, Hochwasser.** Bei Meeresküsten (Gezeiten) beginnt die Messung bei Normal Null.

Wasserstoff, Hydrogenium, H, chem. Element, Ordnungszahl 1, Atomgewicht 1,008, Siedepunkt −252,8° C, Schmelzpunkt −259° C, spezif. Gewicht 0,08987 · 10⁻³, farb- und geruchloses, brennbares Gas, in der Natur am meisten in Wasser und organ. Verbindungen verbreitet. Mit anderen Elementen bildet W. Hydride. Man stellt W. dar durch Wasserelektrolyse, Reaktion zwischen Metallen und Säuren oder aus Wassergas. W. verbrennt mit sehr heißer Flamme zu Wasser, was beim Knallgasgebläse ausgenutzt wird. Weitere Verwendung bei der Fetthärtung, beim Haber-Bosch- und beim Bergius-Pier-Verfahren. - **Schwerer W.** →Deuterium.

Wasserstoffbombe, eine thermonukleare Waffe, deren zerstörerische Energie aus der Verschmelzung von Deuterium und Tritium stammt (Kernverschmelzung). Um eine W. zu zünden, muß eine Temperatur von einigen Mill.° C erzeugt werden, was gegenwärtig nur mit Hilfe einer gewöhnl. Atombombe (Kernspaltungsbombe) möglich ist.

Wasserstoff|ionenkonzentration, die Anzahl Mole aktiver Wasserstoffionen H⁺, die in 1 l Lösung enthalten sind; meist angegeben durch deren negativen dekad. Logarithmus p_H, z. B. an Stelle von W. = 10⁻³ einfacher p_H = 3. Für Säuren liegt p_H zwischen 0 und 7, für Basen zwischen 7 und 14.

Wasserstoffperoxid, H_2O_2, zähflüssige, leicht zersetzliche, farblose Flüssigkeit, ein kräftiges Oxydationsmittel, dient zum Desinfizieren, Bleichen, als Düsen- und Raketentreibstoff.

Wasserstrahlpumpe, eine in Laboratorien verwendete Pumpe: Das aus einer Düse strömende Wasser (verringerter Druck, größere Geschwindigkeit) reißt durch einen seitlichen Stutzen Luft mit und erzeugt dadurch einen luftverdünnten Raum.

Wasserstraßen, Flüsse, Kanäle, Seen als Schiffahrtswege **(Binnen-W.)** sowie die **Seestraßen (Seewege).** See-W. sind Kanäle, die Seeschiffe befahren können.

Wassersucht, griech. **Ödem, Hydrops,** krankhafte Ansammlung von Flüssigkeit in Gewebsspalten oder Körperhöhlen (z. B. **Bauch-W.,** Ascites), bei Entzündungen, bei Störungen des Blutkreislaufs

(Herz-, Nieren-, Leberkrankheiten) oder infolge von Ernährungsstörungen.

Wassertreten, →Wasserheilverfahren.

Wasserturbine, die wichtigste Wasserkraftmaschine: Mit einem Wirkungsgrad von über 90% wird die Energie fließenden Wassers durch ein Laufrad in Rotationsenergie umgewandelt. Wird das Wasser dem Laufrad am ganzen Umfang zugeführt, ist die W. vollbeaufschlagt, wird nur an einigen Punkten Wasser auf das Laufrad geleitet, ist sie teilbeaufschlagt. Bei der teilbeaufschlagten **Freistrahl-, Gleichdruck-, Aktionsturbine (Peltonturbine)** für kleine Schluckfähigkeit bei großer Fallhöhe (bis rund 1770 m) wird der Wasserdruck vor Eintritt des Wassers ins Laufrad in Bewegungsenergie umgewandelt; beim Durchgang durch das Laufrad ändert sich der Druck des Wasserstrahls nicht mehr. Die **Durchströmungsturbine** ist eine Gleichdruck-W. mit walzenförmigem Laufrad. **Überdruck-, Reaktionsturbinen (Francis-, Kaplan-** und **Propellerturbinen)** sind vollbeaufschlagt. Der Wasserdruck nimmt vom Eintritt gegen den axialen Austritt stetig ab. Das Leitrad (mit drehbaren Schaufeln) dient als Regel- und Absperrorgan. Die Turbinenwelle ist mit der Generatorwelle meist fest gekuppelt. Francisturbinen wurden für Fallhöhen bis über 650 m und für Leistungen bis rd. 500 000 kW, Kaplanturbinen für Fallhöhen bis 80 m und mit Laufraddurchmessern von rd. 10 m ausgeführt.

Wasserturm, hochgelegenes, turmartiges Gebäude mit Behälter, in dem Wasser zur Konstanthaltung des Druckes im Versorgungsnetz gespeichert wird.

Wasser|uhr, eine der ältesten Zeitmeßvorrichtungen: aus einem Behälter fließt oder tropft Wasser in ein tieferliegendes Gefäß und hebt dabei einen Schwimmer, dessen Zeiger an einer geeichten Skala die Stunden anzeigt.

Wasser- und Schiffahrtsbehörden, in der Bundsrep. Dtl. die Wasser- und Schiffahrtsdirektionen; sie unterstehen dem Bundesverkehrsministerium. Den W.- u. S. unterstehen die Wasser- und Schiffahrtsämter.

Wasserverdrängung, früher **Deplacement,** Maß für die Größe eines Schiffs: das Gewicht der von den Schiff verdrängten Wassermenge, angegeben in t.

Wasserversorgung, die Versorgung mit Trink- und Brauchwasser. Das Wasser wird als Regen-, Oberflächen-, Grund- und Quellwasser gewonnen. **Regenwasser** wird dort in Zisternen gesammelt, wo anderes Wasser unbrauchbar ist oder fehlt. **Oberflächenwasser** entnimmt man Flüssen, Seen oder Talsperren. Es muß bei direkter Entnahme stets eine →Wasseraufbereitung durchlaufen. Bei genügend durchlässigen, gut filtrierenden Bodenschichten kann man →Brunnen in etwa 50 m Abstand vom Ufer anlegen. **Grundwasser** wird in Sickerrohren, Sammelkanälen oder -stollen oder in Brunnen gewonnen. **Quellwasser** wird durch Sicker- oder Sammelkammern und Sammelbehälter, durch Sickerrohre oder Sammelstollen gefaßt. - Das Wasser wird in Sammelbehältern aufgefangen und gespeichert und fließt von dort in das Verteilungsnetz.

Wasserwaage, Setzwaage, ein Holzstab mit eingesetzten →Libellen.

Wasserwacht, nach 1945 im südd. Raum gegr. Organisation mit den gleichen Aufgaben wie die Dt. Lebens-Rettungs-Ges.

Wasserweihe, 1) Kath. Kirche: feierl. Weihe des Tauf- und Weihwassers. **2)** Ostkirche: Festritus an Epiphanias zur Erinnerung an Jesu Taufe im Jordan, bei dem Weihwasser und das dem gewöhnl. Gebrauch dienende Wasser von Flüssen, Seen u. a. geweiht wird.

Wasserwerk, eine Anlage zur Wasserversorgung, umfaßt Einrichtungen zur Gewinnung, Förderung, Aufbereitung, Speicherung und Verteilung des Wassers.

Wasserturbine; verschiedene Laufradformen: links Freistrahlturbine; Mitte Kaplanturbine, offen; rechts Francisturbine, normal laufend

Wasserwirtschaft, die planmäßige Bewirtschaftung der ober- und unterirdischen Wasservorräte. Die **quantitative W.** oder **Wassermengenwirtschaft** umfaßt die Regelung der Bodenfeuchtigkeit für die Landwirtschaft durch Be- und Entwässerung, die Wasserversorgung mit Trink- und Brauchwasser, den Bau von Talsperren und Wasserkraftwerken, die Speisung von Kanälen, den Hochwasserschutz. Die **qualitative W.** oder **Wassergütewirtschaft** befaßt sich mit der Wasseraufbereitung, Wasserversorgung, Kanalisation und Abwasserreinigung.

Wasserzähler, Wassermesser, ein Gerät zum fortlaufenden Zählen der durch eine Rohrleitung fließenden Wassermenge. Beim **Flügelradzähler** werden die Drehungen eines mit Schaufeln besetzten Flügelrades auf ein Zählwerk übertragen, beim **Ringkolbenzähler** die durch einen umlaufenden Ringkolben bewirkten Füllungen und Entleerungen einer Meßkammer gezählt.

Wasserzeichen, durchscheinende Stellen im Papier in Form von Buchstaben, Namen, Figuren, zum Schutz gegen Fälschungen bei Banknoten, Aktien, Urkunden, Briefmarken oder zur Herkunftsbezeichnung. Echte W. werden mit Drahtfiguren auf der Siebpartie der Papiermaschine erzeugt, unechte W. durch Prägung eingedrückt.

Wasserzinken, ♁ →Hornblatt.

Watenstedt-Salzgitter, bis 1951 Name von →Salzgitter.

W'aterberg, Inselberg im N von SW-Afrika, 1857 m hoch; ein 80 km langer, allseitig steil abfallender, roter Sandsteinklotz.

Waterbury [wˈɔːtəbəri], Stadt im Staat Connecticut, USA, 108 000 Ew.; Mittelpunkt der amerikan. Kupferindustrie.

Waterford [wˈɔːtəfəd], irisch **Port Láirge** [-lˈɔirge], **1)** Grafschaft an der Südküste Irlands, 1839 km², 73 000 Ew. **2)** Hauptstadt mit 29 800 Ew., Seehafen; Eisengießerei.

Watergarn [wˈɔːtə-], festgedrehtes Baumwoll- oder Zellwoll-Kettgarn, urspr. auf einer durch Wasserkraft angetriebenen Ringspinnmaschine **(Watermaschine)** hergestellt.

W'aterloo, Gem. in der belg. Provinz Brabant, 15 km südl. von Brüssel, 16 900 Ew. In der Schlacht bei W. oder **Belle-Alliance** am 18. 6. 1815 besiegten Wellington und die Preußen unter Blücher und Gneisenau Napoleon I.

Waterpolo [wˈɔːtəpəuləu], engl. für →Wasserball.

waterproof [-pruːf, engl.], wasserdicht.

Watford [wˈɔtfəd], Stadt in S-England, 76 700 Ew.; Brauereien, Maschinenbau.

Watlings|insel, engl. **Watling Island** [wˈɔtliŋ ˈailənd], indian. **Guanahani,** nach der Entdeckung (12. 10. 1492 durch Kolumbus) San Salvador genannt; eine der brit. Bahama-Inseln.

Watson [wˈɔtsən], **1)** James Dewey, amerikan. Biochemiker, * 1928, entwickelte mit F. H. C. Crick das Modell der Desoxyribonucleinsäuren (DNS); Nobelpreis für Medizin (mit Crick und M. →Wilkins) 1962. **2)** John Broadus, amerikan. Psychologe, * 1878, † 1958, Mitbegründer des Behaviorismus.

Watt das, Mz. Watten, Seichtwasserküste in Gezeitenmeeren, bes. der bis 30 km breite Raum zwischen der dt.-niederländ. Nordseeküste und der vorgelagerten Inselkette, entstanden durch sandige und schlickige Ablagerungen des Meerwassers, von Tieren (Würmer, Muscheln u. a.) und Pflanzen (Algen, Queller u. a.) verfestigt. Das bei Flut vom **Wattenmeer** überspülte W. liegt bei Ebbe fast trocken. Vielverzweigte Priele bilden die Zu- und Abflußrinnen für die Gezeitenströme.

Watt bei der Insel Neuwerk

Watt [nach J. Watt] *das,* **W,** ⚡ Maßeinheit der Leistung: 1 W = 1 J/s = 1 Nm/s; 1 kW = 1000 W = 1,36 PS. **Wattstunde, Wh,** die Arbeit, die von 1 W während 1 Stunde geleistet wird.

Watt [wɔt], James, * 1736, † 1819, erfand 1765 die direktwirkende, 1782-84 die doppeltwirkende Niederdruckdampfmaschine. (Bild S. 1331)

Watte, eine lockere Faserschicht, die durch Übereinanderlegen mehrerer Faservliese entsteht (Polster-W., Verband-W.).

Watteau [watˈo], Jean-Antoine, französ. Maler, * 1684, † 1721, malte heitere Bilder galanter Feste in Parklandschaften, Szenen aus der italien. Komödie u. a., anfänglich von flämischen und venezian. Meistern beeinflußt, dann in immer blühender und zarter werdenden Farben, deren duftiger Gesamtton Landschaft und Figuren zur Einheit verbindet. Hauptwerke in Berlin, Staatl. Museen (Ladenschild des Kunsthändlers Gersaint, 1720, u. a. Bilder aus dem Besitz Friedrichs d. Gr.), Paris, Louvre (Einschiffung nach Cythere, 1717 u. a.), Dresden (Gesellschaft im Freien).

Wattenscheid, Industriestadt in Nordrh.-Westf., 80 500 Ew.; Steinkohlenbergbau, Metall-, Elektro-, Textilindustrie.

Wattmeter, ein Gerät zum Messen der elektrischen Leistung.

Watts [wɔts], **1)** George Frederick, engl. Maler, * 1817, † 1904; mythologisch-allegorisch-symbolist. Bilder; Bildnisse. **2)** Robert, amerikan. Bildhauer und Happeningkünstler, * 1923.

Wat'ussi, nilohamit. Rinderhirten, →Hima.

Watvögel, Vogelordnung, zu der die

Schnepfenvögel, Wasserläufer, Dickfüße, Scheidenschnäbel u. a. gehören.

W'atzlik, Hans, Schriftsteller, * 1879, † 1948; Romane und Geschichten aus dem Böhmer Wald.

Watzmann, Gipfelgruppe in den Berchtesgadener Alpen mit schroffem Absturz zum Königssee. Zwischen **Großem W.,** 2713 m) und **Kleinem W.** (2307 m) liegt die Scharte mit den **Watzmannkindern** und einem kleinen Gletscher.

Wau der, ⚘ die Reseda.

Waugh [wɔː], Evelyn, engl. Erzähler, * 1903, † 1966, konvertierte 1930 zum Katholizismus. Romane ,Aber das Fleisch ist schwach' (1930), ,Eine Handvoll Staub' (1934), ,Tod in Hollywood' (1948).

W'awel, der Schloßberg in Krakau, über der Weichsel, mit Dom und Schloß.

Wb, Zeichen für die Einheit →Weber.

W. C. [Abk. für **w**ater**c**loset, engl.], Wasserklosett.

WDR, Abk. für **W**est**d**eutscher **R**undfunk.

Weald [wiːld], **The W.,** Landschaft in SO-England, zwischen North und South Downs; Eisen- und Glashütten.

Webb, 1) Mary, geb. Meredith, engl. Erzählerin, * 1881, † 1927; Romane (,Die Geschichte von der Liebe der Prudence Sarn', 1924).

2) Sidney, seit 1929 Lord Passfield of Passfield Corner, engl. Sozialpolitiker, * 1859, † 1947, mehrmals Minister, führend in der Fabian Society; die meisten seiner Schriften verfaßte er mit seiner Gattin Beatrice W. (* 1858, † 1943).

Weber, vollhandwerkl., auch industrieller Lehrberuf mit meist 3jähriger Lehrzeit.

Weber [nach →Weber 10)] *das,* **Wb,** Maßeinheit des magnet. Flusses, 1 Wb=1 J/A. Im MKSA-System ist 1 Wb=1 Vsec.

Weber, 1) Adolf, Volkswirtschaftler, * 1876, † 1963, Prof. u. a. in München, Schriften bes. über Wirtschaftspolitik.

2) Alfred, Volkswirtschaftler, Soziologe, Bruder von 9), * 1868, † 1958, Prof. in Heidelberg, Begründer der industriellen Standortlehre, Vertreter einer universellen Kultursoziologie.

3) A. (Andreas) Paul, Graphiker, * 1893, phantast.-satir. Zeichnungen, auch in Zyklen; Buchillustrationen.

4) Carl Maria von, Komponist, * Eutin 1786, † London 1826, erhielt seine musikal. Ausbildung bei Michael Haydn (Salzburg) und Abt Vogler (Wien); Opernkapellmeister in Breslau, Prag und seit 1817 in Dresden. W. ist mit seinem ,Freischütz' (1821) zum Schöpfer der dt. romant. Oper geworden, deren Hauptzüge (Volkstümlichkeit, Naturnähe, übersinnliche Mächte, MA. und Sage) sich auch in den

J.-A. Watteau: L'Indifferent (Paris, Louvre)

Opern ,Euryanthe' (1823) und ,Oberon' (1826) zeigen. Die brillante Satzkunst seiner Instrumentalwerke (Konzertstück f-moll, Klaviermusik, darunter ,Aufforderung zum Tanz') wurde zum Vorbild für Chopin, Liszt u. a. Meister des 19. Jahrh.

5) Ernst-Heinrich, Anatom und Physiologe (Bruder von 10), * 1795, † 1878, gehört zu den Schöpfern der Psychophysik (→Webersches Gesetz).

6) Friedrich Wilhelm, Schriftsteller, * 1813, † 1894; Epos ,Dreizehnlinden' (1878).

7) Helene, Politikerin (CDU), * 1881, † 1962, führend in der kath. Frauenbewegung, 1919 Mitgl. der Dt. Nationalversammlung, bis 1933 MdR, seit 1949 MdB.

8) Marianne, Vorkämpferin für Frauenrechte, * 1870, † 1954, Frau von 9).

9) Max, Volkswirtschaftler und Soziologe, Bruder von 2), * 1864, † 1920, Prof. in Freiburg, Heidelberg, München, forderte eine wertungsfreie Wissenschaft; er vereinigte kultur- und naturwiss. Arbeitsweisen in der idealtyp. Methode. Begründer der Religions- und verstehenden Soziologie.

C. M. v. Weber   *Max Weber*

10) Wilhelm, Physiker, * 1804, † 1891, Bruder von 5), baute mit Gauß die erste größere Telegraphenanlage und entwickelte das elektromagnet. Maßsystem.

Weber|aufstände in Sachsen und Schlesien, seit 1815, erst kleinere, 1844 und 1848 größere Proteste der Weber als Folgen schwerer sozialer Mißstände.

Weber'ei die, **Weben** das, Herstellung von Geweben auf dem **Webstuhl** (Hand-W.) oder in der **Webmaschine** (industrielle W.). Die in der Längsrichtung des Gewebes verlaufenden Fäden heißen die **Kette,** die kreuzenden der **Schuß,** die Art der Verkreuzung **Bindung.** - Der Webvorgang: In der Webmaschine oder auf dem Webstuhl werden die Kettfäden von einer hinteren Walze (Kettbaum) als parallel nebeneinanderlaufende Fäden nach vorn abgegeben und nach Vereinigung mit den Schußfäden auf einer vorderen Walze (Warenbaum) aufgewickelt. Zwischen beiden Walzen befinden sich die **Schäfte,** d. h. Rahmen aus Holz oder Leichtmetall mit senkrechten Hebeschnüren (Litzen), durch deren Ösen die Kettfäden geführt sind. Durch abwechselndes Gegeneinanderbewegen, d. h. Heben und Senken der Schäfte mittels Fußbewegungen oder mechan. Antriebs werden die Kettfäden voneinander abgehoben. Durch die entstehenden Zwischenräume **(Fache)** wird der **Schützen** mit dem Schußfaden hin- und hergeschlagen. Nach jedem Durchschuß wird der eingetragene Schußfaden durch die pendelnd aufgehängte Lade mit dem **Riet** (Weberkamm), einem Maschinenelement mit vielen feinen Stahlstäbchen, an das fertige Gewebe angedrückt. Konventionelle Webmaschinen sind grundsätzlich wie die Handwebstühle eingerichtet; Schäfte, Schützenschlag usw. werden meist durch einen Elektromotor bewegt. Für großgemusterte Gewebe benutzt man die →Jacquardmaschine. Weiterentwicklungen sind die schützenlosen **Greifer-** oder **Greiferschützen-Webmaschinen,** auch kann der Schützen durch Düsen er-

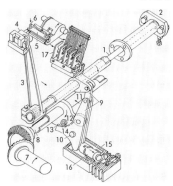

Weberei: Schlagmechanismus der Greiferschützen-Webmaschine; 1 Torsionsstab, 2 feste Einspannstelle des Torsionsstabes, 3 Schlaghebel in der Abschußstellung, 4 Schlagstück in der Abschußstellung, 5 Greiferschützen in der Abschußstellung, 6 Schützenöffner, 7 Hauptwelle der Webmaschine, 8 Antriebswelle des Schußwerkes, 9 Kniehebel in gestreckter Lage, 10 Drehachse des Kniehebels, 11 Spannhebel des Torsionsstabes, 12 Nocken zum Strecken des Kniehebels und Spannen des Torsionsstabes, 13 Steuerkurve des Kniehebels, 14 Rolle zum Einknicken des Kniehebels, 15 Ölbremse, 16 Kolben der Ölbremse, 17 Führung

setzt sein. Den Farbwechsel vermitteln lochkartengesteuerte Fadenhalter. Spezial-Webmaschinen sind Teppich-, Rutenloppelplüsch-, Frottier- und Band-Webmaschinen, ferner überbreite (bis 30 m) Filz-, Reifencord- u. Rundwebmaschinen.

Weberfinken, Singvögel in den warmen Ländern der Alten Welt, schichten aus Halmen kugelige Nester mit seitlichem Eingang auf; so **Astilde** (z. B. Fäsänchen), **Bandfink.** Beide Geschlechter brüten und füttern die Jungen. Der **Muskatfink** aus SO-Asien ist ein beliebter Käfigvogel.

Weberknecht, der →Kanker (→Spinnentiere).

Webern, Anton von, österreich. Komponist, * 1883, † 1945, wirkte mit der Fortführung der Zwölftonmusik Schönbergs stark auf die junge Komponistengeneration; Orchester-, Kammermusik, Lieder, Chöre, Klavierstücke.

Webersches Gesetz, Weber-Fechnersches Gesetz, ein von →Weber 5) 1834 aufgestelltes, von G. T. →Fechner weiterentwickeltes Grundgesetz der Psychophysik: der Zuwachs zu einem Reiz muß in einem bestimmten, gleichbleibenden Verhältnis zu diesem stehen, damit ein merklicher Empfindungsunterschied stattfindet.

Webervögel, den Finken nahestehende Singvögel, bes. in Afrika; das Männchen

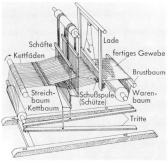

Weberei: Schema eines Handwebstuhls

1341

Nester der Webervögel: links Nest des Kopfwebers; rechts männl. Maskenweber beim Nestbau

webt an Zweigspitzen hängende Nester; das Weibchen betreut die Brut.

W'ebi Scheb'eli, Fluß in O-Afrika, kommt vom Hochland von Äthiopien, begleitet 300 km lang die Somaliküste und verliert sich im Sumpf von Balli Jera.

Webkante, seitl. Webrand, Salleiste.

Webmaschine, Webstuhl, →Weberei.

W'ebster, 1) John, engl. Dramatiker, * um 1580, † um 1630; Greueltragödien.
2) Noah, amerikan. Lexikograph, Grammatiker, * 1758, † 1843; Wörterbuch der engl. Sprache.

Webwaren, Textilien aus zwei sich rechtwinklig kreuzenden Fadensystemen (Kette und Schuß).

Wechsel, eine in bestimmter Form schriftlich übernommene, unbedingte Verpflichtung zur Zahlung einer bestimmten Geldsumme an den legitimierten Inhaber der Urkunde. Die Zahlungsverpflichtung ist von dem Grund, aus dem die Schuld entstanden ist, unabhängig. Das Wechselrecht ist im W.-Gesetz vom 21. 6. 1933 i. d. F. v. 1963 geregelt. Der Aussteller des W. kann sich entweder selbst zur Zahlung der W.-Summe verpflichten (**eigener** oder **trockener** oder **Sola-W.**) oder einen andern damit beauftragen (**gezogener W.** oder **Tratte**).

Wechsel|abschrift, die Abschrift eines Originalwechsels, die zur Indossierung verwendet werden kann. Zur Zahlung muß die Urschrift vorgelegt werden.

Wechsel|ausfertigung, eine zweite, dritte usw. Urschrift ein und desselben Wechsels (Wechselduplikat), um gleichzeitig ein Exemplar zur Annahme vorlegen und ein anderes in Umlauf setzen zu können.

Wechselbalg, Volksglauben: mißgestaltetes Kind, das durch Zwerge oder einen Alb oder Wöchnerin statt des eigenen untergeschoben worden sein soll.

Wechselbuch, Hilfsbuch zur Eintragung der ein- und ausgehenden Wechsel.

Wechselburg, Gem. im Bez. Karl-Marx-Stadt, 1300 Ew.; die Schloßkirche (roman. Pfeilerbasilika, 1220) enthält u. a. eine Kreuzigungsgruppe (etwa 1230) und das Grabmal des wettin. Stifterpaares.

Wechselbürgschaft, →Aval.

Wechselfälschung, die Fälschung einer Wechselunterschrift oder die widerrechtl. Änderung des Wechseltextes; gilt als Urkundenfälschung.

Wechselfieber, ⚕ die →Malaria.

Wechselgetriebe, Getriebe zum Einschalten verschiedener Übersetzungen, →Kraftwagengetriebe.

Wechseljahre, Klimakt'erium, die Zeit etwa zwischen dem 45. und 54. Lebensjahr der Frau, in der die Tätigkeit der Eierstöcke erlischt und die Menstruation aufhört (Menopause).

Wechselkurs, Devisenkurs, →Devise 2).

Wechsellombard, die Beleihung von Wechseln durch eine Bank.

Wechselnehmer, derjenige, an den oder an dessen Order die Wechselsumme gezahlt werden soll (**Remittent**).

Wechselprotest, die behördl. Beurkundung einer vergebl. Präsentation zur Annahme oder Zahlung des Wechsels: **Wand-, Abwesenheits-** oder **Platzprotest** liegt vor, wenn der Protestant nicht angetroffen wurde, **Windprotest**, wenn die Wohnung oder die Geschäftsräume des Protestaten nicht auffindbar sind.

Wechselprozeß, ein beschleunigtes Prozeßverfahren, in dem Ansprüche aus Wechseln geltend gemacht werden können. Der W. ist eine Unterart des →Urkundenprozesses.

Wechselrechnung, Diskontrechnung, →Diskont.

Wechselreiterei, der zwischen zwei oder mehreren Personen vorgenommene Austausch von →Gefälligkeitsakzepten mit dem Ziel, sich durch Weiterbegebung der Wechsel Geld zu verschaffen (**Reitwechsel**); oft eine betrügerische Handlung.

Wechselrichter, Geräte zur Umwandlung von Gleichstrom in Wechselstrom unter Verwendung von elektr. Ventilen ohne mechan. Zwischenenergie (dagegen →Umformer: Thyratron, Pendel-W., Transistor-W. (Zerhacker).

Wechselrückgriff, die Geltendmachung der hilfsweisen Haftung des Ausstellers und der Indossanten eines Wechsels durch den Wechselgläubiger; er kann sie der Reihe nach (**Staffelrückgriff, -regreß**) oder außer der Reihe (**Sprungregreß**) oder alle zusammen in Anspruch nehmen.

Wechselsprech|anlage, →Gegensprechanlage.

wechselständig, ⊕ Belaubung, bei der jeder Stengelknoten nur ein Blatt trägt.

Wechselsteuer, eine Verkehrssteuer auf Wechsel (Ges. i. d. F. v. 24. 7. 1959); ihr unterliegen alle in- und ausländ. Wechsel und wechselähnl. Urkunden, die im Inland in den Verkehr gebracht werden. Die W. beträgt 0,15 DM je angefangene 100 DM; Aufkommen 1971: 255 Mill. DM.

Wechselstrom, elektr. Strom, dessen Richtung und Stärke periodisch wechseln (Gegensatz: →Gleichstrom). Der Strom- und Spannungsverlauf ist meist sinusförmig. Die Zeit eines Wechsels, nach dem Strom und Spannung wieder den gleichen Wert und die gleiche Richtung haben, heißt Periode, die Periodenzahl je Sekunde Frequenz; die Einheit ist Hertz (Hz). Technische W. werden in Generatoren er-

Wechselstrom: a Einphasen-, b Zweiphasen- (¹/₄ Periode gegeneinander verschoben), c Dreiphasen-Strom = Drehstrom (Verschiebung um ¹/₃ Phase)

zeugt, meist als →Drehstrom (Frequenzbereich bis etwa 20 kHz). Höherfrequente W. werden in Schwingungskreisen, Röhrengeneratoren oder Transistoren erzeugt. Die Frequenz des allgem. Versorgungsnetzes ist in Dtl. 50 Hz. Da sich W. leicht auf hohe Spannungen transformieren läßt, eignet er sich bes. zur Übertragung elektr. Energie auf weite Entfernungen.

Wechselstromtelegraphie, ein Telegraphiesystem, bei dem gleichzeitig mehrere Fernschreiben in verschiedenen Frequenzlagen über dieselbe Leitung übertragen werden.

Wechselstube, im Geschäftsbetrieb, der sich mit dem Handel ausländischer Geldsorten, Banknoten, Reiseschecks, Kreditbriefen befaßt, meist Zweigstelle einer Bank.

Wechseltierchen, →Amöbe.

wechselwarme Tiere, →Kaltblüter.

Wechselwirkung, in der Elementarteilchenphysik die Kräfte zwischen den Teil-

chen. Man unterscheidet **starke W.** (z. B. Kernkräfte), **elektromagnet. W.** (Kräfte zwischen zwei elektr. Ladungen oder Magneten) und **schwache W.** (z. B. Betazerfall). Nicht unter diese Einteilung fällt die außerordentlich viel schwächere Gravitations-W.

W'echsler-Test, Intelligenztest für Erwachsene, von D. Wechsler in New York entwickelt, von C. Bondy für dt. Verhältnisse umgestaltet (**Hawie-Test**, Hamburg-Wechsler-Intelligenztest für Erwachsene; **Hawik-Test**: für Kinder).

W'eck|amine, ⚕ Gruppe der **Weckmittel** (→Anregungsmittel).

Weckglas [nach dem Erfinder Weck], Handelsname für ein Konservenglas mit Gummiring-Dichtung.

W'eckherlin, Georg Rudolf, Dichter, * 1584, † 1653, wichtigster Vorläufer des literar. Frühbarocks in Dtl.

Weckmann, Matthias, Organist und Komponist, * vor 1619, † 1674, komponierte in der Art seines Lehrers H. Schütz geistl. Konzerte, Klavier- und Orgelwerke.

W'eda, Veda [Sanskrit ,Wissen'] der, Name der ältesten hl. Schriften der Inder, deren früheste wohl bis um 1250 v. Chr. zurückreichen. Man unterscheidet den **Rigweda** (Hymnen an die Götter), den **Samaweda** (Opfergesänge), den **Jadschurweda** (Opfersprüche) und den **Atharwaweda** (Zauberlieder). An die vier Grundwerke schließen sich die Brahmanas und die →Upanischaden an. (→wedische Religion)

Wed'anta [Sanskrit ,Endziel des Weda'] das, eines der sechs Systeme der →indischen Philosophie.

W'edda, die Ureinwohner Ceylons, nur noch in Resten vorhanden; nach ihnen werden als **Weddide** eine urtümliche, kleinwüchsige Menschenrasse Asiens benannt, mit bräunl. Haut und dunklem, welligem Haar. (Tafel Menschenrassen)

W'eddell-See, Randmeer und südlichster Teil des Atlant. Ozeans, von dem brit. Walfänger J. Weddell 1823 entdeckt, eine rd. 8 Mill. km² große Bucht im Südpolarkontinent. Im N bis 5000 m tief, im S von Schelfeis bedeckt; reich an Robben, Walen, Seevögeln, Pinguinen.

Wedd'ide, →Wedda.

W'edding, 3. VerwBez. von W-Berlin, mit 183 200 Ew. im nördl. Innenbezirk, an der Panke, mit den Hauptverkehrsadern Müller-, Brunnen- und Badstraße, mit Mietskasernen- und Industrievierteln, Forschungsinstituten, Ingenieur-Akademien, aufgelockerten Gartenstadtanlagen, Erholungsplätzen (Schillerpark, Rehberge, nahebei der Plötzensee; im östl. Ortsteil Gesundbrunnen der Humboldtschen und die Humboldthöhe (ehem. Trümmerberg).

Wedekind, Frank, Dramatiker, * 1864, † 1918, stellte in grotesker Übersteigerung das Leben als Zirkus, als ,Rutschbahn' dar, wollte die lebens- und triebfeindliche bürgerl. Moral entlarven. Dramen: ,Frühlings Erwachen' (1891), ,Erdgeist' (1895), ,Büchse der Pandora' (1901), ,Der Marquis von Keith' (1901) u. a.

Wedel der, Schwanz des Schalenwildes (außer Schwarzwild).

Wedel, Stadt in Schlesw.-Holst., an der Niederelbe, 31 100 Ew., opt., chem. u. a. Industrie.

Wedgwood [w'ɛdʒwud], Josiah, engl. Kunsttöpfer, * 1730, † 1795, schuf in der Masse gefärbte Steingutwaren mit kameenartigen weißen Reliefs nach Entwürfen von J. Flaxman.

wedische Religion, die im →Weda aufgezeichnete Religion der im 2. Jahrtausend v. Chr. in Indien eingewanderten Arier. Sie verehrten viele Götter, die z. T. Verkörperungen von Naturkräften waren, der Sonne (Surja), des Monds (Soma), des Feuers (Agni) u. a. Der Gewittergott Indra, der Götterkönig, wurde als Vorbild der Krieger verehrt, Waruna als Hüter der sittlichen Weltordnung. Die Götter wurden an Opferbänken im Freien verehrt. Kennzeichnend für den Kultus war das Opfer berauschenden Somatranks. Man erhoffte ein Weiterleben in der Himmelswelt.

Weekend [wʹiː-, engl.] *das*, Wochenende.

Wʹeeze, Gem. in Nordrhein-Westf., an der Niers, nahe der niederländ. Grenze, 9200 Ew., hat Holz-, Möbel-, Schuh-Industrie. Ehrenfriedhof mit rd. 2000 Gefallenen des 2. Weltkriegs.

Wega [arab.] *die*, ✶ Stern 1. Größe, α im Sternbild der Leier.

Wegberg, Gem. in Nordrh.-Westf., 15 400 Ew.; Textil-, Eisen- und Lederind.

Wegegeld, früher von Wegebenutzern für die Wegunterhaltung erhobenes Entgelt; jetzt meist durch Verkehrsteuern abgelöst.

Wegelast, die meist Gemeinden und Gemeindeverbänden obliegende Pflicht zum Bau und zur Unterhaltung öffentl. Wege.

Wegener, 1) Alfred, Geophysiker, Meteorologe, * 1880, † Grönland 1930. Unternahm 1906-08, 1912/13, 1929/30 Expeditionen zum grönländ. Inlandeis; Begründer der →Kontinentalverschiebungstheorie.
2) Paul, Schauspieler, * 1874, † 1948, Charakterdarsteller (Othello, Richard III., Holofernes), auch im Film (‚Golem‘, 1914).

Paul Wegener   *Frank Wedekind*

Wegerecht, Straßenrecht, in der Bundesrep. Dtl. die gesetzl. Bestimmungen über öffentl. Wege, bes. über die Anlegung, Unterhaltung, Benutzung und Einziehung; teils Bundes-, teils Landesrecht. Der Bund ist für Bundesautobahnen und Bundesstraßen, die Länder sind für Landstraßen 1. Ordnung, die Kreise im allgemeinen für Landstraßen 2. Ordnung zuständig.

Wegerich, Gattung der W.-Gewächse, mit ährig und kopfig geordneten, unscheinbaren Blütchen; z. B. **Großer W.** mit breiten Blättern, **Mittlerer W.** mit lilaweißer, duftender Ähre; **Spitz-W.** mit kurzer bräunl. Blütenähre, Volksmedizin gegen Husten.

Wegerung, auf Schiffen die Bekleidung aus Holz oder Metall auf den Spanten, den Deckbalken, in den Laderäumen usw. zum Schutz gegen Schwitzwasser.

Weggis, Kurort in der Schweiz, am Nordufer des Vierwaldstätter Sees, am Fuß des Rigi, 434 m ü. M., 2500 Ew.

Wegorzewo [vɛŋgɔʒʹevɔ], poln. Name für →Angerburg.

Wegschnecke, Rote W. (Tafel Schnecken), rotgelbe (auch braune, schwarze) gehäuselose Lungenschnecke Europas.

Wegwarte, Wilde Zichorie, himmelblau blühende Korbblütlerstaude mit sparrigem, bis meterhohem Kraut und bitterer Pfahlwurzel, deren im Dunkeln getriebene Blattsprossen Chicorée ergeben.

Wegzehrung, →Viatikum.

Wehen, schmerzhafte Gebärmutterzusammenziehungen bei der →Geburt.

Wehlau, russ. **Znamensk,** Stadt in Ostpreußen, am Pregel, 3000 (1939: 8500) Ew.; hatte Papier-, holzverarbeitende Industrie, Mühlen; Pferdemärkte; seit 1945 unter sowjet. Verwaltung. - Im **Vertrag von W.** (29. 9. 1657) erreichte der Große Kurfürst die Beseitigung der poln. Oberlehnshoheit über das Herzogtum Preußen (Ostpreußen).

Wehnelt-Unterbrecher [nach dem Physiker A. Wehnelt, 1871-1944], ein Stromunterbrecher: An einer in verdünnte Schwefelsäure tauchenden Platinelektrode entsteht

Wegwarte

infolge hoher Stromdichte eine Gasblase, die den Primärstrom eines Induktors unterbricht. Der entstehende Öffnungsfunke durchschlägt die Gasblase, die sich darauf wieder neu bildet.

Wehnelt-Zylinder, eine Steuerelektrode unmittelbar vor einer Glühkathode zur Fokussierung des Elektronenstrahls.

Wehner, 1) Herbert, Politiker (SPD), * 1906, Journalist, 1935-46 in der Emigration (Sowjetunion, seit 1941 in Schweden), seit 1949 MdB., seit 1958 einer der stellvertr. Vorsitzenden der SPD, maßgeblich für das Godesberger Programm; Dez. 1966 bis Sept. 1969 Bundesmin. für gesamtdt. Fragen, seither Fraktionsvors. der SPD.
2) Josef Magnus, Schriftsteller, * 1891; Romane (‚Sieben vor Verdun‘, 1930), Dramen.

Wehr, ein Bauwerk zum Stauen fließenden Wassers und Heben des Wasserspiegels. Feste W. haben einen unbewegl. Staukörper, z. B. **Überfall-, Grund-, Heber-W.** Bei bewegl. W. kann der Staukörper teilweise oder ganz entfernt werden, wodurch eine willkürl. Beeinflussung des Oberwasserstandes und der Durchflußmengen möglich ist, z. B. **Schützen-, Klappen-, Segment-, Dach-, Walzen-W.**

Wehrbeauftragter, in der Bundesrep. Dtl. ein Beauftragter des Bundestags, der die Wahrung der Grundrechte und der Grundsätze des demokrat. Aufbaus der Bundeswehr überwacht.

Wehrbereich, Bereich des Territorialheeres in der Bundesrep. Dtl. An der Spitze steht der Befehlshaber im W. mit dem W.-Kommando.

Wehrdienst, die Ableitung der Militärdienstzeit bei den Streitkräften; in der Bundesrep. Dtl. Grundwehrdienst, Wehrübungen, Ersatzdienst.

Wehrdienstgerichte, Dienstgerichte für Disziplinarverfahren gegen Soldaten und für Verfahren über Beschwerden von Soldaten der Bundeswehr.

Wehrdienstverweigerung, →Kriegsdienstverweigerung.

Wehrersatzwesen, in Staaten mit allgemeiner Wehrpflicht alle Dienststellen und Maßnahmen zur Erfassung der männlichen Bevölkerung für den Wehrdienst.

Wehrgang, Verteidigungsgang auf einer Burg- oder Stadtmauer im MA.

Wehrgeld, →Wergeld.

Wehrhoheit, die Zuständigkeit des Staates für Aufstellung, Ausbildung und Verwendung von Streitkräften.

Wehrkirche, eine zur Verteidigung ausgebaute Kirche, die der Gemeinde in Kriegszeiten als Zuflucht diente. W. mit starken Befestigungsanlagen werden als **Kirchenburgen** bezeichnet.

Wehrli, Johann Jakob, schweizer. Erzieher, * 1790, † 1855, leitete eine Armenschule, den Unterricht mit Handarbeit verband. Nach ihm sind die landwirtschaftlichen **W.-Schulen** benannt.

Wehrmacht, die dt. Streitkräfte 1935-45 (vorher **Reichswehr**), in der Bundesrep. Dtl. →Bundeswehr.

Wehrpaß, eine Urkunde, die jeder Wehrpflichtige nach der Musterung erhält, und in der später alle Angaben über seinen Wehrdienst eingetragen werden.

Wehrpflicht, die gesetzl. Verpflichtung eines jeden waffenfähigen Staatsangehörigen zum Wehrdienst; die Bundesrep. Dtl. hat durch Ges. v. 21. 7. 1956 i. d. F. v. 28. 9. 1969 die allg. W. eingeführt. (→Bundeswehr, →Kriegsdienstverweigerung)

Wehrpsychologie, auf Wehrfragen angewandte Psychologie, befaßt sich mit Ausleseverfahren (Offiziere, Spezialisten), Anpassung von Waffen und Gerät an die sie Bedienenden, zwischenmenschl. Problemen und Propagandamethoden.

Wehrrecht, die Rechtsvorschriften über die Stellung der Streitkräfte, den Wehrdienst, die Rechte und Pflichten des Soldaten, die Wehrleistungen, das Wehrstrafrecht und die Versorgung der Soldaten. Die verfassungsrechtl. Grundlagen des W. in der Bundesrep. Dtl. wurden durch die Gesetze ‚zur Ergänzung des Grundgesetzes‘ vom 26. 3. 1954, 19. 3. 1956 und 24. 6. 1968 geschaffen. Sie bilden die wichtigsten Rahmenvorschriften für den Aufbau der Streitkräfte; die einzelnen Gebiete sind durch eine Vielzahl von Gesetzen, Verordnungen und Verwaltungsvorschriften geregelt: u. a. durch das Soldatenges. i. d. F. v. 22. 4. 1969, das die Rechte und Pflichten des Soldaten festlegt, seine Einstellung und Entlassung, seinen Ruhestand usw. regelt; das Wehrpflichtges. i. d. F. v. 28. 9. 1969; das Soldatenversorgungsges. i. d. F. v. 20. 2. 1967 (→Versorgung); das Wehrstrafges. i. d. F. v. 1. 9. 1969. Die Strafverfahren gegen Soldaten werden nicht wie früher vor Militärgerichten durchgeführt, sondern vor den ordentlichen Strafgerichten. Allerdings wurde der Bund zur Errichtung von Wehrstrafgerichten als Bundesgericht für besondere Fälle ermächtigt.

Wehrsold, die geldliche Abfindung des Soldaten während seines aktiven Dienstzeit und der Reserveübungen. Der W. ist für die Bundeswehr durch das W.-Gesetz i. d. F. des Änderungsgesetzes vom 8. 3. 1971 geregelt.

Wehrsteuer, in der Schweiz eine Einkommensteuer mit ergänzender Vermögensteuer für die Landesverteidigung.

Wehr|übungen, militär. Einzelübungen, die vom Wehrpflichtigen zwischen dem Grundwehrdienst und dem 45. Lebensjahr abgeleistet werden müssen.

Wehrvogel, den Gänsevögeln verwandter Vogel der Sumpfwälder des tropischen Südamerikas (**Anhima**); ihm nahe steht die **Tschaja** in der argentin. Pampa, beide haben zwei Hornsporen an jedem Flügel.

Wehrwirtschaft, die für die Landesverteidigung wichtigen Wirtschaftszweige.

Wehrwissenschaften, →Kriegswissenschaften.

Wehrwolf, →Werwolf.

Weibel, Waibel, schweizer. Gerichtsdiener.

Weichbild, ursprünglich Orts- oder Stadtrecht, dann sov. Stadtgebiet.

Weiche, 1) eine Gleisverbindung zum Überführen eines Schienenfahrzeugs von einem Gleis in ein anderes. Zwischen den durchlaufenden äußeren Schienen (Bakken- oder Anschlagschienen) der W. sind die Zungen beweglich. Sie werden von Hand oder elektrisch vom Stellwerk aus an

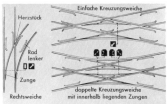

Weiche

die Schiene angelegt und dann verriegelt. Die Stellung der W. wird durch Signallampen angezeigt. Üblich sind **Rechts-** und **Links-W., einfache** und **doppelte Kreuzungs-W. 2) Flanke,** die seitliche Bauchwand zwischen Brustkorb und Darmbeinkamm.

weicher Stil, der in der europ. Plastik und Malerei um 1390-1430 vorherrschende Stil: Vorliebe für stoffreiche, weichfaltende Gewandung, Sinn für Anmut und Zartheit. Der w. S. fand bes. in den →Schönen Madonnen Ausdruck.

Weichholz, leicht zu bearbeitendes Holz wie Pappel, Fichte, Kiefer, Linde, Weide, Tanne, Erle.

Weichkäfer, Käfer mit weicher oder mit weichen Haaren bedeckter Körperhaut, z. B. das Glühwürmchen.

Weichmacher, Stoffe, im Gemisch mit hochmolekularen Substanzen, bes. Kunstharzen, deren Härte und Sprödigkeit mildern oder bis zur kautschukartigen Elastizität abwandeln.

Weichmann, Herbert, Politiker (SPD), * 1896, Jurist und Wirtschaftswissenschaftler, war 1948-57 Präs. des Rechnungshofes Hamburg, 1957-65 Finanzsenator, 1965-71 Erster Bürgermeister von Hamburg.

Weichsel die, poln. Wisła, 1068 km langer Strom im östl. Mitteleuropa, aus den W-Beskiden, durchfließt Polen in einem großen Bogen, mündet mit weitverzweigtem Delta in die Danziger Bucht (Nogat und Elbinger W. ins Frische Haff). Die Schiffahrt (ab Krakau für Schiffe bis 400 t) wurde durch Regulierung und Stau der W. verbessert, ist aber durch lange Vereisung und starke Versandung beeinträchtigt. Größte Nebenflüsse: San und Bug.

Weichselkirsche, eine Sauerkirsche.

Weichtiere, Mollusca, Stamm wirbelloser Tiere mit ungegliedertem Körper, der aus Kopf, Fuß, Eingeweidesack, Mantel besteht. Der Kopf kann außer der Mundöffnung hochentwickelte Sinnesorgane (Fühler, Augen) tragen. Der muskulöse Fuß dient der Fortbewegung. Der Eingeweidesack kann spiralig aufgerollt sein. Der Mantel, eine Hautfalte, umschließt die Kiemenhöhle und erzeugt die Kalkschale, nach der die W. auch **Schaltiere (Konchylien)** genannt werden. Im Schlundkopf liegt die Reibzunge (Radula). Die Haut ist drüsenreich. Neben Schleim werden Gift- und Farbstoffe (z. B. Purpur) abgeschieden. Zu den W. gehören: Grabfüßer, Wurmmollusken (Amphineuren), Muscheln, Schnecken und Kopffüßer. **W.-Kunde,** die Malakologie.

Weida, Stadt im Bez. Gera, an der Weida (zur Weißen Elster), 11 900 Ew.; hat got. Stadtkirche, Rathaus (16./17. Jahrh.), Schloß Osterburg; Jute-, Leinen-, Gerberei-, Leder-, Schuh- u. a. Industrie.

Weide die, rechter Nebenfluß der Oder, 110 km lang, mündet unterhalb Breslau.

Weide, 1) ⊕ eine Baum- und Strauchgattung mit kurzstieligen, meist länglichen Blättern und zweihäusigen Blütenkätzchen. Sie ist verbreitet auf feuchterem Boden der nördl. gemäßigten und der kalten Zonen. Zugehörig: **Weiße W. (Silber-W.),** ihre Blätter haben weiße, seidige Haare; **Korb-** oder **Band-W.,** mit lanzettförmigen Blättern; **Sal-** oder **Palm-W.,** Kirchenschmuck am Palmsonntag; **Krautige W.,** kriechender Zwergstrauch der Hochalpen, Grönlands usw. **(Polar-W.),** mit hängenden Zweigen, aus Vorderasien. Weidenrinde gibt Gerberlohe, der Bast Matten, das Rutengezweig Korbwaren, Faschinen, Reifen. **2) Viehweide,** Wiese, die dem Vieh als Futterplatz dient.

Weidegerechtigkeit, das Recht, Vieh auf dem Grundstück eines anderen weiden zu lassen, z. B. auf Gemeindewiesen (→Allmende).

Weiden, Stadt in der Oberpfalz, Bayern, 43 100 Ew.; reizvolle Altstadt mit Kirchen des 15. Jahrh., Rathaus (16. Jahrh.); Porzellan-, Glasindustrie, Textilversand.

Weidenau, →Hüttental.

Weidenröschen, Nachtkerzengewächse, Ordnung Myrtales, mit rosafarbenen, vierzähligen Blüten, schotenähnlicher Kapsel und weißem Flughaar am Samen. Das **Schmalblättrige W.,** meterhoch, wächst in lichten Gehölzen.

Schmalblättriges Weidenröschen

Weiderich der, die Pflanzengattungen **Lysimachia** (→Gilbweiderich) und **Lythrum** (→Blutweiderich).

Weiderot, das Blutharnen der Rinder, eine Babesiose (→Babesia).

Weidmann, →Waidmann.

Weierstraß, Karl, Mathematiker, * 1815, † 1897, Prof. in Berlin, stellte die Funktionentheorie auf neue Grundlagen und baute sie systematisch aus.

Weigand, Wilhelm, Schriftsteller, * 1862, † 1949; Erzählungen, Dramen, Essays.

We'eigel, 1) Helene, Schauspielerin, * 1900, † 1971, leitete als Witwe Bert Brechts seit seinem Tode das Berliner Ensemble in Ost-Berlin. **2)** Valentin, Mystiker, * 1533, † 1588, luther. Pfarrer, pflegte heimlich mystisch-theosophische Anschauungen.

Weig'elia, ⊕ Arten der →Diervilla.

Weihai, Hafenstadt im NO der Prov. Schantung, China, 220 000 Ew., Industrie.

Weihbischof, →Bischof.

Weihe die, **Weih** der, langflügelige Greifvögel mit bodenständigem Horst, z. B. **Korn-W., Gabel-W.,** der rote Milan.

Weihenstephan, →Freising.

Weihgeschenk, eine der Gottheit infolge eines Gelübdes dargebrachte Gabe; in der

Weide; Salweide: a aufblühender männl., b weibl. Blütenzweig, c Laubzweig, d weibl., e männl. Blüte

christ. Kirche seit dem 5. Jahrh. **(Votivgabe).**

Weihnachten, das Fest der Geburt Jesu, ein Hauptfest der christl. Kirche, am 25. 12. Der Vorabend **(Heiliger Abend)** wird schon mit Gottesdiensten am Spätnachmittag oder in der Nacht **(Christmette)** und im häusl. Kreise begangen (Bescherung von Geschenken). W. wurde erst im 4. Jahrh. gegen starke Widerstände in der christl. Kirche eingeführt; über das Datum der Geburt Jesu gab es keine Überlieferung, darum wurde der Tag der Wintersonnenwende **(Jul)** auf das in Christus angebrochene Weltenlicht gedeutet. Christl. Festbräuche sind Weihnachtskrippen, Weihnachtsspiele und das Singen von Weihnachtsliedern; im 16. Jahrh. kam in Dtl. der mit Lichtern und Schmuck verzierte Nadelbaum **(Christ-** oder **Weihnachtsbaum)** auf, ein Brauch, der sich in neuerer Zeit weit über Deutschland hinaus verbreitete.

Weihnachtsgratifikation, →Gratifikation.

Weihnachtsinsel, engl. **Christmas Island, 1)** austral. Insel im Ind. Ozean, südlich Java, 142 km², 3500 Ew.; Phosphatlager; Funkstation. **2)** Atoll inmitten des Stillen Ozeans, 575 km², 367 Ew.; Kopraerzeugung; Kabelstation, Flugstützpunkt; Kernwaffenversuche.

Weihnachtsspiele, geistliche Volksschauspiele, die anknüpfen an die Verkündigung der Geburt Christi und die Anbetung der Engel und der Weisen aus dem Morgenland. Im 14. Jahrh. wurde die Krippe **(Krippenspiele)** durch die Wiege ersetzt **(Kindelwiegenspiele).**

Wiesen-Weihe

Weihnachtsstern, Po'ins'ettie, amerikan. Wolfsmilchgewächs mit tellergroßem Kranz roter Hochblätter um den unscheinbaren Blütenstand; Topfpflanze.

Weiho, rechter Nebenfluß des Huangho in China, entspringt in der Prov. Kansi und durchfließt das lößerfüllte W.-Becken am N-Rand des Tsinlingschan.

Weihrauch, Harz vom **W.-Baum** (Boswellia), das dem kultisch gebrauchten W. seinen Duft gibt.

Weihwasser, Kath. Kirche: vom Priester unter Beimischung von Salz geweihtes Wasser, das als Sakramentale gilt. Im ostkirchl. Kult fehlt das Salz.

Weil [frz. vɛj], auch **Weill,** Simone, franzöz. Philosophin, * 1909, † 1943, von jüd. Herkunft, mit wachsender Neigung zu einem myst. Katholizismus, lebte seit 1942 in den USA, dann in England.

Weil am Rhein, Stadt in Bad.-Württ., 20 000 Ew.; Rheinhafen, Textil- und elektrochemische Industrie.

Weilburg, Stadt in Hessen, an der Lahn, 5900 Ew.; Textil- u. a. Industrie. Schloß (1535-72, im 18. Jahrh. erweitert) an Stelle einer 906 erwähnten Burg. W. war 1355 bis 1816 Hauptstadt von Nassau-W.

Weiler, 1) ländl. Siedlungsform: bis etwa 12 unregelmäßig beieinanderliegende bäuerl. Anwesen. **2)** Einzelhof, Gehöft.

Wein: links Weinlese; Mitte hydraulische Kelteranlage; rechts Abfüllen des Weins auf Flaschen

Weilheim, Stadt in Oberbayern, an der Ammer, 14 400 Ew.; Friedhofskapelle (1449), Pfarrkirche (1624-31); Holz-, Radiogehäuse-, Leichtmetall-, Hutindustrie.

Weill, Kurt, Komponist, * 1900, † 1950, komponierte Lehrstücke und Opern, bes. auf Texte B. Brechts (,Dreigroschenoper', 1928; ,Mahagonny', 1930), nach seiner Emigration in die USA um die Entwicklung einer amerikan. Volksoper bemüht; Filmmusiken. W. war ⚭ mit Lotte Lenya.

Kurt Weill   *Chaim Weizmann*

Weilsche Krankheit [nach dem Internisten A. Weil, * 1848, † 1916], latein. **Icterus infectiosus,** Infektionskrankheit, deren Erreger, eine zur Gattung Leptospira gehörige Spirochäte, meist von Ratten übertragen wird. Die W. K. führt zu Leber- und Nierenschädigung. Behandlung: Antibiotica.

Weimar, Stadt im Bez. Erfurt, an der Ilm, 63 700 Ew.; Musikhochschule, Ingenieurschule, Staatsarchiv, Landesbibliothek, Sternwarte, Nationaltheater (1907), Goethe- und Schiller-Museum. W. ist Sitz der Goethe- und der Dt. Shakespeare-Gesellschaft. Industrie: Stahl-, Waggon-, Landwirtschaftsmaschinenbau, Betonwaren, feinmechan.,

optische, chemische, Porzellanwaren u. a.; Verlage. Die z. T. beschädigten histor. Bauten sind meist wiederhergestellt: Goethehaus mit Goethe-Nationalmuseum, Schillerhaus mit Schillermuseum, Palais der Herzogin Anna Amalia, Steinsches Haus, Neues Schloß (1790-1803), Fürstengruft mit den Ruhestätten Goethes und Schillers. Erhalten sind ferner u. a. Deutschritterhaus (1566), Rotes Schloß (1576), Gelbes Schloß (1702-04), Jakobskirche (1713); nahebei die Schlösser Belvedere (1724-32) und Tiefurt. An der Ilm Park im engl. Stil mit Goethes Gartenhaus. - W. kam 1247 an die Grafen von W.-Orlamünde, 1372 an die Wettiner, 1485 an deren Ernestin. Linie und wurde die Hauptstadt des Herzogtums (seit 1815 Großherzogtums) Sachsen-W. (-Eisenach); unter Karl August, dem Freund Goethes, Mittelpunkt des dt. Geisteslebens. 1919 tagte im Theater die →Weimarer Nationalversammlung. 1920-48 war W. die Landeshauptstadt Thüringens.

Weimarer Nationalversammlung, das verfassunggebende Parlament der Weimarer Republik, gewählt am 19. 1. 1919. Sie verabschiedete u. a. am 11. 8. 1919 die Weimarer Verfassung (→Reichsverfassung). Am 30. 9. 1919 wurde sie nach Berlin verlegt. Nach der Ausschreibung von Reichstagswahlen löste sie sich nach dem Kapp-Putsch am 21. 5. 1920 auf.

Weimarer Republik, das Deutsche Reich in seiner durch die Weimarer Verfassung vom 11. 8. 1919 bestimmten Staats- und Regierungsform (1919-33). Die W. R. war ein demokratisch-parlamentarischer Bundesstaat, der das Bismarcksche Reich fortsetzte. Von Anfang an war sie schweren Belastungen ausgesetzt: Sie mußte die harten polit. und wirtschaftl. Bedingungen des Versailler Vertrags ausführen und stand einer starken Opposition von rechts und links gegenüber, die sich in dem Ziel

einig war, die Demokratie zu beseitigen. - Staatsoberhaupt der W. R. war der vom Volk gewählte Reichspräsident (1919-25 Ebert, seit 1925 Hindenburg), der eine sehr starke Stellung hatte. Die Reichsregierung war vom Vertrauen des Reichstags abhängig, der die Regierung kontrollierte und die Gesetzgebung ausübte unter Mitwirkung des Reichsrates, in dem die Länder durch Regierungsmitglieder vertreten waren. 1919-33 gab es 21 verschiedene Reichskabinette, die wegen der vielen im Parlament vertretenen Parteien oft nur unter großen Schwierigkeiten gebildet werden konnten. Mehrfach gab es nur Minderheitsregierungen, die mit Hilfe der besonderen Vollmachten des Reichspräs. regierten. Der Reichstag wurde 1920-33 achtmal gewählt, davon viermal in den Krisenjahren 1930 bis 1933. - Das ständige Wachsen des polit. Radikalismus von links und rechts, die Entlassung des Reichskanzlers Brüning (1932) durch Hindenburg und die Folgen der Weltwirtschaftskrise (Massenarbeitslosigkeit u. a.) führten zu einer Staatskrise und schließlich (1933) zum Zusammenbruch der W. R.

Wein, aus Traubensaft durch alkohol. Gärung hergestelltes Getränk (→Weinbau, →Weinstock); auch gegorener Saft aus Äpfeln, Birnen u. a. **(Obst-W.).** Die Trauben werden im Herbst geerntet **(W.-Lese),** in Traubenmühlen zerquetscht (zu Maische), der Saft (Most) durch Keltern in der Traubenpresse (Kelter) oder durch Schleudern gewonnen. Den Most läßt man unter Wirkung der von den Traubenoberflächen stammenden, meist echten Hefen in großen Fässern gären; für besondere W. setzt man auch Zuchthefen (Edelhefen) zu. Dabei tritt ein Teil der Trübstoffe mit dem Gärschaum aus, ein anderer Teil setzt sich am Boden ab. Nach Beendigung der Gärung wird der W. wiederholt abgezogen und geschwefelt, manchmal auch schon geschönt (geklärt), dann gefiltert. Um den Wein künstlich süß zu halten, unterbricht man oft die Gärung nach bestimmter Zeit **(gestoppter W.).** Der luftbeständig gewordene, voll entwickelte W. wird auf Flaschen gefüllt, wo er sich in 6-12 Monaten zur ,Flaschenreife' entwickelt. Dann hält er sich je nach Güte 5-20 Jahre. Ältere W. nehmen eine dunkle Färbung und bestimmten Geschmack (Firne) an. - **Rot-W.** entsteht durch Vergärung von Maische der roten Trauben mit Schalen. - Ausgegorene W. enthalten in 1 l etwa 800-880 g Wasser, 55-120 g Alkohol und 20-30 g gelöste Stoffe, davon etwa 1 g zuckerähnl. Stoffe, 2-3 g Weinsäure, 1-5 g Apfelsäure, geringe Mengen anderer Säuren, 2-3 g Mineralstoffe, 6 bis 10 g Glycerin, Stickstoffverbindungen. Geruchs- und Geschmacksstoffe, in der Hauptsache verschiedene Ester, sind in sehr geringer Menge vorhanden. **Süß-W.**

Weimar: Goethehaus auf dem Frauenplan (Stich von L Schütze)

Wein

Wein-Ein- und -Ausfuhr (1969; in Mill. hl)

Land	Einfuhr	Ausfuhr
Frankreich	6,10	3,87
Portugal	—	2,41
Italien	0,22	3,03
Spanien	0,006	2,63
Algerien	—	6,98[1])
Bundesrep. Dtl.	5,65	0,29
Schweiz	1,78	0,08
Großbritannien	1,70	—

[1]) 1967.

enthalten in 1 l bis 160 g Alkohol und bis 100 und mehr g Zucker. Manchem Gärgut, bes. dem für Dessert-W., wird vor oder während der Gärung entweder Zucker oder Alkohol oder beides zugesetzt.

Nach dem Ges. v. 14. 7. 1971 werden Tafelweine, Qualitätsweine und Qualitätsweine mit Prädikat unterschieden, die jeweils bestimmten Bedingungen (Rebensorte, Reife der Trauben, Mindestalkoholgehalt usw.) entsprechen müssen. Prädikatsweine (Spätlese, Auslese, Kabinett usw.) dürfen nicht gezuckert sein. Weitere §§ regeln den Verschnitt von inländ. Weinarten untereinander (Herstellung von Rosée und Rotling) und mit Auslandswein, den Import und die Bez. des letzteren.

Wein, Wilder W., 1) →Jungfernrebe 1). **2)** Arten von →Doldenrebe.

Weinbau, der Anbau des →Weinstocks (Rebe) zur Erzeugung von Wein. Der Weinstock verlangt gemäßigtes, sonniges Klima mit langem Sommer und Herbst, verträgt viel Wärme, auch Trockenheit, ist aber empfindlich gegen Kälte und Nässe. Die **Weinberge** liegen bis höchstens 400 m ü. M., in den nördl. Gebieten meist an Südabhängen. Sehr steile Hänge werden gestuft (terrassiert). In wärmeren Gegenden liegen sie meist eben. Angelegt wird ein Weinberg mit Rebholzstecklingen (Schnitt-, Blindreben), besser mit aus Rebschulen stammenden Wurzelreben; wegen Reblausgefahr am besten mit bewurzelten Veredelungen. In kühleren Gegenden verlangt die Rebe sorgfältige Formung (Erziehung) und Schnitt. Die Ernte der Trauben **(Weinlese)** beginnt in Dtl. im Sept., in Edelweingebieten oft erst Ende Okt. bis Anfang Nov. (Spätlese, Trockenbeerenauslese). Die wichtigsten dt. W.-Gebiete sind: Rheingau; Rheinhessen; Mosel, Ruwer und Saar; Pfalz; Franken; Baden-Württemberg; in Österreich: Ostabfall des Wienerwalds, Leithagebirges und Manhartsbergs, Wachau, mittleres Murtal; in der Schweiz: die Kantone Waadt, Wallis, Tessin, Neuerburg und Genf.

Weinbeißer, 1) ein gewerbsmäßiger Weinschmecker. **2)** eine Art Lebkuchen.

Weinberger, Jaromir, tschech. Komponist, * 1896, † 1967, schrieb die Volksoper ,Schwanda, der Dudelsackpfeifer' (1927), Orchesterwerke u. a.

Weinbergschnecke, eine →Schnirkelschnecke.

Weinböhla, Gem. im Bez. Dresden, 10 100 Ew., Spargel-, Erdbeerkulturen.

Weinbrand, nach dem Weinges. vom 14. 7. 1971 der in der Bundesrep. Dtl. hergestellte Qualitätsbranntwein aus Wein; um 1900 zuerst von H. Asbach verwendete Bez.

Weinbrenner, Friedrich, Baumeister, * 1766, † 1826, leitete das staatl. Bauwesen in Baden, baute in einem klassizist. Stil von einfacher und schwerer Art **(W.-Stil),** der der Stadt Karlsruhe ihr einheitliches Gepräge gab (Markgräfl. Palais, evang. und kath. Stadtkirche, Rathaus u. a.).

Weinert, Erich, Schriftsteller, * 1890, † 1953, war 1943-45 in der Sowjetunion Präs. des Nationalkomitees Freies Dtl.; dann in der Dt. Dem. Rep.; kommunist. Zeitdichter.

Weingarten, Stadt in Bad.-Württ., 18 400 Ew., hat pädagog. Hochschule; Maschinen-, Textil- u. a. Industrie, Benediktinerabtei. **Weingartner Liederhandschrift** (14. Jahrh., entstanden in Konstanz, später im Kloster W., jetzt Landesbibliothek Stuttgart), bildergeschmückte Minnesängerhandschrift.

Weingartner, Felix von, Komponist, Schriftsteller, Dirigent, * 1863, † 1942, Schüler von Liszt.

Weingeist, Alkohol.

Weinheber, Josef, österreich. Schriftsteller, * 1892, † 1945. Seine Sprachkunst reichte von den hohen Formen der Hymne bis zu den die Atmosphäre Wiens einfangenden Versen ,Wien wörtlich' (1935) und den volksnahen Sprüchen. Gedichtbände ,Adel und Untergang' (1934), ,Späte Krone' (1936) u. a.

Weinheim, Stadt und Kurort in Bad.-Württ., an der Bergstraße, 29 500 Ew.; malerisches Stadtbild (Reste der Stadtmauern mit 3 Türmen, alte Bauten); Leder-, Teigwaren-, Möbel- u. a. Industrie; Wein-, Obstbau.

Weininger, Otto, österreich. Schriftsteller, * 1880, † (Selbstmord) 1903; psycholog. Schriften ,Geschlecht und Charakter' (1903).

Weinkauff, Hermann, Jurist, * 1894, Reichsgerichtsrat, 1950-60 Präsident des Bundesgerichtshofs.

Weinmonat, Weinmond, der Oktober.

Weinsäure, Dihydroxybernsteinsäure, eine zweibasige organ. Säure, kommt vor als **Rechts-W.** (optisch aktiv, rechtsdrehend), **Links-W.** (linksdrehend), **Traubensäure** (Verbindung aus Rechts- und Links-W., optisch inaktiv), **Meso-W.** (optisch inaktiv). Ihre Salze heißen **Tartrate. Kalium-**

natriumtartrat, das **Seignette-** oder **Rochellesalz,** dient als mildes Abführmittel.

Weinsberg, Stadt in Bad.-Württ., 7400 Ew., hat Lehr- und Versuchsanstalt für Obst- und Weinbau; Ziegelei, Karosseriewerk u. a. Industrie; Justinus-Kerner-Haus. Über der Stadt die Ruine der Burg **Weibertreu,** 1140 von Konrad III. erobert; der Überlieferung nach gestattete der Kaiser den Frauen, vor der Übergabe ihr Liebstes auf dem Rücken aus der Burg zu tragen, worauf sie ihre Männer hinaustrugen.

Weinschädlinge, Lebewesen, die dem Weinstock schaden. **Pflanzliche W.** sind z. B. die Erreger des Mehltaus, **tierische W.** die Rebläuse, die Raupen des Traubenwicklers und die Kräuselmilben.

Weinstein, vorwiegend Kaliumbitartrat, verunreinigt mit Calciumtartrat u. a., bildet sich als feste graueweiße Kruste beim Gären des Mostes an den Fässern; mildes Abführmittel.

Weinstock, Rebe, ein Kletterstrauch aus der Fam. Vitaceae, dessen Früchte **(Trauben)** den Wein liefern. Der Stamm von Wildpflanzen kann bis zu 60 cm dick werden. Die Blätter sind vielfach 3- bis 5lappig, oft auch ,ganzrandig' und flacher oder schärfer gezahnt. In den Blattstielwinkeln entwickeln sich auf der der Sonne abgekehrten Seite des Triebes die Geizen und neben ihnen an der Sonnenseite die Winterknospen (Augen). Gegenüber den Blättern sitzen an den Knoten die Trauben oder statt dessen Ranken. Die Blütenstände sind Rispen (Gescheine). Die Beeren sind je nach Sorte rund bis länglich, oval, auch zugespitzt und gelb, grün, hellbis dunkelrot, graurot oder blau bis schwarzblau und vielfach von einer helleren Wachsschicht ,bedüftet'. Kernlose Varietäten werden zur Rosinengewinnung angebaut. Die wichtigsten europ. Keltertrauben für feine **Weißweine** sind: Riesling, Traminer, Ruländer, weißer Burgunder, Sauvignon blanc, Formint, Muskateller, Pedro Ximines. Mittlere und kleinere Weißweine liefern u. a. Silvaner, Gutedel, Müller-Thurgau-Rebe, Elbling und Räuschling. Beste **Rotweine** bringen der blaue Burgunder, Cabernet und Merlot, einfache Rotweine Gamay, Portugieser, Trollinger, Lemberger, Müllersche, St.-Laurent-Rebe, Lagrein und Aramon. **Tafeltrauben** werden in südl. Ländern im freien Weinberg, in Belgien, den Niederlanden und England in Glashäusern gezogen.

W´einstock, Heinrich, Pädagoge und Philosoph, * 1889, † 1960, schrieb ,Realer Humanismus' (1955), ,Erziehung ohne Illusion' (hg. 1963).

Weinstraße, Landstrich und Straße am Osthang der →Haardt; Weinbau.

W´einviertel, Hügelland im NO Niederösterreichs; Weinbau, Erdölvorkommen.

Weinstock: **1** Blütenbau: a Blüte vor dem Erblühen; b Ablösung der Blütenblättchen in sternförmigem Zusammenhang (,Mützchen'); c gewöhnliche, vollständig zwittrige Blüte, d weiblich leistungsfähige, e männlich leistungsfähige. **2** Zweig mit Blütenrispe (,Geschein'). **3** Gut verwachsene Pfropfrebe mit ausreichendem Austrieb und kräftiger Wurzelbildung. **4** Gut verwachsene Pfropfstellen: a äußerlich, b im Längsschnitt; die Pfropfrebe hat auf allen Seiten einen genügend breiten und geschlossenen Holzzuwachs (punktierte Zone) ausgebildet. **5** Zum Auspflanzen zurechtgeschnittene Pfropfrebe. **6** Drahterziehung rheinländ. Art. **7** Tokayer Erziehung in Kopfschnitt. **8** Obermoseler Erziehung in Bogenrebenschnitt

Weise, Christian, Pädagoge und Dichter, * 1642, † 1708; schrieb im Dienste einer ‚politischen', d. h. weltmänn. Erziehung Romane, über 50 Stücke für das Schultheater, Lehrbücher.

Weisel der, die Bienenkönigin (→Biene).

Weisenborn, Günther, Schriftsteller, * 1902, † 1969, 1942-45 als Angehöriger der Widerstandsbewegung im Zuchthaus (‚Memorial', 1948); Romane (‚Das Mädchen von Fanö', 1935, ‚Auf Sand gebaut', 1956, ‚Der Verfolger', 1961), Dramen (‚Die Neubiera', 1934, Neufass. 1950; ‚Die Illegalen', 1946).

Weiser, Grethe, Bühnen- und Filmschauspielerin, * 1903, † 1970.

Weisgerber, 1) Albert, * 1878, † (gefallen) 1915, malte temperamentvoll und in lebhaften Farben Bilder meist figürlicher Art (Akte, religiöse, mytholog. Themen).
2) Leo, Sprachwissenschaftler, * 1899; ‚Von den Kräften der dt. Sprache' (4 Bde., 1949/50).

Weisheit Salomos, Buch der Weisheit, A. T.: hellenistisch-jüdisches Weisheitsbuch, wohl im 1. Jahrh. v. Chr. entstanden.

Weisheitszahn, →Zähne.

Weismann, 1) August, Zoologe, * 1834, † 1914, lehnte den Lamarckismus ab und wies nach, daß ‚erworbene Eigenschaften' nicht vererbt werden.
2) Julius, Komponist, Sohn von 1), * 1879, † 1950; Opern (Leonce und Lena, 1925), Orchesterwerke, Kammermusik.

Weismantel, Leo, Schriftsteller und Pädagoge, * 1888, † 1964, Erzählungen, Dramen, pädagogische Schriften.

weiß, die hellste, unbunte Farbe; ideales Weiß soll das auffallende sichtbare Licht vollständig zurückwerfen.

Weiß, 1) Emil Rudolf, Buchkünstler, * 1875, † 1942; schuf Schriften wie W.-Fraktur, W.-Antiqua, Illustrationen.
2) Konrad, Schriftsteller, * 1880, † 1940; im Christlich-Religiösen gegründete Gedankenlyrik (‚Gedichte 1914 bis 1939', hg. 1961), Dramen, Essays, Kunstkritiken.

Weiss, Peter, Schriftsteller, Graphiker, * 1916; Erzählungen (‚Der Schatten des Körpers des Kutschers' (1960), ‚Abschied von den Eltern' (1961); Roman ‚Der Fluchtpunkt' (1962); Schauspiel ‚Die Verfolgung und Ermordung Jean Paul Marats, dargestellt durch die Schauspielgruppe des Hospizes zu Charenton unter Anleitung von Herrn de Sade' (1964); ‚Die Ermittlung' (1965); ‚Vietnam Diskurs' (1968); ‚Hölderlin' (1971).

Weissagung, Prophezeiung, Verkündung des Zukünftigen durch ‚seherische', rational nicht erklärbare Fähigkeiten. Im Unterschied zum Wahrsagen bezeichnet W. bes. die geschichtl. Prophezeiung.

Weißbier, alkoholarmes Bier (→Berliner Weiße).

Weißblech, verzinntes Stahlblech.

Weißbuche, →Hainbuche.

Weißbücher, →Farbbücher.

Weißdorn, die Rosengewächsgatt. **Crataegus,** meist mit verdornenden Zweigen und mit weißen oder roten, zu Trugdolden geordneten Blüten und rundlicher mehliger Scheinfrucht. - Auszüge aus W.-Arten bewirken Blutdrucksenkung, Pulsverlangsamung, Zunahme der Herzleistung und der Durchblutung der Herzkranzgefäße.

Weiße, Christian Felix, Dichter, * 1726, † 1804, beherrschte mit seinen Stücken lange die Leipziger Bühne, verhalf dem seit Gottsched verbannten Singspiel zu neuem Durchbruch (‚Der Teufel ist los', 1752, Musik von Hiller).

Weißenburg, 1) W. i. Bay., Stadt im bayer. Mittelfranken, 13 700 Ew.; Bekleidungs-, Metall-, Draht-, Maschinen-, Spritzgußindustrie; Stadtmauer, Rathaus (1470-76), Fachwerkhäuser, Andreas-, Karmeliter-, Spitalkirche. Über W. die Festung Wülzburg (1589-99; 792-1540 Benediktinerkloster). Auf W. war 1339-1802 Reichsstadt.
2) W., französ. Wissembourg, Stadt im französ. Dép. Bas-Rhin, Unterelsaß, an der

dt.-französ. Grenze, 5700 Ew., got. Münster (ehem. Benediktinerabtei).

Weißenfels, Stadt im Bez. Halle, 46 100 Ew.; Schuh-, Papier-, Maschinenfabriken, Mühlen, Marienkirche (1157; 1465 zur Hallenkirche umgebaut). W. war 1680-1746 Residenz der Herzöge von Sachsen-W.

Weißenstein, Berg im Schweizer Jura, 1290 m hoch, mit dem W.-Tunnel (3,7 km) der Bahnstrecke Basel-Solothurn.

Weisser, Gerhard, Sozialwissenschaftler, * 1898, seit 1950 Prof. in Köln.

Weißer Berg, Anhöhe 7 km westlich von Prag. 8. 11. 1620 Sieg der Kaiserlichen und der kath. Liga unter Tilly über das protestant. Heer Friedrichs V. von der Pfalz.

Weißeritz die, linker Nebenfluß der Elbe, 50 km lang, kommt vom Erzgebirge, mündet in Dresden.

Weiße Rose, →Scholl, Geschwister.

Weißer Sonntag, der Sonntag nach Ostern, bevorzugter Tag für die Erstkommunion.

Weißes Haus, engl. **White House** [w'aithaus], der Amtspalast des Präsidenten der Verein. Staaten in Washington.

Weißes Meer, russ. **B'eloje M'ore,** die große Bucht des Barents-See zwischen den Halbinseln Kola und Kanin, ein durch Onega und Dwina stark ausgesüßtes Schelfmeer, rd. ½ Jahr vom Eis blockiert. Häfen: Archangelsk, Belomorsk.

weiße Substanz, ♥ →graue Substanz.

Weiße Väter, Missionare von Afrika, 1868 gegr. Weltpriestergenossenschaft für äußere Mission in Afrika (rd. 3500 Mitgl.); 1869 gegr. weibl. Zweig, **Weiße Schwestern** (rd. 2000 Mitgl.).

Weiße Zwerge, Sterne mit Oberflächentemperaturen von 7000 bis 10 000° C, geringer Leuchtkraft, Radien dem Erdradius vergleichbar, sehr hoher Dichte (10^5 bis 10^7 g/cm³), Innentemperatur etwa 10 Mill. Grad. Sie sind das Endstadium der Sternentwicklung.

Weiß Ferdl, eigentl. Ferdinand **Weisheitinger,** Münchner Komiker, * 1883, † 1949.

Weißfische, kleinere Arten der Karpfenartigen, z. B. →Hasel 1).

Weißfluß, ♥ weißlicher →Ausfluß.

Weißgold, Legierung aus 58-83% Gold u. a. Metallen (Kupfer, Silber, Nickel).

Weißherbst, durch rasches Abkeltern blauer und roter Trauben gewonnener Weißwein.

Weißhorn, Gipfel der Arollagruppe, in den Walliser Alpen, Schweiz, 4505 m hoch.

Weißkohl, Weißkraut, ein Kopfkohl.

Weißkunig [‚der weiße, d. h. weißgekleidete König', in Prosa abgefaßte Autobiographie Maximilians I. mit Holzschnitten von H. Burgkmair, H. Schäufelein u. a., gedruckt 1775.

Weißlinge, Tagschmetterlinge mit meist weißen oder gelben Flügeln, z. B. **Kohl-W., Baum-W.**

Weißmeer-Ostseekanal, →Ostsee-Weißmeer-Kanal.

Weißmetall, Legierung von 5-80% Zinn mit Blei, Antimon, Nickel, Kupfer u. a.; Lagermetalle.

Weißnäherei, die Verarbeitung von Waschstoffen, bes. weißen Stoffen, zu Leib-, Bett- und Tischwäsche.

Weißrussen, 1) Weißruthenen, russ. **Bjelorusi,** ostslaw. Volk in der Sowjetunion, rd. 9 Mill., haben viel altslaw. Volksgut bewahrt; die W. bewohnen meist die Weißruss. SSR. 2) die antibolschewist. Armeen während des russ. Bürgerkriegs. 3) die russ. Emigranten nach 1918.

Weißrussische Sozialistische Sowjetrepublik, eine Unionsrep. der Sowjetunion, 207 600 km², 9,003 Mill. Ew. (rd. 81% Weißrussen, 8% Russen), Hauptstadt: Minsk. Die Weißruss. SSR ist ein Flachland, von vielen Flüssen durchschnitten (Dnjepr, Beresina, Pripet, Düna, Njemen); im S der Sumpfwald Polesiens. Haupterwerbszweig ist die Landwirtschaft (Roggen, Hafer, Kartoffeln, Flachs, Hanf; Schweine-, Rinderzucht). Gewinnung von

Torf, Kalken, Kalium, Natriumsalzen, etwas Erdöl. Holz- und landwirtschaftl. Verarbeitungsindustrie, ferner Eisen-, Maschinen-, Elektrogeräte-, Motorradindustrie. In Städten. - 1917/18 war Weißrußland vorübergehend selbständig, 1921 bis 1939 war sein westl. Teil polnisch, 1922 schloß sich der sowjet. Teil der Sowjetunion an. 1939 wurde auch der westl. Teil (Nordost-Polen) an die W. SSR angegliedert.

w'eißrussische Sprache, gehört mit dem Russischen und Ukrainischen zum ostslaw. Sprachzweig. Im 16. Jahrh. war die w. S. Kanzleisprache im litauischen Staat; sie ist in der Sowjetunion als Amts- und Schriftsprache anerkannt und wird systematisch zu einer Literatursprache ausgebaut.

Weißrußland, die →Weißrussische Sozialistische Sowjetrepublik.

Weißstein, poln. **Biały Kamień,** Ort im Waldenburger Bergland, Niederschlesien, rd. 18 000 (1939: 17 300) Ew., seit 1945 mit Waldenburg eingemeindet; Steinkohlenbergbau, Maschinen-, Textilindustrie. - Seit 1945 unter poln. Verwaltung.

Weißstickerei, jede mit weißem Garn auf weißem Stoff ausgeführte Stickerei, z. B. Lochstickerei.

Weißtöner, Textilveredlung, Wäscherei: optische Aufhellungsmittel: unbunte organ. Farbstoffe, die unsichtbare kurzwellige (ultraviolette) Strahlen in langwelligeres, sichtbares Licht umwandeln.

Weißwal, →Gründelwale.

Weißwaren, gebleichte Leib-, Bett- und Tischwäschestoffe ohne Farbmusterung.

Weißwasser, Stadt im Bez. Cottbus, in der Oberlausitz, 19 300 Ew.; Braunkohlentagebau, Glas-, Porzellanindustrie.

Weißwurz, Liliengewächse mit fleischigem, weißem Wurzelstock, blattwinkel-

Vielblütige Weißwurz

ständigen, meist weißen Blüten und blauschwarzen Beeren, z. B. die **Vielblütige W.** (Salomonssiegel).

Weistritz die, **Schweidnitzer Wasser,** linker Nebenfluß der Oder in Niederschlesien, 110 km lang, entspringt in den mittleren Sudeten, mündet unterhalb Breslau.

Weistum das, im MA.: 1) die Auskunft über geltendes Gewohnheitsrecht. 2) Rechtsvorträge von Ältesten oder Schöffen auf dem Lande, später auch aufgezeichnet.

Weisung, ein Ge- oder Verbot. 1) Jugendstrafrecht: eine Erziehungsmaßnahme zur Regelung der Lebensführung des Jugendlichen. 2) Staatsverwaltung: die vorgesetzte Dienstbehörde hat gegenüber dem nachgeordneten ein unbeschränktes **W.-Recht.**

weiterführende Schulen, Schulen, die über das Volksschulziel hinausführen, z. B. Realschulen, höhere Schulen.

Weiterversicherung, die freiwillige weitere Mitgliedschaft in der sozialen Rentenversicherung nach Erlöschen der Versicherungspflicht.

Weit

Weitsichtigkeit, die →Übersichtigkeit.

Weitsprung, ✗ Leichtathletik: ein Sprungwettbewerb, olymp. Disziplin für Männer (seit 1896) und Frauen (seit 1948). Die offiziellen Weltrekorde sind: Männer: 8,90 m (R. Beamon, Verein. Staaten, 1968); Frauen: 6,84 m (Rosendahl, Bundesrep. Dtl., 1970).

Weiz, Stadt in der Steiermark, Österreich, 9400 Ew.; roman. Thomaskirche, Wallfahrtskirche (18. Jahrh.), Schloß Radmannsdorf (16.-18. Jahrh.); Elektroind., Hammerwerke, Holzverarbeitung.

Weizen, Grasgattung, heimisch in Westasien, bes. in Kleinasien, urspr. mit brüchiger Ährenspindel. An Getreidepflanzen gehört hierher außer dem Emmer und Dinkel sowie dem Einkorn vor allem der **Ei-**

Weizenernte (in Mill. t)

Länder	1960	1970
Sowjetunion	63,7	99,7
Verein. Staaten	36,8	37,3
Volksrep. China	31,5[1])	31,0
Frankreich	11,0	12,9
Türkei	8,6	10,1
Indien	10,3	10,1
Italien	6,8	9,7
Kanada	13,3	9,0
Australien	7,3	8,0
Pakistan	3,9	7,4
Bundesrep. Dtl.	5,0	5,7
Argentinien	4,0	4,3
Spanien	4,8	4,1
Jugoslawien	4,0	3,8
Rumänien	3,7[2])	3,4
Welt	248,9	317,9

[1]) 1959, [2]) 1957

gentliche W., der in Tausenden von Abarten in den gemäßigten Gebieten als **Winter-W.** und **Sommer-W.** angebaut wird, teils mit unbegrannten Ähren **(Kolben-W.),** teils mit begrannten **(Rauh-W.** oder **Bart-W.).** Verwendung: Mehl und Weißbrot, Graupen, Grieß, Grünkern, Kleie, Malz, Stärke. (Bild Getreide)

Weizmann, Chaim, Chemiker und führender Zionist, * 1874, † 1952, war u. a. Prof. für Biochemie in Manchester; er beeinflußte maßgebend die Balfour-Deklaration (→Balfour), war 1921-35 Präs. der zionist. Bewegung, 1929-45 der Jewish Agency, 1948 bis 1952 erster Präs. des Staates Israel. (Bild S. 1345)

Weizsäcker, 1) Carl Friedrich Freiherr von, Sohn von 2), * 1912, Prof. der Physik in Göttingen, der Philosophie in Hamburg, seit 1970 Dir. des von ihm gegr. ,Max Planck-Instituts für die interdisziplinäre Forschung über die Lebensbedingungen der wissenschaftlich-techn. Welt', Starnberg. Stellte neue Theorien über die Energieerzeugung in den Sternen und die Entstehung des Sonnensystems auf, veröffentlichte naturphilosoph. Werke.
2) Ernst Freiherr von, Diplomat, Enkel von 3), Bruder von 4), * 1882, † 1951, bemühte sich als Staatssekretär des Auswärtigen Amtes (1938-43) um Erhaltung, dann um Wiederherstellung des Friedens; 1943-45 Botschafter beim Vatikan.
3) Karl von, evang. Kirchenhistoriker, * 1822, † 1899; seine Übersetzung des N. T. (1875) ist sehr verbreitet.
4) Viktor, Freiherr von, Neurologe, Enkel von 3), Bruder von 2), * 1886, † 1957; begründete die allg. anthropolog. Medizin.

Welfen, dt. Fürstengeschlecht. Das ältere welf. Haus stammte aus Schwaben; zu ihm gehörten die Kaiserin Judith, die 2. Gemahlin Ludwigs des Frommen, und die Könige von Burgund (bis 1032). Es erlosch 1055 mit Herzog Welf III. von Kärnten im Mannesstamm. Sein Neffe aus dem italien. Hause →Este, Welf IV., seit 1070 Herzog von Bayern, stiftete das jüngere welf. Haus (Welf-Este). Mit dem Erbe des Kaisers Lothar von Supplinburg fiel der W. 1137

auch das Herzogtum Sachsen zu; durch den Sturz Heinrichs des Löwen wurden sie 1180 auf ihren niedersächs. Hausbesitz beschränkt. Weiteres →Braunschweig 1), Geschichte, →Hannover 1). Die hannoversche Linie gelangte 1714 auch auf den engl. Königsthron (bis 1901).

Welfenschatz, Reliquienschatz des Hauses Braunschweig-Lüneburg, seit 1218 im Braunschweiger Dom, später in Hannover, durch Verkäufe stark vermindert; 1935 vom Preuß. Staat erworben (jetzt Kunstgewerbemuseum Berlin-Charlottenburg).

Welhaven, Johann Sebastian Cammermeyer, norweg. Dichter, * 1807, † 1873; Naturlyrik, nationalromant. Balladen.

Wel'ikije L'uki, Gebietshauptstadt in der Russ. SFSR, am Lowat, 82 000 Ew.; Eisenbahnwerkstätten; Flughafen.

Welk, Ehm, Schriftsteller, * 1884, † 1966; heiterer Dorfroman ,Die Heiden von Kummerow' (1937) mit Fortsetzung ,Die Gerechten von Kummerow' (1942) u. a., Satire ,Mutafo' (1956).

Welkekrankheit, das Welken oberirdischer Pflanzenteile als Folge einer Störung des Gleichgewichts zwischen Wasseraufnahme und Wasserabgabe.

Wellandkanal [w'ələnd-], Kanal in der Prov. Ontario, Kanada, zwischen Ontario- und Eriesee, 44 km lang; Teil des St.-Lorenz-Seeweges.

Welle, 1) ⚙ zeitl. und räuml. Änderung der Oberflächengestalt einer Flüssigkeit (Wasser-W.) sowie die Zustandsänderung physikal. Größen, meist in Form von Feldern (elast. W., Schall-W., elektromagnet. W.). Von einer punktförmigen Störquelle gehen **Kugel-W.** aus, bei Störungen längs einer Geraden entstehen **Zylinder-W.** Zwei gegenläufige W. können sich zu **stehenden W.** überlagern, bei denen bestimmte Orte (Knoten) dauernd in Ruhe bleiben. Bewegen sich die Massenpunkte senkrecht zur Fortpflanzungsrichtung der W., so entsteht eine **Transversal-(Quer-)W.,** bei Bewegung in Fortpflanzungsrichtung eine **Longitudinal-(Längs-)W.** In beiden Fällen ist die **W.-Länge** der Abstand zwischen zwei aufeinanderfolgenden Punkten von gleichem Schwingungszustand. ⚙ eine runde Stange, meist aus Stahl, zur Übertragung von Drehbewegungen. **3)** →Meereswellen.

W'ellek, 1) Albert, Psychologe, * 1904, † 1972, förderte die Ganzheits- und Strukturpsychologie und entwickelte eine Charakterkunde; frühe Arbeiten dienten der Grundlegung der Musikpsychologie.
2) René, Literaturwissenschaftler, Bruder von 1), * 1903, seit 1946 Prof. an der Yale-Universität.

Wellenbereich, Frequenzbereich, Teilbereich aus dem Gesamtspektrum der elektromagnet. Wellen. Nach DIN 40 015 werden die Wellen nach dem Dekadensystem in die folgenden W. eingeteilt (in Klammern sind die in Amerika üblichen Bez. der entsprechenden Frequenzbereiche angegeben):

Millimeterwellen (extremely high frequency, EHF): 1 bis 10 mm (300 bis 30 GHz),
Zentimeterwellen (super high frequency, SHF): 1 bis 10 cm (30 bis 3 GHz),
Dezimeterwellen (ultra high frequency, UHF): 10 bis 100 cm (3000 bis 300 MHz),
Meterwellen, ultrakurze Wellen, UKW

(very high frequency, VHF): 1 bis 10 m (300 bis 30 MHz),
Dekameterwellen, kurze Wellen (high frequency, HF): 10 bis 100 m (30 bis 3 MHz),
Hektometerwellen, mittlere Wellen (medium frequency, MF): 100 bis 1000 m (3000 bis 300 kHz),
Kilometerwellen, lange Wellen (low frequency, LF): 1000 bis 10 000 m (300 bis 30 kHz),
Längstwellen (very low frequency, VLF): 10 bis 100 km (30 bis 3 kHz).
Für den Rundfunk wird als Mittelwellen (MW) der Bereich von etwa 200 bis 600 m, als Langwellen (LW) 600 bis 2000 m, als Kurzwellen (KW) 10 bis 50 m bezeichnet. Grenzwellen heißen die Wellen von 50 bis 200 m.

Wellenbrecher, 1) Hafenbau: die →Mole.
2) eine bogenförmige Stahlwand an der Back von Schiffen, soll überkommendes Wasser seitlich ablenken.

Wellenleiter, eine aus leitendem und dielektrischem Material bestehende Leitung zur möglichst verlustlosen Übertragung hochfrequenter Wechselströme.

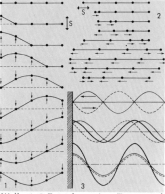

Welle: 1, 2 Entstehung einer Transversalwelle (1) und einer Longitudinalwelle (2) durch eine örtliche Störung, die sich von links nach rechts fortpflanzt. S = Schwingung eines einzelnen Punktes. 3 Ausbildung stehender Wellen (starke Linien) durch Reflexion einer Welle (urspr. Welle dünn, reflektierte gestrichelt) an einer Wand

Wellenmechanik, Theorie des Atombaus auf der Grundlage der de Broglieschen Vorstellung von den Materiewellen. Sie ist mathemat. gleichwertig mit der abstrakteren Quantenmechanik in der Heisenbergschen Form, ist jedoch durch ihre engere Anlehnung an gewohnte mathemat. Methoden der Physik leichter zu handhaben; 1926 von E. Schrödinger entwickelt.

Wellen-Pferdestärke, Wellen-PS, WPS, die an der Welle einer Maschine gemessene Leistung **(Wellenleistung);** sie ist wegen Reibungs- u. a. mechan. Verluste geringer als die theoret. Leistung.

Wellenreiten, Wasserreiten, Brandungsschwimmen, Surfing, Surfriding [sə:fiŋ, -r'aidiŋ, engl. surf ,Brandung'], das Treiben auf den Brandungswellen, wobei der Wellenreiter auf einem an der Unterseite leicht gewölbten Brett aus Balsaholz oder Kunststoff steht.

Wellensittich, kleiner, vorwiegend grüner, zu den Plattschweifsittichen gehörender Papagei der austral. Grassteppe, mit dunkler Wellenzeichnung; seit etwa 1850 als Käfigvogel gezüchtet, lernt Sätze nachsprechen und Melodien nachsingen. (Bild S. 1349)

Wellentunnel, tunnelartiger Raum auf Schiffen, durch den die Schraubenwelle von der Maschine zum Hintersteven geführt ist.

W'eller, Thomas Huckle, amerikan.

V. v. Weizsäcker   C. F. v. Weizsäcker

Wellensittiche

Hygieniker, * 1915; 1954 erhielt er für seine Untersuchungen über die Erreger der spinalen Kinderlähmung mit J. Enders und F. Robbins den Nobelpreis für Medizin.

Welles [welz], 1) Orson, amerikan. Filmschauspieler, -regisseur, -autor und -produzent, * 1915. ‚Citizen Kane' (1941), ‚Othello' (1951), ‚Der Prozeß' (1962) u. a.
2) Sumner, amerikan. Diplomat und Schriftsteller, * 1892, † 1961, war 1937-43 Unterstaatssekretär im Außenministerium und Ratgeber Roosevelts.

Wellhausen, Julius, Theologe und Orientalist, * 1844, † 1918, bekannt durch seine Entstehungsgeschichte des Pentateuch.

Wellhorn, von Norwegen bis zum Mittelmeer verbreitete Vorderkiemerschnecke mit 12 cm hohem Haus.

Wellington [wˈeliŋtən], die Hauptstadt Neuseelands, auf der Nordinsel, an der Cook-Straße, 175500 Ew.; kath. Erzbischofssitz; College der Neuseeländ. Univ.; Werften, Fleisch-, Eisenindustrie; Flughafen. W. wurde 1840 gegr.

Wellington [wˈeliŋtən], Arthur **Wellesley,** Herzog von (1814), * 1769, † 1852, Befehlshaber der brit. Truppen gegen die Franzosen in Portugal und Spanien, Vertreter

Herzog v. Wellington   Herbert G. Wells

Großbritanniens auf dem Wiener Kongreß, siegte mit Blücher und Gneisenau 1815 bei →Waterloo über Napoleon. W. war von 1828 bis 1846 wiederholt Minister und 1828-30 MinPräs.

Wellpapier, ein Papier mit wellenförmigem Querschnitt, entsteht dadurch, daß die feuchte Papierbahn durch Riffelwalzen geführt wird. **Wellpappe** ist ein- oder beidseitig mit glattem Papier beklebtes W.

Wellrad, auf einer Welle festsitzendes Rad; um Rad und Welle ist gegensinnig je ein Seil aufgewickelt. Verwendung zum Heben von Lasten u. a.

Wells, Herbert George, engl. Schriftsteller, * 1866, † 1946, trat für eine sozialist. Gesellschaftsordnung und für den Weltstaat ein; phantast. Erzählungen (‚Die Zeitmaschine', 1895), sozialkritische Romane (‚Die Welt des William Clissold', 1926), geschichtl. Werke.

Wellur, engl. **Vellore** [vəlˈor], Stadt in Madras, Indien, 117100 Ew., Schiwatempel.

Welpe der, Wolf-, Fuchs-, Hundejunges.

Wels der, Knochenfisch in Flüssen und Seen der warmen und gemäßigten Zonen aller Kontinente, bis 3 m lang, bis 250 kg schwer; nächtl. Raubfisch, verbirgt sich tagsüber im Schlamm. Das Fleisch junger W. ist schmackhaft. In heißen Ländern leben der **Zitter-W.** mit elektr. Organen, der kleine **Panzer-W.,** der zu den Katzenfischen gehörige **Zwerg-W.**

Wels, Bezirksstadt in Oberösterreich, an der Traun, 50000 Ew., Stadtpfarrkirche (15. Jahrh.), Rathaus (1748), kaiserl. Burg; Maschinen-, Papier-, Lebensmittel-, Mühlen-, Textil-, Kunststoffindustrie.

Wels, Otto, Politiker (SPD), * 1873, † 1939, war 1912-18 und 1920-33 MdR., 1931-33 Vors. seiner Partei. Am 23. 3. 1933 lehnte er für seine Fraktion das Ermächtigungsgesetz für Hitler ab; emigrierte nach Prag und Paris, leitete die Exil-SPD.

Welsch, Maximilian von, * 1671, † 1745, leitete die Bauvorhaben des Hauses Schönborn (Würzburg, Pommersfelden, Bruchsal u. a.), baute Schloß Favorite bei Mainz (zerstört), die Orangerie in Fulda.

welsch [mhd. walch ‚fremd'], romanisch, bes. italienisch, französisch; auch unverständlich (Kauder-W., Rot-W.).

Welsche Haube, eine Turmbedachung aus mehrfach geschweiften Hauben und einem laternenartigen Zwischenstück.

Welschkorn, der Mais.

Welser, Augsburger Patriziergeschlecht, neben den Fuggern eines der bedeutendsten deutschen Welthandels- und Bankhäuser des 16. Jahrh.; 1614 bankrott.
1) Bartholomäus, * 1484, † 1561, 1519-51 Leiter des Hauses, lieh Karl V. große Summen, erhielt dafür als Pfand 1528-1546/56 Venezuela.
2) Philippine, Nichte von 1), * 1521, † 1580, vermählt 1557 mit Erzherzog Ferdinand, dessen Vater, Kaiser Ferdinand I., Geheimhaltung der Ehe und Verzicht auf fürstl. Erbfolgerechte der Kinder erzwang.

Welsungen, Wölsungen, ein Heldengeschlecht der german. Sage, dem auch Siegfried angehört.

Welt, 1) der Inbegriff alles Seienden, 2) →Weltall, 3) Relativitätstheorie: die mathemat. Vereinigung des 3dimensionalen Raumes und der 1dimensionalen Zeit zu einem 4dimensionalen Gebilde. Seine Punkte heißen **W.-Punkte,** die von einem Körper nacheinander eingenommenen W.-Punkte bilden eine **W.-Linie.**

Welt, Die W., in Hamburg, Essen, Berlin seit 1946 erscheinende unabhängige Tageszeitung.

Welt, Frau W., mittelalterl. Verkörperung weltl. Sinnenfreude und weltl. Glücks, von vorn eine schöne, betörende Frau, deren Rücken aber mit Eiter und Ungeziefer bedeckt ist.

Weltachse, die die Himmelspole verbindende Gerade.

Weltall, Kosmos, die Gesamtheit der Weltkörper und ihre Anordnung. Die Weltkörper sind oft zu kleineren Systemen vereinigt (Planetensystem, z. B. Sonnensystem, Doppelsterne), diese wiederum schließen sich zu höheren Systemen zusammen (Sternhaufen, Sternsysteme, z. B. Milchstraße) usw. Trotz der großen Masse jedes Spiralnebels und trotz ihrer ungeheuren Anzahl ist, da sie über gewaltige Raumgebiete verstreut sind, die mittlere, durchschnittl. Massendichte im W. sehr gering. Sie beträgt etwa 1 g auf 10^{28} cm³. Nach den bisherigen Annahmen beträgt das Gesamtvolumen des Kosmos etwa 10^{84} cm³ bei einer Gesamtmasse von etwa 10^{56} g. Nach den Gedankengängen der Relativitätstheorie ist die (lange Zeit als selbstverständlich angesehene) Unendlichkeit des Raumes zweifelhaft geworden; moderne kosmolog. Theorien bevorzugen die Vorstellung, daß der Weltraum trotz Unbegrenztheit von endlicher Gesamtgröße sein kann. Auch die Unendlichkeit der seit Beginn dieser Entwicklung verflossenen Zeit ist in Frage gestellt, da alle Sterne nur während begrenzter Zeit leuchten können. Sie verbrauchen dabei ihren Wasserstoffgehalt durch Umwandlung in Helium. Nach Ausweis verschiedener Erfahrungstatsachen scheint der Ursprung der W. um mindestens 13 Milliarden Jahre zurückzuliegen. Der trotz Unbegrenztheit endl. Weltraum scheint seit dem Weltanfang, den man sich z. B. als eine Urexplosion (Urknall) extrem verdichteter Materie vorstellt, ständig anzuwachsen. Diese Ausdehnung versucht eine neuere Kosmogonie mit der Entstehung neuer Sterne in einen durch den Energiesatz gegebenen inneren Zusammenhang zu bringen (P. Jordan). Andere Forscher (Hoyle, Bondi, Gold u. a.) nehmen dagegen ein unendliches, auch zeitlich in seinem wesentl. Gesamtaufbau unveränderliches W. an (Gleichgewichtstheorien).

Diese Theorien haben durch die neue radioastronom. Entdeckung der ‚schwarzen Hintergrundstrahlung' von 3° K stark an Überzeugungskraft verloren. Diese Strahlung deutet man als Urknallstrahlung, die wenige Sekunden nach Zeitbeginn (als damals überaus heiße Strahlung) von der überdichten Urmaterie emittiert wurde und sich inzwischen durch Expansion auf 3° K abgekühlt hat. - Weiter ist auch ein oszillierendes Weltmodell vorgeschlagen worden, bei dem auf eine Expansionsphase, wie sie gegenwärtig zu bestehen scheint, eine Kontraktionsphase folgt.

Weltanschauung, im Unterschied zum wissenschaftl., bes. naturwissenschaftl. Weltbild eine auf das Ganze der Welt und des menschl. Lebens abzielende Sinndeutung. Nach ihr richtet sich die Rangordnung der Werte, die das Handeln der Menschen bestimmen. Auch aus den umfassenden Systemen der Philosophie sind W. abgeleitet worden.

Weltärztebund, engl. **World Medical Association,** Abk. **WMA,** internat. Vereinigung von 62 nationalen Standesorganisationen (Ärztekammern); Sitz: New York.

Weltausstellung, internationale Ausstel-

Blick auf Wellington

lungen, die seit 1851 in Abständen von 1-8 Jahren (meist 1-3) in verschiedenen Städten (1967 Montreal, Kanada; 1970 Osaka, Japan) stattfinden.

Weltbank, →Internationale Bank für Wiederaufbau und Entwicklung.

Weltbestleistung, die beste bisher auf der Welt von einem Sportler erreichte Leistung in einer der meßbaren Sportarten. Im Gegensatz zum →Weltrekord wird die W. offiziell nicht geführt.

Weltbild, die Zusammenschau des menschlichen Wissens von der Welt, der Urteile über die Tatsächlichkeiten der Welt im Unterschied zur Weltanschauung. Das W. ist in seiner historischen und psychologischen Mannigfaltigkeit eine Funktion der jeweiligen Kulturgeschichte und des Menschentypus.

Weltbürgertum, Kosmopolitismus, die Anschauung, daß alle Menschen gleichwertige und gleichberechtigte Mitbürger einer der Menschheit umfassenden Gemeinschaft seien. Der Gedanke des W. wurde in der griech. Philosophie (Stoa, Kyniker) entwickelt, Ansätze finden sich im Christentum; er wurde im Humanismus und später von der Aufklärung übernommen, trat aber dann hinter den aufkommenden Nationalismus zurück.

Weltchroniken, Chroniken des Weltgeschehens von der Schöpfung bis zum Jüngsten Gericht, mit Sagen, Legenden usw., im MA. weitverbreitet. Die älteste dt. W. ist die **Sächsische W.,** vielleicht von Eike von Repgau.

Welteislehre, wissenschaftl. unhaltbare Lehre, in der die Bildung der Himmelskör-

per durch umherstreifende Eisstücke angenommen wurde.

Weltenburg, Gem. in Bayern an der Donau, 400 Ew. Unterhalb W. das Benediktinerkloster W. (im 7. Jahrh. gegr.) mit Kirche (1717-21, Brüder Asam).

Welter, Nikolaus, Schriftsteller und Literarhistoriker, * 1871, † 1951; Gedichte, Dramen, Erzählungen.

Weltgewicht, ⚔ →Gewichtsklassen.

Welternährungsrat, →Food and Agriculture Organization.

Welt|esche, →Yggdrasill.

Weltfrieden, →Friedenssicherung.

Weltgeistliche, Weltpriester, kath. Geistliche, die keinem Orden und keiner Kongregation angehören, im Unterschied zu Ordensgeistlichen.

Weltgericht, das →Jüngste Gericht.

Weltgerichtshof, der →Internationale Gerichtshof.

Weltgeschichte, Universalgeschichte, der Versuch, die geschichtl. Entwicklung der verschiedenen Völker, Reiche und Kulturen in ihren wechselseitigen Beziehungen und inneren Gemeinsamkeiten in einem wissenschaftl. Gesamtbild zusammenzufassen (→Geschichtsphilosophie).

Weltgesundheitsorganisation, engl. **World Health Organization,** Abk. **WHO,** 1948 gegr. Sonderorganisation der Vereinten Nationen; Sitz: Genf, 131 Mitgliedsstaaten (1971). Zu ihren Aufgaben gehören: Bekämpfung von Seuchen, von Krankheiten, Verbesserung der Ernährung und der Gesundheitspflege u. ä. Die Bundesrep. Dtl., Österreich, Schweiz sind Mitgl.

Welthandel, die Gesamtheit der zwi-

schenstaatl. Handelsbeziehungen (→Außenhandel). Der Wert des internationalen Güteraustauschs stieg von 82,2 Mrd. M (1900) auf 284,1 Mrd. RM (1929) und 2341 Mrd. DM (1970, mit Ostblockstaaten); der Anteil Europas sank von 66% (1900) auf 55% (1970).

Welthandelskonferenz, Abk. **UNCTAD,** die Handels- und Entwicklungskonferenz der Vereinten Nationen; bisher 1964 in Genf, 1968 in Neu-Delhi, 1972 in Santiago de Chile.

Welthilfssprachen, künstl. Sprachen, die für den zwischenstaatl. Verkehr bestimmt sind, z. B. Esperanto, Ido, Volapük.

Welthöchstleistung, svw. →Weltrekord.

Weltintervall, spezieller W., Abk. **SWI,** eine Periode geophysikal. Beobachtungen von 2 bis 4 Tagen Dauer. Ein W. wird von einer Zentrale in Fort Belvoir bei Washington (D. C.) 8 Stunden vor Beginn ,erklärt'.

Weltjugendfestspiele. Die ,Weltfestspiele der Jugend und Studenten' werden seit 1947 vom kommunistisch gelenkten ,Weltbund der demokrat. Jugend' (WBDJ) meist in zweijährigem Turnus veranstaltet; Diskussionen und Massenveranstaltungen.

Weltkinderhilfswerk, →Internationaler Kinderhilfsfonds.

Weltkirchenkonferenz, die Vollversammlung des Ökumen. Rates der Kirchen.

Weltkirchenrat, →Ökumenischer Rat der Kirchen.

Weltkraftkonferenz, ständige internat. Einrichtung, in der die Fachvertreter der Mitgliedsstaaten (u. a. **Dt. Nationales Komitee**) Fragen der Energiereserven und Energienutzung erörtern.

Weltkrieg I (1914-18)

Vorgeschichte. Die Ermordung des österr.-ungar. Thronfolgers Erzherzog Franz Ferdinand durch serb. Verschwörer am 28. 6. 1914 in Sarajewo veranlaßte Österreich-Ungarn am 23. 7. zu einem Ultimatum an Serbien, das Rußland auf den Plan rief und damit infolge der europ. Bündnisverflechtungen trotz dt. und österr. Vermittlungsversuche zur Katastrophe führte. Österreich-Ungarn erklärte am 28. 7. an Serbien, Dtl. wegen der russ. Gesamtmobilmachung am 1. 8. an Rußland und am 3. 8. an Frankreich, dessen Haltung zweifelhaft war, den Krieg. Großbritannien erklärte nach dem Einmarsch in Belgien (4. 8.) Deutschland den Krieg.

Das Kriegsjahr 1914. Die dt. OHL (Oberste Heeresleitung, Gen.-Ob. v. Moltke) wollte gemäß dem Schlieffen-Plan vorerst unter Defensive im O mit der Masse des Heeres die Entscheidung im W suchen und hierzu die 1.-5. Armee durch Belgien auf Paris-Verdun vorführen, um einem Ultimatum an Serbien, das Rußland auf den Belfort bis Hirson aufmarschierte französ. Heer durch umfassenden Angriff gegen die Schweiz zu drängen. Die 6. und 7. Armee sollten französ. Vorstöße nach Elsaß-Lothringen abwehren. Das geschah bei Mülhausen (9./10. 8.) und in Lothringen (20.-22. 8.). Die dt. Hauptkräfte schlugen nach Wegnahme von Lüttich (6.-16. 8.) und Rückzug der Belgier nach Antwerpen die Briten bei Mons, warfen die Franzosen nach S zurück und überschritten Anfang Sept. die Marne. Hier erfolgte am 5. 8. aus Paris ein französ. Gegenangriff, der zur Marneschlacht führte. Trotz günstigen Verlaufs wurde sie von der OHL am 9. 8. abgebrochen, die Front hinter die Aisne zurückgenommen. Den erkrankten Gen. v. Moltke ersetzte Gen. v. Falkenhayn. Er vereitelte die nördl. ausholenden feindl. Umfassungsversuche, konnte aber in der Schlacht in Flandern (20.10.-3.11.) nicht durchbrechen. Es kam zum Stellungskrieg.
In Ostpreußen vernichtete die dt. 8. Armee unter Gen. v. Hindenburg (Stabschef Gen. Ludendorff) bei Tannenberg (26. bis 31. 8.) eine vom Narew vorgegangene russ. Armee und schlug an den Masurischen Seen (6.-14. 9.) die vom Njemen vor-

gerückten Russen. Das in Galizien aufmarschierte österr.-ungar. Heer mußte nach Anfangserfolgen in Südpolen vor der russ. Übermacht im Sept. in die Karpaten zurückgehen. Zu seiner Unterstützung im Okt. von Oberschlesien aus südl. Warschau vorgestoßene dt. Kräfte sahen sich durch drohende Umfassung zum Rückzug genötigt. Eine neue dt. Offensive von NW im Nov. führte zur Einkesselung russischer Korps um Lodz, infolge eines russ. Gegenstoßes aus Warschau aber nicht zu vollem Erfolg. Im Dez. kam es auch an der ganzen Ostfront zum Stellungskrieg. In Serbien eroberten die Österreicher am 2. 12. Belgrad, serb. Gegenangriffe nötigten sie aber bald zur Räumung des Landes.

Das Kriegsjahr 1915. In der Champagne und im Artois versuchten die Alliierten im Frühjahr und Herbst vergeblich, die dt. Westfront zu durchbrechen. Ein dt. Angriff bei Ypern (22. 4.-24. 5.) hatte nur anfangs Erfolg. Im O schlug Hindenburg den russ. Nordflügel im Febr. in der Winterschlacht in Masuren. Der zur Entlastung der Verbündeten am 2. 5. begonnene Angriff Mackensens bei Gorlice-Tarnów brachte die russ. Front in Galizien zum Einsturz und führte zu siegreicher Offensive der Ostfront, die Ende Sept. in der Linie Tarnopol-Dünaburg-Riga eingestellt wurde. Italien, anfangs neutral, erklärte am 23. 5. Österreich-Ungarn den Krieg und versuchte vergeblich die österr.-ungar. Isonzofront zu durchbrechen. Die Türkei, seit Okt. 1914 an der Seite der Verbündeten im Krieg, wehrte seit März an den Dardanellen See- und Landangriffe der Alliierten ab, die um die Jahreswende abzogen. Um Landverbindung mit der Türkei zu bekommen, warfen die Verbündeten Bulgarien und Serbien nieder (6. 10.-27. 11.). Am 5. 10. bei Saloniki gelandete, nach Makedonien vorgegangene brit.-französ. Kräfte wurden zurückgeworfen, Montenegro und Albanien Anfang 1916 von österr.-ungar. Truppen besetzt.

Das Kriegsjahr 1916. Im W führten die dt. Angriffe auf den feindl. Eckpfeiler Verdun (21. 2.) und der brit.-französ. Großangriff an der Somme (24. 6.) zu monatelan-

gem Ringen um jeden Fußbreit Boden. Ein österr.-ungar. Angriff in Tirol (15. 5.) lief fest. Hingegen erzielte eine russ. Offensive gegen den Südteil der Ostfront (4. 6.) beträchtl. Geländegewinn. Die gespannte Lage und die rumän. Kriegserklärung an Österreich-Ungarn (27. 8.) veranlaßten die Ersetzung Falkenhayns durch Hindenburg und Ludendorff (29. 8.). Sie stellten den Angriff vor Verdun ein und wandten sich gegen die Rumänen. Diese wurden von den Verbündeten in der Dobrudscha und in Siebenbürgen geschlagen und aus der Walachei (Besetzung Bukarests 6. 12.) bis hinter den Sereth zurückgeworfen.
Trotz des Sieges über Rumänien und der Abwehr aller Anstürme war die Lage der Mittelmächte 1916 ernst. Die Propaganda und Hungerblockade der Alliierten begannen zu wirken, ebenso die Opposition der Slawen und der Tod Kaiser Franz Josephs (21. 11.) erschütterte die Donaumonarchie; im Reich sprengte den Streit um die Kriegsziele die nationale Einheitsfront, die Errichtung eines Königreichs Polen (5. 11.) brachte nicht die erhoffte poln. Unterstützung. Das Friedensangebot der Mittelmächte (12. 12.) wurde von der Entente abgelehnt; auch eine Friedensnote des amerikan. Präsidenten Wilson (18. 12.) blieb wirkungslos. Zur Fortführung des Kriegs forderten Hindenburg und Ludendorff die Heranziehung aller zivilen Kräfte zur Steigerung der Rüstungsindustrie und Ernährungswirtschaft (Vaterländ. Hilfsdienst, Hindenburg-Programm).

Das Kriegsjahr 1917. Im W wurden nach Zurückverlegung der Front im Sommegebiet in die Siegfriedstellung (März) alliierte Großangriffe an der Aisne, in der Champagne und bei Arras (April/Mai) sowie in Flandern (31. 7.-10.11.) in bewegl. Verteidigung abgewehrt, in der Tankschlacht bei Cambrai (20.-29. 11.) der Briten verlorenes Gelände zurückerobert. Der Ausbruch der Revolution in Rußland am 12. 3. und Siege der Verbündeten (Eroberung Ostgaliziens im Juli, Rigas 3. 9., der balt. Inseln im Okt.) führten zum Zusammenbruch des russ. Heeres. Die am 7. 11. zur Macht gelangten Bolschewiki

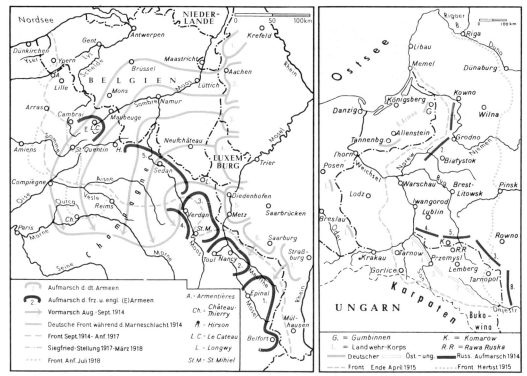

Legend (left map):
- Aufmarsch d. dt. Armeen
- Aufmarsch d. frz. u. engl. (E) Armeen
- Vormarsch Aug.-Sept. 1914
- Deutsche Front während d. Marneschlacht 1914
- Front Sept. 1914- Anf. 1917
- Siegfried-Stellung 1917-März 1918
- Front Anf. Juli 1918

A. = Armentières
Ch. = Château-Thierry
H. = Hirson
L.C. = Le Cateau
L. = Longwy
St.M. = St. Mihiel

Legend (right map):
- G. = Gumbinnen
- L. = Landwehr-Korps
- Deutscher
- Front Ende April 1915
- K. = Komarow
- R.R. = Rawa Ruska
- Öst.-ung.
- Russ. Aufmarsch 1914
- Front Herbst 1915

schlossen am 15. 12. Waffenstillstand, aber erst nach neuem dt. Vormarsch am 3. 3. 1918 den Frieden von Brest-Litowsk. Ihm folgte am 7. 3. ein Sonderfriede mit Finnland, das mit dt. Hilfe die Bolschewiki vertrieb, und am 7. 5. der Friede mit Rumänien. Ein zur Entlastung der Isonzofront am 24. 10. 1917 bei Flitsch-Tolmein begonnener dt.-österr. Angriff warf die Italiener hinter die Piave zurück. Die Türken verloren am 11. 3. Bagdad, am 9. 12. Jerusalem an die Briten. Der seit 1. 2. uneingeschränkte U-Boot-Krieg führte zur Kriegserklärung der USA am 6. 4.

Das Kriegsjahr 1918. Die schwierige Ernährungs- und Rohstofflage der Mittelmächte, die durch die Friedensresolution des Reichstags vom 19. 7. 1917 gewachsene innenpolit. Spannung im Reich und die Zerfallserscheinungen in der Donaumonarchie forderten baldige Beendigung des Krieges. Aber die hierzu unternommenen dt. Großangriffe (zwischen Arras und La Fère 21. 3., bei Armentières 9. 4., zwischen Noyon und Reims 27. 5., beiderseits Reims 15. 7.) brachten trotz großer Erfolge nicht den entscheidenden Sieg. Die am 18. 7. einsetzende, auf die ganze Front übergreifende alliierte Gegenoffensive drückte das geschwächte dt. Westheer bis Anfang Nov. in die Antwerpen-Maas-Stellung zurück. Inzwischen hatten Bulgarien in Makedonien, die Türkei in Palästina und Österreich-Ungarn am Piave (28. 10.) schwere Niederlagen erlitten und am 29. 9., 31. 10. Waffenstillstand mit der Entente geschlossen. Am 28. 10. durchbrachen die Alliierten die österr.-ungar. Front am Piave. Daraufhin bat auch die Wiener Regierung um Waffenstillstand, der am 3. 11. in Kraft trat. Die Reichsregierung (Reichskanzler seit 3. 10. Prinz Max von Baden)

hatte auf Drängen Ludendorffs (29. 9.) widerstrebend am 5. 10. den amerikan. Präsidenten Wilson um Waffenstillstand und Einleitung von Friedensverhandlungen auf Grund seines Friedensprogramms v. 8. 1. 1918 ersucht. Als Voraussetzung forderte Wilson die Räumung aller von den Mittelmächten besetzten Gebiete und die Einstellung des U-Boot-Krieges; letztere erfolgte am 20. 10. Am 26. wurde Ludendorff durch Gen. Groener ersetzt. In der Heimat vermochte die Einführung des parlamentar. Regierungssystems den Zusammenbruch nicht mehr aufzuhalten. Aus Meutereien bei der Hochseeflotte entwickelte sich die →Novemberrevolution, die am 9. 11. zur Ausrufung der Republik führte. Am 11. 11. wurde im Walde von Compiègne mit den Alliierten ein Waffenstillstand geschlossen, der u. a. die Räumung der besetzten Gebiete und Elsaß-Lothringens, des linken Rheinufers mit den Brückenköpfen Mainz, Koblenz und Köln binnen 30 Tagen, Rückgabe aller Kriegsgefangenen ohne Gegenleistung, Auslieferung der U-Boote, Internierung des Hauptteils der Flotte in Scapa Flow und Fortdauer der Blockade vorsah. Das Ziel der dt. **Seekriegführung** in der Nordsee, den Gegner durch U-Boote und Minen zu schwächen und dann zur Schlacht zu stellen, wurde wegen der Fernblockade der brit. Flotte nicht erreicht. Dt. Vorstöße gegen die engl. Ostküste führten am 24. 1. 1915 zur Schlacht an der Doggerbank, ein Vorstoß der Hochseeflotte am 31. 5. 1916 vor dem Skagerrak zum unentschiedenen Kampf mit der brit. Flotte. Die im Aug. 1914 nach Konstantinopel durchgebrochene dt. Mittelmeerdivision (Kreuzer ,Goeben' und ,Breslau') bekämpfte als Kern der türk. Flotte die russ.

Seestreitkräfte im Schwarzen Meer. Das dt. Kreuzergeschwader in Ostasien besiegte am 1. 11. 1914 bei Coronel brit. Kreuzer, erlag aber am 8. 12. bei den Falkland-Inseln einem brit. Geschwader. Der am 4. 2. 1915 eröffnete, aber erst seit 1. 2. 1917 uneingeschränkte U-Boot-Krieg gegen die feindl. Handelsschiffahrt brachte Großbritannien in eine gefährl. Lage, wirkte aber nicht kriegsentscheidend.

Die **dt. Kolonien** und Schutzgebiete erlagen der feindl. Übermacht (Togo 27. 8., Tsingtau 7. 11. 1914, Dt.-Südwestafrika 9. 7. 1915, Kamerun 15. 2. 1916). Nur die Schutztruppe von Dt.-Ostafrika unter Gen. v. Lettow-Vorbeck behauptete sich bis Kriegsende.

Der Krieg wurde durch die **Friedensschlüsse** von Versailles (mit dem Dt. Reich 28. 6. 1919), St.-Germain (mit Österreich 10. 9. 1919), Trianon (mit Ungarn 4. 6. 1920), Neuilly (mit Bulgarien 27. 11. 1919) und Sèvres (mit der Türkei 10. 8. 1920) abgeschlossen.

Die im →Versailler Vertrag ausgesprochene dt. Alleinschuld am W. löste eine Kriegsschulddiskussion aus, die bis jetzt keinen Abschluß fand. Es besteht jedoch weitgehende internat. Übereinstimmung darüber, daß 1914 kein einzelner verantwortlicher Staatsmann den Ausbruch eines großen Krieges vorsätzlich herbeiführen wollte, daß aber die dt. Regierung eine Mitverantwortung trifft, weil sie den auslösenden Angriff Österreich-Ungarns gegen Serbien nicht verhindert, sondern, um die Großmachtstellung der Donaumonarchie zu erhalten, gefördert hat. Die vorzeitige Mobilmachung Rußlands, die einen militär. Zwangsmechanismus in Bewegung setzte, behält dahinter ihren Anteil am Ausbruch des Krieges.

Weltkrieg II (1939-45)

Vorgeschichte. Die auf dem Übergewicht der Siegermächte des Ersten W. (vor allem der USA, Großbritanniens und Frankreichs) beruhende Ordnung von 1919/20

wurde seit der Weltwirtschaftskrise (1929 bis 1933) von den besiegten oder sich benachteiligt fühlenden Großmächten Deutschland, Italien und Japan in Frage

gestellt. 1931 eroberte Japan die Mandschurei, 1937 begann es einen Krieg zur Einbeziehung ganz Chinas in eine von ihm geführte ,großostasiatische Wohlstands-

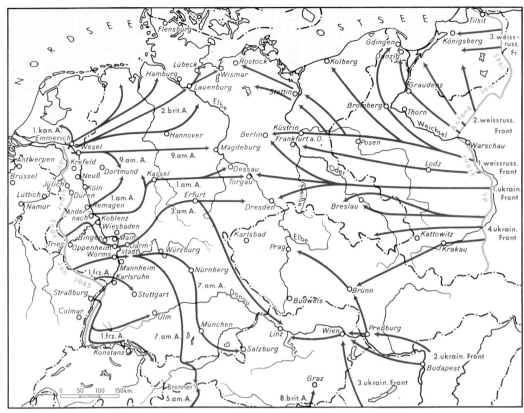

Der deutsche militärische Zusammenbruch 1944/45

sphäre'. 1935/36 eroberte das faschist. Italien unter B. →Mussolini Äthiopien und meldete den Anspruch auf seine Vorherrschaft im Mittelmeerraum an. Deutschland, seit 1933 unter Hitlers Führung, begann mit dem Anschluß Österreichs (März 1938) und der Zerschlagung der Tschechoslowakei (1938/39) eine weitgespannte, rasseideologisch begründete Expansionspolitik, die auf dem Wege über ‚kleinere Kriege' (‚Blitzkriege' gegen einzelne Nachbarn) schrittweise zunächst ein ‚Kontinentalimperium', schließlich eine ‚Weltmacht'-Stellung für ein ‚germanisches Reich dt. Nation' zu erreichen suchte. Diese Politik Hitlers löste den Zweiten W. aus. Die brit. Regierung versuchte, durch eine Garantie der Unabhängigkeit Polens (31. 3. 1939) das europ. Gleichgewicht zu retten, versetzte jedoch die bis dahin isolierte Sowjetunion in eine Schlüsselposition. Stalin lehnte den Abschluß eines Bündnisses mit Großbritannien und Frankreich ab und entschied sich (23. 8. 1939) für einen Nichtangriffspakt mit Hitler. Er gewann damit nicht nur einen breiten Sicherheitsgürtel von Finnland über die Balt. Staaten bis Bessarabien, sondern war sicher, daß der bevorstehende Angriff auf Polen in einen europ. Krieg einmünden würde, bei dem die Sowjetunion abseits blieb. Großbritannien versicherte sich am 25. 8. in einem Bündnis gegenüber Polen endgültig festgelegt. Als Hitler am 1. 9. 1939 den Angriff auf Polen befahl, erklärten Großbritannien und Frankreich am 3. 9. 1939 Deutschland den Krieg. Hitler hatte bis zuletzt mit der Lokalisierung des Krieges gegen Polen gerechnet, sah sich nun aber in einen großen Krieg verstrickt, für den das Reich nicht ausreichend gerüstet war. Nur durch eine schnelle Abfolge

einzelner Feldzüge zur Niederwerfung jeweils eines Gegners ließ sich eine Wiederholung der Kräftekonstellation, die für Dtl. im Ersten W. verderblich war, vermeiden. Dieser war durch das Übergewicht des militär. Potentials der Alliierten entschieden worden.
Von der Eroberung Polens bis zur Niederwerfung Frankreichs (Sept. 1939-Juni 1940). Infolge der Konzentration der dt. Heeres- und Luftwaffenverbände und der Passivität der Westmächte an der nur schwach geschützten dt.-französ. Grenze gelang die militär. Eroberung Polens in wenigen Wochen (28. 9. 1939 Kapitulation Warschaus). Die Rote Armee rückte von Osten am 17. 9. in Polen ein und nahm zunächst das Gebiet bis zur Weichsel, dann - nach Abschluß des dt.-sowjet. Grenz- und Freundschaftsvertrages (28. 9. 1939) - nur die Gebiete bis zum Bug in Besitz. Dafür kam Litauen von der dt. in die sowjet. Interessensphäre. Über Danzig sowie die ehem. preuß. Provinzen Westpreußen und Posen hinaus wurde ein breites Gebiet des westl. Polen in das Reichsgebiet eingegliedert; Zentralpolen wurde als ‚Generalgouvernement' zu einem Nebenland des Dt. Reiches. Im Winter 1939/40 begann die systemat. Ausrottung der poln. Intelligenz; die poln. Juden wurden in Großghettos zusammengefaßt. In dem von der Sowjetunion annektierten Ostpolen wurde die poln. Führungsschicht deportiert. Die meisten der von der Roten Armee gefangengenommenen poln. Offiziere wurden im April/Mai 1940 ermordet (Katyn). Hitler strebte für Nov. 1939 die Entscheidung gegen Frankreich an. Er sah sich jedoch gezwungen, den Angriff auf das Frühjahr 1940 zu verschieben. Die Absicht der Westmächte, in den finnisch-sowjet. Winterkrieg

(30. 11. 1939-12. 3. 1940) über Norwegen/N-Schweden einzugreifen, veranlaßte dt. Planungen, dem durch eine Besetzung Norwegens zuvorzukommen. Trotz Abschluß des finnisch-sowjet. Friedens (12. 3. 1940), bei dem Finnland unter Gebietsverlusten seine Selbständigkeit wahren konnte, wurde diese Absicht am 9. 4. 1940 mit der Besetzung Dänemarks und der Landung in den norweg. Häfen bis einschließlich Narvik verwirklicht. Innerhalb von zwei Monaten gelang die vollständige Besetzung Norwegens.
Am 10. 5. 1940 begann unter Verletzung der Neutralität Belgiens, der Niederlande und Luxemburgs der Feldzug im Westen mit dem Ziel, Frankreich militärisch aus dem Felde zu schlagen und danach einen ‚Ausgleich' mit Großbritannien anzustreben, um einen freien Rücken für den von Hitler als Kern seines ‚Programms' betrachteten Eroberungszug im Osten (Inbesitznahme des europ. Rußland) zu gewinnen. Militärisch wurde der Feldzug ein voller Erfolg: Vorstoß über die Maas bei Sedan zur Kanalküste bei Abbéville; Kapitulation des belg. Heeres, Gefangennahme der französ. Nordarmee; Einnahme von Dünkirchen (4. 6. 1940), aus dem jedoch das brit. Expeditionskorps entkam. Nach Fortsetzung der dt. Offensive nach Innerfrankreich hinein (14. 6. 1940 Einzug in Paris) und nach dem Kriegseintritt Italiens (Kriegserklärungen an Großbritannien und Frankreich am 10. 6. 1940) fand sich die neue französ. Regierung unter Marschall Pétain zum Waffenstillstand bereit (22. 6. 1940 in Compiègne), der die dt. Besetzung der gesamten französ. Atlantikküste vorsah, Frankreich jedoch Flotte und Kolonialreich beließ. Nur General de Gaulle forderte von London aus (18. 6. 1940) zur

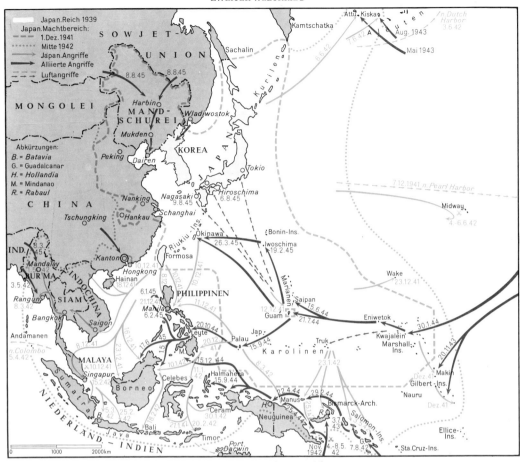

Der Krieg in Ostasien (1941-45)

Fortsetzung des Krieges durch das ‚Freie Frankreich‘ auf. Politisch gelang Hitler nicht das angestrebte Arrangement mit Großbritannien, da die neue Reg. unter Churchill den Krieg in Hoffnung auf die Unterstützung durch die USA (Präs. Roosevelt) fortsetzte.

Das entscheidende Jahr des Krieges (Juni 1940-Juni 1941). Versuche, über einen Friedensappell (19. 7. 1940), durch Vorbereitungen einer Landung auf der brit. Insel und durch eine Luftoffensive (‚Battle of Britain‘) Großbritannien zum Einlenken zu bewegen, scheiterten. Die Zahl der dt. U-Boote war zu gering, um die Zufahrtswege über den Atlantik ernsthaft zu gefährden. Italien gelang es nicht, im Mittelmeerraum gegen Großbritannien Erfolge zu erzielen. Selbst Malta blieb in brit. Hand. Die Unterstützung durch die USA nahm, bes. seit der Wiederwahl Präs. Roosevelts, zu. Die Produktion Großbritanniens übertraf bereits die dt. (bes. an Panzern und Flugzeugen). Hitler sah im Herbst 1940 nur zwei Möglichkeiten, den Krieg erfolgreich fortzuführen: 1. durch Aufbau eines ‚Kontinentalblocks‘ von Spanien bis Japan (unter Einschluß der Sowjetunion) eine so gewaltige Machtstellung zu gewinnen, daß Großbritannien aufgab; 2. zum frühestmöglichen Zeitpunkt (zunächst Herbst 1940, dann Frühjahr 1941) trotz Fortdauer des Krieges im Westen den Eroberungszug gegen die Sowjetunion zu führen und sogleich danach in den Nahen Osten (bis Afghanistan) und über Gibraltar nach NW-

Afrika und auf die portugies. Inseln vorzudringen, während Japan nach Singapur vorstoß und Indien von Osten bedrohte, um die gesamte östl. Hemisphäre gegenüber den USA abzusichern. Die polit. Lösung gelang nur zum Teil: mit Japan und Italien wurde am 27.9.1940 der ‚Dreimächtepakt‘ abgeschlossen. Daher setzte Hitler Ende 1940 endgültig die milit. Ost-Lösung als nächste Etappe fest. Das Scheitern des Angriffs auf Griechenland (28.10.1940) zwang zur Vorbereitung einer dt. Entlastungsoffensive über Rumänien-Bulgarien. Schon im Sommer 1940 hatten das sowjet. Ultimatum an Rumänien zur Abtretung der N-Bukowina und Bessarabiens und die Revisionsansprüche Ungarns und Bulgariens gegenüber Rumänien zu einem dt. Engagement in SO-Europa geführt (30. 8. 1940 2. Wiener Schiedsspruch: Abtretung N-Siebenbürgens an Ungarn; Garantie Rest-Rumäniens durch Deutschland und Italien). Die Niederlage der italien. Armee in N-Afrika und die brit. See- und Luftüberlegenheit führten darüber hinaus seit Dez. 1940 zur Entsendung dt. Luftwaffen- und Heeresverbände nach Italien und Libyen (Afrikakorps unter Rommel). Vom 6. 4. 1941 an wurden Griechenland und Jugoslawien, das nach dem Putsch anti-dt. Kräfte in Belgrad (27. 3. 1941) in die Planung einbezogen worden war, von dt. Truppen besetzt, vom 20. 5. bis 1. 6. 1941 auch die Insel Kreta. Dt. Truppen drangen in N-Afrika vom 27. 3. bis 14. 4. 1941 von der Großen Syrte bis zur libysch-ägypt. Grenze vor, konnten jedoch Tobruk

nicht einnehmen. Hitler verknüpfte bei der Planung des dt. Angriffs auf die Sowjetunion die milit. Zielsetzung mit seinem rassenideolog. Programm: Er befahl die systemat. Ausrottung der Juden auf den eroberten sowjet. Territorien durch ‚Einsatzgruppen‘ des Sicherheitsdienstes der SS und der Sicherheitspolizei und strebte durch den ‚Kommissarbefehl‘ und andere Befehle die Vernichtung der kommunist. Führungsschicht und die Dezimierung der slaw. Bevölkerung an. Ein ‚Generalplan Ost‘ sah eine millionenfache Aus- und Umsiedlung mit dem Ziel einer Germanisierung weiter Teile Osteuropas vor. Die sowjet. Kriegsvorbereitungen hielten sich in Grenzen, da Stalin nicht von einem dt. Angriff vor Abschluß des Krieges im Westen überzeugt werden konnte und sich bis zuletzt um einen Ausgleich mit Hitler bemühte. Japan, das am 13.4.1941 einen Neutralitätsvertrag mit der Sowjetunion geschlossen hatte, setzte die im Sept. 1940 mit der Besetzung Indochinas begonnene Südexpansion mit dem Vorstoß nach S-Indochina fort und lehnte eine Mitwirkung am Krieg gegen die Sowjetunion vor deren offenkundiger Niederlage ab. Die USA vervielfachten im Rahmen des ‚Leih-Pacht-Gesetz‘ vom 11. 3. 1941 ihre Unterstützung für Großbritannien und schritten am 7.7.1941 mit der Besetzung Islands, das in der dt. U-Boot-Operationszone lag, zu einer Politik ‚am Rande des Krieges‘.

Die Wende des Krieges (Juni 1941 bis Juni 1942). Dem dt. Angriff auf die Sowjetunion (22. 6. 1941) schlossen sich Rumänien,

Italien, die Slowakei, Finnland und Ungarn an. In Kesselschlachten im Raume westl. der Düna und des Dnjepr sollte das Gros der Roten Armee vernichtet werden, ehe die sowjet. Führung die auf 10 Mill. Mann geschätzten Reserven mobilisieren konnte. Danach sollten die dt. Truppen sehr schnell in die Tiefe des russ. Raumes vorstoßen. Dieses Ziel ließ sich nicht erreichen. Wohl gelang es, in mehreren Kesseln, unter anderem um Białystok, östl. Kiew und im Raume Wjasma-Brjansk, über drei Millionen sowjet. Kriegsgefangene in dt. Gewahrsam zu bringen, doch konnte die sowjet. Führung ständig neue Reserven heranführen, so daß ein Zusammenbruch der im Anfang Dez. 1941 bis auf 40 km an Moskau herangerückten Front verhindert werden konnte. Jedoch wurde Leningrad von allen Landverbindungen abgeschnitten (in drei Jahren Belagerung mindestens 800 000 Hungertote) und die Ukraine und die Krim von den Dt. erobert. Die sowjet. Gegenoffensive im Raum Moskau (ab 6. 12. 1941) drängte die dt. Truppen zurück.

Am 31. 7. 1941 hatten die Vorbereitungen für die west- und mitteleurop. Phase der ,Endlösung', d. h. der Ausrottung der europ. Juden, begonnen, die in den Jahren 1942-44 in den Vernichtungslagern in Polen (Auschwitz, Treblinka u. a.) fast zu Ende geführt wurde (über 5 Mill. Opfer). Die brutale dt. Besatzungspolitik verschaffte der Partisanenbewegung im besetzten Teil der Sowjetunion seit Herbst 1941 wachsenden Zulauf. Auch im übrigen von dt. Truppen besetzten Europa gewannen Widerstandsbewegungen an Bedeutung (u. a. in Jugoslawien, Polen, Frankreich). Am 14. 8. 1941 verkündeten Roosevelt und Churchill die →Atlantik-Charta. Nach der Zustimmung der übrigen kriegführenden Alliierten, auch der Sowjetunion, bildeten sich auf dieser Grundlage die ,Vereinten Nationen' (1. 1. 1942). Japanisch-amerikan. Verhandlungen im Sommer 1941 erreichten am 26. 7. 1941 ihren toten Punkt, nachdem die amerikan. Reg. die Besetzung S-Indochinas durch Japan mit einem Öl-Embargo beantwortet hatte. Japan entschied sich zur Eroberung der südostasiat. Rohstoffgebiete durch Angriff auf den dortigen Kolonialbesitz Großbritanniens, der Niederlande und der USA, verbunden mit einem Überraschungsschlag auf die amerikan. Pazifik-Flotte in Pearl Harbor (7. 12. 1941). Hitler und Mussolini erklärten am 11. 12. 1941 den USA den Krieg. Damit wuchsen der europ. und der japan.-chines. Krieg zusammen. Ziel der Japaner war es, nach der Eroberung von Singapur (15. 2. 1942) und der Philippinen, Niederländisch-Indiens und Birmas sowie von Inselgruppen im W-Pazifik zur Defensive überzugehen und die erwarteten Gegenoffensiven der Amerikaner und Briten abzuwehren, um mit ihnen zu einem Arrangement auf der Basis des Gewonnenen zu kommen. In der See-Luft-Schlacht bei den Midway-Inseln (3.-7. 6. 1942) zeigte sich aber, daß die USA trotz anfängl. Niederlagen ihre Überlegenheit gewahrt hatten. Mit der Landung auf Guadalcanar (7. 8. 1942) ergriffen sie die Initiative (Beginn des ,Insel-Springens').

Ohne Absprache mit Japan hatte Hitler als Ziel für 1942 die Eroberung wichtiger sowjet. Rohstoffgebiete und einen Vorstoß über den Kaukasus nach Iran festgelegt. Eine Offensive der Armee Rommel von Libyen bis zum Suezkanal sowie die Einnahme von Malta sollten den Druck auf die brit. Nahost-Position verstärken. Der U-Boot-Krieg gegen die brit. Verbindungen im Atlantik erreichte seinen Höhepunkt. Die Offensive am Südteil der Ostfront begann am 28. 6. 1942 und blieb Anfang Sept. 1942 in Stalingrad sowie am Nordrand des Kaukasus stecken. Die Offensive Rommels (ab 26. 5. 1942) kam nach der Eroberung Tobruks (21. 6.) am 30. 6. 1942 an der El-Alamein-Linie westl. von Alexandria zum Ste-

hen. Zu gemeinsamen deutsch-japan. Operationen kam es nicht.

Der Krieg in Europa und Afrika vom Herbst 1942-Mai 1945. Die Hauptlast des Krieges gegen Dtl. trug die Sowjetunion. Stalins Forderung nach einer ,Zweiten Front' wurde von den Westalliierten unter Hinweis auf das Transportproblem und das globale Ausmaß des Krieges zunächst auf 1943 verwiesen. Statt dessen wurde als Vorbereitung für eine Invasion in W-Europa eine Großoffensive im Mittelmeerraum mit dem Ziel der Ausschaltung Italiens und der Errichtung einer Abnutzungsfront beschlossen. Mit Beginn der brit. Offensive gegen die Armee Rommel bei El-Alamein (23. 10. 1942) und der Landung in Marokko und Algerien (7./8. 11. 1942) wurde die Wende auf diesem Kriegsschauplatz eingeleitet. Die deutsch-italien. Gegenzüge, Besetzung ganz Frankreichs und Errichtung eines Brückenkopfes in Tunesien (11. 11. 1942) hatten nur aufschiebende Wirkung. Die seit Frühjahr 1942 laufende brit. Bomberoffensive gegen dt. Städte wurde durch den Einsatz amerikan. Bomberverbände auf Industriezentren ergänzt. Am 26. 1. 1943 verkündeten Roosevelt und Churchill als Kriegsziel die ,bedingungslose Kapitulation' Deutschlands, Italiens und Japans. Spannungen in der ,Anti-Hitler-Koalition' ergaben sich aus dem Bekanntwerden der Ermordung in die Hände der Roten Armee gefallener poln. Offiziere (Massengrab bei Katyn) am 13. 4. 1943. Als die poln. Exil-Reg. eine neutrale Untersuchung forderte, brach Stalin am 26. 4. 1943 die Beziehungen zu dieser Reg. ab und steuerte die Bildung einer kommunistisch beherrschten poln. Regierung an. Auch aus der Kapitulation Italiens (3. 9. 1943) nach der Besetzung Tunesiens durch die Alliierten (13. 5. 1943), der Landung auf Sizilien (10. 7. 1943) und dem Sturz Mussolinis (25. 7. 1943) erwuchsen Spannungen zwischen den Alliierten.

Die Niederlage der 6. dt. Armee im Raum Stalingrad (Winter 1942/43) markierte die äußere Wende an der östl. Kriegsschauplatz. Nach Abwehr der letzten dt. Offensive an der Ostfront im Raum Kursk (5. 7. 1943) trat die Rote Armee zur Gegenoffensive an und überschritt im Jan. 1944 die Grenze nach Polen, im April 1944 die Grenze nach Rumänien.

Auf der Konferenz von Teheran (28. 11. bis 1. 12. 1943) einigten sich Roosevelt, Churchill und Stalin über die gemeinsame Niederwerfung Dtl.s (Invasion im Westen im Mai 1944), die Verschiebung Polens nach Westen auf Kosten Dtl.s bis zur Oder (im Osten im wesentl. Curzon-Linie als poln.-russ. Grenze) und die Anerkennung Titos als alliierter Partner in Jugoslawien. Von Mitte 1944 engte sich der Raum der von Dtl. beherrschten improvisierten ,Festung Europa' schnell ein. Die systemat. Zerschlagung der synthet. Treibstoffwerke (ab 12. 5. 1944) und die Bombardierung des rumän. Ölgebiets schränkten die dt. Möglichkeiten trotz erheblicher Produktionssteigerung der Waffen (A. Speer) wesentlich ein. Die Proklamation des ,totalen Krieges' (Febr. 1943, wiederholt im Aug. 1944) änderte daran nichts. Am 4. 6. 1944 mußten die dt. Truppen Rom aufgeben. Am 6. 6. 1944 begann die alliierte Großinvasion in der Normandie; ab 22. 6. 1944 zerschlug die Rote Armee die dt. Heeresgruppe Mitte und drang bis an die ostpreuß. Grenze und Warschau vor. Sie ließ es zu, daß die dt. Besatzungsmacht den Aufstand der nationalpoln. Heimatarmee niederschlug (2. 8.-1. 10. 1944).

Der Versuch der dt. →Widerstandsbewegung (→Schenk von Stauffenberg), durch ein Attentat auf Hitler das nationalsozialist. Regierungssystem zu beseitigen und eine schnelle Beendigung des Krieges herbeizuführen, scheiterte am 20. 7. 1944. Am 31. 7. 1944 durchbrachen die Alliierten die Front in der Normandie, befreiten am 25. 8.

1944 Paris (Regierungsübernahme in Frankreich durch de Gaulle) und drangen in wenigen Wochen bis zur dt. Grenze vor. Rumänien, Bulgarien, Finnland wechselten im Aug./Sept. 1944, Ungarn im Dez. 1944 die Fronten.

Hitlers Versuch, durch die Ardennenoffensive (ab 16. 12. 1944) im Westen eine Wende herbeizuführen, scheiterte. Am 12. 1. 1945 begann die Rote Armee zwischen der Ostsee und den Karpaten eine Großoffensive, die sie bis zum 30. 1. 1945 an die Oder brachte.

Auf der Konferenz von Jalta (4.-11. 2. 1945) einigten sich Roosevelt, Churchill und Stalin über die Aufteilung Dtl.s in vier Besatzungszonen, über die Bildung einer kommunistisch geführten, aber Exilpolitiker einschließenden poln. Regierung, über eine weite Verschiebung Polens nach Westen und verkündeten in einer Deklaration die Prinzipien für das ,befreite Europa'. In einem Geheimabkommen machten die Westalliierten Zugeständnisse auf Kosten der Souveränität Chinas in der Mandschurei, um einen Kriegseintritt der Sowjetunion nach Beendigung des Krieges in Europa zu erreichen.

Seit dem 8. 2. 1945 drangen die West-Alliierten in das Innere Dtl.s vor. Sie hielten Mitte April 1945 an der Linie Elbe-Mulde inne. Am 16. 4. 1945 begann die Rote Armee ihre Endoffensive, drang am 2. 5. Berlin ein. Hitler hatte am 30. 4. 1945 in Berlin Selbstmord verübt. Zu seinem Nachfolger war Großadmiral Dönitz ernannt worden. Dieser ließ am 7. 5. in Reims und am 9. 5. in Berlin-Karlshorst die Kapitulation der dt. Wehrmacht unterzeichnen. Seine Reg. wurde am 23. 5. 1945 in Flensburg verhaftet.

Auf der Potsdamer Konferenz (17. 7. - 2. 8. 1945) trafen Truman, Attlee und Stalin in Formelkompromissen Vereinbarungen, die eine wirtschaftl. und polit. Einheit eines um die Gebiete östl. von Oder und Görlitzer Neiße verkleinerten Dtl. erhalten sollten. Die Aussiedlung der dt. Bevölkerung aus Polen, der Tschechoslowakei und Ungarn ,in humaner Weise' wurde beschlossen. Über 10 Millionen wurden aus ihrer Heimat vertrieben. Ein alliierter Kontrollrat übernahm die höchste Reg.-Gewalt in Dtl.

Der Krieg im Pazifik 1942-45. Die Rückgewinnung der von Japan eroberten Gebiete vollzog sich langsam, obwohl etwa die Hälfte der amerikan. Kräfte im Pazifik konzentriert war. Die Amerikaner drangen im Zuge ihres ,Inselspringens' von West nach Ost vor, die Briten von Indien aus nach Birma. Japan änderte seine Besatzungspolitik und förderte seit 1943 die Unabhängigkeitsbewegungen in Indochina, auf den Philippinen, in Birma und Indonesien. Das japan. Heer eroberte in einer Sommeroffensive 1944 weite Teile Chinas und stellte eine Landverbindung nach Indochina her. Da ein Ende des Krieges im Pazifik nicht abzusehen war, drängte Roosevelt Stalin auf einen Kriegseintritt der Sowjetunion gegen Japan. Am 4. 5. 1945 kündigte die Sowjetunion den Neutralitätspakt mit Japan vom 11. 4. 1941. In Jalta hatte Stalin den Kriegseintritt spätestens drei Monate nach Kriegsende in Europa zugesagt. Am 6. 8. wurde die erste Atombombe auf Hiroshima geworfen (über 90 000 Tote), am 9. 8. 1945 die zweite auf Nagasaki.

Am 8. 8. 1945 erklärte die Sowjetunion Japan den Krieg. Die sowjet. Fernostarmee drang in die Mandschurei und N-Korea ein. Sie setzte ihren Vormarsch auch fort, als Kaiser Hirohito am 14. 8. 1945 die Kapitulation Japans verkündete (am 2. 9. 1945 unterzeichnet). Amerikan. Truppen besetzten das japan. Hauptinseln sowie S-Korea. Die Kolonialmächte kehrten nach SO-Asien zurück, gerieten jedoch in Konflikt mit den Unabhängigkeitsbewegungen in den Ländern, die im Augenblick der japan. Kapitulation ihre Selbständigkeit proklamiert hatten. Die Reg. Tschiang Kaischek hatte am 14. 8. 1945 die von Roosevelt und Churchill zugestandenen Einschränkungen der chines. Souveränität in einem ‚Freundschaftsvertrag' mit der Sowjetunion akzeptieren müssen. Große Teile N-Chinas wurden von den Truppen Mao Tsetungs eingenommen. Der 1936 unterbrochene Konflikt zwischen der Kuomintang und den chines. Kommunisten brach nach der Kapitulation der japan. Truppen in China sogleich wieder aus.

Bilanz des Zweiten Weltkrieges. Deutsch-

land, Italien und Japan waren als Großmächte ausgeschieden. In Europa hatten die USA und die zur Weltmacht aufgestiegene Sowjetunion die Entscheidung herbeigeführt. Ihren Macht- und Einflußsphären gemäß wurde Europa geteilt. In O-Asien dominierten zunächst die USA. Der Abstieg Großbritanniens und Frankreichs zeichnete sich sichtbar ab.

Zu Friedensschlüssen kam es nur mit Italien und den kleineren europ. Verbündeten des nat.-soz. Dtl. (10. 2. 1947). Die USA schlossen 1951 mit Japan Frieden. Öster-

reich erhielt 1955 einen Staatsvertrag. Angesichts der Interessengegensätze zwischen den beiden Weltmächten war ein gemeinsamer Friedensschluß mit Dtl. von Anfang an unwahrscheinlich. Er ist bis heute (1972) ausgeblieben.

Der Zweite Weltkrieg forderte insgesamt über 55 Millionen Tote. Davon entfielen allein auf die Sowjetunion etwa 20 Millionen, Deutschland 4 Millionen, Polen 4,5 Millionen, Jugoslawien 1,7 Millionen, Japan 1,8 Millionen. Die USA hatten 259 000 Kriegstote, Großbritannien 386 000.

weltliche Institute, Kath. Kirche: Genossenschaften ohne öffentl. Gelübde und ohne grundsätzl. Gemeinschaftsleben mit der Aufgabe, durch moderne Formen des Apostolats die kirchl. Lehren zu verbreiten; 1947 kirchenrechtlich anerkannt und organisiert.

weltliche Schulen, Schulen, an denen Religionsunterricht nicht als ordentl. Lehrfach besteht. Die nach 1919 auf Grund der Weimarer Verf. in Preußen eingeführten Sammelschulen waren wegen des fehlenden Ausführungsgesetzes ohne Rechtsgrundlage. W. S. (Weltanschauungsschulen) sind nach dem Grundgesetz der Bundesrep. Dtl. ebenso möglich wie Bekenntnisschulen und Gemeinschaftsschulen.

weltliches Recht, das staatl. und zwischenstaatl. Recht im Unterschied zum geistlichen Recht.

Weltliteratur, bei Goethe der Austausch und gemeinsame Besitz der bedeutenden Literaturwerke der Nationen; gegenwärtig die Gesamtliteratur der Völker und Zeiten oder diejenigen Werke, die über ihren nationalen Entstehungsbereich hinaus künstlerische Geltung haben.

Weltmacht, Staaten, die über die gesamte Welt hin einen bestimmenden polit. Einfluß ausüben, wie die Sowjetunion und die Verein. Staaten (→Großmacht).

Weltmarkt, die internat. Warenmärkte, auf denen Angebot und Nachfrage der ganzen Erde zusammentreffen und sich die Preise der Welthandelsgüter bilden. W.-Plätze sind u. a. Chicago, New York, London, Paris, Antwerpen, Hamburg.

Weltmeer, die fast ³/₄ der Erdoberfläche bedeckende Wassermasse (→Meer).

Weltmeister, der jeweils beste Vertreter einer Sportart. Für zahlreiche Sportarten werden eigene **Weltmeisterschaften** ausgetragen.

Weltnachrichtenverein, →Internationale Fernmelde-Union.

Weltpostverein, engl. **Universal Postal Union,** Abk. **UPU,** frz. **Union Postale Universelle,** Abk. **UPU,** Bern, Zusammenschluß fast aller Staaten zur Regelung und Vereinheitlichung zwischenstaatl. Postbeziehungen (**Weltpostvertrag** 1878); auf Anregung H. v. Stephans 1875 gegr., seit 1948 Sonderorganisation der Vereinten Nationen.

Weltpriester, →Weltgeistliche.

Weltrat der Kirchen, →Ökumenischer Rat der Kirchen.

Weltraumfahrt, die →Raumfahrt.

Weltrekord, die offiziell anerkannte und geführte, höchste Leistung der Welt in einer der meßbaren Sportarten (Leichtathletik, Schwimmen, Eisschnellauf, Gewichtheben u. a.).

W'eltreligionen, die durch die Zahl ihrer Gläubigen bedeutenden großen Religionen. Im engeren Sinne sind W. die nicht

Weltreligionen (Anteile in %)
(Schätzungen)

Christen	30,8	Buddhisten	5,1
davon:		Stammes-	
Katholiken	17,5	religionen	4,7
Protestanten	9,6	Schintoisten	2,1
Orthodoxe	3,7	Taoisten	1,6
Muslime	14,0	Juden	0,4
Hindus	12,3	Sonstige und	
Konfuzianer	10,8	Religionslose	18,2

stammes- oder volksmäßig gebundenen Religionen wie Christentum und Buddhismus, letzterer einschließlich der von ihm beeinflußten ostasiat. Mischreligionen des Konfuzianismus, Taoismus und des Schintoismus. Sie erstrecken sich über Einzelräume, -völker, -kulturen hinaus. Der Islam und der Hinduismus sind stärker von Kultur und Raum geprägt. Die weltweit verbreitete jüd. Religion verbindet Angehörige der jüd. Volks- und/oder Glaubensgemeinschaft.

Weltschmerz, eine Form pessimistischen Lebensgefühls, die in der empfindsamen Zeit auftrat (Goethe ‚Werthers Leiden') und in der Romantik zum W. der zerrissenen Menschen (Jean Pauls ‚Roquairol' im ‚Titan'). Zur Zeitkrankheit wurde der W. in der ersten Hälfte des 19. Jahrh., als der Zerfall der überkommenen Werte unaufhaltsam fortschritt (Heine, Grabbe, Büchner, Lenau; Leopardi; Byron; Lermontow).

Weltsprachen, internationale Verkehrssprachen; die W. sind im zwischenstaatl. Verkehr bevorzugt, bes. für Diplomatie, Handel und Wissenschaft; in Europa früher Latein (bis ins 17. Jahrh.), in der Zeit der Entdeckungen (16. Jahrh.) bes. Spanisch und Portugiesisch, im 17. und 18. Jahrh. Französisch, im 20. Jahrh. Englisch.

Weltstadt, eine Stadt ab 1 Mill. Ew. (Übersicht Stadt).

Weltstudentenwerk, eine 1920 vom Christl. Studentenweltbund gegr. internationale Hilfsorganisation.

Welturheberrechtsabkommen, internationales Abkommen vom 6. 9. 1952 zwischen den meisten Kulturstaaten der Welt (ausgenommen der ‚Ostblock') über den gegenseitigen Schutz der Urheberrechts an Werken der Literatur. Die Berner Übereinkunft (→Berner Konventionen 2) bleibt daneben für die europ. Staaten verbindlich.

Weltverband der Arbeitnehmer, WVA, bis 1968 Internat. Bund Christl. Gewerkschaften, gegr. 1908 als Zusammenschluß von nat. Verbänden christl. Gewerkschaften Europas. Dem WVA gehören (1969) Gewerkschaften aus 74 Ländern an.

Weltverkehr, der kontinentale und interkontinentale Personen-, Güter- und Nachrichtenverkehr.

Weltwährungsfonds, →Internationaler Währungsfonds.

Weltweizenabkommen, Vertrag vom 23. 3. 1949 zur internat. Lenkung des Weizenhandels, um Knappheit oder Überschüsse zu verhindern. Es wurde mehrfach verlängert und 1967 ein Internat. Getreideabkommen erweitert. 1962 beteiligte sich erstmals die Sowjetunion (Bundesrep. Dtl. seit 1950).

Weltwetterdienst, engl. **World Meteorological Organization,** Abk. **WMO,** 1947 gegr. Sonderorganisation der Vereinten Nationen, Sitz: Genf.

Weltwirtschaft, die Gesamtheit der über Staaten oder Wirtschaftsräume hinausgreifenden Wirtschaftsvorgänge, bes. der zwischenstaatl. Güteraustausch.

Welt-Wirtschafts-Archiv, Hamburgisches W.-W.-A., gegr. 1908, seit 1948 wirtschaftswissenschaftl. Forschungsinstitut.

Weltwirtschaftsinstitut, →Institut für Weltwirtschaft.

Weltwirtschaftskrise, allg. eine Krise, deren Auswirkungen nicht auf einen Staat oder eine Staatengruppe beschränkt blei-

ben; im besonderen die durch den Kurssturz an der New Yorker Börse vom 24. 10. 1929 ausgelöste W. Ursachen waren Störungen im natürl. Ausgleich als Folgen des 1. Weltkrieges, eine nicht rechtzeitig bemerkte Kreditausweitung in den USA und eine gleichzeitige Agrarkrise.

Weltwunder, →Sieben Weltwunder.

Weltzeit, die mittlere **Sonnenzeit Greenwich,** gemessen von Mitternacht zu Mitternacht.

Weltzeituhr, eine Uhr, die die Tageszeit an verschiedenen Orten der Erde gleichzei-

Weltzeituhr

tig angibt. Ein sich drehender Zahlenring zeigt die Stunden, ein Mittelzeiger die Minuten an.

Welw'itschie die, Nacktsamigenpflanze in südwestafrikan. Steinwüsten; mit dickem Kurzstamm und langen Blättern.

Welzel, Hans, Strafrechtler, * 1904, Prof. in Göttingen, seit 1952 in Bonn. Werke: Naturalismus und Wertphilosophie im Strafrecht (1935), Das dt. Strafrecht (1947).

Wembley [w'embli], Teil des London Borough Brent; Fußballstadion.

Wemfall, Dativ der, bezeichnet die Person oder Sache, der eine Handlung zugute kommt.

Wenchow, engl. für →Wendschou.

Wende, Turnen: Sprung oder Abschwung, bei dem das Gesicht des Turners dem Gerät zugekehrt ist.

Wendegetriebe, ein Rädergetriebe zur Umkehrung des Drehsinnes des Abtriebsrads bei gleichbleibendem Drehsinn des Antriebsrads.

Wendehals, ein etwa singdrosselgroßer Spechtvogel, rindenfarbig; Zugvogel.

Wendehorizont, Kombination von →künstlichem Horizont und →Wendezeiger.

Welwitschie

Wendekreise, →Erde.

Wendel, schraubenförmige Linie, bes. ein schraubenförmig aufgewundener Draht, z. B. der Glühdraht der Glühlampe.

Wendel, Joseph, Erzbischof von München und Freising seit 1952, * 1901, † 1960, 1953 Kardinal, 1956 Feldpropst.

Wendelin, fränk. Einsiedler, lebte um 600 bei Trier, Feld- und Viehschutzheiliger; Tag: 22. 10.

Wendelstein, Gipfel der Bayer. Alpen, zwischen Inn und Schliersee, 1873 m; Wetterwarte, Rundfunk- und Fernsehsender; Zahnradbahn.

Wenden, Gem. in Nordrh.-Westf., im südl. Sauerland, 14 100 Ew.; Textil-, Fahrrad- u. a. Industrie.

Wenden Mz., **1)** alle nach der Völkerwanderung in Mittel- und Ostdtl. von der Ostsee bis zur Adria eingewanderten Slawen. **2)** die →Sorben.

Wendezeiger, ein Bordinstrument für Flugzeuge, das die Drehung des Flugzeugs um seine Hochachse anzeigt.

wendische Literatur, die →sorbische Literatur.

wendische Sprache, →sorbische Sprache.

Wendlingen am Neckar, Gem. in Bad.-Württ., 13 600 Ew.; Textil- u. Möbelind.

Wendschou, englisch **Wenchow, Jungkia,** Hafenstadt in der Prov. Tschekiang, Volksrep. China, 201 600 Ew.; Teeausfuhr, Specksteinindustrie.

Wenersee, der →Vänersee.

Wenfall, Akkusativ der, bezeichnet die Person oder die Sache, auf die sich eine Tätigkeit richtet.

Wengen, Höhenkurort und Wintersportplatz im Kanton Bern, Schweiz, 1277 m ü. M., am Fuß der Jungfrau; 600 m höher die Wengernalp.

Wenigborster Mz., **Oligochaeta,** Klasse der Ringelwürmer mit etwa 3000 Arten; z. B. Wasserschlänger, Schlammröhrenwürmer, Kiemenegel und Regenwürmer.

Wenker, Georg, Germanist, * 1852, † 1911, entwarf den →Deutschen Sprachatlas.

Wennerberg [-bɛrj], Gunnar, schwed. Schriftsteller, * 1817, † 1901; vaterländ. Hymne ‚Hör oss, Svea'.

Wenner-Green, Axel, schwed. Großindustrieller, * 1881, † 1961, entwickelte den Elektrolux-Konzern; stiftete 1955 das internat. **W.-G. Zentrum** für wissenschaftl. Forschung, Stockholm.

Wenningstedt, Gem. und Nordseeheilbad auf Sylt, 2500 Ew.

Wenter, Josef, Schriftsteller, * 1880, † 1947, Tierromane.

Wenzel, Kartenspiel: Unter (Bube).

Wenzel, Wenzeslaus, Fürsten:
Deutscher König. **1)** W. (1378-1400), als König von Böhmen **W. IV.** (1378-1419), * 1361, folgte seinem Vater Kaiser Karl IV.; durch die rhein. Kurfürsten abgesetzt.
Böhmen. **2)** **W. I., der Heilige,** Herzog (921 bis 929), * 903/905, begünstigte den Anschluß Böhmens an das Dt. Reich und die Christianisierung des Landes, wurde von seinem Bruder Boleslaw I. ermordet. Schutzpatron Böhmens; Tag: 28. 9.
3) **W. I.,** König (1230-53), * 1205, Schwiegersohn König Philipps von Schwaben, förderte die dt. Besiedlung in Böhmen.
4) **W. II.,** König (1278-1305), Enkel von 3), * 1271, folgte seinem Vater Ottokar II., Schwiegersohn König Rudolfs von Habsburg, von dem er die Kurwürde erhielt, erwarb vorübergehend auch die poln. Krone (1300); dichtete Minnelieder.

Wenzinger, Christian, Bildhauer, Maler, Baumeister in Freiburg i. Br., * 1710, † 1797, der Hauptmeister des oberrhein. Rokokos (Ausstattung der Stiftskirche in St. Gallen).

Werbeberufe: Werbeleiter und deren Gehilfen **(Werbefachleute), Werbeschaffende** (Architekten, Graphiker, Texter, Dekorateure usw.), **Werbemittler** (Auftragemittler).

Werbell'insee, See in der Mark Brandenburg, 8 km² groß, bis 50 m tief, zwischen bewaldeten Hügeln gelegen, durch den Werbelliner Kanal mit dem Finowkanal verbunden.

werbender Buch- und Zeitschriftenhandel, der Zweig des Buchhandels, der außer dem Einzelverkauf von Büchern das Abonnementsgeschäft betreibt: Werbung fester Abonnenten auf Bücher (→Buchgemeinschaften) und Zeitschriften.

Werbung die, allgem. eine absichtl. und zwangsfreie Form der Beeinflussung, die die angesprochene Personengruppe zu einem bestimmten Verhalten anregen will. W. für ideelle Zwecke (z. B. polit. Ideen) nennt man **Propaganda.** Die **Wirtschafts-W. (Reklame)** umfaßt alle Maßnahmen zur Absatzförderung: Anzeigen, Werbebriefe, Prospekte, Flugblätter, Kataloge, Plakate, Schaufenster, Licht-, Film-, Funk- und Fernseh-W., einprägsame Werbesprüche (Slogans) u. a. Ein Unternehmen kann die W. selbst durchführen oder sie einer **Werbeagentur** übertragen. Bei der **Gemeinschafts-W.** werben mehrere Anbieter gemeinsam für den Absatz ihrer Leistungen.

Werbungskosten, Aufwendungen des Steuerpflichtigen zur Erzielung und Sicherung seines Einkommens; teils auf Antrag, teils als Pauschbeträge ohne Antrag vom zu versteuernden Einkommen abziehbar.

W'erchne-'Udinsk, →Ulan-Ude.

Werchoj'ansk, kleine Stadt an der Jana, NO-Sibirien, 1638 gegr., einer der kältesten Orte der Erde (Dezembermittel −49,5° C, Julimittel +15,1° C).

Werdau, Stadt im Bez. Karl-Marx-Stadt, an der Pleiße, 23 000 Ew.; Marienkirche (1760-64); Spinnereifachschule; Textil-, Textilmaschinen-Ind., Fahrzeugbau u. a.

Werden, als philosoph. Grundbegriff: Realisierung von Anlagen und Möglichkeiten, allgemein die Tatsache, daß alles Seiende sich verändert (Gegensatz: Sein).

Werdenfels, Werdenfelser Land, ehem. Gfsch. des Hochstifts Freising, zwischen Oberbayern und Tirol, mit Garmisch-Partenkirchen, Mittenwald 1803 an Bayern.

Werder der, **1)** auch **Werth, Wörth,** Flußinsel, z. B. Nonnenwerth im Rhein. **2)** Land zwischen Fluß und Altwässern, z. B. Ochsenwerder bei Hamburg. **3)** aus Sumpf urbar gemachtes Land, z. B. Danziger W.

Werder an der Havel, Stadt im Bez. Potsdam, 9800 Ew.; die Altstadt liegt auf einer Havelinsel. Eisen- und Stahlindustrie, Obstplantagen.

Werdohl, Stadt in Nordrh.-Westf., im Sauerland, 24 100 Ew.; Schwer-, Halbzeug-, Aluminium- und Glasindustrie.

Wer'efkin, Marianne von, russ. Malerin, * 1870, † 1938, einflußreiches Mitglied der Gruppe um Kandinsky und Jawlensky in München.

Werfall, N'ominativ der, die Grundform der Nennwörter, bezeichnet eine Person oder Sache als Gegenstand einer Aussage.

Werfel, Franz, Schriftsteller, * Prag 1890, † Beverly Hills (Kalifornien) 1945, expressionistischer Lyriker und Dramatiker, emigrierte 1938 aus Wien. W. gab dem Bewußtsein der Bruderschaft aller Menschen pathetischen Ausdruck, wandte sich dann in seinen Romanen von gläubigen, leidenden Menschen und Völkern einem ein-

Franz Werfel   Walt Whitman

dringlichen psycholog. Realismus zu. Lyrik; Dramen: Der Spiegelmensch (1921), Juarez und Maximilian (1925), Paulus unter den Juden (1926), Jakobowsky und der Oberst (1944); Romane: Verdi (1924), Barbara oder die Frömmigkeit (1929), Die Geschwister von Neapel (1931), Die 40 Tage des Musa Dagh (1933), Der veruntreute Himmel (1939), Das Lied von Bernadette (1941), Stern der Ungeborenen (1946).

Werfen, Markt an der Salzach, im Pongau, Österreich, 3100 Ew.; überragt vom Schloß Hohenwerfen; am Fuße des Hochkönigs und des Tennengebirges.

Werfen, 1) das Verziehen, Hohlwerden, Sichkrümmen von Holz durch Feuchtigkeits- oder Temperaturveränderungen. **2)** ♉ das Gebären von Jungen **(Wurf).**

Werfer, 1) die Tümmlertaube. **2)** **Raketenwerfer:** Gerät mit mehreren Rohren zum Verschießen von Spreng-, Flamm- und Nebelgeschossen.

Werff, Adriaen van der, holländ. Maler, * 1659, † 1722, pfälz. Hofmaler, schuf biblische und mytholog. Bilder von porzellanartigem Schmelz der Farbe.

Werft, 1) ⚓ Industrieunternehmen für Bau, Ausrüstung, Reparatur von Schiffen. Bedeutende W. in der Bundesrep. Dtl.: AG. ‚Weser', Bremen; Blohm & Voß AG., Hamburg; Bremer Vulkan Schiffbau und Maschinenfabrik, Bremen-Vegesack u. a. **2)** →Wurten.

Werg, der →Hede.

Wergeland [v'ɛrgəlan], Henrik, norweg. Schriftsteller, * 1808, † 1845, Begründer der neueren norweg. Lit.: Lyrik, Dramen.

Wergeld [ahd. wer ‚Mann'], **Blutgeld,** ⚔ Sühnegeld für einen Totschlag an die Sippe des Erschlagenen.

Wer ist wer?, dt. biograph. Zeitgenos-

Werft (Montfalcone, Italien)

senlexikon (seit 1905), nach dem Vorbild des engl. „Who's who?" (seit 1849).

Werkbank, ein fester Tisch mit dicker Holzplatte, meist mit Schraubstock für Handwerksarbeiten (Hobelbank).

Werkbücherei, die Fachbibliothek eines Unternehmens oder die für Werksangehörige bestimmte Bücherei.

Werkbund, Deutscher W., DWB, 1907 in München gegr., 1946 neu gegr., Sitz: Düsseldorf, setzt sich für gute Form, materialgerechte Verarbeitung, Zweckmäßigkeit und Preiswürdigkeit aller Waren ein. **Österreichischer W.** seit 1912, **Schweizerischer W.** seit 1913.

Werkdruck, Druck von Büchern (Werken) im Unterschied zu Zeitungsdruck und Akzidenzdruck.

Werkfürsorge, freiwillige fürsorgerische Leistungen von Betrieben für ihre Arbeitnehmer und deren Familien.

Werkgenossenschaften, Genossenschaften, die für ihre Mitglieder Arbeitsleistungen übernehmen, z. B. genossenschaftl. Mühlen, Druckereien.

Werkkunstschulen, Fachschulen für Werkgestalter, nach 1945 aus den Kunstgewerbeschulen hervorgegangen. W. bestehen in über 20 größeren Städten der Bundesrep. Dtl. Schulträger sind meist Städte oder Gemeindeverbände.

Werklehrer, →Werkunterricht.

Werklieferungsvertrag, ⚖ ein Vertrag, durch den sich der Unternehmer dem Besteller gegenüber verpflichtet, ein Werk aus einem von ihm zu beschaffenden Material herzustellen.

Werkmeister, in größeren Betrieben Leiter einer Werkstatt oder Betriebsabteilung.

Werknutzungsrecht, ein Teil des Urheberrechts, z. B. das Recht zur Vervielfältigung und Nachbildung, Aufführung und Verfilmung eines Werks.

Werksbeurlaubung, Arbeitsrecht: Vereinbarung zwischen Arbeitgeber und Arbeitnehmer, daß bei vorübergehender Be-

triebseinstellung (Betriebseinschränkung) Arbeits- und Lohnpflichten ruhen.

Werkschulen, Berufsschulen, errichtet und unterhalten von Industrie- und Handelsunternehmen (private W.) sowie von Werkstätten der Bundesbahn zur Ausbildung ihrer berufsschulpflichtigen Lehrlinge.

Werkspionage, Auskundschaftung von Geschäfts- oder Betriebsgeheimnissen.

Werkstattzeichnung, die Darstellung (techn. Zeichnung) eines techn. Gegenstandes mit allen Angaben über Maße, Oberflächengüte, Toleranzen, Material u. a.

Werksteine, bearbeitete Natursteine oder Kunststeine (Beton-W.) für Mauerwerksverkleidungen, Treppenstufen, Fenster- und Türgewände, Fußbodenplatten u. a.

Werkstoff, jeder Stoff, aus dem durch weitere Be- und Verarbeitung Halbfertig- oder Fertigwaren hergestellt werden. Die im Bauwesen verwendeten Stoffe heißen →Baustoffe.

Werkstoffprüfung, die Untersuchung der Werkstoffe und Fertigteile in bezug auf ihren Aufbau und ihr Verhalten unter den verschiedensten Beanspruchungen; sie ermöglicht zweckmäßige Auswahl der Werkstoffe, ergibt Unterlagen über zulässige Beanspruchung, günstigste Formen und Abmessungen der Teile. Bei **zerstörenden Prüfverfahren** werden durch mechan., technolog., physikal. und chem. Verfahren Zusammensetzung, Festigkeit, Gefügebau u. a. ermittelt. Die **zerstörungsfreie W.** (mit Röntgen- und Gammastrahlen, Spektralanalyse, Ultraschall u. a.) läßt fehlerhafte Stellen im fertigen Stück erkennen, angewendet bes. zur Reihenuntersuchung an fertigen Prüfobjekten.

Werkstück, in der Fertigung, Bearbeitung oder Montage befindl. Gegenstand.

Werkstudent, erwerbstätiger Student.

Werkunterricht, Werkerziehung, Unterrichtsfach an Haupt- und Realschulen und

Gymnasien, meist in Verbindung mit Kunsterziehung. **Werklehrer** werden an Pädagog. und Kunsthochschulen ausgebildet.

Werkverkehr, Beförderung von Personen, Gütern für eigene Zwecke eines Unternehmens; nicht genehmigungspflichtig.

Werkvertrag, ⚖ ein Vertrag, durch sich der Unternehmer zur Herstellung eines bestimmten Werkes, der Besteller zur Entrichtung der vereinbarten Vergütung verpflichtet (§§ 631 ff. BGB.).

Werkwohnung, von einem Unternehmen für Werkangehörige erbaute Mietwohnung. Für den Mieter ist eine Verbindung von Arbeits- und Mietvertrag gegeben. W. unterliegen dem Mieterschutz auch beim Ausscheiden des Wohnungsinhabers aus dem Betrieb.

Werkzeitschrift, Betriebszeitschrift, periodisch von Unternehmen herausgegebene kostenlos an die Arbeitnehmer verteilte Zeitschrift zur innerbetriebl. Vertrauenspflege.

Werkzeug, ein Gerät zur Bearbeitung von Werkstoffen oder Werkstücken, von Hand geführt **(Hand-W.)** oder in eine Maschine **(Maschinen-W.)** eingespannt.

Werkzeugmacher, anerkannter industrieller Lehrberuf, Lehrzeit 3¹/₂ Jahre.

Werkzeugmaschine, eine Maschine zur spanenden oder spanlosen Formung von Gegenständen mit eingespannten Werkzeugen, z. B.: Drehbank, Säge-, Fräs-, Bohr-, Hobel-, Schleifmaschine; Hammer, Presse, Biege-, Stanz-, Walzmaschinen.

Werkzeugstahl, ein bes. harter Stahl für Schneid-, Stanz-, Ziehwerkzeuge u. a.

Werl, Stadt in Nordrh.-Westf., am Hellweg, 24 700 Ew. Möbel-, Metallwaren-, Hefe-, Textil- u. a. Industrie.

Wermelskirchen, Stadt in Nordrh.-Westf., im Bergischen Land, 27 000 Ew.; Schuh-, Werkzeug-, Maschinen-, Textil- u. a. Ind.

W'ermut, Absinth der, Korbblütler der Gatt. Artemisia, mit gelben Blütenköpfen,

1

3

2

Werkzeugmaschinen: **1** *Hochleistungsdrehmaschine.* **2** *Portalfräsmaschine mit vier Frässupporten.* **3** *Genauschmiedehammer mit ölhydraulischem Antrieb, elektropneumatischer oder elektrohydraulischer Steuerung und elektronisch regulierbarer Schlagstärke und Schlagzahl*

in ganz Europa verbreitet, sehr bitter. **W.-Wein**, schwacher Auszug von W.-Kraut mit Wein; **W.-Öl**, ein Duftstoff.

Wernau (Neckar), Gem. in Bad.-Württ., 12 500 Ew., u. a. Herstellung von wärmetechnischen Geräten.

Werne an der Lippe, Stadt in Nordrh.-Westf., 21 200 Ew.; Kohlenbergbau, Hefe-, Textilien-, Spirituosen- u. a. Industrie.

Werner, 1) Alfred, schweizer. Chemiker, * 1866, † 1919, Prof. in Zürich, arbeitete über Stereochemie und Komplexverbindungen; Nobelpreis 1913.

2) Anton von, Maler, * 1843, † 1915; Darstellungen von Schlachten und Staatsereignissen; Bildnisse u. a.

3) Bruno E., Schriftsteller, * 1896, † 1964, 1952-61 Kulturattaché der Dt. Botschaft in den Verein. Staaten; schrieb Romane (‚Die Galeere‘, 1949), Essays.

4) Heinz, Psychologe, * 1890, Prof. in Hamburg und den USA, verdient um die Entwicklungspsychologie.

5) Pierre Christian, luxemburg. Politiker, * 1913, Jurist, wurde 1953 Finanzmin., 1959 MinPräs.

6) Theodor, * 1886, † 1969, malte gegenstandslose Bilder, lebhaft bewegt und in leuchtkräftigen Farben; seine Frau Woty

T. Werner: Sternblumen, 1951 (Mannheim, Kunsthalle)

W., * 1903, † 1971, arbeitete Wandbehänge mit abstrakten Kompositionen.

7) Zacharias, Schriftsteller, * 1768, † 1823, schrieb mystisch-religiöse Geschichtsdramen: Die Söhne des Tals (1803), Das Kreuz an der Ostsee (1806), Martin Luther (1807). Die Tragödie ‚Der vierundzwanzigste Februar‘ (1809) wurde das Vorbild der Schicksalstragödie.

Werner-Plan, Plan zur stufenweisen Verwirklichung der Wirtschafts- und Währungsunion in der EWG (benannt nach dem luxemburg. MinPräs. P. C. Werner, Vors. eines Sachverständigen-Ausschusses) 1971 verabschiedet.

Wernher der Gartenaere, mhd. Erzähler aus der 2. Hälfte des 13. Jahrh.; Versnovelle ‚Meier Helmbrecht‘, Geschichte des sich über seinen Stand hinaushebenden Bauernsohns.

Wernicke, Christian, Dichter, * 1661, † 1725, ein früher Verfechter des rationalist. Klassizismus; satirische Epigramme.

Werniger'ode, Stadt und Kurort im Bez. Magdeburg, am Harz, 32 700 Ew.; Kirchen aus dem MA., Fachwerkbauten (Rathaus, 15. Jahrh.), Schloß über der Stadt; Motoren-, holzverarbeitende u. a. Ind., Steinbrüche.

Werra die, der rechte Quellfluß der Weser, 293 km lang, entspringt im Thüringer Wald, vereinigt sich bei Münden mit der Fulda zur Weser, 89 km schiffbar.

Werrabergland, Teil des Hess. Berglandes

zwischen Fulda und Werra, mit dem Meißner und dem Kaufunger Wald.

Werre die, **Westfälische** oder **Lippische Werra**, linker Nebenfluß der Weser, 69 km lang.

W'erschetz, serb. **Vršac**, Stadt in Jugoslawien, im südl. Banat, 34 000 Ew. Mittelpunkt des Weinbaus; Industrie.

Werst [russ. wersta] die, früheres russ. Längenmaß: 1,067 km.

Wert, 1) Philosophie: Eigenschaft, die einem Gegenstand dadurch zuwächst, daß er Ziel eines wirklichen oder gesollten Strebens ist; in der Auffassung der →Wertphilosophie sind W. eine besondere Art von Erkenntnisgegenständen, die vom bloßen Sein durch ihren Geltungscharakter unterschieden sind und zumeist in einer bestimmten Rangordnung gesehen werden. Der W.-Idealismus faßt die W. ontologisch als überweltliches Ideenreich auf; der W.-Realismus sieht sie im Sein verankert. Erkenntnistheoretisch stehen sich eine Art der W.-Erfassung ein W.-Rationalismus und ein W.-Irrationalismus unterschieden; ein W.-Rationalismus und ein W.-Irrationalismus unterschieden; ein W.-Prozeßrecht: →Streitwert. 3) Volkswirtschaftslehre: die Bedeutung eines Gutes für die Bedürfnisbefriedigung, nach den Kosten (objektiver W.) oder dem Nutzen (subjektiver W.) bemessen. Man unterscheidet Gebrauchs- und Tausch-W.

Wertach die, linker Nebenfluß des Lech, 145 km lang, entspringt in den Allgäuer Alpen, mündet unterhalb Augsburg.

Wertbrief, Wertpaket, →Postwertsendungen.

Wertethik, die auf dem Wertbegriff im Sinne der Wertphilosophie aufbauende →Ethik.

Werth, Johann von (1632), auch **Werdt, Weert,** Jan van, kaiserl. und bayer. Reitergeneral im Dreißigjährigen Krieg, * um 1600, † 1652, stieß 1636 bis Paris vor.

Wertheim, Stadt in Bad.-Württ., an der Mündung der Tauber in den Main, 12 000 Ew., altertüml. Stadtbild (Fachwerkbauten), überragt von der Burgruine W. (1634 zerstört); Glas-, Herd-, Holzstoff- u. a. Ind.

Wertheimer, Max, Psychologe, * 1880, † 1943, Mitbegr. der Gestaltpsychologie.

Wertigkeit, Val'enz, das gegenseitige Bindungsvermögen der chem. Elemente. Stark vereinfacht wird die W. eines Elements bestimmt durch die Anzahl von Wasserstoffatomen, die es in einer Verbindung ersetzen kann. **Ionen-W.,** die mit einem Ion verbundenen freien elektr. Ladungen. **Oxydations-W.,** Oxydationsstufe von Elementen und Verbindungen; ergibt sich aus Redoxreaktionen. **Bindungs-W., Bindigkeit, Kovalenz,** die W. bei unpolarer Atombindung.

Wertpapier, ein Papier, das einen Wert darstellt (z. B. Banknote); bes. eine Urkunde, die ein Privatrecht verbrieft (z. B.

Wernigerode: Rathaus

Aktie, Schuldverschreibung, Wechsel, Konnossement u. a.). Geltendmachung oder Übertragung dieser Rechte erfordern Vorlage oder Übergabe des W. Man unterscheidet Namens- (Rektapapiere), Order- und Inhaberpapiere. - In Österreich ist das Recht der W. zersplittert wie in Dtl; die Schweiz besitzt eine Gesamtregelung.

Wertpapierbereinigung, die Neuordnung des Wertpapierwesens in der Bundesrep. Dtl. (W.-Gesetz v. 19. 8. 1949).

Wertpapiergeschäft, das Effektengeschäft (→Effekten) der Banken.

Wertpapiersammelbanken, Effektengirobanken, von Banken gegr. Institute, die der Sammelverwahrung und dem Effektengiroverkehr dienen.

Wertpapiersteuer, eine Form der →Kapitalverkehrsteuern.

Wertphilosophie, Wertlehre, Werttheorie, Axiolog'ie [grch.] die, im 19. Jahrh. entstandener philosoph. Zweig, der vom wertfreien Wirklichen im Reich der →Werte unterscheidet. Im Anschluß an R. H. Lotze entwickelten sich hauptsächlich die neukantianische (W. Windelband, H. Rickert; Problem der Geltung) und die phänomenologische (M. Scheler; Begründung einer materialen Wertethik). In neuerer Zeit rechnen, z. T. hieran anschließend, N. Hartmann, F. J. v. Rintelen, J. Hessen, R. Reininger und J. Cohn zu ihren Vertretern.

Wertschöpfung, Volkswirtschaft: die von Landwirtschaft, Industrie, öffentl. Verwaltung u. a. innerhalb einer Rechnungsperiode durch Arbeit, Kapital, Bodennutzung neugeschaffenen Werte; die Summe der W. bildet das →Volkseinkommen.

Wertzeichenpapier, festes Papier aus reinen Lumpen auch mit Zellstoffzusatz, oft mit schwer nachzuahmenden Wasserzeichen, für Banknoten, Schecks, Aktien u. ä.

Wertzoll, in einem Prozentsatz vom Wert der Waren erhobene Zölle; in der Bundesrep. Dtl. nach dem Ges. v. 23. 12. 1960, i. d. F. v. 20. 12. 1968.

Werwolf, im Volksglauben ein Mensch, der Wolfsgestalt annehmen kann.

Wesel, Stadt in Nordrh.-Westf., an der Mündung der Lippe in den Rhein, 45 700 Ew.; Rheinhafen und Rhein-Lippe-Hafen; got. Willibrordikirche; Schiffbau, eisenverarbeitende, feinmechan. u. a. Ind. - 1220 an Kleve, 1407 Mitglied der Hanse, mit Kleve 1614/66 an Brandenburg-Preußen, seit 1666 zur Festung ausgebaut. 1806-14 stand es unter napoleon. Herrschaft.

Wesel-Datteln-Kanal, Teil des →Lippe-Seitenkanals.

Wesen, Philosophie: das eigentl. Sein (‚Sosein‘, ‚Essenz‘), im Unterschied zu den Formen seiner Erscheinung (‚Dasein‘, ‚Existenz‘).

Wesendonk, Mathilde, geb. Luckemeyer, Schriftstellerin, * 1828, † 1902, war mit Richard Wagner eng befreundet; schrieb die von Wagner 1857/58 vertonten ‚Fünf Gedichte‘ (Wesendonk-Lieder).

Wesensschau, das Innewerden des Wesens einer Sache, eine Methode der Phänomenologie.

Weser die, einer der Hauptflüsse Deutschlands, 440 km lang, entsteht bei Münden aus Fulda und Werra, durchfließt das Weserbergland bis zur Westfäl. Pforte, dann das Norddt. Tiefland, mündet unterhalb Bremerhaven in die Nordsee. Hauptnebenflüsse: rechts Aller, links Diemel, Werre, Hunte. Kanalverbindungen mit Ems, Rhein und Elbe durch den Mittellandkanal.

Weserbergland, Bergzüge zu beiden Seiten der Weser von Münden bis Minden: Bramwald, Solling, Hils, Ith, Süntel, Deister, Bückeberge, die Weserkette, die in der Westfäl. Pforte von der Weser durchbrochen wird und sich im W in dem Wiehengebirge fortsetzt, und das Lippische Bergland (Teutoburger Wald u. a.).

Wesermünde, 1924-47 Name der Stadt →Bremerhaven.

Wesfall, G′enitiv *der,* bezeichnet allgemein die Beziehung eines Begriffs auf einen anderen.

Wes′ir [arab. ‚Träger', ‚Stütze'] *der,* Minister islam. Staaten, oberster W. war der **Großwesir.**

W′esker, Arnold, engl. Dramatiker, * 1932; ‚The kitchen' (1959), ‚Roots' (1960), ‚I'm talking about Jerusalem' (1960) u. a.

Wesley [w′esli], John, * 1703, † 1791, Begründer des →Methodismus.

Wespen Mz., im weiteren Sinn: die meisten Hautflügler; im engeren Sinn: die zu den Stechimmen gehörigen **Falten-W.** (z. B. Hornisse). Die W. treiben Brutpflege; sie nähren sich von Obst, süßen Säften, aber auch von rohem Fleisch und Insekten. Die **Lehm-W.** leben einzeln, die **Papier-W.,** deren Nester aus papierartigen, zerkauten Pflanzenstoffen bestehen, gesellig.

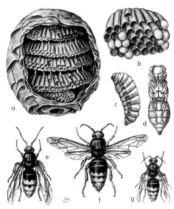

Wespen, Hornisse: a Nest, die Waben sind durch senkrechte Pfeiler miteinander verbunden, b Stück einer Wabe mit gedeckelten und leeren Zellen, c Larve, d Puppe, e Männchen, f Weibchen, g Arbeiterin. Nur bei f sind die Vorderflügel ganz entfaltet, bei e und g sind sie einmal längsgefaltet

Wessel, 1) Helene, Politikerin (Zentrum, GVP, SPD), * 1898, † 1969, 1945 Mitgr., 1949-52 Vors. der Zentrumspartei, 1949-53 und 1957-69 MdB, 1953-57 führendes Mitglied der Gesamtdeutschen Volkspartei, trat 1957 zur SPD über.
2) Horst, * 1907, † 1930 (an den Folgen eines Überfalls), Student, seit 1926 Mitgl. der NSDAP. Ein von ihm verfaßtes Lied **(Horst-W.-Lied)** wurde vom Nat.-Soz. neben dem Deutschlandlied zur Nationalhymne erhoben.

Wesselb′uren, Stadt in Schleswig-Holstein, 3700 Ew., Geburtsort Hebbels (Hebbel-Museum).

W′esseling, Gemeinde in Nordrhein-Westfalen, 26 200 Ew.; Endstation der Erdölleitungen Bremen-W. und Rotterdam-W., große Hafenanlagen am Rhein für Braunkohlen- und Erdölumschlag, chemische Großindustrie mit Erdölverarbeitung.

Wesselman, Tom, amerikan. Popkünstler, * 1931. W.s Darstellungsweise ist von der Werbung beeinflußt und wird durch plakative Farben bestimmt.

Wessely, Paula, österreich. Schauspielerin, * 1908; ⊙ mit dem Schauspieler Attila Hörbiger.

Wessenberg, Ignaz Heinrich Karl Freiherr von, kath. Theologe und Kirchenpolitiker, * 1774, † 1860. Der Reformer W. wurde von der Kurie und ultramontanen Kreisen angegriffen, durch das 2. Vatikan. Konzil weithin rehabilitiert.

Wessenstedt, Gem. in Niedersachsen, 200 Ew.; auf Grund von Ausgrabungen namengebend für die erste Stufe der westgerman. Eisenzeit (800-550 v. Chr.).

Wessex [w′esiks, ‚Westsachsen'], eines der angelsächs. Königreiche, erlangte unter König Egbert (802-839) die Führung.

Wessobrunner Gebet, ahd. stabreimendes Gedicht in bair. Mundart, in einer Handschrift des Klosters Wessobrunn (Anfang des 9. Jahrh., jetzt Staatsbibliothek München).

Wessobrunner Schule, die in der süddt. Baukunst um 1675-1720 in Schwaben führende Werkstatt für Stuckdekoration, zu der die für Kirchen der →Vorarlberger Bauschule arbeitenden Familien →Feuchtmayer und Schmuzer gehörten. Aus Wessobrunn stammten auch die Brüder D. und J. B. →Zimmermann, zu 3).

West, 1) Benjamin, amerikan. Maler, * 1738, † 1820, Akademiepräs. in London; realist. Geschichtsbilder, Bildnisse u. a.
2) Morris L., austral. Schriftsteller, * 1916, schrieb u. a. ‚Des Teufels Advokat' (1959).
3) Rebecca, Schriftstellername von Cecily Isabel **Fairfield,** engl. Schriftstellerin und Schauspielerin, * 1892, seit 1930 Mrs. H. M. Andrews; Essays, Biographien, psychoanalyt. Romane.

Westarp, Kuno Graf von, Jurist und Politiker, * 1864, † 1945, war als Konservativer 1908-18, als Deutschnationaler 1920-29 und als Volkskonservativer 1930 bis 1932 MdR.

Westaustralien, engl. **Western Australia,** Staat des Australischen Bundes; 2 527 600 km², 980 000 Ew., Hauptstadt: Perth.

West-Beng′alen, engl. **West-Bengal,** Bundesland in Indien, am unteren Ganges; 87 617 km², 44,4 Mill. Ew. Hauptstadt: Kalkutta. Amtssprache: Bengali. Textil-, Maschinen-, chem. Ind. - Nach der Teilung →Bengalens (1947) bestand W.-B. aus 2 Gebieten, die 1956 durch Gebietsstreifen von Bihar verbunden wurden. 1950 wurde der ehem. Fürstenstaat Katsch-Bihar an W.-B. angeschlossen.

West-Berlin, das seit 1945 amerikanisch, britisch und französisch besetzten Sektoren von →Berlin.

West Bromwich [west br′ʌmidʒ], Stadt in Großbritannien, nordwestl. von Birmingham, 173 000 Ew.; Kohlenbergbau; Eisen-, Stahl-, Elektro-, chem. Industrie.

Westdeutsche Allgemeine Zeitung, Essen, unabhängige Tageszeitung, gegr. 1948.

Westdeutsche Bibliothek, 1945 nach Marburg übergeführter Teil der ehem. Preuß. Staatsbibliothek; seit 1964 als ‚Staatsbibliothek der Stiftung Preuß. Kulturbesitz' nach West-Berlin überführt.

Westdeutsche Rektorenkonferenz, →Rektorenkonferenz.

Westdeutscher Rundfunk, Abk. **WDR,** Köln, gegr. 1956, sendet Hörfunkprogramme und ist am Fernsehprogramm der ARD beteiligt.

Westdeutschland, im polit. Sprachgebrauch nach 1945: die aus den drei westl. Besatzungszonen hervorgegangene Bundesrep. Dtl.

Weste, kurze ärmellose Jacke.

Westen *der,* **Abend,** Zeichen **W,** die Himmelsgegend der Sonnenuntergangs.

Westerholt, Stadt in Nordrh.-Westf., im Rheinisch-Westfäl. Industriegebiet, 13 400 Ew.; Kohlenbergbau.

Westerland, Stadt und Nordseeheilbad auf der Insel Sylt, Schlesw.-Holst., 10 400 Ew.; bioklimat. Forschungsstation der Universität Kiel; Endpunkt der Bahn über den →Hindenburgdamm.

Westermann, Georg, Verleger, * 1810, † 1879, gründete 1838 in Braunschweig die Verlagsbuchhandlung Georg W. ‚Westermanns Monatshefte' (seit 1856).

Western [w′estən], der, Wild-West-Film.

Western Electric Company Inc. [w′estən il′ektrik k′ʌmpəni-], New York, Unternehmen zur Herstellung von Fernsprechausrüstung; gegr. 1869. Eigenkapital: 2,44 Mrd. US-$; Beschäftigte: 215 440 (1970).

Western Islands [w′estən ′ailəndz], englischer Name der →Hebriden.

Western Union Telegraph Company Ltd. [w′estən ju:njən t′eligræf-], New York, größtes Unternehmen des Telegraphen-

und Kabeldienstes in den USA; gegr. 1869. Eigenkapital: 447,5 Mrd. US-$; Beschäftigte: 23 740 (1970).

Westerplatte, Landzunge an der westl. Mündung der Toten Weichsel, gegenüber Danzig-Neufahrwasser.

Westerstede, Gem. in Ndsachs., 16 400 Ew.; Sägewerke, Fleischwaren- u. a. Ind.

Westerwald, rechtsrhein. Teil des Rhein. Schiefergebirges zwischen Lahn und Sieg, eine wellige Hochfläche, im Fuchskauten 657 m hoch. Das Grundgebirge ist von Basalt überdeckt. Der Westteil des W. ist waldreich, der Ostteil, den ‚Hohe Westerwald', meist kahl und rauh. Viehzucht, Ackerbau; Braunkohlenbergbau, Keramik- und Eisenind. (Bild S. 1360)

Westeuropa, geograph. der zwischen Alpen und Dt. Bucht, westl. Dtl.s gelegene Teil Europas mit Brit. Inseln, Frankreich und den Niederlanden, Belgien, Luxemburg.
Vorgeschichte. Die ältesten Zeugnisse menschl. Kultur in W. gehören der Altsteinzeit an (Faustkeile, Felsbilder in Höhlen von Frankreich). In der Mittelsteinzeit scheinen von Afrika her Ackerbau und Viehzucht über die Pyrenäenhalbinsel eingedrungen zu sein. Die Jungsteinzeit zeigt Megalithbauten mit dem typisch westeuropäischen Ganggrab, Pfahlbauten. Eine hochentwickelte Goldschmiedekunst bestand in Irland. In N-Frankreich, Belgien und den Nachbargebieten festigte sich das Volkstum der Kelten. Nach Friesland und Holland kamen seit dem 5. Jahrh. v. Chr. Germanen.

Westeuropäische Union, Abk. **WEU,** durch die Pariser Verträge von 1954 gegründete, aus dem Brüsseler Vertrag von 1948 hervorgegangene Gemeinschaft Großbritanniens, Frankreichs, Belgiens, der Niederlande, Luxemburgs, der Bundesrep. Dtl. und Italiens; Sitz London. Die Teilnehmer bilden einen Rat der 7 Außenmin. mit einem Ständigen Rat als Unterorgan und sichern sich Beistand im Angriffsfall zu. Die W. U. ist in den →Nordatlantikpakt eingegliedert.

Westeuropäische Zeit, Abk. **WEZ,** →Zeit.

Westf′alen, 1) ehem. preuß. Provinz mit den RegBez. Münster, Minden und Arnsberg; 20 125 km², 5,21 Mill. Ew. (1939); Hauptstadt: Münster.
Geschichte. Ursprünglich bildete W. den westl. Teil des sächs. Stammesgebietes (→Sachsen). Nach 1180 zerfiel es in eine große Anzahl geistl. und weltl. Herrschaften (die Hochstifte Münster, Paderborn, Osnabrück, Minden; die Gfsch. Mark, Ravensberg, Lippe, Lingen); S-W. (Sauerland) erhielten die Erzbischöfe von Köln. 1815 wurde der größte Teil W.s preuß. Prov.; Osnabrück und die nördl. Münsterland kamen zu Hannover und Oldenburg.
2) 1807-13 Königreich, napoleon. Vasallenstaat, aus Hessen-Kassel, Hannover, Braunschweig, den preuß. Prov. westl. der Elbe u. a. nur zum geringen Teil westfäl. Gebieten gebildet, Hauptstadt: Kassel. König: Napoleons Bruder →Jérôme Bonaparte.
3) Teil des Landes →Nordrhein-Westfalen. Es umfaßt die Münsterer Tieflandsbucht und die südl. und östl. anschließenden Gebirge (Sauerland, Rothaargeb., Eggegeb., Teutoburger Wald, Wiehengeb., Weserbergl.) teils fruchtbar, teils von Moor- und Heideflächen bedeckt. Wirtschaft: überwiegend Bergbau und Industrie, bes. im Ruhrgebiet; Ackerbau und Viehzucht bes. in der Münsterer Bucht am Hellweg, in der Soester und Warburger Börde und um Minden.

Westfälische Bucht, die →Münstersche Bucht.

Westfälische Pforte, latein. **Porta Westfalica,** das Durchbruchstal der Weser oberhalb von Minden zwischen Wiehengebirge und Weserkette. (Bild S. 1360)

Westfälischer Friede, beendete am 24. 10.

Westerwald: Hochfläche im Gebiet des Fuchskauten　　　*Westfälische Pforte: Blick weserabwärts*

1648 den →Dreißigjährigen Krieg, in **Münster** mit Frankreich, in **Osnabrück** mit Schweden geschlossen: Schweden erhielt Vorpommern mit Stettin, die Inseln Rügen, Usedom und Wollin, die Stadt Wismar, die Stifte Bremen und -Verden. Frankreich erhielt die habsburg. Besitzungen im Elsaß, Metz, Toul und Verdun. Brandenburg erhielt Hinterpommern, Halberstadt, Minden und die Anwartschaft auf das Fürstentum Magdeburg. Die Niederlande und die Schweiz wurden als unabhängig vom Reich anerkannt. Die Reichsstände erhielten das Recht, Bündnisse zu schließen. Der Calvinismus wurde als dritte Konfession in den Augsburger Religionsfrieden eingeschlossen.

Westfälische Rundschau, in Dortmund erscheinende Tageszeitung, gegr. 1946.

Westfinnen Mz., **Baltische Finnen, Ostseefinnen,** die Finnen, Esten, Liven, Ingern, Karelier, Woten und Wepsen.

Westflandern, die westlichste Prov. des Kgr. Belgien, 3134 km², 1,052 Mill. Ew.; Hauptstadt: Brügge.

Westfluß, chines. **Sikiang,** Hauptstrom in Südchina, aus den Quellflüssen Jukiang und Hungschuikiang gebildet, 1450 km lang, mündet in das Südchines. Meer.

Westfriesische Inseln, niederländ. Gruppe der →Friesischen Inseln, bestehend aus Texel, Vlieland, Terschelling, Ameland, Schiermonnikoog, Rottum.

Westgermanen, die um Christi Geburt zwischen Rhein, Donau und Oder ansässigen german. Völker, aus denen später die Deutschen und die Engländer hervorgingen; →Germanen.

Westgoten, richtiger **W'isigoten,** einer der beiden großen Stämme der →Goten. Sie wurden nach ihrem Einbruch in die Balkanhalbinsel 382 als röm. Reichsangehörige in Mösien angesiedelt, fielen unter Alarich in Italien ein, plünderten 410 Rom, gründeten 418 in Südgallien das **Tolosanische Reich** (nach der Hauptstadt Toulouse, 507 an die Franken verloren), seit 450 ein Reich in Spanien (Hauptstadt Toledo), das bis zum Einfall der Araber 711 bestand.

West Ham [west hæm], Teil des Londoner Stadtviertels Newham, 156 100 Ew.; Eisenbahnwerkstätten, Schiffswerften.

Westindien, die Inselgruppen Mittelamerikas: →Bahama-Inseln, Große und Kleine →Antillen. Statistik, →Mittelamerika; Geschichte, →Lateinamerika.

Westindische Föderation, engl. **Federation of the West Indies,** früher ein Bund brit. Kolonien mit Selbstverw. in Westindien, 20 731 km², 3,212 Mill. Ew., bestehend aus 10 Bundesgebieten (die Inseln der Inselgruppen Jamaika, Trinidad-Tobago, Barbados, Dominica, St. Lucia, St. Vincent, Grenada, Antigua, St. Christopher-Nevis-Anguilla, Montserrat). Regierungssitz war Port of Spain. Der Bund zerfiel 1961, die brit. Regierung erklärte ihn 1962 für aufgelöst.

Westinghouse [w'estiŋhaus], George, amerikan. Ingenieur und Industrieller, * 1846, † 1914, erfand u. a. die selbsttätige Luftdruckbremse, trat für die Normung ein.

Westinghouse Electric Corp. [w'estiŋhaus il'ektrik kɔpər'eiʃən], Pittsburgh (Pa.), drittgrößtes und ältestes amerikan. Unternehmen der elektrotechn. Industrie; gegr. 1886. Eigenkapital: 1,49 Mrd. US-$; Beschäftigte: 145 000 (1970).

Westirian, indones. **Irian Barat,** der früher niederländ. W-Teil von Neuguinea, 412 781 km², 918 000 Ew. 1962-63 unter Verwaltung der Vereinten Nationen, seit 1963 unter Verwaltung von Indonesien; Hauptstadt: Djajapura.

westische Rasse, die mediterrane Menschenrasse (Übersicht Europide).

Westjordanien, →Jordanien.

Westler, russ. **Sapadniki,** in Rußland im 19. Jahrh. Anhänger der westeurop. Kultur, Vertreter liberaler und sozialist. Ideen.

West-Lothian [l'ouðiən], **Linlithgow-(shire),** Gfsch. in Schottland, 311 km², 106 800 Ew., Hauptstadt: Linlithgow.

Westmächte, vor und im 1. Weltkrieg bes. Großbritannien und Frankreich, nach 1945 auch die Verein. Staaten und die Staatengruppe, die deren Politik unterstützt.

Westmeath, West Meath [westmi:θ], irisch **Jarmhi,** Gfsch. der Rep. Irland, 1763 km², 52 900 Ew. Hauptstadt: Mullingar.

Westminster, 1) City of W. [s'iti ɔv w'estminstə], Stadtbezirk von London, 234 400 Ew. **2)** Kath. Erzbistum (seit 1850). Der Erzbischof von W. ist der führende Bischof der engl. Kath. Kirche.

Westminster-Abtei, Westminster Abbey [-'æbi], Krönungs- und Grabeskirche der engl. Könige in London, entstanden aus einem im 7. Jahrh. gegr. Kloster, seit 1245 got. Basilika, mit Kapelle Heinrichs VII. (1503 bis 1519 im Perpendicular Style); im

Westindien: links Hochtal in der Cordillera Central, Dominikanische Republik; rechts Anbaugebiet auf St. Vincent

Inneren Grab- und Denkmäler großer Engländer.

Westminster Bank Ltd., eine der 5 großen Londoner Depositenbanken (Big Five).

Westminster Hall [-hɔːl], die alte Königshalle in London (begonnen 1398), mit offenem Dachstuhl erbaut; einziger Rest des 1834 abgebrannten Palace of Westminster.

Westmorland, Westmoreland [wˈestmə lənd], Gfsch. im nordwestl. England, 2043 km², 71 700 Ew. Hauptstadt: Appleby.

Weston-Element [wˈeston-], ein Normalelement, →galvanische Elemente.

Weston super Mare [wˈeston sjˈupə mˈɛə], Stadt und Seebad in S-England, am Bristolkanal, 48 000 Ew.

West-Pakistan, →Pakistan.

West Point, amerikan. Kadettenanstalt und Heeresakademie im Staat New York.

Westpolitik, in Analogie zu „Ostpolitik" entstandene Bez. für die Politik der dt. Bundesregierungen bes. gegenüber den Staaten des Nordatlantikpaktes und der westeurop. Gemeinschaften.

Westpreußen, bis 1918 preuß. Provinz beiderseits der unteren Weichsel. W. war aus dem alten Deutschordensstaat hervorgegangen, bes. aus dem 1308/09 eroberten Teilhzgt. Pommerellen (→Deutscher Orden). Seit 1466 bildete es mit dem Ermland einen selbständigen Ständestaat unter poln. Schutzherrschaft. 1569 wurde der größte Teil mit Polen vereinigt. 1772 kam W. an Preußen, 1824-78 war es mit Ostpreußen vereinigt. 1919 fiel der größte Teil an Polen. Die westl. Kreise kamen zur neuen Prov. Grenzmark Posen-W., die östl. wurden mit Ostpreußen vereinigt, Danzig zur Freien Stadt erklärt.

Westpunkt, der westl. Schnittpunkt zwischen Himmelsäquator und Horizont.

West Riding [-rˈaidiŋ], Teilgrafschaft der Grafschaft York in Großbritannien.

Weströmisches Reich, die Westhälfte des Römischen Reichs seit der Teilung durch Theodosius d. Gr.

Westsamˈoa, Staat auf den →Samoa-Inseln, deren größeren Teil er umfaßt (Savai, Upolu u. a.), 2842 km², 131 400 Ew.; Hauptstadt: Apia. - 1899 dt. Schutzgebiet, 1920 neuseeländ. Völkerbundsmandat, 1962 unabhängig im Rahmen des Brit. Commonwealth.

Westslawen, die Polen, Tschechen, Slowaken, Sorben, Masuren, Kaschuben.

West Virginia [-vɔːdʒˈiːniə], Abk. **W. Va.,** einer der südatlant. Staaten der Verein. Staaten, 62 629 km², 1,74 Mill. Ew. Hauptstadt: Charleston. Gebirgsland, führend in der Kohleförderung. Wichtige Viehzucht., Mais-, Weizenanbau, Forstwirtschaft; Eisen-, Glas-, Aluminium-, bes. chem. Ind. - W. V. gehörte urspr. zu Virginia. Im Sezessionskrieg blieb es der Union treu, die W. V. 1863 als 35. selbständigen Staat aufnahm.

Westwall, Befestigungsgürtel an der dt. Westgrenze 1938-45.

Westwerk, bei frühmittelalterl. Klosterkirchen ein reich durchgebildeter Westbau mit einem über der Eingangshalle liegenden Altarraum, von Emporen umgeben, sich zum Mittelschiff öffnet; über ihm ein Turmaufbau mit zwei Treppentürmen. Das besterhaltene W. in Dtl. hat die Klosterkirche in Corvey.

Westwinddrift, die durch beständige Westwinde hervorgerufene Meeresströmung, die das Südpolargebiet umkreist.

Westzonen, in Dtl. nach 1945 die amerikan., brit. und franz. Besatzungszone.

Wetlˈuga, Nebenfluß der Wolga, 850 km lang, Holzflößerei aus der Taiga.

Wettbewerb, Konkurrenz, das Wetteifern der Einzelwirtschaften und -betriebe am Markt; freier W. kennzeichnet die freie Marktwirtschaft. **W.-Beschränkungen,** meist auf Grund von Abreden von Unternehmern (Kartelle), werden in der Bundesrep. Dtl. gesetzlich geregelt.

Wettbewerbsverbot, ⚖ im Arbeits- und Handelsrecht die Verpflichtung des Arbei-

ters und Angestellten, dem Arbeitgeber keine Konkurrenz zu machen. Für die Dauer des Arbeitsverhältnisses ergibt sich das W. aus der→Treuepflicht, nach Beendigung besteht die W. nur auf Grund besonderer Vereinbarung **(Konkurrenzklausel).**

Wette, ⚖ ein Vertrag, bei dem eine oder (meist) beide Parteien sich zur Bekräftigung widersprechender Behauptungen verpflichten, daß der, dessen Behauptung sich als unrichtig erweist, eine bestimmte Leistung bewirken soll.

Wetter, der jeweilige Zustand der Lufthülle am Beobachtungsort, mitbestimmt durch Tiefdruck- und Hochdruckgebiete (Zyklonen, Antizyklonen), Warm- und Kaltfronten. Die räuml. Zusammenfassung des W. ergibt die **Wetterlage (Großwetterlage** in großen Räumen, z. B. Europa), der W.-Ablauf mehrerer Tage die **Witterung. Wetter, 1)** die, Nebenfluß der Nidda, 55 km lang, entspringt im Vogelsberg, durchfließt die Wetterau. **2) W. (Ruhr),** Industriestadt in Nordrh.-Westf., 31 000 Ew.; Maschinenwerk, Gußstahlwerke. Bei W. ist die Ruhr gestaut (Harkortsee); Kraftwerk.

Wetterau, Landschaft zwischen Vogelsberg und Taunus, mit bedeutendem Ackerbau auf Löß- und Lehmböden. Historische Städte: Friedberg, Butzbach, Büdingen; Bäder: Nauheim, Vilbel, Salzhausen.

Wetterdienst, staatl. Einrichtung, die von den Wetterwarten regelmäßig Wetterbeobachtungen erhält, über Funk und Fernschreiber international austauscht, Wetterkarten und Wettervorhersagen herausgibt.

Wetterfühligkeit, ⚕ die Beeinflußbarkeit von Allgemeinbefinden, Stimmung und Leistungsfähigkeit durch Witterungserscheinungen, z. B. durch →Föhn; sie kann zu →Wetterkrankheiten führen.

Wetterhorn, Bergstock der Finsteraarhorngruppe, Schweiz, im Mittelhorn 3701 m.

Wetterkarte, die in eine Umrißkarte eingetragenen Angaben über die Wetterlage, synoptische Auswahl von Beobachtungen der →Wetterwarten; für den Flugdienst →Höhenwetterkarte.

Wetterkrankheiten, ⚕ verschiedenartige Beschwerden, die im Zusammenhang mit Witterungserscheinungen (z. B. Fronten, →Front 3) auftreten; ihrer Erforschung dient die Meteoropathologie.

Wetterkunde, →Meteorologie.

Wetterlampe, →Sicherheitslampe.

Wetterleuchten, sichtbare Entladung entfernter Gewitterblitze.

Wetterregeln, →Bauernregeln.

Wettersatelliten, für meteorolog. Beobachtungen mit Strahlungsmeßgeräten und Fernsehkameras versehene künstliche Erdsatelliten, z. B. die von den Verein. Staaten entwickelten W. Tiros, Nimbus, ESSA, ITOS. Ihre Meßfühler für Strahlung verschiedener Wellenbereiche liefern Daten über die Temperatur und den Wassergehalt der Atmosphäre sowie andere interessierende Größen, die Temperatur und das Reflexionsvermögen der Erdoberfläche. Die Aufnahmen der Fernsehkameras werden auf Magnetband gespeichert und vom Boden aus abgerufen oder auch laufend gesendet. Die so gewonnenen Wolkenbilder erfassen auch die weite beobachtungsleeren Räume der Ozeane und gestatten die Erkennung und Lokalisierung tropischer Orkane und Neubildungen außertropischer Zyklonen. - W. stellen, abgesehen von ihrem Wert für die Forschung, eine wesentliche Hilfe für die Wettervorhersage dar.

Wetterscheide, ein Landschaftsteil (Gebirge, Fluß, See), der Einfluß auf das Wetter hat, z. B. Ablenken von Gewittern.

Wetterschiffe, für Wetterbeobachtung an festem Platz stationierte Schiffe (bes. zur Sicherung des Luftverkehrs).

Wettersee, der →Vättersee.

Wettersteingebirge, Teil der Bayerisch-

Nordtiroler Kalkalpen, zwischen Fernpaß und Seefelder Sattel. Die Hauptkette gipfelt in der Zugspitze (2963 m); südlich vom W., durch das Leutasch-Tal getrennt, die Mieminger Kette.

Wettervorhersage, die Bekanntgabe der mutmaßlichen Entwicklung des Wetters durch den Wetterdienst für eine bestimmte Zeit (24-48 Stunden).

Wetterwarte, Wetterstation, Beobachtungsstelle, an der mehrmals täglich Feststellungen über den augenblicklichen Zustand der Atmosphäre getroffen und dem Wetterdienst mitgeteilt werden.

Wetterzauber, →Analogiezauber.

Wettin, Stadt im Bez. Halle, 3200 Ew., Ind., Steinbrüche. Auf einem Porphyrrücken an der Saale die Burg W.

Wettˈiner, deutsches Fürstengeschlecht, nach der Burg Wettin genannt, erwarb 1089 die Mark Meißen, 1247 ff. die Landgrafschaft Thüringen, 1423 das Herzogtum Sachsen-Wittenberg mit der Kurwürde. 1485 trennten sich die W. in **Ernestiner** und **Albertiner.** Jene verloren 1547 die Kurwürde an die Albertiner und waren fortan auf Süd- und Mittel- →Thüringen beschränkt. Die Albertiner wurden Könige von Polen und 1806 Könige von Sachsen. Aus den vielen ernestin. Teilungen gingen die →Sächsischen Herzogtümer hervor. Im Nov. 1918 dankten alle W. in Deutschland ab. Über das Haus Sachsen-Coburg kamen im 19. Jahrh. die ernestin. W. auf die Throne von Großbritannien, Belgien, Portugal (bis 1910), Bulgarien (bis 1946).

Wettingen, Ort im Kanton Aargau, Schweiz, 19 900 Ew.; Textil- und Metallverarbeitung; Limmatkraftwerke der Stadt Zürich. Ehem. Zisterzienserkloster.

Wettkampfgymnastik, moderne Gymnastik, sportl. Form rhythm. Gymnastik, seit 1958 eine dem olymp. Frauenturnen ebenbürtige Sportart im Internat. Turnerbund; neben Gruppengymnastik Einzelmannschaften und Vierkampf mit Ball, Reifen, Seil und ohne Handgerät.

Wetzikon, Gem. im Kanton Zürich, Schweiz, 13 500 Ew.; versch. Industrie.

Wetzlar, Stadt in Hessen, an der Lahn

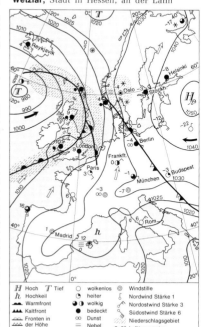

Wetterkarte

oberhalb der Dillmündung, 36 600 Ew.; opt. Ind., Stahl- und Eisenwerke, Erzgruben, Elektrizitätsbetriebe; Ofen-, Maschinen-, Rundfunkapparatebau. Dom (13. und 14. Jahrh.), ehem. Franziskanerkloster; 1693-1806 Sitz des Reichskammergerichts.

WEU, Abk. für →Westeuropäische Union.

Wexford [w'eksfəd], irisch **Loch Garman** [lɔx g'armin], Grafschaft an der SO-Küste der Rep. Irland, 2351 km², 85 900 Ew. Hauptstadt: Wexford.

Weyden, Rogier van der, niederländ. Maler, * um 1397-1400, † 1464, Schüler R. Campins (→Flémalle), schuf Altarwerke, in denen sich plastisch durchgebildete Figurengestaltung, gotischer Linienfluß und ungebrochene Leuchtkraft der Farben zu starkem seelischem Ausdruck verbinden.

R. van der Weyden: Anbetung des Kindes, um 1452-55 (Ausschnitt; Berlin, Staatl. Museen)

Seine Kunst wirkte als Vorbild bes. auch in Deutschland fort. - Kreuzabnahme (Escorial); Johannes-Altar (Berlin); Bladelin-Altar (ebd.); Columba-Altar (München); Bildnisse.

Weygand, Maxime, französ. General, * 1867, † 1965, 1940 Oberbefehlshaber, dann Verteidigungsmin. unter Pétain.

Weymouth [w'eiməθ], Seebad an der Südküste Englands, 42 600 Ew.

Weyrauch, Wolfgang, Schriftsteller, * 1904; Gedichte, Erzählungen.

WEZ, Abk. für Westeurop. Zeit (→Zeit).

WGB, Abk. für Welt-Gewerkschaftsbund (→Gewerkschaften).

Wharton [w'ɔːtn], Edith, geb. Newbold Jones, amerikan. Schriftstellerin, * 1862, † 1937; Gesellschaftsromane.

Wheatstone-Brücke [w'iːtstən-], →Meßbrücke.

Wheeling [w'iːliŋ], Stadt im Staat West Virginia, USA, 48 200 Ew.; Kohle-, Erdgasvorkommen, Schwer-, keram. u. a. Ind.

Whigs [wigz] Mz., Ez. Whig der, in England seit 1679 die Partei der Gegner der kath. Thronfolge, der Stuarts und der →Tories; seit etwa 1832 entstand aus den W. die Liberale Partei.

Whipcord, sehr dichter, fester, schräggerippter Stoff für Sportskleidung.

Whipple [w'ipl], George Hoyt, amerikan. Pathologe, * 1878, arbeitete mit an der Leberbehandlung der perniziösen Anämie; 1934 Nobelpreis (zusammen mit G. Minot und W. P. Murphy).

Whisky [w'iski, engl.] der, ein Kornbranntwein.

Whist [engl.] das, Kartenspiel mit französ. Karten (52 Blätter) für 4 Spieler, wobei die Gegenübersitzenden Partner sind.

Whistler [w'islə], James Mac Neill, nordamerikan. Maler und Graphiker, * 1834, † 1903, lebte in Paris und London, suchte in zunehmend impressionist. Auflösung der Form Stimmungen durch Farbharmonien wiederzugeben, nach denen er oft seine Bilder benannte (Bildnis seiner Mutter, 1871/72, Paris).

Whitechapel [w'aitʃəpl], Stadtviertel von London.

Whitefield [w'aitfiːld], George, einer der Stifter des Methodismus, * 1714, † 1770.

Whitehall [w'aithɔːl], Straßenzug in London mit Regierungsgebäuden.

Whitehead [w'aithed], Alfred North, engl. Philosoph, Mathematiker, * 1861, † 1947, verdient um den Ausbau der mathemat. Logik, entwickelte eine metaphys. Kosmologie.

White River [wait r'ivə], **1)** Nebenfluß des Mississippi in den Verein. Staaten, 1200 km lang, kommt aus dem Ozark-Gebirge. **2)** Nebenfluß des Missouri in den Verein. Staaten, 600 km lang.

Whitman [w'itmən], Walt, nordamerikan. Dichter, * 1819, † 1892; ‚Grashalme' (1855), freirhythmische Hymnen, u. a. auf den freien Menschen und die amerikan. Demokratie. Bahnbrechend für die moderne Lyrik. (Bild S. 1356)

WHO, →Weltgesundheitsorganisation.

Who's who [huːʒ huː, engl. ‚wer ist's'], biograph. Lexikon. →Wer ist wer?

Whyalla [wai'ælə], Erzhafen in Südaustralien, am Spencer-Golf, 22 100 Ew. Hüttenwerke und Schiffswerften.

Whymper [w'impə], Edward, engl. Bergsteiger, * 1840, † 1911, bestieg 1865 als erster das Matterhorn.

Wibbelt, Augustin, Schriftsteller, * 1862, † 1947; Gedichte und Geschichten in münsterländ. Mundart.

Wiborg, finn. **Viipuri,** schwed. **Viborg,** russ. **Wyborg,** Hafenstadt an der W.er Bucht des Finn. Meerbusens, 64 000 Ew., hat vielseitige Industrie, Ausfuhr von Holz. Auf einer Insel die umfangreiche Burg. W., 1293 von den Schweden gegr., war Sperrfestung auf der Karelischen Landenge. 1947 kam es an die Sowjetunion (Karel. ASSR).

Wichern, Johann Hinrich, evang. Theologe, * 1808, † 1881, gründete das Rauhe Haus; aus dem Gehilfenhaus entstand 1843 die Keimzelle der männlichen Diako-

Joh. H. Wichern   Chr. M. Wieland

nie. W. gab 1848 den Anstoß zur Gründung des Central-Ausschusses für die Innere Mission.

Wichert, Ernst, * 1831, † 1902, Kammergerichtsrat; Romane und Novellen, bes. aus Preußens Geschichte.

Wichita [w'itʃitə], Stadt in Kansas, USA, 276 600 Ew., Universitäten; Flugzeugbau.

Wichs der, Festtracht der student. Verbindungen: Zerevis oder Feberbarett, Pekesche, weiße Hosen, Kanonenstiefel mit Sporen, Stulphandschuhe, Schärpe, Paradeschläger.

J. Whistler: Komposition in Blau und Gold, Old Battersea Bridge, 1865 (London, Tate Gallery)

Wichte die, das Gewicht der Volumeneinheit eines Stoffes, z. B. in p/cm³.

Wicke, 1) die Gattung Vicia der Schmetterlingsblütler mit über 150 Arten; meist kletternde Kräuter mit gefiederten Blättern: **Vogelwicke,** Futterpflanze; **Zaunwicke,** Viehfutter: **Linsenwicke,** Hülsen-

Vogelwicke mit Hülsen

frucht; **Wicklinse,** Mastfutter, Hülsenfrucht; **Ackerbohne,** Kulturpflanze, u. a. m. **2)** andere Schmetterlingsblütler, so Arten von Platterbse, ferner **Kronwicke, Prachtwicke** (→Donie).

Wickelbär, ein brasilian. →Kleinbär.

Wickeltracht, Tracht der Antike, des Vorderen Orients: gewickelte Gewänder.

Wickert, Erwin, Schriftsteller, * 1915; Romane, Hörspiele.

Wickler, mottenähnliche Kleinschmetterlinge mit befransten Flügeln. Die Raupen leben oft in eingerollten Blättern. Einige Arten sind Schädlinge, z. B. **Trauben-W., Obst-W.** (→Obstmaden) und **Eichen-W.** (Tafel Schädlinge)

Wicklow [w'iklou], irisch **Cill Mantán** [kilj v'antəin], Grafschaft an der O-Küste der Rep. Irland, 2025 km², 66 300 Ew. Hauptstadt: Wicklow.

Wickram, Jörg, Schriftsteller, * um 1505, † um 1560; moralsatir. Fastnachtsspiele, bibl. Dramen; Schwanksammlung ‚Das Rollwagenbüchlein' (1555); mit 4 Originalromanen (‚Der Goldfaden', 1557); Schöpfer des dt. Prosaromans.

Wickrath, Gemeinde südl. von Mönchengladbach, Nordrh.-Westf., 13 300 Ew.; Leder- und Textilindustrie.

Wicks'ell, Knut, schwedischer Volkswirtschaftler, * 1851, † 1926, Prof. in Lund, Vertreter der Grenznutzenschule.

Wiclif, →Wyclif.

Widder, 1) männl. Schaf, Schafbock. 2) Sternbild des Nordhimmels, erstes Tierkreiszeichen.

Widderchen, blaugrüne, metallisch schimmernde Schmetterlinge, z. T. mit blutroten Flecken auf den Vorderflügeln **(Blutströpfchen).**

Widderpunkt, der →Frühlingspunkt.

Widerdruck, der Druck auf der Rückseite eines Druckbogens.

Widerklage, 1) Zivilprozeß: eine Klage, die während des Prozesses vom Beklagten als Widerkläger gegen den Kläger erhoben wird (§ 529 ZPO.). Sie muß mit dem Klageanspruch mit den gegen diesen vorgebrachten Verteidigungsmitteln im Zusammenhang stehen. 2) Strafprozeß: im Privatklageverfahren eine Klage des Beschuldigten gegen den Kläger (§ 388 StPO.).

Widerlager, ein massiver Baukörper aus Mauerwerk oder Beton, auf dem sich ein Tragwerk (z. B. einer Brücke) abstützt.

widernatürliche Unzucht, Unzucht zwischen Männern (→Homosexualität) oder Frauen (→lesbische Liebe) oder von Menschen mit Tieren (→Sodomie).

Widerrist, Rist, bei Horn- und Huftieren der vorderste Rücken- oder der unterste Nackenteil.

Widerruf, ♂♀ das Rückgängigmachen einer Willensäußerung oder -betätigung **(Revokation).** Im bürgerl. Recht kann nur in Ausnahmefällen widerrufen werden (z. B. das Testament), ebenso im Prozeßrecht (z. B. die Prozeßvollmacht). Im Strafrecht wirkt der W. bei fahrlässigem Falscheid strafbefreiend, bei Meineid strafmildernd. W. eines Verwaltungsaktes ist unter bestimmten Voraussetzungen möglich.

Widerspruch, 1) Logik: das Verhältnis zwischen zwei miteinander unverträglichen Aussagen über ein und dasselbe Ding. Satz vom W.: Von zwei einander widersprechenden Urteilen ist eins falsch. 2) Zivilprozeß: Rechtsbehelf im Mahnverfahren gegen Zahlungs-, Arrestbefehle und einstweilige Verfügungen. 3) Rechtsbehelf im Verwaltungsgerichtsverfahren, im allgemeinen Voraussetzung für eine Anfechtungs- oder Verpflichtungsklage. 4) Vermerk im Grundbuch, durch den auf die Unrichtigkeit einer Eintragung hingewiesen werden soll.

Widerspruchsklage, die →Drittwiderspruchsklage.

Widerstand, 1) allgemein: die Kraft, die einer Bewegung hindernd entgegenwirkt. Der W., den ruhende Luft- und Wassermassen ausüben, ist von der Bewegungsgeschwindigkeit des bewegten Körpers und dessen Form abhängig. Er wird bei stromlinienförmigen Körpern am geringsten (Tropfenform). 2) **elektrischer W.,** den ein elektr. Leiter dem Durchgang des Stromes entgegensetzt, gemessen in Ohm (Ω); auch der Leiter selbst. Der W. eines Leiters wächst mit zunehmender Länge und abnehmendem Querschnitt. Der W. der Metalle nimmt mit der Temperatur zu (→Kaltleiter), bei den →Heißleitern dagegen ab. Im Gleichstromkreisen ist nur der **Ohmsche W. (Wirk-W.)** wirksam; in Wech-

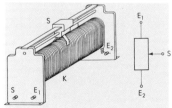

Widerstand: Schiebewiderstand; links Ansicht, rechts symbolische Darstellung. E₁, E₂ Anschlußklemmen an den Enden des Widerstandes, S Schleifer mit Anschlußklemme, K Isolierkörper, mit Widerstandsdraht bewickelt

selstromkreisen treten außer dem Wirk-W. **(Resistanz)** noch **Blind-W. (Induktanz, Reaktanz)** auf, die keine Leistung verbrauchen, aber einen Teil der Spannung aufnehmen. Elektrische W. werden in Schaltungen vielfach verwendet, z. B. als Heiz-W., Anlasser-, Einstell-, Meß-, Regel-W., als **induktive** (Drosselspulen) oder **kapazitive** (Kondensatoren) W.

Widerstand gegen die Staatsgewalt, Widerstand durch Gewalt oder Bedrohung mit Gewalt oder tätlichem Angriff auf einen Beamten, der Gesetze oder behördliche Anordnungen ordnungsgemäß vollstreckt **(Widersetzlichkeit).** Strafe: Freiheitsstrafe bis zu 2 Jahren oder Geldstrafe.

Widerstandsbewegung, eine im geheimen organisierte Auflehnung gegen ein als despotisch, unsittlich und verderblich empfundenes Regime oder gegen eine Fremdherrschaft, bes. in einem besetzten oder annektierten Gebiet. Teilnahme an W. wird unter Berufung auf das →Widerstandsrecht gerechtfertigt. Im Sinne des Regimes ist sie Hoch- oder Landesverrat.

Die **deutsche W.** entwickelte sich seit 1933 in verschiedenen Gruppen, die nur z. T. untereinander Fühlung hatten: 1) in den beiden **christl. Kirchen:** auf evang. Seite die Bekennende Kirche; auf kath. Seite sowohl Bischöfe (z. B. Graf v. Galen) als auch Kreise der Arbeiterorganisationen (Jak. Kaiser). 2) in der **Wehrmacht** (Beck, Canaris u. a.). 3) die Opposition des **Konservativismus** und der **bürgerl. Mitte,** führend Carl Goerdeler, in der akadem. Jugend die Geschwister →Scholl und ihr Kreis. 4) in der **Sozialdemokratie** waren führend Haubach, Leber, Leuschner, Mierendorff, K. Schumacher; die Gruppe war die wohl an Zahl und an Opfern stärkste, mit aktivem Anhang in der Jugend. 5) der →Kreisauer Kreis (Graf von Moltke) mit Kräften aus allen genannten Gruppen. 6) der **Solf-Kreis.** 7) die **kommunistische Opposition,** die bes. in der sowjet. Spionageorganisation ‚Rote Kapelle‘ mitwirkte. 8) eine Gruppe innerhalb des **Nat.-Soz.** (Graf v. Helldorf, J. Wagner). Eine Verschwörung zur Beseitigung Hitlers und seiner Umgebung, wie sie seit 1938 mehrfach vergeblich geplant und vorbereitet worden war, scheiterte im Attentat des Grafen v. Stauffenberg vom 20. 7. 1944. – Die Verfolgung der W., bes. nach dem 20. 7. 1944, durch den Volksgerichtshof war unmenschlich hart.

Im Verlauf des 2. Weltkrieges entstanden in den von den Achsenmächten besetzten Gebieten W. Nach der militär. Niederlage **Frankreichs** (Juni 1940) gewann Gen. Ch. de Gaulle, 1941-43 an der Spitze des →Französischen Nationalkomitees, 1943-44 des Franzöz. Komitees der nationalen Befreiung, vom Exil aus die Führung der französ. W. In Frankreich selbst entstanden Widerstandsorganisationen (u. a. →Maquis). In **Italien** kämpften seit 1943 Partisanen, die von den im Untergrund tätigen antifaschist., im Komitee der nationalen Befreiung zusammengefaßten Parteien unterstützt wurden. In **Jugoslawien** bildete sich gegen die Achsenmächte die W. der Cetnici, die jedoch später durch die von Tito geführten kommunist. Organisationen verdrängt wurde. In **Griechenland** konnte die kommunist. orientierte Nationale Befreiungsfront (E. A. M.) andere nichtkommunist. W. ausschalten. W. als militär. Organisation der poln. Exilregierung entstand in der **Polen** die ‚Armee im Lande‘, die jedoch nach dem Scheitern des Warschauer Aufstandes zerfiel. Unter sowjet. Schutz setzten sich seitdem die kommunist. Kräfte durch. In der **Sowjetunion** bildeten sich hinter der Front Partisanengruppen.

Widerstandsöfen. →elektrische Öfen.

Widerstandsrecht, das Recht zur Auflehnung gegen eine rechtswidrig handelnde staatl. Obrigkeit. In der Bundesrep. Dtl. erkannten zunächst nur einzelne Länder-

verfassungen (z. B. Hessen, Art. 147) ein W. ausdrücklich an. Im Rahmen der Notstandsgesetzgebung von 1968 wurde das W. in Art. 20 Abs. 4 GG. ausdrücklich anerkannt.

Widerstoß, salzliebendes Bleiwurzgewächs mit derben, grundständigen Blättern, einseitigen Blütenrispen und trockenhäutigen Kelchen; z. B. **Strand-W.,** ferner Statice unter dem Mittelmeergebiet.

Widerton, bis 0,4 m hohes Laubmoos mit dunkelgrünen Sprossen, gelber Kapselmütze **(Goldenes Frauenhaar, Haarmoos).**

Widmann, Joseph Viktor, Schriftsteller, * 1842, † 1911, Freund C. Spittelers; ‚Maikäferkomödie‘ (1897) u. a.

Widmung, Zueignung als Zeichen der Verehrung oder Freundschaft. Im Verwaltungsrecht ein gestaltender Verwaltungsakt, durch den eine Sache zur öffentl. Sache erklärt und dem öffentl. Recht unterstellt wird, z. B. ein öffentlicher Weg.

Widnes [wˈidnis], Stadt in England, südöstlich von Liverpool, 55 700 Ew.; Kupfer- und Eisenwerke, chemische Industrie.

Widor [widˈɔːr], Charles Marie, franzöz. Organist und Komponist, * 1845, † 1937; Orgel-, Kirchenmusik, Lieder u. a.

Widukind, 1) Wittekind, westfäl. Herzog, seit 778 Führer der Sachsen gegen Karl d. Gr., mußte 785 der Übermacht weichen und ließ sich in Attigny taufen.

2) **W. von Corvey,** Geschichtsschreiber, * um 925, † nach 973 als Mönch in Corvey, verfaßte eine ‚Sachsengeschichte‘, das lebendige Zeugnis für die Zeit Heinrichs I. und Ottos I.

Wiebelskirchen, Gem. im Saarland, 10 600 Ew.; Steinkohlenbergbau, Hüttenindustrie.

Wiechert, Ernst, Schriftsteller, * 1887, † 1950, war 1911-30 Studienrat, kam 1938 kurze Zeit ins Konzentrationslager (‚Der Totenwald‘, 1945). Romane ‚Der Knecht Gottes Andreas Nyland‘ (1926), ‚Die Majorin‘ (1934), ‚Das einfache Leben‘ (1939), ‚Die Jerominkinder‘ (1945-47), ‚Missa sine nomine‘ (1950).

Wied die, rechter Nebenfluß des Rheins, 140 km lang, kommt aus dem Westerwald.

Wied, mittelrhein. Grafengeschlecht, 1784 Reichsfürsten; →Carmen Sylva, →Hermann 4).

Wied, Gustav, dän. Dichter, * 1858, † (Selbstmord) 1914; humorist. Romane, Novellen, Satyrsspiele.

Wiedehopf, zu den Rackenvögeln gehörender amselgroßer, langschnäbeliger, rötlichgrauer Vogel auf Viehweiden, mit aufrichtbarem Federschopf und weißen Flügel- und Schwanzbinden.

Wiedemann-Franzsches Gesetz: Für viele Metalle ist die Wärmeleitfähigkeit bei bestimmter Temperatur proportional ihrer elektrischen Leitfähigkeit.

Wiedehopf (etwa 27 cm groß)

Wiederaufnahme des Verfahrens, ⚖ ein außerordentlicher Rechtsbehelf gegenüber rechtskräftigen Urteilen. Die W. d. V. kann im Zivilprozeß durch →Nichtigkeitsklage und →Restitutionsklage geltend gemacht werden (§§ 578 ff. ZPO.), im Strafprozeß gemäß den §§ 359 ff. StPO.

Wiederbelebungsversuche, Maßnahmen zum Wiederingangbringen von Atmung und Kreislauf durch →künstliche Atmung und **Herzmassage** (regelmäßige Stöße mit dem Daumenballen der geöffneten Hand in die Herzgegend; auch Massage am operativ freigelegten Herzen).

Wiedereinsetzung in den vorigen Stand, ⚖ die Beseitigung eines Rechtsnachteils, der wegen Versäumung einer Prozeßhandlung eingetreten ist, durch gerichtliche Entscheidung.

Wiedergeburt, 1) im N. T. die von Gott bewirkte religiös-sittl. Erneuerung des Menschen (Joh. 3,3). **2)** im Glauben vieler Völker das Wiedererscheinen eines Verstorbenen in einem neugeborenen Kind; im Buddhismus auch die Seelenwanderung sowie die sich stets wiederholende Fleischwerdung einer Gottheit in einem Menschen.

Wiedergutmachung, der finanzielle Ausgleich für nat.-soz. Unrecht. Neben der Rückgabe (Restitution) feststellbarer Vermögensgegenstände bestehen Ansprüche wegen Schäden an Leben, Körper, Gesundheit, Freiheit, Eigentum oder im beruf. und wirtschaftl. Fortkommen. Gesetzl. Grundlage ist heute vor allem das Bundesentschädigungs-Ges. i. d. F. v. 29. 6. 1956, zuletzt geändert durch Bundesentschädigungsschlußges. v. 14. 9. 1965.

Wiederholungswahl, →Wahlrecht.

Wiederkäuer, Paarhufer, die ihre Nahrung zweimal kauen (Horntiere, Hirsche, Giraffen, Kamele, Zwergböckchen); ihr Magen ist mehrteilig. Die grob zerkleinerte Nahrung wird zunächst (bei geöffneter ‚Schlundrinne') in dem geräumigen Pansen gelagert und vergoren und gelangt dann in kleinen Mengen über den Netzmagen wieder in die Mundhöhle zurück. Nach dem **Wiederkäuen** durchläuft der

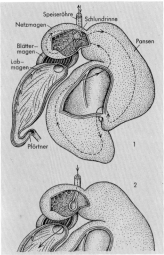

Wiederkäuer: Magen des Rindes;
1 Schlundrinne geöffnet (während des Wiederkäuens), 2 Schlundrinne geschlossen

Speisebrei (bei geschlossener ‚Schlundrinne') den Blätter- oder Faltenmagen (Psalter) und den Hauptmagen (Lab- oder Käsemagen), von dem aus sie in den Darm gelangt.

Wiederkauf, Rückkauf einer verkauften Sache. Das Recht zum W. kann auf Vertrag oder Gesetz beruhen (§§ 497 ff. BGB.).

wiederkehrende Leistungen, ⚖ Leistungen, die entweder in regelmäßigen Zeitabschnitten (z. B. Renten, Unterhaltsbeiträge) oder unregelmäßig (Reallasten, § 1105 BGB.) zu entrichten sind.

Wiedertäufer, Anabaptisten, Sammelbezeichnung für eine schwärmer. Bewegung der Reformationszeit, die innere Erneuerung der Kirche aus dem Geist und Wort erstrebten. Die W. wollten die Spättaufe, von den Gegnern Wiedertaufe genannt. Die erste Gemeinde entstand 1523 in Zürich, andere in Österreich, Mähren, Ungarn, viele in der rhein. Landschaft; revolutionär war z. B. die **Münsterer Rotte** (J. v. Leiden, Knipperdolling u. a.), die eine Schreckensherrschaft errichtete und bald gestürzt wurde. Die W. entwickelten sich zu stillen Gemeinden. Sie leben heute in kleinen Gruppen in den Niederlanden, der Schweiz, Nord- und Südamerika fort.

Wiedervereinigung, die staatsrechtl. Vereinigung der seit der Errichtung der Bundesrep. Dtl. und der Dt. Dem. Rep. (1949) geschaffenen dt. Teilgebiete.

Die Bundesrep. Dtl. und die Westmächte bekannten sich im Deutschlandvertrag (1954) offiziell zur W. Deutschlands. Sie gingen davon aus, daß ein ähnlich wie die Bundesrep. Dtl. strukturiertes Gesamtdtl. eng mit dem Westblock verbunden sein sollte. Demgegenüber stellte sich heraus, daß die Sowjetunion gegebenenfalls nur der W. eines um die Ostgebiete verkleinerten Dtl. zustimmen würde, wenn dieses aus dem Militärsystem in West und Ost ausgeklammert würde (sowjet. Note vom 10. 3. 1952). Auf der Genfer Gipfelkonferenz (1955) bekannten sich die vier Regierungschefs noch einmal zu ihrer gemeinsamen Verantwortung für die W. Die Sowjetregierung machte seit 1955 die Zweistaatentheorie zur Grundlage ihrer Dtl.-Politik, während die Westmächte und die Bundesrep. Dtl. an gesamtdt. Zielsetzungen festhielten. Die Sowjetunion und die Dt. Dem. Rep. bezeichneten nach 1955 zunächst die W. als Sache der Deutschen, wobei die sozialist. ‚Errungenschaften' in der Dt. Dem. Rep. erhalten bleiben müßten. 1957/58 schlug die Reg. der Dt. Dem. Rep. die Schaffung einer ‚Konföderation' beider dt. Staaten vor. Seit 1961 rückte sie die Forderung nach Völkerrecht. Anerkennung ins Zentrum ihrer Zielvorstellungen. Von der Existenz zweier dt. Staaten ausgehend, in denen die nach wie vor als Einheit gesehene dt. Nation geteilt sei, strebt die Regierung Brandt (seit 1969) vertragl. Vereinbarungen mit der Dt. Dem. Rep. mit dem Ziel menschl. Erleichterungen in geteilten Dtl. an. 1970 trafen sich Bundeskanzler W. Brandt und MinPräs. W. Stoph in Erfurt und Kassel. Im Rahmen seiner Deutschland- und →Ostpolitik sucht Brandt die Konfrontation zwischen beiden dt. Staaten dadurch vertragl. Regelungen abzubauen.

Wiegand, Theodor, Archäologe, * 1864, †1936, leitete große Ausgrabungen in Griechenland und als Direktor der Antikenabteilung der Berliner Museen den Aufbau des Pergamon-Museums.

Wiege, bei →Drehgestellen an pendelnd aufgehängtes, federndes Bauelement zur stoßfreien Übertragung des Wagenkastengewichtes auf den Drehgestellrahmen.

Wiegendrucke, Inkunabeln, Erstlingsdrucke, die frühesten, vor 1500 hergestellten Druck-Erzeugnisse (etwa 40 000 verschiedene Werke, erhalten in etwa 500 000 Exemplaren), oft mit Holzschnitten illustriert; meist nach dem Vorbild der mittelalterl. Handschriften hergestellt.

Wiegenlied, urtümliche Gattung des Volkslieds, mit einfacher Einwiege-Melodie. In der Kunstdichtung schrieben W. Gellert, Claudius, Dehmel u. a.

Wiegler, Paul, Schriftsteller, * 1878, † 1949; ‚Gesch. der Weltlit.' (1913); ‚Gesch. der dt. Literatur' (1930).

Wiehengebirge, Fortsetzung der Weser-

kette westlich von der Westfälischen Pforte, bis 325 m hoch.

Wiehl, Stadt im Berg. Land, Nordrh.-Westf., 17 100 Ew. Stahlwerke, Maschinen-, Textil- u. a. Industrie.

Wieland, 1) Christoph Martin, Schriftsteller, * Oberholzheim bei Biberach 5. 9. 1733, †Weimar 20. 1. 1813, nach Hauslehrertätigkeit 1760 Ratsherr, bald auch Kanzleileiter in Biberach, 1769 Prof. der Philosophie in Erfurt, 1772 (bis 1775) Prinzenerzieher in Weimar. In W.s Vers- und Prosaerzählungen gipfelt die Ausbildung der dt. Sprache und Witz, die Begründung des dt. Bildungsromans (‚Agathon', 1766/67), die Erschließung der antiken Literatur und Shakespeares in Prosa- und Versnachdichtungen. Mit Klopstock und Lessing ist er der Wegbereiter der klassisch-romant. Dichtung. Frühestes dt. Drama in Blankversen ‚Lady Johanna Gray' (1758, nach dem Engländer Rowe); Singspiele (‚Alceste', 1773); Verserzählungen: ‚Komische Erzählungen' (1765), ‚Musarion' (1768), ‚Oberon' (1780); Romane: ‚Der goldene Spiegel' (1772), ‚Die Abderiten' (1774) u. a.; Dialoge in der Nachfolge Lukians. (Bild S. 1362)

2) Heinrich, Chemiker, * 1877, † 1957, Prof. in München und Freiburg, untersuchte Gallensäuren, Sterine, biolog. Oxydation u. a. Nobelpreis 1927.

Wieland, Hauptgestalt der wohl ältesten germanisch-dt. Heldensage, ein Albe, den ein König gefangen, gelähmt und zu kunstreicher Schmiedearbeit gezwungen hat; er vergewaltigt des Königs Tochter, tötet seine Söhne, erhebt sich mit selbstgeschmiedeten Flügeln in die Luft und entflieht.

Wiemeler, Ignatz, Buchbinder, * 1895, †1952, war Prof. an der Akademie der graph. Künste Leipzig, später in Hamburg.

Wien, Hauptstadt der Rep. Österreich, Bundesland (seit 1922), an der Donau im NW des Wiener Beckens, im W umgeben vom Wienerwald, 415 km², 1,61 Mill. Ew. W. ist Sitz des österreich. Parlaments, des Bundespräsidenten, der Bundesregierung und der zentralen Bundesbehörden und Ämter der Rep. Österreich, der niederösterreich. Landesregierung, eines kath. Erzbischofs, eines evang. und eines altkath. Bischofs, der Internationalen Atomenergiebehörde und der UN-Kommission für industrielle Entwicklung. Bildungseinrichtungen: Österreichische Akademie der Wissenschaften, Universität, Techn. Hochschule, Tierärztl. Hoch-

Stadtbezirke	km²	Ew. 1971¹)
1., Innere Stadt	2,9	24,9
2., Leopoldstadt	18,5	102,4
3., Landstraße	7,4	101,7
4., Wieden	1,8	39,4
5., Margareten	2,0	59,4
6., Mariahilf	1,5	32,8
7., Neubau	1,6	35,9
8., Josefstadt	1,1	29,7
9., Alsergrund	2,9	54,9
10., Favoriten	31,8	152,6
11., Simmering	23,0	57,3
12., Meidling	8,2	84,4
13., Hietzing	37,7	54,8
14., Penzing	34,2	80,6
15., Rudolfsheim-Fünfhaus	3,7	78,7
16., Ottakring	8,6	100,6
17., Hernals	11,1	54,1
18., Währing	6,3	59,2
19., Döbling	24,3	72,2
20., Brigittenau	5,8	80,6
21., Floridsdorf	45,4	103,9
22., Donaustadt	102,7	78,4
23., Liesing	31,6	64,7
Wien	414,1²)	1603,4

¹) in 1000; vorläufiges Ergebnis der Volkszählung 1971. ²) Differenzen d. Abrundung.

schule, Hochschulen für Bodenkultur, für Welthandel, Kernforschungsinstitut, Akademien der Bildenden Künste, für Musik und Darstellende Kunst und für Angewandte Kunst, Max-Reinhardt-Seminar, Lehrerbildungsanstalten, Konservatorium, Modeschule, Österreich. Nationalbibliothek. Reiches Konzert- und Theaterleben: W.er Philharmoniker, W.er Symphoniker, Burgtheater, Akademietheater, Theater in der Josefstadt, Volkstheater, Theater an der Wien, Staatsoper, Volksoper; Filmstudios in Sievering und auf dem Rosenhügel. Industrie und Gewerbe sind weitgehend auf Veredelung und Export eingestellt (Textil-, Leder-, Maschinen-, Metall-, chem., Lebens- und Genußmittel-, Porzellan- und graph. Industrie, Erdölraffinerie, Kunsthandwerk).

Wahrzeichen von W. ist der →Stephansdom. Die Innere Stadt mit der Hofburg (15. bis Anf. 20. Jahrh.), dem Bundeskanzleramt auf dem Ballhausplatz (18. Jahrh., später erweitert), der Albertina (1781, 1801–04 und später erweitert), der Alten Universität (1623–27) und bedeutenden Kirchenbauten, der Kapuzinergruft mit den Kaisergräbern, zahlreichen Palais, der Böhm. Hofkanzlei (1708–14, 1751–54 erweitert, jetzt Verfassungs- und Verwaltungsgerichtshof) wird von einer an Stelle der alten Festungsanlagen errichteten Prachtstraße, dem Ring, umgeben. Am Ring befinden sich das Kunstgewerbemuseum (1868–71), die Staatsoper (1861–69), das Naturhistorische und das Kunsthistorische Museum (1872–81), Parlament (1873–83), Rathaus (1872–83) und Universität (1873–83). Zwischen dem Ring und dem parallel verlaufenden Gürtel liegen dicht bebaute Wohn- und Geschäftsviertel sowie die Schlösser und Parks Belvedere (1721–23) und Schwarzenberg (1697–1704, 1720–28 umgestaltet), das Botschaftsviertel und das Mediziner- und Spitalsviertel. Jenseits des Gürtels finden sich Schloß und Park →Schönbrunn und das Naturschutzgebiet des Lainzer Tiergartens. Im W und NW reicht die Stadt mit Villenvierteln und alten Winzerdörfern (Nußdorf, Sievering, Grinzing) bis in den Wienerwald. Auf der Insel zwischen dem Donaukanal und der Donau liegen die Grünflächen des Augartens und des Praters, Messegelände, Sportplätze, Bahn- und Hafenanlagen.

Geschichte. W. steht auf dem Boden des keltisch-röm. Vindobona. Im 12./13. Jahrh. Herzogssitz der Babenberger, seit dem 15. Jahrh. Kaiserstadt der Habsburger. 1529 und 1683 Belagerung durch die Türken (Sieg des Entsatzheeres in der Schlacht am Kahlenberg). 1805 und 1809 Besetzung durch die Franzosen. 1814/15 tagte hier der →Wiener Kongreß. 1848 kam es zu schweren Aufständen. 1861 erlangte die Stadt die kommunale Selbstverwaltung. Der Zusammenbruch der österreichisch-ungar. Monarchie brachte bedeutsame Umstellungen. 1945–55 Viermächtebesatzung.

Wien, Wilhelm, Physiker, * 1864, † 1928, Prof. in Aachen, Gießen, Würzburg, München, erforschte Korpuskular- und Wärmestrahlen, Hydrodynamik. Nobelpreis 1911.

Wienbarg, Ludolf, Schriftsteller, * 1802, † 1872; widmete seine ‚Ästhetischen Feldzüge' (1834) dem ‚jungen Deutschland' und bestimmte so die Bezeichnung der Literaturgruppe →Junges Deutschland.

Wiener, Norbert, amerikan. Mathematiker, * 1894, † 1964, entwickelte die moderne Nachrichtentechnik und die Kybernetik.

Wiener Becken, Ebene zwischen den nordöstl. Alpenausläufern, von der Donau durchflossen, im S Kiefernwald und Heide, im N fruchtbar und industriereich.

Wiener Frieden: 1) 3. 10. 1735/18. 11. 1738 beendete den Poln. Thronfolgekrieg. **2)** 1809→Schönbrunn. **3)** 30. 10. 1864 beendete den Deutsch-Dän. Krieg, →Schleswig-Holstein. **4)** 3. 10. 1866 Österreich und Italien, →Deutscher Krieg von 1866.

Wiener G'enesis, Miniaturhandschrift auf Purpurgrund, im 6. Jahrh. im christl. Osten entstanden (Wien, Nationalbibl.).

Wiener Kongreß, die Versammlung der Fürsten und Staatsmänner vom 18. 9. 1814–9. 6. 1815 unter Leitung →Metternichs in Wien, die nach dem Sturz Napoleons I. über die Neuordnung Europas entschied. Die dt. Einzelstaaten wurden zum →Deutschen Bund vereinigt. Rußland erhielt den größten Teil des Herzogtums Warschau (‚Kongreßpolen'), Preußen die Prov. Posen, das nördl. Sachsen, Neuvorpommern, Westfalen und die Rheinprovinz, Österreich bekam seine Besitzungen zurück, außerdem die Lombardei und Venetien, verlor jedoch die Niederlande und die südwestdeutschen Gebiete; der Kirchenstaat wurde wiederhergestellt, aus den nördl. und südl. Niederlanden das Königreich der Verein. Niederlande gebildet.

Wiener Neustadt, Stadt in Niederösterreich, im Wiener Becken, 40 500 Ew. Mittelpunkt ist der von Lauben umgebene Hauptplatz mit Rathaus; im SO die ehem. Burg der Babenberger mit spätgot. Georgskapelle und dem Grab Maximilians I. Waggon-, Radiatoren- und Kesselbau u. a. Ind.

Wiener Porzellan, die Erzeugnisse der 1718 gegr., seit 1744 kaiserl. Manufaktur in Wien, der nach der Meißner ältesten in Europa; hervorragende Arbeiten bes. in klassizist. Zeit (Modellmeister: A. Grassi).

Wiener Sängerknaben, ein 1498 gegründeter Chor stimm- und musikbegabter Knaben; dem Konvikt der W. S. gehörten berühmte Musiker, u. a. Schubert, an.

Wiener Schlußakte vom 15. 5. 1820, eine Ergänzung zur Bundesakte des Deutschen Bundes vom 8. 6. 1815.

Wiener Schule, 1) Wiener Kreis, Gruppe von neupositivist. Philosophen, die Logistik und Empirismus zu einer Wissenschaftslehre zu verbinden suchten; führend waren M. Schlick, R. Carnap, H. Hahn, O. Neurath. **2)** Richtungen der Psychotherapie seit S. Freud, A. Adler, V. E. Frankl; auch der experimentellen Psychologie um Charlotte Bühler. **3)** Volkswirtschaftslehre: →Grenznutzenschule.

Wienerwald, der nordöstl. Sporn der Alpen zwischen der Traisen und dem Wiener Becken, ein waldiges, im Schöpfl bis 893 m hohes Bergland.

Wiener Zeitung, in Wien erscheinende Tageszeitung, Organ der Bundesregierung, gegr. 1703.

Wieprz [vi'ɛpʃ] der, rechter Nebenfluß der Weichsel, 312 km lang.

Wieringen, frühere Insel im NW der Zuidersee, seit 1931 durch den 20 000 ha großen Wieringermeerpolder mit Nordholland verbunden.

Wiertz [vjɛrs], Antoine, belg. Maler, * 1806, † 1865; kolossale Gemälde von pathetischer Schauerdramatik (Brüssel, W.-Museum).

Wies, Wallfahrtskirche in Oberbayern, auf einer Waldwiese 1745–54 von D. Zimmermann erbaut; elliptischer Zentralraum von heiter-festlicher Wirkung. Deckenfresken von J. B. Zimmermann.

Wiesbachhorn, Gipfel in der Glocknergruppe, Hohe Tauern, 3564 m hoch.

Wiesbaden, Hauptstadt von Hessen, am Fuß des Taunus, 252 000 Ew., Sitz des Statist. Bundesamtes, des Bundeskriminal-

Wiesbaden: Kurhaus

amtes, der Spitzenorganisation der Filmwirtschaft; Staatstheater, Museum, Landesbibliothek, Staatsarchiv, Kurhaus mit Spielbank, Werkkunstschule, Konservatorium; Dt. Klinik für Diagnostik. Industrie: Chemikalien, Kunststoffe, Düngemittel, Pharmazeutika, feuer- und säurefeste Erzeugnisse, Zement, Kühlanlagen, Maschinen, Textilien, Großuhren, Sekt, Schiffbau; Verlage. Die 27 heißen Quellen werden zu Trink- und Badekuren gegen Rheuma, Gicht, Nerven-, Stoffwechselleiden, Erkrankungen der Atmungsorgane gebraucht. 1945 wurden infolge der Besatzungszonengrenze (der rechtsrhein. Mainzer Vororte Mainz-Kastel mit Amöneburg und Mainz-Kostheim verwaltungsmäßig angegliedert. - W., schon in der Römerzeit ein beliebter Badeort (Aquae Mattiacorum), kam im 13. Jahrh. an die Grafen von Nassau; 1806–66 Hauptstadt des Hzgt. Nassau; 1866 zu Preußen.

Wiesbaum, Heubaum, Stange zum Festhalten des Heus auf dem Wagen.

Wiese die, rechter Nebenfluß des Rheins, 82 km lang, kommt aus dem Schwarzwald.

Wiese, 1) eine von Natur mit Gräsern und mäßige Feuchtigkeit liebenden Kräutern bewachsene Bodenfläche. **2)** eine angesäte oder natürlich entstandene, landwirtschaftlich beeinflußte Fläche dieser Art, von der Heu als Winterfutter gewonnen wird. Natürliche W. (Überschwemmungs-

Wien: Burgtheater am Ring

und Hochgebirgs-W.) haben hohen Grundwasserstand, Kunst-W. (Kunstweiden) werden künstlich feucht gehalten. Von Futter-W. erntet man je nach Boden, Klima, Feuchtigkeit 15-130 dz Heu je Hektar, auf mittelguten W. 50-60 dz je Hektar. Die Herstellung der W. nach Pflanzenwuchs, Boden-, Bewässerungsverhältnissen nennt man **Wiesenbau**. Zur **Wiesenpflege** gehören bes. Eggen, Düngen mit Jauche, Kompost, Tilgen des Unkrauts und der Schädlinge.

Wiese, W. und Kaiserswaldau, 1) Benno von, Literarhistoriker, Sohn von 2), * 1903, ,Die dt. Tragödie von Lessing bis Hebbel' (1948), ,Schiller' (1959).
2) Leopold von, Soziologe und Volkswirtschaftler, * 1876, † 1969, entwickelte die Soziologie zu einer Einzelwissenschaft von den zwischenmenschlichen Beziehungen (Beziehungslehre).
Wiesel, Großes und **Kleines W.**, den →Mardern zugehörige Landraubtiere. (Bild Marder)
Wiesenknarrer, Vogel, →Wachtelkönig.
Wiesenknopf, Rosengewächse mit gefiederten Blättern und langgestielten dunkelroten Blütenköpfchen; z. B. **Becherblume**.
Wieser, Friedrich von, österreich. Volkswirtschaftler, * 1851, † 1926, Prof. in Wien, Vertreter der Grenznutzenschule.
Wiesloch, Stadt in N-Baden, Bad.-Württ., 16 100 Ew.; Druckmaschinenfabrik, Kunststoff-, Tonwaren-, Baustoff-Ind.
Wies Moens, fläm. Lyriker, →Moens.
Wiesmoor, Gem. in Ostfriesland, Ndsachs., im Hochmoorgebiet, 7200 Ew.; Kultivierungsarbeiten; Torfgewinnung; Kraftwerk; Baumschulen; Textilindustrie.
Wiessee, Bad W., Gemeinde in Oberbayern, am Tegernsee, 4000 Ew.; stärkste Jod-Schwefel-Quelle Deutschlands.
Wigan [wˈigən], Stadt in NW-England, 79 300 Ew.; Bergbau- und Techn. Hochschule; Kohlenbergbau, vielseitige Ind.
Wight, Isle of W. [ail ɔv wait], Insel vor der S-Küste Englands, 381 km², 104 800 Ew., von einer Kreidehügelkette durchzogen; mildes Klima, Kurorte. Hauptstadt: Newport.
Wigman, Mary, Tänzerin, * 1886, gründete 1921 die W.-Schule in Dresden, seit 1949 in Berlin.
Wigtown [wˈigtən], Grafschaft im südwestl. Schottland, 1263 km², 27 500 Ew. Hauptstadt: Stranraer.
Wigwam der, urspr. das Kuppelzelt der Algonkin-Indianer, verallgemeinert: alle indian. Wohn- und Zeltformen.
Wijaywada, früher Bezwada, ind. Stadt im Kistnadelta, Andhra Pradesh, 230 400 Ew.; Eisen- und Stahlindustrie; buddhist. und hinduist. Pilgerzentrum.
Wikinger, die →Normannen.
Wil, Stadt im Kanton St. Gallen, Schweiz, 14 500 Ew.; Textil-, Landwirtschaftsmaschinen- u. a. Industrie.
Wilamowitz-Moellendorf, Ulrich von, klass. Philologe, * 1848, † 1931, gab der Textkritik neue methodolog. Gesichtspunkte, führte philologische und geschichtl. Betrachtung zu neuer Einheit.
Wilaya die, Verwaltungseinheit (früher Département) in Algerien.
Wilbrandt, Adolf von, Schriftsteller, * 1837, † 1911, histor. Tragödien in der Nachfolge Schillers, Romane, Gedichte.
Wild, jagdbare Säugetiere (**Haar-W.**) und Vögel (**Feder-W.**); auch unterschieden als **edles W.** und **Raub-W.** Die **W.-Pflege, W.-Hege** umfaßt Fütterung, Krankheitsabwehr, Schutz vor Raubzeug, Wilddieberei, Einhaltung der Schonzeiten, Anlage von Wildschutzgebieten, Abschußregelung. Das **W.-Fleisch (Wildbret)** hat wenig Fett und Wasser, viel Eiweiß, entwickelt nach Abhängen würzigen Geruch und Geschmack, ist leicht verdaulich, geeignet als Krankenkost.
Wildbach, Gebirgsbach, der zuweilen große Schuttmassen ins Tal führt; oft durch wasserbaul. Maßnahmen (W.- Verbauung) geregelt.

Wildbad, Bad mit einfachen warmen Heilquellen (Übersicht Heilquellen).
Wildbad im Schwarzwald, Stadt und Heilbad in Baden-Württemberg, im nördl. Schwarzwald, 424-730 m ü. M., 6900 Ew.; barocke Stadtkirche; Holz- und Papierindustrie.
Wildbahn, das Jagdrevier oder Jagdgebiet (geschlossene W. = Gatterrevier, freie W. = offenes Revier).
Wildbann, der →Forstbann.
Wildbeuter, die →Jäger und Sammler.
Wilde [waild], Oscar, engl. Schriftsteller, * 1854, † 1900, wurde 1895 wegen homosexueller Beziehungen zu zwei Jahren Zuchthaus verurteilt, die er in Reading verbüßte (Prosaschrift ,De profundis', 1905). W. vertrat in der französ. Décadence ver-

Oscar Wilde   *Thornton Wilder*

bundenes Ästhetentum (→ L'art pour l'art). Seine erfolgreichen Gesellschaftslustspiele leben vom geschliffenen Dialog und geistreichen Witz: ,Lady Windermeres Fächer' (1892), ,Eine Frau ohne Bedeutung' (1893), ,Ein idealer Gatte' (1895), ,Ernst sein' (dt. auch ,Bunbury'; 1895). Roman ,Das Bildnis des Dorian Gray' (1891), Erzählung ,Das Gespenst von Canterville' (1887); Märchen, dramat. Ballade ,Salome' (1893), vertont von R. Strauss.
W'ildebeest das, →Kuhantilopen.
wilde Ehe, das →Konkubinat.
Wilde Jagd, im dt. Volksglauben ein Geisterheer, das nachts durch die Luft braust, geführt vom Wilden Jäger; das Gefolge sollen die Seelen Verstorbener bilden. Die Zeit für die W. J. sind vorzugsweise die Zwölf Nächte. (→Odin)
wilde Männer, im dt. Volksglauben Waldgeister mit Fell- oder Laubkleid; auf Wappen als Schildhalter (z. B. Preußen) und auf Münzen nicht selten.
Wildenbruch, Ernst von, Schriftsteller, * 1845, † 1909, Enkel des Prinzen Louis Ferdinand und der Prinzessin Louis Ferdinand von Preußen; Balladen (,Hexenlied', Musik von M. von Schillings); histor. und patriot. Dramen (,Die Quitzows', 1888; ,Heinrich und Heinrichs Geschlecht', 1896 u. a.), soziales Stück ,Die Haubenlerche' (1891); Erzählungen.
Wilder [wˈaildə], **1)** Billy, Filmregisseur, * Wien 1906, kam 1933 nach Hollywood. Filme ,Boulevard der Dämmerung' (1950), ,Ariane' (1956), ,Manche mögen's heiß' (1959) u. a.
2) Thornton (Niven), amerikan. Erzähler und Dramatiker, * 1897, Universitäts-Prof.; Dramen mit experimentierender Technik: ,Unsere kleine Stadt' (1938), ,Wir sind noch einmal davongekommen' (1942); Einakter und Dreiminutenspiele. Romane ,Die Cabala' (1926), ,Die Brücke von San Luis Rey' (1927), ,Die Frau von Andros' (1930), ,Dem Himmel bin ich auserkoren' (1935), ,Die Iden des März' (1948).
Wilderei →Jagdvergehen.
Wilder Kaiser, die südliche Gruppe des →Kaisergebirges.
wildes Fleisch, $ →Fleischwärzchen.
Wildeshausen, Stadt südwestl. von Bremen, Ndsachs., an der Hunte, 10 800 Ew.; Zigarren-, Textil- u. a. Ind.
Wildfangrecht, im MA. das Recht des Landesherrn, zugezogene Fremde als leibeigen in Anspruch zu nehmen.
Wildfeuer, 1) Notfeuer, Aberglauben: ein

zur Abwendung von Seuchen entfachtes Feuer. **2)** Tabakkrankheit, verursacht durch Bakterien.
Wildgans, 1) Anton, österreich. Schriftsteller, * 1881, † 1932. Gedichte (,Sonette an Ead', 1913, ,Gedichte an Pan', 1928), lyrisch-expressive Dramen (,Armut', 1914; ,Liebe', 1916; ,Dies irae', 1918; ,Kain', 1920).
2) Friedrich, österreich. Komponist, Klarinettist, * 1913, † 1965, schrieb eine Oper, Konzerte, Kantaten u. a.
Wildgemüse, Brunnenkresse, Kerbel, Sauerampfer u. a. als Gemüse oder Salat.
Wildgrube, Fanggrube für Wolf, Bär u. a.
Wildhäute, Rindhäute für die Lederfabrikation, bes. aus Südamerika, von halbwild in großen Herden lebenden Tieren.
Wildhorn, der Berner Alpen, 3248 m hoch, stark vergletschert.
Wildkalb, Junges der Hirsche.
Wildkanzel, ♀ ausgebauter Anstand.
Wildleder, ursprünglich Leder von Rehen, Gemsen, Antilopen, das auf der Fleischseite samtartig zugerichtet wurde; heute als samtartig zugerichtete andere Leder (Kalb, Schaf, Ziege).
Wildlederimitation, ein Gewebe oder Gewirke, das durch besondere Ausrüstung und Behandlung (Schleifen, Schmirgeln, Beflocken) ein wildlederähnl. Aussehen erhält.
Wildling, 1) unveredelter Pflanzenschößling. **2)** ungezähmtes oder nicht von Haustieren stammendes Tier.
Wildpark, Wildgarten, für jagdl. Zwecke eingezäuntes größeres Gebiet.
Wildschaden, der durch jagdbares Wild angerichtete Schaden. Den Ersatz des W. regeln die §§ 29 ff. des Bundesjagdges.
Wildschur die, Wolfspelz, schwerer nach außen gekehrter Reisepelz.
Wildschwein →Schweine.
Wildspitze, 1) höchster Gipfel der Venter Gruppe in den Ötztaler Alpen, 3774 m hoch. **2)** Gipfel in den Stubaier Alpen, 3342 m hoch.
Wildstrubel, Berggruppe der Berner Alpen, 3243 m hoch.
Wildungen, Bad W., Stadt und Heilbad in Hessen, am Rande des Kellerwaldes, 11 900 Ew.; Textil-, Kristall-, Fahrrad-, Mopedindustrie. Marktplatz mit Fachwerkhäusern. In der Stadtkirche Flügelaltar des Konrad von Soest. Über W. Schloß Friedrichstein.
Wilhelm, Fürsten:
Deutsche Könige und Kaiser: **1)** W. **von Holland** (1247-56), * 1227, Graf von Holland, trat als päpstl. Gegenkönig den Staufern Friedrich II. und Konrad IV. entgegen; fiel 1256 im Kampf gegen die Friesen.
2) W. **I.** Dt. Kaiser (1871-88) und König von Preußen (1861-88), * 1797, † 1888, 1858 Regent für seinen geisteskranken Bruder Friedrich IV. Um die von Roon geplante Heeresreform durchzuführen, berief er 1862 Bismarck an die Spitze des Ministeriums. Am 18. 1. 1871 wurde W. in Versailles zum Kaiser ausgerufen. Polit. und kirchlich streng konservativ.

Wilhelm I.   *Wilhelm II.*

3) W. **II.**, Deutscher Kaiser und König von Preußen (1888-1918), Enkel von 2), * 1859, † 1941, erzwang 1890 den Rücktritt Bismarcks. Als am 9. 11. 1918 in Berlin seine Abdankung verkündet wurde, ging W.

nach den Niederlanden und verzichtete am 28. 11. auf den Thron. Seit 1920 lebte er in Haus Doorn. Auch sein Sohn, **Kronprinz W.** (* 1882, † 1951), verzichtete auf alle Thronrechte.

Bayern. 4) W. IV., Herzog (1508-50), * 1493, † 1550, Gegner der Reformation, berief 1542 die Jesuiten an die Univ. Ingolstadt.

England. Könige. 5) W. I., der Eroberer (1066-87), * 1027 oder 1028, † 1087, Herzog der Normandie, Sohn Roberts des Teufels, landete mit einem Normannenheer in Sussex (→Bayeux), besiegte seinen Gegner König Harold II. bei Hastings (14. 10. 1066) und eroberte bis 1070 das Angelsachsenreich; er schuf ein starkes Königtum und eine strenge Lehnsordnung.

6) W. III. von Oranien, König von England, Schottland und Irland (1689-1702), * 1650, † 1702, seit 1674 Erbstatthalter der Niederlande, stürzte 1688/89 den kath. Stuartkönig Jakob II., dessen protestant. Tochter Maria seine Gemahlin war; der entschiedenste Gegner Ludwigs XIV. und der franzöz. Vorherrschaft in Europa.

7) W. IV., König von Großbritannien und Irland und König von Hannover (1830-37), * 1765, † 1837; unter ihm wurde 1832 die lange umstrittene Parlamentsreform durchgeführt.

Niederlande. 8) W. I., der Schweiger, auch **W. von Oranien**, * 1533, † (ermordet) 1584, Graf von Nassau-Dillenburg, erbte das Fürstentum →Oranien, seit 1561/68 bedeutendster Führer des niederländ. Freiheitskampfes gegen die span. Herrschaft; 1572 Statthalter von Holland und Seeland. (Bild S. 1368)

Wilhelm, Graf von Poitou, als **Wilhelm IX.** Herzog von Aquitanien; altprovenzal. Troubadour, * 1071, † 1127; Minnelieder.

Wilhelmine, Fürstinnen: **1) W.**, Markgräfin, Lieblingsschwester Friedrichs d. Gr., * 1709, † 1758, 1731 mit dem späteren Markgrafen Friedrich von Brandenburg-Bayreuth vermählt. In ihren ,Denkwürdigkeiten' entwarf sie, verbittert, ein entstellendes Bild ihres Vaters Friedrich Wilhelm I.

Niederlande. 2) W., Königin (1890-1948), * 1880, † 1962, ⚭ 1901 mit Herzog Heinrich von Mecklenburg-Schwerin (* 1876, † 1934); ging bei der deutschen Besetzung der Niederlande 1940 nach England, kehrte 1945 zurück, dankte 1948 zugunsten ihrer Tochter Juliana ab.

Wilhelm-Pieck-Stadt Guben, →Guben.

Wilhelmshaven, Stadt am Jadebusen, Niedersachsen, 103 000 Ew.; Ölumschlaghafen; Industrie: Schreib- und Rechenmaschinen, Krane, Verladeanlagen, Bagger, Präzisionsmechanik, Maschinenbau, Schiffbau, Textilien. Von W. führt eine Erdölleitung nach Wesseling bei Köln. Wissenschaftl. Einrichtungen: Institut für Vogelforschung, Pädagog. Hochschulen (Landwirtschafts- und Gewerbelehrer) u. a. - 1853 von Preußen als ,Jadegebiet' erworben zum Kriegshafen ausgebaut, erhielt 1869 den Namen W.; 1937 an Oldenburg zurückgegeben und mit Rüstringen vereinigt, bis 1945 Sitz der Marinestation der Nordsee, im 2. Weltkrieg zu 55% zerstört.

Wilhelmshöhe, Schloß und Park bei Kassel; 1870/71 Aufenthalt des bei Sedan gefangenen franzöz. Kaisers Napoleon III.

Wilhelmslied, franzöz. **Chanson de Guillaume** [ʃãs'ɔ də gij'o:m], altfranzöz. Heldenlied vom Karolinger-Vasallen Wilhelm, dem Helfer König Ludwigs.

Wilhelmstraße, Straße in Berlin, in der bis 1945 die Reichskanzlei, das Auswärtige Amt u. a. oberste Reichsbehörden lagen.

W'ilija, poln. **Wilja**, litauisch **Neris**, größter Nebenfluß der Memel, 510 km lang, fließt durch Wilna, mündet bei Kaunas.

Wilkau-Haßlau, Stadt im Bez. Karl-Marx-Stadt, an der Zwickauer Mulde, 13 800 Ew.; Textil-, Holz-, Papier-, Süßwarenind.

Wilkins [w'ilkinz] **1)** Sir George Hubert,

austral. Polarforscher, * 1888, † 1958, nahm an arktischen und antarktischen Expeditionen teil, stellte bei einem Flug 1928 die West-Antarktis als Doppelinsel fest.

2) Maurice, engl. Biochemiker, * 1916, klärte die Molekülstruktur von Nucleinsäuren auf; Nobelpreis für Medizin 1962 (mit F. H. C. Crick und J. D. →Watson).

Willaert [v'ila:rt], Adrian, niederländ. Komponist, * zwischen 1480 und 1490, † 1562, seit 1527 Kapellmeister an der Markuskirche in Venedig, schuf als Haupt der venezian. Schule die Kompositionsweise für Doppelchor.

Wille, Absicht, Vorsatz; philosophisch-psychologisch die Fähigkeit der Entscheidung zu Handlungen auf Grund bewußter Motive, im Unterschied zur Triebhandlung. Der W. wird in der Psychologie entweder als eigenes Seelenvermögen aufgefaßt oder als durch andere psychische und physiolog. Vorgänge bedingt. Die heutige Psychologie spricht anstatt von W. eher vom Wollen als dem konkreten Vollzug des W.

Wille, 1) Bruno, Schriftsteller, * 1860, † 1928, gründete 1890 die Freie Volksbühne Berlin; Gedichte, Romane, freireligiöse Schriften.

2) Ulrich, schweizer. General, * 1848, † 1925, leitete 1914-18 als Oberbefehlshaber des schweizer. Heeres die Grenzbesetzung, war der geistige Vater der Wehrverfassung von 1907.

W'illegis, W'illigis, Erzbischof von Mainz (975-1011), führte 983-995 für Otto III. mit dessen Mutter →Theophano und Großmutter →Adelheid die Regentschaft; begann den Neubau des Mainzer Doms. Heiliger; Tag: 23. 2.

W'illemer, Marianne von, geb. **Jung**, Freundin Goethes, * 1784, † 1860, wurde dem Frankfurter Bankier Joh. Jak. von W. (1760-1838) als Pflegetochter ins Haus genommen, 1814 dessen dritte Frau. Goethe lernte W. 1814 und 1815 als Gast im Hause W. Goethes Freundschaftsbund mit Marianne hat zu bedeutenden Gedichten des ,Westöstlichen Diwans', zu dem sie einige Lieder beisteuerte, seinen Niederschlag gefunden.

Willemstad, Hauptstadt der Niederländ. Antillen, auf Curaçao, 45 000 Ew., Hafen, Luftverkehrsknoten; Erdölraffinerie.

Willendorf in der Wachau, Gemeinde in Niederösterreich, bekannt durch eiszeitl. Lößsiedlungen und Kulturschichten des Aurignacien; Funde (Venus von W.).

Willenserklärung, 🜕 eine auf eine Rechtswirkung gerichtete Willensäußerung, häufig auch als Rechtsgeschäft bezeichnet. Die W. kann ausdrücklich oder stillschweigend (durch konkludente Handlung) abgegeben werden. Zu unterscheiden ist eine empfangsbedürftige (z. B. bei Kündigung) und eine nicht empfangsbedürftige W. (z. B. Errichtung eines Testaments).

Willensfreiheit, Indeterminismus, die angenommene Unabhängigkeit des Wollens und Handelns vom Kausalzusammenhang der Welt.

Willensvollstrecker, schweizer. Bezeichnung für Testamentsvollstrecker.

Williams [w'iljəmz], **1)** Tennessee, eigentl. Thomas Lanier W., amerikan. Dramatiker, * 1914; effektvolle Dramen mit Darstellung abseitiger, überspannter oder primitiver Charaktere: ,Die Glasmenagerie' (1944), ,Endstation Sehnsucht' (1947), ,Die tätowierte Rose' (1950), ,Die Straße des Lebens' (1953), ,Die Katze auf dem heißen Blechdach' (1955), ,Süßer Vogel Jugend' (1956), ,Orpheus steigt herab' (1957), ,Plötzlich im letzten Sommer' (1958), ,Die Nacht des Leguan' (1962) u. a. **2)** William Carlos, amerikan. Schriftsteller und Arzt, * 1883, † 1963; Gedichte.

Willibald, Heiliger, * 700, † 787 (?), schloß sich Bonifatius an, Gründer der Klöster Heidenheim und Eichstätt. Tag: 7. 7.

Willibrord, Apostel der Friesen, * um 658,

† 739, Bischof von Utrecht, Gründer des Klosters Echternach. Heiliger; Tag: 7. 11.

Willich, Stadt südl. von Krefeld, Nordrh.-Westf., 38 000 Ew.; Großbrauerei, Kessel- und Apparatebau, Textil- u. a. Ind.

W'illiram, * um 1010, † 1085, Abt; dt. (ostfränk.) Übersetzung und Paraphrase des ,Hohenliedes' in rhythmischer Prosa.

Willkomm, Ernst Adolf, Schriftsteller, * 1810, † 1886, Hauptvertreter des jungdeutschen sozialen Romans.

Willmann, Michael, Maler, * 1630, † 1706, in Holland geschult, seit 1660/61 im Kloster Leubus tätig, malte barock bewegte Altarbilder, Landschaften (meist mit bibl. Figuren) und Fresken.

Willstätter, Richard, Chemiker, * 1872, † 1942, erforschte und synthetisierte pflanzl. Alkaloide, arbeitete über Chlorophylle und Pigmentstoffe; Nobelpreis 1915.

Wilmersdorf, der 9. VerwBez. W.-Berlins.

Wilmington [-tən], Hafenstadt im Staat Delaware, USA, am Delaware, 80 400 Ew.; Zentrum des Du Pont-Konzerns, Textil-, Papier- u. a. Industrie.

Wilna, litauisch **Vilnius,** russ. **Wilnjus,** die Hauptstadt der Litauischen SSR, an der Wilija, 372 000 Ew.; Universität (Renaissance-Bauten), Akademie der Wissenschaften; Textil-, Maschinen-, Holz-, Leder-, chem. Industrie, Verarbeitung landwirtschaftl. Erzeugnisse. Gotische Kirchen aus der Zeit der dt. Kolonisation, Bauten im klassizist. und moskowit. Stil. - Seit 1323 Hauptstadt des Großfürstentums Litauen, 1795-1915 russisch, 1920 von den Polen besetzt, 1928 von Litauen zu seiner Hauptstadt erklärt, 1939 nach dem Zusammenbruch Polens von der Sowjetunion an Litauen gegeben, seit 1940 Hauptstadt der Litauischen SSR.

Wilseder Berg, der höchste Teil der Lüneburger Heide, 169 m hoch, mit Naturschutzpark.

Wilson [wilsn], **1)** Angus, engl. Schriftsteller, * 1913; Romane ,Späte Entdeckungen' (1956), ,Meg Eliot' (1958).

2) Charles Thomson Rees, schott. Physiker, * 1869, † 1959, entwickelte das Prinzip der →Nebelkammer, Nobelpreis 1927.

3) Harold, brit. Politiker (Labour Party), * 1916, Wirtschaftsfachmann, 1947-51 Handelsmin., seit 1963 Führer der Labour Party, 1964-70 Premiermin.

4) Richard, engl. Landschaftsmaler, * 1714, † 1782.

5) Thomas Woodrow, 28. Präs. der USA (1913-21, Demokrat), * 1856, † 1924, Prof. der Geschichte und Staatswiss. W. war ein Anhänger idealistischer Weltfriedenspläne. Im 1. Weltkrieg verfolgte er zunächst eine Neutralitätspolitik, brach aber nach Eröffnung des uneingeschränkten dt. U-Boot-Krieges die diplomat. Beziehungen zu Dtl. ab und erklärte am 6. 4. 1917 den Krieg. Sein Friedensprogramm stellte er vor allem in den →Vierzehn Punkten auf (1918), konnte seine Ziele auf der Pariser Friedenskonferenz 1919 aber nicht durchsetzen; in den meisten Fragen gab er nach, um die Errichtung des Völkerbundes zu erreichen. 1919 erhielt er den Friedensnobelpreis.

Wilsonkammer, die →Nebelkammer.

W'iltshire [-ʃiə] Abk. **Wilts,** Grafschaft im südwestl. England, 3483 km², 496 900 Ew. Hauptstadt: Salisbury.

Wilzen, ehemaliger slaw. Volksstamm, gehörte zum Bund der →Lutizen.

Wimbledon [w'imbldən], Villenviertel im SW von Greater London, internationale Tennis- und Kricketturniere.

Wimmer, 1) Hans, Bildhauer, * 1907; Bildnisköpfe, Tier- und Menschenfiguren. **2)** Maria, Schauspielerin, * 1914.

Wimpel, dreieckige schmale Signal- oder Kommandoflagge.

Wimper, 1) Haar am Augenlidrand. **2)** 🔬 ⊕ Zellfortsatz, →Flimmer. **3)** ⊕ steifes Haar (bes. am Blattrand).

Wimperg der, an got. Bauten ein Giebel über Portalen und Fenstern, mit Blendmaßwerk gefüllt, auch durchbrochen gearbeitet, meist von zwei Fialen flankiert. Die Kanten sind mit →Kriechblumen besetzt, die Spitze endet in einer →Kreuzblume.

Wimpertierchen, Klasse der Urtiere; Einzeller, deren äußere Plasmaschicht mit rhythmisch schlagenden Wimpern als Fortbewegungsmittel besetzt ist. In ihrem Zellkörper sind Plasmabezirke für bestimmte Aufgaben ausgestaltet; z. B. Zellmund, Nahrungsvakuole zur Verdauung, pulsierende Vakuole (Bläschen) zum Ausscheiden von Rückständen und

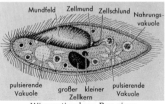

Wimpertierchen: Bau eines Pantoffeltierchens

Wasser. Die W. haben einen großen und einen kleinen Zellkern; letzterer dient bes. der Fortpflanzung. Sie leben in Süß- und Meerwasser und lassen sich in Heuaufgüssen gut zu beobachten (Aufgußtierchen, **Wimperinfusorien**); W. sind: **Pantoffel-, Trompeten-, Glockentierchen.**

Wimpfeling, Wimpheling, Jakob, * 1450, † 1528, Humanist; seine ‚Germania‘ (1505) ist die erste dt. Geschichte.

Wimpfen, Bad W., Stadt in Bad.-Württ., am Neckar, 6200 Ew.? Solquellen; alte Reichsstadt mit Resten der Kaiserpfalz u. a. mittelalterl. Bauten, chem. und Bekleidungsindustrie.

Winchester [w´intʃistə], Hauptstadt der Grafschaft Hampshire in Südengland, 31 100 Ew.; normannisch-got. Kathedrale (11.-15. Jahrh.); seit der Normannenzeit Mittelpunkt des Wollhandels.

Winckelmann, Johann Joachim, Archäologe, * 1717, † 1768, veröffentlichte 1755 ‚Gedanken über die Nachahmung der griech. Werke in der Malerei und Bildhauerkunst‘, die maßgebend für die Kunstauffassung des Klassizismus wurden. Seit 1763 war er Präsident der Alter-

Wilhelm v. Oranien J. J. Winckelmann

tümer des Vatikans. 1764 erschien sein Hauptwerk, die ‚Geschichte der Kunst des Altertums‘, mit der er die klass. Archäologie und neuere Kunstwissenschaft begründete.

Winckler, Josef, Schriftsteller, * 1881, † 1966, Mitgr. der literar. Gemeinschaft ‚Werkleute auf Haus Nyland‘; Gedichte (‚Eiserne Sonette‘, 1914), Schelmenroman ‚Der tolle Bomberg‘ (1921), westfäl. Schwanksammlung ‚Pumpernickel‘ (1926), ‚Dr. Eisenbart‘ (1929), ‚Der Westfalenspiegel‘ (1952).

Wind, 1) Luftströmung, hervorgerufen durch Luftdruckgegensätze und Temperaturunterschiede. Auf der Nordhalbkugel wird der W. durch die Erddrehung nach rechts, auf der Südhalbkugel nach links abgelenkt. Der Wind weht aus dem baro-

metrischen Hoch ins Tief, d. h. vom Kalten ins Warme. Im Gebirge und an Küsten kommt es zur Ausbildung von Windsystemen mit täglicher Periode (**Berg-** und **Talwind, Land-** und **Seewind).** Viele lokale Winde führen eigene Namen (Mistral, Bora). Große, länger anhaltende Windsysteme sind die Monsune und die Passate. Die Windstärke (Übersicht S. 1369) wurde früher in Graden der Beaufortskala von 0-12 angegeben, heute meist in m/sec oder Knoten (1,852 km/h). **2)** die Luft, die metallurg. Öfen unter Druck zugeführt wird.

Windau, lett. **Ventspils,** Seebad und Hafenstadt in der Lett. SSR, an der Mündung der Windau (lett. Venta) in die Ostsee, 33 000 Ew.; Verarbeitung und Ausfuhr von Holz und landwirtschaftl. Erzeugnissen. Burg des Dt. Ordens (13. Jahrh.). Eisfreier Hafen der sowjet. Baltischen Flotte.

Windaus, Adolf, Chemiker, * 1876, † 1959, Prof. in Göttingen, arbeitete über Cholesterin, Gallensäuren, Alkaloide, Vitamine; Nobelpreis 1928.

Windblüter, ⚥ →Bestäubung.

Winddrift, durch Wind erzeugte Meeresströmung.

Winde, 1) ⊕ ein Gerät zum Heben und Heranziehen von Lasten. Die Last kann bewegt werden durch eine Schraubenspindel (**Schrauben-W.),** eine Zahnstange mit Ritzel (**Zahnstangen-W.),** einen durch Drucköl bewegten Kolben (**hydraul. W.),** ein auf eine Trommel aufgewickeltes Seil (**Seil-W.).**
2) ⚘ Gattung **Convolvulus** der **Windengewächse** (Convolvulaceae), windende Kräuter und Sträucher mit strahlig-trichterförmigen Blüten und Kapselfrucht. Die **Acker-W.,** mit weißen bis rosafarbigen Trichterblüten, ist Wurzelunkraut; die blau, weiß und gelb blühende, südeuropäische **Dreifarbige W.** ist Zierpflanze.

Windeck, Gem. in Nordrh.-Westf., an der Sieg, 17 000 Ew. Stahlbau, Kesselbau, Kupferwerk, Holzverarbeitung. W. entstand 1969 durch Zusammenlegung von Rosbach, Herchen, Dattenfeld.

Wind|ei, lateinisch **Mole, 1)** beim Menschen: abgestorbenes Ei. Es kommt zur Fehlgeburt, bei der häufig ein nur Flüssigkeit enthaltender Fruchtsack mit Teilen des Mutterkuchens ausgestoßen wird. **2)** ◌ weichschaliges oder ohne Schale abgelegtes Vogelei.

Windelband, Wilhelm, Philosoph, * 1848, † 1915, Neukantianer; ‚Die Geschichte der neueren Philosophie‘ (1878-80), ‚Lehrbuch der Geschichte der Philosophie‘ (1892).

Winden, →Windische.

Wind|erhitzer, der →Cowper-Apparat.

Windermere [w´indəmiə], der größte See Englands (15 km²), Gsch. Westmorland.

Windfahne, Wetterfahne, eine um eine senkrechte Achse drehbare Metallscheibe zur Feststellung der Windrichtung.

Windfang, kleiner Vorraum mit Pendeltür, Drehtür oder Vorhängen, verhindert das Eindringen von Zugluft bei Öffnen der Eingangstür.

Windfege, eine Getreidereinigungsmaschine.

Windhalm, bis meterhohes Gras mit rispenästiger grünlicher Rispe, darunter der **Gemeine W.** (Fuchsschwanz, Feder-, Flattergras).

Windhja´kette, englisch **Vindhya Range,** Gebirge in Indien, 450-1350 m hoch, erstreckt sich von Gudscharat bis zum Ganges bei Benares.

Windhose, →Trombe.

Windhuk, amtl. **Windhoek,** die Hauptstadt von Südwestafrika, 36 100 Ew.; Sitz der obersten Landesbehörden; Bahnknoten, Flugplatz; Molkereien, Fleischkonservenfabriken, Bekleidungs-, Möbelind., Brauerei. Das Stadtbild erinnert z. T. an die Zeit W.s als Hauptstadt des dt. Schutzgebietes (1884-1919).

Windhunde, Rasse schneller, schlanker →Hunde.

W´indische, Winden, Bevölkerungsgruppe Südkärntens (25 000), deren slowen. Mundart mit Deutsch stark durchsetzt ist.

Windische Mark, seit dem 13. Jahrh. Name für Unterkrain.

Windisch-Graetz, steirisches Adelsgeschlecht, seit 1804 Reichsfürsten. Alfred Fürst zu W.-G., österreich. Feldmarschall, * 1787, † 1862, warf 1848 die Aufstände in Prag und Wien, 1849 in Budapest nieder; 1849 abberufen.

Windjammer [von engl. to jam ‚pressen‘; svw. ‚Windpresser‘], Ehrenname für ein Segelschiff alter Art.

Windkanal, Anlage zur Untersuchung der strömungstechn. Eigenschaften von Körpern (Originalausführungen, Bauteile oder Modelle z. B. von Flugzeugen, Raketen, Kraftwagen, Bauwerken) in einem durch Gebläse erzeugten Luftstrom hoher Ge-

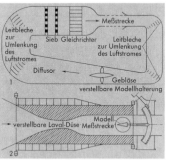

Windkanal (schematisch): 1 W. für Unterschallgeschwindigkeiten. 2 W. für Überschallgeschwindigkeiten mit Lavaldüse

schwindigkeit. W. für langsame Geschwindigkeiten bis 50 m/sec haben geschlossene Rückführung, solche für höhere meist eine offene Meßstrecke. **Überschall-W.** sind mit einer Lavaldüse ausgestattet, **hypersonische W.** (für Mach ≧ 5) arbeiten oft mit Helium.

Windkessel, der →Druckwindkessel.

Windkraftanlagen nutzen die kinet. Energie des Windes durch ein **Windrad** aus. Die älteste W. ist die **Windmühle.** Die deutsche Bockwindmühle besteht aus einem hölzernen Gerüst, auf dem um einen Zapfen das Mühlenhaus drehbar ist. Bei der holländischen Windmühle ist das Gebäude aus Stein unbeweglich, das Dach mit den Flügeln als drehbare Kappe ausgebildet. Durch Zahnradübertragung und Getriebe werden von der Windradwelle Mahlwerk und Hilfseinrichtungen in Gang gesetzt. Bei neuzeitl. W. werden die Formen der Windräder vorausberechnet, man erzielt so Wirkungsgrade bis auf 80 %. Die Leistung wächst mit der 3. Potenz der Windgeschwindigkeit. W. zur Wasserförderung oder zur Stromerzeugung arbeiten nur an Orten mit genügend konstantem Wind und in genügender Höhe über dem Bodenwirbeln zufriedenstellend. Sie richten sich selbsttätig nach dem Wind.

Windlast, Bautechnik: der Winddruck oder Windsog, der der Berechnung der Standfestigkeit von Bauwerken zugrunde liegt.

Windlatten, Hölzer, die unter die Dachsparren schräg ansteigend genagelt sind, als Längsverband und zur Sicherung gegen seitl. Winddruck.

Windmessung. Das einfachste Gerät zur Bestimmung der **Windrichtung** ist die →Windfahne. Die **Windgeschwindigkeit** wird meist gemessen mit dem Schalenkreuz-Anemometer, einem mit hohlen Halbkugeln besetzten Windrad, das mit einem Zählwerk verbunden ist.

Windmühle, →Windkraftanlagen.

Windpocken, Spitzpocken, ansteckende gutartige Infektionskrankheit der Kinder;

Erreger ist ein Virus. Bei mäßigem Fieber entstehen am Körper rote Flecke mit kleinen, hellen, später trüb werdenden Bläschen, die nach wenigen Tagen eintrocknen. Behandlung: Bettruhe, Betupfen der Bläschen mit Desinfektionsmitteln, z. B. Kaliumpermanganat.

Windprotest, →Wechselprotest.

Windrichtung, Richtung, aus der der Wind weht; Benennung nach der Himmelsrichtung.

Windrichtungsanzeiger sind Windrose, Windfahne, Windsack. W. werden auf Flugplätzen und an seitenwindgefährdeten Stellen von Autostraßen (bes. Brücken) aufgestellt.

Windrose, 1) Meteorologie: Einteilung einer Scheibe in 8, 16, 32 Striche zur Angabe der Windrichtung. Auf See werden noch 32 oder 16 Richtungen (Striche) der W. unterschieden, auf Land früher 8 oder 16; seit 1949 melden alle Beobachtungsstellen des Wetterdienstes den Wind nach einer 360° W. auf 10° genau; W. ist auch die Darstellung eines meteorolog. Elements in Abhängigkeit von der Windrichtung. **2)** die Kompaßeinteilung in Himmelsrichtungen und Grade.

Windschatten, ein nicht vom Wind getroffener Raum im Schutz eines Hindernisses.

Windscheid, Bernhard, Jurist, * 1817, † 1892, Prof. u. a. in München, Heidelberg; war maßgebl. beteiligt an der Ausarbeitung des Entwurfs eines dt. BGB.

windschief [von winden] zueinander heißen zwei Geraden im Raum, die sich nicht schneiden und nicht parallel sind.

Windschliff, Sandschliff, durch den Aufprall von Flugsand abgeschliffene Flächen an Gesteinen; führt auch zur Bildung von Pilzfelsen.

Windsheim, Bad W., Stadt in Bayern, Mittelfranken, 9000 Ew.; spätgot. Kapelle, barocke Pfarrkirche, Rathaus (Anfang 18. Jahrh.). Heilbad mit Sole- und Glauber-Bittersalz-Quelle.

Windsichter, ein Gerät zur trockenen Staubabscheidung oder Trennung von körnigem Material nach der Korngröße, bes. in der Steinkohlenaufbereitung.

Windskala (hierzu Übersicht Windstärken), Schätzungsskala der Windstärke. Die gebräuchlichste ist die Beaufortskala.

Windsor [w'inzə], seit 1917 neugewählter Name (nach dem Schloß W.) des engl. Königshauses Sachsen-Coburg-Gotha. Herzog von W., →Eduard 8).

Windsor [w'inzə], **1)** amtlich **New W.** [nju:-], Stadt in SO-England, an der Themse, 31 300 Ew. Das Schloß (**W. Castle**), der Sommersitz der Könige, von Wilhelm dem Eroberer errichtet, dann mehrfach umgebaut, enthält wertvolle Kunstsammlungen. Im Park das Mausoleum der Königin Viktoria. **2)** auch **Border Cities,** Stadt in der Prov. Ontario, Kanada, gegenüber Detroit am Detroit River, 192 500 Ew.; Auto-, Maschinenbau, chem. Industrie, Brauereien.

Windspiel, der Windhund (→Hunde).

Windstärken, hierzu Übersicht.

Windstille, Kalme, Flaute, das Fehlen fast jeder Luftbewegung.

Windthorst, Ludwig, * 1812, † 1891, hannoverscher Justizmin., seit 1867 MdR, seit 1871 Führer des Zentrums, scharfer Gegner Bismarcks, bes. im Kulturkampf.

Windung, bei einer Raumkurve die Abweichung vom ebenen Verlauf.

Windverband, bei Stahlkonstruktionen besondere Zug- und Druckstäbe im Tragwerk, die den Winddruck aufnehmen.

Windward Islands [w'indwəd 'ailəndz], **Inseln unter dem Winde,** ein Teil der Kleinen →Antillen.

Winfrid, →Bonifatius.

Wingert der, rhein., oberdt. Weingarten, Weinberg.

Winiliod, in althochdt. Glossen der volkstüml. weltl. Gesang, im Unterschied zum latein. geistl. Lied.

Winkel, die gegenseitige Neigung zweier Geraden. Der Schnittpunkt heißt **Scheitel,** die Geraden selbst **Schenkel** des W. Benennungen der W. vgl. Bild. Der **Voll-W.** (Kreis) wird in 360° (Altgrade) oder 400ᵍ (Neugrade) eingeteilt.

Winkel, Gem. im Rheingau, Hessen, 4000 Ew.; vorwiegend Weinbau. Das ,Graue Haus' gilt als das älteste Steinhaus in Dtl. (vermutlich Mitte 12. Jahrh.).

Winkeleisen, Profilmaterial aus Stahl mit L-förmigem Querschnitt.

Winkelfunktionen werden dargestellt als Seitenverhältnisse im rechtwinkligen Dreieck:

$$\text{Sinus } \alpha \ (\sin \alpha) = \frac{\text{Gegenkathete}}{\text{Hypotenuse}} = \frac{a}{c}$$

$$\text{Cosinus } \alpha \ (\cos \alpha) = \frac{\text{Ankathete}}{\text{Hypotenuse}} = \frac{b}{c}$$

$$\text{Tangens } \alpha \ (\tan \alpha) = \frac{\text{Gegenkathete}}{\text{Ankathete}} = \frac{a}{b}$$

$$\text{Cotangens } \alpha \ (\cot \alpha) = \frac{\text{Ankathete}}{\text{Gegenkathete}} = \frac{b}{a}$$

$$\text{Cosecans } \alpha \ (\text{cosec } \alpha) = \frac{1}{\text{Sinus } \alpha} = \frac{c}{a}$$

$$\text{Secans } \alpha \ (\sec \alpha) = \frac{1}{\text{Cosinus } \alpha} = \frac{c}{b}$$

An einem Kreis mit dem Radius 1 kann man die W. auch an Winkeln erklären, die größer als 90° sind. Die Abhängigkeit der Werte einer Funktion vom Winkel läßt sich graphisch in Form ebener Kurven darstellen (Sinuskurve usw.).

Winkelgeschwindigkeit, der im Bogenmaß gemessene Kreisbogen, der von einem Punkt eines rotierenden Körpers in 1 sec zurückgelegt wird.

Winkelhaken, Winkelschiene, in der der Setzer die Lettern zu Zeilen rückt.

Winkelmaß, 1) Sternbild des Südhimmels. **2) Anschlagwinkel,** ein rechter Winkel zum Nachprüfen von rechten Winkeln an Werkstücken.

Winkelmesser, 1) kreisbogenförmige Scheibe mit Winkelteilung. **2) Goniometer,** Instrument zum Messen von Winkeln zwischen Kristallflächen.

Winkelprisma, Vermessungskunde: drei-vier- oder fünfkantiges Glasprisma zum Angeben fester Winkel.

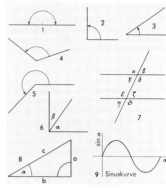

Winkel: **1** Gestreckter, **2** rechter, **3** spitzer, **4** stumpfer, **5** überstumpfer Winkel, **6** α und β Komplementwinkel. **7** Winkel an geschnittenen Parallelen: α und β Nebenwinkel, α und δ Scheitelwinkel, α und ε Gegenwinkel oder korrespondierende Winkel, α und ϑ Wechselwinkel, α und η entgegengesetzte Winkel, α und ζ konjugierte Winkel. Winkelfunktionen: **8** als Seitenverhältnisse im rechtwinkligen Dreieck. **9** Darstellung der Sinusfunktion im rechtwinkligen Koordinatensystem

Winkelried, Arnold, ein Schweizer aus Unterwalden, der nach der Überlieferung durch seinen Opfertod den Sieg bei Sempach (1386) entschied.

Winkelschule, eine private Lese- und Schreibschule im 16.-18. Jahrh.

Winkelspiegel, Vermessungskunde: Spiegelgerät zum Abstecken rechter Winkel.

Winkelspinne, die →Hausspinne.

Winkler, 1) Clemens, Chemiker, * 1838, † 1904, entwickelte ein Verfahren zur Schwefelsäureherstellung, förderte die Gasanalyse, entdeckte das Germanium. **2)** Eugen Gottlob, Schriftsteller, * 1912,

Windstärken

Windstärke nach Beaufort	Geschwindigkeit m/sec	Auswirkungen des Windes	
		im Binnenland	auf See
0 Windstille	0 −0,2	Rauch steigt gerade empor	Spiegelglatte See
1 leichter Zug	0,3–1,5	Windrichtung nur durch Rauch erkennbar	Schuppenförmige Kräuselwellen
2 leichte Brise	1,6–3,3	Wind im Gesicht fühlbar, Blätter säuseln	Kurze kleine Wellen, Kämme brechen sich nicht
3 schwache Brise	3,4–5,4	Blätter und dünne Zweige bewegen sich	Kämme beginnen sich zu brechen, Schaum, meist glasig
4 mäßige Brise	5,5–7,9	Bewegt Zweige, dünne Äste, hebt Staub	Noch kleine Wellen, aber vielfach weiße Schaumköpfe
5 frische Brise	8,0–10,7	Kleine Bäume beginnen zu schwanken	Mäßig lange Wellen mit Schaumkämmen
6 starker Wind	10,8–13,8	Pfeifen an Drahtleitungen	Bildung großer Wellen (2,5 bis 4 m) beginnt, größere Schaumflächen
7 steifer Wind	13,9–17,1	Fühlbare Hemmung beim Gehen	See türmt sich, Schaumstreifen in Windrichtung
8 stürmischer Wind	17,2–20,7	Bricht Zweige von den Bäumen, erschwert erheblich das Gehen	Hohe Wellenberge (über 7 m), Gipfel beginnen zu verwehen
9 Sturm	20,8–24,4	Kleinere Schäden an Häusern und Dächern	Dichte Schaumstreifen, ,Rollen' der See, Gischt verweht
10 schwerer Sturm	24,5–28,4	Entwurzelt Bäume, bedeutende Schäden	Sehr hohe Wellenberge, See weiß durch Schaum
11 orkanartiger Sturm	28,5–32,6	Verbreitete schwere Sturmschäden (sehr selten)	Außergewöhnlich hohe Wellenberge, Wellenkämme überall zu Gischt verweht
12 Orkan	über 32,6	—	Luft mit Schaum und Gischt angefüllt, keine Fernsicht mehr

In neuerer Zeit wurden weitere Stufen bis 17 (über 56 m/sec) angefügt.

† (Selbstmord) 1936; Essays (2 Bde., 1937); Nachlaß (hg. 1956).

3) Hans Günter, Springreiter, * 1926.

Winnebagosee [winəb'eigou-], See im Staat Wisconsin, USA, 557 km² groß.

Winnenden, Stadt in Bad.-Württ., nordöstlich von Stuttgart, 15 300 Ew.; altertüml. Stadtbild; Elektro- u. a. Industrie.

Winn'etka-Plan, Unterrichts- und Erziehungsmethode, entwickelt seit 1913 von Burk in San Francisco, ausgebaut von C. W. Washburne in Winnetka (Ill.); sieht Individualisierung des Unterrichts vor.

Winnig, August, Politiker und Schriftsteller, * 1878, † 1956, Maurer, Gewerkschaftsführer, 1919/20 Oberpräsident von Ostpreußen. In autobiograph. Schriften schildert W. seine Wendung vom Marxismus zum Christentum.

W'innipeg, Hauptstadt der Prov. Manitoba, Kanada, 257 000 Ew.; Staatsuniversität, Erzbischofssitz; Fleisch- und Mühlenwerke, Bekleidungs-, Metallwarenind., Brauereien.

Winnipeg'osissee, See in der Prov. Manitoba, Kanada, 5401 km² groß, hat Verbindung zum Winnipegsee.

Winnipegsee, See in der Prov. Manitoba, Kanada, 24 300 km² groß, bis 21 m tief.

W'inniza, ukrain. **Winnyzja,** Gebietshauptstadt in der Ukrain. SSR, am Bug, 211 000 Ew.; Mittelpunkt der Zuckerproduktion der Sowjetunion; elektrotechn., feinmechan. u. a. Industrie.

Winrich von Kniprode, Hochmeister des Deutschen Ordens (1351-82), erhob den Deutschordensstaat auf die Höhe seiner polit. Macht und wirtschaftlichen Blüte.

Winsen an der Luhe, Stadt in Ndsachs., 12 100 Ew.; Maschinen-, elektrotechn., Möbelind., Großmühlen, Gerbereien. Schloß (Wasserburg, 16. Jahrh.).

Winston-Salem [w'instən s'eiləm], Stadt in North Carolina, USA, 133 000 Ew.; Tabak-, Textil-, Möbelindustrie.

Winter, →Jahreszeiten.

Winter, 1) Fritz, Maler, * 1905, war Schüler am Bauhaus, malt abstrakte Bilder. **2)** Peter von, Komponist, * 1754, † 1825, Mitgl. der →Mannheimer Schule; Opern, Oratorien, Sinfonien; Singspiele u. a.

Winterberg, 1) Großer W., Gipfel im Elbsandsteingebirge, 551 m hoch. **2)** Stadt in Nordrh.-Westf., 4000 Ew., 700 bis 842 m ü. M., Kurort und Wintersportplatz im Hochsauerland.

Winterblüher, Pflanzen, deren Blütezeit in die Wintermonate fällt. **Winterblumen** sind auch Treibgewächse, z. B. Blumenzwiebeln.

Wintergarten, von Glaswänden umschlossener, meist heizbarer Raum für Zimmerpflanzen.

Wintergetreide, das im Herbst ausgesäte überwinternde Getreide (Winterweizen, Roggen, Gerste).

Wintergrün, 1) die Gattung **Pyrola** der W.-Gewächse, Kräuter mit birnenähnl. wintergrünem Laub und weißen, z. T. maiglöckchenähnl. geordneten Blüten. **2)** verschiedene immergrüne Pflanzen wie Immergrün, Efeu, Mistel, Stechpalme.

Winterhalter, Franz Xaver, Maler, * 1805, † 1873, seit 1834 in Paris, beliebter Porträtmaler der höfischen Gesellschaft.

Winterkohl, ein Blattkohl.

Winterkönig, Friedrich in Pfalz.

Winterling, südeuropäisches fettkrautiges Hahnenfußgewächs, das im Vorfrühling zuerst die gelbe Blüte treibt.

Winterpunkt, der Ort der Sonne zur Wintersonnenwende.

Wintersaat, im Herbst gesäte landwirtschaftl. Nutzpflanzen, bes. Wintergetreide.

Winterschlaf, 1) 🦔 bei manchen Säugetieren (z. B. Igeln, Murmeltieren, Hamstern) ein Ruhezustand mit bis auf ein Minimum herabgesetzten Lebensfunktionen; der Funktionsverlangsamung steht ein Absinken der Körpertemperatur in engstem Zusammenhang: die Wärme-

regulation setzt aus, bis eine Minimaltemperatur erreicht ist, die zwischen 0 und 5° C liegt. Beim Einwirken eines Weckreizes steigt die Körpertemperatur rasch an, was zum Erwachen führen kann. Im W. werden die Fettreserven verbraucht. **2)** ⚕ **künstlicher W.,** ein dem natürlichen W. ähnlicher Zustand, kann durch Verabfolgung chemischer Mittel (z. B. Megaphen) hervorgerufen werden; er wird angewandt, um seelisch Kranke (z. B. Schizophrene) ruhigzustellen (**Heilschlaf, Schlaftherapie**) oder (,potenzierte Narkose') um bei größeren chirurg. Eingriffen die Körpertemperatur und den Stoffwechsel herabzusetzen.

Winterschnitt, die an unbelaubten Obstbäumen und Ziersträuchern nötigen Schneidearbeiten.

Wintershall AG., Kassel, Unternehmen der Erdölindustrie; gegr. 1921. Nach Abschluß eines Beherrschungsvertrags mit der BASF und der Verschmelzung der Gewerkschaft Wintershall (gegr. 1894) mit der BASF (1968) wurden 1970 im Zuge der endgültigen Eingliederung in den BASF-Konzern sämtl. Kaliinteressen auf die Kali und Salz GmbH., Kassel (Beteiligung: 50%), übertragen. Kapital: 176 Mill. DM; Beschäftigte: 17 299 (1970).

Winterspiele, Olympische W., Teil der Olympischen Spiele.

Wintersport, winterbedingte Sportarten: Skisport, Skikjöring, Eislauf, Eissegeln, Eisspiele (Curling, Eishockey, Eisschießen, Klootschießen), Bob- und Rennschlittensport.

Winterswijk [-vejk], Stadt in der Prov. Gelderland, Niederlande, 26 200 Ew.; Textil-, Möbelindustrie und Stahlwerk; in der Umgebung Steinkohle und Salz.

Winterthur, Stadt im Kanton Zürich, Schweiz, 92 700 Ew., bedeutende Industrie: Dieselmotoren, Gasturbinen, Kompressoren, Pumpen, Ventilatoren, Lokomotiven u. a.

Winterzwiebel, Jakobszwiebel, ein ausdauernder Lauch mit porreeähnlicher Zwiebel; Würzpflanze.

Winzer [lat.], Weinbauer, Rebenarbeiter.

Winzer, Otto, Politiker (SED), * 1902, Schriftsetzer und Redakteur, seit 1925 Mitgl. der KPD; seit 1965 Außenmin. der Dt. Dem. Rep.

Winzergenossenschaften, Kellereigenossenschaften, Genossenschaften der Weinbauern zur gemeinsamen Verarbeitung ihrer Ernte, oft auch zu gemeinsamem Verkauf.

Wippe, ein doppelarmiger Hebel, dessen Drehpunkt fest gelagert ist.

Wipper, 1) ⚒ älterer Ggr. für einen Förderwagenkipper (→Kipper 3). **2)** Münzwesen: →Kipper und Wipper.

Wipper die, **1)** Nebenfluß der Saale, 70 km lang, entspringt im Unterharz, mündet oberhalb Bernburg. **2)** Fluß in Hinterpommern, 115 km lang, entspringt am Pommerschen Landrücken, mündet in die Ostsee. **3)** Nebenfluß der Unstrut, 75 km lang, entspringt in den Ohmbergen, mündet bei Sachsenburg. **4)** Oberlauf der Wupper.

Wipperfürth, Stadt in Nordrh.-Westf., 13 200 Ew., im Bergischen Land; Textil-, metallverarbeitende, Papier- und Glühlampenindustrie.

Wipptal, Tal der →Sill.

Wirbel, 1) a) spiralige Anordnung der Haare; b) Form der Papillarlinien. **2)** Knochen der Wirbelsäule. **3)** ♪ Schlaginstrumenten schneller Wechsel der Schläge. **4)** ♪ bei Saiteninstrumenten drehbarer Holz- oder Metallstift, um den die Saite gewunden ist. **5)** geschlossene kreisende Bewegung der Teilchen einer Flüssigkeit oder eines Gases.

Wirbeldost, ⊕ →Saturei.

Wirbelentzündung, griechisch **Spondil'itis,** Vereiterung der Wirbel, tritt in verschiedenen Formen auf, bes. bei Knochentuberkulose.

Wirbelkammermotor, →Dieselmotor.

Wirbellose Mz., **Evertebr'aten,** Tiere ohne Wirbelsäule; Gegensatz: Wirbeltiere.

Wirbelrohr, sehr dünnes Rohr, in dem beim tangentialen Einblasen von Luft oder Gas unter einem Druck von einigen Atmosphären ein im Kern kalter, außen warmer Wirbel um die Rohrachse entsteht (**Ranque-Effekt**), der bei Gasgemischen zu Konzentrationsunterschieden führt.

Wirbelsäule, Rückgrat, die Knochensäule, die die Grundlage des Rumpfes und des Halses bildet. Sie ist beim Menschen leicht S-förmig gebogen, trägt den Schädel und besteht aus 34 Wirbeln: 7 Hals-, 12 Brust- und 5 Lendenwirbel, die durch Bänder und Gelenke miteinander verbunden sind, und je 5 Kreuzbein- und Steißbeinwirbel, die miteinander zum Kreuz- und Steißbein verwachsen sind. Die Wirbel bestehen aus einem walzenförm. Wirbel-

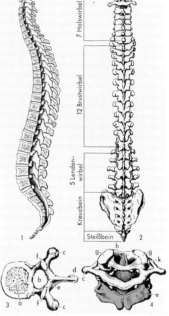

Wirbelsäule des erwachsenen Menschen; 1 medianer Längsschnitt von links, zeigt den Wirbelkanal und die natürlichen Krümmungen der W. 2 W. von hinten. 3 Brustwirbel (von oben). 4 Die beiden obersten Halswirbel; 1. Halswirbel (Atlas) heller getönt als 2. Halswirbel (Epistropheus). - a Wirbelkörper, b Wirbelloch, c Querfortsatz, d Dornfortsatz, e Wirbelbogen, f Gelenkfortsatz, g Gelenkflächen des 1. Halswirbels für das Hinterhauptbein, h Zahn des 2. Halswirbels (um den sich der 1. Halswirbel dreht), k Halteband des 1. Halswirbels für den Zahn des 2. Halswirbels

körper, einem spangenart. Knochenbogen (**Wirbelbogen**), den zur Seite gelegenen Quer- und Gelenkfortsätzen und einem nach hinten zu liegenden Dornfortsatz. Zwischen je zwei Wirbeln liegt eine polsterartige Zwischenwirbelscheibe (→Bandscheibe). Die W. schließt in dem von den Wirbelkörpern und -bögen gebildeten Hohlraum, dem **Wirbelkanal**, das →Rückenmark ein. **W.-Verkrümmungen:** Verkrümmung nach der Seite (**Skoliose**), nach vorn (**hohler Rücken, Lordose**) und, gewöhnlich im oberen Teil der W., nach hinten (**Höcker, Buckel, Kyphose**); sie beruhen auf fehlerhafter Körperhaltung, Rachitis, tuberkulöser Entzündung der Wirbelknochen u. a.

Wirbelstrom, ⚡ der durch ein magnet.

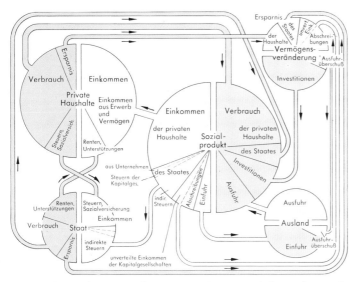

Wirtschaftskreislauf. Sozialprodukt: Die Summe der im Wirtschaftsprozeß entstandenen Einkommen (der priv. Haushalte, des Staates einschl. der unverteilten Einkommen der Kapitalgesellschaften usw.) entspricht der Gesamtheit der für die letzte Verwendung (Verbrauch, Investition, Nettoexport) hergestellten Güter und Dienstleistungen. Private Haushalte: Das Einkommen wird verbraucht, gespart, als Lohnsteuer usw. an den Staat gezahlt. Staat: Die Einkünfte des Staates werden für die Verwaltung, für Renten- und Pensionszahlungen, Investitionen (Straßenbau) ausgegeben, als Darlehen hingegeben (Ersparnis). Vermögensveränderung: Der Vermögensbildung der Volkswirtschaft (Investitionen). Überschuß an Forderungen gegenüber dem Ausland) steht die Ersparnis zuzüglich der Abschreibungen gegenüber. Ausland: Durch höhere Ausfuhr gegenüber der Einfuhr stehen dem Inland weniger Waren zur Verfügung, gleichzeitig steigen die Forderungen an das Ausland

---

Wechselfeld in einem elektr. Leiter induzierte Strom. Anwendung z. B. in der **W.-Bremse**, zur Dämpfung elektrischer Meßgeräte u. a.

Wirbelsturm, allg. Luftwirbel mit stürmischen Winden, im engeren Sinn die tropischen W. (Hurrikan, Taifun), begleitet von schweren Regengüssen.

Wirbeltiere, Vertebr'aten [aus lat.], auch **Schädeltiere, Crani'ota**, zweiseitig symmetrisch gebaute Tiere, deren Körper durch eine Wirbelsäule gestützt wird. Die 2 Paar Gliedmaßen lassen sich von den paarigen Flossen der Fische ableiten und haben trotz verschiedener Ausgestaltung den gleichen Grundbauplan. Nervensystem (Rückenmark, Gehirn) und Sinnesorgane sind hoch entwickelt. W. sind: Fische, Lurche, Kriechtiere, Vögel, Säugetiere (einschließlich des Menschen).

Wirkerei, die Herstellung von Wirk- und Strickwaren mit verschieden geformten Nadeln und Platinen (Stahlplättchen). Die Fäden verkreuzen sich nicht wie bei den Geweben rechtwinklig, sondern verschlingen sich in maschenförmigen Fadenschleifen. Durch die Fadenlage erhalten die Wirk- und Strickwaren Dehnbarkeit, Elastizität und Schmiegsamkeit. - Je nach Art der Fadenschlingung unterscheidet man die auf Kettenwirkautomaten oder Raschelmaschinen hergestellte →Kettenware und die →Kulierware. Die Waren werden auf Wirkmaschinen einoder doppelflächig (→Ränderware) und flach (Flachmaschinen) oder rund (Rundwirkmaschinen) gearbeitet. Strümpfe, Socken, Handschuhe, Mützen, Ober- und Unterbekleidung werden formgerecht gewirkt oder nachträglich zugeschnitten und zusammengenäht.

Wirklast, bei Wechsel- und Drehstromerzeugern oder -netzen der Anteil an der Gesamtbelastung, der bei den Verbrauchern als nutzbare Leistung verwertet wird.

Wirkleistung, bei Gleichstrom das Produkt aus Strom und Spannung, bei Wechselstrom das Produkt aus Strom und Spannung multipliziert mit dem Cosinus des Phasenwinkels.

Wirklichkeitsform, 'Indikativ [aus lat.], ⓢ eine Aussageform des Zeitworts. Gegensatz: Möglichkeitsform.

Wirkstoffe, lebensnotwendige Stoffe, die in kleinsten Mengen wirken, z. B. Vitamine, Hormone, Spurenelemente.

Wirkung, ⊠ das Produkt aus Arbeit und Zeit oder aus Impuls und Weg.

Wirkungsgrad, das Verhältnis der Nutzleistung einer Maschine zur zugeführten Leistung. Der Wert ist immer kleiner als 100% (oder 1); er beträgt bei einem Akkumulator 60-80%, bei der Kolbendampfmaschine 15%, bei der Dampfturbine 25%, bei der Wasserturbine 85 bis 95%, beim Verbrennungsmotor 25 bis 35%.

Wirkungsquantum, →Quantentheorie.

Wirkungsquerschnitt, ⊠ ein Wahrscheinlichkeitsmaß für das Eintreten atomarer Ereignisse: der scheinbare Querschnitt, gemessen in cm^2 oder Barn, den ein beschossenes Teilchen, z. B. ein Atomkern, einem einfallenden Teilchen, z. B. einem Neutron, bietet.

Wirnt von Grafenberg, mhd. Epiker aus Oberfranken; Artusroman ‚Wigalois oder der Ritter mit dem Rad' (zwischen 1200 und 1209).

Wirsing, Welschkohl, Kopfkohl mit kraus gewellten, locker schließenden Blättern.

Wirt, 1) Gastwirt, Gastgeber. 2) ⌂ ⊕ von einem Schmarotzer bewohntes Lebewesen **(Wirtstier, Wirtspflanze)**.

Wirtel der, 1) Spinnerei: auf der Spindel befestigte Rolle zur Aufnahme des Antriebsbandes. 2) ⊕ Quirl. 3) ⊞ **Schaftring**, ein über den Schaft einer Säule hervortretender steinerner Ring, bes. an kleineren Säulen aus romanischer und frühgot. Zeit. Eine Säule mit W. nennt man gewirtelt.

Wirth, Joseph, Politiker (Zentrum), * 1879, † 1956, 1914 MdR., 1920/21 Reichsfinanzminister und von Mai 1921 bis Nov. 1922 Reichskanzler. Seine Regierung schloß mit der Sowjetunion den →Rapallo-Vertrag. Als Vors. des Bundes der Deutschen (seit 1953) war er Befürworter einer Verständigung mit der Sowjetunion.

Wirtschaft, 1) alle Einrichtungen und Tätigkeiten zur Befriedigung der Bedürfnisse des Menschen an Gütern. Den unbegrenzten Bedürfnissen steht die naturgegebene Knappheit der Mittel gegenüber; durch das Wirtschaften werden die notwendigen Güter und Leistungen mit geringstmöglichem Aufwand an Mitteln bereitgestellt. Die W. umfaßt die Urproduktion (Landwirtschaft, Bergbau), die gewerbl. W. (Handwerk, Industrie), Handel, Verkehrswesen, Versicherungen, Banken u. a. Zwischen Gütern und Leistungen und den entsprechenden Geldströmen besteht ein ständiger Austausch **(Wirtschaftskreislauf)**. Die Erforschung der W. ist Aufgabe der W.-Wissenschaften, bes. der Volkswirtschaftslehre. Die moderne W., eine gesellschaftlich-arbeitsteilige Tausch-W., hat sich über die nationalen Grenzen der einzelnen Volks-W. hinaus zu einer umfassenden Welt-W. entwickelt. 2) Haushalt. 3) Gastwirtschaft.

wirtschaftliche Selbstverwaltung, die Wahrnehmung eigener Angelegenheiten auf wirtschaftlichem Gebiet durch Interessenverbände, Körperschaften u. a., teilweise unter staatl. Aufsicht.

wirtschaftliches Wachstum, die Expansion einer Volkswirtschaft auf Grund wachsender Bevölkerung, techn. Fortschritte und hoher Investitionen, die zur Zunahme der Produktivität und der Einkommen führt. Maßstab ist der jährl. Zuwachs des Sozialprodukts.

Wirtschaftsabkommen, →Handelsvertrag.

Wirtschaftsakademie, die →Verwaltungs- und Wirtschaftsakademie.

Wirtschaftsausschuß, ein im Betriebsverfassungsges. vorgesehenes Organ zur Beteiligung der Arbeitnehmer an bestimmten wirtschaftl. Angelegenheiten in Betrieben mit über 100 Beschäftigten.

Wirtschaftsberater, ein →Betriebsberater für betriebswirtschaftliche Fragen.

Wirtschaftsdemokratie, eine Wirtschaftsverfassung nach demokrat. Grundsätzen, wobei die wichtigsten wirtschaftl. Entscheidungsrechte der Arbeitgeber- und der Arbeitnehmerseite gemeinsam zustehen.

Wirtschaftsfachschulen bilden Kaufmannsgehilfen in 2-6semestrigen Lehrgängen auf Spezialgebieten ihres Berufes aus (z. B. Außenhandel, Buchführung).

wirtschaftsfriedliche Verbände, gelbe →Gewerkschaften.

Wirtschaftsfürsorge, früher **Armenpflege**, die Sozialhilfe für wirtschaftlich Hilfsbedürftige.

Wirtschaftsgeographie, ein Zweig der Anthropogeographie, der sich mit den durch wirtschaftl. Leistungen der Gesellschaft gestalteten Räumen der Erdoberfläche befaßt. Die **analytische W.** unter-

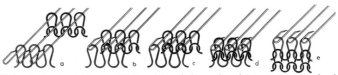

Wirkerei; Maschenbildung auf Spitznadeln: a kulieren, b vorbringen, c pressen, d auftragen, e abschlagen

sucht die Standortbedingungen von Landwirtschaft, Bergbau, Gewerbe, Handel. Die **synthetische** W. betrachtet die Wirtschaftslandschaften als Teile der Kulturlandschaften sowie die funktionellen Beziehungen zwischen den Wirtschaftsräumen.

Wirtschaftshochschulen, früher **Handelshochschulen,** urspr. selbständige Hochschulen zur wirtschafts- und sozialwissenschaftlichen Ausbildung für kaufmännische Berufe in Leipzig, Köln, Frankfurt/M., Berlin, München, Nürnberg und Mannheim. Mittlerweile wurden sie sämtlich zu Universitäten entwickelt (zuletzt Mannheim, 1967) oder in Univ. eingegliedert. - In der Dt. Dem. Rep. besteht die Hochschule für Ökonomie (1956) in Berlin-Karlshorst, in Österreich die Hochschule für Welthandel (1898) in Wien, in der Schweiz die Hochschule für Wirtschafts- und Sozialwissenschaften (1898) in St. Gallen.

Wirtschaftsjahr, das Geschäftsjahr.

Wirtschaftskrieg, staatl. Zwangsmaßnahmen gegen die Wirtschaft eines anderen Staates; im Frieden durch Mittel der Handelspolitik (Zollerhöhungen, Aus- und Einfuhrverbote), im Krieg durch militär. Maßnahmen zur See (Blockade), Beschlagnahmen feindl. Eigentums, Sabotage und Untergrabung des Geldwertes.

Wirtschaftskrise, →Krise.

Wirtschaftsministerium, das Ministerium für die öffentl. Angelegenheiten der gewerbl. Wirtschaft.

Wirtschaftsoberschulen sind drei-, sechs- oder neunjährige höhere Schulen, an denen u. a. Wirtschaftslehre, Rechtslehre, betriebswirtschaftliches Rechnungswesen mit Schwerpunkt unterrichtet werden. Das Reifezeugnis der W. berechtigt zum wirtschaftswissenschaftl. Studium. In einigen Ländern der Bundesrep. Dtl. ist der Ausbau zum Wirtschaftsgymnasium mit voller Hochschulreife vollzogen.

Wirtschaftsordnung, die Ordnung des Wirtschaftsablaufs eines Staates; sie hängt von dessen politischer und rechtlicher Ordnung ab. Typen der W.: Marktwirtschaft (freie Wirtschaft), Zentralverwaltungswirtschaft (Planwirtschaft).

Wirtschaftspartei, Reichspartei des Dt. Mittelstandes, 1919-33 im Dt. Reich eine Interessenvertretung des selbständigen Mittelstands.

Wirtschaftsplan, der für eine bevorstehende Wirtschaftsperiode zur Erreichung bestimmter Ziele vom wirtschaftenden Subjekt (Haushalt, Unternehmen, Staat) aufgestellte Plan. Im W. werden beabsichtigte und erwartete wirtschaftspolit. Entscheidungen, ökonom. Transaktionen u. a. im voraus berücksichtigt und berechnet. Der W. eines Unternehmens gliedert sich in Teilpläne (Einkaufs-, Lager-, Produktions-, Absatz-, Finanz- und Investitionsplan). Staatl. W. in marktwirtschaftl. Ländern zielen auf die Entwicklung der gesamten Volkswirtschaft oder einzelner Sektoren (Landwirtschaft, Bergbau, Industrie, Verkehr). In totalitären Staaten, bes. den kommunistischen, bilden die meist mehrjährigen W. die Grundlage des gesamten Wirtschaftslebens (→Planwirtschaft).

Wirtschaftspolitik, alle Maßnahmen, das Wirtschaftsleben nach allgemeinwirtschaftl. Erfordernissen und Zielen zu gestalten; Träger der W. sind der Staat und die Selbstverwaltungsorgane der Wirtschaft. Ziel ist die Steigerung der wirtschaftl. Leistungsfähigkeit und des Lebensstandards. Einzelziele der modernen W. sind u. a. Vollbeschäftigung, Stabilität der Preise und des Geldwerts, gerechte Einkommensverteilung, Gleichgewicht der Zahlungsbilanz, Stetigkeit des wirtschaftl. Wachstums. Die W. steht in engem Zusammenhang mit der Finanz- und Sozialpolitik.

Wirtschaftsprüfung, Revision, die Über-

prüfung der kaufmänn. Arbeiten in einem Unternehmen (Buchhaltung, Bilanzierung, Finanzgebaren u. a.). Bei AG., Kredit- und Versicherungsanstalten, Bausparkassen, Genossenschaften u. a. findet eine Pflichtprüfung des Jahresabschlusses statt, die der **Wirtschaftsprüfer** (abgeschlossenes wirtschaftswissenschaftl. Studium, mehrjähr. Berufspraxis, Prüfung, Eid) durchführt.

Wirtschaftspsychologie umfaßt Betriebs-, Arbeitspsychologie, Eignungs- und Leistungsuntersuchungen, Werbe- und Verkaufspsychologie.

Wirtschaftsraum, der durch wirtschaftl. Leistungen gestaltete Raum. W. können nach dem Prinzip der Gleichheit charakterist. Wesensmerkmale (Homogenitätsprinzip) oder nach der Dichte ihrer wirtschaftl. und/oder kulturellen Beziehungen (z. B. Arbeitsmarktverflechtung) abgegrenzt werden (Funktionalprinzip).

Wirtschaftsrecht, allgemein das Recht zur Regelung des Wirtschaftslebens: das Vermögensrecht des BGB., das Handels-, Wertpapier-, Versicherungs-, Schiffahrtsrecht, der gewerbl. Rechtsschutz und Teile des Verwaltungsrechts; im engeren Sinn das Recht der Wirtschaftslenkung: Sicherung, Beeinflussung und Steuerung des Wirtschaftslebens durch den Staat.

Wirtschaftsstatistik, der Teil der Statistik, der sich mit der zahlenmäßigen Darstellung der Erscheinungen des Wirtschaftslebens befaßt.

Wirtschaftsstrafrecht, soll das staatl. Recht auf wirtschaftl. Gebiet sichern, geregelt im Wirtschaftsstrafges. v. 9. 7. 1954 i. d. F. v. 21. 12. 1962.

Wirtschaftstreuhänder, vor 1945 zusammenfassend für alle wirtschaftsprüfenden und -beratenden Berufe; in Österreich beibehalten.

Wirtschafts- und Sozialwissenschaftliches Institut der Gewerkschaften, WSI, Düsseldorf, 1946 gegr. Forschungsinstitut des Dt. Gewerkschaftsbundes.

Wirtschaftsunion, der übernationale Zusammenschluß mehrerer Staaten mit gemeinsamen Organen zur Regelung wirtschaftlicher Fragen, z. B. die Benelux-Länder, der Montanunion, der EWG u. a.

Wirtschaftsverbände, Wirtschaftsvereinigungen, früher **Unternehmerverbände,** freiwillige Zusammenschlüsse von Unternehmern, Kaufleuten, Gewerbetreibenden u. a. für vorwiegend wirtschaftspolit. Aufgaben.

Wirtschaftsvereinigung Bergbau e. V., Bonn-Bad Godesberg, Spitzenorganisation des dt. Bergbaus, gegr. 1919.

Wirtschaftsvereinigung Eisen- und Stahlindustrie, Düsseldorf; gegr. 1874, angeschlossen sind alle Werke der eisenschaffenden Industrie.

Wirtschaftsverfassung, alle gesetzlichen Bestimmungen, die den Wirtschaftsablauf regeln.

Wirtschaftswissenschaften umfassen bes. Volkswirtschaftslehre, Finanzwissenschaft und Betriebswirtschaftslehre, als Hilfswissenschaft die Statistik.

Wirtschaftswunder, Schlagwort für die außerordentliche wirtschaftl. Entfaltung in der 2. Hälfte der 50er Jahre; im Ausland bes. auf die Bundesrep. Dtl., dann auch auf andere Staaten angewendet.

Wirtshausverbot, 1) das Verbot für Jugendliche unter 16 Jahren, sich in Gaststätten aufzuhalten, es sei denn in Begleitung von Erwachsenen. **2)** das Verbot an Personen, die mit einer Sucht zu übermäßigem Alkoholgenuß, Gaststätten zu betreten, in denen alkoholische Getränke verabfolgt werden.

Wirz, Otto, schweizer. Schriftsteller, * 1877, † 1946; Romane ‚Gewalten eines Toren‘ (1923), ‚Prophet Müller-zwo‘ (1933), ‚Rebellion der Liebe‘ (1937) u. a.

Wisagapatam, Vizagapatam, Hafenstadt in Andhra Pradesch, Indien, an der Koromandelküste, 214 000 Ew.; Universi-

tät; Schiffswerft, Ölraffinerie; Ausfuhr von Mangan-, Eisenerz u. a.

Wisby, die Hauptstadt Gotlands, →Visby.

Wischer, ein beim Zeichnen mit Pastell, Kreide, Bleistift verwendeter Stift aus gerolltem Leder oder Papier (Estompe).

Wischnewski, Hans-Jürgen, Politiker (SPD), * 1922, 1966-68 Bundesmin. für wirtschaftl. Zusammenarbeit, 1968-71 Bundesgeschäftsführer im Vorstand der SPD.

Wischnu [Sanskrit ‚der Durchdringer‘], **Vishnu, Vischnu,** einer der Hauptgötter des Hinduismus, dargestellt meist mit dunkelblauem Körper und vier Armen, auf dem Adler Garudak reitend oder auf einer Lotosblume thronend, auch auf der Weltschlange ruhend. Neunmal soll sich W. auf Erden verkörpert haben, eine zehnte Wiederverkörperung wird erwartet.

Wisconsin, 1) linker Nebenfluß des oberen Mississippi, 1006 km lang.
2) abgekürzt **Wis.,** einer der nordöstl. Zentralstaaten der Verein. Staaten, 145 436 km², 4,42 Mill. Ew. Hauptstadt: Madison. Haupterwerbszweige: Landwirtschaft (Hafer, Mais, Gerste, Kartoffeln, Milchviehzucht), Bergbau (Eisen, Blei, Zink, Granit, Kalk), Holz-, Nahrungsmittelindustrie. - W. wurde 1848 als 30. Staat in die Union aufgenommen.

Wiseman [wáizmən], Nicholas, engl. Kardinal, * 1802, † 1865, irischer Abstammung; auf sein Anraten wurde die kath. Hierarchie in England wieder errichtet.

Wisent der, der Europ. →Bison.

Wismar, Stadt im Bez. Rostock, an der W.er Bucht der Ostsee, 56 100 Ew.; bedeutender Hafen (bes. Umschlag von Kali, Erdöl, Holz); große Werft, Maschinen-, Zucker-Ind. - Ehem. reiche Hansestadt; Alt-

Wismar

stadt z. T. zerstört. Erhalten sind Marien-, Georgen-, Nikolaikirche (14./15. Jahrh.), got. Giebelhäuser, Fürstenhof (1553/54), Brunnenhaus, Rathaus.

Wismut das, **Bi,** chem. Element, sprödes, pulverisierbares, silberweißes bis rötliches Metall, Ordnungszahl 83, Atomgewicht 208,98, Schmelzpunkt 271° C, Siedepunkt 1560° C, spezif. Gewicht 9,8. W. findet sich frei in Granit, Gneis, auf Gängen, gebunden in W.-Erzen. Gewinnung durch Ausschmelzen des Gesteins oder Rösten des Sulfids und Reduktion des Oxids. Verwendung zur Herstellung von Lagermetallen und leichtflüssiger Legierungen, **W.-Trioxid** für opt. Gläser, **W.-Nitrat** als Röntgenkontrastmittel. W.-Präparate werden auch medizinisch verwendet (W.-Brandbinden).

Wismut, SDAG Wismut, sowjet.-dt. AG., gegr. 1946 in Oberschlema, Unternehmen zur Urangewinnung auf dem Gebiet der Dt. Dem. Rep. (Erzgebirge, Vogtland, Thüringen). Hauptsitz der Verwaltung: Siegmar (Karl-Marx-Stadt).

Wismutmalerei, Lackfarbenmalerei auf metallisch durchschimmernder Wismutschicht, seit dem 16. Jahrh. auf Kästchen, Schachteln u. a., bes. in der Volkskunst.

Wisper *die*, 25 km langer Nebenfluß des Rheins aus dem Taunus, mündet bei Lorch.

Wissenschaft ist Forschung und Lehre in allen Gegenstandsbereichen. Forschung ist geistige Tätigkeit einzelner oder von Gruppen mit dem Ziel, in method., systemat. und nachprüfbarer Weise neue Erkenntnisse zu gewinnen; Lehre ist Darstellung der Ergebnisse und Methoden der Forschung mit dem Ziel, fachl. Wissen zu vermitteln und zu wissenschaftl. Denken zu erziehen. Die Unterscheidungen zwischen Natur- und Geisteswissenschaften, zwischen theoret. und angewandter W. gelten nur annähernd. Die W. beginnt mit dem Sammeln, Ordnen und Beschreiben ihres Materials. Weitere Schritte sind die Bildung von Hypothesen (auch Arbeitshypothesen) und Theorien. Sie müssen sich am Material bestätigen (verifizieren) lassen. Die Zusammenfassung wissenschaftl. Einzelergebnisse zu einer Ganzheit ist das System. Weiteres →Forschung.

wissenschaftliche Betriebsführung, →Scientific Management.

wissenschaftliche Gesellschaften, Vereinigungen von Forschern und wissenschaftlich Interessierten, bes. die Akademien der Wissenschaften.

Wissenschaftlicher Rat, Hochschullehrer in beamteter Stellung, meist mit dem Titel ‚Professor'.

Wissenschaftslehre, 1) die Erkenntnis- und Methodenlehre der Wissenschaften. **2)** die Transzendentalphilosophie Fichtes.

Wissenschaftsrat, ein 1957 gegr. Ausschuß, der die Maßnahmen zur Förderung der Wissenschaft in der Bundesrep. Dtl. aufeinander abstimmen soll: Sitz Köln.

Wissenssoziologie, eine seit M. Scheler entstandene Wissenschaft; sie untersucht die Wissensformen im Zusammenhang mit ihren gesellschaftl. Trägern.

Wissmann, Hermann von, Offizier, Afrikaforscher, * 1853, † 1905; erforschte das Kasaigebiet, war 1895/96 Gouverneur von Deutsch-Ostafrika.

Wiss'owa, Georg, klass. Philologe, * 1859, † 1931, gab A. Paulys ‚Real-Encyclopädie der class. Alterthumswissenschaften' neu heraus (um 1512) u. a.

Wist'arie *die*, **Glyzine,** windende Schmetterlingsblütler mit unpaarig gefiederten Blättern. Zierstrauch ist die **Chines. W.** mit hellvioletten Blütentrauben.

Wistritza *die*, Fluß in Griechenland, entspringt südlich vom Prespasee, mündet in den Golf von Saloniki.

W'itebsk, Gebietshauptstadt in der Weißruss. SSR, an der Düna, 231 000 Ew.; Maschinen-, textile- Seidenind.; Iljinskaja-Kirche (1643), Kathedrale (1777).

W'itega, Witege, →Wittich.

W'ithalm, Hermann, österreich. Politiker (ÖVP), * 1912, Jurist, 1960-70 Generalsekretär der ÖVP, 1966-68 Vors. der ÖVP-Fraktion im Nationalrat, 1968-70 Vizekanzler, 1970-71 Parteiobmann.

Wit'im *der*, rechter Nebenfluß der Lena, Ostsibirien, 1823 km lang, durchfließt reiche Goldgebiete (Bodaibo).

Witk'owski, Georg, Literarhistoriker, * 1863, † 1939; ‚Das dt. Drama des 19. Jahrh.' (1903), ‚Goethes Faust' (1906).

W'itoscha, Witosch, Gebirgsgruppe in Bulgarien, im S des Beckens von Sofia, bis 2290 m hoch.

W'itowt, litauisch **Vyt'autas,** poln. **Witold,** Großfürst von Litauen (1392-1430), * 1350, † 1430, unterstützte seinen Vetter Jagiełło gegen den Dt. Orden (Tannenberg, 1410).

Witt, Jan, de, niederländ. Staatsmann, * 1625, † (ermordet) 1672, als Ratspensionär Hollands Führer der republikanisch-ständ. Partei und Leiter der gesamten niederländ. Politik in der statthalterlosen Zeit (1650-72); zwang Ludwig XIV. auf die Eroberung der span. Niederlande zu verzichten.

Witte, 1) Emanuel de, niederländ. Maler, * 1617, † 1692, malte holländ. Kirchenräume mit reizvollen Durchblicken und Lichtwirkungen.

2) Sergej Juljewitsch Graf, * 1849, † 1915, seit 1892 russ. Finanzmin. (unter ihm Vollendung der Sibirischen Bahn). 1905/06 MinPräs.

Wittekind, →Widukind.

Wittelsbacher, ältestes deutsches Herrschergeschlecht, nach der Burg Wittelsbach bei Aichach (Oberbayern) genannt. Die W. waren bereits im 1. Hälfte des 10. Jahrh. die bayer. Stammesherzöge. 1180 erhielten sie das ihnen 947 verlorengegangene Herzogtum Bayern zurück, erwarben 1214 die Rheinpfalz, teilten sich in eine bayer. (→Bayern, Geschichte) und eine pfälz. Hauptlinie (→Pfalz 2); erstere starb 1777 aus; ihr folgte die pfälz. Linie (1806-1918 Könige). Chef des Hauses ist seit 1955 Herzog Albrecht von Bayern.

Witten, Stadt in Nordrh.-Westf., an der Ruhr, 97 600 Ew.; Stahl-, Maschinenbau, opt., chem., elektrotechn. Industrie.

Witten, Hans, Bildhauer, früher **Meister H. W.** genannt, zu Anfang des 16. Jahrh. in Mitteldeutschland und im Erzgebirge tätig, schuf Werke von eigenwillig phantast. Art, so die als Pflanze gestaltete Tulpenkanzel im Dom zu Freiberg in Schlesien (um 1510), die ‚Schöne Tür' der St. Annakirche in Annaberg (um 1512) u. a.

Wittenberg, Lutherstadt W., Stadt im Bez. Halle, an der Elbe, 47 200 Ew.; Eisengießereien, Maschinen-, Gummi-, Seifen-, chem. (Zellstoff) u. a. Industrie, im Vorort Piesteritz Stickstoffwerke. Schloßkirche

Wittenberg: Schloßkirche

(mit Grabstätten Luthers, Friedrichs des Weisen, Melanchthons), Stadtkirche (um 1300, Langhaus 15. Jahrh.), Rathaus (1524 bis 1540), Augusteum (1564-83; einst Universitätsgebäude, seit 1817 Predigerseminar), Luthers Wohnhaus (jetzt Museum der Reformation), Haus Melanchthons (Heimatmuseum), Schloß (1490-99). - 1293-1423 Sitz der askan. 1423-1547 der wettin. Kurfürsten und Herzöge von Sachsen; 1815 preußisch. Die durch Friedrich den Weisen 1502 gegr. Univ. wurde durch Luther und Melanchthon Mittelpunkt der Reformation; 1817 mit Halle vereinigt.

Wittenberge, Stadt im Bez. Schwerin, an der Stepenitz-Mündung in die Elbe (Umschlaghafen), 33 000 Ew.; Zellstoff-, Nähmaschinen-, Öl- u. a. Industrie; Steintorturm (14. Jahrh.).

Wittenberger Kapitulation vom 19. 5. 1547, beendete den Schmalkaldischen Krieg, übertrug die sächs. Kurwürde von der Ernestinischen (Johann Friedrich) auf die Albertinische (Moritz) Linie der Wettiner.

Wittenw(e)iler, Heinrich, Dichter aus

Thurgauer Geschlecht um 1400; satirisch-didaktisches Epos ‚Der Ring' (spätmhd.).

Wittgenstein, Ludwig Josef Johann, österreich. Philosoph, * 1889, † 1951, entstammt dem neopositivistischen Wiener Kreis, förderte die analytische Philosophie. ‚Tractatus logico-philosophicus' (1921), ‚Schriften', 3 Bde. (hg. 1960-67).

Wittgenstein, Sayn und W., mittelrhein. Grafengeschlecht, 1792 Reichsfürsten. Ludwig Adolf Peter, Fürst zu, russ. Feldmarschall, * 1769, † 1834, 1813 Oberbefehlshaber der Russen im Freiheitskrieg.

Wittich, Witega, Held der Dietrichsage.

Wittig, Joseph, kath. Theologe und religiöser Schriftsteller, * 1879, † 1949, wegen seiner der lutherischen angenäherten Rechtfertigungslehre 1926 exkommuniziert. 1946 wurde er, nach Aussöhnung mit der Kirche, laisiert.

Wittlich, Stadt in Rheinl.-Pf., im Liesertal, 14 100 Ew.; Tabak-, Obst- und Weinbau; Holzbearbeitungs-, Maschinen-, Tabak-, Strickwarenindustrie.

Wittling, Weißling, Merlan, eine westeurop. Schellfischart.

Wittow [-o:], Halbinsel von Rügen.

Wittstock, Stadt im Bez. Potsdam, an der Dosse, 10 600 Ew.; Tuch-, Holz-, Maschinenindustrie; Stadtbefestigung, got. Kirche, Reste der Burg.

Wittstock, Erwin, siebenbürg. Schriftsteller, * 1899, † 1962; Novellen, Schauspiele.

Wittum *das*, **1)** die Vermögensausstattung eines kirchl. Benefiziums. **2) Widum,** im dt. MA. eine Zuwendung des Mannes an die Frau zu ihrer Versorgung im Witwenstand.

Witw'atersrand, Höhenzug in Transvaal, Rep. Südafrika, eine 200 km lange, 300 m über die Umgebung aufragende Randstufe. Reicher Goldbergbau (seit 1885), mehrere Großstädte.

Witwe, die Ehefrau nach dem Tode des Mannes, sofern sie sich nicht wieder heiratet.

Witwer, der überlebende Ehemann.

Witwenblume, →Skabiose.

Witwengeld, die Bezüge der Ehefrauen verstorbener Beamter, Richter, Soldaten.

Witwenrente, die Hinterbliebenenrente für die Witwe in der sozialen Renten- und der Unfallversicherung; oder für den Witwer, wenn die Frau den Mann unterhalten hat (**Witwerrente**).

Witwenverbrennung, die ind. Sitte, die Witwe mit ihrem verstorbenen Gatten auf dem Scheiterhaufen zu verbrennen; 1829 von Großbritannien verboten.

Witwenvogel, afrikan. Singvögel, legen ihre Eier vor allem in Nester von Weberfinken. Bei manchen W. hat das Männchen lange mittlere Schwanzfedern (z. B. bei der **Paradieswitwe**).

Witz, Konrad, schwäb. Maler, * um 1400, † 1445, tätig in Basel, schuf Altarbilder, die

K. Witz: Heiliger Christophorus (Basel, Kunstmuseum)

mit neuem Wirklichkeitssinn die Erscheinung plastisch-räumlich erfassen und in leuchtkräftigen Farben wiedergeben. Erhalten sind vor allem Tafeln des Baseler Heilsspiegelaltars (um 1435; 11 Bilder in Basel, je 1 in Berlin und Dijon) und des Petrusaltars der Genfer Kathedrale (2 Bilder im Genfer Museum, u. a. Fischzug Petri mit Genfer Seelandschaft), ferner Altartafeln in Nürnberg, Basel, Straßburg, Neapel.

Witzenhausen, Stadt in Hessen, an der Werra, 11 800 Ew.; Inst. für trop. und subtrop. Landwirtschaft, Kolonialmuseum; Industrie. Liebfrauenkirche (14. bis 16. Jahrh.), Wilhelmitenkloster (14. bis 15. Jahrh.).

Witzleben, Erwin von, Generalfeldmarschall (1940), * 1881, † (hingerichtet) 1944, als Widerstandskämpfer vom Volksgerichtshof zum Tode verurteilt.

Wj'atka, 1) die, Nebenfluß der Kama, 1314 km lang; schiffbar. 2) bis 1934 Name von →Kirow.

w. L., westliche Länge.

Wladikawk'as, →Ordschonikidse.

Wlad'imir, Stadt in der Russ. SFSR, an der Kljasma und der Bahn Moskau-Gorkij, 234 000 Ew.; Maschinen-, Traktorenbau u. a. Industrie. Kreml, Befestigungsreste, Uspenskij-Kathedrale (1158-60), Demetrius-Kirche (1194-97), Kloster. Als Sitz des Großfürsten (etwa seit 1200) und des Metropoliten (seit 1299) war W. bis Mitte des 14. Jahrh. die wichtigste russ. Stadt.

Wlad'imir, Großfürsten von Kiew:
1) W. I., **der Heilige** (980-1015), vermählt mit der byzantin. Kaisertochter Anna, führte das Christentum ein.
2) W. II. Monomach (1113-25), konnte das Kiewer Reich noch einmal zusammenfassen.

Wl'adisław, Könige: **Böhmen.** 1) W. (1471 bis 1516), als **W. II.** auch König von Ungarn (1490-1516), * 1456, †1516, folgte in Böhmen auf Georg von Poděbrad und Kunštát, in Ungarn auf Matthias Corvinus.
Neapel. 2) W. von **Anjou** (1386-1414), * 1377, † 1414, setzte sich gegen einen Nebenbuhler aus dem franzöş. Zweig des Hauses Anjou durch, wurde einer der mächtigsten Fürsten Italiens.
Polen. 3) W. II. (1386-1434), →Jagiełło.
4) W. IV. (1632-48), * 1595, † 1648, 1610-12 auch Zar von Rußland.
Ungarn, →Ladislaus.

Wladiwost'ok, die größte Hafenstadt der Sowjetunion am Japan. Meer, an der S-Spitze der Halbinsel Murawjew, 442 000 Ew.; Universität, Techn. Hochschule; Schiffbau, Holz-, Möbel- u. a. Industrie; bedeutender Fisch- und Walfang. - 1861 gegründet, seit 1885 Kriegshafen.

Wl'assow, Andrej, sowjet. General, * 1901, † (hingerichtet) 1946, organisierte in dt. Kriegsgefangenschaft seit 1942 die W.-Armee aus sowjet. Kriegsgefangenen. Von den Amerikanern den Sowjets ausgeliefert.

Włocławek [vʊtsu'avɛk], dt. **Leslau,** Stadt in Polen, an der Weichsel, 73 900 Ew.; got. Kathedrale, Bahnknoten; Papier-, Meßgeräte-, Keramikindustrie.

WMO, Abk. für engl. **W**orld **M**eteorological **O**rganization, der →Weltwetterdienst.

Wobbelung [aus engl.] die, Fernsehen: eine Ablenkung des Leuchtpunktes auf dem Bildschirm der Kathodenstrahlröhre senkrecht zur Zeilenrichtung, um die Zeilenabstände zu verwischen.

Woche, Zeitraum von sieben Tagen, als Zeiteinteilung schon im Altertum bei den Babyloniern und Juden; unter Konstantin d. Gr. 321 gesetzlich eingeführt.

Wochenbett, Kindbett, die nach der Geburt folgende Zeit von etwa 6-8 Wochen, in der sich die Gebärmutter wieder zu normaler Größe zurückbildet und das Stillen in Gang kommt. **Wochenfluß** (Lochien), das Wundsekret der bei der Geburt entstandenen Wunden. Zur Stärkung der überdehnten Bauchdecke ist **W.-Gymnastik** wichtig. - **W.-Fieber (Kindbettfieber),** eine Infektion der Geburtswunden durch Bakterien, erfordert sofortige ärztl. Behandlung.

Wochenfest, hebr. **Schawuoth,** das jüdische Pfingstfest, zur Erinnerung an die Offenbarung am Sinai gefeiert.

Wochenhilfe, Leistung der Krankenversicherung an Wöchnerinnen.

Wochenschau, Filmberichte als Zeitdokument.

W'odan, Wotan, german. Gott, →Odin.

Wodehouse [w'udhaus], Pelham Grenville, engl. Erzähler, * 1881, humorvolle Romane.

Wodka [russ.] der, russ. Trinkbranntwein aus Kartoffeln.

Wodu, Wudu, Voodoo, magisch-relig. Geheimkult der Neger auf Haiti und im Süden Nordamerikas.

Woestijne [v'u:stejnə], Karel van de, fläm. Schriftsteller, * 1878, † 1929; Gedichte, Erzählungen.

Woevre [vwa:vr] die, Landschaft in Lothringen.

Wog'ulen, Mansen, ugrisches Volk an den Osthängen des Nördl. Ural, im Nationalbezirk der →Chanten und Mansen, Russ. SFSR; Jäger, Fischer, Rentierzüchter.

wogulische Sprache, eine →finnisch-ugrische Sprache, bildet mit dem Ostjakischen deren obugrische Untergruppe.

Wohlau, poln. **Wołów,** Stadt in Niederschlesien, 9200 (1939: 7400) Ew.; spätgot. evang. und barocke kath. Pfarrkirche, Schloß (16. Jahrh.). Seit 1945 steht W. unter poln. Verwaltung.

Wohlen, Gem. im Kt. Aargau, Schweiz, 12 000 Ew.; Eisen- und Schmelzwerk.

Wöhler, 1) August, Ingenieur, * 1819, †1914, entwickelte Geräte zur Werkstoffprüfung; stellte die ersten Festigkeitsvorschriften für Eisen und Stahl auf.
2) Friedrich, Chemiker, * 1800, † 1882, Prof. in Göttingen, entdeckte Aluminium, Yttrium, kristallisiertes Bor und Silicium, stellte aus der Harnstoff als erste organ. Verbindung synthetisch dar.

wohlerworbene Rechte, ⚖ Rechte, in die der Staat nicht ohne gesetzl. Ermächtigung und Entschädigung eingreifen darf.

Wohlfahrt, die öffentl. Fürsorge, →Sozialhilfe. **Wohlfahrtsamt,** ♾ Fürsorgeamt.

Wohlfahrtsausschuß, französ. **Comité de Salut public** [kɔmit'e dǝ saly pybl'ik], das revolutionäre Regierungsbehörde des französ. Nationalkonvents 1793-95.

Wohlfahrtspostwertzeichen, mit Aufschlag für soziale Zwecke verkaufte Briefmarken.

Wohlfahrtsschulen, →Sozialschulen.

Wohlfahrtsstaat, 1) →Polizeistaat des Absolutismus. **2)** ein Staat, der die soziale Sicherung seiner Bürger in den Vordergrund stellt. Die Gefahren des W. liegen in der Einschränkung der persönlichen Verantwortlichkeit.

Wohlfahrtswirkungen, ♣ die Schutzwirkung des Waldes hinsichtlich Windschutz, Lokalklima, Boden, Wasserhaushalt; im Unterschied zu den produktiven Wirkungen (Holz, Wild u. ä.).

Wohlstandsgesellschaft, eine Gesellschaft mit hochindustrialisierter und vollbeschäftigter Wirtschaft, in der das durchschnittl. Pro-Kopf-Einkommen beträchtl. über dem Existenzminimum liegt.

Wohltemperierte Klavier, Titel einer Sammlung von Präludien und Fugen von J. S. Bach, 1722 und 1744.

Wohlverleih der, Pflanze, →Arnika.

Wohmann, Gabriele, Schriftstellerin, * 1932; Romane, Erzählungen, Hörspiele.

Wohnbevölkerung, alle Personen, die in einer Gemeinde ihren ständigen Wohnsitz haben.

Wohndichte, statistisches Maß für die Belegung von Wohnungen (Bewohner je Wohnung, je m² Wohnraum).

Wohngeld, staatl. Zuschuß zur Verbilligung der Mieten und laufenden Belastungen, der direkt an den Wohnungsnutzer gezahlt wird.

Wohngrube, eine muldenförmige Grube in vorgeschichtl. Ansiedlungen.

Wohnhaus, ein Gebäude, das Menschen als Wohnstätte dient. Formen: Ein- und Mehrfamilienhaus, Eigenheim, Miethaus, frei stehendes und eingebautes W. (Reihenhaus). Das Eigenheim wird meist als frei stehendes W. errichtet, das Mehrfamilienhaus als Miethaus oder im Wohnungseigentum.

Die ältesten von Menschen errichteten Wohnstätten waren Windschirme, die ohne Wände auf den Boden (Dachhütten) oder über eine flache Grube (Wohngrube) gesetzt waren, in der Mittelsteinzeit oft bienenkorbartige Gebilde aus rundl. Grundrissen aus Flechtwerk. Seit der Jungsteinund Bronzezeit ging man zum Haus mit senkrechten Wänden und deutlich abgesetztem Dach über.

In Europa gehörten zu den Formen des W. das griech. Peristylhaus, in Italien das geradwandige etruskische Haus mit ursprüngl. strohgedecktem Satteldach und Giebeln und das W. mit →Atrium, das sich bis in die Kaiserzeit hinein behauptete. Im N setzte den W.-Bau die heimische Überlieferung des ein- oder zweiräumigen Hauses der Vorzeit fort, das später in vielen Spielarten als Bauern-, Bürgerhaus usf. weiterentwickelt wurde. Erst das 19. Jahrh. lieferte Gas- und elektr. Beleuchtung, Verbesserung der Heizeinrichtungen, Bade-, Abortanlagen u. a. und schuf Wasserleitung und Kanalisation wieder. (→Wohnung)

Wohnheim, Heim für alleinstehende Berufstätige, auch für Jugendliche, Lehrlinge, Studenten.

Wohnraumhilfe, im Rahmen des Lastenausgleichs gewährte Hilfe bei Verlust von Wohnungen, die nicht Eigentum des Geschädigten waren.

Wohnsitz, Domiz'il das, ⚖ Ort der ständigen Niederlassung einer Person (§§ 7ff. BGB.).

Wohnung, die Summe der Räume, die die Führung eines Haushalts ermöglichen. Man unterscheidet **Klein-W.** (bis 65 m²), **Mittel** (65-90 m²) und **Groß-W.** (über 90 m²). Die Klein-W. hat gewöhnlich einen Wohnraum mit WC-Platz, Schlafräume, Kleinküche, Flur, Bade- oder Duschraum, WC, Abstellraum.

Wohnungsamt, städt. Behörde zur Erfassung und Verteilung des Wohnraums.

Wohnungsbau. Die Grundlage für Planung und Ausführung bildet der Bauplan; er enthält Lageplan, Grundriß, Schnitte, Ansichten. Er muß von der Baupolizei genehmigt werden. Der Wohnungsbestand in der Bundesrep. Dtl. betrug 1970 rd. 21,5 Mill. (Altbauwohnungen: 10,2 Mill.; öffentl. geförderte frei und finanzierte Wohnungen: 5,5 Mill., steuerbegünstigte Neubauwohnungen: 5,8 Mill.).

In der Bundesrep. Dtl. begann eine bes. rege Bautätigkeit nach der Währungsreform. 1952 wurden 443 300, 1955: 538 100, 1960: 550 800 Wohnungen bezugsfertig (Rohzugang), 1936 waren es auf dem Gebiet der Bundesrep. 183 100. Träger des W. sind private Bauherren, Unternehmen, freie Wohnungsunternehmen, gemeinnützige Baugenossenschaften und Wohnbau-Gesellschaften, die öffentl. Hand. Die Finanzierung des W. wurde durch staatl. Maßnahmen gefördert: Einsatz öffentlicher Mittel, Übernahme von Bürgschaften, Gewährung von Prämien, Steuervergünstigungen. Danach ist zwischen öffentl. gefördertem sozialen, steuerbegünstigtem und frei finanziertem W. zu unterscheiden.

Wohnungsbaugesetz, in der Bundesrep. Dtl. Gesetze zur Förderung des Wohnungsbaus durch staatl. finanzielle Hilfe, steuerl. Vergünstigungen u. a. (1. W. v. 24. 4. 1950, 2. W. i. d. F. vom 1. 9. 1965 sowie Wohnungsbauänderungs-Ges. v. 24. 8. 1965, beide oft novelliert, zuletzt durch die Wohnungsbauänderungs-Ges. 1971).

Wohnung: **1** *Schlafzimmereinrichtung im Elisabethanischen Stil.* **2** *Aufenthaltsraum eines japanischen Hauses.* **3** *Venezianische Möblierung, 18. Jahrh.* **4** *Moderne Küche*

Wohnungsbauprämie, eine auf Grund des Wohnungsbau-Prämiengesetzes i. d. F. v. 18. 9. 1969 und des Art. 3 des Steueränderungs-Ges. v. 22. 12. 1967 an Bausparer aus Bundesmitteln gewährte Prämie (jährl. Höchstbetrag 400 DM).

Wohnungseigentum, →Eigentumswohnung.

Wohnungsgeldzuschuß, ⚕ für **Ortszuschlag,** Teil des Diensteinkommens bei Beamten und Angestellten des öffentl. Dienstes.

Wohnungsgenossenschaft, Vereinigung, die Eigentum an Wohnungen besitzt und deren Nutzung durch die Mitglieder regelt.

Wohnungsmakler, ein Makler, der Wohnungen, Geschäftsräume usw. nachweist.

Wohnungsrecht, eine beschränkt persönliche Dienstbarkeit, durch die der Berechtigte ein Gebäude oder einen Gebäudeteil unter Ausschluß des Eigentümers als Wohnung benutzen darf. Das W. bedarf der Eintragung ins Grundbuch (§ 1093 BGB.).

Wohnungszwangswirtschaft, die öffentliche Bewirtschaftung des Wohnraums durch Wohnungsbehörden.

Wohnwagen, 1) ein Wagen mit Wohn-, Schlafraum, Kücheneinrichtung, für Schausteller u. a. **2)** Kraftwagenanhänger mit Wohn-, Koch-, Schlaf-Einrichtung.

Woilach [russ.] der, **1)** Unterlage für den Pferdesattel (aus Filz). **2)** wollene Pferdedecke.

Woiwode [slaw. ‚Herzog‘, ‚Heerführer‘], früher in Polen, Siebenbürgen, der Moldau und Walachei der wählbare Fürst eines Gebiets, in Polen 1919-39 und seit 1945 der Oberpräs. einer Provinz **(Woiwodschaft).**

Wojwodina, serbisch **Vojvodina,** autonome Provinz der Volksrep. Serbien, Jugoslawien, 21 506 km², 1,92 Mill. Ew. Hauptstadt: Neusatz. - Seit etwa 1000 unter ungar., 1552 unter türk., 1690 unter österreich. Herrschaft; 1918 größtenteils an Jugoslawien, 1941-44 teilweise unter ungar. Verwaltung (Batschka).

Wölber, Hans Otto, evang. Bischof, * 1913, seit 1969 Leitender Bischof der Verein. Evangelisch-Luther. Kirche Dtl.s (VELKD).

Wolchow der, Fluß in Westrußland, der Abfluß des Ilmensees zum Ladogasee, 224 km lang.

Wolf, 1) ⚹ lat. **Lupus,** hundeartiges Raubtier, über die nördl. Halbkugel verbreitet, gilt als Stammvater des Haushundes; er kommt noch heute vereinzelt aus Ost- nach Mitteleuropa. Das Fell hat meist bläulichgraue Unterwolle und lange, starke, rötlichgelbe Grannen; **Polar-W.** sind fast rein weiß. Die W. leben im Sommer meist einzeln, im Winter rotten sie sich zu Rudeln zusammen. **2)** ⚕ →Hautwolf. **3)** ✶ Sternbild des Südhimmels.

Wolf, 1) Christa, Schriftstellerin, * 1929, schrieb ‚Der geteilte Himmel‘ (1963; verfilmt), ‚Nachdenken über Christa T.‘ (1968) u. a.

2) Christian, →Wolff 2)

3) Erik, Jurist, * 1902, Prof. für Strafrecht, Rechtsphilosophie, Kirchenrecht in Freiburg.

4) Friedrich, Schriftsteller, * 1888, † 1953, Arzt, emigrierte 1933, 1949-51 Botschafter der Dt. Dem. Rep. in Warschau. Romane; Dramen: ‚Zyankali‘ (1929, gegen § 218), ‚Die Matrosen von Cattaro‘ (1930), ‚Professor Mamlock‘ (1935, gegen nat.-soz. Judenverfolgung), ‚Thomas Münzer‘ (1953).

5) Friedrich August, klass. Philologe, * 1759, † 1824, Prof. in Halle, Berlin, legte den Grund zu einer umfassenden Altertumswissenschaft.

6) Hugo, Komponist, * 1860, † 1903, seit 1897 geisteskrank. W. ist der bedeutendste Gestalter des klavierbegleiteten Sololiedes zwischen Brahms und Reger. Er bindet die Singstimme stark an die Sprachführung des Textes, während das Klavier die Ausdeutung des dichter. Gehaltes übernimmt. Lieder nach Gedichten von Mörike, Eichendorff, Heyse u. a., Opern, Kammermusik. (Bild S. 1376)

7) Max, Astronom, * 1863, † 1932, verbesserte die astronom. Beobachtungstechnik, förderte die Himmelsphotographie, entdeckte viele Planetoiden, einige Ko-

Wolf: Timberwolf (Nordamerika)

Wolf

Hugo Wolf   *Thomas Wolfe*

meten und viele Sterne mit großer Eigenbewegung.

8) Rudolf, schweizer. Astronom, * 1816, † 1893, entdeckte den Zusammenhang zwischen Sonnenflecken und Erdmagnetismus.

Wolfach, Stadt in Bad.-Württ., Kurort im Schwarzwald, 263 m ü. M., 4800 Ew.; ehem. Fürstl. Fürstenbergisches Schloß (1671 ff.); Glashütte, Metallwarenind.

Wolfdietrich, Hauptgestalt eines mittelhochdeutschen Helden- und Abenteuerromans aus der 1. Hälfte des 13. Jahrh.

Wolfe [wulf], Thomas, amerikan. Schriftsteller, * 1900, † 1938; verschaffte mit der überquellenden Prosa seiner Romane dem amerikan. Süden neue literar. Geltung: ‚Schau heimwärts, Engel‘ (1929), ‚Von Zeit und Strom‘ (1935); aus dem Nachlaß ‚Geweb und Fels‘ (1939), ‚Es führt kein Weg zurück‘ (1940). Briefe (hg. 1961).

Wolfen, Stadt im Bez. Halle, 26 900 Ew.; Schwefelsäure-, Kunstseide-Industrie; VEB-Filmfabrik Agfa, VEB-Farbenfabrik.

Wolfenbüttel, Stadt in Ndsachs., im nördl. Harzvorland, an der Oker, 41 200 Ew.; Fachwerkhäuser (17. Jahrh.); außerdem Marienkirche (Renaissance), Schloß (1432 bis 1753 die Residenz der Herzöge von Braunschweig-W.), Lessingtheater, Herzog-August-Bibliothek (an der Leibniz und Lessing wirkten). W. hat Konserven-, Maschinen-, chem. u. a. Industrie.

Wolff, 1) Caspar Friedrich, Anatom, * 1734, † 1794, Urheber der neuzeitl. Entwicklungsgeschichte, lehrte die Epigenesis (→Epigenese).

2) Christian Freiherr von, Philosoph, * 1679, † 1754, Prof. in Leipzig, Halle, Marburg, schuf das umfassendste System des Rationalismus. Er arbeitete an der philosoph. dt. Fachsprache entscheidend mit. Die Philosophie W.s beherrschte um die Mitte des 18. Jahrh. fast alle Lehrstühle Dtl.s.

3) Julius, Schriftsteller, * 1834, † 1910; Verserzählungen über histor. Stoffe (‚Der Rattenfänger von Hameln‘, 1876); histor. Erzählungen.

4) Martin, Jurist (Zivilrecht), * 1872, † 1953, Prof. in Marburg, Bonn, Berlin, seit 1938 in England.

Wolf-Ferr'ari, Ermanno, deutsch-italien. Komponist, * 1876, † 1948, geistvoller Erneuerer der alten italien. Lustspieloper: ‚Die vier Grobiane‘ (1906), ‚Der Schmuck der Madonna‘ (1908), ‚Sly‘ (1927), ‚Il Campiello‘ (1936) u. a.

Wölfflin, 1) Eduard, schweizer. klass. Philologe, * 1831, † 1908, erforschte die latein. Sprachgeschichte.

2) Heinrich, schweizer. Kunsthistoriker, Sohn von 1), * 1864, † 1945, Prof. in Basel, Berlin, München, Zürich; seine Kunstbetrachtung war auf das Verstehen der Form und ihrer eigengesetzl. Entwicklung gerichtet; von starkem Einfluß waren seine ‚Kunstgeschichtl. Grundbegriffe‘ (1915).

Wolfgang, Schutzheiliger von Regensburg, † 994, Missionar in Ungarn, Bischof in Regensburg; Tag: 31. 10.

Wolfgangsee, →Sankt Wolfgang.

Wolfram das, **W,** chem. Element, sehr hartes Metall, Ordnungszahl 74, Atomgewicht 183,85, Schmelzpunkt 3380°C, Siedepunkt 6000°C, spezif. Gewicht 19,3. W. kommt im Scheelit, Wolframit und Stolzit vor und wird durch Glühen von W.-Trioxid gewonnen. Verwendung als Legierungsmetall (W.-Stahl), für Glühdrähte, Kathoden, elektr. Kontakte, Antikathoden von Röntgenröhren, als Heizleiter u. a. Die Weltförderung betrug (1968) 40 960 t, davon entfielen auf die Volksrep. China 10 100, die Sowjetunion 7800, die USA 5827 t.

Wolfram'it, das wichtigste Wolframerz; eine isomorphe Mischung von Eisen- und Manganwolframat.

Wolframs-Eschenbach, bayer. Stadt in Mittelfranken, 1500 Ew.; Fachwerkhäuser, ehem. Deutschordensmünster (13. Jahrh.), Deutschordensschloß (1623); Heimat Wolframs von Eschenbach; im Liebfrauenmünster (1250-1300) sein Epitaph.

Wolfram von Eschenbach, mhd. Dichter, * um 1170, † um 1220, aus einem in Eschenbach bei Ansbach (seit 1917 Wolframs-Eschenbach) ansässigen Ministerialengeschlecht. Sein Hauptwerk ist das Epos ‚Parzival‘ (etwa 1200-10), in dem die keltische Fabel zu einer mächtigen Dichtung um die Selbstvollendung des Menschen und um seine Erlösung vertieft ist. Hier wie im unvollendeten Epos ‚Willehalm‘ (um 1212-18), in den formschönen Strophen des ‚Titurel‘, von dem er nur zwei Szenen ausgeführt hat, und in seinen wenigen Liedern zeigt W. die Gewalt seiner bilderreichen, oft dunklen Sprache. Seine Werke sind Höhepunkt der ritterlichen Dichtung der Stauferzeit.

Wolfratshausen, Stadt in Oberbayern, südlich von München, an der Mündung der Loisach in die Isar, 10 900 Ew.

Wolf-Rayet-Sterne [-raj'ɛ-], ziemlich seltene Sterne sehr hoher Oberflächentemperatur (etwa 80 000°C), oft enge Doppelsterne.

Wolfrum, Philipp, Komponist und Musikschriftsteller, * 1854, † 1919.

Wolfsangel, Fanggerät für Wölfe und Füchse (Fuchsangel).

Wolfsberg, Stadt in Kärnten, Österreich, im Lavant-Tal, 10 600 Ew.; Schuhind.; romanisch-got. Pfarrkirche. Burg (11. Jahrh. bis 1759 bischöflich bambergisch, 1846-53 völlig umgestaltet).

Wolfsbohne, die →Lupine.

Wolfsburg, Stadt (seit 1938) in Ndsachs., 90 100 Ew.; vom Mittellandkanal durchschnitten; wirtschaftlich bestimmt durch das Volkswagenwerk.

Wolfsgrube, früher viel verwendetes Hindernis vor Feldbefestigungen.

Wolfshund, 1) wolfsähnlicher Deutscher Schäferhund. **2)** großer Schlag vom Spitzhund (Wolfsspitz).

Wolfskehl, Karl, Schriftsteller, * 1869, † 1948, gehörte zum Kreis um Stefan George, ging 1938 nach Neuseeland; hymnischer Lyriker.

Wolfsmilch, Gattung **Euphorbia** der W.-Gewächse; kraut- bis baumförmige Pflanzen mit giftigem, weißem Milchsaft und eigenartigen Scheinblüten (Teilblütenständen) in doldigem Gesamtblütenstand. Zugehörig: **Zypressen-W.,** auf Triften; **Garten-W.** und **Sonnen-W.,** Unkräuter. Kakteenähnliche afrikan. Arten dienen als Zierpflanzen, so das **Medusenhaupt.** Über **Poinsettie** →Weihnachtsstern.

Wolfsmilchschwärmer, Schwärmerschmetterling mit rosagrau und olivgrün gezeichneten Vorderflügeln.

Wolfsrachen, ♀ →Gaumenspalte.

Wolfsspinnen, mittelgroße, gelbbraune bis schwarze Spinnen, die ihre Beute in raschem Lauf erhaschen.

Wolfswurzel, der Wurzelstock vom Christophskraut.

W'olga die, der größte Strom Europas, 3700 km lang, entspringt auf den Waldaihöhen, durchfließt in großem Bogen die Russ. SFSR, löst sich unterhalb Wolgograd in rd. 80 Arme auf, mündet in einem 150 km breiten Delta bei Astrachan ins Kasp. Meer. Wichtige Nebenflüsse: Wetluga, Ka-

ma, Oka, Sura. Mehrere Stauseen (Rybinsker, Gorkijer, Kuibyschewer, Wolgograder Stausee), Kanäle nach Moskau, zum Don (und Schwarzen Meer).

Wolgadeutsche, die seit Katharina II. (1763) in der Kirgisensteppe an der Wolga angesiedelten west- und süddeutschen Bauern, 1940 fast 400 000; 1924-45 in der **Wolgadeutschen Republik** (ASSR innerhalb der Russ. SFSR, Hauptstadt Engels) bei Saratow zusammengefaßt; im 2. Weltkrieg nach Sibirien umgesiedelt.

Wolga-Don-Kanal, Schiffahrtsweg vom Don bei Kalatsch zur Wolga unterhalb Wolgograd; verbindet die Wolga mit dem Schwarzen Meer.

Wolga-Ostsee-Kanal, verbindet die Wolga mit dem Finnischen Meerbusen.

Wolgast, Stadt und Hafen im Bez. Rostock, an der Peene, 15 300 Ew.; Eisengießerei, Holz- u. a. Industrie, Werft.

Wolgast, Heinrich, Pädagoge, * 1860, † 1920, verdient um die Jugendschrifttum.

Wolgemut, Michael, Nürnberger Maler, * 1434, † 1519, führte die Werkstatt H. Pleydenwurffs fort, malte (meist mit Gehilfen) Altäre und schuf gemeinsam mit W. Pleydenwurff die Holzschnitte in Schedels Weltchronik. Lehrmeister Dürers.

Wolgograd, bis 1925 Zarizyn, von 1925-61 **Stalingrad,** Gebietshauptstadt in der Russ. SFSR, auf dem rechten, hohen Ufer der Wolga, 818 000 Ew.; Eisen- und Stahlind., Walz-, Traktoren-, Kraftfahrzeugwerke, Erdölverarbeitung. Der Wolgograder Stausee, nördl. von W., wurde 1961 vollendet. Fläche: 3160 km². Ferner →Stalingrad.

Wolh'ynien, Landschaft in der nordwestl. Ukraine, zwischen oberem Pripet und oberem westl. Bug; wichtige Städte: Kowel, Luzk, Rowno. W., ein Teil des Kiewer Reiches, kam im 13. Jahrh. an Litauen, mit diesem 1386/1569 an Polen, 1795 an Rußland, wurde 1921 zwischen diesem und Polen geteilt; kam 1939 ganz zur Sowjetunion. Die dt. Siedler wurden 1939 und die Polen 1945 umgesiedelt.

Wolhynisches Fieber, die Infektionskrankheit →Fünftagefieber.

Wolken entstehen durch Verdichtung der Luftfeuchtigkeit bei Abkühlung unter den Taupunkt. Hauptformen der W.: Haufenoder Quell-W. **(Cumulus,** meist in 600 bis 2000 m Höhe), Schicht-W. **(Stratus,** meist unter 600 m Höhe), Altostratus, zwischen 2500 und 6000 m Höhe), Haufenschicht-W. **(Stratocumulus,** unter 2500 m Höhe; **Altocumulus,** 2500-6000 m Höhe), Regenwolke **(Nimbus, Nimbostratus,** unter 600 bis über 6000 m Höhe), Gewitterwolke **(Cumulonimbus),** Federwolke **(Cirrus,** Eiswolke über 6000 m Höhe), Schäfchenwolken **(Cirrocumulus,** hohe Eiswolke), Schleierwolke **(Cirrostratus,** Eiswolke in 8-12 km Höhe). (Tafel S. 1377.)

Wolkenkratzer, Hochhaus.

Wollaston [w'ulastən], William Hyde, engl. Arzt, Chemiker und Physiker, * 1766, † 1828, entdeckte die chem. Elemente Palladium und Rhodium. **Wollastondraht,** dünner Platin- oder Golddraht, dient für Feinmeßgeräte der Elektrotechnik.

Wollaston'it der, monoklines Mineral, chemisch Calciumsilicat, weiß, auch hellfarbig, kommt meist in strahligen oder faserigen Aggregaten, auch derb, bes. in Kalksteinen vor.

Wolläuse, Pflanzenläuse mit gallenerzeugenden und wollartiges Wachs ausscheidenden Arten.

Wollbaum, tropischer Baum der Gattung **Bombax,** mit gefingerten Blättern; seine Samen liefern seidige Fasern, die bes. als Polsterstoff (Kapok) verwendet werden.

Wolle, die verspinnbaren Haare des Hausschafs, der Angora-, Kaschmir- und Tibetziege, des Kamels, der Schafkamele und des Angorakaninchens. **Schaf-W.** wird durch ein- oder zweimaliges Scheren im Jahr gewonnen. Die durch Wollschweiß (Fett, Verunreinigungen) zusammenhängenden Vliese werden auseinander-

1 *Flache Haufenwolken (Schönwetterwolken).* 2 *Einzelne Haufenwolken in kettenförmiger Anordnung.* 3 *Aufgetürmte Haufenwolken (regendrohend).* 4 *Abziehende Gewitterwolke mit Schirm (Amboß) und Schichtwolkenfelder (dunkel).* 5 *Hochaufgetürmte Quellwolken, von hohen Schichtwolken durchsetzt (regendrohend).* 6 *Schauerwolken mit Regenbogen (Hoher Peißenberg).* 7 *Gewitterschauer mit Böenwolke.* 8 *Aufgetürmte Haufenwolken mit beginnender Kappenbildung*

Wolle-Erzeugung (in 1000 t, Rohbasis)

Länder	1950	1969
Australien	496	927
Sowjetunion	—	390
Neuseeland	177	331
Argentinien	195	180
Rep. Südafrika	100	150
Verein. Staaten	118	88
Uruguay	76	78
VR China	40	60
Großbritannien	41	47
Türkei	30	47
Spanien	39	26
Übrige Länder	338	312
Welt	1 650	2 636

gerissen, die W. sortiert, gewaschen und mit Dampf getrocknet. Die saubere W. wird durch Krempeln, Strecken und Kämmen für die Spinnerei vorbereitet. Die kürzeren Fasern werden zu Streichgarn, die längeren zu Kammgarn verarbeitet. - W. besteht aus Horn; beim Verbrennen entwickelt sich ein brenzliger Geruch, gleichzeitig am Ende der Faser ein aufgeblähtes Kohlekügelchen (Probe gegenüber Baumwolle). Je feiner die W., um so stärker ist ihre Kräuselung. W. ist sehr empfindlich gegen höhere Temperaturen; sie darf nicht gekocht werden. - Der bedeutendste Schafwollmarkt ist London mit der Wollbörse.

Wollfilzpappe, eine leichte, saugfähige, dicke Pappe aus Lumpen und Altpapier, dient als Einlage für Dachpappe.

Wollgras, Riedgräser mit vielen Fäden an Stelle der Blütenhülle (die sich nach der Blüte verlängern, weiß bleichen und als Wollschopf mit der Frucht abfallen).

Wollhandkrabbe, Chinesische W., in Nord- und Mitteleuropa eingeschleppte Krabbe; schädigt die Fischerei, frißt Köder und gefangene Fische an.

Woll'in, 1) Insel der Ostsee vor dem Stettiner Haff, von Usedom durch die Swine, vom Festland durch die Dievenow getrennt; 248 km² groß; Buchenwälder, Seebad Misdroy. Seit 1945 polnisch verwaltet.
2) poln. **Wolin,** Stadt auf der Insel W., im S an der Dievenow, 2600 (1939: 4800) Ew.; Schiffahrt und Fischhandel; kam 1945 unter poln. Verwaltung. W. steht auf dem Boden des einst weit größeren Julin (Jomsburg), des Vineta der Sage, einer teils wikingischen, teils slawischen befestigten Handelsniederlassung, zwischen 900 und 1200 oft zerstört und wiederaufgebaut; 1934 ausgegraben.

Wollongong [wˈulɔŋɔŋ, engl.], Stadt in Neusüdwales, Australien, mit 150 200 Ew.; Kohlenbergbau.

Wollschweber, →Hummelfliegen.

W'ollust, 1) sinnl. Genuß; Befriedigung des Geschlechtstriebes. **2)** ⚥ Wonne.

Wollweber, Ernst, Politiker (KPD, SED), * 1898, † 1967; nach 1933 Leiter der kommunist. Untergrundbewegung in Dtl. und des Westeuropa-Büros der Komintern in Kopenhagen. 1941-45 in der Sowjetunion. In der Dt. Dem. Rep. u. a. 1955-57 Min. für Staatssicherheitsdienst, 1954-58 Mitgl. des ZK der SED (1958 ausgeschlossen).

W'olof, afrikan. Volk im Senegalgebiet, rd. 1,4 Mill. Menschen.

W'ologda, Stadt in der Russ. SFSR, am W.-Fluß, 178 000 Ew.; Flußhafen; Maschinen-, Holz-, Leder-, Landwirtschaftsind. W. hat Kreml, 3 Kathedralen (16. und 18. Jahrh.); Techn. Hochschule.

Wols, eigentl. Wolfgang **Schulze,** * 1913, † 1951, malte abstrakte Bilder von zart versponnener, traumhafter Art.

W'olschskij, Stadt in der Russ. SFSR, an der Wolga gegenüber Wolgograd, 142 000 Ew.; neuerarbeitende, Baustoffind.

Wolsey [wˈulzi], Thomas, * um 1474, † 1530, 1514 Erzbischof von York, 1515 Kardinal und Lordkanzler (bis 1529) Heinrichs VIII., 1518 päpstl. Legat; Gegner der Reformation.

Wölsungen, german. Heldengeschlecht, →Welsungen.

Wolters, Friedrich, Literarhistoriker, * 1876, † 1930, gehörte zum George-Kreis („Stefan George und die Blätter für die Kunst', 1930); Gedichte, Übersetzungen.

Wolverhampton [wˈulvəhæmptn], Stadt in der engl. Gfsch. Stafford, 263 600 Ew.; Techn. Hochschule, Kunstgalerie, Eisen-, Werkzeug-, Maschinen- u. a. Industrie.

Wolzogen, 1) Ernst Freiherr von, Schriftsteller, * 1855, † 1934, gründete 1901 in Berlin das ‚Überbrettl'; schrieb Lustspiele, Romane u. a.
2) Hans Paul Freiherr von, Bruder von 1), * 1848, † 1938, seit 1878 Herausgeber der ‚Bayreuther Blätter'; Schriften über R. Wagner u. a.
3) Karoline Freifrau von, geb. von Lengefeld, Schriftstellerin, * 1763, † 1847, lernte zusammen mit ihrer jüngeren Schwester Lotte 1787 Schiller kennen. Karoline löste ihre wenig glückliche erste Ehe mit W. von Beulwitz und heiratete 1794 ihren Vetter Wilhelm Freiherr von Wolzogen. Schiller-Biographie (1830).

Wombat der, Sippe plumper, graubrauner Beuteltiere **(Plumpbeutler)** Australiens, 1 m lang. Die W. graben Höhlen.

Won, Währungseinheit in Nordkorea, 1 W. = 100 Cheun.

W'önsan, japan. **Gensan,** Hafenstadt in N-Korea, rd. 300 000 Ew.; Erdölraffinerie, Blei-, Zink-, Kupferhütten.

Wood [wud], Grant, nordamerikan. Maler, * 1891, † 1942; malte nüchtern sachliche Bilder aus dem ländl. Leben seiner engeren Heimat. (Bild Nordamerikanische Kunst)

Woodsches Metall [wud-], Legierung aus 50% Wismut, 25% Blei, 12,5% Zinn, 12,5% Cadmium; schmilzt bei 70° C.

Woodward [wˈudwəd], Robert B., amerikan. Chemiker, * 1917, erforschte die Synthetisierung von kompliziert aufgebauten chemischen Substanzen. 1965 Nobelpreis für Chemie.

Woolf [wulf], Virginia, engl. Erzählerin, * 1882, † (Selbstmord) 1941; läßt in ihren Romanen Vergangenes und Gegenwärtiges eintauchen in den Strom der Empfindungen, Gedanken, Erinnerungen. ‚Mrs. Dalloway' (1925), ‚Die Fahrt zum Leuchtturm' (1927), ‚Die Wellen' (1937), ‚Die Jahre' (1937).

Woolwich [wˈulidʒ], Teil der Londoner Stadtbezirke Greenwich und Newham; Polytechnikum, Artilleriewerkstätten und Royal Military Academy.

Woolworth, F. W. Woolworth Co. [wˈulwəːθ], New York, Warenhauskonzern, gegr. 1879.

Worcester [wˈustə], **1)** Hauptstadt von Worcestershire, England, am Severn, 71 900 Ew.; Kathedrale; Herstellung von Porzellan, W.-Soße u. a. - 3. 9. 1651 Sieg Cromwells über Karl II.
2) Stadt in Massachusetts, USA, 176 600 Ew., Clark University, vielseit. Industrie.

Worcester-Porzellan [wˈustə-], hergestellt im Jahre 1751 in Worcester gegr. Manufaktur, die neben der Manufaktur in Chelsea (gegr. 1745) die führende in England war.

Worcestershire [wˈustəʃiə], **Worcs,** Grafschaft im südwestl. England, 1812 km², 688 400 Ew. Hauptstadt: Worcester.

Worcestersoße [wˈustə-], scharfe Würze für Fleischspeisen.

Wordsworth [wˈəːdzwəːθ], William, engl. Dichter, * 1770, † 1850. Die 1798 zusammen mit Coleridge herausgegebenen ‚Lyrical Ballads' lösten die roman. Bewegung in England aus. Seine Gedichte verbinden in schlichter Sprache beseelte Naturdarstellung mit philosoph. Reflexion.

Wörgl, Stadt in Tirol, Österreich, im Inntal, 7800 Ew.; Holzfaserplatten-, Schuh-, Holzindustrie.

Wörishofen, Bad W., Stadt und Kneippkurort im bayer. Schwaben, 9000 Ew.

Workut'a, Stadt in der ASSR der Komi, Russ. SFSR, am nördl. Ural, 63 000 Ew.;

Kohlenzentrum, Bergwerke, Kraftwerke, Maschinen-Ind. W. wurde bes. mit Hilfe von Gefangenen, auch Kriegsgefangenen, errichtet.

World University Service [wɔːld juniˈvəːsiti sˈəːvis], Abk. **W. U. S.** oder **WUS,** internat. Hilfsgemeinschaft von Akademikern zur Unterstützung von Studenten und Professoren in aller Welt; fördert Wohnheimbau, Lehrmittelaustausch, Gesundheitsfürsorge u. a.; gegr. 1920, Sitz: Genf.

World Wildlife Fund [wɔːld wˈaildlaif fʌnd, engl.], internat. Organisation zur Erhaltung der Naturschutzgebiete. Sitz: Morges (Schweiz).

Woermann, Carl, Großkaufmann, * 1813, † 1880, wirkte beim Erwerb der dt. Schutzgebiete Togo, Kamerun mit. Sein Sohn Adolf (* 1847, † 1911) gründete 1885 die spätere W.-Linie, 1890 die Deutsche Ostafrika-Linie.

Wormditt, poln. **Ornety,** Stadt in Ostpreußen, an der Drewenz, 6900 (1939: 7800) Ew.; landwirtschaftl. Verarbeitungs-Ind.; Pfarrkirche (1374), spätgot. Rathaus, Laubenhäuser; seit 1945 unter poln. Verw.

Worms, Stadt in Rheinland-Pfalz, am linken Rheinufer, 78 000 Ew. Über den Rhein führen eine Eisenbahn- und eine Straßenbrücke (Nibelungenbrücke, 1953 erneuert). Aus dem Mittelalter stammen der →Wormser Dom, die roman. Pauluskirche, die roman. Andreaskirche (1927-29 zum Museum der Stadt W. umgebaut). An die Nibelungensage erinnert der Siegfriedbrunnen (1914), das Hagendenkmal (1905); an Luther das Lutherdenkmal von Ruetschel (1868). W. hat Pädagog. Akademie, Museum und Kunsthaus Heylshof. - Das keltische Borbetomagus, die röm. Civitas Vangionum, war im 5. Jahrh. die Hauptstadt der Burgunder; älteste Reichsstadt. Vom 8. bis 16. Jahrh. mehr als 100 Reichstage, davon die wichtigsten: 1495 (Reichsreform, Reichskammergericht), 1521 (Auftreten Luthers, Reichsacht über ihn und seine Anhänger). 1689 von den Franzosen unter Mélac niedergebrannt. 1816-1945 gehörte W. zu Hessen-Darmstadt.

Wormser Dom, eine doppelchörige Basilika mit je einem achteckigen Turm über Ostvierung und Westbau und vier höheren

Wormser Dom

Rundtürmen paarweise an jedem Chor, begonnen an Stelle eines frühroman. Baus in der 2. Hälfte des 12. Jahrh. 1181 wurde der Ostchor geweiht, um 1220 der reichgegliederte Westchor vollendet, ein Hauptwerk der ausgehenden Romanik. Romanische Skulpturen außen am Ostchor (Tiere u. a.) an Fensterbänken und Zwerggalerie.

Wormser Konkordat, der am 23. 9. 1122 bei Worms zwischen Papst Kalixt II. und Kaiser Heinrich V. geschlossene Vertrag zur Beilegung des Investiturstreits. Der Kaiser verzichtete auf die Investitur, erhielt aber das Recht, in Dtl. (nicht in Burgund und Italien) die gewählten Bischöfe und Reichsäbte vor ihrer Weihe mit den weltl. Besitzungen ihrer Kirchen zu belehnen.

Wor'onesch, Gebietshauptstadt in der Russ. SFSR, am W.-Fluß, 660 000 Ew.; Maschinenbau, chem. Werke (Farben, synthet. Kautschuk) u. a. Ind.; Universität, wissenschaftl. Institute.

Worosch'ilow, Kliment Jefremowitsch, sowjet. Politiker und Marschall, * 1881, † 1969; einer der engsten Mitarbeiter Stalins und seit 1926 Mitgl. des Politbüros, 1925-40 Kriegskommissar. Im 2. Weltkrieg in militär. Führungspositionen, war 1953-60 Staatsoberhaupt der Sowjetunion.

Worosch'ilowgrad, bis 1935 **Lugansk,** Gebietshauptstadt in der Ukrain. SSR, an der Luganka, 382 000 Ew.; Hochschulen; Kohlengruben, Hüttenwerke, Schwerindustrie.

Worosch'ilowsk, russ. Städte, 1)→Stawropol. 2)→Kummunarsk.

Worpsw'ede, Gem. in Ndsachs., am Südrand des Teufelsmoors, 4300 Ew.; seit 1889 Künstlerkolonie, der Fritz Mackensen, Otto und Paula Modersohn u. a. angehörten.

W'ortblindheit, Alex'ie, das krankhafte Unvermögen, gelesene Worte zu verstehen, als Folge von Schädigungen bestimmter Hirnbezirke, eine Form der Agnosie; ähnlich: **Worttaubheit,** das Unvermögen, gesprochene Worte zu verstehen **(sensorische Aphasie).**

Wörterbuch, alphabet. Verzeichnis von Wörtern mit Worterklärungen und/oder sprachl. Angaben oder Übersetzungen.

Wortfeld, ein sprachl. Bedeutungsfeld. Die Bedeutung eines Wortes wird durch alle Wörter eingegrenzt, die zum gleichen W. gehören (z. B. ‚lau‘ durch ‚kalt‘, ‚warm‘, ‚heiß‘).

Wörth, Wört, Flußinsel, →Werder.

Wörth an der Donau, Stadt in Bayern, Oberpfalz, 2000 Ew.; Viehmärkte; Schloß (16./17. Jahrh.).

Wörther See, der größte See Kärntens, im Klagenfurter Becken, 440 m ü. M., 19,4 km² groß, viele Badeorte und Sommerfrischen (Krumpendorf, Pörtschach, Velden, Maria-Wörth u. a.).

Worthing [w'ɔ:θiŋ], Seebad in der engl. Gfsch. West Sussex, westl. von Brighton, 84 100 Ew.

Wortspiel, Spiel mit Wortklängen, bes. mit Gleichklängen, z. B. ‚Der Rheinstrom ist worden zu einem Peinstrom‘ (Schiller: Wallensteins Lager).

Woschod [wasx'ɔd], sowjet. Raumflugkörper für 3 Mann Besatzung. (Übersicht Raumfahrt)

Wostok [wast'ɔk], sowjet. Raumflugkörper für 1 Mann Besatzung. (Übersicht Raumfahrt)

W'otan, german. Gott, →Odin.

Wotj'aken, eigener Name **'Udmurt,** ostfinn. Volk in der Ukrain., rd. 704 000, meist in der Udmurtischen ASSR lebend.

wotjakische Sprache, eine →finnischugrische Sprache, bildet mit dem Syrjänischen deren permische Untergruppe.

W'otruba, Fritz, österreich. Bildhauer, * 1907; Figuren, gestaltet aus blockhaft kantigen, roh belassenen Formen.

W'ottawa, Wotawa, tschech. **Otava,** linker Nebenfluß der Moldau, 120 km lang.

Wouk [wouk], Herman, amerikan. Schriftsteller, * 1915; Romane ‚Die Caine war ihr Schicksal‘ (1951), ‚Marjorie Morningstar‘ (1955), ‚Der Feuersturm‘ (1972).

Wouwerman [v'auv-], Philips, holländ. Maler, * 1619, † 1668, malte Landschaften mit Jagdgesellschaften und Reiterszenen.

WPS, Abk. für →Wellen-Pferdestärke.

Wrack, unbrauchbar gewordenes Schiff.

Wrangel, Wrange!l, deutschbalt. Adelsgeschlecht, verzweigte sich auch nach Schweden, Rußland, Preußen.

1) Carl Gustav Graf von **Salmis,** schwed. Heerführer im Dreißigjähr. Krieg, * 1613,

† 1676, siegte bei Zusmarshausen (17. 5. 1648), 1675 vom Gr. Kurfürsten bei Fehrbellin geschlagen.

2) Friedrich Graf, preuß. Generalfeldmarschall (‚Papa W.‘), * 1784, † 1877, vertrieb 1848 die dän. Truppen aus Schleswig, übernahm 1864 den Oberbefehl über das preuß.-österreich. Heer gegen Dänemark.

3) Peter Nikolajewitsch Baron von, russ. General, * 1878, † 1928, befehligte 1920 die Weiße Armee in Südrußland gegen die Bolschewiki.

Wrangel-Insel, Insel vor der N-Küste Sibiriens, 7540 km²; gehört seit 1924 zur Sowjetunion; Wetterstation.

Wrede, 1) Ferdinand, Germanist, * 1863, † 1934, Herausgeber des Dt. Sprachatlas.

2) Karl Philipp Fürst (1814), bayer. Feldmarschall, * 1767, † 1838, führte die bayer. Truppen im napoleon. Kriegen, schloß 1813 mit Österreich den Vertrag von Ried; von Napoleon bei Hanau besiegt.

Wren [rɛn], Sir Christopher, engl. Baumeister, * 1632, † 1723, schuf in London nach dem Brand von 1666 über 50 Kirchen (St.-Pauls-Kathedrale, 1675-1710); ferner Bibliothek des Trinity College in Cambridge, Ostflügel von Hampton Court u. a.

Wright |rait|, 1) Frank Lloyd, amerikan. Architekt, * 1869, † 1959, Schüler Sulli-

F. L. Wright: Laboratorium in Racine, Wisconsin, 1936-39

vans, schuf eigenwillige Bauten: Landhäuser, meist aus Holz und Stein (‚Präriehäuser‘), später auch aus Beton (Haus über dem Wasserfall, Bear Run, Pennsylvania, 1937-39), Imperial Hotel, Tokio (1916), Verwaltungsgebäude und Laboratorium der Fabrik Johnson, Racine (Bild), Guggenheim Museum, New York (1959).

2) Orville, * 1871, † 1948, und sein Bruder Wilbur, * 1867, † 1912, amerikan. Flugpioniere; erster erfolgreicher Motorflug am 17. 12. 1903 in selbstgebautem Flugzeug.

3) Richard, amerikan. Schriftsteller, * 1908, † 1960; Romane ‚Sohn dieses Lan-

des‘ (1940), ‚Ich Negerjunge‘ (1954), ‚Der schwarze Traum‘ (1958).

Wrocław [vr'ɔtsuaf], poln. für →Breslau.

WStG., Abk. für **W**ehr**s**trafgesetz und Wechselsteuergesetz.

Wucher, die Ausbeutung der Notlage, des Leichtsinns oder der Unerfahrenheit eines andern durch Fordern oder Annahme von Vermögensvorteilen, die in einem auffälligen Mißverhältnis zu der gewährten Leistung stehen. Man unterscheidet Kredit-W. (Zins-, Geld-W.) und Sach-W. (Geschäfts-W.). Wucherische Rechtsgeschäfte sind nichtig und u. U. strafbar.

Wucherblume, →Chrysanthemum.

Wucherung, Gewebsneubildung. Bei **krankhafter W.** entstehen z. B. Pflanzengallen (→Gallen), Geschwülste.

Wuchsstoffe, Wirkstoffe in Pflanzen, die in kleinsten Mengen die Wachstumsvorgänge und die Beziehungen der Blätter, Blüten und Wurzeln untereinander regeln. Zu ihnen gehören die Auxine, als Blühhormone u. a. **Künstl. W.** haben prakt. Bedeutung als Unkrautvertilgungsmittel.

Wuhan, Hauptstadt der Prov. Hupei, China, 2,26 Mill. Ew., durch Zusammenschluß der drei Städte Wutschang, Hankou und Hanjang entstanden. Eisen-, Stahl-, Schiffbau-, Maschinen-, Textil-, Nahrungsmittelind., Handelszentrum. Eisen-, Kohlelager.

Wuhlheide, Wald im VerwBez. Köpenick der Stadt Berlin (Ost-Berlin).

Wühlmäuse, plumpe Mäuse mit kurzem Schwanz. Die etwa 14 cm lange **Feldmaus** schadet Feldfrüchten und Baumsaaten. Ferner →Bisamratte, →Lemming, →Wasserratte. Über die Bekämpfung →Mäuse.

Wuhu, Hafenstadt in China, am unteren Jangtsekiang, 250 000 Ew.; Baumwollspinnereien, Reisschäl- und Getreidemühlen.

W'ulfila [.Wölfchen‘], griech. **Ulfilas,** der Missionar der Westgoten und Begründer des arianisch-german. Christentums, * um 311, † 383, wurde 341 Bischof der Westgoten, übersetzte die Bibel ins Gotische. Größere Teile der Übersetzung sind als wichtigstes got. Sprachdenkmal im Codex argenteus (→Codex 2) erhalten.

Wülfrath, Stadt in Nordrhein-Westfalen, 23 500 Ew.; Kalkstein-, Leder-, Textil- und eisenverarbeitende Industrie.

Wullenwever, Jürgen, * um 1492, † (hingerichtet) 1537, war 1533-35 als entschiedener Protestant und Gegner der Patrizierherrschaft Bürgermeister von Lübeck; suchte vergeblich die erschütterte Vormachtstellung Lübecks in der Ostsee wiederherzustellen.

Wüllner, 1) Franz, Dirigent, Komponist, * 1832, † 1902.

2) Ludwig, Sohn von 1), * 1858, † 1938, Heldendarsteller und Rezitator.

Wulstbug, vorspringende tropfenförmige Verdickung des Unterwasserteils des Schiffsbugs zur Widerstandsverminderung.

Wulstling, Gattung **Amanita** der Blätterpilze mit dem eßbaren **Perlpilz,** dessen Fleisch sich rötlich färbt, sowie den giftigen Arten **Pantherpilz,** →Fliegenpilz und →Knollenblätterpilz.

Wümme die, Fluß in Niedersachsen, 118 km lang, kommt aus der Lüneburger Heide, vereinigt sich mit der Hamme zur Lesum, die in die Weser mündet.

Wühlmäuse: Feldmäuse im Bau

Wunde, $ eine gewaltsame Gewebsdurchtrennung; heilt durch Verklebung der Wundflächen oder durch Bildung von →Fleischwärzchen und →Narben 1). **Wundfieber** entsteht durch Verunreinigung mit Bakterien **(Wundinfektion).**

Wunder, Kath. Kirche: Das W. ist ein von Gott außerhalb der Naturordnung bewirkter, empirisch feststellbarer Vorgang. Im Protestantismus ist die theolog. Beurteilung uneinheitlich.

Wunderblume, Gattung **Mirabilis,** zweikeimblättrige Stauden des wärmeren Amerikas mit länglichen Blättern und mehrfarbigen, z. T. nur eine Nacht blühenden Trichterblüten; die W. eignet sich gut zu Kreuzungsversuchen. Die **Buntblütige W.** und die **Langblumige W.** sind Gartenzierpflanzen.

Wunderkerze, Draht mit einem Bariumnitrat-Aluminium-Eisen-Überzug: verbrennt beim Anzünden funkensprühend.

Wunderlich, Paul, Graphiker und Maler, * 1927; seine Farblithographien zeigen vor allem erotische Themen.

Wundklee, Sommerklee, weißfilziger Schmetterlingsblüter mit gelben Blütenköpfen, auf trocknern Wiesen. Gerbsäure- und saponinhaltiges Volksmittel zur Wundbehandlung.

Wundrose, griech. **Erysip'el,** $ durch Streptokokken erregte, beschränkt ansteckende Entzündung in den Lymphspalten der Haut; Fieber; örtlich (bes. **Gesichts-, Kopf-, Fuß-, Unterschenkel-Rose)** brennende, glänzende Hautrötungen, die Blasen bilden. Behandlung: Penicillin, Sulfonamide.

Wundstarrkrampf, $ →Starrkrampf.

Wundt, Wilhelm, Philosoph und Psychologe, * 1832, † 1920, gründete in Leipzig das erste Institut für experimentelle Psychologie; ,Völkerpsychologie' 10 Bde. (1904). (Bild S. 1382)

Wunibald, Heiliger, * 701, † 761, Missionar unter Bonifatius; Tag: 18. 12.

Wünschelrute, Instrument der Rutengänger, gegabelter Haselnußzweig oder gebogener Draht, der mit beiden Händen in Spannung gehalten wird; durch unbewußte Muskelbewegungen schlägt die W. an bestimmten Stellen aus (nach uraltem Glauben, wo Wasser, Bodenschätze oder Reizstreifen in der Erde sind).

Wunsiedel, Stadt im Fichtelgebirge, Bayern, 8200 Ew.; Fachschule für Steinbearbeitung: Porzellan-, Stein-, elektrotechn., Textil-, Farbenindustrie, Brauereien. Stadtkirche (Chor spätgot., Langhaus 1720 umgebaut), spätgotische Hospitalkirche.

Wunstorf, Stadt in Ndsachs., 17 200 Ew.; Großmühlen, Zement-, keram., Konservenindustrie.

Wupper die, im Oberlauf **Wipper,** rechter Nebenfluß des Rheins, 105 km lang, kommt aus dem Sauerland und mündet bei Leverkusen.

Wuppertal, Stadt in Nordrhein-Westfalen, 417 900 Ew.; 1929 aus Barmen, Elberfeld, Vohwinkel u. a. gebildet, zieht sich lang und schmal im Tal der Wupper hin. Bedeutende Industrie (Textilien, Metallwaren, Maschinen, chem. Erzeugnisse, Papier); Kirchl. (evang.) Hochschule, Missionsseminar; Schwebebahn.

Wurf, 1) ⚔ Bewegung eines Körpers, dem eine bestimmte Anfangsgeschwindigkeit erteilt wurde, unter dem Einfluß der Schwerkraft. **2)** ⚲ das Gebären und die Jungen der Säugetiere. **3)** ⚕ Wildschweinrüssel.

Würfel, 1) →regelmäßige Körper. **2)** Spielstein zum Entscheiden durch Zufall.

Wurfkanone, rückstoßarmes Geschütz mit glattem Rohr für Wurfgranaten.

Wurfmaschine, 1) eine Kriegsmaschine zum Schleudern von Steinen. **2)** Vorrichtung zum Schleudern von Wurftauben.

Wurfsendung, Post-W., unverschlossene, mit Sammelanschrift versehene Massendrucksachen zu ermäßigten Drucksachengebühren; auch Warenproben, z. B. an sämtl. Haushaltungen.

Wurftaubenschießen, 🔫 das Schießen auf **Wurftauben,** tellerförmige Schießscheiben aus Asphalt, früher Ton.

Würgelapparat, Nitschelwerk, eine Vorrichtung an der Spinnmaschine zum Verdichten der Faserbänder für die Erzeugung der Vorgarne.

Würger, 1) ⚲ Singvögel, die ihre Beute bei Nahrungsüberfluß als Vorrat auf Dornen spießen; z. B. der langschwänzige, hellgrau-weiße **Raub-W.,** der **Rotkopf-.W.** und der **Neuntöter. 2)** ⚘ Schmarotzerpflanzen (z. B. **Sommerwurz)** und erdrückende Schlingpflanzen.

Wurm, 1) ⚲ →Würmer. **2)** $ Fingerwurm (→Fingerentzündung).

Wurm, Worm die, linker Zufluß der Rur, 45 km lang, mündet nördl. von Heinsberg.

Wurm, Theophil, evang. Theologe, * 1868, † 1953, nach 1933 Wortführer der evang. Kirche im Kampf gegen den Nat.-Sozialismus; 1945-49 Vors. des Rates der EKD.

Würm die, der Abfluß des Starnberger Sees, 38 km lang, mündet bei Dachau in die Amper. Nach ihr ist die **Würm-Eiszeit** benannt.

Würmer, Helm'inthen, die durch langgestreckten Körper (,Wurmform') gekenn-

Würmer: 1 Saugwurm, Männchen 1,5 cm lang. 2 Sternwurm, 7,5 cm lang. 3 Strudelwurm, bis 3 cm lang. 4 Hakenwurm, Männchen 10 mm, Weibchen 13 mm lang. 5 Sandpier, bis 22 cm lang. 6 Blutegel, bis 15 cm lang. 7 Roter Regenwurm, 20-35 cm lang

zeichneten, zweiseitig symmetrischen wirbellosen Tiere. Über die systemat. Zuordnung der W. vgl. Übersicht Tiere. - Die **Wurmkunde** (Helminthologie) erforscht bes. schmarotzende Würmer.

Wurmfarn, ein Schildfarn, dessen Wurzelstock Bandwurmarznei gibt. (Bild Farn)

Wurmfortsatz, latein. **App'endix,** Anhang des →Blinddarms. Über **W.-Entzündung** →Blinddarmentzündung.

Wurmkrankheiten, griech. **Helminthi'asen,** Erkrankungen durch schmarotzende Eingeweidewürmer, so durch Bandwurm, Madenwurm, Spulwurm, Trichine. Übertragung durch Wurmeier oder durch die Nahrungsaufnahme.

Wurmmittel, griech. **Anthelm'inthica,** Mittel zum Entfernen von im Darm schmarotzenden Würmern. Hausmittel sind rohe Zwiebeln, Karotten, Kürbissamen. Verwendet werden unter ärztl. Überwachung z. B. Farnextrakt, Zitwerblüten und Akridinfarbstoffe.

Wurmschnecken, Fam. der Vorderkiemer, wurmähnlich, am Meeresboden festgewachsen; die Mittelländische W. erreicht eine Länge von über 10 cm.

Würmsee, der →Starnberger See.

Wurmzüngler, Schuppenkriechtiere mit helmartigem Kopfaufsatz und Farbwechselvermögen, z. B. →Chamäleon 1).

Würseln, Stadt bei Aachen, Nordrh.-Westf.; 19 900 Ew.; Steinkohlenbergbau, Nadelind., Stahlverarbeitung, Gießerei.

Rotkopf-Würger (17 cm lang)

Wurst, frisches oder haltbar gemachtes, meist gewürztes, zerkleinertes Fleisch in Därmen, Magen, Kunststoffschläuchen oder Dosen. Hauptarten: Blut-, Zungen-, Leber-, Sülz-W. sowie **Anrühr-W.:** Wiener, Bock-, Bier-, Jagd-, Polnische W. u. dgl., ferner **Dauer-W.:** Zervelat-, Salami-, Plock-, Mett-W. u. v. a.

Wurstener Land, Land Wursten, Marschland in Niedersachsen, rechts der Wesermündung. Hauptort: Dorum. Die Bewohner sind Friesen.

Wurten, Werf(t)en, Warf(t)en, Warpen, niederländ. **Terpen,** im niederländ. und norddt. Küstengebiet und auf den Halligen künstl. Hügel, sollen die auf künstl. erhöhten Siedlungen vor der Flut schützen.

Württemberg, bis 1945 dt. Land zwischen Schwäbisch-Fränkischem Schichtstufenland, Schwarzwald und Bodensee, 19 508 km², (1939) 2,9 Mill. Ew. Hauptstadt war Stuttgart.

Geschichte. Die Grafen von W. (Stammburg Wirtenberg bei Untertürkheim) erscheinen im 12. Jahrh. im stauf. Herzogtum Schwaben, erweiterten im Interregnum ihr Gebiet erheblich und wurden 1495 Herzöge. Herzog Ulrich wurde 1519 vom Schwäb. Bund vertrieben, und W. fiel an Österreich, bis Ulrich 1534 wieder eingesetzt wurde; darauf wurde die Reformation eingeführt. Herzog Friedrich II., seit 1806 König Friedrich I., konnte durch seinen Anschluß an Napoleon 1802-10 sein Gebiet um das Doppelte vergrößern. Wilhelm I. verlieh 1819 eine neue liberale Verfassung. 1918 wurde W. Freistaat, 1933-45 stand es unter einem Reichsstatthalter. 1945 wurde der Teil mit Hohenzollern zum Land W.-Hohenzollern, der Norden mit N-Baden zum Land W.-Baden vereinigt. Nach der Volksabstimmung 1951 ging ganz W. in dem neuen Bundesland →Baden-Württemberg auf.

Wurtz'it der, bräunlichschwarzes Mineral, hexagonal kristallisiert oder in schaligen Aggregaten, chemisch Zinksulfid.

Würzburg, Stadt in Unterfranken, Bayern, 117 100 Ew., am Main, überragt von der Festung Marienberg (gegr. 1201); Universität, Pädagog. Hochschule, Polytechnikum, Konservatorium, Museum mit Werken von Riemenschneider, Theater, Botan. Garten. W. ist reich an künstler. Bauten: Residenz (→Würzburger Residenz); Dom (gegr. um 1040), Neumünsterkirche (11.-18. Jahrh.), heute Bischofskathedrale mit dem Kreuzgang, dem ,Lusamgärtlein', man die Grabstätte Walthers v. d. Vogelweide vermutet), Universitäts- oder Neubaukirche (in dt. Renaissance 1582-91), Hauger Stiftskirche (1670-91), Augustinerkirche und das Käppele (Wallfahrtskirche); Altes Rathaus (13.-17. Jahrh.), Alte Universität (1582-92), Juliusspital (1576-85). Viele Paläste und Bürgerhäuser wurden 1945 zerstört. Industrie: Druckereimaschinen, Brücken- und Weichenbau, Elektromotoren, Bekleidung, Verlage, Brauereien. Weinbau und Handel mit Frankenweinen. - Das **Bistum W.** wurde 741 von Bonifatius gegr.; die Bischöfe erwarben weite Besitzungen und nannten sich seit dem 12. Jahrh. ,Herzöge zu Franken'. 1802/03 kam das Bistum an Bayern, 1806 als Großherzogtum an Ferdinand von Toskana, 1814 wieder an Bayern.

Wüste: links Sandwüste, rechts Steinwüste (Sahara)

Würzburger Residenz, Sitz der Fürst-bischöfe, 1720 unter Johann Philipp Franz v. Schönborn begonnen, im wesentlichen von J. B. Neumann erbaut; 1744 im Rohbau vollendet. Die einen Ehrenhof und vier Binnenhöfe umfassende Anlage geht auf einen ersten Entwurf von M. v. Welsch zu-rück. Zeitweiliger Mitarbeiter war L. v. Hildebrandt. Im 2. Weltkrieg wurde die W. R. schwer beschädigt; erhalten sind: Trep-penhaus und Kaisersaal, beide mit Fresken von Tiepolo, und die Schloßkirche.

Würze, Vorzustand des Biers.

Wurzel, 1) ⊕ ein meist unterirdisches Saug- und Haftorgan der Kormuspflanzen, das an seinem Scheitel von der **W.-Haube** bedeckt ist. Bei der Keimung tritt das **Wür-zelchen** (Keimwurzel) zuerst aus dem Sa-men, bleibt als **Haupt-** oder **Pfahl-W.** oft bestehen und verzweigt sich durch **Neben-** oder **Seiten-W.** Die Gefäßbündel liegen bei der W. in einem Zentralzylinder, der in einer Schutzscheide (Endodermis) sitzt. Die letzten, dünnsten Verzweigungen der Seiten-W. **(Saug-W.)** tragen die für die Er-nährung der Pflanze wichtigen **W.-Haare,** schlauchförmige Oberhautzellen; diese nehmen durch Osmose das Bodenwasser mit den Nährsalzen auf. Als Stoffspeicher bekommt die W. Rüben- oder Knollenform; zur Atmung dient die **Atem-W.,** die ober-irdisch als **Luft-W.** erscheint (z. B. die Stelz-W. der Mangrovebäume). Manche Pflanzen bilden **W.-Dornen** (z. B. Stech-wurzelpalmen). 2) 🖉 ♮ **Zahnwurzel,** →Zähne. 3) △ W. aus einer Zahl a, dieje-nige Zahl, die, in eine bestimmte Potenz erhoben, die Zahl a ergibt. Beispiel: die **Quadrat-W.** aus 64, geschrieben $\sqrt{64}$, ist 8, da $8^2 = 64$. Die Kubik-W. oder 3. W. aus 64, geschrieben $\sqrt[3]{64}$, ist 4, da $4^3 = 64$. ⑤ der die Bedeutung tragende Kern eines Wortes: z. B. haben eine gemeinsame W.: können, kundig, Kunst, kennen.

Wurzelbauer, Benedikt, Nürnberger Erz-gießer, * 1548, † 1620, schuf, ausgehend vom niederländ. Manierismus, u. a. den Tugendbrunnen in Nürnberg (1585-89).

Wurzelbrand, Keimlingskrankheit, bes. von Rüben und Kohl, bei der die Hauptwurzel und Stengelgrund schwarz werden und die Keimpflanzen eingehen. Erreger sind Pilze.

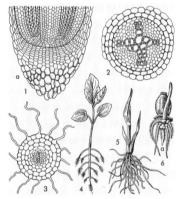

Wurzel: **1** *Wurzelspitze von Wollgras mit Wurzelhaube a.* **2** *Querschnitt der Wurzel vom kriechenden Hahnenfuß; innerhalb der Schutzscheide der Zentralzylinder.* **3** *Querschnitt durch eine Feldsalatwurzel mit Wurzelhaaren.* **4** *Hainbuchen-Keim-pflänzchen mit Hauptwurzel, Nebenwur-zeln und Wurzelhaaren.* **5** *Ältere Weizen-pflanze nach Schwinden der Hauptwur-zel.* **6** *Weizen-Keimpflänzchen, das, außer der Hauptwurzel a, Seitenwurzeln treibt*

wurzel|echt nennt man Sträucher, die nicht veredelt werden.

Wurzelfüßer, griech. **Rhizopoda,** ein-zellige Lebewesen (Protozoa), die sich mit Hilfe veränderl., oft wurzelartig aus-sehender, auch der Nahrungsaufnahme dienender Fortsätze der Zelle **(Scheinfüß-chen, Pseudopodien)** fortbewegen (Amö-ben, Sonnentierchen, Radiolarien, Fora-miniferen).

Wurzelgewächse, Nutzpflanzen, deren Wurzeln als Nahrung verwertet werden.

Wurzelhaut, eine die Zahnwurzel um-kleidende Faserschicht, die den Zahn in der Zahnhöhle befestigt. Über **Zahnwur-zelhautentzündung** →Zähne (Übersicht Zähne, Krankheiten und Behandlungs-weisen).

Wurzelkropf, von Bakterien hervorge-rufene Wucherungen an den Wurzeln von Obstbäumen, Weinstock, Zuckerrübe u. a.

Wurzelreben, bewurzelte Pflanzreben.

Wurzelschimmel, Krankheit des Wein-stocks, bei der die Wurzeln von einem spinnwebartigen weißen Geflecht über-zogen sind. Erreger ist ein Schmarotzer-pilz.

Wurzelstock, griech. **Rhizom,** der aus-dauernde unter oder dicht über der Boden-oberfläche wachsende Sproßteil einer Staude; trägt Wurzeln und Niederblätter.

Wurzen, Stadt im Bez. Leipzig, an der Mulde, 24 200 Ew.; Maschinen-, Teppich-u. a. Ind. W. war zeitweise Bischofssitz. Die Kirche des 1114 errichteten Klosters (heute Dom genannt) wurde 1470 erneuert; Bischofsschloß (1491-97, jetzt Gericht).

WUS, →World University Service.

Wusih, Stadt in der Prov. Kiangsu, China, 650 000 Ew.; Reiszentrum; Seiden- u. a. Industrie.

Wüste, Landschaft mit geringem oder ganz fehlendem Pflanzenwuchs. Es gibt **Kälte-** (Eis- und Hochgebirgs-) und **Trockenwüsten.** Letztere sind die W. im engeren Sinne, in denen die Verdunstung die Niederschläge überwiegt. Sie begleiten den Äquatorialzone in den Roßbreiten zwi-schen 20° und 30° nördl. und südl. Breite, verschieben sich im Inneren Asiens bis zu 45° Breite. Geringe Bewölkung, hohe Ta-gestemperaturen und starke nächtliche Ausstrahlung (große tägliche Temperatur-schwankungen) kennzeichnen das Klima der W. Seltene Regenfälle (oft wolken-bruchartig) lassen schuttbeladene rei-ßende Gewässer entstehen, die tiefe Schluchten bilden und in meist abfluß-losen Wannen enden. Nach der Bedeckung mit Verwitterungsstoffen unterscheidet man: Fels-, Stein-, Kies-, Sand-, Lehm-, Salzwüsten. Tier- und Pflanzenwelt sind artenarm und den extremen Bedingungen angepaßt. Die W. sind verkehrsfeindlich und nur dünn besiedelt (Oasen). Die rand-lichen Übergangsgebiete sind Halbwüsten,

Würzburg: Blick zur Festung Marienberg

Trockensavannen (Heimat von Viehzucht-nomaden). In einigen Fällen bilden die W. Rückzugsgebiete alter Jäger- und Sammlervölker (Buschmänner, Australier).

Wüstenpflanzen, die →Xerophyten.

Wüstenspringmäuse, →Springnager.

Wustmann, Gustav, Kultur- und Sprachforscher, * 1844, † 1910.

W'ustrow, Ostseebad W., Gem. im Bez. Rostock, auf dem Fischland am Saaler Bodden, 2000 Ew.

Wüstung, verlassene Siedlung (Orts-W.) oder aufgegebene, einst landwirtschaftlich genutzte Fläche (Flur-W., wüste Marken).

Wusung, Hafenstadt in der Prov. Kiangsu, China, an der Mündung des W. (Huangpu) in den Jangtsekiang, Vorhafen von Schanghai.

Wutach die, rechter Nebenfluß des Rheins, 112 km lang, entspringt im Schwarzwald, bildet als **Gutach** ein tief eingeschnittenes Tal bis Achdorf, mündet bei Waldshut.

Wutaischan, Gebirge in der Prov. Schansi, China, bis 2902 m hoch; mit buddhistisch-lamaist. Heiligtum.

Wutschang, Stadtteil von →Wuhan.

Wutzstahl, ein Hartstahl mit natürlicher Damaszierung, nach besonderem Verfahren in kleinen Tontiegeln erschmolzen.

Wuwei, früher **Liangtschou,** Stadt in der chines. Prov. Kansu, etwa 100 000 Ew., an den Karawanenstraßen von China nach Zentralasien.

Wyandot [w'aiən-], Indianerstamm, →Huronen.

Wyandotte [w'aiəndɔt], eine Haushuhnrasse.

Wyatt [w'aiət], Sir Thomas W. d. Ä., engl. Staatsmann und Dichter, * 1503, † 1542, bürgerte die italien. Dichtungsformen (bes. das Sonett) in England ein.

Wycherley [w'itʃəli], William, englischer Dichter, * 1641, † 1714; witzig-frivole Komödien.

W'yclif, W'iclif, John, der bedeutendste Vorläufer der Reformation, * um 1320, † 1384, Prof. der Theologie in Oxford, richtete scharfe Angriffe gegen die Verderbnis des Klerus, forderte eine von Rom unabhängige Kirche, forderte eine von Rom unabhängige Nationalkirche. 1382 verdammte eine Kirchenversammlung in London W.s Lehren. Das Konstanzer Konzil erklärte ihn 1415 zum Ketzer. Nach W.s Tod wurden die **Wyclif'iten** ausgerottet. W.s Lehre fand in Böhmen neue Anhänger (Hus).

Wye [wai], Fluß im südwestl. England, 205 km lang, entspringt im walisischen Bergland, mündet in der Nähe von Chepstow in den Severn.

Wyk auf Föhr, Stadt und Nordseebad auf der Insel Föhr, 4700 Ew.

Wyle, Niklas von, Humanist, * um 1410, † 1478, 1469-78 Kanzler des Herzogs von Württemberg; förderte die dt. Kunstprosa durch Übersetzungen (‚Translatzen', dt. Übertragungen von 18 Werken des italien. Humanismus, 1478).

W'yneken, Gustav, Pädagoge, * 1875, † 1964, gründete 1906 mit P. Geheeb die Freie Schulgemeinde Wickersdorf. Seine Idee einer ‚Jugendkultur' wirkte zeitweise stark auf die Jugendbewegung.

Wy'oming [wai-], Abk. **Wyo.,** einer der Felsengebirgsstaaten der Verein. Staaten, 253 597 km², 332 400 Ew.; Hauptstadt: Cheyenne. Landwirtschaft nur mit Bewässerung und Trockenfarmen. Bergbau auf Kohle, Erdöl, Erdgas, Phosphate und Bausteine. - W. gehörte größtenteils zu Louisiana; 1890 als 44. Staat in die Union aufgenommen.

Wysch'inskij, Andrej Januarjewitsch, sowjet. Politiker, * 1883, † 1954, wurde 1935 Generalstaatsanwalt der Sowjetunion und Ankläger in den polit. Prozessen 1936 bis 1938, war 1949-53 Außenmin., dann ständiger Vertreter der Sowjetunion bei den Vereinten Nationen.

W'yschnij-Wolotsch'ek, Stadt im Gebiet Moskau, Russ. SFSR, 73000 Ew., Baumwoll-, Holzindustrie.

Wyspiański [vyspi'aɲski], Stanisław, poln. Schriftsteller, * 1869, † 1907; Dramen.

Wyß, Johann Rudolf d. J., schweizer. Schriftsteller, * 1782, † 1830, Herausgeber und Nachgestalter der biedermeierl. und Volksdichtung; Text der schweizer. Landeshymne (‚Rufst du,mein Vaterland').

Wyszyński [vyʃ'iɲski], Stephan, poln. Kardinal (seit 1953), * 1901, unterstützte

Kardinal Wyszyński   Wilhelm Wundt

während des Krieges die Widerstandsbewegung, seit 1948 Primas von Polen, 1953 bis 1956 in Haft, förderte entscheidend den Ausgleich der Kath. Kirche mit der poln. Volksdemokratie.

W'ytschegda die, verkehrswichtiger Nebenfluß der Nördl. Dwina, im N der europ. Sowjetunion, 1130 km lang.

X

x, das X [iks], der 24. Buchstabe des Abc, geht auf das Zusatzzeichen Χ (chi) der altgriech. Schrift zurück und hat meist den Lautwert ks. Im Spanischen bezeichnet es den Laut x, im Portugiesischen ʃ, im Französischen die Laute gs, ks, s, z und ist am Wortende meist stumm.

X, 1) röm. Zahlzeichen für 10. **2)** chem. Zeichen für Xenon. **3)** △ unbekannte Größe.

X'anten, Stadt in Nordrh.-Westf., 15 200 Ew., Dom (1263-1550); Kunststeinwerk, Stahlbeton-Fertigbau, Emaille-, Textil- u. a. Industrie. - Die röm. Colonia Ulpia Traiana (mit Amphitheater, ausgegraben) entstand zu Füßen des Lagers Vetera auf dem Fürstenberg. Der Name X. stammt von latein. ad Sanctos (‚zu den Heiligen', 9. Jahrh.). Im Nibelungenlied ist X. die Heimat Siegfrieds. 1444 kam X. an das Herzogtum Kleve. **Vertrag von X.** (12. 11. 1614), →Jülich-Klevischer Erbfolgestreit.

Xanth'in das, zu den Purinen gehörige organische Verbindung.

Xanth'ippe, Gattin des Sokrates, wurde zu Unrecht zum Inbegriff des zänkischen, launenhaften Eheweibs.

Xanthog'ensäure, Ester der Dithiokohlensäure. Ihr Salz **Natrium-Cellulose-Xanthogenat** spielt bei der Herstellung von Viskose-Reyon eine Rolle.

Xanth'om [grch.] das, gelbliche, gutartige Neubildung der Haut aus lipoidhaltigen Zellen; entsteht häufig infolge Störung des Fettstoffwechsels.

Xanthoph'yll das, gelber Pflanzenfarbstoff, ein Carotinoid.

X'aver, Franz, Jesuit, →Franz (Heilige, 5).

X-Beine, ♐ Abknickung der Unterschenkel (gegenüber den Oberschenkeln) nach außen; u. a. infolge Rachitis oder zu starker Belastung der Knochen bei Jugendlichen.

X-Einheit, X.E., ⊠ eine atomphysikal. Längeneinheit, der Gitterabstand im Kalkspatkristall, etwa ein Zehnmilliardstel mm.

Xen'akis, Yannis, griech. Komponist, * 1922, Vertreter der seriellen Musik.

X'enien [grch.], im Altertum nach der Mahlzeit verteilte Gastgeschenke; Titel des 13. Buchs der Epigramme von Martial, auch die Distichen gegen literar. Gegner

von Goethe und Schiller (in gemeinsamer Arbeit 1796 entstanden, 1797 veröffentlicht). ‚Zahme X.' von Goethe (1821).

Xen'okrates, griech. Philosoph, * 399 v. Chr., † 314, Schüler Platons, dessen Lehre er pythagoreisch umbildete.

Xenokrat'ie [grch.] die, Fremdherrschaft.

X'enon das, chem. Zeichen **X,** chem. Element, Edelgas, Ordnungszahl 54, Atomgewicht 131,30, Schmelzpunkt −111,9° C, Siedepunkt −108,1° C, kommt mit 0,005 Gewichtsprozent in der Luft vor. Verwendung zur Füllung von Glühlampen und Leuchtröhren.

Xenonlampe, eine mit Xenon unter Überdruck gefüllte →Gasentladungslampe, gibt tageslichtähnliches Licht mit hoher Lichtausbeute und hoher Leuchtdichte, angewandt in Film- und Fernsehstudios, Färbereien, Druckereien u. a.

Xen'ophanes, griech. Dichter und Philosoph, 6./5. Jahrh. v. Chr., vertrat eine Eingottlehre.

X'enophon, griech. Schriftsteller, * um 430 v. Chr., † um 354, schloß sich in seiner Jugend dem Sokrates an, führte 401 die griech. Hilfstruppen für Kyros d. J. im Feldzug gegen Artaxerxes II. nach Trapezunt zurück (X.s Bericht ‚Anabasis'); politische Schriften (‚Kyropädie', ein ethischer Fürstenspiegel), sokratische Schriften (Erinnerungen an Sokrates, ‚Symposion') u. a.

Xeres de la Frontera, ältere Schreibung für →Jérez de la Frontera.

Xerograph'ie, ein photograph. Trockendruckverfahren: Eine mit einer Halbleiterschicht überzogene Metallplatte wird elek-

Xanten, im Vordergrund der Dom

trostatisch aufgeladen und verliert an den belichteten Stellen ihre isolierenden Eigenschaften. So entsteht ein latentes Bild. Es wird durch Einstäuben mit feinstem Kunstharz-Farbpulver sichtbar gemacht und unter Wärmeeinwirkung auf Papier u. a. „gedruckt'.

Xeroph'yten [grch.], an trockene Standorte angepaßte Pflanzen: Steppen-, Wüsten-, Salz-, Hochgebirgspflanzen, bes. Flechten, Moose, Hartlaubgewächse und Sukkulenten.

Xer'ose [grch.] *die*, eine Entartung der Bindehaut (und Hornhaut) des Auges, nach schweren Bindehauterkrankungen oder durch Mangel an Vitamin A.

X'erox Corporation [-kɔːpərˈeiʃn], Rochester, N. Y., amerikan. Unternehmen zur Herstellung von Vervielfältigungsgeräten, gegr. 1906, Kap.: 8,9 Mill. US-$, Beschäftigte: 59 860 (1970). Dt. Beteiligung: Rank Xerox GmbH., Düsseldorf.

X'erxes, pers. König (486-465 v. Chr.), * um 519, † (ermordet) 465, Sohn Dareios I., versuchte vergeblich Griechenland zu unterwerfen, bei Salamis 480 geschlagen. Oper von G. F. Händel.

Xh'osa, Bantuvolk in Südafrika, 3,9 Mill. Menschen.

Xi, der 14. Buchstabe des griech. Alphabets, Zeichen: Ξ, ξ.

Xim'énes (Jiménez) de Cisn'eros [xi-, θis-], Francisco, * 1436, † 1517, Franziskaner, 1507 Kardinal und Großinquisitor, veranlaßte die Vertreibung eines großen Teils der Mauren aus Spanien.

Xingú [ʃiŋ'u:] *der*, rechter Nebenfluß des Amazonas, 1980 km lang, kommt vom Plateau von Mato Grosso.

Xis'uthros [grch.], akkadisch **Utnapischtim**, sumerisch **Ziusudra**, Held der babylon. Sintflutsage.

Xochim'ilco [xɔtʃi-, sɔtʃi-, altmexikan. ‚Ort des Blumenackers'], alte Ortschaft

südlich der Stadt Mexiko, bekannt durch die „schwimmenden Gärten' der Azteken.

XP, die griech. Anfangsbuchstaben (Chi, Rho) des Namens Christus.

XP-Gespräch, Ferngespräch, bei dem der Angerufene durch die Post an eine öffentl. Fernsprechzelle geholt wird.

X-Strahlen, die →Röntgenstrahlen.

Xyl'em [grch.] *das*, ⚘ →Gefäßbündel.

Xylograph'ie *die*, ⚘ Holzschnitt, meist Reproduktion in der Technik des Holzstichs.

Xyl'ol *das*, Dimethylbenzol, kommt in drei isomeren Formen vor. Verwendung als Lösungsmittel und Ausgangsstoff für Synthesen.

Xyloph'on *das*, ein Schlaginstrument aus tonleitermäßig abgestimmten Holzstäben, die durch Anschlagen mit Holzklöppeln zum Erklingen gebracht werden.

Xyl'ose *die*, **Holzzucker**, eine Zuckerart mit 5 Kohlenstoffatomen (Pentose).

Y

y, *das* **Y** [ˈypsilɔn], der 25. Buchstabe des Abc, von den Griechen aus einem altsemit. Zeichen für w entlehnt; die Römer übernahmen ihn zur Schreibung griech. Fremdwörter. Im Deutschen hat e den Lautwert y, wird aber auch konsonantisch als j verwendet. Den Lautwert y hat er in den skandinav. Sprachen und im Finnischen, j im Spanischen und Englischen.

Y, chem. Zeichen für Yttrium.

Yacht, →Jacht.

Yak [tibetisch] *der*, **Grunzochse**, sehr langhaariges Rind der tibet. und angrenzenden Hochländer; Last-, Reit- und Milchtier.

Yale University [jeil juniv'ə:siti], eine der führenden Hochschulen der Verein. Staaten, in New Haven (Conn.), gegr. 1701.

Yalta, engl. Schreibung für →Jalta.

Yalu, Fluß in Korea, →Jalu.

Yamsbohne, Schmetterlingsblüter der Gruppe Sojabohne, aus S- und O-Asien stammend. Die Knollen sind eßbar und liefern Stärke.

Yamswurzel, Yam [chines.], meist tropische Gattung der **Y.-Gewächse;** meist Kletterstauden mit herzförmigen Blättern, un-

Knollen der japanischen Yamswurzel

scheinbaren Blüten, Kapselfrüchten. Nährwert, Geschmack und Nutzung der stärkehaltigen Knollen ähneln denen der Kartoffel **(Brotwurzel, Elefantenfuß).**

Yang, Chen-Ning, chines.-amerikan. Physiker, * 1922, erhielt für seine Forschungen zur Parität der Elementarteilchen zus. mit T.-D. Lee 1957 den Nobelpreis.

Yankee [j'æŋki], in den Verein. Staaten Spitzname für die Bewohner Neuenglands, in Europa für die der USA.

Yaoundé, französ. für →Jaunde.

Yap, die zweitgrößte Insel der Karolinen, 207 km², 7000 Ew.

Yapurá, portugies. für den Fluß →Japurá.

Yard [ja:d], Abk. **yd.,** Einheit des Längenmaßes in Großbritannien und den Verein. Staaten, = 91,44 cm.

Yarkand, chines. Stadt, →Jarkend.

Yarmouth [j'a:məθ], Stadt in Großbritannien, →Great Yarmouth.

Yawata, Stadt in Japan, →Jawata.

Yawata Iron & Steel Co. Ltd. [-'aiən ənd sti:l-], Tokio, bedeutender japan. Stahlkonzern, fusionierte 1970 mit der Fuji Iron and Steel Co. zur Nippon Steel Corp., Kap.: 229 Mrd. Yen, Beschäftigte: 79 647 (1969/70).

Yawl [jɔ:l, engl.] *die*, Jacht, bei der außer dem Hauptmast hinter dem Ruder ein kurzer Besan- oder Treibermast steht.

Yb, chem. Zeichen für Ytterbium.

Ybbs an der Donau, Stadt in Niederösterreich, 6400 Ew.; Donau-Kraftwerk; Stahlwerk u. a. Industrie; Stadtmauer mit Graben und Türmen, Pfarrkirche (15. bis 18. Jahrh.).

Yeats [jeits], William Butler, irischer Dichter, * 1865, † 1939, der große Anreger der neuen irischen Dichtung in engl. Sprache; schloß sich zeitweise der irischen revolutionären Bewegung an, gründete mit Lady Gregory 1899 das Irische Nationaltheater. Aus Theosophie und okkulten Phänomenen schuf sich Y. eine Traumwelt, in der die alten irischen Sagen und Märchen zum Leben erwachten. Nobelpreis 1923. - Gedichte, Dramen (,Gräfin Cathleen', 1892), Prosa (,Die chymische Rose', 1897).

Yedo, früherer Name von →Tokio.

Yellowstone-Nationalpark [j'cloustoun-], ein 2000-2400 m hoch gelegenes Becken des Felsengebirges in den Verein. Staaten, mit dem Y.-See (363 km² groß), heißen Quellen, Geysiren, Schlammvulkanen; seit 1872 Nationalpark.

Yellowstone River [j'cloustoun r'ivə], rechter Nebenfluß des Missouri in den Verein. Staaten, 1600 km lang, entspringt nahe dem Yellowstone-See, den er durchfließt, und mündet bei Fort Union.

Yen, Jen *der*, Währungseinheit in Japan.

Yentai, Cheefoo, Tschifu, Hafenstadt in der chines. Prov. Schantung, 806 000 Ew.; Obstbau.

Yeoman [j'oumən, engl.], im mittelalterl. England urspr. der Gemeinfreie, später Pächter, kleiner Grundbesitzer.

Yerby [j'ɔ:bi], Frank, amerikan. Schriftsteller, * 1916; Romane (,Louisiana-Fieber', 1947, ,Das Haus der Jarrets', 1959, u. a.).

Yersin [jɛrs'ɛ̃], Alexandre John Emile, Mediziner, * 1863, † 1943, entdeckte, gleichzeitig mit dem japan. Bakteriologen S. Kitasato (* 1853, † 1931), den Erreger der Pest und fand ein Serum zu ihrer Behandlung.

Yeşil Irmak [jeʃ'il-], Fluß in der nördl. Anatolien, durchbricht das Küstengebirge und mündet östlich von Samsun, 470 km lang.

'Yggdrasill, nord. Mythologie: Weltesche, ein erhabener, immergrüner Baum im Weltmittelpunkt. Der Name Y. bedeutet ‚Reittier des Schrecklichen', d. i. Odins.

Yin Yang, kosmolog. Begriffe der chines. Philosophie seit dem 5./3. Jahrh. v. Chr.: **Yang** ist das Männliche, der Himmel, die Stärke, **Yin** das Weibliche, die Erde, das Nachgiebige.

Ylang-Ylang-Öl, äther. Blütenöl vom **Ylang-Ylang-Baum** (z. B. auf Madagaskar), Rohstoff der Feinparfümerie.

YMCA, Abkürzung für →Young Men's Christian Association.

'Ymir, nord. Mythologie: der Urriese, aus dem die Welt geschaffen wurde.

William B. Yeats *Yorck von Wartenburg*

Y'oga, →Joga, **Yogi,** →Jogi.

Yoghurt, →Joghurt.

Yohimb'in *das*, Alkaloid aus der Rinde eines westafrikan. Baumes, erweitert die Gefäße und soll die geschlechtl. Reizempfindlichkeit steigern.

Yokkaichi, japan. Stadt, →Jokkaitschi.

Yokohama, japan. Stadt, →Jokohama.

Yokosuka, japan. Stadt, →Jokosuka.

Y'oldia, altertümliche Muschelgattung arktischer Meere.

Yonkers [j'ɔŋkəz], Vorstadt von New York, am Hudson, 204 400 Ew.

Yonne [jɔn] *die,* **1)** Nebenfluß der Seine, in Frankreich, 293 km lang. **2)** Dép. im mittleren Frankreich, 7461 km², 288 400 Ew. Hauptstadt: Auxerre.

Yorck von Wartenburg, 1) Ludwig Graf (1814), preuß. Feldmarschall, * 1759, † 1830, befehligte im russ. Feldzug 1812 das Hilfskorps für Napoleon, schloß am 30. 12. 1812 mit den Russen die Neutralitätskonvention von →Tauroggen und gab damit den Anstoß zur preuß. Erhebung; scharfer Gegner der preuß. Reformer. (Bild S. 1383) **2)** Peter Graf, * 1904, † (hingerichtet) 1944, Mitgründer des →Kreisauer Kreises.

York [jɔ:k], **1)** Halbinsel im NO von Australien (Staat Queensland), mit dem **Kap Y.** als Nordspitze. **2)** Stadt und Stadtgrafschaft im östl. England, am Ouse, 107 200 Ew., anglikan. Erzbischofssitz, Univ., got. Kathedrale (12.-15. Jahrh.); Metallwaren-, Glas-, chem. und Lederindustrie. - Y. steht auf dem Boden des röm. Eburacum, 80-440 die Hauptstadt Britanniens; dann Hauptstadt des angelsächs. Kgr. Northumbrien.

York [jɔ:k], **1)** Herzogstitel einer Nebenlinie des engl. Königshauses Plantagenet, die 1461-85 die engl. Könige stellte. **2)** Herzogstitel, in der Regel den zweitgeborenen Söhnen der engl. Könige verliehen.

York Ritus [j'ɔ:k -] *der,* ein Hochgradsystem der Freimaurerei.

Yorkshire [j'ɔ:kʃiə], Abk. **Yorks,** Grafschaft im östl. England, 15 772 km², 5,088 Mill. Ew., gegliedert in East Riding, North Riding, West Riding und die Stadtgrafschaft →York 2).

Yorktown [j'ɔ:ktaun], Ort im Staat Virginia der Verein. Staaten. 19. 10. 1781 Kapitulation der Briten vor Washington; Ende des nordamerikan. Unabhängigkeitskriegs.

Yoruba, Joruba, Volk in SW-Nigeria, Hackbauern und Kleintierzüchter, mit hochentwickeltem Handwerk (Weberei, Färberei, Töpferei, Lederbearbeitung). Die Y. waren Staatsvolk des **Y.-Reiches** (11.-18. Jahrh.), dessen geistiges und künstlerisches Zentrum Ife war. Das Y.-Reich ging das Großreich **Benin** hervor. Die **Y.-Sprache** wird von rd. 6,6 Mill. Menschen gesprochen.

Yosemite-Tal [jous'emiti-], ein Tal der Westabdachung der Sierra Nevada, Kalifornien, tief eingeschnitten, mit Felswänden und Wasserfällen; seit 1864 Nationalpark (3093 km²).

Yoshida, Joschida, Shigeru, japan. Politiker (Liberaler), * 1878, † 1967, 1946/47 und 1948-54 MinPräs. Y. erreichte den Abschluß des Friedensvertrages von San Francisco (1951).

Young [jʌŋ], **1)** Edward, engl. Schriftsteller, getauft 1683, † 1765. Seine ,Nachtgedanken' (1742-45) fanden in Dtl. in der Zeit der Empfindsamkeit großen Widerhall, sein Aufsatz über ursprüngl. Dichtung wirkte auf den dt. ,Sturm und Drang' und die Romantik. **2)** Francis Brett, engl. Schriftsteller, * 1884, † 1954, Arzt; Romane ,Des Lebens Bogen' (1938) u. a.

3) Owen D., amerikan. Wirtschaftsführer, * 1874, † 1962, als Präsident (1929) der internat. Kommission zur Regelung der Reparationsfrage arbeitete er den →Youngplan aus.

4) Thomas, engl. Physiker, * 1773, † 1829, Arzt, Prof. der Physik in London, erklärte die Interferenz des Lichts, stellte die Dreifarbentheorie des Sehens auf.

Young Men's Christian Association [jʌŋ menz kr'istjən əsousi'eiʃən], Abk. **YMCA,** Jugendverband auf christl. Grundlage (in Dtl. →Christliche Vereine junger Männer). Internationale Dachorganisation ist der Weltbund der YMCA (seit 1878; Sitz Genf). Die erste YMCA wurde 1844 in London gegründet. - Die Dachorganisation der weibl. Jugendverbände, **Young Women's Christian Association** [-wimnz-], Abk. **YWCA,** ist der Christl. Weltbund Weibl. Jugend (gegr. 1894, Sitz Genf). Die erste YWCA wurde 1855 in London gegr.

Youngplan [j'ʌŋ-], Plan der Amerikaners Owen D. →Young zur Regelung der dt. Reparationen nach dem 1. Weltkrieg. Er löste den →Dawesplan ab. Die dt. Zahlungen sollten bis 1988 andauern, bis 1965/66 ansteigend, dann fallend. Der Y. war praktisch nur bis 1931, formal bis 1932 in Kraft.

Youngstown [j'ʌŋztaun], Stadt in Ohio, USA, 139 800 Ew., in einem Kohlen- und Erdgasgebiet, Stahlwerke, Maschinen- u. a. Industrie.

Yourcenar [jursn'ar], Marguerite, französ. Schriftstellerin, * 1903; geschichtl. Roman ,Ich zähmte die Wölfin' (1951) u. a.

Yo-Yo, Jo-Jo, ein Geschicklichkeitsspiel.

'Ypern, fläm. **leper** [i'i:pər], französ. **Ypres** [i:pr], Stadt in Westflandern, Belgien, 18 700 Ew., mit got. Tuchhalle und got. St.-Martins-Kathedrale; Textil- u. a. Ind. Y. war bes. im 14. Jahrh. eine bedeutende Handelsstadt; es stand im 1. Weltkrieg im Brennpunkt der Flandernschlachten und wurde, fast völlig zerstört, im alten Stil wiederaufgebaut.

Ypsil'anti, Hypsilantis, Alexandros, griech. Freiheitskämpfer, * 1792, † 1828, eröffnete 1821 den Aufstand gegen die Türken, wurde aber geschlagen und floh nach Österreich, wo er bis 1827 gefangengehalten wurde.

'Ypsilon *das,* →y; griech. Buchstabe: ϒ, υ.

Ysaye [iza'i], Eugène, belg. Geiger und Dirigent, * 1858, † 1931; Violinwerke.

Yser [iz'ɛːr], Fluß in Frankreich und Belgien, 76 km lang, mündet bei Nieuwpoort in die Nordsee.

'Ysop *der,* **Isop,** südeurop.-vorderasiat. Lippenblütler mit Scheinähren lavendelblauer oder weißer Blüten; Salzwürze; früher Heilkraut.

Yssel ['ɛjsəl], →Ijssel.

Ysselmeer ['ɛjsəl-], →Ijsselmeer.

Ytt'erbium, chem. Zeichen **Yb,** chem. Element, Lanthanid, Ordnungszahl 70, Schmelz- und Siedepunkt sind nicht genau bekannt; Atomgewicht 173,04, kommt neben Yttrium in der Yttererde vor; ohne prakt. Bedeutung.

Yttererde, seltenes Mineral, Gemisch von Dysprosium-, Holmium-, Erbium-, Thulium-, Ytterbium-, Lutetium-, Yttriumoxid.

'Yttrium, chem. Zeichen **Y,** chem. Element, seltenes Metall, Ordnungszahl 39, Atomgewicht 88,905, Schmelzpunkt 1490° C, Siedepunkt 2500° C, kommt in der Yttererde vor.

Yuan, früher Währung in China, heute anderer Name für →Dschen Min Piao.

Yucatán, 1) Halbinsel im nördl. Zentralamerika, zwischen dem Golf von Campeche und dem Karib. Meer, umfaßt einen Teil von Mexiko und Guatemala und die Kolonie Britisch-Honduras. **2)** Staat der Rep. Mexiko, auf 1), 43 379 km², 758 400 Ew., Hauptstadt: Mérida. Sisalagavenanbau.

Yucatánstraße, Meeresstraße zwischen der Halbinsel Yucatán und der Insel Kuba.

Yukawa, Hideki, japan. Physiker, * 1907, Prof. in Kioto, Princeton, New York, sagte 1935 die π-Mesonen voraus, erhielt 1949 den Nobelpreis.

Y'ukka [indian.] *die,* **Palmlilie,** Gattung der Liliengewächse, bes. in Mittelamerika.

Yukka: Yucca filamentosa

Yukon [j'u:kɔn], **1)** *der,* Strom im NW Nordamerikas, 3700 km lang, kommt aus Kanada, durchfließt Alaska und mündet in das Beringmeer. **2)** kanad. Territorium im NW des Landes, 536 265 km², 15 500 Ew. Verwaltungssitz: Whitehorse. Y. besteht meist aus mit Tundra bedecktem Bergland; Bergbau (Blei, Silber, Kupfer, Zink, Nickel; Uranvorkommen); Pelztierfang.

Yun, Isang, korean. Komponist, * 1917, verbindet Elemente der korean. und der neuen europ. Musik; Gesänge, Opern.

Yünnan, Prov. im SW Chinas, 436 200 km² groß, 23 Mill. Ew.; Ackerbau, Viehzucht, Zinnbergbau; Hauptstadt: Kunming.

Yvelines [ivl'in], französ. Dép. (seit 1964) südwestl. von Paris, 2271 km² mit 853 400 Ew.; Hauptstadt: Versailles.

Yverdon [iverd'ɔ̃], dt. **Iferten,** Stadt im Kt. Waadt, Schweiz, 20 500 Ew.; Schreibmaschinenfabrik, Eisenbahnreparaturwerkstätten. Y. war Wirkungsort Pestalozzis.

YWCA, Abk. für Young Women's Christian Association, →Young Men's Christian Association.

Z

z, *das* **Z** [tsɛt], der 26. Buchstabe des Abc, geht auf den 6. altsemit. Buchstaben Zain zurück und wurde von den Griechen als Zeta entlehnt. Im ältesten latein. Alphabet ist das z vorhanden, wurde aber später als

überflüssig aufgegeben; erst in den letzten Jahren v. Chr. wurde es erneut zur Wiedergabe des griech. Zeta in Fremdwörtern angewandt. Das Althochdeutsche benutzte das z im Anlaut für ts, im Inlaut für

den durch die hochdt. Lautverschiebung aus t hervorgegangenen Laut s, später sz (daraus ß) oder ss geschrieben.

Zaandam [z'a:ndam], Gemeinde in der Prov. Nordholland, Niederlande, 63 500

Ew.; Möbel-, Papier-, chem. Industrie, Gießerei und Schiffbau.

Z´abern, französ. **Saverne** [sav´ɛrn], Stadt im französ. Dép. Bas-Rhin, am Vogesenrand und der Z.er Senke, 10100 Ew.; Eisen-, Werkzeugind. - Z., an der Stelle des röm. Tres Tabernae (lat. ,Drei Schenken'), kam im 12. Jahrh. an die Bischöfe von Straßburg, die hier 1414-1789 ihren Sitz hatten.

Zaberner Steige, französ. **Col de Saverne** [kɔl də sav´ɛrn], Paßhöhe in den nördl. Vogesen, 410 m ü. M.

Zacatecas [sakat´ɛkas], Staat der Rep. Mexiko, 75000 km², 951500 Ew.; Bergbau (Silber, Blei, Zink, Kupfer, Gold). Hauptstadt: Zacatecas.

Zachar´iae, Just Friedrich Wilhelm, Schriftsteller, * 1726, † 1777; kom. Heldengedicht ,Der Renommiste' (1744) u. a.

Zachar´ias, 1) N. T.: der Vater Johannes' des Täufers; Heiliger, Tag: 5. 11. **2)** →Sacharja.

Zackenhirsch, Gattung von Hirschen, an deren Geweih Eis- und Mittelsprosse fehlen; z. B. der **Leierhirsch** und der **Baraschinga** Indiens.

Z´adar, italien. **Zara,** Hafenstadt und Seebad in Kroatien, Jugoslawien, 28000 Ew., kath. Erzbischofssitz; philosoph. Fakultät, Dom (Anfang 9. Jahrh.); Herstellung von Maraschino.

Zadkine, Ossip, russ. Bildhauer, * 1890, † 1967, ging vom Kubismus aus, dessen blockhafte Formen er zu bewegten Gestaltungen fortentwickelte.

Z´adruga [slaw.], die Verfassung der südslaw. Großfamilie, als Rechtsordnung um 1900 erloschen.

Zagaz´ig, Sagas´ik, Provinzhauptstadt in Ägypten, im östl. Nildelta, 151200 Ew.; Baumwoll-, Getreidehandel, Spinnereien.

Zaghl´ul Pascha, Sa´d, ägyptischer Staatsmann, →Saghlul Pascha.

Zagreb [z´a-], dt. **Agram,** Hauptstadt der Volksrep. Kroatien, Jugoslawien, an der Save, 503000 Ew.; kath. Erzbischofssitz; Universität, Techn., Handelshochschule, Musikhochschule; Leder-, Textil-, Holz-, Papier-, Maschinen- u. a. Industrie.

Zagros [z´a-], Faltengebirge im westl. Iran, bis über 4500 m hoch; im S große Erdölfelder.

Zaharoff [z´a-], Sir Basil (-eios) Zacharias, Rüstungsindustrieller griech. Abkunft, * 1849, † 1936, war im 1. Weltkrieg einflußreicher Berater von Lloyd George und Clemenceau.

Zähigkeit, die →Viskosität.

Zahl, Grundbegriff der Mathematik. Durch Zählen erhält man die **natürlichen Z.** 1, 2, 3, ... Die Subtraktion führt zur **Null** und den **negativen Z.,** die Division zu den **Brüchen,** die zusammen mit den natürlichen Z. die **rationale Z.** heißen. Durch Auflösung algebraischer Gleichungen kommt man zu den **algebraischen Z.,** zu denen außer den rationalen Z. auch die Wurzeln gehören (z. B. $\sqrt{2}$). Nicht mehr als Wurzeln algebraischer Gleichungen darstellbar sind die **transzendenten Z.,** wie z. B. die Z. e (Basis

der natürl. Logarithmen), die Z. π (Kreis-Z., Ludolfsche Z.). Algebraische und transzendente Z. bilden zusammen die **irrationalen Z.,** rationale und irrationale zusammen die **reellen Z.** Ferner →komplexe Zahlen.

Zählbrett, Geldverkehr: ein schräges Brett mit Mulden, in dem Münzen aufgereiht und an Skalen gezählt werden.

Zahlenlotto, eine Form der →Lotterie.

Zahlensymbolik, die bei fast allen Völkern verbreitete Anschauung, daß die Zahl sinnbildl. Bedeutung habe; philosoph. Spekulation sah sogar bisweilen in den Zahlen und ihren Verhältnissen das Wesen der Wirklichkeit (z. B. Pythagoras). Bes. stark ist die Z. in Magie und Aberglaube sowie in der religiösen Symbolik vertreten.

Zahlentheorie, Lehre von den natürl. Zahlen, ein Zweig der reinen Mathematik.

Zähler, 1) △ die Zahl über dem Bruchstrich. **2)** Gerät zum Ermitteln des Verbrauchs **(Elektrizitäts-Z., Gasmesser, Wasser-Z.),** zurückgelegter Strecken **(Kilometer-Z., Schritt-Z.),** von Stückzahlen, Längen, Umdrehungen **(Tachometer)** u. a. **Mechan. Z., Zählwerke** enthalten hintereinandergeschaltete Zahlenscheiben oder Zahlenrollen mit Zahnrädern. Diese greifen so ineinander, daß bei einer vollen Umdrehung des einen Rades das folgende eine Zehnteldrehung ausführt (dezimales Zählwerk).

Zahlkarte, Formblatt zur Einzahlung von Geldbeträgen auf ein Postscheckkonto.

Zählmaß, Stückmaß, Maßeinheit für nach Stückzahl verkaufte Güter, so Dutzend u. a.

Zahlmeister, in der ehem. dt. Wehrmacht Beamte des gehobenen mittl. Dienstes.

Zählrohr, Geigerzähler, Geiger-Müller-Zählrohr, Gerät zum Nachweisen und Zählen einzelner Teilchen, wie Elektronen,

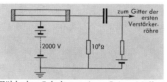

Zählrohr: Schaltung eines Geiger-Müllerschen Z. (nach Finkelnburg: Einführung in die Atomphysik)

Gammaquanten, α-Teilchen, Protonen, Mesonen u. a.; meist edelgasgefülltes dünnwandiges Metallrohr, in dem ein dünner Draht isoliert aufgespannt und an eine hohe positive Spannung (etwa 1000 V) angeschlossen ist. Jedes hindurchfliegende Teilchen bildet durch Ionisation Elektronen, die sich im Feld lawinenartig vermehren, so daß ein kräftiger Stromstoß entsteht. - Als Geigerzähler bezeichnet man auch den von Geiger 1913 entwickelten Spitzenzähler.

Zahltag, 1) der Tag der Lohnzahlung. **2)** Wechselrecht: der im Wechsel angegebene Tag der Zahlung (Fälligkeitstag).

Zahlung, die Übereignung von Geld (Barzahlung), meist zur Schuldentilgung; sie hat im Zweifel am Wohnsitz oder Sitz der gewerbl. Niederlassung des Gläubigers zu erfolgen (§ 270 BGB.).

Zahlungsabkommen, Vereinbarungen über Art und Verfahren der gegenseitigen Verrechnung im internat. Handelsverkehr.

Zahlungsanweisung, vom Postscheckteilnehmer an das Postscheckamt gesandter Postscheck.

Zahlungsaufschub, →Moratorium.

Zahlungsbefehl, →Mahnverfahren.

Zahlungsbilanz, die Gegenüberstellung sämtlicher Zahlungen zwischen dem In- und Ausland in einem Jahr. Ihre Hauptposten sind: Einnahmen und Ausgaben aus dem Warenverkehr (Handelsbilanz); Zahlungen für Dienstleistungen (bes.

Transport- und Versicherungsleistungen); private Geldsendungen (z. B. Erbschaften); polit. Geldsendungen (z. B. Wiedergutmachungsleistungen); zwischenstaatliche Kapitalübertragungen. - **Passive Z.:** die passiven Posten überwiegen und müssen durch Gold- und Devisenausfuhr ausgeglichen werden. **Aktive Z.:** die aktiven Posten überwiegen und werden durch Gold- und Deviseneinfuhr aus dem Ausland ausgeglichen.

Zahlungseinstellung, ♊ die (ausdrücklich oder stillschweigend bekanntgegebene) Unfähigkeit, fällige Verpflichtungen zu erfüllen (im allgemeinen **Zahlungsunfähigkeit**). Diese führt in der Regel zu Konkurs oder Vergleichsverfahren.

Zahlungsmittel, die Geldarten und geldgleichen Forderungsrechte, die im Zahlungsverkehr umlaufen, bes. die gesetzl. Z.

Zahlungsmittelumlauf in der Bundesrep. Dtl. (1950 ohne, 1970 mit Saarland, Mill. DM)

	1950	1970
Banknoten	8232	36480
Münzen	181	3009
Insgesamt	8413	39489

Zahlungsort, ♊ der →Erfüllungsort für eine Geldschuld.

Zahlungsunfähigkeit, →Zahlungseinstellung.

Zahlungsverkehr, die Gesamtheit der Zahlungen im Wirtschafts- und Rechtsverkehr. Im baren Z. werden Zahlungsmittel körperlich übergeben; im bargeldlosen Z. werden die vom Konto des Zahlenden auf das des Zahlungsempfängers umgeschrieben oder der Zahlungsempfänger erhält ein Geldersatzmittel (Wechsel, Scheck, Anweisung).

Zahlungszeit, Verfallzeit, der Termin, an dem eine Zahlung fällig wird.

Zahlwort, latein. **Numer´ale** *das,* eine Wortklasse zur Benennung der Zahlenreihe und ihrer Ableitung. Es gibt unbestimmte und bestimmte Z. Die bestimmten Z. teilt man ein in: **Grundzahlen** (Kardinalia), **Ordnungszahlen** (Ordinalia), **Vervielfältigungszahlen** (Multiplikativa) und **Wiederholungszahlen** (Distributiva).

Zahn, Ernst, schweizer. Schriftsteller, * 1867, † 1952; Erzählungen ,Helden des Alltags' (1906), Romane.

Zahnarme, Säugetiere Mittel- und Südamerikas, deren Brust- und Lendenwirbel zusätzliche Gelenkfortsätze haben **(Nebengelenker),** z. T. mit Hautpanzer, z. B. Faultier, Ameisenbär, Gürteltier.

Zahnarzt, Arzt, der die Zahnheilkunde ausübt und eine Bestallung durch die oberste Landesbehörde erhalten hat.

Zahnbein, →Zahn.

Zahnbürstenbaum, zweikeimblättriger Baum in der asiatisch-afrikan. Buschsteppe. Zweigstücke mit aufgefasertem Ende dienen im Orient als Zahnbürsten.

Zähne, knochige Mundteile zum Zerkleinern der Nahrung. Z. finden sich schon bei niederen Wirbeltieren (z. B. Hautzähne der Haifische). Die Z. der Säugetiere sitzen auf den Kiefern. Sie bleiben entweder für das ganze Leben oder werden gewechselt **(Zahnwechsel).** Bei den Säugetieren mit Zahnwechsel wird das Jugendgebiß

Zahnformeln beim Menschen

Milchgebiß (20 Zähne):
M M C I I | I I C M M
M M C I I | I I C M M

Bleibendes Gebiß (32 Zähne):
M M M P P C I I | I I C P P M M M
M M M P P C I I | I I C P P M M M

Schneidezahn (Incisivus) = I; Eckzahn (Caninus) = C; kleiner Backzahn (Prämolar) = P; großer Backzahn (Molar) = M.

Zahn

(Milch-Z., Milchgebiß) durch das Dauergebiß verdrängt. Beim Menschen brechen die Milch-Z. zwischen dem 6. Monat und 3. Jahr durch **(Zahnen)**, die bleibenden Z. vom 5. bis 6. Lebensjahr an, die dritten Backzähne (Weisheitszähne) meist erst nach dem 17. Jahr oder gar nicht. Teile des Z.: die **Krone** ragt aus dem Zahnfleisch hervor, die **Zahnwurzel** steckt im Zahnfach (in der Alveole) des Kiefers und wird hier von der **Zahnwurzelhaut** festgehalten, der **Hals** ist der vom Zahnfleisch umgebene Teil zwischen beiden. Hauptbestandteile des Zahns sind das **Zahnbein** (Dentin), eine Abart des Knochengewebes; der **Zahnschmelz** (Email), eine porzellanartige glänzende Masse über der Krone und dem Hals; das **Zement**, eine knochenartige Masse als Überzug der Wurzel. Im Innern der Z. findet sich die **Zahnhöhle** (Pulpahöhle) mit dem gefäß- und nervenreichen bindegewebigen **Zahnmark** (Pulpa).

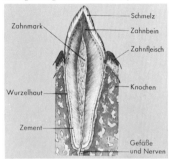

Zahnmark — Schmelz — Zahnbein — Zahnfleisch — Knochen — Wurzelhaut — Zement — Gefäße und Nerven

Zahn: Schema des Zahnaufbaus

Zahn-Harnack, Agnes von, Mitarbeiterin der Frauenbewegung, * 1884, † 1950, gründete 1945 den ‚Berliner Frauenbund 1945 e. V.‘.

Zahnheilkunde, Odontolog'ie [grch.], Teil der Medizin, der sich mit der Behandlung der Zahn- und Mundkrankheiten, dem Zahnersatz und der Kieferorthopädie (→Orthodontie) befaßt.

Zahnkarpfen, Kärpflinge, karpfenartige, bis 30 cm lange Süß- und Brackwasserfische der Tropen und Subtropen, z. T. Zierfische wie Schwertträger, Fundulus, Gambusien.

Zahnlilie, Hundszahn, Liliengewächs mit roter, alpenveilchenähnlicher Blüte, fangzahnförmiger Zwiebel. Amerikan. gelbblütige Arten sind Zierpflanzen.

Zahnrad, ein kammartig mit Zähnen versehenes Rad aus Metall oder Kunststoff zur Übertragung einer Drehbewegung in einem bestimmten Übersetzungsverhältnis von einer Welle auf eine andere. **Stirnräder** übertragen die Bewegung zwischen parallelen, **Kegelräder** zwischen beliebig zueinander geneigten, **Schrauben-** und **Schneckenräder** zwischen sich kreuzenden Wellen. Um besondere Eigenschaften zu erzielen (ruhigen Lauf, Übertragung großer Kräfte, große Übersetzung u. a.), werden die Zähne auch schräg, bogen- oder pfeilförmig eingeschnitten.

Zahnradbahn, →Bergbahn für große Steigungen. In eine zwischen den Schienen liegende Zahnstange greift ein angetriebenes Zahnrad des Triebfahrzeuges ein.

Zahnradgetriebe, das meistverwendete Rädergetriebe zur Übertragung von Drehbewegungen. Die Übersetzung ist dem Verhältnis der Drehzahlen direkt, dem der Zähnezahl umgekehrt proportional.

Zahnschnecken, →Grabfüßer.

Zahnschnitt, ⫘ Gesimsgliederung durch eine dichte Reihe balkenkopfartiger Vorsprünge, bes. am Gebälk des kleinasiatisch-ionischen und korinth. Tempels.

Zahnspinner, spinnerartige Nachtfalter, z. B. →Gabelschwanz.

Zahnstocherdolde, Ammi visnaga, Doldenblüter des Mittelmeergebiets, dessen Doldenstrahlen als Zahnstocher gebraucht werden. Die Z. enthält den Wirkstoff **Khellin** (Khellakraut), der heilkundlich angewendet wird als Mittel zum Erweitern der Herzkranzgefäße.

Zahntechniker, vollhandwerkl. Lehrberuf mit 3¹/₂jähriger Ausbildungszeit; Aufgabengebiet: Zahnersatzteile.

Zahnwale, Sippe der →Wale.

Zähringer, südd. Fürstengeschlecht, nach der Burg Zähringen bei Freiburg i. Br. genannt. Die ältere Linie der Herzöge erlangte die Reichsvogtei (‚Rektorat‘) in Burgund und gründete hier und im Herzogtum Schwaben seit Anfang des 12. Jahrh. zahlreiche Städte, u. a. Freiburg i. Br., Freiburg i. Ü., Bern; sie starb 1218 aus. Aus der jüngeren Linie gingen die Markgrafen, später Großherzöge, von →Baden aus.

Zaibatsu [‚Finanzclique‘], die japan. Großunternehmen in Industrie, Handel und Finanz, die bis 1945 die Wirtschaft be-

Krankheiten und Behandlungsweisen

Zahnbettschwund, Zurückweichen des Zahnfleisches von Zahnhals und Wurzel, Knochenschwund; 1) **entzündlicher Z.** (Parodentitis), Bildung von Zahnfleischtaschen, aus denen Sekret abfließt; Lockerung der Zähne. 2) **nichtentzündlicher Z.** (Parodentose), langsam verlaufend, wachsende Berührungs- und Temperaturempfindlichkeit des Zahnhalses. - Ursachen: Veranlagung, gestörter Stoffwechsel. Behandlung in den Anfangsstadien möglich. Vorbeugung: Zahnpflege.

Zahnfäule, Zahnkaries, Zerstörung von Zahnschmelz und Zahnbein unter Mitwirkung von Bakterien und sauren Gärungsprodukten. Vorbeugung: Zahnpflege. Die Anwendung von Fluor (Trinkwasser-Fluorierung u. a.) läßt sich noch nicht abschließend beurteilen. Behandlung: Zahnfüllung.

Zahnfistel, Eiterdurchbruch an der Schleimhaut oder äußeren Haut, ausgehend von einem Zahngeschwür.

Zahnfleischentzündung, Gingivitis, Schwellung, Rötung, Bluten des Zahnfleisches; kann Geschwüre bilden.

Zahnfüllung, nach Ausbohren des kranken Gewebes das Einfüllen einer erhärtenden Masse (Plombe) aus Zement, Porzellan, Gold oder Legierungen, z. B. Platinlegierung (Weißgold) oder Amalgame.

Zahngeschwür, Eiteransammlung unter der Oberfläche des Zahnfleischs, wenn das Zahnmark des Zahnes jauchig zer-

fällt; kann zur Bildung einer Zahnfistel führen.

Zahnschmerz, Schmerz, bes. bei Zahnfäule, Freiliegen des Zahnbeines, Wurzelhautentzündung.

Zahnstein, Ablagerung von Kalksalzen und organ. Stoffen aus dem Speichel an den Zähnen.

Zahn- und Kieferersatz. Künstliche Zähne aus porzellanähnl. Massen gebrannt oder aus Kunststoff; bei einwandfreier Zahnwurzel **Kronen, Halbkronen** oder **Stiftkronen (Stiftzähne)** aus Metall, Porzellan oder Kunststoff (z. B. Jacketkrone); bei Lückengebissen festsitzende **Brücke,** an den Nachbarzähnen befestigt, **Plattenprothesen,** meist abnehmbare Prothesen aus Kunststoff oder Metalllegierung.

Zahnwurzelhautentzündung, Periodentitis, Entzündung der den Zahn umgebenden Gewebe, bes. der Wurzelhaut, mit Schmerzen, Gesichtsschwellung, Bildung eines Eitersäckchens **(Zahngranulom)** um den untersten Teil der Wurzel. Behandlungsweisen: Reinigung und Desinfektion der Wurzelkanäle, Füllung mit besonderen Stoffen. **Wurzelspitzenresektion:** Abtragen der Wurzelspitze; gegenenfalls Wiedereinpflanzung **(Replantation)** des Zahns.

Zahnzyste, Hohlraum im Kiefer, mit flüssigem, eitrigem oder breiigem Inhalt. Behandlung: Operation.

Zahnpflege. Maßnahmen zum Gesunderhalten der Zähne: Zahnreinigung bes. abends, um während des Schlafs Gärungsvorgänge in den Zahnbelägen zu verhindern; morgens zur Munderfrischung. Säubern der Zahnflächen durch kreisende Bewegungen der **Zahnbürste;** zur Unterstützung des Reinigens kann **Zahnpulver** oder **-paste** angewendet werden. Regelmäßige Prüfung der Zähne durch den Zahnarzt, dabei gegebenenfalls Entfernen des Zahnsteins. An Rohkost, Vollkornbrot und Kalk reiche Ernährung.

herrschten, dann aufgelöst und enteignet, z. T. wiedererrichtet wurden.

Zain der, 1) Metallstab, aus dem Münzplättchen gestanzt werden. 2) ♂ männl. Glied; Schwanz, bes. des Dachses.

Zainer, Günther, Augsburger Buchdrucker, † 1478; verwandte als erster dt. Drucker Antiquatypen.

Zaïre, 1966-71 **Kongo (K.),** Republik in Zentralafrika, 2,345 Mill. km² mit 21,637 Mill. Ew. Hauptstadt: Kinshasa, Amtssprache: Französisch; Religion: etwa 50% Anhänger von Naturreligionen und Christen. ⊕ II/II, Bd. 1, nach S. 320. Nach der Verf. von 1967 ist Staatsoberhaupt und Regierungschef der Präs. ⎕S. 1179. ⎕Bd. 1, S. 392. Währung: 1 Zaïre = 100 Makuta.

Der größte Teil des Landes wird vom Kongobecken (um 300 m ü. M.) eingenommen mit seinen Randschwellen im N, W und S und dem W-Rand des Zentralafrikan. Grabens im O. Höchste Erhebung ist der Ruwenzori (5119 m) auf der Grenze nach Uganda. Das Klima ist feucht-heiß mit hohen Niederschlägen, die nach N und S abnehmen. Fast die Hälfte des Landes ist von trop. Regenwald bedeckt. Rd. 90% der Bevölkerung sind Bantuvölker (Luba, Kongo u. a.). Allgem. Schulpflicht. Drei Universitäten.

Wirtschaft. Die Landwirtschaft erzeugt Mais, Maniok, Reis, Süßkartoffeln, Erdnüsse u. a. bes. für die Selbstversorgung; für die Ausfuhr Kaffee, Palmkerne (Palmöl), Tee, Kakao, Baumwolle. Die

Zahnrad: **1** *Stirnräder.* **2** *Kegelräder mit Geradverzahnung.* **3** *Pfeilräder.* **4** *Bogenverzahnte Kegelräder.* **5** *Schraubenräder*

Zaïre

Viehwirtschaft deckt nur rd. die Hälfte des Bedarfs. Die Wälder liefern Edelhölzer und Kautschuk, der z. T. auch in Plantagen gewonnen wird. Fischerei fast nur auf den Binnengewässern. Größte wirtschaftl. Bedeutung hat der Bergbau (Schwerpunkt in Katanga). Z. steht an erster Stelle der Welterzeugung von Diamanten und Kobalt, ferner werden Kupfer, Gold, Silber, Zinn, Zink, Uran gefördert. Auf Erzverhüttung und chem. Ind. entfallen rd. 50% des Industrieumsatzes; daneben Nahrungsmittel-, Textil- und Baustoffindustrie. Rd. 98% der elektr. Energie werden in Wasserkraftwerken erzeugt. Hauptausfuhrgüter: Kupfer (66%), Diamanten, Kaffee, Kobalt, Palmöl. Haupthandelspartner: Belgien, Frankreich, Italien. Hauptträger des Verkehrs ist die Binnenschiffahrt auf dem Kongo und seinen Nebenflüssen (rd. 13 000 km) sowie den Binnenseen (rd. 1300 km). Die Eisenbahn (insges. 5795 km) umgeht die nicht schiffbaren Flußstrecken. Das Straßennetz ist noch unzureichend (141 300 km). Wichtigste Seehäfen: Matadi und Boma (am Unterlauf des Kongo). Internat. Flughäfen: Kinshasa, Lubumbashi. **Geschichte.** Die im Auftrage Leopolds II. von Belgien 1881-85 durch Stanley erworbenen Gebiete im Kongobecken wurden auf Grund der Kongo-Akte (Berlin 1884/85) als unabhängiger Kongostaat unter der Souveränität Leopolds II. anerkannt. 1908 ging die Souveränität über den Kongostaat an Belgien über. Die Kolonie Belgisch-Kongo wurde am 30. 6. 1960 unabhängig (Kongo-Léopoldville). Seitdem kam es zu Truppenmeutereien und blutigen Auseinandersetzungen. Die Spannungen verschärften sich nach Loslösung der Prov. Katanga (1960). Jan. 1963 zwangen UN-Truppen Katanga (M. Tschombé) zur Unterwerfung. Juli 1964 wurde M. Tschombé MinPräs. Durch einen Staatsstreich 1965 machte sich J. D. Mobutu zum Staatspräs., 1966 auch zum MinPräs.

Zaisser, Wilhelm, kommunist. Politiker, * 1893, † 1958, 1919/20 Leiter der bewaffneten KP im Ruhrgebiet, seit 1924 in Moskau militärisch ausgebildet, 1936-38 im Span. Bürgerkrieg (,General Gomez'), 1950-53 in der Dt. Dem. Rep. Min. für Staatssicherheit, 1953 als ,Parteifeind' aller Funktionen enthoben.

Zakir, Husain, ind. Pädagoge und Politiker (Kongreßpartei), * 1897, † 1969, Muslim; seit 1962 Vizepräs., im Mai 1967 zum Präs. der Rep. Indien gewählt.

Zakop'ane [za-], Kurort und Wintersportplatz in Polen, am Nordrand der Hohen Tatra, 800-950 m ü. M., 25 900 Ew.

Z'akynthos, italien. **Zante,** eine der Ionischen Inseln, 413 km² groß. Hauptstadt und Hafen: Z., 9500 Ew. Ausfuhr: Korinthen, Wein, Oliven, Südfrüchte.

Z'ama, antike Stadt in Nordafrika. 202 v. Chr. Sieg Scipios über Hannibal, beendete den 2. Punischen Krieg.

Zambo |s'ambɔ, span.], weibl. **Zamba,** Mischling von Indianer und Neger.

Zambo'anga [θam-], Hafenstadt auf Mindanao, Philippinen, 158 000 Ew.; Ausfuhr: Kaffee, Hanf, Kautschuk.

Zamenhof [z'a-], Ludwig Lazarus, * 1859, † 1917, Augenarzt in Warschau, entwickelte die Welthilfssprache ,Esperanto' (1887).

Zam'ora [θa-], **1)** Provinz Spaniens in León, 10 559 km², 257 000 Ew. **2)** Hauptstadt von 1), am Duero, 45 200 Ew.; altertüml. Stadtbild mit spätroman. Kathedrale; Schuh- u. a. Industrie.

Zam'ora [θa-], Antonio de, * um 1660, † zwischen 1722 und 1743, einer der letzten großen Vertreter des span. Nationaldramas.

Z'ande, Az'ande, Ni'am-Ni'am, Volk in Zentralafrika (Zaïre, Sudan, Zentralafrikan. Rep.), insges. 1,335 Mill.

Zander, ein Hechtbarsch, wertvoller, zu den Karpfen gehöriger Speisefisch, in Flüssen, Seen und osteurop. Haffen.

Zander-Institute, Anstalten für heilgymnast. Übungen mit Hilfe der von dem schwed. Arzt Gustaf Zander (* 1835, † 1920) angegebenen, hebelartig gebauten, meist elektrisch betriebenen **mediko-mechan. Apparate;** dienen der Vorbeugung und Behandlung von Wirbelsäulenerkrankungen.

Zandvoort [z'antfo:rt], Seebad der Prov. Nordholland, Niederlande, 15 500 Ew.

Zange, Werkzeug zum Halten, Greifen, Schneiden, Biegen, Lochen, hat zwei Bak-

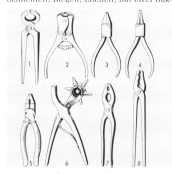

Zange: 1 Beißzange. 2 Hebelvorschneider. 3 Flachzange. 4 Rundzange. 5 Kombinationszange. 6 Revolver-Lochzange. 7 Gasrohrzange. 8 Schmiedezange.

ken, die durch Hebelgriff, auch mit doppelter Hebelwirkung, gegeneinander bewegt werden.

Zangenfries, ⊞ ein aus zangenartigen Formen gebildeter Ornamentfries am Theoderich-Grabmal in Ravenna.

Zangengeburt, ♄ Entbindung mit Hilfe der →Geburtszange.

Zangwill [z'æŋwil], Israel, engl. Schriftsteller, * 1864, † 1926, einer der Führer der zionist. Bewegung; Romane, Dramen.

Zan'onie die, Gattung der Kürbisgewächse, Klettersträucher des Malaiischen Archipels; die Samen dienten wegen der gleitflugfähigen Flügel als Vorbild im Flugzeugbau.

Z'antoch, poln. **Santok,** Dorf an der Mündung der Netze in die Warthe, Brandenburg. 1932-34 Ausgrabung eines altslaw. Ringwalls, dann einer Deutschordensburg. Seit 1945 steht Z. unter poln. Verwaltung.

Zap'ata, Emiliano, mexikan. Revolutionär, * um 1880, † (ermordet) 1919, führte in der mexikan. Revolution die aufständ. Bauern.

Zäpfchen, ♄ 1) Teil des weichen →Gaumens. 2) **Suppositorium,** zäpfchenförmige arzneihaltige Masse, meist Kakaobutter, zum Einführen in den Mastdarm (z. B. **(Stuhl-Z.)** oder in die Scheide.

Zapfen, 1) ⊙ bei Achsen und Wellen die Enden, mit denen sie im Lager laufen. 2) eine Holzverbindung. 3) ⊕ Blüten- und Fruchtstand, dessen Achse und Tragblätter später verholzen; bes. bei Nadelhölzern. 4) die der Farbwahrnehmung dienenden Sinneszellen in der Netzhaut des Auges.

Zapfenstreich, das Abendsignal, bei dem alle Soldaten in ihren Unterkünften sein müssen.

Zapfwelle, das über das Lager hinausreichende Ende einer Welle, von dem aus Geräte angetrieben werden können.

Zapolska [zaɔ'ɔlska], Gabryela, eigentlich **Korwin-Piotrowska,** poln. Schriftstellerin, * 1860, † 1921; Komödien, naturalist. Romane.

Zápolya [z'a:pojɔ], Johann (János), * 1487, † 1540, 1511 Fürst von Siebenbürgen, 1526 gegen Ferdinand von Österreich zum König von Ungarn gewählt. Der Friede von Großwardein 1538 sprach das ungar. Königtum nach seinem Tode dem Habsburger zu.

Zap'onlack, hochwertiger Nitrocelluloselack, bes. für Metalloberflächen.

Zapot'eken, Indianerstamm in S-Mexiko. Ihre dem Mixtekischen verwandte Sprache wird noch von rd. 260 000 Menschen gesprochen. Die bedeutende Kultur der Z. hatte ihre Blüte in den 3.-8. Jahrh. in Oaxaca mit den Zentren →Monte Albán und →Mitla.

Zápotocký [z'a:pɔtɔtski:], Antonín, tschechoslowak. Politiker, * 1884, † 1957, 1948 zunächst stellvertr. MinPräs., dann bis 1953 MinPräs., 1953-57 Staatspräsident.

Zar [von lat. Caesar], slaw. Herrschertitel, angenommen 917 von dem bulgar. Fürsten Simeon, 1346 von dem serb. Fürsten Stephan Duschan, 1547 von dem russ. Großfürsten Iwan IV., 1908 von dem bulgar. Fürsten Ferdinand. **Zar'ewitsch,** Zarensohn; **Zar'ewna,** Zarentochter; **Zar'iza,** Zarin.

Zaragoza [θarag'ɔθa], span. Schreibung von →Saragossa.

Zarath'ustra, griech. **Zoroaster,** Reformator der altpers. Religion, vor dem 5. Jahrh. v. Chr.; das **Awesta** ist die Sammlung der religiösen Texte der Anhänger Z.s. Für Z. ist das Leben ein ständiger Kampf zwischen Gut und Böse, Wahrheit und Lüge, Licht und Finsternis (Dualismus). Der lichte Gott Ahura Masda oder Ormuzd mit seinen guten Geistern kämpft gegen den finsteren Herrscher Ahriman mit seinen bösen Geistern. Aufgabe des Menschen ist, Ahura Masda in seinem schweren Kampf beizustehen. Z.s Lehre war zu den Zeiten der Achaimeniden und Sassaniden die herrschende Religion der alten Perser. Z.s Persönlichkeit gab den Anstoß zu Nietzsches Werk ,Also sprach Zarathustra'.

Zarcillo [θarθ'iʎɔ], Francisco, span. Bildschnitzer, * 1707, † 1783, schuf bemalte Prozessions- und Krippenfiguren.

Zarge die, **1)** die rahmenartige Einfassung

an Fenstern und Türen. **2)** die Seitenwände von Schachteln, die aus einem losen Rahmen und einer Bodenscheibe hergestellt werden. **3)** bei Streichinstrumenten mit flachem Schallkörper dessen Seitenwände.

Z'aria, Stadt in N-Nigeria, südwestl. von Kano, 166 200 Ew.; Univ.; Baumwollanbauzentrum mit landwirtschaftl. Versuchsstation.

Zarl'ino, Gioseffo, italien. Musiktheoretiker und Komponist, * 1517, † 1590, schuf mit der Unterscheidung von Dur und Moll die Grundlage der modernen Harmonielehre.

Zäsalp'iniengewächse, Gruppe der Hülsenfrüchter, z. B. Tamarinde.

Zaserblume, Gattung →Mittagsblume.

Z'asius, eigentlich **Zäsy**, Ulrich, Jurist, * 1461, † 1535, verfaßte das Freiburger Stadtrecht (1520). Z., ein Freund des Erasmus, war der bedeutendste Vertreter der humanist. Rechtswissenschaft in Dtl.

Zäs'ur [lat.], Einschnitt; in der antiken Metrik diejenige Stelle im Vers, an der regelmäßig ein Wort schließt, in der dt. Metrik die stets an gleicher Stelle liegende Pause. Wechselt die Pause frei, spricht man von Einschnitt oder Fuge.

Žatec [ʃ'atɛts], tschech. für →Saaz.

Zauber [german.], magische Handlungen für vielerlei Zwecke als: Abwehr-, Fruchtbarkeits-, Jagd-, Analogie-Z. usw. Zaubermi:tel sind Sprüche und Formeln, Symbole, Pantomimen. Die meisten Naturvölker haben **Zauberer**, Medizinmänner oder Z.-Priester, die oft eine lange Ausbildung durchlaufen müssen. Im christl. Kulturraum wurde Zauberei unter Anrufung des Satans und der Dämonenwelt betrieben (schwarze Magie).

Zauberbücher, Zusammenstellungen magischer Anweisungen; schon in der babylonisch-assyr. und ägypt. Kultur vorhanden.

Zauberhasel, ⚘ →Hamamelis.

Zauberspiegel, Spiegel Salom'onis, im Volksglauben Spiegel, in dem man alle Weltgeschehnisse, verborgene Schätze u. ä. sehen kann.

Zaubersprüche, Sprüche oder Formeln mit zauber. Wirkung. Z. gehören zu den ältesten Zeugnissen der dt. (Merseburger Z.), angelsächs. und finn. Literatur.

Zaum der, **Zaumzeug**, Vorrichtung zum Lenken und Führen von Zug- und Reitpferden, besteht aus Lederzeug und dem Gebiß (Trense, Kandare).

Zauner, Franz Anton von, * 1746, † 1822, führender Bildhauer des Klassizismus in Wien (Denkmal Josephs II., 1795-1806).

Zaunkönig, brauner, kurzschwänziger, kleiner Singvogel mit laut schmetterndem

Zaunkönig

Gesang; lebt in dichtem Gestrüpp, Nest kugelig.

Zaunrebe, an Hecken und Zäunen kletternde Pflanzen, z. B. Geißblatt, Zaunwinde.

Zaunrübe, Kürbisgewächs mit Wickelranken und schwarzen oder roten Beeren; enthält giftigen Bitterstoff, ist Volksarznei; Zierpflanze (an Lauben, Wänden, Zäunen).

Zaw'adzki, Aleksander, poln. Politiker, * 1899, † 1964, seit 1952 als Vors. des poln. Staatsrates Staatspräs. von Polen.

z. B., Abk. für zum Beispiel.

Zchinw'ali, bis 1961 **Staliniri**, Hauptstadt des Süd-Osset. Autonomen Gebiets, Grusin. SSR, 30 000 Ew., Talkgewinnung, Nahrungsmittel-Industrie.

ZDF, Abk. für →Zweites Deutsches Fernsehen.

Z-Diode, →Zenerdiode.

Zeba'oth [hebr.], Heerscharen. **Jahwe** (Herr) **Z.**, „Gott der Heerscharen', im A. T. Bezeichnung Jahwes als Kriegsgott.

Zebed'äus, Vater der Apostel Johannes und Jakobus.

Z'ebra das, gestreiftes Wildpferd **(Tigerpferd)** in Afrika; hierzu gehören z. B. **Berg-Z., Steppen-Z. und Grevy-Z.**

Zebramuschel, die →Wandermuschel.

Zebr'ano das, Hölzer verschiedener Hülsenfrüchter aus dem westafrikan. Regenwaldgebiet, mit braunen Streifen auf kremfarbigem Grund, Möbelholz.

Zebraspinne, eine →Springspinne, im Mai an Wänden und Mauern häufig.

Zebrastreifen, bes. markierter Fußgängerübergang im Straßenverkehr.

Zebro'id das, Kreuzung von Zebra mit anderen Einhufern (Pferd, Esel).

Z'ebu, →Cebu 1), 2).

Z'ebu der, **Buckelochse**, kurzhörniges Rind mit Fetthöcker, in Indien und Ostafrika (hier **Sanga** genannt) Fleisch-, Milch-, Arbeits- und Reittier.

Riesenzebus

Zech, Paul, Schriftsteller, * 1881, † 1946, expressionist. Lyrik, Übersetzungen.

Zeche, **1)** Bergwerk. **2)** Gasthausrechnung.

Zech'ine die, venetian. Goldmünze, 1284 erstmals geprägt, später auch Dukaten genannt.

Zechstein, die obere Stufe des Perms (Übersicht Erdgeschichte).

Zecken Mz., schmarotzerische Milben; **Leder-Z.** mit lederartiger Haut, z. B. **Persische Saum-Z.** (Blutsauger am Menschen) und **Schild-Z.** mit horniger Haut, z. B. **Hunde-Z.** (→Holzbock).

Zedek'ia, letzter König von Juda, wurde 597 v. Chr. von Nebukadnezar als Vasallenkönig eingesetzt, nach seinem Abfall 587 v. Chr. gefangen und nach Babylon gebracht.

Zebra (Grevy-Zebra)

Zed'ent [lat.], →Forderungsübergang.

Z'eder die, **1)** Gattung **Cedrus** der Kieferngewächse. Die **Libanon-Z.**, bis 40 m hoher, bis 4 m dicker Baum, lärchenähnlich, immergrün, mit eiförmigen, aufrechten Fruchtzapfen, bildet im Libanon, Taurus und Antitaurus Wälder, in Europa ist sie Parkbaum. (Bild S. 1389) **2)** andere Nadelbäume oder deren Holz, so Zypresse, Wacholder.

Zedernholz, das Holz verschiedener Zedernarten und anderer Nadelhölzer. Das echte Z. der Libanonzeder ist hellgelb bis rötlich, feinfaserig, wohlriechend infolge seines Gehalts an Zedernöl.

Zedlitz, Joseph Christian Freiherr von, Schriftsteller, * 1790, † 1862, Offizier, später Diplomat; Verse『Waldfräulein' (1843), Dramen.

Zedrachbaum, Paradiesbaum, tropischer Baum mit zierlichem Laub und violetten, duftenden Blütenrispen; Parkbaum.

Zedr'at das, svw. →Zitronat.

Zedr'ele die, mehrere Gattungen der Z.-Gewächse; so im trop. Asien Gattung **Tuna**, wovon die **Fieber-Tuna** das Fieber- und Ruhrmittel **Ostind. Chinarinde** gibt; die Art Cedrela odorata liefert weiches, aromatisches, leichtes Holz.

Z'edro|öl, äther. Öl aus den Fruchtschalen der Zitrusfrucht Citrus medica.

Zeebrugge [z'e:bryɡə], dt. **Seebrügge**, Seehafen und Seebad in W-Flandern, Belgien; Übersetzverkehr nach England.

Zeeman [z'e:-], Pieter, holländ. Physiker, * 1865, † 1943, Prof. in Amsterdam, untersuchte die Aufspaltung der Spektrallinien im Magnetfeld (**Z.-Effekt**). Nobelpreis 1902 (zusammen mit H. A. Lorentz).

Zeemijl [z'e:mɛjl], niederländ. Wegemaß: 1,825 km, als Feldmaß: 3,4294 km².

Zehdenick, Stadt im Bez. Potsdam, an der Havel, 12 500 Ew., Ziegel-, Stahlwerke; Schloß, ehem. Zisterzienserinnenkloster.

Zehen Mz., Ez. **Zehe** die, Zeh der, die Endglieder des Fußes bei Mensch und Wirbeltieren.

Zehengänger, Säugetiere, die nur mit den Zehen den Boden berühren, z. B. Hunde.

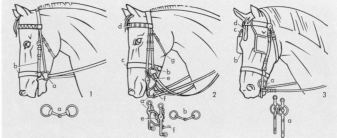

Zaum: **1** *Trensenzäumung; a Gebiß, b hannoverscher Reithalfter.* **2** *Kandarenzäumung; a Kandare, b Unterlegtrense, c engl. Reithalfter, d Stirnriemen, e Kinnkette, f Scherriemen, g Kehlriemen.* **3** *Kandarenzäumung für Wagenpferde; a Liverpool-Kandare, b Scheuklappen, c Blendriemen, d Spieler*

Zeder: Zweig mit Zapfen

Z'ehn|ender, ♀ Hirsch mit 10 Geweihsprossen.

Z'ehnerklub, ein 1962 gebildetes Gremium der Notenbank-Gouverneure von 10 Industriestaaten zur besonderen Wahrnehmung der Aufgaben des →Internationalen Währungsfonds, bes. zur Währungsstützung. Mitglieder: die EWG-Länder außer Luxemburg, ferner Schweden, Großbritannien, Verein. Staaten, Kanada, Japan; assoziiertes Mitgl. ist die Schweiz.

Zehn Gebote, griech. **Dekalog,** die jüdischen Gesetzesbestimmungen, nach 2. Mos. 20, 2-17 (vgl. 5. Mos. 5, 6-21) von Gott auf dem Berge Sinai gegeben und auf steinerne Tafeln geschrieben. Die Z. G. blieben auch im Christentum als Hauptstück des Glaubens in Geltung, abgesehen von dem Bilderverbot und der Feier des Sabbats, an dessen Stelle der Sonntag trat.

Zehnkampf, ♀ ein Wettkampf nach Punktwertung für Männer, bestehend aus 10 leichtathlet. Disziplinen (100-m-, 400-m-, 1500-m-Lauf, 110-m-Hürdenlauf, Hoch-, Weit-, Stabhochsprung, Diskus-, Speerwerfen, Kugelstoßen).

Zehnt [von zehn] der, früher die Abgabe eines bestimmten Teils, urspr. des zehnten Teils des Ertrages (Getreide, Vieh usw.) an Kirche oder Grundherrn.

Zehnte Muse, scherzhaft für die Kunst des Kabaretts.

Zehntland, →Dekumatland.

Zeichen, 1) allgemein: jedes Wahrnehmbare, das geeignet ist, auf etwas anderes hinzuweisen, es zu vertreten, von ihm Kunde zu geben. 2) ♀ Fährte, auch Schußzeichen, woran der Jäger erkennt, ob, wo und wie er getroffen hat. 3) →chemische Zeichen.

Zeichenerkennung, das maschinelle Lesen von Schriftzeichen aus Schriftstücken (bes. Belegen) zur Eingabe in Rechenanlagen durch lichtelektr. oder magnet. Abtastung.

Zeichengeld, Geld, das den aufgedruckten (aufgeprägten) Wert nicht stofflich enthält, sondern nur repräsentiert (Papiergeld).

Zeichenmaschine, ein Hilfsmittel bei techn. Zeichnungen: Auf einem Gestell ist ein großes Reißbrett in eine waagerechte Mittelachse drehbar gelagert. Mit Hilfe einer Parallelogrammführung können über die ganze Fläche zwei senkrecht zueinander stehende Lineale mit Maßteilung parallel verschoben werden. Sie sind um einen Kopf mit Winkelteilung drehbar.

Zeichenrolle, das beim Patentamt geführte Register, in das die →Warenzeichen eingetragen werden **(Zeichenschutz).**

Zeichensprache, Mitteilung durch Zeichen, entweder Ersatz der Wortsprache (Gebärdensprache der Gehörlosen, Trommelsprache einiger Naturvölker) oder selbständige Z. (Flaggensprache der Marine, Winkersprache des Heeres).

Zeichenunterricht, Zweig der Kunsterziehung, im Schulunterricht heute allgemein in Verbindung mit Werkunterricht, graph. Wiedergabe und Kunstbetrachtung.

zeichnen, ⬚ unterschreiben.

Zeichnung, 1) eine künstlerische Darstellung meist auf Papier (früher auf Pergament), die sich im Unterschied von der Malerei meist auf Linien und Schwarzweißmittel beschränkt. Sie wird oft der Graphik zugerechnet, deren Werke jedoch im Gegensatz zur Hand-Z. durch Abdruck entstehen. Gezeichnet wird mit Stiften, Feder und Pinsel. Zu den Stiften gehören: →Silberstift, Bleigriffel (vom MA. bis ins 19. Jahrh.), Bleistift (Graphit, seit Anfang des 19. Jahrh.), Kohle (Holzkohle), verschiedene Arten von Kreiden, Rötel, Pastellstifte. Für Feder und Pinsel verwendete flüssige Zeichenmittel sind: Gallustinte, Bister, chines. Tusche, Sepia, Deckweiß, Aquarellfarben u. a. Farbige und farbig grundierte Papiere ermöglichen die Heraushebung von Lichtern mit Deckweiß. - Zu den Z. im weiteren Sinn gehören auch Ritzzeichnungen (bes. aus vorgeschichtl. Zeit, in Stein, Knochen, Elfenbein) und Gravierungen in Metall (etrusk. Spiegel u. a.). Aus dem MA. erhalten sind Feder-Z. in Handschriften (Utrecht-Psalter, →Villard de Honnecourt) und Bau-Z. Seit der Renaissance diente die Z. meist der Vorarbeit für die Ausführung eines Kunstwerks (Skizze, Entwurf, Studie, Karton), doch gewann sie bereits bei Dürer und dann bes. bei Rembrandt selbständige Bedeutung. Seitdem wurden Z. in zunehmendem Maß um ihrer selbst willen geschaffen. (Bilder S. 1390) 2) →technisches Zeichnen. 3) die unterschriftl. Verpflichtung zum Kauf von neu ausgegebenen Effekten; bei der Z. wird der **Z.-Schein** ausgestellt.

Zeiland der, ⊕ 1) ein →Seidelbast. 2) Dreikörniger Z., dunkelblättriges Kraut mit gelblichen, dreigliedrigen Blüten; am westlichen Mittelmeer.

Zeilenfrequenz, Zeilenzahl, →Fernsehen.

Zeilensprungverfahren, Verfahren zum flimmerfreien Übertragen von Fernsehbildern, indem zuerst die ungeradzahligen und dann die geradzahligen Zeilen abgetastet und geschrieben werden.

Zeiller, Franz Anton Felix, österreich. Jurist, * 1751, † 1828, Prof. in Wien, Schöpfer des Allg. Bürgerl. Gesetzbuches.

Zeisig der, zierliche, spitzschnäbelige, lebhafte Finkenvögel, z. B.: Erlen-Z.; nährt sich bes. von Erlensamen; Leinfink, bräunlich, Stirn rot, Brust rosa.

Zeiss, Carl, * 1816, † 1888, gründete 1846 in Jena die Firma **Carl Zeiss,** die 1889 in die Carl →Zeiss-Stiftung eingebracht wurde. (Bild S. 1395)

Zeiss Ikon AG., Stuttgart, früher Dresden, Unternehmen der opt. optischen Industrie; gegr. 1926. Kap.: 20 Mill. DM, Beschäftigte: 5836 (1969/70).

Zeiss-Stiftung, Carl Z.-S., Heidenheim (bis 1949 in Jena); 1889 von Ernst →Abbe gegründet. 1919 brachte F. O. Schott seine Anteile an →Jenaer Glaswerk Schott & Gen. ein. 1948 wurden in der Dt. Dem. Rep. gelegenen Vermögenswerte entschädigungslos enteignet. Beteiligungen: Zeiss Ikon AG., Carl Zeiss, Leitz GmbH., Jenaer Glaswerk Schott & Gen. u. a.

Zeist [zɛjst], Gem. in der Prov. Utrecht, Niederlande, 56 100 Ew.; Herrnhuter Niederlassung mit Missionsstation.

Zeit, die Abfolge des Geschehens, die wir als Vergangenheit, Gegenwart und Zukunft am Entstehen und Vergehen der Dinge erfahren. Das Z.-Erlebnis (Z.-Bewußtsein) ist von der Z.-Ordnung abgeschichtl. Z.-Einteilung und von der Z. im physikal. Sinne zu unterscheiden. Im bürgerl. Leben wird die Z. nach dem scheinbaren Lauf der Sonne um die Erde (Sonnen-Z.) und dem Lauf der Erde um die Sonne (→Jahr) bestimmt. Zur Zeitmessung dienen Uhren, die durch astronom. Beob-

achtungen ständig kontrolliert und korrigiert werden. Wegen des etwas ungleichmäßigen Laufes der Sonne in der Ekliptik muß die **wahre Sonnen-Z.** durch die **Z.-Gleichung** zur **mittleren Sonnen-Z.** korrigiert werden. Für das prakt. Leben ist die Erde in durchschnittl. 15° breite Z.-Zonen eingeteilt, die einen Z.-Unterschied von jeweils 1 Stunde haben. Für Dtl. und die übrigen mitteleurop. Länder gilt die Z. des 15. Längengrades östl. von Greenwich, die **mitteleuropäische Z. (MEZ);** östlich und westlich davon gelten die **osteuropäische (OEZ)** und die **westeuropäische Z. (WEZ). Welt-Z.** ist die mittlere Sonnen-Z. von Greenwich.

Zeit, Die Z., unabhängige Wochenzeitung (Hamburg) für Politik, Wirtschaft, Handel, Kultur; gegr. 1946.

Zeitalter, größerer Zeitabschnitt, der eine bestimmte Entwicklungsstufe der Menschheitsgeschichte darstellt. →Ära, →Epoche, →Periode 2).

Z'eitansage-Gerät, ein Schallspeicherungsgerät, das dem Fernsprechteilnehmer beim Wählen einer bestimmten Rufnummer die genaue Uhrzeit ansagt.

Zeitblom, Bartholomäus, Maler in Ulm, * um 1455, † um 1518, schuf Altarwerke typisch schwäbischer Art, von ruhiger Haltung der Gestalten und ausgeglichener Komposition (Hauptwerke in der Stuttgarter Galerie).

Zeitdehner, eine Filmaufnahmekamera für schnelle Vorgänge, mit der in der Zeiteinheit eine hohe Bildzahl aufgenommen werden kann. Bei normaler Wiedergabegeschwindigkeit erscheint der zeitl. Ablauf verlangsamt. Die Hochfrequenzkinematographie hat Aufnahmefrequenzen von über 1000 Bildern je Sekunde.

Zeitdilatation [lat.], eine Folgerung aus der speziellen →Relativitätstheorie.

Zeit|erleben, Zeitbewußtsein, die erlebnismäßige Repräsentation der Zeit im menschl. Bewußtsein; enthält Bestandteile des Vergangenheits-, Zukunfts- und Gegenwartserlebens.

Zeitfahren, ♀ Radrennen, bei dem die Rennfahrer in gleichen Zeitabständen einzeln starten.

Zeitfunk, (((•))) Berichterstattung über das Tagesgeschehen.

Zeitgeist, die sich in allen Erscheinungen eines Zeitalters offenbarende Gleichartigkeit der geistigen Haltung, des Stils, der Lebensform und Ideen.

Zeitgeschäft, das →Termingeschäft.

Zeitgeschichte, der Teil der Geschichte, den die gegenwärtig lebenden Menschen noch miterlebt haben, sowie die wissenschaftl. Behandlung dieser Ereignisse; in Dtl. meist ab 1917; der franzos. Begriff Z. reicht bis 1789, der engl. bis 1832 zurück.

Zeitkarten, Fahrkarten für eine begrenzte Zeit (Woche, Monat) zu ermäßigten Preisen, zur beliebig häufigen Fahrt zwischen zwei oder mehreren Orten.

Zeitkontrolle, die planmäßige Beobachtung betrieblicher Arbeitsvorgänge hinsichtlich der aufgewendeten Zeit (→Arbeitsstudien, →Zeitstudien).

Zeitlohn, →Lohn.

Zeitlose die, Pflanzen mit sehr früher oder später Blütezeit, z. B. Herbst-Z.

Zeitlupe, →Zeitdehner.

Zeitmaß das, ♪ →Tempo 2).

Zeitnehmer, 1) derjenige, der im Betrieb die Zeitstudien durchführt. 2) ♀ Kampfrichter, die die erzielten Zeiten messen.

Zeitraffer, eine Filmaufnahmekamera für langsame Vorgänge. Diese werden mit geringen Bildzahlen in der Sekunde aufgenommen. Bei normaler Wiedergabegeschwindigkeit scheinen die Vorgänge rasch abzulaufen.

Zeitrechnung, →Chronologie, →Kalender, →Ära.

Zeitrente, Rente, die in einem bestimmten Zeitraum regelmäßig ausbezahlt wird.

Z'eitschreiber, elektr. Gerät zum selb-

1 Villard de Honnecourt: Grundriß des Chors von Notre Dame zu Vaucelles und schlafender Apostel von einer Ölberggruppe (Paris, Nationalbibliothek). 2 Schongauer: Engel der Verkündigung, Federzeichnung (Berlin, Kupferstichkabinett). 3 Raffael: Rötelstudie zum Relief unter der Statue des Apollo in der ‚Schule von Athen‘ (Oxford, University Galleries). 4 Guercino: Badendes Mädchen, Feder mit Bister laviert (London, British Museum). 5 Delacroix: Gretchen und Mephisto, 1827, Feder (Paris, Louvre). 6 van Gogh: Bauer, 1888, Rohrfeder (Stockholm, T. Laurin)

ständigen Aufzeichnen der Dauer eines Vorganges.

Zeitschrift, regelmäßig erscheinende unterhaltende, allgemeinbildende oder fachliche Druckschrift. (Übersicht S. 1391)

Zeitsinn, die Fähigkeit, die Dauer von Vorgängen oder Zeiten abzuschätzen.

Zeitstempel, ein elektr. Registriergerät, das beim Einführen eines Schriftstücks in den Eingabeschlitz automatisch die Datum- und Uhrzeit-Stempelung auslöst.

Zeitstudien, in Betrieben die Beobachtung und planmäßige Festlegung der Zeiten eines Bearbeitungsvorganges zur Ermittlung einer Normalarbeitszeit je Arbeitsvorgang; Grundlage für die Entlohnung, zur Berechnung der Selbstkosten u. a.

Zeitung, regelmäßig, meist täglich, erscheinende Druckschrift mit einem Text- und einem Anzeigenteil. Die Redaktion (Schriftleitung) gestaltet den geistigen Inhalt (redaktioneller Teil) und das graphische Bild der Z. Die Nachricht in Wort und Bild aus allen Teilen des öffentl. Lebens wird durch Nachrichtenbüros oder von eigenen Mitarbeitern (Reporter, Berichterstatter, Korrespondent) geliefert. Die Nachrichten werden in Artikeln (Leitartikeln, Kommentaren, Glossen usw.) verarbeitet und verwertet (→Presse 2), →Pressefreiheit), →Presserecht). Der Anzeigenteil nimmt gegen Bezahlung

Mitteilungen und Bekanntmachungen geschäftl. und privater Art auf. Gedruckt wird die Z. meist auf schnellaufenden Rotationsmaschinen, die mit Apparaten zum Schneiden, Falzen und z. T. Heften ausgestattet sind. Der Z.-Verlag hat die wirtschaftliche und technische Leitung. (Übersicht S. 1391)

Zeitungsausschnittbüro, Unternehmen, das gegen Bezahlung Ausschnitte über vereinbarte Themen liefert.

Zeitungsmuseum, 1885 in Aachen von O. v. Forckenbeck gegr. Institut.

Zeitungswissenschaft, Wissenschaft zur Erforschung des Zeitungswesens, seit 1945 →Publizistikwissenschaft.

Zeitversicherung, eine zeitlich begrenzte Transportversicherung.

Zeitwaage, Gerät zur Überprüfung der Ganggenauigkeit von Uhren durch Vergleich mit einer Normaluhr (Quarzuhr).

Zeitwert, der →Tageswert.

Zeitwort, Tätigkeitswort, latein. **Verbum,** Wortart, die als Prädikat des Satzes auftritt. Beugung (Konjugation) heißt die Veränderung nach Person, Zahl (Numerus), Zeit (Tempus), Handlungsart (Genus: Tatform oder Aktiv, Leideform oder Passiv) und Aussageweise (Modus: Wirklichkeitsform oder Indikativ, Möglichkeitsform oder Konjunktiv, Befehlsform oder Imperativ).

Zeitz, Stadt im Bez. Halle, an der Weißen Elster, 46 700 Ew.; Burg (1644 erneuert), spätgot. Schloßkirche, Rathaus (1502-09), Michaelskirche (1429, ältere Teile um 1300); Maschinen-, Textil- u. a. Ind., nahebei Braunkohlengruben.

Zeitzeichen, eine Folge von Morsezeichen, die zu bestimmten Zeiten von Funksendern ausgestrahlt und von einer astronomisch überwachten Uhr gesteuert wird. In der Bundesrep. Dtl. wird das Internationale Z. ausgestrahlt.

Zel´aster der, Gattung der Spindelbaumgewächse mit der **Baumwürger,** einer nordamerikan. Zierpflanze.

Z´elebret [lat.], kath. Kirchenrecht: Zelebrationserlaubnis des Ordinarius.

zelebr´ieren [lat.], feiern; Messe lesen. **Zelebrit´ät** die, Berühmtheit.

Z´elge die, Ackerland, bes. das bestellte Feld bei Dreifelderwirtschaft.

Zel´inograd, bis 1961 Akmolinsk, Stadt in der Kasach. SSR, 180 000 Ew., Landmaschinenbau, Nahrungsmittelindustrie.

Zell, 1) Z. an der Mosel, Stadt in Rheinland-Pfalz, im Zeller Hamm, einer Flußschlinge der Mosel, 4900 Ew.; Weinbau und -handel (u. a. ‚Schwarze Katz‘); Kunststoffpresserei, Holzindustrie. **2)** Z. am See, Stadt in Salzburg, Österreich, am Zeller See, 758 m ü. M., 7400 Ew.; Fremdenverkehr; romanisch-got. Pfarr-

kirche, Schloß Rosenberg (16. Jahrh.).
Seilbahn zur Schmittenhöhe (1968 m). **3)** Z.
am Ziller, Gemeinde und Sommerfrische
in Tirol, Österreich, im Zillertal, 575 m
ü. M., 1600 Ew.; Kraftwerk.

Zella-Mehlis, Stadt im Bez. Suhl, im
südwestl. Thüringer Wald, 17 300 Ew.; bedeutende Industrie: Büromaschinen, Waffen, Werkzeuge, Kugellager u. a.

Zelle [aus lat.], **1)** kleiner Raum, z. B.
Klosterzelle. **2)** Element einer Akkumulatorenbatterie. **3)** das Flugwerk des →Flug-
zeugs. **4)** ⚓ 🜂 ⊕ lebender Baubestandteil
des Körpers der vielzelligen Lebewesen
(„Zellenstaat") oder selbständig bei den
einzelligen Tieren und Pflanzen. Alle Z.
haben einen **Zelleib (Zellplasma,** →Proto-
plasma) mit verschiedenen Bestandteilen
(z. B. Mitochondrien und andere
Körnchen) und einen **Zellkern.** Die **Zellwand (Zellmembran,** Membran) der
pflanzl. Z. besteht vorwiegend aus
Cellulose, bei vielen Pilzen aus Chitin;
dem Stoffaustausch zwischen den Z. dienen Tüpfel und Gefäße; durch Verdickung
entstehen innen oder außen an der Zellwand Höcker, Stacheln, Haare, Leisten,
Spiralbänder. Tierische Z. sind selten mit
nichtlebenden Membranen versehen
(z. B. die Radiolarien); die Plasmahaut, ein
Teil des lebenden Zellplasmas, regelt die
Aufnahme der Stoffe in die Zelle und besteht wahrscheinlich aus Eiweiß- und Li-
poidmolekülen. Der Zelleib kann z. B. Geißeln, Scheinfüßchen bilden; er kann
Vakuolen (Hohlräume) enthalten, die mit
Zellsaft gefüllt sind. Der ‚ruhende', nicht
in Teilung begriffene **Zellkern (Kern,** Nu-
kleus) ist ein annähernd runder Körper,
mit zähflüssigem **Kernsaft** gefüllt, in dem
die färbbare Kernmasse (Chromatin mit
Desoxyribonucleinsäuren = DNS) fein
verteilt ist; mit Ausnahme der Bakterien
und Blaualgen enthält der Zellkern die
→Gene; er wird begrenzt durch eine feine
Doppelmembran (**Kernmembran**), neben
ihm liegen ein oder mehrere kleine runde
Kernkörperchen (Nukleolus), die bei den
Stoffwechselumsätzen des Kerns, bes. bei
dem Formwechsel der Chromosomen, im
Laufe der Kernteilung mitwirken. Der
Zellkern ist für die Lebenstätigkeiten der

Zelle: **1** *Pflanzenzelle (schematisch, nach
M. Heidenhain);* **2** *Tierzelle (schematisch,
nach elektronenmikroskop. Präparaten)*
*a Zellkern, b Kernkörperchen, c Farbstoff-
träger, d Lysosomen, e Mitochondrium,
f Golgikörper, g Plasmahaut, h pflanzliche
Zellmembran, k tierische Zellmembran,
l Vakuolen, m endoplasmatisches Retiku-
lum, n Ribosomen auf den Membranen des
endoplasmatischen Retikulums, o Zentral-
körperchen*

Z. unentbehrlich. Der mittlere Querdurch-
messer einer Z. beträgt 0,01 bis 0,1 mm;
faserförmige Z. (z. B. pflanzliche Bast-
fasern und Milchröhren, tierische Nervenfasern) können mehrere Meter lang werden. Die Z. vermehren sich durch Zellteilung; die Teilung des Protoplasmas folgt
der des Zellkerns. – *Geschichtliches.* 1667 veröffentlichte R.
Hooke die erste Abbildung eines Kork-
schnittes und nannte die kleinen
Kämmerchen des Gewebes ‚Zellen'. - 1858
erkannte R. Virchow, daß ‚jede Zelle aus
einer anderen abstammt'. In neuester Zeit
ermöglichten die Verbesserung der
Mikroskopie, die Verfahren der Gewebe-
züchtung u. a. die großen Entdeckungen
der **Zellenlehre** (Cytologie).

Zellengewölbe, in der Spätgotik bes. der
Ostseeländer vorkommendes Gewölbe aus
kerbschnittartig eingebuchteten Zellen
zwischen scharf hervortretenden Graten.

Zellenschmelz, →Schmelzarbeit.

Zellenverglasung, Zellenmosaik, in
der Goldschmiedekunst der Völkerwanderungszeit ausgebildetes Verfahren,
Schmuck und Gefäße mit mosaikartig aneinandergesetzten, in Goldzellen gefaßten
Glas- oder Halbedelsteinplättchen zu verzieren.

Zeller, Karl, österreich. Komponist,
* 1842, † 1898, schrieb die Operetten ‚Der
Vogelhändler' (1891), ‚Der Obersteiger'
(1895), Männerchöre, Lieder.

Zeller See, 1) See im Pinzgau (Salzburg),
750 m ü. M., 4,7 km² groß. **2)** Z. S., **Irrsee,**
See in den oberösterreich. Voralpen, 555 m
ü. M., 3,5 km² groß. **3)** Z. S., auch **Untersee,**
Teil des Bodensees.

Zellgewebe, bei Mensch und Wirbeltieren das lockere, faserige Bindegewebe,
dessen Spalträume (‚Zellen') mit Gewebe-
flüssigkeit erfüllt sind.

**Zellgewebsentzündung, Bindegewebs-
entzündung, Phlegm'one,** durch Eiterbakterien erregte, meist von kleinen Hautver-
letzungen ausgehende Entzündung des
Bindegewebes, bes. in den Gliedmaßen,
mit Fieber und Schmerzen. Behandlung
chirurgisch.

Zellglas, dünne, glasklare oder gefärbte
Folien aus Hydratcellulose, verwendet für
Verpackungen, Wursthüllen u. a.

Zellgummi, geschäumte und in diesem
Zustand vulkanisierte Gummi- oder Latex-
mischung. Z. mit sehr kleinen Zellen heißt
Moosgummi.

Zell'iten, Alexi'aner, eine im 14. Jahrh.
entstandene klösterl. Laiengenossenschaft
für Krankenpflege.

Zell'itinnen, August'inerinnen, rhein.
Klostergenossenschaften zur Kranken-
und Armenpflege nach der Augustinerregel (entstanden im 14. Jahrh.).

Zellstoff, Faserprodukt hauptsächlich
aus Cellulose, Ausgangsstoff für Papier,
Zellwolle, Chemiefasern, Cellulosekunst-
stoffe, Nitrierzellstoff, Lacke, Zellglas u. a.

Deutschsprachige Zeitungen (Auswahl 1971, Auflage in 1000)

Bundesrep. Dtl.: Bild-Zeitung, Hamburg 4010; Westdeutsche Allgemeine, Essen 635;
Kölner Stadtanzeiger/Express, Köln 631; Ruhr-Nachrichten/Westfalenpost, Dortmund 413; Frankfurter Allgemeine, Frankfurt a. M. 377; Hamburger Abendblatt, Hamburg 371; Rheinische Post, Düsseldorf 367; Süddeutsche Zeitung, München 365; Nürnberger Nachrichten, Nürnberg 352; Hamburger Morgenpost, Hamburg 351; BZ, West-
Berlin 327; Berliner Morgenpost, West-Berlin 323; Die Welt, Hamburg 315; NRZ, Essen
275; Abendzeitung, München 275; Braunschweiger Zeitung, Braunschweig 274; Süd-
west-Presse, Ulm 259; Westfälische Rundschau, Dortmund 252; Die Rheinpfalz, Ludwigshafen 228; Münchner Merkur, München 219; Hannoversche Allgemeine, Hannover 207; Rhein-Zeitung, Koblenz 196; Augsburger Allgemeine, Augsburg 192; Mannheimer Morgen, Mannheim 185; Hessische Allgemeine, Kassel 177; Allgemeine Zeitung,
Mainz 175; Saarbrücker Zeitung, Saarbrücken 175; Abendpost/Nachtausgabe, Frankfurt a. M. 173; Schwäbische Zeitung, Leutkirch 173; Westfälische Nachrichten, Münster 161; Badische Neueste Nachrichten, Karlsruhe 153; Weser-Kurier, Bremen 151;
Südkurier, Konstanz 134.
Wöchentlich erscheinen: Bild am Sonntag, Hamburg 2477; Welt am Sonntag,
Hamburg 481; Die Zeit, Hamburg 324; Deutsche Zeitung-Christ und Welt, Stuttgart 164;
Rheinischer Merkur, Koblenz 71.
Dt. Dem. Rep.: Neues Deutschland, Ost-Berlin, ca. 600; Berliner Zeitung, Ost-Berlin,
ca. 500.
Österreich: Kronenzeitung, Wien 819; Kurier, Wien 590; Wiener Wochenblatt, Wien
221; Arbeiter-Zeitung, Wien 107; Kleine Zeitung, Graz 89; Das kleine Blatt, Wien 87;
Salzburger Nachrichten, Salzburg 77; Die Presse, Wien 71.
Schweiz: Tagesanzeiger, Zürich 218; Neue Zürcher Zeitung, Zürich 92; Das Vater-
land, Luzern 87; National-Zeitung, Basel 80; Berner Tagblatt, Bern 55; St. Gallener
Tagblatt, St. Gallen 40. Wöchentlich erscheint Die Tat, Zürich 33.

Fremdsprachige Tageszeitungen (Auswahl 1971, Auflage in 1000)

Argentinien: La Razón, Buenos Aires 467; **Belgien:** Het Laatste Nieuws, Brüssel 302;
Le Soir, Brüssel 278; **Brasilien:** O Globo, Rio de Janeiro 196; **Dänemark:** Berlinske Ti-
dende, Kopenhagen 300; **Frankreich:** France-Soir, Paris 1237; Le Figaro, Paris 523; Le
Monde, Paris 478; **Großbritannien:** Daily Mirror, London 4697; Daily Express, London
3607; Daily Mail, London 1917; The Times, London 402; The Guardian, London 303; **Indien:** The Times of India, Bombay/Delhi 138; **Israel:** Ma'ariv, Tel Aviv 89; **Italien:**
Corriere della Sera, Mailand 541; Il Giorno, Mailand 360; Il Messagero, Rom 312; **Japan:**
Asahi Shimbun, Tokio 2545; Yomiuri Shimbun, Tokio 339; **Kanada:** The Globe and
Mail, Toronto 267; La Presse, Montreal 231; **Luxemburg:** Luxemburger Wort, Luxemburg 70; **Niederlande:** De Telegraaf, Amsterdam 448; **Norwegen:** Aftenposten, Oslo
216; **Polen:** Express Wieczorny, Warschau 550; Trybuna Ludu, Warschau 350; **Portugal:**
Diário de Noticias, Lissabon 180; **Schweden:** Dagens Nyheter, Stockholm 558; Afton-
bladet, Stockholm 495; **Schweiz:** La Suisse, Genf 67; Feuille d'Avis de Lausanne, Lau-
sanne 90; **Sowjetunion:** Iswestija, Moskau 7700; Prawda, Moskau 7500; **Spanien:** BC,
Madrid 220; **Republik Südafrika:** The Star, Johannesburg 168; Rand Daily Mail, Johan-
nesburg 109; **Tschechoslowakei:** Rudé Právo, Prag 1130; **Türkei:** Hürriyet, Istanbul 632;
Ungarn: Népszabadság, Budapest 810; **Vatikanstadt:** L'Osservatore Romano, Rom 70;
Verein. Arabische Republik (1958-71, seit 1971 **Arab. Republik Ägypten**): Al Ahram,
Kairo 450; Al Akhbar, Kairo 250; **Verein. Staaten:** News, New York 2129; Times, New
York 1407; Wall Street Journal, New York 1215; Washington Post, Washington 500; The
Christian Sciene Monitor, Boston 217; **Volksrepublik China:** Jen-Min-Jih-Pao,
Peking 2000.

Publikumszeitschriften (Bundesrep. Dtl., Auswahl 1971, Auflage in 1000)

Hör zu, Hamburg 3982; ADAC motorwelt, München 2425; Das Haus, Offenburg 2060;
TV Hören und Sehen, Hamburg 2031; Bunte Illustrierte, Offenburg 1972; Wochenend,
Hamburg 1961; Neue Revue, Hamburg 1958; Neue Post, Hamburg 1931; Funk-Uhr, Ham-
burg 1908; Stern, Hamburg 1872; burda-Moden, Offenburg 1868; Quick, München 1643;
Brigitte, Hamburg 1599; Das neue Blatt, Hamburg 1477; Frau im Spiegel, Lübeck 1469;
Das Beste, Stuttgart 1398; Praline, Hamburg 1355; Bravo, München 1241; Für Sie, Ham-
burg 1233; Der Spiegel, Hamburg 1096; sexy, Hamburg 1068; Eltern, München 1037; Bild
und Funk, München 1008; Neue Welt, Düsseldorf 977; Gong, Nürnberg 941; Neue
Mode, Hamburg 937; Heim und Welt, Hannover 883; Freizeit-Revue, Offenburg 801;
Frau, Düsseldorf 750; meine Familie und ich, Hamburg 730; Petra, Hamburg 725;
Freundin, Offenburg 718.

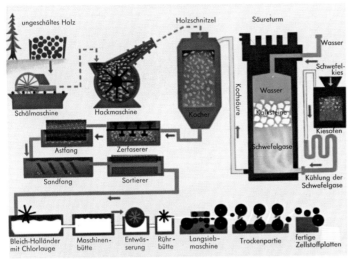

ungeschältes Holz — Holzschnitzel — Säureturm — Wasser — Schwefelkies — Kochsäure — Wasser — Kalksteine — Kocher — Schwefelgase — Kieseofen — Kühlung der Schwefelgase — Schälmaschine — Hackmaschine — Astfang — Zerfaserer — Sandfang — Sortierer — Bleich-Holländer mit Chlorlauge — Maschinenbütte — Entwässerung — Rührbütte — Langsiebmaschine — Trockenpartie — fertige Zellstoffplatten

Zellstoffherstellung nach dem Sulfitverfahren

Rohstoffe sind Nadel- und Laubholz, Stroh, Gräser u. a. Beim **sauren Aufschluß** nach dem **Sulfitverfahren** werden Holzschnitzel mit Calciumbisulfitlösung (Kochsäure) gekocht, die Kochsäure im Säureturm gewonnen. Beim **alkalischen Aufschluß** nach dem **Sulfatverfahren** wird Stroh mit Natronlauge gekocht. Die Kocher haben ein Volumen von 100-350 m³, die Kochzeit beträgt mehrere Stunden. Durch Weiterverwendung der **Zellstoffablauge** wird Gewässerverschmutzung vermieden.

Erzeugung von Zellstoff 1971 (in 1000 t)

Verein. Staaten	27 983
Kanada	9 269
Schweden	6 062
Sowjetunion	5 110¹)
Japan	4 950²)
Finnland	3 921
Frankreich	1 154
Norwegen	904
Bundesrep. Dtl.	768
Österreich	714
Welt	67 100²)

¹) 1970. ²) 1969.

zellul'ar [lat.], ⊕ ⌆ $ zellenförmig, die Zellen betreffend.
Zellularpathologie, von R. Virchow begründete Lehre, sucht das Wesen der Krankheiten in Lebensstörungen der Zellen.
Zellulartherapie, eine Behandlungsweise nach P. →Niehans: das Einspritzen von Aufschwemmungen aus jugendl. tierischen Geweben oder Organen a) als ,Frischzellen' aus kurz zuvor getöteten Tieren **(Frischzelltherapie),** b) als ,Trokkenzellen' gefriergetrocknet **(Trockenzelltherapie).** Die Wirkweise der Z. ist umstritten.
Zellwolle, eine Chemiefaser, aus Cellulose nach dem Viskoseverfahren gewonnen. Die aus Düsen gepreßten, im Fällbad erstarrten Fäden werden in der Spinnerei wie andere Spinnstoffe verarbeitet.
Zel'ot [grch.] *der,* blinder Eiferer, bes. Glaubenseiferer.
Zel'oten [grch. ,Eiferer'] *Mz.,* römerfeindl. nationalist. jüd. Partei, deren Aufstand zur Zerstörung Jerusalems (70 n. Chr.) führte.
Zelt, aus Leinwand, Fellen, Leder, Rinde u. a. Stoffen mit Hilfe von Stangen und Befestigungsmitteln hergestellte Bedachung. Bei Jäger- und Hirtenvölkern ist es oft

Wohnhütte. Das zentral- und hochasiat. Nomadenzelt ist die →Jurte.
Zelter *der,* im MA. ein Reitpferd mit besonders ruhigem Gang.
Zelter, Karl Friedrich, Musiker, * 1758, † 1832, seit 1800 Leiter der Berliner Singakademie, gründete ebd. 1809 die erste (Berliner) Liedertafel; er vertonte Lieder und Balladen, vor allem von Goethe.
Zeltingen-Rachtig, Gemeinde an der mittleren Mosel, Rheinland-Pfalz, 2800 Ew., bedeutender Weinort.
Zeltstoff, →Segeltuch.
Zem'ent *der,* 1) pulverförmiger Baustoff, der, mit Sand, Kies und Wasser zu Mörtel oder Beton gemischt, an der Luft wie unter Wasser steinhart wird. Z. entsteht durch Brennen eines Gemisches von Kalkstein und Ton bis zur Sinterung, Brechen der steinharten Klinker, Zusatz von Gipsstein und Mahlen. Durch Änderung der Zusammensetzung und andere Zusätze entstehen die verschiedenen Z.-Arten. 2) ⌆ $ Hartsubstanz der Zähne.
Zementati'on *die,* 1) Abscheidung von Metallen aus Lösungen durch ein anderes Metall mit größerer Affinität zum Sauerstoff. 2) chem. Veränderung von Metallen, bes. an ihrer Oberfläche durch Erhitzen unterhalb des Schmelzpunkts, z. B. die Aufkohlung von Stahl (in Holzkohle, Hornspänen) oder die Z. von Kupfer durch Zinkdampf zur Herstellung von goldgelben Drähten.
Zement'it *der,* Eisencarbid.
Zen, Zen-Buddhismus [japan. zen ,Versenkung'], ein Zweig des Buddhismus, um 520 n. Chr. in China begründet; eine zu myst. Versenkung und intuitiver Erleuchtung führende Lehre der Meditation, die im 13. Jahrh. nach Japan gelangte und das Geistesleben der Japaner entscheidend beeinflußte.

Erzeugung von Zellwolle 1971 (in 1000 t)

Japan	377
Verein. Staaten	277
Sowjetunion	234¹)
Großbritannien	171
Dt. Dem. Rep.	130¹)
Bundesrep. Dtl.	106
Italien	100
Frankreich	83
Österreich	58
Polen	54
Welt	2047¹)

¹) 1970.

Zend-Aw'esta, →Awesta.
Z'enerdiode, Z-Diode, von C. Zener entwickelte Kristalldiode, bei der der Sperrkreis bei einer bestimmten Sperrspannung lawinenartig ansteigt. Z. dienen zur Spannungsstabilisierung und Amplitudenbegrenzung.
Zenica [z'ɛnitsa], Stadt in Jugoslawien, nordwestl. von Sarajewo, 54 000 Ew., ein Zentrum der jugoslaw. Stahl- und Eisenind.
Zen'it [arab.] *der,* **Scheitelpunkt,** der höchste Punkt am Himmel über dem Beobachter. **Z.-Distanz,** der zwischen einem Gestirn und dem Z. liegende Großkreisbogen.
Zen'it|teleskop, ein astronom. Instrument, das man bei der Polhöhenbestimmung und der Bestimmung der Schwankungen benutzt, um die Meridian-Zenitdistanzen von Sternen in unmittelbarer Nähe des Zenits zu bestimmen.
Z'enneck, Jonathan, Physiker, * 1871, † 1959, Prof. in Danzig, Braunschweig, München, förderte die Funktechnik, errichtete bei Kochel die erste dt. Ionosphärenstation.
Zeno, byzantin. Kaiser (474-491), * 426, veranlaßte 488 den Ostgotenkönig Theoderich, gegen Odoaker zur Eroberung Italiens auszuziehen.
Zen'obia, Septimia, Fürstin von Palmyra (266-272 n. Chr.), dehnte ihre Herrschaft über Ägypten, Syrien und einen Teil Kleinasiens aus. Kaiser Aurelian besiegte sie und nahm sie gefangen.

Zementherstellung 1971 (in Mill. t)

Sowjetunion	100,3
Verein. Staaten	68,3
Japan	59,4
Bundesrep. Dtl.	41,0
Italien	31,7
Frankreich	28,8
Großbritannien und Nordirland	17,9
Polen	13,1
Brasilien	9,4
Welt	560,0¹)

¹) 1970.

Zenon, griech. Philosophen:
1) Z. der **Ältere,** der Eleat, lebte um 490 bis 430 v. Chr.; bekannt durch seine Aporien der Bewegung, z. B. den (scheinbaren) Nachweis, daß Achilles eine Schildkröte nie einholen könne (im gleichen Zeitpunkt, da Achilles den Ablaufpunkt der Schildkröte erreicht, ist diese schon wieder einen - wenn auch stets kleiner werdenden - Vorsprung).
2) Z. der **Jüngere,** lebte um 350-264 v. Chr., gründete in Athen um 308 die Stoische Philosophenschule.
3) Z. von **Sidon,** * 150 v. Chr., der bedeutendste der späteren Epikureer, seit etwa 100 v. Chr. Haupt der Schule zu Athen; Lehrer Ciceros.
zens'ieren [lat.], prüfen, beurteilen, Noten (Zensuren) geben. **zensur'ieren,** Österreich: eine behördl. Prüfung vornehmen (Briefe, Druckschriften).
Z'ensor [lat.] *der,* 1) Prüfer. 2) **Zens'oren** *Mz.,* in republikan. Rom je 2 alle 5 Jahre gewählte Beamte: Vermögensschätzer, Sittenrichter, Vergeber der Staatsaufträge und -einkünfte.
Zens'ur [lat.]. 1) Schule: Leistungsnote. 2) altes Rom: das Amt der Zensoren. 3) kath. Kirchenrecht: a) die Kirchenstrafen zur Zurückführung zum kirchl. Gehorsam. b) die Bücherzensur. 4) die staatl. Überwachung des geistigen Lebens (Presse, Rundfunk, Film usw.), um die Publizistik im Sinne der Staatsführung zu beeinflussen, bes. in autoritären Staaten. Bei der **Vor-Z.** darf das Werk erst nach behördl. Genehmigung veröffentlicht werden, bei der **Nach-Z.** kann es nach Erscheinen verboten oder beschlagnahmt werden.

links: Schirmträger, Wandgemälde aus einer Höhle in Qyzil (bei Kutscha), um 600 n. Chr. Mitte: buddhist. Gottheit, aus einer Höhle in Schor-Tschuq (bei Kutscha), 7./8. Jahrh. rechts: Drache in einem Bergsee, Wandmalerei vom Sockel eines Stupas in Bäzäklik (bei Turfan), 9./12. Jahrh.

Z'ensus *der,* →Census.

Zent, Cent *die,* →Hundertschaft.

Zent *der,* früheres dt. Gewicht (z. B. in Preußen: 166,667 mg).

Zenta, →Senta.

Zent'aur, →Kentaur.

Zenten'arfeier [lat.], Hundertjahrfeier.

Z'entgerichte, im MA. Gerichte für die niedere, teilweise (Hessen, Ostfranken) auch für Blutgerichtsbarkeit.

zenti... [von lat. centum ,hundert'], bei Maßen und Gewichten: hundert..., hundertstel.

Zentif'olie [lat. ,hundertblättrig'] *die,* · eine Gartenrosenform.

Zentimeter - Gramm - Sekunden - System, das CGS-System, abgelöst durch das →MKS-System.

Zentner, Abk. **Ztr.,** Gewichtseinheit, = 100 Pfund = 50 kg.

zentr'al [lat.], **1)** innerste, im Mittelpunkt liegend. **2)** wichtigste, haupt...

Zentr'alafrikanische Föderation, engl. **Federation of Rhodesia and Nyasaland,** wurde am 1. 8. 1953 aus Südrhodesien (jetzt →Rhodesien), Nordrhodesien (jetzt →Sambia) und Njassaland (jetzt →Malawi) gebildet. Die Teilgebiete behielten ihre Autonomie und ihren verfassungsrechtl. Status gegenüber Großbritannien. Die Z. F. wurde am 31. 12. 1963 aufgelöst.

Zentralafrikanische Republik, französ. **République Centrafricaine,** Republik in Zentralafrika, 622 984 km² mit 1,5 Mill. Ew. Hauptstadt: Bangui; Amtssprache: Französisch. Religion: 60% Anhänger von Naturreligionen, 20% kath., 15% evang. Christen. Staatsoberhaupt und Regierungschef ist der Präs. ⊕ II/III, Bd. 1, nach S. 320. □S. 1179. □ Bd. I, S. 392. Währung: CFA-Franc.

Die Z. R. erstreckt sich über die wellige Asandeschwelle (um 650 m ü. M.), die das Tschad- vom Kongobecken trennt. Das Klima ist tropisch, die Niederschläge nehmen von SW (trop. Regenwald) nach NO (Trockensavanne) ab. Die Bevölkerung besteht aus vielen, sehr unterschiedlichen Stammesgruppen. Allgem. Schulpflicht, jedoch besuchen erst rd. 50% der Kinder Schulen. Univ. in Bangui.

Wirtschaft. Haupterzeugnisse der Landwirtschaft sind Hirse, Maniok, Erdnüsse, Mais, Reis, für die Ausfuhr Baumwolle und Kaffee. Die Viehhaltung (im N) deckt den Eigenbedarf nicht. Wichtigstes Ausfuhrgut sind Diamanten (45%). Haupthandelspartner: Frankreich. Die wirtschaftl. Entwicklung ist durch die schlechten Verkehrsverhältnisse erschwert; keine Eisenbahn, 19 200 km Straßen (meist Landwege), Binnenschiffahrt auf dem Ubangi (zum Kongo); Flußhafen und internat. Flughafen: Bangui.

Die Z. R. war 1910-58 als Ubangi-Schari Teil von Französ.-Äquatorialafrika, dann autonome Rep., seit 1960 unabhängig.

Zentralafrikanischer Graben, tektonischer Einbruch im W Ostafrikas, Teil des Ostafrikan. Grabensystems, reicht über Albert-, Edward- und Kiwusee bis zum S des Tanganjikasees. Die Grabenränder sind über 3000 m hoch und in Staffeln gegliedert.

Zentralamerika, die schmale Landbrücke von →Mittelamerika zwischen dem Stillen Ozean und dem Karib. Meer, die Nord- und Südamerika verbindet. Sie reicht, rd. 1900 km lang, vom Isthmus von Tehuantepec im N bis zur Nordgrenze von Kolumbien im S und umfaßt einen Teil von Mexiko, Guatemala, Britisch-Honduras, El Salvador, Honduras, Nicaragua, Costa-Rica, Panama (mit der Panamakanalzone).

Der größte Teil von Z. wird von z. T. vulkan. Gebirgen eingenommen (im Tajumulco in Guatemala 4210 m hoch). Vulkanausbrüche und Erdbeben sind häufig. Schmale Tiefländer liegen längs der Küste des Stillen Ozeans, ausgedehntere auf der Halbinsel Yucatán und an der Ostküste, bes. in Nicaragua. Die Temperaturen des trop. Klimas sind im Gebirgsland gemildert. Höchste Niederschläge im karib. Küstengebiet (mit ausgedehnten trop. Regenwäldern). Hauptsiedlungs- und Wirtschaftsgebiete sind die Gebirge. Ausfuhr bes. von Kaffee, Kakao, Bananen, Kokosnüssen, Sisal und Baumwolle, außerdem Edelhölzer.

zentralamerikanische Sprachen, die Indianersprachen Mittelamerikas. Sie gehören hauptsächlich zu 3 Gruppen: 1) Utoaztekische Sprachfamilie. 2) Chibchasprachen. 3) Mayasprachen.

zentralasiatische Kunst, die vorwiegend buddhist. Kunst Ostturkestans und des östlich angrenzenden Gebiets seit den ersten Jahrhunderten n. Chr. bis zu den Mongolenstürmen des 13. Jahrh. An ihr waren viele Völker beteiligt. Zu den wichtigsten der meist vom Wüstensand verwehten Ruinenstätten gehören Chotan am Südrand, Kutscha und →Turfan nördlich des Tarimbeckens, Tun-huang in der chines. Provinz Kansu. Die Bauten sind meist buddhist. Stupas und Tempelhallen, oft an Abhängen in den Fels gehauen. Groß ist die Zahl der meist Buddha darstellenden Wandmalereien (viele nach Berlin gekommene im 2. Weltkrieg zerstört). Vorherrschend ist der Einfluß der Gandharakunst, chinesisch dagegen der lebensnahe Stil in den östl. Oasen.

Zental|asien, Mittel|asien, Inner|asien, zusammenfassender Name der abflußlosen Hochländer im Inneren Asiens, zwischen Himalaya im S, den südl. Randgebirgen Sibiriens im N, Chingangebirge im O und Pamir im W.

Zentralbank, die Notenbank. Neben der Ausgabe von Banknoten befaßt sich die Z. mit der Geld-, Kredit- und Währungspolitik. (→Deutsche Bundesbank) (Übersicht S. 1394)

Zentralbau, ein Bau, bei dem im Unterschied zum Langhausbau (→Basilika) alle Teile auf einen Mittelpunkt bezogen sind. Der Grundriß ist aus einem Kreis, einem Vieleck (meist Achteck), auch reiner Ellipse entwickelt, kann durch einen Umgang, durch Kreuzarme, Apsiden u. a. erweitert sein und wird meist von einer Kuppel überwölbt. Der bedeutendste Z. der Antike ist das →Pantheon; seit werden in röm. Zeit kleinere Tempel und Grabbauten als Z. errichtet. Der Z. setzte sich dann im christl. Osten (z. B. in der byzantin., armen., russ. und rumän. Kunst) und in der islam. Kunst durch. Im Abendland gehören zu den Ausnahmen (S. Vitale, Ravenna, 547; Oktogon des Aachener Münsters, 805; Liebfrauenkirche, Trier,

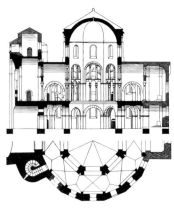

Zentralbau: Schnitt (Ost-West) und halbierter Grundriß des karolingischen Baues des Münsters zu Aachen

13. Jahrh.). Die Renaissance nahm den Z. wieder auf. Das Barock bildete ihn zu neuen Formen fort.

Zentralbehörden, Behörden, deren Tätigkeitsbereich sich auf den ganzen Staat erstreckt, bes. die Ministerien.

Zentralbewegung, die Bewegung eines Körpers unter dem Einfluß einer Kraft, die stets auf den gleichen Punkt (Zentrum) gerichtet ist, z. B. die durch die Keplerschen Gesetze beschriebene Bewegung der Planeten um die Sonne.

Zentrale *die.* 1) Hauptgeschäftsstelle, Mittelpunkt. 2) ✆ Sammelschalter, Vermittlung.

Zentralgenossenschaften, von mehreren Genossenschaften gemeinsam geführte wirtschaftliche Unternehmen.

Zentralgewalt, die oberste Gewalt in einem Bundesstaat oder deren Inhaber (Kaiser, Präsident).

Zentralheizung, die Sammelheizung, →Heizung.

Zentralinstitut für Erziehung und Unterricht, 1915-45 die zentrale dt. pädagogische Sammel-, Auskunfts- und Arbeitsstelle in Berlin.

Zentralbanken (Stand Ende 1971)

Name	Bestände Gold[1])	Devisen[1])	Notenumlauf[2])
Dt. Bundesbank	4733	12774	37*
Dt. Notenbank[3])	—	—	7,41*
Nationalbank v. Belgien[4])	1676	706	183*
Dänische Nationalbank	69	554	5*
Bank v. Finnland	53	541	1,29*
Bank von Frankreich	3825	1257*	76*
Bank v. England	1349*	1212*	3,32*
Bank v. Italien	3131	3030	6476*
Niederländ. Bank	2073	406	10*
Bank v. Norwegen	36	992	7*
Österreichische Nationalbank	791	1335	36*
Schwedische Reichsbank	217	728	12*
Schweizerische Nationalbank	3158	3808	15*
Bank v. Spanien	541	2503	263*
Reservebank of India	264	697*	42*
Bank v. Japan	738	13783	5097*
Bank v. Kanada	862	4074	4*
Federal Reserve System	11081	280	50*

[1]) in Mill. US-$. [2]) in Mrd. Landeswährung.
[3]) Dt. Dem. Rep. [4]) einschl. Luxemburg.
* Stand 1970.

Zentralinstitut für Kunstgeschichte, kunstwissenschaftl. Forschungsinstitut, bes. für abendländ. Kunstgeschichte von der frühchristl. Zeit bis zur Gegenwart; gegr. 1946, Sitz: München. Das Z.f.K. gibt das ‚Reallexikon zur dt. Kunstgeschichte' heraus.

Zentralisati'on, Zusammenfassung von Angelegenheiten an zentraler Stelle; bes. ein System der Staatsverwaltung, bei dem alle staatl. Tätigkeit zentral geleitet wird.

zentralis'ieren, in einem Mittelpunkt vereinigen.

Zentral'ismus [lat.] *der,* eine Gestaltung des Gesellschafts- oder Staatskörpers, die jede soziale und polit. Willensbildung beim Ganzen konzentriert und die Eigenständigkeit der Teile auslöscht. Gegensatz: Föderalismus.

Zentralkassen, stellen den Mittelbau im genossenschaftl. Geld- und Kreditwesen dar.

Zentralkomitee, Abk. **ZK,** vor allem in den kommunist. Parteien das von den Parteitagen gewählte Führungsgremium; in der Sowjetunion übernahm das Präsidium des ZK die Aufgaben des 1952 aufgehobenen Politbüros.

Zentralkomitee für die Forschung auf dem Gebiete des Sports, 1963 in der Bundesrep. Dtl. gegr. Gremium zur Koordinierung der sportwissenschaftl. Forschung.

Zentralkraft, eine Kraft, die in Richtung der Verbindungslinien der Massenpunkte eines Systems wirkt. Es gelten besonders einfache Gesetzmäßigkeiten.

Zentralmassiv, Französisches Z., Zentralplateau, französ. **Massif Central** [-sätr'al], Landschaft im mittleren und südl. Frankreich, in der Mitte (Auvergne) von vulkan. Ergüssen überlagert (Puy de Sancy, 1886 m), im O und SO (Cevennen) steil abfallend, nach N und W sich allmählich abdachend; in den Höhengebieten nur dünn besiedelt.

Zentralnervensystem, bei Mensch und Wirbeltieren: Gehirn und Rückenmark.

Zentralnotenbank, →Zentralbank.

Zentralrat der Juden in Deutschland, →Juden.

Zentralschulen, →Mittelpunktschulen.

Zentr'alverband des Deutschen Handwerks e. V., Abk. **ZDH,** Bonn, Spitzenvertretung des selbständigen Handwerks in der Bundesrep. Dtl. und in West-Berlin, gegr. 1949. Organe: Vollversammlung, Handwerksrat, Präsidium. Angeschlossen rd. 620 000 Betriebe (1970).

Zentralverwaltungswirtschaft, die →Planwirtschaft.

zentr'ieren, auf die Mitte einstellen, bes. die Drehachse eines Rotationskörpers festlegen oder eine Linse so fassen oder anschleifen, daß mechan. und opt. Achse zusammenfallen.

zentrifug'al [lat.], vom Mittelpunkt wegstrebend. Gegensatz: zentripetal.

Zentrifugalkraft, Fliehkraft, die Trägheitskraft eines Körpers, die die Richtungsänderung der Bewegung zu verhindern sucht. Die Z. ist vom Kraftzentrum weggerichtet; ihr entgegengesetzt ist die auf das Kraftzentrum gerichtete **Zentripetalkraft.**

Zentrif'uge, Gerät zum Trennen von Stoffgemischen durch Zentrifugalkräfte. In der chem. Technik werden zum Abtrennen von Feststoffen aus Flüssigkeiten **Filtrier-Z.** mit gelochtem Trommelmantel **(Sieb-Z.),** zum Klären von Flüssigkeiten sieblose Schleudern **(Klär-Z.)** und zum Scheiden nicht mischbarer, auch emulgierter Flüssigkeiten Trenn-Z. ohne Siebe **(Separatoren)** eingesetzt. Verwendung in der Kali-, Düngemittel-, Sprengstoff-, Kohle-, Erdöl-, Papier- und Zuckerindustrie. Ein besonderer Separator ist die **Milchschleuder:** Auf einer senkrechten Welle, die von

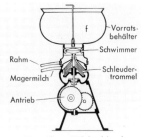

Zentrifuge: Milchschleuder

einem Motor in rasche Umdrehung versetzt wird (bis zu 8000 Umdrehungen je Minute), sitzen mehrere konische Schleuderbleche übereinander. Die aus einem Vorratsbehälter dorthin geleitete Milch wird durch die Schleuderkraft getrennt: Die schwerere Magermilch wird nach außen geschleudert, der leichtere Rahm bleibt innen. Magermilch und Rahm fließen gesondert ab.

zentripet'al [lat.], zum Mittelpunkt hinstrebend. Gegensatz: zentrifugal.

Zentripetalkraft, →Zentrifugalkraft.

z'entrisch [lat.], im Mittelpunkt.

Zentriwinkel, Mittelpunktswinkel im Kreis, gebildet durch zwei Halbmesser.

Z'entrum [lat.] *das,* Mitte.

Zentrumspartei, Zentrum, Partei des polit. Katholizismus im Dt. Reich, gegr. 1870, genannt nach den Plätzen in der Mitte des parlamentar. Sitzungssaals. Die Z. war unter Führung L. Windthorsts im Kulturkampf scharfe Gegnerin Bismarcks und der Liberalen, jedoch eine Stütze Bismarcks beim Übergang zur Schutzzollpolitik. Im dt. Reichstag 1919-33 war die Z. stark vertreten. Führend waren damals u. a. Erzberger und die Reichskanzler Fehrenbach, Wirth, Marx, Brüning. Die

Zentralmassiv: Alm am Plomb du Cantal

Z. löste sich im Juli 1933 auf. - Die 1945 neugegr. Z. hatte im Bundestag von 1953 drei Sitze; seit 1957 dort nicht mehr vertreten.

Zent'urie, die →Centuria.

Zeol'ithe [grch.] Mz., farblose oder weiße Silicatmineralien, die außer Aluminium hauptsächlich Calcium oder Natrium, selten Barium enthalten und beim Erhitzen ihren Wassergehalt ohne Änderung des Kristallgitters ganz oder teilweise abgeben und nachher wieder aufnehmen können.

Zeph'anja, Vulgata: **Sophonias,** israelit. Prophet, verkündete um 630 v. Chr. die Nähe des Gerichtstages Jahwes und den Untergang Ninives, im Zephanjabuch überliefert.

Z'ephir, Z'ephyr [grch.-lat.] der, **1)** sanfter Wind, bes. Westwind. **2)** feinfädiges Baumwollgewebe in Leinwandbindung.

Z'eppelin, Ferdinand Graf von, * 1838, † 1917, gründete 1898 eine AG. zur Förde-

Ferd. v. Zeppelin   *Carl Zeiss*

rung der Motorluftschiffahrt, baute das erste brauchbare →Luftschiff (**Zeppelin,** erster Flug am 2. 7. 1900).

Zepter [grch. skeptron ‚Stab'] das, auch der, ⚭ **Szepter,** Herrscherstab; Sinnbild höchster Gewalt und Würde.

Z'erberus, grich. **Kerberos,** latein. **Cerberus,** grich. Mythos: der Höllenhund, wedelte jeden Eintretenden freundlich an, ließ aber niemanden wieder heraus.

Herkules und Zerberus, Malerei von einer griech. Amphora, um 520 v. Chr. (Paris, Louvre)

Zerbst, Stadt im Bez. Magdeburg, an der Nuthe, 19 600 Ew.; Werkzeug-, Maschinenfabriken, Eisengießerei u. a. Industrie; Gemüsebau (Spargel). Die Innenstadt wurde im 2. Weltkrieg fast ganz zerstört, u. a. auch das Schloß (1681-1747). Von der Stadtmauer sind Teile erhalten.

Zere'alien [lat.; ‚Gaben der ‚Ceres'] Mz., Feldfrüchte, Getreide.

zerebr'al [lat.], das Gehirn betreffend.

Zerebrati'on, Zerebralis'ierung [lat.], die fortschreitende Zunahme des Gehirngewichts und -volumens in der Tierreihe bis hin zum Menschen, bes. die Zunahme des Großhirns (oder Neuhirns) im Vergleich zum Stammhirn (Althirn).

zerebrospin'al [lat.], Gehirn und Rückenmark betreffend (→Nervensystem).

Zeremoni'algesetz, die rituellen Vorschriften des A. T. und Talmuds für Feiertage, Opfer, Fasten u. a.

Zeremon'ie, Zerem'onie [lat.] die, herkömmliche Förmlichkeit, die bei geistlichen und feierlichen weltlichen Handlungen beobachtet wird; die Vorschriften für die Z. sind im **Zeremoni'ell** festgelegt, das der **Zerem'onienmeister** überwacht.

Zerev'is [lat.] das, kleine, schirmlose Mütze der Verbindungsstudenten.

Zerhacker, 1) ein →Polwechsler oder →Wechselrichter. **2)** Gerät zum Zerhacken einer Strahlung in getrennte Impulse, z. B. eine umlaufende Blende **(Chopper)** für thermische Neutronen.

Z'erka, Stadt in Jordanien, nordöstl. Amman, 112 000 Ew.; Erdölraffinerie.

Zerk'aulen, Heinrich, Schriftsteller, * 1892, † 1954; heitere Gedichte, Prosa.

Zerm'att, Kurort im Kanton Wallis, Schweiz, 1616 m ü. M., am Fuß des Matterhorns, 3100 Ew.; Zahnradbahn zum Gornergrat (3131 m) u. a. Bergbahnen.

Zerm'atten, Maurice, schweizer. Schriftsteller, * 1910; Walliser Romane.

Z'ernike, Frits, niederländ. Physiker, * 1888, † 1966, Prof. in Groningen, arbeitete über die Theorie der Brownschen Molekularbewegung, erhielt für die Erfindung des Phasenkontrastmikroskops 1953 den Nobelpreis für Physik.

Zero [ze:r'o, frz.] das, die, Null (bes. im Roulett).

Zeromski [ʒer'omski], Stefan, poln. Schriftsteller, * 1864, † 1925; Romane, Dramen.

Zerreißung, ⚕ →Ruptur.

Zerspanung, das Abnehmen von Spänen von einem Werkstück nach den Verfahren der →spanabhebenden Formung.

Zerstäuber, Geräte zum Zerstäuben von Flüssigkeiten aus Düsen. Druckerzeugung durch Gummiball, Druckgase oder Stoffe mit hohem Dampfdruck.

Zerstörer, 1) leichtes, schwachgepanzertes, schnelles Kriegsschiff mit 4-8 Geschützen und 3-10 Torpedorohren. **2)** schweres Jagdflugzeug.

Zerstrahlung, die Paarvernichtung (→Paarerzeugung).

Zertifikat das, **1)** amtl. Bescheinigung, insbes. Ursprungszeugnis. **2)** ausgegebener Schuldschein, Anteilscheine an Kapitalanlagegesellschaften.

Zervikalsyndrom, Halswirbelsyndrom, Schulter-Hals-Syndrom, ein Symptomenkomplex, der durch krankhafte Veränderungen im Halsteil der Wirbelsäule hervorgerufen wird. Meist handelt es sich dabei um Zackenbildungen an den Wirbelkörpern mit Zermürbung der dazwischenliegenden Bandscheiben und mit Knorpelschäden sowie Knochenwucherungen in den kleinen Wirbelgelenken. Es treten Nacken-, Schulter- und Armschmerzen auf, die manchmal bis in die Fingerspitzen ausstrahlen.

zerwirken, ⚘ abhäuten, ausnehmen, zerteilen.

Zesen, Philipp von (1653), Schriftsteller, * 1619, † 1689, gründete 1643 in Hamburg die →Deutschgesinnte Genossenschaft; Nachbildungen des franzöś. Schäfer- und heroischen Romans: ‚Adriatische Rosemund' (1645), ‚Assenat' (1670), ‚Simson' (1679).

Zession [lat.] die, ⚖ →Forderungsübergang.

Z'eta das, der 6. Buchstabe des griech. Alphabets, Zeichen Z. ζ.

Zetkin, Clara, geb. Eißner, Politikerin (KPD), * 1857, † 1933, Lehrerin, 1920-33 MdR., 1932 Alterspräsidentin.

Zettelbanken, früher Privatbanken mit örtl. Wirkungsbereich, die Banknoten ausgaben, Vorgänger der Notenbanken.

Zetterström [s'e-], Hans Harald, Deckname **Hasse Z.,** schwed. Schriftsteller, * 1877, † 1946, Kulturkritiker und Satiriker.

Zeug [german.] der, ⚔ früher Artilleriegerät. **Zeugmeister,** früher der Befehlshaber der Geschütze.

Zeugdruck, Stoffdruck, Textildruck, das Erzeugen farbiger Muster auf textilen Flächen durch Aufbringen von Druckfarben, von Hand durch Modeldruck, Siebdruck oder mit Schablonen, maschinell durch Walzen- oder Rouleauxdruck, Film- oder Siebdruck, Reliefdruck u. a.

Zeuge [german.] der, ⚖ diejenige Person, die in einem (sie selbst nicht betreffenden) Gerichtsverfahren über eigene Wahrnehmungen aussagen soll (Beweiszeuge), ferner derjenige, der zum Abschluß von Rechtsgeschäften, z. B. bei Eheschließung, Errichtung eines öffentl. Testamentes, zugezogen wird (Instruments-, Solennitätszeuge). Das Erscheinen des Z. vor Gericht und die Erstattung der Aussage ist Pflicht, deren Verweigerung Ordnungsstrafen, unter Umständen auch Zwangshaft nach sich zieht. (→Zeugnisverweigerungsrecht)

Zeugenbeeinflussung, das Einwirken auf einen Zeugen, um ihn zu einer dem Einwirkenden günstigen Aussage zu bewegen; u. U. strafbar als Begünstigung, als Anstiftung oder Beihilfe zum Meineid oder als Verleitung zum Falscheid.

Zeugenberg, ein Berg, der als Rest einer durch Abtragung zurückgewichenen Landstufe vor dieser stehengeblieben ist.

Zeugengebühr, die dem Zeugen zu erstattenden Unkosten, z. B. Reisekosten.

Zeugen Jeh'ovas, früher **Ernste Bibelforscher,** eine von Ch. T. Russell (1852-1916) gegründete religiöse Gemeinschaft, die die Aufrichtung eines Gottesreiches erwartet; Hauptsitz: Brooklyn (N. Y.), Sitz der dt. Zweiges: Wiesbaden. Die kirchl. Glaubenslehre wird in ihren Hauptstücken (z. B. Trinitätslehre, Gottheit Christi) als unbiblisch abgelehnt, ebenso der Wehrdienst.

Zeughaus, Gebäude, in dem Kriegsgerät aufbewahrt wurde.

Zeugnis, 1) Zeugenaussage und ähnl. Bekundungen. **2)** urkundlich festgelegte Bescheinigung über Leistungen, bes. im Arbeitsrecht über Art und Dauer der Beschäftigung und, auf Verlangen des Arbeitnehmers, über Führung und Leistungen. **3)** das Schulzeugnis.

Zeugnisverweigerungsrecht, das Recht eines Zeugen, die Erstattung der Aussage vor Gericht abzulehnen. Das Z. haben z. B. der Verlobte und Ehegatte sowie nahe Verwandte oder Verschwägerte der Partei, daneben Geistliche, Ärzte, Rechtsanwälte und andere Personen mit Geheimhaltungspflicht, ferner jeder Zeuge hinsichtlich der Fragen, deren Beantwortung ihm oder einem der vorgenannten Angehörigen die Gefahr strafgerichtlicher Verfolgung zuziehen oder zur Unehre gereichen würde.

Zeugung, das Hervorbringen von Nachkommen durch elterliche Lebewesen.

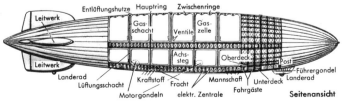

Zeppelin ‚L. Z. 129' (schematisch). Länge 247,2 m; Durchmesser 41 m; Prallgasinhalt 200 000 m³; 4 Motoren, 1200 PS; Reisegeschwindigkeit 125 km/h; Reichweite 14 000 km

Zeugungsfähigkeit, Zeugungsvermögen, die Fähigkeit, befruchtungsfähige Geschlechtszellen zu bilden **(Befruchtungsfähigkeit),** im Unterschied zur Beischlafsfähigkeit; rechtlich gehören Beischlafs- und Befruchtungsfähigkeit zur Z.

Zeugungsunfähigkeit, →Impotenz.

Zeulenroda, Stadt im Bez. Gera, 13 600 Ew.; Textil-, Gummiwaren-, Maschinen-, Möbel- u. a. Industrie.

Zeus, galt als der mächtigste und weiseste der griech. Götter, Sohn des Kronos (daher Kronide) und der Rhea, Gemahl der Hera; seine Brüder sind Poseidon und Hades. Z. galt als Beherrscher der Naturgewalten, König der Götter und Menschen, Beschützer der menschl. Ordnung; berühmte Kultstätten: Dodona und Olympia.

Zeus von Otricoli, nach einem griech. Original des 4. Jahrh. v. Chr. (Rom, Vatikan. Museen)

Zeven, Stadt in Ndsachs., 8200 Ew.; Gummi-, Nahrungsmittel- u. a. Ind. - Hier wurde während des Siebenjährigen Krieges am 8. 9. 1757 die Konvention von Kloster Z. geschlossen.

z. H., Abk. für zu **H**änden.

Zibbe *die,* weibl. Kaninchen, Schaf u. a.

Zibel'ine [slaw.] *die,* ein Kammgarn- oder Streichgarngewebe, nach dem Aufrauhen dem Zobelfell ähnlich.

Z'ibet [mlat. aus arab.] *der,* salbenartige Ausscheidung aus einer Afterdrüse der Zibetkatze, von durchdringendem, moschusartigem Geruch; gibt Duftstoffe.

Zibetkatzen, Schleichkatzen mit zurückziehbaren, scharfen Krallen; sondern ein Zibet ab: **Afrikan. Z.,** grau-schwarz gefleckt, mit Hals- und Rückenmähne; **Asiat. Z.,** bräunlichgelb-rostrot gefleckt.

Zib'orium, *das* →Ciborium.

Zich'orie *die,* **1)** Korbblütergattung mit Wegwarte und Winterendivie (→Endivie). **2)** Kaffee-Ersatz, aus gerösteter Wurzel der Wegwarte.

Zick, 1) Januarius, Maler, * 1730, † 1797; Sohn von **2)** Deckenfresken der Klosterkirche Wiblingen bei Ulm.
2) Johann, Maler, * 1702, † 1762; geschult in Venedig, später auch von Rembrandt beeinflußt, malte die Fresken im Schloß in Bruchsal (1751-54; im 2. Weltkrieg zerstört), im Gartensaal der Würzburger Residenz (1749 bis 1750) u. a.

Zicke [zu Ziege] *die,* **1)** meist: **Zicklein** *das,* junge Ziege. **2)** Rehgeiß.

Z'ider [frz.] *der,* Apfelwein, Obstmost.

Ziege *die,* Horntier, →Ziegen.

Ziegel, ein meist quaderförmiger Baustein, geformt aus besonders aufbereitetem Lehm oder Ton in Formen oder der Strangpresse, getrocknet und bei etwa 1100° C gebrannt.

Ziegelhausen, Gem. in Bad.-Württ., bei Heidelberg, 8800 Ew.; Benediktinerabtei Stift Neuburg (13. Jahrh.).

Ziegen, 1) Capra, Gattung der Paarhufer mit stark entwickelten Hörnern. Das männl. Tier **(Bock)** mit Bart und Bocksgeruch. - Wildziegen: **Tur** im Kaukasus (bis

1,60 m lang); **Schraubenziege (Markhur;** bis 1,55 m lang) im Buchara bis zum westl. Himalaya; **Bezoarziege** (bis 1,50 m), in den Bergen Kretas und Vorderasiens; ferner →Steinbock. - Die **Haus-Z.** ist über die ganze Erde verbreitet, wird wegen der Milch, des Fleisches und des Felles gehalten. Die Milch ist fett- und eiweißreicher als Kuhmilch. Das Leder dient zu Handschuhen. Das weibl. Tier **(Geiß)** wirft im Frühjahr 1 bis 2 Junge **(Kitz, Zicklein).** Kaschmir- und **Angora-Z.** liefern wertvolle Wolle. **2)** andere Gattungen, so die **Halbziegen** (→Thare) und die den Gemsen nahestehende **Schneeziege** (bis 1,50 m).

Ziegenbart, 1) Kinnhaar der Ziegen. **2)** Keulenpilz, Basidienpilzgattung mit meist verästeltem Fruchtkörper, z. B. **Bärentatze, Gelber Hahnenkamm** (jung eßbar).

Ziegenhain, →Schwalmstadt.

Ziegenhals, poln. **Głuchołazy,** Luftkurort im Altvatergebirge, Oberschlesien, 13 800 (1939: 9800) Ew., Holz- u. a. Ind. Seit 1945 unter poln. Verwaltung.

Ziegenlippe, ein eßbarer Röhrling.

Ziegenmelker, Nachtschwalbe, schutzfarbiger, langflügeliger Dämmerungsvogel, dessen sehr breiter Schnabel das Verschlingen großer Beute ermöglicht.

Ziegenpeter *der,* ♂ →Mumps.

Ziegler, 1) Karl, Chemiker, * 1898, seit 1943 Leiter des Max-Planck-Inst. für Kohlenforschung in Mülheim a. d. Ruhr, erhielt für die Entwicklung katalytischer Verfahren zur Herstellung billiger Kunststoffe 1963 den Nobelpreis für Chemie (zus. mit G. Natta).
2) Klara, Schauspielerin, * 1844, † 1909, Heldendarstellerin; ,Klara-Z.-Stiftung' in München.
3) Leopold, Philosoph, * 1881, † 1958; kulturphilosoph. Schriften: ,Gestaltwandel der Götter' (1922) u. a.

Ziegler und Kliphausen, Heinrich Anselm von, Schriftsteller, * 1663, † 1696, spätbarocker heroischer Roman ,Die asiatische Banise' (1689).

ziehen, Metallbearbeitung: ein spanloses Kaltumformverfahren, bei dem die Formgebung durch äußere Zugkräfte bewirkt wird, →tiefziehen.

Ziehen, Theodor, Psychiater, Philosoph und Psychologe, * 1862, † 1950, Hauptvertreter der experimentellen Psychologie.

Ziehfeder, →Reißfeder.

Ziehharmonika, Musikinstrument, ein Blasebalg mit stählernen Zungen und Tasten. Der Luftstrom wird durch Auseinanderziehen und Zusammendrücken erzeugt, jede der Tasten gibt zwei Töne (je einen bei Zug und Druck). Abarten: Akkordeon, Bandoneon.

Ziehkinder, die →Pflegekinder.

Ziehrer, Karl Michael, österreich. Komponist, * 1843, † 1922, komponierte zahlreiche Operetten, Tänze und Märsche.

ziehschleifen, →honen.

Ziel, 1) ✕ die Marke, die zur Ermittlung

Ziegenbart: Gelber Hahnenkamm

des Siegers erreicht werden muß, beim Laufen ein weißes **Zielband** in Brusthöhe. Die Zielbeobachtung erfolgt durch die **Zielrichter. 2)** ♂♂ Zahlungsfrist.

Ziel'enzig, poln. **Sulęcin,** Stadt in Brandenburg, 10 800 (1939: 6600) Ew., Bürsten-, Maschinenindustrie. Seit 1945 unter poln. Verwaltung.

Zielfernrohr, →Visiereinrichtung.

Zielphotographie, Zielfilm, eine techn. Einrichtung (Kameraufnahmen), bes. zur Ermittlung der genauen Reihenfolge der einlaufenden Sportler, Pferde oder Fahrzeuge in sportl. Wettbewerben.

Ziegenmelker (bis 26 cm lang)

Zielschiff, meist ferngelenktes Schiff zur Erprobung der Gefechtsmunition und der Widerstandskraft des Schiffskörpers.

Ziemer *der,* Rücken von Hirsch, Reh, Wildschwein.

Zierfahndler *der,* die Traubensorte Grüner Silvaner.

Zierfische, kleine Fische, wegen ihrer lebhaften Färbung, ihrer absonderlichen Gestalt u. a. im Aquarium gehalten; z. B. Zahnkarpfen, Sonnenbarsche.

Ziergräser, ein- oder mehrjährige Arten **Echter (Süß-)** oder **Sauergräser (Seggen),** auch **Binsen** und **Simsen.**

Zierpflanzen, Wild-, Kulturpflanzen, die wegen des Schmuckwerts von Blüte (Blütenstand), Blattwerk, Wuchsform, Frucht (Fruchtstand) usw. angebaut werden.

Zierschrift, verzierte oder schraffierte Schreib- oder Druckschrift.

Ziesel *der,* den Murmeltieren eng verwandte Nagetiergattung, z. B. der bodenfarbige **Einfarbige Z.** Südosteuropas.

Ziest *der,* **Stachys,** Lippenblütergatt.; Heilziest, kurzhaarig, mit hellpurpurnen Blüten; **Sumpfziest,** wegen seiner nahrhaften Knollen als Futter angebaut; **Wollziest,** dicht weißhaarig, mit hellroten Blüten, Zierpflanze.

Zieten, Hans Joachim von, preuß. Reitergeneral Friedrichs d. Gr., * 1699, † 1786, entschied mehrere Schlachten des Siebenjährigen Krieges; war sehr volkstümlich. (Bild S. 1398)

Ziffern, Zahlzeichen. →arabische Ziffern, →römische Ziffern.

Zigarette [frz.-span.], Genußmittel, Papierhülse mit feingeschnittenem Tabak in

Ziegen

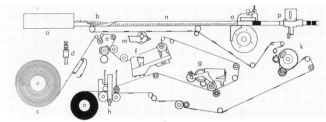

Zigarette. Herstellung: a Tabakkanal und Vorformer, b Einlauftrog des Tabaks; c-m Weg des Zigarettenpapiers vor der Formung der Zigarette: c Bobine, d Kontrollstation mit Fotozelle, e 1. Druckerei, f Vergoldung, g Leimwerk, h Mundstückklebestation, k 2. Druckerei, m Klebewerk; n-p Formung und Fertigung der einzelnen Zigaretten: n Kanal, in dem das Papier zur Hülse geformt wird und den Tabakstrang umschließt, o Schnellplätterei (Bügeln der Klebenaht), p rotierendes Messer (Abschneiden der einzelnen Zigaretten)

Stangenform. **Orient-Z.** bestehen aus Orienttabaken, **Blend-Z.** aus 50% Virgin, 35% Burley (Maryland), 15% Orient, **Stright-Z.** vorwiegend aus Virgintabaken engl. Art, **Schwarze Z.** aus Tabaken verschiedenster Art. **Filter-Z.** haben Filter aus stark faserigem Papier, Celluloseacetat mit und ohne Aktivkohleeinlage zur Zurückhaltung von Nicotin und Teer im Rauch; Filterwirkung bis 35% .

Zigarillo [span.] *der, das*, kleine, meist beiderseits offene Zigarre.

Zigarre, Genußmittel aus stabförmig gewickelten Tabakblättern. Bestandteile sind Einlage, Umblatt und Deckblatt. Das eine Ende wird durch Abschneiden oder künstl. Klebstoffen zur Spitze geformt.

Zigeuner, nach ihrer eigenen Bezeichnung ,rom' [,Mensch'], ein Wandervolk mit etwa 2-5 Mill. Menschen, das unter vielen Völkern der Erde anzutreffen ist. Es hat seine Eigenart überall bewahrt.
Der Typus der Z. weist nach Indien als Ursprungsland. Sie sind schwarzäugig, schwarzhaarig und dunkelhäutig. Die Sprache ist eine arische, zu vergleichen mit Dialekten NW-Indiens. Die europ. Z.-Sprache enthält armen., pers., griech. und rumän., dazu wenige türk. Lehnwörter. Trotz unterschiedl. Wortschatz verständigen sich die Z. miteinander.
Die Wanderungen aus NW-Indien, wohl seit dem 9. Jahrh., ergossen sich in Wellen nach Vorderasien. In größeren Scharen tauchten die Z. im 14. und 15. Jahrh. auf. Seit dem 16. Jahrh. wurden die Z. verfolgt und häufig für vogelfrei erklärt. Versuche der Seßhaftmachung (unter Maria Theresia, Joseph II., Katharina II. u. a.) scheiterten.
Die Z. leben in Zelten, in Mittel- und z. T. in W-Europa in motorisierten Wohnwagen; im Winter sammeln sie sich am Rand der Städte. Sie gliedern sich in Stämme und Sippen, mit einem Häuptling an der Spitze; neben diesem steht die ,Stammesmutter'. Strenge Sitte überwacht das Dasein der Z., die monogam und kinderreich sind. Sie haben eigene Gerichtsbarkeit. - Hauptbeschäftigungen sind traditionell der Pferdehandel, das Musizieren und das von den Frauen ausgeübte ,Wahrsagen', Hausieren, Betteln, in W-Europa zunehmend (Gebraucht-) Auto-, Textil-, Tep-

pichhandel; in SO-Europa sind die Z. als Schmiede, Kesselflicker, Siebmacher, Korbflechter bekannt.
In den religiösen Anschauungen spielen neben Gott und dem Bösen auch Erd- und Luftwesen u. a. eine Rolle. Äußerlich bekennen die Z. sich zum christl. oder muslim. Glauben.

Zihl *die,* französ. **Thièle** [tj'ɛ:l], linker Nebenfluß der Aare in der Westschweiz, Abfluß des Bieler Sees.

Zikaden *Mz.,* **Zirpen,** Schnabelkerfgruppe, Pflanzensauger, z. T. Schädlinge, mit kurzen Fühlern und springfähigen Hinterbeinen. Die Männchen haben meist Zirporgane am Hinterleib (Trommelorgane: Chitinplatten des Panzers, die durch Muskeln in Schwingung versetzt werden), bes. bei den **Sing-Z.,** so der mitteleurop. **Berg-Z.** Z. sind auch die Buckelzirpen und die Laternenträger. (Tafel Insekten)

Z'ikkurat *die,* in der sumerischen, babylon. und assyr. Baukunst ein turmartiger Tempelbau, der in Stufen ansteigend über einer Terrassenanlage erhob. Eine Z. war der ,Babylonische Turm'. Am besten erhalten ist die Z. in Ur (um 2000 v. Chr.; wiederhergestellt um 550 v. Chr.).

Zilcher, Hermann, Komponist, * 1881, †1948, schuf in spätromantischem Klangstil Sinfonien, Konzerte, Kammermusik, Lieder, Chorwerke.

Z'ilie [lat.] *die,* der Bewegung dienender Zellfortsatz. **Zili'aten** *Mz.,* die →Wimpertierchen. 2) Augenwimper.

Zille [slaw.] *die,* Schleppkahn.

Zille, Heinrich, Zeichner, * 1858, † 1929, schilderte das Leben des Berliner Proletariats auf volkstümlich humoristische und zugleich satirisch anklagende Art.

Ziller, Tuiskon, Pädagoge, * 1817, †1882, richtete in Leipzig ein pädagog. Seminar mit Übungsschule ein.

Zillertal, rechtes Seitental des Inntals, in Tirol, vom Ziller durchflossen, der aus den Zillertaler Alpen kommt. Hauptorte sind die Sommerfrischen und Wintersportplätze Zell am Ziller und Mayrhofen.

Zillich, Heinrich, Schriftsteller, * 1898; Gedichte, Erzählungen, Romane.

Zillig, Winfried, Komponist, * 1905, †1963, Opern, Orchesterwerke, Kammermusik, Lieder, Hörspielmusiken.

Zilpzalp *der,* Vogel, →Laubsänger.

Zimbel, *das* →Cymbal 1). **Zimbelstern,** an der Orgel Stern mit abgestimmten Glöckchen.

Zimbelkraut, 1) Art von →Leinkraut. **2)** Orchideengattung, →Waldvögelein.

Zim'elie [grch.-lat.] *die,* Kleinod, Kostbarkeit; wertvolles Buch, seltene Handschrift, Kirchenschatz.

Zim'ier [frz.] *das,* Helmschmuck, Helmkleinod.

Zimljansker Stausee, zur Energiegewinnung und Bewässerung angelegter Stausee im unteren Don, Sowjetunion, 2700 km² groß, 24 Mrd. m³ Fassungsvermögen.

Zimmer, Friedrich, evang. Theologe und Pädagoge, * 1855, †1919, gründete in Berlin

eine Anstalt mit Frauenoberschule, Kindergärtnerinnenseminar und Fürsorgeanstalt, aus der die **Mathilde-Zimmer-Stiftung** mit vielen Heimen hervorging.

Zimmerlinde, →Sparmannie.

Zimmermann, Zimmerer, vollhandwerkl. Lehrberuf, 3 Jahre Lehrzeit. Zunftähnl. Bräuche der Zimmerleute leben fort bei den Hamburger Zimmerleuten.

Zimmermann, 1) Bernd-Alois, Komponist, * 1918, †1970; Opern, Sinfonien, Konzerte.
2) Dominikus, Baumeister, * 1685, †1766, führend in bayer. Spätbarock und Rokoko: Wallfahrtskirche Steinhausen (1727-33), Frauenkirche in Günzburg (1736-41), Wallfahrtskirche Wies (1745-54).
3) Johann Baptist, Maler, Bruder von 2), * 1680, †1758, schuf Deckenfresken in Kirchen seines Bruders, im Festsaal des Nymphenburger Schlosses u. a. und Stukkaturen.
4) Mac, Maler, * 1912, malt und zeichnet surrealist. Darstellungen von skurriler Phantasie.

Zimmertanne, →Araucaria.

Zimmertheater, ein nach 1945 entstandener Theatertypus in kleinen zimmergroßen Behelfsräumen (ohne Bühnenrampe).

Zimmerung, Berg- und Tunnelbau: Ausbau der offenzuhaltenden Räume mit Holz.

Zimmervögel, die →Stubenvögel.

Zimt [grch.-lat. aus malaisch] *der,* würzige, getrocknete Innenrinde verschiedener trop. Bäume, bes. vom Ceylon-Zimtbaum (Cinnamomum ceylanicum). Wesentl. Bestandteil ist das äther. Z.-Öl. Verwendung als Würze für Speisen und Gebäck. Der chines. Zimtbaum (Cinnamomum cassia) liefert die **Kassiarinde (Z.-Kassia)** sowie seine unreifen Früchte, die **Kassia**-oder **Z.-Blüten,** die als Likörwürze dienen. **Weißer Z.** stammt von einem Kaneelgewächs. (Bild Gewürzpflanzen)

Zincgref, Julius Wilhelm, auch **Zinkgref,** * 1591, † 1635, veröffentlichte 1624 Gedichte von Opitz und des Heidelberger Kreises, darunter eigene Gedichte, ferner Sammlungen von Sinnsprüchen.

Ziner'arie, ⊕ *die* →Cineraria.

Zingst, →Darß-Zingst.

Z'ingulum [lat.] *das,* →Cingulum.

H. Zille: Selbstbildnis mit Leierkastenmann, 1917

Zink *das,* Zn, chem. Element, Metall, Ordnungszahl 30, Atomgewicht 65,37, Schmelzpunkt 419° C, Siedepunkt 906° C, spezif. Gewicht 7,13. Vorkommen in Z.-Blende, Z.-Spat, Kieselzinkerz u. a., Gewinnung durch Reduktion von Z.-Oxid durch Kohle oder durch elektrolyt. Abscheidung aus saurer Z.-Sulfatlösung. Verwendung zum Verzinken und zum Verzinken von Eisendraht, für Elektroden in galvan. Elementen, für Legierungen u. a. - **Z.-Oxid** ist als **Z.-Weiß** Anstrichfarbe, **Z.-Chromat** als **Z.-Gelb** Malerfarbe. **Z.-Chlorid** dient als Holzschutzmittel, **Z.-Sulfid** wird als Sidotblende zu Röntgenschirmen verwendet. Medizinisch gebraucht werden bes. **Z.-Sulfat** als Desinfektionsmittel und Z.-Oxid in Pudern, Salben, Pasten, Öl bei Hautkrankheiten.

Ziesel

Zinkförderung
1000 t Zinkinhalt von Erzen[1]
oder Konzentraten

Länder	1957	1970
Kanada	371	1099
Sowjetunion[2]	295	550
Vereinigte Staaten	482	496
Australien	296	487
Peru	157	306
Japan	135	280
Mexiko	243	266
Polen	159	242
Bundesrep. Dtl.	94	123
Italien	130	111
Welt	rd. 3100	5300

[1]) ohne Zinkinhalt von Schwefelkies.
[2]) Schätzung.

Zinkätzung, eine →Hochätzung in Zink.
Zinkblende, gelbes bis schwarzes, kubisches Mineral, chemisch Zinksulfid; wichtigstes Zinkerz. (Bild Mineralien)
Zinken, geheimes Gauner- und Bettlerzeichen; auch Zeichen an den von Falschspielern präparierten **(gezinkten)** Karten.
Zinkspat, graues, bräunlichgelbes, dichtes Mineral, chemisch Zinkcarbonat.
Zinkvergiftung, nach Aufnahme von Zinkverbindungen in den Magen, äußert sich durch Erbrechen, Schmerzen, Durchfall. Erste Hilfe: Erbrechen erregen; Natriumbicarbonatlösung; medizin. Kohle. - Auf der Haut können Zinkverbindungen Verätzungen hervorrufen. - Über **Zinkfieber** →Metalldampffieber.
Zinn *das,* **Sn,** chem. Element, Metall, Ordnungszahl 50, Atomgewicht 118,69, Schmelzpunkt 232°C, Siedepunkt 2430°C, spezif. Gewicht 7,28. Vorkommen im Z.-Stein, -Kies u. a., Gewinnung durch Reduktion von Z.-Stein mit Kohle oder durch Seigern anderer Z.-Erze. Verwendung vorwiegend zur Herstellung von Weißblech, Weißmetall, Bronze, für Lote, Folien, Tuben, Kunst- und Haushaltsgegenstände, zum Verzinnen. **Z.-Dioxid** wird als Poliermittel, **Z.-Chlorür (Z.-Salz)** als Reduktionsmittel, **Z.-Tetrachlorid** als **Rosiersalz** zum Beizen verwendet.

Zinnförderung
in t Zinninhalt von Erzen
oder Konzentraten

Länder	1957	1970
Malaysia	60 242[1])	73 794[2])
Bolivien	28 241[3])	30 100
Sowjetunion[4])	13 700	26 000
Volksrep. China[4])	9 750	23 000
Thailand	13 745	21 779
Indonesien	28 116	19 092
Australien	1 983	8 919
Nigeria	9 766	7 959
Zaire	14 509[5])	6 458
Brasilien	298	4 296
Welt	rd. 190 000	236 000

[1]) Malaya. [2]) ohne Ostmalaysia. [3]) Ausfuhr.
[4]) Schätzung. [5]) Belg. Kongo.

Zinn, Georg August, Politiker (SPD), Jurist, * 1901, 1947-49 hess. Justizminister, 1948/49 Mitglied des Parlamentar. Rats, 1950-69 MinPräs. von Hessen.
Zinna, Kloster Z., Gem. im Bez. Potsdam, im N des Flämings, 1500 Ew.; von dem 1170/71 gegr., 1547 aufgehobenen Zisterzienserkloster sind Kirche (1226), Äbts- oder Fürstenhaus (15. Jahrh.) und Vogtei (16. Jahrh.) erhalten.
Zinne *die,* pfeilerartiger Aufbau auf einer Mauer. Bei Wehrbauten stehen Reihen von Z. (Zinnenkranz) mit Zwischenräumen zum Schießen (Scharten) auf der Brustwehr des Wehrgangs. Im Alten Orient waren die Z. meist abgetreppt (Stufenzin-

nen), in Ägypten rundbogig, bei den Römern und dann im MA. meist rechteckig, in Oberitalien oft schwalbenschwanzförmig (Ghibellinen-Z.).
Zinnemann, Fred, österreich. Filmregisseur, * 1907, seit 1929 in USA. Filme ,Zwölf Uhr mittags' (1952), ,Verdammt in alle Ewigkeit' (1953), ,Oklahoma' (1954) u. a.
Zinngießer, Spezialberuf des Schlosser- und Maschinenbauerhandwerks; Lehrzeit 3 Jahre.
Zinnguß, das Gießen von Gerät und Gefäßen aus Zinn. Einzelne Teile (Henkel u. a.) werden für sich gegossen und angelötet, Reliefs in die Gußform eingearbeitet, glatte Flächen graviert, auch geätzt. Da Zinn leicht verwittert, haben sich Zinnarbeiten meist erst seit dem 13. Jahrh. erhalten: Taufkessel, Pilgerzeichen, Hostienbehälter, Reliquienkästchen u. a.
Z'innie *die,* Korbblütler Mexikos; sommerliche Gartenpflanze mit gegenständigen Blättern und roten, gelben, violetten, weißen Blüten.

Zinnie

Zinnkies, grüngraues Mineral (Schwefelverbindung von Kupfer, Zinn, Eisen).
Zinnkraut, →Ackerschachtelhalm.
Zinn'ober *der,* Quecksilbersulfid, wichtigstes Quecksilbererz mit 86,2% Quecksilber. Die leuchtendrote Malerfarbe Z. wird künstlich hergestellt.
Zinnowitz, Gem., Ostseebad im NW der Insel Usedom, Bez. Rostock, 4400 Ew.
Zinnstein, gelbes, braunes oder schwarzes Mineral in säulenförmigen Kristallen **(Nadelzinn)** oder feinfaserigen Massen **(Holzzinn),** chem. Zinndioxid; wichtigstes Zinnerz.
Zins [von lat. census ,Abgabe'], der Preis für geliehenes Kapital, bes. für die Inanspruchnahme von Kredit (Geld-Z.). In der Wirtschaftstheorie unterscheidet man zwischen **Darlehens-Z.** und **ursprünglichem Kapital-Z.** Im Gleichgewicht sind diese beiden Z.-Sätze gleich und entsprechen der Grenzproduktivität des Kapitals. Im Bankwesen ist der **Soll-Z. (Aktiv-Z.)** das vom Kunden geforderte Entgelt, der **Haben-Z. (Passiv-Z.)** die Vergütung, die die Bank für Einlagen gewährt. Er liegt unter dem Soll-Z. Die Höhe des Z. wechselt je nach der Kreditfrist; sie wird durch die Diskontpolitik der Zentralbank bestimmt. Der Z.-Fuß für langfristige sichere Kapitalanlagen wird als **landesüblicher (mittlerer) Z.-Fuß** bezeichnet. Er weist von Staat zu Staat beträchtliche Unterschiede auf **(Z.-Gefälle).** Die Verpflichtung zur Zahlung von Z. beruht auf Vertrag (Vertrags-Z.) oder auf gesetzlicher Bestimmung (gesetzl. Z.).
Im Altertum und im MA. war der Z. als Wucher verdammt (Juden als Geldgeber). Erst als seit dem 13. Jahrh. in größerem Umfang das Kapital gewinnbringend in der Wirtschaft angelegt wurde, begann man die Berechtigung des Zinsnehmens zu begründen.
Zinsbogen, →Zinsschein.
Zinskonto, Konto der doppelten Buchführung, getrennt in Aufwand- und Ertragszinsen geführt.
Zinseszins entsteht, wenn die Zinsen eines Kapitals jedesmal zum Kapital hinzugefügt und mit diesem verzinst werden.

Zinsfuß, Zinssatz, die Höhe des Zinses im Verhältnis zum Kapital, z. B. 3 v H. **Nominal-Z.:** Verhältnis der Zinsen zum Nennbetrag, **Real-Z.:** Verhältnis der Zinsen zum Kurswert.
Zinshypothek, eine für Jahre unkündbar gewährte, verzinste Hypothek.
Zinsrechnung, Verfahren zur Berechnung von Zinsen. Bei der bankmäßigen Z. wird in Dtl., in der Schweiz und den nordischen Staaten der Monat zu 30, das Jahr zu 360 Tagen gerechnet; in Großbritannien und den Verein. Staaten werden die Tage kalendermäßig gezählt, in den übrigen Staaten meist das Jahr zu 360 Tagen, die Monate aber kalendermäßig. Deutsche Z.:

$$\frac{k \,(\text{Kapital}) \times p \,(\text{Zinsfuß}) \times t \,(\text{Zinstage})}{100 \times 360} \quad \text{oder}$$

$$(\text{umgeformt zur } \textbf{Zinsformel}) = \frac{k \times t}{\dfrac{360}{p}} \quad (\textbf{Zins-}$$

zahl): $\dfrac{}{}$ **(Zinsdivisor).** Beispiel: 1250 DM

zu 6% bringen in 120 Tagen $\dfrac{1250 \times 120}{100}$

$: \dfrac{360}{6} = \dfrac{1500}{60} = 25$ DM Zinsen.

Zinsschein, Wertpapier, das bei fest verzinsl. Papieren den Anspruch auf die Zinsen verbrieft. Sie sind mit dem Erneuerungsschein im **Zinsbogen** enthalten.
Zinsspanne, der Unterschied zwischen Soll- und Habenzinsen; →Zins.
Zinstermine, Fälligkeitstage der Zinsscheine, meist 1/2 Jahr auseinanderliegend.
Z'inzendorf, Nikolaus Ludwig Graf von, Stifter der Brüdergemeine, * 1700, † 1760, siedelte →Böhmische Brüder auf seinen Gütern an und gründete die Kolonie →Herrnhut, aus der die religiöse Gemeinschaft der →Brüdergemeine entstand.

N. L. Zinzendorf   *Hans J. v. Zieten*

Ziolk'owskij, Konstantin Eduardowitsch, russ. Physiker, * 1857, † 1935, baute den ersten Windkanal Rußlands, entwarf die Flüssigkeitsrakete.
Z'ion, Sion, urspr. der Südosthügel Jerusalems, dann der nördlicher gelegene Tempelberg, auch Jerusalem selbst; übertragen: das auserwählte Volk, die kirchl. Gemeinde.
Zion'ismus, eine jüd. national-religiöse Bewegung, von Th. Herzl 1896 neu belebt. Der 1. Zionistenkongreß 1897 forderte ,für das jüdische Volk die Schaffung einer öffentlich-rechtlich gesicherten Heimstätte in Palästina'. Mit der Balfour-Deklaration von 1917 (→Weizmann) begann die Verwirklichung dieser Forderung, die 1948 mit dem Abzug der brit. Truppen nach Erlöschen des brit. Palästinamandats und durch die Proklamation des Staates →Israel ihren Abschluß fand. Neben dem polit. Z. gibt es einen Kultur-Z., der um die Neubelebung der hebräischen Sprache und Kultur bemüht ist.
Zipperlein *das,* die →Gicht 1)
Zips, slowak. **Spiš,** geschichtl. Landschaft und ehemalige dt. Sprachinsel in der Slowakei, südöstl. der Hohen Tatra (Oberzips) und im anschließenden Teil des

slowak. Erzgebirges (Unterzips). Die Z. hatte 1939 etwa 170000 Ew., vorwiegend Slowaken, darunter etwa 36000 Deutsche. Diese **Zipser Sachsen** wurden 1944/45 ausgewiesen. Sie waren im 12./13. Jahrh. von den ungar. Königen mit Vorrechten angesiedelt worden, hatten Städte gegründet, den Bergbau, die Landwirtschaft, das Gewerbe und den Handel der Z. entwickelt.

Zirbel, Zirbe, Arve, die Kiefer mit eßbarem Samen **(Zirbelnuß).**

Zirbeldrüse, griech. **Epiphyse,** eine Drüse mit innerer Sekretion im Zwischenhirn (→Gehirn), deren Hormon noch nicht bekannt ist; sie bildet sich nach dem 7. Lebensjahr zurück.

zirka [lat.], ungefähr, etwa.

Zirkel, 1) ein Gerät zum Zeichnen von Kreisen: zwei spreizbare, durch ein Scharnier verbundene Schenkel, von denen einer in einer Spitze zum Einstechen endet, der andere eine Reißfeder oder die Bleistiftmine trägt. **2)** Personenkreis, ‚Kränzchen'. **3)** Figur des Reitens. **4)** verschlungener Namenszug als Abzeichen einer Studentenverbindung.

Zirkelschluß, →circulus vitiosus.

Zirk'on der, meist braunes, selten gelbes oder graues Mineral, meist in prismatischen Kristallen, chemisch ZrSiO₄; Edelstein, wichtiges Zirkoniummineral. (Tafel Edelsteine)

Zirk'onium das, **Zr,** chem. Element, stahlgraues bis silberweißes Metall, Ordnungszahl 40, Atomgewicht 91,22, Schmelzpunkt 1860° C, Siedepunkt über 2900° C, spezif. Gewicht 6,49. Reines Z. wird als Getter und in Kernreaktoren, **Z.-Oxid** zur Herstellung feuerfester chem. Geräte u. a. verwendet.

Zirkul'ar [lat.] das, Rundschreiben.

Zirkularnote, eine Note, die von einer Regierung an ihre Vertreter im Ausland geschickt wird.

Zirkulati'on [lat.], Umlauf, Kreislauf (z. B. von Blut). **zirkul'ieren,** umlaufen, kreisen.

zirkum... [lat.], um... herumgelegen.

Zirkumfl'ex [lat.] der, ein Tonzeichen (Akzent). Zeichen ˆ, griech. ˜.

zirkumpol'ar, in der Umgebung eines Pols befindlich.

Zirkumpolarsterne, die Sterne, die für einen Beobachtungsort nicht untergehen. An den Polen sind alle sichtbaren Sterne Z., am Äquator gibt es keine Z.

Zirkus der, **1)** im römischen Altertum die längliche Bahn für Wagen- und Pferderennen. **2)** ein Gebäude oder Zelt mit rundem Vorführungsraum (Manege) für Reitkunst, Tierdressur, Darbietungen von Akrobaten, Clowns u. a., die Zuschauerplätze um die Manege ansteigend.

Zirl, Dorf im Inntal, Tirol, Österreich, 3800 Ew.; Straße über den Zirler Berg nach Seefeld und Mittenwald.

Zirndorf, Stadt in Mittelfranken, Bayern, 15 400 Ew.; Spielwaren- u. a. Industrie.

zirpen, bei vielen männl. Insekten: Hervorbringen schriller Töne, meist durch Aneinanderreiben von Teilen des Chitinpanzers (so bei Heuschrecken, Grillen); über Trommelorgane der **Zirpen** →Zikaden.

Zirrh'ose [grch.] die, Verhärtung von Organen, am häufigsten als Leber-Z.

Zirrus, Cirrus, Formen von →Wolken.

zirzensische Spiele [lat.], altröm. Massenschauspiele und Rennen, bes. Wagen- und Pferderennen, im Zirkus.

zis... [lat.], an Namen: diesseits... **zisalpinisch,** diesseits der Alpen von Rom aus.

Zisalp'inische Republik, der 1797 von Napoleon I. in Oberitalien geschaffene französ. Vasallenstaat, Hauptstadt Mailand; seit 1802 **Italienische Republik; 1805-14 Königreich Italien.**

Z'ischka, Anton, österreich. Schriftsteller, * 1904, ‚Wissenschaft bricht Monopole' (1936), ‚Die Trillionen-Invasion' (1971).

zisel'ieren [frz.], eine Metalloberfläche bearbeiten, indem man mit Stichel, Punze, Meißel, Feile Figuren und Ornamente graviert, ausgeführt vom **Ziseleur.**

Zistrose, Blütenzweig: a Frucht, b Fruchtknoten im Querschnitt

Z'iska, Jan, Hussitenführer, →Žižka.

Zisleith'anien, das Land diesseits (westlich) der Leitha, 1867-1918 Name für den österreich. Teil Österreich-Ungarns.

Ziste [lat.-grch.] die, zylindr. Bronzegefäß aus vorgeschichtl. Zeit, bei den Etruskern mit Füßen und eingeritzten Figuren an Wandung und Deckel; auch eine etrusk. Aschenurne aus Stein oder Ton.

Zisterne [lat.] die, unterirdisch angelegter Behälter zum Sammeln von Regenwasser.

Zistersdorf, Stadt in Niederösterreich, 3500 Ew., reiche Erdölvorkommen.

Zisterzi'enser, latein. **Sacer Ordo Cisterciensis, OCist, SOrdCist,** Mönchsorden mit rd. 1500 Mitgl. und 79 Abteien. Die Z. leben nach der Benediktinerregel. Haupttätigkeit sind heute Seelsorge und Unterricht; Tracht: weiß mit schwarzem Skapulier, im Chor weißes Obergewand, für Laienbrüder dunkelbraun. - Die Z. nahmen ihren Ausgang vom 1098 von Robert v. Molesme gegr. benediktin. Reformkloster Cîteaux. Bernhard von Clairvaux begründete ihren Aufstieg (daher auch **Bernhardiner).** Anfang des 14. Jahrh. bestanden über 700 Klöster. - Die **Zisterzienserinnen** entstanden fast gleichzeitig; rd. 2300 Mitgl., gleiche Tracht wie die Z. Die gegen Beginn des 12. Jahrh. entstandenen Bauten der Z. waren von asket. Einfachheit: Kirchtürme waren außer einem Dachreiter verboten, ebenso farbige Figurenfenster, anfänglich auch Bildwerke und Malerein. Durch Verwendung der neuen burgund. Bauformen trug die Baukunst der Z. zur raschen Ausbreitung der Gotik bei. Allmählich lockerten sich die strengen Vorschriften. Unter den dt. Bauten des Ordens ragt Maulbronn hervor.

Zist|rose, Gattung **Cistus** der Z.-Gewächse, am Mittelmeer und in Vorderasien, mit ledrigen Blättern und wildrosenähnlichen roten oder weißen Blüten.

Zita, die letzte Kaiserin von Österreich und Königin von Ungarn, * 1892, aus dem Hause Bourbon-Parma, Frau des ehem. Kaisers Karl I. von Österreich.

Zitadelle [frz.-ital.] die, starke Befestigung am Rande älterer Festungen.

Zit'at [lat.] das, wörtlich angeführte Stelle aus dem Werk eines Schriftstellers. Häufig gebrauchte Z. heißen **geflügelte Worte.** (Übersicht S. 1400 ff.)

Zitati'on [lat.], Vorladung; Beschwörung.

Zither die, Saiteninstrument, ein länglich geformter, flacher Resonanzkasten, über dessen Griffbrett 5 oder 7 Melodiesaiten und 24 bis 37 abwechselnd in Quinten und Quarten gestimmte Begleitsaiten liegen. Die Z. kommt urspr. aus Asien.

zit'ieren [lat.], **1)** wörtlich anführen. **2)** vorladen. **3)** beschwören (Geister).

Zitron'at das, **Zedr'at, Sukk'ade** die, mit Zucker eingekochte grüne Fruchtschale einer bis kopfgroßen Zitronensorte des Mittelmeerbereichs; Backgewürz.

Zitr'one [ital.] die, **Limone,** Art der Pflanzengatt. **Citrus,** bis 7 m hohe Bäume, die fast das ganze Jahr hindurch blühen. Die immergrünen Blätter sind oval und zugespitzt; die Blüte ist weiß, in der Knospe außen gerötet. Die Fruchtschale hellgelb und würzig durch Z.-Öl. Das Fruchtfleisch schmeckt säuerlich durch Z.-Säure. Die Z.

Zitrone: a Frucht im Längsschnitt

dient bes. als Würze und Rohstoff für Erfrischungsgetränke. Anbau bes. in Italien, Spanien, Griechenland, Kalifornien, Florida.

Zitronenfalter, zu den Weißlingen gehöriger zitronengelber, als Weibchen grünlich-

Zirkus: Vorführung am Trapez

Ach, es war nicht meine Wahl! *Schiller*: Jungfrau von Orleans.

Alles Irdische ist vergänglich, *Scheffel*.

Alles ist eitel, vgl. Vanitas vanitatum.

Alles oder nichts, eigentlich: Nichts oder alles, *Ibsen*: Brand.

Alles schon dagewesen, *Gutzkow*: Uriel Acosta.

Alles verstehen, heißt alles verzeihen, *Madame de Staël*: Corinne.

Alle Wohlgerüche Arabiens, *Shakespeare*: Macbeth.

Als die Römer frech geworden, *Scheffel*.

Also sprach Zarathustra, Titel eines Werkes von *Nietzsche*.

Amerika, du hast es besser - als unser Kontinent, der alte, *Goethe*: Zahme Xenien.

An der Quelle saß der Knabe, *Schiller*: Der Jüngling am Bache.

An ihren Früchten sollt ihr sie erkennen, Matth. 7, 16 und 7, 20.

Après nous le déluge [apre nu la del'y:ʒ, frz.], ,Nach uns die Sintflut', angeblicher Ausspruch der *Marquise de Pompadour*.

Auch du, mein Brutus! *Shakespeare*: Julius Caesar.

Auch ich war ein Jüngling mit lockigem Haar, *Lortzing*: Der Waffenschmied.

Auch ich war in Arkadien geboren, *Schiller*: Resignation.

Auf den Brettern, die die Welt bedeuten, *Schiller*: An die Freunde.

Auf den Händen tragen, Psalm 91, 12; Matth. 4, 6; Luk. 4, 11.

Aut Caesar aut nihil [lat.], ,Entweder Cäsar oder nichts', Wahlspruch *Cesare Borgias*.

Beatus ille qui procul negotiis [lat.], ,Glückselig, wer dem Staatsgetriebe fern', *Horaz*.

Behüt' dich Gott! es wär so schön gewesen, *Scheffel*: Trompeter von Säckingen.

Beim Essen kommt der Appetit, *Rabelais*: Gargantua und Pantagruel.

Bei Philippi sehen wir uns wieder, *Shakespeare*: Julius Caesar, nach *Plutarch*.

Bis dat, qui cito dat [lat.], ,Doppelt gibt, wer schnell gibt', nach *Publilius Syrus*.

Bis hierher und nicht weiter, nach Hiob 38, 11, *Schiller*: Räuber.

Bleibe im Lande und nähre dich redlich, Psalm 37,3.

Blut ist ein ganz besonderer Saft, *Goethe*: Faust I.

Blut, Schweiß und Tränen, *Churchill*.

Briefe, die ihn nicht erreichten, Roman von *Elis. v. Heyking*.

Brustton der tiefsten Überzeugung, *H. v. Treitschke*.

Carpe diem [lat.], ,pflücke (d. h. genieße) den Tag', *Horaz*: Oden.

Ceterum censeo, Carthaginem esse delendam [lat.], ,Übrigens bin ich der Meinung, daß Karthago zerstört werden muß', *Cato*.

Cherchez la femme! [ʃerʃ'e la fam, frz.], ,sucht die Frau!' (die dahinter steckt), *Dumas d. Ä.*: Les Mohicans de Paris.

Corriger la fortune [koriʒ'e la fort'yn, frz.], ,das Glück verbessern (durch unredl. Mittel)', nach *Terenz* von *Boileau* formuliert; auch im Spiel betrügen, *Lessing*: Minna von Barnhelm.

Cum grano salis [lat.], ,mit einem Körnchen Salz', d. h. nicht genau wörtlich, *Plinius d. Ä.*

Daran erkenn ich meine Pappenheimer, *Schiller*: Wallensteins Tod.

Das also war des Pudels Kern! *Goethe*: Faust I.

Das Alte stürzt, es ändert sich die Zeit, und neues Leben blüht aus den Ruinen, *Schiller*: Wilhelm Tell.

Das Auge des Gesetzes wacht, *Schiller*: Lied von der Glocke.

Das eben ist der Fluch der bösen Tat, daß sie, fortzeugend, immer Böses muß gebären, *Schiller*: Die Piccolomini.

Das Ewig-Weibliche zieht uns hinan, *Goethe*: Faust II.

Das Gute - dieser Satz steht fest - ist stets das Böse, was man läßt, *W. Busch*: Die fromme Helene.

Das ist der langen Rede kurzer Sinn, nach *Schiller*: Die Piccolomini.

Das ist der Tag des Herrn, *Uhland*.

Das ist ein weites Feld, Luise, *Fontane*: Effi Briest.

Das ist mir zu hoch, nach: *Hiob* 42,3.

Das Kind im Manne, *Nietzsche*: Also sprach Zarathustra.

Das Land der Griechen mit der Seele suchend, *Goethe*: Iphigenie.

Das Leben ist der Güter höchstes nicht, der Übel größtes aber ist die Schuld, *Schiller*: Die Braut von Messina.

Das Recht auf die Straße, *T. von Jagow*, Polizeipräs. von Berlin.

Da steh' ich nun, ich armer Tor, und bin so klug als wie zuvor, *Goethe*: Faust I.

Das Unvermeidliche mit Würde tragen, *K. Streckfuß*.

Das Wunder ist des Glaubens liebstes Kind, *Goethe*: Faust I.

Da werden Weiber zu Hyänen, *Schiller*: Lied von der Glocke.

Dein Wunsch war des Gedankens Vater, *Shakespeare*: König Heinrich IV.

Dem Manne kann geholfen werden! *Schiller*: Räuber.

Dem Mimen flicht die Nachwelt keine Kränze, *Schiller*: Prolog zu Wallensteins Lager.

De mortuis nil nisi bene [lat.], ,Von den Toten (rede) nur gut', wahrscheinl. Ausspruch des *Chilon*, vielleicht auch des *Solon*.

Denn man muß schwarz auf weiß besitzt, kann man getrost nach Hause tragen, *Goethe*: Faust I.

Den Reinen ist alles rein, Paulus, Tit. 1, 15.

Den Seinen gibt's der Herr im Schlafe, nach Psalm 127,2.

Den Teufel durch Beelzebub austreiben, nach Matth. 12, 24 und 27; auch Luk. 11, 19.

Der Geist, der stets verneint! *Goethe*: Faust I.

Der Gerechte muß viel leiden, Psalm 34, 20.

Der Knabe Don Karl fängt an, mir fürchterlich zu werden, *Schiller*: Don Carlos.

Der letzte Mohikaner, Titel eines Romans von *J. F. Cooper*.

Der letzte Heller, Matth. 5, 26.

Der Lord läßt sich entschuldigen; er ist zu Schiff nach Frankreich, *Schiller*: Maria Stuart.

Der Menschheit ganzer Jammer faßt mich an, *Goethe*: Faust I.

Der Mensch lebt nicht vom Brot allein, 5. Mos. 8, 3, Matth. 4, 4.

Der Mohr hat seine Schuldigkeit getan; der Mohr kann gehn! nach *Schiller*: Fiesco.

Der Not gehorchend, nicht dem eignen Trieb, *Schiller*: Die Braut von Messina.

Der Prophet gilt nichts in seinem Vaterland, nach Matth. 13, 57.

Der Rest ist für die Gottlosen, nach Psalm 75, 9.

Der Rest ist Schweigen, *Shakespeare*: Hamlet.

Der wackre Schwabe forcht sich nit, *Uhland*: Schwäb. Kunde.

Der Worte sind genug gewechselt, laßt mich auch endlich Taten sehn, *Goethe*: Faust I.

Des Dienstes immer gleichgestellte Uhr, *Schiller*: Die Piccolomini.

Die Axt im Haus erspart den Zimmermann, *Schiller*: Wilhelm Tell.

Die Botschaft hör' ich wohl, allein mir fehlt der Glaube, *Goethe*: Faust I.

Die Haare stehen mir zu Berge, nach Hiob 4, 15.

Die ich rief, die Geister werd' ich nun nicht los, *Goethe*: Zauberlehrling.

Die Kastanien aus dem Feuer holen, *La Fontaine*.

Dies Bildnis ist bezaubernd schön, *Mozart*: Zauberflöte.

Die schönen Tage in Aranjuez sind nun zu Ende, *Schiller*: Don Carlos.

Die Szene wird zum Tribunal, *Schiller*: Die Kraniche des Ibykus.

Die Tränen und die Seufzer, die kamen hintennach, *Heinrich Heine*.

Die Tücke des Objekts, *F. Th. Vischer*: Auch Einer.

Die Weltgeschichte ist das Weltgericht, *Schiller*: Resignation.

Die Zeiten sind vorbei, *Goethe*: Götz von Berlichingen.

Divide et impera! [lat.], ,trenne und herrsche!' wird auf *Ludwig XI.* zurückgeführt.

Donner und Doria, *Schiller*: Fiesco.

Drum prüfe, wer sich ewig bindet, ob sich das Herz zum Herzen findet, *Schiller*: Lied von der Glocke.

Du ahnungsvoller Engel Du! *Goethe*: Faust I.

Du glaubst zu schieben, und du wirst geschoben, *Goethe*: Faust I.

Dunkel war der Rede Sinn, nach *Schiller*: Der Gang nach dem Eisenhammer.

Durch diese hohle Gasse muß er kommen, es führt kein andrer Weg nach Küßnacht, *Schiller*: Wilhelm Tell.

Durch seine Abwesenheit glänzen, *M. J. Chénier* nach *Tacitus*.

Du sprichst ein großes Wort gelassen aus, *Goethe*: Iphigenie.

Ein Arbeiter ist seines Lohnes wert, Luk. 10, 7; 1. Tim. 5, 18.

Einem das Maul stopfen, nach Psalm 107, 42.

Eine Schlange am Busen nähren, *Äsop*: Der Wanderer und die Natter.

Ein feste Burg ist unser Gott, Choral von *Luther*.

Ein garstig Lied! Pfui! Ein politisch Lied! *Goethe*: Faust I.

Ein Schauspiel für Götter, *Goethe*: Erwin und Elmire.

Enthaltsamkeit ist das Vergnügen an Sachen, welche wir nicht kriegen, *W. Busch*: Haarbeutel.

Erhebe dich, du schwacher Geist, nach einem Weihnachtslied von *Joh. Rist*.

Erkläret mir, Graf Oerindur, auch diesen Zwiespalt der Natur, nach *Müllner*: Die Schuld.

Erlaubt ist, was gefällt, *Goethe*: Tasso.

Er zählt die Häupter seiner Lieben, *Schiller*: Lied von der Glocke.

Es irrt der Mensch, so lang' er strebt; *Goethe*: Faust I.

Es ist ein Brauch von alters her: Wer Sorgen hat, hat auch Likör, *W. Busch*: Die fromme Helene.

Es kann der Frömmste nicht im Frieden bleiben, wenn es dem bösen Nachbar nicht gefällt, *Schiller*: Wilhelm Tell.

Es steht auf des Messers Schneide, *Homer*: Ilias.

Es wächst der Mensch mit seinen größern Zwecken, *Schiller*: Prolog zu Wallensteins Lager.

Es wandelt niemand ungestraft unter Palmen, *Goethe*: Wahlverwandtschaften.

Etwas ist faul im Staate Dänemark, *Shakespeare*: Hamlet.

Europens übertünchte Höflichkeit, *Seume*: Der Wilde.

Fiat iustitia et pereat mundus! [lat.], ,Gerechtigkeit muß sein, mag auch die Welt zugrunde gehen!' Angeblich Wahlspruch *Kaiser Ferdinands I*.

Fleischtöpfe Ägyptens, nach 2. Mos. 16, 3.

Franz heißt die Kanaille, *Schiller*: Räuber.

Früh übt sich, was ein Meister werden will, *Schiller*: Wilhelm Tell.

Gefährlich ist's den Leu zu wecken, *Schiller*: Lied von der Glocke.

Gegensätze berühren sich, vgl. Les extrêmes se touchent.

Gestern noch auf stolzen Rossen, *W. Hauff*.

Gleich und gleich gesellt sich gern, nach *Homer:* Odyssee.
Gottes Mühlen mahlen langsam, mahlen aber trefflich klein, *Logau:* Sinngedichte.
Grau, teurer Freund, ist alle Theorie, *Goethe:* Faust I.
Greift nur hinein ins volle Menschenleben! *Goethe:* Faust I.
Gut gebrüllt, Löwe, *Shakespeare:* Sommernachtstraum.
Habent sua fata libelli [lat.], ‚Die Büchlein haben ihre Schicksale‘, *Terentianus Maurus:* Carmen heroicum.
Hab' Sonne im Herzen, *C. Flaischlen.*
Halb zog sie ihn, halb sank er hin und ward nicht mehr gesehn, *Goethe:* Der Fischer.
Hannibal ad portas! meist falsch zitiert: Hannibal ante portas! [lat.], ‚Hannibal an (vor) den Toren!‘ Schreckensruf der Römer, *Cicero:* Philippica und: De finibus; auch bei *Livius.*
Heiliger Bürokratius, *O. Ernst:* Flachsmann als Erzieher.
Heinrich! Mir graut's vor dir, *Goethe:* Faust I.
Herkules am Scheidewege, *Xenophon:* Denkwürdigkeiten.
Hic Rhodus, hic salta [lat.], ‚hier (ist) Rhodus, hier springe‘!, zeige hier, was du kannst, *Äsop.*
Hier bin ich Mensch, hier darf ich's sein, *Goethe:* Faust I.
Hier ist die Stelle, wo ich sterblich bin, *Schiller:* Don Carlos.
Hier steh' ich, ich kann nicht anders, Gott helfe mir! Amen!, angeblich das Schlußwort von *Luthers* Rede in Worms.
Hin ist hin! Verloren ist verloren! *Bürger:* Lenore.
Hohngelächter der Hölle, *Lessing:* Emilia Galotti.
Honni soit qui mal y pense [ɔni swa kimali'pɑ̃s, frz.], ‚Ehrlos sei, der Schlechtes dabei denkt‘, Wahlspruch des engl. Hosenbandordens.
Humor ist, wenn man trotzdem lacht. *O. J. Bierbaum.*
Ich bin allein auf weiter Flur, *Uhland.*
Ich bin ein Mann von Ruf, *Schiller:* Maria Stuart.
Ich bin ein Mensch, nichts Menschliches achte ich mir fremd, *Terenz:* Selbstquäler.
Ich denke einen langen Schlaf zu tun, *Schiller:* Wallensteins Tod.
Ich hab' getan, was ich nicht lassen konnte, *Schiller:* Wilhelm Tell.
Ich hab's gewagt, *Huttens* Wahlspruch.
Ich warne Neugierige, *T. von Jagow,* Polizeipräs. von Berlin.
Ich weiß, daß ich nichts weiß, *Sokrates.*
Ich wittre Morgenluft, *Shakespeare:* Hamlet.
Ihr naht euch wieder, schwankende Gestalten, *Goethe:* Faust I.
Im Schweiße deines Angesichts sollst du dein Brot essen, 1. Mos. 3, 19.
In fünfzig Jahren ist alles vorbei, *O. Reutter.*
In hoc signo vinces [lat.], ‚In diesem Zeichen wirst du siegen‘, Inschrift in der Kreuzerscheinung *Kaiser Konstantins I.*
In medias res [lat.], ‚Mitten in die Dinge hinein‘, *Horaz:* Kunst des Dichtens.
In Schönheit sterben, *Ibsen:* Hedda Gabler.
Irren ist menschlich, latein. Errare humanum est, *Cicero* u. a.
Ist dies schon Tollheit, hat es doch Methode, *Shakespeare:* Hamlet.
Ja ohne Zoll ein König, *Shakespeare:* König Lear.
Jenseits von Gut und Böse, Titel einer Schrift von *Nietzsche.*
Johanna geht, und nimmer kehrt sie wieder, *Schiller:* Jungfrau von Orleans.
Jugend von heute, Lustspiel von *O. Ernst.*
Kaviar für das Volk, *Shakespeare:* Hamlet.
Kein Mensch muß müssen, *Lessing:* Nathan der Weise.
Kühl bis ans Herz hinan, *Goethe:* Der Fischer.
Künftige Ereignisse werfen ihre Schatten voraus, *Th. Campbell.*
La bête humaine [la bɛt ym'ɛn, frz.], ‚Die Bestie im Menschen‘, Roman von *Zola* (Romankreis: Les Rougon-Macquart).
Landgraf werde hart, nach der Sage: Der Schmied von Ruhla; auch *Wilh. Gerhard:* Der Edelacker.
Laß die linke Hand nicht wissen, was die rechte tut, Matth. 6, 3.
Laßt wohlbeleibte Männer um mich sein, mit glatten Köpfen, und die nachts gut schlafen, *Shakespeare:* Julius Caesar.
Last, not least [- l'iːst, engl.], ‚Letzter [Letztes], nicht Geringster (Geringstes)‘, *Shakespeare:* König Lear und Julius Caesar.
Leer gebrannt ist die Stätte, *Schiller:* Lied von der Glocke.
Les extrêmes se touchent [lɛs ɛkstr'ɛm sə tuʃ, frz.], ‚Gegensätze berühren sich‘, *La Bruyère* und *Pascal.*
Long, long ago [- ɔg'ou, engl.], ‚Lang, lang ist's her‘, aus einem Lied von *T. H. Bayly.*
Man lebt nur einmal in der Welt, *Goethe:* Clavigo.
Männerstolz vor Königsthronen, *Schiller:* An die Freude.
Mann Gottes, 5. Mos. 33, 1.
Mars regiert die Stunde, *Schiller:* Die Piccolomini.
Martha, Martha, du entschwandest, *Flotow:* Martha.
Mehr Schulden als Haare auf dem Kopfe, nach Psalm 40, 13.
Meine bessere Hälfte, *Sidney:* Arcadia.
Menschliches, Allzumenschliches, Titel einer Schrift von *Nietzsche.*
Mit der Dummheit kämpfen Götter selbst vergebens, *Schiller:* Jungfrau von Orleans.
Mit einem ins Gericht gehn, nach Psalm 143, 2.

Mit seinem Pfunde wuchern, nach Luk. 19, 12-26.
Mit Worten läßt sich trefflich streiten, *Goethe:* Faust I.
Mut zeiget auch der Mameluck, *Schiller:* Der Kampf mit dem Drachen.
Nacht muß es sein, wo Friedlands Sterne strahlen, *Schiller:* Wallensteins Tod.
Nach uns die Sintflut, vgl. Après nous le déluge.
Name ist Schall und Rauch, *Goethe:* Faust I.
Navigare necesse est, vivere non est necesse [lat.], ‚Es ist notwendig, Schiffahrt zu treiben, nicht notwendig zu leben‘, Spruch am Haus der Seefahrt in Bremen, nach *Plutarch.*
Nicht für einen Wald von Affen, *Shakespeare:* Der Kaufmann von Venedig.
Niemand kann zween Herren dienen, Matth. 6, 24, ähnlich Luk. 16, 13.
Nie sollst du mich befragen, *Richard Wagner:* Lohengrin.
Noblesse oblige [nobl'ɛs ɔbl'iːʒ, frz.], ‚Adel verpflichtet‘, *Duc de Lévis:* Maximes et réflexions.
Nomina sunt odiosa [lat.], ‚Namen sind verpönt‘, nach *Cicero.*
Nun sei bedankt, mein lieber Schwan! *R. Wagner:* Lohengrin.
Nur die Lumpe sind bescheiden, *Goethe:* Rechenschaft.
Nunquam retrorsum [lat.], ‚Niemals zurück‘, Wahlspruch des Welfenhauses.
Nur über meine Leiche, *Körner:* Hedwig.
Nur wer die Sehnsucht kennt, weiß, was ich leide! *Goethe:* Wilhelm Meisters Lehrjahre.
Ohne Ansehen der Person, 1. Petr. 1, 17.
O, ich bin klug und weise und mich betrügt man nicht, *Lortzing:* Zar und Zimmermann.
O rühret, rühret nicht daran! *Geibel.*
Omnia mea mecum porto [lat.], ‚All meine Habe trage ich bei mir‘, *Claudius:* Motto des Wandsbecker Boten, nach *Cicero.*
Omnia vincit Amor [lat.], ‚Alles besiegt der Gott der Liebe‘, *Vergil.*
O tempora! o mores! [lat.], ‚O Zeiten! o Sitten!‘ *Cicero.*
Panem et circenses [lat.], ‚Brot und Spiele‘, *Juvenal:* Satiren.
Per aspera ad astra [lat.], ‚Über rauhe (Pfade) zu den Sternen‘, d. h. durch Kampf zum Sieg, nach *Hesiod.*
Perlen vor die Säue werfen, nach Matth. 7, 6.
Platz an der Sonne, *B. von Bülow.*
Politische Brunnenvergiftung, *Bismarck.*
Prophete rechts, Prophete links, das Weltkind in der Mitten, *Goethe:* Dichtung und Wahrheit.
Quidquid agis, prudenter agas et respice finem [lat.], ‚Was du auch tust, tue es klug u. bedenke das Ende‘, wohl nach Sirach 7, 40.
Quousque tandem? [lat.], ‚Wie lange noch?‘, *Cicero.*
Raum ist in der kleinsten Hütte für ein glücklich liebend Paar, *Schiller:* Der Jüngling am Bache.
Recht muß doch Recht bleiben, Psalm 94, 15; auch bei *Gellert.*
Reich mir die Hand mein Leben!, *Mozart:* Don Giovanni.
Right or wrong, my country [r'ait ɔːr'ɔŋ mai k'ʌntri; engl.], ‚Recht oder Unrecht - mein Vaterland‘, von einem amerikan. Admiral.
Rin in die Kartoffeln, raus aus die Kartoffeln, *F. Wülfing* in den Fliegenden Blättern.
Ritter ohne Furcht und Tadel, französ.: Chevalier sans peur et sans reproche [ʃəvalj'e sã p'œːr e səpr'ɔʃ], Ehrentitel mehrerer französ. Ritter, namentlich *Bayards.*
Rosen auf den Weg gestreut, *H. Hölty.*
Rotwein ist für alte Knaben eine von den besten Gaben, *W. Busch:* Abenteuer eines Junggesellen.
Sapere aude [lat.], ‚Wage es weise (verständig) zu sein‘, *Horaz.*
Sapienti sat [lat.], ‚Dem Verständigen (ist es) genug‘, *Plautus.*
Schnell fertig ist die Jugend mit dem Wort! *Schiller:* Wallensteins Tod.
Schuster bleib' bei deinen Leisten, nach Plinius d. Ä. Ausspruch des *Apelles.*
Schwachheit, dein Name ist Weib! *Shakespeare:* Hamlet.
Seine Hände in Unschuld waschen, nach Psalm 26, 6 und 73, 13 und nach Matth. 27, 24.
Sein Licht unter den Scheffel stellen, nach Matth. 5, 15 u. 16.
Sein oder Nichtsein, das ist hier die Frage, engl. To be or not to be, that is the question [tu b'i ɔː n'ɔt tu bi ðæt iz ðə kw'estʃn], *Shakespeare:* Hamlet.
Semper idem [lat.], ‚immer derselbe‘, *Cicero.*
Sesam öffne dich! Zauberformel aus dem Märchen ‚Ali Baba und die 40 Räuber‘.
Sich mit fremden Federn schmücken, *Äsop.*
Sic transit gloria mundi [lat.], ‚So vergeht die Herrlichkeit der Welt‘, Zuruf an den Papst bei der Krönung, nach 1. Joh. 2, 17.
Silberstreifen am Horizont, *Gustav Stresemann.*
Sine ira et studio [lat.], ‚ohne Zorn und Vorliebe‘, *Tacitus.*
Si tacuisses, philosophus mansisses [lat.], ‚Wenn du geschwiegen hättest, wärst du der Philosoph geblieben‘, nach *Boëthius,* wohl aus Hiob 13, 5 und Spr. Sal. 17, 28 entstanden.
So fühlt man Absicht, und man ist verstimmt, *Goethe:* Tasso.
Spät kommt ihr, doch ihr kommt, *Schiller:* Die Piccolomini.
Stolz will ich den Spanier! *Schiller:* Don Carlos.
Störe meine Kreise nicht; nach *Valerius Maximus* Archimedes, als er bei der Eroberung der Stadt Syrakus den Feind zurückwies.

Tant de bruit pour une omelette [tã də bryi pur yn ɔml'ɛt, frz.], ‚So viel Lärm um einen Eierkuchen', nach *Des Barreaux*.

Tanz ums goldne Kalb, nach 2. Mos. 32.

Tauben Ohren predigen, vielleicht nach Jes. 6, 10; Matth. 13, 13-15.

Tempi passati [ital.], ‚Vergangene Zeiten', wird auf *Kaiser Joseph II.* zurückgeführt.

Time is money [taim iz m'ʌni, engl.], ‚Zeit ist Geld', *Benjamin Franklin*, ähnlich schon bei *F. Bacon*.

Treppenwitz der Weltgeschichte, Titel eines Buchs von *L. Hertslet*; bedeutet: Widerlegung von Meinungen und Absichten durch spätere geschichtliche Entwicklungen.

Tu l'as voulu, George Dandin [ty la vul'y, ʒɔrʒ dãd'ɛ̃, frz.], ‚Du hast es gewollt, G. D.', nach *Molière*: George Dandin.

Tu, was du nicht lassen kannst! *Erasmus Alberus*, auch *Lessing*: Emilia Galotti, ähnlich *Schiller*: Wilhelm Tell.

Ubi bene ibi patria [lat.], ‚wo (es mir) gut (geht), da (ist mein) Vaterland', nach *Cicero*, früher bei *Aristophanes*.

Um ihrer schönen Augen willen, *Molière*: Die lächerlichen Preziösen.

Und bist du nicht willig, so brauch ich Gewalt, *Goethe*: Erlkönig.

Und ein Narr wartet auf Antwort, *Heinrich Heine*: Reisebilder.

Und in des Worts verwegenster Bedeutung, *Schiller*: Don Carlos.

Und wenn der ganze Schnee verbrennt! *Gerhart Hauptmann*: Die Weber.

Und wie wir's dann zuletzt so herrlich weit gebracht, *Goethe*: Faust I.

Unter Larven die einzige fühlende Brust, *Schiller*: Der Taucher.

Up ewig ungedeelt, Motto aus der schleswig-holstein. Geschichte.

Vae victis! [lat.], ‚Wehe den Besiegten!', angebl. Ausruf des Galliers *Brennus* nach der Einnahme Roms durch die Gallier.

Vanitas vanitatum, et omnia vanitas [lat.], ‚Eitelkeit der Eitelkeiten, und alles ist Eitelkeit', nach Pred. Sal. 1, 2 und 12, 8.

Vater werden ist nicht schwer, Vater sein dagegen sehr, *W. Busch*: Julchen.

Veni, vidi, vici [lat.], ‚ich kam, ich sah, ich siegte', *Caesar* nach dem Sieg bei Zela.

Verlorene Liebesmüh, Titel eines Lustspiels von *Shakespeare*.

Viel Steine gab's und wenig Brot, *Uhland*: Schwäb. Kunde.

Volkes Stimme, Gottes Stimme, nach *Hesiod* und *Seneca*; latein.: ‚Vox populi vox Dei', zuerst bei *Petrus von Blois*.

Vom sichern Port läßt sich's gemächlich raten, *Schiller*: Wilhelm Tell.

Von Zeit zu Zeit seh' ich den Alten gern, *Goethe*: Faust I.

Vor Tische las man's anders, *Schiller*: Die Piccolomini.

Was du ererbt von deinen Vätern hast, erwirb es, um es zu besitzen, *Goethe*: Faust I.

Was tun? spricht Zeus, die Welt ist weggegeben, *Schiller*: Die Teilung der Erde.

Wehe den Besiegten!, vgl. Vae victis.

Wehe, wehe, wehe, wenn ich auf das Ende sehe, *W. Busch*: Max und Moritz.

Weil, so schließt er messerscharf, nicht sein kann, was nicht sein darf, *Chr. Morgenstern*: Die unmögliche Tatsache.

Weiter hast du keine Schmerzen? *Mozart*: Don Giovanni.

Wenn dich die bösen Buben locken, so folge (ihnen) nicht, Salomon, Sprüche 1, 10.

Wenn hinten, weit in der Türkei, die Völker aufeinander schlagen, *Goethe*: Faust I.

Wenn ihr's nicht fühlt, ihr werdet's nicht erjagen, *Goethe*: Faust I.

Wenn jemand eine Reise tut, so kann er was erzählen, *M. Claudius*: Urians Reise um die Welt.

Wenn zwei dasselbe tun, so ist es nicht dasselbe, aus *Terenz*: Adelphi.

Wer Pech angreift, der besudelt sich damit, nach Sirach 13, 1.

Wer vieles bringt, wird manchem etwas bringen, *Goethe*: Faust I.

Wider den Stachel löcken, nach Apostelgesch. 9, 5 und 26, 14.

Wie kommt ein solcher Glanz in meine Hütte? *Schiller*: Jungfrau von Orleans.

Wie Sand am Meer, 1. Mos. 41, 49; Jes. 10, 22.

Wissen ist Macht, richtig: Wissenschaft ist Macht, *F. Bacon*.

Wo alles liebt, kann Karl allein nicht hassen, *Schiller*: Don Carlos.

Wohl dem, der seiner Väter gern gedenkt, *Goethe*: Iphigenie.

Wölfe im Schafspelz, nach Matth. 7, 15.

Wo man singt, da laß dich ruhig nieder, nach *Seume*.

Wo viel Licht ist, ist starker Schatten, *Goethe*: Götz von Berlichingen.

Zahn der Zeit, *Shakespeare*: Maß für Maß.

Zeit ist Geld, vgl. Time is money.

Zu seinen Vätern versammelt werden, nach Richter 2, 10.

Zwar weiß ich viel, doch möcht' ich alles wissen, *Goethe*: Faust I.

Zwei Seelen und ein Gedanke, zwei Herzen und ein Schlag, *Fr. Halm*.

Zwei Seelen wohnen, ach, in meiner Brust, *Goethe*: Faust I.

---

weißer Schmetterling. (Bild Schmetterlinge)

Zitronenholz, 1) das harte, gelbe, gut polierbare Holz des Orangen- und Zitronenbaums. **2)** das schwere, hellgelbe, zitronenduftende Holz des Balsambaums.

Zitronensäure, organ. Säure, die in vielen Früchten vorkommt; wird für die Bereitung von Getränken, Bonbons, in der Pharmazie und im Zeugdruck verwendet.

Zitr'ulle die, Wassermelone, →Melone 1).

Zittau, Stadt im Bez. Dresden, an der Görlitzer Neiße, 43 100 Ew., Mittelpunkt der Südlausitzer Textilindustrie (Leinen-, Baumwollwaren, Textilmaschinen), ferner Fahrzeug-, elektrotechnische u. a. Industrie. Erhalten sind Reste der Frauenkirche (13. Jahrh.), die Kreuzkirche (1410), Peter-Pauls-Kirche (14. Jahrh.), ehem. Marstall (1516), Dornspachhaus (1553) und ein Renaissancebau (1662; Stadtbibliothek, Museum).

Zitterfische, →elektrische Fische.

Zittergras, ein Gras (Bild Gräser) trockener Wiesen, mit lockeren Rispen länglichrunder Ährchen (**Flohgras**).

Zittern das, unwillkürliche, rasch aufeinanderfolgende Bewegungen bes. der Finger und des Kopfes; Folge von seelischen Erregungen, Schwäche, auch bei Altersschwäche, Gehirnkrankheiten.

Zitterpilze, gallertige Basidienpilze mit gelben bis grünen, klumpigen, durchscheinenden Fruchtkörpern; an Baumstämmen.

Zitwer der, **1)** Wurzelstock einer Schwesterart der Kurkume; Gewürz, in Indien angebaut. **2) Zitwerblüten,** →Santonin.

Zitze die, bei Säugetieren: Milchorgan; Ausführgang mit Mündungen der Milchdrüsen (→Brustdrüsen).

Z'iu, altgerman. Gott, →Tyr.

ziv'il [lat.], **1)** bürgerlich; privatrechtlich. **2)** billig, entgegenkommend: zivile Preise. **Zivil** das, bürgerl. Tracht, Gegensatz: Militär. **Zivil'ist** der, Bürgerlicher, Nichtsoldat. **Zivilcourage** die, Mut, die eigene Überzeugung zu vertreten.

Zivilehe, die durch →Ziviltrauung geschlossene Ehe.

ziviler Bevölkerungsschutz, der →Zivilschutz.

ziviler Ersatzdienst, →Ersatzdienst.

Zivilgericht, das zur Rechtspflege in Zivilsachen berufene Gericht.

Zivilgesetzbuch, die Zusammenfassung des bürgerl. Rechts in erschöpfenden Gesetzbüchern. In Dtl. gilt das Bürgerl. Gesetzbuch, in Österreich das Allgem. Bürgerl. Gesetzbuch, in der Schweiz das Z.

Zivilhaft, ein Mittel zur Erzwingung von Zeugenaussagen und die Offenbarungseides; ferner Zwangsmittel im Zwangsvollstreckungsverfahren gegen den Schuldner, der eine Handlung vorzunehmen hat, und im Arrestvollzug beim persönlichen Sicherheitsarrest.

Zivilisati'on [lat.], Kultur (so im westeurop. Sprachgebrauch), in Dtl. meist verfeinerte Lebensweise, Gesittung. Der Begriff der Z. und seine Abgrenzung gegenüber der Kultur sind häufig unscharf.

Zivilisationsabfälle, Abfälle aus Haushalt und Industrie, die die Umwelt verschmutzen und vergiften.

Zivilisationskrankheiten, Krankheiten, die mit fortschreitender Zivilisation immer stärker hervortreten, z. B. Zahnkaries, Parodentose, Magengeschwür, Kreislaufstörungen, Managerkrankheit. Schädigend wirken: überreiche und einseitige Ernährung, Luftverunreinigung durch Industrie und Verkehr, Lärm, seelische Überlastung u. a.

Zivilkammer, beim Landgericht gebildete Richterkollegien für Zivilsachen, bestehend aus einem Direktor (Vorsitzenden) und zwei Landgerichtsräten (Beisitzern).

Zivilliste, Krondotation, in Monarchien die dem Landesherrn verfassungsmäßig zukommende jährliche Geldrente.

Zivilmakler, ein Makler, der Nichthandelsgeschäfte vermittelt (z. B. Grundstücksmakler, Wohnungsmakler).

Zivilprozeß, das Gerichtsverfahren zur Feststellung und Durchsetzung privater Rechte. Das Z.-Recht beruht auf dem Gerichtsverfassungsges. (GVG.) v. 27. 1. 1877, das u. a. die Gerichtsbarkeit, den Aufbau und den Geschäftsgang der ordentl. Gerichte behandelt, und die Z.-Ordnung (ZPO.) v. 30. 1. 1877, die den Gang des Verfahrens einschließlich der Zwangsvollstreckung regelt. Wichtige Grundsätze des Z. sind die Mündlichkeit, Unmittelbarkeit, Öffentlichkeit des Verfahrens, die Verhandlungs- und Dispositionsmaxime (die Partei bestimmt den Tatsachenstoff und verfügt über den Klaganspruch), freie Beweiswürdigung. Der Z. beginnt mit der Klageerhebung beim zuständigen Gericht erster Instanz. Das Gericht beraumt daraufhin einen Verhandlungstermin an. Bleibt in diesem Termin eine Partei aus, so ergeht gegen sie auf Antrag des Erschienenen Versäumnisurteil (→Versäumnisverfahren). Sonst entscheidet das Gericht nach mündl. Verhandlung und nötigenfalls nach Beweiserhebung durch →Urteil.

Zivilrecht, das →Privatrecht.

Zivilsachen, die dem Zivilprozeßverfahren unterstehenden Streitigkeiten.

Zivilschutz, früher **Luftschutz,** die für den Verteidigungsfall vorgesehenen Maßnahmen zum Schutze des Lebens, des Eigentums und der Gesundheit der Zivilbevölkerung gegen Angriffe aus der Luft und zur Beseitigung der Notstände nach Luftangriffen. In der Bundesrep. Dtl. ist der Z. Aufgabe des Bundes (Bundesamt für zivilen Bevölkerungsschutz).

Zivilsenat, ein Richterkollegium für Zivilsachen, z. B. beim Oberlandes- und Bundesgerichtshof.

Zivilstand, 1) die Gesamtheit der im bürgerl. Berufsleben stehenden Personen. **2)** die Rechtsfähigkeit (status civilis) im bürgerl. Leben. Im engeren Sinn wird unter Z. oder Personenstand der Inbegriff der persönl. Verhältnisse verstanden (Geburt, Eheschließung, Tod).

Ziviltrauung, die Eheschließung vor der staatl. Behörde (→Eherecht 1).

Ziy'a Gök Alp, Sija Gök Alp, türk. Soziologe und Schriftsteller, * 1876, † 1924; wirkte als Bahnbrecher des modernen türk. Nationalgedankens im Sinne von ,Türkisierung, Islamisierung, Modernisierung'.

Žižka (Ziska) von Trocnov [ʒ'iʃka, tro:ts-], Jan (Johann), Führer der Hussiten, * um 1370, † 1424, tschech. Ritter, besiegte Kaiser Sigismund mehrfach.

ZK, Abk. für →Zentralkomitee.

Zlín [zli:n], →Gottwaldov.

Złoty [zu'ɔty], Währungseinheit in Polen, 1 Z. = 100 Groszy.

Zn, chem. Zeichen für Zink.

Zn'aim, tschech. **Znojmo,** Bezirksstadt im südl. Mähren, Tschechoslowakei, an der Thaya, 25 400 Ew.; Leder-, keram. und Nahrungsmittelindustrie; Gemüse-, Obst- und Weinbau.

Zobel [russ.] *der,* ein →Marder.

Zobeltitz, Fjodor von, Schriftsteller, * 1857, † 1934, Gründer der Gesellschaft der Bibliophilen; Gesellschaftsromane, Erzählungen. Sein Bruder, **Hanns von Z.,** * 1853, † 1918, schrieb **Unterhaltungsromane.**

Zobten, poln. **Sobótka,** Stadt und Luftkurort in Niederschlesien, (1939) 3500 Ew.; Magnesitwerk. Seit 1945 unter poln. Verwaltung.

Zöckler, Theodor, evang. Theologe, * 1867, † 1949, Judenmissionar in Galizien; förderte dort die Innere Mission und den Ausbau des evang. Schulwesens.

Zodiak'allicht, kegelförmiger Lichtstreifen, der zur Zeit der Tagundnachtgleiche im Frühling am westl. Himmel nach Sonnenuntergang, im Herbst am östl. Himmel vor Sonnenaufgang sichtbar ist. Er fällt nahezu in den Tierkreis **(Tierkreislicht)** und entsteht durch Streuung des Sonnenlichts an kosmischen Staubmassen, die die Fortsetzung der Sonnenkorona bis über die Erdbahn hinaus bilden.

Zod'iakus [grch.] *der,* der →Tierkreis.

Zofe *die,* Kammerjungfer.

Zoff, Otto, Schriftsteller, * 1890, † 1963, ging 1932 nach Italien, 1941 in die Verein. Staaten; Gedichte, Romane, Dramen (,Die Freier', nach Eichendorff, 1923; ,König Hirsch', nach Gozzi, 1956).

Zofingen, Bezirksstadt im Kt. Aargau, Schweiz, 9300 Ew.; chem., Maschinen-, Textilindustrie, graph. Gewerbe.

Zogu I. [z'ogu], früher **Achmed Z.,** König der Albaner (1928-39), * 1895, † 1961, wurde 1922 MinPräs., 1925 Staatspräs., verließ 1939 beim Einmarsch der Italiener Albanien.

Zois'it, Ca₂Al₃[O/OH/SiO₄/Si₂O₇], orthorhomb. Mineral, grauweiß, bräunlich, grünlich, in hornblendeführenden metamorphen Gesteinen, in O-Afrika stellenweise monomineralisch gesteinsbildend.

Zola [zol'a], Emile, franz. Schriftsteller, * 1840, † 1902, Hauptvertreter des franz. Naturalismus, wollte in seinen Romanen beweiskräftige Dokumente für zeitgenöss. wissenschaftl. Theorien (Vererbung, Milieu-Einfluß) liefern; Roman ,Thérèse Raquin' (1867); ,Die Rougon-Macquart', 20 Romane über die Natur- und Sozialgeschichte einer verfallenden Familie, mit ,Der Bauch von Paris' (1874), ,Nana' (1880), ,Germinal' (1885), ,Die Bestie im Menschen' (1890), ,Der Zusammenbruch' (1892) u. a. Anklageschrift ,J'accuse' (1898) gegen die Verurteilung von Dreyfus.

Zöliak'ie [grch.] *die,* **Heubner-Hertersche Krankheit,** eine langwierige Verdauungsschwäche bei Kindern auf Grund einer Allergie des Darmkanals gegenüber bestimmten Eiweißarten. Behandlung vorwiegend diätetisch (Obst, Sauermilch, Vitamine).

Zölib'at [lat.] *der, das,* Ehelosigkeit, bes. die kirchlich vorgeschriebene Ehelosigkeit der Geistlichen, in der Latein. Kirche für alle Kleriker; in den Ostkirchen nur für die Subdiakone, Priester und Bischöfe; Weltkleriker können vor Empfang des Subdiakonats heiraten. Bei den Unierten Orientalen entspricht die Regelung grundsätzlich dem morgenländischen. Die evang. Kirche hat den Z. der Geistlichen von Anfang an abgelehnt.

Zoll *der,* 1) Warenverkehrsteuer, die an der Staatsgrenze erhoben wird; sie dient der Erzielung von Staatseinnahmen **(Finanz-Z.)** oder dem Schutz einheim. Erzeugnisse **(Schutz-Z.).** Unterschieden werden: a) Einfuhr-, Ausfuhr- und Durchfuhr-Z. Heute haben nur die Einfuhr-Z. Bedeutung, an Stelle der Durchfuhr-Z. bestehen **Z.-Kontrollen** (Warenverschluß). b) nach dem Zweck: Wert-Z., spezifische Z. (Gewichts-Z., Stück-Z.). c) nach der Anwendung: Einheits-Z. und Differential-Z. (nach Art und Herkunftsland der Waren abgestuft, z. B. Präferenz-Z.). Wenden zwei Staaten gegeneinander Kampf-Z. an, so spricht man von einem **Z.-Krieg.**
2) früheres dt. Längenmaß, ¹/₁₀ oder ¹/₁₂ Fuß.

Zoll|abandonnierung, die Preisgabe der zollpflichtigen Waren zugunsten des Staates zur Vermeidung der Zollzahlung.

Zollabfertigung, die Erledigung der zolltechtl. Maßnahmen durch die Zollbehörden: Gestellung, Zollbeschau, Freischreibung zollfreier Waren, Verzollung.

Zollanschlüsse, in die Zollgrenze einbezogene Gebietsteile eines andern Staates.

Zollausschlüsse, Gebietsteile eines Staates, die außerhalb der Zollgrenze liegen, z. B. Helgoland, die Freihäfen.

Zollbauweise, eine selbsttragende Dachkonstruktion in Bogenform, bei der Lamellen aus Holz oder Stahlbeton schräg aneinandergereiht werden.

Zollbeamter, ein Finanzbeamter im Zolldienst.

Zollbehörde, die Dienststelle der Zollverwaltung, auf örtl. Ebene die Hauptzollämter und Zollfahndungsstellen.

Zollgebiet, das in der inländ. Zollverwaltung einbezogene Gebiet, abgegrenzt durch die **Zollgrenzen.** Das Z. deckt sich bis auf die Zollausschlüsse und -anschlüsse mit dem Staatsgebiet.

Zollgrenzbezirk, →Grenzbezirk.

Zollgrenzdienst, Sonderpolizei, die dem Bundesfinanzmin. untersteht; ihr obliegt bes. die Unterbindung des Schmuggels.

Zollhinterziehung, vorsätzliche Verkürzung von Zolleinnahmen.

Zollhoheit, das Recht, Zölle festzusetzen und zu erheben.

Zollikon, Gem. im Kt. Zürich, Schweiz, Vorort von Zürich, am Zürichsee, 12 100 Ew.

Zollinger, Albin, schweizer. Schriftsteller, * 1895, † 1941; Gedichte, Erzählungen.

*Emile Zola
(Gemälde von Manet; Paris, Louvre)*

Zollinhaltserklärung, die den Postsendungen im Auslandverkehr beizugebenden Urkunden als Unterlage für die zollamtliche Abfertigung.

Zollkredit, die Stundung von Zöllen.

Zollniederlage, Zollager, Lager, in denen zollbare Waren im Übergang in den freien Inlandsverkehr oder bis zur Wiederausfuhr vorübergehend unverzollt gelagert werden können. Öffentl. Zollager stehen unter Zollverschluß. Zolleigenlager können vertrauenswürdigen Gewerbetreibenden bewilligt werden. (→Freihafen)

Zollstock, zusammenlegbarer Maßstab.

Zollstrafrecht, der Teil des Steuerstrafrechts, der die Straftaten auf dem Gebiet des Zollwesens erfaßt, z. B. Zollhinterziehung und Bannbruch (→Schmuggel). Angedroht ist unbeschränkte Geldstrafe oder Geldstrafe und Freiheitsstrafe.

Zollstraße, für den zollpflichtigen Grenzübertritt zugelassene Land- oder Wasserstraße.

Zolltarif, die amtliche Zusammenstellung der zollpflichtigen Waren und der für sie geltenden Zollsätze. Meist führt der Z. auch die zollfreien Waren auf. Im autonomen Tarif (Generaltarif) sind die Zölle lediglich durch einen Gesetzgebungsakt festgesetzt. Dagegen wird der Vertrags- (Konventional-) Tarif in handelspolit. Vereinbarungen mit anderen Staaten festgelegt.

Zollunion, die Vereinigung selbständiger Staaten zu einem einheitl. Zollgebiet mit gemeinsamem Zolltarif nach außen. Z. besteht z. B. zwischen der Schweiz und Liechtenstein; innerhalb der →Europäischen Wirtschaftsgemeinschaft ist seit dem 1. 7. 1968 eine Z. verwirklicht (Ausnahme: landwirtschaftl. Erzeugnisse).

Zollverein, Deutscher Z., die wirtschaftspolit. Vereinigung der dt. Einzelstaaten im 19. Jahrh., die zugleich die polit. Einigung Dtl. unter Führung Preußens begründete (Fr. →List). Nachdem Preußen 1818 einheitl. Wirtschaftsgebiet geworden war, folgte 1828 ein Zollvertrag mit Hessen-Darmstadt (→Motz). Gleichzeitig schlossen Bayern und Württemberg einen **Süddeutschen Z.;** gleichfalls bildete sich ein **Mitteldeutscher** Handelsverein. 1833 gelang der Zusammenschluß aller drei und damit am 1. 1. 1834 die Gründung des D. Z. 1836 traten Baden, Nassau, Frankfurt a. M., 1842 Braunschweig, Luxemburg (bis 1919), 1851-54 der Steuerverein (Hannover, Braunschweig, Oldenburg) dem Z. bei. Mecklenburg und Lübeck vollzogen 1868, Bremen und Hamburg erst 1888 ihren Zollanschluß.

Zollverschluß, der amtl. Verschluß von Waren, an denen noch ein Zollanspruch haftet, der zur Durchfuhr oder bei Übergabe an eine andere Zollstelle.

Zollvertrag, zwischenstaatl. Vereinbarung über Zollfragen, meist Bestandteil der Handelsverträge.

Zöl'om [grch.] *das,* die sekundäre Leibeshöhle.

Zölost'at [lat.] *der,* ein System aus einem festen und einem um eine zum Himmelspol zeigende Achse drehbaren Spiegel, das das Licht eines mit der Himmelsbewegung wandernden Sterns immer in die gleiche Richtung wirft.

Z'omba, Hauptstadt von Malawi, 19 600 Ew.; Universität.

Zön'akel [lat.] *das,* das →Refektorium.

Zone, 1) Geologie: kleinster Teil einer Erdschichtenfolge. 2) ⊕ ein von zwei Parallelkreisen eingeschlossener Streifen der Erdoberfläche: beiderseits des Äquators bis zu den Wendekreisen die **heiße** oder **tropische Z.,** zwischen dieser und den Polarkreisen die nördl. und die südl. **gemäßigte Z.,** jenseits der Polarkreise die **kalten** oder **Polar-Z.** 3) Entfernungsstufe für die Berechnung von Fahrpreisen u. a. Gebühren. 4) △ zwischen zwei parallelen und zur Drehungsachse senkrechten Kreisen eingeschlossenes Stück der Ober-

Zoologischer Garten: links Schimpansen im Zoolog. Garten in Chester, England; rechts Grüner Leguan im Exotarium in Frankfurt a. M.

fläche eines Rotationskörpers. **5)** Gebiet mit eingeschränkter oder aufgehobener Souveränität (Besatzungszone) oder mit völkerrechtl. Sonderstatus (neutrale, entmilitarisierte Z.).

Z'onenabkommen, auf dem 1. Z. (12. 9. 1944) einigte sich die ‚Europ. Beratende Kommission' auf die Zonengrenzziehung zwischen Ost und West in Dtl. (auf der Linie Lübeck-Helmstedt-Eisenach-Hof und einen Sonderstatus für Groß-Berlin). Das 2. Z. (14. 11. 1944) sah die Einrichtung eines Alliierten Kontrollrats für Deutschland vor und legte die brit. und die amerikan. Zone fest.

Zonengrenze, die Abgrenzungen der vier Besatzungszonen der Alliierten in Deutschland nach der Kapitulation 1945. Während 1948 die Z. zuerst zwischen der amerikan. und britischen, dann auch der franzöś. Besatzungszone aufgehoben wurden, hielt die sowjet. Besatzungszone die Z. aufrecht. Seit 1952 baute die Dt. Dem. Rep. die Z. unter den Bez. ‚Staatsgrenze West' zum Sperrgebiet aus. Ein Grenzübertritt im →Interzonenverkehr ist nur an bestimmten Kontrollpunkten möglich (1971): Eisenbahn: Lübeck-Herrnburg; Wolfsburg-Oebisfelde; Büchen-Schwanheide; Vorsfelde-Oebisfelde; Helmstedt-Marienborn; Bebra-Gerstungen; Ludwigstadt-Probstzella; Hof-Gutenfürst. Straße: Lübeck/Schlutup-Selmsdorf; Lauenburg/Elbe-Horst; Helmstedt-Marienborn; Herleshausen-Wartha; Rudolphstein-Hirschberg. Binnenschiffahrt: Hohnstorf/Elbe-Boizenburg; Hohnstorf/Elbe-Dömitz; Schnackenburg/Elbe-Cumlosen/Elbe; Rühen/Mittellandkanal-Buchhorst.

Zonenplatte, Zonenlinse, Glasplatte mit konzentrischen undurchsichtigen und durchsichtigen Ringen (Zonen), die ähnlich wie opt. Linsen, jedoch nicht durch Brechung, sondern durch Beugung eine Abbildung ermöglichen.

Zonenschmelzverfahren, Verfahren zur Herstellung hochreiner Metalle und Legierungen.

Z'onguldak, Songuldak, Provinzhauptstadt und Hafen in der Türkei, am Schwarzen Meer, 72 700 Ew.; Steinkohlenbergbau.

Zons, Stadt in Nordrh.-Westf., am Niederrhein, 9400 Ew., mittelalterl. Stadtbild; Beton- und Flammrußfabriken u. a. Ind.

Zoo der, Abk. für →Zoologischer Garten.

Zoogeograph'ie, →Tiergeographie.

Zoolog'ie [grch.], die →Tierkunde. **Zool'oge,** Tierforscher.

Zoologischer Garten, Zoo, Tiergarten, der Schaustellung, Belehrung und wissenschaftl. Zwecken dienende Bauten und Freigehege **(Tierpark)** zum Halten, Pflegen, auch Züchten einheim. und ausländ. Tiere. Das **Exotarium** zeigt bes. Lebewesen aus den Tropen.

Zoomlenses [z'u:mlcnziz], Gummilinsen.

Z'oon politik'on [grch. ‚geselliges Lebewesen'] *das,* Bez. für den Menschen bei Aristoteles.

Zope *die,* Fisch, →Brachsen.

Zopf, 1) weibl. Haartracht; **2)** als männl. Haartracht in Europa im 17./18. Jahrh. **(Z.-Perücke),** in China bis 1929. **3)** Sinnbild geistloser Rückständigkeit und steifer Schulfuchserei.

Zopfstil, die Stilstufe bes. der dt. Kunst im Übergang vom Rokoko zum Klassizismus, soweit in ihr das Bürgerliche, Lehrhafte, Nüchterne der Aufklärungszeit hervortritt. Ein Hauptmeister des Z. war Chodowiecki.

Z'oppot, poln. **Sopot,** Stadt und Ostseebad an der W-Seite der Danziger Bucht, 47 300 (1941: 28 000) Ew., hatte mit seiner Waldoper, der Segelsportwoche und dem Spielkasino internat. Bedeutung. Seit 1945 unter poln. Verwaltung.

Zorn, Anders, schwed. Maler, * 1860, † 1920, schuf temperamentvoll gemalte Bilder, bes. weibl. Akte im Freien; Bildnisse, Szenen aus dem Volksleben.

Zorndorf, Gem. nördl. von Küstrin; 25. 8. 1758 Sieg Friedrichs d. Gr. über die Russen.

Zoro'aster, griech. für →Zarathustra.

Zorrilla y Moral [θɔr'iʎa i-], José, span. Schriftsteller, * 1817, † 1893, Hauptvertreter der span. Romantik; Legenden, Dramen (‚Don Juan Tenorio', 1844).

Z'oster [grch.] *der,* ⚕ die →Gürtelrose.

Zote *die,* unanständiger Witz, unsaubere Redensart, schmutzige Geschichte.

Zottenschwänze, Urinsekten mit drei langen Schwanzanhängen; so das silberschuppige **Fischchen** (Silberfischchen, Zuckergast), Hausungeziefer.

Zottenschwänze: Fischchen, 1,5 cm lang

ZPO., Abk. für Zivilprozeßordnung.

Zr, chem. Zeichen für Zirkonium.

Zr'enjanin, →Groß-Betschkerek.

Zrinyi [zr'iɲi], Miklós (Nikolaus) Graf, ungar. Heerführer, * um 1508, 1542-61 Banus von Kroatien, 1566 bei einem Ausfall aus dem von den Türken belagerten Sziget-vár gefangengenommen und enthauptet.

z. S., Abk. für zur See.

Zschokke, 1) Alexander, schweizer. Bildhauer, Urenkel von 2), * 1894, schuf, der Antike verbunden, figürl. Skulpturen (Museumsbrunnen, Basel); Bildnisse.

2) Heinrich, schweizer. Schriftsteller,

* 1771, † 1848, seit 1796 in der Schweiz Wortführer des aufkommenden Liberalismus; Räuberroman ‚Abällino' (1793), ‚Bilder aus der Schweiz' (histor. Novellen, 1825/26), geschichtl. Werke.

Zschopau, 1) die Z., Zufluß der Freiberger Mulde, 105 km lang, entspringt am Fichtelberg, mündet unterhalb Waldheim. Talsperre bei Kriebstein (11,6 Mill. m³ Stauraum) mit Kraftwerk. **2)** Stadt im Bez. Karl-Marx-Stadt, am Mittellauf der Z., 10 100 Ew., Textil-, Motorradindustrie; Schloß Wildeck.

Zschornewitz, Gem. im Bez. Halle, an der Dübener Heide, 4800 Ew.; Braunkohlenbergbau, Großkraftwerk.

Zsigm'ondy, Richard Adolf, Chemiker, * 1865, † 1929, Prof. in Göttingen, arbeitete über Kolloidchemie, entwickelte mit H. Siedentopf 1903 das Ultramikroskop. Nobelpreis für Chemie 1925.

z. T., Abk. für zum Teil.

Ztr., Abk. für Zentner.

Zu'aven, 1) Berberstamm in Algerien. **2)** französ. Eingeborenentruppe seit 1831, zunächst nur aus Z. bestehend.

Zubehör, ⚖ selbständige bewegliche Sachen, die dem wirtschaftlichen Zweck einer anderen Sache (Hauptsache) zu dienen bestimmt sind, ohne deren Bestandteil zu sein, und zu der ein entsprechenden räumlichen Verhältnis stehen (§§ 97 ff. BGB.); z. B. Inventar eines Restaurants.

Zubringer, 1) Straßen von und zu den Autobahnen. **2)** Fluglinie zu den Flughäfen des Weltverkehrs; auch der Transport Stadtagentur-Flughafen.

Zubuße, ⚒ Zuzahlung der Gewerken an die bergrechtliche Gewerkschaft bei Kapitalbedarf.

Zuc'alli, Baumeisterfamilie aus Graubünden. **Enrico,** * 1642, † 1724, vollendete die von Barelli begonnene Theatinerkirche in München, baute Schloß Nymphenburg aus, schuf die Anlage von Schloß Schleißheim, leitete den Umbau von Kloster Ettal. Sein Neffe **Gasparo,** * 1667(?), † 1717, war Hofbaumeister in Salzburg.

Z'uccari, Federigo, italien. Maler, * 1540 (?), † 1609, schuf in Anlehnung an seinen älteren Bruder **Taddeo,** * 1529, † 1566, Fresken und Altarbilder im Stil des Spätmanierismus, über den er eine Kunsttheorie veröffentlichte (1607).

Zucht *die,* **1)** strenge Erziehung, bes. zu Ordnung, Pünktlichkeit und Gehorsam. **2)** ⚥ Anstand, Sittlichkeit. **3)** das Züchten von Vieh oder Nutzpflanzen (→Züchtung, →Zuchtwahl). **4)** das Ergebnis planvollen Züchtens.

Züchterverbände, freiwillige Zusammenschlüsse von Haustier-Züchtern; ihnen obliegen u. a. Leistungsprüfungen, Tierschauen, Beratung der Züchter.

Zuchthausstrafe, früher die schwerste Strafart. Sie wurde in der Bundesrep. Dtl. durch das 1. Strafrechtsreformgesetz vom

Zucker: links Zuckerrüben; Mitte Zuckerrohr; rechts Zuckerrohrernte

25. 6. 1969 aufgehoben. An ihre Stelle ist die →Freiheitsstrafe getreten.

Züchtigung, Schmerz erregende Strafe (körperl. Z.), in früheren Zeiten sowohl im Strafrecht als auch in der Erziehung verwendet. Heute steht das **Z.-Recht** den Eltern und dem Vormund zu; die Z. durch Lehrer ist in den Ländern der Bundesrep. Dtl. verboten oder stark eingeschränkt. Der Lehrherr hat dem Lehrling gegenüber kein Z.-Recht. Übermäßige Z. ist als Körperverletzung strafbar.

Zuchtmittel, die zur Herbeiführung eines pädagogischen Erfolges angewendeten Mittel; im Jugendstrafrecht sind Z. die Verwarnung, die Auferlegung besonderer Pflichten und der Jugendarrest.

Züchtung, die Beeinflussung der tierischen und pflanzl. Fortpflanzung zur Erzielung erwünschten, wertvollen Tier- und Pflanzengutes. Die neuzeitl. Z. fußt auf der wissenschaftl. Tier- und Pflanzen-Z., bes. auf dem Wissen von Vererbung, Fortpflanzung, Mutation, Rassen.

Zuchtwahl, Auslese durch die Fortpflanzung: die **natürliche Z.** im Sinne des →Darwinismus, die **künstliche Z.** in der Pflanzen- und Tierzucht.

Zucker, in Wasser meist leicht lösl. Kohlenhydrate, genauer Hydroxyaldehyde und Hydroxyketone, d. h. Aldehyde und Ketone mehrwertiger Alkohole; wichtige organ. Aufbau- und Reservestoffe. Zu den Monosacchariden (ein-

fache Z.) gehören neben den weniger wichtigen Triosen und Tetrosen bes. die Pentosen mit 5 und die Hexosen mit 6 C-Atomen. Durch Zusammentreten mehrerer Moleküle von Monosacchariden entstehen die Oligo- und die Polysaccharide (zusammengesetzte Z.).

Pentosen kommen in Pflanzen zu **Polysacchariden** verbunden vor; zu ihnen gehören Ribose, Arabinose, Xylose. - Zu den Oligosacchariden gehören die Disaccharide, Trisaccharide und Tetrasaccharide. Die wichtigsten Disaccharide sind Saccharose oder Rohrzucker, der gewöhnl. Z. des Handels, ferner Malz-Z. (Maltose) und Milch-Z. (Lactose).

Polysaccharide, $(C_6H_{10}O_5)_n$, entstehen durch Zusammenlagerung zahlreicher Moleküle einfacher Z. unter Wasserabspaltung. Zu ihnen gehören bes. Stärke, Cellulose, Inulin, Pentosane und Glykogen, im weiteren Sinne auch Pflanzengummi, Agar-Agar und Pektine, sowie blutgruppenspezif. Substanzen, Heparin und Hyaluronsäure. Der Rohr-Z. wird technisch aus Zuckerrohr und Zuckerrüben gewonnen. Die zerkleinerten Ausgangsstoffe werden im Gegenstromverfahren mit heißem Wasser ausgelaugt, der gewonnene Z.-Saft wird mit Kalkmilch versetzt (Scheidung); dadurch werden freie Säuren gefällt und Eiweiß- und Farbstoffe niedergeschlagen. Überschüssige Kalkmilch geht als Saccharat in Lösung, das

durch Einleiten von Kohlendioxid gespalten und als Saturationsschlamm von der Lösung filtriert wird. Häufig folgt noch eine weitere Entkalkung durch Ionenaustauscher oder eine weitere Entfärbung durch Schwefeldioxid (Schwefeln). Zur Anreicherung von Z. wird das Filtrat, der Dünnsaft, bei niederer Temperatur in Vakuumapparaten eingedickt. Das erste Anreicherungsergebnis, der Dicksaft, wird darauf durch Abfiltrieren von Calciumcarbonaten verkocht, bis der Z. kristallförmig ausfällt. Nach Erkalten scheidet sich weiter Z. ab, der durch Zentrifugieren vom Sirup getrennt wird. Der braungelbe, siruphaltige Roh-Z. wird gereinigt, gewaschen, nochmals abgeschleudert, gelöst und gefiltert. Die eingedampfte Lösung ergibt **Würfel-Z., Platten-Z.** und **Raffinade** (besonders reiner Z.). **Kandis** wird durch Auflösen von reinem Z. und langsames Auskristallisieren gewonnen. Damit die

Welterzeugung 1970
(1000 t Rohzuckerwert)
aus Zuckerrohr

Land	1 000 t
Kuba	7 559
Brasilien	5 019
Indien	4 634
Australien	2 507
Mexiko	2 402
VR China	2 200
Philippinen	1 980
Südafrika	1 649
Verein. Staaten	1 088
Dominikan. Rep.	1 014
Argentinien	976
Peru	771
Indonesien	700
China (Taiwan)	688
Welt	*43 590*

aus Zuckerrüben	
Land	1 000 t
Sowjetunion	8 804
Verein. Staaten	3 185
Frankreich	3 026
Bundesrep. Dtl.	1 854
Polen	1 542
Italien	1 102
Großbritannien	925
Spanien	846
Tschechoslowakei	735
Niederlande	714
Türkei	643
Dt. Dem. Rep.	540
Rumänien	409
Belgien	230
Welt	*29 360*

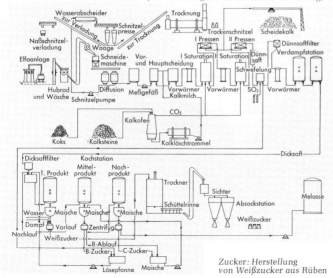

Zucker: Herstellung von Weißzucker aus Rüben

Kristalle nicht in der Lösung zu Boden sinken, werden in die Gefäße Fäden eingezogen (Fadenkandis). - Die alten Völker benutzten als Süßmittel Honig. Um 300 n. Chr. wurde die Herstellung des Rohr-Z. in Indien bekannt, 1573 entstanden die ersten Zuckerraffinerien in Deutschland (Augsburg), 1747 entdeckte der Chemiker A. S. Marggraf den Z.-Gehalt der Runkelrübe, 1801 wurde in Schlesien die erste Rübenzuckerfabrik gegründet.

Zuckergast, →Zottenschwänze.

Zuckerkrankheit, griech. **Diabetes mellitus,** eine Stoffwechselstörung, bei der bes. Aufbau und Stapelung des Glykogens (des Speicherkohlenhydrats Leberstärke) in Leber und Muskeln gestört sind. Am Aufbau des Glykogens sind bestimmte Hormone, vor allem das Insulin der Bauchspeicheldrüse, beteiligt; dieses spielt daher in der Behandlung der Z. neben der Diät eine große Rolle. Gestört ist beim Zuckerkranken (Diabetiker) ferner der Abbau der Fette, die nicht völlig verbrannt werden; aus ihrem Abbauprodukt Acetessigsäure bildet sich Aceton, es kommt zu →Acetonurie. Diese Säurevergiftung **(Azidose, Ketose)** kann eine tiefe Bewußtlosigkeit **(Koma)** verursachen und zum Tode führen. Bei der Entstehung der Z. wirken häufig Erbanlagen mit. - Krankheitszeichen: Durst, reichliche Harnabsonderung, Heißhunger, Mattigkeit, Gewichtsabnahme; Neigung zu Eiterungen im Unterhautzellgewebe (Furunkulose, Beingeschwüre) und zu Brand (Gangrän), der bes. die Zehen befällt. Das Auge ist gefährdet durch Netzhauterkrankungen und eine Form von grauem Star (,Zuckerstar'). Der Zuckergehalt des Blutes ist erhöht; im Harn wird Zucker ausgeschieden. Behandlung: In leichten Fällen kann durch entsprechende Diät die Zuckerausscheidung zum Schwinden gebracht werden. Das Einschränken der Kohlenhydrate in der Nahrung (Zucker, Mehl, Stärke) genügt indessen nicht immer; man muß zuweilen Schontage einschieben, an denen nur ungesüßter Tee oder Kaffee, Fleischbrühe oder Obstsäfte genossen werden. Das Fett in der Nahrung soll auf 60 bis 70 g täglich beschränkt werden. In schweren Fällen von Z. wird Insulin eingespritzt. Bei älteren fettleibigen Zuckerkranken können blutzuckersenkende Mittel peroral (durch den Mund) verabreicht werden.

Zuckerpalme, Fiederpalme in Ostindien und Indonesien; sie liefert Fasern und eine Art Zucker.

Zuckerrohr, schilfähnl. Sumpfgras mit knotigen Stengeln, bis 6 m hoch, bis 5 cm dick, in trop. bis suptrop. Gebieten angebaut; das Stengelmark enthält 11-16% Rohrzucker. Der Zucker aus Z. ist für Europa größtenteils durch den Zucker aus →Zuckerrüben verdrängt.

Zuckerrübe, erzüchtete weißliche, weißfleischige Runkelrübe; im Saft, der 90 bis 96% ausmacht, sind etwa 15% Rohrzucker enthalten. Gewinnung: →Zucker.

Zuckersäure, zweibasige organ. Säure, die bei der Oxydation von Traubenzucker entsteht.

Zuckersteuer, eine Verbrauchsteuer auf Zucker; in der Bundesrep. Dtl. beträgt der Steuersatz 6 DM je 100 kg bei Rübenzucker. Das Aufkommen aus der Z. betrug (1970) 125 Mill. DM.

Zuckmayer, Carl, Schriftsteller, * 1896, 1938-46 in der Emigration. Z. verbindet Sinnenfreude, Humor und sozialkrit. Realistik. Lyrik, Schauspiele: ‚Der fröhliche Weinberg' (1925), ‚Schinderhannes' (1927), ‚Katharina Knie' (1929), ‚Der Hauptmann von Köpenick' (1931), ‚Des Teufels General' (1946), ‚Barbara Blomberg' (1948), ‚Der Gesang im Feuerofen' (1950), ‚Das kalte Licht' (1955), ‚Die Uhr schlägt eins' (1961). Erzählungen: ‚Der Seelenbräu' (1945); ‚Die Fastnachtsbeichte' (1959), ‚Als wär's ein Stück von mir' (1966). (Bild S. 1409)

Zufall, was sich außerhalb der Gesetz-

lichkeit ereignet; ♂♀ die weder auf Vorsatz noch auf Fahrlässigkeit einer Person beruhende Ursache von Ereignissen. In Ausnahmefällen wird bei Z. die Haftung nicht ausgeschlossen, z. B. haftet der Schuldner im Verzug; bei höherer Gewalt besteht Haftungsausschluß.

Zug, 1) ⚙ die Beanspruchung eines Körpers durch zwei auseinanderstrebende, entgegengesetzt wirkende Kräfte. **2)** bei Feuerwaffen spiralförmige Vertiefung im Rohr oder Lauf; bewirken den Drall des Geschosses. **3)** Feuerungsanlagen die durch die entweichenden Gase entsteht und die für die Verbrennung nötige Luft heranführt. **4)** ⚔ Untergliederung der Kompanie.

Zug, 1) Kanton der Schweiz, 239 km², 68 000 Ew. (deutschsprachig, meist kath.) zwischen Vierwaldstätter- und Zürichsee. Der SO des Kantons gehört den Voralpen, der Rest dem schweizer. Mittelland an. Haupterwerbsquellen: Landwirtschaft, bes. Obstbau und Viehzucht; Textil-, Papier-, Metallwaren-, elektrotechn. u. a. Ind. - Zug kam 1273 unter habsburg. Herrschaft und wurde 1352 in die schweizerische Eidgenossenschaft aufgenommen. 2) die Hauptstadt von 1), 23 000 Ew., am Zuger See, mittelalterl. Stadtbild (Rathaus, 1505; St.-Oswald-Kirche 1478-1558); Herstellung elektr. Zählapparate; Metallwaren, Webwaren, Kirschwasser.

Zugabe, bei Käufen die kostenfreie Mitlieferung von Gebrauchsgegenständen **(Geschenkwerbung).** Durch VO. v. 9. 3. 1932 i. d. F. v. 20. 8. 1953 wurde die unentgeltliche Z. verboten. Eine Ausnahme bilden geringwertige Reklamegegenstände.

Zugbeeinflussung, Maßnahmen, die den fahrenden Zug automatisch zum Halten bringen. Sie werden vom Zug selbst ausgelöst, wenn die Signale nicht beachtet werden. Bei der meist angewendeten **induktiven Z.** für schnellfahrende Bahnen wird durch die Wechselwirkung zwischen einem Magneten (am Lokomotivrahmen) und einem Schwingungskreis (an den Gleisen) über ein Relais die Bremse betätigt. Die mechan. Z. durch die →Fahrsperre ist für dichte Zugfolge geeignet.

Zügel, Heinrich von, * 1850, † 1941, malte meist Landschaften mit Tieren, bes. mit weidenden Schafen.

Zuger See, See in der Schweiz, am Nordrand der Alpen, 413 m ü. M., 38,5 km² groß, bis 198 m tief, von der Lorze durchflossen.

zugesicherte Eigenschaften, ♂♀ Eigenschaften einer Sache (z. B. Kauf- oder Mietsache), die vertraglich zugesichert wurden. Fehlen sie, tritt Mängelhaftung ein.

Zugewanderte, Deutsche, die nach Kriegsende (1945) aus der heutigen Dt. Dem. Rep. in die Bundesrep. Dtl. zuwanderten (Volkszählung 1961: 3,1 Mill.), ohne Vertriebene mit Zwischenaufenthalt in der Dt. Dem. Rep. (2,8 Mill.).

Zugewandter Ort, in der schweizer. Eidgenossenschaft bis 1798 ein Gebiet, das mit den 13 alten Orten (Kantonen) politisch nur locker verbunden war.

Zugewinngemeinschaft, im →ehelichen Güterrecht der gesetzl. Güterstand ab 1. 7. 1958: Für das in die Ehe eingebrachte Gut gilt der Grundsatz der Gütertrennung, während der Ehe erworbene Gegenstände bleiben ein Eigentum des Erwerbenden, jedoch hat jeder Ehegatte bei Aufhebung der Z. einen Anspruch auf Teilung des Zugewinns zu gleichen Teilen.

Zugführer, 1) ein Beamter im Zugbegleitdienst; im Personenverkehr kenntlich durch roten Schulterriemen. Dem Z. obliegt die Aufsicht über den gesamten Dienst am Zuge und die Befolgung der Signale. **2)** ⚔ der Führer eines Zuges, meist ein Leutnant oder Feldwebel.

Zugfunk, Zugtelephonie, ein dem Landstraßenfunk entsprechender drahtloser Fernsprechdienst zwischen fahrenden Zügen und dem öffentl. Fernsprechnetz.

Zugmaschine, →Schlepper 1)

Zugmittelgetriebe, ⚙ ein Getriebe, in dem nur auf Zug beanspruchtes Glied (Kette, Riemen, Seil) die Kraft oder Bewegung überträgt.

Zugnetz, Zuggarn, Netzgerät der Fischerei, wird zum Fangen durch das Wasser gezogen.

Zugpflaster, ♃ Pflaster mit Zusatz von Hautreizmitteln, als ableitendes Mittel.

Zugriffszeit, bei digitalen Rechenanlagen die Zeit zwischen Anruf einer Speicherzelle und Verfügbarkeit ihres Inhalts.

Zugsführer, Dienstgrad im österreichischen Heer.

Zugspitze, höchster Gipfel der dt. Alpen, im Wettersteingebirge, Bayer. Alpen, 2963 m hoch, mit 2000 m hohem Steilabfall zum Eibsee; Observatorium. Zugspitzbahn von Garmisch zum Sattel zwischen den beiden Spitzen (Schneefernerhaus) und weiter zum W-Gipfel; Seilbahn vom Eibsee und von Ehrwald (Tirol) zum Sattel.

Zug um Zug, ♂♀ bei gegenseitigen Verträgen sind die Leistungen der Vertragsparteien in der Regel Z. u. Z. zu bewirken (§ 320 BGB.), z. B. beim Barkauf die Zahlung des Preises gegen Hingabe der Ware.

Zugverband, Streckverband, Extensionsverband, Verband bes. zur Behandlung von Knochenbrüchen, bei dem z. B. durch Zugeinwirkung die Knochenenden auseinande, gezogen werden, damit das Zusammenheilen ohne Verkürzung erfolgt.

Zugversuch, wichtigstes Verfahren zur Prüfung von Werkstoffen auf Zugfestigkeit: Elastische und bleibende Verformungen bis zum Bruch werden in Abhängigkeit von der angreifenden Kraft gemessen.

Zugvögel, →Vogelzug.

Zuhälter, ein Mann, der von einer gewerbsmäßig Unzucht treibenden Frau unter Ausbeutung ihres Erwerbs lebt oder ihr gewohnheitsmäßig oder aus Eigennutz bei ihrem Gewerbe Schutz gewährt oder sonstige Vorteile bietet. Strafe für **Zuhälterei:** Freiheitsstrafe bis zu fünf Jahren, bei mildernden Umständen nicht unter 3 Monaten (§ 181 a StGB.).

Zuidersee [z'œy-], ehem. große Nordseebucht in den Niederlanden, bildet jetzt das →Ijsselmeer.

Zuidholland [z'œyt-], →Südholland.

Zukunft, latein. **Futurum,** zur Zeitwortform zur Bezeichnung eines zukünftigen Vorgangs.

Zuladung, englisch **deadweight,** zum Eigengewicht von Schiff und Antriebsanlage als Nutzlast kommendes Gewicht (Fracht, Betriebs-, Verbrauchsstoffe, Proviant, Besatzung).

Zulassung, ein (im allgemeinen) formloser Verwaltungsakt, bes. auf Gewährung der Benutzung öffentlicher Anstalten oder Sachen im Gemeingebrauch. Die Z. von Personen und Fahrzeugen zum Straßenverkehr ist in der Straßenverkehrs-Zulassungs-Ordnung geregelt. Über die Z. zur selbständigen Ausübung eines Gewerbes →Konzession 2).

Züllichau, poln. **Sulechów,** Stadt in Brandenburg, 16 000 (1939: 9900) Ew., hatte Tuchfabriken, Landhandel. Seit 1945 unter poln. Verwaltung.

Zulliger, Hans, schweizer. Pädagoge und Tiefenpsychologe, * 1893, † 1965, Schöpfer des Z.-Tests, eine Weiterentwicklung des →Rorschach-Tests (1951).

Zuloʻaga [θ-], Ignacio, span. Maler, * 1870, † 1945; malte temperamentvolle Bilder aus dem span. Volksleben, Damenbildnisse u. a., im dekorativen Geschmack des Jugendstils.

Zülpich, Stadt in Nordrh.-Westf., an den nördl. Ausläufern der Eifel, 12 500 Ew.; Braunkohlenbergbau, Papier-, Steinzeug-, Maschinen- u. a. Industrie.

Zulu, Bantuvölker aus der Gruppe der →Nguni in Natal, Rep. Südafrika, Viehzüchter und Getreide-Hackbauern, (1970) 3,97 Mill. Menschen.

Zululand, Bantustan der Zulu im NO der

Zululand: Landschaft in den Drakensbergen

Prov. Natal, Rep. Südafrika, 26 871 km², 2,098 Mill. Ew., Hauptort: Eshowe. Die krieger. Zulu wurden 1838 von den Buren besiegt, 1879 von den Engländern unterworfen. 1887 wurde Z. brit. Kolonie, 1897 Natal angegliedert.

Zumsteeg, Johann Rudolf, Komponist, * 1760, † 1802, schrieb Opern und Singspiele, Lieder und Balladen (‚Leonore‘, ‚Ritter Toggenburg‘), die anregend auf Schubert wirkten.

Zündblättchen, Doppelblättchen aus Papier mit kleinen Mengen Kaliumchlorat und rotem Phosphor als Knallmunition.

Zunder der, **1)** leicht brennbare, filzartige Masse, der getrocknete Fruchtkörper des Feuerschwamms. **2)** die meist lockere Eisenoxidschicht auf Stahl und Gußeisen, die sich bei Erhitzung bildet.

Zünder der, Vorrichtung zur Einleitung der Zündung von Explosivstoffen. **Mechan. Z.** sind meist Schlagbolzen, **chem. Z.** wirken durch Zersetzung und Zerbrechen säurehaltiger Ampullen, **elektr. Z.** durch einen von einer **Zündmaschine** erzeugten Stromstoß. **Aufschlag-Z.** zünden beim Auftreffen, **Zeit-Z.** nach einer bestimmten Zeit, **Doppel-Z.** sind auf beides einstellbar.

Zündholz, Holzstäbchen, selten Pappe oder mit Wachs getränkte Papierstäbchen, mit einer Zündmasse an der Kuppe, die sich beim Reiben an einer besonders präparierten Fläche entzündet **(Streichholz).** Die Zündmasse besteht bei **Sicherheits-Z.** aus Schwefel, einem Sauerstoffträger (Kaliumchlorat), Bindemittel und die Reibung erhöhendem Zinnstein (Glaspulver), die Reibflächenmasse aus rotem Phosphor, Glaspulver, Bindemittel u. a. Die Flammentemperatur beträgt 1300 bis 1900° C. Die an jeder Reibfläche zündenden **Überallzünder** enthalten in der Zündmasse roten Phosphor. **Z.** werden in großen Mengen maschinell hergestellt und verpackt. Eine Komplettmaschine liefert bis 10 Mill. Z. täglich.

Zündhütchen, Metallkapsel mit Zündsätzen, die als Hauptbestandteil Bleitrinitroresorcinat enthalten.

Zündkerze, eine isolierte Elektrode (Mittelelektrode) in Ottomotoren: Durch einen zur Metallmasse des Motors (Masseelektrode) überspringenden Funken wird das im Zylinder verdichtete Kraftstoff-Luft-Gemisch gezündet.

Zündnadelgewehr, von J. N. Dreyse 1838

erfundener Hinterlader, der Vorbild aller späteren Konstruktionen wurde.

Zünd|öl, ein leicht zündender Kraftstoff, der schwer zündenden Kraftstoffen zur Erleichterung der Zündung beigemischt oder beigespritzt wird.

Zündpatrone, zum Anlassen von kleinen Dieselmotoren ein präparierter Papierstreifen, der den Brennstoff auch dann entzündet, wenn im Zylinder die Zündtemperatur noch nicht erreicht wird.

Zündschnur, Mittel zur Zündung von Sprengkapseln. **Schwarzpulverschnüre** werden durch Umspinnen und Teeren eines Schwarzpulverstranges hergestellt; detonierende **Sprengschnüre** für sehr hohe Zündgeschwindigkeiten bestehen aus umsponnenem und mit Kunstharz ummanteltem Nitropentaerythrit.

Zündsicherung, eine →Gassicherung.

Zündstoffe, →Explosivstoffe.

Zündung, bei Verbrennungsmotoren sowohl die Entzündung des Kraftstoff-Luft-Gemisches als auch die Zündanlage der Ottomotoren (→Dieselmotor, →Ottomotor, →Zündkerze, →Magnetzünder).

Zündwarenmonopol, in Dtl. durch Ges. v. 29. 1. 1930 geschaffenes Monopol, durch das Weiterveräußerung, Ein- und Ausfuhr von Zündwaren der Dt. Zündwaren-Monopolgesellschaft übertragen wurde.

Zündwarensteuer, Verbrauchsteuer, die der Bund nach Maßgabe des G. v. 9. 6. 1961 auf Zündwaren erhebt (in Dtl. eingeführt seit 1909). Die Z. beträgt 1 Pfennig für 100 Stück Zündwaren.

Zündwilligkeit, notwendige Eigenschaft der Zündkraftstoffe: unmittelbar nach Einspritzen in die Luftladung des Zylinders muß die Verbrennung einsetzen.

Zunft, fachgenossenschaftl. Vereinigung von Handwerkern, in der Regel mit Zwangsmitgliedschaft **(Z.-Zwang).** - Die Zünfte entstanden in Dtl. im 11./12. Jahrh. Die ursprünglich hörigen Handwerker

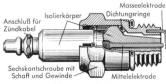

Zündkerze (Teilschnitt)

der Großgrundherrschaften wurden in den Städten selbständige, in Z. sich zusammenschließende Gewerbetreibende. Gegen den Widerstand der Patrizier errangen sie in langen Kämpfen Anteil an der Stadtherrschaft. Auch Bürger ohne Handwerk (Künstler, Gelehrte u. a.) mußten sich in Z. anschließen. Das Z.-Recht war niedergelegt in den **Z.-Rollen (Z.-Büchern).** Mit der Zeit bildeten sich besondere **Z.-Bräuche** heraus. Nach dem Dreißigjährigen Krieg wurde die innere Auflösung des Z.-Wesens deutlich; allmählich fielen mit der Einführung der Gewerbefreiheit in ganz Europa die Z.-Schranken, zunächst in England (18. Jahrh.), dann in Frankreich, in Preußen 1810, in den Staaten des Norddeutschen Bundes 1868.

Zunge, 1) beim Menschen und den meisten Wirbeltieren: schleimhautüberzogenes Muskelorgan, das vom Boden der Mundhöhle, meist sehr beweglich, vorragt; an seinem hinteren Ende (Z.-Wurzel) liegen die lymphknotenhaltigen **Z.-Bälge (Balgdrüsen).** Der **Z.-Rücken** ist dem Gaumen zugekehrt; seine Schleimhaut enthält **Z.-Wärzchen** mit Geschmacksknospen (→Geschmack). Bei vielen Krankheiten ist das Aussehen der Z. verändert, z. B. **belegte Z.** bei Verdauungsstörungen. **2)** ♪ bei Blasinstrumenten biegsames Plättchen aus Holz oder Metall, das, durch Anblasen in Schwingung versetzt, den Ton erzeugt; es gibt aufschlagende und durchschlagende (frei schwebende) Zungen.

Zungenbein, Knochen zwischen Unterkiefer und Kehlkopf.

Zungenreden, die →Glossolalie.

Zünsler der, mottenähnliche Kleinschmetterlinge, z. B. →Bienenmotte.

Zuoz, Zuz, Dorf im Kanton Graubünden, Schweiz, im Oberengadin, 1200 Ew., 1712 m ü. M., Wintersportplatz.

Zupf|instrumente, Saiteninstrumente, die durch Zupfen der Saiten mit den Fingern oder dem →Plektron gespielt werden, z. B. Harfe, Mandoline (hierzu Bilder), Laute, Gitarre, Zither, Lyra, Psalterium u. a.

Zurbarán [θurbar'an], Francisco de, span. Maler, * 1598, † 1664, Hofmaler Philipps IV.; seine Altarwerke und Bilder verkörpern streng und wirklichkeitsnah das asketische Ideal der span. Frömmigkeit (Bilderfolge aus dem Leben des hl. Bonaventura: Paris, Dresden u. a.). Z. malte auch schlichte Stilleben.

Zurechnungsfähigkeit, 1) im Strafrecht die Fähigkeit, das Unerlaubte einer Tat einzusehen und nach dieser Einsicht zu handeln (Schuldfähigkeit, Verantwortlichkeit); ihr Fehlen schließt die Schuld und damit eine Bestrafung aus. **Zurechnungsunfähig** sind Personen, deren Bewußtsein zur Zeit der Tat gestört war (z. B. Hypnose, Dämmerzustand, Volltrunkenheit) oder die geisteskrank oder geistesschwach sind (§ 51 Abs. 1 StGB.). Auch Kinder bis zu 14 Jahren und bestimmte Jugendliche bis zu 18 Jahren sind strafrechtl. nicht verantwortlich (§§ 1, 3 Jugendgerichtsges.). Erheblich verminderte Z. kann die Strafe mildern (§ 51 Abs. 2 StGB.). Bei **fehlender** oder **verminderter Z.** wird die Unterbringung in eine Heil- oder Pflegeanstalt angeordnet, wenn die öffentl. Sicherheit es erfordert (§ 42 b StGB.). **2)** im Zivilrecht die Verantwortlichkeit einer Person für ihre Handlungen; wird in vollem Umfange vom Gesetz vom Erwachsenen (Volljährigen) angenommen, dagegen nicht oder nur beschränkt bei Minderjährigen und geistig erkrankten oder gestörten Personen (§§ 827, 828 BGB.).

Zurechnungszeit, in der sozialen Rentenversicherung die Zeit zwischen dem Eintritt des Versicherungsfalls und der Vollendung des 55. Lebensjahres.

Zürgelbaum, Gatt. der Fam. Ulmengewächse der Mittelmeerländer, weiter nördlich als Parkbaum; gibt Holz für Bildhauerarbeiten, Flöten, Peitschen, Stöcke.

Zürich: links Universität; rechts Blick über die Limmat zum Großmünster

Zürich, 1) Kanton der Schweiz, 1729 km², 1,108 Mill. Ew. Hauptstadt: Z. Der Kanton hat Anteil am größten Teil des Zürichsees und reicht nach N bis zum Rhein. Haupterwerbszweige: Maschinen-, Metallwaren-, Baumwoll- und Seidenindustrie. **2)** Hauptstadt von 1), die größte Stadt der Schweiz, am Ausfluß der Limmat aus dem Zürichsee, 422 600, als Groß-Z. mehr als ¹/₂ Mill. Ew. Z. ist reich an alten Kirchen (z. B. links der Limmat das romanisch-got. Fraumünster, rechts des Flusses das vorwiegend roman. Großmünster, in dem Zwingli predigte, die got. Wasserkirche und die got. Predigerkirche) und an Zunfthäusern des 17. und 18. Jahrh. Viele Bildungseinrichtungen: Universität, Eidgenössische Techn. Hochschule, Konservatorium und Musikhochschule, Zentralbibliothek, mehrere Museen und wissenschaftl. Gesellschaften, Zoolog. und Botan. Garten. Z. ist der bedeutendste Bank-, Versicherungs- und Handelsplatz der Schweiz und hat Metall-, Maschinen-, Textilindustrie, graph. Gewerbe und starken Fremdenverkehr; Flughafen in Z.-Kloten. - Z., das auf dem Boden des keltisch-röm. Turicum steht, wurde 1218 Reichsstadt. 1351 schloß es sich zum Schutz gegen die Habsburger der schweizer. Eidgenossenschaft an; es gewann die Herrschaft über ein größeres Landgebiet (Grafschaft Kyburg 1452; Winterthur 1467) und war neben Bern der führende eidgenöss. Städtekanton. Die schweizer. Reformation ging 1519 von Z. aus (Zwingli). In der städt. Verfassung siegte 1830 die demokrat. Richtung, die auch die Vorrechte der Hauptstadt im Kanton beseitigte.

Züricher Friede vom 10. 11. 1859, bestätigte den Vorfrieden von →Villafranca.

Zürichsee, See in der nördl. Schweiz, 406 m ü. M., rd. 40 km lang, 88,5 km² groß, bis 4 km breit, bis 143 m tief, durch den Linthkanal mit dem Walensee verbunden. Seine Ufer sind fruchtbar und dicht besiedelt. Im See die Insel Ufenau.

Zürn, Jörg, Bildschnitzer, * um 1583, † vor 1635, schuf den Hochaltar im Münster zu Überlingen, dessen bühnenartig gestaltete Mittelszene die Anbetung der Hirten volkstümlich schildert (1613-18). Andere Bildhauer der Familie arbeiteten im bayerisch-österreichischen Innviertel sowie in Olmütz.

Zurückbehaltungsrecht, Retentionsrecht, ⚖ das Recht des Schuldners, die geschuldete Leistung zu verweigern, bis sein aus demselben rechtl. Verhältnis erwachsener fälliger Gegenanspruch vom Gläubiger erfüllt ist (§§ 273 BGB., 369 ff. HGB.).

Zurückverweisung, ⚖ die Verweisung einer Prozeßsache vom Rechtsmittelgericht an das Untergericht zur erneuten Verhandlung und Entscheidung.

Zurzach, Bezirks- und Kurort im Kt. Aargau, Schweiz, 3100 Ew., röm. Rheinbrücke; Soda-, Schuh-, Textil- und Möbelfabrik.

Zusammenlegung, 1) Aktienrecht: die Vereinigung mehrerer Aktien zu einer einzigen zum Zwecke der Kapitalherabsetzung. **2)** →Flurbereinigung.

zusammenziehende Mittel, adstringierende Mittel, Adstringentia, Mittel, die eine oberflächliche Verdichtung der Gewebe erzeugen und deren Absonderungen vermindern; sie bilden unlösl. Eiweißverbindungen und wirken daher blutstillend, z. B. Gerbsäure, essigsaure Tonerde, Ratanhiawurzel, Tannalbin, Alaun, Blei-, Zink-, Silber-, Wismut- und Kupferverbindungen (→entzündungshemmende Mittel); in geringer Konzentration auch in der Kosmetik verwendet.

Zusatzpatent, die patentrechtlich geschützte Verbesserung oder Weiterbildung eines bestehenden Patents.

Zusatzversicherung, 1) Krankenversicherung: freiwillige zusätzl. Versicherung zu einer Pflicht- oder freiwilligen Hauptversicherung. **2)** Rentenversicherung: zusätzl. pflichtgemäße Versicherung bes. von versicherungspflichtigen Angestellten und Arbeitern des öffentl. Dienstes bei einer Versorgungsanstalt; auch Höherversicherung.

Zuschlag, 1) die Erteilung eines Lieferungsauftrags. **2)** § die Annahme des Höchstgebots bei Versteigerungen. Bei freiwilligen Versteigerungen kommt der Vertrag erst durch Z. zustande (§ 156 BGB.). Bei der →Zwangsversteigerung von Grundstücken wird Z. durch Beschluß des Vollstreckungsgerichtes erteilt (§§ 79 ff. ZwangsverstGes.). **3)** 🖂 die Erhöhung des Fahrpreises für schnellfahrende Züge beträgt für D-Züge 2 DM (Nachlösen 3 DM) für eine Entfernung bis 50 km und mit Streckenzeitkarten, für Intercity-Züge (IC) und Trans-Europ-Express-Züge (TEE) 8 DM für alle Entfernungen (1972). **4)** Zusatzstoff bei der Metallverhüttung (Kalk, Sand, Flußspat). **5)** bei der Herstellung von Mörtel und Beton dem Bindemittel zugegebener Stoff (Kies, Sand, Stroh).

Zuschneider(in), meist gelernter Schneider, der Schnitte herstellt und Kleidungsstücke zuschneidet.

Zuschreibung, Betriebswirtschaft: die Erhöhung des Buchwertes eines Gegenstands des Anlagevermögens.

Zustand, ⊠ die zusammengehörigen Orts- und Impulskoordinaten eines physikal. Systems, beschrieben durch die Zustandsgleichung.

Zuständigkeit, Kompetenz, der einem Verfassungsorgan, einer Verwaltungsbehörde oder einem Gericht zustehende Geschäftsbereich. Im Gerichtsverfahren ist die sachl. Z. von der örtl. Z., dem →Gerichtsstand, zu unterscheiden. Gegensatz: Unzuständigkeit.

Zustands|änderung, der Übergang eines Stoffes aus einem Aggregatzustand (fest, flüssig, gasförmig) in einen anderen, wobei Wärme verbraucht oder frei gemacht wird.

Zustandsgrößen der Sterne sind diejenigen Eigenschaften, die einen Stern als physikal. Körper beschreiben, wie Masse, Radius, Dichte, Temperatur, Leuchtkraft, Rotation, Schwerebeschleunigung und magnetischer Zustand.

Zustellung, 1) ⚖ die beurkundete Übergabe eines Schriftstücks in gesetzlich vorgeschriebener Form. Sie hat den Zweck, den Nachweis der Zeit und Art der Übergabe zu sichern. Zugestellt wird im allgem. durch Gerichtsvollzieher oder Postbeamte. Wird der Z.-Empfänger nicht angetroffen, so ist Ersatz-Z. an erwachsene Hausgenossen usw. zulässig; ist der Aufenthalt des Z.-Empfängers unbekannt, so kann die Z. durch öffentl. Bekanntmachung erfolgen (öffentliche Z.). **2)** die Aushändigung von Postsendungen an den Empfänger. Für die Z. von Postpaketen, Postgütern, Zeitungen, Eilsendungen wird **Zustellgebühr** erhoben. **3)** das Auskleiden von Hochöfen, Konvertern, metallurg. Öfen mit feuerfestem Material; auch das feuerfeste Mauerwerk selbst.

Zustimmung, ⚖ →Einwilligung.

Zutphen [zytfən], Stadt in der Prov. Gelderland, Niederlande, 27 500 Ew., viele alte Bauten, darunter die Walpurgiskirche und die Fleischhalle (beide 15. Jahrh.).

Zuwendung, unentgeltliche Z., die →Schenkung.

Zuzahlung, Gesellschaftsrecht: eine Einzahlung über die Stammeinlage hinaus.

Zwang, 1) ⚖ →Drohung, →Sanktion. **2)** § seel. Vorgänge, die sich zwingend aufdrängen und trotz Einsicht in ihre Unsinnigkeit nicht unterdrückt werden können. Z. ist meist mit Angst verbunden. Bei Z.-Neurose (Z.-Krankheit) beherrschen die Z.-Erlebnisse den Menschen.

Zwangs|abtretung, eine Form der Enteignung.

Zwangs|anleihe, eine Anleihe, die aufgrund staatlicher Anordnung von einem bestimmten Kreis der Steuerpflichtigen übernommen werden muß.

Zwangs|arbeit, eine schwere Freiheitsstrafe (z. B. in Großbritannien); in totalitären Staaten ein polit. Machtmittel, bes. in der Sowjetunion; in der Bundesrep. Dtl. ist nach Art. 12 GG. Z. nur bei einer gerichtlich angeordneten Freiheitsentziehung zulässig; künftig Entgelt vorgesehen.

Zwangsbeitreibung, die →Zwangsvollstreckung.

Zwangs|einziehung, Zwangs|amortisation, die Vernichtung der Mitgliedschaft eines Gesellschafters bei der AG. oder GmbH. ohne dessen Willen.

Zwangs|etatisierung, die zwangsweise Einsetzung von Ausgaben in den Haushaltsplan einer öffentlich-rechtl. Körperschaft durch die Aufsichtsbehörde, wenn zu der Leistung eine rechtl. Verpflichtung besteht.

Zwangsgeld, ein Zwangsmittel zur Durchführung behördl. Anordnungen.

Zwangshaft, Beugehaft, Straf- und Zivilprozeß: eine Haftstrafe zur Erzwingung einer Handlung oder Unterlassung (z. B. einer Zeugenaussage).

Zwangshypothek, eine auf gerichtl. Verfügung eingetragene Hypothek zur Sicherung von Forderungen.

Zwangsjacke, eine früher bei Tobsüchtigen angewendete Jacke aus Segeltuch mit Ärmeln ohne Öffnung, die auf dem Rücken zusammengebunden wurden; übertragen: Sinnbild der Unterdrückung.

Zwangskräfte, Führungskräfte, Kräfte, die die Bewegung eines Massenpunkts oder Körpers auf eine bestimmte Bahn (Führungsschienen, Lager) beschränken.

Zwangskurs, die obrigkeitl. Verordnung, wonach Papiergeld, Banknoten (auch Metallgeld) von jedem Staatsbürger zu einem bestimmten Nennwert in Zahlung genommen werden müssen; im internat. Zahlungsverkehr das vom Staat festgesetzte Austauschverhältnis der Währung.

Zwangslizenz, die Erteilung der Befugnis zur Benutzung einer Erfindung durch das Patentamt, wenn sich der Patentinhaber weigert, die Benutzung zu gestatten; Voraussetzung ist u. a. ein öffentl. Interesse an der Erlaubnis und eine angemessene Vergütung.

Zwangsneurose, →Zwang 2).

Zwangssparen, der unfreiwillige Konsumverzicht.

Zwangsvergleich, Akkord, ein im Konkurs- oder Vergleichsverfahren auf Vorschlag des Gemeinschuldners oder Vergleichsschuldners von der Mehrheit der nicht bevorrechteten Gläubiger mit dem Schuldner abgeschlossener Vergleich, dem nach gerichtl. Bestätigung auch die übrigen, nicht berechtigten Gläubiger unterworfen sind.

Zwangsversteigerung, Subhastation, öffentl. Versteigerung gepfändeter Sachen zur Durchführung der Zwangsvollstreckung. Im engeren Sinn eine der Möglichkeiten der Zwangsvollstreckung in unbewegliches Vermögen des Schuldners; neben den allgemeinen Bestimmungen für Zwangsvollstreckung gelten die Vorschriften des ZVG. v. 24. 3. 1897 (mehrfach geändert). Die Z. dient zuerst zur Auflösung einer Gemeinschaft (z. B. Erbengemeinschaft) an Grundstücken bis Uneinigkeit über Auseinandersetzung (§§ 180 ff. ZVG.).

Zwangsverwaltung, Sequestration, eine Form der Zwangsvollstreckung in ein Grundstück; sie läßt im Unterschied zur Zwangsversteigerung das Eigentum an dem Grundstück unberührt und entzieht dem Schuldner nur die Verwaltung und Benutzung, die einem **Zwangsverwalter** (Sequester) übertragen werden. Die Gläubiger werden nur aus den Grundstückserträgen befriedigt.

Zwangsvollstreckung, Zwangsbeitreibung, Exekution, die Verwirklichung privatrechtl. Ansprüche auf Antrag des Gläubigers durch staatl. Zwangsmaßnahmen in das Vermögen des Schuldners (§§ 704 bis 945 ZPO.). Voraussetzungen der Z. sind das Vorliegen eines →Vollstreckungstitels und einer →Vollstreckungsklausel sowie die Zustellung des Vollstreckungstitels. Auf Antrag des Schuldners kann das Gericht die vorläufige Vollstreckbarkeit von einer Sicherheitsleistung des Gläubigers abhängig machen. - Die Z. in das bewegl. Vermögen erfolgt so körperl. Sachen auf Grund einer Pfändung durch den Gerichtsvollzieher oder durch öffentl. Versteigerung; bei Forderungen des Schuldners: das Vollstreckungsgericht pfändet sie durch Beschluß beim Drittschuldner und überweist sie dem Gläubiger zur Einziehung oder an Zahlungs Statt (Pfändungs- und Überweisungsbeschluß durch das Vollstreckungsgericht). - Die Z. in das bewegl. Vermögen kann durch Eintragung einer Zwangshypothek auf ein Grundstück des Schuldners oder durch Zwangsver-

waltung oder Zwangsversteigerung erfolgen.

Zwangswirtschaft, Wirtschaftsform, bei der die Erzeugung und Verteilung der Güter zwangsmäßig geregelt wird, →Planwirtschaft.

Zwanzigster Juli, →Widerstandsbewegung.

Zweck der, Ziel, Sinn eines Tuns. Philosophie: ein vorgestellter und gewollter Zustand, der durch Einschaltung von Zwischengliedern herbeigeführt wird; setzt ein bewußt handelndes Wesen voraus (**Zwecktätigkeit**). Davon scharf zu trennen ist die naturhafte Zweckmäßigkeit, die durch die Naturgesetze bewirkt wird.

zweckgebundene Steuern, Steuern, die bestimmten Zwecken zugeführt werden (Kraftfahrzeugsteuern dem Straßenbau; oder verbrauchseinschränkend wirken sollen (Alkoholbesteuerung).

Zwecksparen, ein Sparen, bei dem die Sparbeträge für besondere Zwecke bestimmt sind; Hauptform: Bausparen.

Zwecksache, latein. **causa finalis,** zweckmäßig wirkende, zielgerichtete Kraft.

Zweckverband, ein Zusammenschluß von Gemeinden und Gemeindeverbänden zur gemeinsamen Erfüllung bestimmter Aufgaben (z. B. Wegebau).

Zweckvermögen, →Stiftung.

Zweiblatt, Orchideen mit 2 Laubblättern: Gatt. **Listera** mit dem **Großen Z.** (gelbgrüne Blüten) und Gatt. **Plantanthera** mit **Waldhyazinthe** (grünlichweiße Blüten).

Zweibrücken, Stadt in Rheinl.-Pf., im Westrich, 32 900 Ew.; Land- und Stammestüt; Maschinen-, Schuh-, Holz-, Textilind.

Zweibund, 1) das gegen Rußland gerichtete Verteidigungsbündnis zwischen dem Deutschen Reich und Österreich-Ungarn vom 7./15. 10. 1879, 1882 zum →Dreibund erweitert. **2)** **Zweiverband,** das dem Dreibund entgegengestellte französisch-russ. Bündnis, bes. vom 17. 8. 1892, später erweitert zum →Dreiverband.

Zweier, der, Riemenboot für 2 Ruderer mit oder ohne Steuermann (→rudern).

Zweifelderwirtschaft, alte Form der Bodennutzung mit Einteilung der Ackerflur in zwei Teile (abwechselnd Getreide-Brache oder Sommer-/Wintergetreideanbau).

Zweiflügler, Insektenordnung, umfaßt Schnaken, Mücken, Gnitzen, Fliegen, Bremsen. Bei Z. sind nur die Vorderflügel ausgeformt; die Hinterflügel sind zu Schwingkölbchen (Halteren) umgebildet.

Zweig, 1) Arnold, Schriftsteller, * 1887, † 1968; scharfer Sozial- und Zeitkritiker, ging 1933 nach Palästina, kehrte 1948 nach Berlin (Ost) zurück. ,Novellen um Claudia' (1912), ,Der Streit um den Sergeanten Grischa' (1927), ,Das Beil von Wandsbek' (1947). Novellen, Essays.

2) Stefan, österreich. Schriftsteller, * 1881, † (Selbstmord) 1942, emigrierte 1938, Lyriker, Erzähler, feinnerviger Essayist, dem abendländischen Erbe verbundener Humanist und Pazifist. Novellensammlungen (,Verwirrung der Gefühle', 1926). Dramen (,Jeremias', 1917), ,Die schweigsame Frau' (Operntext für R. ,Strauss, 1934). Biographien, Essaybände. (,Sternstunden der Menschheit', 1928); Roman ,Ungeduld des Herzens' (1938). Auto-

biographisches (,Begegnungen', 1937; ,Die Welt von gestern', 1943).

Zweigeschlechtig, →Zwittertum.

Zweigniederlassung, ein von einem Hauptgeschäft abgezweigtes Geschäft, das an einem andern Ort dauernd betrieben wird; eingetragen ins Handelsregister am Ort der Hauptniederlassung und der Zweigniederlassung.

Zweihänder, langes Schwert der Fußtruppen im 15. und 16. Jahrhundert.

zweihäusig, di öezisch, ⚥ mit entweder nur männl. oder nur weibl. Blüten auf der einzelnen Pflanze. Gegensatz: →einhäusig.

Zweikammersystem, die Zweiteilung des Parlaments in zwei Kammern. Die Erste Kammer ist entweder ein feudales Oberhaus oder ein aus regionalen Vertretern bestehender Staat oder eine berufsständische Körperschaft. Die Zweite Kammer ist eine demokratisch gewählte Vertretung des Gesamtvolkes. Heute hat die Erste Kammer vielfach nur ein aufschiebendes Veto.

Zweikampf, der verabredete Kampf zweier Personen mit tödlichen Waffen nach vereinbarten oder hergebrachten Regeln (Duell). In der Bundesrep. Dtl. ist der Z. nach dem 1. Strafrechtsreform-Ges. v. 25. 6. 1969 nicht mehr strafbar.

Zweikeimblättrige, Dikotyledonen, ⚥ Gruppe der Bedecktsamer, die Gegengruppe der Einkeimblättrigen; sie haben meist zwei Keimblätter, netznervige Blätter, fünfzählig angelegte Blütenteile.

Zweikreisbremse, die Trennung von Bremsanlagen in Kraftwagen in zwei voneinander unabhängige Bremskreise, um die Sicherheit zu erhöhen.

Zweikreistriebwerk, Zweistromtriebwerk, →Strahltriebwerk.

Zweiphasenstrom, die Verbindung zweier Wechselströme gleicher Frequenz mit 90% Phasenverschiebung.

Zweiquellentheorie, die Lehre, daß die Synoptiker Matthäus und Lukas das Markusevangelium sowie eine wenig abweichenden ,Urmarkus') sowie eine gemeinsame zweite Quelle (Logienquelle) als Vorlage benutzten (synoptische Frage).

Zweirad, →Fahrrad, →Moped, →Kraftrad, →Motorroller.

Zweischwertertheorie, mittelalterl. Anschauung über das Verhältnis zwischen Staat und Kirche, auf Grund einer Auslegung von Lukas 22, 38; danach besitzt die Kirche das geistliche wie das weltliche Schwert, überträgt aber das weltliche (weltliche Gewalt) den Fürsten, die es nach ihrer Weisung führen sollen.

Zweispänner, ein Fuhrwerk mit zwei nebeneinandergespannten Pferden.

Zweispitz, Hut mit einer an zwei Seiten hochgeklappten Krempe, gehörte zur Hoftracht und wird heute noch zur Galatracht der Diplomaten getragen.

Zweistaatentheorie, →Wiedervereinigung.

Zweitaktmotor, bisher nur als Hubkolbenmotor gebauter Verbrennungsmotor, bei dem das Arbeitsspiel nur aus zwei Takten (= eine Kurbelwellenumdrehung) besteht. Z. können Otto- und Dieselmotoren sein. 1. Takt: Der Zylinder ist mit Gemisch gefüllt, das der noch gehende Kolben verdichtet. Zugleich saugt der Kolben Gemisch in das Kurbelgehäuse. 2. Takt: Kurz vor dem oberen Totpunkt wird das Gemisch entzündet, und die Verbrennungsgase treiben den Kolben arbeitsleistend abwärts; dabei wird gleichzeitig das im Kurbelgehäuse befindliche Gemisch vorverdichtet. Der abwärtsgleitende Kolben gibt zunächst den Auslaßschlitz frei, so daß die verbrannten Gase ins Freie entweichen können, und kurz danach den Überströmschlitz, durch den das vorverdichtete Gemisch aus dem Kurbelgehäuse in den Zylinder strömt. Dabei werden die Restgase ausgespült und der Zylinder mit Frischgas gefüllt.

Zweiter Bildungsweg, die Einrichtung des berufl. Bildungswesens, sofern sie zur

Stefan Zweig   *Carl Zuckmayer*

Zwickau: Blick zum Hauptmarkt mit Rathaus (Vorkriegsaufnahme)

Fachschulreife und weiterhin zur Hochschulreife führen; im Unterschied zum Bildungsweg über die höheren Schulen.

Zweiter Orden, Kath. Kirche: der weibl. Zweig mancher Bettelorden, bes. die Dominikanerinnen und Franziskanerinnen. (→Dritter Orden)

Zweites Deutsches Fernsehen, ZDF, eine Anstalt des öffentl. Rechts, gegr. 1961, Sitz: Mainz; strahlt seit 1. 4. 1963 ein 2. Fernsehprogramm für die Bundesrep. Dtl. aus.

Zweites Gesicht, Deuteroskopie, volkstümlich für die rätselhafte Befähigung mancher Menschen, in Form einer Vision von räumlich entfernten oder zeitlich bevorstehenden Ereignissen Kenntnis zu erhalten.

Zweitstimme, in der Bundesrep. Dtl. die Stimme, die der Wähler neben der →Erststimme für die Landesliste, die Kandidatenliste einer Partei in einem Bundesland, abgibt.

Zwenkau, Stadt im Bez. Leipzig, am Rand der Elsterniederung, 10 200 Ew.; Rauchwarenzurichtereien.

Zwerchfell *das,* griech. **Diaphragma,** quer durch die Leibeshöhle gespannter kuppelförmiger Muskel, scheidet bei den Säugetieren und beim Menschen die Brusthöhle von der Bauchhöhle.

Zwerchhaus, ein quer zu einem Dachfirst verlaufendes kleines Dach, das an der Frontseite einen Giebel bildet (Zwerchgiebel).

Zwerenz, Gerhard, Schriftsteller, * 1925, kam aus der Dt. Dem. Rep. in die Bundesrep. Dtl.; schrieb ‚Ärgernisse . . .‘ (1961, Tagebuch), ‚Die Lust am Sozialismus‘ (1969), ‚Kopf und Bauch‘ (1971) u. a.

Zwerg, 1) Lebewesen von unternormaler Körpergröße. Beim Menschen kann **Zwergwuchs** (Männer bis 150 cm, Frauen unter 138 cm) als Erbmerkmal bestimmter Rassen auftreten, z. B. bei den Pygmiden. Krankhafter Z.-Wuchs kann auf Wachstumsstörungen oder Fehlleistungen innersekretorischer Drüsen beruhen und u. a. zu verkürzten Gliedmaßen führen. Die **echten Z.** mit normalen Verhältnissen im Körperbau sind krankhafte, aber nicht fortpflanzungsfähige Hemmungsmißbildungen (unter 1 m groß), z. B. Liliputaner. - Z.-Formen bei Tieren treten auf als Ergebnisse bei Haustierzucht, bei Pflanzen bes. als Zierpflanzen. **2)** Volksglauben: Erdgeister von kleiner Gestalt; Wichtelmännchen, Erdmännchen, Heinzelmännchen, Hollen, Luchten, Erdbiberli.

Zwerggalerie, 🏛 an roman. Kirchen, bes. der Rheinlande und der Lombardei, ein sich in Arkaden öffnender Laufgang unter dem Dachansatz, meist um die Apsis, auch um den ganzen Bau. (Bild Speyrer Dom)

Zwerghuhn, ein Haushuhn.
Zwergmoschustiere, →Moschustiere 2).
Zwergpalme, 1) Palmito, beerenfrüchtige Fächerpalme am Mittelmeer, mit braunfaserigen Blattstielen. **2)** der →Palmetto.

Zwergvölker, →Pygmäen.
Zwergwal, Säugetier. →Furchenwale.
Zwetschge, Zwetsche *die,* →Pflaume.
Zwettl, Bezirksstadt in Niederösterreich, im Waldviertel, 11 500 Ew.; Reste der Stadtmauer, roman. Kirche, Rathaus (1307). In der Nähe das Stift Z., ein 1137 gegr. Zisterzienserkloster.

Zwickau, Stadt im Bez. Karl-Marx-Stadt, an der Z.er Mulde, 127 000 Ew.; Steinkohlenbergbau, Maschinen-, Fahrzeug-, keramische, Textil- u. a. Industrie; Ingenieurschulen (u. a. für Bergbau), Konservatorium; Marienkirche mit Bildern von M. Wolgemut und L. Cranach d. Ä., Katharinenkirche (1212-19, spätgot. umgebaut), spätgot. Gewandhaus, Rathaus (15. Jahrh.), Schloß Osterstein.

Zwickel, 1) keilförmiger Einsatz an Kleidungsstücken. **2)** 🏛 das sich bei einem rechteckig umrahmten Bogen beiderseits ergebende dreieckige Flächenstück (Bogen-Z., Spandrill); bei Kuppelbauten der in Form eines sphär. Dreiecks von dem quadrat. Grundriß zum Kreisrund der Kuppel überleitende Gewölbeteil (Hänge-Z., Pendentif).

zwicken, Schuhherstellung: den Schaft über den Leisten ziehen und befestigen.

Zwieback, zweifach gebackenes, trockenes, sprödes Weizenkleingebäck.

Zwiebel, 1) ein umgewandelter, knospenähnlich gedrungener, meist unterirdischer Sproß. An der oft scheibenförmigen Achse stehen nach unten Wurzeln, nach oben schuppenförmige Blätter. **Brut-Z.** sind die Bulbillen (Brutknospen). **2) Küchen-Z.,** ein als Speise und Würze gezogener Lauch, im 2. Jahr mit bauchigem Blütenstiel und grünweißen Blüten, dann zur Samengewinnung benutzt **(Samen-Z.). Steck-** oder **Setz-Z.** sind kleine, im Frühjahr ausgesteckte Z., die früher verwendungsfähig sind als gesäte. Die Z. ist auch Volksarznei gegen Husten. Andere Z.-Arten sind Winter-Z., Schalotte, Perl-Z.

Zwiebelfisch, Letter einer anderen Schriftart, die im Text geraten ist.

Zwiebelhaube, eine Turmbedachung mit kielbogenförmigem Umriß, in der islam. und russ. Baukunst üblich, in der Renaissance und im Barock meist als Teil der reicher gebildeten →Welschen Haube.

Zwiebelmuster, zwiebelähnliches Pflanzenornament, dem ostasiat. Granatapfelmotiv nachgeahmt; bes. auf Delfter Fayencen und Meißner Porzellan.

Zwiedineck-Südenhorst, Otto von, Volkswirtschaftler, * 1871, † 1957; Prof. in München, Sozialpolitiker.

Zwiefalten, Gem. in Bad.-Württ., am Südrand der Schwäb. Alb, 2500 Ew. Die Klosterkirche der Benediktinerabtei (1098 bis 1803) ist ein Hauptwerk des Spätbarocks

Zwiebelmuster: Meißner Teller, um 1850

(1741-53 von J. M. Fischer erbaut). (Bild Deutsche Kunst II)

Zwielicht, die Beleuchtung durch zwei verschiedenfarbige Lichtquellen, z. B. in der Dämmerung durch Tageslicht und künstl. Lichtquelle. Z. stört die Farbstimmung des Auges.

Zwiesel *die, der,* ⚘ Gabelung in zwei nahezu gleich starke Höhentriebe.

Zwiesel, Stadt in Niederbayern, im Bayerischen Wald, 8400 Ew.; Fachschule für Glasindustrie; Glasherstellung und -veredelung; barocke Bergkirche.

Zwieselbeere, wilde Süßkirsche.
Zwillich, →Drell.

Zwillinge Mz., **1)** zwei gleichzeitig im Mutterleib entwickelte, kurz nacheinander geborene Früchte. Beim Menschen wird unter etwa 88 Geburten eine Zwillingsgeburt beobachtet. Z. entwickeln sich zu 75% aus zwei gleichzeitig durch je eine Samenzelle befruchteten Eizellen, die sich nebeneinander in der Gebärmutter festsetzen **(zweieiige Z.,** die somit **erbverschiedene Z.** sind), zu etwa 25% aus einer durch eine Samenzelle befruchteten Eizelle, in der es ausnahmsweise zur Bildung von 2 gleichen Keimanlagen kommt **(eineiige Z.,** die somit **erbgleiche Z.** sind). Die Z.-Forschung dient bes. der Erbforschung (→Vererbung). **2)** Kristallographie: zwei gesetzmäßig, meist mit einer gleichartigen Fläche (Verwachsungsebene) miteinander verwachsene Kristalle einer Kristallart. Wiederholte Verwachsung von mehr als zwei Kristallen führt zu Drillingen, Vierlingen, Viellingen. **3)** Sternbild des Nordhimmels, drittes Tierkreiszeichen.

Zwinge, die →Schraubzwinge.
zwingendes Recht, ius cogens (→Jus).

Zwinger, 1) der Umgang zwischen der äußeren und inneren Ringmauer einer mit-

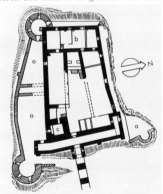

Zwinger: Grundriß der Rudelsburg (12. Jahrh.) mit nachträglich hinzugefügtem Zwinger (a), b Palas, c Bergfried

telalterl. Stadtbefestigung oder Burg, auch der zur Vorburg gehörende freie Platz, der für ritterl. Übungen, Haltung von wilden Tieren (Bären-Z.) und als Garten benutzt wurde. Auf einen solchen geht der Name des Dresdner Z. (Bild Dresden) zurück. **2)** eingezäunter Auslauf für Jagdhunde.

Zwingli, Ulrich, neben Calvin der Gründer der reformierten Kirche, * 1484, † (gefallen) 1531, trat unter dem Einfluß von Erasmus und Luther als Humanist und Weltpriester in Zürich für die Reformation ein, die 1523 eingeführt wurde. In vielem war Z. radikaler als Luther, bes. in der Reform des Kultus; mit Luther wegen der Abendmahlslehre in Streit. Der Versuch, durch das Religionsgespräch von Marburg 1529 eine Einigung herbeizuführen, scheiterte. (Bild S. 1411)

Zwirn, ein aus mehreren Einzelfäden zusammengedrehter Faden.

Zwirner, Ernst Friedrich, * 1802, † 1861, seit 1833 Dombaumeister in Köln.

Ulrich Zwingli (Gemälde v. H. Asper, 1549; Zürich, Zentralbibliothek)

Zwischenahn, Bad Z., Moorheilbad in Ndsachs., am Zwischenahner Meer,19 900 Ew.; Textil-, Holz-, Fleischwaren- und Metallindustrie.

Zwischenbilanz, die während eines Geschäftsjahres aufgestellte Bilanz (Monats-, Vierteljahresbilanz).

Zwischenbuchhandel vermittelt zwischen den Verlagen und dem Sortiments-, Antiquariats-, Versandbuchhandel usw.

Zwischendeck, auf Schiffen das unter dem Hauptdeck befindliche Deck.

Zwischenfeststellungsklage, eine in einem anhängigen Prozeß erhobene Klage zur Feststellung eines Rechtsverhältnisses, von dessen Bestehen oder Nichtbestehen der Klageanspruch abhängt.

Zwischenfrequenz, in Überlagerungsempfängern die in der Mischstufe durch Mischen der empfangenen Frequenz und der im →Oszillator erzeugten Hilfsfrequenz entstehende Frequenz.

Zwischenfruchtbau, Anbau von Pflanzen zwischen Ernte und Aussaat der Hauptfrüchte, zur zusätzl. Futtergewinnung; auch Zweitfrucht nach überwinternden Futterpflanzen oder Stoppelsaat.

Zwischenhandel, Handel zwischen Erzeugern und Weiterverarbeitern, auch zwischen verschiedenen Ländern (Transithandel).

Zwischenhirn, Teil des →Gehirns.

Zwischenkiefer, Knochen der Wirbeltiere zwischen den beiden Oberkieferknochen, trägt die oberen Schneidezähne. Goethe, der zugleich mit V. d'Azyr (1784) den Z. beim Menschen entdeckte, begründete damit seine Lehre von den homologen Bildungen.

Zwischenmeister, →Faktor 3).

Zwischenschein, vorläufige Urkunde über gezeichnete Aktien.

Zwischenseengebiet, Landschaft in O-Afrika, zwischen Victoriasee und Zentralafrikan. Graben, von O nach W in mehreren Stufen auf 3000 m Höhe ansteigend.

Zwischenspiel, 1) kleines dramat. Spiel zwischen den Akten von Dramen, ohne Zusammenhang mit diesen. Das Z. wurde auf der span. Bühne zu einer eigenen Gattung (Entremés). In Dtl. gab es Z. bes. im 17. Jahrh. **2)** ♪ →Intermezzo.

Zwischenspurt, 1) ⚡ plötzliche Tempoverschärfung in einem Lauf- oder Rennwettbewerb, um sich vom Gegner zu lösen und einen Vorsprung zu erzielen.

zwischenstaatliches Recht, →internationales Recht.

Zwischenstreit, der Streit der Parteien über einzelne, bes. das Prozeßverfahren betreffende Fragen. Die Entscheidung ergeht durch **Zwischenurteil.**

Zwischenwirbelscheibe, die →Bandscheibe.

Zwischenzins, Zinsen für den Zeitraum zwischen Zahlung und späterer Fälligkeit einer Forderung.

Zwittau, tschech. **Svitavy,** Stadt im mittleren Mähren, Tschechoslowakei; 13 700 Ew.; Textilindustrie.

Zwitterblüte, →Blüte.

Zwittertum, Herm|aphroditismus, das Vorkommen männl. und weibl. Geschlechtsorgane im gleichen Lebewesen. - Beim Menschen unterscheidet man **echte Z**witter (Hermaphroditen), die beiderlei Geschlechtsorgane besitzen, und **Schein-Z.** (Pseudohermaphroditen) mit eingeschlechtigen Keimdrüsen, bei denen Geschlecht jedoch die Ausführungsgänge, die äußeren Geschlechtsorgane, Haarwuchs, Stimme u. a. nicht übereinstimmen.

Zwölfapostellehre, die →Didache.

Zwölf Artikel, die Forderungen der aufständ. Bauern 1524/25, →Bauernkrieg.

Zwölf|ender der, Hirsch mit zwölfendigem Geweih.

Zwölffingerdarm, Teil des →Darms. Z.-Geschwür (Ulcus duodeni), gleicht in Ursachen und Behandlungsweise vielfach dem Magengeschwür.

Zwölfkampf, turnerischer Mehrkampf, 1879 eingeführt, bestand aus je 3 Übungen an Reck, Barren und Pferd und 3 leichtathlet. Übungen. Der dt. Z. wird heute als 6:4-(Geräteturnen/Leichtathletik-) Zehnkampf geturnt.

Zwölfnächte, Rau(c)hnächte, die Nächte zwischen 25. 12. und 6. 1., im Volksglauben Zeit der Wiederkehr der Seelen, der Wilden Jagd und des Erscheinens von Geistern. Sie gelten als →Lostage.

Zwölfstädte, antike Städtebünde: 12 kleinasiatische Städte der Ionier; auch die wichtigsten Städte der Etrusker.

Zwölftafelgesetze, latein. **duodecim tabulae,** älteste Aufzeichnung des röm. Rechts, angeblich 451 v. Chr. (durch die →Dezemvirn) auf 12 verlorengegangenen Tafeln.

Zwölftonmusik, Dodekaphonie, eine Kompositionsweise, die, von der chromatischen Tonleiter ausgehend, jeden der 12 Halbtöne als gleichwertig betrachtet. Ausgangspunkt der Zwölftonkomposition bildet eine gewählte Folge von 12 Tönen, ‚Reihe'. Damit wird die überkommene Ordnung des Tonstoffes durch die Dur- und Molltonarten (Tonalität) aufgegeben und eine Neuordnung auf der Grundlage der atonalen Musik erreicht. Z. schrieben erstmals J. M. Hauer und A. Schönberg, der sie ab op. 23 durchweg verwendete. Weitere Vertreter waren u. a. Schönbergs Schüler A. Berg und A. v. Webern. Die Z. wurde nach 1945 wiederaufgenommen und hat viele Abwandlungen erfahren. Ihr Grundprinzip, das der Reihung, wurde auch auf die Elemente des Rhythmus, des Klanges, der Dynamik übertragen (→serielle Musik).

Zw'olle [z-]. die Hauptstadt der Prov. Overijssel, Niederlande, zwischen Ijssel und Vecht, 76 200 Ew.; schöne Renaissancebauten; Metall-, Baustoff-, Nahrungsmittel-, Schiffbauindustrie.

Zy'an [grch.], ♡ →Cyan.

Zy'ane [grch.] die, →Flockenblume.

Zyank'ali(um), ♡ →Cyankalium.

Zyan'ose [grch.] die, →Blausucht. **zyanotisch,** bläulich verfärbt.

zygom'orph heißt die zweiseitig-symmetrische Gestaltung der Blüte.

Zyg'ote [grch.] die, die bei der Befruchtung aus der Verschmelzung der beiden Kerne der männl. und weibl. Keimzelle entstehende Ursprungszelle eines Lebewesens.

Zykasgewächse, →Palmfarne 2).

zykl..., zyklo..., [grch.], kreis..., rund ...

Zykl'aden Mz., die →Kykladen.

Z'yklen, Mz. von →Zyklus.

Zyklentheorie, die Annahme, daß die Entwicklung der Erde in Zyklen verlief, d. h. in einem period. Wechsel von Zeiten ruhiger Entwicklung (Evolution) mit sol-

chen wesentl. Steigerung geolog. Kräfte und Vorgänge (Revolution).

zyklisch [zu Zyklus], ring-, kreisförmig; regelmäßig wiederkehrend.

Zyklische Dichter, griech. Epiker, die bis zur Mitte des 6. Jahrh. v. Chr. Stoffe der Heldensage behandelten; später zu einem Kreis (Kyklos) mit Ilias und Odyssee als Mittelpunkt geordnet; daher wohl der Name.

zyklische Verbindungen, ringförmige organ. Verbindungen. Enthält der Ring nur gleichartige (z. B. Kohlenstoff-)Atome, heißen sie isozyklisch, mit verschiedenartigen Atomen heterozyklisch.

zyklo'id [grch.], ein Seelenzustand: Übergangsstufe zwischen →zyklothym und →manisch-melancholischer Krankheit.

Zyklo'ide die, ebene Kurve, die von einem Punkt auf dem (verlängerten) Radius eines rollenden Kreises beschrieben wird. Rollt der Kreis auf einer Geraden, so erhält man **gewöhnliche Z.,** rollt er auf einem Kreis, so entstehen **Epizykloiden;** rollt dagegen ein kleinerer Kreis in einem größeren, so erhält man **Hypozykloiden.**

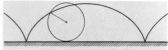

Gewöhnliche Zykloide

zyklometrische Funktionen, die Umkehrfunktionen der Winkelfunktionen, z. B. $x = \arcsin y$ **(Arkussinus y)** zu $y = \sin x$.

Zykl'on der, **1)** ein Gerät zum Abscheiden von festen Stoffen aus gasförmigen Stoffen und Flüssigkeiten (Staub aus Gasen, Feststoffe aus Trüben) unter Ausnutzung der Zentrifugalkraft **(Fliehkraftabscheider). 2)** Luftwirbel, zu unterscheiden von der Zyklone.

Zykl'one die, →Tiefdruckgebiet.

Zykl'open, Kyklopen, griech. Mythos: einäugige Riesen auf der Insel Trinakria, unter ihnen war Polyphem.

zyklopische Mauer, in vor- oder frühgeschichtl. Zeit aus großen Steinblöcken ohne Mörtel errichtete Mauer (Tiryns, Mykene).

zykloth'ym [grch.], Seelenzustand im Bereich des Gesunden: eine zwischen Heiterkeit und Traurigkeit schwingende Grundstimmung des Gemüts.

Z'yklotron das, Beschleunigungsgerät für elektrisch geladene Teilchen. Ein starkes Magnetfeld zwingt die von einer Ionenquelle ausgehenden Teilchen, sich auf kreisförmigen Bahnen in einer flachen, zweigeteilten Metalldose zu bewegen, die sich in einem hochevakuierten Gefäß be-

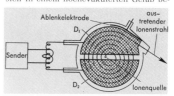

Zyklotron (schematisch nach W. Finkelnburg)

findet. Die beiden Dosenhälften liegen an einer hochfrequenten Wechselspannung derart, daß ein Ion jeweils beim Übertritt aus der einen in die andere Hälfte eine Beschleunigung erfährt. Als Gesamtbahn ergibt sich dadurch eine Spirale, die die Teilchen an den Rand führt, wo sie von einer Ablenkelektrode abgelenkt werden und tangential austreten.

Z'yklus [grch. ‚Kreis'] der, -/...klen, **1)** Kreislauf. **2)** zusammenhängende Folge von Schriften, künstlerischer Darbietungen, Vorträgen u. ä. **3)** die →Menstruation. **4)** Volkswirtschaft: →Konjunktur.

Zyl'inder [grch.] der, **1)** eine gekrümmte

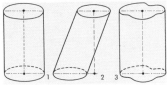

Zylinder: 1 gerader. 2 schiefer Kreiszylinder. 3 Zylinder mit geschlossener, unregelmäßiger Kurve als Grundfläche

Fläche, erzeugt durch eine längs einer ebenen Kurve, z. B. eines Kreises (Leitlinie) gleitende, senkrecht auf der Ebene stehende Gerade; auch der von dieser Fläche und zwei abschließenden Ebenen begrenzte Körper. **2)** ein Hohlkörper von meist kreisförmigem Querschnitt, bes. der **Arbeits-Z.** der Kolbenmaschinen, in dem sich der Kolben bewegt. **3)** ein röhrenförmiger steifer Hut, →Chapeau.

Zylinderprojektion, →Kartenprojektion.
Zym'ase [grch.] *die,* Enzyme der Hefe, sind notwendig für die Gärung.
Z'yniker, Angehöriger der altgriech. Philosophenschule der →Kyniker; danach übertragen: schamlos-bissiger Spötter. **zynisch,** höhnisch, mit Spott andere verletzend. Hptw. **Zyn'ismus,** -/ . . . men.
Zypergras, Gatt. der Riedgräser, z. B. **Papyrusstaude** (→Papyrus 1) und **Eßbares Z.** mit mandelähnlich schmeckender, ölreicher Knolle **(Erdmandel);** auch angebaut.
Zypern, Cypern, Insel und Republik im östl. Mittelmeer, Mitglied des Brit. Commonwealth, 9251 km² mit 640 000 Ew. Hauptstadt ist Nikosia; Amtssprachen: Griechisch und Türkisch. ⊕ IX, Bd. 1, nach S. 320. Staatsoberhaupt und Regierungschef ist der Präs. ☐ S. 1179. ☐ Bd. 1,

S. 392. Währung: 1 Z.-Pfund = 1000 Mils. Z., die drittgrößte Mittelmeerinsel, ist überwiegend gebirgig (bis 1952 m) mit einer zentralen Ebene (Mesaoria). Rd. 80% der Bevölkerung sind Griechen (meist griechisch-orthodox), 18% Türken (Muslime). Allgem. Schulpflicht. - Die Landwirtschaft erzeugt (z. T. mit Bewässerung) Weizen, Gerste, Kartoffeln, Oliven, Mandeln, Früchte, Wein (Rosinen), Tabak, Gemüse. Bedeutende Schaf- und Geflügelzucht. Der Bergbau fördert Pyrite, Asbest, Kupfer-, Chromerz und Gips. Industrie ist im Aufbau. Der rasch wachsende Fremdenverkehr ist ein wichtiger Devisenbringer. Ausfuhr: Obst und Gemüse, Kupfererze und -konzentrate, Pyrit. Haupthandelspartner: Großbritannien, Bundesrep. Dtl. Das Straßennetz umfaßt rd. 7700 km, es gibt keine Eisenbahn. Handelsflotte: 1,138 Mill. BRT. Haupthäfen: Famagusta, Limassol, Larnaka. Internat. Flughafen: Nikosia.
Geschichte. Im Altertum wurde Z. von Griechen und Phönikern besiedelt; seit 58 v. Chr. war es römisch. Durch die Kreuzzüge wurde Z. 1193 Lehen des französ. Adelsgeschlechts Lusignan, 1489 kam es an Venedig, 1571 wurde es nach langer Verteidigung türkisch, 1878 kam es unter brit. Verwaltung; 1914 hob Großbritannien das türk. Hoheitsrecht ganz auf und machte Z. 1925 zur Kronkolonie. Bestrebungen nach Vereinigung mit Griechenland führten 1931 zu einer Erhebung und seit 1948, bes. seit 1955, zu Unruhen und Terrorakten der griech. Untergrundbewegung EOKA. Im Londoner Abkommen v. 19. 2. 1959 einigten sich Großbritannien, Griechenland, die Türkei und Erzbischof Makarios über die Unabhängigkeit Z.s, die am 16. 8. 1960 proklamiert wurde. Im Dez. 1963 kam es zu schweren Unruhen zwischen dem griech. und dem türk. Bevölkerungsteil. Sie wurden durch den Plan des Staatspräs. Maka-

Echte Zypressen

rios ausgelöst, die Verfassung zu ändern. Griechenland unterstützte die griech. Zyprioten, die Türkei die türk. Zyprioten. Im März 1964 versuchten die Vereinten Nationen zu vermitteln und entsandten eine Truppe, die den Frieden auf der Insel sichern soll. Der Konflikt erreichte im August 1964 einen Höhepunkt. Internat. Bemühungen um Beilegung des Z.-Konflikts wurden seitdem wiederholt unternommen.

Zypr'esse *die,* **1)** Cupressus, Nadelholzgattung der **Z.-Gewächse;** in der Jugend mit Nadeln, später mit Schuppenblättchen und kugeligen Zapfen. Die **Echte Z.** ist über das Mittelmeergebiet verbreitet, 20-50 m hoch. Zur gleichen Gattung werden auch die ‚Scheinzypressen‘ gerechnet **(Sawara** und **Hinoki** in Japan, **Zeder-Z.** in Nordamerika). **2) Taxodium,** →Sumpfzypresse.
Zypressenkraut, Meerwermut, Korbblüter des westl. Mittelmeergebiets, mit zypressenähnl. Ästchen.
Zypri'ot, Z'yprer, Ew. von Zypern.
Zyste [grch.] *die,* **1)** Ruheform bei manchen Algen und niederen Tieren. **2)** meist gutartige Geschwulst mit flüssigem Inhalt; Behandlung chirurgisch.
Zyst'itis [grch.] *die,* Blasenentzündung (→Blasenkatarrh).
Zystosk'op [grch.] *das,* ärztliches Gerät **(Blasenspiegel)** zur **Zystoskop'ie** (→Blasenspiegelung).
Zytolog'ie [grch.], die Zellenlehre.
Zytopl'asma, *das,* →Protoplasma.
zytost'atische Mittel, →Cytostatica.
z. Z., z. Zt., Abk. für zur Zeit.

Zypern: Nikosia

Hinweise für den Benutzer siehe Band 1, Seite 708